成都市志

1990—2005

成都市地方志编纂委员会 编

第五册

社会事业（上）

方志出版社
Publishing House of Local Records

图书在版编目（CIP）数据

成都市志. 社会事业 ：1990—2005 / 成都市地方志编纂委员会编. -- 北京 ：方志出版社，2020.9
ISBN 978-7-5144-4482-7

Ⅰ. ①成… Ⅱ. ①成… Ⅲ. ①成都－地方志②社会事业－概况－成都－1990-2005 Ⅳ. ①K297.11②D677.1

中国版本图书馆CIP数据核字（2020）第254993号

成都市志·社会事业（1990—2005）

编　　者：成都市地方志编纂委员会
责任编辑：梅中英
出 版 者：方志出版社
地址　北京市朝阳区潘家园东里9号（国家方志馆4层）
邮编　100021
网址　http://www.zgfzcb.cn
发　　行：方志出版社图书经销中心
电话（010）67110500
经　　销：各地新华书店
排　　版：成都三五文化传播有限公司
印　　刷：成都三五文化传播有限公司
开　　本：889 × 1194　1/16
印　　张：97.5
字　　数：2676千字
版　　次：2020年9月第1版　2020年9月第1次印刷
印　　数：0001 ~ 2000册

ISBN 978-7-5144-4482-7　**定价：**300.00元（上、下册）

目录 / CONTENTS

教育

科技

哲学社会科学

教育

2004年6月24日，成都市小学教学质量工作会在市教育局召开

2004年12月7日，中共成都市委、成都市人民政府召开普及高中阶段教育工作动员大会

2002年9月，成都市教育系统庆祝教师节暨表彰大会在石室中学举行

2004年3—4月，“新课程背景下的名师培养与名师成长论坛”在成都举行。来自全国各地近千名代表参加论坛活动

1993年，成都实验外国学校创办，图为揭幕时情景

1992年9月，民办学历教育光亚小学举行开学典礼

1999年9月，成都外国语学校新校落成暨开学庆典会场正面

2001年5月24日，成都市援建甘孜州炉霍县光明工程竣工，举行剪彩仪式

2001年2月28日，成都市首批赴甘孜州支教人员座谈会在成都市举行，图为会后合影

2004年6月25日，成都职业技术学院（青羊校区）中专生就业承诺签字仪式举行，图为学校领导与学生家长签约

2003年2月13日，四川省高等学校设置评议委员会专家组对拟建的成都职业技术学院进行考察评议

2003年6月24日，“中国教育和科研计算机网·四川教育网宽带平台·成都教育信息网”举行授牌仪式

1999年11月，纪念文翁石室创建2140周年大会在成都石室中学举行

2002年，成都空军机关幼儿园的孩子们在成都市庆祝“六一”儿童节大会上的演出

2004年4月，成都市教育系统人事制度改革工作会在石室中学召开

2004年成都市教育局举行实施“帮困助学工程”暨执行“一费制”情况通报会

2005年，成都市龙泉驿区实施由政府买单，让山区孩子从初中开始直接进入城市学校就读的“金凤凰工程”。图为进入龙泉驿中学“金凤凰工程”示范班的来自山区的初中一年级学生

2003 年，青羊区特殊教育中心教师关心智力障碍学生的情景

西南民族大学校门

西南财经大学新建的教学综合大楼

四川大学，一环路南侧校门

电子科技大学校门正面

西南交通大学校门外

概　述

1990年，成都市加强大、中学校师生的政治思想教育，稳定教育教学秩序，并开始进行扫除剩余文盲工作。至1993年，全市扫除城乡青壮年文盲7.15万人，青壮年非文盲率达98.65%，通过了省、市政府组成的验收小组的复查验收，完成扫除青壮年文盲的任务。

1990年是成都市普及九年义务教育工作启动后的第五年。“普九”重点在农村。成都市将“普九”作为政府一级目标列为为农村办实事之首，并层层分解任务，把责任落实到县、乡、学校。“普九”经费投入主要依靠县、乡（镇）两级财政拨款，辅之以征收农村教育费附加、进行农村教育集资、收取杂费、其他教育投入等多渠道筹措，农村教育投入保持增长势头。从1986年起的10年中，市财政每年拨专款用于乡初中建设，每年改建、扩建或新建乡初中40～60所，至1995年，累计建乡初中300余所。1996年11月17日，以彭州市“普九”验收合格为标志，成都市以实现“普九”乡镇100%、“普九”人口覆盖面100%、适龄儿童小学入学率达99.9%、小学毕业生升学率达98.2%的成绩，实现了“基本普及九年义务教育，基本扫除青壮年文盲”的目标。

1992年，成都市深化以实行校长负责制为中心的学校内部管理体制改革，提出争取形成以政府办学为主、公办学校和民办学校以及多种办学形式共同发展的格局。1996年，进行公办中小学办学体制改革，出现了公办民助、民办公助、股份制合作办学、委托办学等多种办学形式。民办初等和中等学历教育得到发展，至2005年，全市共有民办学历教育学校87所。1999年起，实行中小学教职工全员聘任聘用制度，并改革校级干部任用制度。2002年，在全市进行农村义务教育管理体制改革，实行“在国务院领导下，由地方政府负责、分级管理、以县为主”的管理体制，将农村学校人、财、物划归区（市）县教育行政部门直接管理。长期以来，成都市的中、小学教育都是在全国高等院校统一招生考试制度下运行的，“九五”以来就业形势趋紧，学生及其家长升学期望值高，以应试为目的的教育形式严重影响学生的身心健康。为此，成都市在20世纪90年代大力推行素质教育，进行现代课堂教学研究和实践。2001年9月，郫县被定为“国家基础教育课程改革实验区”。此后两年，新课程改革实验工作在全市19个区（市）县和高新区全面铺开，转变教师教育观念，提高成都教育的整体水平。

1996年，成都市启动普及高中阶段教育工作。“普高”分阶段、分区域推进，重点是扶持农村薄弱地区高中阶段教育。从2004年起，“普高”专用经费全部用于农村高中建设，特别是农村职业高中建设；在人口相对集中、区域辐射力强的城镇和重点镇新建、扩建高中学校，在大多数区（市）县形成了以县城为中心，以重点镇为支撑的高中办学格局。在中心城区用校点合并等办法，扩大优质高中教育规模。1996—2005年，全市普通高中学校由171所减少为142所，在校生人数从近6万人增加到近20万人；中等职业学校由68所调减为36所，在校生由3.7万人增加为6.7万人。发展民办高中教育，2003年，全市民办高中在校学生数占全市普通高中在校生数的4.8%。同时，构建和完善中小学质量监测体系，进一步规范质量评估激励措施，加强教师队伍建设，坚持推行素质教育，深化课堂教学改革，整体安排高中各年级教学工作，高中毕业生升学率从1996年的62.7%提高到2005年的83.96%。2005年，全市初中毕业生升入高中阶段学校升学率达到88.82%，普职比5.6∶4.4，14个郊区（市）县初中毕业生升学率全部达到85%以上，全市基本普及高中阶段教育。

1996年后，四川大学、电子科技大学、西南交通大学、西南财经大学“211工程”建设项目相继启动。1999年，在成都的高校招生3.93万人，比1998年增加27%，约为1990年招生数的2.5倍；2000年，招生5.51万人，比1998年增加52%。为适应招生规模扩大的需要，在成都的约20所高等学校进行新校区建设。同时，以四川大学两次合并组建新的四川大学为代表，一批高校经合并组建成新的综合性大学，一批高校升格为综合性大学或本科院校。成都市集中优质教育资源开办成都农业科技职业学院与成都职业技术学院等职业院校。

2000年前后，在成都的高校和中等专业学校与国外同类学校及科研机构建立广泛的友好关系，成都市约10所普通中学设立“国际部”，人员互访，缔结友好学校关系，合作办学，交流学术，已十分普遍。仅2002年，成都市有8所中等学校与外国相关学校缔结合作办学和进行友好交流的协议，并派出（或参加）10余个教育考察团和文化交流团,100余人赴国外访问学习。全市出国留学的大、中学生不断增加，出现“留学热”。

高等学校扩大招生规模，中等职业技术教育和成人教育的生源大受影响。成都市中等职业教育采用合并、划转、撤销、联合等形式调整学校布局，减少学校数，增大学校规模，提高办学水平，按需设置专业和培养人才，提高毕业生就业率。成人教育以“举社区教育的旗，走终身教育的路”为工作思路，逐步构建城乡终身学习体系。

同时，成都市将农村学前教育工作提上议事日程，除继续新、改、扩建乡中心幼儿园外，规范幼儿园管理，提高保教质量，启动幼儿园分等定级工作和建设农村乡（镇）合格中心幼儿园工作。

2001年后，成都市工读学校“淡化工读色彩”，摒弃管控教育，逐步向沟通教育的常态回归，走进学生的心灵世界。中央电视台以“寻找回来的世界”为题，报道成都市工读学校对未成年人进行思想道德教育的典型经验和成功做法。

初等、中等教育普及，高校扩招，适应成都经济社会发展的需要。与此同时，教育支出在城乡居民消费性支出中增长加快。1980年，成都市城市居民人均教育支出在消费性总支出中占1.5%，1990年占1.7%（人均教育支出28.54元），增加0.2%。2000年，人均教育支出增为440.23元，占消费性总支出中的6.85%，增加5.15%。2003年，人均教育支出增为486.95元，占消费性总支出的6.9%。成都市采取多种措施，坚决制止教育乱收费。加大帮困助学的力度，不让一个学生因家庭经济困难而失学。增加教育投入，尤其是增加农村教育投入，减少农村居民的负担。2004年，城市居民人均教育支出增加为605.24元，在消费性总支出中所占比例减少为6.7%。2005年，人均教育支出减少为585.28元，在消费性总支出中所占比例减少为6.07%。

2004年，在普及高中阶段教育任务即将完成之际，成都市决定加大教育投入，推进城乡教育一体化。2005年，城乡教育一体化被确定为“八大工程”：农村中小学标准化建设工程，投资10亿元，完成对全市农村中小学的校点布局调整，在两三年内建设410所农村中小学，整体优化农村中小学办学条件；从2001年起，成都市每年安排1000万元农村中小学现代远程教育工程专项经费，各区（市）县及学校也通过各种渠道筹措建设资金，至2005年第四季度，成都市农村中小学已建各种类型的网络教室279间，农村学校已拥有计算机8370台；农民教育与培训工程，通过整合各类教育资源，完善覆盖县、乡、村的实用型和开放型的农民适用技术教育培训网络，2005年，完成各类农村劳动力培训146.3万人次；教育强乡（镇）工程，从全民受教育的状况、教育发展水平、办学条件、师资队伍、教育管理、教育为社会经济发展服务等六个方面促进乡（镇）教育全面发展，至2005年年底，已有5个市级教育强乡（镇）受到市政府授牌表彰；帮困助学工程，在义务教育阶段实施“两免一补”（免学费、杂费，补助住宿生生活费），对普通高中贫困学生实行助学金制度，对接受中等职业教育的农村家庭经济困难学生实行学费补助。2005年，各类受助学生达30余万人；农村教师素质提升工程，从2004年起，实施“农村教师专业发展行动计划”“农村教师学历提升计划”“绿色行动计划——送教下乡”，2005年，对农村教师6000余人进行了不同类型的培训；城乡结对帮扶工程，增强城乡教育互动融合；免费义务教育工程，即是在经济发展缓慢地区和经济发达的中心城区实施“免费义务教育”试点，受益学生20余万人。

至2005年，成都市城乡仍有近200所薄弱中小学校，职业技术教育发展仍然滞后，中等教育和高等教育质量有待提高。全国15个副省级城市各级学校“生均预算内教育事业费”支出成都市排名靠后（普通小学排名第14位，普通初中排名第13位，普通高中排名第13位，中等职业学校排名第15位）。1990—2005年，成都教育改革继续向前推进。

基础教育

学前教育

【概况】

1990年,成都市贯彻实施国务院《幼儿园管理条例》和《幼儿园工作规程（试行）》；由市妇联将“市托幼办公室”成建制移交给市教育委员会（以下简称“市教委”），与市教委新设立的“幼儿教育处”合署办公,并健全市、区（市）县、街（乡）三级幼教管理网络。全市托幼经费以区（市）县、街（乡）筹集为主，市上适当给予补助，当年市级财政共补助区（市）县幼教经费47万元（包括历年结余23万元）。制定成都市举办幼儿园的基本条件和登记注册细则，开展各类幼儿园的登记注册工作。全市共有幼儿园2497所，在园幼儿18.2万人（其中小学附设学前班5.49万人），其中教育部门办幼儿园68所，在园幼儿1.75万人。到1995年，全市幼儿园增至3003所，在园幼儿达26.51万人。

1996—2000年“九五”期间，成都市以政府举办的幼儿园为示范，鼓励社会力量举办幼儿园；积极发展农村幼儿教育，继续新、改、扩建农村乡中心幼儿园。启动幼儿园“分等定级”工作，进行幼儿园课程改革，推进幼儿素质教育；对各类型幼儿园加强管理，提高保教质量。1997年，市教委和郫县、青羊区、双流县、金堂县教委被评为四川省幼儿教育“先进集体”。2000年，全市有幼儿园2835所，在园幼儿27.03万人（其中学前班7.06万人），其中，教育部门办幼儿园161所，在园幼儿6.79万人。

2001年，《成都市教育事业发展第十个五年计划》要求：“普及学前三年教育，3—6周岁儿童入园率达到90%以上。积极发展0—3岁学前教育，初步形成0—6岁学前教育格局，满足社会对0—6岁学前教育的要求。”2002年，成都市制定《贯彻〈幼儿园教育指导纲要（试行）〉实施意见》，确定28所幼儿园为贯彻“纲要”的试点园，以科研推动“纲要”的实施。同时在一批幼儿园进行学前教育新课程改革，以幼儿发展为本，以幼儿的一日生活为内容，“师生共构”，改变以教师、教材、课堂为中心的教学状态。“十五”期间（2001—2005年），成都市在继续新、改、扩建农村乡中心幼儿园的同时，启动农村乡镇合格中心幼儿园创建活动，形成以乡（镇）中心幼儿园为龙头，辐射村幼教机构的农村学前教育体系。在14个区（市）县试点建立14个早教中心，探索农村幼儿0—3岁早教模式。调查研究学前教育的收费行为，调整收费标准，清理、整顿全市幼教市场。建立健全幼儿园安全工作制度和对各区（市）县学前教育工作的管理与评价制度，继续“分等定级”幼儿园，实行开放式办园，把幼儿园资源扩展到社区，走幼儿园、社区、家庭相结合的办园路子。成都市连续数年开展“心系好儿童”活动，受到全国妇联表彰。至2005年，成都市有幼儿园1797所，在园幼儿25.75万人（其中学前班7.87万人），3—5岁儿童入园率达到92%。其中，教育部门办幼儿园339所，在园幼儿9.92万人（其中学前班5.33万人）。（见表5-1）

【学前教育课程与新课程改革】

20世纪90年代初，成都市幼儿园的教育任务

1990—2005年成都市幼儿园基本情况统计表

表5-1　　单位：个、人

年份	校数	班数	毕业生数	招生数	在校学生数	毕业班学生数	教职工数		入学率%	平均每万人在校生数
							总计	其中教师		
1990	2497	6199	72420	91303	181959	71026	13269	8142	—	200
1991	1953	6146	78031	112054	208770	87625	12326	7660	—	227
1992	2260	6834	113861	140147	242731	118076	13335	8245	—	262
1993	1941	6348	124597	121992	219685	116665	12009	7645	—	235
1994	2877	7333	117097	110712	249737	95949	13876	9082	71.4	263
1995	3003	7275	109632	142367	265145	102479	14198	9363	74.8	276
1996	2961	7471	111539	147005	276271	102788	13797	9334	77.8	284
1997	3173	7562	112402	144674	276641	98975	14700	9970	80.1	282
1998	2949	7815	105735	155320	281620	105305	14989	10207	81.9	282
1999	2805	7898	114213	148149	275492	95551	15146	10562	83.2	276
2000	2835	7697	120028	142396	270318	109203	16049	10193	84.3	267
2001	1645	7924	—	140626	252022	125077	14956	8424	86.1	185
2002	1694	8191	121686	138395	251046	—	16054	8800	87	245
2003	1765	8207	119791	137983	257720	—	17410	9545	89.5	247
2004	1760	8074	—	134376	257362	—	17995	9797	91.3	243
2005	1797	8201	114618	126033	257485	—	19083	10391	92	238

教师与幼儿互为主体，共同建构教育活动

通过游戏、体育活动、上课、观察、劳动、娱乐和日常生活等活动完成，课程设置体育、语言、常识、计算、音乐、美术等科目。普遍存在重内容轻目标、重知识轻能力、重智力轻全面发展的情况。2003年，四川省教育科学研究所对全省幼儿教育教学、科研现状、实施新“纲要”情况进行调查，成都市选取新都区参加调查活动。调查中发现，有99.67%的教师在为本班孩子制定学期目标时，先选合适、易准备的教材，再制定目标，以教师、教材、课堂为中心的现象依然严重。尤其是广大农村地区以及私人办幼儿园，在教育教学中忽视幼儿发展的状态没有得到根本的改变。为此，成都市在一批幼儿园进行学前教育新课程改革。经过几年努力，全市幼儿园的教育目标、内容、评价不再以教师的主观经验代替幼儿的需要，而是以幼儿的一日生活为内容，儿童学习的内容均来源于儿童身边的生活内容。课程可以由教师预设，也可以由师生共同引发或幼儿自发生成，具有开放性和灵活性。“师幼互动”“师生共构”成为全市众多幼儿园采用的教学模式。课程有健康、社会、语言、科学、艺术等五个，教师全面掌握，融会进行。一般上午开展两个左右的教育活动，下午进行“区角”活动、体育活动等游戏。

四川大学华西幼儿园从生活所包含的“人—人关系”和“人—物关系”这两大环境中去挖掘教育源泉，引导幼儿科学生活，积极感受生活，有效创造生活，培养幼儿良好的生活能力。预设教育目标时强调目标的连续性，把握不同年龄段幼儿的不同要求，使幼儿在自我生活、自然生活和社会生活中有序地、一层一层向上递进，探索一种适应社会发展、贴近幼儿生活需求的园本化的递进式生活教育模式。成都市市级机关第一幼儿园和成都市第五幼儿园，教师与幼儿互为主体，共同建构教育活动，不预设课程，以活动中儿童的疑问、热点话题、自发行为等以及教师的价值判断作为活动生成和发展的基点，教师与幼儿交流、合作、互动，活动呈现出动态发展的过程。

成都市学前教育课程改革在农村地区相对滞后，市教科所组织市青年优秀幼儿教师将先进幼教理念带到农村去。2005年12月，在都江堰市聚源镇中心幼儿园召开全市“农村中心幼儿园幼教质量研讨会”，同时送教下乡，由成都市第十六幼儿园进行“幼儿园音乐教学活动障碍及其消除策略”展示活动。

【婴幼儿早期教育】

20世纪90年代，成都市幼儿园婴托班明显不足，发展缓慢，部分区（市）县无专门的早教机构，更无独立的托儿所（婴儿园）。《成都市教育事业发展第十个五年计划》要求，积极发展0—3岁学前教育。2002年，成都市将“0—3岁婴幼儿教育”列为学前教育三个重点研究方向之一。2003年1月，温江区实验幼儿园早教中心建立。在派教师赴广东、北京学习早教理论和实践经验的同时，投资5万元建成面积120平方米、可容15个家庭参加活动的亲子活动室。活动室设中央活动区，供婴儿及父母一起参加活动；另设生活区、操作区、阅读区、感知区以及户外婴幼儿游乐玩具场等，创设以生活学习和感官训练为主要理念的婴幼儿教育环境。2004年，全市先后建成农村早教中心14个，分布于14个郊区（市）县。全市先后举办多次贯彻新“纲要”幼儿园0—3岁婴幼儿教养工作现场研讨会。5月，金牛区组织早期教育进社区宣传教育活动，来自社区的0—6岁婴幼儿及其家长共4000余人参加，幼教专家解答育儿过程中的困惑和难题，举办多种亲子游戏，发放上万册婴幼儿养育与发展的宣传小报和育儿手册。2005年5月26日，全市在温江区万春镇召开以推进优先发展重点镇社区早教中心建设为重要内容的现场会，向14个优先发展重点镇社区早教中心赠送玩具。同年，成都市组织各区（市）县开展以“创造一个适合儿童的世界”为主题教育活动，向社区、家长宣传早期教育的意义，进行早期儿童养育与教育的专家咨询；启动以“0—3岁婴幼儿教育发展研究”为题的较高层次的研究工作。

幼儿与父母一起参加早期教育活动

【幼儿教育科学研究】

1992年，由成都市等5省市27个基层单位承担的全国教育科学“八五”规划重点课题“中国幼儿家庭教育”开题。1996年10月，该课题在成都市结题。总结会上，成都市5所幼儿园获得8个论文一等奖，并被授予“中国幼儿家庭教育的研究实验基地”称号。在此基础上，“九五”期间（1996—2000年），金牛区以“指导家长培养幼儿良好性格研究”为题继续深入研究；青羊区在研究中提出“家园同步教育”的概念，视家庭教育为幼儿教育中不可缺少的重要组成部分。20世纪90年代，成都市注重对幼儿教育热点问题、前沿问题进行研究。同时，重视理论对课题的指导作用，四川省直属机关实验幼儿园关于“幼儿园数学教学生活化、游戏化和操作化研究”，运用皮亚杰将知识分为物理知识、数学逻辑知识、社会知识的理论，证明幼儿学习数学是“教不会”的命题，解决幼儿学习数学的困难。不少幼儿园在科研中逐步形成办园特色，如成都市机关二幼的“情商启蒙教育研究”，省直属机关红星幼儿园的“幼儿园阅读教育活动的研究”，成都市第十四幼儿园的“幼儿园礼仪教育”等。

2003年，对全市一级幼儿园教研、科研情况进行摸底调查，对幼儿园科研课题来源进行统计，要求删改不符合幼儿教育规律的内容。2004年，确定幼教教研、科研以贯彻“纲要”为中心，将幼教教研和科研有机结合，抓好一批重点课题研究和示范园的工作，有效地贯彻实施“纲要”。市“十五”重点教育科研课题“成都市《贯彻“幼儿园教育指导纲要（试行）行动计划》的实践研究”开题。2004年5月，总课题组召开课题研讨会，各试点园进行交流，请专家现场指导。2005年12月，成都市实施“纲要”阶段成果展示培训会召开，由各区（市）县推选出的15所幼儿园就课程改革、教师专业成长、家园互动、早期教育等方面的研究成果进行交流，幼教专家作点评。同年，成都市市级机关第一幼儿园、省直属机关红星幼儿园、市第三幼儿园参加全国实施“纲要”经验交流会，并分别以“师幼互动中教师的进行式支持策略”“从跟随到推动，从解读到支持——我们是如何走进‘纲要’的”“分层发展与分类教研的实践探讨”为题代表四川省作发言。

“十五”期间（2001—2005年），成都市指导有一定基础的区（市）县开展社区学前教育研究和实践，探索利用社区资源服务幼儿园教育，以及把幼儿园资源扩展到社区、家庭，服务于0—6岁儿童和家长，实现资源共享的内容、方法和途径等。在2004年4月召开的全市“深入贯彻《幼儿园教育指导纲要（试行）》工作会”上，推出成都市推进社区学前教育观摩、研讨现场，市第四幼儿园和第九幼儿园分别展示“幼儿园教育社区化研究”课题和“以社区为依托，创设早期儿童养育环境的研究”课题的研究成果。至“十五”计划完成之时，成都市学前教育教研、科研、培训一体化发展的格局初步形成。

【幼儿园安全工作】

2001年9—11月，成都市组织各区（市）县对全市幼儿园的安全工作进行拉网式交叉检查，对部分幼儿园发出限期整改通知书或立即停办通知书。2002年，要求各区（市）县把幼儿园安全工作纳入常规管理，根据本地区上年安全检查的情况，制定相应的加强和改善安全工作管理的意见或措施，做到责任明确，工作落实。要求幼儿园建立和完善各项安全工作制度，建立进入食堂人员登记制度、留样制度等。对存在重大安全隐患的幼儿园进行了查处。

2003年，制定《成都市幼儿园安全工作检查细则（试行）》，对幼儿园安全工作制度、幼儿园安全教育、幼儿园工作人员要求、幼儿园设置要求、幼儿园房舍、活动场地、设备设施要求、消毒及疾病防治以及食堂卫生管理、外出活动管理、门卫管理、交接班制度等11个方面作详细的规定，坚持“谁主管谁负责”“谁主办谁负责”的原则，要求切实把幼儿园安全工作纳入常规管理，作为考核幼儿园园长（校长）工作的重要内容。各区（市）县在自查的基础上，要求在检查中出现安全隐患的幼儿园在规定时间内整改，对整改不合格的取消办园资格；对接送车超载现象进行清理整顿，对拒不改正者由交通管理部门实施处罚；对食品卫生安全方面存在的问题，要求限期整改，严格执行《中华人民共和国食品卫生法（试行）》，严格把好采购关、操作关、销售关和消毒关，进一步加强对食品保管室的管理，防止意外事件发生；对消防安全存在隐患的幼儿园，要求立即对电路及设备进行整改，杜绝一切火灾隐患；要求查出有D级危房的幼儿园，立即停止使用危房。9月，在接到四川省教育厅《关于开展幼儿园安全大检查的紧急通知》后，成都市各区（市）县再次进行安全工作检查。及时整改检查出的问题；对双流、金堂等县发生的事故和出现的隐患进行处理和通报。专门下发《关于做好全市幼儿园、学前班春夏季传染病防治工作的通知》，市教育局工作人员分别到部分区（市）县幼儿园了解预防“非典”情况，指导、帮助区（市）县和幼儿园做好预防工作，确保万无一失。此后，幼儿园安全工作成为全市学校安全工作的重要组成部分，每年进行部署、检查和整改。

2004年，交警正在向成都市第四幼儿园的孩子们讲解交通安全知识

【农村乡（镇）中心幼儿园建设】

1991年，市政府启动新建、改建、扩建农村乡（镇）中心幼儿园工作，并将此项工作列为市政府为农村办实事项目之一，纳入目标管理。为此，市教育委员会制定建园标准，使全市乡（镇）中心幼儿园建设在管理体制、园容设备、师资配备、行政管理等方面有据可依；组织部分乡镇干部和幼教干部到绵竹县参观，学习了解全国幼教工作先进县的整体水平；分解目标，把任务落实到区（市）县；指导区（市）县选好园点；加强过程管理，严格把关，严格按照办园基本要求进行设计和施工，坚持月报制度，定期组织检查。年底，市教委、市卫生局、市妇联、市总工会等单位联合对已竣工的乡（镇）中心幼儿园进行逐园检查验收。全年全市共筹资261万元，新建、改建、扩建完成乡（镇）中心幼儿园33所，新建园舍面积1.51万平方米，扩建改建园舍5178平方米，购置设施及玩具投资33万元。1992年，全市共投入382.65万元（含部分征地费），新建乡（镇）中心幼儿园14所，改、扩建18所，建房面积1.32万平方米，受益儿童4472人。1994年，新、改、扩建12所。1996年，改、扩建乡（镇）中心幼儿园10所。1997年，投入资金137.47万元，新建17所，改、扩建16所。1998年，新、改、扩建24所；2000年，新、改、扩建14所。

2001年，根据成都市托幼工作会议提出的任务，启动建设农村乡（镇）合格中心幼儿园工作。2001年，全市共新、改、扩建农村乡（镇）中心幼儿园12所，建设合格乡（镇）中心幼儿园22所。2002年，新、改、扩建16所，完成合格园建设25所。2003年，新、改、扩建18所，建成合格园33所。2004年，新、改、扩建14所，建成合格园22所。至2005年年底，成都市累计新、改、扩建农村乡（镇）中心幼儿园265所，完成合格乡（镇）中心幼儿园建设151所。

【幼儿园分等定级】

1996年，成都市拟订《关于实施成都市幼儿园分等定级有关问题的通知》，对评估标准、评审程序等提出要求，启动幼儿园分等定级工作。经过评审，1997年，全市有18所幼儿园被评为“一级幼儿园”，其中一级一等7所，一级二等11所。此后这项工作逐年坚持进行。2002年，根据《幼儿园教育指导纲要（试行）》精神和几年来的实践情况，制定《成都市一级幼儿园申报、评估办法》，改进评价方法，增强评估的科学性和实效性，进一步规范幼儿园分等定级工作，并视导审批市一级幼儿园17所。2003年，组织专家评审组视导审批一级园7所，同时指导区（市）县进行市二级园和三级园的视导和评审工作。2004年，共审批市一级园6所，市二级园9所，市三级园6所。2005年，修订《成都市一级幼儿园评估细则》，并评出市一级一等幼儿园9所，一级二等3所，二级幼儿园10所，三级幼儿园5所。至2005年年底，全市共有市一级幼儿园60所，市二级园113所，市三级园103所。根据规定，成都市每两年对市一级幼儿园进行一次复查。2002年，复查一级园8所，2003年，复查16所。2004年，全市等级幼儿园均按计划派出幼儿教育专家或优秀教师到农村幼儿园开讲座和上示范课。

【成都市第三幼儿园】

成都市第三幼儿园（以下简称“三幼”）前身是加拿大教会办的“树基儿童学园”，创办于1914年。该园地处红星中路干槐树街16号，1952年，由成都市人民政府接管，正式命名为“成都市第三幼儿园”。20世纪90年代，新教学厅落成，园区景观改造竣工。2005年，有12个班，400多名幼儿；拥有塑胶操场，海星游乐园，陶艺、舞蹈等特色功能房等。

三幼秉承“唯爱、崇美、好勤”园训，以“尊重人的自然发展，激励人的自信发展，成就人的自主发展”为办园理念，先后进行多项国家级、省级、市级幼教课题研究。“八五”期间开展市级课题“幼儿园美术教育之新路——美工区活动初探”的研究，“九五”期间开展国家级课题“新时期幼儿社会性健康发展研究”，“十五”期间开展“支持教师专业自主发展”的研究，培养出全国“三八红旗手”1人，全国优秀教师2人，省、市、区各级先进教师以及区学科带头人、市（区）优秀青年教师等近100人。

1991年，该园被评为首批省级“示范性幼儿园”。1997年，被评为首批成都市“一等一级园”。2001年，成立三幼早教中心——东升分园，致力于0～3岁婴儿早期教育研究，实现托幼一体化。2002年，成为成都市“贯彻幼儿园教育指导纲要试点园”。是年9月，经营管理“成都市三幼城花幼儿园”。2003年，成为四川省“贯彻幼儿园教育指导纲要试点园”。2004年，成为“教师职业技能师范学校”。2005年，被授予“锦江区首批名校”称号。

【成都市第四幼儿园】

1941年，四川省立成都实验幼稚园创立。1954年，更名成都市第四幼儿园（以下简称“四幼”）。园址位于成都外西茶店子育苗路2号。有功能完善的教学楼、儿童音乐厅、幼儿阅览室、自然科学探究室、IBM多功能微机室，有儿童三级跳台、大型攀爬墙、儿童游泳池、蘑菇屋、五彩路、儿童跑道、生态环境角等活动场地。是省级合格示范性幼儿园、成都市一级一等幼儿园、全国家庭教育科研实验基地、四川省示范家长学校、省幼儿教师继续教育培训基地。

四幼“开放办园，常规立园，科研强园”，致力于创设与儿童多项互动以及支持儿童生动、健康、和谐发展的育人环境。2001年以来，依托“十五”课题“幼儿园教育社区化”研究，形成以幼儿园为核心，家庭为基础，社区为依托的家、园、社区教育一体化的园本特色。2005年，在“在表演游戏中对幼儿创新意识的培养研究”课题研究中，真实还原表演游戏的“游戏性”，让孩子们体验到表演游戏的快乐。

2005年，成都四幼有16个教学班，在园幼儿600余人，教职工78人；有特级教师后备人选1人，市优秀青年教师3人。90%以上的教师具有大专以上学历，先后有70余人次获全国、省、市、区劳动模范、优秀教师、先进教育工作者、先进德育工作者、优秀共产党员称号。

【成都市第五幼儿园】

成都市第五幼儿园位于青龙巷12号，建园于1927年，原名“广益幼稚园”。1955年更名为“成都市第五幼儿园”。1975年，被确定为四川省第一所涉外幼儿园。1991年，被省教委授予首批“省合格示范幼儿园”称号。1997年，被评为首批“成都市一级一等幼儿园”，2000年，成为四川省贯彻《幼儿园教育指导纲要》试点园。园内环境绿化，拥有游戏活动场所、幼儿阅览室、多媒体教室、多功能活动室、幼儿篮球场、幼儿攀爬墙以及种植饲养场等。2005年，在园幼儿300多名，教职工50多名。该园教师全部达到大专或本科学历，能用普通话和英语进行日常交流，能用多媒体进行教学。1990—2000年，开展“双语同步教育，促进幼儿发展”“幼小衔接中，培养大班幼儿良好的学习习惯”等课题研究，获省、市、区各级教育局、教育学会奖励。“十五”规划课题“师生共构幼儿园教育活动的实践研究”先后获得四川省人民政府、成都市人民政府教学成果一等奖。承办全国第五届幼教学术研讨会现场观摩活动和省、市、区各级教育行政部门组织的研讨活动。有一批教师先后被评为全国三八红旗手、全国优秀保育员、四川省特级教师、市优秀园长、优秀班主任、优秀保健医生、优秀教师等。该园注重艺术教育，舞蹈“欢乐的小金鱼”获全国少儿舞蹈录像比赛三等奖，川剧舞蹈“梨园风采”获市中小学文艺比赛一等奖，舞蹈“变脸”获市艺术节二等奖；幼儿美术作品获得多种奖项并送国外展览。

【成都市市级机关第一幼儿园】

1951年，成都市市级机关幼儿园开办，后更名成都市市级机关第一幼儿园（以下简称“机关一幼”），由市机关事务管理局主管。园址初设致民东路36号，1987年迁西御河边街1号。1990年以来，该园更新室内外玩具，改建户外大型活动场地，建成365平方米草地以及805平方米绿化带。先后被评为四川省首批示范园、成都市首批一级一等幼儿园、全国贯彻《幼儿园教育指导纲要》试点园、四川省师资培训基地。该园支持教职工深造，获得大学专科、本科、研究生文凭者，积极主动参与培训学习并在工作中成效显著者，给予奖励。并开展每月每人读一本好书活动，支持教师外出参观学习，并请专家到园研讨、对话，积极承办各项观摩活动。2005年，该园有大专文凭的教师占95%以上，有本科文凭的占15%，有研究生文凭的占5%左右。

机关一幼以“珍爱每一个孩子，促进每一个孩子富有个性的全面发展”为办园指导思想。1990年以来，承担多项市级、省级、国家级课题研究，两次获得成都市科技进步奖。“十五”规划市级课题“师生共构幼儿园课程”先后获得省、市政府教学成果一等奖。2003—2005年，多位教师的论文先后多次获得省、市论文评选一等奖或其他奖项。该园医务室研究肥胖儿、易感儿、体弱儿的护理对策和改善措施；厨师创新幼儿食谱和提高幼儿伙食的质量，受到家长好评。2005年12月，获得“四川省基础教育课程改革先进单位”称号。

【成都市市级机关第三幼儿园】

1957年由成都市轻工业局开办，1964年交市政府管理，改名为成都市市级机关第三幼儿园（以下简称“机关三幼”）。园址初设青羊宫百花大桥附近，1987年迁永陵路3号。功能室配置及班级环境设备齐全，室外有塑胶地坪、山坡草坪、沙地、儿童游泳戏水池、鱼池鸡舍等，是成都市一级一等幼儿园、省示范幼儿园、省幼儿教师继续教育示范基地、中国陶行知教育思想实验园。2005年，开设13个白托班、4个全托班，2—6岁在园幼儿700余人。

机关三幼以“培养身心素质全面和谐发展的完整儿童，为儿童一生的发展打好基础”为育人目标，信守“一张笑脸相迎、一句问候暖心、一心细心护理、一门心思教育、一流水平奉献”的服务承诺。是“八五”规划国家重点科研课题“中国幼儿家庭教育研究”实验基地之一。该园“九五”规划课题“对3—6岁幼儿攻击性行为问题的研究”获得了省政府教育教学科研成果二等奖。“十五”规划课题“创设并利用环境，促进幼儿教育生活化的研究”从解决教育教学与“纲要”要求的差距入手，创设环境，构建幼儿园一周、一日活动的内容、形式和方法，让幼儿教育回归到生活化教育中去。同时，机关三幼与泡桐树小学联手，开展幼、小衔接研究；成立社区早教中心，实现幼儿园与社区教育资源共享。

九年制义务教育

【概况】

1990年，全市共有小学3580所，在校学生67.07万人。单设初中415所。普通初中在校学生28.88万人。

1991年，全市加快普及九年制义务教育，安排新、改扩建乡初中60所。1992年，市人大常委会审议通过市政府《关于调整〈成都市实施九年制义务教育规划〉的报告》，全年改扩建乡初中70所，改扩建乡初中总数达到298所，占乡初中总数的79.25%；全市基本“普九”的乡（镇）已达58个，覆盖人口109.6万人。1996年成都市实现普及九年义务教育的目标，适龄儿童小学入学率达到99.9%，小学有2869所，小学毕业生98.2%升入初中。

20世纪90年代中期，成都市全面启动“基础教育的素质教育”工作。成都市将承担的全国教育科学“九五”（1996—2000年）规划课题“中小学素质教育工程（个案）的研究与实验”分为10个分课题，参加研究的单位涉及19个区（市）县及高新区和直属中学21所。同时，制定全市扶助薄弱学校的规划并组织实施。温江县、青羊区、武侯区、双流县、新都县、郫县等区县成为国家或省素质教育实验区。成都市规定中小学教育重大改革课题须经单位申报、市教育科学规划办组织论证、市教育局审批后方可立项。市教科所采取各种方式对课题研究的进展情况进行经常性检查，并对结题课题组织评审鉴定。1997年，实验小学的《小学学校教育整体结构改革探索》、成师附小的《小学情知教学模式研究》、武侯区的《愉快教育及其推广研究》等获得四川省首届教学成果一等奖。1998年3月2日，成都市施行《关于全面推进中小学素质教育的若干意见》。2001年9月，郫县作为国家级课程改革实验县，启动课程改革实验。2002年，成都市扩大课程改革规模和范围，即在省教育厅确定的温江、新

2001年，国家基础教育课程改革郫县实验区举行工作汇报会

都、双流三个县进行试验的基础上，将六城区小学一年级及龙泉驿区纳入试验范围。2003年9月，成都市其余9个区（市）县启动新课程改革实验工作，新课程改革在全市全面铺开。

2004年，成都市启动农村中小学标准化建设，投资10亿在3年中建设410所农村中小学校，改善农村学校办学条件，促进义务教育均衡发展。实施“农村教师专业素质提升工程”。全市以初中为重点，深入调研，积极探索提高义务教育阶段教学质量的措施，对初中特别是农村初中，加强过程管理，加强经费投入、政策扶持和师资队伍建设，从薄弱环节入手，全面提升初中教育教学质量。2005年1月，成都市分别组织小学和初中主要学科的调研考试，了解和发现存在的问题，进行有效的调控和指导。同时，进一步完善全市流动人口子女义务教育的政策机制和工作机制，简化工作流程，规范管理服务；建立健全政策机制，援助农村“留守儿童”。（见表5-2、表5-3）

1990—2005年成都市普通小学学校、学生、教师基本情况统计表

表5-2　　单位：个、人

年份	校点数		班数	毕业生数	招生数	在校学生数	毕业班学生数	教职工数	
	校数	点数						总计	其中教师
1990	3580	—	20669	139585	91258	670718	102945	45537	40492
1991	3480	—	20458	106786	88852	650170	109402	45672	40510
1992	3398	—	20360	107334	107860	649575	105840	45635	40446
1993	3294	—	20547	104694	131996	678553	125409	45860	40482
1994	3154	—	20573	124143	145145	705277	118957	46047	40653
1995	3063	—	20395	118529	130786	725625	94681	42419	37036
1996	2869	—	20527	94414	127335	760667	91828	42924	37349
1997	2819	—	20704	91449	122798	794376	114518	43134	37727
1998	2749	176	20394	113786	117867	800611	142558	42981	37710
1999	2601	167	19848	141694	125020	785849	148645	43029	37758
2000	2467	196	19400	147700	129966	771582	133656	42863	37618
2001	2142	129	18536	133001	124120	767201	131686	42616	37057
2002	589	1501	18108	131272	121551	765544	129423	42590	36928
2003	569	1301	17768	129294	113993	762667	124871	42398	36684
2004	586	1043	16510	124446	116014	774265	134398	41407	35963
2005	573	843	16061	135185	108268	757468	140735	41250	35786

1990—2005年成都市普通小学入学率、巩固率、毕业率、辍学、流失率

表5-3

年份	入学率%	巩固率%	毕业率%	辍学、流失率%		平均每万人口在校生数（人）
				辍学率	其中流失率	
1990	99.5	99.1	98.2	—	0.6	738
1991	98.3	99.6	98.7	—	0.4	708
1992	99.7	99.8	99.1	0.4	0.2	700
1993	99.9	100.3	99.3	0.38	0.23	724
1994	99.9	100.9	99	0.2	0.09	744
1995	99.9	101.2	99.6	—	0.11	756
1996	99.9	100.3	99.7	—	0.06	783
1997	99.91	100.4	99.6	0.29	0.16	810
1998	99.92	100.3	99.4	—	0.07	803
1999	99.95	100.3	99.4	0.26	0.18	788
2000	99.95	100.5	99.4	0.28	0.2	761
2001	99.94	100.6	99.5	0.24	0.16	563
2002	99.96	101.1	99.7	0.3	0.25	745
2003	99.96	101.6	99.9	0.2	0.15	730
2004	99.94	102.6	100	0.17	0.13	731
2005	99.96	101.3	100.6	0.12	0.07	700

【九年义务教育普及】

1986年，成都市17个区县全部普及小学教育。同年2月，市人民政府印发《成都市实施九年制义务教育的意见》。1987年4月，《成都市实施九年义务教育规划》报经市十届人大五次会议审议通过。“规划”要求全市城乡于1997年普及初中教育。

1991年，安排改、扩、新建乡初中60所。1992年，安排改、扩、新建乡初中60所实际完成70所，累计完成298所，占全市乡初中总数的79.25%。同时，市教育技术装备管理所为区（市）县调拨教学仪器和仪器经费数百万元，重点装备乡初中和农村小学。各区（市）县均把“普九”纳入当地经济和社会发展总体规划，努力保证教育投入增长。1986—1992年，成都市乡（镇）中教育投入最高的达到700多万元，最少的近100万元，改善了当地学校的办学条件。

1993年4月，成都市人民政府召开城区“普九”动员大会。市人大作出《关于调整“成都市实施九年义务教育规划”的决定》，根据1992年撤区并乡建镇的实际情况，调整各区（市）县分年实施“普九”乡镇的规划。同时，成都市规定农村教育费附加严格按《四川省农民负担管理条例》执行，即按上年人均纯收入的1.5%计征，不得突破；除校舍的危房改造经省有关部门批准可进行教育集资外，其他各类教育集资一律取消；除按照市人大相关决定实施“普九”检查验收外，取消其他一切达标活动。同年，成都市在全市范围内开展以《中华人民共和国义务教育法》为主要内容的宣传活动；市政府落实

1250万元的贷款，支持“五区一县”“普九”；新、扩建乡初中60所；设立400万元专项奖金，建立“普九”表彰制度。各区（市）县也努力筹资建校。武侯区多方筹资3000多万元，新建和改扩建中小学15所。锦江区先后拨款3000多万元，新建、改建教学用房和职工住宅近9万平方米。5月，经省、市检查验收，成都市锦江区、青羊区、金牛区、武侯区、成华区和温江县及其余区（市）县153万人覆盖地区，达到基本普及九年义务教育的标准。当年，全市90%以上的小学毕业生升入初中。

1994年初，成都市将“普九”任务层层落实到县、乡、学校；新都县、都江堰市实现“普九”。1995年，实现“普九”的区（市）县增至14个，全市“普九”的人口覆盖率达到90%。1996年，经过全市共同努力，11月17日，以彭州市“普九”验收合格为标志，成都市以实现“普九”乡镇100%、“普九”人口覆盖面100%的成绩，提前一年实现了“基本普及九年义务教育，基本扫除青壮年文盲”的目标。

在“普九”目标实现的同时，成都市启动“高质量‘普九’工程”。1997年，制定“普九”复查评估标准，确定复查评估日程。2001年6月13日，在北京召开的全国基础教育工作会上，教育部、财政部、国家发展计划委员会授予成都市“全国‘两基’工作先进地区”称号。2002年，市政府决定在“两基”复查的基础上，对区（市）县的“两基”巩固提高工作进行“年审”，至2005年，对全市19个区（市）县和高新区均分批进行了一次“年审”。1996年，成都市小学生的流失率为0.06%，初中学生的流失率为1.8%；2005年，全市小学生流失率为0.07%，辍学率为 0.12%，初中学生流失率为0.86%，辍学率为1.02%。

从2005年开始，在五城区和高新区大面积试点实行义务教育免费。成华区免除了户籍在该区的所有接受义务教育的农村学生的杂费、课本费、作业本费及信息技术费，免除的近700万元费用由区财政全部承担，受助学生1万余人。锦江区拨出400余万元补贴专款，对全区4800多名农村义务教育阶段中小学生，实施免费义务教育。武侯区筹资700余万元，对辖区内农民及失地农民子女1万余人接受义务教育实施免费。高新区对辖区的农村居民和失地农民子女全部免除一费制收费范围的各种费用。

【教师素质提升】

成都市各级教育行政部门以教师专业化水平提升和师德建设为重点，开展小学、初中教师队伍建设。在全市实行教职工聘用制，实现人事管理由身份管理向岗位管理转变。2004年，实施教师资格制度，成立全市教师资格认证指导中心，面向社会开展教师资格认证。2004年，中小学新进教师一律采用面向社会公开招考的方式。同时加强中小学师资培训。成都市逐步建立以政府财政拨款为主、多渠道筹措资金的教师培训投入机制，将中、小学师资培训经费按教职工工资总额的1.5%纳入教育经费预算。在培训机制建设上，继续完善院校（所）合作、校本培训、教师自主学习三结合的培训机制。在建立市级教师资源联动机制的基础上，积极推进县级教师进修学校与县教研、电教、电大工作站等单位的资源整合工作，构建上挂高等教育机构、下联中小学校的县级教师学习与资源中心。至2005年，全市城区教师研培机构与农村教师研培机构的协作、联系、帮扶制度已初步形成，城乡教师资源的交流互动机制已初步建立。在培训方式上，构建“天网”“地网”“人网”（“天网”指的是数字卫星电视，VBI和IP教学信息接收网。“地网”指的是基于因特网、电信网、有线电视网并与中央电大远程教育网络平台、各级校园网络相连的计算机网络。人网指的是由教育人才组成的教学组织管理网络系统）三结合的全息型培训系统，建立“研、培、管”三位一体的校本培训模式。在培训内容上，坚持“按需施教、讲求实效” 的原则，突出教师继续教育内容的针对性、实效性、先进性，保障每位教师每年接受100学时的继续教育。按照“先培训、后上岗，不培训、不上岗”的原则，组织实施中小学各学科教师新课程上岗培训，使每位将进入新课程的教师普遍接受不低于40课时的岗前培训。

从20世纪90年代开始，成都市从政策上对农村教师队伍建设进行扶持与保障，坚持同等条件下优先向农村教师倾斜的原则。在职称评审工作中，在符合教师职务试行条例的前提下，对边远山区、农村、村小、单设初中教师（包括圆满完成支教任务并年度考核为优秀的支教教师）予以倾斜。在评优、评选学科带头人方面，在保证80%的学术质量的层面上，20%向农村学校教师和重点镇教师倾斜。为鼓励城区（城镇）学校教师到农村学校支教，市直属学校按300～500元/月的标准给予生活补助，并按规定报销一定的交通费。龙泉驿、蒲江、温江等区（市）县根据山区或农村学校距离市区的远近，以及办学的实际情况，由当地教育局拨款给予每人从40～200元/月不等的经济补助。进入21世纪后，成都市将农村教师实际教学能力提升与学历水平提升结合起来。2004—2008年，成都市决定实

2005年成都市小学专任教师专业职务情况分区（市）县统计表

表5-4 单位：人

区域	专任教师合计	其中：女	中教高级	小教高级	小教一级	小教二级	小教三级	未评级
成都市	35786	23299	79	17479	15175	1179	23	1851
城 区	9266	7426	29	4195	3954	127	9	953
高新区	646	479	4	303	310	7	0	22
锦江区	1343	1084	5	648	600	13	3	74
青羊区	1607	1316	8	883	557	20	0	139
金牛区	2186	1777	6	862	980	57	6	275
武侯区	1846	1470	6	783	802	17	0	238
成华区	1638	1300	0	715	705	13	0	205
龙泉驿	2216	1379	11	769	1162	133	3	138
青白江	1268	711	2	686	502	64	0	14
新 都	1867	1319	2	1000	683	100	0	82
温 江	1108	742	5	495	489	51	0	68
金 堂	2777	1257	0	956	1587	142	3	89
双 流	3152	1939	10	1571	1306	70	1	194
郫 县	1632	1158	2	722	850	15	0	43
大 邑	1546	805	0	782	723	34	0	7
蒲 江	894	485	0	377	482	32	1	2
新 津	959	695	0	610	252	37	3	57
都江堰	2168	1400	16	1119	824	58	0	151
彭 州	2433	1396	1	1348	930	133	0	21
邛 崃	2275	1205	1	1752	466	47	0	9
崇 州	2225	1382	0	1098	965	136	3	23

施“农村教师专业素质提升工程”计划。该计划包括两个组成部分。其一是“农村教师专业发展行动计划”。主要任务是为乡镇初中、中心小学、村小分别培养1000名校级学科骨干教师，且确保在培训后较长时间内继续在一线担任教学工作；分期分批对农村约4.5万名教师进行信息技术培训，使其通过省级检测；以新理念、新课程、新技术和师德教育为重点内容，组织农村约4.5万名教师参加每年100学时的继续教育；分期分批对14个郊区（市）县教师培训机构的办学水平进行评估等。2005年上半年启动成都市500名初中、1000名小学农村骨干教师的培训，并按200元/人拨专款支持这项工作的展开。其二是“农村教师学历提升计划”。主要任务是到2008年使未达到专科学历的农村小学教师达到专科学历，使未达到本科学历的农村初中教师达到本科学历。完成学历提升计划的农村教师，成都市每人给予600元奖励，区（市）县也相应给予一定的奖励。建立以城市带动农村为核心的城乡教师互动机制。成都市规定从2004年秋季起，全市城区（城镇）学校每年按专任教师1%的比例派教师到本市范围农村相对薄弱的学校开展为期一年的服务活动。2004—2005年，全市共有547所城区（城镇）中小学校派出1007名教师到573所农村中小学、幼儿园开展支教活动。选派67名市教育专家、特级教师和学科带头人定点联系农村中小学。农村学校管理干部及骨干教师到城市学校上挂锻炼的办法也在探索中。2005年，成都市有60%小学教师、50%初中教师达到专科、本科学历层次。（见表5-4）

【招生办法】

1990—2005年，成都市小学招收新生均以就近登记入学为原则。根据《中华人民共和国义务教育法》《四川省义务教育实施条例》《成都市实施九年义务教育规划》的有关规定，地方人民政府应保证年满6周岁的儿童入学接受九年义务教育。在成都市实现基本普及九年义务教育的过程中，由于客观条件尚不具备，将入学年龄确定在6周岁半（个别区、县确定在7周岁）。基本普及九年义务教育后，1999年，五城区和高新区小学入学人口出现自然回落的情况，成都市从这年秋季起，五城区和高新区小学入学年龄改为6周岁零3个月，2000年，五城区和高新区小学入学年龄调整为6周岁。2003年，全市14个郊区（市）县中有12个郊区（市）县小学入学年龄调整为6周岁，金堂县为6岁半，双流县为6岁零3个月。

在实现基本普及九年义务教育的过程中，成都市取消了初中招生考试。1990年，在部分中学开始招收艺术、体育特长生。1993年起，初中招生按照就近入学的原则，用计算机随机派位，确定小学毕业生升入的中学。向重点中学初中输送的保送生，限制在小学毕业生的5%以内。为满足部分家长选择学校的要求，在微机派位后，允许中学在完成招生计划和不突破规定班额限制的前提下，招收少量择校生，并将其纳入统一的招生管理。各校自定的择校生收费标准较高，社会反映强烈，市教委制定了中小学“择校生”收费最高限额等措施。

1997年，初中毕业会考、两类高中招生暨中专、中师招生实行统一考试，即实行“三合一”考试，考试科目由7科减少为5科。两类高中、中专、中师、成人中专的录取统一由市招办组织，将重点中学高中的部分招生名额直接划拨给办学困难的市属和区属学校，普通中学初中毕业生可免试直升本校高中的名额扩大到本校高中招生名额的15%。从1997年起，重点中学的初中毕业生统考达到重点中学录取线后，第一志愿限报本校；石室中学、成都七中、树德中学不再在全市范围内招收理科实验班，理科实验班生源只能在本校高中招收的学生中进行选择。同年，成都市规定树德实验中学、石室联合中学、七中育才学校等3所改制学校每年招收8个初中班，其中2～4个在相对就近的小学招收应届品学兼优推荐生，其余4～6个班按相对就近的原则公开招收自费择校生；对成都外国语学校、成都外国语实验学校初中招生考试人数进行限制；其余任何学校在招收确有实际困难需要跨片区就读的学生时，不得再举行任何形式的学科性考试。

21世纪初，初中毕业生升学考试增考体育。同时，废止省级示范性普通高中的初中毕业生初中升高中第一志愿限报本校的规定，以尊重初中毕业学生选择高中学校的自主权。为缓解树德实验中学、石室联中、七中育才学校（西区）等3所学校的“择校热”，从2001年开始，将三校初中毕业生直升对口高中的名额由原来上重点线的前30%调至前100名，2002年，从100名减至80名，2003年，从80名减至60名，减少的名额分别给予6所相对薄弱的学校。2004年，取消三校的直升名额。三校招生办法改为自愿报名（报名须达到规定条件）后80%计算机随机派位录取。同年，成都市规定，义务教育阶段公办学校坚持相对就近免试入学的原则，不得招收择校生，原则上不得举办学科实验班、特长班、联办班等，确需举办须报市级教育行政部门批准。2005年，成都市采取将直属学校的招生计划按一定比例分配到各区，由各区根据市上分配的名额和自己的资源以及学生情况，按相对就近原则、计算机随机派位的办法招收初中新生。

【思想品德教育】

20世纪90年代，中小学思想品德教育已初步形成按年级实施操作的课堂教学系列，根据学生年龄特征调整德育内容，并在各学科教学中渗透德育工作。对小学生主要让他们感受到祖国可爱、人民可亲、个人与祖国密不可分；对初中生则着重让他们了解祖国的悠久历史和灿烂文化，树立报国之志。同时，组织形式多样、生动活泼的课外教育活动，形成课内外、校内外相结合的教育网络。各校安排中小学生学习中国历史和国情，看革命人物传记，讲中华民族对人类的贡献。每周举行一次升旗仪式，组织以爱国主义为主要内容的班团队活动，举办各种历史知识竞赛和考察，增强学生的民族自尊心和自豪感。

2000年，高新区芳草小学取消“三好学生”评选，开展《争章夺星促进小学生个性化发展》研究，用“争章夺星”活动来激励学生，适应学生的差异需求。在此之后，成都市中小学校开展了“争创新三好”（在学校做好学生，在家做好孩子，在社会做好公民）活动，并举办了以推广“新三好”为主要内容的中小学生成长论坛。

2001年，成都市召开全市中小学德育工作会议，提出在未成年人思想道德教育工作中坚持“贴近未成年人、贴近实际、贴近生活”的“三贴近”原则，提高学校德育的针对性、实效性和主动性。同年，在全市中小学生中进行“党在我心中”庆祝建党80周年系列教育活动。2003年4月，成都市举办“中小学生道德教育研讨会”，征集论文2567篇，280篇论文获奖。10月，成都市在市属中学初中一、二年级开展优质班会评比活动，要求班会教育目标明确、具体，符合中学德育工作要求和学生实际情况。2004年，成都市制定成都市中小学生评价体系中思想道德素质部分的评价标准，形成成都市中小学生的《成长记录册》和《成都市德育常规工作量化考评细则（试行）》。3月，在全市中小学生中开展“爱我中华、统一之旅”专题爱国主义教育活动，宣传“和平统一、一国两制”基本方针，让学生了解台湾的历史和现状，增强完成祖国统一大业的使命感和责任感。在第一个全国公民道德宣传日前后，成都市有近万学生参加以“继承中华美德，健康快乐成长”为主题的网上论坛。接着，举办小学生“中华古诗文诵读”比赛，中学生“弘扬中华民族优秀传统文化”演讲赛；构建学校、家庭、宿舍“三结合”的青少年学生法制教育网络，维护在校学生的合法权益，预防和减少青少年违法犯罪。2005年，在全市中小学生中开展道德实践

“十个一”活动，让学生从小事做起，循序渐进，逐步内化，促进其良好行为习惯的养成，塑造和完善学生的健康人格。

【学生安全教育】

2001年，成都市成立安全工作专项治理领导小组，把中小学安全教育作为学校年度目标考核的重要内容，加强领导，落实责任。同时，建立与完善各项安全制度，建立安全防范和预警机制；开展学校安全专项治理行动，整治学校周边环境，创建安全文明校园。先后组织10个检查组，分别对直属学校、区（市）县教委（局）进行专项检查，共检查42所中小学和3217所幼儿园，对不合格者限期整改。

2003年，实行中小学生“交通安全违章抄告制”，统一印制《中小学生交通违章抄告通知单》。中小学生交通违章后，由交通执法人员填写通知单，一联交警分局留存，一联交学校，一联交教育行政部门。学生交通违章后拒不表明身份的，由交通执法人员实施摄像，交有关教育行政部门备案并严肃处理。学生违章情况按月汇总统计，由市教育局转发各区（市）县教育行政部门和直属学校、市管民办学校。一个月违章3次以上（含3次）的学生，学校通知其家长到校，组织学生及其家长共同在辖区交警的指导下学习交通安全常识。因严重违反交通法规引发交通事故或一学年内3次违章被抄告的学生，不得参加各类评优活动。

2004年10月22日，青羊区教育局在成都市汪家拐街小学组织开展了以“珍爱生命，平安回家”为主题的“拒乘无牌无证、非法营运三轮车”专题教育活动

青少年学生法制教育坚持课堂教学为主，注重法制课内容向其他学科的渗透教育，适时开展其他形式的课堂法制教育活动，提高课堂法制教育质量，增强学习效果。校内教育与校外教育相结合，开辟第二课堂，开展学法用法实践活动，举办法律知识演讲、法制文艺演出、有奖征文、模拟法庭等活动；进行社区青少年法律学校建设，营造社区开展青少年学生法制教育的良好环境。利用基层法院少年法庭、未成年人管教所、戒毒所、监狱、劳教所、法律援助中心、青少年宫等社会资源，在市级或有条件的区（市）县创建具有综合性、常设性、功能齐全的青少年法制教育基地。开展“青少年安全放心网吧”创建活动，依托学校电教室以及校外管理规范的网络阵地开展法制教育，提高青少年学生自我保护意识，减少网络不良内容对青少年学生的负面影响。

成都市中小学校和所在地公安机关、派出所建立密切联系，并聘请专门的法制副校长或法制辅导员，定期开展法制和安全教育。成都市公安局和教育局于2005年联合编写了《成都市中小学法制副校长专用教案》。

【学校教育整体结构改革】

1984年，成都市实验小学的《小学学校教育整体结构改革探索》启动。该项研究属于学校层面上的教育活动组织、管理研究。“结构探索”的意义在于从复杂的学校教育活动要素中框架式地抽象出适应于“全面发展”（素质教育）教育需要的功能要素，以求科学地组织学校教育工作。1989年，实验小学整体改革成果获中国教育学会、《教师报》联合颁发的“金钥匙”奖，1990年，获四川省教委颁发的首届教改经验成果一等奖。

1990年，实验小学开始“学校教育整体结构改革”深化研究，着重研究学校教育运行结构的理性构建。结构质变一般有三种形式：要素重组引起质变，要素数量增减引起质变，要素数量改变和重组同时发生引起更为复杂的结构质变。因而从育人功能出发，实验小学将学校管理系统、教师方法系统、教育内容系统理解为各具一定功能并相互功能耦合的三个要素，具有结构意义。诸多管理改革措施增加了实验小学管理体系的能量，并形成和学校教育工作中的其他部分的功能联系。一系列措施使教师队伍的整体素质得到增强，教师的教育教学方式方法得以改善和丰富，并以教育工作质量提高的方式对学校育人功能结构产生重要影响。落实德、智、体、美、劳“五育”活动，从分量上、数量上改变教育内容，具有重要的要素改革意义。如音乐教育从20世纪70年代末以教唱歌为主，发展为包含声乐、器乐、初步的乐理知识在内的教学活动，在教学活动内容上发生了质的改变，促进实验班学生音乐审美素质的发展。经过整体结构改革，实验小学形成了学校教育结构的“刺激模型”，即把上述三个要素的功能分别定义为“刺激的量”“刺激的方式”“刺激的性质”，相互功能耦合，影响学生的发展，达到提高教育质量的目的。该课题于1996年结题，实验小学学生课业负担趋向合理，教育活动体系具有重性格修养培养的特色；教师队伍素质有较大提高，学生获得较为和谐的发展。1997年，该项改革获四川省首届教学成果一等奖。

【课程设置与新课程改革】

20世纪90年代，成都市小学按国家教学大纲要求，开设思想品德、语文、数学、自然（科学）、外语（初为选修课）、计算机、历史、地理、体育、音乐、美术等课程，年级不同（学生年龄不同）开设的科目与时间有所不同。另有若干活动课程，如课外阅读、趣味数学、班队活动、劳动制作等，各学校、各年级不尽相同。初级中学开设的课程与小学大体相同，自然课改设为物理、化学、生物等。

2001年9月，成都市郫县被确定为全省唯一的“国家基础教育课程改革实验区”，成都市成立基础教育课程改革领导小组，统筹全市课改工作。至2003年秋，全市19个区（市）县和高新区全面启动新课程改革实验工作。成都市坚持教师“先培训，后上岗；不培训，不上岗”的原则，认真抓好师资培训，更新教师教育观念。2002年，所有新课程实验上岗教师均按要求完成50学时培训，并通过考核。2003年，以远程方式开展培训，全市共培训新课程实验教师3万余人次。10月，成都市承办第二期基础教育新课程骨干培训小学语文、初中数学国家级研修班。同年，成都市教育学院作为省级中小学教师继续教育培训基地，共完成新课程省级骨干培训425人。

全面启动新课程改革实验后，各中小学联系自身实际制定实验方案，逐步构建起多种不同形式的课程体系。成都实验小学改革单一的课堂教学形式，建立课内外并举，学科教学与多科课外兴趣活动相结合的教学体系，除按教育部要求开齐开足规定课程外，还开设自然科技活动、讲演活动、智力游戏活动、琴棋书画等四大类活动课程，探索出活动课程的10种活动方式和10种学生学习方式。2002年4月开展的“春天的发现”主题活动，将综合实践活动与少先队活动整合在一起，由学生自己组织、筹划，然后聘请老师、同学指导，培养儿童自我认识、自我活动、自我管理、自我学习的能力。成都师范附属小学形成多个教师教育科研共同体，研究“自主开放式教学”“小学信息技术与学科课程整合的应用”“小学校本课程开发”“小学语文实践活动”等国家级、省市级课题，在此基础上，该校形成以“开卷有益”“数学天地”“泥塑”等课程为龙头的校本课程，编写出相应的校本教材。

2003年，成都市教育学院举行新课程省级骨干教师培训

“小学校本课程开发研究”的成果获成都市首届教学成果二等奖、省教学成果三等奖。成都七中育才学校关注不同类型学生的个体发展的需要，设立必修课、选修课和活动课相结合的教学模式，实行综合实验课程。通过请课改专家到校开展专题讲座，派干部、教师外出学习考察，促进教师教学观念转变；开展以“实施新课标、提高课堂教学质量和效益”为主题的教学研讨会，组织教师用新理念、新方法进行“教学设计”；开展全校性的青年教师赛课活动，35岁以上教师上公开课，新教师上汇报课，并用新课标准评课。课改试验两年多来，该校50余名教师参与编写15本课程培训书，数学组的教学设计被列入教育部组织出版的《新教材教学设计》一书。一位数学教师在全国初中数学教学比赛中获一等奖，《初中研究性课程的开发与研究》获四川省政府教育科研成果二等奖。

2003年秋季开学后，成都市开展新课程案例研究评选活动，共征集案例1000多份。2004年5月，在双楠中学举办成都市九年义务教育阶段综合实践活动课程现场研讨会，与会人员分别就中小学综合实践活动课程的开设，如何保障该课程的有效实验以及相关制度和课程文化建设的情况进行经验交流。2005年，成都市课程改革与教改、考改逐步结合，确定4个市级“以校为本教研制度实验基地”和20个市级“以校为本教研基地校”，帮助教师解决实际问题，支持学校开展校本教研活动。成都市参加四川省教育厅第二届基础教育课程改革优秀成果评选活动，共有64项成果获奖。

【初中教育质量提升】

1997年，成都市初中的巩固率为96.4%，毕业率为95.5%。成都市对全市义务教育的现状作调查研究，探索提高初中教学质量的有效措施。2003年，初中的巩固率与毕业率有所提高，分别为98.1%与96%。11月20日，成都市在郫县犀浦镇实验学校召开全市初中教学质量工作现场会，听随堂课，交流经验，就加强初中教学管理，提高初中教学质量，进一步提高义务教育普及水平等进行研究。同时，成都市各初级中学校随之进行养成教育，使学生养成良好习惯，养成高尚的思想品质和良好的道德情操；进行班级文化建设，培育良好班风；通过学生的他律与自律建立良好的教育秩序，确保教育效益。

2004年，成都市先后制定《促进九年一贯制学校办学的意见》《加强初中教学常规管理的意见》《提高初中学校教育教学质量的意见》。全市各初中学校相继采取措施贯彻实施。在教学常规管理方面，严格按照基础教育课程改革及课程计划要求，开齐课程，开足课时，不随意增减和变更，不随意停课，不组织学生参加未经教育主管部门批准的竞赛活动和各类商业庆典活动。严格控制学生在校活动总量和课外作业量，合理安排学生的学习和体育活动时间，减轻学生过重课业负担，建立良好的教学秩序，保障教学工作正常实施。教学管理工作由校长负责，以教导处为运作中心，学科教研组和年级组具体落实教学管理任务。接着，市教育局、各区（市、县）教育行政部门定期召开初中教学工作会，汇报、交流教育教学工作，对过程监控中发现的问题作专题研究。市教科所组织全市各初中以年级组、教研组为本，立足于小，着眼于实，开展微型教研和教育科研工作，引导教师上好每一堂课。

同年，构建并实施《成都市中小学生学业质量评价体系》。学业质量评价体系实行市、区（市）县、学校三级共同管理的运行机制。以促进学生学业发展为目的的形成性评价，主要由学校负责实施，区（市）县教研室和市教科所负责指导、抽查。以检测目标达成度为目的的水平性评价，由学校、区（市）县和市三级教研部门、教育局共同负责实施。学期和学年等考试主要由学校实施；小学阶段和初中阶段的毕业考试，由区（市）县或学校实施和管理。同时，建立全市中小学生学业质量抽测和调研考试制度。2004年，成都市初级中学的巩固率为98.2%，毕业率为97.4%。

【“两免一补”】

20世纪90年代，成都市每年都为家庭经济困难的中小学生减免学费和杂费。2001年秋，成都市开始实施“低保对象帮困助学”专项救助工程，对初中、小学阶段低保家庭子女，由区（市）县教育局、民政局负责落实减免其学杂费和书本费；对减免后尚有特殊困难的学生，给予适当补贴。2002年4月，市教育局、市财政局、市扶贫开发领导小组办公室联合发文，决定设立“义务教育贫困学生助学金”。全年全市用于资助贫困家庭学生的资金共计1127.46万元，各类受助学生共约6万人次。2003年，全市通过各种方式资助贫困家庭学生6万余人次，资助金额1365.7万元。2004年8月，《成都市人民政府办公厅关于帮困助学工程的实施意见》出台，要求“从2004年秋季开学起，对义务教育阶段家庭经济困难学生实施‘两免一补’（免杂费、书本费，补助寄宿生生活费），对普通高中家庭经济困难学生实行‘政府奖学金’制度，并对就读中等职业学校的家庭经济困难学生实行学费补贴”。同年10月“帮困助学工程”市本级专项资金发放，共计2800万元。其中2000万元用于“两免一补”，3.15万名学生接受“两免”资助，5234名学生接受“一补”资助。

2005年，市政府办公厅下发《成都市2005—2006学年义务教育阶段“两免一补”工作实施方案》。2005—2006学年度市及区（市）县两级安排用于“两免一补”的资金约为4805.54万元，其中，市级2066.6万元，区（市）县2738.94万元；向省上争取免杂费名额8807个，资金59.2万元；向中央争取免费供应教科书名额2.64万个，金额132.9万元；总计中央、省、市、区四级共计投入资金4997.64万元。秋季，成都市“两免一补”受助学生人数近32万人，约占全市义务教育阶段学生总数的28%。其中，9个经济发展相对缓慢的区（市）县的受助学生人数为17万人，占义务教育阶段学生总数的33.1%。农业大县金堂县的受助学生人数达到5.2万人，占该县义务教育阶段学生总数的65.8%。同年，成都市开始大面积试点义务教育“免杂费”，全市565个贫困村和经济发展缓慢村中在义务教育阶段公办学校就读的学生以及在崇州市、邛崃市公办农村初中学校就读的学生，都可以享受“免杂费”政策，受益学生超过19.5万人。市级财政还对全市城乡低保家庭学生“免课本费”所需经费给予补助。有条件的区（市）县积极推行免费义务教育。成华区免除了户籍在该区的所有接受义务教育的农村学生的杂费、课本费、作业本费及信息技术费。锦江区拨出专款，对全区4800多名农村义务教育阶段中小学生，实施免费义务教育。武侯区对辖区内农民及失地农民子女实行义务教育免费。高新区对辖区内农村居民和失地农民子女全部免除一费制收费范围的各种费用。

【进城就业务工农民子女就学问题】

2003年，成都市制定《进城务工就业农民子女接受义务教育暂行办法》，落实“以流入地区政府管理为主，以全日制公办中小学为主”的方针，调整义务教育资源和开办专门招收进城务工就业农民子女的民工子弟学校，解决农民子女接受义务教育问题。9月3日，总投入约300万元的四川省第一所专门招收外来务工人员子女入学的成华区民工子弟校（12月更名为“成华区红花学校”）在红花堰社区落成并举行开学典礼。学校采用“九年一贯制”办学模式，有26个教学班，1370余名学生，标准教室、运动场、微机室、食堂等教学生活配套设施齐全。2003年，成都市5所民工子女简易学校共招收进城务工就业农民子女4213人，占全市进城务工就业农民子女就学总数的9%；全市公办中小学共接收进城务工农民子女就学4.57万人，占全市进城务工就业农民子女总数的91%。

2004年6月，拟发《成都市进城务工就业农民子女接受义务教育实施意见（试行）》，明确“成都市进城务工就业农民”是指持有五城区（锦江区、青羊区、金牛区、武侯区、成华区）和高新区暂住证明和劳动合同或工商营业执照、纳税证明的外来务工农民；“进城务工就业农民子女”是指6—15岁未完成义务教育、随父母在成都市暂时居住的儿童、少年，说明了进城务工就业农民子女报名入学的具体办法，明确规定进城务工就业农民子女在成都市就学期间与成都市本地学生在评优奖励、入队入团、课外活动等方面一视同仁。6月中旬，全市五城区及高新区完成符合文件规定的进城务工农民子女新生入学和其他年级学生转学的公开登记工作。截至7月中旬，五城区及高新区共有5665名小学一年级新生、2286名初中新生报名入学，还有1830名小学生、219名初中学生报名转学。面对陡然增加的就学压力，全市教育资源呈现出学位区域性不足、师资力量短缺和教育经费严重不足等问题，特别是对已在读的3.2万名学生和新增加的1万名左右新生不再收取借读费后，办学资金出现了较大缺口。各级教育行政部门根据城区现有学校学位余缺和学校分布情况，按照“分级负责、划片指定”的原则，对入学的全部民工子女做了妥善的安排。金牛区在约少收入1400万元借读生费的资金压力下，投入100万元资金改扩建校舍，还计划支出300余万元解决师资队伍的配套补助问题。成华区在少收入借读生费后，除已投入200万元新建1所学校、投入1000余万元改扩建一些学校外，从2004年起，每年约开支800多万元，用作新聘用的600多名教师的人头经费。武侯区在约少收入借读生费800多万元的情况下，投入400万元新建1所学校，投入200万元购置教学仪器设备和改扩建校舍，从2004年起，每年开支180余万元用作新聘用120多名教师的人头经费。青羊区投入500万元打造民工子女学校红碾小学。城区每修一所招收进城务工就业农民子女的学校，成都市按50万元予以补贴，2004年，共补贴250万元。秋季，全市各区（市）县共有363所公办中小学校接受约5.1万名进城务工就业农民子女入学。其中，五城区和高新区共有201所中小学接收4.65万名进城务工就业农民子女入学。青羊区10多所学校开展对农民工子女教育的科学研究，全国教育科研规划办公室已将其列为重点课题。

2005年，市政府办公厅转发《成都市教育局关于做好2005年成都市城区进城务工就业农民子女接受义务教育具体工作的意见》，完善工作制度和工作机制。至2005年年底，五城区和高新区有230所公办中小学累计接收7.2万余名进城务工就业农民子女就学。

【薄弱学校扶持】

20世纪90年代，成都市部分中小学在硬件建设、师资素质、教育质量等三个方面相对薄弱。成都市出台多项政策措施，改变薄弱学校现状。随着2004年启动的农村中小学标准化建设工程的实施，硬件建设方面的“薄弱”在短期内得到较明显的改变。与此同时，本着“承认差别，缩小差距，分类发展，共同推进”的原则，成都市采取名校辐射、捆绑发展、师资下派、城乡结对、城乡联动等措

2004年8月30日，成都市首批城区（城镇）学校教师赴农村定期服务出发仪式在华西中学举行，图为会后都江堰市赴农村服务队出发的情景

施，从软件上扶持薄弱学校。

青羊区根据区域内拥有实验小学、泡桐树小学、青羊实验中学等多所名校，拥有众多的特级教师、市级学科带头人等名师资源的实际，与地处边远的蒲江县签订教育互动协议，接受蒲江县学校干部教师到区内优秀学校学习考察，派出名校长、名教师到蒲江县指导工作，拟建实验小学、泡桐树小学蒲江分校。实验小学成立由优秀教师组成的“讲师团”，组建“教师发展学校”，到区域内教育资源相对薄弱的学校举办巡回讲座，帮助教师树立新教育理念，接受和理解新的信息；该校还决定以教师发展学校为基地，为包括农村学校在内的兄弟学校提供服务。实验小学众多优秀教师开出讲座专题“课程菜单”，供各学校选择，双方确定好时间后“送教上门”；相对薄弱的学校也可以安排教师到实验小学听课。

1996年，成都市树德中学派出干部和优秀骨干教师到薄弱学校成都一中工作，共同举办树德实验中学。1997年，成都七中和石室中学以同样方式将成都三十五中和成都十中分别改建为成都七中育才学校和石室联合中学。改建后，三所原薄弱学校都成为成都市民公认的优秀初级中学。2004年，成都市武侯区将12所城郊小学与城区部分品牌小学结对、联体，实行“两个法人单位、一个法人代表、一套领导班子、独立核算、独立核编”的统一管理办法，在学校管理、教育教学、队伍建设等方面实行捆绑式发展。“捆绑”学校“理念共享、资源共享、方法共享、成果共享、利益共享、荣辱共担”，部分“捆绑”学校已基本形成统一的管理机制，两校间行政领导和教师的交流、互派正逐步实现经常化、制度化、规范化，各城郊小学从校园环境到师生面貌有了较为明显的变化，有的学校获得长足进步，办学水平与城区学校已不相上下。

成都市于2004年下发《成都市教育局关于城区和城镇学校教师到农村学校定期服务的实施意见（试行）》，规定从2004年秋季起，全市城区、城镇中小学2002年及以后新进的大中专毕业生，每人都要有1年以上（含1年）在农村或乡镇基层学校任教的经历，作为评聘高级教师职务、评选学科带头人的必备条件之一；城区和城镇学校派往农村学校任教的教师原则上不低于在岗专任教师总数的1%。当年，全市225所城区（城镇）中小学校共派出458名教师，分赴268所农村中小学及幼儿园开展支教活动。

2003年，成都市启动“城乡学校结对子，百万学生手拉手”活动，要求每一所城区或县城学校分别结对一所农村学校，每名城区或县城学生分别结对一名农村学生。开展城乡学校手拉手活动。在“手拉手”“结对子”的基础上，发展起来一种新模式“城乡联动”。这种模式的特点是：支援学校与受援学校的关系是固定的“一对一”的关系；受援学校整体移植支援学校的管理模式、教学改革思路，根据自身实际在一定范围内进行调整，利用支援学校的教育科研力量和信息渠道服务于自身的发展，并接受支援学校在师资、设备、资金等方面力所能及的帮助，支援学校接收受援学校的干部、教师并加以培训；受援学校的发展状况进入支援学校的考评内容，占有一定的权重。双流县为发挥城镇名学校、名校长的示范辐射作用，先后把城镇示范性学校20余名思想作风正、改革意识强、管理水平高、年富力强的青年干部派到农村学校担任领导工作，为整体移植先进的管理模式、教学理念、利用支持学校的教育科研力量和信息渠道服务于受援学校的发展提供组织保证。

【中小学危房改造】

20世纪90年代以来，市政府多渠道筹措消除危房所需资金，并要求区、县各部门，在中小学危房消除之前，中央和省市已经作出的从农业税附加、城市建设税、地方机动财力等资金中划拨给普通教育使用的经费，大部分应用来消除危房。国家机关、事业、厂矿企业（包括中央及省在成都的单位）和集体单位，凡固定资产投资用于建设房屋（指生产和非生产性房屋的新建、扩建、改建或更新改造、迁建）的，不论何种资金来源渠道，均按投资额0.7%的比例交纳中小学危房改造费。城、乡教育费附加中安排用于改善基础教育设施部分，在学校危房未消除的地方，应主要用于消除中小学危房。教育部门和中学校办企业交纳的税收，由区（市）县政府安排给教育行政部门用于消除中小学危房。各级教育行政部门经政府同意，可采取由财政贴息、偿还的方式向银行申请贷款，以加快中小学校舍排除危房的进度。

市政府每年向市教委和各区（市）县政府下达当年年末中小学危房控制数，市和各（市）区县认真调查研究，制定出三年内基本消除中小学危房的规划，并按照分级办学、分级管理、分级负责的原则，将任务分别落实到市、区县和乡（镇）。全市普遍建立以党政主要负责人为组长、各相关部门负责人为成员的“危房改造工作领导小组”，各区（市）县教育局、乡（镇）政府和学校都有专人负责此项工作。各区（市）县进行房屋安全检查时，将常规检查同专项检查相结合，将日常抽查与定期普查相结合。如彭州市，2004年2—9月组织三次拉网式的房屋安全检查，查出C级危房26所，面积达7739平方米，在此基础上，彭州市教育体育局及时实施改造工作。新都区每学期组织三次以上校舍安全检查，对村小和边远学校进行重点检查，发现D级危房，则要求立即停止使用，同时安排学生临时就读场所，保证学校正常的教学秩序。2004年9月，成都市人民政府教育督导室在各区（市）县自查的基础上，对全市农村中小学危房改造工作组织一次专项督导检查。检查采取区（市）县之间相互交叉检查的形式进行，共实地察看全市119所农村中小学校。

2005年，郫县两路口九义校新旧校貌对比图

2004年6月，成都市政府决定投资10亿元，郊区（市）县筹集约4.5亿元，用3年时间，在14个郊区（市）县建设410所农村中小学标准化学校。这一项工程全面竣工后，全市中小学危房将得到根除。

至2005年，全市已消除D级危房（整体危险）。

【希望小学】

1989年，中国青少年发展基金会在全国发起资助贫困地区基础教育事业的“希望工程”，得到国内外各界人士的关注和支持。1994年，成都市成立希望工程办公室，先后组织“希望工程1+1”“希望工程手拉手”“六一爱心奉献”等大型捐款活动，开展希望工程“爱心储蓄”“百万企业献百元”“98年希望工程志愿者劝募行动”等活动。至2005年，全市已累计收到国内团体、企业和个人、港澳同胞和台湾同胞及其企业、外国友人捐资人民币1615.6万元，日元206万元，美元8.5万元。其中，捐资较多的是宝钢集团，两次捐资共计110万元人民币。另外，还接受了社会团体和个人捐赠的学习用品和其他教学器材及体育用品。成都市将此项捐款和用品全部用于建设希望小学和资助家庭经济困难的少年儿童完成学业。

1993年7月，成都市第一所希望小学——新津华润学校由华润集团捐资建成并招生行课。华润学校是成都市规模最大的希望小学，校地面积1.34万平方米，校舍面积8735平方米，学生2097人，教职工125人。同年9月，由菊乐有限责任公司捐资的1所希望小学建成开学。1995年和1996年各修建希望小学5所，1997年6所，1998年10所，1999年5所，2000年1所，2001年8所，2002年2所，2003年8所，2004年2所，2005年建成最多，共计11所。至2005年年底，成都市累计建成希望小学65所（其中6所后因学校布局调整被撤并），占地43.72万平方米，修建校舍12.42万平方米，教职工1157人，在校学生510班共2.13万人，分布在成都市10个区（市）县的贫困地区。其中邛崃市和金堂县较多，各14所。还配套建立两套“三辰影库”，六套“希望书库”。邛崃市第一所希望小学建成的1997年，该市7～12周岁学龄儿童的入学率为99.91%；至2005年，邛崃市建成希望小学14所，该市6～11周岁学龄儿童的入学率为99.95%。希望小学建设为全市巩固普及九年义务教育成果发挥重要作用。（见表5-5）

【成都市实验小学】

成都市实验小学校位于青羊区人民中路一段（后子门街）22号。前身为1918年创办的四川大学附属小学。该校从创办开始，即“以从事教育科学的实施之所得，辅导四川省小学教育之改进，迎头赶上世界激流”为办学宗旨。1935年改名“四川省立成都实验小学”。1952年更现名。1990年后，先后被命名为省、市“首批办好的重点小学”“文明单位”“先进学校”“校风示范校”等，少先队被团中央、全国少工委授予“少先队工作先进集体”“雏鹰大队”称号。

20世纪90年代，实验小学以“学校教育、家庭教育、社会教育三结合”为办学模式，承担了多项国家级、省、市、区级课题研究工作，教师100%参研。其中“整体改革探索”在1997年被评为省科研成果一等奖、中国教育学会金钥匙奖。“活动教学与小学生素质发展”获四川省第二届教育科研成果二等奖。2001年综合实践活动“研究我们的世界”获“全国百佳创新活动奖”。2002年4月的“春天的发现”主题活动，进行综合实践活动与少先队活动整合研究，被录为四川省创新素质教育试用教材。7月，该校提出“雅教育” 办学理念。追求教师儒雅，学生文雅，家长和雅，学校高雅，最终实现“小学校大雅堂” 的理想。同时，《新课程背景下教师的自主发展实践研究》获四川省第三届普通教育成果三等奖。2005年，该校承担着6项国家级及教育部实验课题，2项省级实验课题。

实验小学占地1.24万平方米。2000年，新教学大楼落成，校舍面积达到1.4万平方米。2005年，该校有38个教学班，2269名学生。有教师108名，学历达标率100%，大学本科及以上学历60余名；拥有8位特级教师、6位中学高级教师、5名全国劳模和全国优秀教师、4名省劳模和省优秀教师，有几十名教师获全国、省、市级奖励。该校除开足规定课程外，还开展自然科技活动、讲演活动、智力游戏活动、琴棋书画等四大类活动课程。

【成都市龙江路小学】

成都市龙江路小学的前身建于1939年，1952年改现名，1964年，迁入临江中路8号，占地8000平方米，校舍建筑面积1.42万平方米，为省首批办好的重点小学。20世纪60年代初，该校教师袁丽华的

2005年成都市希望小学一览表

表5-5

区（市）县	校名	开办时间	原校名	捐资者及捐资金额	现状（2005年12月）学生数（人）	现状（2005年12月）教职工数（人）	现状（2005年12月）校舍面积（平方米）	备注
龙泉驿区（共3所）	港伟希望小学	1996年1月	双流大观小学	市政协港澳委员30万元	120	8	1216	
	晶华希望小学	2005年1月	清水大兰小学	晶华集团30万元	85	7	907	
	文强侨心小学	2005年8月	同安红旗小学	市侨办9万元	100	10	1062	
青白江区（共7所）	龙王金骊光彩小学	1997年8月	双堰村小学	金骊光彩公司捐款30万元	157	8	702	
	清泉丰田希望小学	1999年9月	原友谊、友好、尖山村三校合一	丰田汽车公司捐资30万元	222	10	847	
	龙王崇福希望小学	2001年5月1日	青光村小学	丰田新濡公司捐资25万元，四川儒雅公司捐资5万元	237	10	1227	
	龙王未来号希望小学	2004年9月20日	天平村小学	团市委捐资21.9万元	227	9	864	
	人和宝洁希望小学	2005年5月	三元村小学	宝洁公司捐资18万元	157	6	520	
	清泉蓉生希望小学	2005年9月	北宁村小学	王丽峰捐资10万元	231	10	830	
	人和业之峰希望小学	2005年1月	龙王村小学	业之峰装饰公司捐资10万元	170	8	638	
金堂县（共14所）	申银希望小学	1995年2月	栖贤乡小学	上海申银万国证券公司20万元	430	26	1579	
	栖贤乡亚协希望小学	1996年8月	栖贤石板村小	香港亚协集团公司25万元	80	5	650	
	赵镇阳光小学	1996年1月	赵镇狮子村小	市总工会15万元	49	5	475	
	三星镇松枝小学	1998年4月	三星镇四方小学	日本松枝110万日元	446	37	1916	
	通喜希望小学	1998年8月	光荣村小	郭通喜等9人21万元	185	12	737	
	金堂县清江镇可口可乐希望小学	1998年8月	清江镇小学	成都可口可乐公司30万元	1231	54	7899	
	金龙镇先远希望学校	1999年6月	金龙镇五一村小	金龙五一村王先远5万美元	130	6	612	
	隆盛镇希望小学	2003年2月	芦苇村小	宝钢集团捐资100万元	574	16	2200	
	竹篙镇康家宝钢希望小学	2003年5月	康家村小	宝钢集团捐资10万元	467	11	1301	
	金堂港青小学	2003年9月	三星镇爱国村小	香港基督教青年会12.5万元	490	28	1985	
	金堂县三星镇维奥车棚希望小学	2004年8月	三星镇车棚村小	成都维奥制药集团47万元	100	10	358	
	五凤百花满福小学	2005年1月	五凤百花小学	香港李满福捐款5万元	269	14	1500	
	五凤九里萧旺小学	2005年1月	五凤九里小学	香港萧旺捐款5万元	409	20	2000	
	金堂县美洲花园希望小学	2005动工尚未命名	广兴镇白庙村小	成都“美洲花园”房地产公司27万元	316	9	950	

续表

区（市）县	校名	开办时间	原校名	捐资者及捐资金额	现状（2005年12月）学生数（人）	教职工数（人）	校舍面积（平方米）	备注
大邑县（共1所）	大邑县邮江镇鸿飞小学	1995年9月	邮江镇钱桥小学	韩国鸿飞集团有限公司捐资累计30万元	12	1	822	
蒲江县（共11所）	复兴菊乐小学	1993年9月	八村小	成都市菊乐有限责任公司13.3万元	49	3	687	
	长秋文宏学校	1995年	长秋学校	许俊文45万元	374	35	1923	
	松华希望小学	1995年	松华小学	希望集团35万元	907	56	9707	
	寿安成元中学	1995年	插旗初中	周成元50万元	1101	59	3974	
	白云川流学校	1997年	白云学校	张锡牙21万元	433	29	2219	
	银都小学	1997年	西禅小学	蔡程10万元	2005年8月撤并			
	西南可口可乐希望小学	1998年	西南小学	成都市可口可乐有限责任公司30万元	480	35	2710	
	敦厚善学希望小学	1998年	敦厚小学	赵曾学福50万元	706	42	5653	
	甘溪浜一希望小学	2001年	甘溪小学	浜本乡一16.5万元	1181	73	10891	
	西来励进小学	2002年	铁牛小学	励进同学会20万元	64	3	560	
	成佳肇维希望小学	2003年	成佳小学	肇维20万元	903	59	6287	
新津县（共4所）	华润学校	1993年7月	新津城北小学	华润集团50万元	2097	125	8735	
	泰华学校	1996年8月	新津太平小学	新津泰华公司20万元	1043	64	6732	
	新津县未来希望小学	1999年5月30日	新津花源第二小学	浙江杭州未来米粉厂12.8万元	406	16	2029	
	四川丰田希望小学	2001年8月	黄渡小学	丰田汽车有限公司10万元	448	25	2718	
都江堰市（共3所）	皇城老妈希望小学	1997年	新民小学	皇城老妈餐饮娱乐有限公司10万元	136	7	882	
	石羊倍特希望小学	1998年	由同心小学与广义小学合并新建	石羊倍特投资有限公司30万元	385	16	883	
	天马蓝天希望小学	2001年	长虹和童山村小合并	成都军区空军75万元	250	13	2500	
彭州市（共5所）	桂花镇双和希望小学	1998年	桂花镇双河小学	日本国民教师300万日元	2004年学校布局调整停办			
	通济镇敬余环保希望小学	2001年	通济镇黄村小学	台胞曾敬余3.1万美元	342	16	1092	
	通济镇红旗连锁回龙希望小学	2003年	通济镇回龙小学	成都市红旗连锁总店捐资30万元	87	4	650	
	健力宝希望小学	1997年9月	东郊天官村小	广东健力宝集团捐资20万元	300	14	1800	
	邛崃市海通证券高何镇希望小学	1997年9月	村小	海通证券公司成都经营部20万元			580	合并至高兴村小

续表

区（市）县	校名	开办时间	原校名	捐资者及捐资金额	现状（2005年12月）学生数（人）	教职工数（人）	校舍面积（平方米）	备注
邛崃市（共12所）	银杏乡鸭棚希望小学	1998年	村小	成都市金牛区老体协			453	停办，学生并入银杏中心校
	兴贤光彩村小	1998年9月		梁岸50万元	233	12	548	
	下坝玉富希望小学	1999年3月	村小	杨玉富捐资8万元	43	3	344	
	夹关镇草池明天小学校	2001年9月	村小	香港周凯旋基金会捐资10万元、瑞云集团王在洪捐资5000元	156	9	1141	
	银杏乡合力达希望小学	2001年	村小	合力达集团10万元	35	2	333	
	成都市华侨福利希望小学	2001年9月	村小	成都市华侨基金会8万元	220	8	727	
	夹关成都商报龙安希望小学	2003年1月	村小	成都商报捐资20万元、成都市建委捐3.5万元、邛崃市交通局捐资2万元、其他社会人士捐资2.5万元	267	14	1284	
	天台马坪旺旺希望小学	2003年9月		旺旺集团30万元			460	停办
	南宝乡常乐村希望小学	2003年1月		成都武侯区街道办事处15万元			1320	停办，学生并入高宝中心校
	高何镇宏信希望小学	2005年4月	村小	成都宏信房产有限公司20万元	328	12	2400	
	太和冯坝思科员工小学	2005年11月	村小	思科系统（中国）网络技术有限公司15万元	154	8	789.92	
	邛崃市临镇石头摩托罗拉希望小学	2005年12月	村小	摩托罗拉中国公司20万元	615	30	2700	
崇州市（共5所）	崇州君安希望小学	1996年6月	苟家坪小学后迁林场后面更名为苟家小学	成都证券分公司捐25万元	254	26	2439	
	成都电视台竹根希望小学	1998年1月	后山村小学，后迁川兴店，1998年迁竹根桥	成都电视台30万元	34	5	2459	
	宏志小学	1999年9月	新建	朱宏志捐资25万元	157	7	100	
	东关米兰小学	2000年1月		中国（成都）米兰投资有限公司捐25万元	95	8	1360	
	光彩希望小学	2002年2月	新建	崇州市工商局、崇州市个体劳动者协会捐80万元	120	9	300	

说明：1.材料来自成都市教育局2006年3月进行的成都市希望小学基本情况调查；
2.其余区（市）县至2005年12月无希望小学

教育思想、语文教改经验和教学艺术享誉省内外。该校先后获得教育部“首批现代教育技术实验学校”“全国绿色学校”“四川省首批校风示范校”等数十项荣誉。

自1984年起，开展“乐园中育人”整体改革，进行愉快教育实验，坚持“愉快教育课堂教学”研究，建立26个课外活动小组，让学生乐学、勤学、会学，低负担高效率地完成学习任务。1985年开展的“南河小卫士”活动，向市政府发出整治府南河的“第一声呼唤”。20世纪90年代，成为全国7所愉快教育实验学校之一，愉快教育研究成果获四川省科研成果一等奖。1998年，龙江路小学建校园网，开展CAI辅助教学以及以网络为平台的教学研究，教师获全国信息技术赛课一等奖6人、二等奖5人。

1998年与2001年，分别成立龙江路小学分校和龙江路锦官新城小学分校。2003年，龙江路小学与外双楠小学“捆绑”发展。龙江路小学先后培养出特级教师11名、中学高级教师12名、全国优秀教师8名、市级以上优秀教师33名、市区学科带头人19名，大专学历以上教师占教师总数的89.6%以上。2005年，龙江路小学有36个教学班，1700余名学生。同年，该校德育课题“新三好评价体系研究”获得中央文明办颁发的全国未成年人思想道德建设工作创新案例一等奖。龙江路小学南区股份制学校成立。

【成都师范附属小学】

成都师范附属小学（以下简称“成师附小”）的前身是创办于1909年的淑行女子学堂小学部。1976年，更现名。先后获得四川省“文明单位”“首批校风示范学校”“德育工作先进集体”和成都市“首批义务教育示范学校”“文明单位标兵”等称号。2004年，新建成师附小东区。2005年，有22个教学班，学生1129人。

该校走科研兴校、科研强师的道路。1991年，致力于“小学情知教学模式”研究，提出以目标全面、情感强烈、情知和谐、师生合作为特色的小学情知教学模式。1993年，省、市、区有关单位联合召开“成都师范附小教改经验交流观摩会”。1997年，该项研究获四川省政府首届教学成果一等奖。“九五”期间，对中国教育学会课题“小学情知结合教育研究”进行研究。2001年，省、市教科所、锦江区教委联合主办“傅先蓉教育艺术研讨会”。此外，该校先后进行“优化小学生课外阅读指导”“小学生行为规范教育科学化”等十几项课题研究，少先队系列主题活动获全国一等奖。

成师附小先后被批准为省、市“校长培训基地”“成都市小学教师校本研修示范基地”“四川省校本教研基地校”和国家新课程新教材培训基地。自20世纪80年代以来，培养教育专家2名，全国模范教师5名，省特级教师10余名，全校80%以上的教师受到全国、省、市、区不同级别的表彰。从2002年开始，该校引入国际质量管理标准（ISO 9001:2000标准），并于2003年12月通过ISO质量管理体制国家认证。2004年，编制《成师附小教职工手册》，明确学校的管理理念和管理要求，制定各个部门人员的岗位职责，并以此为每一位教职工开展工作及评估考核的标准。

【四川大学附属实验小学】

四川大学附属实验小学初建于1933年，名为国立四川大学附属小学。1953年，学校移交给成都市教育局管理，更名望江楼小学。1956年，迁入四川大学，更名为“劳动路小学”。1995年，新校区建成，与九眼桥小学合并更名为“四川大学附属实验小学”（以下简称“川大附小”）。2005年，有本部、西区、龙爪等三个校区，共64个教学班，3500多名学生，156名教职工。教师学历达标率82.6%，先后有70名教师被评为全国、省、市、区优秀老师、优秀教育工作者和学科带头人，30多名教师在全国、省级、市级赛课中获一、二等奖。该校为

"四川省校风示范学校""成都市义务教育示范学校""成都市标兵文明单位"。

川大附小以"让每个儿童成长，让每个儿童成功，让每个儿童成才"为教育理念，以"培养个性鲜明并能创造和享受美好生活的新生代"为育人目标，"构建现代儿童学习生活的实践与研究"为学校龙头课题，多次承办全国性教育研讨活动，2005年，课题成果获市政府教学成果二等奖、省政府教学成果三等奖。该校少先队被评为"中国少年先锋队全国红旗大队"。该校开展的七十二项综合实践活动被评为"全国少先队创新杯"最佳活动。

【成都市回民小学】

成都市回民小学建于清光绪二十八年（1902），最初是由热心教育的回民伍海澄、马仪亭等发起创办的清真学堂。1990—2005年，学生进入该校首先接触的是回族的风俗、风土人情等知识。在"民族故事我来讲""民族歌曲我来唱""民族舞蹈我来跳""民族常识我了解""民族美景我来画""民族饰品秀校园""民族团结一家亲"等系列活动中，学生表演民族英雄，学习中华民族精神文明道德，接受民族大团结教育。排球、航模、海模等活动也是该校的传统项目，自1994年以来，学生参加各级海模、空模比赛，多次获得团体第一名、第二名，学校连续两次获得全国优秀组织奖。回民小学先后获得成都市"文明单位""红领巾示范校""绿色学校"，青羊区"优秀文明单位""校风示范校"等称号。

【成都市成华区红花学校】

成都市成华区红花学校开办于 2003年9月，由成华区政府斥资300万元修建在进城务工农民集中的红花堰地区，是四川省第一所招收民工子弟的九年一贯制公办学校。学校的干部和教师全部从成华区公办学校抽调。学生享受与成都市市民子女相同的收费政策，对家庭经济困难的学生进行减免。由于市政建设和城市规划的需要，2005年9月底，学校搬迁到青龙荆竹三组，占地5066平方米，建筑面积近2300平方米，24个教学班，学生1267名，其中初中9个班，小学15个班，教职工53人。学校运行良好，管理规范。该校受到各级媒体关注，红花学校开办被评为2003年成都市教育十大新闻之一。

【成都市树德实验中学】

该校的前身是成都市第一中学，始建于1935年，原名川西女子中学校。1949年，改为四川省立第一女子中学校。1953年，更名为成都市第一中学校。校址在东马棚街9号。1996年，成都市教育委员会决定以树德中学为依托，由树德中学和成都一中共同举办成都树德实验中学，实施办学体制改革。改革后的树德实验中学仍是一所全日制普通中学，全民所有制事业单位，但具有民办学校的办学自主权，是享受政府帮助的收费学校。

从1996年开始，树德中学和成都一中的教育资源和教职工融通使用，在教育教学管理方面，实行统一安排教师，统一教学计划，统一教研活动，统一考试考核。1996年，成都一中暂停招收高中学生，从1999年起，成为单设初中。该校教职工162人，其中教师142名，有特级教师1名，学科带头人3人，高级教师43名。2002年，与北师大信息科学学院合作，建立"现代教育技术实验学校"。2003年8月开始，干部进行轮岗交流。

成都树德实验中学每年3月开展"植树环保教育""学雷锋树新风"等不同主题的教育活动，对学生进行爱国主义教育和基础道德教育。2002—2005年，该校承担国家级、省、市级科研课题共9项，获省政府"教学成果二等奖"、市"教学成果一等奖"、省优秀电教科研成果一等奖、二等奖和市现代教育技术科研成果一等奖。

连续获得市教育局初中教育教学工作表彰。参加数学、英语、物理、化学计算机竞赛，有260余人次学生获得全国、省、市级奖励，两次被四川省评为数学竞赛十佳竞赛学校。毕业学生90%以上进入成都市重点高中或出国学习。1998年，被评为“成都市先进集体”“成都市德育工作先进集体”，1999年，被市教委命名为“成都市校风示范学校”。

【成都市石室联合中学】

成都市石室联合中学（以下简称“石室联中”）位于陕西街29号，原为成都市第十中学。1997年9月，成都十中依托石室中学联合创办“公办民助”的成都市石室联合中学。该校承继石室中学优良传统，以“勤学善思，健康和谐”为办学目标，开展“新课程实施研讨月”“教育教改研讨会”“园丁杯青年教师大赛”“家长学校”等系列教育教学创新研讨活动，形成“关注细节，打好做人基础，培养关心、责任心和感恩之心”的德育特色和“面向全体，打好基础，培优扶困，分层教学”的学科教学特色。

2005年，石室联中占地面积约1.53万平方米，建筑面积约1.4万平方米；有43个教学班，学生2562人；有教职工147人，其中省特级教师2名，市、区级名师及学科带头人7人，省、市级优秀教师、优秀班主任、德育先进工作者、市优秀青年教师28人。该校教师在市级及以上赛课、教学设计、技能比赛中共获奖60人次，其中国家级4人次，省级6人次；有40余人次参加国家级、省级“新课程标准示范课”录像。该校《中小学整合式美育教育研究》获市“教学成果奖”一等奖，省政府二等奖；《初中学科探究性教育研究》获市政府二等奖；校刊《教育科研》在全国首届中小学优秀内部报刊评选活动中获“最佳校刊一等奖”。

建校八年来，石室联中学生“中考”成绩连年优秀，学科竞赛获得各级奖励1200余人次，其中获国家级及省级奖励400多人次。

【成都市七中育才学校】

成都市七中育才学校前身是创办于1957年的成都市第三十五中学，1997年，依托成都七中转制为“公办民助”学校，并改现名。2005年，七中育才学校占地近6666.6平方米，有42个教学班，在校学生约2600人；有教职工163人，其中特级教师1人，市优秀青年教师9名，学科带头人3人，高级教师39人。

七中育才学校建立必修课、选修课和活动课相结合的课程体系，开设40余门选修课、活动课。2001年，实行综合实验课程，请课改专家到校开展专题讲座，举办以“实施新课标、提高课堂教学质量和效益”为主题的教学研讨会，组织教师用新理念、新方法进行“教学设计”；实行分层教学、分类指导，发展特长，鼓励冒尖；重视学生参与、体验，鼓励自主学习。开展全校性的青年教师赛课活动，35岁以上教师上公开课，新教师上汇报课，并用新课标进行评课。

从1997年开始，该校教职工实行定岗、定员、定责任制度；选送市优秀教师参加成都市后备教育专家工作站举办的名师研修班学习，每年选派1～2人次参加成都市组织的名师与优秀青年教师“师徒结对子”工作，每年参加规范培训的教师占本校在职教师92%。课改试验开始以来，该校50余名教师参与编写的课程培训书共15本，有20人次主讲省、市新课程教师培训示范课；20余篇论文在全国性会议上交流或获省、市级奖励。2002年2月，该校1名数学教师代表四川省参加全国初中数学教学比赛获全国一等奖。该校《初中研究性课程的开发与研究》获四川省政府教育科研成果二等奖。

普通高中教育

【概况】

20世纪90年代初期，成都市普通高中教育办学规模偏小，高完中城区较多、农村较少，重点学校与非重点学校差距较大。1990年，全市初中毕业生升学率为51.2%，其中市区为89.2%；全市高中升学率为40.1%，其中市区为50.5%。1991—1995年“八五”期间，成都市为全市重点高完中增建校舍，添置设备，办学条件逐步改善，建立各学科中心教研组和高三诊断考试制度，教学质量有所提高。

1996年，成都市普及九年义务教育，初中毕业生升学率仅为57.4%。成都市人民政府提出，用10年时间在全市普及高中阶段教育。1997年初，《成都市普及高中阶段教育实施方案（试行）》制定，提出分区域推进的发展策略，快速发展普通高中教育。十年之间，市政府和各区（市）县投入大量资金（2000—2005年，全市累计投入高中阶段教育经费近8亿元），进行学校基本建设和教学仪器、设备、图书的购置，增加学位，改善办学条件。同时推进办学体制改革，通过“公办民助”“民办公助”“国有民办”“委托办学”“合作办学”等多种模式，对数十所薄弱学校进行改造。通过“合并”“初高中剥离”“构建三环教育带”“名校办民校”等四个举措优化资源配置，扩展高中教育的发展空间，新建、扩建一大批城镇或重点镇高中学校。从2004年起，普及高中阶段教育专用经费全部用于农村高中建设，各区（市）县逐步形成以县城为中心，以重点镇为支撑的高中办学格局。在普通高中教育规模迅速扩大的同时，成都市推进素质教育，加强德育工作的针对性、主动性和实效性，初步构建起成都市德育工作体系；推进以现代课堂教学与课程改革为核心的教育教学改革，重建高中课程结构，开发校本课程；推行国家体育锻炼标准，全市高中学生均在规定时间内达到国家体育锻炼标准的相关要求。加强教育教学管理，改革和完善教育教学质量评价机制。加强高中教师队伍建设，2002—2004年的3年中，全市新增高中教师6500多人，出现一批在全国、全省享有较高知名度的教育专家。

从20世纪90年代开始，成都市先后在数所示范性高级中学增设“国际部”，负责对外交流和培养有出国留学意向的高中学生。全市主要高级中学校，大多数与美国、英国、日本、澳大利亚等国高级中学建有友好学校关系，师生互访，增进友谊，交流学习。

21世纪初，成都市部分重点普通高级中学获准开办一定数量的外地班，在全省范围内招收高中新生。同时，成都市严格执行公办普通高中招收择校生的“三限”政策（限分数、限人数、限钱数）。2004年，全市高中招收择校生的比例为30%以内。2005年调整为：初中毕业生升入高中阶段学校的比例在90%以上的区（市）县，公办普通高中招收择校生的比例控制在招生人数的30%以内，初中毕业生升学比例在85%～89%的，控制在25%以内，初中毕业生升学比例在85%以下的，控制在20%以内；城区高中招生的统招计划由原来的70%调整到80%至90%，每个班的统招计划，各级示范性普通高中不低于40人，一般高中不低于45人；公办普通高中择校生的录取分数线下调幅度不得超过该校计划内招生最低录取分数线的10%；并在校内公示择校生招生人数、分数和收费标准。

1990年，成都市普通中学共有7585个班；2005年，共有11294个班，增加3109个班，增幅为48.9%。1990年，成都市普通中学有在校生34.7万人；2005年，有59.25万人，增加24.55万人，增幅为70.7%。2005年，全市初中毕业生升学率达到88.82%以上，14个郊区（市）县初中毕业生升学率全部达到85%以上，成都市实现基本普及高中阶段教育的目标。同年，全市有国家级示范性普通高中11所，省级示范性普通高中26所，市级示范性普通高中39所；市级及以上示范性高中占普通高完中的52.4%，每个区（市）县至少建成1所省级及以上示范性普通高中，75%的高中学生在各级示范性高中就读。2005年，成都市普通高中为高等学校输送新生4.97万人。成都市作为省会城市，普通高中教育发展尚不平衡，教育教学质量还有较大提升空间。（见表5-6）

【优质教育资源整合】

1996年，在普及高中阶段教育工作开始之际，成都市中心城区（市直属学校、五城区与高新区）高中阶段学位总量不足，规模偏小，资源重复配置，空间布局不合理，重点学校和非重点学校差距较大。

1996—1997年，通过办学体制改革，成都市将石室中学、成都七中、树德中学等三所重点中学的初中部剥离给相对薄弱的三所学校，较大地扩大了三所重点学校的高中办学资源。

2002年，成都市直属学校西北中学与第十五中学进行合并，盐道街中学与盐市口中学、锦江中学合并，列五中学与双林中学合并，推进校点布局调整，改造薄弱学校，市直属的高完中全部达到合格高完中的标准，增加了高中学位数。1996—2005年，中心城区共有10余所学校通过合并实现薄弱学校改造。21世纪初，成都市将旧城改造和“五路一桥工程”建设等城市重大建设项目与薄弱学校改造和示范性学校建设相结合，提出了“三环教育带”的构想，即到2010年，在三环路两侧，建设10所左右、平均占地100亩以上、具有寄宿功能的普通高中和中等职业学校。至2005年，新建、改建的成都市华西中学、成都市二十中学、四川师范大学附属中学、成都市职业技术学院（高新校区），以及即

1990—2005年成都市普通中学学校、学生、教师基本情况统计表

表5-6　　　单位：个、人

年度	校数	班数	毕业生数	招生数	在校生数			毕业班学生数	教职工数	
					总数	初中	高中		总计	其中教师
1990	580	7585	87343	115835	347004	288859	58145	110991	33034	24947
1991	586	7415	88654	108418	333841	273681	60160	111065	33663	25476
1992	570	7289	93371	111896	320877	261396	59481	105363	33650	25483
1993	561	7199	95742	114023	312309	258791	53518	92436	33800	25663
1994	561	7654	86364	134147	342503	293037	49466	98782	34321	26194
1995	558	8037	95417	136447	373207	321485	51722	105275	35125	26976
1996	559	8004	101444	115725	373014	315363	57651	125454	35846	27578
1997	558	7701	120425	118210	354566	285148	69418	125287	36481	28047
1998	548	7758	120408	143428	365164	283932	81232	107086	36869	28281
1999	552	8651	104901	173000	421792	329750	92042	109386	37762	29081
2000	548	9634	91780	182487	482494	383320	99174	132613	39281	30655
2001	552	10226	128761	180909	520641	404900	115741	160726	41302	32032
2002	531	10579	155694	197198	545413	399953	145460	169612	42699	33533
2003	528	10923	164032	201536	569577	391539	178038	173327	43926	34923
2004	528	11120	168835	200158	587750	389657	198093	189358	44433	35713
2005	524	11294	183912	206640	592474	393802	198672	189879	45094	36391

将开始建设的成都树德中学，构成了“三环教育带”的雏形，高中阶段学校布局与城市化进程实现协调同步发展。

2003年，成都市3所名校以品牌介入资源整合：成都七中的联办学校——成都育才中学输出自己的品牌，与企业联合举办成都育才（东区）；成都石室中学与企业联合举办石室外语学校；成都树德中学与企业联合举办树德联合学校，壮大了优质教育资源的办学规模。

2004年，成都七中网校在全市部分学校开通，利用现代信息教育技术开展远程教育，让更多的普通高中学生享受到优质教育资源。2005年，市教育局又组织新的远程教育资源，免费向全市高中学校开放，并把学校开展远程教育工作纳入对学校教育教学管理考核的重要内容。

2005年，成都二中改制为北京师范大学成都实验中学。高等院校的品牌与人力资源开始参与成都市薄弱学校改造工作。

【高中教师队伍建设】

1990年，成都市召开师资工作会议，决定进一步加强中小学干部队伍和教师队伍建设。出台《表彰奖励优秀青年教师试行条例》，鼓励全市青年教师献身教育事业。从1990年起，成都市每年培养、评选并表彰100～120名优秀青年教师，到2000年共培养1000余名。1990年，成都市普高教师的学历达标率为64.7%。此后，成都市对全市高中教师进行大面积的学历培训，辅之以专业合格证书考试辅导、新教师上岗培训、中学教师晋级培训、高中教师“三沟通”考试辅导、普通话骨干教师培训等专项培训。1998年，成都市高中教师学历达标率达71.7%，全市高中师资培训的重点由学历补偿教育转移到专业继续教育方面。成都市逐步建立了以政府财政拨款为主、多渠道筹措资金的教师培训投入机制。教师培训财政拨款按教职工工资总额的1.5%纳入教育经费预算。2000年，全市45周岁以下的高中教师80%以上参加了不同形式的培训。2003年，组织全市自2001年以来参加工作未满3年的高中新教师进行分学科集中专题培训，参训教师932人。2004年7～8月，市教育局送教下乡，派出城区最好的教师，重点培训14个郊区（市）县的高中、初中、小学各学科骨干教师。

1996年，《成都市中小学教师职业道德规范细则》开始试行。中共成都市委宣传部、市教委在成都七中、盐道街中学、成都十三中、成都十八中、成都二十二中等学校进行教职工思想政治工作评估方案的试点，对教职工的思想道德教育从领导班子、工作内容、途径方法和基本成效等方面进行初步的综合评定。同时按照《中华人民共和国教师资格条例》完成对全市高中教师的资格认定工作，按时完成高中教师的职称评定工作，按国家政策晋升高中教师的工资，并在定期评选表彰的优秀教师中，高中教师占了相当大的比例。

“十五”期间（2001—2005年），成都市中小学全面实施以全员聘任聘用制为重点的人事制度改革，初步建立优胜劣汰、能进能出的教师管理体制。同时建立教师社会保障机制，改进新进大学生招录制度。2000—2005年，全市增加高中专任教师5622人。2005年，成都市普通中学共有教师3.64万人，其中高中教师1.26万人，其中研究生毕业119人，本科毕业1.09万人，大专毕业1535人，学历达标率为87.7%；有中学高级教师3093人，中学一级教师4184人，二级教师3837人，三级教师316人。（见表5-7）

【学生思想政治教育】

1990年，成都市发出《关于进一步加强中小学德育工作的通知》。全市高完中把德育工作放在首位，建立德育工作机构，配备专职德育工作人员，对1万多名德育工作干部和班主任进行培训，并在一批学校进行《中学德育大纲》和思想政治课的改革试点。

20世纪90年代，成都市各学校广泛开展“三热爱”（热爱中国共产党，热爱社会主义祖国，热爱中国人民解放军）、“学雷锋、学赖宁”“迎亚运，作贡献”等教育活动。1991年以后，对高中学生由浅入深、坚持不懈地进行中国近代史、现代史和国情教育。组织全市性的学科渗透爱国主义教育优质课献课活动，编写有成都特色的爱国主义教育教材；校内每周举行一次升旗仪式。抓住抗日战争胜利和世界反法西斯战争胜利50周年、迎接香港、澳门回归的时机，组织各种形式的纪念会、报告会、座谈会和有关知识竞赛。组织年满18周岁的学生参加成人宣誓活动，增强学生的社会责任感。1993年“五四”前夕，石室中学一名高三学生加入中国共产党，这是近35年来成都市在中学生中发展的第一个党员。1997年12月，成都市11所学校获得“四川省中小学德育先进集体”称号，其中高完中占5所。

2001年，成都市教育局颁发《成都市中小学礼仪常规》，开展礼仪常规教育活动，编写《成都市中学生道德教育读本》，制订《成都市中小学心理健康教育实施和指导意见（试行）》，广泛开展“三讲一树”（讲文明、讲卫生、讲科学、树新风）和“孝敬父母一天”为主题的教育活动；制定《成都市德育常规工作量化考评细则（试行）》，完善中小学生思想评价体系；制定思想道德素质部分的评价标准，形成成都市中小学生的《成长记录册》。全市所有高中学生均参加过社会实践活动。至2004年，全市共建爱国主义教育基地42个，社会实践基地57个，青少年活动中心21个，家长学校718所。

2003年，在推荐四川省特级教师时，成都市首先设立“德育”专业，推荐候选人2位。经过多年的实践探索和理论提升，成都市形成德育工作理念：继承传统，培养具有民族精神的现代人；贴近生活，培养可持续发展的健康人；面向世界，培养有国际竞争力的中国人。其基本途径是让德育回归生活。

2000年、2005年成都市普通高中教师年龄职称情况一览表

表5-7　　单位：人

年份		合计	其中：女	25岁以下	26–30岁	31–35岁	36–40岁	41–45岁	46–50岁	51–55岁	56–60岁	60岁以上
2000年	合计	6965	2590	826	1368	1757	1122	572	381	628	311	—
	其中：女	2590	2590	387	573	691	364	207	138	219	11	—
	中学高级	1631	539	—	2	66	262	276	252	501	272	—
	中学一级	2795	1024	5	276	1169	781	279	124	123	38	—
	中学二级	1944	768	302	1024	516	76	16	5	4	1	—
	中学三级	137	55	98	35	4	—	—	—	—	—	—
	未评职称	458	204	421	31	2	3	1	—	—	—	—
2005年	合计	12587	5827	2419	2631	2307	2567	1405	567	359	295	37
	其中：女	5827	5827	1575	1355	1053	1001	473	205	128	29	8
	中学高级	3093	1074	0	5	166	949	937	448	295	257	36
	中学一级	4184	1804	30	453	1585	1460	452	104	62	37	1
	中学二级	3837	2043	1090	2028	538	155	12	11	2	1	0
	中学三级	316	178	208	92	13	2	0	1	0	0	0
	未评职称	1157	755	1091	53	5	1	4	3	0	0	0

成都市充分发挥高中德育课程的主渠道作用，积极推动学科教学渗透德育工作；大力开展德育活动课程建设，坚持组织学生参加社会实践活动，促使德育贴近学生生活实际。2005年，全市开展争创“新三好”（在学校做好学生，在家做好孩子，在社会做好公民）活动，在高中学生中涌现出大批省级优秀学生和先进班集体。高中学生要求加入中国共产党的人数增多，2001—2004年间，全市共有5700多名高中学生向共产党基层组织递交入党申请书，有4300多名高中学生参加各级入党积极分子培训班，有432名学生在高中阶段加入中国共产党。

【普通高中教学质量提升】

1996年，成都市高中升学率为62.5%。1997年以后，在推进高中阶段教育普及的进程中，普通高中规模不断扩大，招生人数显著增加。为此，成都市逐年增加高中教师，进行教师继续教育，建设教研队伍，开展课堂教学改革，整体安排高中各年级教学工作，构建和完善质量监测体系，加强目标责任管理，规范质量评估激励措施。至2004年，初步形成全市普通高中教育教学管理体系基本框架：制定《成都市普通高中教学管理工作意见》和《成都市中学教学常规》，开展高中教学常规检查，规范教师教学行为，以保证学校基本教学质量。每年例行召开全市高中教学工作会，肯定成绩，总结经验，找到问题，提出对策；高中各年级分别成立市级、区（市）县级学科研究中心组，加强对学科教学的研究与指导；加强校本教研。建立各级学科教研员集体视导制度和市教育局干部听课制度，组织专家组不定期到校指导工作，制定《成都市高中年度学科教学成绩评估方案》，根据2004年高考成绩进行初评，得到广泛认可。市教科所牵头建立高三分科会制度，各区（市）县成立高三各学科中心组，研讨高三各学科复习指导策略。制定《成都市基础教育学生学业质量监测体系实施方案》，对全市小学至高中各阶段学生的学业质量进行监测。学籍管理系统以网络技术为支撑，基本实现管理手段现代化。

2005年，成都市颁发《关于进一步提高普通高中教学质量的若干意见》，要求各区（市）县教育行政部门高度重视高中教学质量，强化和规范普通高中教育教学工作的过程管理，高度重视课堂教学，向45分钟要效率。市政府教育督导室定期组织人员到各区（市）县和学校进行普通高中教育教学质量专项督导检查。调整高中校点，扩大优质高中教育资源；实行对口帮扶，带动和扶持农村高中学校提高教育教学质量。

随着高中阶段教育普及程度不断提高，全市高中阶段学生巩固率、毕业率保持在较高水平上，高中毕业生升学率从1996年的62.5%提高到2005年的83.96%。成都市高考万人上线率1996年为4.75%，2000年为15.1%，2005年达到59.43%，其中本科万人上线率达到19.14%。成都市高中学生参加全国普通高考被各地高等学校录取人数2000年为1.76万人，2001年2.3万人，2002年2.18万人，2003年2.53万人，2004年3.42万人，2005年加上被高职录取的学生达到4.97万人。由于高中教育规模扩大后学生分化层次较大，成都市普通高中发展不平衡，普通高中教育教学质量还有较大的提升空间。（见图5-1、图5-2、表5-8）

【少数民族学生培养】

1990年，成都市少数民族学生较多的普通中学有2所（成都西藏中学、成都市西北中学），普通中学办民族班的有3所（石室中学民族班、成都二十八中民族班、四川师大附中民族班），民族班学生多来自与成都市相邻的阿坝藏族羌族自治州和甘孜藏族自治州。20世纪90年代后期，上述三个民族班相继结束。

1991年11月，成都市四十六中申办民族高级中学，并于1993年秋，招收来自甘孜、阿坝、凉山及攀枝花地区的少数民族高中学生77人。此后，成都市投资在四十六中新建学生宿舍、教学综合楼、学生食堂等，改善办学条件。1997年5月，该校正式加挂“成都市民族高级中学”校牌；1999年10月，又加挂“西南师大外语学院附设成都民族外国语学校”的牌子。成都市民族高级中学的办学目标是：促进少数民族学生和本地区学生的共同、和谐发展，努力探索培养异地少数民族学生的思路与策略。与此同时，成都市大力推进支援甘孜州民族教育工作，将“支教”任务落实到区（市）县，每年派遣教师到少数民族地区任教，派“名师讲学团”到少数民族地区巡回讲学。全市开展献爱心活动，为少数民族地区学校捐款捐物和修建教育设施。全市数十所中小学承担了为少数民族地区培训教师和接待来蓉短期学习的少数民族学生的任务。成都市的“支教”工作受到了四川省政府的表彰。

成都市区的少数民族居民以回族、满族、蒙古族为主，人口相对较少，他们的子弟大都分散在市区各级各类学校学习。据统计，全市初中、小学在校少数民族学生数为：2001年小学1024人，初中1691人；2002年小学1289人，初中2147人；2003年小学1453人，初中2407人；2004年小学1564人，初中2541人；2005年小学1823人，初中2567人。1990—2005年，成都市高中招生工作意见中均明确规定，

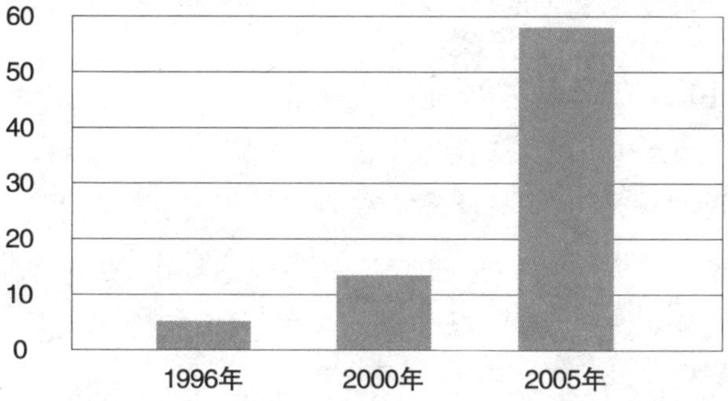

图5-1 1996年、2000年、2005年高考万人上线率柱状图

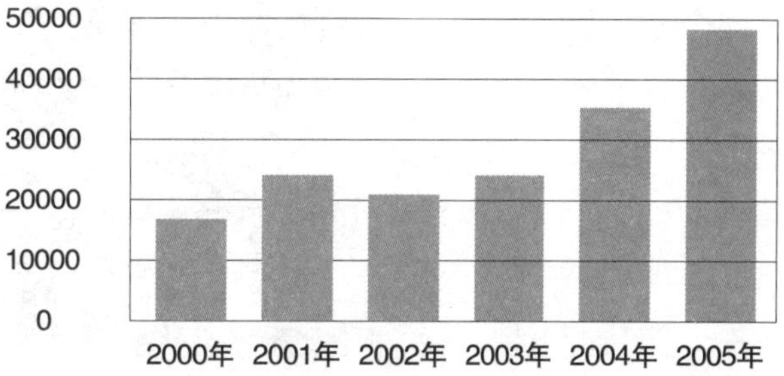

（资料来源：根据成都市教育局统计）

图5-2 2000—2005年高校录取人数变动柱状图

成都市普通高中学生获国际奥林匹克学科竞赛金牌名录一览表

表5-8

学校	学生	时间	项目	地点
成都七中	章　寅	1992年	获第33届国际数学奥林匹克竞赛金牌	土耳其伊斯坦布尔
成都七中	王小川	1996年	获第8届国际信息中学生奥林匹克电脑竞赛金牌	匈牙利维斯普雷姆
成都树德中学	杨翔宇	1997年	获第8届世界中学生生物学奥林匹克竞赛金牌	——
成都七中	童　一	2001年	获第12届国际生物学奥林匹克竞赛金牌	比利时布鲁塞尔
成都七中	傅宏宇	2002年	获第13届国际生物学奥林匹克竞赛金牌	拉脱维亚里加
彭州中学	万　昕	2003年	获第44届中学生国际数学奥林匹克竞赛金牌	日本东京
成都七中	杨璐菡	2004年	获第15届国际生物学奥林匹克竞赛金牌	澳大利亚布里斯班

“少数民族考生，可提高总分5分参加录取”。1995年后，少数民族考生除享受民族加分外，符合其他加分条件的，还可享受一次加分照顾。2005年，成都市回民小学有8个少数民族的学生数十人，其中大多数为回族学生；西北中学有回族学生150人；成都市民族高级中学有藏族、彝族、羌族、苗族、蒙古族、土家族等7个少数民族学生共305人；成都西藏中学有藏族高中学生550人。

【“政府奖学金”制度】

20世纪90年代，成都市每年都为家庭经济困难的普通高中学生减免学费和杂费。2001年秋，成都市开始实施“低保对象帮困助学”专项救助工程，普通高中学生由区（市）县教育局、民政局负责落实减免其学杂费和书本费；减免后尚有特殊困难者，还可给予适当补贴。2002年8月，“成都市政府奖学金”设立，资助对象为19个区（市）县及高新区享受城乡最低生活保障家庭的在读中小学生和因特殊生活困难可能辍学的学生。2002年秋季开学后各学校接受学生申请，9月底通报奖学金发放情况，该年市政府提供专款300万元，对2000多名学生提供资助，帮助他们顺利完成九年义务教育和高中阶段教育。2004年8月，《成都市人民政府办公厅关于帮困助学工程的实施意见》出台，对帮困助学的受助范围、筹措与管理、减免程序、监督检查、实施时间等作出规定，要求“政府奖学金”主要用于资助高中阶段家庭经济困难的学生。10月，“帮困助学工程”市本级专项资金发放，共计2800万元，其中300万元用于实行“政府奖学金”制度，共资助高中阶段学生3600余名。2005年，成都市再次安排市本级“政府奖学金”资金300万元，共资助高中阶段学生5000人，每名学生每年补助600元。

【成都市石室中学】

成都市石室中学校址在成都市文庙前街93号，汉“文翁石室”故址。清光绪二十八年（1902）在锦江书院旧址设成都府师范学堂，后数易其名，1940年，名为四川省立石室中学。1952年，改为四

2004年10月12日，成都市“帮困助学工程”专项资金发放仪式在市教育局举行

2000—2005年成都市教育部门办普通高中生均经费支出情况统计表

表5-9 单位：元

年份	生均经费支出	年份	生均经费支出
2000	2246.17	2003	4061.70
2001	2565.50	2004	4485.10
2002	2785.09	2005	4518.65

川省成都第四中学。1983年改现名。

1953年，石室中学被列为省属重点中学，多次承担学制、教材、教法、管理体制、德育工作等方面的改革实验任务。该校以“继承优良传统，打好素质基础，培养创造能力”为办学思想，以“求真务实、以人为本”为办学理念。进入21世纪后，该校率先实施高中学分制，试行不合格学生“试读制”，全面推进研究性学习，开发双语教材，实施双语教学。先后被评为四川省文明单位、四川省首批“校风示范学校”、四川省第五届职业道德建设十佳标兵单位，是四川省首批国家级示范性普通高中。

至2005年，石室中学先后共有成都市教育专家3人，全国优秀教师13人，享受政府津贴教师3人，特级教师15人，市学科带头人23人，省市级学会负责人23人，省市优秀青年教师15人；有20多位教师在全国、省、市各级赛课中获奖，发表专著（论文）400多部（篇）。

2000—2005年，学生有89人在奥林匹克学科竞赛中获全国一等奖；有46人次获全国、省、市各级各类科创发明奖。该校学生发明的“OPEN字典”“银行多密码系统”“摩托车冷暖空调帽”“燃气灶的改良装置”等均获省级及以上的青少年发明大赛一等奖、第一名获“尤利卡世界发明博览会”金奖；石室中学一名学生的研究成果“应当重视地名标志的逻辑性”被公安部采用；三名学生共撰的《圈养大熊猫觅食行为的初步观察》，在2005年四川省第20届青少年创新大赛上获论文一等奖。该校艺体特长学生先后有743人次获得全国、省、市一、二、三等奖。石室女子篮球队两次获全国中学生篮球赛冠军。石室中学高考优生率、重点率、提高率年年位居全市前茅。

为适应对外交流合作的需要，石室中学国际部与美国、加拿大、德国、日本、澳大利亚、新加坡等近10个国家的教育界建立广泛的合作关系，定期交换师生。2005年，开办石室中学“中新友好实验班”（国际教育合格项目）。

【成都市第七中学】

成都市第七中学在成都市新南门外磨子桥林荫路。该校前身系1905年创办的成都市县立高等小学堂，校址青龙街。1907年，改为成都县中学堂。1952年改现名，1954年迁现址，并被定为重点中学。2000年，被省教育厅评定为国家级示范性普通高中，并被教育部确定为“国家级示范性普通高中建设项目”学校。先后获得全国“计算机教育先进集体”“现代教育技术试验学校”“课外科技活动先进单位”“‘五一’劳动奖章”，省“首批校风示范校”“艺术教育特色学校”等称号。

成都七中具有“启迪有方，治学严谨，爱生育人”的办学传统，逐步形成以“以人为本，重在发展”为核心的“着眼整体发展，立足个体成才，充分发挥学生的主体作用”的“三体”教育思想和适应学生个体差异发展的课程结构体系，确立“以必修课为主，必修课与选修课相结合；以学科课堂教学为主，学科课堂与活动课程相结合，研究性学习与各类课程相结合，分层分类推进”的教学体制。

在选修课和课外活动中实行特长生“导师制”。构建“以做人教育为基础，以立志成才教育为主线”的德育工作体系。学校把教育科学研究纳入办学常规，科研课题“适应学生个体差异性发展的教学体系改革与研究”“实施‘三体’教育”在该校已研究十几年。截至2004年6月，该校教职工共发表教改论文500余篇，科研成果多次获省、市政府教学成果一等奖及省市教育科研一等奖。

成都七中实行教师评聘制和校内结构工资制。2004年，先后共有市教育专家4名，特级教师18名，市学科带头人21名，高级教师86名，市优秀青年教师15名。2003—2005年，教师获多项教育科研成果奖，其中，国家级8项、省（部）级26项、市级61项。

该校高考上线率、重点大学上线率、名牌大学上线率、学科竞赛获奖人数等均居同类学校前列。在奥林匹克学科竞赛中该校先后有5名学生夺得9枚金牌，有26名学生先后获全国奥赛金牌；有近100人被保送北大、清华。“七中国际部”在成都率先设立。“七中网校”在四川、西藏、云南、贵州、甘肃等省（自治区）建立远程教学点100多个。

【成都市树德中学】

成都市树德中学坐落在宁夏街树德里，其前身是国民革命军第二十九军副军长孙震于1929年创办的私立小学树德学校。该校1932年增设初中，1937年秋增设高中部。1952年改为公办，更名成都市第九中学。1989年，恢复树德中学校名。2000年，评为首批国家级示范性高中。

该校以“树德树人”为办学宗旨，以“树德广才”为办学理念，追求德、才、人“三合一”，以“全面提高学生素质，充分发展个性特长，共性与个性并重”为育人指导思想。2003—2005年，该校开研课题共有国家级课题3项、省级课题3项、市级课题6项、校级课题33项，已获省、市科研成果奖7项。教师年平均出版专著5本以上，发表文章70篇以上，获奖论文80篇以上。共有学科带头人12名，高级教师近百名。

1990—2005年，先后有200名树德学子考入清华、北大，每年80%以上的毕业生上国家重点大学。成立于1990年的“树德中学民乐团”多次获得全国、省级金奖，多次应邀赴美国、德国演出。树德男子篮球队是四川省的“三连冠球队”，多次代表四川省参加全国及亚洲比赛，获全国第三名；为中国篮球后备人才培养基地，并在2002年获全国篮球高水平试点校称号。羽毛球队和国际象棋队均为省冠军队，现有两名国家级象棋大师，先后培养出6名棋协大师。

树德中学先后同美国、德国、法国、日本、俄罗斯等10多个国家的学校友好往来，在日本和德国各有一所姊妹学校。2001年，树德中学成为“中美青年远程交流项目”的第一所结对学校，和美国菲尼克斯市中央高中的师生，通过国际教育资源网随时进行互动交流。树德中学国际部是全球GAC项目的中国唯一的示范中心。

【成都西北中学】

1928年，西北中学的前身始创于北平牛街30号清真寺。1934年，始称“西北中学校”。1937年，因抗日战争爆发而南迁，在兰州、成都各设1所。成都西北中学校校址在成都市明远街。1952年，被成都市人民政府接管。1953—1959年，该校回族和汉族学生兼收，回族学生保持在1000人左右。由于成都市回民聚居情况改变，该校回族学生呈减少趋势。1989年，该校与成都市教育局和民族宗教委员会签订每学年必须招两个回民班的协议，回族学生每年级保留在100人左右。20世纪90年代，西北中学以“依法治校、人和兴校、科研强校”为治校方略，以建设一流现代化学校为发展目标；每年接收回族保送初中学生30人，并优先录取自愿报名的回族学生。该校在校回族学生保持在150人左右。1990—

2005年，总共培养回族学生1500人左右。回族学生在校期间，评优、评先、评三好学生时在同等条件下优先；学校在伙食上尊重回民习惯。2002年，该校与成都市第十五中学合并，分南北两区。北区为初中部，地处成都市中心天府广场西侧；南区为高中部，位于成都武侯祠附近。2005年，西北中学有教学班60个，学生近3000人，教职工近300人；在职教师中有特级教师3人、学科带头人7人，市优秀青年教师13人；为四川省示范高级中学、四川省民族工作先进单位。

【成都市第八中学】

成都八中原名成都市立中学，1942年建立，以城北金绳寺为校舍。1952年更名现名。1982年，被批准为首批省重点中学。1993年，实行校长负责制，并建立德育为首位、教学为中心、促进教育质量全面提高的运行机制。2001年，成都八中与原成都六中合并，保留成都八中校名，仍为省重点中学。2002年，被命名为省级示范性普通高中。2003年，历时3年，投资3000多万元的校园重建工程竣工，新增大量设备设施。2005年，有高中26个班，初中30个班，学生约3100人。

成都八中探索“以人为本、以激励为主”的评价机制；深化人事改革，干部由19人减少为11人，在岗人员由309人减少到230人，并加大效绩奖励的力度。同时，对干部、教师开展校本培训，初步形成结构合理、素质较好、学习型、专业化的教师队伍。该校不断加强和改进德育工作，进行课程改革，开展以“深化课堂教学改革，提高课堂教学效益”为主要内容的教育科研课题研究。该校高、初中教学质量连年获得市教育局表彰。2003—2005年，毕业生高考成绩在市区同类学校中名列前茅，学生参加学科、科创、艺体等竞赛多人次获国家、省、市级奖励。成都八中先后获得“首批中国科协青少年科技创新人才培养项目实验学校”“全国中小学思想道德教育先进集体”“四川省示范性高中”“四川省艺术特色学校”等称号，获各种奖励共约100项。

【成都华西中学】

成都华西中学的前身，于1908年由华英学堂（英）、华美学堂（美）和广益学堂（加）在成都华西坝联合创建。1953年，更名为“成都市第十三中学”，迁青龙街。1963年，成为四川省首批重点中学。2000年，迁至八里小区，恢复老校名“成都华西中学”；现代教育设备设施按高标准配置，拥有两块足球场、标准田径场、体育馆和游泳池。2004年，成为电子科技大学附属中学，全称为“四川省成都华西中学·电子科技大学附属中学”，为省示范性普通高中、省现代教育技术示范学校。

华西中学以“以人为本、全面育人”的教育理念，实行以“三全两重”（全面、全程、全员、重平时、重过程）为特色的教学管理，每期两次全校范围的评教活动。在教职工中开展“读一本书、写一篇论文、上一次研究课”的活动，进行“主题教学观摩——主题评课反思——主题教学讲座——主题教学讨论”的“主题教研”，做实教学科研工作的各个环节。2003—2005年，该校教师有60篇以上论文在各级各类期刊上发表，有234篇论文获得市级以上奖励，出版课题专著《中学生挫折教育》。

华西中学足球队先后9次代表四川省参加全国中学生足球比赛，最好成绩为全国第四名，并获法国“敖唐杯”青少年国际足球邀请赛冠军。先后被评为“中国青少年体育俱乐部学校”“四川省贯彻学校体育工作条例先进学校”“四川省体育传统项目示范学校”。

【成都西藏中学】

1989年，四川省委、省政府批准并创办四川省成都西藏中学。该校占地40亩，建筑面积

1.32万平方米，绿化面积35%，仿藏式教学楼、礼堂、实验室、办公室、餐厅、男女生宿舍、运动场、游泳池等设施齐全。“让每一个学生都能得到充分发展、健康发展”“为学生一生高度负责”是该校的办学思想和理念，“为西藏培养合格的建设者，为维护祖国的统一、民族的团结，培养思想上、政治上过得硬的人才”是该校的培养目标。该校组织学生学习1992年国务院发表的《西藏的主权归属与人权状况白皮书》，举办“爱家乡，爱祖国”主题演讲会；暑假期间，开展“回到家乡看变化，回到家里找变化，回到学校讲变化”的思源、思进活动，组织学生参观成都地区国有大型企业、科技园区、重点大学、农村集市，游览乐山、峨眉山、青城山等风景名胜。该校“以学生为本”“因材施教”，探索民族教育的教学规律和学生个性心理特点，研究和编制适合民族学生的教材和练习。来自西藏的初中96级学生孤儿罗布顿珠勤奋努力，从一个学困生成长为品学兼优的学生，成都团市委号召全市中学生向他学习。该校师生在全国少数民族中学生学科竞赛、知识竞赛中多次取得好成绩。1998年以前，每年高考成绩均名列内地西藏班、校之首，得到中央与西藏人民的肯定。至2005年，成都西藏中学共培养合格高、初中毕业生2000多人，高考升学率每年均在96%以上。

1990—2005年成都市教育局直属中学校名、校址、学校类型变化情况一览表

表5-10

现校名	原校名	学校类型	校址	备注
成都市树德实验中学	四川省成都市第一中学	初　中	成都市东马棚街38号	1996年更名
四川省成都市第二中学	四川省成都市第二中学	高完中	成都市红星路一段37号	2002年4月，加挂北京师范大学成都实验中学校牌
四川省成都市第三中学	四川省成都市第三中学	高完中	成都市红星路二段43号	2002年4月，加挂四川省成都市艺术中学校牌
四川省成都市石室中学	四川省成都市石室中学	高　中	成都市文庙前街93号	1998年停招初中生
四川省成都列五中学（初中部）	四川省成都市第五中学	高完中	成都市马镇街6号	1994年11月更名，2002年，双林中学并入
四川省成都市第八中学	四川省成都市第六中学	高完中	—	2001年6月，六中并入八中

续表

现校名	原校名	学校类型	校址	备注
四川省成都市第七中学	四川省成都市第七中学	高　中	成都市林荫中街1号	1999年停招初中生
四川省成都市第八中学	四川省成都市第八中学	高完中	一环路北三段72号	2001年6月，原成都六中并入
四川省成都市树德中学	四川省成都市第九中学	高　中	成都市宁夏街树德里4号	1998年，停招初中生，1989年4月更名
四川省成都市石室联合中学	四川省成都市第十中学	初　中	成都市陕西街29号	1997年更名
四川省成都市第十一中学	四川省成都市第十一中学	高完中	成都市育婴堂街20号	1992年，加挂成都市科技创造（发明）学校校牌，2000年，加挂四川省成都市女子实验中学校牌
四川省成都市第十二中学	四川省成都市第十二中学	高完中	成都市太平南新街68号	2003年，加挂四川大学附属中学校牌，同年“电子计算机职业中学”并入
四川省成都市华西中学	四川省成都市第十三中学	高完中	成都市八里小区双建路南巷1号	2000年9月更名，2003年，加挂电子科技大学附属中学校牌
四川省成都市第十四中学	四川省成都市第十四中学	高完中	成都市蜀华街43号	—
四川省成都市第十六中学	四川省成都市第十六中学	高完中	成都市小天竺街103号	2003年，加挂成都市锦城外国语学校校牌
四川省成都市第十七中学	四川省成都市第十七中学	高完中	成都市牛王庙巷37号	—
成都市田家炳中学	四川省成都市第十九中学	高完中	成都市三官堂街104号	2003年9月更名
四川省成都市第二十四中学	四川省成都市第二十四中学	高完中	成都市人民中路一段24号	2003年，加挂成都市科创实验中学校牌
四川省成都市第二十八中学	四川省成都协进中学	高完中	成都市西胜街18号	1993年，更名为四川省成都协进中学，2001年，恢复四川省成都市第二十八中学校名
四川省成都市第三十一中学	成都市出版印刷职业中学	高完中	成都市五丁路18号	1989年，加挂出版印刷职中校牌，招收职高生，保留三十一中初中部，2002年9月，停止招收职高生，恢复招收普高生
四川省成都市第四十六中学	四川省成都市第四十六中学	高完中	成都市大观堰街2号	1997年，加挂成都市民族高级中学校牌，1999年，加挂西南师大外国语学院附设成都民族外国语学校校牌

续表

现校名	原校名	学校类型	校址	备注
四川成都市第五十二中学校	成都市工读学校	特殊教育	成都市高新西区合作街道办事处辖区	1998年9月更名
四川省成都市七中育才学校	成都市第三十五中学	初　中	成都市锦江区双槐树街54号	1985年，加挂成都市锦城职业中学校牌，1997年更名，停招职高生
四川省成都市西北中学	四川省成都市第十五中学	高完中	成都市武侯祠大街建国巷1号	2000年10月，更名为四川省成都市田家炳实验中学，2001年12月与西北中学合并为高中部
四川省成都市西北中学	四川省成都市西北中学	高完中	成都市人民西路107号	2001年12月，与田家炳实验中学合并原校址为初中部
成都市盐道街中学（南区）	成都市锦江中学	高完中	成都市滨江路一段7号	2002年，并入盐道街中学
成都市盐道街中学（南区）	成都市盐市口中学	高完中	成都市滨江路5号	2002年，并入盐道街中学
成都市盐道街中学（北区）	成都市盐道街中学	高完中	成都市盐道街4号	2002年，锦江中学、盐市口中学并入
四川师范大学附属中学	四川师范大学附属中学	高完中	成都市沙河铺狮子山路1号	—
四川师范大学附属中学（初中部）	成都市第三十九中学	高完中	成都市牛市口海椒市街103号	1985年，加挂成都中华职中校牌，1997年取牌，同年并入川师附中，停招职高生
成都大学附属中学	成都大学附属中学	高完中	成都市三友路135号	1992年9月成立
成都市蜀兴职业中学	成都市第二十一中学	职　中	成都市建设北路一段5号	1992年，加挂公共关系职中校牌，2002年并入蜀兴职中
成都市蜀兴职业中学	成都市第三十中学	职　中	成都市培华西路3号	1993年，加挂轻工职中，1997年更名为蜀兴职中，2002年与21中合并
四川省成都市礼仪职业中学（东区）	成都市第二十二中学	职　中	成都市镗钯街35号	1991年更名，1999年，与包装职中合并
成都市礼仪职业中学（西区）	成都市包装技术职业中学	职　中	成都市黉门后街1号（主办公区）	1985年更名，1999年，与礼仪职中合并
四川省成都市财贸职业高级中学	成都市第三十二中学	职　中	成都市西安路枣子巷26号	1985年10月更名，1996年5月增挂四川省成都市财贸职业中学校牌，1992年新建成都大学华夏职业教育师资培训中心

续表

现校名	原校名	学校类型	校址	备注
成都市新华职业中学	成都市第三十四中学	职　中	成都市书院西街58号	2003年与旅游职中合并
成都市新华职业中学	成都市第二十六中学	职　中	成都市高新区站华路15号	1986年，成立益州职中保留初中部，1997年6月，并入新华职中
四川省成都市女子职业中学	成都市致民路中学	职　中	成都市水碾河路32号附5号	1984年更名
四川省成都市公共交通职业中学	四川省成都市城北中学	职　中	成都市成华街2号	1992年5月，增挂成都市公共交通职业中学校牌
四川省成都市旅游职业学校	成都市文化宫中学	职　中	成都市太升路	1988年更名
四川省成都市旅游职业学校	成都市百花潭中学	职　中	成都市大石西部56号	1996年，与旅游职中合并
成都市特殊教育学校	成都市盲聋哑学校	特殊教育	成都市金牛区一环路北一段182号	2003年更名
成都教育学院	成都师范学校	中　师	成都市营门口乡花照壁村六组	2001年并入成都教育学院为金牛校区，
成教教育学院	新都师范学校	中　师	新都区	2001年，与成都师范合并，同年并入成都教育学院为新都校区
成都幼儿师范学校	成都幼儿师范学校	中　师	成都市致民东路16号	2006年3月，并入成都大学为成都大学学前教育学院
成都外国语学校	成都市八里庄中学	高完中	成都市高新西区	1989年4月，更名四川外国语学院附设成都外国语学校，2003年，更现名
四川省成都市实验外国语学校	四川省成都市西乡路中学	高完中	成都市一环路北一段134号	1991年，更名为四川省成都市第四十八中学，1996年，更名为现校名
四川省成都列五中学（高中部）	成都市双林中学	高完中	成都市双林路双园巷9号	2002年11月，并入列五中学
四川省成都市玉林中学	四川省成都市玉林中学	高完中	成都市芳草东街80号（总校区）	1988年，成为第一个改制学校，1999年，移交高新区
成都职业技术学院（中专部）	成都市新华职业中学、成都市旅游职业中学	职　中	成都市高新区站华路15号	2003年合并

中等职业技术教育

普通中等专业学校

【概况】

1990年，成都市有中等专业学校50所，在校学生3.23万人；在校教职工8169人，其中教师3262人，有高级讲师446人，讲师1350人。1991年，各中等专业学校瞄准市场需要，主动调整专业设置，12所中等专业学校（含办学点）招收15个不包分配的职业高中班共628人；成都水电校开办1个民族班。

1994年，成都航空工业学校、成都水力发电学校、四川省川剧学校等8所中专，被国家教委批准为国家级重点普通中等专业学校；成都师范学校和成都幼儿师范学校通过国家教委师范教育司组织的全国中师标准化建设联合检查。各中等专业学校与加拿大等国社区学院结对办学，形成交流网络，开展科研、信息、教学模式及人员交流，提高办学效益。当年全市中等专业学校共招生1.79万人，比1993年多招1119人，增长6.67%。中等师范学校招生1347人，比上年减少213人，减少13.65%，原因是小学教师的学历层次向大专化发展。1997年，成都市决定调整中等师范学校布局，到2000年，全市师范学校由7所调整为5所，新津师范、金堂师范于1998年停止招生。

1998年，普通中等专业学校按教育部的统一部署实行招生办法改革，取消“计划生”“委托培养学生”“自费学生”在交费上的差别，一律实行缴费上学。不少学校招生数明显增加。成都工业学校新生入学报到821人，在校生达2128人，达建校40年来在校生的最大规模。四川省舞蹈学校、成都市工业学校、成都建设学校被命名为“省部级重点中等专业学校”。

1999年，成都普通中等专业学校共有53所，其中部属及省属学校32所，市属学校21所。全市中等专业学校共招生2.31万人，毕业1.94万人，在校生达

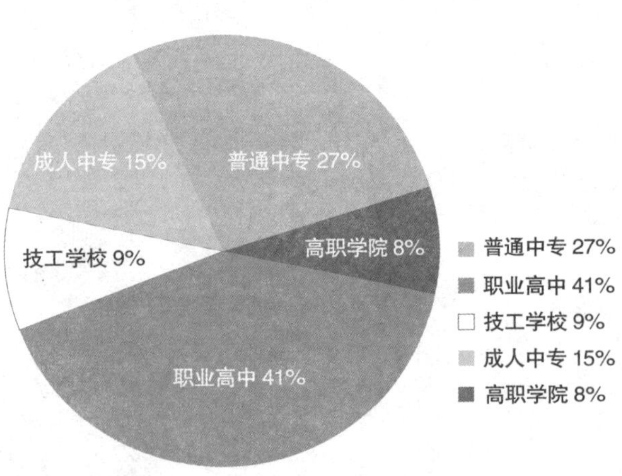

图5-3 2005年各类学校招收中职段学生比例饼状图

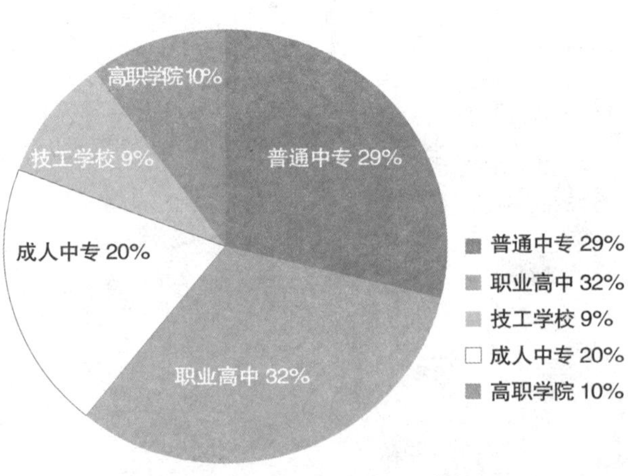

图5-4 2005年各类学校中职段在校生数比较饼状图

7.23万人，比1998年增加6362人，增长9.6%。全市中等专业学校共有教职工7927人，其中教师3446人，前者比1998年增加576人，后者增加212人，师生比为120：98，比1998年略有上升。专任教师中，高级讲师773人，讲师1573人，助理讲师1035人，教员65人。有11所学校相继通过国家级重点中等专业学校初查。

根据教育部的规划，师范教育职前培养部分从三级师范向二级师范、一级师范过渡。2001年，成都市将成都师范、新都师范并入成都教育学院。2004年，成都市政府调整部分中等专业学校管理体制，将成都无线电工业学校、成都机械技工学校划归市劳动和社会保障局领导管理；将成都市工业学校、成都市建设学校、成都市财政贸易学校、成都市房地产中专学校划归市教育局领导管理。

2005年，成都市普通中等专业学校共有31所（其中中等师范学校1所），毕业学生1.76万人，招收新生2.76万人，共有在校学生8.07万人；有教职工3577人，其中专任教师1886人（不含外聘教师）。全市普通中等专业学校招生人数和在校生人数占中职段学生总数的比例，分别为27%和29%。（见表5-11）

1990—2005年在成都的普通中等专业学校学生、教师基本情况统计表

表5-11　　单位：人、个

年份	校点数		班数	毕业生数	招生数	在校生数	毕业班学生数	教职工数		平均每万人口在校生数
	校数	点数						总计	其中教师	
1990年	42	—	—	6862	8183	23609	7446	7455	2887	46
1991年	42	—	615	7223	8547	24612	8479	7506	2881	31
1992年	44	—	688	8446	11537	27692	8347	7976	3051	54
1993年	46	—	721	8182	15228	33923	9544	7336	2967	60
1994年	48	—	923	9025	16360	40360	9602	7472	3041	66
1995年	48	—	1108	9878	17412	46995	12416	7549	3157	71
1996年	48	—	1107	13022	19212	53347	14780	7698	3208	77
1997年	48	—	1034	14714	20818	58057	16622	7608	3245	81
1998年	44	—	1320	16131	23001	62254	17140	6670	2866	83
1999年	46	—	1342	18309	21635	68280	19100	7331	3117	77
2000年	44	—	1293	18705	16232	61077	20553	6607	2858	77
2001年	51	—	—	23101	12410	51090	18943	4975	2273	49
2002年	36	—	—	17898	16235	45890	15523	5124	2298	49
2003年	30	—	—	14735	20028	48707	11929	2967	1560	50
2004年	32	—	—	12990	19745	54368	15407	3445	1770	55
2005年	30	11	—	16331	26581	77481	23915	3441	1777	75

1990—2005年成都市中等师范学校学校学生、教师基本情况统计表

表5-12

年度	校点数		班数	毕业生数	招生数	在校学生数	毕业班学生数	教职工数	
	校数	点数						总计	其中教师
1990年	8	—	94	1539	1520	4363	1678	714	375
1991年	8	—	90	1676	1521	4205	1657	715	359
1992年	7	—	94	1656	1780	4251	1480	660	353
1993年	7	—	97	1480	1560	4330	1433	668	353
1994年	7	—	98	1487	1547	4447	1778	673	358
1995年	7	—	94	1773	1501	4165	1616	667	629
1996年	7	—	94	1610	1491	4040	1644	680	364
1997年	7	—	87	1643	1409	3802	1412	681	376
1998年	7	—	85	1411	1300	3685	1134	681	368
1999年	7	—	90	1134	1488	4021	1449	596	329
2000年	7	—	82	1443	1465	3892	1073	538	299
2001年	5	—	—	878	739	2557	905	400	218
2002年	2	—	—	1334	1349	3906	968	106	56
2003年	1	1	—	493	1354	3780	1102	102	76
2004年	1	1	—	485	1013	3823	1500	102	76
2005年	1	1	—	1294	1043	3185	1194	136	109

【二级师范制度】

1990年，成都市师范教育继续实行三级师范制度。全市共有中等师范学校8所，94个教学班，在校学生4363人，有教职工714人。1993年，成都师范学校被国家教委批准为培养大专学历的小学教师的试验学校。成都市决定使用成都大学大专招生指标，由成都大学和成都师范联合进行培养大专程度小学教师的“三、二分段”“五年一贯制”试验。

1996年，全市小学、初中教师的学历合格率分别达到91.5%和81.5%，五城区小学、初中教师学历合格率则更高，为数不少的小学拥有大专以上学历教师的比例已达50%以上。为适应基础教育改革与发展的需要，有的小学校长不愿再接受中师毕业生。有的城区教育行政部门规定，中师毕业生上岗后必须缴纳相当数量的提高学历层次保证金。从1997年起，成都市在继续招收中师生的同时，除继续进行成都师范培养大专程度小学教师的试验外，拨出专项成人专科招生指标，由成都师范学校和成都教育学院联合举办培养大专程度小学教师试验班。该试验班学制两年，每年招收48名学生，挂靠成都教育学院，指标单独下达；教育教学过程管理由成都师范学校负责；学生毕业后，由成都教育学院颁发“成人专科小学教育专业”毕业证书。

从1998年起，成都市对中等师范学校进行调整，先后撤销双流师范、金堂师范、新津师范和邛崃师范，保留的成都师范学校、新都师范学校和成都幼儿师范学校，均采取与高等学校联合办学的方式，办学层次大专化。1999年秋季，成都幼师与四川师范大学联合办学，举办五年制幼儿师范教育。2001年，成都师范、新都师范并入成都教育学院。

2003年，成都市仅存的中等师范学校——成都幼儿师范学校与四川师范大学协商并达成协议，两校实行松散的合并，即在行政隶属关系不变，人事和拨款渠道不变，成都幼师仍具有独立法人资格的前提下，成为四川师大的二级学院，加挂“四川师范大学学前教育学院”的校牌。2005年，成都市尚有中等师范学校（成都幼师）1所，有中等师范在校学生3185人，教职工136人。（见表5-12）

【办学体制多元化】

成都市中等专业学校办学的基本形式和格局是：职前与职后教育结合，中专教育与大专教育并举，学历教育与短期培训并重，跨地区、跨行业联合办学。成都幼儿师范学校除进行培养幼儿教师的职前教育外，1995年，与四川省广播电视大学联合举办学前教育大专班。2000年，成立四川省幼儿教师培训中心，负责全省幼儿教师继续教育和培训工作，形成职前与职后教育相结合的办学体制。成都市卫生学校在举办职前教育的同时，举办乡村医生函授教育，建立函授分部，形成函授教育网络，并与部队、各县市相关单位联合办学，同时举办大量非学历教育的短期培训，形成多层次、多渠道的办学格局。成都市工业学校与成都市财政局联合成立继续教育中心，对会计、造价、审计、软件应用等类人员进行继续教育培训。成都铁路运输学校把职业培训与学历教育并重作为学校的办学思路，走出跨省、跨地区、跨行业、跨学校联合办学的新路子，并将办学的重点移向农村，开展面向农村的联合办学。该校联合办学的方针是立足本省，辐射西南、西北，为广大农村服务，联合办学的地区远达广西壮族自治区的柳州、青海省的西宁。

【普通中专专业建设】

成都市中等专业学校专业相对稳定，专业教材相对成熟，专业教师队伍水平较高，专业基地建设比较完善，有些专业成为省、市乃至全国的重点专业。中等专业学校在中等职业技术教育中率先提高办学层次，举办各种专业的大专班。中等师范学校完成三级师范向二级师范的过渡。从2002年起，成都铁路运输学校先后与四川大学、西南交通大学、西华大学、四川省教育学院等学校联合举办各种专业的大专班。1995年，成都卫生学校举办成人大专班。1998年，开办四年制（招收初中毕业生）和三年制（招高中毕业生）的大专班。2001年，挂靠川北医学院开办初中起点的五年制高职专科班。2004年，又挂靠成都职业技术学院招收高中起点的三年制高职专科班。成都工业学校先后与成都理工大学、西南科技大学、西华大学、成都信息工程技术学院、成都职业技术学院等高校联合举办机械、电器、化工、财经类专业高中后三年制高职和初中后五年制高职教育。

随着在成都的中等专业学校高职大专班相继开办，新的学科、新的专业、新的课程也相继在各校创立和开设起来。毕业生就业由国家统一分配改为市场双向选择后，中等专业学校相继围绕市场需要设专业，瞄准岗位开课程。在成都的各中专学校纷纷改造老旧专业，积极开发新专业，努力打造品牌专业。1998年，成都卫生学校进行专业结构调整，开办四年制护理（初中毕业）和三年制护理（高中毕业）专业，从地方需求和学校实际出发，不断充实完善医技专业，培养紧缺的医技专业学生。2005年与成都中医药大学建立挂靠关系，开设专业有中药、药学、护理、临床医学、中西医结合医学、中医骨伤、口腔工艺技术等，同时试办预防医学、医学检验、护理美容、护理保健、医学信息管理、药品营销等专业，主动适应市场发展的需要。成都铁路运输学校由原来的铁道运输、铁道工程、桥梁与隧道、中等师范四个专业发展为交通运输、建筑工程、电子信息商务与经济等4大类18个专业，其中铁道运输管理专业为四川省重点专业。（见表5-13）

2005年成都市普通中等专业学校校名与专业设置一览表

表5-13

学校名称	专　业
成都职业技术学院中专部	金融、电子商务、计算机及应用、饭店服务与管理、旅游导游、旅游英语、旅游服务与管理、现代通信技术
成都农业科技职业学院中专部	园艺技术、园林技术、畜牧兽医、机电一体化、电气自动化、应用电子技术
成都铁路运输学校	交通运输管理、商务服务、电子商务、计算机软件、铁道工程、计算机网络技术、工民建、动漫设计、物流管理、电子电工、建筑装饰、学前教育
成都市工业学校	机电技术应用、财务会计与电子商务、电子技术应用、汽车检测与维修、电气自动化、生物制药、酒店服务与管理、工业分析与质量检测
成都市建设学校	工业与民用建筑、建筑经济管理、建筑装饰、市政工程、园林工程
成都市财政贸易学校	电算化会计、计算机运用与管理、酒店与旅游管理、物流管理、商务英语、英语与旅游管理
成都市文化艺术学校	杂技与魔术表演、舞蹈表演、曲艺表演、美术绘画、播音与节目主持、木偶与皮影、表演与制作
成都市体育运动学校	体育教育、运动训练
成都铁路工程学校	铁道施工与养护、工程机械运用与维修、公路与桥梁、建筑经济管理、测量工程技术、工业与民用建筑、数控、机电、汽修、计算机、物资经营与管理
成都铁路卫生学校	护理、英语护理、口腔医学、中西医结合、药剂、助产、美容、检验
四川省旅游学校	饭店服务与管理、旅游服务与管理、市场营销
四川省财政学校	会计、会计电算化、工商管理、经济信息管理与计算机应用、信息管理、市场营销、营销与策划、法律事务
四川省交通运输学校	道桥、汽运、路桥、汽车检修、计算机
成都保险学校	财务、保险
四川省舞蹈学校	舞蹈表演、器乐表演、声乐表演、影视表演
四川省川剧学校	影视、川剧、杂技、表演、音乐教育、美术教育
中医药大学附院针灸学校	护理、针灸推拿、中西医结合、康复保健、口腔、药剂
四川省信息工程学校	计算机与应用、电子信息工程、电脑美术、气象与防雷、电算化会计、电子商务
四川省卫生学校	护理、英语护理、中西医结合、药学、康复治疗技术、助产、医学美容、中医骨伤、中医美容、临床医学
四川省体育运动学校	运动训练
四川省经济贸易学校	物流、计算机应用、酒店服务与管理、电子商务、旅游服务与管理、会计、金融与保险、商务助理、市场营销
四川省商业服务学校	烹饪、饭店服务与管理、酒店网络管理、旅游服务与管理、计算机应用、电子商务、财会电算化
四川省人民医院护士学校	护理
四川省机电技术学校	数控技术应用、电子商务、机电一体化、机械制造、建筑装饰、岩土工程、计算机应用、地质调查与找矿、工程测量、机电设备安装与维修
四川省税务学校	税务、电算化会计、法律、计算机
四川省广播电视学校	播音与主持、节目制作、计算机应用、影视表演
四川省工业贸易学校	环境工程、饲料加工与储检、计算机应用、信息技术、电子商务、饭店服务与管理、会计、工商管理、产品质量监督检验

【成都铁路运输学校】

成都铁路运输学校创办于1951年7月，始称成都铁路工程学校。1979年，划归西南交通大学管理，为其成都分部。1992年1月，划归成都铁路局管理，更名成都铁路运输学校。1999年1月1日，成都铁路运输学校、成都铁路成人中等专业学校、四川省广播电视大学成都铁路局分校合并，组建新的成都铁路运输学校。2000年6月，被命名为“首批国家级重点中等职业学校”。2003年11月，被命名为“成都市职业教育先进单位”。2004年12月1日，整体划归成都市管理，并被教育部重新认定为“首批国家级重点中等职业学校”。

2005年，成都铁路运输学校有成都、新都两个校区，占地10.49万平方米，建筑面积5.82万平方米；有32个实验室，5个校内实习演练基地，16个计算机房，938台计算机，13个多媒体教室，实验实习设备总值1300余万元；图书馆藏书15.1万余册。有教职工384人，其中专任教师165人（高级讲师60人，讲师76人）；有在校学生9953人，其中学历教育学生3200人。开设交通运输类、建筑工程类、电子信息类、商务与经济类等4个大类18个专业，其中高职类专业3个，中职类专业15个，“铁道运输管理专业”为四川省重点专业。

该校把学历教育、培训鉴定和科技服务作为学校发展的三大支柱，多元化、多形式、多层次、多渠道联合办学。先后与成都铁路局41个基层单位开展4个专业的联合办学，已培养学生8000余人，现在册学生6500人。与四川省现代物流协会主管的“物流商情”工作站共同出资组建四川省现代物流人才培训与交流中心，培训各类物流管理人员。开展职业技能鉴定培训工作，面向社会和铁路企业开展职工短期培训，2005年，培训铁路职工7000人次，并累计培训再就业人员1500名。同时，将办学重心移向农村，发挥品牌、师资、设备、就业等优势，先后与省内外多个市（州）、县（市、区）学校开展面向农村的联合办学，采取走村串户、送教上门、与职介机构合作等形式，2005年完成农村劳动力转移培训近3000人。

【成都卫生学校】

成都卫生学校建于1952年，校址在成都市羊市街鹦哥巷2号。1995年8月开始举办成人大专。1997年，获“省部级重点中专学校”和“合格成人高校”称号。2000年3月，与成都第二卫生学校、成都中医学校合并成立新的成都卫生学校，5月，被教育部认定为首批国家级重点中专。

1991—1997年，开办乡村医生函授教育，先后在省内近10个市（地）州建立函授分部、函授站，共招生1.56万人，毕业1.45万人。1998年，进行专业结构调整，开办四年制护理、三年制护理、医技等紧缺专业，试办中西医结合、护理美容、护理保健、医学信息管理、药品营销等专业。该校与省内外20余地区或单位联合办学。2001年，挂靠川北医学院开办初中起点的五年制高职专科。2004年，挂靠成都职业学院招收高中起点的三年制高职专科。2005年，与成都中医药大学建立挂靠关系。同时，该校实行校长、教学副校长、教务主任及教师三级听课制度，组织学生对教师教学进行评价。1991年，成立学生业余党校。1996年起，开设“德育实践课”。成立就业指导办公室，编写就业指导讲义，收集就业信息，该校毕业生就业率保持在90%～95%。

2005年，成都卫校有在校学生1.17万余人；专任教师190名，其中166人具有中、高级职称，“双师型”教师占27.35%。该校占地15.93万平方米，建筑面积11.78万平方米。馆藏图书20.39万册。管理用计算机近百台，教学用计算机近800台，建立互联网站，现代化教学仪器设备总值1.02亿元。有继续医学教育培训基地性质的二级综合性附属医院1所，床位100张，临床科室13个，医技科室11个，专职临床技术人员96人，万元以上仪器设备14台（套）；注册资金167万元，固定资产218万元。

2005年10月，成都卫校并入成都大学，为成都大学医护学院。

【成都市工业学校】

成都市工业学校的前身是成都工业专科学校，创建于1958年，校址在成都市一环路北四段108号。1973年更现名。1993年，被评为省部级重点中专。2000年，教育部授予“国家级重点中等职业学校”称号。

该校根据用人市场对技术人才的需求情况，及时调整教学计划，进行课程改革。采用学习过程与结果相结合、能力养成与知识掌握相结合的方式评价学生。各个专业建立实践性教学基地，实施实践性岗位教学，教学就业一体化。与成都市财政局联合成立继续教育中心，常年对会计、造价、审计、软件应用等类人员进行各种层次的继续教育培训和考核。与多所高等院校联合举办机械、电器、化工、财经类专业高中后三年制高职和初中后五年制高职教育，培养大专层次的应用型技术人才。与加拿大、日本等国职业教育院校互派教师、学生，与加拿大社区学院合作完成的教改课题于2001年获“四川省普教教育科研成果”三等奖。成都市工业学校附设国家职业技能鉴定所，拥有20余名考评员，开展20多个工种的高、中、初级职业技能等级鉴定工作。

2005年，成都市工业学校占地4.5万平方米，校舍建筑面积5万平方米。建有计算机网络中心（有10个计算机房，近500台计算机）、机床、力学、数控、制冷、液压、电工、电子、自控、化工分析、生物、仪器分析、财会模拟、模拟客房等30多个实验室；图书馆藏书20余万册，电子图书4万余张，阅览室和电子阅览室可同时供200名学生学习。有教职工183人，任课教师118人。近20年来，该校教师参与并完成的科研项目45项，获国家专利4项，出版专著4部。有机电、经贸管理、电气电子工程及生物化工等11个专业67个教学班，学历教育在校生2861人，其中中职学生1784人，高职学生1077人。新生入学即可与学校签订就业推荐协议，合格毕业生全部推荐就业。毕业生就业率保持在97%以上。40多年来共培养了4万余名技术人员和管理人员。

【成都幼儿师范学校】

成都幼儿师范学校的前身是开办于1942年秋的“四川省立幼稚师范科”。后经多次合并与更名，1957年2月，正式建立四川省成都幼儿师范学校（以下简称“幼师”），校址成都市致民东路16号。1978年，开始面向全省招生。1989—1994年，为中国—联合国儿童基金会项目学校。1992年，在校学生规模达900余人。

1995年，与四川广播电视大学联合举办学前教育大专班。1999年，幼师与四川师范大学联合招收五年一贯制大专生。2000年，受省教育厅委托，幼师成立幼儿教育师资培训中心，负责全省幼儿教师继续教育和培训工作。2001年，成为四川广播电视大学直属部幼师分校。2002年，幼师成为四川师大非内设二级学院。同年，与民营资本联合成立四川省博爱幼儿教育发展公司，成都幼师实验幼儿园开园招生。此后，成都幼师丽都实验幼儿园、成都幼师河滨印象实验幼儿园相继开办。至2005年，共培养各级各类幼教人才2万多名。建立了以成都为中心、覆盖全川及深圳沿海地区的就业网络，毕业生就业率为100%。

2005年，有105名专兼职教师，其中全国优秀教师2人，四川省特级教师1人，四川省有突出贡献专家2人，四川省优秀教师4人，四川省优秀教育工作者2人，成都市中小学教育专家2人；国家级普通话测试员3人，省级普通话测试员7人。1990—2005年，先后承担国家级课题6个、省市级课题5个，出版教材、专著40余部。1995年以后，先后被指定为“全国幼师教改实验学校”，全国电教实验学校；获得省、市首批校风示范校、全国语言文字工作先进集体、市精神文明标兵单位、市青年思想政治工作先进集体等100余项荣誉称号。

1990—2005年在成都的普通中专变化情况表

表5-14

现校名	原校名	学校类型	校址	备注
成都农业科技职业学院	四川省温江农业学校	高职学院	成都市温江区天府路街78号	2002年4月，升格更名 2006年校址改称为温江区德通桥路392号
成都航空职业技术学院	成都航空工业学校	高职学院	成都市二环路南一段20号	1998年3月，升格更名 2005年，新建龙泉校区
四川商务职业学院	四川成都商业学校 四川省对外经济贸易学校	高职学院	成都市青羊区文家场正街227号	2004年4月，四川成都商业学校与四川省对外经济贸易学校合并，升格更名，有温江校区和新都校区
四川航天职业技术学院	四川航天工业学校	高职学院	成都市龙泉驿区航天城天生路155号	初建于1966年，1999年7月，从四川达州市搬迁至现址。2003年4月，正式升格更名。2006年9月，广汉校区落成开学
四川邮电职业技术学院	四川省邮电学校	高职学院	成都市锦江区净居寺路77号	2003年4月，升格更名 2006年，校址为成都静康路536号
四川水利职业技术学院	四川省水利电力学校	高职学院	都江堰市复兴街40号	2003年4月，升格更名，另有紫坪、双河两个校区
四川工商职业技术学院	四川省轻工业学校	高职学院	都江堰市青城路451号	2001年4月，升格更名，2003年建西校区
四川电力职业技术学院	成都水力发电学校	高职学院	成都市青华路19号	2001年，升格更名 2001年，新建温江校区
四川交通职业技术学院	四川省交通学校	高职学院	成都市温江区柳台大道东段208号	2001年4月，升格更名，2002年9月，从温江区麻市街142号迁现址。原校作分校，并代管四川交通干部管理学校
四川艺术职业学院	四川省舞蹈学校 四川省川剧学校	艺术专科	成都市谢家祠四威南路3号	2005年5月，四川省舞蹈学校和四川省川剧学校合并升级更名。1997年，原省舞蹈学校从西安路迁谢家祠四威南路3号。原川剧学校校址新生路5号为川剧校区
成都东软信息技术职业学院		民办高职专科	成都市都江堰市青城山镇东软大道1号	于2003年4月25日新建，2003年，开始招生
成都艺术职业学院	四川师大开元学院 四川师大设计艺术学院	民办全日制高职专科	成都市新津县花源镇花园后街33号	1999年，新建四川师范大学开元学院，与四川美术学院联合办学增挂四川美术学院成都分院牌子。2002年，更名为四川师范大学设计艺术学院，系川师大二级学院。2002年4月，新建成都艺术职业学院。两个机构、一套班子。2003年，四川美术学院成都分院撤销

续表

现校名	原校名	学校类型	校址	备注
四川国际标榜职业学院	四川国际标榜发型美容专修学院	民办高职专科	成都市龙泉驿区阳光教育城	1993年，开设四川创美学院。1999年，更名为四川省国际标榜发型美容专修学院。2002年，更现校名
四川托普信息技术职业学院		民办高职专科	成都市高新西区大道60号	于2000年新建
成都铁路运输学校	西南交通大学成都分部	普通中专	成都市火车北站西一路西二巷11号	于1992年5月，更名，1999年1月，与新都铁路成人中专、四川广播电视大学成都铁路局分校合并，设新都校区
成都市工业学校	成都市工业学校	普通中专	成都市一环路北四段108号	
成都市建设学校	成都市建设学校	普通中专	成都市成华区双林路双园巷1号	1991年，从成都市外北青龙场斧头山迁现址。2002年1月，市建委职工学校并入
成都市财政贸易学校	成都市财政贸易学校	普通中专	成都市高新区府城大道369号	2003年1月，与成都市粮食中专合并，粮食中专校作第二校区
四川省成都卫生学校	四川省成都卫生学校	普通中专	成都市羊市街鹦哥巷2号	1994年，双流卫校改建为成都卫校双流分校，2005年7月，经撤销双流分校。2000年3月，四川省成都中医学校、四川省成都第二卫生学校并入该校，分别为锦江校区、都江堰校区，2004年，新建文家校区
成都市文化艺术学校	成都市文化艺术学校	普通中专	成都市二环路西一段122号	1988年，建校于成都杜甫草堂内，1991年，招生，2004年，迁现址
成都市体育运动学校	成都市体育运动学校	普通中专	成都市五桂北路6号	于1992年8月新建
成都铁路工程学校	成都铁路工程学校	普通中专	成都市金仙桥路10号	2006年5月，迁成都市郫县红光镇济阳村
成都铁路卫生学校	成都铁路卫生学校	普通中专	成都市马家花园路16号	1994年，在成都大观堰新建东校区
四川省旅游学校	四川省旅游学校	普通中专	成都市火车南站西路20号	
四川省财政学校	四川省财政学校	普通中专	成都市人民南路四段12号	2006年3月升格更名
四川省交通运输学校	四川省交通运输技工学校	普通中专	成都市南三环五段109号	于1958年建校，1989年，新办驾驶分校1999年，改为中专，更名
成都保险学校	成都保险学校	普通中专	成都市新都区桂湖东路三巷7号	于2006年停止招生
成都中医药大学附属医院针灸学校	成都中医学院附院针灸学校	普通中专	成都市十二桥路39号	于1995年更名，1995年，与郫县卫生学校联办
四川省信息工程学校	四川省气象学校	普通中专	成都光华村街6号附1号	1994年，加挂现校名牌子 2000年，取消原校名更名为现校名
四川省卫生学校	四川省卫生学校	普通中专	成都市龙泉驿区龙都南路173号	1988年，在四川简阳市简城镇牌坊沟新建 2005年10月，迁现址
四川省体育运动学校	四川省体育运动学校	普通中专	成都市武侯区太平寺路8号	1990年9月，增办内江、攀枝花教学点 2003年9月，增办甘孜州、雅安教学点

续表

现校名	原校名	学校类型	校址	备注
四川省经济贸易学校	四川省物资学校	普通中专	成都市武侯祠横街16号	于1995年6月更名
四川省商业服务学校	四川省饮食服务技工学校	普通中专	成都市茶店子健康巷7号	于1995年更名，1993年，由不固定地址迁现址
四川省人民医院护士学校	四川省医院护士学校	普通中专	成都市一环路西二段32号	
四川机电技术学校	四川地质矿产干部中等专业学校	普通中专	四川省成都崇州市滨河路	1996年，四川地质矿产干部中等专业学校与四川省地矿局技工校合并并更名
四川省税务学校	四川省税务学校	普通中专	四川省成都崇州市江源路112号	
四川省广播电视学校	四川省广播电视学校	普通中专	双流县华阳镇锦江路4段399号（2002年起用）	于2006年3月升格，更名为四川文化产业职业学院
四川省工业贸易学校	四川省粮食学校	普通中专	成都市城北青龙场海浜村	1998年，加挂现校名的牌子，另设广汉教学部。2000年，起该校为四川农大成都教学部
成都幼儿师范学校	成都幼儿师范学校	中师	成都市致民东路16号	2006年3月，并入成都大学更名为成都大学学前教育学院
成都教育学院	成都师范学校	中师	成都市营门口乡花照壁村6组	2001年，成都师范并入成都教育学院
四川大学附设华西卫生学校	华西医科大学附设卫生学校	普通中专	成都市人民南路三段17号	2001年，更现校名，2004年，暂停招生2006年7月，最后一届学生毕业
四川音乐学院附属中等音乐学校	四川音乐学院附属中等音乐学校	普通中专	成都市十二南街8号	
成都体育学院附属竞技体育学校	成都体育学院附属竞技体育学校	普通中专	成都市武侯区体院路2号（成都体育学院内）	
	四川银行学校			2000年5月9日，并入西南财经大学，并撤销四川银行学校建制
	四川省林业学校			2001年4月，整体移交给四川省农业大学，作为都江堰分校
	成都三医院卫生学校			1998年，并入成都卫生学校
	成都纺织工业学校			1993年10月，更名为成都纺织高等专科学校。保留中专部，两个机构、一套班子
	成都畜牧兽医学校			2004年7月，省政府下批文，于2005年3月实质性并入成都农业科技职业学院
	成都二医院卫生学校			1998年，停止招生。2000年，最后一届学生毕业后停办
	成都市农业机械化学校			2004年7月，省政府下批文，2005年3月，整体并入成都农业科技职业学院
	成都市人民警察学校			2003年，停止招生，2004年，最后一届学生毕业（学制二年），于2005年停办

技工学校

【概况】

1990年，成都市有各类技工校63所，招生4402人。1992年，对报考工作条件艰苦专业的考生，采取加50分的办法。从1994年起，对在城镇招生困难的工程（专业）扩大招生范围，招收本市农村青年，在读期间一律不办理户口转移手续。1995年，成都市凡办学条件较好、教学质量较高的技工学校经市劳动局批准可实行自主招生；报考非定向专业（工程）的考生可不参加统一命题考试，实行由技工学校按升学成绩、德智体全面考核择优录取。1996年，成都市报考技工学校的考生一律不参加劳动部统一命题考试，以中考升学成绩为考核成绩，技工学校发展到72所。

1997年，成都市技工学校开始对部分文化、基础学科结业进行统考，每年统考的学科由成都市职业技术培训教研室确定和公布。1997—1999年，相继实施政治、语文、数学等三科的统考。对在校生每年开展评选、表彰先进活动，不断提高教育质量，努力创造技工教育品牌。随着国家经济体制改革，成都市技工学校毕业生由计划分配逐步改为“双向选择”、自主择业。

1999年后，高等院校扩招，技工学校招生人数大幅下滑。为应对新形势，成都市政府对技工学校进行调整，减少学校数量，扩大办学规模，组建培训学校，努力提高办学水平。先后有四川省机械技校、四川省地矿局技校被批准为“国家级重点技校”，四川省公路技工学校、成都市第二技工学校等被批准为“四川省重点技工学校”。同时，发挥技工学校职业技能培训的社会化职能，积极开展就业培训工作；适当扩大招收范围及年龄，鼓励学校结合劳动力市场的需要，拓宽专业设置，开设复合型专业。1992—2004年，技工学校毕业生就业率均为100%。

2003—2005年，成都市技工学校招生人数年年增加。2005年，全市技工学校调整为31所（含培训学院11所），招生人数增至1.16万人。（见表5-15、表5-16）

1990—2005年成都市技工学校学校、学生、教师基本情况统计表

表5-15　　单位：个、人

年份	校点数		毕业生数	招生数	在校学生数	毕业班学生数	教职工数	
	校数	点数					总计	其中教师
1990	63	7	4895	6249	16204	—	3825	1942
1991	66	5	5672	7105	17604	5481	4016	2066
1992	73	5	5040	4816	18237	6086	4076	2065
1993	67	5	6264	4522	18276	7174	4010	2006
1994	74	4	6852	6678	17445	7322	3975	2021
1995	68	4	7246	6006	17082	6092	3993	2040
1996	72	7	6211	6052	17872	7027	3980	2099
1997	67	4	6742	5656	18099	7048	3653	1971
1998	66	5	6686	4997	17216	3839	3864	1934
1999	65	5	6630	4564	15390	—	3248	1873
2000	49	3	5944	4264	12571	—	3063	1699

续表

年份	校点数		毕业生数	招生数	在校学生数	毕业班学生数	教职工数	
	校数	点数					总计	其中教师
2001	43	2	4104	5905	13425	—	2093	1524
2002	37	1	—	7583	—	—	—	—
2003	33	1	—	8555	—	—	—	—
2004	29	2	—	9601	20722	—	—	—
2005	31	0	—	11574	—	—	—	—

2005年成都市技工学校校名与专业设置一览表

表5-16

学校名称	专业
成都市高级技工学校	机电及数控技术、机电一体化、电气工程与电梯技术、机电技术模具制造与数控技术、电子信息技术、旅游与酒店管理、财会营销与计算机应用
成都神钢集团技工学校	数控加工、铆焊、钳工、工程机械维修、计算机
成都无线电工业学校	电子技术应用、机电一体化、计算机技术应用
成都市机械技工学校	机械电器、商品经营、机械加工与数控技术、珠宝制作与营销、汽车检测与维修
成都市机械职业技术学校	机械加工
四川锅炉厂技校	铆焊、焊工、机械加工、电工、钳工
四川省饮食服务技术学校	烹饪
成都宏明技工学校	机械加工专业、电子元件专业
攀成钢公司技术学校	轧钢、机电一体化、炼钢、计算机应用、焊接技术与应用、数控加工技术、机械设备安置与维护
四川省工业设备安装技工学校	机电一体化、水电安装、电气焊、机加工、物业管理、文秘与办公自动化、旅游与酒店管理、通铆工、起重工、建筑施工与装饰
成都发动机（集团）有限公司技工学校	机加与数控、机电一体化、计算机数控、机械制造、机修钳工
西南石油局技工学校	机电一体化、应用电子技术、光电技术、钻井工程、采输工程
成都铁路运输技工学校	铁道运输、餐饮服务与管理
四川省机械技工学校	数控技术应用、机电技术应用、计算机应用
四川省公路职业技术学校	道路与桥梁、汽车运用与维修、物资管理与营销、机电一体化
成都交通高级技工学校	汽车维修与驾驶、交通站与航务、物流管理、交通运输管理、交通信息管理、数控、车工、铣磨、电钳

【技工学校调整】

从1991年11月开始，成都市进行合格技工学校评估工作。经过评估，1992年12月，成都市所辖的四川省机械技工学校、四川省公路技工学校、四川省交通运输技工学校、四川省化工技工学校、成都市第二技工学校等5所技工学校被评定为“四川省重点技工学校”。1993年4月，成都市交通学校、四川省齿轮厂技工学校、西南石油地质局技工学校、西南航空公司技工学校等4所技工学校被评定为“四川省重点技工学校”，成都市第一技工学校等33所技工学校被评定为“四川省合格技工学校”。1994年10月，劳动部批准四川省机械技校、四川省地矿局技校为“国家级重点技校”。同年，青川无线电技工学校更名为新都无线电技工学校。1996年，成都市的技工学校达72所。同年7月，批准四川省水利水电技工学校、成都市铁路运输技校、冶金部西南地质勘察局技校、四川省商业服务学校、成都无缝钢管公司技校等5所技工学校为“四川省重点技工学校”，同时，成都市在市粮食职工学校的基础上成立市粮食技工学校。1999年7月，成都铁路技工学校被评为“四川省重点技工学校”。

1999年后，随着国家产业结构调整，高等学校扩招，普通高中规模增大，技工学校生源减少，不少企业开始停办技工学校，到2000年年底，成都市技工学校减少到49所。2001年4月，为提升技工学校培训层次，成都市第一、第二中等职业技术学校、四川省交通运输学校、四川省公路技工学校、成都飞机工业公司技工学校、成都铁路运输技工学校等11所技工学校升格为以培训高技能人才为目标的职业培训学院。2004年，分离企业所办社会职能，成都铁路运输技工学校交由市劳动保障局管理。2005年8月，成都市政府办公厅发出《关于市属技工学校和部分普通中专学校移交市劳动保障局、教育局管理有关工作的通知》，将市交通局、市电子行业协会、市机械行业协会所属成都市交通高级技工学校、成都无线电工业学校、成都市机械技工学校移交市劳动保障局管理。至2005年年底，全市技工学校（培训学院）计31所。

【技工教育教学管理】

成都市技工学校对在校学生每年开展评选、表彰先进的活动，1991—2005年，共计表彰先进班集体774个，“三好”学生3302人，优秀学生干部947人。1994年4月，举行“技工学校学生社会主义道德知识竞赛”，300名选手代表全市67所技工学校近万名学生参赛，有35名选手取得优秀成绩，有6所技校参赛选手平均成绩在80分以上。1995年国庆前夕，全市技工学校学生在锦城艺术宫举行爱国主义歌咏比赛。

与此同时，各技工学校强化技能培训，努力创造技工教育品牌，不断提高教学质量。1991年2月至7月，成都市6个行业10所技校的电工专业毕业生实行“双证制”统考，经三级“应知”“应会”统考及格474人，合格率为毕业生人数的98.3%；参加四级“应知”“应会”统考293人，合格率是毕业生人数的22.4%。电气安全技术专业378名毕业生参加“应知”“应会”统考，合格率为93.7%，有354人获得“特种作业人员操作证”。1993年4—6月，成都市16所技工学校的钳工专业286名毕业生进行四级统考，成绩合格240人；车工专业144名毕业生进行四级统考，成绩合格117人；成都市还委托市机械局、市交通局、市二商局分别组织技工学校铣工、齿轮车工、汽车修理工等毕业生四级统考和烹饪专业毕业生三级厨师技术统考。1996年3月起，成都市贯彻实施劳动部《关于技工学校深化改革的意见》和《职业技能鉴定规定》，对全市技工学校毕业生实行“毕业证书”和“技术等级证书”制度，当年由市劳动局统一组织考核车工、无线电装接工、汽车驾驶员等11个工种（专业）的学生，其余工种（专业）的技术等级考核由市劳动局委托有关行业主管部门组织考核。1997年起，成都市实行对部分学科结业进行统考，统考学科由市职业技术培训教研室确定和公布。

2000年，市劳动局发出《关于做好2000年成都市技工学校招生工作的通知》，要求学校招生工作要与国家推行的劳动预备制度相结合，坚持先培训后上岗和先培训后就业的原则，积极拓展招生渠道，扩大招生范围。2001年，市劳动局发出《关于技工学校招生工作的意见》，规定技工学校（职业技术学校）以招收初中毕业生为主，并根据培养目标和专业设置差异确定学制为2—3年；培训学院按四川省劳动和社会保障厅《关于做好职业培训学院有关工作的通知》，招收初中毕业生学制一般为五年，招收高中毕业生和已取得中级职业资格证书的人员学制一般为2～3年。

全市技工学校重视增强学生体质，1990年3月，成都市技工学校第二届学生田径运动会在西郊体育场举办，运动会的优秀选手组队参加4月在德阳市举办的四川省第二届技工学校田径运动会，成都市男、女团体总分均列人前六名。1994年7月，成都市技校女子排球队赴南宁市参加中南、西南地区技工学校第二届学生排球赛获亚军。

【毕业生就业与技能培训工作】

1992年前，成都市对技工学校毕业生实行计划分配。从1993年开始，由计划分配改为安置就业，各技工学校凡根据用人单位需要按定向招生、定向培训、定向录用、不合格不录用原则下达指导性计划招收的学生，均要签订录用合同，学生毕业后由用人单位安排就业；凡根据其他需要招收的学生，则签订培训合同，学生毕业后进入劳务市场，实行“双向选择”，自主择业。从1996年起，各技工学校强化技能训练，进行技术等级考核，实行“毕业证书”和“职业资格证书”制度。2000年，各技工学校把毕业生就业作为招生工作的推动力，以就业促招生，以就业促培训，既促进了技工学校的发展，又使毕业生迅速实现就业。1992—2004年，成都市技工学校毕业生就业率均为100%。

成都市技工学校在强化学历教育的同时，发挥了社会化职业技能培训的职能作用。1991—1996年，全市技工学校开展就业培训9165人，培训乡镇企业人员1015人，培训军地两用人才369人。1997—1998年，全市技工学校开展下岗职工再就业训练186人，失业职工转业培训106人，企业富余人员转岗培训381人，城镇青年就业培训2293人，农村青年就业前培训448人，培训军地两用人才187人。1999—2003年，全市技工学校培训在职职工12.63万人，下岗职工4549人，失业人员4362人，劳动预备制学员6891人。在上述社会化职业技能培训中，全市经培训和鉴定获得初级职业资格2.95万人，获中级职业资格5.97人，获高级职业资格2.1万人。

【技工学校教师队伍建设】

20世纪90年代，成都市劳动局组建技工学校教师中级职务评审委员会，开展全市技工学校教师职务评审工作。1992年，全市技工学校有高级讲师104人、讲师563人，分别占文化理论课教师的6.95%和37.63%；高级实习指导教师7人、一级实习指导教师66人，分别占生产实习指导教师的1.2%和11.59%。1993年全市对技工学校教师有计划地进行培训，对生产实习指导教师实行技术等级考核制度，并要求达到中级以上技术工人的操作水平；专业课教师经过培训后要求具有初级工操作水平；全市共审批177位技校讲师、25位一级实习指导教师。1994年，全市审批81位技校讲师、6位一级实习指导教师。1996年，全市技工校有高级讲师188人、讲师735人，分别占文化理论课教师的12.48%和48.79%；高级实习指导教师19人、一级实习指导教师122人，分别占生产实习指导教师3.21%和20.59%。1991—2005年，市劳动保障部门每隔两年组织开展全市技工学

2004年成都市技工学校招生和在校生人数一览表

表5-17　　　　单位：人

学校名称	招生数	在校学生数	学校名称	招生数	在校学生数
成都高级技工学校	1107	2202	省饮食服务学校（成都班）	25	95
成都交通高级技工学校	659	1780	省工业设备安装技校	309	704
成都无线电工业学校	643	1230	省化工总厂技工学校	203	246
成都市机械技工学校	160	544	省冶金地质技工学校	84	148
成都无线电技工学校	80	261	成都铁路技工学校	155	247
成工集团公司技工学校	130	363	四川机电高级技校（原地矿技校）	577	1591
四川锅炉厂技工学校	253	453	成都机械电子职业技术学校（原金都技校）	510	1015
成都宏明技工学校	54	152	冶金部第五冶金建设公司技校	28	100
成都中亚技工学校	31	128	西南石油局技校	98	376
攀成钢（集团）技工学校	479	723	成都发动机集团公司技校	243	610
四川省机械技工学校	460	1265	成都飞机集团职业培训学院	587	1312
省交通运输技工学校	593	859	成都信息技术学校	506	1085
省公路技工学校	110	469	成都五月花计算机职业学校	500	500
省化工技工学校	520	1135	省商业服务学校	501	1129
总　计	9601	20722			

校优秀教师评选表彰活动，共评选表彰优秀教师376人、优秀教育工作者196人。

【成都市高级技工学校】

成都市高级技工学校的前身是创办于1958年的成都市技工学校。1983年，更名为“成都市第一技工学校”。1999年，更名为“成都市第一中等职业技术学校”。2001年，与成都市第二中等职业技术学校合并组建“成都劳动职业培训学校”。2002年更现名，被评为“国家级重点技工学校”，并增挂成都劳动职业培训学院校牌。同年，获“全国职业教育先进单位”称号。

成都市高级技工学校是直属于成都市劳动和社会保障局的一所进行中高等职业技术教育的学校。主要职能是为成都地区培养中级、高级技能人才和技师；开展各种职后培训、继续教育，进行职业资格技能鉴定；建立实习、实验基地，为成都地区职工技术比武、培训、鉴定提供场地、设备和人员支持。2005年，该校有在职教职工121人，在校学生350人。1990—2005年，共招生7980人，毕业4692人。1999—2004年，该校毕业生就业率均达100%，2005年为99%。该校发挥多种培训功能，多形式、多层次办学。从1999年起，为成都市机关事业单位工人晋级进行培训考试，至2005年，共培训高级电工、钳工、电工技师、钳工技师、营业员、客房服务员等约2500人。

成都市高级技工学校有2个校区，成都校区位于成都市通锦桥路66号，都江堰校区位于青城山下。2002年，学校占地面积为5.47万平方米，建筑面积为4.02万平方米，其中成都校区占地7992平方米，都江堰校区占地4.66万平方米；实习、实验场地及附属用房9526平方米。学校拥有固定资产7937万元，其中实习、实验、电教等设备755万元。建有工业自动化控制实验室、可编程控制器（PLC）实验室、数控加工中心等近10个实验、实习场所，同时配置实验、实习、电教等现代化教学设备，另建有稳定的校外实习基地15个。2005年9月，投资400万元新建的学生实验实训综合楼竣工，建筑面积为3620平方米。

职业中学

【概况】

1990年，全市有职业中学66所，附设职业高中班的普通中学64所。1991年，成都市人民政府批转《关于改革和发展职业技术教育的意见》，要求各级政府把职业技术教育纳入当地经济社会发展的总体规划，切实把发展职业技术教育作为振兴地方经济的一项重大战略措施，调动各方面的办学积极性，增加职教投入，改善办学条件。建立由市教委、市劳动局牵头，相关部门参加的职业教育联席会议制度，根据全市用人预测，研究和审定职业技术学校和其他培训机构的招生专业和规模、安排落实毕（结）业生的招收录用等有关工作。

1992年，职业高中计划招生8800人，实际完成1.36万人，完成招生计划的154.8%。职业中学瞄准市场办学，在专业开设、课程设置、招生人数、时间安排上尽力满足用人单位的需求，开拓学生就业门路，转变社会、家长的观念。1994年，全市省重点职业中学达到8所，新增设专业30个，全市职业中学联办专业的比例达到90%以上。并且协助有关部门组织机械、汽车修理、电子电器、烹饪等8个专业的技能考核以及计算机录入员的等级考核。1995年，为适应社会需求，拓宽办学领域，在部分条件较好的职业学校试办五年一贯制高等职业技术教育，培养高层次的职业技术人才。1996年，印发《成都市职业中学教学规范》，并于年底对贯彻落实情况进行督导评估。结果表明，各职业中学教育教学质量有了新的提高。特别是试行“双证”（毕业证、国家职业资格证）制度后，各校对全面提高教育教学质量更加重视，职业中学毕业生“双证”合格率达90.6%；与教育部门联合办学的行业系统主管部门和企业达到100余家。

1999年，高等学校和普通高中扩大招生，用工市场盲目追求高学历，职业中学招生受到较大冲击。成都市决定职业教育走规模、质量、效益发展的道路，采用合并、划转、撤销、联合等形式调整学校布局。到2003年，全市中等职业技术学校校点从200多个减少为132个，学校规模从平均250余人增加到平均1220余人。2004年，全市就读五年一贯制高职的初中毕业生9369人，应届中职毕业生升入高职院校6550人，占毕业生总数的19.2%。全市职业学校面向社会开展职业培训，各级各类职业学校完成农村劳动力转移培训、失地农民培训、在岗职工培训和下岗转岗职工再就业培训20余万人次，其中近一半的受培人员实现推荐就业。

2005年，成都市有各级各类职业培训机构近300个；全市137个中等职业学校校点中，已建成20所国家级、35所省级重点职业学校；14个郊区（市）县均已建成省级或省级以上的重点职业学校。职业高中与普通高中在校生人数的比例（职普比）为4.5：5.5。全市共有中等职业教育学生16万余人，校均规模1160余人；毕业生就业率达到95%以上。（见表5-18、表5-19）

1990—2005年成都市职业中学学校、学生、教师基本情况统计表

表5-18

单位：个、人

年份	校点数		班数	毕业生数	招生数	在校生数			毕业班学生数	教职工数		巩固率%		辍学、流失率%				平均每万人高中在校生数
	校数	点数				总数	初中	高中		合计	其中教师	初中	高中	辍学		其中：流失		
														初中	高中	初中	高中	
1990	66	—	698	6944	9891	25667	567	25100	7925	3910	2242	—	—	—	—	5.4	28	—
1991	65	—	716	7537	10667	27265	580	26685	8348	4108	2393	—	—	—	—	—	4.1	29
1992	72	—	803	7811	13898	31950	985	30965	9100	4390	2592	96.5	4.4	—	4	34	—	—
1993	70	—	915	8903	14182	34916	333	34583	9565	4771	2854	95.9	5.49	—	5.1	37	—	—
1994	70	—	979	9516	13941	37389	633	36756	12928	4785	2871	94.6	4.6	—	4.2	39	—	—
1995	69	—	983	13140	14958	37150	727	36423	12630	4606	2915	—	95.4	—	—	—	4.4	38
1996	68	—	983	12532	14636	36672	676	35996	10799	4814	3069	—	93.8	—	—	—	5.4	37
1997	62	—	1084	10391	17164	40921	366	39965	10812	4932	3244	—	92.3	—	6.8	—	6.2	41
1998	58	38	1143	10814	15715	42557	221	42336	12043	5142	3457	—	93.8	—	7.9	—	7	41
1999	53	40	1063	10487	14187	39444	330	39114	12622	4750	3298	—	84.6	—	7.4	—	7	39
2000	50	28	996	12370	13061	37337	—	37337	12744	4372	3053	—	94.3	—	5.3	—	4.8	37
2001	44	16	910	11084	14699	34890	—	34890	9619	4121	2969	—	89.5	—	6.91	—	5.57	26
2002	41	13	991	9854	19751	40852	—	40852	9507	4140	2914	—	88.6	—	9.51	—	7.78	40
2003	35	10	—	9427	21000	48232	—	48232	10839	4010	2925	—	91.7	—	7.02	—	6.78	47
2004	34	7	—	10538	25927	58866	—	58866	15347	3545	2666	—	92.2	—	8.2	—	7.79	56
2005	36	8	—	14014	31733	67580	—	67580	15464	3922	3056	—	91.8	—	6.64	—	6.39	62

2000—2005年成都市教育部门办职高(中)、中师生均经费支出情况统计表

表5-19 单位：元

年份	中师生均经费支出	职高生均经费支出	年份	中师生均经费支出	职高生均经费支出
2000年	5782.56	7647.13（职中）	2003年	—	4436.53
2001年	6914.31	4274.89（职中）	2004年	—	3936.97
2002年	5771.30	4640.96（职中）	2005年	—	4668.35

【职业中学招生办法】

1994年，成都市将职业高中招生计划分为国家任务计划和调节性计划，共招生1.39万人；全市职业中学在校生人数达到3.91万余人，占两类高中在校生人数的44%。1995年，职业高中招生实行国家计划、调节计划、自费计划三结合政策，其中国家计划占20%左右，调节、自费计划占80%左右；职业高中实行学生缴费上学制度；在招生对象上突破地域、分数等方面的限制。

从1999年起，成都市高中生源大幅减少，大学、普高又相继扩招，职业高中招生困难。2001年，成都市进行中等职业学校春季试点招生，由参加试点的中等职业学校提出春季招生计划及专业，报教育行政部门批准后公布；不得自行扩大试点范围，用于春季招生的计划不得大于当年招生计划的10%；遵从学生自愿、家长同意、学校批准的原则，不得强迫学生报名。为保障和巩固“普九”成果，参加春季招生试点的学生，其学籍仍在原初中学校，在取得九年义务教育完成证书后，才能组织高中阶段的教学。

2002年，成都市继续在部分中等职业学校进行春季试点招生，共招收初三分流学生1800人。同时，将招生的生源范围扩大到应、往届高中毕业生，并根据被录取的高三应届毕业生的需要，组织他们进行相关专业知识和技能的学习，学习结束后，分别由原就读的普通高中和录取学校发给相应的普高毕业证书、职业培训证书和技能等级证书；之后再组织他们参加全省职教类对口高等职业学院招生考试，为全市培养更多的高职人才。成都市各类中等职业学校的招生计划，采用指导性生源计划管理。各中职学校根据学校规模、师资设备等办学条件，向有关职能部门上报本校当年的招生指导性生源计划，经有关职能部门审查、综合平衡后下达，并由市招生办、市教育局统一向社会公布，以指导考生填报志愿。录取过程中，各校指导性生源计划可根据实际情况作适当调整。单报中职类学校的考生，在录取时，根据学生志愿提前投档第一批录取。同时，在中职类学校试行学校提前自主招生与集中录取相结合的多次录取的招生办法。即在统一考试后，考生可凭“中职类学校提前录取志愿卡”和“中考成绩条”到报考学校，经资格审查，学校面试后，由学校自主确定是否录取。凡在提前自主录取阶段完成招生计划的中等职业学校可不参加录取场内的录取；在提前自主招生阶段完成部分招生计划的中等职业学校，其余计划在录取场内完成。2002年，成都市中等职业学校招收新生共计1.98万人，占高中阶段招生总数的40%。

2003年，成都市暂停中等职业学校春季试点招生工作。同时，借助城区职业学校的专业、师资、装备、就业和品牌优势，对口支持农村职业学校的发展，实行联合招生。2004年，城区职业学校面向农村招生近1.5万人。成都市职业院校注重产教结合、校企联合和对外合作，采取订单式、定向式、定点式培养模式，并且不断扩大五年制高职招生规

模，满足学生多样化的教育需求，学校办学规模与质量效益得到同步提升。2004年，成都市中等职业学校就业率达到98%以上，并对农村家庭经济困难学生完成中等职业教育进行资助。8月，成都市中等职业学校招收应届初中毕业生6.4万余人（其中成都地区生源4万余人，外地生源2万余人）。2005年成都市职业中学招生3.17万人。

【职业中学布局调整】

1996年起，成都市对市属职业中学校点布局进行调整。调整的原则是：有利于成都市职业教育的持续、稳定发展，有利于《普及高中阶段教育工程》《扶助薄弱学校工程》《建设一流学校工程》的实施，有利于实行专业的归口管理，发挥规模效益；要尽量考虑城区职业中学的合理布局；要使学校的专业设置更加科学、合理，适应全市产业结构的调整和经济、社会的发展需要；调整后的学校规模一般职业中学达到600人以上，重点职业中学达到1000人以上；通过调整，逐步改变薄弱学校办学困难的状况，充分发挥重点学校、特色学校的示范作用，提高直属学校的办学质量和整体效益。成立调整工作领导小组，由市教委主任任组长。调整采用合并、划转、撤销、联合等形式进行。

1996年，成都市百花潭中学并入成都市旅游职中。1997年，撤销中华职中，益州职中并入新华职中。1999年，礼仪职中与包装职中合并，行之职中并入财贸职中。2001年，公关职中并入蜀兴职中。2002年，出版印刷职业中学（成都三十一中）停招职高生，恢复为普通高中；成都二十一中并入蜀兴职中。2003年，旅游职中并入新华职中。2005年，电子计算机职中停止招生，并入成都十二中。与此同时，区（市）县属职业中学布局也适当调整。至2005年，全市职业中学由1996年的68所调整为36所，全市职业中学办学规模从校平均227人扩大到1600人；建成13所国家级重点职业学校，实现预定的调整目标。（见图5−5、图5−6）

【职业中学专业建设】

成都市中等职业学校不断调整改造老专业、开发新专业、建设重点专业，把重点专业建设与重点职业学校建设结合起来，要求现代化示范职业学校建设3个以上重点专业，国家级重点职业学校建设2～3个重点专业，省级重点职业中学建设1～2个重点专业；重点专业的装备条件和师资水平应达到相应标准。成都市依托相关职业学校的专业优势，对专业布局进行统筹和调整，扶持专业设备条件好、师资力量强、办学效益高的职业学校进行重点专业建设；对不具备条件的学校采取措施限制乃至取消

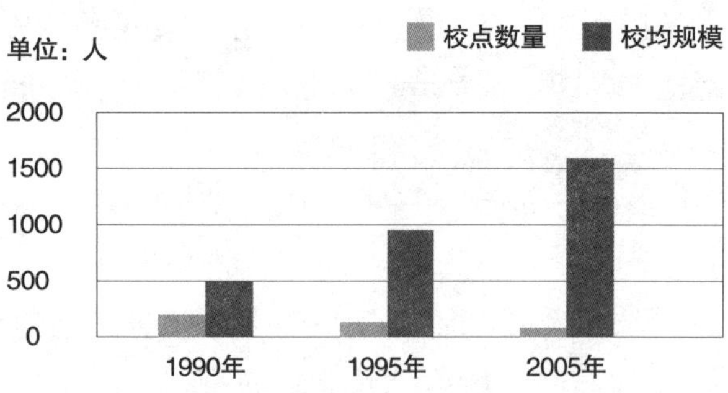

图5−5 1990年、1995年、2005年中等职业学校校点柱状图

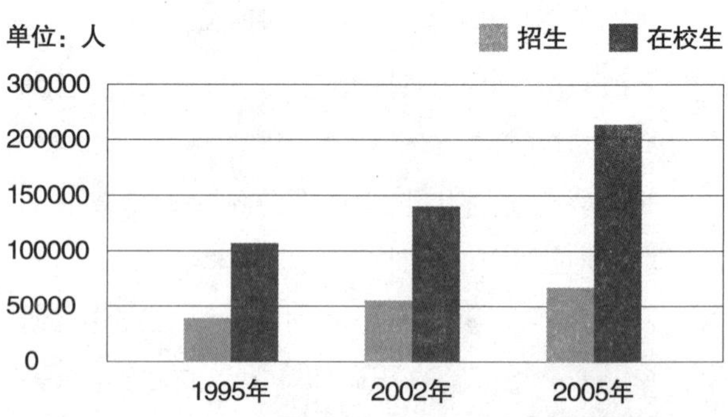

图5−6 1990年、1995年、2005年中等职业学校校均规模柱状图

其开设相关专业的资格。成都各中等职业学校围绕成都的支柱产业特别是新兴产业，改造和开设电子商务、房地产经纪、物业管理、通信营运及管理、计算机应用、数控技术应用等30多个专业。与此同时，积极推进以学分制为核心的弹性学习制度，进行课程体系的改革与创新，树立能力本位的指导思想，改革传统的专业课程设置的学科化、理论化倾向，积极进行模块化、综合化的课程改革，提高专业教学的针对性和实效性，加强实践性教学，提高学生的专业技能水平。2004年，全市中等职业学校毕业生就业率达98%以上。

2005年，全市中等职业学校再次进行专业调整，将农学（园林）、机械、电子信息、计算机应用、汽车运用与维修、旅游、财经、电子商务、现代物流、幼儿教育等13个专业作为骨干专业，涵盖一、二、三产业，其中二产类专业比重达到54.5%，形成与成都经济社会发展对实用型技能人才需要相适应的专业体系。至2005年，成都市已建成国家级示范专业2个，省级重点专业9个，市级重点专业（点）22个。（见表5-20）

2005年成都市职业高中专业设置一览表

表5-20

学校名称	专业
成都市礼仪职业中学	航空服务、通信运营与管理、工艺美术、外事旅游、计算机网络、金融事务、邮政运营与管理、电子商务、物流管理与服务、空中乘务、动漫画
成都市财贸职业高级中学	计算机网络技术、电子商务、商务英语、会计电算化、财会税收与计算机应用、旅游英日语、川粤菜与西菜制作、国际商务管理、物业管理、报关与文秘、金融保险与计算机应用、旅游管理
成都市蜀兴职业中学	计算机网络、通信营运管理、外贸英语、现代通信技术、电子商务，饭店服务与管理、计算机软件、金融保险与计算机应用
成都市公共交通职业中学	汽车检测与运用、汽车运用与维修、现代交通管理与服务，汽车商务与旅游，模具设计与制造，汽车运用技术，数控技术与应用，汽车运用与电器
成都市女子职业中学	美容美发与形象设计，幼儿教育与管理，旅游服务与管理，广告设计与制作，广告设计与动画制作，通信与计算机应用
成都市特殊教育学校	工艺美术、计算机应用、盲人按摩
中铁二局职业高级中学	幼儿教育与管理、汽车制造与维修、计算机应用与维修、机械操作与维修、工程测量与施工、工程机械应用与维护
四川托普计算机职业学校	计算机应用、计算机网络技术、动漫设计与制作
成都正则会计学校	会计
成都立信会计学校	会计、计算机应用、计算机网络
成都庄园机电职业技术学校	机械加工、数控、机电
四川省经济技术学校	电子商务、计算机应用、汽车运用与维修
四川共青中等职业学校	电子技术应用、计算机及应用、服装设计与工艺、旅游与饭店服务
四川省弘博中等专业学校	安全保卫、幼教、电子商务、服装设计、旅游饭店管理、电子电器运用与维修、机电一体化

续表

学校名称	专业
四川省经济管理学校	计算机应用、机电与数控技术、电子商务、幼儿教育、现代物流管理、电脑平面设计
成都信息管理中等职业学校	财会与计算机、计算机应用、电子技术、计算机网络、旅游、幼儿教育
四川美视流行音乐职业学校	通俗演唱、流行歌舞、流行器乐、现代流行舞、艺术旅游、录音工程与制作
成都市华夏旅游商务学校	导游、旅游服务与管理、电子商务、幼儿师范、民航空港服务、财会与计算机应用、高级物流管理、计算机动画与平面设计、电脑美工设计与制作、计算机应用、计算机网络技术、英语
四川省成都市青苏职业中专学校	计算机及应用、会计、旅游服务与管理、幼儿教育与管理、电气技术应用
成都洞子口职中	综合高中法律专业、计算机应用、幼儿教育、烹饪
成都市建筑职业中专校	工业与民用建筑、建筑装饰、工程造价管理、计算机及应用、涉外护理
都江堰市职业中学	旅游服务与管理、饭店服务与管理、计算机网络应用、电子商务、机械设计与制造、国际规划与设计、幼儿教育、实用美术、财经专业、数控、模具设计与制作、文秘
四川省崇州市职业中专学校	电子技术应用、计算机及应用、服装设计与制作、机械制造、机电一体化、文秘、电子商务
四川省郫县友爱职业技术学校	机电技术应用、计算机及应用、旅游服务与管理、园林、幼儿教育、工艺美术、口腔工艺技术、通信运用与管理
四川省彭州市职业中学	计算机及应用、工业与民用建筑、医药与化工技术、电子商务、电子技术应用、计算机网络技术、机电一体化、文秘与办公自动化、财会、旅游服务与管理、汽车维修与保养、计算机平面设计
四川省彭州军乐职业中学	计算机应用、会计、电子电器应用与维修、旅游服务与管理、幼儿教育与管理、化工管理、化学工艺、生化制药技术、机械加工技术、汽车应用与维修
四川省双流县职业中学	会计、计算机应用、机械加工技术、电子技术应用、汽车运用与维修、旅游服务与管理、幼儿教育
四川省双流县华阳职业高级中学	计算机及应用、文秘、机电技术应用、电子技术应用、幼儿教育与管理、市场营销、汽车应用与维修、工艺美术、会计、物业管理、旅游服务与管理
四川省双流县中和职业中学	经济信息管理、电子技术应用、机电技术应用、幼儿艺术教育、计算机应用、通信技术、汽车运用与维修、商务英语、旅游与酒店管理
四川省双流县通江职业中学	建筑与房地产营销、物业管理、计算机网络技术、旅游、幼师、工艺美术、财会
成都市新都职业技术学校	机电技术应用、计算机及应用、旅游服务与管理、工业与民用建筑、幼儿教育与管理、会计、文秘、汽车应用与维修、数控技术
四川省西部高级职业技术学校	会计专业、旅游专业、汽修专业、计算机应用、建筑专业、市场营销、旅游服务与管理、美术
四川省龙泉驿区西河职业中专学校	机械加工技术、旅游商务、计算机应用、机电
成都市山泉职业中学校	会计、计算机及应用、幼儿教育、机电专业

续表

学校名称	专业
四川省成都市前进职业高级中学	汽车运用与维修、计算机及应用、机电技术、会计、旅游服务与管理、幼儿教育、工艺美术、服装设计与营销、数控技术、工业与民用建筑、电子电器应用与维修
四川省成都市清泉职业中学	计算机及应用、数控技术、水电安装、旅游服务与管理、文秘、汽车运用与维修
四川省邛崃市职业高级中学	计算机应用、旅游服务与管理、机械、轿车检测与维修、财会、幼儿教育、网络信息、美术、电器、造纸、机械加工
成都市礼仪职中邛崃分校	民航旅游、计算机网络、通信邮电、外来旅游、外来礼仪、现代办公
四川省大邑县职业高级中学	电子技术应用基础、计算机应用、机械加工技术、旅游服务与管理、学前教育、计算机动漫设计、财会电算化
四川省新津县职业高级中学	计算机应用、旅游服务与管理、机械加工技术、财会、幼儿教育、美术绘画、轿车运用
四川省蒲江县职业中学	计算机应用、建筑装饰、电子商务、汽车维修、机电一体化、综合专业、茶学、旅游服务与管理、蜂学、服装制作与营销、建筑
成都市财贸职业高级中学金堂分校	计算机网络、机电一体化、电子商务、财会电算化、物流管理、汽车驾驶与维修、旅游与民航服务、幼儿教育、建筑、机械加工
金堂县城关中学	幼儿教育、计算机、工艺美术、铁路工程机械运动、工业与民用建筑
金堂县土桥中学	计算机及应用、机械加工
金堂县教师进修学校	英语、汉语教学、计算机及应用
金堂县赵家中学	计算机应用、电子商务、财会与企业管理、铁路运输、机电一体化
温江区燎原职业高中	计算机及应用、数控技术、机电一体化、汽车应用与维修、电子技术、软件技术、工艺美术、幼儿教育、印刷技术、药剂、食品生物工艺、电子商务、财会

【民办职业教育】

1991年，成都市人民政府提出“大家来办”职业教育的方针，要求有条件的部门和企事业单位都要参与职业技术教育，自办或联办职业技术学校，否则劳动部门对所需用人指标不予保证；明确规定经济部门、企事业单位和职业技术学校联合办学的组织领导机构和双方应承担的职责、义务和权利；积极支持和鼓励社会力量举办职业技术教育或与职业技术学校建立协作关系，开展岗前岗后的职业技术培训；要求各类职业技术学校突破旧的办学模式，走产教结合、企校合一的发展路子，各职业技术学校广开校门，面向市场扩大与企事业单位的联合办学，育人与用人相结合。市政府促使公办职业学校积极引进民间资金，采用股份制、国有民办、民办公助、公办民助、混合所有制和校企合作、校际合作、中外合作等多种办学形式，加快办学体制和办学模式改革，并明确承诺公办职业学校改制后，政府对职业教育投入的政策保持不变。依法为民办职业教育的发展创造宽松环境，大力引导民间教育资金进入职业教育领域，改变民间资金在普通教育与职业教育分布不合理的现有格局。

1995年，在招生办法上进行改革，允许民办学校第一批进入录取场，和公办学校公平竞争。加强对民办学校的指导，使其在教学管理上科学化、规范化。2000年，四川托普集团投资开办了四川托普计算机职业学校。

2004年6月，召开成都市民营企业与市教育局对接会，对在成都的13所职业院校进行体制改革研讨与招商推介，探索通过引进民间资金、校企合作等方式，以参资、参股、租赁的途径，优化资源配置，以期实现职业学校改制工作取得新突破。该年批准设立四川共青中等职业学校、成都商贸职业技术学校、成都信息管理中等职业学校等5所民办中等职业学校，成都市区域内共有民办中等职业学校校点17个，当年招生1.6万余人。成都市出资对6所民办中等职业学校给予教育教学设备支持，对59名在民办中等职业学校就读的成都籍家庭贫困学生给予经济资助，帮助其完成学业。对办学达到一定规模并举办有紧缺专业的民办中等职业学校，按在成都市服务的紧缺专业毕业生数对学校进行奖励；对全日制在校生达到较大规模、专业设施设备投入较多的民办中等职业学校择优按在校生数给予补助，经费列入当地政府财政预算。同时充分发挥民办职业学校的办学自主权，促进民办职业教育在市场化运作机制下逐步走上良性发展的轨道。

【职业中学学生学费补贴】

2004年，成都市教育局制定颁发《成都市教育局资助农村家庭经济困难学生完成中等职业教育实施办法》，当年资助5000人。受助学生第一学年在当地中等职业学校或普通高中学习文化课、专业基础课，市上资助400元学费；第二学年在中等职业学校学习专业课，进行专业技能训练，每生资助1000元学费，经核算不足部分由学生就读学校按照最低收费标准对学生进行收取；第三学年同步进行综合实习和就业。受助学生学习形式有以下三种：实行城乡分段培养，第一学年学生在当地农村中等职业学校或农村学校就读，第二学年对口到城区中等职业学校就读；实行城乡联办，较好的中等职业学校到农村办分校，学生在农村学校完成文化课、专业课学习，在城区学校进行短期集中的专业技能训练；实行就地培养，学生就近在当地办学条件较好、优势和特色较为明显的农村中等职业学校完成中等职业教育。

资助对象参照《四川省中小学特困学生助学金管理试行办法》中的有关条文确定。家庭经济困难学生分五类：《四川省城市居民最低生活保障实施办法》中规定的乡（镇）低保家庭子女；按《中共四川省委四川省人民政府关于印发〈四川省农村扶贫开发规划（2001—2010年）的通知〉》标准确定的农村贫困户子女；父母双亡、父母一方为烈士或一级伤残军人，且生活困难家庭子女；因疾病、意外灾难等导致一时不能维持基本生活的特殊困难家庭子女；因其他原因导致家庭相对贫困、没有能力完成高中阶段学历的受教育者。

2005年，扩大受助学生就读学校的选择面和提高资助标准。只要是符合认定条件的成都区域内的农村相对贫困学生和城镇低保家庭学生，均给予资助；学生就读学校从原来的各郊区（市）县教育部门举办的中等职业学校扩展到全市具备条件的公、民办中等职业学校。对就读二产业类专业的学生第二学年资助标准提高到1400元。改革资助办法，在初三学生中进行家庭经济状况和升学意愿调查摸底，向报读中等职业学校的农村相对贫困家庭的学生和城镇低保家庭的学生发放职教助学券。并落实各区（市）县教育局经费配套与提供政策支撑的责任。

2005年，市本级共资助4996名家庭经济困难学生就读中等职业学校，资助总金额为199.84万元，加上对2004年升入高二年级的贫困生4822人资助的482.2万元，合计682.04万元；区（市）县配套资助4752人（与市上资助人员有重复），资助金额为327.46万元；教育部门办学校资助5390人，资助金额为212.9万元。全市资助金额共计1222.4万元。此外，14个郊区（市）县教育部门办学校还对家庭经济困难学生进行学费减免，减免金额为940余万元。

【专业教师队伍建设】

成都市职业中学专业教师的主体来自师范院校，多数为文化课教师改行。20世纪90年代，各职业中学采取措施，努力扭转其教师队伍不能满足专业教学需要的局面。首先是通过课程改革，改变学校的评估取向，促进教师向“双师型”发展，形成职教课改理论研究者与实践研究者互动机制，造就一批课程改革生力军。其次是依托高校和大型企业，建立职教师资培训基地。成都市中等职业学校紧密依托行业，强化校企合作，将行业、企业作为专业建设的资源中心和发展平台，从行业中获取人力资源、信息资源、教育资源。规定教师定期到行业顶岗实习，聘请行业专家培养专业骨干教师，促进专业骨干教师向行业专家提升。同时，部分学校拓宽教师选用渠道，吸纳和鼓励工程技术人员、管理人员和有特殊技能的人员到职业学校担任专、兼职教师。2004年，依靠高等学校的专业师资对中等职业学校专业教师进行短期培训，举办数控技术、旅游、幼儿教育、机电技术、电子商务等专业教师培训，全市全年共培训教师3000余人次。此外，多次举行专业教师技能大赛，参加职业资格证书考核；城乡职业学校联合办学，实现城区优质职教资源向农村辐射，先后有成都财贸职中托管金堂职中、双流通江职中，新华职中托管温江职中，成都市女子职业中学与崇州职业中学联合举办幼儿教育与管理专业等，以此形式培养专业教师。2005年，全市各职业中学推出的重点专业中，拥有行业职业资格证书、技能等级证书的教师比例较之以前有大幅度提高。

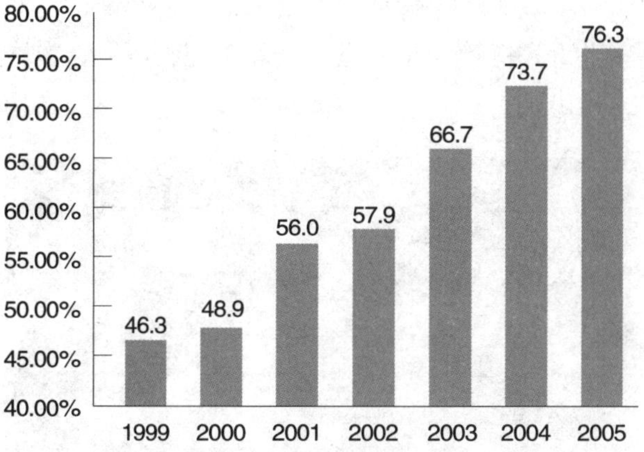

资料来源：根据《成都市教育统计资料汇编》整理

图5-7 1999—2005年成都市中等职业学校教师学历达标率变化情况柱状图

【职业教育教学管理】

1992年，成都市下发《关于进一步加强职业中学教学档案管理工作的意见》《关于进一步加强职业中学专业技能教学工作的意见》。1996年，下发《关于加强我市职业中学基础文化课教学的补充意见》。2001年，制定《关于加强职业中学教学管理常规工作的通知》。2004年，下发《市教育局关于加强我市中等职业学校管理有关工作的通知》。从20世纪80年代末期至2003年，职业高中的文化课（语文、数学、外语）、部分专业（旅游、财经、文秘等）基础课由市教育局组织考试，统一命题，统一组织评卷，并对未达到教学要求的学生进行补考。教学计划规定的其余课程由学校自主进行考试。2003年以后，取消统一考试，全部由学校自主进行考查考核，市教育局通过抽查和专业技能竞赛等方式督查职业学校的办学质量。

2003年11月18日，成都市中等职业学校“高教社杯”学生技能大赛在市高级技工学校举行

1992年以来，各学校普遍实行双证或多证书制度，要求学生除完成规定课程的学习外，必须至少取得与专业相近的一种职业资格证书。部分学校建立职业技能鉴定站，未建站的由学校统一组织参加市教育局和劳动局举办的技能鉴定。各中等职业学校把加强生产实习作为培养高素质技能型人才的重要手段，建立相应的机构，利用学校现有的设施设备组织教学实习，或到现场参观实习，进行实践性教学，或采取2+1教学模式，在学校学习两年基础和专业知识，第三年到企业等用人单位进行生产实习（顶岗实习）。2003年，全市职业高中开始实行弹性学习制度，全面试行以学分制为主的教学管理制度改革，形成区域内中等职业学校的学分互认机制。修满一定学分的学生，可申请就业、创业；3年内经本人申请，可回本校继续学习，也可就近到同类职业学校学习，亦可自主参加本专业同类课程高等教育自学考试、国家职业资格考核，考试成绩合格，学校承认相应课程学分。对在规定年限内未达到毕业要求的学生，发给结业证书，3年内学生参加本专业规定的课程培训且考核合格，取得规定学分后，可换取毕业证书。对学有余力的学生，在学习一个专业的同时或之后，可以辅修第二专业。不同中等职业学校之间，普通中学与职业学校之间实行学分互认。20世纪90年代初至2005年，成都市在各职业学校开展各种类型的技能竞赛的基础上，举办职业学校计算机知识及互联网基础知识大赛、学生制图竞赛、学生电子技术技能竞赛、教师数控技术技能竞赛等各类技能竞赛活动。

1996—2005年，普及高中阶段教育期间，成都职业教育以就业为导向、以能力为本位、以实践为中心、以获得职业资格证书为重要标志、以学生的职业生涯发展为最终目标进行课程建设，国家课程、地方课程、校本课程相结合，开发职教全国、全省、全市通用教材数十本。从1996—2000年“九五”期间的“宽基础、活模块”课程模式探索、研发与推广，发展到2001—2005年“十五”期间的课程综合化改革研究，共计有城乡11所职业中学的11个专业开展课程综合化改革研究与实施，开发综合课程23门。该课题研究成果获成都市人民政府教育教学成果一等奖。

【成都市财贸职业中学】

成都市财贸职业中学前身为成都市第三十二中学，1957年建校，校址位于成都市枣子巷26号。1983年，改制为职业高中。1991年，香港华夏基金会捐资35万美元，在该校成立成都大学华夏职业教育师资培训中心（属高等职业专科学校层次）。1992年，被确定为“省级重点职业高中”。1999年，成都市行之职中并入。2000年5月，被确定为首批“国家级重点职业学校”和“国家职业技能鉴定所”。2005年，该校有多媒体语言教室4个、计算机网络教室14个，建有烹饪、餐务、电子商务、电算会计实践操作室、电子图书阅览室、双向闭路电视系统。有特级教师2人、省劳动模范1人、市学科带头人3人、市优秀青年教师7人。

该校以“面向社会发展需要，面向市场经济企业需要，面向受教育者需要”为办学原则，贯彻“以质量和效益为中心”“集团化办学，企业化管理，品牌化经营”的办学思路，调整行政处室设置和行政人员配备，全面实施聘任制，实施教师星级管理制度。引进新加坡、英国等国家和

2003年成都市财贸职中举办校园文化技艺节。图为学生进行拉面表演

2004年，成都市财贸职中学生在进行茶艺表演

中国香港地区的先进职教理念和课程体系，根据经济发展和社会进步对人才的需求情况，开设近30个专业。其中烹饪、电子商务专业是四川省首批重点（特色）专业，学生毕业率、就业率均达100%。烹饪专业师生在全国首届川菜技能大赛中获银奖和铜奖。该校作为“四川省‘川妹子’家政服务师资培训点”“四川省餐饮娱乐协会培训基地”“四川省物业从业人员培训基地”“四川省下岗职工培训基地”，培训项目有40多个，年均进行各类培训、职业技能等级鉴定和从业资格认定共计1万多人次。2005年，财贸职中拥有5个校区，在校学历教育学生9000余人，其中城区两个校点学生5000余人。

【成都市礼仪职业中学】

成都市礼仪职业中学原名成都市第二十二中学，创办于1956年。1990年，试办职业教育，开办民航、电信专业。1993年，挂牌为成都市礼仪职业中学（以下简称“礼仪职中”）。1996年，被评为四川省重点职业中学。1999年，礼仪职中与包装职中合并，定名“成都市礼仪职业中学”。

礼仪职中秉承“至诚、至信、至善、至美”的教育理念，以“服务经济，适应市场，提高质量，发展学校”为办学指导思想。该校在西南地区最早开办民航旅游服务、通信运营与管理、工艺美术设计等专业。在此基础上，新开办空中乘务专业、通信运营与管理专业、动漫设计专业和现代物流管理专业。航空服务专业被认定为省级重点（特色）专业，工艺美术专业为市级重点专业，通信运营与管理专业成为市通信联组主任学校。该校适度扩大五年制高职规模，不断发展与企业的联合办学关系，从最初的5家发展到90余家。同时进行社会培训服务，2003—2005年，该校为成都市民航、邮电、旅游、金融、医药、房地产等行业提供的行业服务与礼仪培训达5000多人次。绵阳、资阳、拉萨等地电信局和九寨沟管理局邀请该校教师前往培训窗口岗位员工。

2005年，礼仪职中有学历教育在校生4300余人，年短期培训6000余人次以上；学生毕业率保持在98%以上，学生获双证率95%以上，年就业率98%以上。该校先后获得“全国五一劳动奖章”“全国职教先进单位”“四川省职教先进单位”“成都市先进集体”“大西南优质服务明星学校”等40余项称号。

【成都市包装技术职业中学】

成都市包装技术职业中学原名成都市第二十五中学，创办于1946年。1982年，开办美术专业职业教育，1985年，挂牌为成都市包装技术职业中学，1990年，成为首批四川省重点职业中学。1999年，并入成都市礼仪职业中学。

普通高等教育

高校本科教育

【概况】

1990年，在成都的普通高等院校有19所（国家部委所属11所，省级部门主办8所），在校学生5.68万人，其中本科生4.13万人，另有研究生3691人，全市每万人中有在校大学生、研究生67人。省教委制发《普通高等学校治理整顿的实施意见》，要求各校做好“四定”（定任务、定规模、定编制、定经费）工作，整顿办学秩序，严格整治滥办班、滥收费、滥发文凭的“三滥”现象。为整顿本科教育，除继续调整层次、专业和生源结构、充实和改善办学条件外，调查部分高校校外办学点的办学条件和教学质量，审核登记本科专业，对超计划招生、超前班等进行清理。1991—1995年“八五”期间，把坚定正确的政治方向放在教育教学工作的首位，加强马克思主义理论和形势政治教育。对本科专业设置状况进行清理，停止擅自设置的专业招生，部分理科、文科等长线专业减招、停招或隔年招生，社会需求量大的工科、医科专业招生比重有所上升。加强重点学科、主干课程、重点实验室建设，建设一批社会实践、生产实习基地，省属高校对课程建设进行规划，对办学和培养模式及管理体制进行探索。重点院校按照与国际社会接轨、与高科技接轨、与市场经济接轨的思路进行课程建设，修订教学计划，强化教学管理。加强本科院校授予学士学位工作管理，检查和整顿成人本科毕业生授予学士学位工作。加强师资队伍建设，深化职称改革，开展专业技术人员全员聘任制。对本科毕业生继续实行主要由国家负责按计划分配的制度。1994年4月，四川大学与成都科技大学合并更名四川联合大学（1998年恢复四川大学校名）。1995年，成都中医学院升格为综合性大学，更名成都中医药大学。

1997年，四川省行政区划变动，省政府制定《四川省高等教育办学体制改革和布局结构调整总体方案》，在成都的高校积极推进人事制度改革和后勤社会化改革；高等学校之间、学校与企事业单位之间、地方政府与学校主管部门之间的合作不断深入；按照“共建、调整、合作、合并”的方针，成都地区部分高校合并、升格工作逐步启动。四川联合大学、电子科技大学、西南财经大学、西南交通大学正式进入“211工程”。同时，实施《四川省高等教育面向21世纪教学内容和课程体系改革计划》，强化公共基础课教学，坚持大学英语、计算机等级考试；实施新的《本科专业目录》，全面修订和实行新的教学计划及人才培养方案，促进高校人才培养模式改革，提高本科教学质量。同年，在成都的高校国家任务计划招生和社会调节性计划招生全面“并轨”，实行一条分数线、一个录取标准、一个收费标准招收新生。

1999年起，在成都的高校扩大招生规模。当年在成都的高校招生3.93万人，比1990年增长245%。为完成扩招任务，成都地区高校挖掘自身潜力，充分利用民办高校、民办二级学院、成人高校和网络学院的教育资源，扩大本科教育招生容量；从高校党政管理干部、党政机关干部、科研院所科技人员、大中型企业中优秀专业人才、应届高校本科以上毕业生中选聘高校教师，并为有高级职务、身体健康的教师延长退休年限，返聘已退休的老教师，鼓励在职教师提高学历层次，用特殊政策补充师资队伍；争取国家财政投入，实行“银校合作”，启动“四川高教人才培养利用日本国际协力银行项目”，争取教育国债和西部国债，多渠道增加扩招投入。同年，煤炭管理干部学院并入四川师范大学，称为四川师大草堂校区。

2000年，在成都的高校招生5.51万人。同年，四川大学与华西医科大学合并为新的四川大学，武警成都指挥学校升格更名为武警成都指挥学院，成都广播电视大学开始招收本科学生。2001年5月，成都理工学院与四川省地质职工大学、四川商业高等专科学校合并组建综合性大学，更名成都理工大学。2003年，在成都的高校招生10.66万人。同年，西南民族学院升格为综合性大学，更名西南民族大学；四川工业学院与成都高等师范专科学校合并组建综合性大学，更名西华大学；成都大学升格为本科高校，成都教育学院、成都卫生学校等并入。

2004年，在成都的普通高等院校增至33所，在校大学生39.65万人，其中本科生24.65万人；共毕业大学生6.07万人，其中本科生4.12万人；共招收新生13.53万人，其中本科生6.11万人。同年，四川师范大学国际商学院与四川师范大学文化传播学院合并更名四川师范大学文理学院，解放军成都医学高等专科学校升格更名成都医学院。2005年，在成都的普通高等院校增至38所（教学点15个），在校大学生48.27万人；招收新生16.61万人，比1990年增长1034%。12月，西南石油学院升格为综合性大学，更名西南石油大学。1997—2005年，成都地区参与合并的高等学校或中等专业学校共有20余所；新建高等学校与大学独立学院近20所；有近30所在成都的高校相继建设新校区。各校新校区及新建高校多选址成都市郊各区（市）县，改善了成都高校布局。（见表5-21）

1990—2005年在成都的普通高等学校基本情况统计表

表5-21　　单位：个、人

年份	校点数		毕业生数	招生数	在校生数	毕业班学生数	教职工数		平均每万人口在校生数
	校数	点数					总计	其中教师	
1990	19	—	16777	16057	60535	15726	28488	10699	67
1991	22	—	15953	15434	55345	17115	27946	10522	64
1992	19	—	17170	20142	59662	15630	28407	7938	68
1993	20	—	15426	25242	70509	18208	29025	10788	79
1994	20	—	17053	23526	77382	24842	28807	19678	87
1995	20	—	24535	24636	77507	22927	28662	10701	87
1996	20	—	21900	25476	81083	22396	28905	11051	89
1997	20	—	20872	26472	85686	23347	28675	10876	94
1998	21	1	21529	28740	92196	22611	28427	11156	92
1999	21	2	21216	39310	109367	24656	28863	11539	110
2000	20	5	23624	55131	140661	26240	28503	11246	139
2001	21	6	26860	65729	182361	33474	29373	12331	134
2002	28	9	33348	94464	256267	48736	33488	15774	249
2003	29	10	43697	106630	301042	58531	34743	17196	288
2004	33	15	60714	135264	396496	82454	43481	24077	352
2005	38	15	83232	166054	482692	108453	49492	27915	446

【“211”与“985”工程建设】

1991年12月，根据“八五”规划要求，国家教委、国家计委、财政部《关于落实建设好一批重点大学和重点学科的实施方案的报告》（简称“211工程”）提出，面向21世纪，重点建设100所左右的高等学校和100个左右的重点学科。建设内容主要包括学校整体条件、重点学科和高等教育公共服务体系建设三大部分。1993年，在成都的高校“211工程”启动，四川联合大学等一批院校积极创造条件，准备跻身其中。电子科技大学、西南交通大学通过国家教委的项目预审。

1996年，四川联合大学、四川农业大学、华西医科大学通过“211工程”部门预审。1997年3月，电子科大、西南财大、四川联大等对重点学科进行论证、规划，正式进入工程实施阶段，国家投入经费分期分批到位。同年，四川省人民政府向国家“211工程”办公室提出华西医大、四川农大的立项报告。同时，按照国家教委制定的高等学校基础课教学实验室评估办法和标准，四川省教委对四川联大、华西医大、西南交大、电子科大、四川农大等5所学校的实验室进行合格评估，促进各校的基础建设。1998年，成都地区国家正式立项的“211工程”大学有四川大学、西南交通大学、电子科技大学、西南财经大学等4所。电子科大接受了有关方面组织的“211工程”建设中期检查。华西医科大学通过了由卫生部和四川省政府组织的“211工程”建设项目立项审核论证，四川农业大学通过了由四川省政府组织的立项审核论证。1998年5月，教育部决定在实施《面向21世纪教育振兴行动计划》中，重点支持国内部分高校创建世界一流大学和高水平大学（命名为“985工程”）。“985工程”一期建设率先在北京大学和清华大学开始实施。

1999年，成都地区“211工程”建设学校开始试行文献网络传递和馆际互借服务，四川大学图书馆被教育部确定为中国高等教育文献保障体系（CALIS）西南中心。2001年7月，教育部三个专家组分赴四川大学、西南交大、西南财大进行“211工程”“九五”期间建设项目验收，对成都三校的工作成绩给予肯定。同年，西南交通大学“高温超导磁悬浮理论及相关基础技术”为磁悬浮车和冷发射等应用提供科学依据，“高温超导磁悬浮实验车”获四川省科技进步特等奖；西南财大“211工程”建设项目“金融科研实验中心”“会计电算化”“统计分析”等一批专业实验室与重点学科通过国家验收。9月29日，四川大学、电子科技大学与国家教育部签约进行“985工程”建设。

“十五”期间，四川大学实施了“211工程”14个重点学科建设项目，建成一批国家急需的、前景广阔的新兴、边缘、名、特、优学科和学科群，整体实力达到国内一流水平，部分学科的重点研究方向达到或接近世界先进水平。电子科技大学通过“211工程”建设，将学校发展融入国家重大发展战略，新增3个国家重点学科、20个博士点，与电子信息相关的新兴学科、交叉学科得到拓展；新建“电子薄膜与集成器件”等国家重点实验室和一批高水平研究平台；新增一批以院士、长江学者为代表的杰出人才；科技经费与科研成果均成倍增加，形成高层次、研究型人才培养体系。西南财经大学是全国进入“211工程”建设的两所财经院校之一。四川省和成都市政府分别给予该校7500万元和5000万元“211工程”建设经费。西南交通大学通过“211工程”建设，调整该校学科结构，提高和增强各学科的整体水平和科研实力，催生了一大批标志性科研成果。其中，“铁道机车车辆—轨道耦合动力学理论体系、关键技术及工程应用”研究，获2005年国家科技进步一等奖。

2004年，根据国务院批转教育部《2003—2007年教育振兴行动计划》，启动“985工程”二期建设，全国列入“985工程”建设的学校共39所，四川大学、电子科技大学列入其中。

【大学生思想政治工作】

1990年后，成都地区高校把坚定正确的政治方向放在教育教学工作的首位。加强马克思主义理论和形势政治教育，整顿教育秩序，严肃校风校纪；对各类专业、学科，特别是文科类专业、学科的教学计划、课程设置、教材、教学内容等进行检查和清理，优化育人环境。1991—1995年，在成都的各高校对师生员工的思想动态进行调查、分析，增强思想政治工作的针对性和实效性。进行“两课”（马克思主义哲学、邓小平理论概论）改革试点，开展德育和“两课”教师职称评聘工作，举办“两课”骨干教师培训班。改进学生思想政治工作，举办形式多样的思想政治教育活动：以纪念中国抗日战争和世界反法西斯战争胜利50周年为契机，开展以爱国主义为主要内容的大学生演讲比赛，召开大型学术讨论会，编辑出版论文集《历史的丰碑》；各校在大学生中评选表彰“三好学生”“优秀学生干部”“先进集体”等；组织高校优秀大学生夏令营和优秀大学生社会实践考察团，分赴西昌、攀枝花和北京等地开展社会实践活动。

1996—2000年，在成都各高校继续“两课”改革和建设，新编《邓小平理论概论》从1998年秋列入在成都的各普通高校和成人高校课程设置。按照《四川省高校“两课”建设评估指标体系》要求，电子科大等“两课”建设接受省教委评估。在成都高校的“邓小平理论概论”教师和辅导员接受岗前培训，整顿、补充“两课”巡视员，完善“两课”巡视员制度。在大学生中开展夏令营、“三下乡”等社会实践活动，举办“大学生学习邓小平理论优秀论文征集活动”和专题报告会和学习交流会。各校加强大学生思想教育和管理，开展经常性的理论研讨和经验交流，及时了解学生思想动态，进行心理咨询，健全各项管理制度。

进入21世纪后，在成都的高校组织“两课”教师在职攻读复旦大学硕士学位，参加全省高校“两课”教师培训班。西南财大等学校接受“两课”巡视组的检查。在大学生中组织“三个代表”重要思想服务队、公民道德建设实践服务团等社会实践活动。2001年1月，四川大学对在学生学习邓小平理论活动中表现突出、成绩显著的优秀指导员等进行表彰。西南交大党委宣传部创设名为“前沿”的思想政治工作网站。每日点击者众多。成都理工学院“学生党员接待室”正式成立，为同学排忧解难。各高校还举行丰富的文体、科技活动。四川大学青年志愿者主动收集困难家庭信息，对困难家庭子女提供无偿家教；积极开展环保宣传活动，两天内用花换废纸收到废纸1100多斤，又把废纸中质地硬厚的纸张分拣出来送到成都盲聋哑学校，代替昂贵的盲文纸；在凉山昭觉县设立“四川大学青年志愿者‘雏鹰之星’奖助学金”，资助优秀及困难的彝族儿童完成学业。2003年2月，四川大学青年志愿者协会总队被评为“全国学习雷锋志愿服务先进集体”。

2005年1月，西华大学组建学生思想政治工作研究团队，团队共分为8个研究组，从大学生思想政治教育、素质教育、心理健康教育、“形势与政策”教学、学生党建工作、“思想道德修养”教学、事务管理、就业工作等方面进行研究。研究团队成员主要为全校党政干部、学生政治思想教育教师，并把研究目标的完成情况与团队考核、教师个人考核联系起来。同年，西南财大为全校1.2万名本科生设置导师小组，要求导师对学生进行思想引导、专业辅导、生活指导、心理疏导。首先在经济信息工程学院进行试点，随后学校专项投入资金180万元，启动全校本科生导师制度，全校480名专职教师组成100多个导师小组。每个小组由5~10名教授、副教授、讲师和助教负责指导35名学生，形成教师与学生互动的新型师生关系。

【本科教学工作】

20世纪90年代前期，在成都的高校相继召开全校性的教学工作研讨会，组织对新时期教育方针的学习和讨论，在总结前几年教学工作的基础上，开展办学和培养模式的探索。成都中医学院试行集传统师承教育与现代学校教育的长处于一体的教学改革试验。电子科技大学组织实施产、学结合计划。有的高校实行“按专业大类招生、后期分流培养”“教学、科研、生产三结合”的人才培养模式进行改革。部分高校进行学分制、双学位制、第二学位制和主辅修制改革试点。为此各校修订教学计划，更新教学内容，增强实践教学环节，建立常规教学检查评价制度和教学状态年报制度，对高校非计算机专业学生进行计算机知识和能力等级考试。按照国家教委部署，对本科院校工科专业高等数学、大学物理课程进行统一检测，以摸清各校基础课教学现状；在成都的高校教学取得较好成绩。

1996—2000年，在成都的高校先后接受国家教委和省教委的教学质量、办学水平的评价检查，并按国家新颁《普通高等学校本科专业目录》修订教学计划。1996年，按照“以评促建、评建结合、边评边建、重在建设”的指导思想和原则，成都气象学院通过国家教委组织的专家组的评估；四川联合大学、西南交通大学等本科院校举办的工程专科的金工实习教学工作接受省教委专家组的评估检查。1997年，省教委组织对四川联合大学、华西医科大学、西南交通大学、电子科技大学、四川农业大学等五所高校的实验室进行合格评估。1999年，成都地区高校完成本科教学计划修订工作。新的教学计划着眼于跨世纪人才培养模式的构建，整体优化和个性发展并重，突出知识、能力和综合素质的协调发展。

进入21世纪后，按照“新世纪四川省高等教育教学改革工程”的总体要求，在成都的高校教育教学改革工程相继立项。不少学校进行以“学分制”为主要内容的培养模式改革试点，四川大学、成都理工大学在2001级正式启动学分制改革。四川大学形成具有特色的高素质复合型人才培养模式，建立研究型和应用型两种培养模式结构。研究型人才培养结构主要为培养各学科的教学和科研工作者，并且为造就未来的学科带头人和大师级人物打下基础；应用型人才培养结构主要培养社会主义现代化建设所需的各类高级专门化人才。为培养高素质复合型人才，川大实行学士—硕士—博士连续攻读制度，建立文、理4个基础学科人才培养与科学研究基地和1个工科基础教学基地。基础教学基地的本科生学习成绩优秀的可免试攻读硕士研究生。文、理科相应专业的一般本科生，学习成绩优异的可以申请转入基地班学习。其他凡有硕士点的专业，其学习成绩优秀的学生可以免试攻读研究生；有博士点的专业，学习成绩优秀的硕士研究生可推荐攻读博士研究生。

2001年，教育部认可西南交大本科教学达到“优秀”等级，认为该校“严谨治学”，具有以“两课”教育为主体，以文化素质教育和心理健康教育各为一翼的“一体两翼”办学特色。2002年，电子科大制定新的本科人才培养方案，强调培养具有国际竞争力的创新人才，力争60%～70%的本科生进入研究生阶段学习。该方案分为课堂教学、实践教学和创新学分3个部分；加强理工渗透，人文教育和科技教育相融合；用3年时间构建普通教育课、学科基础课平台，用1年设置专业方向课程群和毕业设计实践；总课时控制在2400学时以内，选修课比例增加到30%，允许学生跨专业、跨学院选课，扩大学生自主学习的空间和时间。四川师范大学建立党政一把手为第一责任人的本科教学质量保证体系，完善教学质量目标管理责任制。成都理工大学对本科毕业生设计（论文）答辩制度进行改革，即本科毕业生设计（论文）答辩在各专业组答辩后，再随机抽调88名学生进行校级毕业设计（论文）答辩。从2003年秋季开始，川师大全面实行以“宽口径、厚基础”为特征的1+2+X新学制（“1”指从2003年起本科新生大一时不再细分专业，分为大文科和大理科进行基础学习；“2”指学生从第二学年开始进入专业学习，允许一定比例的学生自主重新选择专业；“X”则代表弹性学制），学生在3年中获得毕业的最低学分就可毕业，也可以在一个专业结业后继续学习另一个专业或者两个专业，直至全部结业，这样学制就从过去的4年变成了3～7年。2004年11月，教育部专家评估小组对西南财大本科教学工作进行水平评估。

2005年9月，第五届高等教育国家级教学成果奖在北京颁发，成都地区有8所高校共获奖27项，其中四川大学9项（获奖数居全国高校并列第七名），西南交大5项，电子科大、西南财大各4项，西南石油学院2项，成都电子机械高等专科学校、成都体育学院、成都航空职业技术学院各1项。一等奖成果主要完成人川大万学红，西南交大吴鹿鸣、周仲荣，成都电子机械高等专科学校陈传伟等4人出席北京的颁奖仪式，受到国务院总理温家宝接见。

【高校教职工队伍建设】

1990年，成都地区高等学校共有教职工2.85万人，其中教师1.07万人。在成都的高校加强干部队伍建设，提高干部素质和管理水平，把干部培养和使用衔接为一体。在完善岗位责任制的前提下，对干部实行任命、选任和聘任制，推行任期目标责任制，规范责、权、利，严格考核监督制度。1991年，师资队伍建设的重点转移到青年教师培训提高和新的学科带头人的培养上来，重视教师发挥教书育人的作用。将教师职称评聘作为经常性工作与队伍长远建设结合起来。经过高校教师职称补缺评聘，有数百名教师被评为教授、副教授职称。各校教师队伍的职称、年龄、学历等方面的结构有较大改善，一些短缺学科教师得到补充，一批做出突出贡献的教授、专家受到政府特殊津贴奖励。1992年，四川师大、四川农大等学校开展副教授职称评聘分开的改革试点工作。1993年，实行专业技术人员全员聘任制。学校人员实行“四定”（定编、定员、定岗、定责），在分配上采取国家工资与校内分配并行的“双轮运行机制”，即在国家固定工资（基础职务工资、工龄津贴、物价补贴等）不变的情况下，对校内自筹或创收的经费，进行合理的分配。同时，各高校通过进修学者班、岗前培训班、助教进修班、骨干教师短训班、职业技术骨干班等多种形式，提高教师业务水平和职业技能。1995年，成都地区高等学校健全干部民主生活制度和民主决策制度；在对省属高校领导班子考察调整的基础上，在成都的省属高校完成了党委换届选举工作，加大了后备干部培养力度。同年，在成都的高校制定学科梯队建设的规划和实施方案，选定培养的优秀青年教师；在经常性的专业技术人员职称评聘工作中，一大批中青年教师晋升高级职称，一批有真才实学的优秀青年教师破格晋升；一批教书育人优秀教师被表彰；开展高校教师家属“农转非”招工工作，推进高校教师住房建设，改善高校教师教学、科研、生活条件。

1996年，在成都的高校共有教职工2.89万人，其中教师1.11万人。各高校开展学术带头人及享受政府特殊津贴人员和四川省有突出贡献的专家的评选推荐工作，并对高校教师、科研、实验高级职称及教师外其他系列中级职称任职资格进行评审；各校为享受政府特殊津贴和省有突出贡献的优秀专家颁发特约医疗证。1997年，各高校领导班子加强作风建设和组织建设，部分高校完成领导班子考核、调整和补充，促进高校党政领导班子年轻化。同年，再次推荐享受政府特殊津贴优秀专家和学术带头人，各高校还补充急需的师资，并为之创造良好的内部环境。1998年，对新师资进行岗前培训。

2000年，在成都的高校共有教职工2.85万人，其中教师1.12万人。在成都的高校加强行政人员管理，实行中层干部聘任制度；教师实行全员聘任制，进行分配制度改革，完善考核制度。2001年，成都理工大学承办《现代化学基础》教材教师培训研讨大会。2002年，在成都的各高校分别开办高校处级干部、妇女干部、中青年干部和组织人事、统战部长、教育管理干部等培训班，加强统战干部队伍建设，建立特约教育督导员工作制度。西南交通大学实施教学“绿色工程”，建设“无粉笔化”教室，配备完备的多媒体教室设备，为教师创造绿色教学条件；为离退休教职工购买社会保险和医疗辅助保险；新建120平方米以上教师宿舍432套，全校骨干教师于教师节前住进新房。2003年1月，西南交大召开师资工作会议，推出“1511”“335”（“1511”即对引进的两院院士提供100万元科研启动经费，50万元住房补贴，另加安家费、年岗位津贴各10万元。“335”即对引进在国外有一定影响的杰出学者、中青年杰出人才、35岁以下的教授等，提供科研启动费、住房补贴各30万元，安家费5万元。）等措施，招纳名师，启动学术带头人培养管理办法、中青年骨干教师培养管理办法、教学名师评选办法、教职工报考研究生的规定、在读博士生提前留校的暂行办法、教师进修的奖励规定等，打造师资创新团队。2005年9月，四川师大教师向学校、家长和社区做出师德承诺，承诺热爱学生，平等、公正地对待学生，尊重学生的人格，维护学生的合法权益，保护学生身心健康，促进学生全面发展；因材施教，注重学生个性发展，全面提高学生综合素质和创新能力；严谨治学，开拓创新，与时俱进，刻苦钻研业务，积极探索教育教学规律，改进教育教学方法，提高教育教学和科研水平；尊重学生家长，认真听取家长意见和建议，取得家长的支持与配合。2005年，成都地区高校共有教职工4.95万人，其中教师2.79万人。在成都的高校教师学科层次、职务结构、年龄梯次趋于合理；教师人数为1990年的2.6倍，而2005年成都的高校在校学生人数是1990年在校学生人数的7.9倍。

【学科建设】

1990年，成都地区高等学校开展教材评估试点工作，自评与专家组评议相结合，结果表明在成都的高校教材配备率为100%，课前到书率为95%，教材适用率在90%以上。“八五”期间（1991—1995年），在总结教学经验的基础上，成都地区高校调整学科和专业结构，分期分批进行省级、国家级重点学科、重点专业、主干课程、重点实验室建设，逐年增加新兴高技术和社会急需的工科、财经等短线、空白专业或专业方向，撤并改造传统、重复、长线专业；改进专业设置的评审程序和办法，拓宽专业服务面，一些单科性院校开始向综合化、多学科方向转变。同时加强实践性教学环节，建立一批产学结合基地和社会实践、生产实习、顶岗实习基地；各校拨专款进行课程和教材建设，申报一批省级优秀教材。1996年10月，四川省普通高校专业设置评议会议召开，提出新形势下新的要求，随后省教委对新增专业和省级重点课程进行抽查。1998年，《四川省普通高校专业设置管理和审批备案规定》修订颁发，规范高校专业设置工作。1999年，在成都的高校积极实施“面向21世纪教学内容和课程体系改革计划”，积极承担国家级和省级的课改研究项目，立项建设省级重点实验室，改革图书情报工作。四川大学图书馆被教育部确定为中国高等教育文献保障体系西南中心。1996—2000年“九五”期间，四川大学结合“211工程”建设，借鉴和吸取国内外一流大学学科建设经验，多次进行学科调整和融合，组建新兴学科，形成了以学科门类齐全、覆盖面广、互补性强、高水平、研究型、综合化为特色的学科体系。经过4年研究和编写，由四川师范大学教授马正平主编的《高等写作教材》（1—5册），于2002年正式出版发行，被列为“21世纪课程教材”之一，教育部向全国高校推荐使用。

2003年11月，西南交大申报的博士后流动站、博士学位授权一级学科“信息与通信工程”，以及材料学、系统工程、计算机应用技术、地图制图学与地理信息工程、地质工程、企业管理等6个二级学科博士学位授权点，均获有关部门批准。该校自行审批增列伦理学、科学技术哲学、法学理论、体育教学训练学、文艺学等22个硕士点，也已获备案认可。至此，该校共有博士学位授权一级学科6个、二级学科45个；共有硕士学位授权学科95个（含专业学位4个）。学位授权涉及学科门类10个，一级学科34个，培养工程硕士的学科领域13个，高等学校教师任职攻读硕士学位学科、专业19个。2004年3月，成都理工大学批准14位教授增列为博士生指导教师。他们分布于矿物学、岩石学、矿床学、沉积学、矿物材料学、矿产普查与勘探、地球探测与信息技术、地质工程、油气田开发工程等专业。

“十五”期间，四川大学学科专业涵盖哲学、经济学、法学、教育学、文学、历史学、理学、工学、农学、医学、管理学等学科门类。在人文社会科学领域，宗教学、政治经济学、比较文学与世界文学、汉语史与中国古典文献学、专门史、中国古代史、考古学等学科办学时间长，基础好，拥有一批在学术界享有盛誉的著名专家。在自然科学领域，数论和组合论、拓扑学、微分几何、泛函分析与控制论、模糊数学、量子化学、生物有机化学、植物分类与植物遗传、团簇物理与辐射物理等学科在国内外享有较高声誉。在工程技术科学领域，形成了以高分子材料为带头学科的材料学与工程学科群体，形成了以水力学为带头学科的能源科学与工程学科群体，以及以皮革化工与工程为带头学科的轻纺学科方面的学科群体。在医学领域，形成了口腔医学、法医学、眼科学、精神病学、病理生理学、药物化学、骨科学、生物化学与分子生物学、肿瘤学、现代药学与新药研究、基础医学、循证医学等一批优势学科。在高新技术领域，形成了微光学、微光子技术、生物力学、发酵工程、草原灾害生物防治、辐射技术及应用、生物医学工程、图像与语音识别、自动化与人工智能等学科。

【科学研究】

1991—1996年，在成都的高校科研工作为经济建设和社会发展服务，完善高校科技管理，发挥高校学科齐全、实力雄厚的优势，多渠道争取科研任务和经费，调动科技人员积极性，积极开展基础性研究，参与国家、部门、地方制订科技规划和计划，成都高校完成了一批国家级科学研究课题。同时，开展知识产权研究和学术交流，参加新技术新产品博览会、技术成果交易会、高校与企业联姻活动推广科研成果，解决企业技术难题，将高校科技成果转化为生产力。1997年，全省高校科研工作会召开。在成都的高校积极参加国家科委和四川省政府在成都举办的“全国新技术新产品交易博览会”。四川联大（今四川大学）一位研究生的发明在第五届“挑战杯”全国大学生课外科技作品竞赛上获一等奖，签订了科技成果转让合同，转让费700万元。1999年，在成都的高校一批科研成果在第二届四川省教委科技进步和人文社会科学成果奖评审中获得奖励，涌现出了一批技术含量高、具有一定规模和良好发展前景的高校高新技术产业。2001年，四川师大“巴蜀文化研究中心”成立，四川大学和电子科大两个“大学科技园”成为第一批国家大学科技园。2002年，西南交大科技园建设取得进展。国家体育总局体育社会科学重点研究基地在成都体育学院成立。成都体育学院50年来以体育史学为重点的体育社会人文科学研究在国内居于领先地位。国家信息产业重大技术发展评选揭晓，电子科大选送的、该校教授陈星弼院士发明的《半导体功率器件的耐压层技术》名列榜首。该项发明被国外称为新的里程碑，已应用于制造创新型器件，其性能国际领先。英国皇家科学院2002年度国际K.J.BVTTON奖授予中国科学院院士、成都电子科技大学刘盛纲教授，以表彰和肯定他近半个世纪来在毫米波——红外线领域做出的巨大贡献。颁奖大会于2003年在日本召开的第28届毫米波——红外线国际会议上举行。2003年，在建好四川烹饪高等专科学校“川菜产业化研究中心”的同时，新建西华大学“四川教育发展研究中心”和四川农业大学“四川农村经济发展研究中心”。

2005年，四川大学获一项国家973计划批准立项，项目经费3000万元，全年该校科研经费达7.02亿元，其中理、工、医等自然科学到校科研总经费6.51亿元，社科经费5018万元。西南交通大学首次获“国家创新群体”计划资助，西南交大国家大学科技园通过评审。四川农业大学和西南石油学院各有1个实验室被确定为教育部重点实验室立项建设。四川大学、成都理工大学、西南交通大学各有一项成果获国家科技一等奖。西南民族大学沙马拉毅教授主持研究的《中小学汉彝对照电子词典》和“藏、彝文文献全文数据库研究与开发”两个项目通过专家组评审，进入应用阶段。12月，四川农业大学科学研究院在温江开工，以该校在温江区的水稻研究所为基础分两期建设，建成后将该校水稻、小麦、玉米等研究所、未来农业与人类健康、中德油菜、园林园艺及花卉等研究中心迁入，组建川农大科学研究院。

【“并轨”与“扩招”】

1990年，成都地区高等学校19所，在全国高等学校统一招生考试后录取新生1.61万人，其中大部分为国家任务计划招生，社会调节性计划招生较少。之后数年委托培训生、定向培训生、自费生逐年增加。1994年，在成都的高校进行国家任务计划和社会调节性计划招生“并轨”改革试点，扩大社会调节性计划，改进调节性计划招生政策和办法，规范委培、自费生招生管理，重新核定享受优惠政策照顾的“三线单位”。1997年，在成都的高校招生全面“并轨”，调整有关政策，实行一条分数线，一个录取标准，一个收费标准，招收新生2.65万人。

1999年，在成都的高校贯彻全国教育工作会议精神，扩大高等学校办学自主权，扩大招生规模。当年在成都的高校21所，另有教学点2个，招生3.93万人，是1990年招生数的245%，平均每万人口在校大学生110人，增长164%。此后在成都的高校招生逐年增加，2000年5.51万人，2001年6.57万人，2002年9.45万人，2003年10.66万人，2004年13.53万人。至2005年，在成都的高等学校增至38所，另有办学点15个，招收新生16.61万人，是1990年的1034%，平均每万人口在校大学生446人，是1990年的666%，提前10年超过国家《面向21世纪教育振兴行动计划》所规定的平均水平。

成都地区高校通过教育资源优化配置，扩大高等教育资源总量，把一部分成人高校、中等专业学校与普通高校联合、合并，组建一批多科性本科学校，从整体上扩大成都地区高等教育的办学规模。加大高校投入，通过银行贷款等渠道拓宽经费来源，建设新校区，进行学校后勤社会化改革，加大教学设施、生活设施、仪器设备和图书的投入，挖掘办学潜力，增大招生容量。大力发展高等职业教育和民办教育，通过联合办学和公办学校与民办学校合作办学，形成以政府办学为主、公办学校与民办学校共同办学的格局。开展网络教育，四川大学、西南交通大学等学校办起了网络学院，进一步扩大了成都地区高等教育的办学资源。调整学科和专业结构，围绕四川支柱产业发展开设急需的短缺专业，满足全川经济社会发展的需要。采取特殊政策补充高校师资：鼓励高校党政管理干部担任专（兼）职教师；从党政机关、科研院所选聘符合条件的专业技术人员担任兼职教师，鼓励校际之间互聘教师；提前在高校应届本科以上毕业生中遴选优秀人才，通过培训补充为新师资；加强校企合作，吸引大中型企业中优秀专业技术人员到高校任教；为具有高级职务、身体健康的教师办理延长退休年龄手续或返聘已退休的老教师任教；鼓励在职教师进修，提高学历层次。

在成都的高等院校毕业生人数1990年为1.68万人，2005年为8.32万人，增长396%。成都市人民受教育的水平和成都市人力资源的数量和质量水平都上了一个台阶。高校扩招，市民对普通高中的需求随之增大，促进了成都市普通高中发展，帮助大批青年学生圆了大学梦。在成都的高校招生人数快速增加，高校师资增加的速度，尤其是高水平师资增加的速度远远跟不上。1990年，在成都的高校教师共有1.07万人，2005年，增至2.79万人，增长161%；1990年，成都地区在校大学生为6.05万人，2005年，增至48.27万人，增长697%。1990年，在成都的高校在校学生与教师的比例是5.66∶1，2005年，生师比为17.29∶1。部分高校为建设新校区、增添教学设备向银行贷款，负债不少。高校扩招，成都市中等职业技术教育、成人高等教育生源大量减少，调整任务艰巨。

【毕业生分配与就业】

1990—1992年，成都地区高等学校本专科毕业生由国家统一分配工作。其方针和原则是统筹安排，合理使用，加强重点，兼顾一般，面向基层，加强生产第一线和学以致用，人尽其才。在分配去向上，优先考虑省内经济、科技、文化教育等方面的重点建设、技术改造项目的需要，重点补充农业、能源、交通、原材料等部门在艰苦地区单位的需要；师范类毕业生安排在教育部门工作。对来源于边远、少数民族地区的毕业生，除考取研究生的而外，原则上分配回去，并鼓励内地毕业生到边远地区去工作。委培和定向培养的毕业生按当年招生时的规定，分配回委托单位或定向地区。根据上述原则和规定，采取主管部门与高校上下结合的办法编制分配调配计划。调配派遣工作，从每年7月1日开始，至7月20日止。此后对遗留问题进行调整和处理，10月底，派遣工作基本结束。调配派遣中，按择优分配原则，把一批品学兼优的毕业生分配到高等学校和科研单位，每年还选拔数百名优秀毕业生到省级和市、地、州党政机关工作。

成都地区高校毕业的自费生、函授生和电大普通专科班学生，采取由学校推荐或本人自荐，用人单位择优录用的办法、在多种所有制范围内就业。用人单位根据需要和本人志愿，可以录取为干部，也可以接收为工人，原则上在本人户口所在地就业。全民所有制企、事业单位接收这类毕业生所需的增人计划和工资计划，采取先接收后“追认”的办法办理，农业户口毕业生被录用后，在省下达的“农转非”人口计划内凭报到证、农转非入户通知办理农转非户口。每年从9月1日起办理应届毕业生的就业派遣手续，到12月31日截止。

1993年，在成都的高校进行毕业生就业制度改革，四川大学、成都科技大学、西南交通大学、电子科技大学、华西医科大学、四川音乐学院等高校实行毕业生就业的“中期改革方案”，即在国家方针、政策指导下，在一定范围内实行由毕业生和用人单位“双向选择”的办法落实就业方案，开始把毕业生推向就业市场。当年“双向选择”的结果，全部毕业生都落实了单位，遗留问题较少；对重点大型企业实行计划单列，直接把他们急需专业的毕业生派遣到企业；各高校对自愿到地处边远地区重点企、事业单位工作的毕业生实行奖励。此后高校毕业生就业全面实行“供需见面，双向选择”的政策。在成都的各高校通过各种方式加强高校与社会供需信息交流，努力拓宽毕业生就业渠道。学校采取请进来、走出去的办法广泛收集需求信息，举办各种校内供需见面洽谈会，探索建立以高校为基础和主体的毕业生就业市场。省教委分别于3月和5月召开全省毕业生供需信息交流会和毕业生计划洽谈会议，广泛交流信息、落实就业计划，成立了四川省普通高校毕业生就业指导中心“四川大学会场”和“电子科技大学会场”。1997—2001年，在成都的高校毕业生就业率在70%上下。2002年，毕业生就业率在75%以上。

2003年，高校扩大招生规模后的第一批本科学生毕业，又面临城镇新增劳动力、下岗失业人员和农村富余劳动力转移“三峰叠加”的形势，“非典”疫情严峻，省政府下发《关于进一步做好普通高校毕业生就业工作的意见》，召开全省高校毕业生就业工作电视电话会，鼓励普通高等院校毕业生到艰苦边远地区工作，启动“大学生志愿服务西部计划”，在成都的各高校进一步加强毕业生就业工作的指导与服务，组织了灵活、小型、多样、多次的“双选”活动，努力为毕业生创造就业机会。截至12月，在成都的高校毕业生就业率达到80%以上。此后在成都的各高校建立并完善了党委领导下的“全员动员、任务分解、责任落实、奖惩挂钩”的毕业生就业工作运行机制，积极探索“订单式”“模块式”“双证书”教育，采取多种形式，多次组织毕业生就业“双选”活动；启动高校毕业生就业信息网络系统，参加全省高校毕业生就业工作会，实行高校毕业生就业签约半月通报制度，2004年、2005年，在成都的高校毕业生就业率达85%以上。

【四川大学】

四川大学由原四川大学、成都科技大学、华西医科大学3所全国重点大学于1994年4月和2000年9月前后两次合并组建而成。原四川大学的前身是创办于1896年的四川中西学堂；原成都科技大学由1954年全国院系调整时建立的成都工学院发展而来；原华西医科大学的前身是1910年美国、英国、加拿大的5个基督教会组织在成都创办的私立华西协合大学。

四川大学地处成都市区，设望江校区、华西校区和江安新校区，占地面积470万平方米，校舍建筑面积308万平方米。该校是国家布局在中国西部的高水平研究型综合大学。学校设30个学科型学院， 另设研究生院、海外教育学院、成人教育学院和网络教育学院。学科覆盖文、理、工、医、经、管、法、史、哲、农、教等11个门类，有15个国家重点学科，66个部省级重点学科，17个一级学科博、硕士学位授权点，168个博士点，254个硕士点，7个专业学位点，118个本科专业，21个博士后科研流动站，6个国家人才培养和科学研究及课程教学基地，1个大学生文化素质教育基地。该校拥有国家重点实验室、国家工程中心及其他中心10个，部省级重点实验室和中心62个，国家人文社科重点研究基地4个，国家级临床研究基地4个，附属医院4所，对众多学科具有雄厚的科研实力，并取得了丰硕的研究成果。该校科技园是国家最早批准的15个国家大学科技园之一。校图书馆藏书约519万余册。校博物馆是当前国内高校仅有的综合性博物馆。主办37种面向国内外发行的学术刊物，与42个国家和地区的130余所著名大学及科研机构建立交流合作关系。

进入21世纪后，四川大学确立“以人为本，崇尚学术，追求卓越”的办学新理念，探索建立“以院系为管理重心，以教师为办学主体，以学生为育人中心”的管理运行新机制，进一步提出造就“具有深厚人文底蕴、扎实专业知识、强烈创新意识、宽广国际视野的国家栋梁和社会精英”的人才培养新目标，形成以“本科生教育为基础，研究生培养和科学研究为重点，其他办学形式为补充”的办学新格局。2005年，有教职工8091人，其中中国科学院和中国工程院院士8人，特聘院士16人，文科杰出教授2人，国务院学位委员会委员及学科评议组成员17人，讲座教授3人，教授839人，副教授1336人。有在校本科以上全日制大学生3.55万余人，其中研究生1.61万人（博士生3710人），港澳台学生和外国留学生769人。

【电子科技大学】

电子科技大学的前身是成立于1956年的成都电讯工程学院，由当时的交通大学、南京工学院、华南工学院的电讯工程专业合并创建，1960年，被确立为全国重点大学。1988年更现名。至2005年，电子科技大学已由单一的电讯工程专业发展成为完整覆盖整个电子类学科，以电子信息科学技术为核心，以工为主，理工渗透，理、工、管、文、生（命）协调发展的多科性大学，被江泽民誉为“我国电子类院校的排头兵”。2005年，该校有教职工3178人，其中，中国科学院院士5人，中国工程院院士1人，国务院学科评议组成员4人，国家杰出青年科技基金获得者8人；博士导师172人，教授233人，副教授401人。在校各类全日制普通大学生1.68万余人（其中本科生1.45万人），研究生7687余人（其中博士生1209人）。

电子科技大学运动场

电子科技大学实行主辅修制，双学位、双专业制，拓宽专业口径，注重实践创新能力的培养。同时，实行“优秀主讲教师教学鉴定”和“专业基础课首席教授”制度，建立和完善以精品课程为重点的教学质量保障体系。该校培养的人才，遍布海内外IT领域，以深圳华为公司董事长孙亚芳、京东方科技集团董事长王东升、TCL集团副总裁万圣坚、网易创始人丁磊等为代表的杰出校友已成为中国IT行业的佼佼者。近年来，该校学生多次参加国际和全国比赛并获殊荣。

该校教学、科研齐头并进。1986—1990年以来，学校科研经费以平均每年20%以上的速度递增，2005年达到3亿元。获国家级成果奖28项，国内外专利200余项，省部级成果奖500余项，发表论文专著万余篇（部）。在2005年公布的《2004年度中国科技论文统计结果》中，该校2004年参加国际会议并发表论文数名列全国第八。2001年，首批获得“国家大学科技园”授牌，并成为“国家集成电路成都设计产业化基地”。与世界24个国家和地区的300余所大学、科研机构、大型企业保持着密切联系，同23所大学签订校际合作协议，同IBM、INTEL、MOTOROLA等世界知名企业建立联合实验室，多次成功主办颇具影响的大型国际会议。

【西南交通大学】

西南交通大学是教育部直属、以工为主，工、理、管、经、文、法多学科综合发展的全国重点大学。该校1896年创建于山海关，时称山海关北洋铁路官学堂，是中国创办最早的高等学府之一。清光绪三十一年（1905年），迁校河北唐山。1952年，更名唐山铁道学院。1972年，内迁四川峨眉并改现名。1986年，在成都市建设西南交通大学总校，原峨眉校址改为峨眉校区。

2005年，西南交通大学有土木工程、电气工程、机械工程、交通运输等14个学院，另有应用力

西南交通大学九里堤校区

学与工程、生物工程、载运工具信息工程3个系，并设网络教育学院和继续教育学院。有6个一级学科博士学位授权点，46个二级学科博士学位授权点，96个硕士学位授权点和7个博士后流动站。有研究生6934人（其中博士生1506人）；有在校大学生2.53万人（其中本科生2.5万人）；拥有包括3位中国科学院院士、2位中国工程院院士和169名博士生导师在内的师资队伍，专任教师2044人，其中教授301人，副教授487人。按大类专业招生和培养，开设68个本科专业（方向）。有7门课程入选国家级精品课程，30门课程入选省级精品课程，先后有近70项教学成果获国家级和省级奖励。2000年，被教育部评为全国本科教学16所优秀学校之一。该校教育、科研并举，有6个国家级重点学科、24个省部级重点学科、69个研究所和42个跨学科研究中心，建有中国交通领域唯一的国家级重点实验室——牵引动力国家重点实验室和23个省部级重点实验室及近百个教学、科研实验室，学校年科研经费逾亿元。“九五”以来，学校有250多项科研成果获国家级和省、部级奖励。2000年，学校研制成功世界首台载人高温超导磁悬浮试验车，得到国家领导人的高度关注和充分肯定。学校与几十个国家和地区的高等院校、科研机构、著名企业开展学术交流与合作。

【西南财经大学】

西南财经大学毗邻成都杜甫草堂，由光华校区、柳林校区和电子商务学院（绵阳涪城区）组成。原名四川财经学院，1952—1953年全国高等院校院系调整时，由西南地区17所财经院校、综合大学的部分系科合并组成。1985年，更名为西南财经大学。2000年，学校以独立建制划转教育部直接管理。2004年，本科教学工作被教育部专家组评为“优秀”。至2005年，西南财经大学已成为国家经济学、工商管理高层次人才培养和金融、经济、管理科学研究的一个重要基地，西部财经学科国际交流中心。

2005年，西南财经大学已形成以经济学和管理学学科为主体，金融学科为重点，多学科协调发展，经、管、法、文、理、工相结合的学科特色。有12个省（部）级重点学科，金融学、政治经济学是全国财经类院校中的国家重点学科，理论经济学是西部地区的国家重点学科。有3个博士学位授予权一级学科，有3个博士后流动站。拥有28个博士学位授权点，40个硕士学位授权点和29个本科专业，设有19个院（系）、部。建有“金融科研实验中心”“会计电算化”“统计分析”等一批重点学科专业实验室。有42项教学成果获国家级、省部级教学成果奖，25门课程列为国家级、省级精品课程。

2005年，西南财经大学有教职工1400余人，专任教师846人，其中教授136人，副教授240余人。有全日制在校学生1.87万人，其中普通全日制本科生1.38万人。有硕士研究生3612人，博士研究生761人。此外，还有一批外国留学生及港澳学生，以及成人教育学生万余人。与20多个国家和地区的教育研究机构、金融部门及知名企业建立了合作关系。建校以来，为国家输送各类毕业生11万余名。

【西南民族大学】

1950年7月，西南民族学院创建，1951年6月1日正式成立，院址成都市新玉沙街，受西南军政委员会民族事务委员会领导。1955年，迁至成都市南郊武侯祠附近。1976年，划归国家民族事务委员会领导。1990年前后，该院有11个系（部），13个专业；在校学生约3000人，其中少数民族占80%，含30个民族，硕士研究生和外国留学生各有数十名；有教职工1200人，其中教授（研究员）、副教授（副研究员）150余人，讲师（助理研究员）300余人；有250余项科研成果获各级奖励；民族文物馆收藏9000多件少数民族文物。2003年4月16日，西南民族学院更名西南民族大学。2004年9月15日，四川省第一个民族学博士点在西南民族大学开学，19日，该校新校区落成，建筑面积14万余平方米，至2005年，西南民族大学已发展成为一所包括文、史、哲、经、管、法、理、工、农等学科门类的多科性民族高等学校。新、旧校区共占地1500余亩，校舍建筑面积47.2万平方米。拥有5个省（部）级重点学科，2个省（部）级重点建设学科，5个省级本科人才培养基地，9个省（部）级重点实验室。图书馆藏书190余万册，其中少数民族文献书刊近10万册。设18个学院和1系2部，面向全国招生，有本科专业47个，硕士点28个，博士点1个。有在校学生1.67万余人，其中本科生1.61万人，研究生737人（博士生12人），另有15个国家的留学生在校学习。全校教职工1497人，专任教师984人，其中教授97人，副教授295名。该校建立50余年来，已为全国45个民族培养出各类人才8万余人。其中，有新中国第一个藏族博士、羌族博士，有新中国自己培养的第一批藏族将军，有不少国内外著名的专家学者和大批各级领导干部。

该校拥有西南民族研究院、西部大开发研究所等26家研究机构。建校以来，科研立项4000多项，发表学术论文9000多篇，出版学术著作及教材1000余部，获国内外各级科研成果奖800余项次。特别是在新材料研制、畜牧兽医理论与技术、古典文学、民族文化研究（藏、彝、羌、苗）和少数民族语言文字信息处理（彝、藏、傣）等领域的研究成果，在国内外学术界有较大影响。出版学术刊物《西南民族大学学报》以及《彝学研究》《藏学研究》等。该校设有现代教育技术中心、校园网络管理中心、民族博物馆和一批产、学、研结合的校办产业。民族博物馆收藏少数民族珍贵文物1万余件。与美国、英国、日本、瑞士等多个国家的高等院校及研究机构建立校际合作关系，进行学术交流，完成多项国际合作科研项目。

【成都理工大学】

成都理工大学的前身是建立于1956年的成都地质勘探学院。1958年，成都地质勘探学院更名为成都地质学院。1960年，开始招收硕士研究生。1981年，成为首批硕士学位授予单位。1983年，成为第二批博士学位授予单位。

1993年，成都地质学院更名为成都理工学院。成都理工学院占地673亩，建筑面积22.7万平方米；图书馆藏书约75万册，教学科研仪器设备总价值3288万元，总资产为7985万元。有11个系，11个本科专业和10个专科专业，覆盖理、工、文、管4大学科门类；有6个二级学科博士学位授权点，14个硕士学位授权点，即沉积学（含古地理学）、矿物学、岩石学、构造地质学（含地质力学）、古生物学及地层学、矿床学、矿产普查与勘探、数学地质、应用地球物理、放射性地质与勘探、地球化学、探矿工程。全校有教职工2000余人，其中专职教师893人（教授69人，副教授294人）。本部全日制本专科在校生4138人，研究生184人。新上科研项目194项。

2000年，成都理工学院由国土资源部（原地质部、地质矿产部）直属，划转为中央与地方共建、以四川省人民政府管理为主的省属重点大学。

2001年，成都理工学院与四川商业高等专科学校、有色金属地质职工大学合并，组建为成都理工大学。成都理工大学组建之初，占地883亩，建筑面积46.6万平方米；教学科研仪器设备总价值7111万元，总资产为6.57亿元。有14个系，3个学院，34个本科专业，27个专科专业，覆盖理、工、文、管、经5大学科门类；有2个博士后科研流动站，9个二级学科博士学位授权点，25个硕士学位授权点，5个工程硕士学位招生领域。专职教师共有899人，其中教授117人，副教授252人。全日制本专科在校生1.48万人，研究生709人。新上科研项目371项，其中国家自然科学基金项目8项。

2002年，接受教育部组织的本科教学工作水平评估，获得“良好”评价。2003年，首次获国家社会科学基金青年项目。2007年，获得教育部组织的本科教学工作水平评估“优秀”评价，新上科研项目合同经费达到1.4亿元。成都理工大学地质博物馆藏品丰富，拥有珍奇的矿物、岩石、古生物化石标本。长22米、高3.5米、1.5亿年前的“合川马门溪龙”的复原骨架化石标本和1.5亿年前的“大竹重庆鱼”化石标本均陈列在馆内。

2005年，成都理工大学有固定资产157.95亿元；有14个学院，1个教学部，65个本科专业，5个专科专业，覆盖理、工、文、管、经、法、哲、农、教9大学科门类；有19个二级学科博士学位授权点，42个硕士学位授权点。有教职工2379人，其中专职教师共有1532人（教授139人，副教授401人；博士生导师63人）。有全日制本专科在校生2.9万人，其中本科2.12万人；有在校研究生1866人，其中博士生456人。

1956—2005年，50年来，成都理工大学从单科性地质院校发展成为以理工为主，以地质、能源、资源科学、核技术、环境科学为优势，以化工、材料、电子、机械、信息科学、管理科学等学科专业为特色的多科性大学，拥有学士、硕士、博士三级学位授予权，拥有教授和博士生导师任职资格审批权，为教育部“卓越工程师教育培养计划”高校。该校先后与英国、加拿大、俄罗斯、美国、澳大利亚、新西兰、荷兰、意大利等国家60余所大学和科研机构建立交流合作关系；以中青年为主、“老、中、青”结合的学科研究群体基本形成，成为国家重要的高层次人才培养与科学研究基地，研究成果频频获奖。

【西南石油大学】

1958年，四川石油学院成立于南充，1970年，改名为西南石油学院。2000年5月，新都开始建立新校区2002年9月迁入，2005年10月，更名为西南石油大学。西南石油大学以石油天然气及其配套学科为特色，融教学、科研为一体，是全国较早拥有博士、硕士、学士三级学科授予权的省属多科性大学。

1996—2005年，西南石油大学教改立项259项，其中国家级8项，省部级77项。获国家级教学成果奖6项，其中一等奖2项，二等奖4项；获省部级教学成果奖47项，其中特等奖2项、一等12项、二等奖16项、三等奖17项。学校与美、日、俄、法、德、印、加等十几个国家和地区的高校或科研单位保持合作联系，有40多位国内外著名专家兼任学校名誉教授或客座教授。2001年，西南石油大学被教育部评估为本科教学工作“优秀”。在2002—2004年全国高校学科评估中，该校石油与天然气工程学科在全国排名第一，地质资源与地质工程学科全国排名第九。

2001—2005年，西南石油大学共承担各类科研项目2643项，其中纵向项目879项，横向项目1764项；实到科研经费4.59亿元。获奖45项，其中获国家科技进步二等奖2项，获省部级奖43项。出版著作66部，发表论文3424篇，被国际三大文献检索系统收录论文756篇，申请专利179项，授权专利131项。2005年，该校“油气藏地质及开发工程”国家重点实验室再次以“良好”成绩通过国家科技部评估，石油与天然气工程博士后科研流动站被评为“全国优秀博士后科研流动站”。

2005年，西南石油大学有教职工2140人，其中专任教师1066人（教授134人，副教授345人；博士生导师54人）；设置14院2系1部，43个本科专业。有博士后科研流动站2个、博士学位授权点11个、硕士学位授权点37个。有国家级学科2个、国家重点实验室1个，省部级重点学科5个、重点实验室20个；有各种教学科研仪器设备3.26万台（套），总价值2.24亿元；图书文献180万册。西南石油大学总占地1600亩，其中南充校区700余亩，成都新校区一期工程占地850亩，二期工程占地279亩。该校面向全国招生，年招生能力为全日制本科生5000人，研究生600人（其中博士生100人、硕士生500人）以上。2005年，西南石油大学有在校生1.96万人，其中本科生1.78万人；有在校研究生1820人，其中博士生429人。

【四川师范大学】

四川师范大学的前身是创办于1946年的私立川北农工学院。1949年，私立川北农工学院改名私立川北大学。1950年，与私立川北文学院合并，成立公立川北大学，校址由三台县迁往南充市。1952年，改名四川师范学院。1956年，由南充市迁往成都市狮子山，校区占地350亩。1979年，成为全国首批硕士学位授权单位。1985年，更名为四川师范大学。

1990年，四川师范大学占地508亩，建筑面积43.97万平方米。设10个系，5个省级研究所（室）、4个中心，12个本科专业，8个专科专业，6个硕士点。有教职工1631人，在679名专任教师中，有教授19人，副教授156人。该校科研成果获国家科技进步三等奖1项和部、省级二等以上奖项15项。

1992年，四川师范大学提出“加强对外办学，扩大办学规模，提高办学效益”的办学方针。至20世纪90年代中，先后创办电影电视学院、新加坡英华美学院、绵阳初等教育学院等10多个二级学院；在加强师范教育学科建设的同时，发展了一批适应社会需要的非师范专业。1999年，原煤炭部成都煤炭干部管理学院并入，为四川师大草堂校区。2000年，在校学生人数突破1万人。为拓展办学空间，该校东校区和成龙校区先后建成。至2005年，四川师范大学共有文学院、法学院、外国语学院、政治教育学院、历史文化与旅游学院、教育科学学院、教师教育学院、经济与管理学院、数学与软件科学学院、物理与电子工程学院、化学与材料科学学院、计算机科学学院、地理与资源科学学院、体育学院、工学院、商学院、服装与设计艺术学院、电影电视学院、文理学院、成都学院等20个教学单位。狮子山校区占地811.78亩，建筑面积34.91万平方米；草堂校区占地59.42亩，建筑面积3.86万平方米；东校区占地843.38亩；成龙校区占地1935.11亩，建筑面积41.14万平方米。2003—2005年，四川师大招生计划涉及31个省、自治区、直辖市，每年录取本专科学生均在1.6万人以上。2005年，有在校学生5.39万人，其中本科生3.79万人。

2000年后，四川师范大学把工作重点转移到全面提高教学质量上来。在师资队伍建设方面，2000—2005年，该校引进和委托培养博士95人，引进和晋升教授90名，使专职教师中有博士学位的人数从56人增加到151人，在岗教授人数从96人增加到173人。同时聘请了一批高级专家为该校的名誉教授、客座教授和兼职教授。2004年开始，实施四川师范大学首席、特聘教授制度，在国内礼聘有影响力的专家加盟；首届聘任首席教授1人，特聘教授7人。2005年，有教职工4962人，其中专任教师2726人（教授232人，副教授601人）。2002—2005年，该校拥有科研经费共计8758.3万元。1991—2005年，先后有42位专家学者获得国务院政府特殊津贴。1998—2005年，先后有15位专家学者被评为四川省学术和技术带头人。2000年，在四川省高等教育教学成果奖评选中，获省级一等奖6项，省级二等奖5项，省级三等奖6项，

2003年，四川师大召开学科建设会，确立了以学科建设为中心的发展战略。2003年，该校有凝

聚态物理、中国近现代史、基础数学、中国古代文学、材料学等5个省级重点学科。2004年，成功申报美学教育学原理、汉语言文字学、运筹与控制论、计算计软件与理论、环境科学等6个省级重点学科。2005年，共有15门省级重点课程建设项目，14门省级精品、25门校级精品课程，48门校级重点建设课程。已建设的学科专业覆盖了哲学、经济学、法学、教育学、文学、历史学、理学、工学、农学、管理学、艺术学等11个学科门类。2005年，该校本科专业数达到58个，录取本专科学生1.77万人。

21世纪初，四川师范大学有40多个硕士学位授权点。2002年，招收科学硕士研究生289人，教育硕士239人；2003年，招收科学硕士研究生501人，教育硕士210人；2004年，招收科学硕士研究生597人，教育硕士403人；2005年，招收科学硕士研究生745人，教育硕士430人，在校研究生1839人。初步建立从本科、硕士、博士到博士后流动站的完整人才培养体系。

【成都中医药大学】

1995年，成都中医药大学建立。其前身是成立于1956年的成都中医学院。该校占地近500亩（含新校区），校舍面积23万余平方米，是一所以中医药学科为主、兼有工科、管理等多学科门类的高等学校，培养高素质复合型中医、针灸推拿、中西医结合、骨伤、五官、中药、制药工程、护理、管理、营销、藏医等高级人才。发展高水平中医药科技，开展高质量中医医疗与保健服务是该校的重要任务。该校是全国首批有权授予中医药学博士、硕士学位和设有博士后科研流动站的高校之一，是卫生部、教育部首批确定的师资培训基地，是教育部设立的国家理科基础科学研究和教学人才（中药学）专业培养基地。2005年，该校有博士学位授予点16个，硕士学位授予点24个；有国家重点学科1个，省部级重点学科6个，省级重点课程16门，重点实验室3个。该校（包括附属医院在内）共有教职工938人，专任教师614人，其中有博士生导师68人，硕士生导师139人，享受政府津贴专家53人，有教授105人，副教授221人，另聘有一批国内外知名教授担任荣誉教授、客座教授。该校有全日制在校学生1.03万人，其中本科生7572人，硕士生1253人，博士生191人，其中，来自中国港澳台学生及外国留学生（研究生、本科生）共40余人。该校设有基础医学院、临床医学院、药学院、针灸推拿学院、成人教育学院、管理学院和国际教育学院，有12个本科专业（含专业方向）和7个专科专业。该校医药研究院下设6个研究所、37个研究室和国家药品临床研究基地、四川省中药筛选评价中心。该校拥有全国规模较大、收集品种较多的中药标本中心。图书馆建筑面积6764平方米，藏书40余万册，是西南地区中医药文献资料检索中心。该校在国际互联网上建立了网站，拥有电子阅览室、多功能教室、网络多媒体教室和CAI教室等。至2005年，成都中医药大学有附属医院2所、教学医院8所、实习医院23所，供学校各种层次学生进行教学实习。

【成都信息工程学院】

1951年，建立中国人民解放军西南军区气象处气象干部训练队。1954年，改建为中央气象局成都气象干部学校。1956年，改为中央气象局成都气象学校（中等专业学校）。1978年，在成都气象学校的基础上创建成都气象学院，校址位于成都小天竺街。设气象系、电子技术应用系、大气电子工程系、社会科学系、基础科学系。下设气象学、电子工程学、通信工程学、会计学、计算机及应用学和应用电子技术学等6个本科专业；另设有计算机及应用、电子工程、经济信息管理、会计字、英语等普通专科专业。1980年，被批准为具有学士学位授予权的高等学校。

1990年，成都气象学院有教职工522人，在176位专任教师中，有教授2人，副教授44人，讲师86人。

有各类实验室30余个。图书馆藏书21万余册。建有气象科学研究所，承担了多项国家自然科学基金项目和中国气象局重点科研项目，研究成果中的1项被推广运用到全国气象、民航等部门。该学院长期坚持“理工结合，以工为主；气电结合，以电为主”的办学方向，致力于实现信息技术与气象科学的结合，不断提高教学质量。1997年，经国家教委教学评价专家组评估，成都气象学院本科教学工作评价结论为“合格”。1999年，中国气象局批准，成都气象学院“十五”期间本科专业核定数增加为16个，并在全日制本专科学生中实行学分制。同年10月，成都气象学院与中国人民解放军89950部队教导大队签订合作办学协议，共同建设成都气象学院绵阳校区。12月，成都气象学院决定，在双流航空港开发区征地300亩建立新校区，并建立高等职业技术学院。

2000年，成都气象学院更名成都信息工程学院，实行中央与地方共建、以地方管理为主的新体制。“大气科学”“电子信息工程”“通信工程”等3个本科专业被列为国家管理专业。2001年，四川省统计学校整体并入，原四川统计学校改建为成都信息工程学院龙泉校区。成都信息工程学院与重庆邮电学院签订协议，通过联合培养研究生、开办硕士研究生课程进修班等形式，联合培养高层次人才。2002年12月，在成都市西南航空港经济开发区学府路一段24号的成都信息工程学院航空港校区投入使用，人民南路校区2000多名学生搬迁进驻新校区。2003年，成都信息工程学院获得硕士学位授予权，并与中国科学院大气物理研究所签订联合培养研究生协议。2004年7月，成都信息工程学院承办了由中国科学院大气物理研究所主办的“第八届中国科学院研究生暨两岸青年大气科学学术研讨会”。

2005年，成都信息工程学院占地1585亩，固定资产5.8亿元。有教职工1536人，其中专任教师1183人（教授57人，副教授304人）。在校学生2.11万人，其中本科生1.1万人；硕士授权点5个，在校研究生104人。先后被有关部门确定为四川省信息工程本科人才培养基地、四川省IT类专业本科应用型人才培养改革第一批试点院校之一、“国家软件产业基地（成都）人才培训中心”、国家统计局统计干部培养基地、在普通高校毕业年级中选拔军队飞行员的50所高校之一、全国第一所为中国人民解放军第二炮兵部队培养后备军官的普通高校、中国人民解放军成都军区选拔培养国防生高等学校之一。

【成都体育学院】

成都体育学院的前身是1942年创办的四川省立体育专科学校。1950年，更名为成都体育专科学校。1954年，改建为西南体育学院。1956年，更名为成都体育学院。1958年，建立中国第一所体育医院。1961年，重庆体育学院并入。1979年，开始进行研究生教育。1984年，首批获得硕士学位授予权。次年，获推荐免试研究生资格。至1990年，已培养体育人才近2万名。

成都体育学院是中国西南地区唯一的一所体育学院。校址在成都市南郊。1990年，成都体育学院占地近400亩，有篮球、排球、武术、艺术体操、乒乓球、击剑、田径等10多个训练馆和20多个室外训练场；有生物学科、计算机、外语专用实验室20多个；有教职工680余人，其中教授10人，副教授60余人，讲师135人。设有体育史学、体育教学理论与方法、运动生理学3个硕士点，中医骨伤学科、体育史学、武术和运动生理学被列为国家体委的重点学科。有26篇论文入选亚运会科研论文报告会，“运动创伤中药电疗仪”和“运动疲劳机理及恢复手段”两个课题通过国家体委鉴定。

1996年，科研成果《应用计算机可视技术和高智能模拟技术改革实验教学方法》获得国家级教学成果二等奖。2000年，该院获同等学力申请硕士学位授予权。2001年划转地方，国家体育总局与四川省人民政府共建，以四川省管理为主。

2005年，成都体育学院占地354亩，固定资产2.21亿元。有教职工743人，其中专任教师531人（教授47人，副教授119人）。有在校学生8376人（全为本科生），研究生393人。设有4年制本科体育系、运动系、武术系和5年制运动医学系、3年制研究生部、成人教育部以及附属竞技体育学校。有6个硕士学位授予点，被确定为全国首批体育硕士专业学位研究生培养单位。有11个本科专业，其中包括经济学、体育教育、运动训练、社会体育、运动人体科学、民族传统体育、英语、新闻学、表演、中医学(五年)、公共事业管理等。武术、体育保健学、运动生物力学、全民健身概论、田径、体育新闻采访与写作为四川省精品课程。科研成果《〈全民健身概论〉课程建设的理论与实践》获得国家级教学成果二等奖。

成都体育学院图书馆是西南地区最大的体育文献信息中心，图书馆藏书36万余册，期刊合订本2万余册，各种中外文报刊1000多种。馆藏文献以体育学、运动医学为重点，信息资源覆盖学院所有学科专业。学校编辑出版学术刊物《成都体育学院学报》《体育教育研究》，其中《成都体育学院学报》为中文核心期刊、全国人文社会科学核心期刊。新建了两座设备比较先进的室内训练馆，能适应篮球、排球、体操、艺术体操、武术、网球等项目的训练、比赛要求。

2006年，成都体育学院在全国本科教学工作水平评估中获得优秀；在全国体育院校教学成果奖评审和四川省高等教育教学成果奖评审中，获一等奖7项、二等奖8项、三等奖19项；被评为四川省普通高等院校毕业生就业工作先进集体。获得首届体育教育专业大学生基本功大赛一等奖和教育部“新苗体育奖学金”。成都体院为国家高水平体育后备人才培养基地、全国举重后备人才培养基地和全国武术套路青少年培训基地。已在举重、艺术体操、武术、田径、水球等竞技项目上形成优势与特色。截至2007年，在奥运会、世界锦标赛、世界大学生运动会、亚运会、亚洲锦标赛、全运会、全国锦标赛、全国冠军赛八大赛事中，共获得金牌258枚、银牌235枚、铜牌223枚。

【四川音乐学院】

四川音乐学院的前身是成立于1939年的四川省立戏剧音乐实验学校。后经多次调整、更名，1953年，调入西南人民艺术学院音乐系，建立西南音乐专科学校。1959年，改名为四川音乐学院。该院本部设在成都市新南门外，占地近百亩，另有绵阳校区和新都校区。

四川音乐学院有享受国务院政府特殊津贴的4人，有四川省学术（技术）带头人5人，有副高级专业技术职称及以上的教师400余人。该院设作曲、钢琴、管弦、现代乐器、声乐、民乐、音乐学、音乐教育、舞蹈、戏剧、传播艺术、戏剧影视文学、歌剧与艺术管理、数字艺术系和成人教育中心、附属中学、成都美术学院、国际演艺学院、通俗音乐学院、绵阳艺术学院等专业教学部门。四川音乐学院开设本科17个，110个专业方向；拥有国务院学位委员会批准的音乐学和美术学各专业的硕士学位授予权，首批获得国务院学位委员会批准的艺术硕士授予权；作曲与作曲技术理论、键盘乐器演奏被确定为省级重点学科，作曲与作曲技术理论和音乐表演被列为四川省品牌专业，作曲主科、钢琴主科、高等师范声乐和弦乐艺术等被确定为省级重点课程。

四川音乐学院有钢琴100余台，演奏平台琴20余台。建有交响乐团、爱乐乐团、管乐团、民族管弦乐团、大学生合唱团、附中合唱团，设置计算机网络、多媒体教室、电脑教室。该院图书馆藏书71万余册，备有4.60万件音像资料，是西南地区音乐文献资料收藏最多的高校图书馆。2000年以后，四川音乐学院先后与国外30多个音乐艺术院校、艺术团建立友好交流关系，邀请外国专家400多人次到校演出、教学，派出300多人次师生到国外访问、演出和市流。2001年，正式创建中国第一所流行音乐学院——四川音乐学院通俗音乐学院。

2005年，四川音乐学院有固定资产8954万元。有教职工1246人，其中专任教师860人（教授53人，副教授129人）；有在校学生1.49万人，其中本科生1.38万人。有硕士授权点2个，在校研究生146人。至2005年，四川音乐学院为国家培养各类艺术人才1万余名，先后有2300多人次获得国际国内音乐艺术赛事奖项，其中获国际奖190余项。

【成都学院（成都大学筹）】

成都学院（成都大学筹）成立于1978年，2003年，升格为本科院校，是成都市人民政府主办的以工学、文学、管理学为主的普通本科高等学校。设有11个系，18个本科专业和30多个专科专业，其中3个专业为国家级教改试点专业。2005年，有在校生1.45万多人，其中本科生5229人，各类成人教育学生3000多人，先后招收外籍留学生200余人；有教职工892多人，其中专任教师605人，教授32人，副教授153人。

成都学院（成都大学筹）于2002年7月迁至十陵历史文化风景区，占地面积92.7万平方米（1390亩），校舍建筑面积29万余平方米。拥有CAI教室24个，CAD室4个，多媒体教室和语音室座位数达到3462个，计算机近3000台；馆藏图书62万册。建有校内基础实验室和实习厂9个、专业实验室11个、研究型实验室1个，研究所7个。通过与各科研院校及企业合作，自主研发和引进先进生产技术相结合，在肉制品加工技术上取得重大突破，带动农产品加工企业及畜产品生产农户增收近4亿元；参与完成的“成都市三圣乡幸福梅林景观开发”项目成为四川省推进城乡一体化的样板，在全国推广。

2005年11月，中共成都市委决定成立新成都大学组建工作委员会及筹备组，初步制定新成都大学中长期发展规划，规划征地1385亩，将成都教育学院、成都幼儿师范学校、成都卫生学校并入，建设新成都大学师范学院、学前教育学院和医护学院等。

【武警成都指挥学院】

2000年，建校于1984年的原武警成都指挥学校升格更名为武警成都指挥学院。2001年，举办本科教育。该院位于成都市南郊华阳镇，占地约574亩共有多媒体教室37个，试验室8个，计算机室5个，语音室2个，电子阅览室2个，集勤务、队列、战术、攀登、障碍、器械、反恐训练和射击预习为一体的近2万平方米的综合训练场1个，100余亩的专用实弹射击场1个，标准田径运动场1个。2003年，校园局域网建成开通，网点650个。图书馆藏书17万册，电子图书7万册。共有教员183人，其中教授2人，副教授12人，本科生115人。军事系列教员中有1人因成绩突出受到中共中央总书记、国家主席接见，有4人参加国际警察射击比赛获得冠军，10余名教员被四川大学、四川师范大学等聘为国防教育兼职教师。建院以来，该院共主（参）编武警部队院校现行教材13部，自编教材11部，出版专著1部，在军内外正式刊印交流发表学术文章1125篇；科研成果20项，其中有9项获得国家、军队和武警部队成果一、二、三等奖，获国家专利1项；多次在全国大学生建模比赛、电子设计大赛、英语演讲比赛中获奖。2004年，被列入国家教育科学“十五”规划多媒体教育资源画面语言子课题研究基地。2005年，武警成都指挥学院有在校学生389人。

【四川师范大学成都学院】

2004年，原四川师大电子信息工程学院更名四川师范大学成都学院，是教育部批准成立、全国统一招生的普通本科独立学院。校址位于郫县团结镇，占地260余亩，预留地300亩，有学生2900余人。该院设有信息与控制系、通信工程系、计算机科学与技术系、信息管理系、电子艺术设计系等5个系，有计算机科学与技术、通信工程、电子信息工程、自动化、信息管理与信息系统、电子商务、市场营销、艺术设计等8个本科专业，有计算机应用技术、计算机通信、计算机多媒体技术、应用电子技术、图形图像制作、电子声像技术、无线电技术、电子商务、市场营销、视觉传达艺术设计、装饰艺术设计、装潢艺术设计等12个专科专业。有英语、数学、政治理论、体育等4个直属教研室。2004年，已有专科生毕业，一次性就业率为90%。该院“培养三本、二专学生为实用人才的一种方法方案和实践”获得四川师范大学教学成果奖。

2005年，四川师大成都学院占地41.4万平方米，固定资产1.5亿元。有教职工445人，专任教师285人，其中教授25人，副教授81人，有在校学生5036人，其中本科生3057人。

学位与研究生教育

【概况】

成都地区高等学校研究生教育起步于20世纪初。1914年，原华西协合大学（华西医科大学前身，2000年并入四川大学）与美国纽约州立大学开始联合培养博士研究生，1920年，开始授予博士学位，1939年，原四川大学开始招收研究生，到1949年，华西协合大学授予博士学位584人。1956年，电子科技大学建立之初即开始招收研究生。1960年，成都理工大学（原成都地质学院）开始招收研究生。此后，多数在成都的高校相继启动硕士研究生教育工作。1966年以后，受“文化大革命”影响，研究生教育中断12年之久。1978年，研究生制度恢复。1980年，全国人大常委会通过《中华人民共和国学位条例》。1981年，在成都的高校开始招收攻读硕士、博士学位研究生。同年四川大学成为首批博士学位授予单位。20世纪80年代末，四川省在校研究生有7000余人；1990年，下降为5545人；1991年，招生增加4.6%，四川大学设立博士后科研流动站4个。

成都地区高等学校和科学研究机构招收攻读硕士学位研究生的培养目标是：德、智、体全面发展，在本门学科内掌握坚实的基础理论和系统的专门知识；掌握一门外国语；具有从事科学研究、教学工作或独立担负专门技术工作的能力。

博士学位研究生的培养目标是：德、智、体全面发展，在本门学科上掌握坚实宽广的基础理论和系统深入的专门知识，具有独立从事科学研究工作的能力，在科学或专门技术上做出创造性成果的高级专门人才。

成都地区从事研究生教育的高校和单位，设立研究生科、研究生处、研究生部或研究生院对研究生教育工作进行管理。申请攻读硕士学位研究生必须具有学士学位或本科毕业证书，或持有同等学力证明。自20世纪80年代开始，研究生入学考试实行全国统考，四川省招生委员会每年组织考试，招生形式有国家统一考试招收研究生、推荐优秀大学本科毕业生免试录取、推荐考试、单独考试和对港、澳、台地区单独招生等。成都地区既招收脱产研究生，也招收不脱产研究生，招生类型包括国家计划内非定向招生、国家计划内定向招生、委托培养研究生。选拔博士研究生的方式有通过考试选拔、在读优秀硕士生提前攻读博士学位、少数优秀应届毕业硕士生免试入学、允许“硕、博联读”等。研究生学制通常为2～4年。20世纪90年代初，硕士研究生毕业分配，贯彻面向教学、科研和技术应用第一线的方针，主要加强基础比较薄弱的院校、科研部门的技术人员的配备，加强重点建设项目的配备。师范院校毕业研究生、委托和定向培养毕业研究生，分别到教育系统或委托单位、定向地区工作。博士研究生的分配，主要是面向高等学校和科研机构以及国家重点企事业单位。1993年后，在成都的高校进行毕业生就业制度改革，在国家方针政策指导下，实行由毕业研究生和用人单位“双向选择”的办法落实就业方案，逐步放开，把毕业研究生推向就业市场。

1998年，全国招收研究生7.25万人，四川省招收研究生3106人，在成都的高校招收研究生2875人。1999年，全国招收研究生9.22万人，四川省招收研究生4242人，在成都的高校招收研究生3977人。相比1998年，全国增幅为27.19%，四川增幅为36.57%，在成都的高校增幅为38.33%。2005年，在成都的高校招收研究生1.79万人（其中博士生2340人），相比1998年，全国增幅403.16%，四川增幅467.39%，在成都的高校增幅为523.40%。1998年，在成都的高校在校研究生7392人，2005年，增加为4.94万人(其中博士生8997人)，增加568.37%。2005年，招收研究生的在成都的高等院校及研究机构共有31个，共有硕士点705个，博士点335个，有博士生导师1251人，毕业研究生9736人（其中博士生1136人）。（见表5-22）

【学士学位管理】

1991年，在成都的本科高校已全部具有学士学位授予权，涉及近200种专业、约400个专业点。1992年，《四川地区普通高校授予成人高等教育本科毕业生学士学位暂行管理办法（试行稿）》颁发，在成都的各高校对普通高校成人高等教育本科毕业生的学士学位授予工作进行整顿，严格授位标准，加强学士学位授予管理制度建设。组织申请学位的本科毕业生参加了首次全省外语统考。四川省学位委员会第一次全体会议通过了《关于加强我省普通高校学士学位授予工作的意见》，在成都的高等学校按照文件精神，制订或重新修订了本校学士学位授予工作的规定和细则。

1993年，成都地区继续对高校本科毕业生基础性学位（学士学位）工作进行整顿，提高学士学位授予质量，规范授位管理工作。在对普通高校全日制本科毕业生授予学士学位工作规范化的基础上，各高校按照重新修订的《四川地区普通高校授予成人高等教育本科毕业生学士学位暂行管理办法》，严格管理普通高校成人高等教育本科毕业生的学位授予工作，改成人本科学士授位外语全省统一考试为普通高校成人本科学生外语水平考试，同时加强了学位授予的审核和检查工作。1994年，在成都的本科高校探索学位授权审核两级管理的新体制，继续加强和规范成人高校本科生授予学士学位的工作。

1998年，省学位办对高教自考、成人教育本科毕业生与普通高校毕业生按同一标准授予学士学位，对申请学士学位人员实行全省外语统考，同时按照《中华人民共和国学位条例》要求，规范学位申请条件和程序，提高学位授予质量。经审核，成都地区有100余名在职人员被授予学士学位。2002年，研究制定了新增学士学位授权单位审核的指标体系及办法。2003年，修改《四川省普通高等学校授予成人高等本科教育毕业生学士学位暂行办法》。“十五”期间（2001—2005年），新增四川大学等在成都的高校数十个本科专业和成人本科专业学士学位授予专业。

【学位授权点建设】

1991年，成都地区高等学校与研究生培养机构共有硕士点294个，其中254个分别建在14所高等学校，40个分别建在20个科学研究所；共有博士点91个，其中89个分别建在9所高等学校，2个分别建在2个科学研究所；博士生导师174人，其中164人分别在10所高等学校，10人分别在5个科学研究所。1992年，四川省学位委员会正式成立，并调查、分析、论证成都地区研究生教育的学科布点结构和布局问题。此后成都地区学位授权单位、硕士点、博士点、博士生导师以及研究生招生人数逐年增加。成都地区研究生教育初步形成了国家级、省级、学校三个层次，博士、硕士二

1998—2005年成都地区研究生教育基本情况统计表

表5-22 单位：个、人

年份	教学点数	毕业生数	招生数	在校生数	毕业班学生数	教师数	平均每万人口在校生数
1998	23	1742	2875	7392	2260	—	7
1999	23	2082	3977	9400	2294	—	9
2000	23	2096	5796	13005	3154	—	13
2001	23	2665	6816	17422	4420	—	13
2002	24	3404	9317	22083	5535	—	21
2003	24	4402	12076	28731	7445	—	22
2004	25	6228	14828	38358	10774	—	36
2005	31	9736	17923	49406	13255	6962	40

级学位授权点的重点学科体系，以国家级重点学科为龙头，学科群相互促进，共同发展。1995年，制定《四川省学位委员会审核硕士学位授权学科、专业点暂行办法》，成都地区各硕士点随即接受了专家组的审核。

1998年，成都地区共有硕士点373个，336个分别建在12所高校，37个建在14个科学研究所；共有博士点112个，107个分别建在7所高校，5个建在4个科学研究所；共有博士生导师516人，477人分别在10所高等学校，39人分别在11个科学研究所从事研究生教育。同年，经国务院学位委员会批准，四川大学、西南交大、电子科大等高校开设工程硕士专业学位试点工作。2002年，西南交通大学建成6个博士后科研流动站。5月，四川师范大学教育硕士教学科研基地在成都七中成立。2003年11月，西南交大申报的博士后流动站、博士学位授权一级学科“信息与通信工程”，以及材料学、系统工程、计算机应用技术、地图制图学与地理信息工程、地质工程、企业管理等六个二级学科博士学位授权点，均获有关部门批准。另外，该校自行审批增列伦理学、科学技术哲学、法学理论、体育教学训练学、文艺学等22个硕士点，也已获备案认可。至此，该校已建立博士后流动站7个，共有博士学位授权一级学科6个、二级学科45个；有硕士学位授权学科95个（含专业学位4个）。2004年9月，西南民族大学民族学博士点正式挂牌开学，该博士点设立藏族历史和藏族社会等4个方向，采取“双导师制”，为国家培养高级藏学研究人才。2005年12月，川农大研究生院和科学研究院在温江区开工建设，项目占地600亩，总投资1.2亿元，建成后该校1500名研究生和导师将入驻于此。

2005年年底，成都地区共有硕士点705个，640个分别建在13所高校，65个建在16个科学研究所；共有博士点335个，317个分别建在9所高校，28个建在10个科学研究所；共有博士生导师1251人，1112人分别在10所高等学校，139人分别在9个科学研究所从事研究生教育。从事研究生教育的高等学校有四川大学、电子科大、西南交大、西南财大、成都理工大学、西南石油大学、四川师大、成都中医药大学、西华大学、西南民族大学、成都信息工程学院、成都体育学院、四川音乐学院等32所。从事研究生教育的科研机构有中科院成都有机化学研究所、中科院成都山地灾害与环境研究所、中科院成都生物研究所、中科院成都计算机应用研究所、西南物理研究院、四川社会科学院、国家医药局四川抗菌素工业研究所、中共四川省委党校、邮电部第五研究所、机械电子部第三十研究所、中科院光电技术研究所、西南技术物理研究所等。

【研究生培养模式探索】

1992年，成都地区高校总结、研讨、探索工科应用型高层次人才培养经验，改革研究生培养的单一模式，推动工科应用型硕士生培养工作，以培养大批适应工矿企业和应用单位需要的能独立担负专门技术工作的高级工程技术人才。开展硕士学位和研究生教育评估，当年受查学科点为力学、中国语言文学、历史学、生物学等4个一级学科。1993年，成都地区研究生教育从多规格、多形式、多渠道三种培养模式进行改革探索。从课程结构、讲授方式和论文选题等培养环节中，注重应用背景和社会经济需求，探索工科应用型（工程型）、财经、政法等文科应用型、临床医学硕士、博士、建筑类专业学位和工商管理硕士等应用型人才的培养模式；稳定和完善在职人员单独考试、校外办班等多形式的联合培养、在职培养等模式；在职申请硕士、博士学位及研究生课程等多渠道培养成为研究生教育又一渠道。

成都地区研究生培养机构从20世纪80年代即开始招收研究生班研究生。学制一般为2年，在校期间主要学习有关公共课及专业课程，完成规定课程后即毕业分配工作，到工作岗位后根据条件边工作边结合实际进行课题研究，完成论文，再向原毕业学校或有关单位申请论文答辩，合格者授予硕士学位。1993年，西南财大招收有实践经验的在职干部、业务骨干和干部后备人才进入研究生班学习，并实行弹性学制，不脱产学习。

1996年，启动在职人员申请硕士学位题库建设和管理工作。对在成都范围内举办的研究生课程进修班（包括成都地区学校在本校、本地区举办的本地班和省外学校在成都举办的异地班）进行初审，通过初审的由省学位办报国务院学位办审核。1997年，按照《四川省举办研究生课程进修班管理办法（暂行）》要求，在成都的高校继续对研究生课程进修班进行审查和管理，清理一些未经批准或不具备条件乱办班的单位和学位点，改变研究生课程进修班办班一度混乱的现象。同时对成都地区硕士学位授权点进行基本条件合格评估，94%以上合格，对基本条件不合格的硕士点，分别做出责其改进或暂停招生的处理。在成都的高校接受省教委不定期地对研究生培养计划、考试课程、学位论文等的抽查。1996级博士生参加了WSK考试（赴外国留学人员的外语水平考试）。继四川农业大学、成都中医药大学之后，四川师范大学被批准为开展在职人员以用同等学力申请硕士学位的单位。

1998年，经国务院学位委员会批准，四川大学、西南交大、电子科大等高校15个专业开设工程硕士专业学位试点工作，华西医科大学、成都中医药大学的13个专业举办临床医学专业学位试点，四川师大举办教育硕士专业学位试点，西南交大举办建筑学专业学位试点，西南财大等4所学校举办MBA教育。四川大学、西南交大、电子科大、西南财大开始接收企业管理人员在职攻读工商管理硕士学位（EMBA）。成都地区在校博士研究生继续参加全国外语水平考试（WSK），在校硕士生参加北京地区硕士学位课程水平考试，优秀博士学位论文受到省学位委员会的表彰。1999年，西南民族学院获得接受在职人员申请硕士学位资格。

进入21世纪后，成都地区研究生招生人数增加幅度加大，1999年，招生3977人；2000年，招生5796人；2002年，达到9317人，已是1999年的两倍以上；2003年，招生1.21万人，是1999年的三倍以上；2005年，招生1.79万人，已是1999年的四倍以上。与此同时，成都地区研究生教育加强布局结构调整和学科建设，努力提高研究生教育质量。2001年，西南交大开始实行硕士研究生论文统一答辩和复审制度。2002年，在成都的高校相关人员参加了全省学位与研究生教育专家督导组的工作，组织成都地区全国专业学位招生及联考工作、同等学力人员申请硕士学位的课程全国统考工作，加强对研究生课程进修班的管理。同年，西南交大建成6个博士后科研流动站和牵引动力国家重点实验室，建立了学科门类齐全的学位授权体系，拥有29个博士学位授权点、55个硕士学位授权点和MBA、EMBA、建筑学、工程硕士4个专业学位授权点。5月，举行博士、硕士学位授位仪式，76名博士、765名硕士部分人员接受了该校学位委员会授予的学位证书。同年，西南财大严把研究生进口关，决不破例录取；博士生入学考试难度增加，统考科目由1科增为2科（英语、西方经济学），专业课只考1门；下调笔试成绩，由2001年占录取综合成绩的60%，下调至50%，将科研成果与面试成绩所占权重提高至25%。该校研究生2001年报名2200人，2002年，增至3000人，优质生源增加。该校当年“普研”考生政治、外语两门公共课程考试及格率，比四川省划定的分数高出11分，全川数学考试前7名全部集中在该校，专业硕士MBA上线生源成绩名列全国60余家MBA单位的第六名。同年5月，四川师范大学第一个教育硕士教学科研基地在成都七中成立，聘请七中8位特级、高级教师为川师大教育硕士生导师，指导教育硕士生进行教学、科研以及学位论文写作。七中为川师大教育硕士培养开放教学资源，做到资源共享。

经5年试办，2004年5月，四川大学研究生院正式建立。同年，四川农业大学、成都理工大学、西南石油学院、成都中医药大学开始试办省级研究生院。2005年，成都理工大学和成都中医药大学研究生院正式挂牌成立。12月，四川农业大学研究生院在温江开工建设。“十五”期间，成都地区高校有数篇博士论文获全国百篇优秀博士学位论文奖。

【四川大学】

1981年，四川大学成为首批博士学位授予单位，1994年，首批开展博士生指导教师自审试点工作，1995年，被特批进行硕士学位授权点自审试点工作。1999年，被国务院学位委员会和教育部授予“学位与研究生教育先进集体”称号。2000年6月，四川大学试办研究生院。2003年9月，教学设施齐全的1.95万平方米研究生专用教学大楼已投入使用。2004年5月，正式建立研究生院。四川大学研究生院下设研究生招生办公室、研究生培养教育办公室、学位办公室、学科建设办公室、研究生工作部、非全日制专业学位办公室以及综合科。四川大学研究生院是中国学位与研究生教育学会副会长单位，四川省学位与研究生教育学会会长单位，中国研究生院院长联席会成员单位。四川大学研究生院有博士学位授权一级学科27个，博士学位授权点228个，硕士学位授权点345个，专业学位9个，本科专业118个。四川大学也是高等学校教师在职攻读硕士学位招生单位。截至2006年8月，在校研究生1.61万人，有10篇论文被评为全国优秀博士论文。（见表5-23）

1991年、1998年、2005年成都地区硕士、博士学位授予单位及其学位授权点、博士生导师人数统计表

表5-23

序号	学位授予单位名称	硕士点（个）			博士点（个）			博导（人）		
		1991年	1998年	2005年	1991年	1998年	2005年	1991年	1998年	2005年
1	四川大学	52	101	254	13	33	168	25	163	468
2	成都科技大学	33			11			19		
3	电子科技大学	15	31	46	8	11	25	14	55	145
4	西南交交通大学	27	41	96	6	12	46	18	55	169
5	西南石油大学	7		37	3		11	6		54
6	成都理工大学（成都地质学院）	14	20	42	7	6	19	13	42	63
7	华西医科大学	57	39		29	33		52	114	
8	西南财经大学	14	21	40	6	6	28	9	23	84
9	成都中医药大学	15	18	24	6	6	16	7	20	68
10	四川师范大学	7	24	42					2	
11	西华大学（四川工业学院）	2	24	18					2	
12	成都体育学院	4	6	6						
13	四川音乐学院	2	1	2						
14	西南民族大学	5	10	28			1			8
15	中科院成都数学物理研究所							1		
16	中科院成都有机化学研究所	2	5	5		1	2		13	22
17	中科院成都山地灾害与环境研究所	1	3	5		1	1		3	13
18	中科院成都生物研究所	4	4	6			3		2	16
19	中科院成都土壤研究室	1								
20	中科院成都计算机应用研究所	1	1	3			1		2	12
21	核工业总公司第一研究设计院	4								
22	西南物理研究院	1	1	2	1	1	1	4	9	23

续表

序号	学位授予单位名称	硕士点（个）			博士点（个）			博导（人）		
		1991年	1998年	2005年	1991年	1998年	2005年	1991年	1998年	2005年
23	中国工程物理研究院西南应用电子学研究所	2			1			1		
24	中国工程物理研究院流体物理研究所	5						3		
25	中国工程物理研究院核物理与化学研究所	2								
26	中国工程物理研究院电子工程研究所	3						1		
27	四川省社会科学院	4	9	13					1	
28	国家医药局四川抗菌素工业研究所	2	3	4						
29	总参第五十七研究所	2	2	2			2			
30	中共四川省委党校	1	2	4						
31	邮电部第五研究所（电信科学技术第五研究所）	1	2	3						
32	中国核动力研究设计院		2	3		2	3		4	13
33	机械电子部第三十研究所〔西南通信研究所（30所）〕	1	1	2						
34	航空航天工业部第六一一研究所	1		2			1			2
35	航空航天工业部第六二四研究所	1		1						
36	中科院光电技术研究所	1		9			3			36
37	四川农业大学水稻研究所								1	
38	中科院飞机设计研究所		1							
39	中国医科院输血研究所							1		
40	铁道部科研院西南分院								1	
41	四川农业大学小麦研究所								2	
42	西南技术物理研究所		1	1			1			2
43	成都信息工程学院			5						3
	总计	294	373	705	91	112	335	174	516	1251

2003—2005年成都地区在校研究生分学校人数统计

表5-24　　单位：人

学校名称	2003年		2004年		2005年	
	计	其中博士	计	其中博士	计	其中博士
四川大学	10999	2740	13922	3270	16129	3710
西南交通大学	4408	1042	5713	1276	6934	1506
电子科技大学	5604	832	6870	1019	7687	1209
西南财经大学	2647	462	3584	650	4373	761
西南民族大学	363		576	6	737	12
西南石油大学			1529	448	1820	429
成都理工大学	1172	349	1494	418	1866	456
成都信息工程学院			37		104	
西华大学	368		547		739	
成都中医药大学	814	163	1066	178	1253	191
四川师范大学	999		1380		1839	
成都体育学院	228		300		393	
四川音乐学院	81		115		146	
中科院成都有机化学研究所	152	77	166	88	168	90
中科院成都山地灾害与环境研究所	111	55	137	73	154	81
中科院成都生物研究所	135	30	173	63	191	84
中科院光电技术研究所	200	62	232	91	268	116
中科院成都计算机应用研究所	69	28	82	33	97	36
中国核动力研究设计院	35	7	48	13	57	16
核工业西南物理研究院	67	20	74	24	90	28
航空工业总公司六一一研究所	20	2	27	4	32	4
中国燃气涡轮研究院	13		15		22	
西南通信研究所	27		28		25	
中物院电子工程研究所	41	3				
四川抗菌素工业研究所	40		48		47	
四川省社会科学院	138		190		245	
合计	28731	5872	38358	7654	49406	8997

高等专科、高等职业教育

【概况】

1990年，成都地区高校在校研究生人数下降，本科生人数基本保持稳定，专科生人数增加，比重上升。1992年，四川省专科招生规模首次超过本科招生数，达到2.94万人，占本、专科招生总数的56.5%，比1991年的1.94万人增加51.8%；在校生由1991年的5.16万人增加到6.03万人，增长17%；本、专科在校生比例由1991年的1.74：1改变为1.49：1。1993年，全川专科招生人数比上年增长41.6%，在校生人数增长40.1%，本、专科在校生比例为1.1：1。在成都的高校专科（以下简称“高专”）教育的发展情况与全省基本相同。按照《四川省普通高等学校专业设置管理暂行规定》，在成都的高校对专科专业设置进行核查，向社会公布了经省教委同意备案的专科调节性计划专业名单，开设经济建设急需的专业，撤并、改造传统长线专业。同年，成都无线电机械学校升格更名成都电子机械高等专科学校，四川烹饪专科学校升格更名四川烹饪高等专科学校，成都纺织工业专科学校升格更名成都纺织高等专科学校，解放军军医学校升格更名为解放军成都医学高等专科学校。1994年，成都电子机械高等专科学校在不改变管理体制和投资渠道的前提下，按照“平等协作，资源共享，互惠互利，共同发展”的原则，探索校系间联合办学的路子。1995年，成都地区高校审核专科专业设置名单，减少重复设置、布点过多的专科专业约100个，并规范所有专科专业的名称。专科学校贯彻国家教委制定的“三年制新教学方案”，加强了教学管理，规范“专升本”（专科升本科）工作，推动教学改革向纵深发展。

1996年，全省普通高校在校学生21.77万人，其中专科生9.36万人，本科生11.48万人，研究生9251人。按照国家教委《关于开展建设示范性普通高等工科专科学校工作的通知》，成都电子机械高等专科学校、成都纺织高等专科学校本着“重在改革，重在建设，重在质量，重在办出特色，全面提高”的原则，进行对照检查，探索建立具有中国特色的高等工程专科人才培养模式。成都电子机械高等专科学校经主管部门初步论证同意，进行示范性学校建设工作，力争在21世纪初建设成为在省内、本行业系统及全国高等工程专科人才培养模式方面起示范、带头作用的普通高等工程专科学校。《四川省遴选示范性师范高等专科学校暂行办法及指标体系》制定，成都师范高等专科学校进行了学习和对照检查。1997年，四川省向成都师专等学校投入专款，用于实习基地建设。国家教委正式批准成都电子机械高等专科学校作为国家级示范性高工专进行建设。1998年，经教育部专家组考察论证，成都地区高等工程专科学校增加了教改试点专业，建立了一批有特色的专科教学改革基地。省教委邀请全国专科改革咨询委员会专家，对四川工业学院、成都大学、成都电子机械高等专科学校的试点专业进行检查。是年3月，成都航空工业学校升格更名成都航空职业技术学院。1999年，四川省卫生管理干部学院招收普通专科生；四川省经济管理干部学院更名四川经济管理学院，2000年，招收普通专科生。

21世纪初起，成都地区大力发展高等职业（以下简称“高职”）教育。2000年，完成成都航空职业技术学院、四川商专、成都纺专、成都电子机械高专管理体制由部门划转省教育厅管理的工作；新建四川托普信息技术职业学院。2001年，四川交通、电力、工商等三所职业技术学院建立（三校原为中等专业学校）。2002年，新建四川国际标榜职业学院。是年4月，四川省温江农业学校升格更名成都农业科技职业学院，四川师大开元学院与四川师大设计艺术学院合并更名为成都艺术职业学院。2003年，新建成都东软信息技术职业学院；成都职业技术学院、四川水利职业技术学院、四川航天职业技术学院、四川邮电职业技术学院由中专中职升格为高职。2004年，新建四川商务职业学院；四川省计划生育管理干部学院更名为四川省生殖卫生学院，增办国民教育专科。2005年，新建四川文化传媒职业学院、四川华新现代职业学院；四川省财贸干部管理学院与四川省委党校、四川行政学院合并，更名为四川管理职业学院，改成人教育为国民教育；四川省川剧学校与四川省舞蹈学校合并升格，更名为四川艺术职业学院。在高职、高专数量增加的同时，按照“新世纪四川省高等教育教学改革工程”的总体要求，各校积极完成招生任务，加强教育教学工作，所设专业与教改试点专业逐年增加，并接受了教育部、省教育厅专家组的教学水平评估。按照《关于改革高等教育人才培养模式，构建高等教育人才培养立交桥的意见》等文件，组织实施了专科学校优秀学生“跨校专升本”和“校内专升本”工作。

2004年，在成都的普通高等院校增至33所，在校大学生39.65万人，其中专科生15万人；共毕业大学生6.07万人，其中专科生1.95万人；共招收新生13.53万人，其中专科生7.42万人。

【高专高职教学工作】

成都地区高等专科学校和职业技术学院长期坚持认真贯彻党和国家的教育方针，重视公共课和基础课的建设，重视实习实训。成都纺织高专《高职高专大学英语教学与应用能力培养》课题，获全国首届高专英语教学成果国家级三等奖；在全国大学生英语竞赛中该校获国家二等奖，各专业学生英语三级考试过级率保持在30%以上；计算机一级考试平均过级率97.37%，在全国大学生数学建模竞赛和电子设计竞赛中，该校参赛队获多个国家级二等奖，省级一、二、三等奖。成都职业技术学院各专业在对口的上百家联办企事业单位设有实训基地，专业教学计划将实践与理论教学的比例提高至4∶6。同时各校积极进行教学改革，形成了一系列适应新形势要求的、行之有效的教学和学生管理制度。成都职业技术学院推行学分制改革，制订并全面实施选课制、导师制、分层教学、弹性学制以及新的学籍管理制度和学生德育考核制度。成都纺织高等专科学校电气技术专业、服装专业、染整专业先后被确定为全国高等工程专科教学改革试点专业，纺织专业被省教育厅批准为省级教改试点专业。2003年，该校被列为首批进行IT类高职教育改革试点院校。在教育部组织的国内部分高工专金工实习评估中，名列四川省第一；该校一名服装专业大三学生，在“益鑫泰”第五届中国服装设计最高奖评审中荣获一等奖；一名电子商务专业学生在中国首届电子商务大赛中夺取银奖。成都电子机械高等专科学校工商管理系各专业从2004级学生开始实行双证书制，在这个年级443名毕业生中，有417人通过各专业相关职业资格的技能测试，获证比例达到94%。

各校不断加强国际交流与合作工作。成都部分高等专科学校设立出国培训部，与国外高校开展合作办学，常年开展师生跨国交流、学习活动。与美国、加拿大、日本、新加坡、法国、澳大利亚等国有关学校和机构建立长期友好合作关系。组织师生前往国外、境外学习交流，邀请国外、境外专家、学者、学生到校讲学或访问，学习先进教育教学经验。2001年，成都纺织高等专科学校被选定为中国—意大利政府合作职业培训项目执行学校。

各学校坚持以就业为导向的办学理念，适时调整专业结构，突出学生社会适应性和实践动手能力培养，使学生具有较强的从业、创业能力。各校高度重视毕业生就业工作，设招生就业处，配专职工作人员负责就业工作。打破行业和地区界限，积极引导和大力支持毕业生到最能发挥作用的地方去工作。毕业生就业渠道畅通，每年均有四川长虹电器股份有限公司、摩托罗拉乐山—菲尼克斯半导体有限公司、信息产业部第十研究所、四川九洲电器集团有限责任公司、宜宾五粮液（集团）股份有限公司等著名企业、单位以及深圳、珠海等不少合资企业来成都各高专高职选拔人才，成都市高专高职毕业生就业率多在90%以上。

【地方高等院校建设】

1960年，成都市创办成都师范专科学校，1962年停办。“文化大革命”后，成都市在发展基础教育的基础上，调整教育资源，着手发展地方高等教育，培养应用型人才。1978年，创建成都学院（成都大学筹），主要服务于成都市地方建设（2003年前基本上进行专科教育）。1979年，成都电大创建，面向基层，举办专科、本科层次的学历教育，已累计向社会输送5万多名中、高级应用型人才。1986年，创办成都教育学院（前身为成都市教师进修学校）。1995年，成都航空工业学校试办五年一贯制高等职业教育。1996年，成都成人教育学院并入成都教育学院。1998年，成都师范学校采取与高等学校联合办学的方式，办学层次大专化。1999年秋，成都幼儿师范学校与四川师范大学联合办学，举办五年制幼儿师范教育。2001年，成都师范、新都师范并入成都教育学院。成都教育学院成为以中小学教师教育为主，集普通专科教育、成人本专科教育、高等职业教育为一体的地方高等学校。该院与9个郊区（市）县教师进修校（教培中心）合作办学，共组织农村教师1561人参加“农村专任教师学历提升工程”，其中专科663人，专升本898人。

2002年4月，在四川省温江农业学校基础上建立成都农业科技职业学院，利用学校的实训场、农业科技园为全市农业发展和农村经济向产业化方向发展服务。2003年5月，合并新华职中和旅游职中，成立成都职业技术学院。该校占地16万平方米，分为高新（校本部）、青羊、锦江3个校区。

2003年，成都市教育局与中国教育投资有限责任公司等多次会商，就在成都建立中国高等职业教育园区事宜进行广泛的论证，达成项目开发合作意向，并形成《中国高等职业教育园区项目纲要（草案）》，此后这一项目未能继续取得进展。2004年2月，成都市召开专门会议研究加快“成都技师学院”筹建工作。会议听取关于成都技师学院筹建工作进展情况的汇报，议定将成都技师学院建设成为一所面向西南、辐射西部乃至全国、以培养机电类中高级技能型人才为主的高等职业技术学院，办学规模在校生1万人，并成立筹建领导小组。4月，省人民政府批准设立成都技师学院。成都技师学院最终以成都市第一高级技工学校为基础进行筹建，选址郫县团结镇建设新校舍。

【民办高等职业教育】

成都市以中、高等职业教育为发展民办教育的重点，在用地、税费、回报、教师流动等方面，制订一系列促进民办教育发展的措施和优惠政策，至2005年，共有7所民办高等职业院校先后在成都市建立。

1991年，四川天一学院在成都市龙泉驿区创办。该院是一所具有颁发普通高等学历文凭资格的全日制民办普通高校。设有7个教学系部，30多个专业和专业方向。有南北两个校区，占地33.33万平方米，拥有较为完善的教学设备。

1999年，四川国际标榜发型美容专修学院在成都市龙泉驿区同安镇建立。2002年，更名四川国际标榜职业学院。开设商贸英语翻译、形象设计、美容保健、中国传统美容保健、服装与饰品设计、平面设计等专业。学院占地8.4万平方米，设施完备。现有专职教师80人，其中外籍专家级教师20人。与多所国内外著名高校建立良好关系。建校数年，共培养、培训8000多名职业形象设计人才。

1999年，成都艺术职业学院于在新津县花源镇成立，是一所覆盖艺术、文、理、工等学科专业的民办综合性高职学院。设有影视艺术系、设计艺术系、英语系、计算机及电子科学系。建筑面积8万多平方米，设备齐全，图书资料丰富。

2000年建立的四川托普信息技术职业学院坐落在成都市高新西区西部软件园，占地40.13万平方米。是全国首批35所“国家级示范性软件职业技术学院”之一。该院设计算机科学与技术系、电子与通信工程系、电子商务与经济系、数字艺术设计系、英语系、基础部，以及计算机中心、实验中心和网络中心。学院与国际著名的IBM软件学院、泰坦公司、ATA等联合办学。创造了“基础教育—专业教育—实习实训—创业孵化”四段式的人才培养模式。拥有国家级的、西部最大的IT实训基地。

成都东软信息技术职业学院专门培养计算机复合型人才，2003年建成，坐落在成都市都江堰市青城山，校园占地100万平方米。教育层次为高中起点的两年制和三年制大专，同时与东北大学联合开展二年制、专升本学历学位教育。

2005年5月，四川华新现代职业学院在成都市双流县建立，占地26.66万平方米，有专、兼职教师150多人，其中教授21人，副教授23人，讲师41人。设有设计系、管理系、语言系等3系9个专业。

同年6月，四川文化传媒职业学院在成都崇州市建成。该院有现代传播系、表演艺术系、音乐系、舞蹈系、舞台艺术系、设计艺术系、社会文化系、实用艺术系、计算机应用技术系、管理系等10个系28个专业。是一所培养复合型、应用型文化传媒类人才的基地。（见表5-25）

2005年在成都的高等职业学院基本情况统计表

表5-25

学校名称	招生数（人）	在校生数（人）	毕业生数（人）	预计毕业生数（人）	教职工（人）				固定资产（万元）	占地面积（平方米）
					总计	其中专任教师				
						小计	正高级	副高级		
成都航空职业技术学院	1889	4459	1037	1429	550	192	—	52	9086	134667
四川天一学院	2425	4966	643	822	474	195	18	29	2000	72960
四川电力职业技术学院	1696	6122	1912	2673	740	324	1	80	16316	332622
成都职业技术学院	1884	3461	—	577	437	335	—	84	11460	146766
成都东软信息技术职业学院	2185	4055	—	1870	272	175	9	26	21978	1000500
四川水利职业技术学院	1581	2885	148	560	422	181	—	62	3672	195782
四川航天职业技术学院	3211	5838	—	449	433	281	—	64	9257	406276
四川邮电职业技术学院	1405	2894	—	601	231	143	—	32	16418	122067
四川交通职业技术学院	4096	10339	1428	2573	804	462	1	93	30666	681740
四川工商职业技术学院	2425	5346	901	1123	381	257	—	78	4286	104000
四川托普信息技术职业学院	2645	5818	994	1661	402	280	18	38	16123	401534
四川国际标榜职业学院	903	1424	47	140	208	112	4	11	4325	37950
成都农业科技职业学院	2995	5514	593	857	387	269	—	50	14777	380190
成都艺术职业学院	812	1045	15	49	210	85	10	15	13002	157412
四川商务职业学院	2113	2927	—	—	289	188	—	47	8204	59687
四川文化传媒职业学院	120	120	—	—	121	71	22	11	300	—
四川华新现代职业学院	173	173	—	—	110	70	3	15	19317	305601
四川管理职业学院	1194	2413	580	666	601	229	40	92	18845	182424
四川艺术职业学院	374	374	—	—	259	167	8	29	6577	57873

【成都电子机械高等专科学校】

1913年，四川职业学校成立。1968年，更名为成都无线电机械学校。1993年，改制升格为高等专科学校，更现名，实行部省双重领导、以省为主的管理体制。2000年，由四川省人民政府电子工业厅划归四川省人民政府教育厅管理。2004年，有教职工700余人，其中专职教师380余人，副教授以上130余人，80%的主干课程由学术带头人和骨干教师任教。设有计算机工程系、信息与计算科学系、电气与电子工程系、通信工程系、机械工程系、机电工程系、人文科社系、工商管理系、成人教育部等系部。有为教学科研管理服务的校园网，各类实验室、陈列室、多媒体教室等50余个。2003年，国家机械电子工程实训（师培）基地和中央财政支持的数控技术实训基地成立。教学仪器设备总值2300余万元，图书馆藏书26万余册。

1991年，借鉴引进北美地区流行的CBE（能力本位教育）模式，并将其本土化。经过长期的建设和发展，学校形成“手脑并用、学做合一”的办学特色。先后有“模具设计与制造”“应用电子技术”“数据库应用与信息管理”“机床数控技术”“会计电算化”等5个专业被教育部列为全国教育改革试点专业。“模具设计与制造”专业经5年试点，于2001年被教育部授予“全国高等工程专科示范专业”称号。共有国家级精品课程6门，省级精品课程21门，省级精品专业5个。曾获得四川省教学成果一等奖3项，有10项科技成果通过省部级鉴定其中4项已推广实用。学校长期坚持与Intel公司、迈普公司等知名企业合作，实施人才订单式培养；长期与加拿大多所院校合作，先后牵头实施了3届由加拿大政府资助的教育合作项目，开展“商业信息技术”“酒店管理”两个专业的中加联合办学。开通与西南交通大学、成都信息工程学院的“专升本”通道和联办本科的工作，为学生深造提供机会。2005年，毕业生一次性就业率达到97%，多次获省教育厅授予的“普通高校毕业生就业工作先进集体”称号。

【四川烹饪高等专科学校】

1985年，四川烹饪高等专科学校建立，位于成都市浣花溪畔。1998年，由商业部划转四川省主管。建有中餐工艺系、西餐工艺系、旅游管理系、酒店管理系、经济管理系、外语系、运动与休闲系、信息技术系、文化与艺术系和技能教学部等10个教学单位，开设有旅游管理、烹饪工艺、厨政管理、烹饪与营养、文秘、电脑艺术设计、工商企业管理等30多个专业，其中烹饪工艺、西餐工艺两个专业为教育部高职高专教学改革试点专业。办学类别、层次包含普通专科、对口职教高职（招收职高、中专、技校毕业生）、五年高职（招收初中毕业生）、成人教育和高等教育自学考试等。该校拥有一支教学经验丰富、在国内外享有较高知名度的教师队伍，建有一流的专业实验室。该校注重对外交流，先后派出教师200余人次分赴美国、英国、法国、意大利、日本、加拿大等国留学、考察或讲学、交流，接待来自美国、日本、瑞典、英国、法国、意大利、芬兰、新加坡、加拿大等国烹饪、教育、文化、新闻界代表团的参观访问和表演学习，与法国都凯酒店管理学院、马赛酒店管理学院建立长期的校际协作关系，从1994年起，每年定期互派教师和数十名学生进行国际交流学习。该校在全国建立100余个实习基地，学生毕业时可获得双证，即毕业证和职业资格证书（全国通用）。每年定期举办“校企论坛”会，为学生实习和就业拓宽渠道。毕业生一次性就业率在90%以上，主要去向为国内大中城市的大型酒店、星级宾馆、旅游企业以及相关的教学单位。

【四川电力职业学院】

2001年，四川电力职业技术学院建立。其前身是国家级重点中专成都水力发电学校（始建于1912年）。该院设草堂、温江、青峰岭3个校区。青峰岭校区是该院实训基地，又名“四川电力职业技术学院青峰岭教学电厂”，位于成都市文井江上游。该院师资力量强，拥有各种专业实验室、多媒体教室、多功能学术报告厅、远程教室等。设有电气工程系、自动化工程系、建筑环保工程系、信息工程系、国际工商管理系、人文艺术系等6个系部，涵盖电力、机械、动力、建筑、计算机、管理等与国内人才市场相适应的近30个专业。其中“供用电技术”被教育部命名为“国家级精品专业”，“水利水电工程建设技术”被列为四川省重点建设专业，“涉外会计”“计算机软件”“电气技术”是国家级综合教改试点项目“中国——澳大利亚”两国政府联合办学重点开发专业。共有全日制在校学生近7300人。该院设有“就业指导处”，按照双向选择原则，负责毕业生就业推荐工作。与国家电力公司下属各网、省公司、供电局、电厂、电力开发集团、四川长虹集团等上百家国营大中型企事业单位建立用人关系；学生毕业分配期间，为学生组织各种大、中、小型就业洽谈会，毕业生就业率长期保持在90%以上。

【成都农业科技职业学院】

1958年，四川省温江农业学校建立，位于温江区天府街78号。该校于1980年和1999年先后两次被国家教委授予“国家级重点中专”称号。2002年4月，四川省人民政府批准在该校基础上建立成都农业科技职业学院。2004年，成都畜牧兽医学校和成都机电工程学校整体并入。2005年，该院占地近33.3万平方米，校舍建筑面积14万平方米，固定资产1.7亿元，馆藏图书25万册。设有农学园艺、畜牧兽医、园林建筑、经贸管理、机电工程、电子信息等6个系和1个中等职业教育部，共有在校学生7000多人，30余个专业，直接面向农村一、二、三产业培养人才。有专任教师239人，其中副教授59人，讲师106人；教师中有12人次获得全国和省级优秀教师、劳动模范等荣誉称号；获各类科研成果18项，发表专业学术论文232篇。该院以学历教育为主体，以短期培训和技术服务为两翼，把学院建设成为农村应用型人才培养基地、农业先进技术推广基地、良种良法示范基地、农村劳动力技能和转移培训中心。该院把农业新品种、科技新成果带至农村，促进农业产业结构调整，牵头开展的丰收计划、“吨粮田”建设等，累计为农民增收3000多万元。先后在成都市的温江、崇州、青白江、武侯、青羊等区（市）县建立农村劳动力转移培训基地，开展以花卉、园艺、养殖、种植、建筑、企业管理、旅游开发等10多个专业的农民工培训。2003—2004年，已办各类农村劳动力转移培训班近20个，累计培训农民工5000多人，90%左右实现就业。该院先后获得四川省“职教先进单位”“支援乡镇企业先进单位”等称号，农业部授予该院“改革先进单位”和“实践教学先进学校”称号。

【成都职业技术学院】

2003年5月，成都职业技术学院成立，位于高新区站华路15号，占地约16万平方米，分为高新（校本部）、青羊、锦江等3个校区。设备设施齐全，馆藏图书16万册。该院以高等职业教育为主，兼有一定的中等职业教育功能，并把短期培训作为学校功能的重要组成部分，实行高中后2～3年学历教育、初中后5年一贯制学历教育和中职3年制学历教育、短期培训等多种办学形式。设有经贸、计算机、旅游、电子技术、外语、艺术等6个专业大类，共23个专业，其中电子信息专业被教育部评为全国中等职业教育示范性专业。专兼职教职工500余人，其中专任教师330余人，有副高职称以上教师近100人。2005年，该院学历教育年招生3000人以上，学历教育在校生已近万人，短期培训每年9000人次以上。该院推行学分制改革，选课制、导师制、分层教学、弹性学制、新的学籍管理制度、学生德育考核制度等已全面实施。以就业为导向，改革教学方法和教学手段。各专业在对口的上百家联办企事业单位设有实训基地，专业教学计划将实践与理论教学的比例提高至4∶6。该院与高新区的180多家强势企业和川大、电子科大等10余所高校合作办学。计算机软件专业与四川大学软件学院联办，培养社会急需的软件蓝领人才。为高新区用人单位进行订单式职业教育培训，输送高素质的应用型技术人才。高新区将该院作为“成都高新职业培训中心”，着力将该院建为与高新区产业群相配套的人才孵化器。成都职业技术学院先后与美国、日本、韩国、澳大利亚、英国、泰国等国高校建立友好关系，共同开发合作办学项目。与青白江区清泉职中联合办学，所创“清泉班模式”，已向社会输送数百名学生。2004年，受温江区政府委托，托管温江燎原职中。至“十五”期末该校学历教育在校生已近万人，短期培训每年9000人次以上。

【四川艺术职业学院】

四川艺术职业学院是公办全日制高等职业艺术学院。该院有高级专任教师400余人，开设艺术类专业20余个，在校生3000余人。该院为国家培养了邓婕、朱彤、郭峰、侯宏澜、沈铁梅、陈志林、黄启成等一大批优秀艺术人才，获国内外艺术大奖1000余项。毕业生在历届全国“五个一工程奖”、国家“文华奖”、戏剧“梅花奖”、舞蹈“荷花杯”与“桃李杯”等国内艺术大赛和评选中多次获奖。该院高度重视学生专业基本技能技巧训练，强调教学与社会实践结合，从而缩短社会适应期。该院实训基地有“四川省青年歌舞团”“四川省青少年艺术团”“四川省青年川剧团”，及省文化厅直属的各艺术表演院团和画院、雕塑院、电影公司、文化馆等。作为省文化厅重要的艺术创作生产基地，每年直接参与省委、省政府、文化部和中央电视台等主办的许多重要文化演艺活动，并每年选拔在校学生参加对外文化交流活动。至2005年，该院师生组建的艺术团已先后出访30多个国家和地区，先后接待20多个国家和地区的艺术家1000余人次。（见表5-26）

1990—2005年在成都的普通高校扩建、合并、新建一览表

表5-26

现校名	原校名	学校类型	校　址	备　注
四川大学	四川大学	研究型综合大学	成都市一环路南一段24号	1994年4月，与成都科技大学合并更名四川联合大学，1998年，恢复四川大学校名，2000年9月，与华西医科大学合并成新的四川大学，现有望江、华西、江安三校区
西南交通大学	西南交通大学	综合性大学	成都市二环路北一段111号	1989年，由四川峨眉迁入成都，保留峨眉校区，2002年，新建犀浦校区
电子科技大学	电子科技大学	综合性大学	成都市建设北路二段4号	2006年，新建高新区分校
西南财经大学	西南财经大学	综合性大学	成都市光华村街55号	2001年，新增柳林校区
西南民族大学	西南民族学院	综合性大学	成都市一环路南四段16号	于2003年4月16日更名

续表

现校名	原校名	学校类型	校　址	备　注
西南石油大学	西南石油学院	综合性大学	成都市新都区新都大道8号	于2005年12月更名，现有新都、南充、青龙场三个校区
成都理工大学	成都地质学院	综合性大学	成都市二仙桥东三路1号	1993年，更名为成都理工学院，2001年5月，由四川省地质职工大学、四川商业高等专科学校、成都理工学院合并组建成都理工大学，现有主校区和南北校区
成都信息工程学院	成都气象学院	综合性大学	成都市西南航空港经济开发区学府路一段24号	于2000年7月更名，2001年，新建龙泉校区，现有三个校区
西华大学	四川工业学院成都高等师范专科学校	综合性大学	成都市金牛区金周路999号	2003年4月16日，两校合并为西华大学，两个校区：校本部与彭州校区
成都中医药大学	成都中医学院	医科大学	成都市十二桥路37号	于1995年更名，2000年，建高新西区校区，2003年建温江校区
四川师范大学	四川师范大学	师范、非师范并举	成都市锦江区静安路5号	1999年，煤炭管理干部学院并入称草堂校区，2003年，建成东校区，2004年，兴建成龙校区
四川音乐学院	四川音乐学院	音乐本科院校	成都市新生路6号	2002年，新建新都校区
成都医学院	解放军成都军医学校	医学本科院校	成都市天回路139号	1993年，更名为解放军成都医学高等专科学校，2004年8月，更现名
成都电子机械高等专科学校	成都无线电机械学校	高等专科	成都市花牌坊街2号	于1993年更名升级，1998年，新建新都大丰校区，2005年，新建郫县校区
四川烹饪高等专科学校	四川烹饪专科学校	高等专科	成都龙泉驿区龙泉镇	于1993年更名，2005年10月，新建校本部，原校作青江校区
成都纺织高等专科学校	成都纺织工业专科学校	高等专科	成都市高新区三瓦窑街206号	于1993年10月更名，1996年，新建犀浦校区；保留中专部，一套班子，两块牌子
成都航空职业技术学院	成都航空工业学校	高职专科	成都市二环路南一段20号	于1998年3月更名升级，2005，年新建龙泉校区
成都体育学院	成都体育学院	体育本科院校	成都市体院路2号	2003年，新建航空港校区
成都学院（成都大学筹）	成都大学	本科院校	成都市外东十陵镇	于2003年5月更名
四川天一学院	四川天一开放学院	民办高职专科	成都市龙泉驿区文景路116号	于1991年更名升级，2001年，新建温江校区
四川电力职业技术学院	成都水力发电学校	高职专科	成都市青华路19号	于2001年更名升级，2001年，新建温江校区
成都职业技术学院	成都新华职业中学、成都旅游职业中学	高职专科	成都市高新区站华路15号	2003年，新华职中、旅游职中合并更名升级，共有三个校区（校本部，锦江校区，青羊校区）
成都东软信息技术职业学院		民办高职专科	成都市都江堰青城山镇东软大道1号	于2003年4月25日新建。2003年，开始招生

续表

现校名	原校名	学校类型	校　址	备　注
四川水利职业技术学院	四川省水利电力学校	高职专科	成都都江堰市复兴街40号	于2003年更名升级，有3个校区
四川航天职业技术学院	四川航天工业学校	高职专科	成都市龙泉驿区航天城天生路155号	于2003年更名升级，2005年11月，新建广汉校区
四川邮电职业技术学院	四川省邮电学校	高职专科	成都市净居寺路77号	于2003年更名升级
四川交通职业技术学院	四川省交通学校	高职专科	成都温江区柳台大道东段208号	于2001年更名升级，现有3个校区
四川工商职业技术学院	四川省轻工业学校	高职专科	成都都江堰市青城路451号	于2001年4月更名升级，2003年，新建西校区
四川托普信息技术职业学院		民办高职专科	成都市高新西区大道60号	于2000年新建
四川国际标榜职业学院	四川国际标榜发型美容专修学院	民办高职专科	成都市龙泉驿区同安镇“中国西部阳光教育城”	成立于1999年，于2002年更名
成都农业科技职业学院	四川省温江农业学校	高等专科	成都市温江区天府街78号	于2002年4月更名升级
四川商务职业学院		高职专科	成都市青羊区文家场正街227号	于2004年4月新建，另有新都、温江校区
成都艺术职业学院	四川师大开元学院、四川师大设计艺术学院	民办高职专科	成都市新津县花源镇	成立于1999年（一套班子，两块牌子），与2002年4月更名
四川文化传媒职业学院		民办高职专科	成都崇州市中南街169号	于2005年6月招生
四川华新现代职业学院		民办高职专科	成都双流东星镇大件路东升段6号	于2005年5月新建，当年开始招生（2006年校址由6号改为666号）
四川管理职业学院	四川省财贸干部管理学院	专科	成都市光华村56号	于2005年更名，改成人教育为国民教育，并与四川省委党校、四川行政学院合并
四川艺术职业学院	四川省川剧学校、四川省舞蹈学校	艺术专科	成都市谢家祠四威南路3号	2005年，合并升级更名，保留原中专校牌。1995年，省川剧校曾增挂省艺术学校校牌
电子科技大学成都学院	电子科技大学国腾学院	本科	成都市高新技术开发西区百叶路1号	于2004年更名
四川省生殖卫生学院	四川省计划生育管理干部学院	专科	成都市人民南路四段15号	于1993年4月更名
成都理工大学广播影视学院		本科	成都市郫县团结镇	1997年，新建为二级学院，2004年，教育部批准为本科独立学院
成都信息工程学院银杏酒店管理学院	成都信息工程学院银杏国际饭店管理学院	专科 本科	成都市人民南路三段3号	于2002年新建，2004年5月，更现名

续表

现校名	原校名	学校类型	校址	备注
四川师范大学文理学院	四川师范大学国际商学院 四川师范大学文化传播学院	本科	成都市龙泉驿区洪河中路2号	2004年2月，两校合并更名
四川师范大学成都学院	四川师范大学电子工程学院	本科为主，设有专科	成都市郫县团结镇学院街65号	于2004年9月更名
四川外语学院成都学院	四川外语学院成都分院	本科	成都市高新西区银河东路	于2004年更名
四川大学锦城学院		本科	成都市高新西区西源大道1号	成立于2005年5月
四川省卫生管理干部学院	四川省卫生管理干部学院	成人高职专科、普通专科	成都市下汪家拐街16号	1999年，开始招收普通专科生
四川教育学院	四川教育学院	成人专科、普通专、本科	成都市人民南路三段24号	2005年10月，新建温江校区
成都教育学院	成都教育学院	成人专科 师范专科	成都市营门口乡花照壁村六组	1996年，成人教育学院并入为东区，2001年，成都师范、新都师范并入，分白果林、金牛、新都校区
四川广播电视大学	四川广播电视大学	成人专科、本科	成都市一环路西三段3号	1993年，新建四川广播电视大学西校区，2005年，新建龙泉洪河校区
四川经济管理学院	四川省经济管理干部学院	普通专科 成人专科	成都市人民南路三段37号	于1999年更名，2000年招收普专生
成都广播电视大学	成都广播电视大学	中专、专科、本科	成都市建设北路一段7号	1990年，成立中等专业学校，1997—2005年，共建22所分校，2000年，开始招收本科生
武警成都指挥学院	武警成都指挥学校	专科、本科	成都市南郊华阳镇	于2000年更名升级

成人教育

城市成人教育

【概况】

1990年，全市有成人高等学校38所，成人中专26所。1991年，成人高校增加为45所，成人中专增加为42所；企业教育综合改革实验试点工作逐步扩大和深入。

1996—2000年，成都市众多企业实施“科教兴业”“人才培养”战略，增加教育投入，加强职工教育领导管理。不少企业在改革、改制中，始终保留教育职能；部分亏损企业仍然坚持职工教育工作，开展下岗、转岗工人的再就业培训。全市职工教育围绕企业生产经营机制转换和生产需要，以岗位培养和继续教育为重点，向规范化、制度化方向发展；健全职业技能开发体系，实施技师培训计划，3年培训技师2000名。各类职业技能培训学校发展到260多所，有专兼职教师3000多人，年培训130个技术工种（专业）的各种技术等级的技能型人才10多万人；并开展社会化职业技能鉴定工作。2000年，有成人中专校班57个。

2001年，成都市进行机构改革，政企脱钩，企业主管局撤销，职工教育受到较大影响；高校扩招，高校招生不受年龄限制，出现“普高热”，成人学校生源流失。2002年，成都市下发《关于积极发展成人中等专业教育若干问题的通知》，以就业为导向，加强成人中专建设。经过调查研究，成都市成人教育进行整顿，形成了新的成人教育总体工作思路：举社区教育的旗，走终身教育的路。在城区，重新组建全市成人教育干部队伍，以社区教育为载体，市民学校为阵地，终身教育为内容，提高素质为目标，联系各部门和系统、企业，开展职工教育，进行“岗前培训”、岗位技能培训、学历提升培训及普通文化知识培训。2004年，职工培训面为25%。

2005年，全市有成人中专45所，有成人高校22所，在成都的普通高等院校设立的成人高等教育机构有28个。

【企业教育综合改革实验】

1989年，国家教委确定成都无缝钢管厂和四川化工厂为全国102家进行企业教育综合改革试点的国有大中型企业。1991年后，成都市企业教育综合改革试点企业逐步增加，至2000年，扩大至26家，分布于冶金、机械、化工、建筑、纺织、食品、百货、公用、金融等行业。除此而外，一些部门还确定了一批本行业的教育改革试点企业。1992年，成立“成都市企业教育综合改革实验试点企业协作会”，市教委制发《关于企业教育综合改革实验的意见》，提出企业教育综合改革要“认真研究探索并初步形成具有中国特色的社会主义企业教育的总思路和总框架”。企业教育综合改革实验试点工作启动之初，各试点企业首先是提高认识，加强领导，选择有针对性、示范性、导向性和易见成效的项目起步，并突出岗位培训，直接为企业的生产经营服务。中共十四大召开后，各试点企业则围绕社会主义市场经济体制的建立和企业转换经营机制的要求，从理顺教育管理体制、完善教育运行机制、优化教育结构、深化教育教学改革、建立教育培训体系等方面进行综合改革。1996年年底召开的试点企业第五次协作会提出，改革要在“综合”二字上下功夫，“建立适应企业生产经营发展需要，适应每个劳动者素质提高需要的、具有活力的教育培训体系”。此后各试点企业普遍形成以企业主要领导为核心，有生产经营部门、劳动人事部门和教育部门参加的、企业教育综合改革管理体制和实施体系。通过试点，企业认清企业教育与生产经营、科技进步相互依存、相互促进的关系，进而确立“科教兴企”战略，初步形成各具特色的育人、用人新机制，不少企业建立起立足企业、面向行业、面向市场、反应灵敏、自主培训的办学机制。

1998年，由市教委牵头组织市级有关部门、行业主管部门齐抓共管、全市主要行业、企业积极参与的、企业教育综合改革试点工作格局初步形成，并进行多方面的探索。2001年机构改革，成都市教育局原有的成人教育“牵头”工作失去职能依据。全市以部门和行业管理为重点，指导开展企业教育综合改革试点工作。市教育局仍主动对20余个企业教育综合改革试点企业进行调查研究，并以“教育工作简报”的形式，宣传成都旭光电子股份有限公司创建学习型企业、开展职工教育、提高职工综合素质的经验，并以其为蓝本制定《成都市学习型企业评估标准》，开展创建“学习型企业”活动，引导职工教育继续发展。2003年，旭光公司被教育部确定为全国创建“学习型企业”先进单位。

【职工教育培训】

1990年，以岗位培训为重点的职工教育新局面逐步形成，全市参加各类培训的职工达39.55万人，占职工总数的43.56%。1991年，全市职工教育工作会议召开，制定职工教育“八五”计划，对全市52所职工技术培训学校以及459个教学点加强管理。此后在成都的各级各类企业纷纷投入资金，组建教师队伍，建设职工学校。1996年，成都钢铁厂职工学校、四川齿轮厂职工学校、成都工程机械（集团）有限公司职工学校被授予“成都市市级示范职工学校”称号。同年，全市共有职工学校175所，从事职工教育的专职干部3815人，其中专职教师2113人；职工学校校舍面积50.13万平方米，人均0.56平方米；职工教育经费支出5215万元，占工资总额的1.4%。信息产业部电子二十九所教育经费1999年和2000年均达到100万元，占工资总额的3.3%，职工全员培训率达到91%。

1996—2000年，在企业改革、改制中，成都市不少企业（包括部分亏损企业）始终保留教育的职能、机构和人员。成都市坚持由市教委牵头，有工会、劳动等15个市级部门参加的成人教育联席会议制度和企业教育综合改革试点企业定期协作会议制度，每年检查总结工作，每隔1年表彰奖励，形成工作管理网络、目标管理网络和信息网络。全市职工培训工作紧紧围绕企业生产经营机制转换和生产发展需要，以岗位培训和继续教育为重点，自主开展。不少行业和企业已做到先培训后上岗，先培训后转岗。1996—1999年，全市参加各类培训的职工共有131.6万余人，其中参加岗位培训109.7万余人，参加继续教育培训8.65万余人，普遍重视对高层次经营管理和技术人才的培养。不少区（市）县、部门和企业把开展下岗、转岗工人的再就业培训作为职工教育的重要任务，成都发动机公司被评为四川省“再就业工程十佳单位”。

2001年之后，由于机构改革，政府职能转变，不少企业主管局撤销，职工教育管理难度增大。全市以部门和行业管理为重点，指导开展职工教育工作；市教育局联系各部门、各系统，指导各企业组织岗位技能培训、学历提升培训及普通文化知识培训。2002年，市教育局筛选30个大中型企业作为职工教育的“联系”单位，并制定《成都市学习型企业评估标准》，开展创建“学习型企业”活动，引导职工教育继续发展。2003年，旭光公司被教育部确定为全国创建"学习型企业"先进单位。2004年，全市职工培训面达到25%以上。

【工人技能培训】

1997年，劳动人事部发布《关于实行技师聘任制的暂行规定》。成都市在职职工培训由市教委牵头会同市劳动局、市总工会共同负责，每年组织1次全市性职工教育评比表彰会以及部分工种技术比赛活动，带动全市工人技术培训。1990年，全市聘任技师1440人；1991年，聘任322人。1992年，劳动人事部发出《关于高级技师评聘工作扩大试点的通知》，成都市审批纺织、化工、电子等行业184名技师的任职资格。1993年，聘技师1945人。1994年，成都市制定《职业技术培训班暂行管理办法》，当年全市培训高级工6424人，中级工2.67万人，初级工2.16万人；各类岗位培训共培训班组长3547人，技术工人3.27万人；适应性培训共培训班组长494人，技术工人2.7万人；批准268名技师的任职资格。1997年，成都市组织1万名青工参加师带徒活动，还在有条件的企业先行建立和实行名师带徒制度，其中市饮食公司被定为省级试点单位。同年11月，市劳动局所属市职业技术培训教研室成立，下设各学科中心教研组，开展职业技术培训的教学与理论研究，负责制定教学计划、组织编写教材、建立试题库等工作。

2000年9月，《成都市人民政府关于加强技术工人队伍建设通知》出台，要求积极促进劳动者职业技能水平提高，各用人单位在"十五"期间将本单位掌握高级技能的技术工人占技术工人总数的比例提高到10%～15%；发挥工资分配的激励作用，制定高级技师比照高级工程师、技师比照工程师、高级工比照助理工程师、中级工比照技术员确定待遇等政策，调动技术工人学习技术的积极性，鼓励技术工人创造发明。2003年，成立由市劳动保障局、市经委、市总工会、市机械行业协会、企业集团主管领导和部分机电高级工培训基地领导参加的成都机电高级工培训项目领导小组，确定成都飞机工业（集团）有限公司为企业培训基地，并支持和鼓励职业培训学院、技工学校开展机电类高级技工培训。全年全市高级技工教育共计短期培训1020人，学制教育1124人，获得高级以上职业资格证书632人。2004年6月，《成都市三年二千新技师培养实施方案》出台。2004年和2005年，分别培养新技师800名和1080名。

【成人中等专业学校】

1990年，成都市有成人中等技术学校26所，学员2.18万人（其中全脱产1.23万人）。1994年，成都市部分成人中专在办学上突破地域界线，或从外地、市甚至省外招生，住校培养；或到外地设点办班。1996—2000年，成人中等技术学校为适应机构改革和市场经济建设的需要，采用合并、迁校、改制、建校、暂停招生等办法进行整顿和资源优化，向市外延伸办学，扩大办学规模。坚持校长联席会议制度和教务主任培训制度，加强对县办成人中专和校外班的管理。每年召开教学工作会。扩大模块式教学改革试点，开展珠算、书法、普通话、计算技能竞赛；举行统考和会考；评比表彰已成制度。1996年，共举行22次教研活动，表彰13所教学工作突出的成人中专学校。1997年，成人中等技术学校召开两次党委书记联席会以及德育工作会议。各校每年评选三好学生和优秀学生干部，举办业余党校，加强学生会、班主任工作，对学生进行爱国主义、集体主义和党的基本路线、基本知识教育。至2000年，全市共办成人中专校（班）57个，独立设置学校21所，招生1.01万人，在校学员2.62万人，每年毕业8000人左右，开设专业共计132个。

21世纪初，由于普通高等院校扩招、高校招生不受年龄限制以及"普高热"的影响，再加成人中专办学条件一般较差，成人中专生源流失明显。

1990—2005年成都市成人中等专业学校基本情况统计表

表5-27 单位：个、人

年份	校点数		毕业生数	招生数	在校学生数	毕业班学生数	教职工数	
	校数	点数					总计	其中教师
1990	43	—	5445	12450	25410	7148	1678	911
1991	42	—	2992	6135	14714	3018	2449	763
1992	56	—	5732	14918	44772	12753	2703	1226
1993	61	—	16141	48853	109305	23896	5465	1726
1994	63	—	21309	43607	107931	27135	6072	2222
1995	64	—	26846	47029	115055	33592	5509	1752
1996	68	—	25873	53597	123618	29882	6157	2097
1997	49	—	5115	7373	18328	4439	1786	938
1998	66	326	19780	20593	69530	24740	4155	1640
1999	71	5	22687	16997	61049	21469	3075	1514
2000	73	—	20611	15518	44811	17483	3407	1684
2001	70	—	16574	14727	41829	17028	2992	1579
2002	54	—	12284	14942	38540	15446	2175	1153
2003	50	—	11437	14942	36736	14024	2187	1303
2004	45	3	14363	18218	40806	13077	2144	1295
2005	45	3	16093	31646	72372	19283	4047	2567

2002年3月，成都市成人中专在校生人数只占全市中等职业教育在校生总人数的25.6%，在整个高中阶段教育中只占12.3%。同年，成都市下发《关于积极发展成人中等专业教育若干问题的通知》。要求全市各成人中专做好春、秋两季招生工作，稳步扩大学校规模；围绕就业和市场改革办学模式和运行机制，试点并推广“学分银行”制；加强与企业的联系和协作，加强职业指导，拓宽就业渠道，提高就业率。每年组织全市成人中专校长和骨干教师培训会，提高师资队伍综合素质。2004年和2005年，均进行拉网式安全检查，向存在问题和隐患的学校发出限期整改的通知，确保成人中专正常运行。2005年，对全市成人中专教育教学常规管理进行抽查，引导学校规范发展。当年，成都市有成人中专45所，共招收新生3.16万人，毕业学生1.61万人，毕业生就业率达到98%以上。（见表5-27）

【成人高等学校】

1990年，成都市有成人高等学校38所，在校学员4.14万人，其中职工大学25所，学员3571人。1991年，全市职工大学增至32所，部分成人高校向市外延伸办学。1997年，成都市职工大学服装设计与制作专业与四川美术学院服装艺术学院联合办学，优势互补，共谋发展。成都市各成人高校推行校长负责制，实行内部管理体制改革，坚持开展教学研究活动，进行全市性的办学水平评估检查。20世纪90年代，在成都的各普通大专院校开设成人教育学院共20余个。西南财经大学提出成人教育将是衡量高校教育成效的重要标准，并对成人教育的发展重新作出规划，提出“稳步发展成人学历教育，重点搞好金融中高层次干部培训，建成中国人民银行成人教育的重要基地之一，为金融发展和西部经济建设服务”的新目标。2000年，在成都的成人高校共有32所，在成都的普通高校开办成人大专班的共有19所，合计在校生14.35万人，招生7.96万人。

21世纪初，由于受普通高校扩招、招生不受年龄限制的影响，由于行业办的成人高校办学条件较差，成人高校生源流失明显。成都市高等职业教育规划建设领导小组采取成人高校与普通高校联合办学以及合并、联合等办法，调整布局，提高办学规模和效益。办学上，学历教育与非学历教育并重，大力开展各项短期培训。2001年，成都市对市属成人高校的“优秀教师”进行考评，召开市属成人高校“教师节”座谈会和成都地区成人高校年度工作交流总结会，整顿和稳定成人高校干部教师队伍。当年，全市成人高校计划招生6420人，实际录取1.04万人；毕业大专学生4399人，在校生共有1.66万人。至2005年，在成都的成人高校共有22所，招生2.64万人（本科3302人），在校生共有6.44万人（本科7913人），毕业1.65万人（本科2693人），教职工共有7083人（专任教师4224人）；在成都的普通高校办成人高等教育学院共有28个，招生8.78万人（本科3.98万人），在校生2.71万人（本科1.13万人），毕业4.27万人（本科1.85万人）。（见表5-28）

1990—2005年成都市成人高等学校基本情况统计表

表5-28　　　　单位：个、人

年份	校点数		毕业生数	招生数	在校学生数	毕业班学生数	教职工数	
	校数	点数					总计	其中教师
1990	38	—	12841	15302	41404	16821	5907	2719
1991	45	—	16084	13448	36426	11443	6131	2549
1992	34	—	11195	21627	44137	13371	6330	2654
1993	32	—	14234	24239	55880	14751	6882	2759
1994	32	—	13279	26189	67419	24538	6826	2925
1995	32	—	20588	24646	70437	26667	6772	2968
1996	32	—	22860	26122	73419	27935	6955	3075
1997	34	—	20956	26553	67333	22527	7232	3340
1998	34	—	21556	22657	66261	26768	7282	3396
1999	31	18	35833	42285	102422	38145	8770	3822
2000	31	20	35780	79630	143519	39724	8239	3880
2001	29	19	34887	80826	168669	53844	7232	3438
2002	25	18	—	89205	217212	82241	7747	4234
2003	24	23	83130	82432	216247	93011	7692	4163
2004	24	33	85054	83637	130928	45206	7666	4423
2005	22	28	43605	69058	152243	44894	7083	4224

【成都教育学院】

成都教育学院的前身是创办于1956年秋的成都市中学教师进修学校，校址位于西胜街。1986年，更名为成都教育学院。1990年，迁入成都西郊新址。20世纪90年代初，成都教育学院开办高职专科班，到1996年，已举办30多个高职专业，累计培养（培训）专科生3300多人，大专专业证书班学员1100多人，师资培训班和岗位培训学员2000多人。该院承担全市成人教育业务指导和理论研究的任务，为农村实用技术培训编写了大量教材。出版《成都成人教育》杂志，编写和出版多种成人教育教材。1996年，市成人教育学院并入成都教育学院。2001年，成都师范学校、新都师范学校并入成都教育学院。经两次合并组成的新成都教育学院是一所以中小学教师教育（职前培养和职后培训）为主，集普通专科教育、成人本、专科高等教育、高等职业教育、教师教育为一体的高等学校；是教育部确定的对口支援新疆教育学院的市级教育学院，被省教育厅确定为省级继续教育中心，2002年被教育部批准为“中学数学”“小学语文”国家级骨干教师培训基地；同时是亚太地区成人教育总会的机构成员，多次派员参加学术交流活动。

以成都教育学院为主、市教科所密切合作、以重点中学为基地的中小学教师继续教育体系，圆满完成了成都市“中小学教师继续教育工程”，每年培训1万余人。该院信息中心，在网上开展中小学教师继续教育，并与西南交大、四川农大联办网络本科，招生1079人，成人大专就业率在80%以上。该学院派出教师参加省级、国家级培训，或攻读硕士、博士学位，外语系派出4名教师去美国西雅图艾德蒙区大学做访问学者，对方也每年派1名教师到成都教育学院任教。该院主办《成都教育学院学报》《文科爱好者》《理科爱好者》杂志。主持开发的《教师教育究竟靠什么》一书，进入教育部课程资源软件包，被列为全国新课程通识性培训教材。研发多种共数十册继续教育丛书，其中“新课程教学实施指南”丛书19册，被教育部师范司指定为国家级骨干教师培训用书，有多项科研成果获省、市奖励。

【四川科技职工大学】

四川科技职工大学是在原四川省科学技术管理干部学院基础上，经教育部批准建立的以科技经济为主、文、理、管相结合的成人高等学校。1986年和1988年分别被国家科委确认为国家级“星火培训基地”和西南、西北省区科委主任岗位培训基地。1989年，被四川省人事厅确定为四川省科技系统“国家公务员施教机构”。该院在成都市东郊，占地近百亩。师资力量强，教学、生活设施齐全，管理严格，治学严谨，依托科技系统人才密集、情报丰富、科学技术前沿化等优势，培养应用型科技人才。教师一律挂牌上课，互动式教学，成人高考复习班任教者都是副教授，成人高考上线率保持在95%以上。该院设有“招生就业指导办公室”，与全国60多家各类企业建立联系，每一位毕业生都有3次被推荐工作的机会。2001年开始，与印度IT业界著名公司NIIT——国际信息技术学院联合办学,培养从事计算机软件开发的“专业软件工程师”。

农村成人教育

【概况】

1990年，成都市在全市开展扫除剩余文盲工作。1991年，对各区（市）县扫除青壮年文盲工作进行检查验收；1993年，省、市政府组成验收小组采取随机抽查、现场考试、听取汇报、查阅资料等方式进行复查验收。1989—1993年，全市扫除城乡青壮年文盲7.15万人，青壮年非文盲率达98.65%，各项工作都达到或超过了国家规定的扫除青壮年文盲单位的标准要求。1991—1995年，在抓扫盲工作的同时，农村成人教育加强合格农校建设，依托乡农校开展各种实用技术培训和“三后”（小学后、初中后、高中后）培训，扩大了“燎原计划”示范乡的工作。

1996—2000年，成都农村继续扫除剩余青壮年文盲，巩固扫盲成果，并根据农业产业结构调整对人才的需要，一方面通过成人大中专学历教育为农村培养农业中高等专门人才，一方面开展以农民实用技术培训为重点的各类培训，加强“农、科、教”统筹和“普教、职教、成教”统筹工作。进行县、乡、村成人教育基地建设，全市初步形成以县办成人中专（电大分校）为龙头，乡镇成人学校为骨干，成人教学点、居民学校为基础的三级培训网络，建成15所省、市级示范乡镇成人学校。

2001年，进行机构改革，各级教育行政机构成人教育工作人员减少。市教育局从调查研究入手，形成统筹全市成人教育的新的总体工作思路：举社区教育的旗，走终身教育的路。在农村，以社区教育为载体，基地示范为导向，提高素质为手段，农民致富为目标。2001—2005年，农村成人教育除坚持进行脱盲巩固教育、实用技术培训、“两后”（初中后、高中后）教育外，在推进城乡一体化进程中，随着失地农民增多，农村成人教育新增了农村劳动力就业技能培训和市民教育，并且以农村劳动就业转移培训为阶段性的新的工作重点，强化农村成人教育助农民增收致富的作用。2005年，成都市完成农村劳动力实用技术培训101.7万人次，“两后”培训7.8万人，农村劳动力转移培训37.5万人次。

【扫盲工作】

1989年，成都市各区（市）县对农村496.44万名青壮年的文化状况进行了文化普查，全市农村15～40周岁的青壮年非文盲的比例为95.64%。1990年，成都市青壮年中仍有14万文盲，个别乡和少数村基本扫除文盲的任务尚未完成。为此，成都市根据国务院《扫除文盲工作条例》要求，从1989年起，用3年时间，扫除文盲3万人，使全市农村青壮年中非文盲的比例上升到97%。成都市成立了以市政府分管教育的副市长为组长，市政府办公厅、市委宣传部、市教委、市农委、市科委、市农牧局、市乡企局、市工会、团市委、市妇联、市科协等有关部门参加的“成都市扫除文盲工作领导小组”，实行目标管理，“双线承包”，即区（市）县、乡（镇）、村行政负责人承包，教育行政部门、学校、成教专干、教师承包，与奖惩挂钩，动员社会各方面有扫盲教育能力的人参加扫盲教学；规定农村教育经费用于扫盲和农民文化技术教育比例应在10%以上，企事业单位的扫盲经费，在职工教育经费中列支。

1992年，对城镇居民和企事业单位职工的文化状况进行了全面普查。成都市教委与重庆市教委联合编印了《农村扫盲识字课本》、《脱盲学员巩固学习教材》（上、下册）。各地从实际出发，采取包教包学、集中办班、分散学习与集中辅导相结合的方式进行扫盲教育工作；全日制学校则附设扫盲班，用全日制、半日制、早晚制、定期制等多种形式进行扫盲。金堂县还为出外打工的2386名脱盲学员寄去学习资料，让他们一边打工一边参加巩固提高学习。各地贯彻边扫、边堵、边提高的方针，抓好“普九”工作，控制学生流失；发展各级各类成人学校，让广大脱盲学员根据需要参加学习，巩固扫盲成果。

1993年，省、市政府分两批对成都市19个区（市）县的扫盲工作进行复查验收。复查结果表明，1989年以来，全市共扫除青壮年文盲7.15万人，青壮年非文盲率提高到98.65%，19个区（市）县青壮年非文盲率均达到97%以上；扫盲机构健全，经费落实，各项工作的任务指标都达到或超过国家规定的扫除青壮年文盲单位的标准要求，完成了扫除青壮年文盲的任务。此后，成都市坚持扫除剩余文盲，通过10年努力，2002年，全市青壮年非文盲率提高到99.71%。2004年以后，成都市将扫盲工作融入农村实用技术培训，在实用技术培训中巩固扫盲成果。

【建设三级农民教育网络】

1990年，成都市坚持县、乡、村三级农民文化技术学校建设，全市有乡镇农民文化技术学校396所，累计建成合格乡农校240所；全市村级办学2463个，乡镇企业办学4260个。三级农校开展以种植、养殖、家电以及以乡镇企业的一些技术项目为重点的各类实用技术培训和小学后、初中后、高中后“三后”培训。1991年4月，成都市编印完成20种共16万册农村实用技术培训教材。1994年，制发《成都市示范乡镇成人学校基本条件》。1995年制定《乡（镇）成人文化技术学校管理暂行办法》。1996年，各区（市）县把有限的资金投入适当倾斜，把在“普九”中由于新建而被空留的原部分乡镇中心小学或中学校舍改建成乡镇成人学校；一边配校领导班子，一边配师资，一边招生；一边建校，一边办学。增加办学内容，开办了林业、商业、运输、建筑、管理、服务业、医药卫生等专业。到年底，有6所硬件档次较高、管理上乘、质量较好的示范乡镇成人学校建设基本完成。1999年，成都市共投入经费1517万余元，改善农村成人教育办学条件。全市建立农村成人教育市级教研机构1个，县级教研机构2个，教研人员13人；农村成人学校有专职教师509人，兼职教师6414人；专职干部419名。至2001年，成都市19个区（市）县及高新区的农村乡镇和村全部建立了成人教育培训基地，初步形成县、乡、村三级培训网络体系。

2004年12月1日，市教育局在金堂县淮口镇光荣村召开全市农民网校工作现场会。图为代表们参观光荣村农民网校

2004年，成都市拟发《关于加强和改进农村成人教育工作的意见》，要求整合教育资源，以职业技术院校、县办成人中专学校为龙头，乡镇成人文化技术学校为骨干，村成人教育点为基础，健全向村组延伸的县、乡、村三级农村成人教育培训体系。全市乡（镇）成人文化技术学校积极适应成人教育新形式，以经济发展为导向，抓住市场和企业的需求，办学机制灵活化，办学形式多样化，坚持突出短期培训和技能型培训，开展引导性培训、开发式创业培训、“订单式”培训。2004年和2005年，全市每年完成50学时以上的农村各类实用技术培训近50万人，各类短期培训约100万人次，“两后”（初中后，高中后）培训近10万人，完成农村劳动力转移培训30余万人次。2005年，全市建成40个市级农村劳动力培训示范基地，对区（市）县100余名乡镇成人教育骨干教师进行了培训。

【农村实用技术培训】

1990年，成都市农村成人教育依托乡农校，开展以种植、家电以及以乡镇企业的一些技术项目为重点的各类实用技术培训，不少毕（结）业学员担任了乡镇企业管理干部、技术员，成为科技示范户、专业户或重点户。1991—1995年，培训内容增添了结合本地特点的农村实用技术，如蚕桑、稻田养鱼、露宿养鸭等内容。1996—2000年，根据本地经济发展需要，按照“实际、实用、实效”的原则拓展培训内容，开办了林业、商业、运输、建筑、管理、服务业、医药卫生等专业；另外还对农民进行文化教育、人口教育、时事政治教育，促进农村精神文明建设。同时实行目标管理，逐级签订目标责任书，落实任务。

2001—2005年，全市各区（市）县采取长班与短班结合、以会代训、现场讲解、科技赶场、印发技术资料等形式进行农村实用技术培训和宣传，力求做到每项培训活动培训地点、内容、主办部门及责任人、协办部门、措施及需求、督促检查部门等“六落实”。各地坚持“实际、实用、实效”的原则，培训一个项目，发展一个产业，带动一方致富。郫县教育、农业、科技、妇联、共青团等部门协作，紧追市场信息，采取从市场信息选择培训项目、先培训后发展、发展后追踪培训的办法开展工作。例如农业部门提出古城镇的柚子和德源镇的牛奶两个项目，成人教育部门下任务，科技部门派老师，通过乡（镇）成人学校、村教学点实施培训，年培训100余期，2万余人次。邛崃市抓住水口镇山区以退耕还林种草为主的产业结构调整的机遇，组织农户外出考察，请丝绸公司技术员现场培训，成教专干从实践中探索出“肥团育苗”种桑技术并进行推广，培训1400余人次，在全镇发展栽桑养蚕，当年每亩增收500多元。都江堰市青城乡利用资源优势，发展“面向城区工薪阶层退休人员养老休闲”的农家旅游，成教专干请来旅游局干部、都江堰职中旅游专业教师、市防疫站工作人员等，进行规范化培训，该乡五里村330余户中有80余户开办农家休闲旅游，仅此一项人均增收近2000元。2004年以后，农村实用技术培训成为全市城乡教育一体化措施之一，完善了覆盖县、乡、村的实用型和开放型的培训网络，结合农村农业产业结构调整，推广新品种、新技术，提高农民的科学文化素质。据统计，1990—2005年，全市每年约有40万～60万人参加50学时以上的中长班学习，约有100万人次参加各类短期培训。

【农村新增劳动力培训】

1989年，成都市对15个区（市）县的9镇396乡、在1981—1985年期间回农村参加生产劳动的4.71万名高中毕业生进行了跟踪调查研究，并作出规定：从1989年起，全市农村应届普通高中、初中毕业生均要接受实用技术培训，掌握几项科学致富的技术；学生在获得技术培训结业证书以后，学校方可发给初中或高中的毕业证明。年初，市政府将此项工作纳入目标管理内容，与各区（市）县签订责任书。市教委会同市农委、市科协等有关部门组织编写《猪的快速育肥》《杂交稻制种与栽培》等8种教材。各区（市）县利用普通中、小学毕业考试结束、学生尚未离校之际，对应届高、初中和部分小学毕业生共计8.9万余人进行实用技术培训，使他们初步掌握1～2门实用技术。1990年“三后”教育继续进行，全市小学、初中、高中毕业生分别有6.21万人、5.19万人、3029人参加培训，分别占毕业生总数的55.5%、94.6%、37.4%。此后，“三后”培训每年进行，1991—1995年“八五”期间培训总人数约为45万。1996年，全市基本普及九年义务教育后，“三后”培训变为“两后”（初中后、高中后）培训。2001年，全市共组织6.97万名应届初、高中毕业生参加各类技术培训。2003年，“两后”培训9.15万人。2004年，成都市下发《关于加强和改进农村成人教育工作的意见》，要求“农村普通中小学要广泛开展创新、创造和创业教育。在农村初中二年级和高中二年级开设1～2门以农村实用技术为主的选修课，每学期不少于15个学时”。2005年，下发《成都市教育局关于加强农村学生初中后和高中后教育的通知》，要求各学校严格按照相关规定，将实用技术课程列入课表，开齐课程，开足课时。当年，全市完成“两后”培训7.8万余人，培训率达90%以上。除坚持在农村中学高、初中二年级每学期开设15学时以实用技术为主的选修课（1～2门）外，还在暑假期间组织未升学的农村高、初中毕业生进行集中的职业技能培训，培训率达100%。

【农村劳动力转移培训】

21世纪初，中国城市化进程加快，失地农民增多。2003年，成都市对金堂县劳动力转移情况和城市化进程中失地农民的培训及再就业情况进行调查研究。2004年3月，《成都市教育局关于整合全市教育资源加强农村劳动力培训的意见》出台，要求“加快农村劳动力有序、稳定地向非农产业和城镇转移步伐”。从当年起，全市每年安排50万元专款，主要用于农村成人教育基地建设和支持农村劳动力转移培训就业工作。农村劳动力转移培训的工作方针是坚持以就业为导向，抓住市场和企业的需求，引导农民向第二、第三产业转移。把就业作为评价农村成人教育质量的一个重要指标；从就业要求出发来考虑成人教育的专业设置、课程结构、教学内容和教学方法；把“转移一人，致富一家；转移一片，致富一方”作为培训工作的基本价值标准。培训主要分为引导性培训、职业技能和实用技术培训、开发式创业培训三种。引导性培训重点学习基本权利保护、法律知识、城市生活常识、安全常识和公民道德规范，促进就业观念的更新，引导进城的农村劳动力养成良好的道德品质。职业技能和实用技术培训，根据不同行业、不同工种、不同岗位要求和规范，对全市农村劳动力进行基本技能和技术操作规程培训，重点培训电脑操作、商品营业、市场营销、烹饪厨艺、美容美发、家电维修、物流配送、建筑装潢、休闲娱乐、服装裁剪、车辆修理、物业管理、家政服务、餐饮服务等实用技能。指导参加培训的农民通过职业技能鉴定，获得职业资格证书。开发式创业培训鼓励和引导失地农民自谋职业和自主创业，树立和更新就业观念，增强创业能力，着力培养一批农民工创业带头人。注重实施“订单式”培养，即先找订单，然后按订单开课；市场需要什么，就办什么专业；把培训和职业中介结合起来，既搞好培训，又促进就业。温江区天府街办成人学校坚持“只要企业一进场，工人培训就开始；企业一生产，工人就上岗”的指导思想，在“江西润田食品公司”落户科技园时，学校马上与企业联系，对辖区内200多名失地农民进行“食品”订单培训，润田食品公司开始生产后，在该公司就业的天府辖区失地农民达到250余人，占全厂员工的70%。2004年，全市经劳动力转移培训就业的人员共计6.8万余人。2005年，围绕全市城乡一体化总体规划，对重点镇失地农村劳动力的培训达到99%以上，全年教育系统转移农村新增劳动力2.1万人，转移失地农民1万人，协同其他部门转移劳动力8.6万人。

2004年12月14日，全市教育系统“劳动力转移培训就业”现场会在温江区举行

【双流县华阳镇成人教育学校】

1992年11月，创办双流县华阳镇成人教育学校，校址在原协和乡成教中心。担负扫除全镇青壮年文盲、半文盲和农村实用技术培训工作。该校牵头成立双流县鸭业协会，实行雏鸭孵化、供应、鸭蛋活鸭回收加工、销售一条龙服务，带动华阳镇及其周边乡镇农民养殖增收致富，该校被评为成都市扫盲先进学校和全国农村成人教育先进学校。

1998年春季，该校举办成人中等专业培训班，在全县初中学生中招收第一个“分流班”。随后招生规模扩大，招生专业增加，相继开设幼儿师范、市场营销、花卉园艺、计算机、司法、旅游和饭店管理、电子电器等专业。2002年，开始与四川省教育学院联合举办“教育管理”本科小教自考培训班，并连续办班至2005年。2003年初，该校与永安成教校联手建立牧马坪农业开发公司，开创“学校+基地+公司+农户”的成人教育办学模式，先后受到中央、省市领导好评，并作为全市样板模式进行推广。同时，该校大力开展各类农村农民培训，三年来，该校农村实用技术培训5000余人，失地农民转岗就业培训2000余人（安置1300余人），中专毕业安置500余人，两后教育4000余人。该校毕业学生在成都周边及广州、深圳、北京、上海及其他沿海城市受到用人单位好评。1998年，被评为“成都市示范乡镇成人学校”“四川省示范乡镇成人学校”，2004年，被评为“成都市成人中专教育教学质量先进单位”。

【温江区永盛镇成人学校】

温江区永盛镇成人学校成立于1987年，1999年完成扫盲任务后，工作重心转向农村实用技术教育培训。该校采用“校企合一”办学模式，进行农村失地农民、剩余劳动力的培训转移工作。2004年3月，该校与温江绿色生态服务公司在永盛镇金鸡村建立蔬菜种苗示范基地，占地1.87万平方米；培育优质蔬菜种苗十余种，由学校带头示范种植并推广到全区各蔬菜种植户。2005年，为全区蔬菜种植户推广高产优质台湾苦瓜、九香海椒，共计2.3万株，辐射农户100余户，销售收入达14万元。同年，该校针对当地制鞋业的用工需求和温江区有大量失地农民和农村剩余劳动力的实际情况，与新世纪鞋业有限公司合作，建立“永盛镇校企合一培训基地”，开展“订单式”和“定向式”培训。由成人学校负责组织、培训和管理工作，镇劳保所负责转移就业工作，新世纪鞋业有限公司负责提供实习场地、教学设备、技术指导以及部分就业岗位。2005年6—11月，开办培训班5期，培训初级制鞋工312人，中级技术工26人；214人被选送到新世纪鞋业有限公司、上海丽圆鞋业有限公司、温江宏阳鞋厂等20余家企业工作。同年4月，永盛镇成人学校在永盛镇团结村建立“团结社区教育学校”。该校占地1200平方米，拥有电脑室一间（电脑11台），远程教育室1间，图书馆和阅览室各1间，各类图书4000余册。社区教育学校还建有休闲娱乐室1间，以及乒乓、篮球、棋牌、书画、舞蹈等活动室和活动场地，建立一支十余人的志愿者队伍，多次开展群众性的知识竞赛、歌舞表演、书法作品欣赏、个人才艺展示等活动。

2004年，温江区对农村青年进行劳动力转移职业技术培训

远程教育

【概况】

20世纪90年代，广播电视教育在成都市发展较快，全市中小学现代远程教育工程逐步实施，原以纸质文本为主要媒介的函授教育和刊授教育学校逐渐减少。在民办学校中，1994年有刊、函授学校22所，1995年有14所，到2005年，传统形式的刊、函授学校在中、初级文化教育领域已少见。广播电视教育和网络教育不断开拓新领域。成都广播电视大学建立“盲聋哑”分校，并开始与社区教育相结合，逐步向农村发展。农村网站和农民网校逐步设

立，对农业产业发展和农民增收作用明显，受到农民欢迎。成都市高等教育自学考试从1984年开始组织考试，每年4月和10月考试两次。成都市把高等教育自学考试作为国民素质教育的一个组成部分，像对待普教、职教、成教一样纳入大教育范畴。

【广播电视教育】

1990年，成都市有四川广播电视大学、成都广播电视大学2所电大，共有学员2.97万人；有成人中专广播教育学校1所，学生532人。20世纪90年代，两校进行内部管理改革，充实专职和兼职教师队伍，改善办学条件；开设新专业，引进国内名牌大学课程，增强办学实力。1998年，四川广播电视大学成为全省唯一引进清华大学课程的单位，与清华大学合作开展大学后继续教育类远程教育，学员按教学计划完成全部内容、考核通过者发给清华大学继续教育学院远程教育结业证书。该校拨出10万元专款，开设“财务会计实务”“市场营销实务”“市场营销策略”“OFFICE办公应用”“计算机应用基础”“服装剪裁与缝制”6个培训项目，免费培训下岗职工。“九五”期间（1996—2000年），成都广播电视大学建成基础校园网络，通过微波直接接入教育科研网络西南中心——电子科技大学，为各个分校教学站和广大学员提供拨号远程访问。并与浙江大学远程教育学院通过多媒体交互系统，以卫星通信为平台，实现远距离、交互式的教学活动。2000年，省电大和市电大共计招生2.48万人，毕业1.23万人，有在校学生4万人；另有广播教育成人中专4所，广播电视成人中专3所。

2000年，成都市制定《现代远程教育发展规划》，建立现代远程教育暨社区教育管理委员会，制定现代远程教育和社区教育规划方案，并在市电大增挂“成都市社区教育中心”的牌子，建立机构，配备人员，在青羊区、金牛区、龙泉驿区、温江县进行现代远程社区教育试点，由点到面，为终身教育体系形成创造条件。2001年，成都电大开办“盲聋哑”分校，又和市教育局联合召开会议，“挖掘潜力，发挥电视中专优势，为普及高中阶段教育作贡献”。同年，省电大和市电大开始招收普通高等教育大专学生。至2005年，成都两所广播电视大学成人教育共计招生1.31万人，毕业9449人，在校学生2.08万人；招收普通大专学生2882人，毕业普通大专生1224人，在校普通大专生7906人；3所广播电视成人中专共计招生4472人，毕业6405人，在校学生1.65万人。

【教育网络建设】

从2001年起，成都市每年安排1000万元专项经费，各区（市）县及学校也通过各种渠道筹措资金，建设全市中小学远程教育工程。至2005年年底，成都市已有211所中小学建立校园网，有600多所学校通过多种方式接入互联网；建设各种类型网络教室1629间，计算机总数为6.95万台，中小学教学信源基地20个，各区（市）县数据分中心15个，已有95%的学校实现“校校通”，能通过天网或地网享受到优质教育教学资源。成都市各著名学校不断开发自己的优质教育教学资源，建立网络学校，在校际之间、城乡之间交流与共享。成都七中网校运用卫星技术把学校的课堂教学适时输送到合作单位的学校，实现了远端学校师生与成都七中师生同步备课、同步教学、同步作业、同步考试。2003年，在预防与控制非典型性肺炎期间，成都市通过教育城域网下载课程资源，或以CD光盘的方式，适时对参与新课程实验教师3.13万人次进行了上岗培训。众多农村学校开展农村党员干部教育、社区教育、家长培训和农民实用技术培训。通过现代信息技术培训和经济信息发布，农民尝到了远程教育和信息迅速传递带来的甜头，农民网站和农民网校逐步在各区（市）县农村建立起来。2004年7月，青白江区姚渡镇创建成人教育网站，开设政策咨询、

2006年，郫县两路口九年制学校新建的计算机室

经验交流、培训动态、供求信息等9个栏目，为市民提供信息服务。该网站发布的水果供应信息，使该镇龙门村的60万公斤夏季水果以较上年多1～2角的价格销售出去，农民人均增收100元。青白江区利用学校信息技术教育资源，在该区各乡镇、街道办事处辖区学校成立市民网校，至2005年，共办班35期，上网市民约5000人次。4月，新津县花源镇农民网校第一期培训班正式开学，共有学员94人，其中最小的16岁，最大的56岁；兴义镇农民网校也在兴义小学与万和小学正式开学。该县其余各镇（乡）网校在5月陆续开学。4月13日，成都市在青白江区召开成人教育现场会，推广该区在乡镇成人学校网站建设和成人教育信息化建设上的做法。

【高等教育自学考试】

成都市从1984年开始组织高等教育自学考试，每年4月和10月考试。1990年，两次自学考试共有5.24万人报考12.51万科次，发放成绩合格证人数为3.36万人，毕业1533人。1996年，全市仍进行两次自学考试，共开考47个专业（其中7个本科专业），报考人数为11.65万人次，报考科次为31.15万科；共发放课程合格证书5.35万张，有3854人获得毕业证书（其中本科151人）。此外，进行4次应用型专业考试和电大注册视听生考试。2001年，成都市两次自学考试共开考64个专业（其中本科专业22个），考试涉及的课程达484门；全年累计报考考生14.56万人次，报考总科次达32.99万科；全年两次办理并发放自学考试课程合格证书5.66万张，审查并办理4322名考生的毕业证书（其中本科936人）。从2003年开始，自学考试实行一年4次考试，新增1月和7月两次考试。2005年，成都市举办4次自学考试和8次非学历等级证书考试，报考人数累计达45.42万人，报考科次累计达59.43万科；为3245名考生办理本、专科毕业证书。成都市参加全国大学英语四、六级考试的人数逐年增加，2005年，两次考试共有27.89万人报考。

成都市自20世纪80年代开始，即建有全市性的自考委员会，至2004年已是第七届。每年考前，均用多种形式宣传高等教育自学考试是国家高等教育制度的重要组成部分，是以个人自学为主，社会助学为辅，通过国家考试对自学者学历和技能水平进行认定的教育制度；同时认真解决买教材困难的问题，有的区（市）县还为考生代购教材、大纲和教辅材料。自考委员会组织和开展社会助学活动，1996年，金堂县邀请四川师范大学、西南财经大学的教师为考生进行考前辅导，并严格审查社会力量举办的高教自考助学班的办学条件。全市共有数十个由社会力量举办的高教自考助学班，1993年在校生2.59万人，1994年1.37万人，1995年1.55万人。建立和完善各项自考规章制度，确保考试的公平、公正。加强业务培训，建设业务过硬的自考工作队伍，建设规范化的考场。2003年，组织相关人员参加科研课题“自学考试向农村延伸”研究工作，对上万考生以及四川农村地区教育需求情况进行调查，撰写论文和调研报告，在全国部分省会城市、计划单列市第十二届自学考试研讨会上交流。

【成都广播电视大学】

成都广播电视大学（以下简称“成都电大”）是运用信息技术从事现代远程教育的高等学校。始建于1979年，初为“四川电大成都工作站”，继为“四川电大成都分校”，1990年12月，成为独立建制的成人高等学校。

成都电大校部建筑面积1.12万平方米，有教职工139人，设有15个处室，建有千兆主干校园网、远程教学平台、教务管理平台、开放电子公务平台、卫星IP数据接收系统、闭路电视系统、视频会议终端、演播室、多媒体教室、多功能教室和语音教室等设施和设备。该校形成以本科、专科学历教育为主，中专学历教育和非学历教育并举的多层次、多形式、多功能办学格局和以总校为中心、覆盖成都市19个区（市）县及高新区、辐射成都周边地区的完善的办学网络系统，下辖15所区（市）县级分校和5所行业系统分校及40多个教学站（点）；总校附设中国人民大学现代远程教育成都教学中心、浙江大学远程教育学院成都教学站、华东师范大学成都网络教学站和成都广播电视中等专业学校。成都电大开设专业70多个，覆盖文法、财经、医科、理工、艺术、外语6个大类。从1986年开始通过普通高考招收应届高中毕业生，举办普通专科班；1995年开办高等职业技术教育，并开始举办免试注册入学的注册视听生教育，此后举办免试入学的第二专科学历教育和应用型本科教育。

2001年1月，成都电大开展“人才培养模式改革和开放教育试点”工作，试点由1个发展到2005年的38个，覆盖城乡。开设开放教育专业共计28个，招收开放教育学生3.28万人。教学上以学生为中心，开展有组织的自主化学习。教学组织上以课程为单元，围绕课程教学大纲、课程教学资源现状和课程教学内容，编写《教学实施细则》，提供《开篇导学》；采取面授、网上答疑、实践环节、电话交流等形式导学；借助各种远程教学资源、文字教材和各种辅助教材助学；通过实践性教学环节、形成性考核、心理咨询等措施促学。

社区教育

【概况】

1987年，青羊区成立社区教育委员会，构建学校、家庭、社会三结合教育模式，成都市社区教育工作起步。1990年，青羊区社区教育办公室向全区每个街道派出1名社区教育专职干部。2000年，成都市青羊区被教育部确定为全国社区教育实验区之一。同年，该区投入150多万元建设青羊区社区教育学院。此后，社区教育学院、市民终身教育学校等在各区逐步建立，各种社区教育活动陆续举办。

2002年，成都市下达《关于加强城市社区建设的意见》，市教育局提出“举社区教育的旗，走终身教育的路”的基本工作思路，将“社区教育”工作纳入五城区政府和教育行政部门的年度工作目标，并建立区、街（乡）、居（村）三级组织管理机构，作出“全市教育资源向社区开放”的决定。同年，召开“成都市首届社区教育学习研讨会”，提出五城区社区教育考核标准，制定社区教育的五年或三年发展规划。

2003年3月，郫县唐昌镇社区教育中心组织全镇18个村的妇女主任、致富女能手、计划生育“三结合”户、贫困家庭妇女200人，接受花卉苗木生产培训。3月15日，锦江区37个社区约4万居民走进各自社区对口开放学校上学。4月4日，召开成都市社区教育目标工作会，区别不同情况制定青羊区通过“全国社区教育示范区”评估验收考核标准以及其他4个城区深化社区教育和14个郊区（市）县启动社区教育的考核标准，并制定“学习型区（市）县”评估方案。5月，青羊区举办“打造健康社区，笑对快乐人生”激情社区广场活动，吸引800余名社区居民参加。城花幼儿园举行“相约三幼城花，分享快乐艺术”教育资源向社区开放主题活动。

2003年11月，全市第二届社区教育研讨会召开，共收到论文53篇。锦江区以5所学校和5个社区作为实验点，开展“以社区教育实验点为基础，以点带面推动区域性社区教育的开展”课题研究，取得良好成绩。2004年11月，成都市七个区（市）县参与、全国六城市协作课题“发展社区教育，促进终身教育体系构建的研究”结题。该课题研究始于2002年，涉及成都市25个单位。

至2005年，成都市已成立县级社区教育学院19所，街道社区大学1所，市民终身学校近200所；青羊区申报全国社区教育示范区通过省、市的评估检查。

【社区教育管理机制】

1987年，成都市青羊区成立社区教育委员会，至2005年，已换届4次。2002年后，全市各区（市）县相继建立“社区教育领导小组”，建立区、街（乡）、居（村）三级组织管理机构，锦江区还建立5个“学习型组织”专业组，调动社会参与社区教育的积极性。随着社区教育活动逐年开展和深入，各区（市）县社区教育管理网络逐步形成，管理制度逐步完善。青羊区形成“区委领导、人大监督、政府统筹、政府支持、教委指导、街乡为主、单位配合、群众参与、资源共享、整体发展”的40字社区教育工作方针。在区一级“建委设室”，成立青羊区社区教育委员会，设立办公室，工作人员3～5人，统筹、领导下一级组织，指导全区社区教育；在街（乡）一级“建委设科”，建立街（乡）社区教育委员会，街道办事处增设社区教育科，科长1人，社区教育专职干部1人，文化专职人员1人，工作人员5人左右，专门负责街（乡）一级的工作；在居（村）一级“建会设站”，设立社区教育委员会居（村）分会和青少年活动站。在各级社区教育工作委员会内设校外教育、社会支教、关心下一代、家庭教育、职业技术教育和成人教育等6个专门小组，分别负责协调、实施社区教育工作；并设社区教育学院（校）和活动中心，承担培训任务和活动组织工作。

青羊区先后制定《社区教育委员会章程》《街道社区教育委员会章程》《街道办事处社会教育科职责》《关于向街道社区教育委员会选派教师的暂行管理办法》等20多个实施意见和管理办法，并把街（乡）社区教育工作纳入对社区主要领导年终责任目标考核。青羊区形成“财政拨一点，社会捐一点，单位出一点，个人拿一点”的社区教育经费保障机制。2003年，区财政拨社区教育专款46万元，社区捐款10万余元，民政局投入35万元，共90余万元。同时，通过参加全国社区教育课题研究等形式，进行区社区教育委员会办公室专职人员队伍建设；通过以会代培、开现场会等形式，进行街（乡）、居（村）领导干部、社教专干队伍建设。

【社区教育培训网络】

1990年起，成都市青羊区向全区每个街道派出一名教师为社区教育专职干部。进入21世纪后，该区社区教育讲师团、社区教育顾问团、社区教育志愿服务队伍相继建立，人数在1万人以上。社区教育讲师团聘请30多位教育、职业规划辅导师，艺术家，烹饪师以及其他行业的专家，给社区居民当老师。“依托社区，服务社区，服务老百姓”是讲师团的宗旨。2002年后，成都市各城区共确定社区教育活动基地500余个；青羊区、蒲江县建立社区教育学院，全市80%的辖区建立社区教育培训中心或社区学校，有条件的居委会设立教学点。锦江区聘请区域内有关部门单位的专家、学者和教师组建“锦江社区教育师资库”。武侯区成立“社区教育讲师团”。2004年，全市成立县级社区教育学院19所，在武侯区双楠街道办事处成立街道社区大学，建成社区市民终身教育学校185所，部分区（市）县向社区居民发放终身教育卡，持卡的社区居民能在社区学院、社区学校享受免费培训。全市基本形成区（市）县有社区学院（教育中心）、街道（乡镇）有社区分院、社区居委会（村委会）有社区教育学校的三级培训网络。至2005年，各区（市）县、街（乡）、居三级基本形成一支有工作经验、有能力的社区教育管理者、辅导员、志愿者队伍。成都市教育科学研究所对全市社区教育学院进行调查研究，共同开发课程资源，编写出一批适合城乡居民需要的学习资料，探索各社区教育学院的发展途径、方法和模式。

各社区教育学院、市民终身教育学校建立后，开展多种教育活动。锦江区光明路社区的“三岗”（腾岗、寻岗、设岗）工作和河滨居委会的“打工妹之家”引起社会关注。水井坊街道办事处投资90万元，购置130台电脑，建成成都市首家“社区电子阅览室”。青羊区黄瓦街社区成立社区打工妹学校，每月授课1次，以讲座、咨询、知识竞赛等教学形式，讲授家政服务技能等13个工种的有关知识，共培训女工2万余人。金沙街道办事处开办金沙民工夜校，每周定期就有关劳动安全、保障职工合法权益的法律条款、劳动合同签订等内容给民工进行生动、形象、细致的讲解，向民工发放“四川省进城务工人员合法权益维护卡”。通过夜校学习，民工们的法律、维权意识普遍增强，因讨工钱而被殴打的3名务工人员拿起在民工夜校学到的法律武器，按照法定程序和方法向老板讨回自己应得的工钱。

【教育资源向社区开放】

2002年10月，成都市《关于全市教育资源向社区开放的通知》出台，要求全市及区（市）县教育部门所辖中、小学校、幼儿园、职业中学的教育资源向社区开放。开放的项目主要有：运动场地（包括田径运动场地、球类运动场地、风雨操场、体育器械活动场地等）、教育设施（包括专用教室、语音室、实验室、会场、图书阅览室等）、教学设备（包括微机、职业中学职业培训设备、电化教育设备、图书刊物等）。操场和运动场地每天早晨向社区居民开放，作为晨练场地；其他开放项目原则上在“双休日”“五一”“国庆”大假和寒暑假开放；具体开放时间根据教育教学情况，各校与所在社区管理部门协商确定。此后，成都市数十所中、小学、幼儿园教育资源相继向社区开放。成都十七中教育资源向社区开放后，拉近社区居民与学校的感情，提升学校形象，起到“双赢”效果。成都二十中联合辖区内武警部队、科研院所、小学、幼儿园等单位共同制定《关于联合发起建设安全文明社区的协议》，学校设施开始对市民开放。晨练时，学生在内圈做操，市民在跑道上跑步；社区开运动会，学校积极提供场地；武警战士考军校，学校派老师辅导；辖区单位内部考试，在二十中设考场；学校还定时派出教师到市民学校上课。

2003年，将“中小学体育场所及设施向社会开放率达90%”列为“2003年为民办实事目标之一”。至年底，19个区（市）县和高新区已全面完成学校与社区的协议签订工作；34所市直属学校已有31所签订向社区开放协议，占91.17%。不少开放学校增挂“市民终身教育学校”校牌，社区向居民发放了“学习卡”和“晨练证”。2004年，市教育局联合《成都日报》对学校资源开放情况进行明察暗访，先后走访100多所学校和1000多名社区居民，及时将情况反馈给各区（市）县教育局和学校，并向全市通报。10月，召开由市直属学校校长和城区教育局分管局长参加的学校资源向社区开放工作座谈会。至2004年年底，全市具备开放条件的中小学共1065所，已向社区开放1059所，开放率达99.4%。2005年，教育资源向社区开放的工作目标是：学校教师从单纯的学校教育工作者向社会教育工作者转变，学校从学历教育向参与终身教育体系构建转变，学校从服务师生向服务社区转变，学校由重视学校建设向参与社区教育转变，社会由重视学校教育向重视包括学校教育在内的社区教育转变。

【“学习型社区”实验区】

2003年，成都市确定创建32个市级“学习型社区”实验区，对实验区的管理、创建、职责提出了具体要求，印发“学习型社区”“学习型单位”“学习型企业”“学习型家庭”等4个评估方案。在此基础上，2004年，成都市确定了68个县级“学习型社区”实验区。

成都市教育局落实学习组织、学习内容和时间，采取领导示范、规范运作、建立考核和保障激励机制等措施，积极创建学习型机关。温江区开展“学习型村、组”活动。锦江区成立由街道办事处、社区居委会和共建单位组成的学习型社区试点工作领导小组，制定学习型社区试点工作规划，6个试点社区分别按要求建一个社区学习书屋、一个电子阅览室、一个社区学习专栏、一个文艺宣传队、一支青年志愿者服务队、一批学习型家庭和一条社区健身路径。春熙路办事处梓潼桥社区、督院街办事处滨江路社区各选择了10户学习型家庭。狮子山办事处川师大社区办起了《社区时讯》，开展“三多”活动（即“每天多一些时间读书，每天多做一件好事，每天多说一句文明礼貌用语”）。滨江路社区召开社区代表大会，将每月的第二个星期天作为学习日，每个周末在英语角举办“相约在周末”舞会，参加的居民群众达1000人以上。

为建立学习型家庭，2002—2004年，市教育局、市妇联在全市2625所中小学、幼儿园中，建立家长学校2548所，在社区建立社区家庭示范点149个。2004年，市妇联又以“百万家长育英才”活动为载体，向众多家庭推出100个文明习惯和100本好书。10月，市政府投资百万，建立家庭教育指导中心；兴建100个社区母亲课堂，开办100所家长学校，聚集蓉城高等院校、教育研究机构、社区中有热情、懂教育的专业人士，为全市家庭提供家庭教育指导。锦江区年近七旬的社区居民杨步祥，将其多年的剪报作品分为几大部分，形成150多个专集共500多册，供作社区家庭教育书籍。

2005年，成都市教科所会同部分专职社区教育工作者，对32个市级和68个县级“学习型社区实验区”创建工作进行调查研究，探索创建学习型社区实验区的新途径、新方法和新模式。

【青羊区社区教育学院】

青羊社区教育学院成立于2000年，校址红庙子街，占地4000平方米，校舍建筑面积3000平方米，设有多媒体教室、语音室、形体室、器乐室等。有在职员工17人，参与学院工作的有近100人，是青羊区政府主办的区域性社区教育办学实体。该院集区域高教、成教、职教为一体，上靠区内相关部门（区民政局、妇联、教育局等），下挂社区学校、社区居委会教学点和区内相关教育部门（教培中心、青少年宫、区内中小学等），以提高社区居民的整体素质、满足全社会对教育的需求为办学目标。

2003年4月，该院牵头成立青羊社区教育讲师团。30多名来自各行各业的专家学者、成功人士、志愿者，进社区、下农村、走机关、到军营，举办讲座、活动40余次。该院整合社区内各种教育资源，建立“社区再就业教育援助中心”，针对不同群体开展教育培训。对弱势群体（下岗失业人员、非城市人口进城务工人员、残疾人）和特殊群体（劳教、新生人员）开展以适应社会生活、提高生存技能为目的的培训；对大学毕业生则进行就业援助。半年多时间，先后帮助100多人找到就业岗位。该院以“社区课堂”为平台，先后开展了社区居委会干部上岗培训、居委会干部继续教育培训以及社区学校骨干队伍培训。社区教育理论研究室组织编写了《社区课堂》系列教材，放到校园网上，社区居民足不出户便可接受社区学院提供的教育服务。10月，该院成为海尔集团的服务中心之一。

特殊教育

残疾儿童教育

【概况】

1990年，成都市有残疾儿童教育学校2所，教学班49个，在校学生565人，教职工151人。20世纪90年代中后期，残疾儿童教育学校增至8所，学制由八年制改为九年制。1992年，成都市盲聋哑学校盲生部开办四川首个高中班（按摩职高班），接着开办聋生工艺美术职高班和中学电脑班。21世纪初，市特殊教育学校增设三年制高中，对残疾儿童少年进行12年教育；全市基本形成“以特殊教育学校为骨干，以普通学校附设特殊教育班和随班就读为主”的特殊教育格局。

2003年，成都市提出全市适龄残疾儿童少年义务教育阶段入学率达到95%以上，使入学率、保留率分别达到或接近义务教育水平的目标，并要求在此基础上努力发展高水平、高质量的残疾儿童少年义务教育，提高特殊教育质量。全市各区（市）县教育行政部门和特教学校（中心）每年深入乡镇，指导乡镇中心校逐村了解残疾儿童少年基本情况和家庭情况，滚动建立《0～17周岁残疾儿童少年花名册》，对因家庭经济困难不能入学接受义务教育的残疾儿童进行资助。市教育局、市财政局、市民政局联合下发《关于发放2003年度“成都市残疾人自强助学金”相关问题的通知》，成立成都市残疾人自强助学金评审委员会，与市残联协调，从2002年收取的市本级残疾人就业保障金中拿出100万元，专门资助在校贫困残疾儿童少年就读。全市全年共有1098名残疾小学生、371名残疾中学生得到资助。另外，市残疾人联合会、市教育局决定根据实际情况，资助25名因残疾家庭经济困难不能入学、180名已入学的残疾儿童接受义务教育。《成都市人民政府关于进一步加强特殊教育工作的意见》颁发。市教育局、市财政局、市民政局与市残联共同研究决定，从2004年春季开始，全额免除正住户口在成都市的新入学和在校残疾儿童少年、福利院和SOS儿童村收养的孤儿在义务教育阶段的杂费、书本费。另外，根据当地实际，对在义务教育阶段住读和家庭经济困难的残疾学生，除享受在校残疾儿童少年生活补贴，另给予一定补贴。

2004年，全市享受“两免一补”的残疾儿童少年共7832人次，金额约216.7万元。成都市配合国家积极完成对残疾学生发放免费教科书的工作。2005年，成都市共计投入资金297.8万元，全市享受“两免一补”的残疾儿童少年共计约7712人次；全市各区（市）县的残疾儿童少年入学率达到或超过95%的发展目标。与此同时，成都市加强特殊教育师资队伍建设，进行特殊教育科学研究，提高教育教学质量；建设特殊教育随班就读支持保障体系和随班就读资源教室，进行个别化教学设计。市特殊教育学校与成都电大联合举办“聋哑”分校，拓展办学内容。至2005年，全市残疾儿童少年教育学校已有13所，初步形成能满足智力残疾、听力残疾、视力残疾等“三类”残疾儿童少年的不同教育需求的特殊教育网络布局。（见表5–29）

【教学工作】

成都市的特殊教育随班就读生的学制和使用

1990—2005年成都市残疾儿童少年教育基本情况统计表

表5-29

单位：个、人

年份	校数	班数	毕业生数	招生数	在校生数	毕业班学生数	教职工数	
							总计	其中教师
1990	2	49	46	216	565	41	151	112
1991	2	56	—	85	629	21	159	127
1992	3	72	43	324	936	66	195	151
1993	7	84	103	320	1296	142	210	147
1994	7	87	106	426	1716	134	202	132
1995	7	105	167	130	1611	201	214	146
1996	—	95	146	184	2029	—	219	—
1997	—	99	139	227	1944	—	249	—
1998	8	91	419	221	2110	328	295	248
1999	8	105	241	245	1940	236	278	211
2000	8	169	574	457	1610	253	280	223
2001	8	110	678	609	2796	—	280	214
2002	8	61	150	153	646	—	213	149
2003	8	64	137	138	644	—	217	146
2004	8	69	165	268	733	—	264	196
2005	13	86	130	204	920	—	353	276

的教材与普通学校一致，特殊教育学校和普通学校附设的特殊教育班的学制、班级和开设的课程与普通学校不相同。聋哑教育坚持“口语、指语、手势语、书面语相结合，最后落实到书面语”的教学要求。1990—1993年，市特殊教育学校聋生部学制为八年制，1993—1998年，为九年制；1998—2000年，在实行九年义务教育的基础上增设1年高中，2000—2001年，增设2年高中；2001—2005年，开设三年制高中，进行12年教育。聋生部开设语文、数学、思想政治、语言训练、体育、常识、英语、美术等近20门课程。语文、数学年年开设，且周课时最多，一年级为9节和5节，九年级为8节和6节，高中三年级为9节和10节；一至六年级开设语训课和写字课；七年级以后开设英语课，高二、高三达到每周5节；美术课年年开设，为适应职业培训需要，高二为5节，高三增至6节。有计划地进行职业教育，在缝纫、书裱、绘画、打字等职业劳动的基础上，开办聋生工艺美术职高班和中学电脑班，工艺美术职高班已面向全省招收两届学生，并在四川省美术展览馆举办首届职高班习作展。

盲生教育则坚持“摸、读、认、写训练，提高口语和书面语”的教学要求，重点进行按摩教学。市特殊教育学校盲生部义务教育阶段开设课程20余门，语文、数学、体育、综合实践活动、兴趣活动选修等年年开设；语文、数学周课时最多，5～7节；从三年级开始上外语课，初中每周4节。开办按摩职业高中班，2002—2005年，盲生职高班除开设语文、数学、政治等公共课程外，还分年段逐次开设人体解剖学、中医基础理论、西医基础、保健按摩学等20门专业课程。至2005年，已毕业13届，共263人。

成都市在市、县两级开展特殊教育教研活动，促进教师提高教学水平和教学能力。2004年，组织开展首届特教优秀论文评选活动。全市正在研究的国家级特殊教育课题3个，市级课题2个，县级课题6个。

【教师队伍建设】

1990年，成都市特殊教育教师有112人。20世纪90年代，特殊教育教师增加较快，1998年，达到248人，其中接受过专业培训的教师不多。21世纪初，市特殊教育学校（中心）共有专任教师200余名，其中特殊教育师范毕业生，占专任教师的30%左右。全市从事随班就读工作的教师，接受过专业培训的不足20%。为改变这种状况，采取的措施是：对特教学校（中心）引进大学本科生给予政策支持，鼓励在职教师“专升本”“本读研”，提高学历水平；通过假期组织特教干部和教师培训班，使其掌握科研方法，提高教师队伍的专业水平；培养成都特教改革和发展的骨干教师；提高特教教师队伍待遇。与成都电大联合举办成都电大特教分校，对全市在职特教教师进行特教专业专科学历进修。

2003年后，成都大学、成都教育学院、成都幼儿师范学校有计划地开设特殊教育课程或讲座，在学生中普及特殊教育知识；逐步对特殊教育学校非特殊教育专业毕业的专任教师，进行比较系统的特殊教育专业培训；对普通学校承担特殊教育和随班就读工作的教师，进行比较正规的短期培训。将全市性的教研工作作为特殊教育教师继续教育的一个重要内容，以教研促进教师队伍教学水平、教学能力提高。通过市、县两级教研活动提高特殊教育学校和特教班的教师教学水平，再由特殊教育学校和特教班的教师指导随班就读点开展特殊教育。培训特殊教育学校和招收残疾儿童少年随班就读的普通学校的校长，提高其对特殊教育的管理水平。鼓励和支持在职特教师资参加特殊教育专业高等教育自学考试。各区（市）县将特殊教育师资（包括社会福利机构的特殊教育师资）的培训纳入继续教育培训计划，培养中青年特殊教育骨干教师，并把特殊教育知识作为普通中小学教师继续教育的内容。各级教育行政部门、教研部门配备专（兼）职特殊教育工作的管理干部和教研员。努力提高特殊教育学校专业技术人员的业务水平。2004年12月，成都市组织本市特教教师参加“四川省首届特殊教育学校中青年教师教学基本功大赛”，荣获3个一等奖和1个二等奖，成都市教育局获组织奖。至2005年，成都市特教教师队伍中已有一批省特级教师、市和区（市）县的学科带头人、市和区（市）县的青年优秀教师。

【成都市特殊教育学校】

成都市特殊教育学校位于成都市西乡路，1951年创办，由成都市基督教盲哑学校与成都市私立明声聋哑学校合并而成，初名成都市盲哑小学。1966年10月，改名为成都市朝阳盲聋哑学校。1971年11月，改名为成都市盲聋哑学校。2002年，成都市投入资金1000多万元，修建新的综合大楼、聋生部教室、专用视力训练室，开通校园网和互联网，增添设备设施。2003年，更名为“成都市特殊教育学校”。2005年，该校占地1.53万平方米，建筑面积1500平方米。有教职工95人，其中特级教师2人，学科带头人1人，中高级教师50人；在校学生333人，共27个教学班。先后获得“全国体育先进单位”、四川省残疾人职业技能大赛特别贡献奖、成都市特殊教育先进单位等40余项荣誉称号。

成都市特殊教育学校努力把学生培养成为“身心健康、兴趣广泛、自食其力、残而有为”的合格劳动者。1992—1998年，该校每年暑期组织德育、教学工作研讨会。1992年9月，在盲生部开办了首届按摩职业高中班。聋生部在缝纫、书裱、绘画、打字等职业劳动的基础上，为其开办工艺美术职高班和中学电脑班。1995年9月，在四川省美术展览馆成功举办首届职高班习作展，这是四川省第一次残疾人的美术、工艺作品展。1997—2005年，先后承担“全国盲聋哑学校初等职业教育如何适应经济发展需要”“盲兼有其他残疾儿童、少年教育实践研究”等多个全国科研课题。该校已初步形成课堂教学、职业培训和课外活动相结合的、聋哑教育和盲生教育各有特点的教育教学体系。1995—2005年，该校先后有43名盲聋生考上北京大学、长春大学、天津理工学院等高等学校。

从1995年开始，该校为四川省举办盲聋随班就读师资培训班，共培训师资576人，其中盲生教育师资239人，聋哑教育师资337人。承担特教教研、咨询巡回辅导任务，每年接待来访人员100多人次，并派出教师到县的特教中心进行巡回指导。成立“蜀恩特教奖励基金会”，建立四川省特教资源库，成立“四川省盲人有声读物图书馆”，向全省盲人开放。

工读教育

【概况】

成都市工读教育始创于20世纪60年代。80年代，学制为二年。从1990年开始，工读学校使用普通中学统编教材，开齐初中教学大纲要求的所有学科，学制变为初中三年。90年代初，成都市工读学校招收市属中学、东城区区属中学及其地域内厂办子弟校中年龄13—16岁、属成都市正住户口、有违法和轻微犯罪行为的初中学生。1991年，招生范围扩大到成都市城区和近郊的所有中学。采取“层次教育管理模式”管理学生。凡在校进步明显、基本达到初中毕业文化程度、参加工读学校自主命题的毕业考试、成绩合格的工读生，由工读学校以初级职业技术学校的名义颁发毕业证书。工读学校毕业学生，个别升入高一级学校继续学习，大多数就业或在家待业。

1995年起，工读学校停办初级职业技术培训班，课程设置、课时安排等完全与普通中学一致，半工半读的形式不复存在，学生参加市教育局统一安排的各项竞赛活动、体育考试、会考和中考，享受普通中学学生毕业的同等待遇，大多数升入高一级学校继续学习，个别学生就业或在家待业。1997年后，主要招收成都市城区和近郊中学的流失生，以及品德行为偏常、学校及家长难以管教、不宜继续留在普通中学学习的初中学生。招生形式改为代管与托管，即工读学校招生小组教师征得学生家长和学生本人的同意，家长将学生托付工读学校代管，学籍保留在原校，学生在工读学校属借读性质，毕业后由原学校发毕业证书。1998年12月，工读学校开始招收女生。1999年，学校改变层次教育管理模式，按照学生原就读年级和文化程度编班，班级管理“向普教靠拢，坚持工读特色”。

21世纪初，成都市工读学校专门招收有一般不良行为或严重不良行为的未成年学生。2000年，按“强化学校特征，淡化工读色彩”的要求，提出工读学校必须依法把工读学生培养成为符合九年制义务教育要求的合格毕业生。2001年后，成都工读教育摒弃以管控为主的教育思想、强制性管理模式与灌输式教育方法，逐步实现由管控教育向沟通教育的常态回归。2002年，市工读学校开始参评“成都市优秀班集体”。2004年，工读学校首次评选“三好学生”和“三好班集体”。工读学校学生的毕业合格率、升学率均有较大提高。（见表5-30）

【层次教育管理模式】

20世纪90年代初期，工读学校根据学生的不同情况，将学生分为校外预备生、工读新生、工读生

1990—2005年成都市工读教育基本情况统计表

表5-30　　　　单位：个、人

年份	校数	班数	毕业生数	招生数	在校生数	毕业班学生数	教职工数	
							总计	其中教师
1990	2	7	85	81	99	—	71	33
1991	2	6	78	36	57	—	66	33
1992	2	7	29	56	84	—	62	33
1993	2	5	41	31	74	—	59	29
1994	2	4	13	13	62	—	48	19
1995	2	4	19	28	31	—	42	22
1996	2	3	15	8	32	—	42	24
1997	2	3	22	9	50	—	43	26
1998	2	3	13	4	50	—	46	28
1999	2	2	14	13	51	—	46	24
2000	2	2	30	8	50	—	42	21
2001	2	4	38	17	45	—	40	21
2002	2	6	21	32	63	—	38	28
2003	2	6	32	80	130	—	43	29
2004	2	9	48	107	191	—	45	31
2005	2	8	57	51	168	—	43	33

和职教生四个不同层次，对不同层次的学生进行不同的管理教育。学生所在层次不固定，根据其表现而变化。

1993年，按照学生入学时间编班，校内学生的层次教育随班进行。1995年及其以前，初一和初二年级全日制学习文化课。初三年级自然升入初级职业技术培训班，半天学习语文、数学、政治、体育等主要文化课，半天学习职业技术课，主要是参加职业技能操作和劳动。实行奖惩制度。奖励有表扬、奖分、奖假、缩短学制、评校内积极分子、评“三好”等。惩处有批评、隔离反省、警告、记过、延长学制等。20世纪90年代中期，废除隔离反省、延长学制等惩处方式。

1999年后，层次教育管理模式开始改变，并逐步废止。

【淡化工读色彩】

1995年以后，工读学校停办初级职业技术培训班，学校在原有文化课的基础上，又相继开设法制教育、劳动技术、信息技术、心理健康等学科。课程设置、课时安排等完全与普通中学一致，半工半读的形式不复存在。学生参加市教育局统一安排的各项竞赛活动、体育考试、会考和中考，享受普通中学学生毕业的同等待遇。1999年，学校改变层次教育管理模式，按照学生原就读年级和文化程度编班。班级管理“向普教靠拢，坚持工读特色”，强化思想政治教育、道德品质教育、行为习惯养成教育和法制教育。

2000年，提出工读学校必须依法把工读学生培养成为符合九年制义务教育要求的合格毕业生。要求工读学校必须改变以往强调德育培养标准、降低智育培养标准、文化教学课程设置不全、教学管理随意的状况；要求工读学校必须按照“德育为首、五育并举，强化教学、全面发展”的工作方针治校，“以教学为中心”，在教学内容、课程设置、班级组建、教学管理、考核制度、教师业务进修等方面与普通中学趋同。改变过去封闭式的管理，试行学生周末放假，走上“强化学校特征，淡化工读色彩”的改革之路。

2001年后，全市工读学校彻底摒弃以管控为主的教育思想、强制性管理模式与灌输式教育方法，由管控教育向沟通教育回归。工读学校以小班化教学、教师24小时陪伴、师生心灵交汇等工读教育独具的元素，吸引问题学生和他们的家长自愿选择工读教育。工读学校学生使用由市教育局指定的与普通中学学生相同的统编教材。成都市工读学校开齐了初中教学大纲要求的所有学科。同时，废除所有惩处条款，强化对学生的正面引导与鼓励。

2003年6月，中央电视台以“寻找回来的世界”为题，报道了成都市工读学校对未成年人进行思想道德教育的典型经验和成功做法。

【成都市第五十二中学】

成都市第五十二中学原名成都市工读学校，创办于1962年，是一所对普通学校难于教育的青少年进行再教育的中等学校。“文化大革命”开始后停办。1980年10月，恢复办学，迁至成都市琉璃乡潘家沟村。1998年，成都市投资在高新西区新建校舍，教学设备达到了市属普通中学的标准，并改名为成都市第五十二中学。1990—2005年，该校共招聘20余名大学毕业生，新教师占教师总数的50%以上；有本科学历的教师由不到20%提高到90%。2005年有在岗教职工37人，其中教师28人，平均年龄约30岁；具有高、中级职称的教师占70%。

20世纪90年代，该校依据《中华人民共和国义务教育法》，提出“以德育为首位，以教学为中心，实施素质教育，完成九年制义务教育，培养社会主义合格公民”的办学指导思想。采取了托管、代管等“强化学校特征，淡化工读色彩”的改革措施。2001年以后，该校认真分析学生、家长和普通学校的需求，分析工读学校具有的特色优势，转变教育观念，在全国率先提出“把工读教育开发建设成优质教育资源”的办学思想，坚持“以人为本，创美创新”的办学理念，用人文精神、和谐方法培养“问题”学生，把“问题”学生培养成和谐发展的人，培养成善于和别人和谐相处的人。同时选聘女大学毕业生担任男生班班主任，成为全国工读教育首创。2000年以后，该校毕业生参加成都市中考，毕业合格率达到98%，95%的学生升入高一级学校，部分学生升入普通高中或国家级重点高中。2002年，该校2003届一班被评为市直属学校优秀班级。2004年，成都市进行教育行风评议，该校名列37所直属学校的第5名。同年10月，教育部关工委主任邹时炎视察成都工读教育，认为成都市第五十二中学的办学思想符合中国的实际情况，有教无类，与时俱进，敢于创新，以人为本，走进了学生的心灵世界。

从2003年起，中央电视台等中央媒体先后近10次邀请该校领导、教师和学生代表20余人前往北京录制节目，对成都工读教育进行全方位报道。2004年11月，中国工读教育观念创新现场会在成都市召开，学习和推广成都市第五十二中学创造的工读优质教育品牌的典型经验。从2002年起，该校连续4年评选出成都市优秀青年教师；从2003年起，连续3年评选出成都市“十佳青年教师”。2004年，该校校长获得第五届中国十大杰出青年志愿者称号。至2005年，60%的教师获市级荣誉称号，多位教师获省级荣誉称号。

民办教育

民办学历教育

【概况】

1992年，中华人民共和国成立以来大陆地区第一家私立学历教育学校——“光亚学校”在成都市建立。1993年，经市、区两级教育主管部门批准开办的民办中、小学共有7所，小学在校生302人，初中186人，普通高中77人。其中“成都嘉好实验学校”购买土地6.67万余平方米，建起标准的校舍和300米环形跑道运动场。由于民办中小学校发展快，出现对办学者的法人资格、办学资金的到位情况和办学条件审查不够到位的问题。有的学校的宣传广告未经教育行政部门审查，宣传与实际不符。成都市教育行政部门召开社会力量举办的中小学校座谈会，要求各校做好开学前各项准备工作，未达到要求的，不得开学，暂不收回办学许可证，准其继续筹办。经1996年“执法检查”，全市有民办小学5所，在校生1188人；中学4所，在校生1787人。

1999年，成都市下发《关于鼓励发展民办初等和中等学历教育的暂行意见》，出台一系列有利于民办教育发展的优惠政策。2000年，民办中小学增加到21所，招生6300人，在校学生1.1万人。其中成都南洋学校规模最大，在校学生达到2482人。2001年，民办中小学增加到25所，招生7800人，在校学生近2万人，其中规模最大的是成都外国语学校，在校生达到3885人。民办中、小学校办学条件一般比较完善。2001年，全市民办中小学占地面积共计124万平方米，平均每校约74亩；校舍总面积达到51.7万平方米，平均每校2.1万平方米，其中99.6%为自有校舍。其中成都外国语学校、成都市三原外国语学校、成都树德新实验学校（2002年3月更名“七中育才学校东区”）、四川开元学校（2002年后更名“成都石室开元学校”）占地都在200亩以上。

21世纪初，配合普及高中阶段教育工作，民办中小学普通高中教育与职业高中教育有新的发展。2005年，全市民办中小学增至67所，在校学生增至7.7万人。其中小学在校生3.2万人，初中在校生3.1万人，高中在校生1.4万人，分别占全市小学、初中、高中在校生总数的4.36%、7.87%和7.05%。民办中小学的校舍与设备设施相应增加，学校占地面积470.9万平方米，校舍建筑面积248.84万平方米，仪器设备折合人民币约5.1亿元，拥有图书206.4万册，民办中小学财产总计达到29.62亿元。成都市民办中小学大多数分布在三环路内外，远离市区，实行寄宿制，与大多在城区、走读制居多的公办学校形成互补，少数分布在部分区（市）县，只有1所建在二环路以内，规模相对较小。

【办学体制】

成都市民办学历教育办学主体有社会团体、民主党派、企事业单位和公民个人，办学体制多种多样。1992年开办的成都光亚学校，是中国改革开放后由公民个人举办的第一所学历教育学校。成都市三原外国语学校则由企业独立举办。1999年，成都市发布《关于鼓励发展民办初等和中等学历教育的暂行意见》，允许少量公办学校实行办学体制改革。2000年，市教育局先后与民营企业以股份制的形式对成都市外国语学校、成都市第四十八中学进行办学体制改革，建立体制灵活、设备一流的民办中学——成都外国语学校、成都市实验外国语学校。经过几年发展，到2005年，上述两校均成为四川省一流名校。与此同时，依托名校开办民办学校的现象逐渐增多。2002年，北京师范大学海威教育集团以成都二中作为改革试点学校，将成都二中改制为北京师范大学成都实验学校；成都七中育才学校（东区）、成都树德联合学校、成都石室外国语学校等也相继开办。另外，名牌学校和企业集团联合举办四川师范大学实验外国语学校，企业集团和国家教育行政机关或国有企业联合举办成都西川中学。至2005年，成都市民办学校形成纯民办、民办公助、国有民营、股份制等多种办学体制。随着部分民营企业扩大投资规模，民办教育的集团化趋势开始出现。成都德瑞企业发展有限公司先后投资迁建成都外国语学校，改建成都市实验外国语学校，并兴办成都外国语学校附属小学、成都市实验外国语学校（西区）、成都市实验外国语学校附属小学等，形成规模较大的民办教育集团。成都教育初步形成以政府办学为主体、社会各界参与、公办学校和民办学校共同发展的办学格局。

【民办中小学内部管理】

1993年以前举办的3所民办中小学，举办者是公民个人，既是投资者又是管理者。1994年以后举办的民办中小学均成立学校董事会，普遍实行学校董事会领导下的校长负责制，由校长全面负责，党总支保证监督，教职工通过教代会参与学校民主管理，所有权和经营权分离。全市较多民办学校聘请原公办学校经验丰富的校长担任正副校长，基本做到专家治校，科学管理，规范办学，依法治教。成都南洋学校引进ISO 9002国际认证标准，用现代国际标准管理学校。由于民办中小学校长的任免权在校董事会，不少学校的董事长和校长在如何正确处理社会效益和经济效益的关系上发生矛盾，实际是投资者掌握绝对的决策权。有些投资者不懂教育规律，过分看重经济效益，引起校长不满，这部分校长普遍感到缺少办学自主权，无法掌握必要的办学经费，学校教育教学因此受到一定程度的影响。民办中小学校校内的行政管理设置与公办学校大体相似，均设班主任、年级组、教研组、中层干部、校级干部、党支部、团支部、学生会等；与公办学校不同的是，普遍设立招生办公室，以适应生源竞争的需要；同时针对寄宿制的特点加强学生生活管理部门的建设。民办中小学在教师资格认定、业务进修培训、职称评审、评优表彰、工龄教龄计算、学生学籍管理、毕业升学、三好学生、优秀学生干部、优秀班集体、优秀党团员评选上，以及教育教学的督导监督上，与公办学校标准尺度一致。

在投入及运行方面，成都市于20世纪90年代中前期开办的民办中小学，多数在举办时投入不多，主要靠滚动发展，不断积累。都江堰私立玉垒中学1985年起步时投资不到1.5万元，办学用房只有240平方米，到2001年发展到占地70亩，校舍面积超过1万平方米，教仪电教资产达到几十万元的规模。有少数学校由于举办者变更、债权债务纠纷，影响学校的稳定与发展。个别学校定位有偏差，出现办学困难、生源萎缩的现象。1999年以后举办的民办中小学，大多数是一次性投入。如成都外国语学校、成都南洋学校、成都三原外国语学校、成都西川中学等一大批学校，是一次投资到位、办学条件上乘的高规格学校。这类学校多数在银行有贷款，个别学校的举办者办学的动因是投资其他行业效益不佳，把目光转向办学，看重的是回报。成都市民办中小学的经费运行，有的全额留足，校长自主管理使用，如成都外国语学校、成都三原外国语学校等；有的学校收入由公司管理，学校所需经费按实际发生额在公司报销，校长在支配经济上受到较大限制，学校运行要受公司经济状况的影响，如成都建平双语学校、成都市东方双语学校等；有的自收自用，学校的举办者也是管理者，收取的学费全部放在学校，经费使用自由度较大，一般能保证学校正常运行，如光亚学校、都江堰私立玉垒中学等。成都市民办中小学大多数经济运行情况较好，少数存在不同程度的困难。

【民办中小学教师队伍建设】

随着民办教育事业发展，成都市民办中小学教师队伍逐渐扩大，1999年，全市有民办学校教师683名；2001年，增加到1683名（小学546名，中学1137名）。2005年，民办中学教职工共计3798人，其中教师2749名；民办小学教职工1946人，其中教师1194名，另有代课教师59名，兼任教师20名；民办中、小学教师数分别占全市中、小学教师总数的7.6%和3.3%。2002年，《成都市实施〈基础教育改革与发展决定〉的意见》规定："建立民办学校教师人事代理制度，鼓励符合教师任职资格各类人员从事民办学校的教育教学工作，支持高校毕业生和公办学校教师到民办学校任教。"2004年，《成都市人民政府关于大力促进民办教育发展的决定》鼓励民办学校"引进和培养名教师、名校长"。

据2001年调查统计，全市民办中学教师的人事关系主要在成都市人才流动服务中心教育分中心以及原单位，分别占36%和46.9%，两者占总数的82.9%，其余17.1%为退休教师、自谋职业者、离职人员。民办中小学教师学历结构较好，以中青年教师为主，初步建立起老、中、青配套的教师队伍。2001年，全市1683名民办中小学教师中，小学教师本科学历占19.8%，专科占57.7%，中专占22%，小学教师学历达标率为99.5%；中学教师本科学历占83.1%，专科占15.5%。35岁以下的教师占66.8%，35～50岁的占21.4%，51岁以上的只占11.8%；在51岁以上的教师中，74.4%是高级或特级教师；中年教师偏少。从职称看，中学高级教师（包括特级教师）占20.4%，中级职称占38.3%；小学高级教师（包括特级）占15.6%，中级职称占31%，初级职称占31.1%。民办中学教师男女基本各占一半，小学女教师占了75%。

民办中小学用人机制决定教师选择学校的自由度较大，一般民办学校教师的流动率在5%左右。学校可以选择优秀的教师，也存在教师不按合同在学期中离校的情况，在一定程度上影响学校教学工作的正常运行。成都市各民办中小学均重视教师队伍建设和管理。成都外国语学校对教师"精选引进，规范培训，科学管理，合理使用"。首先把好招聘关，对应聘教师的专业知识和基本素质进行严格考核；其次对拟聘和分配来的教师，进行师德教育、遵纪守法教育、规章制度教育，组织专业技能培训、教育理论培训和现代化教学手段培训，开展老带新、"熟带生"活动等。在教师管理上，坚持人文管理与依法管理相结合，鼓励竞争与强调团结相结合，激励先进与制约违规相结合，对教职工施以人文关怀，关心他们的精神生活与专业发展，避免重使用、轻培养的错误倾向。该校坚持"三留人"（即以事业成就人、以情感留住人、以待遇吸引人）、一期一评，对所有教职工均采取自评与他评相结合的办法，并将待遇、津贴与考核结果挂钩，进一步实现师资队伍的优化组合。每期对工作成绩突出的班主任和教师，给予晋升一级工资的奖励，奖励面为20%；对考核基本称职的给予降低工资等处理，处罚面约占1%～2%；解聘极个别不称职的教师。采用"基本工资+岗位工资+奖励工资"的结构工资制度。另外，学校根据教师的思想素质、专业水平和实际表现合理安排并适时调整教师的工作，"人尽其才，大才大用，小才小用，无才不用"。

【办学纠纷与产权变更】

从20世纪90年代起，成都市分期分批对全市民办中小学负责人进行包括依法办学、法律政策、学校管理、教育形势等方面的培训，对学校开展执法检查。1996年，对10余起家长与教师、家长与学校、教师与学校的纠纷进行处理，维护教师的合法权益以及办学者和求学者双方的合法权益。2001年，成都嘉好实验学校出现债务纠纷。9月4日，该校董事会成员突然全部离校，几十名债主聚集校内。成都市教育局成立处理嘉好学校问题工作组。“以事实为依据，以法律为准绳，通过司法机关，严格依法办事”。工作组与债主对话，引导债主通过法律途径依法讨债，不能有过激行为。召开该校中层干部和教师座谈会，作好学校稳定工作。同时准备接管该校的预案。2002年1月7日，双流县人民法院作出民事裁定，依法对嘉好学校实行强制托管，委托成都市教育局对该校全部资产进行全面管理，对该校的一切事物全权负责。1月8日，市教育局出具承诺书，承诺被托管后的嘉好学校体制不变，运行机制不变，聘用人员以及待遇不变，希望工程学生享受的免费待遇不变。6月28日，在双流县人民法院主持并监督下，四川联拍拍卖公司向成都市盐道街中学移交嘉好学校的全部资产；双流县人民法院解除对嘉好学校的强制委托管理；成都市教育局宣布《关于撤销成都嘉好实验学校的决定》和《关于同意成立盐道街中学外国语学校的批复》，并宣布盐道街中学外国语学校领导班子的任命通知。至此，成都嘉好学校债务纠纷以产权变更形式解决。此后，又有数所学校出现产权变更的情况。2002年，成都建平双语学校产权被四川博瑞教育集团购买，更名为成都实验外国语学校（西区）。2004年，成都南洋学校更名成都树德联合学校，举办者变更为四川博瑞教育有限公司后，与成都市树德中学联合举办。同年，成都东方双语学校产权变更，更名西南师范大学成都附属学校；不久，法院清算其债务后，该校停办撤销。

2001年10月，成都市对市管民办中小学进行财务检查，制定《关于规范民办中小学收费及财务工作的规定》，要求利用年度审验换证的机会，对所有民办中小学按规定委托会计师事务所对其财务状况进行审计，帮助有困难的学校化解矛盾，避免出现重大的经济运行问题。由于民办学历教育发展迅速，生源竞争加剧，部分办学者指导思想不明确，此后3年，民办中小学的收费投诉率不断增加。2002年，成都市制定《关于规范社会力量举办的学历教育学校收费行为的通知》。每年均组织不同规模的收费检查。2005年，制定《成都市教育局关于进一步规范民办学校收费行为的通知》以及《成都市民办教育收费管理暂行办法实施细则》，市教育局与有关政府行政部门主动协调解决部分民办小学出现的矛盾或危机，维护民办学校持续发展势头。（见表5-31）

2005年成都市市管民办中小学、职业学校一览表

表5-31

市管民办普通中小学	内容	地址
1.中学		
新都一中实验学校	普通初、高中	新都区海都大道北侧
北京师范大学成都实验中学	普通初、高中	红星路一段37号
成都市三原外国语学校	普通初、高中	新都区三河镇蜀隆大道
成都新世纪外国语学校	普通小学初、高中	温江区文武路207号
北大附中成都实验学校	普通初、高中	青白江区石家碾东路
成都市盐道街中学外语学校	普通小学、初、高中	双流县机场路189号

续表

市管民办普通中小学	内容	地址
成都七中实验学校	普通小学、初、高中	温江区光华大道延伸线
成都七中育才学校（东区）	普通初、高中	锦江区琉璃乡金象寺
成都树德联合学校	普通小学 、初、高中	郫县犀浦泰山大道
成都石室外语学校	普通初、高中	金牛区金牛乡黄金路1号
成都石室实验外国语学校	普通小学、初、高中	武侯区金花镇金兴南路32号
成都十二中华智学校	普通初、高中	成华区双桥路211号
成都外国语学校	普通初、高中	郫县犀浦镇：高新西区
成都市实验外国语学校	普通初、高中	金牛区一环路北一段134号
成都市实验外国语学校（西区）	普通初、高中	郫县犀浦镇：高新西区
成都西川中学	普通初、高中	武侯区广福桥街3号
四川师大附属实验学校	普通小学、初中	锦江区四川师范大学校内
成都美视国际学校	普通小学 、初、高中	人民南路南延线天府大道
四川成都七中东方闻道网校	普通初、高中	武侯区四维村6号七中校内
四川双流棠湖中学外语实验学校	普通初、高中	西南航空港临湾路3段9号
2.小学		
成都外国语学校附属小学	普通小学	郫县犀浦镇高新西区
成都市七中育才学校附属外国语小学	普通小学	锦江区琉璃场金象寺
3.职业学校		
四川美视流行音乐职业学校	职业	龙泉驿区大面镇
四川省弘博中等专业学校	职业	华阳武警成都指挥学院内
成都商贸职业技术学校	职业	高新西区团结镇
四川托普计算机职业学校	职业	郫县红光镇西部软件园
成都信息管理中等职业学校	职业	成都市永丰路4号
成都华夏旅游商务学校	成人	成都市太升路11号
四川共青中等职业学校	职业	成都市崇州江源路112号
成都德圣中等职业学校	成人	沙河铺大营门口街36号
成都市庄园机电职业技术学校	职业	大邑县安仁镇迎宾路一段
成都华普科技职业学校	职业	都江堰青城山镇（太平镇）
成都西部高级职业技术学校	职业	郫县安德镇
成都正则会计学校	职业	一环路西一段29号
成都天府职业技术学校	职业	金牛区土龙路61号
四川省联合经济学校	职业	龙泉驿区洛带镇
四川省经济技术学校	职业	高新区新北小区
四川省经济管理学校	职业	高新西区团结镇
四川省实用中等专业学校	职业	外北熊猫大道蜀陵路1号
成都博川经济技术学校	职业	成都市温江区和盛镇

【光亚学校】

光亚学校成立于1992年，坐落在都江堰市，占地面积9.2万平方米，在校学生440人，各项设施俱全，是中华人民共和国成立以来大陆地区第一所由公民个人创办的全日制住读学校。由于学校经济运作的特殊性，学生中有95%来自城市中等收入以上家庭。2005年，该校来自法国的学生占学生总数的2%，来自美国、澳大利亚、巴西、新加坡的学生分别占1%，来自缅甸的占10%；来自中国香港的占1%，来自中国台湾的占3%。学校有赞助“希望工程”和帮助孤儿的援助项目，这部分学生占学生总人数的3%。

光亚学校校园一角

该校全面执行教育部规定的课程标准，从小学一年级至高中开设由各国外教执教的英语、法语、日语、德语、空手道等多元文化课程，培养学生在全球化进程中所必需的语言知识与能力。实行小班化教学，每个班学生人数严格限定在30人以内。根据不同学生的特点，实施统一要求、分层教学、分类辅导和特长培养，让学生全员、自主、和谐、全面发展。将必修课与选修课相结合，为学生在基础性学习能力和发展性学习能力上提供宽阔的成长途径。学校实施的基础教育、博爱教育、技能教育（烹饪、马术等）、英语特色教育（包括每周每班5节课的全外教授课和各类型的英语表演活动等）都取得较好成绩。英语成为该校的优势学科，在2004年的全国英语比赛中，该校1名学生获得一等奖。光亚学校重视家庭、学校、社会教育“三教合一”，实行住读制度，塑造学生的人格。1995年，学校参加国际文凭组织，成为全国第一批有资格颁发“国际文凭”的学校之一。2005年9月，该校取得IB国际文凭大学预科项目的办学资格，开办IB国际高中，现有学生51人。光亚学校加入AFS组织的“中美合作交流项目”，与美国佛罗里达州的菲利浦高中建立友好学校关系，每年互派教师和学生访问、学习与交流。

光亚学校先后被四川省教育厅、国民党革命委员会等部门评为办学先进单位，该校中共党支部被评为先进支部。

【成都树德联合学校】

成都树德联合学校位于成都市高新西区（郫县犀浦镇）泰山大道南侧，占地10.66万平方米，建筑面积7万平方米。2003年8月，四川博瑞投资控股集团有限公司投资1.6亿元人民币收购成都南洋学校，2004年2月9日，在原南洋学校旧址挂牌成立成都树德联合学校。

原成都南洋学校以“与公立学校同行，和世界教育同步”为目标，办学4年。成都树德联合学校建立后，继承树德中学的办学传统，把“树德广才”确立为办学思想。树德中学派出管理团队和教师团队，优化树德联合学校的管理和教师队伍。两校联办实验班，定期进行交流；实行寄宿制管理、小班化教学和导师制，每位老师负责五六名学生，从思想状况、心理动态、学习方法、学科知识等方面，进行长期的个别化指导。高2005级两个理科实验班的学生，中考成绩仅有7人达到重点线，多数学生没达到普高线。经过努力，在2005年的高考中，这两个班51人参考，重点大学上线率为33.3%，本科院校上线率为62.7%，专科上线率达100%；学科平均分在成都市17所民办学校中位居前列。该校在不同的年级开展有针对性的艺体、科创教育活动，对有特长的学生进行有针对性的培养，不少学生在国内各级体育、艺术比赛中获奖。该校被中央教科所命名为“创新教育实验学校”，教育部授予“信息技术及应用远程教育培训基地”称号，被评为成都市高中教学质量优秀先进学校。

【四川德瑞教育集团】

1999年以后，四川德瑞企业发展有限公司先后筹资建成四川外语学院成都学院、成都外国语学校、成都市实验外国语学校、成都实验外国语学校（西区）、成都外国语学校附属小学、成都实验外国语学校附属小学和成都市金牛区成外附小幼儿园（筹）。七所学校（校区）总占地面积73.3万平方米，总建筑面积65万多平方米，总招生能力2.58万人，在校生已达2.16万余人，形成从幼儿教育到大学教育的具有外国语特色的教育集团，致力于培养思想品德优良、文化基础扎实、外语特长突出、身心健康、具有实践能力和创新精神、适应21世纪挑战的竞争型人才。

四川外语学院成都学院创办于2000年，是四川外语学院举办、四川德瑞教育集团投资、经教育部批准的独立学院。设有英语翻译、英语经贸、英语旅游、英语外事管理、英语师范、日语、德语、西班牙语等8个系和1个外语教育培训中心，位于都江堰市大观镇。在300多名专任教师中，具有副高级以上职称的占43%，常年聘有英国、美国、加拿大、日本等国家外籍教师和专家任教。该院现有全日制在校生8200多人，从2004年秋季入学的新生开始，学生毕业由四川外语学院成都学院颁发毕业证书，取得学位的由四川外语学院颁发学士学位证书，优秀本科毕业生免试攻读四川外语学院硕士研究生。根据与美国狄克森州立大学的合作协议，成绩达到要求的本科学生可在4年学习期间赴美学习1年，毕业后可申请四川外语学院和美国狄克森州立大学的双学位证书。

成都外国语学校创办于1989年，是一所具有外语特色的高完中，省级校风示范校，省级实验教学示范校，省级现代教育技术示范校，被教育部确定为全国13所具有保送生资格的外国语学校之一，位于高新区百草路35号。2003年，被评为四川省优秀民办学校。该校实行寄宿制，管理严格。外语教学按专业化的要求，采用国外教材，运用现代化的教学方法和手段，从听、说、读、写四个方面对学生进行系统的能力训练。学校其余学科的课程设置、教学要求与其他全日制重点中学相同。

成都市实验外国语学校创办于1993年，秉承“培养综合素质高、学业成绩优秀、既具有外语特长又具理科思维的、文理并重的创新型、国际性的中学毕业生”的办学思想，注重学生综合素质全面发展。在外语教学上，长期坚持小班化教学，全英文授课，直觉式思维培养。该校打破传统的外语课程模式，除国家规定的外语课时外，增开外语早课和晚课，加强学生外语听说训练；并逐渐形成了英、法、德等多种外语教学课程体系。从1999年起，该校先后有5个学生获得高考全省第一名。

成都市实验外国语学校（西区）于2002年投资兴建。英语课实行小班化教学，每个小班配一名专职英语教师；引进国外教材，外籍教师常年驻校教授口语；注重培养学生英语听、说、读、写能力和英语思维能力。连续几年高考、中考均取得优异成绩，受到成都市教育局的表彰。

成都外国语学校附属小学自2000年建校以来，注重基础学科的教学，语文、数学、英语学科参加市、区级调研考试，成绩均名列前茅。每年毕业生合格率100%，优生率96%以上。该校构建现代课程体系，突出课程的生命价值、生活价值和发展价值。

成都市实验外国语学校附属小学为全封闭寄宿制小学。采用“所有权和经营权分离”的办学模式，给予校长充分的办学自主权。每年毕业生合格率100%，优生率90%以上。

民办非学历教育

【概况】

1990年，成都市有经正式批准的社会力量举办学校（班）324个，有专兼职教师3276人，专兼职管理人员1859人；以职业技术教育和中初等培训为主，共开设120个专业、331门学科（课程）；全年办班3776个，培训学员24.99万人次。1991—1995年，成都市鼓励社会力量办学，民办非学历教育与社会经济发展需要紧密结合，发展迅速。1995年，全市有民办非学历教育学校（班）730所，其中幼儿园35所，非学历高等教育学校20所，其他学校675所。进入民办非学历教育学校学习的人数增加，其中在园幼儿5398人，专业技术教育7.25万人，岗位培训5273人，继续教育5487人，社会文化生活教育15.61万人，非学历高等教育5839人；有专兼职教师约8000人，专兼职管理人员约4000人。与此同时，出现了乱办班、乱收费、乱发文凭等问题。

1995年，成都市制定下发《成都市社会力量办学管理条例》；1996年，拟发4个与之配套的规章，并转发四川省《关于社会力量办学收费标准及有关问题的通知》，组织力量对社会力量办学逐校进行执法检查。年底换证时，符合办学条件的民办非学历教育学校有幼儿园55所，在园幼儿3093人；专业技术教育学校154所，在校学员3.27万人；其他学校428所，在校学员18.32万人；岗位培训学校8所，在校学员2574人。1997年，国务院发布《社会力量办学条例》，国家教委下发《关于实施〈社会力量办学条例〉若干问题的意见》，成都市及时贯彻实施。1996—2000年，民办非学历教育在不断的检查、年审中，初步走上规范发展的轨道。2000年，全市民办非学历教育学校（机构）近700所。

2001—2005年，成都市民办非学历教育迅速发展。2002年底，全市有非学历教育性质的民办高校及教育机构28所，幼儿园1240所，其他培训机构1010余所。2005年，全市有民办非学历教育学校（机构）2397所，其中教育行政部门审批2082所，劳动保障部门审批315所。在教育行政部门审批的民办非学历教育学校中，非学历高等教育机构7所；幼儿园1451所，在园幼儿13.28万人；其他培训机构624所。成都市民办非学历教育初步形成从艺术教育到初、中、高级文化补习、高等自考助学教育、继续教育、社会文化生活教育等多层次、多门类、多专业的办学体系。

【民办非学历教育办学行为规范】

1991—1995年，成都市民办学校发展较大。在发展过程中，有的区（县）未按规定的权限审批；审批时对办学者的法人资格、办学资金到位情况和办学条件审查得不够严格；广告宣传审查不严，宣传与实际不符；部分民办学校会计账务混乱，出现了乱办班、乱收费、乱发文凭的问题。从1993年起，连续下发《关于成都市社会力量办学财务管理、会计核算的通知》等多个文件，要求各民办学校认真执行国家财经政策和制度，健全财务管理，自收自支单独建账独立核算，不得乱收费用和任意提高收费标准。对非学历教育收取的报名费、代管费、学费、实验实习费、住宿费等项目的收费标准作了具体明确的规定，对全市民办学校（班）逐一进行执法检查，对42所问题较为严重的学校发出限期整改通知书。到1996年，符合办学条件并换发新证的学校较上年减少67所，下降9%；在校生减少5万余人，下降18%。

1997年，国务院发布《社会力量办学条例》，成都市要求各校自查，市教委分类指导。1999年，成都市制定《关于加强社会力量办学管理和规范社会力量办学行为的意见》，要求各级教育行政部门坚持分级审批、属地管理，加强对联合办学和自考助学活动的审批和管理，加强财务监督检查，整顿招生秩序，建立和完善监督、评估机制，进行全面的清理整顿，进一步规范社会力量办学。

2001—2005年，成都市严格按照相关法律法规审批民办非学历教育学校，坚持年度审验制度，对办学方向、学校管理、教育教学、财务管理等进行审验，审验合格方准继续办学；建立和健全教育督导和评估制度，并由成立于1999年的成都市教育评估事务所专职开展对学校办学资格、办学水平、财务状况等方面的评估。2004年，成都市作出《关于大力促进民办教育发展的决定》，并在市及各区（市）县政府建立民办教育联席会议制度。2005年，成都市制定《关于依法规范社会组织和个人办学行为的通知》和《民办教育收费管理暂行办法实施细则》。此外，根据有关规定和学校办学实际，成都市陆续制定民办学校行政管理制度、教育教学管理制度、财务管理制度、印章广告管理制度等，加强常规管理，提高教育教学质量。市教育局相关人员多次到民办非学历教育学校听课和了解情况，指导工作，促进民办非学历教育学校办出特色。

2005年，全市民办非学历教育学校（机构）达到2397所。在发展进程中，国家对其税收优惠等政策尚未落实，成都市民办非学历教育学校（机构）大多数投入少，规模小，条件差，办学经费不稳定，尚未出现社会公认的优质教育品牌；少数办学者思想不端正，办学过程中仍然存在乱收费、乱招生、乱打广告、乱分配等混乱现象，有待进一步监管和规范。

【民办职业技能培训】

1997年，国务院发布《社会力量办学条例》，规定举办实施以职业技能为主的职业资格培训、技术等级培训的教育机构和举办实施劳动就业职业技能培训的教育机构由县级以上政府劳动行政部门审批并抄送同级教育行政部门备案。成都市劳动局于1997年10月发出《关于加强社会力量办学管理的通知》，首次将民办职业技能培训机构的审批、管理、评估纳入劳动行政部门的管理范围。当年，审批市职业技能培训学校等55家培训机构，注销4家。1998年，审批30家，注销5家，增加专业（工种）6个。1999年5月，市劳动局发出《关于核发社会力量办学许可证的公告》，规定未取得办学许可证的培训机构不得面向社会招生。2001年6月，市劳动局制定实施《成都市社会力量办职业技能培训规定》，详细规定全市社会力量办职业技能培训机构的申办资格、场地设置、师资条件、收费标准等，进行规范管理。2002年，全市审批22家，注销15家，增加专业（工种）4个；共培训2.04万人，颁布合格证书1.43万本。2003年2月，市劳动和社会保障局发出《关于加强职业技能培训机构教学质量管理的通知》，要求各培训机构规范办学行为、确保办学规模，凡连续2年年培训量未达到200人的培训机构在年检后注销，且每年必须保证获得职业资格证书的人数不得低于参加培训学员人数的三分之二。市劳动行政部门每年对全市民办职业技能培训机构的“办学许可证”和“收费许可证”进行年检，并将年检结果在新闻媒体上公告。

2003年，全面贯彻执行《中华人民共和国民办教育促进法》，并结合实际制定《成都市民办职业技能培训实施意见》，废止原实施的《成都市社会力量办职业技能培训规定》，全市社会力量办职业培训机构共培训2.3万人，颁发合格证书1.86万本。2005年，全面开展对各职业技能培训学校宣传广告的规范、整治工作，受到群众的欢迎。9月9日，召开成都市民办职业技能培训协会成立大会暨第一次理事会会议，调动不同层面、不同规模培训机构的积极性、创造性，促进全市民办职业技能培训工作向依法规范办学的方向发展。2005年，共审批15家，注销16家，增加专业（工种）14个；至年底，全市社会力量办职业技能培训机构共有140家，培训9.5万人，颁发合格证书2.9万本。

【业余艺术教育与考级】

1990年前后，成都市青少年、儿童接受业余艺术教育的人数明显增多。全市业余艺术学校有的教学正规，水平较高；有的教学随意，教师专业水平不高。市教委、市文化局、市音乐家协会及四川音乐学院等有关单位相关负责人组成“考试指导委员会”，在全市业余音乐教育中逐步推行专业等级证书考试工作。等级序列由低至高共分10级。首次考试于1989年底举行，1个专业（小提琴），400余人报考。1990年3月和8月，两次进行考试，小提琴、钢琴、电子琴、扬琴等共4个专业、1524名报考，有1210人分别取得1—8级的不同专业的等级证书。此后考试专业逐年增加，20余种中外管弦乐器逐步开考，到1993年，参考学生约5000人。同年，业余音乐考级工作在全省推广，成都市的考级工作由四川省教委和成都市教委共同组织，组建了省、市联合考级委员会。

1993年，增设业余声乐等级证书考试（分老年组、少儿组），1995年，参考学员上万人。同年，启动舞蹈考级工作，专业有中国舞（古典舞、民族民间舞）和芭蕾舞，每年8月考试，2000年，报考人数增至5000人左右，90%以上报考者获得等级证书。至2000年，全市共有25个专业进行等级考试，1万余人报考，8500余人获得等级证书。2003年，启动四川省社会艺术水平美术、书法考级工作，分10个等级，7月考试，全省报考人数美术专业3000人左右，书法专业1000人左右（基本上是成都市的美术、书法学习者），84.5%报考者获得等级证书。

等级证书考试工作开展后，社会力量办学单位均加强了教学管理和研究。四川音乐学院业余新新音乐学校限定班级人数，集体班不超过15人，小集体班不超过8人，小组课不超过4人；按年龄和技术程度编班，并随时调整；教材内容包括基本练习、解决专门技术问题的练习曲和乐曲等三要素；按教学计划授课，按期组织考试和抽样考查；凡已实行等级证书考试的专业，均以考试标准为大纲制订授课计划，并加强演出实践。由于教学质量较高，该校成为一所有800多名学生、80多名教师、设有24个不同专业的学校。不少著名艺术家参与业余艺术教育，以四川著名青年舞蹈家王玉兰命名的“四川省玉兰舞蹈学校”于1994年开学。1993年，市青少年宫艺术部小提琴班3名学员分别被中央音乐学院和上海音乐学院录取。成都市商业场小学学生的水粉画《给爸爸画像》获得联合国教科文组织、挪威皇家外交部联合举办的“1994国际家庭年《孩子眼中的家庭》国际儿童绘画竞赛”最高奖。1998年年底，先后在四川美术展览馆、成都锦城艺术宫举办社会力量办学书画展和师生文艺会演。

2005年，在经市教育局年审合格公示的600余所民办学校中，有艺术教育类学校（或涉艺学校）约200所，约占总数的三分之一。同年，成都市有约1.6万人报名参加28个音乐专业等级考试，约1.36万人获得等级证书；有约1万人报名参加舞蹈等级考试，90%以上获得等级证书；分别约有5000人和2000人报名参加美术、书法等级考试，82.8%的报考者获得等级证书。

【成都市墨池学校】

成都市墨池学校成立于1981年，以办高考复读补习班为主。从1994年起，办学重点转为成人高等教育，聘用普通高校退休、具有高级职称以上的老师作为相应专业的责任教师，负责该专业的建设和教学过程的监督管理，形成了相对稳定的师资队伍和管理体系。2005年，该校有专兼职教师130余名（含专职管理人员33人），其中74%具有高级职称。建筑面积1200余平方米，有2个多媒体教室，一个语音室，并安装IP接收系统、电大在线平台和几百套课桌椅。长期与四川广播电视大学、成都信息工程学院、西南民族大学等合作，培养出数以万计的成人专、本科学生。

2000年秋季，该校参与中央电大人才培养模式改革和开放教育试点，学习全新的教育思想和先进的教学理念，利用多媒体交叉教学，加强教学过程的管理，注重实践性环节的检查考核评分，规定每门课程最低上网时间和点击的次数，划分纸质作业和网上作业的比例，规定参加电话问答、网上提问（含发电子邮件）、专题BBS讨论等。接受开放教育的学生从2000年的250余名上升到2005年的1200余名，该校学生总人数达到2300余名。从2002年起，每年毕业生在1000人左右。连续被评为省电大优秀分校，获得市政府授予的诚信民办非企业单位称号，先后被评为省、市级优秀学校。

【五月花计算机专业学校】

五月花计算机专业学校成立于1999年。初为民办职业技能培训学校，2004年，被成都市劳动和社会保障局批准成为技工学校。该校“以育人为宗旨，以就业为导向”，实行家庭式加制度化的管理方法。耗资10万元开发“学生信息化管理系统”，家长通过网络随时可以看到孩子在校的表现。到2005年底，学校累计投入1.1亿元人民币，建成20余所连锁培训学校。10年来，为社会输送15万余合格人才。该校在100多个大城市建立就业服务站；先后斥资600多万元，建立人才网站，拥有固定会员单位3万多家，每年获得近10万条就业信息，定向培养订单近2000份，为学生扩大就业选择空间。该校拥有国家级职业技能鉴定资格和包括美国微软（Microsoft）、美国欧特克（Autodesk）、美国奥多比（Adobe）、加拿大科亿尔（Corel）、太阳（Sun）、Linux、思科（Cisco）等在内的25种国际软件授权认证资格，是四川省国家级数控技能鉴定单位之一。

从2000年开始，该校连续5年被授予“成都市社会力量办学先进单位”，获“全国民办非企业单位自律与诚信建设先进单位”等称号，被省教育厅评估为“优秀学院”。先后被微软中国公司等国际知名的IT软件厂商授权为授权培训中心或指定为认证培训中心。2005年，该校新建占地13.3万平方米的全日制教学基地，可同时容纳1.5万名学生就读。该校开设数控“模具设计与制造专业”“软件开发专业”“商业网站设计”“商业室内设计”“系统集成”“保险实务”等17个专业，有在校学生6.7万余人，其中全日制学历加技能培训专业学生2.2万余人，非全日制技能短期培训科目60余个，学生4.5万余人。有教职员工400余人，其中具有博士、硕士、本科学历的专职教师200多名，具有硕士以上学历或副教授以上职称并取得高校教师资格证的教师占任课教师总数的30%。

【戴氏英语学校】

戴氏英语学校于1989年由戴国斌创立。经过16年发展，戴氏英语学校已成为一个大型跨国集团化教育机构。拥有成都总校，北京戴氏教育咨询有限公司、西安分校、美国洛杉矶分校、加拿大温哥华分校等32所分校，下辖戴氏教育发展有限公司、戴氏教育科学研究中心等10多个机构，服务项目有中（小）学教育、高等教育、成人英语培训、艺术教育、出国留学培训等。戴氏英语学校总部设在成都市顺城街252号，在城区内拥有6个教学区，占地5万平方米，有教职工200余人，其中教授、副教授数十人，讲师近200人。每学年招生1万人以上。

该校少儿英语中心组建于1995年。1998年，剑桥英语刚刚步入成都市场时，该校便成为四川省自考委批准的首批“少儿剑桥英语”培训基地；2005年，成为全市较大的少儿培训基地之一。中学名师中心已成立十余年，是成都市中学生课外提高学习成绩的办学机构。教师针对学生实际情况进行大容量、快节奏、高效率的课外培训，帮助学生在短期内提高学习成绩。高考复读中心招收高考成绩不理想的学员（含应届、往届高考生、职高生、艺体生、中专生）以及高二学生全日制补习生。成人英语中心针对学员的具体情况为其量身定制英语课程，开设有英语初级班、初级提高班、新概念英语班、VIP1对1精品班、全外教精品口语班、全国公共英语等级培训班以及大学英语等级培训等多种类型的培训课程。该中心还开设韩、日、法、德、俄、西等小语种培训班。

1995年，戴氏英语学校成立自考大专、本科学历文凭中心，开设英语、法律、会计、国际贸易、行政管理、计算机及应用、工商企业管理等多种学科，学员毕业获得由四川大学、西南财经大学与省自考委颁发的文凭，或者获得北京语言大学、中国政法大学与中央电大等联合颁发的文凭。该校留学培训中心致力于培养中学生适应海外生存、发展所需的综合素质和技能。

戴氏英语学校先后多次被评为四川省和成都市社会力量办学先进集体。2005年，被四川省人事厅、四川省民政厅评为四川省先进民间组织。

【金苹果新蒙特梭利幼儿园】

金苹果新蒙特梭利幼儿园（以下简称“金苹果幼儿园”）创办于1998年，地处成都市棕南小区。幼儿园拥有配套完善、开放的多功能活动使用空间及独立的活动单元，班级环境设备一流，在原有活动区基础上特设感官训练、日常生活训练等区域。金苹果幼儿园以“为孩子提供均等的发展空间，培养具有创新精神和生存能力的主动学习者”为育人目标，将保护幼儿生命和促进幼儿健康放在工作首位，充分考虑儿童的年龄特点和个体差异，提出了八大保育原则，即与教育并重的保育、主动积极的保育、个性化的保育、体贴入微的保育、终身受益的保育、全员参与的保育、专家领纲的保育和充分利用自然因素的保育。从“培养现代国际人”的全人教育视角出发，以系列教育活动，营造每个幼儿自主、多元发展的均等空间，搭建幼儿、教师、家长共同成长的平台。努力将蒙氏教育理论有效地与《幼儿园教育指导纲要（试行）》精神和现代教育思想相结合，以“研究—利用—改造—发展—创新”的方式，贯穿于幼儿的一日生活中，让幼儿在有秩序、有准备、无压抑的环境中成长。

该幼儿园于2002年9月承担四川省“十五”重点项目“西部幼儿智慧均衡加速发展计划”子课题的研究，并成为“四川省幼儿师资培训中心项目实验园”。每年接待观摩与承办全国、省、市、区各级幼教现场研讨、观摩活动数次，有多篇论文在各级各类评比中获奖并刊登在专业杂志上。金苹果新蒙特梭利幼儿园与家庭、小区密切合作，视家长为教育伙伴，使家庭和幼儿园教育形成合力。坚持新生家庭教养方式调查，在一对一约谈及多种形式的家长开放活动中，用不同方式引导家长调整教养意识和教养行为，促进孩子在心理素质、创造性、社会适应性、认知等方面获得良好的发展。

出国留学预备教育与对外交流

出国留学预备教育

【概况】

1978年6月，邓小平指示增派出国留学人员。当年12月，国家即派出改革开放后的首批52名赴美访问学者。1981年，国家放开自费留学政策，托福考试进入中国。留学工作起步之初，成都的留学生大多是经过严格挑选后用公费派出，由于信息不对称、手续烦琐复杂等方面因素，真正能自费出国留学的人很少。1985年，国家取消自费出国留学资格审核，成都市的“出国热”与全国各地一样迅速升温，每年自费出国留学人员占当年出国留学人数的90%以上。与此同时，全市出国留学预备教育机构迅速发展起来。

成都地区出国留学预备教育机构主要有三种类型。一种为在成都的大学举办的出国留学人员培训部（出国留学预备教育学院），主要对即将出国留学的大学生和公派人员进行外语培训，大多数公费派出的人员经此种机构培训后出国。四川大学出国留学人员培训部于20世纪80年代中期引进托福和雅思考试。除此之外，在成都的高校所属部分教育机构用与国外高校联合办学的形式，涉足出国留学教育。另一种为部分高中学校开办的“国际部”。中学“国际部”为有出国留学意愿的高中学生开办各种留学预备班，除完成高中学业外，还进行托福语言培训和部分国际大学预科课程教学。1999年，成都市第一个中学国际部在成都七中设立。2005年秋，省内首家中外合作办学政府项目——中新（新西兰）友好实验班在成都石室中学国际部启动，招收2008届新生。再一种为社会举办的留学中介服务机构，主要为社会各界自费出国留学人员进行相关培训，提供中介服务，代办因私出国签证，提供出国咨询服务等，至2005年成都地区已有留学中介机构数十家。

公费留学生由在成都的各大专院校、各科学研究院（所）、各企事业单位等按计划挑选并经培训和严格考核合格后，派往国外大学或研究机构留学，学习国家需要的专业和课程，以攻读硕士、博士学位者居多，学成后回国服务的不少。自费留学生经过培训、通过托福或雅思考试后，在成都有多种途径可以出国留学。有的通过信息网络获得国外大学的招生信息，向其主动寄出相关资料并申请奖学金，得到录取通知后赴外学习；有的考入国内学校与国外学校合资兴办的学校，按既定的办学模式出国留学。随着对外交流的频繁和深入，有的教育交流项目通过省市教育行政部门落实到成都市的中学国际部，中学国际部随即举办项目班，学生通过一定时间学习后出国留学；有的在成都的高校（或科研机构）与国外高校（或科研机构）直接签订协议，设立交流项目，学生在执行项目的过程中出国留学。成都地区众多的留学中介服务机构，绝大多数与国外大学或教育中介机构订有相关项目协议，学生办理一定手续，通过托福或雅思考试，选定一个适合自身的项目，即可在中介机构的帮助下实现出国留学的愿望。成都地区留学生的留学目的地主要有美国、加拿大、澳大利亚、新西兰、英国、德国、法国、日本、新加坡等国。

【中学“国际部”建设】

1993年，成都市第四十八中学与日本朝日文化学校、日本千驮谷日本语教育研究所合资创办成都朝日文化学校，学生毕业后由日方为学生赴日自费留学提供条件（至2005年，该校毕业生已有497人赴日留学）。20世纪90年代中期，部分中学在执行对外交流项目时，已经为有出国留学意向的学生开办语言培训班。1999年，经市教育局批准，“成都七中国际部”建立。2002年3月，“石室中学国际部”“树德中学国际部”“大弯中学国际部”成立。之后，“成都市实验外国语学校国际培训部”“盐道街中学国际部”“华西中学国际部”等相继组建。

中学设立的国际部是该校内的一个中层管理机构，服务于有自费出国留学愿望的学生，为其出国深造创设条件；同时加强学校与发达国家的教育合作与交流，促进中外教育互补和学校与国际教育接轨。各校国际部根据对外交流项目的安排，举办去向不同、类型不同的留学预备班，招收初中毕业生或高中学生。中学国际部举办的留学预备班不属于国内的学历教育，除完成普通高中全部学业外，特别强化去向国外国语教学，开设托福或雅思考试培训课程。各校还先后引进GAC国际大学预科课程，学生在完成前期语言强化课程进入预科课程学习阶段后，不仅要适应国外大学的教学方式，还要在全英语教学环境下学习数学、科学、商业、计算机、个人及小组发展能力等大学学习必备的知识和技能，为赴海外顺利完成学士学业打下基础。中学国际部收费标准比普通高中高。

各校国际部大都与留学中介合作。国际部负责留学预备班的教育教学工作，与之合作的中介机构（公司）负责办理留学签证、银行贷款等事务。至2005年底，仅成都七中、石室中学、树德中学等3所学校的国际部已毕业出国留学学生2000余名。此外，部分中学还通过与国外大学合作办学帮助学生出国深造。如成都礼仪职中于2002年与南澳大利亚丽品斯学院联合开办“成都丽品斯国际培训中心”，协助丽品斯学院组织学生就读该院，丽品斯学院负责对学生进行专业英语强化培训，输送了2名学生自费赴外学习。成都市设立国际部的中等学校累计有近10所，开初数所经市教育局审批成立，之后由学校自行设立，教育行政部门备案；办学水平和成效不一，有的学校国际部建立后暂未招生和开班上课。

【留学预备教育办学机制】

成都地区出国留学预备教育主要招收大学生、高中生和初中毕业生。如四川师范大学国际交流学院中澳（澳大利亚）留学项目主要针对A类学生（指通过高考被川师大录取的具有川师大学籍的本科或专科大学生），也接受B类学生（具有高中毕业学历的不具有川师大学籍的学生）的报名申请。中学国际部则招收初中毕业生或高中学生学习高中阶段课程和大学预科课程。

出国留学预备教育学制灵活，或短或长，根据项目要求而定。语言培训班3个月一届或6个月一届，在托福或雅思考前进行强化训练，最长的不超过一年。1998年，石室中学举办留德培训班，以学习德语为主，培训时间约5个月。中学国际部举办的各类留学预备班，学习时间要长一些，最长不超过3年。石室中学国际部成立后即与成都星华出国服务有限公司合作办理“美国留学预备班”，2002年，以高中一年级学生为招生对象，招收的2004届高中学生，在石室中学学习2年，完成高中全部学业和托福语言培训，于2004年6月毕业，当年全部出国留学；2003年，招收的2006届“美国留学预备班”学生，全部是初中毕业生，在该校高中学习3年，于2006年6月毕业；2004年，招收的2005届“美国—加拿大留学预备班”学生是高二学生，在校学习1年，于2005年6月完成高中学业和托福语言培训，当年全部被美国、加拿大大学录取，全部出国深造。

成都地区出国留学预备教育大多引进国外的课程体系。成都七中国际部成立之初，主要开设英国北方大学联合会（NCUK）的国际基础课程（IFY），学生按留学专业方向分科学习，设有商科、工科、理科。课程内容包括：EAP学术英语，全面提高英语听、说、读、写水平，着重提高有别于日常英语的学术英语能力；学习方法和技能培训，培养独立的、“以学生为中心” 的学习意识和习惯，使学生掌握并适应西方教学及研究模式；专业课程则弥补国内中学学习和国外大学学习之间的专业知识空缺，做好留学前的专业知识储备。其中，商科课程有学术英语、商务英语、商科数学、经济学；工科和理科课程皆有学术英语、科技英语、理工科数学，工科另有高等数学、物理，理科另有化学、生物；商、工、理科均重视个人辅导。

在成都的各中等职业学校和高等院校相继与国外大学进行交流与合作，其联合办学的机制多种多样。2002年，成都市财贸职业高级中学与新加坡天都教育集团联合开办专业，引进新加坡、英国的职业教育师资、教材和办学经验，开通了学生出国留学直通车。四川大学建筑与环境学院与马来西亚或澳大利亚大学联合办学，采取在本校学习2年基础课程后，转入国外大学学习后2年专业课程的形式。西南交通大学科技学院中澳联合办学项目采取1.5+2模式，即在本校学习1年半，然后直接进入澳洲大学本科二年级，在澳洲学习2年获澳洲大学本科学士学位；西南交大加拿大高等教育基础部的学生，在该部结业后可直接进入加拿大接收大学的三年级学习，修满规定学分即可获得所在大学的本科文凭及学士学位。

【留学中介服务】

在成都的出国留学中介机构有数十家。成都华樱出国服务有限公司成立于1993年。成都雅高出国顾问有限公司与美国、澳大利亚、新加坡、荷兰等10余个国家的学校及教育机构建立了广泛的合作关系。成都顺欣国际服务有限公司新加坡交流部主推新加坡政府公立学院。成都星华出国服务有限公司成立于1994年，致力于留学咨询和国际教育。四川省留学服务中心推出新加坡国立大学、南洋理工大学等5所高校的政府助学金项目，以及澳洲新南威尔士大学、墨尔本大学、悉尼大学等8所高校、俄罗斯圣彼得堡等20余所公立大学的留学项目。四川省华翔出国事务有限公司经过数年努力，建立了一整套细致周全的服务流程。四川省狄邦出国事务服务有限公司推出美国、英国公、私立高中及预科项目，加拿大本科及硕士双录取项目等。四川英之翼的业务范围包括英语系五国（美国、加拿大、澳大利亚、新西兰和新加坡）的留学、夏令营等服务。2005年，四川教育国际交流协会留学中介工作委员会在成都成立，成员单位包括成都市及四川省内的经教育部、公安部审批合格并颁发“自费出国留学中介服务机构资格证书”的12家机构，目的在于维护留学人员的合法利益；在维护会员单位的合法权益中发挥服务作用；在推进全省出国留学中介服务中发挥规范管理、协调支持作用，以此开拓国内留学市场，采取自律措施，反对不正当竞争。

在成都的部分高校所属的办学机构在与国外高校联合办学中也进行部分中介服务，相继推出多种出国留学项目。四川大学继续教育中心与教育部留学服务中心推出了“法国留学直通车”。西南交通大学科技园中新1+2本科联合办学留学项目，为学生提供“SSC”的全英文+双语教学管理模式；外国语学院则有中新（新西兰）2+2联合办学等项目。四川师范大学国际交流学院中国—澳大利亚1.5+2留学项目也在接受报名申请。

除本地的留学中介机构外，北京丰禾意象教育咨询有限公司、朗阁教育集团、索通（集团）公司、楷博教育、嘉华世达国际教育交流有限公司、西南大学自费出国留学服务中心，以及美国Kaplan教育集团、UKEC英国教育中心、伦敦城市大学、法国南锡大学、新加坡南洋现代管理学院等国内外众多教育机构和学校在成都市设立办事机构、分公司等，开拓留学市场，进行中介服务。

留学中介机构的服务一般包括留学咨询、制定留学方案、制作申请材料、入学考试辅导、签证服务、银行业务、预订机票、行前指导、安排住宿、接机以及后续的各种服务。有的中介机构提供全套服务，有的则主要进行其中的数项或一项服务，如建设银行四川省分行出入境金融服务中心、中国银行四川分行、中信银行、荷兰银行（中国）有限公司成都分行等主要提供出国金融服务；中德安联人寿保险有限公司主要推出专业保险金融服务。成都环球英语学校则以雅思考试培训为主要服务内容。中介服务中的入学考试辅导多为语言培训，帮助学员通过托福或雅思考试，并多与成都市的大学和中学联合办学。成都地区学校设立的出国留学预备教育机构则以语言培训和大学预科课程为主，有的与中介机构签订协议，将其他留学中介服务工作交其办理。成都地区的留学中介服务费因机构和服务内容不同而不尽相同，2005年，一般留学澳大利亚、新加坡等国的中介费约为1.2万元，留学欧洲的约为1.5万元，留学美国的约为1.8万元。

【四川大学出国留学人员培训部】

四川大学出国留学人员培训部（原成都科技大学出国培训部，以下简称“川大出国培训部”）始建于1979年。1983年9月，正式成为国家教委直属的11个出国人员培训部之一。经过20余年发展，该培训部从建立时的一个语种（英语）增加为英、日、德、俄、法等5个语种。一半以上的教职员具有副高以上职称，公派出国进修、提高的教师有59人次；通过国务院专家局、教育部（国家教委）聘请来校任教的外国专家和外籍教师累计达200多人次，常年聘有近20位外籍专家。

川大出国培训部拥有多种教学项目，英语应试项目为国家公派出国工作输送人才，省、市委处级以上干部培训项目担负着高层人才培训任务，IELTS、GRE、TOEFL项目为自费学生出国架起桥梁，“四会”项目（会说、会写、会读、会听）满足不同层次学员全面提高英语水平的要求，交流项目为即将出国的各类人员提供练习听说的途径，口、笔译和商务英语项目为西部地区培训对外交流、谈判、合作等工作需要的高级外语人才。日语开设初级、中级和高级培训班，培训了大批公派、自费赴日留学人员和各单位急需的日语人才。德语开设初、中级培训班，与四川省政府外办合作开办赴德人员培训班已有多年。俄语项目主要承担中国政府赴俄罗斯公派留学生培训。法语开设初级班，为TEF考试打基础。与英国格拉斯哥大学、拉夫堡大学的硕士直通车项目，与澳大利亚维多利亚大学合办的本科项目、与新南威尔士大学的预科项目等联合办学项目，为有志于出国深造的高中生和大学生提供服务。

川大出国培训部是全国较大的外语考试中心之一。1984年，即成为TOEFL和GRE培训基地；1986年，成为IELTS培训基地和考试中心。2005年，承办了多种国家级和海外考试，主要有：雅思考试（IELTS）、新托福考试（IBT）、全国出国培训备选人员英语考试（BFT）、GRE和GMAT的计算机化考试、剑桥商务英语证书考试（BEC）、剑桥普通英语等级考试（KED、PED、FCE）、全国翻译证书考试（NAETI）、全国翻译专业（水平）口译考试（CATTI）、国家外语水平考试（英语PETS-5以及德语NTD考试）、日语能力测试（JLPT）以及寒、暑假在该部举行的四川省高教自考英语考试。

经该培训部培训的中英友好奖学金项目学员参

加英方组织的雅思（IELTS）考试平均通过率在85%以上，有三个学期通过率达到100%。在英国高校留学的中国公派留学生中，三分之一以上是经川大出国培训部培训后派出的。20多年来，该部已培训数万公派留学生，为全国各高等院校、企事业单位以及社会各界培养了数十万名各类外语人才。

【成都市树德中学国际部】

成都树德中学国际部（以下简称“树德国际部”）是由成都市树德中学与成都华樱出国服务有限责任公司共同投资、于2002年经市教育局批准成立的办学机构。

2002年，树德国际部引进的GAC国际大学预科课程，得到英国、澳大利亚、新西兰、美国、加拿大等国共108所大学认可。2003年，创办《留学之旅》杂志，为学生及家长提供信息，交流留学生活体会，引导学生及家长正确选择留学去向和专业。2004年，引进VCE中澳高中双文凭课程，在中国高中教育的基础上，引进西方教育的理念和模式，注重学生的个性发展，培养国际化高素质人才。同年，树德国际部成为中国西南地区GAC预科学生参加美国ACT考试的中心。2005年5月，树德国际部因GAC教学成绩突出被美国ACT教育集团评为中国唯一的“GAC中国示范中心”；同年，被评为四川省“年度十大精品留学项目” 和“年度十大最具信誉教学机构”。澳大利亚、新西兰、加拿大、美国等国与之合作的大学定期派人到树德国际部GAC预科班面试学生，直接录取学生赴外留学。

截至2005年12月，树德国际部已有10届数百名学生毕业，并全部赴外留学。录取该部毕业学生的大学包括澳大利亚的麦考里大学、皇家墨尔本理工大学、堪培拉大学等9所学校，加拿大的维多利亚大学、温莎大学等5所学校，英国的格拉斯哥大学、牛津布鲁克斯大学等4所学校。

【成都华樱出国服务有限责任公司】

成都华樱出国服务有限责任公司于1993年经市工商行政管理局核准登记注册成立，是国家教育部、公安部批准的自费留学中介机构。业务范围包括提供留学中介服务，代办因私出国签证，提供出国咨询服务，出国人员培训及国际文化经济技术交流服务。公司开展美国、英国、澳大利亚、新西兰、新加坡、法国、荷兰、瑞士等世界主要留学国家的各种留学项目，满足从中学到研究生的各种阶段的留学需求。国际预科中心与国际知名的教育集团合作，在成都市树德中学开设澳大利亚预科GAC、UNIPREP课程、加拿大大学预科学分课程、新加坡政府直属院校课程。该公司成立十多年来，已为上千名学生办理赴海外留学的手续。

对外交流

【概况】

成都市中小学与境外同类型学校缔约建立友好学校，开始于20世纪80年代，90年代逐渐增多。初期多与日本国来访学校建立友好学校，后与欧洲、美洲、澳洲学校的联系增加。90年代初，成都市派出多个教育考察团到国外考察，各类学校师生与国外学校师生的互访活动频繁起来。十余年间，仅成都市石室中学与外国学校互派教师、交换学生、乐团互访等达300余人次。2002年，派出的教育考察团数量较多，先后派团赴美国、法国、德国、加拿大、新西兰、韩国、南非等国访问，在教育体制、教育管理等方面进行交流和研讨。同年，国外来成都市中小学参加互访活动的师生也比较多，美国、法国、德国、泰国、日本等国中学生代表团、联合篮球队、教育代表团在成都中小学进行短期学习、友好交流、考察访问。随着了解加深，成都学校与国外学校合作办学及学术交流项目迅速增加。四川大学与42个国家和地区的130余所著名大学及科研机构建立了交流合作关系。西南财经大学与20多个国家和地区的教育研究机构、金融部门及知名企业建立了合作关系，举办了“中国金融论坛”“企业管理与创新国际研讨会”“中国劳动力市场及再就业政策国际研讨会”等重要学术会议。成都大学于2005年7月招收中英双文凭本科班，在设计艺术、旅游管理、工商管理三个专业实行“2+1+1”办学模式，即学生在成都大学完成两年基础课程学习后，前往英国中央兰开夏大学学习1年专业课程,再返回成大学习1年，毕业后取得中英两所大学的本科文凭。

成都市中小学与境外友好学校之间不时互相访问，参观学校与当地名胜，交流教育管理和教育改革的经验，体验对方的学习生活，相互进行语言培训，进行篮球等体育比赛，举办音乐会或艺术表演，取长补短，增进友谊。此外，非友好学校之间的访问活动也经常进行。教育考察团则以了解情况、建立友谊、交流经验、学习借鉴为目的。2002年，成都市有8所中等学校与外国相关学校缔结合作办学和进行友好交流的协议，内容包括合作开办职业教育专业，联合开办职业培训中心，联合开设国际预科班课程，合作开办英语、俄语培训班，合作举办国际基础课程（IFY）等。

2002年3月，成都市下发《关于加强对成都市中小学生赴境外开展夏（冬）令营等有关活动管理的通知》，转发国家外专局和国家教委颁发的《学校及其他机构聘用外籍专业人员管理法》。4月，发出《关于加强成都市教育系统涉外交流活动管理的通知》。9月，下发《关于加强对外国文教专家安全的教育和管理的通知》，并转发了四川省教育厅《关于印发“聘请外国文教专家事项须知”的通知》。

【教育考察】

1991年4月，中日友好成都市教育考察团一行7人访问日本国甲府市，增进两市教育界的了解和友谊。1992年11月，市教育工作者代表团一行7人访问立陶宛。1993年5月，市教育代表团一行6人访问美国菲尼克斯市和加拿大温尼伯市，与菲尼克斯市达成交换学生、与温尼伯市达成帮助成都市培训教师的协议。

成都市组团（或参团）出国考察较多的年份是2002年和2003年。2002年，共派出（或参加）10余个教育考察团和文化交流团，100余人赴国外考察学习和交流演出。其中，4月，成都教育考察团赴法国、德国进行为期15天访问考察，了解法国、德国的教育制度，在教育管理经验及体制等方面进行交流研讨，学习国外教育管理模式。5月，成都市石室中学一位副校长随教育部国际合作与交流司组织的中学教师及教育行政管理人员代表团赴韩国访问，考察韩国基础教育发展状况；市教育局、市教科所、公关职中等单位（学校）相关负责人随四川省教育厅组织的教育考察团赴法国、德国进行为期12天的考察，了解国外职业教育的发展趋势等情况；成都华西中学、公交职中、蜀兴职中等学校负责人随省外办组织的考察团赴美国、加拿大进行为期15天的访问，在教育管理经验及体制等方面进行交流研讨。6月，成都教育考察团一行8人赴德国、南非进行为期13天的考察访问，了解国外的教育制度，就教育体制进行交流，为建立更为广阔的合作空间进行商讨。7月，成都市教育考察团赴澳大利亚、新西兰进行考察学习，了解国外的教育体制和综合英语交流课程。9月，成都市教育考察团赴德国进行为期15天的考察访问。

2003年2月，成都市教育代表团一行11人赴南非学习考察。这次访问是受GERC（官方教育科学研究中心）的邀请，考察中小学教育机构，讨论小学、中学教材编写等有关事宜。10月，应澳大利亚经济文化咨询服务有限公司Ricky Schutte 、新西兰Thames商务学校Kelly Quah的邀请，成都教育考察团一行6人，对澳大利亚、新西兰进行为期10天的考察，了解两国政府的教育政策和教学成绩评估等方面的情况，并对双方已建立起来的合作项目的进一步运作做了商讨。11月，市旅游职业学校一位教师随中国教育部国际合作与交流司组织派遣的“中学教师（社科专业）赴韩考察团”前往韩国进行考察访问。

2004年12月，应澳大利亚Uniworld College 国际市场部经理及新西兰Thames商务学校中心负责人的邀请，成都市教育考察团一行6人，赴澳大利亚、新西兰进行为期12天的访问，与当地教育机构交流教育管理、教学成绩评估等方面的运作方式，学习借鉴中学课程改革的先进经验，讨论中澳双方教育合作项目，研讨中新双方在教育理论和教师职业道德上的不同观点。

2005年4月，市教育局普通教育二处处长、华西中学校长应邀赴英国进行为期10天的参观访问，磋商合作办学事宜及其他教育交流事项。

【合作办学】

成都各级各类学校与国外有关教育机构和学校合作办学的情况逐年增多。其中，成都市第四十八中学与日本朝日文化学校、日本千驮谷日本语教育研究所，于1993年合资创办成都朝日文化学校，招收初中毕业生，学制3年。该校贯彻中国国家教育方针，执行国家教委颁布的普通高中教学计划，着重培养各类日本语专业人才；学生完成学业后，经考试合格，分别发给普通高中毕业文凭和日本语等级结业文凭；日方为该校毕业生赴日自费留学提供必要的条件。2001年，成都七中国际部与英国谢菲尔德等大学合作设立“成都七中国际部国际基础课程”项目。2002年4月，成都市三原外国语学校与美国加州州立大学和俄罗斯莫斯科大学国际教育中心合作开办美式英语培训班和俄语培训班。2004年，成都市树德中学与澳大利亚黑伯利瑞学校合作办学，开设高中课程，招收高中一年级学生50名，组成1个试点班，3年内除完成国家规定的高中教学课程计划外，增加澳大利亚高中5门核心课程，即数学、物理、化学、中文、英语；学生经考试合格后，可取得国内高中文凭和澳大利亚高中文凭。同年，成都石室中学与新西兰国立西方理工学院合作试办“中新友好实验班”，计划外招生，招收全日制普通初中毕业生。2005年1月，成都市三原外国语学校申请与加拿大安大略省伦敦国际学院合作举办高中课程。9月,光亚学校取得IB国际文凭大学预科项目的办学资格,成功开办IB国际高中,招收学生51人。

2002年3月，成都市财贸职业中专与新加坡天都集团合作开办国际商务管理专业、电子商务专业；成都市旅游职业学校与南澳大利亚丽晶斯学院在成都联合开办“成都——丽晶斯国际培训中心”。6月，“日本航空学院、四川联合高职学院成都新华校区”在新华职业中学高新校区挂牌。2004年8月，韩国培材大学教育总长访问成都职业技术学院签订“合作办学协议”，双方在师资培训、互派留学生等方面开展合作。成都工业学校与加拿大社区学院合作成立“CBE/DACUM”教育中心。

西南财经大学与多国合作设立了多个专门教育机构，其中有与英国商联保险公司合作的“中国保险会计师培训中心”，与澳大利亚安盛国卫集团公司合作的“中国保险中介人培训中心”，与日本精算师协会合作的“西南财经大学日本精算师资格考试中心”，与德国西门子公司合作的“西门子—SAP工商管理信息中心”和与美国纽约人寿国际公司合作的“纽约人寿国际公司—西南财经大学寿险管理（LOMA）考试中心”等。四川托普信息技术职业学院与国际著名的IBM软件学院、泰坦公司、ATA等联合办学,开设了若干独具特色的专业，实施全新的教育计划,学生完成学业后获得国家及国内外著名IT厂商颁发的“技能认证证书”和“职业资格证书”。

【友好学校】

1984年5月，日本广岛县教育长访问成都市石室中学，表示广岛县熊野学校愿与成都市石室中学建立友好关系，随即两校成为友好关系学校。1985年，根据四川省教育厅与美国华盛顿州教育厅签订的协议，四川省成都市石室中学与华盛顿州斯诺霍米西区中学互换教师，每年1名，任期1年；1987年10月，两校签订协议，结为友好学校。

20世纪90年代，建立友好学校的活动增多。1990年4月，日本甲府市第三次市民访华团教育界代表一行访问成都七中，并签订成都七中与日本甲府市立北中学建立友好交流关系的协议书。1991年10月，成都航空工业学校与美国巴顿学院建立友好合作关系。1997年9月，成都十二中学与美国菲尼克斯市南山中学结为友好学校。

进入21世纪后，成都市的学校与境外学校建立友好学校关系的活动较为普遍，交流的人数增多，时间更长，内容更丰富。2000年5月，成都市实验外国语学校与德国杜伊斯堡兰德福尔曼中学签订建立友好学校协议。2001年4月与2002年10月，成都市树德中学先后与美国亚利桑那州菲尼克斯市中央中学和德国波恩波伊尔中学结成友好学校，此后每年都有互访活动。2003年，成都七中与美国俄克拉荷马州陶莎市金克斯高中结成友好学校，成都七中每年9月派出学生15名、教师2名赴美学习、交流，学生交流3周，教师交流半年；次年对方派出同等师生回访成都市第七中学，作为期3周的交流。同年12月，成都市石室中学与美国俄克拉荷马州布鲁肯·安诺高级中学结成友好学校。双方约定每年各向对方学校派出1名交换教师任教1学期，同时每年向对方学校派遣10名交换学生进行为期3周的教育交流访问活动。从2004年起，在德国麦卡特基金会的赞助下，成都市实验外国语学校与德国杜伊斯堡兰德福尔曼中学每隔1年互派2名学生和教师到对方学校进行2个月的学习和交流。同年4月，成都市实验外国语学校与美国亚利桑那州凤凰城康垂德学校签订建立友好学校协议。两校师生每年互访，每学期互派1名教师和两名学生到彼此学校进行为期2～3个月的学习和交流。同年，成都市盐道街中学外语学校先后与法国新加坡学校和美国崔尼特学校结成友好学校，除进行师生交流互访外，还与美国崔尼特学校在暑期举办英语培训。10月，美国俄克拉荷马州布鲁肯·安诺高级中学交换师生访问成都市石室中学。2005年4月，成都市石室中学1位副校长率10位交换学生赴美，学生在布鲁肯·安诺高中随堂听课，副校长为美国学生上课。

同一时期，在成都的高校和中等专业学校与国外同等学校建立广泛的友好关系。电子科大与世界24个国家和地区的300余所大学、科研机构、大型企业保持着密切友好联系，促进该校学科建设。西南财经大学与20多个国家和地区的教育研究机构、金融部门及知名企业建立合作关系。四川国际标榜职业学院与英国达德里学院、意大利BCM学院、日本山野美容艺术短期大学、法国M.G美容学院、澳大利亚语言学院等建立了互相交流、互派学员的良好关系。成都工业学校、四川省林业学校、四川省轻工业学校等分别与加拿大对口社区学院结成友好关系，以每6所学校为一组形成交流网络，开展对口科研、信息、教学模式及人员交流。

【来访与出访】

从1990年起，成都市石室中学接待来访的外国师生2000余人。2002年，国外师生来成都市中小学访问的人数较多，其中主要有：3月，根据中国四川省与德国国际友好协会互派中学生交流项目的协议，由柏林几所中学的12名学生组成的德国中学生代表团到成都十二中访问交流，他们在该校学习、生活共3周。4月，来自泰国沙提巴吞学校的16名学生到成都市新华职中进行为期1月的学习生活。7月，由“美国国际专家爱心扶贫组织”邀请的美国中学生联合篮球队一行17名师生在成都市与西川中学等6所学校进行友好交流，美国教师对中国师生进行英语口语培训，与3所中学的篮球队进行比赛，美国师生还参观成都市的名胜古迹。9月，美国亚利桑那州菲尼克斯市代表团教育小组一行15人到成都外国语学校进行考察访问。10月，日本文部省栃木县教育委员会研修团访问成都市双林小学；泰国教育代表团一行47人到成都师范银都小学考察学校建设，并就学校教学改革、小班化教育及校园文化建设等方面进行交流；法国里尔大区左拉中学和蒙特贝鲁中学的师生代表团再次访问盐道街中学。

2003年10月，英国艺术教育访问团一行10人，到成都三中参观，听取该校开展艺术教育的情况介绍，参观校园、学生绘画厅、学生舞蹈练功房、学生琴房，还观看学生绘画才艺、音乐演唱和舞蹈表演。2004年，与成都市学校建立友好关系的有关国家和地区的学校师生纷纷到成都，如美国黑尔盖特中学、美国菲尼克斯中央高中、新加坡法国学校、新加坡淡马锡初级学院、美国布鲁肯高级中学、德国杜伊斯堡市特凡尔曼中学、澳大利亚维多利亚州黑伯利瑞学校等学校的师生100余人次来访，促进交流，增进友谊。

20世纪90年代，国外来访师生较多，成都市参与出国访问活动的师生相对较少。2000年后，成都市出国访问的师生有所增加。2002年8月，成都七中、成都七中育才学校管乐团赴澳大利亚交流演出。2003年，成都市盐道街中学1位教师应法国蒙彼利埃市政府的邀请，于9月参加友好交流项目，在法国蒙彼利埃保罗——瓦勒瑞大学进行为期1年的法语学习。2003年4—5月，成都民族外国语学校（成都市四十六中学）派出19名学生、4名教师组成学术和文化交流小组赴美国进行文化交流活动。该校派出的学生13～16岁，汉族3名，藏族12名，彝族4名；分为两组，一组5名学生，由2名教师带队赴东田纳西州国际交流学校访问学习，另一组14名学生，由2位教师带队赴密苏里州黎巴嫩市艺术学校和黎巴嫩公立初级中学访问。访问共进行25天。参观学校，并与美国学生一起上课、游览和进行体育活动，影响较大。2004年，成都民族外国语学校应美国密苏里州黎巴嫩艺术学校董事长、黎巴嫩公立初级中学校长的邀请，于3月底至4月再次组团前往美国进行文化交流，代表团由2名教师、12名学生组成。同年4月，成都市与美国友好城市菲尼克斯市首次开展教师交流活动，成都市4名英语教师于4月赴菲尼克斯市，2名教师安排在Central高级中学，另2名教师安排在菲尼克斯Country Day中学。第一周主要进行英语教学观摩，第二周进行教学交流，并同时进行访谈及其他交流活动，5月4日交流活动结束。10月，应美国俄克拉亥马州东南高级中学邀请，成都职业技术学院组织师生交流访问团一行23人（其中教师3人，学生20人），到美国进行为期15天的交流访问。访问期间成都师生考察美国的职业教育，到东南高级中学随班听课，对美国的部分师生进行中文培训。成都树德联合学校每年举办夏（冬）令营,组织学生到美国、英国、日本、韩国、新加坡、澳大利亚等发达国家考察学习，开阔学生视野，培养学生能力。

教育研究

教育科研机构与教育学术组织

【概况】

1999年，成都市教育科学规划领导小组成立。以市教委主要负责人为组长，负责全市教育科学研究的规划和领导工作，制定有关促进教育科研的政策，并对重大问题进行研究。各区（市）县教育行政部门相继设立相应机构。

成都市教育科学研究所（成立于1987年）是市教育局领导下的全市教育科研管理的职能机构。主要从事全市幼儿教育、中小学教育、职业教育、特殊教育、心理健康教育和成人教育的教学业务管理、教学指导、教育科研、教育的中宏观研究以及全市教育教学研究和改革实验的指导、管理工作。

各区（市）县设立教研室，由当地教育行政部门领导，并在市教科所指导下，组织、管理本地区的教育科研工作。各重点学校和一些有条件的学校成立由专职人员组成的教育研究室。对学校的教育科研进行规划、管理和指导，引导教师把日常教育教学工作与教育科研结合起来，依靠教育科研提高教育质量。

学校学科教研组是在学校（教育研究室）统一管理下，学科教师集体进行教学研究的基层组织。学科教研组的主要任务是研究教育、教学工作，研究学科的教材教法和教学规律，研究学生的学习并实施管理。同科教师三人以上成立教研组，不足三人的与相邻学校同科教师成立教研联组。教师人数较多的学科，在教研组内设立初、高中教研组或分年级成立年级教研组。

年级教育组（年级组）是一种实施教育、教学管理和开展教学研究的组织形式，以发挥全年级各科教师的作用、形成教育合力。学科教研组与年级教育组相互协调、相互配合、互相促进，构成基层的教研网络。

此外，在成都的教育科研机构还有四川省教育科学研究所、四川师范大学教育科学研究所、西华大学高等教育发展研究中心、成都教育学院科研处等。

成都市的教育学术组织主要有成都市教育学会和成都市成人教育协会。成都市教育学术组织是群众性的民间学术组织。在成都市教育行政部门的领导下，发动、组织广大会员积极开展教育改革和实验，开展教育学术活动。

【成都市教育科学研究所】

1987年5月19日，经市人民政府批准，由市教育局中学教育研究室（成立于1957年）与市第二中学教育研究室（原温江地区中学教研室）合并组建成立成都市教育科学研究所（以下简称“市教科所”），同时挂市中小学教育研究室的牌子；市电化教育馆于同日成立，隶属于市教科所。

1989年，市教科所共有专业技术人员85人，行政后勤人员29人（其中工人19人）。承担全市中小学、幼儿园的教育教学业务指导管理和教育科学研究的双重任务；同时对全市各区（市）县的教育科学研究机构、市直属学校的学科教研室负有进行业务管理和指导的责任。市电化教育馆负责对全市中小学电教工作进行规划、管理和指导，开展电化教育研究。1996年9月，成都市教育委员会成人教育研究室并入市教科所。2001年5月，市电化教育馆从市教科所剥离。11月，市教育局决定将市成人教育研究室改为市教科所的中层机构。2002年，增设教育发展研究室。

2001年，市教科所拟定《成都市教育科研课题管理办法》等规章制度和工作细则；探讨科研和教研逐步融合的问题。确定成都市的教学研究方针是“新课改，新教研，新发展”。2002年，决定每两年评选一次学校优秀教科室。2003年，就教育科研与教育质量的关系问题在全市展开讨论，各地区、各学校结合课程改革选择科研课题，以课题推动课程改革。同时对成都市教育现代化的内涵、必要性、特点等宏观问题做了初步研究。2003—2004年，进一步完善对省、市级课题的过程管理和结题评审工作，建立市、区（市）县、校三级管理制度，每年9—10月市教科所对全市承担的省、市级课题进行年度考核。

2004年，市教科所先后开展“成都市‘十一五’教育发展规划研究”“分区域推进成都市教育发展战略对策的研究”“西部人力资源开发及职成教育的研究”“城乡一体化的成都市教育发展研究”“开发和培育优质教育资源，整体提高办学水平的对策与实践研究”等中、宏观课题研究。并对提出省普教科研资助金项目立项申请的学校进行审查论证，向省教育科学规划办推荐了15项课题。2005年，围绕“提高质量”“城乡均衡”“实用科研”“决策咨询”等四个方面开展研究工作，对2001—2005年“十五”教育科研工作进行总结，对成都市尚未结题的120余项省、市级课题承研区（市）县、学校进行指导，帮助其完成研究任务。在全市中学共组织大型教研活动130多次，参加教师2.25万多人次；举办研讨会300多次，研究课50多节。市教科所的工作重心逐渐向农村学校倾斜，建设郊区（市）县教研队伍，建立和完善覆盖全市农村学校的教研网络，开展以城区带郊县的教研连片活动。调整研究重心，提高一线教师教育科研的实用功能，在“十五”规划教育科研成果市政府奖的评奖工作中向基层单位倾斜。

2005年，市教科所下设中学教育研究室、小学教育研究室、教育理论研究室、职业教育研究室、成人教育研究室、教育发展研究室、财务室、办公室；共有专业技术人员65人（其中中学高级教师52人），行政管理人员12人，工人10人。挂靠市教科所的单位有：市教育学会秘书处、市职业技术教育学会秘书处、市成人教育学会秘书处、市地理学会。市教育局设立在该所的管理机构有：市教育科学规划领导小组办公室、市基础教育课程改革领导小组办公室、市心理健康教育指导委员会办公室。

【成都市教育学会】

成都市教育学会成立于1981年7月11日。每届理事会任期4年。常设办事机构为秘书处，另有分支机构（学科、专业委员会）29个，团体会员（区市县教育学会）19个。截至2004年年底，有个人会员约7200人。

市教育学会的主要工作是开展课题研究和教育实验。1998年，该学会参与全国教育科学1996—2000年“九五”规划课题“中小学素质教育工程（个案）的实验与研究”的研究和管理，承担总课题组工作。2000年11月，该课题通过全国教育科学规划办主持的专家组鉴定，获省政府教学成果一等奖。参与全国教育科学“九五”规划课题子课题“面向21世纪中小学教师队伍管理机制研究”，2001年结题验收，研究成果出版并被总课题组评为一等奖。2000年后，参与组织实施中国教育学会2001—2005年“十五”规划课题“大力推进城乡教育一体化，促进区域内教育均衡、协调、可持续发展研究”的研究工作。同时，市教育学会及各专业委员会和会员单位主动组织全国、省、市、县各级“十五规划”课题申报、推荐工作，并参与对各级规划课题的管理与指导。2001—2005年，由成都市教育学会推荐的课题先后有9项被中国教育学会批准立项。市教育学会受中国教育学会委托，组织专家参与课题开题、过程研究或结题的管理与指导。另外，市教育学会组织会员参加基础教育新课程改革实验和其他各级各类教改实验，帮助各地区、各学校对教改实验方案进行规划和论证。

开展学术交流和研讨，普及教育科学，是市教育学会的经常性工作之一。20世纪90年代以来，市教育学会举办了“全国第五届愉快教育研讨会”“全国农村初中教改研讨会”“全国城市素质教育研讨会”“全国非智力因素与学科教学研讨会”等数十次不同层次、不同形式的专题研讨会、观摩会、报告会、座谈会。各专业委员会和各区（市）县每年举办学术年会、专题研讨会或学术论坛、沙龙、教学观摩、赛课评课等活动。2003年，各区（市）县教育学会开展地区学术活动164次，有4.29万人次参加，组织交流论文1.38万篇。

市教育学会编辑《成都市教育学会简报》，1990—2005年，共出96期。和市教育局、市教育发展基金会共同举办全市普教系统优秀教育科研成果评奖活动，1986年启动，2年举办1次，到2004年，共举办10次，分等级表彰优秀成果1075项。同时，组织成都市优秀成果参加省教育科研成果评选、省科技进步和人文科学成果评选和成都市哲学社会科学成果评选等活动，参与申报和初评推荐工作。1990年以来，在中国教育学会、四川省教育学会、成都市社科联等上级学会分别举行的共计14次先进学会和个人的评选中，成都市教育学会均获先进学会（单位）奖，均有学会干部获先进工作者奖；2002年，获得成都市政府颁发的社科成果评奖组织工作奖。

【成都市成人教育协会】

成都市成人教育协会成立于1981年，有团体会员单位72个，个人会员7000余人。理事会每4年换届1次。市成人教育协会每年拟出成人教育理论研究参考课题，印发给各会员单位，并每年召开2～3次理论研究会或学习会。1995年，召开“两法一纲”（教育法、劳动法、教育发展纲要）学习研讨会，提高会员贯彻“两法一纲”的自觉性。1999年11月，召开终身教育理论与实践学习研讨会，邀请中国成人教育协会副会长作专题学术报告。2000年4月，召开全面推进成人素质教育和创建学习型企业研讨会，从上海邀请两位专家到成都作专题报告，推动全市创建学习型组织和构筑终身教育体系的活动。2003年11月，国务院召开农村教育工作会后，召开了“农村成人教育为‘三农’服务座谈会”。

市成人教育协会参与编写《成人教育辞典》和全国《成人教育理论系列丛书》工作。独立承担并完成国家教委“八五”（1991—1995年）重点科研课题子课题“农村高中后教育模式研究”课题任务。完成教育部“九五”（1996—2000年）科研课题亚子课题“县乡村三级农村成人教育网络建设研究”课题任务。此外，受亚太区成人教育总会资助，完成《功能性扫盲研究》，编辑20多种农村功能性扫盲教材。编辑《成人教育概述》一书并正式出版。编印《开拓与创新》论文集。该协会坚持每年为全市成人教育论文评奖，组织获奖论文在年会上交流，在《成都成人教育》期刊上发表。

成都市成人教育协会是中国成人教育协会、中国职工教育研究会、四川省成人教育协会以及亚洲及南太平洋地区成人教育总会的团体会员和机构会员，与国内各省市的成人教育协会有频繁的学术交流活动。先后接待中国香港、中国澳门地区和新加坡、德国、英国、日本等国家以及联合国成人教育理事会的成人教育专家学者到成都考察，先后几次派员赴新加坡、泰国、菲律宾、英国、德国等国家学习考察或参加专题会议，了解成人教育的最新动态和趋势，促进成都市成人教育工作不断发展。市成人教育协会连续三届获市社科联评定的“学术活动组织工作先进奖”。

教育教学研究

【概况】

20世纪90年代，成都市制定“八五”“九五”教育科研课题指南和有关管理意见。“八五”（1991—1995年）期间结题、评审课题90余项。“九五”（1996—2000年）期间，市级课题立项48项。同时召开市教改工作会，总结教育科研工作；定期召开全市教科室工作会，深入基层，加强对省、市级课题研究的指导；组织人员编写中小学素质教育的理论框架以及小学实施素质教育的5个方案，对五城区和温江县素质教育的现状进行调查研究；组织听课活动，建立评课制度。

1999年，市教育科学规划领导小组成立。2001年，下发《成都市“十五”教育科研指导意见》《成都市“十五”课题指南》以及《成都市教育科研管理办法》《成都市中学教科室管理条例》，要求对课题立项实施方案进行审读、实地考察和专家答辩质询；课题研究的过程指导，要个别指导与集体视导相结合、专题培训与具体指导相结合、点上深入与面上推动相结合；结题工作要采取检测把关与专家把关相结合的办法。“十五”期间（2001—2005年），成都市共分4批下达科研课题214项。研究内容有现代学校教育制度、学校品牌生活、区域性教育发展战略等中、宏观问题研究，也有新课程背景下的学校课程改革、课堂教学、教师专业发展的中、微观研究，还有职业学校学生生涯设计研究等。

2000年，成都市推荐65项教育科研课题成果参加四川省第二届教学成果评奖，有54项获奖。其中一等奖5项（占全省获奖总数20%），二等奖24项(占全省获奖总数23.5%)，三等奖25项（占全省获奖总数16.23%）。

2003年，全市教育科研工作会的主题是“激励教师开展求真务实的科研”，倡导校本研究。2004年，以“科研伴我行——讲述我的研究故事”为题，在全市开展了一次征文评选和演讲比赛，学校对教育科研有了认同感，教师参加教育科研有了热情。同时，成都市组织教育科研专业人员先后开展了“成都市‘十一五’教育发展规划研究”“分区域推进成都市教育发展战略对策的研究”“城乡一体化下的成都市教育发展研究”“发展社区教育，促进学习型城市建设的研究与实践”“开发和培育优质教育资源，整体提高办学水平的对策与实践研究”等近10个中、宏观课题研究。

【完善教育科研制度】

成都市教育科研实行市、区（市）县、学校三级管理。1999年，成都市成立教育科学规划领导小组。领导小组的主要职能是对全市学前教育、基础教育、职业教育、成人教育及市属高校的教育科研工作进行统一规划、管理、协调和指导。其主要任务是制订教育科学研究规划，制订和颁发全市教育科学研究工作管理办法及有关规定，统筹管理市级课题，组织评选和奖励优秀教育科研成果，推动成果的转化与教育理论普及工作等。各区（市）县教育行政部门也设立相应的机构，其工作的成绩纳入年度责任目标。各级教育行政部门的主要领导是本地区教育科研工作的责任人。

市教育科学研究所是市教委领导下的全市教育科研管理的职能部门，承担对全市教育科研的管理和指导职责。区（市）县教研室，在当地教育行政部门领导下和市教科所的指导下，承担本地区教育科研的组织、管理与指导任务。各区（市）县都承担了市级或市级以上的研究课题，组织由教育行政部门牵头、有较多学校参与的区域性课题研究。教育科研工作开展情况，是对区（市）县教研室工作考核的重要内容。

各中、小学校校长是学校教育教学科研的主要负责人，负责对本校教育科研的发动、组织管理和指导工作。重点中学校长在任期内至少要承担一项市级及其以上的课题研究，并力争形成在全市或全省有影响的研究成果，每学年度至少要召开1次教育学术研讨会或教改经验交流会。重点中学在教育科研方面起着带头和示范作用；每一所重点中学以及有条件的学校成立了由专职人员（包括退休教师）组成的教科室，对学校的教育科研进行规划、管理和指导，引导教师把日常教育教学工作与教育科研结合起来，依靠教育科研提高教育质量。1998年，成都市下发《关于加强中学教科室建设的意见》。试行2年后，成都市教科所制定《成都市中学教科室工作细则》，对教科室的地位作用、机构设置、工作职责作了具体规定。

2001年，市教育科学规划领导小组制定《成都市教育科研课题管理办法》，对教育科研的管理体制、课题的分类、课题的选择、课题的申报、课题的审批、课题的日常管理、结题鉴定、研究经费、成果评奖等内容作了具体规定。下发《成都市“十五”教育科研指导意见》和《成都市“十五”课题指南》。在宏观管理上，建立了在每五年的前三年滚动立项的制度。规定在每五年的第一年发布“指导意见”和“课题指南”，每五年召开1次全市科研工作会；同时成立同类课题研究联合体，建立专人负责的日常联系制度、研究过程成果评审制度、课题研究年度考核表彰制度、科研工作年度例会制等。

在微观管理上，首批课题立项实施“三个控制”，即方案审读控制、实地考察控制和专家答辩质询控制。过程指导采取“三种策略”，即个别指导与集体视导相结合，加强集体视导；专题培训与具体指导相结合，加强专题培训；点上深入与面上推动相结合，加强典型解剖。课题管理单位建立课题研究（含省级课题）跟踪档案，深入了解研究活动的开展情况、培训活动情况、年度考核表彰情况、过程成果获奖情况、阶段总结情况等，为评价课题研究工作做好资料准备。对课题承担单位提出资料收集要求，并进行指导和不定期抽查。结题工作实施“两个把关”，即检测把关和专家把关。通过实地检测，考查其工作的扎实性和成果获得的真实性；通过专家把关，考查其成果的科学性、先进性和可推广性。同时，通过成果发布会、现场交流会等形式，将科研工作扎实、成果突出的学校和研究成果，在相关范围内宣传和推广。

【教研员队伍建设】

成都市教育科学研究所的各教育研究室均配置教研员，普教板块还按学科配置专职教研员。20世纪90年代，有的研究室教研员的业务水平和业务能力个体差异甚大。为此，市教科所对教研人员的引进和在岗进修提高工作做出规划，并于1997年制定《成都市中小学教研室教研员工作要求》。1998年，成都市在《关于加强教育科研全面推行素质教育的意见》中指出：“中小学教育科研是一项群众性的事业，要努力建设一支热爱教育事业、师德好、教育教学水平高、有一定研究能力、由学校教师、教育行政领导干部、教研人员组成的教育科研队伍，以适应成都教育事业的发展。”

2004年，市教科所从基层学校陆续调进10多名中青年骨干教师充实教研员队伍，教研人员从数量和结构上逐步趋于合理。2005年，市教科所有教研人员61人（含所级干部），其中中学高级教师51人，占教研人员的84%（包括市教育专家3人，市优秀专家1人，省特级教师6人，省特级教师后备人选13人，市学科带头人19人，市学科带头人后备人选6人，教科所学科带头人3人）。中小学各学科均建立学科中心组；职教、成教建立专业教研联组。

2005年，全市19个区（市）县和高新区都设置有独立的教研机构，教研人员从数量上和结构上逐步趋于合理，业务素质能够胜任教研、科研工作。每年召开2次区（市）县教育局分管副局长和教研室主任参加的全市教研工作例会，通报教育改革和发展动态，研讨教研工作出现的新问题，交流教研和科研工作的经验。

同时，成都市加强学校科研队伍的建设，打造科研型的教师群体，采取的主要措施有：加强科研导向，营造科研氛围；围绕课程改革目标，建立以校为本的教研制度；重视培训工作，提高教师科研水平和能力；政策激励，让教师尝到搞研究的甜头，感受到研究的快乐和幸福。各校把教育教学活动作为教育科研的切入点，立足本校实际，让教师有兴趣并愿意用教育科研作为手段去解决教育教学工作中遇到的问题，使教师把教育科研看作与教学工作不能分割的部分。不少学校根据自己的状况，通过“送出去”“请进来”专题讲座、沙龙研讨、课堂观摩、成果展示等方式提高教师的教研能力。各校相继制定出激励政策，把教师在教育科研方面的成绩作为年度考核、评优、晋升职称和评聘的重要依据；同时建立健全科研管理制度、科研培训制度、课题立项评审制度以及结题验收、评价制度与科研考核和奖励制度，实行精神奖励与物质奖励相结合；不少学校把科研纳入继续教育学时计算。通过多年努力，在成都市建立起一支专、兼、群相结合的教研和科研队伍。

【情知教育研究】

1983年，成都师范附属小学开始“情知教育”实验。1991年2月，该校针对教育现状中的忽略情知统一的弊端，启动《小学情知教学模式研究》，努力使“认知”“情感”“行为”“群体”有机结合，促进学生品德、智力、体质等方面和谐发展。研究周期为6年，经历3个阶段。1991年2月至1992年1月为酝酿准备阶段。主要开展教学现状调查，进行语文单科教学研究与试验，对课题的有关概念、情知教学的理论依据、做法等进行探索。1992年2月至1995年7月为实验研究阶段。对前期教改经验进行总结，开展多学科的情知教学模式研究；收集、学习与情知教学实验有关的教改经验；不断提炼、筛选学校情知教学实践经验和研究成果，初步完成情知教学特点、教学结构、策略要领的研究。1995年8月至1996年7月为小学情知教学模式提炼与总结阶段。对小学情知教学的效果进行测评，对小学情知教学在实践上取得的经验进行总结。该项研究的主要成果是：对情知教学理论形成较全面科学的认识；构建规范的具有科学性、艺术性和适用性的小学情知教学模式；把学科教材与情知教学辩证地结合起来，落实到课堂教学中，初步形成包括语文、数学、思想品德、自然等各学科具体的情知教学模式。该校把作文情知教学模式概括为：情境中感受—动情中发展—反馈中提高；把数学情知教学模式概括为：入境—置疑—悟理—表现—评价。此项研究促进教师教育思想转变，教师逐渐树立起正确的人才观，较自觉地把情知结合理论与教育教学实践结合起来，教育教学能力显著提高。学生素质全面提高，个性和谐发展。《中国教育学刊》《人民教育》《教育研究》等杂志撰文报道该项研究活动或登载该项研究论文。主研人员先后在全国、省、市教改会议上对该实验工作作10余次专题报告。1993年，由中国教育学会、省市教育学会、省市教科所联合召开“成师附小教改经验交流与观摩会”，向全国、全省全面介绍情知教学教改经验，省内外300余名代表参会。中国教育科学规划领导小组负责人肯定该校教改方向对、效果好，抓住了教改着力点，回答了如何减轻学生负担的问题。1997年，成师附小《小学情知教学模式研究》获四川省首届教学成果一等奖。

在此基础上，该校将“情知教学模式研究”拓展为“小学情知结合教育研究”。2001年6月，省市教科所、锦江区教委联合举办“傅先蓉教育艺术研讨会”，展示情知教育研究成果。全省近900名教育工作者参会，专家们一致认同成师附小情知教育研究成果，对其理论构建与实践操作提出意见和建议。

【现代课堂教学的理论与实践研究】

1996年，成都市教科所开展一次全市范围内的课堂教学现状调查。调查结果表明，课堂教学普遍的、基本的仍然是传统的教学方式，教学思想比较陈旧，教法单一，手段落后。为此，成都市决定以科研促教改，由市教科所组织全市学校开展《现代课堂教学的理论与实践研究》。该项研究作为全国教育科学“九五”课题“中小学素质教育工程（个案）的实验与研究”中的一个分课题，于1997年立项，先后有20多个学校和区（市）县成为试点单位，并以点带面，在全市各中小学全面开展现代课堂教学的研究和实践活动。

通过4年的实验和研究，在认识层面上，构建现代课堂教学的理论框架；在实践操作层面上，建立课堂教学操作体系，并形成与之配套的一系列要求和策略。其理论框架是：现代课堂教学是以现代先进的教育思想和教学理论为指导的，以面向全体学生、全面提高学生作为现代人应具备的创新意识和实践能力为根本目的的，以充分体现学生主体地位、实现教学过程各要素及其组合优化为基本特征的教学实践活动。其主要标志是：科学的教学目标，和谐的课堂氛围，学生主动参与教学活动，充分的思维训练，方法最优化，手段现代化。其课堂教学操作体系是：课前要认真进行教学设计（包括教学目标设计、教学过程设计）；教学时要创设良好氛围，围绕教学目标，突出思维训练，着眼学生发展，运用多种教学方法组织教学活动；课后要认真批改作业，搞好个别辅导；认真进行教学评价，搞好教学小结。与此同时，形成中小学17个学科实现现代课堂教学的指导意见。

2000年6月，市教委发出《关于印发〈成都市中小学现代课堂教学实施意见〉的通知》，要求各中小学实施现代课堂教学。2002年春，在直属学校校长工作会上，再次要求校长进一步学习和研究《成都市中小学现代课堂教学实施意见》，站在现代课堂教学的高度来审视课堂教学的各个方面，对教学做出既符合实际又具有指导性的评价，对教学工作中出现的新情况、新问题进行及时研究，提出切实可行的解决办法，推动学校的教育教学改革。市教科所采取专题调研和集体视导相结合的工作方式指导现代课堂教学的研究和实践。有时学科教研员围绕1个专题（如新课程计划执行情况、体育课教学、艺术教育等）到学校听课调研，有时一个室（如中学室、小学室、职教室、成教室）按确定时间，集体到1个学校或区（市）县听课、调研，和学校探讨、交换课堂教学进展和问题。基础教育课程改革启动后，各区（市）县教育局、教研室以及各学校领导和教师继续通过课题研究、教改研讨会、教师赛课、说课、评课、撰写教学论文、教学案例分析、教改经验总结等方式，丰富和发展现代课堂教学的理论和实践体系。

【“十五”期间市级教育科学研究重点课题】

2001年，《成都市“十五”教育科研工作指导意见》指出：“‘十五’期间，我市教育科研工作总的目标是：围绕我市‘十五’教育改革和发展中的若干重要问题开展研究，强化教育科研为教育决策、教育实践服务的功能，发挥教育科研的先导作用，全面提高成都的教育科研水平。”在学校自愿申报的基础上，成都市共立项4批214项“十五”市级课题，其中重点课题26项，规划课题187项，专题课题1项。研究承担单位包括教育行政部门、教研部门、城市中小学、职业学校以及较偏远地区的城镇中学；第四批课题的承担单位大多为原研究基础较差的城镇学校或偏远农村学校。

2001—2005年，成都市教育科研26项重点课题名称如下：

第一批：

1. 成都市小学信息技术教育课程建设的实践与研究；
2. 区域性推进成都市中小学心理健康教育的研究；
3. 小学生（低段）学习英语的特点和规律研究；
4. 高中阶段开展研究性学习的研究；
5. 九年义务教育阶段综合实践活动课程的实践研究；
6. 小学教学质量监控研究；
7. 整合美育资源，促进和谐发展研究；
8. 中小学语文实践活动的研究与实践；
9. 成都市职业高中“宽基础、活模块”课程模式应用研究；
10. “互动教学”的研究与实践；
11. 应用多元智力理论促进学校教学改革的研究；
12. 构建学习型组织，培养学习型教师的实践研究；
13. 科研推动骨干教师专业化素质提高的研究；
14. 学习策略在现代课堂教学中的应用研究。

第二批：

1. 开发优质教育资源，整体提高办学水平的对策与实践研究；
2. 基础教育课程改革师资培训研究；
3. 实施基础教育新课程的教学评价研究；
4. 中小学生主体性学习及其指导的区域性研究；
5. 分层走班的教学策略研究；
6. 婴儿教育评价研究。

第三批：

1. 信息技术环境下的中小学学习型组织建设研究；
2. 成都市中学德育活动课程实践研究；
3. 成都市贯彻《幼儿园教育指导纲要（试行）行动计划》的实践研究；
4. 新课程背景下的道德主体培养模式研究；
5. 新课程背景下研培方式的研究；
6. 构建适应全面建设小康社会需要的农村教育模式研究。

【“研究性学习”研究】

21世纪初，教育部制订的《全日制普通高级中学课程计划》把“综合实践活动”作为重要的学生必修课程。其中“研究性学习”课程作为一个指定领域，在整个高中阶段达288课时，每年级每周为3课时。四川省教育厅决定从2001年秋季起，开展“研究性学习”试点；2002年秋季，全面开设“研究性学习”课程。

2001年秋，全市50多所学校试点开设“研究性学习”课程。试点工作以教育科研课题的方式开展，要求在“研究性学习”实施的过程中，探索开展“研究性学习”的带规律性的问题。研究内容包括课题选择的策略研究，“研究性学习”实施策略研究，“研究性学习”中的学生研究、教师研究、评价研究、管理研究等。总课题名为“高中阶段开展研究性学习的研究”，2001年2月开始筹划，2004年12月申请结题。在3年多的时间里，课题组带领17个子课题组及其他试点学校经历了准备、实施、总结等3个阶段，取得了预期的成果。其认识成果为：“研究性学习”是学生的一种学习活动，而不是严格意义上的科学研究活动；“研究性学习”是一种学生人人参与的活动；“研究性学习”是学生的一种“探究式学习”，而不是预设的“接受式学习”；“研究性学习”不仅意味着学习方式的变革，而且意味着课程范式的变革；作为超越学科框架的一个课程领域，“研究性学习”具有分科课程所没有的促进学生“知识统整”“智慧统整”“能力综合”“情感和谐”的价值与功能；“研究性学习”本身是一种开放的而不是封闭的课程；“研究性学习”不等同于一般意义上的第二课堂、调查、访问、参观等实践活动；“研究性学习”中教师指导行为的多向性与科学性，是学生学习活动得以正常开展的保障。同时，在研究性学习的组织、管理策略、实施与评价策略、课题组成员的优化选配策略、教师的指导原则和基本方法、培养学生自主·合作·探究学习能力的策略以及学科内融入研究性学习的途径等方面取得了操作技术成果。

【心理健康教育研究】

2000年，成都市承担教育部基教司全国中小学心理健康教育实验区的任务。6月，市中小学心理健康教育指导委员会成立，并在市教科所设立业务指导小组——教研中心组，指导全市心理健康教育业务工作。各区（市）县建立心理健康教育工作网络。市教育局每年拨出专项经费用于心理健康教育和研究工作。全市从上到下、行政与科研两条线的心理健康教育工作网络逐步形成。

成都市中小学心理健康教育工作，由市教育局和市教科所统一规划、管理，并进行网络及制度建设；在全市整体框架下，以4个心理健康教育实验区（武侯区、金牛区、大邑县、龙泉驿区）为重点，促进各区（市）县推进中小学心理健康教育工作；以心理健康教育特色学校和省、市级实验学校、课题学校为龙头，以点带面，逐步辐射城镇学校及农村学校，同时开展专题研究。2002年3月，市教科所心理健康教育教研中心组在4个实验区和21所学校（含中学、小学，城镇学校、农村学校，职业高中）进行抽样调查的基础上，发布《成都市中小学心理健康教育实施意见》和附件《成都市心理健康教育实施学校评估细则》，对成都市未来5年中小学心理健康教育的发展目标进行规划，并对学校开展心理健康教育的标准、组织领导、内容及原则、实验途径和措施、师资建设等问题提出要求。中心组一般每月组织1次教研活动，不少时候每月2次（中小学各1次）。同时，在城区设立5个片区联组，就近的10～15所学校参加该片活动；制定“心星之火”送教下乡计划，成立名师讲学团，把好的经验和典型课例带到区县和农村。

全市各中小学逐步建立起以专兼职心理教师为骨干，以思想品德课教师、政治课教师、班主任和团队德育干部为主体，全体教师参与的心理健康教育师资队伍。中学逐步配设专职心理教师1～2名，小学视各校实际而定。专职心理教师以师范院校的心理学和教育学专业毕业生为主，其他专业的教师经过专业培训合格后持证上岗。农村中小学以兼职教师为主，经过专业培训合格后持证上岗。培训分层次进行。通过开设高级研修班，开展教研活动和专题研讨活动等，从理论和工作实践两个层面培训专兼职骨干心理教师；寒暑假邀请专家、学者讲学，集中培训其他专兼职教师或对心理健康教育感兴趣的教师；由市教育局主办的、广大德育干部、

2002年4月3日，成都市“区域性推进学校心理健康教育研究”总课题组大邑县现场研讨会召开，150余名学者、教师参会

班主任参加的“德育干部讲习班”，也将心理健康知识讲座作为重要培训内容。此外，凡教育系统开办的继续教育培训、研修班、课程班以及校本培训等，均加入心理健康教育内容。

2001—2005年，在一、二批立项的132项市级教育科研课题中，有18项涉及心理健康教育，涉及农村中学、职业中学、民族中学、社区小学等不同类型的学校。市教育局和市教科所联合承担成都市“十五”教育科学重点课题“成都市区域性推进学校心理健康教育的研究”，从行政推动和科学研究的角度探索区域性推进心理健康教育的运行机制、保障措施、教育目标、教育内容以及教育途径等。

【普及教育科研】

21世纪初，成都市注意充实和完善区（市）县教研室的教研员队伍和直属中学教科室网络，进而在全市范围建立和逐步完善城乡各学校的教师教研网络；鼓励各区（市）县及时总结本地教育改革的成功经验，1个区域以1个主题为中心统筹课题研究，形成各区域教改研究特色。金堂县在“九五”课题“农村学困儿童的成因及对策研究”的基础上，为进一步提高课堂教学效率，确立“学习策略在现代课堂教学中的应用研究”为全县性研究课题，将研究方案印发给全县每一所学校；各校申请县级课题时原则上围绕“学习策略研究”选题。5年间，金堂县共分批立项61项课题，涉及元认知策略研究、具体学科学习策略研究、学习方式变革研究等。县域内各课题相互借鉴，相互启发，教育科研逐步普及，成为该县推进课程改革的重要力量。

1991—2005年，成都市先后组织市属中学教研组长、教导主任和区（市）县全体教研人员进行学习，认识校本教研的意义、内容、原则与方式。各中学由分管校长牵头，以学科教研组为核心，由教导处、教研组、备课组、年级组等职能部门组成校本教研网络。开学初，各学科教研组即规划本期研究课题、学习内容、研究课题目，做到时间落实、地点落实、任务落实、人头落实。每所中学每年召开1次学术研讨会，开放课堂，上研究课，听课评课，宣读教研论文，听专家讲座。推进一线教师的“小问题”研究，鼓励教师开展“微型科研”，通过行动研究、叙事研究、案例研究、经验总结、调查研究等方式，促进教师反思日常工作，促进学习与实践，提高自身专业水平，提高教育教学质量。从2003下期开始，武侯区在中小学全面推进微型教育科研课题研究。全区50多所学校，微型课题达到380多个，骨干教师全部参与，其余教师大部分参加。

在农村，举办农村骨干教师科研培训班，建立农村教育科研骨干队伍。在科研立项条件上对“农村课题”（指研究农村教育问题或由郊县农村学校承担的课题）予以适当照顾，鼓励农村学校研究自己的“真问题”。在研究方法上提倡行动研究和叙事研究，在研究规范上适当降低要求。2001—2005年，立项的“农村课题”共有82项，占立项总数的38.68%，农村教师开始参与教育教学研究并有所作为。

教育管理

管理机构

【概况】

成都市教育局（教委）是成都市人民政府教育行政部门，主要职责有“贯彻执行教育工作方针、政策和法律、法规；研究提出全市教育改革与发展战略和全市教育事业发展规划及年度计划；综合管理全市基础教育、职业技术教育、成人教育、市属高等教育”等14项。管理范围包括成都市19个区（市）县及高新区的教育工作，并直接领导管理5个直属事业单位，5所市属大专院校，1所中等师范学校，2所特殊教育学校，30所市属普通中学和8所市属职业中学。

市劳动与社会保障局具有管理职业技能培训和民办职业技能培训、开展职业技能竞赛和职业技能鉴定的职能；2005年，办有技工学校31所，各种职业技能培训学校260所，每年培训包括130个技术工种（专业）的各种技术等级的技能型人才10多万人。市卫生局把医学教育纳入卫生事业发展规划和综合目标管理，办有成都卫生学校等医学学历教育学校，并对在职人员进行继续医学教育。省、市、区三级卫生防疫机构负责对成都市学校内影响学生健康的学习、生活、劳动、环境、食品等方面的卫生和传染病防治工作实行卫生监督。市文化局办有成都市文化艺术学校等专业学校，并对文化艺术专业社会办学担负审批、指导、检查、年审等责任。市体育局办有市体育学校，所属各体育场馆分别办有不同项目的业余体育学校。市财政局、审计局监管教育经费。市人事局监管教育系统的人事工作。成都市教育事业发展的每一项工作，都有多个市级行政机构参与，分工协作，齐抓共管。

不少在成都的国有企业办有子弟学校和各种技工、职业学校。1997年初，成都市仅96个市属企业就办了有165所中小学。同年，在成都的国有企业自办学校分离工作启动。自办学校分离后，企业的办学职能与教育管理机构相继撤销。至2005年年底，成都市教育局与13个区（市）县教育行政部门，共接收59个国有企业自办的73所中小学校。

在成都的大专院校多为省属或部属，分别归四川省教育厅、教育部或国家其他部委管理。

中共成都市委办有党校。各民主党派也在成都市办有多个不同类型的学校。

成都市人民政府教育督导室是全市教育系统的监督执法机构，代表市政府对区（市）县政府、区（市）县教育行政部门和学校的教育教学工作进行监督、检查、评估、指导。市教育督导室主任由市教育局局长兼任，并聘请专、兼职督学，组成督学队伍，完成各项“督政”和“督学”任务。

根据各个时期中心工作的需要，成都市适时建立一些非常设性的教育领导机构，协调和管理教育工作。2004年4月，“成都市教育工作领导小组”成立。市委副书记、市长任组长，市政府副秘书长和13个市级行政部门主要负责人为成员，研究制定全市教育改革和发展的重大部署和政策措施，推进城乡教育一体化，协调解决农村教育、职业教育、民办教育、成人教育等各类教育工作中的重大问题，督促、检查、考核各项政策和工作的落实情况。接着，成都市“农村教育工作联席会”“职业教育工作联席会”“民办教育工作联席会”相继成立，作为“成都市教育工作领导小组”领导下的工作机构，协调解决教育工作中的重大问题。

【成都市教育局】

参见《成都市志（1990—2005）·政治（上）》“地方人民政府·市教育局”条目

【成都市人民政府教育督导室】

1989年6月，“成都市教育委员会督导室”设立，为市政府领导下的市教委的监督职能机构。1992年，撤销“成都市教育委员会督导室”，成立“成都市教育督导室”，作为全市教育系统的监督执法机构，代表市政府对区（市）县政府、区（市）县教育行政部门和学校的教育教学工作进行监督、检查、评估、指导。市教育督导室主任由市教委主任兼任，聘请兼职督学21位。当年全市19个区（市）县中有16个区（市）县建立教育督导机构。市、区两级教育督导机构除完成国家教委下达的落实德育法律、法规文件和减轻中小学生过重课业负担的督导检查任务外，还完成成都市下达的对16个乡镇和163所学校的督导任务。1993年，全市专、兼职督学人数增加一倍以上，对大弯中学等4所学校和18所职业中学进行专项督导，对全市1991年、1992年“普九”乡镇的“普九”巩固情况进行了专项督导。

1995年9月，“成都市教育督导室”更名为“成都市人民政府教育督导室”。其机构级别和职责不变。1998年4月，召开全市第二届教育督导工作会。年底，市人民政府教育督导室获“全国教育督导先进集体”称号。

2001年，市政府教育督导室开始组织教育强乡(镇)评估验收工作。同年，组建第六届成都市人民政府督学队伍，聘请6位特邀督学、13位兼职督学、10位专职督学；拟发《成都市教育督导规定》，指导和促进各区（市）县加强县级教育督导机构建设。2002年，开始对全市19个区（市）县及高新区进行“两基”年审，并于次年开展随访督导工作。同时，市政府教育督导室承担着全市依法治教的牵头工作，对多个教育热点、难点问题进行调查研究，为全市教育工作提供数据分析和决策建议。在督学工作方面，进行了办学水平综合评估和教育系统行风测评工作。

2002年和2004年，对区（市）县教育督导工作进行评估检查。市教育督导室承办全国部分地区教育督导协作研究理事会，派员参加在温州召开的第十届年会；组织市及区（市）县督导人员参加四川省组织的督导培训班，举办区（市）县督导培训班。2004年，对全市教育督导机构及督导人员队伍进行了重新统计。

2005年，《成都市人民政府办公厅关于进一步加强教育督导工作的意见》颁发，要求将教育督导工作的重心从过去以督政为主转移到督政与督学并重上来，加强以素质教育为主要内容的教育督导评估工作。市政府教育督导室根据有关教育法律法规，结合全市实际，制定进一步加强督学工作的意见，对区（市）县高中教育教学质量进行了专项督导检查。

【成都市非常设性教育管理机构】

根据各个时期的工作需要，成都市设立了一些非常设性教育管理机构，其中主要有：

成都市托幼工作领导小组 1979年，按照全国和四川省托幼工作会议的要求，将原“成都市幼儿保健教育工作领导小组”改为“成都市托幼工作领导小组”。1990年1月，成都市人民政府决定，全市幼儿教育工作由市托幼办公室挂靠单位——市妇联移交市教委统一管理。移交后，保留“市托幼办公室”，市教委新设“幼儿教育处”，实行“一个机构，两块牌子”，合署办公。各区（市）县同时将幼儿教育工作移交教育行政部门，区（市）县幼教办与教委幼教科合署办公。1994年，召开全市托幼工作先进工作者表彰大会，会后“市托幼办公室”不再行使职权，市托幼工作领导小组不再存在。2001年，市教委幼教处改称市教育局学前教育处。

成都市扫除文盲工作领导小组 1952年，建立“成都市扫除文盲委员会”。1954年，将其改组为“成都市扫除文盲工作委员会”。1989年，高标准扫除青壮年剩余文盲工作在全市展开，市政府于1990年成立“成都市扫除文盲工作领导小组”，副市长任组长，市政府副秘书长、市委宣传部副部长、市教委副主任任副组长，市农委、市科委、成都军分区、市广播电视局、市科协、团市委、市妇联等相关负责人为成员。鉴于一些部门分管领导已经变动的实际情况，市政府于1993年5月对“成都市扫除文盲工作领导小组”成员进行部分调整，副市长贺大经仍担任组长。高标准扫盲任务完成后，各部门分管领导职务陆续变动，市政府未再对“成都市扫除文盲工作领导小组”进行调整。

成都市教育工作领导小组 2004年4月，市教育工作领导小组成立，市委副书记、市长任组长，市委副书记、副市长任副组长，市政府副秘书长、市计委主任、市经委主任、市教育局局长、市科技局局长、市财政局局长、市物价局局长、市人事局局长、市劳动和社会保障局局长、市农牧局局长、市审计局局长、市国税局局长、市地税局局长、市法制办主任为成员。办公室设在市教育局，办公室主任由市教育局局长兼任。成都市教育工作领导小组的主要职责是认真实施科教兴市战略和人才强市战略，研究制定全市教育改革和发展的重大部署和政策措施，推进城乡一体化，协调解决农村教育、职业教育、民办教育、成人教育等各类教育工作中的重大问题，督促、检查、考核各项政策和工作的落实情况，形成政府统筹、分工协作、齐抓共管的有效工作机制。成都市教育工作领导小组原则上每年召开一至二次工作会议。

成都市农村教育工作联席会 2004年4月14日，市教育工作领导小组研究决定，成立成都市农村教育工作联席会，副市长为主任，市政府副秘书长、市教育局局长、市农牧局副局长为副主任，市科技局、市计委、市财政局、市物价局、市人事局、市审计局、市教育局、市劳动和社会保障局、市就业局等9个部门相关副职负责人，以及温江区、金堂县、彭州市、郫县等4个区（市）县教育局局长为成员。联席会办公室设在市教育局，办公室主任由市教育局副局长兼任。农村教育工作联席会是成都市教育工作领导小组领导下的工作机构，其主要职责是具体研究全市农村教育改革和发展的重大部署，制定相关政策，协调解决工作中的重大问题，督促、检查、考核各项政策和工作的落实情况。联席会原则上每季度召开一次工作会议，也可根据工作需要临时召集会议。5月31日，成都市农村教育工作联席会第一次会议在市政府办公厅召开。会议听取市教育局关于当前农村教育主要工作的简要汇报，对全市农村教育存在的主要问题及解决办法进行研讨，对下一阶段的相关工作进行部署。会议议定事项共有10件：落实农村中小学生均公用经费；分步实施帮困助学工程；落实农民教育与培训工程的编制和经费；接收进城务工就业农民工子女入学；尽快明确农村中小学现代远程教育工程采购模式；讨论农村中小学租用校地、土地置换问题；研究提高农村教师待遇、稳定农村教师队伍的问题；开展城市支教工作；严格管理排除中小学危房专项资金；协调“一费制”工作。

成都市职业教育工作联席会 2004年4月14日，市教育工作领导小组研究决定成立成都市职业教育工作联席会，副市长为主任，市政府副秘书长、市教育局局长、市劳动和社会保障局副局长为副主任，市农牧局、市计委、市经委、市财政局、市物价局、市教育局等6个部门的相关副职负责人和市劳动监察总队队长为成员。联席会办公室设在市教育局，办公室主任由市教育局副局长兼任。职业教育工作联席会是成都市教育工作领导小组领导下的工作机构，其主要职责是具体研究全市职业教育改革和发展的重大部署，制定相关政策措施，协调解决职业教育工作中的重大问题，督促、检查、考核各项政策和工作落实情况。联席会原则上每季度召开1次工作会议，也可根据需要临时召集会议。7月1日，成都市职业教育工作联席会在市政府办公厅召开第一次会议。会议听取市教育局关于2004年职业教育工作情况汇报，明确联席会及相关成员单位的主要工作职责，研究本次联席会的主要协调事项，并提出下一次联席会议需要研究解决的有关问题。会议议定6件事项：严格就业准入政策，大力推进职业资格证书制度；积极发挥行业组织和企业在职业教育与培训中的作用；确保职业教育的经费投入，加强使用管理，提高使用效益；以市政府名义制订《成都市职业教育“十一五”计划和2015年规划》；加大统筹力度，促进两类高中协调发展；进行办学机制改革试点。

成都市民办教育工作联席会 2004年4月14日，市教育工作领导小组研究决定成立成都市民办教育工作联席会，副市长为主任，市政府副秘书长、市教育局局长为副主任，市计委、市财政局、市物价局、市国税局、市地税局、市教育局等6个部门的相关副职负责人和市法制办机关党委书记为成员。联席会办公室设在市教育局，市教育局副局长兼任办公室主任。民办教育工作联席会是成都市教育工作领导小组领导下的工作机构，其主要职责是具体研究全市民办教育改革和发展的重大部署，制定相关政策措施，协调解决民办教育工作中的重大问题，督促、检查、考核各项政策和工作落实情况。联席会原则上每季度召开1次工作会议，也可根据需要临时召集会议。10月10日，成都市民办教育工作联席会第一次会议在市政府第七会议室召开。会议听取市教育局关于2003年年底全市民办教育工作会召开以来民办教育工作汇报，对民办教育发展的主要问题及解决办法进行认真研究和讨论，进一步明确了下一阶段的工作重点和思路，对相关工作进行部署。会议议定5件事项：全市民办学历教育学校经批准收取的费用纳入财政预算外资金专户管理的，免收企业所得税，未纳入财政预算外资金专户管理的，依法征收企业所得税；民办学校在取得办学许可证后依法进行法人登记，登记机关应当按照有关规定及时予以办理，并简化登记手续；尽快建立、完善全市教育综合执法制度，明确办学主体，增加教育的执法力度；在处理民办教育发展过程中遗留的土地、资产、股权问题时，应本着尊重历史、面对现实，有利于民办学校稳定、健康、持续发展的原则开展工作；建议增补市劳动和社会保障局、市民政局为市民办教育联席会成员单位。

教育发展与规划管理

【概况】

国家每一个五年计划之初，成都市均制定教育事业五年发展计划（规划）。2002年，市教育科学研究所增设教育发展研究室，对教育发展和规划问题进行深入调查和科学研究。2004年，市教育工作领导小组成立，研究制定全市教育改革和发展的重大部署和政策措施是其职能之一。

市教育发展规划，一般先是按照上级文件精神和领导指示，市教育局组织专题调查研究；接着在充分讨论研究的基础上，撰出讨论稿；然后召开由领导、专家、基层干部群众参加的不同层次的座谈会、研究会、论证会，听取各方意见，反复修改，拟出初稿，送市教育局党组审核颁布实施。若是全局性的重要发展规划（方案），局党组审核通过后，须报送市人民政府审核，由市人民政府颁布实施。如教育事业五年规划（计划）、《贯彻实施国务院关于基础教育改革与发展的决定的意见》《成都市普及高中阶段教育的实施方案》《成都市教育成果奖励办法》等均由市人民政府颁布实施。在实施的过程中，如需调整，则根据实际情况进行必要的修订。

各项教育发展规划（方案）以及方针、政策的贯彻实施，主要由成都市人民政府教育督导室进行行政监督。拟订审查、评估、验收标准和工作程序，组织市教育局相关处室及相关专业人员实行检查，提出整改意见，进行复查回访。如对全市“两基”（基本普及九年义务教育、基本扫除青壮年文盲）工作，市人民政府教育督导室印发了《成都市“两基”年审实施方案》和《成都市“两基”年审标准》，制定规划安排和工作程序，于2002—2005年，对全市19个区（市）县及高新区先后进行年审，并于年审的次年对其进行随访督导，针对问题进行督导检查。

各项教育事业发展规划任务完成后，即进行工作总结。2005年，成都市基本普及高中阶段教育工作后，市人民政府于12月召开基本普及高中阶段教育工作总结表彰大会，市领导出席，总结经验，肯定成绩，表彰成绩突出的单位和个人；同时指出问题，提出下一阶段工作的基本思路。（见表5-32）

1990—2005年成都市平均每万人口在校生人数

表5-32　　单位：人

年份	研究生	大学	中专中师技校	职业高中	普通高中	普通初中	普通小学	幼儿园
1986	—	63	37	23	85	346	1109	173
1990	—	67	46	28	64	318	738	200
1991	—	64	31	29	65	298	708	227
1992	—	68	54	34	64	282	700	262
1993	—	79	60	37	57	276	724	235
1994	—	87	66	39	52	309	744	263
1995	—	87	71	38	54	335	756	276
1996	—	89	77	37	59	325	783	284
1997	—	94	81	41	71	291	810	282
1998	7	92	83	41	81	285	803	282
1999	9	110	77	39	92	331	788	276
2000	13	139	77	37	98	378	761	267
2001	13	134	49	26	85	297	563	185
2002	21	249	49	40	142	389	745	245
2003	22	288	50	47	170	375	730	247
2004	36	352	55	56	187	368	731	243
2005	40	446	75	62	184	364	700	238

说明：2005年底全市人口数为1082.0万人，2001年开始不包含技校生数

【中小学布局调整】

20世纪90年代，成都市多次进行中小学布局调整。1994年4月，成都市建设委员会、成都市教育委员会联合制发《关于建设住宅小区配套修建中小学和幼儿园的意见》，认为“必须坚持中、小学和幼儿园与住宅小区建设‘同步规划、同步建设、合理布局’的原则”“谁开发、谁投资、谁建设”，必须在小区居民入住之前竣工交付使用。1995年，成都市明确要求在23个新建住宅小区配套新建中小学61所及应配套的幼儿园。

1997年，对城区中小学布局调整进行专题调研，结合城市规划和“五路一桥”建设，制定“城区中小学校点布局方案”，并着手实施。同年，对市属职业中学的校点布局进行调整，将15所市直属职业中学调整为12所，办学总规模有所扩大，招生总量增长20%左右。1996—2000年“九五”期间，成都市共调减中小学、职业高中895所。全市共新建、改建和扩建中小学校舍305万平方米，总面积达到885万平方米。

2002年3月，《成都市人民政府贯彻实施国务院〈关于基础教育改革与发展的决定〉的意见》提出，城区学校布局调整，根据城市总体规划和城市向东向南发展战略，按照布局科学、规模适度、建设标准、环境优良的原则和适合小班化教学的要求，统一规划，分区分步实施。用5～10年时间，采取扩、迁、并、撤的办法，把城区内现有的、部分布局不合理的、用地规模偏小的中小学，合并或迁建到三环路附近，着力在三环路附近打造1条名校相对集中的现代化教育带。全市中小学布局大体形成二环路内以义务教育为主，三环路两侧以较大规模、现代化程度较高的普通高完中、职业中学为主的格局。至2005年，全市共撤并20余所普通中学或职业中学。新华职业中学和成都十三中分别从中心城区迁到三环路附近新建的高规格的校园中，树德中学的迁建工作也已启动。

同年6月，《成都市关于进一步调整农村中小学校布局和精简优化教职工队伍的意见》要求，除交通十分不便的地区可以继续保留必要的低年级办学点外，有计划、有步骤地撤并村小和教学点，大力发展乡镇中心小学，积极推动跨村举办完全小学。跨村举办的完全小学以每12平方千米设置1所为宜，山区和其他交通不便地区保留的教学点，以学生单程行走1小时左右为宜，在考虑群众经济承受能力的前提下，举办小学高年级寄宿制学校。农村初中布局调整，坚持相对集中、扩大办学规模的原则。平坝地区由县统一举办跨乡（镇）招收学生的初中，使其规模达到18个班以上，每班学额50人左右；丘陵地区和山区乡（镇）所在地重点办好的初中，使其规模分别达到15个班以上或12个班以上，每班学额45人左右，并积极创造条件，对居住较远的学生实行寄宿制。对于布局不合理的薄弱学校和危房比例较大的学校坚决撤并。此后，成都市19个区（市）县和高新区，先后制定了本区（市）县的农村校点布局调整的规划或方案。成都市五城区和高新区对空间距离较近、办学规模相对较小、办学效益相对较差的小学和中学进行撤迁或合并，选择“大规模”和“小而精”两种模式新建学校，均衡布局，扩张优质教育资源。都江堰市2001—2003年撤并村小54所；2004年，建成示范村小7所；2002年，寄宿制试点山区中小学增加到21所，另组建了数所九年一贯制学校。

从2003年起，五城区和高新区在农民工居住集中地区，进行义务教育学校布局调整。武侯区在金花镇投资400万元，修建民工子弟学校（金兴北路小学），同时改、扩建一批城郊学校，安排民工子女就近入学。金牛区投入500万元对五块石小学进行改扩建，把该校办成农民工子女学校。成华区在城北红花堰、双水、青龙场地区，投入300万元建立“成华区红花学校”，专门招收外来务工人员子女入学。青羊区投入500万元建立农民工子女学校

2000年与2005年成都市中小学校所数与在校生数增减情况表

表5-33

区域	年份	小学			初中		高中	
		单设小学所数（所）	教学点数（个）	在校学生数（人）	学校所数（所）	在校学生数（人）	学校所数（所）	在校学生数（人）
城区	2000年	179	30	123793	49	86176	71	99174
	2005年	197	7	213976	45	95364	51	53413
县镇	2000年	329	21	241837	200	217749	92	58911
	2005年	171	16	234085	150	183348	83	133746
农村	2000年	1959	145	405952	135	79395	1	1115
	2005年	205	820	309407	187	115090	8	11513

"红碾小学"。

2004年，成都市城乡教育一体化建设启动，市委、市人民政府决定在3年内投资10亿元，完成对全市农村中小学的校点布局调整与400多所农村中小学标准化建设任务。在校点布局规划上，原则上在各乡镇行政、文化中心集中建设1所初中，并根据需要规划学生宿舍，在3千米之内尽可能建完小，在偏远山区保留必要的小规模学校或教学点，并改造维修校舍，防止因布局调整而造成学生上学不方便或辍学，认真测算村（完）小的点位及规模，坚持"够用、实用，资源综合利用"的原则。至2005年年底，全市农村中心学校标准化建设项目已有159项竣工并投入使用，蒲江县已基本完成农村中小学标准化建设工程。（见表5-33）

【基本普及高中阶段教育】

1996年，普及九年义务教育之后，成都市人民政府提出，用10年时间在全市基本普及高中阶段教育。1997年初，《成都市普及高中阶段教育实施方案（试行）》提出分区域推进的三阶段发展策略："第一阶段，到2000年年底前，成都市城区和区（市）县政府所在地（简称城区，下同）普及高中阶段教育，城区初中应届毕业生当年升入高中阶段升学率达到85%以上，全部区（市）县平均升学率达到55%以上。第二阶段，2001—2003年，全市基本普及高中阶段教育。城区初中应届毕业生当年升入高中阶段升学率达到85%以上，全部区（市）县平均升学率达到70%以上。第三阶段，2004—2005年，全市普及高中阶段教育。全市初中应届毕业生当年升入高中阶段升学率达到85%以上。"并要求"普职比"保持基本平衡。

1996—1997年，市属学校投入基建款6927万元，新增教学用房6.12万平方米，锦江区、青羊区、金牛区、武侯区、成华区和高新区投入基建款3500万元，城区教学仪器设备投入1961万元（其中五城区和高新区692万元），增加课桌椅，添置图书，购买计算机。并对城区普通高中和职业高中进行了达标检查。1997年，城区初中毕业生升入普通高中和中等职业技术学校的升学率达到90.1%，全市升学率为58.6%，基本完成第一阶段目标任务。

1998年11月25日，全市普通高中教育工作会召开，提出适量发展、适度超前、分区规划、分类指导的发展方针。至2000年，全市14个区（市）县政府所在地城镇先后基本普及高中阶段教育。2000年，全市初中毕业生升学率达到80.8%，普职比5.8：4.2，五城区和高新区升学率保持在85%以上，达到第一阶段和第二阶段全部目标。

2000年，《成都市普及高中阶段教育实施方案》正式出台。随后，成都市人民政府《关于大力推进职业教育改革与发展的决定》《进一步加强农村教育的决定》《关于大力促进民办教育发展的决定》以及《成都市人民政府办公厅关于帮困助学工程的实施意见》等文件相继制订下发。成都市65%以上高中阶段生源在农村，必须重点扶持第二与第三“经济圈”区域，特别是农村薄弱地区。中心城区通过办学体制改革、校点合并等扩大优质高中教育规模，鼓励和引导社会力量兴办普通高中。

从2002年起，设立“成都市政府奖学金”，帮助家庭经济困难的高中阶段学生完成学业。2002—2005年，投入专项资金近15亿元用于普及高中阶段教育，新建或改建学校，添置教学设备设施，增加高中阶段学位10余万个，统筹城区职业教育，借助城区职业院校的专业、师资、装备、就业和品牌优势，扩大城区职业学校面向农村的招生人数，城区重点职业院校品牌、师资、管理等向农村职业学校输出，解决农村职业学校、特别是边远地区职业教育资源不足的问题。从2004年起，将“普高”专用经费全部用于农村高中建设，特别是农村职业高中建设，并对接受中等职业教育的农村经济困难学生给予学费补贴。在人口相对集中、区域辐射力强的城镇或重点镇新建、扩建高中学校，在大多数区（市）县形成以县城为中心，以重点镇为支撑的高中办学格局。各区（市）县设立配套的专项资金，金堂县2005年投入普及高中阶段教育资金近4000万元，双流县“十五”期间投入近1亿元，各级政府通过土地划拨、政策减免等措施给予支持。

2005年，成都市召开基本普及高中阶段教育工作总结表彰会议

2000—2005年，共增加高中专任教师5622人。全市对教师编制实行动态管理，压缩非教学人员比例，加大教师培训工作力度，并鼓励和组织城区、城镇学校选派中青年教师和管理人员到农村学校任教、任职，在14个重点镇确定了“校对校”“师对师”的帮扶对子。实施农村教师素质提升工程，教学能力提升与学历水平提升相结合，促进教师专业化成长。

2001—2004年，共有5700名高中学生递交加入中国共产党的申请书，有4300名学生参加各级入党积极分子培训班，有432名高中学生加入中国共产党。同时完善高中阶段课程体系，在大多数学校构建起包括必修课程、选修课程和活动课程3大板块的课程结构模式。形成《成都市普通高中教学管理工作意见》，对全市高中学生的学业质量进行监测，于2004年开始实施全市调研考试，对全市普通高中进行以入量出的考评，强化区（市）县管理高中教学的责任，各区（市）县成立了高三各学科中心组。2005年，全市普通高中应往届毕业生参加高考，本科上线人数达到2.26万人，本科万人上线率为21.28%。

2005年，成都市中等职业学校基本建立起覆盖三大产业、专业门类齐全的专业体系，建成国家级重点中等职业学校20所，国家级示范专业2个，省级重点学校35所，省级重点（特色）专业（点）9个，市级重点（特色）专业点22个。全市14个郊区（市）县均已建成省级或省级以上的重点职业学校。全市职业学校毕业生就业率近3年来均保持在96%以上。

2003年，温江、郫县、蒲江、龙泉驿、双流、新津等6个区（县）初中毕业生升学率达到85%以上，全市已在51.5%的人口覆盖地区基本普及高中阶段教育。2004年，又有3个郊区（市）县初中毕业生升学率达到85%以上。同年12月，市教育局召开全市普及高中阶段教育动员大会，落实5位副局长分别负责督查5个困难较大的区（市）县的普及高中阶段教育工作。2005年，全市初中毕业生12.2万余人，升入高中阶段学生11.3万余人，升学率达88.82%以上，普职比5.6：4.4，14个郊区（市）县初中毕业生升学率全部达到85%以上，第三阶段目标实现，成都市基本普及高中阶段教育。

2005年，全市完成基本普及高中阶段教育目标任务之时，大部分郊区（市）县高中学校尚不同程度存在占用功能室、办公室用作教室的情况，有的学校在校外租房用作教室和学生宿舍。各郊区（市）县都存在班额过大的问题，地处农村的高中学校班额在70人以上的现象普遍存在。高中阶段教育经费捉襟见肘，高中学校办学困难日渐突出，部分区（市）县普及高中阶段教育已负债数千万元。普通高中专任教师编制缺乏，职业高中专业和技能教师不足，教师工作量过大，整体素质有待提高。

【城乡教育一体化建设】

1996年，成都市普及九年义务教育后，农村学生约占全市义务教育阶段学生总数的75%，且城乡教育差距较大。2004年，市教育局成立推进城乡教育一体化工作领导小组，实施《成都市教育局关于实施“五大工程”推进城乡教育一体化的意见》。2005年，将“五大工程”增加为“八大工程”。

“农村中小学标准化建设工程”规划经过3年努力，投资10亿元，完成对全市农村中小学的校点布局调整与410所农村中小学的建设任务，整体优化农村中小学的办学条件。到2005年，成都市共审定农村中小学标准化建设项目方案362个，移交项目设计任务书316个，累计开工228所，已有159所农村中小学完成标准化建设并投入使用。

“农村中小学现代远程教育工程”至2005年第四季度，成都市中小学已建校园网的学校累计达211所，984所中小学实现“校校通”。

“农民教育与培训工程”始于20世纪90年代，每年对农民约100万人次进行各类培训。2004年，通过整合各类教育资源，完善了覆盖县、乡、村的实用型和开放型的农民实用技术教育培训网络。2005年，完成各类农村劳动力培训101.7万人次，农民劳动力转移培训37.5万人次，转移就业人员1万多人，完成“两后”（高中后、初中后）教育培训7.8万人。

“教育强乡（镇）工程”从2002年开始实施，2004年，纳入政府目标考核，从全民受教育状况、教育发展水平、办学条件、师资队伍、教育管理、教育为社会经济发展服务等6个方面促进乡（镇）教育发展。规划在2～3年内把14个优先发展重点镇全部建设为成都市教育强镇。2007年，全市建成50个市级和一定数量的区（市）县级教育强乡（镇）。至2005年，全市已有5个市级教育强镇受到市政府授牌表彰，另有11个乡

（镇）接受教育强乡（镇）评审验收，建成了10个县级教育强镇。

“帮困助学工程” 要求对接受义务教育的家庭经济困难学生实行“两免一补”，对普通高中家庭经济困难学生实行“政府奖学金”制度，对就读中等职业学校的家庭经济困难学生实行学费补贴。2004年8月，制定下发“成都市人民政府办公厅关于帮困助学工程的实施意见”。2005年秋季，市、区（市）县两级安排各类“帮困助学”资金共计6305.54万元，受助学生33.48万人。另外，省工商银行营业部及有关经办行，已对5所市属高校116名优秀贫困生发放了首批助学贷款4.2万元。

“农村教师素质提升工程”从2004年开始实施，制订并实施“农村教师专业发展行动计划”“农村教师学历提升计划”“绿色行动计划——送教下乡”，同时在晋职、评优等政策上向农村教师和支教教师倾斜。2005年，完成8个学科、908名学科骨干教师的市级培训工作，14个郊区（市）县组织了5467名中小学教师参加学历提升培训，依托英特尔未来教师培训项目，对农村中小学教师开展信息技术能力培训。305所城区（城镇）学校549名教师分赴332所农村学校开展新一轮的定期服务，68名特级教师、学科带头人到农村学校开展定点联系工作。

“城乡结对帮扶工程”从2003年起，在城市和农村学校之间探索实施结对子帮扶模式。2005年开展城乡百所学校结对子、百万学生手拉手活动，促进城乡师生相互学习和交流。

“免费义务教育工程”从2005年开始，全市在五城区和高新区大面积试点实行免费义务教育。

【中小学教育信息化建设】

成都中小学信息技术教育起步于20世纪80年代，到2000年年底，全市乡中心小学以上学校计算机教育普及率达到90%以上，各类学校PC386以上电脑装备量达4.46万套，936所学校申请进行成都市中小学计算机基础条件验收，合格率达到97.6%。全市有18所中小学建成档次不一的校园网。

2001年，市教育信息技术中心成立，并制订《成都市教育信息化规划（2001年—2005年）》。2002年，市教育局成立教育信息化工作领导小组，与各区（市）县教育局签订目标责任书，实施目标管理。至2003年，市教育城域宽带网建成区（市）县数据分中心18个，全市中小学装备计算机近6万台，建成网络教室1790个，校园网138个，城域宽带网光纤已接入近200所学校。10月，全市教育系统正式开始网上发布工作，不再另行印发纸质公文。开展远程继续教育，全市有2万多名教师通过网络或光盘进行学习。基本实现了事业统计工作信息化。

2001—2004年，市、区两级以多种形式培训计算机网络管理员和信息技术方面的师资1万余人。2001年秋季，全市多数普通高中开设信息技术课，多数初中和小学开设计算机课。从2002年起，全市每年均有数十所学校、数万名学生参加四川省高中信息技术课会考上机联网考试。2003年9月17日，全市小学信息化应用教学现场会在浣花小学召开。同年，举办全市小学网络环境学科赛课活动，共有36所学校参赛，内容涉及语文、数学、英语、科学等7个学科，有12节课获一等奖。并积极开展教育信息技术及现代教育技术的应用研究。

2004年，调整教育信息化建设规划，原规划2005年完成的目标，调整到2007年完成，并将成都市教育信息中心并入成都市教育技术装备所。同年，启动农村中小学现代远程教育工程，青白江区和郫县基本普及农村远程教育，启动全市中小学教学资源库建设，起始年级新教材的主要学科以及职业技术骨干专业资源库的文本编写工作基本完成。

2005年，市级财政投入补贴资金800多万元，各区（市）县投入建设资金1768万元，新建网络教室157间，校园网7个，电子备课室18间。装备直属学校软件30套，配备非线性编辑系统11套，多媒体电教室67套和大量相关设备。重点解决远郊区（市）县农村标准化建设学校、重点乡镇学校和薄弱学校网络教室、电教设备、设施建设问题，使其达到相应配备标准。龙泉驿区、金堂县、双流县、新都区、温江区普及基本信息技术教育。在国家农村中小学现代远程教育项目工程方面，争取国家财政资金3063.6万元，地方配套资金1531.8万元，新建网络教室291间，简易多媒体电教室291间，卫星接收站435个，全市984所中小学实现“校校通”，完成率95%。改造教育城域网中心机房，改版成都教育网，丰富网上内容，初步建成第一期教学资源库。同时，健全管理制度，制定信息技术教育收费管理办法。建立区（市）县远程教育协作组，进行示范校评估验收，完成成都市首届全市中小学学生电脑作品制作的评审、颁奖工作，并开展第二届学生电脑作品制作活动和成都市第十一届现代教育技术优秀成果的评选工作。

【成都地区高校体制改革和布局调整】

1991—1995年，成都地区的高校实行管理体制和运行机制改革，扩大高校办学自主权，四川省教委向在成都的省直属高校下放了在专业设置、招生计划、人事管理、经费安排、教育教学、外事工作等方面的一系列权利。在计划管理上，缩小指令性计划范围，增加高校自主招生、自我调节计划，以增强学校为经济建设服务的主动性和适应性。成都地区各高等院校积极探索办学体制改革的模式。四川大学与成都科技大学合并为四川联合大学，将原有的80多个系、所和近百个专业调整组建成15个学科型学院，并组建了5个跨学科的学科群型的学术部。西南交通大学与铁路系统大型企业联合，组建董事会，筹集了上千万元的办学经费。成都电子机械高等专科学校实行部、省双重领导，以省为主的体制。同时在高校实行内部管理体制改革，精简管理机构，转换管理职能，下放管理权限，实行校、系（部）两级管理，校内事、企分开。成都中医学院将原有党政群25个管理机构并成14个。

1997年，四川省行政区划变动后，重庆地区高校划出，四川地区高校规模小、单科性院校多、专业设置重复、布局结构不尽合理，为此，四川省政府制定《四川省高等教育办学体制改革和布局结构调整总体方案》。按照“方案”的要求，在成都的高等学校积极推进高校人事制度改革和后勤社会化改革，各高等学校之间、学校与企事业单位之间、地方政府与学校主管部门之间的合作不断深入。教育部和四川省政府于2001年在成都签订重点共建四川大学、电子科大的协议，除对学校经常性的教育事业费和科技事业拨款外，2001—2003年，教育部向四川大学投入4亿元，向电子科大投入2亿元，四川省和成都市向川大投入3.2亿元，向电子科大投1.6亿元。四川省把两校改革和发展纳入经济建设和社会发展的总体规划之中，给予相应的政策支持。2002年，电子科大、四川迈普数据通信股份有限公司合作建立“电子科技大学——迈普通信职业技术学院”、电子科技大学——迈普宽带通信研究中心、“迈普科技研究基金”，合作进行项目开发。

与此同时，按照“方案”提出的“共建、调整、合作、合并”的方针，以四川大学与华西医大合并组成新的四川大学为代表的合并、调整工作逐步推进，1997—2005年，成都地区参与合并工作的高等学校与相关学校共有20余所。

在成都的高校办学层次提升则有5种情况：四川大学、电子科技大学、西南交通大学、西南财经大学等4校被批准为国家“211工程”学校，四川师范大学、成都中医药大学、西南民族大学、西南石油大学、西华大学、四川农业大学等学校经调整或合并由原来的单科性本科院校升格为综合性大学，成都大学、成都医学院等学校由专科学校升格为本科院校，成都电子机械高等专科学校、成都职业技术学院等近20所高校，由中等专业学校或中等职业学校经合并、充实而提升为专科层次院校，四川管理职业学院、四川省卫生管理干部学院等原为成人教育学校，经调整后增办国民教育，招收普通专科生。

2000年以后，成都地区新建了近20所高等学校和大学独立学院，如成都东软信息技术职业学院、电子科大成都学院、四川大学锦城学院等。它们中大多为民办学校，职业学院为专科层次学校，大学独立学院多数为本、专科兼办。从20世纪末开始，在成都的高校有近30所相继在成都市附近区（市）县选址建设新校区。成都地区新建高等学校不少建在成都郊县。成都市中心城区（五城区以及高新区）以外，都江堰市、郫县、温江区、双流县、新都县、崇州市、新津县等地均有高校校园分布。

【依法治教】

20世纪90年代初，成都市多次进行教育执法检查。1998年3月，制定《成都市教育委员会行政执法责任制实施方案》，将有关教育的17个法律、法规落实到具体处室，作为处室工作责任目标考核的内容之一。同年，成都市第二届教育督导工作会召开，以会代训，对全市各区（市）县分管教育的领导、教委负责人、校级干部进行相关法律、法规、政策的培训，并要求各区（市）县教育督导室对分管教育的乡（镇）长、教办主任、教师进行法律、法规、政策培训。5月和10月，分批开办社会力量办学校长培训班，提高全市700余所民办学校校长的法制水平和政策水平。从1998年起，全市中小学相继配齐了“法制副校长”，开设法制课，全市教师、学生参学率在90%以上。

1999年，成都市成立依法治教工作领导小组，开展经常性的执法监督活动。1998—2000年，先后对《中华人民共和国预防未成年人犯罪法》《中华人民共和国义务教育法》和国务院《社会力量办学条例》《残疾人教育条例》《学校体育工作条例》《学校卫生工作条例》《扫除文盲工作条例》等法律、法规的实施情况进行执法检查。2000年，崇州市教育行政部门会同劳动部门联合执法，使200余童工重回课堂。建立“教师申诉制度”和“学生申诉制度”，建立“清理审批事项办公室”，于9月30日前对市教委15项审批核准事项逐一进行了清理。

2000年2月，根据《成都市1999—2003年依法治教工作规划》，市教委制定“依法行政”和“依法治教”工作方案；与市教育工会联合下发《关于推进校务公开，加强学校民主监督和民主管理的意见》。同时，依法治市领导小组办公室制定《依法治校工作指导标准》。2002年5月，召开成都市第一次教育法制工作会议，总结改革开放以来成都市教育法制建设的成绩和经验。连续3年对市教育局现行行政审批事项进行清理，共保留8项，全部集中到市政务中心教育窗口受理。

2002年，成都市制定《关于进一步推进校务公开的实施意见》与《2002年政务公开实施意见》，市教育局直属学校实施校务公开面达到100%。从2003年起，中、小学校招生政策、招生计划、相关规定办法、录取分数线、录取结果等全部公开；全市中、小学学生评优评先、保送推荐等工作，要采取公示栏、家长座谈会、书面送达等形式，将有关政策、程序、条件、办法等在评定之前向学生和家长公开，评定和保送的人选要进行公示。通过成都教育信息网、新闻媒体、机关政务信息电子显示屏和政务信息“触摸式查询台”、机关公告栏及办事指南等多种途径，向全社会公开市教育局政务工作的内容及工作程序。

2004年，成都市制定《关于行政审批事务督办工作试行意见》，对教育系统办理行政审批事项提出逐级负责制度、申报登记制度、督查通报制度、超时默认制度、网络管理制度，减少部分审批项目的办事时间和环节。举办民办学校（机构）的审批时间由6个月缩短为3个月；办理转学手续从原来的4个环节减少为1个环节，办事时间由半个月缩短为1个星期；新建城区配套学校的手续办理时间由30天缩短为15天。在此期间，成都市多次对《中华人民共和国教师法》《中华人民共和国职业教育法》《中华人民共和国民办教育促进法》《中华人民共和国行政许可法》的实施情况进行经常性的执法检查，并提请市人大废止1995年颁行的《成都市社会力量办学管理条例》。学生法制教育做到了师资、课时、教材、计划“四落实”，学生受教育面达到100%。

2005年，市教育局接受市依法治市领导小组对依法治教工作的检查验收；对行政执法依据进行全面梳理，明确了市教育局具体的教育行政行为和行政执法责任；认真组织保密法宣传教育和实施工作，加强计算机网络保密工作，做好教育系统的机要文件管理和保密工作，形成较为完善的规章制度体系。成立成都市教师资格认证中心，制定《成都市教育网校、网站管理办法》，并立即将这两项新增行政审批事项放入市政务服务中心。同年，市教育局将为数众多的教师申诉化解为一般的协调沟通事件，只有2件正式成为教师申诉案件。另外，办理行政复议案件1起，商标争议案件1起，协助第三十一中学办理诉讼案件1起。

【“教育强乡（镇）”建设】

2001年，建立由成都市人民政府分管教育的副市长任组长的“成都市教育强乡（镇）评估验收领导小组”。制订印发《成都市教育强乡（镇）评估验收实施办法》及《成都市教育强乡（镇）评估标准（试行）》，从全民受教育状况、教育发展水平、办学条件、师资队伍、教育管理、教育为社会经济发展服务等6个方面促进乡（镇）教育全面发展；规划在2～3年内把14个优先发展重点镇全部建设成市级教育强镇；2007年全市建成50个市级和一定数量的区（市）县级教育强乡（镇）；进而建设教育强区（市）县，建设教育强市。同年，启动市教育强乡(镇)评估试点工作，双流县对华阳镇“教育强乡（镇）”建设工作进行了初步验收。

2002年5月，市人民政府教育督导室印发《成都市教育强乡（镇）考评评分表（试行）》。6月，对双流县华阳镇试评估。11月，市评审小组对华阳镇开展评估，同时召开全市“创强”工作现场会。评审组听取了华阳镇的自查汇报，查看学校管理、校舍校貌、办学条件的到位情况（包括村小，校校走到），查阅相关档案资料，核实各项指标的实际完成情况。评审组汇总并议定各个项目的得分，认为华阳镇不断增加教育投入，办学条件得到明显改善，“两基”成果的巩固和提高成效明显，基本普及高中阶段教育，积极推动社区教育建设，学校、社区互动的机制开始形成，基本达到市级教育强镇评估标准。

2003年1月和12月，武侯区永丰乡和金牛区金牛乡先后接受市级教育强乡（镇）评审组的评审，并通过验收。2004年，双流县中和镇、籍田镇分别通过市级教育强镇评估验收。以上通过评估验收的乡（镇）均由市人民政府授予教育强乡（镇）匾牌。

2004年，实施城乡教育建设“八大工程”，“教育强乡（镇）工程”为其中之一，制定并印发《成都市教育强乡（镇）建设工程实施方案（试行）》。从2004年12月—2005年，市级教育强乡（镇）评审组先后对双流县东升镇和郫县犀浦镇等一批乡（镇）的“创强”工作进行评估验收。2005年3月，在大邑县安仁镇召开有14个区（市）县教育局局长、14个重点镇镇长参加的推进14个优先发展重点镇的建设工作座谈会，会上印发《成都市教育局关于推进我市14个重点镇建设的工作思路（讨论稿）》，对优先发展重点镇创建教育强镇工作制定规划，决定在教育经费、项目和相关政策上向14个重点镇倾斜。4月，市教育局指导郫县制订优先发展重点镇——安德镇的教育发展实施意见。至2005年年底，成都市已有5个市级教育强乡（镇）受到市人民政府授牌表彰，另有11个乡（镇）接受市级教育强乡（镇）评审验收，建成了10个县级教育强乡（镇）。

【国有企业自办学校分离】

1997年，以常务副市长为组长的成都市企业办学分离工作领导小组成立，分离国有企业自办学校工作启动。年初，共有市属企业办中小学165所（办学单位96户），在校学生9.33万人，2669个教学班，在册在编教职工8665人。在城区范围内，企事业办中小学共为69所（办学单位65户），其中中学17所，小学26所，中小学混合学校26所，在校学生3.66万人，1101个教学班，在册在编教职工4699人。

1997年3月，成都市《关于分离我市企业办中小学工作的请示》提出：从企业分离出来的中小学校，按属地原则，统一移交到所在区（市）县政府，纳入事业单位编制，由教育行政部门管理。办学经费3年内由市财政和区（市）县财政以及原办学企业各负担1/3，3年后由市财政负担2/3，区（市）县财政负担1/3，学校基本建设和大型设备添置在全市增提的城市教育费附加中解决。学校原使用的土地、房屋（含校园内的教师宿舍）、设施、设备属国有资产，整体无偿划拨，交地方政府管理。接收部门按学校现有规模核定编制，按核定编制进行人员接收，分离前离退休人员由原企业管理，分离后离退休的人员由接收部门管理。从2000年起，分离工作列入市政府一级工作目标。2001年4月，召开全市分离市属企业办社会职能工作会议，加快分离进程。1999—2003年，成都市教育行政部门共接收50余所市属企业自办的子弟中小学。

成都市各区（市）县接收国有企业办中小学后，相继投入资金对这些学校进行改造。成华区投入3000多万元，新建学校1所，改扩建学校5所，新修校舍2.4万平方米，改变了原企业办子弟校的落后面貌。2001年，锦江区教育局对分离到该区的子弟学校共投资130万元，对其校舍进行维修改造，并加强对学校教育教学的指导，帮助学校平稳过渡，尽快建成合格学校。2002年4月，市教育局召开做好全市厂办子弟校退休教师稳定工作会议。6—7月，部分原企业子弟校退休教师或退休教师代表多次到市教育局集体上访（最多一次有300余人），之后数年，市教育局又接待了大量上访的原子弟校教师。至2005年，全市共落实3000多名原企业子弟学校离退休教师的待遇。

2003年5月，启动在成都的中央、省属国有企业自办中小学分离工作。到年底，成华区接收子弟中、小学共6所，教职工365人，学生6100多人。青羊区着手进行成都飞机公司所属中、小学校的分离工作。市教育局与市纪委配合进行在成都的军工破产企业子弟校的分离工作。2004年，市有关部门和有关城区政府初步形成接收成都铁路局自办学校的方案。2005年，成都市基本完成第二批在成都的中央与部属企业自办的中小学的接收工作。当年年底，共有13个区（市）县教育行政部门，共接收59个国有企业自办中小学校73所，接收教职工3911人，学生4.3万人，校地约52万平方米，校舍约32万平方米，在成都的国有企业自办学校分离工作基本结束。

【教育支援】

2000年，成都市对口支援甘孜州教育事业工作启动，落实市直属学校（单位）对理塘县的对口支援工作，派出第一批赴甘孜州支教教师。新都区教育局出资28万元援助康定县修建的新都希望小学工程、郫县教育局出资45万元援助道孚县城关二小修建的郫县希望小学工程等对口支援“标志性工程”开工建设。

2001年初，成都市对口支援甘孜州民族教育领导小组成立。3月和5月，成都市2次组团到甘孜州进行考察。5月，在全市开展《太阳的女儿——甘孜教育特别行》VCD光盘义卖活动，并把对口支教工作纳入对教育行政部门和学校单位的目标管理，市政府教育督导室在督导评估时开始对对口支援的落实情况进行专项督查。2002年，在中小学中开展“民族教育连着你我他”的主题教育活动。

2001年2月，启动“光明工程”，117套太阳能发电设备（含117台彩色电视机，共计投入资金约491.4万元）分别于4月、5月、6月送往甘孜州，安装投入使用，解决了以松香、油灯、牛粪照明的117所民族学校的用电问题。新都县独资资助康定县太阳能箱式荧光灯4台。至2005年年底，共派出6批1278名学校管理人员和教师赴甘孜州参与学校管理和教育教学工作（市直属学校派遣支教教师60余名），受到当地群众、学校好评。其中原成都市十四中学教师潭宗俊赴康定中学开展支教工作，成绩显著，获得“全国十大青年志愿者”称号。共派出近10批名师讲学团赴受援县开展讲学活动，通过上示范课、办专题讲座、开座谈会等形式，带去先进的教育观念和科学的教育方法与手段，当地教师参培率在90%以上。成都市共组织100余名中小学生，甘孜州共组织150名学生，开展“手拉手，结对子”互访活动。按照“县对县，校对校”的原则，各区（市）县、市直属学校共接收1349名甘孜州学生到成都市学习，共接收706名甘孜州教师到成都市对口学校学习、培训。“送温暖，献爱心”捐赠活动连续广泛开展，成都市共向甘孜州捐赠仪器设备8.41万件，图书98.2万册，衣物63.2万件，各种学习用具163.5万件，电视机475台，计算机2302台，课桌椅6507套，成都市各区（市）县、直属学校（单位）共计向甘孜州援助物资价值3521.71万元，对口支援工作经费开支2701.69万元。至2005年，市教育局和区（市）县及高新区教育行政部门共筹资1529.8万元，为甘孜州建设希望小学、教学综合楼、网络教室、“光明工程”等对口支援“标志性工程”共24项，受惠学校100余所。（见表5-34）

2002年9月10日，成都市第三批支教教师赴甘孜州从事教育教学工作

2001—2005年成都市为甘孜州学校修建标志性建筑一览表

表5-34

援建单位	受援单位	工程名称	投入资金(万元)	开工时间	竣工时间
成都市教育局	甘孜州117所学校	“光明工程”	491.4	2001年2月	2001年
成都市教育局	甘孜州师资培训基地	多媒体网络教室	35	2002年	2002年
成都市教育局	理塘县	牧区寄宿制示范小学	140	2002年	2002年
成都市教育局	理塘县	牧区寄宿制示范小学食堂	14.4	2003年	2005年
成都市教育局	甘孜州	甘孜州理塘县远程教育中心	31	2002年8月	2003年
成都市教育局	理塘县	成康教师培训中心	60	2005年	
高新区社会事业局	德格县	奔戈小学操场改造	1		
锦江区教育局	得荣县	锦德中学	160	2001年11月	2002年8月
青羊区教育局	石渠县	得荣中学教学楼	50	2005年	2005年
金牛区教育局	白玉县	石渠县中心校教学楼	100	2003年	2004年
武侯区教育局	甘孜州	武侯白玉教学综合楼	50	2002年5月	2002年9月
龙泉驿区教育局	新龙县	龙泉区嘎拉希望小学	80	2001年6月	2002年8月
青白江区教育局	康定县	浣小学生宿舍楼	50	2003年	2005年
新都区教育局		新都希望小学	28	2000年1月	2001年6月
	雅江县	康定日地小学校门	2	2002年3月	2002年6月
都江堰市教育局	巴塘县	维地希望小学教学综合楼	60	2004年9月	2005年9月
邛崃市教育局	色达县	茶树山小学	10	2000年1月	2001年12月
崇州市教育局	丹巴县	崇州希望小学	34	2002年8月	2003年8月
金堂县教育局	九龙县	半扇门希望小学	10	2002年5月	2003年5月
双流县教育局	道孚县	汤古小学	30	2001年7月	2002年6月
郫县教育局		城关二小郫县希望小学	45	2000年9月	2005年8月
	丹巴县	道孚一中多媒体演示系统语音室	20	2005年7月	2005年8月
蒲江县教育局	炉霍县	太平桥希望小学	12	2001年8月	2004年1月
新津县教育局	甘孜州教育局直属单位15个	斯木中心小学教学楼	16	2002年4月	
合计市教育局与16个区（市）县		24	1529.8		

人事管理

【概况】

1990年，成都市召开师资工作会议，决定进一步加强中小学干部队伍和教师队伍建设。同年，出台《表彰奖励优秀青年教师试行条例》。从1990年起，成都市每年培养、评选并表彰100～120名优秀青年教师。1996年，按照《教师资格条例》完成对全市1.5万名教师的资格认定工作，并按规定时间完成中小学教师的职称评定工作，按国家政策实现教师工资晋升。同年，制定《关于抓紧培养选拔优秀年轻干部的试行意见》《中小学校长“九五”培训规划（试行意见）》，对培训选拔优秀年轻干部提出明确要求，采取多种培训形式提高校长素质。1997年，市教委提出《关于成都市中小学教师流动管理暂行意见》，允许教师通过调动、系统内部借用、兼职和辞职等形式合理流动；全市合格民办学校教师全部转为公办教师。学历培训是20世纪90年代教师培训的重点，辅之以专业合格证书考试辅导、新教师上岗培训、中学教师晋级培训、普通话骨干教师培训等专项培训。2000年，实行中小学校长持证上岗和校长负责制，在组织任命的基础上，采取竞争上岗、公推直选和公开招聘等多种方式，探索干部选任新途径。

2001—2005年，全市中小学全面实施以全员聘用制为重点的人事制度改革，初步建立优胜劣汰、能进能出的教师管理体制。同时建立教师社会保障机制，加大农村教师队伍建设的政策扶持与保障力度，对边远山区、农村、村小、单设初中的教师在职称评审、评优评先、工资待遇等方面实行政策倾斜。坚持进行名师队伍建设。在全省率先成立“教师资格认定指导中心”，启动面向社会的教师资格认定工作。从2003年开始，改进大学毕业生招录制度，公正、公平、公开选拔新教师。2004年，制定《关于城区（城镇）学校教师到农村学校开展定期服务的实施意见》。2004年和2005年，共有547所城区（城镇）中小学校派出1007名教师到573所农村中小学、幼儿园进行为期一年的服务；选派67名市教育专家、特级教师和学科带头人定点联系14个优先发展镇的农村中小学；部分农村学校管理干部及骨干教师到城市学校进行上挂锻炼。教师培训以“按需施教、讲求实效”为原则，实际教学能力提高与学历提升相结合，增加培训经费，完善教师教育工作机制。2005年，全市中小学共有教职工8.24万人，其中专任教师7.18万人，持有教师资格证书的教师6.91万人，近五年共补充教师1.08万人，分流、落（未）聘教职人员7000余人；全市小学、初中、高中专任教师学历达标率分别为99%、96%、86%，中小学教师的初、中、高级职称比例分别为24.4%、46.1%、29.5%。

2001—2005年，成都市共派遣后备干部及骨干教师1278人到甘孜州工作，其中市直属学校派遣支教教师60余名；派遣专家到甘孜州开展讲学活动42人次，全面完成了“民族地区十年行动计划”中的支教工作任务。（见表5-35）

【中小学干部队伍建设】

1990年，市教委直属中学选拔一批青年干部充实学校领导岗位，在39个学校（单位）充实、交流

2003年9月，成都市第三届优秀乡村教师“怡和烛光奖”举行颁奖仪式

2005年成都市普通中学专任教师学历分区（市）县情况一览表

表5-35　　单位：人

区域	总计	初中					高中				
		小计	研究生毕业	本科毕业	专科毕业	高中阶段毕业以下	小计	研究生毕业	本科毕业	专科毕业	高中阶段以下
成都市	36391	23804	50	12164	10758	832	12587	119	10914	1535	19
城　区	9908	6243	27	4910	1241	65	3665	61	3363	233	8
市直属	4665	2430	12	2059	348	11	2235	49	2047	136	3
高新区	699	392	4	302	79	7	307	2	293	11	1
锦江区	421	389	1	303	75	10	32	0	29	2	1
青羊区	669	525	6	395	118	6	144	4	136	3	1
金牛区	1631	1063	3	740	309	11	568	4	508	54	2
武侯区	940	721	0	603	107	11	219	1	210	8	0
成华区	883	723	1	508	205	9	160	1	210	8	0
龙泉驿	1720	1177	6	622	517	32	543	17	480	44	2
青白江	1188	786	1	546	227	12	402	3	379	20	0
新　都	2270	1503	1	615	820	67	767	1	626	138	2
温　江	1132	772	2	434	325	11	360	1	342	17	0
金　堂	2199	1504	0	331	1070	103	695	0	520	175	0
双　流	3802	2474	0	1698	725	51	1328	3	1257	68	0
郫　县	1711	1149	5	449	653	42	562	16	479	66	1
大　邑	1653	1091	0	418	612	61	562	8	442	112	0
蒲　江	905	613	0	207	365	41	292	0	246	46	0
新　津	1026	650	1	279	320	50	376	2	337	37	0
都江堰	2378	1679	0	503	1099	77	699	2	609	87	1
彭　州	2268	1511	2	495	960	54	757	5	607	143	2
邛　崃	2062	1269	4	368	793	104	793	0	664	128	1
崇　州	2169	1383	1	289	1031	62	786	0	563	221	2

干部77人，占原有校级干部的41.6%。制定学校领导班子、中心组学习制度。1996年，制定《关于抓紧培养选拔优秀年轻干部的试行意见》《成都市中小学校长“九五”培训规划（试行意见）》，把建设一支讲政治、顾大局、善管理、重廉洁、懂业务、高效精干、结构合理的干部队伍，作为一项经常性工作来抓，举办中小学新任校长岗位培训、中学校长岗位培训、校长脱产培训班培训、校长提高培训等，又以会代训，举办多次学校校长、书记学习会，提高校长素质。2000年，开始实行中小学校长持证上岗和实行校长负责制。

从2003年起，干部培训工作重点转向农村学校，举办农村初中校长的上岗培训班和提高培训班。2005年开始，举办标准化建设项目学校校长培训班。形成了由农村初级中学校长上岗培训、农村中学校长提高培训、农村中小学标准化建设项目中学校长专题培训、农村小学骨干校长提高培训等4大类的农村学校校长培训体系。“十五”期间（2001—2005年），成都市共培训农村（郊区县）中小学干部567人，占全市参培学校干部总数的69%。2005年，与广州、北京、大连、杭州、西安等5个城市联合举办校长班、联合组班，进行异地培训。又委托华东师范大学教育部校长培训中心，专门为成都市举办了2期中学校长提高班，培训近100名校长。

在坚持“党管干部”原则的同时，改革干部选拔、任用机制，积极探索竞争上岗、公推直选和公开招聘等多种干部选任方式。2002年以来，市教育局先后两次面向社会公开选拔直属学校校长。新都区进行了中小学校长公推直选，由教师选校长。同时构建校长实绩考核标准，把办学成本观引入校长任期考核。对市直属学校校级干部进行调整，干部交流的比例不低于20%。2005年，结合部分直属学校校长任期目标考核工作，开展“突出进步奖”和“办学特色奖”的评选活动，探索“学校办得怎么样，专家、社会、学生及家长来评价”的评价方式。

2005年，全市共有中小学校长1949名。其中年龄在36～49岁的校长约占全市中小学校长的74.5%，35岁以下占17.7%，中小学校长具有本科学历者占51.1%，大专学历占42%，拥有中级职称的校长约占全市校长的65%，高级职称占33%。

【教师继续教育】

1990年以后，中小学教师学历培训是全市教师培训的重点，辅之以专业合格证书考试辅导、新教师上岗培训、中学教师晋级培训、普通话骨干教师培训等专项培训。1998年，成都市制发《关于进一步加强我市中小学教师继续教育工作的若干意见》。1999年先后制定《成都市中小学教师继续教育登记制度实施办法》《关于加强我市中小学教师继续教育网络管理的意见》《关于贯彻省教委〈开展中学教师职业技能训练的通知〉的意见》等政策性文件，组织编写17个学科共180万字的中小学教师继续教育讲义，师资培训的重点由学历补偿教育转移到专业继续教育方面。逐步建立起以政府财政拨款为主、多渠道筹措资金的教师培训投入机制，教师培训财政拨款按教职工工资总额的1.5%纳入教育经费预算。

进入21世纪后，成都市坚持“按需施教，讲

2002年10月，教育部“中小学教师继续教育工程”督导检查组到武侯区进行督导

求实效”的原则和“面向全体，突出骨干，倾向农村”的方针，继续完善院校（所）合作、校本培训、教师自主学习三结合的培训机制。在建立市级教师教育资源联动机制的基础上，推进县级教师进修学校与县教科室、电教、电大工作站等单位的资源整合工作，构建“多功能、大服务”、上挂高等教育机构、下联中小学校的县级教师学习与资源中心。首批3家作为甲方的省级示范性教师培训机构（锦江区教师进修学校、青羊区教育研究培训中心、武侯区教师继续教育中心）分别与作为乙方的县级教师培训机构（金堂县教师进修学校、蒲江县教师进修学校、邛崃市教师进修学校）结为“对子”，对口合作，相互促进，共同发展。至2005年，全市城区教师研培机构与农村教师研培机构的协作、联系、帮扶机制初步形成，城乡教师教育资源的交流互动机制初步建立，优势互补，资源共享。课程改革实施以后，各区（市）县加大师资培训经费投入，教师培训成本分担机制基本形成。武侯区财政每年按不低于教师工资2%的标准将教师培训经费划拨到区培训中心；高新区按4%～6%的比例划拨，并建立严格的专款专用、专项审计制度。

在培训内容上，充分关注新课程的实施，以教师专业发展为目标，对全市中小学教师实施以“新理念、新课程、新技术”和师德教育为重点内容的继续教育，保障每位教师每年接受100学时的继续教育。按照“先培训、后上岗，不培训、不上岗”的原则，组织实施中小学各学科教师新课程上岗培训，每位将进入新课程的教师都接受了不低于40课时的岗前培训。为适应普及高中阶段教育的需要，2003年，组织全市2001年以来参加工作、工龄未满3年的高中新教师进行分学科集中专题培训，参训教师932人。另外，还加大英语教师和信息技术教师的培训力度，加强普通话培训和考级的达标工作，进行教师提升学历层次的培训和分流人员的转岗培训。同时，各级教育行政部门关心教师的全面成长，减少不必要的评比，调查全市教师的心理状况，建立教师心理健康档案。成立市教育学会教师心理健康专业指导委员会，开展心理讲座；建立教师心理咨询室，为教师提供心理咨询服务。

在培训手段、方式上，遵循教师学习的特点及教师专业发展规律，努力构建“天网”“人网”“地网”三结合的全息型培训系统，建立“研、培、管”三位一体的校本培训模式。2005年，初步建成教师远程学习和管理平台，制作网上培训课程970节，供全市中小学教师点击学习。以教育部“英特尔未来教育教师培训项目”为平台，以远程方式对近7000名中小学教师（主要是农村教师）进行现代教育信息技术与学科课程的整合培训，依托网络资源完成网上备课6000余节，并开展网上远程学科教研培训活动。

2004年7—8月，市教育局实施以送教下乡为主要内容的“农村教师发展绿色行动计划”，派出城区最好的教师，重点培训14个郊区（市）县的高中、初中、小学各学科骨干教师，采用菜单选课、上下结合、挂牌选课、以需送教、服务上门的工作方式，满足农村教师水平提高和专业水平发展的需要。同年11月，成都市开始实施“农村教师专业素质提升工程”，工程包括“农村教师专业发展行动计划”和“农村教师学历提升计划”两部分。2005年，对500名初中、1000名小学农村骨干教师进行培训，市教育局按200元/人拨专款支持这项工程的实施；1万余名农村教师参加了各种层次的学历提升培训；对优先发展重点镇的教师培训实行政策倾斜。

【师德教育】

从1990年起，成都市加大投入修建中小学教师住房，建设高攀、百花、九里等多个教师公寓。至2000年，全市共修建解困房、教师住宅、青年教师公寓等各类中小学教职工住房1万套左右，全市中小学教职工家庭人均居住面积1997年提高到11平方米。与此同时，组织中小学教师学习《教育法》和《教师法》，明确教师的法律职责。1996年，《成都市中小学教师职业道德规范细则》开始试行。学校教职工思想政治工作评估方案在成都七中、盐道街中学、成都十三中、成都十八中、成都二十二中、石笋街小学等学校试点，从领导班子、工作内容、途径方法和基本成效等方面对学校教职工思想道德教育工作进行综合评定。1997年举办“教师风采大赛”。1998年颁布实施《教师申诉若干问题的暂行意见》，保障教师的合法权益。同时，定期评选表彰成都市“优秀教师”“优秀青年教师”“优秀中小学校长”“优秀教育工作者”“十佳教坛明星”“学科教学带头人”等。20世纪90年代，国家和省级的各种推优评先活动表彰奖励了数百名成都市中小学干部教师。

2001—2005年，成都市确立师德工作重在建设的工作方针，把完善师德教育机制作为工作重点。每年暑期安排教师1个星期以上的集中学习，师德建设是其中最重要的学习内容。通过评选“十佳文明教师”、表彰师德标兵、组织“师德报告团”全市巡回报告等活动，培养教师提高师德修养的自觉性。同时，制定《成都市学校精神文明建设规划》和《成都市中小学思想道德教育意见》，要求全市教师做到“三德”（“社会公德”“职业道德”“家庭美德”）、“三高”（“学高”“德高”“技高”）、“三心”（对学生要有“爱心”“耐心”“信心”）。市教育行政部门将师德工作作为每年工作的重要内容，分年度、分阶段提出实施意见，各校把师德表现纳入教师的考核内容，并与校内的奖惩挂钩。2002年，整理出“教师忌语”35条，禁止教师使用。2004年，在开展“三满意”（办人民满意的教育，创社会满意的学校，做学生满意的教师）活动的同时，成都市开展《师德诚信卡》试点工作，建立学校、学生、家长及社会对教师个人进行师德综合评价的考评制度。同年，市教育局向社会作了8项教育行风公开承诺:实行政务公开，提高工作效率，优化服务态度，公平公正招生，规范教育收费，加强师德建设，重视信访工作，依法廉洁行政。对违反教师职业道德的行为形成监督、制约机制，严重违反职业道德的教师依法解聘教师职务或调离教师岗位。2005年，在全市教育系统中开展了“学生跟我学什么”的师德大讨论。

【中小学名师工程】

从1990年起，市教委每年表彰100～120名优秀青年教师。1991年、1994年、1997年分别有54名、43名、58名教师获省“特级教师”称号。从1990年起，成都市基本上定期评选表彰优秀教师、优秀教育工作者、优秀中小学校长、学科教学带头人。1994年，表彰奖励市“十大教坛明星”。1990—1999年，每年都有成都市中小学教职工获得各类国家级、省级优秀教师称号。

1999年，《成都市教育委员会关于跨世纪名师队伍建设的意见》出台，分层推进建设名师队伍。第一层是具有特级教师称号（或市以上有突出贡献专家、拔尖人才、享受政府津贴人员）、在省内教育界有较高声望的成都市中小学教育教学专家，第二层是中小学特级教师；第三层是市学科带头人；第四层是市优秀青年教师。建立名师选拔机制：每年评选市优秀青年教师，每两年评选一届市学科带头人，每三年评选一届中小学教育专家和市优秀教师、优秀教育工作者，并明确了各种层次的推评标准和程序。1999—2005年，各项“推优评先”活动均按期进行，每年均有成都教师被评为国家级、省级优秀教师或享受各级政府津贴。2000年，经推荐和评选，市教委和市人事局共同授予19位干部、教师“成都市首届中小学教育专家”称号。2004年，首次举办公众评选“十大教坛明星”评选活动。

2001年，成都市提出“新课程与名师相互促进、共同发展”的要求。市教育局每年投入名师建设专项资金30万元。各区（市）县也设立多项名师建设经费。每年举办优秀青年教师研习班，组织外出考察；选派名师及后备人选参加华东师大名师高级研修班研修培训，开阔学术视野。支持和鼓励名师参加提高学历层次的教育，参加跨学科进修，参加高层次的学术交流，支持和资助名师出版教育教学专著；举办名师论坛，建立名师沙龙，实行导师制度，创办《名师工作通讯》。

依托教研部门、进修学校建立名师考核评估网络，对名师学年内的政治思想表现、工作实绩、学术进修和目标任务的完成情况以及名师所在学校（单位）保障措施的落实情况进行年度考核。对考核优秀的名师颁发证书和奖金，对考核不称职的名师则要求相关部门和学校（单位）帮助查找原因并制定相应的改进措施。2002年，成都市将名师工作纳入市知识分子工作领导小组和人才工作领导小组的工作范畴。各级教育部门和学校均成立名师队伍建设领导小组，建立县级名师工作站，确定名师每月的工作津贴，建立名师健康档案，逐步完善名师休假制度，重视和妥善处理名师反映的具体问题。

1999年后，名师课堂开放，并多次组织市名师讲学团赴各郊区（市）县以及甘孜州进行巡回讲学活动。2002年，名师课题正式立项，确定成都市首批名师课题255项。全市选派67名市教育专家、特级教师和学科带头人定点联系农村中小学。在教师节前，组织10位名师上街开展青少年心理咨询、家庭教育咨询和学习咨询等活动。

2005年，成都市普教系统有享受各级政府津贴人员和省市组织、人事部门认定的各类优秀专家36人，有成都市教育专家42名、省特级教师318人、市学科教学带头人544人、市优秀青年教师1481人，有成都市教育专家后备人选16名、学科带头人后备人选383名、优秀青年骨干教师后备人选909名。

教育教学管理

【概况】

成都市教育科学研究所是市教育局领导下的全市教育教学管理的职能机构，承担全市学前教育、中小学教育、职业教育、特殊教育、心理健康教育和成人教育的教学业务管理、教学指导等项工作。

20世纪90年代，在普及九年义务教育的同时，成都市对初中特别是农村初中加强教学过程管理，探索提高中小学教育教学质量的有效措施。举行调研考试，对学校教学质量实行过程监控。成立高三各学科中心组，指导全市高三教学工作。从高中第五学期末起到“高考”前，先后举行3次全市性的诊断性考试，进行过程监控，适时发现问题，采取相应措施，提高“高考”成绩。全市学校实施《国家体育锻炼标准》，初中毕业生升学进行体育考试。

1995年，成立实施素质教育工程领导小组，公布《成都市中小学素质教育工程实施方案（试行）》，全市普通高中开始从不同侧面探索“素质教育”，以克服中小学存在的单纯以应考为目的而产生的弊端。同年12月，成都市中小学生银杏艺术团成立，下设7个专业分团。1998年3月，成都市出台《关于全面推进中小学素质教育的若干意见》。温江区、青羊区、武侯区、双流县、新都区、郫县等6个区县成为国家或四川省素质教育实验区。1998年，成都市教委制定《小学、初中和普通高完中办学水平评估方案》和《小学生素质发展综合报告册（试行）》，对学生进行素质综合评价。1999年制定《成都市义务教育示范学校标准（试行）》和《成都市义务教育示范学校评估细则（试行）》，并分别成立这2项工作的考核评估领导小组。

2001年9月，新课程改革启动，全市基础教育课程改革领导小组成立。从2002年开始，每年举办一届中小学生“优秀艺术人才”选拔赛，分5个大类进行。2003年春季，开始实施《学生体质健康标准》，并要求学校做好《学生体质健康标准登记卡》工作，按统一要求采集、汇总有关数据，于每年10月底前报送市教育局。同年，新课程改革实验工作在全市全面铺开。要求全市基础教育学校在教育理念上下功夫，转变教育思想，改变过去教师讲授知识、学生被动接收的现象，变为教师引导，学生探索，师生互动，动手动脑，主动学习，把素质教育的精神贯穿于日常教育教学活动的始终。2004年，制定全市中小学生学业质量评价体系的基本框架。2005年，全市基础教育办学水平评价监测体系初步形成。同年10月，制定《实施素质教育的若干意见》，每年对各区（市）县、各学校开展素质教育的情况进行专项督查。同时组成专家听课组深入学校听课，抽查教师教案，检查教学常规，指导普通高中课堂教学，总结教育教学管理经验。2005年，全市中小学教学管理体系基本框架初步形成：按《成都市普通高中教学管理工作意见》，规范高中教学管理，市教育局相关部门与市教科所联合下发年度普通高中教学工作意见，分年级对教学工作提出要求，在年初对全市小学至高中基础教育各学段学生抽学科进行调研考试，对各段学生学业质量进行监测，采用《成都市高中年度学科教学成绩评估方案》，对全市普通高中进行以入量出的评估，指导各区（市）县高中教学管理，对之进行教学常规管理工作专项检查，组织开展对各区（市）县初中的考核评估工作，重点检查贯彻执行《义务教育法》、减负规定、执行课程计划、学籍管理、年辍学率等方面的情况，下发《成都市小学教学管理工作指导意见》（征求意见稿），召开全市小学教学管理工作现场会，报告小学教学管理现状和质量，进一步提升教师专业化水平，开展普通中学教师课堂教学设计大赛。

【素质教育】

20世纪90年代，实行每周5天工作制后，普通高中教学时间紧张，成都市部分普通高中学校取消下午课外活动和体育锻炼时间，星期六和星期日给学生补课。普遍在高中二年级末基本上完高中阶段新课，高三两学期全部用于复习，准备高考。各学科教师争相给学生布置大量家庭作业，高中学生尤其是高三学生课业负担十分沉重。有的学校在全市性的诊断考试之外增设月考、周考。连续使用每天下午的第三、四两节，一日一科，进行“综合练习”，并要公布成绩和名次。有的学校动员高考上线希望不大的学生转学职业高中，许诺给予本校和职高两种毕业证书，有的把这类学生转入本校“国际部”，使其不在计算升学率的范围内。学生承受着巨大的课业压力，有的健康受到影响，有的产生了厌学情绪。

1995年，成都市开始实施《成都市中小学素质教育工程实施方案（试行）》，要求“切实转变教育思想，有效地克服目前中小学存在的单纯以应考为目的而产生的基础教育的弊端，全面贯彻执行国家教委提出的减轻中小学学生过重课业负担、全面提高教育质量的各项指示，使全市中小学生的整体思想道德、文化科学、劳动技能和身体心理素质有明显提高，个性特长和爱好得到和谐发展。为培养新世纪的‘四有’人才奠定基础”。同时成立成都市实施素质教育工程领导小组，各区（市）县和学校成立相应的领导小组，负责统筹组织实施本地区和学校的素质教育工程。全市普通高中与之相关的研究课题相继开题，通过专家鉴定或结题，从不同侧面探索“素质教育”之路。市教委主任负责的“中小学素质教育工程（个案）研究与实验”课题分为10个分课题，参加研究的单位涉及19个区（市）县以及高新区和21所市直属中学。

1998年3月，成都市出台《关于全面推进中小学素质教育的若干意见》。温江区、青羊区、武侯区、双流县、新都区、郫县等6个区县成为国家或四川省素质教育实验区，各具特色的“素质教育”教改方案在各地实验。成都十二中开设心理教育课，实施“中学生心理健美工程”。盐道街中学努力探索由应试教育向素质教育转轨的方向。温江区柳城中学建立“星期一无批评日”制度。

2002年，成都市要求加快以培养学生创新精神和实践能力为重点的素质教育进程，建立和完善区域性推进素质教育的运行机制。加强德育工作的针对性、主动性和实效性。深入推进以课程改革和现代课堂教学为核心的教育教学改革。从2002年高中新生开始，提前1年使用两省一市实验教材，着手建设新的课程体系，充分发挥选修课、活动课和综合实践活动的作用，让学生有更多动脑、动手的机会。严格按照教育部的规定开齐、开足音乐、体育、美术课程和各类活动课程。各校组织全体学生认真做好课间操、眼保健操，保证每个学生平均每天在校参加体育活动时间不少于1小时。成都市坚持每3年举办1次中小学生艺术节，每年举办1届学生优秀艺术人才选拔赛和全市性的中学生运动会，每年11月组织全市学校广播操比赛。各校每年举办1次全校性的学生艺术节和运动会。同时改革和完善教育教学质量评价机制。改变“一张试卷定质量”“一个分数论优劣”的学业质量监测评估办法。

2005年10月14日，市教育局制定《实施素质教育的若干意见》。市教育局每年将对各区（市）县、各学校开展素质教育的情况进行专项督查，并将德育常规年度工作量化考评、开展第二课堂活动情况等督查结果纳入对区（市）县教育局每年的目标考评和对校长3年任期的目标考核。

【学校督导评估检查】

1997年，国家教委下发《关于印发〈普通中小学校督导评估工作指导纲要（修订稿）〉的通知》。1998年，成都市制定《小学、初中和普通高完中办学水平评估方案》，成立成都市学校督导评估工作领导小组。同年，市教委制定《关于减轻义务教育阶段学生过重课业负担的十条规定》和《成都市区（市）县中小学减轻过重课业负担工作考评表》，每年进行专项检查考评。制定下发《小学生素质发展综合报告册（试行）》，对学生进行素质综合评价。市督导评估队伍保持相对稳定，由专、兼职督学组成，吸收教育行政、教育科研、教师进修院校的专业人员和部分学校领导参加。各级教育行政部门、教育督导机构首先指导各学校以“指导纲要”为依据进行自查，并形成自查报告，填写相关表册，分别报市或区（市）县政府教育督导室。然后，督导室组织对学校进行督导评估，得出评估结论，评定学校办学水平等次，报同级“学校督导评估工作领导小组”审定。最后，各级督导机构填发学校督导评估工作“整改通知书”，督促学校限期整改，并定时组织复查。2000年以后，共对10余所中、小学、幼儿园以及教师进修学校进行形式不同的办学水平评估检查。

1999年，制定《成都市义务教育示范学校标准（试行）》和《成都市义务教育示范学校评估细则（试行）》，成立考核评估领导小组，启动义务教育示范学校的创建和评估工作。此项工作重在建设，把创建示范性学校和大面积建设规范化、标准化学校有机结合起来，分类指导，分层推进，定期评估，不搞终身制。采取授牌、充实装备、发放专项奖金、投放教师职称数目以及设立科研教改项目等多种奖励方式，调动学校参与创建和评估工作的积极性。

2001年，制定《成都市教育强乡（镇）评估验收实施办法》及《成都市教育强乡（镇）评估标准（试行）》，市政府教育督导室开始逐年编制全市教育工作主要目标及考评方案，开始组织教育强乡（镇）评估验收工作，并进行过程管理。同年，在44所市直属学校全面展开民主评议校风工作，各校向社会发出问卷调查表，反馈信息表明，校风好和较好的占88%。2003年，聘请近200名行风评议员，邀请社会各界人士参与校风评议工作。

2002年，在多年进行“两基”复查验收的基础上，制定下发《成都市“两基”年审实施方案》及《成都市“两基”年审标准（试行）》，2002—2005年，市政府教育督导室先后组织对全市19个区（市）县及高新区进行年审，并于次年进行随访督导。2005年11—12月，先后对邛崃市和金堂县进行高中教育质量专项督导检查，同时要求五城区及龙泉驿区、青白江区政府教育督导室在近期组织力量，对本区域内各高中学校的教育教学质量开展一次专项督导检查。

【教务工作改进】

1990年以来，成都市中小学一般使用全国统编教材，确保教材选择的法定性和权威性。2001年9月以后，随着新课程改革在全市逐步实施，全市小学和初中从一年级开始逐步使用课改新教材，普通高中从2002年新生开始，提前1年使用两省一市实验教材。另外，全市各级各类学校自行编撰了不少“乡土教材”和“校本教材”。

成都市规定小学阶段一律不准为学生统一征订教辅资料。成都市范围内的所有中小学，除列入省教育厅制发的中小学教学用书目录的书籍和成都市教育局教材教辅资料指导委员会推荐的教辅资料及学习用品外，其他书籍和资料坚持学生个人自愿购买的原则，严禁学校另立项目收费和代收其他任何费用。订购报纸、杂志坚持学生自愿原则。禁止举办面向在校学生的各种收费补习班。

2002年，成都市依托现有的网络平台，根据教育部颁布的管理信息标准，编制学籍注册软件和学籍数据库，并完成2002年高中新生学籍网络注册工作。2003年，对网上学籍管理工作进行细化、规范化，以便快捷地提出真实、可靠的数据。2004年，市教育局就制定《成都市义务教育阶段学籍管理办法》开展座谈和调研，汇集各区（市）县教育主管部门和中小学校的意见和建议。同年秋季，开始在全市初中进行有关学籍管理的信息采集。2005年，制定《关于进一步加强普通高中学生学籍管理的规定》，进行全市电子学籍管理系统的开发工作，为2006年秋季全市基础教育阶段实行电子学籍管理打下基础。

2005年4月，市教育局组织对14个区（市）县义务教育阶段的学籍审核工作。学籍审核以区（市）县为单位，包括各区（市）县农村中心小学五、六年级及全部初中学校七、九年级。组织中小学校学籍管理员对各区（市）县的学生学籍登记册以及转入、转出、休学、复学等相关证明材料与“2005年成都市义务教育阶段学籍审核数据表”进行审核查证。采取抽查的方式，对各区（市）县的日常学籍管理工作状况、转入（出）的材料以及学校的辍学率、巩固率等进行重点审查，共随机抽样审核了51所小学57个班级、56所中学62个班级。

财务与后勤管理

【概况】

20世纪80年代，成都市逐步形成“以财政拨款为主，多渠道筹措教育经费”的机制。全市中小学校校舍陈旧破烂，其中小学危房面积达48万平方米，约占小学校舍总面积的14%，木质课桌椅小学缺48万套，占应配数的40%。

1992年，成都市教育经费投入5.18亿元，1996年增至14.09亿元，1997年为15.15亿元，2001年增至26.61亿元。1997—2001年，市教育财政拨款由7.02亿元增至12.74亿元，年均增长16.3%。2002年，全市教育财政拨款比2001年增加3.36亿元，增长26.4%。20世纪90年代，市直属学校相继新建教学综合楼、学生宿舍、教师宿舍以及各种专用设施。从2001年开始，成都市增加对图书、音乐、体育、美术、卫生、劳技等方面设备设施的投入，各级示范学校的装备配置逐步达到国家规定的标准。在全市启动省、市实验示范学校的创建、检查、评估活动，将此项工作纳入政府目标管理，制定了《成都市教育技术装备投标试行办法》。在农村，义务教育经费投入主要依靠县、乡（镇）两级财政拨款，辅之以征收农村教育费附加、进行农村教育集资等多渠道筹措。结合普及九年义务教育的需要，全市每年新建、改建、扩建乡初中40～60所，至1996年，累计新、改、扩建乡初中300余所。同时以实现“一无二有”为着力点，改善农村中小学办学条件，为村小和乡初中配置了大量实验仪器设备，以期普及实验教学。1996年后，随着普及高中阶段教育工作逐步展开，学校基本建设工作的重点转移到新建和扩建高中阶段学校方面。10年间，成都市投入数十亿元建设高中阶段学校，市直属学校和各区（市）县的主要学校的校园面貌焕然一新。从2003年开始，成都市在农民工居住相对集中的地区，新建或改建了一批学校。

2003年，制定《成都市教育局直属学校、单位资产管理办法》。2004年，制定《成都市教育局关于进一步规范学校财务管理工作的通知》《成都市教育局关于市直属学校（单位）资金使用审批权限的决定》等有关规定，建立和健全内部制约机制，加强对学校资金的管理，严格执行“收支两条线”制度，并在市直属学校推行和完善会计委派制度。2004年初，市物价局、市教育局、市财政局、市监察局联合制定《关于进一步规范我市中小学校服务性收费行为有关事项的补充通知》，市物价局、财政局、教育局联合制定《2004年春、秋两季全市中小学教育收费有关规定》。截至年底，市教育局共收到教育收费投诉电话、信函198件，查处198件，查结196件。全市中小学开学前均把教育行政收费和服务性收费项目、标准公示在校门口，并统一使用省财政厅印制的“四川省中小学、大中专院校专用收据”。同时，下发《成都市教育局2004年关于规范招生行为的通知》和《成都市中小学捐资助学款收费、管理、使用试行办法》，重申义务教育阶段小学不得以实验班、特长班等名义违规收费等7条规定，对捐资助学款的范围、接受程序和资金用途等做了明确规定。成都市农村中小学标准化学校建设开始。

2005年，成都市教育投入为57.74亿元。全市生均预算内教育事业费支出小学为1216.2元，初中1430.02元，普通高中1683.14元，中等职业学校1613.2元。当年年底，有159所农村中小学标准化建设项目学校竣工投入使用，教育技术装备工作与之配套进行，全年，为32所农村中小学标准化建设学校及重点乡镇学校配备了大量的教室设备（学生课桌椅配备了1.75万套），新配或改造26间实验室及图书室设备，新增3.4万余册图书资料等，制定《成都市农村中小学标准化学校教育技术装备标准》及《成都市农村中小学标准化教育技术装备建设和管理的意见》。同年，开展市直属学校（单位）国有资产（校舍部分）的清理复查工作，对各直属学校（单位）经营性房产的出租情况、租赁合同（协议）等进行摸底调查，并提出书面建议。（见表5-36）

1991—2005年通过多渠道筹集的教育经费投入教育部门办各类学校的情况表

表5-36

单位：万元

年份＼项	预算内教育经费	城市教育附加	危房改造费	专控商品附加	校办企业税收返还	农村教育费附加	学杂费	集捐资助学	职工个人教育费	勤工俭学纯收入用于教育	教育成本补偿费调剂生费（收）	宾馆饭店教育费	中小学改善办学条件附加	地方教育附加费	城市维护费
1991	26247.3	2442.3	795.8	260.8	63.8	6606.5	1377.6	1896.2							
1992	29611.3	2292	1439.4	476.6	134.6	7764.7	1929.8	2195.1							
1993	37325.9	3107.3		768.7	132.4	8720.0	4167.3	3890.9		3337.6					
1994	54461.4	3912.3		171.5	252.5	10226.0	3900.5	6918.4		5042.5					
1992	55866.7	6866.0		3564.3	117.8	11352.8	6228.7	13178.7		6417.4					
1996	64862.0	8179.4		4454.9	518.8	12566.1	6430.3	59178.7		7707.2	10724.4				
1997	70184.5	8119.4		5459.9	109.5	13434.3	7262.1	2811.7		8283.4	15337.2				
1998	78196.1	9582.6	4177.8	238.0	12861.5	7821.1	2089.8		6652.8	14768.0					
1999	61614.1	11978.3		4530.7	528	12243.3	9154.4	2771.8		7535.6	17991.1				
2000	103193.2	14212.0		1579.0	203.0	12856.4	13861.1	5012.3		7391.9	21309.90				
2001	127425.5	17156.9		2738.1	41.2	11145.0	22010.6	8623.7		7634.1	24299.5				
2002	161054.0	21222.1		3693.2		145.3	27887.4	10301.2	3381.9	7156.9	31589.1	64.0	2356.1		
2003	182792	27203.6					28756.3	4922.9	6075.8		24211.5	53.0	3634.6		
2004	211407.1	30152.9					41001.9	14774.3			29821.0			9371.0	11837.4
2005	240602	36546.6					53075.1	14854.5			36395.6			11519	3625.6

【农村教育经费投入】

20世纪90年代，普及九年义务教育时期，全市农村教育实行“分级办学，分级管理，县乡共管，以乡为主”的管理体制，经费投入主要依靠县、乡（镇）两级财政拨款，辅之以征收农村教育费附加、进行农村教育集资、收取杂费、教育部门组织预算外收入、其他教育税费、其他教育投入等多渠道筹措。各县、乡经济发展不平衡，教育经费普遍紧缺，市政府大量贷款支持完成“普九”任务，因此农村学校普遍负债较重，无力偿还，少数地方教师工资无法及时发放。

2002年3月，成都市决定对全市农村教育实行“在国务院领导下，由地方政府负责，分级管理，以县为主”的管理体制，将农村学校人、财、物划归区（市）县教育行政部门直接管理，落实教育经费，改造危房，全面实现农村学校教师工资由区（市）县直发。同时在全市农村进行税费改革，取消征收农村教育费附加和向农民教育集资的2项大政策。从此，农村义务教育经费投入主要依靠国家预算内教育经费拨款和转移支付资金以及学校收取的杂费、国家征收用于教育的税费以及学校其他收入，各乡镇投入中小学的教育经费不一样，有的乡镇中小学生均公用经费极少，甚至为0。

2004年，市政府办公厅转发市教育局、市财政局《关于落实农村普通中小学预算内生均公用经费的通知》，要求各区（市）县人民政府切实保证基础教育经费投入，保证教师工资足额按时发放，确保并加大对农村中小学危房改造资金的投入，把核定的中小学生均公用经费列入财政预算，确保学校正常运转。成都市调整教育支出结构，加大对农村义务教育的倾斜力度，用市本级教育经费对区（市）县农村学校进行的补助达到6000万元左右。市审计局对市人民政府投入的农村中小学危房改造专项资金和帮困助学专项资金使用情况进行专项审计。农村小学生均预算内教育事业费达到1050元，比2000年增长63%，城乡倍率从1.6倍缩小到1.3倍，绝对值差距缩小90元；农村初中生均预算内教育事业费达到1258元，比2000年增长52%，城乡倍率也从1.6缩小到1.3倍，绝对值差距缩小140元。同年，启动成都市农村中小学标准化建设工程，计划在3～4年内投资10.5亿元，完成全市400余所农村中小学的标准化建设。

2005年，市本级对农村教育转移支付7834万元（不含农村中小学标准化建设资金），并把中央和省转移支付的4661万元中的85%的资金转移到农村教育。市级财政投入补贴资金800多万元，各区（市）县投入建设资金1768万元，同时争取国家财政资金3063.6万元、地方配套资金1531.8万元进行农村中小学信息化建设。秋季，实行“两免一补”、义务教育免杂费试点、有条件的地区开始推行免费义务教育等政策，国家、省、市以及区（市）县4级共安排资金达到4805.54万元，主要投向成都市农村及经济发展相对缓慢的区（市）县，受助学生50余万人。另外，各区（市）县对收上来的乡级中小学加大了投入，武侯区实行城乡学校结对“捆绑发展”，对区内18所原乡级农村中小学的投入由结对前的每年1200万元提高到近8000万元。全市农村学校的运转能力不断增强。

【审计制度】

2001年，成都市决定将原放在市教育局计财处的审计工作调整到监察室，成立监察审计处，并制定《成都市教育局关于在直属学校、单位推行会计委派工作的实施意见》。当年，该处共完成19个市直属学校（单位）的干部经济责任审计工作，审计结果成为干部考核和任职的一项重要依据。

2002年，对直属学校（单位）进行会计委派，共派出、派入财务人员133人。同年聘请兼职审计员参与审计工作，结合校长3年目标考核，对22所学校进行校长经济责任审计，对12所合并的学校进行清产核资；对问题提出整改意见，有违纪线索的进行了进一步的追查。同时向各职能部门及时通报审计结果，加强干部管理，管好用好教育经费。该年，成都市教育局被教育部评为全国教育审计工作先进集体。

2003年，在教育系统内部聘请25名素质较高的审计人员，对十二中、二十九中、教育咨询中心、实验外国语学校、教仪厂等5个单位进行审计。并与市审计局共同制定教育经费投入审计原则和方案；4—7月，对各区（市）县政府2002年度教育经费投入使用情况进行专项审计，对发现的问题进行专项督查整治。

2004年，制定成都市《关于进一步规范学校财务管理工作的通知》《关于加强学校计算机上机服务费管理的通知》《关于市直属学校（单位）资金使用审批权限的规定》，结合学校（单位）财务管理工作检查，分9个测评组，对46个单位的130余位委派财务人员进行逐一的年度考核。按照统一布置，完成对行政事业单位的债权债务、领导干部拖欠公款、用公款为职工购买商业保险等事项的清理和清退工作。

2005年，教育审计工作按照“认真履行内部审计职责，为防范学校经济风险服务，为提高教育资金使用效益服务，为解决教育改革和发展中出现的突出矛盾服务”的总体要求，共完成审计项目29项，其中校长经济责任审计21项，学校基建项目审计5项，学校合并清产核资审计3项，审计总金额9.76亿元，查出有问题的金额380.1万元，纠正违纪、违规金额188.6万元。4—5月，采取自评、派驻单位测评、考核组实地考评、主管部门综合考评等4种方式，对2004年市直属学校（单位）委派的117名财务人员的年度工作情况进行考核。结合会计人员继续教育工作，组织财务人员和财产管理人员进行业务培训，梳理考核中发现的问题，逐校限期整改。

【教育收费行为规范】

20世纪80年代末，部分行业出现“乱收费、乱集资、乱摊派”的现象。市教育委员会对全市教育系统乱收费问题进行清理，全部清退1989年以来部分学校擅自收取的费用。1991年后，成都市每年进行治理教育乱收费的各类检查。对检查发现或群众举报的问题，一经查实，立即严肃处理。1993年，成都市制发《关于坚决制止中小学乱收费的通知》。此后，成都市每年召开会议、制定文件规范中小学收费行为，“纠建并举”“标本兼治、综合治理”，并将制止中小学乱收费纳入目标管理，层层建立目标责任制。成都市规定，除高、初中毕业班按学生自愿原则可安排集体补课并按规定收补课费外，其他年级不得安排集体补课和收取补课费。捐资助学必须坚持自愿原则和用教育部门接收捐赠（后改为银行代收）后按捐赠人意愿再转回学校的办法办理。教辅资料由学校自选（每学期限选一种，不得多选），学生自愿购买，统一确定收费标准，进行总额控制。“择校生”收费实行收缴分离，采取单位开票、银行代收、财政统管的办法，所收款项一律进财政专户，使用报批，并规定收费的最高限额。对市直属学校的教育成本补偿费、调剂生费实行“统一收取、学校代办、教委监章、专户储存、集体管理、审批使用”的管理办法。在实行亮证收费和使用统一的收据的基础上，1997年，建立“一证、一册、一据”制度。2002年秋，市教育局统一制作收费公示牌下发到学校，要求学校挂在明显位置，向社会公示各项收费标准。

2003年，成都市建立治理教育乱收费工作联席会议制度。2月、4月、9月、10月，成都市、四川省、国务院相关负责人以及新闻记者，前后4次分若干组对成都市各区（市）县中小学收费工作进行随机抽查或拉网式的检查。全年共接到群众关于学校乱收费投诉115件，共查处违规收费学校27所，查处违规金额387.46万元，处理责任人22人。8月，成都市人民政府召开治理中小学乱收费工作会。对全市普通高中调剂生收费标准和办法进行调整，省级、国家级示范高中每生每年5000元，市级示范高中每生每年3000元，一般普通高中每生每年2000元，按学年收费。对已收、多收部分立即进行清退，共清退1.33亿元。

9月16日，市教育局负责人专程到双流县调查，对中央电视台报道的华阳镇3所中学乱办班、乱收费的情况进行严厉批评，要求立即整改。截至18日，华阳镇3所中学共清退乱收费260余万元，其责任人受到严肃处理。9月，中共成都市委、市人民政府召开成都市治理教育乱收费工作会议，重申教育收费“十不准”。同时出台考前补习费、小学生托管服务费、自行车停放服务费等3项（2004年增加“计算机上机服务费”）服务性收费政策，要求各区（市）县建立和完善农村学校保教职工工资发放、保学校正常运转、保危房改造的机制。

2004年秋季开始执行“一费制”标准。2005年秋季在金牛区试点进行“教育收费银行代收”，即学生凭学校开具的交费通知在市商业银行和市工商银行的市内网点办理缴费手续，缴费后凭银行开具的收费收据回校注册；有64所学校近7万名中小学生参与试点工作。成都市聘请13名社会各界人士作为成都市教育行风监督员，加强社会监督。全年全市教育系统在收费问题上共通报批评3起，诫勉谈话1人，党内警告处分1人；1—10月，市教育局共接到关于乱收费的群众信访投诉59个、市长公开电话11个，群众投诉比2004年同期降低五分之一。

注：“十不准”：1.不准擅立项目、擅提标准、扩大收费范围。各学校必须按市财政局、市物价局、市教育局下发的文件执行。2.不准强迫学生统一购买保险、饮用豆奶及生活用品。3.不准学校为学生统一征订市新闻出版局和市教育局规定的两种用书目录之外的课本和教辅资料。4.不准农村中小学强行收费为学生统一着装。5.不准义务教育段公办学校招收“择校生”以及以重点班、实验班名义收费。6.不准公办高中突破“三限”政策（限分数、限人数、限钱数）招收择校生。7.不准以家长、家委会名义向学生收取任何费用。8.不准强行向学生推销商品和强制订阅报刊、图书资料。9.不准教师个人在学校利用学校设施为学生实行有偿补课。10.不准各级政府向学校乱摊派、乱集资和搭车收费以及代征农业税和其他费用。

【校舍建设与维修】

1990年，成都市增加学校基本建设投入，逐步为市直属学校以及区（市）县的重点中小学新建教学综合楼、学生宿舍、教师宿舍以及各种专用校舍，改变中小学校舍陈旧破烂的状况。为普及九年义务教育，从1986年起，每年财政拨专款200万元用于乡初中建设；市、县、乡结合，以乡为主，每年改建、扩建或新建乡初中40所。到1989年年底，已投资4394万元，动工改、扩、新建乡初中183所，占乡初中总数的46.7%。1990年，新、扩建乡初中51所。1991年，将每年新、改、扩建乡初中的目标数调至60所，至年底实际动工66所。1992年，实际改扩建乡初中70所，全市改扩建乡初中总校数达到298所，占乡初中总数的79.25%。1993年，由于取消危房改造外的教育集资，乡初中建设任务完成出现困难；成都市增加财政拨款并设立专项资金，全年新、扩建乡初中60所。

为在城区普及高中阶段教育，1996—1997年，市属学校投入基建款6927万元，新增教学用房6.12万平方米；五城区和高新区投入基建款约3500万元。2002年，成都市投入专项资金5亿元用于普及高中阶段教育，增加高中阶段学位近4万个。2003年，多渠道筹措资金3.1亿元，新增普通高中学位3.36万个，职业高中学位7939个。2004年，投入3.6亿元新建、改扩建高中阶段学校。2005年，投入2.7亿元，增加学位约2.4万个。各区

（市）县也投入大量资金新、改、扩建高中阶段学校。在此期间，新建的综合楼、教学楼、实验楼、科技楼、体育馆、运动场、食堂、学生宿舍等遍布市属中学及各区（市）县的主要中小学。成都市石室中学先后新建的艺术楼、教学实验办公综合楼、体育馆、食堂、科技楼等，形成带有汉代建筑风格的建筑群，为世人瞩目。

2003年9月，全省第一所专门招收农民工子女的学校——成都市成华区民工子弟学校落成开学，12月更名“成华区红花学校”。2004年9月，青羊区投入500万元修建的农民工子弟学校红碾小学落成开学。同年，武侯区在金花镇修建了民工子弟学校。至2005年，全市改建、扩建一大批中小学，以满足农民工子女入学的需要。

2004年，农村中小学标准化建设工程启动。计划从2004年起，在3～4年内投入建设资金10.5亿元，完成对全市400余所农村中小学项目学校的标准化建设工程。至2005年年底，已有159所标准化建设学校竣工并投入使用。

校舍维修工作逐年均有进行。2001年，共完成校舍零星添建及维修经费计划82项，支付经费618.6万元。2002年，完成70余项，使用经费600万元。2003年，维修计划经费706万元（城市维护费安排），追加计划224万元（改善学校办学条件附加费），共计930万元，计划大小项目共计110项（含运动场4个）。2004年，对每一所市直属学校校舍情况进行检查，安排维修项目35个，将关系师生安全的锈蚀钢窗更换为塑钢窗，改造电力线路及配电箱，改建围墙，进行屋面防水工作。进入21世纪后，成都市直属中学校舍、建筑物未发生安全事故。

中小学校的基本建设工作与危房改造及校舍维修工作，在市教育局的统一安排下进行。凡属5万元以上的零星添建及维修单项工程，都按规定进行公开招标或议标。从2002年起，成都市将中小学危房改造列入市政府一级目标，对各区（市）县政府进行年度目标考核。各区（市）县成立排除中小学危房工作领导小组。市教育局与各区（市）县教育局签订目标责任状。同时，先后制定了《成都市教育局基本建设管理暂行办法》《市教育局直属学校校舍维修工作实施办法》《校舍安全检查细则》《关于直属学校（单位）旧校舍拆除实施办法》《成都市农村中小学标准化建设项目校舍管理办法（草稿）》等制度和文件；每年编制年度维修计划，指导学校（单位）开展基建项目、维修项目的实施工作；每年通过校舍情况的统计工作，强化校舍管理，杜绝校舍安全事故发生。2005年，开展市直属学校（单位）国有资产（校舍部分）的清理复查工作，并对各市直属学校（单位）经营性房产的出租情况、租赁合同（协议）等反复进行摸底调查，提出书面整改建议。

【中小学实验室建设与管理】

1983年，成都市制定《成都市1984—1990年中小学实验室建设规划》。至1989年，根据分级办学、分级管理的原则，多方筹集实验室建设资金4449万元，其中基建投资2687万元，设备投资742万元，教学仪器投资1010万元，为331所村完小配备了教学仪器。

1990年，成都市安排教学仪器、设备费1899万元，为724所中小学（其中有313所村小、40所乡初中）配齐了教学实验仪器。1991年，成都市教育技术装备工作以普及实验教学为中心，投入普及中小学实验教学的资金2060万元，其中用于基建1470万元，设备230万元，教学仪器360万元。举办自制教具评选活动。并在全市开展普及实验教学县、乡（镇）的达标验收工作，青白江区和温江县成为经省、市验收确认达标的普及实验教学区（县）；另有100个乡（镇）通过验收，成为普及实验教学乡（镇），占全市408个乡（镇）的24.51%。1992年，向各区（市）县调拨教学仪器价值256万元，其中配备乡初中61所，调拨仪器价值123万元；配备完中、城镇中学34所，调拨仪器价值81万元；为村完小调拨仪器价值52万元。1996—2000年，教学仪器设备投入转向高中阶段教育，并开始组织中小学教育技术装备论文评选活动，选拔优秀作品参加四川省自制教具和优秀论文评选。1997年，城区教学仪器设备投入1961万元（其中五城区和高新区692万元）。

2002年，成都市制定教育技术装备“十五”规划，启动四川省中（小）学实验教学示范校创建、检查、评估活动；对成都市1986年下发的实验室管理细则进行修改，重新制定《成都市中小学实验室管理细则》。同时，每年组织人员对全市教学仪器设备生产厂进行质量检验，或者到学校进行检查，对不合格产品限期调换和改进，并协助企业分析问题存在的原因，督促企业整改，杜绝不合格产品流入学校。2003年3月，市教育局下发在全市开展市级实验教学示范校评估办法的通知，把“成都市中小学实验教学示范校”作为此后创建市级示范性高中和市级九年义务教育示范校的必备条件之一。市人民政府教育督导室要求各区（市）县在2003年各完成1所市级实验教学示范校创建任务，并将此纳入目标管理。2004年，启动全市中小学、民办学校省级实验教学示范校的争创工作。至2005年年底，全市完成省级和市级实验教学示范校评估检查工作的学校分别有40所和76所，对2003年创建的24所和2004年创建的7所“成都市实验教学示范校”进行了复查和回访，督促学校进行整改和提升工作。同年完成教育部教学仪器研究所要求的对成都市中小学实验教学仪器装备情况的调研工作。

2005年，市教育技术装备市本级财政投入为1400万元，其中市直属学校740万元，区（市）县学校660万元。更新教室设备（学生课桌椅配备3.08万套），新配或改造37间实验室及图书室设备，为6所职教学校新配或改造了7个职教专业实验室设备等。4—12月，在全市中小学开展第八届自制教具和第五届技术装备论文评选活动，共收到各区（市）县教育局、市直属学校自制教具143件，幼教教具45件，论文175篇。选送18件教具参加四川省第七届自制教具评选活动暨全省首届幼儿教学教具评选活动，获省一等奖6件、二等奖9件、三等奖3件，并获组织奖。同年，四川省教学仪器设备质量监督检测所成都工作站依法开展教学仪器、设备质量检验工作，检测了128个批次共2.73万个代表批量（台、套、件），批次合格率为99%。

【图书馆（室）及其他设备设施建设】

1989年，成都市为中小学购置课桌椅8.3万套，图书50.3万册，音乐椅2280把。1990年，购置学生课桌椅9.2万单人套，图书47万册。1991年，全市中小学图书经费投入110余万元，馆藏图书增加到40余万册；对312所城镇小学和乡中心小学的图书馆（室）进行了整顿。同时，全市投入85万元以上用

2005年8月9日，大邑县韩场九年制学校建成验收

2005年6月，邛崃临济镇九年制学校建成验收

于装备音、体、美、卫生器材设施，各区（市）县均有数所学校达到基本的配备标准。1992年，为市直属学校调拨教学仪器、音乐、美术、体育设备、微机及学生课桌椅，为职业中学调拨办公桌椅等设备共值322.7万元。1997年，城区学校新增课桌椅4.04万套，增加图书12.31万册。

2001年，全市学校设备装备共投入经费3066.2万元（市拨经费1430万元，区（市）县、学校自筹经费1636.2万元）。其中，学校教室设备投入经费241万元，更新学生课桌椅2.79万套，投入经费405万元，教师办公设备经费137万元，中小学实验室、图书室设备投入783.3万元，学校音、体、美、卫、劳器材设备投入经费192.3万元，学生生活类及后勤设备投入经费179.5万元，学校教学仪器的补充更新投入经费179.3万元，学校图书资料投入经费472万元，学校职业教育专业设备器材投入经费60.2万元，其他设备装备投入68.9万元。与此同时，下发中小学图书装备目录，并加强各类功能室的常规管理，各类器材设备存放有序，账物相符，保养定期，完好率保持在95%以上。

2002年，下发《2002年度成都市中小学图书馆（室）图书装备目录》，涉及图书品种2000余种。按照九年义务教育课程标准对学生课外阅读的要求，调整和优化藏书结构，杜绝盗版和非法出版物进入学校。同时用价值420余万元的图书资料，装备中小学1000余所（其中市直属学校37所）。4月，举办图书馆自动化集成管理系统研讨会，50余所学校的与会人员在会上学习了图书馆自动化标准软件的使用，对标准书目数据的使用和下载提出了建议。2003年，按照中小学图书馆（室）藏书分类比例，配置图书资源，共计装备市直属学校图书价值62万余元，区（市）县170万余元，装备学校1000余所。同时发布新书书目，制作标准MARC书目数据3万余条。

2005年，新配或改造37间实验室及图书室设备，新增7.8万余册图书资料，为17所学校配备学生身体素质测试仪，为35所农村贫困学校添置体育器材。同年，组织部分国家级、省级示范性高中图书馆（室）馆长或负责人参加全省中学图书馆工作及数字图书馆应用研讨会，推动图书馆数字化建设。各中小学图书馆（室）主动向学生推荐书籍，开展阅读辅导活动，拓宽学生的阅读面，提高学生综合能力。2005年，开展以“阅读改变人生”为主题的小学生阅读征文活动，倡导学生“爱读书，会读书，读好书”。

【学生体质检测】

1995年，参与全国学生体质调研工作，成都市共有8所中小学的4000名学生接受检查，此项学生体检工作受到了四川省的表彰。2000年，成都市根据国家教委、国家体委、卫生部、财政部联合下发的《关于中国学生体质健康状况调查研究结果和加强学校体育卫生工作意见》，联合组织开展对成都市6000名中小学生体质健康状况的调查研究工作。通过4个月的调查、检测和数据统计，在有关区（市）县教育、卫生、体育部门及华西医科大学公共卫生学院、成都二中、锦江中学、成都水碾河小学、成都凉水井小学、龙泉驿洛带小学、洛带中学、双流彭镇小学、彭镇中学的支持、协助、配合下，获得近6000人次的学生体质调研样本，形成了调研评价结果。

2005年，教育部、国家体育总局、卫生部等五部委联合对学生进行体质检测调研。成都市由市教育局牵头，市卫生局和市体育局配合，指派专家分别在城市、农村各选择1所中、小学校（成都八中、川大附小、华阳中学、华阳小学等），对6～18岁学生按城、乡、男、女分为4类，每个年龄为1组，共分52组，每类、每个年龄组样本含量为60人，总计完成了3120人的调研检测工作。必测项目分主要形态指标（身高、体重、胸围）、功能指标（脉搏、血压、肺活量）、素质指标（长短跑、立定跳远、引体向上）3类共计20余项，选测项目有肩宽、背肌力、骨盆宽等3项。经过两个月的检测、录入和核实，年底完成学生体质检测工作。检测结果：学生普遍个子高了、体重长了、贫血少了，肥胖多了，体现身体素质的速度、耐力、爆发力、力量等不理想，营养过剩，表现为肥胖者增多，视力不良，主要是近视仍然高发，学生体育锻炼不够，与运动有关的身体素质指标不够理想。与体质检测同时进行了问卷调查，4所学校的27位体育教师认为，近90%的学生喜欢上体育课，80%以上的学生愿意参加体育锻炼。在不积极参加体育锻炼的学生中，77%以上是“怕累”，60%是“没有习惯”，55%以上是“没有时间”，55%以上是“家长不支持”。在学生每天平均锻炼时间上，有半小时至1小时的50%，半小时以内的有三分之一，3小时以上为0。在学生身体不好的原因中，50%以上是因为锻炼不够。

【学校疾病防治】

1992年后，按照卫生部、国家教委、全国爱国卫生运动委员会《关于印发有关学生常见疾病防治方案的通知》，成都市在大专院校、中等专科学校、中小学校进行了学生健康监测，对学生视力低下、沙眼、龋齿、寄生虫、营养不良、肥胖、贫血等常见病进行群体预防和矫治工作，并为学生接种“甲肝”“乙肝”“麻风腮”疫苗。每年卫生行政部门和教育部门联合或分别召开各院校党政领导、

1990—2005年成都市各级教育校地、校舍面积与资产数一览表

表5-37

年份	普通小学		普通中学		职业中学		在成都的高等院校	
	校地（万平方米）	校舍（万平方米）	校地（万平方米）	校舍（万平方米）	校地（万平方米）	校舍（万平方米）	校地（万平方米）	固定资产数（万元）
1990	1007.74	·279.89	653.6	206.10	83	30.20	—	—
1991	1074.3	305.21	684.5	238.81	95.3	38.62	—	—
1992	1025.4	302.10	69.0	255.77	87.6	33.76	—	—
1993	1031.4	315.4	707.4	267.4	87.2	34.4	—	—
1994	1041.7	324.5	717.4	285.3	83.1	35.7	—	—
1995	1077.5	343.2	750.8	306.3	78.7	38.3	—	—
1996	1118.1	362.8	761.7	324.3	92.2	50.2	—	—
1997	1119.1	371	774	354	100.8	52	—	—
1998	1141	404	780	368	103	56	—	—
1999	1151.5	424.9	814	397	106	63.1	—	—
2000	1162	435	825	425	110	65	—	—
2001	1132.2	422.1	946.8	460.2	108.9	66	—	—
2002	1107.2	420.7	1032	483.6	98.6	65	—	—
2003	1102.8	420.4	1037.5	529.4	103.5	64.6	2400.6	1439653
2004	1071	405.5	1097	544.3	77.8	39.6	2776.6	1336160
2005	1073	430	1154	554	94	57	3114.5	1579468

总务后勤负责人及卫生管理人员会议，布置防病措施，在传染病流行季节和新生入学和老生返校期间，学校对疫区来的学生进行医学观察，设立隔离病房，建立疫情零报告制度。卫生监督部门与学校配合，层层举办传染病防治培训班，开展爱国卫生运动及食品卫生专项检查和整治。

1995年，“成都市学生常见病综合防治工作领导小组”成立。21世纪初，四川省卫生厅专家组对成都市中小学生常见病综合防治成效进行考评，考评结果表明，成都市达到了《全国学生常见病综合防治方案》目标值：1995年较1992年中小学生常见病患病率除视力低下增加外，其余呈下降趋势；2000年较1995年，视力低下患病率仍居高不下，肥胖患病率有所上升。2002年，成都市学生常见病防治工作获卫生部和教育部表彰。

2002年，成都市两次对直属学校和19个区（市）县以及高新区的学校食品卫生安全工作进行普遍检查。12月31日，转发教育部、卫生部《学校食堂与学生集体用餐卫生管理规定》，建立相应的制度，杜绝食物中毒等恶性事件的发生。2003年4月17日，成都市教育局成立预防与控制非典型肺炎领导小组，建立覆盖全市教育系统的防控工作网络体系和日报制度与晨检制度。4月24日，全面禁止学校组织学生集体饮用豆奶。2003年，全市教育系统无一例“非典”病例或“非典”疑似病例发生，学生常见病仍然主要是视力低下（不良）和营养性疾病。

2004年，成都市先后发出4个针对传染性非典型肺炎、禽流感、血吸虫病等传染病的防控通知。6月，全市中小学开展食品安全宣传周活动。10月，下发《关于学校食堂及小卖部向师生出售食品饮品的有关规定》。同年，制定《成都市学校食堂卫生许可审查量化评分表》和《成都市学校食堂经常性卫生监督量化评分表》，并对1109个学校食堂进行了食品卫生量化分级评审工作，共评出A级食堂99个，B级529个，C级430个，D级57个，评审率为53.54%，全市学校食堂实施量化分级管理率达92.8%。全年学校无重大传染性疾病流行。

2005年2月，市教育局发出《关于加强流脑预防控制的紧急通知》。3月，下发《关于进一步加强学校卫生工作、保障食品卫生安全、预防传染病流行工作的意见》。10月，全市实施量化分级管理的学校食堂达到1301个。进而对学校餐饮业和幼儿园食堂进行量化评审，清理整顿学校周边的小饮食店、小理发店、小歌舞厅、小公共浴室共计300余户。11月，发出《关于防控高致病性禽流感的通知》《关于开展防治艾滋病宣传教育活动的通知》。全年，在学校开展了性病、青春期与人口教育、预防血吸虫病、结核病防治等专项教育活动。

1995—2005年，成都市大中专院校、中小学校未发生肠道传染病。

【学校后勤社会化改革】

1993年，在成都的高校在后勤工作方面严格岗位责任，推行多种形式的单项承包，拓宽服务领域，开始探索服务社会化。2000年，在成都的高校分离行政管理职能与经营服务职能，高校后勤社会化改革正式提上议事日程。2001年，《四川省高校后勤社会化改革实施意见》下达，各高校与省教育厅签订《四川省高校后勤社会化改革2001年度工作目标责任书》。四川大学、西南交大、四川师大等学校后勤集团公司相继成立，完成了学校后勤与学校行政的脱钩分离，新建和改造学生公寓和学生食堂。同年，武侯区、青羊区、成华区、郫县教委（教育局）引进资金修建学生公寓，高新区在中小学推行后勤工作物管化，全市不少区（市）县从不同的角度探索学校后勤工作社会化的途径。2002年，在成都的高校完成学校后勤与行政的分离工作，组建起后勤服务的实体，制定了学生公寓和学生食堂的管理办法，参加了学生公寓、学生食堂物资集中招标采购洽谈会，签订了相关合同。2003年，成都市中小学校后勤社会化改革正式启动，首先在2个区（市）县和5所市直属学校进行试点，总结推广成华区教育局《积极探索学校后勤改革之路，努力推进成华教育跨越式发展》、成都七中《学校后勤改革的探索实践》和高新一中《后勤工作改革促进学校快速发展》的经验。对各区（市）县的普通高中（职中）和地处各区（市）县所在地的初中和小学、市直属学校的学生食堂、学生宿舍（公寓）、对外出租和自用的营业用房的基本情况进行清理登记，制定《成都市中小学校学生公寓管理暂行办法》。同年，在成都的高校开始创建标准化学生食堂。2004年，针对粮油价格持续上涨的情况，各高校积极协调，制定措施，加强管理，挖掘潜能，降低成本，学生食堂餐饮价格基本稳定，质量有了保证。2005年，启动农副产品定点直供工作，各高校选择郫县作为成都地区高校农副产品定点直供基地，规范后勤物资采购，对高校后勤物资供应企业进行资质审定。四川音乐学院建立起整套校产后勤工作经营管理机制，院党委书记任校产集团公司董事长，院长和一位副院长任副董事长。1年之内，所经营的川音大厦先后承担世界现代音乐节、世界音乐学院院长论坛、世界华人华侨联谊会、全国艺术院校后勤改革工作会、省委组织部电教工作会议等接待工作。大厦每年均完成向学院上缴600万元的经济责任目标。该校校产集团公司创办的音乐幼儿园获全国少儿舞蹈大赛金奖。四川音乐学院坚持后勤与教学、科研协调发展，在不到两年时间内，用1亿元美化了校本部，用近4亿元建设了新校区，学院整体办学条件改善。2005年，“成都市示范性学生公寓”创建活动启动，制定《成都市中小学示范性学生公寓标准》及评选办法，组织考核验收小组对全市28所学校学生公寓进行考核验收。转发省教育厅《关于切实加强中初等学校食堂建设与管理的意见》，在全市中小学开展“四川省示范性学校食堂”的申报、考核、评选和推荐工作，组织有卫生监督部门参加的考核小组对13所学校食堂进行考核，择优向省教育厅推荐了4所学校食堂。在各所学校学生公寓和学校食堂的建设与管理中，社会力量均有不同程度的参与。

勤工俭学管理

【概况】

从20世纪50年代开始，成都市中小学即普遍开展勤工俭学活动，学校办工厂、办农场，从事服务性劳动，既为学生提供劳动教育的场所，又用所得收入补助教育经费。1990年，全市中小学、中师、职业中学共有4280所，开展勤工俭学的学校3833所，有勤工俭学基地1802个，总产值2.25亿元，纯利润3148.01万元，用于补助教育经费1495.99万元。20世纪90年代，校办企业的产值、利润、税金及补助教育经费数额得到大幅度增长。

2001年，进行机构改革，市教育局保留了勤工俭学管理处，在全市19个区（市）县及高新区中，有17个区（市）县保留勤工俭学管理科和校办企业公司，有3个区（市）县的勤工俭学科与计财科合并。成都市教育交流服务中心校办企业管理科负责对全市校办企业进行日常管理，对企业经营运作进行监督管理，并负责校办企业管理人员的培训等工作。全年，全市勤工俭学总产值为14.7亿元，纯收入1.79亿元，补助教育经费8985万元。

由于校办企业一般规模小，技术含量低，资金困难，在市场经济环境中处于弱势地位，经营困难，全市校办企业从20世纪末到21世纪初进行体制改革，大多数校办企业相继从学校（单位）分离出去。至2005年，在39个参加改制的直属校办企业中，除华协影城外，38个企业经审批已办理完成资产审计评估、资产挂牌转让、净资产处置等相关手续，所得的全部收益按规定进入市财政专户或主管学校的财务管理。2005年，成都市普通教育系统勤工俭学总产值为7.29亿元，纯收入1.03亿元，补助教育经费6607万元。

2005年，市教育学会勤工俭学专业委员会换届，新一届勤工俭学专业委员会常务委员会召开了扩大会议。两次会议提出，新形势下的勤工俭学工作的方向是：尽快实现观念转变、职能转变、任务转变和工作重心转变，切入学校后勤领域，加强学校后勤管理和社会化服务，办师生、家长和社会满意的学校后勤，同时继续办好校办企业和推进校办企业改革，改进校服管理工作，办好农村学校劳动实践基地和场所。

【校办企业管理】

市教育局直属学校（单位）举办的校办企业由各自的学校（单位）负责直接管理，市教育局勤工俭学管理处采取领导、监督、指导、协调、服务的方式进行管理。各区（市）县教育行政部门、中小学办的校办企业，由各自教育行政部门的勤工俭学科（股、室）直接管理。1990年，全市校办企业有工厂车间761个，农业基地1067个，全年纯收入3148万元。1991年10月，成都市校办企业生产的教学仪器产品有8种分获国家教委优秀产品奖和优秀新产品奖。青白江区蜀星中学校办机械厂生产的SKB650A型晒版、拷贝两用机在全国“七五”星火计划成果博览会上荣获国家级金奖。为增强实力，成都市校办企业利用校办企业的政策优势，积极引进外资，引进管理，开拓市场。1993年8月，“中国成都’93儿童教具玩具国际博展会”在成都举办，邀请国内外近100家大中型玩具厂商参加，邀请全国30个省、市、自治区幼教界代表观展和开展学术讲座，博展会期间成交额达1670万元，零售额达516万元，观展人数达2万余人。

1998年，全市校办企业纯收入9670万元。2000年，纯收入9811万元。20世纪90年代中期以后，随着全国经济体制改革的深入，学校办企业渐渐举步维艰，成都市不少校办企业资不抵债，无法归还贷款。成都市校办企业产权制度改革工作随之逐步展开。2004年，市教育局组织力量对校办企业贷款情况进行专项清理，发出催收贷款通知书，指派专人催收，追回贷款近100万元，暂时无法归还的，书面说明原因，提交还款计划。有些企业贷款时间较长、企业停产倒闭、账目管理混乱、已被注销工商营业执照或主管学校被撤销，仍有一部分贷款收不回来。按照相关文件精神，经市教育局党组研究，于2004年12月2日确认部分贷款（共计96.35亿元）为呆账，同意核销处理，并报财政部门审核。

校办企业相继进入改制阶段后，企业效益急剧下降。2005年，全市校办企业纯收入为1031万元。至2005年年底，市直属学校办校办企业仅余华协电影院1个未完成改制，部分区（市）县共有校办企业130个，绝大多数为股份制性质，学校只占有部分股份。全市校办企业仍由市教育局勤工俭学处管理。有15个区（市）县校办企业仍由教育行政部门勤工俭学科（股、室）管理，双流县、龙泉驿区、邛崃市、崇州市、蒲江县等5个区（市）县的校办企业由教育局计财科管理。市教育局深入校办企业对安全生产情况进行调查研究，上报《校办企业安全监管工作存在的问题及相关建议》。

【劳动基地建设】

2001年，成都市建成具有一定规模和接待能力的劳动素质教育基地6个。金牛区教委利用闲置校园，与区政府共同投资400多万元，修建教学设施齐备的学生社会实践营地，每期接待学生300多人，劳动实践5天，实行准军事化的训练管理。双流县以兴隆成人教育学校为依托，建成一个综合性的大型学生劳动素质教育基地。该基地占地120多亩，有良种猪场，有酒厂、饲料厂、鸵鸟园、名优水果园、花卉果苗园，一次可接待学生400人。

2003年，防控非典型肺炎期间，为确保师生身体健康，成都市学生劳动实践基地一律关闭，10月之后陆续恢复接待参加劳动实践的学生。同时，组织管理人员学习和研究由教育部、农业部、国土资源部制发的《关于加强农村学校劳动实践场所建设的意见》，总结推广锦江区教育局《建设和管好学生素质教育实践基地、积极拓展勤工俭学发展新空间》的经验。

2004年，四川省教育厅、省农业厅、省国土资源厅制发《关于切实加强农村学校劳动实践场所建设的意见》。成都市立即组织学习，针对基地存在的安全问题，加大检查力度，及时整顿，消除安全隐患。召开座谈会，分析义务教育阶段实行“一费制”给基地建设与发展带来的影响，研究应对措施。同时加大投入，改善基地和场所的条件。锦江区投入483万元，新建学生素质教育实践基地——青少年活动中心；金牛区投资200多万元，用于改扩建劳动实践基地；蒲江县投入10万元，用于农村学校劳动实践场所建设。至2004年年底，全市已有劳动实践场所711个，全年到各劳动实践场所参加学习的学生达到38.22万人次。2005年，成都市组织人员深入成华区劳动实践基地、锦江区青少年活动中心及部分农村中小学进行调查研究，组织教育、物价部门和基地负责人参加“农村学校劳动实践基地发展研讨会”，共同探讨资源整合、机制建设、办学模式、交流合作等问题。当年，成都市基本保持了全市农村学校劳动实践场所原有的规模和数量，经营场所直接带来的总收入及接纳学生参加劳动或社会实践的人次也基本保持稳定。

【中小学校校服管理】

从20世纪90年代后期开始，按照成都市中小学生统一着装管理委员会的要求，成都市中小学开展了中小学生统一着装工作。市教育交流中心下设“成都市中小学生统一着装办公室”，负责管理此项工作。2001年，共有30多所市直属学校开展统一着装工作。

2002年1月，“成都市中小学生统一着装管理委员会”进行调整，负责统一着装的政策导向和指导工作。下设“办公室”，负责日常管理工作及统一着装的具体事务。其中，尤其注意质量，实行全过程监控，保证生产出学生、家长、教师和学校都比较满意的学生装。全年，共为35所中小学校定做学生装6.5万套，对特困生减免学生装费用共6500套。2004年，召开协调会，征求技术监督、物价等部门以及服装协会、消费者的意见。12月，市教育局会同市技术监督局、市物价局制定《关于进一步加强和改进中小学校校服管理的意见》《成都市中小学校校服管理暂行办法》，规定各校可结合本校实际，本着学生自愿的原则，对是否统一着装进行自主决策；明确规定，不将学生统一着装作为校风示范校检查、考核的内容和条件。

2005年，“着装委”改组，成立“成都市中小学校校服管理委员会”，市教育局会同市质监局制定《成都市中小学校校服质量要求》，统一全市中小学校服质量标准。同年，市教育局制定《关于加强我市中小学校服管理有关问题的通知》和《中标企业管理办法》。市教育局委托省招标机构对校服定点生产商进行国内公开招标，确定5个具有服装生产资质的供应商，并向全市中小学公布中标企业。分别召开中标企业管理工作会议和市直属学校（市管民办学校）校服管理工作会议，规范学校采购行为，确保校服质量，降低校服价格。至2005年秋季，全市共有41所学校在中标企业定购校服5.3万套，金额375万元；与2004年相比校服平均价格下降约10%。20世纪90年代以来，成都市共生产和销售学生装近30万套。

【校办企业改制】

1997年以前，成都市校办企业采取校长领导下的厂长（经理）责任制，实行经营承包制或经营目标责任制。校办企业投资少，规模小，技术程度低，产品滞后，很多校办企业出现亏损、资不抵债、濒于倒闭等情况。1997年12月，成都市成立校办企业改制工作领导小组，要求各区（市）县确定1～2个校办企业进行改制试点。1998年，市教委3次召开校办企业产权制度改革试点工作研讨会，宣传动员，对所有市直属学校校办企业进行资产摸底，账务清查，做改制准备。2000年后，国家对校办企业在税收上的优惠政策逐步取消，很多校办企业效益下降，负担沉重，举步维艰。至2001年，各区（市）县用3年时间分批对校办企业采用关、停、并、转等形式，基本完成对校办企业的改制工作。

2003年1月，市教育局召开市直属学校校办企业改制工作动员会议，成立市直属学校校办企业改革工作领导小组。7月，下发《关于做好市直属学位（单位）校办企业产权制度改制的通知》，确定市直属学校校办企业改制工作的基本思路是：市直属学校校办企业要100%地进行企业改制，在改制过程中要100%触动产权，100%转换企业职工身份；因校制宜，因企制宜，市直属校办企业改制主要选用关闭（包括拍卖）和改成股份合作制两类形式；坚持以人为本的原则做好改制企业中原学校（单位）固定职工的人员分流工作。9月，市经济体制改革办公室等5个相关单位两次对校办企业改制工作进行专题研究，还对成都教育印刷厂、成都教育设备厂的改制立项申请进行可行性论证。当年，对已处于停产或半停产状态的10个直属学校校办企业，在清产核资后，先后将其关闭并注销营业执照；对4家校办企业作了脱钩处理。

2004年，市教育局坚持集体领导、集体审批的原则，把企业改制工作纳入目标管理，作为校长三年任期目标的考核内容；对企业职工情况，对企业债权债务、资产审计评估、职工分流安置及经济补偿等问题进行调查研究，防止国有资产流失，确保职工队伍稳定，并分别召开关闭企业工作会和改制企业工作会；制定对会计师事务所评估校办企业的资产评估报告及结论进行确认的规范程序。12月，对成都市教育技术装备管理所下属的4个校办企业的60余万资产损失作核销处理。2005年9月，市体改办和市教育局共同召开市直属学校（单位）校办企业改制工作会，要求改制企业（华协影城除外）在年底前完成改制任务。其间，有17家市直属学校校办企业选择关闭；有2家在指定的产权交易中心公开挂牌出售；有5家完成股份合作制的改制工作。至2005年年底，市直属学校（单位）39家校办企业有38家完成改制工作。华西中学华协电影院改制工作计划于2006年完成。区（市）县校办企业属于集体所有制性质，有少数改制为股份制企业，学校占有一定数量的股份，这些企业仍作为校办企业进行管理。

教育改革

教育体制改革

【概况】

成都市普通中学多，职业中学少。从20世纪80年代开始，成都市不少普通中学相继改办为职业中学，以适应经济社会发展的需要。1990年，全市共有职业中学66所。1992年，达到72所，在校学生3.2万人。此后职业中学减少数量，增大规模；建设骨干专业，开发特色专业；改革招生办法，提高就业率，一度减少的在校学生人数逐渐回升。2005年，全市有职业中学36所，教学点8个，在校学生6.76万人；普通中学在校学生数与中等职业技术教育在校学生数的比例为56∶44。

成都市的中小学校基本上是公办学校。1992年，成都市提出，争取在成都市形成多种办学形式共同发展的格局。同年，第一所公民私人举办的学历教育学校“光亚小学”在成都市开办。1996年起，进行公办中小学办学体制改革，出现了公办民助、民办公助、股份制合作办学、委托办学等多种办学形式。1999年，鼓励发展民办初等和中等学历教育，鼓励多种形式投资办学，允许分期回收办学投资。2002年，全市有民办学校（含培训机构、幼儿园）2400所，其中民办中小学38所，民办中等职业类学校14所。2005年，有民办学校（含培训机构、幼儿园等）2483所，其中非学历高等教育机构7所；普通中小学67所，在校生7.7万人；中等职业类学校18所，在校生4.5万人；幼儿园1451所，在园儿童13.28万人。成都外国语学校、成都实验外国语学校等民办学校知名于省内外。

随着办学体制的多样化，以校长负责制为中心的学校内部管理体制改革、中小学教职工全员聘任聘用制度改革、校级干部任用制度改革等人事制度改革相继出台。中小学教职工以竞争择优原则、双方地位平等原则、积极稳妥原则和民主公开原则竞争上岗。教学人员能进能出，教师职务能上能下。校级干部试点“公开招聘，竞争上岗”，或试验“公推直选”，将选拔干部的过程置于群众监督之下。

进入21世纪后，办学体制改革的重点转向农村。20世纪90年代初，农村义务教育实行“分级办学，分级管理，县乡共管，以乡为主”的管理体制。2002年，成都市决定进行农村义务教育管理体制改革，实行“在国务院领导下，由地方政府负责、分级管理、以县为主”的管理体制。同年，全市农村进行农村税费改革，农村义务教育失去两项较大的经费来源，大部分乡镇财政几乎停止对农村中小学的投入。2004年，市政府要求各区（市）县按照“以县为主”的要求，保证基础教育经费的投入，确保教师工资足额按时发放，确保并加大对农村中小学危房改造，把核定的中小学生均公用经费列入财政预算，确保学校正常运转；同时调整教育支出结构，加大农村教育投入，从市级公共财政的角度，加大对农村义务教育的倾斜力度。从2006年春季开学起，在全市14个郊区（市）县实行农村义务教育经费保障机制改革，此项改革的经费分级承担原则之一是“以市为主”。

【中小学办学体制改革】

20世纪90年代初，成都市中小学学历教育基本上由政府举办。1992年，市委办公厅、市人民政府办公厅转发市教委《关于扩大中小学内部管理体制改革试点的请示》，争取在成都市形成以政府办学为主、公办学校和民办学校以及多种办学形式共同发展的格局。当年，中国大陆第一所公民私人举办学历教育学校“光亚小学”在成都市开办；青白江区大弯中学试行“国家所有，校长负责，自主办学，学生自费，政府津贴”的办学体制。1993年，经市、区两级教育行政部门批准开办的民办中、小学共有7所。另外，在数所公办学校里办起了民办性质的特色学校，“一校两制”，探索办学新模式。

1996年，成都市树德中学和成都一中联合进行办学体制改革，在成都一中校址举办公办民助的成都树德实验中学。该校在校容校貌、学风校风、教职工精神面貌、生源等方面当年即发生积极的变化。1997年，成都石室中学、成都七中，与成都十中、成都三十五中共同举办公办民助的成都石室联合中学和成都七中育才学。石室中学和成都七中逐步办成单设高中，其实验学校逐步办成单设初中，面向社会，满足部分市民子女的自费择校需求；日常经费3年后自收自支。

1999年，成都市人民政府转发市教委《关于鼓励发展民办初等和中等学历教育的暂行意见》，“鼓励多种形式投资办学，允许分期回收办学投资”“逐步实行民办学校收费成本化”，出现了投资近亿元、办学条件高档次、首次招生突破1300人并自动限制招生的“成都市南洋学校”等近10所民办普通中小学。2000年，共兴办民办中小学8所，投资共计7亿元，全市民办学校发展到724所，其中民办中小学21所，中等职业学校（点）14所，在校学生约1.5万人。市教育局先后与民营企业以股份制的形式建立成都市外国语学校和成都市实验外国语学校。同年，对全市改制公办学校进行逐校检查，限期纠正不规范办学行为，明确学校法人，实行改制学校独立核算制度。2001年，与北京师范大学联合开办北师大成都实验中学（成都二中）。同年，成都嘉好实验学校（民办学校）出现债务纠纷，成都市依法撤销“嘉好实验学校”，成立盐道街外国语学校。

至2002年年底，全市民办学校（含培训机构、幼儿园）2400所，其中民办中小学38所，小学在校生1.17万人，中学在校生1.99万人，民办小学、初中、高中在校生人数占全市在校生总人数的1.5%、3.7%和2.7%；民办中等职业类学校14所，在校生6846人。

2003年，成都市公办中小学（含幼儿园）进行办学体制改革的学校增加到27所，其中幼儿园4所，单设小学5所，单设初中15所，九年制学校1所，普通高完中2所。在这27所学校中，多由公办薄弱学校依托名校改制而来，从办学形式看，有公办民助、民办公助、股份制合作办学、委托办学等形式，以公办民助为主。11月，市教育局在《成都市公办中小学办学体制改革情况汇报》中称：成都市公办改制学校存在“法律地位问题”，存在“公办改制学校在现有教育环境中带来的教育不公平问题”，同时成都市“大量改制学校集中在义务教育阶段的初级中学段，公办职业教育学校改制几乎是一个空白点”。

2004年4月，成都市制发《关于大力推进职业教育改革与发展的决定》和《关于大力促进民办教育发展的决定》，要求形成以政府为主导、依靠企业、充分发挥行业作用和社会力量积极参与的多元化办学格局，放手发展民办职业教育。9月，市农牧局、市农机局移交给市教育局管理的成都畜牧兽医学校和机电工程学校，与成都市农业科技职业学院合并。同年，成都市财贸职业高级中学托管金堂县职业高级中学。2005年4月，成都市礼仪职业中学租赁邛崃泽民中学举办邛崃分校。同年，温江区燎原职业中学引入民办机制，成立成都博川经济技术学校；郫县友爱职业中学安德校区引入民间资金，改制为股份制的成都西部高级职业技术学校。2004—2005年，成都市设立民办教育发展专项资金120万元，对民办中等职业教育和以接收进城务工就业农民子女为主的简易民办学校给予设施、设备资助。

至2005年年底，成都市共有民办学校（含培训机构、幼儿园等）2483所，教育部门审批的民办学校2166所。其中有非学历高等教育机构7所；普通中小学67所，在校生7.7万人；中等职业类学校18所，在校生4.5万人；幼儿园1451所，在园儿童13.28万人；此外有非学历教育培训机构623所。全市民办学校共有专、兼职教师和行政管理人员2.3万人，办学资产累计达45.71亿元，学校占地面积810.75万平方米，建筑面积413.3万平方米，教学仪器、设备8.2亿元，图书477.78万册。

【农村义务教育管理体制改革】

20世纪90年代，农村义务教育实行“分级办学，分级管理，县乡共管，以乡为主”的管理体制。全市各乡镇政府、各村村民委员会多渠道筹集教育经费支持“普九”工作，积极兴办村小和乡初中。各郊区（市）县教育经费普遍紧缺，市政府落实大量贷款支持其完成“普九”任务，农村学校普遍负债较重；学校无力偿还负债本息，许多学校是“零账户”；少数地方出现拖欠教师工资现象,有教师向上投诉；村小布局不合理，规模小，资源浪费大；农村学校学生辍学流失比例偏高。

2002年3月，成都市下发《成都市人民政府贯彻实施国务院关于基础教育改革与发展的决定和意见》，决定全市农村义务教育实行“在国务院领导下，由地方政府负责、分级管理、以县为主”的管理体制。全市各区（市）县相继将农村学校人、财、物划归区（市）县教育行政部门直接管理。各区（市）县对农村义务教育的发展进行全面规划，把农村中小学布局调整的重点放在村小；落实教育经费，改造危房；农村学校在职教职工、离退休教师、民师工资和津贴全部纳入区财政预算，直接划拨到开户银行，一人一卡，直接从银行支取，按时足额发放农村教师工资；改变乡村中小学校长和领导班子多由乡（镇）任命的做法，加强干部和教职工的培训和管理；实施素质教育和课程改革。全市农村小学、初中学生辍学率和流失率均有所减少。

在农村义务教育管理体制进行改革的同时，全市农村进行税费改革，取消了征收农村教育费附加和开展向农民教育集资的两项大政策，农村教育投入主要依靠财政拨款，中央和省、市加大了对农村教育转移支付的力度。而教育行政部门却很难了解和掌握转移支付资金的安排和管理情况，未足额安排教育转移支付资金或转移支付资金安排到乡镇后被挪作他用的情况时有发生。税费改革后，大部分乡镇财政几乎停止对农村中小学的投入。一些经济发展相对滞后的区（市）县，现有教育投入已经占据其可用财力的相当份额，如金堂县2002年教育财政拨款占整个财政支出的26.3%，蒲江县占到29%。这些区（市）县的教育财政拨款95%用于在职教职工工资和离退休人员的离退休金等人员支出。蒲江县按小学每生每月0.5元、初中每生每月1元的标准拨付公用经费，全年全县教育公用经费支出预算为22.5万元。青白江区日新中学2002年教育财政拨款安排的公用经费为7160元，而该校两个月的水电费也为7000余元。学校通常用杂费收入等预算外资金弥补公用经费的不足。金堂县石龙乡学校有12个教学班，在校学生650名，扣除全年学生减免费的金额后，全年的杂费收入为5.2万元，该校维持一年正常运转最少需要支出7.8万元。到2003年止，全市中小学欠新华书店教材款达5815.6万元。

2002年后，市教育局多次召开专门会议，组成专门班子，对全市农村教育进行调查研究，于2003年形成题为《围绕“三保”目标，努力构建税费改革后农村义务教育投入保障新机制》的调查报告。2004年，市人民政府办公厅转发市教育局、市财政局《关于落实农村普通中小学预算内生均公用经费的通知》，要求各区（市）县确保学校正常运转。同时，从市级公共财政的角度，加大对农村义务教育的倾斜力度。2002年，安排各项专项资金2595.6万元补助全市区（市）县教育。2003年，安排各项专项资金1.23亿元，其中通过市财力转移支付1亿元，专门用于各区（市）县农村中小学危房改造和布局结构调整。2004年，用市本级教育经费6000万元左右对区（市）县农村学校进行补助。同时，进行专项审计工作，对未足额征收教育税费、未足额安排教育税费专项资金、未将教育转移支付资金全部用于教育等问题，进行专项督查整治。

2005年，成都市进行全市农村中小学校点布局调整、农村中小学标准化建设和信息化建设。秋季，大面积进行义务教育免杂费试点，全市565个贫困村和经济发展缓慢村中，19.5万余农村学生受益，免费金额共计约2800万元。在有条件的地区开始推行免费义务教育，成华区、武侯区分别对1万余农村家庭中小学生实行免费，金额均约700万元；锦江区对4800多名农村中小学生实行免费，金额为400余万元，农村贫困户家庭孩子以及残疾学生如需住校，每人每月可得到80元生活补贴；高新区对辖区内的农村居民和失地农民子女全部免除“一费制”收费范围内的各种费用。

2006年1月26日，成都市农村义务教育经费保障机制改革工作会召开，决定从2006年春季开学起，在全市14个郊区（市）县实行农村义务教育经费保障机制改革，要求用5年左右的时间，在全市建立起“责任明确、经费共担、保障有力、管理有序”的农村义务教育经费保障新机制。其经费承担原则主要是：以市为主，分级承担。当年，全市农村义务教育经费保障机制改革经费总额为3.2亿元，其中中央和省级财政承担2亿元，市级财政承担8千万元，14个郊区（市）县共同承担4千万元。

【中小学教职工全员聘任（用）制改革】

20世纪 90年代末，教育人事管理体制的不足逐渐显露出来：教师一旦分配或调动到学校即归学校所有，没有双向选择的权利，干好干不好也没有关系；学校需要的人进不来，需调整的人出不去；分配上平均主义，责、权、利不统一；城区、县、镇学校超编，山区、边远地区缺编。1999年4月，市人民政府办公厅批转《市教委、市人事局、市编办关于在我市中小学实行教职工聘任聘用制的试行意见》，要求以竞争择优原则、双方地位平等原则、积极稳妥原则和民主公开原则实行中小学教职工全员聘任聘用制度（教师实行聘任制，职工实行聘用制），全市新一轮中小学人事制度改革正式启动。

按“试行意见”规定，成立以市政府分管教育的副市长为组长的聘任（用）工作领导小组；各区（市）县和各直属学校也成立相应的领导小组或工作机构。1999年8月，市教育局制定《关于我市中小学教职工聘任聘用制的实施方案》，规定全市教职工聘任（用）制分为三个阶段实施。1999—2000学年度是成都市中小学教职工全员聘任（用）制改革的试点阶段，选择全市三分之一的中小学校进行试点，并在8个区、县试点教职工专业技术职务评聘分离工作。2000年8月，成都市发布《关于在我市中小学校实行教职工聘任聘用制的意见》，对“试行意见”进行了修改和完善。2000—2001学年度是扩大试点阶段，计划再选三分之一的学校进行试点。实际上，2001年，教职工全员聘任（用）制改革已在全市中小学全面铺开，涉及教职工8万余人，一次聘任上岗率为94.84%。对未聘的4000余人通过转岗、调动等多种渠道分流后，在校暂时待岗的仅占教职工总数的0.24‰。此外，清退了长期在编不在岗人员，办理辞职169人，辞退52人，自动离职予以除名79人。2001—2002学年度是全面实施阶段，全市所有中小学校、幼儿园全部实行教职工聘任（用）制。共有2738所中小学、幼儿园实行教职工聘任（用）制度，涉及教职工8万余人，教学人员有进有出，教师职务能上能下，教师一次性上岗率为94%。并加强学校岗位管理，召开全市教育系统教职工聘任（用）制经验交流会，总结、推广先进经验。

2003年，教职工专业技术职务评聘分离工作在全市全面推开，同时制定《关于加强我市中小学教师职务聘后管理的试行意见》，要求各区（市）县教育局、各学校制定切实可行的聘后管理考核措施；指导各校成立教职工聘任（用）制工作民主监督小组，确保聘任工作公开、平等、择优；要求学校制定的工作量折算标准、聘任方案和岗位设置方案，在实施聘任前，必须交教职工代表讨论通过。由于本应与聘用制配套的社会保障体系尚不健全，现有的分流渠道不多且不够畅通，未聘人员的分流难度较大；效益分配体制改革滞后，在一定程度上影响了此项改革的深化。2003年，省编委文件下达给成都市中小学（含职高）的编制为7.63万名。市教育局经多次调研、讨论，最终核减编制6214名，并形成编制分解方案，制定《成都市中小学教职工聘用制实施细则（试行）》。年底，编制分解到校。市直属学校对70名符合离岗待退条件的人员进行分流；部分区（市）县对未聘人员分流、安置工作出台了具体实施办法。

2004年4月28日，成都市召开全市教育系统人事制度改革工作会议，部署深化聘任聘用制改革，启动全市教育事业单位的教职工聘任聘用制改革。从2004年起，鼓励和提倡教师正向流动。金牛区开始实行教师“转会制”，不同执教级别的教师，从一所学校到另一所学校任教，要按不同等级的价码进行“转让”。中小学新进教师一律采用公开招考的方式。同年7月，市属学校的所有教职工全部纳入社会保险体系。2005年1月，成都市教师资格认证指导中心成立，面向社会开展教师资格认证，至年底，共受理教师资格认证项目4385个，发出教师资格证书7315个。2005年，全市中小学共办理辞职、辞退、离岗待退、病退人员5054名；完成了教育报刊社人员的分流工作。至2005年年底，全市1088所中小学中已有1058所学校为教师购买医疗保险和失业保险，605所学校为教师购买养老保险。另外，在部分职业学校试行工资总额包干、按岗定酬的分配制度。

【学校干部聘任制度改革】

1988年5月和1992年2月，成都市先后向社会公开招聘两所新建小区中学（玉林中学和双林中学）校长，试点校长公选工作。1996年，成都市全面开展以校长负责制为重点的干部管理体制改革，按照中央有关文件规定和校长任职的条件，择优选任校长。1997年，《成都市中小学校长工作暂行规定》规定，聘任校长的程序为：自荐、民主推荐、学校党组织推荐或上级干部主管部门提名；上级组织部门考察；上级党委（党组）讨论决定，并按干部管理权限的有关规定审批和聘任。

2000年，在成都的高校实行中层干部聘任制度。2001年，成都信息工程学院面向社会公开选择了7名中层干部。2002年，推行干部任前公示制度，完成了四川交通职业技术学院、四川工商职业技术学院等校党政“一把手”的选拔任用工作。9—10月，四川师大、成都中医药大学、四川教育学院等3所在成都的高校和四川师范学院，公开选拔学校党委副书记2名和副校长（院长）3名。这次选拔有报名、资格审查、笔试、面试等四个程序。依据笔试和面试的总成绩从高分到低分取每个职位的前2名进行考察，最后报省委审批。

同年7月，成都市出台公开选拔成都三中、女子职业中学校长方案，成立以市教育局局长为组长的“公选”领导小组。选拔坚持公开、公平、竞争、择优原则，面向社会采取组织推荐、个人自荐，考试与考察相结合的方式进行。同月，成华区教育局面向全区教育系统中层以上干部，通过公开报名、书面考试、演讲答辩、民主测评、组织考察、任前公示等竞争考核程序，公开选拔猛追湾中学、区教师进修学校、双林实验小学和第十三幼儿园等4所学校、幼儿园的校长、园长；规定通过竞争上岗提拔任职的校长（园长）需试用1年合格后方可正式聘任。8月，高新区社会事业局配合组织人事部门进行的玉林中学公选校长的工作，经过笔试、面试、复试、组织考察等程序，确定人选并报经区党工委管委会领导同意后，招聘的新校长到岗开展工作。

2003年3月，西华大学整体选聘学校党政、业务部门和教学单位中层干部岗位125人，实际选聘115人。选聘采用自荐和民主推荐的形式，广泛听取意见，尊重和体现群众的知情权、参与权、选择权和监督权。同年，新都区选拔新都职业技术学校和大丰中学校长，采用的办法是“公推直选”。12月24日，新都区召开动员大会，将《中共成都市新都区教育局关于青白江中学等十二所中小学校公推直选校长实施办法（征求意见稿）》印发全区各中小学、幼儿园，听取全区教职工的意见及建议。该区共有在职教职工4972人，参加投票的4617人，赞成4460人，赞成率为96.6%；反对14人，反对率为0.3%；弃权143人，弃权率为3.1%。“公推直选校长实施办法”规定，凡是新都区教育系统符合条件的干部、教师均可报名参选；公推直选全过程接受群众监督，设置监督电话2部、投诉箱1个。2004年1月，10所学校通过公推直选产生的10位新校长上任施政。有两所学校符合报名资格的报名人员不足3人，不具备公推直选条件，暂不进行选举。2004年8月，成都市发布“关于公开招聘中学校长公告”，面向全省各级普通高中和职业中学招聘成都礼仪职中校长1名；面向全市各级普通高中和职业中学招聘成都十七中副校长1名和成都财贸职高副校长1名。

同年9月30日，四川大学面向海内外发布公选副校长公告。公开选聘8位副校长，主要分管本科教学、学科建设及研究生教育、科研、人事和外事、财务和经济、条件保障、科技产业和社会服务、医学和医疗卫生的管理等工作，任期4年，并公布了应聘者应具备的条件。截至10月25日的规定期限，有171人申报。其中，海外申报37人，校内申报46人。通过该校公选领导小组资格审定认定，公选评议委员会三轮评议、投票，党委常委会研究决定，推选出20位述聘人，加上4位申报参选的现任副校长，共24位为述聘人。11月13日，24位述聘人面对川大300余名教职员工和学生代表作竞职述聘报告和现场答辩，时间延续了12小时，对决激烈。此后又经过民主测评、组织考察、党委常委会讨论提议、教育部同意等多项程序，选聘的8位副校长，于2005年3月3日，在该校中层干部扩大会上正式受聘上岗。

2005年6月，参加成都市青羊区升平街小学校长竞选者经过报名、预审、笔试和面试，有3名胜出。9月26日，3位竞选者向升平街小学全体教职工以及学校民主管理委员会成员（均来自社区，有街道办事处工作人员、银行职员、企业员工）作10分钟竞选演说，并回答学校民主管理委员会成员提出的问题。最后，民主管理委员会15名成员和学校全体教师经两轮投票后，原西马棚街小学党支部书记当选上任。同年，拟定《成都市教育局直属学校校长公推直选暂行办法（征求意见稿）》，并于12月发出《关于对三所学校校长进行公推直选的通知》，决定公推直选成都锦城外国语学校（十六中）校长、田家炳中学（十九中）校长、成大附中校长；试用期1年，聘期3年。

教育教学改革

【概况】

20世纪90年代，《成都市“九五”教育科研教改实验指导意见》制定，一批重大的教育改革课题相继立项，有的从学校教育活动组织、管理的层面上进行探索；有的针对教育现状中忽略情知统一的弊端进行教改实验；有的开展“在乐园中育人” 整体改革；有的着眼整体发展，立足个体成才，充分发挥学生的主体作用；有的将历史传统与现代教育思想融为一体，培养专才、通才、全才。1997年，成都市中小学教改研究的多项成果获得四川省首届教学成果一等奖。

1996年，市教科所开展了一次全市范围内的课堂教学现状调查。调查结果表明，教育教学改革在一些学校取得了成绩，但改革发展不平衡，课堂教学普遍的、基本的仍然是传统的教学方式，教学思想比较陈旧，教法单一，手段落后。1997年，“在现代课堂教学的理论与实践研究”课题立项，从现代教育的要求和成都市教育教学实际出发，提出课堂教学的原则、观念、标志及基本操作规范，促使全市广大教师的教育观念发生积极的转变，改善教师的教学行为，改变课堂教学面貌。先后有20多个学校和区（市）县作为试点单位，并以点带面，在全市各中小学全面开展了现代课堂教学的研究和实践活动。

进入21世纪后，新课程改革在成都市中小学逐次展开，课程改革成为教育教学改革的核心。首先着手建设新的课程体系，充分发挥选修课、活动课和综合实践活动的作用。同时抓住教材分析、教学设计、教法研讨、课堂组织、作业设计、效果监测和考试等各个环节，广泛开展教研活动。提倡在活动中学习，让学生有更多的动脑、动手的机会。“研究性学习”走进课堂。启动学生自主参与课堂学习的研究。2005年4月，“高中学生语文研究性阅读实践研究”课题现场汇报会在成都七中召开，对课内研究性阅读课型进行探讨。10月，“课堂自主参与教学模式研究”阶段成果展示会在温江区召开，探索“自主、参与、合作、民主”的课堂教学原则与“主体参与、合作学习、体验成功、差异发展”的课堂教学策略。

2004年，成都市制定中小学生学业质量评价体系的基本框架，改革和完善教育教学质量评价机制，改变“一张试卷定质量”的学业质量监测评估办法，从全面发展学生素质与培养创造性人才的高度、广度上评价教师的教学质量和学生的学业质量，在监测内容、监测形式和监测力量上不断发展和完善，建立科学的监测体系。

【德育工作改革】

2000年，成都市高新区芳草小学取消“三好学生”评选，开展“争章夺星促进小学生个性化发展”研究。用“争章夺星”活动激励学生，让每个孩子都有被激励、被奖励的机会，让每个学生身心都得到健康的发展。学校设“章”设“星”，让评价载体形象化，吸引小学生对发展目标的关注。学生要争夺的“章”分为3类，第一类是人人都要争夺的“基础章”。这类章涵盖德、智、体、美、劳等方面对学生的基本要求。第二类是“发展章”，第三类是“特长章”。“星”分为单项星和综合星，单项星鼓励学生发展个性与特长，综合星鼓励学生全面发展。争章夺星活动的评价指标是动态的。学校根据研究的深入和实际情况的变化，不断修改和完善“指标体系”；老师们根据不同层次不同个体学生特点，因人制宜，制定不同的评价标准；根据学生的发展变化，在动态的过程中适时调整评价标准；一些“章”“星”具有临时生成性，教师可根据当时教育教学需要设定。“章”和“星”由师生共同设定，让评价指标得到信任和尊重，激励学生自我发展。龙江路小学开展了“新三好评价体系研究”。改变传统的“三好学生”评选标准和办法，新“三好”评价体系以“家庭的好孩子、学校的好学生、社会的好公民”为主题，以“多一把评价的尺子，就多一位成功的学生”为宗旨，以“让每一位孩子享有自信和成功”为目的，丰富评价内涵，增强操作性，社会、家庭、学校“三位一体”，以评价促学生发展，为未成年人思想道德教育构建新的平台。

2001年，成都市召开全市中小学德育工作会议，要求学校德育与时俱进，加强针对性、实效性和主动性，坚持“贴近未成年人、贴近实际、贴近生活”的三贴近原则，潜移默化，循序渐进，塑造和完善学生的健康人格。同年，颁发《成都市中小学礼仪常规》。2002年，编写《成都市中学道德教育读本》，并在全市中小学生中进行“党在我心中”庆祝建党80周年系列教育活动。2003年4月，举行“成都市中小学生道德教育研讨会”，探索在继续加强爱国主义、集体主义、社会主义教育的同时，改革创新德育的内容和方式，其基本理念是：继承传统，培养具有民族精神的现代人；贴近生活，培养可持续发展的健康人；面向世界，培养有国际竞争力的中国人。其基本思路是：让德育回归生活。此后，成都市充分发挥德育课程的主渠道作用，大力开展德育活动课程建设。

2004年，制定成都市中小学生评价体系中思想道德素质部分的评价标准，形成成都市中小学生的《成长记录册》和《成都市德育常规工作量化考评细则（试行）》，采用《中小学生思想评比手册》，学校在学生思想成果的量化上有了可行的依据和载体，完善了中小学生思想品德评价体系。

2005年，争创“新三好”（在学校做好学生，在家做好孩子，在社会做好公民）活动在全市中小学推广。评选“新三好”的标准由市教育局制定的《通则》与各区（市）县、各直属学校制定的《附则》两部分组成。并将此项工作列为德育常规工作，举办了以推广“新三好”为主要内容的中小学生成长论坛。同年，成都市争创“新三好”活动获得四川省第三届教学成果一等奖。龙江路小学的德育课题《新三好评价体系研究》获得中央文明办颁发的全国未成年人思想道德建设工作创新案例一等奖。《成都市法制副校长专用教案》编印完成，在全市中小学开展了道德实践“十个一”（读一本好书，给家长写一封信，为社区（街道或村组）做一次义工，学做一次“小主人”，与家长过一次周末，结交一个新朋友，做一件好事实事，当一次“小老师”，参加一次红色旅游，提一条建议）活动，让学生从小事做起，循序渐进，逐步内化，养成良好习惯。

【愉快教育】

从1984年起，龙江路小学开展“在乐园中育人”整体改革，进行愉快教育实验。1989年，龙江路小学作为全国最早开展愉快教育实验研究的七校之一，派代表出席国家教委召开的“愉快教育”座谈会，向全国推广经验。1991年，龙江路小学把研究重点转向课堂教学如何激发、调动学生学习的动力上，承担省普教科研资助金项目“愉快教育课堂教学模式研究”。

同年，武侯区“愉快教育及其推广研究”立项，以龙江路小学为龙头，以其改革经验为生长点，总体规划，在若干所学校同时展开研究。每个子课题研究任务不同，但可合成为比较完整的实践体系，可以进行互证，体现了区域性、综合性的特点。该研究历时6年，经历酝酿准备、实验研究、子课题结题验收、总课题结题评审等4个阶段，发掘和利用教材、教学的乐学因素，陆续投放研究措施，对所引起的变化进行分析研究，并将研究成果上升为理论。此项研究的主要成果是:对“乐学”“乐学教育”的内涵作了准确的界定，“乐学”是学生生动活泼主动的学习意向和情感状态，“乐学教育”是学习主体能够生动活泼、主动积极地学习与和谐发展的素质教育；实现乐学的核心是教师尊重、信任学生，教师必须树立正确的教育观、学生观；提出并验证了"激趣—参与—探究—练习"的乐学课堂教学模式；总结提炼出改革课堂教学实现乐学的可操作的措施；建设一支乐教、善教的高素质的师资队伍是实施乐学教育的关键；建立乐学的教育管理机制是实现乐学教育的保证条件。该项研究有效地提高了武侯区办学的整体水平，减轻了学生过重的课业负担，促进该区干部、教师教育思想和观念的转变。1997年，《愉快教育及其推广研究》获四川省首届教学成果一等奖。

【新课程改革】

2001年9月，成都市郫县被确定为全省唯一的"国家基础教育课程改革实验区"。同时，市教育局成立基础教育课程改革领导小组，各种形式的新课程教师培训逐次展开。2002年秋，成都市10个区县作为省级课改实验区启动新课程改革实验工作。2003年，9个区（市）县作为四川省第二批实验区启动新课程改革实验。至此，新课程改革实验在成都市所属19个区（市）县及高新区全面铺开，各级各类学校的新课程体系逐渐初步建立起来。

成都市幼儿园的教育目标、内容、评价不再以教师的主观经验代替幼儿的需要，而是以幼儿的一日生活为内容，让儿童学习的内容来源于儿童身边的生活内容，课程可以由教师预设，也可以由师生共同引发或幼儿自发生成，具有开放性和灵活性，不是完全预定的、不可更改的。

成都师范附属小学形成以"开卷有益""数学天地""泥塑"等课程为龙头的校本课程，并且编写出相应的校本教材，关注学生不同的学习需求，给教师提供更大的发展空间。该校"小学校本课程开发研究"的课题成果获成都市首届教学成果奖二等奖、省三等奖。四川大学附属实验小学通过构建现代儿童学习生活的学科课程和生活实践课程，探索与归纳生活化课堂教学的特质，并用其开发和构建具有生活教育特色、群体参与、充满活力的生活实践课程体系。

成都七中育才学校关注每一位学生的发展需求，重视学生参与、体验、自主的学习。给学生以一定的选课自由。促进教师角色意识和观念的转变，让教师成为引导者。在教学上实行分层教学、分类指导，发展特长，鼓励冒尖。在加强外语、数学和计算机教学的同时，开设各类选修课、活动课40余门。为培养特长生，数理化、计算机有拓展班，英语有拓展班、口语班。为培养学习兴趣、增强实践能力，开设科幻世界、诗歌赏析、趣味数学、生物技术等选修课程。开设管乐、排球、田径、美术、艺术体操等活动课，以培养学生的艺术特长。

其课程模式如图：

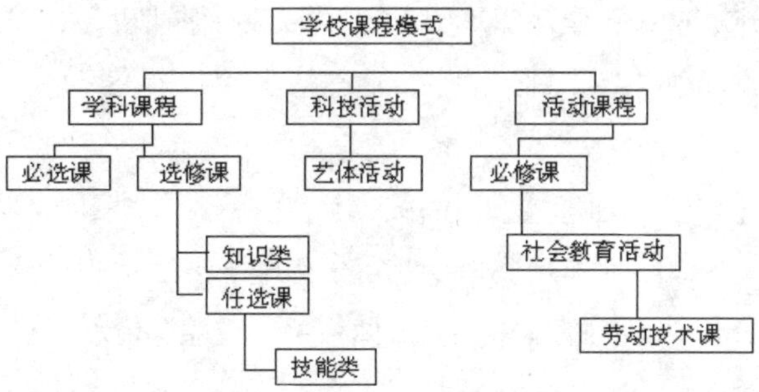

在课程改革中，成都市大多数中学构建起包括必修课程、选修课程和活动课程三大板块的课程结构模式。必修课体现基础性和统一性，选修课体现拓展性和综合性，活动课体现实践性和创新性。选修课程丰富多样，成都七中开设有近40门选修课，分为必选课和任选课两种，前者主要完成教学大纲和教材的较高要求，进行分层教学；后者分为知识类和技能类，可以自行选择。盐道街中学设置4类选修课，第一类是核心课程的深化与综合，第二类是道德修养和艺术修养，第三类是方法类，第四类是主题式跨学科综合性课程。

成都市职业教育以就业为导向、以能力为本位、以实践为中心进行课程建设，国家课程、地方课程与校本课程相结合。2003年，全市职业高中开始实行弹性学习制度和学分制，形成区域内中等职业学校学分互认机制。从"宽基础、活模块"课程模式探索发展到课程综合化改革研究，全市有11所城乡中等职业学校的11个专业开展课程综合化改革研究与实施，共开发综合课程23门。

2003年秋季开学后，全市开展了新课程案例研究评选活动。2004年，建立新课程改革质量监控和考试评估体系，对11个课改实验区的课改工作实施情况进行调查研究。5月，在双楠中学举办成都市九年义务教育阶段综合实践活动课程现场研讨会，就中小学综合实践活动课程的开设及相关制度的建设等进行经验交流。2005年，课程改革与教改、考改逐步结合。同时，市基础教育课程改革优秀成果评选办公室成立，拟订优秀成果评选活动的具体要求，并组织全市参加省教育厅第二届基础教育课程改革优秀成果评选活动，全市共有64项成果获奖。

【学生学业质量评价体系】

2004年，市教育局制定全市中小学生学业质量评价体系的基本框架。该体系由形成性评价、水平性评价和选拔性评价构成。同年，成都市教科所根据课程改革要求及各学科课程要求制定小学各学科质量评价意见。（见表5-38）

成都市中小学生学业质量监测评价实行市、区（市）县、学校三级共同管理的运行机制。以促进学生学业发展为目的的形成性评价，主要由学校负责实施，区（市）县教研室和市教科所负责指导、抽查。以检测目标达成度为目的的水平性评价，由学校、区（市）县和三级教研部门、教育局共同负责实施。学期和学年等考试主要由学校实施；小学阶段和初中阶段的毕业考试，由区（市）县或学校实施和管理；高中阶段毕业考试，主要由市和区（市）县组织和管理。以选拔为主要目的的各种升学考试一般由市教育局、市教科所、市招办负责实施；学科竞赛由市教科所负责实施；区（市）县对单位和学校进行协助和管理。建立全市性中小学生学业质量抽测和调研考试制度，及时反映教学中存在的问题，以便对教学进行有效的调控。

某一学科在某个学习阶段的学生学业质量抽样检测，其前期抽测主要是对学生已有学习基础的检测，为诊断性评价，一般由学校组织；中期抽测主要是对学生学习过程状况的了解，为形成性评价，一般由学校或区（市）县教研室组织；后期抽测主

学生学业质量评价体系一览表

表5-38

形成性评价	根本目的——注重质量形成过程的评价，促进学生学业进步
	评价主体和方式——自评、互评、他评；学生、教师、家长参与
	评价方法——观察、访谈、调查、测验、实验、操作表现性评价、《成都市中小学生成长记录册》、评语
	评价结果的运用——把形成性评价结果纳入期末、毕业、升学成绩
水平性评价	关注学科课程目标的全面达成，改革期中、期末、学年考试的内容、方式和方法
	适当增加非纸笔考试
	毕业（结业）考试学科学业成绩总评要适度增加形成性评价的内容
	强化评价结构的诊断、分析、反馈、调控和改进的功能
评价选拔性	改革中考的考试内容和考试方法，加强能力和能力倾向考查
	健全学科竞赛制度，发现和发展学生特长

要是对学生阶段性学业结果的监测，为终结性评价，一般由学校、区（市）县教育局、市教育局与教研部门组织。学生学业质量抽样检测的目的是评估学生学科知识、能力、方法、情感、态度、价值观的逻辑起点，导向和调控学生学科学习质量发展的过程与结果。

全市性的质量抽测主要是中期和后期的抽测，包括水平性评价的抽测和形成性评价的抽测。抽测的方式主要有三种。第一种是抽测全市所有学校某一年级的某一学科。由市教科所组织纸笔考试的命题和非纸笔考试的抽检内容，各区（市）县为单位组织评卷、统计和抽检，抽测结果上报市教科所分析。第二种是抽测部分学校某一年级的某一学科。抽测的年级、科目和学校在测试前两周公布。抽测内容由市教科所确定，根据需要，可以全市统一评卷或抽检，也可以由学校或区（市）县为单位组织评卷或抽检，成绩上报市教科所进行分析。第三种是抽测部分区（市）县的某一年级的某一学科。抽测内容可由市或区（市）县教研单位单独确定，或由市、区（市）县教研单位联合确定，以区（市）县或镇（片）为单位组织评卷、统计、抽检，各区（市）县将抽测的内容、成绩和质量分析上报市教科所。2004—2005年，各类抽测方式在全市均有实施。

【中等学校招生制度改革】

在普及九年义务教育的过程中，成都市取消了初中招生考试。1990年，在部分中学开始招收艺术、体育特长生。1993年起，初中招生按照就近入学的原则，用计算机随机派位，确定小学毕业生升入的中学。向重点中学初中输送的保送生，限制在小学毕业生的5%以内。1997年，实行初中毕业会考、两类高中招生以及中专、中师招生实行统一考试，即实行“三合一”考试，考试科目由7科减少为5科。两类高中、中专、中师、成人中专的录取统一由市招办组织，将重点中学高中的部分招生名额直接划拨给办学困难的市属和区属学校，普通中学初中毕业生可免试直升本校高中的名额扩大到本校高中招生名额的15%。对成都外国语学校、成都外国语实验学校初中招生考试人数进行限制；其余任何学校在招收确有实际困难、需要跨片区就读的学生时，不得再举行任何形式的学科性考试。从1997年起，重点中学的初中毕业生统考达到重点中学录取线后，第一志愿限报本校；石室中学、成都七中、树德中学不再在全市范围内招收理科实验班，理科实验班生源只能在本校高中招收的学生中进行选择。21世纪初，成都市初中毕业生升学考试增考体育。同时废止省级示范性普通高中的初中毕业生初中升高中第一志愿限报本校的规定，以尊重初中毕业学生选择高中学校的自主权。2005年，成都市采取将直属学校的招生计划按一定比例分配到各区，由各区根据市上分配的名额和自己的资源以及学生情况，按相对就近原则、计算机随机派位的办法招收初中新生。

1993年，为满足部分家长选择学校的要求，在微机派位后，允许中学在完成招生计划和不突破规定班额限制的前提下，招收少量择校生，并将其纳入统一的招生管理。当年成都市各校自定的择校生收费标准较高，社会反映强烈，市教委制定了中小学“择校生”收费的最高限额。1997年，市教委规定了树德实验中学、石室联中、七中育才学校（西区）等三所学校按相对就近的原则公开招收自费择校生的班数。21世纪初，对公办普通高中招收择校生实行“三限”政策（限分数、限人数、限钱数），严禁学校擅自扩大择校生招生比例、降低录取分数线、提高收费标准或在限定金额内收取其他有关择校的费用。为缓解树德实验中学、石室联中、七中育才学校（西区）的“择校热”，2001—2003年，逐年减少三校初中毕业生直升对口高中的名额，并将减少的名额分别给予6所相对薄弱的学校。2004年，取消三校的直升名额，将这些名额给予4所相对薄弱的中学。三校招生办法改为自愿报名（报名须达到规定条件）后，80%的学生通过计算机随机派位的方式录取。同时市教育局规定，义务教育段公办学校不得再招收择校生，坚持相对就近免试入学原则，原则上不得举办学科实验班、特长班、联办班等，确需举办须报市级教育行政部门批准；全市高中招收择校生的比例为30%以内。2005年，高中招收择校生的比例调整为：初中毕业生升入高中阶段学校的比例在90%以上的区（市）县，公办普通高中招收择校生的比例控制在招生人数的30%以内；初中毕业生升学比例在85%～89%的，控制在25%以内；初中毕业生升学比例在85%以下的，控制在20%以内。城区高中招生的统招计划由原来的70%调整到80%至90%；每个班的统招计划，各级示范性普通高中不低于40人，一般高中不低于45人。公办普通高中择校生的录取分数线下调幅度不得超过该校计划内招生最低录取分数线的10%。并要求在校内公示择校生招生人数、分数和收费标准。

中等专业学校沿袭多年的“计划生”与“委托培养学生”或“自费生”在交费上有差别的做法，于1998年取消，三类学生一律缴费上学。1999—2001年，由于受高等学校扩大招生规模、普通高中规模扩大以及用工市场追求高学历的影响，职业中学、技工学校的招生数量连续3年滑坡。2001年，扩大中等职业学校招生自主权，改革招生办法，开始进行春季招生试点，采取预录与正式录取相结合的办法。预录是根据考生所填志愿，由招生学校进行意向性录取，待预录考生取得初中毕业资格后，再办理正式录取手续。2002年“春招”扩大试点，招收初三分流学生1800人。2003年，为巩固九年义务教育成果，暂停职业学校春季招生试点。2004年，职业院校扩大五年制高职招生规模，中等职业学校就业率达到98%以上，城区职业学校对口支持农村职业学校，对农村家庭经济困难学生完成中等职业教育进行资助，8月，成都市中等职业学校招生人数回升，共招收应届初中毕业生6.4万余人（成都地区生源4万余人，外地生源2万余人），其中城区职业学校面向农村招生近1.5万人。

2002年5月18—19日，成都市中等学校招生咨询会在省展览馆举行

科技

概 述

1988年9月，中共成都市第七次代表大会的报告中提出："要规划、建设以高新技术为主导的科技密集开发区，形成科技开发集团优势，实施科研、生产、经营一体化，并在城乡造就一批科技型企业"。1990年1月，经国家科委批准，成都市高新技术产业开发区正式挂牌成立。同年，成都市政府颁布《关于开展科技兴农的意见》，发展高新技术产业与传统产业科技进步并举，促进工业、农业全面发展。

1991—1995年，成都市成立科技工作领导小组和科学技术顾问团，建立成都高新技术产业开发区管委会，创建成都经济技术开发区、成都海峡两岸科技产业开发园以及高校科技工业园区，进行大规模的基本建设，选择具有高附加值和产业化特征的项目与企业进入开发区创业；主办成都市科技成果交易会，发布《交易会税收优惠管理办法》；成都高新技术产业开发区与市工商银行合资建立"科技风险投资基金"，探索科技风险投资机制。同时，颁布《成都市科技三项费管理暂行办法》和《成都市技术市场管理条例》，开展横向协作，实行课题合同承包制或岗位责任制，并连续实施攻关、火炬、星火、成果推广、软科学、新产品等科技计划。以现代技术，选育油菜、水稻、小麦三大作物的新品种、新组合，在三系杂交油菜品种选育、旱育秧技术、水稻二系新组合、优质水果和花卉的引进选育、肉牛快速育肥、成都麻羊保种与利用、特禽特种水产工厂化养殖配套技术等方面成绩突出。启动争创科技工作先进区（市）县活动。组织实施新产品试制（鉴定）和工业科技攻关。特种无缝钢管、激光模压全息设备、上引法电解铜杆、高精度硬质合金螺纹刀具、S-1240系统配套电缆等一大批科研开发项目取得良好经济效益。对大熊猫生殖生理、受精生物学、人工繁殖、双胞胎育幼、亲子鉴定、疾病防治等方面进行了全面系统的研究。

1993年，成都市被国务院定位为西南地区科技中心，成都高新区获国家科学技术委员会授予的"全国先进高新技术产业开发区"称号。1994年，成都市政府建立知识产权办公会议制度，全年科学进步对国民经济增长的贡献率为42%。1995年，批准实施《成都市科学技术进步条例》；全市高新技术企业共有193家，高新技术企业实现技工贸总收入76.8亿元，上缴税金5.9亿元；成都大熊猫繁育研究基地《大熊猫饲养、繁殖及疾病防治研究》项目获国家科技进步二等奖。

1996年，成都市召开全市科学技术大会，决定加速发展成都高新技术及其产业，培养、造就优秀科技人才，培育和发展技术市场。全市高新技术企业达到216家；成都高新区由原来的2.5平方千米扩展到47平方千米，并被授权行使市级经济管理权限；成都高新区技术创新服务中心成立。美国、新西兰、日本等国外客商和武汉、太原、包头等高新技术开发区，北京、广东、贵州等15个省市的150家高新技术研发单位参加96成都国际高新技术及产品展示会，参展项目1500个。1997年，成都高新技术创业服务中心被国家科委认定为首批国家高新技术创业服务中心。1998年，成都高新区获"全国火炬计划管理先进单位"称号；成都海峡两岸科技产业开发园被国务院台湾事务办公室、科学技术部批准成为国家级海峡两岸科技产业开发园。2000年，国家信息办将成都市列为全国8个信息化试点城市之一。召开全市技术创新大会，出台《关于加强技术创新，发展高科技，实现产业化的实施意见》，组建成都技术产权交易所。至年底，成都市已认定高新技术企业497家，地奥、成都高科、国腾等9家企业进入国家重点高新技术企业行列。全市高新技术产品产值达250亿元，占全市工业总产值16%，高新技术产品出口额占全市出口总额的25.3%，科技进步对全市经济增长的贡献率达到44.3%。

同期，科学技术普及工作全面展开。制订《成都市科学技术普及条例（草案）》，建立“成都市科普工作联席会议制度”，召开成都市科普工作会议，成立市科协农村科普咨询服务团。每年3月举办一届“科技之春”科普活动月，每两年举办一届成都国际电脑节，首届电脑节参加人数超过20万人次。每年组织文化、科技、卫生“三下乡”活动，参加活动的农民每年在100万人次以上。科技人员深入城市社区、工矿企业、中小学校，举办科普报告会、科技培训、科创比赛、科普旅游、科普征文、科普作品创作等活动，帮助干部、职工、市民和青少年了解科技发展动态，增强科技意识。1998年，成都市被科技部命名为全国科教兴市先进城市。2000年，成都市将“加强科技普及工作”作为重要对策措施之一列入“十五”科技发展规划之中；至年底，全市农村科普示范基地共有141个。

20世纪90年代后期，成都市工业科技主要围绕节约能源、新产品开发和老产品更新换代、对重点行业和重点企业进行技术改造而开展，90%以上的工业企业进行了不同程度的技术改造，全市已有100多条自动化或半自动化生产线，电子信息、生物医药和先进制造技术三大行业成为全市重要产业。制定《关于大力发展个体私营经济的决定》，在税收、科研中试基地的基本建设等方面实行优惠政策，民营科技企业逐步发展成为新的经济增长点。1998年，成都市609家民营科技企业，产值达500万元以上的民营科技企业有128家，其中1000万元以上的100家，上亿元的20家；长期从业人员共有4.05万人，资产总额为120亿元，其中固定资产31.41亿元；创产值89.78亿元，利税7.84亿元，创汇2435.5万美元。同时，出台《关于依靠科技振兴农业的意见》，建设农业试验示范基地，实施农业产业化工程，进行农村区域资源开发，建设农业支柱产业。“蓉油”系列油菜、“水稻塑盘抛秧技术”等新品种、新技术在全市大面积推广。截至1998年，全市良种覆盖率种植业为95%，养殖业为58.3%；农业先进适用技术覆盖率在90%以上，耕地复种指数为230.39%；由区（市）县科委管理的科技三项费增加到的1324.4万元，19个区（市）县科技三项费占财政预算支出均达到1%；科技进步对农业经济增长的贡献率达到45%。成都市府南河综合整治工程获“1998年联合国人居奖”，大熊猫迁地保护示范工程获首届中华绿色金奖（全国十大金奖之一），成都21世纪议程获省科技进步二等奖。1999年，在成都地区的国务院部门属（包括中国科学院属）国有独立科研机构按照国务院的要求，启动应用开发类科研机构企业化转制改革。除此之外，“九五”期间，成都市以现代农业、高新技术产业、环境保护为重点，共组织实施引进国外专家项目71 项，引进美国、德国、法国、英国、日本等国的技术专家 95 人。

进入21世纪后，成都市于2001年颁发新的《科学技术奖励办法》，出台《创业资本投资高新技术产业的试行办法》。成都高新区西区开始建设；四川大学、电子科技大学科技园被科技部、教育部认定为国家大学科技园；科技部批准建立国家集成电路设计产业化成都基地。全市高新技术企业达到643家，其中年产值过亿元的84家，5000万～1亿元的69家；高新技术产业产值310亿元，占全市GDP的20.9%，高技术产品出口占全市出口总额的

17.9%。成都高新区内有高新技术企业485家，由世界500强企业投资兴办的企业有11家。2002年，成都市做出“建设高科技成都”的部署，提出到2010年把成都建设成为拥有全国一流研发水平、科技创新人才、高新技术产业群和创新创业环境的高科技城市。同年，修订《成都市促进高新技术成果转化的若干规定》，充实市科技工作领导小组，增强在高新技术成果转化、高新技术人才和归国留学人员引进使用等方面的协调职能。2003年，成都市下达《党政一把手抓第一生产力目标任务》和《高科技成都建设专项目标》。2004年，四川省、成都市两级政府按照“省市共建，以市为主”的原则与中国科学院、中国工程院共同建立“四川（成都）两院院士咨询服务中心”。

2001年，成都市科学技术局加挂成都市知识产权局牌子，成都市工商局商标处更名为成都市工商行政管理局商标分局；制定《成都市产权交易管理规定》，设立市产权交易指导协调委员会；被国家知识产权局批准为全国专利工作试点城市。发布《2003年成都市知识产权保护状况（白皮书）》《成都市专利保护办法》和《关于加强商品流通领域知识产权管理暂行办法》。专利服务机构、专利代理人和企业专利工作者增加。2005年，成都市被列为首批创建国家知识产权示范城市。2000—2005年，成都年专利申请量由1964件增至7241件，获专利授权量由1008件增至3079件。2005年，成都商标申请量为1.06万件，版权登记510余件，注册商标总量达到4.2万件；涌现出“地奥”“全兴”“托普”“彩虹”“升达”等一批中国驰名商标。

从21世纪初开始，在成都市的社会公益类科研机构进行分类改革。四川省属19个国有独立科研院所启动改制工作，成都市确定5个开发类院所和4个公益类研究所进行管理体制改革。成都科技自主创新能力增强，在光电工程、核工程、核聚变、计算机、口腔医学、大熊猫繁育、航空航天、中医中药、川菜、激光等数十个科技领域取得许多或填补国内空白、或达到国际先进水平、或居世界领先水平的科技成果。电子信息、生物医药和先进制造技术三大行业成为成都工业经济的重要组成部分。2005年，成都市农作物良种覆盖率为95%，农业先进实用技术覆盖率为100%。举办了“成都科技节”、第十届“科技之春”科普活动月、第五届“科技周”等科普活动。

2005年，成都市高新技术企业总共有1020家，产值900亿元，同比增长25%；依托自主创新成果实现产业化，培育出成都地奥、成都希望、四川托普、四川鼎天、西南化工设计院、成都华神、成都迈普等一批知名高新技术企业（集团）。成都高新区内高新技术企业共有822家，占成都市高新技术企业的64.8%、四川省的52.7%。1990—2005年，共有1000多项高科技成果在成都高新区内成功转化，电子信息、生物与制药、精密机械制造业快速发展，以微电子为主导的IT产业迅速聚集，“一区多园”格局形成。2000—2005年，成都高新区主要经济指标年均增幅保持在25%以上。2005年，成都高新区实现全口径财政收入27.65亿元，在全国53个国家高新区的综合考核中，由2000年的第10位上升至第5位。

截至2005年年底，成都各类科技人才增至68.66万人。其中有中国科学院院士15人、中国工程院院士20人（其中2人为双院士），国家有突出贡献的中青年专家120余人，享受国务院津贴专家2563人；四川省学术和技术带头人116人（2005年评定）；共有384个博士点，博士生导师1316人。有市属以上研发机构128个（中科院属6个、国务院部门属20个、军口12个、省属68个、市属22个）；国家重点实验室7个，国家级专业实验室7个，部级重点实验室70余个，四川省重点实验室110余个；国家级、部省级、成都市级工程技术研究中心（工程研究中心）90余个，国家、四川省企业技术中心49

个；38所普通高校有重点研发机构250余个，博士后科研流动（工作）站52个，国际国内著名公司在成都市设立（合办）研发机构30多个；拥有包括独立科技情报研究所、高校及企业科技信息站、图书馆等在内的多层次科技情报体系。1990—2005年，成都地区科技成果有8575项次以上获得成都市及其以上各级、各种科技奖，其中获国家级科学技术奖438项，国家重点攻关项目奖21项。在2005年度国家科技进步奖获奖项目中，由成都地区高校和科研机构牵头承担的科研项目有5个项目获得国家科技进步奖一等奖，有8个项目获得国家科技进步奖二等奖。科技进步对全市国民经济增长的贡献率提高到51.5%。成都地区已建立起具有自身特色、较为完整的现代科技体系。

科学技术进步

工业科技

【概况】

20世纪90年代初，成都市工业科技工作遵照市委、市政府“依靠科技进步，调整产品结构，提高经济效益”的指导思想，以加强科技攻关、推广新技术、新工艺、新成果，加速企业技术改造、引进消化先进技术、开发新产品为手段，以促进企业科技进步，提高企业经济效益为目的，实施新产品试制（鉴定）、技术改造、科技攻关、成果推广等科技计划，企业的产品结构调整初见成效，活力有所增强，工业经济开始走出低谷。1991年是“质量、品种、效益年”，组织实施火炬计划18项，其中国家级9项，实现产值6275.7万元，利税1235.4万元，节（创）汇1249万美元。1992年，按照成都市“八五”计划纲要的要求，开发十二大类重点产品与七大系列技术。1993年，围绕发展支柱产业，把发展高新技术产品作为工业科技开发的主攻方向，组织实施新产品试制（鉴定）计划161项。1995年，围绕发展高新技术及其产业，共组织实施火炬计划项目88项，其中国家级52项，年内完成15项。新认定高新技术企业25家，全市高新技术企业已达193家。

“九五”期间，全市工业科技开发以优化产业结构为重点，加快了电子信息、生物工程及新药物、新材料、先进制造技术等高新技术领域的科技攻关和产业化步伐。1998年，安排攻关项目12项，组织实施火炬计划项目70项，实现产值19.8亿元，利税4.5亿元。8月，组团参加科技部举办的“火炬计划十周年成就暨高新技术产品博览会”，成都市获得11项科技部颁发的火炬奖。1999年，“成都市信息化领导小组及领导小组办公室”成立，制定《成都市信息化建设管理办法》和《成都信息港总体规划》。重点推进44户优势企业和16户扩张型企业的信息化工作。2000年，国家信息办批复同意将成都市列为全国8个信息化试点城市之一。2月，市委、市政府召开全市技术创新大会，出台《关于加强技术创新，发展高科技，实现产业化的实施意见》，明确了成都市加强技术创新、发展高科技、实现产业化、信息化的指导思想和基本原则、总体目标、工作重点、主要措施、扶持政策以及保障条件。

2002年，成都市被科技部列为全国制造业信息化试点城市。按照“由点到面、循序渐进、分类指导、整体推进”的原则，制定《关于推进制造业（企业）信息化工作的实施意见》，组织实施制造业信息化重大专项。以东郊工业区结构调整为契机，运用高新技术改造制造、冶金、化工、仪器仪表等传统产业，累计完成技术改造投资90.6亿元。同时，成都市在集成电路设计与软件、信息安全与电子政务、电子商务、创新药物与中药现代化、功能基因组与生物芯片、新材料、绿色城市关键配套技术、现代设施农业技术、农产品深加工及安全绿色食品、奶业发展系列关键技术等优先发展的重点领域实施“重大专项”，加强技术集成，促进跨领域、跨学科的技术融合，促进科技与经济的结合。全市评出科技进步奖99项，其中一等奖7项、二等奖28项、三等奖64项。2002年度直接产生经济效益的部分成都市科技进步奖励项目，实现产值12.16亿元、利税3.97亿元。2003年，全市评选出科技进步奖100项，其中一等奖7项、二等奖33项、三等奖60项。

2004年，成都市实施科技初创企业种子资金、专利扶持、软件、新药研发、制造业信息化和农村小康科技等重大科技专项；围绕科技成果转化和新技术推广，启动了科技型初创企业培育、高新技术改造传统产业、农业新品种和新技术、农产品深加工、“失业、失地”农民科技培训、人居环境、公共安全、文化旅游等八项科技示范工程。全市全年获市级以上科技进步奖励项目312项，其中国家科技奖励14项，四川省科技进步奖198项，成都市科学技术奖励100项。2005年，成都实施新型工业化科技专项，设立新型工业化科技专项计划，制定《新型工业化科技专项计划实施意见》，以企业创新能力建设为重点，以《科技型初创企业培育示范工程》《高新技术改造传统产业示范工程》为抓手加以实施。成都2家企业获国家创新基金“创业项目服务机构”资质，取得项目立项授权，全市注册了申报项目企业132家，向科技部推荐项目88项。同时出台《成都市科技型中小企业技术创新基金管理暂行办法》，制定《成都市生物材料技术及产业发展行动计划（2005—2010）》，成立成都中医药现代化协会，启动生物医药公共技术平台建设工作，完成《生物技术和信息技术相互交融的发展趋势及对策建议》。成都市被四川省政府评为“2003—2004年度科技进步先进市”。

【新产品开发】

1990年，成都市制定《依靠科技进步、调整产品结构的实施方案》和《1991—1993年围绕依靠科技进步，调整工业产品结构开展科技工作实施要点》。开发新产品是调整产品结构的重点。成都市以经委为主实施新产品开发计划，以科委为主实施新产品试制（鉴定）计划，全年共有新产品开发试制计划580余项，投产率为67%。电子仪表行业根据市场发展需求，迅速调整结构，完成部、市级新产品项目，创产值约2亿元，占总产值的20%。机械行业在产品结构调整中以“一创（优）、三节（能、材、汇）、二保证（重点、市场需求）”为目标，开发特种量具、电潜泵接收线、自动曲线封连机等17种产品。轻工行业注意市场动向，在1990年四川省轻工行业调整产品结构成果展评中获奖牌170枚，居全省同行业首位。全市各企业依靠科技进步，研制开发高起点、高附加值和适销对路的新产品，经济效益有较大提高。四川锅炉厂承担的国家级新产品“35T／h循环床锅炉”，将燃料的化学能变为热能，为火力发电提供动力，可广泛用于城市、企业的供热、供气。成都照明器材厂承担的国家级新产品JHG3型防腐、防水、防尘灯具，适用于化工、电力、制药等行业，经省产品质量监督检验所检测，各项指标均达GB 7000-1986《灯具通用安全要求与试验》标准，被评为1990年省轻工行业产品结构调整一等奖。成都电热器厂开发以电热灭蚊器为主的彩虹牌电热器系列产品，年产值达4000万元，产品远销日本及东南亚地区，工厂跻身于市级55家大中型骨干企业行列。成都望江化工厂在引进意大利赛奇公司皮化软技术基础上，开发出27种皮革助剂产品，形成年产5000吨高、中档皮化材料的能力，成为全国皮革助剂生产的重点骨干企业。成都东方绸厂以市场需求为导向，努力开发出121311双绉出口产品，为成都市真丝产品出口增添了新品种，产品出口合格率为70%，成品绸一等品达99%，受到外贸部门和客户们欢迎。

1991年，以科委为主组织实施新产品试制（鉴定）计划项目109项，实现总产值1.93亿元，利税4759.46万元，节创汇217.73万美元。冶金工业全面提高产品质量，大力开发新产品，取得重大科技成果奖7项。市化工系统在布置全年工作时提出“强化组织措施，投入到大中型项目的开发中，走出一条企业希望之路”的口号，完成新产品开发项目25项，投产14项。1—10月，纺织行业完成市、局重点新产品103项，投产44项，通过鉴定12项，其中“单面着色涂层砂洗服装”“PBT高弹涤纶长丝”“提花高弹统袜”和“毛涤麻混纺呢绒”等新产品均具有较高水平，有5项填补省内空白、7项达到省内或国内先进水平。全市纺织行业新产品开发取得了历年最好成绩。

1992年后，成都市为增加产品技术含量，增加花色品种，优化产品结构，发展在国内外市场上有竞争力的名、优、特、新产品，发展支柱产业，每年均安排多项新产品试制计划。1992年，全市组织实施新产品试制（鉴定）计划309项，实现产值3.6亿元，利税1.06亿元。1993年，把发展高新技术产品作为工业科技开发的主攻方向，组织实施新产品试制（鉴定）计划161项。1994年，调整产品结构，组织实施新产品试制（鉴定）计划255项，开发了一批高附加值工业科技产品。1996年，光纤光缆、高分辨投影电视等一批国家级重点新产品开发取得进展，高分辨投影电视在技术上有新的突破。全市全年开发工业新产品1190项，投产928项，投产率77.98%，新产品、新花色创产值48亿元、利税6.8亿元。1998年，成都市制订《新产品试制（鉴定）计划》。康达电子有限公司开发了“新型界限电流或氧传感器及仪表”，全年实现产值3200万元。迈普公司开发了MP8000高速调制解调器，实现产值1800万元。1999年，成都市鼓励和支持科技型中小企业技术创新活动，争取科技型中小企业技术创新基金支持项目64个，国腾通讯有限公司开发的IC卡电话，全年实现销售收入4亿元。

2001年，全市完成新产品销售收入75亿元，实现利税10.5亿元。2002年，高新技术企业生产经营的880种主要产品中，电子信息、生物医药、新材料和光机电一体化领域的产品有809种，占主要生产经营产品的91.9%。2003年，实施软件新产品开发专项。全年共受理软件新产品申报项目234项，首批48个项目获得立项支持，总投入经费近1.2亿元，其中科技三项费693万元。项目涉及信息安全、电子政务、商务和行业应用软件等领域。组建“成都市数字娱乐工程技术研究中心”等三个软件公共研发平台。“基于Linux的公共信息平台关键技术与应用研究项目”获国家“缩小数字鸿沟——西部行动”支持。

【技术攻关项目实施】

1989年，科技攻关着眼于国民经济发展中全局性的重大问题，围绕传统产业技术改造中的关键技术组织技术攻关，推进传统产业的生产技术和装备现代化；在提高基础技术、基础材料、基础元器件的水平上下功夫，促进产业结构合理化。全市全年技术攻关项目共完成131项。成都化肥厂在国内首创的联尿装置攻关获得成功，为小氮肥厂的改造提供样板。成都制药二厂扑炎痛生产新工艺研究成功，效率提高11%，成本下降10%，每年新增效益400万元。成都涤纶厂差别化涤纶纤维攻关初步获得成功，增加了异型绦沦丝新品种，为非棉纤维的开发做出重大贡献。成都丝绒厂丝绒染整工艺攻关成功，结束了成都市不能染整丝绒的历史。

1991年，以非棉纤维开发及染整技术等为重点，全年共安排攻关课题30项，实现产值1532.9万元，利税179.8万元，节（创）汇294万美元。成都无线电五厂承担的“彩电回扫变压器”重点攻关项目，产值是上年的3.2倍，利税是上年的1.5倍，节（创）汇是上年的3.2倍。国营七一五厂承担的重点攻关项目“荧光灯电子镇流器开发”提前通过鉴定，性能优良，在市场竞争中站稳了脚跟。成都无缝钢管公司重视产品的更新换代，年内承担市重点科技攻关项目“油井用套铣管”“冻结井管”“抗HS石油套管”等初见成效。

1992年，围绕基础技术、基础工艺、基础原材料、元器件、关键设备的研制，以及提高产品质量、节能降耗、增加技术储备等，组织实施工业科技攻关项目28项，完成19项。特种无缝钢管、激光模压全息设备、上引法电解铜杆、高精度硬质合金螺纹刀具、S-1240系统配套电缆等一大批科研开发项目陆续进入验收阶段，经济效益良好。为引导企业依靠科技，走内涵型发展之路，参照省科委制定的标准，开展了创建科技先导型企业活动，机电部成都工具研究所、邮电部成都电缆厂、成都仪器厂达到创建标准和要求。为促进科技与经济结合，两次组织有大中型企业与大专院校科技人员参加的“难题招标、互访交流”座谈会，共对17个攻关难题进行诊断、咨询，企业与院校之间达成意向性招标、联合攻关难题协议7项。

1993年，围绕提高产品质量、工艺水平、节能降耗、关键设备研制、增加技术储备等方面的需要，组织实施工业科技攻关项目21项，完成15项。“可发性PS塑料烘干机”“116斜条绸”等一大批项目通过鉴定、验收。开发市场容量大、技术档次高、经济效益好的新产品1100个，投产780个，投产率达70%以上。其中达到国际水平、具有高附加值的产品100个，达到国内先进水平且经济效益好的产品400个。1994年，组织实施工业科技攻关计划15项。1995年，传统工业科技开发步伐加快，组织攻关计划项目17项，完成6项。1998年，安排攻关项目12项。1999年，共组织实施科技攻关、火炬、星火等科技计划项目171项。其中，新上106项，累计新增产值65.49亿元；利税18.29亿元，节创汇3185万美元。

2002年，国家大学科技园承担了成都市重大产业化项目“新型背投电视机”，牵头实施了“医学数字图像通讯标准”（简称DI-COM标准）汉化项目。2003年5月，全市紧急启动“成都市防治非典科技专项”，采取“特事特办”的原则，开通快速通道，对申报的科技项目实行随时受理、即时评审、快速立项。围绕“非典型性肺炎”预警预防系统、快速检测设备和创新药物筛选，全市共受理申报152项，经专家评审，13个项目紧急立项，安排科技三项费363万元，社会资金配套1000万元。迪康注射液、恩威乾坤宁片等项目当年进入临床试验阶段，进入了国家攻关绿色通道。川大光耀公司成功研制出“SARS病毒快速检测试纸条”，检测准确度达99%，可在30分钟内快速诊断SARS病人。四川辉阳生命工程股份有限公司研制的“重组高效复合干扰素喷雾剂”新药申请已被国家食品和药品监督管理局受理，进入新药临床审批程序。中科院成都计算机所承担的“旅客信息采集系统”完成产品样机应用试验。

【科技“救治”困难企业】

20世纪90年代初，面对部分企业陷入停产、半停产困境的情况，成都市努力做好科技“救治”工作。1990年，处于半停产状态的成都铝材厂，在市科委支持下，承担铝合金汽车门窗总成攻关获得成功，产品质量可与进口车窗媲美，装配在为亚运会生产的“华西6603中巴”上，受到省、市领导的赞扬。该厂此项新产品开发成功，千人企业转危为安，摆脱了被动局面。根据市领导在企业现场办公会上提出的“为企业寻找出路”的意见，市科委组织力量到企业了解情况，与企业商讨新产品开发问题，对成都拖拉机总厂、成都空压机厂、成化四厂、成都丝绒厂等企业实行科技倾斜，优先安排8个项目，支持经费97

万元，项目完成后产品结构得到调整，企业经济形势好转。成都科技服务中心发挥科技协作网优势，组织成都飞机工业公司、无缝钢管厂等大型企业的科技力量，对部分停产、半停产和困难企业进行“会诊”，找出“症结”，予以“救治”，使之绝处逢生。陷入“无米下锅”境地的成都铸钢厂，产品转向“进退维谷”的成都化学试剂厂、成都橡胶二厂，开发新产品中遇到关键技术难题的成都三强公司等企业，在科技扶持下摆脱窘迫局面，逐渐开始复苏。

1991年，市政府统一部署，派员到宁江机床厂、无线电七厂等企业调查，对企业依靠科技搞活经济面临的问题，在科技立项上予以倾斜，帮助解决。宁江厂产品更新换代所需的项目“磨削中心自动变换砂轮自动磨头研制”，优先列入1992年科技攻关计划，年内即安排项目启动的拨款。1998年，成都市科协开展“技术下乡千里行”活动，先后组织12批咨询机构科技人员到26个中小、乡镇企业进行调研，针对具体问题开展技术咨询服务。向濒临倒闭的温江电缆厂转让全塑电缆技术，并从生产、管理等多方面对该厂进行指导，使该厂扭亏为盈，年增产值6689万元，利税859万余元。

【技术改造与技术引进】

1989年，成都市按社会大生产、专业化、国产化原则，以产品为龙头，以工艺为基础，围绕20大类重点产品，开展重点企业的技术改造，全年共建成投产技术改造项目96项，推进成都市工业企业技术进步，提高了企业经济效益。

1990年，成都市冶金行业坚持技术改造，随着大批技改项目陆续投产，企业自我开发能力不断增强。1994年后，引进先进、成熟的科技成果和技术进入传统产业，提高成都科研开发水平和工业技术水平，成为每年的重要工作任务之一。1996年，推广工业新技术100项，综合经济效益明显。科技三项费向国光电子管总厂特种漆包线、成都无线电一厂YAG新型投影电视等重点项目倾斜，支持企业技术开发。CIMS计算机集成制造系统推广取得新进展。成都南光实业股份有限公司（成都南光机器厂）列入国家CIMS推广应用第二批重点企业。1998年，完成技术改造项目1200余项，其中包括引进国外先进技术的重大技术改造项目180余项。全市90%以上的工业企业进行了不同程度的技术改造。高新技术改造传统产业取得明显进展，电子信息产业产值达到75.65亿元，生物医药产业产值达到46亿元，先进制造技术产业产值达到97.47亿元，共占全市工业总产值的18.2%，已成为成都工业经济的重要组成部分。同时，计算机技术在工业管理与生产中广泛应用。成都已有100余条自动化或半自动化生产线。南光实业等企业开始实施CIMS（计算机集成制造系统）工程，涉及产品设计与制造、生产计划与调度、物资供应、质量控制、市场预测、产品营销等方面的计算机集成制造系统。

2001年，全市完成更新改造投资64.9亿元，一批重点技改项目建成投产。2002年，以东郊工业区结构调整为契机，全市高新技术改造传统产业进程加快，运用高新技术改造制造、冶金、化工、仪器仪表等传统产业，累计完成技术改造投资90.6亿元，增长39.6%，技改投资占全社会固定资产投资的比重达到12.9%。2003年，全市高新技术改造传统产业的投资达到130亿元，比上年增长30%。成都市围绕经济社会发展的重点领域，重点支持经济社会发展急需的关键技术、共性技术、产业发展技术瓶颈的开发研究，实施了11个重大科技专项。2005年，设立新型工业化科技专项计划，制定《新型工业化科技专项计划实施意见》，以企业创新能力建设为重点，实施《高新技术改造传统产业示范工程》。

【厂办科技开发机构】

1989年，成都市138个大型企业建立了98个技术开发机构，从事技术开发的人员达1.58万多人。1990年，为促进企业强化引进吸收消化新技术和开发新产品的意识，形成科技与经济紧密结合的机制，增强企业依靠科技进步的活力和压力，成都市科委会同市经委及市机械局、市电子仪表局、市化工局、市轻工业局共同开展厂办科技开发机构发展对策研究，对全市已有的厂办科技机构的发展历史、现状、存在的问题及应当采取的对策措施进行专题调查研究。在此基础上，将行之有效的独立科研所的所长负责制、有偿技术合同制、独立核算制等科技体制改革政策措施移入厂办科研所，形成了《成都市厂办科技开发机构管理暂行办法》，增强厂办研究所的活力，不断壮大企业科研开发的实力。1991年，完成《促进厂办科技开发机构发展对策研究》，起草《成都市关于加强国营企业技术开发机构建设的意见》。根据国家科委下达给成都市的科技开发贷款计划，在选择火炬预备项目时对大中型企业重点倾斜，在申报项目中属大中型企业的占贷款总额的60%左右。

【市级工程技术研究中心】

1999年，四川省在成都市组建了16个省级工程中心。2000年，成都市制定《工程技术研究中心暂行实施办法》，市级工程技术研究中心建设正式启动。按照先组建市级、后申报省级、最终申报国家级工程技术中心的思路，选择重点行业、优势领域，建设市级工程技术研究中心。到6月，组建了成都基因治疗肿瘤药物工程技术研究中心、成都中药新制剂工程技术研究中心、成都中药种植加工和标准化工程技术研究中心、成都涂料胶粘剂工程技术研究中心、成都网络通讯设备工程技术研究中心等7个市级工程建设研究中心，涉及现代农业、生物医药、电子信息、高分子材料4个领域。

2001年，完成8家市级技术研究中心的组建任务。2002年，完成“成都数字化电视制播设备工程技术研究中心”“成都科伦大输液工程技术研究中心”等20个工程技术研究中心的认定工作。2004年，成都市科技局与高新区及市级有关部门联动，形成5000万元政府引导资金，构建电子信息产业公共共性技术平台；市科技局、市经委等5个部门联合，支持全市重点优势企业建立5个工程技术研究中心和企业技术中心。到2005年年底，成都市市级工程技术研究中心发展到40多个，同期成都地区的国家级和省级企业技术中心有49个。成都市拥有的技术中心数量在全国副省级城市中居第二位，部、省、市三级工程技术研究中心和企业技术中心初步形成成都市公共技术研发体系，成为促进科技成果转化、产业化的重要力量。

2000—2005年新建成都工程技术研究中心名录

表5-39

序号	名称	承担单位	组建年份
1	成都中药新制剂工程技术研究中心	成都康弘药业集团	2000
2	成都涂料胶粘剂工程技术研究中心	中蓝晨光化工研究院	2000
3	成都优质蔬菜工程技术研究中心	成都市第一农业科学研究所	2000
4	成都优质油菜工程技术研究中心	成都市第二农业科学研究所	2000

续表

序号	名称	承担单位	组建年份
5	成都基因治疗肿瘤药物工程技术研究中心	成都华神集团	2000
6	成都网络通讯设备工程技术研究中心	迈普（四川）通信技术有限公司	2000
7	成都中药种植加工和标准化工程技术研究中心		2000
8	成都园艺工程技术研究中心	成都市科峰种业有限公司	2001
9	成都科伦大输液工程技术研究中心	四川科伦大药厂	2002
10	成都数字化电视制播设备工程技术研究中心	成都索贝数码科技股份有限公司	2002
11	成都山地生态工程技术研究中心	四川省励志生态技术有限公司	2002
12	成都信息安全保密工程技术研究中心	中国电子科技集团公司第30研究所、电子科技大学	2002
13	成都基于位置服务通信增值工程技术研究中心	四川力腾科技实业有限责任公司	2002
14	成都新型电子材料与元件片式化工程技术研究中心	成都宏明电子科技大学新材料有限公司	2002
15	成都天然水产药业工程技术研究中心	四川华强渔牧药业有限公司	2002
16	成都CNG站用压缩机工程技术研究中心	四川金星环保科技有限公司	2002
17	成都生物信息与药物设计工程技术研究中心	成都百奥生物信息科技有限公司	2002
18	成都传感器件工程技术研究中心	康达（成都）电子有限公司	2002
19	成都生物医药工程技术研究中心	成都世纪联合生物医药有限公司	2002
20	成都数码医院软件工程技术研究中心	成都金盘电子科技大学多媒体技术有限公司	2002
21	成都桑蚕生物工程技术研究中心	成都天友发展有限公司	2003
22	成都天然产物工程技术研究中心	成都辰龙绿色产业有限公司	2003
23	成都阀门工程技术研究中心	成都乘风阀门有限责任公司	2003
24	成都药物合成工程技术研究中心	成都川科化工有限公司、四川大学	2003
25	成都集成电路设计数字形式验证工程技术研究中心	四川省信通自动控制系统工程有限责任公司、中国科学院成都计算机应用研究所	2003
26	成都肉类食品工程技术研究中心	成都大学	2003
27	成都医药信息数据库工程技术研究中心	四川美康医药软件研究开发有限公司	2004
28	成都市农业微生物工程技术研究中心	四川省农业科学院土壤肥料研究所	2004
29	成都市肿瘤诊疗工程技术研究中心	四川新创生物科技有限公司	2004
30	成都投影显示工程技术研究中心	成都成电正元视频技术有限公司	2004
31	成都磁性材料工程技术研究中心	成都恒力磁性材料有限责任公司	2004
32	成都生物医学材料工程技术研究中心	四川迪康产业控股集团股份有限公司	2004
33	成都网络设计通信设备工程技术研究中心	迈普（四川）通信技术有限公司	2004
34	成都航空工程技术研究中心	成都飞机工业（集团）有限责任公司	2004

续表

序号	名称	承担单位	组建年份
35	成都光电信息材料工程技术研究中心	成都光明光电信息材料有限公司	2004
36	成都光通信工程技术研究中心	四川汇源科技发展股份有限公司	2004
37	成都微波通信工程技术研究中心	成都泰格微电子研究所	2005
38	成都中药现代分析工程技术研究中心	成都三明药物研究所	2005
39	成都植物提取标准化工程技术研究中心	成都华高药业有限公司	2005
40	成都出口加工型果蔬育种工程技术研究中心	四川省农科院园艺研究所	2005
41	成都光电显示工程技术研究中心	成都菲斯特科技有限公司	2005
42	成都食用菌工程技术研究中心	四川川大科技园发展有限公司、成都川大技术转移有限公司、成都市金菇菌业有限公司	2005
43	成都生命化学工程技术研究中心	四川三高生化股份有限公司	2000
44	成都数据通信工程技术中心	成都迈普产业集团公司	2000
45	成都数字娱乐工程技术研究中心	四川大学软件学院	2003

【工业信息化建设】

1999年，“成都市信息化领导小组”及领导小组办公室成立，制定《成都市信息化建设管理办法》和《成都信息港总体规划》。重点推进44户优势企业和16户扩张型企业的信息化工作。组建“成都信息港建设开发股份有限公司”，政府主导，公司化经营，企业化运作，推动信息港建设。2000年，国家信息办批复同意将成都市列为全国8个信息化试点城市之一，建成成都市政府科技网站，于1月、4月和11月，分3批在成都科技网发布可产业化科技成果信息200项，网站访问人数4046人，有近20项成功转让并开始实施。

2002年，成都市被科技部列为全国制造业信息化试点城市。按照“由点到面、循序渐进、分类指导、整体推进”的原则，制定《关于推进制造业（企业）信息化工作的实施意见》，建立市制造业（企业）信息化专家库，完成信息化重点应用项目筛选工作，组织实施信息化重大专项，为制造业信息化试点工作的顺利开展打好基础。首批确定中国电子科技集团第十研究所、成都飞机工业（集团）有限公司、天兴仪表（集团）有限公司、成都市新津事丰医疗器械有限公司、成都国腾通讯（集团）有限公司、成都宁江机床集团股份有限公司、成都哈工大科软信息有限责任公司、四川广林科技产业（集团）有限公司、四川开关厂、四川省制造业信息化生产力促进中心成都中心和成都工程机械（集团）有限公司等10余户为信息化试点单位。

2003年，全市有10个制造业信息化示范项目通过立项审批，涉及ERP（企业资源计划）、EIP（企业信息平台）、CAD／CAM（计算机辅助设计与制造）、PDM（产品数据管理）等现代企业生产与管理方式的研究与应用。项目总投入资金7882万元，其中科技三项费投入140万元。项目的实施取得初步成效。成都飞机工业（集团）有限责任公司在外贸型飞机的研制过程中，应用了CIMS（计算机集成制造系统），飞机数控结构件CAPP（计算机辅助工艺规划）应用率达到80%以上。

2004年4月8—11日，由四川省科学技术厅、重庆市科学技术委员会、贵州省科学技术厅、云南省科学技术厅、成都市人民政府、绵阳市人民政府、德阳市人民政府、中国自动化学会联合举办的“2004西南区域制造业信息化发展论坛暨自动化仪器仪表国际展览会”在成都会展中心举行。展场近1万平方米，来自中国、德国、美国、日本、法国、瑞士、韩国、芬兰、俄罗斯等国家和中国台湾、中国香港地区的300多个中外知名企业参会，有3万余名国内专业观众到会参观。

2005年，成都实施新型工业化科技专项，设立新型工业化科技专项计划，制定《新型工业化科技专项计划实施意见》，“信息化带动工业化，以工业化促进信息化，走新型工业化道路”。同年，市科技局、市信息办、省青联科教界、成都制造业信息化生产力促进中心联合举办“成都企业信息化促进交流研讨会暨百家科技型企业信息化培训会”，来自成都、绵阳、德阳等地的100多家企业的代表参加，用友软件、迪康集团、金蝶软件、神州数码等10余位企业、厂商代表和有关专家就如何推进企业信息化建设进行了交流，并在会上倡议成立了“成都企业信息化促进联盟”，来自企业界的近40名代表和近10名信息化服务厂商及中介机构代表现场签名。

【技术标准研究推广】

2002年，成都市以申报全国技术标准试点城市为契机，全面启动重要技术标准的研究与推广工作。围绕全市优势领域和特色产业，重点开展中低速磁悬浮铁路技术条件标准、大屏幕彩色显示屏技术标准、信息安全技术标准、数字电视技术标准、国际医学DICOM标准中文化应用、川产地道药材规范化种植相关技术质量标准、中药提取液分离纯化用大孔吸附树脂药用技术标准、成都地区特色农产品标准化生产示范基地等技术标准的研究及推广示范。市技术监督局以标准、计量、质量三大保障体系建设为重点，积极引导，帮助企业采用国际标准和国外先进标准，不断提高产品科技含量和市场竞争能力。全市新增“前锋”“美好”等2个中国名牌产品，28个四川名牌产品。为促进全市IT市场发展，在科技一条街设立质量监督管理办公室，并在东华、百脑汇等大型电脑产品市场设立质量技术服务站，提高全市IT市场质量管理水平。

农业科技

【概况】

1990年，成都市政府颁发《关于开展科技兴农工作的意见》。随即，成都市各区（市）县根据本地区实际提出实施意见。有15个区（市）县在项目管理上不同程度地采取倾斜方针，突出农业项目。金牛区全年组织实施科技项目24个，农业20个，占83%。至年终，全市15个区（市）县科委共承担星火项目72项，新增产值6738.09万元，利税1300.84万元，粮食3.69万吨，创社会效益7190.70万元；完成推广成果275项，新增产值1.79亿元，利税4288.30万元，粮食3.78万吨，创社会效益5603.73万元；引进项目60项，新增产值4708.21万元，利税815.25万元，粮食7303吨，创社会效益1075万元。17个区（市）、县科委完成目标任务考核，新增产值5.95亿元，利税9388.63万元，粮食10.78万吨。同年，成都市加强“农村科技工作管理体系”建设。市上选派科技副区长、副县长之后，有7个区、县委派了科技副乡（镇）长，并建立乡（镇）科委基层组织26个。龙泉驿区不仅派科技副乡（镇）长，还配备科技副村主任174名，初步形成区有科技副区长、乡（镇）有科技副乡（镇）长、村有科技副村主任的自上而下的科技管理体系。同时，健全“农村技术服务体系”，在建成农技推广服务中心13个、农村服务站380个的基础上，重点抓村一级服务机构建设，截至年底，全市4658个村有75%配备农技员。

1992年，邛崃县、龙泉驿区等先后召开科技大会，贯彻市科技会议精神，奖励科技先进工作者。青羊、龙泉驿、成华、金牛、温江、郫县、大邑等区（市）县相继做出“科技兴区”“科技兴县”的决定。青羊区开展“科技进步年”活动，把各项科技政策的落实和各种技术指标等，列为对各部门、各单位的主要考核指标实施考核。金牛、彭县、大邑等区、县开展科技工作达标活动，明确区县与乡镇两级政府的科技工作，科技工作由软任务变成了硬指标。此外，许多区（市）县、企业开展了创建科技示范村、民办科技示范所、科技示范企业等活动，重视科技的风尚正在形成。1995年，青羊、成华等12个区（市）县的党政一把手担任了科技工作领导小组组长。加强对科技资金使用的统筹协调，确保重点科技项目实施；在县、乡两级财政上确定科技三项费科目，鼓励企业自筹和向银行贷款，多渠道、多层次地增加科技投入。全市有18个区（市）县按财政预算支出的1%安排科技三项费。

1996年，出台《关于依靠科技振兴农业的意见》，建设“两高一优”农业试验示范基地，实施农业产业化工程，进行农村区域资源开发，建设农业支柱产业。1998年，先后组织200多个科技小组、2650人次科技人员深入全市185个乡镇、村，送科技成果500项，普及推广农作物栽培、农机具、畜禽、饲料、花卉等实用技术、新技术199项。3月，成都市科协农村科普咨询服务团成立，7个专业的13名科技人员受聘担任顾问，先后赴双流县公兴乡、郫县犀浦镇、武侯区金花镇等地开展技术咨询、现场指导、推广引进新品种等活动10次。

在20世纪90年代，成都市农业科技围绕粮、油生产水平的再提高，重点选育油菜、水稻、小麦三大作物丰产、优质、抗逆力强新品种、新组合，围绕菜篮子工程开展了一批优质高产高效新品种和现代集约化农业生产试验示范，通过项目、技术、资金等优势集成，三系杂交油菜品种选育、旱育秧技术、水稻二系新组合、优质水果的引选育、肉牛快速育肥、成都麻羊保种与利用、特禽与特种水产工厂化养殖配套技术等科技项目取得显著成效。截至1998年，全市良种覆盖率种植业为95%，养殖业为58.3%，农业先进适用技术覆盖率在90%以上，耕地复种指数230.39%；粮食亩产881公斤，水稻亩产542.9公斤，玉米、小麦、油菜亩产大幅度增长；生猪出栏率为133.45%，酮体重65.9公斤，蛋鸡只平年产蛋270枚；科技进步对农业经济增长的贡献率为45%。

2001年，实施重点农业高新技术成果转化项目，促进农业产业化发展。2003年，成都市委、市政府做出统筹城乡经济社会发展，推进城乡一体化的工作部署，以农村经济结构调整和增加农民收入为重点，以失业失地农民科技培训、推动农业产业发展为落脚点，启动“成都市农村小康科技专项”，共实施农村小康科技专项46个项目，总投资6894.5万元，其中政府投入科技专项经费360万元，引导、带动社会资金对农业科技投入超过1亿元。

2004年，推进农业信息化，缩小城乡数字鸿沟，开展“缩小数字鸿沟——西部行动”，联合组织攻关。都江堰市基于NC的农村小康统计数据采集终端和基于Linux的新型农村合作医疗公共信息管理平台建设，实现农民小康状况及时监控，进行了农村医疗互助共济制度试点。在中药规范种植、粮油、花卉、果蔬、畜牧、水产等农业生产领域，应用现代先进技术和成果开展大面积的试验示范，全年实施国家、省、市各级农业科技项目110余项，试验示范农业新品种29个；试验示范农业新技术30项，新增效益10亿元。

2005年，成都市设立城乡协调发展科技专项计划，制定《城乡协调发展科技专项计划实施意见》，在金堂县、彭州市、新都区、新津县、蒲江县和都江堰市开展特色产业示范，并给予600万元的资金支持；围绕特色产业、新技术新产品试验推广、星火科技培训、农村信息化、农村科技服务体系建设和农村科普等方面，开展城乡科技协调发展示范，通过示范提高科技对区（市）县经济和社会发展的支撑作用，统筹城乡经济社会发展，全年有12个项目被列为国家级星火计划项目。

【农业新技术推广】

20世纪90年代，成都市逐年安排农业科技攻关项目，现代农业新技术逐步注入，“优化配方施肥技术”“水稻旱育大苗规范化高产栽培技术及其模式”“水稻塑盘旱育抛秧技术”“无公害优质蔬菜生产配套技术”“节水农业技术”“生物工程技术”“电子技术”“遥感技术”“核技术”等相继在成都市推广应用。

1990年，“奶牛胚胎分割技术研究”切割半胚60枚，植入59头受体，妊娠率达54.2%。“成华猪新品系—I系选育研究”，已完成三个世代的选育，同体瘦肉率在原来40%的基础上增加到46.2%。“甲鱼人工快速养殖技术研究”，孵化率达到96.4%，研制出两种饲料配方，经试验成鳖日增重2克。国家级项目“现代化养鸡综合技术”建成伊莎褐祖代蛋鸡和爱维因祖代肉鸡和繁育体系，实现了生产性育雏，育成率分别达99.0%和98.5%。同年，安排农业科技攻关项目22项。推广“吨粮”“双千”模式栽培技术、稻鱼丰产田配套技术、植物生长调节剂应用技术、食用菌系列产品综合配套技术、生猪“双推五改”综合技术、集约化养鱼技术等。食用菌生产技术扩展至金堂、青白江等7个县（区），生产规模扩大，总产量12.57万吨，加工产品1.43万吨，创产值1.93亿元，利税6870万元。选育和示范推广蔬菜新品种7个，应用面积达3.6万亩，实现产值1100万元，利润110万元。白菜类、甘蓝类、茄果类等的高代次杂交后代品种选育取得了大的进展，侧耳属细胞融合工程技术应用研究达国内先进水平，茄科、葫芦科外源DNA导入技术的研究启动。此外，“芭蕉芋资源开发利用研究”，完成淀粉化学结构分析和干片提取酒精试验，开展了品比和高产栽培试验，建立生产基地6000多亩。引进葡萄栽培技术应用研究，完成15亩中心示范园搭架，进行品比试验，带动面积1100亩。

1991年，龙泉驿区围绕“菜篮子”“粮袋子”工程和蚕、桑等生产中关键技术组织攻关18项。“旱三熟综合技术开发”“葡萄优质适产栽培技术开发”等项目已见成效，新增产值912万元，利税91.2万元。全区旱三熟推广面积1.6万亩，粮食亩产750公斤，每亩比常规种植面积增产150公斤。种植葡萄面积1.5万亩，总产量达1000万公斤，成为全区优质水果基地之一。同年，“良种肉兔饲养系列技术开发”已见成效，饲养肉兔存栏32万只，出栏60万只，适宜在全区推广。

1992年，全市科技兴农工作继续围绕发展高效、优质、高产农业展开。组织实施农业科技攻关项目26项，完成6项。1993年，围绕优质、高产、高效农业发展中的关键技术，实施农业科技攻关项目20项，完成10项。其中油菜、水稻、蔬菜、水果等新品种引（选）育等一批重点项目取得了较好成绩，其研究水平大多居于国内或省内先进地位。同年，珍稀禽类、肉牛等一批重点项目取得了较好成绩。“七彩山鸡、鹧鸪珍禽养殖配套技术研究”成功进行引种、繁殖、孵化、育雏、育成、防疫、饲养管理等配套技术的研究试验，已形成7万只商禽的规模。1994年，开展农业科技攻关计划10项，完成4项。1995年，组织实施市级以上农业科技攻关项目20项，完成5项。引进了14个农作物、禽畜新品种及11套优质丰产配套技术。农作物优良品种覆盖面达96.6%，农业先进适用技术推广覆盖面达93.5%。

1996年，农业新品种选育、优质水果栽培等方面的农业科技攻关安排项目20项，完成5项。1997年，着力抓好农业新品种的引进与研究，新技术的组装配套和适用技术的大面积推广，组织实施科技攻关项目20项。选择“水稻秧盘旱育抛秧技术”“无公害优质蔬菜生产配套技术”等技术进行大面积的试验示范。1998年，组织实施农业科技攻关项目20项。累计推广实用技术284项（以县为统计单位），年产值计9.4亿元，仅稻草覆盖秋洋芋免耕栽培一项，推广面积即达8.73万亩，农民增收3492.4万元。

1999年，围绕优质品种选育、农产品深加工、农作物秸秆综合技术开发等组织实施农业科技攻关项目20项，成功引进和选育一大批名特优蔬菜品种，如樱桃番茄、四季苔韭、京水菜、紫色生菜、蓉抗1号冬瓜等，为全市蔬菜产业结构调整提供技术保障，满足市场多元化、多层次需求。

2002年，组织实施的农业科技重大项目，包括国外（境外）优质果蔬新品种的引进与试验示范、高产奶牛配套技术的应用、甘蓝型双低优质三系杂交油菜新品种的选育与应用、无公害蔬菜生产关键技术的研究与推广、双流县优质无公害枇杷系列配套技术研究与推广、川产地道药材GMP示范基地建设等项目。其中包括省级应用基础研究和攻关研究项目5项。2004年，重点在中药规范种植、粮油、花卉、果蔬等农业生产领域，应用现代先进技术和成果开展大面积的试验示范，全年实施国家、省、市各级农业科技项目110余项，试验示范农业新品种29个，推广应用3.3万亩；试验示范农业新技术30项，推广应用230万亩。2005年，实施城乡协调发展科技专项，推进城乡一体化进程。围绕特色产业、新技术新产品试验推广，开展城乡科技协调发展示范，提高科技对区（市）县经济和社会发展的支撑作用。

【科技示范工作】

1990年，新津县星火技术示范区建成脐橙园9000亩，建成标准梨园1000亩，建立稻鱼共生示范田6117亩，河滩鱼池推广3000亩，商品鱼总产144万公斤，4个项目共增经济收入1057万元。龙泉驿山区技术综合开发示范区已建桃“矮、密、早”快速丰产园20亩，推广优质良种桃1000亩；建葡萄优质适产栽培中心示范片20亩，推广栽培1000亩；早要熟示范，推广1.6万亩，单产650公斤；建立养兔中心示范户6户，平均每户养兔100—300只。以乡镇企业发展为特色的邛崃县高埂乡，既是省的技术综合开发试点乡，也是全市首批科技示范乡之一，年内狠抓技术开发和成果推广应用，并在建立科技管理服务体系、人才引进与培养等方面有长足的进步。全年全乡工农业总产值4100万元，粮食总产1579.9万公斤。以大田立体开发为主体的温江县金马乡和走改造荒坡建立经济园林路子的大邑县敦义乡，依靠科技发挥各自优势，促进农村经济发展，工农业总产值从1989年的5720万元提高到6468万元，增长13.1%，粮食产量由1989年的1687万公斤增至1893万公斤，增长12.2%，人均纯收入分别比1989年增加50.7元和48元。选择具有特色和优势的鸡、鱼、奶、猪、食用菌等10个方面建立基点，重点抓“成华良种选育地扩建”、工厂化养鸡技术培训等工作，加强技术示范和技术辐射，促进科技成果向生产领域转化。

1991年，列为国家、省、市三级示范区的新津县星火技术示范区的“三五”工程顺利完成，通过验收。以桃、葡萄、枇杷、肉兔、旱粮、建材为主体的龙泉驿山区综合技术开发示范区基本形成规模，完成启动工作任务。经过三年努力，1992年，新津县国家级星火技术密集区、龙泉驿省级丘陵技术综合示范区和邛崃高埂、温江金马、大邑敦义3个省、市级科技试点示范乡完成各项技术经济指标，并通过国家、省、市级检查验收。

1993年，新津县星火技术密集区经全面考察和专家论证，二期工程启动。并确定新都县龙斋镇、金牛区金牛乡、双流县中和镇、邛崃县高埂乡为成都市四个省级科技示范乡（镇），制定近期和远期发展规划，示范工作全面展开。1994年，新建新津县五津镇、彭州市溇阳镇两个省级科技示范镇，全市省级科技示范乡（镇）共有6个。新津星火技术密集区二期工程实施。对10个“三高”农业科技试验示范基地进行了重新认定。1995年，新津星火技术密集区扩大示范规模，农民人均纯收入净增200元。郫县被国家科委列为“两高一优”（高产、高效、优质）农业科技示范区，杂交稻制种等7项产业示范工程启动实施。金牛乡等6个省级示范乡镇、苏坡乡等7个市级示范乡镇完成了第二轮试点，13个试点乡镇共实施示范项目108个，工农业总产值达154.3亿元，财政收入1.4亿元，农村人均纯收入1869元，高于全市平均水平。

1996年，新津星火技术密集区示范规模进一步扩大。郫县“两高一优”农业示范区以“杂交稻制种”等7个农业示范项目为重点，大力推广“公司+农户”生产经营模式，初步形成产、供、销一体化的农村经济发展格局。同时新技术的试验示范和实用技术的大面积推广全面铺开，“蓉油3号”油菜品种在全国推广。1997年，新津“国家级星火技术密集区”、郫县“两高一优农业科技示范区”和科技示范乡镇、示范点，共实施国家、省、市星火计划等科技计划11项，选择“无公害优质蔬菜生产配套技术”等技术进行大面积的试验示范，大田良种覆盖率达95%，主要畜禽良种应用率达55%，农业科技成果贡献份额达45%，为农村经济快速发展做出了示范。1998年，全市科普示范基地逐步巩固和发展，有各类生产资料基地136个，产值7.9亿元。市科协重点联系指导龙泉驿枇杷、金堂三溪镇脐橙等20个科普基地。

2001年，市科协在每个区（市）县重点抓1～2个技术含量较高、辐射带动能力较强、示范效果明显的科普示范基地，开展评选市级科普示范基地活动，评选出大邑县农科基地等10个市级科普示范基地。抓住春季果树栽种季节，市科协投入20余万元，引进优质枇杷、丰水梨、水蜜桃等果苗13万株，在6个区（市）县建立了86.7公顷优质果树示范基地。2002年，继续抓好双流、新津、郫县、龙泉驿等国家级现代农业示范区的带动、示范作用，同时新增加红梅科研开发、大田蘑菇种植、无公害蔬菜（大邑）、旭平兔业、花卉生物技术产业化研究等5个农业科技示范基地，全市农业科技园区（基地）总数达到28个。同时启动了金牛区天回乡（镇）农村小城镇现代化建设示范镇项目。2003年，郫县和新津两县继续被确定为“国家级星火计划密集区”，金牛区天回镇被确定为“全国星火小城镇示范镇”。“现代农业科技综合示范”的11个重大项目公开招标，共确定18项中标项目，项目总投资6894.5万元，其中政府共投入科技专项经费360万元；通过项目评审制度共确定农村小康科技专项安排项目28项，政府投入科技经费195万元，带动社会资金投入超过1亿元。新认定成都鲜切花产业科技示范园、成都现代农业科技示范园等4个市级科技示范基地（园）。2004年，应用现代先进技术和成果开展大面积的试验示范，试验示范农业新品种29个，推广应用3.3万亩；试验示范农业新技术30项，推广应用230万亩。2005年，成都市启动了“农村星火科技培训及技术推广模式建设”“幸福梅林科技教育基地及梅花科技产业化发展”等科技示范项目，农民转移就业1.19万余人。

【粮油新品种示范与推广】

1990年，成都市粮油作物新品种（重点是杂交水稻新品种）示范面积1.6万亩，推广面积108.8万亩，增产粮油1500万公斤。“小麦80-8”示范面积5000余亩，推广90多万亩，每亩净增25公斤，共增产2250万公斤。“杂交油菜”中试示范面积达4万余亩，增产40万公斤。推广“吨粮田模式栽培”技术，全市15个区（市）县共有连片“吨粮田”丰产示范片55个，总计45.9万亩，年平均亩产达932.14公斤，比大面积平均亩产净增133.64公斤，增产幅度为16.7%，仅此一项，全市增产粮食6141万公斤，增加社会产值2845万元。“吨粮工程技术模式研究”在8个区（市）县的800亩不同生态条件下进行试验示范，带动面积超万亩，增产粮食4781.5万公斤。

1991年，成都市农业技术推广站等单位承担的“成都地区不同生态‘吨粮工程’技术模式”项目，探索不断提高粮食产量的路子，其中稻、麦两熟吨粮技术效益显著，3年累计推广面积83.86万亩，新增粮食总产量1亿多公斤，新增产值5600多万元。1993年，围绕优质、高产、高效农业发展中的关键技术，实施农业科技攻关，其中油菜、水稻等新品种引（选）育重点项目取得较好成绩，其研究水平大多居于国内或省内先进地位。1995年，郫县被列为全国“两高一优”（高产、高效、优质）农业科技示范区，杂交稻制种等7项产业示范工程启动实施。

1996年，“蓉油3号”油菜品种在全国推广350万亩，市内推广60万亩，亩产167.8公斤，每亩增产30公斤，向农业部申报成都市第二农科所为全国油菜育种分中心。1997年，“蓉油3号”在全国累计推广900万亩，亩产150公斤，比对照增产20%。同年，选择“水稻秧盘旱育抛秧技术”等进行大面积的试验示范，双流县被国家科委列为国家863计划两系法杂交水稻中试基地。1998年，“蓉油3号”“蓉油4号”在全国推广面积350万亩，在全市推广96万亩，占全市油菜面积的80%。“秧盘旱育抛秧技术”已示范推广8万亩。蓉油5号、6号及水稻冈优906、Ⅱ优902、U优9014、Ⅱ优906等一批高产新品种的选育和审定，为全市粮油生产的稳定提供了技术支撑。1999年，蓉油3、4、5号油菜在全市推广6万公顷，“水稻塑盘抛秧技术”推广面积达到2.3万公顷。2002年，组织实施了农业科技重大项目——甘蓝型双低优质三系杂交油菜新品种的选育与应用。2004年，重点在粮油、果蔬等农业生产领域，应用现代先进技术和成果开展大面积的试验示范。

【新津县星火技术密集区建设】

1989年，成都市与四川省科委确定在新津县建立“新津县星火技术密集区”。该技术密集区以科技为支柱，以促进当地支柱产业形成与发展为目的，包括以永商乡为主的万亩雪梨高产技术示范片、以邓双乡为主的万亩罗伯逊脐橙高技术示范片、以普兴乡为主的万亩稻鱼共生高产技术示范片和5000亩河滩鱼池高产技术示范片。集中种植雪梨幼苗26万株，成活率95%。新开荒地形成脐橙园2400亩，完成苗木定植1100亩，苗木成活率为95%，落实脐橙中心示范点11个，投产1.24万株；重点抓脐橙早灌春水保幼果、提前施足壮果肥、病虫防治等配套技术；经现场验收测产，平均亩产1732.15公斤。万亩稻鱼共生高产技术示范，落实示范点10个99户，面积169.5亩；通过对放养模式、放养密度、放养时间和养殖方式等四个方面多种模式的试验，初步摸索出一套适合本地自然条件的稻鱼共生饲养管理方法；抽样验收38户62.8亩，胡子鲶平均亩产102.5公斤，最高单产628公斤；常规鱼平均亩产52公斤，最高67公斤；水稻亩产512.3公斤；稻鱼合计总产值201.5万元，纯收入111万元，平均亩增200多元。5000亩河滩鱼池高产技术开发，共建成示范塘740亩，推广面积3000亩；对130.7亩鱼塘进行验收，平均亩产成鱼612.5公斤，实现产值129.8万元，纯收入89.8万元。新津县星火技术密集区形成雏形。

1990年，新津县星火技术示范区建成脐橙园9000亩，投产2600亩；种植雪梨苗30万株，成活

95%，建成标准梨园1000亩；建立稻鱼共生示范田6117亩，平均亩产水稻519.7公斤，成鱼225.9公斤；河滩鱼池推广3000亩，商品鱼总产144万公斤。4个项目共增经济收入1057万元。1991年，列为国家、省、市三级示范区的新津县星火技术示范区，科技示范工作不断深入，依靠科技深度开发农业，以“万亩脐橙高产技术开发”“万亩雪梨综合配套技术开发”“万亩稻鱼共生高产技术开发”和“5000亩河滩鱼池高产技术开发”为主要内容的“三五”工程已完成。1992年，该技术密集区完成各项技术经济指标，通过国家、省、市级检查验收。1993年，经全面考察和专家论证，新津县星火技术密集区二期工程启动。1995年，新津星火技术密集区扩大示范规模，全县高产鱼池达1.2万亩，脐橙、雪梨等名优水果、优质蔬菜分别达2万亩，食品、化工等五大支柱产业总产值达30亿元，农民人均纯收入净增200元。2003年，新津县继续被确定为“国家级星火计划密集区”。

【农民技术培训】

1990年，成都市“农村人才培训体系”以成都星火培训基地、成都农校、市乡镇企业干部学校、成都养鸡星火技术培训基地等8个基地为依托，全年举办乡镇企业经营管理、全面质量管理、科技管理、财务会计、机械、电工、建筑技术、农副产品加工、蔬菜、食用菌种植技术以及鸡、猪、鱼养殖技术等培训614期，培训4.35万人次，为年度计划的4.4倍，造就了一批能掌握1～2门实用技术的专业人才。1991年，健全农村人才培训体系，共举办各类培训575期，培训2.88万人次。星火培训列入全市一级目标管理。1992年，围绕“星火”“燎原”“丰收”计划实施，成都市科委与教委、农委共同为农村培训各类科技人员20万人次（其中星火培训2万人次）。为适应农村进一步改革发展的需要，与团市委、农委联合开展了“十万青年奔小康”活动。1994年，为农村培训实用技术人才35万人次，星火技术人才1万人次。1995年，培训星火人才1.5万人次。

1997年，举办种植、养殖、科技管理等星火人才培训班282期，受训人数达1.44万人次。1998年，围绕农村区域资源开发和支柱产业的形成，组织实施星火计划项目30项，培训星火科技人才1.68万人次。同年，成都市科协与市委组织部配合。联合下达党员、干部培训及职称评定目标任务，并纳入目标管理网络，共举办各类培训班4878期，培训99.31万人次，其中党员干部培训班1926期，培训20.25万人次，7976人次评定农村技术职称。1999年，举办花卉苗木繁育技术、蔬菜栽培技术等各种类型的培训班28期，培训星火科技人才1.56万人次。

2001年，培训星火人才1万余人次、农村实用技术35万人次，为农村培养了一大批既懂技术又懂管理的农业科技干部、青年“星火”带头人和乡镇企业家。2002年，全市通过科技下乡活动，送科技录像带1.52万盘，送科技资料830.3万份，举办科技大集633场，办科技培训班6487次，全市科技人员下乡2.67万人次，培训农民130.7万人次。2003年，成都市星火培训中心被确定为“国家级星火培训基地”。2004年，建立10个星火科技培训示范基地和一批农技网校，开展各种形式的农民实用技术培训40万人次，农民绿色证书培训2.93万人次。2005年，按照统一部署，成都市科技局拟定农民实用技术培训计划，启动实施“农民就业技能及适用技术培训”“农村星火科技培训及技术推广模式建设”等科技培训项目，以星火学校为依托，大力开展农民科技培训工作，全年共开展星火科技培训831次，培训农民13余万人；通过培训，农民转移就业1.19万余人。

【乡镇企业科技扶持发展】

1990年，成都市农业技术开发取得成果。“4LE120型稻麦联合收割机研制”，完成第三代样机设计与试制，测试指标达到计划任务要求，体积小、运转灵活、造价低，在同类型产品中处于领先地位。市级项目“油菜素甾醇内脂生产技术开发研究”获国家农用化学品销售许可证并投入批量生产。真丝针织服装开发，采用先进技术组装配套，形成年产50万件服装生产线，产品质量好，出口量达60%，“梦达牌”高级真丝针织服装远销日、美等20多个国家和地区。

1991年，新津县希望研究所承担的国家级星火计划“‘希望牌’优质畜禽饲料开发”项目，开发品种20余种，质量达到国际先进水平，形成年生产能力10万余吨，产值1亿元，利税1000万元。新津县国家级星火项目“全扬程潜水电泵”开发的产品具有平均效率高、高效区域宽、重量轻、省电、节能等优点，远销印尼、泰国、东南亚等国和全国22个省市。以乡镇企业发展为特色的邛崃县高埂乡，完善科技管理服务体系，引进人才，以技术开发和成果推广应用为工作重点，继续推进“成华良种选育基地扩建”“工厂化养鸡技术培训一体化星火示范”等工作，以点带面，促进科技成果向生产领域转化，摸索形成农村集团化产业的新路。

1992年，成都市委、市政府要求全市进一步推动乡镇企业发展，组织72个大专院校、科研院所和大中型企业，对口支援、扶持105个乡镇企业。10月，召开成都市星火科技示范企业授牌暨对口支援乡镇企业总结表彰大会，成都恩威化工公司等43家企业被授予“成都市星火科技示范企业”称号，成都科技大学等16个单位被评为对口支援乡镇企业先进单位。1993年，以农村资源开发、区域示范和支持乡镇企业发展为重点，实施星火计划38项，完成16项。对口支援130个乡镇企业，其中有18个企业的年产值超千万元。全市乡镇企业依靠科技进步及优惠政策工业化进程加快，全年总产值达525亿元，从业人员突破100万人。产值超10亿元的区（市）县17个，其中超30亿元的区（市）县4个；产值超亿元的乡镇136个、企业13个。1994年，对口支援乡镇企业60个。1995年，对口支援乡镇企业56个，受援企业累计实现产值7.27亿元、利税1.03亿元。乡镇企业新产品产值率达8.5%，实现产值1330亿元，利税57.9亿元；农业先进适用技术推广覆盖面达93.5%。

1998年，根据农业产业化的趋势，着力培育“龙头”企业，对华神农业、协力制药、三旺伍田、希望集团、迪康制药、中汇集团、赛维芦荟等已初具规模和有行业优势的企业（集团）重点服务和追踪，其中协力制药等6家列入国家星火计划。2003年，成都希望食品有限公司被确定为“‘十五’国家级科技创新型星火龙头企业”。2004年，加强农产品精加工及产业化重大、共性技术研究，培育了一批农产品加工龙头企业。成都现代农业科技示范园、四川省畜牧高科技园等24家农业科技示范园区快速发展，推进农业产业化进程，全市区域特色产业布局已现雏形。

【科技扶贫活动】

1997年，成都市先后3次组织市第一农科所等11个科研单位的100名科技人员，把7000余条科技信息、2万余份技术资料分别送到双流县中和镇、邛崃市高何镇高兴村等地，以推动经济发展缓慢村脱贫致富。蒲江县白云乡鞍山村是成都市科协帮扶的经济发展缓慢村。1998年，市科协多次组织科技人员到鞍山村举办培训班，帮助农民学习掌握麻羊养殖技术。至年底，当地饲养的麻羊数量翻了一番。为支持该村发展集体经济，实地考察后，市科协投入资金修建厂房，购置设备，兴建了年加工能力3万斤的榨油厂，可使该村年增加集体收入3万元。人平均增收80～100元。“六一”儿童节前夕，市科协组织人员专程为鞍山村送去桌椅书柜、图书资料及大批衣物，受到当地领导和村民的欢迎。

2001年，成都市依靠基层科技行政管理单位，采取政策倾斜、项目支撑、技术扶持等多种帮扶形式，开展科技扶贫活动。市科技局完成帮扶基地4个、783户帮扶任务。同年，成都市实施对革命老区邛崃市、仪陇县科技扶贫工作，支持仪陇县农业科技示范园7万元、邛崃市25万元，并在农业新品种、新技术、农业产业化项目及科技示范、推广应用项目上进行重点扶持。2002年，在革命老区邛崃市高何镇高兴村，成都市科技部门配合当地政府，实施科技扶贫，结合退耕还林，实施“千亩无公害特色蔬菜（山药）”“千亩楠竹”“千亩笋材两用竹”等三个科技项目，加快当地农业产品结构调整，组织农业科技专家为该村培训技术骨干40余人，培训群众820人。由成都市科技局对口援建的仪陇县13.3公顷“现代农业科技示范园”，集中开展名优水（干）果种植示范、优质粮经作物繁育种示范、水产养殖示范和喷、滴灌节水农业示范。由成都市农牧局对口援建的畜牧良种繁育基地，已建成10个肉牛冻精配种站，其中8个已投入使用，化马乡绿色生态畜禽良种繁育场已完成圈舍场改造，引进良种种猪和种牛60余头。同年，成都市科技局建立帮扶基地5个（新增帮扶基地1个），新增帮扶户90个。在形成规模效应的基础上，达到了帮一户、富一户、帮一片、富一方的目的。

2003年，成都市按照“简便、有序、规范、可操作”的原则，以科技项目和科技普及为帮扶手段，以优先、优惠政策为核心，全年全市共建立帮扶基地5个，新增帮扶户90户、联系户165户、帮带户495户，推动农村经济的健康快速发展。在邛崃市高何镇继续实施“千亩楠竹”“千亩笋材两用竹”“千亩无公害蔬菜”科技扶贫项目示范片。“笋材两用竹高海拔适应性及高密度丰产栽培技术”项目，扶贫金额达25万元，提高农民应用新品种新技术的水平。经过一年的扶贫，全村人均纯收入达到3094元，人均增收182元。成都市对口扶贫仪陇县的“科技信息网建设”项目，完成了网页设计和局域网的硬件配置和安装调试工作，试运行效果良好。

2004年，在邛崃市高何镇高兴村，以“发展两用竹及园林新品种种植示范”项目为帮扶主线，投入25万元开展科技示范，积极推广农业新技术、新品种，优化产业结构，建立高何镇千亩优质笋用竹基地、万亩楠竹基地、林科种植示范园，并实地开展帮扶工作。成都市对仪陇县对口扶贫工作，以实施“仪陇科技经济信息网络建设”项目为主体，投入科技经费20万元，基本建成25个乡镇科技经济信息网络平台和科技系统局域网络。2005年，针对邛崃市油榨乡石板村山高林多、冷湿寡照、人少地少的状况，市科技局对该村扶贫以科技普及为先导，大力提高农民的科技文化素质，增强科技致富意识；以农业科技项目为支撑，大力发展高寒山区特色种养业，逐步带动农民脱贫致富；以“邛崃市油榨乡石板村高寒山区种植、养殖业试验示范”项目为扶贫主线，支持经费15万元，开展技术培训和科技示范，推广农业新品种、新技术，经多方努力工作、密切配合，完成了全年的扶贫任务。邛崃市油榨乡石板村人均增收355元，人均纯收入2560元。

社会发展科技

【概况】

1983年，成都市科委设立社会发展科技处，不断围绕人口、资源、环境可持续发展战略的三大领域及城市建设、能源、交通、公安、防灾减灾等开展科技攻关与成果转化工作。1990年，成都市社会发展科技工作以“依靠科技进步，促进经济与社会的协调发展”为工作方针，组织实施了新产品试制（鉴定）、星火、重点科技攻关、软科学研究等科技计划20项。

1992年，围绕计划生育、医疗卫生和医疗器械、自然资源、生态环境、自然灾害防御等方面开展。组织实施社会发展科技攻关计划23项，完成10项。1994年，围绕城市建设、计划生育、医疗卫生、生态环境、珍稀动物保护、资源综合利用等，组织实施社会发展科技攻关计划33项。“成都市府南河综合整治工程”开工。1995年，围绕实施《中国21世纪议程》，在医疗卫生、珍稀动物保护、城市建设等方面组织实施科技攻关项目30项，完成16项。《大熊猫双胞胎育幼研究》获1993年度国家科技进步二等奖。

1996年，成都市出台《关于进一步贯彻实施〈中国21世纪议程〉的通知》，成立成都市贯彻实施《中国21世纪议程》领导小组，编制《成都“21世纪议程”白皮书》草案，“成都大熊猫迁地保护示范工程”和“新繁卫星城市建设和产业发展示范工程”2个项目列入《中国21世纪议程》优先项目计划。1997年，运用科技促进城市规划、建设和管理水平有新的进展。成都市城市总体规划修编后向全市展示，收集意见，进一步完善。府南河综合整治工程完成。

1998年，围绕人口、资源、环境保护等组织科技攻关项目20项，新药物研制、城市规划建设和管理等方面的攻关研究取得进展。成都市府南河综合整治工程获“1998年联合国人居奖”，《大熊猫迁地保护示范工程》获首届中华绿色金奖（全国十大金奖之一），《成都21世纪议程》获省科技进步二等奖。1999年，加强医药卫生、环境保护、资源综合利用、防灾减灾、小康住宅等方面的科技攻关，组织实施攻关计划10项。“大熊猫DNA指纹探针研制及DNA提取方法的建立”获1999年度国家技术发明二等奖。同年，举办成都市第四届“科技之春”科普月活动，组织全市各地各部门围绕成都经济和社会发展的热点、难点问题，开展以实用技术推广、卫生与健康、环境保护与资源综合利用以及破除封建迷信为主要内容的科普活动。

2003年，全面启动人居环境、公共安全、文化旅游、生物医药等领域的社会发展专项项目15项，投入资金近100万元。2005年，成都市实施社会事业科技专项，围绕社会发展的重点和热点，通过实施“公共安全科技示范工程”“人居环境科技示范工程”“文化旅游科技示范工程”等一系列社会事业科技发展项目，加强以信息技术为先导的综合集成技术在公共安全领域的应用，投入1000万元科技经费，推动国家科技强警示范城市建设。成都市被公安部、科技部授予科技强警示范城市称号。同时，成都市加强重大疾病防治技术和食品安全技术研发，促进医疗保健及生活安全水平提高；加强环境保护技术的研发，促进人居环境建设；加强重大历史文物保护技术的研发，促进金沙遗址、三国文化的发掘与保护。

【大熊猫繁育研究】

1987年，建成成都大熊猫繁育研究基地，占地460亩，拥有模拟野外环境大熊猫成体、亚成体与幼体及小熊猫和其他珍稀动物的仿生兽舍、科研楼与配套设施。1990年，在国内首创大熊猫冷冻精液进行人工授精获得成功之后，成都大熊猫繁育研究基地承担的国家科委下达的《大熊猫饲料、繁育及疾病防治研究》项目，在出血性肠炎防治的研究方面，基本上摸清发病规律，分离出了致病菌，突破幼兽患出血性肠炎后100%死亡的禁区。在繁育上，继续研究人工授精与本交结合技术，提高繁殖数量。在饲养上继续摸索饲料配方和管理技术，提高成活率。8月，出生的双胞胎健康成活，超过人工饲养双胞胎存活50多小时的世界纪录，在大熊猫人工繁育史上写下新的一页，标志我国拯救大熊猫技术上了新的台阶。1992年，在大熊猫的饲养与繁殖上，取得繁殖产仔5胎6只的成绩，创5胎6只成活5只，成活率83%以上的世界人工繁殖年度成活率最高纪录。人工授精产仔成功率达100%，在国际上绝无仅有，受到国内外专家学者的高度赞扬与关注。1995年，国家“八五”攻关计划项目“大熊猫饲养、繁殖及疾病防治研究”通过国家科委验收。

1996年，“成都大熊猫迁地保护示范工程”列入《中国21世纪议程》优先项目计划；1997年，成为《成都21世纪议程》首批重大优先项目计划之一。1998年，“大熊猫迁地保护示范工程”获首届中华绿色金奖（全国十大金奖之一）；成都大熊猫繁育研究基地共人工繁殖大熊猫36胎、48只，成活28只。

1999年，拥有自主知识产权的攻关项目大熊猫DNA指纹探针研制及DNA提取方法，为研究珍稀濒危动物的遗传多样性提供了重要的手段和方法，获1999年度国家技术发明二等奖。

【墙材改革】

1989年，成都市已开发6大类新型墙体材料，形成10.8亿标块（占全市墙材总量的16%）的生产规模。1990年，农业部、建设部和国土局、建材局批准成都市为南方墙材改革试点城市，成立成都市墙体材料改革领导小组办公室，墙材改革工作步伐加快。围绕粉煤灰、工业废渣综合利用，陆续开发粉煤灰烧结砖、页岩空心砖、砂岩彩色链锁式地坪块等产品。页岩烧结KP型空心砖开发，形成年产1500万～2000万块能力的生产线，市场前景可观。页岩免烧砖用于低造价建筑试验，修建120平方米农宅，验收合格。粉煤灰烧结砖推广开发研究，利用热电厂每年排放的60万～80万吨粉煤灰、渣，规划建设生产线10条，以达到变废为宝，改善环境，保留可耕地的社会、生态效益。“成都地区空心砖的开发及应用研究（推广类）”项目中，对成都地区空心砖推广应用中存在的问题进行系统、全面地研究，累计推广应用空心砖建筑220万平方米，节约工程造价2000万元，节能1.3万吨标准煤，节地600亩。成果获1998年度国家科技进步奖三等奖。

【传统食品开发】

1989年，成都酒厂依靠科技进步，研制推广应用人工快速培养老窑泥等系列综合技术，使“全兴大曲”的合格率由原来的20%左右上升到69%，在19个月内增加税利701万元。同年，国家级“食用菌系列产品综合技术开发”项目，成都市共种植各类食用菌7000余万袋，种蘑菇135亩、天麻2万亩，加工干制品、罐头、盐渍菇2700吨，总产值5000余万元，获利润400余万元，创汇20余万元，建示范乡6个、示范村8个、示范户55家。

1990年，传统食品“新繁泡菜”开发通过发酵工艺研究，缩短了生产周期，产量增加30%～50%；通过改进发酵容器，克服了泡菜受环境影响，质量不稳定的缺点，增加发酵容量50%左右；通过对保鲜及包装技术研究，食品保鲜期由3个月延长至6个月。随着开发工作不断进展，新繁泡菜产量已达每年1000吨，质量达到外贸出口标准，并在上海、杭州、海南等20个省、市建立较稳定的销售网，其产品泡鱼海椒，远销13个国家和地区。名特食品“大头菜系列产品及包装技术开发”工作，制定规范化生产工艺流程和产品定型指标，完成组合保鲜技术研究，达到国内先进水平，技术辐射到省内外厂家30余个，总产量达6475.6万吨，良种和先进适用配套技术推广使全市大头菜种植面积扩大至万亩以上，单产提高三到四成，年总产量6000万斤。

1992年，成都菊乐公司的“豆奶攻关开发”项目，创造了软包装饮料保鲜期国内最长（1个月以上）的先进纪录。

【自然环境治理】

1990年，结合烟尘控制工作，开发和推广上点火型煤及型煤炉、灶系列，生产型煤1.2万吨，推广型煤炉、灶2000口，销售收入达180万元。配套研制出上点火逆火式开水炉，热效率达70%以上，烟尘排放低于国家标准，受到市环保领导小组好评。就成都市啤酒厂废水排放问题进行调研，提出了治理建议方案。将城市陈腐生活垃圾筛分中试研究、特种垃圾焚烧研究、垃圾卫生填埋研究和垃圾堆放场渗出液处理研究等课题逐步列入计划项目，对城市垃圾进行无害化处理。1992年，成都市沼气科研设计所在满江水泥厂建成的“住宅生活区生活污水沼气净化样板”，具有投资小、运行费用低、建设周期短、能充分调动各单位积极性的优点，已为成都市抚琴小区住宅区、北京东三环路南磨房附近居民区等采用。

1994年，部署成都市21世纪经济、科技及资源与环境协调发展和可持续发展工作，筛选“成都市府南河综合整治工程”等3个重点项目上报国家21世纪议程管理中心，受到好评。成都市环保所与日本合办“成都华日环境综合技术中心”，开发环保设备，为创建卫生城市创造条件。1995年，成都市被国家列为51个环境保护重点城市之一。成都市府南河综合整治工程、成都大熊猫等珍稀濒危动物迁地保护示范工程，被中国21世纪议程管理中心列为第一批重大优先项目的初选项目。同年，岷江成都段综合整治工程列入1995年度中日技术合作开发调整项目，中日双方就合作达成初步协议。

1996年，成都市与日本政府合作的“岷江成都段综合整治工程”已完成第一阶段中间报告，3个水环境合作项目制订可行性方案，170米生物多样性护岸工程准备开工。科学建设和管理府南河工程重点项目，对建成部分组织专家鉴定验收，保证工程质量。1997年，府南河综合整治工程完成，全市防洪减灾、污水截流、城市绿化等五大功能日臻完善，为旧城改造闯出了一条新路。同年，中日技术合作项目“岷江成都段综合整治规划调查”，对岷江成都段的防洪、水利、水质控制和河流环境整治等4个方面进行系统的调查研究和规划，并已就双方提出的3个水合作项目申请国家立项。1998年，府南河综合整治工程获1998年联合国“人居奖”，在国内外引起良好反响。同时，针对成都市环保及环保产业现状，市科协组织市环保学会等有关团体的60余名专家和环保工作者，进行前瞻性分析和探讨。专家们一致认为，要把环保产业作为成都市面向21世纪的新的经济增长点，加速培育和发展。会议形成的《加速成都环保产业发展的对策建议》。同年，成都市政府与省科委共同召开“农作物秸秆综合利用技术研讨会”。12月，会同省科委承办科技部在成都召开的全国秸秆综合利用技术研讨会，科技部副部长邓楠、省委副书记杨崇汇、副省长李进等领导以及特邀专家、全国各省市科委和企业界代表共120余人出席会议。共征集到近200篇材料，秸秆肥料技术、秸秆饲料技术、秸秆燃料技术、秸秆工业原料技术和秸秆食用菌基料技术等5大类共计69项通过了专家组的初步评估，给实际工作以参考。1999年4月，“四川（成都平原）秸秆综合利用技术示范工程”在北京通过专家论证，列入国家星火计划项目。选择8项秸秆综合利用技术进行现场示范推广，加大“就地、大量”处理技术的推广力度。麦收季节，成都双流机场附近4万余公顷小麦基本实现禁烧，成都空气污染治理取得新的成绩。

2002年，成都市科技局与市环保局联动，实施“沙河上游小区域生活污水治理”“成都生态工业园试点建设研究”等社会科技项目，为沙河综合治理和高新区建设提供科技支撑。

【人居环境改善】

1993年，成都市政府下发《成都市建立社会发展综合实验区的意见》，探索建立农村科技进步机制。确定金牛区和新都县的新都镇为成都市“社会发展综合实验区”。1996年，“新繁卫星城市建设和产业发展示范工程”等列入《中国21世纪议程》优先项目计划。应用现代科学技术，提出了成都市城市整体规划综合方案，编制并实施“成都市城区一九九六年城市管理网络目标”，开展城市园林建筑等方面的科学研究和攻关工作。科教兴市标志性建筑成都科技交流交易中心封顶。成都科技教育馆建设各项筹建工作全面铺开。在住宅小区建设方面，成都市“棕北小区”获建设部金奖。国家重大科技产业工程项目“成都锦城苑2000年小康住宅小区”一期工程3万平方米住宅基本建成，成为科技部、建设部认定的全国小康示范中的示范。

1997年，金牛、新都两个社会发展实验区通过深化改革，加强科技引导，创造良好的物质文明和精神文明环境，缓解人口、资源、环境等问题对经济发展的制约，实现社会经济协调发展，为城镇的综合配套改革与发展提供了可借鉴的经验。成都锦城苑小康住宅小区甲组团5万平方米建设竣工并交付使用，丙、丁组团4万平方米住宅基本完工。1998年，锦城苑小康住宅因较好地体现了“以人为本”的设计观念，规划布局合理，科技含量高，建筑质量优，受到建设部、科技部的好评。1999年7月，金牛社会发展综合试验区通过科技部的阶段性检查验收。在强化可持续发展意识、改善人居环境、构建技术创新体系、建立社会保障体系、提高人民生活质量等方面起到了示范作用。10月，“成都锦城苑2000年小康住宅示范小区”通过科技部、建设部验收，在国内首家取得2A级小康住宅精品荣誉。

2002年，金牛区国家可持续发展实验区通过科技部验收，成为西部地区可持续发展的一面旗帜。2005年，成都市围绕社会发展的重点和热点，以继续实施“公共安全科技示范工程”“人居环境科技示范工程”“文化旅游科技示范工程”为切入点，通过实施一系列社会事业科技发展项目，加强以信息技术为先导的综合集成技术在公共安全领域的应用，投入1000万元科技经费，推动国家科技强警示范城市建设。成都市被公安部、科技部授予科技强警示范城市称号。同时，成都市加强重大疾病防治技术、食品安全技术的研发和环境保护技术的研发，促进人居环境建设。

【城市信息化建设】

1999年，“成都市信息化领导小组及领导小组办公室”成立，确定了《成都市信息化领导小组工作简章》，制定《成都市信息化建设管理办法》和《成都信息港总体规划》，组建“成都信息港建设开发股份有限公司”。重点推进优势企业和扩张型企业的信息化工作。

2000年，国家信息办批复同意将成都市列为全国8个信息化试点城市之一。完成《成都市信息港建设规划纲要（送审稿）》。4月，《成都市信息化建设管理暂行办法》进入法规报批程序。7月，“中国成都”以http://www.cd.gov.cn域名开通，上网运行。建成成都市政府科技网站，分3批在成都科技网上发布可产业化科技成果信息200项，访问人数4046人。市科委办公局域网基本建成，在做好安保的基础上，实现与市经济网、国际互联网的连接。全市初步构架起一个由多类型科技网站交互组成，集政策咨询、信息发布、成果转让、项目申报等多功能于一体的科技综合网络平台。2001年，覆盖市区的光纤骨干网络初步形成。

2002年，成都市被科技部列为全国制造业信息化试点城市。市级部门及各区（市）县政府大力推进电子政务，结合政府职能转变，实现了信息资源整合的阶段性目标。全市已有80.8%的市级部门上网；已有65%的区（市）县建立独立网站。政府办公厅公文交换系统正式开通，实现了市级各部门网上信息报送。市房管局、经委、工商局、科技局等电子政务试点单位，根据各自职能开展各具特色的电子政务试点，为全市实现网上互动办公奠定基础。

同年，成都市教育系统重点推进“校校

通”“班班通”的教育宽带网络基础建设和应用项目开发。全市新建校园网20个，多媒体网络教室100个，语音实验室20个，多媒体演播系统40个，闭路电视系统24个，完成80所中小学与市教育信息网的链接。信息技术融合到基础教育中的进程不断加快，全市远程网络教育正式启动。四川比利恩高新技术发展有限责任公司实施了“智能型远程作业与考试评价系统的开发与应用”项目，成都东方闻道科技发展有限公司实施了“多媒体同步教学系统”项目，项目建成后将形成“立足四川，面向西南，辐射西北”的远程教育支撑能力。医疗信息化试点工作正式启动，成都市第二人民医院实施数码医院项目，总投资360万元，利用现代信息技术和现代管理理念将医院临床诊断、治疗、护理和服务、质控、医院管理等业务流程整合，为医院决策、管理者和医护人员提供一个全新的管理模式和高效的业务流程。另外，市旅游局实施的导游IC卡管理、市公安局实施的“金盾工程”（公安业务综合信息系统）、市信息办等部门实施的成都通多媒体信息亭等，提高了全市社会信息化水平和市民生活质量。直接面向公众提供电子政务、电子商务、城市智能交通、公众信息查询、社区服务等信息服务的成都通多媒体信息亭（简称“成都通”），已在全市主要路段设立110座，其中60座已开始试运行。

2003年，全市有10个制造业信息化示范项目通过立项审批，项目总投入资金7882万元，其中科技三项费投入140万元。项目的实施取得初步成效。

高新技术产业发展

高新技术企业培育

【概况】

1990年，成都市确立“加快成都市高新技术产业开发步伐”的战略思想，紧密依靠大专院校、大型研究院（所）和大型企业，通过实施火炬计划，发展全市高新技术产业。成都市成立高新技术产业开发区管委会，统一规划、统一开发、统一建设高新技术开发区。拟定《成都高新技术产业开发区内企业暂行规定》等多个文件，提供多项优惠政策，吸引高新企业和项目进区开发。对开发区内企业实行“自筹资金、自愿组合、自主经营、自负盈亏、自我发展、自我约束”的管理机制。同时，精心选择具有高技术水平、较强竞争能力和外向型特征的高新技术项目进区。1990年，共选择25个项目进区。1992年，开展高新技术企业认定工作，认定高新技术企业64家，并制定《关于对外来投资者和开发区内高新技术企业实行优惠待遇的补充暂行规定》和《鼓励高等院校在区内兴办科技企业的有关规定》，完善高新技术企业发展的“软环境”。

1993年，成都推进股份制试点工作，组建皮克股份公司、东方股份有限公司、企联工贸股份有限公司和倍特发展股份有限（集团）公司，其中倍特公司被批准为国家级高新技术产业开发区进行科技与经济结合的股份制试点企业。同年，成都市高新技术企业工作总结会，评选出邮电部成都电缆厂、成都皮克电力电子技术研究所、成都火炬实业总公司等8个先进企业。在国家科委“火炬计划”实施五周年总结表彰会上，成都地区四川诺尔光电高技术研究所等3个单位被评为先进高新技术企业。

1995年，成都高新区有高新技术企业27家；成都高新技术创业服务中心“孵化器”新进孵化企业30家，毕业8家。1997年，成都高校科技工业园区园内企业发展到54家。各高新技术企业优化产业结构，集中力量抓电子信息、生物工程及新药物等高新技术的科技攻关，取得大批科技成果。1998年，在资金、基建、税收、进出口关税等方面相继出台优惠政策，为加快成都高新技术产业化、国际化创造良好的环境。1999年，成都鼓励和支持科技型中小企业进行技术创新活动，在信息、电子、生物医药、新材料、机电一体化、新能源和环保等高新技术领域开发新产品，一批科技含量高、有自主知识产权、有市场前景的中小企业得到快速发展。

进入21世纪后，成都市抓住西部大开发的历史机遇，以“发展高科技、实现产业化”为指导方针，全面推进成都科技工作，形成了电子信息、生物医学、新材料、光机电一体化等高新技术优势领域。2001年，全市高新技术企业有643家，其中年产值过亿元的84家，5000万元至1亿元的69家；实施100项高新技术成果转化及产业化项目和10个高新技术成果产业化示范工程；高新技术产业产值共310亿元，占全市GDP比重20.9%，高技术产品出口占全市出口总额的比例为17.9%。

2004年，成都市参加年报统计的高新技术企业有851家，有科技项目1623项，1.59万人参与开发，本年度项目经费支出共计13.86亿元。成都经济技术开发区加大产业结构调整，加快了机械、建材等产业聚集。海峡两岸科技产业园不断壮大医药、食品和印务包装产业。国家中药现代化科技产业园区基本形成中医药产业规模化生产格局，现已聚集13家国家、省、市高新技术企业；研发国家级新药50个，国家中药保护品种25个。成都电子信息产业基地以电子信息、通信、生物工程和新材料等为主导的产业格局形成，全年实现销售总收入45.1亿元，同比增长21%。国家信息安全产业化（四川）基地聚集高新技术企业50家，全年实现收入12亿元。国家集成电路产业化成都基地吸引了一批跨国公司知名企业来蓉投资，如INTEL、PSI公司、中芯国际、友尼森公司、芯源公司等纷纷在成都市建立封装测试厂。国家软件产业化基地有金证股份、创智科技等50余家知名企业入驻，全年实现产值3亿元。同年，成都市实施“百家科技型初创企业培训计划”，开展培训活动，在科技资源上对科技型初创企业进行重点扶持。

2005年，为推动企业自主创新，在大中型企业建立5个工程技术中心，面向产业发展组建数字媒体产业建设联盟和信息安全产业联盟。开展了10期高新技术企业家培训，1000余人次参培。实施《科技型初创企业培育示范工程》，为市内2家企业争取到“创新项目服务机构”资质，注册申报项目企业132家，出台《成都市科技型中小企业技术创新基金管理暂行办法》和《成都市生物材料技术及产业发展行动计划（2005—2010）》。成都市高新技术企业总共有1020家，产值900亿元，同比增长25%。其中，参加年报统计的高新技术企业有982家，科技项目2030项，2.06万人参与开发，项目经费本年度支出共计24.89亿元。成都市高新区内的高新技术企业共有822家，其中，参加年报统计的610家创工业总产值407.6亿元。成都市高新技术企业已涉足电子信息、生物医药、新材料、光机电一体化、新能源、农业、现代交通运输、软件、航天航空、核应用技术等行业，成都地奥、成都希望、四川托普、四川鼎天、成都国腾、西南化工设计院、成都华神、成都迈普等一批高新技术企业（集团）迅速成长。2000—2005年，成都市高新技术企业参加年报统计的企业数由385个增加到982个，产业规模扩大，工业总产值平均每年增长19.92%，技工贸收入平均每年增长22.14%，增加值平均每年增长10.59%，工业增加值平均每年增长10.94%，利润平均每年增长15.56%，实际上缴税金平均每年增长13.73%，出口创汇平均每年增长37.89%。

1997—2005年成都地区国家级高新技术产业企业主要经济指标统计表

表5-40

年份	1997年	1998年	1999年	2000年	2001年	2002年	2003年	2004年	2005年
企业数（个）	181	220	300	385	582	696	776	851	982
区内	121	142	195	246	402	476	470	546	610
区外	60	78	105	139	180	220	306	305	372
职工数（人）	52232	73899	94492	99818	131025	138210	141487	161198	223790
区内	19706	25062	41335	43199	75218	76423	77394	85266	123555

续表

年份	1997年	1998年	1999年	2000年	2001年	2002年	2003年	2004年	2005年
区外	32526	48837	53157	56619	55807	61787	64093	75932	100235
总产值（万元）	825572	1319276	1687971	2465488	3408781	3995645	4368526	5042087	6564242
区内	384563	553121	989442	1502953	2158771	2610592	3079149	3074528	4076365
区外	441009	766155	698529	962535	1250010	1385053	1289377	1967559	2487877
总收入（万元）	773850	1156975	1663013	2600667	3561922	4139741	4897864	5762136	7110723
区内	331918	566278	985389	1600281	2406569	2661284	3507211	3585072	4375697
区外	441932	590697	677624	1000386	1155353	1478457	1390653	2177064	2735026
出口创汇总额（万美元）	6050	4414	23722	9180	10291.2	16135	20411	29209	58262
区内	1500	442	18923	3494	5249.9	10072	11443	8833	20358
区外	4550	3972	4799	5686	5041.3	6063	8968	20376	37904
净利润（万元）	58173	108193	141396	218274	375298.8	447006	320340	322482	419917
区内	46886	75541	105731	142339	269765.4	349267	198513	143487	264808
区外	11287	32652	35665	75935	105533.4	97739	121827	178995	155109
年末资产总计(万元)	1716634	2583112	3342975	4961114	6746371	7239961	9779390	8801965	10692468
区内	796941	1216845	1980815	2657513	4818535	5204910	7463338	5326923	6835691
区外	919693	1366267	1362160	2303601	1927836	2035051	2316052	3475042	3856777
年末负债合计(万元)	778722	1268898	1753120	2490676	3201683	3286595	4128969	4503476	5871049
区内	303253	475711	924782	1229568	2327454	2282551	2991735	2706526	3789428
区外	475469	793187	828338	1261108	874229	1004044	1137234	1796950	2081621

说明：1. 本表数据仅为参加年报统计的高新技术企业的统计数据

2. “区内”“区外”指高新技术产业开发区范围内外企业

【企业发展软环境建设】

1990年，为创造适宜企业发展的软环境，成都市成立高新技术产业开发区管委会，相继建立高新技术产业开发区建设发展总公司、高新技术产业开发基金委员会，从组织上保证高新技术开发区的统一规划、统一开发、统一建设。参照全国各开发区以及中央、地方鼓励外商投资的优策，拟定《成都高新技术产业开发区管理条例》《成都高新技术产业开发区房地产规划开发方案》《成都高新技术开发基金管理办法》和《成都高新技术产业开发区“八五”发展规划》，从政策上为高新技术开发提供“软环境”，吸引企业和项目进区开发。开发区的生活小区、商业网点及公共设施，正在规划和建设，高新中学于1991年开工兴建，为开发区建设者提供必要的物质生活条件。同时利用各种形式和机会，做好宣传工作，编印资料简介，摄制专题录像片，组织《科技日报》专版，筹组成都展团参加“全国高新技术产业开发区展览会”，提高知名度。

1991年，从组织管理上，由市委财经领导小组副组长、市政协副主席方家祥出任开发区第一主任，确定了省市共管、以市为主的领导体制，初步理顺区内外关系。从政策上，成都市人民政府发布了《高新技术产业开发区若干政策的暂行规定》《关于建立成都高新技术产业开发区开发基金的决定》等六个优惠政策文件。市科委制定了关于贯彻国家高新技术产业开发区高新技术企业认定条件和办法的实施细则。其中《成都高新技术产业开发区内企业暂行规定》经省政府批转全省执行，为开发区吸引投资和项目进区提供了更好的软环境。在运行机制和管理体制上，对区内企业实行“自筹资金、自愿组合、自主经营、自负盈亏、自我发展、自我约束”的灵活机制，变直接管理为间接管理；抓好区内创业服务中心为主的金融、信息、保险、保税、工商等支撑服务体系建设；进行了全员劳动合同制、人才合理流动制、干部聘用制等的社会保障体系（待业统筹、退休保险、工伤保险）试点，以调动单位和个人的积极性，增加“开发区”的吸引力。同年，成立“科力发展总公司”，着手组建“成都火炬总公司”，一个以集团优势组织多学科进行综合性高科技开发的局面正在形成。

1992年，制定《高新技术税收专用证实施细则》，推动全市高新技术产业化进程。在高新区建设中，相继制定《关于对外来投资者和开发区内高新技术企业实行优惠待遇的补充暂行规定》和《鼓励高等院校在区内兴办科技企业的有关规定》，“软环境”日渐完善。

【进区项目筛选】

成都高新技术产业开发区建立以后，选择进区项目是其重要工作之一。1989年进区的光纤光缆、分米波电视差转机、保密通信机、含油轴承4个项目，在经济不景气的情况下立住了脚跟，共创产值5500万元，利税850万元，创汇10万美元，其中成都电视设备厂和西南通信研究所所创产值超原计划500万元。1990年，精心选择25个项目进区，这批项目具有高技术水平、较强竞争能力和外向型特征，投产后创产值7238.5万元，增加利税1977.5万元，创汇额占新增产值的30%。选定进入孵化楼开发的成都三联光纤研究所的光纤测温仪系列产品、四川诺尔（ROR）光电技术所微机有线播控台、医疗电子厂FC-3（DFM-86）型肺功能仪、中药离子导入仪、乙肝检测仪等14个项目，具有高附加值和产业化特征。

1991年，采取进区项目与实施头炬计划相结合的方针。年内，实施的18个火炬项目已经进区的有微机有线电视播控台、光纤测温仪系列产品等，占30%；选择和培养区内重点项目轻型光缆、人工种植牙等申报1992年国家级火炬计划，占申报数48%。成都开发区内高新技术项目，体现了高质、高速、高效的特征，全年实现产值上亿元，新增利税上千万元，创汇上百万美元。1992年，共批准进区项目137项（其中进入高新技术创业中心进行“孵化”的有56项），总投资达8.7亿多元，全年实现产值3.5亿元，利税5000万元，创（节）汇200万美元。1993年，审批进区项目130项，其中外资41项。开发区内资项目投资额在500万元以上的有11项，占内资项目的15%；外资项目投资额在500万美元以上的有6项，占外资项目的15%。开发区企业达到315家，全年实现产值6.8亿元、利税1.4亿元。1994年，审批进区项目84项，其中外资32项；共实现产值11亿元、利税2.3亿元。1995年，审批进区项目60项。以生产光缆、生物医药制品的高新技术企业为龙头的企业群快速发展，实现工业产值24亿元，利税6亿元，创节汇约1200万美元。

2004年，全市高新技术企业达到910家，实现高新技术产业产值600亿元，同比增长25%；全市规模以上工业企业新产品产值率达到16.4%，超过预期目标2.4个百分点。成都国家大学科技园依托国家重点学科优势，加快科技成果转化，已入驻企业144家，全年实现收入13.2亿元。数字娱乐产业基地筹建国内首个专业孵化器，获科技部批准建设全国第一家数字娱乐（成都）产业基地，时有23家国内知名企业入驻。

【高新技术企业认定】

高新技术企业是应用高新技术研究开发和生产经营高技术及其产品的企业，是知识密集、技术密集的经济实体，是推动成都市技术创新和科技成果转化的重要力量。1991年，国务院颁布高新技术企业的认定标准后，成都市开始高新技术企业的认定工作。成都市科委和成都高新区负责成都市高新技术企业认定工作。1992年，市科委制定《关于贯彻国家高新技术产业开发区高新技术企业认定条件和办法的实施细则》，认定高新技术企业64家。1993年，出台《高新区高新技术企业的审批认定办法》，认定高新技术企业55家，全市高新技术企业共有108家。1994年，新认定四川高新技术电子研究所等47家高新技术企业，累计全市高新技术企业达168家。根据国务院有关文件规定，对121家高新技术企业进行年审，打破高新技术企业终身制。1995年，新认定高新技术企业25家，全市高新技术企业已达193家，高新技术企业实现技工贸总收入76.8亿元，上缴税金5.9亿元。

1996年，认定高新技术企业23家，全市达到216家，地奥集团、华西医大制药厂进入国家科委认定的全国76个重点高新技术企业行列。1997年成都高科、华神高科被国家科委认定为全国重点高新技术企业。1998年，新认定高新技术企业50家，成都市高新技术企业发展到317家。1999年，认定高新技术企业66家，全市高新技术企业总数达384家。其中高新技术工业园区内278家，区外106家。

2000年，成都市一大批拥有自主知识产权的中小型高科技企业日益壮大。截至年底，全市已认定高新技术企业497家。地奥、成都高科、国腾等9家企业进入国家重点高新技术企业行列，在全市经济发展中发挥了支柱作用。高新技术产品产值达250亿元，占全市工业总产值比重达16%，高新技术产品出口额占全市出口总额的25.3%，科技进步对全市经济增长的贡献率达到44.3%。2002年，全市高新技术企业总数达到763家，电子信息、生物医药、新材料和光机电一体化成为新的经济增长点。高新技术企业生产经营的880种主要产品中，上述产业领域的产品有809种，占主要生产经营产品的91.9%；高新技术产品中电子信息类占40%，生物医药类占17%，新材料类占10%，光机电一体化占17%，其他高技术类占16%。全市高新技术企业实现产值356亿元。

2003年是全国火炬计划实施15周年，成都市有4家企业被科技部评为优秀高新技术企业。全年，全市新增高新技术企业165家，全市高新企业产值过20亿元的3家，过10亿元的1家，过5亿元的13家，过亿元的76家。高新技术产品出口额达到1.367亿美元，占全市出口总额的14.05%。全市实现高新技术产值480亿元，占全市工业总产值的25%。2004年，成都市认定高新技术企业144家。2005年，成都市以电子信息、生物医药为主导的高新技术产业不断做强做大，航空航天、新材料、核技术等领域的科技优势正逐步转化为产业发展优势，全年认定市级高新技术企业和民营科技企业135家，全市高新技术企业达到1020家，产值900亿元；高新区内的高新技术企业有822家；参加年报统计的高新技术企业982家。

【高新技术项目研究与开发】

1991年，机电部成都工具研究所于1990年承担的国家级火炬项目“高效精密硬质合金螺纹刀具”，为替代进口的高新技术项目，高附加值特征明显。中科院成都生物研究所制药厂于1989年承担的地方级火炬项目“地奥心血康胶囊”，11月，经市科委验收合格，被正式批准进入高新技术产业开发区，并被推荐为1992年国家级火炬项目。6月，在国家科委举办的全国火炬高新技术产品展交会上，成都团共成交31笔，成交额人民币1286.64万元，美元2249.1万元，获大会最高成交额奖。

1997年，成都高新技术研究以优化全市产业结构、培育新的经济增长点为重点，集中力量抓电子信息、生物工程及新药物等高新技术的科技攻关，组织实施火炬计划项目65项，实现产值20.5亿元、利税4.9亿元，节创汇1800万美元，推动高新技术向传统产业渗透和转移。电子科大的“高亮度、高分辨率、大屏幕投影电视”，由陶瓷管改用玻璃管合成的背投式整机样机开发获得成功，演示效果上了一个新台阶，成本降低约30%。鼎天公司开发出拥有自主知识产权的家用多媒体系统，以1000万元人民币的投入，取得1000万美元的回报。“青城山磁悬浮列车工程”项目由国家科委正式批准立项。1998年，“磁浮列车试验示范线工程技术研究”完成线路规划设计、地质勘探，开始机车制造和工程设计；新型投影电视完成样机鉴定，已在西安彩虹集团建年产1.5万台的中试线。同年，在全市开展企业技术创新试点、示范工作，重点抓托普、地奥、彩虹电器、工程机械、烟厂等技术创新示范企业。在科技部在全国启动的科技型中小企业创新基金试点项目中，托普集团的工商管理信息系统软件开发及应用，成为全国首批启动的80余个项目中四川省获得的1个试点项目。

1999年，鼓励和支持科技型中小企业进行技术创新活动，成都市获创新基金扶持的项目共有64个，涉及信息、电子、生物医药、新材料、机电一体化、新能源和环保等高新技术领域，共争取资金4698万元，占全国扶持基金总金额的5.7%，在全国15个副省级城市中排名第一。一批科技含量高、有自主知识产权、有市场前景的中小企业得到快速发展，如国腾通讯有限公司的IC卡电话全年实现销售收入4亿元、利税6000万元，产品已进入北京等全国10多个省（市）市场。

2002年，国家大学科技园承担了成都市重大产业化项目“新型背投电视机”，牵头实施了“医学数字图像通讯标准”（简称DI-COM标准）汉化项目，成功转化国家“863”计划项目“半导体陶瓷电容器生产技术”，开发出“用普通MOS制造工艺及设备，实现高耐压、大电流的功率集成电路”等世界级先进成果，孵化出成电先锋公司等国家无线接入网重点生产企业。

2003年，全市共受理申报软件新产品开发专项项目234个，首批48个软件项目获立项支持，总投入经费近1.2亿元，其中科技三项费投入693万元。项目涉及信息安全、电子政务、商务和行业应用软件等领域。组建了“成都市数字娱乐工程技术研究中心”等3个软件公共研发平台。“基于国产Linux的公共信息平台关键技术与应用研究项目”获国家“缩小数字鸿沟——西部行动”支持。

2005年，西南交通大学牵头承担的“铁道机车车辆——轨道耦合动力学理论体系、关键技术及工程应用”，四川大学牵头承担、川大智胜软件股份有限公司参与承担的“CDZS系列空中交通管制中心系统”，成都理工大学牵头承担的“中国西南高边坡稳定性评价及灾害防治”，四川省种子站参与承担的“印水型水稻不育胞质的发掘及应用”和成都地质矿产研究所参与承担的“西南‘三江’铜、金、多金属成矿系统与勘查评价”等5个项目，获得2005年度国家科技进步奖一等奖。电子科技大学、四川省农业科学院水稻高粱研究所、四川省农业科学院、西南交通大学、四川省林业科学研究院、四川华神农大动物保健有限公司、四川动物防疫监督总站等牵头承担或参与承担的“纳米磁电子信息功能材料”等14个项目获得国家科技进步奖二等奖。科技部公布的2005年科技型中小企业技术创新基金首批立项名单中，成都市共有51个项目立项，获得支持资金3165万元，立项数占四川省64.8%。科技部科技型中小企业技术创新基金始设于1999年，截至2005年年底，成都市共立项225项，获得经费1.49亿元。

【企业产业化发展引导】

1990年，成都市注重引导企业向产业化、集团化方向发展。成都传感换能研究所承担研制的超声波地层处理系统声波采油车获得成功，打破美苏的技术垄断，使我国成为第三个拥有声波、超声波采油技术的国家，在大庆进行油田诱发自喷试验获成功后，在玉门对8口中晚期油井进行试验，获平均增产33%、最高增产51%的效果，被胜利油田列为重点推广项目；该项目已形成“成都传感换能产业集团”，申请进入高新技术开发区建厂。国营970厂吸收日本协同通讯机株式会社和香港泰和通讯有限公司投资，组建“西南移动通信设备有限公司”，成为成都市“八五”期间重点发展高新技术产业之一。成都市科委与海南省科技厅签订了发展高新技术产业协议，双方商定申报的7个项目已获国家科委批准。

1993年，中科院成都生物所制药厂在高新区建成符合国际标准的标准厂房，年产值突破2亿元。1995年，电子科大研制开发的可抹写磁光盘已正式投产，实现产值2.8亿元。

1996年，实施高新技术研究及产业化工程，建设高新技术产业化基地，出台《关于加速发展成都高新技术及其产业的意见》，确定了高新技术及其产业的发展方向。成都筛选安排20个重点高新技术项目产业化，实现产值12亿元、利税3亿元，有7个项目年产值超1亿元。安排电子信息、生物工程等高新技术领域的攻关项目23项，完成6项，“可抹可录磁光盘”正式列入国家“九五”重点攻关计划。1997年，20个重点高新技术项目的产业化取得实效，有14项列入国家级火炬计划，1项列入国家科委“九五”重点项目，2项列入省上“双加”工程，2项列入省上“小巨人”计划和技术创新工程示范项目。

1998年，20个重点高新技术项目逐步形成竞争力，有望成为新的经济增长点。康达电子有限公司开发的“新型界限电流或氧传感器及仪表”属国内首创，它的推广应用受到国家有关部门的高度重视。1998年，实现产值3200万元，利税680万元。迈普公司开发的MP8000高速调制解调器，1998年开发成功并实现产值1800万元，利税400万元。同年，成都8个高校科技工业园区区内企业发展到54家，其中高新技术企业28家。园区内的华神集团股份有限公司，已发展成为集基因工程技术、种养业相关农业生物制品的研究、应用开发、生产、经营一体化的技术密集、资金密集型高科技产业集团，并于3月在深交所上市。

2002年，迪康集团、托普集团、地奥制药集团、国腾通讯集团等一批技术创新力强、成长性好的高新技术企业继续保持高速发展，其中迪康集团总资产规模达到60亿元，名列四川省工业企业第4位。

【科技型初创企业扶持】

2004年，成都市认真抓好科技型初创企业培育工作，实施了“百家科技型初创企业培训计划”，开展了5期形式多样的培训活动，并在科技资源上对科技型初创企业进行重点扶持，全年实施26项国家高技术产业发展项目，培育成功一批科技含量高、有市场前景的科技企业和产品，转化了一批科技成果，聚集人才，加快高新技术产业发展。10月29日，成都市科技局引导成都天河科技保育有限公司和成都新科孵化投资有限公司组建生物与医药专业孵化器，建筑面积5万平方米，是全国最大的专业孵化器，为加快培育生物与医药初创企业奠定了基础。

2005年，成都市实施新型工业化科技专项，设立新型工业化科技专项计划，制定《新型工业化科技专项计划实施意见》，以企业创新能力建设为重点，实施《科技型初创企业培育示范工程》。开展了10期形式多样的培训活动，参加培训人数超过1000人次，并在科技资源上对科技型初创企业进行重点扶持，全年100余家科技企业从孵化器中毕业。在科技部公布的2005年科技型中小企业技术创新基金首批立项名单中，成都市共有51个项目立项，获得支持资金3165万元，立项数占四川省的64.8%。成都市建立首批国家数字媒体技术产业化基地和首个国家火炬计划数字娱乐产业（人才培训）基地，并以基地公司为载体，搭建成都数字娱乐产业公共技术平台，并为市内2家企业争取到“创新项目服务机构”资质，取得项目立项授权，注册申报项目企业132家，向科技部推荐项目88项，同时出台《成都市科技型中小企业技术创新基金管理暂行办法》。在生物与医药科技领域，制定《成都市生物材料技术及产业发展行动计划（2005—2010）》，成立成都中医药现代化协会，启动全市生物医药公共技术平台建设工作，完成了《生物技术和信息技术相互交融的发展趋势及对策建议》。

【成都地奥集团】

1988年8月18日，建立中国科学院成都生物研究所制药厂。同年，借款50万元作为防治心血管疾病的植物药“地奥心血康”的研发经费，进行成果转化，解决了该植物药中主要成分甾体皂苷提取、分离、纯化、工业化生产的世界难题，并通过了中科院鉴定。该成果先后获得中国科学院科技进步一等奖和国家科技进步三等奖。1989年，“地奥心血康”新药被列入地方火炬计划，享受成都高新区的优惠政策，年末实现产值244万元、利税62万元。1992年，该成果进入国家级火炬计划，资产净值8000万元。1993年，实现产值2.14亿元，建筑面积近万平方米的地奥心血康生产大楼启动建设。1994年、1999年两次更名后，该制药厂注册命名为成都地奥集团。

2004年4月24日，地奥集团同中国科学院、四川省人民政府、成都市人民政府在成都签署中药现代化研究合作协议，共同开展基于现代理论和技术的复方中药系统研究。地奥集团从建立到2005年，通过自主创新实现科技成果产业化，共申请创新专利63项、国际专利4项，拥有10项自主创新新药；有3项成果分获中国科学院、四川省科技进步一等奖，其中1项获国家科技进步三等奖。2005年，地奥集团净资产超过26亿元（原始投资增值5200倍），年工业产值达16亿元，实现利税3.87亿元。连续9年利税总额居全国同行业前列，连续10年综合效益居四川同行业第一位，成为国内实力最强的药物研制、中试、生产基地之一和世界上最大的高纯度甾体皂苷与高纯度胸腺素生产企业。获得实施国家火炬计划先进高新技术企业、全国中药行业优秀企业、全国百强高新技术企业、国家中成药重点企业等称号。

高新技术产业园区建设

【概况】

1985年6月，成都市政府提出建设成都科技密集开发区的任务。1988年，出台多项科技密集开发区的相关政策。1989年，根据国家科委指示，成都市科技密集开发区建设改为高新技术产业开发区建设，并正式成立高新技术产业开发区。1990年，拟定《成都高新技术产业开发区管理条例》，建立成都高新技术产业开发区管委会，进行大规模的基本建设，孵化大楼竣工，选择具有高附加值和产业化特征的14个项目和25个企业进入孵化楼或进入开发区创业，当年取得较好经济和社会效益。同年7月，成都经济技术开发区创立。

1991年3月，国务院批准成都高新技术产业开发区列为国家级开发区。4月，中共中央总书记江泽民到成都视察成都高新技术产业开发区。此后，各种类型的高新技术开发区和工业园相继在成都建立，成都市各区（市）县根据自身的条件，纷纷设立工业园区。1992年，成都海峡两岸科技产业开发园创立；电子科技大学、成都科技大学、四川大学、华西医科大学、西南民族学院等五所高校筹建科技工业园区，建立科技开发总公司，组建各种科技型企业共计37家，开发和转化成果近300项，承担各种科研经费上亿元，全年技术性收入达2000万元。1993年，成都高新技术产业开发区获国家科委授予“全国先进高新技术产业开发区”称号，电子科技大学科技园建设孵化场地2万平方米。1994年，成都高新区获“四川省先进高新区”称号；西南交通大学、四川工业学院等2个高校科技工业园区建立。

1997年，国家软件产业（成都）基地创立。同年5月23日，国家软件产业（成都）基地被科技部确定为中国首批国家火炬计划软件产业基地之一。从此，成都市科技园区（基地）建设由综合型向专业型转变。1998年，成都高新区获“全国火炬计划管理先进单位”称号；成都海峡两岸科技产业开发园被国台办、科技部批准成为国家级海峡两岸科技产业开发园。8月，成都留学人员创业园在高新区正式挂牌；“国家中药现代化科技产业园”经科技部批准成立。同年，成都8个高校科技工业园区内的企业发展到54家，其中高新技术企业28家。华西医大和成都中医药大学两个园区实现产值3.2亿元，利税1亿元。1999年，四川大学科技园创建，园区总面积2000亩；科技部、卫生部、国家药品监督管理局、国家中医药管理局、中国科学院等五部（局、院）与四川省政府在成都高新区共建“国家中药现代化科技产业园”，一期工程占地2000亩，引进项目36个。2000年，成都高新区获准成为“中国亚太经济合作组织（APEC）科技工业园区”。1月，成都博士创业园启动。2月，成都经济技术开发区被国务院批准为四川省唯一的国家级经济技术开发区，总体规划面积26平方千米。7月，科技部批准建立“国家信息安全成果产业化（四川）基地”。

2001年，成都高新区成为中国西部第一个通过ISO 14001中国认证和英国皇家UKAS国际认证的区域；成都高新区西区开始建设。5月，四川大学、电子科技大学科技园被科技部、教育部认定为国家大学科技园。7月，科技部批准建立国家集成电路设计产业化成都基地。全年，成都高新区实现GDP 64亿元（人均GDP4.9万元）、工业总产值315亿元、技工贸总收入380亿元；有高新技术企业485家，其中年产值超亿元的有45家，世界500强企业投资兴办企业的有11家。2002年4月，经科技部批准挂牌的“国家火炬计划成都电子信息产业基地”，由青羊区双新科技创业园和金牛高科技产业园组成；10月，组建信息安全基地公司（孵化器），聚集高新技术企业50家。全市共有市级以上各类开发区13个。其中，成都高新技术产业开发区

（含西区、四川成都出口加工区等政策区）、成都经济技术开发区、成都海峡两岸科技产业开发园等3个国家级开发区。2003年，成都市有各类科技园区（基地）101个，其中工业类70个，农业及综合类31个。INTEL公司芯片封装厂落。2004年，成都数字娱乐软件园建立。

2005年，成都高新区成为西南地区高新区首家“ISO 14000国家示范区”，其博士后科研工作站获“全国优秀博士后工作站”称号。5月10日，中国第一个国家级“生物医学材料工程建设研究中心”在四川大学成立；6月12日，“国家数字媒体技术产业化基地”在成都高新区组建。12月，西南交通大学科技园被认定为国家大学科技园。同年，电子科大科技园启动建设占地3.8万平方米的金牛分园。到2005年年底，成都市获国家级认定的科技园区（基地）还有国家集成电路设计产业化成都基地、国家信息安全成果产业化（四川）基地、中国侨联科教兴国示范基地、国家863软件专业孵化器四川基地、国家网络游戏动漫产业发展基地等。

【高新技术开发区管理】

1989年，成都高新技术产业开发区成立。1990年，拟定《成都高新技术产业开发区管理条例》，建立成都高新技术产业开发区管委会，组建高新技术产业开发区建设发展总公司、高新技术产业开发基金委员会，从组织上保证高新技术开发区的统一规划、统一开发、统一建设。参照全国各开发区以及中央、地方鼓励外商投资的政策，拟定《成都高新技术产业开发区管理条例》《成都高新技术产业开发区房地产规划开发方案》《成都高新技术开发基金管理办法》和《成都高新技术产业开发区“八五”发展规划》，从政策上吸引企业和项目进区开发。慎重选择25个项目进区创业，14个项目进入孵化楼开发。

1991年3月，成都市人民政府发布《高新技术产业开发区若干政策的暂行规定》《关于建立成都高新技术产业开发区开发基金的决定》等六个优惠政策文件。成立“科力发展总公司”，着手组建“成都火炬总公司”。对区内企业实行“自筹资金、自愿组合、自主经营、自负盈亏、自我发展、自我约束”的运行机制。开发区内高新技术项目充分体现了高质、高速、高效的特征，全年实现产值上亿元，新增利税上千万元，创汇上百万美元。发展高技术产业的重要“基地”、向传统产业扩散高新技术的“辐射源”、对外合作的“窗口”、深化改革的“试验区”等开发区的“四大功能”初步发挥，一个以集团优势组织多学科进行综合性高科技开发的局面正在形成。11月，全国高新技术产业开发区统计工作会议在成都召开，国家科委火炬办对成都高新技术产业开发区的建设、高新技术产业的发展予以充分肯定和高度评价。

1992年，成都高新区制定《关于对外来投资者和开发区内高新技术企业实施优惠待遇的补充暂行规定》和《鼓励高等院校在区内兴办科技企业的有关规定》。成都全年认定高新技术企业64家，批准进区项目137项，总投资8.7亿多元，实现产值3.5亿元，利税5000万元，创（节）汇200万美元。区内劳动、人事、分配等制度全面进行改革，推进股份制试点工作，组建数家股份公司，其中倍特公司被批准为国家级高新技术产业开发区进行科技与经济结合的股份制试点企业。

1993年，提出《成都高新技术产业开发区率先建立社会主义市场经济新体制方案》。倍特、东方、皮克等股份有限公司的股权证全部按国家有关规定进行集中托管。“成都市高新技术考察团”赴法国蒙彼利埃科技城考察。全年审批进区项目130项，其中外资41项。开发区企业达到315家，实现产值6.8亿元、利税1.4亿元。

1995年，高校科技工业园区建设初具规模，新建和续建基础设施面积8万平方米，基本完工约4万平方米。1996年，高校科技工业园区开发面积达到4万平方米，园区高新技术企业发展到29家。同年，成都高新技术产业开发区开始进行规划调整。1998年，国家级成都高新技术产业开发区调整部分区域的位置，经科技部批准“从成都高新区已批准的区域范围内，调减难以充分开发利用的旧城改造面积6平方千米，同时将成都台商投资区面积为6平方千米的区域调入成都高新区”。成都高新技术产业开发区共拥有各类企业3000余家，实施各级科技计划64项，其中国家级30项，电子信息技术、生物医药、现代食品工业产值分别占全市同行业比重达27.7%、40%、16.9%。8个高校科技工业园区内的企业发展到54家，其中高新技术企业28家。华西医大和成都中医药大学两个园区实现产值3.2亿元，利税1亿元。

2001年，成都高新技术产业开发区西区建设启动，四川成都出口加工区投入运行。成都经济技术开发区基础设施进一步完善。2002年，成都高新技术产业开发区、成都经济技术开发区、成都海峡两岸科技产业开发园等3个国家级开发区全年实现国内生产总值207.1亿元，增长23.2%；工业增加值149.2亿元，增长25.5%；技工贸总收入544.8亿元，增长23.2%；利税42.5亿元，增长24.9%；年内共引进外资项目76个，实际利用外资9222万美元；引进内资项目1223个，合同资金49.1亿元。

2003年，制定《成都高新技术产业开发区“二次创业”产业发展规划》，以争创“全国一流，西部第一”的目标；开展高新技术创业园区、高新技术工业园区和现代化科技商务区相结合的“三位一体”发展模式的探索；提出重点发展电子信息，生物医药，先进制造业，新材料、新能源及环保，现代服务业等五大产业的思路；按照“一区多园”格局对高新区布局进行规划，并提出了相关政策和保障措施。高新区全年完成工业总产值173亿元，比上年增长26%，实现工业增加值66亿元，比上年增长25.3%，实现技工贸总收入233亿元，比上年增长27%。同年，农业科技园（基地）管理工作在清理检查的基础上，新认定成都鲜切花产业科技示范园、成都现代农业科技示范园等4个市级科技示范基地（园）。经过“二次创业”，成都高新区园区承载能力大幅提升，重大科技项目取得突破。

【成都高新技术产业开发区】

1989年，成都高新技术产业开发区成立。其管理体制是“省、市共管，以市为主”。建设的指导思想是“发挥优势，创建中心，项目起步，由小到大”。主要任务是贯彻国家的有关政策、规定，充分利用成都的综合科技优势，通过实施指导性管理，提供综合性服务和组织筹措创业资金等，创造局部优化的环境，扶持技、工、贸结合的科技型企业和企业家，加速高新技术成果的商品化，培育有竞争力的高新技术和产品，促进高新技术产业的形成和发展。

1990年，拟定《成都高新技术产业开发区管理条例》，建立成都高新技术产业开发区管委会。同时，大规模进行基本建设，贯穿开发区南北的大件路通车，6000多平方米的孵化楼土建工程落成交付使用。开发区2.5平方千米（起步区）内各种公用配套设施已有基础。1991年，成都市向开发区投入资金几千万元，统征土地300多亩，进行“七通一平”及生活配套服务设施、标准厂房的建设工作，已有几个年产值在4000万元以上的项目破土动工。

1991—1995年，成都高新区新增工业产值20亿元，创利税4.6亿~5亿元，出口创汇1亿美元。1995年，高新区商品住宅、标准厂房、服务设施等基本建设开工面积49万平方米，竣工32.6万平方米。1996年，成都高新区面积由2.5平方千米扩展到47

平方千米，并获得市级经济管理权限，实行“一站式”服务。1998年，制定《成都高新技术产业开发区发展规划纲要》，加大对区内优势产业、重点骨干企业的支持力度。高新区内有高新技术企业238家，全年实现技工贸总收入133亿元，工业总产值为120亿元。有5个新产品列为“1998年市级重大科技成果产业化项目”，并获“全国火炬计划管理先进单位”称号。2001年，启动“高新西区”建设，成立成都高新西区领导小组。成都市政府投入1.7亿元、四川省政府投入1.5亿元共同组建成都高新西区风险投资公司，重点扶持电子信息和生物医药（中医）产业的发展。签约项目70个，协议投资总额67.4亿元，实际到位资金13.3亿元，其中投资超过3亿元的有5个项目，超过亿元的有15个项目。摩托罗拉集团的成都软件中心和中国台湾凌阳科技、大霸电子的一批知名企业落户西区。全年实现销售收入27.5亿元、工业增加值7.6亿元、利税总额2.6亿元、出口创汇4520万美元。

2002年，成都高新区吸引了特拉克斯等4家海外风险投资公司落户，投资总额达4596.8万美元，成都高新区全年实现创业投资和风险投资3.12亿元，为科技成果孵化和产业化提供了一定的资金基础。同年2月19日，成都高新区孵化园在成都高新区天府大道举行奠基仪式。2004年，产业增加值270亿元，同比增长27%；技工贸总收入700亿元，同比增长28%。1990—2005年，共有1000多项高科技成果在区内成功转化，电子信息、生物与制药、精密机械制造业快速发展，以微电子为主导的IT产业迅速聚集。2000—2005年，成都高新区主要经济指标年均增幅保持在25%以上。依托自主创新成果实现产业化，高新区培育出诸如地奥、国腾、卫士通、海特等一批知名高科技企业。2005年，区内高新技术企业占成都市高新技术企业的64.8%、四川省的58.9%，高新技术企业实现工业总产值占全区的85.0%，对全区税收的贡献率达76.7%；高新区实现工业总产值、技工贸总收入分别是1990年的1281倍和1633倍；实现全口径财政收入27.65亿元，是1996年的29倍；在全国53个国家高新区的综合考核中，由2000年的第10位上升至第5位。至2005年，国家软件产业（成都）基地、国家中药现代化科技产业园、国家集成电路设计产业化成都基地、国家数字媒体（娱乐）产业化基地、国家信息安全成果产业化（四川）基地等国家级产业园（基地），以及创业、创新中心等共有十余个不同功能的开发机构聚集在成都高新技术产业区内，“一区多园”的格局形成。

【成都经济技术开发区】

1990年7月，成都经济技术开发区创立。2000年2月，被国务院批准为四川省唯一的国家级经济技术开发区，总体规划面积26平方千米，控制性详细规划面积9.94平方千米。2003年，实现国内生产总值50亿元，比上年增长28%；1—10月，共引进项目38个，到位内资7.14亿元，外资1324万美元；全年实现工业增加值18亿元，比上年增长38.5%。2004年，调整产业结构，加快机械、建材等产业聚集，全年实现工业总产值70亿元。2005年，实现地区生产总值72亿元，工业增加值30亿元，出口创汇5760万美元，完成固定资产投资33亿元、税金5.4亿元。9月，被信息产业部批准为国家（成都）电子元器件产业园，并形成汽车及机械制造、新材料制造、电子元器件制造、药品制造、钢制品加工及绿色食品加工等产业集群。

【成都海峡两岸科技产业开发园】

于1992年创立。1998年，被国台办、科技部批准成为国家级海峡两岸科技产业开发园，是全国四家之一、西部唯一的国家级海峡两岸科技产业开发园和全国农产品加工业示范基地，是四川省、成都市重点建设的现代轻工业基地和台商投资聚集区。

2003年，成都海峡两岸科技产业开发园累计投资56.6亿元，引进项目165个，资金9亿元，到位资金50亿元。2004年，以建成西部现代轻工业基地和台商投资聚集区为目标，不断壮大医药、食品和印务包装产业，实现总产值67.44亿元，同比增长25%。2005年，园区实现工业总产值67.95亿元。其中，规模以上企业实现工业总产值62.85亿元，实现产品销售收入60.16亿元，实现利润3.29亿元，利税6.54亿元。食品、医药、印务包装三大主导产业工业总产值占园区工业总产值的比重达82.8%。

【成都高校科技工业园区】

1992年，为推动成都高校科技成果就地转化，市科委颁发《成都市高校科技工业园区管理办法》和若干政策规定，成都高新区出台《成都高新技术产业开发区鼓励高等院校在区内兴办科技企业的有关规定》。电子科技大学、成都科技大学、四川大学、华西医科大学、西南民族学院等五所高校率先筹建科技工业园区，建立科技开发总公司，组建各种科技型企业共计37家，开发和转化成果近300项，承担各种科研经费上亿元，全年技术性收入达2000万元，比1991年增长70%。1994年，西南交通大学、四川工业学院等2个高校科技工业园区建立。2002年，国家大学科技园承担了成都市重大产业化项目"新型背投电视机"，牵头实施了"医学数字图像通讯标准"（简称DI-COM标准）汉化项目，成功转化国家"863"计划项目"半导体陶瓷电容器生产技术"，开发出"用普通MOS制造工艺及设备，实现高耐压、大电流的功率集成电路"等世界级先进成果，孵化出成电先锋公司等国家无线接入网重点生产企业。科技园共引进企业106家，有在孵企业61家，孵化面积达到10万平方米。2003年，在孵企业109家，其中生物医药类27个，占25%；电子信息类15个，占14%；新材料类16个，占15%。经认定的高新技术企业达到28家。园区承担各类科技计划91项，全年实现销售收入8.48亿元。2004年，电子信息、生物技术、新材料等高校高新技术企业较快聚集，入驻企业144家，其中四川大学、电子科大科技园有企业124家，共实现产值13.7亿元。到2005年年底，四川大学、电子科大和西南交大等3所学校科技园区均已被批准为国家大学科技园区。

电子科技大学科技园创建于1993年，孵化场地面积2万平方米。2001年5月，园区被科技部和教育部首批授予"国家大学科技园"称号。科技园内所有企业均为电子信息领域的企业，产品门类涉及通信、计算机、微电子、微波技术、光电信息技术、自动控制等10余个专业学科。科技园是上游研发、高新技术企业孵化、毕业企业规模化生产三级基地。拥有自主知识产权的项目、产品80余个，专利20余项。2003年，成都维信电子科大新技术有限公司"排尿功能障碍性疾病的基础和临床应用研究"成果获国家科学技术进步奖二等奖。2005年，启动建设金牛分园，占地面积3.8万平方米。同年，入园企业50余家，孵化企业20家；企业研发资金2000万元。科技园参股的科技企业拥有自主知识产权的科技产品总数共200余个，销售收入4.05亿元，上缴税金2300万元，税后利润7200万元。

四川大学科技园创建于1999年。园区总面积2000亩。2001年5月，园区通过科技部、教育部组织的专家评估，正式授牌，成为全国首批批准的15个国家大学科技园试点之一。科技园主要以电子信息、生物技术、新材料等高新技术产业为主。2004年，投入使用的孵化场地面积5.67万平方米，建立了技术转移中心，在孵企业62家，毕业企业9家，注册资本共约5.06亿元，实现销售收入8.48亿元，申请专利115个，被批准专利40个。2005年，经科技部认定为国家级高新技术创业服务中心；入孵企业76家，园区内高新技术企业8家，在孵企业人数550人。园区整合两个创新孵化大楼及科技成果转化平台，拥有全国唯一的生物材料工程中心和中药安全评价中心，兴办4个孵化基地，总孵化面积5.6万平方米，投资1.15亿元。

1994年，西南交通大学成立“西南交通大学科技园实业总公司”，主要从事科技成果转化和新技术、新产品的孵化工作。自2001年起，通过整合校内外相关资源，重新注册新的科技园管理公司，出台《西南交通大学关于加快建设西南交通大学科技园，促进科技成果产业化的若干意见》等文件，将科技园建成功能健全、服务完善的高新技术企业孵化园区和科研成果转化、产业化的服务平台。2005年2月，西南交通大学科技园在成都市金牛区建立。12月20日，经科技部、教育部正式认定，成为成都市第三家国家大学科技园，同时通过高新技术企业认证。西南交大科技园依托该校人才、学科、设备等资源优势，已有孵化园区场地8600平方米、研发基地面积4万平方米、培训基地4000平方米、产业园300亩的基础设施条件。

【国家中药现代化产业园（四川）】

1998年11月，科技部批准组建中药现代化科技产业（四川）基地。1999年6月，科技部、卫生部、国家药品监督管理局、国家中医药管理局、中国科学院等五部（局、院）与四川省政府在成都高新区共建，一期占地2000亩，引进项目36个。成都中医药大学药学院、四川省中药研究所中试基地、国家中药安全性评价（GLP）中心、国家中药临床试验（GCP）中心、国家天然药物工程技术研究中心等研发机构和迪康、美大康等24家制药企业在此建成投产。2002年，基础设施建设基本完成，共引进制药项目25个，投资规模30.15亿元，实际到位资金14.9亿元，已建成项目8个，在建项目9个。成都中医药大学产学研基地、四川省中药研究所中试孵化中心、迪康药物研究中心、奇力制药、美大康制药等已相继建成运转，康益药业、迪康生产基地等即将建成投产。2003年，建成项目13个，完成投资9.4亿元，其中8个项通过GMP认证。园内在建项目12个，总投资额达到8.6亿元。园区投产企业增加至15家，1—10月，完成工业总产值4亿元，比上年增长130%，初步形成中成药医药包装材料、医疗器械产业群。2004年，加强管理体制建设，聚集13家国家、省、市高新技术企业，基本形成中医药产业规模化生产格局；引进项目36个，协议投资总额32.2亿元；研发国家级新药50个、国家中药保护品种25个，产业园实现产值46亿元。2005年，产业园实现产值50亿元，基本形成集研究开发、人才培养、中试孵化、生产销售功能于一体的中药现代化高科技产业园。

【国家集成电路设计产业化成都基地】

2001年7月，由科技部批准建立国家集成电路设计产业化成都基地。该基地是科技部批准成立的全国7个集成电路产业化基地之一。基地拥有南山之桥、国腾微电子等十余家集成电路设计专业公司，另有电子10所、29所、30所及迈普、国腾等多家具有设计实力的科研院所和民营企业。2002年，形成以电子科技大学IC设计中心、国腾园和华微园为骨干的格局，集中精力与国内外高等院校、科研院所合作，引进高层次研发人员，开发拥有自主知识产权的产品。2003年，集成电路产业化成都基地通过科技部验收，完成1号、2号孵化楼的基建工程和硬件设施安装调试，一批微电子企业正式入驻；新建了“国家集成电路设计成都产业化基地云南大学设计检测中心”，将专业服务功能延伸到省外。基地内电子科技大学微电子学院与固体电子学院、国腾微电子学院、四川大学物理与技术学院微电子与集成电路设计专业在校本科学生有1400人，研究生200人，工程硕士40人。2004年，实现产值3亿元。公共设计平台已具规模，成为国际著名企业的培训应用中心和

MPW合作伙伴。已有INTEL、中芯国际、PSI（菲律宾）、友尼森（马来西亚）等封装项目进入。成都及周边的长虹、九州、迈普、锦电等现代电子企业已形成年使用量超过20亿元的应用空间；电子科大及川大、西南交大等高等院校为集成电路设计提供人才资源。2005年1月，获得由科技部高新技术发展及产业化司、科技部高技术研究发展中心、国家信息产业部科学技术司、中国半导体行业协会、八六三计划超大规模集成电路设计专项总体组联合颁发的“首届国家集成电路设计产业化基地及香港科技园‘孵化创新产品’竞赛优秀推荐奖”，标志着该基地在孵化支持企业方面进入全国先进行列。

【国家信息安全成果产业化（四川）基地】

2000年7月，科技部批准创立国家信息安全成果产业化（四川）基地。该基地是国家信息安全成果产业化三大基地之一（简称“西部基地”）。2002年，改革运行机制，探索企业化运作模式，由成都风险事业开发中心与中国电子科技集团第30研究所、迈普公司、成都博创风险投资公司等单位合作组建成都信息安全基地有限公司。有迈普科技园（1.7万平方米）、川大能士科技园（8200平方米）、信息安全孵化园（2万平方米）等三大产业园区。入驻企业52家（高新技术企业44家），从业人员5000人。并成功申报国家“863”计划项目，获得973万元专项资金支持。2003年，有企业50多家，承担各类科技计划项目120项，实现销售总额12亿元，其中信息安全类产品销售额7.9亿元。2004年，基地入驻企业销售总额18亿元，出口创汇773万美元，利税2.7亿元。信息安全产品销售总额13亿元，比2003年增长超过35%。产品年销售额上亿元的企业有4家，上千万元的企业有15家。2004年，建立全国第一家信息安全产业专业孵化器（孵化面积4.52万平方米）和国内唯一的国家保密通信重点实验室，完善综合服务平台，聚集高新技术企业50家，承担国家、地方各类科技项目160多项，获专利授权20多项，制定技术标准20多个，研发产品60多个（除个别防病毒产品外，已有国内全系列安全产品），全年实现收入12亿元，并成为西部最大的信息安全专业人才培训基地。

【国家软件产业基地（成都）】

创立于1997年。同年5月23日，被科技部确定为中国首批国家火炬计划软件产业基地之一。2000年，入驻企业49家，入园企业总产值21.5亿元，软件产值6.8亿元。2002年，孵化面积10万平方米，由成都高新孵化园区、起步园区、西部园区、高新科技商务广场、天府科技园、出口加工区等六大园区组成，规划占地170亩；实现产值52亿元，增长34%。2003年，入驻创业机构40多家，其中国家认定的软件企业10家，初步形成产品服务链状管理模式，与一批国际知名IT企业建立了友好合作关系。2004年，实现销售收入5.03亿元、利税7998万元，入驻企业达70家。2005年，入驻企业198家，承担国家级科技和产业化项目69个（其中火炬计划项目15个，地方级科技产业化项目105个），销售收入27亿元。主要开发行业应用软件、IC设计软件、信息安全产品、数字娱乐产品以及软件外包等。

【国家数字媒体（娱乐）产业基地（成都）】

2004年，成都数字娱乐软件园建立，当年实现产值4.23亿元、利税3100万元、出口创汇536万美元，入驻企业60家（其中高新技术企业51家），从业人员2000人。2005年6月12日，国家数字媒体技术产业化基地在成都数字娱乐软件园揭牌，孵化面积1.4万平方米，总面积1.5万平方米，主要围绕网络游戏开发，搭建“网络游戏引擎研制平台”“网络游戏测评平台”“数字媒体技术人才培训平台”“音乐、CG创作平台”“数字媒体产品客户服务平台”“数字媒体产品运营平台”等六个平台。截至年底，基地内的基础设施、网络游戏公共技术平台、数字媒体公共技术平台、技术人才培养体系初步建成，拥有金山、盛大等国际国内知名数字娱乐公司60余家。以基地公司为载体，基地搭建的成都数字娱乐产业公共技术平台，为全国四大数字媒体（娱乐）中心之一，是科技部批准建设的全国第一家数字媒体（娱乐）产业基地，拥有全国第一个游戏软件企业孵化器，有20余家国内知名游戏软件企业入驻或即将入驻，入驻企业承担国家“863”项目11项、其他国家科技项目7项。

【国家火炬计划成都电子信息产业基地】

该基于2002年1月通过科技部火炬中心评审，4月挂牌建立，由成都青羊双新科技园和金牛高科技产业园组成。2002年年底，入驻基地的高新技术企业达52家，实施国家火炬计划项目15项，实现工业总产值31.3亿元。2003年，入驻企业达到23家，承担各类科技计划项目35项；全年工业总产值达到44.1亿元，实现增加值13.6亿元，实现入库税收3.3亿元。至2004年年底，青羊园区已形成占地230亩、建筑面积7万平方米、入驻企业40余家、工业产值44.5亿元的规模；金牛园区2000年规划面积2.17万亩，到2004年，入驻企业77家，工业总产值49.74亿元，出口总额1835万美元。该基地已形成以电子信息、生物工程、通信、制药、新材料等为主导的多元化高新技术产业结构。2005年，实现工业总产值79.9亿元、利税2.6亿元，入驻企业72家。

科学技术普及

科普工作组织

【概况】

1992年，成都市召开首届科技宣传工作会议，传达全国科技宣传工作会议精神，布置科技宣传的主要任务，制定并下发《关于加强成都市科技宣传工作的意见》。1996年，制订《成都市科学技术普及条例（草案）》和《关于进一步加强我市科普宣传工作的意见》，理顺科普工作的管理职能，开展科普宣传活动。成都市科普工作成绩突出的4个单位和7名科普工作者受到四川省的表彰。3月，举办首届“科技之春”科普活动月（至2005年，连续举办了10届）。同年，文化、科技、卫生“三下乡”活动在全国展开，成都市开始每年组织“科技下乡”活动。1997年，建立“成都市科普工作联席会议制度”，明确全市科普工作由市科委任组长单位，市委宣传部、市科协任副组长单位，市计委、市教委、市财政局等14个市级部门和社会团体为科普工作联席会议成员单位，并对成员单位的职责作了明确分工。同年，制定《成都市科普工作九五计划及2010年远景规划》，首次召开成都市优秀科普作家五星奖表彰大会，28名优秀科普作家受到表彰。1998年，成都市科委被评为四川省科普工作先进集体。3月，市科协农村科普咨询服务团成立，7个专业的13名科技人员受聘担任顾问。顾问团先后赴各区（市）县农村开展技术咨询、现场指导、科技下乡、推广引进新品种等活动。同年，举办第七届青少年科技（劳动）作品制作竞赛活动和成都市首届科普知识有奖竞赛答题活动，并在科技一条街举办成都电脑节，“太安之夜电脑音乐会”“Intel家用电脑合家欢万人千机学电脑”等活动，参加人数超过20万人次。1999年4月29日，由市委、市政府召开成都市科普工作会议，提出全市科普工作的目标和重点，对在科普工作中做出贡献的市先进单位和个人进行表彰，为开创全市科普工作的新局面打下良好基础。

2000年，《中共成都市委关于制定成都市国民经济和社会发展第十个五年计划的建议》把“加强科学普及工作，提高市民的科技素质”作为一项重要内容列入其中，成都市“十五”科技发展规划亦将“加强科技普及工作”作为重要的一条对策措施列入规划之中。至2000年年底，成都市建立农村科普示范基地141个。通过建基地，形成“公司+协会+农户”“协会+基地+农户”“协会带农户”等多种经营模式，把适用技术推广、技术培训、发展专业技术协会和专业市场融为一体，促进农村科普工作的规范化、效益化、产业化，形成了建一个基地、兴一项产业、带动一方农户致富的局面。

2001年，成都市初步形成一个以全市各级科协组织和团体为依托，遍布城乡、纵横交错的全市性基层科普网络。科协系统有全市性学会（协会、研究会）90个，会员6万余人；企事业科协128家，会员4万余人；全市75个街道辖区中的73个建立了科协；全市19个区（市）县、197个乡镇，建有农村专业技术协会800余个。5月，开展群众性的“科技活动周”活动（至2005年，连续举办了5届）。同年，启动社区科普工作；成都高新区获四川省“高新技术产业开发区知识竞赛”第一名，评选、推荐四川省科普工作先进集体6个、先进个人8人。2002年，调整和完善成都市科普工作协调机制，制定落实了《成都市2002年科学技术普及专项目标任务》。对城区的10个社区的科普工作进行现场调研，由市科技局、市科协和市精神文明办制定印发《关于开展科教进社区活动的通知》，启动了为期2年的第二轮“创建科普示范社区”活动。

2004年，成都市共有各类科普场馆63个，其中国家级、省级科普教育基地16个；从事科普活动的专职人员6002人、兼职人员4.2万人；年接待参观人数340万人。另有科普画廊5628个，社区科普活动室422个，农村科普活动场所1975处；市级主要媒体设置科普（技）栏目64个；各类科普网站103个。市科技局、市委宣传部、科协、经委、教育局、财政局、物价局、旅游局和团市委联动，开展全市科普教育资源整合和专业化科普场馆（基地）建设工作。创建了“成都少年科学院”。2005年，成都市有科普活动专职人员2681人，兼职人员2万余人；有科普场馆37个，每年有370万人次前去参观；有科普画廊537个，社区科普活动室537个，农村科普活动场地1080处；有国家级科普教育基地5个，省级科普教育基地20个，市级科普场馆9个。

【科普工作联席会议制度】

1997年11月，成都市建立科普工作联席会议制度。科普工作联席会议的主要职责是：研究加强全市科普工作的重大政策；审议全市科普规划和年度工作计划；督促科普规划、年度工作计划和重大科普工作的落实；协调、促进市级各部门和单位、各区（市）县及全社会支持并参与科普工作，推动全市科普工作全面深入开展。联席会议组长单位由市科委担任，副组长单位由市委宣传部、市科协担任，成员单位有市计委、市教育局、市计生委、市财政局、市文化局、市广电局、市新闻出版局、市卫生局、市环保局、市旅游局、市民宗委、市总工会、团市委、市妇联。联席会议下设办公室，办公室设在市科委。在联席会议领导下，联席会议办公室牵头组织全市科普法规、科普政策的调查研究工作，建议组织拟订科普规划、年度工作计划，提交联席会议研究审定；承担联席会议的日常工作，负责与有关部门、区（市）县和人民团体联络。2002年2月，由市委办公厅、市政府办公厅联合修订并发布《成都市科普工作联席会议制度》，联席会议由主席、副主席，组长、副组长和成员单位构成。主席由市委分管副秘书长担任，副主席由市政府分管副秘书长担任，组长单位为市科技局，副组长单位由市委宣传部、市科协担任，市计委、市教育局等14个部门、单位任成员单位。2004年，联席会议增加市经委、市农牧局为成员单位。

【科普工作管理】

1996年，制订《成都市科学技术普及条例》（草案），出台《关于加强我市科学技术普及工作的若干意见》，明确科技行政部门对科普工作的组织和管理职能。2001年，市科技局设立“科技普及与宣传处”，主要职责是牵头协调全市科普工作；制定科普工作规划；负责科普工作联席会议制度的落实与监督检查；指导协调全市重大科普活动和科普教育基地建设工作；负责科技宣传工作。2002年，科普工作纳入市委、市政府目标管理，市委目督办、市政府目督办、市科技局联合制订下发“成都市2002年科学技术普及专项目标任务”，将涉及部门多、工作难度大、对全市科普工作具有重大带动作用的科普工作纳入市委、市政府的年度综合目标考核，做到任务和责任落实。2003年，成都市科普活动投入1970.2万元，占全市R&D投入28亿元的0.70%，其中政府拨款1380.7万元，占70.08%；全市人均专项科普活动经费0.21元/人·年；在科技场馆、科技活动中心等基本建设方面投资3687.1万元，其中政府拨款3320.1万元。9月10日，成都市以随机抽查形式，对在成都的中小学校、医院、科研院所、高校、企业、协会等单位的科普队伍、科普设施、场馆建设以及科普经费来源渠道、用途等进行全面调查，掌握全市科普资源的现状。2004年，成都市投资1亿多元支持四川科技馆建设。是年，首次在全市开展科普统计。2005年7月6日，成都市科协制订下发《成都市科普志愿者队伍管理暂行办法》，成立成都市科普志愿者总队，区（市）县成立科普志愿者支队，街道（乡、镇）成立科普志愿者小组，市级学会（协会、研究会）、企事业单位科协组建的科普志愿者队伍，志愿者人数不足30人的为小组、超过30人的为支队。

【科普场馆与设施】

1998年，成都大熊猫繁育研究基地、成都理工大学博物馆、中国科学院成都生物研究所两栖爬行动物、植物标本馆、中科院成都山地所动力学模拟实验室、都江堰水利工程、核工业西南物理研究院中国环流器新一号、四川大学高速水力学国家重点实验室、四川省博物馆、四川省图书馆、四川大学博物馆、四川大学动植物标本陈列馆、成都中医药大学医史博物馆、西南石油学院地质馆、成都国防乐园、成都市植物园、成都海底世界科普基地等14个成都地区的博物馆、图书馆、科技馆以及研究基地等，被评为四川省级科普教育基地。同年，活水公园建成，成都青少年科技教育馆开工建设，投资上亿元的成都自然博物馆通过可行性论证。

1999年，成都大熊猫繁育研究基地、成都理工大学博物馆、中国科学院成都生物研究所两栖爬行动物、植物标本馆、都江堰水利工程、核工业西南物理研究院中国环流器新一号等5个在成都的四川省级科普教育基地，成为首批全国科普教育基地。

成都大熊猫繁育研究基地是国内开展大熊猫等珍稀濒危野生动物保护的主要基地之一，常年饲养大熊猫、小熊猫、白天鹅、黑天鹅、雁、鸳鸯和孔雀等动物。大熊猫馆、蝴蝶馆和脊椎动物馆3个科普展馆既相对独立又互有联系，展馆面积近4000平方米，展出各类珍贵图片800多幅，标本实物2140多种、12450多件（只），馆藏文献数千册（篇）。

成都理工大学博物馆（原成都理工学院博物馆）于1960年建馆，有9个展厅（室）和2个露天展台、展厅面积3000多平方米。馆藏标本6万多件，馆藏恐龙化石骨架标本30多具、数量和种类居国内大学博物馆之首，全长22米的合川马门溪龙、不仅是亚洲最大的恐龙、而且是世界上脖颈最长的恐龙。

都江堰水利工程是秦昭襄王五十一年（前256年）由郡守李冰率领蜀地各族人民创建的水利工程，都江堰渠首枢纽由鱼嘴、飞沙堰、宝瓶口三大主体工程构成，三者有机配合、相互制约、协调运行，其引水灌溉、分洪减灾的科学价值受到中外专家和学者的高度赞扬。

中国科学院成都生物研究所两栖爬行动物、植物标本馆由动物标本馆和植物标本馆组成，馆藏动物标本10余万号，植物标本25万份，建立了中国两栖爬行动物地理信息系统库和植物标本信息库。该馆是亚洲两栖爬行动物重要研究基地之一。1999—2005年，接待国内外资料查阅者和参观者1.38万人次。2005年，该馆被中科院、共青团中央、全国少工委评为全国青少年走进科学世界科技活动示范基地。

2004年，成都市共有各类科普场馆63个，其中国家级、省级科普教育基地16个，年接待参观人数340万人次。另有科普画廊5628个，社区科普活动室422个，农村科普活动场所1975处；市级主要媒体设置科普（技）栏目64个；各类科普网站103个。12月，成都市政府命名首批9个“成都市科普场馆”，分别为成都理工大学博物馆、四川大学博物馆、中国科学院成都生物研究所两栖爬行动物与植物标本馆、成都中医药大学中医药传统文化博物馆、四川省图书馆、成都图书馆、四川迪康科技药业股份有限公司中药博物馆、成都市青少年活动中心、成都市锦江区红砂村花卉科普示范区。同年，市委宣传部、市科技局、科协、经委、教育局、财政局、物价局、旅游局和团市委联动，开展全市科普教育资源整合和专业化科普场馆（基地）建设工作。

2005年，成都共有国家级科普教育基地5个、省级科普教育基地20个（含国家级基地5个）、市级科普场馆9个。

科普活动

【概况】

1992年8月，成都市举行科技成果推广宣传周活动。省、市领导，中国科学院院士，优秀科技工作者170人参加开幕式，举办了“科技之光”文艺演出、科技报告会和市科技成果交易会，科技兴农“大篷车”队到郊区（市）县开展宣传和咨询活动，受到农民欢迎。1996年3月，首届“科技之春”科普宣传月在成都举行，自此开始，每年举办1届，每届参加活动的人数均有数十万人，至2005年，已连续举办10届。同年，文化、科技、卫生“三下乡”活动启动，从此成都市每年组织“科技下乡”活动，推广新品种、新技术，增强农民的科学意识和致富能力。除此之外，20世纪90年代，成都市还通过“成都国际电脑节”“成都科技节”等大型科普活动，营造弘扬科学精神、传播科学思想、普及科学知识和提倡科学方法的氛围，不断提高市民科技意识和科学素养。2001年，“全国科技活动周”活动开始举行，每年参加人数超过50万人次；至2005年，已连续举行5届。2003年，成都市公众具备基本科学素养水平的比例为4%（2000年为3.2%），高于全国平均水平，排在北京、上海之后，位列全国第三。

【成都市科技成果推广宣传周】

1992年8月25—31日，成都市举行科技成果推广宣传周活动。8月25日，在成都电视台举行开幕式，省、市领导，中国科学院院士，教授、专家和优秀科技工作者170人参加。“科技之光”文艺演出在成都电视台“黄金”时段播出，引起强烈反响。8月26—29日，在市体育中心举办1992成都市科技成果交易会，展出火炬、星火、科技攻关、军转民等科技计划研究成果和计算机应用成果2230多项、展销科技新产品100种，6万人次参加，其中2400人参加人才交流活动。由12辆车组成的科技兴农“大篷车”队，载着60多名科技人员，带着40项农业科技成果、100多项乡镇企业专利技术、96个展板、2万册农业技术资料、58个专题录像片、115个优良品种、新农药、新设备，先后到新津县永兴镇、双流县城关镇、温江县和盛乡、都江堰市中兴镇、新都县斑竹园镇等地开展宣传和咨询活动，受到农民欢迎，3万多人受益。市科技顾问团顾问、西南财经大学教授赵国良向市级机关局以上干部作“成都市发挥科技优势同经济发展相结合”的报告，400多人参加；市科技顾问团顾问、市计委委员王远让向市级机关干部和科技工作者作“成都在区域经济中的地位和对未来对策的思考”的报告，1200多人参加。

【“科技之春”科普活动月】

从1996年开始，每年的3月为四川省“科技之春”科普活动月。1996年，举办首届科技之春科普活动月，成都市在266个乡（镇）、街道开展活动，6752名科技人员参加；组织科技赶场535次，展出科技展板、挂图9000余幅，印发科技资料14.7万份，科教电影、录像观众12.2万人次；向农户提供新农药10.5万公斤、良种13.9万公斤，组织技术培训44.5万人次。1997年，举办第二届科技之春科普活动月，成都市开展技术培训50余万人次，散发科普资料70.7余万份，举办科技报告会和科普讲座240场次；组织科技人员开展技术攻关、技术咨询和技术服务活动380项，发动群众献计献策3940条；组织开展“学科学、爱科学”科普活动，全市有256所中（小）学校、80多万名中（小）学生参加。

1998年，举办第三届科技之春科普活动月，成都市开展技术培训42万人次，散发科普资料90万份，赠送科技图书1.4万册，开展企业技术咨询活动33项，发动群众献计献策1156条，举办科技报告会393场；全市有300所中（小）学校、50万名中（小）学生参加“学科学、爱科学”科普活动。参加四川省第九届青少年科技发明、科学创造和科学讨论活动，成都市获得一等奖6项、二等奖8项、三等奖18项。1999年，举办第四届科技之春科普活动月，市科协系统开展科普活动4000多次（项），宣传群众43万人次，举办科技报告会362场。组织1000多名科技人员，深入到100个乡镇，宣传推广实用技术100项，组织了100米科普画廊的巡回展示活动。

2000年，举办第五届科技之春科普活动月，市科协及所属团体举办科技讲座和科普报告会413场，听众4万人次。2001年，举办第六届科技之春科普活动月，成都市科协系统组织科技人员4259人次深入257个乡镇、工厂、街道开展科普宣传，宣传群众113万人次；宣传推广实用技术117项，举办科技报告会342场，培训党员、干部和群众18万人次。2002年，举办第七届科技之春科普活动月，围绕“科学与文明”主题，成都市举办科普报告会194场，举办实用技术培训1372期，播放科技录像片451部，受益群众80余万人次。

2003年，举办第八届科技之春科普活动月，全市科协系统组织科技人员1463人次深入152个乡镇、街道和企业开展科普宣传，接受群众咨询26万人次，宣传群众88万人次；举办科普报告会621场，举办实用技术培训1163期。2004年，举办第九届科技之春科普活动月，成都市在彭州市蒙阳镇举行启动式，市政府、市政协部分领导人参加；现场散发科普资料3500份，科普挂图500幅，免费发放和销售新品种种子600公斤，推广实用技术50项，接受科技咨询5000人次；数千名群众参与“崇尚科学、拒绝邪教”签名活动。2005年，举办第十届科技之春科普活动月，成都市在崇州市三江镇举行启动式，市委、市人大部分领导人出席，市农机局、市农机学会组织农机科技下乡团，现场展示农村饮用水净化器、农村家用秸秆气化炉、种子精播机、耕作机等农机具92台（套）和实用技术20项。

【全国科技活动周】

2001年，国务院批复科技部：自2001年起，每年5月份的第3周为科技活动周，在全国开展群众性科技活动。2001年5月19—25日，举行首届全国科技活动周。成都市组团参加“四川省高新技术产业开发区知识竞赛”，获得第1名；全市科技、科协、卫生、计划生育等部门和单位组织新技术新产品展示、科技赶场、科技扶贫、现代科技知识讲座等活动78项，散发宣传资料40万份、播放专题片100集次。

2002年的科技活动周于5月18—24日举行，主题是“科技创造未来”与“科技创新与跨越式发展”。成都市举行重大活动61项，其中9项作为全国科技活动周重点项目列入《全国2002年科技活动周指南》。5月18—19日，省、市联合在成都市新华公园举行“四川省暨成都市2002年科技活动周开幕式和科技游园活动”，部分省、市领导出席，游园活动内容有“三新”（最新科技成果、最新科技产品、青少年最新科技发明）展示、反邪教图片展示、科普作家签名售书、广场文艺演出等。科技活动周成都市参与人数超过50万人次。

2003年，全国科技活动周于5月17—23日举行。成都市围绕“依靠科学，战胜非典”主题，利用报刊、电视、广播、互联网开展与“非典”防治相关的科技宣传和科普活动；在《成都日报》刊发题为“依靠科学、战胜非典”的科技活动周组委会寄语和“弘扬科学精神、传播科学思想、普及科技知识、提倡科学方法”“依靠科学、战胜非典、科教兴市、发展经济”公益广告；市科技局与成都日报社联合开设“科技行政部门在行动”“科技企业在行动”“科研院所在行动”“科技人员在行动”“区（市）县在行动”5个专题栏目，宣传报道全市科技战线防治非典的典型事例，解答观众问题；在成都市科技局网站开设“依靠科学，战胜非典”专栏；组织区（市）县参加省科技厅主办的电脑农业征文比赛，成都市获得优秀组织奖；省、市联合在锦江区水井坊社区举行“依靠科学，战胜非典”科技进社区活动，向水井坊社区赠送科普资料和科普设施。

2004年的全国科技活动周于5月15—21日举行；5月15日，在锦江区红星路步行街举行第四届科技活动周开幕式及科技游园活动，内容有青少年最新科技发明展示、科普知识问答、“爱科学、讲科学、学科学、用科学”签名和文艺演出。全国科技活动周期间，成都市农牧局组织全国蔬菜新品种展示，全国近30个省、自治区、直辖市的种子公司，四川农业大学、西南农业大学、内蒙古农业大学、西北农业大学、甘肃农业大学等农业高校，法国、韩国等国外知名蔬菜种植企业，2500户种植大户参加展示活动；成都电视台、成都广播电台等新闻媒体播出《科学博士》《探索》等专题片10集和相关新闻报道47条。2005年，科技活动周与首届成都科技节合并举办。

【首届成都科技节】

2005年，市政府工作报告中提出举办面向广大市民的综合性大型科普活动“成都科技节”。科技节以科学发展和构建和谐社会为主题，全面展示建设高科技成都和推进城乡一体化的成就，使“科技引领未来、科技改变生活、科技创造财富”的理念深入人心。同年5月14—22日，在全国第五届科技活动周期间，首届成都科技节举办。5月14日，在成都市红星路步行街广场举行开幕式，市区主会场活动有科学论坛、新技术新产品展示、科技游园、科技成就展、科技竞赛与交流5大板块；区（市）县及高新区活动主要在乡镇和街道举行，组织近100项大型活动和近1000项基层活动。参与活动的有高校、科研院所、科普场馆（基地）、商场、工业企业、市级单位206个，中科院院士、中国工程院院士15人、专家1000余人、市民300万人次。中央、省、市级媒体有关成都科技节的新闻报道330篇，因特网有关成都科技节的信息搜索达30余万条。科技节突出“市民的科技节日”主旨，群众参与互动，内容贴近生活。“衣食住行有科技，新技术、新产品展示”在成都市春熙路举行。围绕吃、穿、用和健康等市民生活的各个方面，展示科技与生活的密切联系和作用；新技术、新产品集中展示在成都研发的高温超导磁悬浮实验车、“枭龙”战斗机等。展示活动引起市民关注，每天早上8点钟就有市民等候、数万市民参观。“寻找成都爱迪生”获奖作品展受到关注，浙江、西安等地有观众在收看四川卫视《成都科技节专题报道》后打电话或专程赶到成都与发明者洽谈合作事宜。科技节期间，“西部科学论坛”共举办专题报告会20场，陆大道、倪光南等9位院士和李晓西、张宇燕2位著名经济学家到会，直接听众6000余人次；院士周立伟在成都光明光电股份有限公司作题为“光学明天更辉煌”的报告，四川测绘局邀请院士李德仁对遥感、测绘领域的发展提出建议，联通成都分公司邀请院士倪光南现场指导技术研究开发；著名导弹系统工程专家、院士钟山在成都图书馆作“飞向太空的基石——试论航天信息技术的发展”的报告，听众踊跃。同时，共青团成都市委联合四川大学、西南交通大学、电子科技大学、西南财经大学、四川师范大学、成都中医药大学、成都理工大学、西南民族大学、西华大学、成都大学、成都信息工程学院、中国民航飞行学院举办天府之光成都市第二届大学生科技节；开展课外学术科技作品竞赛，进行第四届挑战杯中国大学生创业计划竞赛获奖作品展，收到参赛作品200件。各区（市）县组织水稻、蔬菜、畜牧、水产、花卉、农机、林业、气象和卫生等行业科技人员，举办各种技术培训、专家咨询、义诊、科普赶集等活动1000场，科技人员3000多人次参与，发放宣传资料80多万份，40万农民直接参与各项活动。

首届成都科技节·西部科学论坛部分讲座情况表

表5-41

	演讲主题	主讲人	演讲地点	承办单位
1	区域发展和城市化的几个问题	中国科学院院士陆大道	中共成都市委小礼堂	市委组织部、市科技局、市科技顾问团
2	论地球空间信息技术与通信技术的集成	中国科学院院士、中国工程院院士李德仁	西南交通大学	西南交通大学、市科技顾问团、四川（成都）两院院士咨询服务中心
3	论广义共建信息网格和狭义信息网格	中国科学院院士、中国工程院院士李德仁	四川测绘局	四川测绘局
4	数字地球：概念、支持技术与应用	中国科学院院士、中国工程院院士李德仁	电子科技大学	电子科技大学、市科技顾问团、四川（成都）两院院士咨询服务中心
5	飞向太空的基石——试论航天信息技术的发展	中国工程院院士钟山	成都图书馆	成都图书馆、成都商报、市科技顾问团
6	新型工业化道路暨产业结构调整	中国工程院院士郭重庆	金牛宾馆	市委组织部、市科技局、市科技顾问团
7	光学明天更辉煌	中国工程院院士周立伟	光明宾馆	市科技局、市科技顾问团
8	生物技术最新发展趋势	中国科学院院士魏于全	四川大学	四川大学、市科技顾问团、四川（成都）两院院士咨询服务中心
9	质量管理	中国工程院院士刘源张	四川大学	四川大学、市科技顾问团、四川（成都）两院院士咨询服务中心
10	轨道交通发展及技术问题	中国工程院院士钱清泉	西南交通大学	西南交通大学、市科技顾问团、四川（成都）两院院士咨询服务中心
11	和谐成都与统筹发展	北京师范大学教授李晓西	中共成都市委小礼堂	市委组织部、市科技局、市科技顾问团
12	自主创新发展中国信息产业	中国工程院院士倪光南	电子科技大学	电子科技大学、市科技顾问团、四川（成都）两院院士咨询服务中心
13	全球化与中国和谐社会的建立	中国社科院研究员张宇燕	西南财经大学	西南财大、市科技顾问团

续表

	演讲主题	主讲人	演讲地点	承办单位
14	全球化与中国的科学发展观	中国社科院研究员张宇燕	成都军区	成都军区
15	世界格局与我们的安全环境	中国社科院研究员张宇燕	成都图书馆	成都图书馆、成都商报、市科技顾问团
16	航天信息技术的发展	中国工程院院士钟山	成都信息工程学院	成都信息工程学院

【科技下乡活动】

1990年，组织全市性的支援农业科研器材的活动。在市政协的关心和支持下，成都地区科研单位器材协作网的12个成员单位向5个市属农业科研单位提供了97台（件）仪器设备，原值9万元，其中约5.5万元仪器设备为无偿调拨，有偿部分3.5万元的仪器设备，实际付款6500元。

1996年，中宣部、中央文明办、教育部、科技部、司法部、农业部、文化部、卫生部、人口计生委、广电总局、新闻出版总署、共青团中央、全国妇联、中国科协等14部门和单位共同组织发起文化、科技、卫生“三下乡”活动，旨在以更加实在的服务和丰富多彩的形式，密切党和政府与农民群众的联系，密切城乡关系，推动农村迈向小康社会。1997年，成都市科技局组织市第一农业科学研究所、市林业科学研究所等11个科研单位的近100名科技人员，将700余条科技信息、2万多份技术资料送到双流县中和镇、邛崃市高何镇的农民手中，受到农民欢迎。1998年1月，市委宣传部等10个部门，发布《关于继续深入开展文化科技卫生三下乡活动的通知》。决定“三下乡”活动要纳入1998年度目标管理工作，进行目标考核，实行“定人员、定地点、定任务、定指标、定奖惩”的五定办法，建立起经常下乡的机制。3月，市科协农村科普咨询服务团成立，7个专业的13名科技人员受聘担任顾问。顾问团先后赴双流县公兴乡、郫县犀浦镇、武侯区金花镇等地开展技术咨询、现场指导、科技下乡、推广引进新品种等活动10次。全年，全市组织200多个科技小组、2650人次科技人员深入185个乡镇、村，将500项农村实用技术送到农民手中，普及推广农作物栽培、家禽养殖技术和花卉新品种等实用技术、新技术199项；科技人员与农民签订技术服务协议、合同64项。1999年，组织“科技赶场”活动300多场次，共有2700多名科技人员下乡，开展技术培训、技术咨询；共赠送优良品种价值2万多元，发放科技图书、资料60多万册，出动宣传车辆300多台次；展出科技展板、挂图2000多块（幅），科技下乡从内容到形式都有了新的发展。

2002年1月17日，成都市在邛崃市高何镇红军长征纪念馆举行2002年“三下乡”活动启动式，市科技局组织10个农业科研、科技服务单位的51名科技人员，围绕经济林木栽培、畜禽疾病防治、蔬菜栽培、农副产品深加工等方面内容制作展板20个，向老区群众进行面对面的宣传和技术传授，赠送技术资料8000册。全年，全市科技人员下乡2.67万人次，共举办科技大集633场，散发科技录像带1.52万盘和科技资料830.3万份，举办技术培训6487次，普及和推广农村实用技术200项，受益群众130.7万人次。

2003年，成都市以“积极推广农业新技术和新品种、优化农村产业结构、帮助发展农村经济”为科技下乡工作思路。1月15日，成都市在双流县黄甲镇广场举行2003年“三下乡”活动启动式，市科技局组织10个农业科研院所和企业的40多名科技人员，设置展位40个，开展宣传和咨询活动，现场散发油菜、水稻、蔬菜等新品种栽培技术资料1万份，免费赠送种子和饲料250公斤、优质果树树苗8000株。7月6日，成都中医药大学2003年暑期赴马尔康科普医疗队送知识、送医疗下乡服务团社会实践小分队，赴阿坝州活动，散发家庭保健小常识资料2000份，赠送药品价值2000元，开办“冠心病、心绞痛的辨证治疗”学术讲座，听众150人。全年，市、区（市）县科技局和市级有关部门共组织5153人次科技人员下乡，举办科技大集402场，开办技术培训班3696期，赠送科技录像带和光盘592盘，散发实用技术资料237万份，培训农民约63万人次。2004年，成都市“三下乡”活动在蒲江县启动。市科技局组织7个农业科研院所和企业的30多名科技人员，设置展位22个，制作展板31个，开展宣传和咨询，现场散发技术资料和科普宣传资料1万份，赠送种子和饲料250公斤。2005年，开展文化、科技、卫生“三下乡”集中示范活动4次。

【企业科普活动】

全市各级工会利用其系统优势，组织技协会员、工程技术人员、能工巧匠和广大职工积极参与科普活动，在职工中树立科学、文明、健康的社会风尚。2001年，全市工会系统完成各类技术攻关7932项，创经济效益1.02亿元；实施合理化建议7240项、创经济效益9563万元；组织技术革新1740项，创经济效益4930万元；推广应用新工艺、新技术32项，创经济效益1.44亿元；举办技术交流、技术讲座1097期次，参与职工3.16万人次；开展技术比赛和技术表演549次，参与职工2.86万人次；开发新产品311项，创经济效益8641.13万元。2002年，全市工会系统完成技术攻关940项，实施合理化建议1.02万项、技术革新1950项，推广应用新技术、新工艺520项、创经济效益5.33亿元，岗位培训1万人次。2003年，全市工会系统组织14万职工提建议10.5万条，相关企业采纳8.61万条、实施4100条；组织16个行业、4个区（市）县的近20万职工参加了技术竞赛。

【社区科普活动】

2001年，“科普示范社区”建设深入开展，成都市科协牵头在城区开展“讲精神文明、比科学生活、建科普示范社区”活动，抓科普网络、抓科普活动品牌、抓科普阵地、抓调查研究、抓科普示范城区、抓典型引路，初步完成全市科普工作重心和格局的调整。青羊区召开科普进社区现场会，开展社区“讲、比、建”活动；金牛区白果林社区每周一、三、五晚上放映科普电影，社区居民受教育面达80%；金牛区三洞桥社区通过编发《科普文摘》《科普简报》，指导社区居民健康、科学、文明的生活，营造“讲科学、学科学、靠科学”的氛围。2002年，对城区的10个社区的科普工作进行现场调研，由市科技局、市科协和市精神文明办制定印发《关于开展科教进社区活动的通知》，启动为期2年的第二轮“创建科普示范社区”活动。2003年，四川省在成都市启动社区科普示范试点，锦江区光明社区和成华区新鸿社区进入第一批试点示范名单，探索社区科普活动的标准、方法和措施。2004年6月27日，全国科普日——四川省暨成都市科普大行动活动在人民公园举行，省、市部分领导出席，为成都市科普志愿者总队和九城区支队授旗，并带头参与“科学普及，你我共参与”签名活动。2005年5月18日，成华区科协和成都理工大学博物馆首次把“生物进化科普展览”搬进社区，居民在社区就能看到恐龙化石。9月17日，“成都科普大行动暨首届成都市城市社区科普文艺会演”在成都音乐广场举行。

【青少年科普活动】

1990年后，成都市除组织中、小学生参加

“科技之春”等大型科普活动外，还开展了多项以提高科学素质和培养创新精神为主题的青少年科普活动。举办青少年科技创造发明成果展览，开展青少年创造发明、科学论文、科技制作比赛和青少年“二十一世纪的人类社会”创意方案比赛等，参加活动的中、小学生人数每年都在100万人次以上。1998年，在全市300多所中小学组织开展“学科学、爱科学、用科学”科普活动，参加“六个小”（小发明、小论文、小制作、小实验、小种植、小养殖）和“四个一”（读一本科普书刊，听一次科技讲座或报告，看一部科教电影或电视，参观一次科普展览）活动的学生达100万人次以上，每个学生至少参加了2个项目。同年，举办全市第九届青少年“创造发明、科学论文、科技制作”比赛，通过比赛和推荐，产生市级奖（含一、二、三等）221项（篇），省级奖（含一、二、三等）22项（篇），全国奖（含二、三等）3项（篇）。在成都大熊猫繁育研究基地举办“认识熊猫，了解自然。保护环境”青少年科普展览，来自全市70多所中小学的3万多名学生参观了展览。白俄罗斯总理、厄立特里亚政府教育部部长分别率团参观了展览。另外，举办了成都市第七届青少年科技（劳动）作品制作竞赛活动和首届科普知识有奖竞赛答题活动，并组织参加了四川省第九届青少年科技发明、科学创造和科学讨论会，取得一等奖6项，二等奖8项，三等奖18项。

2000年，成都市青少年科技活动中心被中国科协、教育部等五部委授予第十届全国青少年科技创新大赛优秀组织奖，被评为全国青少年科技活动先进集体。2001年，成都市举办“第十七届青少年科技创新大赛”“青少年第四届科普知识竞赛”“第21届青少年电子作品制作比赛”等活动，创建青少年科普基点校工作取得进展。在科普活动月中，有14个区（市）县的400多所中小学组织开展青少年科技活动。全年全市有中小学生100余万人次参加科普活动，中小学生参与面超过50%，城区中小学生参与面在90%以上。2002年6月，市科技局与成都日报社联动，举办“与院士手拉手”活动，通过开通热线和新闻报道，向市民展现20多位院士的风采和奋斗成才之路，引起了青少年强烈反响。6月25日，11位小朋友与院士面对面进行了交流。7月，院士赵尔宓带领近30名中小学生组成野外科学考察队赴峨眉山进行为期3天野外科学考察。2003年，成都市先后举办“成都市第十九届青少年科技制作（规定项目）竞赛”“第十八届青少年创新大赛”“第十九届青少年科技创新暨第十四届青少年创造发明、科学论文、科技制作、少儿科幻画、信息技术竞赛”“成都市1998—2003中小学科技教育暨科创发明成果展览”，并与成都飞机工业集团公司联合举办“航空百年”大型科普展览，吸引全市15个区（市）县、400多所中小学校的100多万人次的中小学生前来参加、参观。2004年，创建“成都少年科学院”。

至2005年，全市建成“科技教育示范学校”18个、“青少年科技活动基点学校”58个。2005年1月26—28日，成都市科技局、成都商报社、四川（成都）两院院士咨询服务中心、四川省中国青年旅行社和成都市9个科普场馆联合举办“追寻科学梦想，体验科学魅力”的“2005成都科普场馆游”活动，举办单位从热线报名的400多名中小学生中筛选出180名，分3天参观了成都市首批命名的四川省图书馆、成都图书馆、四川迪康科技药业股份有限公司中药博物馆、成都市青少年活动中心、成都市锦江区红砂村花卉科普示范区、成都理工大学博物馆、四川大学博物馆、中科院成都生物研究所两栖爬行动物、植物标本馆和成都中医药大学中医药传统文化博物馆等9家科普场馆。中科院院士、著名两栖爬行动物学家赵尔宓在中科院成都生物研究所两栖爬行动物、植物标本馆为小游客进行讲解，并向小游客赠送用自己多年收集、拍摄的生物图片制作的“火花册”。

【其他科普活动】

1990—2005年，成都市组织科技人员深入城市社区、工矿企业、郊区农村，举办了多种多样的单项科普活动，如各类科普报告会、科技培训、科创比赛、科普旅游、科普征文、科普作品创作等，发挥广播、电视、电影、报刊等宣传媒体的作用，帮助干部、职工、市民、青少年增强科技意识，了解科技发展动态。成都市科普作家协会登记在册的科普创作人员200多人，每年出版10多部作品。2001年4月24日，全国首家大学生科普创作室在成都成立，四川省科普作家协会、成都科普创作中心与该中心大学生创作室20名科普创作员签订《新世纪青年百科全书》部分词条编撰协议和长篇科幻小说《梦幻罂粟花》约稿协议。2004年3月，中科院成都山地所与中国地理学会合作向中国科协申请编制地质灾害及防灾减灾基本知识挂图，2005年9月，挂图正式出版。1990—2005年，成都市通过各种形式的农村科技培训，为农村培养既懂技术又懂管理的农业科技干部、青年星火带头人和乡镇企业家。全市科技行政部门结合星火计划的实施，组织科技人员面向农村、面向农民开展星火培训，培训人数每年超过1万人次。共青团市委牵头组织开展成都市乡村青年文化节及“十万青年文化科技大传送”活动，发动机关、学校、企业的青年和农村致富能手组织青年志愿者服务队和青年文化科技大传送小分队，深入乡村开展巡回讲演、组织科技大擂台活动。市科协组织博士、硕士、专家和教授深入农村开展培训技术、解答技术疑难问题。市妇联将科普工作与农村妇女“双学双比”（学文化、学技术，比成绩、比贡献）活动相结合，通过各级妇联创办的农村妇女学校、妇女田间学校、农函大，开展针对农村妇女的培训工作，培训内容包括农业政策、法律法规、农业技术、农家旅游、WTO知识等。

科学技术群众团体简介

【概况】

1989年10月，国务院颁布《社会团体登记管理条例》。成都市在民政部门增设社会团体登记管理机构，进行社会团体清理整顿工作。同年，成都市全市性学会、协会、研究会共有90个，会员4.83万人；县级学会达515个。成都市委、市政府出台《关于转发市科协〈关于我市科技群众团体建设和发展中若干问题的意见〉的通知》，市科协系统制定《市科协发展基金会章程》《团体审批暂行办法》《优秀科技论文评选奖励办法》等20个规章制度，规范科协的管理。

1991年，召开成都市科学技术协会第四次代表大会。1996年以后，中共中央、国务院先后下发有关清理整顿社会团体、党政机关领导干部不兼任社会团体领导职务、加强民间组织管理工作等一系列文件，成都市出台相应贯彻性文件，民政部门的社团管理机构更名为民间组织管理机构。1997年，《中共成都市委关于加强和改善对科协工作的领导充分发挥科协作用的意见》出台。1998年召开成都市科协第五次代表大会。10月，成都市“十佳”农村专业技术协会评审工作全面展开，锦江区三圣乡花卉协会等10个农村专业技术协会获“十佳”专业技术协会称号。1999年3月，召开成都市民间组织管理工作会，部署今后5年的工作任务。20世纪90年代，全市共建立了10个科技学术团体。

2001年，成都市科协系统有全市性学会（协会、研究会）90个，会员6万余人；企事业科协128家，会员4万余人；全市75个街道辖区中的73个建立了科协；全市19个区（市）县、197个乡镇，建有农村专业技术协会800余个。市科协五届四次全委会审议通过《成都市科协高级会员暂行条例》，批准包括沈志云等10名两院院士在内的47名专家、学者为首批成都市科协高级会员。全市区（市）县命名的科普示范乡镇有61个，科普示范村有329个。龙泉驿区获全国科普示范县称号，温江县、双流县获四川省科普示范县称号。同年6月12日，成都市国际科技交流促进会成立。当年，组织成都市科协系统专家学者赴美国进行学术交流和考察。与日本环保学术界进行民间科技交流，日本环保专家多次到成都讲学、交流、考察，其中庆应大学教授桥本芳3次到成都考察，表示愿保持友好往来和建立合作关系。市建筑师学会邀请法国著名建筑师保罗·安德鲁到成都作了题为“国家大剧院设计方案的构想”的学术报告。

2002年，成都市下发《关于进一步加强民间组织管理工作的意见》和《关于进一步加强和改善对科协工作的领导充分发挥科协作用的意见》。根据文件和会议精神，形成登记管理机关和业务主管单位双重负责的管理体制，各级社会团体也开始第二次清理整顿工作。2003年，市科协第六次代表大会召开，时任市委、市政府的主要领导都到会祝贺并讲话。同年，成都市除“四害”协会被注销。2005年，成都市科学学会与科学管理研究会、成都市国际科技交流促进协会被注销。2005年底，经成都市民间组织登记管理机关认定的合法的科技群团共计97个。属于综合管理型的有成都市科学技术协会和成都市职工技术协会2个；属于全市性学术性科技群众团体的共计95个，其中理科类学术团体10个，工科类学术团体27个，农科类学术团体14个，医科类学术团体10个，交叉学科类学术团体34个。这些学术团体大多数以市科协为业务主管单位（只有18家以市科技局、市建委、市经委等政府职能部门为业务主管单位），大多数以行政事业单位（政府机关、学校、科研院所、医院）作为挂靠单位（有8家挂靠在企业单位，有6家无挂靠单位）。小部分科技学术团体活动开展得好，很有活力；另有一小部分科技学术团体活动较差，甚至近于自然消亡；多数科技学术团体处于中间状态，能开展一些活动，但活力不是很强。

【成都市科学技术协会】

成都市科学技术协会（以下简称“市科协”）成立于1958年，是成都地区提高与普及相结合的多学科、多层次、多功能的科技群众组织。1990年前，召开过3次代表大会。1991年召开的第四次代表大会，选举著名齿轮专家、成都工具研究所教授级高级工程师黄潼年为市科协主席。1990—1998年，市科协及所属团体，共组织各种学术活动2700多次，交流论文3.2万多篇，参加活动的人有19.7万多人次；举办学术报告讲座4000多场，听众24万余人次。1998年，召开市科协第五次代表大会，选举著名交通工程专家、中国科学院院士、中国工程院院士、西南交通大学教授沈志云为市科协主席。2003年，召开第六次代表大会，沈志云连任市科协主席。1999—2005年，连续7年每年举办1次“成都市科学技术年会”，共交流论文2000多篇，近3万人次参加年会。2005年年底，市科协由90多家全市性科技学术团体、19个区（市）县科协和近百家企事业单位科协组成。科技学术团体拥有会员6万多名；企事业单位科协中含25家民营企业科协和1家科技园区科协；各区（市）县科协下辖227个乡镇和89个街道科协、2687个农村专业技术协会，农村专业技术协会拥有会员11万余人。从1993年开始，市科协实施旨在促进科技成果转化为生产力的“金桥工程”，至2005年，共完成市级项目1305项，新增产值111.7亿元，新增利税或纯利润27.2亿元，节约资金16亿元。从1996年起，市科协每年三月组织（或参与）“科技之春”科普活动月、“科技、文化、卫生三下乡”、“科技活动周”、“全国科普日——成都科普大行动”等科普活动；在建设“标准型科普画廊”、开展青少年“学科学、爱科学”活动、创建“成都少年科学院”等方面做了大量工作。

图5-8

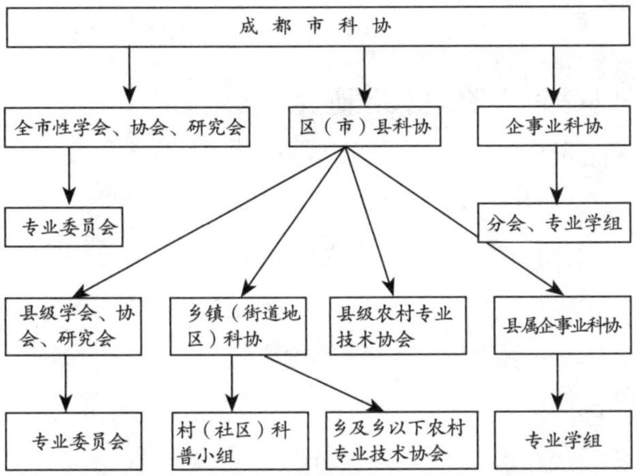

成都市科协组织结构网络图（2005年）

【成都市职工技术协会】

1963年，北京的一批工人技术骨干开展技术协作活动，成都市科协与市总工会向其学习，于每星期四晚上在市劳动人民文化宫茶园内组织开展金属切削、铸造、热处理、焊接等工种的“技术协作夜市”活动，交流先进生产技能，会商技术难题。1964年，一批劳动模范、先进生产者、技术革新能手共同发出“开展群众性技术协作活动”的倡议，由市总工会、市科委、市科协联合向市委呈报并经批准，设立“成都市职工技术协作活动日”。1973年，市总工会、市科委决定成立“成都市群众科学技术交流办公室”，负责职工技术协作日常工作。1984年，经市委、市政府同意成立“成都市职工技术协作委员会”。1989年，根据中国职工技协的通知，职工技术协作委员会改名为“成都市职工技术协会”（以下简称“市职工技协”）。

市职工技协是中国职工技协的地方组织，是成都市总工会领导下的全市企业职工开展群众性科技活动的社会团体；负责组织全市企业技术工人，针对生产中的薄弱环节开展技术攻关、技术革新、技术改造，提合理化建议，推动新产品、新工艺开发和使用，推动企业结构调整和技术升级。1994年，市职工技协拥有企业技协412家、会员3.4万人。1990—2000年，共完成技术攻关1.2万多项，创经济价值近4亿元；提合理化建议近13万条，被采纳4万多条，创经济价值约2亿元；推广新技术、新工艺、新产品2900多项，开发新产品、新技术6600多项，创经济价值约4亿元。

2005年，市职工技协开展技术练兵比武和百万职工技能大赛，涉及14个行业28个工种，参赛单位600多家，参赛职工20多万人，选拔出决赛选手2938名；通过技能比赛，485人晋升为高级技工，63人晋升为技师。至2005年年底，市职工技协有企业职工技协近百家，能经常开展活动的约30家。

【四川咨询业协会】

1997年3月，四川咨询业协会成立。为全省科技咨询服务行业的民间组织。该协会由24位两院院士和73名教授、研究员、高工组成专家委员会，原四川省领导康振黄担任主任委员、副主任委员为院士刘宝珺。该协会的主要任务是对全省的科技咨询评估行业实行归口管理，负责对全省咨询行业的企事业单位及从业人员的资质、信誉等级、执业资格进行评审；宣传党和国家的有关政策、法规并监督检查执行情况；开展学术交流，反应业界人士的意见和建议，维护其合法权益等。截至2005年年底，在四川咨询业协会的团体会员中，成都地区有170余家，其中，具有甲级资质的有120多家，从业人员中有高级咨询师和咨询师近3000人。

【成都高新区孵化器协会】

至2001年，成都市高新区的孵化器已形成网络体系，其中的9家国家级孵化器（成都高新区技术创新服务中心、成都高新技术创业服务中心、成都留学人员创业园、国家信息安全成果产业化基地专业孵化器、四川大学国家大学科技园、电子科大国家大学科技园、国家集成电路设计成都产业化基地、西部软件园、国家863软件专业孵化器四川基地），于2001年发起并成立成都高新区孵化器协会，协会成员单位间资源共享、优势互补、共同发展。2005年，成都高新区孵化器协会共有32家成员单位，孵化场地55.7万平方米，入驻企业1219家，从业人员2.93万人，实现产值66.27亿元、利税11.95亿元。

【成都创业投资协会】

成都创业投资协会于2001年开始组建，于2002年3月28日正式成立，并召开第一届会员代表大会。大会通过协会章程，选举出第一届领导班子，会长由张景文担任。协会业务上接受市科技局指导，并受市民政局监督管理。成都创业投资协会首届有团体会员44个，个人会员17名，聚集了一批创业投资公司和科技风险投资公司，以规范从业行业行为，整合成都创投力量。2002年，创办内部交流刊物《成都创业投资》，探求创业投资理论及规律，介绍国内外创业投资经验，推荐有发展前景的科技项目等。2003年，邀请国内外风险投资专家对全市近200名风险投资从业人员和科技企业相关人员开展业务培训。

【成都中医药现代化协会】

2005年7月27日，由成都中医药大学、成都市生物医药技术服务中心等5家单位发起的成都中医药现代化协会举行成立大会，共有46家中医药相关会员单位的代表参加。大会通过了协会章程，推选成都中医药大学校长范昕建担任协会会长；成都市中西医结合医院院长张艺、四川省中医药研究院副院长曹定知、四川迪康科技药业股份有限公司董事长孙继林、成都华高药业有限公司阳明福担任副会长；成都市生物与医药技术服务中心主任杨靖担任秘书长。

2005年成都市理科类学术团体一览表

表5-42

序号	名称	成立时间	挂靠单位	备注
1	成都市应用数学学会	1979年3月6日	四川大学数学学院	原名：成都市应用数学推广协会
2	成都市物理学会	1979年3月30日	四川大学物理学院	
3	成都市激光学会	1979年10月24日	电子科技大学宽带光纤传输与通信系统技术重点实验室	
4	成都市数学会	1980年1月13日	成都市教育学院	
5	成都市生物化学学会	1981年8月17日	四川大学生命科学学院	
6	成都市环境科学学会	1982年8月25日	成都市环境保护局	
7	成都市地理学会	1983年5月20日	成都市教育科学研究所	
8	成都市防震减灾协会	1984年11月4日	成都市地震局	原名：成都市地震学会
9	成都UFO研究会	1986年7月30日	四川教育学院	
10	成都市气象学会	1989年2月16日	成都市气象局	

2005年成都市工科类学术团体一览表

表5-43

序号	名称	成立时间	挂靠单位	备注
1	成都市机械工程学会	1961年8月14日	宁江机床集团公司、成都重型轴承研究所	
2	成都市金属学会	1962年	攀钢集团成都钢铁有限责任公司	
3	成都市土木建筑学会	1962年4月21日	成都市建设委员会	原名：成都市建筑学会
4	成都市电机工程学会	1963年12月6日	成都电业局	
5	成都市纺织工程学会	1979年5月10日	四川棉纺织有限公司	
6	成都市计量测试学会	1979年12月6日	成都市质量技术监督局	
7	成都市表面处理研究会	1980年3月21日	成都科学技术服务中心	
8	成都自动化研究会	1980年10月	成都科学技术服务中心	
9	成都市包装技术协会	1981年6月28日	成都市经济委员会	
10	成都市轻工学会	1981年8月20日	原成都市轻工业局	
11	成都市公路学会	1981年9月21日	成都市交通委员会	
12	成都市能源研究会	1981年10月18日	成都市经济委员会	
13	成都市质量管理协会	1982年3月30日	成都市质量技术监督局	
14	成都微电脑应用协会	1982年4月16日	四川大学制造学院	原名：中国微电脑应用协会成都分会
15	成都市粘结协会	1982年11月17日	中兰晨光化工研究院	
16	成都市电子学会	1982年12月25日	成都市经济委员会	
17	成都市标准化协会	1985年8月23日	成都市质量技术监督局	
18	成都照明学会	1987年7月	中国测试技术研究院	
19	成都市汽车工程学会	1988年2月11日	西华大学汽车工程系	
20	成都电工技术学会	1988年6月	无	
21	成都市有色金属学会	1988年10月26日	成都电冶厂	
22	成都电力电子学会	1988年12月7日	西南交通大学电气学院	
23	成都市消防协会	1988年12月9日	成都市公安局消防支队	原名：成都市消防技术协会
24	成都市通信学会	1991年10月3日	成都市电信分公司	
25	成都高层建筑机电工程学会	1994年10月22日	无	
26	成都市建筑师学会	1996年12月	成都市建筑设计研究院	
27	成都市材料科学与工程学会	2001年4月20日	中国核动力研究设计院	

2005年成都市农科类学术团体一览表

表5-44

序号	名称	成立时间	挂靠单位	备注
1	成都市水利学会	1947年12月	成都市水务局	
2	成都市畜牧兽医学会	1961年5月22日	成都市农业委员会	
3	成都市园艺学会	1962年11月	成都市第一农科所	
4	成都市水产学会	1979年3月	成都市水务局	
5	成都市作物学会	1979年4月	成都市农业技术推广中心	
6	成都市风景园林学会	1980年2月5日	成都市园林局	原名：成都市园林学会
7	成都市林学会	1983年4月28日	成都市林业局	
8	成都市农村金融学会	1983年7月	中国农业银行四川省分行	
9	成都市花卉盆景协会	1983年12月19日	成都市园林局	
10	成都市蜂业学会	1984年1月6日	成都市养蜂管理站	
11	成都市农经学会	1984年12月29日	成都市农业委员会	
12	成都市农业机械学会	1985年8月	成都市农业委员会	
13	成都市乡镇企业技术协会	1988年4月16日	成都市中小企业局	
14	成都市农村专业技术协会	1999年9月23日	成都市科学技术协会	

2005年成都市医科类学术团体一览表

表5-45

序号	名称	成立时间	挂靠单位	备注
1	成都医学会	1937年5月29日	成都市卫生局	原名：中华医学会成都分会
2	成都药学会	1942年11月11日	成都市食品药品监督管理局	原名：中国药学会成都分会
3	成都护理学会	1956年3月25日	成都市卫生局	原名：中华护理学会成都分会
4	成都中医药学会	1964年1月21日	成都市卫生局（成都市中医药管理局）	原名：中华全国中医药学会成都分会（1943.7曾建立成都市中医师公会）
5	成都市防痨协会	1979年1月24日	成都市结核病防治院	原名：中国防痨协会成都分会
6	成都中西医结合学会	1982年6月8日	成都市第一人民医院	原名：中国中西医结合研究会成都分会
7	成都市计划生育协会	1984年4月28日	成都市人口与计划生育委员会	
8	成都卫生经济学会	1985年10月28日	成都市卫生局	
9	成都市除四害协会	1988年12月20日	成都市爱国卫生运动委员会办公室	2003年注销
10	成都针灸学会	1989年7月11日	成都市中医医院	
11	成都预防医学会	1990年9月12日	成都市疾病预防控制中心	

2005年成都市交叉学科类学术团体一览表

表5-46

序号	名称	成立时间	挂靠单位	备注
1	成都市科普作家协会	1979年1月24日	成都市科学技术协会	原名：成都市科普创作协会
2	成都市科学技术情报学会	1979年4月10日	成都市科学技术情报研究所	
3	成都市青少年科技教育协会	1979年12月	成都市科学技术协会	原名：成都市青少年科技辅导员协会
4	成都市科学学与科学管理研究会	1980年9月9日	成都科技发展研究中心	2005年注销
5	成都市自然辩证法研究会	1981年1月17日	无	
6	成都企业联合会	1981年5月	成都市经济委员会	由原成都市企业家协会、成都企业管理协会合并后更名
7	成都市老科学技术工作者协会	1981年7月8日	成都市科学技术协会	原名：成都市退休科技工作者协会
8	成都市财务成本研究会	1981年8月	无	
9	成都市电子仪表质量管理协会	1982年7月5日	成都市经济委员会	
10	成都市珠算协会	1982年11月26日	成都市财政局	
11	成都市会计学会	1982年11月26日	成都市财政局	
12	成都市房地产及城市住宅研究会	1982年12月22日	成都市房地产管理局	
13	成都市财政学会	1982年12月26日	成都市财政局	
14	成都市统计学会	1983年9月13日	成都市统计局	
15	成都市档案学会	1983年11月22日	成都市档案局	
16	成都市城市科学研究会	1984年7月18日	成都市建设委员会	
17	成都市科学技术咨询协会	1984年9月19日	成都市科学技术协会	
18	成都市税务学会	1985年1月10日	成都市国家税务局	
19	成都市人才研究会	1985年1月30日	成都市人事局	曾改名：成都市人才发展研究会
20	成都市劳动学会	1985年7月10日	成都市劳动和社会保障局	
21	成都市继续工程教育协会	1986年1月30日	成都市人事局	
22	成都市女知识分子联谊会	1986年6月30日	成都市妇女联合会	
23	成都市审计学会	1986年10月9日	成都市审计局	
24	成都市企事业科协研究会	1987年2月20日	成都市科学技术协会	原名：成都市厂矿科协研究会
25	成都市职业安全健康协会	1987年12月25日	成都市安全生产监督管理局	原名：成都市劳动保护科学技术学会
26	成都市学会研究会	1990年1月11日	成都市科学技术协会	
27	成都市计划学会	1990年7月	成都市发展与改革委员会	
28	成都市信息协会	1992年11月17日	成都市经济信息中心	
29	成都市烟草学会	1994年7月14日	成都市烟草专卖局（公司）	

续表

序号	名称	成立时间	挂靠单位	备注
30	成都翻译协会	1995年10月27日	无	原名：成都科技翻译研究会
31	成都市公共环境艺术协会	2000年8月9日	成都市建设委员会	
32	成都市国际科技交流促进协会	2001年6月12日	成都市科学技术协会	2005年注销
33	成都市工程咨询协会	2001年10月	成都市科学技术协会	
34	成都市河流研究会	2003年6月5日	成都市府南河管理委员会	
35	成都市食品技术开发应用协会	2004年2月27日	无	
36	成都市图书馆学会	2004年9月1日	成都图书馆	

科学技术研究机构

中国科学院成都分院

【概况】

1958年，中国科学院四川分院成立；1962年，更名为西南分院，1970年，下放四川省管理；1978年，恢复重建，改名为中国科学院成都分院。中国科学院成都分院系统除分院机关外共有7个中科院属单位，即光电技术研究所、成都生物研究所、成都山地灾害与环境研究所、中科院成都有机化学有限公司（中科院成都有机化学研究所）、中科院成都信息技术有限公司（中科院成都计算机应用研究所）、成都中科唯实仪器有限责任公司（中科院成都科学仪器研制中心）、中科院国家科学图书馆成都分馆（中科院成都文献情报中心）。拥有一批国家级、院级和联合创办的重点实验室、工程技术中心、野外台站。研究的学科范围和技术领域包括数学、化学、生物学、地学、力学、光学、电子学、机械学、材料科学、计算机科学、文献情报学等。在自适应光学、微电子、激光、光机电一体化、天然产物研究、遗传育种、不对称合成、高分子材料、天然气转化、计算机应用系统、智能教学软件研究开发、山地生态环境及灾害防治研究、科学仪器研制、科技信息咨询等方面有较大优势。

2005年，有在职职工3000多人，其中有中国科学院院士2人、中国工程院院士2人，研究员（含同级科技人员）165人，副研究员（含同级科技人员）403人。科技人员中有四川省学术和技术带头人42人、国务院特殊津贴专家218人、博士（含博士后）及硕士共387人。有博士学位授权点10个，博士后科研流动（工作）站5个，硕士学位授权点30个，在读硕士生、博士生和在站博士后共1000余人。共承担科研项目789项，争取科研经费2.9亿元，获奖成果6项；申请专利105项，获授权专利52项；出版专著7部、发表论文751篇；成果转化、技术服务实现产值18.88亿元、利税4.06亿元；院地合作项目355个，合同金额1.48亿元；促进成都计算所张景中院士与四川大学魏于全院士开展计算生物学这一前沿交叉学科研究并筹建联合实验室“华西生物学联合实验室”。

【中国科学院光电技术研究所】

1970年始建。2005年，全所有职工1176人，其中科技人员700人。科技人员中有中国工程院院士1人、研究员56人、副研究员和高级工程师等150人，进入创新工程人员431人。有涵盖7个一级学科的光学工程博士后科研流动站，有光学工程、测试计量技术及仪器、信号与信息处理等博士学位授权点3个，有光学工程、物理电子学、检测技术与自动化装置、测试计量技术及仪器、信号与信息处理、精密仪器及机械等硕士学位授权点10个；有在学博士生111人，硕士生202人，博士后2人。

该所拥有微细加工光学技术国家重点实验室、国家“863”计划（1986年3月启动的“国家高技术研究发展计划”）自适应光学实验室和光束控制实验室等，有光束控制、自适应光学、光电跟踪测量、微光学与微电子光学、能动光学制造、航空航天光学、生物医学光学等7个主要研究领域。研制成功“人眼视网膜成像自适应光学系统”、微透镜列阵、折衍混合光学成像系统，红外探测器耦合技术研究与应用在国内有较大影响，形成自适应光学、能动光学器件、纳米级微驱动定位技术等3个特色研究方向，被国外同行称为“世界上规模最大的自适应光学技术研究群体”。研成多种不同类型的光电经纬仪，产品技术指标与性能达国际先进水平。

2005年，该所研究人员在期刊上发表论文166篇，在国际各种学术会议上发表论文35篇，被SCI收录论文14篇，被EI收录116篇；主要出版刊物《光电工程》被美国国际工程索引（EI）收录。获省部委级科研成果奖4项，申请专利57项，其中发明专利56项（发明专利授权20项）。新产品收入占产品技术总收入23%～35%。

【中国科学院成都生物研究所】

成立于1958年，先后名为中科院四川分院农业生物研究所、中科院西南生物研究所、四川省生物研究所，1978年，启用现名；1999年，为中科院知识创新工程试点“西南生物资源与生物多样性保护研究发展基地”。主要研究领域有天然产物（重点是天然药物）、恢复生态学与生物多样性、两栖爬行动物、环境微生物与环境工程和农业生物高新技术与育种。

2005年，全所有职工304人，其中科技人员197人、中国科学院院士1人、研究员34人、副研究员及高级工程师51人、进入知识创新工程104人。有植物学、动物学、环境科学、药物化学4个博士学位授予点和动物学、植物学、生态学、药物化学、微生物学、环境科学6个硕士学位授予点，在学博士后2人、博士研究生102人、硕士研究生107人。有“天然产物共用实验室”“生态学共用实验室”“分子生物学共用实验室”三个技术平台，以及多种大型仪器设备和5个野外生态站；标本馆馆藏两栖爬行动物标本10万余份，以长江上游特别是横断山标本为特色的植物标本25万份。全所承担国家攻关课题、“863”课题、“973”课题、基金项目等109项，开展国际合作项目10余项，合同经费220多万元；发表科技论文228篇，出版科技专著6部。获四川省科技进步奖一等奖1项、三等奖1项，广东省科技进步奖一等奖1项；申请专利20件，获准授权专利9件；该所研制的脱落酸原药20吨发酵罐生产线连续生产2年，发酵产酸水平达到2.0克/升；与地方签订横向合作合同34项。该所主办的《应用与环境生物学报》是中国科学引文数据库、中国科技论文统计与引文分析数据库的收录刊物。

【中国科学院·水利部成都山地灾害与环境研究所】

由1963年成立的中科院地理研究所西南地理研究室发展而来，先后更名为中科院地理研究所西南分所、中科院成都地理研究所等。1989年，实行中科院和水利部双重领导，更现名。2002年，进入中科院知识创新工程，是中科院唯一以研究山地灾害与环境为主攻方向的研究所。拥有东川泥石流观测研究站、贡嘎山高山生态系统观测实验站等在内的7个野外台站，以及中科院山地灾害与地表过程重点实验室、长江上游环境和灾害信息平台等，具有山地灾害形成机理与环境退化、山地灾害防治与环境保育技术示范、山区生态安全与可持续发展战略等3个重点研究方向与领域的研发能力。

2005年，全所有职工242人，其中科技人员157人、研究员（包括正研级高级工程师）80人、副研究员与高级工程师39人，进入知识创新工程人员105人。有自然地理学博士点和地理学博士后科研流动站及岩土工程学等6个硕士点，在读博士生78人、硕士生73人。在研各类课题约80项，发表论文232篇，出版专著、科普读物10部。主办的《山地学报》为中国自然科学核心期刊之一；英文季刊*Journal of Mountain Science*由国际著名杂志发行商Springer负责国际发行与索引推介。有2项重大决策咨询报告获得国家重要领导人批示。

【中国科学院成都有机化学有限公司】

1958年成立，初名中国科学院成都有机化学研究所。2001年，转制更名为由中科院直接控股的中科院成都有机化学有限公司，成为以精细化工和材料领域的技术创新和产业发展为重点的高新技术企业，是科技部认定的“国家高技术研究发展计划成果产业化基地”。该公司由手性药物国家工程研究中心（筹）、催化新材料与技术基地、能源材料与储能器件基地、功能高分子材料基地、不对称合成与手性技术四川省重点实验室、中科院皮革化工材料工程技术研究中心、四川省企业技术中心、中科院成都分院分析测试中心与图书情报中心等研发平台和成都中科高分子材料股份有限公司等控股高新技术企业组成。

2005年，公司有职工358人，其中科技人员304人，具有副高以上职称科技人员113人、博士生导师24人，国家自然科学杰出青年基金获得者2人、中科院“西部之光”人才（1996年开始实施的，为促进西部地区科技事业发展，由中科院和地方政府共同推动的一项区域性人才工作计划）14人、四川省学术和技术带头人11人，四川省突出贡献优秀专家8人。设有机化学、物理化学、分析化学、应用化学、高分子化学与物理5个硕士点，有机化学、应用化学2个博士点，1个化学博士后科研流动站，在学博士生90人，硕士生78人，在站博士后2人。承担各类科研项目86项，发表论文152篇。编辑出版的《合成化学》《中国西部科技》、*Journal of Natural Gas Chemistry*学术刊物国内外公开发行；申请专利33项（其中发明专利32项），获授权发明专利24项，拥有专利权及在审专利157项。签订50项对外合作合同，合同金额1592万元。到位经费1092万元；2004年，公司成果转化、科技产业化主营业务收入5368万元。

【中国科学院成都信息技术有限公司】

原为1958年创立的中国科学院成都计算机应用研究所。2001年，转制为中科院控股的四川中科院信息技术有限公司。2005年，更名为中科院成都信息技术有限公司。公司系中国与四川省软件行业协会理事单位，具有以计算机软件为重点的电子信息领域相关技术产品的开发、生产、销售、服务能力，以及计算机应用与计算机通信系统工程设计与实施能力。

2005年，有职工283人，其中技术人员205人、中科院院士1人、高级专业技术人员25人，四川省学术和技术带头人及后备人选4人、四川省青年技术创新带头人1人。有计算机软件与理论博士点1个，计算机科学与技术博士后科研流动站1个，计算机软件与理论、计算机应用技术、应用数学硕士点3个，在读研究生96人。发表论文58篇，出版专著8部。主办的《计算机应用》为我国科技核心期刊之一。自主开发“巨微1.0”软件平台。有建筑智能化系统集成商（甲级）资质和电子通信广电类电子工程设计（乙级）资质，注册产品商标2个，申报发明专利1项、实用新型专利3项、外观设计专利1项；后台选举系统、大席位有线表决系统已为大型会议提供服务。新签8000万元合同额中，烟草行业合同达4500万元、印钞行业合同达1300万元。全年总收入9247万元，总资产9542万元。

国务院部门和央企属科技机构

【概况】

1990年，国务院部门属在成都市县级以上独立科技机构有70多个。随着科研院所管理体制改革的逐步深化，有的转制为科技型企业、有的重组合并、有的划归地方管理，总数有所减少。原国家技术监督局中国测试技术研究院、原国家有色金属工业局四川省有色冶金研究院、原冶金工业部西南地质勘查局科学研究所（随局属地化并更名为四川省冶金地质勘查院）等划归四川省政府管理；原信息产业部四川省电信规划设计院与四川省邮电设计院、成都市电信局通信规划设计院整合转制而成四川通信科研规划设计有限责任公司；原国家测绘局四川省测绘科学研究所与国家测绘产品质量监督检验测试中心、四川省测绘档案资料馆、四川省技术监督局测绘产品质检站合署组成四川省基础地理信息中心，并交由四川省测绘局管理；原国家体育总局成都运动创伤研究所则转制为“成都体育医院”（四川省骨科医院），并由四川省中医药管理局归口管理等。截至2005年，成都有国务院部门属在成都市县级以上独立科研机构32个（未包括中科院属机构），其中有成都铁路局科学技术研究所、四川通信科研规划设计有限责任公司等民口机构20个，有成都军研生物医学研究所等军口机构12个。在民口机构中，有13个科研机构转制。除此之外，另有国务院部门属在成都市县级以上事业单位类科技机构十余个。

【国土资源部成都地质矿产研究所】

又称中国地质调查局西南地质调查中心，1962年创建。1978年，更名成都地质矿产研究所；2005年，隶属于国土资源部中国地质调查局，是国土资源部主要负责西南地区地质调查和矿产资源勘查评价和开发、西南地区地质矿产工作规划、项目管理和资料信息管理的专业地质调查研究机构。业务主要涉及：地球科学研究、矿产资源研究、盆地分析及油气评价、区域地质调查、矿产资源勘查与评价、地矿资源检测、地质勘查报告审查与评估、地下水资源调查与研究、环境地质调查与评价，地质灾害防治与评价、水文地质工程地质调查与勘查、地球物理与地球化学勘查。沉积地质与能源地质、青藏高原地质、矿产资源调查与评价为该所优势领域。该所拥有扫描电镜、电子探针、原子吸收仪、阴极发光显微镜、光谱仪、数字旋转磁力仪等大型设备和岩矿分析测试等技术手段和部级重点实验室——沉积盆地与流体动力学研究开放实验室。公开出版发行地学专业杂志《沉积与特提斯地质》（季刊）。建所40多年，获得成果340余项，其中，获国家、部、省成果奖120余项，在国际、国内刊物上发表论文1400余篇、出版专著95部。与国际、国内高校、研究机构、著名地质学家、国际性地学组织有较为广泛的联系，与美、英、法、德、日、澳、加、瑞（士）、荷、俄、印、泰等数十个国家地质学家开展合作、交流。

2005年，该所地址为成都市一环路北三段新82号，有职工260余人（其中专业技术人员160人），拥有中国科学院院士1人、四川省学术和技术带头人7人（后备人选7人）、享受国务院特殊津贴者26人（含离退休人员）、全国技术能手2人、博士导师4人、硕士导师7人、博士29人、硕士34人，具有高级技术职称人员89人，并拥有硕士学位授予权。

【中国地质科学院探矿工艺研究所】

1962年，地质部西南地质科研所第7研究室成立。1978年，更名探矿工艺研究所，隶属于国土资源部中国地质调查局。主要从事地质勘探、石油钻井、隧道、岩土工程领域的钻凿技术方法、钻凿工具、仪器仪表等方面的新技术、新材料、新器具的研究开发、工程勘察设计、产品制造、技术服务和工程施工。为近100个矿源地的勘探提供了钻探技术、钻探方法、钻探工艺等服务。该所研制的定向取心技术、钻井测斜技术、潜孔锤跟管钻进技术在国内外处于领先水平；不提钻换钻头钻具、受控定向连续造斜器及配套工具等两项成果分别获地矿部科技成果一等奖；研制的系列监测仪器仪表和网络系统，整体提高了我国对地质灾害的监测、预报和防治水平；完成工程施工及地质灾害治理工程20余项，其中长江三峡链子崖危岩治理工程、三峡大坝永久性船闸锚固工程、宜昌污水处理隧道工程、二郎山隧道西引道边坡整治工程、云南楚大和大保高速公路边坡治理工程、四川广邻、西冕高速公路边坡治理工程、三峡库区奉节县移民工程取得良好效益。

2005年，该所地址为成都市一环路北二段1号，有专业技术人员104人，其中高级专业技术人员61人，有突出贡献中青年专家3人，获李四光地质科学奖1人，享受政府津贴13人，跨世纪人才1人。建所以来共取得科研开发成果80余项，其中获得国家发明三等奖1项，国家科学技术进步三等奖1项，部科技成果一等奖3项、二等奖6项、三等奖17项。

【中国地质科学院矿产综合利用研究所】

1964年，创建地质部矿产综合利用研究所。1969年，由北京迁至四川峨眉县。1980年，创办《矿产综合利用》杂志。1992年，迁成都市二环路南三段5号；1999年，更名为中国地质科学院成都矿产综合利用研究所；2001年，改用现名；2002年经国土资源部批准同时成为中国地质调查局金属矿物利用技术中心；2005年，划归中国地质调查局直属管理，系国内仅有的两家以矿产综合利用为专业的部属科研院所之一。该所具有地质勘查、岩矿鉴定、矿物工程、冶金化工、分析测试、环境治理、环境评价等专业、技术力量，主要任务是配合国家地质找矿开展矿产资源可利用性评价，研究矿产综合利用新技术、新方法、新工艺，开拓新资源、提高资源综合利用和保障程度，为国家资源开发规划和决策提供科学依据，为矿山设计提供技术支撑。2005年，承担各类科研课题50项，科研经费1007.27万元，编写研究报告24篇，获年度设计优秀项目6项、实用新型专利1项，发表论文10篇，获四川省科技咨询工作先进单位一等奖和科技统计先进单位称号。

多年来，该所对国内外1000多个矿区的矿产资源进行赋存状态、物质组成、选冶工艺和建厂设计方案的试验研究，提交各类试验研究报告2000余份，为我国建设以攀西钒钛磁铁矿、白云鄂博稀土铌铁多金属矿、金川铜镍矿三大共生矿为标志的大型资源基地提供了可靠的决策依据和战略性的基础资料；使宜昌胶磷矿、广西下雷碳酸锰矿、内蒙古黄岗铁锡矿等复杂难选冶、低品位、新类型矿产从“难利用矿”变成“可利用矿”。

【中国民用航空总局第二研究所】

1958年成立于北京，初名中国民用航空局科学研究所，1970年迁建新津。1990年，搬迁至成都市二环路南二段17号。2000年，转制为科技型企业，是民航总局的民航空管重点实验室依托单位和十大科研基地之一，是集科研、开发、设计、安装、调试、技术支持和售后服务为一体的综合科研开发机构。该所主要从事机场电子工程、信息管理系统、空中交通管制系统设备、航空化学产品、农林航空技术的设计、研究、开发、生产、销售，及航化产品合格性能、民用飞机非金属材料阻燃性能、农林航空喷洒设备的技术测试。为民航机场、空管以及航空公司提供相应专业自动化系统的咨询、设计、集成、安装及维护服务，提供道面维护、发动机清洗、客舱清洁等所需的航空化学产品以及技术支持和技术测试。获得科技成果奖195项次，其中国家发明奖1项、国家级奖14项。有机场弱电、空管设备、航化产品、空港物流、航空安全等专业、数十个门类的产品应用到全国50多家机场、30多家空管部门和80%的航空公司之中。

【中国医学科学院输血研究所】

1958年创建于天津，初名中国医学科学院输血及血液学研究所血站。1965年，迁至成都市肖家村三巷3号并更现名，隶属于中国医学科学院中国协和医科大学，是我国从事输血医学研究、血液制品开发与中试生产、为全国培养和培训高中级输血医学专业人员并提供有关输血医学的信息交流和咨询服务的国家级应用开发型研究所。1988年，成为中国红十字血液中心，主办《中国输血杂志》《国外医学输血及血液学分册》《输血通讯》等3个学术及信息性刊物。

至2005年，该所在血型血清学、临床输血与成分输血技术的推广、输血传染病的防治研究、细胞工程和血浆蛋白制品、输血材料与器具及计算机软件开发等领域有40多项科研成果通过鉴定和获奖，其中获国家级成果奖6项、卫生部科技进步奖3项、四川省科技进步奖20多项，获中国专利7项。该所开发生产的人血白蛋白、静脉注射免疫球蛋白、凝血因子Ⅷ浓制剂等十多种血液制品畅销全国。全资或参股3个公司，其中四川省脐血干细胞中心有限责任公司致力于中国西部地区首家脐血干细胞库建设，2003年发现的2个新的HLA等位基因已得到世界卫生组织认可，被命名HLA-B*5516和HLA-B*1313；四川协和生物技术有限责任公司开发出10多种出凝血试剂，质量可与国外进口试剂相媲美；成都艾贝特血液技术有限责任公司从事输血袋、输血过滤器系列产品的开发生产，产品畅销全国。2005年，全所职工289人，有博士生导师3人、硕士生导师9人，历年培养博士、硕士30多人，为全国培养大专水平输血专业人才103人。

【中国气象局成都高原气象研究所】

1978年创建，由原成都高原气象研究所（四川省气象科学研究所）整合重组而成，隶属于中国气象局，是中国高原气象科学专业研究机构和气象专业人才培养基地，是西南地区气象业务服务、防灾减灾气象信息服务与生态环境建设和保护的工程技术研发中心。2005年，该所地址在成都市光华村街6号，有科研人员56人（含流动岗位人员），其中研究员25人、副研究员11人。拥有高原气象开放实验室、青藏高原大气边界层野外观测站、青藏高原理塘综合大气观测站、卫星接收设备、曙光64位计算机和网络系统等。该所以青藏高原及其复杂地形对天气气候、特别是对区域灾害性天气气候与生态环境变化的影响，及其相关重大科学技术问题和关键技术为研究领域，研究重点集中在青藏高原大气观测和信息采集、高原山地数值预报模式和预报技术、高原陆面过程和地气相互作用对我国灾害性天气气候与环境的影响等3个方面。主持、合作完成重大项目数十项，在高原季风、高原热力作用与旱涝灾害、高原隆升对气候的影响、高原周边数值预报、高原地区泥石流监测、高原地区大气观测等方面取得一批有价值的成果。有39项研究成果获省部级以上科技成果奖，10项成果在全国部分省、地业务单位推广应用。

【中国成达工程公司】

1955年创建，前身为重工业部化工局化学工业设计院。1958年，从中分出西南化工设计研究分院；1965年组建化工部第八设计院；1985年，改制更名为中国成都化工工程公司；1992年，更名为中国成达化学工程公司；2003年，定名为中国成达工程公司。该公司拥有化工工艺、化学工程、系统工程、管道工程、设备、机械、数控、建筑、结构、总图、给排水、电气、电讯、热力工程、采暖通风、概算预算、技术经济、化学分析、安全卫生、环境保护、技术情报、计算机应用、模型工程等数十个专业，拥有包括中国工程院院士在内高级专业技术人员数百人。是以设计为主体实行工程总承包的国际型工程公司。

1993年，该公司被建设部、国家统计局、中国建设企业评价中心评定为“中国勘察设计综合实力百强单位”第4名，1992年、1998年对外贸易经济合作部先后授予其对外经营权、对外工程承包权和进出口经营权。1995—2002年，数度进入国际权威机构公认的世界225家最大的国际工程承包公司和200家国际设计公司排行榜。该公司有300余项成果获得国家、部、省级奖励。编写数百个国家、部级设计标准、规范、规程、规定、手册，在纯碱、氯碱、合成氨、甲醇、甲醛、三聚氯氰等拳头产品方面拥有一批专利及专有技术，在国内占有领先优势。先后承担国内纯碱、氯碱、合成氨、尿素、炭黑、甲醇、聚苯乙烯、丁苯胶乳等项目的工程总承包，并向巴基斯坦、印尼、乌兹别克斯坦、苏丹等国家和中国香港地区10多个工程项目出售成套设备以及承担工程设计、设备材料采购、施工管理和试车指导等。

【中国昊华化工集团公司西南化工研究设计院】

1958年，化工部西南化工设计研究院成立；1965年更名为西南化工研究院；1971年，更名为四川省化工研究院；1978年，复称西南化工研究院；1993年，获国家首批科研院所自营进出口外贸权；1996年更名西南化工研究设计院；1999年，整体转制为科技企业，进入中国昊华化工集团总公司；2001年，发起组建的四川天一科技股份有限公司在上海证券交易所上市；2003年，获得国家高新技术企业称号。主要研究方向是：气态烃脱硫工艺及脱硫剂，烃类转化工艺及催化剂，冶金、机械、电子工业用还原气、保护气的工艺、装置及催化剂，一碳化学（合成气化学品、甲醇化学品、甲醛化学品、一氧化碳及二氧化碳化学品等），乙炔化学品和各种精细化学品，变压吸附气体分离技术和装置，特种气体、混合气和标准气的配制，分析测试方法及仪器，微机应用及自控仪表，超临界萃取天然植物中有效成分，化工开发设计，化工过程技术经济评价，化工信息调研等。主编《天然气化工》和《甲醇与甲醛》。与荷兰5家单位联合承担，在该院建成荷兰政府PSOM项目“中荷工业污水分离技术中心”。

2005年，该院有职工1600余人，其中，教授级高工25人、高级工程师158人。建院以来共完成科研项目560余项，其中220多项获得国家级、省部级科技进步奖，37项获得国家专利授权。其甲醇羰基化合成醋酸、甲酰吗啉、转化催化剂、低压合成甲醇、甲醇脱氢制二甲基甲酰胺、甲醇脱水制二甲醚、甲醇裂解制氢、合成甲醇催化剂、变压吸附制氢等成套工业装置和产品应用于全国800多家化工、石化、食品、冶金、机械、军工等企业，并出口美国、欧洲、亚洲等国家、地区。

【中蓝晨光化工研究院】

从1965年开始，北京化工研究院、沈阳化工研究院、上海化工研究院和上海医药工业研究院的部分专业联合创建化工部晨光化工厂一分厂、化工部晨光化工研究院一分院。1985年，接受联合国工业开发署援助成立“化工部成都有机硅应用研究技术服务中心”。1987年，从四川富顺县迁到成都市人民南路四段30号。1999年，整建制进入中国蓝星（集团）总公司，改称中蓝晨光化工研究院。该院主要从事有机硅材料、改性塑料及工程塑料、精细化工、皮革化工、化工机械等领域的研究开发和生产销售、分析测试、信息服务、工程设计。是国家有机硅工程技术研究中心、国家受力结构工程塑料工程技术研究中心、国家合成树脂质量监督检验中心、国家合成材料检验实验室、全国塑料标准化技术委员会、化学工业皮革化工材料工程技术研究中心等机构的依托单位。该院拥有“晨光”品牌。《塑料工业》《有机硅材料及应用》《天然产物分离》等杂志编辑部依托该院。2005年，全院拥有总资产约1.4亿元，职工300余人，其中，技术人员占

70%，有教授级高工11人，享受政府特殊贡献津贴专家34人，具有高级职称的科技人员100余人。

至2005年，共承担国家“863”高技术项目、国家科技攻关项目等800余项，取得科技成果500多项，有260多项获奖，其中获国家科技进步奖、国家技术发明奖20多项，获省部级科技进步奖120多项；申请国内外专利56项，43项获专利权。1985—2005年，转让技术140余项次，辐射全国20个省、自治区、直辖市以及中国香港、台湾地区的近200个企业，部分技术辐射印度、罗马尼亚、波兰和韩国等国家。

【中国市政工程西南设计研究院】

1956年成立，原名城市建设部给水排水设计院；1982年，改名为中国市政工程西南设计院西南分院；1993年，改用现名；2000年，转制进入中国房地产开发集团。2005年，该院地址在成都市星辉中路11号，有职工574人，拥有各类专业技术人员466人，其中高级专业技术人员182人。从建院到2005年，先后承担完成四川、云南、重庆、上海、天津、贵州、山东、江苏、西藏、浙江、广东、福建、河北、海南、陕西、山西等省、自治区、直辖市的许多城市以及国外城市的给水排水、工业与民用建筑、道路桥梁、城市燃气、城市规划、园林绿化、电气自动化控制、机械设备和水工结构、城市污水与工业废水处理、工程测量、地形航测、水文地质、工程地质、环保评价、降水工程等各类市政基础工程勘察设计科研项目2300多项；承担完成国家重点攻关科研课题项目80余项，成果推广使用10余项，以设计为龙头的工程总承包项目20余项，工程监理项目10余项；成果获国家、部、省级优秀设计奖、优秀工程质量奖、全国科学大会奖、重大科技成果奖、科技进步奖80余项。其中引滦入津工程获国家优质工程金质奖章及国家优秀设计奖，成都市自来水六厂工程、重庆市九龙坡水厂工程、上海市闵行三水厂工程获全国优秀工程铜质奖，成都三瓦窑污水处理厂工程获四川省优秀设计一等奖。与20多个发达国家、地区建立友好合作关系。承担并完成埃塞俄比亚给水工程、瓦努阿图别墅工程、维也纳“中国园林”工程、巴基斯坦卡拉齐污水处理工程、尼泊尔科—苏桥梁工程等国外项目的设计、施工任务。

【电信科学技术第五研究所】

1965年成立，原为邮电部第五研究所，隶属原邮电部电信科学研究院。1998年转制，更名为电信科学技术第五研究所，隶属信息产业部电信科学技术研究院并统归国务院国资委管理，同时其主体进入大唐电信科技股份有限公司，成为大唐电信科技股份有限公司光通信分公司。该所在成都市大慈寺路22号，是中国现代有线通信技术的主要研究、开发和生产基地，信息产业部有线传输机、有线产品质量监督检验中心，中国有线通信网络运行维护支援中心和国际电信联盟标准化组织（ITU-T）第五、六、十五组国内对口研究组组长单位。

该所主要从事载波通信、数字通信、光纤通信设备的研制，电缆和光缆的研制，以及电缆光缆测试技术、制造工艺等的研究、开发工作，拥有三个专业的硕士学位授予权，与四川大学共建“通信与信息系统”博士点。先后承担并完成国家“六五”至“十五”期间在有线通信领域中的科技攻关项目、“863”及邮电部重点科研项目，承担起草和编写多项有关有线通信领域的国家技术标准和通信行业标准，取得数百项科研成果，多次获得国家、部、院奖励。该所在国内最早研制出大容量载波通信系统、实用化市话电缆、长途同轴电缆、各种类型的光缆，以及大容量PDH光通信系统、SDH155兆字节/秒和SDH622兆字节/秒光传输系统，并投入实际应用；最早研制成功8×2.5吉字节/秒DWDM密集波分复用系统，并顺利在广州—汕头通信工程中得到应用。其光通信分公司不断推出的广泛应用于电信公众网及广电网、军网的产品分布在全国200多个市、县，并以先进性、稳定性和良好的售后服务受到市场好评。2005年，光通信分公司有员工1000余人，研发人员占40%，其中博士16人，硕士94人，享受政府特殊津贴的专家10人，有120人具有高级以上技术职称。

【中铁西南科学研究院】

1959年，铁道部隧道科学技术研究所成立；1961年，更名为铁科院西南研究所（1965年迁至峨眉，1984年迁成都）；1992年，更名为铁道部科学研究院西南分院；2000年，由事业单位转制为科技型企业，进入中国铁路工程总公司，更名为中铁西南科学研究院。该院为从事隧道及地下工程、桥梁及工程结构、地质灾害防治工程的科学研究、咨询、设计、施工、监理、检测、试验、产品开发的科技型企业，地址在成都市西月城街118号，拥有国家级专家1人、省部级专家6人、享受政府津贴专家16人；设有岩土工程、桥梁与隧道工程等2个专业博士学位授予点，岩土工程、桥梁与隧道工程、水利学及河流动力学、机械制造等4个专业硕士学位授予点。在岩土工程的基本理论及设计施工、隧道及地下工程理论与实践、滑坡及泥石流防治、测试技术（检测、监测、试验）、湿喷技术及湿喷机、数据通信与计算机开发应用等领域具有技术优势。至2005年，该院取得重大研究成果166项，其中，国家级20项，部省级146项，获得多项国家科技进步奖（其中特等奖2项）、国家自然科学奖和国家发明奖，取得发明专利、实用新型专利近10项。在成昆铁路、大瑶山隧道、秦岭隧道、广州地铁等重大工程的科技攻关以及高速铁路隧道设计参数、水下沉管隧道可行性研究等方面成绩突出。

【国家粮食储备局成都粮食储藏科学研究所】

1965年成立，又称成都粮食科学研究所，原直属于国家粮食局；1991年，由四川绵阳迁至成都市花牌坊街95号；2003年，转制为科技型企业，进入中谷粮油集团公司，是中国唯一专门从事粮食储藏科研的机构。该所主要从事粮油储藏、虫霉防治、谷物油脂化学、粮油质量标准、品质等研究、资源食品开发利用、粮油及加工产品污染检测及检测仪器、设备技术研究开发，储粮工程开发与建设等，承担国家粮食储藏重点科技攻关任务，获得国家、部省级重大科技成果奖70多项；编辑出版的《粮食储藏》《粮油仓储科技通讯》期刊为我国粮油仓储行业仅有的两种核心期刊。

【中国医药集团总公司四川抗菌素工业研究所】

1956年创建，初名上海医药工业研究院抗菌素研究室；1965年，由上海内迁至成都市杉板桥路9号并建所；2000年，整体转制进入中国医药集团总公司；2004年，与国药控股有限公司重组后改用现名（四川抗菌素工业研究所有限公司），是中国主要的药物研究开发机构之一。其任务是研发医用微生物产物，以研发具有抗细菌、抗肿瘤作用的抗生素为主，同时从事农用抗生素、饲料添加剂、免疫调节剂及其他药理活性物质的研究，探索生物技术在抗生素方面的应用。微生物与化学合成药物、基因工程药物与生物转化药物、药物制剂及中药、药物生产工艺及产业化、药物质量研究及分析检测、药效学及安全性评价、微生物菌种选育及保藏、药物信息研究及服务等是其优势领域。该所取得重大科研成果近百项，申请国内外专利28项，95%以上成果已推广应用于工业化生产，开发出包括庆大霉素、阿米卡里、洛伐他汀、利福喷汀、头孢噻肟、阿克拉霉素、环孢素、吉他霉素和万乃洛韦等70多个重要医药品种，获得1986年我国实施新药审批办法以来的新药证书和生产批文96项；编辑出版国家级专业性学术刊物《中国抗生素杂志》。

2005年，全所有职工462人，其中科技人员365

人，获国务院政府特殊津贴和突出贡献专家30人，研究员22人，副研究员44人。拥有微生物与生化药学、生物化工、药物化学、药理学4个硕士学位授位点。

【中国焊接协会成都电焊机研究所】

1958年建立，初名上海电器科学研究所电焊机研究室；1965年，由上海迁成都市二环路东一段29号，并改称一机部成都电焊机研究室；1972年，成立成都电焊机研究所，成为全国唯一的国家级电焊机专业研究所和行业技术归口所。该所拥有国家电焊机质量监督检验中心、国内一流整机装配生产线和控制焊装生产线等科研、测试设备，拥有专用焊接设备、通用焊机、行业服务等三大科技产业，先后推出100多项科研成果和高级节能产品，成为全国最大的高效节能、专用及成套焊接设备生产基地之一。所生产的各类通用焊机、专用成套焊接设备广泛用于汽车、造船、锅炉、核电、航天、轻工等行业，出口到韩国、东南亚、中东等地。该所创办中国焊接资讯网及国家级专业学术性刊物《电焊机》等。每年组织开展1次中国焊接博览会，每两年召开1次全国电焊机行业厂长会议。1999年7月，作为国家十部委242家转制科研院所之一，成都电焊机研究所转制为科技型企业，实行属地化管理。

【中国机械装备（集团）公司成都工具研究所】

1956年创建于北京，初名一机部工具科学研究院；1957年，改组为国家计量科学院和一机部工具研究所，工具研究所迁往哈尔滨；1965年，工具研究所从哈尔滨迁至成都市府青路二段24号；1996年，该所取得进出口经营权；1998年，经科技部批准设立国家精密工具工程技术研究中心；1999年，经国家经贸委批准转制为科技型企业进入中国机械装备（集团）公司；2001年，设立成都工研科技股份有限公司。该所是中国唯一的综合性工具科研开发机构，是中国工具行业科研、技术的领头羊，行业归口所。

该所主要从事金属切削刀具、测量仪器及机电一体化设备的研制、开发、生产、销售及技术咨询、技术服务、成果转让和进出口业务等。该所自成立到2005年，主要科研成果取得国家发明奖3项、国家科技进步奖8项、省部级科技进步奖121项等；在刀具材料、精密复杂成形刀具与数控刀具设计及加工技术、刀具表面强化改性技术与装备、大型精密量仪设计制造、激光测量及光电传感器技术以及计算机软件等技术领域，形成独特的成套技术优势，以硬质合金石油管螺纹梳刀、硬质合金精密异形刀具、超硬刀具、刀具表面强化技术及装备、齿轮测量仪、激光测量仪等6种为主导产品，包含30多项核心技术，这些产品和技术大都处于国内领先或国际先进水平。

2005年，该所有职工580余人，其中科技人员320人，有突出贡献的国家级专家3人，享受国务院政府特殊津贴26人，省部级专家15人，研究员级高级工程师27人，高级工程师103人，高级会计师和高级经济师10人，硕士研究生14人，涉及机械、金属材料、电子、计算机、机电一体化等专业。

【信息产业电子第十一设计研究院有限公司】

1964年，该所创建于锦州市，初名第十一设计研究院；2002年，信息产业电子第十一设计研究院改制为中国信息产业集团公司控股、全体职工个人持股的有限责任公司，并更名为现名。该院地址为成都市双林路251号，是以大规模集成电路工程设计、咨询、监理、总承包为主业，兼营净化空调系列产品开发、生产、安装和服务的综合性甲级设计院。先后承担工程1900多项，联合或自主完成上海华虹NEC、天津摩托罗拉（MOS-17项目）等10余个国内重大集成电路工程设计，在大面积、高级别净化空调系统、高纯工业气体系统、超纯水系统、自动控制系统、数据通信系统以及防静电、防微振、电磁环境污染控制等方面的设计具有专长；先后为国内数十家光纤通信、生物医药行业的知名企业服务，受到好评。1980年以来，获得优秀设计、科技进步奖167项，其中国家级奖励33项、部省级奖励134项。2005年，拥有国家级设计大师3名，享受政府特殊津贴专家24人，教授级高工30余名，高工200余名。

【成都飞机设计研究所】

该所创建于1970年，隶属中国航空工业第一集团公司，为国务院部门属在成都市独立科研机构。2005年，该所有职工近2000人，其中中国工程院院士1人、研究员47人、高级工程师360人；拥有硕士学位授权点2个、博士学位授权点1个和博士后科研工作站1个。该所研究领域覆盖流体力学等80余种专业，先进气动布局、结构多约束优化设计系统、机翼颤振主动抑制、静气动弹性计算、进排气系统设计、结构试验数据采集与控制系统、管壁测压法、飞机结构损伤容限设计等研发水平居国内领先地位；拥有先进的试验、测量设备，具有开展综合性工程项目研制和进行多学科攻关的技术实力和新产品开发能力。该所开发出粮食储运设备、糕点自动生产设备、医用测试设备、生态监控设备、纺织设备、车辆专用设备、现代娱乐设备等多种产品和专利技术。到2005年，该所共取得1300多项科研成果，其中290多项获包括国家科技进步特等奖在内的国家和省、部级成果奖。该研究所享有自营进口权，与美、英、法、俄等国的航空研究机构建立广泛的技术交流与合作关系。

【西南技术物理研究所】

2005年，该所隶属于中国兵器工业集团公司，是以“光电技术”与“制导技术”为重点研究方向、从事关键元器件和关键产品研制开发、综合实力较强的光电与制导技术研究所和应用研究基地。在激光材料、激光器、光电探测器、激光测距、制导、跟踪、光电对抗、自动控制、计算机技术、仿真技术、图像处理、电视系统、光电系统等领域享有较高声誉，同美、英、日、法、俄、德、加拿大、瑞典等国的科研机构、高等院校、学术团体有着广泛的合作与学术交流。2003年，建电子、电气及光电设备的博士后科研工作站；2005年，设有博、硕士授权点各1个。全所职工900余人，有技术人员600多人，其中研究员、副研究员、高级工程师147人，享受政府特殊津贴专家4人，有突出贡献的中青年专家3人，博士、硕士研究生80余人。

该所科技成果获得国家发明奖及国家科技进步奖23项、部级科技成果奖49项、国家专利5项、国家级新产品奖5项、省级新产品奖4项，省部级鉴定成果200余项；有30多项科技成果转移工厂形成激光产业群体。

【成都生物制品研究所】

1999年，改称成都生物制品研究所；2003年，隶属于中国生物技术集团公司（原中国生物制品总公司），为中国六大生物制品研究所之一，是西南地区计划免疫指导中心。

该所主要从事微生物学、免疫学、血液学、流行病学等领域的应用研究等，已研制成功且大规模生产冻干绿脓杆菌免疫血浆、冻干纯化人白细胞干扰素和冻干乙脑活疫苗、人破伤风免疫球蛋白、乙肝免疫球蛋白、冻干低pH静脉注射人血丙种球蛋白等数十种蓉生牌系列产品。1996年，蓉生白蛋白顺利通过按照WHO推荐标准和美国药典标准进行的各项检测，首次出口北美国家；1997年，血液制品质量达到欧洲药典标准，成功出口巴西、墨西哥等国家；与中国药品生物制品检定所共同研制的拥有自主知识产权的世界首创产品——蓉生乙脑活疫苗，2000年，其制造规程被世界卫生组织作为蓝本用以制定该疫苗的推荐规程。2002年，蓉生乙脑活疫苗在韩国注册成功，正式获准进入韩国市场；血液制品年投浆能力达到1000吨；重组人粒细胞集落刺激因子年生产能力达到100克；蓉生白蛋白使用者超过1500万人次；蓉生静丙使用者超过400万人次，覆盖1000余家医院。另外，该所出资350万美元并以知识产权、生产技术等无形资产入股，与韩国公司共建投资1250万美元的符合国际卫生组织标准和通过中国GMP认证的乙脑活疫苗生产车间。

2005年，全所有员工1400余人，其中科技人员700余人，享受政府津贴专家27人，中、高级技术人员258人。自1978年以来，该所成果获省级以上科技成果奖励24项。

【四川航天电子设备研究所】

成立于1966年；1999年，迁至成都经济技术开发区，是中国航天科技集团公司唯一一家从事末制导雷达研制生产的实行企业化管理的科研事业单位。固定资产1.4亿元，各类设备近千台，拥有电子产品生产线、闭门器生产及装配线、激光医疗设备生产及装配线、微电机生产及装配线、精密机械加工生产线、压力铸造生产线，在光、机、电一体化、小模数齿轮加工、模具设计及制造、压力铸造等领域具有国内先进水平。2005年，该所有职工约1500人，其中国家级及部省级专家3人、享受政府特殊津贴专家5人、高级职称72人。该所先后承担国家多项雷达的预先研究和整机批产任务，有20项成果获得部省级以上成果奖；主要产品为雷达、自动闭门器、激光治疗机、汽车门窗升降器等，其闭门器产品年产销60万只左右。

【中国电子科技集团公司第十研究所】

简称十所，又称中国西南电子技术研究所，始建于1955年，系国家一类科研事业单位和“中央企业先进集体”。该所主要从事电子产品及电子系统集成的研制、生产及售后服务，专业涉及航天外测设备及系统集成、航空通信设备及电子系统、侦察设备与系统集成、识别设备与系统集成等，研究成果先后获得200多项省、部级以上科技成果奖，其中有6项获得国家科技进步特等奖、2项获得国家科技进步一等奖、18项获得国家科技进步二等奖。该所设有“信号与信息处理”“电磁场与微波技术”两个硕士学位授权点和“成都天奥实业有限公司博士后科研工作站”，拥有先进的电磁兼容实验室和国家级校准/检测实验室。2005年，该所有职工2000名，年产值超过8亿元。

【中国电子科技集团公司第二十九研究所】

又称西南电子设备研究所，创建于1964年，是我国从事军事电子信息技术研究、重点系统工程研制和装备中试生产的骨干研究所，是国家一类科研单位。该所从理论创新、装备研究与发展，到中小批量装备生产、系统检测、民用与军民两用技术研发和产业化配置较为完整，具有设计、开发和生产陆、海、空、天各种平台的电子对抗设备和综合系统的能力，在系统集成与设计、超宽带天线、超宽带微波、高密度信号处理、软件系统工程等信息电子战专用技术方面处于领先地位。2005年，全所有中国工程院院士1名，国家有突出贡献中青年专家4名，享受政府特贴专家36名，高级工程师（研究员级）70余名；有博士后科研工作站和联合硕士培养点。共取得各类科研成果近900项，获省部级以上科研成果奖120余项。

【中国燃气涡轮研究院】

成立于1965年，院址在成都、江油两地，隶属于中国航空工业第一集团公司，是中国航空发动机试验研究基地，主要从事发动机预先研究、高空模拟试验及零部件试验研究。到2003年，该院研究成果获国家级科技成果奖20项；部省级科技成果奖110余项，其中高空模拟试车台获“1995年全国十大科技成就奖”和1997年度“国家科技进步特等奖”。同时，该院先后开发出食品机械、电子机械、轻工机械、汽车制造加工机械、计算机软件等多个系列60多个民用产品。其中威化饼干生产线、浇注糖果生产线曾一度处于国内市场垄断地位，并出口东南亚；SLFJ系列射流风机，可广泛应用于铁路、公路、隧道、地下设施的通风工程；可变几何涡轮增压器，可使发动机低速扭矩提高20%、功率提高5%～6%、耗油率降低2%，并降低汽车排放烟度；DY120A型端盖咬边机是集机械、电气、液压等技术于一体的自动化机床，生产效率和自动化程度高，是汽车消声器生产中关键设备之一。该院与俄、美、英、法、德、印、日、加等国建有合作关系，与清华、北航、南航、西工大等高校建有技术合作、产品研发关系。

【西南电力设计院】

成立于1961年，隶属中国电力工程顾问集团公司，是我国大型火力发电设计企业之一，中国勘察设计单位综合实力百强单位，为在成都的国务院部门属县级以上事业单位科技机构之一。主要从事电力系统规划、大中型火力发电、地热发电、核能发电常规岛、220～1000千伏电压等级送变电工程的勘察设计和工程总承包。在超临界大机组、核电和新能源开发利用、高海拔重冰区及特高压交直流输变电工程设计技术等方面具备独特的技术优势。该院在国内率先试行以设计为主体的工程总承包。自建院到2005年，完成582个发、送、变电工程项目的勘测设计任务，其中，发电工程项目133项，投产总容量25120兆瓦；送电工程项目247项，投产总长度2.15万千米；变电工程202项，投产总容量34502兆伏安；承揽国外工程设计项目23项。工程项目遍及国内20多个省、自治区、直辖市和伊朗、印度、印度尼西亚、喀麦隆、毛里塔尼亚、孟加拉等10多个国家。成功设计了福建漳州后石电厂6×600兆瓦超临界机组、伊朗阿拉克电厂4×325兆瓦空冷机组、四川白马1300兆瓦机组循环流化床锅炉示范电站，以及二滩至自贡500千伏高海拔、重冰区送电工程。1978年以来，有77项工程勘察设计、89项重大科研成果、41项标准化建设、37项信息项目、15项软件开发分别获得国家和省部级奖励，其中获国家级金、银、铜奖的工程勘察设计30多项。

2005年，该院在成都市东风路18号，有职工1200余人，集中了30多个专业的工程勘测设计人才，高级专业技术人员近400人，其中有国家级和省级设计大师数名、国务院政府津贴专家10余名，有国家注册建筑师、注册结构工程师、注册造价师、注册监理工程师、注册咨询师等200多人。

【成都勘测设计研究院】

成立于1955年，曾为水利水电系统全国六大勘测设计院之一。国家水利与电力分为两部后，隶属国家电力公司。拥有工程测量、工程地质、地球物理勘探、钻探与井洞勘探，水文水资源勘探、规划、水文、动能、泥沙、工程概算、水库淹没处理、环境影响评价及水土保持、水工建筑物、水力机械、电气工程及金属结构、水电工程施工、工业与民用建筑、科学试验研究和电算等生产与科研专业。该院装备有先进的勘探试验仪器设备和电子计算机网络系统，具有承担大中型和巨型水电工程勘探、设计、工程咨询、工程监理和工程总承包的能力和丰富经验，先后完成西南地区百余条河流的水力资源普查、复查和金沙江、大渡河、雅砻江、岷江、嘉陵江等主要流域和河段的开发规划，完成水利枢纽和水电站规划197座，发电总装机容量1.05亿千瓦，成功设计龚嘴、铜街子、二滩、溪洛渡、锦屏一级等国家重点水利枢纽工程。该院设计并承担工程监理、投产发电的二滩水电站是20世纪中国建成发电的大型水电站之一，所编制的土建工程国际招标文件和机电设备国际采购招标文件被世界银行推荐为东南亚地区的范本。1979—2005年，该院获得国家、省部级科技进步奖93项，其中，国家级2项、部级49项、省级32项，并拥有多项国家专利。

2005年，该院拥有国家勘察大师1人，国家中青年突出贡献专家1人，享受政府特殊津贴专家14人，教授级高级工程师55人，高级工程师446人。

【四川石油管理局地质勘探开发研究院】

成立于1949年，原为国民政府“中国资源委员会四川油矿勘探处”，后历经变更，于1999年更名为中国石油天然气集团公司四川石油管理局地质勘探开发研究院。该院拥有CMS-300岩心自动测量系统、PVT相态仪、XL30型扫描电子显微镜、PW2404-X萤光谱仪和一套大型地学综合计算机系统等科研实验设备500台（套），先后承担完成国家科技攻关项目、集团公司和管理局重点科研项目、国内外用户委托科技攻关项目2000余项，有340多项科研成果获国家和省部级科技进步奖。该院先后完成国内外1500余口井的综合录井、地质录井、试井、取心分析化验等科技工程服务工作。多项新技术、新工艺获国家专利，在油气地质综合评价研究、综合录井、地质录井、试油录井、岩心分析化验、测井和地震资料处理解释、油田化学工艺及油气井增产作业、油气储层保护、油气田经济评价、开发方案设计、试井研究等诸多领域独具特色，具有国内外先进水平。2005年，该院在成都市府青路一段1号，有员工近1300余人，其中教授级高工、高工50余名，博士7名、硕士近40名。

【铁道部第二勘察设计院】

成立于1952年，先后名铁道部第二勘测设计院、铁道部设计局西南设计分局。2001年，转为科技型企业，隶属中国铁路工程总公司。自1992年起，该院位居全国勘察设计综合实力百强单位前列，从事铁路、公路、地铁、城市轻轨、通信信号、工业与民用建筑、市政设施等工程的勘测设计、工程造价咨询、设计咨询、环境影响评价、环境污染防治、建设监理等服务。

该院设有线路、地质、路基、桥梁、隧道、站场、通信、信号、信息化、机车、车辆、建筑、给排水、环保、电力、电气化、造价及航测等30多个专业；拥有各类设备8.4万台（套）以上，价值2.7亿元以上，主编《科学技术通讯》（季刊）和《铁路勘测设计》（季刊）。该院先后勘察设计包括成（都）渝（重庆）铁路在内的数百条铁路干线、支线和专用线，建成通车铁路达1.8万多千米；先后承担广州、重庆、北京、上海、深圳、成都、南京、大连、青岛等城市地铁、轻轨项目的勘测设计和设计监理。获国家、省部级科技进步奖120多项，其中成昆铁路获1985年度国家科技进步特等奖、南昆铁路获2000年度国家科技进步一等奖。

2005年，该院有职工4000多人，其中专业技术人员2000多人；拥有全国工程勘察设计大师3人，四川省学术和技术带头人5人，中国铁路工程总公司有突出贡献中青年专家1人，教授级高级工程师38人，高级工程师800余人。

【中国建筑西南设计研究院】

1950年，建立国营西南建筑公司设计部；1952年，更名为西南建筑工程管理局设计处；1954年，更名为重庆工业城市建筑设计院；1955年，更名为建筑工程部西南工业建筑设计院；1966年，更名为四川省工业建筑设计院；1978年，更名为国家基本建设委员会西南工业建筑设计院；1980年，更名为建筑工程总局西南建筑设计院；1982年，更名为中国建筑西南设计院；1992年，改为中国建筑西南设计研究院。该院隶属于中国建筑工程总公司，位列全国勘察设计院百强，综合实力排名全国建筑设计院前列，被亚洲建协评为“中国十大建筑设计公司”。

该院设有7个土建专业设计所、2个机电专业设计所及建筑经济设计所、钢结构设计研究所、医疗建筑设计研究所和西南建筑工程咨询公司、西南工程总承包公司、西南房地产综合开发公司、西南工程监理公司等附属企业；拥有独立涉外经营权。建院以来，完成近万项工程设计工作，工程遍及中国各省、自治区、直辖市和10多个国家和地区，在博览文化建筑、体育建筑、医疗建筑、教育建筑、旅游建筑、居住建筑以及空间结构等领域具有优势。仅1995—2004年，该院完成科研及项目建设100多项，推广新技术200多项。截至2004年年底，该院获国家级、省部级及总公司优秀设计奖380余项，其中获国家优秀设计奖8项。

2005年，该院有职工700余人，拥有国家建筑设计大师4名，教授级高级建筑师、教授级高级工程师30多人，高级建筑师、高级工程师200多人，国家一级注册建筑师、一级注册结构工程师近200人，在职国家工程设计大师2人，国家有突出贡献的中青年专家和享受政府特殊津贴者20多人。

【公安部四川消防研究所】

始建于1963年，为国务院部门属在成都市县级以上民口独立科研机构，前身为公安部消防科学研究所。1965年，从北京迁至都江堰市外北街266号，是中国从事建筑防火科学与技术研究的专业研究所。该所拥有国家消防工程技术研究中心和火灾痕迹物证技术鉴定、地下商业街火灾实验、高层实验塔、耐火构配件实验室、锥形量热计实验室、房间墙角火灾实验设施、SBI装置、烟气毒性实验装置等科研设施；在防排烟、材料燃烧烟气毒性、防火涂料，防火建筑材料检测、消防标准化、建筑防火性能化设计和评估等技术领域获得150多项部省级以上科研成果，获奖80余项，其中有国家科技进步奖5项、部省级科技进步奖51项。其研究成果和开发的产品广泛应用于国内外相关行业；开辟并支撑了我国与消防相关的设计和评估行业，为相关规范提供了基础研究参数。

【农业部沼气科学研究所】

1979年，农业部成都沼气科学研究所成立，地址人民南路四段13号。1981年，中国政府和联合国开发计划署签订协议，在该所成立“中国成都亚太区域沼气研究和培训中心”。1990年，在该所建农业部沼气产品及设备质量监督检验测试中心。1991年，在该所建农业部厌氧微生物重点开放实验室。1996年，改为农业部沼气科学研究所，隶属于中国农科院，是负责中国沼气和农村能源产品及设备质量监督检验的专业机构，是国家农村能源决策的技术依托单位及国家唯一的国际性沼气研究和培训中心。该所主要研究方向及任务是：工业生产有机废水、城镇生活污水及农业废弃物厌氧消化处理基础理论和应用基础理论研究，厌氧消化工艺、装置及配套设备的研究与设计，开展国际、国内沼气技术培训；国内外沼气技术情报研究，出版国内外公开发行的《中国沼气》，国内发行的《国外厌氧消化》《生物质能动态》《沼气决策参考》等科技刊物；开发沼气和农村能源产品投放市场等。2005年，该所拥有享受政府特殊津贴专家14名、高级技术职务科研人员32名。

至2005年，该所承担国家级重点攻关项目130余项，完成大中型沼气工程、环保治理工程项目等40余项，有30余项科研成果获国家级、部省级科技进步奖等奖项。该所研究的“农村水压式沼气池标准图集”作为国家标准用中英文出版，向国内外发行；为73个国家培训沼气技术人员近500名、国内技术及管理人员2300余名；先后派出专家赴 8 个国家开展技术援助，并与美国、德国、丹麦等10余个国家的沼气研究机构及著名厌氧消化专家开展广泛合作研究和技术交流；接待85个国家、570多名外宾的考察和访问。

附：2005年其他在成都市的部属事业单位类科技机构名录（部分）

国家测绘局国家测绘产品质量监督检验测试中心（人民北路二段198号）

铁道部成都铁路勘测设计院（火车北站西一路西二巷）

中国建筑工程总公司中国建筑西南勘察研究院（花圃北路14号）

中国材料工业科工集团成都建筑材料工业设计研究院有限公司（龙泉驿国家级成都经济技术开发区）

中国海诚国际工程投资总院中国轻工业成都设计工程有限公司（少城路9号）

中国轻工业成都设计院（中国轻工业成都设计工程有限公司）（少城路9号）

中国机械工业联合会成都工具检测所（府青路二段24号）

铁道科学研究院成都电子电器研究所（高新西区创业中心）

成都铁路局疾病预防控制中心（火车北站西巷2号）

中国石油西南油气田分公司天然气研究院（双流县华阳镇）

四川省属科技机构

【概况】

1990年，成都市内有四川省属县级以上事业类科技机构有100多个，大多数是20世纪60—70年代建立的，基本上是按行业建立，并隶属于行业行政管理部门。随着科研院所管理体制改革与科研院所重组合并（如四川省标准化研究院与四川省标准化情报所合并为四川省标准化研究院）、以及经济发展与社会进步等，截至2005年，在成都市四川省属县级以上国有独立科研机构有68个，其中，自然科学技术机构54个、科技情报文献机构6个、社会人文科学技术机构8个。在自然科学技术机构中，有企业化转制机构15个（包含2个划归四川省管理的原国务院部门属转制机构）。此外，驻成都市有教育、文化、卫生、医药、环保、能源、交通、救助减灾、公用设施管理、监测、勘探与勘察、测绘、检验检测与鉴定、质量技术监督事务、信息与咨询、其他服务等类县级以上科技机构约70个。

【中国测试技术研究院】

创建于1965年，初名中国计量科学研究院分院，系国家技术监督局直属国家测试技术研究单位。1980年，与西南计量测试中心、四川省计量测试研究所合并组成中国测试技术研究院（同年迁至成都）；2000年，划归四川省管理。该院是国家法定计量技术机构和国家质量检验、测试技术研究机构；下辖有机械测试、电磁电子、交通测试、电离辐射、化学、光学、热工等研究所和计量检定校准中心，拥有检测仪器8.8万台（件），建有高控温控湿精度实验室，具有较强的科技开发和成果转化能力，能独立研究设计、生产制造应用于各行各业的计量测试精密仪器设备；主办《中国测试技术》专业期刊。

该院自主研究建立国家计量基准（副基准）40项、社会公用计量标准197项；取得“硅光二极管自校准技术实现光谱辐射绝对测量”“超导约瑟夫森结阵列一伏电压基准”“GZJ-1型长光栅自动检测仪”“50MN稳压力源”“100吨基准测力机”“电声自由场声压基准装置”“光源自动测色仪”等一批具有重大社会效益和经济效益的科研成果，获得国家和省部级各类科技成果奖124

项，其中国家发明奖1项，全国科学大会奖、国家科技进步奖等国家级成果奖19项，省部级科技成果奖104项。每年为数万家科研院所、企事业单位提供检定测试和量值传递服务，业务覆盖四川省、西南和全国大部分地区。

2005年，该院地址为成都市玉双路10号，有职工610人，其中有中国工程院院士、国际计量委员会委员1人，国家级有突出贡献专家4人，享受政府特殊津贴专家30人，具有高级职称的科技人员106人。

【四川省农业科学院】

该院始建于1938年，初名四川省农业改进所。中华人民共和国成立后，更名为西南军政委员会农林部四川农业实验所；1953年，改名为四川省农业科学研究所；1964年，正式建制为四川省农业科学院。该院设有作物所、土肥所、植保所、生核所、遥感所、信息所、测试中心、园艺所、茶叶所、水稻所、经作所、蚕业所、水产所等13个研究机构；有粮食和经济作物育种、种植制度、资源环境、生物技术、信息技术、家蚕、水产等55个学科专业，设有博士后科研工作站。该院拥有以种子、农化产品和高新技术产品经营为主体的科技型企业10余家，其中，作物研究所、植物保护研究所被科技部评为全国省级农林科研机构科技竞争力排名靠前的"全国百强科研院所"。该院是国家农作物改良中心、联合国粮农组织国际农业信息体系中国西南分中心、四川省国际科技合作基地。自1978年开始，先后与34个国家和12个国际研究机构开展科技合作与交流。

1996—2005年，该院成果获国家、省部级科技成果奖119项，其中国家发明二等奖2项、三等奖2项，国家科技进步一等奖1项、二等奖4项、三等奖1项，四川省科技进步特等奖1项、一等奖10项、二等奖29项，发表论文2990篇。2001—2005年，该院育成农作物新品种168个（国家审定品种19个、省级审定品种149个），被列为省主推品种26个，获专利45项、品种权25个。主要农作物新品种在省内外累计推广2.7亿亩，累计增产粮食135亿公斤、皮棉1200万公斤。1978—2005年，作物研究所获科技成果奖150余项，其中国家级发明奖和科技进步奖9项、四川省特等奖1项、部省一等奖10项；获国家专利22项、品种权授权14个，通过国家审定新品种21个。从20世纪80年代以来，植物保护研究所主持承担国家、部省重大科技攻关课题250余项，获科技成果奖120余项，其中《棉花高抗枯萎病的抗原品种"52-128""57-681"》1983年，获国家发明一等奖，"水稻重大病虫害监测治理与无公害稻米生产"2002年，获四川省科技进步一等奖。

2005年，该院地址为成都市静居寺路20号，有职工1482人，其中专业技术人员573人，有高级职称的234人，国家有突出贡献专家8人，国务院政府津贴专家97人，省优专家26人，四川省学术和技术带头人30人（后备人选48人），四川省和成都市科技杰出贡献奖获得者2人，新世纪百千万人才工程国家级人选1人，博士和硕士103人。

【四川省农业机械研究设计院】

建于1960年，初名四川省农业机械研究所；1992年，改为四川省农业机械研究设计院，系集科、工、贸为一体的省级农业工程技术研究开发机构，下辖科研技术开发中心和农业机械、农副产品加工机械、排灌机械、农机化信息等研究所，以及农业工程机械试验检测中心（含水泵、内燃机、拖拉机、风机、干燥设备、农副产品加工设备）、机械制造厂和销售公司等。该院是四川省唯一从事农机研究设计、开发、推广的省级专业科研院所，主要职责是为"三农"提供先进适用的农业工程技术装备，擅长农业工程领域的技术应用开发和大型非标设备的设计制造，在粮食、薯类淀粉、中药、魔芋、蚕茧、食用菌、林产品干燥加工设备等技术领域位居西南地区领先地位，为全国29个省、自治区、直辖市用户提供先进适用技术装备。从建院到2005年，有400多项次科技成果应用于生产实践，其中200余项次获国家、部、省、厅、局级科技成果奖、科技进步奖。

2005年，该院位于成都市二环路东四段牛沙路5号，有职工149人，其中有高级技术职称的科技人员29人。拥有四川省有突出贡献的优秀专家1人，享受政府特殊津贴专家2人，四川省学术和技术带头人后备人选1人。

【四川省畜牧科学研究院】

创建于1936年，初名四川省家畜保育所，后改名为四川省农业改进所畜牧兽医组、畜牧改良场等；1980年，改名为四川省畜牧兽医研究所；1999年，更为四川省畜牧科学研究院。是集畜牧兽医和饲料研究、开发、技术推广和生产经营为一体的综合性科研单位。该院下辖养猪、养兔、家禽、草食家畜、饲料、动物营养、生物技术、兽医和兽药9个研究所和四川省养猪研究基地、四川省种猪性能测定中心、四川省动物生物技术研究中心、四川省奶业技术研究中心、四川省畜牧工程咨询中心等开发机构，以及四川省畜科饲料有限公司、四川鼎尖动物药业有限责任公司、四川键宇胚胎工程有限公司和四川大恒家禽育种有限公司等科技企业。1997年，产值上亿元。该院共取得198项科技成果，其中获国家级与部省级二等以上成果奖53项，发表科技论文1253篇，出版专著86本。该院采用DNA氟烷基因检测、微卫星测定、胚胎移植等技术手段，先后培育出四川白猪I系、齐兴肉兔、南江黄羊、凉山半细毛羊等6个畜禽新品系；开发出科技含量较高的饲料、兽药、特色疫苗、生物活性物质、生力蛋等科技产品，每年推广优良种畜禽50余万头（只）、特色疫苗1.2万余头份、饲料添加剂1000多吨、兽药20万件；成果、技术和产品覆盖全国20多个省、自治区、直辖市。

2005年，该院位于成都市牛沙路7号，有职工190余人，其中科技人员145人，有研究员15人、副研究员46人，国家、省级突出贡献专家3人，享受政府特殊津贴专家19人，四川省学术和技术带头人4人、后备人选5人，博士10人。

【四川省林业科学研究院】

创建于1958年，初名中科院四川分院林业研究所；1963年，更名为四川省林业科学研究所，1988年，改用四川省林业科学研究院。该院是集科学研究、技术开发、成果转化、工程设计、工程咨询和生产经营为一体的多学科公益类综合性研究机构，设有森林生态与资源环境、林业、森林资源保护与利用、园林科学、黑龙滩林木良种、林产品加工利用、川南林业等多个研究所（设计研究所）。该院围绕四川生态建设和林业产业发展，开展科技攻关、技术集成、成果转化和实用技术推广，为林业建设提供科技支撑；先后承担国家及部、省级科技攻关项目600余项，多次主办国际学术研讨会，并与美、日、德等20多个国家和地区保持良好的合作关系。1980—2005年，该院承接国家风景名胜区、市政公用风景园林工程和农林行业工程（包括营造林、森林公园、自然保护区、森林与野生动植物保护、森林资源保护、林业综合开发与科技园区、林产工业、林产化学、生化生物工程）等工程项目的科学考察（调查）、规划、设计、咨询、施工、监理任务300多项，遍及全国14个省、自治区、直辖市的林业、农业、医药、食品化工、轻工等10多个行业。1987—2005年，该院通过部、省级鉴定成果200余项，获奖成果136项，其中获国家科技进步二等奖5项、三等奖3项，部省一等奖8项、二等奖30余项、三等奖59项；在国内外核心学术刊物发表论文700余篇，出版专著20多部。2005年，全院产业开发合同收入达3065万元。

2005年，该院位于成都市星辉西路18号，有职工337人，其中有国务院特殊津贴专家15人，部和四川省学术和技术带头人8人（后备人选8人），四川省有突出贡献的优秀专家8人，林业拔尖人才19人。

【四川省水利科学研究院】

成立于1974年，前身为四川省水利电力研究所，是四川省水利水电系统的专业科学研究单位。2002年，改为四川省水利科学研究院，地址在成都市牧电路7号。该院主要从事防洪、抗旱、减灾技术措施及灾情评估、水土保持与生态环境、水资源与节水灌溉技术、水利水电工程建筑新材料等研究工作，设有水土保持与生态环境、节水技术与水资源研究中心等11个业务机构。先后承担部、省下达的58项科研课题和试验示范项目，其中有29项分别获得全国科学大会奖与部、省、厅级科技进步二等奖和三等奖；先后承担大中型工程及大型灌区工程建设监理项目20余项，其中射洪县金华电航桥工程监理获得四川省政府AAA级最高奖。其承担编制的《水利水电工程施工质量检测标准》等技术规范和《检测评定表》，被广泛应用于二滩、三峡工程和全国其他水利水电工程。

【四川省自然资源研究所】

成立于1978年，是中国西部唯一面向四川省和西南地区的专门从事自然资源综合考察、国土资源勘测规划以及区域自然资源开发利用与保护技术研究的科研机构。2005年，该所位于成都市一环路南二段24号，有职工100人，其中中高级专家64人，有13人具有硕士以上学历；该所设区域综合、资源信息、生物资源、资源环境、猕猴桃等研究室及科研基地、峨眉山生物资源科研基地等，在四川省生态旅游资源调查，省级、国家级自然保护区、生态示范区资源调查与规划，四川省自然资源地理信息系统建设，四川省猕猴桃资源保护与育种研究，长江上游生态屏障建设以及生态环境工程技术等领域具有一定优势，与日本、美国、瑞典、新西兰等多个国家建有国际科技合作关系；完成资源、环境、生态及自然资源可持续利用方面的国家和省级重点科技攻关、应用基础研究项目240余项，取得各类研究成果190余项，获得国家级、省级各类科技成果奖49项，获国家专利10余项。

【四川省中药研究所】

始建于1930年；1997年，从重庆市迁至成都市，是中国建立最早的主要从事中药及天然药物系统研究与开发的专门研究机构，国家中药新药研究开发中心之一。其中药药理毒理研究室综合实力位居全国同行前列，专业领域覆盖抗炎、免疫、心血管、消化系统、肿瘤、老年病等；SPF动物实验室采用计算机实时在线监控；分析测试室配备有高分辨气相色谱质谱联用仪、串联质谱仪、高效液相色谱仪、气相色谱议、紫外分光光谱仪、红外分光光谱仪、双波长薄层扫描仪、八道生理记录仪、全自动生化分析仪、分析型光学显微镜、全自动酶标仪、图像分析仪等先进设备；其生药研究室收藏川产道地药材及其他主流药材的植物标本10余万份，药材标本2500余份。该所承担大批国家、省、国际国内合作开发项目（2005年在研课题120项），获得了重要研究成果和一批专利。其中，抗肿瘤药物“紫杉醇原料药及注射液”获新药证书；抗内毒素药物“热毒平胶囊”获新药证书，是国家第一个受理的中药保密品种；“中药复方有效部分提取新工艺”获专利保护；与中国中医研究院西苑医院合作进行的“中药强骨胶囊治疗原发性骨质疏松的研究”获新药证书和北京市科技进步二等奖；“66种常用中药材质量标准及其对照品的研究”获国家科技进步二等奖（该所为西南片区牵头单位）；“三十二味川产道地药材及特色资源植物区划基地研究”获四川省科技进步二等奖；主办的学术期刊《中药药理与临床》系中国药理学会唯一的中药药理专门杂志，取得“中国科技核心期刊”及“中国中文核心期刊”双核心期刊注册。

2005年，该所位于成都市人民南路四段51号，有科技人员180余名，其中有高级研究人员50余名，博士后、博士、硕士研究人员30余名，出国留学人员、政府特殊津贴获得者及四川省学术和技术带头人等30余名。

【四川省皮肤病性病防治研究所】

始建于1957年，地址在成都市四道街12号。2000年，经批准设立四川省皮肤病医院，该所是西南地区规模最大的皮肤病、性病防治科研医疗机构，四川省皮肤病、性病防治科研教学中心，卫生部确定的特殊化妆品及进口化妆品人体试验和斑贴试验全国十大基地之一，中国—欧盟性病、艾滋病防治培训项目国家级培训中心。该所实验检测手段齐全，具有较强的临床、科研能力；先后与WHO、美国、英国、意大利、日本、荷兰等10多个国家、组织建立合作关系，开展多个项目合作和学术交流；在省级以上杂志发表科技文章245篇，其中国际级杂志发表16篇、国家级杂志发表约150篇；取得68项科技成果，其中获省部级奖励23项，转让科技成果12项。研制成功60多种新药和医院制剂，年诊治病人10余万人次。2005年，该所有职工160多人，其中卫生科技人员100多名，高级技术人员50名，有全国性病/艾滋病专家咨询委员会委员1名，全国麻风病专家咨询委员会委员2名，全国麻风协会理事3名，享受国家级政府津贴专家3名，省级政府津贴专家2名。

【四川省中医药研究院针灸经络研究所】

成立于1985年，地址在成都市四道街16号，是省级公益型中医针灸专门科研机构。该所主要从事针灸、推拿作用下的神经生理机制研究。至2005年先后共接收培训了来自美国、加拿大、奥地利、瑞士、瑞典、巴西、波兰、塞尔维亚等国家以及中国香港、中国台湾地区的100多名学员，长期接收成都中医药大学附属医院针灸学校、成都中医学校等院校学生进行毕业实习，接收来自省内外各医疗单位针灸专业技术人员进行临床进修。该所先后承担国家、省、厅（局）级科研课题20余项，获科技成果奖10余项、国家专利1项；所采用的体温神经中枢实验方法，在国内外有较大影响；开发研制的“经络皮部治疗仪”获四川省中医药管理局二等奖和国家专利，“经穴药压贴”获国家专利和中国首届金榜技术与金榜产品博览会金奖，并已在临床中推广应用；研究成果“针术与躯体感受系统及调节体温的实验研究”获四川省科技进步二等奖，“针刺与按摩穴位的有效作用之机理研究”“针灸推拿综合方案治疗椎动脉型颈椎病的疗效评价研究”获2005年四川省科技进步三等奖，“帽状灸炷”“毫针基本术式一捻转、提插术的对比研究”获四川省中医药管理局二等奖。

【四川省人工晶体研究所】

成立于1978年，地址在成都市四道街20号，该所是专门从事研究及生产、应用人工晶体，培训人工晶体专业技术人员的科研单位，是卫生部唯一的白内障人工晶体培训中心，已为国内外培训1000余名眼科中高级专业技术人才。1978年，该所研制的硅凝胶人工晶体植入人眼获得成功；1982年，“硅凝胶人工晶体的制造技术”（与四机部第十研究所合作）获国家发明三等奖。1982年，该所研制成功的硅凝胶双攀后房型人工晶体，于1986年，获布鲁塞尔世界发明银奖；1987年，获加拿大蒙特利尔世界新技术博览会银奖；1990年，获国家级新产品奖等，并被载入美国眼科白内障手术教科书。1989年，中国第一个眼用人工晶状体标准被四川省标准计量局以省标发布，接着参与眼用人工晶状体国家标准和yy0290行业标准的制定工作，为中国人工晶状体市场的产品安全、有效做出了贡献。1999年，该所成功研制出新型折叠式人工晶体，为中国白内障人工晶体事业做出了又一个重大贡献。

【四川养麝研究所】

前身系1983年成立的四川养麝场，1984年，经国家科委批准成立四川养麝研究所，地址在成都都江堰市紫坪铺镇，是中国唯一专业从事人工养麝的科研机构，被列为“国家人工养麝种源基地、技术推广应用基地和麝香生产基地”“国家中药现代化科技产业麝香规范化养殖基地”“国家中药现代化科技产业（四川）基地”“麝规范化养殖科技示范区”。该所学科配套，拥有较完备的人工养殖麝活体取香、规范化黑熊自繁殖、产品利用及开发的科研设备和生产设施，具有养麝科研和产业化能力。该所科技成果“林麝饲养和活体取香”获1985年国家发明二等奖，被国家列为可持续利用战略的对外窗口，具有进出口经营权。其人工养熊引流取胆为全国首创，“规范化黑熊自繁自养引流取胆体系”被国家药品监督管理局、国家林业局列为黑熊引流取胆生产标准。

【四川省环境保护科学研究院】

四川省环境保护科学研究院暨四川省环境监测中心站建立于1977年，是集环境科研与环境监测于一体的科学研究院，四川省环境监测系统的技术、数据、网络中心和环保产品检验中心。主要工作范围：各类大中型建设项目环境影响评价和咨询；“三废”及噪声污染治理工程设计与建设、环境生态、环境规划等多类环保规划及相关评估咨询；环境污染治理技术研究；环保产品检验；环境质量监测和调查；环保设施验收监测；污染源监测；污染事故应急监测和纠纷仲裁监测；监测技术业务培训及技术标准、规范的编制与修订；环境科研和对外服务等。该院设有信息中心、编辑部、质控管理室、监测技术室、环境规划研究所、环境咨询评价中心、环境工程研究设计所和环境生态研究所等专业室（所），拥有大型精密分析测试仪器80多台（套），向社会提供的公证数据具有法律效力。该院在环境污染治理、大气、水和生态环境研究领域取得科技成果100多项，其中，获得省、部级重大科技成果（或进步）奖30多项。该院拥有高浓度凹印油墨废水闭路循环超滤技术处理系统和制革废水处理技术及设备；该院拥有利用铅丝厂煮鼓废水生产螺旋藻的技术、印染有机废气处理及热能回用技术、无污染制备硝酸银溶液的方法；运用净水工艺设计并建造了成都府南河工程“活水公园”。该院同美国、英国、德国、日本、加拿大、意大利等国的一些环保机构和组织，建立了环境科学研究、环境监测技术交流关系。2005年，该院位于成都市人民南路四段18号，有职工180人，其中科技人员128人，拥有高、中级专业技术人员80人。

【四川省建筑科学研究院】

1954年成立，该院是“全国建筑物鉴定与加固标准技术委员会”主任委员单位、“中国城乡住宅砼构件技术开发中心”主要成员单位；为国内外提供建筑工程质量检测、工程质量事故鉴定、加固施工、监理、技术咨询和新产品开发的省级综合性建筑科学研究院。该院共获得科研成果700多项，其中获省、部级以上科技进步奖180多项，编制国家标准50余本，大多数成果在工程建设中被推广应用。2005年，该院有职工318人，其中高级职称64人；拥有享受国务院特殊津贴专家和省优专家28人，四川省学术和技术带头人1人（后备人选1人）。

【四川省城乡规划设计研究院】

1956年组建；20世纪70年代，整体下放渡口市（今攀枝花市）；1983年，恢复建立四川省城乡规划设计研究院，是建设部和四川省优秀城市规划设计先进单位、四川省先进科研单位。该院设有城市规划所、风景园林所、建筑及市政所、规划技术研究所，下辖重庆分院、川西分院、四川省城市环境艺术工程公司等。该院在城乡区域规划、城市总体规划、详细规划、历史文化名城保护规划、村镇规划和新农村建设规划、城市景观风貌设计等方面有较为深入的研究，承担四川、重庆、西藏、广东、海南、黑龙江、山东、新疆、江西等省、自治区、直辖市近百个国家级、省级风景名胜区、旅游度假区的规划设计，获省部以上奖励6项。1983—2006年，该院承担省内外各类城市规划设计和国家级、省级风景名胜区、旅游度假区及城市园林规划设计1800余项。1993—1995年，该院完成三峡库区（四川段）10个县（区）城镇的移民迁建规划编制，举办城市规划、村镇规划、风景名胜区规划培训班14期，成果获得国家级、省部级优秀规划设计奖及优秀工程勘察设计奖112项，其中获国家、建设部、四川省科技进步奖10余项，并参与《风景区规划规范》《城市用地分类与规划建设用地标准》和《村镇规划标准》等国家规范标准的编制。

2005年，该院地址在成都市马鞍街11号，有职工220人，其中具有高级技术职称的79人，拥有教授级高工6人、享受国务院特殊津贴专家和四川省优秀突出贡献青年专家8人、四川省学术和技术带头人后备人选4人。

附：2005年其他在成都市的四川省属自然科学技术类国有独立科研机构及转制科研机构名录（部分）

科学研究机构：四川省冶金地质勘查院（建设北路三段109号）、四川省水利水电勘测设计研究院（青华路20号）、四川省冶金工业环境保护监测研究所（人民南路四段20号）、四川省电子计算机应用研究中心（成科西路3号）、四川省国土勘测规划研究院（金琴路160号）、四川省粮油科研所（上东大街67号）、四川省中医药研究院中医研究所（四道街20号）、四川省人口和计划生育科学研究所（人民南路四段15号）、四川省体育科学研究所（南一环路三段11号）、四川省广播电视科研所（红星中路119号）、四川省地质勘查开发局地质矿产科研所（人民北路一段25号）、四川省城市建筑设计研究院（锦里西路72号）、四川省交通科学研究所（武侯祠横街4号）、四川省标准化研究院（西府北街1号）。

科技情报文献类机构：四川省科学技术情报研究所（东风路一段32号）、四川省农业科学院科技情报研究所（静居寺路20号）、四川省纺织科技情报中心站（十二桥路2号）、四川省轻工业情报研究所（人民南路三段林荫街南虹村内8号）、四川省冶金情报标准研究所（陕西街100号）、四川省医学情报研究所（四川省卫生信息中心）（上汪家拐街34号）。

转制科研机构：四川省有色冶金研究院（人民北路一段12号）、四川省纺织工业研究所（十二桥2号）、四川省轻工业研究设计院（白马寺街19号）、四川省皮革研究所（一环路北三段2号）、四川省工艺美术研究所（一环路北三段2号）、四川省化学工业研究设计院（武侯祠大街30号）、四川辉煌企业（集团）有限责任公司（一环路东四段79号）、四川省建筑科学研究院（一环路北三段55号）、四川省酒类科研所（玉沙路142号）。

【成都运动创伤研究所】

成立于1984年，地址在成都市一环路西一段132号。前身是中国武术家郑怀贤教授于1958年创建的成都体育学院附属体育医院。2003年，国家体育总局将其转制为医疗机构（四川省骨科医院），划转四川省实行属地化管理。该所设有运动创伤、基础理论、资料、中药等研究室及门诊部、住院部、放射科、药剂科等。该所结合现代医学科学技术，总结中国传统医学和民间医疗经验，对治疗运动创伤的理论和方法进行整理和研究。

【四川省丝绸工业研究所】

成立于1979年，是中国西部地区唯一的省级综合型桑蚕丝绸研究所，系中国丝绸协会副会长单位。拥有茧、丝、绸、针织、服装、印染、机械、精细化工、电子技术、外贸等专业技术队伍、研发手段和生产加工场地，是科、工、贸一体的科技型企业。该所主要从事桑蚕丝绸相关的科技攻关、专题研究、产品开发等，先后承担完成国家、部省科研项目70多项，多项成果获四川省科技进步奖、国家级新产品奖。该所研究开发出的蚕茧质量智能测试新技术及装备——SR型茧质智能测试机，属国内首创，技术达国内领先水平，获2005年四川省科学技术进步二等奖，并申请国家专利。该项成果被中国丝绸协会推荐为全国丝绸工业先进技术，在全国推广应用，苏州大学、浙江理工大学国家制丝重点实验室、江苏苏豪丝绸集团公司、重庆金凤丝绸有限公司、四川朗瑞丝绸有限公司、内江松林丝厂、德阳柏隆丝厂等单位采用了这项技术。

该所地址在成都市金仙桥路18号，下设1个省级研发中心、1个省级情报站、2个经营性公司及4个生产厂，拥有年产100万米真丝绸、60吨针织绸、200万米练染绸、10万件丝绸工艺品的生产基地，具有进出口经营权，年出口创汇约500万美元；出版发行《四川丝绸》科技期刊。

【四川省食品发酵工业研究设计院】

始建于1942年，是中国食品工业20大科研与教育机构之一，主要从事食品、发酵、酶制剂、酿酒、微生物工程的研究开发及配套的工程设计，设有食品工业、发酵工业、酿酒、应用微生物等5个研究所和分析检测中心、菌种保藏中心等4个技术中心及3000平方米中试车间、多个科技企业以及农产品保鲜加工研究室等，具有酿酒技术优势。截至2005年，该院共取得科技成果300余项，获各级科技成果奖100余项。其中“黑曲糖化酶酶活的提高及其在工业上的应用”获1985年度国家科技进步一等奖；“500吨/年发酵法制衣康酸”获1996年度四川省科技进步一等奖。2005年，该院位于成都市温江区柳河路335号，有专业技术人员280人，其中享受政府特殊津贴专家和教授级高级工程师18人，高级工程师56人。

【四川省建材工业科学研究院】

创建于1964年；1972年，名为四川省建材工业科学研究所；1992年，更名为四川省建材工业科学研究院；2001年，转制成为集研发、质检、生产、工程监理于一体的科技型企业，全国建筑节能先进单位、全国建材质量检验先进机构和四川省先进科研院所。该院拥有四川省建材产品质量监督检验中心、建材科技研究中心、成都市节能建材工程技术研究中心、建材工业信息与培训中心等研发机构和四川科力工程监理有限公司、四川科力建材设计有限责任公司、四川千辉装饰工程有限公司等企业。从建院到2005年，该院取得科研成果300多项、专利20多项，其中“新型墙材生产及应用技术研究”获国家科技进步三等奖和建设部科技进步二等奖，2000年，“丙烯酸复合防水涂料”获四川省科技进步三等奖；2002年，

"有机硅改性丙烯酸乳液及外墙涂料"获四川省科技进步三等奖，并被列为国家级重点新产品和建设部重点科技成果推广项目。2005年，该院位于成都市马鞍西路15号，有员工150余人，其中专业技术人员110余人，编辑、出版的刊物《四川建材》在全国公开发行。

【四川省天然气化工研究院】

始建于1957年，初名化工部国营永川化工厂研究所；1962年，改建为四川省天然气化工研究所；1965年，更名为四川省永川天然气化工研究所；1985年，恢复为四川省天然气化工研究所；1986年，迁至成都市双流县中和镇；1992年，更名为四川省天然气化工研究院，2001年转制，是集科研、生产、贸易为一体的开发型高新技术企业。经国家科委评定，该院在全国科技综合实力300强中，位列工业类排名第64位，四川省天然气化工工程技术研究中心设于该院。该院主要从事天然气合成及氢氰酸、炔酮类、C5醇及衍生物的开发；以天然气氨氧化合成氢氰酸技术为龙头，开发生产氰化物系列产品及精细化工产品，建有20套产业化装置，拥有成、渝两个产业化基地，已形成氰化物、精细化工、炔酮类三大系列数十个产品，主导产品黄血盐钠（获国家发明奖）、N—苯氨基乙腈产量居世界前列，产品畅销国内，远销美国、加拿大、西欧等国家和地区。该院占地18万平方米，2003年，有职工700余人，其中各类专业技术人员260余人；拥有资产1.5亿元，年销售近1.5亿元，利税1500余万元，出口创汇300万美元。

【四川省机械研究设计院】

始建于1957年，曾名四川省重工业厅设计院、四川省机械工业厅（局）研究设计院等，1985年，改名四川省机械研究设计院。集科研开发、工程设计、技术服务、生产销售为一体，系四川省机械行业规模最大的综合性研究设计开发机构，是四川省机械工程学会、四川省电工技术学会秘书长单位。该院业务范围涉及机械、石油、化工、冶金、环保、轻工、医药、军工等多种行业；具有工程设计、工程总承包、机电设备成套、建设工程设备招标、建设项目（工程）劳动安全卫生预评价、环境污染防治工程工艺设计、机械工业压力容器设计、燃气工程设计等研发能力。截至2005年，该院承担完成国家、部、省多项重点攻关及应用基础研究项目50余项，拥有技术成果400多项，获国家、省部级科技进步奖70多项，获国家专利20余项。该院研究开发的机械密封、各类泵、釜、离心压缩机、风机、机动车清洗设备、全自动立体停车库、高黏度齿轮泵、旋转喷射泵、低温输液管道、电子电气及工程设计、城市管网工程等重要产品、设计技术，多次获四川省科技进步奖；工程设计、城市燃气管网工程及CNG加气站设计，多次获得四川省优秀设计奖；高参数机械密封、特种泵阀、低温、洗车、电子、非标设计等产品和技术在全国同类市场中占据重要地位。

2005年，该院地址在成都市人民南路三段30号，有职工520人，其中具有高、中级技术职称的人员有280人、享受国务院政府特殊津贴专家26人，教授级高级工程师15人。全院固定资产超过2亿元，产值超亿元，利税800多万元，在成都锦江工业园区兴建占地50亩的科技产业园。

【四川省疾病预防控制中心】

成立于2002年，是在四川省卫生防疫站、省劳动卫生职业病防治研究所、省寄生虫病防治研究所、省地方病防治研究所和省结核病防治所基础上组建而成的公益性省级卫生事业单位（同时增挂"四川省卫生检验监测中心、四川省预防医学科学研究院"牌子），是四川省疾病预防控制与公共卫生技术指导和培训中心、中国现场流行病学培训项目四川基地、全国艾滋病防治四川培训基地、全球基金四川省艾滋病抗病毒治疗培训中心。该中心设业务所15个，拥有血吸虫病流行病学、包虫病流行病学、放射卫生等3个重点学科，以及生物材料安全性评价和检测实验室、病原微生物分子生物学实验室、艾滋病确认实验室等3个厅重点实验室，实验室面积7935平方米，有10万元以上重要设备39台。该中心发现并分离出的乙型流感病毒变异株B/四川/379/99被世界卫生组织推选用于全球流感疫苗和诊断试剂的生产，在国内最先建立血吸虫病防治地理信息系统工作站，并开展了吸毒者美沙酮社区维持治疗艾滋病和饮茶型氟中毒防治研究工作。2005年，该中心位于成都市电信路16号，有专业技术人员635人，其中具有高级技术职称的人员191人，享受政府特殊津贴的专家35人；主办的《预防医学情报杂志》被中国科技论文统计源期刊（中国科技核心期刊）收录，《寄生虫病与感染性疾病》和《职业卫生与病伤》杂志被《中国核心期刊（遴选）数据库》收录。

【四川省交通厅公路规划勘察设计研究院】

成立于1953年，是集勘察设计、科研于一体的大型设计研究院，建设部“推行全面质量管理先进单位”，多次进入全国勘察设计行业综合实力100强。该院拥有现代办公和测绘设备，主要承担各等级公路、桥梁、隧道、交通工程、环保、工业与民用建筑的勘察设计、科学研究、施工监理、技术咨询、环境评价、交通及岩土工程施工等业务。1986年开始，从事公路环保设计，开展全国范围8个专业环境影响评价工作。从建院到2005年，该院共完成国道、省道及地方等级公路5万多千米和高速公路3000多千米、大型桥梁300余座和公路隧道100余座的勘察设计任务，完成成（都）绵（阳）路等47项环评报告书、20项环保工程设计和成都绕城公路等22项水保方案的编制工作；获得国家、省部级优秀设计和科技进步奖130多项，其中《万县长江大桥特大跨（420米）钢筋混凝土拱桥设计施工技术研究》获2000年度国家科技进步一等奖和第二届詹天佑土木工程大奖，宜宾马鸣溪金沙江大桥、泸州长江大桥获国家优秀设计金奖，并在公路、桥梁、隧道等专业方面自行开发、研制出一批适合四川交通建设的科研成果和应用软件。2005年，该院地址在成都市武侯祠横街1号，有职工594人，其中具有高级职称的技术人员101人，国家、省部级专家20多人。

附：2005年其他在成都市的四川省属事业单位类自然科学技术研究机构名录（部分）

省卫生厅主管：四川省结核病防治所（外西土桥金泉36号）、四川省药品质量研究所（四川省药品检验所）（茶店子北街19号）、四川省地方病防治研究所（槐树街40号）、四川省劳动卫生职业病防治研究所（电信路19号）。

省食品药品监督管理局主管：四川省医药设计院（西安北路2号）、四川省食品药品检验所（茶店子省药检所）。

省地震局主管：四川省地震局工程地震研究院（人民南路三段29号）、四川省地震局水库地震研究所（人民南路三段29号）、四川省地震局减灾技术研究所（人民南路三段29号）、预报研究所（人民南路三段29号）、四川省地震地质勘察中心（双流县东升镇吴家坝）。

省经委主管：四川省化工地质勘查院（彭州市体育场西路）。

省建设厅主管：四川省城乡规划设计研究中心（马鞍街11号）、四川省城镇建设设计院（人民南路四段36号）。

省环境保护局主管：四川省环境监测中心站（人民南路四段18号）、四川省环保产业发展中心

（西御街31号）。

省水利厅主管：四川省电力设计院（青羊宫青华路22号）、四川电力工业勘察设计院（四川电力设计咨询有限责任公司）（人民南路一段81号）。

省安全生产监督管理局、四川煤矿安全监察局主管：四川省煤炭设计研究院（东门街95号）、四川省安全科学技术研究院（永兴巷15号）。

省科技厅主管：四川省科技交流中心（人民南路四段）、四川省分析测试中心（西胜街）、四川省生物医学工程研究开发中心（人民南路四段）、四川省科学技术研究成果档案馆（成科路8号）、四川省科学技术顾问团办公室（人民南路4段11号）。

省信息产业厅主管：四川省信息产业发展研究中心（桂王桥西街66号）。

省地矿局主管：成都综合岩矿测试中心（人民北路一段）、四川省地矿局地质矿产科研所（西北桥）、四川省地矿局勘察设计院（枣子巷）。

省计生委主管：四川省计划生育科学研究所（人民南路四段15号）。

省人防办主管：四川省人防工程设计研究所（外南人民路）。

省气象局主管：四川省气象科学研究所（光华村）、四川省农业气象中心（光华村）。

省统计局主管：四川省统计局科学研究所（西御街3号）。

省财政厅主管：四川省财政科学研究所（新南街37号）。

省技监局主管：四川省技术监督管理研究所（西府北街1号）。

省国资委、省监事办主管：四川省监事会工作技术研究中心（文武路42号）。

省档案局主管：四川省档案科学技术研究所（花牌坊街191号）。

省交通厅主管：四川省交通厅勘察规划设计院（太升北路35号）。

省国防科技工业办公室主管：四川省国防科技情报研究所（新鸿路213号）、四川省国防科技工业建筑设计所（新鸿路213号）。

省农业厅主管：四川省南亚热带作物发展中心（四川省农业工程勘测设计所）（武侯大街4号）、四川省绿色食品发展中心（武侯大街4号）、成都土壤肥料测试中心（武侯大街4号）。

省测绘局主管：四川省遥感信息测绘院（国家测绘局第三航测遥感院）（龙泉驿区建设路2号）、四川省第一测绘工程院（国家测绘局第三大地测量队）（龙泉驿区龙泉镇公园路一段62号）、四川省第三测绘院（国家测绘局第六地形测量队、国家测绘局地下管线勘测工程院）（锦江区）、四川省测绘科学研究所（人民北路二段）。

省煤田地质局主管：四川省煤田测绘工程院（四川省煤田地质测量队）（青华路39号）、四川省煤田地质工程勘察设计研究院（青华路39号）。

省劳动和社会保障厅主管：四川省劳动和社会保障科学研究所（陕西街54号）。

省商业集团主管：四川省商业建筑设计院（红星路二段100号）。

省核工业地质局主管：四川省核工业地质调查院（核工业西南地质调查院）（二环路东四段298号）。

省台湾事务工作办公室主管：四川省海峡建筑设计院（一环路西一段130号附3号）。

省文化厅主管：四川省文物考古研究院（人民南路四段）。

省发改委主管：四川省经济信息中心（督院街30号）。

成都市属科技机构

【概况】

1990年，成都市属县级以上事业类科技机构有

60多个。其中少数是20世纪50—60年代建立的，大多数建于20世纪80年代，属于技术开发型，且基本上按行业行政管理系统组建，并服务于所属部门业务工作。2005年，成都市属县级以上国有独立科研机构有22个，其中自然科学技术机构19个、科技情报文献机构2个、社会人文科学技术机构1个。在自然科学技术机构中，有企业化转制机构2个。此外，成都市还拥有教育、文化、卫生、救助减灾、公用设施管理、监测、勘探与勘察、测绘、检验检测与鉴定、质量技术监督事务、信息与咨询、其他服务等事业类县级以上科技机构近30个。

附：2005年成都市属国有自然科学部分独立科研机构名录

市农委主管：成都市第一农业科学研究所（百卉路29号）、成都市第二农业科学研究所（温江区柳城镇东北路559号）、成都市沼气科学研究设计所（马道街75号）。

市农机局主管：成都市农业机械科研推广服务总站（二环路西二段西岭路9号）。

市林业局主管：成都市林业科学研究所（天回镇大湾村五组）。

市园林管理局主管：成都市园林科学研究所（外北天回镇）。

市环保局主管：成都市环境保护科学研究院（青羊区芳邻路8号）。

市卫生局主管：成都市中草药研究所（新都区新繁镇正西街124号）、成都市医学信息所（提督街54号）。

市中医管理局主管：成都市中医药研究所（春熙路东段2号）。

市质监局主管：成都市计量监督检定测试所（东风路北二巷5号）。

市建委主管：成都市城市建设科学研究院（上同仁路西屠场街24号）。

市化工协会主管：成都化工微型计算机应用研究所（外东工农院街57号）

市电子协会主管：成都电子研究所（金河街75号）。

市轻工协会主管：成都玻璃研究所（成都微巨科技有限责任公司）（一环路东五段87号）。

市经委主管：成都化工研究设计院（外东星桥街112号）。

市建筑集团总公司主管：成都市建工科学研究设计院（成都市建筑工程质量检测站）（双建路双建南巷17号）。

市建材协会主管：成都市建筑材料科学研究所有限公司（桂王桥西街25号）。

市转制的科研机构：成都机电研究所（曹家巷工人村12栋）、成都轻工业研究所（育婴堂街2号）。

市科技局主管：成都市科学技术情报研究所（人民中路三段12号）。

【成都大熊猫繁育研究基地】

成立于1987年，是为保护拯救珍稀濒危动物大熊猫而兴建的科研机构。1993年，建立大熊猫博物馆，包括大熊猫馆、蝴蝶馆、脊椎动物馆，总面积近4000平方米，以大熊猫为主，展出了大量珍贵资料、图照、标本（鸟类、两栖爬行类、鱼类、蝴蝶与昆虫、化石）等。2001年12月，与四川大学共建“濒危动物繁殖与保护遗传四川省重点实验室”，国家级有突出贡献中青年专家、教授张安居任主任、中科院院士向仲怀任学术委员会主任。

该基地是大熊猫异地保护、繁育、科研的重要场所，对大熊猫进行全面的科学研究，获得突破性进展。从基地建立到2005年，承担包括国家“863”“973”项目在内的一批项目，获得国家技术发明奖二等奖1项、国家科技进步奖二等奖2项和三等奖4项，国家发明专利2项，省、部级科技进步奖29项，市级科技成果34项。在大熊猫繁殖、疾病防治、遗传、饲养等技术领域和保护、拯救大熊猫领域居世界领先地位，在世界上首次利用冷冻精液繁殖成功大熊猫，首次将大熊猫双胞胎繁育成活，首次进行大熊猫亲仔鉴定，并且圈养大熊猫双胞胎自然哺育成功；建成了全球最大的大熊猫精子库、世界唯一的大熊猫细胞库和世界上最大的大熊猫人工种群；先后与美国、日本、英国、德国、法国、澳大利亚、墨西哥等多个国家的国际组织开展科技合作；出版《大熊猫迁地保护理论及实践》《大熊猫生殖与疾病研究》《大熊猫的生殖生理及人工繁殖》、FOR GIANT PANDA等9本专著，在国际国内发表论文282篇。1989年和1994年分别获得联合国环境规划署颁发的“全球500佳”和中国环保领域最高奖项——中华绿色科技金奖。该基地被命名为国家科普教育基地、国家青少年科技教育基地、全国野生动物保护科普教育基地。

2005年，该基地科研人员中有中高级研究人员39人，其中研究员5人、副研究员14人；并设有人事部批准的“博士后科研工作站”。

【成都市第一农业科学研究所】

始建于1959年，原名成都市农业科学研究所；1983年，更名为成都市蔬菜研究所；1985年10月，改名为成都市第一农业科学研究所。建所40多年来，一直以蔬菜研究为主，同时开展花卉、食用菌、果树、农副产品加工的研究和开发，是西南地区唯一主要研究蔬菜的研究所、四川省“菜篮子”工程的重要科研机构。1978年，作为先进集体出席全国科学大会，在“八五”农业科研开发能力综合评估中进入全国百强研究所之列。1999年，该所成立成都市科峰种业有限责任公司；主要承担国家计委“成都现代农业科技示范园”建设，建成具有示范、带动、辐射、效益四大功能的现代科技园区。该所拥有一支包括研究员、高级农艺师在内的数十人的科技队伍，1978—2005年，该所获得科技成果奖100多项，其中，国家级1项、部省级30余项；选育出大白菜、番茄、辣椒、茄子、豇豆、大蒜、黄瓜、甘蓝等一批抗病、优质、高产的蔬菜新品系，成功引进国内外珍稀蔬菜新品种50余个，筛选出天麻、平菇、鸡腿蘑、猴头、灵芝、香菇等50余个食用菌新品种。该所90%以上成果转化应用，创社会、经济效益近4亿元、推广面积200余万亩。

【成都市第二农业科学研究所】

始建于1963年，初名温江地区农业科学研究所；1983年，改名为成都市农业科学研究所；1986年，改名为成都市第二农业科学研究所。2005年，共有职工89人，其中国家级有突出贡献中青年专家1人，四川省学术和技术带头人1人，国务院政府津贴专家6人，研究员1人，高级农艺师28人。该所以粮油作物新品种（引）选育及相关技术研究与应用为主，以“突出油菜优势，加强水稻育种，重视旱粮研究，狠抓配套技术，探索生物技术，强化成果转化”为主要研究方向，其油菜科研基础设施总体达到国际先进水平，“蓉油系列杂交油菜”已由3号培育到13号，并在全国油菜主产区大面积推广，累计在省内外推广6123.9万亩，新增产值48.81亿元，新增纯效益32.73亿元。自20世纪90年代以来，该所在油菜科研方面获得国家发明专利2项、“部、省、市”级科技成果奖10项，其中6项成果达国家先进水平；获植物新品种保护权6项，这些新品种成为全国知名的具有自主知识产权的成都造农业科研优秀品牌。该所是“国家油菜改良中心四川成都分中心”“国家级油菜新品种原原种繁殖基地”。

附：2005年成都市属事业单位类科技机构名录（部分）

市园林管理局主管：成都大熊猫繁育研究基地（熊猫生态公园）（外北熊猫大道26号）、成都市风景园林规划设计院（成都市风景园林绿化工程有限公司）（九里堤南路58号）。

市科技局主管：成都市科学技术发展研究中心（正府街80号4楼）、成都市科学技术顾问团办公室（东胜街6号3楼）、成都科学技术服务中心（体育场路2号）、成都市高新技术成果转化服务中心（人民中路三段12号）、成都高新技术创业服务中心（高新区科园二路1号）、成都市科技风险开发事业中心（人民南路四段时代数码大厦22F）、成都市星火畜禽研究所（高新区羊场乡丰收村）。

市公安局主管：成都市公安局特种技术研究所（永兴巷14号）、成都市公安科学技术研究所（文武路136号）、成都市公安局刑事科学技术研究管理中心（文武路153号）。

市规划管理局主管：成都市规划设计研究院（五丁路2号）、成都市勘察测绘研究院（一环路北三段70号）、成都市市政工程设计研究院（五福街46号）。

市人民防空办公室主管：成都市人防建筑设计研究院（永陵路7号附1号）。

市房产管理局主管：成都市房产住宅科学研究所（人民中路一段28号）、成都市白蚁防治研究所（如是庵街46号）。

市药品监督管理局主管：成都市药物研究所（大慈寺路22号）。

市卫生局主管：成都市血液中心（玉洁东街3号）。

市地震局主管：成都市工程地震研究所（马道街75号）。

市质量技术监督局主管：成都市锅炉压力容器检验研究所（成都市特种设备检验所）（正府街80号7楼）。

市农委主管：成都市农村经济信息中心（百卉路5号）。

市水务局主管：成都市水利电力勘测设计院（成都市水务工程质量监督站）（南巷子98号附1号）、成都市供水工程设计院（青羊正街186号附1号）。

市教育局主管：成都市教育科学研究所（东马棚街1号）。

2005年成都市县级以上政府部门属研发机构及情报文献机构数（部分）一览表

表5-47　　单位：个

	合计	自然科学技术		科技情报文献	社会人文科学技术
		总数	其中转制机构		
机构数	116	98	32	9	9
中国科学院属	6	5	2	1	0
国务院部门属	20	20	13	0	0
省属	68	54	15	6	8
市属	22	19	2	2	1

重点实验室、研究中心与博士后工作站

【概况】

1990年，成都地区有4个国家重点实验室：成都科技大学“高速水力学实验室”，主要学术带头人是吴持恭、方铎、赵文谦、郭亚昆；西南交通大学“牵引动力实验室”，主要学术带头人是曹建猷、沈志云、孙翔、钱清泉、翟婉明，严隽耄、金鼎昌；电子科技大学“宽带光纤传输与通信系统技术实验室”，主要学术带头人是林为干、李乐民；成都地质学院与西南石油学院联建的“油气藏地质及开发工程实验室”，主要学术带头人是罗蛰潭、张绍槐。

2005年，成都地区有国家重点实验室7个：四川大学“高分子材料工程实验室”，主要学术带头人是徐僖、毛炳权、王琪；四川大学“水力学与山区河流开发保护实验室”，主要学术带头人是许唯临、张超然；四川大学“生物治疗实验室”，主要学术带头人是魏于全、张思仲；成都理工大学与西南石油大学联建的“油气藏地质及开发工程实验室”，主要学术带头人是罗平亚、刘宝珺、杜志敏；西南交通大学“牵引动力实验室”，主要学术带头人是沈志云、钱清泉、张卫华；中科院光电技术研究所“微细加工光学技术实验室”，主要学术带头人是姚汉民、姜文汉、邢廷文；电子科技大学“电子薄膜与集成器件实验室”，主要学术带头人是陈星弼、李言荣。除此之外，还有国家级专业实验室7个，部级重点实验室75个以上，四川省重点实验室118个以上。成都市辖区内有国家级工程技术研究中心（工程研究中心）9个，省部级工程技术研究中心（工程研究中心）45个以上，成都市工程技术研究中心45个；技术创新转移中心6个（其中包括国家级技术创新转移中心1个）；国家大学科技园3个；国家临床研究基地9个以上，国家级产业化基地9个以上；四川省国际科技合作基地1个。

2005年，成都地区共有博士后科研流动站设站单位14个，设流动站52个；共有博士后科研工作站设站单位30个以上，设工作站31个以上。

在成都市的各级各类实验室和博士后科研流动站、博士后科研工作站培养出大批人才，获得大量的研究成果，其中很多居于国内甚至国际一流水平。

【水力学与山区河流开发保护国家重点实验室】

1988年，国家计委批准在成都科技大学建设高速水力学国家重点实验室；1990年，向国内外开放；1992年，正式通过国家验收；2005年，更名为“水力学与山区河流开发保护国家重点实验室”。学科领域以水力学及河流动力学为主，主要研究方向：高速水力学与高坝工程；河流动力学与山区河流工程；环境水利学与山区河流保护；大坝与库岸安全；水信息学与水利新技术。院士潘家铮、院士李德仁、院士梁应辰和院士郑守仁曾先后担任该实验室学术委员会主任、副主任和委员。2005年，实验室主任和学术委员会主任分别为教授许唯临和院士张超然。2005年，有固定研究人员40余名，96%以上具有副高级以上职称，其中院士1人、博士生导师25人、国家杰出青年基金获得者3人、教育部“跨（新）世纪优秀人才”4人、教育部骨干教师4人、四川省学术和技术带头人9人，实验室研究人员大多具有在国外留学或合作研究的经历；设有水力学及河流动力学、水文学及水资源学两个博士学科点及水利工程、土木工程两个博士后科研流动站；2006年，有在读博士生53人、硕士生151人，毕业博士26人、硕士74人。

该实验室建筑面积近2万平方米，实验场约3万平方米，拥有大型变压箱及循环水洞系统，大

型变坡陡槽、多功能高速射流试验系统、激光多普勒及PIV测速系统、激光粒度分析系统、高速摄像系统遥感图片分析系统等一大批仪器设备。该实验室与美、英、日、德等国以及中国香港、中国台湾地区高校、实验室开展广泛交流合作。1997—2005年，该实验室承担各类科研课题541项、科研经费1.56亿元；42项成果获国家级及省部级科技奖励，其中获国家级科技奖3项、省部级科技一等奖8项；获发明专利10项，出版专著17部，发表论文1001篇（被国际三大检索系统收录282篇）。该实验室的多项研究成果为溪洛渡、向家坝、小湾、二滩、三峡、小浪底、瀑布沟、龙滩、三板溪、水布垭、锦屏、紫坪铺、拉西瓦、构皮滩等大型重点水利水电工程提供了技术支撑。其中水垫消能机理与优化的研究成果为在建的世界第一高拱坝——小湾拱坝与设计中的具有世界最大泄洪功率的溪洛渡水电站等多项工程做出创新性贡献；推移质泥沙输移机理和河流几何形态方面的研究成果被大量引用和受到国内外著名学者好评，同时在许多防洪工程、水库淤积和河流工程中得到实际应用；在溪洛渡导流洞改建非常泄洪洞工程中，通过机理研究用直弯洞塞消能方式解决了重大工程问题；碾压混凝土筑坝新技术成果获得国家科技进步一等奖等。

【高分子材料工程国家重点实验室】

1991年，建于成都科技大学（1994年合并入四川大学）；1995年4月，通过国家验收；1996年2月，正式向国内外开放，1997年、2003年两次通过国家评估。该实验室学术带头人为我国著名高分子材料科学与技术领域的开拓者和奠基人之一、中国科学院院士、教授徐僖，实验室学术委员会由国内知名专家、学者组成，主任委员为院士毛炳权，实验室主任为教授王琪。2006年，实验室有固定人员44人，其中，中科院院士1人，教授30名（博士导师26名），国家杰出青年基金获得者1人，教育部跨世纪优秀人才基金获得者3人，中国化学会青年化学奖获得者1人；科技人员中有博士学位的35人，约占实验室人员的80%。建有高分子材料硕士点、博士点和博士后科研流动站与高分子化学及物理硕士点。2006年，有在读硕士、博士研究生316名。

该实验室主要学术方向是：通用高分子材料高性能化新技术和新原理的研究，高分子材料成型理论与技术研究，高性能和功能高分子材料的研究，油田开发用高分子材料的研究，废弃高分子材料回收处理与再生利用。2003—2006年，该实验室承担国家自然科学基金、国家重点基础研究发展规划项目计划（“973”）、国家科技攻关计划、“863”计划和国家攀登计划等国家及有关部委和产业部门项目、国际合作项目、企业委托项目350余项；研究成果获国家技术发明奖二等奖及省部委科技进步奖等14项，发表学术论文700多篇，获发明专利100余项。

【牵引动力国家重点实验室】

1989年，该实验室在西南交通大学筹建；1995年，通过国家验收；2003年，接受国家评估获优秀。其研究方向是：机车车辆及其运用工程（铁路机车车辆、城市轻轨车辆、磁悬浮列车）；轮轨关系及车—线—桥耦合关系；结构可靠性及摩擦磨损；测控和试验技术；先进设计及新型装备；电气化及自动化。涉及“交通运输”“机械工程”“电气工程”3个一级学科和4个二级学科，负责全面建设国家级重点学科“载运工具运用工程”和“车辆工程”。该实验室学术带头人为中国科学院、中国工程院院士沈志云教授和中国工程院院士钱清泉教授。2006年，教授张卫华任实验室主任，院士刘友梅任学术委员会主任。有固定人员53人，其中教授（研究员）

38人，副教授（副研究员、高工）10人，博士生导师23人；院士2人，国家杰出青年基金获得者4人，跨世纪优秀人才培养基金获得者9人，全国优秀百篇博士论文获得者4人，国家级突出贡献专家1人，中共中央组织部专家3人，省部级突出贡献专家12人。该实验室拥有设备经费6000万元，设备数量达到300余台（套），包括1条1.4千米的铁路专用线，1万平方米的实验室，可以模拟曲线通过的机车车辆整车六轴滚动振动试验台，机车车辆整车综合参数测定试验台、受电弓混合模拟试验台、阻尼测定台、轮轨蠕滑脱轨试验台和高速粘着试验台、车—线—桥耦合仿真系统、列车运行模拟试验台等，以及TPLtrain和TPLdyna等一批机车车辆动力学仿真计算软件。

1997—2006年，该实验室主持和主研国家攻关项目5项、国家“863”课题4项、国家自然科学基金重点项目2项、省部科技发展项目近70项、国际合作项目9项等各类科研项目共计200余项；在国外重要期刊发表论文近百篇，在国内刊物发表论文500余篇，出版专著11部、译著2部；在轮轨关系、机车车辆动力学、弓网关系、摩擦磨损等基础研究方面取得突破性进展，在高速重载机车车辆转向架开发方面取得具有创新性的研究成果；获得国家科技进步一等奖1项（独立主持）、国家图书奖1项，省部级科技进步一等奖5项、二等奖4项、三等奖5项。

【微细加工光学技术国家重点实验室】

该实验室依托中国科学院光电技术研究所，于1991年批准建设；1996年，通过国家验收。其研究方向是：微光学，纳光学，微电子光学，微光机电系统，先进光学系统集成应用。主要研究内容是：建立具有特色的微光学技术研究平台，实现光刻过程中多种微浮雕结构的高保真传递，制作出大数值孔径、从红外到紫外的宽波段、深浮雕、非球面、高填充因子的微列阵元件，实现小系统集成。先后研制成功了用于哈特曼波前传感器、红外焦平面探测器中的光聚能器及半导体激光器的波面整形的列阵元件；衍射微透镜列阵实用化研究在国内领先，达到国际先进水平；在国内首次将折衍混合光学系统的研究成果应用于航天光学系统；研制的星敏感器可使卫星姿轨控制精度提高近1个数量级。该实验室的这些研究成果使我国成为世界上能研制生产g线、i线大数值孔径投影光刻物镜的少数国家之一。

2006年，实验室主任为研究员邢廷文，学术委员会主任为院士姜文汉。设有硕士点7个，博士点3个，博士后科研流动站1个（光学工程）；在读博士生34人、硕士生40人；有固定人员39人，其中，占科技人员总数50%以上的科技人员是具有博士、硕士学历的中青年科技人员，该室80%以上的课题第一负责人由中青年科技骨干担任。完成了一大批包括国家“973”“863”、国防、自然科学基金及省部项目在内的科研课题。2006年，在研项目68项、总经费1.32亿元以上。1997—2005年，研究成果获得国家科技进步奖三等奖1项，中国科学院科技进步奖一等奖1项、三等奖1项，中国科学院自然科学奖三等奖1项，四川省科技进步三等奖1项；被受理发明专利20件，获授权实用新型专利24件；在国内外核心科技刊物及各类会议上发表学术论文260余篇。

【油气藏地质及开发工程国家重点实验室】

该实验室由西南石油学院和成都地质学院于1989年获批建立；1995年，通过国家验收。2000年和2005年两次以良好成绩通过国家评估。该实验室的研究方向是：油气藏地质与勘探；油气井钻井及油气藏开发工程。主要研究内容是：储层地质综合研究；含油气盆地的整体动态和定量研究；复杂油气藏勘探理论方法、技术研究；复杂油气藏开发理论、方法、技术与设计研究；油井工作液及油气层保护技术研究；钻井、采油新工艺、新技术及有关设备工具研究。拥有地层条件下岩石物理参数测试平台、油气储层组成、结构微观分析实验平台、地层条件下岩石电性实验平台、储层矿物学与岩石学实验平台、储层地球化学实验平台、油气藏地质/地球物理数字处理与数值模拟平台等仪器设备和技术体系。2006年，实验室主任为教授杜志敏，学术委员会主任为院士刘宝珺；共有固定研究人员88人，其中教授58人，副教授25人；中国工程院院士1人，博导46人，四川省学术和技术带头人23人。拥有以矿产普查与勘探国家级重点学科为基础的3个一级学科博士点、9个二级学科博士点，以及石油与天然气工程、地质资源与地质工程、地质学3个博士后科研流动站。

累计负责承担“863”计划、“攀登计划”“973”计划、国家自然科学基金重大项目、重点项目和杰出青年基金、国家攻关项目和部省重要研究课题250余项；国际合作项目6项。有20多项研究成果鉴定验收被时评为“国际先进”，有70多项被评为“优秀”或“国内领先”，成果获国家科技进步一等奖2项、二等奖4项、三等奖5项，省部科技进步一等奖19项、二等奖44项、三等奖68项。院士罗平亚领导的“钻井完井过程中保护油层的屏蔽式暂堵技术”课题组提出的保护油层的屏蔽式暂堵技术，正在成为我国石油工程界普遍采用的新技术，并通过海洋石油钻井走向国际市场。2001—2005年，该实验室发表论文1415篇，出版专著39部；取得国家发明专利9项、美国发明专利1项；培养博士研究生572名、硕士研究生778名。

【生物治疗国家重点实验室】

2005年3月，科技部批准四川大学生物治疗实验室为国家重点实验室。该实验室以分子生物学、功能基因组学等为学科基础，综合应用医药生物技术、纳米生物技术、生物医学工程技术等为手段，针对人类重大疾病，从事生物治疗研究和临床实践。形成了五个科学前沿方向：肿瘤生物治疗的基础与临床研究，感染性疾病与自身免疫疾病生物治疗研究，组织工程与干细胞研究，重要致病基因、肿瘤免疫/基因治疗相关基因研究，信号转导与细胞凋亡研究。2002—2006年，该实验室承担包括国家“973”计划、“863”计划、国家自然科学基金等研究项目40余项，被SCI收录的在杂志上发表的论文共515篇，申请专利30项，有10个国家Ⅰ类新药或组织工程产品申报临床试验；在肿瘤免疫治疗、基因治疗、细胞治疗、干细胞与组织工程等领域取得一批国内外有影响的重要成果。2006年，实验室主任为院士魏于全，学术委员会主任为教授张思仲；共有教授45人，其中有中科院院士1人、长江学者特聘教授6人、国家杰出青年基金获得者10人，学有所成的留学归国人员中有7人获得国家杰出青年基金。

【电子薄膜与集成器件国家重点实验室】

该实验室依托于电子科技大学，以教育部新型传感器重点实验室、信息产业部电子信息材料重点实验室和功率半导体技术重点实验室为基础，于2005年经科技部批准建立。该室围绕国家IT领域的战略目标，致力于新型电子薄膜材料与集成电子器件的研究和开发，促进材料—器件—微电子技术的交叉和集成，形成了磁电薄膜与微型器件、功率半导体与集成技术、电子聚合物与微结构传感器等三个重点研究方向。2006年，实验室主任为教授李言荣，学术委员会主任为院士闻立时；拥有1个国家重点学科（微电子与固体电学）、5个博士点和6个硕士点。该实验室共有固定人员79人，其中研究人员65人、技术人员6

人、管理人员6人，辅助人员2人。73%具有高级职称，其中包括中科院院士1人、国家杰出青年基金获得者3人、长江学者特聘教授3人、长江学者讲座教授1人、国家自然基金委创新团队1个、国家奖评委2人、国防科技奖评审专家3人、教育部跨（新）世纪人才5人、总装专家组成员3人、四川省杰出创新人才奖1人、四川省学术和技术带头人6人、四川省有突出贡献专家4人、博导16人；其骨干研究队伍以院士陈星弼为带头人，以40岁左右研究人员为核心，以30岁左右研究人员为主力，90%具有博士、硕士学位，50%有海外经历。

2002—2006年，该实验室共获得国家奖3项，省部一等奖5项、二等奖8项、三等奖10项，获得发明专利授权18项，其中美国发明专利3项（2006年，申请专利49项，获专利授权8项，其中中国发明专利6项，美国发明专利1项，实用新型专利1项）；发表论文1000余篇，其中在APL、JAP、PRB、IEEE等国外刊物上发表200余篇，出版著作6本；有40项成果被采用，直接经济效益5亿元。

【地质灾害防治与工程地质环境保护国家专业实验室】

该实验室依托成都理工大学，1989年，在成都地质学院"地质工程"国家级重点学科基础上建立；1995年，建成通过验收；2001年，被批准为四川省重点实验室；2002年，被科技部确定为"省部共建国家重点实验室培育基地"；2003年，被国土资源部批准为部级重点实验室；2006年，被科技部正式列入国家重点实验室建设计划。其研究方向是：断裂构造活动性评价与地震灾害危险性分析、重大工程岩土体稳定性分析及工程适宜性评价、地质灾害危险性评价与风险管理对策，地质灾害防治与地质环境保护新技术开发。拥有建筑面积6000余平方米的实验大楼、2700万元仪器设备。2006年，实验室主任为教授黄润秋，学术委员会主任为教授刘汉超；有研究人员48人（70%具有博士学位），有博士点3个、硕士点6个、工程硕士点3个，有在读研究生400人左右，共培养研究生600人，其中博士后、博士150人。

从20世纪90年代到2006年，该实验室承担国家"973"项目、国家重点科技攻关项目、国家自然科学基金项目、国家杰出青年科学基金项目、省部重点项目、重大工程项目等300余项，获科研经费2亿余元；在我国工程地质领域创建立"地质过程机制分析——量化评价"的理论体系和"系统工程地质学"的技术方法体系；研究成果获国家科技进步一等奖2项，部省二等奖以上30余项，出版专著50余部，在国内外发表论文1200余篇；专利申请7项（2005年申请4项），成果产生社会经济效益20亿元以上。

【口腔生物医学工程（卫生部、教育部、四川省）重点实验室】

该实验室依托于四川大学，1936年成立，原名华西协合大学医牙研究室；1949年，为华西协合大学口腔研究室；1958年，经四川省政府批准成为我国第一个口腔医学研究所；1989年，经卫生部批准成立口腔医学重点实验室；2002年，被批准为教育部重点实验室、四川省重点实验室；2005年被评为教育部优秀实验室。实验室面积5600平方米，有各类仪器，设备500余台（件）、价值2500万元（20万元以上大型仪器设备15台）。其研究方向是：龋齿发病机制及防治新技术的研究；牙缺损和缺失修复的基础与应用技术研究；牙颌面畸形的发生机制的基础研究；口腔黏膜癌变与口腔癌转移行为的基础研究。学科涵盖口腔临床医学及口腔基础医学2个二级学科，有国家级重点学科1个（口腔医学），有博士学位授权点2个，口腔医学博士后科研流动站1个。2001—2006年，培养博士后出站人员10人（在站12人）、博士128人（在读116人）、硕士180人（在读229人），培养海外研究生42人（在读33人）。美、英、日、加等国30名客座研究员在该实验室从事研究工作。

2006年，该实验室主任为教授周学东，学术委员会主任为院士邱蔚六。拥有科技人员49人，其中正高职称研究人员25人，副高职称15人（他们中博士学位获得者30人）；有教育部创新团队1个，教育部新世纪国家级人选1人，霍英东青年教师基金获得者1人，四川省学术和技术带头人9人（后备人选8人），博士生导师17人。有13人先后在国际学术机构任职，担任国际牙医师学院中国分院院长，亚洲牙科修复学会（AAP）副主席、国际牙医师学院院士、香港牙科学院荣誉院士等。共举办国际学术会议3次、全国性学术会议15次。

2001—2006年，该实验室承担国家、省部、国际合作重大科研项目178项，获研究经费3207万元，发表论文628篇（SCI全文收录80篇），编著34部，获国家发明专利8项、实用新型专利7项，获各级科技成果奖19项（其中教育部科技成果一等奖6项、四川省科技进步一等奖1项），多项成果在全国40多家口腔医院（科）应用；在龋病、牙周病的病因和防治、口腔黏膜病、先天性口腔疾病发生机制、口腔癌淋巴转移、颞下颌关节病等研究取得显著成绩。该实验室研究的口腔生物材料如种植材料人工骨、陶瓷材料等在全国口腔医院（科）临床应用，打破了外国产品在该领域的垄断地位；自主研制成功口腔生物膜模型装置（可模拟人类口腔环境）、人体下颌骨生物力学模型、四点细胞力学加载装置及细胞流体力学实验装置，获国家专利。

【中药材品质与创新中药研究四川省重点实验室】

该实验室依托四川省中药研究所，于2005年经四川省政府批准成立。其研究方向是：川产道地药材及中成药的应用基础研究、创新中药新药的研究开发、中药材及中成药品质评价、珍稀濒危药用动植物的人工栽培（驯化）及GAP规范的研究等。其研究任务是：运用现代生物医学和化学分析的最新理论和实验技术，构建道地药材资源与品质评价平台、中药化学研究与活性筛选毒性评价相结合的ADME/Tox平台、创新中药的研究与开发平台等3个技术平台，开展道地、濒危中药材及药用植物的资源分布、品质评价、化学成分、生物活性与功能、药效与安全性评价的系统基础研究以及基于道地药材的创新中药的开发研究。

2006年，实验室主任为研究员徐学民，学术委员会主任为研究员邓文龙。该实验室共有人员50人（固定人员32人，客座人员18人），其中高级研究人员26人、具有博士学位人员19人。共承担国家、省级科技攻关项目19项，投入研究经费796万元（包括政府投入、企业合作、利用外资、自筹经费）；与高校共同培养博士研究生、硕士研究生20余人；发表论文40余篇，申请发明专利5项、获批发明专利2项，转让技术成果10余项（获项目经费240万元）。

附：2005年成都地区科学技术实验室名录（部分）

国家重点实验室：高分子材料工程国家重点实验室、水力学与山区河流开发保护国家重点实验室、生物治疗国家重点实验室（以上教育部主管，依托单位四川大学）、牵引动力国家重点实验室（教育部主管，依托西南交通大学）、电子薄膜与集成器件国家重点实验室（教育部主管，依托电子科技大学）、油气藏地质及开发工程国家重点实验室（省科技厅主管，依托成都理工大学、西南石油大学）、微细加工光学技术国家重点实验室（中国科学院主管，依托中科院光电技术研究所）。

国家级专业实验室：草原鼠虫病害生物防治工程国家专业实验室、皮革化学与工程国家专业实验室（以上教育部主管，依托单位四川大学）、四川省中药筛选评价中心、国家中药GCP中心（以上国家中医药管理局主管，依托成都中医药大学）、地质灾害防治与工程地质环境保护国家专业实验室（教育部主管，依托成都理工大学）、国家“211工程”会计电算化专业实验室、国家“211工程”统计分析专业实验室（以上教育部主管，依托西南财经大学）。

国家级、部级重点试验室：国家“863”计划自适应光学重点实验室、国家“863”计划光束控制重点实验室（以上中国科学院主管，依托单位中科院光电技术研究所）；

生物物理/生物电子学重点实验室、微波等离子体应用重点实验室、功率器件与智能功率集成电路重点实验室、大规模集成电路重点实验室、光电信息工程重点实验室、移动通信与个人通信重点实验室、雷达探测与成像重点实验室、电子信息功能材料及应用重点实验室、现代远程教育重点实验室、电子工程软件评测重点实验室、微波毫米波工程重点实验室、管理科学与工程重点实验室、生物医学信息检测与智能信息处理重点实验室、虚拟现实技术重点实验室、实时计算机系统及应用重点实验室、光电传感与信息处理重点实验室、智能机械及系统工程重点实验室、可擦写光盘及应用重点实验室、微波毫米波系统及测试重点实验室、电子侦察与干扰重点实验室（以上信息产业部主管，依托电子科技大学）、新型传感器重点实验室、宽带光纤传输与通信网技术教育部重点实验室（以上教育部主管，依托电子科技大学）、抗干扰通信技术国防科技重点实验室、大功率微波电真空器件技术国防科技重点实验室、国家“863”计划强辐射重点实验室（以上国防科工委主管，依托电子科技大学）；

辐射物理及技术重点实验室、皮革化学与工程重点实验室、靶向药物及传递系统重点实验室、生物资源与生态环境重点实验室、绿色化学与技术重点实验室、人类疾病生物治疗重点实验室（以上教育部、四川省主管，依托四川大学）、口腔生物医学工程重点实验室（以上教育部、卫生部主管，依托四川大学）；

铁道电气化与自动化实验室、桥梁、隧道、地下工程实验室、交通信息工程实验室、道路及铁道工程实验室（以上铁道部主管，依托西南交通大学）、材料先进制备技术重点实验室（教育部主管，依托西南交通大学）；

青藏高原大陆动力学国土资源部重点实验室、国土资源信息技术与应用国土资源部重点实验室、地学核技术应用开发四川省（国土资源部）重点实验室（以上国土资源部主管，依托成都理工大学）、地球探测和信息技术教育部与四川省联合共建重点实验室（教育部、四川省主管，依托成都理工大学）；

中国人民银行模拟银行实验中心（中国人民银行主管，依托西南财经大学）；

中国气象局大气探测重点开放实验室（中国气象局主管，依托成都信息工程学院）；

统计信息技术与数据挖掘重点开放实验室（国家统计局主管，依托成都信息工程学院）；

动物科学实验室、现代生物技术实验室（以上国家民委主管，依托西南民族大学）、四川省动物遗传育种学重点实验室（国家民委、四川省主管，依托西南民族大学）；

制剂学实验室、眼科实验室、中医急症实验室、生药学实验室、药理学实验室、中西医结合基础实验室、针灸学实验室（以上国家中医药管理局主管，依托成都中医药大学）；

石油天然气装备重点实验室、特殊气藏开发重点研究室（教育部、四川省主管，依托西南石油大学）；

西南作物基因资源与遗传改良（教育部、四川省主管，依托四川农业大学）；

厌氧微生物重点开放实验室（农业部主管，依托农业部沼气科学研究所）、长江上游农业资源与环境重点开放实验室（农业部主管，依托四川农业科学院）；

中国科学院成都计算机自动推理联合实验室（中科院主管，依托中科院成都信息技术有限公司）、中国科学院山地灾害与地表过程重点实验室（中科院主管，依托中科院·水利部成都山地灾害与环境研究所）；

低截获概率信号侦测国防科技重点实验室（国防科工委主管，依托总参57所）、国家级校准/检测实验室、电磁兼容实验室（以上国防科工委主管，依托中电第10研究所）、保密通信国防科技重点实验室（国防科工委主管，依托中电第30研究所）；

空泡物理和自然循环实验室、核燃料及材料性能国家级重点实验室、核反应堆系统设计技术国家级重点实验室（以上中国核工业总公司主管，依托中国核动力研究设计院）、核工业环流器实验技术重点实验室（中国核工业总公司主管，依托核工业西南物理研究院）；

沉积盆地与流体动力学研究开放实验室（国土资源部主管，依托国土资源部成都地质矿产研究所）；

四川森林生态与资源环境研究重点开放性实验室（国家林业局主管，依托四川省林业科学研究院）。

四川省重点试验室（含部分省厅局级重点实验室）：原子分子工程与高温高压合成实验室、分子生物学及生物技术实验室、生物力学工程实验室、过滤与分离实验室、核医学实验室、感染性疾病与分子生物学实验室、感染性疾病与分子生物学实验室、光学实验室、先进制造技术实验室、功能材料物理化学与工程实验室、多相流传质与化学反应工程实验室、岩土工程实验室、智能系统实验室、靶向药物与新型给药系统实验室、疾病基因组学与法医学实验室、肿瘤学实验室、医学分子生物学开放实验室、移植工程和移植免疫实验室、妇科肿瘤与小儿血液肿瘤实验室、电能质量与电磁环境学重点实验室、微电子技术实验室、人机系统及仿生工程实验室、信息安全实验室、信息与自动化技术实验室、知识工程及网络智能实验室、信息数学技术实验室、分子毒理学实验室、生物精神病学实验室、病理研究实验室、口腔医学技术实验室、绿色化学与技术实验室、天然药物学实验室、资源微生物学与微生物技术实验室、干细胞应用研究中心、资源生物学及生物制药工程实验室、新型聚合物加工技术及其装备实验室、食品科学与技术实验室、磷化学与工程实验室、先进材料成型及模具技术实验室、围产与生殖医学实验室、环境工程实验室、水文学及水资源实验室、制药工程与技术实验室（该实验室依托单位还有四川抗菌素工业研究所）、降解与阻燃高分子材料实验室（以上四川省主管、依托单位四川大学）；

传感技术工程实验室、新型计算机应用技术实验室、显示科学与技术实验室、计算机网络技术与应用实验室、现代测试技术实验室、电子信息系统工程实验室、通信与信息系统中的信号处理实验室、嵌入式系统技术重点实验室、信息处理及小波应用重点实验室（拟建）、计算智能重点实验室（拟建）、生物医学信息技术重点实验室、生物物理与生物电子技术重点实验室、四川省智能机电系统与工业信息化重点实验室、信息光电子技术与器件重点实验室、通信与信息系统中信号处理实验室、激光与微米波信息系统实验室、电磁生物/生物电子技术实验室、管理科学与工程研究中心、电子商务实验室（以上四川省主管、依托电子科技大学）；

地学核技术应用开发实验室、地球探测和信

息技术实验室（以上四川省主管、依托成都理工大学）、地质灾害防治与地质环境保护实验室、分布式网络异构机群并行计算实验室（四川省与科技部共建、依托成都理工大学）；

中药学科中心实验室、中药品种资源研究与开发实验室、针灸学实验室、中医眼科实验室、中药制剂实验室（以上四川省主管、依托成都中医药大学）；

环境科学与生物多样性保护实验室、四川省计算机软件重点实验室（以上四川省主管、依托四川师范大学）；

强度与振动实验室、物料搬运机械实验室、环境污染与工程环境控制实验室、磁浮列车与磁力应用工程实验室、交通安全工程技术实验室、表面工程与摩擦学实验室、数字化城市综合交通规划实验室、交通信息工程与控制实验室、电磁场与微波技术实验室、信息安全与国家计算网格实验室、人工器官表面工程实验室、地理信息工程中心、移动通信重点实验室、信号与信息处理实验室、网络通信技术实验室（以上四川省主管、依托西南交通大学）；

流体机械重点实验室、汽车工程实验室、四川省特种材料及制备技术重点实验室、四川环境科学与生物多样性保护实验室、四川省信号与信息处理重点实验室（以上四川省主管、依托西华大学）、四川省人工智能重点实验室（四川省主管、依托西华大学、四川电力试验研究院、四川长征机床集团有限公司）、四川省食品发酵工业重点实验室（四川省主管、依托西华大学、泸州老窖集团）；

运动人体科学实验室（四川省主管、依托成都体育学院）；

材料物理与化学实验室、信息材料实验室、动物遗传育种学实验室（四川省主管、依托西南民族大学）；

实时数字信号处理与应用重点实验室（四川省主管、依托成都信息工程学院）；

天然气开采重点实验室、岩石破碎学与钻头研究实验室、石油管力学和环境行为重点实验室、天然气地质实验室、油气田化学品合成及应用开发实验室、石油工程测井实验室、石油天然气装备实验室、中国海洋石油提高采收率实验室（四川省主管、依托西南石油大学）；

不对称合成与手性技术四川省重点实验室（四川省主管、依托中科院成都有机化学研究所、香港理工大学、台湾国庆化学公司及中兴大学化学所）；

南方丘区节水农业研究四川省重点实验室（四川省主管、依托四川省农业科学院）；

道地中药材品质评价与创新中药研究四川省重点实验室（四川省主管、依托四川省中药研究所）；

沉积盆地与流体动力学研究开放实验室（四川省主管、依托成都地质矿产研究所）；

濒危动物繁殖与保护遗传四川省重点实验室（四川省主管、依托成都大熊猫繁育研究基地·四川大学、中国卧龙保护大熊猫研究中心）；

中药及天然药物四川省重点研究室（四川省主管、依托四川省中药研究所）；

酿酒生物技术及应用四川省重点实验室（四川省主管、依托四川理工学院、泸州老窖集团、四川省食品发酵工业研究设计院）。

【国家天然药物工程技术研究中心】

于1998年5月正式成立，依托于中科院成都生物研究所和中科院成都地奥制药公司，是国家级专业从事天然药物工程技术研究的科研开发实体。中心按照“小中心，大网络”模式建设，采取科研、中试、生产一体化运行机制和企业化管理，以市场为导向，依托单位优势，通过成熟的提取分离技术，对天然药物中主要有效成分类别进行系统化、配套工程化的研发，实现天然药物（一类或二类）的工业化生产。建成了规模化生产天然药物有效成分—皂甙类的工艺先进的配套化生产线和可推广放大的黄酮类、生物碱类的中试生产工艺流程；开展超临界提取、膜分离、絮凝、新型吸附树脂等新技术、新材料在天然药物规模化生产中的应用研究，天然药物传统生产工艺的技术改造，一类和二类新药的研制等。与国内外几十家从事天然药物研究的科研院所、生产企业和制药设备生产厂家建立广泛的合作关系。先后承担并完成“黄芪总苷注射液”“双山颗粒”等科研课题的中试放大生产，“十五”攻关课题“地奥心血康胶囊国际化示范研究”，科技部“药用大孔吸附树脂的标准化研究”等科研任务。该中心成为具有示范性的天然药物提取分离工程技术的中试生产基地，天然药物工业化生产提取分离新技术、新设备推广应用的场所。该中心拥有技术人员24人，其中具有高级职称的人员14人；主任为成都地奥集团董事长、中国科学院成都生物研究所所长、中国科学院新药开发基金委员会主任、博士生导师李伯刚研究员。

【国家生物医学材料工程技术研究中心】

依托于四川大学，于1999年批准组建；2005年，正式挂牌，是中国第一个开放性国家生物医学材料工程技术研究中心，是集科、工、贸、产、学、研为一体，按市场经济规律并结合研究工作特点运作的股份制法人实体。中国生物材料委员会副主席张兴栋教授任该中心名誉主任，主任由国家“973”计划生物医用材料项目首席科学家顾忠伟教授担任，中国生物材料委员会主席师昌绪院士任该中心工程技术委员会主任。研究中心本部拥有一支以国际著名生物材料专家为学术带头人、中青年科技人员为骨干、多学科交叉共68人的研发团队，其中20余人具有高级职称，10余人具有博士学历。该中心主要从事生物医学材料、医用植入体、组织工程、控释载体与系统、试验评价及制造工艺技术的研究、开发和应用。依托国家重点建设学科四川大学生物医学工程接纳博士后，培养博、硕士研究生和进行继续教育。汇集和交流生物医学材料科学、工程与产业信息，已具国内外学术交流中心的雏形。附设一所口腔种植医院和分布于国内的8个临床应用研究中心和研究所。该中心拥有专用实验室5760平方米，及按GMP标准建立的6条中试线及SPF级动物实验室，拥有专用大中型现代精密仪器、设备百余台。展开多方面、多领域的研究，申请和获授权发明专利技术13项、制定生物材料国家标准4项和行业标准3项。20余系列、200余规格的产品推广临床应用。发表论文350余篇、编著10部，成果获国家科技进步二等奖1项和部省级一、二等奖8项，开发的“骨诱导人工骨”等6种产品取得上市资格。

【国家有机硅应用工程技术研究中心】

于1991年组建。1995年，国家科委验收认证，是以各种有机硅单体生产为龙头，以有机硅聚合物及其加工技术为重点，对实验室成果进行系统化、配套化、工程化研究开发的工程技术研究中心。共有135人，其中工程技术人员105人（具有高级职称的人员35人）。主要的开发领域为：配合万吨级有机硅单体生产装置与工艺的开发，对流化床及配套催化剂以及连续水解工艺进行研究和开发，流化床合成苯基单体的工程化放大和设计，特种有机硅单体的工程化开发和设计，直接法合成烷氧基硅烷和有机硅偶联剂的工程化开发和设计，有机硅聚合物产品的工业化试验和生产装置研究及工程设计；开展有机硅在电子电气、建筑、机械、交通运输、纺织、造纸、皮革、医用、军工等部门的应用研究和新产品的开发。至2005年，该中心共取得科技成果283项，其中获国家奖7项、省部级奖28项；研究成果涉及单体、聚合物、后加工技术、应用技术及工业生产专用设备等有机硅行业的各个领域。

【国家碳一化学工程技术研究中心】

依托于西南化工研究设计院，于1992年批准组建。1996年4月，通过国家科委验收，该中心承担国家重点科研项目的研究开发任务，承接国内外委托的有关碳一化学领域反应工程项目的研究；可对实验室已取得的研究成果进行工程放大研究，并推向工业化；可承担拟建工业装置的技术经济评价以及工程设计任务。

【国家精密工具工程技术研究中心】

依托于成都工具研究所，1998年，正式挂牌成立，是国家级工具成果工程化基地。该中心主要从事金属切削刀具、精密量仪两大领域的共性技术研究及高档技术产品的开发和生产。专业领域包括刀具方面的新材料、切削理论、复杂刀具CAD/CAM、刀具制造工艺及专用装备、刀具表面处理技术，以及量仪方面的测量原理、传感元器件、测量软件和大型精密测量仪器的研究和开发等。该中心在刀具材料、设计、工艺和表面处理上具有综合优势，为宝山钢厂和天津钢管公司开发出高精密石油管螺纹梳刀，替代了进口产品，其“弧锥齿轮测量技术及其装备”转让给了世界著名的齿轮公司Klingelnberg。

【国家烟气脱硫工程技术研究中心】

于2002年批准成立，依托于中国工程物理研究院环保工程研究中心与四川大学，由联合四川金海环保股份有限公司、四川省环境科学研究院等单位共同组建的产、学、研联合体，是烟气污染控制和为相关环保产业发展提供技术支撑和全方位服务的国家级科技平台和产业化基地。该中心重点进行与烟气脱硫新材料、新工艺、新设备等方面相关的创新研究与引进技术的消化、吸收，开展烟气脱硫信息服务、工程技术服务、应用人才培养和对外交流；从事燃煤烟气脱硫脱硝工程的投融资、规划和设计、施工建设、成套设备及工程运营等一条龙服务，并致力于发展其他环保新技术和新设备、成套设备制造及系统集成等工作。

中心有各类科技人员200余人，其中两院院士2名，研究员、教授、高级工程师（副研究员）80余人；拥有环境科学、环境工程、化学工程等博士点和多个硕士点；从事环境影响评价、环境监测、设备检测、工程咨询、环境工程专项设计和污染治理、工程总承包、污染治理设施运营等工作。至2005年，该中心完成多项国家重点科技项目的研究开发工作，承担多项国家和省级高新技术产业化示范工程项目的建设任务；拥有脉冲放电等离子体法、电子束氨法和磷铵复合肥法烟气脱硫脱硝技术，以及湿法、简易湿法、旋转喷雾法、活性炭纤维法、软锰矿法等烟气脱硫技术，成为国内烟气脱硫行业规模大、设施齐全、综合实力较强的成果集散地与产业化示范推广基地。

【国家受力结构工程塑料工程技术研究中心】

依托于中蓝晨光化工研究院，于1992年成立；1995年，通过国家科委验收。共有110人，其中高、中级工程技术人员占1/2。主要任务是针对我国受力结构工程塑料，特别是线型饱和聚酯、聚醚工程塑料、尼龙和国防军工用高性能工程塑料中存在的合成、加工、应用等工程技术关键问题进行研究开发。其研发成果RPM系列红磷阻燃剂母料于1997年通过化工部技术鉴定，1999年，获国家石化局科技进步三等奖，已经形成年产2000吨的生产规模。该中心开发的汽车风扇专用料（CMPPG30）、风康明斯皮带张紧轮专用料、冰箱温控器专用料（FRPA401G30）的相关技术指标达到出口欧盟的标准；开发的阻燃ABS、阻燃PBT、阻燃聚碳酸酯通过美国UL-94

黄卡认证。

【手性药物国家工程研究中心】

2005年，国家发展和改革委员会整合国内相关企业研究开发资源，组建“手性药物国家工程研究中心（筹）”。该中心以中国科学院成都有机化学有限公司（原中国科学院成都有机化学研究所）20多年在手性领域创新性研究成果为基础，主要开展手性拆分、不对称合成、生物催化及生物转化等核心技术的研究开发和系统集成。以科技成果产业化、运行机制企业化、发展方向市场化为核心，以满足国家战略需求和行业技术辐射为重点，促进具有自主知识产权的手性药物技术的工程化转化；拥有授权专利18项，新药证书2个。

附：2005年成都地区工程技术研究中心、研究基地、技术转移中心、大学科技园名录（部分）

国家工程技术研究中心（国家工程研究中心）：国家生物医学材料工程技术研究中心、国家烟气脱硫工程技术研究中心（以上依托单位四川大学）、国家受力结构工程塑料工程技术研究中心、国家有机硅工程技术研究中心（以上依托中蓝晨光化工研究院）、国家碳—化学工程技术研究中心（依托西南化工研究设计院）、国家精密工具工程技术研究中心（依托成都工具研究所）、国家天然药物工程技术研究中心（依托中科院成都生物研究所、成都地奥制药集团）、手性药物国家工程研究中心（依托中科院成都有机化学有限公司）、国家消防工程技术研究中心（四川）（依托公安部四川消防研究所）。

部省级工程技术研究中心、工程研究中心：四川省烟气脱硫工程技术研究中心（依托四川大学与中国工程物理研究院环保工程研究中心）、四川省纳米科技应用工程技术研究中心（依托四川大学与西南化工研究设计院）、现代交通管理系统教育部工程研究中心、教育部计算机仿真和模拟系统工程研究中心、四川省稀土材料与应用工程技术研究中心、四川省成都国佳生物工程研究中心（以上依托单位四川大学）、四川省鞋业工程技术研究中心（依托成都武侯区宏大鞋楦厂、西南交通大学CAD中心、四川大学）、四川省纳米粉体材料工程技术研究中心（依托成都海特新材料有限公司、四川大学、中科院有机所、成都宏鼎新材料公司）、四川省清洁燃料汽车工程技术研究中心（依托西华大学）、化工部皮革化工材料工程技术研究中心、四川省天然产物分离工程中心（以上依托中蓝晨光化工研究院）、中科院皮革化工材料工程技术研究中心（依托中科院成都有机化学研究所）、四川省动物生物技术研究中心（依托四川省畜牧科学研究院）、四川省纺织工程技术研究中心（依托四川省纺织工业研究所）、四川省专用复合肥料工程技术研究中心（依托四川省农业科学院土壤肥料研究所）、四川省食品发酵工程技术研究中心（依托四川省食品发酵工业研究设计院）、四川省天然气化工工程技术研究中心、四川省氰化物工程研究中心（以上依托四川省天然气化工研究院）、四川省机械密封工程技术研究中心（依托四川省机械研究设计院）、四川省丝绸工程技术研究中心（依托四川省丝绸工业研究所）、四川省信息安全工程技术研究中心（依托中国电子科技集团公司第30研究所）、四川省农业信息工程技术研究中心（依托四川新曙光信息产业有限公司）、四川省现代物流工程技术研究中心（依托成都曙光公司）、四川省工业水处理工程技术研究中心（依托成都齐达科技开发公司）、四川省数字电视系统装备工程技术研究中心（依托四川川嘉电子有限公司）、四川省低维复合材料工程技术研究中心（依托成都交大晶宇科技有限公司）、四川省高分子粘结材料工程技术研究中心（依托成都正光科技股份有限公司）、四川省陶瓷行业技术开发中心（依托四川省轻工业研究设计院）、金融电子化工程研究中心（依托西南财经大学）、教育新型光电显示技术工程研究中心（依托电子科技大学）、磁浮列车与磁浮技术工程研究中心、地理信息工程中心、四川省CAD应用中心、智能控制与仿真工程研究中心（以上依托西南交通大学）、油气田化学工作液实验研究中心（依托西南石油大学）、四川省农业生物技术工程研究中心（依托四川农业大学水稻研究所）、四川省聚苯硫醚工程研究中心（依托四川华拓实业发展有限公司）、四川省癌症药物工程研究中心（依托成都市鑫三维医药科技有限公司）。

技术转移中心：四川大学国家技术转移中心、电子科技大学技术转移中心、西南交通大学技术转移中心、成都中医药大学技术转移中心、中科院成都分院技术转移中心、四川农业科学院技术转移中心。

国家大学科技园：四川大学科技园、电子科技大学科技园（以上2001年经科技部、教育部批准建立，全国首批22个国家大学科技园之一）、西南交通大学科技园（2005年科技部、教育部授牌）。

国家临床研究基地：华西医院国家药品临床研究基地（西药、中药）、华西医院国家精神药物及戒毒药物临床研究基地、中国循证医学中心、国家成都新药（中药）安全性评价中心（GLP中心）、华西口腔医院国家口腔药物临床研究基地、中国出生缺陷监测中心、国家药品临床研究培训中心（以上依托单位四川大学）、国家药品临床研究基地（GCP）（依托成都中医药大学）、国家中药临床试验研究中心（成都）（依托成都中医药大学附属医院）。

国家级产业化基地：国家纳米生物医用材料产业化孵化基地（依托单位四川大学）、国家集成电路设计成都产业化基地（依托电子科技大学）、国家信息安全成果产业化（四川）基地（依托中国电子科技集团公司第30研究所）、四川省电子计算机应用研究中心、国家863软件专业孵化器四川基地（依托西南电子电信技术研究所即总参57所）、国家863计划成果产业化基地（依托中科院成都有机化学有限公司）、中药现代化科技产业（四川）基地、国家软件产业基地（成都）、国家数字媒体新技术产业化基地（以上依托成都高新区）、国家火炬计划成都电子信息产业基地（依托成都金牛区、成都青羊区）。

四川省国际科技合作基地：四川省国际科技合作基地（依托单位四川省农业科学院）。

国家、部省级研究基地、研究中心：国家油菜改良中心四川成都分中心、国家油菜新品种原原种繁殖基地（以上依托单位成都市第二农业科学研究所）、四川省养猪研究基地（依托四川省畜牧科学研究院）、四川农药研究基地（依托四川省化学工业研究设计院）、国家级实验教学示范中心（电子类）、国家示范性软件学院、国家工科电工电子基础教学基地、国家工科数学课程教学基地、国家软件人才国际培训（成都）基地（以上依托电子科技大学）、中国石油天然气集团公司油井完井技术中心、中国—加拿大天然气勘探开发技术培训中心（以上依托西南石油大学）、四川石油成都物探研究中心（依托四川石油局）、菜籽油脂加工中心（依托西华大学、四川农业大学）、中国成都亚太区域沼气研究和培训中心、农业部沼气产品及设备质量监督检验测试中心（以上依托农业部沼气科学研究所）、国家变压吸附分离技术工程研究推广中心（依托西南化工研究设计院）、国家变压吸附气体分离技术研究推广中心（依托四川天一科技股份有限公司）、国家合成树脂质量监督检验中心（依托中蓝晨光化工研究院）、国家农作物改良中心成都玉米分中心、农业部植物新品种测试（成都）分中心、农业部转基因植物环境安全监督检验测试西南中心、农业部食品质量监督检验中心（成都）、农业部遥感中心西南区域分中心、联合国粮农组织国际农业信息体系中国西南分中心、农业部四川食用菌菌种场、中国绿色食品发展中心指定检测机构、农业部全国鱼药临床评价中心（水产用兽药临床药效及残留试验中心）、国家级岩原鲤良种场（以上依托四川省农业科学院）、四川省中德油菜研究中心（依托四川省农业科学院、四川农业大学、西华大学、德国北威州斯特法伦大学）、中药不良反应监测中心、中药新药研究开发中心（以上依托成都中医药大学）、四川省中药筛选评价中心（依托成都中医药大学、华西医大、四川省中药研究所）、四川中药新药研究基地（依托四川省中药研究所）、民营企业创新中心（依托西华大学、四川省商会）、西南电磁兼容监督检验中心（依托成都飞机工业集团公司）、国家高性能计算中心（成都）（依托西南交通大学）、恐龙研究中心（1994年地矿部批准，依托成都理工大学）。

【博士后科研流动站与工作站】

2005年，成都市共有博士后科研流动站设站单位14个，设流动站52个，占四川省博士后科研流动站总数58个的89.66%。成都地区的综合大学中有8所设有博士后科研流动站46个，其中自然科学类39个。四川大学设站最多，有21个，其中自然科学类17个，其科研领域分别是物理学、化学、生物学、机械工程、材料科学与工程、计算机科学与技术、土木工程、水利工程、化学工程与技术、轻工技术与工程、生物医学工程、基础医学、临床医学、口腔医学、公共卫生与预防医学、药学、数学。西南交通大学设站8个，其科研领域分别是力学、机械工程、电气工程、信息与通信工程、土木工程、交通运输工程、基础医学、管理科学与工程。电子科技大学设站7个，其科研领域分别是物理学、光学工程、仪器科学与技术、材料科学与工程、电子科学与技术、信息与通信工程、计算机科学与技术。成都理工大学设站2个，其科研领域分别是地质学、地质资源与地质工程。成都中医药大学设站2个，其科研领域分别是中医学、中药学。西南石油大学设站2个，其科研领域分别是地质资源与地质工程、石油与天然气工程。四川农业大学小麦研究所设站1个，科研领域为作物遗传育种。有6家在蓉科研院所设博士后科研流动站，其中中国科学院属研究所占4家。核工业西南物理研究院设站1个，科研领域为核科学与技术。中国核动力研究设计院设站1个，科研领域为核科学与技术。中国科学院成都计算机应用研究所（中科院成都信息技术有限公司）设站1个，科研领域为计算机科学与技术。中国科学院成都山地灾害与环境研究所设站1个，科研领域为地理学。中国科学院成都有机化学所设站1个，科研领域为化学。中国科学院光电技术所设站1个，科研领域为光学工程学。

成都市共有博士后科研工作站设站单位30个以上，设工作站31个以上，占四川省博士后科研工作站总数48个的64.58%以上。博士后科研工作站设站单位以大中型企业居多。成都大熊猫繁育研究基地博士后科研工作站科研领域为大熊猫、小熊猫及黑颈鹤等中国特有濒危野生动物；中国航空工业成都飞机设计研究所工作站科研领域为飞机设计；成都地奥制药集团有限公司工作站研究医药品、电子、电气及光电设备、信息技术；西南技术物理研究所设站2个，科研领域为电子、电气及光电设备；中国西南电子设备研究所、四川托普集团科技发展有限责任公司、成都天奥实业有限公司等工作站科研领域同为电子、电气及光电设备，信息技术；川化集团有限责任公司工作站科研领域为化学品、化学制品及纤维；二滩水电开发有限责任公司工作站研究水能资源开发；国家电力公司成都勘测设计研究院工作站研究电力勘测与设计；四川迪康集团股份有限公司、四川科伦实业集团有限公司、四川海蓉药业有限公司、四川华神集团股份有限公司、成都康弘制药有限公司等工作站科研究领域均为现代制药或医药品；四川农业科学院工作站科研究领域为农业、渔业；铁道第二勘察设计院工作站科研领域为铁道勘察与设计；中国石油化工股份有限公司西南分公司工作站科研领域为采矿业及采石业，科技服务；中蓝晨光化工研究院工作站科研领域为有机硅材料、有机氟材料、工程氢料、特种纤维、黏结材料、生物化工等；四川石油管理局、西南油气田分公司工作站科研领域为山地物探、天然气开发、欠平衡钻井等；中国石油天然气集团有限公司四川石油局工作站科研领域为天然气开发等；中国石化西南分公司、西南石油局工作站科研领域为气田勘探开发；四川汇源光通信股份有限公司、西南交通大学建筑学院、成都卷烟厂、四川贝尔实业有限责任公司等工作站为省级站，科研领域分别为光纤光缆、土木工程和交通工程、卷烟生产技术以及农业有害生物防治、农用生物制品和化学品开发等。成都高新技术产业开发区工作站设成都卫士通公司、成都普天电缆股份公司、成都恩威集团公司、成都国腾通讯公司、倍特发展集团股份公司等分站，科研领域包括化学品、化学制品及纤维、医药品、橡胶和塑料制品、机械及设备、电子电气及光电设备、信息技术、科技服务、其他服务等。2005年，成都高新技术产业开发区博士后科研工作站被评选为22个“全国优秀博士后科研工作站”之一，四川省唯此一家博士后科研工作站获此荣誉。

其他科技研发机构

【概况】

成都地区除有中国科学院、国务院各部委、四川省、成都市政府部门设立的科研机构外，在成都市的国际国内著名公司、企（事）业单位、大专院校、民营企业以及成都市各区（市）县均在成都设有大量研发机构、技术中心、科研院所。2005年，国内外著名公司相继在成都建立（合办）或签约设立30余家研发机构。同年，成都市大中型工业企业232家，建有科技机构87个；有获国家和四川省认定的企业技术中心50家、获四川省认定的企业技术中心44家。在成都地区38所高等院校中，有科研机构在250个以上，四川大学所属获教育部、科技部批准设立的科研所即有31个。成都医疗卫生类事业单位内设立的研发机构数十个，四川大学华西医学科学院属各医院设有科研所12个，成都市五家人民医院主管的科研所有14个。1990年后，成都市民营科技企业逐年增加，一大批民营科技企业被认定为科技企业。成都康弘制药有限公司、四川省天然药物研究所、成都正光科技股份有限公司、成都国腾通讯有限公司、迈普集团等科技企业在国内有较大影响。2005年，在经成都市政府确定的20家“成都市2005年成长型科技型企业”中，成长型、科技型民营企业有14家，占70%。成都市所属19个区（市）县及高新区共有各类科研所30个。

【国际国内著名公司在成都设立（合办）的研发机构】

1996年11月，摩托罗拉成都软件研发中心在成都高新区设立。2003年2月，在成都高新区天府科技园，上海贝尔阿尔卡特（成都）光通信研发中心建立。2003年11月，SUN技术支持中心在成都高新区设立。

2004年，国内外著名公司相继在成都高新区设立（合办）研发机构。3月，成都微软技术中心建立；4月，爱立信成都全球技术研发中心建立；8月，美国芯源系统股份有限公司研发中心（成都）建立，共投资1200万美元；11月，联想研究院成都分院（联想集团第2家研究院）建立；同月，世宏科技与市科技局、电子科大宣布共同组建世宏科技集成电路研发设计中心。

2005年3月2日，四川省人民医院与美国宾州大学医学院胰岛细胞移植中心主任邓绍平教授合作建立成人胰岛细胞移植实验研究室。同月，中国农科院依托四川省农科院等院所拟建中国农业科技创新中心西南分中心。5月23日，上海盛大网络公司成都研发中心建立；6月20日，签订协议，投资5亿元，在成都高新区建设攀钢技术中心，预计2006年建成。6月30日，四川虹微技术有限公司在成都高新区高新孵化园建立，这是四川长虹公司在蓉设立的IC研发中心，计划5年后员工达1000人规模。同月，莫仕公司（亚太地区最大的连接器制造厂之一）成都研发中心在成都高新西区科新路8号签约设立。7月5日，在成都一号桥旁，手机软件巨头设立微讯科银成都研发中心，这是微讯全球最大的两个研发中心之一。8月5日，全球十大B2C（商对客电子商务模式，Business to Consumer）电子商务公司之一的新蛋科技，在成都高新区高新孵化园科技财富中心（5号楼），设立其全球第二大研发中心——（成都）有限公司。8月28日，在成都高新区，诺基亚成都研发中心建立，面向全球对3G核心网络技术进行研发）。同月，上海贝尔阿尔卡特成都研发中心建立，上海贝尔阿尔卡特（成都）光通信研发中心并入该中心。9月1日，总投资2亿元、占地85亩的中兴通讯成都软件研发基地在成都高新区南部园区破土动工。9月16日，西门子公司与成都移动正式签订合作意向，在高新区天府软件园建设西门子成都移动创新中心。9月17日，超声领域世界顶级研究所美国杰弗逊超声研究所与四川省人民医院联合设立的“超声医学联合实验室”挂牌。同月，计划投资近10亿元的东软软件研发基地在都江堰市宣布建立。11月，在双流县棠湖工业园，中荷分离技术中心建立。2005年，四川大学与美国麻省理工学院合作共建的纳米生物医药技术和膜生物学研究所在四川大学建立。2005年，腾讯成都研发中心计划投入建设费1千万元，建设智乐成都研发基地。法国智乐成都研发基地（数字娱乐）在成都独资设立。IBM成都软件研发中心（计划三年内建立）、安森美——电子科技大学微电子联合研究中心、科胜讯系统公司（世界排名第10）成都IC设计公司，计划在2005年内启动或设立。截至2005年年底，成都市有国内外著名公司设立（合办）的研发机构30多个。

【企业单位所属科技机构】

1990年，成都市企业有科技机构200多个，大多数是1978年前成立的，主要从事本企业产品设计、开发和技术改造等。经济取得一定发展后，2004年，成都市进行企（事）业法人单位“开展了科技活动”的基本情况普查，共有423家企（事）业法人单位（包括独立科研机构）开展科技活动，其中有409家内资企（事）业法人单位建立了科技机构，占96.69%；外商投资企业、港澳台商投资企业和中外合资经营企业有14家建立了科技机构，占3.31%。在423家企（事）业法人单位中，开展自然科学研究与试验发展活动的占10.64%，开展工程和技术研究与试验发展活动的占45.63%，开展农业科学研究与试验发展活动的占18.20%，开展医学研究与试验发展活动的占18.44%，开展社会人文科学研究与试验发展活动的占7.09%。2005年，成都市有大中型工业企业232家，共建有科技机构87个；建有科技机构的大中型工业企业占38%，“开展了科技活动”的大中型工业企业占43%。如成都通威集团设有“通威集团水产研究所”“通威水产工程技术研究中心”“通威水产研究中心”等，成都地奥集团设有“国家天然药物工程技术研究中心”等科技机构。

【企业技术中心】

2005年，四川省经济委员会等公布2005年度四川省企业技术中心认定名单。其中，成都市获国家和四川省认定的企业技术中心共有50家。其中，国家认定的企业技术中心6家：中国东方电气集团公司技术中心（国、省共建）、川化集团有限责任公司技术中心（国、省共建）、成都光明光电股份有限公司技术中心、四川华神集团股份有限公司技术中心、成都飞机工业（集团）有限责任公司技术中心（国家、省、市共建）、成都康弘药业集团技术中心（国、省共建）。

四川省认定的企业技术中心44家：成都光明光电信息材料有限公司技术中心（省、市共建）、四川汇源科技产业控股集团有限公司技术中心（省、市共建）、成都发动机（集团）有限公司技术中心、成都国腾通讯集团有限公司技术中心、成都航天模塑股份有限公司技术中心、四川广林科技产业（集团）有限公司技术中心、四川全兴股份有限公司技术中心、成都旭光电子股份有限公司技术中心、成都旭光科技股份有限公司技术中心、成都印钞公司技术中心、成都市新津新筑路桥机械有限公司技术中心、成都航空仪表公司技术中心、成都地奥集团天府药业股份有限公司技术中心、成都中汇制药有限公司技术中心、成都天兴仪表（集团）有限公司技术中心、成都华川电装有限责任公司技术中心、四川红光汽车机电有限公司技术中心、四川迪康产业控股集团股份有限公司技术中心（省、市共建）、康达（成都）电子有限公司技术中心、四川宁江精密工业有限责任公司技术中心、成都彩虹电器（集团）股份有限公司技术中心、四川成都成工工程机械股份有限公司技术中心、三勒浆药业集团技术中心、太极集团四川太极制药有限公司技术中心、成都希臣药业有限责任公司技术中心、四川锅炉厂技术中心、四川建设机械（集团）股份有限公司技术中心、中国科学院成都有机化学有限公司技术中心、成都生物制品研究所技术中心、成都宁江机床集团股份有限公司技术中心、四川同道堂药业（集团）股份有限公司技术中心、成都索贝数码科技股份有限公司技术中心、四川川大力腾软件有限责任公司技术中心、成都邮电通信设备厂技术中心、迈普（四川）通信技术有限公司技术中心（省、市共建）、成都前锋电子电器集团股份有限公司技术中心、成都恒力磁性材料有限责任公司技术中心、四川长城电信集团有限公司技术中心、中蓝晨光化工研究院技术中心、成都立申实业有限公司技术中心、四川川开实业发展有限公司（原四川开关厂）技术中心、成都方正电子有限公司技术中心、四川鼎天（集团）有限公司技术中心、四川启明星铝业有限责任公司技术中心。

在50家获国家和四川省认定的企业技术中心中，有市级企业技术中心5家，1家为国家、省、市共建，4家为省、市共建。

【医疗卫生事业单位内设研发机构】

2005年，成都有以医疗卫生类事业单位内设研发机构为主体的科技机构几十个。四川省医学科学院·四川省人民医院主管的共有7个：四川正大药物研究所、四川省急救中心、四川省眼病防治中心、四川省临床检验中心、四川省肾病中心、实验动物研究所、分子生物学与遗传研究中心。四川省第二人民医院主管的1个：四川省肿瘤医院研究所。

成都军区总医院主管的共有5个：雷纳（国际）眼科中心、腹部外科中心、矫形外科中心、中国康复医学会儿麻矫治中心、胸心外科中心。

四川大学华西医学科学院口腔医院主管1个：卫生部口腔种植科技中心；四川大学华西医学科学院附属第一医院主管的共有5个：四川省心理卫生中心、附属第一院肿瘤研究所、四川省儿麻康复中心、四川省烧伤急救治疗中心、卫生部临床药理基地；四川大学华西医学科学院附属第二医院主管的3个：卫生部西南地区母乳喂养培训中心、中国出生缺陷中心、全国妇幼项目监测办公室；四川大学华西医学科学院附属第三医院主管的2个：健康服务网络中心、康复中心；四川大学华西医学科学院附属第四医院主管1个：立海扶刀肿瘤治疗中心。

成都市中西医结合医院主管2个：全国中药制剂和剂型改革基地（1995年国家中医药管理局批准）、成都市中医药研究所；成都市第二人民医院主管3个：成都市医学放射免疫检测中心、成都市皮肤病性病防治研究所、成都市肿瘤研究所；成都市第三人民医院主管3个：成都市心血管疾病研究所、四川省法医损伤鉴定所、成都市手外科、显微外科临床研究中心；成都市第四人民医院主管3个：成都精卫司法鉴定所、成都市计划生育局病残儿（神经精神疾病）鉴定中心、睡眠呼吸疾患诊疗中心；成都市第五人民医院主管1个：成都市中草药研究所；成都市第七人民医院主管1个：成都市肿瘤防治中心；成都市第九人民医院主管1个：生殖与不孕研究所。

【成都高校所属科技研发机构】

1990年，成都市有普通高等学校19所，所属科研机构有200多个。随着高教事业的发展，截至2005年，成都地区有普通高校38所。除各高校所含国家级和部省级重点实验室、技术转移中心、工程技术研究中心、工程中心、各类研发基地外，在成都的普通高校所属科研机构在250个以上，其中自然科技研发机构约有190个。

四川大学主要研究机构（仅列部批机构）有：数学研究所、原子核科学技术研究所、西南资源生物研究所、激光物理与激光技术研究所、高分子研究所、塑料工程及机械研究所、水利科学研究所、纺织研究所、钩端螺旋体病研究所、生物医学工程研究室、组织学与胚胎学研究室、计划生育研究室、医学遗传学研究室、尘肺研究室、口腔医学研究所、肿瘤研究所、病理学研究室、胆胰疾病研究室、精神病学研究室、神经疾病研究室、免疫学研究室、卫生毒理研究室、药物研究所、劳动卫生与职业病研究所等24个。

电子科技大学主要研究机构有：信息系统研究所、高能电子学研究所、应用物理研究所、中国电子科学与产业发展战略研究所、计算机网络技术与应用研究所、信息处理及小波应用研究所、电子实验中心、微波工程实验中心、生物医学信息技术研究中心、信息管理与电子政务中心、电子传媒与艺术中心、微电子技术研究中心、计算智能研究所、嵌入式实时计算研究所、电子系统工程研究所、电子科技大学计算科学研究所、信息材料与元器件研究中心、计算机网络与安全技术研究所、雷达探测与成像研究中心、四川省软件测评认证中心、公共管理研究所、电子科大—中兴通讯无线通信研究中心、大唐电信—电子科大光纤通信研究中心、电子科大—摩托罗拉单片机开发研究中心、电子科大—Intel（英特尔）VLSI实验室、电子科大—国腾集团无线通信联合实验室、电子科大可编程ASIC设计实验室、电子科大—ADI-DSP技术实验室、电子科大—IntelPCA实验室、电子科大安捷伦实验室、电子科大IBM计算机科技中心、电子科大一卫士通信息安全联合实验室等32个。

西南交通大学主要研究机构有：机车车辆研究所、计算机安全与通信保密研究所、列车与线路研究所、高分子材料研究所、移动通信研究所、工程可靠性与安全性研究所、电磁场与微波技术研究所、环境保护研究所、神经网络与信息技术研究所、CAD工程中心、新型驱动技术研究开发中心、信息网络中心、超导研究开发中心、分析测试中心、结构工程试验中心、摩擦学研究所、光电工程研究所、热喷涂研究所、铁道电气化与自动化研究所、先进设计与制造技术研究所、超导技术研究所、机械工程研究所、机械工程研究所、应用力学研究所、计算机应用与信息工程研究所、国家高性能计算中心（成都）、智能控制开发中心、网络通讯安全应用研究中心、地理信息工程中心、岩土工程试验中心、风工程试验研究中心等30个。

成都理工大学主要研究机构有：沉积地质研究所、数字国土与生态科学研究所、旅游与城镇规划研究所、国土资源新技术研究所、资源开发与评价研究所、遥感与地理信息系统研究所、复杂油气藏地球物理研究所、数学地质研究所、系统科学与工程研究所、电子商务研究所、工程地质研究所、测控技术工程研究所、恐龙研究与开发中心、地质信息中心、材料科学技术研究所、深部地质地球物理研究所、矿产资源综合评价与开发利用研究所、数字化研究院、地质灾害防治工程研究所、地热资源勘查研究所、地质调查研究院、建设工程质量检测中心、理工信息—三夫科技软件开发中心、中信国安—成都理工大学盐湖综合利用工程技术研究中心等24个。

西南民族大学主要研究机构有：民族语言文字信息处理研究所、畜牧兽医研究所、自然资源研究所、禽病研究所、生物工程研究中心、牦牛研究中心、建筑规划设计研究所、少数民族药物研究所、计算机应用技术研究所、材料物理与化学研究所、管理科学与工程研究所等11个。

西华大学主要研究机构有：数控技术研究所、网络化制造研究所、流体动力工程研究所、产品数字化技术研究所、铸造研究所、纳米材料及应用研究所、功能材料及表面技术研究所、机器人研究所、数控刀具研究所、特种加工技术研究所、工业测控研究所、四川省清洁汽车工程技术研究中心、系统与控制研究所、电气信息工程研究所、岩土工程研究所、汽车工程研究所、交通运输研究所、道路交通事故研究所、计算机软件研究所、计算机应用技术研究所、应用数学研究所、应用物理研究所、模具研究所、焊接研究所等24个。

成都中医药大学主要研究机构有：民族医药研究所、中药研究所、中药标本中心、新药研究开发中心、实验动物研究中心、科技中试中心、中药测试中心、四川省中医药科研教育信息网络中心等8个。

四川师范大学主要研究机构有：固体物理研究所、应用数学研究所、环境工程研究所、交通信息与控制研究所、资源生态学研究所、理论化学研究所、材料科学与工程研究所、计算机软件研究所、城乡规划与景观设计研究所、知识经济研究所、分析测试计算中心等11个。

成都信息工程学院主要研究机构有：信息科学技术研究所、图像技术研究所等2个。

成都大学主要研究机构有：成都大学自动化研究所、成都为天食品科技应用研究所、成都市肉类食品工程技术研究中心、计算机应用工程技术研究所等4个。

成都体育学院主要研究机构有：中医骨伤科学研究室、运动医学研究室、运动解剖学研究室、运动生物力学研究室、中医学研究室、西医学研究室、运动生理生化研究室、体质测量与评价研究室等8个。

成都纺织高等专科学校主要研究机构有：纺织科学技术研究所、电梯研究所等2个。

四川烹饪高等专科学校主要研究机构有：川菜味理研究所1个。

四川农业大学在成都地区主要研究机构有：四川农业大学水稻研究所（温江）、四川农业大学小麦研究所（都江堰）等2个。

西南石油大学省部级重点研究室有：钻头研究室、泥浆研究室、测控技术与自动化研究室、碳酸盐岩研究室、钻井研究室、欠平衡钻井研究室、特殊气藏开发重点研究室、钻井液重点研究室、开发研究室等9个。

【民营科技企业】

民营科技企业是指由公民、法人或其他组织依法设立，主要从事技术开发、技术转让、技术咨询、技术服务以及新产品研究、开发、生产、经营业务的非公有制经济实体。1990年，成都市科委颁发《成都市技术经营机构审批登记暂行办法》（试行），开始施行对民营科技企业的审批认定。2000年，成都市科委印发《成都市认定民营科技企业的办法》和《关于大力发展民营科技企业的意见》，引导民营科技企业发展，做大做强一批民营科技企业。在此过程中，成都康弘制药有限公司通过了国家GMP认证，拥有自主知识产权发明专利66项、国际发明专利5项，成为国家科技部认定的高新技术企业、国内著名企业、国家人事部授予的企业博士后科研工作站和2005年认定的国家企业技术中心。四川省天然药物研究所通过GLP认证，先后研制出新药“三勒浆口服液”“乌苓苁蓉合剂”“五味消毒颗粒”“三果汤系列品种”和已获美国专利及中国专利的“立得益片”“天天向上片”及“润僖片”等近10个保健食品新产品，累计实现产值15亿元。成都正光科技股份有限公司发展成为国家高新技术企业、四川省高新技术企业，是国家高技术产业化示范工程新材料专项计划、“十五”科技攻关计划、国家火炬计划、星火计划、科技型中小型企业技术创新基金项目的实施单位，是四川省化工“十五”十大重点高新技术项目承担单位和四川省高分子粘接材料工程技术研究中心的依托单位。1995年，成都国腾通讯有限公司研制出中国第一台IC卡公用付费电话机，成为国家科技部认定的高新技术企业，2000—2005年，连续被评为“中国电子百强企业”。2005年，迈普集团拥有了中低端路由器的自主知识产权，成为全国第二大路由器供应商。

2005年，在经成都市政府确定的20家“成都市2005年成长型科技型企业”中，成长型科技型民营企业有14家，占70%；被成都市政府授予“2005年度成都市民营企业五十强”称号的企业中，民营科技企业有5家，即四川汇源光通信股份有限公司、成都中汇制药有限公司、四川远大蜀阳药业有限公司、三勒浆药业集团和四川国栋建设股份有限公司。

【成都市区（市）县设科技机构】

成都市区（市）县所属县级以下国有独立科技机构多数建于20世纪70年代，主要是为本辖区农业生产提供技术服务的农业技术推广服务体系中的科技机构。随着经济体制和科技体制的改革，一方面，原有机构多数或解体，或合并更名为场、站、苗圃等公益性技术推广与服务机构；另一方面，又新设立一些科技机构。截至2005年，成都市所辖区（市）县除了各类技术推广与服务类科技机构（如农技推广站等）外，有其他各类县级以下事业类科技机构共29个，分别是，高新区1个：成都高新区技术创新服务中心；锦江区1个：锦江区科技局开发服务中心；武侯区1个：武侯高新技术创业服务中心；温江区4个：温江建筑工程勘测所、温江区中草药研究所、温江区规划建筑设计室、温江区建筑设计院；双流县2个：双流县建筑设计院、双流县农业科学研究所；龙泉驿区1个：龙泉驿区农业科学研究所；金牛区1个：金牛区农业科学研究所；青白江区2个：青白江区科学技术开发服务中心、青白江区专利事务服务点；都江堰市5个：都江堰市茅梨果品研究所、都江堰市真菌研究所、都江堰市地龙研究所、都江堰市造纸研究所、都江堰市养蜂研究所；崇州市1个：崇州市农业机械研究所；邛崃市1个：邛崃市建筑勘察设计所；金堂县4个：金堂县农业科学研究所、金堂县柑橘研究所、金堂县交通局公路规划设计所、金堂林业科技服务中心；大邑县1个：大邑县酒质科学研究所；郫县1个：郫县科技服务中心；新都区3个：新都区农业经营服务中心、新都机电研究所、四川省珍稀野生动物繁衍救护中心（新都）。

科学研究成果

国家级奖励成果

【概况】

1990—2005年，成都地区科技成果众多，据不完全统计，有8575项次以上获得成都市及其以上各级、各种科技奖，其中获国家级科学技术奖460项，国家重点攻关项目奖20项。国家级科学技术奖共有4种。1986年，国家科委出台《中华人民共和国科学技术进步奖励条例实施细则（试行）》。1993年，国务院第二次修订发布《中华人民共和国自然科学奖励条例》《中华人民共和国技术发明奖励条例》《中华人民共和国科学技术进步奖励条例》。1999年，国务院发布新的《国家科学技术奖励条例》（后于2003年修订）和科技部发布《国家科学技术奖励条例实施细则》（后于2004年修订）。

国家自然科学奖授予在基础研究和应用基础研究中阐明自然现象、特征和规律，做出重大科学发现的公民，在1999年以前，每两年颁发1次，从2000年开始，每年颁发1次。1990—2005年间，国务院颁发的国家自然科学奖奖励成果有412项（其中公布410项）。成都相关单位和科技人员在此期间共获得国家自然科学奖奖励成果8项，其中二等奖4项、三等奖2项、四等奖2项。

国家技术发明奖（1993年前为国家发明奖）授予运用科学技术知识做出产品、工艺、材料及其系统等重大技术发明的公民。1990—2005年间，国务院颁发的国家技术发明奖（1998年以前称国家发明奖）奖励成果共计1406项（其中公布1108项）。成都相关单位和人员在此期间共获得国家技术发明奖（国家发明奖）49项，其中一等奖1项、二等奖12项、三等奖17项、四等奖19项。

国家科学技术进步奖授予在应用推广先进科学技术成果，完成重大科学技术工程、计划、项目等方面，做出突出贡献的公民、组织。1990—2005年间，国务院颁发的国家科技进步奖奖励成果6017项（其中公布4562项）。在此期间成都地区相关单位和人员共获得国家科技进步奖330项，其中特等奖3项、一等奖33项、二等奖131项、三等奖163项。

国家星火计划旨在充分调动科技人员、工人、农民、管理人员的积极性和创造性，把科技引入农村，振兴农村经济。国家星火奖用以奖励在实施“星火计划”中做出突出贡献的单位、集体、个人，于1988年首次授奖。1990年后，国务院于1991年、1992年、1993年三度颁发国家星火奖（1994年起，不再颁发国家星火奖），共奖励成果468项。成都地区在此期间获得国家星火奖12项，其中二等奖4项、三等奖4项、四等奖4项。

除此之外，国家重点科技攻关计划自1983年开始实施，并对重点攻关项目成果进行奖励。1990—2005年间，成都共获得国家重点攻关项目国家级、部级奖励21项，其中一等奖7项、二等奖6项、重大成果奖8项。

1990—2005年，成都地区在所获国家级科学技术奖中，有40项获奖成果未公布（中国燃气涡轮研究院19项、成都飞机设计研究所1项、西南电子电信技术研究所20项）。另有9位科学家、两院院士获得著名的“何梁何利基金科学与技术进步奖”；3位中科院院士分别获得国际著名的俄罗斯“迪潘迪亚洛夫奖”、国际模糊数学系统协会杰出人物奖（Fellow of the ISFA）和国际电磁波谱科学奖（K.J.BUTTON）。

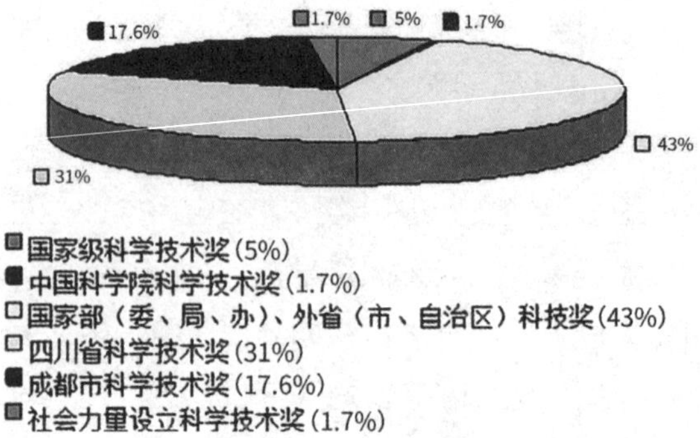

图5-9 1990—2005年成都市获成都市及其以上各级、各种科技奖奖项分布图

说明：1990—2005年成都市共获国家级科学技术奖438项、国家重点攻关项目奖21项（不足1%未在图中表示）、中国科学院科学技术奖134项、国家部（委、局、办）及外省（自治区、直辖市）科技奖3685项、四川省科学技术奖2647项、成都市科学技术奖1506项、社会力量设立科学技术奖144项，共8575项

【四川自贡大山铺中侏罗世恐龙动物群研究】

该项目对四川盆地中部自贡大山铺中侏罗世的恐龙动物群进行深入研究，确认自贡大山铺恐龙动物群是世界上中侏罗世具有代表性的恐龙群，建立了1个新科、10个新属和15个新种，其中不少属种在分类上、进化上、生物地层上和动物地理上具有重要意义。该项目团队先后发表论文12篇、专辑2册、专著5本，共计110万字；成果获1993年度国家自然科学奖二等奖。成都地区主要完成单位是成都地质学院（成都理工学院），主要研究人员有何信禄、董枝明、夏文杰等。

【几何定理机器证明理论与算法的新进展】

该项研究：创立计算机生成几何定理可读证明的原理与算法。提出以消点思想为主线的新原理，开创靠计算机通用程序成批发现非平凡新定理的先例。创立定理机器证明的数值并行方法的原理与算法。在国际上首次实现用低档微机证明非平凡几何定理以及发现新定理，该算法也是现行唯一可并行的几何定理机器证明算法。对几何定理机器证明的吴法的改进与发展。创建“含参结式法”“WR分解”“WRSOLVE”“聚筛法”等有效算法；建立文字系数多项式的完全判别系统，为不等式的快速证明提供有力工具。其成果获1997年度国家自然科学奖二等奖。成都地区主要完成单位是中国科学院成都计算机应用研究所，主要研究人员有张景中、杨路、高小山等。

【新型准光学谐振腔及其在电子学与工程中的应用】

该项目研究属物理电子学与光电子学学科的前沿领域：基于Fabry-Perot谐振腔的特点，提出准光腔新概念，并发展为一大类新型准光学谐振系统。推导出此类腔复杂边界条件下TM和TE波的场分布解析式及其谐振条件，求出耦合输出时腔的解析解。提出并研究新型准光腔回旋管，研制出斜旋转轴对称准光腔回旋管的实验样管，验证理论分析；提出并研究三反射镜准光学功率合成的方法与技术，研制出三反射镜准光腔毫米波信号注入器，提供给有关单位使用；研究利用准光学谐振腔和绕射光栅构成高频互作用系统的新型毫米波真空电子器件——绕射辐射振荡器，进行线性理论和三维数值模拟，制作四毫米、三毫米波段样管。其研究成果在理论上具有创造性，新型准光腔的应用研究具有开拓性，处于国际领先水平，获1997年度国家自然科学奖四等奖。成都地区完成单位是电子科技大学；主要研究人员有刘盛纲、林崇文、谢文楷等。

【小麦族种质资源研究】

四川农业大学小麦研究所收集和保存小麦族21属193种35变种6000余份材料，建立小麦种质资源基因库和植物标本室，使其成为中国两大种质资源中心之一。该项目研究成果是首次发现高等植物在细胞间通过接合管或接合孔转移交换核物质；发现、定位并命名发表一系列小麦族重要基因，首次报道42个物种染色体数目、28个物种核型、确立16个物种染色体组组成；在国际上第一次以染色体组型分析为依据建立一个新属kengyilia（仲彬草属），发现一批小麦族抗赤霉病资源材料，对部分特异种质资源进行分子生物学研究，在学术刊物及会议上发表论文230多篇。成果获2000年度国家自然科学奖二等奖。成都地区主要完成单位是四川农业大学小麦研究所；主要研究人员有颜济、杨俊良、郑有良等。

【新型手性配体的设计、制备及其在不对称催化反应中的应用】

该项目研究围绕两个方面展开：致力于设计和制备高效、高选择性的手性配体，并将其应用于各种不对称催化反应中；致力于对催化剂的回收与再利用，以及对环境友好不对称催化反应的设计进行探索。该项目研究取得以下创新性成果：发现首例能在空气中操作的可用于不对称催化氢化的含吡啶联芳手性配体，并简化联芳基轴手性膦配体的合成方法，为手性技术的工业应用提供方便；通过手性螺环骨架亚磷酸酯的设计制备，建立手性配体设计刚性规律，开辟高效氧膦配体研究新领域；新型固载手性膦配体：将可溶性手性载体与均相手性催化剂相结合，开辟手性催化剂固载新途径；羰基化合物的不对称亲核加成反应：发展新型亲核试剂对羰基的立体选择性加成反应，首次以烷基铝进行羰基化合物不对称烷基化并获得高立体选择性，为不对称烷基化的工业应用提供一个可行途径；发展羰基化合物的不对称炔基/烯基化反应，为合成炔基/烯基手性醇奠定基础；手性亚膦酸酯—铜催化的不对称共轭加成反应，得到生物活性化合物的重要中间体。该项目出版著作4本，获得5项美国专利，在包括JACS，PNAS，Angew.Chem.Int.Ed.在内的化学和有机化学领域的国际著名学术期刊上发表论文70余篇，被他人引用1151次。其成果获2005年度国家自然科学奖二等奖。成都地区完成单位是中科院成都有机化学研究所；主要研究人员有陈新滋、范青华、蒋耀忠等。

1990—2005年成都地区获国家自然科学奖成果一览表

表5-48

成果名称	获奖		成都地区主要完成单位	主要研究人员
	年份	等级		
四川自贡大山铺中侏罗世恐龙动物群研究	1993	二	成都地质学院	何信禄 董枝明 夏文杰等
几何定理机器证明理论与算法的新进展	1997	二	中国科学院成都计算机应用研究所	张景中 杨 路 高小山等
小麦族种质资源研究	2000	二	四川农业大学小麦研究所	颜 济 杨俊良 郑有良等

续表

成果名称	获奖		成都地区主要完成单位	主要研究人员
	年份	等级		
新型手性配体的设计、制备及其在不对称催化反应中的应用	2005	二	中国科学院成都有机化学研究所	陈新滋 范青华 蒋耀忠等
仿射空间超曲面的刚性与唯一性定理	1993	三	四川大学	李安民
自由电子脉塞与长波自由电子激光的理论研究	1999	三	西南交通大学	张世昌
数字通信系统中传输性能与抑制窄带干扰的研究	1991	四	电子科技大学	李乐民、刘 飞、樊 丰等
新型准光学谐振腔及其在电子学与工程中的应用	1997	四	电子科技大学	刘盛纲、林崇文、谢文楷等

说明：

1. 表中列出的“成果”不包含因保密不能公开的部分受奖科技成果。

2. 表中“主要研制单位”只列出地属成都市行政区划内的单位。“主要研制人员”中只列出参与研制工作排名前三位以内的人员，若有更多参与研制工人员则在第三位姓名后加“等”字。

3. 表中“主要研制单位”为研制单位下属机构的，原则上只列出该研制单位名称。例如：主要研制单位为“四川省农业科学院作物研究所”，则在表内仅列出“四川省农业科学院”的单位名称。

4. 表中“※”为由于保密等多种原因而未列出主要研制人员名单。

5. 以下各表与此相同

【小麦高产、抗锈的优良种质资源“繁六”及姊妹系】

“繁六”及姊妹系为我国第一次采用经改进的聚敛杂交方法于1969年选育成功的小麦新品种，具有生育期短、高产、抗病、早熟、抗倒等特点，在我国小麦育种上有着广泛的应用。20世纪70年代以后，在四川、陕西、甘肃、云南、贵州等省大面积推广。“繁六”及姊妹系作为四川麦区的主要品种，使四川小麦平均产量由1500公斤/公顷提高到2250公斤/公顷，是控制四川麦区条锈病20多年的主要控制因素。1978—1988年，具有本品种血缘的小麦品种在四川累计栽培面积2.1亿亩以上。1990年，栽培面积达到2.84亿亩，创经济效益22.95亿元。成果获1990年度国家发明奖一等奖。成都地区完成单位是四川农业大学小麦研究所，主要研究人员有颜济、张显志、王世光等。

【抗结核新药利福喷汀】

该项目研制的利福喷汀主要用于治疗结核杆菌、麻风杆菌、金黄色葡萄球菌等细菌引起的各种疾病，如肺结核、麻风等，体内活性比利福平高4倍、比利福定高2倍，血中有效药物浓度维持时间比利福平长8～10倍、比利福定长4～5倍，半衰期长，毒性低、用药安全，是中国在国际上首先研制开发成功的新药。成果获1995年度国家发明奖二等奖。成都地区主要完成单位是四川抗菌素工业研究所，主要研究人员有岑冠新等。

【大熊猫DNA指纹探针研制及DNA提取方法的建立】

该项目在国内外首次研制出DNA提取试剂，建立大熊猫基因指纹分析材料的DNA提取方法，解决了固定器官组织、粪便和尿液、剥制标本皮肤等样品DNA提取的难题。合成的大熊猫DNA指纹探针能鉴别个体，确定家系结构，检测大熊猫因近亲繁殖导致的某些纯合等位基因，使定量地进行大熊猫物种遗传多样性和种内各群体之间遗传分化的DNA指纹分析成为可能。所研制的探针试剂盒，已在国内外市场上产生较大的经济效益。该项目研究成果可应用于人类医学、脊椎动物学和生态学领域中，提取分子量DNA，进行分子遗传学的应用与基础研究，进行野生种群的数量调查，性别结构分析、家系结果确认、交配行为分析等。其成果获1999年度国家技术发明奖二等奖，建设部科技进步奖一等奖。成都地区主要完成单位有成都大熊猫繁育研究基地、四川师范大学、四川联合大学、成都动物园，主要研究人员有张安居、方盛国、冯文和等。

【应用细胞融合技术选育食用菌优良新品种】

该项研究应用PEG促融原理，获得食用菌科间核融合菌株，发明融合核分裂技术，解决融合菌株不出菇的难题，使细胞融合成为一套完整的育种实用技术。所选育出的世界首例科间细胞融合新品种金凤2-1适应性强（高中低海拔均可栽培）、出菇温度范围广（5℃～35℃）、抗杂菌力强、优质（氨基酸总量较亲本高10%～26%）、易栽培、高产（较当季推广品种增产60%～90%），在全国19个省（自治区、直辖市）大面积推广栽培4283万袋以上，增加产值2.29亿元。其成果获1999年度国家技术发明奖二等奖。成都地区主要完成单位是四川省农业科学院，主要研究人员有肖在勤、郑林用、彭卫红等。

1990—2005年成都地区获国家技术发明奖（国家发明奖）部分成果一览表（一、二等奖）

表5-49

成果名称	获奖		成都地区主要完成单位	主要研究人员
	年份	等级		
小麦高产、抗锈的优良种质资源“繁六”及姊妹系	1990	一	四川农业大学小麦研究所	颜济、张显志、王世光等
碘化汞单晶体的制备	1992	二	四川大学	陈观雄、李正辉、朱世富等
橡碗栲胶分子降解——金属络合制造鞣剂	1993	二	成都科技大学	何先祺、石碧
抗结核新药——利福喷汀	1995	二	四川抗菌素工业研究所	岑冠新等
王浆、蜂蜜双高产浙农大1号意蜂品种的培育	1995	二	四川省农牧业厅畜牧局	陈盛禄、林雪珍、胡福良等

续表

成果名称	获奖		成都地区主要完成单位	主要研究人员
	年份	等级		
新型铌酸锂晶体及自倍频激光器	1995	二	西南技术物理研究所	徐观峰
高亮度、高分辨率YAG显示管（注：成果获1996年电子工业部科技进步一等奖）	1998	二	电子科技大学	成建波、林祖伦、杨开愚等
应用细胞融合技术选育食用菌优良新品种	1999	二	四川省农业科学院	肖在勤、郑林用、彭卫红等
大熊猫DNA指纹探针研制及DNA提取方法的建立	1999	二	成都大熊猫繁育研究基地四川师范大学四川联合大学成都动物园	张安居、方盛国、冯文和等
硒镓银单晶体的制备方法	2000	二	四川大学	朱世富、赵北君、李正辉等
大面积单/双面YBCO高温超导薄膜的研制	2003	二	电子科技大学	李言荣、刘兴钊、陶伯万
结构照明型三维成像仪器及关键技术研究	2004	二	四川大学	苏显渝、曹益平、向立群等
水稻遗传多样性控制稻瘟病的原理与技术	2005	二	四川省农业厅	朱有勇、陈海如、王云月等

【室温固化耐高温高强韧性环氧结构胶粘剂】

该项目根据高分子设计原理，合成出含胺基、氰基、苯基和醚键的高活性固化剂和含有环氧基、腈基、酯基、羟基和苯基的改性树脂，进而调配成既可室温固化，又耐高温，且具有高强度、高韧性等优异综合性能的DG系列新型环氧胶。其主要技术性能达到或超过国外同类产品的先进水平，成功地使用在中国第一台大型受控热核聚变装置“中国环流器一号”、长征三号火箭、海底光缆、飞机旋翼以及新型火炮和水陆两栖坦克等高技术项目和国家重点工程上，广泛应用于仪器仪表、电子电器、机械交通、石油化工等国民经济领域。成果获1990年度国家科技进步奖一等奖。成都地区主要完成单位是化工部晨光化工研究院一分院（化工部成都有机硅研究中心），主要研究人员有孙韶渝、邱崇铠、安英赞等。

【高坝坝基岩体稳定性评价及可利用岩体质量的研究】

该项研究引入损伤力学解决节理岩体的问题，用断裂力学研究破坏机理，对高坝地基岩体工程地质特性及质量，裂隙风化岩体力学特性、地基应力、变形及稳定性，可利用岩体质量标准及主要参数取值原则等进行综合分析，并优化建基面设计方案；在地应力和块基岩体工程、软弱岩带岩体工程、岩体结构定量、渗透场质量分级、力学特性、参数预测与取值、岩石动态力学特性、弱风化岩体加固灌浆、岩体稳定性分析建基面优化和利用岩体等方面取得研究成果。成果应用于二滩、李家峡水电工程，1986年取得直接经济效益7838万元；获1992年度国家科技进步奖一等奖。成都地区主要完成单位有能源部、水利部成都勘测设计研究院、成都地质学院、成都科技大学，主要研究人员有刘克远、周维垣、孔德坊等。

【旋转喷雾干法烟气脱硫技术研究】

该项目研制的一套处理烟气量为7万标准立方米/时的旋转喷雾干法烟气脱硫中试装置，以及包括高速离心雾化机等在内的设备和工艺系统，可利用国内低品位土窑石灰，从电站或工业锅炉排出的高硫煤烟气中脱除二氧化硫，脱硫率达80%以上，达到国际先进水平，并实现国产化。成果获1992年度国家科技进步奖二等奖。成都地区主要完成单位有能源部西南电力设计院、四川省电力设计院，主要研究人员是甘宽先、罗永禄、陈均斧等。

【大熊猫双胞胎育幼研究】

该项目对产后未吃初乳幼兽的人工哺育、母兽哺育期间的人工补奶及双胞胎人工哺育方面进行深入细致的研究；首次在国内外成功地解决大熊猫双胞胎育幼的5个关键技术，为提高幼兽成活率积累了宝贵的经验。该项成果同时适用于珍稀兽类因母兽无奶、母兽无育幼经验、母兽因病不能育幼而采用异母育幼的人工育幼研究。该项研究提高了大熊猫繁殖效率，大熊猫双胞胎育幼成活率已提高近40%，大熊猫数量增加。成果获1993年度国家科技进步奖二等奖。成都地区主要完成单位有成都动物园、成都市园林局、四川大学、成都大熊猫繁育研究基地，主要研究人员有钟顺隆、何光昕、张安居等。

【中国脉冲反应堆（PRC–1）】

该项目研制的脉冲反应堆是采用铀氢锆特殊核燃料元件的池式研究堆，由于自身大的瞬发负温度系数作用，使其既可稳态运行（额定功率1兆瓦），又可脉冲运行（峰功率3141兆瓦），能胜任脉冲中子活化分析、脉冲中子照相、电子器件瞬态辐照效应、短寿命同位素生产等工作。成果获1995年度国家科技进步奖二等奖。成都地区主要完成单位是中国核动力研究设计院，主要研究人员有夏祥贵、王梓生、章宗耀等。

【714CD多普勒天气雷达】

该项研究成果主要用于机场气象台，能及时提供各区域（机场、航站及航线）准确的各种临近常规天气预报和特殊天气预报，以保证飞机的起飞、着陆和航行的安全，确保飞机调度的准确性、安全性和合理性，是保障航空飞行训练、专机任务和提高飞行效率的气象装备。成果获1995年度国家科技进步奖二等奖。成都地区完成单位是国营第七八四厂，主要研究人员有张秀太、方小南、谭晓辉等。

【QPQ盐浴复合处理技术及其成套设备】

该项研究成果是冶金学领域内的新技术，其独立开发出的成分独特的盐浴配方，打破了德国迪高沙公司对这项技术的独家国际垄断，在环保方面更先进，达到国际领先水平。经QPQ处理的工件具有几乎不变形、无公害、节能等优点，在汽车、摩托车、纺织机械、工程机械、石油机械、机床、仪器仪表、军工、工具等几十个行业中得到广泛应用。成果获1996年度国家科技进步奖二等奖。成都地区完成单位是机械工业部成都工具研究所；主要研究人员有李惠友、罗德福、林训华等。

【柱晶白霉素（吉他霉素）研究】

该项目研制的柱晶白霉素（吉他霉素）为高效、低毒、广谱的大环内酯类抗生素，对革兰氏阳性菌和阴性菌、立克次氏体和大型病毒有较强的抑菌作用，主要用于耐药性金黄色葡萄球菌引起的感染，是一种较好的抗生素更新换代品种，制成兽用制剂时称为北里霉素。成果获1996年度国家科技进步奖二等奖。成都地区完成单位是国家医药管理局四川抗菌素工业研究所，主要研究人员有谢丽芳、陈永乐、孙益等。

【中国环流器新一号（HL-1M）装置研制】

该项目建造的全国最大的无导体壳托卡马克装置，等离子体电流在国内第一个超过300千安培，处于国际上同规模装置的先进行列，具备在高参数下进行托卡马克国际前沿物理实验的条件，标志着我国核聚变研究能力向前跨了一大步。HL-1M装置研制中所采用的高新关键技术具有广泛的应用前景，成果获1997年度国家科技进步奖二等奖。成都地区完成单位是核工业西南物理研究院，主要研究人员有邓希文、严建成、袁宝山等。

【变压吸附气体分离技术推广应用研究（推广类）】

该项目以曾获1985年国家科技进步奖一等奖的研究成果为基础，从1985年提纯氢气单一技术领域扩展到提纯一氧化碳、回收甲烷、制纯氧、制纯氮等9个技术领域，吸附剂从几个品种发展到5大类数十个品种。在工艺上进行改进后，气体纯度最高达到99.999%，回收率可达95%（国外同类水平为90%），生产出了无泄漏、要求频繁切换、寿命长的程控阀门。投资为引进装置的50%～70%。该项研究成果已成为中国炼油、化工、冶金等企业提纯氢气的主要方法，在电子、信息及环保等领域均得到推广应用。该项成果获1998年度国家科技进步奖一等奖。成都地区完成单位是化工部西南化工研究设计院，主要研究人员有冯孝庭、古共伟、王宝林等。

【成都地区空心砖的开发及应用研究（推广类）】

该项目对成都地区空心砖推广应用中存在的问题进行了系统、全面地研究，包括砖型选定与生产工艺的研究；砖砌体力学指标的确定；标准规程、图集的编制；试点工程的建造与总结提高；建筑物热工性能的研究；砖的生产技术与工程施工技术的培训；相应政策法规的建立等。成都地区已累计推广应用空心砖建筑220万平方米，节约工程造价2000万元，节能1.3万吨标准煤，节地600亩。成果获1998年度国家科技进步奖三等奖。成都地区主要完成单位有成都市墙体材料改革领导小组办公室、成都市抗震办公室、四川省建筑科学研究院、四川省建筑工程总公司、四川省建材工业科学研究院，主要研究人员有刘玉成、林成高、侯汝欣等。

【机车车辆整车滚动振动试验台】

该项目研制的滚动、振动相结合的机车车辆整车试验台，试验速度可达400千米/时，名列亚太地区第一、世界第二，1995年建成以来，承担国家自然科学基金重点和一般项目、国家重点科技攻关项目、教育部基金项目及铁道部科技发展计划项目等20余项，承担一系列机车车辆新产品和轮轨关系基础理论的试验研究。该试验台在我国铁路客运提速，货车重载、快速运输以及200～300千米/时高速机车车辆的研制中发挥重要作用。成果获1999年度国家科技进步奖一等奖，完成单位是西南交通大学，主要研究人员有沈志云、张卫华、周文祥等。

【复杂地质艰险山区修建大能力南昆铁路干线成套技术】

南昆铁路东起南宁，西至昆明，北接红果，沿途经广西、贵州、云南三省（自治区），全长899.68千米，是中国在西南复杂地质艰险山区修建的具有20世纪90年代水平的Ⅰ级电气化大能力铁路干线。南昆铁路沿线地形险峻，地质复杂，号称“地质百科全书”。该项目在地质、路基、桥梁、隧道、通信信号、电气化、环境保护、建设管理等各个主要技术领域取得一大批具有国内领先、国际先进水平的科技成果，其成套技术总体上达到国际先进水平。成果获2000年度国家科技进步奖一等奖。成都地区主要完成单位是铁道部第二勘测设计院、西南交通大学、中铁二局集团有限公司。

【高胡、二胡、中胡（系列）高音区、音质、音量的改良】

该项目研究历时5年多，采用新材料、新技术解决高胡、二胡、中胡高音区音量衰减严重这道难题，研制的改良二胡高低音区音量趋于平衡，音质变好；同时，为解决原乐器琴头加固、顶拉式木千质、弦轴微调等存在的不足之处，进行多项技术创新。改良二胡（系列）经众多演奏家、教育家、专业民族乐团鉴定试用获赞誉。改良二胡（系列）在扬州民族乐器研制厂“中试”，并逐步扩大生产，产品高音区音质、音量优良率100%（传统产品约为10%～20%），取得较好的社会效益与经济效益。成果获2000年度国家科技进步奖二等奖。成都地区完成单位是四川音乐学院，主要研究人员有陈泽、赵砚臣、陈欣。

【川东上二叠统生物礁气藏形成条件及勘探目标评价研究】

该项研究取得两个突破性认识：发现川东地区晚二叠世长兴期开江—梁平海槽和环海槽的陆棚缘礁带，其宽为10～15千米，长约240千米；上二叠统生物礁储层孔隙的发育即岩性圈闭的形成与深埋藏期的溶解作用密切相关，而后者又直接受上二叠统烃源岩热成熟过程的控制（早期埋藏溶解孔发育于液烃成熟早期，形成古油藏成藏的岩性圈闭；晚期埋藏溶解孔发育于气烃大量生成的高温阶段，形成气烃成藏的有效圈闭；说明二叠统生物礁气藏的形成有其必然性）。成果获2001年度国家科技进步奖二等奖。成都地区主要完成单位有西南油气田分公司勘探开发研究院、四川石油管理局、西南石油学院，主要研究人员有王一刚、刘划一、文应初等。

【复杂非均匀介质中的场与波理论及其工程应用】

该项目在国内外首次将波函数变换理论与数值模式匹配理论相结合，完成二维全非均匀介质中的三维位场分析；首次将最新的时域有限元方法用于非均匀有耗介质中的电磁脉冲响应研究；建立了纵向数值模式匹配理论和高效算法，并应用于位场测井分析；对各种具有复杂结构的电极系响应进行理论建模和数值模拟；在数值计算方法中对索末菲尔变换的应用、有限元法的网格覆盖技术等作研究，提高了计算效率与精度。在石油测井工程中，对复杂非均匀介质中线圈系测井、自然电位测井、瞬态电磁脉冲测井、倾角测井和微电阻率扫描测井、高分辨侧向测井等各类电法测井进行精确建模和高效数值分析，建立了电法测井系统完整的理论与算法体系，并开发出电法测井模拟软件包，为测井新方法研究、新型测井仪器开发、测井质量控制和测井解释提供了定量分析工具；开创了现代电磁学理论直接服务于国内石油测井工程应用的崭新研究方向。成果获2002年度国家科技进步奖二等奖。成都地区完成单位是电子科技大学，主要研究人员有聂在平、潘锦、杨峰等。

【高配合力优良杂交水稻恢复系蜀恢162选育与应用】

该项目采用常规育种技术与生物技术相结合、株型优势与杂种优势相结合的技术路线，引进国外优良稻种资源，创建“复合杂交+花药培养”相结合的育种新方法，从而育成高配合力、抗性好、适应性广的恢复系——蜀恢162。该恢复系是“九五”国家农业科技攻关唯一获后补助的恢复系，能组配出多个不同熟期的组合。该恢复系恢复力强、恢复谱较广、抗稻瘟病能力强，所配组合Ⅱ优162. D优162等品质优良、高产、抗稻瘟病、适应性广，到2001年，累计推广3000多万亩，新增产值13.5亿元。成果获2003年度国家科技进步奖二等奖。成都地区主要完成单位是四川农业大学水稻研究所，主要研究人员有汪旭东、周开达、吴先军等。

【MDSL多通道数字同步记录仪】

该项目用自行设计的超大规模FDGA芯片，采用全数字处理和数码压缩技术，实现24小时不间断实时同步采集、压缩，记录多达128声道的话音通信和16通道的雷达数据；独创自适应二次话音压缩技术、精密同步时钟系统、雷达数据压缩和活动雷达图像复原等技术，在专用FDGA芯片设计、系统远程监控和集中控制方面有所创新，达到国际先进水平。该项研究成果适用于民航空中交通管制、航空公司、电力调度、铁路调度、空军、海军海事安全系统、公安和安全系统等领域，在民航空中交通管理和航空公司、电力调度领域推广1年，直接经济效益1000万元以上。成果获2003年度国家科技进步奖二等奖。成都地区主要完成单位是四川大学，主要研究人员有游志胜、张林、周群彪等。

【结构照明型三维成像仪器及关键技术研究】

该项研究发明高精度面型调制正弦结构照明光场的制造方法，从原理上保证三维成像仪器的精度，结构光场非正弦性误差达到国际最好成绩；发明激光片光三维传感系统中降低散斑影响的方法和装置，从原理上保证片光结构照明三维成像仪器的精度；发明用双色光栅模板产生π相移正弦结构光场实现傅里叶变换轮廓术的方法，可实现动态过程的三维面型信息实时获取；研制成功多种不同应用背景的三维检测和成像仪器。该项成果申报了3项国家发明专利（2项已授权），并具有我国自主知识产权，在许多科技领域广泛应用，取得显著的经济和社会效果，获2004年国家技术发明奖二等奖。成都地区主要完成单位是四川大学，主要研究人员有苏显渝、曹益平、向立群等。

【中国西南高边坡稳定性评价及灾害防治】

该项目经过近20年的研究积累，发展了以变形理论为基础的高边坡稳定性评价和灾害防治理论体系，形成三大支撑技术，建立包括五种类型和12种模式的高边坡变形破坏机理模型及相应的稳定性评价和灾害防治方法；创新高边坡复杂岩体结构精细描述和建模技术，建立以过程模拟和过程控制为核心的地质灾害监测预测和防治技术体系。成果为8项有关技术规范和标准引用，解决了国民经济建设和社会发展中与高边坡稳定性评价及其灾害防治相关的诸多重大技术难题。该项研究成果在近百项工程中推广应用，出版系列专著7部，发表论文200余篇，培养博士、硕士研究生50余名；获2005年度国家科技进步奖一等奖。成都地区完成单位是成都理工大学，主要研究人员有黄润秋、张倬元、王士天等。

【铁道机车车辆——轨道耦合动力学理论体系、关键技术及工程应用】

该项目研究的主要创新点是：理论研究方面，率先提出并创立机车车辆——轨道耦合动力学交叉学科理论体系，在国际上首次建立机车车辆——轨道统一模型，解决轮轨动态耦合建模和散粒体道床振动建模两大国际性难题，在国际上被称为“翟—孙模型”，列为该领域四种代表性模型之一；技术开发方面，研制具有我国自主知识产权的机车车辆—轨道耦合动力学仿真系统VICT和TTISIM，成功实施包括秦沈客运专线高速列车、大秦重载铁路万吨列车等在内的多项重大工程轮轨动态安全评估试验；工程应用方面，广泛应用于京秦、沈大、哈长线等干线铁路提速改造工程，成渝、黔桂、川黔、贵昆等山区铁路困难路段扩能改造工程，以及秦沈、遂渝、武广、郑西、福厦等设计时速为200~300千米的新建铁路工程，攻克严寒地区道岔无缝化设计、山区铁路小半径曲线安全改造、客运专线平纵断面动态优化设计等一系列工程技术难题。该项目成果被推荐为2005年中国高校十大科技进展候选项目，获2005年度国家科技进步奖一等奖。成都地区主要完成单位有西南交通大学、成都铁路局，主要研究人员有翟婉明、蔡成标、王开云等。

【CDZS系列空中交通管制中心系统】

该项目历时8年，研制完成适合中国航空、拥有自主知识产权、达到国际同类产品先进水平的系列管制中心系统；在关键技术上有若干重大创新，已在我国民航、军航推广应用109套，直接产值2.3亿元、利税7000万元，推动四川省空管重大装备成套产品形成产业链，两年中空管产品推广产值由8.2亿元上升至20.5亿元，效益显著。成果获2005年度国家科技进步奖一等奖。成都地区完成单位有四川大学、四川川大智胜软件股份有限公司，主要研究人员有游志胜、杨国庆、杨红雨等。

【纳米磁电子信息功能材料】

该项目研究在全频段以“纳米晶”尺度效应为突破点、临界点，以“信息位畴”单元为动力学模型，以“原子团簇”为感/容性复合的“基子”设计，发现了紫蓝光域磁光增强材料，找到了信息磁光盘（MOD）的抗毁伤、抗EMI机理并研究出解决途径；原创性地设计并合成多性纳米磁电信息材料，解决了单一材料制作多个器件的国际化难题；系统性地突破宽带器件的低功耗、小型低温共烧陶瓷器件多层化的瓶颈。纳米晶巨磁光材料的发现，MOD抗毁伤机理在国际上首次被破译，不连续纳米点阵数字记录的实现，可使信息记录领域突破理论极限（100千兆比特/平方英寸）；用一种纳米复合材料制作多个器件，简化低温共烧陶瓷技术工艺，更新和变革国内外本行业的思维理念。该项成果在国内大面积推广，提升了中国这一行业的技术水平，由于研究成果的原创性，该项目已创经济效益超过4.6亿元。建成两条MOD生产线，提供军用、民用MOD盘20万张以上；建成一条低温共烧陶瓷生产线，年产器件2亿只以上。2002年，复合纳米铁氧体材料技术转让深圳东阳公司，建成16条生产线，产品达10万吨。成果获2005年国家科技进步奖二等奖。成都完成单位是电子科技大学，主要研究人员有张怀武、兰中文、刘颖力等。

【机场行李自动分检系统】

该项目研制的机场行李自动分检系统是民航机场对进、出港旅客行李进行集中统一快速收集、传送、自动处理的系统。项目涉及机械设备制造、机电、控制、编码与识别、网络及信息处理等技术领域。该系统采用BIT流算法、多条码筛选算法、可变窗口技术等实现对行李的精确跟踪和自动处理；系统条形码自动识别率高于95%，系统正确处理率达到99.99%，集中安检环节问题行李跟踪正确率100%；总体造价是进口同类产品的50%～60%，且使用维护方便。该项目核心技术可广泛应用于行业内外的物流装备，贵阳龙洞堡机场、成都双流国际机场和重庆江北国际机场采用该行李自动分拣系统，运行状况良好。成果获2005年度国家科技进步奖二等奖。成都地区完成单位是中国民用航空总局第二研究所，主要研究人员有毛刚、蒋祥枫、张向民等。

1990–2005成都地区获国家科技进步奖部分成果一览表（特、一、二等奖）

表5–50

成果名称	获奖		成都地区主要完成单位	主要研究人员
	年份	等级		
北京正负电子对撞机和北京谱仪	1990	特	中国科学院光电技术研究所	谢家麟、方守贤、叶铭汉等
大瑶山长大铁路隧道修建新技术	1992	特	铁道部科学研究院西南分院西南交通大学	钱焕奎、吴鸣冈、厉自凡等
载人航天×频段陆海基测控通信系统	2004	特	中国电子科技集团公司第十研究所	※
室温固化耐高温高强韧性环氧结构胶粘剂	1990	一	化工部成都有机硅研究中心（化工部晨光化工研究院一分院）	孙韶渝、邱宗铠、安英赞等
炼油、石油化工用双相不锈钢的开发和应用	1990	一	四川化工总厂	吴玖、王业春、刘廷材等
新13号合金研制	1990	一	中国核动力研究设计院	朱尔谨、陆世英、黄静娴等
流行性乙型脑炎减毒活疫苗的研制	1990	一	卫生部成都生物制品研究所	俞永新、敖坚、李河民等
定向井、丛式井钻井技术研究（注：成果获1990年中国石油天然气总公司科技进步特等奖）	1991	一	四川石油管理局西南石油学院	欧阳植颖、许金福、张士坤等
北京国际海事卫星测控站	1992	一	机械电子工业部第十研究所	钱允敏、谢澍霖、李明芬等
25.5米空调双层旅客列车	1992	一	西南交通大学	宋祖岳、李锡良、沈宏等
格林函数方法研究及其在气动弹性载荷计算中的应用	1992	一	成都飞机工业公司	※
高坝坝基岩体稳定性评价及可利用岩体质量的研究	1992	一	能源部·水电部成都勘测设计院、成都地质学院、成都科技大学	刘克远、周维垣、孔德坊等
四川化工总厂年产二十万吨合成氨国产化装置（注：成果获1992年化工部科技进步特等奖）	1993	一	四川化工总厂、化工部第八设计院、四川化工机械厂	张文、杨怀银、张炳鑫等

续表

成果名称	获奖		成都地区主要完成单位	主要研究人员
	年份	等级		
土质防渗体高土石坝研究	1993	一	成都科技大学	杜延龄、庄德威、刘浩吾等
《系列飞机定寿法》及在15种飞机定寿中的应用和其中10种飞机定延寿	1995	一	成都飞机（集团）有限公司	陆英育、李锦华、高志成等
万吨级PVC糊树脂国产化装置	1996	一	中国成达化学工程公司	谢德睦、赵宜新、孟仲林等
大中型天然气田形成条件、分布规律和勘探技术研究	1997	一	四川石油管理局地矿部西南石油地质局	戴金星、王庭斌、徐永昌等
石油水平井钻井成套技术	1997	一	西南石油学院	孙建成、杨万胜、张世忠等
普定碾压混凝土拱坝筑坝新技术研究（注：1997年成果获电力部科技进步一等奖）	1998	一	四川联合大学	陈宗卿、王柏乐、秦蛟等
变压吸附气体分离技术推广应用研究（推广类）	1998	一	化工部西南化工研究设计院	冯孝庭、古共伟、王宝林等
机车车辆整车滚动振动试验台	1999	一	西南交通大学	沈志云、张卫华、周文祥等
复杂地质艰险山区修建大能力南昆铁路干线成套技术（注：成果获1999年铁道部科技进步特等奖）	2000	一	铁道部第二勘测设计院、西南交通大学、中铁二局集团有限公司	陈俊真、马庭林、李际中等
万县长江大桥特大跨（420米）钢筋混凝土拱桥设计施工技术研究	2000	一	四川省交通厅公路规划勘察设计研究院、四川公路桥梁建设集团有限公司、西南交通大学、四川大学	谢邦珠、李文琪、臧棣华等
中国铁路客票发售和预订系统	2000	一	西南交通大学	马钧培、刘春煌、项源金等
中国阻断淋巴丝虫病传播的策略和技术措施的研究	2000	一	四川省寄生虫病防治研究所	史宗俊、孙德建、王兆俊等
研究试验堆U3Si2-A1弥散型板状燃料元件研制	2000	一	中国核动力研究设计院	孙荣先、戴受惠、周邦新等
全国控制和基本消灭麻风病的策略、防治技术和措施研究	2001	一	四川省皮肤病性病防治研究所	李桓英、李文忠、陈祥生等
中国数字地震观测系统的设计、研制、生产、集成和推广应用	2002	一	四川省地震局	庄灿涛、蔡亚先、薛兵等
中国农作物种质资源收集保存评价与利用	2003	一	四川省农业科学院	※

续表

成果名称	获奖		成都地区主要完成单位	主要研究人员
	年份	等级		
秦岭特长铁路隧道修建技术	2003	一	中铁西南科学研究院、西南交通大学	※
印水型水稻不育胞质的发掘及应用	2005	一	四川省种子站	张慧廉、邓应德、彭应财等
西南“三江”铜、金、多金属成矿系统与勘查评价	2005	一	成都地质矿产研究所	李文昌、潘桂棠、侯增谦等
铁道机车车辆—轨道耦合动力学理论体系、关键技术及工程应用	2005	一	西南交通大学、成都铁路局	翟婉明、蔡成标、王开云等
CDZS系列空中交通管制中心系统	2005	一	四川大学、四川川大智胜软件股份有限公司	游志胜、杨国庆、杨红雨等
中国西南高边坡稳定性评价及灾害防治	2005	一	成都理工大学	黄润秋、张倬元、王士天等
YB900充油调节式离心涡轮变矩器	1990	二	四川石油管理局	苑凤琴、刘树成、朱清澄等
UHF10kW彩色电视发射机	1990	二	国营成都电视设备厂	汤旭光、邓李捷、黄祖泸等
YL型烟气轮机用GH-132合金大型涡轮盘和K213合金精铸叶片的研制	1990	二	成都发动机公司	赵玉才、陈国良、孙家华等
裂土基本特性及其在路堤、路堑、边坡工程中的应用技术条件的研究	1990	二	铁道部第二勘测设计院、西南交通大学、铁二局	马骥、陈义深、谌壮丽等
PE-NET分组交换实验网	1990	二	机械电子工业部第30研究所、电子科技大学	※
马尾松种源变异及种源区划分的研究	1990	二	四川省林业科学研究院	陈建仁、伍家荣、傅玉狮等
四川省新都县氮肥厂4万吨/年联碱工程设计新技术	1990	二	中国成都化工工程公司、新都县氮肥厂	董经纶、周光耀、刘书全等
石油和天然气储量规范（国家内部标准）GB n269-270-88	1990	二	四川石油管理局	杨通佑、张文昭、范尚炯等
光源自动测色仪	1990	二	中国测试技术研究院	谢兴尧、龚晓斌、牟效文等
CBL裂解炉技术开发	1991	二	四川化工机械厂	方邦吾、曾清泉、李玉民等
大熊猫病理生理及临床救治的研究	1991	二	成都军区总医院成都动物园四川大学	曾祥元、廉维、刘映雪等

续表

成果名称	获奖		成都地区主要完成单位	主要研究人员
	年份	等级		
铁路泥石流沟判别、警报、防治、机理的研究	1991	二	铁道部科研院西南科研所、成都铁路局、西南交通大学、铁道部第二勘测设计院	谭炳炎、潘仲仁、李鸿科等
高混凝土拱坝防裂技术及其在东风工程中的应用	1992	二	成都科技大学	杨志雄、郑治、高家训等
油藏数值模拟技术	1992	二	四川石油管理局、西南石油学院	韩大匡、桓冠仁、尹定等
《沉积实验方法》行业标准	1992	二	四川石油管理局	陈丽华、王聘珍、张荫本等
旋转喷雾干法烟气脱硫技术研究（注：成果获1991年度能源部科技进步一等奖）	1992	二	能源部西南电力设计院四川省电力设计院	甘宽先、罗永禄、陈均斧等
C302型（CNJ202型）低压甲醇催化剂及其合成工艺	1992	二	化工部西南化工研究院、化工部第八设计院	邱传珪、朱克伦、罗鸿举等
分布式飞机静态强度试验系统	1992	二	电子科技大学、成都飞机工业公司	张元莉、赵惠林、唐婉山等
N1602型铁路起重机	1992	二	西南交通大学	周志鳌、徐道玄、吴时才等
引进汽车齿轮钢国产化的应用研究	1993	二	四川汽车制造厂	陈朝鸿、王光福、吴登真等
窄带图象快传及档案检索通信系统	1993	二	电子科技大学	李在铭、吴军蹄、王红卫等
铁道车辆滚动轴承Ⅱ型润滑脂	1993	二	成都铁路局	蒋秋芝、刘庆廉、嵇启兰等
中国活断层图集（IGCP第206项——全球主要活断层特性的对比）	1993	二	四川省地震局	丁国瑜、张裕明、方仲景等
不同类型区域县级农村能源综合建设试点研究	1993	二	农业部成都沼气科学研究所	施德铭、朱德俊、焦庆余等
大熊猫双胞胎育幼研究	1993	二	成都动物园、成都市园林局、四川大学、成都大熊猫繁育研究基地	钟顺隆、何光昕、张安居等
振荡脉冲射流喷嘴	1993	二	西南石油学院	廖荣庆、廖振芳、熊继有等
墙体材料革新和节能建筑推广系统工程的组织实施	1995	二	成都市墙体材料改革领导小组办公室	陈福广、潘东晖、史美云等
黄茅埂观冰站重冰线路冰凌观测和抗冰试验研究	1995	二	电力工业部西南电力设计院	张志能、李跋群、张维顺等
714CD多普勒天气雷达	1995	二	国营七八四厂	张秀太、方小南、谭晓辉等

续表

成果名称	获奖		成都地区主要完成单位	主要研究人员
	年份	等级		
21单元自适应光学星体成像补偿系统	1995	二	中国科学院光电技术研究所	姜文汉、李明权、汤国茂等
三江地区构造岩浆带的划分与矿产分布规律	1995	二	地矿部成都地质矿产研究所、四川省地质矿产局	刘增乾、李兴振、叶庆同等
塔中地区石炭系大油田的发现与勘探方向	1995	二	西南石油学院	王秋明、罗春熙、苟光汉等
高坝安全监测技术及反馈	1995	二	成都地质学院	丁国强、赵炳祯、李天扶等
西南地区资源开发与发展战略研究	1995	二	中国科学院·水利部成都山地灾害与环境研究所	程鸿、章铭陶、郭来喜等
射频消融治疗快速性心律失常仪器及临床应用研究	1995	二	成都军区总医院	胡大一等
首次全国人体寄生虫分布调查	1995	二	四川省医学科学院寄生虫病防治研究所	余森海等
歼七×型飞机的研制	1996	二	成都飞机（集团）有限公司	陆英育、杨宝树、王传德等
广州黄沙至芳村珠江水下隧道工程	1996	二	铁道部科学研究院西南分院	陈韶章、任孝思、李惠文等
火电厂灰渣筑坝技术研究	1996	二	西南电力设计院	郦能惠、周帮林、佟维朋等
QPQ盐浴复合处理技术及其成套设备	1996	二	机械工业部成都工具研究所	李惠友、罗德福、林训华等
柱晶白霉素（吉他霉素）研究	1996	二	国家医药管理局四川抗菌素工业研究所	谢丽芳、陈永乐、孙益等
国际兼容某频段统一测控系统（注：成果获1995年电子工业部科技进步特等奖）	1996	二	电子工业部第十研究所	杨振中、关振柔、石书济等
DRS航管雷达模拟机	1996	二	四川联合大学	游志胜、游志庸、聂健荪等
波音737. 767. MD-82飞机国产刹车装置研究	1996	二	西南航空公司	李东生、缪兴起、郭长华等
Z111型低水碳比转化催化剂	1996	二	化工部西南化工研究院	吴且毅、李培琛、朱铭等
茶树优质资源的系统鉴定与综合评价	1996	二	四川省农业科学院	俞永明、虞富莲、李名君等
提高石油钻柱安全可靠性和使用寿命的综合研究	1997	二	四川石油管理局	李鹤林、冯耀荣、韩勇等
南江黄羊肉用新品种选育	1997	二	四川省畜牧兽医研究所、四川省畜禽繁育改良总站	王维春、熊朝瑞、周光明等

续表

成果名称	获奖		成都地区主要完成单位	主要研究人员
	年份	等级		
截根菌根化应用及其机理的研究	1997	二	四川省林业科学研究院	花晓梅、刘国龙、邵锦锋等
大熊猫主食竹研究	1997	二	四川省林业科学研究院	李承彪、王金锡、史立新等
氟康唑研制	1997	二	华西医科大学	夏永鹏、傅洁民、罗翔等
863/成都飞机工业公司CIMS工程	1998	二	四川联合大学、成都飞机工业公司	忻文丽、谢明、杨宝树等
COSA国产系统软件平台（注：成果获1996年电子工业部科技进步特等奖）	1998	二	电子科技大学	黄晓明、孟庆余、黄万镒等
155Mb/s，622Mb/s.SDH光纤传输系统	1998	二	邮电部第五研究所	郫贺铨、高权斌、李秉钧等
扬子地台周边及其邻区优质锰矿成矿规律及资源评价（注：成果获1997年冶金工业部科技进步特等奖）	1998	二	冶金工业部西南地质勘查局	侯宗林、薛友智、黄金水等
双井水力采岩盐的推广（推广类）	1998	二	四川省盐业公司	彭国荣、赵连仲、彭玉衡等
韶山7型电力机车	1998	二	成都机车车辆厂	朱顺年、周官森、张顺祥等
耐瘠耐酸、高产优质春大豆新品种浙春2号的选育与应用	1998	二	四川省种子公司	朱文英、朱丹华、毛利豪等
年产60万吨纯碱装置新技术的开发及应用	1998	二	中国成达化学工程公司	周光耀、邱维章、彭承美等
长江中上游防护林体系生态经济效益评价技术研究	1998	二	四川省林业科学研究院	杨玉坡、王金锡、慕长龙等
控制和阻断大山区血吸虫病流行对策	1998	二	四川省寄生虫病研究所	郑江、辜学广、邱宗林等
羟基磷灰石生物材料制备新工艺	1998	二	四川联合大学	张兴栋、陈继镛、冯健清等
引大入秦工程新技术、新工艺应用	1999	二	成都华水水电工程建设公司	谭绍材、韩正卿、石世平等
马尾松材性遗传变异与制浆造纸材优良种源选择	1999	二	四川省林业科学研究院	王章荣、秦国峰、陈天华等
国家土地资源及生态环境背景遥感宏观调查与动态研究	1999	二	中国科学院·水利部成都山地灾害与环境研究所	刘纪远、王一谋、张金胜等
超导约瑟夫森结阵列一伏电压基准	1999	二	中国测试技术研究院	薛寿清、高洁、刘瑞珉等

续表

成果名称	获奖		成都地区主要完成单位	主要研究人员
	年份	等级		
大穗型高配合力水稻优良不育系冈46A的选育和应用推广	2000	二	四川农业大学水稻研究所、四川省农业厅	黎汉云、刘代银、周开达等
五倍子单宁深加工技术	2000	二	四川省彭州天龙化工有限公司	张宗和、黄嘉玲、秦清等
油气藏数值模拟技术的应用与推广	2000	二	西南石油学院、四川石油管理局地质勘探开发研究院	李允、钟孚勋、张烈辉等
无铬少铬鞣法生产高档山羊服装革	2000	二	四川大学	石碧、李维德、范浩军等
高胡、二胡、中胡（系列）高音区、音质、音量的改良	2000	二	四川音乐学院	陈泽、赵砚臣、陈欣
热硫化硅橡胶生胶生产技术	2000	二	晨光化工研究院	王伟良、张汝琴
mt法天然气流量标准装置	2000	二	四川石油管理局勘察设计研究院、中国测试技术研究院、四川石油管理局	郭绪明、罗镇伟、刘承昭等
我国儿童青少年风湿热的调查与群体性一级预防方法的建立	2000	二	华西医科大学	黄震东、饶栩栩、杨平珍等
某程三坐标雷达	2000	二	国营第七八四厂	陈春林、陈泽铭、张济炳等
川西碎屑岩大中型气田勘探目标及气田开发研究	2001	二	中国石化集团新星公司、西南石油局、西南石油局地质综合研究院	韩永辉、徐向荣、杨克明等
川东上二叠统生物礁气藏形成条件及勘探目标评价研究	2001	二	西南油气田分公司勘探开发研究院、四川石油管理局、西南石油学院	王一刚、刘划一、文应初等
农田温室气体排放过程和观测技术研究	2001	二	中国科学院成都山地灾害与环境研究所	王明星、王跃思、郑循华等
树脂吸附法处理有毒有机化工废水及其资源化研究	2001	二	四川大学	张全兴、陈金龙、王槐三等
高效无卤添加型聚合物阻燃剂及其应用	2001	二	四川大学、成都威力阻燃化工实业有限公司	王玉忠、王波、唐旭东等
66种常用中药材质量标准及其对照品的研究	2001	二	四川省中药研究所	徐东铭、杨峻山、王峥涛等
南方红黄壤地区综合治理与农业可持续发展技术研究	2002	二	四川省农业科学院	杨炎生、谢为民、侯向阳等
国家中尺度基础地理信息工程与空间辅助决策	2002	二	四川省测绘局	蒋景曈、张清浦、王东华等
高效益猪皮制革技术及相关配套材料的研究与开发	2002	二	四川大学	但卫华、张铭让、曾睿等

续表

成果名称	获奖		成都地区主要完成单位	主要研究人员
	年份	等级		
变电站电气设备绝缘多参量多功能在线监测及故障诊断技术研究	2002	二	四川省电力公司	孙才新、廖瑞金、陈伟根等
散粮储运关键技术和装备的研究开发	2002	二	国家粮食储备局成都粮食储藏科学研究所	袁育芬、齐志高、管锦桃等
乙型肝炎基因工程疫苗免疫原性和免疫效果的研究	2002	二	四川省卫生防疫站	梁争论、李河民、吴晓音等
科里奥利质量流量计的研究与开发	2002	二	中国测试技术研究院	孙玉声、蔡进、张光伟等
农田重大害鼠成灾规律及综合防治技术研究	2002	二	四川省农业科学院	张知彬、蒋光藻、钟文勤等
复杂非均匀介质中的场与波理论及其工程应用	2002	二	电子科技大学	聂在平、潘锦、杨峰等
高配合力优良杂交水稻恢复系蜀恢162选育与应用	2003	二	四川农业大学水稻研究所	汪旭东、周开达、吴先军等
中国森林生态网络体系建设研究、示范与应用	2003	二	四川省林业科学研究院	彭镇华、费本华、王成等
中国西门塔尔牛新品种选育	2003	二	四川省畜牧科学研究院	许尚忠、陈幼春、贾恩棠等
有毒有害有机废水高新生物处理技术	2003	二	中国科学院成都生物研究所	钱易、李福德、黄霞等
MDSL多通道数字同步记录仪	2003	二	四川大学	游志胜、张林、周群彪等
有水气藏油藏工程方法研究	2003	二	中国石油天然气股份有限公司西南油气田分公司西南石油学院	李允、胡勇、张烈辉等
控制棒驱动系统研制	2003	二	中国核动力研究设计院、成都飞机工业（集团）有限责任公司	李金贤、王治国、赵晓刚等
排尿功能障碍性疾病的基础和临床应用研究	2003	二	成都维信电子科技大学新技术有限公司	宋波、金锡御、熊恩庆等
青藏高原青海田鼠鼠疫自然疫源地的发现与研究	2003	二	四川省卫生防疫站	刘振才、海荣、李富忠等
东风4D型系列内燃机车	2003	二	西南交通大学	仲躋升、孙喜运、王希刚等
四川省巴塘县夏塞银铅锌矿床普查评价	2004	二	四川省地质矿产勘查开发局	陈才金、李超、刘权等
大型料浆浓缩法磷铵国产化装置	2004	二	四川大学	钟本和、应建康、林乐等

续表

成果名称	获奖		成都地区主要完成单位	主要研究人员
	年份	等级		
吸入麻醉的研究	2004	二	四川大学	刘进、俞卫锋、张辑等
米非司酮用于紧急避孕、黄体期避孕及催经的研究	2004	二	四川生殖卫生学院	肖碧莲、吴尚纯、翁梨驹等
我国生物技术药物的质控标准、标准品的研究和制订	2004	二	成都地奥九泓制药公司	王军志、饶春明、张翊等
钢——混凝土组合结构关键技术的研究及应用	2004	二	中铁二局股份有限公司	聂建国、余志武、李勇等
水稻耐热、高配合力籼粳交恢复系泸恢17的创制与应用	2005	二	四川省农业科学院	况浩池、郑家奎、左永树等
裸露坡面植被恢复综合技术研究	2005	二	西南交通大学、四川省草原研究所	韩烈保、徐国钢、周德培等
林木种质资源收集、保存与利用研究	2005	二	四川省林业科学研究院	顾万春、刘红、夏良放等
伪狂犬病基因缺失疫苗的研究与应用	2005	二	四川动物防疫监督总站	郭万柱、娄高明、徐志文等
大型压水堆核电站——回路主管道研制	2005	二	四川三洲川化机核能设备制造有限公司	张政通、陈勇、曾正涛等
牵引供电自动化系统成套技术及应用	2005	二	西南交通大学成都铁路局	陈小川、高仕斌、王韧等
铁路大跨度钢管混凝土拱桥新技术研究	2005	二	铁道第二勘察设计院、西南交通大学	马庭林、陶建山、杨谨华等
大跨径钢箱梁斜拉桥关键技术研究	2005	二	西南交通大学	陈明宪、戴永宁、黄卫等
大型水利水电工程可视化仿真技术及其工程应用	2005	二	国家电力公司成都勘测设计研究院	钟登华、张社荣、刘东海等
碾压混凝土拱坝筑坝配套技术研究	2005	二	国家电力公司成都勘测设计研究院	郭勇、钟永江、陈秋华等
机场行李自动分检系统	2005	二	中国民用航空总局第二研究所	毛刚、蒋祥枫、张向民等
纳米磁电子信息功能材料	2005	二	电子科技大学	张怀武、兰中文、刘颖力等
数学家的眼光	2005	二	中国科学院成都计算机应用研究所	张景中

成都地区获国家星火奖部分成果一览表（二等奖）

表5-51

成果名称	获奖		成都地区主要完成单位	主要研究人员
	年份	等级		
四川省米易县立体农业综合开发	1991	二	四川省科学技术协会、四川省计划经济委员会、四川省农业科学院、四川省社会科学院	周玉振、唐洪潜、刘国宣等
鹌鹑系列化生产技术开发	1992	二	希望科学技术研究所、新津县畜牧局、新津县鹌鹑养殖领导小组、新津县科技联合开发服务中心、新津县农办	陈育新、张心如、钟光林等
四川省丘陵地区综合技术开发试点	1993	二	四川省科委星火办	周新远、刘登成、贾智华等
"希望"牌系列饲料开发应用	1993	二	四川省成都市希望科学技术研究所、四川省成都市新津饲料厂	陈育新、张心如、刘永言等

1990—2005成都地区获国家重点攻关项目奖部分成果一览表（一、二等奖）

表5-52

成果名称	获奖		奖项名称	成都地区主要完成单位	主要研究人员
	年份	等级			
合—芜140Mb/s光缆通信系统试验段（总体光中继机、光缆、接头盒）	1991	一	"七五"国家重点科技攻关奖	邮电部第五研究所	苏德昌、杜英武、李元鹏等
ISDN试验网模型（NT1130B+D接口）	1991	一	"七五"国家重点科技攻关奖	邮电部第五研究所	陈志明、罗正华等
4×4对称电缆900路载波通信系统	1991	一	"七五"国家重点科技攻关奖	邮电部第五研究所	张德明、范树华、钱福先等
622Mb/s数字复用设备	1991	一	"七五"国家重点科技攻关奖	邮电部第五研究所	任顺尧、李秉钧、张克坚等
34Mb/s光缆通信系统，实用化试验段（成—灌工程）	1991	一	"七五"国家重点科技攻关奖	邮电部第五研究所	李元鹏、吴德顺、高启祥等
S波段多普勒天气雷达系列研制及天气雷达多普勒技术改造	1996	一	电子行业国家"八五"科技攻关重大科技成果奖	国营七八四厂	张秀太、方小南、卞祖玲等
60路ADPCM编码转换设备	1991	二	国家"七五"重点科技攻关奖	邮电部第五研究所	任顺尧、戚家和、李宇铭等
2Mb/s会议电视汇接设备	1991	二	国家"七五"重点科技攻关奖	邮电部第五研究所	张汲和、高厚坦、刘健等
单模光缆制造工艺及配套技术研究	1991	二	国家"七五"重点科技攻关奖	邮电部第五研究所	李元鹏、吴德顺、王
光缆接续技术及接续装置	1991	二	国家"七五"重点科技攻关奖	邮电部第五研究所	张鹤泰、吴德顺、宋志佗

续表

成果名称	获奖		奖项名称	成都地区主要完成单位	主要研究人员
	年份	等级			
光纤通信四次群100千米实用化	1991	二	国家“七五”重点科技攻关奖	邮电部第五研究所	苏德昌、肖同骧、杜英武等
计算机信息网络关键技术	2001		“九五”国家重点科技攻关计划重大科技成果	电子科技大学	※
全国铁路客票发售系统	2001		“九五”国家重点科技攻关计划重大科技成果	西南交通大学	※
DMC新型催化剂的研究开发	2001	二	国家“九五”重点科技攻关计划优秀科技成果	中国科学院成都有机化学研究所	王公应等

获中科院与部（委）级奖励成果

【概况】

1999年，国务院发布新的《国家科学技术奖励条例》和科技部发布《省、部级科学技术奖励管理办法》。1990—2001年，中国科学院驻成都研究所、成都地区大专院校、科研院所等单位、个人共获得中国科学院科技奖134项（特等奖2项、一等奖21项、二等奖42项、三等奖69项）。其中，获中国科学院自然科学奖奖励20项（一等奖4项、二等奖4项、三等奖12项），获中国科学院科技进步奖奖励114项（特等奖2项、一等奖17项、二等奖38项、三等奖57项）。2002年以后，中科院停止评中科院自然科学奖、中科院科技发明奖、中科院科技进步奖。1990—2005年，成都地区获得国家部（委、局、办）、外省（市、自治区）科技奖奖励成果在3685项以上。在公布的获奖成果2413项中，获特等奖15项、一等奖232项、二等奖776项、三等奖1390项。

【四川化工总厂年产二十万吨合成氨国产化装置】

该项目主要成果有：装置集成20世纪80年代中期国际合成氨装置先进技术，如燃气轮机与一段炉转化结合的节能系统、12.5兆帕、520℃高焓值蒸汽多级利用，提高一段转化压力，采用HP-50炉管、Benfield脱碳半贫液四级闪蒸、14兆帕卧式合成塔循环回路、组合式氨冷器、中压工艺冷凝汽提、DCS集散控制系统等，吨氨耗能29.3GJ，达到国际先进水平；装置所用大型机组、蒸汽透平、转化炉管、氨合成塔外壳、组合式氨冷器等关键设备均为国内制造，国产化水平达83%。成果获1992年度化工部科技进步特等奖，1993年度国家科技进步奖一等奖。成都地区主要完成单位有四川化工总厂、四川化工机械厂，主要研究人员有张文、杨怀银、张炳鑫等。

【高亮度、高分辨率YAG显示管】

该项目研制成功2英寸红、绿、蓝三种外延屏YAG显示管（主要技术性能居国际领先水平）、非外延屏YAG显示管（属国内外首创），并利用YAG显示管率先在世界上研制成功YAG大屏幕彩色显示系统，为中国大屏幕、高亮度显示系统的研制奠定了技术基础。该项研究成果在军用、民用多媒体技术等领域具有广阔的应用前景，具有显著的社会、经济效益。成果获1996年度电子工业部科技进步一等奖、1998年国家技术发明奖二等奖。成都地区完成单位是电子科技大学，主要研究人员有成建波、林祖伦、杨开愚等。

【古建筑木结构维护与加固技术规范】

该项技术规范以文物“残损点”概念为基础，建立可靠性和抗震鉴定体系；针对各种危及安全的问题，以长期保存为目标，建立从防腐、防虫、防火、防雷到抗震的保护加固修复技术体系，这是国内外古建筑领域中的第一本国家标准，在全国重点文物保护单位的保护和维修中得到广泛应用。成果获1996年度建设部科技进步奖一等奖。成都地区主要完成单位是四川省建筑科学研究院，主要研究人员有梁坦、王永维、倪士珠等。

【扬子地台周边及其邻区优质锰矿成矿规律及资源评价】

该项目以沉积构造环境、成锰盆地性质、成矿物质来源及成矿机理为主要研究内容，着力查明锰矿成矿规律，建立成矿模式，总结评价准则，探索有效的勘查方法，为优质锰矿的勘查评价提供可靠的优选靶区和适用手段；研究基本构筑起符合中国南方实际的锰矿地质学框架，填补了国外对加里东期及海西——印支期华南吉大陆边缘这两个地史阶段成锰性研究的空白；项目研究提出的成矿预测区划和找矿建议，展示中国南方丰富的锰矿资源潜力，为宏观经济决策及矿业开发提供了科学依据。成果获1997年冶金部科技进步特等奖、1998年度国家科技进步二等奖。成都地区主要完成单位是冶金工业部西南地质勘查局，主要研究人员有侯宗林、薛友智、黄金水等。

1990—1997年成都地区获中国科学院自然科学奖部分成果一览表（一、二等奖）

表5—53

成果名称	获奖		成都地区主要完成单位	主要研究人员
	年份	等级		
导电高分子中的电子关联	1990	一	四川师范大学	刘杰等
中国震旦系	1994	一	成都理工学院	※
几何定理机器证明理论与算法的新进展	1995	一	中国科学院成都计算机应用研究所	张景中、杨路、高小山等
稻田生态系统甲烷产生、转化及传输机理研究	1999	一	中国科学院·水利部成都山地灾害与环境研究所	※
《中国油脂植物》	1990	二	中国科学院成都生物研究所	何宗英、陈玉谷等
几类大型天气过程的动力学研究	1990	二	成都气象学院	罗德海等
《三峡工程与生态环境》系列专著	1996	二	中国科学院·水利部成都山地灾害与环境研究所	陈国阶等
激光束离子束改性表面摩擦学研究	1997	二	西南交通大学	陈元儒等

1998—2005你那成都地区获中国科学院科技进步奖部分成果一览表（特、一、二等奖）

表5-54

成果名称	获奖		成都地区主要完成单位	主要研究人员
	年份	等级		
国家资源环境遥感宏观调查与动态研究	1998	特	中国科学院·水利部成都山地灾害与环境研究所	※
云南东川泥石流的形成发展运动规律和综合治理研究	1990	一	中国科学院·水利部成都山地灾害与环境研究所	※
西南地区酸雨来源、影响和控制对策（子课题：酸雨对农作物、蔬菜的影响）	1991	一	中国科学院成都生物研究所	康志成、杜榕桓、田连权等
黄淮海平原区域综合治理技术和农业发展战略研究（子课题:以沼气为中心的农村有机废物综合利用）	1991	一	中国科学院成都生物研究所	何宗英、陈玉谷等
中华人民共和国1：100万土地资源图	1991	一	中国科学院·水利部成都山地灾害与环境研究所	※
长江三峡库区土地承载能力研究（含水、土、植物资源调查评价）	1991	一	中国科学院·水利部成都山地灾害与环境研究所、电子科技大学等	陈鸿昭、曾志远、徐琪等
长江上游生态环境和社会经济条件的研究与评价	1992	一	中国科学院·水利部成都山地灾害与环境研究所	钟祥浩、王毓云、何毓成等
AMDIS-1型掩模缺陷自动检测系统	1992	一	中国科学院光电技术研究所	林祥棣、沈忙作、郇纪泽等
1：100万中国土地利用图编制研究	1993	一	中国科学院·水利部成都山地灾害与环境研究所	※
21单元自适应光学星体成像补偿系统	1993	一	中国科学院光电技术研究所	姜文汉、李明权等
OSI协议标准化测试	1993	一	中国科学院成都计算机应用研究所	曾华燊等
1.5～2微米实用型分步重复投影光刻机	1994	一	中国科学院光电技术研究所	吴濯才、刘业异、姚汉民等
能动光学器件系列	1995	一	中国科学院光电技术研究所	凌宁、姜文汉、官春林等
台风暴雨预报警报系统及减灾对策研究	1996	一	成都气象学院	卢敬华等
亚微米（i线和g线）投影光刻物镜	1997	一	中国科学院光电技术研究所	※
（略）	1998	一	中国科学院光电技术研究所	※
高产优质抗病小麦新品种川育12	1999	一	中国科学院成都生物研究所	敖栋辉、陈德芳、王明义等
2.16米望远镜红外自适应光学观测系统	1999	一	中国科学院光电技术研究所	※
JC-1型精密测角仪	1990	二	中国科学院光电技术研究所	林祥棣、邢瑞祥等
多面棱体自动测量系统	1990	二	中国科学院光电技术研究所	陆德基、谢长文等
零飞电视测量仪	1990	二	中国科学院光电技术研究所	张启衡等
龙羊峡水电站库区大型滑坡研究	1990	二	中国科学院·水利部成都山地灾害与环境研究所	吴其伟等

续表

成果名称	获奖		成都地区主要完成单位	主要研究人员
	年份	等级		
成昆铁路北段泥石流及其综合防治原理	1991	二	中国科学院·水利部成都山地灾害与环境研究所	李椷等
城市有机生物质垃圾系统处理工程	1991	二	中国科学院成都生物研究所	刘克鑫等
长江三峡地区国土资源、经济、社会资料及发展研究	1991	二	中国科学院成都文献情报中心	李朝先等
中国科学院文献情报工作发展战略研究	1991	二	中国科学院成都文献情报中心	※
微生物在工业污染源治理中的应用研究（子课题:微生物在造纸废液污染治理中的应用研究）	1991	二	中国科学院成都生物研究所	※陈忠余等
金属薄膜磁记录介质	1991	二	中国科学院成都有机化学研究所	※
导弹喷管摆角光电实时测量系统	1991	二	中国科学院光电技术研究所	朱耆祥等
LMR-1型掩模缺陷激光（检查）修正仪	1991	二	中国科学院光电技术研究所	冯伯儒等
硅片表面检查仪	1991	二	中国科学院光电技术研究所	沈忙作等
中国科学院文献资源合理布局	1991	二	中国科学院成都文献情报中心	孟广均、许鸿英、谢淑莲等
YAG激光标记机	1992	二	中国科学院光电技术研究所	胡建华等
GP-911A自动通用胶片判读仪	1992	二	中国科学院光电技术研究所	叶逢时等
SYC-1水轮机叶轮型线三坐标自动测量机	1992	二	中国科学院光电技术研究所	邬纪泽等
泥石流动力学模拟实验室科研工程	1992	二	中国科学院成都山地灾害与环境研究所	胡平华等
西南地区资源开发与发展战略研究	1992	二	中国科学院·水利部成都山地灾害与环境研究所	※
WYJ-3高速卷烟机群生产数据联网与多屏显示处理系统	1992	二	中国科学院成都计算机应用研究所	张炳泉、王晓宇、周志平等
横断山脉彝族山区四川省宁南县农村能源综合建设试点	1992	二	中国科学院成都生物研究所	魏泰昌等
778-1B光电经纬仪	1993	二	中国科学院光电技术研究所	张振轩等
书本型中国专利数据库及伪联机检索服务网	1993	二	中国科学院成都文献情报中心	许志强等
778-Ⅱ光电经纬仪	1994	二	中国科学院光电技术研究所	马振洲等
ASOM-1型眼科手术显微镜	1994	二	中国科学院光电技术研究所、四川省人工晶体研究所	杨力等
山地区域性暴雨泥石流与滑坡短期预报研究	1995	二	中国科学院·水利部成都山地灾害与环境研究所 铁道部科学研究院西南分院、四川省气象科学研究所	谭万沛等
SACAWR-1型高压水切割机器人	1996	二	成都飞机工业公司工艺研究所	※
千分尺数控激光刻划机	1996	二	中国科学院光电技术研究所	胡建华等

续表

成果名称	获奖		成都地区主要完成单位	主要研究人员
	年份	等级		
黄河流域灾害环境演变趋势及治理对策	1997	二	中国科学院·水利部成都山地灾害与环境研究所	※
微生物净化回收电镀污泥及废液中的铬和其他重金属的示范	1997	二	中国科学院成都生物研究所、四川省劳动卫生职业病防治研究所	李福德等
大熊猫人工繁殖“双控”技术的应用研究	1997	二	成都大熊猫繁育研究基地、成都动物园、四川联合大学	※
天然气间接合成乙醇等二碳含氧化合物催化剂及工艺过程	1998	二	中国成达化学工程公司	※
长江产业带建设的综合研究	1998	二	中国科学院成都山地灾害与环境研究所	※
0.8—1微米分步重复投影光刻机	1998	二	中国科学院光电技术研究所	刘业异、姚汉民、陈旭南等
机载视轴稳定平台	1999	二	中国科学院光电技术研究所	※
冷光学系统	1999	二	中国科学院光电技术研究所	沈忙作等
中国科学院网上文献信息共享系统工程（第一期）	1999	二	中国科学院成都文献情报中心	※
非冷却型激光波前校正器	2000	二	中国科学院光电技术研究所	凌宁、官春林、陈东红等
农田重大害鼠成灾规律及综合防治技术研究	2001	二	四川省农业科学院植保所	张知彬、蒋光藻、钟文勤等

1990—2005成都地区获国务院部（委、局、办）、外省（市、自治区）以及央企科技奖部分成果一览表（特、一等奖）

表5-55

成果名称	获奖		奖项名称	成都地区主要完成单位	主要研究人员
	年份	等级			
全数字自动交换电话网	1993	特	机械电子工业部科技进步奖	机电部第三十研究所	※
西藏自治区土壤普查、土地资源调查、草资源调查与评价	1994	特	西藏自治区科技进步奖	四川省自然资源研究所	※
某武器系统制导站	1994	特	电子工业部科技进步奖	国营七八四厂	胡振先、徐江川、程良知
红二ZA发射控制系统	1994	特	电子工业部科技进步奖	国营七八四厂	※
东风11型内燃机车	1996	特	铁道部科技进步奖	西南交通大学	吴永芳、付茂海、罗斌等
全国县级农业土地资源遥感调查	1998	特	国家统计局	中国科学院·水利部成都山地灾害与环境研究所	※

续表

成果名称	获奖		奖项名称	成都地区主要完成单位	主要研究人员
	年份	等级			
中和料浆浓缩法制磷铵新工艺	1999	特	教育科技进步奖	四川大学	钟本和、应建康、张允湘等
虎门大桥修建成套技术	1999	特	交通部科技进步奖	西南交通大学	※
新型歼击机	2004	特	国防科技进步奖	成都飞机设计研究所	宋文骢、李文正、杨伟等
四川省商品肉兔配套技术开发	1990	一	农牧渔业部丰收奖	四川省畜牧兽医研究所四川省畜牧局	※
四川盆地川东北地区油气资源评价与勘探技术方法研究	1990	一	地矿部科技进步奖	中石化股份有限公司西南分公司中石化集团公司西南石油局	※
全国磷矿资源系统开发研究	1990	一	化工部科技进步奖	成都化工研究设计院	※
弧齿轮锥齿轮整体误差检查仪	1990	一	机械电子工业部科技进步奖	成都工具研究所	黄潼年等
飞机防治水稻穗颈瘟及叶面施肥综合技术的研究	1990	一	民航技术改进奖	中国民航总局第二研究所	※
应用飞机防治水稻纹枯病和叶面施肥综合技术的研究	1990	一	民航技术改进奖	中国民航总局第二研究所	※
科左后旗飞播牧草试验	1990	一	民航技术改进奖	中国民航总局第二研究所	※
飞机喷洒BT乳剂防治玉米螟的研究	1990	一	民航技术改进奖	中国民航总局第二研究所	阮根烧等
飞机起落架用新型超高强度钢300M应用研究	1990	一	航空工业部科技进步奖	成都飞机设计研究所	高泽迥等
格林函数方法研究及其在气动力弹性及气动载荷计算中的应用	1990	一	航空工业部科技进步奖	成都飞机设计研究所	陈世豪、李荣华等
OMNIMAT数控火焰切割机（轨距6m）	1990	一	贵州省科技进步奖	中国科学院光电技术研究所	郭建湖等
一腔双频测试技术及其在工业上的应用研究	1990	一	机电部科技进步奖	电子科技大学	林为干、刘述章、罗慎独等
四川省钩端螺旋体病肺弥漫性出血抢救、预防及其主要病原赖型钩体的独特性	1990	一	卫生部医药卫生科技进步奖	华西医科大学	戴保民、曹钟梁、穆国尧等
静电学新研究与混合颗粒媒质的电磁波理论	1990	一	国家教委科技进步奖	电子科技大学	林为干、金航、刘述章
草原毛虫病毒杀虫剂在川青藏高原牧区大规模推广应用	1990	一	国家教委科技进步奖	四川大学	刘世贵、杨志荣、伍铁桥等

续表

成果名称	获奖		奖项名称	成都地区主要完成单位	主要研究人员
	年份	等级			
全国不同生态区优质棉高产技术研究与应用	1991	一	农业部科技进步奖	四川省农业科学院	舒克孝、王兆信、宋章成等
粮食储藏保鲜技术研究	1991	一	商业部科技进步奖	国内贸易部成都粮食储藏科学研究所	檀先昌、高影、周景星等
长江上中游两熟制油菜秋发高产技术生物学基础	1991	一	中国农科院科技进步奖	四川省农科院	吴显杨
加勒比松、马占相思等8个国外树种的引种及研究	1991	一	林业部科技进步奖	四川省林业科学研究院	徐光田
储存环高频发射机系统	1991	一	国家重大技术装备办成果奖	成都旭光电子股份有限公司	※
北京国际海事卫星测控站	1991	一	机械电子工业部科技进步奖	机械电子工业部电子第十研究所	钱允敏、谢澍霖、李明芬、等
垂直地震剖面及其应用技术研究	1991	一	中国石油天然气总公司科技进步奖	四川石油管理局	陈祖传、牟永光、吴希光等
川东北海相碳酸盐岩油气资源评价及勘探技术方法研究	1991	一	地质矿产部科技成果奖	中石化股份有限公司西南分公司、中石化集团公司西南石油局	曾学思、曹金声、余根梅等
沙雅隆起沙22井	1991	一	地质矿产部科技成果奖	中石化股份有限公司西南分公司、中石化集团公司西南石油局	※
全国黄磷及磷化工产品发展战略研究“七五”国家攻关项目（软课题）全国磷矿资源系统研究分课题	1991	一	化工部科技进步奖	成都化工研究设计院	陈嘉甫、张惠君、李玉兰
高拱坝体型优化及结构设计的研究	1991	一	能源部水利部电力科技进步奖	能源部水利部成都勘测设计院	张超然、计家荣、林景铭等
二滩坝基岩体稳定性评价及可利用岩体质量的研究	1991	一	能源部水利部电力科技进步奖	能源部、水利部成都勘测设计院	刘克远、郝石心、周维垣等
秦巴山区农村经济开发规划研究	1991	一	全国农业区划委员会农业部优秀成果奖	四川省社会科学院	唐洪潜、郭正模
冀中地区保护油层防止污染的钻井完井技术	1991	一	中国石油天然气总公司科技进步奖	西南石油学院	张绍槐、罗平亚
辽河油田保护油层防止污染的钻井完井技术	1991	一	中国石油天然气总公司科技进步奖	西南石油学院	罗肇丰、佟曼丽
中原油田低渗透油气藏保护气层、防止污染的钻井完井技术	1991	一	中国石油天然气总公司科技进步奖	西南石油学院	刘崇建、沈明道
裂缝性油藏和凝析气藏数值模拟技术	1991	一	中国石油天然气总公司科技进步奖	西南石油学院	李士伦、林平一

续表

成果名称	获奖		奖项名称	成都地区主要完成单位	主要研究人员
	年份	等级			
高浓度有机废水的厌氧生物处理技术	1992	一	国家教委科技进步奖	中国市政工程西南设计研究院	※
氧化塘工程技术研究	1992	一	建设部科技进步奖	中国市政工程西南设计研究院中国科学院成都生物研究所	※
合肥—芜湖140Mb/s长途单模光缆通信系统试验工程	1992	一	邮电部科学技术进步奖	邮电部第五研究所	李元鹏、杜英武、苏德昌等
1.54微米喇曼激光测距技术	1992	一	机械电子工业部科技进步奖	西南技术物理研究所	※
我国已知油气区天然气藏类型、形成条件、富集规律及勘探规划研究	1992	一	中国石油天然气总公司科技进步奖	四川石油管理局西南石油学院	戚厚发、程克明、郝石生等
2000t/a甲醇脱氢制二甲基甲酰胺装置设计	1992	一	化工部优秀设计奖	西南化工研究院	汤洪、秦重远、汪代宝等
应用飞机防治水稻病虫害和叶面施肥综合技术的研究	1992	一	民航总局科技进步奖	中国民航总局第二研究所	刘明治、阮根烧、王蕴实等
不同类型县级农村能源综合建设工程研究	1992	一	农业部科技进步奖	中国科学院成都生物研究所	※
高浓度有机废水厌氧生物处理技术（子课题：厌氧生物盘小试）	1992	一	国家教委科技进步奖	中国科学院成都生物研究所	※
宽带ISLN关键技术及测试系统	1992	一	机电部科技进步奖	电子科技大学	李乐民、唐绍淑、胡波等
弹丸自动分解作业系统	1992	一	机电部科技进步奖	电子科技大学	范垂英、张家裕、熊世和等
毫米波雷达成像技术研究	1992	一	机械电子工业部科技进步奖	电子科技大学	黄顺吉、丁义元、杨建宇等
逆合成孔径雷达成像与运动补偿	1992	一	机械电子工业部科技进步奖	电子科技大学	保铮、黄顺吉、黄为倬等
振荡脉冲射流喷嘴	1992	一	中国石油天然气总公司科技进步奖	西南石油学院	廖荣庆、熊继有、陈德颉等
我国已知天然气气藏类型、形成条件、富集规律及勘探规划研究	1992	一	中国石油天然气总公司科技进步奖	西南石油学院、四川石油管理局	戚厚发、程克明、郝石生等
喷灌技术的推广及应用	1992	一	水利部科技成果奖	西南石油学院	陈次昌
成都市城区土地定级估价	1992	一	国家土地管理局优秀成果奖	四川师范大学	周介铭
电火花计时器	1992	一	国家教委优秀教仪成果奖	四川师范大学	李俊伦

续表

成果名称	获奖		奖项名称	成都地区主要完成单位	主要研究人员
	年份	等级			
二滩电站右坝肩绿泥石——阳起石玄武岩带岩体力学性质及强度预测	1992	一	能源部科技进步奖	成都地质学院	孔德坊、张倬元、王士天等
分形理论在分子科学中的应用研究（甲类）	1992	一	国家教委科技进步奖	四川大学	李后强、赵华明、陈淑华
水田自然免耕技术的推广应用	1992	一	国家教委科技进步奖	四川省农牧厅、四川省自然资源研究所	※
DRS-90航空雷达模拟机系统	1992	一	国民航总局科技进步奖	四川大学	游志胜、聂健荪、王开平等
B-284宽带连续波行波管放大链	1993	一	机电部科技进步奖	国营七七六厂	陈君乐、杨钢、刘万孝等
微机控制有线电视播控台	1993	一	机电部科技进步奖	西南技术物理研究所	何志明
两性离子型聚合物泥浆研究与应用	1993	一	中国石油天然气总公司科技进步奖	西南石油学院、四川石油管理局	何　伦
GWTI气井试井分析软件系统	1993	一	中国石油天然气总公司科技进步奖	西南石油学院四川石油管理局	罗平亚、贾永禄、张高信等
水田自然免耕技术的推广应用	1993	一	国家教委科技进步奖	四川省自然资源研究所	主持
四川省土地利用总体规划	1993	一	国家土地管理局优秀成果奖	四川省社会科学院	杜受祜、唐洪潜、郭正模
时、频域频率稳定分析仪	1993	一	电子工业部科技进步奖	电子科技大学	张有正、周正中、袁家樾等
两性离子聚合物泥浆研究与应用	1993	一	中国石油天然气总公司科技进步奖	西南石油学院	罗平亚、李健
土地定级估价研究	1993	一	国家土地管理局应用科技成果奖	四川师范大学	周介铭
《中国人体质调查》—《中国人体质调查续集》	1993	一	国家教委科技进步奖	华西医科大学	郑思竟、黄瀛、余哲
成都市棕北住宅小区	1994	一	建设部城市住宅小区建设试点科技进步单项奖	中国建筑西南设计研究院、四川省建筑科学研究院	吴德富、王瑞、张鼎树等
卧新双老气田整体解剖勘探开发试验区综合研究	1994	一	中国石油天然气总公司科技进步奖	四川石油管理局、地质勘探开发研究院	唐泽尧、张清慧、杨天泉等
新奥法应用研究及其推广	1994	一	地质矿产部科技进步奖	中国地质科学院探矿工艺研究所	饶希践、杨惠林、李明祥等
经济预测理论及其应用研究	1994	一	电子工业部科技进步奖	电子科技大学	唐小我、曾勇、曹长修等

续表

成果名称	获奖		奖项名称	成都地区主要完成单位	主要研究人员
	年份	等级			
星载SAR成像处理和运动补偿研究	1994	一	电子工业部科技进步奖	电子科技大学	黄顺吉、王建国、刘国庆等
一种通用的非线性电路分析方法	1994	一	国家教委科技进步奖	电子科技大学	※
等离子喷涂羟基磷灰石涂层——钛基牙种植体	1994	一	国家教委科技进步奖	四川联合大学	陈继庸、张兴栋、刘晓光等
底层框架抗震墙砖墙抗震性能设计方法的研究	1995	一	建设部科技进步奖	中国建筑西南设计研究院	汪颖富
北京国际海事卫星测控站二期工程	1995	一	电子工业部科技进步奖	电子工业部电子第十研究所	谢澍霖、张巍、李明芬等
155Mb/s、622Mb/s、SDH光通信系统	1995	一	邮电部科学技术进步奖	邮电部第五研究所	李秉钧、田宝成、钱志明等
川西大邱家槽构造川合137井须二气藏发现井	1995	一	地质矿产部科技成果奖	中石化股份有限公司西南分公司、中石化集团公司西南石油局	刘映金、鄢永玲、荆士义等
川北柏垭构造石龙2井大一油藏的发现井	1995	一	地质矿产部科技成果奖	中石化股份有限公司西南分公司、中石化集团公司西南石油局	郭正吾、李恒让、郑国生等
沈阳化工厂1万吨/年聚氯乙烯糊树脂装置	1995	一	化工部科技进步奖	中国成达化学工程公司	※
唐山碱厂60万吨/年氨碱工程	1995	一	化工部科技进步奖	中国成达化学工程公司	※
准噶尔盆地西北缘三叠—侏罗系沉积相研究与储层评价	1995	一	地质矿产部科技进步奖	成都地质矿产研究所	丘东注洲、张继庆、陈新发等
西南少数民族服饰图案研究	1995	一	纺织部科技情报成果奖	四川省纺织工业研究所	王君平
大熊猫主食竹研究	1996	一	林业部科技进步奖	四川省林业科学研究院	李承彪、王金锡、史立新
常温厌氧与一体化氧化沟处理城市污水技术研究	1996	一	建设部科技进步奖	中国市政工程西南设计研究院	※
古建筑木结构维护与加固技术规范	1996	一	建设部科技进步奖	四川省建筑科学研究院	梁坦、王永维、倪士珠等
DAM111B型天线分配器	1996	一	电子工业部科技进步奖	成都旭光科技股份有限公司	※
STU-2A型射频调制器	1996	一	电子工业部科技进步奖	成都旭光科技股份有限公司	※
TDQ-3B3-Ⅱ型电子调谐器	1996	一	电子工业部科技进步奖	成都旭光科技股份有限公司	※

续表

成果名称	获奖		奖项名称	成都地区主要完成单位	主要研究人员
	年份	等级			
VZT-2型中频放大器	1996	一	电子工业部科技进步奖	成都旭光科技股份有限公司	※
船载通信信号侦察系统	1996	一	电子工业部科技进步奖	电子工业部电子第十研究所	雷厉、冯慧中、杨叶谨等
四川、陕甘宁盆地大气田形成条件、分布规律和勘探技术	1996	一	中国石油天然气总公司科技进步奖	四川石油管理局	路中垲、戴弹申、黄籍中等
川东石炭系目标区块储层地震横向预测	1996	一	中国石油天然气总公司科技进步奖	四川石油管理局	肖姹莉、彭勇、王兵等
防喷系统配套技术研究	1996	一	中国石油天然气总公司科技进步奖	四川石油管理局	杨国宰、魏明扬、邓亚明等
WZ523型（ZSL93式）轮式装甲车	1996	一	机械工业部科技进步奖	四川建设机械（集团）股份有限公司	陈元范汪幼君陈伯勋等
LKJ-93型列车运行监控记录装置	1996	一	铁道部科技进步奖	成都铁路局	郭爱波等
863成都飞机工业公司CIMS工程	1996	一	航空工业总公司科技进步奖	成都飞机工业公司、四川联合大学	谢明、杨宝树、薛炽寿等
中国教育和科研计算机网CERNET示范工程	1996	一	国家教委科技进步奖	电子科技大学	雷维礼等
全国高等学校科技管理	1996	一	国家教委科技进步奖	电子科技大学	韩春林等
台风、暴雨灾害性天气信息的通信传输技术与图形图像编码技术的研究	1996	一	中国气象局科技进步奖	成都气象学院	钱寿宇等
新疆火山喷发岩裂缝性水平井钻井技术研究	1996	一	中国石油天然气总公司科技进步奖	西南石油学院	施太和陈平罗平亚等
双河油田厚油层高温聚合物驱技术	1996	一	中国石油天然气总公司科技进步奖	西南石油学院	彭克宗
黄河黑山峡大柳树松动岩体工程地质研究	1996	一	甘肃省科技进步奖	成都理工学院	※
反倾向岩质边坡稳定性评价方法	1996	一	电力工业部科技进步奖	成都理工学院	※
羟基磷灰石生物活性材料制备新工艺	1996	一	国家药管局科技进步奖	四川联合大学	张兴栋、陈继镛、冯建清等
公路长隧道纵向通风研究	1996	一	重庆市科技进步奖	西南交通大学	关宝树、翁汉民
稻田生态系统甲烷产生、转化及传输机理研究	1997	一	国家环境保护总局科技进步奖	中国科学院成都山地灾害与环境研究所	※
155Mb/sSDH光纤传输系统	1997	一	邮电部科学技术奖	邮电部第五研究所	李秉钧、柳光孝、田宝成等

续表

成果名称	获奖		奖项名称	成都地区主要完成单位	主要研究人员
	年份	等级			
622Mb/sSDH光纤传输系统	1997	一	邮电部科学技术奖	邮电部第五研究所	李秉钧、钱志明、杜英武等
川东大天池构造带钻探综合配套技术	1997	一	中国石油天然气总公司科学技术进步奖	四川石油管理局	李昌全、陈心胜、周晨表等
川中快速钻井技术	1997	一	中国石油天然气总公司科学技术进步奖	四川石油管理局	夏先禹、吴仕荣、郭文才等
川西新场构造新806井千佛崖组西部气藏发现井	1997	一	地质矿产部科技成果奖	中石化股份有限公司西南分公司、中石化集团公司西南石油局	王一兵、符晓、邓少云等
四川盆地碎屑岩系大中型气田评价及勘探新领域区划研究	1997	一	地质矿产部科技成果奖	中石化股份有限公司西南分公司、中石化集团公司西南石油局	郭正吾、李恒让、曹金声等
程控交换局用电缆PVC绝缘料	1997	一	中国邮电总公司科技奖	四川联合大学	※
澜沧江小湾水电站高拱坝坝基重大工程地质问题研究	1997	一	地质矿产部科技成果奖	成都理工学院	黄润秋、王士天、胡卸文等
高分子力化学及辐照增容研究	1998	一	教育部科技进步奖	四川联合大学	徐僖、王琪、徐闻、郭少云等
多模式计算机辅助工艺设计开发工具系统	1998	一	河南省科技进步奖	四川联合大学	李治军、赵斌
岩盐水溶开采工艺参数的监测与控制研究	1998	一	轻工总会科技进步奖	四川联合大学	杨晋春、杨骏云
胰腺微循环的应用基础研究	1998	一	卫生部医药卫生科技进步奖	华西医科大学、成都市第二人民医院	周总光、高贤华、张肇达等
机车车辆整车滚动振动试验台	1998	一	铁道部科技进步奖	西南交通大学	沈志云、张卫华、周文祥等
京沪线计算机编制列车运行图研究	1998	一	铁道部科技进步奖	西南交通大学	彭其渊、杨明伦、倪少权等
神经网络理论及其智能信息处理	1998	一	教育部科技进步奖	西南交通大学	靳蕃
中国主要粮棉病虫害综合防治技术创建和成效	1999	一	农业部科技进步奖	四川省农业科学院	何明等
大熊猫DNA指纹探针研制及DNA提取方法的建立	1999	一	建设部科技进步奖	成都大熊猫繁育研究基地四川师范大学四川大学	张安居、方盛国、冯文和等
中国油气储层研究图集	1999	一	中国石油天然气总公司科技进步奖	西南石油学院四川石油管理局	应凤祥、裘怿楠、薛叔浩等
钢铁及涂层材料土壤腐蚀数据积累及腐蚀与防护研究	1999	一	中国石油天然气总公司科技进步奖	四川石油管理局	周明、曲良山、杨建平等

续表

成果名称	获奖		奖项名称	成都地区主要完成单位	主要研究人员
	年份	等级			
热硫化硅橡胶生胶生产技术	1999	一	国家石化局化工科技进步奖	中蓝晨光化工研究院	王伟良等
飞机新型除冰/防冰液FCY-1A（ISOI型）	1999	一	民航科技进步奖	中国民航总局第二研究所	※
万县长江大桥特大跨钢筋砼拱桥设计施工技术研究	1999	一	交通部科技进步奖	四川省交通厅公路规划勘察设计研究院、四川公路桥梁建设集团有限公司、西南交通大学、四川大学	谢邦珠、李文琪、臧棣华等
非线性渗流力学理论及其在油气田开发中的应用研究及推广	1999	一	教育部科技进步奖	西南石油学院	李允、李治平、贾永禄等
东海平湖油气田开发工程研究	1999	一	上海市人民政府科技进步奖	西南石油学院	罗平亚、汪建军、吴志军
中国油气储层研究图集	1999	一	中国石油天然气集团公司科技进步奖	西南石油学院、四川石油管理局	侯方浩
塔里木深井超深井钻井工艺技术	1999	一	中国石油天然气集团公司科技进步奖	西南石油学院	康毅力
长庆陇东地区及陕甘宁盆地中部油气井套管防腐及提高固井质量的研究	1999	一	中国石油天然气集团公司科技进步奖	西南石油学院	郭小阳、张玉隆、蒲晓林等
雅鲁藏布江缝合带—喜马拉雅山地质	1999	一	西藏自治区科技进步奖	成都理工学院	王成善、夏代祥、周祥等
无铬少铬鞣法生产高档山羊服装革	1999	一	教育部科技进步奖	四川大学	石碧、范浩军、何有节等
可控光和生物降解塑料母粒及薄膜	1999	一	教育部科技进步奖	四川大学	王玉忠、郑长义、陈泽芳等
大秦重载铁路修建及运输管理新技术	1999	一	铁道部科技进步奖	西南交通大学	陈清
铁路地区中心客票发售和预订系统	1999	一	铁道部科技进步奖	西南交通大学	※
高胡、二胡、中胡（系列）高音区、音质、音量的改良	1999	一	文化部科技进步奖	四川音乐学院	陈泽、赵砚臣、陈欣
川西碎屑岩大中型气田勘探目标研究	2000	一	中国石化集团科技进步奖	中石化股份有限公司、西南分公司中石化集团公司、西南石油局	韩永辉、徐向荣、杨克明等
控制棒驱动系统研制	2000	一	航空工业总公司科技进步奖	成都飞机（集团）有限公司	丁迪曾
川西致密碎屑岩气田开发研究	2000	一	中国石化集团科技进步奖	中石化股份有限公司西南分公司、中石化集团公司、西南石油局西南石油学院	王世泽、郭新江、徐向荣等

续表

成果名称	获奖		奖项名称	成都地区主要完成单位	主要研究人员
	年份	等级			
外贸战斗机系列飞机定延寿	2000	一	航空一集团科技进步奖	成都飞机（集团）有限公司	陆英育、钟景明李、刚
计算机信息网络及其应用关键技术研究	2000	一	中国高校科学技术进步奖	电子科技大学	吴建平、李星、张凌等
植物光系统Ⅱ结构功能与活性调节	2000	一	中国高校自然科学奖	四川大学	梁厚果、杜林方、何军贤等
高档猪革产品综合开发的工艺技术	2000	一	中国高校科技进步奖	四川大学	但卫华、曾睿、张铭让等
四川省土地利用总体规划	2001	一	国土资源部优秀规划科技成果奖	四川省国土勘测规划研究院	史维宾、张素兰、刘翔
郫县土地利用总体规划	2001	一	国土资源部优秀规划科技成果奖	四川省国土勘测规划研究院	张素兰、刘翔
广汉市土地利用总体规划	2001	一	国土资源部优秀规划科技成果奖	四川省国土勘测规划研究院	李何超、朱键、张石伟
铁路百米高墩大跨预应力混凝土连续刚构桥新技术	2001	一	贵州省科技进步奖	铁道部第二勘测设计院、西南交通大学	马庭林、陈克坚、徐学仁等
某型号工程原理样机	2001	一	航空一集团科技进步奖	成都航空仪表公司	杨杰
多雷达数据处理系统	2001	一	民航科技进步奖	中国民航总局第二研究所	※
钞票纸白水印制网焊接技术的研究	2001	一	中国人民银行科技进步奖	成都印钞公司	田德卿
组织工程肌腱的基础研究及临床应用	2001	一	中国高校技术发明奖	四川大学	杨志明、黄富国、秦廷武等
可用作带有雌激素结构的骨靶向药物的化合物	2001	一	中国高校技术发明奖	四川大学	郑虎翁玲玲
车辆轮对轴端三孔钻床研制	2002	一	成都铁路局科技进步奖	成都铁路局	陈锦源
丫髻沙大桥平竖转综合转体施工工艺研究	2002	一	贵州省科技进步奖	四川省交通厅公路规划勘察设计研究院	庄卫林、黄道全
SSR雷达在歼×飞机上的综合与验证研究	2002	一	航空一集团科技进步奖	成都飞机（集团）有限公司	刘焰春、陆英育、陈嘉琳等
升力体边条翼鸭式气动布局	2002	一	航空一集团科技进步奖	成都飞机设计研究所	宋文骢、谢品、李玉璞等
难降解有机工业废水高新生物处理技术与关键设备	2002	一	北京市科学技术进步奖	中国科学院成都生物研究所	李福德、陈忠余等
带水气藏渗流机理及开发技术研究	2002	一	中国高校科技进步奖	西南石油学院	李允、张烈辉、李晓平等
质量标准、体系及评估研究《高等职业教育发展及对策研究》	2002	一	电子工业部科技进步奖	四川经济管理学院	李劲松、张巨生、田必伟等

续表

成果名称	获奖		奖项名称	成都地区主要完成单位	主要研究人员
	年份	等级			
中国西南地壳表层动力学过程及其地质灾变效应研究	2002	一	国土资源部科学技术奖	成都理工大学	黄润秋、王士天、张倬元等
我国典型岩溶环境系统的运动规律及其对全球变化的影响	2002	一	国土资源部科学技术奖	成都理工大学	杨立铮
西藏扎布耶盐湖矿床成因、地质勘查、动态观察与开发试验系统研究	2002	一	国土资源部科学技术奖	成都理工大学	唐明林
有关信息融合处理的某些数字理论和算法研究	2002	一	教育部自然科学奖	四川大学	朱允民、马洪
国产药用草乌类植物中化学成分的基础研究	2002	一	教育部自然科学奖	四川大学	王锋鹏、陈巧鸿、王建忠等
磨盘形力化学反应器及其在高分子材料制备中的应用	2002	一	教育部技术发明奖	四川大学	徐僖、王琪、卢灿辉等
老年人牙根面龋发生机制的研究	2002	一	教育部科技进步奖	四川大学	周学东、胡涛、李继遥等
川西坳陷侏罗系致密砂岩气藏评价与勘探开发技术	2003	一	中国石化集团科技进步奖	中石化股份有限公司西南分公司、中石化集团公司西南石油局	杨克明、唐建明、张晓鹏等
铁路大跨度钢管混凝土拱桥新技术研究	2003	一	贵州省科技进步奖	铁道部第二勘测设计院西南交通大学	马庭林、徐勇、陈克坚等
模型集辨识及其在控制系统综合中的应用	2003	一	教育部自然科学奖	电子科技大学	周彤、王凌、孙政顺
金矿重点矿化区带隐伏矿床找矿方法和预测	2003	一	教育部科技进步奖	成都理工大学	倪师军
光学三维传感原理与方法研究	2003	一	教育部自然科学奖	四川大学	苏显渝、陈文静、李万松等
中国强毒钩端螺旋体致病新基因和新型基因疫苗的研究	2003	一	教育部技术发明奖	四川大学	鲍朗胡昌华晏菊芳等
致龋菌对牙面黏附分子机理的研究	2003	一	教育部科技进步奖	四川大学	刘天佳、李文、詹玲等
微动磨损理论	2003	一	教育部自然科学奖	西南交通大学	周仲荣、朱旻昊、陈光雄等
铁路提速线路强化技术及其理论基础与工程实践	2003	一	教育部科技进步奖	西南交通大学	翟婉明、蔡成标王其昌等
皮下通道型胆囊肝胆管吻合术的设计与临床应用	2004	一	军队医疗成果奖	成都军区总医院	田伏洲、汤礼军、王雨等

续表

成果名称	获奖		奖项名称	成都地区主要完成单位	主要研究人员
	年份	等级			
京珠高速公路粤境北段工程建设成套技术	2004	一	广东省科技进步奖	铁道部第二勘察设计院	秦小林
西南“三江”中段重要成矿带地质构造演化与贵金属、有色金属成矿规律和远景预测研究	2004	一	国土资源部科技进步奖	成都地质矿产研究所	潘桂棠、徐强
某型发动机国产化工程	2004	一	航空一集团科技进步奖	成都航空仪表公司	薛正国
隐身技术在飞机上演示验证	2004	一	航空一集团科技进步奖	成都飞机（集团）有限公司	陆英育、薛炽寿、张宇等
HL-2A装置工程研制	2004	一	国防科学技术奖	核工业西南物理研究院	严建成、刘永、周才品等
岷江试验堆设计和应用	2004	一	国防科学技术奖	中国核动力研究设计院	吕光全、唐学仁、王家丰等
广东博罗200吨/日能量自给型城市生活垃圾堆肥系统关键技术研究及工程示范	2004	一	广东省科技进步奖	中国科学院成都生物研究所	陈勇等
表面层半导体陶瓷电容器生产技术	2004	一	教育部科技进步奖	电子科技大学	张树人
无限维系统的控制观测与长时间行为	2004	一	教育部自然科学奖	四川大学	张　旭
自由面紊流数值模拟方法研究	2004	一	教育部自然科学奖	四川大学	林鹏智、许唯临、王韦等
CaP—生物材料的骨诱导性及其机理研究	2004	一	教育部自然科学奖	四川大学	张兴栋、袁惠品、陈继镛等
一类新药抗癌药多药耐药逆转剂溴泰君（原料药、注射药）临床前研究	2004	一	教育部技术发明奖	四川大学	王锋鹏、陈东林、简锡贤等
螨病生态防治的应用基础研究	2004	一	教育部科技进步奖	四川大学	周学东、胡涛、李继遥等
肝癌的综合治疗	2004	一	教育部科技进步奖	四川大学	严律南、陈晓理、李波等
口腔颌面部骨修复技术的系列研究	2004	一	教育部科技进步奖	四川大学	田卫东、刘磊、乔鞠等
CDZS系列空管自动化系统	2004	一	教育部科技进步奖	四川大学	游志胜、杨国庆、杨红雨等
短期飞行冲突及最低安全高度告警系统	2005	一	民航科技进步奖	中国民航总局第二研究所	※
民航机构生产运营指挥调度系统	2005	一	民航科技进步奖	中国民航总局第二研究所	※

续表

成果名称	获奖		奖项名称	成都地区主要完成单位	主要研究人员
	年份	等级			
多元氧化物电子薄膜的倒筒式溅射沉积技术研究	2005	一	教育部技术发明奖	电子科技大学	李言荣
面向工程应用的复杂目标电磁散射高效数值分析软件A-UEST	2005	一	教育部科技进步奖	电子科技大学	聂在平
二次雷达内场综合测试系统及系列测试仪器模块	2005	一	教育部科技进步奖	电子科技大学	王厚军
三维微波集成电路的电磁建模方法及新型器件研究	2005	一	教育部自然科学奖	电子科技大学	王秉中
长江三峡库区移民迁建新址重大地质灾害及防治研究	2005	一	国土资源部科学技术奖	成都理工大学	许模
水利工程水流的精细模拟与反问题的研究	2005	一	湖北省科技进步奖	四川大学	许唯临
相对Gromov-Witten不变量及其应用	2005	一	教育部自然科学奖	四川大学	李安民、赵国松、郑泉
三峡水库水污染控制研究	2005	一	教育部科技进步奖	四川大学	李嘉、李克锋
复杂岩体多场广义耦合理论及工程应用	2005	一	教育部科技进步奖	四川大学	邓建辉

四川省级成都市级与社会力量科技奖励成果

【概况】

1985年8月，四川省人民政府发布《四川省科学技术进步奖励条例》。1989年12月，成都市人民政府发布修订后的《成都市科学技术进步奖励办法》。2000年6月，四川省人民政府根据国务院《国家科学技术奖励条例》等有关规定，结合四川实际制定新的《四川省科学技术奖励办法》，包括《四川省科学技术杰出贡献奖》和《四川省科学技术进步奖》。2001年7月，成都市人民政府根据国家和四川省的有关规定，结合成都市的实际制定了新的《成都市科学技术奖励办法》，设立《成都市科学技术杰出贡献奖》和《成都市科学技术进步奖》。

1990—2005年，四川省人民政府颁发“四川省科学技术奖”（包括四川省科学技术进步奖和四川省星火奖）共计4144项。其中，科学技术进步奖4000项（特等奖5项、一等奖245项、二等奖865项、三等奖2885项），星火奖144项（一等奖12项、二等奖31项、三等奖67项、四等奖34项）。成都地区获得四川省科学技术奖共计2647项。其中，科学技术进步奖共2580项（特等奖4项、一等奖163项、二等奖609项、三等奖1804项），星火奖66项（一等奖9项、二等奖14项、三等奖30项、四等奖13项）。1990—2005年，成都地区先后有7位科学家、两院院士获得四川省科学技术杰出贡献奖。2000—2002年，成都市人民政府颁发了两届“成都市科学技术杰出贡献奖”，奖励成都市在科学技术领域有杰出贡献的科技人员4人；1990—2005年，颁发“成都市科学技术进步奖”共计1506项，其中一等奖75项、二等奖451项、三等奖980项。

另外，成都地区科技人员获得社会力量设立的科学技术奖共计144项。其中无等级奖项30项、大奖1项、一等奖21项、二等奖35项、三等奖54项、四等奖3项。

【慢性肺心病基础与临床诊治研究】

该课题研究历时20年，阐明血中cAMP和SCPK改变、免疫和甲状腺功能变化的机理及意义；建立IPR诊断肺心病的标准和测算PPA的回归方程，提出P2-Y间期动态观察的意义，阐明AG检出多重性酸碱失衡的价值，研究了5种新型抗生素在控制感染方面的疗效；同时探讨肺性脑病、代谢性碱中毒、低钠血症、心源性肝硬化、消化道出血及急性出血坏死性胰腺炎等并发症的发病机理及防治对策，研究益气活血和清热解毒注射液在防治肺心病上的疗效。该课题研究成果全面推广应用后肺心病病死率降至10%以下，共有论文48篇在国内外15种刊物上发表；参加18次大型学术会议交流，参加编写专著14部。该课题成果获1994年度四川省科技进步奖一等奖。成都地区完成单位是华西医科大学，主要研究人员有陈文彬、李廷谦、黄素珍等。

【甘蓝型三系杂交油菜蓉油3号的选育研究】

该项成果的幼苗为半直立，叶色深绿，苔茎绿色；花瓣大，黄色；一般株高210厘米左右，一次有效分枝数8～10个，单株角果数500个左右，每果20粒左右；种子圆形、黑色；千粒重3.5～4.0克；含油率39.25%、芥酸38.24%、硫苷68.10μmol/g。抗倒、抗旱、抗寒，抗白锈、霜霉、病毒病，耐菌核病。成熟期短，比中油821迟播10天，早熟6天；比秦油2号早熟10天。该项成果在冬油菜区秋播种植，一般亩产150～180千克，高可达亩产200千克以上；在春油菜区春播种植，一般亩产200～250千克，高可达亩产300千克以上。该项成果适宜在长江流域、西南、西北等冬、春油菜区及类似地区种植，由于具有早熟特性，在两熟和三熟制地区种植，能有效避免作物茬口和劳力矛盾，有利于水稻、棉花等大春作物生产。该项成果具有早熟、高产、品质较优、抗（耐）性强、综合效益高、适应性广、易繁殖制种等特点。1992年，被农业部列为全国扩大繁殖油菜新品种；1993年，被国家科委列入国家级科技成果重点推广计划项目；1994年，国家科委和农业部共同主持在蓉召开“全国甘蓝型三系杂交油菜蓉油3号推广会”，在全国推广应用该品种，1993—1998年，累计推广1200万亩。该项成果获1995年度成都市科技进步奖一等奖和1996年度四川省科技进步奖一等奖。成都地区完成单位是成都市第二农业科学研究所，主要研究人员有张汝全、陈晓华、陶兰蓉等。

【高温超导磁悬浮实验车】

该项目系国家863计划项目，研究成果主要是：研制成功一套全自动高温超导磁悬浮测试系统；首次实验研究YBaCuO高温超导体块材不同组合方式在永磁导轨上的磁悬浮性能；研制成3.5毫米薄底圆形液氮低温容器，可保存16小时；研制出底厚3毫米车载薄底长方体形液氮低温容器，可保存6小时；研制成功世界第一辆载人高温超导磁悬浮实验车；研制出表面磁1.2T的永磁导轨。2001年2月，该项目通过国家“863计划”超导首席专家甘子钊院士为首的专家组的验收。2001年度，该项目发表论文7篇，获发明专利一项。成果被评为2000年“中国高等学校十大科技进展”之一，获2001年度四川省科技进步奖特等奖。成都地区完成单位是西南交通大学，主要研究人员有王家素、王素玉、曾佑文等。

【水稻重大病虫害监测治理与无公害稻米生产】

该项目针对四川省大面积推广旱育秧、免耕栽培、稻草还田等高效节本栽培技术引起的水稻病害种类演替、危害严重、缺乏有效防治技术等新问题，在国内首次研究立枯病、青枯病、红腹根蚜等旱育秧特有的病虫害，对省内的稻秆潜蝇和稻草覆盖田、免耕田发生上述病虫害的规律和成灾机制进行基础研究，提出了防治对策，制定出有效的防治技术措施和方法，经大田试验示范，效果显著。通过PCR等分子生物学方法，研究利用生物多样性控制稻瘟病令水稻增产增收取得重大突破；在国内率先研制出对种子安全、耐水浸泡、持效期长、防治秧田期多种病虫害和促苗壮苗效果显著的“蜀农”水稻种衣剂，并获得产品登记；筛选评价出一批高效低毒低残留新药剂及配方；首次研制出防治稻瘟病的两种微生物制剂，田间防治效果稳定，超过日本的同类产品。该项目研究成果获2002年度四川省科技进步奖一等奖。成都地区主要完成单位有四川省农业科学院植物保护研究所、四川省农业厅植物保护站、邛崃市农业局、金堂县农业局，主要研究人员有何忠全、涂建华、彭化贤等。

【川产紫杉醇及其注射液新药研究】

紫杉醇是20世纪末治疗乳腺癌、卵巢癌等的抗癌新药。该课题研究利用川产红豆杉资源，成功研制出符合国际药品标准的紫杉醇原料药及其注射液，疗效和毒副作用与进口同类产品无差异，价格则明显低于进口产品。1998年，在国内首家获得新药证书及生产批文，由北京四环制药厂和四川太极制药公司生产并投放市场。该项目成果获2003年度四川省科技进步奖一等奖。成都地区主要完成单位是四川省中药研究所，主要研究人员有徐学民、高永良、杨安东等。

【波尔山羊胚胎工程产业化技术研究与示范】

该项目是国内首次在生产条件下，对波尔山羊胚胎移植产业化关键技术以及技术程序进行全程化系统研究，得到稳定、高效的波尔山羊超数排卵程序，波尔山羊胚胎移植规模、超数排卵效果、胚胎移植受体妊娠率、胚胎成羔率达到国内领先水平。该项目研究制定了全国第一个山羊胚胎移植技术标准——《波尔山羊胚胎移植操作规程》（四川省地方标准）；研制出具有自主知识产权的波尔山羊胚胎回收和移植器械，提高了供、受体羊的重复使用率，并已申请专利；成立四川省胚胎工程有限公司，建成四川省胚胎工程产业化示范基地。该项目实施5年，增加社会总产值2307.60万元，增加社会纯收益2060.90万元，技术投资收益率1：8.35，外汇节约总值252.71万美元；新增的波尔山羊通过本交、人工授精和冻精配种，在全国范围内推广杂交改良，增加社会效益2亿元以上。成果获2003年度四川省科技进步奖一等奖。成都地区主要完成单位有四川省畜牧科学研究院、四川键宇胚胎工程有限公司，主要研究人员有李键、张红、马保华等。

【CCS－Ⅵ型计算机选举系统】

该系统是用于大型集中式会议的高可靠实时处理选票的信息系统。票箱采用图像采集与压缩传输、图像处理技术完成选票票面识别，以及另选人汉字图像的捕获；采用交换式网络技术和数据库技术实现票箱与服务器之间的数据、图像等信息的实时交换；实现另选人信息联机实时处理、废票实时判定与校正处理；利用软件自动化技术生成通用的选举结果显示文档。CCS－Ⅵ电子智能票箱是选举系统的核心，已申报发明专利、实用新型两项专利。成果获2004年度四川省科技进步奖一等奖。成都地区完成单位是中国科学院成都计算机应用研究所，主要研究人员有张海盛、徐永元、黄宗林等。

1990—2005年成都地区获四川省科技进步奖部分成果一览表（特、一等奖）

表5-56

成果名称	获奖		成都地区主要完成单位	主要研究人员
	年份	等级		
变压吸附气体分离技术推广应用研究	1994	特	化学工业部西南化工研究院	古共伟、郑騄沈、世丰等
大型肉鸭新品系选育及配套试验的研究	1997	特	四川省畜牧兽医研究所	王林全、王继文、曾繁同等
紧凑型高产玉米杂交种成单14的选育及应用研究	1998	特	四川省农业科学院	杜世灿、杨元明、曾文凯等
高温超导磁悬浮实验车	2001	特	西南交通大学	王家素、王素玉、曾佑文等
大型压力容器现场组装技术	1990	一	四川省工业设备安装公司、中国航空燃气涡轮研究所、四川省建筑科学研究院	岳寿宗、李念慈、夏国强等
杂交中稻培育再生稻的研究和应用	1990	一	四川农业大学水稻研究所、四川省农科院、四川省农牧厅	孙晓辉、李实贲、张景国等
常温UASB射流曝气串联工艺处理屠宰废水的工程应用	1990	一	西南交通大学	杨斗、丁荣琪、沈光范等
四川西部林区冷杉腐朽病规律和开发的理论与技术研究	1990	一	四川省林业勘察设计院、四川省林业科学研究院	陈守常、陈良沛、邱德勋等
缺铁性贫血实验及临床和群体防治十年研究	1990	一	华西医科大学	廖清奎、罗春华、张美瑜等
利凡诺——低温乙醇结合法分离血浆蛋白的新工艺的研究	1990	一	中国医学科学院输血研究所	刘文方、王清和、杨成民等
中药的抗内毒素作用研究——中医解毒法实质的实验研究	1990	一	四川省中医药研究院	邓文龙、徐嘉红、刘家玉等
仿射微分几何	1991	一	四川大学	李安民
磷酸污水封闭循环装置研究	1991	一	成都科技大学、邛崃化肥总厂	陈文梅、杜燕、黄克仲等
川东北及邻区石炭、二叠、三叠系地层压力及其与天然气富集关系	1991	一	成都地质学院	彭大钧、李仲东、苏雅琴等
叶枯宁合成新工艺工业试验及三废治理	1991	一	四川省化学工业研究所、四川省化工环境监测站	史道湘、付廷明、田永仁等
多晶振低相噪频率源	1991	一	电子科技大学	段泽群、李春秀、章南等
分布式飞机试验系统	1991	一	电子科技大学、成都飞机公司	张元莉、赵惠林、唐婉山等
玉米姊妹种配制改良单交技术	1991	一	四川省农业科学院	黄宜祥、邓善润、李远春等
杂交水稻制种高产稳产新技术研究	1991	一	四川省种子公司	田大成、雷龙坤、陈宁等
急性坏死性胰腺炎的综合研究	1991	一	华西医科大学	吴和光、韦靖江、张肇达等
三株新血清型绿脓杆菌的发现及其20型分型血清的研究	1991	一	卫生部成都生物制品研究所	王世鹏、彭如惠、谢茂超等
人工繁育大熊猫双胞胎研究	1992	一	成都动物园、成都市园林局、四川大学、成都大熊猫繁育研究基地	钟顺隆、何光昕、张安居等

续表

成果名称	获奖		成都地区主要完成单位	主要研究人员
	年份	等级		
新型肝受体配体新半乳糖白蛋白（NGA）的特性研究	1992	一	华西医科大学	管昌田、谭天秩、庞其捷等
人血触变特性的研究及其临床意义	1992	一	华西医科大学	陈槐卿、钟贵辉、李良等
EP-2彩色相纸冲洗套药，C-41彩色胶卷冲洗套药	1992	一	四川师范大学	鄢传徽、董祖东
稀土在制革主鞣中的应用研究	1992	一	成都科技大学	张铭让、李凤玉、张松林等
四川省实施计划免疫控制相应传染病研究	1992	一	四川省卫生防疫站	屠云人、陈科文、段前有等
冬虫夏草人工培殖研究	1992	一	四川省中药研究所	叶代峻、罗登庸、曾伟等
卷烟生产数据微机自动检测与管理系统	1992	一	中国科学院成都计算机应用研究所	张炳泉、王晓宇、魏本平等
OEE-9091型单模光纤精密耦合台	1992	一	电子科技大学	刘永智、杨亚培、庞涛等
四川无融合生殖水稻（SAR-1）	1993	一	四川农业大学水稻研究所、四川大学	周开达、李平汪、旭东等
冻干低PH静脉注射人血丙种球蛋白研制及应用	1993	一	卫生部成都生物制品研究所	王玉、廖红茹、彭惠蓉等
钢渣风碎技术	1993	一	成都钢铁厂	耿天福、李永治、李文翔等
上海宝钢用石油管螺纹梳刀的开发应用及国产化	1993	一	机电部成都工具研究所、	袁孔铨、杨振祥、江铃章等
新型选票计算机管理系统（CCSIV）	1993	一	中国科学院成都计算机应用研究所	辛国富、丁相予、唐煜等
四川盆地川东地区高陡构造带圈闭评价及石炭二叠系储层评价研究	1993	一	四川石油管理局	路中侃、杨治楷、刘云鹤等
高折射低密度QG5玻璃	1993	一	成都光明器材厂	卢家金、孙伟傅、建中等
153Sm-EDTMP介导治疗骨肿瘤的研究	1994	一	华西医科大学	邓候富、罗顺忠、谭天秩等
柔性复合压电铁电效应	1994	一	电子科技大学	杨大本
变分不等式和相补问题理论及应用研究	1994	一	四川大学	张石生
杜氏利什曼原虫动机体DNA种特异性片段序列分析及基因扩增诊断内脏利什曼病研究	1994	一	华西医科大学	杨文夭、胡孝素、吕洪刚
慢性肺心病基础与临床诊治的研究	1994	一	华西医科大学	陈文彬、李廷谦、黄素珍等
STDCNC-73型数控系统及MKA2945型连续轨迹数控坐标磨床	1994	一	中国科学院成都计算机应用研究所宁江机床厂	何文光、李才银、刘述奇等
中药复方诱导癌细胞分化的实验研究	1994	一	成都中医学院	黄秀凤、雷佩琳、吴纯洁
乐脉颗粒的研究	1994	一	华西医科大学	唐昌炯、王秀兰、杨用祥等

续表

成果名称	获奖		成都地区主要完成单位	主要研究人员
	年份	等级		
高耸构筑物（南京电视塔）成套施工工艺	1994	一	四川省建筑科学研究院、四川省预应力特种技术工程公司	肖茂权、张杰民、黄启宇等
四川330MW火电机组全仿真机	1994	一	四川省电力工业局	游景玉、陶森林、邹振宗等
水稻旱育秧技术引进、研究及推广	1995	一	四川省水稻旱育稀植技术协作领导小组	谭中和、周世永、崔民新等
狂犬病（HEP/BHK21）疫苗株及抗体检测技术的研究	1995	一	四川省兽医防疫检疫总站四川省高教科技联合开发中心	郭万柱、冯炳芳、蒋文灿等
23SrRNA基因变异区扩增在钩端螺旋体分类鉴定和临床检测中的应用	1995	一	华西医科大学	戴保民、张燕华、唐红等
视网膜母细胞瘤的分子遗传学研究及其应用	1995	一	华西医科大学	罗成仁、陈大年、黄倩等
低容量超大电流供电装置石墨化技术（增产节能石墨化新技术）	1995	一	成都化工炭素总厂	孙戈、张钦武、祝年贵等
QPQ盐浴复合处理技术及其成套设备	1995	一	机械部成都工具研究所	李惠友、罗德福、林训华等
层次结构分析、简单逼近与格上拓扑	1995	一	四川联合大学	刘应明、罗懋康、李中夫等
中籼杂交稻高产稳产新组合岗优22	1996	一	四川省农业科学院、四川农业大学水稻研究所	彭兴富、李仕贵、黎汉云等
甘蓝型三系杂交油菜蓉油3号的选育研究	1996	一	成都市第二农业科学研究所	张汝全、陈晓华、陶兰蓉等
南江黄羊肉用新品种选育	1996	一	四川省畜牧兽医研究所、四川省畜禽繁育改良总站	王维春、熊朝瑞、周光明等
呼吸功能测定研究（小道功能、肺弥散功能、呼吸肌功能测定的研究）	1996	一	华西医科大学	罗炎杰、袁玉如、黄桂芳等
带血管蒂组织瓣移位术修复四肢的组织缺损	1996	一	华西医科大学	杨志明、裴福兴、张世琮等
左侧肝周腹膜反褶的放射解剖学研究	1996	一	华西医科大学	闵鹏秋、杨志刚、雷清芳等
生物气模拟实验、生成机制及地化特征研究	1996	一	农业部沼气科学研究所	钱贻伯、张辉、连莉文等
年产15000立方米中密度纤维板成套设备	1996	一	四川东华机械厂	石忠桑、陈启荣、王宗玑等
锥齿轮整体误差测量机的研制	1996	一	机械工业部成都工具研究所	康德元、段荣安、祝沪锦等
四川盆地已知大中型气田成藏条件研究	1996	一	四川石油管理局、成都理工学院	李一平、周鸿江、罗志立等
500吨/年发酵法制衣康酸	1996	一	四川省食品发酵工业研究设计院	江胜维、孙泽辉、李家琪等
组合预测和组合决策新方法及其在国际投资中的应用研究	1996	一	电子科技大学	唐小我、曾勇金、德运等
生物活性羟基磷灰石涂层材料学特征及陶瓷修复体研究	1996	一	四川联合大学	张兴栋、翁杰、李玉宝等

续表

成果名称	获奖		成都地区主要完成单位	主要研究人员
	年份	等级		
抗病、高产、优质杂交水稻新组合汕优多系1号选育和利用研究	1997	一	四川省农业科学院、四川省种子公司、四川省农技推广总站、四川省农科院植保研究所	肖培村、李泽铭、黄湘等
蜀柏毒蛾核型多角体病毒研究与应用	1997	一	四川省林业科学研究院、四川省森林病虫防治检疫总站	郭亨孝、周建华、徐学勤等
凉山半细毛羊新品种选育	1997	一	四川省畜牧兽医研究所	胡德忠、陈圣偶、文光华等
胰腺微循环形态学的应用基础研究	1997	一	华西医科大学	周总光、高贤华、杜渊等
人体组织中ABH物质的分布及其应用研究	1997	一	华西医科大学	李荣华、吴梅筠、张林等
从一氧化碳混合气中提纯一氧化碳	1997	一	化学工业部西南化工研究院	王宝林、古共伟、龚肇元等
控制轧制高冲击韧性J55级API石油套管	1997	一	成都无缝钢管厂	江永进、刘松泉、黄凯等
毫米波用于计算机远程通信研究	1997	一	电子科技大学	杨国渝、罗惠琼、刘乃琦等
卫星移动通信关键技术及其应用研究	1997	一	电子科技大学	吴诗其、胡剑浩、曹世文等
四川盆地西部碎屑岩领域天然气富集规律及大中型气田预测与评价	1997	一	地矿部西南石油地质局综合研究大队	安凤山、曹伟梁、恩宇等
四川坡面水系工程技术研究与应用	1997	一	四川省水土保持局	王丽槐、王建、卿太明等
应用细胞融合技术选育食用菌优良新品种	1998	一	四川省农业科学院	肖在勤、周俊初、彭卫红等
细菌防治蝗虫的基础及应用研究	1998	一	四川联合大学、四川省草原工作总站	刘世贵、杨志荣、郭万祥等
九十年代我国创伤及胸伤的特点、分型与评分	1998	一	华西医科大学、四川省人民医院、成都市第二人民医院	石应康、杨建、田子朴等
CQS963线性低密度聚乙烯护套料	1998	一	四川联合大学	吴廷禄、刘忠仁、侯世荣等
复杂非均匀媒质中场与波的高效数值方法及其在石油电测井分析中的应用	1998	一	电子科技大学	聂在平、潘锦、杨峰等
四川省土地利用现状调查及应用研究	1998	一	四川省国土局、四川省土地资源调查办公室、四川省国土勘测规划研究院	傅应铨、欧彦才、王寿廷等
高坝大流量泄洪消能及水垫消能机理研究	1998	一	四川联合大学	杨永全、许唯临、戴光清等
铁电薄膜制备与应用系列基础研究	1998	一	四川联合大学	肖定全、朱建国、朱居木等
肉兔新专门化母系培育及配套利用	1999	一	四川省畜牧科学研究院	唐良美、谢晓红、黄邓萍等
髋关节唇皱襞嵌顿综合征诊断依据和治疗的研究	1999	一	华西医科大学	彭明惺、刘利君、傅之屏等
抗癌药物和抗乙肝病毒药物肝靶向给药系统	1999	一	华西医科大学	张志荣、廖工铁、何勤等

续表

成果名称	获奖		成都地区主要完成单位	主要研究人员
	年份	等级		
四君子汤治疗脾虚萎缩性胃炎的疗效机理及物质基础研究	1999	一	成都中医药大学、四川省绿色药物研究所	彭成、雷载权、夏厚林等
大型高速风洞现场制造安装成套技术研究	1999	一	四川省工业设备安装公司	岳寿宗、夏国强、盛纯等
年产20000吨P2O5新型高效节能穿流式磷酸萃取反应装置	1999	一	四川大学四川省科技投资公司	梁玉祥、王能勤、张桂昭等
MDSL多通道数字同步记录仪	1999	一	四川大学	游志胜、张林、周群彪等
714SD多普勒天气雷达	1999	一	国营七八四厂	陈谋政、霍家旭、杨蓉蓉等
川东上二叠统生物礁气藏形成条件及勘探目标评价研究	1999	一	四川石油管理局地质勘探开发研究院、四川石油管理局、西南石油学院	王一刚、刘划一、文应初等
小麦异种属基因库的建立及物种生物系统学研究	1999	一	四川农业大学小麦研究所	杨俊良、颜济、周永红等
油气藏数值模拟技术的应用与推广	1999	一	西南石油学院、四川石油管理局地质勘探开发研究院	李允、钟孚勋、张烈辉等
四川省CAD应用工程	1999	一	西南交通大学、四川省CAD应用发展中心	孙林夫、郑明珩、赵慧娟等
地奥依倍（注射用重组人红细胞生成素）	2000	一	成都地奥九泓制药厂	韩为跃、刘忠荣、及元乔等
克隆病的基础和临床研究	2000	一	华西医科大学	欧阳钦、甘华、田步宏等
大型压水堆核电站一回路主管道研制	2000	一	四川化工机械厂	张政通、曾正涛、李武等
东方电机计算机集成制造系统工程	2000	一	四川大学	樊世英、殷国富、吴天智等
粘结钕铁硼稀土磁体	2000	一	成都银河新型复合材料厂	戴炎、吴志坚、向金洲等
扬子地台西南缘有色贵金属成矿地质条件及远景预测	2000	一	四川省地质矿产勘查开发局、成都理工学院、成都地质矿产研究所	骆耀南、陈茂勋、俞如龙等
中低产田土改造技术的研究及应用	2000	一	四川省农业厅、四川省农业科学院	吴忠厚、朱钟麟、张坚等
棉花核不育新材料、新方法及其应用研究	2001	一	四川省农业科学院、四川省农业厅	张相琼、毛正轩、黄观武等
长江中上游防护林经营利用技术研究	2001	一	四川省林业科学研究院、四川省林业勘察设计研究院	李荣伟、陈林武、费世民等
四川瘦肉型猪规模化养殖及产业化技术研究与开发	2001	一	四川省畜牧科学研究院、农业部沼气科学研究所	段诚中、王康宁、张道永等
提高肝脏移植患者长期生存的临床研究	2001	一	四川大学、华西医院	严律南、李波、卢实春等
基于组织多普勒成像的窦房结功能定量评价系统	2001	一	四川大学、四川省人民医院	李德玉、郑昌琼、尹立雪等
单个细胞PCR方法对霍奇金病R-S细胞起源的研究	2001	一	四川大学华西医院	李甘地、邓飞、刘卫平等
优糖明中药复方治疗糖尿病视网膜病变的研究	2001	一	成都中医药大学	廖品正、段俊国、谢秀琼等

续表

成果名称	获奖		成都地区主要完成单位	主要研究人员
	年份	等级		
东方汽轮机厂计算机集成制造系统	2001	一	电子科技大学、四川大学、西南交通大学	宗福新、刘守培、刘永连等
钠米晶巨磁光BiDYIG材料及应用研究	2001	一	电子科技大学	张怀武、刘颖力、钟智勇等
自动跟踪同步通信卫星平板相控天线阵	2001	一	西南交通大学	任朗、冯全源、廖成等
MP9400网管型多带宽DDN网传输复用接入平台	2001	一	四川迈普数据通信股份有限公司	花欣、冯克平、张宏等
有水气藏油藏工程方法研究	2001	一	中国石油天然气股份有限公司西南油气田分公司	胡勇、杨雅和、许可方等
川嘉I型猪服装革及生产技术	2001	一	四川大学、四川科嘉皮业有限公司	张铭让、王坤、余林炜等
无穷维动力系统定性分析	2001	一	四川大学、四川师范大学、电子科技大学	徐道义、李树勇、钟守铭等
水稻重大病虫害监测治理与无公害稻米生产	2002	一	四川省农业科学院、四川省农业厅、邛崃市农业局、金堂县农业局	何忠全、涂建华、彭化贤等
2000万亩速生丰产用材林定向培育配套技术研究和推广	2002	一	四川省林业科学研究院、四川省营林调查队	向成华、张小平、李荣伟等
认知脑电位的神经基础及应用研究	2002	一	成都军区总医院	何春阳、周凯、吴宗耀等
人脑髓鞘碱性蛋白及其基因表达与应用研究	2002	一	四川大学	陈俊杰、王若菡、游乐然等
攀枝花微细粒级钛铁矿选矿工程技术及选钛装备研究	2002	一	成都矿产综合利用研究所、成都理工大学	孟长春、张泾生、洪及鄙等
S波段全相参多普勒天气雷达	2002	一	国营七八四厂	贺立新、朱永明、任豫等
中国西部盆——山系统的耦合关系及其动力学过程	2002	一	成都理工大学	刘树根、赵锡奎、罗志立等
低渗透气藏渗流机理及开发技术研究	2002	一	西南石油学院	李允、张烈辉、高家碧等
四川水电仿真系统研制	2002	一	四川省电力试验研究院	朱国俊、杨飞、梁柱等
新型手性配体的设计和合成及不对称催化反应研究	2002	一	中国科学院成都有机化学研究所	蒋耀忠、陈新滋、宓爱巧等
高产、稳产、慢锈型抗病小麦新品种川麦107	2003	一	四川省农业科学院、四川大学	李跃建、宋荷仙、朱华忠等
波尔山羊胚胎工程产业化技术研究与示范	2003	一	四川省畜牧科学研究院、四川键宇胚胎工程有限公司	李键张、红马保华等
四川省疟疾控制策略、技术措施及推广应用研究	2003	一	四川省寄生虫病防治研究所	杨文、陈怀录、许国君等
超声心脏电生理学的应用基础研究	2003	一	四川省人民医院、四川大学	尹立雪、蔡力、郑昌琼等
肝脏冷、热缺血损伤拮抗措施及其相关机制的研究	2003	一	成都军区总医院	汤礼军、田伏洲、王雨等

续表

成果名称	获奖		成都地区主要完成单位	主要研究人员
	年份	等级		
川产紫杉醇及其注射液的新药研究	2003	一	四川省中药研究所	徐学民、高永良、杨安东等
世界自然遗产九寨沟泥石流综合治理研究	2003	一	中国科学院·水利部成都山地灾害与环境研究所	崔鹏、柳素清、唐邦兴等
四川省公路规费实时稽查管理系统	2003	一	四川省交通厅稽查征费局	范平、胡明德、王行育等
11万吨/年塔式硝基复合肥生产技术	2003	一	川化股份有限公司	谢木喜、何兴川、王宁志等
表面声波触摸屏	2003	一	成都吉锐触摸电脑有限公司	钟德超、李海涛、邓伟等
SobeyEdit非线形编辑制播系统（索贝SobeyEdit创意21非线性编辑系统、新闻制播网络系统）	2003	一	成都索贝数码科技股份有限公司	朱吉辉、欧阳睿、章余军等
川中地区侏罗系凉高山、沙溪庙组砂岩油藏勘探新领域与目标评价研究	2003	一	中国石油天然气股份有限公司西南油气田分公司	陈更生、蒲文成、罗玉宏等
信息化与信息产业发展研究	2003	一	电子科技大学	唐小我、李仕明、葛中全等
安全操作系统	2003	一	成都三零盛安信息系统有限公司	张建军、李成斌、蒋洪志等
优质、多抗、超高产玉米杂交种川单15号的选育及应用	2004	一	四川大学	柯永培、杨克诚、黄玉碧等
猪、鸡病原菌耐药性检测及安全高效新兽药研究	2004	一	四川大学四川动物防疫监督总站	王红宁、刘书亮、黄勇等
系列脊柱抗旋转复位内固定器的相关生物力学及临床研究	2004	一	成都军区总医院	潘显明、权毅、谭映军等
厌氧菌感染的基础与临床研究	2004	一	四川大学	范昕建、肖晓蓉、冯萍等
中西医结合治疗重症急性胰腺炎的临床研究及应用	2004	一	四川大学	张肇达、蒋俊明、刘续宝等
铁道机车车辆—轨道耦合动力学研究及工程应用	2004	一	西南交通大学、成都铁路局	翟婉明、蔡成标、王开云等
1000t/a硫化钠法合成线型高分子量聚苯硫醚装置	2004	一	四川省华拓科技有限责任公司、四川大学	戴厚益、朱晓青、李勇等
宽频双性抗电磁干扰材料	2004	一	电子科技大学	石玉、刘保元、荆玉兰等
纳米晶快淬钕铁硼磁粉及粘结磁体研究	2004	一	四川大学、成都银河磁体股份有限公司	刘颖、王永强、戴炎等
CCS-VI型计算机选举系统	2004	一	中国科学院成都计算机应用研究所	张海盛、徐永元、黄宗林等
扬子地台西南缘成矿规律及找矿方向综合研究	2004	一	成都理工大学、四川省地质调查院	刘家铎、张成江、李佑国等
气田及凝析气田开发新理论、新技术及其应用	2004	一	西南石油学院、中国石油西南油气田分公司勘探开发研究院	孙良田、杜志敏、郭平等
500kV同塔双回输电线路保护及故障测距研究	2004	一	四川省电力公司调度中心	方文弟、黄震、张晓明等

续表

成果名称	获奖		成都地区主要完成单位	主要研究人员
	年份	等级		
电子政务/电子商务网络安全平台核心技术	2004	一	四川大学	李涛、刘晓洁、杨频等
名茶品质的形态效应及应用研究	2005	一	四川省农业科学院	李春华、王云、罗凡等
草坪草种质资源综合评价及草坪工程关键技术研究	2005	一	四川大学	韩烈保、白史且、尹淑霞等
青少年视网膜营养不良疾病基因的应用基础研究	2005	一	四川省医学科学院·四川省人民医院	杨正林、kangzhang、林婴等
直肠癌TME微创化保肛术式与肿瘤微转移的临床应用研究	2005	一	四川大学	周总光、于永扬、王存等
中国薯蓣甾体药源植物的研究与产业化开发	2005	一	中国科学院成都生物研究所、成都地奥制药集团有限公司	李伯刚、徐成基、周正质等
铁道机车车辆动力学研究应用体系	2005	一	西南交通大学	张卫华、曾京张、红军等
四川九寨黄龙机场高填方地基重大工程地质问题研究	2005	一	成都理工大学	黄润秋、张倬元、李强等
聚烯烃共混物注射成型制品的形态控制与多层次结构	2005	一	四川大学	傅强、张琴、王勇等
高精度无导轨大尺寸测量系统	2005	一	四川大学	周肇飞、张涛、黄伟等
大口鲇及高产高效养殖技术推广	2005	一	四川省农科院、四川省水产技术推广总站、成都市水产技术推广站	杜军、陈先均、李联满等

1990—1993年成都地区获四川省星火奖部分成果一览表（一等奖）

表5-57

项目名称	获奖		成都地区主要完成单位	主要研究人员
	年份	等级		
真丝针织服装加工技术开发	1990	一	成都市邛崃真丝针织厂	孟朝林、周婉萍、邓志平等
2BJ-2型人力小麦播种机推广应用	1990	一	四川省农机管理局、成都市农机管理局	孟祯祥、张泽林、张小珍等
食用菌系列生产技术开发	1990	一	成都科学技术研究设计院、成都市第一农业科学研究所、金堂县食用菌协会、成都市第二农业科学研究所、青白江区微生物实验站	贾方义、苏家烈、熊之林等
建川杂种鸭养殖技术开发	1990	一	四川省畜禽繁育改良总站	高洪光、王林全、李权世等

续表

项目名称	获奖		成都地区主要完成单位	主要研究人员
	年份	等级		
四川省米易立体农业综合开发实验基地	1990	一	四川省科学技术协会、四川省计划经济委员会、四川省社会科学院、四川省农业科学院、四川省国土局	周玉振、唐洪潜、刘国全等
鹌鹑系列化生产技术的开发	1991	一	希望科技研究所、新津县畜牧局、新津县鹌鹑养殖领导小组、新津县科技联合开发服务中心、新津县农办多经科、成都市新津希望饲料厂、成都新津鹌鹑蛋罐头厂、新津顺平鹌鹑良种场	陈育新、张心如、钟光林等
“神农”牌系列保健用品开发	1992	一	成都市保健用品厂、成都市中草药研究所	马留文、叶玉良、何天贵等
“希望”牌优质畜禽饲料的开发	1992	一	成都希望科学技术研究所、新津希望饲料厂	陈育新、张心如、刘永言等
纯中药制剂“洁尔阴”洗液的技术开发	1993	一	成都恩威集团公司	薛永新

【水稻塑盘旱育大苗秧抛栽技术及产业化研究】

该项研究成果在水稻生产上具有省水、省肥、省工、省地、省投入、增产“五省一增”的优点。省水30%以上，缓解了水稻育栽期用水资源紧缺的矛盾；省肥30%以上；省工，手栽秧每人1天可栽0.5亩，抛秧每人1天可抛5亩左右，提高工作效率8～10倍；省地，传统水育秧的秧本比为1∶7，塑盘抛秧的秧本比为1∶50，节省秧母田70%以上，1997—2001年，累计节省秧母田21.87万亩。1997—2005年，成都市累计推广1480.72万亩，增加社会经济效益7.40亿元。该项研究成果改变了几千年来传统的弯腰驼背手插秧的栽培方式，被称为水稻栽培的“傻瓜”技术，是水稻栽培方式的一次重大技术革新，已辐射到全四川省以及重庆、云南、贵州、江苏、江西等省市同类稻区。成果获2001年度成都市科技进步奖一等奖。成都地区完成单位：成都市第二农业科学研究所；主要研究人员：杜文建、袁亚章、徐忠荣等。

【肉制品加工中现代生物发酵技术的应用】

该项目研制的从优质原料控制、产品加工工艺到质量安全保障的发酵肉制品加工成套技术，具有自主知识产权，达到国内领先水平。发表研究论文14篇，申报并获授权发明专利1项、外观设计专利1项，建立示范生产线2条，开发出系列发酵肉制品，实现研发技术的产业化开发。项目实施期直接经济效益1.2亿元。成果获2005年度成都市科技进步奖一等奖。成都地区完成单位:成都大学成都伍田食品有限公司；主要研究人员：王卫、伍健敏、曾祥基等。

1990—2005年获成都市科技进步奖部分成果一览表（一等奖）

表5-58

成果名称	获奖		主要完成单位	主要研究人员
	年份	等级		
TR6340型柔性加工单元	1990	一	宁江机床厂	薛云鹤、郑国平、吴林等
微波等离子体合成新材料装置的研究（MPCVD-1）	1990	一	成都科技大学	冉均国、郑昌琼、马林等
3000t/a润滑脂成套技术	1990	一	成都石油化学总厂、石油化工科研院	陈崇会、孟凡超、徐世敏等
DAS-820M高速数据采集及分析系统	1991	一	成都新技术应用研究所	程实、罗伟、赵平原等
碘化汞单晶体的研制	1991	一	四川大学	陈观雄、李正辉、朱世富等
稀土KMC多金属鞣剂在猪软革上的应用	1992	一	成都科技大学、四川省彭县皮革厂	张铭让、李国英、胡玉蓉等
大熊猫出血性肠炎病原及防治的研究	1992	一	成都动物园、成都大熊猫繁育研究基地、华西医科大学、四川省卫生防疫站	李光汉、高巽坤、钟顺隆等
大口径钢管余热淬火工艺	1992	一	成都无缝钢管厂	江永进、刘松泉、黄恺等
车削中心（CH6132. CH6140. CH6150. CR6150）	1993	一	宁江机床厂	张舜才、姚立人、李加宽等
3200KVA直流电弧炼钢研究	1993	一	成都无缝钢管厂	殷国茂、郑以礼、赵虎田等
RSB型强力纤维热缩密封套管	1994	一	邮电部成都电缆厂双流热缩制品分厂	胡成华、刘家骥、马育林等
无糖型抗病毒冲剂的研制	1994	一	四川省中药厂	陈延清、付梓华叶明刚等
增产节能直流石墨化新技术	1994	一	成都化工碳素总厂	孙戈、张钦武、祝年贵等
特殊钢水平连铸（中断面）	1994	一	成都无缝钢管厂	张春林、顾维、王克等
甘蓝型三系杂交油菜蓉油3号的选育研究	1995	一	成都市第二农业科学研究所	张汝全、陈晓华、陶兰蓉等
伤寒Vi多糖菌苗的研究	1995	一	卫生部成都生物制品研究所	杨跃、王兆兰、秦敏等
MP1000B高速多通道调制解调器	1995	一	成都迈普电器有限公司	花欣
摩托车左右曲轴箱箱体柔性自动生产线	1996	一	宁江机床厂	周松伟、胡康民、王贵康等
程控交换机电缆及生产线	1996	一	成都电缆股份有限公司	周凤岐、洪秀蓉、胡学林等
新型稀土塑料复合磁体	1996	一	成都银河新型复合材料厂	戴炎、吴志坚、何金洲等
百乐来片（速效扑炎痛片）	1996	一	成都制药二厂、中国药科大学	沈根宝、谭小青、张茂等
液力变矩器技术开发	1997	一	成都工程机械总厂	贾耕生、刘荣英、刘金川等
高速返修复绕机研制	1997	一	电子科技大学	罗辉晔、伍建康、丁庆生等
利用国产原料和设备制造高功率石墨电极	1997	一	成都化工炭素总厂	张钦武、孙戈、王君明等
LR6碱性电池生产关键设备研究	1997	一	成都信达实业股份有限公司	谢成润、曾德侯、杨明寿等

续表

成果名称	获奖		主要完成单位	主要研究人员
	年份	等级		
LDZN系列微电脑自控钠离子交换器	1997	一	成都节能软水设备厂	张富华、潘月琴、张志强等
家用多媒体系统HMS-Ⅱ系列	1998	一	四川鼎天微电有限公司	陈亚平、程义凯、罗沼国等
MP144X通用高速多路调制解调器	1998	一	成都迈普电器有限公司	花欣、蒋华琳、周思俊等
热硫化硅橡胶生胶生产技术	1998	一	晨光化工研究院（成都）	王伟良、张汝琴
谷参肠安胶囊的研制与开发	1998	一	成都蓉信制药有限公司	邵洪、王大钢、许晓舟等
CQS963线性低密度聚乙烯护套料	1998	一	四川大学	吴廷禄、刘忠仁、侯世荣等
青龙场立交桥132M钢管砼拱桥设计与施工研究	1998	一	成都市干道建设指挥部、成都市市政工程管理局、成都铁路局、成都铁路局工程总公司、铁道部第二设计院、西南交通大学、大西南铁路监理公司	吕德生、王高仪、陈俊虎等
低温快速气体氮碳及氮碳硫氧共渗技术	1999	一	西南交通大学	吴大兴、高国庆、杨川等
MDSL多通道数字同步记录仪	1999	一	四川大学中国民航飞行学院	游志胜、张林、周群彪等
四川省CAD应用工程	1999	一	西南交通大学、四川省CAD应用发展中心	孙林夫、郑明珩、越慧娟等
地奥依倍（注射用重组人红细胞生成素）	1999	一	成都地奥九泓制药厂	韩为跃、吴洽庆、王舸等
互穿网络技术（IPNS）在皮革涂饰材料研究中的应用	1999	一	四川大学	石碧、范浩军、何有节等
拉美斑潜蝇及其防治技术的研究	1999	一	成都市第一农业科研所、成都市植保植检站、金堂县植保植检站、新津县植保植检站、彭州市植保植检站、成都市科技情报所	刘树德、何礼、帅正彬等
甘蓝型中熟丰抗三系杂交油菜新品种蓉油4号选育研究	2000	一	成都市第二农业科学研究所	张汝全、陈晓华、陶兰蓉等
定时器装配自动生产线	2000	一	宁江机床厂、机械部第三设计研究院	孙廷刚、姜华、罗宏等
平衡气量控制法制备四针状氧化锌晶须	2000	一	西南交通大学	周祚万、彭卫民、邓海等
弓网动态超限自动检测装置	2000	一	西南交通大学	王黎、高晓蓉、刘英勤等
胆维他膜衣片制剂新工艺	2000	一	成都国喜制药有限责任公司	江云、柴斌威、周小元等
复极式离子膜法制取高纯片状氢氧化钾关键工艺及设备的研究	2000	一	成都化工股份有限公司	王光华、赵连德、魏东等
水稻塑盘旱育大苗秧抛栽技术及产业化研究	2001	一	成都市第二农业科学研究所	杜文建、袁亚章、徐忠荣等
小型高效电源技术	2001	一	电子科技大学	钟洪声、黄香馥、胡燕萍等
泵的CAD/CAPP/CAM集成制造系统的研究	2001	一	四川工业学院	陈次昌、王德军、李庆刚等

续表

成果名称	获奖		主要完成单位	主要研究人员
	年份	等级		
MP2600企业级路由器	2001	一	四川迈普数据通信股份有限公司	花欣、陈一山、沈德胜等
CATV宽带双向HFC网络技术及设备	2001	一	成都康特电子高新科技公司	龙永庆、余波、邹强等
光纤带光缆	2001	一	四川汇源光通信有限公司	刘中一、唐钿、李凯等
中低碘值天然油脂及衍生物直接氧化亚硫酸化技术研究	2001	一	四川大学	周华龙、张新申、但卫华等
粒状苯并恶嗪中间体的合成及应用	2001	一	四川大学	顾宜、刘新华、钟永清等
电脑触摸屏	2002	一	成都吉锐触摸电脑有限公司	钟德超、李海涛、邓伟等
安全操作系统	2002	一	四川三零卫士安全软件有限公司	张建军、李成斌、蒋洪志等
界限电流式氧传感器	2002	一	康达（成都）电子有限公司	张益灿、杨邦朝、谢四平等
索贝sobeyEdit创意21非线性编辑系统	2002	一	成都索贝数码科技股份有限公司	朱吉辉、欧阳睿章、张春雷等
可吸收聚—DL—乳酸及骨内固定系统研究与开发	2002	一	四川迪康科技药业股份有限公司	熊成东、邓先模、罗福成等
XL型稀土超长余辉蓄光发光材料	2002	一	四川新力实业集团有限公司	张明、王义铎、夏仕美等
循证医学的引进、研究和推广应用	2002	一	四川大学	李幼平、刘鸣、王家良等
大口径高压锅炉管的研制	2003	一	攀钢集团成都钢铁有限责任公司	成海涛、郭元蓉、胡茂会等
电子政务/电子商务网络安全平台核心技术	2003	一	四川大学	李涛、刘晓洁、杨频等
镧系光学玻璃产业化	2003	一	成都光明光电信息材料有限公司	王自力、邓长根、邹铭等
信息安全公共基础平台	2003	一	电子科技大学	佘堃、吴跃郎、文华等
稀土陶瓷材料	2003	一	宏明电子科技大学新材料有限公司	毛祖佑、李少利、郭先正等
宽带电磁波吸收材料	2003	一	电子科技大学	邓龙江、谢建良、陈选臻等
CNG站用高效节能型天然气压缩机	2003	一	四川金星环保科技有限公司	吴军、刘号、赵成林等
长江珍稀鱼类人工繁殖应用多肽GnRH双途径调控技术研究	2004	一	四川省精科生化制品有限责任公司、四川省农科院水产研究所	宋艳、曹阳、杜军等
铁道机车车辆—轨道耦合动力学研究及工程应用	2004	一	西南交通大学、中国北车集团大同电力机车有限责任公司、成都铁路局	翟婉明、蔡成标、王开云等
整体圆弧风挡玻璃成型技术研究及应用	2004	一	成都飞机工业（集团）有限责任公司	方锦星、田荣、付立柏等
鹰眼千兆网络入侵检测系统	2004	一	成都三零盛安信息系统有限公司	张剑、朱向晖、詹茂豪等

续表

成果名称	获奖		主要完成单位	主要研究人员
	年份	等级		
高档猪革生态制造技术及其应用	2004	一	四川科嘉皮业有限责任公司、四川大学	但卫华、戢祖建、胡玉蓉等
肉制品加工中现代生物发酵技术的应用	2005	一	成都大学、成都伍田食品有限公司	王卫、伍健敏、曾祥基等
轻工机械专用厚壁无缝钢管研制开发	2005	一	攀钢集团成都钢铁有限责任公司	成海涛、易良刚、胡严政等
网络数字身份认证及授权管理中心FSCA	2005	一	四川大学	李涛、杨频、戴宗坤等
环境友好（环保型）无色光学玻璃	2005	一	成都光明光电股份有限公司	孙伟、卢家全、黄刚等

【社会力量科技奖成果】

20世纪90年代，我国已有社会力量设立的科学技术奖颁发。1999年12月，科技部发布《社会力量设立科学技术奖管理办法》。到2005年年底，科技部批准的社会力量设奖已达141项。1990—2005年，成都地区科技成果获社会力量设立科学技术奖（包括知名的国际、国内科技奖）共计139项。

何梁何利基金科学与技术奖由香港实业家何善衡、梁銶琚、何添、利国伟开创，1993年开始设立，到2005年，共颁发12次，共有629位科技工作者获此奖项。获何梁何利基金科学与技术进步奖的成都地区科技工作者：1996年，有四川大学的徐僖、四川农业大学水稻研究所的周开达；1997年，有四川农业大学小麦研究所的颜济；1999年，有四川大学的柯召、电子科技大学的林为干、西南交通大学的沈志云；2002年，有成都飞机设计研究所的宋文骢；2004年，有四川大学的谢和平；2005年；有四川大学的刘应明，共计9人。

成都地区有3人获国际科技奖。1996年，成都地质矿产研究所刘宝珺获俄罗斯“斯潘迪亚洛夫奖”；2002年，电子科技大学刘盛纲获“国际K.J.BUTTON奖——国际电磁波谱科学奖”。2005年，四川大学刘应明获“国际模糊数学系统协会杰出人物奖”（Fellow of the ISFA）。

有11名成都科技工作者分获11项科技部批准的社会力量科学技术奖中的无奖励级别的奖项。1993年，地矿部探矿工艺研究所江天寿获李四光地质科学奖。1996年，成都理工学院李勇获侯德封矿物岩石地球化学青年科学家奖（金奖），张倬元获李四光地质科学奖（教师奖）。1997年，成都理工学院金景福获李四光地质科学奖。1998年，成都理工学院黄润秋获中国青年科技奖。2000年，成都理工学院林丽获侯德封矿物岩石地球化学青年科学家奖。2003年，成都理工大学王成善获李四光地质科学奖，四川省地质矿产局秦震获李四光地质科学奖。2005年，四川大学徐僖获侯德榜化工科学技术奖，成都理工大学庹先国获中国青年科技奖，四川省农业技术推广总站刘代银获中国青年科技奖。

获得其他国内外社会力量设立的无奖励级别的科技奖有5项。1994年，农业部沼气科学研究所赵玉凤的“塔式小型高效商品化沼气装置全套技术研究”获联合国技术信息促进系统中国国家分部发明创新科技之星奖。1996年，成都理工学院黄润秋在地质科学领域有突出成就的科技成果获国际工程地质协会瓦尔特斯荣誉奖。1999年，四川工业学院陈次昌的“横流式风机气动噪声特性的相似定律”获日本透平机械学会论文奖。2001年，中科院成都山地灾害与环境研究所陈昱等的《长江经济带可持续发展地图集》及电子版获第20届国际制图大会优秀地图集奖。2004年，成都理工大学刘树根在地质科学领域有突出成就的科技成果获黄汲清青年地质科学地质奖。

成都地区获得社会力量设立的科技奖中无等级奖项共计30项。除此之外，成都地区科技工作者获得了社会力量设立的科技奖大奖1项、一等奖21项、二等奖35项、三等奖54项、四等奖3项。

2000—2005年成都地区获社会力量设立科学技术奖大奖、一等奖成果一览表

表5-59

成果名称	获奖		奖项名称	成都地区主要完成单位	主要研究人员
	年份	等级			
万县长江大桥特大跨钢筋砼拱桥设计施工技术研究	2000	大奖	詹天佑土木工程奖	四川省交通厅公路规划勘察设计研究院、四川路桥集团、西南交通大学、四川大学	谢邦珠、李文琪、臧棣华等
	1993	一	光华科技基金奖	四川大学	缪竞威
TBM施工需要的裂隙围岩等级划分及地质参数测试技术	2000	一	中国铁路工程总公司科技进步奖	中铁西南科学研究院、西南交通大学	王石春、何发亮、李苍松等
川西致密碎屑岩气田开发研究	2000	一	中国石油天然气集团公司技术创新奖	西南石油学院	杜志敏、赵金洲等
侧钻水平井钻采配套技术	2000	一	中国石油天然气集团公司技术创新奖	西南石油学院	陈平、罗肇丰等
四川盆地东北部长兴组—飞仙关组气藏成藏条件研究及勘探目标评价	2001	一	中国石油天然气集团公司技术创新奖	西南油气田分公司、四川石油管理局、西南石油学院	冉隆辉、王一刚、杨雨等
油气井射孔增产技术研究	2001	一	中国石油天然气集团公司技术创新奖	四川石油管理局	刘顺生、袁吉诚、杨定君等
探井油气层保护技术	2002	一	中国石油天然气集团公司技术创新奖	四川石油管理局、西南石油学院	罗平亚、何湘清、杨龙等
攀枝花微细粒级钛铁矿选矿工程技术及选钛装备研究	2002	一	中国钢铁协会、中国金属学会冶金科学技术奖	成都理工大学	庹先国等
秦岭硬岩特长隧道平导钻爆法快速施工技术的研究	2002	一	中国铁道学会科技进步奖	中铁西南科学研究院等	高菊茹、刘正雄等
铁路大跨度预应力混凝土刚构——连续梁桥技术	2003	一	中国铁道学会科学技术奖	铁道部第二勘测设计院、西南交通大学	蒋泽中、袁文忠等

续表

成果名称	获奖		奖项名称	成都地区主要完成单位	主要研究人员
	年份	等级			
山区铁路大跨高墩刚构——连续组合梁桥关键技术研究	2003	一	中国铁道学会科学技术奖	铁道部第二勘测设计院、西南交通大学	马庭、林鄢勇、许智焰等
使用米非司酮和米索前列醇为月经延迟妇女催经的多中心临床研究	2003	一	中华医学科技奖	四川生殖卫生学院	雷贞武等
城市污水处理技术集成与决策支持系统建设	2003	一	华夏建设科学技术奖	中国市政工程西南设计研究院	郑兴灿、许泽美、张悦等
丫髻沙大桥转体设计与施工成套技术研究	2003	一	中国公路学会科学技术奖	四川省交通厅公路规划勘察设计研究院	庄卫林、黄道全等
沙牌碾压混凝土拱坝筑坝配套技术研究	2004	一	中国电力科学技术奖	国家电力公司成都勘测设计研究院、四川大学	郭勇、钟永江、张林等
四川气藏欠平衡钻井技术研究与应用	2004	一	中国石油天然气集团公司技术创新奖	西南油气田分公司	孟英峰等
全国民用建筑工程设计技术措施	2004	一	华夏建设科学技术奖	中国建筑西南设计研究院	陈正祥、林颖、张爱平等
机场行李自动分检系统	2004	一	中国民用航空协会科学技术奖	中国民航总局第二研究所	毛刚、蒋祥枫、张向民等
建筑结构检测技术标准	2005	一	华夏建设科学技术奖	四川省建筑科学研究院	王永维等
欠平衡钻井技术研究	2005	一	中国石油天然气集团公司技术创新奖	西南石油学院	孟英峰等

国际科技交流与合作

出访与来访

【概况】

1990年，经批准，成都市可自行审批科技、经贸出国团组和邀请外国人员来华事宜。为此，成都市对全市科技外事工作加强归口管理，完善工作制度，制定《成都市科技外事工作暂行管理办法》，围绕本地区经济、科技和社会发展的热点、难点问题，选择合作领域，有计划、有目的地组团出国进行科技交流和组织接待到成都考察、洽谈合作项目的国外团组，多层次、多渠道、多形式地开展对外科技交流活动。全年共派出科技出访团组30批65人次，其中科技考察交流11批21人次，参加国际学术会议7批7人次，出国（境）参加科技展览会4批10人次，出国进修培训8批27人次，委派6人、34个技术项目组成“中国适用科技成果展览会”成都分团赴港参展；出访地包括日本、美国、加拿大、德国、捷克斯洛伐克等10个国家和地区。接待来访团组16批97人次，进行技术交流、生产指导、考察讲学等活动。

1991年，出台《关于简化成都市高技术新技术企业部分人员多次出国审批手续的具体办法》；负责接待了日本第四次中国软件技术考察团，共审批科技外事出国团组50个，派出人员120人。1992年，组织科技人员、管理人员参加国际科技交流共300余人次，审批了100多个科技外事出国团组；探索民办科技机构参与国际科技交流的做法，首次利用民间渠道，组织“成都市农业经济管理技术考察团”赴泰国考察。1993年，共审批出国团组83个、337人次；组织“成都市高新技术考察团”赴法国蒙彼利埃科技城考察，接待“蒙彼利埃科技城高新技术考察团”到成都市考察访问，建立合作关系，洽谈了一批合作项目；组织赴泰国科技考察团、赴美国房地产开发考察团和人事管理考察团对外进行考察交流活动；另外，组织赴泰国科技考察团、赴美国房地产开发考察团和人事管理考察团对外进行考察交流活动。是年，成立成都国际科技交流中心，以之作为成都市国际科技交流与合作的中介服务机构，专门从事国际科技交流与合作的牵线搭桥工作。1994年，组织“现代装饰技术及新材料考察团”等59个团组、261人次出国科技考察与交流，接待了日本山梨县等地专家到成都市考察。

1996年，审批出国科技考察交流团组66个、229人次，接待国外科技考察和举办学术讲座57人次。1997年，审批出国科技考察交流团组70个、317人次。2000年，共审核出国团组52个，派出人数200人次。

2001年，联合国工业发展组织、美国PSI公司、美国摩尔海德州立大学考察团对成都市进行有针对性的考察，成都市组织高新技术与信息产业代表团赴美国、加拿大考察学习。2002

年，成都市先后派出“城市信息化与高科技新城建设”“天然药物与科技管理”“创业投资”和“软件发展考察”等科技考察团，对信息化与电子政务、高科技城市建设、中药现代化、风险投资体系建设等重大问题进行系统调研，并接待了美国知名科学家丹尼尔·斯坦伯格等到成都考察。

【意大利托斯卡纳大区互访】

1990年5月21—31日，意大利托斯卡纳大区公共事务委员会主席POLINI率38人的代表团访问成都，就自来水的自控管理、天然气防漏监测、旅游资源规划和环境保护等方面进行交流。1991年，成都市公用局及所属市煤气公司和市自来水公司派团回访意大利托斯卡纳大区，重点考察意方天然气减压装置、地下管道测漏技术和不停气操作施工技术，以及自来水管网设计、中心控制、遥控管理、制水和稳压供水等成都市关注的项目。经过现场考察和交流座谈，上述问题均得到较满意的解决，除技术资料外，意方还将一台价值2000多美元的高灵敏度煤气测漏仪赠送给成都煤气公司，同时派专家来成都作技术指导。

【美国都市建设专家咨询团来访】

1995年4月，成都市国际科技交流中心组织接待“美国都市建设专家咨询团暨投资招商团”的考察活动。考察团成员单位美国奥迪斯公司决定赠送一套智能型城市路口交通监控系统给成都市，并于当年5月30日在美国奥迪斯公司总部签订协议，成都市副市长贺大经出席协议签字仪式，市外事办公室主任王和永代表成都市在协议上签字。该监控系统安装在成都市北打金路口投入使用，为成都城市交通管理信息化起到了较好的示范作用。

【赴日研修生选派】

1996年，成都国际科技交流中心开始作为国家科委中国科技交流中心在成都地区选派赴日研修生的试点窗口，1997—1998年，从成都市红光电工公司和成都锦江电器制造有限公司等企业，先后选派3批（共30名）技术工人赴日本进行为期2年的研修学习，为企业培训专业技术工人和储备技术力量。

【“全球生物技术论坛亚太分会”承办】

联合国工业发展组织决定于2004年3月在智利召开全球生物论坛。在此之前，联合国工业发展组织将在非洲、拉美及加勒比海地区、欧洲、亚太地区分别召开4个区域性会议，作为全球论坛的基础和准备。为争取亚太分会的承办权，2002年8月，成都市科技局受市政府委托组团到维也纳联合国工业发展组织总部，表达成都承办此次会议的意愿，随后联合国工业发展组织3次派团到成都考察承办大型国际性会议的软硬件设施。2003年9月1日，联合国工业发展组织亚太局局长和驻华代表以及中华人民共和国商务部中国国际经济技术交流中心和国家科技部中国生物技术发展中心官员在成都与成都代表最终确认：由成都举办此次全球生物技术论坛亚太分会。同年12月，全球生物技术论坛——亚太生物技术产业发展分会在成都市举行。副市长郝康理出席闭幕式并致辞。

【获“第九次世界生物材料大会”举办权】

世界生物材料大会是由国际生物材料科学与工程学会联合会，每4年举行一次的规模最大、层次最高的综合性全球生物材料界盛会。2004年初，中国生物材料委员会根据我国生物材料科学和技术的发展情况，决定申报2012年举办第九次世界生物材料大会的主办权，并提议拥有传统中医药产业优势和生物材料产业发展势头的成都市作为大会首选城市。申办世界生物材料大会竞争激烈，为此市政府成立申办第九次世界生物材料大会协调小组，分析主要竞争对手韩国汉城的情况，在对比中找差距，有针对性地改进筹备工作。5月17—22日，在澳大利亚悉尼召开的国际生物材料科学与工程学会联合会2004年度工作会议上，由中科院院士师昌绪率领的中国生物材料委员会和成都市副市长郝康理率领的成都市人民政府联合申办团，做了庄严承诺，以5：1的绝对优势，战胜韩国汉城，获得第九次世界生物材料大会举办权。2012年6月1日，第九次世界生物材料大会在中国成都如期召开，这是该会创办32年来首次在发展中国家举办。本次大会历时5天。

1990—2005年成都市部分出国科技考察团（组）一览表

表5-60

时间	出访国家	出访任务
1990	日本	考察化妆品生产技术
1990	日本	研修高层商业经济决策、考察商品期货市场
1991	美国	参加国际大熊猫专题会议
1992	泰国	农业经济管理考察
1992	马来西亚	参加中国名优特新产品与新技术交流展览
1993	法国	高新技术考察
1993	美国	参加第七届美国新发明、新技术展览会
1995	美国	地质合作研究
1995	德国	光缆生产技术培训
1996	德国	UNIX操作系统技术培训
1996	德国、意大利	出租汽车计算机管理考察
1997	德国、奥地利	农业技术管理考察
1997	芬兰	科技园项目考察
2000	美国	健康促进与医院管理培训
2000	法国、德国	科技管理考察
2001	美国	市政工程与环境综合治理培训
2001	美国、加拿大	高技术与信息产业考察

续表

时间	出访国家或地区	出访任务
2002	美国	城市信息化与科技新城建设考察
2002	法国、斯洛文尼亚	天然药物与科技管理考察
2002	法国	城市信息化与科技新城建设考察
2002	俄罗斯、芬兰	项目洽谈与科技园区建设考察
2004	日本	现代中医药管理培训
2004	美国	审计事务培训

1990—2005年成都市部分来访科技考察团（组）一览表

表5-61

时间	邀请单位	国家	团组名称	人数	活动内容
1991.4	四川省科技交流中心	日本	表面处理技术研讨会	上村旭光株式会社6人	表面处理技术交流研讨
1992.6	四川省科技交流中心	意大利	公用事业考察团	托斯卡纳大区公共事务委员会主席POLINI等24人	与成都自来水、天然气公司进行技术考察交流
1995	成都国际科技交流中心	日本	山梨县农业技术考察团	向山等8人	建立中日友好农业示范园事宜
1997	成都国际科技交流中心	美国	美国奥迪斯公司（ODETICS）	戴明德一行三次10人	安装调试城市路口交通监控系统
1997	成都火炬实业总公司	加拿大	普康通讯技术公司	韩文达总裁等4人	洽谈Internet节点建设项目
2002	成都大熊猫繁育研究基地	美国	美敦力公司Medtronic）	拉斯克·蒂姆先生等3人	出席美敦力公司仪器捐赠仪式
2003	成都市高转中心	俄罗斯	超硬材料表面处理技术交流	尼古拉耶维奇1人	举办“俄罗斯纳米技术报告会”
2003	成都市科技局	美国	美国安普制药公司	黄锐光博士等3人	考察投资环境；洽谈举办医药界诺贝尔论坛等事宜
2004.6	成都市科技局	日本	SONY公司产业发展考察团	索尼（泰国）主任五之一克明等2人	考察建数码相机生产厂事宜
2004.10	成都市外办	法国	友城科技考察团	蒙彼利埃大区副区长基尔勃特·帕斯特等人	商谈孵化器合作、签订双方科技合作意向协议
2005.2	成都市科技局	美国	集成电路产业发展交流团	晓龙基金会曾宪章1人	建议成都建立“微电子开发中心”
2005.3	四川省科技交流中心	韩国	韩中科技合作中心考察团	首席代表洪性范等3人	商谈举办中韩企业家论坛
2005.5	四川大学	美国	亚历桑那州大学校长代表团	亚利桑那州立大学校长克罗等8人	参加中美州立大学校长论坛

续表

时间	邀请单位	国家或地区	团组名称	人数	活动内容
2005.10	四川省科技交流中心	韩国	韩国科学院	梁贤玉研究员等5人	与成都中医药大学商讨共建天然药物研究中心

国外智力引进

【概况】

1985年4月，为贯彻落实中共中央、国务院关于引进国外智力以利于“四化”建设的决定，成都市成立市引进国外智力领导小组，由分管科技的副市长任组长，科委、计委、经委、教育等相关部门领导人为小组成员，领导小组办公室设在市科委（市科技局）。成都市最初的引进国外智力工作，主要是在省引智办的指导下，组织实施由国务院外国专家局和省引智办下达给成都市企事业单位引进国外专家和派出技术、管理人员出国培训的项目。随着改革开放不断深入，成都市引进国外专家渠道不断拓宽，与国外专家合作领域不断扩大，技术引进从传统技术向高新技术不断扩展。1990年，组织10个项目赴京参加全国引进国外智力和外国专家工作成果展览。1991年，组织申报并获得批准的智力引进项目11项。承办了“四川省‘八五’引进国外智力工作研讨会”。1992年，在引进国外智力和资金方面，创造有利条件，聘请外国专家到成都从事科研、教学，进行生产、经营活动的技术指导、咨询或管理。1993年，实施引智项目6项。引进“日本水稻旱育秧技术”项目实施后，全市推广15万亩，经现场测算，平均每亩比现在采用的两段式秧增产5%以上。国营宏明无线电厂生产的“电子功能陶瓷”，其生产工艺技术通过各种渠道从美国、日本引进，并聘请日本专家分期指导，逐步完成了生产工艺设计，生产技术达世界先进水平。

1996年，争取到四川省引进国外智力项目14项，完成7项。1997年，引进国外智力项目24项，资助经费23.6万元。2000年，围绕西部大开发和高新技术产业的发展申报引智项目，获国家、省批准的引智项目共有17项。聘请美国、德国、日本等国专家26名，获国家、省资助经费21.8万元，往返国际机票5张。“九五”期间（1996—2000年），根据国家、省、市的各类科技计划，以现代农业、高新技术产业、环境保护为重点，成都市共组织实施引进国外专家项目71项，引进美国、德国、法国、英国、日本等国的技术专家95人。

2001年，成都市科技局组织22项重点引进国外智力项目，经国家外专局、四川省引智办审核批准的15项，资助项目经费19.1万元。实施完成电子、医药、农业等领域的芦荟祛斑制剂生产技术、粮油作物转基因材料引进、雷电防护测试技术等，共计12项，促进高新技术产业发展。2002年，成都市引进国外智力领导小组办公室工作，从市科技局划入市人事局。2002年以后，按照“转变职能，强化服务，狠抓项目，重点突破，齐抓共管，整体推进”的新思路，开展引智工作。2002年，获引智项目13项。2003年，获引智项目18项；培训项目2项。2004年，获引智项目36项、培训项目18项。2005年，获引智项目40项、培训项目19项。2002—2005年，成都市共获得国家、省外专局批准引智项目107项，批准或参与培训项目39项。借鉴和吸收当代世界最新科技成果和先进管理经验，推动经济、科技、社会发展，成为成都科技兴市的一种重要手段。

【日本专家“机床电器可靠性国家标准”制定】

1990年，成都机床电器研究所承担国家科技攻关课题，制定“机床电器可靠性国家标准”。在项目实施过程中，该所连续数次聘请日本专家来所咨询、指导，掌握国际机床电器控制器的发展动态和现行标准，进而完成了中国机床电器可靠性国家标准的制定，为国家节约大量经费。同时，开发出小型可编程序控制器（PC）。该可编程序控制器在1990年第二届中国机床博览会上获得新产品金奖。

【企业管理水平提升】

1991年，四川省公路机械厂请来加拿大前大陆集团副总裁、德考斯迪克斯公司副总经理威廉·罗伯特先生担任厂长顾问、生产副厂长。在厂工作期间，威廉·罗伯特先生从质量管理、物流控制、定量管理、计划控制产品、改进企业经营机制等方面提出措施和方案，工厂采纳后产品质量明显改善、经济效益不断提高。罗伯特先生的贡献受到国家外专局的表彰，获得“外国专家友谊奖”。

【水稻旱育秧技术引进】

1992—1995年，成都市第二农科所在四川省、成都市引智办的指导下，先后2次聘请日本水稻专家原正市到成都市传授水稻旱育秧技术。该所消化吸收该技术后，结合本地实际情况，研究出“水稻旱育大苗秧高产栽培技术”。该技术具有“省工、省地、省水、省肥、省投入，抗灾避灾、增产高效”优点，深受农民欢迎，在全省推广。1993—1999年，累计举办省级培训6次、市级培训37次、县乡级培训175次，培训技术人员8.5万人次，印发技术资料50余万份，录制旱育秧栽培技术录像2部，在成都累计推广1150万亩，增产稻谷2.88亿千克，创经济效益3.45亿元。由四川省水稻旱育稀植技术协作领导小组主持、成都市第二农科所参加的“水稻旱育秧技术引进、研究及推广”项目获1995年四川省科技进步一等奖。市第二农科所等单位合作完成的“水稻旱育大苗秧高产配套技术应用与推广”于1995年获四川省农业厅科技进步一等奖；1999年，获成都市科技进步二等奖；2000年，获农业部丰收奖三等奖。成都市第二农科所在水稻旱育大苗高产栽培技术的基础上成功完成“水稻塑盘旱育大苗秧抛栽技术及产业化研究”，于2001年获成都市科技进步一等奖。1993—2005年，水稻旱育秧及抛秧技术在成都市累计推广2968.32万亩，创社会经济效益13.12亿元，为粮食生产稳定增长、农民增收做出重要贡献。

【窄带固态微波功率放大器开发】

20世纪90年代，成都四威电子公司开发窄带固态微波功率放大器，为解决国内同类产品技术指标稳定性、重复性差的问题，聘请了两位美国专家，用1个月时间解决了上述问题，产品达到美国90年代初期水平，当年创产值200万元，取代进口，节约了外汇。

【千兆线速防火墙芯片开发】

2003年以来，四川省南山之桥微电子有限公司（以下简称南山之桥公司）邀请外国专家作为技术顾问，担任千兆线速防火墙系统的系统设计和软件架构设计的技术顾问。2004年，南山之桥公司推出全球首款拥有完全自主知识产权、集成度达1500万门、集防火墙、路由、交换功能为一体的千兆线速防火墙芯片“Xwall”，产品顺利通过信息产业部成果鉴定。2005年6月，千兆线速防火墙芯片“Xwall”的防火墙整机在成都市车管所得到应用。南山之桥公司引进国外专家所开发的“千兆线速防火墙系统”二次列入国家外国专家局“软件与集成电路专项”引智重点项目，南山之桥公司受到国家外国专家局好评。

国际科技交流

【概况】

成都拥有各类大专院校数十所、中央部属及省市科研院所100多个、高新技术产业开发区及区外高技术企业1000多家；改革开放后，成都国际科技交流与合作的专业人才不断增加，各级各类国际科技交流与合作管理机构、工作机构和中介机构逐步形成了国际科技交流与合作工作体系。1990年，制定《成都市科技外事工作暂行管理办法》，为多层次、多渠道、多形式地开展对外及科技交流活动提供了政策依据。同年，举办“1990成都国际畜禽科技交流会”，来自美国、德国、澳大利亚的有关专家就国际上关于饲料、添加剂、药品的最新成果等进行广泛的交流。1992年，成都市支持市“星火实用科技开发公司”利用在沼气技术方面的优势，举办国际沼气技术培训班。1993年，组建“成都国际科技交流中心”，同美国、奥地利、日本、泰国、新加坡等国的相关机构建立联系，拓宽对外科技交流渠道。1994年，邀请美、法等国家和地区的农业科技专家到成都，举办现代农业技术报告会。1996年，成都市主办了“1996年成都国际高新技术及产品展示会”。1998年，首届成都国际电脑节在成都科技一条街举行，有12项活动，参与人数超过20万人次。成都国际电脑节每两年举办一届，至2004年，已举办四届。

2002年，为配合中国国际科技合作网建设，成都市被科技部选定为参加联网试点的城市之一，并基本建成成都国际科技合作信息服务平台，通过互联网同全国各省、自治区、直辖市和中国驻外使领馆实现国际科技合作信息资源共享，为成都市举办国际科技交流活动，举办各种国际性的会议和展览创造了条件。同年，中国西部国际生物技术论坛、第三届西部投资论坛、第三届成都国际电脑节、中医药现代化国际科技大会暨新技术新产品展览会、中日制造业高新技术交流会等相继在成都举办。2004年4月，第二届中国国际软件合作洽谈会暨展示会、西南区域制造业信息化发展论坛暨自动化仪器仪表国际展览会、成都·西部投资论坛、中医药国际科技博览会等先后在成都国际会议展览中心召开。6月4—5日，2004成都·国际集成电路产业发展研讨会在成都高新区国家软件孵化园召开。美国华美半导体协会有关成员和四川美国商会，有关高校、科研院所及集成电路相关企业和市级有关部门负责人参加研讨会。到会的专家、学者就半导体产业发展前景与成都发展机遇，集成电路设计与创业机会等内容进行了广泛交流。第四届成都国际电脑节于10月30日在四川大学体育中心隆重开幕。科技部秘书长张景安以及信息产业部、中国科协等有关部委领导出席开幕式。第四届成都国际电脑节以“时尚人性科技，无限数字生活”为主题，突出成都市数字媒体产业旺盛的市场需求，打造成都市数字媒体产业消费体验中心。同年，成都市获得2012年第九次世界生物材料大会的主办权。

【成都国际高新技术及产品展示会】

1996年6月29日至7月2日，国家科委技术市场管理办公室和成都市人民政府主办了“1996年成都国际高新技术及产品展示会”，来自美国、日本、新西兰、新加坡等国以及中国15个省市、4个国家级高新技术产业开发区、150多家从事高新技术研究开发和产业化的单位参加展示会。参展项目1500多项，涉及通信、电子、计算机、新材料、生物工程、环保、节能等领域。产品成交金额共计5600多万元，签订技术合同587个，接待参观洽谈人员约4万人次。

【成都国际电脑节】

1998年10月31日至11月2日，首届成都国际电脑节在成都科技一条街举行，有“太安之夜电脑音乐会”“英特尔家用电脑合家欢万人千机学电脑”等12项活动，参与人数超过20万人次，Intel公司总裁贝瑞特博士、北大方正集团总裁张兆东等信息产业国际知名人士参加。第二届成都国际电脑节于2000年10月21—25日举行，有“IT博览会”“总裁峰会”“大学生创业恳谈会”“网络大道”“武侯IT之夜”“琴棋书画电脑艺术展”“第一次上网有奖征文”等7项活动，微软、IBM、搜狐、联想、实达等国际知名信息企业参加，参与人数50万人次、企业近500家、网络点击537万人次，签订协议金额5亿元、电脑及配套产品成交额1.2亿元。成都精品馆有25家最能代表成都IT业界水平的高校、院所和高科技企业参展，参观者达数万人次。第三届成都国际电脑节于2002年11月9—13日举行，IBM、思科、微软等近1600家国际国内知名信息企业参加，参与人数55万人次。第四届成都国际电脑节于2004年10月30日至11月3日举行，科技部秘书长张景安和信息产业部、中国科协等国家有关部门和单位领导出席，省委书记、省人大常委会主任张学忠，省委副书记、省长张中伟发来贺信，副省长刘晓峰出席并宣布成都国际电脑节开幕，参加各项活动人数超过60万人次、企业近3000家。成都国际电脑节“总裁峰会”得到国际、国内许多IT高层的积极响应，Intel全球副总裁蒋安邦、美国思科系统大中国区总裁杜家滨、RSA大中国区总裁CabnelLau、美国IDG投资中国项目总监王功权、日本软库中华投资基金首席代表石明春、联想执行副总裁刘秀稳、华硕中国区总经理许佑嘉、惠普中国区总裁孙振耀、苹果电脑中国区总裁赵方、北大方正集团总裁张兆东、长城集团副总裁杜和平、清华紫光总裁张本正、神州数码总裁郭为、中国电子信息产业集团常务副总经理师金泉、金山董事长裘伯君、瑞星副总裁毛一丁、新浪网总裁汪延等IT业的风云人物都曾先后参加电脑节“总裁峰会”。在国际电脑节推动下，自2003年8月起，英特尔投资4.5亿美元在成都高新区建设芯片封装测试厂。

【俄罗斯高新技术项目展览会（成都）】

由成都市科学技术局、成都市经济委员会、成都市对外贸易经济合作局主办的俄罗斯高新技术项目展览会（成都），于2002年3月7—9日在成都国际会展中心举行。在开幕式上，成都市市长致贺词，俄罗斯国防出口公司总监宣读圣彼得堡市、卡卢加州、坦波夫州的贺信。由俄罗斯国防出口公司、俄罗斯企业管理学院等单位组织的俄方代表团，共有政府官员、专家、企业负责人30多人，携带70多个项目展板到成都参展。俄方的参展项目主要集中在超轻型旋翼机、环境保护、纳米材料、激光焊接、分析检测仪器等。成都有100多家企事业单位、大专院校、科研院所的代表参加展览会，中俄双方有关单位共签订25项合作协议。

【中国西部国际生物技术论坛】

2002年7月9日，由成都市科技局、四川大学、成都中医药大学、第四军医大学、成都华神集团股份有限公司联合举办的“2002中国西部国际生物技术论坛”在成都召开。参会人员有美国科学院院士、艺术与科学院院士、医学院院士丹尼尔·斯坦伯格教授，美国加州大学圣地亚哥医学院约瑟夫·威士顿教授等国内外知名专家学者。参会者就目前世界生物技术领域的前沿研究成果及应用进行交流，促进新观点、新思路、新技术的互动，推进中国西部生物技术产业的发展。

【中日制造业高新技术交流会】

2002年12月15日，由中国驻日本大使馆和成都市人民政府支持，成都市科技顾问团、市科技局、市经委、市外经局、市外事办和都江堰市人民政府主办，由三州集团和西南交通大学协办的“2002中日制造业高新技术交流会”在成都召开。来自日本东京电机大学、日立建机、三菱卡特、日本拉索系统公司（TSK）的9位专家、教授及国内有关大学和部门的代表就制造业高新技术进行交流。与会代表认为，中国制造业迎来了很好的发展机遇，只有及时了解世界制造业的先进技术和发展趋势，不断学习和加强交流与合作，才能增强国际竞争力，走向世界。

【中医药现代化国际科技大会】

2002年11月3—5日，由科技部、卫生部、国家药品监督管理局、国家中医药管理局、中国科学院、四川省人民政府主办，四川省政府、成都市政府承办的“2002中医药现代化国际科技大会暨新技术新产品展览会”在成都国际会展中心举办。大会以“中医药与人类健康”为主题，就政府对传统医药的管理和监督、中医药资源的可持续利用、中医药疗效与机理、中药现代化创新与知识产权保护、中药的优质化与标准化、中药产业化发展战略等进行交流和探讨，举办新技术、新产品展览，同时举办招商引资项目洽谈及“引智”活动。会议期间科技部等7部委（局、院）联合发布《中药现代化发展纲要》。大会发出《成都倡议》，旨在推动传统医药现代化。来自24个国家和地区的官员、专家、学者、企业家近3000人参加大会。

2005年9月25—27日，由科技部、农业部、卫生部、国家食品药品监督管理局、国家中医药管理局、中国科学院、中国工程院和四川省政府主办的“第二届中医药现代化国际科技大会”在成都召开。大会的主题是“中医药发展与现代科学技术”，会议内容包括主题报告、特邀演讲、大会报告、分会报告、专题活动、参观考察等。来自42个国家、地区和国际组织的3000余名代表参加大会，收到论文853篇，共有269人作学术报告。同期举办的“2005中医药国际科技博览会”，展场面积1.5万平方米，展出摊位600个，参展机构350余家，展出和交流项目2100余项，集中展示了国内外最新的研究、开发和产业化成果，体现了中医药的国际化进程，共接待观众近3万人次。成都三高生化有限公司与美国盛代公司就地奥司明项目达成4400万美元的合作协议；成都华高药业有限公司签订了100万美元的产品销售合同。

【亚太生物技术产业发展分会】

由联合国工业发展组织、中国商务部、中国科技部、四川省人民政府、成都市人民政府主办，中国国际经济技术交流中心、中国生物技术发展中心、四川省科技厅、成都市科技局承办的“全球生物技术论坛——亚太生物技术产业发展分会”，于2003年12月16—17日在成都举行。论坛规格较高、专业性强、影响面大，是联合国在中国举办的首次大规模的生物技术会议，也是成都市首次承办联合国的专业技术会议。参会人员来自22个国家，近200人，均为国内外专家、政府及国际组织官员及企业界人士。由联合国邀请的国外参会嘉宾共60余人，其中包括2个正部级外宾（巴基斯坦政府联邦科技部部长、孟加拉国政府科学信息通讯技术部部长）、2个副部级外宾（伊朗工业矿产部副部长、菲律宾科技研发部副部长）、6个国家的驻华使馆参赞。国内生物技术领域的知名专家学者和北京、上海等21个省市科技管理部门的代表应邀参会。

【中国国际软件研讨会】

由中国国际贸易促进委员会、四川省人民政府和成都市人民政府主办的中国国际软件研讨会暨软件合作洽谈会，2003—2005年，连续在成都举办3届。软洽会紧密结合中国目前软件产业现状，前瞻全球软件产业的发展主流，以“国际化背景下的中国软件产业”为主题，以“会议+展示+洽谈”为办会模式，对接全球外包资源，承接国际软件外包。共吸引部分世界500强企业和国外知名软件企业参会，如日本NEC、三菱电机、东京电子，美国苏氏集团、信必优公司，新加坡电脑系统集团等。其中第二届中国国际软件合作洽谈会于2004年4月6日在成都国际会展中心开幕。第二届展会吸引了美国、印度、加拿大、新加坡等13个国家和地区的微软、金蝶、用友等知名软件企业、政府机构和软件行业组织前来参会，展会内容涵盖软件外包、电子政务、企业信息化、行业解决方案等领域。

【中国成都制鞋制革新技术新产品展览会】

2003年7月14—21日，来自意大利、韩国等国家和北京、上海、广东、福建、浙江、香港、台湾等地的近200个厂商和中科院、四川大学等科研机构参加了“中国成都制鞋制革新技术新产品展览会”。该展览会参观人流量达到1万人，实现合同成交金额5500万元，意向成交金额2.2亿元。展览会期间，举办了2003中国西部制鞋制革工业发展高峰论坛。中国皮革工业协会理事长徐永、中国工程院院士段镇基、中国奥康集团总裁王振滔及四川大学和中国科学院的专家等鞋革行业的权威参加论坛并作了演讲。论坛吸引了全国各地的鞋革企业和行业协会、行业组织参加，会场互动性强，效果良好。

【成都·国际集成电路产业发展研讨会】

2004年6月4—5日，“2004成都·国际集成电路产业发展研讨会”在成都市高新区国家软件孵化园召开。美国华美半导体协会有关成员和四川美国商会，有关高校、科研院所及集成电路相关企业和市级有关部门负责人参加了研讨会。到会专家、学者就半导体产业发展前景与成都发展机遇、集成电路设计与创业机会等内容进行交流。会后，成都高新区与美国华美半导体协会签署了加强友好合作的协议，成都市科技风险开发事业中心、美国太平洋科技有限公司、成都高新区、电子科大科技园有限公司、中科院信息技术有限公司、国家集成电路设计成都产业化基地公司、成都制造业生产力促进中心有限公司七方，签署成都集成电路产业化促进中心筹建合作意向。

【中医药国际科技博览会】

2004年4月24—27日，由科技部、卫生部、国家食品药品监督管理局、国家中医药管理局、中国科学院支持，四川省人民政府主办，成都市人民政府承办的“2004中医药国际科技博览会”在成都国际会议展览中心举行。来自北京、上海、广东、浙江等29个省、自治区、直辖市的575家中医药企业、高等院校、科研机构和医疗机构参加了博览会的各项活动，知名企业有哈药集团、天士力集团、上药集团、地奥集团等38家。来自美国、德国、瑞士、摩尔多瓦、罗马尼亚等11个国家的政府官员、知名专家及18家知名医药企业、投资机构参会参展。博览会期间滚动播放项目1000多项，重点推广发布110项，接待参展参会人员和市民2万余人，洽谈合作项目329个，签订协议179项，金额24.2亿元，其中现场签订交易合同金额12.2亿元。中国科学院、四川省政府、成都市政府、成都地奥集团在博览会期间签署了中药现代化研究合作协议，决定共同出资5000万元支持地奥集团新药创新，构建创新药物的研发新体系，建设中药现代化的科技创新的技术界面和研究方法。

【西部投资论坛】

西部投资论坛是成都市人民政府主办的国际交流活动。“2001成都·西部投资论坛”于2001年7月在成都市举行。来自国内外数十家投资机构的律师、会计师和国内有关学者到会，四川省内众多企业和西安、贵阳、昆明、宁夏的不少企业组团参会。论坛采用技术与资本对接的途径，为香港创业板、深圳创业板及海外资本市场寻找和培育一批种子企业。

2002年9月25日，以“高科技、创业、资本”为主题的“2002成都·西部投资论坛”在成都国际会展中心开幕。副市长郝康理宣布论坛开幕并致辞。市科技顾问团特聘顾问、联合国产业发展部信息产业官员龚维希、美国中小企业署官员Davis、复旦大学中国风险投资研究中心常务副主任、教授张陆洋、美林（亚洲）集团副总裁王仲和、新加坡交易所特约顾问卓侨兴、科技部条件财务司李爱民处长等领导、著名专家学者、投资家出席了开幕式。在2天会议期间，先后举办了“WTO与知识产权保护”“创业企业与融资”“IT与生物医药”“中国企业海外融资与上市”和“区域经济发展·邛酒论坛”等5个研讨会。最高人民法院知识产权审判庭庭长蒋志培、省知识产权局局长彭言智、《财富》杂志执行总编黄翔、Intel投资公司亚太区投资经理黄汉杰等作了专题报告。

“2004成都·西部投资论坛”于2004年4月22—23日，在成都国际会议展览中心召开。开幕式上，来自国内外知名专家学者和企业家及世界银行金融公司（IFC）、世界银行中国项目开发中心（CPDF）、国际数据集团（IDG）等30余家境内外投资机构的代表，共400余人参加会议。论坛期间，举办了西部重点投资项目交易会。

【中国国际运输包装技术大会】

2005年4月7日，由国际安全运输协会（ISTA）、中国包装技术协会主办，成都市科技局协办的“2005中国国际运输包装技术大会”在成都召开。这是国际运输包装界最高技术论坛首次在亚洲举行的运输包装业峰会，来自美、英、法、新加坡等国家和中国的近200位中外业界知名专家、企业家与会。国际安全运输协会执行董事长爱德华·切奇、国际安全运输协会主席威廉·诺南、中国包装标准化委员会·中国包装科研测试中心副主任李华等发表主题技术演讲，介绍、交流当今国际运输包装的特点和发展趋势。大会为参会代表举办了国际运输包装专业认证培训。

国外研发中心建设

【概况】

1992年，制定《成都市鼓励外商投资条例》，利用综合科技优势，吸引外商到成都市兴办独资或合资科研机构和科技型公司。1996年，摩托罗拉中国软件研发中心（成都）建立。1999年，意大利发展与合作委员会批准“中国四川省果树苗木繁育中心”项目。2004年，成都微软技术中心落户成都高新区，爱立信在成都市设立全球性技术研发中心。经过多年的努力，随着成都市基础设施的不断改善、投资环境的不断提升，成都逐步成为中国西部外商投资最多、最集中的区域，进驻成都的国外研发中心中世界著名企业越来越多。到2005年，英特尔、微软、摩托罗拉、住友、阿尔卡特、日立、丰田、NTT、索尼、施奈德、爱立信、拉法基等一大批国际著名企业相继在成都投资建厂、设立总部或研发中心。

【摩托罗拉中国软件研发中心】

摩托罗拉中国软件研发中心（成都）于1996年11月建立，是摩托罗拉在中国继北京、南京之后设立的第三个软件研发中心，参与全球大中型软件项目的设计与开发、软件产品和服务遍及摩托罗拉的各个业务领域，并将逐步扩建为摩托罗拉全球重点软件中心。

【爱立信成都全球技术研发中心】

2004年4月，爱立信在成都市设立全球性技术研发中心，初期的主要任务是为中国及全球市场开发基于GSM、CDMA及WCDMA等移动标准的无线基站产品。2005年，该研发中心被正式定名为爱立信无线技术（成都）有限公司，落户成都高新区，并成立爱立信（中国）西部区总部。

【成都微软技术中心】

成都微软技术中心是微软公司在中国设立的首家合作技术机构，于2004年3月落户成都高新区，致力于建设具有国际水平的信息安全暨应用软件平台的研究、开发、系统测试、服务及人才培养，构建跨国IT公司参与成都软件产业公共平台建设的新模式。

【中荷分离技术中心】

2005年11月，“中荷分离技术中心”正式成立。该中心是经中国政府和荷兰政府批准，荷方资助600万元人民币，由几家欧洲著名环保设备及治理公司Pieralisi、BeneluxB.v.、StorkAqua、Logisticon、X-Flow以及SETPC（中欧技术促进中心）与中国西南化工研究设计院合作，在四川省科技交流中心与荷兰欧中科技促进中心的帮助下，在成都双流县棠湖工业园，建立固、液、气体分离技术集成中心、中外合作分离技术中试基地。该中心设备一流，分离技术与欧洲同步，按国际惯例运行，是四川省国际合作示范基地项目和四川省分离技术共享平台。

【中国四川省果树苗木繁育中心】

意大利发展与合作委员会于1999年7月16日通过决议，批准“中国四川省果树苗木繁育中心”项目，并提供26亿意大利里拉（约合人民币1300多万元）的援助经费。中方配套资金为12亿意大利里拉（约合人民币600万元），中方执行单位为四川省农业科学院，意大利执行单位为海外农业研究所（IAO）。2002年，项目开始实施。2004年，中央电视台《科技博览》栏目摄制组来四川省农科院采访该中意合作项目，制作专题片并在CCTV-1播出。在中意合作项目的支持下，该项目科技人员在国家一级核心刊物上发表了多篇科研论文。2005年4月，四川省人民政府授予长期在华工作的意大利首席项目顾问LUCIANOCONTICINI博士“金顶奖”，表彰他对项目顺利开展所做出的贡献；同年，项目结束。

国际科技合作项目

【概况】

从20世纪90年代开始，成都市国际科技交流与合作以项目合作为主要形式。国际科技项目合作分政府间合作与民间合作两个层面。1992年11月，为实施国家科委下达的中泰（国）政府间科技交流合作项目，成都市沼气科研所科技人员赴泰国交流沼气技术。1994年，《岷江成都段综合整治规划》被列为中日政府技术合作继续调查项目。同年，西南化工研究院将变压吸附气体分离技术与设备推向国际市场，与德国梅塞尔·格里斯海姆有限公司和卡波科技设备制造公司合作成立“西梅卡亚洲气体系统有限公司”，产品辐射亚太地区。1998年，成都市获科技部项目经费80多万元，实施政府间科技合作项目9个。

“十五”（2001—2005年）期间，围绕国家科技发展战略，瞄准国际科技前沿，科技部开始启动国家国际科技合作重点项目计划。2002年，成都大熊猫繁育研究基地承担的“大熊猫基因资源库的建立”，被科技部列为成都第一个重点国际科技合作项目。此后，科技部共支持成都市实施59项国家国际科技合作项目，其中政府间国际科技合作项目10项，国家国际科技合作重点项目17项，其他国际科技合作项目32项。成都地区高等院校、科研院所、重点实验室与国外相关机构广泛合作，进行了大量的项目研究，取得了大批研究成果。

【与日本政府的技术合作项目】

1994年，《岷江成都段综合整治规划》被列为中日政府技术合作继续调查项目，日方先后3次派专家到成都调查。接着，该项目又被列入1995年度中日政府技术合作调查项目。9月，日本国际协力事业团负责人与成都市副市长狄廷国，代表两国政府在成都签订“项目实施细则”。连续2年，日本（JICA）调查团多人多次到成都工作，调查了上起都江堰下至府河与岷江汇合处的岷江成都段的主要河渠及岷江上游的茂县、理县水资源涵养等现状，对岷江水系的农灌情况及成都市（区）县主要废水排放和污水处理现状进行调查，就水环境、管理、城市发展规划、土地利用现状和规划、水文、水质情况、工农业与生活用水现状和规划以及城市环保用水计划等内容用中日两国文字编写出规划，并在此基础上确定以改善岷江水质为目标的建设项目——乌龟碑污水处理厂建设项目、水环境管理实验中心，另外对岷江水资源保护提供了可行的系统规划。其间，日方向成都无偿提供3套河流水位自动观测仪和1套自动地下水位观测仪，并帮助安装投入运行。另外，日方还无偿在成都市府南河望江楼公园段修建了170米长的多样性生物自然护堤（价值200万元人民币）。

1999年，“中国四川省成都市公共交通系统整治计划调查”项目被国家科委列入中日政府间（JICA）技术合作项目，日本政府于11月24日至12月14日派出以足利工业大学土木工程部教授中川三郎为总负责的调查团一行7人到四川，同中国四川省、成都市的有关部门座谈交流，开展项目前期调查，并于12月1日签订合作备忘录。

【与欧盟共同实施科技合作计划】

1998年，欧盟向中国科学家开放“欧盟框架计划”（FRP），四川省农科院和四川农业大学两次竞标成功，与荷兰、比利时和西班牙的合作伙伴共同承担了列入欧盟第六框架计划的“中国和越南小型农户蔬菜生产的病虫及土壤肥力持续管理技术研究”“应用参与及模型技术综合防治中国四川紫色丘陵农区水土及养分流失”项目。2004年初，由欧盟资助，中国21世纪议程中心、成都市金牛区组织实施的中国—欧盟环境管理合作计划地方与城市发展示范项目“成都市金牛区可持续发展社区综合管理”启动实施，围绕加快推进城乡一体化进程的总体要求，推动公众参与可持续发展社区建设，培育可持续发展社区建设机制，探索建立新型的可持续发展社区的管理和发展模式，制定和实施科学合理的社区管理和发展规划。

【科技部资助的政府间合作项目】

1992年11月，为实施国家科委下达的中泰（国）政府间科技交流合作项目，四川省科委组织成都市沼气科研所科技人员赴泰国交流沼气技术，泰国农业推广厅对中方推出的沼气工程修建工艺和用沼气处理城市污水技术十分感兴趣。1998年，四川省共争取到10个政府间科技合作项目，其中9个在成都实施，获得科技部项目经费80多万元。这些项目是：农业部成都沼气科研所与泰国合作的“开发利用沼气发电和猪场废水处理”，四川新都环保设备厂与泰国合作的“工业废水处理技术成套设备”，化工部晨光化工研究院与俄罗斯卡尔波夫研究院合作的“生物降解塑料”，四川省农科院与比利时合作的“玫瑰根部线虫病及霉病的抗病性研究”，成都南光机器厂和白俄罗斯计算机研究所合作的“在建筑玻璃上加附多功能薄膜的设备和技术”，地矿部矿产综合利用研究所与葡萄牙合作的“白钨矿及复合硫化矿的选矿试验研究”，中国四川省与芬兰帕杰特哈密地区建立“四川中芬中心”，四川蒙丽公司与西班牙瓦伦西亚大区在成都建立“西班牙建材展示中心”，越南农业部与中国四川省农科院、四川光友公司共同承担的甘薯加工技术和设备合作项目。2002—2005年，成都获科技部支持的部分政府间国际合作项目共计21项，合作国家包括欧洲、亚洲、美洲、澳洲的10余个国家和国家组织，合作项目涉及农业、工业、能源、环境、生物医药、原子核应用等领域。

2002—2005年成都获科技部支持的部分政府间国际合作项目一览表

表5-62

序号	项目名称	执行单位	项目负责人	资助额度（万元）	合作国别	批准年度
1	应用现代育种技术改进四川优质小麦育种及生产	四川省农科院作物研究所	邹裕春	17.2	澳大利亚	2002
2	金沙江流域沟蚀过程及沟蚀控制技术	中国科学院成都山地灾害与环境研究所	张建辉	10	加拿大、美国、德国	2003
3	中国西南地区抗旱植物资源研究及在生态建设中的应用	四川大学生命科学学院	陈放	10	荷兰	2003
4	优质抗逆水稻种质资源与半致死突变剂的引进、研究及杂种优势利用	四川农业大学水稻研究所	朱建清	20	俄罗斯	2003
5	现代节水农业技术的合作交流	四川省农科院耕作栽培研究中心	郑家国	30.08	巴基斯坦	2003
6	新抗生素筛选开发合作研究	四川抗菌素工业研究所	熊辉	10	俄罗斯	2003
7	中俄辐射工程技术中心实验室建设	四川省原子核应用技术研究所	陈浩	10	俄罗斯	2003
8	天然高分子琥珀酰聚糖的化学改性研究：微凝胶化及在石油工业中的应用	四川大学	江波	15	法国	2003

续表

序号	项目名称	执行单位	项目负责人	资助额度（万元）	合作国别	批准年度
9	韧带组织工程	四川大学	陈槐卿	15	法国	2003
10	仿生组织修复材料的研究	四川大学	李玉宝	160	荷兰	2003
11	中国西南地区能源植物资源利用开发研究	四川大学	陈放	40	荷兰	2004
12	持续高效的农作制度	四川省农科院	郑家国	60	澳大利亚	2004
13	重穗型优质杂交水稻在APEC经济体的示范及推广	四川农业大学/四川省农科院/中国科学院成都生物所	朱建清	80	APEC经济体	2004
14	畜禽养殖场废弃物资源化工程示范	农业部成都沼气科研所	赵玉凤	10	罗马尼亚	2002—2005
15	电池用聚烯烃微孔膜及拉伸空化技术研究开发	四川大学	向明	10	俄罗斯	2005
16	聚乳酸制备及改性工艺的引进与研究	四川省原子核应用技术研究所		10	俄罗斯	2005
17	中俄药物研究开发联合实验室	四川抗菌素工业研究所		10	俄罗斯	2002
18	微囊藻抗菌的分离及用于微囊藻检测的生物醛的开发	四川大学		10	俄罗斯	2005
19	四川省马铃薯新品种国际合作研究	四川省农科院	何卫	30	荷兰、英国	2005
20	小流域参与式水土保持综合管理技术研究	四川省农科院	陈一兵	30	荷兰、英国、瑞典	2005
21	辐射育种优势品种在越南的示范与推广及新品种选育	四川省原子核应用技术研究所	陈浩	48	越南	2005

【国家国际科技合作重点项目】

2002年，通过四川省科技厅推荐，成都大熊猫繁育研究基地承担的“大熊猫基因资源库的建立”，被科技部列为成都第一个重点国际科技合作项目。同年，四川大学、四川国纳科技有限公司与荷兰相关机构合作进行“纳米生物医药材料及其应用研究”，项目负责人李玉宝，科技部资助80万元；中蓝晨光化工研究院与俄罗斯相关机构合作进行“高性能氟醚橡胶”研究，项目负责人杨晓勇，科技部资助120万元。此后，成都市每年有获得科技部支持的重点国际合作项目启动。

2003年，中蓝晨光化工研究院与俄罗斯合作进行“高性能有机硅树脂”研究，项目负责人周远建，科技部资助100万元；四川大学生命科学学院与俄罗斯合作进行“资源微生物及微生物杀虫剂的研究与应用”研究，项目负责人杨志荣，科技部资助100万元；四川农业大学水稻研究所与俄罗斯合作进行“优质抗逆水稻种质资源与半致死突变剂的引进、研究及杂种优势利用”研究，项目负责人朱建清，科技部资助100万元。

2004年，四川大学与澳大利亚合作进行“低成本可完全生物降解高分子材料的研制”，项目负责人王玉忠，科技部资助55万元；中科院成都生物研究所/四川龙蟒福生科技有限责任公司与美国合作进行“S—诱抗素原药及其应用制剂的研制与开发”，项目负责人谭红，科技部资助48万元；中国医药集团总公司四川抗菌素工业研究所与俄罗斯合作进行“头孢菌素类抗生素的微生物转化技术”研究，项目负责人熊辉，科技部资助90万元；四川大学国家生物医学材料工程技术研究中心与俄罗斯合作进行“具有生物功能的用于组织和功能重建的生物材料研究”，项目负责人张兴栋，科技部资助60万元。2005年，中科院成都生物研究所与芬兰合作进行“森林与岷江上游：流域治理与生态系统重建”，项目负责人李春阳，科技部资助77万元；中国地质科学院矿产综合利用研究所与德国合作进行“中国西部拉拉铜金老矿山延长寿命关键技术研究”，项目负责人刘亚川，科技部资助90万元；卫生部成都生物制品所与斯洛文尼亚合作进行“基因工程抗人a型肿瘤坏死因子抗体的研究”，项目负责人何太平，科技部资助80万元；成都理工大学与英国合作进行“城市地球化学灾害研究”，科技部资助85万元；核工业西南物理研究院与日本、德国合作进行“中国参与ITEQ项目关键技术前期预研合作研究”，项目负责人潘传红，科技部资助100万元；中科院成都生物研究所与英国合作进行“特效菌污染物降解机制研究及组合菌剂产品研制”，项目负责人潘旭东，科技部资助80万元；四川省原子核应用技术研究所与俄罗斯合作进行“新型气溶胶过滤材料的应用研究与开发”，项目负责人陈浩，科技部资助100万元。

【民间国际科技合作项目】

1994年，西南化工研究院将获国家科技进步一等奖的变压吸附气体分离技术与设备推向国际市场，与德国专业从事气体业务的跨国公司梅塞尔·格里斯海姆有限公司和卡波科技设备制造公司合作，在成都成立“西梅卡亚洲气体系统有限公司”，产品、技术、服务辐射亚太地区。

2000—2003年，中国科学院成都生物研究所国际合作研究项目与国际学术交流项目共68项。该所与日本东丽医药所共同对200余种川西药用植物的活性成分进行研究，通过20个活性模型，筛选、分离和鉴定出100余个活性成分，其中新化合物有20余个。

2002年，电子科技大学、四川大学、西南交通大学和成都理工大学均通过竞标，参与中国科技部和法国教研部联合设立的“中—法先进研究计划”，与法国在高分子材料、韧带组织工程、遥感监测等方面开展合作。同年，四川大学与荷兰奈美根大学在纳米生物医用材料领域开展合作，创立“纳米磷灰石类骨晶体/聚酰胺高分子复合生物活性材料”新体系，在工艺技术方面取得具有自主知识产权的原创性成果，达到国际生物材料研究的先进水平。同时，双方还在中国科技部和荷兰皇家科学院的支持下共同建立“中荷先进生物材料研究与开发中心”。同年，西南石油学院与俄罗斯巴什基尔石油科学院合作，开发适合中国国情的斜井抽油专家系统，解决制约我国石油工业发展的斜井抽油技术难题。中蓝晨光化工研究院与俄罗斯列别捷夫合作橡胶研究院进行交流，中方科研人员在聚合探索实验中获得的生胶样品，其玻璃化温度、热分解温度等与俄罗斯同类产品接近，为全面掌握高性能特种氟橡胶的生产技术奠定良好的基础。农业部成都沼气科学研究所利用其沼气技术在国际可再生能源发展上的声誉，在泰国、孟加拉、埃塞俄比亚、突尼斯、古巴、卢旺达、菲律宾、老挝等国家承担沼气工程的设计和施工，既输出技术和设备，又发展与项目所在地国家的友好关系。成都大熊猫繁育研究基地与美国亚特兰大动物园、美国乔治亚理工大学、美国华盛顿国家动物园、美国国家卫生研究院癌症研究所生物多样性实验室等机构，在大熊猫生物医学和繁殖生物学研究、圈养大熊猫亲仔鉴定研究、大熊猫犬瘟热基因工程疫苗研制等方面开展了富有成效的合作。

2003年，四川大学化学学院通过与澳大利亚和英国的合作，开发技术路线先进、产品性能好、成本低的可完全生物降解的高分子材料。同年，核工业西南物理研究院与俄罗斯进行合作研究，该院建成了电子回旋共振加热的全套微波系统，为中国环流器一号的辅助加热提供可靠保障。四川省中药研究所与日本津村株式会社、日本田边制药株式会社、日本玉川大学、日本花王株式会社开展合作，对川产道地药材和主产药材进行研究，对其活性成分进行分离，获得医药品的候选化合物。

2004年，四川省自然资源研究所与新西兰皇家科学院园艺与食品研究所合作，按照新西兰的标准在都江堰市建立50亩海沃德猕猴桃出口标准研究示范园，研究和制定海沃德猕猴桃出口标准，以及生产技术管理、生物防治病虫害、产品质量标准的控制、储藏、保鲜、包装、运输和出口的技术标准。2004年4月，成都信息安全基地公司与印度IT教育培训机构NIIT公司达成初步的合作协议，双方将致力于IT外包人才的培训。同年，电子科技大学发挥技术优势，与美国安捷伦、INTEL公司、IBM公司和ALTERA公司建立联合实验室，签订科研合作协议，美国SUN公司还在电子科技大学成立JES培训中心。四川省农科院、四川农业大学、西华大学与德国北威州斯特法伦大学合作成立“中德（四川）油菜研究中心”，进行油菜良种培育，德方向“中心”提供几十份德国油菜优良品种，以供选育使用。四川省农机研究设计院利用其自主研制的“SR—300型工业化秸秆燃气成套设备”开拓国际市场，在埃及完成两座秸秆气化站建设，并在2004年6月5日国际环境保护日“埃及开罗环保科技合作成果展览会”上，由埃及总理奥贝德亲手点燃使用秸秆为燃料的炉灶，中国驻埃及大使吴思科称此为迄今为止中埃两国最大的环境科技合作项目，丰富了双边合作的内涵。川大化学学院与法国YERAMEX工业集团Sanglar工业公司、四川金路集团合作，完成新型高分子墙面装饰材料的研制，金路集团投资5000万元在德阳市建立一座全新的生产基地。

2005年，四川大学生命科学学院与俄罗斯国家工业微生物遗传和育种科学研究所合作，构建具有自主知识产权的高效灭蝗基因工程菌，并应用现代生物学技术发掘杀虫微生物和极端微生物资源。四川大学高分子材料国家重点实验室与俄罗斯科学院圣彼得堡高分子化学研究所合作，对锂电池工业生产所需的微孔膜进行技术攻关，开发出锂电池用聚乙烯微孔膜，形成具有自主知识产权的新技术，改变我国锂电池工业生产所需的微孔膜完全依赖进口的局面。

区（市）县科技活动

科技创建活动

【概况】

从1994年开始，成都市在全市开展争创科技工作先进区（市）县活动。1999年，成都市开始组织开展全国科普示范城区和全国科普示范县（市、区）创建活动，根据区（市）县科技工作的目标任务，制定出定性定量的评比指标体系，年初布置下达任务，年终检查评比，争创活动和科教兴市工作实行网络目标管理，并对评出的先进区（市）县进行奖励。各区（市）县均成立由党、政领导任组长的科技工作领导小组，由各区（市）县科委管理的科技三项费用，从1994年的443.13万元增加到1998年的1324.4万元，增加约2倍。2005年，成都市19个区（市）县科技三项费占财政预算支出均达到1%。1995—2004年，先后有19个区（市）县获得"全国科技进步先进县（市、区）"称号。与此同时，各区（市）县积极加强科普工作，强化科普组织建设和科普阵地建设管理，广泛开展科普宣传活动，努力为提高公众科学文化素质服务。1999—2005年，全市有7个区（市）县获得"全国科普示范县（市、区）"称号。除此之外，双流、新都等成为全国科技实力百强县，新津县、郫县等成为国家级星火技术密集区。2005年，成都市金牛区创建"国家可持续发展实验区"已有10年。9月，在北京"中国—欧盟可持续发展分论坛"上，金牛区进行了"可持续发展社区综合管理项目"成果展示，得到科技部有关领导、国内外知名专家及欧盟使团官员的肯定。

【全国科技进步先进区（市）县创建活动】

从1992年开始，国家科委在全国开展创建全国科技工作先进县（市）工作，每年度进行1次考评，表彰在科技工作中表现突出的区（市）县。成都市各级党委、政府十分重视，从1994年开始，在全市开展争创科技工作先进区（市）县活动。各区（市）县均成立由科技工作领导小组，增加科技经费，年初布置下达任务，年终检查评比。在各级政府以及科委的共同努力下，创建工作取得了显著成绩。1995年度，成都市新都县、青羊区、金牛区、成华区、双流县通过考核，被国家科委评为"全国科技进步先进区（市）县"。此后新都县3次通过全国科技进步先进区（市）县考核，青羊区连续4年蝉联全国科技进步先进区称号。1997年，成都市温江区、大邑县、龙泉驿区创建成功，获"全国科技进步先进区（市）县"称号。1998年，成都市彭州市、新津县获"全国科技进步先进区（市）县"称号。1999年，成都市金堂县、新都县、青羊区、金牛区、蒲江县、邛崃市、新津县、龙泉驿区、双流县、崇州市获"全国科技进步先进区（市）县"表彰。此后国家每2年复查1次，双流县均通过。2001年，新都县、青羊区、金牛区、成华区、金堂县、蒲江县、双流县、锦江区、龙泉驿区、邛崃市、新津县被评为"全国科技进步先进区（市）县"。2003年，金堂县通过复查验收。2003年，成都市锦江区、郫县、新津县、金牛区、都江堰市、青白江区、金堂县、双流县、崇州市、邛崃市、武侯区均获得“全国科技进步先进区（市）县”表彰。2004年，双流县被评为全国科技进步示范县，龙泉驿区通过复查验收。

【全国科普示范县（市、区）创建活动】

1999年，中国科协组织开展全国科普示范城区和全国科普示范县（市、区）创建活动以后，全国有59个城区和227个县（市、区）参加全国科普示范城区和全国科普示范县（市、区）的创建活动。成都市各级党委、政府高度重视，逐步形成党政抓总、科协牵头、各部门与全社会广泛参与的科普工作新格局以及有利于科普工作开展的良好的社会环境。通过创建工作，在农村和城区大力开展普及科学知识、弘扬科学精神、传播科学思想和科学方法的活动，促进当地公众科学文化素质的提高和科普工作的群众化、社会化、制度化和科学化。1999—2005年，成都市除一批区（市）县、乡（镇）获省、市科普示范区（市）县、乡（镇）称号外，有7个区（市）县获“全国科普示范县（市、区）”称号。成都市获“全国科普示范县（市、区）”称号的区（市）县是：武侯区（1999年11月）、金牛区（1999年11月）、龙泉驿区（2001年6月）、温江区（2004年10月）、双流县（2004年10月）、成华区（2005年）、青羊区（2005年）。成华区、青羊区均于2005年通过第二批全国科普示范城区检查验收。

【成都市科技工作先进区（市）县创建活动】

1994年3月，发布《成都市人民政府关于开展争创科技工作先进区（市）县活动的通知》，规定科技工作先进区（市）县标准为：区（市）县各级领导高度重视科技工作，认真贯彻执行党和国家的科技方针、政策和法律、法规，把科技工作列入年度工作目标，并有具体考核奖惩办法；区（市）县政府主要领导亲自抓科技工作，定期（每年应不少于2次）研究决策科技工作中的重大问题，分管科技工作的副区（市）县长和科技副乡（镇）长具体抓科技工作，建立科技顾问团或与其相应的科技咨询参谋机构；区（市）县的科技行政部门、配备足够的工作人员并保证必要工作条件，主要经济部门设立科技管理机构、工作人员和工作条件落实、任务目标明确；有科技发展规划和年度实施计划，有深化科技体制改革、推动本地区科技进步的具体规定和办法，有吸引人才、充分调动科技人员积极性的政策措施；有健全的科技服务体系；有企业依靠科技进步发展生产的考核办法；有促进民营科技企业发展壮大的政策措施和管理办法；实行“农、科、教”统筹的人才培训；建立多层次，多渠道的科技投入体系，科技三项费列入财政预算科目，其数额占当年区（市）县财政预算支出的1%以上等。同时，规定每年评选1次，每次评选奖励3名，连续2次被评为前三名的由市政府授予“成都市科技工作先进区（市）县”称号。当年，各区（市）县把“争创”活动纳入目标管理，18个区（市）县成立了科技工作领导小组，15个区（市）县组建科技顾问团。全社会科技投入、特别是地方财政科技投入增长，全市区（市）县级科技三项费达到691.6万元，科技发展基金为3327.7万元，专项经费为378.8万元。金融部门的贷款额也有成倍增加。

1995年4月，成都市政府办公厅发布《关于一九九四年争创科技工作先进区（市）县活动评选结果的通知》，评选结果为：第一名武侯区人民政府，第二名双流县人民政府、新都县人民政府，第三名金牛区人民政府，第四名成华区人民政府，第五名彭州市人民政府、青羊区人民政府。各区（市）县把“争创”活动作为推动科技进步、促进经济发展的有力手段，抓大项目；抓高新技术产业发展，培植新的经济生长点；抓“两高一优”农业示范，发展集约化生产经营的支柱产业。全市乡镇企业实现产值1330亿元，利税57.9亿元；民营科技企业实现产值27.48亿元，利税3.14亿元；农作物优良品种覆盖面达96.6%，农业先进适用技术推广覆盖面达93.5%。

1996年1月，市政府授予青羊区、成华区、双流县、金牛区、新都县“成都市科技工作先进区（市）县”称号，并各奖励486微机1台。1997年4月，彭州市、龙泉驿区、温江县、大邑县、新津县获“成都市科技工作先进区（市）县”称号，并各奖励586微机一套；陈光志等50人在科教兴市工作中成绩突出获优秀个人表彰。1998年3月，邛崃市、崇州市、锦江区、金堂县、蒲江县被评为1997年科技工作先进区（市）县；1999年5月，武侯区、邛崃市、金堂县、锦江区、崇州市、蒲江县、郫县、都江堰市被评为1998年度成都市科技工作先进区（市）县。1994—1998年，先后有18个区（市）县评为市级科技工作先进区（市）县，其中17个评为省级科技工作先进区（市）县，13个被评为全国科技工作先进区（市）县。1998年，成都市被科技部评为1997年度全国科教兴市先进城市。

1999年8月，出台《成都市人民政府关于印发成都市科技工作先进区（市）县复查办法的通知》。市科技工作领导小组办公室对已获成都市科技工作先进区（市）县称号的区（市）县进行了复查。根据复查评审结果，2000年2月，市政府授予金牛区、双流县、龙泉驿区“成都市科技工作先进区（市）县标兵”称号。2004年12月，市政府发布表彰2002—2003年度成都市科技工作先进区（市）县的通报，金牛区政府、武侯区政府、双流县政府、新津县政府获标兵称号；获单项标兵称号的是：锦江区政府获科技推进城乡一体化先进区（市）县标兵、青羊区政府获科技园建设先进区（市）县标兵、成华区政府获科学规划决策先进区（市）县标兵、新都区政府获科技推进信息化建设先进区（市）县标兵、温江区政府获科技推进都市农业先进区（市）县标兵、都江堰市政府获科技服务体系建设先进区（市）县标兵、彭州市政府获科技推进产业集聚先进区（市）县标兵、金堂县政府获科技推进农业产业化先进区（市）县标兵。

【国家可持续发展实验区创建活动】

1994年，成都市金牛区经国家科委批准设立国家社会发展综合实验区，为全国第十五个国家社会发展综合实验区。1997年，成都市金牛区被批准为“国家可持续发展实验区”，为全国首批6家国家级可持续发展示范区之一。金牛区以规划为龙头、以建立健全工作机制为重点、以示范项目为切入点、以构建和谐社会为总体目标，开展可持续发展实验工作，实施可持续发展战略，坚持以人为本的指导思想，促进全区经济、社会、人口、环境和资源的协调发展。1994—2005年，金牛区人均国内生产总值从1.08万元上升到3.92万元，第三产业增加值占GDP的比重从59.4%上升到63.5%，人口自然增长率从4.91‰下降到2.12‰，城镇绿化覆盖率从25.8%上升到36.49%，城市人均公共绿地面积由2.5平方米上升到8.4平方米，工业废水排放达标率从43.8%上升到100%，工业烟尘排放达标率、工业固体废弃物综合治理率均达到100%，饮用安全卫生水人口比重达100%，有线电视人口覆盖率达100%，城市居民家庭人均可支配收入从5047元上升到1.14万元，农民年人均收入从1440元上升到5318元。金牛区先后获得全国创建文明城市工作先进城区、全国科技进步先进区、全国科普示范城区、全国文化工作先进区、全国体育工作先进区、全国审计工作先进单位、全国民政工作先进区、全国老龄工作先进区和全国社区建设示范城区等称号。

2005年9月，在科技部与欧盟驻华使团在北京主办的“中国—欧盟可持续发展分论坛”上，成都市金牛区进行“金牛区可持续发展社区综合管理项目”成果展示，得到科技部的有关领导、欧盟使团官员及国内外知名专家的肯定。同时，金牛区圆满完成了由该区承担的国家“十五”重点科技攻关计划示范项目——成都市金牛区可持续社区信息化应用与示范项目，并组织召开“中国—欧盟环境管理合作计划可持续发展与城乡一体化国际研讨会”。为进一步推动金牛区的可持续发展社区信息服务建设，金牛区申报了“十五”国家科技攻关计划“区域可持续发展关键技术研究与示范”项目的子课题——“可持续发展社区应急系统技术集成应用与示范”项目，科技部批准立项，获得20万元的资金支持。

特色科技建设

【概况】

从20世纪90年代开始，成都市19个区（市）县和高新区努力推进技术创新和科技进步，科技工作注意突出特色，以科技带动经济和社会的发展，努力形成具有各自特色的科技产业。龙泉驿区在传统水果产区的基础上，建成为全国无公害水果生产示范基地。温江区发展花卉产业，成为四川省重点花卉生产示范基地区。利用良好的自然条件和资源优势，蒲江县建设柑橘新品种试验示范园，双流县创冬草莓品牌，邛崃市抓“五龙”产业，崇州市建布朗李基地。在中心城区，成都市建成“科技一条街”，建立锦江区博士团。区（市）县开展地、校合作和地、企合作，青城山建起软件产业园，双流县建成光电子科技产业基地，青羊区创建民营科技产业试验区，金堂县建立“食用菌工程技术研究中心”，大邑县建成全国最大的红梅基地、省内知名的“三木”药材基地、杂交水稻制种基地和优质粮油高产示范基地等。区（市）县特色科技的发展，推进高科技成都建设，更推动当地经济和社会的快速发展。

【成都科技一条街建设】

始建于1991年的成都科技一条街，是成都市、武侯区实施科教兴市、科教兴区战略的重要载体和科技产业发展的摇篮，位于成都市国家高科技文化区——武侯区辖区内一环路南一段、二段、三段，新南路、科华北路，人民南路三、四段，浆洗街三纵一横的街区，全长约6千米，以磨子桥、跳伞塔2个十字路口为中心地带，为全市智力、技术密集区。凭借着人才优势、政策优势、区位优势和辐射优势，成都科技一条街经历政府立牌引导发展、市场选择确定地位、政企互动形成规模等三个阶段。2001年，其销售收入达175亿元，规模仅次于北京中关村，为全国第二大电脑市场。1998—2004年，在科技一条街成功举办4届中国成都国际电脑节，包括英特尔公司总裁贝瑞特博士等许多IT巨子亲临成都科技一条街参加电脑节，电脑节策划的“万人千机学电脑”“电脑音乐会”等2项活动，获吉尼斯世界纪录的认可，并颁发证书。到2005年，成都科技一条街发展成为包括电脑及相关配套产品、现代办公设备、现代通信产品、光机电产品、生物及现代医药制品在内的科技产品交易和科技咨询大市场，尤以电子信息产品市场和信息服务市场著名。科技一条街有百脑汇资讯广场、新世纪电脑商城、新成都电脑城、东华电脑市场、成都数码广场、世纪电脑城等10多家大型电脑专业市场，有学府花园、天歌科技大厦、新世纪花园、川大科技楼、亚太广场、时代数码大厦、咨询产业大厦等20余幢写字楼，硬件环境好，智能化水平高，物业管理完善。有3000多家科技贸易型、技术服务型和研发型企业，以及国内外知名的IT厂商在此设立分公司和办事处。

【锦江区博士团】

本着“不求所有、但求所用”的原则，在不改变人才与原单位隶属关系的前提下，2001年4月，锦江区博士团成立，并创办期刊《博士在锦江》。锦江区博士团由12名博士组成，实行动态管理，办公室设在锦江区委组织部。2004年，博士团为锦江区委打造红砂村建言献策，以“研究梅花文化、为梅林建设建言献策”为主题，提交《打造“幸福梅林”报告手册》，博士们从多方面对打造幸福梅林提出自己的想法和建议。锦江区以此确定工作思路：面向社会引进梅花种植企业，面向社会开展梅园及梅花认养活动，引进餐饮经营企业和联营企业等发展旅游产业，并依照博士团的建议，进一步加快推进城乡一体化的进度。2005年，博士团成员增至20余人，平均年龄36.5岁，最小的29岁；分别来自高校、科研机构、大型企业、行政机关，其学科分布与锦江区地方建设需要紧密呼应，涉及经济、环保、城市建设与规划、建筑、中文、通信、基因工程、农学、法学、工业投资与管理等专业，多为各自研究领域中的骨干人才。截至2005年，锦江区博士团围绕区委、区政府的城乡一体化工作，深入基层调研80余人次，献策200余条，发表调研文章50余篇，为区委、区政府决策提供了大量科学依据和优选方案。同时，锦江区选拔30～50名优秀后备干部，先后与博士团成员和企业家结为对子、建立师徒关系，并确立定期目标责任制。

【双流县“院地合作”】

2001年，双流县成立“校县高新产业合作办公室”，开展院地合作，充分发挥高校及科研院所的智力和成果的综合优势，探索新的科技成果转化机制，促进双流县高新技术成果转化及其产业化发展。2002年，双流县制定《双流县科技成果孵化资金管理办法》，县财政连续3年、每年预算内安排资金500万元，用于支持双流企业与全国高校和科研院所合作的项目孵化。随后，先后与中科院、四川大学、南开大学、北京大学等高校、科研单位达成合作协议，采用“以孵化资金为引导，以项目合作为切入点，以企业为主体”的模式，引导企业出资3465万元，安排了21个科技成果孵化项目；这些项目完成产业化后，将产生18项有自主知识产权的技术，预计新增产值9.5亿元，新增利税2.6亿元。

2004年，双流县政府出资与四川大学、西南交通大学分别建立技术转移中心，发挥政府的服务职能，整合高校、区县、技术产权交易所及社会各方资源，优势互补、共同推进技术转移和科技成果的转化。1年后，两个技术转移中心有5个项目在双流成功开始转化。2005年，双流县与四川科奥达（集团）有限公司合作建立占地500亩的“成都光电子科技产业基地”。到2005年，双流县“校县高新产业合作办公室”共组织四川大学、成都中医药大学、电子科大、四川省中药研究所、中科院成都分院与该县企业进行了科技成果对接；先后4次组织近100位双流企业家参观中科院成都各研究所的实验室及成果展示，100多位中科院成都分院各研究所的博士、硕士到双流县调研企业状况，科研院所的科技人员与企业家直接交流，合作开发科技项目；先后与上海交通大学农学院、中国农科院、中科院成都分院、北京林科院、四川农业大学、四川大学、西南交通大学、西南财经大学等30余所高校和科研机构签订科技经济全面合作协议，双流县的科技创新得到了强有力的技术依托和高科技成果来源。

【温江区花卉产业基地建设】

2001年，温江区出台政府文件，发展花木栽培技术，加快花木产业发展，以此优化农业产业结构。到2005年，全区共有花木品种1300余个，主要集中在寿安镇、和盛镇、万春镇。花木品种中，紫薇树姿优美、花色艳丽、花期较长（6—9月）、适应性广，为该区特色花木品种之一。2003年4月，成都市温江区被四川省农业厅授予“四川省重点花卉生产示范基地区”称号。2005年，全区共有花木品种1300余个，寿安镇、和盛镇、万春镇等已成为花木大镇，花木品种集中，生产形成规模，建成30多个特色生产基地，占全区花木面积的60%以上，占全区花木年销售额4.5亿元的70%以上。紫薇种植面积达到7000余亩，有大红、绯红等花色品种，专业生产基地有通平八一紫薇基地、和盛桥紫薇基地等。全区年产大规格紫薇200万株以上，产品畅销全国。2005年9月28日至10月7日，第六届中国花卉博览会暨第四届中国花卉交易会在成都市温江区的举办。此届花博会是中国加入WTO后的第一次全国性花事盛会，也是第一次在西部举办的花博会。花博会在温江举办成功，对该区促进交流、扩大合作、引导生产、普及花木消费等起着巨大的推动作用。

【蒲江柑桔新品种（技术）试验示范园建设】

2005年4月7日，中国农业科学院柑桔研究所与蒲江县大兴果品协会在重庆正式签订5年的合作协议书，共同建设四川唯一的“中国农业科学院柑桔研究所蒲江无毒杂交柑桔新品种（技术）试验示范园”。该示范园占地100亩，采取政府引导、业主运作的形式，由大兴镇果品协会和中国农科院柑桔研究所负责具体实施建设。合作期间，柑桔研究所在该示范园试验示范杂交柑桔早、中、晚熟新品种10个以上，全部是适合蒲江县气候条件、土壤条件、蒲江目前没有、具有国内领先水平的优良杂交柑桔新品种。同时，柑桔研究所提供检测、鉴定、选优推广和技术指导等服务。该示范园建成后，为蒲江储备了一批杂柑产业发展技术项目，为逐步把蒲江建成“省级柑橘新品种（技术）科研试验示范基地”创造了条件。

【双流冬草莓品牌创建】

双流县合江镇地处龙泉山脉中段，土壤肥沃、四季分明、气候温和，适合草莓及其他水果生长。1981年，双流县红花乡盐井村农民谢尚楷自河北首次引种草莓0.8亩。1983年，由当时双流县农林畜牧局农技站牵头，从河北、江苏、上海等草莓种植地和科研院所引进草莓“春香”“利红”两个露地栽培优质品种，进行试种、宣传和推广。此后，又引进了日本“丰香”早熟草莓品种和日本栽培技术。通过多年不断地摸索和精心培育，形成“改良型促成栽培技术”，品种不断更新，从野生种到栽培种，从国内品种到国外品种，从露地栽培到促成栽培品种，新技术、新品种大力推广，产品质量提高；上市时间从春节提早到元旦，最终提早到头年10月上旬。

20世纪90年代初期，合江镇开始广泛种植草莓，面积达千亩以上。1996年，种植面积达3000亩，成为浅丘村的一项新兴支柱产业。2000年，全镇可种草莓的农户95%都种上了草莓，总面积达到8500亩以上。双流冬草莓以成熟早、鲜果供期长、个大、色鲜、营养丰富、品种好、耕作制度合理、规范化栽培程度高、生产成本低、经济效益好等特点闻名于世。2002年12月20日，合江镇被双流县府命名为“草莓之乡”。同年，被农业部、四川省确定为草莓标准化生产示范镇。2003年，合江草莓协会被农业部确定为农村专业经济合作组织试点单位，合江镇获得国家农业部无公害农产品生产基地称号和产品认证书。合江作为全省唯一的全国最大的冬草莓基地，所产草莓通过航空、铁路、公路远销东北和华北市场，部分草莓出口法国、韩国、俄罗斯等国家。2005年，双流县种植冬草莓面积4.8万亩，亩产值4500元，总产值2.16亿元，成为全县丘区农民增收致富的主要项目之一。2005年，双流草莓获批“国家地理标志产品保护”，2006年，双流县被中国食品工业协会花卉食品专业委员会授予“中国冬草莓之乡”称号。

【民营科技产业试验区创建】

1994年，为推动民营科技产业发展，成都民营科技产业试验区在青羊区创建。青羊区委、区政府以系统论解决园区建设的科学性和可持续性问题，以市场论解决园区建设的资金问题，以民本论解决园区的规划和定位问题，保证园区建设的顺利进行。在园区建设中，青羊区实行"项目业主企业化、项目运作市场化"，改变过去工业开发区项目由政府大包大揽的单一格局；投资发展统一规划、统一建设、统一投资、统一招商、统一经营、统一管理；实行"全面招标，资源资本整合"；运用现代房地产开发理念，先建"用户"共享环境，提高园区品位和档次；坚持"价值共创，财富共享"。园区规划用地5.23平方千米，其中工业用地3.94平方千米，综合配套用地1.29平方千米。投入资金5.5亿元，开发土地1100亩，建成厂房51万平方米，各种基础设施配套完善，交通、通信和物流条件良好。截至2005年年底，入驻企业138家，其中高新技术企业40多家。园区企业实施各级各类科技计划项目76项，实现工业产值78.95亿元，出口创汇4344.43万美元，上缴税金6.09亿元，解决就业人数1.7万人，安排残疾人255人。2005年，成都民营科技产业试验区被科技部、中国民营科技促进会评为"全国民营科技促进奖先进园区"。

【成都青城山软件产业基地建设】

2005年9月29日，成都青城山软件产业基地奠基典礼在青城山隆重举行，同时都江堰市政府与东软集团举行"战略合作签字仪式"。青城山软件产业基地处在成灌高新技术产业发展带，是都江堰市在青城山规划建设的集IT教育、产业和配套服务等功能为一体的新型软件产业基地。其奠基的项目包括东软软件园成都园区产业设施、教师及软件工程师公寓和与基地配套的高档IT社区——青城硅谷，初次投资超过3亿元；大力发展以软件外包、数字内容生产、BPO（CALLCENTER、数据处理）等为主要业务的软件产业。都江堰市规划用5年左右的时间把青城山镇打造成"智慧小镇"，使青城山镇域软件产品和配套硬件、系统集成、信息服务、IT教育与培训等软件业务年经营收入达到30亿元左右。

围绕成都青城山软件产业基地的建设，都江堰市政府与东软集团结为战略合作关系。都江堰市政府支持东软在"成都东软信息学院"的基础上，继续在青城山镇建设产业园区。为加快园区建设步伐，迅速形成产业规模，成都市及都江堰市政府与银行协调，提供1.8亿元贷款，并由政府给予5年贴息支持。都江堰市在整体规划的基础上，提供完善的道路、通信、电力、基础教育等配套设施；包括东软在内的软件企业将享受国家及四川省、成都市政府以及政府有关部门制定的鼓励软件产业发展的优惠政策。东软集团将积极参与都江堰市软件产业规划与环境建设，提供专业意见和建议，并利用其影响，带动其他业务合作伙伴到都江堰市投资和发展业务。

【四川科伦集团博士后科研工作站建设】

2001年，人事部开始开展企业博士后工作站的申报和设立工作。四川科伦实业集团有限公司是成都市新都区一家高新技术企业，拥有员工2076余人、专业技术人员346人，年产值达10亿元、利税逾亿元的知名大型现代化医药集团。在4年时间里，该集团建成一支包括50多位留学博士、硕士、研究员在内的科研人才队伍，具有较强的科技研发能力，在国内输液行业处于领先地位，数十次荣获"国家火炬计划重点高新技术企业""四川省高新科技产业型企业""成都市人才开发先进单位"等国家级与省、市级资质和荣誉。经科伦实业集团申请，人事部于2003年12月正式批准该公司设立博士后科研工作站。四川科伦实业集团有限公司提出博士后研究项目共四项，总投资5000万元。

【大邑县“县、校合作”】

1983年4月，四川省首份县、校农业科技合作协议签订，大邑县与四川农业大学实现县、校合作。川农大将大邑县作为该校农业现代化基地示范县。大邑县与川农大的合作经历3个阶段。1983年至20世纪80年代末，主要由县委、县政府和川农大依靠行政手段来组织双方职能部门和技术人员合作；20世纪80年—90年代，市场经济起步，进入行政与利益双杠杆阶段，逐渐重视专家本人的利益；20世纪90年代末起，探索公司运作、技术入股的方式。截至2003年，双方共实施县、校科技合作项目184项，取得各级各类科技成果31项，推广应用先进科技300余项，科技对大邑农业经济增长的贡献率由1983年的27%提高到2003年的51.5%。大邑县建成了全国最大的红梅基地、省内知名的“三木”药材基地以及金蜜李基地、杂交水稻制种基地和优质粮油高产示范基地等，累计推广优良杂交水稻190万亩，增产粮食8425万千克，大邑县工农业总产值累计增加18.2亿元，农民人均纯收入累计增加704元。2004年11月22日，由大邑县委、县政府牵头，四川农业大学与四川兰田工业食品有限公司共同组建的“成都市大邑兰田食用菌专家大院”举行签约授牌仪式。从协议签订之日起，合作双方在合作期与合作范围内取得的科研成果共享，创新了县、校合作的模式。

【邛崃市“五龙”产业】

邛崃位于成都第三经济圈层，是传统的农业大市。从20世纪90年代开始，邛崃市抓住被确定为成都市生猪、林竹、茶产业牵头市的契机，利用资源优势，统筹城乡发展，大力发展畜禽、果蔬、林竹、茶桑、优质粮油“五龙”产业；以“龙头企业+基地+农户”方式，走农业产业化、生产标准化、产品品牌化的现代农业道路。通过重点打造，5个产业强势突破，形成了产业聚集。五大产业做大做强，带动邛崃市农业乃至整个区域经济不断发展，农业增效，农民增收。2005年，邛崃市“五龙”产业年销售收入超过1000万元，龙头企业共22家，在龙头企业及基地务工农民有10.9万人，产业化带户面在58%以上。

【成都水产高科技示范园区组建】

成都水产高科技示范园区是利用国债资金，在四川省国家级长吻鮠原种场、斑点叉尾鮰良种场两个项目基础上组建的。2001年年底，完成征地。2002年8月开工。2005年，建设完工并进行试生产。5月26日，成都市科技局批复同意崇州市建设成都水产高科技示范园区（同是四川省水产科技园），并通过农业部授牌验收。该示范园区地处成都以西37千米处的崇州市集贤乡，距崇州市中心2千米，属成都平原都江堰自流灌溉区，气候温和，雨量充沛，年平均降雨量达1000毫米以上，无霜期280天以上。园区占地430亩、投资2094万元，有精养鱼池300亩，有工艺技术先进的工厂化养殖育种车间1004平方米，有实验办公综合用房1580平方米；规划建设的有鱼类转基因实验室、无公害生物鱼药厂、名优水产饲料加工厂、水生野生动植物救护中心、驯养繁殖基地和休闲游钓渔业。该示范园区拥有2块国家级原良种生产牌子，以四川省水产研究所为技术依托单位，与国内部分知名水产科研院所开展技术合作，与通威集团、凤凰集团、涌泉公司、芳草公司等省内著名私有企业合作，并与澳大利亚和俄罗斯商家分别达成共同新建淡水鱼类出口加工厂和鲟鱼养殖开发项目意向性合作协议，通过股份制和承包制等形式进行科研、生产和经营活动，取得了良好的经济、社会和生态效益。该示范园区每年向全国提供长吻鮠原种后备亲本3000尾，斑点叉尾鮰水花2000万尾、夏花500万尾、后备亲本1万千克；生产名优鱼苗3000万尾以上、商品鱼6万千克以上，产值530万元。

【龙泉驿区果品产业发展】

成都市龙泉驿区为传统的水果产区，以水蜜桃、枇杷、梨、葡萄四大伏季水果为主的果树种植面积达28万亩，年产量达28万吨，种植业粮经比调整优化为0.5：9.5。该区“因村制宜、错位发展”，根据各村的土壤、气候、种植习惯，组织专家进行调查论证，制定特色农业的发展规划，把特色产业发展作为调整优化农业产业结构、壮大规模农业、发展都市农业经济的重要手段，初步形成了80个特色水果产业村的格局。同时，把技术服务作为特色农业发展的一项关键措施，实施“引智工程”，开展校、区合作培训工程，构建以博士后工作站为龙头、200余名部门专业技术人才库为主体、6000余名种植能手为基础的农村人才技术服务体系，形成“条块结合、以块为主、多点辐射、区域覆盖”的技术服务网络；实施农业集团承包、丰收计划和以紧密型科技承包、指导型科技服务、科技扶贫为主要内容的科技承包行动。先后引进新品种100余个，自行研发龙泉杂交梨系列品种40余个、枇杷新品种16个、桃品种2个，推广新技术50余项。截至2005年，该区先后被确定为中国水蜜桃之乡、全国无公害农产品（水果）生产示范基地县（区）、全国园艺产品出口示范区、全国农业科技示范区、全国农业标准化建设示范区、四川省早熟梨之乡、全国生态建设示范试点县（区）、全国农业旅游示范点。

科技创新服务体系建设

创业孵化平台

【概况】

20世纪90年代初，成都市开始进行科技支撑体系建设，2001年提出构建科技创新服务体系。科技创新服务体系的主要内容包括6个科技创新平台，即以成都高新技术创业服务中心为基础的"创业孵化平台"、以成都市科技风险事业中心为核心的"科技风险投资平台"、通过西南技术交易所和成都技术产权交易所搭建的"技术产权交易平台"、以成都市科技发展研究中心（成都市科技顾问团办公室）为载体搭建的"决策咨询平台"、以成都市科技情报研究所为中心搭建的"知识产权平台"、以成都高新技术成果转化服务中心搭建的"成果转化平台"。同时，科技情报与科技报刊也是科技创新服务体系建设的重要内容。

成都市高新技术企业的"创业孵化"始于20世纪80年代末。1989年11月15日，成都高新技术创业服务中心成立。1990年，创业服务中心孵化楼竣工，选择具有高附加值和产业化特征的14个项目进入孵化楼创业。1993年，高新技术创业服务中心新进"孵化"企业6家，拓普、宏川、协立、新高等4家企业"毕业"离场，创业中心全年实现产值5500万元、利税1100万元。1994年，创业中心孵化楼新进企业10家，"毕业"4家。

1996年，成都高新技术创业服务中心被国家科委列入国际企业孵化器第二批试点单位。同年，成都高新区所属成都高新区技术创新服务中心成立。1997年，成都高新技术创业服务中心被国家科委认定为首批国家高新技术创业服务中心。1998年，成都高新区技术创新服务中心被科技部认定为国家高新技术创业服务中心，累计孵化企业109家，成功率为87.5%，被国家科委认定为"国际企业孵化器"。1998年后，成都市科技孵化器（园区、基地）建设速度加快，并由综合型向专业型转变。成都留学人员创业园、国家中药现代化科技产业园、成都火炬实业有限公司、成都博士创业园、国家信息安全成果产业化（四川）基地等相继建立，四川大学国家大学科技园也开工建设。

2001年，成都市有各类高新技术"孵化器"22个，孵化面积67.7万平方米，累计毕业企业243家（其中上市企业7家），在孵企业717家。2003年，成都市被科技部列为科技企业孵化器体系建设试点城市。2002年4月，"国家火炬计划成都电子信息产业基地"经科技部批准挂牌成立；10月，组建信息安全基地公司（孵化器），采用"民办官助"的企业化运作模式，完善综合服务平台，共聚集高新技术企业50家。同月，为提高科技园区孵化器的管理水平，对其提供优质的科技服务，引导更多的社会力量到园区创新创业、项目孵化和成果转化，成都科技企业孵化器协会成立，首批会员单位50余家。2003年，高新区孵化园2.7万平方米新楼交付使用，全市孵化面积达到100万平方米，比上年增长42.85%；新增人驻企业100家，新增孵化项目100项。12月，成都武侯高新技术创业服务中心被科技部认定为国家高新技术创业服务中心。同年，科技孵化器协会先后对50多家中小科技企业开展管理咨询和策划工作，帮助20多家企业搞好资本运作，辅导10多家在孵企业申报资金和项目。

2004年10月，市科技局按照“政府引导、市场化运作、企业化管理”原则，引导成都天河科技保育有限公司和成都新科孵化投资有限公司在成都高新区组建成都生物与医药专业孵化器，建筑面积5万平方米。2005年12月，成都高新区教育科技产业园和四川大学国家大学科技园被科技部认定为国家高新技术创业服务中心。此间，在成都地区建立创业孵化平台的还有国家集成电路设计成都产业化基地、国家863软件专业孵化器四川基地、西部软件园、成都倍特集团高新区科技工业园、成都高新区技术创新服务中心西区孵化基地、成都软件孵化器、成都高发实业有限责任公司、成都麦柯发展有限公司、成都大一高科技术孵化器投资有限公司等。全年，新入孵企业150家。至此，成都市形成了以5个国家级创业中心、3个国家大学科技园及多个国家级专业孵化器为骨干的孵化网络体系。同年，成都市对部分（19家）科技企业孵化器进行调查，其孵化面积为71.26万平方米，拥有孵化资金4.78亿元；在孵企业1944家，从业人员3.71万人，其中大专以上学历人员占82.13%，留学回国人员527人；在孵企业全年营业总收入124.1亿元，创造就业机会3万多个，实现净利润16.43亿元，上缴税金6.59亿元，出口创汇0.41亿美元。

1988—2005年，成都市孵化器建设投资额达到4.4亿元，建成科技企业孵化器、园区、基地30个（其中国家级孵化器16个），孵化场地103.31万平方米。科技投入资金3.73亿元，3108项科技成果得到转化，形成1302项专利，研发出3850个高新技术产品。以5个国家级创业中心、3个国家大学科技园及多个国家级专业孵化器为骨干的孵化网络体系在成都基本形成。

1991年、1995年、2004年、2005年成都市科技孵化器情况一览表

表5-63

项目　年份	1991年	1995年	2004年	2005年
孵化器数（个）	1	1	29	30
孵化面积（平方米）	6200	17600	1005700	1033100
在孵企业（家）	26	60	1590	1944
毕业企业（家）		8	212	486
孵化项目（个）	64			586
孵化成功（个）	56	120		
产值（亿元）	0.4084	0.55	71.3	124.1
利税（亿元）	0.0828	0.16	14.4	23.02
创汇（万美元）	107.2	200		4100

【成都高新技术创业服务中心】

成都高新技术创业服务中心（以下简称“创业中心”）成立于1989年11月25日，是国家科委认定的全国27个创业服务中心之一。12月25日，“孵化楼”破土动工；1990年年底，6200平方米的孵化楼竣工。创业中心隶属成都市科委，基本任务是在成都高新技术产业开发区领导小组办公室（下称高新办）具体领导下，实施市政府在开发区的管理目标。初期，创业中心与高新办是一个机构、两块牌子，创业中心实际承担开发区的若干具体管理工作，拟定或起草《成都高新技术产业开发区管理条例》《成都高新技术开发基金管理办法》《成都高新技术产业开发区房地产统一规划开发的方案》等政策法规文件；贯彻国家有关高新技术产业开发区的政策，探索新的科研体制，利用成都的科技优势提供综合服务，营造局部优化的创业环境。1990年5月，国家科委主任宋健到创业中心视察。1991年，创业中心逐步形成一套项目进楼的评审程序，并建立起对项目指导性管理和全方位服务体系。3月，省长张皓若视察该中心并现场办公。4月20日，总书记江泽民视察成都高新区后到孵化楼了解高新技术项目的孵化情况。9月，国家体改委主任陈锦华到该中心视察。1991年进楼孵化的企业26个、高新技术项目64个（其中有国家级火炬计划项目7个、省市级火炬计划项目3个），当年孵化成功56个项目，实现工业产值4084万元，利税828万元，创外汇107万美元。

1993年8月，该创业中心被国家科委评为“先进高新技术创业服务中心”。1995年，建成都高新技术创业服务中心郫县分中心。同年，孵化高新技术项目120个、高新技术企业60家、毕业25家，创产值3.6亿元、利税8000万元，创汇300万美元。1997年，孵化成功高新技术企业32家，累计新增产值6亿多元。联合国专家称（创业中心）是“在中国见到的很好的孵化器”。1996年，进入国家科委筹建的国际企业孵化器第二批试点单位名单。1997年3月28日，国家科委副主任徐冠华等领导陪同全国人大部分常委、委员视察成都创业中心并参观该中心的孵化企业——成都迪康制药、成都东方电子公司、成都海星三联光纤技术研究所、成都康特公司等高新技术企业。10月，成都创业中心成为国家科委认定的首批十个国家高新技术创业中心之一。1998年在科技部首次火炬奖评选中，成都高新技术创业服务中心获得火炬先进管理奖（1996—1997年度）。1999年11月，经成都市编委办同意在创业服务中心增挂成都国际企业孵化中心牌子。2004年8月，被评为2003年度优秀国家高新技术创业中心。2005年，该中心孵化的项目有30余个，有的项目已具国际先进水平和良好市场前景，所孵化的企业全年实现产值8.5亿元、利税2.1亿元、创汇300万美元。

【成都高新技术产业开发区创新服务中心】

1996年11月18日，成都高新技术产业开发区创新服务中心（以下简称“创新中心”）成立，是成都市的第二家创业服务中心，隶属于高新区管委会的公益性科技创业服务机构。创新中心与中国成都留学人员创业园（1998年8月成立）、中国成都博士创业园（2000年1月成立）实行一个机构、三块牌子的服务模式，其主要任务是：拓展孵化器发展空间，加快各类科技园建设，营造科技创新环境，完善孵化服务体系，为海内外优秀人才营造良好的创业环境，提供优质的创业服务，以聚集高科技创新人才，推动科技研发和成果转化。1998年，该中心被科技部认定为“国家高新技术创业服务中心”。2001年，被评为“国家高新区先进孵化机构”。2003年，有留学人员企业140家，博士企业165家，累计引进企业300多家。2003年、2004年，先后被科技部评为“先进高新技术创业服务中心”“优秀国家创业服务中心”。2005年1月，中国侨联授予该园“科教兴国示范基地”称号，同年被科技部“火炬中心”确定为“2005年度创新基金创业项目服务机构”。到2005年年底，累计引进留学人员和博士222人，创办企业302家；留学人员、博士企业申请专利161项，占创新中心企业申请专利总数的58%。创新中心成功培育国腾、英集、拓能、药友、金科成地理信息、亚联高科、南山之桥微电子等一批拥有自主知识产权、具有核心竞争优势的优秀企业。创新中心的孵化基地由高新区起步园区、西部园区、高新孵化园和天府软件园四部分组成。起步园区有6个孵化单元，孵化场地4.1万平方米，2005年年底，有电子信息、生物医药、光机电一体化、新材料、新能源、生态技术、环保技术等高新技术企业162家。2003年4月，创新中心与高新西区创业服务中心（2001年8月成立）整合建立西部园区基地，有孵化场地2.5万平方米，截止2005年底，有以电子信息和生物医药类为主的企业51家。2002年2月，启动成都高新孵化园建设，该园为集中式科技成果专业类孵化基地，孵化面积22万平方米，入驻企业210家，进驻项目以软件开发、集成电路设计、信息安全技术、数字娱乐、应用软件等为主；2005年底建成国家软件产业基地（成都）、国家数字媒体技术产业化基地等6个国家级专业基地。天府软件园建筑面积23万平方米，集中发展软件外包、数字娱乐、集成电路设计、嵌入式软件、信息安全、行业软件等六大领域和3G通信、IPTV、平板显示（PFD）等为代表的新兴产业，到2005年，创新中心吸引微软、英特尔、摩托罗拉、爱立信、美国新蛋科技、智乐、住友、联想、华为、金山、盛大网络、腾讯、长虹等一大批国内外企业到孵化基地设立研发机构。至2005年，党和国家领导人胡锦涛、江泽民、吴邦国、吴官正、李鹏、朱镕基、尉健行、李岚清等先后到成都创新中心视察。

【成都武侯高新技术创业服务中心】

1998年，该中心由成都市武侯区批准设立，是西南地区第一家由区（县）级政府投资创办的综合性创业企业孵化器（公益性科技服务机构），隶属成都高新技术产业开发区武侯科技园管委会，系科技部高新技术开发区协会理事单位。2000年，建成建筑面积8000平方米的孵化楼和1.9万平方米的标准厂房。2003年12月，被科技部认定为“国家高新技术创业服务中心”。2004年，建成6000平方米的第二孵化楼。该中心以“孵化、服务、管理、开发”为宗旨，发挥政策资源优势，营造有利于科技成果转化和企业发展的软硬环境，引进、转化高新技术成果，引进人才，培育中小科技企业。截至2005年年底，累计入孵企业101家，涉及电子通信、软件开发、生物工程、新材料、医疗器械等行业；实现工业产值1.62亿元、销售收入1.66亿元、税收近840万元。

【成都高新区教育科技园孵化器有限公司】

其前身是四川省教育厅与武侯区政府于1994年联合创办的四川省校办科技产业园；2002年，发展成为成都高新区教育科技产业园，园区孵化场地及中试车间近6万平方米，是以孵化电子信息类高新技术为主、生物医药和新材料技术为辅的综合孵化器。截至2005年10月，该园区累计孵化高新技术企业100余家，在孵企业93家，已毕业的企业27家，培育成功奇力制药、海浪公司、奥瑞金种子、吉泰安制药等高新技术企业。园区形成年产值3亿多元、税收2000万元的生产规模，至2005年年底，累计创产值20多亿元、税收2亿元。2005年12月，园区被科技部认定为“国家高新技术创业服务中心”，成为全国首批民营国家级高新技术创业服务中心。

决策咨询与服务

【概况】

中共中央十一届三中全会后，全党工作重点转移到以经济建设为中心上来，决策民主化、科学化进程逐步兴起，明确提出开展软科学研究与科学决策咨询，成都市的决策咨询工作主要通过各级软科学研究机构进行。1983年4月，成都市科学技术发展研究中心成立。1983年5月，中共成都市委研究室（后更名为中共成都市委政策研究室）成立。9月，成都市人民政府经济研究中心成立。在蓉大专院校管理系、科技情报机构等相继开展软科学研究，为各级党委、政府的决策民主化、科学化服务。同期，在成都市的科研院所及专业学（协）会、厂矿科协组织广大科技人员开展科技咨询服务，并逐步发展成为一项新兴的事业，初步形成以科研院所、大专院校和大中型企业科技力量为骨干的面向全社会的咨询网络体系。

1991年6月26日，成都市科学技术顾问团成立。1997年，四川咨询业协会成立，对全省科技咨询评估机构实行归口管理。2001年，成都市以科学技术发展研究中心、科学技术顾问团为载体，加强决策咨询平台建设。同年，“锦江区博士团”等区（市）县科技顾问团相继建立。此后成都地区的主要决策咨询机构有各级科技顾问团、科技发展研究中心、科技情报（信息）机构、政府部门和高校的软科学研究机构等。这些机构围绕科技、经济和社会发展的重点、热点、难点问题及重大科技项目，开展调查研究、咨询论证活动，为党委、政府的宏观决策提供科学依据和决策咨询意见和建议。2002年8月，成都市科技顾问团发起建立成都市暨各区（市）县科技顾问团联席会议制度，并成立成都市决策咨询协会，以整合两级顾问团资源，增强市和区（市）县顾问团咨询研究力量。

2003年，成都市贯彻国家《科学技术评价办法（试行）》，重新规范科学技术活动涉及的论证、评审、评议、评估和验收等事项，制定《关于促进我市科技中介机构发展的实施意见》。5月，为加强科技评估制度建设，成都市科技局组建成都市科学技术评估中心，组织专家、学者，围绕全市重点行业的关键、共性和瓶颈技术及其他重大科技项目，开展技术预测和评估。2004年11月，四川省和成都市两级政府共同组建四川（成都）两院院士咨询服务中心，为两院院士在川、蓉开展学术交流、科技咨询、成果转化搭建服务平台。此外，成都地区为数众多的由科研院所、高等院校、大中型企业及民营科研机构的科技人员组建的科技咨询评估机构，针对全社会科技、经济、社会可持续协调发展，在科研、生产、经营及其他应用科学领域开展多层次、多学科的咨询服务，促进科技成果的推广应用，推动社会科技进步。这些机构主要是中国电力工程顾问集团西南电力设计院、信息产业电子第十一设计研究院有限公司、四川省畜牧科学研究院、四川大学水力学与山区河流开发保护国家重点实验室、四川省科学技术信息研究所、成都市信息化技术应用发展中心等组建的科技咨询评估机构，科协系统的咨询评估机构，专业学会和专门的科技咨询单位（四川省科学技术咨询服务中心、四川省鑫源科技评估中心、成都市科学技术咨询服务中心和企事业科协的咨询服务部等），以及民营科研机构等。2005年，成都市咨询评估服务机构在做好科技项目评估的同时，受委托对温江区花卉博览会后可持续发展、污水处理厂特许经营权出让及彭州市推进城乡一体化五年规划纲要等相关事项开展了咨询研究。

【成都市科学技术服务中心】

1981年，在成都市科学技术交流站的基础上成立成都市科学技术服务中心（以下简称“中心”），为成都市科技局直属科研事业单位，主要承担信息交流、技术服务、技术开发、技术培训、技术咨询和科技成果转化、推广等项工作。与成都地区的科研院所、大中型企业建立并保持密切联系。20世纪80年代初，中心在成都地区首次举办科技成果交流会，尝试把科技成果作为商品销售取得成功。1990年，中心被定为国家科委星火培训基地。采取引资负债方式，投资1700多万元，于1994年9月完成3800平方米旧大楼的装修改造，并建成3500平方米新大楼；新旧大楼连为一体，被命名为“西星大厦”，既满足了星火培训基地需要，也适应了“中国西南星火科技商城”的发展需要。10

月，由国家科委和成都市政府共同举办的全国星火科技精品展示会在西星大厦举行。国务委员宋健到会视察后称展示会“显示了科学对推动农村经济发展的巨大威力”。20世纪90年代前期，围绕实施国家星火计划，该中心与成都市果技站合作，承担并组织实施“优良脐橙新品种引进筛选及试验示范”攻关课题研究，先后在龙泉、新津等地推广间行株多头多部位长短枝结合的高接高换技术，对全市数万亩低产果园改造和数百万株柑橘品种改良起很大作用；中心在全市农村推广油菜新品种杂2-4达50余万亩，增产35%左右；引进推广“植保素”等新型农肥万余亩，蔬菜、柑橘等作物增产5%以上。中心发挥科技协作网优势，积极开展为企业的服务工作，先后推广新技术、新工艺100余项次。1992年，交流推广电力复合脂（是中心研制的防热降阻节电涂料，为我国重点推广的节能措施之一），在四川及省外上百家大型电耗企业推广应用，节电500万千瓦时；1997年，中心帮助夹江电镀厂改造治污设备，只用2万多元即通过乐山市环保局验收，为企业节约了大量资金。

1998年以后，中心对全市的科技服务工作主要是组织其所属或挂靠的科技社团、实体，为企业开展信息化和科技中介服务。1998年1月，该中心和自动化研究会创办《自动化信息》杂志。2000年10月，《自动化信息》编辑部在成都国际会展中心举办“2000年西南地区自动化及仪器仪表国际展览会”、西门子、富士、欧姆龙、LG等80多家中外著名企业参展。此后展览会每年举办一届。2002年6月，中心牵头筹建成立成都市科技企业协会，增进科技企业之间的信息交流与业务合作，加强科技企业与经济、金融和政府部门的联系。2003年5月，该协会承办市科技局与成都日报社联合发起的“科技改变我们的生活”品牌活动，先后组织14家成都本土企业参加品牌展示。该协会举办“成都市科技企业家活动日”“科技企业论坛”等活动，为企业搭建信息交流平台。11月，该中心组建成都市制造业信息化生产力促进中心有限公司，开展制造业信息化方面的宣传、培训、咨询、监理等工作。2005年，第六届西南地区自动化及仪器仪表国际展览会举办，除国内企业外，还有美国、德国、日本、法国、瑞士、韩国、芬兰、俄国、澳大利亚等国家及中国台湾、中国香港等地区众多知名企业参加，为历届规模最大。同年，公司与成都市科技企业协会合作，举办10期“100名科技创新企业家培训”，先后邀请复旦大学、四川大学等高校教授和英特尔、用友软件等企业高管作经营管理、知识产权保护等专题讲座。

【四川省科学技术顾问团】

四川省科学技术顾问团（以下简称省科技顾问团）成立于1983年9月，到2005年已历经5届。第五届省科技顾问团于2004年1月成立，顾问团主任由副省长柯尊平担任，辛文（宏观经济专家、教授）、杨国安（四川省科技厅厅长）、谢和平（四川大学校长、教授、中国工程院院士）、赵文欣（农业经济专家）、彭宇行（中国科学院成都分院院长、研究员）、侯水平（四川省社科院院长、研究员）等为副主任，四川省科技厅副厅长罗玉彬任顾问团秘书长。聘任省内包括全部在川两院院士在内的185名科技、经济、社会发展方面的知名专家、学者为顾问，并在省外聘请少量一流专家为特聘顾问。第五届省科技顾问团设改革与发展组、农业与农村经济组、工业经济组、科技发展与科技创新组、人才资源开发组、社会发展与社会保障组、生态环境组等7个专业组。其总体思路是全面实施科教兴川、人才强省和可持续发展战略，紧紧抓住全省经济、科技、社会发展的重点、热点和难点问题，发挥顾问团总体优势和整体智慧，开展各种形式的决策咨询，为提高决策科学化、民主化水平、实现四川省发展新跨越做贡献。主要任务是：参与制定四川省经济、社会、科技发展规划和重要技术政策；对具有全局性、综合性、长远性的科学技术问题开展调查研究，提出建议；接受省委、省政府的委托，对重点建设、重大技术改造和技术引进、重大技术攻关以及重大推广等项目的确定，组织技术经济论证，提出审查意见和建议方案；对各地、市、州（县）及企业提出的有关科学技术和经济领域的重大项目进行咨询论证，向省委、省政府提出可行性建议和处理意见；接受省委、省政府临时委托的其他专题调查、考察任务等。省科技顾问团的常设机构是顾问团办公室，办公室负责处理顾问团的日常工作，组织顾问开展各种活动，编辑《决策咨询通讯》（全国公开发行）及《顾问建议》《决策咨询动态》等刊物。

【成都市科学技术发展研究中心】

1983年4月，成都市科学技术发展研究中心（以下简称“中心”）成立，是市科委直属的综合性软科学研究机构，其主要任务是：对成都市经济和社会发展中的重大科技问题开展系统的调查研究，为制定全市、行业、学科的科技政策和发展规划提供可靠的依据，为市委、市政府及有关领导部门科技决策提供科学、合理的方案；对经济建设和社会发展中的重点科技项目（包括重大技术改造项目和技术引进项目）以及重点科研项目开展前期研究、论证工作，为正确决策提供科学依据；完成市委、市政府交办的科技决策研究任务。自1989年开始，该中心负责编制“成都市软科学研究年度计划”并负责组织实施和评审鉴定。1991年，与四川大学、成都地质学院、市计委、市外经委等合作完成的“成都市科学技术发展的战略研究（1991—2005年）”“提高成都市外贸出口产品创汇能力的对策研究”等课题。6月，成都市科技顾问团成立后，经市编委办批准，在市科学技术发展研究中心增挂市科技顾问团办公室牌子，实行合署办公。1991—2002年，该中心另挂有市科委软科学处牌子，归口管理全市软科学研究工作。1989—1998年，组织全市包括高校、科研院所在内的百余家企事业单位承担、完成成都市级重点软科学研究课题230余项，大量的研究成果进入各级领导及部门的决策之中，有近30项获得省、市科技进步奖。如市科委、市科技发展研究中心、成都科技大学、四川省科技促进发展研究中心完成的“成都科技密集开发区建设的研究”获1991年度四川省科技进步三等奖。市科学技术发展研究中心先后参加成都市“八五”“九五”“十五”“十一五”科技发展规划的研究与编制。2004年初，中心先后3次协助市科技顾问团特聘顾问李晓西教授牵头的“成都市科技发展总体战略研究”课题组完成调研工作，为中长期规划的制定奠定基础。2004年4月，市委、市政府成立以市长葛红林为组长的规划领导小组，并于12月底完成《成都市中长期科学技术发展规划战略研究报告》。2005年1月，启动《成都市中长期科学技术发展规划（纲要）》和《成都市“十一五”科学技术发展规划》（以下简称“两个规划”）的编制工作。中心协助成都市科技局组织和协调完成21个战略研究课题的研究任务，独立承担并完成《成都市科学普及发展规划纲要》，协助市科技局组织开展10个专题规划纲要的编制工作；中心课题组先后走访北京、上海、南京、武汉、杭州等17个城市的科技管理部门；动员四川大学、电子科技大学、西南交大、西南财大、中科院成都分院及部分重点高新技术企业等各方面专家、学者160多名，召开7次专题会议、19次汇报会；经过13次重大修改，历时18个月，编制完成“两个规划”。此外，2005年，该中心独立完成《成都市“十五”科技发展中期评估》报告、“生物技术和信息技术相互交融的发展趋势及对策研究”等课题研究工作；就成都创意产业发展情况开展前期调研和预研究工作；牵头开展“成都市应用技术研究与开发经费使用绩效评价指标体系研究”的研究工作；协助市科技局、市委办公厅开展“基因芯片产业发展最新报告”“四川省优势农产品产业带研究”“成都产业与工业集中区发展的研究”等一系列课题研究，提供决策咨询参考意见。

【成都市科学技术顾问团】

1990年7月20日，成都市编委同意建立成都市科学技术顾问团办公室。1990年11月16日召开的中共成都市第七届委员会第93次常委会、1991年4月12日召开的市政府第27次常务会议，同意成立成都市科学技术顾问团。1991年6月26日，成都市科学技术顾问团成立。顾问团是市委、市政府科技、经济和社会发展决策的参谋机构，其主要任务是为市委、市政府对科技、经济、社会发展中的一些重大问题进行决策和制定相应措施时，提供经过科学论证、符合成都市市情、可供选择的战略、政策、建议、方案和具体意见。第一届顾问团有29名成员；到1996年，直接或间接参加顾问团活动的各方面专家有千余人次。1996年8月，市科技顾问团举行换届选举，增设秘书长一职，第二届顾问团首批有30名顾问，院士增至4位，即刘盛纲、刘应明、徐僖3位中科院院士和中科院、中国工程院院士沈志云。同年，市顾问团启动“成都市发展信息产业规划纲要研究”。从1997年3月起，与电子科大等单位联合开展多个课题研究，提出意见和建议，其中“把成都市作为信息化试点城市的建议”于2000年被国家信息办采纳并批复，成都成为全国8个试点城市之一。1997年，院士袁隆平应聘为成都市科技顾问团顾问后，提出两系法杂交水稻在成都市示范推广的建议、并到双流县具体指导，当年两系法杂交稻就在双流县大面积试种成功，并通过国家科委鉴定验收。1998年，市顾问团协助顾问吴敬琏到蓉考察企业，组织召开“关于当前经济工作的难点和热点”报告会，吴敬琏就经营管理、企业改制、改组、改造和现代企业制度等问题同部分大中型企业、股份制企业和高新技术企业的代表，展开广泛的研讨和交流，为成都市国有工业企业转制及制定改革策略给予指导和帮助。从1999年开始，市顾问团组织顾问和有关专家先后对“加快我市信息技术及产业发展对策”等多项信息化建设项目做咨询评估，于2001年组织编制“信息港建设实施方案”及“技术标准规划书”，成功孵化出成都信息港股份有限公司。2001年11月，成都市第三届科技顾问团成立，顾问人数增至100人，首批确定81名顾问，分为三个组：自然科学研究与高新技术开发专家组40人，经济发展研究专家组22人，社会发展研究专家组19人；聘请李京文、刘国光、吴敬琏、萧灼基、袁隆平等14位全国著名专家为特聘顾问。11月30日，第三届科技顾问团成立大会在成都国际会展中心举行，经济学家萧灼基顾问作“WTO——成都面临的机遇和挑战”、电子科大副校长吴正德顾问作“展望高科技成都”的报告。2001—2002年，顾问团承担并完成重点课题“成都市主导产业链研究”。该课题分为主报告及信息产业、食品产业、机械产业、医药产业4个子链共5个课题组展开研究，其中“成都市医药产业链研究”和“成都市机械产业链研究”2项成果获得2003年度成都市科技进步三等奖，“成都市食品产业链研究”获得2004年度成都市科技进步三等奖。2002年，顾问团组织成都专家组完成“高科技成都行动计划”课题研究，邀请数十名“两院院士”及市科技顾问团顾问，进行专题研讨，向市委、市政府提供对策建议；组织顾问撰写多篇专述，张其佐、刘福祥、张陆洋等顾问的文章受到省、市主要领导的关注和肯定。

成都市第三届科技顾问团顾问人数陆续增加，到2005年底，顾问总人数达到118人，其中有16位院士，以及宋永华（英国布鲁内尔大学副校长、皇家工程院院士）等11名境外专家。2005年，围绕成都市“国民经济和社会发展十一五规划”和“中长期科技规划”的编制，顾问团办公室召开多次咨询研讨会，并以上门求教、信件、电子邮件等多种形式向130多位顾问和其他专家征求意见，1年中先后有14位院士和近200名顾问、专家参与研讨、论证，提出大量咨询意见和对策建议。顾问团成立后坚持开展以“向市委、市政府提一条建议”为主要内容的“四个一”活动，以顾问团内部刊物《参谋动态》《科技决策参考》为媒介建言献策。到2005年底，“两刊”已分别发行345期和195期，顾问通过刊物提出的许多建议、意见被市委、市政府及相关部门、区（市）县采纳，有的被领导批示、转发。顾问团多年召开有市委、市政府主要领导参加的迎春座谈会，为顾问与市领导面对面地建言献策提供条件。

1991年成都市第一届科学技术顾问团成员统计表（29人）

表5-64

姓名	职务、职称	单位	专业特长	备注
贺大经	副市长、研究员	成都市政府	激光	顾问团主任
黄潼年	副总工程师、高级工程师	成都工具研究所	工具	顾问团副主任
王家善	副主席、部长	成都市政协、成都市委统战部	管理	顾问团副主任
张景文	主任、高级工程师	成都市科委	科技管理	顾问团副主任
李显宗	副主席、工程师	成都市科协	科技管理	顾问团副主任
刘盛纲	校长、中国科学院院士、教授	电子科技大学	微波电子、生物电子等	
刘诗白	校长、教授	西南财经大学	社会主义政治经济学	
徐　僖	中国科学院院士、教授	成都科技大学	高分子化学	
刘应明	教授	四川大学	数学	
林祥棣	院长、研究员	中国科学院成都分院	光电工程	
钱毋荒	研究员	机电部十所	无线电测控	
陈嘉甫	院长、高级工程师	成都市化工研究设计院	磷化工	
高世廉	副所长、教授	西南交通大学软科学所	交通运输	
李贤琅	副教授	成都气象学院	统计预测	
张肇达	校长助理、教授	华西医科大学	康复医学	
姚昌瑞	所长、研究员	四川大学软科学所	软科学研究	
凯　兵	总编辑、高级编辑	成都晚报	新闻	
张正文	主任	成都市委研究室	政策研究	
孙信夫	高级经济师	人民银行成都市分行	金融	
税海军	高级经济师	成都市一商局	商务	
王远让	市计委委员	成都市计委	政策研究	
陆务滋	高级工程师	成都市机械局	汽车、拖拉机	
江永静	总工程师、高级工程师	成都无缝钢管厂	钢管	

续表

姓名	职务、职称	单位	专业特长	备注
刘玉成	副总工程师、高级工程师	成都市建委	土木工程、规划	
朱　彬	督导员、高级工程师	成都市规划设计院	规划	
黄裕蜀	名誉所长、高级农艺师	成都市一农科所	蔬菜	
周世坤	站长、高级农艺师	成都市农技站	农业	
陈富臣	处长、高级畜牧师	成都市农牧局畜牧处	畜牧	
张其佐	副主任	成都市财政局办公室	经济	

1996年成都市第二届科技顾问团首批成员统计表（31人）

表5-65

姓名	职务、职称	单位	专业特长	备注
贺大经	副市长、研究员	成都市人民政府	激光	顾问团主任
刘诗白	名誉校长、教授	西南财经大学	经济学	顾问团副主任
徐　僖	所长、中国科学院院士、教授	四川联合大学	高分子化学	顾问团副主任
张景文	主任、高级工程师	成都市科委	科技管理	顾问团秘书长
吴敬琏	研究员	国务院发展研究中心	经济学	
萧灼基	教授	北京大学	经济学	
王　战	主任、教授	上海市政府发展研究中心	政策研究	
郑新立	主任	国家计委政策研究室	政策研究	
刘盛纲	校长、中国科学院院士、教授	电子科技大学	光电子学	
刘应明	副校长、中国科学院院士、教授	四川联合大学	数学	
沈志云	所长、中国科学院院士、中国工程院院士、教授	西南交通大学	交通工程	
林祥棣	院长、研究员	中国科学院成都分院	光电工程	
吴正德	副校长、教授	电子科技大学	微波技术	
李伯刚	总经理、研究员	成都地奥制药公司	生物	
钱毋荒	高级工程师	机电部十所	无线电测控	
赵国良	所长、教授	西南财经大学	工业经济	
杨继瑞	校长助理、教授	四川联合大学	宏观经济	
王家善	部长、高级工程师	市委统战部	管　理	
古荣华	主任	成都市政府研究室	政策研究	
朱长胜	副主任	成都市委政研室	政策研究	
李显宗	副主席、工程师	成都市科协	科技管理	
伍进一	总编辑、高级编辑	成都晚报社	新闻	
李贤琅	副秘书长、副教授	成都市政协	统计预测	

续表

姓名	职务、职称	单位	专业特长	备注
刘玉成	副主任、高级工程师	成都市建委	建筑设计	
姚昌瑞	研究员	四川联合大学	软科学研究	
高世廉	教授	西南交通大学	交通运输	
王远让		成都市计划委员会	政策研究	
周世坤	站长、高级农艺师	成都市农技推广站	农业	
张其佐	区长助理	武侯区人民政府	财经	
陈　放	教授	四川联合大学	生态农业	
袁隆平	研究员	国家杂交水稻工程技术研究中心	杂交水稻	1997年增聘

2005年成都市第三届科技顾问团成员统计表（118人）

表5-66

姓名	职务、职称	单位	专业特长	备注
郝康理	市委常委、部长、研究员级高级工程师	中共成都市委宣传部	电子信息	顾问团主任
徐　僖	中国科学院院士、所长、教授	四川大学高分子研究所	高分子化学	顾问团副主任
门　生	书记	中共彭州市委	农业科技、科技管理	顾问团副主任
刘诗白	名誉校长、教授	西南财经大学	政治经济学、社会主义市场经济	顾问团副主任
兰　戈	所长、研究员级高级工程师	西南技术物理研究所	光电技术	
林祥棣	研究员、中国工程院院士	中国科学院成都分院	光学、光电监测系统	
刘盛纲	教授、中国科学院院士	电子科技大学	微波电子、生物电子	
陆怡放	总工程师、研究员	倍特公司	航天、导弹	
谢兴尧	研究员	中国测试技术研究院	光度、照明等测量及计量标准的建立	
吴正德	四川省政协副主席、教授	电子科技大学	电磁场、微波与毫米波	美国纽约科学院院士
曾　利	所长、研究员级高级工程师	中国电子科技集团第十所	抗干扰通信	
张雨东	所长、研究员	中国科学院光电技术研究所	自适应光学技术	
范平志	院长、教授	西南交通大学计算机与通信工程学院	通信编码与信息安全	
傅忠良	副总经理、研究员	中国科学院成都信息技术有限公司	软件开发	
花　欣	董事长、教授、高级工程师	四川迈普数据通信股份有限公司	网络安全及宽带数据交换设备	
李少谦	副院长、教授	电子科技大学通信学院	通信专家、CDMA技术	

续表

姓名	职务、职称	单位	专业特长	备注
刘应明	中国科学院院士、副校长、教授	四川大学	模糊数学	
佘剑鸣	总经理、研究员	成都立达信息技术有限公司	WAAS数学研究	
王晓京	研究员、处长	四川中国科学院信息技术有限公司	信息安全、人工智能	
张渝强	董事长、高级工程师	成都信息港有限责任公司	网络、通信、管理	
戴　炎	总经理、高级工程师	成都银河磁体股份有限公司	复合材料、磁性材料	
邓金根	副总经理、研究员	中国科学院成都有机化学有限公司	生物多肽	
马　力	院长、教授	西华大学生物工程学院	食品、农产品加工	
李跃建	院长、研究员	四川省农业科学院	作物遗传育种	
张汝全	所长、研究员	成都市第二农科所	油菜遗传育种	
陈耀明	副总经理、教授	成都国嘉生物制药股份有限公司	新药和生物技术	
陈　放	院长、教授	四川大学生命科学学院	植物生物技术	
葛永红	副所长、副研究员	卫生部成都生物制品研究所	基因微生物制药	
贺正全	副董事长、教授级高级工程师	成都摩尔生物医药有限公司	生物医药	
李玉宝	主任、教授	四川大学纳米生物材料研究中心	纳米生物材料	
刘福祥	副主任、教授	四川大学口腔种植中心	口腔生物力学	
彭　成	院长、教授	成都中医药大学药学院	中药新药	
田卫东	主任、教授	四川大学华西口腔医院口腔颌面外科	口腔颌面外科	
余柏松	副总经理、研究员	四川维奥生物技术公司	微生物制药	
吴　勇	副院长、教授	四川大学华西药学院	靶向药物	
魏于全	副校长、中国科学院院士、教授	四川大学	肿瘤生物治疗	
曾雁鸣	董事长主管药师	四川迪康集团股份有限公司	中药制药	
张志荣	院长、董事长、教授	四川大学华西药学院、四川华星中医药有限公司	靶向给药系统	
柯　坚	主任、教授	西南交通大学新型驱动技术研究开发中心	液压、机电一体化	
姚　毅	总经理、博士	成都拓能新技术有限责任公司	计算机医疗器械	
沈志云	中国科学院院士、中国工程院院士	西南交通大学	车辆系统动力学及控制	
王瑞林	教授	四川大学科研装备处	太阳能电池	
孙会璧	教授级高级工程师	四川省国际工程咨询公司	能源工程	
王庆安	所长、高级工程师	四川省环境保护科学研究院生态与环境工程研究设计所	环境生物学	

续表

姓名	职务、职称	单位	专业特长	备注
吴　宁	常务副所长、研究员	中国科学院成都生物研究所	植被生态、山地退化生态系统	美国纽约科学院院士
周来东	书记、高级工程师	成都市环境保护科研院	自然环境保护	
艾毓辉	局长	成都市园林局	规划、城建	
邓全忠	副市长	成都市人民政府	行政管理、规划	
贺大经	副主席、研究员	成都市政协	激光	
刘玉成	主任、高级工程师	成都市人大城市建设委员会	建筑施工、设计及城市建设	
石应康	院长、教授	四川大学华西医院	胸心大血管外科及生物医学工程	
宋志斌	副秘书长、高级经济师	中共成都市委	城市经济、房地产经济	
王家善	原常务副主席、党组副书记	成都市政协	管理	
熊　瑜	部长、教授	四川大学对外联络部	学生教育与高教管理	
张景文	原科委主任、高级工程师	成都市科委	科技管理	
王启涛	部长、教授	四川师范大学宣传部兼统战部	中国文化史、汉语言史	
谢元鲁	教授	四川师范大学历史旅游系	历史、旅游	
张殿业	院长、教授	西南交通大学交通运输学院	交通运输安全、交通环保、智能交通	
张　锦	院长、教授	西南交通大学物流学院	交通规划、物流	
姜晓萍	教授	四川大学公共管理学院	政务管理	
陈　宏	教授	电子科技大学	企业管理、数量经济	
郭元晞	校长助理、教授	西南财经大学	经济体制改革、企业管理	
侯水平	院长、研究员	四川省社会科学院	经济法学	
贾建民	院长、教授	西南交通大学经济管理学院	决策理论与应用、风险分析	
王益谦	副主任、教授	四川大学发展研究中心	城市发展与生态环境建设	
徐玖平	副院长、教授、双博士	四川大学工商管理学院	应用数学、管理咨询	
杨继瑞	副书记、教授	西南财经大学	经济学、国土资源	
赵昌文	副校长、教授	四川大学	金融投资管理	
赵国良	所长、教授	西南财经大学工业经济研究所	工业经济管理、工业经济体改	
李京文	院士、教授	中国社会科学院	技术经济数量经济	特聘顾问
袁隆平	院士、研究员	国家杂交水稻工程技术研究中心	杂交水稻	特聘顾问

续表

姓名	职务、职称	单位	专业特长	备注
吴敬琏	高级研究员	国务院发展研究中心	经济学	特聘顾问
李晓西	所长、教授	北京师范大学经济与资源管理研究所	经济学、市场化理论	特聘顾问
刘　伟	副院长、教授	北京大学经济学院	政治经济学转轨经济学	特聘顾问
李　扬	副所长、研究员	中国社会科学院财贸经济研究所	货币财税、金融市场	特聘顾问
林兆木	研究员	国家发展计划委员会宏观经济研究院	宏观经济	特聘顾问
刘国光	教授	中国社会科学院	经济改革、宏观经济	特聘顾问
萧灼基	教授	北京大学经济学院	市场经济	特聘顾问
杨开忠	主任、教授	北京大学城市与环境学系	经济地理学、区域科学	特聘顾问
张陆洋	主任、教授	复旦大学国际金融系	风险投资、科技创新	特聘顾问
何　维	常务副所长、教授	中国医学科学院药用植物研究所	T细胞受体识别、肿瘤免疫	特聘顾问
陈可冀	研究员、中国科学院院士	中国中医研究院西苑医院	中西医结合、冠心病治疗	特聘顾问
王永炎	院长、教授、中国工程院院士	中国中医研究院	中风病与脑病防治	特聘顾问
周　俊	研究员、中国科学院院士	中国科学院昆明植物研究所	药用植物和化学研究	特聘顾问
姚新生	校长、教授、中国工程院院士	沈阳药科大学	中药反天然药物研究	特聘顾问
王志纲	教授、高级记者	王志纲工作室	城市战略策划	特聘顾问
萧培根	名誉所长、研究员、中国工程院院士	中国医学科学院药用植物研究所	药用植物研究	特聘顾问
康　乐	局长、研究员	中国科学院生命科学与生物技术局	生态基因学	特聘顾问
陈凯先	所长、研究员、中国科学院院士	中国科学院上海药物研究所	计算机辅助药物分子设计	特聘顾问
胡之壁	所长、研究员、中国工程院院士	上海中医药大学中药生物工程研究所	中药生物工程	特聘顾问
李先恩	副主任、副研究员	中国医学科学院药用植物研究所	药用植物	特聘顾问
杨胜利	主任、研究员、中国工程院院士	中国科学院上海生物工程研究中心	基因工程、代谢工程研究	特聘顾问
唐　骏	总裁	上海盛大网络公司	网络管理战略	特聘顾问
李　建	司长	科技部高新技术司	管理	特聘顾问
刘太格		新加坡城市规划院	城市整体规划	特聘顾问
龚维希	博士	联合国产业发展部	城市规划	特聘顾问
赖炳荣	中国区顾问	摩托罗拉公司	项目管理、产业教育	特聘顾问
徐廷旭	前部长	韩国科技部	管理	特聘顾问

续表

姓名	职务、职称	单位	专业特长	备注
王干芝	董事、执行副总裁	香港汇亚集团	科技风险投资	特聘顾问
蓝志勇	教授	美国亚利桑那州立大学公共管理学院	地方政府创新管理和经济发展	特聘顾问
宋永华	副校长、英国皇家工程院院士	英国布鲁内尔大学	能源、电力和网络系统	特聘顾问
马启元	美中科技促进会会长、教授	哈佛大学医学院	磁共振工程	特聘顾问
刘　洪	博士	英国曼彻斯特大学工商管理学院	工商管理	特聘顾问
郎　华	亚太区副总裁兼中国区总裁	美国约克空调公司	机械工程、制造业管理	特聘顾问
王寿苔	理事	美国马来西亚商会	机械工程	特聘顾问
李显宗	原副主席	成都市科协	管理	荣誉顾问
钱毋荒	教授级高级工程师	中电集团电子十所	空间电子设备及测控	荣誉顾问
高世廉	教授	西南交通大学运输系	交通运输	荣誉顾问
李贤琅	教授、原副秘书长	成都市政协	管理	荣誉顾问
姚昌瑞	研究员	四川大学	软件科学	荣誉顾问
王远让	原委员	原成都市计委	管理	荣誉顾问
周世坤	原站长高级农艺师	成都市农技推广站	农业科技	荣誉顾问
张其佐	副校长、博士	成都大学	经济学	荣誉顾问
李伯刚	董事长、研究员	成都地奥制药股份有限公司	新药开发	荣誉顾问
古荣华	原副秘书长	成都市人民政府	管理	荣誉顾问
朱长胜	原巡视员	中共成都市委政研室	管理	荣誉顾问
王　战	主任、教授	上海市人民政府发展研究中心	城市经济决策	荣誉顾问
郑新立	研究员	国家发展计划委员会政研室	宏观经济调控	荣誉顾问

【成都市科学技术评估中心】

2003年5月，成都市科技局研究同意成立“成都市科学技术评估中心”（简称“评估中心”）。其主要任务是：开展科技评估，组织权威专家按照专门的规范程序，运用科学的方法进行专业化的评判；为政府、企业和其他组织机构提供咨询服务。评估中心成立之初，制定了《成都市科技评估管理暂行办法》，并组织顾问、专家212人次，完成《成都市科技计划项目立项评估规范》的编制，以及237个项目的评审、评估工作。2004年4月，成都市机构编制委员会办公室对市科技局相关文件做出回复，同意在市科技局所属的“成都市科技发展研究中心”增挂“成都市科学技术评估中心”牌子。2003—2004年，开展市场化科技评估工作，受市科技局委托，完成了“2004中医药国际科技博览会承办单位招标”项目的评标工作；受成都技术产权交易所委托，制定“商业计划书定点承编单位招标”项目的评标方案，并组织实施；受成都市联合产权交易所和成都市国有资产投资经营公司等委托，对82个项目进行了评估。2004年，组织近百名专家，围绕全市重点行业的关键、共性和瓶颈技术，在电子信息、生物医药、新材料、机械、能源与环保、农业和社会发展领域开展行业技术预测，形成《成都市相关行业技术预测报告》。另外，完成4所大学和科研机构申报成都市技术转移中心的认定评审工作；承接并完成成都市科技共性技术研发服务平台的主题策划方案；协助市科技局完成兴科公司和成都生物医药孵化器（天河孵化器）建设策划方案；帮助双流县科技局完成12个科技孵化资金支持项目的评估工作等。2004—2005年，评估中心共完成成都市各类科技计划项目评估1073项，其中各类科技计划项目立项评估共有911项，占总数的84.9%；其他项目有成都市城乡协调发展科技示范区（市）县有关项目评估，国家科技型中小企业技术创新基金计划项目初评等；2005年，受委托为温江区花博会后可持续发展、污水处理厂特许经营权出让以及彭州市推进城乡一体化五年规划纲要等事项开展了咨询研究。

【四川（成都）两院院士咨询服务中心】

2003年12月，由钱清泉院士提议，四川省、成都市两级政府决定按照“省市共建，以市为主”的原则与两院共同建立“四川（成都）两院院士咨询服务中心”（以下简称“院士中心”）。成都市科技顾问团办公室承担院士中心的筹建工作。筹建经费180万元由省、市政府共同承担（省政府50万元，市政府130万元）。院士中心办公场地由成都高新区免费提供，设在高新孵化园四号楼南楼，共230平方米，配备现代化的学术活动设施。在筹备期间，筹备组向院士寄发了《服务意向书》，征集院士的意见、建议。2004年11月30日，院士中心揭牌成立。其主要任务是密切四川省、成都市同中国科学院、中国工程院的合作，为两院院士在川、蓉开展学术交流、科技咨询、成果转化搭建综合服务平台，聚集院士的智力资源，培育技术资本，更好地发挥高新技术在改造传统产业、提升省市产业整体水平中的先导作用。“院士中心”为成都市科技局所属事业单位。12月18日，院士中心成立后与西南交大联合举办了“真空管道高速交通”院士研讨会，部分两院院士出席。2005年，院士中心协助开展“西部科学论坛”活动，邀请李德仁、陆大道、魏于全、郭重庆、钱清泉、刘源张、倪光南、钟山、周立伟9位院士和李晓西、张宇燕2位著名经济学家，在首届“成都科技节”期间，举行近20场系列讲座，其内容涉及城市发展、航天航空、轨道交通、生物技术、质量管理等众多领域，直接听众6000余人次。

科技风险投资平台

【概况】

20世纪90年代前，成都市科研和科技开发所需资金如科技三项费、成都市科技发展基金、科技开发基金、科技事业发展基金等均以政府投入为主——财政拨款、全部无偿使用。90年代以后，逐步改变为以科技信贷为先导、以财政拨款和企事业、科研单位自筹为两翼多渠道投入，实行有偿有息、少量无偿使用。1988年，经中国人民银行成都市分行批准，创建“成都市科技金融服务部”，各专业银行的成都分行均开始开展科技开发贷款。进入90年代以后，金融机构逐步加大对科技开发贷款的力度。1992年，成都市共争取到科技开发贷款总额度1亿元，同时以科技开发基金作担保为企业和科研院所拆借科技开发及流动资金，科技投入渠道逐步拓宽。同年，市科委、市财政局、市工商银行合资建立科技信贷部，为部分企业的科技开发项目落实资金；成都高新技术产业开发区与市工商银行合资建立“科技风险投资基金”，开展科技风险投资业务，探索科技风险投资机制。同时，都江堰市由科委、工商行、保险公司合资创办“都江堰市科技投资保险公司”，开展科技投资保险业务。1997年，正式成立“成都市科技风险开发事业中心”（以下简称“风险中心”）。1998年，成都高新区设立高新区风险投资担保基金，科技部和四川省科委为此所配的专项资金渠道也已畅通。1999年，成都市设立“成都市高新技术成果转化风险金”。1999—2003年，市本级财政每年拿出2000万元作风险投资金、由风险中心掌握使用。市财政对科技创新的投入逐年稳步增加，在每年安排2000万元风险金的基础上，于2000年增加500万元，用于经认定的高新技术成果转化项目的股权投资、融资担保和贷款贴息。

2002年，全市落实国家、省、市科技三项费2.19亿元，引导社会R&D资金22亿元；政府安排风险金4.7亿元，组建一批风险投资公司，扶持一批科技初创企业和重点项目；通过政府的引导，拉动社会资金近20亿元参与风险投资事业。2004年，在成都注册的风险投资和管理机构已有50家，注册资金约20亿元。2005年，设立成都市科技型中小企业创新基金服务机构，同时科技风险投融资服务机构与各级投资机构建立工作联系机制，为40余家企业推介重点项目140个，注册申报20个；全市基本形成政府投入为引导、企业投入为主体、全社会参与的多元化科技风险投融资格局。

【风险投资市场培育】

2001年，出台《成都市创业资本投资高新技术产业的试行办法》，鼓励国内外资本、包括民间资本到成都创办投资机构，以“政府引导、市场运作、多元投资、专家理财”为宗旨，力求用少量的风险引导金聚集大量社会资金，建立风险投资公司，培育风险投资市场；2002年3月，组建成都市创业投资协会，规范行业行为，整合成都投创力量。此外，成都市邀请国内外风险投资专家举办专题讲座和业务培训，加强同国内外投资机构的合作；组织项目和投资机构的对接活动，提供交流渠道；在资金管理上引进国际通行的所有权与经营权分离的投资项目管理方式；以政府引导资金直接引导社会资金投入，采取一系列措施，营造良好的风险投资环境，培育风险投资市场。2001年“西部投资论坛”期间，北京、上海等地的投资专家以外地一些风险投资的成功案例，就风险投资进入企业后的变化、风险投资的退出以及高校、科研院所和高新技术企业与风险投资机构的合作等问题，与成都数十名高新技术企业代表举行交流；并邀请沿海及中国香港、新加坡的创投机构、证交所来宣讲上市规则，推动成都市创业企业到海外市场上市。2001—2003年，先后与美国中小企业管理局、世界银行集团金融公司中小企业局、香港联交所等投资机构举行交流合作。2003年，组团参加深圳高交会等高新技术交易会、西部投资论坛、海峡两岸经济科技合作交流会等大型经贸活动，加强与成都技术产权交易所的中介联系，为1548个项目创造了与投资机构的对接机会。2004年“西部投资论坛”期间，除邀请国内外专家作专题讲座外，还为110多家科技型企业包装项目，组织了6场风险投资活动。

【成都市科技风险开发事业中心】

1997年，“成都市科技风险开发事业中心”成立，为直属成都市科委的事业单位，主要职责是面向全市，支持科研院所、高等院校和企业从事具有高风险和高效益前景的科技开发，对从事科技产品研制、开发、生产的企事业单位提供有偿资金及技术管理服务，并开展技术转让、培训和成果中介等综合服务。市财政拨给“风险中心”的开办资金为5701万元，并从1997年起连续5年每年拨给“风险中心”1000万元，用于科技风险开发；以此资金为引导，广泛吸引社会资金参与高新技术产业的创业投资，科技风险投入实现零的突破，为建立科技风险投入机制打下基础。2001—2004年，“风险中心”通过政府资金和政策引导，吸引民间资本投入科技风险开发，建立社会化风险投资体系，资金规模达到2亿元；中心累计投资项目116个，投资额2.46亿元，其中股权投资0.98亿元；以参股、控股方式组建26家公司（后退出一家），注册资金7.6亿元，引入社会资金10多亿元。2005年2月，成都市机构编制委员会办公室批准，将成都市高新技术成果转化服务中心并入成都市科技风险开发事业中心。（2001年，经成都市机构编制委员会办公室批准，将市科委直属的成都市高新技术成果转化服务中心、成都市科技成果交流中心、成都生产力促进中心、成都市国际科技交流中心等四家事业单位合并，成立成都市高新技术成果转化服务中心。成都市科技成果交流中心成立于1991年，成都生产力促进中心成立于1991年，成都市国际科技交流中心于1998年由“火炬中心”管理调整为市科委直管。）

成都市科技风险开发事业中心组建的部分风险投资公司情况一览表

表5-67

公司名称	组建时间	风险中心投资额	其他出资方及投资额	简要说明
成都科技创业投资有限公司	2001.5	1100万元	迪康药业集团，1200万元	成都市第一家政府与社会资本合办、专业从事科技风险投资的公司
成都高新西区科技风险投资公司	2001.6	3000万元	省、市、区财政共3.2亿元	至2001年止成都市最大的风险投资机构
成都新科孵化投资有限公司	2002.5	1487万元	迪康集团、成都德兰咨询顾问公司	以科技企业孵化、高新技术项目投资与开发为主要业务，注册资金2300万元
金堂科星投资有限公司	2003.2	103万元	金堂县科技咨询服务中心，210万元	成都市郊县首家风险投资公司，主要对该县资源开发性项目重点扶持，是风险投资向郊县延伸的尝试
成都新科创业投资有限公司	2004.9	2000万元		注册资金2380万元

【高新技术产业投资】

1998年，成都市科技风险开发事业中心向成都国腾通讯（集团）有限公司邮电部重点科研项目——IC卡公用电话付费系统——注入创业资金100万元。1999年，实现销售收入5亿元，利税1.22亿元。2001年，投入500万元支持该产品升级换代，2001年末，累计销售额达到28亿元，利税7亿元，IC卡公用电话付费系统占领了国内30%的市场。2001年7月，风险中心投入500万元与川投控股、聚友网络等两家公司共同组建成都信息港股份有限公司，注册资本1亿元，风险中心占5%股份，进行成都市信息化网络，半年完成招标项目12个，投资额6000万元，形成成都市一环路内主干光纤网络，建设并开通了IDC数据中心和IXC同城交互中心。2002年1月，风险中心投入510万元与国嘉制药组建世纪联合生物医药有限公司，按西药原理进行中药现代化研究，开发并生产的产品有注射用银杏叶粉针剂、朱砂莲胶囊、盐酸莫昔普利片等。9月，出资150万元参与组建成都信息安全产业基地有限公司。11月，出资200万元联合组建成都哈工大科软信息技术有限公司，进行企业管理软件开发。2003年4月，风险中心投资70万元，与晨光化工研究院等联合组建成都鑫科晨生物技术有限公司，以大孔吸附技术实现从尼玛提取生物黄酮项目的产业化。5月，投资60万元与成飞公司组建成都威特柴油电喷技术有限公司，实现柴油电喷系统的产业化；投资60万元与电子科大等组建成都正元视频科技有限公司，扶持高清晰度背投影管产业化项目，以上两个项目共引导社会资金投入5400万元。7月，出资200万元与成都高新西区软件基地有限公司联合组建成都软件工程中心有限公司，进行软件产品测试、开发、人才培训、资质认证等。2005年2月，风险中心出资297万元成立成都数字媒体产业基地有限公司，注册资金300万元，举行数字娱乐软件测评、D引擎开发及人才培训为主的平台类服务，推动成都市游戏软件产业发展。3月，投资250万元组建成都新科生物医药科技有限公司，注册资金300万元，举行生物医药产业的平台类服务。4月，投入100万元与高新区博创投资有限公司联合对成都久力信息技术有限公司其进行股权改造，解决网络安全控制系统项目流动资金的困难。另外，风险中心向四川三高生化有限公司注入资金412万元，为其解决创业初期资金缺乏的问题，两年内该公司已发展成能为中外大型生化制药企业提供批量产品的生化基地，出口创汇400多万美元、产值8000多万元人民币。除此之外，四川迪康集团、成都通信电缆厂、成都市第一农科所、成都市林业科研所、成都菲斯特科技有限公司、升和制药有限公司、成都希臣药业有限公司、成都睿达科技有限公司、成都电子科大金盘多媒体科技有限公司等近60家科技型企业的电子信息、通信、生物医药、现代农业等相关项目也获得过成都市科技风险开发事业中心的支持。

技术产权交易平台

【概况】

成都市的技术成果交流交易始于20世纪80年代初。1982年1月，成都市科学技术服务中心在成都地区首次举办科技成果交流交易会。至1989年，成都市已多次举办各类技术交流交易及新产品展销活动，多次组团参加四川省和全国的科技成果及产品交易会。1990年，技术交易成交额达到1亿元，成为全国17个交易额上亿元的省市之一。

1991年，组建成都市科技成果交流中心。1992年成都市技术市场管理办公室与成都市科技成果交流中心合署办公，负责组织、管理各类技术交易活动。同时，筹建成都市技术合同仲裁委员会（由市科委、市工商局、市法院三家联合组成），青羊、成华等6区（市）科委设置技术市场管理机构，10个郊县科委明确专职管理人员，开展技术开发、技术市场管理组织工作。4月，成都高新区高新技术成果展交常设技术市场动工兴建，青羊、锦江等4城区常设技术市场相继挂牌开业。1—10月，全市各类技术交易合同成交金额达到1.54亿元。同年，筛选和组织近300项科技成果，参加在广州、新疆、北京等地举办的各种展交活动，使成都市的科技和产品进入沿海，打入国际市场。

1993年，成华区、温江县两地新建常设技术市场2个，全市常设技术市场总数达到8个，并设立技术合同登记站21个，常年开展各类技术交易合同的认定、登记工作。90年代初，成都市相关机构积极开展常年性技术交易工作，组织承办或组团参加各级各类技术交易会，年交易额数千万元。1994年10

月，国家科委和成都市政府联合举办“1994成都全国星火科技精品展示会”，国务委员宋健到会，称展示会“显示了科学对推动农村经济发展的巨大威力”。国家科委行文批准在成都建立全国第四个区域性的技术交易机构——西南技术交易所。成都市首家无形资产评估专业机构经有关部门批准筹建。中国西南星火科技商城落成投入使用。

1995年，制定成都市技术市场“九五”计划和到2010年发展规划。成都市科技交流交易中心动工兴建，筹建成都市技术经纪人事务所，一个促进科技成果商品化，加速其向生产领域扩散和转化的网络逐步形成。1996年3月，市政府下发指出：认真贯彻“放开、搞活、扶植、引导”的技术市场发展方针，综合运用经济的、法律的和行政的手段，加速培育和发展技术市场，在完善市场机制、健全市场组织、调整市场结构、规范市场行为4个方面创造特色，是成都市建设西南地区科技中心的一项重要工作任务。从80年代末至1998年，累计举办各种类型的技术市场交易及人才交流活动600余次。1998年，全市有常设技术市场6个，技术合同认定登记站21个，技术交易成交总额在10亿元以上。

2000年，按部、省、市共建，成都市具体负责的原则，采取政府引导、企业化运作的模式，由成都高科技发展股份有限公司牵头重组西南技术交易所。并在西交所基础上，以股份制形式成立“成都技术产权交易所”。同时启动成都市“科技兴贸行动计划”，确定一批重点高新技术出口企业，建立健全高新技术产品出口服务体系，为符合条件的高新技术企业办理自营出口经营权，制定了有关扶持政策。

1991—2002年，市政府、市科技局（科委）举办或组团参加的主要的技术交易活动超过30次。2000年后，全市年技术交易额达数亿元至数十亿元。2000年，参加深圳高交会，“天河体育中心计时计分显示系统”“宽带网络传输系统”“合资生产多断层螺旋伽马刀”等3个项目的交易额均超过亿元。2001年，技术交易（技术开发、技术转让、技术咨询、技术服务）成交合同659项，成交额2.24亿元。技术流向全国25个省、自治区、直辖市，包括流向15个副省级城市中的9个城市。

2003年，成都市重新界定政府与技术产权交易所的关系，即政府提供政策环境和市场引导，经营班子在董事会的监督下，按照法律独立经营。把科技企业融资作为技术产权交易所核心业务，抓信息发布质量，增强信息服务功能；通过建立区（市）县、科研院所、高校和投资机构联系制度，引入优质资源；开展融资活动，创造交易机会：聚集中介机构，活跃市场，发挥政府的引导作用，推动交易主体向交易所聚集。通过融资商业计划书编制补贴，对科技中介机构进行扶持，吸引一大批投资管理机构、投资咨询机构等在交易所开展投融资服务。全市活跃在交易所的中介机构已有47家，经常性交易挂牌项目400多项。截至11月底，技术产权交易所共成交项目383项，实现交易额15.42亿元。

2004年5月28日，成都技术产权交易所更名为成都联合产权交易所，业务范围由原来的技术产权交易调整为综合产权交易，工作重点是为国有产权、行政事业性资产、特许经营权、民营企业产权等形式的产权转让进入市场公开交易提供服务。同期，成都市科技局分别与四川大学、电子科大、西南交大、成都中医药大学、中科院成都分院建立5个公司化运作的技术转移中心，促进技术产权交易平台的建设。全年全市共签订合同3191份，其中技术开发合同1819份，技术转让合同337份，技术咨询合同282份，技术服务合同753份。合同成交金额合计13.25亿元，其中技术交易额10.63亿元，通过联合产权交易所实现的技术产权交易额达到42.3亿元，比上年增加26.88亿元。

2005年，全市登记签订各类技术合同共计3773份，其中技术开发合同2179份，技术转让合同375份，技术咨询合同723份，技术服务合同496份；合同金额15.47亿元，其中技术交易额13.17亿元。

【技术市场法制建设】

1991年，实施成都市重大科技成果登记管理办法，《成都市技术市场管理暂行办法》纳入1992年市人大法规计划。1992年，《市科委关于进一步加强我市技术市场建设、促进科技成果迅速转化的意见》发布实施，并制定《成都市技术合同认定登记实施细则》。

1993年9月，市人大常委会发布《成都市技术市场管理条例》，共七章四十条。规定：成都市科学技术委员会和各区（市）县科学技术委员会是本行政区域内技术市场行政管理部门。其主要职责是：贯彻执行国家和省市有关技术市场管理的法律、法规和规章；审批技术交易组织并对其交易活动进行扶植、引导、协调、管理和监督；管理技术合同的认定登记工作；对技术市场进行综合统计分析；组织培训、考核技术市场管理人员；协同有关部门查处违反本条例的行为；负责技术经纪人的资格认定和监督、引导工作；技术市场的其他管理工作；市科委负责技术合同仲裁机构的日常工作；市和区（市）县行业主管部门负责本级、本行业、本系统的技术市场管理工作；市和区（市）县工商行政管理部门参与技术市场的监督管理；市和区（市）县财政、税务、金融、物价、技术监督、审计、专利等行政管理部门，按各自职责协同同级技术市场行政管理部门做好技术市场的监督管理工作。“条例”规定：技术交易必须依照技术合同法及其实施条例签订书面合同；签订技术合同应当使用技术合同专用章；市技术市场行政管理部门负责全市的技术合同认定和登记工作；从事技术转让、技术开发、技术咨询、技术服务所得的技术性收入，按国家有关法律和行政法规的规定享受免征所得税和营业税的优惠。同年，市科委草拟《成都市技术经纪活动管理办法》，并于次年向市法制局报送（该办法于2007年废止）。

1994年，拟定《成都市技术合同仲裁管理办法》。1995年，以市政府文件形式出台《关于加快培育和发展技术市场的通知》；同时结合实施《成都市技术市场管理条例》，制定下发《关于贯彻〈四川省技术商品、科技致富信息及特定技术项目培训班广告管理暂行办法〉的通知》，将成都市科技信息交流纳入规范化管理。1996年，出台《关于加快培育和发展技术市场的通知》，下发有关科技广告的审查管理规定。《中华人民共和国技术合同法》（以下简称《合同法》）颁布实施十周年，开展了系列的宣传活动。

2000年，废止成府发[1995]80号文件，市人大按照《合同法》对1993年开始施行的《成都市技术市场管理条例》作修改。2001年，以市科技局、工商局、税务局、体改委、国资委和高新西区、南区为成员，组建成都技术产权交易协调委员会，负责对技术产权交易所的政策指导和协调工作。2002年11月15日，《成都市产权交易管理规定》发布施行，其要点是：设立市产权交易指导协调委员会，负责产权交易市场的监督管理和协调工作；本市所辖国有产权交易及技术产权交易应当在产权交易机构内进行；成都技术产权交易所是经成都市人民政府批准设立，为产权和技术产权交易提供场所、设施、信息等服务的企业法人机构；交易机构实行会员制管理，从事产权交易中介活动的经纪机构，应当具有相关的合格资质并经工商行政管理部门登记注册，方可成为交易机构的会员；成都市政府授权的国有资产经营单位可以作为会员从事本系统内部的产权交易。该文件还规定了可以进入交易所的产权范围、交易方式和程序、出让价格和资产评估等细则。

【成都联合产权交易所】

2000年6月，成都市政府批准在西南技术交易所的基础上组建成都技术产权交易所。并界定了政府与技术产权交易所的关系，即政府提供政策环境和市场引导，交易所经营班子在董事会的监督下按照法律独立经营。通过与国内外技术和资本市场在资源上的对接和扩展，突破传统模式，着眼于科技成果进入企业后的融资操作，作技术入股、风险投资、股权融资等方面的尝试。交易所把科技企业融资作为核心业务，建立区（市）县、科研院所、高校和投资机构联系制度，引入优质资源，开展重大融资活动创造交易机会。成都市发挥政府引导作用，推动交易主体向交易所聚集，创造活跃的市场氛围；通过融资商业计划书补贴，扶持科技中介机构，吸引投资机构在交易所开展投融资服务。10月18日，成都技术产权交易所正式开业。2001年1月15日，由美国亚洲及太平洋关系委员会主席、太平洋开发集团公司国际投资顾问团主席沃尔夫、美国太平洋开发集团董事长曾培之等一行7人组成的美国高级商务代表团，在成都分别与成都技术产权交易所和四川融信投资有限公司等签订了一系列有关金融、科技和商务的合作协议。同时，西南技术交易所·成都技术产权交易所授权美国太平洋开发集团公司，指定其为西南技术交易所·成都技术产权交易所在纽约的分部。

2003年，重点抓技术产权交易所的发展工作，理顺管理体制，调整运行机制，把科技企业融资作为技术产权交易所核心业务；提高信息发布质量，增强信息服务功能；通过建立区（市）县、科研院所、高校和投资机构联系制度，引入优质资源；开展重大融资活动，创造交易机会：发挥政府的引导作用，推动交易主体向交易所聚集，创造活跃的市场氛围。通过融资商业计划书编制补贴，对科技中介机构进行扶持，吸引一大批投资管理机构、投资咨询机构等在交易所开展投融资服务。全市活跃在交易所的中介机构已有47家，经常性交易挂牌项目400多项。截至11月底，技术产权交易所共成交383项，交易额15.42亿元。

2004年5月28日，成都市技术产权交易所经市政府批准更名为成都联合产权交易所，并于5月31日挂牌。更名后业务范围由原来的技术产权交易调整为综合产权交易，工作重点是为国有产权、行政事业性资产、特许经营权、民营企业产权等形式的产权转让进入市场公开交易提供服务。9月，成都联合产权交易所与南充市国有资产投资经营有限责任公司合作成立成都联合产权交易所南充分所，国有资产存量在省内居前列的南充市国企退出、战略调整均可通过南充分所就地实现产权转让。2005年，成都联合产权交易所与北京、上海、广州等地20余家产权交易机构建立战略合作关系，在与各地区和各高校共建的技术转移中心之间实现了远程项目登录联网及免费挂牌，聚集会员49家，当年有3378个项目挂牌、512项合同登记，交易额3.61亿元。9月，成都联合产权交易所股份有限公司被四川省国资委确定为过渡时期从事四川省企业国有产权转让的产权交易机构。12月，一位名叫王近景的自然人以1600万元在联交所买下成都市站北二路CNG加气站国有产权，这是成都联合产权交易所成交的最大一宗以自然人名义受让国有产权个案。同年，成都市科技局与成都联合产权交易所均被科技部评为全国技术市场工作先进集体。

【大型技术产权交易活动】

1991年，成都市政府主办1991年成都市科技成果交易会，发布“交易会税收优惠管理办法”，实行现场认定、登记技术合同，共签订正式技术合同233项，成交金额6288万元；组团参加91四川省技术交易会，全市300余项成果参展，正式合同及意向协议累计金额8200多万元。1992年，成都市政府主办92科技成果交易会，交易项目2230项，签订正式合同297项，金额1.22亿元；认定登记技术合同199项，金额9840.7万元；组织新产品现场销售签订合同、协议104项，金额3000万元。1993年，成都市政府主办大西南高新技术高新产品交易会、成都市乡镇企业首届人才交流暨科技成果交易会、熊猫节科技成果交易会，组团参加1993中国长江流域暨五省七方新技术新产品交易洽谈会、1993常德全国星火计划成果展销洽谈会、北京科技成果及专利技术交易拍卖会，全年各类技术交易额1.8亿元。1994年，国家科委、省政府联合举办1994中国新技术新产品（成都）博览会，成都市组团参加，共组织17个展位、130多个项目参展，获组委会颁发的优秀组团奖；同年，国家科委、成都市政府联合举办1994成都全国星火科技精品展示会，36个由国家部委、省、市组织的展团参会，共有124个展位、1300多个项目参展，成交金额逾10亿元。1995年，国家科委、国家体改委、市政府主办，市科委承办1995中国民营科技企业科技成果和新产品（成都）博览会，全国14个综合配套改革试点城市、400多家企业、2000项最新科技成果、新产品参展，签订正式合同、协议1452项、金额4.2亿元。同年，成都市科委还组织科技企业参加1995中国新技术新产品（成都）博览会等3个大型科技交易会。

1996年，国家科委批准、市科委承办96成都国际高新技术及产品展示会，美国、新西兰、日本等国外客商和武汉、太原、包头等高新技术开发区，北京、广东、贵州等15个省市的150家高新技术研发单位参加，参展项目1500个；另组团参加武汉、太原等地的技贸活动，全年技贸成交3.5亿元。1997年，成都市科委主办97成都农村适用技术展示会，并组团参加由国家科委、四川省政府主办的新技术新产品展示会。1998年，成都市组团参加由科技部主办的火炬计划十周年成就暨高新技术产品博览会，成都市获11项由科技部颁发的火炬奖。1999年，成都市组织115家企业、166个项目参加中国国际高新技术成果交易会（深圳），达成合同、协议32项，成交15.7亿元，居全省第一，获四川省代表团颁发的优秀组织奖和优秀成交奖，同年组织7家企业、22个项目参加重庆高新技术成果交易会。

2000年，组团参加深圳高交会，在蓉高校、科研院所、高新技术企业21个单位，97个高新成果及50个招商项目参会，签订合同、协议35项，成交额31亿元；引资人民币5.37亿元、4500万美元。在2001年成都西部投资论坛和四川·成都—台湾IT产业合作发展论坛上，成都市组织57个项目与台湾、大陆著名厂商及投资机构对接，4个项目签约，意向投资额10.7亿元。另外组团参加深交会与北京高科技周，在深交会上签订合同58项，成交额13.6亿元。2002年，成都市举办和组团参加深圳国际高新技术成果交易会、北京国际科学技术产业博览会、俄罗斯（成都）高新技术项目展览会、西部投资论坛、海峡两岸经济科技合作交流会，为1548个科技项目创造了与投资机构对接的机会，促成193个项目成交，金额34.2亿元。同年，市科技局主办成都首届科技项目推介会，首批发布四川大学80余项科技成果，并从在蓉高校、科研院所筛选近千科技成果项目，定期在交易所发布，吸引国际金融公司、申银万国、深圳创投等100多家投资机构及企事业单位参会。

【科技成果交易会】

1991—1996年，成都市政府多次举办各类科技成果交易会，并积极筛选、组织科技项目参加全国各地的科技成果交易会。1991年，“1991成都市科技成果交易会”举办，2293项成果参展交易，共签订各类合同、协议490项（正式技术合同233项，意向性协议164项），技术合同成交总额6288万元，技术交易额856.8万元。同年，市政府组织成都市300余项成果参加“1991四川省技术交易会”，签订正式合同和意向协议累计金额8200多万元；1992年，举办“1992成都市科技成果交易会”，组织市内外交易项目2230项、难题招标137项参加；签订各类技术合同和协议共389项，成交金额1.73亿元，其中签订正式技术合同297项，成交金额1.22亿元。同年，成都市委统战部首创“成都市统一战线为‘一条线’建设服务科技成果交易会”，组织参展项目1500个，受到了中央统战部的高度评价。成都市科委、共青团成都市委、市经委、市科协联合举办“首届成都青年科技成果博览会”，成都市90家企业500余项青年工人五小（小发明、小革新、小改革、小设计、小建议）、QC成果参展，签订合同120余份，创经济效益300多万元。另外，成都市组织265项科技成果参加广州、重庆、新疆、大连、乐山、北京等省市主办的科技成果交易会，共获金牌31枚、银牌31枚、铜牌15枚、优秀奖12个，成交额1.54亿元。1993年，成都市举办“大西南高新技术高新产品交易会”“熊猫节科技成果交易会”“成都市乡镇企业首届人才交流暨科技成果交易会”，参加“93常德全国星火计划成果展销洽谈会”“北京科技成果及专利技术交易拍卖会”等，全年各类技术交易额达1.8亿元。1994年，国家科委和成都市政府联合举办“1994成都全国星火科技精品展示会”，来自36个国家部委和省市的展团，组织124个摊位、1300个项目参加展示交易，成交额逾10亿元。国务委员、国家科委主任宋健视察后认为，展示会“显示了科学对推动农村经济发展的巨大威力”。同年，国家科委和四川省政府联合举办“1994中国新技术新产品（成都）博览会”，成都市组织17个摊位、130多个项目参展，为博览会最大的参展单位，获组委会颁发的优秀组团奖。1995年，国家科委、国家体改委、成都市人民政府主办，成都市科委承办“1995中国民营科技企业科技成果和新产品（成都）博览会”，全国14个综合配套改革试点城市的400多家企业的2000项涉及机械、电子等行业最新成果和新产品参展，共签订合同和协议1452项，成交金额4.2亿元。1996年，国家科委批准，成都市科委承办“1996成都国际高新技术及产品展示会”，来自美国、日本、新西兰等国外客商和武汉、太原、包头等高新技术产业开发区，以及北京、广东、贵州等国内15个省市的150家高新技术研究开发单位参展，参展项目1500个。

1999年，成都市组织115家企业、166个项目赴深圳参加首届“中国国际高新技术成果交易会”，达成合同、协议32项，成交15.7亿元，获优秀组织奖和优秀成交奖。2000年，成都市组织大专院校、科研院所和企业97项成果和50项招商项目参加第二届“中国国际高新技术成果交易会”，签署合同、协议35项，成交31亿元，引资5.37亿元、美元4500万元。2003年，成都市组团参加第六届“北京国际科技产业博览会”和第五届“中国国际高新技术成果交易会”，共达成项目转让协议30余项，成交金额近7亿元。2005年，成都市组织36个项目参加第八届“北京国际科技产业博览会”，组织5家企业10个项目参加第七届“中国国际高新技术成果交易会”，取得丰硕成果。

知识产权保护与利用

【概况】

1990年2月，成都市科学技术委员会将成都市专利室更名为“成都市专利管理处”，赋予执法和管理职能。1992年，纪念《中华人民共和国专利法》《中华人民共和国技术合同法》实施五周年，成都市组织在成都大专院校、科研院所、学术团体等30多个单位上街摆摊设点进行宣传，散发宣传资料1万多份，展示优秀科技成果和先进技术100多项，开展咨询服务700余人次。同时在成华区、双流县为125名厂长、经理、乡镇企业管理干部举办《专利法》《技术合同法》培训班，组织全市2万多名科技人员学习“两法”，并进行考试。

1994年12月，成都市政府建立知识产权办公会议制度，领导、研究、协调全市知识产权有关工作。1998年3月，成都市对全市贯彻《中华人民共和国专利法》《四川省专利保护条例》进行专利执法检查。2000年8月，正式实施《成都市著名商标认定和保护规定》。

2001年，成都高新区抽查279家企业605个项目的专利保护状况，专利数量只有173件，约有60%的企业无一件专利申请，75%的企业无知识产权管理制度，80%的企业无一名经过培训的专利工作人员。大量创新技术没有得到有效的法律保护。成都平原号称"天府"，农业发达，却只有"郫县豆瓣"一件证明商标。中国加入世贸组织以后，成都市委、市政府将知识产权工作作为建设和增强城市综合竞争能力的战略任务来抓。6月，成都市科学技术局加挂成都市知识产权局牌子，成都市知识产权局正式成立。9月，成都市工商局商标处更名为成都市工商行政管理局商标分局，组织监督管理商标注册工作，负责认定成都市著名商标，查处商标侵权行为。12月，举办第一期WTO与知识产权培训讲座，培训人员100多名。全市有专利服务机构11个、专利代理人100余人、企业专利工作者300多人。全年成都国内专利申请2456件，比2000年的1964件增长20%，其中发明专利548件、适用新型专利1119件、外观设计专利789件。

2002年4月，为提高市民知识产权保护意识，市知识产权局（科技局）、市工商局、市版权局、市司法局、市文化局、市公安局、成都海关等执法部门联合在春熙路中山广场举办"4·26世界知识产权日"宣传活动，并在《成都日报》开辟专刊，连续对知识产权工作进行系列报道和宣传。市委党校和市行政学院将知识产权相关知识纳入了教学计划。5月，成都市被列为全国专利工作试点城市，市政府设立专利资助资金。8月，市政府办公厅印发《关于加强知识产权工作的通知》，要求各区（市）县政府、市政府各有关部门要切实加强对知识产权工作的组织领导，把知识产权工作纳入政府工作目标。知识产权办公会议制度不断加强，知识产权工作从部门推进上升为政府整体推进，以专利、商标、版权为三大支柱的知识产权管理体系逐步完善，在推动宣传教育、提高社会知识产权意识、建立良好的法制环境等方面取得可喜的成绩。同年，成都市被国家知识产权局确定为全国专利试点城市。

2003年2月，印发《成都市专利试点工作方案》，提出试点工作总体目标，规定试点工作每2年为一期。11月，成都市打击盗版软件工作领导小组成立，负责贯彻落实中央和省有关打击盗版软件的工作部署。新闻出版局（成都市版权局）内设版权管理处、发行市场管理处，负责全市版权日常管理工作及出版物的市场管理。出台《成都市著名商标认定和保护规定》，全市初步形成县级知名商标、省（市）著名商标、中国驰名商标三级商标体系。同年，成都市第一家县级知识产权局在青白江区成立，接着先后有温江、邛崃、高新区等11个区（市）县在科技局增挂知识产权局牌子，并设专人管理专利工作，全市知识产权管理网络基本建成。

2004年3月，发布《2003年成都市知识产权保护状况》（白皮书）。同月，成都市人民政府发布《成都市专利保护办法》。2004年7月，发布《成都市加强商品流通领域知识产权管理暂行办法》。涌现出"地奥""全兴""通威""彩虹""升达"等一批中国驰名商标，初步形成具有一定知名度的商标群体。同时，市公安局、市知识产权局、市工商局、市版权局建立知识产权保护工作协作联系制度，成立成都市保护知识产权专项行动工作组，制定保护知识产权专项整治实施方案。8月，成都市新闻出版局、版权局印发《举报非法出版物和侵权盗版行为奖励办法（试行）》，开展专项管理，净化出版物市场。10月，成都市整顿和规范市场经济秩序领导小组办公室下发《成都市保护知识产权专项行动实施方案》，强调从重点地区、重点领域、重点行业、重点市场特别是商品流通领域、会展和进出口贸易，开展大规模的打击制假、售假行动，针对食品、药品、农产品等的制假、售假和专利、商标、版权侵权行为，严格行政执法，加大查处力度，切实保护权利人和经营者的合法权益。另外，举办知识产权培训46期，培训4200人次。同年，成都市成为全国知识产权试点城市。

2005年4月，成都市被列为首批3个国家知识产权示范城市创建市之一。8月，印发《成都市专利资助管理办法》。9月，成都市召开区（市）县政府使用正版软件工作会议，推动区（市）县政府使用正版软件，形成“横向到边，纵向到底，全面覆盖”的版权保护体系。成都市版权局获全国版权保护先进集体称号。同年，成都市参与建立“西部12省2市商标侵权案件移交协查制度”，成立“成都西部商标交易服务中心”。全年全市专利申请7241件，授权3079件；文字、美术、软件等作品版权登记510余件；注册商标总量达到4.2万件，水井坊酒、龙泉驿水蜜桃、郫县豆瓣、双流冬草莓等4个产品获得国家地理标志产品称号。

【知识产权办公会议制度】

1994年12月，成都市政府办公厅印发《关于建立市政府知识产权办公会议制度及有关问题的通知》，确定建立市政府知识产权办公会议制度（以下简称“办公会议”），会议成员单位为市科委、经委、农委、外经委、工商行政管理局、版权局、电子仪表局、化工局、医药局、广播电视局、新闻出版局、文化局、司法局、公安局等部门。办公会议的职责是领导、研究、协调全市知识产权有关工作和知识产权法律、法规的贯彻实施，研究制定全市知识产权管理的政策和办法，协调跨地区、跨部门的综合性知识产权管理工作；有关特别重大的问题，由办公会议提交市政府决定。办公会议下设办公室，办公室设在市科委。市科委、市工商局、市版权局分别负责全市专利、商标和著作权管理工作，计算机软件、音像制品著作权管理工作由市版权局负责。2001年6月，成都市科学技术局加挂成都市知识产权局牌子。2002年3月，市政府办公厅印发“关于调整市政府知识产权办公会议成员单位的通知”，决定市政府知识产权办公会议成员单位为市政府办公厅、市经委、市科技局（知识产权局）、市教育局、市贸易与粮食局、市外经局、市司法局、市公安局、市财政局、市工商局、市质监局、市文化局、市广电局、市新闻出版局（版权局）、市药监局、市农牧局、市法制局、市外办、市信息办等部门。办公会议办公室设在市科技局（知识产权局），负责日常事务工作。知识产权办公会议定期研究全市知识产权重大事务。2004年3月，成都市知识产权办公会议办公室发布《2003年成都市知识产权发展与保护状况》（白皮书）。2005年3月，市政府知识产权办公会议暨成都市专利试点工作领导小组会议召开，会议议决争创国家知识产权示范城市工作、成都市知识产权事业“十一五”发展规划编制、《2004年成都市知识产权发展与保护状况》（白皮书）的修改完善工作、知识产权保护专项行动等事项。同月，发布《2004年成都市知识产权发展与保护状况》（白皮书）。2006年3月，办公会议办公室发布《2005年成都市知识产权发展与保护状况》（白皮书）。

【知识产权管理体系建设】

2002年8月，成都市政府印发《关于加强知识产权工作的通知》，要求各区（市）县政府、市政府各有关部门要切实加强对知识产权工作的组织领导，把知识产权工作纳入政府工作目标，统一安排、管理和考核；知识产权工作经费纳入年度财政预算，并随财政收入的增加而逐步递增，以切实保证开展知识产权工作的必要条件；规定市知识产权局牵头负责全市知识产权工作和涉外知识产权事宜，研究拟定知识产权管理的重大政策和对策，组织和承办市知识产权办公会议；按照国家现行知识产权工作管理体制，市知识产权局、市工商局、市版权局分别负责全市专利、商标、版权管理工作，并承担相应的行政执法任务，市经济、商贸、外事等部门要加强配合和协调，共同推动成都知识产权的管理、保护和运用。

2000年8月，正式实施《成都市著名商标认定和保护规定》。2003年8月，成都市科学技术局、成都市知识产权局根据科技部《关于国家科技计划知识产权管理工作的规定》制定实施意见，提出在科技计划中实施专利战略，把知识产权作为独立指标列入科技计划项目评审指标部分，要求在项目合同或计划任务书中约定有关知识产权的归属和分享办法，在项目的立项、执行、验收等环节注意知识产权问题等。9月，成都市知识产权局在《2003年整顿和规范市场经济秩序工作计划》中提出标本兼治、着力治本的策略。同年，全市第一家县级知识产权局在青白江区成立，到2005年，先后有温江、邛崃等11个区（市）县和高新区在科技局建立了知识产权局，并设有专人管理专利工作。

2004年3月，市人民政府颁布《成都市专利保护办法》，规定：市知识产权局是本市管理专利工作的行政部门，负责本市行政区域内的专利管理工作并组织实施本办法；经济、贸易、科技、公安、工商行政、质量技术监督、版权和广电等行政部门，在各自职责范围内做好专利保护工作；各区（市）县人民政府管理专利工作的部门，在市知识产权局指导下，开展本行政区域内的专利保护工作；各区（市）县人民政府应明确管理专利工作的部门，协调处理专利管理工作中的重大问题。7月，市公安局、市知识产权局、市工商行政管理局、市版权局等部门联合下文，建立知识产权保护工作协作联系制度，逐步健全信息共享、勾通便捷、控制有力的预防和打击侵犯知识产权犯罪的工作机制。同月，市政府转发市知识产权局、工商局、文化局、经委联合制定的《成都市加强商品流通领域知识产权管理暂行办法》。10月，下发《成都市保护知识产权专项行动实施方案》，强调对重点地区、重点领域、重点行业、重点市场开展大规模的打击制假、售假行动，保护权利人和经营者的合法权益。

2005年4月，成都市被国家知识产权局批准为国家知识产权示范城市创建市。成都市成立由市长担任组长、3位副市长任副组长、26家市级单位（部门）为成员单位的领导小组，统筹部署全市创建工作。全市19个区（市）县及高新区建立相应创建领导小组、工作体系及协调机制。成都市各级相关单位及时出台创建实施意见和工作推进方案，建立创建专项目标考核体系，并召开创建动员大会。

【知识产权审判机制建设】

1997年2月，成都市中级人民法院成立知识产权专业审判庭。2002年，市法院知识产权专业审判庭更名民事审判第三庭（知识产权庭）。同时选派高学历、高素质审判人员充实知识产权审判队伍，聘请24名专业人员担任人民陪审员和31名知识产权专家学者担任法律咨询和技术顾问，聘请涉及12个语种的22名专业人员组成稳定的翻译队伍。受理的知识产权案件种类由单一的民事案件拓展到刑事、行政等审判领域。2005年，成都市中级人民法院共受理知识产权案件329件，其中民事案件313件、刑事案件8件、行政案件8件。审理华纳唱片公司MDV放映权、容中尔甲表演者权、神州国旅著作权等一批知识产权侵权纠纷案件。成都市检察机关立足法律监督职能，与公安等行政执法机关配合，开展侵犯知识产权专项立案监督活动，促进执法资源合理利用。全年共受理公安机关提请批准逮捕侵犯知识产权犯罪案件9件。市司法行政管理部门专门成立了知识产权法律事务指导小组，由全市有理论和实践经验的律师组成，重点加强对全市律师办理知识产权案件的研究、论证和指导，依法保护当事人的合法权益。开展知识产权案件的代理工作，全市有18个律师事务所的50余名律师参与办理知识产权法律事务45件。为提高知识产权审判工作水平，成都市多次开展国内外交流活动。9月19—20日，由中华全国专利代理人协会、日本国际贸易促进会中国专利协会主办的第十四届中日知识产权研讨会在成都召开，来自全国各地的专利代理人、企业知识产权代表、司法部门法官代表等近200人参加。日本佳能公司知识产权部和东芝公司知识产权部的部长分别就知识产权战略做了专题演讲，日本律师牧野利秋做了“日本侵权诉讼”介绍，原国家知识产权局复审委员会李政副主任（审查研究员）、原北京高级人民法院民三庭副庭长程永顺法官分别做了“专利复审与无效原则及案例”和“专利诉讼中的若干新问题”的演讲。

【知识产权执法行动】

1998年3月，成都市对全市贯彻《中华人民共和国专利法》《四川省专利保护条例》进行专利执法检查。2003年，成都市各区（市）县大多先后成立知识产权局，并设专人管理专利工作，初步形成专利执法队伍，共有经过专业培训的专利行政执法人员40余人。全年共出动执法人员1000余人次，组织集中行动14次，收缴盗版图书8.68万册、盗版光盘459.89万张，版权纠纷处罚15起，调解各类版权纠纷40余起；调解专利纠纷案件6件，查处冒充专利案件2件；查处各类商标假冒侵权案件540件。同年，民三庭共受理知识产权一、二审民事案件200件，审结155件。同年，成都市检察机关共受理公安机关提请批准逮捕侵犯知识产权犯罪案件2件3人，已提出公诉1件2人。相继办理了假冒“中华香烟”案件、假冒名酒等一批社会影响较大的案件。

2004年3月，市人民政府发布首部知识产权行政规章“成都市专利保护办法”。10月，成都市整顿和规范市场经济秩序领导小组办公室下发《成都市保护知识产权专项行动实施方案》。市知识产权局与有关部门密切配合，重点在药品、食品等流通领域开展专利保护专项行动，加大商标行政执法力度。全市各级工商部门以保护注册商标专用权为核心，加大行政执法力度，严厉查处一批群众关心、政府关注、社会影响恶劣的商标侵权假冒案件；完善版权监管机制，把打击侵权盗版、规范市场秩序作为版权行政监管工作的重点，并不断取得新的进展，全市高新技术领域侵权盗版行为得到有效遏制；规范全市音像市场，通过进一步创立和完善全市综合执法、快速反应、群防群控、举报奖励、案件追踪督查等5个执法管理机制，相继查获一批非法音像制品大案。市公安部门与有关部门密切配合，采取有力措施，有力地打击了知识产权违法犯罪活动。市中级人民法院加强知识产权案件审理力度，全年共受理知识产权一、二审民事案件299件，审结237件（其中涉外及港澳台知识产权案件10件），分别比上年同期增长49.5%和52.9%。成都海关高度重视知识产权海关保护，加强与上海、深圳、宁波、黄埔等四川主要出口口岸和侵权案件高发地海关的信息交流，掌握四川品牌在省外被侵权出口和四川企业在沿海口岸出口侵权案件的信息，进行风险分析，对其在成都海关报关情况实施必要布控。成都海关充分利用海关通关系统，加强信息采集，根据全国海关查处知识产权案件反馈的信息，结合成都海关进出口数据，对容易被侵权的品牌和商品进行风险分析，通过布控查处案件。全社会初步形成了保护知识产权的良好风尚。

2005年，开展以“打假维权护农业，打假维权保名牌，打假维权端窝点”为主题的活动，重点查处食品、药品、农药、化肥、种子等商品经营中侵犯驰名商标、著名商标、证明商标、知名商标和涉外商标的侵权违法案件。全市开展各类专利宣传、培训50期次，参加人员6620人次。全年开展专利纠纷执法行动22次，出动执法人员200多人次，检查商业场所80次，检查商品5.48万种（件）。全市共立案查处商标违法案件310件（其中涉外商标侵权案件48件），商业秘密侵权案件2起，与知识产权有关的版权反不正当竞争案件23件；罚没金额336万余元，没收侵权商标标识5万余件（套），没收、销毁侵权商品260余吨。全市对盗版音像制品、盗版软件、盗版教材与教辅资料以及互联网络侵权行为进行打击，收缴各类侵权制品100余万张，查处侵权案件20余起，捣毁制作、出售盗版光盘窝点10个。

【知识产权海关保护】

成都海关长期与上海、深圳、宁波、黄埔等四川主要出口口岸和知识产权侵权案件高发地海关保持信息交流，掌握四川品牌在省外被侵权出口和四川企业在沿海口岸出口侵权案件的信息，进行风险分析，对其在成都海关报关情况实施必要布控。成都海关利用海关通关系统，进行信息采集，根据全国海关查处知识产权案件反馈的信息，结合成都海关进出口数据，对容易被侵权的品牌和商品进行风险分析，通过布控查处案件。同时，帮助关区企业保护自己的正当利益，协助企业开展知识产权海关备案。2005年，关区企业海关备案累计达到63个，同比增长11%。全年查获两起涉及三个国际知名品牌的商标侵权案件，没收侵权产品2539套，并处以罚金。首次在进口环节侵权案件，对侵权商品做出没收的处罚决定。

【专利工作】

1985—1997年，成都市共申请专利1.1万项，其中发明专利2011项，实用新型专利7566项，外观设计1441项；授权专利5914项，其中发明专利313项、占授权量的5.3%，实用新型专利4827项、占授权量的81.6%。授权专利中，授予个人的有3935项，占总量的66.5%；授予工矿企业的862项，占总量14.6%；授予高校、科研院所、机关团体及其他的占总量19.0%。

1990年2月，成都市科学技术委员会将成都市专利室更名为“成都市专利管理处”，赋予执法和管理职能。1994年，推荐在专利技术实施中成绩显著的企业家参加“全国优秀发明企业家”评选，其中四川龙虎门窗集团总经理詹庆富获全国优秀发明企业家称号，四川省崇州市建新防水粉末厂厂长李建华、成都东风金属制品厂厂长万重义获得优秀发明企业家提名奖。1996年12月，成都市科学技术委员会科技成果处加挂市专利管理处牌子，负责专利执法和管理。

2000年，成都市各类专利申请量为2217件，其中实用新型专利982件，外观设计专利828件，发明专利407件；职务发明申请量首次超过非职务发明申请量，高校、科研机构的专利申请量超过企业专利申请量。

2001年6月，成都市科学技术局，挂成都市知识产权局牌子，局内专设知识产权处，负责组织制定全市专利工作发展规划，处理全市专利纠纷和查处冒充专利行为。全年全市国内专利申请2456件，其中发明专利548件、实用新型专利1119件、外观设计专利789件。2002年5月，经国家知识产权局批准，成都市列为全国专利工作试点城市。2003年2月，按照专利试点城市要求，结合成都市实际情况，出台《成都市专利试点工作方案》，成立以分管副市长为组长的专利试点工作领导小组，探索切实可行的城市专利工作方法。2002年，市政府设立专利补助资金200万元。全市专利申请受理量为3253件，其中发明专利728件，实用新型专利1211件，外观设计专利1314件。“可吸收聚乳酸医用防粘连膜产业化项目”等7个项目获得四川省专利实施项目专利补助资金支持。

2003年3月，成都市人民政府召开全市专利试点工作会议，作了题为“有效运用专利制度增强城市创新能力”的主题报告。同时，市人民政府印发《成都市专利试点工作方案》和《成都市企业专利试点工作评价标准》，要求建立、健全专利工作机构，制定完善各项专利工作规章、制度，加强专利知识的宣传培训工作，制定企业专利管理制度，促进自主知识产权形成；规定试点工作时间每2年为一期，滚动执行。全市第一批专利试点单位分别是四川迪康公司、成飞工业（集团）公司，四川华神集团公司、成都成电正元科技公司、成都吉锐公司、成都卫士通信息产业公司、电子科大、四川大学（第二批全国企事业专利试点工作先进单位）、中科院成都生物研究所，中国电子科技集团第三十研究所和成都高新区、温江区。9月，印发《成都市企事业单位专利工作管理制度制订指南》。同月，全国人大教科文卫委员会副主任委员吴基传、国家知识产权局副局长田力普等一行10人到成都检查专利法实施情况。检查组视察了部分公司专利工作情况，听取成都市《专利法》实施情况汇报。同年，成都专利事务所更名“成都市知识产权服务中心”。其主要任务是：负责全市专利信息发布和专利网络组建工作，指导专利信息资源的开发利用；提供专利资料数据库及专利检索、查询、评估与专利纠纷投诉代理等法律服务；为全市涉此知识产权事宜及专利工作对外和港、澳、台地区的合作与交流提供咨询服务。此外，成都市有关单位和社会另办有不少专利服务机构，如成都虹桥专利事务所、成都天元专利事务所、成都科奥专利事务所、成都九鼎天元知识产权代理有限公司、成都立信专利事务所有限公司、成都市辅君专利代理有限公司、成都中亚专利代理有限公司、成都信博专利代理有限责任公司、成都科博通专利代理事务所、成都市天策专利事务所等。至年末，成都市专利申请量为4169件，授权量为2178件，其中发明专利申请量972件。成都市专利申请量在全国15个副省级城市中的排名保持第一位，专利授权量排名为第3位。

2004年3月，成都市人民政府颁发《成都市专利保护办法》，针对成都市的实际情况，分别对专利保护与管理、专利纠纷的行政处理、假冒他人专利、冒充专利行为的查处、法律责任等做出详尽的规定。同月，列入全市第二批专利试点单位的是武侯区和成都地奥集团（第三批全国企事业知识产权试点单位）等15家企业。全年全市共申请专利4324项，占全省的59.6%，在全国副省级城市中排名第5位；专利授权量2636件，占全省的59.5%，在全国副省级城市中排名第3位。《成都市专利资助资金管理办法》修订发布，全市全年共受理专利资助申请1338件，发放专利资助资金142.3万元。

2005年，成都市共申请专利7241件，比上年增长67.5%，比全国平均增长率高30个百分点。其中，发明专利申请量为1630件，比上年增长44.2%；专利授权3079件，比上年增长16.8%。其中专利试点企业申请专利500件以上，发明专利占80%以上。全市规模以上工业企业实现新产品销售收入260亿元，同比增长46.8%，新产品产值率达15.9%。四川大学获得“第二批全国企事业专利试点工作先进单位”称号，地奥制药集团成为“第三批全国企事业知识产权试点单位”。

【版权保护】

成都市行政机构中，新闻出版局（成都市版权局）的主要职能职责之一是负责管理全市著作权工作，处理涉外著作权，负责著作权行政执法，查处著作权侵权案件，调解著作权纠纷。该局内设版权管理处、发行市场管理处，负责全市版权日常管理工作及出版物的市场管理。

2003年11月，成都市打击盗版软件工作领导小组成立，负责贯彻落实中央和省有关打击盗版软件的工作部署。全市坚持把开展打击侵权盗版集中行动与加强日常监管相结合，严厉打击各类侵权盗版行为，全年共出动执法人员1000余人次，组织集中行动9次，收缴盗版图书8.58万册、盗版光盘45.99万张，做出版权行政处罚15起，调解各类版权纠纷40余起。针对各行业使用软件的具体情况，成都市有计划、分步骤地推进计算机终端用户清理盗版软件，推广使用正版软件工作，相关行业已按要求逐步实现了正版化。同年，全市有11个区（市）县增设版权行政管理部门，在市版权局的统筹部署下，开展本地区的版权管理工作，逐步形成了市、区（市）县相互配合、严密监控的版权保护体系。

2004年8月，成都市新闻出版局、版权局印发《举报非法出版活动和侵权盗版行为奖励办法（试行）》，开展专项管理，净化出版物市场。2005年9月，成都市召开区（市）县政府使用正版软件工作会议，推动区（市）县政府使用正版软件，在企业、学校开展版权保护、拒绝盗版软件“从我做起”等活动。全市19个区（市）县均在其文化部门加挂版权局牌子，在纵向深入完善版权行政执法管理体系的同时，采取横向联合的方式，整合行政执法资源，建立版权、新闻出版、公安、工商、海关、文化等部门合作、信息互通、协同作战的版权监管机制，形成“横向到边，纵向到底，全面覆盖”的版权保护体系。全年全市文字、美术、软件等作品版权登记共有510余件；收缴侵权制品100余万张（册），查处侵权案件20余起，捣毁制作、销售盗版光盘窝点10个。文化行政部门对城隍庙、五块石电子电器市场周边等非法音像制品较为集中的区域进行重点清查和打击，查获从事盗版音像制品制作、生产、销售地下窝点及仓储式交易地下窝点27个；破获非法音像制品地下“加工厂”、物流环节案件6件；查缴违法音像制品123万余盒（张）。2005年，成都市版权局获全国版权保护先进集体称号。

【商标管理】

2000年8月，正式实施《成都市著名商标认定和保护规定》。2001年9月，成都市工商局商标处更名为成都市工商行政管理局商标分局，组织监督、管理商标注册工作，负责认定成都市著名商标，查处商标侵权行为。2003年，全市初步形成县级知名商标、省（市）著名商标、中国驰名商标三级商标体系。10月，成都市商标协会成立。全市查处各类商标假冒侵权案件540件。全年全市注册商标2.83万件，其中成都市著名商标130件，四川省著名商标125件，中国驰名商标4件，证明商标3件。出台《成都市著名商标认定和保护规定》，确定7件商标为驰名商标培育对象，其中包括“迪康”“美好”“鼎天”“恩威”“皇城老妈”“郫县豆瓣”等。同年，全市查处各类商标假冒侵权案件478件。2004年，成都市有成都地奥集团、彩虹集团、全兴股份、升达林产、通威集团、皇城老妈等企业获得中国驰名商标认定，全市初步形成具有一定知名度的商标群体。

2005年，全市初步形成县级知名商标、省（市）著名商标、中国驰名商标三级商标体系。成都市参与建立西部12省2市商标侵权案件移交协查制度，实现了商标保护的跨地区联合。成立“成都西部商标交易服务中心”，为盘活西部地区企业闲置商标提供信息平台。全年，全市注册商标总量达4.2万件，其中中国驰名商标13件，四川省著名商标233件，成都市著名商标153件；全市农产品注册商标达4853件，占注册商标总数的11.84%。查处食品、药品、农药、化肥、种子等商品经营中，侵犯商标权的违法案件310件（其中涉外商标侵权案48件）、商业秘密侵权案件2件、与知识产权有关的反不正当竞争案件23件；罚没金额336万余元，没收侵权商标5万余件（套），没收、销毁侵权商品260余万吨。成都市公安机关开展打击侵犯商标专用权犯罪的“山鹰”行动共85次，查处侵犯商标秘密案、假冒注册商标案、销售假冒注册商标的商品案、侵犯著作权案以及制售非法出版物案件129件，涉案金额6000余万元，挡获违法犯罪嫌疑人273人，其中治安处罚41人。

科技成果转化

【概况】

1990年，国家科委出台国家重点科技成果推广计划后，成都市把科技成果推广计划列为全市科技计划之一正式实施，并要求计划项目的先进性和企业的经济效益结合起来，金融部门提供一定的科技成果推广专项贷款，支持科技成果的推广和应用。同时，星火计划、火炬计划在成都市同步展开。当年，全市应用科技成果转化率为50%。科技成果转化指为提高生产力水平而对科学研究和技术开发产生的具有实用价值的科技成果进行的后续试验、开发、应用、推广直至形成新产品、新工艺、新材料和发展新产业等的活动。1992年，成都市拟定《关于进一步加强我市技术市场建设，促进科技成果迅速转化的意见》，颁发《成都市科技成果推广计划管理办法（试行）》。同年9月，全国十三城市第十一次科委主任联席会在成都召开，就振兴科技的思路、做法和促进科技成果转化等交流经验，加强相互之间的合作。为建设科技成果转化基地，1990年后，成都市先后建立成都高新技术产业开发区、成都经济技术开发区、成都海峡两岸科技产业开发园等3个国家级开发区（产业开发园），8个大学科技园区和一批高新技术产业基地。“切实抓好科技成果转化为现实生产力的工作和企业技术改造工作”被确定为成都市科技工作领导小组的重要职能之一。

1996年12月，市科技工作领导小组将成都市第二农业科学研究所、四川托普科技发展（集团）公司、中汇制药公司、成都高新技术创业服务中心确定为“成都市科技成果转化示范单位”。此外，四川大学、电子科技大学、西南交通大学、成都中医药大学、中国科学院成都分院的技术转移中心、成都联合产权交易所、成都市科技顾问团和成都市创业投资协会等科技机构，均在为科技成果转化牵线搭桥。1997年，组建成都市科技风险开发事业中心，支持高新技术成果转化和产业发展。1998年，成都市应用科技成果转化率上升到61%。

1999年6月16日，出台《成都市促进高新技术成果转化的若干规定（试行）》，在有关高新技术成果转化项目认定、科技人员创办科技企业、科技成果作价入股、破格评定专业技术职称、所得税和增值税地方分成部分返还、科研中试基地实行投调税零税率、引进专业技术人员蓝印户口、重奖有突出贡献的科技人员等方面均有明确规定。7月，市科委设立“成都市高新技术成果转化项目认定办公室”。同年8月，下发《关于印发成都市高新技术成果转化项目认定办法（试行）的通知》。2000年，高新技术成果转化服务中心自成立以后，认定重点高新技术转化项目38项；会同市人事局、市公安局为70位引进科技人员办理了入城户口（其中科技人员32人，家属38人）。

2001年9月，市政府修改后正式颁发《成都市促进高新技术成果转化若干规定》。全年，围绕电子信息、生物医药、新材料、节能环保四大领域和12条产业链，确定并实施了100项重点高新技术成果转化及产业化项目；同时开展与项目相关的50家科技示范企业的全方位服务工作，通过国家、省、市三级科技立项，给每一个项目实质性的支持，认定并组织实施高新技术成果转化项目10项，分解落实四川省政府下达的科技成果转化重点项目21项。另外，确定20家企业为成都市重点高新技术出口企业，给予扶持和服务，并组织成都市高新技术出口产品申请列入《中国高新技术产品出口目录》。2002年12月，市政府再次修订并出台《成都市促进高新技术成果转化的若干规定》，加强市科技工作领导小组，建立成都地区高等院校与科研院所的联席会议制度，增强高新技术成果转化等方面的协调职能。2003年，实施科技成果转化项目334项。

2005年8月，成都市颁发《成都市专利资助管理办法》，成都市武侯区、青羊区、成都高新区等相继出台有关专利资助、扶持及转化资金管理办法。地奥集团、迈普公司、国腾电子集团等科技成果转化的重要载体不断成长、发展壮大。

【科技成果推广】

1992年，成都市收集国家、省、市技术先进、工艺成熟、市场前景较好的技术成果350项（其中工业240项、农业110项），汇编成《成都市重点科技成果项目推广指南》，向经济部门推荐介绍。在大专院校、科研院所、大型企业中，筛选7项符合条件在全国推广的科技成果上报国家科委，其中4项列入《国家科技成果重点推广计划项目指南》，这在成都市尚属首次。同时组织实施27项重点科技成果推广项目，其中国家级14项，完成8项，实现产值7572万元，利税1076万元，节汇30万美元。

1993年，科技成果推广应用与经济建设紧密结合。根据经济建设的迫切需要，将156项科技成果编入《成都市科技成果重点推广项目指南》，印发各区（市）县和市级各部门，从宏观上引导经济工作朝技术先进、结构合理的方向发展。重点组织21项科技成果推广项目的实施；组织150项新技术、新工艺的推广应用。围绕“三高”农业发展，重点推进35个新品种、8项新技术的推广工作，稻麦良种推广面达到75%，瘦肉型猪达到25%，优质水果达到20%以上。巩固和健全农技推广中心26个、乡级六大技术服务站1942个。

1994年，组织10个项目申报国家科技成果重点推广项目指南，经评审有4个项目列入指南。新编《成都市科技成果重点推广项目指南（1994）》，共收集461项有市场前景的成果汇编成册、下发有关单位，指导成果转化工作，为建好科技成果数据库打下基础。

1995年，成都市有20项先进成熟科技成果列入国家级重点科技成果推广项目指南，同时筛选84项先进、成熟成果汇编成市科技成果推广指南，发送到市级各经济主管部门和19个区（市）县。科技成果数据库建设有新进展，收集到1000多个项目。全年，全市推荐科技成果60项，实施成果推广计划项目19项，完成5项，实现产值4000万元、利税600万元。1997年，化工部西南化工研究设计院成果技术创产值1.6亿元以上，截至1998年8月，其变压吸附技术已推广451套成套装置，受益企业新增产值200余亿元、利税67亿元。

2000年，国家信息安全成果产业化（四川）基地在成都成立，是国家信息安全成果产业化三大基地之一。2002年，国家大学科技园成功转化国家863计划项目“半导体陶瓷电容器生产技术”，开发出“用普通MOS制造工艺及设备，实现高耐压、大电流的功率集成电路”等世界级先进成果。2005年，国家数字媒体技术产业化基地在成都建立，基地搭建的成都数字娱乐产业公共技术平台，拥有全国第一个游戏软件企业孵化器，入驻企业承担国家863项目11项、其他国家科技项目7项。

【科技成果转化促进】

1992年，成都市为拓宽和开辟科技成果转化的途径，推动科技战线与民主党派的联系和合作，共同开创成都市科技成果转化新局面。召开“促进成都科技成果转化研讨会”，针对科技成果转化的薄弱环节，在转变观念、保护知识产权、转换运行机制、增加科技投入等方面，提出新思路、好建议。举办“成都市统一战线为‘一条线’建设服务科技成果交易会”，组织参展项目近1500项，成交金额1500万元。活动得到中央统战部高度评价，并向全国推广。市级各民主党派积极参与和支持科技成果转化工作，纷纷创办科技实体，直接为成果转化做贡献。民盟成都市委在温江县建立“民温科技示范区”，“科统联姻”促进成果转化。同时，抓紧创建大学科技工业园区的工作，制定《成都市高校科技工业园区管理办法》和《成都市高校科技工业园区若干政策规定》，经市政府批准实施，把优惠政策送进校园。电子科大科技工业园区获市政府正式批准，四川大学、成都科技大学、华西医科大学科技工业园区工作启动。认定高新技术企业14家，实施火炬计划5项，其中国家级3项，落实科技开发贷款500万元。西南交大、西南民族学院等大学要求创建科技工业园。1994年，市政府批准建立西南交大、四川工业学院2个高校科技工业园，全市高校工业园区总数达到8个，园区实施火炬计划12项，其中国家级2项，促进了高校科技成果就地转化。

1996年，评定成都市第二农科所、四川托普集团、中汇制药公司和成都高新技术创业服务中心4个单位为成都市科技成果转化示范单位。通过全方位的关心支持和协调服务，4个单位的成果转化示范工作取得初步成效，第二农科所的“蓉油3号”申报国家重点科技成果推广计划，中汇公司和托普集团进入四川省“小巨人”计划。1997年，第二农科所的“蓉油3号”“蓉油4号”油菜在全国推广400万亩，其中在成都市推广80万亩，增产7200万公斤，新增收益1.08亿元。托普集团建立的“中国西部计算机软件园”，被国家科委列为中国首批重点布局的4个国家火炬计划软件产业基地之一。中汇制药公司开发出糖脉康、痛风定、宫瘤胶囊3种国内新药，糖脉康已投放市场，痛风定成为国家出资扶持争取打入美国市场的5个药种之一。创业中心被国家科委认定为首批国家高新技术创业服务中心，进入国家科委评定的7个“国际企业孵化器”的行列，全年实现产值2.5亿元，利税3977万元，创汇600万美元。

【中试基地建设】

1989年，成都市建立中试基地3个、科研生产联合体13个（其中11个为支持中小企业和乡镇企业的联合体）。成都化工研究设计院在中试基地和科研生产联合体的建设中，将柳河化工厂兼并，使之成为该院的第二中试基地。把聚磷铵酸等科研成果陆续转入基地，年产值由1988年的58万元上升到105万元，并为科研中试基地的建设摸索了道路，提供了经验。

1990年，继续抓紧抓好中试基地建设，提高科研机构自我发展和参与技术竞争的能力。帮助市轻工所、市建工所、市机电所、市电子所和市建材所创办了五个中试基地。市机电研究所新建悬挂式点焊钳中试产品基地，形成年生产150套的能力，加上原有的机械加工等，年创产值100万元，利税20万元。对已建立的中试基地，重点抓上规模、出效益。市轻工所、建工所、市化工院和第一、第二农科所等8个中试基地，全年共创产值1563万元，加快了科技成果向生产领域的转移。

1993年，根据《成都市科研中试基地（车间）管理暂行办法》，成都市对10个新申请建立科研中试基地（车间）的科研院所进行考察，评审认定成都工具研究所等9个单位、27个中试产品为市级科研中试基地（车间）和中试产品，享受税收优惠政策。同时对市属科研所中试基地进行建设和改造。成都市机电所征地10亩建设的中试基地初步建成。成都市一农科所建设蔬菜基地征地10亩的资金基本落实，土地划拨到位。成都市轻工所的中试基地建设已与合作方签订协议。成都市建材所租用场地的中试车间建成投产，永久性基地正在规划。全市全年重点抓了10项“产学研”项目的实施，其中国家级3项，占全国29个国家级“产学研”项目的十分之一。1994年，成都市第一农科所、轻工所、机电所、建材所的中试基地建设和改造取得了较快进展。

2000年，为推进中药高新技术成果转化，逐步形成成都市的中药现代化科技产业群体，重点支持地奥、迪康、中汇等一批中药现代化骨干企业，创出名品、占领市场；重点抓“优质无公害川芎种植基地”和“国家中药材现代化产业园（成都）服务中心”建设。以都江堰市、彭州市和郫县为基地，开展“中药材川芎优质品种筛选、移栽技术及药理研究”等科技攻关，为川芎种植解决技术和标准问题。全年，川芎种植面积达到600公顷以上。“国家中药材现代化产业园（成都）服务中心”挂牌运行。

【科技成果转化环境建设】

1999年6月，成都市出台《成都市促进高新技术成果转化的若干规定（试行）》，在有关高新技术成果转化项目认定、科技人员创办科技企业、科技成果作价入股、破格评定专业技术职称、所得税和增值税地方分成部分返还、科研中试基地实行投调税零税率、引进专业技术人员蓝印户口、重奖有突出贡献的科技人员等方面均有明确规定。《成都市促进高新技术成果转化项目认定办法（试行）》《关于贯彻成府发〔1999〕108号文件有关财政返税问题的通知》《关于实行蓝印户口的管理办法（试行）》《关于成都市从事高新技术成果转化专业技术人员破格推荐评审专业技术职务任职资格的办法（试行）》等配套文件，在成都市财政局、科委、公安局、人事局等各有关部门配合下陆续制定。1999年，科技投入增加，自然科学事业费1045.8万元，较上年增长18.8%；市本级科技三项费8882万元。设立了“成都市高新技术成果转化风险金”，1999—2003年，市本级财政每年拿出2000万元进行科技风险投资，促进科技成果转化。同时出台《成都市人民政府关于印发成都市科技工作先进区（市）县复查办法的通知》。市科技工作领导小组办公室对已获成都市科技工作先进区（市）县称号的区（市）县进行复查，根据复查评审结果，金牛区、双流县、龙泉驿区被市政府授予“成都市科技工作先进区（市）县标兵”称号。

2000年，通过结构调整和机制创新，推动以西南技术交易所、成都技术产权交易所及成都高新技术成果转化中心为桥梁，以高素质技术经纪人为骨干，以大量可转化科技成果为载体，汇集社会风险资金共同参与的市场化技术中介服务体系建设。2001年，全市实施10个高新技术成果产业化示范工程。2002年，成都市认真贯彻执行国家鼓励高新技术企业发展的各项税收优惠政策，切实兑现减免税政策，为高新技术企业发展及科技成果转化提供宽松的环境。1998—2002年，高新区内高新技术企业享受的企业所得税优惠累计达到1.3亿元。同时，完成科技计划及专项工作规范与管理流程的制定工作，组建政务服务中心，改进为科技人员和科研成果转化服务的方式，促进高新技术企业的快速发展。

2003年，成都市委、市政府组织《加快成都人才资源向人才资本转变促进科技成果转化》的专题调研，对全市科技人才利用和成果转化情况作系统的分析研究，为从政策上和决策上对科技工作提供支撑打基础。成都市领导多次到高新区、高校、科研院所和企业进行专题调研。市委组织部、市科技局联合下达《党政一把手抓第一生产力目标任务》；市委目督办、市政府目督办和市科技局联合下达《高科技成都建设专项目标》，明确全市各区（市）县党委政府、市级各部门的工作职责与任务。成都市出台《关于调整现行户口政策意见的通知》等政策法规，鼓励人才引进、流动、创新和创业，打破身份、户籍和所有制的限制，为人才流动和人才创业消除体制性障碍。另外，通过科技创业种子资金计划为科技人员创业提供支持。全年，种子资金安排资金694万元，支持129个科技项目持有人实施成果转化。成都市各级科技部门紧紧围绕全市科技工作重点，结合实际，采取措施，建设科技园区，不断调动科技人员积极性，完善科技成果转化的激励机制，不断推进全市科技成果的转化工作。

【高新技术成果转化项目认定】

1999年6月，市政府颁发《成都市促进高新技术成果转化的若干规定（试行）》，在全市实行高新技术成果转化项目认定制度，市政府设立高新技术成果转化服务中心和高新技术成果转化风险金等。7月，市科委设立“成都市高新技术成果转化项目认定办公室”，其主要职责为：负责对高新技术成果转化项目的技术等级、市场前景、经济效益、项目风险等方面进行评估认定。8月，下发《关于印发成都市高新技术成果转化项目认定办法（试行）的通知》。“认定办法”规定：高新技术成果转化，是指在高新技术领域内，为科学技术研究所产生的具有使用价值的科技成果而进行的后续研究开发、应用、推广，实现高新技术成果商品化、产业化的活动；凡拥有符合《成都市高新技术产业和技术目录》范畴的成果项目，并在成都市进行成果转化的，不论法人或自然人，均可向市认定办提出认定申请。“认定办法”规定：认定合格的项目，由市认定办颁发《成都高新技术成果转化项目认定证书》，项目承担单位凭认定证书享受市高新技术成果转化的有关优惠政策。同年，完成16个项目的认定工作，经认定的项目均具有技术等级高、市场前景好、产品生命周期长、抗风险能力强、经济效益明显的特点。

2000年，按照“有所为，有所不为”的方针，在电子信息、生物与现代医药、生态环保与高效节能、新材料和现代农业等重点领域，选择100项重点高新技术成果转化及产业化项目，通过新产品计划、火炬计划、星火计划、攻关计划、科技型中小企业技术创新基金、科技风险资金等各类计划和投入为支撑，重点推进，实现产值110亿元，利税34亿元。

2001年9月，市政府颁发修改后的《成都市促进高新技术成果转化若干规定》，继续实行高新技术成果转化项目认定制度。并规定，经认定的高新技术成果转化项目或高新技术企业，从认定之日起，前3年上缴的企业所得税、营业税和增值税地方收入部分，由同级财政安排同等数量的专项资金给予扶持，后3年由财政给予减半扶持；在引进市外科技人才和有关人员因公出国或赴中国香港澳门地区等方面给予方便。同时规定，对经认定的高新技术成果转化项目实行跟踪管理，两年内未实施的，或虽实施但未达到预期目标的，由市科技行政部门对该项目进行调整，确保高新技术企业的高新技术产品产值、研究开发经费投入和科技人员比例指标不低于国家标准。全市实施了100项重点高新技术成果转化及产业化项目。

2002年12月，市政府再次修改《成都市促进高新技术成果转化的若干规定》，重申实行高新技术成果转化项目认定制度。充实市科技工作领导小组，建立在蓉高等院校和科研院所联席会议制度，增强高新技术成果转化等方面的协调职能。同时规定，从2002年起，市财政安排科技三项费5000万元。经认定的高新技术成果转化项目，市财政将安排专项资金给予扶持。专项资金90%用于企业的技术创新，10%纳入“成都市科技创新种子资金”集中使用。

【“金桥工程”】

1993年2月，中国科协四届三次全委会决定实施“金桥工程”。其宗旨是促进科技与经济相结合，推动科技成果转化为现实生产力。成都市科协认真组织实施，全市科技人员踊跃参加。1994年，市科协提出每年实施一项有较明显实效的“金桥工程”或“厂会协作”的要求。1996年，市科协实施“321计划”，其中实施3个工程即为金桥工程、科技传播工程和强力工程。

1998年，市科协系统共完成重点“金桥工程”项目64项，年创产值7.1亿元，年增利税或纯收入1.4亿元，节约资金1.7亿元。在市科协“第五届代表大会”上，成都市政府对1996—1998年“金桥工程”优秀项目、单位及个人进行表彰，市科协被评为“优秀组织单位”。11月16日，省“金桥工程”领导小组对全省第二届“金桥工程”优秀项目、组织单位、组织者进行表彰，成都市科协获优秀组织单位一等奖。同年，成都市老科学技术工作者协会实施“金桥工程”形式多样。廖正瑶、梅德富、徐国栋、刘泉森等老科技工作者在园艺花木、万达铁路工程及成绵高速公路、保健药酒等方面展开咨询、评估、施工监理等工作，取得良好效果。在推广、开发科技产品方面，老科技工作者秦煜生研究动物血液深加工技术，生产价低质高的血红蛋白；范嗣楷与成铁分局合作进行成都东站驼峰整治及技术改造，以及将臭氧发生器应用于室内及金矿初选等，均起到较好作用。在发挥横向联系技术优势方面，轻化工专委会与四川矿产资源研究所在环保治理方面达成共识，成铁科技所老科协与地矿部探矿工艺研究所开展联系，受到成铁分局关注。另外，市老科学技术工作者协会的房建设计所完成了“成都市畜牧兽医部宿舍楼”等四个项目，共设计1.77万平方米，经市建委验收、抽查，质量良好、合格。

2001年，成都市科协把“金桥工程”作为龙头，集成和带动全市科协系统决策咨询和成果转化等科技服务工作；采取“分批立项、分级管理、滚动实施、完成验收、定期表彰”的方法，规范项目管理，进行有效的监控；注重项目的科技水平和内在质量，提高项目的档次、规模、科技含量及经济效益。全年，市科协系统“金桥工程”共立项95项，其中5项为中国科协重点项目，23项为省科协重点项目；完成项目60项，实现产值10.5亿元，利税3.38亿元，节约资金1.18亿元，技术转让收入194万元，中介服务收入1485.3万元。成都光明器材厂科协的“镧系玻璃技术改造”、四川海特集团公司科协的“航空APU燃气涡轮发动机大修技术”、四川大学的“乙烯氢甲酰化合成丙醛”等都具有很高的科技含量和很好的市场前景。同年，成都市政府进行了第三届“金桥工程”表彰奖励活动，共评选出30个优秀项目，其中“五路一桥工程文化特色研究”等5个项目获一等奖，10个项目获二等奖，15个项目获三等奖，有16个单位和10名个人获得优秀组织单位奖和优秀组织者奖。

1993—2005年，成都市共完成市级“金桥工程”项目1305项，新增产值111.7亿元，新增利税或纯利润27.2亿元，节约资金16亿元。

科技情报信息

【概况】

成都市的科技情报信息工作始于20世纪50年代。1958年，中国科学院成都文献情报中心（中国科学院成都图书馆）的前身中国科学院四川分院图书馆成立。1959年6月，四川省科学技术情报研究所建立。1972年，成都市科学技术情报研究所成立。70年代以后，各种专业科技情报信息机构相继建立起来。1978年，成立四川省冶金情报标准研究所。1973年，成立四川省农业科学院科技情报室和省轻工厅情报中心站（1983年，更名为四川省轻工业情报研究所）。1990年，建立四川省建设科技情报站。1984年，成立四川人口情报中心。1986年，成立成都市医学情报研究所（2000年6月，更名为成都市医学信息所）。在此期间陆续建立的科技情报信息机构还有中国医学科学院华西分院医学情报研究所、四川省医学情报研究所、四川省地震局科技信息研究所、成都市标准计量情报所、四川省纺织科技情报中心站、四川省技术监督情报研究所等。20世纪90年代，成都地区的科技情报信息机构信息储存量迅速增加，并开始进行网络建设，发挥科技文献资源优势，开展科技信息服务、教育培训、查新检索、情报研究、院地合作、国际交流等方面的工作。进入21世纪后，纷纷进行数字化建设，扩大服务领域。至2005年，逐步形成多层次、专业化和网络化的科技情报信息工作体系。随着经济、科技体制改革不断深入，科技情报信息成为为经济建设、社会发展服务的重要资源，成为各级党委、政府和有关部门科学规划、决策不可缺少的组成部分。

1997—2005年份成都地区部分科技情报文献机构活动情况表

表5-68

	单位	1997年	1998年	1999年	2000年	2002年	2003年	2004年	2005年
参与统计机构数	个	10	10	10	10	10	10	10	9
其中：地市属	个	2	2	2	—	2	2	2	2
从业人员	人	646	652	625	621	610	548	596	575
其中：从事科技									
活动人员	人	585	487	428	421	447	394	411	456
专业技术干部	人	584	586	471	460	445	392	295	312
经费收入	万元	2170	2826	2595	2610	3649	4005	4370	4365
其中财政补贴	万元	1645	1435	1699	1864	2970	3182	3073	3414
经费支出	万元	2064	2455	2414	2328	3371	3726	4338	4249
其中科研业务									
费支出	万元	470	745	775	305	676	763	3516	4080
固定资产原值	万元	5685	4524	4994	5281	7720	8882	15074	14280
科研课题数	个	28	26	18	20	15	18	23	31
课题经费支出	万元	26	87	93	114	93	259	330	219
课题投入人员	人	38	87	45	23	44	83	68	109
发表科技论文	篇	55	98	52	66	45	44	73	87
其中：国外发表	篇	—	—	1	—	—	—	—	—
出版科技著作	种	5	4	4	2	—	—	—	3

【中国科学院成都文献情报中心】

1958年，中国科学院四川分院图书馆成立。1988年，更名为中国科学院成都文献情报中心（中国科学院成都图书馆），为中科院在西南地区的文献情报机构。1989年，成为四川省科技成果查新咨询服务分中心。1990年，开始培养研究生。1992年，科研成果“中国科学院文献资源合理布局”获得国家科技进步三等奖。1993年，成为中科院成都科技查新咨询中心。该中心的学科方向是：以计算机宽带网络为基础的文献信息保障和服务，情报咨询服务系统、数字图书馆理论与实践。其主要研究领域是：文献情报基础理论、信息资源建设、信息检索与调研分析、信息咨询与情报研究、战略情报研究与学科情报研究、专利情报研究、现代信息管理技术、数字图书馆理论与实践、文献情报用户关系管理、知识管理与网络经济。1995年的科研成果“书本型中国专利数据库及伪联机检索服务网”获得国家科技进步三等奖。

1998年，中科院成都文献情报中心接管中国科技网成都网络管理中心。同年，与四川大学信息管理系联合获得图书馆学硕士学位授予权。1999年，完成内部局域网建设和成都分院网络升级改造与扩建。2000年，中心新馆建成，是四川省内图书情报界第一幢综合布线的智能大楼。2001年，通过光纤实现与北京的宽带链接（带宽155M），初步完成全球图书馆导航系统建设，实现对国内外3000多个图书馆网页的搜索和链接。2002年，该中心整体进入中国科学院知识创新工程试点序列，开始数字化图书馆建设。1991—2002年，该中心有13项科研成果获得国家及省部级科技进步奖17项次。其中获国家科技进步三等奖2项，获中科院科技进步奖二等奖4项、三等奖3项，获四川省科技进步奖三等奖5项以及其他奖项3个。2003年7月底，中国科技网“科分院”智能园区宽带网建成，科技网正式进入科研人员住户，为中科院成都分院各研究所提供服务的网络带宽为1G；同年，国家科技图书文献中心（National Scienceand Technology Library）成都镜像站在中科院成都文献情报中心正式开通。该中心独立承建国家科学数字图书馆3个学科信息门户网站，“全球图书情报资源门户网站”和“天然药物信息门户网站”于2004年建成，并启动了“专利信息门户网站”建设，3个网站在Google的Page Rank值为8分（满分10分）。21世纪初，与四川省科技厅合作，牵头建设四川省科技信息资源平台；与成都市合作建设成都信息港，为期5年，累计投入18亿元。2004年，启动与西藏自治区合作建设的“藏药信息网”项目，并承建“中国科学院—西藏自治区院区合作信息平台”，2005年7月通过一期验收。中心先后与美、英、德、泰、俄等国的文献情报机构建有学术交流关系；负责管理中科院西南地区文献情报协作网和成都地区文献情报协作网，与西南地区公共、高校、专业文献情报机构有广泛的交流。

2005年，中科院成都文献情报中心馆藏印本文献总量为215万册（件），完整收藏国际著名的会议文献SPIE、IEEE、LNCS等。文献资源囊括外文全文期刊5000多种、中文全文期刊1万多种，以及大量的文摘数据库和专利文献。同时，通过以网络传输为主的多种便捷方式共建共享中科院系统的科技文献信息资源，可提供包括1.6万余种外文期刊在内的各类文献原文；形成了国内最全的PCT非专利文献收藏体系，率先建立国内较为全面的专利分析指标体系，完善了国内外专利文献与非专利文献的跨库检索功能，并优化了专利新闻聚合软件。同时开展数十项科技信息战略情报研究、学科情报研究、知识产权情报研究、竞争情报研究。该中心编辑主办的《世界科技研究与发展》获中科院优秀期刊奖，有近300位两院院士订阅。该中心编辑的《天然产物研究与开发》在美国《化学文摘》的收录率达90%以上，被大英图书馆等20个国家的数十家机构长期收藏。以上2种公开发行的学术刊物，均为科技部“中国科技论文统计源期刊”（中国科技核心期刊）、中国科学引文数据库核心库来源期刊和中国学术期刊综合评价数据库统计源期刊。

2005年，该中心有职工57人，其中科技人员52人（进入中科院知识创新工程36人），具有高级职称的科技人员14人，“四川省学术和技术带头人”2人，“国务院特殊津贴专家”3人，四川省有突出贡献的优秀专家1人；本科以上学历人员占72%。独立拥有中科院研究生院的情报学、图书馆学硕士培养点，同时与四川大学合办图书馆学、情报学硕士培养点，有在读硕士研究生34人。

【四川省科学技术信息研究所】

1959年6月，四川省科学技术情报研究所建立。1971年，与中国科学院成都图书馆合并。1978年，四川省科技情报所与中科院成都图书馆分设。1989年，被四川省科委批准为“四川省科技成果查新咨询服务中心”。1990年，被批准为全国首批11家具有科技查新资格的单位之一。同年，被国家发明奖评审委员会批准为国家发明奖项目查新单位。1991年，结合四川省科技、经济、社会发展需要，开展科技情报信息服务，成为西南地区获得国家一级科技查新咨询单位资质的科技查新专业服务机构。1994年，被国家科委授予一级科技查新咨询单位称号。2001年，更名四川省科学技术信息研究所。该所是国家统一规划的地区性综合性的科技信息中心，隶属四川省科学技术厅，是四川省综合性科技信息研究事业单位，其主要职能有：全省科技信息事业管理、科技信息服务、专利服务、科研立项和成果查新咨询等。2004—2005年，配合四川省中医药国际科技大会，建立四川省中医药招商引资项目数据库，实现网络查询。到2005年，该所建成并开通了四川省农业专家信息库和四川省农村实用技术库，对四川省农村咨询网及中国西部技术市场网站进行建设与改版；为省人大、省委组织部、省委统战部、省科技厅及多家企事业单位网站建设、维护及办公自动化系统的研制开发提供服务。

2005年，四川省科技信息研究所建筑面积2.76万平方米，其中业务用房1.5万平方米。有职工245人，其中具有高级职称的43人、中级职称的101人。馆藏科技文献2600余万册，其中包括国内外科技期刊，中国、美国、日本、德国、法国、英国、俄国、瑞士8国以及欧洲、世界知识产权组织专利说明书及专利检索数据库共11种，维普中文期刊全文数据库，国研网5个全文数据库，万方数据科技成果和企业产品两个数据库等；文献载体有印刷版、缩微胶片、光碟、数字化兼容科技文献等。该所已开通internet四川节点，利用现代化网络技术开展各类信息服务。与省内的7个基层科技情报所签订协议，实现了数字化文献资源共建共享。全年，完成科技查新项目1200多项。该所编辑出版有公开发行的《技术与市场》《家庭电子》与内部发行的《网络参考》《高速传真》《畜禽业》《情况反映》《纳米快讯》等刊物，以及《四川科技成果公报》《农村实用技术丛书》等科技信息产品；同时利用网络技术为领导部门及各级管理部门、科研院所及科研人员提供数字化信息服务。

【成都市科学技术情报研究所】

成都市科学技术情报研究所1972年成立。开展科技成果、新产品、专利查新，科技文献资料翻译，成果登记，科技统计，为社会提供经济、科技信息及咨询服务；情报调研、课题研究和科技项目的研究推广；“成都科技信息网”建设及管理等方面工作。1993年，科研成果“成都市平原区农业高产、优质、高效发展战略及规划的研究”，被市政府采纳，有计划、有组织地在成都市郊农村实施此项研究提出的战略及规划。1993—1994年，完成的市攻关课题“雉鸡和鹧鸪特禽养殖配套技术研究”，并被列入国家星火计划。1995年，由该所编制的《成都市麻羊·四川省地方标准》通过省技监局审定，于9月25日发布实施。到1996年，该所收藏经市登记的科技成果档案材料（原始全文信息资料）累计991件（套）。1997年，针对拉美斑潜蝇侵入成都市、严重危害果蔬等作物的情况，该所开展专题信息服务，通过相关机构、查找、检索有关资料，整理出斑潜蝇生物特性、传播与危害、发生动态、取样与监测、检疫与防治等资料15期、专题研究报告14篇、各种技术信息120条，提供给市植物保护研究所，该所参与完成的“拉美斑潜蝇及其防治技术的研究”成果获1999年度成都市科技进步一等奖。1997年，该所承担成都市科技信息网（CDKEJI）建设任务。1998年5月，成都市科技信息网建成开通，以DDN专线接入中国公众多媒体信息网（169网）成都节点，并在“天府热线”上开辟“成都科技之窗”，设成都掠影、科技概览等12个栏目，当年6月15日，开始向CHINANET和INTERNET发布具有成都特色的各类信息。同年，市科学技术情报研究所引进万方数据库9个，数据记录总量450万条，建立万方数据库光盘检索站和NOVELL广域网。同年，建成成都市科技成果数据库、成都市科技统计数据库，首批入库成果1456项。

1999年结题的由该所主持、与有关区（市）县合作的“成都麻羊选育扩繁及其推广应用研究”项目，在大邑县12个乡（镇）示范推广，实现项目总产值2亿元，新增纯收入1000万元。在此基础上、新上“成都麻羊与波尔山羊经济杂交试验研究及示范推广”项目，利用杂种优势提高肉用山羊的生产效益。2000年，该项目的引种、繁育、疫病防治等系列配套技术研究取得较好效果，在大邑、邛崃等区（市）县大规模推广应用，新增社会总产值3000多万元，该所作为第一主研单位完成的“波尔山羊与成都麻羊经济杂交试验研究”获得2000年度成都市科技进步二等奖。2003年，与省科技厅合作完成了科技部下达的“建立成都区域创新体系，发展成都高新技术产业”研究课题。到2003年，市科技情报所共完成软科学课题研究和情报调研课题30多项，其中包括省、市重点项目和市攻关项目10余项，获得成都市科技进步奖二等奖1个、三等奖3个及其他奖项8个。1990—2005年，该所共向社会提供1万余条经济和科技信息。

【四川省农业科学院农业信息与农村经济研究所】

1938年，四川省农改所图书股成立。1973年，成立科技情报室。1979年，成立四川省农业科学院科技情报室。1985年，更名为四川省农业科学院科技情报研究所。2005年，改用现名。该研究所是集农业信息及农村经济研究、农业信息服务、农业咨询服务和农业媒体传播4个学科和服务平台为一体的省级农业信息科研与服务机构。1996—2005年，该所获得四川省科技进步二等奖1项、三等奖2项，北京市科技进步二等奖1项。该所的专业农业图书馆藏有中外农业图书资料20多万册，是FAO在四川的唯一藏书点；拥有CABI、AGRIS光盘数据库和国内主要科技文献数据库；建有中国西部新农业信息网和四川省农科院院域网，可查阅14个中文数据库和17个外文数据库的信息。该所负责农业项目科技咨询和科技查新，是国家发改委工程咨询甲级资质单位。2004年，该所编辑的《西南农业学报》入选科技部“中国科技论文统计源期刊”，为中国科技核心期刊。该所编辑的《四川农业科技》，发行量及刊物综合质量居全国同类期刊前列。《作物育种信息》《四川育种攻关动态》《农业科技动态》等为该所编辑的内部刊物。2005年，该所拥有职工47人，其中高中级科技人员22人，硕士6人，在读博士生2人，拥有四川省学术和技术带头人后备人选2人。

【科技报刊】

成都地区的科技报刊最早创刊于20世纪50年代。《四川科技报》《大众健康》即创刊于1956年。70年代，各类科技报刊逐渐增加。1974年，《光电工程》创刊；1977年，《电子报》创刊；1979年，《成都科技报》《信息安全与通信保密》《科幻世界》创刊。80年代和90年代是成都地区科技期刊创刊多的时期，各种学术型、科普型的科技期刊连续出版发行。1980年，《数学爱好者》创刊；1981年，《计算机应用》《计算机应用研究》创刊；1982年，《电子元件与材料》创刊；1983年，《山地学报》《大自然探索》创刊；1984年，《电子文摘报》《软件报》创刊；1985年，《西南农业学报》创刊；1989年，《天然矿物研究与开发》《技术开发与贸易机会》创刊；1990年，《决策咨询通讯》创刊；1993年，《世界科技研究与开发》《合成化学》《家庭电子》《汽车》创刊；1998年，《自动化信息》创刊。进入21世纪后，成都科技期刊大批涌现。2005年年底以前，成都地区创刊的科技期刊达187种，约占全省公开发行的科技期刊的94%。其中，中科院系统科技期刊有9种，四川省科技厅系统7种，省农牧系统4种，大专院校学报及与其他学术、科研机构联办的学术刊物48种，科普和实用技术刊物8种，省或省以上科研机构、学（协）会主办的专业技术和学术刊物104种，成都市级学会、科研机构的刊物7种。这些刊物分别或同时被中文核心期刊、中国科技核心期刊、中国科技论文统计源期刊、中国学术期刊综合评价数据库、中国科学引文数据库、中国期刊网、中国学术期刊（光盘版）、中国期刊全文数据库（CJFT）、中国科技期刊精品数据库、中国核心期刊（遴选）数据库、CEPS中文电子期刊、万方数据—数字化期刊群等多个数据库收录，有的刊物还被美、英等一些国外科技媒体（数据库）收录，许多刊物在国家级、省级的评比中多次获奖、被评为“全国优秀期刊”“四川省优秀期刊”等。除众多科技期刊外，成都地区还有一定数量向国内外公开发行的科技报纸。

在公开出版发行科技报刊的同时，成都地区相关机构编辑有定期或不定期的内部刊物、资料，内部发行，以供交流和参考。如《科技决策参考》《参谋动态》《成都创业投资》《院士中心动态》《科技参考》《医药市场与科技》《作物育种信息》《四川育种攻关动态》《农业科技动态》等。

2005年成都地区公开发行科技期刊名录一览表

表5-69

	刊物名称（括号内为刊物主办单位）
中国科学院系统	世界科技研究与发展（中国科学院成都文献情报中心等）；天然产物研究与开发（中国科学院成都文献情报中心、地奥制药公司等）；应用与环境生物学报（中国科学院成都生物所）；山地学报（中国科学院成都山地所、中国地理学会山地分会）、山地科学学报英文版；光电工程（中国科学院成都光电所）；合成化学（中国科学院成都有机化学所）；中国西部科技（中国科学院成都有机化学所、南京地理与湖泊所、成都翻译协会）；计算机应用（中国科学院成都计算机所）

续表

	刊物名称（括号内为刊物主办单位）
四川省科技厅系统	决策咨询通讯（省科技顾问团）；计算机应用研究（省电子计算机应用研究中心）；技术与市场（省科技信息所）；家庭电子（省科技信息研究所、省信息股份公司）；14技术开发与贸易机会（省科技交流中心）；软科学（省科技促进发展研究中心）；资源开发与市场（省自然资源所）
省农牧系统	西南农业学报（四川、云南、贵州、广西、西藏、重庆六省、区、市农科院）；四川农业科技（省农业厅、农科院）；草业与畜牧（省草原科学研究院）；四川畜牧兽医（省畜牧科学研究院等）
大专院校学报及与其他学术、科研机构联办的学术刊物	四川大学学报自然科学版；四川大学学报工程科学版；四川大学学报医学版；电子科技大学学报；西南交通大学学报；成都理工大学学报自然科学版；成都中医药大学学报；28四川师范大学学报自然科学版；西南民族大学学报自然科学版；西南石油大学学报；西华大学学报自然科学版；成都大学学报自然科学版；成都纺织高等专科学校学报；成都航空职业技术学院学报；成都教育学院学报；成都体育学院学报；成都信息工程学院学报；四川教育学院学报；四川卫生管理干部学院学报；四川烹饪高等专科学校学报；光散射学报（四川大学、四川物理学会等）、化学研究与应用（省化学化工学会、川大）；皮革科学与工程（川大、四川皮革工业协会）；四川动物（川大、四川动物学会等）；原子与分子物理学报（四川物理学会、川大）；高分子材料科学与工程（川大、国家自然科学基金委员会等）；国际口腔医学杂志（川大）；国际输血及血液学杂志（川大华西医院、中国医科院输血研究所等）；生物医学工程学杂志（川大华西医院、四川生物医学工程学会）；华西医学（川大华西医院）；现代预防医学（川大公共卫生学院）
大专院校学报及与其他学术、科研机构联办的学术刊物	中国呼吸与危重监护杂志（川大华西医学中心）；中国普外基础与临床杂志（川大华西医院）；中国胸心外科临床杂志（川大华西医院）；中国修复重建外科杂志；中国循证医学杂志；大学物理（四川师范大学、中国物理学会）；地质灾害与环境保护（成都理工大学）；国土资源科技管理（成都理工大学、国土资源部国际合作与科技司）、物探化探计算技术（成都理工大学、中国地质科学院物化探研究所）；矿物岩石（成都理工大学、省矿物岩石地球化学学会）；交通运输工程与信息学报（西南交通大学）；学术动态（西南交通大学、四川新闻出版局）；制冷与空调（西南交通大学、四川制冷学会）；实验科学与技术（电子科技大学、四川高教学会）；中国电子科技（英文，电子科技大学）；粮食问题研究（四川农大成都教学部）
科普和实用技术刊物	科幻世界（四川省科协）；科幻世界（少年版，省科协）；课堂内外（小学版，教育部关心下一代工作委员会、四川省科普作家协会等主办，在重庆出刊）；大自然探索（四川科技出版社）；实用影音技术（成都电子研究所）；视听技术（四川科技出版社）；数字化用户（省科协、四川电脑推广协会、电脑商情报社）；学生电脑（四川信息产业公司）

续表

	刊物名称（括号内为刊物主办单位）
省或省以上科研机构、学（协）会主办的专业技术和学术刊物（只列出刊名）	巴蜀质量跟踪；测绘质量监督与管理；沉积与特提斯地质；电焊机；电信技术研究；电讯技术、电子信息对抗技术；电子元件与材料；东方电气评论；纺织科技进展；钢管；高压物理学报；工具技术；国外医药；核动力工程；核聚变与等离子体物理；化工设计；机床电器；机电元件；机械；激光技术；寄生虫病与感染性疾病；建筑安全；建筑电气；教育科学论坛；科学与财富；矿产综合利用；粮食储藏；粮油仓储科技通讯；粮油科技；路基工程；汽车杂志；燃气涡轮试验与研究；石油与天然气化工；实用妇产科杂志；实用医院临床杂志；世界隧道；水电站设计；四川蚕业；四川测绘；四川地震；四川地质学报；四川电力技术；四川化工；四川环境；四川建材；四川建筑；四川建筑科学研究；四川解剖学杂志；四川林勘设计；四川林业科技；四川农机；四川烹饪；四川气象；四川生理科学杂志；四川食品与发酵；四川水力发电；四川水利；四川丝绸；四川体育科学；四川通信技术；四川心理科学；四川畜牧兽医；四川冶金；四川医学；四川有色金属；四川中医；四川肿瘤防治；塑料工业；隧道译丛；天然气工业；天然气化工；天然气勘探与开发；天然气与石油；通信技术；通信与信息技术；西部广播电视；西部皮革；西部医学；西南国防医药；西南军医；现代传输；现代隧道技术；现代远程教育研究；信息安全与通信保密；信息产业报道；畜禽业；有机硅材料；预防医学情报杂志；职业卫生与病伤；纸和造纸；中氮肥；中国测试技术；中国肺癌杂志；中国抗生素杂志；中国口腔种植学杂志；中国输血杂志；中国医学文摘-计划生育、妇产科学分册；中国沼气；中华眼底病杂志；中华医学遗传学杂志；中药药理与临床；资源开发与市场；资源与人居环境
成都市级学会、科研机构的刊物	计量与测试技术（成都市计量监督检定测试所）；理科爱好者（市教育学院）；现代临床医学（市医学信息所、市医学会）；心血管病学进展（成都市心血管病研究所）；新世纪水泥导报（新型干法水泥生产技术研究会、成都建材工业设计研究院有限公司）；照明电器光源灯具（市轻工学会）；中国照明电器光源灯具专刊（市轻工行业协会、市轻工学会）

科技发展保障体系建设

管理体系建设完善

【概况】

1990年，成都地区中国科学院科研院所由中科院成都分院管理，在成都地区的部委属科研机构由国务院各部委管理，四川省属科研院所由四川省科委负责管理；成都市科学技术委员会是成都市科学技术管理的主要行政机构，负责管理所属科研院所及全市科技工作。

1992年4月，成都市科技工作领导小组成立，以加强对全市科技工作的领导和协调，做好科技成果转化为现实生产力的工作和企业技术改造工作。1996年，成都市政府加强市科学技术委员会职能，要求加大实施《中华人民共和国科学技术进步法》和《成都市科学技术进步条例》等法律、法规的力度，推进全市科技体制改革，统筹规划、管理协调、指导全市科学技术进步工作，组织实施重大科技项目和推广应用重大科技成果，发展科技产业，培育新的经济生长点。2001年6月，成都市科学技术委员会更名为成都市科学技术局，挂成都市知识产权局牌子；贯彻执行党的科技方针、政策和科技法律、法规，研究和实施科技体制改革，推进科技与经济、社会有机结合，为其管理科技事业的核心内容。

除成都市科技工作领导小组、成都市科学技术局、成都市知识产权局以外，在成都市市级行政部门内尚设有科技管理机构，以管理本部门、本行业的科学技术工作。从1983年起，市经济委员会设技术创新处（后改为科技处），市建设委员会设科学技术设计管理处，市农业委员会设科技教育处，市卫生局设科技教育处，市计划生育委员会设科学技术处（后改为科研技术处），市水利水电局（水利电力局、水利局）设科技处，市环境保护局设科技监测处。1984年，市交通委员会设科技信息处（后改为科学技术处），市林业局设科技绿化造林处（后改为科技生产处）。1989年，市质量技术监督局设计划财务科技处（后改为科技教育处）。1990年，市发展计划委员会设高技术产业发展处（后改为科学技术计划处）。2001年，市中小企业局设创新服务处。另外，市文化局设有教育科技处，市广电局设有科学技术处，市园林管理局设有规划科技处，市气象局设有业务科技处等。全市科学技术管理网络基本形成。

成都市19个区（市）县均设科技委员会（科技局），各乡（镇）设有科委基层组织；全市初步形成区有科技副区长，乡（镇）有科技副乡（镇）长，村有科技副主任的科技管理体系。同时，市属部分企业设立了厂办科研机构。成都市为之出台了《成都市厂办科技开发机构管理暂行办法》和《成都市乡镇科委工作条例》。

【科技政策法规建设】

1990年，成都市在调查研究、总结经验的基础上，抓紧科技立法工作，用法规手段解决科技活动中一些重大的、带共同性的问题。市政府制定《关于开展科技兴农工作的意见》，各区（市）县科委根据地区实际提出实施意见。同年，经外交部批准，成都市可自行审批科技、经贸出国团组和邀请外国人员到访。为此，制定《成都市科技外事工作暂行管理办法》，归口管理外事工作。

1991年7月，成都市颁布《成都高新技术产业开发区若干政策的暂行规定》，规定了高新技术企业从被认定并取得法人资格之日起享受的优惠政策。1992年，《中共成都市委、成都市人民政府关于发展科技振兴经济的决定》下发全市执行，为改善科技工作条件创造良好的政策环境。

1993年9月，《成都市技术市场管理条例》公布实施。明确市科委和各区（市）县科委为本行政区域内技术市场的行政管理部门。规定技术交易必须依法签订书面合同；从事技术转让、技术开发、技术咨询、技术服务所得的技术性收入，按国家有关规定享受免征所得税和营业税的优惠。《中华人民共和国科技进步法》颁布后，成都市集中力量开展法制宣传，市人大、市政府联合组织召开学习、宣传贯彻“科技进步法”座谈会，邀请市级有关部门领导和部分科技顾问团成员谈学习体会和建议。

1995年7月26日，成都市第十三届人民代表大会常务委员会通过《成都市科学技术进步条例》（以下简称《条例》）；同年10月19日，经四川省人民代表大会常务委员会第十七次会议批准实施。《条例》共10章54条，对科学技术与经济建设和社会发展、研究开发机构、科学技术工作者、高新技术和高新技术产业、科学技术成果转化、科学技术合作与交流、科学技术资金投入、奖励与处罚等作出了相关政策规定。同年，《成都市科技进步统计监测工作实施方案》实施。1996年1月22日，《中共成都市委成都市人民政府关于加速成都科学技术进步的决定》向社会公开发布；24日，召开全市科学技术大会，部署加速科技进步的各项任务；同年，陆续制定和颁布《关于加强我市科学技术普及工作的若干意见》《关于加速发展成都高新技术及其产业的意见》《关于大力培养、造就优秀科技人才的意见》《关于加快培育和发展技术市场的通知》等一系列配套政策。

1998年，成都市委、市政府制定《关于大力发展个体私营经济的决定》的实施办法，规定科技型私营企业可直接向相关科技行政管理部门申报各类科技计划立项、科技成果鉴定和科技进步奖励、技术职称评定等，在税收、科研中试基地的基本建设等方面可享受优惠政策，让民营科技企业发展成为成都新的经济增长点。同年3月，市科委、市国家保密局发布通知，要求各部门、各单位自查科技保密情况。5月，科学技术部对成都市1990年以来上报的国家秘密项目持有单位的定密、划密、解密、项目保密档案的建立、管理，保密制度的制定、落实情况进行检查。1999年6月，《成都市促进高新技术成果转化的若干规定（试行）》出台。

2000年，国家信息办将成都市列为全国8个信息化试点城市之一，市科委及时完成《成都市信息港建设规划纲要（送审稿）》。2月28日，市委、市政府召开全市技术创新大会，出台《关于加强技术创新，发展高科技，实现产业化的实施意见》，进一步明确成都市加强技术创新，发展高科技，实现产业化的指导思想和基本原则、总体目标、工作重点、主要措施、扶持政策和保障条件。同年，“科技成果作价入股”相关政策措施陆续落实。2001年，颁发新的《成都市科学技术奖励办法》，重新修订《成都市促进高新技术成果转化的若干规定》，出台《成都市创业资本投资高新技术产业的试行办法》等政策。并将全市21项涉及科技的行政审批减至8项，并规范申报受理流程；各种服务性职能委托下放到中介机构。

2002年5月，国家知识产权局批准成都市为2002年度全国专利工作试点城市，成都市出台《专利试点工作方案》，成立以分管副市长为组长的专利试点工作领导小组。11月，市政府下发《成都市产权交易管理规定》，设立市产权交易指导协调委员会。12月，市政府下发修订的《成都市促进高新技术成果转化的若干规定》，决定充实市科技工作领导小组，增强其在高新技术成果转化、高新技术人才和归国留学人员的引进使用等方面的协调职能。2003年，成都市下发《党政一把手抓第一生产力目标任务》和《高科技成都建设专项目标》，明确全市各区（市）县党委政府、市级各部门的工作职责与任务。

2004年3月，颁布《成都市专利保护办法》《成都市加强商品流通领域知识产权管理暂行办法》等规章和政策。规定市知识产权局是本市管理专利工作的行政部门，负责本市行政区域内的专利管理工作并组织实施本办法；经济、贸易、科技、公安、工商行政、质量技术监督、版权和广电等行政部门，在各自职责范围内做好专利保护工作。

截至2004年，按照《行政许可法》的要求，成都市科技局共出台并实施了40余件地方性科技法规、规章和政策性文件。2004年，对其进行了清理，对已取消的审批事项进行了跟踪检查，对按有关规定保留的6项审批事项全部纳入市政务服务中心统一管理。

【农村科技工作体系建设】

20世纪80年代后期，成都市部分区（市）县在乡设科技副乡长，在村设科技干事。崇庆县在崇阳镇试建镇科委，彭县人民政府各局、办建立科技科或科技股。各区（市）县均建立科技发展基金。西城区实施“科技兴区”战略，1989年，投入200万元作为区科技发展基金。全市17个区（市）县拥有科技发展基金共计836万元。各区（市）县开展建设科技示范乡（村）的工作，至1989年末，共建成52个科技示范乡（村）。邛崃县高埂科技示范乡依靠科技进步，发展科技横向联合，在抓紧粮食生产的同时，大力发展乡镇企业和多种经营，工农业总产值年均递增25.18%。

1990年，继市上选派科技副区（市）县长之后，有7个区（市）县委派了科技副乡（镇）长61名，共建立乡（镇）科委基层组织26个。龙泉驿区不仅派了科技副乡（镇）长，还配备了科技副主任174名，初步形成区有科技副区长，乡（镇）有科技副乡（镇）长，村有科技副主任的自上而下的科技管理体系。在此之下，全市农村建设“农村人才培训体系”和“农村技术服务体系”。以成都星火培训基地、成都农校、市乡镇企业干部学校、成都养鸡星火技术培训基地等8个基地为依托，全年举办乡镇企业经营管理、全面质量管理、科技管理、财务会计、机械、电工、建筑技术、农副产品加工以及鸡、猪、鱼养殖技术与蔬菜、食用菌种植技术等培训614期，培训4.35万人次，造就了一批能掌握1～2门实用技术的专业人才。在建成农技推广服务中心13个、农村服务站380个的基础上，1990年，重点抓“农村技术服务体系”村一级服务机构建设。截至年底，全市4658个村有75%个村配备了农技员。

1991年，制定《成都市科技兴农“八五”计划和十年规划》，明确科技兴农的指导思想，提出了奋斗目标和主要任务。结合区划调整工作，对8个区（市）县科委第一把手进行调整，全市19个区（市）县全部配备了科技副区（市）县长和科技助理，有90个乡镇选派了科技副乡（镇）长，130个乡镇配备了专职科技干事，建立了乡（镇）科委基层组织32个，并在调研的基础上制定《成都市乡镇科委工作条例》，全市农村科技工作体系初步建成。作为国家科委重点抓的示范点之一的新津县星火技术密集区，成都市组织科技人员和党政领导共同参与，协作攻关，将示范区建设项目纳入农村技术集团承包，实行政技结合、技物结合、配套服务、明确目标、分项验收、严格考核、兑现奖惩等措施，国家、省、市级星火项目均以高质量、高标准如期完成。同年，全市农村人才培训体系，共举办全面质量管理、科技管理、机电、农副产品加工、蔬菜、食用菌种植技术等培训575期，培训2.88万人次。1992年，成立以常务副市长为组长的“市农科教统筹协调领导小组”，制定《成都市农科教统筹结合“八五”计划及十年规划》。成华、邛崃等先后成立科技工作领导小组，青羊、温江等分别成立科技兴区、科教兴工领导小组。龙泉驿区、成华区、彭县全部建立了乡镇科委。

1993年，为探索建立农村科技进步机制，成都市狠抓示范工作。新津县星火技术密集区一期工程通过验收后，经全面考察和专家论证，密集区二期工程已投入建设。确定新都县龙虎镇、金牛区金牛乡、双流县中和镇、邛崃县高埂乡为成都市4个省级科技示范乡（镇），制定近期和远期发展规划。为让农村科技工作体系建设更上一个台阶，市体改委与市科委共同制定并以市政府名义下发《成都市建立社会发展综合实验区的意见》，确定金牛区和新都县的新都镇为成都市的“社会发展综合实验区”。

在国民经济第九、第十个五年计划期间，成都市农村科技服务体系建设与特色产业、新技术新产品试验推广、星火科技培训、农村信息化和农村科普等方面综合协调发展，提高科技对区（市）县农村经济和社会发展的支撑作用。2005年，为统筹城乡经济社会发展，成都市设立城乡协调发展科技专项计划，制定《城乡协调发展科技专项计划实施意见》，经市委、市政府办公厅转发实施，并在金堂县、彭州市、新都区、新津县、蒲江县和都江堰市开展特色产业示范，给予600万元的资金支持。农村科技服务体系建设融入城乡一体化建设之中。

科技体制改革

【概况】

20世纪90年代，继续贯彻国务院《关于深化科技体制改革若干问题的决定》，成都科技体制改革进入深化发展阶段。在改革拨款制度、培育技术市场、促进科研机构与企业横向联合、促进科技人才合理流动、进一步扩大科研机构自主权、改革农村科技管理体制、民营科技企业发展等方面，取得进展。

1990年9月，成都市颁布并实行《成都市科技三项费用管理暂行办法》。从此，在削减科技事业经费、实行科研经费有偿使用的同时，实行所长负责制，打破条块分割、行业界限，面向社会面向经济建设主战场，开展横向协作，实行对外有偿服务，针对科研机构的不同类型和部门的不同性质，实行课题合同承包制或岗位责任制，职工的报酬和奖金与其完成任务的多少和好坏挂钩，等等。随着改革措施逐步落实，科研机构的活力增强，经济收入增加，市级开放性科研机构的收入平均相当于改革前原拨款的4.65倍。

1991年，成都市颁布《成都市关于鼓励出国留学人员来高新技术产业开发区工作的暂行规定》规定，留学回国人员可在成都高新技术开发区内选择适合自己的工作，实行自由流动。在此之前，成都市就有大批科技人员在改革科技人员管理制度、支持和鼓励科技人员合理流动政策的鼓励下，走出科研院所、学校和机关，创办各种所有制形式的开发机构和贸易公司。在创业实践中，培养造就了一批既懂专业技术又会经营管理的复合型人才，初步形成人尽其才的社会环境。

1993年，成都市第一部地方性科技法规《成都市技术市场管理条例》公布实施。技术市场在“放开、搞活、扶植、引导”方针指引下，从小到大，不断发展，到1993年，有常设技术市场8个，技术合同认定登记站21个，年技术交易成交总额在10亿元以上，促进了科技成果商品化。

1994年，全市科研与技术开发经费筹集额为24.42亿元。1995年，全市科研与技术开发经费筹集额为37.5亿元，增长53.56%。这是改革科技计划管理模式、拓宽融资渠道带来的变化。成都市广泛开辟科技投入经费来源，由财政拨款为主逐步过渡到以企业投入为主、金融贷款相结合的方式。90年代银行科技贷款每年均保持在1亿元以上。从1997年开始，开展科技风险投资探索，成立成都市科技风险开发事业中心，市财政最初数年连续每年投入2000万元科技风险投资金，开展投资入股和贷款扶持等方面的探索。

1998年，市委、市政府制定《成都市关于大力发展个体私营经济的决定》的“实施办法”，进一步优化民营科技企业发展的政策环境。当年，全市民营科技企业发展到近2000家，产值500万元以上128家，其中1000万元以上的100家，上亿元的有20家。民营科技企业已成为成都市发展经济和发展高新技术及其产业的重要力量之一。

进入21世纪以后，成都市科技体制改革由单项向综合方向发展。2001年，全市整合市直属单位资源，推进市属科技服务机构改革，构建以成都高新技术创业服务中心为基础的“创业孵化平台”，提供项目孵化、创新企业培育、人才培训等项服务；构建以成都市科技风险事业中心为核心的“科技风险投融资平台”，整合社会力量，形成支持、资助科技创新事业的资本源；通过西南技术交易所、成都技术产权所搭建“技术产权交易平台”，拓展技术成果转化、创业资本、风险资本的投入与退出渠道；以成都市科技发展研究中心（成都市科技顾问团办公室）为载体搭建“决策咨询平台”，为市委、市政府的重大决策提供咨询、参谋服务；以成都市科技情报研究所为中心，建立成都市知识产权服务中心，搭建“知识产权服务与保护平台”，形成知识产权保护好利用的有效工作机制；建设场地高新技术成果转化服务中心，搭建“成果转化平台”，加速成果转化，促进科技与经济有机结合，提高企业的创新和市场竞争力。6个平台统筹、协调发展形成科技创新体系，推动市内外科技界、科技资源聚集成都。

2002年，成都市与上海交大签订《成都市人民政府、上海交通大学合作协议》，与四川农业大学签订《成都市人民政府、四川农业大学合作协议》。至此，成都市已与清华大学、北京大学、上海交通大学、哈尔滨工业大学、四川农业大学等5所著名高校建立了全面的合作关系。同时，成都汇源科技集团与清华大学信息中心合作开发有线电视网络安全系统；成都宁江机床集团与清华大学合作开发企业资源计划系统；上海交大环境工程学院与成都迪康公司、成都科技风险事业中心共同启动了新药创新合作项目。地方与高等院校合作、地方与科研院所合作、企业与大专院校合作，让科技成果源与产业化基地直接挂钩，建立新的科技成果转化机制。

2005年，成都市设立城乡协调发展科技专项计划，制定并实施《城乡协调发展科技专项计划实施意见》。在金堂县、彭州市、新都区、新津县、蒲江县和都江堰市开展特色产业示范，并给予600万元的资金支持；围绕特色产业、新技术新产品试验推广、星火科技培训、农村信息化、农村科技服务体系建设和农村科普等方面，开展城乡科技协调发展示范，提高科技对区（市）县经济和社会发展的支撑作用，统筹城乡经济社会发展。

【科研院所管理体制改革】

1990年，成都市深化研究所内部管理改革，完善各种科研、经济承包责任制，巩固优化组合制。在科研机构管理目标中设科研课题数、创收效益数，年初签合同，年终按完成合同情况奖优罚劣。继续进行中试基地建设，提高科研机构自我发展和参与技术竞争的能力。市轻工所、市建工所、市机电所、市电子所和市建材所创办中试基地。市机电研究所新上悬挂式点焊钳中试产品基地，形成年生产150套的能力。对已建立的中试基地，重点抓上规模、出效益。市轻工所、建工所、市化工院和一、二农科所等8个中试基地，全年共创产值1563万元。同年，成都市科委、市经委、市机械局、市电子仪表局、市化工局、市轻工业局共同对全市厂办科技机构的发展历史、现状、存在的问题及应当采取的对策措施进行专题调查研究。在此基础上，将独立科研所行之有效的所长负责制、有偿技术合同制、独立核算制等有关科技体制改革政策和措施移入厂办科研所，形成《成都市厂办科技开发机构管理暂行办法》，增强厂办研究所的活力，壮大企业科研开发的实力。

1993年，成都高新区进一步完善产权制度、劳动人事制度、分配制度、社会保障制度，提出《成都高新技术产业开发区率先建立社会主义市场经济新体制方案》。倍特、东方、皮克等股份有限公司的股权证全部按国家有关规定进行集中托管，规范高新区股份制试点工作。按照《成都市民办科技机构股份合作制企业实施办法》，理顺民办科技机构的产权关系，有19家民办科技机构实行股份合作制。根据国家科委、体改委《关于分流人才、调整结构，进一步深化科技体制改革的若干意见》，成都市机电研究所全所人员按科研、生产经营、后勤保障三大系统进行调整分流；市电子研究所科研课题实行部门承包核算，提高科研经营综合效益，成都市轻工所按国有民营的发展思路，创办民营性质的科研经营实体，向多种经济成分并存方向发展。针对全市民办科技机构出现的产权纠纷等问题，成都市体改委、市科委、市科技发展研究中心对市内677家机构进行抽样检测，撰写《成都市民办科技机构产权现状及其管理对策研究报告》。对直接管理的206家民办科技机构的会计人员进行“新会计制度”培训；新批民办科技机构457家，总数达1638家。另外，制定《科研机构专业技术职务评聘分开试行办法》，深化专业技术职务评聘改革。

1996年，随着改革稳步推进，科研机构驾驭市场的能力不断提高。成都机电研究所并入四川天兴仪表厂，成为企业的技术开发机构。公益型科研院所结构不断优化，内部管理不断加强。民营科技企业的产权界定工作起步，根据国家科委、国有资产管理局的有关精神，制定下发《关于转发〈集体科技企业产权界定若干问题的暂行规定〉的通知》，对民营科技的产权界定工作提出具体要求，作出明确规定。

1998年，科研机构科研逐步以多形式面向大市场，进入大循环。市二农科所按照“一手抓成果源，一手抓成果转化，以油菜系列新品种为龙头，带动全所改革与发展”的思路，以蓉油3号、4号油菜推广为契机，在改革运行机制，增强自我发展能力方面取得明显进展。1999年，推动全市科研机构向企业化转制，面向社会，进入市场，为经济建设服务。成都市科委对6个国家在蓉科研机构转制工作进行有针对性的走访和调查，提出建议意见，并会同市级有关部门将成都市玻璃研究所列为改革“重点联系单位”进行试点。

2000年，深化市属国有科研机构改革，起草《关于9个科研院所管理体制改革的实施意见》。优化科技力量布局和科技资源配置，推进市一农科所、二农科所、玻璃研究所等市属科研机构的改革改制试点工作，鼓励其扩大规模，争创效益，建立新型管理制度和运行机制，走出产、学、研结合新路子。市一农科所、市二农科所和市玻璃研究所改革改制工作起步。

2001年9月，市政府批转市科技局《关于9个市属科研院所管理体制改革的指导意见》，提出：科研院所管理体制改革按照市场导向、机制转换、制度创新、平稳过渡的原则，以产权制度改革为重点，逐步建立产权多元化，符合现代企业制度要求的管理体制和运行机制；社会公益类科研院所根据不同情况实行改革。规定成都电子研究所、成都化工研究设计院、成都市轻工业研究所、成都市建工科学研究设计院、成都市建筑材料工业科学研究所根据各自实际，选择转（改）制为企业等多种改革形式的管理体制；成都市第一农业科学研究所、成都市第二农业科学研究所、成都市林业科学研究所、成都市农业机械研究所等社会公益类科研院所的管理体制改革按非营利性科研机构进行。2002年，成都市召开科研院所改制、转制工作协调会，对5个开发类院所和2个农业科研所进行改革调研，并按照成都市委议事纪要精神，加强开发类科研院所改革的指导工作，完成市轻工所、市化工院改制方案并立项，其他3个院所的改革预案制定工作加速进行。

【民办科技企业发展】

20世纪80年代，成都市一批专家、教授、工程师、研究生、 大学生以辞职、停薪留职、离退休、兼职等多种方式走出公办科研院所，按照自愿组合、自筹资金、自主经营、自负盈亏的原则，创办了一大批集体、私营和个体的民办科技机构。民办科技机构作为全民所有制独立科技机构的重要补充，开始形成国家、集体和个体一起办科技事业的新局面。1985年，成都市第一家民营科技企业诞生。1989年，全市有民营科技企业278家。同年，颁发《成都市民办科技企业登记注册办法》。

1990年1月，市政府颁发《成都市民办科技机构财务税收管理试行办法》，规定对符合条件的民办科技机构享受下列优惠政策：原则上可免征所得税1年，技术性经营活动收入免征营业税，技术转让收入以及技术转让中发生的与技术转让有关的技术咨询、技术服务、技术培训所得的年净收入在30万元以下的可暂免征所得税。2月，颁发《成都市民办科技机构人事管理党团建设若干问题的试行意见》，规定对本市民办科技机构中工作人员实行归口领导、分级管理的办法，并规定民办科技机构实行职工养老保险制度。1992年7月，颁布《成都高新技术及其产业开发税收专用证实施管理细则》规定，对从事高新技术及其产业开发的机构和企业继续实行税收专用证制度。1992年，全市有民营科技企业1680家，对其中733家抽样调查显示，从业人员有1.04万名，实现产值1.74亿元、利税1900万元。

1993年5月，市政府颁布《成都市民办科技股份合作制企业实施办法》，规定以技术作价入股的总额不超过企业注册资本的20%，高新技术作价入股的总金额不超过企业注册资本的30%。1997年，成都市民营科技企业发展到1000多家，对其中641家统计，年产值100万以上达134家，1000万元以上37家，5000万元以上14家，亿元以上9家。新津希望集团已成为全国最大的民营科技企业。

1998年，成都市优化民营科技企业发展的政策环境，制定贯彻落实四川省委、省政府《关于进一步加快民营经济发展的若干政策性意见》和市委、市政府《关于大力发展个体私营经济的决定》的实施办法，明确规定科技型私营企业可直接向相关科技行政管理部门申报各类科技计划立项、科技成果鉴定和科技进步奖励、技术职称评定等，在税收、科研中试基地的基本建设等方面享受优惠政策，并选择13家科技型私营企业作为重点联系、扶持的对象。年底，全市民营科技企业共有近2000家，经对其中692家统计显示，企业固定资金已达69亿元，从业人员共3.14万人，实现产值78亿元、利税13亿元、创汇3600万美元，其中年产值过1000万元的企业有81家，过5000万元的有33家，超亿元的有20家，出现地奥、科伦、希望、迈普、中汇等一批有较大社会影响和经济发展潜力的民营高科技企业集团。

2000年4月，市科委、市体改委、市人事局、市财政局、市工商局、市地税局、市国有资产管理局等7个部门联合下发《关于大力发展民营科技企业的意见》，提出发展民营科技企业的指导方针及原则是坚持抓大育小，数量扩张和质量提高并重，引导和支持民营科技企业完善企业法人治理结构，提高管理水平，增强创新能力，大力开发高新技术产品，进行二次创业，向规模化、国际化方向发展，形成一批高新技术产业集团。“意见”规定，成都实行民营科技企业认定制度，对其中符合高新技术企业条件的民营科技企业经认定和颁证后，享受高新技术企业的优惠政策。同时严格依法行政，成都市对19个区（市）县贯彻《四川省民营科技企业条例》情况进行全面检查和抽查。

【科技投入改革】

1990年9月，市政府颁发《成都市科技三项费管理暂行办法》，规定根据项目的不同情况，所拨经费实行全部有偿、部分有偿、无偿等3种形式；有偿使用的回收经费，80%进入市的科技发展基金，20%用于奖励项目执行好、按时偿还有偿使用部分的项目承担单位。1992年，为不断拓宽科技投入渠道，成都市开始实行科技投入由财政拨款为主逐步过渡到以企业投入为主、金融贷款相结合的方式。成都市科技部门与金融机构联姻，以金融为主的科技投入新格局正在形成。市科委与市经委、市财政、市工商银行合资建立科技信贷部，为部分科技开发项目落实了资金。市高新技术产业开发区与市工商行合资成立“科技风险投资基金”，开展科技风险投资业务。都江堰市科委、市工商行、市保险公司合资创办“都江堰市科技投资保险公司”，进行科技投资保险等。成都倍特发展股份有限（集团）公司，向社会集资，在增加科技投入方面作了新的尝试。1994年，全市科研与技术开发经费筹集额为24.42亿元。1995年，全市科研与技术开发经费筹集额达到37.5亿元。

1996年，《成都市科学技术进步条例》颁布，市委、市政府有关科技投入的各项政策基本落实，市本级财政科技投入有所增加增加。企业是科技投入主体的思想逐步强化，金融机构科技贷款全年落实1.1亿元以上，落实情况好于全国平均水平。从1997年开始，成都市成立科技风险开发事业中心开展科技风险投资探索，以及投资入股和贷款扶持等方面的探索。截至1998年，银行科技贷款年均保持在1亿元左右。

1999年，“成都市高新技术成果转化风险金”设立。自是年起至2003年，市本级财政每年拿出2000万元资金进行科技风险投资，鼓励和支持科技型中小企业技术创新活动，努力争取科技型中小企业技术创新基金的支持。全年，成都市获创新基金扶持的项目共有64个，涉及信息、电子、生物医药、新材料、机电一体化、新能源和环保等高新技术领域，共争取资金4698万元，占全国支持总金额的5.7%。一批科技含量高、有自主知识产权、有市场前景的中小企业得到快速发展。如国腾通讯有限公司的IC卡电话全年实现销售收入4亿元、利税6000万元，产品已进入全国10多个省（市）市场。

2000年，强化政府投入为引导、企业投入为主体，全社会参与的多元化科技投融资观念。市财政对技术创新的投入，在每年（1999—2003年）安排2000万元风险金的基础上，于2000年增加500万元，达到2500万元，用于经认定的高新技术成果转化项目的股权投资、融资担保和贷款贴息，促进高新技术成果转化及产业化。

2001年，企业作为科技投入的主体地位进一步确立，市重点科技计划项目承担单位和科技开发贷款占总投入的95%以上。市财政每年安排的科技风险金积累达8070万元，直接引导社会投入科技资金15亿元。以成都市科技风险事业中心为核心的“科技风险投资平台”，整合社会力量，形成支持、资助科技创新事业的资本源。

2002年5月，成都市发布《成都市重大科技项目经费管理办法》《成都市专利资金管理办法》《成都市科技计划项目（课题）经费管理（试行）办法》和《成都市科技创新种子资金管理暂行办法》。《成都市重大科技专项管理暂行办法》指出，重大科技项目专项经费实行无偿资助。同年，成都市发挥政府对风险投资的引导作用，组建风险投资公司，截至年底，累计安排风险资金近4.7亿元，组建风险投资公司，扶持初创企业和重点项目，拉动社会资金近20亿元。开展与美国、世界银行集团、香港联交所等投资机构的交流合作，通过成都技术产权交易所的中介联系，为科技项目创造与国内外投资机构对接的机会，直接促成193个科技项目成交，成交金额34.2亿元。

2003年，种子资金安排资金694万元，支持129个科技项目的持有人实施成果转化。2004年，成都市独立科研机构科技经费筹集额为17亿元，其中政府资金占48%，其R&D经费支出达4.65亿元，人均科技活动经费支出9.9万元。2005年，《成都市科技创新种子资金管理暂行办法》开始实施，该项资金由成都市科技三项费支持，为成都市科技型初创企业的高新技术项目孵化的政府专项资金；在种子资金的项目安排上遵循决策、管理、评价分离的原则，实行专家评估、评审和政府决策和市场运作相结合的运行机制。1月，市信息办、市科技局、市经委、市财政局颁发“成都市软件产业发展专项资金管理暂行办法”，成都市每年安排3000万元资金以扶持全市软件产业发展。当年，由市科技局归口管理的科技三项费共计6074万元。

【科技成果奖励办法改革】

1989年12月，市政府颁发《成都市科学技术进步奖励办法》。1990年1月，市科学技术委员会印发《成都市科学技术进步奖励办法实施细则（试行）》。规定奖励按项目的创新性、科学技术水平和技术难度，所产生的经济效益和社会效益，推动全市科学技术进步的作用等3个方面进行综合评定。申报市科技进步奖的项目，必须是已通过技术鉴定、评审或验收，在市科委成果处进行成果登记，并符合奖励条件的项目。获得市科技进步奖的主要完成单位由市人民政府授予奖状，主要完成人员由市人民政府授予荣誉证书，并发给一等奖奖金5000元、二等奖奖金3000元、三等奖奖金1000元，特等奖视其具体情况发给高于5000元的奖金。

2000年2月，市委、市政府下发《成都市科学技术杰出贡献奖奖励办法（试行）的通知》。4月，出台《成都市科技杰出贡献奖奖励办法实施细则（试行）》。7月，市科技杰出贡献奖评选委员会办公室制定《成都市科技杰出贡献奖初评要求》《成都市科技杰出贡献奖评审标准》。规定，该奖项的奖励对象是热爱祖国，遵守国家法律，在科学技术创新、科技成果转化和高新技术产业化中作出特殊贡献，为成都市创造巨大经济效益或社会效益的科技人员。评选、奖励每2年进行1次。每次获奖总人数不超过3人，可以空缺。设立“成都市科技杰出贡献奖”评选委员会，市长任主任，成员由市级有关部门主要负责人及部分专家、学者组成。评选委员会办公室设在市科委，负责日常工作。“成都市科技杰出贡献奖”被提名人由知名专家、被提名人所在单位、有关部门及成都市科学进步奖评选委员会推荐。评选委员会对被提名人进行全面、公正、公开、科学、客观的评价，并以无记名方式投票表决确定获奖候选人，报市委、市政府批准授奖。获奖人员由市委、市政府颁发奖励证书，每人给予一次性奖金40万元；由市人事（职改）部门直接批准相应高级专业技术职务任职资格。所需资金根据评选情况由市财政列支。2001年6月，中共成都市委、成都市人民政府决定授予成都市第二农业科学研究所张汝全、四川省汇源光通信有限公司刘中一“成都市科学技术杰出贡献奖”。

2001年7月，《成都市科学技术奖励办法》颁发，规定市政府设立“成都市科学技术杰出贡献奖”和“成都市科学技术进步奖”。8月，市政府办公厅颁发《成都市科学技术奖励办法实施细则》，对成果创新、推广作出如下规定：在科学研究和技术开发活动中，完成具有重大市场价值的产品、技术、工艺、材料、设计、生物品种、系统、工程及推广应用；引进高新技术成果在技术上有重大突破，或在推广应用中作出创造性贡献，取得重大经济或社会效益；在标准、计量、科技信息、科技档案等科学技术基础性工作和环境保护、医疗卫生、自然资源调查和合理利用、自然灾害监测预报和防治等社会公益性科学技术事业中取得的重大成果及其应用推广；软科学项目研究，经应用为促进科技、经济与社会的协调发展发挥重要作用、创造显著社会效益的科技发展战略、政策、规划、评价、预测、科技立法及有关管理科学与政策科学等方面的研究成果，对推动决策科学化和管理现代化产生重大作用。“实施细则”规定：对获奖者由市政府颁发证书和奖金，成都市科学技术杰出贡献奖奖金数额为40万元，市科技进步奖奖金数额分别为特等奖10万元、一等奖4万元、二等奖2万元、三等奖1万元。

2002年，修订科技奖励政策，将科技进步奖向成果转化方面倾斜，重奖科技人员，提高科研人员成果转化的积极性，在蓉高校和科研院所成果就地转化的比例升高。2003年2月，四川迈普数据通信股份有限公司花欣、四川省农科院土肥研究所肖在勤获第二届“成都市科学技术杰出贡献奖”。

科技人才队伍建设

【概况】

20世纪80年代，成都市对科技工作进行拨乱反正，落实知识分子政策，逐步解决科技人员用非所学问题；不断改善科技人员学习、工作、就业、生活条件，奖励表彰有重要贡献的科技人员和单位；恢复技术职称评定制度等，激发科技工作者的政治热情和献身科技事业的决心。1990年，成都地区（包括中央和省在成都的机关、企事业单位及成都市）专业技术人才共有41.21万人。成都高校、科研院所有283个硕士学位授权点、90个博士学位授权点、77名博士生导师。

国民经济第八个五年计划期间，实行“科教兴市”战略，建设不同层次的科技人才队伍是其重要任务之一。1991年7月，成都市颁布《关于鼓励出国留学人员来高新技术产业开发区工作的暂行规定》。每年接受大批大专学校毕业生和专业技术人员到成都各企事业单位工作。在农村、乡镇企业举办各种类型的“星火”培训班，并初步形成全市“星火”人才培训网络体系，为农村培养专业技术人才。

进入90年代后，成都科技体制改革进入深入发展阶段，成都市改革科技人员管理制度，支持和鼓励科技人员合理流动。大量科技人员走出科研院所、学校和机关兴办各种所有制形式的科技开发机构和技术贸易公司，在实践中培养造就了一批既懂专业技术又会经营管理的复合型技术人才。全市非公有制企事业单位中的科技人员大量增加。

1998年，成都市专业技术人员的总量达到49万人以上，在全国大中城市中位居前列，在许多领域已拥有一批造诣颇深、享誉国内外的技术带头人。截至年底，成都地区有中国科学院和中国工程院院士21名，有博士点114个，博士生导师523人，硕士点364个，国家级有突出贡献的专家100多名。

2000年，成都6所高校拥有博士、硕士学位授权一级学科点27个，18所高校、科研院所有博士点181个、博士生导师698名；13所高校、企业（高新区）设有博士后流动（工作）站46个；30个高校、科研院所有硕士点454个。这些博士点、硕士点汇聚了许多学科、专业的一批学术带头人和技术带头人，并不断培育出众多高级科技人才。从2000年开始，成都市委、市政府设立市最高科技奖“成都市科技杰出贡献奖”，每2年1届，首届授予张汝全、刘中一等2位科技专家，每人奖金40万。

2001年，成都地区专业技术人员总量继续增加。全年经过成都市人事局提供“双向选择”机会落实成都就业单位的大中专毕业生达1.4万人以上，有中国科学院和中国工程院院士27名，国家级有突出贡献的专家100多名，获首届四川科技杰出贡献奖专家3人，受到四川省重奖、成都市重奖的科技专家14人次，有四川省学术和技术带头人209人（占全省262名带头人的79.8%），四川省学术和技术带头人后备人选300人（占全省374名后备人选的80.2%），成都市拔尖人才150人，同时拥有一大批享受各级政府津贴的专家（包括享受国务院、国家部委局办、四川省、成都市政府津贴的专家）。

2002年，对《成都市关于享受政府津贴的专业技术人员选拔管理办法（试行）的通知》进行修改，开展成都市首批学术、技术带头人的选拔工作，并颁发第二届“成都市科技杰出贡献奖”，花欣、肖在勤等2位科技专家获奖。同年，成都共有专业技术人才54.37万人。2003年，成都共有专业技术人才58.67万人。2004年，成都市召开人才工作会议，表彰各类优秀人才600多人；出台《中共成都市委、成都市人民政府关于加强人才“五支队伍”建设的若干意见》。当年成都专业技术人才增加为63.13万人。

2005年，成都地区共有各类人才155.31万人，比上年增加8.82万人，增幅6.02%。其中，专业技术人才68.66万人，党政人才7.08万人，经营管理人才11.34万人，技能人才49.64万人，农村实用人才18.59万人。成都高校和科研院所有894个硕士学位授权点，384个博士学位授权点，1316名博士生导师，专业领域有较快、较大拓展。“两院院士”33名，国家有突出贡献中青年专家120余人，省部级突出贡献专家增至812人以上，享受国务院特殊津贴专家2563人，四川省学术和技术带头人729人次（其后备人选增至980人）；成都市拔尖人才135人，享受成都市政府特殊津贴专家432人。同时，专业技术人才结构得以优化，高职称、年轻化、应用型、国内培养人才与海归人才结合是专业技术人才结构优化的主要特点，专业技术人才分布更加广泛、合理非公有制企业、第三产业的人才集聚较快、增量较大。

【科技人才结构】

专业技术人才结构涉及学历结构、职称结构、年龄结构、性别结构等。1990年人口调查显示，成都地区各类专业技术人员41.21万人中，有大学毕业生（含研究生和大专毕业生）13.83万人，占33.57%；中专毕业生10.04万人，占24.37%；高中文化程度8.10万人，占19.65%；初中以下文化程度9.24万人，占22.42%。从年龄结构看，35岁以下的20.36万人，所占比例达49.40%；36—45岁的9.91万人，占24.04%；46—55岁的8.98万人，占21.80%；56—60岁的1.39万人，占3.37%；61岁以上的5700余人，占1.38%。从性别看，男20.16万人，占48.93%；女21.04万人，占51.11%；女比男多8800余人。

1990—1995年，成都市直属企事业单位具有高级专业技术职称的人才有6900余人，具有中级职称的有4.66万人，具有初级职称的有12.10万人。

1996年，成都市直属企事业单位具有高级专业技术职称的人才有7600余人，具有中级职称的有4.90万人。1997年，成都市具有高级职称的有8700余人，具有中级职称的有2.35万人。1998年，高级职称有1.04万人，中级职称有7.10万人。1999年，高级职称有1.19万人，中级职称有7.32万人，初级职称有17.92万人。2000年，高级职称有1.47万人，中级职称有7.44万人，初级职称有18.40万人。2001年，高级职称有1.68万人，中级职称有8.72万人，初级职称有21.12万人。

2002年，成都地区54.37万专业技术人才中，具有高级职称的3.22万人，具有中级职称的20.86万人，具有初级职称的30.29万人。成都市直属企事业单位35.24万专业技术人才中，有高级职称的1.91万人，有中级职称的9.39万人，有初级职称的23.94万人，其中留学回国人员1700人（博士877人、硕士422人、学士401人）。

2003年，成都市直属企事业单位具有高级专业技术职称的人才有2.12万人，具有中级职称的有10.06万人，具有初级职称的有26.90万人。

2004年，成都市直属企事业单位有高级职称的2.35万人，有中级职称的11.05万人，有初级职称的29.65万人。在成都地区63.1万专业技术人员中，35岁以下的有30.54万人，占总数的48.40%；36—45岁的有17.89万人，占总数的28.35%；46岁以上14.67万人，占总数的23.25%。中青年、高素质骨干人才所占比例增大，人才队伍年轻化趋势明显。

2005年，成都市共有研究生及以上学历人才（党政人才、专业技术人才、经营管理人才）1.22万人，专业技术人才中有研究生及以上学历者为9600余人，占总数的2%；本科学历的17.73万人，占总数的37.01%；大专学历的有18.69万人，占总数的39.01%；中专及以下学历的有10.53万人，占总数的21.98%。专业技术人才中，公有制企事业单位专业技术人才的学历水平低于非公有制企业，本科及以上学历人才公有制企事业单位占29.60%，非公有制企业占43.50%。成都市直属企事业单位具有高级专业技术职称的人才有2.61万人，占成都市专业技术人才总量的5.45%；具有中级职称的有12.39万人，占25.86%；具有初级职称的有32.91万人，占68.69%。在成都市专业技术人才中，35岁以下的占74.04%；在高级专业技术人才中，35岁以下的仅占5%，50岁以上的占35%。公有制企事业单位专业技术人才与非公有制企业相比，人员年龄偏大，公有制企事业单位中35岁以下的占48.3%、而非公有制企业达到90.8%。从性别看，女性占45.8%、男性占54.2%，男性多于女性。

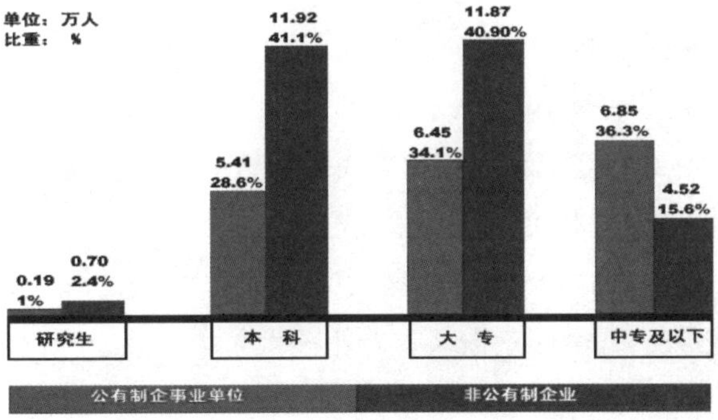

图5-10 2005年成都市公有制企事业单位与非公有制企业专业技术人才学历比较柱状图

2005年成都地区部分党政人才、专业技术人才、经营管理人才年龄结构统计表

表5-70

	35岁以下		36—45岁		46—54岁		55岁以上	
	总量（万人）	比重%	总量（万人）	比重%	总量（万人）	比重%	总量（万人）	比重%
党政人才	1.62	32.3	2.19	43.59	1.06	21.10	0.15	3.01
专业技术人才	35.47	74.04	7.36	15.36	3.60	7.51	1.48	3.09
经营管理人才	2.65	39.20	2.34	34.62	1.42	21.01	0.35	5.17
合 计	39.74	66.58	11.89	19.92	6.08	10.18	1.98	3.32

【科技人才分布】

专业技术人才分布涉及专业分布、地域分布、产业分布与所有制分布。1990年，成都地区41.21万各类专业技术人员，其专业分布主要为科学研究人员6100余人，占1.49%；工程技术与农业技术人员8.71万人，占21.13%；科技管理与辅助人员2800余人，占0.68%；飞机船舶技术人员600余人，占0.14%；卫生技术人员5.52万人，占13.40%；经济业务人员12.74万人，占30.91%；教学人员10.65万人，占25.85%；其他专业技术人员2.63万人，占6.39%。分布在5个城区的专业技术人员有24.37万人、占59.13%；分布在14个区（市）县的16.84万人，占40.87%，市中心地区集中了近60%的科技人员。从产业分布看：第一产业7400余人，占1.80%；第二产业11.89万人，占28.85%；第三产业28.58万人，占69.35%。各类专业技术人才基本集中在公有制单位之中，仅有极少量专业技术人才分布在非公有制单位。

2004年，成都市有各类教师11.7万人，卫生专业技术人才5.83万人。

2005年，成都地区共有专业技术人才68.66万人，其中成都市区有专业技术人才47.91万人，占69.78%，郊县有专业技术人才20.75万人，占30.22%，市区集中近70%的科技人员。其一、二、三产业分布，比重分别为1.63%、17.61%、80.76%。电子信息、汽车、农副产品加工、医药、模具、航空航天与核能等六大产业专业技术人才总量达8.92万人。与产业结构调整相适应，人才资源的产业分布调整进度加快，第一、二、三产业专业技术人才拥有量与2004年比，分别增长21.54%、4.71%、12.83%，第一和第三产业增幅较大。成都市公有制企事业单位有专业技术人才18.9万人，非公有制企业有29.01万人，分别占总量的39.45%和60.55%。

【高端人才培养】

1990年，成都地区有硕士学位授权点283个，博士学位授权点92个，有博士生导师177人。共有31所大专院校和科研院所设有硕士学位授权点或博士学位授权点。设点最多的是华西医科大学，设有硕士点57个，博士点29个，有博士生导师52人。在科研院所中，只有西南物理研究院设有博士点，并有博士生导师4人；中国科学院成都生物研究所、核工业总公司第一研究设计院、四川省社会科学院各设有4个硕士点。

1998年，有硕士学位授权点约700个，博士学位授权点100多个，有博士生导师500余人。毕业研究生1742人，招收新生2875人，在校研究生共7392人。此后研究生招生人数大量增加。2000年，招收新生5796人，毕业研究生2096人，在校研究生共1.3万人。2002年，招收新生9313人，毕业研究生3404人，在校研究生共2.21万人。

2005年，成都地区有硕士点894个，博士学位授权点384个，有博士生导师1316人。共有34所大专院校和科研院所设有硕士学位授权点或博士学位授权点。设点最多的是四川大学，设有硕士点330个，博士点213个，有博士生导师468人；其次是西南交通大学，设有硕士点110个，博士点38个，有博士生导师169人。在科研院所中，有11个科研院所设有博士点，中科院成都生物研究所、中国核动力研究设计院各设有4个博士点，并分别有博士生导师16人和13人；中科院光电技术研究所有硕士点9个，博士点3个，有博士生导师36人。全市共招收研究生新生1.79万人，毕业研究生9736人，在校研究生4.94万人。

1990年成都地区博士和硕士学位授予单位及其学位授权点、博士生导师人数一览表

表5-71

序号	学位授予单位名称	硕士点（个）	博士点（个）	博导（人）
1	四川大学	52	13	25
2	成都科技大学	33	13	22
3	西南交通大学	27	6	18
4	电子科技大学	15	8	15
5	西南石油学院	7	3	6
6	成都地质学院	14	7	14
7	四川工业学院	2		
8	华西医科大学	57	29	52
9	成都中医学院	15	6	7
10	四川师范大学	7		3
11	西南财经大学	14	6	9
12	成都体育学院	4		1
13	四川音乐学院	2		
14	西南民族学院	5		
15	中国科学院成都数学物理研究室	1		
16	中国科学院成都有机化学研究所	2		
17	中国科学院成都山地灾害与环境研究所	1		
18	中国科学院成都生物研究所	4		
19	中国科学院成都土壤研究室	1		
20	中国科学院成都计算机应用研究所	1		
21	核工业总公司第一研究设计院	4		
22	西南物理研究院	1	1	4
23	四川省社会科学院	4		1
24	国家医药局四川抗菌素工业研究所	2		
25	总参第五十七研究所	2		
26	中共四川省委党校	1		
27	邮电部第五研究所	1		
28	机械电子部第三十研究所	1		
29	航空航天工业部第六一一研究所	1		
30	航空航天工业部第六二四研究所	1		
31	中国科学院光电技术研究所	1		
	总计	283	92	177

2005年成都地区博士和硕士学位授予单位及其部分学位授权点、博士生导师人数一览表

表5-72

序号	单位名称	硕士点（个）	博士点（个）	博导（人）
1	四川大学	330	213	468
2	西南交通大学	110	38	169
3	电子科技大学	62	36	172
4	西南石油大学	44	8	54
5	成都理工大学	50	20	62
6	成都信息工程学院	8		3
7	西华大学	25		
8	成都中医药大学	27	16	68
9	西南财经大学	43	22	84
10	成都体育学院	7	3	50
11	四川音乐学院	2		
12	四川师范大学	64	2	
13	西南民族大学	41	2	8
14	中国科学院成都有机化学研究所	5	2	22
15	中国科学院成都山地灾害与环境研究所	6	1	13
16	中国科学院成都生物研究所	6	4	16
17	中国科学院光电技术研究所	9	3	36
18	中国科学院成都计算机应用研究所	3	1	12
19	中国科学院成都文献情报中心	2		
20	中国核动力研究设计院	4	4	13
21	核工业西南物理研究院	2	1	23
22	中国航空研究院第六一一研究所	2	1	2
23	中国燃气涡轮研究院（624所）	1		
24	西南通信研究所（30所）	2		
25	西南技术物理研究所（209所）	1	1	2
26	电信科学技术第五研究所	3		
27	四川抗菌素工业研究所	4		
28	四川省社会科学院	13		1
29	中共四川省委党校	6		
30	总参第五十七研究所	3	2	
31	中国电子科技集团第十研究所	2		30
32	中国电子科技集团第二十九研究所	1		

续表

序号	单位名称	硕士点（个）	博士点（个）	博导（人）
33	四川农业大学小麦研究所	2	2	3
34	四川农业大学水稻研究所	4	2	5
	总计	894	384	1316

说明：博士生导师人数系截至2005年底数。部分资料截至2006年1月

附：1990年分单位、分专业自然科学博士生导师名录

四川大学：柯召、刘应明、陈重穆、王国俊、李安明、孙顺华（以上基础数学）、魏万迪、孙琦、张福基（以上应用数学）、郭履容（光学）、赵华明（有机化学）、鄢国森、田安民（以上物理化学）、罗鹏（植物学）、林理彬（辐射技术及应用）。

成都科技大学：郑希特（理论物理）、苟清泉、朱正和（以上原子和分子物理）、康振黄、陈君楷（以上生物力学）、周肇飞（机械制造）、涂铭旌（金属材料及热处理）、徐僖、蔡兴贤、姚树人（以上高分子材料）、张承琦（高分子材料成型加工）、滕福生（电力系统及其自动化）、胡定、刘浩吾（以上岩土工程）、丁晶（水文学及水资源）、吴持恭、赵文谦（以上水力学及河流动力学）、石炎福（化学工程）、王建华（无机化工）、吴大诚（化学纤维）、何先祺（皮革化学与工程）、郑昌琼（生物医学工程）。

西南交通大学：孙训方、卞学璜（以上固体力学）、邓域才、万复光（以上铁道工程）、吴炳焜、钱冬生、高渠清、车惠民、劳远昌、路湛沁、奚绍中、何广汉（以上桥梁与隧道工程）、朱松年（运输管理工程）、曹建猷、任朗、李治（以上铁道牵引电气化与自动化）、严隽耄、沈志云（以上机车车辆）。

电子科技大学：刘盛纲（光学、物理电子学与光电子学）、李乐民、黄顺吉（以上通信与电子系统）、顾德仁（信号与信息处理、电路与系统）、虞厥邦、黄香馥（以上电路与系统）、陈偶嵘、王欲知（以上物理电子学与光电子学）、林为干、谢处方、阮颖铮、方大纲（以上电磁场与微波技术）、陈星弼（半导体器件与微电子学）、张有纲（电子材料与元器件）、刘锦德（计算机应用）。

西南石油学院：张绍槐、郝俊芳、罗平亚（以上油气钻井工程）、任书泉（油气田开发工程）、马德坤、赵国珍（以上石油、天然气机械工程）。

成都地质学院：曾允孚、刘宝珺（沉积学、古地理学）、郑明华（矿床学）、罗蛰潭、童崇光、王允诚（以上煤田、油气地质与勘探）、张倬元、孔德坊、王士天（以上水文地质与工程地质）、周熙襄、朱介寿（以上应用地球物理）、朱章森（数学地质）、金景福、贾文懿（以上放射性地质与勘探）。

华西医科大学：张思仲、傅继梁（以上遗传学）、蓝天鹤、刘秉文、陈俊杰（以上生物化学）、高贤华（人体解剖学）、陆振山、吴良芳（以上组织学与胚胎学）、陈钦材、杨光华（以上病理学）、胡孝素（寄生虫学）、吴梅筠（法医学）、戴保民（病理生理学）、陈文彬（内科学〈呼吸系统〉）、唐泽媛、廖清奎（以上儿科学）、刘协和（精神病学与精神卫生学）、曹钟梁（传染病学）、吴和光、肖路加、胡廷泽、邓显昭、唐孝达、高立达（以上外科学〈含普外、泌尿外、神外〉）、王世阆（以上妇产科学）、方谦逊、罗成仁、严密（以上眼科学）、林代诚（耳鼻咽喉科学）、肖卓然、魏治统、岳松龄、李秉琦、王翰章、王大章、毛祖彝、陈安玉、杜传诗、周秀坤、罗颂椒（以上口腔科学〈含口内、口腔颌面

外、口腔修复、正畸〉）、孙棉龄（环境卫生学）、彭恕生、王瑞淑（以上营养与食品卫生学）、詹承烈（劳动卫生与职业病学）、杨树勤、倪宗瓒（以上卫生统计学）、鲁长豪（卫生检验学）、李正化、王宪楷、郑虎（以上药物化学）、廖工铁（药剂学）。

成都中医学院：李明富（中医内科学）、刘敏如（中医妇科学）、吴康衡（中医儿科学）、廖品正（中医眼科学）、杨介宾（针灸学）、叶传蕙（中西医结合临床〈内科〉）、凌一揆（中药学）。

非博士学位授予单位的博士生导师：四川省社会科学院：林凌（工业经济）；四川师范大学：赵敏光（固体物理）、丁协平、刘旺金（模糊数学）；成都体育学院：周西宽（体育史）。

【科技人才引进】

1991年7月，成都市颁布《关于鼓励出国留学人员来高新技术产业开发区工作的暂行规定》规定，留学回国人员可在开发区内选择适合自己的工作，实行自由流动；来成都高新技术产业开发区工作的留学人员，其配偶、子女的工作可优先安排，户口亦可随转入户；在开发区可自办、合办民间科技企业、民间股份企业；来开发区工作并自愿定居的留学生，可优惠购买自用福利住宅一套。

1996年，成都市引进国外智力工作取得进展，争取到四川省引智项目14项，完成7项。1997年，引进国外智力项目24项，资助经费23.6万元。1998年，国家外国专家局、四川省引智办批准成都引进国外智力项目18项，聘请美国、日本、加拿大等国专家19名。1999年，四川省引进国外智力领导小组办公室加大成都市引智成果推广工作的力度，划拨40万元作为引智成果推广专项经费。同年6月16日，出台《成都市促进高新技术成果转化的若干规定（试行）》，在有关科技人员创办科技企业、破格评定专业技术职称、引进专业技术人员蓝印户口、重奖有突出贡献的科技人员等方面有较大突破。在全市各有关部门的密切配合下，成都市相继落实相关的配套文件。成都市公安局出台《关于实行蓝印户口的管理办法（试行）》，成都市人事局、成都市科委出台《关于成都市从事高新技术成果转化专业技术人员破格推荐评审专业技术职务任职资格的办法（试行）》等。

从2000年开始，成都市委、市政府每2年1届颁发市最高科技奖“成都市科技杰出贡献奖”，当年张汝全、刘中一2人此奖项，每人获奖金40万元。2000年，成都市出台一系列吸引、聚集人才和激发科技人员创新创业热情的政策措施。2月28日，市委、市政府印发《成都市科技杰出贡献奖奖励办法（试行）》。同月，出台的《中共成都市委成都市人民政府关于加强技术创新，发展高科技，实现产业化的实施意见》进一步明确了若干优惠政策，凡经认定的高新技术企业或项目所需具有国家正规大学本科以上（含本科）学历的，本市短缺的市外科技人员，可提出入户申请，经审定可办理入户手续，免收城市基础设施建设补偿费；对高新技术成果转化业绩突出的可破格晋升高一级专业技术职务；对高新技术成果转化项目有关人员因公出国或中国赴香港、澳门、台湾地区的，市级有关部门予以优先办理手续；“科技成果作价入股”相关政策措施已陆续落实。4月3日，出台《成都市科技杰出贡献奖奖励办法实施细则（试行）》。全年，高新技术成果转化服务中心会同市人事局、市公安局办理引进科技人员户口70人（其中科技人员32人，家属38人）。

2001年，成都市科技局组织22项重点引进国外智力项目，经国家外专局、四川省引智办审核批准15项，资助项目经费19.1万元，实施完成电子、医药、农业等领域的芦荟祛斑制剂生产技术、粮油作物转基因材料引进、雷电防护测试技术等12项。

2002年，花欣、肖在勤等2人获成都市科技杰出贡献奖。同年，成都市出台《成都市留学人员回国工作分站管理办法》，引进各类人才400余人，上半年接收的硕士以上学位和副高以上职称人才有80余人；有16名留学人员到成都市工作，成都留学人员创业园新增留学人员创办企业12家；新增企业博士后科研工作站3家，全市总数增至11家，博士后科研流动站达到34个。全市有13个引智项目获得国家、省批准，其中国家资助出国培训费30%；引进外国专家项目12项；申报3项“独联体”引智项目。按照中组部和省委组织部关于“博士服务团”工作的要求，全市接收2名博士到崇州市、彭州市挂职锻炼。成都市出台《关于申请设立企业博士后科研工作站有关事项的通知》，将企业博士工作研究站建设与工程技术中心建设工作相结合，加速高层次人才引进。出台《成都市留学人员回国工作分站管理办法》，完善留学回国人员信息库，通过高校、科研院所和因特网等途径与320余名在国外留学的人员建立联系，开展2002年留学人员科技活动择优资助项目经费申报工作。根据建设高科技成都的人才需求，市委组织部、市人事局、市科技局启动了“成都市科技人力资源现状调查与对策研究”和“成都市留学人员资源现状调查与对策研究”课题。

2003年，成都市出台鼓励人才引进、流动，创新创业的配套文件。出台《关于调整现行户口政策意见的通知》等政策法规，打破身份、户籍和所有制的限制，为人才流动和人才创业消阵体制性障碍。2004年，成都市不断完善人才引进办法，完成《加强成都专业技术人才队伍建设对策》研究。成都市城区通过流动方式，全年引进本科以上学历专业技术人员和管理人才3100余人，留学回国人员身份认证26人；引进留学人才新创办企业26家。全市较上年底净增各类专业技术人员4.31万名，增长比例达7.92%。同年11月30日，四川（成都）两院院士咨询服务中心正式成立，推动成都市与中国科学院和中国工程院的全面合作，推进科技成果转化，推动全市经济和社会发展。

【高层次科技人才队伍建设】

1984年，评出首批国家有突出贡献的中青年专家，其中成都地区有9名。截至1998年（1998年以后未再评选），成都地区被评为国家级有突出贡献的中青年专家121名。1988年，成都市（不含中央、省在成都单位）选拔第一批成都市拔尖人才，共计58人。

1990年，成都地区有中国科学院院士5名。新评出国家有突出贡献的中青年专家18名，评出第二批成都市拔尖人才，共计8人。1992年，评出首批“四川省有突出贡献的中青年专家”，成都市（不含中央、省在成都单位）有15名中青年专家获此称号，评出第三批成都市拔尖人才，共计38人。1994年，成都市有8名专家获“四川省有突出贡献的中青年专家”称号。评出第四批成都市拔尖人才，共计22人。

1996年，成都市有4名专家获“四川省有突出贡献的中青年专家”称号。1997年，成都地区有中国科学院院士、中国工程院院士23名。评出第五批成都市拔尖人才9人。1988—1997年，共选拔5批成都市拔尖人才，共计133人。1998年，中共四川省委、四川省政府首批批准四川省学术和技术带头人216人，其中成都地区177人。同年，开始选拔四川省学术和技术带头人后备人选，批准第一批后备人选共296人。同时，成都市有8名专家获“四川省有突出贡献的中青年专家”称号。截至1998年（1998年以后未再评选），成都地区被评为国家级有突出贡献的中青年专家在121名以上。

从1999年开始，中共四川省委、四川省政府颁发省最高科技奖“四川省科技杰出贡献奖”，当年周开达、李伯刚、冯孝庭3人（均为成都地区科学家）获此奖项，每人获奖金40万元。2000年，成都地区有中国科学院院士、中国工程院院士28名；有

41人被批准为第二批四川省学术和技术带头人。成都市有4名专家获“四川省有突出贡献的中青年专家”称号。2001年，第二届四川省科技杰出贡献奖颁发给成都科学家沈志云。

2002年，成都市对《成都市关于享受政府津贴的专业技术人员选拔管理办法（试行）的通知》进行修改完善，开展成都市首批学术、技术带头人的选拔工作。全年，成都地区有119人被批准为第三批四川省学术和技术带头人。成都市有7名专家获“四川省有突出贡献的中青年专家”称号。2003年，成都地区有118人被批准为第四批四川省学术和技术带头人。成都科学家徐僖获第三届四川省科技杰出贡献奖，奖金增加为50万元。

2004年，成都市召开人才工作会议，表彰优秀创业人才、优秀企业家、首届技术能手、农村优秀实用人才、劳动模范等各类优秀人才600多人；出台《中共成都市委、成都市人民政府关于加强人才“五支队伍”建设的若干意见》，加强党政人才、企业经营管理人才、专业技术人才、技能型人才和农村实用人才队伍建设，制定到2007年人才“五支队伍”建设的目标。2005年，成都地区拥有省部级有突出贡献专家812人以上。2004年，成都市（不含中央、省在成都单位）“四川省有突出贡献的中青年专家”称号获得者共有55名，有123人被批准为第四批四川省学术和技术带头人，有9名专家获“四川省有突出贡献的中青年专家”称号。1990—2004年，成都地区有数千人获国务院、部省、成都市政府特殊津贴，其中成都市（不含中央、省在成都单位）获国务院、成都市政府特殊津贴者有826人。

2005年，成都科学家黄润秋、黎汉云2人获第四届四川省科技杰出贡献奖，每人奖金50万元。成都地区共有151人被批准为第六批四川省学术和技术带头人。1998—2005年，成都地区共计729人次被批准为四川省学术和技术带头人，占全省学术和技术带头人的80.29%，成都市集中四川省科技精英的大多数。四川省学术和技术带头人后备人选自1998年批准第一批起，到2005年共批准后备人选6批1518人，成都地区科技人员先后入选后备人选1169人（占全省总数的77.01%），其中有189人先后已成为四川省学术和技术带头人。

截至2005年年底，成都地区拥有中科院院士15人、中国工程院院士20人（其中有2人为双院士），国家有突出贡献中青年专家120多人，享受国务院特殊津贴专家2563人，四川省学术和技术带头人729人次，四川省学术和技术带头人后备人选980人，省部级有突出贡献的优秀专家812人，成都市拔尖人才135人，享受成都市政府特殊津贴专家432人；并且其专业与方向分布于自然科学的诸多门类，在高端科学技术研究中取得众多高水平的研究成果。成都地区已拥有了一支达数千人的高层次的学术和技术人才队伍。

2005年在成都市中国科学院院士名录一览表（共15名）

表5-73

姓名	单位	职称	专业	当选院士时间
林为干	电子科技大学	教　授	电磁场与微波技术	1980年当选中国科学院学部委员（院士）
刘盛纲	电子科技大学	教　授	光学、物理电子学	1980年当选中国科学院学部委员（院士）

续表

姓名	单位	职称	专业	当选院士时间
李正武	核工业西南物理研究院	研究员	物理及低能核物理	1980年当选中国科学院学部委员（院士）
沈志云	西南交通大学	教　授	机车车辆动力学	1991年当选中国科学院院士
徐僖	四川大学	教　授	高分子化学及高分子材料	1991年当选中国科学院院士
刘宝珺	成都地质矿产研究所	教　授	沉积地质学	1991年当选中国科学院院士
刘应明	四川大学	教　授	数学	1995年当选中国科学院院士
张景中	中国科学院成都计算机应用研究所	研究员	数学和计算机科学	1995年当选中国科学院院士
陈星弼	电子科技大学	教　授	微电子与固体电子学	1999年当选中国科学院院士
朱中梁	西南电子电信技术研究所	研究员级高级工程师	通信与信息系统	1999年当选中国科学院院士
李朝义	电子科技大学	研究员	神经生物学	1999年当选中国科学院院士
赵尔宓	中国科学院成都生物研究所	研究员	动物学	2001年当选中国科学院院士
李小文	电子科技大学	教　授	地学与遥感信息科学	2001年当先中国科学院院士
魏于全	四川大学	教　授	肿瘤学	2003年当选中国科学院院士

2005年在成都市的中国工程院院士名录一览表（共20名）

表5-74

姓名	单位	职称	专业	当选院士时间
沈志云	西南交通大学	教　授	机车车辆动力学	1994年当选中国工程院首批院士
姜文汉	中国科学院光电技术研究所	研究员	光电工程、自适应光学	1995年当选中国工程院院士
殷国茂	攀钢集团成都无缝钢管有限责任公司	教授级高级工程师	轧钢工艺与设备	1995年当选中国工程院院士
涂铭旌	四川大学	教授	金属材料及热处理	1995年当选中国工程院院士
屠基达	成都飞机工业公司	研究员级高级工程师	飞机设计	1995年当选中国工程院院士
周光耀	中国成达化学工程公司	教授级高级工程师	无机化工	1995年当选中国工程院院士
罗平亚	西南石油大学	教授	石油应用、化学工程、石油工程	1995年当选中国工程院院士
叶尚福	西南电子电信技术研究所	教授级高级工程师	微波技术、天线	1995年当选中国工程院院士
饶芳权	中国东方电气集团公司	教授级高级工程师	水轮发电机设计	1999年当选中国工程院院士
林祥棣	中国科学院成都分院	研究员	光学与光电跟踪测量系统工程	1997年当选中国工程院院士
李乐民	电子科技大学	教　授	通信与信息系统	1997年当选中国工程院院士

续表

姓名	单位	职称	专业	当选院士时间
钱清泉	西南交通大学	教　授	铁道牵引电气化与自动化	1997年当选中国工程院院士
高　洁	四川大学	研究员	测试计量技术及仪器	1999年当选中国工程院院士
孙玉发	中国核动力研究设计院	研究员级高级工程师	核能科学与工程	1999年当选中国工程院院士
张锡祥	中国电子科技集团第29所	研究员级高级工程师	雷达工程	1999年当选中国工程院院士
周开达	四川农业大学水稻研究所（温江）	教　授	作物遗传育种	1999年当选中国工程院院士
谢和平	四川大学	教　授	矿山工程力学	2001年当选中国工程院院士
宋文骢	成都飞机设计研究所	研究员	飞机设计	2003年当选为中国工程院院士
陈　鲸	总参第57研究所	研究员级高级工程师	通信与信息系统	2005年当选为中国工程院院士

1998年成都市部分国家有突出贡献的中青年科学、技术、管理专家名录一览表

表5-75

姓名	单位	技术职称	授予年份
鄢国森	四川大学	教　授	1984
张永言	四川大学	教　授	1986
吴大诚	四川大学	教　授	1986
李安民	四川大学	教　授	1988
张兴栋	四川大学	教　授	1992
刘世贵	四川大学	教　授	1988
罗正明	四川大学	研究员	1994
石　碧	四川大学	教　授	1994
钟本和（女）	四川大学	研究员	1990
郑希特	四川大学	教　授	1988
林大全	四川大学	高级工程师	1992
赖致知	四川川化集团	高级工程师	1992
马佳光	中国科学院光电技术研究所	研究员	1984
张振轩	中国科学院光电技术研究所	研究员	1988
丁相予	中国科学院成都计算机应用研究所	研究员	1988
吴正德	电子科技大学	教　授	1990
李在铭	电子科技大学	教　授	1994

续表

姓名	单位	技术职称	授予年份
陈嘉甫	成都化工研究设计院	教授级高级工程师	1988
陈德才	成都工具研究所	高级工程师	1984
黄潼年	成都工具研究所	教授级高级工程师	1984
徐静松	中国电子科技集团第二十九研究所	教授级高级工程师	1988
周总光	四川大学	教　授	
唐承薇	四川大学	教　授	
卢道猜	成都工具研究所	高级工程师	1988
沈壮行	成都工具研究所	高级工程师	1990
罗万福	华西医科大学	副主任技师	1986
陈治清	华西医科大学	教　授	1992
杜传礼	成都市第三人民医院	主任医师	1988
靳　蕃	西南交通大学	教　授	1986
孙　翔	西南交通大学	教　授	1986
王金诺	西南交通大学	教　授	1992
周本宽	西南交通大学	教　授	1994
叶传蕙（女）	成都中医药大学	教　授	1986
蒋光藻	四川省农科院植保所	研究员	1997
余　遥	四川省农科院作物研究所	研究员	1991
胡思农	四川省农科院土壤肥料所	研究员	1987
段诚中	四川省畜牧兽医研究所	研究员	1988
龙天厚	四川省畜牧兽医研究所	研究员	1986
罗镇伟	中国测试技术研究院	研究员	1988
杨华元	中国测试技术研究院	研究员	1988
孙玉声	中国测试技术研究院	研究员	1994
王建宇	铁道部科学研究院西南分院	研究员	1994
陈曾湘	四川抗菌素工业研究所	研究员	1986
庄镇华	四川抗菌素工业研究所	研究员	1992
何碧梅（女）	四川抗菌素工业研究所	研究员	1992
王世鹏	成都生物制品研究所	研究员	1986
易同培	四川省林业学校	研究员	1988
周九林	西南技术物理研究所	研究员	1984

续表

姓名	单位	技术职称	授予年份
韩　凯	西南技术物理研究所	研究员	1990
杨晴初	西南技术物理研究所	研究员	1990
曾建希	西南技术物理研究所	研究员	1992
邢学祥	中国民航总局第二研究所	研究员	1992
戴受惠（女）	中国核动力研究设计院	研究员	1988
陈维本	中国核动力研究设计院	研究员	1988
杨　岐	中国核动力研究设计院	研究员	1994
钱福先	邮电部第五研究所	高级工程师	1986
张德明	邮电部第五研究所	高级工程师	1992
吴云龙	中国成达化学工程公司	高级工程师	1990
冯孝庭	化工部西南化工研究院	高级工程师	1990
龚肇元	化工部西南化工研究院	高级工程师	1994
王宝林	化工部西南化工研究院	高级工程师	1994
赵敏光	四川师范大学	教　授	1984
丁协平	四川师范大学	教　授	1986
高尔泰	四川师范大学	教　授	1986
刘旺金	四川师范大学	教　授	1990
徐道义	四川师范大学	教　授	1994
程文江	四川石油管理局勘察设计研究院	教授级高级工程师	1986
林德佩	四川省农业科学院	研究员	1986
薛万成	地矿部探矿工艺研究所	教授级高级工程师	1988
江天寿	地矿部探矿工艺研究所	教授级高级工程师	1990
罗德璋	地矿部矿产综合利用研究所	研究员	1990
陈代于	四川省经济信息中心	高级工程师	1986
江永静	成都无缝钢管厂	高级工程师	1990
林　凌	四川省社科院	研究员	1988
刘祖荣	四川省农机研究设计院	高级工程师	1986
马家郁	四川省文物考古研究所	文博研究馆员	1986
马毓龙	四川省化工研究设计院	高级工程师	1988
曾平江	四川省林科院	高级工程师	1986
臧棣华（女）	四川省交通厅	高级工程师	1988

续表

姓名	单位	技术职称	授予年份
梁仲衡	电子部第十研究所	研究员	1984
翟婉明	西南交通大学	教　授	1994
伍学高	成都无线电一厂	高级工程师	1992
黎汉云	四川农业大学水稻所	研究员	1990
李仁端	四川农业大学水稻所	研究员	1992
张联燕	四川省交通科研所	高级工程师	1990
李四元	四川省路桥总公司	高级工程师	1992
李　岑	中国民航成都飞机维修工程公司	高级工程师	
周开遗	四川省人工晶体研究所	教　授	1986
敖强	四川省科创公司	高级工程师	1986
陈昭颉	成都军区总医院	主任医师	1992
张汝全	成都市第二农科所	高级农艺师	1996
张安居	成都大熊猫繁育研究基地	高级畜牧兽医师	1994
陈立礼	四川省卫生防疫站	主任医师	1990
吴定鎏	四川省林业勘察设计研究院	高级工程师	1990
唐民伟	四川省冶金厅	高级工程师	1990
张有琨（女）	成都电缆厂	高级工程师	1986
陈绍宏	成都中医药大学附属医院	主任医师	1996
龚锦华	成都卷烟厂	高级经济师	1996
田永仁	四川省化工研究设计院	高级工程师	1996
余万伦	四川师范大学	教　授	1996
杨泉明	四川师范大学	教　授	1998
朱钟麟（女）	四川省农科院	研究员	1996
范咀华	西南民族大学	教　授	
范平志	西南交通大学	教　授	1998
苏德昌	邮电部第五研究所	高级工程师	1992
于淙民	中国东方电气集团公司	高级工程师	1988
彭永兴	成都市蜀绣研究所	中国工艺美术大师	1988

说明：不含已被评为中国科学院院士、中国工程院院士者

1992—2004年成都市部分四川省有突出贡献的中青年专家名录一览表

表5–76

授予时间	姓名	单位	职称	学科、专业
1992	陈华林	成都无缝钢管厂	高级工程师	
	张　宇	成都无缝钢管厂	高级工程师	
	李铁锤	成都红光电子管厂	高级工程师	
	谢学新	成都搪瓷厂	高级工程师	
	孙福珍	成都市科委	高级工程师	
	何明胜	成都化工机械厂	高级工程师	
	薛云鹤	宁江机床厂	高级工程师	
	史代高	成都广播电台		
	谢晋超	成都第七中学	中学高级教师	
	熊世英	成都宏明电器厂	高级工程师	
	施正岩	成都前锋电器股份公司	高级工程师	
	曾子林	成都棋院		
	田　宇	成都红光电子管厂	高级工程师	
	邓启全	成都工程机械总厂	高级工程师	
	钱　宾	成都电视台		
1994	李光汉	成都大熊猫繁育研究基地	高级兽医师	畜牧兽医
	陈果为	南光股份公司	高级工程师	电气
	彭志平	成都无线一厂	高级工程师	高分子化学
	唐宗富	成都搪瓷厂	高级工程师	机械设计及制造
	孙仁常	四川专用汽车厂	高级工程师	汽车与拖拉机
	游家駷	成都市树德中学	中学高级教师	数学
	蒋永年	成都红光电子管厂	高级工程师	真空技术及设备
	李德瑜	成都国光厂	高级工程师	真空技术及设备
1996	费立松	成都动物园	高级畜牧师	畜牧
	陈晓华	成都市第二农科所	高级农艺师	作物遗传育种
	刘文璧	成都师范学校附小	中学高级教师	学校教育
	罗玉成	龙泉驿区农业局	高级农艺师	果树
1998	邓　跃	四川专用汽车厂	高级工程师	
	李　平	成都无缝钢管公司	高级工程师	
	朱永明	成都七八四厂	高级工程师	
	雷良迅	成都钢铁厂	高级工程师	
	姜　华	宁江机床厂	高级工程师	
	宋如华	四川托普集团公司	高级工程师	
	傅先蓉	成都师范学校附属小学	中学高级教师	

续表

授予时间	姓名	单位	职称	学科、专业
	罗峥嵘	四川省双流县中学	中学高级教师	
2000	李幼筠	成都市酿造公司	高级工程师	
	姚　毅	成都拓能新技术公司	研究员	
	雒蕴平	成都幼儿师范学校	高级讲师	
	黄志祥	成都晚报社	高级编辑	
2002	肖百冶	成都行政学院	教　授	
	梁碧波	成都电视台	主任记者	
	唐益雄	益雄生物高科	研究员	
	邹　琼	成都市第二农科所	高级农艺师	
	龙永庆	康特电子高新公司	高级工程师	
	周思绨	成都市幼儿师范学校	高级讲师	
2004	刘益飞	成都市委党校	教　授	
	戴　炎	成都银河磁体股份有限公司	高级工程师	
	柯尊洪	成都康弘药业集团	执业药师	
	文铁牛	国营七八四厂	高级工程师	
	梁　隆	成都市科伦药物研究所	副研究员	
	蓝祭宏	成都市草堂小学	中学高级教师	
	王代州	攀成钢公司	高级工程师	
	郭元蓉	攀成钢公司	高级工程师	
	季柳岷	攀成钢公司	高级工程师	

附：

1998年成都地区进入第一批自然科学技术类
四川省学术与技术带头人名录

自然科学研究：艾南山、田安民、刘世贵、刘应明、苟清泉、李中夫、李安民、张义正、罗鹏、郑文琛、郑希特、柯召、梁厚果、谢如刚、鄢国森、缪竟威（以上四川联合大学教授），马佳光（中国科学院光电技术研究所研究员），刘照光（中国科学院成都生物研究所研究员），魏德卿（女）、蒋耀忠（以上中科院成都有机化学研究所研究员），刘宝珺、陈智梁、潘桂棠（以上地质矿产部成都地质矿产研究所研究员），曾允孚（成都理工学院教授），缪锦海（成都气象学院教授）。

工程科学技术：丁晶、王琪（女）、王励生、石炎福、冉均国、刘浩吾、肖定全、吴大诚、吴持恭、张铭让、张新申、周肇飞、徐僖、徐礼钜、涂铭旌、康振黄、游志胜、滕福生（以上四川联合大学教授），万复光、王金诺、关宝树、连级三、沈志云、陈永、赵善锐、钱清泉、高庆（女）、诸昌钤、强士中、靳蕃（以上西南交通大学教授），马德坤、罗平亚、李士伦（以上西南石油学院教授），王宝林（化学工业部西南化工研究设计院高级工程师），孔德坊、张倬元、金景福、贺振华、彭大钧（以上成都理工学院教授），刘大响（中国航空工业总公司第六二四研究所研究员），左孝桐（四川省机械研究设计院高级工程师），叶尚福（总参谋部第五十七研究所高级工程师），冯孝庭（化学工业部西南化工研究设计院高级工程师），向敬成、刘盛纲、刘锦德、李乐民、杨中海、吴正德、陈光禡、陈星弼、林为干、黄顺吉（以上电子科技大学教授），孙韶渝（女）、张殿松［以上化学工业部晨光化工研究院（成都）高级工程师］，李正武、李同保（中国测试技术研究院研究员）、李聚金（铁道部第二勘测设计院高级工程师）、杨路、张景中（以上中科院成都计算机应用研究所研究员），杨春媛（女）（四川建筑机械厂高级工程师），沈忙作、姜文汉、姚汉民（以上中科院光电技术研究所研究员），张文（川化集团有限责任公司高级工程师），林祥棣（中科院成都分院研究员），周光耀（中国成达化学工程公司高级工程师），胡来招（电子工业部第二十九研究所研究员），骆耀南（地质矿产部四川地质矿产勘查开发局高级工程师），殷国茂（成都无缝钢管厂高级工程师），屠基达（成都飞机工业公司高级工程师），黎观生（中国航空工业总公司第六一一研究所研究员）。

农业科学技术：王杰（西南民族学院教授），石承苍、朱钟麟（女）、余遥、林德佩、黄宜祥、蒋光藻、谭中和（以上四川省农业科学院研究员），张信宝（中科院、水利部成都山地灾害与环境研究所研究员），周开达（四川农业大学水稻研究所教授），段诚中（四川省畜牧兽医研究所研究员），颜济（四川农业大学小麦研究所教授）。

卫生科学技术：王大章、王世阆、刘协和、李秉琦、杨光华、肖路加、吴梅筠（女）、吴德生、闵鹏秋、陆彬（女）、陈文彬、郑虎、倪宗瓚、詹承烈、廖清奎、谭天秩、戴保民、曹钟梁（以上华西医科大学教授），刘敏如（女）、李明富、郭子光、黄秀凤、廖品正（女）、雷载权（以上成都中医药大学教授），李伯刚（中科院成都生物研究所研究员），李顺强（四川生殖卫生学院教授），张国辉（四川省人民医院主任医师），陈曾湘（国家医药管理局四川抗菌素工业研究所研究员），郁文骏（四川省中医药研究院研究员），郑昌琼（女）（四川联合大学教授）。

2000年成都地区进入第二批自然科学技术类四川省学术和技术带头人名录

自然科学：于作龙（中科院成都有机化学研究所研究员），吕涛（中科院成都计算机应用研究所研究员），许效松（女）（地质矿产部成都地质矿产研究所研究员），林理彬（女）（四川大学教授）。

工程科学技术：王永维（四川省建筑科学研究院高工），朱中梁（西南电子电信技术研究所高工），成建波（电子科技大学教授），许德［成都飞机工业（集团）有限责任公司高工］，孙玉发（中国核动力研究设计院高工），李允（西南石油学院教授），范平志、杨立中（以上西南交通大学教授），陈君楷、陈文梅（女）、张兴栋、杨永全（以上四川大学教授），宋文骢（成都飞机设计研究所研究员），张海盛（中科院成都计算机应用研究所研究员），张锡祥（信息产业部电子第二十九研究所高工），谢兴尧、高洁（以上中国测试技术研究院研究员），黄润秋（成都理工学院教授），焦天佑（中国航空工业总公司燃气涡轮研究院研究员）。

农业科学技术：王金锡（四川省林业科学研

究院研究员），郑有良（四川农业大学小麦研究所教授），唐良美（女）（四川省畜牧科学研究院研究员），崔鹏（中科院、水利部成都山地灾害与环境研究所研究员），熊志强（四川省农业气象中心高工）。

卫生科学技术：万德光（女）（成都中医药大学教授），王明芳（女）（成都中医药大学附属医院主任医师），赵云凤（女）、王锋鹏（以上华西医科大学教授），杨志明（华西医科大学主任医师），张思仲（华西医科大学研究员）。

2002年成都地区进入第三批自然科学技术类四川省学术和技术带头人名录

自然科学：丁协平（四川师范大学数学与软件学院教授），王剑（国土资源部成都地质矿产研究所研究员），徐道义、罗懋康、陈放、苏显渝、张伟年、孙卫国、王玉忠（以上四川大学教授），王成善（成都理工大学教授），彭宇行、邓金根（以上中科院成都有机化学研究所研究员），陈忠明（四川省气象科学研究所研究员），周万村（中科院成都山地灾害与环境研究所研究员），赵尔宓、唐亚（以上中科院成都生物研究所研究员）

工程科学技术：马庭林（铁道第二勘察设计院高工），薛炽寿、方锦星［成都飞机工业（集团）有限责任公司高工］，聂德新、杨武年、王允诚（以上成都理工大学教授），翟婉明、彭其渊、姚令侃、周德培、周仲荣、肖建、李芾、孙林夫（以上西南交通大学教授），王家素（西南交通大学高工），黄卡玛、曹叔尤、殷国富、唐常杰、赵文谦、李光宪、李玉宝、许唯临、朱家骅、朱世富、吕百达、石碧（以上四川大学教授），黄宁康（四川大学研究员），江和甫（中国燃气涡轮研究院研究员），江海云（女）（四川省科技情报研究所研究员），李言荣、张怀武、吴坚强（以上电子科技大学教授），张雨东（中国科学院光电技术研究所研究员），李祚泳（成都信息工程学院教授），周九林、陆良忠（以上西南技术物理研究所高工），陈次昌（四川工业学院教授），施太和（西南石油学院教授），洪明（成都机械电子高等专科学校高工），蒋亚东、唐宗熙（以上电子科技大学教授），覃继牧（四川省城乡规划设计研究院高工），谢木喜（川化集团有限责任公司高工），蒲宗耀（四川省纺织工业研究所高工）。

农业科学技术：张彪、李跃建、杨武云、王云（以上四川省农业科学院研究员），张汝全（成都市第二农业科学研究所研究员），周永红、李仕贵、李平（以上四川农业大学教授），郭亨孝（四川省林业科学研究院研究员），雍国玮（四川省国土勘测规划研究院研究员），熊朝瑞（四川省畜牧科学研究院研究员）。

卫生科学技术：张立实、张志荣、马骁（以上四川大学教授），鲍朗（四川大学研究员），魏于全、黄德嘉、雷秉钧、罗清礼、欧阳钦、李甘地、张肇达（以上四川大学华西医院教授），周总光、刘进、石应康（以上四川大学华西医院主任医师），邓文龙（四川省中药研究所研究员），刘家健（国家药品监督管理局四川抗菌素工业研究所研究员），宋开源（成都中医药大学研究员），梁繁荣、祝彼得、沈映君（以上成都中医药大学教授），陈绍宏（成都中医药大学附属医院主任中医师），修瑞龄（四川省人民医院主任医师），彭芝兰（女）（四川大学华西第二医院教授）。

2003年成都地区进入第四批自然科学技术类四川省学术和技术带头人名录

自然科学：王公应（中科院成都有机化学研究所研究员），王秉中（电子科技大学教授），孙琦、朱允民、李晖、李旭锋、杜林方、陈耀强、梁基华（女）、彭联刚、王顺金（以上四川大学教授），刘宇平（成都地质矿产研究所研究员），汪灵（成都理工大学研究员），陈国阶（中科院成都山地灾害与环境研究所研究员），周一阳（四川师范大学教授），倪师军（成都理工大学教授）。

工程科学技术：刘永智、尧德中、朱维乐、吴跃、张树人、李少谦、李家胤、杨万麟、谢文楷、王厚军（以上电子科技大学教授），但德忠、李彦、李嘉、李志蜀、陈继镛、姚进、赵北君（女）、梁川、傅强、廖华胜、伍超（以上四川大学教授），罗正明、钟本和（女）、张允湘（以上四川大学研究员），朱介寿、陈洪德、刘汉超（以上成都理工大学教授），杜志敏（女）、刘家铎（以上西南石油学院教授），李乔、杨翊仁、周本宽、柯坚、徐扬、翁杰、高波、黄丁发、谢建华、张卫华（以上西南交大教授），李文正（中国航空工业成都飞机设计研究所研究员），杜懋陆（西南民族大学教授），袁家虎、陈洪斌（以上中科院光电技术研究所研究员），陈祥平（四川省丝绸工业研究所高工），周拜豪［中国燃气涡轮研究院（新都区）研究员］，郝孝铭（四川省医药设计院高工），韩永辉（中国石化新星西南分公司高工），雷厉（中国电子科技集团公司第十研究所高工），薛亚声（成都航空仪表公司高工）。

农业科学技术：余懋群（中科院成都生物研究所研究员），李光汉（成都大熊猫繁育研究基地研究员），李荣伟（四川省林业科学研究院研究员），汪旭东（四川农业大学研究员），涂士华、蒋梁材、倪建英（以上四川省农业科学院研究员），蒋小松（四川省畜牧科学研究院研究员）。

卫生科学技术：尹立雪（四川省人民医院主任医师），曾祥元、田伏洲（成都军区总医院主任医师），周学东（女）、陈治清、黄承钰、侯一平（以上四川大学教授），陈槐卿、刘霆、周清华、梁传余、裴福兴、严律南（以上四川大学华西医院教授），姚裕家（女）（四川大学华西第二医院主任医师），张国林（中科院成都生物研究所研究员），李祖伦（成都中医药大学教授），罗才贵（成都中医药大学附属医院主任中医师），徐学民（四川省中药研究所研究员）。

2004年成都地区进入第五批自然科学技术类四川省学术和技术带头人名录

自然科学：马洪、冯小明、杨向东、杨志荣、郭永康、黄发伦（以上四川大学教授），刘白玲（女）（中科院成都有机化学研究所研究员），孙传敏、殷辉安（以上成都理工大学教授），江新胜（成都地质矿产研究所研究员），吴宁（中科院成都生物研究所研究员），张健（四川师范大学教授），段廷扬（成都信息工程学院教授），聂在平（电子科技大学教授）。

工程科学技术：刘钊、胡渝（女）、彭启琮、潘锦、王文祥（以上电子科技大学教授），王清远、刘颖、张林（女）、李涛、李兴源、李志强、李象远、沈保罗、梁斌、储伟、王启智（以上四川大学教授），褚良银（四川大学研究员），付承毓（中科院光电技术研究所高工），冯远（女）（中国建筑西南设计研究院高工），古共伟（西南化工研究设计院高工），任红军（成都航空仪表公司高工），张家树、张家树、张殿业、李群湛、杨显杰、金鼎昌、金学松、赵勇、赵永翔、吕和林（以上西南交通大学教授），孙彪［中共四川省委党校（四川行政学院）教授］，陈平、张烈辉（以上西南石油学院教授），李洪（四川省紫坪铺开发有限责任公司高工），李彦春（中国市政工程西南设计研究院高工），李海光（铁道第二勘察设计院高工），杨伟（中国航空工业成都飞机设计研究所研究员），陈良驹（成都飞机工业有限责任公司高工），罗凤林（女）（四川省交通厅内河规划勘察设计院高工），范天泉（中科院光电技术研究所研究员），曹俊兴（成都理工大学教授），程根伟（中科院成都山地灾害与环境研究所研究员），雷吉成（成都三〇盛安信息系统有限公司研究员）。

农业科学技术：刁运华（四川省畜禽繁育改良总站推广研究员），马均（四川农业大学教授），田淑琴（女）（西南民族大学教授），刘永红、郑林用、任光俊（以上四川省农业科学院研究员），向成华（四川省林业科学研究院研究员），李旭东（中科院成都生物研究所研究员），黄楠（西南交通大学教授），黄邓萍（女）（四川省畜牧科学研究院研究员）。

卫生科学技术：毛萌（女）（四川大学华西第二医院教授），张朝武、周桥、唐承薇（女）、巢永烈、温玉明、张林（以上四川大学教授），毛伯镛（四川大学华西医院教授），李虹（四川大学华西医院主任医师），牛文忠（成都军区联勤部卫生防疫队研究员），王正荣（四川大学研究员），孙红斌（四川省人民医院主任医师），李平（女）（四川省疾病预防控制中心主任技师），郑燕林（女）（成都中医药大学教授），彭成（成都中医药大学研究员），徐廷翰（四川省中医药研究院中医研究所主任医师），郎锦义（四川省肿瘤医院主任医师）。

2005年成都地区进入第六批自然科学技术类四川省学术和技术带头人名录

自然科学：卢铁城、艾南山、张旭、张义正、李安民、胡常伟、黄南京、谢如刚、田安民（以上四川大学教授），田景春（成都理工大学教授），乔建平（中科院成都山地灾害与环境研究所研究员），杜春雷（女）（中科院光电技术研究所研究员），龚流柱、胡文浩（以上中科院成都有机化学研究所研究员），闻学泽（四川省地震局预报研究所研究员）。

工程科学技术：王琪（女）、冉均国、冯良桓、刘浩吾、吴大诚、张新申、肖定全、侯贤灯、袁中凡、游志胜、樊瑜波、廖隆理、谭大璐（女）、丁晶（以上四川大学教授），刁正坤（四川省天然气化工研究院研究员），袁志君、王仁坤（以上国家电力公司成都勘测设计研究院高工），冯全源、陈维荣、柳葆生、胡卸文、赵人达、高庆（女）、曾京、强士中、王金诺（以上西南交通大学教授），王敏芳（女）（四川省交通厅公路规划勘察设计研究院高工），卢建川（中国电子科技集团公司第10研究所高工），任戈（中国科学院光电技术研究所研究员），刘亚川（中国地质科学院成都矿产综合利用研究所研究员），杨中海、李广军、杨建宇、宫玉彬、章毅、孙世新（以上电子科技大学教授），朱晋蜀（成都电子机械高等专科学校教授），何兴川（四川省化工控股集团有限责任公司高工），宋承志（成都飞机工业集团有限责任公司高工），宋彦刚（四川省紫坪铺开发有限责任公司高工），卿三惠、张海波（以上铁道第二勘察设计院高工），杨克明（中国石油化工股份有限公司西南分公司高工），辛晓光（国家电力公司西南电力设计院高工），陈健（四川天一科技股份有限公司高工），赵金洲、孟英峰（以上西南石油学院教授），罗万申（中国市政工程西南设计研究院高工），赖喜德、罗中先（以上西华大学教授），罗荣怀［成都飞机工业（集团）有限责任公司高工］，侯敏杰（中国燃气涡轮研究院研究员），贺振华（成都理工大学教授），骆耀南（四川省地质矿产勘查开发局高工），唐建明（中国石油化工股份有限公司西南分公司物探研究院高工），索继栓（中科院成都有机化学研究所研究员），聂海涛（中国航空工业成都飞机设计研究所研究员），梅志荣（中铁西南科学研究院研究员），符红光（四川中科院信息技术有限公司研究员），谢晓东（四川省煤田地质局高工）。

农业科学技术：刘亚刚、王杰（以上西南民族大学教授），何忠全、赵燮京、黄钢、曾宪平、王乔春（以上四川省农业科学院研究员），何毓蓉（中科院、水利部山地灾害与环境研究所研究员），段诚中、李键（以上四川省畜牧科学研究院研究员），岳碧松（四川大学教授），慕长龙、费世民（以上四川省林业科学研究院研究员），颜济（四川农业大学教授）。

卫生科学技术：冉玉平、刘文英、唐红（女）、黄熙、文富强（以上四川大学华西医院教授），王大章、刘天佳（女）、田卫东、陈扬熙、郑虎、贾文祥、吴德生（以上四川大学教授），李幼平（女）（四川大学华西医院研究员），刘文英（四川大学华西医院主任医师），李尚为（女）（四川大学华西第二医院教授），江南（女）（四川省人民医院主任医师），李明富、段俊国、廖品正（女）、张之文（以上成都中医药大学教授），张晓云（女）（成都中医药大学附属医院主任中医师），李伯刚（中科院成都生物研究所研究员），邱东川（四川省疾病预防控制中心研究员），范昕建（四川省卫生管理干部学院教授），谢守德（女）（四川省中医药研究院主任中药师），燕纯伯（成都市第三人民医院主任医师）。

第一至五批成都市拔尖人才名录一览表

表5-77

批次	姓名	时间
第一批（55人）	曾令福　李铁锤　杨　昆　惠全法　卢长寿　孙家辉　高光义　董仁威　王起超 章锦泰　陈德敷　王道贤　林祯骅　李宗林　周德裕　熊世英　汪祖桐　张秀太 袁星灿　杜传礼　杨志文　张家骝　陈道志　王孝达　凯　兵　刘适兰　曾子林 史代高　谭继和　张应国　徐钱滨　晓　艇　叶建重　盛香孙　程长荫　伍学高 陈伯勤　江永静　陈清海　詹世炜　王　克　谢大宏　谢晋超　李本木　王慰慈 刘锦英　朗楷璐　何泰平　洪连山　张丕庆　林正清　林朝明　赵晋宝　郑联德 吕宝珍	1988
第二批（8人）	郑义和　薛云鹤　于　新　赵伯林　苟能西　陈德儒　林　乔　周纪湘	1990
第三批（38人）	蒋洪炎　高庆丰　许镜明　卢中成　杜培光　窦效真　张健骏　万国泽　郑国平 姜　华　黄祖泸　徐　明　张云圻　莫骏恒　王静淞　文童光　高善康　施正岩 李正杰　刘　斌　连宗权　吴兴中　何昌华　何明胜　赵虎田　陈华林　蒋泽汉 黄德昭　曾祥基　高国智　李建华　查丽芳　张　龙　杨登榜　张廷杰　游　家 叶茂涵　孙光钊	1992
第四批（22人）	任　豫　宫本健　钟祖祥　陈干鹏　黄炳钧　彭志平　徐学成　叶玉良　张心如 吴绍良　张安居　李光汉　钟顺隆　李仁厚　成建新　刘　芸　单援助　陈敬忠 杨汉新　姚远志　燕纯伯　徐应抒	1994
第五批（9人）	张汝全　朱永明　梁　岩　康超光　肖百治　张莉红　何显林　詹庆富　花　欣	1997

1990—2004年成都市享受政府特殊津贴部分人员统计表

表5-78　　　　单位：人

年份	国务院特殊津贴	成都市政府特殊津贴	合计
1990			
1991	23		23

续表

年份	国务院特殊津贴	成都市政府特殊津贴	合计
1992	128		128
1993	141		141
1994	11	102	113
1995	12	81	93
1996	12		12
1997	13	38	51
1998	14		14
1999	11	37	48
2000	8		8
2001	7	47	54
2002	6	50	56
2003		77	77
2004	8		8

科技计划（规划）制定实施

【概况】

1989年，成都市制定《成都市科技计划项目及经费管理办法》《成都市科委机关内部科技计划项目管理程序（试行）》。同年，召开全市区（市）县科技计划管理工作会，指导区（市）县作好科技计划和基金的管理工作。

1990年，成都市反复论证《“八五”科技计划》，并结合成都市实际，实施6个专项计划（科技攻关计划、火炬计划、星火计划、成果推广计划、软科学计划、新产品试制计划）。10月，印发《成都市新产品试制（鉴定）计划管理（试行）办法》和《成都市星火计划管理暂行办法》，对项目申报、立项原则、立项程序、经费管理、优惠政策、验收和奖励及计划管理等作出规定。

1991年，成都市科技计划下达总数为161项，其中科技攻关计划14项，星火计划7项，火炬计划7项，科技成果推广计划14项，软科学计划10项，总经费8050万元；科技拨款、基金贷款共计468万元，科技开发贷款2691万元，自筹4231万元。全市实际完成计划147项，新增产值10.92亿元，新增利税1.84亿元，节汇创汇2037万美元。1992年，实际完成科技计划项目384项。

1993年，根据社会主义市场经济体制的要求，科技计划管理逐步转轨，转向采取统筹规划、微观放活的办法，成都市把计划的重点放在高新技术产业发展、支持发展高产优质高效农业和农村资源开发以及支持科技成果转化方面。全年实际完成科技计划项目308项。

1994年，着手制定《成都市科技发展“九五”计划及到2010年中长期规划》，全市全年下达科技计划项目109项，实际完成计划432项。1995年，围绕实施《中国21世纪议程》，成都市在医疗卫生、珍稀动物保护、城市建设等方面组织实施科技攻关项目30项，完成16项。国家“八五”攻关计划项目“大熊猫饲养、繁殖及疾病防治研究”通过国家科委验收，获国家科技进步二等奖。全年，共组织实施各类科技计划项目219项，其中新上117项，实现产值17.2亿元、利税3.2亿元，节创汇8千万美元。

1996年，制定下发《成都市科技发展“九五”计划和2010年中长期发展规划》。成立成都市贯彻实施《中国21世纪议程》领导小组，出台“关于进一步贯彻实施《中国21世纪议程》的通知”，编制《成都“21世纪议程”白皮书》草案。全市全年实施科技计划191项。1997年，编制完成并实施《成都21世纪议程》，筛选首批重大优先项目计划19项。全市全年实施各类科技计划110项，总经费4.4亿元。1998年，《成都21世纪议程》获省科技进步二等奖，全市实施科技计划共235项。1999年，着手制定《成都市科技发展“十五”计划和到2010年规划》；进行科技计划管理改革，组建“成都市重大科技项目评估专家委员会”，对申报1999年国家级新产品计划项目实行专家评估，共受理评估项目43项，筛选申报36项；继续实施《成都21世纪议程》重大项目，全年共组织实施各类科技计划项目171项。其中新上106项，累计新增产值65.49亿元，利税18.29亿元，节创汇3185万美元。

2000年，按照“有所为，有所不为”的方针，成都市在电子信息、生物与现代医药、生态环保与高效节能、新材料和现代农业等重点领域，选择100项重点高新技术成果转化及产业化项目，通过新产品计划、火炬计划、星火计划、攻关计划等重点推进，年内实现产值110亿元，利税34亿元。

2001年，《成都市“十五”科技发展规划》编制完成，全市全年组织实施科技计划项目229项，新上科技项目198项（其中国家级11项、省级88项），科技项目投入资金11.6亿元，开发新产品77个。2002年，形成《成都·高科技行动计划纲要》；9月颁发《成都市科技计划项目（课题）经费管理（试行）办法》，明确市财政局是项目（课题）经费的监管部门，市科技局是项目（课题）经费的主管部门，负责编制年度经费总预算、年度项目计划和使用计划等。全市全年共组织实施科技计划项目288项，其中国家级43项，省级75项。成都市科技进步奖励获奖项目直接产生经济效益实现产值12.16亿元、利税3.97亿元。2003年，全面启动高科技成都行动计划，全市各部门按照《成都高科技行动计划纲要（2003—2010）》部署各项工作。全年共实施防治“非典”、制造业信息化、农村小康科技、软件新产品开发等11个重大科技专项；共受理申报各类科技计划项目1142项，立项334项。

2004年，启动《高科技成都建设发展规划》《成都市科技发展中长期规划》编制工作；发布2004年科研计划项目指南，引导高等院校、科研院所和高新技术企业针对市场需要开展创新研究；实施科技初创企业种子资金、专利扶持、软件、新药研发、制造业信息化和农村小康科技等重大科技专项计划；全市全年科技计划下达总数为349项，总经费11.83亿元。

2005年1月，发布《城乡协调发展科技专项计划实施意见》和《成都市生物材料技术及产业发展行动计划（2005—2010）》；3月，制定《成都市科技计划项目管理暂行办法》，对申请立项的条件、评估、项目实施管理、验收、科技成果归属权等作出规定；全年启动实施城乡协调发展科技专项、新型工业化科技专项、社会事业科技专项3大科技专项计划。《成都市“十一五”科学与技术发展规划》编制工作历经科技发展战略研究、专题研究和规划调整3个阶段，于年内基本完成。

【成都市科技发展十年规划和“八五”计划纲要】

1991年10月，成都市人民政府印发《成都市科技发展十年规划》和《“八五”计划纲要》。“纲要”提出，国民经济第七个五年计划期间（1986—1990年），成都市执行“经济建设必须依靠科学技术，科学技术工作必须面向经济建设”的战略方针，科技水平不断提高，科技成果应用率从30%提高到50%左右；科技进步对经济发展的贡献，在国民经济生产总值增长中的比重由1985年的28%上升到36%。高新技术及其产业发展起步，科技兴农方兴未艾，企业科技进步取得进展，科技正以多种形式长入经济。存在的问题和困难是：“科学技术是第一生产力”的观念尚未在全社会确立，经济发展还没有真正转移到依靠科技进步的轨道；深化科技体制改革涉及面广，难度大，政策措施不够配套；科技人员分布不合理，积极性尚未充分发挥；企业依靠科技进步的激励机制和约束机制不健全；科技投入严重不足。

“规划”提出今后10年，成都市科技工作的奋斗目标和主要任务是：科技进步对国民经济增长的贡献达到40%以上，2000年达到50%以上；“八五”期末科技成果应用率达到60%，2000年达到70%以上。加强高新技术开发和高新技术产业开发区的建设，使高新技术产业的发展及开发区建设达到全国一流水平；加强企业科技工作，使企业科技进步达到全国省会城市的先进水平；加强“科技兴农”，提高农业技术水平，推动农村经济全面振兴，在农村科技进步方面继续保持省内领先地位，力争达到全国先进水平。形成以大院大所、大专院校、大中型企业为主体的多种形式的科工贸、技工贸一体化的科技开发体系；形成成果转让、技术咨询、技术服务、技术培训、国际科技合作、智力引进、技术进出口的科技交流和成果推广体系；形成能满足科技发展需要的科技信息、咨询、器材服务体系；形成纵横相连、灵活高效的科技管理体系。

该“规划”还明确“八五”和今后10年，成都市科技发展有4个重点：重点发展高新技术产业，以新材料、机电一体化、生物技术、微电子与信息技术、核技术应用为重中之重，形成通信、生物工程、新材料、机电一体化、核技术应用等5个产业集团。重点加强科技兴农工作，促进农村经济全面发展。大力推广农业科技成果，强化农业科学研究与科技攻关，加快农业试验示范基地建设，认真保护和合理开发农业资源，发展乡镇企业等。重点加强企业科技工作，加速企业科技进步。重点加强社会发展科技工作。

“规划”实施的措施包括：继续深化科技体制改革，在发展科技中坚持计划经济与市场调节相结合，自力更生与开放引进相结合为基本途径，推动全市科技进步；科研机构要在完成拨款制度改革的基础上，把研究开发科技成果、培养造就优秀科技人才作为自己的根本任务；树立科学技术是第一生产力的观念，在企业和经济部门进一步增强依靠科技提高经济效益和竞争能力的内在动力；运用法律、行政、经济等，促进技术市场健康发展，使科技成果尽快转化为现实生产力；形成科技投入新格局，建立科技三项费拨款专项，建立高新技术开发基金，建立科技贷款；进一步落实党的知识分子政策，扩大对外开放，推进科技合作交流；加强科技管理体系建设，加强对科技工作的领导。

【成都市科技发展“九五”计划和中长期规划纲要】

1994年，为发挥成都作为西南地区“三中心两枢纽”（科技、商贸、金融中心和交通、通信枢纽）的作用，开展调查研究，着手制定《成都市科技发展“九五”计划》及《成都市到2010年中长期规划纲要》。

1995年10月，成都市计划委员会、成都市科学技术委员会发布《成都市科技发展“九五”计划（1996—2000年）》和《成都市到2010年长期规划纲要》。该“计划”和“纲要”指出，“八五”末期，成都市科技成果转化的速度加快，科技进步对经济的贡献增加。市属以下单位共获得各类科技成果奖540项，有常设技术交易场所8个，合同认定登记站21个，签订各类技术合同3万多项，实现合同交易额10.4亿元。认定高新技术企业168家，实施火炬计划项目118项。1994年，高新技术产业实现产值80多亿元，占工业总产值的10%，成都高新技术产业开发区为国家“十佳”开发区之一。科技兴农促进农村经济发展，创立国家级星火密集区1个。企业科技进步成效显著，全市新上技改项目240个，开发新产品4960项，推广新技术、新工艺3318项。1994年，国家科委批准在成都市金牛区建立国家级社会发展综合试验区。全市拥有独立科研院所129家，国家级工程研究中心3个，技术开发中心3个，民营科技企业增加到1638家；拥有各类专业技术人员44万人，硕士点314个，博士点100个，博士后流动站10个，国家级重点实验室65个，有17名科学院和工程院院士，60名国家级突出贡献专家。应用性科技成果转化率提高到60%，科技进步对经济增长的贡献率提高到45%。困难和不足仍然存在：科研、开发和技术改造不同程度存在发展“滞后”现象；科研力量分散，部门分割，科技成果转化难；缺少支持科技发展的激励机制和优惠政策；科技投入严重不足，多渠道科技投入体系尚未形成等。

该计划和“长期规划”要求：“坚持科学技术是第一生产力的思想，经济建设必须依靠科学技术，科学技术工作必须面向经济建设，努力攀登科学技术高峰”的基本方针，全面实施科教兴市的战略，把经济建设进一步转移到依靠科技进步和提高劳动者素质的轨道上来。推动经济体制从传统的计划体制向社会主义市场经济体制转变，经济增长方式从粗放型向集约型的转变，促进国民经济持续、快速、健康发展和社会全面进步。并明确目标任务是：围绕“九五”国民经济和社会发展计划的实施，努力解决成都市经济发展中的重大关键技术问题，为农业和农村经济上新台阶提供技术保证。推动工业技术创新，大力发展高新技术产业，推进产业结构的优化和产业升级，促进产业结构调整，使全市企业在结构优化、规模经济、科技进步、科学管理上跃上一个新的台阶。力争到20世纪末，成都市重点行业、重点产品的生产技术和装备水平达到发达国家90年代初的水平，部分达到90年代中期水平。在电子信息、生物工程、先进制造技术、新材料及农业新品种引进选育上突破一批关键技术，以提高经济的质量和竞争力，增加财政收入。在改革和发展中增强科技自身实力和后劲，促进经济和社会的协调发展，为把成都市建成西南的现代化的科技中心奠定坚实的基础。要做好统筹安排，建立起有助于解放生产力、适应和促进社会主义市场经济发展、符合科技自身发展规律的新的科技体制。培养一支有理想、比贡献的优秀科研开发队伍。“九五”期末，科技进步对国民经济增长的贡献由“八五”期末的45%提高到50%，2010年达到55%；应用性科技成果转化率由“八五”的60%提高到70%，2010年达到75%。

“九五”和2010年前科技发展的重点是：实施高新技术研究及产业化工程，农业科研及产业化工程，环境、卫生及生态保护科技工程，城市建设和管理重大技术工程，人才培养工程，科技事业创新工程。组织实施工业及社会发展领域科学研究项目100项，农业科研及产业项目100项，高新技术产业化项目100项，利用高新技术改造传统产业、技术改造项目100项。建设高新技术产业化基地，“两高一优”农业试验示范基地，社会发展综合实验基地。到“九五”期末和2010年，经济效益指标是：全市高新技术产值占工业总产值的比例达到15%，到2010年达到20%；高新技术产品出口占全市出口总额10%，到2010年达到20%。高新技术开发区实现年技、工、贸总收入120亿元，工业产值100亿元，利税25亿元，节创汇2亿美元；到2010年实现技、工、贸总收入达到240亿元，工业产值200亿元，利税40亿元，节创汇4亿美元。全市民营科技产业产值达到30亿元，利税5亿元；到2010年达到100亿元，利税15亿元。全市独立研究所科技型产业产值达到40亿元，利税6亿元；2010年达到80亿元，利税10亿元。形成20个有规模的高新技术企业（其中超10亿元的2个，超5亿元的5个，超亿元的13个）。

实施“计划”和“纲要”的保障措施包括：深入科技体制改革，促进科技与经济的有机结合；增加科技投入，加强基础设施建设；建立成果转化机制，推动科技成果向现实生产力转化；加强和改进知识分子工作，完善激励机制；强化科技意识，加强对科技工作的领导。

【成都21世纪议程】

1996年，成都市开始组织编制《成都“21世纪议程”白皮书》草案。1997年9月，成都市人民政府发布实施《成都21世纪议程》的决定。《成都21世纪议程》根据成都市情并按照《中国21世纪议程》的要求，针对成都市社会、经济和人口、资源、环境等特点以及面临的重大问题，从促进经济与社会进步、发展科技教育、保护环境与资源、科学决策与管理协调发展的政策、法规等方面，提出成都实现可持续发展的总体战略和具体的行动计划，使成都环境与资源的保护服务于发展，在发展中保护环境、节约资源。《成都21世纪议程》组织实施人口、资源和环境保护等方面的科技攻关项目25项，举办“97成都21世纪环境保护与城市发展”和“全球500佳论坛年会”，展示成都实施可持续发展战略取得的成绩和良好形象。《成都21世纪议程》首批重大优先项目计划共19项。“大熊猫迁地保护示范工程”为优先实施项目之一。中日技术合作项目“岷江成都段综合整治规划调查”，对岷江成都段的防洪、水利、水质控制和河流环境整治等4个方面进行系统的调查研究，并已就双方提出的3个水合作项目申请国家立项。金牛、新都两个社会发展实验区通过深化改革，加强科技引导，创造良好的物质文明和精神文明环境，缓解人口、资源、环境等问题对经济发展的制约，实现社会经济协调发展，为城镇综合配套改革与发展提供可借鉴的经验。

1998年，“成都大熊猫迁地保护示范工程”等19项优先项目进展情况良好。“大熊猫迁地保护示范工程”获首届中华绿色金奖（全国十大金奖之一）。府南河综合整治工程荣获“1998年联合国人居奖”，在国内外引起良好反响。锦城苑小康住宅较好体现“以人为本”的设计观念，规划布局合理、科技含量高、建筑质量优，受到建设部、科技部的好评。新药物研制、城市规划建设和管理等方面的攻关研究取得进展。同年，《成都21世纪议程》获四川省科技进步二等奖。

1999年，《成都21世纪议程》重大项目加强了医药卫生、环境保护、资源综合利用、防灾减灾、小康住宅等方面的科技攻关，组织实施攻关计划10项。为保护生态环境、合理开发利用资源、提高人民健康水平、加强安全工作提供了技术支撑。拥有自主知识产权的攻关项目大熊猫DNA指纹探针研制及DNA提取方法，为研究珍稀濒危动物的遗传多样性提供了重要的手段和方法，获1999年度国家技术发明二等奖。

【成都市科技发展“十五”计划和2001年远景规划】

1999年，着手制定《成都市科技发展“十五”计划和2010年远景规划》。2000年，

《成都市科技发展“十五”计划和2010年远景规划》初步定稿。成都市科技局、统计局、计委、经委、财政局与教育局完成成都市全社会研究与开发调查统计。

2001年7月，成都市政府发布《成都市“十五”科技发展规划（2001—2005年）》。该“规划”指出：在“科教兴市”战略的指引下，“九五”期间，成都市科技实力得到大幅度提高，科技发展为促进经济建设和社会发展作出了突出贡献，已初步具备为成都市实施西部大开发战略、到2010年构建西部战略高地、基本实现现代化提供科技支撑的基础和条件。城市技术创新体系框架基本形成。已建有国家重点实验室7个，国家工程技术研究中心、国家专业实验室、国防科技重点实验室、国家“863”计划重点实验室和中科院、部级研究中心等近50个，四川省重点实验室13个，市级工程技术研究中心6个。1999年，成都市科学技术研究与发展活动经费10.66亿元，占全市国内生产总值的0.75%，其中企业研究与开发经费投入为7.47亿元，占全市研究与开发经费的70.08%，企业逐步成为技术创新的主体。全市围绕电子信息、生物医药与现代农业、新材料、高效节能与环保等重点领域，共安排重大攻关计划项目60项，实施火炬计划项目120项。已认定高新技术企业524家，实现产值208亿，利润18.76亿元，税收12.11亿元。2000年，成都市已有1680多家民营科技企业，对其中640家统计结果为，年总产值1000万以上的81家、5000万以上的33家、过亿元的5家。希望集团成为全国最大的民营科技企业。全市科技人才队伍梯队逐步形成，有中国科学院院士、中国工程院院士26人（其中2人为双院士）；有博士点181个，博士生导师698名，博士后流动站（工作站）41个；硕士点454个；全市各类专业技术人员达50万人以上。

“十五”规划确定的发展指导思想和目标是：全面实施科教兴市战略，按照“提高科技持续创新能力，加强技术创新，发展高科技，实现产业化”的指导方针，以建设科技创新服务体系为基础，以科技创新与体制创新为动力，以提高科技创新能力为目标，实施全市科技创新工程，为构建西部战略高地，在全省率先实现现代化提供有力的科技支撑。通过五年的重点建设，形成较为完善和开放式的科技创新服务体系、符合市场规律的科技政策体系和灵活的链式研究开发体系，大幅提高科技创新、成果转化和产业化的能力。使成都市科技创新能力基本达到东部地区同等中心城市的同期水平；优势高新技术、产业化技术水平和产业化规模在国内占据重要位置，成为西部地区重要的科技中心和高新技术产业高地。逐步形成社会投融资体系，到2005年，全社会研究与开发经费占全市国内生产总值的比重超过1.5%；高新技术产品产值占全市GDP的比重达25%，高新技术产品出口额占全市出口总额的30%。形成较为完整的技术评估、技术服务、管理咨询、技术认证、专利代理、律师服务等科技服务体系。

“十五”期间发展重点是：加强科技创新源头、主体和环境建设；加强电子信息、生物与制药、新材料、高效节能与环保等四大领域，以及12条新技术产业链等创新主体的建设，建设创新创业环境；依靠科技进步推动可持续发展；加快高新技术的先进适用技术对传统产业的改造；实施技术创新工程，推动企业成为技术创新的主体；加快科研机构市场化步伐；建立科学的管理和运行机制；完善中介服务体系，搭建创新要素对接平台等。

【成都·高科技行动计划纲要】

2002年2月，《市政府工作报告》提出“实施科教兴市战略，建设高科技成都”的战略任务。2003年2月，市委办公厅、市政府办公厅下发《关于印发〈成都·高科技行动计划纲要（2003—2010）〉的通知》。明确建设高科技成都行动计划的战略定位为：拥有全国一流的研发水平，是国内高新技术成果产出富集的城市之一；拥有全国一流的科技创新人才，是各类高层次创新人才聚集的城市之一；在电子信息、生物医药、新材料、光机电一体化等领域形成国内一流的现代高科技企业群，是国内依靠科技创新推动经济和社会快速发展的典型城市之一；拥有全国一流的创新创业环境，是国际国内优秀人才向往的城市之一。发展目标为：到2005年，市本级科技投入增长幅度高于财政经常性收入增长幅度，全社会研究与开发投入达65亿元，占GDP比重为3%，企业投入比重达75%；专利授权数每年2000件以上，其中发明专利200件；高新技术企业中具有自主知识产权的产品产值占高新技术产业总产值的50%以上；全市各类专业技术人员达64万人，其中直接从事研发的科技人员达20%以上；全面形成科技创新平台，拥有各类孵化器50个，面积达100万平方米；博士后流动站及博士工作研究室总数达到110个，国际化研发中心30个；社会创业投资资本规模达25亿元，技术交易合同额达到15亿元，成为西部技术贸易中心。不断提高电子信息、生物医药、机械（含汽车）、食品（含烟草）四大主导产业的核心竞争力，软件设计、中医药现代化、汽车整车制造、电子终端产品制造、航空航天及成套设备设计制造等战略产业的市场竞争力有较大的提高，高新技术不断改造提升传统产业，以信息化带动工业化，形成年产值上50亿元的企业1～2家、上20亿元的10家、上10亿元的20家以上、上亿元的150家以上，高新技术企业1000家；高新技术产值平均增长率以高于GDP年均增速1.5倍的速度递增，达到900亿元，占全市工业总产值的比重达35%，高新技术产品出口额占全市出口总额的25%；农业种养殖业良种覆盖率达90%、农产品商品率达75%以上；第三产业增加值占GDP比重达到48%。到2010年，科技创新体系形成，成都市成为国家重要的科学技术研究开发与高科技产业化基地、西部科技创新示范基地，城市竞争力处于全国省会城市前列。同年3月，市委、市政府召开成都市科技工作会议，表彰、奖励全市科技工作先进区（市）县标兵和科技进步奖获奖项目，对高科技成都建设作了具体部署，全面启动《高科技成都行动计划》，全年共实施11个重大科技专项。其中农村小康科技专项有46个项目，总投资6894.5万元，其中政府投入科技专项经费360万元，此外引导社会资金对农业科技的投入超过1亿元。

至2004年底，全市高新技术企业达910家，实现高新技术产业产值600亿元、同比增长25%。全市发放专利资助资金162.6万元，专利申请量达4324件、授权量2636件，技术合同成交额10.63亿元。启动科技型初创企业培育、高新技术改造传统产业、农业新品种和新技术、农产品深加工、“失业、失地”农民科技培训、人居环境、公共安全、文化旅游等8项科技示范工程，实施294项国家、省、市科技项目，投入市本级应用技术研究与开发资金1.12亿元，引导企业投入近10亿元。由5000万元政府引导资金支持搭建的高新技术产业公共技术平台，支持全市重点优势企业建立了5个工程技术研究中心和企业技术中心，全市工程技术研究中心达到36个。建成面积达5万平方米的全国最大的生物与医药专业孵化园，全市各类孵化器达到29个，总面积达100.57万平方米。成都市分别与四川大学、电子科技大学、西南交通大学、成都中医药大学、中科院成都分院联合搭建5个公司化运作的技术转移中心。成都联合产权交易所完成资源整合，挂牌国资出让项目219项，成交13项，成交额4.07亿元。成都市与中国科学院、中国工程院共同建成四川（成都）两院院士咨询服务中心；引进中级职称或本科以上学历的各类专业技术人员3100余人，其中留学回国人才45人，留学人才新创办企业26家。成都高新区、成都经济技术开发区、成都海峡两岸科技产业开发园、国家中药现代化科技产业园区、国家火炬计划成都电子信息产业基地、国家信息安全产业化（四川）基地、国家集成电路设计成都产业化基地、国家软件产业基地（成都）、国家数字娱乐产业基地（成都）等高新技术园区知名企业聚集，新产品开发加快，工业总产值增加。

2005年，《成都·高科技行动计划纲要（2003—2010）》实施方案强调坚持科学发展观，并以推进城乡一体化为目标，启动实施城乡协调发展科技专项、新型工业化科技专项等社会事业科技专项，继续推进农业新品种和新技术、农产品深加工、“失业、失地”农民科技培训、科技型初创企业培育、高新技术改造传统产业、文化旅游、公共安全和人居环境等8项科技示范工程。年末，全市高新技术企业达到1020家，高新技术产业产值达到900亿元，同比增长25%；全市专利申请量达7241件，授权量3079件；科技进步对国民经济增长的贡献率达到51.5%。成都市被四川省政府评为“2003—2004年度科技进步先进市”。在2005年“建设成都杰出贡献奖”重大事件评选活动中，高科技成都建设被评为重大事件之一。

【星火计划】

1985年，经国务院批准实施的第一个依靠科学技术促进农村经济发展的计划，即为“星火计划”。其宗旨是：把先进实用的技术引向农村，引导亿万农民依靠科技发展农村经济，促进农村的科技进步，提高农村劳动生产率，推动农业和农村经济持续、快速、健康发展。成都市随即实施“星火计划”，国家级、省级、市级、区（市）县级、乡（镇）级项目统筹兼顾，分头上马，培养人才，扶持乡镇企业，发展支柱产业。1989年，全市“星火”人才培训网络体系初步形成。1990年，成都科技服务中心被国家科委列为国家重点星火培训基地，“新津县星火技术示范区”建立。

1990年，成都市政府制定《关于开展科技兴农工作的意见》，各区（市）县根据本地区实际制定了实施意见。全市安排市以上星火计划项目35项，重点是山区旱三熟生产综合技术、名特优水果综合技术、良种桑栽植技术、现代养鸡综合技术等项技术的开发。国家级项目“食用菌系列化生产技术开发”，其食用菌生产技术扩展至金堂、青白江等7个县（区），生产规模扩大，总产量12.57万吨，加工产品1.43万吨，创产值1.93亿元，利税6870万元。

1991年，成都市围绕皮革、丝绸、油脂、蛋白饲料、蔬菜等五大支柱产业和名特优水果、畜禽、经济林木等，组织实施市级以上星火计划项目40项，年创产值3.3亿元，创利税4007万元，创汇56万美元。新津县希望研究所承担的国家级“星火计划”项目“希望牌”优质畜禽饲料开发项目，开发饲料品种20余个，质量达国际先进水平，年生产能力达到10万余吨，产值1亿元，利税1000万元。11月，“全国星火博览会”召开，成都市获“最佳组团”“最佳布展”2项团体荣誉奖。在全国“七五”星火工作表彰大会上，成都市25个先进集体和个人获奖，为四川全省获奖总数（64个）的39%。同年，新津县星火技术示范区“三五”工程完成并通过验收。邛崃县高埂乡进行“工厂化养鸡技术星火培训”，以点带面，促进科技成果向生产领域转化。

1992年，成都“星火计划”项目共计46项，其中国家级8项，完成18项，实现产值2.63亿元，利税4800万元。围绕“星火”“燎原”“丰收”计划实施，成都市科委、教委、农委共同为农村培训各类科技人员20万人次（其中培训星火科技人才2万人次）。10月，成都市星火科技示范企业授牌暨对口支援乡镇企业总结表彰大会召开，成都恩威化工公司等43家企业被授予“成都市星火科技示范企业”称号。1993年，全市实施星火计划38项，完成16项。

1994年，成都市启动农村区域资源开发，新都、双流、新津、金牛等4县（区）“星火科技产业带”开始建设。全市实施星火计划30项，完成10项；为农村培训星火技术人才1万人次。1995年，成都市实施市级以上星火计划30项，完成16项，其中国家级14项，实现产值4.2亿元，利税6288万元，创节汇480万元。

1997—1998年，成都市围绕农村区域资源开发和支柱产业的形成，组织实施星火计划项目30项。根据农业产业化的趋势，着力培育“龙头”企业，对华神农业、协力制药、三旺伍田、希望集团、迪康制药、中汇集团、赛维芦荟等已初具规模和有行业优势的企业（集团）重点服务和追踪，其中协力制药等6家列入国家星火计划。1997年，举办种植、养殖、科技管理等星火人才培训班282期，受训人数达1.44万人次。1998年，全市培训星火科技人才1.68万人次。

1999年4月，“四川（成都平原）秸秆综合利用技术示范工程”在北京通过专家论证，列为国家星火计划重中之重项目。该项目选择8项秸秆综合利用技术进行现场示范推广。全年成都市组织实施星火计划项目30项，举办花卉苗木繁育技术、蔬菜设施栽培技术等各种类型培训班28期，培训星火科技人才1.56万人次。

2001年，成都市培训星火科技人才1万余人次。2002年，成都市组织申报国家级星火计划项目39项，下达18项。实施了山葵高效种植配套技术开发、金牛区天回乡（镇）农村小城镇现代化建设示范镇、新津新希望星火龙头企业等3项国家级星火计划重点项目。2003年，成都市共获得国家级星火计划项目18项，并有1人获国家级“星火标兵”称号，10人获国家级“星火先进个人”称号；新津县科技局获国家级“星火先进单位”称号；郫县和新津2个县继续被确定为“国家级星火计划密集区”，金牛区天回镇被确定为“全国星火小城镇示范镇”，成都希望食品有限公司被确定为“‘十五’国家级科技创新型星火龙头企业”，成都市星火培训中心被确定为“国家级星火培训基地”。

2004年，成都市建立10个星火科技培训示范基地。2005年，按照全市统一部署，成都市拟定农民实用技术培训计划，启动实施“农民就业技能及适用技术培训”“农村星火科技培训及技术推广模式建设”“幸福梅林科技教育基地及梅花科技产业化发展”等3个星火科技培训示范项目，以星火培训学校为依托，大力开展农民科技培训工作，全年共开展星火科技培训831次，培训农民13余万人；通过培训，农民转移就业1.19万余人。近20年连续不断的星火培训，成都农村积累了数十万星火人才，从中涌现出一大批既懂技术又懂管理的农业科技干部、青年“星火”带头人和乡镇企业家，成为成都农村经济、社会发展的重要力量。

1997—2005年成都地区星火计划项目执行情况表

表5-79

年份	1997年	1998年	1999年	2000年	2001年	2002年	2003年	2004年	2005年
项目数（项）						53	64	58	47
计划总投资（万元）	54045	62190	124693	116823	3733087	253910	180038	107281	68992
项目落实资金	18470	25127	38726	60888	921071	52368	55600	15439	14094
其中：政府部门资金	600	411	1534	1039	27768	5939	1675	726	846
贷款	7390	2966	6506	16777	199320	6735	8270	1910	11291
其他资金	294	2880	1951	2122	14832	671	240	185	374
国外资金（万美元）		4600				1820	15878	16	
自有资金	10186	14537	27835	38950	729151	36852	29192	12622	11591
项目支出合计	8682	19306	26982	39993	650495	33670	43170	66148	9095
其中：研制费	1023	3815	7832	7211	722779	4685	3391	21792	
已偿还项目贷款额	420	470	3185	1360	31920	400	62520	13755	4936
新增产值	56640	177149	95448	68435	835236	30734	44576	44491	71856
出口额	253	310	2269	368	4900	5168	801	787	543
净利润额	4898	7324	15638	14165	145508	8422	5877	4842	6944
实缴税金	2685	2684	7522	5821	58058	2725	4428	1972	4243
专利授权数	1	1	16	9	24		8	11	6
其中：发明专利		1	11	1	12		5	5	4

说明：2004年与2005年“自有资金”为“事业单位资金”与“企业资金”之和

【火炬计划】

1988年8月，中国发展高新技术产业的指导性计划“火炬计划”经国务院批准开始组织实施。其宗旨是：实施“科教兴国”战略，贯彻执行改革开放的总方针，发挥我国科技力量的优势和潜力，以市场为导向，促进高新技术成果商品化、高新技术商品产业化和高新技术产业国际化。

1990年，制定《成都市火炬计划项目暂行管理办法》《成都市火炬计划项目评审标准》和

《成都市火炬计划基金管理试行条例》，引导企业向产业化、集团化方向发展。成都传感换能研究所承担研制的“声波采油车”，打破美苏技术垄断，使中国成为第三个拥有声波、超声波采油技术的国家，在玉门对8口中晚期油井进行试验，平均增产33%，最高增产51%。该项目已发展成为“成都传感换能产业集团”科技转化重要项目。全年，有7个国家级火炬计划项目在成都实施。成都市科委与海南省科技厅签订发展高新技术产业的协议，双方商定申报的7个项目已获国家科委的批准。

1991年，成都市把进入高新技术产业开发区的项目与实施火炬计划相结合，将开发区建设成为实施火炬计划和发展高技术产业的重要基地。全年实施的火炬项目已有30%进区。在选择火炬预备项目时向大中型企业倾斜，申报项目贷款总额中，属大中型企业的占60%左右。市科委成立驻成都电热器厂帮企小组，多次到厂调查研究，为其排忧解难，使该厂开发的“彩虹牌电热器系列”产品，在市场中保持良好销势。6月，在国家科委举办的全国火炬高新技术产品展交会上，成都团共成交31笔，成交额为1286.64万元人民币、2249.1万美元，获大会最高成交额奖。11月，中科院成都生物研究所制药厂承担的地方级火炬项目“地奥心血康胶囊”经市科委验收合格，被批准进入高新技术产业开发区，并被推荐为1992年国家级火炬项目。1992年，成都市火炬科研开发工程完成投资600万元。全年，成都市共组织实施火炬计划18项，其中国家级9项，实现产值6275.7万元，利税1235.4万元，节（创）汇1249万美元。

1993年，在全国“火炬计划”实施五周年总结表彰会上，成都市科委被评为先进管理单位，成都高新区被评为先进高新区，成都创业服务中心被评为先进创业服务中心，四川诺尔光电高技术研究所等3个单位被评为先进高新技术企业，“高效精密硬质合金螺纹刀具”和“S-1240程控交换机配套电缆”2个项目被评为优秀火炬计划项目，张景文等9名科技人员被评为先进个人。国家科委所设6个奖项，只有上海和成都全部获得，成都成为全国实施火炬计划的先进地区之一。全年全市实施“火炬计划”项目55项，其中国家级33项，年内完成20项，实现产值4亿元、利税8000万元。1994年，成都市科技工业园区总数达到8个，园区实施火炬计划12项，其中国家级2项。

1997年，组织实施火炬计划项目65项，实现产值20.5亿元、利税4.9亿元，节创汇1800万美元，推动高新技术向传统产业渗透和转移。20个重点高新技术项目的产业化取得实效，有14项列入国家级火炬计划。“高效精密硬质合金螺纹刀具”累计销售收入达到2.15亿元，替代进口同类产品节汇1.15亿美元，为用户带来经济效益约30亿元。1989—1998年，成都市共组织实施火炬计划项目159个（其中国家级100个），累计实现产值120多亿元，创利税28亿多元。1998年8月，成都市组团参加由科技部举办的“火炬计划十周年成就暨高新技术产品博览会”，成都市获得优秀项目、优秀企业、先进管理、先进个人等11项奖，另有5人被授予“中国火炬计划十年工作者”荣誉证书。9月，科技部、信息产业部、教育部在西部软件园召开“1998火炬软件产业基地建设工作交流会”，全国火炬计划软件产业基地、骨干企业及有关专家、企业家200多人参加会议。全年组织实施火炬计划项目70项。1999年，成都市把加快高新技术成果转化作为技术创新的首要任务，组织实施火炬计划项目40项，实现销售收入18.4亿元，利税3.6亿元，其中24项对高新技术产业发展有示范作用的科技项目，被批准列入1999年国家级火炬计划项目，创历年成都市争取国家级火炬计划项目最好成绩。

2002年4月8日，国家火炬计划成都电子信息产业基地经科技部批准挂牌，基地入驻企业41家，其中高新技术企业27家，骨干企业13家，基地承担国家和地方火炬计划项目38项。全年全市组织申报国家级火炬计划31项。2003年是全国火炬计划实施的15周年，成都高新技术产业开发区被科技部评为国家先进开发区，并有6个项目被评为优秀火炬计划项目，电子信息、生物医药、新材料和光机电一体化成为新的经济增长点。2004年，火炬计划成都电子信息产业基地电子信息产业优势得到巩固和加强，全年实现销售总收入45.1亿元，同比增长21%。

【软科学研究计划】

成都市软科学研究始于20世纪80年代初。1990年，“成都市首届软科学优秀成果授奖暨软科学研究经验交流大会”召开，会议从1983年以来全市各部门及11个区（市）县31个单位申报的软科学成果中评选出20项进行奖励。至1990年底，成都市软科学研究机构共有129个，从事软科学研究的人员2万多人，一支专群结合的软科学研究队伍基本形成。市属软科学专业研究机构、高等院校软科学研究所、市级各部门调研室和政策研究室、各民主党派群众团体的学会、协会、研究会、部分大中型企业研究机构等构成全市软科学研究五支主力，围绕科技、经济和社会发展中急待解决的重大问题进行软科学研究，在决策中发挥智囊和助手作用。同年9月，国家科委召开“全国软科学研究管理研讨会”，成都市提交的总结汇报材料《依靠科学管理，促进成都市软科学研究的进步和发展》，获优秀论文三等奖。编写《成都市1991年软科学研究项目指南》，供有关单位参考。全年，全市共计开展软科学研究28项，评审结题8项，对7个软科学研究成果进行跟踪研究，把软科学管理延续到项目评审之后。其中，“成都市科技密集区开发建设的研究”，为高新技术产业开发区建设和加快高新技术产业开发步伐提供了理论原则和方法；“民办科技机构运行机制及其管理对策研究”的研究成果被市科委、市人事局、市税务局采用，并形成文件，正式下发全市执行，保证民办科技机构正常发展。

1991年，全市开题18项，完成8项，其中市级目标2项。研究过程中注意与各大专院校、科研院所合作，“成都市科学技术发展的战略研究（1991—2005年）”等课题与川大、西南财大、成都地质学院等单位合作，得到领导和专家的一致认可。全年，全市组织软科学项目评审34项，其中计划外项目19项；开展1990—1991年度市软科学研究优秀成果奖的评选工作，评出优秀成果23个，其中一等奖2个、二等奖5个、三等奖16个。市科技顾问团成立后，研究全市今后15年科技发展战略，论证《成都市科技发展十年规划和“八五”计划纲要》，充分发挥科技参谋的作用。

1994年，15个区（市）县组建了科技顾问团。从此市和区（市）县两级科技顾问团在全市软科学研究中占有重要地位。全年，成都市共编制、实施软科学研究计划项目24项（其中新开题11项），组织鉴定12项。每个课题紧扣成都市科技、经济、社会发展主题。“成都市现代化国际大都会发展战略及实施规划研究”提出建议16条，被采纳5条。1995年，成都市科技顾问团围绕科教兴市13个调研专题开展决策咨询工作，为市委、市政府提建议15项，有9项引起领导重视并被采纳。组织专家、学者先后对《成都市科学技术进步条例》《关于加速发展成都高新技术及其产业的意见》《关于加速成都科学技术进步的决定》等文件进行咨询论证，提出建设性意见。全年共开展为决策科学化与管理现代化服务的软科学研究项目12项，结题5项。1996年，市科技顾问团组织专家、学者考察府南河工程，参加“沪蓉经济合作研讨会”，举办“中国宏观经济形势报告会”，开展“新四川发展战略”等软科学研究，向市委、市政府提出建议13条。

1997年，市科技顾问团围绕实施科教兴市战略、四川省区划调整后成都经济发展战略等，开展“磁悬浮列车工程试验示范研究”“成都新经济增长点的培育”等7项软科学研究；围绕府南河工程和城市生态环境建设等组织较大的决策咨询活动4次。市科技顾问团成员向市委、市政府提意见和建议16条，被批转、采纳8条。1998年，市科技顾问团开展软科学课题研究16项，献计献策19条，被批转采纳9条，编辑出刊《科技决策参考》7期，《参谋动态》20期；组织顾问开展“成都市信息技术发展预测研究”“成都市现代信息技术及其产业发展研究”，召开“成都信息港建设研讨会”，提出了“成都信息港建设总体框架”。1999年，市科技顾问团的决策咨询作用得到较好发挥，开展软科学研究课题17项；围绕国有企业改革、信息产业发展、技术创新等重大问题共向市委、市政府提建议15条，批转采纳8条。

2002年，以成都市科技顾问团为主体，成立“成都决策咨询协会”，决策咨询工作得以在更加科学和广泛的基础上展开。先后组织实施了“成都·高科技行动计划课题研究”“成都市生物技术产业现状调查及对策研究”“成都市主导产业链研究”“孵化器高效运行机制及其产业化途径研究”“国家金融政策调整对成都市经济发展的影响及对策研究”“成都市科技投融资体制改革”“成都市科技企业孵化体系建设及发展战略”“科普主题公园与成都科技馆建设”和“县域经济发展战略研究”等软科学课题研究，形成《成都·高科技行动计划纲要》等一批具有指导性的研究成果。

【科技攻关计划】

针对全市传统产业技术改造、结构调整中急待解决的关键技术和急待开发应用的新技术、新材料、新工艺、新产品等项目，成都市有计划地组织力量协作攻关。1991年，成都市集中力量组织工业科技攻关，强化企业自身技术开发和吸收能力，增加技术储备，以非棉纤维开发及染整技术等为重点，全年共安排攻关课题30项，实现总产值1532.9万元，利税179.8万元，节（创）汇294万美元。成都无线电五厂承担的“彩电回扫变压器”重点攻关项目，产值、利税、节（创）汇分别是1990年的3.2倍、1.5倍和3.2倍。国营七一五厂承担的重点攻关项目“荧光灯电子镇流器开发”提前通过鉴定，产品以优良的性能在市场竞争中站稳脚跟。成都无缝钢管公司重视进行产品更新换代，年内承担的市重点科技攻关项目“油井用套铣管”“冻结井管”“抗HS石油套管”已初见成效。同年，为搞好国营大中型企业，成都市完成“促进厂办科技开发机构发展对策研究”，起草《成都市关于加强国营企业技术开发机构建设的意见》。市政府统一部署，派员到宁江机床厂、无线电七厂等企业调查，对企业依靠科技搞活经济面临的问题实行政策倾斜，在科技立项上予以帮助解决。宁江厂产品更新换代所需的“磨削中心自动变换砂轮自动磨头研制”项目，优先列入1992年科技攻关计划，年内即安排项目启动与拨款。

1992年，围绕发展高产、优质、高效农业中的关键技术，成都市组织农业科技攻关项目26项，完成6项。1994年，制定农业科技攻关计划

10项，完成4项。1995年，组织实施市级以上农业科技攻关项目20项，完成5项。引进了14个农作物、禽畜新品种及11套优质丰产配套技术。1996年，农业新品种引选育、优质水果栽培、特种水产养殖等方面的农业科技攻关取得实质性成效，安排攻关项目20项，完成5项。新技术的试验示范和实用技术的大面积推广全面铺开，“蓉油3号”油菜在全国推广350万亩，成都市内推广60万亩，亩产167.8千克，比对照亩每亩增产30千克，向农业部申报成都市第二农业科学研究所为全国油菜育种分中心工作进展顺利。

在工业科技攻关方面，全市以优化全市产业结构为重点，加快电子信息、生物工程及新药物、新材料、先进制造技术等高新技术领域的科技攻关和产业化步伐，并取得一定突破。1996年，成都市安排高新技术攻关项目23项，完成6项。“可抹可录磁光盘”项目正式列入国家“九五”重点攻关计划。1997年，以优化全市产业结构、培育新的经济增长点为重点，集中力量进行科技攻关。1998年，安排高新技术攻关项目12项，组织实施火炬计划项目70项，全年实现产值19.8亿元，利税4.5亿元。

以“稳粮、增收、达小康”为中心，1998年，成都市围绕粮油生产和农民增收、农业增效，组织实施农业科技攻关项目20项。“蓉油3号”“蓉油4号”在全市推广96万亩，占全市油菜种植面积的80%，并在全国推广350万亩。“秧盘旱育抛秧技术”示范推广8万亩。“蓉油5号”“蓉油6号”及水稻“冈优906”“Ⅱ优902”“Ⅱ优9014”“Ⅱ优906”等一批高产新品种的选育和审定，更为全市粮油生产的稳定提供了技术支撑。1999年，按照“稳粮调结构，增收奔宽裕”的要求，成都市围绕设施农业、农产品深加工、农作物秸秆综合技术开发等组织实施农业科技攻关项目20项。2001年以后，科技兴农力度加大，通过实施星火计划、农业科技攻关计划、农业高新技术成果转化项目，加快优良品种引进、选育和推广，名、优、特、新品种市场占有率逐步提高，农业先进技术、科学管理方法获大面积推广普及，农业结构调整速度加快。

1997—2005年成都地区成果推广计划项目（实施部分）执行情况表

表5-80　　单位：项、其中：、万美元

年份	1997年	1998年	1999年	2000年	2001年	2002年	2003年	2004年	2005年
项目数（项）						23	29	43	44
计划总投资（万元）	8087	13297	24309	17760	321286	21500	22949	38681	50840
项目落实资金（万元）	4471	5692	6452	4132	92913	10003	8353	13422	13766
其中：政府部门资金（万元）	4	10	650	992	5640	1106	212	502	152
贷款（万元）	1472	1870	1050	830	1200	1280	1000	3070	8569
其他资金（万元）	4	303	870		5460	531	210	200	230
国外资金（万美元）					1500			212	45

续表

年份	1997年	1998年	1999年	2000年	2001年	2002年	2003年	2004年	2005年
自有资金（万元）	2991	3509	3882	2310	79113	7086	6931	9438	4770
项目支出合计（万元）	2823	2514	3609	1862	65157	6025	4993	7342	19263
其中：研制费（万元）	469	689	1798	1290	10943				
已偿还项目贷款（万元）	352	9500	260	450	225			420	2330
新增产值（万元）	5461	10785	3104	1405	227213	11234	47195	85604	49232
出口额（万美元）	12	8	4			4	131	147	265
净利润额（万元）	664	302	1362	145	56345	1996	3657	5839	5286
实缴税金（万元）	216	120	562	78	18657	1373	2456	2914	3750

说明：2004年与2005年"自有资金"为"事业单位资金"与"企业资金"之和

科技经费投入管理

【概况】

1989年，制定《成都市科技计划项目及经费暂行管理办法》，加强科技基金的管理和使用，市科委与工商银行成都支行配合，科技开发项目贷款扩大到每年300万元，与市财政局共同规定该项基金的奖励条件、资金来源及提取的比例等。同时做好科技基金的回收工作，年初分类列出经费回收指标，督促主管部门做好企业的还贷工作。对已拖欠的单位，市科委会同财政、金融部门催收。对1983年以来建立的几种主要基金进行投入效益调查、统计和分析，召开全市区（市）县科技计划管理工作会，争取区（市）县财政对科技的投入。

1990年9月，成都市颁发《成都市科技三项费管理暂行办法》，要求根据项目的不同情况，所拨经费实行全部有偿、部分有偿、无偿等三种形式；有偿使用的经费按一定比例回收。1992年，市财政拨给科技"三项费"140万元，比1991年增加40万元。成都市科技部门与各有关银行积极配合，共同做好开发项目的选择和可行性评估论证工作，争取科技开发贷款总额度为1亿元，落实7614万元，占科技开发项目投入的50.8%；以科技开发基金为担保，为部分企业拆借科技开发资金330万元，为部分研究院所解决流动资金100万元。市科委与市经委、市财政、市工商银行合资建立科技信贷部，为部分科技开发项目落实了资金。此外，成都高新技术产业开发区与市工商行合资成立了"科技风险投资基金"，开展科技风险投资业务。都江堰市由科委、市工商行、市保险公司合资创办了"都江堰市科技投资保险公司"，进行科技投资保险等，都不同程度地拓宽了科技投入渠道。成都倍特发展股份有限（集团）公司，向社会集资，在增加科技投入方面作了成功的尝试。以金融为主的科技投入新格局正在形成，科技投入渠道不断拓宽。

1996年，《成都市科学技术进步条例》颁布，成都市委、市政府有关科技投入的各项政策基本落实，市本级财政科技投入有所增加，科技三项经费安排4550万元，科技事业费也有一定幅度增长。区（市）县级科技三项费投入大幅度增加，比1995年增长21.2%。企业是科技投入主体的思想逐步强化。金融机构科技贷款全年落实1.1亿元以上。

1998年，成都市科技三项费为7400万元。1999年，成都市自然科学事业费1045.8万元，较上年增长18.8%，市本级科技三项费8882万元。设立"成都市高新技术成果转化风险金"，由市本级财政每年拿出2000万元资金进行科技风险投资。

2000年，科技投入增加的同时，强化政府投入为引导、企业投入为主体，全社会参与的多元化科技投融资观念。市财政对技术创新投入的风险基金增加为2500万元。

2001年，全市科技三项费增至1亿余元，争取到上级科技专项资金9500万元。加快风险投资体系建设，出台《成都市创业资本投资高新技术产业的试行办法》，鼓励国内外资本、包括民间资本到成都创办创业投资机构，以"政府引导、市场运作、多元投资、专家理财"为宗旨，力求用少量的科技风险引导资金，集聚大量的社会资金，引导建立风险投资公司，培育风险投资市场。一批科技创业投资公司和风险投资公司正在组建，成都市创业投资协会组建完成。1997—2001年，市财政累计安排科技风险金达8070万元。企业作为科技投入的主体地位确立，重点科技计划项目承担单位和科技开发贷款占总投入的95%以上。另外，与沿海创投机构、香港科技版、新加坡证交所的合作，寻求创业资本退出的渠道。同年，举办"2001成都西部投资论坛""四川·成都——台湾IT产业合作发展论坛"。在成都21个高新技术企业、高校、科研院所携带97项高新技术成果及50项招商项目参加深圳高交会，签署合同、协议35项，总成交额31亿元，引进资金人民币5.37亿元、美元4500万元。

2002年5月，成都市发布《成都市重大科技项目经费暂行管理办法》和《成都市科技创新种子资金管理暂行办法》。《成都市重大科技项目经费管理办法》指出，重大科技项目专项经费来源于成都市科技三项费拨款，是支持科技事业发展、促进技术升级、解决重大技术问题的专项经费，实行无偿资助；经费安排坚持公开、公正、科学、合理的原则，经费预算审批实行专家评审、评估和政府决策相结合的机制；实行合同制管理，建立计划管理与经费管理、课题立项与课题预算职能分离的监督制约机制。9月，市科学技术局、市财政局联合印发《成都市科技计划项目（课题）经费管理（试行）办法》，加强项目（课题）经费预算的管理。该年，成都市积极争取各级财政科技资金投入，全市共落实国家、省、市级科技三项经费2.19亿元，引导社会研究与开发资金22亿元；发挥政府对风险投资的引导作用，组建风险投资公司，全年累计安排风险资金近4.7亿元；开展与美国中小企业管理局、世界银行集团金融公司中小企业局、香港联交所等投资机构的交流合作，通过举办和参加大型科技经贸活动促进科技项目与投资机构对接，通过组团参加深圳国际高新技术成果交易会、北京国际科技产业博览会、俄罗斯（成都）高新技术项目展览会、西部投资论坛、海峡两岸经济科技合作交流会等大型科技经贸活动，以及通过成都技术产权交易所的中介联系，共为1548个科技项目创造了与投资机构对接的机会，直接促成193个科技项目成交，成交金额34.2亿元。

2003年，成都市全社会研究与开发投入达到28亿元，比上年增长27.3%；落实国家、省和市科技三项费2.3亿元，其中市财政科技三项费投入7597万元；共受理申报各类科技计划项目1142项，立项并实施科技成果转化项目334项，实现总产值83.38亿元，实现利税20.84亿元；通过贯彻落实《成都市促进高新技术成果转化的若干规定》及配套文件，全年共安排资金694万元，支持129个科技项目的持有人实施成果转化。

2004年，成都市应用技术研究与开发资金共有2.57亿元，占全市年度财政经常性支出的2.5%。其中，市本级应用技术研究与开发资金支出1.12亿元，占市本级年度财政经常性支出的4.8%；区（市）县应用技术研究与开发资金1.45亿元，占区（市）县年度财政经常性支出的1.8%。成都市财政科技拨款继续保持稳步增长，独立科研机构科技经费筹集额为17亿元，其中政府资金占48%，其研究与开发经费支出达4.65亿元，人均科技活动经费支出9.9万元。

2005年，《成都市科技创新种子资金管理暂行办法》开始实施，该项资金为成都市科技型初创企业的高新技术项目孵化的政府专项资金。1月，颁发《成都市软件产业发展专项资金管理暂行办法》，成都市每年安排3000万元资金以扶持全市软件产业发展。在科技部公布的2005年科技型中小企业技术创新基金首批立项名单中，成都市共有51个项目立项，获得支持资金3165万元。自1999年国家科技部设立科技型中小企业技术创新基金以来，成都市共获立项225项，约占全省项目的60%以上，获得经费1.49亿元。全年由市科技局归口管理的科技三项费共计6074万元。

1997—2005年成都地区自然科学研究机构经费收支情况表

表5-81

	单位	1997年	1998年	1999年	2000年	2001年	2002年	2003年	2004年	2005年
机构数	个	101	100	98	106	71	69	71	64	64
其中：地市属	个	21	21	20			19	19	15	16
从业人员	人	23778	22883	20224	20789	11896	10692	10856	8987	8892
经费收入	万元	156583	142350	134931	169152	89483	109176	126181	129119	133712
其中：财政补贴	万元	33667	20449	25314	32937	31462	63956	66783	73803	73377
经费支出	万元	145751	122955	111732	133029	85642	91113	122581	111422	130018
其中：科研业务费支出	万元	27219	31388	30480	31621	32190	27113	26567	70305	90159
固定资产原值	万元	164945	171056	139875	150455	97029	988670	117791	254354	272248
科研课题数	个	1956	1783	1568	1655	1159	1148	1196	1246	1332
课题经费支出	万元	18989	21600	16408	22191	17163	20321	27472	29525	31358

【市级科技三项费用管理】

国家《科技三项费用管理办法（试行）》规定，“科技三项费用（民口）是指国家为支持科技事业发展而设立的新产品试制费、中间试验费和重大科研项目补助费。科技三项费用是国家财政科技拨款的重要组成部分，是实施中央和地方各级重点科技计划项目的重要资金来源”。1990年9月，成都市颁发《成都市科技三项费管理暂行办法》，结合本市实际情况规定：根据项目的不同情况，所拨经费实行全部有偿、部分有偿、无偿等3

种形式；有偿使用的回收经费，80%进入全市的科技发展基金，20%用于奖励项目执行好、按时偿还有偿使用部分的项目承担单位。

1991年11月，正式颁发《成都市科技三项费用使用管理办法》，规定市财政安排的科技三项费用先拨入市科委“科技三项费专户”，对使用科技三项费用的立项及项目执行情况的检查由市科委会同市财政局进行。全年，市本级财政由市科技局管理的科技三项费用共计100万元，1992年为140万元，1993年为200万元，1998年为1220万元，1999年为2534万元。

1999年7月，印发《成都市科委科技三项费用管理使用须知》，强调科技三项费用使用坚持“集中资金、统筹安排、突出重点、有所作为”的原则，主要用于本市科技攻关计划、火炬计划、星火计划、成果推广计划、软科学计划、新产品计划中的重大项目的研究、开发、补助；并实行项目跟踪制度、预算和决算管理制度等。2000年，市科委管理的科技三项费用3090万元。

2001年6月，成都市科技局设投融资与条件财务处，实现对全市科技三项费用的归口管理，增强了对全市科技发展的统筹协调职能。当年，归口管理的科技三项费用为3500万元（2002年为4850万元）。5月，印发《成都市重大科技项目经费管理办法》和《成都市科技创新种子资金管理暂行办法》。《成都市重大科技项目经费管理办法》指出，重大科技项目专项经费来源于成都市科技三项费用拨款，是支持科技事业发展、促进技术升级、解决重大技术问题的专项经费，实行无偿资助；经费安排坚持公开、公正、科学、合理的原则，经费预算审批实行专家评审、评估和政府决策相结合的机制；实行合同制管理，建立计划管理与经费管理、课题立项与课题预算职能分离的监督制约机制。

2003年，落实国家、省和市级科技三项费用2.3亿元，其中市财政科技三项费用投入7597万元（其中由市科技局归口管理的科技三项费用5325万元）。2004年，由市科技局掌握管理的科技三项费用为5687万元。6月，市知识产权局、市科学技术局印发《成都市专利资助资金管理办法》，对专利资助实行无偿资助、择优支持以及重点资助发明专利、国际专利的原则。

2005年，《成都市科技创新种子资金管理暂行办法》开始实施，该项资金由成都市科技三项费用支持，为成都市科技型初创企业的高新技术项目孵化的政府专项资金；在种子资金的项目安排上遵循决策、管理、评价分离的原则，实行专家评估、评审和政府决策和市场运作相结合的运行机制。本年，由市科技局归口管理的科技三项费用共计6074万元。

【专利资助资金】

2002年，市政府设立专利资助资金。2004年，成都市发放专利资助资金142.3万元，全市专利申请量达4324件、授权量达2636件。

2005年8月，市知识产权局、市科技局印发《成都市专利资助管理办法》，强调专利资助资金纳入市财政经费预算，由市知识产权局（市科技局）统一管理、随经济发展情况逐年适度调整。专利资助按照无偿资助、择优支持的原则，重点资助发明专利和涉外专利。规定资助范围和条件是：获得授权的职务发明、非职务发明，第一专利权人为在本市行政区域范围内注册的单位和有本市正式户口的个人，持有本市居住证的非本市居民、如其专利申请在本市提出且专利授权日在居住证有效期内，也可申请成都市专利资助。资助标准为：发明专利的职务发明5000元/件，非职务发明3000元/件；实用新型专利1000元/件，外观设计专利500元/件，涉外专利30000元/件（同一专利最多资助两个国家和地区）。并规定专利资助的申请应由第一专利权人提出，同一件专利只能申请一次成都市专利资助。

2005年，成都市武侯区、金牛区、高新区、青羊区等4个区相继设立专利资助（转化）资金和扶持及转化资金的管理办法。全年全市办理专利资助申请1929件，资助金额283万元；专利申请量达7241件，比上年增长67.5%，比全国平均增长率高30个百分点。其中发明专利申请量为1630件，专利授权量达3079件，申请量和授权量在副省级城市中名列前茅。

1991—1999年成都市科技计划（按产业计划分类）下达执行情况统计表

表5-82

年份	1991年	1992年	1993年	1994年	1996年	1997年	1998年	1999年
计划下达总数（项）：	161			109	95	110	102	106
其中：科技攻关	14			43	40	52	48	45
星火计划	7			21	22	20	21	23
火炬计划	7			25	17	20	13	13
成果推广	14			10	6	8	6	6
软科学经费安排（万元）	10			10	10	10	14	17
总经费	8050			23739	38156	43987	49133	82930
科技拨款、基金贷款	468			301	600	625.5	390	382
贷款	2691			8341	9535	18382	10330	42076
自筹	4231			14665	26621	23698	28558	38138
实际完成项数：	147	384	308	432	163			152
新增产值（亿元）	10.92	14.4	15.94	75.73	26.67			
新增利税（亿元）	1.84	3.46	3.15	12.79	4.99			
节汇创汇（万美元）	2037	5730			638			

说明：1995年，成都市实际完成科技计划219项，实施科教兴川“千亿工程”实现产值257.8亿元，利税43.1亿元。1999年，实施科教兴川“千亿工程”实现产值179亿元

2000—2004年成都市科技计划（按产业领域分类）下达执行情况统计表

表5-83

年份	2000年	2001年	2002年	2003年	2004年
计划下达总数（项）	103	86	111	324	349
电子信息	14	13	34	85	79
生物医药	18	11	30	53	74
现代农业	19	20	14	51	72
新材料	10	7	10	19	17
能源环保	3	7		7	5
光机电一体化			3	41	30
其他领域	21	7	4	19	35
软科学	15	24	16	49	37
经费安排总经费（万元）	97120	62826	98346	74121	118183
科技拨款		201	2745	5082	6054
贷款	35457	26305	36370	9355	20985
自筹	52278	28010	58266	48049	74556
实际完成项数（项）	159		102	334	294
新增产值（亿元）	53.66		38.52	83.38	50
新增利税（亿元）	11.52		10.03	20.84	
节创汇（万美元）	5200		900		

哲学社会科学

概　述

1990—2005 年，随着改革的深入和对外开放的进一步扩大，实践对哲学社会科学提出了更高更为迫切的要求。

进入 21 世纪后，中共中央高度重视发展和繁荣哲学社会科学，中共四川省委和成都市委也相继制订了发展和繁荣哲学社会科学的文件，进一步加强对哲学社会科学的领导，增加了对哲学社会科学的投入。在此基础上，成都市社会科学进一步建立健全工作机制，先后制定实施《成都市哲学社会科学研究“十五”规划纲要》《成都市哲学社会科学研究“十一五”规划纲要》，推动社科工作逐步走上科学化、规范化轨道。早在 1991 年，成都市人民政府就设立了哲学社会科学优秀成果奖，完善了《成都市哲学社会科学优秀成果评奖实施细则》，加大对优秀社科成果的奖励力度，调动广大社会科学工作者的积极性，研究的广度和深度不断拓展，新兴学科不断涌现。成都哲学社会科学进入一个大发展的新阶段，呈现出前所未有的繁荣局面。一批应用型社会科学学科相继出现，哲学社会科学研究成果开始更多地直接服务于成都社会经济发展，地位和作用更加突出。

1990 年以来，成都社会科学在各主要学科建设方面都有新的发展，在各个研究领域内形成了一大批高质量的研究成果，在基础理论研究和应用性研究方面，出现了新的特色。在传统社科研究如政治学、历史学、考古学、哲学、文学等继续保持自身优势和特色的同时，面对新的形势和要求，经济学、社会学、法学、城市科学等课题开始成为成都社科研究的热点，研究领域不断扩大，包括国有企业改革、政企分开、流通体制改革、非公有制经济改革、第三产业发展、财政金融体制改革、计划体制改革、科技体制改革、劳动用工制度改革、公费医疗改革、保险制度改革以及住房制度改革等，都成为社科研究所重点关注的对象，并在总结改革实践的基础上，加强对改革理论的探索，加强对以国企改革为核心的各项改革之间的协调配合和对改革力度与社会承受程度关系的研究。理论研究重点和领域扩展折射出成都市城市发展脚步越来越快，区域经济、文化的地位越来越高。与此同时，成都市围绕深化国有企业改革，加快政府职能转变，以建立社会主义市场经济体制为目标，大力推进各项综合配套改革，各项改革不是单项突破，而是呈现出整体推进的特点。理论研究与改革实践的关系更加紧密，社会科学在促进成都社会主义市场经济体制逐步建立过程中的作用更加突出。

在学科发展和现实需求的促进下，成都市对社会科学研究力量进行整合，研究机构得到全面重建与新建，形成社会科学研究领域“五路大军”（高等院校、社科院与社科联、党校、党政机关、各级学会）齐头并进的格局。

高等院校社科研究在经过20世纪80年代的恢复期后，90年代开始呈现出蓬勃发展的局面，一些高校的传统文科专业逐步走上正轨，新兴社会科学专业不断涌现；一些高校通过合并、将系组建为学院，进一步整合研究力量，提高科研水平。据不完全统计，截至2005年年底，成都地区高校社会科学研究机构总数达122个，专职研究人员达1557人。

2000年8月，在原成都市社会科学研究所的基础上成立了成都市社会科学院。成都市社会科学院与成都市社会科学界联合会（以下简称“市社科联”）、成都市邓小平理论和“三个代表”重要思想研究中心（以下简称“市邓研中心”）合署办公。市社科联充分发挥与学会联系广的优势，通过重大课题凝聚在成都的社会科学研究力量，逐渐形成“大社科”机制。成都市社科联和市邓研中心通过课题招标，吸引和组织在成都的社科专家参与对成都发展的重大问题的研究；2005年，市社科院与西南交大公共管理学院签订了合作协议，创建了院校协同研究的模式。

成都市委党校前身是成立于1952年10月的中共成都市委训练班，“文化大革命”期间被迫停办，1978年1月复校，并更名为中共成都市委党校。2003年9月29日，中共成都市委党校与成都行政学院正式合并。2005年3月，成都市社会主义学院并入，实行一个机构、三块牌子的管理体制。

此外，一大批应用型社会科学研究机构在市委、市政府职能部门中相继成立，主要有：市委政策研究室、市政府政策研究室，市教育局所属教育科学研究院，市社科院所属成都市文化产业咨询服务中心等。

随着学术研究和学术交流的繁荣，成都地区各类社会科学学会也在恢复的基础上迅速发展。1991年年底，全市有社科类社团43个，据不完全统计，团体会员有1280个，个人会员有1.6万人。到2005年，全市社科类学会发展到67个，个人会员增至3.52万人，单位社团会员总计2807个，学会专职人员115人，兼职人员245人。

1990—2005年，成都市举办了各种大型的学术研讨会，并积极组织人员参与国际国内的各种学术活动。针对经济社会发展中的热点难点问题以及学术前沿课题，主办各种研讨会共100余次。广泛而深入的学术交流，促进了成都社会科学研究水平的提高。据不完全统计，截至2005年，成都市所创办的社会科学主要刊物有18种，其中公开刊物6种。这些社科刊物关注经济社会发展中的热点、难点问题研究，已成为促进社科学术交流的平台，成为市领导决策提供咨询的重要渠道。

经过多年的发展，成都地区社会科学科研队伍结构日趋合理。截至2005年年末，成都市社会科学队伍中具有专业技术职称人员共1.38万人。其中，市属企事业单位从事社会科学的专业人员9000余人，享受国务院特殊津贴7人，市级优秀专家15人，享受市政府特殊津贴约30人。主要分布情况如下：市社科院27人，其中，正高6人，副高7人，中级及以下14人；市委党校（市行政学院、市社会主义学院）108人，其中，正高13人，副高59人，中级及以下36人；市属高校系统549人，其中，成都大学352人（正高11人，副高67人，中级137，中级以下137人）；成都电大6人（副高1人，中级5人）；成都农业技术职业学院65人（副高32人，中级及以下33人）；成都职业技术学院126人（副高40人，中级及以下86人）。研究队伍结构进一步优化，既有一批仍然活跃在学术界的老专家、老教授,又有恢复高考后毕业的中青年学者。

成都地区社会科学研究涌现出了一批优势学科。国家级重点学科有四川大学的中国语言文学、宗教学、政治经济学、历史文献学、专门史,西南财经大学的政治经济学等。此外,一批地方特色的学科不断出现,如巴蜀史、保路运动史、城市史等学科在国内都具有一定的地位和影响。

这一时期涌现出了大量有影响的学术成果。哲学方面主要有萧萐父《中国哲学史史料源流举要》,蔡方鹿《朱熹经学与中国经学》,徐开来《亚里士多德全集》(译著),罗中枢《人性的探究——休谟哲学述评》等,在哲学界有较高的学术声誉。文学及语言学方面主要有赵振铎《训诂学纲要》《训诂学史略》,董志翘《训诂类稿》,宋子然《训诂学》,四川大学中文系《文艺学基础理论》,曹顺庆《中西比较诗学》《中外比较文论史》等,都是有重要价值的学术专著。经济学方面主要有邵昱《宏观人力资源开发与配置研究》,肖慈方、姚乐野《WTO 与成都经济发展》,刘世庆《长江上游经济带西部大开发战略与政策研究》,刘诗白《现代财富论》等。历史学方面主要有方北辰《魏晋南朝江东世家大族述论》,黄国华《中华苏维埃共和国史稿》,何一民《中国城市史纲》,罗志田《权势转移:近代中国的思想、社会与学术》,王笛《二十世纪初的茶馆与中国城市社会生活——以成都为例》等。法学方面主要有林义全《民事诉讼法理论与实践》,左卫民《在权利话语与权力技术之间——中国司法的新思考》,冯亚东《刑法学研究的层面划分》,赵宇霆《资产证券化 SPV 设立的法律思考》等。民族学方面主要有石硕《西藏文明东向发展史》,龚荫《中国土司制度》,程贤敏《中国彝族人口初探》,王昌富《凉山彝族礼俗》等。

成都市社会科学优秀成果评奖对促进本地社会科学事业发展起到了重要作用。该奖项于1992 年设立,到 2005 年已开展七次评奖,共评出优秀社科成果政府奖励 698 项,其中,一等奖 21 项,二等奖 117 项,三等奖 560 项。

哲学社会科学主要成果

哲　学

【概况】

20 世纪 90 年代，成都地区的中国哲学研究在宋明理学、中国学术思想史、中国哲学范畴、经学、传统文化与现代化等中国哲学与思想文化研究领域，取得了丰硕的研究成果。其中，对中国儒学的当代重构、儒学文献的收集整理研究等研究领域又有新的发展和突破，其研究成果在全国乃至在全世界都产生了较大的影响。在宋明理学研究方面，成都学术界研究的广度和深度均有所拓展，关于理学对科场时文的影响，宋代理学家高谈义利之辨的历史原因，程颐和苏轼争论的哲学分析，元代净明道与朱、陆之学关系，宋明理学心性学等课题进行了研究，尤其是对于四川理学的研究有所加强，研究内容包括四川理学及其特点、苏氏蜀学的学术渊源、魏了翁与《九经要义》等。在儒家文献整理收集研究方面，四川大学全面启动“985”“211”工程重点项目，“中国孔子基金会重大项目”《儒藏》工程，集录古今中外儒学著作 5000 余种，文字约 5 亿字，分门别类地予以整理和出版。先期进行“史部”的编纂，根据儒学史料的类别，分为“孔孟”“史传”“学案”“碑传”“年谱”“别史”“杂史”等类，分批整理出版；在诸子学方面，孔子和周易仍然是研究的重点，研究的内容主要包括巴蜀《易》学源流、周易筮法的概率、《周易》蕴藏的民族审美心理及其影响等；传统经学研究方面，在继续对古代经学发展演变研究的基础上，有些学者将研究方向逐渐转向对近现代四川经学大师如廖平、蒙文通经学思想的研究上；在儒学的当代重构研究方面，注重传统儒学对于现代社会的价值，主要围绕儒学传统与现代化、生活儒学、儒家伦理在当代管理中的意义、儒家孝道的现实意义、儒家文化与社会主义精神文明建设、儒家和合思想与构建和谐社会等课题展开研究。

成都地区关于西方哲学的研究起步较早，但是直到 20 世纪 90 年代后才开始真正兴盛起来，研究的领域主要集中在三个方向：一是西方古代哲学、希腊中世纪哲学；二是德国古典哲学、现代哲学，如对海德格尔、胡塞尔、康德等哲学家思想的研究；三是科学哲学、西方政治哲学。

此外，逻辑学、美学、宗教学、伦理学等哲学相关学科在成都学术界越来越得到重视，其中宗教学研究，尤其是道教研究取得了一系列重大成果，在全国乃至全世界都拥有较高的学术地位。

【中外哲学】

中国哲学　成都地区的中国哲学研究主

要集中于先秦诸子、宋明理学及近代四川著名学者哲学思想等方面，研究成果在国内外学术界有较大影响。1990—2005年，成都地区学者出版哲学专著40余部，论文200余篇。

哲学通史方面，主要著作有萧萐父《中国哲学史史料源流举要》（武汉大学出版社1998年出版）和黄开国、邓星盈《巴山蜀水圣哲魂——巴蜀哲学史稿》（四川人民出版社2001年版）。《中国哲学史史料源流举要》除了在论述中熔铸了较丰富的文史考古知识，并特别注评“五四”以来有关中国哲学史研究的新成果，使研究生继踵前修，尽快地进入学术前沿；同时，该书尤其强调义必征实，言必有据，提倡严谨笃实的学风，成为后学的榜样；《巴山蜀水圣哲魂——巴蜀哲学史稿》一书研究从文翁化蜀到清末民国初四川地区最具代表性的学者及其哲学思想，将巴蜀哲学放在中国哲学的大背景之下，注重巴蜀哲学自身的特点，依历史与逻辑统一的方法，提出具有三个高峰的巴蜀哲学，并进行了多角度、多方位的深入探讨。该书获得四川省哲学社会科学第十次优秀成果三等奖。另外，蔡方鹿《中华道统思想发展史》（四川人民出版社2003年版）从广义的道统观出发，对在中国思想文化史上产生了重要影响的中华道统思想及其发展演变的历史作了全面、系统、深入的论述，揭示中华道统思想的理论构成和基本特征及其在中国文化史上的重要地位。

对先秦哲学的研究，影响较大的是钟肇鹏对于孔子、道教思想的研究。钟肇鹏（1925—2014），四川成都人，1948年毕业于四川大学中文系，1956年考入中国科学院哲学研究所，后任中国社会科学院世界宗教研究所研究员，主要从事先秦诸子、道教及谶纬学的研究工作，著有《孔子研究》《王充年谱》《中国道教史》《桓谭评传》《春秋繁露校释》《管子简释》《中国哲学范畴丛刊》等，其中《孔子研究》（中国社会科学出版社1990年版）是钟肇鹏多年研究孔子思想成果的集中体现。该书是作者研究孔子的论文集，在哲学思想上，作者主要就孔子的天命鬼神观、认识论等作了自己的归纳和总结；同时，作者肯定了孔子在教育上的成就，对古代文献整理工作的贡献等。《〈老子想尔注〉及其思想》（《世界宗教研究》1995年第2期）是钟肇鹏关于早期道教思想研究的一篇重要论文，探究《老子想尔注》敦煌本的作者、典籍亡佚时间，剖析《想尔注》的主要思想内容及其特点，认为该书在道教史上，特别是研究早期天师道上具有重要性。此外，勾承益对于先秦礼学的研究也是这一时期较为重要的学术成果，代表作为《先秦礼学》（巴蜀书社2002年版），阐述和分析了先秦时期的礼学发展状况，对先秦礼治和礼制的存在状况进行了一次系统的归纳，同时对作为一个专门学术分支的礼学在先秦的研究状况也进行了一次系统的考察，尤其是对先秦时代的若干部具有深刻影响的礼学著作进行了逐一的深入研究，分别指出这些著作在礼学理论发展过程中的特殊贡献。陈德述注释的《周易禅解》（团结出版社1996年版）、《四书禅解》（团结出版社1996年版）、萧萐父的《〈易〉〈庸〉之学片论》（《复旦学报》（社会科学版）1990年第3期）等也是这一时期先秦哲学研究的重要成果。此外，关于墨子三表说、魏了翁的易学思想，以及孟、荀人性论等方面的研究，也取得一批有价值的研究成果。在工具书方面，主要有李刚、舒大刚等编的《诸子百家大辞典》（四川人民出版社1999年版）等。

对于传统经学的研究，主要代表性论文有黄开国的《廖平平分今古的二个重要论点》（《甘肃社会科学》1993年第4期）、《董仲舒〈公羊〉学方法论》(《哲学研究》2001 年第 11 期)，邓星盈的《汉代经学之争》(《孔子研究》1994 年第 4 期)，吴贤哲《经学的兴起对汉代诗歌发展的负面影响》(《西南民族学院学报(哲学社会科学版)》2003 年第 1 期)，杨世文的《经学的转折：啖助赵匡陆淳的新春秋学》(《孔子研究》1996 年第 3 期)，蔡方鹿的《蒙文通经学四变述论》(《四川大学学报》(哲学社会科学版)2004 年第 6 期)等。这一时期经学方面有许多重大研究工程，如由四川大学舒大刚教授主持的国家社科基金项目“中国孝经学史”、国家“211 工程”建设项目《儒学历代学案》整理与新编以及“儒学文献研究与《儒藏》编撰”；杨世文负责的教育部“十五”规划项目“宋代经学怀疑思潮研究”；郭齐、尹波负责的四川师范大学巴蜀文化研究中心项目及宜宾学院四川思想家研究中心项目“魏了翁《鹤山集》古籍整理”等；四川师范大学教授蔡方鹿承担的国家社科基金项目“中国经学与宋明理学研究”和四川省巴蜀文化研究中心项目“蒙文通经学与理学研究”等。

宋明理学研究方面，关于理学对科场时文的影响、宋代理学家高谈义利之辨的历史原因、程颐和苏轼争论的哲学分析、元代净明道与朱、陆之学关系、宋明理学心性学等的研究，形成了一批学术成果。朱熹是学者关注的重点，研究的内容包括朱熹对孔子中庸思想的继承和发展，朱熹经学与中国经学、朱熹对宋代易学的发展、朱熹对史学的基本态度等，代表性专著有蔡方鹿《朱熹经学与中国经学》(人民出版社 2004 年 4 月版)，该书将朱熹经学置于中国经学发展的大背景下，全面、深入地研究朱熹的经学思想及其与中国经学的关系，揭示和论述朱熹经学的特征和时代意义、朱熹的经典诠释学，以及朱熹经学在中国经学史、哲学史、文化史上的重要地位和影响，并对朱熹经学作现代审视和反思。该书 2006 年获“四川省人民政府哲学社会科学优秀成果一等奖”。2004 年 3 月，在成都举办“中国朱熹与龙泉文化发展论坛”，来自全国 11 个省份的 70 余名专家学者参加，主要围绕“朱熹及朱子理学的历史地位和影响”“朱子理学对当代的启示”和“朱熹宗祠与龙泉文化发展的建议”三个方面进行讨论。

20 世纪中国哲学研究方面，代表性论文主要有钟肇鹏的《综合创新，发展中国哲学》(《哲学研究》1999 年第 5 期)、《冯友兰在中国哲学史上的地位》(《哲学研究》2002 年第 6 期)、蔡方鹿的《中国哲学“知”范畴理论的历史发展及其特点》(《中国哲学史》2000 年第 2 期)、陈德述《关于 21 世纪中华文化建设的几个问题》(《理论月刊》1998 年第 9 期)、黄玉顺的《生存结构与心灵境界——面向 21 世纪的中国哲学》(《周易研究》2000 年第 4 期)等。

1990—2005 成都地区中国哲学重要论著一览表

表 5－84

成果名称	作者	类型	出版单位及时间	备注
《中华道统思想发展史》	蔡方鹿	专著	中国台湾台北中华道统出版社 1996 年	四川省哲学社会科学第八次优秀成果三等奖
《守望良知——新伦理的文化视野》	肖雪慧 兰秀良	专著	辽宁人民出版社 1998 年	四川省哲学社会科学第八次优秀成果三等奖

续表

成果名称	作者	类型	出版单位及时间	备注
《道之以德——儒学德治与现代管理的道德性》	陈德述	专著	西南财经大学出版社1998年	四川省哲学社会科学第九次优秀成果三等奖
《诸子百家大辞典》	李　刚 舒大刚 陈兵等	工具书	四川人民出版社1999年	四川省哲学社会科学第九次优秀成果三等奖
《道教斋醮符咒仪式》	张泽洪	专著	巴蜀书社1999年	四川省哲学社会科学第九次优秀成果三等奖
《儒学与传统文化》	吴贤哲	专著	巴蜀书社1999年	四川省哲学社会科学第九次优秀成果三等奖
《宋代理学家的义利观》	陈廷湘	专著	团结出版社1999年	四川省哲学社会科学第九次优秀成果三等奖
《周易见龙》	谢祥荣	专著	巴蜀书社2000年	四川省哲学社会科学第十次优秀成果二等奖
《〈太平经〉正读》	俞理明	专著	巴蜀书社2001年	四川省哲学社会科学第十次优秀成果二等奖
《巴山蜀水圣哲魂——巴蜀哲学史稿》	黄开国 邓星盈	专著	四川人民出版社2001年	四川省哲学社会科学第十次优秀成果三等奖
《现代新儒学发展的新阶段及其问题》	李耀仙	论文	载入《中国智慧分析》华夏出版社1995年	四川省哲学社会科学第八次优秀成果荣誉奖
《公平观与公平的概念界定》	陶万辉	论文	《哲学研究》1996年第4期	四川省哲学社会科学第八次优秀成果三等奖
《中国文化的公私观》	蒋荣昌	论文	《西南民族学院学报》1998年第4期	四川省哲学社会科学第九次优秀成果三等奖

西方哲学　1990—2005年，成都学术界关于外国哲学研究成果颇丰，出版专著和译著达100余部，在全国核心学术刊物发表论文200余篇。

译著方面，主要成果有徐开来翻译的亚里士多德自然哲学思想代表性著作《亚里士多德全集》（第二卷），1998—1999年，该书获国家社科一等奖、教育部一等奖和国家图书奖；刘莘翻译的《实践伦理学》（东方出版社2005年版，美国哲学家彼德·辛格著），作为位格的人与人之间的平等及其意义，如何对待可能的位格动物与非位格动物的伦理等问题，回答了为实践这样一种功利主义的道德观，应该如何面对可能与其道德原则相冲突的法律的问题。

西方古代哲学、希腊和中世纪哲学研究方面，成果主要有高小强（字陆沉）的论文《对"相"或范畴的纯粹推演——柏拉图第二部分之研究》（《哲学与文化月刊》1999年第6期）、《柏拉图哲学的核心术语 eidos 和 idea 之翻译与解释》(《世界哲学》2002 年第 6 期)、《柏拉图的自我批判》(《四川大学学报》2003 年第 4 期),作者通过这三篇论文,对反映柏拉图哲学思想的核心概念和篇章进行了深入剖析。徐开来的《论赫拉克利特哲学的二元论性质及其在希腊哲学中的地位》(《哲学研究》1993 年第 3 期)论述了赫氏在希腊哲学中的地位。罗中枢的《人性的探究——休谟哲学述评》(四川大学出版社 1995 年 10 月版)是国内第一部系统讨论休谟哲学的学术专著,该书全面系统地论述了休谟的哲学思想,1998 年获四川省人民政府哲学社会科学优秀成果三等奖。刘莘的《怀疑论的魅力》(四川人民出版社 1999 年 8 月版)是中国第一部以当代知识怀疑论为重点,从整体上剖析和反思怀疑论形态的哲学理论专著,本书从知觉、预见、知识、信念、真、善等与人类思想共在的根本问题入手,从一个非常规的角度探讨隐藏在这些问题下的诸多奥秘。该书获得了四川省人民政府哲学社会科学优秀成果二等奖。

德国古典哲学和现代哲学研究成果主要集中在四川大学哲学系和四川师范大学政教学院。主要成果有:论文方面,余平的《海德格尔的良知之思》(《四川大学学报》2002 年第 2 期)、《海德格尔存在之思的伦理境域》(《哲学研究》2003 年第 10 期)等论文,从新的角度对海德格尔的哲学思想进行了深入探讨,其中《海德格尔存在之思的伦理境域》一文荣获四川省第十一次哲学社会科学优秀科研成果三等奖;张桂权的《划界问题:康德与前期维特根斯坦》(《自然辩证法研究》2005 年第 12 期)研究了康德与维特根斯坦在哲学思想上的异同;李蜀人的《试论康德先验哲学的作用和意义》(《山东社会科学》2005 年第 11 期)则强调了康德的先验哲学思想;姚定一的《黑格尔论作为科学出现的形而上学如何可能》(《四川师范大学学报》2001 年第 1 期)、《实体即主体:黑格尔哲学生长点辨析——兼对黑格尔“非批判的唯心主义”的批判性诠释》(《四川师范大学学报》2003 年第 3 期)等论文对黑格尔哲学进行了系统阐释,并对黑格尔哲学具有的当代意义和价值进行了详细分析。专著方面,阎嘉的《叔本华:洞悉人生痛苦的智者》(四川人民出版社 1997 年版)对叔本华的人生历程和哲学思想作了全面的评述,通过研究与分析,还原了一个真实的叔本华及其思想,并重新评估了叔本华的哲学在 20 世纪思想发展中的地位和价值;李蜀人的《道德王国的重建——康德道德哲学研究》(中国社会科学出版社 2005 年版)讨论了人类理性与未来的形而上学、思辨理性与实践理性、道德的形而上学等哲学命题,通过对康德两种理性划分的研究,纠正以往将康德哲学理解为认识论的误解。

专题或跨领域研究方面,幸强国对当代美国哲学家普特南的哲学思想进行了深入的探究,代表性成果有《析“内在实在论”——普特南哲学思想的基点》(《哲学动态》1996 年第 9 期)、《论普特南的真理观》(《杭州大学学报》1997 年第 1 期)等。张桂权的《玻姆的时间观简析》(《哲学动态》2000 年第 5 期)介绍了当代著名量子物理学家和自然哲学家玻姆根据其隐卷序理论对时间问题提出的新看法。溥林(熊林)对中世纪大神学家和哲学家——波那文图拉的哲学和神学思想进行了横向和纵向的比较研究,代表性成果有《波那文图拉及其〈心向上帝的旅程〉》(《宗教学研究》2002 年第 3 期)、《波纳文图拉神哲学研究》(中国人民大学博士学位论文)、《中世纪的心灵之旅〈波纳文图拉神学著作选〉》(华夏出版社 2003 年版)等,其中《波纳文图拉神哲学研究》获2003年香港汉语基督教第二届优秀博士论文奖。

【逻辑学】

1990—2005年,成都地区学者发表逻辑学论文150多篇,出版逻辑学专著30余部,一批论文和专著获得了国家、省部级奖励。

基础研究方面,主要有邓生庆的《归纳逻辑:从古典向现代类型的演进》(四川大学出版社1991年版),全面介绍了归纳逻辑的发展历史;此外,邓生庆还编写了《数理逻辑导论:一阶逻辑与一阶理论》,这是中国第一本系统介绍一阶逻辑与一阶理论的数理逻辑教材。任晓明的《当代归纳逻辑探赜:论柯恩归纳逻辑的恰当性》(成都科技大学出版社1993年版),重点追溯了柯恩的归纳逻辑,并探讨了归纳、博弈与决策之间的关系,该书获得中国逻辑学会第一届优秀成果奖。邹崇理的《逻辑、语言和信息——逻辑语法研究》(人民出版社2002年版),对语言逻辑进行了深入研究,构造了两个系统:一个是专门刻画量化意义的汉语部分语句系统,另一个是体现聚合语义的谓词逻辑系统,产生了较大的影响。较有影响的论文主要有邓生庆的《凯恩斯的归纳逻辑理论》(《哲学研究》1991年第9期)、《传统文化典籍的符号学特征与典籍阐释》(《哲学研究》1993年第1期)、《莱欣巴赫的归纳逻辑理论》(《哲学研究》1995年第9期),任晓明的《解决休谟问题的一个尝试——论归纳的局部辩护及其应用》(《哲学研究》1992年第3期)、《知识创新的逻辑》(《哲学动态》2000年第9期),龙小平的《从符合论的观点看逻辑真理》(《自然辩证法研究》2005年第3期)。

专题研究方面,邹崇理的《自然语言逻辑研究》(北京大学出版社2000年版)、《逻辑、语言和信息》(人民出版社2002年版)等著作及论文《一个运用蒙太格语法和广义量词理论分析汉语量化词组的部分语句系统》(《逻辑研究》1993年专辑)、《情境语义学》(《哲学研究》1996年第7期)、《自然语言逻辑的多元化发展及对信息科学的影响》(《哲学研究》2001年第1期),对语言逻辑进行了深入探讨。在藏传佛教逻辑学研究方面,主要集中于西南民族大学,代表学者为万果教授,出版的《因明逻辑概要》(云南民族出版社2001年版)及论文《略论逻辑教学改革对因明发展的启示》(《西南民族大学学报》2005年第4期)等,对藏传佛教因明学进行了逻辑学角度的解读和研究,其中《因明逻辑概要》一书获第十次四川省哲学社会科学三等奖。在法律逻辑学方面,主要有石开贵编写的高等教育教材《法律逻辑学》(四川人民出版社2001年版)等。此外,在非形式逻辑、推理理论、批判性思维等逻辑学各个方面,成都学者都有所建树。

【美学】

1990—2005年,成都地区美学研究的特点是:由原来过多关注美的本质、美的根源,转向更为根本的美的本体问题,导引出了生命美学、生存美学、体验美学、和合美学等,生态美学、环境美学体现了科学主义美学的复兴。这一阶段特别引人注目的有两大现象:一是为推动美学的整体建构,积极干预生活,关注人的现实生存状况,对当下以大众文化(市场文化)为代表的具有反美学性质的现象进行大量的批判;再就是从审美文化入手对美学进行重新定位,以期寻找到美学干预生活的话语权。20世纪80年代以后,成都地区开始有了专门的美学组织,有组织地开展一些学术活动和学术研究。1980年,成都成立了“四川省美学学会”和“四川省高校美学学会”,

对成都地区的美学研究起到极大的推动作用。同时，随着文艺学和美学研究在国内的深入发展，文艺美学作为交错于两者之间的新学科，从美学的观点来研究文学艺术，具有把审美体验、艺术感悟和理性分析、理论概括等结合起来研究的特点，这一时期也逐渐地确立了其学术研究的学科地位。1985 年，四川大学汉语言文学研究所成立了文艺美学研究室。1990—2005 年，成都地区的学者共出版相关专著 20 余部，发表相关论文百余篇。

美学理论研究方面，具有代表性的专著有曾永成的《感应与生成——“感应论”审美观》（成都科技大学出版社 1991 年版），这是中国第一部系统阐释感应论美学的专著；王世德的《影视审美学》（北京广播学院出版社 1999 年版），明确论述了电影电视的审美特性与审美规律，结合当前群众审美需要，论述了影视最重要的美学要求；董志强的《消解与重构——艺术作品的本质》（人民出版社 2002 年版），从美的本源转向对美的本体的基本理论问题探讨，对一些广为流行的传统美学观点提出了质疑和批判。

西方美学史方面，主要研究重点在西方马克思主义美学，专著主要有冯宪光的《“西方马克思主义”美学研究》（重庆出版社 1997 年 3 月版），总结了七十余年“西方马克思主义”美学的基本发展过程，对其代表人物的美学思想进行了分析、讨论，认为“西方马克思主义”美学吸收了一些现代资产阶级的学术成果，用以对当代资本主义社会文化艺术进行分析批判；重要论文主要有冯宪光的《南斯拉夫“实践派”美学评述》（《文艺理论与批评》1996 年第 3 期）、《论伊格尔顿的“文化生产”美学》（《文艺理论与批评》1997 年第 3 期），对于南斯拉夫和英国的马克思主义美学流派和代表人物进行了研究；李益荪的《论马克思主义文艺批评的美学观点》（《四川大学学报》1998 年第 1 期）对于马克思主义文艺批评的“最高的标准”进行了重新定义和解读。

中国美学史研究方面，主要有曹顺庆、李建中、张志怀的《非性文化的奇花异果——中国古代性观念与中国古典美学》（巴蜀书社 1995 年版），从性观念角度，对中国古代文论及美学思想进行了文化探源式的研究。李天道的《中国美学之雅俗精神》（中华书局 2004 年版），从美学的高度对中国古代有关“雅”境与雅俗互动的思想进行了现代理论的解释，并对中国古代一些名家的有关雅俗审美意识的论述进行了系统而深入的探讨；皮朝纲的《禅宗美学史稿》（电子科技大学出版社 1994 年 12 月版），从马克思主义历史唯物论出发，将禅宗美学史的发展过程分为五个阶段，力求通过对禅宗美学历史发展线索的探求，以揭示其性质、特征，展示其审美逻辑结构；潘显一教授的《大美不言：道教美学思想范畴论》（四川人民出版社 1997 年版），是中国第一部系统论述道教美学的专著，不仅对于道教分类研究有重要意义，更拓展了中国美学史研究的新领域。本书荣获第三届中国高校人文社会科学研究优秀成果奖二等奖和四川省第八次哲学社会科学优秀科研成果奖一等奖。魏红珊的《郭沫若美学思想研究》（巴蜀书社 2005 年版），是中国第一部专门研究郭沫若美学思想的学术专著。

【宗教学】

20 世纪 90 年代以来，成都地区的宗教研究在中国道教、佛教、宗教学理论与当代宗教、中国少数民族宗教、基督教等传统优势领域，产生不少有影响的代表性论著。

道教研究方面，自 20 世纪 80 年代起，成都地区的宗教学研究者在道教研究上取得了大量成果，以四川大学道教与宗教文化研究所为中心，成都地区的道教研究在国内外产生了广泛影响，成为中国道教研究的重要基地。研究内容包括中国道教史、中国道教理论、道教神仙信仰与科仪仪式、道教斋醮符咒仪式、道教神霄派沿革与思想、四川道教佛教石窟艺术、道教美学思想范畴、青城山道教科仪演礼程序与音乐安排等，涉及道教的源流、衍化、传承，道教与哲学、美学、音乐、文化艺术的相互影响，道教与生态，道教与当代社会等广泛领域。代表性的学术成果有：著作方面，卿希泰的专著《中国道教思想史纲》（四川人民出版社1999年版），该书为接续《中国道教思想史纲》而作，论述了从南宋到明代道教思想的发展；李远国《神霄雷法：道教神霄派沿革与思想》（四川人民出版社2003年版），探讨了神霄派肇始、形成、兴盛及延续的整个历史，并就道教的神仙体系、神学理论、信仰特征、演变进程展开了详尽的分析；此外，有影响的著作还有张泽洪《道教神仙信仰与祭祀仪式》（文津出版社2003年版）、陈昌文《道教人格的社会形态》（四川人民出版社2004年版）等。译著方面，主要有丁培仁的《中国近世道教的形成——净明道的基础研究》（日本学者秋月观暎著，中国社会科学出版社2005年版），为作者研究净明道十余年的成果总结，对于净明道的兴起、发展以及与其他教派的互相影响等方面进行了详细研究。论文方面，卿希泰的《道教在巴蜀初探（上、下）》（《社会科学研究》2004年第5期），重点研究了巴蜀地区与道教产生和发展的密切联系；李刚《道教文化的现代意义》（《宗教学研究》1998年第1期），认为道教思想至今仍有其现实价值，当代人面临的人生问题、社会问题、环境问题等在一定程度上能够通过道教思想来解决；唐大潮《略论明清之际道教三教合一思想的特点》（《世界宗教研究》1996年第4期），认为明清之际道教三教合一有4个突出特点，并进一步分析了这些特点产生的原因。

佛教研究方面，1990年以来，佛教研究在研究方法和角度上呈现多元趋向，出现了一批有影响的成果。研究的内容包括二十世纪中国佛教、西藏西部佛教文明、诺那活佛史实考略、云南傣族与小乘佛教、当代佛教与科学对话现象、太虚大师与抗战时期的重庆佛教、太虚大师对“东密”的理性抉择、德格地区藏传佛教、巴蜀佛教碑文等。著作方面的代表性成果有：陈兵、邓子美的《二十世纪中国佛教》（民族出版社2000年版）重点研究了二十世纪以来社会剧变与佛教转型、佛教教会社团的组建、佛教文教事业的开拓等。论文方面，主要有胡文和的《四川大足宝顶〈父母恩重经变〉研究》（《敦煌研究》1992年第2期）、陈兵的《人间佛教与佛法的出世间修证》（《法音》2004年第8期）、《莲池大师对“三教一家”说及儒、道的评判》（《西南民族大学学报》2005年第6期）；蔡钊的《论禅宗“顿悟”对中国传统器乐文化的影响》（《四川大学学报》2004年第1期）；杨孝容的《契理当机的“今菩萨行”理念及实践——太虚大师与抗战时期的重庆佛教》（《宗教学研究》2004年第1期）等。

少数民族宗教方面，偏重于对西南少数民族宗教的研究。研究内容包括纳西族和彝族的超度亡灵仪礼、彝族撒尼人的宗教信仰、中国西南少数民族宗教的祭坛、南方少数民族的梅山教等。代表性研究成果有李绍明、钱安靖的《中国各民族原始宗教资料集成·土家族卷》（中国社会科学出版社1996年版）；陈昌文的《圣俗边缘·西部社会的环境·信仰和行为》（四川人民出版社2004年版）；张泽洪的《近代以来的西南少数民族宗教研究——以国外学者研究为中心》（《西藏民族学院学报》2004年第1期）、《中国西南少数民族与道教神仙信仰》（《宗教学研究》

2005年第4期）等。

在宗教学原理及其他宗教研究方面，成都地区学者涉及的领域相当广泛，主要包括16—18世纪澳门天主教与中国传统宗教、佛教、基督教在中国的传播和发展之比较、宗教世俗化对其社会功能的影响、基督教神秘主义起源探索、宗教与生态学的对话与互动、基督教走向世界的原因、宗教学基本理论与基督教绘画、基督教社群中的“马大现象”及其社会学根源、宗教世俗化问题、基督教和佛教关于死亡与永生的理论比较等。代表性成果有杨天宏的《基督教与近代中国》（四川人民出版社1994年版）；谢谦的《中国古代宗教与礼乐文化》（四川人民出版社1996年版）；陈麟书、石衍丰等的《宗教观的历史·理论·现实》（四川大学出版社1996年版）；潘显一、成先聪的《宗教与文明》（四川人民出版社1999年版）；秦和平的《基督宗教在西南民族地区的传播史》（四川民族出版社2003年版）；唐大潮的《佛教、基督教在中国的传播和发展之比较》（《社会科学研究》2001年第6期）等。

1990—2005年成都地区宗教学重要论著一览表

表5－85

成果名称	作者	类型	出版单位及时间	备注
《中国道教史》（四卷本）	卿希泰 曾召南 赵宗诚等	专著	四川人民出版社1995年	四川省哲学社会科学第七次优秀成果一等奖
《汉魏两晋南北朝道教伦理论稿》	姜　生	专著	四川大学出版社1995年	四川省哲学社会科学第七次优秀成果三等奖
《中国古代宗教与礼乐文化》	谢　谦	专著	四川人民出版社1996年	四川省哲学社会科学第八次优秀成果三等奖
《宗教观的历史·理论·现实》	陈麟书 石衍丰 陈　霞等	专著	四川大学出版社1996年	四川省哲学社会科学第八次优秀成果三等奖
《宗教与人类自我控制——中国道教理论研究》	姜　生	专著	巴蜀书社1996年	四川省哲学社会科学第八次优秀成果三等奖
《大美不言——道教美学思想范畴论》	潘显一	专著	四川人民出版社1997年	四川省哲学社会科学第八次优秀成果一等奖
《巴蜀道教碑文集成》	龙显昭 黄海德 蔡东洲等	资料书	四川大学出版社1997年	四川省哲学社会科学第八次优秀成果三等奖
《宗教与文明》	潘显一 成先聪 黄德昌等	专著	四川人民出版社1999年	四川省哲学社会科学第九次优秀成果三等奖

续表

成果名称	作者	类型	出版单位及时间	备注
《太平经全译》	龙　晦 徐湘灵 王春淑等	古籍整理	贵州人民出版社 1999 年	四川省哲学社会科学第九次优秀成果三等奖
《二十世纪中国佛教》	陈　兵 邓子美	专著	民族出版社 2000 年	四川省哲学社会科学第十次优秀成果三等奖
《明清之际道教“三教合一”思想论》	唐大潮	专著	宗教文化出版社 2000 年	四川省哲学社会科学第十次优秀成果三等奖
《汉魏六朝佛经代词探新》	俞理明	专著	中国台湾佛光山文教基金会出版 2002 年	四川省哲学社会科学第十一次优秀成果三等奖
《巴蜀佛教碑文集成》	龙显昭 蔡东洲 杨超等	古籍整理	巴蜀书社 2003 年	四川省哲学社会科学第十一次优秀成果二等奖
《基督宗教在西南民族地区的传播史》	秦和平	专著	四川民族出版社 2003 年	四川省哲学社会科学第十一次优秀成果三等奖
《道教神仙信仰与祭祀仪式》	张泽洪	专著	文津出版社(中国台湾)2003 年	四川省哲学社会科学第十一次优秀成果三等奖
《神霄雷法:道教神霄派沿革与思想》	李远国	专著	四川人民出版社 2003 年	四川省哲学社会科学第十一次优秀成果三等奖
《藏传佛教的噶举派》	刘立千	论文	《中国藏学》1995 年第 4 期	四川省哲学社会科学第七次优秀成果荣誉奖

文　学

【概况】

20 世纪 90 年代,随着对外学术交流力度的加大,成都地区文学研究呈现出以下特点:文学研究既重视吸取中国传统文艺理论的精髓,也注重借鉴西方现代美学、文学理论众多学派的研究特长。同时,还引入了现代社会科学其他学科如语言学、符号学、阐释学、社会学、心理学、文化人类学、宗教学等的研究方法,相继出现了一些新的综合研究方法,并使其深入到学科的各个研究领域。

【文学理论】

文学理论研究方面,关于 20 世纪中国文学与西方现代主义思潮、中国新时期文论的热点与西方马克思主义文论的深层次关系,以及文学价值的本质、文化的内涵、特征、创意实现和评价等,是这个时期文学研究关注较多的内容。主要成果有:专著方面,由四川大学中文系文艺学教研室编写的《文艺学基础理论》(四川大学出版社 2003 年版),吸取国内外文艺学新的研究观念、方法取得的成果,突破了传统文艺理论教材的编写模式，体现了新的综合性研究方法的具体运用；唐正序、陈厚诚主编的《二十世纪中国文学与西方现代主义思潮》（四川人民出版社1992年版），就西方的现实主义、浪漫主义等思潮对20世纪中国文学观念的影响等问题进行了论证；冯宪光的《马克思美学的现代阐释——西马文论与中国新时期文论比较》（四川教育出版社2000年版），讨论了二十世纪马克思主义文学的3种模式，并对西方马克思主义文论与中国新时期文论作了比较研究；曹顺庆的《跨文化比较诗学论稿》（广西师范大学出版社2004年版）对跨文化比较文学学科理论、跨文化比较诗学、中国古代文论与东方文论、中国诗学对话等6个方面进行了深入研究；李益荪的《马克思主义文艺思想新论》（四川大学出版社2000年版）对马克思、恩格斯文艺思想完整理论体系进行了深入的阐述，并对与之关系密切的一系列文论及批评体系作了详尽介绍；徐行言、程金城的《表现主义与20世纪中国文学》（安徽教育出版社2000年版）介绍了表现主义思潮在中国的传播，中国表现主义文学潮流的形成与发展，现代表现主义小说的艺术实践，中国表现主义的诗学思考等内容。论文方面，主要有曹顺庆、李思屈的《再论重建中国文论话语》（《文学评论》1997年第4期），把“重建中国文论话语”这一大问题作了提纲挈领的探讨；冯宪光《“西马”文论与中国当代文论建设》（《文学评论》1999年第1期）对中国新时期文论和西方马克思主义文论进行比较研究，以期探索中国当代文论建设的道路。此外，曹顺庆的《替换中的失落——从文化转型看古代文论转换的学理背景》（《文学评论》1999年第4期）、徐行言的《论20世纪文学艺术中的“主义”》（《西南民族学院学报》2003年第1期）、李益荪的《由重读走向重建——谈坚持和发展马克思主义文艺思想》（《当代文坛》2001年第4期）、冯宪光的《文学理论：视点、形态、问题》（《文艺理论》2001年第6期）等论文都在文学理论学界引起过一定反响。

【比较文学】

20世纪90年代以来，成都地区比较文学研究取得了很大成绩，主要研究机构为四川省社会科学院文学研究所、四川大学比较文学研究所等。其中四川大学比较文学研究所是依托四川大学中国语言文学博士后流动站、比较文学与世界文学博士点和文艺学博士点建立起来的校属实体性研究机构，以比较诗学、比较文学与“第三世界文化理论”研究以及译介学与中西文学文化关系为主要研究方向，整体力量在全国处于领先地位。主要成果有：专著方面，四川大学教授曹顺庆的《比较文学史》（四川人民出版社1991年版）、《中外比较文论史》（山东教育出版社1998年版）、《世界文学发展比较史》（北京师范大学出版社2001年版）等，对于中国、世界比较文学发展史进行了系统的介绍；王晓路的《中西诗学对话——英语世界的中国古代文论研究》（巴蜀书社2000年版）是四川大学“211工程”研究项目，对中国文论在英语世界的研究概况、不同语境的理解和阐释、语言、文化与翻译等方面进行了研究，在学术界产生了较大影响。论文方面，影响较大的有曹顺庆的《比较文学中国学派基本理论特征及其方法论体系初探》（《中国比较文学》1995年第1期）、靳明全的《1928年中国革命文学兴起的日本观照》（《文学评论》2003年第3期）、刘文勇的《从比较的视角看中国文论界的焦虑症》（《当代文坛》2012年第4期）等。

成都籍学者张隆溪是在国际上享有盛名的比较文学研究专家。张隆溪，1969年毕业于成都九中，1978 年考入北京大学西语系，曾先后师从于杨周翰、钱钟书、朱光潜诸教授，是“文化大革命”后第一批研究生；1983 年赴美留学，1989 年获哈佛大学比较文学博士学位，是瑞典皇家人文、历史及考古学院第三位华裔外籍院士、香港城市大学“长江学者”讲座教授、美国哈佛大学、耶鲁大学及韦斯利大学杰出学人讲座教授，其重要著作《道与逻各斯——东西方文学阐释学》（冯川译，四川人民出版社 1998 年版）探讨了东西方文学方面所共有的一些特点，并展示了“某些基本的、东西方共有的阐释学关注和阐释学策略”；此外，《走出文化的封闭圈》《中西文化研究十论》《同工异曲：跨文化阅读的启示》《比较文学研究入门》《灵魂的史诗：失乐园》等著作都在海内外学术界享有盛誉，被誉为“中西方文化的摆渡者”。

【写作学】

1900—2005 年，成都地区写作学研究者运用文艺研究的现代方法和新的观念，对写作学的性质、规律、思维特性等，作了新的研究和探讨，相继推出了关于科技写作、应用写作、经济文书写作的专著，写作学的研究视域大大拓宽。主要成果有：专著方面，李保均的《写作艺术论》（四川大学出版社 1990 年版），运用文艺研究的现代方法和新的观念，对写作学的性质、规律、思维特征等作了新的研究和探讨；经本植的《中国古典诗歌写作学》（语文出版社 1999 年版），研究了中国古典诗歌中的律诗和古体诗的写作理论和写作技巧；干天全的《写作概论》（四川大学出版社 2001 年版），对于写作方法、结构、材料运用等方面进行了介绍。此外，还有周育才的《应用写作新编》（四川大学出版社 1993 年版），伍进一、李维中的《应用文写作基础》（成都出版社 1993 年版），李朝正、卿成的《经济文书写作大辞典》（人民日报出版社 1995 年版）等。论文方面，主要有马正平的《非构思写作学宣言——后现代主义写作学观念、原理与方法》（《海南师范学院学报》2002 年第 2 期、第 3 期）、《赋形 · 路径 · 策略 · 文本——人类广义写作思维的基本原理》（《哈尔滨学院学报》2002 年第 3 期），李凯的《中国古典诗学在现代诗学中的传承和变异》（《文学评论》2005 年第 1 期），李道荣的《魏晋南北朝写作理论研究的特点》（《武汉大学学报》1995 年第 4 期）、《写作学与文学学的比较》（《武汉大学学报》1999 年第 5 期）等。此外，成都体育学院在体育新闻报道写作方面有较深入的研究，主要论文有郝勤的《体育新闻报道应走出三大误区》（《中国记者》2004 年第 5 期），黎莎的《对体育新闻基本特征的探讨》（《成都体育学院学报》2003 年第 4 期）等。

【中国古代文学】

古代诗歌研究方面，成都地区学术界成果丰富。诗歌史研究的主要著作有李大明的《楚辞文献学史论考》（巴蜀书社 1997 年版），从新的角度对于《楚辞》进行了事实考证；李诚的《楚辞文心管窥——龙凤文化研究之一》（台北文津出版社 1995 年版），结合历史典籍、宗教祭祀、图腾神话的广阔背景，对屈赋的文化内涵、艺术构思、作品结构及神话传说的特点作了探讨；项楚、张勇的《唐代白话诗派研究》（巴蜀书社 2005 年版）一书详细介绍了以王梵志和寒山为代表的白话诗派的渊源和形成发展过程，以及其艺术和思想传统，并研究了以王梵志和寒山为代表的众多诗人，是第一部全面介绍唐代白话诗派的专著，在学术界引起了重要反响，荣获四川省哲学社会科学第十二次优秀成果一等奖。此外，重要著作还有钟仕伦的《萧绎文学思想论稿》（电子科技大学出版社1997年版），张天健的《唐诗答客难》（北京学苑出版社1990年出版），谢桃坊的《中国词学史》（巴蜀书社1993年版），钟树梁的《杜诗研究丛稿》（天地出版社1998年版），李凯的《儒家元典与中国诗学》（中国社会科学出版社2002年版），杨世明的《唐诗史》（重庆出版社1996年版），周啸天的《绝句诗史》（巴蜀书社1999年版），刘朝谦的《汉代诗学发微》（四川人民出版社2002年版），张志烈的《初唐四杰年谱》（巴蜀书社1993年版），谢谦、王红的《中国诗歌艺术》（高等教育出版社2004年版）。重要论文有李朝正的《周起渭的诗歌及诗论》（《贵州社会科学》1997年第4期），陈应鸾的《论李杜的清丽观》（《文艺理论研究》2000年第3期），张志烈的《苏轼作品中的音乐世界》（《宋代文学研究丛刊》2000年12月）等。此外，成都学术界对于古诗及古代诗话的校注也取得了较大成绩，代表成果有白敦仁的《陈与义集校笺》（上海古籍出版社1990年版），祝尚书的《卢照邻集笺注》（上海古籍出版社1994年版），刘开扬的《岑参集编年笺注》（巴蜀书社1995年版），杨世明的《刘长卿集编年校注》（人民文学出版社1999年版），项楚的《寒山诗注》（中华书局2000年版），陈应鸾的《岁寒堂诗话笺注》（巴蜀书社2000年版）等。对于古代四川地区诗歌的搜集、整理工作取得了很大成果，主要成果为廖永祥的《蜀诗总集》（天地出版社2002年版），该书共分十二卷，辑录自先秦至清末蜀中诗人2300余家，诗作近万首，是研究古代四川诗歌发展的重要工具书。

古代小说研究方面，主要著作有马征的《金瓶梅中的悬案》（四川人民出版社1994年版），该书论证了《金瓶梅》的成果方式是“边写边读”，是一部全方位照观《金瓶梅》的学术著作；李庆信的《跨时代的超越——〈红楼梦〉叙事艺术新论》（巴蜀书社1995年版），从作品本体出发，以现代小说叙事观为参照，并借鉴现代美学、现代批评理论的个别观点方法，对《红楼梦》的叙事作了多方面的探讨。此外，李保均、沈伯俊的《明清小说比较研究》（四川大学出版社1996年版）、沈伯俊的《三国演义新探》（四川人民出版社2002年版）等是这一时期古代小说研究的代表作。其中《三国演义新探》是沈伯俊多年研究三国演义的集大成之作。沈伯俊，历任四川省社会科学院文学研究所副所长、哲学文化研究所所长、文学研究所所长，兼任中国《三国演义》学会常务副会长、秘书长，长于《三国演义》及明代小说研究。《三国演义新探》一书收入沈伯俊多年潜心研究而成的36篇文章，从不同角度对《三国演义》重新进行了深入研究。除本书外，沈伯俊还在《三国演义》版本学方面作出了较大贡献，先后整理出版《校理本〈三国演义〉》（江苏古籍出版社1992年版）、《毛本〈三国演义〉整理本》（中州古籍出版社1992年版）、嘉靖本《〈三国志通俗演义〉整理本》（花山文艺出版社1993年版）、《李卓吾先生批评〈三国志〉整理本》（巴蜀书社1993年版）。

古代散文研究方面，主要专著有杨明照的《抱朴子外篇校笺》（中华书局2004年版），罗国威的《刘孝标集校注》（学苑出版社2003年版，修订本），祝尚书的《宋人别集叙录》（中华书局1999年版），张志烈的《中国古代散文辞典》（四川人民出版社1994年版），曾绍义主编的《中国散文评论》（四川大学出版社2005年版）等。这一时期古籍整理方面最重要的成果是四川大学中文系组织编校的《全宋文》。《全宋文》是1部包含两宋320年间所有现存单篇散文和骈文、诗词以外的韵文的大型断代总集，共收录宋人作家

9000 余位，各体文章 10 余万篇，共 360 册，总字数逾 1 亿字，内容遍及文学、艺术、历史、哲学等各个方面。

古代戏曲研究方面，主要专著有李祥林的《性别文化学视野中的东方戏曲》（香港天马图书有限公司 2000 年版），该书打破传统戏曲研究的方式，基于美学、心理学、社会学、人类学等“大文化意识”的学术视野，将东方戏曲艺术进行了独特的阐释；李祥林的《元曲索隐》（四川教育出版社 2003 年版），从历史学、文本学、语言学、民俗学四个不同角度切入元曲，进行了立体式解读，提出了很多新的见解；丁淑梅的《中国散曲文学的精神意脉》（中国文联出版社 2001 年版），对散曲的文学精神进行了深入的分析和研究。论文方面，主要有刘益国的《论杨升庵的散曲》（《四川师范大学学报》1996 年第 2 期），李祥林的《戏曲·婚俗·生殖崇拜——以元杂剧〈桃花女〉为个案》（《东方丛刊》2004 年第 3 辑）和《女娲神话与中华戏曲》（《东方丛刊》2005 年第 3 辑）等。

古代神话研究方面，代表学者为四川省社会科学院的袁珂。袁珂主编的《中国神话大词典》（四川辞书出版社 1998 年版），是中国古代神话传说（包括对民间故事的提炼）资料集大成的巨著，是研究古代神话必备的工具书。此外，袁珂还著有《袁珂神话论集》（四川大学出版社 1996 年版）、《袁珂神话杂论》（四川大学出版社 1996 年版）等研究中国古代神话的论文集。

【中国近现代文学】

中国近现代文学史方面，主要著作有文天行的《大后方文学史》（四川教育出版社 1993 年版），该书对抗战时期大后方文学的发展情况进行了详细梳理；苏光文、陈梦熊等的《中国抗战文学概览》（四川大学出版社 1996 年版），对抗日民主根据地文学、国统区抗战文学、“孤岛”文学、沦陷区文学、战时港台新文学五个方面的特点和变化发展规律进行了介绍；周芳芸的《中国现代文学悲剧女性形象研究》（天地出版社 1999 年版）以女性婚恋、爱情为切入点，探寻中国现代文学悲剧女性形象的深层心理结构；靳明全的《重庆抗战文学论稿》（重庆出版社 2003 年版），对抗战时期重庆文学的发展作了详细研究和介绍。此外，赵雷的《体系·体例·体制：1949—1984 年中国现代文学史著研究》（四川大学出版社 2005 年 3 月版），徐行言、程金成的《表现主义与 20 世纪中国文学》（安徽教育出版社 2000 年版）等，以及四川省社科院的向宝云研究员承担的国家社会科学基金西部项目《20 世纪中国文学悲剧意识与悲剧精神研究》，都是这一时期近现代文学史研究的重要成果。这一时期还出现了对现当代港、台文学的研究，如易明善的专著《香港文学简论》，对香港文学的基本特质进行了简明扼要的论析，对香港文学的历史发展作出了评述，对香港文学有代表性的作家给予了细评详析。

近现代诗歌研究方面，主要著作有夏爵蓉的《现代诗人风格论》（四川大学出版社 1994 年版），对郭沫若、闻一多、艾青等诗人的诗歌艺术风格进行了评述；李怡的《中国现代新诗与古典诗歌传统》（西南师范大学出版社 1994 年版），着重揭示古今诗学联系，为理解中国文学的现代处境提供了新的思路；曹万生的《现代派诗学与中西诗学》（人民出版社 2003 年版），从艺术、形象、批评、资料四个方面构造理论体系，对现代派诗学的象征、意象、知性这三个命题进行研究，展示 20 世纪 30 年代现代派诗学与中西诗学的关系；唐小林的《看不见的签名：现代汉语诗学与基督教》（华龄出版社2004年版），考察了现代汉语诗学的基督教语境，清理了现代汉语学与基督教的话语逻辑，辨析了启蒙诗学、普世诗学、爱的诗学、存在诗学、民间诗学与基督教职工的内在关联，审理了基督教在汉语诗学的现代性生成中的关键作用；陆正兰参与编写的《20世纪重庆新诗发展史》（重庆出版社2005年版），史料丰富、科学系统，是中国大陆第一部地方新诗史，填补了地域新诗史研究的空白。此外，对于诗人的个案研究、传记等成果也较为突出，主要有陈厚诚的《死神唇边的微笑——李金发传》（台北业强出版社1994年版）等。2004年年底，四川师范大学诗学研究所主持并承担了国家社会科学基金项目《中国现代诗学流变史》。2003年9月，成都市举办了中国现代诗学研讨会，全国20多院所校30多位现代诗学专家到会，影响波及海内外。

近现代小说研究方面，主要著作有黎风的《新时期争鸣小说纵横谈》（四川大学出版社1995年版），该书运用特殊视角，为“争鸣小说”作出了较为公正的评判，也为各方“争鸣”进行深入研究，由此为建立具有中国特色的文学批评体系提供了重要启示；陈思广的《战争本体的艺术转化：二十世纪下半叶中国战争小说创作论》（巴蜀书社2005年版），侧重于从探讨和总结战争的艺术转化中去寻求战争小说文本的特殊审美功能。

【巴蜀文学研究】

巴蜀文学史方面，主要著作有祝尚书的《宋代巴蜀文学通论》（巴蜀书社2005年版），该书以时间为序对众多宋代巴蜀作家、作品进行梳理，并对宋代巴蜀文学繁荣的原因进行探索；谭兴国的《巴蜀文学史稿》（四川人民出版社2001年版），系统论述巴蜀自古以来的文学成就，揭示巴蜀文学的特点和风格；杨世明的《巴蜀文学史稿》（巴蜀书社2003年版），对巴蜀地区各代重要文学家进行了较为深入的研究，并探讨巴蜀文学繁荣的文化机理；邓经武的《20世纪巴蜀文学》，对于20世纪巴蜀地区的文学发展、演变作深入的梳理；李怡的《现代四川文学的巴蜀文化阐释》（湖南教育出版社1997年版），是将文学发展与区域文化相结合进行研究的开创性之作；邓经武的《大盆地生命的记忆：巴蜀文化与文学》（电子科技大学出版社2005年版），梳理了巴蜀地区生命产生以来，在物质、精神创造上所体现的地域文化特征，同时把巴蜀文化文学历程中一些重要时段和重大现象置于当时全国乃至世界格局中去透视，揭示文学的发生发展诸多动态原因等；李远强的《新时期四川戏剧文学史论》（天马图书有限公司2001年版），对川剧艺术发展演变和新时期四川戏剧文化生态状况进行了研究和分析。

对于巴蜀地区作家的研究也取得了重要成果，关于郭沫若、巴金、李劼人、艾芜、沙汀、何其芳、马识途等蜀中作家的研究，在深度和广度上有新的拓展，并形成了若干研究专集。这一时期对于郭沫若的研究成果最为丰富，主要著作有靳明全的《文学家郭沫若在日本》（重庆出版社1994年版），重点阐述郭沫若文学创作与日本文化和文学的关系；秦川的《郭沫若评传》（重庆出版社1994年版），对于郭沫若的国家主义、文化观念及其与近代中国知识分子的交往等进行深入的研究；王锦厚、谭继和编写的论文集《郭沫若纵横论》（成都出版社1992年版）共收录18篇文章，对郭沫若的伟大人格、郭沫若对唐诗的研究、郭沫若的戏曲创作等方面分别进行专题研究。

关于巴金的研究，主要著作有肖明翰的《大

家族的没落——福克纳和巴金家庭小说比较研究》（广西师范大学出版社 1994 年版），将福克纳和巴金这两个来自不同社会、文化和文学背景的作家进行了比较研究；谭兴国的《走近巴金的世界》（四川文艺出版社 2003 年版）对巴金的生平及文学创作进行了较为详细的介绍；主要论文有邓经武《巴金与巴蜀文化》（《绵阳师专学报》1998 年第 2 期）、谭兴国《幽幽故乡情——巴金与成都》（《四川省情》2004 年第 1 期）等、支宇的《巴金批评史——论巴金批评的思想之路》（《天府新论》2004 年第 1 期）等。

在这一时期，成都学术界对于李劼人的研究进入新的阶段。主要成果有：专著方面，李劼人研究学会编写的论文集《李劼人研究》（四川大学出版社 1996 年版），对李劼人的文学创作进行了深入研究，此外还有《李劼人作品的思想与艺术》《李劼人小说的史诗追求》《李劼人与菱窠》《李劼人的人品和文品》等 5 部论文集，代表了这一时期李劼人研究的新动向和高度。论文方面，伍加伦、洪钟等《论李劼人和他的〈死水微澜〉》《有关李劼人创作的二、三问题》率先提出对李劼人重新评价的问题，呼吁重视李劼人研究，引起学术界较强反响；杨联芬的《从曾朴到李劼人：中国长篇历史小说现代模式的形成》（《四川大学学报》2003 年第 6 期）、邓经武的《论李劼人创作的巴蜀文化因子》（《四川师范大学学报》1994 年第 4 期）、冯勤的《“独特”的背后：非正统的现代杂家——关于李劼人思想建构特点的一种解析》（《四川师范大学学报》2005 年第 4 期）等，都是李劼人研究的重要论文。

对于马识途的研究，主要著作有秦川的《马识途生平与创作》（四川大学出版社 1998 年版），是第一部全面介绍马识途文学创作的专著；2005 年，四川文艺出版社整理出版的《马识途文集》（十二卷），全面收录了马识途的作品，对于研究马识途的文学创作有重要的作用。论文方面主要有邓经武的《马识途创作论》（《成都大学学报》1999 年第 3 期）、一群的《马识途小说创作风格试论》（《西南民族学院学报》1998 年第 4 期）等。

【外国文学】

1990—2005 年间，成都学术界关于外国文学艺术的研究共出版各类专著 40 余部，论文 300 余篇。

欧美文学研究方面，主要著作有杨武能的《歌德与中国》（三联书店 1991 年版）、《〈浮士德〉面面观》（《名作欣赏》1990—1991 年连载）等，在歌德的研究、德语中短篇小说理论研究和中德比较文学研究方面有所开创；易丹的《断裂的世纪——论西方现代文学精神》（四川大学出版社 1992 年版），重点剖析了从 1870 年到 1970 年这 100 年间西方文学精神的种种现象，分析了催生这些文学现象的社会、历史和文化根源；朱通伯、袁德成等翻译的《哥伦比亚美国文学史》（四川辞书出版社 1994 年版），是中国出版的第一本权威的、最新的美国文学概论；蒋成勇的《十九世纪现实主义文学的现代阐释》（高等教育出版社 1996 年版），吸取现代美学、现代心理学、文化人类学和系统科学等新观念、新方法，重新阐释欧洲 19 世纪现实主义文学的内涵、特征和现代意义，指出了它与 20 世纪现代主义文学之间的内在联系；龚翰熊、任厚恺的《欧洲小说史》（四川大学出版社 1997 年版），是中国第一部全面介绍欧洲小说史的著作；林和生的《卡夫卡：来自地狱的温柔》（四川人民出版社 1997 年版），是一部独特的卡夫卡传记，通过作品重点分析了卡夫卡内心深处的“来自地狱的天使的歌”这一矛盾体的存在；伍厚恺的《弗吉尼亚·伍尔夫：存在的瞬间》（四川人民出版社1999年版），对西方女性主义的重要作家弗吉尼亚·伍尔夫的理论观点、作品主题和艺术风格的变化过程做了全面梳理；龚翰熊的《二十世纪西方文学思潮》（河北人民出版社1999年12月版），对西方二十世纪文学思潮的发展轨迹做了宏观研究，并对各种文学思潮、流派的发生发展过程及其特点做出了理论阐释；范文瑚主编的《外国文化与文学》（天地出版社2000年版），建构在文化史与文学史的基础上，勾勒了欧美文化、文学发展史的框架，并对有代表性的人物和作品进行了专题研究；支宇的《文学批评的批评：韦勒克文学理论研究》（中国社会科学出版社2004年版），是中国学界第一部全面、系统和深入地研究和阐释20世纪世界文学界著名文学理论家、批评史家和比较文学家雷纳·韦勒克的学术专著，该书从基本特征、哲学基石、理论渊源、核心范畴、逻辑起点、体系构架及研究方法等方面深入解析了韦勒克独特的文学理论体系，并在此基础上对韦勒克文论的一系列问题进行了专题讨论；张怡的《文化与符号权力：布尔迪厄的文化社会学导论》（中国社会科学出版社2005年版），以追溯和厘清布尔迪厄的文化社会学的内在线索——文化与符号权力的关系为要旨，认为文化作为人类生存的本质特征，是我们理解自我与本我、小我与大我、个我和世界关系的必经之途，是一种整体的生活方式。主要论文有伍厚恺的《论〈格列佛游记〉的讽喻体小说形式及其文学地位》（《四川大学学报》1996年第4期），该文联系斯威夫特的其他讽喻性作品，论述了《格列佛游记》的讽喻体特色及其在文学史上的渊源；龚翰熊的《二十世纪西方文学全景中的现实主义》（《新疆大学学报》2000年第4期），结合韦勒克的观点，把现实主义看作是“一种反对浪漫主义的论战武器”。

苏联（俄国）文学研究方面，代表学者为四川大学刘亚丁教授，其主要著作有《苏联文学沉思录》（四川大学出版社1996年版），是苏联解体后中国第一部全面反思和回顾苏联文学的著作；《顿河激流——解读肖洛霍夫》（四川教育出版社2001年版），通过“时代篇”“人物篇”“影响篇”，研究了肖洛霍夫求真唯实的创作个性的形成过程，发掘他《静静的顿河》等作品的悲剧意蕴，揭示了他与同时代作家和政治人物的独特关系。此外，在1996年、2001年、2005年，刘亚丁还分别承担了国家社会科学“九五”重点课题“肖洛霍夫研究”、四川省学术带头人培养资金资助项目“中苏农村题材文学比较研究”和教育部新世纪优秀人才支持计划项目“神话与现实：20世纪下半叶苏联（俄罗斯）文学中的中国形象”等研究课题。中国社会科学院的成都籍学者吴晓都对于俄罗斯文学有深入的研究，主要著作有《俄罗斯诗神——普希金的诗歌》（海南出版社1993年版），主要论文有《陀思妥耶夫斯基与俄国人文精神》（《外国文学》2001年第3期）、《利哈乔夫：20世纪俄罗斯最后的沉思》（《外国文学评论》2001年第2期）等。此外，还有邓蜀平的《普拉东诺夫的“重生”》（《外国文学》1997年第3期）、《肖洛霍夫与斯大林——在饥荒年代里》（《外国文学》1999年第1期）等。

1990—2005年成都地区文学重要论著一览表

表5-86

成果名称	作者	类型	出版单位及时间	备注
《大家族的没落——福克纳和巴金家庭小说比较研究》	肖明翰	专著	广西师范大学出版社1994年	四川省哲学社会科学第七次优秀成果三等奖
《现代诗人风格论》	夏爵蓉	专著	四川大学出版社1994年	四川省哲学社会科学第七次优秀成果三等奖
《哥伦比亚美国文学史》	朱通伯 袁德成 敖　凡等	译著	四川辞书出版社1994年	四川省哲学社会科学第七次优秀成果三等奖
《卢照邻集笺注》	祝尚书	古籍整理	上海古籍出版社1994年	四川省哲学社会科学第七次优秀成果三等奖
《岑参诗集编年笺注》	刘开扬	古籍整理	巴蜀书社1995年	四川省哲学社会科学第七次优秀成果荣誉奖
《楚辞文心管窥——龙凤文化研究之一》	李　诚	专著	文津出版社(中国台湾)1995年	四川省哲学社会科学第七次优秀成果二等奖
《〈三国演义〉评点本》	沈伯俊	注释	山西古籍出版社1995年	四川省哲学社会科学第七次优秀成果三等奖
《新时期争鸣小说纵横谈》	黎　风	专著	四川大学出版社1995年	四川省哲学社会科学第七次优秀成果三等奖
《跨时代的超越——〈红楼梦〉叙事艺术新论》	李庆信	专著	巴蜀书社1995年	四川省哲学社会科学第七次优秀成果三等奖
《民俗审美学》	李明泉	专著	成都出版社1996年	四川省哲学社会科学第八次优秀成果三等奖
《诗味论》	陈应鸾	专著	巴蜀书社1996年	四川省哲学社会科学第八次优秀成果三等奖
《唐诗史》	杨世明	专著	重庆出版社1996年	四川省哲学社会科学第八次优秀成果二等奖
《明清小说比较研究》	李保均 沈伯俊 伍一莎等	专著	四川大学出版社1996年	四川省哲学社会科学第八次优秀成果三等奖
《欧洲小说史》	龚翰熊 任厚恺 杨思聪等	专著	四川大学出版社1997年	四川省哲学社会科学第八次优秀成果三等奖

续表

成果名称	作者	类型	出版单位及时间	备注
《萧绎文学思想论稿》	钟仕伦	专著	电子科技大学出版社1997年	四川省哲学社会科学第八次优秀成果三等奖
《楚辞文献史论考》	李大明	专著	巴蜀书社1997年	四川省哲学社会科学第八次优秀成果三等奖
《杜诗研究丛稿》	钟树梁	专著	天地出版社1998年	四川省哲学社会科学第九次荣誉奖
《中国神话大词典》	袁　珂	专著	四川辞书出版社1998年	四川省哲学社会科学第九次优秀成果一等奖
《中外比较文论史》	曹顺庆	专著	山东教育出版1998年	四川省哲学社会科学第九次优秀成果二等奖
《文字禅与宋代诗学》	周裕锴	专著	高等教育出版社1998年	四川省哲学社会科学第九次优秀成果三等奖
《中国现代文学悲剧女性形象研究》	周芳芸	专著	天地出版社1999年	四川省哲学社会科学第九次优秀成果三等奖
《三代五大山水诗人论》	曾　明	专著	四川文艺出版社1998年	四川省哲学社会科学第九次优秀成果三等奖
《弗尼吉亚·伍尔夫存在的瞬间》	伍厚恺	专著	四川人民出版社1999年	四川省哲学社会科学第九次优秀成果三等奖
《刘长卿集编年校注》	杨世明	古籍整理	人民文学出版社1999年	四川省哲学社会科学第九次优秀成果三等奖
《宋词辨》	谢桃坊	专著	上海古籍出版社1999年	四川省哲学社会科学第九次优秀成果三等奖
《美国印第安神话与文学》	石　坚	专著	四川人民出版社1999年	四川省哲学社会科学第九次优秀成果三等奖
《宋人别集叙录》	祝尚书	专著	中华书局1999年	四川省哲学社会科学第九次优秀成果三等奖
《鲁迅书评序跋论稿》	季元龙	专著	电子科技大学出版社1999年	四川省哲学社会科学第九次优秀成果三等奖
《绝句诗史》	周啸天	专著	巴蜀书社1999年	四川省哲学社会科学第九次优秀成果三等奖
《川剧剧目辞典》	王定欧 周企旭 杜建华等	工具书	四川辞书出版社1999年	四川省哲学社会科学第九次优秀成果二等奖

续表

成果名称	作者	类型	出版单位及时间	备注
《中国军事文学史》	任昭坤	专著	四川人民出版社 1999 年	四川省哲学社会科学第十次优秀成果三等奖
《寒山诗注》	项　楚	专著	中华书局 2000 年	四川省哲学社会科学第十次优秀成果三等奖
《朱熹与中国文化》	蔡方高	专著	贵州人民出版社 2000 年	四川省哲学社会科学第十次优秀成果二等奖
《马克思主义文艺思想新论》	李益荪	专著	四川大学出版社 2000 年	四川省哲学社会科学第十次优秀成果三等奖
《表现主义与 20 世纪中国文学》	徐行言 程金成	专著	安徽教育出版社 2000 年	四川省哲学社会科学第十次优秀成果三等奖
《生命的空间:〈人间词话〉的当代解读》	马正平	专著	中国社会科学出版社 2000 年	四川省哲学社会科学第十次优秀成果三等奖
《中国文学的伦理精神》	刘玉平 周晓琳	专著	四川人民出版社 2001 年	四川省哲学社会科学第十次优秀成果三等奖
《苏轼研究史》	曾枣庄 池泽滋子 唐凯琳等	专著	江苏教育出版社 2000 年	四川省哲学社会科学第十次优秀成果三等奖
《古傩神韵》	于　一	专著	中国戏剧出版社 2000 年	四川省哲学社会科学第十次优秀成果三等奖
《顿河激流——解读肖洛霍夫》	刘亚丁	专著	四川教育出版社 2001 年	四川省哲学社会科学第十次优秀成果三等奖
《当代美国小说理论》	程锡麟 王晓路	专著	外语教学与研究出版社 2001 年	四川省哲学社会科学第十次优秀成果三等奖
《比较文学学科理论研究》	曹顺庆 侯　洪 晏　红等	专著	巴蜀书社 2001 年	四川省哲学社会科学第十次优秀成果三等奖
《中华梨园一枝花——川剧艺术》	邓运佳	专著	四川人民出版社 2001 年	四川省哲学社会科学第十次优秀成果三等奖
《"垮掉一代"及其他》	文楚安	专著	四川大学出版社 2002 年	四川省哲学社会科学第十一次优秀成果三等奖
《文艺的绿色之思——文艺生态学引论》	曾永成	专著	四川人民出版社 2002 年	四川省哲学社会科学第十一次优秀成果三等奖
《儒家元典与中国诗学》	李　凯	专著	中国社会科学出版社 2002 年	四川省哲学社会科学第十一次优秀成果三等奖

续表

成果名称	作者	类型	出版单位及时间	备注
《消解与重构——艺术作品的本质》	董志强	专著	人民出版社 2002 年	四川省哲学社会科学第十一次优秀成果二等奖
《三国演义新探》	沈伯俊	专著	四川人民出版社 2002 年	四川省哲学社会科学第十一次优秀成果三等奖
《全蜀艺文志点校》	王晓波 刘　琳	古籍整理	线装书局 2003 年	四川省哲学社会科学第十一次优秀成果二等奖
《中古及近代法制文书语言研究——以敦煌文书为中心》	王启涛	专著	巴蜀书社 2003 年	四川省哲学社会科学第十一次优秀成果三等奖
《西方汉学界的中国文论研究》	王晓路 肖　薇	专著	巴蜀书社 2003 年	四川省哲学社会科学第十一次优秀成果三等奖
《楚辞文化研究》	熊良智	专著	巴蜀书社 2002 年	四川省哲学社会科学第十一次优秀成果三等奖
《汉代诗学发微》	刘朝谦	专著	四川人民出版社 2002 年	四川省哲学社会科学第十一次优秀成果三等奖
《审美心理与诗学论题》	黎　风	专著	四川大学出版社 2002 年	四川省哲学社会科学第十一次优秀成果三等奖
《现代派诗学与中西诗学》	曹万生	专著	人民出版社 2003 年	四川省哲学社会科学第十一次优秀成果三等奖
《在文化的光芒与阴影下——中国现当代作家作品的文化与心理研究》	何希凡	专著	作家出版社 2003 年	四川省哲学社会科学第十一次优秀成果三等奖
《唐代白话诗派研究》	项　楚 张　勇 谭　伟	专著	巴蜀书社 2005 年	四川省哲学社会科学第十二次优秀成果一等奖
《回归实践论人类学——马克思主义文艺学新解读》	曾永成	专著	人民文学出版社 20050 年	四川省哲学社会科学第十二次优秀成果三等奖
《再论重建中国文论话语》	曹顺庆 李思屈	论文	《文学评论》1996 年第 4 期	四川省哲学社会科学第八次优秀成果二等奖
《再谈重新校理〈三国演义〉的几个问题》	沈伯俊	论文	《明清小说研究》1997 年第 2 期	四川省哲学社会科学第八次优秀成果三等奖
《尹湾汉简〈神乌赋〉研究》	万光治	论文	《四川师范大学学报》1997 年第 3 期	四川省哲学社会科学第八次优秀成果三等奖

续表

成果名称	作者	类型	出版单位及时间	备注
《"西马"文论与中国当代文论建设》	冯宪光	论文	《文学评论》1999 年第 1 期	四川省哲学社会科学第九次优秀成果三等奖
《非构思写作学宣言——后现代主义写作学观念、原理与方法》(上、下)	马正平	论文	《海南师范学院学报》2002 年第 2 期、第 3 期	四川省哲学社会科学第十一次优秀成果三等奖

【中国语言文字学】

训诂学研究方面，代表性著作主要有：赵振铎的《训诂学纲要》(巴蜀书社 2003 年版)，对训诂学这一中国传统语言学的一个重要分支进行了全面介绍，阐述了训诂学的概念、流别与体制以及训诂用语、词义引申及训诂和语法等内容；董志翘的《训诂类稿》(四川大学出版社 1999 年版)，收录作者研究训诂学的文章 40 余篇，内容涉及对《庄子》《汉书》《太平广记》《史记》等古籍的校注、词汇考释，以及对于古代汉语中词语的研究；宋子然的《训诂学》(电子科技大学出版社 2004 年版)，是四川省第一部高等学校训诂学专业教材；雷汉卿的《说文示部字与神灵祭祀考》(巴蜀书社 2000 年版)，是对《说文解字》中示部字进行整体文化研究的唯一专著，该书从示部中选取了几十个字作为阐释对象，并分门别类进行考证，分别对灵石崇拜与宗庙神主制、原始天神崇拜、祖先崇拜等方面作出了探讨。主要论文有雷汉卿的《说"示"》(《复旦学报》1998 年第一期、《释"社"》(《古代汉语》1995 年第 3 期)，杨光荣的《训诂学的现代观念》(《山西大学学报》1995 年第 2 期)，蒋宗福的《释"隐"》(《中国语文》1998 年第 3 期)等。

词汇学研究方面，主要著作有俞理明的《汉语缩略研究——缩略：语言符号的再符号化》(巴蜀书社 2005 年版)，重点研究了缩略这一普遍的语言变异现象，是研究汉语缩略现象的发端之作；杨文全等编写《现代汉语离合词用法词典》(北京师范大学出版社，1995 年版)，是目前唯一一部专门介绍离合词用法的专著。论文方面主要有肖娅曼的《中华民族的"是"观念来源于"时"——上古汉语"是"与"时"的考察》(《四川大学学报》2003 年第 1 期)、杨文全的《汉语流行新词语的超常组合及其语用理据》(《语言科学》2003 年第 2 期)等。

古代汉语语言文字学研究方面，主要著作有汪启明的《先秦两汉齐语研究》(巴蜀书社 1998 年版)，以古汉语方言之齐语为研究对象，从古典文献入手，研究了齐语语音、语法、词汇及文字等多方面内容，该书在研究视角、方法、结论等多方面具有独创性和参考价值；伍宗文的《先秦汉语复音词研究》(巴蜀书社 2001 年版)，对于先秦汉语的复音单纯词、合成词以及汉语复音词的起源和发展做出了研究。主要论文有汪启明的《扬雄〈方言〉中的"东齐"考辨》(《四川大学学报》1993 年第 3 期)，黄耀堃的《中古韵图电脑化研究》(《古汉语研究》2000 年第 3 期)等。

宗教语言研究方面，主要著作有俞理明的《佛教文献语言》(巴蜀书社 1993 年版)，介绍了汉魏六朝佛经文献的概貌，从汉语史研究的角度对此作了分析，并以汉魏六朝时期的汉译佛经为主要材料，参证当时的其他汉籍文献，搜寻当时文献中出现的汉语代词新成分并加以阐述，为汉语代词历史发展的研究发掘了一批有价值的新材料；雷汉卿于2000—2003年承担教育部人文社科重点研究基地重大项目“禅籍俗语言研究”子课题“禅籍俗语词研究”，完成项目并通过验收，形成了《禅籍方俗词研究》一书。

四川方言研究方面，这一时期产生了大量重要研究成果。主要著作有崔荣昌编写的《成都话音档》（上海教育出版社1997年版），该书从语音系统、常用词汇、构词法举要、语法例句、长篇语料等方面对成都话作了深入的研究论述；张一舟、张清源、邓英树的《成都方言语法研究》（巴蜀书社2001年版），从词法和句法两个层面对成都方言的语法进行全面、系统的研究；蒋宗福的《四川方言词语考释》（巴蜀书社2002年版），对于具有代表性的一些四川方言词汇进行了深入考释与研究；黄尚军的《四川方言与民俗》（四川人民出版社2002年版），将语言学的形式描写方法与民俗学的调查方法结合，探索了四川方言和民俗的研究新路；张一舟的《重庆话的先行体》，探讨了重庆话先行体的表达方式。此外，这一时期还出现了几部比较重要的方言辞典：王文虎、张一舟、周家筠合著的《四川方言词典》、梁德曼、黄尚军合著的《成都方言词典》。论文方面的主要成果有崔荣昌的《巴蜀语言的分化、融合与发展》（《四川师范大学学报》1997年第1期），马川冬的《四川方言音系与英语音系的初步比较研究》（《四川师范大学学报》1998年第3期），周俊勋的《四川方言“起”“展”与词汇史研究》（《西南民族学院学报》2003年第2期）等。

专题研究方面，张永言、骆晓平、田懋勤、蒋宗平的《世说新语词典》（商务印书馆1993年版），代表了这一时期《世说新语》语言研究的最新水平；宋永培的《汉字体系与中国上古史》（广西教育出版社1996年版），采用整体贯通的方法，揭示了《说文》全书汉字的本义构成完整的体系，指出这一体系记载着前人未曾论证的以“尧遭洪水”为起点的中国上古史；赵振铎的《音韵学纲要》（巴蜀书社1990年版），在中古音系的分析部分，利用成都话和《广韵》音系作比较，并说明如何从成都话出发推求中古音，上古音的考订部分评介了各家分部的异同；张能甫的《郑玄注释语言词汇研究》（巴蜀书社2000年版），从历史层次的角度，对东汉郑玄的笺注语料进行了比较系统的断代研究，由此得出了郑注中的词语的继承和创新的大致比率。值得注意的成果还有向熹编著的《诗经词典》（四川人民出版社1997年版），严廷德的《古汉语词汇学》（四川大学出版社1992年版）等。

汉语字、辞典及语言学辞典类的研究成果有：张永言、杜仲陵、向熹等德所编的《简明古汉语字典》（四川人民出版社2001年版），张清源的《现代汉语知识辞典》（四川人民出版社1990年版）、《现代汉语常用词词典》（四川人民出版社1992年版），宋永培主编的《中国文化语言学辞典》（四川人民出版社1993年版），刘益国的《元曲熟语辞典》（四川大学出版社1998年版）等。

这个时期有关四川少数民族语言研究成果也明显增多。苏克明、沈伍已、谢志礼等合著的《彝语大词典》（四川民族出版社1997年版），是彝族历史上第一部用规范彝语文编纂并正式出版的大型综合性工具书；赵洪泽的《彝语修辞学》，吸收汉语研究的理论和方法，突出彝语的自身特点，建立彝语自己的新学科、新体系。朱建新的《彝文字典》（四川民族出版社1990年版），填补了彝语文发展历史上无单语字、词典的空白。胡书津的《藏族语言研究文集》(四川民族出版社 1997 年版),对藏族语言研究的新理论和新方法的探讨和革新,提出了有一定影响的新观点。

1990—2005 年成都地区汉语言文字学重要论著一览表

表 5-87

成果名称	作者	类型	出版单位及时间	备注
《中国书法全集·秦汉刻石卷》(第二卷)	何应辉	资料书	北京荣宝斋 1993 年	四川省哲学社会科学第七次优秀成果三等奖
《同义词词典》	《同义词词典》编写组	工具书	四川人民出版社 1994 年	四川省哲学社会科学第七次优秀成果三等奖
《文学语言引论》	张小元	专著	电子科技大学出版社 1995 年	四川省哲学社会科学第七次优秀成果三等奖
《双语研究》	《双语研究》课题组	专著	四川大学出版社 1995 年	四川省哲学社会科学第七次优秀成果三等奖
《汉语音韵学概要》	陈壬秋	专著	四川大学出版社 1995 年	四川省哲学社会科学第七次优秀成果三等奖
《〈世说新语〉语言研究》	张振德 宋子然 苗永川等	专著	巴蜀书社 1995 年	四川省哲学社会科学第七次优秀成果三等奖
《精编汉语字典》	张一舟 张清源 田懋勤等	工具书	四川辞书出版社 1996 年	四川省哲学社会科学第八次优秀成果三等奖
《中国文字学书目考录》	刘志成	资料书	巴蜀书社 1997 年	四川省哲学社会科学第八次优秀成果三等奖
《先秦两汉齐语研究》	汪启明	专著	巴蜀书社 1998 年	四川省哲学社会科学第九次优秀成果三等奖
《实用成语大词典》	伍宗文 杨宗义 骆晓平等	专著	巴蜀书社 1999 年	四川省哲学社会科学第九次优秀成果三等奖
《楼兰汉文简纸文书集成》	侯　灿 杨代欣	资料书	天地出版社 1999 年	四川省哲学社会科学第九次优秀成果二等奖
《当代语言理论与实践探索》	刘国辉	专著	西南交通大学出版社 1999 年	四川省哲学社会科学第九次优秀成果三等奖
《中论校注》	徐湘霖	古籍整理	巴蜀书社 2000 年	四川省哲学社会科学第十次优秀成果三等奖

续表

成果名称	作者	类型	出版单位及时间	备注
《郑玄注释语言词汇研究》	张能甫	专著	巴蜀书社2000年	四川省哲学社会科学第十次优秀成果三等奖
《〈说文〉“示部”字与神灵祭祀考》	雷汉卿	专著	巴蜀书社2000年	四川省哲学社会科学第十次优秀成果三等奖
《中国古代文论话语》	曹顺庆 傅勇林 李思屈等	专著	巴蜀书社2001年	四川省哲学社会科学第十一次优秀成果一等奖
《先秦汉语复音词研究》	伍宗文	专著	巴蜀书社2001年	四川省哲学社会科学第十一次优秀成果三等奖
《中国古代标点符号发展史》	管锡华	专著	巴蜀书社2002年	四川省哲学社会科学第十一次优秀成果二等奖
《中国古代阐释学研究》	周裕锴	专著	上海人民出版社2003年	四川省哲学社会科学第十一次优秀成果二等奖

经济学

【概况】

1990—2005年，成都经济学研究紧密联系经济社会发展的需要，结合成都经济社会发展的实际，无论是基础理论研究还是应用性研究，在研究的深度和广度上均有很大的拓展，显示出鲜明的时代特征和地域特色。

【马克思主义政治经济学】

20世纪90年代以后，随着社会主义市场经济体制的逐渐确立，马克思主义经济理论在指导中国特色社会主义市场经济体制建设中不断得到发展和完善。成都地区的学者在马克思主义价值理论研究方面取得突破，代表性的学术成果有：专著方面，刘诗白的《现代财富论》（三联书店2005年版），是一部以财富的性质、结构、源泉，加快财富创造的体制、机制与规律为主要研究内容的财富理论专著，分析阐述了现代财富结构的多样性质、现代社会财富源泉的多样性、当代最新的财富生产方式——高科技生产方式、现代财富价值的形成机制等重要理论问题，本书荣获2006年四川省政府哲学社会科学优秀成果一等奖；黄方正主编的《现代市场经济与马克思的劳动价值论》（西南财经大学出版社2002年版），讨论了现代市场经济与马克思主义政治经济学的内在联系，具有较高的现实价值；李天德的《货币供给调控论》（四川大学出版社2000年版），主要探讨了马克思的货币理论，西方主要货币供给理论，货币供给调控模式比较，货币供给调控在宏观经济调控中的地位与作用等内容；罗节礼的《经济理论比较研究——马克思主义政治经济学与当代西方经济学》（四川大学出版社1993年版），论述了政治经济学的研究对象和方法、商品和货币理论、再生产理论、分配理论、失业和经济危机理论等，该书荣获四川省第六次社科优秀成果三等奖。此外，王朝明的《马克思主义政治经济学原理》(西南财经大学出版社2003年版)、蒋南平的《知识资本论》(四川大学出版社2002年版)等,也是这一时期比较重要的研究成果。主要论文有:封希德的《总体劳动者作为"个人"的所有制——关于"重建个人所有制"内涵的探索》(《财经科学》1991年第4期),对于马克思在《资本论》中提出的"重新建立个人所有制"的问题重新进行了解读;程民选的《经济过程论与社会主义初级阶段理论的深化》(《当代经济研究》1999年第1期),借鉴马克思主义思想中的"过程论",对社会主义初级阶段理论进行深入分析;周春的《〈资本论〉在社会主义市场经济中的运用》(《重庆商学院学报》2001年第3期),认为社会主义市场经济条件下,《资本论》指导我们的经济工作是完全适用的,必须将《资本论》的基本原理与具体实践结合起来,创造性地运用《资本论》来研究、解决现实问题。刘灿的《〈资本论〉中生产、交易及其费用相关思想初探》(《当代经济研究》2005年第5期)一文从马克思《资本论》中关于"生产"和"非生产"的概念区分出发,引出"生产性劳动"和"交易性劳动"关系的分析,进一步沿着这一思路引出了"生产费用"和"交易费用"的相关思想。此外,张衔的《马克思对"斯密教条"的批评及其现实意义》(《教学与研究》2004年第2期),陈永正的《所有制的历史演进及其当代特征》(《毛泽东邓小平理论研究》2004年第3期),姜凌的《经济全球化及对当代资本主义的影响》(《中国〈资本论〉年刊·第二卷》,西南财经大学出版社2005年版)等论文也是这一时期马克思主义政治经济学研究的重要成果。

【中外经济史】

主要著作有:汤象龙的《中国近代海关税收和分配统计(1861—1910)》(中华书局1992年版),是改革开放以来对中国近代海关税收研究的重要著作;蓝勇的《历史时期西南经济开发与生态变迁》(云南教育出版社1992年版),从西南的森林分布变迁,某些野生动物的衰亡与灭绝等对历史时期西南地区经济开发与生态环境变迁的关系作了深入探讨;史继刚的《宋代军用物资保障研究》(西南财经大学出版社2000年版),对宋代军事后勤保障史进行了深入研究;刘方健的《中国经济发展史简明教程》(西南财经大学出版社2001年版),是改革开放后四川省第一部关于中国经济史的高等教材;凌耀伦的《民生公司史》(人民交通出版社1990年版),对民国时期的民生公司进行了较为全面的个案研究,该书获得四川省第五次社科优秀成果二等奖;周春的《中国抗日战争时期物价史》(四川大学出版社1998年版),是国家社科规划基金"七五"项目"中国抗日战争时期物价史研究"课题的最终成果,对于影响当时物价的政治、经济、军事等诸多错综复杂的因素进行了研究和探讨;钟思远的《民国私营银行史》(四川大学出版社1999年版),是中国第一部全面研究民国时期私营银行的专著;彭通湖的《四川近代经济史》(四川大学出版社2000年版),内容涉及近代四川的农业、工业、商业、外贸、交通运输、财政、金融等各方面,反映了近代四川经济的发展全貌和全过程;邱永辉的《南亚国家的经济改革与民主化浪潮——印度和巴基斯坦研究》(四川大学出版社1998年版),对于印度(巴基斯坦)独立以来的政治、经济发展情况进行了深入研究;朱欣民的《欧盟产业衰落区域的综合治理——英国默西郡案例研究》(西南财经大学出版社2001年版),着眼于20世纪90年代以来中国部分基础工业区在国民经济国际化趋势下面临的主导产业衰落和区域经济滑坡的现状,选择欧洲产业衰落区——英格兰默西郡作为案例研究对象,实地考察了默西郡产业衰落的成因、现状和恶果，深刻剖析默西郡治理规划的构思、经费和运作，创造性地提出了系统对策；穆良平的《主要工业国家近现代经济史》（西南财经大学出版社 2005 年版），选择英国、美国、法国、德国、日本 5 个主要工业国家，阐述其各自资本主义经济发生、发展和演变的过程，以及在这一历史发展过程中所体现的共同规律、各自的特点和形成这些特点的主客观原因。

对于南亚地区经济发展史主要研究机构为四川大学南亚研究所。在研究过程中，诸多学者注重总结南亚地区经济发展对中国经济发展的启示和教训，主要成果有李德昌的《巴基斯坦经济研究》（四川大学出版社 1992 年版），分析了巴基斯坦历届政府制定的经济发展战略，并阐述了其经济发展计划及农业、财政金融、对外关系的成就和问题；文富德的《印度经济发展经验与教训》（四川大学出版社 1994 年版），从人口、教育、科技、工农业生产及商品市场等 9 个方面，论述了其与印度经济发展的关系；陈继东的《世界贸易组织与印度经济发展》（巴蜀书社 2003 年版），该书从世界贸易组织谈判与印度、世界贸易组织与印度农业发展、印度工业发展、印度服务业发展，TRIPs、TRIMs 与印度经济发展等方面对印度国家经济进行了深入研究。主要论文有：杨文武的《经济全球化与印度国有企业改革》（《南亚研究季刊》2001 年第 4 期）、陈继东的《巴基斯坦的民主化浪潮与经济发展》（《南亚研究》1998 年 2 期）等。

【宏观经济学】

1990—2005 年，成都经济学研究在宏观经济领域取得了重要成绩，代表作品为张其佐在《光明日报》上刊发的《第六次产业革命是否已曙光初现》（《光明日报》2003 年 1 月 28 日），引发了国内经济理论界对第六次产业革命命题的热烈讨论，《光明日报》自 2003 年 3 月以来，接连推出 27 组关于这一话题的讨论，国内外许多著名学者如刘国光、萧灼基、林毅夫、魏杰、樊纲等都争相参与发表自己的观点。《新华文摘》《文汇报》《中国青年报》《经济学家》等国内媒体也先后对此进行转载。成都宏观经济学的研究成果受到了全国乃至世界的重视。

宏观经济学重要成果有：专著方面，石柱成的《第三产业经济分析》（四川人民出版社 1993 年版），是改革开放以来经济学界对第三产业研究的力作之一，对改革开放以来第三产业的发展进行系统、深入的调查，分析新情况，总结新经验，在大量的实验的基础上探索中国第三产业发展的一般规律性问题；蒋国庆的《中国经济与世界多边贸易体系》（四川大学出版社 1997 年版），对于加入 WTO 之后中国经济的发展方向做了战略性分析和研究；郑卫国的《社会主义市场经济与现代企业管理》（电子科技大学出版社 1995 年版），总结了改革开放以来中国企业管理的经验教训，重点研究了社会主义市场经济条件下如何搞好国有企业的问题；王小锋的《谁能启动中国经济》（四川人民出版社 1999 年版），对投资需求、最终消费需求和出口需求三者的内在关系做了分析，为启动新世纪中国经济提出了思路；邵昱的《宏观人力资源开发与配置研究》（巴蜀书社 2002 版），提出了一个涵盖面较广的人力资源研究框架，并对西方经济学人力资源理论进行了实事求是的评价，并从人口学、人口经济学的角度出发，系统研究了人力资源的开发与配置。论文方面主要有林凌的《利润周期与经济周期》（《中国社会科学》1999 年第 3 期）、陈家泽的《新农村建设与城乡一体化的纵深发展》（《理论与改革》2006 年第 2 期）、毛子洄、王成璋的《中国消费品与投资品市场非均衡经济计量模型研究》(《经济研究》1994 年第 4 期)、邓翔的《中国经济增长率和生产率的重估与比较》(《管理世界》2001 年第 4 期)等。

此外,成都学者关于经济全球化趋势下的南北经济关系研究、中国财政货币政策协调配合研究、中国金融风险研究等方面也有所建树,代表性成果主要有石柱成、廖君沛的《社会主义宏观经济分析与调控》(四川大学出版社 1995 年版)、姜凌的《经济全球化趋势下的南北经济关系》(四川人民出版社 1998 年版)、殷孟波的《中国金融风险研究》(西南财经大学出版社 1999 年版)等。

【区域经济学】

重庆直辖后四川经济新格局中的成都经济、香港回归对成都经济发展的机遇与挑战、西部大开发条件下成都的区域经济发展、中国加入 WTO 与成都经济发展等,都是区域经济研究的重要课题。此外,关于成都平原经济区经济地位及发展前景,经济发展与区域资源承载力的关系,成渝经济带以及长江上游经济带的建立等,也是区域经济研究关注的重点。主要成果有:专著方面,周振华的《加快攀西地区经济开发研究》(西南财经大学出版社 1995 年版)对于四川省西南部的经济发展作出了规划和展望,是 1990 年以来成都学术界颇有分量的一部区域经济学著作;邓玲的《中国七大区域产业结构比较研究》(四川大学出版社 1995 年版)对中国七大经济区域各自的未来发展方向作出了深入评估;李树桂的《中国区域经济新论》(四川科学技术出版社 1997 年版)将经济理论与实地考察相结合,对中国区域经济发展提出了意见建议;袁文平的《内陆地区改革开放研究》(四川大学出版社 1995 年版)是国家"八五"社会科学基金课题的研究成果,本书把内陆地区改革开放问题放在国际经济竞争和中国构建社会主义市场经济体制的大背景下进行研究,是国内首部对内陆地区改革开放问题进行全面系统研究的专著;郑晓幸等编写的《走向新世纪的西部大开放与大开发》(四川人民出版社 2000 版)对中国开放的大趋势与西部开放开发的实践轨迹、国民经济市场化与西部经济的开放度、中国加入世界贸易组织与西部大开发战略等方面的问题进行了研究。论文方面,韩世隆的《试论建立大西南对外经济贸易协作区》(《云南社会科学》1990 年 04 期)就建立大西南对外经贸协作区的必要性、有利条件、制约因素与主要内容措施等提出了自己的看法;四川省社会科学界联合会课题组的《荥经经济跨世纪发展战略研究报告》(《天府新论》1999 年第 6 期)通过对荥经县经济发展现状的分析,揭示县域经济发展的主要趋势,有较高的现实意义和借鉴价值;丁任重的《西部发展:资源开发战略的调整与转型》(《经济理论与经济管理》2005 年第 7 期)对于在新的经济环境下西部资源开发战略转型问题进行了专题研究;赵曦的《长江上游地区经济开发的制约因素与战略思路》(《重庆大学学报》2002 年第 3 期)系统地分析和阐释了长江上游地区经济开发的制约因素和战略思路,认为长江上游地区的开发建设具有重要的政治、经济、军事、社会和生态地位,但面临着一系列的制约,开发建设的重点是科学规划、制度创新、结构调整、对外开放和持续发展。

四川少数民族众多,对于少数民族地区经济发展的研究也是成都学术界重点关注的领域,并取得了重要的成果:专著方面,蒋永穆的《四川民族地区发展商品经济和培育市场研究》(四川大学出版社 1996 年版)对于四川民族地区市场体系发育滞后原因进行了剖析,并为这些地区商品经济的发展提出了有针对性的对策;赵曦的《中国西藏区域经济发展研究》(中国社会科学出版社2005年版）重点分析总结西藏社会经济的发展进程与历史经验，正视西藏社会经济发展所面临的问题与障碍，分析西藏地区社会经济发展的相对优势与劣势，并在此基础上，提出了一系列总的战略措施。论文方面，主要有喇明清的《四川少数民族地区乡镇企业发展的难点与对策》（《西南民族学院学报》1995年第2期）、贾秀兰的《机遇·挑战·出路——论市场经济对四川少数民族地区的冲击》（《西南民族学院学报》1995年第5期）等。

【产业经济学】

1990—2005年，成都关于产业经济的研究重点在于产业集群理论、成都高新区“二次创业”路径选择、成都跨越式发展与传统优势企业竞争力提升、经济增长方式的转变、房地产开发与房地产市场、成都文化生产力和文化产业发展、老龄产业发展等问题。这些具有时代特色的新课题，既是这个时期成都产业经济发展特点的反映，也是经济学研究服务于经济建设的结果。成都学者在这些领域的研究中，取得了一批具有一定影响的研究成果：专著方面，杨继瑞、杨明洪的《农业增长方式转型研究》（四川大学出版社2001年版）是国家社科规划基金“九五”重点课题的最终研究成果，该书对于新时期实现农业增长方式跨越式发展的机制及路径进行了探讨；杨华安的《“九五”到2010年成都经济增长点的选择和培育研究》（《成都经济发展》1997年第5—6期合刊）对成都经济增长点的形成、更替特点及其与成都经济波动周期的关系做了分析，并结合成都实际提出了成都“九五”到2010年两个层次的经济增长点；贾自亮的《成都可持续发展研究》（四川科学技术出版社1997年版）从成都历史、现实与现代人口、社会、经济等方面理论的结合上，谋求成都经济社会与生态环境持续、协调发展；吴兆华的《房地产业发展与管理研究》（西南财经大学出版社1995年版）以房地产业在国民经济中的产业地位为切入点，论证了房地产业特别是住宅业作为新的经济增长点在中国经济增长中的重要作用，并通过对房地产价格、周期、泡沫等内在运行机制和发展规律的深入研究，提出了发展和规范中国房地产业的调控模型和体制保证；此外，刘诗白的《构建大成都经济圈战略研究》（西南财经大学出版社1997年版）、何绍华的《成都商贸中心发展战略研究》（西南财经大学出版社1997年版）等，都在成都学术界引起了较大反响。

论文方面，程果的《试论主导产业理论及成都发展经济的政策取向》（《中共成都市委党校学报》2000年第1期）指出区域经济的发展必须立足于实际区情和主导产业非均质传导的现实，科学选择主导产业；张剑渝等人的《构建成都“中国西部商贸中心”战略研究》（《经济学家》1997年第3期）通过成都与西部各大中心城市的比较优势分析，研究和探讨在世界经济重心东移，中国西部经济开发以及中国区域经济合作和结构优化的大环境下构建成都“中国西部商贸中心”的可能性和现实性，提出建设西部商贸中心的战略目标、战略步骤和实施方针；张军、谭焱心《成都市跨越式发展与传统优势企业竞争力提升研究》（《西南民族大学学报》2002年第10期）认为成都目前尚处于工业化中期和城市化初期阶段，必须以提高传统优势企业的竞争力来实现跨越式发展，并且需对其进行组织、财务及制度再造；中共成都市委宣传部《文化市场》课题组的《社会主义文化市场的培育和宏观管理——成都市文化市场调查报告》（《四川大学学报》1994年第4期）对成都市文化市场的主要特点、存在问题及解决对策等方面进行了研究。此外，宋炳方的《我国高新技术产业开发区发展的目标框架和实施对策》(《科学管理研究》1996 年第 2 期),杨国良的《成都产业机构调整态势分析》(《四川师范大学学报》2001 年第 6 期),郭虹的《外来经商者与城市商贸市场的发展——兼论流动人口在市场发展中的资源意义》(《社会科学研究》2002 年第 3 期)等论文是对成都地区产业经济进行研究的重要成果。

【转型时期经济问题研究】

20 世纪 90 年代是中国经济由计划经济体制向社会主义市场经济转型的关键时期。转型时期特有的经济社会问题,如关于公有制企业、个体、私营经济发展,中国经济转轨时期金融安全,经济转型期人民币汇率形成机制改革的目标取向等,成为成都经济学研究的一个热点。

专著方面,刘灿的《现代公司制的产权关系和治理结构研究》(西南财经大学出版社 1997 年版)结合在国有企业中建立现代企业制度的变革,对国有企业在市场经济条件下如何转变提出了建议;锡良的《中国经济转型时期的货币政策研究》(西南财经大学出版社 1998 年版)是国家哲学社会科学"九五"规划重点项目研究成果,该书对中国经济转轨时期的经济及金融体制结构特征,西方国家货币政策与财政政策协调配合的理论与实践,中国财政、货币政策配合中出现的主要问题及原因,中国财政、货币政策分层次配合的理论及各层次配合的重点等方面的问题进行了研究;赵一锦的《国有资产流失研究》(西南财经大学出版社 1999 年版)以国有资产的价值化管理为出发点,研究国有资产流失的概念与界定,国有资产流失的范围、途径、形式和流失价值的估算,以及国有资产流失的原因和防止国有资产流失的对策建议;刘庞皓的《社会资金总量分析——中国社会总资金配置监测与调控的数量研究》(西南财经大学出版社 1999 年版)对社会总资金的理论、社会总资金数量研究的统计框架、社会总资金配置的数量研究、政府财政资金配置的数量研究、金融资金配置的数量研究等内容作出了探讨;何政的《成都市国有企业改革发展研究》(四川大学出版社 2000 年版)是对成都市国有企业改革的总结性著作,并对进一步深化国有企业改革,促进成都市经济发展具有指导作用。

论文方面,主要有韩世隆的《九十年代后期中国大陆经济发展的国际契机》(《经济学家》1995 年第 1 期),高勇的《试论经济体制与经济增长方式的转变——四川实现"两个转变"的理论思考》(《改革时报》1995 年 12 月 28 日),余建华的《关于"成都现象"的几点思考》(《四川金融》1996 年第 6 期),李明昌、曾宪久等人的《四川经济增长中的资金因素分析》(《四川金融》1996 年第 11 期),钟怀宇的《经济转型期人民币汇率形成机制改革的目标取向分析》(《西华师范大学学报》2005 年第 1 期)等。

【农村经济及城镇化研究】

针对 20 世纪 90 年代以来日益突出的"三农"问题,关于增加农民收入、促进农村劳动力转移、发展农村专业合作经济组织、促进农业适度规模经营及农业产业化发展等问题,是这个时期成都农村经济研究的重点。探索破解"三农"难题的路径,是成都农村经济研究的主攻方向。进入 21 世纪以后,针对推进城镇化和社会主义新农村建设中的实践和理论问题,关于农业土地使用权流转,农村土地产权制度创新与失地农民基本权益保障,统筹城乡经济社会发展等,成为农村经济研究关注的焦点,并形成了一批研究成果:专著方面,郑景骥的《社会主义农业经济体制研究》(西南财经大学出版社 1990 年版)以马克思列宁主义相关理论为指导,梳理了马克思列宁主义关于社会主义农业经济体制的理论体系，并提出了农业社会主义改造的目标的思想，论述了马克思列宁主义关于农业社会主义的目标的内涵与要求；倪宗新的《农村改革发展二十年回眸》（四川人民出版社1998年版）收录了作者关于农村改革发展的论文、调查报告72篇，对于农村经济改革、发展高效农业以及农村地区教育、文化建设等问题提出了对策；蒋永穆的《中国农业支持体系论》（四川大学出版社2000年版）研究了中国农业支持体系建立的客观依据、中国农业支持体系、农业政策性支持、农业投入性支持、农业其他性支持和中国农业支持体系建立的相关环境等重要问题；杨明洪的《总结与探索：中国农村改革问题研究》（四川人民出版社2001年版）对于新世纪农村改革的方向与方法进行了探索；赵昌文的《农业宏观调控论》（西南财经大学出版社1996年版）重点在于关于农业宏观调控与农业宏观经济管理的比较研究和对农业宏观调控主要内容和主要手段的分析、论述，为中国农业宏观调控体系研究开辟了新领域，有重要的理论价值；庞皓的国家社科基金成果《我国畜产品产加销一体化研究》（西南财经大学出版社1994年版）是四川省首部对畜牧业经济进行系统研究的专著；此外，重要专著还有袁亚愚的《中国农民的社会流动》（四川大学社出版社1994年版）、郑景骥的《中国农业微观基础的组织创新》（四川人民出版社2001年版）、祁晓玲的《成都平原地区农村产业结构调整与产品品牌战略研究》（四川人民出版社2001年版）等。

论文方面，宋明友的《成都平原农耕地集约经营的现状、发展方向及主要骨干模式的调查研究》（《西南农业学报》1992年第2期）根据对成都平原农耕地集约经营的潜力和限制条件的调查分析，提出了耕地集约经营发展的主要途径和政策措施；胡甫正的《成都山区农业的综合开发措施与建议》（《资源开发与市场》1993年第2期）从资金、科技、政策、配套措施等方面对开发成都山区农业提出了对策；魏一的《农村产业化与农村剩余劳动力的转移和开发研究》（《四川师范大学学报》2000年第3期）认为农业产业化是解决农村剩余劳动力的最佳途径，国家应大力扶持农村产业化经济；郑玉明的《加入世贸组织对成都市农业的影响及其对策》（《农村经济》2002年第12期）分析了加入世贸组织对成都农业发展的利弊，并分别提出了对策。

1990—2005成都地区经济学重要论著一览表

表5－88

成果名称	作者	类型	出版单位及时间	备注
《中国股份经济与证券市场考察》	李树桂	专著	四川科学技术出版社1994年	第七次四川省哲学社会科学优秀成果三等奖
《审计理论结构研究》	蔡　春	专著	西南财经大学出版社1994年	第七次四川省哲学社会科学优秀成果三等奖
《农业综合开发概论》	郭正模	专著	四川科学技术出版社1994年	第七次四川省哲学社会科学优秀成果三等奖

续表

成果名称	作者	类型	出版单位及时间	备注
《社会主义市场经济分析——理论政策运用》	袁文平 杨伯华 刘　灿等	专著	西南财经大学出版社 1994 年	第七次四川省哲学社会科学优秀成果三等奖
《经济体制改革中的企业分析》	丁任重	专著	四川科学技术出版社 1994 年	第七次四川省哲学社会科学优秀成果三等奖
《中国经济与世界多边贸易体系》	蒋国庆	专著	成都科技大学出版社 994 年	第七次四川省哲学社会科学优秀成果三等奖
《国有经营性资产的经营方式和管理体制》	丁任重 易敏利 刘　灿等	专著	四川人民出版社 1994 年	第七次四川省哲学社会科学优秀成果三等奖
《内陆地区改革开放研究》	辛　文 袁文平等	专著	四川大学出版社 1995 年	第七次四川省哲学社会科学优秀成果一等奖
《产权制度改革与资产评估》	林　凌 刘世庆	专著	人民出版社 1995 年	第七次四川省哲学社会科学优秀成果二等奖
《社会主义宏观经济分析与调控》	石柱成 廖君沛	专著	四川大学出版社 1995 年	第七次四川省哲学社会科学优秀成果二等奖
《中国城市用地制度创新》	杨继瑞	专著	四川大学出版社 1995 年	第七次四川省哲学社会科学优秀成果二等奖
《主体经济论》	涂文涛 张智勇	专著	人民出版社 1995 年	第七次四川省哲学社会科学优秀成果三等奖
《市场经济与农业发展》	吕火明	专著	中国农业出版社 1995 年	第七次四川省哲学社会科学优秀成果三等奖
《房地产业发展与管理研究》	吴兆华	专著	西南财经大学出版社 1995 年	第七次四川省哲学社会科学优秀成果三等奖
《中国企业跨国经营与战略》	段云程	专著	中国发展出版社 1995 年	第七次四川省哲学社会科学优秀成果三等奖
《高新技术商品化产业化国际化研究》	陈永忠	专著	人民出版社 1996 年	第八次四川省哲学社会科学优秀成果一等奖
《产权与市场》	程民选	专著	西南财经大学出版社 1996 年	第八次四川省哲学社会科学优秀成果三等奖
《现代公司制的产权关系和治理结构研究》	刘　灿	专著	西南财经大学出版社 1997 年	第八次四川省哲学社会科学优秀成果二等奖

续表

成果名称	作者	类型	出版单位及时间	备注
《农产品价格机制论》	蒋和胜 蒋永穆 钟思远	专著	四川大学出版社 1997 年	第八次四川省哲学社会科学优秀成果二等奖
《中国农业风险保障体系建设研究》	王国敏 李济琛 郑　晔等	专著	四川大学出版社 1997 年	第八次四川省哲学社会科学优秀成果二等奖
《中国东西部市场关系与协调发展》	周殿昆	专著	西南财经大学出版社 1997 年	第八次四川省哲学社会科学优秀成果二等奖
《中国区域经济新论》	李树桂	专著	四川科学技术出版社 1997 年	第八次四川省哲学社会科学优秀成果三等奖
《股份制改造》	王代敬	专著	西南财经大学出版社 1997 年	第八次四川省哲学社会科学优秀成果三等奖
《中国城市地价探析》	杨继瑞	专著	高等教育出版社 1997 年	第八次四川省哲学社会科学优秀成果一等奖
《经济全球化趋势下的南北经济关系》	姜　凌	专著	四川人民出版社 1998 年	第九次四川省哲学社会科学优秀成果二等奖
《所有者财务论》	干胜道	专著	西南财经大学出版社 1998 年	第九次四川省哲学社会科学优秀成果二等奖
《中国粮食经济市场化进程与目标分析》	祁晓玲	专著	四川人民出版社 1998 年	第九次四川省哲学社会科学优秀成果二等奖
《集体企业产权制度改革与股份合作制》	杨　钢 蓝定香	专著	四川人民出版社 1998 年	第九次四川省哲学社会科学优秀成果三等奖
《四川高耗能工业发展研究》	袁本朴 李传林 常　江等	专著	四川人民出版社 999 年	第九次四川省哲学社会科学优秀成果三等奖
《中国金融风险研究》	殷孟波	专著	西南财经大学出版社 1999 年	第九次四川省哲学社会科学优秀成果二等奖
《走向新世纪的西部大开放与大开发》	郑晓幸 文大会 傅泽平	专著	四川人民出版社 1999 年	第九次四川省哲学社会科学优秀成果二等奖
《中国财政货币政策协调配合研究》	刘锡良 曾康霖 陈　斌	专著	西南财经大学出版社 1999 年	第九次四川省哲学社会科学优秀成果二等奖

续表

成果名称	作者	类型	出版单位及时间	备注
《社会资金问题分析——中国社会总资金配置监督与调控的数量研究》	庞　皓 黎　实 周光大	专著	西南财经大学出版社1999年	第九次四川省哲学社会科学优秀成果二等奖
《国有资产流失研究》	赵一锦 刘　军 张宁俊	专著	西南财经大学出版社1999年	第九次四川省哲学社会科学优秀成果一等奖
《投资区位论》	武　一	专著	西南财经大学出版社1999年	第九次四川省哲学社会科学优秀成果二等奖
《现代市场经济与马克思劳动价值论》	黄方正 王道禹 蒋南平	专著	西南交通大学出版社1999年	第九次四川省哲学社会科学优秀成果二等奖
《中国国有企业制度创新研究》	戴歌新	专著	西南财经大学出版社1999年	第九次四川省哲学社会科学优秀成果三等奖
《经济增长方式转变机制论》	袁文平 赵　磊 李　萍	专著	西南财经大学出版社2000年	第十次四川省哲学社会科学优秀成果二等奖
《中国政府与私人经济》	任　杰 梁　凌	专著	中华工商联合出版社2000年	第十次四川省哲学社会科学优秀成果二等奖
《国有企业资本营运研究》	陈永忠 姚　洪	专著	人民出版社2000年	第十次四川省哲学社会科学优秀成果二等奖
《博弈论与区域经济》	陈　进	专著	天地出版社2000年	第十次四川省哲学社会科学优秀成果二等奖
《中国西部农村反贫战略研究》	赵　曦	专著	人民出版社2000年	第十次四川省哲学社会科学优秀成果三等奖
《探索充分就业之路——成都平原农村人力资源开发研究》	何景熙 张　果 冯天丽等	专著	四川大学出版社2000年	第十次四川省哲学社会科学优秀成果二等奖
《成本论》	林万祥 付代国 余海宗等	专著	中国财政经济出版社2001年	第十次四川省哲学社会科学优秀成果一等奖
《环境经济学》	杜受祜 甘庭宇 李晟之等	专著	中国大百科全书出版社2001年	第十次四川省哲学社会科学优秀成果一等奖

续表

成果名称	作者	类型	出版单位及时间	备注
《总结与探索：中国农村改革问题研究》	郑景骥 刘成玉 黄金辉等	专著	四川人民出版社2001年	第十次四川省哲学社会科学优秀成果三等奖
《西南贫困地区城乡劳动就业问题研究》	郭正模 谢继冲 王　实	专著	四川大学出版社2001年	第十次四川省哲学社会科学优秀成果三等奖
《邓小平非公有制经济理论研究》	李学明	专著	四川人民出版社2001年	第十次四川省哲学社会科学优秀成果三等奖
《经济增长方式转变的制度分析》	李　萍	专著	西南财经大学出版社2001年	第十次四川省哲学社会科学优秀成果三等奖
《网络经济学》	黄宗捷 蔡久忠	专著	中国财政经济出版社2001年	第十次四川省哲学社会科学优秀成果三等奖
《中国民营经济研究》	段立波 孙加秀 刘茂林等	专著	西南财经大学出版社2001年	第十次四川省哲学社会科学优秀成果三等奖
《农业增长方式转型研究》	杨继瑞 杨明洪	专著	四川大学出版社2001年	第十次四川省哲学社会科学优秀成果三等奖
《国有资本经营专论——国有资产管理、监督、营运体系研究》	郭复初 向显湖 李　力等	专著	立信会计出版社2002年	第十一次四川省哲学社会科学优秀成果一等奖
《邓小平“两个大局”理论与西部大开发》	杨　钢 蓝定香 王丽娟	专著	四川人民出版社2002年	第十一次四川省哲学社会科学优秀成果二等奖
《企业技术创新的激励制度研究》	杜伟	专著	巴蜀书社2002年	第十一次四川省哲学社会科学优秀成果三等奖
《西南经济发展的金融支持》	殷孟波	专著	西南财经大学出版社2002年	第十一次四川省哲学社会科学优秀成果三等奖
《经济趋同理论与中国地区经济差距的实证研究》	邓　翔	专著	西南财经大学出版社2002年	第十一次四川省哲学社会科学优秀成果二等奖
《长江上游经济带西部大开发战略与政策研究》	刘世庆 罗宏翔 邓立新等	专著	四川科学技术出版社2003年	第十一次四川省哲学社会科学优秀成果一等奖

续表

成果名称	作者	类型	出版单位及时间	备注
《企业权力配置与经理激励》	李仕明 唐小我 阳晓明等	专著	科学出版社 2003 年	第十一次四川省哲学社会科学优秀成果二等奖
《中国货币与金融统计体系研究》	庞　皓 黎　实 聂富强等	专著	中国统计出版社 2003 年	第十一次四川省哲学社会科学优秀成果一等奖
《菲迪克(FIDIC)条款在中国的应用》	解　洪 曾玉成	专著	四川人民出版社 2003 年	第十一次四川省哲学社会科学优秀成果二等奖
《现代企业区位选择与布局》	苏重基	专著	西南财经大学出版社 2003 年	第十一次四川省哲学社会科学优秀成果二等奖
《转型与发展:中国市场经济进程分析》	丁任重 李　萍 程民选等	专著	中国经济出版社 2003 年	第十一次四川省哲学社会科学优秀成果二等奖
《论西部企业家队伍建设》	刘茂才 侯水平 陈井安等	专著	四川人民出版社 2003 年	第十一次四川省哲学社会科学优秀成果二等奖
《中国股票市场波动与效率研究》	史代敏	专著	西南财经大学出版社 2003 年	第十一次四川省哲学社会科学优秀成果三等奖
《农业制度创新和技术创新的理论与实践》	李燕琼 魏顺泽 衡代清等	专著	电子科技大学出版社 2003 年	第十一次四川省哲学社会科学优秀成果三等奖
《中国经济转轨时期金融安全问题研究》	刘锡良 聂富强 孙　磊等	专著	中国金融出版社 2004 年	第十二次四川省哲学社会科学优秀成果二等奖
《中国西部农村人力资本投资与农民增收问题研究》	黄金辉 张　衔 邓　翔等	专著	西南财经大学出版社 2005 年	第十二次四川省哲学社会科学优秀成果二等奖
《财政基础理论研究》	王国清	专著	中国财政经济出版社 2005 年	第十二次四川省哲学社会科学优秀成果二等奖
《我国自然垄断行业改革研究:管制与放松管制的理论与实践》	刘　灿 张树民 宋光辉	专著	西南财经大学出版社 2005 年	第十二次四川省哲学社会科学优秀成果二等奖
《西部经济发展与资源承载力研究》	丁任重 侯荔江 顾文军	专著	人民出版社 2005 年	第十二次四川省哲学社会科学优秀成果二等奖

续表

成果名称	作者	类型	出版单位及时间	备注
《中国西藏区域经济发展研究》	赵　曦	专著	中国社会科学出版社2005年	第十二次四川省哲学社会科学优秀成果一等奖
《恢复关贸总协定缔约国地位对我国经济的影响》	张其佐	论文	《经济日报》1992年9月29日	
《深化农村改革的突破点：承包制走向劳动农民个体公有制》	文大会 樊建川	论文	《社会科学战线》1994年第2期	第七次四川省哲学社会科学优秀成果三等奖
《四川省财税体制改革跟踪研究》	李达昌 张蜀钊 王一宏	研究报告	研究成果已被财政部、省委、省政府采纳	第七次四川省哲学社会科学优秀成果二等奖
《中国消费品与投资品市场非均衡经济计量模型研究》	毛子洄 王成璋 龙志和等	论文	《经济研究》1994年第4期	第七次四川省哲学社会科学优秀成果三等奖
《消费选择时代的营销活动思考》	尤　力	论文	《四川大学学报》1994年第1期	第七次四川省哲学社会科学优秀成果三等奖
《新税制运行若干问题研究》	石恩祥	论文	《经济学家》1994年第6期	第七次四川省哲学社会科学优秀成果三等奖
《在成都建立中国西部证券交易所的构想》	林　凌 陈永忠 王化淳等	论文	载《股份制与现代企业制度研究》人民出版社1994年	第七次四川省哲学社会科学优秀成果三等奖
《关于建立全国特价市场的报告》	陈伯君	论文	《人民日报》（市场版）1994年2月19日	
《九十年代后期中国大陆经济发展的国际契机》	韩世隆	论文	《经济学家》1995年第1期	第七次四川省哲学社会科学优秀成果二等奖
《向市场经济过渡中的通货膨胀》	周　春	论文	《市场经济研究》1995年第1期	第七次四川省哲学社会科学优秀成果三等奖
《现代企业制度改革：商业银行面临的机遇、挑战与对策》	程德明 谢继渊 王立早等	论文	《四川城市金融》1995年第12期	第七次四川省哲学社会科学优秀成果三等奖
《关于体制转变中若干根本性问题的思考》	杨　钢	论文	《经济体制改革》1996年第1期	第八次四川省哲学社会科学优秀成果三等奖

续表

成果名称	作者	类型	出版单位及时间	备注
《农村新型生产经营模式的分析与思考——“郫县种子公司+农户”生产经营模式研究》	毛志雄 苟正礼 何荣波	论文	《中国农村经济》1996年第2期	第八次四川省哲学社会科学优秀成果三等奖
《四川县属国有企业产权制度改革研究》	刘茂才 杜受祜 杨　钢等	论文	《经济体制改革》1996年第4期	第八次四川省哲学社会科学优秀成果二等奖
《财会信息失真的成因及对策研究》	吴长林 陈贵华 李　力等	论文	《现代审计》1996年第4期	第八次四川省哲学社会科学优秀成果三等奖
《关于我国粮食供给保障战略的理论思考》	胡小平	论文	《中国社会科学》1996年第6期	第八次四川省哲学社会科学优秀成果三等奖
《论企业资本及资本经营》《论企业负债经营》《论企业融资选择》等	曾康霖 曾　立 向静岚等	系列论文	载《金融理论与实际问题探索》经济科学出版社1997年	第八次四川省哲学社会科学优秀成果二等奖
《当前我国利用外资工作中应引起重视的几个问题》	李天德	论文	载《跨世纪的世界经济》四川大学出版社1997年	第八次四川省哲学社会科学优秀成果二等奖
《关系与合同:中国、北美企业家商务谈判行为价值观念的比较研究》	陈维政 J. paltiel 黄登仕	论文	《华夏文化之管理实务》1997年	第八次四川省哲学社会科学优秀成果三等奖
《构建成都“中国西部商贸中心”战略研究》	张剑渝 许德昌 刘　灿	论文	《经济学家》1997年第3期	第八次四川省哲学社会科学优秀成果三等奖
《世纪之交中国经济体制改革的深层思考(之一——之七)》	杨　钢 蓝定香 梁　灏等	论文	《经济体制改革》1998年第4期,1999年第1、2、5期等	第九次四川省哲学社会科学优秀成果三等奖
《成都市实施中央西部大开发战略的对策研究》	朱昌问 孙　平 阎　星等	对策研究	成都市委(成委发〔1999〕22号、成委发〔2000〕27号)	第九次四川省哲学社会科学优秀成果三等奖
《川酒发展战略研究》	司沛文 杜受祜 王民朴等	研究报告	《经济体制改革》1999年第1期	第九次四川省哲学社会科学优秀成果二等奖
《四川省农村剩余劳动力转移和城市化问题研究报告》	过　杰 尹继堂 吴火星等	研究报告	《社会科学研究》1999年第1期	第九次四川省哲学社会科学优秀成果三等奖

续表

成果名称	作者	类型	出版单位及时间	备注
《成都平原经济区经济地位及发展前景分析》	陈　钊	论文	《中共成都市委党校校报》1999年第2期	
《利润周期与经济周期》	林　凌 刘世庆	论文	《中国社会科学》1999年第3期	第九次四川省哲学社会科学优秀成果一等奖
《理顺个人收入分配关系的对策研究——一个以公平为取向的政策周期的到来》	尹庆双	论文	《财经科学》1999年第5期	第九次四川省哲学社会科学优秀成果三等奖
《消费需求制约经济增长的机理及影响》	王裕国	论文	《经济学家》1999年第5期	第九次四川省哲学社会科学优秀成果三等奖
《发展文化市场的对策研究》	姚志能 梁守勋 白昌恒等	对策研究	《调查与决策》1999年第11期	第九次四川省哲学社会科学优秀成果三等奖
《论信息不对称条件下的消费信贷行为》	江世银	论文	《经济研究》2000年第6期	第十次四川省哲学社会科学优秀成果二等奖
《生态环保产业应成为成都市新兴的主导产业》	刘华富	论文	《成都行政学院学报》2000年第6期	
《构建促进西部开发政府转移支付制度》	刘　蓉	论文	《理论与改革》2001年第1期	
《面向市场调整结构，持续增加农民收入》	文大会	论文	《中共四川省委党校学报》2001年第3期	
《西部传统优势企业再造》	朱方明 张　军 肖丕楚	论文	《经济理论与经济管理》2001年6期	
《国有企业的企业市场管理与激励机制》	汪贤裕 钟　胜 王　虹等	研究报告	《中国管理科学》2001年第6期	第十次四川省哲学社会科学优秀成果三等奖
《关于农业土地使用权流转问题》	赵文欣	论文	《农村经济》2001年第12期	第十次四川省哲学社会科学优秀成果一等奖
《对中小企业金融支持问题的几点思考》	王洪章	论文	《中国金融》2001年第12期	第十次四川省哲学社会科学优秀成果三等奖
《高新技术成果产业化问题的实证研究》	张克俊 杨　萍 陆利华	论文	《财经科学》2002年第2期、《中国科技论坛》2002年第3期	第十一次四川省哲学社会科学优秀成果二等奖

续表

成果名称	作者	类型	出版单位及时间	备注
《中国乡村家族信用复兴及企业发育问题分析》	周殿昆	论文	《改革》2002年第6期、人大复印资料《农业经济导报》2003年第3期	第十一次四川省哲学社会科学优秀成果二等奖
《重视发展老龄产业》	万本根 赵喜顺	论文	《求是》2002年第9期	第十一次四川省哲学社会科学优秀成果三等奖
《成都市跨越式发展与传统优势企业竞争力提升研究》	张　军 谭焱心 肖丕楚	论文	《西南民族大学学报》(哲社版)2002年10期	
《收益与收益质量的分层研究》	汝　莹 符　蓉	论文	《中国工业经济》2003年第7期	第十一次四川省哲学社会科学优秀成果三等奖
《西部工业发展战略管理研究》	任佩瑜 黄　璐	系列论文	《管理世界》2002年第7期、《中国工业经济》2002年第12期、《哈尔滨工业大学学报》(社会科学版)2002年第3期	第十一次四川省哲学社会科学优秀成果三等奖
《共建繁荣:成渝经济区发展思路》	《成渝经济区发展思路研究》课题组	研究报告	经济科学出版社2005年	第十二次四川省哲学社会科学优秀成果一等奖
《经济转型期人民币汇率形成机制改革的目标取向分析》	钟怀宇	论文	《西华师范大学学报》2005年第1期	
《关于中国西部地区农村工业化问题的思考》	胡小平 刘岸东	论文	《中国农村经济》2005年第4期	
《成都农村城镇化进程的现状、意义和对策》	郑玉明	论文	《成都行政学院学报》2005年第5期	
《我国农村土地产权制度创新与失地农民基本权益保障研究》	杜　伟	系列论文	《财经科学》2004年第2期、《农业经济》2005年第10期	第十二次四川省哲学社会科学优秀成果二等奖

历史学

【概况】

1990年以来,成都的历史学研究在具有传统优势的中国古代史、中国近现代史、世界史、中共党史、古文字学、考古学和地方史等研究领域之外,又开拓了多方面的专门史研究,如城市史、社会生活史、中外交通史以及具有地方特色的“湖广填四川”问题的研究等,并产生不少有影响的代表性论著共出版历史学专著100余部。

【中国古代史】

先秦史方面，重要论文有彭邦本的《禹族西兴东渐及其在黄河中下游的活动初探》（《社会科学研究》2003年1期），对于禹族的起源、迁移及建国进行了研究，提出了较有新意的学术观点；徐亮工的《亳社为“亡国之社”辨》（《徐中舒先生九十寿辰纪念文集》，巴蜀书社1990年版）辨明了亳社是“亡国之社”的传统说法，认为其同周社一样是国家政权的象征；彭裕商的《周伐猃狁及相关问题》（《历史研究》2004年第3期）研究了发生在西周晚期和东周初年的周人与猃狁的战争，与这一重大历史事件密切相关的，还有东周初年丰镐的归属，西周时期周王朝对南方的用兵，宣王时期南北用兵的先后关系等；周斌的《春秋战国时期诸侯国间的贸易及货币的流通》（《首都师范大学学报》1993年2期）以传世文献和考古资料为依据，探讨了春秋战国时期列国间存在的较频繁的贸易行为；丁培仁的《颛顼传说与荥经》（《宗教学研究》2005年第4期）探讨了上古五帝之一的颛顼与蜀尤其是与荥经的关系，认为“五帝”应是中原华夏族的神话传说，而黄帝之子昌意降居若水、生颛顼的神话传说，透露出华夏族与蜀、楚民族融合的信息；李雪的《试论先秦两汉时期以桃制品避邪的风俗》（《中国俗文化研究》2004年第5期）讨论了先秦两汉时期桃文化内涵获得以及在当时生活中的种种表现；张富春的《先秦民间祈财信仰研究》（《四川大学学报》2005年第6期）以秦简《日书》为中心，结合先秦传世文献，从祭祀与祈财、婚育与祈财、宅居与祈财3个方面大致勾勒先秦民间祈财信仰的面貌。

秦汉史方面，主要专著有陈玉屏的《西汉前期的政坛》（成都出版社1996年版），对西汉高帝至武帝朝的政坛风云、主要制度、政策、内政外交的重大举措、统治理论的发展演变及其相互间的联系和影响进行深入分析和全面论述；主要论文有杨世文的《汉代灾异学说与儒家君道论》（《中国社会科学》1991年第3期）考察了汉代灾异学说的历史渊源，认为汉代儒学在获得了官方的支持以后，强化了尊君的思想，并把阴阳家学说融入儒家经典，用天人感应、灾异谴告来警戒、限制君主的失德行为，使“天”成为儒家的道德政治符号，灾异说成为汉儒的政治语言；勾承益的《西汉前期诸侯王的相》（《四川师范大学学报》2002年第5期），该文对于汉武帝之前诸侯国“相”称谓的设置和变迁、诸侯王“相”与诸侯王之间的关系、汉廷选任“相”的方式标准、“相”的行政职责等问题进行了研究；马强的《汉水流域与秦汉王朝的兴盛》（《南都学刊》2004年第4期）从历史地理学的角度论证了汉水流域对于秦汉王朝的重要作用；胡昌升的《秦汉儒、法、道在治世中的递嬗现象研究》（《西南民族学院学报》2002年第4期）从历史发展的视角，分析了战国末年至秦朝法治思想成为统治思想的历史必然和内在逻辑，剖析了西汉中叶道家无为而治思想归宿及其儒术凸显的根源；韦兵的《经今文学的权变观》（《成都大学学报》2002年第1期）清理了晚周秦汉之际的权变思想这一重要观念的发展脉络，剖析了齐学、鲁学与今文学、古文学在权变观上的分歧对立；赖华明的《汉代察举制的内容及其功过》（《西南民族大学学报》2003年第11期）考察了察举制度产生与演变的规律、特点、内容及其在推行中利弊得失，对于研究汉代官吏选拔和政治管理制度有一定的学术理论意义。

魏晋南北朝史方面，主要专著有方北辰的

《魏晋南朝江东世家大族述论》(台北文津出版社1991年版),该书分别叙述了19个具备典型意义的江东世家大族的产生及其在三国孙吴、两晋、南朝时期的政治活动及其特点,探索了诸家族的文化特征和集团结构,系统研究了经济地理环境与江东世家大族兴衰的关系;景蜀慧的《魏晋诗人与政治》(台湾文津出版社1991年版)尝试运用"文史互证"方法,通过对魏晋时期若干重要诗人所作诗篇的研究,以深入透视当时政治历史真相,并藉以了解魏晋诗人之命运与心态;吕一飞的《北朝鲜卑文化之历史作用》(黄山书社1992年版)研究了北朝鲜卑族的衣食住行、婚姻习俗等文化问题,并探讨了鲜卑文化对隋唐文化的影响。主要论文有:缪钺的《慕容鲜卑汉化问题初探》(《文献》1990年第2期)重点探讨了慕容鲜卑建国之前对于汉族文明的接受及其影响;吕一飞的《匈奴汉国的政治与氐羌》(《历史研究》2001年2期)深入分析了汉国内部匈奴族与氐羌族的矛盾,认为匈奴族与氐羌族失和是匈奴汉国灭亡的重要原因之一;陶新华的《论魏晋南朝地方武职官的政治地位和经济地位——兼论武职官被轻视的原因》(《四川大学学报》2001年第6期)对于魏晋时期地方武职官被轻视的社会、文化原因进行了研究;方燕的《试论魏晋时期的返儒倾向》(《四川师范大学学报》1999年第2期)认为为维系、巩固封建统治秩序和世族地主权力竞争、标明身份的政治需要,玄学发展中的内部否定及儒玄兼融交流状况使魏晋时期形成明显的返儒倾向,并且为以后儒学的全面复兴奠定了基础。

隋唐史研究方面,主要著作有谢元鲁的《唐代中央政权决策研究》(台湾文津出版社1992年版)对于唐代中央决策机构的设立、发展演变和决策层次、决策程序进行了全面研究。主要论文有林西朗的《唐代道举制度述略》(《宗教学研究》2004年第3期),考察了唐代道举设置、开科情况和为道举培养人才的机构———崇玄学、崇玄馆的基本情况,并介绍了"明四子科"制举;郭声波的《唐代河西九曲羁縻府州及相关问题研究》(中国边疆考古学术讨论会论文摘要,2005年11月6日)是教育部文科基地重大项目《青藏高原历史地理研究》阶段性成果之一,研究了唐代河西九曲(指今青海省东南部及其与甘肃省毗连地区)的重要战略意义和唐朝前期对此地区的政治经营活动;石硕的《从唐初的史料记载看"附国"与"吐蕃"》(《民族研究》2003年第4期)着重从附国即吐蕃观点缘起之依据及唐初关于附国和吐蕃的史料记载之背景来加以审视,认为附国不是吐蕃。

宋元史研究是这一时期成都学术界收获最大的学术领域。主要成果有:专著方面,朱瑞熙主编的《宋辽西夏金社会生活史》(中国社会科学出版社1998年版)利用大量文献资料及其他有关资料,深入考察了宋、辽、西夏、金时期社会生活的方方面面,内容涵盖饮食、服饰、交通、婚姻、宗教信仰等,是一部具有较高水平的社会生活史专著;胡昭曦的《宋蒙(元)关系史》(四川大学出版社1992年版)是第一部全面研究宋蒙关系的专著,该书将宋蒙(元)关系的发展依照时间顺序分为7个阶段进行了论叙,从蒙古崛起、南宋助蒙灭金,到南宋最后覆亡、元朝统一全国,时间跨度达100余年;张邦炜的《宋代皇亲与政治》(四川人民出版社1993年版)一书从政治制度史的角度,对宋代的皇亲及宦官进行了深入研究,并探讨了宋代无"女祸"及外戚干政、宦官专权现象的原因;刘复生的《北宋中期儒学复兴运动》(台北文津出版社1991年版)对北宋时期儒学复兴的原因、背景及特点进行了研究;段玉明的《大理国史》（云南民族出版社 2003 年版）详细地介绍了大理国的建立，前期的政治状况，大理国的政治制度，大理国的经济状况、民族状况等内容；李勇先的《宋代添差官制度研究》（成都天地出版社 2001 年版）研究了宋代添差官除任、任期、考课、俸给、管理等制度。论文方面，主要有蔡崇榜的《宋朝日历纂修考》（《史学史研究》1991 年第 1 期）、刘复生的《宋朝“火运”论略——兼谈“五德终始”政治学说的终结》（《历史研究》1997 年第 3 期）、郭声波的《宋代泸属羁縻州部族及其社会文化再探》（《四川大学学报》2000 年第 3 期）、韦兵的《五星聚奎天象与宋代文治之运》（《文史哲》2005 年第 4 期）、熊良智的《屈原身世命运的关注与宋代士大夫的人生关怀》（《四川师范大学学报》2004 年第 5 期）、黄修明的《宋代孝文化述论》（《四川大学学报》2002 年第 4 期）等。

明清史研究方面，主要论文有王瑞成的《明清民族关系与边疆城市》（《城市史研究》1997 年 Z1 期），主要研究了明清时期少数民族与汉族的关系；李映发的《清代州县政权与商品经济的发展》（《四川大学学报》2000 年第 3 期）论述了关于商品经济方面中央政府和地方政府的博弈，这种博弈是促进清代商品经济发展的重要因素；曹春梅的《试论清代西藏的驻防制度及其历史作用》（《西藏民族学院学报》2005 年第 2 期）从具体的史实入手来窥视清王朝在西藏的驻防制度。此外，重要论文还有朴文焕的《清代茶马贸易衰落及其原因探析》（《西南民族学院学报》2003 年第 2 期）、李小光的《清代中西文化互动及其终结初探》（《北京科技大学学报》2002 年第 3 期）等。

【中国近现代史】

20 世纪 90 年代，成都中国近现代史研究开始取得长足进展，取得了丰富成果，涌现出了众多优秀学者，尤其是在中国近现代思想文化研究方面在国内学术界具有很高水平。代表性的研究成果有：专著方面，罗志田的《权势转移：近代中国的思想、社会与学术》（湖北人民出版社 1999 年版），从广义的文化视角考察近代中国思想与社会的权势转移，通过探讨近代大变局中传统的中断与传承，中西文化竞争与民族主义的特异，思想衍化与社会变迁的互动等各层面的多元互动，揭示近代中国社会新中有旧、旧中有新的丰富特性；杨天宏的《基督教与民国知识分子：1922—1927 年中国非基督教运动》（人民出版社 2005 年版）是第一部研究 1922 年非基督教运动的专著，作者认为这是一场相对理性的以世俗人文化反对宗教神文化的运动，是新文化运动的延续，也是 20 世纪 20 年代中国民族主义运动的重要组成部分；陈廷湘主编的《中国现代史》（四川大学出版社 2003 年版）是作者多年从事中国现代史研究和教学的成果，在很多方面提出了新的学术观点；侯德础的《抗日战争时期中国高校内迁史略》（四川教育出版社 2001 年版）是四川省教育厅“九五”重点科研资助项目，该书讲述了抗日战争时期高校内迁的缘起与经过、抗日战争时期高校内迁的意义与影响，以及国民政府的战时高教政策及其对内迁院校的影响等内容；黄国华的《中华苏维埃共和国史稿》（成都出版社 1993 年版）对中华苏维埃运动的理论渊源、苏维埃理论在中国的早期传播、中华苏维埃运动的兴起、两次高潮的形成、各大苏区的开创以及中华苏维埃共和国的建立等理论与史实进行了梳理；鲜于浩的《留法勤工俭学运动史稿》（巴蜀书社 1994 年版）根据在法国外交部档案馆和国内主要图书馆、档案馆等处查阅的档案资料，全面深入地论述了留法勤工俭学运动兴起的原因、勤工俭学生人数及他们在法国勤工俭学概况和思想转变等重大问题。论文方面，罗志田的《传教士与近代中西文化竞争》(《历史研究》1996 年第 6 期)探讨了传教士在近代中西文化之争中所扮演的角色；谢放的《张之洞与戊戌政制改革》(《历史研究》1997 年第 6 期)对于张之洞在戊戌维新运动时期以“反对议院与民权”的姿态成为维新派的对立面这一“定论”进行了商讨；杨天宏的《北洋外交与“治外法权”的撤废——基于法权会议所作的历史考察》(《近代史研究》2005 年第 3 期)研究了北洋政府在改变由不平等条约建构和规范的近代中外关系问题上的努力。此外，陈廷湘《论近代中国的新乌托邦——平等与效率完美统一社会理想的演变及其影响》(《四川大学学报》2000 年第 4 期)、杨兴梅的《从劝导到禁罚:清季四川反缠足努力述略》(《历史研究》2000 年第 6 期)、王东杰的《民国高等教育中的国家:四川大学国立化进程》(《中国社会科学》2004 年第 3 期)等也是比较有代表意义的研究成果。

【世界史】

成都世界史研究在文艺复兴史、地理大发现史方面具有较强的研究力量。主要成果有:著作方面，张箭的《地理大发现研究——15—17 世纪》(商务印书馆 2002 年版)全面系统地研究了地理大发现、航海大探险的历史；何平的《阿富汗史——文明的碰撞和融合》(台湾三民书局 2003 年版)是四川省第一部专门研究阿富汗史的著作；王挺之的《新世纪的曙光:文艺复兴》(中国青年出版社 1999 年版)从文艺复兴时代背景、教会、人文主义、文学艺术、社会生活等方面对文艺复兴进行了全面的论述；孙锦泉翻译的《中世纪晚期欧洲经济社会史》(商务印书馆 1992 年版)记述了 14—16 世纪前半期欧洲大陆的经济和社会状况。论文方面，孙锦泉的《论意大利文艺复兴的文化基础》(《历史研究》1993 年第 5 期)探讨了文艺复兴运动肇始于北部意大利的多元因素；王挺之的《近代外交原则的历史思考——论马基雅维利主义》(《历史研究》1993 年第 3 期)根据马基雅维利本人的表述以及他著作中的倾向，认为马基雅维利主义实际上是近代外交的基本原则；刘耀春的《文艺复兴时期妇女史研究》(《历史研究》2005 年第 4 期)一文评述了欧美学界对文艺复兴妇女研究的成就和最新动态，是关于文艺复兴时期妇女史研究的重要文章；徐波的《博学好古研究与西方史学》(《四川大学学报》2005 年第 1 期)研究了西方 18 世纪博学好古研究与历史学的融合过程，2 个学科的融合标志着西方近代新史学的诞生。此外，重要论文还有王挺之的《意大利文艺复兴时期的城市宗教生活》(《历史研究》1996 年第 5 期)、陈颖的《人文主义思想特征在文艺复兴时期意大利绘画作品中的表现》(《四川大学学报》2004 年第 1 期)、黄虹的《阿拉伯—伊斯兰文学及其对西欧文艺复兴时期文学的影响》(《四川大学学报》2003 年第 2 期)等。

【考古学】

1990—2005 年，成都的考古学研究呈现出快速发展的繁荣局面。继 20 世纪 80 年代广汉三星堆遗址、成都十二桥遗址等重大考古发现之后，这一时期成都市域内又有多次重大考古发现，主要有:成都平原史前遗址(包括新津宝墩遗址、温江鱼凫村遗址、郫县古城村遗址、都江堰芒城村遗址、崇州紫竹村遗址等)、成都水井坊遗址、成都金沙遗址、成都商业街船棺合葬墓等。此外，成都考古工作者还对龙泉驿区十陵镇区域内的明蜀王陵、成都古代城墙以及多处古墓葬进行了多次考古发掘。

成都的考古学研究在上述领域取得了重要突破。其中国家级奖项有：1997 年，四川成都平原史前古城址群考古获“1996 年度全国十大考古新发现”；2000 年，水井街酒坊遗址获“1999 年度全国十大考古新发现”；2001 年，商业街船棺合葬墓遗址获“2000 年度全国十大考古新发现”；2002 年，四川成都金沙商周遗址获“2001 年度全国十大考古新发现”。此外，还有多部论著获得不同等级的省、市级社科优秀成果奖。

古蜀文化是 90 年代以来成都考古学研究最重要的内容。20 世纪 80 年代以来，学者们根据三星堆等处考古新发现，探讨巴蜀地区考古学文化的发展序列，力求为四川早期物质文化史建立年代学体系。90 年代以来成都平原的上述考古发现，使这一探索得到进一步深化，开始形成一个比较明确的年代体系。这一时期，成都考古学研究的视野还从成都平原扩大到岷江上游，加强了对古蜀文明源头的探索。主要成果有：著作方面，冉光荣主编的《四川岷江上游历史文化研究》（四川大学出版社 1996 年版），是四川大学文学院与日本早稻田大学文学部共同主编的论文集，介绍了考古学的最新进展；罗开玉的《华西考古研究》（成都出版社 1990 年版）是成都市文博考古部门编写的一部考古论文集，汇集了各界专家关于成都地区古遗址、古墓葬的相关研究成果。

此外，成都的考古研究方向还包括古代成都城市、明蜀王陵及其他墓葬、成都古城墙以及若干古代墓葬的研究。

自 1999 年起，成都市文物考古研究所将每年成都及四川其他地区重大考古发掘简报及论文汇编为《成都考古发现》，至 2005 年，已出版 6 集，内容包括郫县古城、鱼凫村、芒城等遗址，成都金沙遗址、成都商业街战国早期大型船棺墓、黄忠村、岷江小区、郫县清江村、四川营盘山等遗址，邛崃磐陀寺、花置寺、石笋山、鹤林寺唐代摩崖造像调查材料等，以及一批战国至西汉、唐、宋、明、清等时代墓葬群、崖墓等的发掘报告，在国内考古学界产生了重大影响。

【巴蜀史】

1990—2005 年，随着一批重大考古发现的先后问世，为巴蜀史研究提供了丰富的材料。在文献和考古材料相结合的基础上，成都的巴蜀史研究又有新的发展，主要研究方向有成都平原古蜀文化、蜀学的发展演变、巴蜀移民史等方面，取得了一批有影响的研究成果：专著方面，通史性著作有贾大泉、陈世松的《四川通史》（四川大学出版社 1993 年版），是第一部巴蜀地区的通史著作，具有很高的学术价值；杨超的《当代四川简史》（当代中国出版社 1997 年版）介绍了中华人民共和国成立以来四川的历史情况；《当代成都简史》编辑部的《当代成都简史》（四川人民出版社 1999 年版）记载了中华人民共和国成立后成都的发展状况；张学君、张莉红的《成都城市史》（成都出版社 1993 年版）记述了从古蜀时期到近现代成都城市的发展史，是第一部比较完整的成都城市史；段渝的《玉垒浮云变古今——古代的蜀国》（四川人民出版社 2001 年版）在详细考证的基础上，论述了古代蜀国的发展状况。专门性著作有胡昭曦的《宋代蜀学研究》（巴蜀书社 1997 年版）、粟品孝的《朱熹与宋代蜀学》（高等教育出版社 1998 年版）、李实育的《四川民盟史稿》（四川人民出版社 1995 年版）、孙晓芬的《清代前期的移民填四川》（四川大学出版社 1997 年版）、段渝的《政治结构与文化模式——巴蜀三代文明研究》(学林出版社 1999 年版)等。论文方面主要有赵殿增的《三星堆考古发现与巴蜀古史研究》(《四川文物》1992 年专辑)、段渝的《巴蜀古代城市的起源、结构和网络体系》(《历史研究》1993 年第 1 期)、赖华明的《秦汉移民与巴蜀文化的变迁》(《西南民族学院学报》2002 年第 11 期)、周蜀蓉的《成汉前期巴蜀之民外流及其影响》(《成都大学学报》2004 年第 1 期)、姚乐野的《论汉唐间巴蜀地区经济开发的特点》(《社会科学研究》2005 年第 3 期)等。

夏禹文化研究是这一时期巴蜀地方史的研究热点之一。从 1995 年开始,国内外学者每年都在都江堰市龙池召开学术研讨会,以大禹及其文化研究为主题开展讨论,并在此基础上,在四川省历史学会内组织成立了夏禹文化研究专业委员会,团结史学界、考古学界和水利学界的同仁,大大推动了夏禹研究,对于夏禹其人及其出生地、夏禹文化西兴及其向东传播和"江源文明"的学术概念进行了深入研究和阐述。研究成果主要体现在论文集《夏禹文化研究》(李绍明、谭继和等编,巴蜀书社 2000 年 11 月出版)中,主要内容包括"继承大禹精神宏扬大禹文化""大禹与西蜀""大禹文化及其西兴东渐"、大禹历史与传说考证、大禹治水与禹功禹德几个部分,共收录有关夏禹文化的文章 30 余篇。

【民族史】

1990—2005 年,成都在传统的研究领域上又有新的发展和突破,尤其是在藏族历史的各个方面取得了令国内外学术界瞩目的成就。代表性的成果有:专著方面,石硕的《西藏文明东向发展史》(四川人民出版社 1994 年版)从西藏文明的地缘文化背景以及这一文明自身内涵和客观发展需求的角度对历史上西藏与中原关系的形成问题,尤其是形成这种关系的西藏方面的原因和必然性进行了系统讨论;霍巍的《西藏古代墓葬制度史》(四川人民出版社 1995 年版)对于西藏古代墓葬制度的起源、形式以及地域特色作了系统研究;刘复生的《僰国与泸夷——民族迁徙、冲突和融合》(巴蜀书社 2000 年版)论述了僰国疑案,记述了僰国早期开发、与泸夷等周边其他民族的关系、隋唐宋代对僰国的置废、元明时期对僰国的开发及僰国的消失原因等问题;屈川的《都掌蛮——一个消亡民族的历史与文化》(四川人民出版社 2004 年版)是都掌蛮研究的标志性成果;程贤敏的《中国藏族人口与社会》(中国藏学出版社 1999 年版)涉及历史时期藏族聚居的 5 个省区,关系到藏区复杂的社会历史、政治沿革、经济发展状况以及诸多敏感问题;陈玉屏的《中国古代民族融合问题研究》(四川民族出版社 2003 年版)对于中国古代历史上 4 次民族大融合现象做了深入研究,并对于汉族"少数民族化"的现象做出了阐述;论文方面,刘复生的《入蜀僚人的民俗特征和语言遗存——"僚人入蜀"再研究》(《中国史研究》2000 年第 2 期)研究了汉唐间西南民族史上的"僚人入蜀"这一重大事件,这一事件不但对西南古代民族的演变带来了深刻的影响,也为民族融合提供了一个生动的实例;王川的《从新近刊布的史料看晚清、民国藏政要员的洋务背景》(《西藏民族学院学报》2003 年第 3 期)以张德彝与同事陈贻范的关系为例,简述晚清、民国交涉西藏事务的中方官员洋务背景的一个侧面;任新建的《论康藏的历史关系》(《中国藏学》2004 年第 4 期)认为康区和藏区在文化与宗教上有许多共同之处,亦有不少差异,将康区作为西藏的一部分之说是与事实相违背的。此外,还有彭邦本的《滇王离西夷辨——古代昆明族的几个问题》(《西南民族学院学报》2000年第4期)、焦治平的《论地理和宗教在藏族丧葬风俗中的作用》(《西藏研究》2003年第3期)、周蜀蓉的《析"僚人入蜀"的影响》(《西南师范大学学报》2004年第1期)、方北辰的《三郡乌丸考》(《魏晋南北朝史论文集》2004年7月)等。

1990—2005成都地区历史学重要论著一览表

表5-89

成果名称	作者	类型	出版单位及时间	备注
《殷墟甲骨断代》	彭裕商	专著	中国社会科学出版社1994年	四川省哲学社会科学第七次优秀成果三等奖
《基督教与近代中国》	杨天宏	专著	四川人民出版社1994年	四川省哲学社会科学第七次优秀成果三等奖
《留法勤工俭学运动史稿》	鲜于浩	专著	巴蜀书社1994年	四川省哲学社会科学第七次优秀成果三等奖
《新都县志》	新都县志办	志书	四川人民出版社1994年	四川省哲学社会科学第七次优秀成果三等奖
《中国职官管理史稿》	代继华 谭　力 粟时勇	专著	法律出版社1994年	四川省哲学社会科学第七次优秀成果三等奖
《十三峰书屋全集》	王显春 颜继禄 何兴明	专著	巴蜀书社1995年	四川省哲学社会科学第七次优秀成果二等奖
《抗日战争时期国民政府财政金融政策》	崔国华 江林旭 缪明扬	专著	西南财经大学出版社1995年	四川省哲学社会科学第七次优秀成果三等奖
《四川民盟史稿》	许广清 李实育 张大昌 陈登泮	专著	四川人民出版社1995年	四川省哲学社会科学第七次优秀成果三等奖
《中国图书史》	陈　力	专著	文津出版社（台湾）1996年	四川省哲学社会科学第八次优秀成果三等奖
《中国封建王朝兴亡史（元朝卷）》	陈世松	专著	广西人民出版社1996年	四川省哲学社会科学第八次优秀成果三等奖
《西汉前期的政坛》	陈玉屏	专著	成都出版社1996年	四川省哲学社会科学第八次优秀成果三等奖
《毛泽东长征在四川》	吴启权	专著	四川人民出版社1996年	四川省哲学社会科学第八次优秀成果三等奖

续表

成果名称	作者	类型	出版单位及时间	备注
《中国工合运动研究》	侯德础	专著	四川大学出版社 1996 年	四川省哲学社会科学第八次优秀成果三等奖
《宋代蜀学研究》	胡昭曦 刘复生 粟品孝	专著	巴蜀书社 1997 年	四川省哲学社会科学第八次优秀成果二等奖
《历史科学与爱国主义教育》	隗瀛涛 邓卫中 李殿元 屈小强 温贤美	专著	四川人民出版社 1997 年	四川省哲学社会科学第八次优秀成果三等奖
《中国市民文学史》	谢桃坊	专著	四川人民出版社 1997 年	四川省哲学社会科学第八次优秀成果三等奖
《朱元璋治国思想研究》	宋强刚	专著	四川大学出版社 1997 年	
《中国抗日战争时期物价史》	周　春 蒋和胜 蒋永穆 钟思远 朱方明	专著	四川大学出版社 1998 年	四川省哲学社会科学第九次优秀成果一等奖
《辽宋西夏金社会生活史》	朱瑞熙 张邦炜 刘复生 蔡崇榜 王曾瑜	专著	中国社会科学出版社 1998 年	四川省哲学社会科学第九次优秀成果二等奖
《〈舆地纪胜〉研究》	李勇先	专著	巴蜀书社 1998 年	四川省哲学社会科学第九次优秀成果三等奖
《巴蜀文化志》	袁庭栋	专著	上海人民出版社 1998 年	四川省哲学社会科学第九次优秀成果三等奖
《蜀文化与巴文化》	宋治民	专著	四川大学出版社 1998 年	四川省哲学社会科学第九次优秀成果三等奖
《成都五十年》	陶武先 王荣轩	专著	中国统计出版社 1999 年	四川省哲学社会科学第九次优秀成果三等奖
《共和国五十年四川文史书系》	四川省政协文史资料委员会	专著	四川人民出版社 1999 年	四川省哲学社会科学第九次优秀成果二等奖

续表

成果名称	作者	类型	出版单位及时间	备注
《四川省志·文物志》	四川文物编辑部	志书	四川人民出版社1999年	四川省哲学社会科学第九次优秀成果一等奖
《政治结构与文化模式——巴蜀三代文明研究》	段　渝	专著	学林出版社1999年	四川省哲学社会科学第九次优秀成果三等奖
《四川鸦片问题与禁烟运动》	秦和平	专著	四川民族出版社2001年	四川省哲学社会科学第十次优秀成果二等奖
《玉垒浮云变古今——古代的蜀国》	段　渝	专著	四川人民出版社2001年	四川省哲学社会科学第十次优秀成果二等奖
《濯锦清江万里流——巴蜀文化的历程》	段　渝 谭洛非	专著	四川人民出版社2001年	四川省哲学社会科学第十次优秀成果三等奖
《举箸醉杯思吾蜀——巴蜀饮食文化纵横》	熊四智 杜　莉	专著	四川人民出版社2001年	四川省哲学社会科学第十次优秀成果三等奖
《晚宋时期财政危机研究》	张金岭	专著	四川大学出版社2001年	四川省哲学社会科学第十次优秀成果三等奖
《拿破仑与大陆封锁——从拿破仑的经济政策看拿破仑帝国的覆灭》	刘军大 刘湘予	专著	华夏出版社2001年	四川省哲学社会科学第十次优秀成果三等奖
《关羽崇拜研究》	蔡东洲 文廷海	专著	巴蜀书社2001年	四川省哲学社会科学第十次优秀成果三等奖
《中外女童教育简史》	杜学元	专著	四川大学出版社2001年	四川省哲学社会科学第十次优秀成果三等奖
《地理大发现研究，15－17世纪》	张　箭	专著	商务印书馆2002年	
《大理国史》	段玉明	专著	云南民族出版社2003年	四川省哲学社会科学第十一次优秀成果二等奖
《巴蜀文学史》	杨世明	专著	巴蜀书社2003年	四川省哲学社会科学第十一次优秀成果二等奖
《口岸开放与社会变革——近代中国自开商埠研究》	杨天宏	专著	中华书局2003年	四川省哲学社会科学第十一次优秀成果一等奖
《国家与学术的地方互动：四川大学国立化进程（1925—1939）》	王东杰	专著	三联书店2005年	四川省哲学社会科学第十二次优秀成果一等奖

续表

成果名称	作者	类型	出版单位及时间	备注
《支那名称起源之再研究——论支那名称本源于蜀》	段　渝	论文	载《中国西南的古代交通与文化》四川大学出版社1994年	四川省哲学社会科学第七次优秀成果三等奖
《略论钱穆的历史思想与史学思想》	陈　勇	论文	《史学理论研究》1994年第2期	四川省哲学社会科学第七次优秀成果三等奖
《意大利文艺复兴时期的城市宗教生活》	王挺之	论文	《历史研究》1996年第5期	四川省哲学社会科学第八次优秀成果二等奖
《吴天墀文史存稿》(论文集)	吴天墀	论文	四川大学出版社1998年	四川省哲学社会科学第九次优秀成果荣誉奖
《楚简〈唐虞之道〉初探》(等系列论文)	彭邦本	论文	载《郭店楚简国际学术研讨会论文集》湖北人民出版社2000年;《四川大学学报》2000年第5期	四川省哲学社会科学第十次优秀成果三等奖
《从劝导到禁罚:清季四川反缠足努力述略》	杨兴梅	论文	《历史研究》2000年第6期	四川省哲学社会科学第十次优秀成果三等奖
《蜀巫与滇巫》	刘　弘	论文	《中华文化论坛》2001年第2期	四川省哲学社会科学第十次优秀成果三等奖
《国中的"异乡":二十世纪二三十年代旅外川人认知中的全国与四川》	王东杰	论文	《历史研究》2002年第3期	四川省哲学社会科学第十一次优秀成果三等奖
《毛泽东第一次北京之行》	鲜于浩	论文	《毛泽东思想研究》2002年第5期	
《广州起义新探》	黄国华 梁志明	论文	《社会科学研究》2002年第5期	
《1920年前后两次争国权运动的异样形态及形成原因》	陈廷湘	论文	《近代史研究》2005年第二期	
《北洋外交与"治外法权"的撤废——基于法权会议所作的历史考察》	杨天宏	论文	《近代史研究》2005年3期	

政治学

【政治学理论】

成都学术界在政治学基础理论方面广度和深度均有所拓展，对政治经济学、中国特色社会主义政治理论研究不断深化。研究内容包括科学社会主义理论与实践、邓小平理论与建设有中国特色社会主义政治、中国政治地理学、中国共产党政治哲学的核心意蕴、国家自主性、政治与道德的关系等。主要成果有：著作方面，康超光、邓栽虎的《社会主义初级阶段研究》（四川人民出版社 1999 年版）围绕“什么是社会主义、怎样建设社会主义”这个主题，对涉及社会主义初级阶段的若干深层次理论问题和实践问题进行了深入探讨；刘益飞、彭穗宁的《论党的建设的制度创新》（四川人民出版社 2002 年版）研究了在发展社会主义市场经济及民主政治的新的时代条件下，中国共产党自身建设的制度创新问题；张星炜、伍颐园的《当代中国政治制度创新研究》（四川人民出版社 2003 年版）研究了中国政治制度创新的思想理论渊源和理论基础，着重对当代中国政治制度创新实践中面临的若干重大现实问题进行探索研究。此外，重要专著还有姚纯嘏的《当代中国的马克思主义——建设有中国特色的社会主义的理论和实践》（电子科技大学出版社 1993 年版），姜凌的《社会主义市场经济与党的基层组织建设》（电子科技大学出版社 1993 年版），齐平的《中国特色的社会主义发展的辩证法》（成都科技大学出版社 1993 年版），刘德骥的《论执政党的自我改革——邓小平党建理论研究》（电子科技大学出版社 1997 年版），万世雄的《邓小平新时期党建思想研究》（电子科技大学出版社 1995 年版），张星炜的《毛泽东邓小平社会主义建设理论比较研究》（经济管理出版社 1997 年版），刘代银的《建设有中国特色社会主义热点问题思考》（四川辞书出版社 1996 年版），李济深的《建设有中国特色社会主义理论研究》（中国改革出版社 1996 年版），李学明的《邓小平多党合作理论研究》（四川人民出版社 1998 年版），马富武的《邓小平执政党建设思想》（四川人民出版社 1998 年版），四川省社科院精神文明建设研究所的《邓小平理论发展史》（青海人民出版社 1999 年版），周琳的《理论与政治思想》（四川人民出版社 2001 年版），四川省社会科学院课题组的《党的第三代领导集体对邓小平理论的实践与创新研究丛书》（四川人民出版社 2001 年版），聂应德的《当代中国政治发展论——邓小平政治思想研究》（四川人民出版社 2000 年版），中共四川省委党校课题组的《“三个代表”与中国共产党治党治国方略研究丛书》（四川人民出版社 2002 年版），刘益飞的《论党的建设的制度创新》（四川人民出版社 2002 年版），王安平的《邓小平党建理论研究》（四川人民出版社 2002 年版），程显煜的《三个代表思想体系研究》（四川人民出版社 2003 年版）等。

论文方面，秦玉琴的《坚持马克思主义的方法论，加强和改进新时期党的建设》（《中共四川省委机关党校学报》2002 年第 1 期）从马克思主义的立场、观点和方法，为新时期党的建设方向提出了建议；陈更生的《试论社会主义的本质、特征、标准》（《理论与改革》1992 年第 4 期）以邓小平关于社会主义本质的讲话为切入点，探讨了中国社会主义的发展方向；管文虎的《邓小平社会主义发展动力新学说探析》（《毛泽东思想研究》1999 年第 2 期）针对邓小平关于“改革开放是社会主义社会发展的直接动力”的论断进行了解读和探析。此外，主要论文还有朱祥全的《试论邓小平的社会主义民主政治思想》(《四川师范大学学报》2003 年第 4 期)、吴玉宗的《中国政治学研究应“四深入”》(《社会科学研究》1996 年第 2 期)、程显煜的《论邓小平社会主义合成发展思想》(《四川省第三次邓小平建设有中国特色社会主义理论研讨会论文集》,四川人民出版社 1997 年版)等。

【政治制度】

成都学术界对于政治体制改革的探讨,因和谐社会、政治文明和执政能力等新的视角的提出而不断得到深化,对民主政治改革实践中的问题也着力关注。主要成果有:专著方面,张星炜的《当代中国政治制度创新研究》(四川人民出版社 2003 年版)结合实际,深入、系统地研究了当代中国政治制度创新面临的若干重大理论问题和现实问题;过杰的《我国市领导县问题研究》(成都出版社 1992 年版)系统地考察了中国市领导县体制的历史与现状,着重分析了 20 世纪 80 年代产生的大背景及其实践效果,对经济发展不同阶段上的城市实现市领导县,提出了成长型城市与成熟型城市不同的发展战略;任杰的《共和国机构改革与变迁》(华文出版社 1999 年版)是一部探讨中国近 50 年行政机构改革的著作,对于新一轮的机构改革有重要的参考价值。此外,都淦的《地方人民代表大会制度研究》(成都出版社 1993 年版)、何兴镒的《人民政协论》(四川大学出版社 1995 年版)、中共四川省委党校课题组的《地方党委加强执政能力研究》(四川人民出版社 2005 年版)等,也是这一时期关于政治制度研究的重要著作。

论文方面,任杰的《十四大以来统一战线理论政策有新发展》(《四川统一战线》1997 年第 10 期)对于十四大以来中央关于统一战线的最新理论进行了解读;陈智伦的《政治交接与参政议政及多党合作的关系》(《成都行政学院学报》1999 年第 6 期)研究了统一战线的重要作用和如何搞好民主党派的政治交接问题。此外还有戴华璋的《深化认识　强化机制　加大力度——关于成都市区(市)县人大常委会监督工作情况的调查》(《民主法治建设》1996 年第 4 期)、王有权的《建立和完善农村基层民主建设刍议》(《民主法治建设》2000 年第 5 期)、张建国的《村民自治与成都农村新世纪发展》(《中共四川省委党校学报》2001 年第 1 期等。

【国际关系】

1990 年以来,世界政治格局呈现出新的变化,成都学者在政治学研究中也越来越多地关注世界格局和形势发展,尤其关注加入 WTO 对国内政治发展的影响,形成了一批较有影响的国际政治研究成果,主要包括加入 WTO 对当代中国政治变迁的负向影响及其对策、中国国际战略构建的全球化视野、提高应对国际局势和处理国际事务能力等。主要成果有:专著方面,陈更生的《后冷战时代的世界》(四川人民出版社 1996 年版)研究了苏联解体后世界格局的重要变化以及大国之间关系的演变。论文方面,邓淑华的《邓小平国际战略理论对毛泽东思想的继承与发展》(《毛泽东思想研究》1995 年第 4 期)认为邓小平国际战略理论是对毛泽东思想的继承与发展,邓小平国际战略思想是建设有中国特色社会主义理论的重要组成部分;吴嘉蓉的《试论邓小平国际战略思想的构建》(《四川省第三次邓小平建设有中国特色社会主义理论研讨会论文集》,四川人民出版社 1997 年版)对于邓小平国际战略思想的丰富内涵进行了专业解读;施雪华的《加入 WTO 对当代中国政治发展的影响分析》(《武汉大学学报》2003 年第 6 期）认为加入 WTO 将有力促进中国政治发展，为政治发展提供经济基础和物质条件，培育公民文化和公民社会，推进政治一体化、政治制度化和政治民主化；何道隆的《中印在当代国际关系中的地位对比》（《南亚研究季刊》2003 年第 4 期）对中印在当代国际关系中的地位和作用进行了对比分析。

1990—2005 年政治学重要论著一览表

表 5 - 90

成果名称	作者	类型	出版单位及时间	备注
《提高地方党委领导社会主义市场经济能力研究》	王光华 陈文光 刘德骥等	专著	西南财经大学出版社 1995 年	四川省哲学社会科学第七次优秀成果三等奖
《人民政协论》	何兴镒 苏庸碧 王廷美等	专著	四川大学出版社 1995 年	四川省哲学社会科学第七次优秀成果三等奖
《邓小平与当代中国道路》	刘平斋 姜　忠 李声禄等	专著	成都科技大学出版社 1996 年	四川省哲学社会科学第八次优秀成果二等奖
《建设有中国特色社会主义热点问题思考》	刘代银 邓栽虎 程显煜等	专著	四川辞书出版社 1996 年	四川省哲学社会科学第八次优秀成果三等奖
《社会主义市场经济条件下的党的建设理论与实践》	蔡昌瑞 刘道贵 王建华	专著	电子科技大学出版社 1996 年	四川省哲学社会科学第八次优秀成果三等奖
《邓小平理论与建设有中国特色社会主义政治》	华孝清 郭　伟 康超光等	专著	四川人民出版社 1997 年	四川省哲学社会科学第八次优秀成果三等奖
《领导班子思想政治建设研究》	王光华 张纪忠 曾清华等	专著	西南交通大学出版社 1997 年	四川省哲学社会科学第八次优秀成果三等奖
《县委领导经济的理论与实践》	刘德骥 王光华 苏　灿	专著	西南交通大学出版社 1997 年	四川省哲学社会科学第八次优秀成果三等奖
《国家公务员职业道德》	谢洪恩 肖　平 张　震等	专著	四川教育出版社 1997 年	四川省哲学社会科学第八次优秀成果三等奖

续表

成果名称	作者	类型	出版单位及时间	备注
《精神文明建设的实效性问题研究》	郑国玺 左有芬 李　新等	专著	西南交通大学出版社1997年	四川省哲学社会科学第八次优秀成果三等奖
《中国反腐廉政通鉴》	周　琳 刘川友 陈奎宁等	专著	人民法院出版社1997年	四川省哲学社会科学第八次优秀成果二等奖
《进一步完善地方人民代表大会制度若干问题研究》	都　淦 尹万邦 肖唐镖等	专著	四川人民出版社1997年	四川省哲学社会科学第八次优秀成果三等奖
《体制转轨时期的社会矛盾与社会稳定》	路小昆 孙　英 梁志明等	专著	四川人民出版社1998年	四川省哲学社会科学第九次优秀成果三等奖
《党员主体论》	刘益飞	专著	四川人民出版社1998年	四川省哲学社会科学第九次优秀成果二等奖
《邓小平发展思想与走向21世纪的成都》	何　政 路小昆 郑卫国等	专著	四川科技出版社1998年	四川省哲学社会科学第九次优秀成果三等奖
《共和国机构改革与变迁》	任　杰 梁　凌	专著	华文出版社1999年	四川省哲学社会科学第九次优秀成果三等奖
《国家形象论》	邓淑华 申小蓉 罗大明等	专著	电子科技大学出版社1999年	四川省哲学社会科学第九次优秀成果二等奖
《先富群体的行为导向与社会主义精神文明建设》	周治滨 程显煜 张星炜等	专著	四川人民出版社1999年	四川省哲学社会科学第九次优秀成果二等奖
《邓小平组织人事理论与四川实践》	四川省委组织部课题组	专著	四川人民出版社1999年	四川省哲学社会科学第九次优秀成果三等奖
《新时期农村基层党组织建设目标体系研究》	王光华 胡相全 吴石泉等	专著	四川人民出版社1999年	四川省哲学社会科学第九次优秀成果三等奖
《走自己的路——中共党史论集》	王庭科	专著	四川人民出版社2001年	四川省哲学社会科学第十次优秀成果二等奖
《现代有效领导论》	彭柏林	专著	中共中央党校出版社2001年	四川省哲学社会科学第十次优秀成果二等奖

续表

成果名称	作者	类型	出版单位及时间	备注
《“三个代表”与中国共产党治党治国方略研究丛书》	中共四川省委党校课题组	专著	四川人民出版社2002年	四川省哲学社会科学第十一次优秀成果二等奖
《论党的建设的制度创新》	刘益飞 彭穗宁 孙　英	专著	四川人民出版社2002年	四川省哲学社会科学第十一次优秀成果二等奖
《现代组织论》	杨静光	专著	四川人民出版社2003年	四川省哲学社会科学第十一次优秀成果三等奖
《当代中国政治制度创新研究》	张星炜 伍颐园	专著	四川人民出版社2003年	四川省哲学社会科学第十一次优秀成果三等奖
《转轨时期年轻干部科学“三观”确立研究》	康超光 何　政 周思源等	专著	成都时代出版社2003年	四川省哲学社会科学第十一次优秀成果二等奖
《地方党委加强执政能力研究》	中共四川省委党校课题组	专著	四川人民出版社2005年	四川省哲学社会科学第十二次优秀成果一等奖
《以德治国：多维视野的探索》	涂秋生 郭　丹 都　淦等	专著	天地出版社2005年	四川省哲学社会科学第十二次优秀成果二等奖
《制定公共政策过程的科学化民主化问题研究》	苏孔孝 王学义 刘奇志等	专著	四川人民出版社2005年	四川省哲学社会科学第十二次优秀成果二等奖
《政治稳定现两岸统一》	都　淦	论文	《社会科学研究》1995年第3期	四川省哲学社会科学第七次优秀成果三等奖
《社会主义市场经济条件下思想道德建设的思考》	程显煜	论文	人民日报社《理论参考》1995年第20期	四川省哲学社会科学第七次优秀成果三等奖
《社会主义价值观在当代中国的发展》	彭穗宁	论文	《走向21世纪的社会主义——纪念恩格斯逝世一百周年会议论文集》中央编译出版社1996年	四川省哲学社会科学第八次优秀成果三等奖
《论行政主体的一元性》	赵永行	论文	《现代法学》1996年第1期	四川省哲学社会科学第八次优秀成果三等奖
《中国政治学研究应“四深入”》	吴玉宗	论文	《社会科学研究》1996年第2期	四川省哲学社会科学第八次优秀成果三等奖

续表

成果名称	作者	类型	出版单位及时间	备注
《浅析思想政治工作上的“三大投入”》	胡　伟	论文	《中国党政干部论坛》1996年3月号	四川省哲学社会科学第八次优秀成果三等奖
《十四大以来统一战线理论政策有新发展》	任　杰	论文	《四川统一战线》1997年第10期	四川省哲学社会科学第八次优秀成果三等奖
《用邓小平理论进一步武装县级干部——世纪之交一项刻不容缓的政治任务》	黄本根 陈天迪	论文	《理论与改革》1997年增刊	四川省哲学社会科学第八次优秀成果三等奖
《加强和改善党对精神文明建设的领导》	白昌恒 谭辉璋 廖　彬	论文	《调查与决策》1997年第6期	四川省哲学社会科学第七次优秀成果三等奖
《建议修改〈关于党内政治生活的若干准则〉》	刘益飞	论文	《内部文稿》2000年第3期	四川省哲学社会科学第十次优秀成果三等奖
《国家权力增长限制与地方行政主导》	郑　辉 苏孔孝 王学义	论文	《成都行政学院学报》2001年第1期	四川省哲学社会科学第十次优秀成果三等奖
《规范化服务型政府建设的理论与实践》	姜晓萍 徐季桢 刘汉固等	系列论文	《四川大学学报》2003年第4期、《中国社会科学文摘》2003年第6期、《四川政报》2003年第11期、第12期	四川省哲学社会科学第十一次优秀成果三等奖
《论“三个代表”重要思想的人民性》	张星炜	论文	《“三个代表”重要思想理论研讨会文集》学习出版社2003年9月	四川省哲学社会科学第十一次优秀成果二等奖
《关于当前和今后一个时期社会思想意识的变化及对策建议》	《关于当前和今后一个时期社会思想意识的变化及对策建议》课题组	论文	《内部对策建议》2005年12月	四川省哲学社会科学第十二次优秀成果二等奖

法　学

【概况】

1990年以来，成都的法学研究在宪法学与行政法学、刑法学、民商法学、诉讼法学、经济法学等领域的研究不断深化拓展，产生了不少有重大影响的代表性论著，出现了一批全国法学界知名的专家学者。此外，律政协会、刑法学会、诉讼法学会、行政法学会等各种学术机构和团体产生，成都的法学研究者和国内外同行学术交流活跃，也促进了成都法学的繁荣和发展。

【法学理论】

法理研究方面，成都学术界重点围绕依法治国、法制现代化、西部大开发中的法治建设等法治基本理论和实践问题，开展了关于司法制度与司法改革、当代中国法治状况、西部开发中投资法制环境等问题的研究，在研究的深度和广度方面有所拓展。代表性成果有：专著方面，左卫民的《在权利话语与权力技术之间——中国司法的新思考》（法律出版社 2003 年版）基于“权力与权利冲突论”的反思，通过对国家和程序功能的分析指出，刑事程序法治化不仅有利于保护个人权利，同时也是国家在整体上加强犯罪控制所必需，本书获四川省第十一次社会科学优秀成果二等奖；陈康阳的《法律逻辑》（四川大学出版社 2003 年版）是高等院校法律专业教材，该书讲明了形式逻辑的基本原理，联系立法、司法实际，从方法论角度帮助学生掌握逻辑知识；吴越的《企业集团法理研究》（法律出版社 2003 年版）运用比较法研究的方法，首先对德国的康采恩法的立法及司法实践作了考察，并在制度规则与判例、学说的结合上提供了新的思路。主要论文有潘丽平的《我国刑事搜查启动程序问题研究》（《社会科学研究》2004 年第 5 期）对于目前中国刑事搜查启动程序存在严重问题、改进方向进行了分析与研究；万毅的《反思与重构：证据法学理论基础研究》（《四川师范大学学报》2005 年第 6 期）认为只有将“认识论”和“价值论”同时作为证据法学的理论基础，才能真正建立科学、合理的证据法学；吴卫军的《诉讼法学理论研究：观念的变革与前瞻》（《四川大学学报》2002 年第 4 期）认为应当对诉讼功能、诉讼价值、诉讼国际标准等问题进行重新认识和把握，摒弃“认识论”的理论基础地位，实现从“国家本位”“权力本位”“义务本位”向“个人本位”“权利本位”的转变；王戬的《宪政体制下的刑事诉讼：权利维度的思考》（《四川大学学报》2003 年第 6 期）认为实现宪政，构建刑事法治程序，必须正确认知刑罚权的权利保障属性，使刑罚权的行使最终归于权利规则之内。

【法律史】

法律史与法律思想史研究方面，对西方法律思想及中国历代尤其是明清法律思想的研究，是这个时期研究的重点。研究内容主要包括外国法制史，西方宪政思想史，法律逻辑，法律哲学，中国传统社会纠纷解决机制，清末法律变革的思想论争，清末的刑律修订，中国诉讼文化的现代化道路，英美法系与大陆法系比较研究等问题。主要成果有：专著方面，冯亚东的《平等、自由与中西文明》（法律出版社 2002 年版）阐述了人类的文明史更多的是一部精神的历史，以个体的生命体验，去测度不同群体乃至整个人类的过去、现在及未来的生存状态，厘清中西文明走向分野的内在因素，解释了历史上与“法”相关的一些重大问题。论文方面，里赞的《“变法”之中的“法变”——试论清末法律变革的思想论争》（《中外法学》2001 年 05 期），该文将清末法律制度的变革过程中关于《新刑律草案》的思想争论置于近代中国思想及社会的实际背景之下加以探讨，分析了清末法律制度变革的主要动机与目的，“礼教派”“守旧派”与“法理派”“趋新派”对“法变”的整体看法，和其对清末最后十年“新政”的基本态度及其整体表现；赵娓妮的《清末中西竞争语境下的刑律修订》（《社会科学研究》2004 年第 4 期）从清季中西竞争这一语境着眼，主要以刑律的修订为例，探讨清末的“法变”；饶艾的《中华法系新论——兼与西方两大法系比较》（《西南交通大学学报》2000 年第 3 期）用比较法理论，置中华法系于世界法律格局中，并相对应于西方两大法系进行思考，对中华法系及其形成进行论述，提出了具有一定新意的见解；林庆华的《托马斯·阿奎那的法律伦理思想》（《四川大学学报》2003 年第 6 期）对于中世纪意大利哲学家托马斯·阿奎那的法学思想进行了研究。此外，重要论文成果还有赵娓妮的《国法与习惯的“交错”：晚清广东州县地方对命案的处理》（《中外法学》2004 年第 4 期）、刘曙东的《维新运动时期梁启超的宪政思想》（《湖南城市学院学报》2005 年第 4 期）、何进平的《邓小平宪政思想简论》（《社会科学研究》1997 年第 5 期）等。

【宪法学】

宪法学研究方面，成都学术界围绕中国法治建设的进程，对宪政建设、宪法司法化与违宪审查等作了重点研究和探讨，研究的内容包括中国宪法解释的特征与作用，宪法与法律关系，人权的宪法保障，宪法基本权利与司法救济，宪法基本权利与刑事诉讼等问题。主要成果有：专著方面，杨泉明的《宪法保障论》（四川大学出版社 1990 年版）对于保障宪法作为国家根本法的地位，对宪法中确立的权利义务应当进行保护，对立法、司法行政活动中违反宪法的行为进行审查和禁止进行了研究和论述，并提出违宪审查是最好的宪法保障手段；谢维雁的《从宪法到宪政》（山东人民出版社 2004 年版）研究了宪法和宪政的几个理论问题，分析阐述了两者之间的异同；周伟的《宪法基本权利司法救济研究》（中国人民公安大学出版社 2003 年版）介绍了基本权利的理论、人格尊严的宪法地位、平等权的宪法地位、生存权的宪法地位，以及人民法院适用宪法基本权利审判研究等内容。论文方面，陈驰的《论人权的宪法保障》（《唯实》1992 年第 3 期）认为人权保障必须以宪法为依托，对人权的确认和保障是宪法价值的集中体现，也是宪法权威的最好体现；谢维雁的《“母法”观念释读——宪法与法律关系新解》（《四川大学学报》2005 年 05 期）认为“母法”的含义是宪法为普通立法提供依据，“母法”观念妨碍了宪法至上的实现，对我国目前的宪政与法治建设特别是宪法修改存在消极影响，应确立“普通法律不得与宪法相抵触”的原则，建立违宪审查制度，确保宪法至上；李累的《宪法上的“人的尊严”》（《中山大学学报》2002 年第 3 期）认为宪法上“人的尊严”以人的主体性为基础，是宪法的最高价值，具有普遍性，并最终覆盖了排除干预的消极权利和请求国家给予生存照顾的积极权利，国家应尊重、保护和促进“人的尊严”；陶涛的《论宪法源远》（《社会科学研究》2002 年第 2 期）从历史、思想和形式三方面对宪法渊源进行了探讨。

【刑法学】

刑法学研究在刑法基础理论和实践问题研究 2 个方面都有新的进展。研究内容主要包括犯罪学，刑事法理论与实证，犯罪既遂标准，法人犯罪，杀人伤害罪个案研究，贪污挪用公款罪个案研究，缓刑与保护管束制度，查办职务犯罪，对经济犯罪的量刑，对危险犯的认定等问题。主要成果有：专著方面，唐磊的《犯罪学》（四川大学出版社 2000 年版），针对经济、社会变革时期违法犯罪现象大量增加的现象，重点研究了国内外犯罪的特点及其发展趋势；对犯罪人的个人生理、心理特点以及犯罪人的社会和自然属性作了剖析；对被害人与加害人的关系、被害人的类型以及被害的因素和被害的防范作了研究；对智能犯罪、暴力犯罪、毒品犯罪、计算机犯罪、经济犯罪、黑社会犯罪等进行了探讨。伍柳村的《杀人伤害罪个案研究》（四川大学出版社1990年版）通过对于10余个杀人伤害罪的个案研究，探讨了犯罪背后的共性渊源，该书获四川省社科优秀成果三等奖。魏东的《现代刑法的犯罪化根据》（中国民主法制出版社2004年版）是作者所承担的四川省哲学社会学“十五”规划2003年度立项课题《犯罪防控对策体系研究》的研究成果，具有较高的学术价值。

1990—2005年成都地区法学重要论著一览表

表5－91

成果名称	作者	类型	出版单位及时间	备注
《杀人伤害罪个案研究》	伍柳村主编	专著	四川大学出版社1990年出版	获四川省社科优秀成果三等奖
《宪法保障论》	杨泉明	专著	四川大学出版社1990年出版	
《公司法律制度研究》	周友苏	专著	四川人民出版社1991年出版	该书为国家社会科学基金项目的最终成果
《民法学》	王建平	专著	四川大学出版社1994年出版	获司法部三等奖
《变迁与改革——法院制度现代化研究》	左卫民 周长军	专著	法律出版社2000年出版	获四川省第十次哲学社会科学优秀成果三等奖
《刑事庭审制度研究》	龙宗智	专著	中国政法大学出版社2001年出版	
《依法行政理论与实务》	孟大川	专著	伊犁人民出版社2001年出版	
《法律逻辑》	陈康阳 潘利平	专著	四川大学出版社2003年出版	
《宪法基本权利司法救济研究》	周　伟	专著	中国人民公安大学出版社2003年出版	
《论人权的宪法保障》	陈　驰	论文	《唯实》1992年第3期	
《关于民事责任两个基本问题的探讨》	李晓路	论文	《四川法学》1992年4期	
《论缓刑与保护管束制度》	邓自力 向　革	论文	《现代法学》1995年第4期	

续表

成果名称	作者	类型	出版单位及时间	备注
《规范比较、结构比较与功能比较——比较方法论研究》	饶　艾	论文	《法商研究》1997 年 1 期	
《反理性的司法模式及特征》	龙宗智	论文	《社会科学研究》2000 年第 1 期	
《英美法系与大陆法系比较研究》	饶　艾	论文	《电子科技大学学报社科版》2001 年 4 期	
《权利话语/实践的艰难展开》	左卫民	论文	《中外法学》2002 年第 4 期	获中国法学会全国第五届中青年诉讼法学优秀科研成果论文类一等奖
《法律权威与司法创新：中国司法改革的合法性危机》	谢佑平 万　毅	论文	《法制与社会发展》2003 年第 1 期	
《我国经济犯罪适用死刑之思考》	向朝阳 倪永红	论文	《云南大学学报》(法学版)2003 年第 4 期	
《论作为犯罪客体的法益及其理论问题》	魏　东	论文	《政治与法律》2003 年第 4 期	
《论经济法形式理性的优先性》	岳彩申	论文	《社会科学研究》2003 年 05 期	
《最高法院若干问题比较研究》	左卫民	论文	《法学》2003 年 11 期	
《正当行政程序之价值基础》	陈　驰	论文	《现代法学》2005 年第 2 期	
《“母法”观念释读——宪法与法律关系新解》	谢维雁	论文	《四川大学学报》2005 年 05 期	
《法定公司资本制初始理念的局限性》	高晋康	论文	《财经科学》2005 年 6 期	
《刑事证人出庭率：一种基于实证研究的理论阐述》	左卫民	论文	《中国法学》2005 年第 6 期	

社会学(人口学)

【概况】

1990年以来,随着改革开放的深化和社会主义市场经济的建立。成都地区的社会学与人口学科研究与教学,在走过恢复与重建的阶段之后,又都面临新时代的挑战。成都的社会学(人口学)研究针对社会转型时期社会热点与难点问题,开展了大量基础理论研究、社会调查和应用性研究。

【社会学(人口学)理论与方法】

在社会学(人口学)理论与方法研究方面,开展了关于西方社会学理论与发展趋势、当代人口科学技术发展及其趋势、转型时期的社会公正、农村婚姻研究方法、中国农村家庭、中国人口性别结构、人口与经济、中国劳动力资源配置、综合人口信息系统理论与计算机设计、人口计划生育立法、中国人口城市化的道路模式与战略选择、工业化与家庭制度变迁、四川人口平均预期寿命等问题的研究。主要著作有:袁亚愚的《中国农民的社会流动》(四川大学出版社1994年版)通过四川农民社会流动的调查,考察当代中国的农民社会流动情况,揭示这一流动的发展趋势和方向,并对农村剩余劳动力转移问题进行了深入研究。该书获第七次四川省哲学社会科学优秀成果二等奖;王放、李后强的《非线性人口学导论》(四川大学出版社1995年版),该书是国家社科“八五”规划青年基金研究课题,在国内外首次提出了“非线性人口学”和“分形人口学”的新概念,全面、系统地探讨了中华人民共和国成立以来中国人口发展的非线性特征,提出非线性人口学的发展方向和重点;指出人口系统是一个不断地与外界进行着物质和能量交换的开放系统,深刻分析人口系统的耗散结构特征和非线性作用机制。该书获第七次四川省哲学社会科学优秀成果二等奖。杨洪举的《成都人口与发展》(四川人民出版社2003年版),按照历史脉络和人口与计划生育工作发展中的经验与内在规律,较为系统地介绍了成都人口的历史演变和发展概况、特点、规律及未来发展趋势。

论文方面,主要有郭付人、陈锋的《流动人口对成都市经济社会发展的影响及对策》(《大城市流动人口研究》,中国社会出版社1992年版),田爱平的《成都市流动人口生殖保健需求服务现状调查》(《中国计划生育学杂志》1999年第5期),杨健吾的《城市少数民族流动人口问题研究》(《西南民族大学学报》2002年第7期),吴忠观的《对四川人口容量的初步研究》(《财经科学》1994年1期),周君玉的《市场经济与人口流动》(《经济学家》1994年3期)等。

【社会学(、人口学)应用研究与社会调查】

开展了关于充分就业、成都平原人力资源开发、成都城乡家庭变迁、成都外来人口、城市社区与青少年教育等问题的调查与研究。主要著作有:成都市社会科学研究所社会学室完成的《成都城区家庭追踪调查与研究》(中国社会科学出版社1992年版),通过对561个样本进行追踪调查,以数据分析显示了20世纪90年代成都市如是庵居民在家庭婚姻方面出现的若干新变化,如出现联姻婚域扩大化现象,同类匹配模式具有普遍性,婚后从妻居现象的大量增加,家庭规模继续缩小,主干家庭稳中有升,家庭经济收入差距拉大等现象。陈昌文的《发展的创伤:成都市下岗女工现状报告》,对成都下岗女工的生活状况、面临的危机、生活方式等进行了详细考察，总结出成都下岗女工的基本特征，提出要为改革负面影响下的弱势群体提供更多的社会支持，包括经济支持、帮助再就业等。

主要文章有：曾九利的《成都市城市人口发展规模研究报告》（该报告完成于1997年5月），李桂东的《成都地区女工下岗问题研究》（《劳动理论与实践》2002年第2期），成都总工会社会保障部的《工伤保险制度改革势在必行——对成都钢铁厂工伤职工保险待遇的情况调查》（《中国劳动》1992年第9期），吴本雪的《成都市婚姻家庭追踪调查综述》（《社会学研究》1995年第2期），李东山的《改革开放以来的成都家庭——成都市家庭调查报告》（《世纪之交的城乡家庭》，中国社会科学出版社1999年版），成都市社科所社会学室与成都市妇联合作，对成都市中学生家庭教育与思想道德品质状况进行了调查，撰写了《成都市中学生思想道德和家庭教育状况调查》报告。

上述研究涉及社会学（人口学）的多个分支学科，如社会学与人口学理论与方法、人口社会学、经济社会学、家庭社会学、民族社会学、宗教社会学、劳动社会学、乡村社会学、城市社会学，人口经济学、人口思想史、人口地理学、人口统计学、人口与社会保障、人口与资源、区域人口、民族人口、历史人口、计算机与人口信息管理、环境与可持续发展等方面的研究。这些调查和研究工作取得的大量有价值的科研成果，不仅促进社会学、人口学的学科发展，也为成都社会、经济发展做出了贡献。

1990—2005年成都地区社会学、人口学重要论著一览表

表5－92

成果名称	作者	类型	出版单位及时间	备注
《当代中国青年价值观与教育》	黄希庭 张进辅 李　红等	专著	四川教育出版社1994年	
《挑战与抉择——青少年犯罪社会学新探索》	刘成根 冯孝刚 王曙光等	专著	重庆出版社1994年	
《中国农民的社会流动》	袁亚愚 兰明春 唐　平等	专著	四川大学出版社1994年	第七次四川省哲学社会科学优秀成果二等奖
《中国婚俗文化》	盛　义	专著	上海文艺出版社1994年	第七次四川省哲学社会科学优秀成果三等奖
《社会保障经济学》	向　东 唐天才 赵　明	专著	中国经济出版社1994年	第七次四川省哲学社会科学优秀成果三等奖
《跨世纪的中国人口》	省统计局人口处	专著	中国统计出版社1994年	第七次四川省哲学社会科学优秀成果三等奖

续表

成果名称	作者	类型	出版单位及时间	备注
《非线性人口学导论》	王　放 李后强	专著	四川大学出版社 1995 年	第七次四川省哲学社会科学优秀成果二等奖
《中国人口性别结构研究》	文献良 郭　红 缪清鑫等	专著	西南财经大学出版社 1995 年	第七次四川省哲学社会科学优秀成果三等奖
《中国人口城市化——道路、模式、与战略选择》	刘家强	专著	西南财经大学出版社 1996 年	
《当代大学生深层次思想问题的理论探讨》	谭书敏	专著	中国矿业大学出版社 1996 年	第八次四川省哲学社会科学优秀成果三等奖
《大学生心理健康指南》	屠火明 陈　华 赵明国等	专著	电子科技大学出版社 1997 年	第八次四川省哲学社会科学优秀成果三等奖
《现代家庭教育》	陈理宣 尹朝全 余笠新	专著	成都科技大学出版社 1997 年	第八次四川省哲学社会科学优秀成果三等奖
《人口科学辞典》	吴忠观 周君玉 封希德等	专著	西南财经大学出版社 1997 年	第八次四川省哲学社会科学优秀成果三等奖
《社会稳定与青少年犯罪预防》	刘成根 南　山 朱国兴等	专著	四川人民出版社 1997 年	第八次四川省哲学社会科学优秀成果三等奖
《世纪之交的城乡家庭》	沈崇麟 杨善华 李东山	专著	中国哲学社会科学出版社 1999 年出版	
《20 世纪的中国妇女》	王国敏 李　杰 郑　晔	专著	四川大学出版社 2000 年	第十次四川省哲学社会科学优秀成果三等奖
《当代人口学科学体系研究》	吴忠观	专著	西南财经大学出版社 2000 年出版	
《发展的创伤——成都市下岗女工现状报告》	陈昌文 倪云鸽 仲玉英	专著	四川人民出版社 2001 年	第十次四川省哲学社会科学优秀成果三等奖
《构筑中国特色的社会保障体系》	蔡明秋	专著	华夏出版社 2001 年	第十次四川省哲学社会科学优秀成果三等奖

续表

成果名称	作者	类型	出版单位及时间	备注
《城市里的坐贾行商——成都市外来经商者的实证研究》	郭　虹 张胜康 文献良	专著	四川人民出版社 2002 年	第十一次四川省哲学社会科学优秀成果二等奖
《人口统计学》	李永胜 俞德怡 马本昌	专著	西南财经大学出版社 2002 年	第十一次四川省哲学社会科学优秀成果三等奖
《成都人口与发展》	成都市计划生育委员会	专著	四川人民出版社 2003 年	第十一次四川省哲学社会科学优秀成果三等奖
《转型期中国改革与社会公正》	陈伯君	专著	中央编译出版社 2005 年	成都市第八次哲学社会科学优秀成果一等奖。光明日报社出版的《书摘》《作家文摘》等摘发该书的重要章节
《城市社区新居民群与青少年行为越轨》	张胜康	专著	四川人民出版社 2003 年	
《社区管理》	韦克难	专著	四川人民出版 2003 年	2004 年修改再版
《圣俗边缘——西部社会的环境、信仰和行为》	陈昌文 陈　运 郑　莉等	专著	四川人民出版社 2004 年	四川省第十二次哲学社会科学优秀成果二等奖
《论我国农村家庭结构及其变迁》	赵喜顺	论文	载《中国家庭及其变迁》，香港中文大学社会科学院暨亚太研究出版社 1991 年出版	"第二届现代化与中国文化国际研究会"论文
《家庭还是社会的细胞吗？——试论家庭的社会地位变迁》	李东山	论文	《社会学研究》1993 年 3 期	
《我国劳动力资源配置的现状和特点》	周君玉	论文	《财经科学》1992 年 6 期	
《对四川人口容量的初步研究》	吴忠观 刘家强	论文	《财经科学》1994 年 1 期	
《市场经济与人口流动》	周君玉	论文	《经济学家》1994 年 3 期	
《适应与变迁——工业化冲击下的中国农村家庭》	赵喜顺	论文		1995 年"亚洲第六届社会学大会"论文

续表

成果名称	作者	类型	出版单位及时间	备注
《中国计划生育“三结合”的理论基础》	吴忠观	论文	《中国人口科学》1996年6期	
《大学生心理素质比较研究》	康柏林 张淑芳	论文	《四川师范学院学报》1996年第12期	第八次四川省哲学社会科学优秀成果三等奖
《四川省高校学生心理素质调查与分析》	张晓舟 李光华 陈　华等	论文	载《四川省高校学生心理素质调查与分析》　四川大学出版社1997年	第八次四川省哲学社会科学优秀成果三等奖
《婚姻流动与农村妇女的土地使用权益》	许　平	论文	《妇女研究论丛》1997年第1期	第八次四川省哲学社会科学优秀成果三等奖
《计划生育“三结合”——可持续发展的微观运行层次》	何景熙	论文	《人口与经济》1997年4期	
《西南地区社会现代化的特征与现状》	文献良	论文	《社会科学研究》1998年3期	《人民大学复印资料》1998年3期转载
《内地农村婚姻家庭变迁初探》	刘宝驹 李东山	研究报告	载《世纪之交的城乡家庭》中国社科出版社1999年	第九次四川省哲学社会科学优秀成果三等奖
《现代中国城市家庭结构变化研究》	刘宝驹	论文	《社会学研究》2000年第6期	第十次四川省哲学社会科学优秀成果三等奖
《中国人口现代化的指标确定与主要指标考察》	王学义	论文	《四川行政学院学报》2001年第4期	第十次四川省哲学社会科学优秀成果三等奖
《工业化与家庭制度变迁》	李东山	论文	《四川行政学院学报》2001年第4期	第十次四川省哲学社会科学优秀成果三等奖
《关于人口社会学的两个问题》	吴忠观	论文	载《西部大开发与四川经济发展问题探索》　西南财经大学出版社2001年	第十次四川省哲学社会科学优秀成果三等奖
《西部开发中的人口环境分析》	刘家强	论文	《人口研究》2000年4期	
《21世纪中国人口问题透析》	刘家强	论文	《人口研究》2002年第6期	

教育学

【教育学原理】

时光的《高校教学模式改革与“互动式”教学模式初探》(《西南民族大学学报》人文社科版2003年第10期)认为“互动式”教学模式就是力图把师生互动作为1项基本原则贯穿于整个教学活动,形成新的教学活动框架,达到改革创新和提高教学质量的目的,为中国高等院校教学模式改革探索了新方法。刘同春的《谈基础教育的现代化建设——从化学教育现代化探索中得到的启示》(《四川师范大学学报》自然科学版1995年第5期)就基础教育建设的现代化问题,强调要深化高师各学科教育学课程的整体改革,以确保高素质师资的培养;应加强中小学教材的配套建设,积极采用现代媒体手段,进行优化教学的研究与实践。吴定初《关于教育研究中“比较”的若干概念辨析》(《教育评论》1999年第1期)对比较研究法、比较研究、比较教育和比较教育学4个容易混淆的概念进行了辨析。刘家访的《公共课教育学应加强对课堂管理的教学》(《高等师范教育研究》2001年第5期)对高师公共课教育学改革中加强课堂管理的相关内容的教学及未来课堂管理的理论研究的取向进行了分析。刘世的《论教育学的人本性和科学性——关于教育学理论品性的思考》(《高等教育研究》2004年第4期)认为教育学理论品性的基本特征是人本性,科学主义情结有害于教育理论体系的建构,应当以“教育学的科学性”的说法,取代“教育学是一门科学”的陈述。李燕的《教育学思维方式的变革》(《内蒙古社会科学》汉文版2005年第6期)认为教育学必须实现从主客二元论思维方式到主体间关系思维方式的变革,并由此导致教育学在理论视野、研究主题、知识基础、研究方法和理论形态等方面的理论变革。吴定初的《关于中国教育学源头的探讨——〈学记〉为“源头”之客观性分析》(《四川师范大学学报》社会科学版2005年第6期)认为中国教育学的源头应为中国古代教育学文献《学记》,《学记》作为中国教育学的源头,既具有内容之实,又具有学理之实,对构建更加具有中国特色、中国风格和中国气派的中国教育学,具有重要的指导意义。吕恕的《论教学活动中的非言语行为》(《电子科技大学学报》1994年S1期)以心理学、教育学的理论观,论述教师在教学活动中的非言语行为,指出教师的非言语行为是教学活动的重要部分,自觉地重视非言语行为是优化教学结构的有效手段。张岩的《简论数学教学的主体与主导及在教学策略上的具体体现》(《成都师专学报》2000年第4期)依据现代数学教育理论的观点,对数学教育应以“以学生为主体,教师为主导”这一原则作了新的诠释,并结合交往教学模式,阐述了如何在教学中体现这一原则。

【科学教育】

李尚卫《“教育科学”辨析》(《成都中医药大学学报》教育科学版2001年第2期)对“教育科学”的基本概念进行了重新认识;彭蜀晋的《论基础理科课程的科学素质教育》(《中国教育学刊》1997年第2期)对物理、化学、生物等课程改革中新的课程设置方案进行了研究,认为科学素质教育应是此次课程改革的重点;毋小勇、李代志的《美国〈科学教育标准(草案)〉》对我国科学教育改革的启示》(《学科教育》1999年第11期)剖析了近几年美国科学教育的基本观点和策略,即以“探究”为核心、重视科学与技术的联系,为中国科学教育改革提供可借鉴的启示。卢世炬的《试论大学生人文教育与科学教育的整合》（《西南民族学院学报》哲学社会科学版 2002 年第 6 期）认为进入新世纪后，中国高等学校必须顺应世界高等教育发展的大趋势，在人才培养模式方面加快改革步伐，使高校毕业生在人文知识素养和自然科学知识 2 个方面达到融会贯通的境界。黄健敏的《大学普通科学教育中 STS 课程的设置》（《宜宾学院学报》2004 年 04 期）介绍了 STS 课程（研究科学、技术和社会相互关系的学科）的基本理念并阐述了中国大学普通科学教育中开设 STS 课程的意义，以及英国和美国 STS 课程开发对中国大学普通科学教育中开设 STS 课程的启示。

【人文教育】

专著方面，巴登尼玛《文化视野中的藏族义务教育课程》（甘肃人民出版社 1997 年版）从藏族文化特点出发，探讨了藏族义务教育课程设置及教育教学的特殊性，对少数民族地区实施义务教育有较强的借鉴意义。论文方面，李化树的《国外高等学校人文教育改革的潮流》（《江苏高教》1997 年第 3 期）通过介绍外国高校人文教育改革的基本情况，并结合中国特色，提出中国高校人文教育既要吸收外国优秀经验，又要突出自身的特殊性；肖玲玲的《论可持续发展与文化素质教育》（《社会科学研究》1999 年第 5 期）认为实施可持续发展战略，必须以科学教育与人文教育相结合的教育作支撑，转变教育观念，加强大学生文化素质教育，提高学生综合素质，坚持科学教育与人文教育相结合，为实现社会经济的可持续发展，培养具有整体文化观的高素质人才。周华虎的《人文教育辨析》（《西南民族大学学报》人文社科版 2003 年第 7 期）认为“人文教育”包含人文精神教育和人文素质教育，属于社会文化范畴，是人文精神在个体上的体现，是一种直接指向人生存目的的教育理念，其实质是促进人的全面发展。李化树的《人文教育透析》（《内蒙古工业大学学报》社会科学版 2003 年第 1 期）对于人文教育基本内涵、人文教育发展的新理念进行了探讨，认为实现新世纪人文教育与科学教育的融合是当前深化高等教育改革、全面推进教育的基本任务。王仁国的《科学与人文教育的融合——化学与社会课的实践与探索》（四川农业大学学报 2004 年 S1 期）探讨了化学课程中利用多媒体技术，模拟化学实验软件，进行实验教学环节，在学生轻松学化学的同时，注重对学生的人文教育，培养学生良好的学术道德和正确的科学世界观。李戎的《人文精神与高等教育》（《中华文化论坛》2005 年第 3 期）认为科学教育和人文教育的融合已成为 21 世纪大学教育的发展趋势，而中国高等教育中的确存在着 1 个普遍事实，即高校人文精神大面积失落，大学生人文精神严重欠缺，该文从宏观层面和微观层面，从时代特征、社会背景、教育观念和教育制度等方面分析了当今大学生人文精神缺失的原因，提出了一系列教育教学对策。

【艺术教育】

张放的《对艺术实践教育现状的思考》（《音乐探索·四川音乐学院学报》1992 年第 2 期）认为人的全面发展是马克思主义教育学说的根本原理之一，社会主义的音乐艺术教育其根本任务就是以马克思主义关于人的全面发展学说为指导，培养适应社会主义精神文明建设需要的全面发展的音乐人才。雍敦全的《高师声乐教学改革的几点设想》（《音乐探索·四川音乐学院学报》1993 年第 4 期）认为高师音乐教育专业学生的培养目标是为中等学校培养合格的音乐师资，高师音乐教育专业的声乐教学当然应为培养学生的歌唱教学能力打好基础。而目前大部分高师的声乐教学是沿袭音乐院校声乐专业教学的一对一教学形式，不利于培养音乐师资人才。高师音乐教育专业的学生学习声乐不仅仅是自己会唱歌，更重要的是要学会怎样去教学生唱好歌。要做到这点，高师音乐教育专业学生应具备大量的乐理知识。

周世斌的《面向21世纪高师音乐教育人才培养模式与教学改革》(《中国音乐教育》1999年第3期)研究了高师音乐教育改革、人才模式改革以及高师音乐教育思想观念、教学方式方法的转变等问题。龚迅的《教育心理学在音乐基础理论教学中的应用》(《音乐探索·四川音乐学院学报》1999年第2期)论述了在音乐基础理论教学中结合教育心理学所采取的一些教学法，通过“知识——技能——解决问题——创造性思维”这4个步骤来设计各种教学方式，以达到提高学生学习理论的效率，增大其积极性的目的。闵光辉的《当代音乐教育观及其对高校公共音乐教育的启示》(《美与时代》2005年第2期)介绍了当代几种主要的音乐教育观，认为这些音乐教育观与中国高校素质教育的思想理念是暗合的、一致的，因此对高校公共音乐教育的课程设置、教学内容、教法设计、教学目的等方面具有重要的指导意义和启示作用。张庭秀的《告别昨天 挑战未来——中等艺术教育生存与发展战略展望》(《艺术教育》1999年第2期)探讨了中等艺术教育与社会、与经济的关系以及面临的现实处境和需要应答的对策。高平平的《浅论音乐教育在素质教育中的作用》(《西南交通大学学报》社会科学版2000年04期)论述了音乐教育是学校实施美育教育的重要环节和有效途径，具体分析了音乐潜在的素质功能资源，强调加强音乐教育在人才素质培养中的必要性和重要性。程峰的《美术教育价值的思考》(《中央民族大学学报》2001年第2期)认为美术教育不仅具有实用价值功能，更具有提高人的修养的价值功能，两者应该得到全面的体现，这是当前“素质教育”和西部大开发所面临的教育形势的需要，也是美术教育自身完善必须探索和解决的课题。向在淞的《论美术教育的心育作用》(《西南民族学院学报》哲学社会科学版2002年08期)认为美术教育除了传授本学科的专门知识和技能之外，还发挥着本学科的教育特点，使受教育者的精神素质和行为发生改变，要对美术教育在人素质发展方面所起到的影响力和促动力引起高度的重视，并将其作为教育的目的进行积极追求。杨树莉的《普通高校开设公共音乐课程的探讨》(《西南交通大学学报》社会科学版2004年04期)认为音乐艺术教育可以提高受教育者的直觉力、想象力、创造力、表达力和艺术修养，丰富受教育者情感，开拓受教育者思维，在普通高校开设公共音乐课程从大学生成长需要、师资、教学设施等方面都具有可行性，而普通高校开设公共音乐课程应加强音乐欣赏课，文理科采用不同的教材和方法。祝华丽的《“和而不同”思想在美术教育中的运用》(《艺术探索》2005年第4期)探讨了儒家“和而不同”的重要思想之对处理当前美术教育面临的文化问题的指导意义，认为其在美术教育课程内容设置、教学方法和教学评价策略等方面都可以作为应对的基本原则。

【教育技术】

徐崇荣的《论现代教育技术与高等教育改革》(《西南民族大学学报》人文社科版2003年第10期)从分析中国高等教育改革存在的主要

问题入手，阐述了由于现代信息技术的直接介入，教育技术的发展与应用对高等教育思想、教育观念、教学方法、教学手段、教学组织形式等方面产生的重大影响，并提出了相应的改革措施。陈传伟的《DACUM/CBE 及其教育学含义》(《成都电子机械高等专科学校学报》1996 年第 1 期)介绍了 DACUM/CBE 及与其相关的教育学概念，并对其特点及缺陷从教育学的角度作了分析。袁慧的《浅析现代远程教育技术的发展现状》(《成都电子机械高等专科学校学报》2000 年第 4 期)阐述了现代远程教育的作用和构成的五个基本要素，介绍了目前国内外远程教育发展的现状，并对基于邮政、广播电视、Internet 网、电信网等四种远程教育方式进行了较详细的说明。李林的《略论高校计算机辅助教学的现状与对策》(《现代远程教育研究》2001 年第 3 期)认为计算机辅助教学是教学现代化的一部分，是传统教育向现代教育转化的必然。要高度重视计算机辅助教学的重大意义，针对各高校运用计算机辅助教学的现状进一步深化改革，为培养创新人才做出更大贡献。徐崇荣的《论现代教育技术与高等教育改革》(《西南民族大学学报》人文社科版 2003 年第 10 期)从分析中国高等教育改革存在的主要问题入手，阐述了由于现代信息技术的直接介入，教育技术的发展与应用对高等教育思想、教育观念、教学方法、教学手段、教学组织形式等方面产生的重大影响 ，提出了相应的改革措施。张养力《信息技术与教育技术学学科课程整合的思考》(《中国人工智能学会计算机辅助教育专业委员会会议论文集》2003 年) 从与信息技术相关的几个概念入手，结合教育技术学学科的特点，就信息技术与教育技术学学科课程整合的相关问题进行了论述。

地方志和年鉴编纂

【成都市志】

《成都市志》编纂始于 1984 年，并于当年下发《成都市志编纂方案》(征求意见稿)。到 1991 年，对《成都市志编纂方案》进行修订，重大修订有 3 处：一是宏观构架上，取消原大类大编，明确全志为“总志加专志互补型结构”。二是编纂组织操作上，总志由市地志办直接编纂，专志由有关部门承编。三是贴近现实，将原下限 1985 年展延到 1989 年。在当年全国城市志编纂工作会上，成都市志编纂理论阐述和《方案》修订均引起业界反响，被列为大型城市志编纂的“成都模式”。该志由 80 余个单位、300 余人负责专志编纂，从 1993 年开始，《成都市志》开始陆续出书，首部出版发行的《成都市志》专志——《邮政志》由市邮政局承编，于 1984 年启动，1989 年底，完成送审稿，后根据新修订《成都市志编纂方案》，下限由 1985 年展延至 1989 年，补充资料，扩展、完善相关内容记述。1992 年 11 月，完成终审验收;1993 年 8 月，成都出版社出版。全志 25 万字，首为概述、沿革，主体内容以章为单元，分述业务、网点、传输、管理，末附大事辑要和文献辑存。不仅历史资料翔实，而且设有“改革”专章，记述扩权、承包等企业改制和现代化管理内容，时代特色鲜明，1994 年获成都市哲社奖二等奖。第二部出版的《成都市志》专志——《地理志》，于 1984 年由市地志办委托中国科学院成都分院成都地理研究所承编。于 1989 年通过验收后，继续补充下限至 1989 年资料，完善相关内容。1993 年 10 月，成都出版社出版。全志 30 万字，设地理特点、地质、地貌、气候、河流、土壤、生物、农业、工业、交通城建等 11 章，全面系统记述了成都区域地理状况、特点及空间分布、人地关系，并以经济、人文地理视角反映了1949年以来工业、农业、市政建设、交通、文化等方面的发展变化，并结合地理条件优劣势，对现代城市功能区划分、产业发展适宜性做了阐述，专业特色突出，知识性强，尤其是资政、服务现实意义重大。

1997年12月5日，全市地方志工作会议暨表彰大会召开，总结1990年以来工作。成都市地方志编纂委员会表彰先进单位68个，先进个人124名。

截至2000年，《成都市志》编纂工作基本完成，共编纂68部专志，近3000万字。

鉴于一轮市志记载内容有缺项，从2001年开始，成都市启动一轮志书《总志》《大事记》《政府志》《民俗方言志》《冶金工业志》《丝绸工业志》《街道工业志》《军事工业志》等缺项专志的补修工作。

【区(市)县志】

成都市区(市)县志编纂始于1981年，截至1995年年底，市属12部新县志出齐；1996年年底，5部区志出齐，总计字数1800余万字。这些志书均为大篇结构，采用篇章节目体，较为系统地反映了断限期内的重大事件及历史脉络。其中《崇庆县志》《郫县志》《新津县志》获全国方志成果一等奖，《彭县志》《双流县志》《西城区志》获全国方志成果二等奖，其余区县志均获省级以上哲社和方志优秀成果奖，整体编纂进度和质量在全省乃至全国均走在前列。

《彭县志》是正式出版的首部区(市)县志。该志从1981年开始编纂，1988年3月通过成都市地方志编纂委员会审查验收。1989年4月由四川人民出版社出版，是成都市首部新县志，共100万字，系统记述了1911年至1985年彭县自然、社会等的历史与现状。其中，《大事记》编排将编年体记事与"专题记述"本末体记事结合，这一体例创新对当代新方志编纂影响颇大，当年获四川省地方志优秀成果一等奖，1993年获全国地方志优秀成果二等奖。

1996年9月，全国首部续志——《大邑县志续编》由四川大学出版社出版，共100万字。该志本着"续七年、补千年，纠讹误"的编纂思路，分为正文、增补、勘误3部分，其中，"续七年"为记述的主体内容，上限承新编大邑县志之下限1985年，下限为1992年年底，占全志三分之二，"补千年"为根据新发现、新研究做大量史实增补，其中增补历史人物79人及人物表6种，还增补了历史文献、艺文金石、掌故、传说多条。"纠讹误"部分主要是对上届志书进行勘误。"以续为主，补、纠为辅"的编纂修志思路，得到上级地方志机构和有关专家的高度肯定。公开出版的《大邑县志续编》是一部极富探索性、创新性的续编志书，成为各地研究、总结和借鉴取法样板。"续、补、纠"已超出了一部书的编纂思路定位范畴，作为当代续志编纂理论的基础，已被许多新一轮续志奉为"普适"原则写进各自《凡例》。

【二轮志书启动】

2004年4月，《成都市志》(1990—2005)编纂工作正式启动。根据最初的《编纂方案》，续修市志采用大类大编条目体，分为卷首、卷尾、地理、政治、经济、城建、文化、社会事业、民生、人物10卷。编纂操作方式由第一轮修志工作"分编分纂"、以部门为主的编修模式，改为"统编统纂"，由市志办统一拟定编纂大纲、统一规划志书架构、统一组织资料提供、统一管理编纂工作进度、统一总纂工作标准，力求编纂思路清晰，体例架构规范，编纂人员素质高且知识结构合理，工作进度、质量可控。当年，成都市地方志编纂委员会办公室举办市志编纂业务培训2期，先后培训市级各部门单位修志人员200余人次。

与此同时，各区（市）县二轮志书编纂工作全面启动。2004年10月，《崇州市志（1986—2000）》由四川人民出版社出版发行，这是成都市第一部正式出版的区（市）县二轮志书。作为四川省续修志书的试点单位，该志从1999年启动，历时5年，历经6次增删修改。全书共34篇，113万字，按篇、章、节、目安排内容，门类合理，归属得当，层次分明，篇目设置突出了时代特色和地方特色，在继承前志的基础上多有创新，如增设了气象、旅游等篇及文献选，突出了改革开放和人文内容，特设“专题记述”浓缩了志书精华等。全书体例完备，资料翔实，文风端正，实现了思想性、资料性、科学性、可读性的统一，全面记载了1986—2000年间崇州市政治、经济、文化、社会发展的实情，称得上是一部“服务后代，有益后世”的志书佳品。

【成都年鉴】

《成都年鉴》创刊于1987年，前身为《成都经济年鉴》（1987年卷）。1988年9月，《成都经济年鉴》更名为《成都年鉴》。1991年，经新闻出版署批准同意，《成都年鉴》作为期刊公开出版，是成都市人民政府组织编纂的地方综合性年鉴，由成都年鉴社负责编纂，按年度全面、系统记录成都市的政治、经济、社会等方面的发展情况，真实反映成都市社会主义现代化建设历史进程，为各级党政机关、研究部门、社会各界人士及中外投资者了解和研究成都提供基本资料。《成都年鉴》从1987年创刊，每年出版1卷，截至2005年，已公开出版19卷。

哲学社会科学普及与管理

科普活动与学术交流

【学术报告与讲座】

进入21世纪,市社科联、市级各学会和研究会立足于理论指导实践,围绕成都经济社会发展大局和行业发展要求,举办了形式多样的学术报告会与讲座,并邀请省市各行业的知名专家作报告,开阔成都市社科研究者及行业工作者的视野,取得了良好的反映。2001—2005年,是举办学术报告与讲座最为集中和活跃的5年(见表5－94)。

2001—2005年成都市社会科学讲座及报告情况表

表5－93

序号	时间	主办单位	讲座/报告名称	主讲人
1	2001年9月	成都市城市科学研究会土木建筑学会	“搞好旧城改造、提升城市形象”的主题报告	市城科会副理事长、高级工程师刘玉成
2	2001年4月	成都企业联合会、成都企业家协会	实施战略调整取得的显著成效及发挥物流为一、仓储业优势,跻身国际市场的经验	成都冶金实验厂厂长刘东才、中国铁路物资成都公司总经理郭敖冬
3	2001年	成都市教育科学规划办、教科所和市教育协会	“基础教育改革趋势和热点问题研究学术报告会”	全国知名特级教师
4	2001年	锦江区教育学会	“交流—互动”教育模式建构讲座	四川省社科院人才研究所所长查有梁教授
5	2001年	龙泉驿区教育学会和区教委	关于创新教育和科学与创造等方面的学术报告	国家督学赵家骥教授、四川省教科所周林主任、四川省教育学院刘裕权教授、著名作家阿来
6	2002年	成都市社科联(院)	“当代城市发展报告会”	西南交大博士丘建、外籍教授朱捷
7	2002年	成都市城市科学研究会	共举办学术年会、专家讲座13次	科研、设计单位和院校的专家、教授

续表

序号	时间	主办单位	讲座/报告名称	主讲人
8	2002 年 3 月	市青白江区房管局	房地产开发与经营知识讲座	省市相关专家
9	2002 年 8 月	西南四省九市卫生统计暨卫生经济研讨会	“医院科室外成本管理”专题讲座	成都市卫生经济学会理事徐喜玲研究员
10	2002 年 6 月	温江区社科联	学习江泽民同志“4·28”讲话专题讲座	
11	2002 年 9 月	成都劳动学会	“中国加入 WTO 与劳动社会保障”主题报告会	四川省社科院经济研究所原所长张泽荣教授
12	2002 年 9 月	成都市城市科学研究会	“中国科协 2002 年学术年会成都分会场”古蜀文明考古新发现“专题学术报告会”	市文物考古研究所所长、成都市博物馆馆长、研究员王毅和省政协文史委副主任、研究员谭继和
13	2002 年 11 月	成都市卫生经济学会	“医院产权制度改革及公共卫生服务转向私立卫生服务”专题讲座	四川大学经济管理学院李正彪教授、成都友谊医院副院长肖启亨、成都市人大教科文卫办公室副主任汪良吉
14	2003 年 11	成都市社科院	全市社科界专家座谈会	
15	2003 年 12 月	成都市卫生经济学会	成都卫生经济学会年会暨医疗服务营销学术研讨会暨专题讲座	《中国卫生事业管理》杂志编辑部郑小华主任、四川省卫生干部管理学院范昕建院长、四川大学公共卫生学院阎正民教授
16	2004 年 3 月	成都市社科联与成都市城市科学研究会等单位	成都东、南新区规划建设报告会	
17	2004 年	成都市城科会与成都市电力电子学会、成都市土木建筑学会等学会	以“科技节能、环境及成都可持续发展”为主题的成都科技年会分会场	市人大城环委主任刘玉成
18	2004 年 4 月	成都市社科联(院)	学习“中共中央关于进一步繁荣发展哲学社会科学的意见”座谈会	来自成都、乐山、宜宾、德阳、自贡、广安等城市社科联常务副主席、秘书长 16 人
19	2004 年 12 月	成都大学	“传统艺术在现代建筑与数码艺术的应用”和“米盖尔·舍瓦利叶环境装置艺术作品介绍”的讲座,	法国国际著名建筑景观数码艺术家、设计教育家米盖尔·舍瓦利叶

续表

序号	时间	主办单位	讲座/报告名称	主讲人
20	2005 年 3 月	成都市社科院和市科协	坚持科学发展观，努力构建和谐成都”报告会	四川省委党校张星炜教授
21	2005 年 5 月	成都大学	旅游界高水平专业学术报告会及就业情况联合峰会	
22	2005 年 10 月	成都市城市科学研究会	2005 年成都科技年会开幕式暨“面向 21 世纪的成都科技发展战略”报告。	四川省有突出贡献的优秀专家、市科协副主席、西南交大公共管理学院常务副院长陈光博士、教授
23	2005 年 12 月	成都大学	“步入圣殿———中国寺院旅游粗识”的学术讲座	哈佛大学访问学者、香港中文大学博士、四川大学宗教研究所段玉明教授

【学术研讨会】

20 世纪 90 年代以后，成都社科界积极加强与中国社科院、省社科院（联）等部门和兄弟单位的联系，同时整合成都地区的社科资源，加强与驻蓉高等院校的联系与交流，举办多种大型学术研讨会，并积极组织人员参与国际国内的各种学术活动，对经济社会发展中的重大理论与实践问题作了深入的探讨，对成都和四川的建设工作进行及时的交流和总结，形成的成果为各级党委、政府的科学决策提供了理论支撑，也不断扩大了成都乃至四川社科界的声音，提升了对外形象。从 1990 年开始，成都地区社科界主办的研讨会共计 100 余次，可分为 5 大类（见表 5 -95，5 -96，5 -97，5 -98，5 -99）。

1990—2004 年马克思主义、毛泽东思想、邓小平理论、“三个代表”重要思想和科学发展观研讨会一览表

表 5 -94

序号	时间	主办单位	研讨会名称	举办地点	会议主要内容
1	1990 年 8 月	四川省社科院	毛泽东思想理论研讨会	成都	研讨了在社会主义条件下，特别是在改革开放的新形势下坚持和发展毛泽东思想的重大意义等问题
2	1991 年 5 月	四川省社科院等	毛泽东思想与中国社会主义道路理论研讨会	成都	就毛泽东思想揭示了中国走社会主义道路的必然性，毛泽东思想指出了社会主义道路是中国强国富民之路，建设有中国特色社会主义的基本理论是毛泽东思想的新发展等问题展开了深入的研讨

续表

序号	时间	主办单位	研讨会名称	举办地点	会议主要内容
3	1991年5月	四川省社科联、省社科院和西南财大等17家单位	邓小平经济思想学术研讨会	成都	研讨了邓小平经济思想的核心和基本内容，邓小平经济思想对马列主义经济理论的新贡献，邓小平经济思想的特点、形成和发展等问题
4	1992年7月	四川省科学社会主义学会等	学习邓小平“南巡讲话”理论研讨会	成都	研讨了如何全面领会和贯彻邓小平南方重要谈话的精神实质，社会主义的本质、特征、标准，反“左”防右等问题
5	1992年7月	《天府新论》杂志社等	邓小平的改革开放思想与中国特色的社会主义学术讨论会	成都	讨论了邓小平改革开放思想的时代意义和对建设中国特色社会主义的重大理论贡献等
6	1992年4月	四川省社科联	邓小平论文学艺术讨论会	成都	讨论了邓小平的文学论述，认为其文学思想十分丰富、深刻，对坚持和发展毛泽东思想作出了重大贡献
7	1993年	中共成都市委宣传部、市委党史研究室、成都中共党史学会	“纪念毛泽东诞辰100周年暨成都党组织建立70周年学术讨论会。”	成都	会议围绕坚持和发展毛泽东思想，用邓小平建设有中国特色社会主义理论指导各项工作的主题，交流论文40余篇，并且向省上推荐论文40余篇
8	1993年7月	四川省社科院、四川省毛泽东思想学会、长城特殊股份有限公司等7个单位	纪念毛泽东100周年诞辰学术讨论会	成都	来自全国24个省、自治区、直辖市的120余名专家学者出席了会议，收到参会论文400余篇
9	1993年8月	四川省委宣传部、四川省委党校等	四川省建设有中国特色的社会主义理论研讨会	成都	着重就邓小平建设有中国特色社会主义理论的现实意义以及这一理论的本质特征、基本规律、指导原则、战略措施等问题进行了深入研讨
10	1993年11月	四川省委宣传部、四川省委党史研究室、四川省社科联等	四川省纪念毛泽东100周年诞辰学术研讨会	成都	会议围绕“在新形势下坚持和发展毛泽东思想，用邓小平理论建设有中国特色社会主义理论指导各项工作”这一主题，高度评价了毛泽东的伟大贡献，从不同角度研讨了毛泽东思想

续表

序号	时间	主办单位	研讨会名称	举办地点	会议主要内容
11	1994年8月	四川省委党校、四川省科学社会主义学会、中国科学社会主义学会等	邓小平同志理论与实践研讨会	成都	研讨有中国特色社会主义理论的科学体系、逻辑结构、历史及邓小平理论在中国的实践等问题，收到论文80篇
12	1994年9月	四川省委宣传部、四川省委党史研究室、四川省教委等	四川省中国特色社会主义理论研讨会	成都	研讨中国特色社会主义理论的体系、核心、本质，中国特色社会主义理论与四川深化改革、扩大开放、加快发展等问题，入选论文85篇
13	1994年11月	成都市委宣传部、成都市委讲师团	邓小平经济思想理论研讨会	成都	共收到论文70余篇。市委副书记王少雄，市委常委、市委宣传部长魏柏良到会并作重要讲话
14	1995年	四川省社科联、四川省马克思主义哲学史学会	全国建设有中国特色社会主义文化理论研讨会	成都	来自全国的80多名专家学者围绕“马克思主义文化观”“中国传统文化与中西文化比较研究”“建设有中国特色社会主义文化的理论和实践”等进行了全方位、多视角的讨论
15	1998年9月	成都市社科联、成都市社科所	“兴起学习邓小平理论新高潮和纪念十一届三中全会召开20周年”理论讨论会	成都	
16	1999年	四川省社科联、四川省马克思主义哲学史研究会	新中国马克思主义哲学50周年纪念会	成都	讨论了毛泽东思想和邓小平理论对马克思主义哲学发展的贡献及对中国社会主义事业的极端重要性
17	2000年	四川省哲学界	四川省中国哲学研究20周年回顾和未来展望	成都	
18	2002年	四川省社科院等	纪念邓小平南方谈话10周年座谈会	成都	回顾邓小平南方谈话10年来中国改革开放和社会主义现代化建设的伟大成就，展望新世纪头20年中国全面建设小康社会的美好前景
19	2003年12月	成都市社会科学界联合会、成都市文学艺术界联合会、成都毛泽东诗词研究会	中国毛泽东诗词研究会第五届年会暨毛泽东110周年诞辰纪念会	成都	主题是“毛泽东诗词与新诗”。专家学者共160余人出席并参加了会议

续表

序号	时间	主办单位	研讨会名称	举办地点	会议主要内容
20	2003 年	成都市委党校	“学习‘三个代表’重要思想，推进成都跨越式发展”理论研讨会	成都	来自 19 个区（市）县、7 个部门企业党校的常务副校长及会议代表 150 余人参会
21	2003 年 12 月	四川省委宣传部、四川省委党校、四川省社科联等	纪念毛泽东 110 周年诞辰理论研讨会	成都	对毛泽东思想的各个方面进行了深入的研讨，收到 100 篇论文
22	2004 年 6 月	中国社科院邓小平理论和“三个代表”重要思想研究中心、四川省社科院、中共成都市委宣传部、成都市邓小平理论和“三个代表”重要思想研究中心	纪念邓小平同志诞辰 100 周年理论研讨会”	成都	来自北京、上海、四川、河北、贵州、深圳等地的 60 余位专家学者参加了会议。研讨会不仅记述了邓小平同志为中国革命建设和改革开放所建立的丰功伟绩，而且探讨了诸多理论和现实问题，集中体现了当前国内邓小平理论研究的成果和水平。会后《人民日报》《光明日报》《中国社科院院报》和成都的各大新闻媒体都对会议做了报道，会后向全国征集的 40 余篇论文编辑出版了《光辉的一生　伟大的理论》一书
23	2004 年 7 月	成都市委党校	全市党校系统“纪念邓小平同志诞辰 100 周年理论研讨会暨科研颁奖大会”	成都	来自 19 个区（市）县及企业党校常务副校长及会议代表 150 余人参会。会后从参会论文中选取了 57 篇汇集成理论专集公开出版
24	2004 年 8 月	四川省委宣传部、四川省委党史研究室等六家单位	四川省邓小平生平和思想研讨会	成都	全方位讨论了邓小平的生平和思想

1991—2005 年成都市党史党建研讨会一览表

表 5－95

序号	时间	主办单位	研讨会名称	举办地点	会议主要内容
1	1991 年 6 月	成都市委党史研究室与成都市委一、二党校，讲师团	“中国共产党的领导和社会主义道路是现代中国的历史性选择”理论讨论会	成都	交流论文 70 余篇，并向全国和全省纪念建党七十周年理论讨论会推荐了优秀论文
2	1992 年 7 月	中共四川省委宣传部等	哲学与改革开放和现代化建设讨论会	成都	认为马克思主义哲学应该而且必须服务于改革开放和现代化建设，哲学工作者应该走向社会，自觉面向经济建设的主战场
3	1993 年 10 月	成都市社会科学界联合会和中共成都市委党校	全国首届中华苏维埃运动学术讨论会	成都	中央党史研究室、中央党校和各省、市、县党校、党史研究室以及部分大专院校的代表 40 余人出席会议。市社科所和市委党校组织力量编著了《中华苏维埃共和国史稿》一书
4	1993 年 11 月	四川省社科院	全国社科系统第三届哲学年会	成都	来自全国 20 余个省(市、区)社科院哲学所的负责人及四川省的哲学工作者 40 余人参加了会议，围绕“市场经济条件下哲学的地位、作用和出路”等专题进行了研讨
5	1995 年	成都市社科所、成都市委政室、成都市农委	农业产业化和成都农业发展战略研讨会	温江	市委副书记陶武先出席会议并讲话，就成都农业的发展问题提出了对策建议，与会 40 余人，收到 30 篇论文
6	1995 年 7 月	四川省政府参事室、四川省文史研究馆等	纪念抗日战争胜利 50 周年暨反法西斯战争胜利 50 周年研讨会	成都	讨论了中国共产党在抗战中的领导地位，国共合作对抗战胜利的巨大作用，四川军民为抗战胜利作出的巨大牺牲及纪念抗战胜利的重大现实意义
7	1995 年 8 月	四川省委宣传部、四川省委党史研究室、四川省委党校、四川省社科联等	纪念抗战胜利 50 周年学术研讨会	成都	分析中国抗日战争和世界反法西斯战争胜利的伟大意义，四川人民为争取抗战胜利作出的重大贡献，总结历史经验，面向二十一世纪等问题进行了探讨
8	1995 年 8 月	成都市委宣传部、成都市党史研究室、成都市社科联、成都市委党校	成都市纪念抗日战争胜利 50 周年学术讨论会		成都市及各区(市)县的史学工作者 80 余人参加会议，大会共收到论文 50 余篇。会上有 15 位专家学者分别就抗日战争有关专题进行了大会交流

续表

序号	时间	主办单位	研讨会名称	举办地点	会议主要内容
9	1995年9月	四川省社科联、四川省级机关党建研究基地、成都铁路局机关党委	四川省机关党建研讨会	成都	分析了省直属机关党组织凝聚力、战斗力的现状，提出增强战斗力的四条措施
10	1995年12月	四川省科学社会主义学会、四川省世界政治经济和国际共运史研究会	反法西斯战争的胜利和社会主义的历史命运研讨会	成都	围绕“世界反法西斯战争暨中国抗日战争胜利对中国及世界社会主义的深远影响”这一主题进行了研讨
11	1996年8月	四川省委党史研究室、四川省委宣传部等	四川省纪念长征胜利60周年学术研讨会	成都	研讨了红军长征途经四川的历史
12	1998年9月	成都市社科联、成都市社科所、成都市委宣传部	成都市纪念十一届三中全会理论研讨会	成都	会后，编辑出版了“纪念党的十一届三中全会召开20周年理论研讨会优秀论文”专辑，编发论文15篇，计12万字
13	2000年10月	成都市社科联、成都军分区政治部、成都市国防教育学会	纪念中国人民志愿军抗美援朝出国作战50周年研讨会	成都	会议围绕抗美援朝这一重大历史事件，特等功臣、志愿军老战士唐章洪等以亲身经历回顾了50年前的难忘战斗岁月
14	2001年	四川省委宣传部、四川省委组织部	纪念建党80周年理论研讨会	成都	全面回顾了建党80周年以来的成就
15	2001年6月	成都市社科界	纪念建党80周年理论研讨会	成都	收到论文90余篇，其中社科联机关撰写了10篇，会后，成都《社科论坛》出版了纪念建党80周年专刊
16	2001年11月	成都市社科联、成都日报新闻评论部主办，武侯祠博物馆协办	成都市社科界学习十六大精神理论研讨会	成都	来自省、市高校、党校，省、市社科院，市委组织部、宣传部及《先锋》杂志社等单位的专家学者30余人参加了学习研讨。市级新闻媒体对本次研讨会的情况作了报道
17	2001年11月	成都市行政学会与四川省行政学会	以学习贯彻十六大精神，加快推进成都跨越式发展为主题的理论研讨会	成都	研讨会共收到参会论文121篇。重点围绕成都市委、市政府在实施西部大开发，加快推进成都实现跨越式发展工作中行政体制改革遇到的热点、难点问题进行研讨

续表

序号	时间	主办单位	研讨会名称	举办地点	会议主要内容
18	2001 年 11 月	成都市科学社会主义学会	成都市科社学会第三次会员代表大会暨迎接党的十六大召开理论研讨会	成都	重围绕迎接十六大，坚持党的“三个代表”等重大理论问题进行了探讨，收到论文 30 余篇
19	2002 年	四川省委党史研究室、四川省党史学会	从历史学的角度研讨党的十六大	成都	
20	2005 年 2 月	成都市社科联	共产党员先进性基本内涵及其表现理论研讨会	成都	省、市 10 余名党建工作知名专家围绕党的先进性与党员先进性、党员先进性的内涵、先进性的评价与保持等热点问题，从理论和实践的结合上作了重点发言
21	2005 年 10 月	成都市委党校	“加强党的执政能力建设和构建和谐成都”理论研讨会暨邓小平理论研究会年会	成都	会后从参会论文中选取近 100 篇汇集成理论专集公开出版

1990—2005 年成都市经济社会发展中的热点难点问题研讨会一览表

表 5－96

序号	时间	主办单位	研讨会名称	举办地点	会议主要内容
1	1990 年 7 月	成都市社科所、成都市农委、成都市体改委等	成都市农村深化改革理论研讨会	成都	50 余人参加了会议，总结了成都市 11 年来农村改革的成就和经验，提出了深化改革的总体思路。会议收到论文 50 余篇，并编辑出版了《农村改革研究》一书
2	1991 年 6 月	四川省社科院等十五家单位联合召开	四川省市场理论与实践研讨会	成都	就如何进一步开拓、培育市场，规范市场管理，完善市场体系，实行宏观调节等问题进行了深入研讨。会后出版了《开拓市场理论与实践》一书，并向省政府提出了“关于我省市场的对策建议”
3	1991 年 10 月	成都市委政法委	西南及沿海十六城市政治工作和社会治安综合治理研讨会	成都	会议收到学术论文 30 余篇

续表

序号	时间	主办单位	研讨会名称	举办地点	会议主要内容
4	1991年11月	四川省社科联、四川省科协、四川省县级经济学会联合召开	四川省农村社会服务体系建设研讨会	成都	就建立健全农村社会化服务体系的理论与实践进行了探讨，向省委省政府提出了“关于建立健全我省农村社会化服务体系的建议”
5	1992年	成都市经济学会、成都市社科所	“社会主义市场经济理论讨论会”	成都	交流了39篇论文，围绕社会主义市场经济的性质、特点、地位等方面展开了讨论
6	1992年	成都市建委、成都市委研究室	成都市城市建设综合开发理论与实践研讨会	成都	对近年来成都市城市建设综合开发工作进行了交流、总结，并对发展前景进行了探讨
7	1993年4月	四川省社科联、四川大学、西南财经大学等	四川省社会主义市场经济理论讨论会	温江	提出了建立社会主义市场经济体制急待解决的若干问题的思路、途径和办法
8	1994年5月	四川省哲学学会、四川省科社学会	社会主义市场经济的辩证法研讨会	成都	邀请四川及省外的50余名专家学会学者，研讨了社会主义市场经济的多个方面
9	1994年6月	四川省政府、国家体改委等	94中国四川经济发展与国际合作研讨会	成都	来自美国、法国、日本等27个国家和地区的200余名专家、实业家、银行家出席会议并讨论了四川进一步加快发展的对策
10	1994年7月	成都市建管委、成都市文化局、四川联合大学城市研究中心、成都市城市科学研究会、府南河综合治理工程指挥部	府南河综合整治与城市发展学术研讨会	成都	收到论文近40篇。会议从多学科的角度对综合整治府南河中的各有关问题展开了学术讨论。会后，编成《世纪末的宏伟工程》一书，由成都出版社出版
11	1994年9月	四川省社科联、四川省金融学会、四川省人民银行	四川省治理通货膨胀学术研讨会	成都	对如何治理通货膨胀提出了对策建议
12	1994年9月	四川省社科联、温江县委等	四川省第二次建设社会主义新农村理论研讨会	温江	研讨了四川省第二次建设社会主义新农村的理论与实践

续表

序号	时间	主办单位	研讨会名称	举办地点	会议主要内容
13	1994 年 11 月	中国商业经济学会	中国商业经济学会第五次年会暨九城市商业经济学会协作会	成都	有重庆、成都、昆明、贵阳、太原、长沙、桂林、温州、乌鲁木齐等九城市参加,会议侧重讨论了商业改革经验、商业发展思路、商业企业摆脱困境的出路等热点问题,对推动国内商业经济的发展和商业企业的改革,提供了全新的视野和方略
14	1995 年	成都市社科所、成都市委政室、成都市农委	农业产业化和成都农业发展战略研讨会	温江	市委副书记陶武先出席会议并讲话,就成都农业的发展提出了对策建议,与会 40 余人,收到 30 篇论文
15	1995 年 5 月	中国审计学会、中国内部审计学会等	中国社会主义市场经济条件下审计基础理论研讨会	成都	就审计的定义、审计假设、审计理论框架、研究审计基础理论的意义和方法等问题进行了研讨
16	1995 年 6 月	亚洲开发银行、国务院发展研究中心、中国人民银行总行、成都市人民政府	中国西南地区金融改革开放“95 成都国际金融研讨会”	成都	来自 20 多个国家和地区的金融机构的代表 120 多人出席会议,与会者不仅对建立成都区域金融中心的若干问题发表了意见和建议,还围绕西南地区经济、金融发展现状、规划、战略等问题进行了探讨和交流
17	1995 年 11 月	成都行政学院、成都市人事局、成都市行政学会	第二届行政管理专业理论研讨会		结合成都市实际情况,围绕体制改革过程中如何加强成都市行政管理以及人事制度的有关理论和实践问题,进行了探讨。讨论会共收到学术论文 90 篇
18	1997 年 7 月	四川省价格学会	经济增长与价格上涨研讨会	成都	研讨了经济增长与价格上涨之间的关系,并就如何抵制物价过快上涨提出了对策
19	1999 年 4 月	成都市社科联、成都市社科所	农耕文化与成都经济发展学术研讨会	成都	会议就农耕文化形成的原因、特征和表现,农耕文化的消极因素及对成都经济发展的影响等问题,展开了热烈讨论

续表

序号	时间	主办单位	研讨会名称	举办地点	会议主要内容
20	1999年9月	成都市社科联、成都市邓小平理论研究中心	推进成都教育产业发展研讨会	成都	会议以如何推进成都教育产业的发展为中心，围绕关于教育产业的含义、教育产业的特点、推进教育产业发展的重要性和必要性、推进教育产业运作过程中应当处理好的几个关系等问题进行了讨论，并就如何发展成都教育产业提出了新的思路和建议
21	2000年3月	中国社科院经济研究所、四川省社科院、成都市社科所和成都国际会展中心	西部大开发战略对话会暨首届西部经济研究所所长会	成都	除西部各省（区）代表外，还有来自北京、上海、福建等省市社科界的专家学者及实业界近50位代表
22	2000年10月	四川省人民政府、成都市人民政府	2000·中国西部论坛	成都	会议按照探索西部开发的新思路、新方法、新机制的要求，以"西部开发——政府与市场"为主题，围绕西部开发的背景与前途、协作与交流、风险与回报、经济全球化与中国西部市场、中国西部与世界、中国投资体验、资本市场与西部开发、科技教育交通与西部开发、东部地区可借鉴的经验等18个议题进行了集中研讨。会议期间共组织了46次会议。国务院总理朱镕基在会见西部论坛嘉宾时指出，"2000·中国西部论坛"开创了一个先例，是一个很好的开端。"2000·中国西部论坛"大大提升和扩大了四川成都在国内外的影响力
23	2001年9月	成都市城市科学学会			申报、推选9篇优秀论文分别参加中国科技年会"资源、生态、环境科学"长春会场学术交流和2001年成都科技年会交流
24	2001年	成都市行政学会	"七一"讲话与政府工作理论研讨会	成都	参会论文164篇。突出了政府角色问题、政府职能转换、政府组织结构、政府权力问题研究

续表

序号	时间	主办单位	研讨会名称	举办地点	会议主要内容
25	2002 年	成都市劳动学会	中国劳动学会 2002 年年会	延安	有 100 余位专家、学者参会
26	2003 年 11 月	成都市社科院(联)	成都市社会科学界专家座谈会	成都	省、市社科界专家以“三个代表”重要思想为指导,围绕扫清体制性障碍,结合成都实际,就统筹城乡经济社会发展、加快城乡一体化进程等工作实践,畅谈了学习体会
27	2003 年 11 月	成都市行政学会	行政学会第十届年会暨理论研讨会	成都	研讨会紧密结合市第十次党代会提出的“三最”目标,共谋成都发展大计。会议共收到论文 148 篇
28	2003 年 10 月	四川省委宣传部、四川省社科院等	“三个转变”理论与实践研讨会	成都	
29	2004 年 12 月	成都市社科院	“成都市经济社会全面协调可持续发展”理论研讨会	成都	省市在蓉高等院校、科研院所、学会 50 多名理论工作者递交了论文,10 位学者围绕成都经济社会发展的热点、难点问题,从理论和实践的结合上做了发言
30	2005 年 3 月	成都市党校系统	构建和谐成都理论研讨会	成都	省、市和部分区(市)县党校的专家学者近 30 人到会
31	2005 年 3 月	成都市城市科学研究会成都市土木建筑学会等 11 个单位	“以科学发展观、建设节约型城市”的学术交流会	成都	对成都市如何践行科学发展观,建设节约型城市进行了探讨交流
32	2005 年 7 月	中国社会科学院、中共成都市委	同心同德共建和谐社会·成都论坛	成都	来自中国社科院、中央党校、国家部委政策理论研究机构、高等院校等方面的 130 位专家齐聚蓉城,共商城乡统筹的发展大计
33	2005 年 9 月	双流县委、县政府主办,成都市社科院协办、国栋公司承办	发展循环经济理论研讨会	成都	来自中国社科院、西南林业大学、四川省社科院、四川大学和比利时的中外学者作了演讲

续表

序号	时间	主办单位	研讨会名称	举办地点	会议主要内容
34	2005年12月	成都市社科院	成都文化产业发展理论与实践研讨会	成都	省市在蓉高等院校、科研院所、学会的60余名理论工作者参会，专家学者们围绕文化产业发展的重点、难点、热点问题进行发言
35	2005年12月	成都市科学社会主义学会	和谐成都理论研讨会	成都	与会者在研讨会上提交了30多篇论文，探讨建设和谐成都的理论与方法

1991—2004年成都市区域历史文化研讨会一览表

表5－97

序号	时间	主办单位	研讨会名称	举办地点	会议主要内容
1	1991年8月	成都市崇庆县人民政府、市社会科学研究所与中国社会科学院、省社会科学院、四川大学等	国际清史学术讨论会	崇庆县	来自日本、韩国、法国以及国内学者100余人出席会议。收到学术论文70余篇
2	1991年10月	成都市文化局、王建墓文物管理所和市社会科学研究所等单位	前后蜀历史与文化学术讨论会	成都	省、市社会科学系统、文博系统以及高等院校的专家、学者60余人出席会议，收到学术论文40余篇
3	1992年10月	成都市诸葛亮研究会和成都武侯祠博物馆	成都诸葛亮研讨会	武侯祠	来自湖北、山东、河南、安徽、浙江和四川的代表共50人参加了会议，大会收到论文32篇、专著6部
4	1992年	成都市杜甫研究会、市社科所与河南省社联、巩义市政府	杜甫1280周年诞辰纪念会和国际学术讨论会	成都	成都市杜甫研究会倡导恢复了“人日游草堂”活动，并举办了“人日游吟诗会”
5	1992年4月	中国社科院考古所、四川省文化厅、广汉市政府、四川省社科院、成都市社科所	纪念三星堆考古发现60周年暨巴蜀文化与历史国际学术讨论会	广汉	来自海内外的150多名专家、学者参加了会议。会议对三星堆文化以及巴蜀文化与历史进行了多学科、多角度的综合性探讨

续表

序号	时间	主办单位	研讨会名称	举办地点	会议主要内容
6	1992年6月	四川省孔子研究会等	儒学及其现代意义国际学术研讨会	成都	深入讨论了儒学与精神文明建设，儒学与东亚经济的发展，儒学的现代意义及其展望，儒学的教育、伦理思想及其现代意义等问题
7	1993年9月	成都市诸葛亮研究会应邀	中日三国史讨论会	日本大阪	在大会作学术发言；市诸葛亮研究会与武侯祠博物馆主办的《三国志图展》应邀赴日本甲府市展出
8	1993年10月	成都市诸葛亮研究会与浙江省兰溪市人民政府	全国第七次诸葛亮学术讨论会	浙江兰溪市	提交专著1部，论文6篇
9	1994年	成都市诸葛亮研究会应邀	“三国志·诸葛孔明之谜展”的开幕式	日本广岛	
10	1995年	成都武侯祠博物馆、成都市诸葛亮研究会应邀	作《三国演义与三国遗迹》的学术报告	泰国曼谷	
11	1995年	成都市诸葛亮研究会应邀	讲演题目分别为“三国遗迹趣谈”和“从魏、蜀、吴的荆州争夺战看人才与谋略的作用”	新加坡马来西亚	
12	1995年1月	四川省杜甫研究会、成都杜甫草堂博物馆	杜甫研讨会	奉节	来自全国各地从事杜甫研究的专家学者及日本的学者70余人参加会议，提交学术论文44篇，从杜诗的思想性、艺术性、审美文化以及文博研究、民俗考述等方面进行了交流
14	1995年4月	四川省杂文学会	省杂文学会第七次年会	成都	来自四川、河北、河南的100多位代表，围绕如何更好地“干预”生活，当好改革开放的“清道夫”问题；如何突出四川特色，保持“川味”特点问题进行了广泛研讨
15	1995年4月		纪念大禹学术研讨会	都江堰	50余位专家对大禹进行了研究

续表

序号	时间	主办单位	研讨会名称	举办地点	会议主要内容
16	1995年5月	成都市民俗文化研究会	成都市民俗文化学术讨论会	双流	四川省委原书记冯元蔚、省社科院原党组书记冯举、西南民族学院副院长孟竹平、省民研所所长李绍明等省市民俗研究的专家学者100余人出席了会议。专家们做了专题发言，以求实求新的研究视角和独到的见解
17	1995年8月	四川联合大学、韩国退溪学釜山研究会、日本九州岛退溪学研究会	第八届中、韩、日退溪学国际学术研讨会	成都	来自中、日、韩的100余名专家学者研讨了韩国儒学史上的著名思想家李退溪的学术思想
18	1996年9月	四川省杜甫研究会、成都杜甫草堂博物馆	诗圣杜甫学术研讨会	成都	法国、韩国来宾及全国高校、文博、文化界专家学者100余人出席了会议
19	1997年	成都市诸葛亮研究会谭良啸应台湾省学界邀请	参加“两岸关公文化交流座谈会”	台湾	提交论文《论元代杂剧中的关羽形象》，在大会进行交流
20	1997年9月	四川哲学界	老庄思想研究	成都	与台湾中华老庄学会进行首次学术交流
21	1999年	四川社科界、崇州市人民政府	孔子思想与当代社会学术研讨会	崇州	重点研讨了儒学文化
22	2000年4月	成都市文化局、成都市群众文化学会	成都市第十一届群众艺术暨群众文化美学研讨会	成都	成都市各区（市）县的文化局、馆、站长及论文作者80余人出席了会议，收到论文75篇，20多个单位的代表在大会上作了交流
23	2001年3月	省社科院、省海峡两岸交流协会、省归国华侨联合会等	海峡两岸首届孝道文化学术研讨会	成都	中国台湾和大陆的100余名学者探讨了中华传统孝道文化，结集出版了《中华孝道文化》一书
24	2001年12月	成都市诸葛亮研究会	纪念“攻心”联问世一百周年暨学术研讨会	成都	

续表

序号	时间	主办单位	研讨会名称	举办地点	会议主要内容
25	2001年12月	市群众文化学会	群众文化理论研讨会	成都	崇州、武侯、金牛、锦江、青羊等14个区(市)县的文化局长,以及街办党委书记、乡文化中心主任做了大会交流
26	2002年	省社科院、市社科院、成都日报社等	巴蜀文化与西部大开发研讨会	成都	70余位专家从不同视角、不同学科,就巴蜀文化的内涵、实质、意义,弘扬巴蜀文化与西部大开发等问题进行了深入讨论
27	2002年11月	成都市毛泽东诗词研究会	十六大颂诗会	成都	参加这次颂诗会的有老红军、老干部,有专家学者,也有中青年干部,共140多人
28	2003年11月	市委宣传部、市社科院、市委党校	成都城市精神专家学者研讨会	成都	会议特邀省、市知名专家学者30人参会研讨,围绕塑造城市精神的意义、什么是成都城市精神,以及如何塑造城市精神建言献策
29	2003年11月	市群众文化学会	成都市第十四届群众文化理论研讨会	成都	研讨会共收到论文70余篇,15篇在大会上作了交流,探讨群众文化在成都市加快城市化进程、推进跨越式发展、全面建设小康社会的作用。并由学者、专家做了点评
30	2004年10月	崇州市政府	陆游文化节	崇州	来自北京、上海、浙江、陕西等地研究陆游文化的专家学者出席并参加了活动
31	2004年	省文史研究馆、西华大学	首届蜀学讨论会	成都	围绕蜀文化的内涵、实质与蜀文化的传承和开发、弘扬蜀学与四川建设文化强省等问题进行了深入讨论

1993—2004年成都市其他研讨会

表5-98

序号	时间	主办单位	研讨会名称	举办地点	会议主要内容
1	1993年7月	成都市国防教育学会	社会主义市场经济与国防教育理论研讨会	崇庆县	省市有关部门、成都军区、四川省军区、成都军分区和省外的领导、专家100余人出席了会议

续表

序号	时间	主办单位	研讨会名称	举办地点	会议主要内容
2	1995年	四川省精神文明办公室	精神文明建设理论研讨会	成都	就“精神文明建设以人为本”这一专题进行了深入研讨
3	1997年	省市社科界	纪念香港回归	成都	研讨香港的历史、现实和未来
4	1998年10月	四川师范大学	全国历史哲学与社会主义精神文明学术研讨会	成都	来自北京、江苏等地的50余名专家学者深入讨论了历史哲学与精神文明的有关问题
5	1999年3月	成都市劳动学会	医疗保险制度改革研讨会	成都	80余人出席了会议。会议就基本医疗保险统筹基金、基本医疗保险费征缴和支付比例及退休人员的医疗保险待遇等重要问题进行了研讨
6	1999年11月	成都大学	迎澳门回归理论讨论会		参加会议的专家学者共30余人
7	2000年11月	成都卫生经济学会	成都卫生经济学会2000年学术年会	成都	与会代表围绕“思想政治工作”“医药卫生改革”“经济管理”等8个专题进行了认真的讨论
8	2001年	省教育学会组织人员参加	第三届全国基础教育论坛；创新教育与学校发展高级研讨班；小学生中国文化经典阅读现场展示会；性教学与新课程改革研讨暨展示大会等	北京	有两篇论文在中国教育学会第十五次全国学术讨论会上交流
9	2001年	成都市国防教育学会	“西部大开发与国防建设”	成都	共收到论文64篇，评出优秀论文39篇
10	2001年	成都市国防教育学会	“高技术战争条件下的人民防空”研讨会	成都	共收到论文65篇，约30万字，从中评出优秀论文50篇。专著《城市人民防空》由成都军区人防办作序，四川科技出版社出版，全国发行
11	2003年	成都市国防教育学会	“伊拉克战争与国防教育”理论研讨会	成都	会议收录了18篇质量较好的学术论文，编辑出版了一本国防教育辅助教材

续表

序号	时间	主办单位	研讨会名称	举办地点	会议主要内容
12	2004 年	市教育学会	开展了“新课程课堂教学成都研讨会”“全国非智力因素第四届年会暨学术研讨会”“中国(成都)民办教育峰会”“合作式教学研讨活动”“心理健康研讨会”“课程改革教师论坛”等	成都	
13	2004 年 10 月	成都大学	“创业——大学生为什么卷入非法传销的漩涡”研讨会	成都	通过社会知名专家以传销为话题，分析、透视传销，进而升华到讨论大学生就业、创业误区，使成大学子深入了解相关知识，增强防范意识和自我保护意识
14	2004 年 12 月	成都市国防教育学会与成都市国防办公室	“新军事变革形势下的国防教育”理论研讨会	成都	来自党、政、军等各有关部门的专家学者参加了会议。会后，经专家评议将 34 篇优秀论文编印成《新军事变革形势下的国防教育》论文集

【学术刊物】

成都市社会科学界高度重视社科刊物的作用，积极创办并努力办好社科刊物，据不完全统计，截至 2005 年，全市创办的主要刊物有 18 种，其中公开发行 6 种，内部发行 12 种。这些社科刊物通过刊载研究经济社会发展中的社科热点、难点问题的文章，已成为社科学术交流的平台和为市领导决策提供咨询的重要渠道。

1990—2005 年成都市创办社科刊物情况表

表 5 - 99

序号	创办单位	社科刊物名称	刊物类别
1	成都市委党校	《成都市委党校学报》	公开
2	成都大学	《成都大学学报》(社会科学版)	公开
3	成都市杜甫学会	《杜甫研究学刊》	公开
4	成都市行政学会和成都行政学院	《成都行政学院学报》	公开

续表

序号	创办单位	社科刊物名称	刊物类别
5	成都市翻译协会	《中国西部科技》	公开
6	市社科联(院)	《社科论坛》	内刊
7	成都市对外文化交流协会	《中国成都》	内刊
8	成都市国防教育学会	《华夏魂》	内刊
9	成都毛泽东诗词研究会	《丛中笑》	内刊
10	成都市房地产及住宅研究会	《蜀都房地产》	内刊
11	成都市群众文化学会	《成都文化》	内刊
12	成都企业文化协会	《成都企业文化》	内刊
13	成都市计划学会	《成都经济发展》	内刊
14	成都市金融学会和工商银行四川省分行营业部	《调查与研究》	内刊
15	成都薛涛研究会	《薛涛与望江楼》	内刊
16	成都市劳动学会	《劳动工作研究》《劳动学会通讯》	内刊

说明：只统计市级刊物

【科普活动】

成都市社科界除注重以研究成果为党委和政府的决策提供服务外，还重视将社会科学研究成果向广大群众进行普及宣传。围绕不同时期党和国家的大政方针、社会生活中的热点问题，以及成都城市发展中的重大问题等，成都社科界开展了多种形式的社会科学普及宣传活动。在抵制邪教、抗击“非典”的过程中，成都市社科联邀请省、市专家进行“崇尚科学、反对迷信”“依靠科学，战胜非典”的报告会。从2001年起，成都市社科联机关及各级学会、协会、研究会参与并组织了全市每年3月的“科普活动月”和5月的“科普活动周”活动，开展了“成都沙河综合整治报告会”“当代城市发展报告会”“当代城市建设与发展”科普知识报告会、“成都东、南新区规划建设报告会”“坚持科学发展观，努力构建和谐成都”报告会等。

1990—2005年，成都出版了一大批社科普及读物。党中央提出西部大开发战略方针和中国即将加入WTO之际，成都社科联迅速推出《西部大开发100问》《WTO基本知识百题》，向广大干部群众普及西部大开发和WTO的相关知识。成都社科界还推出科普读物《锦绣成都》《成都之最》等，集中介绍成都在历史文化、社会经济等各方面的优势和突出特点。这些科普读物以其通俗性、知识性和实用性的特点，较好地发挥了普及社会科学知识的作用。

课题管理

【市级课题立项管理】

从1999年起，成都市邓小平理论和“三个代表”重要思想研究中心整合成都地域范围内的社科研究力量，面向成都地域范围开展一年一度的课题立项、评审、结项工作。每年6月前，完成当年课题的立项工作；12月前，完成上年课题的结项工作。到2005年，共计立项216项课题，结项172项课题。

自2001年《成都市哲学社会科学研究“十五”规划纲要》颁行后，采取了“十五”规划课题与“邓研中心”重点研究课题并行的做法，并在每年的课题指南中有明确的指向和要求。多数高等院校已将此类课题列为科研人员及教学人员的年终考核项目，并辅之以一定的配套政策和措施，如四川大学、西南财经大学、西南交通大学、西华大学、西南石油学院、西南民族大学等，都将“研究中心”的课题研究事宜挂在自己的校园网上供申报者查阅。2004年，“研究中心”与市委宣传部联合实施本年度重大课题招标，探索组织社科研究的新途径、新机制。

1999—2005年成都市市级社科课题立项情况一览表

表5-100　　单位：项

时间	申报数	立项数	专著	论文 调研报告	自筹课题
1999	68	11	3	8	
2000	85	20	4	16	
2001	93	23	2	21	3
2002	118	31	2	29	8
2003	165	49	6	43	22
2004	190	38	6	32	16
2005	168	44	5	39	14

1999—2005年年度规划项目一览表

1999年立项课题

表5－101

序号	课题负责人	职称、职务	单位	课题名称	成果形式	出版单位及日期
1	刘从政	院长、副教授	成都市社科院	成都对外开放二十年	专著	巴蜀书社 2001年
2	何春芳		成都市委政研室	成都市非公有制经济的发展战略	论文	《工作与研究》 2000年5月12日
3	祁晓玲	教授	四川师范大学	成都平原地区农村产业结构调整与产品品牌战略	专著	四川人民出版社 2001年
4	于秦坤	常务副会长	成都市国防学会	邓小平国防建设理论与中国国防现代化建设	专著	四川人民出版社 1999年
5	王有权		成都市委党校	建立和完善农村基层民主制度的调查研究	论文	《民主法制建设》 2000年第5期
6	王　健	副研究员	成都市社科院	依托上市公司资产重组优化成都产业结构	论文	《社科论坛》 1999年增刊
7	康超光	教授	成都市委党校	把握社会主义实践性的本质	论文	收录示《社会主义与21世纪》，中央编译出版社2000年
8	刘宝驹	所长 副研究员	成都市社科院	成都市居民家庭消费现状及需求的调查研究	论文	《社科论坛》 2000年第4期
9	刘万厦	处长	成都市委宣传部	开拓市场经济条件下社区精神文明建设的新路子	论文	《社会科学研究》 2000年1期
10	郑卫国	主任、副教授	成都市委党校	成都中小企业发展战略研究	论文	《成都市委党校学报》 2000年2期
11	钟富诚	所长 副研究员	成都市社科院	充分认识现代农业产业化的渐进性	论文	《城郊发展》 1999年4期

2000 年立项课题

表 5－102

序号	课题负责人	职称、职务	单位	课题名称	成果形式	出版单位及日期
1	郑卫国	主任、副教授	成都市委党校	激活成都中小企业——成都中小企业发展问题研究	专著	四川大学出版社 2001 年 12 月
2	管文虎	院长、教授	电子科技大学	论邓小平理论在马克思主义发展中的地位	专著	电子科大出版社 2001 年 12 月
3	郑景骥	教授、博导	西南财经大学	成都市乡镇企业资本经营研究	专著	内部出版
4	杨文华	编辑	成都市地志办	成都与中国西部开发的历史考察	专著	四川人民出版社 2001 年 6 月
5	张星炜	副主任、教授	四川省委党校	“三个代表”的论述是对毛泽东邓小平党建理论的继承和发展	论文	《科学社会主义》2000 年 3 期 《中共成都市委党校学报》2000 年 3 期
6	刘益飞	教授	成都市委党校	在新的形势下坚持党的先锋队伍性质的必由之路	论文	《天府新论》2000 年 6 期
7	卫忠海	主任、副教授	四川大学	坚持“三个代表”的建党方向	论文	《理论学习导刊》2001 年 6 期
8	陈　强	主任	成都市人大办公厅	论加强法制建设与实施西部大开发战略	论文	《社会科学研究》2001 年增刊
9	何昕旭	高级经济师	成都市社科院	关于青少年人格构建问题研究	论文	《社科论坛》2001 年 4 期 《成都市委党校学报》2001 年 6 期
10	毛正刚	副院长 副教授	成都行政学院	加入 WTO 后成都农业的对策问题研究	论文	《成都行政学院学报》2000 年 5 期
11	李福海	教授	四川大学	成都实现“追赶型、跨越式”发展战略研究	论文	《经济体制改革》2001 年 5 期
12	苏海红	部长	成都市委组织部	适应西部大开发战略，加快成都高素质干部队伍研究	研究报告	内部报告
13	朱德君	副书记 局长	成都市纪委 成都市监察局	关于对国有企业纪检监察机构设置、地位、职能、权限的调查与思考	研究报告	《党风党纪月刊》2001 年 9 期
14	刘国璋	副部长	成都市委宣传部	成都市社区思想政治工作调查与思考	研究报告	《社科论坛》2000 年 3 期

续表

序号	课题负责人	职称、职务	单　位	课题名称	成果形式	出版单位及日期
15	黄天祥	副部长	成都市委组织部	国有企业经营管理者选拔机制问题研究	研究报告	内部报告
16	宋志斌	副主任	成都市委政研室	进一步促进成都市支柱产业发展的对策研究	研究报告	《成都市贯彻十五届四中全会决定调研文集》
17	刘玉成	主任、高工	成都市建委	“五路一桥”工程文化特色研究	研究报告	《重庆建筑大学学报》（社科版）2001年1期
18	贾自亮	所长、研究员	成都市社科院	建设战略高地　选准切入点——谈成都在西部大开发中的定位	研究报告	《天府新论》2000年6期
19	张　松	部长	新津县委组织部	私营企业建立党组织的条件及其活动方式	研究报告	《社科论坛》2001年1期
20	罗朝金	部长	双流县委组织部	论成都市“卫星城”实施农民增收系统工程	研究报告	《理论学习导刊》2000年8期

2001年立项课题

表5－103

序号	课题负责人	职称、职务	单　位	课题名称	成果形式	出版单位及日期
1	凌大志	副校长、教授	四川省委省级机关党校	社会主义先进文化论	专著	四川人民出版社2002年12月
2	蒋南平	副教授、博士	四川工业学院	成都市民营经济支持体系的研究	专著	四川新闻出版局2002年6月
3	骆隆森	主席	成都市政协	成都旅游经济跨越式发展中的问题与对策研究	论文	《中华文化论坛》2003年3期
4	苏海红	部长	成都市委组织部	“三个代表”与干部人事制度改革	研究报告	内部报告
5	王　进	副局长	成都市文化局	建设美育性的广场文化是铲除邪教的重要途径	论文	《成都文化》2001年第4期
6	于良秀	局长	成都市园林管理局	成都建设“园林城市”综合效益的研究	论文	《成都建筑》2001年3期　《四川建筑》2001年3期

续表

序号	课题负责人	职称、职务	单　位	课题名称	成果形式	出版单位及日期
7	李春盛	书记、工程师	成都市科学技术委员会	数字成都,让历史名城焕发青春	论文	《成都宣传》2002年第8期
8	张　军	讲师	四川大学	成都市跨越式发展与传统优势企业竞争力提升研究	论文	《西南民族学院学报》2002年10期《价格理论与实践》2002第2期
9	顾航宇	系副主任 副教授	四川工业学院	关于协调成都市农村“村支两委”关系的对策研究	论文	《中共成都市委党校学报》2002年第3期
10	刘成玉	副院长 副教授	西南财经大学	成都农村产业化与生态保护研究	研究报告	《农村经济》2003年3期
11	高晋康	系主任、教授	西南财经大学	改善成都投资法制环境的对策研究	论文	《财经科学》2002年6期
12	杨国良	主任 副教授	四川师范大学	成都市居民消费结构与休闲产业可持续发展问题研究	论文	《地域研究与开发》2002年2期《旅游学刊》2002年2期
13	史本山	教授、博导	西南交通大学	成都经济跨越式发展中的问题与对策研究	论文	《软科学》2001年4期
14	刘兴全	处长、副教授	西南民族学院	成都市教育市场对外开放的现状调查及其对策研究	论文	《西南民族学院学报》2002年5期
15	刘宝驹	所长 副研究员	成都市社科院	成都市失业人口再就业问题研究	研究报告	《社会科学研究》2003年4期
16	陈绍干	副主席 副研究员	成都市社科联	力创竞争优势　推进成都跨越——关于提升成都城市综合竞争力的思考	研究报告	《中国西部科技》2003年1期
17	梁光晨	副主任 副教授	成都市委党校	正确认识农村矛盾　切实做好疏导化解工作	论文	《中共成都市委党校学报》2002年5期
18	毛正刚	副院长、教授	成都行政学院	入世后成都市政府管理面临的挑战及其对策	论文	《四川行政学院学报》2001年12期

续表

序号	课题负责人	职称、职务	单位	课题名称	成果形式	出版单位及日期
19	陈庭章	部长	金牛区委宣传部	实施“依法治市”与“以德治市”相结合的战略加强市民道德建设	论文	《理论学习导刊》2002年6期
20	吴晓鸣	编辑、会长	成都市妇女问题理论研究会	女性痴迷现象分析	研究报告	内部报告
21	刘玉成	主任	成都市建委	加快成都城市化进程对策研究	研究报告	内部报告
22	唐春勇		西南交大经管学院	成都发展信息产业、高新技术的思路和对策研究	研究报告	《西南交大学报》2002年10期
23	张世英	研究馆员	成都市群众文化艺术馆	加强社区群众文化建设是转型期精神文明建设的重要环节	研究报告	《成都文化》2002年4期

2002年立项课题

表5-104

序号	课题负责人	职称、职务	单位	课题名称	成果形式	出版单位及日期
1	李　杰	主任 副教授 博士	四川大学	投资结构与成都跨越式发展研究	专著	西南财大出版社2005年版
2	辜堪生	教授	西南财经大学	新时期中国共产党阶级基础和群众基础研究	专著	西南交大出版社2005年版
3	黄忠莹	副书记	成都市委	关于构建成都市反腐保廉预防体系的研究	论文	《中国纪检监察报》2002年10月18日
4	苏海红	部长	成都市委组织部	入世对领导班子和干部队伍建设提出的新要求	研究报告	内部报告
5	朱长胜	巡视员	成都市委政研室	成都城市化进程问题及对策研究	研究报告	《决策咨询通讯》2003年6期
6	周金泉	市长助理 常务副书记	成都市企业工委	成都市企业党的建设的现状及对策	研究报告	内部报告
7	杨　伟	党组书记 局长	成都市教育局	保障低收入家庭子女接受义务教育的权利的政策研究	研究报告	《省教育学院学报》2003年9期

续表

序号	课题负责人	职称、职务	单 位	课题名称	成果形式	出版单位及日期
8	王安纯	助理巡视员	成都市劳动和社会保障局	成都市劳动保障体系建设现状、问题及对策	研究报告	《劳动理论与实践》2002年12期
9	路小昆	副研究员	成都市委党校	中心城市区域创新体系与成都高新技术产业发展战略	研究报告	《四川省委党校学报》2002年增刊
10	王永新	副主任	成都市农委	成都特色农业问题研究	研究报告	《西南民院学报》2003年4期
11	王 健	副研究员	成都市社科院	成都市社区发展的策略及模式选择	论文	《西南民院学报》2003年12期
12	张莉红	副研究员	成都市社科院	他山之石，可以攻玉——成都城市与德国斯图加特城市群环保工作比较研究	研究报告	《社科论坛》2003年2期 《天府新论》2004年第1期
13	邵 昱	副院长、副教授、博士	成都市社科院	以信息化推动工业化进程提升成都城市综合竞争力	研究报告	《2003年成都经济展望》四川科技出版社2002年版
14	王 苹	副处长 副教授	成都市社科院	弘扬民族和时代精神，创建先进文明——成都市公民道德建设调查与思考	研究报告	《西南民院学报》2002年12期
15	梁昱庆	副校长、教授	成都大学	毛泽东、邓小平、江泽民政治地理思想及发展战略比较研究	研究报告	《成都大学学报》2003年4期
16	郑小明	讲师	四川工业学院	成都市民“诚信”道德价值观的现状分析及培养策略研究	研究报告	《西南民院学报》2003年12期
17	陶 莉	副教授	四川大学	发展先进文化与成都市“以德治市”方略研究	研究报告	《毛泽东思想研究》杂志社2003年11月2日
18	曹玉华	副教授	四川大学	党的第三代中央领导集体对邓小平宗教观的丰富和发展	论文	《社会主义研究》2002年3期
19	吴 燕	副教授 在读博士	电子科技大学	社会转型时期中心城市阶段、阶层结构的变动分析	论文	《中华文化论坛》2003年3期

续表

序号	课题负责人	职称、职务	单位	课题名称	成果形式	出版单位及日期
20	龙运书	教授	西南民族学院	成都与四川藏区经济发展兼容性研究	研究报告	《西南民院学报》2003年4期
21	祁晓玲	教授、博士	四川师范大学	成都市现阶段农民增收的制约因素及对策研究	论文	《北京化工大学学报》2003年3期
22	侯水平	院长、教授	四川省社科院	成都企业制度创新与规范化研究	论文	《经济体制改革》2003年5期
23	高宏德	研究员	四川省社科院	改善成都中小企业融资机制研究	研究报告	《经济改革与发展研究》2003年
24	陈伯君	副院长	成都市社科院	中国航向——从“三个有利于”到“三个代表”重大理论发展概述	论文	《毛泽东思想研究》2003年1期
25	彭海春	副馆长	成都市群众艺术馆	发挥群众文化先进性　促进成都“以德治市”	研究报告	《群众文化论丛》百家出版社2002年12月版
26	杜　伟	讲师	四川师范大学	成都市推进企业技术创新的对策研究	研究报告	《西南民院学报》2003年4期
27	代安德	副校长	中共龙泉驿区区委党校	成都农业结构调整及特色农业发展研究	研究报告	《四川行政学院学报》2003年4期
28	甄先尧	部长	中共温江县委宣传部	论环境育人在思想政治工作中的地位和作用	论文	《成都市委党校学报》2003年3期

2003年立项课题

表5-105

序号	课题负责人	职称、职务	单位	课题名称	成果形式	出版单位及日期
1	陈　强	主任	市人大常委办公厅研究室	积极拓展公民的有序政治参与	论文	《社会科学研究》2003年11期
2	刘绵江	副书记	市委政法委	政法机关如何推进建设社会主义政治文明建设	论文	《成都市委党校学报》2003年6期
3	唐　华	副局长 博士	市科学技术局	高新技术产业集群创新系统的构建	论文	《财经科学》2004年6期

续表

序号	课题负责人	职称、职务	单　位	课题名称	成果形式	出版单位及日期
4	邵　昱	副院长 博士 副教授	市社科院	塑造城市品牌　推动城市经营	研究报告	《2005年成都经济展望》四川科技出版社2004年12月
5	钟富诚	经济所副所长 副研究员	市社科院	简论成都城镇化发展基本经验(成都市"试点镇"建设之调查)	论文	《重庆工商大学学报》2003年1期
6	林成西	历史文化所所长 副研究员	市社科院	新时期成都工业发展道路的回顾与思考	论文	《理论与改革》2005年第4期
7	王　凡	主任、副教授	市委党校	成都实现跨越式发展的难点、重点——农村实现全面小康对策研究	研究报告	《天府新论》2004年6期
8	毛正刚	副院长 教授	市行政学院	成都创建学习型政府研究	研究报告	《成都行政学院学报》2004年1期
9	雷　兵	党委副书记	成都大学	关于地方高等教育对文化强市起支撑作用的思考	论文	《西南民族大学学报》2004年8期
10	刘玉成	市建委主任 高工	市城科会	成都市交通发展对策研究	研究报告	《成都城市研究》科学与财富杂志社
11	张立伟	新闻所所长 研究员	省社科院	做好主流新闻	研究报告	《新闻天地》2004年2期
12	孙　林	教研部主任 教授	省级机关党校	社会文化生态与全面建设小康社会	论文	《西南政法大学学报》2004年2期
13	杨明洪	副主任 教授	四川大学	农业产业化龙头企业扶持与成都市农村经济跨越式发展研究	专著	
14	曹　萍	副研究员	四川大学	郊区城市化是解决成都农民增收问题的根本途径	论文	《农村经济》2004年6期
15	徐　芳	副研究员	西南财经大学	加快民间资金向民营资本转变的思考	研究报告	《经济体制改革》2004年3期
16	刘泽仁	教授	四川工业学院	对四川支柱产业规划的再认识及对成都产业发展取向分析,对成都市聚集产业问题的思考	论文	《西华大学学报》2004年5期《成都理工大学学报》2004年2期

续表

序号	课题负责人	职称、职务	单　位	课题名称	成果形式	出版单位及日期
17	肖云忠	副教授	成都理工大学	弘扬和培育民族精神与全面建设小康社会关系研究	论文	《成都理工大学学报》2004 年 1 期
18	何维玲	副教授	成都中医药大学	公开募股非上市公司的现状及监管对策研究	论文	《西南民族大学学报》2004 年 5 期
19	刘兴全	处长 副教授	西南民族学院	"成都资本"的凝聚——西部大开发与成都区域经济发展之研究	专著	
20	巫敏	区委副书记 党校校长	青白江区委	对青白江区构建成都工业高地的思考	研究报告	《四川省委党校学报》2004 年 2 期
21	万雪梅	副区长 副教授	温江区人民政府	温江区整顿规范土地市场的启示	论文	《西南民族大学学报》2004 年 8 期
22	姜学清	助调、高讲	青羊区委党校	成都市城镇反贫困对策研究初探	论文	《四川行政学院学报》2003 年 5 期
23	易贤文		成都市纪委	成都市投资软环境现状评估及对策建议	调研报告	电子科技大学出版社 2003 年 10 期
24	王永新		成都市农委	成都市发展现代农业园区的调查与思考	论文	《农村经济》2004 年 4 期
25	罗开玉	副馆长 研究员	成都武侯祠博物馆	成都城市品牌与"三国圣地"研究	研究报告	《四川文物》2003 年 4 期
26	何景明	副教授	中科院成都山地灾害与环境研究所	成都市农家旅游可持续发展对策研究	研究报告	《中国人口、资源与环境》2004 年总第 76 期第 14 卷
27	龚勤林	讲师	四川大学	产业链通的经济动因与区际效应研究	论文	《理论与改革》2004 年 3 期
28	纪尽善	经研所所长	西南财经大学	成都城市社区发展与制度创新研究	研究报告	《成都行政学院学报》2004 年第 5 期
29	朱国鍰	系主任 副教授	电子科技大学	成都主导产业、支柱产业的选择及加入 WTO 的适应对策研究	论文	《电子科技大学学报》2004 年 3 期
30	骆　玲	副教授	西南交通大学	城市社区发展中居民社区意识及参与性的实证研究——来自成都市五城区的个案调查	研究报告	《西南民大学报》2004 年 9 期

续表

序号	课题负责人	职称、职务	单位	课题名称	成果形式	出版单位及日期
31	张金岭	教授	四川师范大学	成都文化史	专著	
32	邓绍辉	副院长 教授	四川师范大学	成都市政府可调控旅游资源及调控办法	研究报告	
33	李余生 吕滨	教授 副教授	成都理工大学	现代企业人力资源价值体系研究及价值定量确定	论文	《价值工程》2004年第4期
34	喇明清	副研究员	西南民族学院	成都城市社区治理结构中的社区民族工作制度创新	研究报告	《西南民族大学学报》2004年12期
35	李学林	副教授	西南石油学院	社会主义初级阶段弱势群体的形成及对策研究	专著	西南交通大学出版社2005年10月
36	李道林	常务副校长	都江堰市委党校	都江堰市非公有制企业党建工作的调查思考	研究报告	《四川省社会主义学院学报》2004年2期
37	代安德	高讲	龙泉驿区委党校	走中国特色的城镇化道路问题研究	论文	《四川省委党校学报》2004年2期

2004年立项课题

表5－106

序号	课题负责人	职称、职务	单位	课题名称	成果形式	出版单位及日期
1	路小昆	副研究员	市委党校	成都全面建设小康社会基本思路研究	专著	四川大学出版社2004年版
2	林成西	所长 副研究员	市社科院	改革开放以来的江家堰村——向历史深处探寻“三农”问题的由来与发展	专著	
3	王苹	秘书长 副研究员	市社科联(院)	当代中国行政文化建设	专著	四川巴蜀书社2004年版
4	许蓉生	副研究员	市社科院	成都水文化调查	论文	《成都年鉴》2005年
5	康超光	巡视员 教授	市委党校	论邓小平应对和驾驭复杂局面的政治智慧	论文	《理论与改革》2004年第5期
6	屈锡华	院长 教授	四川大学公共管理学院	成都市统筹城乡发展中的农村支持体系研究	研究报告	《成都行政学院学报》2005年第6期

续表

序号	课题负责人	职称、职务	单位	课题名称	成果形式	出版单位及日期
7	杨林兴	副区长 党校校长	青羊区委党校	统筹城乡经济社会发展解决城郊失地农民问题的调查	论文	《成都行政学院学报》2005 年第 2 期
8	王　健	副研究员	市社科院	休闲产业——助推经济增长的巨大力量（兼论成都休闲产业发展）	论文	《成都市委党校学报》2005 年第 5 期
9	郭　虹	所长 研究员	省社科院	城市社区治理与政府管理体制创新研究	研究报告	《成都区域经济社会发展——调查与研究》四川科技出版社
10	段　渝	所长 研究员	省社科院	成都城市聚合形成模式的中外比较研究	论文	《中华文化论坛》2005 年第 4 期
11	陈　光	教授	西南交大	成都地区城乡一体化发展战略模式研究	论文	
12	李道林	常务副校长	都江堰市委党校	鱼和熊掌皆可兼得——世界遗产地都江堰——青城山环境保护与经济发展的调查与思考	研究报告	《成都行政学院学报》2005 年第 2 期
13	鲜开值	市长助理	市政府	进一步规范行政执法行为，着力提高依法行政的水平	研究报告	《四川党的建设》2004 年第 7 期
14	杨建德	副局长	市纪委监察局	政府透明与廉政建设研究	论文	《四川党的建设城市版》2006 年第 2 期
15	马　旭	局长	市民族宗教事务局	成都市社区管理与服务中的少数民族问题研究	研究报告	
16	邵　昱	副院长 副研究员 博士	市社科院	建设诚信成都　铸造诚信社会	研究报告	《理论与改革》2005 年第 6 期
17	刘宝驹	所长 副研究员	市社科院	统筹城乡社会经济，推进成都城乡一体化发展	研究报告	《天府新论》2005 年第 5 期
18	周治滨	教授	省委党校	论“三个代表”重要思想理论体系与邓小平理论体系的关系	论文	《理论与改革》2004 年增刊

续表

序号	课题负责人	职称、职务	单位	课题名称	成果形式	出版单位及日期
19	董　里	部长	金牛区委宣传部	金牛区农民合作经济组织发展情况调查	研究报告	
20	陈学明	副教授	省级机关党校	成都建设西部重要文化中心的思考	研究报告	《省级机关党校学报》2005 年第 2 期
21	马开钦	主任	市地方志办公室	影响成都历史发展进程的名人	专著	
22	章道云	院长　教授	西华大学	"五个统筹"与新发展观研究	专著	
23	李建华	主任	市计生委	全面建设小康社会与成都人口现代化研究	研究报告	
24	应跃龙	常务副校长	双流县委党校	推进"三个集中",统筹城乡经济社会发展——双流县促进城乡一体化的调查	研究报告	《农村经济》2005 年第 3 期
25	刘万厦	部长	武侯区委宣传部	城市化进程中农民市民化的主要问题研究	研究报告	《社会科学研究》2005 年第 3 期
26	徐　芳	副研究员	西南财大经济研究所	加快农村金融体制改革与创新,解决"三农"问题中的资金瓶颈问题研究	研究报告	《经济学家》2005 年第 5 期
27	王国敏	院长　教授	四川大学政治学院	促进成都农民增收的对策研究	研究报告	《社会科学研究》2005 年经济管理专刊
28	刘智勇	副教授	电子科大人文学院	成都市人才安全管理机制研究	研究报告	
29	刘从政 丁明鲜	院长 研究员 副教授	成都市社科院 四川师大经济学院	邓小平理论是中华民族的精神支柱	专著	
30	曹德骏	教授 副院长	西南财大国际商学院	成都地区私营企业非理性经营行为调研	调研报告	
31	肖建春	教授	成都理工大学传播科学与艺术学院	传承天府之国文明,扮靓旅游休闲都会——成都牌匾文化研究	研究报告	

2005 年立项课题

表 5 - 107

序号	课题负责人	职称、职务	单位	课题名称	成果形式
1	许蓉生	副研究员	成都市社科院	成都城市水文化研究	专著
2	陈伯君	副院长	成都市社科院	走出晕旋：转型时期改革发展与社会公正——树立和落实科学发展观	专著
3	殷　俊	讲师	成都市委宣传部	成都市民文化与传媒关系研究	专著
4	甄先尧	部长	温江区委宣传部	中国农家乐的深入研究	专著
5	张星炜	教授	省委党校	全面建设小康社会新阶段的政治体制创新研究	专著
6	张立伟	所长 研究员	四川省社科院	成都城市精神、市民文化与传媒引导研究	论文
7	陶　莹	副教授	西南交大	成都撤乡并镇后村民自治新问题研究	论文
8	李建华	主任	成都市计生委	成都市出生性别比情况分析及对策研究	研究报告
9	田　蓉	主席	成都市妇联	城乡妇女差异调查	论文
10	钟　声	助理研究员	成都市社科院	强化科技和人才支撑促进城乡一体化发展的战略研究	研究报告
11	刘宝驹	所长 副研究员	成都市社科院	成都市流动民工的现代性生成	研究报告
12	王国敏	教授	四川大学 政治学院	成都农村地区循环经济体系的建构研究	论文
13	周治滨	教授	四川省委党校	成都文化生产力与文化产业发展研究	研究报告
14	李　奇	副校长 教授	成都市委党校	成都市撤乡并镇后的行政资源优化问题研究	研究报告
15	刘莉蓉	副校长	成华区委党校	成华区城乡一体化进程中的村(居)党组织建设研究	研究报告

续表

序号	课题负责人	职称、职务	单　位	课题名称	成果形式
16	罗琳珊	副校长	都江堰市委党校	既把蛋糕做大，又把蛋糕分好——都江堰市农村社保工作情况调查与思考	研究报告
17	吴　炎	副教授	四川大学政治学院	高校校区扩张与提升成都市综合竞争力研究	论文
18	黄　琦	副院长 教授	西华大学管理学院	成都和谐社会评价内容及评价指标体系研究	论文
19	黄　勤 樊　婴	部长 副校长	青羊区委组织部 青羊区委党校	增加主体意识　激发内在动力——关于保持党员先进性动力机制研究	论文
20	诸　丹	副主任 副教授	成都大学旅游系	以农田景观开发构建和谐社会	论文
21	王良清	副书记	郫县县委宣传部	郫县失地农民就业状况的调查与分析	研究报告
22	谭朝登	秘书长	诚信成都建设促进会	关于建立成都市个人诚信体系的构想	研究报告
23	林之达	研究员	四川省社科院	调适社会心理与建设和谐成都研究	论文
24	胡小平	所长 研究员	西南财大经济研究所	成都居民粮食安全风险承受能力及对策研究	研究报告
25	贾秀兰	副教授	西南民大社会学系	成都市构建和谐社区模式及对策研究	论文
26	罗映光	教授	成都理工大学法学院	创建西部一流全国领先的和谐社区研究——以成都市成华区社区建设为例	论文
27	杜玉龙 罗桂华	副书记 教师	温江区委党校	关于温江区“花博会”后续经济发展的研究	研究报告
28	杨　静	副主任 助理研究员	成都中医药大学办公室	和谐社会建设中的社会主义政治道德规范研究	论文
29	曹玉华	副教授	西南财大	和谐成都与市民素质建设研究	论文

续表

序号	课题负责人	职称、职务	单位	课题名称	成果形式
30	黄丽娟	助教	四川师大法学院	论政府经济行为的规范化——对成都市政府规范的实证分析	论文
31	刘彦武	副教授	四川省级机关党校	对社会主义文化的传播学思考	论文
32	傅勇林	副主席 教授	成都市政协	打造成都文化旅游项目提升成都旅游产业核心竞争力	研究报告
33	李绍华	局长	成都市人事局	为推进成都城乡一体化提供人才服务的对策研究	研究报告
34	陈　麟	部长	青羊区委宣传部	以民族文化教育为载体培养学生的民族精神	论文
35	向继平	副部长	锦江区委宣传部	对成都市锦江区打造“花乡农居”“幸福梅林”的调查与思考	研究报告
36	邓工力	副主任	成都城科会	成都城市特色塑造研究	研究报告
37	杨　伟	局长	市教育局	大力促进区域内教育均衡、协调、可持续发展研究	论文
38	董　里	部长	金牛区委宣传部	构建和谐社会的探索与研究	研究报告
39	张冬云	部长	双流县委宣传部	创建学习双流的调查和思考	研究报告
40	王力平	副书记	中共龙泉驿区区委	加强农村基层党组织执政能力建设的途径与对策研究——以成都龙泉驿区农村基层党组织为个案	研究报告
41	王　军	常务副主任	市经济信息中心	成都市城市旅游发展研究	研究报告
42	王让新	副教授	电子科大人文学院	建设和谐社会是科学发展观的本质要求和具体实践	论文
43	冯　骏 喻　敏	处长	房产科研所	房地产抵押权转让、变更与登记法律问题研究	研究报告

说明:2005 年立项课题成果出版或发表均在 2005 年以后,故暂未收录

成果评奖

【成都市哲学社会科学优秀成果奖】

从1992年开始,成都市哲学社会科学优秀成果评奖工作正式开展,每2年1次,由成都市人民政府授奖。评奖范围包括评奖年前2年期间,成都市从事哲学社会科学研究的人员(包括专业研究人员、教学工作人员、实际工作人员等)正式出版的学术专著、科普读物、工具书、译著、古籍整理、集中的单篇论文和经过市级以上(计划单列市)新闻出版部门批准公开发行的报刊或经新闻出版部门批准的市级以上(计划单列市)内部刊物发表的论文、调研报告及不宜在报刊上发表的但已被有关部门采纳的对策建议等。评奖申报工作由各学会、研究会、各级社科联在评奖年的1—3月份进行,4—6月进行初评,评奖的申报材料及初评结果由各学会、研究会、各级社科联最后统一汇总到市评奖办公室。初评后,由市评委会学科评审组进行评审,评审结果交市社科联统一归档。最后由市评委会举行全体委员会议,审定各学科评审组建议奖励的获奖项目;通报项目名单,广泛听取意见;如无异议,再报市政府批准,召开授奖大会颁奖。每次授政府奖100项,一等奖3项左右,二等奖15项左右,三等奖82项左右,由市政府颁奖;从2000年第五次评奖开始,经市社科联评奖委员会同意,增设"成都市社科界优秀科研成果奖",与市政府奖同时申报、评审,每次50项。2002年第六次评奖还增设了"组织工作奖",也由市政府授奖。同时,优秀科研成果由专家推荐参加四川省社会科学优秀成果评奖。

1992—2005年,成都市开展了7次社科评奖,根据1992年1月17日市委办公厅成委办〔1992〕28号《关于开展我市哲学社会科学评奖工作的意见》的通知和2002年成都市社会科学界联合会《关于加强成都市哲学社会科学评奖工作的意见》中规定的评奖标准,共评出优秀社科成果政府奖励698项,其中,一等奖21项,二等奖117项,三等奖560项。

2003—2005年成都市哲学社会科学课题研究与论文发表情况一览表

表5-108

课题情况	单位	2003年	2004年	2005年
课题数	个	178	151	166
内部经费支出	万元	1127	919	625
投入人员	人年	519	580	293
发表论文	篇	698	649	782
国外发表	篇		12	
出版科技著作	种	60	80	72

1992—2004年成都市哲学社会科学优秀成果评奖情况一览表

表5-109

单位：项

时间	申报数	市政府奖	社科联奖	组织工作奖
1992年	957	103		
1994年	869	100		
1996年	1091	104		
1998年	1069	102		
2000年	1265	104	50	
2002年	1479	100	50	4
2004年	1051	99	50	4

1998—1999年度成都市第五次哲学社会科学成果奖一览表

表5-110

获奖成果	成果形式	获奖等级	获奖者	出版单位、发表刊物
成都五十年	资料书	特别奖	市委政研室、市政府政研室、市统计局	中国统计出版社1999年10月
杜诗研究丛稿	专著	荣誉奖	钟树梁	天地出版社1998年9月
成都府南河两河史话	专著	荣誉奖	冯　举等	四川民族出版社1998年7月
四川铜元研究	专著	荣誉奖	张善熙等	四川人民出版社1999年9月
当代成都简史	专著	一等奖	谭　力等	四川人民出版社1999年9月
体制转轨时期的社会矛盾与社会稳定	专著	一等奖	康超光等	四川人民出版社1998年5月
发展消费信贷刺激国内需求	论文	一等奖	张其佐	《光明日报》1999年5月14日
成都市基础教育资源优化配置研究——社会主义市场经济条件下基础教育资源优化配置课题	调研报告	一等奖	李达权等	
建立党政领导干部选拔任用工作责任制问题研究报告	调研报告	二等奖	苏海红等	课题组1999年6月

续表

获奖成果	成果形式	获奖等级	获奖者	出版单位、发表刊物
诸子百家大辞典	工具书	二等奖	黄开国等	四川人民出版社 1999 年 12 月
农村改革发展二十年回眸	专著	二等奖	倪宗新	四川人民出版社 1998 年 10 月
公安队伍正规化建设与规范化管理	专著	二等奖	市公安局、市委宣传部	成都科技大学出版社 1998 年 10 月
党员主体论	专著	二等奖	刘益飞	四川人民出版社 1998 年 7 月
赢家正道——西方八大谈判模式	专著	二等奖	张　强	西南财经大学出版社 1999 年 5 月
抓住西部大开发历史机遇,加快实施城市向东向南发展战略	调研报告	二等奖	朱长胜等	《工作与研究》1999 年第 96 期
谁能启动中国经济	专著	二等奖	王小峰等	四川人民出版社 1999 年 11 月
在闭塞中崛起	专著	二等奖	张莉红	电子科技大学出版社 1999 年 1 月
杜诗全集(今注本)	专著	二等奖	张志烈等	天地出版社 1999 年 12 月
成都城市形成和建成年代研究	论文	二等奖	成都市城市科学研究会	《城乡规划与研究》1999 年第 3 期
宝墩村文化的初步认识	论文	二等奖	王　毅	《考古》1999 年第 8 期
成都市志·科学技术志	方志	二等奖	成都市科学技术委员会	四川科学技术出版社 1999 年 12 月
二十五史新编·三国志	专著	二等奖	罗开玉	中华书局(香港)有限公司 1998 年 1 月
邓小平国防理论与国防现代化	专著	二等奖	成都市国防教育学会	四川人民出版社 1999 年 12 月
成都市职业高中课程改革研究——"宽基础、活模块"课程模式	调研报告	二等奖	市教科所职教处、市教委职教处、部分职业高中	课题组 1999 年 11 月
走进心灵——民主教育手记	专著	二等奖	李镇西	四川少儿出版社 1999 年 11 月

2000—2001 年度成都市第六次哲学社会科学优秀成果获奖一览表

表 5-111

获奖成果	成果形式	获奖等级	获奖者	出版单位、发表刊物
文翁石室诗词选	古籍整理	荣誉奖	徐敦忠	四川教育出版社 2000 年 7 月
锦城旧事竹枝词	专著	一等奖	何韫若	中国三峡出版社 2000 年 12 月
成都市志·教育志	志书	一等奖	成都市教育局	四川人民出版社 2000 年 9 月
新都历史文化丛书	丛书	一等奖	倪宗新等	四川人民出版社 2001 年 12 月
成都对外开放二十年	专著	一等奖	刘从政等	巴蜀书社 2001 年 12 月
成都市国有企业改革发展研究	编著	一等奖	何　政等	四川大学出版社 2000 年 12 月
西部地区非公有制经济发展战略研究	编著	二等奖	张凤祥等	四川人民出版社 2001 年 2 月
政府经济管理	专著	二等奖	毛正刚等	四川大学出版社 2000 年 5 月
激活成都中小企业——成都中小企业发展问题研究	编著	二等奖	郑卫国等	四川大学出版社 2001 年 12 月
文艺的绿色之思——文艺神态学引论	专著	二等奖	曾永成	人民文学出版社 2000 年 5 月
校风班风与价格教育	编著	二等奖	肖明华等	新华出版社 2001 年 9 月
人才资源开发机制与环境问题研究	调研报告	二等奖	苏海红等	
处置暴力恐怖活动的对策思考	对策研究	二等奖	李　建	
马克思社会主义观与“三个代表”思想	论文	二等奖	康超光	《社会主义研究》2001 年第 5 期
超越农耕文化的负面影响　弘扬面向未来的时代精神	论文	二等奖	成都市委宣传部课题组	《理论前沿》2000 年第 1 期
现代中国城市家庭结构变化研究	论文	二等奖	刘宝驹	《社会主义研究》2000 年第 6 期
公司治理结构的国际比较及启示	论文	二等奖	张其佐	《光明日报》2001 年 10 月 9 日
成都平原早期城址及其考古学文化初论	论文	二等奖	江章华	
“五路一桥”工程文化特色研究	论文	二等奖	张小江等	《中共成都市委党校学报》2001 年第 1 期

2002—2003年度成都市第七次哲学社会科学优秀成果获奖一览表

表5-112

获奖成果	成果形式	获奖等级	获奖者	出版单位、发表刊物
第六次产业革命是否即将来临	论文	一等奖	张其佐	《文汇报》2002年12月29日
四川彭州宋代金银器窖藏	专著	一等奖	谢　涛等	科学出版社2003年3月
论党的建设的制度创新	专著	一等奖	刘益飞等	四川人民出版社2002年10月
宏观人力资源开发与配置研究	专著	一等奖	邵　昱	巴蜀书社2003年3月
转轨时期年轻干部科学"三观"确立研究	专著	二等奖	康超光等	成都时代出版社2003年9月
成都人口与发展	专著	二等奖	成都市计生委课题组	四川人民出版社2003年9月
行政经济学——政府行政的经济分析	专著	二等奖	刘华富	西南交通大学出版社2003年11月
追赶完美——三论城乡建设艺术	专题论文集	二等奖	刘玉成	四川人民出版社2002年1月
先秦礼学	专著	二等奖	勾承益	巴蜀书社2002年9月
综合高中教育理论与实践	专著	二等奖	张永清等	四川大学出版社2003年6月
新课程视野中的数学教育	专著	二等奖	周小山等	四川大学出版社2003年11月
关于成都市失地农民问题的调查报告	调研报告	二等奖	成都市政协课题组	
成都市加快人才资源向人才资本转变的对策研究	调研报告	二等奖	周万生等	
全面贯彻"三个代表",全力推进"三个转变"	论文	二等奖	王　萍等	
不完全信息条件下SARS保险定价的理论分析	论文	二等奖	张国威等	《金融研究》2003年第10期
论中国小城镇发展的特点和趋势	论文	二等奖	符礼建等	
金堂县加快城郊型城镇体系建设的思考	论文	二等奖	郑邦兴等	
弘扬民族和时代精神,创建先进文明——成都市民道德状况调查与思考	论文	二等奖	成都市社科院课题组	《西南民族学院学报》(哲学社会科学版)2002年第12期

【四川省哲学社会科学优秀成果奖】

1982年四川省开展第一次哲学社会科学优秀成果奖评选以来，成都地区学者积极参与评选，并获得了较大成绩。1990—2005年之间，四川省共开展哲学社会科学优秀成果评选活动8次，共评出各类奖项3000余项，其中成都地区获得1000余项。

四川省第六次哲学社会科学优秀科研成果获奖项目一览表（成都部分）（1992—1993）

表5－113

获奖成果	作者	出版单位、发表刊物	出版时间	作者单位
荣誉奖				
文选导读	屈守元	巴蜀书社	1993年	四川师范大学
中国近代海关税收和分配统计（1861—1910）	汤象龙	中华书局	1992年	西南财经大学
西方文论史纲	石　璞	四川大学出版社	1993年	四川联合大学
一等奖				
产权新论	刘诗白	西南财经大学出版社	1993年	西南财经大学
世说新语辞典	张永言等	四川人民出版社	1992年	四川联合大学、成都教育学院等
甲骨金文字典	常正光等	巴蜀书社	1993年	四川联合大学
二等奖				
城市土地资源的配置和利用	汝莹、徐敬君	云南人民出版社	1993年	四川联合大学
马克思主义人学理论与实践	邹学荣等	青海人民出版社	1993年	四川师范大学
市场经济大潮中的思想政治工作——来自攀枝花矿务局的研究	管文虎等	电子科技大学出版社	1993年	电子科技大学
农村初中目标导学综合教改实验（实验报告）	景庆云等		1993年结题	四川师范大学
中国影戏	江玉祥	四川人民出版社	1992年	四川联合大学
共产国际·斯大林与中国革命	王庭科	成都出版社	1992年	四川联合大学
当代凉山彝族的社会与家庭	袁亚愚等	四川大学出版社	1992年	四川联合大学
三等奖				
经济体制改革新思路	丁任重	西南财经大学出版社	1992年	西南财经大学
社会主义市场经济研究	陶武先、李健勇	四川人民出版社	1992年	成都市委、西南财经大学
中国乡镇企业论	杨继瑞	四川大学出版社	1992年	四川联合大学

续表

获奖成果	作者	出版单位、发表刊物	出版时间	作者单位
第三产业经济分析	石柱成等	四川人民出版社	1992 年	四川联合大学
国家财务论	郭复初	西南财经大学出版社	1993 年	西南财经大学
财政效益论	汤保全等	中国财政经济出版社	1993 年	西南财经大学
住宅经济学	孙志诚等	四川大学出版社	1992 年	四川联合大学
工业经济结构学概论	李永禄等	西南财经大学出版社	1993 年	西南财经大学
经济理论比较研究——马克思主义政经学与当代西方经济学	罗节礼	四川大学出版社	1993 年	四川联合大学
巴基斯坦经济发展	李德昌	四川大学出版社	1992 年	四川联合大学
成都城市史	张学君、张莉红	成都出版社	1993 年	省地方志编委会、成都市社科所
当代中国经济大辞库(经济卷)	王永锡等	中国经济出版社	1993 年	西南财经大学
社会主义市场经济体制下成本管理问题(系列论文)	四川省财务成本研究会、成都市财务成本研究会	《财务成本通讯》1992 年第 13 期、1993 年第 13 期、《四川会计》1993 年第 5 期		
对当前经济增长的若干看法(论文)	赵　磊	《经济研究》1993 年第 1 期		西南财经大学
不确定性·代理问题和国家资产产权结构选择(论文)	杨晓维	《经济研究》1992 年第 12 期		西南财经大学
组合预测方法研究的若干新结果(论文)	唐小我	《预测》1992 年第 5 期		电子科技大学
中国市领导县问题研究	过杰等	成都出版社	1992 年	西南财经大学
贪污挪用公款罪个案研究	赵炳寿	四川大学出版社	1992 年	四川联合大学
工会法简论	杨泉明	电子科技大学出版社	1992 年	四川师范大学
毛泽东文化思想研究	黎永泰	人民中国出版社	1993 年	四川联合大学
佛教禅学与东方文明	陈　兵	上海人民出版社	1993 年	四川联合大学
洛克意义理论研究	陈德荣	湖南教育出版社	1993 年	四川联合大学
天地人巨系统观	刘　波	安徽教育出版社	1993 年	成都理工学院
经学辞典	黄开国等	四川人民出版社	1993 年	成都出版社
分形理论的哲学(系列论文)	张国祺等	载《分形理论的哲学发轫》四川大学出版社	1993 年	四川联合大学

续表

获奖成果	作者	出版单位、发表刊物	出版时间	作者单位
宋代皇亲与政治	张邦炜	四川人民出版社	1993 年	四川师范大学
唐代中央政权决策研究	谢元鲁	台湾文津出版社	1992 年	四川师范大学
宋蒙（元）关系史	胡昭曦	四川大学出版社	1992 年	四川联合大学
三国文化历史走向	龙显昭	成都科技大学出版社	1993 年	四川师范学院
西域地理图说注（古籍整理）	阮明道等	延边大学出版社	1992 年	四川师范学院
转型时期的社会新群体	何一民	四川大学出版社	1992 年	四川联合大学
中华人民共和国大事纪年本末	周华虎等	四川辞书出版社	1993 年	西南财经大学
论意大利文艺复兴的文化基础（论文）	孙锦泉	《历史研究》1993 年第 5 期		四川联合大学
基督教与教案研究（系列论文）	杨天宏	《历史研究》1993 年第 6 期		四川师范大学
近代外资原则的历史思考——论马基雅维里主义（论文）	王挺之	《历史研究》1993 年第 3 期		四川联合大学
南方民族史论集	蒙　默	四川民族出版社	1993 年	四川联合大学
中国原始宗教研究及资料丛编·羌族卷	钱安靖	上海人民出版社	1993 年	四川联合大学
信息交换用彝文编码字符集、信息交换用彝文字符 15×16 点阵字模集及数据库	沙马拉毅等	中国标准出版社	1992 年	西南民族学院
马克思主义文学社会学原理	李益荪	四川文艺出版社	1992 年	四川联合大学
民族文化与民族文学	鲁云涛	云南民族出版社	1992 年	西南民族学院
中国新时期散文论稿	范昌灼	成都出版社	1992 年	四川师范大学
元散曲通论	赵义山	巴蜀书社	1993 年	四川师范学院
在比较视觉中——中国当代文学影响研究	徐其超	四川大学出版社	1992 年	西南民族学院
初唐四杰年谱	张志烈	巴蜀书社	1993 年	四川联合大学
20 世纪中国文学与西方现代主义思潮	唐正序	四川人民出版社	1992 年	四川联合大学
断裂的世纪——论西方现代文学精神	易　丹	四川大学出版社	1993 年	四川联合大学
谋智、圣智、知智——谋略与中国观念文化形态	吴兴明	上海三联书店	1993 年	四川联合大学

续表

获奖成果	作者	出版单位、发表刊物	出版时间	作者单位
中国禅宗与诗歌	周裕锴	上海人民出版社	1992 年	四川联合大学
文心雕龙全译	龙必锟	贵州人民出版社	1992 年	成都晚报社
简明汉语史	向　熹	高等教育出版社	1993 年	四川联合大学
中国当代语言学史稿	李恕豪	贵州教育出版社	1993 年	四川师范大学
中国散文百家谭	曾绍义	人民日报出版社	1993 年	四川联合大学
教育科学研究概论——理论与方法探析	吴定初	四川教育出版社	1992 年	四川师范大学
语文教学思维论	彭华生	广西教育出版社	1992 年	四川师范学院
重视本科教育·加强能力培养·造就跨世纪复合型人才(系列论文)	赵善中等	《电子科技大学学报》1992 年第 12 期、《电子高等教育》1992 年第 3 期、《国际电子高等教育学术研究论文集》(中英文版)		电子科技大学
面向二十一世纪教育、建立规范化、序列化、一体化青年教师培训体系研究(调研报告)	成都市青羊区教委课题组		1993 年	
四川省八十年代后期普通中学初中科学教育评估研究的报告(研究报告)	SISS 扩大研究四川省课题组	《四川教学研究》1992 年第 1 期		
大汇流——论社会科学与自然科学的结合	吴维民等	四川大学出版社	1992 年	四川联合大学
中国人口控制综合效果核算(论文)	肖立见	《统计研究》1993 年第 3 期		西南财经大学
九十年代中国报业发展的新趋势(论文)	黄成炬	《新闻界》1992 年第 1—2 期		四川联合大学
俄语同根近音异义词小词典	徐启慧	商务印书馆	1993 年	四川师范大学

四川省第七次哲学社会科学优秀科研成果获奖项目(成都部分)(1994—1995)

表 5-114

获奖成果	作者	出版单位、发表刊物	出版时间	作者单位
荣誉奖				
岑参诗集编年笺注	刘开扬	巴蜀书社	1995 年	西南财经大学
楚辞新诂	何剑熏	巴蜀书社	1994 年	西南民族学院
一等奖				
中国道教史(四卷本)	卿希泰等	四川人民出版社	1995 年	四川联合大学
二等奖				
中国城市用地制度创新	杨继瑞	四川大学出版社	1995 年	四川联合大学
九十年代后期中国大陆经济发展的国际契机(论文)	韩世隆	《经济学家》1995 年第 1 期		四川联合大学
中国畜产品加销一体化研究	庞皓等	西南财经大学出版社	1995 年	西南财经大学
社会主义宏观经济分析与调控	石柱成	四川大学出版社	1995 年	四川联合大学
中国农民的社会流动	袁亚愚等	四川大学出版社	1994 年	四川联合大学
毛泽东独立自主思想的历史发展	王庭科等	四川大学出版社	1995 年	四川联合大学
退溪全书今注今译	贾顺先等	四川大学出版社 四川人民出版社	1992—1995 年	四川联合大学
医学生临床技能评估的研究与实践	万学红等	《中国高等医学教育》1994 年第 1 期		华西医科大学
文艺政治学导论	曾永成	四川大学出版社	1995 年	成都大学
楚辞文心管窥——龙凤文化研究之一	李　诚	台湾文津出版社	1995 年	四川师范大学
西藏古代墓葬制度史	霍　巍	四川人民出版社	1995 年	四川联合大学
十三峰书屋全集	王显春	巴蜀书社	1995 年	西南民族学院
技术进步评价理论与应用	郭耀煌	中国铁道出版社	1995 年	西南交通大学
非线性人口学导论	王　放	四川大学出版社	1995 年	四川联合大学
三等奖				
气象经济学	黄宗捷	四川人民出版社	1994 年	成都气象学院
主体经济论	涂文涛	人民出版社	1995 年	西南财经大学
社会主义市场经济分析——理论政策运用	袁文平	西南财经大学出版社	1994 年	西南财经大学
印度经济发展经验与教训	文富德	四川大学出版社	1994 年	四川联合大学

续表

获奖成果	作者	出版单位、发表刊物	出版时间	作者单位
剩余价值理论研究	李善明等	西南财经大学出版社	1994年	西南财经大学
市场经济与农业发展	吕火明	中国农业出版社	1995年	西南财经大学
经济体制改革中的企业分析	丁任重	四川科学技术出版社	1994年	西南财经大学
中国经济与世界多边贸易体系	蒋国庆	成都科技大学出版社	1994年	四川联合大学
不平衡发展规律在当代(论文)	刘崇仪	《世界经济》1995年第4期		西南财经大学
商品产分析	明安联	四川科学技术出版社	1995年	西南财经大学
社会保障经济学	向东等	中国经济出版社	1994年	华西医科大学
审计理论结构研究	蔡　春	西南财经大学出版社	1994年	西南财经大学
国有经营性资产的经营方式和管理体制	丁任重	四川人民出版社	1994年	西南财经大学
中国企业跨国经营与战略	段云程	中国发展出版社	1995年	西南财经大学
现代医院科学管理	叶政书	四川科学技术出版社	1994年	华西医科大学
中国消费品与投资品市场非均衡经济计量模型研究(系列论文)	毛子洄等	《经济研究》1994年第4期		西南交通大学
消费选择时代的营销活动思考(论文)	尤　力	《四川大学学报》1994年第1期		四川联合大学
向市场经济过渡中的通货膨胀(论文)	周　春	《市场经济研究》1995年第1期		四川联合大学
在成都建立中国西部证券交易所的构想》(论文)	林凌等	载于《股份制与现代企业制度研究》,人民出版社	1994年	四川省社科院
国家财务独立与财政理论更新(论文)	郭复初	《经济学家》1995年第4期		西南财经大学
民法学	王建平	四川大学出版社	1994年	四川联合大学
价值与结构——刑事程序的双重分析	左卫民	四川大学出版社	1994年	四川联合大学
法西斯主义的过去和现在(论文)	邓介曾	《求是》1995年第24期		西南交通大学
邓小平国际战略理论对毛泽东思想的继承与发展(论文)	邓淑华	《毛泽东思想研究》1995年第4期		电子科技大学

续表

获奖成果	作者	出版单位、发表刊物	出版时间	作者单位
马克思主义哲学当代史探微	王仲士	四川大学出版社	1995 年	四川联合大学
汉魏两晋南北朝道教伦理论稿	姜　生	四川大学出版社	1995 年	四川联合大学
现代科技革命与现代社会	刘端直	成都科技大学出版社	1994 年	四川联合大学
廖平评传	黄开国	江西百花洲文艺出版社	1994 年	成都出版社
人性的探究——休谟哲学述评	罗中枢	四川大学出版社	1995 年	四川联合大学
宇宙的有限和无限问题(系列论文)	孙显曜	《自然辩证法研究》1994 年第 4、6 期		四川师范大学
产学合作概论	李方葛等	四川大学出版社	1995 年	四川工业学院
走向未来的农村中学教育研究	王均熊等	电子科技大学出版社	1995 年	四川师范大学
中国高等教育新体系探索	王明东	电子科技大学出版社	1994 年	电子科技大学
中国教育科研起源论(论文)	吴定初等	《四川师范大学学报》1995 年第 1 期		四川师范大学
卢照邻集笺注	祝尚书	上海古籍出版社	1994 年	四川联合大学
南北文化与美学思潮	钟仕伦	四川大学出版社	1995 年	四川师范大学
大家族的没落——福克纳和巴金家庭小说比较研究	肖明翰	广西师范大学出版社	1994 年	四川师范大学
现代诗人风格论	夏爵蓉	四川大学出版社	1994 年	西南民族学院
文学语言引论	张小元	电子科技大学出版社	1995 年	四川师范大学
《世说新语》语言研究	张振德等	巴蜀书社	1995 年	四川师范大学
新时期争鸣小说纵横谈	黎　风	四川大学出版社	1995 年	四川联合大学
汉语音韵学概要	陈壬秋	四川大学出版社	1995 年	西南民族学院
新都县志	新都县志办	四川人民出版社	1994 年	
基督教与近代中国	杨天宏	四川人民出版社	1994 年	四川师范大学
马可·波罗与地理大发现(论文)	张　箭	《世界历史》1994 年第 4 期		四川联合大学
留法勤工俭学运动史稿	鲜于浩	巴蜀书社	1994 年	西南交通大学
剑门关志	邓元煊等	巴蜀书社	1995 年	四川师范大学
邓小平国际战略思想导论	管文虎等	电子科技大学出版社	1995 年	电子科技大学
殷墟甲骨断代	彭裕商	中国社会科学出版社	1994 年	四川联合大学
中国契约股份制	彭久松	成都科技大学出版社	1994 年	四川师范大学

续表

获奖成果	作者	出版单位、发表刊物	出版时间	作者单位
四川省凉山彝族自治州喜德县李子乡保纠村的灵姆	王康等	台湾施合郑民俗文化基金会	1995 年	西南民族学院
羌族文学史	李明等	四川民族出版社	1994 年	西南民族学院
历史不容篡改——驳范普拉赫的《西藏的地位》一书的谎言(论文)	李茂郁	《中国藏学》1994 年第 4 期		西南民族学院
世界大众传播新潮	吴信训	四川人民出版社	1994 年	四川联合大学
广告大理论	吴　建	四川人民出版社	1994 年	四川联合大学
中国婚俗文化	盛　义	上海文艺出版社	1994 年	西南民族学院
信息管理学研究方法	张晓林	四川大学出版社	1995 年	四川联合大学
高难度艺术:软硬结合——改进报纸宣传的断思(论文)	艾　风	《新闻界》1994 年第 5 期		
府南河综合整治与建设环古城垣文化风景线研究报告(调研报告)	李树华等		1995 年	成都市城市科学研究会
行为科学辞典	甘本佑等	西南财经大学出版社	1994 年	西南财经大学
中外设计的竞争策略	赵振元	东北大学出版社	1994 年	电子工业部第十一设计研究院
哥伦比亚美国文学史(译著)	朱通伯等	四川辞书出版社	1994 年	四川联合大学
		优秀奖		
邓小平思想研究	高林远	电子科技大学出版社	1995 年	四川师范大学
中国区域工业经济结构研究	曾玉成	西南财经大学出版社	1995 年	成都市市级管理人员培训中心
社会主义市场经济与现代企业管理	郑卫国等	电子科技大学出版社	1995 年	成都市委党校
现代市场经济导论	赵昌文等	四川人民出版社	1994 年	四川联合大学
现代公司制度与中国股票市场(论文)	刘锡良	《中国期货》1995 年 5 月 29 日		西南财经大学
关于建立全国物价市场的报告(调研报告)	陈伯君	《人民日报．市场版》1994 年 2 月 19 日		成都市委政研室
制定地方性法规的逻辑思考(论文)	陈康扬	《中国政法大学学报》1995 年第 5 期		成都市人大常委会

续表

获奖成果	作者	出版单位、发表刊物	出版时间	作者单位
合同法比较研究	岳彩申	西南财经大学出版社	1995 年	西南财经大学
邓小平法学思想论	杜耀富	西南师范大学出版社	1994 年	西南民族学院
关于建立贫困线钢度和量低工资制度的思考（论文）	刘家玢	《理论学习导刊》1995 年第 4 期		成都市委政研室
道德经验研究及其方法——论社会学方法在伦理研究中的应用（论文）	肖　平	《哲学研究》1995 年第 12 期		西南交通大学
论高校校园文化建设（论文）	彭正录	《四川师范大学学报》1995 年第 2 期		四川师范大学
高校心理咨询工作研究（论文）	肖　旭	《高教研究》1995 年第 4 期		四川联合大学
关于“整体、个体、主体”教育的实践和思考（论文）	戴高龄	《教育研究》1994 年第 7 期		成都七中
钢琴即兴配奏技	郭幼容	四川人民出版社	1994 年	四川音乐学院
文学与心理学	冯　川	新疆大学出版社	1995 年	四川联合大学
对外贸易文书	苏文坤	电子科技大学出版社	1995 年	四川师范大学
陈子昂论考	吴明贤	巴蜀书社	1995 年	四川师范大学
难字大字典	杨宗义等	西南师范大学出版社	1995 年	巴蜀书社
中国古代散文辞典	张志烈等	四川人民出版社	1994 年	四川联合大学
浅论儒家美学对台湾散文创作的影响（论文）	王　进	《社会科学研究》1995 年第 6 期		西南民族学院
唐德宗・唐顺宗	谢元鲁	吉林文史出版社	1995 年	四川师范大学
西南少数民族爱国斗争史	李全中	四川大学出版社	1995 年	西南民族学院
从君主“清静无为”到“屈君而伸天”之我见——汉初君主专制理论的演变（论文）	陈玉屏	载于《冰茧彩丝集》，成都出版社	1994 年	西南民族学院
可爱的四川	李成良等	四川文艺出版社	1995 年	四川师范大学
中国藏传佛教寺院	冉光荣	中国藏学出版社	1994 年	四川联合大学
公共关系原理与实务	管文虎	电子科技大学出版社	1995 年	电子科技大学
柔性生产系统与管理	武振业等	成都科技大学出版社	1994 年	西南交通大学
信息调整公路——通往人类新时代的必由之路	孙光成	成都科技大学出版社	1995 年	中科院成都文献情报中心

续表

获奖成果	作者	出版单位、发表刊物	出版时间	作者单位
辞书编纂标准化(论文)	连真然	《外语与外语教学》1995年第6期		四川教育出版社
英语拼读、辨义、用法、翻译疑难词典	罗显华	四川人民出版社	1995年	四川联合大学

四川省第八次哲学社会科学优秀科研成果获奖项目一览表(成都部分)(1996—1997)

表5-115

获奖成果	作者	出版单位、发表刊物	出版时间	作者单位
		荣誉奖		
刍荛集	卿希泰	巴蜀书社	1997年	四川大学
跨世纪世界经济的四大趋势(论文)	韩世隆	《中国社会科学》1997年第2期		四川大学
		一等奖		
资本经营	郭元晞	西南财经大学出版社	1997年	西南财经大学
中国城市地价探析	杨继瑞	高等教育出版社	1997年	四川大学
大美不言——道教美学思想范畴论	潘显一	四川人民出版社	1997年	四川大学
四川文史资料集萃	四川省政协文史资料委员会	四川人民出版社	1997年	
彝语大词典	《彝语大词典》编纂委员会	四川民族出版社	1997年	
		二等奖		
中国东西部市场关系与协调发展	周殿昆	西南财经大学出版社	1997年	西南财经大学
四川经济增长中的资金因素分析(论文)	李明昌等	《四川金融》1996年第11期		中国人民银行成都市分行
论企业资本及资本经营、论企业负债经营、论企业融资选择、论企业固定资产、流动资金转化为消费基金(系列论文)	曾康霖等	《金融理论与实际问题探索》	1997年	西南财经大学
现代公司制的产权关系和治理结构研究	刘　灿	西南财经大学出版社	1997年	西南财经大学

续表

获奖成果	作者	出版单位、发表刊物	出版时间	作者单位
农产品价格机制论	蒋和胜等	四川大学出版社	1997 年	四川大学
中国农业风险保障体系建设研究	王国敏等	四川大学出版社	1997 年	四川大学
中国农业现代化的历史回顾与展望	袁亚愚	四川大学出版社	1996 年	四川大学
比较民商法学——外国民法商贸法新论	杨遂全等	四川大学出版社	1997 年	四川大学
四川方言与巴蜀文化	崔荣昌	四川大学出版社	1996 年	四川大学
再论重建中国文论话语（论文）	曹顺庆等	《文学评论》1996 年第 4 期		四川大学
宋代蜀学研究	胡昭曦等	巴蜀书社	1997 年	四川大学
意大利文艺复兴时期的城市宗教生活（论文）	王挺之	《历史研究》1996 年第 5 期		四川大学
四川新津县宝墩遗址调查与试掘（论文）	王毅等	《考古》1997 年第 1 期		成都市文物考古工作队
中国教育史要略	吴定初	巴蜀书社	1996 年	四川师范大学
物理教学论	查有梁	广西教育出版社	1996 年	四川省社会科学院
报业经营管理学	邱沛篁	四川人民出版社	1997 年	四川大学
普希金全集（第 6 卷）（第 8 卷）	吕宗兴	浙江文艺出版社	1997 年	四川大学
		三等奖		
中国多市场非均衡联立模型研究及应用（论文）	王成璋	《西南交通大学学报》1997 年增刊		西南交通大学
财务通论	郭复初等	立信会计出版社	1997 年	西南财经大学
产权与市场	程民选	西南财经大学出版社	1996 年	西南财经大学
集约化与经济增长（论文）	王永锡	《管理世界》1996 年第 3 期		西南财经大学
中国房地产运作理论与实践	费淳璐等	四川大学出版社	1997 年	成都中医药大学
面向市场转换经营机制——对长虹、嘉陵等 5 户股份公司的考察报告	蒋少龙等	载《四川证券年鉴（1996 年）》人民出版社	1996 年	西南财经大学

续表

获奖成果	作者	出版单位、发表刊物	出版时间	作者单位
中国投资基金发展战略研究(论文)	纪尽善	《金融与经济》1997 年第 8 期		西南财经大学
征收吸烟附加费的可行性研究(系列论文)	毛正中等	《中国卫生政策》1996 年第 5 期		华西医科大学
财会信息失真的成因及对策研究(论文)	吴长林等	《现代审计》1996 年第 4 期		成都市青羊区审计局
当前中国利用外资工作中应引起重视的几个问题(论文)	李天德	载《跨世纪的世界经济》四川大学出版社	1997 年	四川联合大学
关于中国粮食供给保障战略的理论思考(论文)	胡小平等	《中国社会科学》1996 年第 6 期		西南财经大学
农村新型生产经营模式的分析与思考——“郫县种子公司 + 农户”生产经营模式研究(论文)	毛志雄等	《中国农村经济》1996 年第 2 期		中共成都市委办公厅
构建成都“中国西部商贸中心”战略研究(论文)	张剑渝	《经济学家》1997 年第 3 期		西南财经大学
对所有者财务的若干理论研究(论文)	干胜道	《经济学家》1997 年第 6 期		四川大学
建立现代企业制度过程中企业会计若干问题的研究(论文)	毛伯林	《会计研究》1996 年第 4 期		西南财经大学
人民币国际化理论与实践的若干问题(论文)	姜　凌	《世界经济》1997 年第 4 期		西南财经大学
现代企业制度与现代会计和现代审计有关问题的探讨(论文)	蔡　春	《经济学家》1996 年第 4 期		西南财经大学
经济增长方式转变与财税政策调整(论文)	刘　蓉	《财经论坛》1997 年第 2 期		西南财经大学
中国政治学研究应“四深入”(论文)	吴玉宗	《社会科学研究》1996 年第 2 期		西南民族学院
浅析思想政治工作上的“三大投入”(论文)	胡　伟	《中国党政干部论坛》1996 年 3 月号		中共成都铁路局党校
邓小平政治教育理论研究	邓淑华等	电子科技大学出版社	1997 年	电子科技大学

续表

获奖成果	作者	出版单位、发表刊物	出版时间	作者单位
公平观与公平的概念界定	陶万辉	《哲学研究》1996 年第 4 期		成都行政学院
宗教观的历史·理论·现实	陈麟书等	四川大学出版社	1996 年	四川大学
宗教与人类自我控制——中国道教理论研究	姜　生	巴蜀书社	1996 年	四川大学
朱熹集(古籍整理)	郭齐等	四川教育出版社	1996 年	四川大学
科技成果转化的法定方式及其评价(论文)	陈　光	《科学学与科学技术管理》1997 年第 2 期		西南交通大学
非洲民族资本的发展(1960－1990)	罗建国	华东师范大学出版社	1997 年	四川大学
四川少数民族传统文化与教育	关荣华	四川大学出版社	1997 年	西南民族学院
历史科学与爱国主义教育	隗瀛涛等	四川人民出版社	1997 年	四川大学
人类共有的遗产:中日历史文化名城保护与发展——京都·成都的历史文化与现代化	何一民等	四川人民出版社	1997 年	四川大学
国工合运动研究	侯德础	四川大学出版社	1996 年	四川师范大学
阮元思想研究	李成良	四川人民出版社	1997 年	四川师范大学
西汉前期的政坛	陈玉屏	成都出版社	1996 年	西南民族学院
欧洲小说史	龚翰熊等	四川大学出版社	1997 年	四川大学
当代应用文写作	刘志成	四川大学出版社	1997 年	四川师范大学
中国文字学书目考录	刘志成	巴蜀书社	1997 年	四川师范大学
明清小说比较研究	李保均等	四川大学出版社	1996 年	四川大学
“西方马克思主义”美学研究	冯宪光	重庆出版社	1997 年	四川大学
尹湾汉简《神乌赋》研究(论文)	万光治	《四川师范大学学报》1997 年第 3 期		四川师范大学
萧绎文学思想论稿	钟仕伦	电子科技大学出版社	1997 年	四川师范大学
威廉·福克纳研究	肖明翰	外语教学与研究出版社	1997 年	四川师范大学
诗味论	陈应鸾	巴蜀书社	1996 年	四川大学
中国古代宗教与礼乐文化	谢　谦	四川人民出版社	1996 年	四川大学
楚辞文献史论考	李大明	巴蜀书社	1997 年	四川师范大学
精编汉语字典(工具书)	张一舟等	四川辞书出版社	1996 年	四川大学

续表

获奖成果	作者	出版单位、发表刊物	出版时间	作者单位
当代大学生深层次思想问题的理论探讨	谭书敏	中国矿业大学出版社	1996 年	西南交通大学
大学生心理健康指南	屠火明等	电子科技大学出版社	1997 年	电子科技大学
现代国防教育	于秦坤等	成都科技大学出版社	1997 年	成都市国防教育学会
《计算机信息管理》继续教育科目指南(论文)	刘乃琦等	《中国电子教育》1997 年增刊		电子科技大学
四川省高校学生心理素质调查与分析(论文)	张晓舟	载《四川省高校学生心理素质调查与分析》,四川大学出版社	1997 年	四川大学
经济信息利用学	董健民等	西南财经大学出版社	1997 年	西南财经大学
世界体育的发展与中国的全民健身计划(论文)	谭　华	《成都体育学院学报》1996 年第 2 期		成都体育学院
中国图书史	陈　力	文津出版社(台湾)	1996 年	四川大学
藏族文化散论(论文集)	李学琴	西藏人民出版社	1996 年	西南民族学院
人口科学辞典(工具书)	吴忠观等	西南财经大学出版社	1997 年	西南财经大学
国有企业工资分配研究	甘本佑	西南财经大学出版社	1996 年	西南财经大学
中国中小城市发展模式研究(论文)	过　杰	《经济体制改革》1996 年第 2 期		西南财经大学
清代乾嘉道巴县档案选编(古籍整理)	冉光荣等	四川大学出版社	1996 年	四川大学
农村村社档案管理	刘承志	四川大学出版社	1996 年	四川大学

四川省第九次哲学社会科学优秀科研成果获奖项目一览表(成都部分)(1998—1999)

表 5 - 116

获奖成果	作者	出版单位、发表刊物	出版时间	作者单位
		荣誉奖		
吴天墀文史存稿	吴天墀	四川大学出版社	1998 年	四川大学
杜诗研究丛稿	钟树梁	天地出版社	1998 年	成都大学
影视审美学	王世德	北京广播学院出版社	1999 年	四川大学
		一等奖		
中国抗日战争时期物价史	周春等	四川大学出版社	1998 年	四川大学

续表

获奖成果	作者	出版单位、发表刊物	出版时间	作者单位
国有资产流失研究	赵一锦等	西南财经大学出版社	1999 年	西南财经大学
		二等奖		
中国财政货币政策协调配合研究	刘锡良等	西南财经大学出版社	1999 年	西南财经大学
社会资金问题分析——中国社会总资金配置监督与调控的数量研究	庞皓等	西南财经大学出版社	1999 年	西南财经大学
中国粮食经济市场化进程与目标分析	祁晓玲	四川人民出版社	1998 年	四川师范大学
投资区位论	武　一	西南财经大学出版社	1999 年	西南财经大学
经济全球化趋势下的南北经济关系	姜　凌	四川人民出版社	1998 年	西南财经大学
所有者财务论	干胜道	西南财经大学出版社	1998 年	四川大学
中国金融风险研究	殷孟波	西南财经大学出版社	1999 年	西南财经大学
国家形象论	邓淑华	电子科技大学出版社	1999 年	电子科技大学
党员主体论	刘益飞	四川人民出版社	1998 年	成都市委党校
工程伦理学	肖平等	中国铁道出版社	1999 年	西南交通大学
凉山彝族哲学与社会思想	苏克明等	四川人民出版社	1999 年	西南民族学院
相对合理主义	龙宗智	中国政治大学出版社	1999 年	四川大学
怀疑论的魅力	刘　苹	四川人民出版社	1999 年	四川大学
审美与生存——中国传统美学的人生意蕴及其现实意义	钟仕伦等	巴蜀书社	1999 年	四川师范大学
中外比较文论史	曹顺庆	山东教育出版社	1998 年	四川大学
中国近代不同类型城市综合研究	隗瀛涛等	四川大学出版社	1998 年	四川大学
辽宋西夏金社会生活史	朱瑞熙等	中国社会科学出版社	1998 年	四川大学
中国民办教育探索	顾美玲	四川教育出版社	1999 年	四川师范大学
中国体育市场理论与实践——关于有中国特色社会主义体育市场的研究	张岩等	陕西人民出版社	1999 年	成都体育学院
彝族尔比词典	沈伍已等	四川民族出版社	1999 年	西南民族学院

续表

获奖成果	作者	出版单位、发表刊物	出版时间	作者单位
詹姆斯·乔依斯:现代尤利西斯	袁德成	四川人民出版社	1999 年	四川大学
中国藏族人口与社会	程贤敏等	中国藏学出版社	1999 年	四川大学
三等奖				
当代中国公司论	尹忠明	西南财经大学出版社	1999 年	西南财经大学
理顺个人收入分配关系的对策研究——一个以公平为取向的政策周期的到来(论文)	尹庆双	《财经科学》1999 年第 5 期		西南财经大学
资本经营与操作——造就经济巨人和企业王国	高　勇	四川人民出版社	1998 年	中国证蓝会成都证管办
营销决策——企业家的市场思辨与经营方向	曾国安	西南财经大学出版社	1998	西南财经大学
企业法制管理	陈高林	四川大学出版社	1999 年	四川大学
论中国农产品流通体系建设	刘成玉	西南财经大学出版社	1999 年	西南财经大学
实证会计研究方法——评价及其在中国运用前景的展望(论文)	蔡　春	载《中国会计与财务发展——回顾与前瞻》,牛津大学出版社	1999 年	西南财经大学
四川当前经济形态分析及全年经济发展预测(研究报告	赵国良等		1999 年	西南财经大学
荥经经济跨世纪发展战略研究报告(研究报告)	许德昌等	《天府新论》1999 年第 6 期		西南财经大学
优化增值税制度的构想(论文)	刘　蓉	《中央财经大学学报》1999 年第 3 期		西南财经大学
中国西部地区经济发展研究	赵　曦	四川人民出版社	1999 年	西南财经大学
我看为商之道——商战制胜箴言六十篇	张立仁	中国经济出版社	1998 年	成都市建筑材料总公司
中国服务业与世界多边服务贸易体系	蒋国庆	四川科学技术出版社	1998 年	四川大学
中国制造——中国制造业所面临的困境与对策	刘　云	西南财经大学出版社	1999 年	铁道部第二勘测设计院
烹饪产业化研究	黄维兵	天地出版社	1999 年	四川烹饪高等专科学校
财务专论	郭复初	立信会计出版社	1998 年	西南财经大学

续表

获奖成果	作者	出版单位、发表刊物	出版时间	作者单位
消费需求制约经济增长的机理及影响(论文)	王裕国	《经济学家》1999年第5期		西南财经大学
成都五十年(工具书)	《成都五十年》编辑部	中国统计出版社	1999年	
社会主义初级阶段研究	康超光等	四川人民出版社	1999年	成都市委党校
改革开放以来的成都家庭——成都市家庭调查报告(研究报告)	刘宝驹等	载《世纪之交的城乡家庭》,中国社科出版社	1999年	成都市社会科学院
体制转轨时期的社会矛盾与社会稳定	路小昆等	四川人民出版社	1998年	成都市委党校
邓小平发展思想与走向21世纪的成都	何政等	四川科技出版社	1998年	成都市委党校
邓小平政策观研究	卫忠海等	陕西人民出版社	1998年	四川大学
邓小平社会主义发展动力新学说探析(论文)	管文虎	《毛泽东思想研究》1999年第2期		电子科技大学
对侵权行为法中过错问题的再思考(论文)	喻敏等	《现代法学》1998年第4期		西南财经大学
刑事程序问题研究	李卫民	中国政法大学出版社	1999年	四川大学
精神病人的刑事责任能力研究(系列论文)	胡泽卿等	《法律与医学杂志》1998年第5卷第2、3、4期		华西医科大学
语意、辩明与实用主义——普特南哲学研究	幸强国	西南财经大学出版社	1998年	西南财经大学
中国文化的公私观(论文)	蒋荣昌	《西南民族学院学报》1998年第4期		四川大学
守望良知——新伦理的文化视野	肖雪慧	辽宁人民出版社	1998年	西南民族学院
宗教与文明	潘显一等	四川人民出版社	1999年	四川大学
诸子百家大辞典	李刚等	四川人民出版社	1999年	四川大学
道教斋醮符咒仪式	张泽洪	巴蜀书社	1999年	四川大学
进化认识与进化逻辑	任晓明	浙江科技出版社	1998年	四川自修大学
儒学与传统文化	吴贤哲	巴蜀书社	1999年	西南民族学院
先秦两汉齐语研究	汪启明	巴蜀书社	1998年	巴蜀书社

续表

获奖成果	作者	出版单位、发表刊物	出版时间	作者单位
实用成语大词典	伍宗文等	巴蜀书社	1999 年	四川大学
文字禅与宋代诗学	周裕锴	高等教育出版社	1998 年	四川大学
中国现代文学悲剧女性形象研究	周芳芸	天地出版社	1999 年	四川师范大学
成都方言词典	梁德曼等	江苏教育出版社	1998 年	四川大学
弗尼吉亚·伍尔夫存在的瞬间	伍厚恺	四川人民出版社	1999 年	四川大学
宋人别集叙录	祝尚书	中华书局	1999 年	四川师范大学
鲁迅书评序跋论稿	季元龙	电子科技大学出版社	1999 年	四川师范大学
三代五大山水诗人论	曾　明	四川文艺出版社	1998 年	西南民族学院
绝句诗史	周啸天	巴蜀书社	1999 年	四川大学
“西马”文论与中国当代文论建设(论文)	冯宪光	《文学评论》1999 年第 1 期		四川大学
宋代理学家的义利观	陈廷湘	团结出版社	1999 年	四川大学
《舆地纪胜》研究	李勇先	巴蜀书社	1998 年	四川大学
巴蜀文化志	袁庭栋	上海人民出版社	1998 年	巴蜀书社
蜀文化与巴文化	宋治民	四川大学出版社	1998 年	四川大学
二野女大——中国人民解放军第二野战军女子大学的光辉历程(资料书)	张天伟等	中央文献出版社	1999 年	西南民族学院
论《临时约法》对民国正体的设计规划(论文)	杨天宏	《近代史研究》1998 年第 1 期		四川师范大学
邓小平国防理论与国防现代化	《邓小平国防理论与国防现代化》编写组	四川人民出版社	1999 年	
青年社会适应心理研究	肖　旭	成都科技大学出版社	1998 年	四川大学
中医药科技成果转化与产业化的研究(系列论文)	杨明等	《成都中医药大学学报》1999 年第 1 期等		成都中医药大学
面向 21 世纪工科院校实验室建设和实验教学改革的系列研究与实践(系列论文)	罗正祥等	《实验技术与管理》1999 年第 6 期等		电子科技大学

续表

获奖成果	作者	出版单位、发表刊物	出版时间	作者单位
面向21世纪高校心理健康教育模式的探索(论文)	柯尊平等	《社会科学研究》1999年第3期		西南交通大学
现代教学模式研究	韦茂荣等	四川民族出版社	1998年	四川师范大学
关于积极稳步发展高等教育的思考(论文)	卢铁城	《电子科技大学学报》1999年第1期		四川大学
心理过程与声乐教学	徐行效	四川人民出版社	1998年	四川师范大学
语文美育心理研究	彭华生	四川大学出版社	1998年	四川师范大学
现代新闻传媒标题艺术	蒋晓丽	四川大学出版社	1998年	四川大学
成都市园林志	成都市园林管理局	四川人民出版社	1998年	
苗族服饰文化	杨正文	贵州民族出版社	1998年	西南民族学院
彝族的三色文化	曲比阿果	《西南民族学院学报》1999年增刊		西南民族学院
《民族区域自治法》实施保障问题研究(论文)	岳彩申	《西南民族学院学报》1998年第5期		西南财经大学
美国印第安神话与文学	石　坚	四川人民出版社	1999年	四川大学
女性的奥秘	程锡麟等	北方文艺出版社	1999年	四川大学
影视心理学	罗悌伦	四川人民出版社	1998年	四川大学
四川省农村剩余劳动力转移和城市化问题研究报告(研究报告)	过　杰	《社会科学研究》1999年第1期		西南财经大学

四川省第十次哲学社会科学优秀科研成果获奖项目一览表(成都部分)(2000—2001)

表5－117

获奖成果	作者	出版单位、发表刊物	出版时间	作者单位
		荣誉奖		
蒙文通文集	巴蜀书社	2001年	四川大学	
		一等奖		
成本论	林万祥等	中国财政经济出版社	2001年	西南财经大学
中国农业支持体系论	蒋永穆	四川大学出版社		四川大学
中国宏观经济非均衡分析	王成璋等	经济科学出版社	2000年	西南交通大学

续表

获奖成果	作者	出版单位、发表刊物	出版时间	作者单位
成都平原早期城址及其考古学文化初论(论文)	江章华等	载《苏秉琦与当代中国考古学》,科学出版社	2001年	成都市文物考古研究所
寒山诗注	项　楚	中华书局	2000年	四川大学
二等奖				
西部地区中小企业发展研究	揭筱纹等	西南财经大学出版社	2001年	四川大学
经济增长方式转变机制论	袁文平等	西南财经大学出版社	2000年	西南财经大学
博弈论与区域经济	陈　进	天地出版社	2000年	四川大学
欧盟产业衰落区域的综合治理——英国默西郡案例研究	朱欣民等	西南财经大学出版社	2001年	四川大学
管理经济分析——理论与应用	唐小我等	电子科技大学出版社	2000年	电子科技大学
走自己的路——中共党史论集	王庭科	四川人民出版社	2001年	四川大学
刑事庭审制度研究	龙宗智	中国政法大学出版社	2001年	四川大学
毛泽东对中国社会主义模式的探索	冉昌光等	西南财经大学出版社	2001年	四川大学
周易见龙	谢祥荣	巴蜀书社	2000年	成都市委党校
族群记忆与多元创造——新时期四川少数民族文学	徐其超等	四川人民出版社	2001年	西南民族学院
《太平经》正读	俞理明	巴蜀书社	2001年	四川大学
文明的困惑——藏族教育之路	巴登尼玛	四川民族出版社	2000年	四川师范大学
语文创新教育研究	刘永康	四川大学出版社	2000年	四川师范大学
二十一世纪中国报业	邱沛篁	四川人民出版社	2000年	四川大学
电视批评论	欧阳宏生	中国广播电视出版社	2000年	四川大学
三等奖				
国有企业的企业市场管理与激励机制(研究报告)	汪贤裕等	《中国管理科学》2001年第6期		四川大学
总结与探索:中国农村改革问题研究	郑景骥等	四川人民出版社	2001年	西南财经大学
经济增长方式转变的制度分析	李　萍	西南财经大学出版社	2001年	西南财经大学
网络经济学	黄宗捷等	中国财政经济出版社	2001年	成都信息工程学院
宋代军用物资保障研究	史继刚	西南财经大学出版社	2000年	西南财经大学

续表

获奖成果	作者	出版单位、发表刊物	出版时间	作者单位
中国经济增长率和生产率的重估与比较（论文）	邓　翔	《管理世界》2001年第4期		四川大学
农业增长方式转型研究	杨继瑞	四川大学出版社	2001年	四川大学
世界不发达地区开发史鉴	郑长德	民族出版社	2001年	西南民族学院
试论四川在西部大开发中实现跨越式发展的战略对策（对策研究）	高林远	《西南交通大学学报》2001年第2期		四川师范大学
中国西部农村反贫战略研究	赵　曦	人民出版社	2000年	西南财经大学
壳资源研究——中国上市公司并购理论与案例	赵昌文等	西南财经大学出版社	2000年	四川大学
中国大型工业企业战略性再造问题（系列论文）	毛道维等	《管理世界》2000年第3期，《四川大学学报》2000年第3期、2001年第5期		四川大学
投资规模调节论	张合金等	中国财政经济出版社	2000年	西南财经大学
西南城市居民最低生活保障研究	郑邦才	西南财经大学出版社	2000年	西南财经大学
全球化趋势的争论：和谐论对新冲突、新竞争论（论文）	杨洪常	《社会科学研究》2000年第5期		四川大学
对中小企业金融支持问题的几点思考（论文）	王洪章	《中国金融》2001年第12期		中国人民银行成都分行
价格竞争的需求效应与财政收入（论文）	张　衔	《经济研究》2001年第5期		四川大学
变革与选择——中国铁路资产结构调整与资本经营	贾志勇等	四川人民出版社	2000年	西南交通大学
西部大开发和中国加入WTO四川对外开放对策研究（对策研究）	李天德等	《专题研究报告》2001年第3期		四川大学
研究型大学在知识创新中的地位和作用（论文）	王永杰等	《科学学研究》2000年第2期		西南交通大学
中国西部攀西地区农业经济可持续发展研究	徐玖平等	四川教育出版社	2000年	四川大学

续表

获奖成果	作者	出版单位、发表刊物	出版时间	作者单位
企业家队伍建设与企业发展问题研究	祁晓玲等	天地出版社	2001 年	四川师范大学
天然林保护区的性质及地方政府的职能(论文)	周小林	《财政研究》2001 年第 1 期		西南财经大学
再造企业行政	李福海	四川大学出版社	2000 年	四川大学
长江上游天然林“禁伐”后的结构调整与经济发展对策研究(对策研究)	张凤翔等	《理论与改革》2001 年第 4 期		中共成都市委党校
网络金融	杨羽等	中国财政经济出版社	2001 年	成都市信息化办公室
现代中国城市家庭结构变化研究(论文)	刘宝驹	《社会学研究》2000 年第 6 期		成都市社会科学院
政府建设与管理问题研究	吴玉宗	巴蜀书社	2001 年	西南民族学院
论邓小平理论在马克思主义发展中的地位	邓淑华等	电子科技大学出版社	2001 年	电子科技大学
塑造新世纪中国共产党的良好形象(论文)	管文虎	《毛泽东思想研究》2001 年第 4 期		电子科技大学
建议修改《关于党内政治生活的若干准则》(论文)	刘益飞	《内部文稿》2000 年第 3 期		中共成都市委党校
发展的创伤——成都市下岗女工现状报告(调研报告)	陈昌文等	四川人民出版社	2001 年	四川大学
处置暴力恐怖活动的对策思考(对策研究)	李　建	《法制参考》2001 年第 10 期		成都市公安局
变迁与改革——法院制度现代化研究	左卫民	法律出版社	2000 年	四川大学
民族区域自治与社会主义市场经济	王允武等	天地出版社	2000 年	西南民族学院
刑法学研究的层面划分(论文)	冯亚东	《法学研究》2001 年第 3 期		四川大学
廉政建设的理论、制度与实践——中国政府廉政建设研究	李福海等	四川大学出版社	2000 年	四川大学

续表

获奖成果	作者	出版单位、发表刊物	出版时间	作者单位
傅大士研究	张　勇	巴蜀书社	2000 年	四川大学
二十世纪中国佛教	陈　兵 邓子美	民族出版社	2000 年	四川大学
“李约瑟难题”新解	闵　丽	《四川大学学报》2000 年第 3 期		四川大学
楚简《唐虞之道》初探、儒墨举贤禅让观平议——读《郭店楚墓竹简》(系列论文)	彭邦本	载《郭店楚简国际学术研讨会论文集》，湖北人民出版社 2000 年；《四川大学学报》2000 年第 5 期		四川大学
朱熹诗词编年笺注	郭　齐	巴蜀书社	2000 年	四川大学
马克思主义文艺思想新论	李益荪	四川大学出版社	2000 年	四川大学
顿河激流——解读肖洛霍夫	刘亚丁	四川教育出版社	2001 年	四川大学
当代美国小说理论	程锡麟	外语教学与研究出版社	2001 年	四川大学
当代中国传统美学研究	钟仕伦等	四川大学出版社	2001 年	四川师范大学
生命的空间：《人间词话》的当代解读	马正平	中国社会科学出版社	2000 年	四川师范大学
比较文学学科理论研究	曹顺庆等	巴蜀书社	2001 年	四川大学
先秦汉语复音词研究	伍宗文	巴蜀书社	2001 年	四川大学
表现主义与 20 世纪中国文学	徐行言	安徽教育出版社	2000 年	西南交通大学
郑玄注释语言词汇研究	张能甫	巴蜀书社	2000 年	四川师范大学
《说文》“示部”字与神灵祭祀考	雷汉卿	巴蜀书社	2000 年	四川大学
成都方言语法研究	张一舟等	巴蜀书社	2001 年	四川大学
中论校注	徐湘霖	巴蜀书社	2000 年	四川师范大学
苏轼研究史	曾枣庄等	江苏教育出版社	2000 年	四川大学
晚宋时期财政危机研究	张金岭	四川大学出版社	2001 年	四川师范大学
拿破仑与大陆封锁——从拿破仑的经济政策看拿破仑帝国的覆灭	刘军大等	华夏出版社	2001 年	西南交通大学

续表

获奖成果	作者	出版单位、发表刊物	出版时间	作者单位
变革与发展:中国内陆城市成都现代化研究	何一民等	四川大学出版社	2001 年	四川大学
从劝导到禁罚:清季四川反缠足努力述略(论文)	杨兴梅	《历史研究》2000 年第 6 期		四川大学
藏族族源与藏东古文明	石　硕	四川人民出版社	2001 年	四川大学
略论丽江木氏土司与噶玛噶举派的关系(论文)	赵心愚	《思想战线》2001 年第 6 期		西南民族学院
塑造教师人格魅力	吴光勇等	新华出版社	2000 年	双流县中和中学
道德教育论纲	余仕麟	巴蜀书社	2001 年	西南民族学院
科教兴县基础工程的探索和实践——温江县借鉴陶行知教育思想深化农村教育改革促进社会主义建设的汇报(对策研究)	汪仲汉等	《中国教育报》2000 年 12 月 15 日		温江县教委
对高校德育理论几个基本问题的思索(论文)	高林远	《四川师范大学学报》2000 年第 5 期		四川师范大学
对民办教育立法中校产归属问题的思考(论文)	顾美玲	《教育研究》2001 年第 9 期		四川师范大学
西藏自治区群众体育的现状调查的发展规划(论文)	霍红等	《成都体育学院学报》2001 年第 6 期		成都体育学院
中外高等医学教育发展与改革比较研究(系列论文)	曾　诚	《高等教育发展研究》2001 年第 3、4 期等		四川大学
论高素质创新人才的培养(论文)	卢铁成	《四川大学学报》2000 年第 5 期		四川大学
网络环境下的信息资源组织方法分析(论文)	赵　英	《情报杂志》2000 年第 6 期		四川大学
巴山蜀水圣哲魂——巴蜀哲学史稿	黄开国	四川人民出版社	2001 年	成都市社科院
中华梨园一枝花——川剧艺术	邓运佳	四川人民出版社	2001 年	四川大学
漂泊与皈依:“第六代”的主题变奏(论文)	高　力	《西南交通大学学报》2001 年第 2 期		西南交通大学

续表

获奖成果	作者	出版单位、发表刊物	出版时间	作者单位
举箸醉杯思吾蜀——巴蜀饮食文化纵横	熊四智	四川人民出版社	2001 年	四川烹饪专科学校
成都市“五路一桥”工程文化特色研究（论文）	成都市城市科学研究会课题组	《重庆建筑大学学报》2001 年第 1 期		
成都市志·教育志	成都市教育局	四川人民出版社	2000 年	
文档一体化——网络时代的文件与档案管理	黄存勋等	四川大学出版社	2000 年	四川大学
因明逻辑概要	万　果	云南民族出版社	2001 年	西南民族学院
彝族民间文艺概论	罗　曲	巴蜀书社	2001 年	西南民族学院
四川藏区的开发之路	冉光荣等	四川人民出版社	2000 年	四川大学
计算机彝文信息处理	沙马拉毅	四川民族出版社	2000 年	西南民族学院
僰国与泸夷——民族迁徙、冲突与融合	刘复生	巴蜀书社	2000 年	四川大学
构筑中国特色的社会保障体系	蔡明秋	华夏出版社	2001 年	成都行政学院
四川省青年高级人力资源合理开发及利用研究（系列论文）	徐玖平等	《经济体制改革》2001 年第 2 期、《软科学》2001 年第 1、6 期		四川大学
西部大开发要着眼于形成区域竞争优势（论文）	顾　新	《软科学》2000 年第 2 期		四川大学
20 世纪的中国妇女	王国敏	四川大学出版社	2000 年	四川大学
关于人口社会学的两个问题（论文）	吴忠观	载《西部大开发与四川经济发展问题探索》，西南财经大学出版社	2001 年	西南财经大学
中日词汇对比研究	王蜀豫	四川文艺出版社	2001 年	四川大学

四川省第十一次哲学社会科学优秀科研成果获奖项目一览表(成都部分)(2002—2003)

表 5 - 118

获奖成果	作者	出版单位、发表刊物	出版时间	作者单位
荣誉奖				
巴蜀历史文化论集	胡昭曦	巴蜀书社	2002 年	四川大学
禅宗美学思想的嬗变轨迹	皮朝纲	电子科技大学出版社	2003 年	四川师范大学
一等奖				
国有资本经营专论——国有资产管理、监督、营运体系研究	郭复初等	立信会计出版社	2002 年	西南财经大学
口岸开放与社会变革——近代中国自开商埠研究	杨天宏	中华书局	2003 年	四川师范大学
中国货币与金融统计体系研究	庞皓等	中国统计出版社	2003 年	西南财经大学
中国古代文论话语	曹顺庆	巴蜀书社	2001 年	四川大学
二等奖				
转轨时期年轻干部科学“三观”确立研究	康超光等	成都时代出版社	2003 年	中共成都市委党校
论党的建设的制度创新	刘益飞等	四川人民出版社	2002 年	中共成都市委党校
第六次产业革命是否即将来临	张其佐	《文汇报》2002 年 12 月 29 日		成都大学
探索充分就业之路——成都平原农村人力资源开发研究	何景熙等	四川大学出版社	2000 年	四川大学
现代企业区位选择与布局	苏重基	西南财经大学出版社	2003 年	四川兴诚信联合会计师事务所
企业权力配置与经理激励	李仕明等	科学出版社	2003 年	电子科技大学
中国乡村家族信用复兴及企业发育问题分析(论文)	周殿昆	《改革》2002 年第 6 期		西南财经大学
转型与发展:中国市场经济进程分析	丁任重等	中国经济出版社	2003 年	西南财经大学
经济趋同理论与中国地区经济差距的实证研究	邓翔等	西南财经大学出版社	2002 年	四川大学
中国一流企业经营危机研究(系列论文)	李蔚等	《企业管理》2002 年第 10 期至 2003 年第 12 期		四川大学
行业协会经济自治权研究	鲁　篱	法律出版社	2003 年	西南财经大学

续表

获奖成果	作者	出版单位、发表刊物	出版时间	作者单位
在权利话语与权力技术之间——中国司法的新思考	左卫民	法律出版社	2003 年	四川大学
公正伦理与制度道德	唐代兴	人民出版社	2003 年	四川师范大学
大理国史	段玉明	云南民族出版社	2003 年	四川大学
中国古代标点符号发展史	管锡华	巴蜀书社	2002 年	四川师范大学
中国古代阐释学研究	周裕锴	上海人民出版社	2003 年	四川大学
消解与重构——艺术作品的本质	董志强	人民出版社	2002 年	四川师范大学
报业通论	邱沛篁等	四川人民出版社	2002 年	四川大学
全蜀艺文志点校	王晓波等	线装书局	2003 年	四川大学
新教学模式之建构	查有梁	广西教育出版社	2003 年	四川省社科院
中国当代大学生性现状与性教育研究	胡珍等	四川科技出版社	2003 年	成都电子机械高等专科学校
全民健身概论	陈宁等	四川教育出版社	2003 年	成都体育学院
中国古代民族融合问题研究	陈玉屏等	四川民族出版社	2003 年	西南民族大学
西部开发中西藏及其他藏区特殊性研究	冉光荣等	黑龙江人民出版社	2003 年	四川大学
三等奖				
经济全球化与中国共产党的建设	何新芳	黑龙江人民出版社	2002 年	中共成都市委党校
三个代表思想体系研究	程显煜等	四川人民出版社	2003 年	中共成都市委党校
试论邓小平的社会主义民主政治思想(论文)	朱祥全	《四川师范大学学报》2003 年第 4 期		四川师范大学
劳动力市场化配置与再就业流动障碍分析——城镇失业与再就业问题研究(论文)	刘宝驹	《社会科学研究》2003 年第 4 期		成都市社科院
西部医药资源开发及其产业化研究	朱昌蕙等	四川科学技术出版社	2003 年	四川大学
欧美区域经济政策与四川跨越式发展	周万生等	电子科技大学出版社	2003 年	四川大学
金融波动论	张红伟等	四川人民出版社	2003 年	四川大学

续表

获奖成果	作者	出版单位、发表刊物	出版时间	作者单位
宏观人力资源开发与配置研究	邵　昱	巴蜀书社	2003 年	成都市社会科学院
成都人口与发展	成都市计划生育委员会	四川人民出版社	2003 年	
人口统计学	李永胜等	西南财经大学出版社	2002 年	西南财经大学
管理学范式理论研究	罗　珉	四川人民出版社	2003 年	西南财经大学
税收征纳博弈及其行为解析	屈锡华	《经济学家》2003 年第 3 期		四川大学
西部工业发展战略管理研究(系列论文)	任佩瑜等	《管理世界》2002 年第 7 期		四川大学
中国区域技术创新能力的聚类实证分析(论文)	邵云飞	《中国软科学》2003 年第 5 期		电子科技大学
信息博弈与监管——中国证券市场监管新视角(论文)	张　艳	《管理世界》2002 年第 5 期		四川大学
收益与收益质量的分层研究(论文)	汝莹等	《中国工业经济》2003 年第 7 期		四川大学
税收征管对税收制度的制约与协调(论文)	刘　蓉	《税务研究》2003 年第 6 期		西南财经大学
1999—2002 年中国上市公司 MBO 实证研究——兼论 EMBO 对国企改革的意义(论文)	毛道维等	《中国工业经济》2003 年第 10 期		四川大学
地方税收优惠政策 100 条	张代平	中国税务出版社	2002 年	成都市地税局
中国金融体制改革研究	刘朝明等	中国金融出版社	2003 年	西南交通大学
企业管理的文化阶梯	黎永泰等	四川人民出版社	2002 年	四川大学
企业技术创新的激励制度研究	杜　伟	巴蜀书社	2002 年	四川师范大学
中国股票市场波动与效率研究	史代敏	西南财经大学出版社	2003 年	西南财经大学
西南地区外商直接投资环境与效益分析	李天德等	四川大学出版社	2002 年	四川大学
中国七大经济区产业结构研究	邓玲等	四川大学出版社	2002 年	四川大学
川陕革命根据地货币史	袁远福等	中国金融出版社	2003 年	西南财经大学
西南经济发展的金融支持	殷孟波等	西南财经大学出版社	2002 年	西南财经大学

续表

获奖成果	作者	出版单位、发表刊物	出版时间	作者单位
建立城市土地储备制度的探讨（论文）	杨继瑞	《管理世界》2002年第3期		四川大学
中国财税支农政策调整思路（论文）	朱明熙	《财政研究》2003年第2期		西南财经大学
四川省电力发展与改革的关系（调研报告）	蒋明新等	《财经科学》2003年第2期		西南财经大学
农业产业化经营与农业宏观政策研究	王国敏等	四川大学出版社	2002年	四川大学
高技术经济的制度演化研究——兼论中国高技术经济的制度创新	邓金堂	西南财经大学出版社	2003年	西南科技大学
当代中国经济周期波动及形成机理研究	刘　恒	西南财经大学出版社	2003年	西南财经大学
当代国际货币体系与南北货币金融关系	姜　凌	西南财经大学出版社	2003年	西南财经大学
退耕还林（草）利益补偿机制研究——以长江上游地区为例	杨明洪等	四川人民出版社	2002年	四川大学
四川经济跨越式发展研究	赵　曦	西南财经大学出版社	2003年	西南财经大学
所有权构造论——传统国有制之解构与全民所有制之重构	陈永正	四川大学出版社	2003年	四川大学
推动国有企业技术创新研究	高林远等	中国经济出版社	2003年	四川师范大学
农地“隐性市场化”：问题、成因与对策（论文）	杨继瑞	《中国农村经济》2002年第9期		四川大学
《论我国小城镇发展的特点和趋势》（论文）	符礼建等	《中国农村经济》2002年第11期		中共成都市委宣传部
“股票期权计划”与美国公司治理结构（论文）	刘崇仪	《世界经济》2003年第1期		西南财经大学
中美两国小麦市场竞争力比较分析（论文）	胡小平	《管理世界》2003年第9期		西南财经大学
中国物权法理论研究	唐烈英	四川人民出版社	2002年	西南民族大学
跨国银行法律制度研究	岳彩申	北京大学出版社	2002年	西南财经大学
金融刑法适用论	胡启忠	中国检察出版社	2003年	西南财经大学

续表

获奖成果	作者	出版单位、发表刊物	出版时间	作者单位
宪法基本权利司法救济研究	周　伟	中国人民公安大学出版社	2003 年	四川大学
社区建设与犯罪防控	廖　斌	人民法院出版社	2003 年	西南科技大学
专利侵权诉讼中“公知技术抗辩”适用之探讨——中、德、日三国判例、学说的比较研究（论文）	杨志敏	《知识产权》2003 年增刊		四川大学
人才资源向人才资本转变法律问题研究（论文）	章群等	中共四川省委〔2003〕24 号文		西南财经大学
四川彭州宋代金银器窖藏	谢涛等	科学出版社	2003 年	成都市文物考古研究所
近代中法关系史稿	鲜于浩等	西南交通大学出版社	2003 年	西南交通大学
地理大发现研究 15—17 世纪	张　箭	商务印书馆	2002 年	四川大学
古籍整理学	刘　琳	四川大学出版社	2003 年	四川大学
四川茂县营盘山遗址试掘报告（论文）	蒋成等	科学出版社	2002 年	成都市文物考古研究所
20 世纪历史思维中的“革命”观念（论文）	何　平	《学术研究》2003 年第 1 期		四川大学
国中的“异乡”：二十世纪二三十年代旅外川人认知中的全国与四川（论文）	王东杰	《历史研究》2002 年第 3 期		四川大学
西方汉学界的中国文论研究	王晓路等	巴蜀书社	2003 年	四川大学
楚辞文化研究	熊良智	巴蜀书社	2002 年	四川师范大学
汉代诗学发微	刘朝谦	四川人民出版社	2002 年	四川师范大学
现代派诗学与中西诗学	曹万生	人民出版社	2003 年	四川师范大学
审美心理与诗学论题	黎　风	四川大学出版社	2002 年	四川大学
“垮掉一代”及其它	文楚安	四川大学出版社	2002 年	四川大学
文艺的绿色之思——文艺生态学引论	曾永成	人民文学出版社	2000 年	成都大学
梁启超文论的现代性阐释	杨晓明	四川民族出版社	2002 年	四川大学
马克思美学的现代阐释	冯宪光	四川教育出版社	2002 年	四川大学
儒家元典与中国诗学	李　凯	中国社会科学出版社	2002 年	四川师范大学

续表

获奖成果	作者	出版单位、发表刊物	出版时间	作者单位
汉魏六朝佛经代词探新	俞理明	台湾佛光山文教基金会出版	2002 年	四川大学
中古及近代法制文书语言研究——以敦煌文书为中心	王启涛	巴蜀书社	2003 年	四川师范大学
非构思写作学宣言——后现代主义写作学观念、原理与方法（论文）	马正平	《海南师范学院学报》2002 年第 2 期、第 3 期		四川师范大学
基督宗教在西南民族地区的传播史	秦和平	四川民族出版社	2003 年	西南民族大学
道教神仙信仰与祭祀仪式	张泽洪	（台北）文津出版社	2003 年	四川大学
先秦礼学	勾承益	巴蜀书社	2002 年	成都大学
列宁与邓小平社会主义建设辩证法思想研究	王万民	四川人民出版社	2002 年	四川师范大学
玻姆自然哲学导论	张桂权	（台北）洪叶文化有限公司	2002 年	四川师范大学
网络伦理危机及对策	黄　寰	科学出版社	2003 年	成都理工大学
海德格尔存在之思的伦理境域（论文）	余　平	《哲学研究》2003 年第 10 期		四川大学
宋人年谱丛刊	吴洪泽等	四川大学出版社	2003 年	四川大学
电视叙事学	黄昌林	电子科技大学出版社	2003 年	成都大学
青城山道教科仪演礼程序与音乐安排（论文）	甘绍成	《中国音乐学》2003 年第 4 期		四川音乐学院
新课程的教学策略与方法	周小山	四川大学出版社	2003 年	成都教育学院
科学课程论析	彭蜀晋	四川教育出版社	2002 年	四川师范大学
德育环境研究	戴钢书	四川人民出版社	2002 年	电子科技大学
体育旅游导论	柳伯力等	人民体育出版社	2003 年	成都体育学院
主动寻求企业参与是办好高等职业教育的必由之路（论文）	吕光军等	《成都航空职业技术学院学报》2002 年第 4 期		成都航空职业技术学院
四川民办教育的发展趋势与对策研究（论文）	顾美玲等	《四川师范大学学报》2002 年第 6 期		四川师范大学
关于中国基础教育国际化与民族化的思考（论文）	吴定初	《教育评论》2003 年第 1 期		四川师范大学

续表

获奖成果	作者	出版单位、发表刊物	出版时间	作者单位
琉璃刻卷——丹巴莫斯卡《格萨尔王传》岭国人物石刻谱系	罗布江村	四川民族出版社	2003年	西南民族大学
清季民国康区藏族文献辑要	赵心愚等	四川民族出版社	2003年	西南民族大学
天地人系统预测与对策	刘波等	安徽教育出版社	2002年	成都理工大学
生态旅游与可持续发展	印开蒲等	四川大学出版社	2003年	中国科学院成都生物研究所
规范化服务型政府建设的理论与实践(系列论文)	姜晓萍	《四川大学学报》2003年第4期		四川大学
学习型区域:区域经济发展的新模式(系列论文)	顾新等	《经济理论与经济管理》2003年第4期		四川大学

四川省第十二次哲学社会科学优秀科研成果获奖项目一览表(成都部分)(2004—2005)

表5-119

获奖成果	作者	出版单位、发表刊物	出版时间	作者单位
		一等奖		
现代财富论	刘诗白	三联书店	2005年	西南财经大学
中国西藏区域经济发展研究	赵　曦	中国社会科学出版社	2005年	西南财经大学
朱熹经学与中国经学	蔡方鹿	人民出版社	2004年	四川师范大学
国家与学术的地方互动:四川大学国立化进程	王东杰	三联书店	2005年	四川大学
唐代白话诗派研究	项楚等	巴蜀书社	2005年	四川大学
共建繁荣:成渝经济区发展思路研究报告	成渝经济区发展思路研究课题组	经济科学出版社	2005年	
		二等奖		
中国经济转轨时期金融安全问题研究	刘锡良等	中国金融出版社	2004年	西南财经大学
中国西部农村人力资本投资与农民增收问题研究	黄金辉	西南财经大学出版社	2005年	四川大学
财政基础理论研究	王国清	中国财政经济出版社	2005年	西南财经大学
中国自然垄断行业改革研究:管制与放松管制的理论与实践	刘灿等	西南财经大学出版社	2005年	西南财经大学

续表

获奖成果	作者	出版单位、发表刊物	出版时间	作者单位
西部经济发展与资源承载力研究	丁任重等	人民出版社	2005年	西南财经大学
中国农村土地产权制度创新与失地农民基本权益保障研究（系列论文）	杜　伟	《财经科学》2004年第2期、《农业经济》2005年第10期等		四川师范大学
圣俗边缘——西部社会的环境、信仰和行为	陈昌文等	四川人民出版社	2004年	四川大学
各国立法机关委员会制度比较研究	周　伟	山东人民出版社	2005年	四川大学
《净明忠孝全书》研究——以宋元社会为背景的考察	郭　武	中国社会科学出版社	2005年	四川大学
近代中国城市发展与社会变迁	何一民等	科学出版社	2004年	四川大学
看不见的签名：现代汉语诗学与基督教	唐小林	中国社会科学出版社	2004年	四川师范大学
唐代吐蕃与西域诸族关系研究	杨　铭	黑龙江教育出版社	2005年	西南民族大学
西南少数民族民间工艺文化资源保护研究	张建世等	四川民族出版社	2005年	西南民族大学
课堂环境与自主学习	范春林	中国文史出版社	2005年	四川师范大学
当代政治哲学	刘　莘	三联书店	2004年	四川大学
三等奖				
西部地区房地产业发展与制度创新研究	高林远等	科学出版社	2005年	四川师范大学
中国成本管理发展论	林万祥	中国财政经济出版社	2004年	西南财经大学
中国货币政策传导的数量研究	李南成	西南财经大学出版社	2005年	西南财经大学
流动性约束和不确定性状态下的预防性储蓄研究——中国城乡居民的消费特征分析（论文）	杜海韬	《经济学季刊》2005年第4卷2期		四川大学
信息化演进与交易效率（论文）	涂　锦	《数量经济技术经济研究》2004年第10期		西南交通大学
企业资本结构理论与实证研究	郑长德	中国财政经济出版社	2004年	西南民族大学
中国转型期城镇反贫困理论与实践研究	王朝明	西南财经大学出版社	2004年	西南财经大学

续表

获奖成果	作者	出版单位、发表刊物	出版时间	作者单位
企业再造新论下的中国西部工业发展战略研究	任佩瑜	四川人民出版社	2004 年	四川大学
高校产业安全的理论与实践	杨继瑞等	中国经济出版社	2004 年	西南财经大学
中国—东盟自由贸易区研究	霍伟东	西南财经大学出版社	2005 年	西南财经大学
产权变革下的国有企业集团化战略研究	黄　庆	科学出版社	2005 年	西南交通大学
公司治理与价值创造	李亚静	西南交通大学出版社	2004 年	西南民族大学
自组织组合预测(论文)	贺昌政	Journal of Forecasting. 24(4):269-278,2005		四川大学
发展财务学导论	郭复初等	清华大学出版社	2005 年	西南财经大学
企业财务制度论	冯建等	清华大学出版社	2005 年	西南财经大学
公司财务危机论	彭韶兵等	清华大学出版社	2005 年	西南财经大学
城乡和谐发展的价格障碍及对策探析(论文)	蒋和胜等	《四川大学学报》2005 年第 4 期		四川大学
政府间税收竞争研究——基于中国实践的理论与经验分析	周克清	中国财政经济出版社	2005 年	西南财经大学
汇率目标区理论与人民币汇率机制的改革(论文)	姜　凌	Applied Economics Letters 2004-11		西南财经大学
人民币汇率机制新解:政府行为与非对称性(论文)	李天德等	《四川大学学报》2004 年第 2 期		四川大学
虚拟经济与金融危机(论文)	张红伟	《四川大学学报》2004 年第 3 期		四川大学
利用外商直接投资与中国外贸竞争力(论文)	蒋　瑛	《世界经济》2004 年第 7 期		四川大学
中国控烟研究(系列论文)	毛正中	《中国循证医学杂志》2005 年第 5 期		四川大学
股权期权激励——高新技术企业激励理论与操作实务	银路等	科学出版社	2004 年	电子科技大学
中国商业连锁公司快速成长机理分析及加快发展的政策建议(系列论文)	周殿昆	《财贸经济》2004 年第 3 期、《天府新论》2004 年第 4 期		西南财经大学

续表

获奖成果	作者	出版单位、发表刊物	出版时间	作者单位
中国证券市场的信息博弈与监管研究	张　艳	经济科学出版社	2005 年	四川大学
区域旅游业竞争力理论与实证研究	张　梦	西南财经大学出版社	2005 年	西南财经大学
城镇化与农业可持续发展	姜太碧	四川科学技术出版社	2004 年	西南民族大学
中国贫困人口研究	王　卓	四川科学技术出版社	2004 年	四川大学
人力资本与公司治理	陈维政等	大连理工大学出版社	2005 年	四川大学
营销流管理	李蔚等	天地出版社	2004 年	四川大学
企业核心能力的挖掘与培育	武振业等	西南交通大学出版社	2005 年	西南交通大学
制度变迁中的西部经济发展	胡树林	西南交通大学出版社	2005 年	西南科技大学
西部地区粗放式旅游资源开发方式亟待转变	母　涛	《求是内参》2005 年第 45 期		成都市旅游局
城市化与农民	骆玲等	西南交通大学出版社	2005 年	西南交通大学
李达思想研究	苏志宏	西南交通大学出版社	2004 年	西南交通大学
社会主义收入分配理论与实践	赵万江	四川人民出版社	2005 年	四川师范大学
当代中国行政文化建设	王　苹	巴蜀书社	2004 年	成都市社科联
关于全面推进成都市规范化服务型政府建设的几点建议（对策研究）	姜晓萍	《中国行政管理》2004 年 11 期		四川大学
新时期中国共产党阶级基础和群众基础研究	辜堪生等	西南交通大学出版社	2005 年	西南财经大学
人民代表大会监督制度的分析与构建	林伯海	中国社会科学出版社	2004 年	西南交通大学
党员主体：发展党内民主的理论创新制度创新（论文）	刘益飞等	《理论动态》2004 年第 1630 期		中共成都市委党校
刑事诉讼的经济分析（论文）	左卫民	《法学研究》2005 年第 4 期		四川大学
视听资料研究	张　斌	中国人民公安大学出版社	2005 年	四川大学
从宪法到宪政	谢维雁	山东人民出版社	2004 年	四川大学
金融公会法律制度研究	鲁篱等	中国金融出版社	2005 年	西南财经大学
金融隐私权与信息披露的冲突与制衡	谈李荣	中国金融出版社	2004 年	西南财经大学

续表

获奖成果	作者	出版单位、发表刊物	出版时间	作者单位
中国之路与中国民法典——不能忽视的100个现实问题	杨遂全	法律出版社	2005年	四川大学
走进刑法	刘雄川等	四川大学出版社	2005年	成都市武侯区人民检察院
中国马克思主义哲学当代史	王仲士等	四川人民出版社	2005年	四川大学
道德王国的重建	李蜀人	中国社会科学出版社	2005年	西南民族大学
中国美学之雅俗精神	李天道	中华书局	2004年	四川师范大学
四川藏族价值观研究	刘俊哲等	民族出版社	2005年	西南民族大学
隋唐五代道教美学思想研究	李　裴	巴蜀书社	2005年	四川大学
唯识学“转识成智”说研究	高小强	四川人民出版社	2005年	四川大学
庄存与《春秋》学新论、庄存与的经学思想、庄存与时代的学术与他的经学道路(系列论文)	黄开国	《哲学研究》2005年第4期、《四川大学学报》2005年第3期等		四川师范大学
相国寺——在唐宋帝国的神圣与凡俗之间	段玉明	巴蜀书社	2004年	四川大学
新区土地改革与开辟工业化道路(论文)	江红英	《中共党史研究》2004年第1期		西南交通大学
纳西族与藏族关系史	赵心愚	四川人民出版社	2004年	西南民族大学
马王堆汉墓帛书《黄帝书》笺证	魏启鹏	中华书局	2004年	四川师范大学
抗日战争时期四川及周边地区的经济与文教	侯德础等	四川人民出版社	2005年	四川师范大学
试论鄂西地区商周时期考古学文化的变迁——兼谈早期巴文化(论文)	江章华	《考古》2004年第11期		成都市文物考古研究所
哥伦布第二次远航与旧大陆生物初传美洲	张　箭	《历史研究》2005年第3期		四川大学
为了现代的人生——鲁迅阅读笔记	李怡	上海教育出版社	2004年	四川大学
聚焦茅盾文学奖	徐其超	作家出版社	2005年	西南民族大学

续表

获奖成果	作者	出版单位、发表刊物	出版时间	作者单位
抗日战争美术图史	黄宗贤等	湖南美术出版社	2005年	四川大学
多元文化与汉语文学批评新传统	阎　嘉	巴蜀书社	2005年	四川大学
汉语缩略研究——缩略：语言符号的再符号化	俞理明	巴蜀书社	2005年	四川大学
信息修辞学	叶　南	天地出版社	2004年	西南民族大学
西方文学研究	龚翰熊	福建人民出版社	2005年	四川大学
文化与符号权力——布尔迪厄的文化社会学导论	张　怡	中国社会科学出版社	2005年	四川大学
三叶集——德语文学·文学翻译·比较文学	杨武能	巴蜀书社	2005年	四川大学
回归实践论人类学——马克思主义文艺学新解读	曾永成	人民出版社	2005年	成都大学
四川藏区城镇化与文化变迁——以德格县更庆镇为个案	蒋　彬	巴蜀书社	2005年	西南民族大学
邓小平与西南少数民族——在主持西南局工作的日子里	朗维伟等	四川人民出版社	2004年	西南民族大学
四川回族历史与文化	马尚林	四川民族出版社	2005年	西南民族大学
鲜水河畔的道孚藏族多元文化	刘勇等	四川民族出版社	2005年	西南民族大学
雪域黄金——西藏黄金的历史与地理	任新建	巴蜀书社	2003年	四川省社科院
远程开放教育在加快四川人力资源向人力资本转化中的战略地位和作用研究（调研报告）	刁纯志等	《电大论丛》，电子科技大学出版社	2005年	四川广播电视大学
弱势群体参与全民健身的现状调查与对策研究	王广虎等	四川大学出版社	2005年	成都体育学院
大学生党建工作的理论与实践	谭书敏等	电子科技大学出版社	2005年	成都理工大学
中国西部体育旅游开发——理论探讨与对策研究	柳伯力等	电子科技大学出版社	2004年	成都体育学院
四川农村教师生存状态调查及分析	祁晓玲	四川人民出版社	2005年	四川师范大学
中国市场化进程中的民办高等教育研究	王晓琼	电子科技大学出版社	2004年	四川烹饪高等专科学校
中国高校资本结构研究	王　冲	中国社会科学出版社	2005年	四川师范大学

续表

获奖成果	作者	出版单位、发表刊物	出版时间	作者单位
思想政治教育统计研究方法论	戴钢书	人民出版社	2005年	电子科技大学
从教育研究视角检讨“越是民族的就越是世界的”(论文)	吴定初	《四川师范大学学报》2004年第2期		四川师范大学
“捆绑”城乡教育实现教育公平(论文)	钟建宏等	《调查与决策》2005年第10期		成都市委政研室
电视批评学	欧阳宏生等	四川大学出版社	2005年	四川大学
图书馆评价理论与方法	张　健	西南交通大学出版社	2004年	成都大学
数字图书馆建设中的法律问题研究(论文)	赵　媛	《大学图书馆学报》2004年2期		四川大学
媒介新闻评论学	殷俊等	四川大学出版社	2005年	成都市委宣传部
2005年成都文化产业发展报告(调研报告)	成都文化产业发展报告编写组	成都时代出版社	2005年	
转型期中国改革与社会公正	陈伯君	中央编译出版社	2005年	成都市社会科学院
中澳口译水平考试及资格认证对比谈(论文)	任　文	《中国翻译》2005年第1期		四川大学
军事供应链管理——支持军事行动的科学与艺术	王进发等	国防大学出版社	2004年	电子科技大学
中国近代大众传媒与中国近代文学	蒋晓丽	巴蜀书社	2005年	四川大学
知识链管理研究(系列论文)	顾　新	《系统工程理论与实践》2004年第7期、《经济问题探索》2005年第2期		四川大学
成都城市特色塑造研究(调研报告)	成都市城市科学研究会	成都市人民政府2005年12月采用		

社会科学学术团体

【成都市社会科学界联合会】

成都市社会科学界联合会简称成都市社科联。1991年成都市召开社会科学界联合会第一次代表大会,宣告市社科联成立。市社科联是中共成都市委、成都市人民政府领导下的学术性人民团体,是加入本会的全市性哲学社会科学社会团体和区(市)县社科联的联合组织。市社科联成立后与成都市社会科学研究所合署办公。1992年经成都市人民政府批准,设立成都市哲学社会科学优秀成果奖，每两年评奖一次，由成都市社会科学界联合会负责组织评奖工作。1998年，成都市邓小平理论研究中心（后改为“成都市邓小平理论及‘三个代表重要思想’研究中心”）成立，与成都市社科所、市社科联合署办公，实行三块牌子、一个机构。2000年，成都市社会科学研究所改建为成都市社会科学院，仍与成都市社会科学界联合会、成都市邓小平理论研究中心合署办公。其隶属关系、级别、人员编制、经费渠道均不改变。成都市社科联机关设办公室、规划评奖办公室（挂成都市社科规划办公室、成都市社科评奖办公室牌子）、学会学术部、编辑部。至2005年底，市社科联机关事业编制为20名（含离退休工作人员编制1名），其中，党组书记1名，党组副书记1名；处级领导职数8名。主席、副主席按章程选举产生。

【成都市社会科学院】

成都市社会科学院的前身是成都市社会科学研究所，成立于1979年11月。是中共成都市委、成都市人民政府（当时为成都市革命委员会）直接领导的正局级事业单位，由市委宣传部负责具体业务指导。1991年12月，成都市社会科学界联合会成立后，与成都市社会科学研究所合署办公。1998年，成都市邓小平理论研究中心成立，与成都市社会科学研究所、成都市社会科学界联合会合署办公，实行三块牌子、一个机构合署办公的管理体制。

2000年8月，在原成都市社会科学研究所的基础上成立成都市社会科学院。人员编制为53人（含后勤服务人员事业编制4名）。第一任党组书记、院长刘从政。科研机构设经济研究所、历史与文化研究所、社会学与法制研究所；科研辅助机构设图书馆（文献信息中心）、院刊编辑部；行政管理机构设办公室、科研处（与社科联规划评奖办公室和“邓研中心”办公室合署办公）。有院外研究所1个（县域经济研究所）。并在科研处设有“成都市社会科学界哲学社会科学专业职称评审委员会”，自2002年起，在全市开展社科系列的职称评审工作。

2004年5月，成都市社会科学院迁入位于成都市教育产业园区的新址。新院区占地27.9亩，包括科研、办公、培训用房、学术讲演厅、图书资料信息中心、客座学者专家科研生活用房、食堂及网球场等，总建筑面积1.06万平方米。

成都市社会科学院从成都市的实际出发，开展基础理论研究、应用研究和咨询服务，并担负着成都市哲学社会科学规划、科研、科普以及邓小平理论等重大课题的组织和实施，为市委、市政府的决策服务，是市委、市政府重要的“思想库”“智囊团”。

【区（市）县社科联】

1991年，成都市社会科学界联合会成立之前，成都市区（市）县社科联已有成立于1984年10月的温江县社科联和成立于1989年2月的金堂县社科联。这2个县级社科联都挂靠在县委宣传部。2004年，《中共中央关于进一步繁荣发展哲学社会科学的意见》《中共四川省委关于努力推进哲学社会科学事业繁荣发展的意见》和《中共成都市委关于繁荣发展哲学社会科学的实施意见》相继下发后，成都市社科联积极推动区（市）县社科联成立。到2005年年底，成都市19个区（市）县社科联基本建成，其中青羊、武侯、锦江、金牛、彭州、都江堰、邛崃、郫县、双流、蒲江、大邑等11个社科联正式挂牌。

【市级学会】

中共中央十一届三中全会后，成都市社会科

学工作者为了组织、整合各个专业的研究力量，适应改革开放和经济建设的需要，依托省、市高校和社科研究机构，相继成立了一批社会科学类学术团体，使一度沉寂的社会科学研究开始活跃。1991年底，全市社科类社团共43个，据不完全统计，团体会员有1280个，个人会员有1.61万人。到2005年，全市社科类学会发展到63个，共有个人会员3.52万人，单位的社团会员2807个。学会专职人员115人，兼职人员245人。

在社科类社团中，有文史哲类等一些基础研究的学术性社团30余个，如历史学会、哲学学会、邓小平理论研究会等，这类社团涉及哲学社会科学的各个方面，对组织社会科学学术交流，提高全市哲学社会科学研究水平，繁荣和发展成都市哲学社会科学起到重要作用；此外，还有依托于政府部门的职能性工作社团20余个，这类社团主要是依托相应职能部门，促进该领域工作的开展，如成都市教育社团、党建研究会、家庭教育研究会等，他们为服务政府职能部门起到了积极的作用；其余社团为民间性学术社团，数量不足5个，如经济发展促进会、国学研究会等。

各学会共创办会刊32份。其中，公开刊物4份，内刊28份。

1990—2005年成都哲学社会科学学会、协会、研究会一览表

表5-120

名　称	成立时间	挂靠单位
成都市哲学学会	1987年6月	成都市委党校
成都市检察学会	1992年2月	成都市人民检察院
成都市警察学会	1993年11月	成都市公安局
成都行政学会	1994年11月	成都行政学院
成都市社会学学会	1986年12月	成都市社科联
成都市纪检监察学会	1993年10月	成都市纪委监察局
成都市经济法研究会	1986年1月	成都市法制局
成都市统战理论研究会	1985年4月	成都市委统战部
成都市妇女问题理论研究会	1989年10月	成都市妇联
成都市人民代表大会制度研究会	1996年8月	成都市人大办公厅
成都市政协理论研究会	1995年9月	成都市政协
成都市科学社会主义学会	1992年3月	成都市委党校
成都市思想政治工作研究会	1984年8月	成都市委宣传部
成都市组织人事研究会	1992年11月	成都市委组织部
成都市党校系统邓小平理论研究会	1998年11月	成都市委党校
成都市保险学会	1988年10月	中国人保成都分公司
成都市经济学会	1981年10月	成都市委党校
成都市农经学会	1983年12月	成都市农委

续表

名　称	成立时间	挂靠单位
成都市劳动学会	1985年7月	成都市劳动局
成都市计划学会	1990年3月	成都市计委
成都市企业家协会	1981年3月	成都市经委
成都市企业管理协会	1981年5月	成都市经委
成都市物资流通协会	1994年4月	成都市物资局
成都市卫生经济学会	1985年5月	成都市卫生局
成都市城市金融学会	1985年10月	工商行省分行
成都市商业经济学会	1982年8月	成都市商贸委
成都市城市科学研究会	1984年7月	成都市建委
成都市工商行政管理学会	1987年12月	成都市工商局
成都市房地产及住宅研究会	1982年12月	成都市房地局
成都市历史学会	1984年3月	成都市社科联
成都市新闻学会	1982年12月	成都晚报
成都市新闻工作者协会	1982年12月	成都晚报
成都市古都学会	1997年5月	成都市文物考古队
成都市钱币学会	1993年11月	成都市人民银行
成都杜甫研究会	1980年6月	成都市文化局
成都薛涛研究会	1990年4月	成都市园林局
成都市中共党史学会	1984年5月	成都市委党史研究室
成都市地方志协会	1991年10月	成都市地方志编委会
成都市易学研究会	1989年12月	成都市社科联
成都市诸葛亮研究会	1983年9月	成都市文化局
成都市群众文化学会	1988年10月	成都市文化局
成都市对外文化交流协会	1987年6月	成都市委宣传部
成都市文化发展促进会	1994年11月	成都市委宣传部
成都川剧理论研究会	1985年10月	成都市文化局
成都市民俗文化研究会	1994年2月	成都市社科联
成都市二野军大校史研究会	1988年12月	成都市社科联
成都市教育学会	1981年6月	成都市教育局
成都世界语协会	1978年12月	成都大学

续表

名　称	成立时间	挂靠单位
成都市中专教育学会	1985年12月	四川省轻工校
成都市国防教育学会	1989年3月	成都市社科联
成都公共关系协会	1988年10月	成都大学
成都市成人教育协会	1980年10月	成都市教育局
成都市家庭教育协会	1987年5月	成都市妇联
成都市职业技术教育学会	1990年6月	成都市教育局
成都市中专政治课教学研究会	1984年3月	成都市社科联
成都市金融学会	1988年6月	人行成都分行
成都市法学会	1993年10月	成都市司法局
成都市律师协会	1993年10月	成都市司法局
成都翻译协会	2000年10月	成都市社科联
成都企业文化研究会	1984年8月	成都工交工委
成都毛泽东诗词研究会	2000年10月	四川省委党校
成都市行政法学会		成都市行政学院
国际税收研究会		
成都信息协会		
成都发展经济促进会		
诚信成都促进会	2003年10月	成都市市工商行政管理局
市职教院思想教学研究会		

社会科学研究机构

【高校社会科学研究机构】

四川大学

南亚研究所　1964年9月，建立印度研究室。1979年10月，扩建为南亚研究所。下设科研机构：印度研究室、南亚其他国家研究室、资料编译室和《南亚研究》编辑部。研究方向及任务：以研究南亚各国经济、政策现状为主，兼及历史。研究的课题有：南亚各国经济发展战略，南亚各国经济比较研究，中印对比研究，南亚各国部门经济，南亚各国对外关系等。出版刊物《南亚研究季刊》。

人口研究所　于1979年成立，是联合国人口基金资助单位，被确定为全国高教系统人口研究和培训的西南中心。下设科研机构：人口理论研究室、计算机室、《人口研究译文》编辑部、资料室。研究方向及任务：研究四川农村人口问题和西南少数民族人口问题；南亚人口问题。出版刊物《人口研究译文》（公开发行）。

历史研究所　于1980年成立。下设科研机构:先秦史、经济史、宋史、魏晋南北朝史、四川地方史、古文字学、民族史、中国文化思想史等研究室。全所致力于基础研究,以先秦史、魏晋南北朝史、宋史、古文字学和中国思想文化史为主攻方向。

汉语言文学研究所　于1980年成立。下设科研机构:汉语言文学、唐宋文学、文艺美学等研究室及资料室。研究方向及任务:开展郭沫若研究、三苏研究、唐诗研究、杜甫研究、唐宋散文研究等。参加编写《汉语大字典》;注释《郭沫若全集》,编选郭沫若研究论文集和郭沫若选集;编写《苏轼研究资料汇编》,校注《苏轼全集》;出版刊物《郭沫若研究专刊》(不定期刊物)。

中国道教与宗教文化研究所　于1980年成立,重新组建于1999年3月,著名道教研究专家聊希泰教授为首任所长。该所系四川省首批重点学科研究所,拥有硕士、博士授予权,下设中国道教、宗教理论与当代宗教研究、西南少数民族宗教、中国佛教4个研究室和《宗教学研究》编辑部等机构。该所以研究中国道教为主,同时开展对于宗教理论与当代宗教、中国佛教和西南少数民族宗教的科学研究。该所于1990年定为全国第一个宗教学专业博士学位授予点,形成学士、硕士、博士培养体系。先后有来自日本、法国、德国、美国、意大利、加拿大等国家和地区的留学生、高级进修生、访问学者和国内高校教授来所进行深造。研究所已成为国内培养宗教学高级专门人才、国外同行研习中国道教的重要基地。

古籍整理研究所　于1983年成立,是教育部批准在全国条件较好的大学成立的第一批古籍整理研究机构之一。研究方向及任务:以先秦两汉魏晋南北朝历史古籍、宋代文学古籍的整理研究为主。1989年,该所建立了“四川大学宋代文化研究资料中心”。下设文学文献、历史文献、哲学文献、计算机辅助古籍整理4个研究室。该所资料室藏书4万余册,其中包括影印文渊阁《四库全书》《四部丛刊》(初编、续编、三编),《丛书集成初编》《四明丛书》等数十种大型丛书,还有《宋史资料萃编》《中国省志汇编》等一批台湾书籍。

西部开发研究所　为适应中央实施西部大开发战略的需要,由四川省政府、成都市政府和四川大学共建的研究、咨询和开发机构,于2000年1月正式成立。研究院以四川大学相关学科、专业和院所为依托,集中国内、省内专家学者和政府相关管理部门领导,以产、研、学、政协作的方式对国家西部大开发战略和西部地区社会经济发展问题进行理论与应用研究,为推进西部大开发提供思路对策和决策依据,并为企业和个人进入西部地区发展提供咨询。

中国藏学研究所　于1996年9月成立,重新组建于2000年1月。下设藏区社会经济研究室,藏族历史宗教研究室、西藏考古研究中心等。以“西藏考古”“藏族历史与汉藏关系”和“藏区研究现状”为三个重点研究方向。

中国俗文化研究所　于1996年6月成立,依托四川大学中国评议博士后流动站,国家重点学科汉语言文字学博士点、省级重点学科中国古典文献学博士点重新规划整合组建而成。下设俗语言研究室、俗文学研究室、俗信仰研究室。

城市研究所　于1988年成立,是全国高校中最早成立的城市研究机构之一。成立以来连续承担了“七五”“八五”“九五”国家哲学社会科学规划中有关中国城市发展的三项重点研究课题,还先后承担了一项日本住友财团基金课题和四项全国青年社科基金课题等,科研成果受到学术界高度评价,科研水平居于国内本学科前沿地位,在国际同行中也有相当的影响。截至2005

年年底,城市研究所共有专职研究人员11人,其中教授7人(博士生导师2人),副教授4人。

文化产业研究中心　于2004年成立,是从事文化传播与文化产业基础理论、应用理论、管理决策理论研究的跨学科、跨院所的综合性研究机构,旨在发挥各学科综合优势,深入研究世界文化产业特别是亚太地区文化产业发展的历史、现状及走向,为中国文化产业的发展提供建设性思路与方案,提供有关决策咨询服务,培养和培训有关专门人才,为文化产业的可持续发展提供智力支持。

四川师范大学

中国古代文学研究所　于1983年成立,是由四川省教育厅批准建立的侧重于基础研究的文学类研究所。该所以先秦两汉文学(着重于楚辞学)、魏晋南北朝文学(着重于《文选》学、文献学)、唐宋文学(着重于唐诗学)、元明清文学(着重于史学、元曲学)、中国古代文论与美学(着重于中国古代美学)为主要研究方向。

汉语研究所　1984年,经四川省高教局批准成立的系外级研究所,体制为系所合一。汉语研究所下设汉语史、语言学、古籍整理3个研究室。以汉语史、中国语言学史、语言文字的应用与规范为主要研究方向。

教育科学研究所　于1985年5月成立,下设比较教育研究室、基础教育研究室、高等教育研究室,与所平行还设有民办教育研究中心。主要着力于"三力"(学习动力、学习组织力、学习毅力)教育实验研究、民办教育研究。重点针对当前教改的热点难点问题,深入教改第一线,推行素质教育,优化课题结构,加强学术交流,为高师教育的宏观决策提供咨询。

巴蜀文化研究中心　于1983年7月成立,重组于2000年1月,是国内研究巴蜀文化的重要基地之一。2001年,教育部批准四川师范大学巴蜀文化研究中心为"教育部省属高校人文社会科学重点研究基地",采取教育部与四川省共同建设、以省建为主的方式。中心具有特色的研究方向为:巴蜀文化源流研究,巴蜀古代文明演进研究,巴蜀文献与学术研究,巴蜀民族研究,古蜀文明与南方丝绸之路研究,巴蜀文化与现代化研究。下设巴蜀历史与考古研究所、巴蜀文学与文献研究所、巴蜀民俗研究所、四川移民研究所,并在四川省广安市、雅安市、凉山州、阿坝州、什邡市等地分别设立了巴蜀文化研究中心下属的研究所,并与四川广汉三星堆博物馆共同成立了四川师范大学巴蜀文化研究中心三星堆科研教学基地。主办刊物有《巴蜀文化研究集刊》《巴蜀文化研究动态》,是国内外有关巴蜀文化研究成果推介的权威期刊。

移民文化研究所　于2005年1月6日成立,是国内首家以移民文化研究为中心的研究所。研究方向为中国历代移民文化、当代水库移民理论与实践、移民方言演变调查研究和移民风俗文化调查研究等。至2005年年底,研究所有校内外兼职研究人员(教授或博士)18人。

诗学研究所　于2003年9月成立,在诗学方面特别是在中国现代诗学方面有较强的研究实力,主要研究方向为诗学理论、中国新诗诗学史、中国古代诗学史、西方诗学史。所属学科领域为文艺学、中国现当代文学、中国古代文学、世界文学与比较文学等。

写作与思维研究所　于1999年4月成立,下设写作文化与写作思维研究室、写作哲学与写作教学研究室、中西比较写作研究室、中国古代写作理论研究室、中国写作史研究室等5个研究室。主要研究方向是写作尤其是汉语写作的基本原理研究,写作思维、艺术思维和人类一般思维的研究也是本所主要研究方向。

美学研究所　于1992年成立，下设中国美学研究室、西方美学研究室、禅宗美学研究室、中国诗学研究室、中西文论比较研究室。

西南财经大学

中国金融研究中心　于2000年成立，为教育部人文社会科学百所重点研究基地之一。该中心以转型金融理论、金融学说、跨学科研究等为研究特色，产出了一批有影响的重要成果，截至2005年底，承担国家社科基金、国家自然科学基金、教育部等30多项课题，在《经济研究》《管理世界》等高水平刊物上发表论文20余篇，出版专著和教材十余部。自2001年开始，每年由该中心发起并举办“中国金融论坛”，已成为知名的金融学术品牌。

消费经济研究所　于2005年5月成立，为隶属于西南财经大学工商管理学院的教学研究机构，承担消费经济学专业博士、硕士研究生培养和科学研究的任务。主要研究方向为“中国居民消费经济研究”和“中国消费经济理论与实践”。

西南财经大学经济研究所　前身为四川财经学院经济研究所，创立于1958年。1964年，因学校院系调整，该所撤销，1984年重新恢复。中国著名经济学家汤象龙、刘诗白、许廷星等都曾在经济研究所工作过。该所主要研究方向是农业和农村经济、工业经济、企业管理、马克思主义经济思想史等。

中国西部经济研究中心　于2000年6月成立，在西南财经大学经济学、区域经济学、产业经济学、工商管理、金融学、投资经济学、人力资源管理等学科主要研究力量配置的基础上组建，并与四川省计委、经贸委、省委政研室、省政府研究室、成都市计委、中国社科院西部研究中心、国家计委经济研究所以及北京大学、中国人民大学、上海财经大学、西北大学等单位洽商合作，共同筹备组成理事会。中心实行开放型和科研人员流动机制，下设企业管理研究室、农业与农村经济研究室、产业结构与产业政策研究室、区域经济研究室。

人口研究所　于1979年5月成立，1983年，被国务院学位办批准为人口学硕士授权点；1998年，被批准为人口资源与环境经济学硕士授权点；1986年，被批准为人口学博士授权点。该所以四川人口为重点，以省计生委和人口普查办、劳动厅等单位为基地，在学校以金融学科为中心、经济学科为重点的整体发展思路中，开展人口学的教学、科研工作。

西南民族大学

西南民族研究院　于2002年成立，前身是西南民族学院民族研究所。该所设有西南民族研究所、中国西部人类学研究中心、民族古籍整理办公室、西部大开发研究所等校级研究机构，以“两地一族”（康区、大凉山地区，羌族）为主要研究对象，兼顾西南各民族及西部民族地区。在基础研究方面，具有一定优势的民族语言文字、民族历史、民族传统文化、民族经济、民族理论与民族政策、民族宗教等是长期稳定的研究方向；在应用研究方面，结合西部大开发的实施，重点做好政府决策研究、民族文化传承和开发利用研究、民族地区经济发展研究等。

四川省少数民族语言文学研究所　于1986年10月成立，是一所由中共四川省委宣传部、省委民工委和西南民族大学共同领导的科研事业单位。该所下设藏语文研究室、彝语文研究室和民族古籍整理研究室等研究机构。

【省属社会科学研究机构】

四川省民族研究所　原为中国科学院四川

分院民族研究所,始建于1959年。1964年,与中国科学院民族研究所四川少数民族社会历史调查组合并成立省民族研究所。下设科研机构:民族问题和民族政策、民族经济、民族史、民族学、民族语言及藏学等6个研究室。研究方向及任务:基础理论研究与应用研究并重,着重研究四川各民族兼及西南各民族的社会、经济、文化、政治方面的理论问题和实际问题。

四川省文物考古研究所　1951年,成立省文管会办公室。1985年,正式成立四川省文物考古研究所。下设科研机构:田野考古研究室、地面文物研究室、文物保护技术研究室,《四川文物》编辑部。研究方向及任务:在对全省文物调查、保护、发掘、研究、宣传的基础上,着重以“巴蜀文化”为核心的四川地方文化体系及以石窟和出土文物保护为重点的文物保护科学技术研究作为主要科研方向。出版刊物《四川文物》。

四川省社会科学院文学研究所　于1978年成立,坚持“立足四川,面向全国”的方针,按照“多出成果,多出人才;出优秀成果,出优秀人才”的目标,大力弘扬甘于淡泊、艰苦奋斗的精神和求真务实、开拓创新的学风,在学术研究、学术组织、队伍建设、人才培养等方面都取得了显著的成绩,在省内外乃至国内外都产生了一定影响,成为全国地方社科院系统中一支有较强实力的学术队伍。

四川省财政科学研究所　于1980年10月21日正式成立,下设科研机构:政策理论研究室,财政史研究室,编辑室和科研组织室。研究方向及任务:着重研究社会主义现代化建设中重大的财政理论问题和实际问题,同时也进行财政基础理论和财政史的研究。

四川省智力工程研究所　于1988年经省科委批准成立,是省逻辑学会主办的一所新型民办科研实体,隶属于四川省社会科学界联合会。该所主要研究人类智力的结构、机制,探索智力系统各要素及其相互作用的规律,以工程学的模式研究与制定开发人类智力的优化理论及实施文案,为社会开展智力服务。

四川广播电视新闻研究所　于1984年成立,与厅政策研究室合署办公。行政管理上为四川省广播电视厅直属事业单位,业务上受省科委指导。该所下设宣传研究室、政策法规研究室、史志年鉴编辑室和办公室。

中共四川省委党校马列主义研究所(社会经济发展研究所)　于1988年9月成立,其前身是省委党校哲学研究所和经济学研究所。该研究所下设邓小平理论、社会经济发展、哲学基本理论、国际政治与中国对外开放、民族理论和政策等研究组。该所研究的重点有:邓小平社会主义全面发展思想、邓小平经济思想、四川农村区域经济发展、四川农村经济社会发展模式比较、中国现阶段的迷信思潮、四川民族地区的经济发展等。

四川省邓小平理论研究中心　于1993年9月筹建,1994年4月正式成立。中心共聘请特约研究员62名,下设学术委员会,其任务是制订长期和年度研究规划,对特约研究员或其他申报者申报的研究课题进行考核、评审。与四川省社科院等单位联合主办了国内外公开发行的《毛泽东思想研究》杂志。

成都市志

1990—2005

成都市地方志编纂委员会 编

第五册

社会事业（下）

方志出版社
Publishing House of Local Records

目 录 / CONTENTS

文化

传媒

卫生·计划生育

体育

社会保障

文化

概　述

1990—2005 年是成都市文化事业深入改革、不断发展的重要时期。在中共成都市委、成都市人民政府的领导下，文化部门和广大文化工作者坚持“为人民服务、为社会主义服务”的方向和“百家争鸣、百花齐放”的方针，积极进取、努力开拓。16 年的持续发展，使全市文化得到振兴，也使成都城市更具丰采。

一

1990—2005 年 16 年间，成都市文化事业发展保障机制日益完善，保障力度不断加强。

1990 年，成都市认真贯彻中共四川省委关于“振兴川剧”的意见，成立成都市振兴川剧领导小组。1991 年，按照《中共四川省委、四川省人民政府关于加强文化工作的通知》要求，文化事业的发展纳入当地经济社会发展规划和精神文明建设规划，文化设施建设纳入当地城乡建设总体规划，与国民经济和社会发展相协调。1992 年，印发《中共成都市委、成都市人民政府关于加快文化事业建设若干问题的通知》，为全市文化事业的发展提供政策保障。1996 年 12 月，中共成都市第八届委员会第八次全体会议通过《成都市社会主义精神文明建设规划(1996—2000 年)》。2001 年 12 月，中共成都市第九届委员会第八次全体会议通过《成都市社会主义精神文明建设“十五”规划》。2003 年开始，遵照中央和四川省委、省政府有关加快文化体制改革和文化产业发展的精神，成都市成立文化强市工作领导小组，并就实施文化强市战略、加快文化体制改革和文化产业发展做出一系列工作部署。2004 年为成都“文化年”，市委市政府印发《关于加快文化体制改革和文化产业发展的实施意见》，加快推进文化强市战略，成都市迎来文化事业和文化产业大发展大繁荣的新时期，人文成都、魅力成都的文化形象日益引起世界的关注。“十五”期间，全市共投入 15 亿元用于文化基础设施建设，成都艺术中心、成都川剧艺术中心、成都图书馆、成都市群众艺术馆、成都市艺术学校、成都金沙遗址博物馆等陆续建成；同时事业经费较大幅度增长，文化发展的基本条件显著改善。

二

16 年间，成都市文化体制改革深入推进。

20 世纪 90 年代初，成都文化事业开始从单一的公有制形式逐渐向多种所有制转变。1992 年春，中共成都市委、成都市人民政府在要求文化部门积极进行改革的同时，出台保障文化事业发展的若干政策。1996 年，成都市认真落实《中共中央关于加强社会主义精神文明建设若干重要问题的决议》，全市文化体制改革和文化建设的力度加大、进程加快。1997年，按照《关于国家艺术院团体制改革的意见》，制定出《成都市艺术院团体制改革方案》，确定建设成都川剧艺术中心等8项精神文明标志性工程，并陆续开工建设。2000年10月，党的十五届五中全会通过的《中共中央关于制定国民经济和社会发展第十个五年计划的建议》中，正式提出发展“文化产业”，为全市文化产业的崛起提供了政策保障，为民间资本进入文化领域创造了更加宽松的政策环境。2001年12月起，按照《成都市社会主义精神文明建设“十五”规划》，力抓文化精品生产，突出精神文明建设“五个一工程”，带动文化产品创作；加强文艺创作队伍建设，对成都“九院(团)一所”市属文化事业单位和文艺院团进行归并，整合文艺表演团体资源，推行与市场经济接轨的文化体制改革，为文化事业特别是文化产业的发展提供体制支撑。2002年11月，党的十六大报告明确提出“积极发展文化事业和文化产业”，并厘清两者之间关系，极大地促进了成都文化事业的飞跃。

2004年，按照中共成都市委、成都市人民政府《关于加快文化体制改革和文化产业发展的实施意见》，进一步深化文化事业单位内部管理体制、运行机制与分配制度的改革。直属文化事业单位由原27个精简到15个，在职职工总人数由改革前的2428人减少到1281人，有效整合文化资源，进一步促进艺术生产力解放，激发文化事业单位活力。

2005年年底，中共中央、国务院下发《关于深化文化体制改革的若干意见》，要求一切妨碍文化发展的思想观念坚决破除，一切束缚文化发展的做法和规定坚决改变，一切制约文化发展的体制弊端坚决革除。成都市文化体制改革进一步向纵深推进。

三

16年间，成都市文化艺术创作硕果累累。

20世纪90年代，“弘扬主旋律，提倡多样化”成为文艺创作的重要指导思想。1992年，中共中央宣传部组织开展“五个一工程”(五个一，即一部好的戏剧作品，一部好的影视剧作品，一部好的图书，一部好的理论文章，一首好歌)评选活动。成都文艺界按照中央精神，把“以科学的理论武装人、以正确的舆论引导人、以高尚的精神塑造人、以优秀的作品鼓舞人”的号召落实到实际工作中，开始实施文艺精品工程。16年间，本土作家、艺术家、美术家坚持“贴近实际、贴近生活、贴近群众”，创作出很多优秀作品，成果丰硕。全市文艺家获各类奖项在1000种以上，其中国家级奖项约300项。文学方面，佳作迭出，如杨红樱著《淘气包马小跳》，李晋西著《飞翔的展览馆》，麦家著《解密》《暗算》，何大草著《刀子和刀子》，陈磊著《鬼马》系列等作品在国内、国际赢得较高声誉。艺术方面，共有310部作品问世，包括音乐舞蹈18部、曲艺95部、木偶皮影32部、戏剧165部。作品源于生活、反映现实、弘扬时代主旋律，具有较强艺术性，为人民群众喜闻乐见，其中川剧《欲海狂潮》、音乐剧《金沙》等20余个剧目分别获得中央宣传部“五个一工程奖”和文化部大奖；与此同时，成都优秀演员屡获国家级个人奖项。美术方面，人才辈出，创作活跃，国画、油画、版画、漫画、水粉水彩画、雕塑、书法、篆刻、摄影等优秀作品不断涌现，展现出成都美术深厚的功底和广阔的发展前景。电影方面，峨眉电影制片厂摄制有故事片《毛泽东的故事》(1992年)、《被告山杠爷》(1994年)、《鸦片战争》(1997年)、《彩练当空舞》(2001年)、《夏季无风》(2003年)、《38度》(2003年)、《山韵》(2003年)、《非常女·

非常嫁》(2004 年)、《冷枪 1941》(2005 年)、《青苔》(2005 年)、《浪漫黄昏》(2005 年)等。

四

16 年间,成都市公共文化服务显著改善。

1990 年,全市有公共图书馆 15 个,群众艺术馆(文化馆)17 个,其主要任务是面向社会开展公共文化服务。1996 年《中共中央关于加强社会主义精神文明建设若干重要问题的决议》发表后,公共文化服务事业经费迅速增长,公共文化服务成效日益明显。2002 年后,按照中共十六大关于“积极发展文化事业和文化产业”要求,成都市加强公共文化设施建设,增大公益性文化事业单位的投入。2003 年,成都图书馆新馆建成开放,全市“两馆一站”(图书馆、文化馆、文化站)公共文化服务进一步向社区、街道和农村基层延伸拓展。农村电影放映数字化和公益化稳步推进,“文化下乡”活动持续开展,“周末公益讲座”“成都故事”“绿色网上空间”“阳光课堂”“携手同心艺术表演”等公共文化服务活动项目形成品牌。至 2005 年,成都市九区及高新区的 80 余个街道辖区基本建成综合文化活动中心,其他 14 个郊区(市、县)的 200 多个乡镇有 40%的乡镇建成综合文化站,覆盖城乡全域的公共文化服务网络业具雏形。市、区(市)县两级档案馆在完整保存档案资料的同时,积极开发档案资源,先后举办“成都之最”“成都市票证”“老成都照片”等主题展览服务公众。

五

16 年间,成都市文化遗产保护全面加强。

20 世纪 90 年代初,在成都平原先后发现史前城址遗址群,其中,以新津县宝墩遗址最具代表性。十二桥商周遗址、商业场船棺遗址、金沙遗址,为古蜀文明的演进和成都城市形成提供大量宝贵实证资料。加强对已发现汉代画像砖、石文物的保护整理与研究,汉代冶铁遗址、邛崃盐井和火井(天然气井)遗址的发掘研究,为秦汉成都农业发达、工商繁荣、科技成就提供了充分实证。另外,加强成都丝织、陶瓷、制盐、造纸、雕版印刷等遗物、遗址考古,通过邛窑、永陵石刻、孟蜀石经、“西川印子”、交子等文物遗迹的发现研究,为复原唐宋“扬一益二”时代成都经济文化的辉煌提供大量实证。通过成都明蜀王陵墓群、成都水井街酒坊遗址、新津观音寺、新都杨升庵祠及桂湖、成都文殊院、青羊宫、二仙庵、新都宝光寺、郫县望丛祠、崇州罨画池、邛崃天台山石牌坊等近百处遗址遗迹的发现与研究,再现了明末清初,大批湖广客家人迁徙成都及文化变迁历史。

1999 年 6 月,《成都市城市总体规划(1995— 2020 年)》获国务院批准施行,其中明确规定历史文化遗产的保护体系,包括成都古城、风景名胜、文物保护单位、历史文化保护区、地下文物保护区、有特色的传统建筑和构建物、古树名木、传统特色文化等 8 个方面。至 2005 年,全市有市级以上文物保护单位 115 处、县级文物保护单位 281 处(市区 21 处);全市有市、区(市、县)两级文物保护管理机构 20 余个;各类博物馆 45 个,每年接待中外参观者约 3000 万人次。

继 2000 年 11 月联合国第 24 届世界遗产大会批准并将青城山—都江堰列入世界文化遗产名录后,成都市全面开展非物质文化遗产申报和保护工作展。2005 年,文化部公示第一批国家非物质文化遗产名录,成都市蜀绣、蜀锦制作工艺,成都漆艺、都江堰放水节入选。四川省公布首批省级非物质文化遗产保护名录,成都市列入 27 项。成都市公布第一批市级非物质文化遗产保护名录,共 10 类、凡 41 项。

六

16 年间，成都时尚文化与传统民间文化交相辉映。

20 世纪 90 年代初，成都年轻一代追逐新潮。港台音乐、西方影视在都市广泛流行，追星一族数量迅猛增长；各种标榜“新都市文学”和“新市民小说”书刊大量涌现；城市广告铺天盖地，各种秀场炫人眼目；茶楼、网吧、迪吧、酒吧、咖啡屋遍布街巷。1993 年后，随着成都城市建设突飞猛进，市场经济快速发展，时尚气息广泛彰显于衣、食、观、玩生活层面。1998 年，成都市获得联合国人居奖，“宜居成都”推动居住时尚。21 世纪初，成都市私家车数量急剧增长，成为中国“私家车第三城”。2002 年，成都市全年举办中国西部论坛等会展 1500 余次，“会展之都”声誉不胫而走。2003 年，乡村旅游勃兴，成都又获“休闲之都”“成功之都”“多彩之都”等称号。2005 年，成都“超女”名噪全国，“选秀之都”引人关注。成都“一品天下”餐饮一条街建成投运，第二届中国美食节成功举办，“美食之都”更显魅力。

20 世纪 90 年代，全市文化部门收集、整理成都民间文艺的“四大集成”，留住地方文化的血脉。进入 21 世纪以后，遍及全市城乡的民间文化活动蓬勃发展，其中包括千人跳秧歌、春熙放歌、武侯闹春、望丛赛歌会、新都三月三、都江堰清明放水节、龙泉驿桃花节、崇州风筝节等，精彩纷呈。与此同时，成都市文化部门加强非物质文化遗产的保护，通过大规模普查摸清民间文化家底，抢救一批濒临失传的民间技艺，成功申报一批国家及省、市级非物质文化遗产项目，取得显著的成绩。

七

16 年间，成都文化产业稳健发展，文化市场管理日益规范。

20 世纪 90 年代初，成都市音像制品、电子游戏、台球、歌舞厅、卡拉 OK 厅、字画等项目经营方兴未艾。1991 年 7 月，市文化局设文化市场管理处和文化市场稽查队，加强文化经营活动管理，引导文化健康发展。90 年代中后期，文化产业、文化产品、文化市场、文化消费不断影响和创造新的生活方式。1997 年，市文化局设文化产业发展指导处，负责全系统的文化产业发展工作。这一时期，倍受市场和电视冲击的成都电影业积极采取自筹、引进境外资和开展合资等形式，对影院进行较大规模的改造，以改善环境，提高档次，提高放映质量，并从单一经营电影向复合型多功能文化娱乐场所方向发展，成都电影业迅速复兴，市场份额居于全国前列。90 年代后期，成都市网络文化业迅速发展，网站、网民数量和网上文化内容及网络文化产业发展等各项指标均居全国领先水平。2000 年后，成都市在积极发展文化事业的同时，大力培育文化市场，努力发展产业经济。至 2005 年，成都基本形成经营项目多样化、经营主体多元化、经营档次规模品牌化、经营活动规范化、经营管理法制化的文化市场体系，并涌现出一批优秀文化企业。

16 年间，成都市文化交流空前活跃。成都文化艺术部门积极开展对其他国家和地区的文化交流。成都市文化交流涉及川剧、话剧、杂技、木偶、皮影、音乐、舞蹈、电影、美术、书法、诗词、图书等众多门类，生动、形象展现出成都的文化艺术魅力，促进与中国港、澳、台地区和世界各国文化方面的相互学习及共同发展。

16 年间，成都市文化理论研究不断创新。1989 年《四川日报》社组织关于“盆地意识”的大讨论。1999 年,由成都市委宣传部、《先锋》杂志社组织关于“农耕文化”的大讨论。两次讨论在促进人们更新观念的同时,引发民众对成都文化理论研究的重视。2000 年后,成都在新时期加强文化建设、古蜀文化、移民文化、城市文化等理论研究方面出版、发表大量专著和文章。尤以先进文化建设、城市历史文化内涵和城市精神探寻、城市文化发展战略、文化产业经济增长等方面理论研究与时俱进,引领成都文化建设不断向前。

1990—2005 年,成都文化建设虽取得显著成绩,但与发达地区城市尚存差距。特别是在文化资源的开发、转化、配置,文化基础设施的建设、配套,文化产业支柱、品牌、规模和文化产业链的形成,新兴文化经济增长点的发现与培育,文化拔尖人才和文化管理经营人才的培养以及全社会参与文化建设等方面,有待进一步加强。

文学

综述

20 世纪 90 年代起，成都市按照党在新时期的文化建设方针，弘扬主旋律，坚持多样化。各级党的宣传部门、各级文化部门不断加强对文学创作的扶持和引导，开展“五个一工程奖”、巴蜀文艺奖、成都金芙蓉文学奖项目评选，组织实施国家精品工程和国家重大题材创作工程，为文学创作搭建展示平台，营造良好环境。成都地区广大文学创作者坚持“贴近实际、贴近生活、贴近群众”，以开阔视野、细腻笔触，追求“真、善、美”，讴歌新时代。在小说、诗歌、散文创作、文学翻译领域佳作迭出，奖项丰硕。至 2005 年，在小说领域，涌现出《战争和人》《尘埃落定》《突出重围》《我在天堂等你》《暗算》等为代表的新时代文学扛鼎之作，《战争和人》《尘埃落定》先后荣获第四届、第五届茅盾文学奖；涌现出一批广受读者喜爱的青春校园小说和儿童科幻、卡通动漫作品，使成都成为可比肩上海、北京的“中国儿童文学的一方重镇”。在诗歌领域，成都先后出现全国颇具影响的民间诗派，分别以“本土气质”“民间镜像”“写实性”“后现代”的诗学观点和诗作特色活跃于诗坛。散文创作题材丰富，叙事、抒情、哲思风格多元。翻译文学东西经典译著争辉。2002 年后，成都市网络文学异军突起，一批以成都为背景创作的网络小说在网络迅速传播。16 年间，成都文学界坚持出人才、出作品、出成果，常抓不懈，成绩斐然。一批德艺双馨的作家及广大业余作者以自己的辛勤劳动和成果，带来城市文学的繁荣，巩固成都在西部乃至全国文学领域内的重要地位，成为这座城市宝贵的精神财富。

小说

【作家群体】

90 年代初起，成都市文艺界遵循“双为双百”(即文化建设“必须坚持为人民服务、为社会主义服务的方向和百花齐放、百家争鸣”)方针，积极营造兼容并包、开放多元的文学生态环境，以市、区(市)县两级文联、文化局和各种剧团或影视中心的编剧等组成的专业创作队伍作品数量、质量不断提升，业余作家人数不断增多，文学成就和影响日益扩大。至 2005 年，马识途、王火、车辐、高缨、丁隆炎等老一代作家深掘早年生活经验题材，创作再现活力；阿来、麦加、裘山山、何大草、王曼玲、何小竹、易丹、张放、杨小樱、马平、鄢然、樊小玉、简嘉、袁远、洁尘等中青年作家继起，取材广泛，历史、地域、军旅、校园、悬疑等方面题材均有佳作，成为成都小说创作中坚力量。

1990—2005 年成都市主要作家及代表作品情况表

表 5-121

笔名	原名	主要作品
王 火	王洪溥	长篇小说:《战争和人》《外国八路》《浓雾中的火光》《雪祭》《流萤传奇》《禅悟》《女人夜沙龙》等;中篇小说:《边陲军魂》《变形记》《黑色的监狱,白色的梦》《夜的悲歌》《雨的精魂》《后方的战线》等;短篇小说:《新"三岔口"》《滚烫的回忆》等
曾智中		《圣僧》《文化人视野中的老成都》《绝响》《世界怪异小说文库》、"名家说名城"系列
贾万超		长篇小说:《玫瑰梦》《披轻纱的小提琴》《山匪》《生命逃亡》等
简 嘉		长篇小说:《兵家常事》《好男当兵》;中短篇小说集:《拉岱大桥》《守狱者》等
栈 桥	高建强	长篇小说:《招魂》《文人无行》《保卫爱情》;中短篇小说集:《文君街传奇》《小寡妇火锅店》等
阿来		长篇小说:《尘埃落定》;小说集《旧年的血迹》《月光下的银匠》
裘山山		长篇小说:《我在天堂等你》《到处都是寂寞的心》《春草开花》;小说集:《裘山山小说精选》《白罂粟》《落花时节》《一路有树》《高原传说》
易丹		长篇小说:《左右与螺旋》;中短篇小说:《一个当了十二天的都督》《卜琳》《0 舍纪事》等
何大草	何平	长篇小说:《午门的暧昧》《刀子和刀子》《盲春秋》《我的左脸》;中短篇小说集:《衣冠似雪》等
王曼玲		长篇小说:《正午告别》《这里的军人是女人》《谁抚摸了我》《潮湿》《丝绒》《天香百合》等。中篇小说:《幸福花儿开满地》《让我看看你》《太阳升起》《漂亮女兵》《如花似玉》等;短篇小说:《生命如歌》《白色的行板》等
郿然	郿玉兰	长篇小说:《昨天的太阳是月亮》《Baby,就是想要》《角色无界》;中短篇小说集:《灵魂出窍》
麦家	蒋本浒	长篇小说:《解密》《暗算》《风声》;小说集:《紫密黑密》《地下的天空》《让蒙面人说话》《充满爱情和凄楚的故事》等
车辐		长篇小说:《锦城旧事》《锦水悠悠》等
洁尘	陈洁	长篇小说:《酒红冰蓝》《中毒》等
乔瑜		长篇小说:《环》《大生活》;中篇小说:《孽障们的歌》《少将》《给你看本难念的经》
松鹰	耿富祺	长篇小说:《落红萧萧》(合著)《啊,哈军工》《白色漩涡》;中篇小说:《心之恋》《泸沽湖的诱惑》
崔桦		小说集:《紫红的蔷薇》《生活拒绝叹息》等
莫然	阎宏	长篇小说:《男人四十》《商海沉浮》《潇洒走南方》《大饭店风云》《艳影》《夏娃行动》《盛世红妆》等;中篇小说:《高处不胜寒》《风从东方来》
柳建伟		长篇小说:《北方城郭》《英雄时代》《突出重围》《SARS 危机》《爱在战火纷飞时》等;中篇小说集:《苍茫冬日》《上校的婚姻》
榴红	王振华	中短篇小说集:《燕子啁啾》《酒鬼杨石匠的女儿》《榴红幽默讽刺小说》等
小僧	姜巍	长篇小说:《大地的谎言》《住院的病人》《谋杀》《雪山凶寺》等;中短篇小说:《阴谋彩票》《失落幼稚园》《一封家书》《小涛鬼话》《空屋》《大哥》
黎民泰		长篇小说:《玫瑰陷阱》《生死川西》;中篇小说:《初试锋芒》《妖绿》《1945 年的湖》等
李永康		小小说作品集:《梦中的橄榄树》《小村人》《生命是美丽的》《红樱桃》等

【长篇小说】

1990—2005年，成都小说的专业化写作和业余写作并进，出现了以稿费为生的职业小说家。小说的写作空间比过去更加宽松和自由，在中西文化双向打通、传统与现代多样互动的文化语境中，成都小说特别是长篇小说获得颇为丰硕和绚丽的文学成就，《战争和人》《尘埃落定》《暗算》，分别荣获第四届、第五届、第七届茅盾文学奖；《突出重围》《我在天堂等你》先后获得第七届、第八届全国“五个一工程奖”；《解密》在中国小说学会评选的2002年度最佳长篇小说排行榜中名列第一，并获第六届茅盾文学奖提名；《刀子与刀子》《草房山》等作品亦颇受文坛关注与读者好评。

《战争和人》，王火著。1987—1992年分为三部出版，1993年首次结集出版。包含《月落乌啼霜满天》《山在虚无缥缈间》《枫叶荻花秋瑟瑟》三部，讲述抗日战争前中后三个时期以国民政府内部为视点的中国政局时局的变化，描述了国民党中间派童霜威在宦海沉浮中几经磨难，最终被沉重的人生巨锤冲压成型，转变为国民党左派的坎坷人生道路和艰难思想历程，并着重刻画了抗日战争时期大后方和孤岛上海的芸芸众生相，塑造了童霜威、童家霆、柳忠华、方丽清、谢元嵩、张洪池、欧阳素心、陈玛荔、冯村等人物。全书结构宏大，心理描写丰富细致，情节引人入胜。

《尘埃落定》，阿来著，1998年首次出版。小说以康巴藏族土司家“傻瓜”儿子的独特视角，揭示各土司集团间、土司家族内部、土司与受他统治的人民以及土司与国民党军阀间错综的矛盾和战争，反映了土司制度的兴衰，展现了独特神秘的藏族风情。

《突出重围》，柳建伟著，2000年出版。作品描写了一场模拟高科技条件下的局部战争。一个装备精良、代表目前中国军队主体力量的甲种师在与装备了高科技技术的乙种师的战术对抗中屡遭败绩，深刻地提示了中国军队在20世纪末世界军事、政治、经济格局中所面临的严峻的生存挑战。

《我在天堂等你》，裘山山著，2005年出版。作品讲述了老军人欧战军在一场尖锐的家庭冲突后心脏病突发死去，老伴白雪梅回忆起50年前那群进藏女兵的真实故事，由此解开6个子女的身世之谜，反映了进藏女兵对理想、事业的执着追求和饱经岁月沧桑的情感经历，作品描述的世界屋脊瑰丽奇异的自然风光亦引人入胜。

《暗算》，麦家著，首次出版于2003年。作品通过听风、看风、捕风三章，讲述了战争年代隐秘战线上一个传奇人物，在封闭的黑暗空间里破译密码的故事。情节传奇曲折，充满悬念和神秘感。

【中、短篇小说】

1990—2005年，成都市中篇小说创作较为活跃，并形成一支深入实践、捕捉现实生活的创作队伍。代表作家作品有：松鹰著《泸沽湖的诱惑》，黎民泰著《妖绿》，崔桦著《生活拒绝叹息》，莫然著《高处不胜寒》，何大草著《衣冠似雪》，柳建伟著《都市里的生产队》，刘晓双著《富乡风景》，及榴红著《幽默讽刺小说集》(含13篇小说)等。

1990—2005年，成都市短篇小说创作主要作品有：李永康的《小村人》《生命是美丽的》，麦家的《两位富阳姑娘》，王跃的《边境线》等。

1990—2005 年成都市小说部分获奖作品情况表

表 5-122

作品	作者	奖项	期刊、出版单位、时间
《战争和人》	王火	第四届茅盾文学奖	人民文学出版社,1992 年
《三人行》	曾智中	第二届成都市金芙蓉文学奖	中国青年出版社,1990 年 9 月
《野岛》	徐联	第三届成都市金芙蓉文学奖三等奖	四川民族出版社,1993 年 12 月
《生命呼啸》	贾万超	第三届成都市金芙蓉文学奖一等奖	人民文学出版社,1994 年 8 月
《白梦》	林文询	第三届巴蜀文艺奖	四川人民出版社,1994 年 12 月
《大饭店风云》	莫然	《十月》文学奖	北京出版社,1995 年
《生命逃亡》	贾万超	巴金文学院优秀长篇小说奖	作家出版社,1996 年 7 月
《兵家常事》	简嘉	第二届全军文艺新作品奖一等奖、第三届四川文学奖、第四届成都市金芙蓉文学奖	解放军文艺出版社,1996 年 11 月
《文人无行》	栈桥	第四届成都市金芙蓉文学奖	文化艺术出版社,1997 年 1 月
《尘埃落定》	阿来	第五届茅盾文学奖	人民文学出版社,1998 年 3 月
《我在天堂等你》	裘山山	第八届全国“五个一工程奖”、第九届解放军文艺奖、第四届四川文学奖、第五届成都市金芙蓉文学奖	解放军文艺出版社,1999 年 12 月
《左右与螺旋》	易丹	第五届成都市金芙蓉文学奖	上海文艺出版社,1999 年 12 月
《午门的暧昧》	何大草	第四届四川文学奖、第五届成都市金芙蓉文学奖	四川文艺出版社,2000 年 1 月
《这里的军人是女人》	王曼玲	巴金文学院优秀作品奖	南海出版公司,2000 年 9 月
《潮湿》	王曼玲	巴金文学院优秀作品奖	春风文艺出版社,2002 年 1 月
《昨天的太阳是月亮》	鄢然	第六届成都市金芙蓉文学奖、巴金文学院优秀作品奖	现代出版社,2002 年 1 月
《解密》	麦家	中国小说学会 2002 年中国长篇小说排行榜第一名,第六届茅盾文学奖提名、第四届四川文学奖、第六届成都市金芙蓉文学奖	中国青年出版社,2002 年 10 月
《锦城旧事》	车辐	第六届成都市金芙蓉文学奖	四川文艺出版社,2003 年 1 月
《中毒》	洁尘	第六届成都市金芙蓉文学奖	春风文艺出版社,2003 年 6 月
《暗算》	麦家	第七届茅盾文学奖	世界知识出版社,2003 年 7 月
《刀子和刀子》	何大草	第五届四川文学奖特别荣誉奖、第六届成都市金芙蓉文学奖	花城出版社,2003 年 8 月
《泸沽湖的诱惑》	松鹰	第二届成都市金芙蓉文学奖	《十月》,1991 年 4 月

续表

作品	作者	奖项	期刊、出版单位、时间
《一个当了十二天的都督》	易丹	第二届成都市金芙蓉文学奖	《小说界》1991 年 6 月
《生活拒绝叹息》	崔桦	第二届成都市金芙蓉文学奖	四川文艺出版社，1991 年 7 月
《边境线》	王跃	第二届成都市金芙蓉文学奖	《红岩》1991 年第 1 期
《小寡妇火锅店》	栈桥	第二届成都市金芙蓉文学奖	《红岩》1991 年第 2 期
《寂寞梨花落》	肖岩	第三届成都市金芙蓉文学奖二等奖	《江南》丛刊，1991 年 12 月
《老友》	李银昭	第三届成都市金芙蓉文学奖三等奖	《四川文学》1992 年 11 期
《高处不胜寒》	莫然	第三届成都市金芙蓉文学奖二等奖	《十月》1992 年第 3 期
《户口》	施益民	第三届成都市金芙蓉文学奖二等奖、	《十月》1992 年第 6 期
《郭婶和她的“雪虎”》	汪寒洁	第三届成都市金芙蓉文学奖三等奖	《四川文学》1993 年 4 期
《魔障》	藩文伟	第三届成都市金芙蓉文学奖三等奖	《四川文学》1994 年 3 期
《西江村赶潮》	刘晓双	第三 届成都市金芙蓉文学奖一等奖	《青年作家》1993 年 6 期
《衣冠似雪》	何大草	第四届成都市金芙蓉文学奖	《人民文学》1995 年 1 期
《异国之恋》	伍进先	第四届成都市金芙蓉文学奖提名奖	《青年作家》1995 年 5 期
《传染病区》	施放	第四届成都市金芙蓉文学奖	《上海文学》1995 年 11 期
《邹国义小说集》	邹国义	第四届成都市金芙蓉文学奖	成都出版社，1995 年 11 月
《孤狼》	王跃	第四届成都市金芙蓉文学奖	《青年作家》1995 年
《都市里的生产队》	柳建伟	第四届成都市金芙蓉文学奖	《当代》1996 年 5 期
《榴红幽默讽刺小说》	榴红	第四届成都市金芙蓉文学奖	四川文艺出版社，1996 年 9 月
《绝路》	吴斌役	第四届成都市金芙蓉文学奖	《青年作家》1997 年 5 期
《陈华南笔记本》	麦家	第四届成都市金芙蓉文学奖	《青年文学》1997 年 9 期
《傅恒小说选》	傅恒	第三届四川文学奖、第五届成都市金芙蓉文学奖特别奖	云南民族出版社，1998 年 10 月
《富乡风景》	刘晓双	第五届成都市金芙蓉文学奖	《当代》1998 年 1 期
《逃离》	吴斌役	第三届四川文学奖、第五届成都市金芙蓉文学奖特别奖	军事谊文出版社，1998 年 5 月

续表

作品	作者	奖项	期刊、出版单位、时间
《两位富阳姑娘》	麦家	中国小说学会2004年度中国短篇小说排行榜第一名	《红豆》2004年第2期
《太阳升起》	王曼玲	第二届全军文艺创作新作品二等奖	《西南军事文学》1996年6期
《如花似玉》	王曼玲	第三届全军文艺创作新作品三等奖	《昆仑》1997年6期
《幸福花儿开满地》	王曼玲	第五届全军文艺创作新作品一等奖	《解放军文艺》1999年6期
《让我看看你》	王曼玲	第六届全军文艺创作新作品一等奖	《小说界》2001年6期
《漂亮女兵》	王曼玲	第六届全军文艺创作新作品二等奖	《橄榄绿》2002年1期
《阴谋彩票》	小僧	第六届成都市金芙蓉文学奖	《北京文学》2002年增刊
《妖绿》	黎民泰	第六届成都市金芙蓉文学奖	《当代》2003年3期
《走西藏》	杨景民	第一届全军文艺新作品奖二等奖	《小说月报》1994年第5期
《小村人(小说集)》	李永康	第六届成都市金芙蓉文学奖新人奖	中国文联出版社,1999年9月

诗歌散文

【诗歌创作】

1990—2005年，成都地区诗歌创作风格多样,流派纷呈。20世纪90年代,代表诗人有欧阳江河、翟永明、柏桦、钟鸣、孙文波等。欧阳江河主要诗作有《玻璃工厂》《计划经济时代的爱情》《傍晚穿过广场》《最后的幻象》《椅中人的倾听与交谈》《咖啡馆》《雪》等,著有诗集《透过词语的玻璃》《谁去谁留》《事物的眼泪》,评论集《站在虚构这边》,他倡导的“本土气质”“知识分子写作”“个人写作”“中年写作”等诗学理念在中国诗坛曾产生较大影响。翟永明代表作有《咖啡馆之歌》《脸谱生活》《道具和场景》,诗集《女人》《在一切玫瑰之上》《翟永明诗集》《黑夜里的素歌》《称之为一切》等。柏桦著有诗集《表达》《望气的人》《往事》,评论集《今天的激情》。钟鸣有诗集《中国杂技:硬的椅子》及三卷本《旁观者》等。孙文波著有诗集《地图上的旅行》《给小蓓的骊歌》《孙文波的诗》,文论集《写作、写作》等。同期,成都地区先后出现“新写实”“后现代”等民间诗歌流派。至2005年,成都地区各民间诗歌流派及创作活动、作品颇受全国诗界关注。

【《星星诗刊》】

《星星诗刊》由四川省作家协会主办,1957年1月1日在成都创刊,是中华人民共和国成立以来创办较早的诗刊,也是国内影响力较大诗刊之一。1960年停刊,1978年恢复出版。该刊诗文并重,作品、理论与信息兼容,80年代,该刊陆续发表了艾青、公刘等一批复出老诗人的“归来者诗歌”与诗论,同时,也是“朦胧派”新诗及诗学主张发表的重要阵地,成为当时中国诗坛百花齐放繁荣景象的一个缩影。20世纪90年代,读者社会价值取向逐渐多元化,纯文学的《星星诗刊》一度进入发展低谷。2002年5月起,由月刊改为半月刊，上半月专发诗歌原创作品，下半月专发诗歌理论。2004 年、2005 年，《星星诗刊》连续两年荣获国家期刊奖。

【散文创作】

1990—2005 年，成都地区散文创作出现明显“转型”特征。这一时期，不少小说家、诗人加入散文创作行列，分别将小说叙事艺术、诗歌抒情节奏等美学元素融入散文创作，使成都当代散文创作的话语表达、审美内涵显著提升。创作题材走出 80 年代的“宏大”，以“小题材”“小叙事”为主，作品风格更趋多元化。代表作家作品有：流沙河著《庄子现代版》，程宝林著《托福中国》，索朗仁称著《生命长廊的神韵》，洁尘著《私人版本》，胡仄佳著《晕船人的海》，季风著《百戏图》，王强《穿越墨脱》，戴善奎著《情非水》等。

1990—2005 年成都市散文主要获奖作品情况表

表 5-123

作品	作者	奖项	期刊、出版单位、时间
《情非水》	戴善奎	第三届成都市金芙蓉文学奖二等奖	四川人民出版社，1992 年 1 月
《紫青》	何大草	第三届成都市金芙蓉文学奖二等奖	《散文与人》1993 年第 5 期
《怀疑二章》	何世平	第三届成都市金芙蓉文学奖二等奖	《四川文学》1992 年第 6 期
《悠悠顾盼》	朱启渝	第三届成都市金芙蓉文学奖二等奖	《四川文学》1992 年第 8 期
《珠江不是一条江》	伍松乔	第三届成都市金芙蓉文学奖三等奖	《人民日报》副刊《大地》，1992 年 8 月 17 日
《至柔至刚的攀枝花》	肖幼玮	第三届成都市金芙蓉文学奖三等奖	《成都晚报》，1992 年 3 月 20 日
《托福中国》	程宝林	第四届成都市金芙蓉文学奖	东方出版社，1995 年 3 月
《论语现代版》	张放	第四届成都市金芙蓉文学奖	四川人民出版社，1996 年 5 月
《私人版本》	洁尘	第五届成都市金芙蓉文学奖	东方出版中心，2000 年 4 月
《仰月堂随笔》	吴斌役	第五届成都市金芙蓉文学奖	中国青年出版社，1999 年 1 月
《五湖绿波》	崔桦、杨家齐、李维中、张家禄、田旭中	第五届成都市金芙蓉文学奖	伊犁人民出版社，1999 年 11 月
《生命长廊的神韵》	索朗仁称（王荣）	第六届成都市金芙蓉文学奖	西藏人民出版社，2001 年 11 月
《晕船人的海》	胡仄佳	第六届成都市金芙蓉文学奖	百花文艺出版社，2003 年 1 月
《寻访瓜州古渡口》	春水（李志能）	第六届成都市金芙蓉文学奖	《西部旅游》2003 年第 1 期
《太太不在家》	简嘉	第六届成都市金芙蓉文学奖	花城出版社，2007 年 7 月
《百戏图》	季风（倪建雄）	第六届成都市金芙蓉文学奖	成都时代出版社，2003 年 7 月

续表

作品	作者	奖项	期刊、出版单位、时间
《杨景民散文选》	杨景民	第二届全军文艺新作品奖（散文）三等奖	解放军出版社，1995年10月
《遥远的天堂》	裘山山	第四届鲁迅文学奖、全国优秀散文杂文奖	解放军文艺出版社，2006年6月
《天下客家》	章夫、沉璃、凸凹	成都市第六届（2003—2006）“五个一工程奖”一等奖	四川辞书出版社，2005年10月
《梦回黔山》	胡仄佳	2005年美国《世界日报》“第一届新世纪华文文学奖”首奖、成都首届金芙蓉文艺奖	
《穿越墨脱》	王强	第四届四川文学奖、第十二届全国冰心文学奖	四川少年儿童出版社，2000年8月

报告文学

1990—2005年是成都报告文学空前繁荣的时期。成都作家们关注现实，与时代同忧乐，与人民共休戚，主动担当起作为文学“骑兵和侦察兵”的职责，记录中华人民共和国发展曲折壮丽的历史篇章，报告伟大变革时代的风云与风采，为文学百花园增添了千枝万朵耀眼夺目的奇葩异蕾，从而造就了成都文艺创作中惹人瞩目的一道美丽风景。16年内，涌现出一批报告文学作家，代表性作品荣获成都市金芙蓉文学奖、中国国家新闻出版总署“全国优秀图书编辑一等奖”“人民文学奖”“首届中国青年优秀图书奖”“庄重文文学奖”、全国改革报刊作品评比一等奖、中国报告文学第四届正泰杯大奖、四川省“五个一工程奖”、省最佳图书奖、省文学奖、省优秀报告文学奖、华东首届图书奖、全国第二届书展图书奖、成都市政府奖等奖项。

【现实题材作品】

1990—2005年，成都作家们关注现实，贴近大众生活实际，围绕社会热点、焦点、难点和疑点问题，书写出一批优秀纪实报告文学作品。代表作家作品有王治安长篇报告文学系列“人类生存三部曲”：《国土的忧思》《靠谁养活中国》《悲壮的森林》，其中，《国土的忧思》被改编成电视剧《血祭黄土地》（由峨眉电影制片厂拍摄，上、下集）；李林樱长篇报告文学《雅砻江的太阳》，被誉为新时代建设者的英雄图谱。

【历史、人物题材作品】

1990—2005年，成都作家们创作的历史人物题材方面的长篇报告文学作品主要有：邓贤著《大国之魂》（于1995年被中国电影艺术研究中心和峨眉电影制片厂联合改编摄制为十集电视连续剧《中国远征军》）《中国知青梦》《落日》《流浪金三角》等；张先德著《成都：近五十年的私人记忆》；王爱飞著《张学良的幽禁岁月》；裘山山著《隆莲法师传》等。

1990—2005 年成都市报告文学主要获奖作品情况表

表 5-124

作品	作者	奖项	期刊、出版单位、时间
《大国之魂》	邓贤	1994 年度“人民文学奖”、第三届成都市金芙蓉文学奖一等奖	人民文学出版社，1991 年 10 月
《张学良的幽禁岁月》	王爱飞	第三届成都市金芙蓉文学奖二等奖	北方文艺出版社，1992 年 9 月
《国土的忧思》	王治安	第三届成都市金芙蓉文学奖二等奖	成都出版社，1992 年 10 月
《为了 21 世纪的通行证》	李林樱	第三届成都市金芙蓉文学奖三等奖	成都出版社，1993 年 9 月
《靠谁养活中国》	王治安	第四届成都市金芙蓉文学奖	四川人民出版社，1997 年 3 月
《隆莲法师传》	裘山山	第四届成都市金芙蓉文学奖	福建美术出版社，1997 年 3 月
《成都：近五十年的私人日记》	张先德	第五届成都市金芙蓉文学奖	四川文艺出版社，1999 年 12 月
《流浪金三角》	邓贤	第五届成都市金芙蓉文学奖	人民文学出版社，2000 年 6 月
《雅砻江的太阳》	李林樱	第五届成都市金芙蓉文学奖特别奖	天地出版社，1998 年 9 月
《中国知青终结》	邓贤	第六届成都市金芙蓉文学奖	人民文学出版社，2003 年 9 月
《把学校背上山的校长》	侯黎风、梅伯清	“中国世纪大采风”金奖	《报告文学》，2004 年 10 期
《中越边境大扫雷》	丁光洪	第一届全军文艺新作品奖二等奖	云南民族出版社，1994 年
《中国知青梦》	邓贤	中国报告文学首届“505 杯”奖	人民文学出版社，1993 年

翻译文学

【外国文学翻译】

1990—2005 年，在成都的外国文学翻译领域，涌现出一批翻译名家，他们翻译出版大量优秀的外国文学著作。其中，杨武能、文楚安、曹明伦、罗悌伦、王爱飞、石坚等为代表的翻译家和优秀译者，为文学翻译与文化传播事业做出了突出贡献。

罗悌伦在四川大学从事德语、俄语教学以及促进中外文化交流。主要作品有《万影皆因月》《接受美学译文集》《作为中介的美学》《布莱希特》《审美感和心理学》《日常生活的艺术》《青少年心理学》《资本主义的未来》《人世漫画》《价值的颠覆》《影视心理学》《歌德文集·文论卷》《生命探究——生命的时间结构》《爱因斯坦全集·第八卷·B》等。其中，《接受美学译文集》1990 年获省社科研究优秀成果奖，《布莱希特》1996 年获省作家协会、省翻译文学学会颁发的省首届文学翻译优秀成果一等奖。曹明伦长期从事英语专业的教学和科研工作，先后翻译出版《爱伦·坡集》《威拉·凯瑟集》《弗罗斯特集》《莎士比亚十四行诗全集》《维纳丝与阿多尼》《斯宾塞十四行诗集·小爱神》等英美经典文学作品 30 余部(册)，计 800 余万字。其中，译著《爱伦·坡集》获第三届四川文学奖、四川省第一届文学翻译优秀成果评奖特等奖、成都市第五届金芙蓉文学特别奖，《弗罗斯特集》获第四届四川文学奖，《爱伦·坡集》《弗罗斯特集》《威拉·凯瑟集》《莎士比亚十四行诗全集》《培根随笔集》和《司各特诗选》等成为中国英美文学和翻译研究经常引用的文本。曹明伦在《外国文学研究》《国外文学》《名作欣赏》《中国翻译》《上海翻译》和《文学翻译报》等报刊上发表文章近百篇。

1990—2005 年成都市外国文学翻译主要获奖作品情况表

表 5-125

作品	作者	奖项	期刊、出版单位、时间
《金斯伯格诗选》	文楚安	第五届(2001)全国优秀外国文学奖、第五届成都市金芙蓉文学奖	四川文艺出版社,2000 年 9 月
《海涅诗选》	杨武能	第五届成都市金芙蓉文学奖	译林出版社,2000 年 2 月
《在路上》	文楚安	第四届(1999)全国优秀外国文学奖、第五届成都市金芙蓉文学奖特别奖	漓江出版社,1998 年 9 月
《歌德精品集》	杨武能	第五届成都市金芙蓉文学奖特别奖、第三届四川文学奖	安徽文艺出版社,1998 年 8 月
《歌德文集》	杨武能	第十二届中国图书奖	河北教育出版社,1999 年 9 月
《杨武能译文集》	杨武能	第五届四川文学奖	广西师范大学出版社,2003 年 6 月
《爱伦·坡集》	曹明伦	第三届四川文学奖、第五届成都市金芙蓉文学奖特别奖	北京三联书店,1995 年 3 月
《弗罗斯特集》	曹明伦	第四届四川文学奖	辽宁教育出版社,2002 年
《无名的裘德》	刘荣跃	第五届四川文学奖	上海译文出版社,2004 年
《两个高贵的亲戚》	孙法理	全国第二届优秀外国文学图书奖二等奖、重庆市作家协会颁发的第一届文学翻译奖	漓江出版社,1992 年 6 月
《米开朗基罗》	孙法理	四川省外国文学学会优秀奖	重庆出版社,1983 年 8 月
《女性的奥秘》	朱徽	四川省政府哲学社科优秀成果三等奖	广东经济出版社,2005 年 5 月
《布莱希特》	罗悌伦	第一届四川省文学翻译优秀成果一等奖	中国社会科学出版社,1993 年 8 月

【中国文学翻译】

1990—2005 年，成都市在中国文学翻译方面,涌现出以黄新渠为代表的用汉英双语写作的作家、优秀翻译名家。至 2005 年,黄新渠先后出版翻译文学和诗歌创作等 15 部,共 600 多万字,主要著(译)作有:《鲁迅诗歌》(英文译注本)、《红楼梦》(英文缩写本)、《译海浪花——黄新渠译文译诗和创作选集》《生活的碎片——黄新渠诗选》等文学创作。代表译著《红楼梦》英译本,是根据人民文学出版社 1982 年出版的《红楼梦》原著精简翻译,整个工程延续十年。与其他 20 多种《红楼梦》英译全译本相比,黄新渠英文缩写本《红楼梦》特色鲜明,采用平易、地道、典雅、流畅的当代英语文体,使国际读者容易接受。译者注重文学语意转换与文化意境再造，使不同语言文化背景的西方读者从中品味中国古典文学的精妙。该书获四川省作家协会、四川省翻译文学学会文学翻译杰出成就奖、第五届成都市金芙蓉文学奖特别奖。

儿童科幻

【动物小说】

1990—2005 年，成都市动物小说创作经历了三个阶段。第一阶段的动物小说蕴涵着较为明显的社会学含量，以人的视角看动物；第二阶段的动物小说注重从动物的视角看动物、看世界；第三阶段的动物小说力求从动物行为学的科学考察角度，深入动物内部本身，还原动物生命的原生状态。主要作家作品有：沈石溪（原名沈一鸣）擅长利用动物社会的生存法则折射出人类的生活和感情，被誉为“中国动物小说大王”，代表作有长篇小说《狼王梦》《一只猎雕的遭遇》，中篇小说《老鹿王哈克》《红奶羊》《残狼灰满》《鸟奴》《斑羚飞渡》，短篇小说集《第七条猎狗》等。蔺瑾，代表作《冰河上的激战》（获中国作家协会第一届全国优秀儿童文学奖）、《雪山王之死》等。

【校园小说】

1990—2005 年，成都市儿童文学家创作出一批优秀校园作品，深受中小学生喜爱。代表作家杨红樱，19 岁开始发表儿童文学作品，其著作真实反映中国当代儿童的生活现实和心理现实，呼唤张扬孩子的天性，舒展童心、童趣，探析成人世界与儿童世界的沟通，让孩子拥有健康、和谐、完美的童年。她倡导“教育应该把人性关怀放在首位”的教育理念，通过小说作品在中国中小学校产生广泛的影响。代表作品：《女生日记》《男生日记》《五三班的坏小子》构成的“杨红樱校园小说系列”和《淘气马小跳》系列，被誉为“童书王”，其中《女生日记》的章节被选进全国小学语文实验教材。两个系列作品不仅畅销国内，成为国内校园文学的品牌，还被译成英、法、德、意、韩等多语种在全球发行。

【童话】

1990—2005 年，成都市儿童文学创作队伍实力不断增强，作品档次不断提高。童话创作家们对儿童心理有较深透的把握，创作和出版了符合审美价值、可读性强的童话作品。代表作家作品有：

刘兴诗创作《魔法山的秘密》《阿雪的世界》《谢谢您，施耐尔太太》《小河里的老妖精》《星孩子》《飞的花》《看不见的油画》《写在地铁车厢上的信》《圣诞老人之歌》《小英子迷路》《磁石山》等大量优秀的科学童话作品；所著低幼科学童话作品《小哈桑和黄风怪》，荣获全国少年儿童文艺创作评奖三等奖、全国儿童文学优秀读物奖，《魔法山的秘密》获成都市优秀科普作品一等奖。黄一辉，先后出版童话集《梦湖》《小儿郎，小儿狼》《樱桃城》，单本童话故事《纸星球》《玫瑰山谷》《绿星球的女儿》《欢乐使者》等。谢徽，先后创作出哲理童话《格格和巴比路》系列、《聪明狗》系列、《搞怪小子陶大路》等。李晋西，先后创作长篇探索童话《红鼻子》《一个精灵的自述》《一个精灵与三个女孩》《跑掉想法的精灵》及短篇童话集《飞翔的展览馆》《魔法马戏团》等。韩蓁（原名韩作成），所创作的童话集《迪迪尔三破魔力圈》，收录《奇异的城堡》《寻找水晶鞋》《童话城又获新生》等 42 篇童话故事，集魔幻、科幻于一体。

【卡通、动漫】

20 世纪 90 年代初，成都市成立以卡通漫画创作形式为主的漫画社团组织，社团漫画活动多与多媒体和“真人秀”现场表演相结合，创作出一批观众喜爱的作品。1998 年后，动画与漫画、“卡通”合称为“动漫”。至 2005 年，成都市卡通、动漫代表作家作品有：谢徽，创作卡通作品《足球小子》。陈磊，创作出第一套中国原创 Flash 动漫小说《欢乐派男生》，该系列小说首批推出《古庙“幽灵”》《影子保镖》《摸底侦察》《锋线杀手》4 本。季风，在成都成立专业漫画季风工作室，与知名儿童刊物、报纸、出版社合作，创作了 7 个系列的高质量手绘漫画，即《百谣图》《百戏图》《老故事》《众生相》《打油诗》《启颜图》《神话谱》；此外，还创作有儿童漫画《小猴的故事》，儿童诗画《交换》《尖头博士》等；《百戏图》一书对 20 世纪中叶以成都地区为代表的中国儿童歌谣和游戏进行集大成的收集、整理、复原和再创作、再表现，以 100 幅充满强烈时代气息的彩色卡通漫画形象和鲜活灵动的配图散文相结合，展现了成都儿童的天趣、成都的乡土之美和人情之美，获第六届成都市金芙蓉文学奖。

【科幻文艺】

1990—2005 年，成都市儿童科幻文学作品创作出版数量、社会影响、思想内涵、艺术水准，可比肩北京、上海，成为中国儿童文学一方“重镇”。代表作家、作品有：刘兴诗，创作出中国第一部科幻动画片《我的朋友小海豚》，获意大利第十二届吉福尼国际儿童电影节最佳荣誉奖、意大利共和国总统银质奖章；《美洲来的哥伦布》被评为“中国科幻小说重科学流派代表作”；《辛伯达太空浪游记》《蛇宝石》等作品被译为多种语言文字，列入大学教材和小学课本。陈磊创作的《鬼马少年》系列，王晓达的《冰下的梦》《电人历险记》《茶圣陆羽》，林树仁的《长江牧鱼记》，吴显奎的《诺科星人撤离地球》，徐渝江的《月光下的呼唤》，尹代群的《鼠语》，彭柳蓉的《哀恸之城》、黄寰的《“女娲补天仪”拯救地球》等，都是这一时期科幻文艺佳作。

【《科幻世界》】

原名《科学文艺》，1978 年创刊，1983 年更名《科幻世界》。20 世纪 90 年代初，《科幻世界》成长为全球发行量最大的科幻杂志，最高月度发行量达 40 万份，先后出版 150 部世界科幻丛书。《科幻世界》创立的“银河奖”代表中国科幻文学的最高奖项，备受全国读者瞩目。1991 年，《科幻世界》杂志社承办世界科幻协会年会，拉开了全国新一轮科幻热潮的序幕。至 2005 年，《科幻世界》在引介国外优秀科幻作品、出版名家名作、普及科幻科学知识方面做出大量贡献，并获得“世界科幻协会最佳期刊奖”，入选“中国百种重点社科期刊”。《科幻世界》凝聚了如星河、刘慈欣、王晋康、唐风、姚海军、钱莉芳、罗隆翔、何夕、韩松、杨鹏、凌晨、柳文扬等一大批新生代优秀科幻作家。

【成都科普创作中心】

1998 年，成都科普创作中心由成都儿童营养中心主任董仁威创办，是全国科普创作和科普创作人才培育基地。2002 年，该中心挂靠四川省科普作家协会，并组建“达州创作室”“西昌创作室”“重庆创作室”“大学生创作室”等创作集体。至 2005 年，成都科普创作中心拥有 100 余名骨干科普作家、700 余名会员构成的科普创作核心队伍，先后组织 550 余人次参与科普图书编撰工作，出版《新世纪少年儿童百科全书》《小科学家丛书》《儿童启蒙趣味读本》《科学趣谈丛书》《自然科学童话故事》丛书等12套60本，发行90万册。其中，《科学趣谈丛书》之《生物工程趣谈》获第四届全国优秀科普作品奖，《新世纪少年儿童百科全书》获第五届全国优秀科普作品提名奖；《小学生自我素质教育丛书》获四川省优秀图书奖；《自然科学童话故事》之《姗姗与小精灵》获文化部蒲公英优秀儿童作品奖。

1990—2005年成都市儿童科幻主要获奖作品情况表

表5-126

作品	作者	奖项	期刊、出版单位、时间
《树杈上的月亮》	马及时	成都市第二届金芙蓉文学奖	四川少年儿童出版社，1991年4月
《狐谷》	蔺瑾	成都市第二届金芙蓉文学奖	上海少年儿童出版社，1991年5月
《小儿郎，小儿郎》	黄一辉	成都市第三届金芙蓉文学奖二等奖、冰心儿童图书奖	重庆出版社，1994年4月
《圣火》	曾一珊	成都市第三届金芙蓉文学奖	《巨人杂志》，1992年7月
《纸星球》	黄一辉、俞琦	成都市第四届金芙蓉文学奖	江苏少年儿童出版社，1997年8月
《与狼相处的日子》	刘兴诗	成都市第四届金芙蓉文学奖	京华出版社，1997年8月
《女生日记》	杨红樱	成都市第五届金芙蓉文学奖	作家出版社，2000年8月
《红鼻子》	李晋西	成都市第五届金芙蓉文学奖	江苏少年儿童出版社，2000年7月
《绿星球的女儿》	黄一辉	成都市第五届金芙蓉文学奖	福建少年儿童出版社，1999年8月
《女生宿舍》	曾元孝	成都市第五届金芙蓉文学奖	伊犁人民出版社，1998年7月
《我和女儿，还有一只小狗》	韩蓁（韩作成）	成都市第六届金芙蓉文学奖、四川省第四届文学奖	四川少年儿童出版社，2002年6月
《漂亮老师和坏小子》	杨红樱	成都市第六届金芙蓉文学奖、第五届四川文学特别荣誉奖、全国第六届优秀儿童文学奖	作家出版社，2003年4月
《一个精灵的自述》	李晋西	成都市第六届金芙蓉文学奖、第四届四川文学奖	江苏少年儿童出版社，2001年8月
《狼王梦》	沈石溪	第三届全国优秀少儿读物一等奖	上海少年儿童出版社，1990年11月
《残狼灰满》	沈石溪	全军第一届文艺新作品奖二等奖	上海少年儿童出版社，1994年9月
《红奶羊》	沈石溪	中国作家协会第三届全国优秀儿童文学奖	天津新蕾出版社，1994年12月

续表

作品	作者	奖项	期刊、出版单位、时间
《飞翔的展览馆》	李晋西	2004 年冰心儿童文学奖	江苏少年儿童出版社，2004 年 2 月
《男生日记》	杨红樱	第四届四川文学奖	作家出版社，2004 年 7 月
《杨红樱童话》	杨红樱	2004 年冰心儿童文学奖	中国少年儿童出版社，2004 年 6 月
《对面的女孩看过来》	曾一珊	第四届四川文学奖	中国工人出版社，2001 年 1 月
《白马可心》	李牧雨	四川省第十届精神文明建设“五个一工程奖”(2003—2006)入选作品奖	四川少年儿童出版社，2006 年 4 月

文学奖项

【成都市金芙蓉文学奖】

1987 年，成都市为繁荣文学事业设立文学创作大奖“金芙蓉文学奖”，是年举办首届金芙蓉文学奖，1991 年举办第二届，此后每三年一届，凡成都地区作者在公开发行的报刊上发表和出版社正式出版的，具有较高思想性和艺术质量的文学作品，均属申报、推荐、评选范围。“金芙蓉文学奖”奖项包括小说、诗歌、散文、评论、儿童文学、文学翻译等各种体裁的文学作品。由国内知名评论家、作家、编辑等组成评委会评奖。至 2005 年共举办六届，在省内外产生广泛的影响。

1990—2005 年获成都市金芙蓉文学奖作品情况表

表 5-127

届期	作品	作品类型	作者	期刊、出版单位、时间
第二届	《三人行》	长篇文学传记	曾智中	中国青年出版社，1990 年 9 月
第三届	《野岛》	长篇小说	徐联	四川民族出版社，1993 年 12 月
第三届	《生命呼啸》	长篇小说	贾万超	人民文学出版社，1994 年 8 月
第三届	《兵家常事》	长篇小说	简嘉	解放军文艺出版社，1996 年 11 月
第四届	《文人无行》	长篇小说	栈桥	文化艺术出版社，1997 年 1 月
第五届	《我在天堂等你》	长篇小说	裘山山	解放军文艺出版社，1999 年 12 月
第五届	《左右与螺旋》	长篇小说	易丹	上海文艺出版社，1999 年 12 月
第五届	《午门的暧昧》	长篇小说	何大草	四川文艺出版社，2000 年 1 月
第六届	《昨天的太阳是月亮》	长篇小说	鄢然	现代出版社，2002 年 1 月
第六届	《解密》	长篇小说	麦家	中国青年出版社，2002 年 10 月

续表

届期	作品	作品类型	作者	期刊、出版单位、时间
第六届	《锦城旧事》	长篇小说	车辐	四川文艺出版社,2003 年 1 月
第六届	《中毒》	长篇小说	洁尘	春风文艺出版社,2003 年 6 月
第五届	《刀子和刀子》	长篇小说	何大草	花城出版社,2003 年 8 月
第二届	《泸沽湖的诱惑》	中篇小说	松鹰	《十月》1991 年 4 月
第二届	《一个当了十二天的都督》	中篇小说	易丹	《小说界》1991 年 6 月
第二届	《生活拒绝叹息》	中篇小说	崔桦	四川文艺出版社,1991 年 7 月
第三届	《高处不胜寒》	中篇小说	莫然	《十月》1992 年第 3 期
第三届	《户口》	中篇小说	施益民	《十月》1992 年第 6 期
第三届	《西江村赶潮》	中篇小说	刘晓双	《青年作家》1993 年 6 期
第三届	《男人隐私》	中篇小说	傅恒	《峨眉》1994 年第 2 期
第三届	《衣冠似雪》	中篇小说	何大草	《人民文学》1995 年 1 期
第四届	《异国之恋》	中篇小说	伍进先	《青年作家》1995 年 5 期
第四届	《传染病区》	中篇小说	施放	《上海文学》1995 年 11 期
第四届	《叫我一声哥》	中篇小说	廖晓	《四川文学》1995 年 11 期
第四届	《邹国义小说集》	中篇小说	邹国义	成都出版社,1995 年 11 月
第四届	《孤狼》	中篇小说	王跃	《青年作家》1995 年
第四届	《都市里的生产队》	中篇小说	柳建伟	《当代》1996 年 5 期
第四届	《榴红幽默讽刺小说》	中篇小说	榴红	四川文艺出版社,1996 年 9 月
第四届	《绝路》	中篇小说	吴斌役	《青年作家》1997 年 5 期
第四届	《陈华南笔记本》	中篇小说	麦家	《青年文学》1997 年 9 期
第三届	《傅恒小说选》	中篇小说	傅恒	云南民族出版社,1998 年 10 月
第五届	《富乡风景》	中篇小说	刘晓双	《当代》1998 年 1 期
第五届	《逃离》	中篇小说	吴斌役	军事谊文出版社,1998 年 5 月
第六届	《阴谋彩票》	中篇小说	小僧	《北京文学》2002 年增刊
第六届	《妖绿》	中篇小说	黎民泰	《当代》2003 年 3 期
第二届	《边境线》	短篇小说	王跃	《红岩》1991 年第 1 期

续表

届期	作品	作品类型	作者	期刊、出版单位、时间
第二届	《小寡妇火锅店》	短篇小说	栈桥	《红岩》1991 年第 2 期
第三届	《寂寞梨花落》	短篇小说	肖岩	《江南》丛刊，1991 年 12 月
第三届	《老友》	短篇小说	李银昭	《四川文学》1992 年 11 期
第三届	《郭婶和她的“雪虎”》	短篇小说	汪寒洁	《四川文学》1993 年 4 期
第三届	《魔障》	短篇小说	藩文伟	《四川文学》1994 年 3 期
第六届	《小村人(小说集)》	短篇小说	李永康	中国文联出版社，1999 年 9 月
第二届	《微笑的风景》	诗歌	刘滨	《星星》1990 年 1 月
第六届	《都江堰(组诗)》	诗歌	王国平	《四川文学》2001 年 5 期
第六届	《房子是这样建成的》	诗歌	凸凹	《诗刊》2002 年 1 月上半月刊
第三届	《抒情诗拔萃(诗集)》	诗歌	程宝林	四川大学出版社，1991 年 12 月
第二届	《在梦的尽头》	诗歌	龙郁	《人民文学》1990 年 6 月
第四届	《走向自然》	诗歌	龙郁	成都出版社，1995 年 5 月
第二届	《献给我永生永世的情人》	诗歌	靳晓静	四川文艺出版社，1990 年 5 月
第三届	《春雨季节(诗集)》	诗歌	杨嘉利	西南交大出版社，1993 年 6 月
第四届	《没有阴影的家园(散文诗一组)》	诗歌	彭柳蓉	《散文诗》1996 年 6 期
第四届	《血羽之翔(诗集)》	诗歌	黎正光	成都出版社，1995 年 5 月
第五届	《血液的迷宫(六首)》	诗歌	席水君	《星星》1998 年 8 期
第五届	《梦幻(二首)》	诗歌	陈小蘩	《诗刊》2000 年 6 期
第五届	《一百吨大米》	诗歌	李龙炳	《星星》2000 年 10 月
第二届	《人民》	诗歌	杨然	《诗刊》1991 年 4 月
第六届	《田乔飞诗六首》	诗歌	田乔飞	《边疆文学》2003 年 9 期
第二届	《走向历史的纵深》	诗歌	张大成	四川人民出版社，1989 年 12 月
第三届	《巴蜀诗旅(诗集)》	诗歌	张大成	西南交大出版社，1993 年 9 月
第二届	《冷漠与温暖的手(诗集)》	诗歌	樊雄	四川文艺出版社，1990 年 5 月

续表

届期	作品	作品类型	作者	期刊、出版单位、时间
第三届	《情非水》	散文	戴善奎	四川人民出版社，1992 年 1 月
第三届	《紫青》	散文	何大草	《散文与人》1993 年第 5 期
第三届	《怀疑二章》	散文	何世平	《四川文学》1992 年第 6 期
第三届	《悠悠顾盼》	散文	朱启渝	《四川文学》1992 年第 8 期
第三届	《珠江不是一条江》	散文	伍松乔	《人民日报》副刊《大地》，1992 年 8 月 17 日
第三届	《至柔至刚的攀枝花》	散文	肖幼玮	《成都晚报》，1992 年 3 月 20 日
第四届	《托福中国》	散文	程宝林	东方出版社，1995 年 3 月
第四届	《论语现代版》	散文	张放	四川人民出版社，1996 年 5 月
第五届	《私人版本》	散文	陈洁	东方出版中心，2000 年 4 月
第五届	《仰月堂随笔》	散文	吴斌役	中国青年出版社，1999 年 1 月
第五届	《五湖绿波》	散文	崔桦、杨家齐、李维中、张家禄、田旭中	伊犁人民出版社，1999 年 11 月
第六届	《生命长廊的神韵》	散文	索朗仁称(王荣)	西藏人民出版社，2001 年 11 月
第六届	《晕船人的海》	散文	胡仄佳	百花文艺出版社，2003 年 1 月
第六届	《寻访瓜州古渡口》	散文	春水(李志能)	《西部旅游》2003 年 1 期
第六届	《太太不在家》	散文	简嘉	花城出版社，2007 年 7 月
第六届	《百戏图》	散文	季风(倪建雄)	成都时代出版社，2003 年 7 月
第一届	《梦回黔山》	散文	胡仄佳	
第二届	《树杈上的月亮》	儿童文学	马及时	四川少年儿童出版社，1991 年 4 月
第二届	《狐谷》	儿童文学	蔺瑾	上海少年儿童出版社，1991 年 5 月
第三届	《小儿郎，小儿郎》	儿童文学	黄一辉	重庆出版社，1994 年 4 月
第三届	《圣火》	儿童文学	曾一珊	《巨人杂志》，1992 年 7 月
第四届	《丢了影子的姑娘》	儿童文学	龙武霖	四川少年儿童出版社，1997 年 1 月
第四届	《纸星球》	儿童文学	黄一辉、俞琦	江苏少年儿童出版社，1997 年 8 月

续表

届期	作品	作品类型	作者	期刊、出版单位、时间
第四届	《与狼相处的日子》	儿童文学	刘兴诗	京华出版社,1997年8月
第五届	《女生日记》	儿童文学	杨红樱	作家出版社,2000年8月
第五届	《红鼻子》	儿童文学	李晋西	江苏少年儿童出版社,2000年7月
第五届	《绿星球的女儿》	儿童文学	黄一辉	福建少年儿童出版社,1999年8月
第五届	《女生宿舍》	儿童文学	曾元孝	伊犁人民出版社,1998年7月
第六届	《我和女儿,还有一只小狗》	儿童文学	韩蓁(韩作成)	四川少年儿童出版社,2002年6月
第六届	《漂亮老师和坏小子》	儿童文学	杨红樱	作家出版社,2003年4月
第六届	《一个精灵的自述》	儿童文学	李晋西	江苏少年儿童出版社,2001年8月
第三届	《大国之魂》	报告文学	邓贤	人民文学出版社,1991年10月
第三届	《张学良的幽禁岁月》	报告文学	王爱飞	北方文艺出版社,1992年9月
第三届	《国土的忧思》	报告文学	王治安	成都出版社,1992年10月
第三届	《为了21世纪的通行证》	报告文学	李林樱	成都出版社,1993年9月
第四届	《靠谁养活中国》	报告文学	王治安	四川人民出版社,1997年3月
第四届	《隆莲法师传》	报告文学	裘山山	福建美术出版社,1997年3月
第五届	《成都:近五十年的私人日记》	报告文学	张先德	四川文艺出版社,1999年12月
第五届	《流浪金三角》	报告文学	邓贤	人民文学出版社,2000年6月
第五届	《雅砻江的太阳》	报告文学	李林樱	天地出版社,1998年9月
第六届	《中国知青终结》	报告文学	邓贤	人民文学出版社,2003年9月
第五届	《金斯伯格诗选》	翻译文学	文楚安	四川文艺出版社,2000年9月
第五届	《海涅诗选》	翻译文学	杨武能	译林出版社,2000年2月
第五届	《在路上》	翻译文学	文楚安	漓江出版社,1998年9月
第五届	《歌德精品集》	翻译文学	杨武能	安徽文艺出版社,1998年8月
第五届	《爱伦·坡集》	翻译文学	曹明伦	北京三联书店,1995年3月
第五届	《红楼梦(汉译英)》	翻译文学	黄新渠	北京外语教学与研究出版社,1991年9月
第三届	《法拉第》	科学文艺	松鹰	四川少年儿童出版社,1994年8月

【成都市精神文明建设“五个一工程奖”评选】

1992年起，成都市委宣传部每年组织进行一次精神文明建设“五个一工程奖”评选活动，评选上一年度成都市组织生产、推荐申报的精神产品中五方面的精品佳作，一部好的戏剧作品，一部好的电视剧(片)作品，一部好的电影作品，一部好的图书(限社会科学方面)，一部好的理论文章(限社会科学方面)。对组织这些精神产品生产成绩突出的有关部门，授予组织工作奖。1995年起，将一首好歌和一部好的广播剧列入评选范围，沿用“五个一工程奖”名称。“五个一工程奖”的实施，对成都精神文明产品生产的发展与提高，产生了积极的促进作用。至2005年，先后有《我在天堂等你》(裘山山著)和《漂亮老师和坏小子》(杨红樱著)获国家级“五个一工程奖”;《白马可心》(李牧雨著)获四川省“五个一工程奖”，《都江堰：两个世纪的影像记忆》(王国平著)、《天下客家》(凸凹著)获市级“五个一工程奖”。

【巴蜀文艺奖】

1992年起，四川省委、省政府设立“四川省巴蜀文艺奖”，是全省最高规格的综合性文艺类评奖项目，设音乐、书法、文艺评论、戏剧、曲艺、杂技、电视、电影、摄影、美术、民间文艺、舞蹈等奖项，每三年评选一次。按照《巴蜀文艺奖章程》，总评委会采取倾听介绍、观看录像、欣赏作品、集体讨论、发表意见、无记名投票表决的方式，对各类作品进行严格的评审。至2005年，先后进行5次评奖，成都市获奖作品情况如下：

1990—2005年成都市获四川省巴蜀文艺奖部分作品情况表

表5-128

届期	作品	作品类型	作者	获奖等级
第一届	《心之恋》	中篇小说	松鹰	巴蜀文艺奖
第二届	《春到巴山蜀水间》	文艺		巴蜀文艺奖二等奖
第三届	《三节草》	纪录片	梁碧波	特别成果奖
第三届	《冬天》	纪录片	梁碧波	特别成果奖
第三届	《长大未成人》	电视剧		特别成果奖
第四届	《竹雨沙沙》	舞蹈	牟世旭、崔佳(编导)	创作三等奖
第四届	《登记》	小品	袁航、袁永恒	巴蜀文学奖一等奖
第四届	《都市风景线》	小品	袁航	巴蜀文学奖二等奖
第四届	《幺妹农家乐》	清音	严西秀	巴蜀文学奖三等奖
第五届	《天府的记忆》	文化专题片	钱滨(制片)、袁庭栋(撰稿)	巴蜀文艺奖
第五届	《〈聊斋志异〉与川剧聊斋戏》	专著	杜建华	文艺评论类三等奖

艺术

综述

20世纪90年代初起，成都市各级党委宣传部门、文化部门不断加强对艺术创作的扶持和引导，开展“五个一工程奖”项目评选，主办艺术节、戏剧节等活动，实施国家舞台艺术精品工程和国家重大题材美术工程，为艺术创作搭建平台。影视方面，关注普通人、注重时代感，内容与形式变化丰富而深刻。美术方面，自觉意识苏醒、本土特征显著，也不乏“新写实”等风格前卫之作。戏剧方面，长于移植、工于编创、精于表演，既重传承，也重创新，不乏引发艺坛关注的先锋剧问世。曲艺方面，植根民间，开拓题材，重视反映当代生活。音乐方面，紧随世界潮流，突出本土元素，保持蜀歌特色。舞蹈方面，突破艺术禁区、重视内心刻画，样式和语汇焕然一新。在中国从计划经济体制向社会主义市场经济体制变革的过程中，成都文学艺术创作与全国其他地区一样，对文艺作品商品属性认识不充分，对复杂多变的生活本质把握不准，影响文艺成果的进一步升华。2005年，中共成都市委、成都市人民政府印发《关于进一步加强文艺工作的意见》，要求加强精品剧(节)目创作机构建设，建立相关的精品剧(节)目评审制度，大力培育地方文艺品牌，有力保障全市文艺创作的进一步发展和繁荣。

影视

【电影】

1990—2005年，成都电影工作者在电影本体、电影语言、电影影像、电影表现等方面不断创新探索。除原有的国营电影企业之外，各种文化、传媒企业相继进入电影行业，电影的工业化和商业化进程进一步促进电影文化的大众化转型。建于1958年的峨眉电影制片厂（位于清江东路360号），作为西南地区唯一的电影生产综合性文化企业，是当代中国电影的重要基地，具有年生产15部故事片、完成百部(集)电视剧、洗印2000万米拷贝，可摄制70毫米立体声影片、译制国外(语)影片的能力。该厂拍摄的《焦裕禄》《鸦片战争》《我的格桑梅朵》《毛泽东的故事》《遥望查里拉》《彩练当空舞》《被告山杠爷》《38度》等优秀作品先后荣获中宣部精神文明建设“五个一工程奖”、中国电影金鸡奖、中国电影华表奖、大众电影百花奖。

【电视剧】

1990—2005年，成都市电视剧创作与制作获得长足发展。成都电视人坚持与传统文化相融合，与社会时代和人民生活相贴近，与大众审美习惯相结合，立足本土，紧跟现实，形成成都电视

1990—2005年峨眉电影制片厂主要获奖电影作品情况表

表5-129

作品	导演	奖项	年份
《焦裕禄》	王冀邢	1991年获第十一届中国电影金鸡奖最佳故事片奖、最佳男主角奖（李雪健）；第十四届电影百花奖最佳故事片奖、最佳男演员奖（李雪健）；广播电影电视1989—1990年优秀影片奖	1990
《毛泽东的故事》	韩三平	第二届(1992年度)“五个一工程奖”;第一届山东电影节优秀故事片奖	1991
《被告山杠爷》	范元	1995年第二届北京大学生电影节最佳故事片奖,华表奖最佳故事片奖;第十五届中国电影金鸡奖最佳故事片、最佳编剧、最佳导演处女作、最佳男主角四项奖;第十八届大众电影百花奖最佳故事片、最佳男主角两项奖,第四届“五个一工程奖”	1994
《鸦片战争》	谢晋	第六届“五个一工程奖”获奖作品;第十七届中国电影金鸡奖最佳故事片奖；第四届中国电影华表奖优秀故事片奖,上海影评人奖;“永乐杯”1997年“十佳影片”荣誉称号;加拿大蒙特利尔国际电影节“美洲特别大奖”	1997
《遥望查里拉》	王小列	中宣部“五个一工程奖”;第七届入选作品奖;第五届中国电影华表奖评委会奖;上海电影影评学会十佳影片	1998
《彩练当空舞》	周力	第七届中国电影华表奖最佳影片奖、中宣部第八届“五个一工程奖”	2000
《我的格桑梅朵》	熊郁	上海电影节十佳影片之一，剧本荣获夏衍电影文学奖之评委会特别奖	2002

剧特有的风格与特色。以《尘埃落定》为代表的历史题材电视剧，再现神秘独特的少数民族文化。以《突出重围》为代表的军事题材电视剧彰显了21世纪的理想主义思潮，使观众在其中寻找大国崛起的精神力量，追慕英雄奋斗的激越情怀。以《誓言无声》为代表的国产谍战电视剧，反映了反间谍战线的英雄们复杂真实的精神世界和情感历程；特别是成都所出军事题材和谍战题材成都电视剧，叙事策略调整、剧情结构设计与呈现方式在全国具有开创性意义。

1990—2005年成都市电视剧主要获奖作品情况表

表5-130

作品	奖项	年份
《山梁上的太阳》	第十三届全国“飞天奖”、四川省委宣传部“五个一工程奖”	1992
《爱在雨季》	四川省巴蜀文艺奖	1992
《欲海狂潮》	第十四届全国“飞天奖”、第九届全国戏曲电视“天安奖”	1993
《我的妈妈在西藏》	1995年中宣部“五个一工程奖”、第十五届全国“飞天奖”、四川省“五个一工程奖”	1994
《啊，雀儿山》	1999年中宣部“五个一工程奖”、四川省委宣传部“五个一工程奖”、第二十届全国优秀电视剧“飞天奖”	1998
《突出重围》	第二十届中国电视“飞天奖”长篇电视剧一等奖、优秀编剧提名奖、最佳录音奖、优秀音响奖；第十八届中国电视金鹰奖长篇电视剧优秀作品奖、最佳女演员提名；中宣部第八届(2000—2001年)“五个一工程奖”入选作品奖，全军电视剧“金星奖”	1999—2000
《雄起酒家》	第二十届全国优秀电视剧“飞天奖”优秀短剧奖	2000
《地下的天空》	第二十届中国电视剧金鹰奖短篇电视剧最佳作品奖	2001
《高路入云》	中共中央组织部全国第七届党员教育电视片观摩评比红星特别奖、入选广电总局十六大“献礼作品”、全国农村题材“神龙奖”	2002
《誓言无声》	第二十三届中国电视“飞天奖”长篇电视剧一等奖、优秀编剧奖；第九届中宣部“五个一工程奖”中长篇电视剧优秀作品奖	2002
《中国公主杜兰朵》	全国优秀戏曲电视“白玉兰奖”；第二十三届全国电视剧“飞天奖”；第五届巴蜀文艺奖	2003
《尘埃落定》	第二十届金鹰奖优秀电视剧奖、优秀女演员奖、电视剧歌曲提名奖	2003
《寂寞锋利》	1996年度四川省委宣传部“五个一工程奖”	
《晴朗地带》	第十九届(1998年度)全国电视剧“飞天奖”少儿短篇电视剧一等奖	1998
《雪震》	第十五届全国电视剧“飞天奖”长篇电视连续剧二等奖	1994
《傻儿师长》	第二届全国故事片一等奖、优秀男演员奖、优秀编剧奖；1995年四川省重庆市“五个一工程奖”	1993
《跑马溜溜的山上》	第十二届全国电视剧“飞天奖”单本剧奖	1992

【方言剧】

成都方言剧的产生与繁荣根源于源远流长的巴蜀文化。20世纪80年代末90年代初，电视剧蓬勃发展，巴蜀方言剧如《死水微澜》《凌汤圆》等极受观众欢迎。这些电视剧显示了四川独特的风土人情，展示了川人的纯朴善良和智慧幽默，造就了一批本土明星。成都的方言剧大致可以分为民国题材、当代题材两类。民国题材以《傻儿师长》《龙头老大》为代表，基本沿袭1963年八一电影制片厂拍摄的《抓壮丁》的思路，全面展现民国时期的百姓生活，内容涉及军阀、兵役、袍哥、税收等。当代题材主人公多为普通百姓，作品全面反映社会的变迁和百姓的生存状态及其所思所想，真切展示小人物的悲欢离合，以《府河人家》《表妹进城》等为代表。其中《府河人家》以成都解放后40年时间为经，以府南河为纬，反映成都城市变迁与老百姓的沧桑岁月。成都方言剧题材贴近生活，大都是不同时代的小人物故事和市井众生相，语言诙谐幽默，让观众笑中带泪。采用巴蜀方言对白，选取社会生活中的凡人小事，挖掘地域民俗特色。至2005年，成都市先后出品方言剧有《傻儿师长》《龙头老大》《雄起酒家》《胖哥逗人爱》《三喜临门》《府河人家》《居委会》《下课了，要雄起》《假打外传》《表妹进城》《花二哥与六朵金花》《疙瘩奇事》《百万彩票》《麻将棒棒手》《好男要当兵》等。

【纪录片】

1990—2005年，成都纪录片走过了从意识形态到人文关怀、从事件实录到叙述、从标准化到个性化、从国内平台走向国际舞台的发展路径。先后涌现了一批在国内外屡获殊荣的纪录片导演。他们的作品洋溢着浓郁的人文关怀，把视角投向普通百姓；尤其是记录生活在社会下层的农民、船工、牧民，记录他们的生存状态、生活方式、思想观念、喜怒哀乐，运用平民化创作视角，挖掘普通民众的人性温情和光辉，揭示日常生活的内涵与价值，表现对个体生命的关注和尊重。其中，王海兵的《藏北人家》《深山船家》《回家》，围绕“人与自然”“人与社会”这一主旨，体现出一种浓厚的人文关怀情愫和明显的抒情特征。梁碧波的《三节草》，舍弃了传统的画外解说，把主人公直接推到前台，叙说自己的人生，与观众进行面对面的交流。这相对于过去的纪录片而言无疑是一种突破。彭辉的《平衡》，拍摄3年，最后浓缩在70分钟内，全片没有解说词，使用了少量音乐，大多是自然音响，没有多余的画面与解释，简洁有力而大气。

绘画

【国画】

1990—2005年，成都老一代画家以邱笑秋为代表，其代表作品有《高原碧海》《湖光山色》《披露的晚风》《熊猫醉水》等；1992年出版《邱笑秋画集》；1995年建四川香格里拉彩墨画研究院，主画西部山水。一批中青年国画家通过参加文化交流活动，接受新潮流、新思想，研究创造多种新的表现手法，受到美术界的关注。以姚思敏为代表，擅长工笔花鸟画，画作工笔与写意、花鸟与山水兼容。作品《月夜故居》获日本北海道新闻社优秀作品奖、札幌中国画廊优秀作品奖；《黄昏》《春水》《晨风》等分别荣获中国台湾隔山大奖赛优秀作品奖、中国当代工笔画第二届大展和中日合办的中国四季美展获优秀作品奖。同期知名画家及代表作品还有：马振声《聊斋》，获首届中国画展一等奖；吴绪经《虎门销烟》，获首届中国画展二等奖，《青年时代(1919.5)》获第八届全国美术大展银奖；高晓笛《睡醒之莲 盛唐之风》获日本举办的中国美术展优秀奖；李青稞《西风烈》获全国首届工笔人物画银奖。

【油画】

1990—2005年，成都油画创作成果丰硕，“前卫艺术”与“本土化创作”并行，国际国内画展、交流频繁。1991年，程丛林在德国奥斯纳布吕克市艺术馆展出他在德国用7年时间创作的作品《送葬的人们》和《迎亲的人们》。这两组画分别长31米、高2米，显示出中西融合、中西合璧的特征。至1999年，成都油画家张晓刚的《血缘：大家庭》系列，周春芽的《石头》系列、《与石头相联系的肖像》系列、《黑根—绿狗》系列，何多苓的《迷楼·春夏秋冬》组画、《女人体》系列等先后应邀到世界各国参加“前卫艺术大展”等共40余次。1995年1月，何哲生、张文源、萧继东、张国平、刘遂海、何冠霖6位画家组织成立“四川昆仑风景油画画会”，并举办会员风景画作品展。代表作有何哲生的《达玛拉风云》《鹧鸪山》《山色有无中》，刘遂海的《黄河源》，张文源的《川西风景》，何冠霖的《泸沽湖的秋天》《门外是青山》，萧继东的《神山圣湖》，张国平的《惑》。1998—1999年，川西乡村风景画创作、展出引起业界关注，代表画家有简崇民，作品《二月》《戛玉秋声》《川西初春》《春寒》等川西风情组画先后在深圳关山月美术馆、成都四川美术馆展出；王龙生，代表作有《山花》系列、《三月》等。他们以成都平原本土风景为主要创作题材，创造淳朴颇具生气的现代川西乡村风景画。至2005年，成都市政府和成都油画艺术家协会多次组织各种国内油画展，让现实主义乡土绘画、现代表现主义和后现代文化倾向的观念艺术作品同馆展出，70年代风云画坛的老一代油画家，80年代崛起的四川油画界代表人物，90年代成长起来的青年艺术工作者和从事新艺术的实验艺术工作者们现场交流。

【年画】

1990—2005年，成都地区的新年画创作通过有组织地发掘研究四川民间绵竹年画，进一步推陈出新，并以“四川省迎春年画研究会”和“成都市年画研究会”为纽带，聚集形成一个现代都市年画艺术家群体。

1990年，成都市年画研究会邀请山东潍坊年画到成都展出，并组织四川年画作品到潍坊市展出，通过交流，探讨定位四川年画的地域风格。四川美术出版社出版一批适应现代居室装饰和流行时尚的年画新品种，被称为“沙发画”，受到城乡群众的喜爱。1994年，“来自中国的艺术——成都年画”首次在国际上亮相，在美国塔基州路易维尔市展出。成都年画作品多把绵竹年画中“鸳鸯笔”的表现手法和“填水脚”的艺术特点相结合，在保留民间艺术特征的基础上，掺和成都都市文人的绘画情趣，以“秀、润、活、趣”的清新风格丰富发展了传统绵竹年画的手工彩绘。主要代表画家作品有：张友霖的《秋趣》，郭长林的《和和美美》，唐传东的《慈母情》，侯荣的《赖宁》，郭涛的《麻辣烫》，陈致信的《李冰治水》，潘培德的《和平幸福》，邓治德的《来呀，蝴蝶》，李惠芬的《招财进宝》，李万春、潘培德、张友霖的《太阳大地和人》《康乐图》等。

2001年，在文化部、新闻出版署、中国美术家协会、中国出版工作者协会主办的“第六届全国年画展暨百年年画回顾展”上，成都市尼玛泽仁具有藏画风格的主题创作《佛门盛事》获银奖，刘竹梅创作的《割草女》、唐传东创作的《喜相逢》、王凤绪创作的《年年有余》、文小苗创作的《绿荫环抱》、翔秋志玛创作的《酒歌》获优秀作品奖。

2002年后，成都年画研究会活动逐渐停止，不少成都民间艺人坚持不断探索创新年画制作。

【版画】

20世纪90年代初，成都地区版画家继承并延续黑白木刻和写实造型四川版画传统表现风格，代表作有李少言创作的《川藏路上水帘洞》《竹篱内外》，李焕民创作的《驯马手》《换了人间》，丰中铁创作的《蜀山图》《蜀山行旅图》《黄山奇峰耸翠》等。1992年，由李桦、古元、李少言3位老版画家倡议，在四川省美术馆建立国内第一个以版画为专题的神州版画博物馆，此后多次举办版画展。先后有20余位国内著名版画家应邀在四川美术馆举办个人作品展。

20世纪90年代末至21世纪初，受国内现代、当代艺术新思潮影响，成都地区版画艺术在继承传统手法基础上探索创新，一批艺术家在传统黑白木刻和人物写实造型等具有四川地域创作特点的基础上进一步提炼发展，更加突出木刻原材料语言材质，大胆舍弃或再处理背景，强调人物形象的单纯造型。代表作有徐匡创作的黑白木刻《奶奶》，李焕民创作的《高原之母》获十五届全国版画展银奖，彦冰创作的《松潘汉子》，甘庭俭创作的《阳光下的母女》。2001年，徐仲偶、董小庄等一批中青年版画家组织成立成都市美术家协会版画艺术院，并举办版画作品展。他们借鉴吸收古今中外各种制作表现方式，开始在材料制作、表现题材、表现风格等方面都尝试创新。同年10月20日至12月9日，四川美协版画艺委会和成都版画艺术院联合举办“西部版画人艺术巡回展”，组织20多位版画家的100多幅作品，分别在成都公共场所罗马假日广场、四川展览馆南广场、四川大学新体育馆广场、青白江区成都钢铁厂俱乐部广场等地巡回展出；到商场、企业、部队、学校、乡村等社会各界各层次，广泛宣传版画艺术。

【水彩水粉画】

90年代初，以“天府水彩画研究会”为依托，凝聚成都地区专业、业余水彩水粉画创作人才。1995年“天府水彩画研究会”更名为“四川省水彩画研究会”后，会员发展到200多人，以成都地区为主。2000年四川省美术家协会成立水彩、水粉画艺术委员会。2002年，成都市美术家协会成立水彩水粉画院。这3个水彩水粉画社团坚持每年组织相关展览写生创作、学术研讨等活动，并出版个人作品集，在《四川美术》报开辟专栏以介绍宣传水彩水粉画家创作。水彩水粉画家们常年外出旅游写生，后立足“写生草稿”，融合国画水墨意韵，自由地“用水”作画。代表作品有文闻子创作的《金顶晨辉》《杉林细雨》，董定中创作的《春水淙淙》《青城幽意》等。四川师范大学青年教师李建勋关注水彩画的实验创新活动，强调画面制作性和视觉表现力与主观主题的关系，创作的系列人物、静物画具有敏感内省的理性观念，所作《逐日》《大汉风度》分别获全国第十届美展水彩画类铜奖、中国第七届水彩画展优秀奖。

1990—2005年成都市水彩水粉画家部分参展及获奖作品情况表

表5-131

时间、画展	画家	作品	获奖
1990年杭州中国水彩画大展	牟康华	《秋韵》	金马奖
1990年杭州中国水彩画大展	董定中	《羌寨》	金马奖
1996年中国首届水彩艺术展	杜泳樵	《静物》	银奖
2004年全国第十届美展	李建勋	《逐日》	水彩画类铜奖
2005年中国第七届水彩画展	李建勋	《大汉风度》	优秀奖

【漫画】

1990—2005年，成都漫画家坚持反映生活、表现生活、干涉生活的传统创作主流方向，创作出诸多带有较浓厚民族民间乡土风俗与情趣的漫画作品，如代表画家及作品有：孙光钊创作的《万事通》，党景彦创作的《驼背上的议论》《武松当差》，曾日坤创作的《日日新》，赵庆笙创作的《巴蜀笑星》等。孙光钊被誉为最富于文学修养的漫画家，从1958开始画漫画至2005年，创作上千幅漫画，其作品线条简洁、清新流畅。他一边画漫画，一边研究漫画艺术理论，先后发表《试论漫画的想象功能》《漫画形象的艺术美》《呼唤漫画理论批评的科学性》《论华君武的艺术观察》等研究论文。

成都漫画家创作的作品除了参加成都漫画艺术展览活动外，还多次参加全国美术作品展、中国漫画大展、中国·嘉兴国际漫画展、“子恺杯”全国漫画展、中国水墨漫画邀请展、日本和土耳其国际漫画大赛等国内外有影响的美术展览和漫画专题学术展。

1997—2005年成都市部分漫画作品展出情况表

表5-132

时间、画展	画家	作品
1997年全国五粮液杯漫画大赛	高凤成	《绝处逢生》
2000年第三届中国漫画大展	雷瑞之	《反对票》
2000年第三届中国漫画大展	孙光钊	《万事通》
2004年“子恺杯”第五届全国漫画	白士林	《遗产》
2004年“子凯杯”全国漫画展	赵庆笙	《这种公仆……》
2004年全国科学漫画展	赵庆笙	《并不安全》
2005年中国·嘉兴国际漫画展	孙光钊	《有翅难飞》
2005年中国·嘉兴国际漫画展	杨向宇	《跟斗》
2005年中国水墨漫画邀请展	罗远明	《命运——在一念之间》

书法篆刻

【继承创新】

1990—2005 年，成都市书法篆刻艺术注重与外地书法篆刻艺术的互动交流和传统艺术整理研究，通过继承传统的文化内涵，吸收外地先进文化精髓，逐渐形成具有鲜明特色的成都本土书法篆刻文化。

四川省书法学会在 20 世纪 90 年代共召开 9 次书法研讨会，每次研讨会同时举办四川名家书法邀请展，将展览活动和对书法本体美学意义的讨论密切结合。1996 年 4 月，成都美术馆举行'96 中国现代书法邀请展，展出全国各地书法艺术家 80 幅现代书法作品，为成都地区的书法带来新颖之风。成都书坛开始出现不拘于传统立轴条幅、中堂的表现方式，尺幅大小自由，纸张颜色多样化，注意书写后期制作方法，注重作品视觉形式与当代展览环境之间关系。1999 年 6 月，四川国际文化交流中心、中国现代书法艺术学会、中国《现代书法》杂志在成都国际会议展览中心联合主办"巴蜀点兵·'99 成都 20 世纪末中国现代书法回顾展暨研讨会"，展出全国艺术家 400 余件现代书作，对 80 年代中期以来全国现代书法艺术创作进行回顾总结，并研讨将来发展趋势，海内外 60 位艺术家、批评家参加交流研究活动。90 年代末，成都市书法家积极参与社会公共文化活动。在成都府南河河畔文化风景线建设过程中，四川省书法家协会配合成都市府南河工程指挥部，修建大石书法碑廊。向全国、全省 80 多位书法家征集 90 余件书作，雕刻在府南河西北、西南段河畔一群象征古蜀大石文化的大石头上面。

成都市举办的篆刻艺术展览活动促使印坛篆刻家把传统方寸印章从文人书桌带到美术展览厅。20 世纪 90 年代初，活跃在成都印坛的苏园、葛墨安、刘秉谦等篆刻艺术家开始把篆刻艺术职业化，对外接件，以治印为生。1996 年，四川省书法协会篆刻专业委员会积极组织对外交流活动，一方面，走出去，把成都及全省优秀的金石艺术作品介绍到日本等国家；另一方面，请进来，先后在四川省博物馆等联合主办"中日篆刻友好交流展览"。至 2005 年，成都地区先后有 16 位青年篆刻家的印作分别参加了 4 届全国篆刻作品展，3 届西泠印社篆刻作品评展。其中陈明德的印作用刀爽快有力，结构精细富于装饰感，作品连续获西泠印社第一届、第二届、第三届篆刻作品评展优秀奖。

【整理研究】

1990 年，四川大学出版社出版由高文、高成刚编辑的《四川历代碑刻》，该书收录两汉至近现代尚存四川著名碑刻或拓片 201 件。20 世纪 90 年代，刘奇晋、何应辉参加《中国书法全集》的编辑整理工作，刘正成、刘奇晋编写的《中国书法全集·苏轼》卷和何应辉编写的《中国书法全集·秦汉刻石》分别获四川省社会科学优秀科技成果二等奖和三等奖。李兴辉被聘为《中国现代美术全集·书法卷》主编助理，编辑整理三部书法卷，卷中收录成都地区 19 名已故书法家、6 名当代书法家及其作品，该书 1998 年由河北美术出版社出版。1999 年 9 月，成都画院院长田旭中创作"毛泽东诗词草书长卷"，长卷长 83 米，高 35 厘米，主要收录毛泽东自 1915—1966 年创作的 67 首诗词，被《人民日报》称为是国内最长的毛泽东诗词草书长卷。是年 9 月 6 日，四川省书法家协会、四川省草书协会、成都画院在成都新华宾馆举行长卷首展暨新闻发布会。2002年成都画院学术委员会先后策划组织、主办《刘东父先生书法艺术研讨会》等学术研讨会。

1990—2005年成都市主要书法篆刻作品情况表

表5-133

年份	作者	作品类别	作品入选、获奖情况
1990	张景岳	书法	入选全国第三届中青年书法篆刻家作品展
1991	田旭中	书法	入选中国四川省、日本山梨县中日友好书法交流展(省书协)
1992	张景岳	书法	获国际现代书法大赛荣誉奖
1992	陈明德	篆刻	获首届巴蜀文艺奖
1993	刘雅楼	书法	入选香港出版《华夏千家书画集》,被选往中国台北中正纪念堂展览并邀赴台北出席开幕式
1994	张景岳	书法	入选第三届中日友好书法展
1994	张景岳	书法	入选全国首届楹联书法大展
1995	田旭中	书法	入选"四川、广安南巡全国书画大展"并为邓小平旧居管理所收藏
1996	田旭中	书法	入选四川省草书名家作品展
1997	张景岳	书法	入选全国第七届中青年书法篆刻家作品展
1999	田旭中	书法	申报"吉尼斯世界之最"
2000	田旭中	书法	一件被联合国总部收藏;一件被美国佛教中心收藏。四川美术出版社出版《三人迹》(书法合集)
2005	田旭中	书法	草书作品参加法国艺术交流展,获金奖并被收藏

雕塑

【城市雕塑】

1990—2005年，成都市“城市雕塑”(或称“公共环境艺术”)创作一直受到市政府支持。市城建委每年拨出20万元作为城市雕塑工程专款。1990—1998年,成都共塑造140多座城市雕塑,在塑造材料与创作风格、制作技术等诸方面都呈现多元化面貌。任义伯设计的《建设者》和朱成设计的《智慧之光》分别获1987年和1994年全国城市雕塑优秀奖。相对室外城市雕塑,室内架上雕塑创作的探索性、实验性更强。1998年11月,成都市城市建设管理部门邀请全国著名雕塑艺术家和成都中青年雕塑艺术家在上河美术馆举办“21世纪城市小区环境与公共艺术”学术研讨会，专门研讨雕塑艺术在公共环境公共空间发展的问题，以及新时期城市公共艺术建设的发展趋势。至2005年，成都先后有8人创作的10多件雕塑作品获得各类国家级大型美术展览奖项，其中朱成创作的《千钧一箭》荣获全国第一届体育美展特等奖。

【个性与时尚雕塑】

1990—2005年，成都以“观念”化为主题、“个性”化为方式的新雕塑创作十分活跃。雕塑家根据自我个性不断改变材质、改变技术工艺制作方式，当代艺术图像和本土传统文化资源的开发受到积极关注。主要有钱斯华，根植民族传统文化，在雕塑创作中注重雕塑本体表现语言与观念思考整合；刘春尧，注重营造精神空间的现场场景雕塑；郑黎黎，擅长女性人体造型雕塑；谭正、何磊、陈硕、林海、何力平、袁成龙等，注重探索当代观念图像及符号的三维塑造；李树、沈允庆、舒兴川、闫城、范文等，注重对材质塑造方法上的表现研究；李先海注重从民间木刻人物吸取雕塑灵感。其中，尤以师进滇的雕塑创作探索成就影响较大，2004年4月，成都画院与四川省雕塑艺术院在成都画院美术馆联合举办“真实与虚拟——师进滇作品展”，展出师进滇钢丝网虚拟仿真系列作品，引起较大反响。

摄影

【报道摄影】

20世纪90年代，摄影师陈锦、李杰等把镜头转向都市街头、社区公共场所和乡村边缘地区，直面身边正在发生剧烈变革的生活环境。1991年李杰出版第一本个人专题报道摄影集《川西民俗》。1992年，陈锦出版黑白摄影集《四川茶铺》。2000—2005年，陈锦整理自己十多年来拍摄的图片，编辑出版《市井》，同期在成都举办“市井”个人摄影作品展，被誉为川西平原现代版“清明上河图”。

90年代，摄影师们更加自由地选择拍摄题材，不断突破报道摄影的传统样式，表现出各种不同主题系列、不同个性观看方式的视觉图像。《成都日报》体育摄影记者王瑞林，善于抓拍各大赛场里的“真情流露瞬间”“精彩瞬间”。1994年起，他开始跟踪记录四川全兴俱乐部成立后四川男子足球职业化过程中赛场内外活动，在体育摄影界以独到的叙事思维完成专题影集《激情全兴·黄色旋风——一段永不磨灭的记忆》。王瑞林先后获中国摄影金像奖、首届中国体育摄影“十杰”、中国当代十大杰出体育摄影家荣誉。2001年，陈家刚游历偏远乡村和一些四川地区传统“三线”工业城市，拍摄的《三线》《病城》系列组照引起国内外媒体和一些艺术机构关注。2002年，周安开始关注大慈寺片区、水井坊片区两个正在拆迁的老城区，用镜头较完整保存记录了老街巷市民生活状态，先后获首届中国原生态国际摄影大展大奖、四川巴蜀文艺奖。2005年，阿斗、陈春林、冯立、李俊、骆丹、刘珂、木格、杨怡等在成都联合举办“异视”“纵目”当代摄影展。

1990—2005年，市政府有关部门和摄影家社团组织主办多次有影响的有规模的报道纪实拍摄活动。主要有1999年，成都市委宣传部主办“走向辉煌——成都五十年成就展”报道摄影展；四川省摄影家协会主办“回忆广阔天地难忘沧桑岁月”纪实摄影展。2002年，成都市委宣传部先后主办“百年沧桑 成都巨变”——大型报道摄影展、“纪录沙河”大型摄影活动。2003年，成都市委宣传部、成都市精神文明办公室组织成都“非典”纪实摄影活动。2004年，成都市委宣传部策划主持“成都大聚焦——中外摄影家演绎锦官城”大型摄影活动、“成都24小时”聚焦成都大型纪实摄影活动。2005年，四川青年摄影家协会、成都市摄影家协会在武侯祠博物馆组织成都和保山两地摄影人举办“追寻滇西抗战”纪实摄影展、“探秘成昆线”报道摄影活动等。中国摄影家协会会员周孟棋多次策划组织成都地区摄影师和国内外摄影师开展各种类型宣传成都文化的专题纪实报道活动和摄影展，还在成都市人民代表大会会议室首次策划举办纪实报道摄影展“见证——改革开放30年成都民主法制建设历程”，先后主编出版《成都、生态、建设》《百年沧桑成都巨变》《成都市抗非典抓发展纪实摄影作品选》《乡村新发现》等30多本报道摄影影集和图书。所主拍、编辑出版的《成都》《熊猫故乡行》等6种图书获全国对外宣传“七个一工程奖”一等奖、全国“金桥奖”和四川“五个一工程奖”优秀奖等。

【风光摄影】

20世纪90年代初，成都摄影界掀起走向西部高原的热潮。老一辈摄影师牟航远进入九寨沟、四姑娘山自然风景区，从事山水勘探和艺术拍摄，先后出版《神话世界九寨沟》《长江三峡》《四姑娘山》和《鬼城丰都》《行走山水——牟航远摄影作品》等影集。1990年，解放军画报记者袁学军和当时成都军区某部的王达军、王建军3人用7个月的时间驾车行驶5万千米，跑遍中国西部7省、自治区，拍摄大量图片。这时期，受80年代现代文化思潮影响，摄影师们的作品都较注重图片光影、色块的视觉表现构成。

王达军、王建军等自驾所拍摄的一批表现西部自然景观的图片，充满雄浑力量和视觉张力，引起摄影界热烈关注。1990年，王达军的“大地”系列组照获第十六届全国摄影艺术展金奖，成为历届全国摄影大展中第一个风光题材的金牌获奖作品；王建军的《沙漠行军》获该展览铜牌奖。1992年，王达军的西部风光图片获中国摄影家协会第二届摄影艺术金像奖，王建军获提名奖。同年，王建军被评为“中国首届十大青年摄影家”。至2005年，王达军先后出版风光摄影集《西部奇路》《梦幻四季九寨沟 》《九寨沟黄龙》《九寨美》；王建军先后出版的风光摄影集《中国西部风光》《柬埔寨》《粤赣神韵》《中国西藏风光》《永恒的记忆》；此外，袁学军出版风光摄影集《天地》。

田捷砚等利用航拍，通过凌空俯瞰，拍摄出更宏大、壮观、广阔的风光。田捷砚从1997年开始进行西部航拍，累计使用9种机型，航拍120反转片8000多卷。他多次挑战空中摄影禁区，穿越中国西部12个省、市、自治区。特别是对5个高寒地带的系统拍摄，填补了中国航空摄影史的空白。他通过多年积累，建立具有收藏和研究价值的地球之巅图片库，2002年，在全国第二十届摄影艺术大展中，田捷砚的高空航拍作品《峨眉金顶》组照获金奖，同时他的另外3幅航拍作品《立体进攻》《铁骨铸边关》《乐山大佛》分别获银奖和优秀奖。他先后荣获中国专业反转片摄影十杰、中国摄影金像奖、《中国国家地理》杂志所授予的“摄影杰出贡献奖”。此外，优秀的航拍作品还有王建军的《雅鲁藏布江鸟瞰》、袁学军的《雅砻江大拐弯》《雅鲁藏布江》和梁江川的系列低空航拍组图《云系意韵》。

吕玲珑等的西部探险摄影成就突出。1995年吕玲珑深入四川甘孜藏族自治州境内的稻城县，受当地县政府委托，深入海拔4000多米的香格里拉，拍摄出版《稻城——在那遥远的地方》《圣地稻城·亚丁———蓝色星球上最后一片净土》。还有李元系列影集《稻城拾遗》、王晓东摄《最后的香格里拉——稻城亚丁》，使稻城亚丁以“震撼”“壮观”“纯净”的美景扬名海内外，成为吸引国内众多游客的著名旅游胜地。1996年，四川青年摄影家协会应色达县委、县政府之邀，主办“金马草原摄影周”，帮助该地方拍摄宣传图片。1997年，吕玲珑与地矿科研人员组成的探险摄影队首次徒步穿越当时还处在封闭状态的世界第一大峡谷——西藏南迦巴瓦大峡谷。1998年，出版摄影集《南迦巴瓦大峡谷》，向世界首次展示南迦巴瓦大峡谷的真实地貌图像。后来这本影集作为西藏自治区献给’99昆明世博会的礼物受到中外人士的广泛赞誉，吕玲珑被公共媒体称之为“苦行僧”“探险摄影师”。

【创意摄影】

1990—2005年，成都创意摄影师代表人物为赵秀文和钟鸣。赵秀文于1996年从日本回国，创建四川共同摄影图片社，从事商业广告摄影，其创意代表作品有《静物》《风轻轻吹》人体组照。钟鸣，作家兼摄影家，先后出版《城堡的寓言》《徒步者随录》《畜界，人界》《旁观者》《窄门》《中国杂技：硬椅子》《涂鸦手记》等一批思维活跃有积极影响力的文集、诗集。创意摄影代表作品有《涂鸦》系列组照、《非此即彼》系列组照、《爱拍照的人》系列组照。这一时期，具有创意精神的作品还有齐鸿拍摄的《走红》系列组照和《在一起》系列组照等。

戏剧

【川剧】

1990—2005年，成都川剧界大胆探索尝试川剧振兴途径，创作改编的作品题材广泛、数量丰富，且具有较高艺术价值。改编上演川剧剧目主要有以下几种。

取材西方小说、戏剧，改编上演的川剧剧目。从《四川好人》开端（1987年由成都川剧院三团首演），在20世纪90年代，该剧仍是成都川剧常演剧目；另有1990年由徐棻根据奥尼尔《榆树下的恋情》改编，成都川剧院首演《欲海狂潮》，刘萍、陈巧茹主演。特别是《四川好人》，由成都川剧院根据德国剧作家布莱希特同名剧作改编，首次用川剧特有的艺术形式，把西方剧作搬上川剧舞台，引起国内国际文艺界广泛关注。1994年9月，陈巧茹主演的《四川好人》赴德国的希尔德斯海姆、明登、科隆、阿伦、马尔、特罗依斯拉夫等8个城市巡回演出达11场。后于2002年11月，川剧作家魏明伦又取材于《四川好人》，重新编创作《好女人·坏女人》，在成都市川剧院首演，再获成功。当年，主演陈巧茹荣获“白玉兰”表演奖。2005年，由魏明伦根据意大利普契尼创作歌剧《图兰朵》改编川剧《中国公主杜兰多》，由成都川剧院首演，刘萍主演。

取材国内小说特别是本土名家名著改编的川剧剧目。先后有1995年首演的《山杠爷》，由谭愫根据李一清同名小说改编、王树基主演，获文化部第六届“文化大奖”；1996年，首演《死水微澜》，由徐棻根据李劼人同名小说改编、田蔓莎主演。1996年首演的《死水微澜》，根据李劼人同名小说改编，2003年首演的《激流之家》，根据巴金小说《家》改编、陈巧茹主演，亦成为深受观众喜爱剧目。

古戏新编川剧代表剧目有新编古装剧《巴山秀才》、新编传奇剧《易胆大》、新编历史剧《峨眉山月》等。

1990—2005 年成都市创作(改编)主要川剧作品情况表

表 5-134

剧名	作者	创作(改编)	首演单位、时间	主演	主要成就
《九美狐仙》	谭愫	根据京剧传统剧改编	成都市川剧院一二联合团 1990 年	周应伟	1990 年参加第二届中国戏剧节,获优秀演出奖
《太后改嫁》	吴晓飞	新创古装戏	成都市川剧院团 1990 年	晓艇	获四川省第五届振兴川剧会演剧本奖
《欲海狂潮》	徐棻	根据奥尼尔《榆树下的恋情》改编	成都市川剧院三团 1990 年	刘萍、陈巧茹	2005 年参加全国地方戏曲交流(南方片)演出,获一等奖
《二丫与秀才》	吴晓飞、钟韬	根据小说《果园的主人》改编现代戏	成都市川剧院三团 1991 年	陈巧茹	获四川省第六届振兴川剧会演剧本奖
《郗氏箭》	严淑琼	根据传统戏改编	成都市实验川剧团 1991 年	杨德华	成都市"旧戏新探"研究演出剧目
《灰阑记》	胡成德	根据布莱希特《高加索灰阑记》改编	成都市川剧院三团 1992 年	孙普协	
《刘氏四娘》	谭愫、少匆、严淑琼	根据传统剧《目连传》改编	成都市川剧院一二联合团 1993 年	刘 芸	1994 年在全国地方戏交流(南方片)演出中,获优秀剧目奖
《峨眉山月》	胡金诚、商欣	新编历史故事剧	四川省川剧院 1993 年	杨昌林	获全国地方戏交流(南方片)优秀剧目奖
《山杠爷》	谭愫、谭昕	根据李一清同名小说改编现代戏	成都市川剧院一二联合团 1995 年	王树基	获文化部第六届"文化大奖"
《死水微澜》	徐棻	根据李劼人同名小说改编	四川省川剧学校 1996 年	田蔓莎	
《好军妹》	吴晓飞 杨景明	新编现代戏	成都市川剧院三团 1997 年	刘 萍	获四川省委宣传部"五个一工程奖"
《刘先火》	吴晓飞、王叔度、卜明宽	新编现代戏	双流县川剧团 1998 年		获四川省振兴川剧二等奖
《目连之母》	徐棻	根据传统剧《目连传》改编	成都市川剧院一二联合团 1999 年	陈巧茹	
《珍珠衫》	吴晓飞	根据传统戏改编	成都市川剧院三团 1999 年	刘萍	

续表

剧名	作者	创作(改编)	首演单位、时间	主演	主要成就
《变脸》	魏明伦	新编传奇剧	四川省川剧院 1999 年	陈智林	获文化部"文化大奖"
《文成公主》	谭愫、吴晓飞、谭昕	根据有关史料创作古装戏	成都市川剧院 2000 年	刘萍	获中宣部第八届"五个一工程奖"
《都督夫人董竹君》	徐棻	取材于董竹君自撰《我的一个世纪》	四川省川剧院 2001 年	李莎	参加上海国际艺术节
《巴山秀才》	魏明伦、南国	新编古装戏	四川省川剧院 2003 年	陈智林	1983 年获全国优秀剧本奖,2003 年获第八届中国戏剧节优秀表演奖、中国戏剧奖梅花表演奖
《激流之家》	徐棻	根据巴金小说《家》改编	成都市川剧院 2003 年	陈巧茹	
《中国公主杜兰朵》	魏明伦	新编古装戏	刘萍川剧艺术团 2005 年	刘萍	获全国戏剧"兰花奖"优秀演员一等奖
《易胆大》	魏明伦	新编传奇剧	四川省川剧院 2005 年	陈智林	曾获全国优秀剧本奖

【京剧】

1990 年 2 月,成都市京剧团招收的 33 名学员在成都举办两场汇报演出。此举对京剧艺术事业在成都的继承和发展、壮大成都京剧演艺的实力,起到推动作用。1994 年底,成都市京剧团排演的新编历史故事剧《少帝福临》赴京参加梅兰芳、周信芳一百周年诞辰纪念演出,先后荣获文化部第五届"文华新剧目奖",编剧董雯、程悦获"文华剧作奖"和曹禺文学奖提名奖,作曲陆松林获"文华音乐创作奖";同时剧目获中共四川省委宣传部颁发的精神文明建设"五个一工程奖"。至 90 年代末,成都市京剧团陆续创作上演《洪秀全》《披荆斩棘》《九寨神话》《一路风尘》《龙马萧萧》《义侠传》《玉京寒》《江村赶潮》《对弈记》《千古一人》《布衣皇后》《春风桃李》等大小剧目。其中,徐棻以李冰治水的本土题材,创作由高颂扮演第一主人公的历史故事剧《千古一人》,1997 年 10 月,作为第五届中国艺术节祝贺演出剧目在成都首演;1999 年 1 月,进京参加第二届中国京剧艺术节展演,并向党和国家领导人献演;当年获得省委宣传部"五个一工程奖"。2001 年,成都市京剧团与四川人民艺术剧院联合推出以表现藏族儿童生活和理想的京歌剧《她从雪山走来》。该剧在全国京剧界首创京剧与歌剧唱腔有机糅合,形式新颖,风格独具。同年,成都市京剧团青年演员相继参加文化部举办的全国京剧优秀青年演员评比展演,参演剧目《哭灵牌》《宇宙锋》获得三等奖;在中央电视台举办的"全国青年京剧演员电视大赛"中,参演剧目《哭灵牌》《断桥》和武戏《扈家庄》均获演出奖。2002 年,成都市京剧团推出新戏《河伯娶妇》。2003 年,创作上演表现成都女才子薛涛文事活动和爱情生活的大幕京剧《薛涛》。2005 年 6 月,成都京剧开始远播异国他乡,应日本影法师剧团邀请,成都市京剧团青年演员以《盘丝洞》《三岔口》两剧同川剧《金山寺》组台,在日本进行为期一个月的巡回公演。至 2005 年底,成都先后造就董雯、程悦、陆松林、高颂、刘露等一批颇具实力和影响的京剧编剧、演出和音乐人才。

1990—2005年部分年度成都市创作(改编)京剧作品及获奖情况表

表5-135

剧名	作者	创作(改编)	首演单位	演出时间	主演	主要成就
《龙马萧萧》	傅秀洪	新编历史剧	成都市京剧团	1992年	高颂	
《玉京寒》	董雯、程悦	新编历史剧	成都市京剧团	1993年	高颂、刘露	
《少帝福临》	董雯、程悦	新编历史剧	成都市京剧团	1994年	高颂、刘露	获文化部第五届“文华新剧目”奖
《千古一人》	徐棻	新编历史剧	成都市京剧团	1998年	高颂	获四川省委宣传部“五个一工程奖”
《她从雪山走来》	董雯、程悦、胡一飞	新创现代京歌剧	成都市京剧团	2001年	张健	

【话剧】

20世纪90年代初期，成都市的话剧创作、演出和对外出访活动日益增多,西南乃至全国性的话剧盛会常在成都举行。1990年10月下旬,云、贵、川和重庆、成都等3省5市参加的“首届西南话剧节”在成都开展为期12天的演出、交流活动,各省、市参演团体上演题材新颖、风格各异的话剧共14台，成都话剧院推出大型原创话剧《哦,沙漠美人》和以成都乡土题材编演的方言话剧《死水微澜》参演。1991年10月,这两台新创作的成都话剧赴京参加全国话剧交流演出。1995年9月底,成都话剧院新编话剧《国魂》在全省庆祝中华人民共和国成立46周年大会上演出;10月参加第四届中国戏剧节演出,获演出奖、导演奖、舞台美术设计奖,4名演员获表演奖。1999年5月,成都话剧院创作并首演农村题材的多幕话剧《龙凤山神话》。

2001年8月，成都市文化部门组织各区(市)县业余文化骨干和文娱积极分子编演的话剧小品,参加四川省农村小戏小品暨第十一届群星奖推荐作品展演,金牛区出演的《妈妈》、温江县出演的《女村长》、双流县出演的《美丽的谎言》等节目,受到观众的称赞。2002年,成都话剧院推出贴近现实生活的大型警世话剧《广厦为秋风所破歌》,并在市属各区(市)县巡回公演。同年,成都话剧院推出大型原创话剧《儿子》,作为纪念邓小平100周年诞辰献礼作品，于2003年连续荣获成都市委、四川省委、中央宣传部颁发的精神文明建设“五个一工程奖”。

【木偶戏】

成都俗称“木肘肘”,是由艺人操作木偶表演故事的一种戏曲形式,其节目多为儿童题材和一些传统的戏剧题材。20世纪90年代初,由于受当时流行歌舞冲击和娱乐多元化的影响,成都木偶戏人才匮乏,市场萧条,市文化部门将其列为急需抢救保护项目。1996年6月,国际木偶联盟第十七次代表大会决定,将“国际木偶协会中国中心四川分中心”设在成都。1998年,北京电影制片厂摄制对外艺术片《中国木偶戏艺术》,对成都木偶戏作了较大篇幅介绍。1999年,成都创作演出的大型木偶神话剧《哪吒》制成VCD碟片后,荣获第二届全国优秀文艺音像制品奖。

【皮影戏】

成都皮影戏,是四川皮影中最具代表性的汉族民间艺术品种。成都皮影戏的质材多用熟牛皮,人物、器物、景物雕刻成形后,雕刻工匠在各部位涂相应的色彩，在表演场地张挂一白色“亮门子”（银幕），由背面投光显现影形进行表演。

20世纪90年代，成都皮影戏（又称灯影戏）同样在受当时流行歌舞冲击和娱乐多元化影响，内地市场萧条背景下，开始走向海外。1998年北京电影制片厂摄制影片《中国皮影艺术》中，有关于成都皮影的专门介绍。进入21世纪后，市木偶皮影剧团退休老艺人叶牧天先后推出新戏《回娘家》《狮舞》《孔雀舞》等，其中《回娘家》在2004年首届中国民间艺术百绝群英会上夺得“金奖”。2005年，成都市抢救与保护皮影艺术引起社会关注，电子机械高等专科学校影视动画专业邀请四川省工艺美术大师叶牧天担任顾问，传承成都皮影艺术；成都市双楠实验学校等中小学聘请民间艺术大师传授皮影艺术。

曲艺

【四川评书】

四川评书俗称“说书”“说评书”，分“清棚”和“擂棚”。清棚所讲故事多为文事，擂棚所讲故事多为武事。90年代初，李伯清开创“散打评书”，说书形式不拘一格，内容丰富多彩，以摆龙门阵、调侃等方式，评论社会生活，用他对社会动态的敏锐观察和带有批判精神的生动剖析，让西南人骨子里的幽默大众化、平民化，非常贴近市民生活。1992年4月，李伯清以其自创的幽默小段评书《牌迷恋爱》参加在山东济南举办的全国“三书”（山东快书、快板书、评书）比赛，获得赛事金奖。1994年末，他在成都茶馆开讲以非传统式评书的幽默小段，受到市民听众的喜爱。2005年春，李伯清在四川电视台推出“散打十二生肖”，说书形式更多样化。

【四川扬琴】

四川扬琴，旧名“洋琴”，又称“四川琴书”，因其主要伴奏乐器为扬琴而得名，是集唱、念、打（敲琴）为一体的一种座唱艺术。20世纪初，四川扬琴受到越来越丰富的大众娱乐形式和新的娱乐理念冲击，演出市场萎缩，不少曲艺演员逐渐离开舞台，改行从事其他的行业。2000年，艺术家徐述等依托四川省曲艺团积极开展四川扬琴的保护传承工作。四川省曲艺团与四川省艺术学校联合办班，培养四川扬琴传承人；携手省艺术研究院在成都大慈寺社区建立“四川扬琴传承基地”。集结成都有影响力的徐述、刘时燕，中青年传承人李晓军、吴瑕、唐瑜蔓等四川扬琴艺术家和民间艺术家展演，打造集演出、传承、欣赏、交流于一体的四川扬琴的平台。省曲艺团还不定期在成都市劳动人民文化宫等地举办四川扬琴传习展演，组织开展四川扬琴资料整理研究。至2005年，四川扬琴国家级传承人、老艺术家徐述先后整理出《宝玉哭灵》《拷红》《秋江》等扬琴传统曲目；国家级传承人刘时燕大力倡导整理研究扬琴艺术口传遗产，并出版《四川扬琴艺术家李德才》《四川扬琴60年创作曲目汇编》等专著。

【四川金钱板】

金钱板又称三才板、金剑板、金签板，旧时称其演唱形式叫打连三、打连生，业内俗称打夹夹。20世纪90年代初，成都金钱板观众锐减、市场冷清，至90年代末，金钱板在成都面临退出历史舞台的境地。2002年起，老艺人邹忠新开始“艺术遗产自救”，一方面，在其妻的帮助下，整理出自己毕生演出的精彩金钱板唱段和代表作品，并录入磁带，刻成光盘保存；另一方面，广招门徒，包括接收5位来自法国、美国、德国等国的“洋弟子”承其绝学。2006年，邹忠新获得曲艺界最高荣誉——中国曲艺牡丹奖终身成就奖。

【四川清音】

四川清音旧称“小调”；因演唱时用月琴、琵琶伴奏，又称“唱月琴”或“唱琵琶”。20世纪90年代初起，成都市的四川清音文化阵地逐渐萎缩，代表性传承人程永玲带领成都市曲艺团积极探索拓展演出市场，扶持和培养青年演员，“口传心授”其全副技艺给青年弟子，并积极参加国内外演出，利用自身影响宣传、推广四川清音。1995年，程永玲获中国曲艺牡丹奖表演奖；2000年程永玲获文化部第八届文华新节目奖表演奖；并多次获得全国、省、市比赛一等奖。

【四川竹琴】

四川竹琴初称“道情”，表演者手持渔鼓、简板说唱故事，故又称“渔鼓道琴”“道筒”。成都竹琴独成一派，创始者为贾树三，特点是唱腔丰富、委婉、细致，善于刻画人物，韵味醇厚。20世纪90年代，代表性传承人张永贵继承并发展“贾派”竹琴，他善口技，能模仿的地方语言复杂多样，深受听众的喜爱。

【四川车灯】

四川车灯又称“车车灯”“车幺妹”“幺妹灯”“彩莲船”“跑旱船”。20世纪90年代初，传承人夏曼云在总结几十年演出经验基础上创新演艺。在板上加入花子，使其节奏快，吸引观众；在曲调上融入四川民歌、川剧等唱腔，使之韵味十足。1992年，她表演的《懒汉和鸡蛋》在法国艺术节开幕式上播出引起较大反响。1995年，该节目获得中国曲艺牡丹奖。21世纪初，成都市专业演出团体、民间艺人积极开展四川车灯保护传承工作。2005年，成都四川车灯的唯一传承人夏曼云开始招收徒弟，并深入社区、学校普及车灯艺术。

【四川盘子】

四川盘子以两支竹筷敲击瓷盘击节而得名，俗称“打盘子”“唱盘子”。1990—2005年，四川曲艺家创新演艺，将当地民歌融入四川盘子，形成全新的琵琶弹唱四川盘子，令观众耳目一新。

【四川花鼓】

四川花鼓是在民间唱花鼓基础上发展起来的一种演唱艺术。20世纪90年代初，成都市有花鼓艺人刘陶擅长清朝花鼓表演。1992年，刘陶和陶明城（刘陶祖父）随中国民间艺术团到巴黎，参加法国阿维尼翁国际戏剧艺术节和蒙彼利埃第五届艺术节，并为法国总统密特朗的夫人专门献演。2000年后，随着娱乐方式日趋多元化，花鼓等民间绝技渐渐淡出公众视线，技艺几近失传。

【四川方言相声】

四川方言相声是20世纪40年代京口相声传入成都后，成都人吴遐林改用成都方言开讲相声段子，颇受观众欢迎。90年代初，吴遐林、吴小楼兄弟在成都没有固定阵地，偶有应邀演出。1996年、1999年吴小楼、吴遐林相继去世后，四川方言相声在成都城区成为绝响，第二代传人鲁国华与搭档陈真祥辗转各地基层为红白喜事、寿宴演出。至2005年，四川方言相声常演段子20余个，缺乏整理，也无新的传人。

音乐

【器乐】

1990—2005年，成都音乐发展迅速，特别是在器乐方面，涌现出一批优秀乐曲和器乐艺术家。1990年，敖昌群创作的舞蹈音乐曲和交响音乐曲在中国乐坛引起关注。1991年，何训有、何训田两兄弟在乐坛崭露头角，在第一次亚洲音乐节上，二人创作的第一部唱片集《第三种音乐》获评委高度评价。1995年，何训创作的《阿姐鼓》《央金玛》等唱片全集在全球80多个国家出版发行，销量数百万张。进入21世纪后，成都的管弦乐独奏、协奏和交响乐曲创作更趋活跃，先后有多首曲作获中国音乐最高奖项，入列华人音乐经典榜单。

1990—2005年成都市部分获奖器乐作品情况表

表5-136

作品	作者	获奖情况	年份
《小马驹》(舞蹈音乐)	敖昌群	全国少数民族舞蹈比赛作曲奖	1990
《如野》(弦乐四重奏)	贾达群	日本第十二届IRINO国际室内乐作曲比赛大奖	1991
《鸣凤之死》(舞剧作曲)	舒泽池	日本国际现代舞比赛大奖	1991
《布娃娃的梦》	宋名筑	首届少年儿童中国钢琴作品征集二等奖	1992
《钢琴小奏鸣曲》	杨晓忠	首届少年儿童中国钢琴作品征集三等奖	1992
《蓉城小景》(琵琶独奏曲)	宋名筑	“天韵杯”中国琵琶作品比赛三等奖	1993
交响序曲《纪念》	敖昌群	全国第八届音乐作品(交响音乐)创作奖	1994
交响序曲《川江魂》	宋名筑	全国第八届音乐作品(交响音乐)创作奖	1994
《即兴曲—侗乡鼓楼》	邹向平	首届“喜马拉雅杯”中国风格钢琴作品国际比赛第一名	1995
《山野》(为笛子、琵琶、中胡、排鼓和云锣而作	胡晓	纽约第五届“长风奖”国际中国民族器乐作曲比赛三等奖	1996
舞蹈音乐《雪地新生》	昌英宗	全国第六届“群星奖”银奖	1996
《嘉陵随想》(二胡协奏曲)	李冰	四川省第七届“蓉城之秋”音乐创作一等奖	1999
《谷吟》(为笛子、二胡、古筝和打击乐而作)	郭元	纽约第六届“长风奖”国际中国民族器乐作曲比赛二等奖	1997
《欢乐的日子》(音乐创作)	李西林	乌克兰克里米亚国际艺术节舞蹈比赛一等奖	2000
《金子》(川戏作曲)	李冰	文化部文华音乐创作奖	2000
《神女赋》(扬琴与乐队)	易柯	第一届中华民乐大赛作品奖	2002

续表

作品	作者	获奖情况	年份
《尼苏调》(二胡曲)	宋名筑	第三届中国音乐“金钟奖”音乐作品铜奖	2003
《羌山风情》(管弦乐曲)	敖昌群	全国第十届音乐作品(交响音乐)优秀作品奖	2004
《裂谷风》(交响音诗)	杨新民	全国第十届音乐作品(交响音乐)三等奖	2004
《在G音上》	郭元	华沙2004鲁托斯拉夫斯基国际作曲比赛佳作奖(总排名第五名)	2004
《即兴曲—侗乡鼓楼》(钢琴曲)	邹向平	“20世纪华人音乐经典”后10年作品续评:20世纪华人音乐经典作品奖	2004
《川腔》(大提琴独奏作品)	邹向平	第五届中国音乐“金钟奖”音乐作品评选铜奖	2005

【声乐】

1990—2005年，成都的音乐工作者先后共创作歌曲约6000首。其中,部分作品分别获得国家、省、市级奖项,并产生较大社会影响。在全国少年儿童中广泛传唱的《和平摇着风铃》(张东辉词、张龙曲),在中央电视台反复播出的《好一个都江堰》(刘中昭词曲)和《天府是故乡》(李晓明词、刘中昭曲)，被全国数十家音乐刊报转载的《溜溜歌》(李隆汉词、戢祖义曲)等。

1990—2005年成都市部分获奖声乐(作曲)作品情况

表5-137

作品	作者	获奖情况	年份
《长江情》	敖昌群	全军文艺调演歌曲创作比赛二等奖	1990
《奋进腰鼓》	张　龙	第七届全国音乐作品评奖二等奖(一等奖空缺)	1991
《溜溜歌》	戢祖义	全国少儿歌曲新作评选一等奖	1994
《妈妈格桑拉》	敖昌群	首届中国少年儿童歌曲卡拉OK电视大赛作品征集评选一等奖	1995
《电子世界一颗明珠》	敖昌群	世纪之声全国歌曲大赛银奖	1996
《今夜梦里有雾》	敖昌群	中央电视台第七届全国青年歌手(双汇杯)电视大奖赛作品奖	1996
《世纪之梦》	敖昌群	’96中国合唱节作品评奖创作奖	1996
《问字》(童声合唱)	杨晓忠	’96中国音乐电视大赛音乐电视作品银奖	1996
《水的丰碑—府南河大合唱》	敖昌群、胡晓、郭元、宋名筑、杨新民	四川省第六届“蓉城之秋”音乐会作品特别创作奖	1996
《东方凤凰》	宋名筑	第五届中国艺术节节歌评选三等奖	1997

续表

作品	作者	获奖情况	年份
《走向新世纪的春天》	杨新民	第五届中国艺术节节歌评选三等奖	1997
《熊猫的摇篮》	昌英宗	中共中央宣传部精神文明建设“五个一工程奖”第六届入选作品评选入选作品奖	1997
《四川，熊猫的故乡》	昌英宗	全国广播新歌优秀作品评选银奖	1997
《共同的心愿》	杨新民	全国广播新歌优秀作品评选铜奖	1997
《乡愁》	杨新民	全国声乐新人新作创作歌曲(美声组)作品二等奖	1998
《祖国的土地》	敖昌群	全国声乐新人新作创作歌曲(美声组)作品三等奖	1998
《甘巴拉》	昌英宗	中国广播歌曲银奖	1999
《妈妈的日记》	顾昭华	文化部第九届全国“群星奖”银奖	1999
《绿色情》	赵正基	文化部第九届全国“群星奖”铜奖	1999
《喜庆的秧歌扭起来》	刘小玉	文化部第九届全国“群星奖”优秀奖	1999
《海上荷花飘过来》	余新蓉	文化部第九届全国“群星奖”优秀奖	1999
《托起大地的希望》	高　畅	第四届全国农运会会歌征集评选一等奖(选为会歌)	2000
《我驾飞船上蓝天》	黄虎威	第五届“鑫圣通”杯中国少年儿童歌曲卡拉 OK 电视大赛作品征集评选一等奖	2003
《九曲黄河第一湾》	夏培馨	南宁国际民歌艺术节创作三等奖	2003
《瓦吉瓦》	文　锋	2005 全国歌曲作品征集评比一等奖	2005
《纪检监察之歌》	宋名筑	全国“反腐倡廉”歌曲创作评选活动三等奖	2005
《神奇的面具》	杨新民	全国第十一届音乐作品(合唱、室内乐)文华节目合唱作品三等奖	2005
《香巴拉》	宋名筑	全国第十一届音乐作品(合唱、室内乐)文华节目合唱作品三等奖	2005

2003 年“歌唱成都十大金曲”一览表

表 5-138

作品	词作者	曲作者	“歌唱成都十大金曲”全国征歌大赛评奖
《好一个都江堰》	刘中昭	刘中昭	“歌唱成都十大金曲”全国征歌大赛金奖、群众最喜爱歌曲奖
《成都是我家》	解明月	刘党庆	“歌唱成都十大金曲”全国征歌大赛银奖
《成都妹妹》	宋小明	孟卫东	“歌唱成都十大金曲”全国征歌大赛银奖
《留在蓉城的微笑》	李进	刘党庆	“歌唱成都十大金曲”全国征歌大赛铜奖、群众最喜爱歌曲奖
《成都往事》	陈道斌	林幼平	“歌唱成都十大金曲”全国征歌大赛铜奖、群众最喜爱歌曲奖
《午夜廊桥》	张东辉	顾春雨	“歌唱成都十大金曲”全国征歌大赛铜奖
《芙蓉香》	王持久	王锡仁	“歌唱成都十大金曲”全国征歌大赛金曲奖
《蓉城恋》	胡雪梅	余新蓉	“歌唱成都十大金曲”全国征歌大赛金曲奖
《天府是故乡》	李晓明	刘中昭	“歌唱成都十大金曲”全国征歌大赛金曲奖
《归乡》	杨继宁	歌扬	“歌唱成都十大金曲”全国征歌大赛金曲奖

【音乐剧】

20 世纪 80 年代，音乐剧传入中国。90 年代初，成都音乐戏剧艺术界瞄准世界潮流，开始音乐剧的探索与实验。1999 年，由四川人民艺术剧院推出的青春校园音乐剧《未来组合》备受高校学生和广大年轻观众推崇，先后在各地巡演共计 527 场，观众超过 70 万人次。2001 年，由四川省人民艺术剧院和成都市京剧团联合编排演出音乐剧《她从雪山走来》，在国内首次将京剧引入音乐剧尝试，并加入大量浓重地域特色的音乐舞蹈元素。2005 年 4 月，由成都金沙太阳神鸟演艺文化有限公司出品中国大型原创音乐剧《金沙》，特邀国内著名音乐家、艺术家担任主创人员，同时汇集国内灯光、音响、舞台美术、制作等方面的顶尖技术力量进行设计制作。该剧依托成都本土厚重的文化资源和题材，通过金沙遗址、永陵、三星堆等考古发现再现了古蜀文明辉煌。

舞蹈

【专业舞蹈】

20 世纪 90 年代，成都市舞蹈艺术创作极为活跃，成都市歌舞团、四川省歌舞团、成都军区战旗歌舞团等专业舞蹈团体先后创作、排演出一批优秀作品，编导和表演水平显著提高。这一时期，获全国舞蹈大奖的代表作品有成都市歌舞团排演的《红梅祭》《卓瓦桑姆》《远山的花朵》，四川省歌舞剧院排演的《川江女人》《旧事女人》、民族舞《阿惹妞》等，成都军区战旗歌舞团排演的《盼》《珠穆朗玛峰》等，均展现出成都舞蹈艺术工作者开放的眼界、前沿的意识和努力创新的时代精神。1999 年，成都音乐舞剧院舞蹈团与鑫磊俱乐部签约，开始驻场演出《转花帽》《红辣椒》《看秧歌》《雪山的祝福》等具有浓郁地方风情的民族舞蹈。21 世纪初，各团创作排演大量格调清新、质量上乘的舞蹈节目。成都市歌舞剧院2002年编创的少数民族歌舞荟萃《西部情韵》，四川省歌舞团2003年编创的戏曲舞蹈《俏花旦》，成都二十一女子舞团2003年编创的藏族群舞《天织女》，成都军区战旗歌舞团2004年编创的《情满天路·扎西德勒》等。其中，《俏花旦》被中央电视台选定为2004年春节联欢晚会的舞蹈节目，播出后反响热烈。

1990—2005年成都市专业舞蹈团体主要作品

表5-139

专业团体	编导(导演)	作品及简介	获奖情况
成都市歌舞团	吴显德	《海咏》，是象征性舞蹈，表现少女与海浪嬉戏的美感，海浪由五个男舞者象征，在当时是比较现代的手法	获四川省舞蹈观摩演出编导三等奖、成都市第三届艺术优秀作品创作奖(1991年)
	吴显德	《红梅祭》，是革命题材大型舞剧，根据江姐的故事改编，用写意的手法表现中国的觉醒	获全国舞剧观摩演出演出奖(1992年)
	吴显德	《芙蓉花仙》，川剧，神话题材，群花舞，演员服装尤为漂亮，戏、舞的结合该作品堪为代表。80年代初开始尝试创作，后不断改进。至1992年，剧本已非常成功	获平壤四月之春国际艺术节舞蹈大奖(1992年)
	重华、吴显德、刘世英、关燕、范增妮、杨永政	《卓瓦桑姆》，藏族大型神话舞剧，根据达达藏戏改编。有花仙、国王、妖妃三个角色，寓意强烈，花仙代表善，妖妃代表恶势力，最终善战胜恶，展现真善美	获中华二十世纪舞蹈经典提名奖(1994年)
	张瑜冰	《摆手祭》，大型乐舞剧，土家族传统祭祀舞蹈。舞剧表现对民族英雄、先祖的崇拜	获四川省第二届少数民族艺术节创作剧目特别奖(1994年)
	张瑜冰	《缠头帕》，苗族舞，女子集体舞	获四川省第二届少数民族艺术节创作二等奖(1994年)
	张瑜冰	《巧梳妆》，苗族舞，女子集体舞，表现苗族姑娘出嫁的民族习俗	获中国台湾地区"中华民族舞蹈比赛"优等奖(2000年)
	牟世旭	《文成公主》，新川剧剧目，其中糅合舞蹈元素	获四川省首届舞蹈大赛优秀奖(2000年)
	吴晓飞、崔佳	《梅花绝句》，根据陆游的诗《梅花绝句》改编，唱腔采用京川联唱，配舞蹈，多种表现元素融为一体	获第五届成都市"五个一工程奖"作品奖(2004年)
	导演：胡一飞，副导演：李雄辉、崔佳	《青春时光》，反映青少年染上网瘾，在父母、老师、同学帮助下戒掉网瘾的校园剧	获第五届全国优秀儿童剧展演优秀剧目二等奖(2005年)；2005年四川省新剧目展演优秀新剧目奖、优秀编剧奖、优秀导演奖、优秀音乐奖、优秀舞美奖、优秀表演奖以及集体表演奖，三位主演获得表演单项奖(2005年)；成都市金芙蓉奖(2005年)

续表

专业团体	编导(导演)	作品及简介	获奖情况
四川省歌舞剧院	冷茂弘	《快乐的罗嗦》,彝族舞蹈,通过对一群彝族男女青年互换定情礼物的自由幸福的爱情生活的描写,表达彝族人民翻身解放后欢欣鼓舞的心情	获20世纪华人经典奖(1994年)
	冷茂弘	《观灯》,男子群舞,舞蹈通过一群少年在传统灯会游玩的情节表现人民群众在清除“江青反革命集团”之后的喜悦心情	获20世纪华人经典创作一等奖(1994年)
	马东风、郑源、邢航	《川江·女人》,双人舞,以舞蹈的形式表现了川江险恶的自然条件,以及川江女人敢爱敢恨、吃苦耐劳的精神	获全国第三届舞蹈比赛古典舞银奖(1995年)
	马东风	《远山的孩子》,群舞,舞蹈深情诠释大山里彝族孩子的梦想	荣获全国第三届舞蹈比赛民间舞创作银奖(1995年)
	郑源、马东风	《远山的花朵》(舞剧) 舞蹈表现贫困山区孩子们刻苦读书,教师无私奉献的精神,希望以此唤起社会的关爱	获全国儿童剧比赛表演、创作金奖,第七届文华大奖及文华编导奖,全国第六届“五个一工程奖”(1996年),中国戏剧梅花奖(1997年)
	何川	《浪漫草地》,双人舞,讲述长征途中两位脱离队伍的红军战士在雪山、草地中冒着严寒,忍受着饥渴,寻找着走出困境的道路	获首届中国舞“荷花杯”创作银奖、第八届文华新剧目奖(1997年)
	马琳	《阿惹妞》,彝族双人舞,舞蹈通过讲述一对彝族男女有缘无分的悲情故事,表现彝族青年追求爱情的坚定决心	获文化部中国少数民族“孔雀杯”创作金奖(1997年),荣获中国首届舞蹈比赛“荷花杯”作品金奖(1998年),荣获文化部文化奖、新剧目奖(1999年)
	何川	《创造者》,三人舞,表现了劳动者不屈不挠的开拓精神	获四川省舞蹈比赛创作金奖(2000年)
	马琳	《燃烧的七月》,彝族群舞,表现彝族青年男女在火把节上的欢快情境	获四川省舞蹈比赛金奖(2000年)
	刘凌莉	《摩梭女人》,女子群舞,舞蹈反映至今保留着母系社会风习的妇女日常劳作的情景,表现摩梭人对生活的热爱和对未来的向往	获全国第五届舞蹈比赛创作、表演二等奖(2001年)

续表

专业团体	编导(导演)	作品及简介	获奖情况
四川省歌舞剧院	马东风	《旧事女人》,独舞,舞蹈表现20世纪20年代至30年代女性的生活状况,表现当时女性生活的无奈与压抑	获全国第五届舞蹈比赛创作铜奖(2001年)
	何川	《师徒春秋》,双人舞,舞蹈展现一位学戏少女在严师的要求下认真地研磨技艺,表现师徒间胜似父女的真挚情意	获第二届中国舞“荷花杯”古典舞剧创作金奖(2002年)
	马琳	《妈妈的儿子》(又名《阿嫫惹牛》),彝族群舞,通过表现孩子从孕育、出生到成长的过程,体现母子间的深情	获全国少数民族文艺汇演作品金奖(2002年)
	何川	《兄弟们》,彝族三人舞,舞蹈表现彝族人民在艰难困苦中建设家园的精神	获第六届全国舞蹈比赛创作表演金奖(2004年)
	导演:陈维亚 执行导演:赵小津 编导:何川、刘凌莉、马东风、赵青、张浩、王亚男	《大康华章》(大型时尚诗乐舞),女子群舞,舞蹈展现唐朝盛世的宫廷生活	获文华新剧目奖、文华创作奖、文华表演奖、文华舞美设计奖(2004年)
	马东风	《溜溜康定·溜溜情》,女子群舞,舞蹈描绘改革开放后藏族姑娘热情奔放、时尚阳光的生活	获第六届全国舞蹈比赛创作表演银奖(2004年)
	刘凌莉	《俏花旦》,是川剧和舞蹈相结合的产物,最大创新就是演员们头戴传统川剧的花翎只有一根长翎子,演员可以像川剧中甩头发一样甩舞翎子,动感十足。伴奏锣鼓不是器乐,而是用人声担任的“肉锣鼓”,地方色彩十分浓郁	获第六届全国舞蹈比赛创作表演金奖(2004年)
	赵青	《梦幻康巴》,体现出康巴文化宽宏、开放和兼容的特点。整个节目不仅较好地将歌舞强烈的艺术性、现代感与康巴民族文化很好地结合在一起,还有意识增强节目的商业演出性质,为迈进市场奠定基础	获全省第五届少数民族艺术节创作金奖(2005年)
成都军区战旗歌舞团	范和平、李小松	《盼》,藏族群舞,舞蹈展现解放西藏,农奴推翻奴隶主的场面	获第六届全军文艺汇演创作一等奖(1992年)
	邓林、苏冬梅	《珠穆朗玛峰》,藏族群舞,舞蹈通过写意的形式,展现珠穆朗玛峰的巍峨	获第六届全军文艺汇演创作一等奖、表演一等奖(1992)

续表

专业团体	编导(导演)	作品及简介	获奖情况
成都军区战旗歌舞团	冯玉德、苏冬梅	《望果之夜》,男子集体舞,舞蹈表现人们在丰收之后望着果实欢快舞蹈的愉快场面	获第六届全军文艺汇演创作二等奖(1992年)
	苏冬梅、刘莉	《苹果花开》,女子藏族群舞,舞蹈用写意的形式表现人们在丰收之时的愉悦心情	获第六届全军文艺汇演创作三等奖(1992年)
	范和平	《佤山情》,佤族群舞,舞蹈表现佤族青年男女间美好的恋情	获全军舞蹈比赛创作三等奖(1994年)
	苏冬梅	《心之翼》,彝族三人舞,舞蹈音乐悠扬,演员翩翩起舞,仿佛给心灵插上翅膀,载着梦想飞翔	获第三届全国舞蹈比赛创作铜奖(1995年)
	苏冬梅	《天织》,藏族女子群舞,舞蹈表现藏族妇女织布的情景	获第七届全军文艺汇演创作二等奖(1999年),第六届全国舞蹈大赛创作二等奖、集体表演二等奖(2004年)
	范和平	《雪山彩虹》,藏族女子群舞,舞蹈展现了藏族姑娘织毛毯的劳动场面	获第七届全军文艺汇演创作三等奖(1999年)
	董琳	《格桑梅朵》,藏族女子群舞,舞蹈展现藏族姑娘在大草原快乐生活的场面	获第三届中国舞蹈荷花奖民间舞蹈编导铜奖(2002年)
	苏冬梅	《情满天路·扎西德勒》,藏族女子踢踏舞。舞蹈表现重大的政治题材——青藏铁路的修建,舞蹈以精湛准确的舞蹈艺术语言,体现党和国家对藏区同胞的关怀,表达铁路修建成功后藏族同胞的喜悦与幸福感	获第八届全军文艺汇演编导二等奖(2004年)
	范和平、冯玉德	《醉青稞》,藏族女子群舞,舞蹈表现藏族女孩丰收之时的愉悦心情	获第八届全军文艺汇演编导三等奖、表演二等奖(2004年)
	冉小策、刘萍	《军营小夜曲》,群舞,表现军队夜晚的生活情趣	获第八届全军文艺汇演编导三等奖(2004年)
	许寒松、范和平、叶小玲、杨笑影	《飓风行动》,群舞,舞蹈表现人民子弟兵保卫和平、制止战争的英勇精神	获第五届中国舞蹈荷花奖作品银奖、表演银奖(2005年)

【群众舞蹈】

1990—2005年，成都市群众舞蹈日益普及。全市社区、乡镇、学校、企业等经常开展舞蹈表演活动，体育舞蹈、少儿舞蹈比赛常年举行。一些民营文化企业通过创办艺术学校、团体，进行舞蹈培训。文化宫、文化馆以及学校、社区、街道等各种社会组织，也积极支持、引导和组织群众舞蹈活动的开展，聘请专业院团舞蹈合作、表演老师指导，不断提升全市群众舞蹈的编创和表演水平。2005年2月，成都市举办"闹新春广场文化活动"。是年11月，成都市文联、成都市舞蹈家协会主办"美丽心情"群众舞蹈比赛，其中优秀节目《玩友》《丹心柔情》等还参加全国群众舞蹈展演。此外，作为一种民间文化和街头文化形式，街舞在成都青少年当中十分流行，先后涌现出很多优秀的街舞选手和表演团队，并且在全国赛事中取得较好成绩。

1997—2005年成都市获奖优秀群众舞蹈情况表

表5-140

舞 蹈	指导老师	获奖情况
《队式拉丁舞》(成人)	银敦御、冯锡云	获全国少年拉丁舞队式舞第三名（1997年）
《辣椒娃娃》(少儿)		获中国舞蹈家协会主办《小荷风采》优秀新作品奖(1998年)
《欢乐的老媄苏》(老年)	李晓琴、姜涛	获文化部主办"群星奖"舞蹈大赛金奖（2000年）
《小姐妹》(少儿)	崔佳	获四川省少儿舞蹈大赛表演二等奖(2001年)
《今天我执勤》(儿童)	罗彩文	获全国少儿舞蹈"新苗杯"大赛金奖(2003年)
《云云鞋》(儿童)	陈铁军	获全国少儿舞蹈"新苗杯"大赛金奖(2003年)
《九寨童乐》	冯玉德	获全国首届少年儿童舞蹈比赛金奖(2004年)
《玩友》	张丽	获文化部主办的第四届全国"四进社区"文艺展演银奖(2005年)、成都市政府机构主办的"纪念抗战胜利60周年"一等奖(2005年)
《彝家新娘》	范增妮	获成都市工会系统比赛一等奖(2005年)
《月亮女儿》	田园秀	获联合国华人艺术盛典金奖(2005年)

群众文化

综述

20世纪90年代初，成都市各项传统民俗文化活动全面恢复开展，现代都市生活情调愈浓，时尚潮流节奏变化更快。“农家乐”文化、校园文化、收藏文化、企业文化、社区文化、网络文化等相继兴起，不仅丰富地方群众文化内容，也增添地方群众文化活力。

90年代中后期，各种活动丰富多彩，群众文化景象繁荣。改革开放后新兴的市民休闲方式“农家乐”方兴未艾；成都地区数十所高等和中等学校中，掀起“校园文化”建设热潮，办学理念、办学特色各张旗帜，健康向上的校园文化氛围营造各具特色，各种传统的、时尚的校园业余文化生活丰富多彩；从邮、币、卡、票(证)到字画、文物等，民间收藏迅速发展；随着现代企业制度逐步建立，成都境内一批企业单位开始注重企业文化，纷纷树立企业理念、企业目标、企业精神以凝聚职工队伍，树立企业良好经营氛围、良好形象以增强市场竞争力。21世纪初，成都市各街道居民社区相继建立，“社区文化”应运而生。社区广场，即是社区居民文化活动的场所，也是社区精神文明宣传的阵地。市民自发的广场舞、体育健身等活动逐渐成为日常，社区有组织的各类节庆文体表演、比赛活动日益丰富；随着信息化浪潮席卷，成都市“网络文化”迅猛发展，深刻影响人们的工作、学习和生活。

至2005年，成都地区农家乐完成提档升级，市民休闲从农家乐热升级到乡村旅游热，成都逐渐成为闻名国内外的“休闲之都”；成都市收藏社团之多，市民参与之众，收藏活动之频，收藏领域之广，在全国仅次京、沪成为“收藏第三城”；成都市企业文化建设热潮不仅影响企业内部，也通过企业员工、企业产品和企业广告等辐射到全社会；成都市社区群众歌舞得到政府部门的有力组织、专业院团的有力技术指导及驻地企业的热心参与支持，在全国群众性歌舞赛事中取得优异成绩；成都地区网站、网民数量和网上文化内容及网络文化产业发展等各项指标迅速跃居全国前列。

都市文化

【概况】

成都人性格开朗，素好歌舞，群众性歌咏及舞蹈活动的开展十分普遍。20世纪90年代末，成都市内人民公园、新华公园、文化公园、百花潭公园、西区公园等处，每天都有群众自发组织的合唱及舞蹈表演。成都各区(市)县基本相同。其中，以人民公园为代表，2000年前后，该公园内有两三支学唱歌曲的队伍在此活动。两三年间，园内学歌和唱歌的群众迅速发展至数以万计。所唱歌曲多为“红歌”、怀旧及流行歌曲，多自带音响设备伴奏。21世纪初，随着市内广场设施的大量增加，广场舞蹈活动开展方兴未艾。每日清晨和黄昏，蓉城街头、社区，随处可见人们踏歌起舞，以跳民族舞为主，兼具体育锻炼。此外，很多社区还成立有腰鼓队，除自娱自乐外，还为商家开业、促销乃至个人婚庆捧场表演。

至2005年，成都市有各类群众合唱队400余支，一些企业、社区成立有艺术团，有的还兼具舞蹈、曲艺、戏剧等若干艺术门类，并可得到当地文化馆的专业指导。

【企业文化】

1990—2005年，成都市开展的企业文化活动主要有普法期间，企业纷纷结合实际举办法律知识讲演比赛，成都飞机公司、成都飞机设计研究所、四川化工厂、成都热电厂、成都市木材综合厂、成都市仙牌灵芝公司、四川长富集团等一批企业结合精神文明建设、企业形象宣传，开展主题多样、内容丰富的职工文艺活动，如独唱、重唱、合唱，独舞、双人舞、三人舞、群舞，小品、谐剧、曲艺、方言诗朗诵等。四川化工厂、成都火车站、铁二局、成都量具刃具厂、成都飞机工业公司、南光机械厂、成都轴承厂、四〇二厂、木材综合厂、仙牌灵芝茶、长富集团等演出的舞蹈《化工人》《火车站轶事》《修理工》《领料》《长征组歌》等作品，深受广大职工欢迎。成都飞机工业公司、成都飞机设计研究所打造以歌颂航空人为祖国的国防事业无私奉献、为航空事业努力拼搏的专场，不仅在成都地区，还到各地为航空战线的广大职工作广泛演出。活跃职工业余生活，如下棋、打牌、舞蹈、曲艺、唱歌、跳舞、钓鱼、滑冰等。联合专门机构，提升企业文化水准，支持地方文化事业发展，如仙牌灵芝茶集团茶艺术团、长富集团，热心扶持专业艺术体现企业社会责任担当，依托专业艺术团队提升企业文化水准。

【校园文化】

1990—2005年，校园文化活动在成都遍地开花，多姿多彩。四川大学把学生喜爱的文娱活动与有关德育教育、素质教育相结合，把文娱活动作为培养“四有新人”的必要措施，并开设艺术分校，培训了独舞、双人舞、群舞以及独唱、群唱、表演等一大批优秀人才。四川师范大学、西南交通大学、成都中医药大学、西南民族大学、成都体育学院、成都中医学院、成都幼儿师范学院等以综合教育为主、兼及艺术教育，有的专门设有艺术系和艺术分院(校)，开设绘画、表演等多项门类。四川音乐学院、四川艺术学校、成都市文化艺术学校等以艺术教育为主体的学校办学各具特色，先后为四川省、成都市培养了大批艺术人才。成都市大、中、小学各类业余文化活动各具特色、持续开展。

【社区文化】

1990—2005年，成都市社区文化不断发展繁荣，一方面，社区居民自发的歌舞活动越来越多；另一方面由各级政府、党委宣传部门组织的社区文艺活动普遍开展。进入21世纪后，全市性的大型社区文艺活动主要有以下几种。

成都市社区艺术节。2001年起，中共成都市委宣传部、成都市精神文明建设办公室、成都市文化局、成都市民政局联合主办社区艺术节。至2005年，连续举办4届，其中，成都市第四届社区艺术节于2005年10月26日结束，历时半年，活动形式多样、丰富多彩。锦江区“社区家庭文化节——家庭才艺比赛”，武侯区举办首届社区运动会及大型文体表演，邛崃市开展的“人人参与，共建绿色家园”综合文艺晚会、“温馨社区，和谐家园”欢乐家庭大赛、“明日之星”少儿才艺大比拼；崇州市主办为期一周的大型广场歌咏比赛活动，新津县开展“共享文化资源，构建和谐社会”大型宣传活动，郫县举行庆国庆街头化装行进表演。经中共成都市委宣传部、成都市精神文明建设办公室、成都市文化局、成都市民政局综合评审，分别授予成都图书馆等 13 个单位、高新区社会事业局等 10 个单位、锦江区华兴街社区等 26 个社区，锦江区水井坊社区龚素清等 51 位代表“成都市社区文化建设先进单位”“社区文化建设优秀单位”“文化建设先进社区”和“优秀社区辅导员”称号。全市艺术节参与人数达百万人次。

高雅艺术进社区。2004 年，在“成都文化年”活动中，各区(市)县纷纷开展“高雅艺术进社区”活动。活动中均有成都艺术剧院交响乐团、民乐团及专业艺术团体的精彩艺术作品演出。

社区秧歌腰鼓大赛。2005 年 1 月 25—26 日，由中共成都市委宣传部、成都市精神文明建设办公室、成都市文化局主办的首届“成都市首届社区秧歌腰鼓大赛”在成都市人民公园举行。全市各区(市)县文化馆、街道、社区 53 支队伍的 3000 余人参加秧歌、腰鼓比赛。评出一等奖 3 名，二等奖 6 名，三等奖 8 名，优秀奖 36 名，组织工作奖 32 个。

【“农家乐”休闲文化】

成都市是中国农家乐休闲旅游发源地。1984 年，郫县友爱乡农科村村民、种植大户徐纪元利用个人栽种花卉苗木优势，将其住处“徐家院子”改造成客房接待游人，吸引大批城里人到此观览休闲，此举引该村农户纷纷效仿。1991 年，“徐家院子”类型的乡村休闲场所被人们统称为“农家乐”，声名广为流传。同期，成都城东的三圣乡高店子、西郊羊西线、成温公路沿线等近郊农家乐开始大量出现。其中，温江区万春镇花卉苗木基地，龙泉驿区果林地带的“书房村”，城南机投镇的“晋竹园”，东郊三圣乡的“王家花园”“刘家花园”等，在当时都颇具规模，较有名气。90 年代中期，农家乐进一步向成都远郊延伸，市境内都江堰、彭州、崇州、邛崃等地山区农民利用当地夏季气候凉爽的自然条件，兴起季节性农家乐，主要吸引市民前往避暑休闲。90 年代末，有企业、个人投资农家乐，亦有文化人在农家乐周围买房聚居，形成独特的画家村、作家村。进入 21 世纪后，成都市农家乐开始提档升级，各经营户及所在乡村纷纷改善硬件设施，突出乡村特色，推广观光、休闲、餐饮、购物一体化经营服务，实行规模化、规范化经营。2003 年，成都市锦江区三圣乡红砂村一带的“花乡农居”“幸福梅林”“江家菜地”“东篱菊园”“荷塘月色”是极具代表性的农家乐品牌，成都人誉之为“五朵金花”。至 2005 年，全市共有农家乐 5596 家，其中，由市政府旅游部门组织评选出的星级农家乐 290 家。直接从业人员 5.8 万人，产值达到 16.3 亿元。是年，全国乡村旅游节在成都举办，成都市以“农家乐”为载体的乡村休闲特色路径受到文化、旅游界广泛关注。

【收藏文化】

成都市藏品门类多、资源富，民间收藏风气浓郁。改革开放后，人民生活水平提高，经济条件改善，收藏成为越来越多普通市民乐于参与的“平民游戏”。20 世纪 90 年代初起，成都市一些企业家陆续进入收藏领域，推动收藏热潮不断高涨。

1990—2005年，成都市知名收藏玩家及特色藏品有叶星生，成都籍画家，长期在西藏生活、创作，30年间业余收藏2300件藏文化物品，如宗教法器、唐卡、察扎和玛尼石刻等，其中一级文物22件，后全部捐给西藏博物馆；陈志强，有收藏生涯40年，以报纸收藏为主，共集报纸6000多种2万余份，另收藏各类纪念章500余种、门券5000多种；王安廷，收藏“文化大革命”时期的毛主席像章5万多枚、毛主席塑像700多尊；周汉春，40年间共收藏从春秋战国到民国时期各种锁具3000多把；陈履兰，1988年开始收藏，主集算盘、珠算书籍，现藏明清及近代算盘700余种、珠算类书籍及杂志2000余册；姚宇林，20年间省吃俭用共计投入20万元收藏各代古灯1700余盏，人称成都“阿拉丁”。

至2005年，成都市有30多个由民间收藏家开办的博物馆、陈列室，多为企业、个人兴办。其中典型代表为成都建川房屋开发有限公司董事长樊建川。樊建川曾下乡、参军、任教、从政，1993年为收藏而辞职经商，从事收藏多年，藏品种类繁多，重点为抗战文物和“文化大革命”文物，共计200余万件，其中129件被评为国家一级文物。2003年起，樊建川在大邑县安仁镇创办建川博物馆聚落，以昭示“为了和平，收藏战争；为了未来，收藏教训；为了民族，收藏传统”。所创办的建川博物馆聚落于2004年被文化部命名为国家文化产业示范基地。

至2005年，成都拥有全国排名第二的送仙桥古玩市场、全国排名第六的古玩玉器市场——草堂寺古玩市场以及亚洲较大的三国古玩城，另外还有全国排名前十位的成都邮币卡市场。这些古玩市场面积多达数万平方米，具备藏品交易、拍卖、展示、鉴定、修复与保护等多种功能。与此同时，成都的艺术收藏品拍卖市场逐步形成。1992年，成都第一家艺术收藏品拍卖行——四川翰雅拍卖行开业。至2005年，能够进行艺术品拍卖的公司发展到4家，除翰雅外，还有四川嘉诚、成都诗婢家、四川梦虎拍卖公司等。

成都市收藏界民间社团组织有成都市收藏家协会，成立于1996年5月8日，挂靠于成都市文联。协会下设陶瓷、字画、钱币、火花邮票、综合五个专业委员会，经常开展活动。1997年4月25日，创办协会会刊《收藏大观》；2001年1月，发行《西部收藏报》；2003年4月，开通协会门户网络平台；至2005年底，该协会拥有会员1000人。

网络文化

【互联网产业】

20世纪90年代中期起，成都市网络文化事业迅速发展。1998年10月，成都市人民政府在科技一条街主办首届“国际电脑节”，开展“万人千机学电脑”活动，促进成都IT行业的发展和计算机运用的普及。2002年8月，韩光软件和四川电信合资成立成都欢乐数码信息技术有限公司，在国内首创电信运营商与网络游戏代理厂商的合作模式。同年12月，成都市软件行业协会数字娱乐产业分会成立。2003年6月，成都市组织实施数字文化工程，推广连锁主题网吧，引导互联网上网服务营业场所朝规模化、连锁化、主题化、品牌化方向发展，逐步把网吧等互联网上网服务营业场所改造成为功能丰富多彩、内容健康有益的数字文化家园。12月，全国第一个数字娱乐应用中心“成都市数字娱乐（实验）基地”在科技一条街开业。2004年9月，成都市举办首届中国（成都）国际网络文化节和中国国际数字娱乐消费展览会。2005年5月，科技部批准成都组建“国家数字媒体技术产业化基地”；国家新闻出版总署授予成都高新区“国家网络游戏动漫产业发展基地”称号，成都由此成为国内外数字娱乐企业的聚集地。至2005年底，成都市拥有互联网用户300余万个，有网吧2000余个，其中星美数码网点、天府网点的连锁网点近400家，成都市网站、网民数量均居全国前列，家庭宽带接入比例和网络游戏市场份额均位居全国第三。这一时期，成都市不断加强网络文化的建设和管理，一方面依托丰富的历史文化资源和人才、技术、市场优势，大力发展数字文化，另一方面严厉打击网络上的违法犯罪，净化网络文化环境。

【网络音乐影视】

1996年后，成都网络音乐、影视作为一种全新的娱乐方式迅速被市民接受并开始流行。1997年1月，成都市第一家本土音乐网站诞生。四川公用信息产业有限责任公司(由四川省邮电管理局和成都市电信局联合组建)将原“960公众信息网”等网站整合为“天府热线”，旗下几家娱乐网站开始提供在线音乐服务。1999年，“天虎网”在成都创立，拥有天虎音乐、天虎动漫、天虎娱乐、天虎相册、天虎原创、天虎图铃、天虎彩信、天虎音像、天虎书城、天虎社区、天虎周刊等子品牌，是西部较大的在线娱乐平台和国内领先的娱乐资讯网站。至2005年，在中国互联网中心的评定中，天虎网一直位居前列。其中，音乐天府特点为全国同类网站分类较齐、收集专集较多、更新较快，具有较动感的MTV、较流行的乐曲前沿，领先音乐潮流。网站拥有海量音乐库，并全国首创“本土原创音乐展播”。天府宽频主要从事影视、教育、娱乐及视频在线展播服务，在四川21个市州均部署有高性能的服务器群，保障在线视频服务的清晰流畅。天府动漫辟有《动漫音乐》栏目，天府下载网站和天府短信亦在音乐、影视娱乐方面为网友提供有相关服务。

【网络游戏】

20世纪90年代中期，电脑游戏开始在成都流行，初为单机游戏，其模式多系人机对战，如《仙剑奇侠》《红色警戒》《赤壁》《八一战鹰》等。2000年后，随中国台湾《万王之王》《石器时代》等网游品种进入大陆市场，网络游戏迅速风靡成都，网游爱好者数量急剧增加。

2001年10月，天府热线游戏中心成立，通过中国电信IDC与国内若干大型网游运营商进行合作，是中国最大、最权威的网络游戏平台和游戏合作运营商之一。2002年10月，该中心推出全国首个游戏电视节目《传奇之美梦成真》；11月，该中心平台上运营的网络游戏达到9款，投入运营的服务器超过500台，平均在线游戏人数突破10万人。2003年初，成都欢乐数码信息技术有限公司推出《W.Y.D》，中文名称为《命运》，系一个架构在西方神话基础上的东方游戏。至2005年底，成都有游戏玩家100余万人，网吧2000多个，最流行的游戏有《传奇》《奇迹》《命运》《大话西游》《反恐精英》《骑士》等。

成都作为网络游戏产业基地，自2001年起发展迅速。是年，华义国际数位娱乐有限公司在成都设立中国研发中心总部，耗资3000万元开发大型网络游戏《天下无双》。2002年12月，成都梦工厂网络信息有限公司成立，致力于本土网络游戏的研发和推广。2004年5月，金山亚丁工作室在成都建立，专门从事休闲卡通类网络游戏的开发。所研发的《梦幻春秋Online》(后改名为

《大话春秋》，公测时名称定为《春秋 Q 传》）是成都本土自主研发的首款大型网络游戏，于 2005 年 5 月推出，同年 7 月 12 日，成都梦工厂首款自主研发的大型武侠网络游戏《侠义道》发布。至 2005 年，除成都梦工厂、金山亚丁工作室外，成都尚有成都中邑、欢乐数码、时轮宝、斯普软件、四川华义、逸海情天、锦天科技、瑞联电子等网络游戏开发团队，总共 10 家。此外，随着数字娱乐产业的发展，成都出现一批网络音乐制作团队，主要业务是为网络游戏、手机游戏及手机网游配制音乐音效。

民俗文化

【概况】

成都民俗文化源远流长，地域特色鲜明。1990—2005 年，成都地区各项节庆民俗活动、民间文艺活动、民间工艺展示活动丰富多彩，传统民俗活动先后恢复举行。1990 年 4 月，中断多年的都江堰清明放水节恢复举办，且赋予新的内涵和形式。1991 年，成都市开展民间文化资源普查，整理出版《成都民间文学集成》，收入故事 850 个、歌谣 759 首、谚语 1600 余条。1993 年 9 月，成都市第十届望丛赛歌会在郫县展开，成都市锦江区被文化部命名为“中国民间艺术（民间糖画）之乡”。90 年代中期，成都市一方面加强本土民俗文化资源发掘，市属各区（市）县纷纷因地制宜举办地方特色节会；另一方面加强民间文化交流，于 1994 年 8 月承办中国四川国际民间艺术节，11 个国家的 14 个艺术团队参加，并多次组织成都市民间文化团体出国交流。进入 21 世纪后，成都市民俗节庆会展注重品牌提升，注重与地方经贸活动、特色产业培育发展融合。2001 年 7 月，国家旅游局将龙泉驿区桃花节命名为“中国·成都国际桃花节”。成都市旅游注重特色民俗资源再开发，围绕武侯祠，打造文旅特色街区锦里，建设三国文化旅游景区，恢复举办游喜神方、“成都大庙会”民俗活动；依托宗教名胜文殊院，打造文旅特色街区文殊坊。成都旧城改造与建设注重民俗文化特色塑造，2003 年，改建后的春熙路、琴台路先后开街，更具成都传统市井特色与风情，2005 年，改造中的宽窄巷子，注重依托明清建筑群落，注入本土文化元素。

【成都灯会】

成都灯会源远流长，久负盛名。1990—2005 年，成都共举办灯会 17 届。彩灯故事多取材川剧剧目、历史故事、民间传说、市政建设、工业成就等，制作精美，不断将新工艺技术运用于彩灯制作。继承发扬了成都传统彩灯“形”“色”“光”“声”“动”“大”“新”“变”“奇”“精”十大特色。1990 年灯会展出具有中国民族和地方特色的巨型传统工艺灯“狮头鱼尾龙马”“布袋罗汉”“熊猫”“猪八戒吃西瓜”“万里长城”和“川剧大型脸谱”等灯组，精彩纷呈。1993 年 1 月 23 日至 2 月 28 日，举办第 24 届灯会；同年 9 月 14 日至 10 月 17 日，又举办第 25 届灯会。之后，每年举办一届，1995 年，第 27 届灯会展出“松鹤延年”“猪八戒闹新春”“西天问路”等 15 组大型灯组。1997 年，在第 29 届灯会上，展出大型彩灯“重走长征路”“香港回归”“二小放牛”“绣红旗”“府南河之春”“三毛从军”“林则徐虎门销烟”等，将政治思想性与艺术观赏性相结合。1998 年的第 30 届灯会，展出高能射灯“空中玫瑰”，并以朱自清散文《荷塘月色》为题材制作大型彩色喷泉等梦幻灯光造型。1991—2000 年，成都灯会还先后十余次到北京、上海、天津、武汉、乌鲁木齐等城市及马来西亚、加拿大等国展出，名扬中外。2004 年起，成都灯会改在塔子山公园举办。2005年第37届灯会展出内容有“威风锣鼓”“童话世界”“金龙抢珠”和“神秘的金沙”等。塔子山公园场地开阔,安放彩灯规模也空前达到150组。

【成都花会】

成都花会历史绵延千年,是成都重大传统民俗之活动一。1990—2005年,成都市举办花会15届。地点在文化公园。90年代初的花会,花品多为本地特色,花会主题结合地方特色与时事确定花会期间,配套举行成都名小吃展。90年代中期起,引入国内及世界各地名花入会,1999年第36届花会展出荷兰郁金香、风信子、朱顶红,比利时杜鹃,中国台湾蝴蝶兰和云南秋海棠等知名花卉近百种,凡30万余株;并辟设若干主题景点,其中“往事”主题回顾“知青”岁月,“花之国度”主题展现异国风情。2000年3月1日,成都市第37届花会在文化公园开幕,展出100多种时令花卉,计20万余盆(株);另外还精心制作10只花船供游人观赏,并引进福建的童话艺术展;花会期间,举办有系列现场花艺如插花、盆景制作展演活动。2002年第39届花会,尝试招商办会,实行免费游园。2004年因举办成都大庙会,是年花会停办。2005年第41届花会,以“城市·环境·人”为主题,集西洋花园、日本庭院、中式园林景观和荷兰郁金香、风信子、洋水仙等20万余株花卉于一园;花会上的插花、盆景、根雕艺术表演,以现场制作、讲解的方式与观众互动交流。

【成都大庙会】

大庙会是以庙宇为依托,集文化、商贸、法事活动于一体的民俗活动。成都城区以武侯祠大庙会历史较长、影响较大,于20世纪50年代中断。2003年11月,市政府在香港举办的“四川—香港合作发展周——四川成都·民俗风情大庙会”,宣传、介绍成都的人文风情、民风民俗、旅游商贸等,扩大成都影响,吸引外商投资。庙会期间,成都市川剧院、成都市木偶皮影艺术剧院、成都市京剧团、成都市歌舞剧院、成都市文化艺术学校、四川省艺术学校等滚动演出京剧、川剧联唱《梅花绝句》《滚灯》,木偶表演《熊猫咪咪》,杂技、柔术《溜冰》《滚杯》,四川清音《小放风筝》,京剧《坐宫》《三岔口》《盗仙草》,民乐独奏《凉山风情》《赛马》《阿细欢歌》,舞蹈《酥油飘香》,川剧、木偶绝技“变脸吐火”以及狮舞、龙舞等。还专门举行茶艺表演。糖画、竹编、面塑、泥塑、剪纸、竹雕、木雕、木偶、皮影、民族乐器制作、棕编、花叶画、川剧脸谱、蜀绣等民间工艺展示,现场品尝和介绍的名特色小吃展示,成都灯谜展示,成都市情展示等。2004年1月18日至2月28日(后延至3月中旬),成都大庙会在成都市文化公园举行。庙会期间,成都市专业艺术表演团体、群众文艺表演队伍1000余人参与表演。大庙会期间,在文化公园内设有3个艺术表演舞台,综合艺术表演舞台,由成都市川剧院、成都市京剧团、成都市歌舞剧院滚动演出;杂技表演舞台,由成都市杂技团、成都市文化艺术学校、成都竹岛艺术团滚动演出;儿童剧表演舞台,由成都市木偶皮影艺术剧院、成都话剧院滚动演出。在文化公园其他场地,分别安排“打金章”武术擂台赛、天上的街市“孔明灯”“慈航”茶艺表演、民间工艺展示、彩灯花卉展示、名特小吃展示等活动。

2005年2月6日,2005成都大庙会在武侯祠开庙。该次大庙会突出三国文化和民俗文化特色,增加三国灯展,特邀台湾诗人余光中以及洛夫、犁青、舒婷、林莽、李元洛和本土诗人流沙河举行“武侯海峡诗歌楹联会”,燃放孔明灯,开放“锦里一条街”,开展“扯响簧”“滚铁环”“耍牛牛”

（转陀螺）等民俗风情活动，专业、业余文艺团体在庙会期间开展丰富多彩的演出。

【游喜神方】

游喜神方系成都民俗活动之一。举办地点定在城南武侯祠。2001年1月，成都市恢复该民俗活动，举办"辛巳年新春游喜神方"活动。从此，每年春节期间，成都市均在武侯祠举办丰富多彩的"游喜神方"并形成内容丰富、特色鲜明的民间民俗节庆活动和旅游文化品牌。

【"人日"吟诗会】

成都市人日游草堂的风俗自清代已有，清人何绍基撰联"锦水春风公占却，草堂人日我归来"，即道及此。杜甫草堂于1992年恢复人日游草堂的民俗文化活动并举办诗歌吟唱会，每年一届。吟诗会上，文人学子聚集一堂，吟诗作赋，缅怀千古诗圣，唱吟时代新曲。每届吟诗会有专业文艺团体根据杜诗及古典诗词排演的音乐、舞蹈、朗诵、曲艺等节目献演。2004年"人日吟诗会"上，中央电视台主持人王小丫及一批影视演员古月、刘劲、方青卓等纷纷上台吟诵杜诗，表演节目。2005年的"人日吟诗会"由成都艺术剧院以"诗润草堂"为主题创作大型歌舞综合节目，通过讲解杜诗及杜诗背景、杜甫生平来贯穿诗会，创出新意。根据杜甫诗意创作的单人舞、双人舞、三人舞和川剧、曲艺演唱独具风采。

【区（市）县民俗活动】

1990—2005年，成都市属各区（市）县纷纷因地制宜，恢复举办各具特色的民俗活动。90年代初的地方民俗文化活动文化只是"搭台"，"唱戏"主角是经贸活动。90年代中期，民俗文化活动不再是经贸的配角，开始注重传统民俗文化资源内涵发掘与形式创新；进入21世纪后民俗文化活动注重地方文化品牌塑造、文化与产业融合。主要有以下几种。

双流黄龙溪火龙节。双流黄龙溪火龙灯舞起源于南宋时期。20世纪90年代初恢复举办一年一度火龙节。1996年，黄龙溪被文化部命名为"中国民间艺术（火龙）之乡"。2000年，黄龙溪镇对传统"烧火龙"仪俗、活动内容等进行挖掘、整理，成立火龙队、水龙队以及竞技龙表演队，把过去只在春节期间进行的火龙节扩展为长年表演的舞龙表演。2001年，成立"南狮队"，火龙节表演主题扩展为"金龙银狮"。2005年，"金龙银狮"不仅出现在黄龙溪火龙节，而且应全国各地庆典邀请表演不断。

郫县"望丛赛歌会"。郫县望丛赛歌会由郫县"田歌"发展而来。每年农历端阳节在望丛祠举办。形式为男女对唱，一对一组，传统赛歌曲目有《拜香调》《黄奶娃》等。抗日战争时期中断。1983年恢复举办。1990年，成都市人民政府利用这一盛大歌节举办"成都市首届民歌艺术节"。2004年7月，成都市人民政府又在这里举办"成都文化年'希望的田野'乡土歌手大赛"。内容有传统老山歌演唱、乡土歌手大赛、综合文艺演出、郫县汉代资料文物展、扬雄史迹展、望丛古蜀文化展等。

新津"龙舟会"。新津县属水乡，端午节举办"龙舟会"历史悠久，相沿成习。90年代初，新津"龙舟会"在国内有一定影响，新津县组织的龙舟队多次参加国家及省级龙舟赛获得优异成绩，作为民间竞技体育项目受到国家体委关注。1997年6月7—9日'97中国·新津（宝山杯）龙舟会"得到国家体委支持，在五津镇南河举行。全国各地33支男女龙舟队参赛。龙舟会期间，观众达60余万人次。

龙泉驿洛带镇水龙、火龙节。是洛带古镇客家人传统的民间民俗活动。每年3月为火龙节、7月为水龙节。是日，不仅镇内男女老少出户参与，成都及省内外游客亦多专程前往赶节。2000年恢复举办，尤以7月水龙节热闹非凡，万人泼水娱龙，龙在瀑中劲舞。即收消夏纳凉之效，也领略了独特风情。

彭州“牡丹会”。陆游《天彭牡丹谱》中记载：“牡丹在中州，洛阳为第一，在蜀，天彭，为第一。”宋代起，彭州即成为中国三大牡丹花卉基地之一。天彭牡丹主要集中在丹景山镇的丹景山上，天彭260余个品种、近百万株牡丹依山为园，其中，不乏丹景红、彭州紫、金腰楼、玉重楼、刘师哥等特色牡丹珍品。1985年，彭县(后名彭州市)举办第一届牡丹花会，以花为媒，开展招商引资、加强对外交流。90年代后，花会定期在每年4月、5月牡丹花季举办，各色牡丹依山开放，每天游客达数万人。2000年，更名“中国四川天彭牡丹花艺术节”，节会期间除了观赏牡丹，还可观看、参与各种地方文艺活动。至2005年，连续举办21届。

崇州“风筝节”。崇州金鸡乡早在明末清初，即有不少风筝作坊。20世纪80年代后，金鸡风筝工艺有长足发展，品种繁多、技艺精湛、造型优美、色彩艳丽，并富有浓郁乡土气息和独特风格。每年春天都要举办“风筝节”。1999年，金鸡乡被四川省文化厅命名为“风筝之乡”。2004年春，崇州市在金鸡乡举办国际风筝节。

新都“三月三”。新都马家乡三月三普利寺庙会源于明末，也称为“娘娘会”。庙会最热闹的活动是“抢童子”。1949年后，这一庙会活动曾一度中断。1987年，乡政府因势利导，恢复了“三月三”这一民间传统节俗活动。1990年后，每年的“三月三”庙会增加全县山歌民歌大会唱及更多的民俗传统活动和以文为媒、文经结合的大型文化物资交流会。至2005年，新都“三月三”不仅成为当地居民重要的民间传统节俗活动，也吸引省内外旅客到此休闲旅游。

大邑安仁古镇文化周。2003年起，大邑县人民政府每年在安仁镇主办“安仁古镇文化周”活动。活动期间，有“八仙游安仁”“抬大花轿”“推鸡公车”“龙灯”“狮灯”以及“千人化装街头行进”等川西民间风俗展示。至2005年，安仁古镇文化周不仅成为古镇文化展示周，而且成为该镇旅游业创收的“黄金周”。

龙泉驿柏合镇草编节。清光绪年间，龙泉柏合镇草编成为朝廷贡品，遐迩闻名，当地的草编专卖市场至民国期间仍十分兴旺。20世纪80年代以后，在文化部门指导下，柏合草编将编织技艺与艺术追求相结合，其草编作品不仅保持实用性，更具有艺术性、时尚性，广受人们欢迎。一年一度的龙泉驿柏合镇草编节从2000年起兴办。

邛崃固驿春台会。邛崃市固驿镇自明代万历年间起，每年农历2月14—27日在台子坝公演川剧10本及其他酬神活动，称春台会。1990年，固驿镇春台会注入新的内容，有龙灯、牛灯、幺妹灯、霸王鞭等街头表演，有电影、川剧、马戏、杂技、曲艺、卡拉OK、乒乓球、篮球、象棋、书画等文娱体育活动。还有农业技术、计划生育、法律法规等宣传活动。至2005年，一年一度的固驿镇春台会已成为邛崃市民俗文化品牌和乡村旅游热点。

【特色文化乡镇】

20世纪90年代初，成都市大力推动民间艺术发掘整理、研究和保护工作。至2005年，成都市有文化部命名的民间艺术之乡6个、四川省文化厅命名的民间艺术(特色文化)之乡10个、成都市文化局命名的特色文化之乡28个。同时，有4个非物质文化遗产项目进入国家级申报名单，有41个非物质文化遗产项目列为省市级申报名录。

1993—2003年成都市获文化部命名的民间艺术之乡一览表

表5-141

单位	称号	年份	级别	命名单位
锦江区	中国民间艺术(民间糖画)之乡	1993	国家级	文化部
崇州道明镇	中国民间艺术(竹编)之乡	1995	国家级	文化部
双流黄龙溪镇	中国民间艺术(火龙)之乡	1995	国家级	文化部
大邑王泗镇	中国民间艺术(风筝)之乡	2000	国家级	文化部
彭州隆丰镇	中国民间艺术(川剧)之乡	2000	国家级	文化部
金牛区洞子口乡	中国民间艺术(摄影)之乡	2003	国家级	文化部

1995—2004年成都市获省文化厅命名的民间艺术(特色文化)之乡一览表

表5-142

单位	称号	年份	级别	命名单位
彭州市桂花镇	西蜀陶艺之乡	2004	省级	四川省文化厅
双流县中和镇	连箫艺术之乡	2004	省级	四川省文化厅
龙泉驿区柏和镇	草编艺术之乡	2004	省级	四川省文化厅
都江堰市聚源镇	竹雕艺术之乡	2004	省级	四川省文化厅
龙泉驿区洛带镇	客家水龙艺术之乡	2004	省级	四川省文化厅
崇州市怀远镇	书画之乡	2004	省级	四川省文化厅
青羊区苏坡乡	书画之乡	2004	省级	四川省文化厅
彭州市敖平镇	风筝制作艺术之乡	2004	省级	四川省文化厅
新都区大丰镇	书画之乡	2004	省级	四川省文化厅
新都区斑竹园镇	书画之乡	2004	省级	四川省文化厅

1995—2004 年成都市文化局命名的特色文化之乡一览表

表 5-143

单位	称号	年份	级别	命名单位
双流县中和镇	莲萧之乡	1995(首批)	市级	成都市文化局
彭州市隆丰镇	川剧之乡	1995(首批)	市级	成都市文化局
青羊区苏坡乡	书画之乡	1995(首批)	市级	成都市文化局
新都县大丰镇	楹联之乡	1995(首批)	市级	成都市文化局
邛崃市夹关镇	高跷之乡	1995(首批)	市级	成都市文化局
成华区龙潭乡	小金龙之乡	1995(首批)	市级	成都市文化局
郫县	民歌之乡	1995(首批)	市级	成都市文化局
彭州市敖平镇	风筝之乡	1995(首批)	市级	成都市文化局
新津县五津镇	灯谜之乡	1995(首批)	市级	成都市文化局
武侯区桂溪乡	歌咏之乡	1995(首批)	市级	成都市文化局
大邑县董场镇	灯艺之乡	1995(首批)	市级	成都市文化局
蒲江县天华乡	高足狮子之乡	1995(首批)	市级	成都市文化局
金堂县青江镇	川剧座唱之乡	1995(首批)	市级	成都市文化局
双流县黄龙溪镇	火龙之乡	1995(首批)	市级	成都市文化局
锦江区	糖画之乡	1995(首批)	市级	成都市文化局
崇州市道明镇	竹编之乡	1995(首批)	市级	成都市文化局
双流县彭镇	狮灯之乡	1998(二批)	市级	成都市文化局
双流县永安镇	歌咏之乡	1998(二批)	市级	成都市文化局
双流县三星乡	楹联之乡	1998(二批)	市级	成都市文化局
金牛区洞子口乡	摄影之乡	1998(二批)	市级	成都市文化局
高新区石羊乡	高跷之乡	1998(二批)	市级	成都市文化局
温江区万春镇	河灯之乡	1998(二批)	市级	成都市文化局
大邑县王泗镇	风筝之乡	1998(二批)	市级	成都市文化局
龙泉驿区洛带镇	客家文化之乡	2004(三批)	市级	成都市文化局
龙泉驿区柏合镇	草编艺术之乡	2004(三批)	市级	成都市文化局
青白江区福洪乡	地毯编织艺术之乡	2004(三批)	市级	成都市文化局
新都区斑竹园镇	书画之乡	2004(三批)	市级	成都市文化局
温江区永宁镇	民间武术之乡	2004(三批)	市级	成都市文化局

文化事业

综述

20 世纪 90 年代以来，成都的图书馆、文化馆、博物馆、美术馆、档案馆等各类文化事业显著发展；考古和文物保护工作取得突出成绩；电影院、剧场、文化活动广场等基础设施建设不断加强。

图书馆

【概况】

1990 年，成都市范围内有公共图书馆 16 个，其中有省级馆 1 个、市级馆 1 个、区（市）馆 5 个、县馆 9 个，共计藏书 516 万册；有科研、教育及工会系统图书馆 2000 余个，其中，收藏文献在 100 万册以上的近 10 个，全市图书馆事业初具规模。中共十四届六中全会后，图书馆事业进一步发展。1990—2005 年，成都新成立 5 个区（市）县图书馆，实现县县有图书馆的目标；成都图书馆新馆建成，年度事业经费从 1990 年的数 10 万元增至 1000 余万元，改变长期设施简陋、经费匮乏的落后面貌；各区（市）县图书馆办馆条件有不同程度改善，文献服务质量明显提高；科研、高校系统图书馆现代化程度有很大进步，文献保障能力与科研水平得极大提高。这一时期，成都涌现出一批街道社区图书室，群众看书学习更加方便。截至 2005 年底，全市有各类图书馆（室）3000 余个，其中公共图书馆 21 个、大专院校图书馆 38 个、科研图书馆（室）500 余个、社区图书室 400 余个。

【四川省图书馆】

四川省图书馆位于成都市总府路 6 号，为四川省文化厅直属事业单位，省级综合图书馆，全省图书馆学研究和交流中心。四川省图书馆馆舍建筑面积 1.6 万平方米，馆内设办公室、采访部、编目部、地方文献资料部、阅览部、期刊部、特藏部、辅导部、文献研究室、书目参考咨询部、自动化研究发展部、文化信息中心、人事科、财务科、行政科、老干科、保卫科、经营管理科，共 18 个部门。2003 年，文化部授予该馆“全国文化先进单位”称号。至 2005 年底，馆藏文献总量 430 万册（件）。其中，普通图书 285.48 万册，古籍 62.62 万册，善本 6.07 万册，报刊合订本 74.45 万册，视听文献 1.06 万件，缩微制品 3151 件及其他文献。同时，拥有 20 余个数据库。初步建立与四川省社会发展和经济建设相适应的馆藏文献体系。四川省图书馆的特色馆藏为四川地方志书、历代文学诗词集、中国古医药图书、抗战版文献、民国时期期刊、“文化大革命”资料、国外原版大型综合型和基础科学工具书及普通图书。其中，隋唐手写经卷、历代刻本、宋元明清名家重要诗词集、历代四川珍稀地方志书、中国古代医书、近代文化名人手稿、民国版和抗战版图书约有 70 万册，皆为馆藏中的珍贵典籍。

【成都图书馆】

成都图书馆位于成都市青羊区文翁路98号,始建于1912年,时称四川图书馆。1953年3月,更名为成都市图书馆。1991年,成都图书馆有馆舍2处,即半边桥北街31号馆区和上南大街28号书库,总建筑面积5200平方米,馆藏图书122.13万册。1993年,完成半边桥北街馆区改建工程,馆舍总建筑面积增至6600平方米。1999年11月,上南大街28号土地被征用,书库被拆除。2000年12月,成都市人民政府投资1.14亿元在原成都师范学校旧址动工修建新馆,建筑设计面积2万平方米。2003年10月1日,新馆建成对外开放,并正式更名为成都图书馆。隶属成都市文化局,是国家兴办的综合性公共图书馆。馆舍占地10亩,建筑面积2.20万平方米,是成都市重要的精神文明建设阵地和公共文化服务窗口。2004年被文化部授予"国家二级图书馆"称号;同年12月,被成都市人民政府命名为成都市科普场馆。至2005年底,成都图书馆馆藏图书143.21万册,馆设办公室、人事部、财务部、业务辅导部、采编部、图书借阅部、报刊资料部、参考咨询部、地方文献部、自动化管理部、产业部和物业管理部,共12个部门,共有编制内外工作人员125人。

成都图书馆

【区(市)县图书馆】

成都市区(市)县公共图书馆是各区(市)县政府兴办的公益性事业单位。

1998年全国第二次县级公共图书馆评估定级,全市14个区(市)县图书馆参与评估。共有馆舍建筑面积2.16万平方米,阅览室席位1817个,计算机18台。年补助经费268.7万元,年新增藏量购置费89.82万元。文献总藏量117万册(件)。在职员工190人,其中大专以上学历114人、中级职称35人、初级职称82人。评出一级馆2个,二级馆7个,三级馆2个,未定等级馆3个。2004年全国第三次县级公共图书馆评估定级,全市区(市)县级图书馆被评估数增至17个。共有馆舍建筑面积3.86万平方米,阅览座席4725个,计算机537台,年补助经费619万元;年新增藏量购置费590万元,总藏量211.32万册(件)。评出一级馆3个,二级馆9个,三级馆2个,未定等级馆3个。至2005年底,全市共有19个区(市)县公共图书馆。其中,金牛区图书馆建馆最早,始建于20世纪50年代,初始名"成都市郊区图书馆",2004年被评为国家一级图书馆;成华区图书馆面积最大,2004年7月新馆建成投用,图书馆总面积4000平方米;新都区图书馆在1999年、2004年均被评为国家一级图书馆。

1990—2005年成都市区(市)县图书馆基本情况表

表5-144

馆名	地址	概况
锦江区图书馆	青石桥横丁字街新45号	锦江区图书馆建于1960年。2004年被评定为国家二级图书馆。馆藏24.9万册
青羊区图书馆	鼓楼北3街2号	青羊区图书馆建馆于1960年,建筑面积2500平方米。1998年和2004年均被评定为国家二级图书馆。2005年底,有馆藏17万册

续表

馆名	地址	概况
金牛区图书馆	营兴街 110 号	金牛区图书馆前身为成都市郊区图书馆，始建于 20 世纪 50 年代初。2005 年被评为国家一级图书馆，馆藏 12.5 万册
武侯区图书馆	高升桥东路 1 号	武侯区图书馆 2004 年 8 月正式开馆，同年 9 月被评定为国家二级图书馆。馆舍面积 2000 平方米，馆藏图书 12 万余册
成华区图书馆	双林路 55 号	成华区图书馆 2004 年 7 月建成，图书馆总面积 4000 平方米。馆藏中文图书 16 万余册。2005 年 6 月被评定为国家一级图书馆
龙泉驿区图书馆	龙泉街道沿山路二段 86 号	龙泉驿区图书馆 2003 年被评为国家二级图书馆。至 2005 年，馆藏 10.95 万册，地方文献 102 种 217 册。地方文献以地方志、中医药、民国文献等藏书为特色
青白江区图书馆	政府中路 80 号	青白江区图书馆 2002 年搬迁至此。图书馆面积 2615 平方米。至 2005 年馆藏 11.2 万册。2004 年被评为国家三级馆
新都区图书馆	公园路 6 号	新都区图书馆建筑面积 1850.56 平方米，馆藏图书 16.42 万册。1999 年和 2004 年均被评为国家一级图书馆
温江区图书馆	成都行政学院内	温江区图书馆馆舍面积 1500 平方米。2004 年 7 月被评定为国家二级图书馆。2005 年馆藏 11 万余册
都江堰市图书馆	公园路 6 号	都江堰市图书馆（原灌县图书馆）始建于 1965 年 8 月。1998 年和 2005 年均被评为二级馆。至 2005 年，馆藏 12.5 万册
彭州市图书馆	东街 43 号	彭州市图书馆始建于 1960 年，建筑面积 2072 平方米。1998 年和 2004 年均被评为国家二级馆。截至 2005 年藏书 12 万册
崇州市图书馆	蜀州北路 261 号	2000 年 12 月新馆落成并开放，馆舍面积 1500 平方米。截至 2005 年馆藏 68713 册。2004 年 10 月被评为国家三级图书馆
邛崃市图书馆	东兴大道 28 号	邛崃市图书馆 1996 年 12 月正式建成并成立。2005 年 12 月，馆藏 8 万册，藏书以社会科学类为主，并藏有四库全书以及《宛委别藏》一套计 1500 册
金堂县图书馆	金堂县文化馆内	金堂县图书馆面积约 200 平方米，馆藏 4 万册。2005 年动工修建新馆
双流县图书馆	棠湖西路一段 34 号	双流县图书馆 1998 年和 2004 年均被评为国家二级图书馆。馆舍建筑面积 1256 平方米。至 2005 年，馆藏 9 万册
郫县图书馆	郫筒镇望丛西路 665 号	郫县图书馆 1988 年 10 月建成开馆；1998 年被评为国家三级图书馆。至 2005 年，馆藏 6.8 万册
蒲江县图书馆	鹤山镇文体广场	蒲江县图书馆 2002 年 11 月新馆建成并开放（此前该馆为县文化馆下属图书室）。至 2005 年，馆藏 6 万余册
新津县图书馆	五津北路 141 号	新津县图书馆 2005 年 1 月 6 日建成并正式对读者开放。馆舍面积 1650 平方米。至 2005 年底，馆藏 4 万余册
大邑县图书馆	大邑县晋原镇滨河路中段 117 号，县艺术宫二楼	大邑县图书馆 1998 年被文化部评为二级馆。至 2005 年，馆藏 10.56 万册

文化艺术馆

【概况】

1990—2005年,成都市绘画、雕塑等艺术创作活跃,书画市场日趋繁荣,美术机构及美术展馆亦有发展。各家美术单位人才济济,致力创作,涌现出不少优秀作品,举办众多各类画作展览。绘画方面,1990—2005年,成都画院先后为国内外画展选送作品上千幅,配合市委宣传部、市文化局等举办成都油画大展、天府百人中国画油画世纪展等大型展览。雕塑方面,1990年,成都城市雕塑院完成第十一届亚运会大型室外雕塑作品《虹》的设计创作;1997年四川雕塑艺术院完成大型艺术立屏《蜀港同庆》的制作,该立屏系四川省赠送香港特别行政区政府成立的礼品。场馆设施建设与艺展方面,1992年5月,四川省美术馆成立,当年举办美术展14次;1994年11月,四川省诗书画院举办建院十周年美术书法展;1995年,成都美术厅举办美术展览9次;1998年成都上河美术馆成立;1999年,成都现代艺术馆建成,同年12月31日,成都市人民政府在该馆主办"世纪之门"1949—1999中国艺术邀请展;2005年,四川大学美术馆落成。

【四川省文化馆】

省级文化事业单位。原名四川省群众艺术馆。2002年11月,更名为四川省文化馆。2005年,馆舍占地近12亩,房屋建筑面积9000多平方米。馆内机构设有音乐、舞蹈、美术、摄影、戏剧、曲艺工作室,以及《处女地》编辑部、《抒情歌曲选》编辑部、《四川文化》编辑部、影视创作中心等。主要部(室)有行政办公室、党总支委员会办公室、经营计财部、物管保卫部、文艺培训部、音乐·舞蹈活动部、戏剧·曲艺活动部、理论信息部、美术·摄影部、文艺创作部。

【成都市群众艺术馆】

成都市群众艺术馆于1957年6月成立,位于总府路18号,2004年迁址草堂路17号,占地面积23.5亩,建筑面积为6512平方米。2005年,成都市群众艺术馆下设有8部1室,分别为办公室、基层文化工作部、文化活动工作部、文艺辅导培训部、调研信息部、人事部、财务部、非遗项目保护部、非遗活动工作部;下属7个学(协)会、5支团队。社区艺术节、蓉城"十佳"少儿艺术新苗大赛、新创歌曲比赛、老年艺术节已成为成都市群众文化特色品牌。辅导培训达数十万人次,培训辅导的学员参加国际、国内各项大赛频频获奖。群众艺术馆每年还向大中专院校和基础教育学校输送大量的优秀文艺特长生,是"成都市少儿十佳新苗"培训基地和省、市艺术类考级培训基地。

档案馆

【概况】

1990—2005年,成都市档案事业稳步发展。成都市档案馆与温江地区档案馆分别为"成都市第一档案馆"和"成都市第二档案馆"。1992年,两馆合并,迁至城西新馆,馆名恢复为"成都市档案馆"。90年代初,成都市档案馆新馆在建设中,位于龙泉驿区的老馆在做档案整理搬迁准备,未对公众开放服务。1992年,位于清江路的成都市档案馆新馆落成,办馆条件从根本上改善。成都各区(市)县均设有档案馆。至2005年,成都范围内有省、市及区(市)县属综合档案馆21个,共收藏清代、民国时期和成都解放至2005年间的档案全宗4100余个270余万卷。各馆注重发挥档案资源的作用，按国家规定向社会开放大批馆藏档案，服务于地方社会发展和经济建设，方便人民群众获取档案信息。成都市档案馆还经常举办公益展览、彰显成都悠久历史，进行爱国主义教育，取得很好社会效益。

【四川省档案馆（院）】

四川省档案馆，1966年4月开馆于雅安，1988年6月迁回成都。位于成都市花牌坊街191号，馆舍占地25亩，建筑面积2.02万平方米，是省级综合档案馆、省人民政府直属事业单位，国家一级档案馆。1996年与省档案局合并，一个机构、两块牌子，履行档案保管、使用和全省档案事业行政管理两种职能。至2005年年底，四川省档案馆有工作人员160人，其中，具有高级专业技术职称27人；内设14个处室，主要业务部门有档案接收整理处、档案保管处、档案利用处、档案编辑研究处、档案保护技术处、电子计算机管理处等；下属单位4个，分别为四川省档案科学技术研究所、四川省档案学校、四川档案杂志社、四川省档案干部培训中心。馆藏卷宗879个、凡126万卷，另有资料近10万册。保存档案大致分为清代档案、民国档案、革命历史档案和解放后档案四部分。其中，馆藏清代巴县地方政权档案11.3万卷，上自康熙九年（1670年）、下迄宣统三年（1911年），是中国综合档案馆中保存数量最多的清代县级地方政权档案；馆藏民国档案45万卷；馆藏革命历史档案中，有中共四川地下组织及其活动的材料，川陕苏区和红军长征经过四川有关材料，还有四川地下党组织和川陕苏区的一些机关出版物。已分类整理出缩微档案画幅累计6297万个，制成缩微胶片6137盘，拷贝3004盘。该馆着力开发档案资源和开展档案公众服务，先后编辑出版《四川省档案馆馆藏档案概述》《四川保路运动档案选编》《四川教案与义和拳档案》《国民党军追堵红军长征档案史料选编(四川部分)》《川陕苏区报刊资料选编》《四川工人运动史料选编》《清代乾嘉道巴县档案选编》《近代康区档案资料选编》等；与中央档案馆合作编印14集《四川革命历史文件汇集》，计有1000余万字。共向社会开放档案620个全宗71.13万卷(其中中华人民共和国成立前档案235个全宗51.16万卷，中华人民共和国成立后档案385个全宗19.96万卷)。馆内设展览厅2个，常年布设专题汇编展出。

【成都市档案馆】

成都市档案馆位于成都市清江东路280号，系国家一级档案馆，市府直属的局级科学文化事业单位，市级综合档案馆，爱国主义教育基地和档案利用中心。

1983年，温江地区并入成都市后，成都市档案馆与温江地区档案馆分别为“成都市第一档案馆”和“成都市第二档案馆”。1992年，两馆合并，迁至清江东路新馆，馆名恢复为“成都市档案馆”。1997年与市档案局合并，实行局馆合一体制，一个机构、两块牌子。成都市档案馆占地面积18.75亩，馆舍建筑面积1.64万平方米。馆藏档案主要分为清代档案、民国档案和中华人民共和国成立后档案三部分，共53万卷(册)7万件，资料3万余册。其中，清代档案500余件，年代最早者为清雍正九年（1731年）的土地契约；民国档案134个，全宗凡15.33万卷；中华人民共和国成立后文书档案共306个全宗34万册(件)。馆藏还有缩微胶片、录音、录像、影片、照片、实物等各种载体档案文献，较为珍贵的档案资料有明正德、嘉靖年间的史志和明末仿制的薛涛笺,清乾隆、嘉庆年间的《蜀故》《蜀典》,巴金的手稿、日记和照片,四川省第一份宣传马列主义的报纸《人声报》等。2004年,门户网站建成并投入试运行,方便市民群众在线检索公开现行文件、档案案卷及文件目录,档案服务功能得到延伸。至2005年底,成都市档案馆依托馆藏资源,先后举办"成都市纪念抗日战争胜利50周年展览""纪念红军长征胜利六十周年展览""成都之最展览""成都市外事礼品展""成都市票证展""老成都档案资料展"等。

【区(市)县档案馆】

1990年,全市共有区(市)县档案馆19个,皆系综合档案馆,均为当地政府直属的科学文化事业单位,全部实行局馆合一体制。共收藏档案全宗2791个97.75万卷。

成都市锦江区档案馆。1975年12月成立,原名成都市东城区档案馆,1990年随成都市区划调整更名。位于成都市点将台东二巷8号。馆舍建筑面积1760平方米;馆藏档案全宗96个,凡6.37万卷,重点为城建档案、民国档案、婚姻档案。

成都市青羊区档案馆。位于成都市江汉路222号。保存档案全宗98个,凡5.3万卷。

成都市金牛区档案馆。1979年成立,位于成都市沙湾路65号,馆舍面积3660平方米,馆藏档案全宗130个,凡5.63万卷,其中民国档案512卷。

成都市武侯区档案馆。1991年4月19日成立,位于成都市高升桥东路16号。馆舍建筑面积720平方米,保存有各种档案9260卷。

成都市成华区档案馆。1991年5月2日成立,位于成都市一环路东三段148号区政府大楼13层。馆舍面积260平方米。馆藏档案全宗69个,凡1.12万卷。

成都市龙泉驿区档案馆。1979年成立,位于成都市龙泉驿区龙泉镇东街79号区政府院内馆舍建筑面积766平方米。保存有清乾隆时期、民国时期至中华人民共和国成立以来的各类文书档案及资料为6.2余万卷(册),其中藏有客家家族谱67本,是研究客家文化和客家人变迁的重要资料。

成都市青白江区档案馆。1979年4月11日成立,1985年建成新馆舍,建筑面积999.9平方米、占地2.2亩。位于成都市青白江区青江中路181号。保存档案全宗137个,凡3.88万卷。

成都市新都区档案馆。1959年成立,原名新都县档案馆。2003年,随着撤县建区更名。位于成都市新都区新都镇下南街35号。馆舍建筑面积954平方米,保存档案全宗204个,凡6.08万卷,馆藏中有反映吴王夫差、唐王李世民、亚圣曾子、明末状元杨升庵等人家世的家族谱本,共计18个姓氏。

成都市温江区档案馆。1959年11月成立,原名温江县档案馆,2002年5月随撤县建区更名。位于成都市温江区118号。馆舍建筑面积906平方米,共有全宗162个,凡4.56万卷,馆藏最早档案资料为清道光十二年(1832年)的一份田地房屋契约。馆藏温江农业状况案卷较为完整,颇具特色。

双流县档案馆。1962年成立,位于双流县东升镇顺城街1号县政府大院内。馆舍,建筑面积1100平方米,保存档案全宗183个,凡8.62万卷。

郫县档案馆。1959年11月21日成立,位于郫县郫筒镇政府路21号。馆舍建筑面积792平方米。保存有从清同治八年(1869年)起到2002年止的各类档案全宗128个,凡5.94万卷(册、盒)。

新津县档案馆。1963年正式成立,2001年建成新馆舍,位于新津县五津北路110号,建筑面积1380平方米。馆内保存档案全宗214个，凡8.54万卷。

都江堰市档案馆。1959年11月24日成立，原名灌县档案馆，1988年随撤县建市更名。位于四川省都江堰市瑞莲街6号市政府院内。该馆档案库房面积1903平方米，保存档案全宗234个，凡6.86万卷。馆藏中有清代至民国时期档案，最古老的档案系清嘉庆十一年（1806年）的皇帝圣旨和嘉庆十四年的契约。馆藏有中华人民共和国成立后党和国家领导人、国外元首、国内外知名人士在都江堰市的珍贵照片等。

彭州市档案馆。1959年11月成立，原名彭县档案馆，后随撤县建市更名。位于彭州市小南街33号有库房使用面积330平方米。保存档案全宗187个，凡4.5万卷。

邛崃市档案馆。1959年4月6日成立，原名邛崃县档案资料馆，1994年随撤县建市更名，位于四川省邛崃市临邛镇南街99号，馆舍建筑面积600余平方米，库房面积505平方米。保存档案全宗183个，凡5.56万卷（册）。

崇州市档案馆。1959年12月成立，原名崇庆县档案馆，1994年随撤县建市更名。位于四川省崇州市三元街1号。馆舍建筑面积4148平方米，占地1200平方米。保存档案全宗133个，凡4.1万卷。

金堂县档案馆。1959年4月9日成立，位于金堂县三中园区十里大道县政府大楼二层。馆舍建筑面积1060平方米。保存有档案全宗198个，凡6.58万卷。馆藏中有清嘉庆至光绪年间的地契，民国档案中有成都解放前国民党组织迫害杜可、刘仲宣（成都十二桥革命烈士）等共产党员的审判材料。

大邑县档案馆。1959年11月14日成立。无无正式馆舍，临时办公地点位于大邑县体育场东路76号，建筑面积580平方米。保存档案全宗213个，凡5.12万卷。

蒲江县档案馆。位于蒲江县鹤山镇大北街25号。保存档案全宗100个，凡4.37万卷。

博物馆（院）

【概况】

成都文物古迹和历代名人众多，博物馆事业源远流长，博物馆藏资源丰富、特色鲜明。四川大学博物馆（建于1914年，前身系华西协合大学古物博物馆）是成都地区最早建立的博物馆，馆藏文物4万余件。四川省博物馆（建于1941年）是全省馆藏资源最丰富的博物馆，馆藏文物共有15万件。西南民族大学博物馆是中华人民共和国成立后最早建立的民族博物馆之一。成都武侯祠集纪念馆、博物馆于一体，在海内外有较大影响。20世纪80年代末，成都市地域内正式建立的博物馆、纪念馆、陈列馆有10余个。1990年后，成都市委、市政府进一步重视文化事业发展，全市博物馆事业快速发展。特别是随着十二桥遗址、古蜀船棺遗址、金沙遗址等重大考古发现，直接推动博物馆工程的立项与修建。获准建设和新建成的博物馆数量增长显著。与此同时，民间博物馆大量出现，其中建川博物馆聚落最为著名。2004年，《成都市人民政府关于加快发展成都市文博事业的意见》颁发，进一步推动全市博物馆事业的发展壮大。至2005年底，成都市辖区内共有各类博物馆54个，其中，国家兴办的博物馆22个、纪念馆2个，民间博物馆及私人陈列馆（室）30家。是国内拥有博物馆较多的城市之一。

2005 年成都市国有博物馆一览表

表 5-145

博物馆名称	地址	类别	备注
成都博物院	成都市蜀都大道十二桥路 18 号	综合	
成都博物馆	成都市通惠门路 25 号	综合	馆舍待建
成都金沙遗址博物馆	成都市金沙遗址路 2 号	遗址专题	
成都古蜀船棺遗址博物馆	成都市商业街 56 号	遗址专题	筹建
成都隋唐窑址博物馆	成都市一环路西二段 31 号	瓷器专题	
成都中国皮影博物馆	成都市通惠门路 25 号	皮影专题	筹建
成都武侯祠博物馆	成都市武侯祠大街 231—235 号	纪念专题	
成都杜甫草堂博物馆	成都市青华路 38 号	纪念专题	
成都永陵博物馆	成都市永陵路 10 号	陵寝文化	
成都川剧艺术博物馆	成都市华兴正街 54 号	戏剧专题	
龙泉驿区博物馆	成都市龙泉驿区洛带镇	综　合	
成都明蜀王陵博物馆	成都市龙泉驿区十陵镇大梁村	陵寝文化	
四川客家博物馆	成都市龙泉驿区洛带镇	民俗文化	
新都杨升庵祠博物馆	成都市新都区桂湖中路 52 号	纪念专题	
郫县望丛博物馆	成都市郫县望丛中路 5 号	纪念专题	
大邑刘氏庄园博物馆	成都市大邑县安仁镇	历史专题	
彭州市博物馆	成都市彭州西干道西段	综合	
四川省博物馆	成都市浣花溪畔青华路口	综合	馆舍在建
四川大学博物馆	成都市武侯区望江路 29 号	综合	
成都中医药大学医史博物馆	成都市十二桥街 37 号	中医专题	
成都理工大学博物馆	成都市二仙桥东街三路 1 号	自然专题	
西南民族大学博物馆	成都市一环路南段 16 号	民族专题	

2005 年成都市纪念馆一览表

表 5-146

纪念馆名称	地址	类别
王小波李顺纪念馆	都江堰市青城后山	纪念专题
彭大将军专祠纪念馆	成都市青白江区城厢镇	纪念专题

2005年成都市民间博物馆(含筹建)一览表

表5-147

博物馆名称	地址	类别	备注
拉法基瑞安金凤窑博物馆	都江堰市金凤乡拉法基水泥厂	考古专题	
成都中药博物馆(筹)	成都市高新西区迪康大道一号	中药专题	
成都天仁石刻艺术博物馆	成都市三洞桥天仁宾馆	石刻专题	
成都财富古代雕刻艺术博物馆	郫县犀浦镇泰山大道世界乐园	石刻专题	
成都乌木艺术博物馆	成都市光华大道蔡桥村	乌木专题	
赵树同艺术收藏博物馆	成都市通惠路25号4楼	民俗专题	
四川建川博物馆聚落	大邑县安仁镇安仁村三组	抗战专题	
成都顺达博物馆	成都市武侯区永丰乡太平村	瓷器专题	
成都帮荣古陶瓷博物馆	大邑县晋原镇五斗街102号	陶瓷专题	
成都易园园林艺术博物馆	成都市金牛区金泉路8号	园林专题	
成都华西昆虫博物馆	成都市武阳大道一段8号城市别墅D—3栋	自然专题	
成都川菜博物馆	成都市郫县古城镇	饮食文化	
成都巴蜀汉陶艺术博物馆	都江堰市青城山省村	陶器专题	
成都梦缘博物馆	成都市武侯区簇桥乡高碑村	木雕艺术	
四川原道文化博物馆	成都市高新区天朗路5号	宗教文化	
成都蜀星郫县豆瓣文化博物馆	郫县城灌西路199号	饮食文化	
成都蜀江博物馆	新津县永商镇望江村	综合	
成都东郊工业文明博物馆	成都市建设南支路一号	工业专题	
四川泰来古代艺术博物馆	成都市桐梓林中国酒城D座	综合	
成都花雨实业有限公司三都博物馆	双流县华阳迎宾大道38号	综合	筹建
四川鹿野苑私立石刻艺术博物馆	郫县新民场镇云桥村六社	佛教专题	
成都蜀锦织绣博物馆	成都市浣花南路268号	工艺专题	筹建
成都慧园博物馆	成都市百花潭公园内	纪念专题	
成都蜀绣博物馆	成都市浣花南路9号(临时)	工艺专题	筹建
成都许燎源现代设计艺术博物馆	成都市锦江区红砂村联合三组	艺术专题	筹建
成都华通博物馆	成都市高新区天府大道科技孵化园9号楼A座	综合	

2005 年成都市民间陈列馆一览表

表 5-148

陈列馆名称	地址	类别
成都泽润钟表陈列馆	成都市陕西街 31 号	钟表专题
王安廷家庭像章陈列馆	成都市青羊区五福街 23 号	像章专题
成都京川蜀汉文物陈列馆	成都市一环路西一段 144 号(京川宾馆内)	历史专题

【四川博物馆(院)】

四川省博物馆始建于 1941 年，馆址在郫县东岳庙。1949 年改名为“川西人民博物馆”,地址位于皇城市中心皇城明远楼。1950 年迁至人民公园内,更名川西博物馆。1952 年,定名为四川省博物馆。1965 年起,迁至成都人民南路四段,至 2002 年 7 月，四川省博物馆老馆闭馆。2004 年 12 月 30 日,四川省博物馆新馆建设在浣花风景名胜区破土动工。于 2009 年建成并正式更名为四川博物院。占地 88 亩,拥有 10 个常设展览及 4 个临时展厅 14 个展厅，总面积 12000 平方米;有院藏文物 26 万余件,其中有张大千画作、巴蜀青铜器、汉代陶石艺术、万佛寺石刻造像等珍贵文物 5 万余件;拥有专职、兼职研究员 30 余人,先后研究出版《四川博物院藏〈格萨尔〉唐卡研究》《四川出土南朝佛教造像研究》《馆藏书画精品集》等学术著作。是西南地区最大的综合性博物馆,在全国公共博物馆中占有重要地位。

【成都博物馆】

成都博物馆创立于 1958 年,1984 年 10 月 1 日正式开馆于成都市大慈寺。2003 年 11 月搬迁至成都市十二桥路 18 号。馆收藏有青铜器、金银器、画像砖、石刻、陶瓷、书画、家具等各类文物数万件。其中尤以巴蜀青铜器、东汉画像砖、南朝石刻、成汉陶俑、青羊宫系陶瓷最为著名。1990—2005 年的 16 年间,成都博物馆作为成都市政府宣传文明成就和发展水平的重要窗口,先后成功举办“成都简史(古代部分)陈列”“成都汉代画像砖石陈列”“红四方面军在四川文物图片展览”“纪念抗日战争胜利四十周年展”“纪念辛亥革命暨四川保路运动八十周年展”“南方丝绸之路展”“鲁迅生平展”“西南少数民族服饰展”“清代宫廷文物精品展”“秦始皇兵马俑展”“清皇室书画艺术展”等重大展览;共计接待海内外游客 200 余万人次。作为成都市对外开放、文化交流的重要组成部分,先后参加美国旧金山“四川省赴美文物展览”、比利时马林市“中国成都造型艺术展”、奥地利林茨市“中国成都宣传展”、意大利佛罗伦萨“第 58 届世界手工艺品博览会”等重要展览。作为成都地区历史、文博研究的重要阵地之一,先后参与清理成都市郊古人类文化遗迹数千处,十二桥商代建筑遗址、指挥街遗址、方池街遗址、凤凰山西汉木椁墓、曾家包东汉画像砖石墓、青羊宫隋唐窑址、五代孟知祥墓、明蜀僖王陵等发现和研究等。编辑出版有《成都汉代画像砖(石)资料选集》《华西考古研究（一)》《成都文物考古研究》《成都古代史略》《成都市博物馆四十年》《成都地区文物考古文献目录》《广艺舟双辑注释》等研究性著作。

【成都武侯祠博物馆】

成都武侯祠博物馆于1984年依托武侯祠正式建馆，是全世界影响最大的三国遗迹博物馆。博物馆占地210亩，分为文物区、园林区和锦里三部分。文物区占地50余亩，主要由武侯祠、惠陵、汉昭烈庙、三义庙等组成，供奉刘备、诸葛亮等蜀汉人物塑像50尊；收藏有唐代以后关于诸葛亮和三国文化的碑刻50余通，清代以后的匾额、楹联70余块。其中，以唐“三绝碑”，清“攻心”联最为著名。此外收藏有钟、鼓、鼎等古文物及字画数千件，三国文化典籍数万册。园林区位于武侯祠西侧，原为成都市南郊公园，占地130余亩，园内有刘湘墓建筑群，为西南地区唯一的北方陵园传统官式建筑群。

1990—2005年，成都武侯祠博物馆以三国文化为依托，主办或承办多次与三国相关的学术会议和学术活动；出版有关武侯祠和三国文化的书籍24部，发表诸葛亮与三国史研究、三国文化研究等方面的论文和学术性文章137篇（83万字）；陆续举行成都武侯祠建庙1780年纪念活动、’2004成都三国文化节、’2005成都大庙会、“游喜神方”民俗活动等各类大型文化活动；逐步推出“三国文化陈列”“三国历史陈列”“武侯祠文博工作50年成就展”等陈列展览。2002年底至2003年初在韩国汉城举办为期80天的“三国志英雄展”。16年间，武侯祠博物馆共接待中外游客逾3000万人。

【成都永陵博物馆】

成都永陵博物馆位于成都市金牛区永陵路10号。永陵为中国五代十国前蜀(907—925年)皇帝王建的陵墓，1961年，被国务院确定为全国重点文物保护单位。1973年成立的王建墓文物管理所，1979年，首向游人开放。1990年改称为成都永陵博物馆，为国家专题性博物馆，由永陵、蜀永楼、陈列馆和配套园林组成，占地56亩。馆内藏品有一级文物24件，二级文物7件，三级文物854件。其中，王建石像、玉大带被国家文物局专家小组鉴定为国宝级文物。墓室前两侧各有一座仿唐建筑陈列馆。右侧为永陵伎乐乐器馆，陈列24伎乐乐器仿制品。左侧为“千年皇陵”馆，陈列永陵出土文物精品。博物馆园林面积2万平方米。园中利用自然地势，把花草树木、山石溪池、花墙曲径和亭台楼阁结合布局，构成一座古朴自然、清幽秀雅的蜀中园林。1995年获“全国文物系统优秀爱国主义教育基地”称号。至2005年，永陵博物馆先后举办的重要陈列展览有“永陵文物暨前后蜀历史陈列”“永陵考古发现60周年系列纪念活动”“国宝回家——永陵出土文物精品展”等。文博科研成绩突出，成果丰硕，出版相关书籍7部，如《前后蜀的历史与文化》《成都永陵博物馆》《走近永陵》等，发表相关学术论文94篇。并先后主办或承办“前后蜀历史与文化学术讨论会”“纪念王建墓科学发掘50周年暨前后蜀历史文化座谈会”等学术会议、学术活动多次。

【成都隋唐窑址博物馆】

成都隋唐窑址博物馆位于成都市西郊浣花风景区东端，青羊区一环路西二段31号，以青羊宫隋唐窑遗址为博物馆主体建成，属国家专题性博物馆。青羊宫隋唐窑遗址从1955年试掘到1983年发掘，面积约2平方千米。考古发现该窑址烧制陶器的年代上限为战国时期，下限至唐末；烧制青瓷器的年代上限为南北朝时期，下限亦为唐末，窑场持续烧造时间长达1200余年，且窑炉技术先进、产品种类繁多、器物造型精美。1991年4月，被四川省政府评为省级文物保护单位。同年，开始以考古发掘遗址为主体筹建博物馆，于1997年博物馆第一期“临街展销大楼”工程竣工，建筑面积1463平方米；1999年间，博物馆二期“陶苑”改建及园林绿化工程竣工；2001年至2003年，先后完成博物馆文物库房和窑址展厅等三期工程建设；于2004年6月正式命名为成都隋唐窑址博物馆。至2005年，全馆占地约5000平方米、建筑面积约4000平方米。馆藏文物1849件，其中陶器1013件，铜器517件，瓷器210件，其他109件。馆藏中有三级文物6件。设有出土陶瓷、陶炉两2个文物展厅常年免费对外开放。博物馆主要有文博科研成果专著《中国科学神话与宗教的协合——以李冰为中心》与《中国丧葬与文化》等，在《考古》《考古与文物》《四川文物》等刊物发表论文55篇。

【成都明蜀王陵博物馆】

成都明蜀王陵博物馆，位于成都市龙泉驿区十陵镇大梁村八组，原为1988年3月9日成立的“明蜀藩王陵墓文物保管所”，1994年8月正式更名为“明蜀王陵博物馆”，隶属龙泉驿区文化体育局。系国家举办的陵寝文化专题博物馆。

明蜀王陵遗址群为明太祖朱元璋之皇室家族陵墓群，以明代第三代蜀王僖王陵为中心，环绕四周有僖王赵妃墓、僖王继妃墓、黔江悼怀王墓、怀王墓、惠王陵、昭王陵、成王陵、成王次妃墓、半边坟郡王墓9个故称为“成都明十陵”。王陵雕刻精美、装饰华丽，气势宏伟，1996年12月，明蜀王陵被国务院列为全国重点文物保护单位。明蜀王陵博物馆具有突出的陵寝文化特色。馆内设有文物陈列室，集中展示地宫内出土的器物。明蜀王陵出土文物大部分寄放于成都市博物馆和区博物馆，明蜀王陵博物馆馆藏僖王陵和昭王陵出土的明代早、中期文物共计89件。

【金沙遗址博物馆】

全名成都金沙遗址博物馆，位于成都市区西北部金沙遗址路2号，是在金沙遗址原址上建立的国家遗址类专题博物馆，隶属成都博物院，是一座集教育、研究、休闲于一体的现代化园林式博物馆。2001年2月，金沙遗址被发掘，成为中国进入21世纪第一项重大考古发现，其保护工作受到国内外的广泛关注，成都市委、市政府及时加大对考古发掘的资金支持力度，邀请权威专家论证金沙遗址保护，划定遗址保护区，调整城乡建设总体规划。2004年2月，金沙遗址博物馆经成都市发展计划委员会核准立项，9月，获得国家文物局正式批复。2005年初，金沙遗址博物馆作为四川省、成都市重点文化建设项目正式启动。工程占地456亩，建筑总面积3.79万平方米，绿化面积13.81万平方米，造价概算3.89亿元。博物馆规划由遗迹馆、陈列馆、游客中心、文物保护与修复中心、金沙剧场、园林区等部分组成。其中，遗迹馆建筑呈半圆形，面积7588平方米。主体结构采用大跨度钢结构，高19米，跨度63米，形成无柱展示大厅。厅内保存有中国最为完整的商周时期大型祭祀活动场所，可近距离目

2005年8月16日，国家文物局宣布，成都金沙遗址出土的“太阳神鸟”金饰图案作为中国文化遗产标志

金沙遗址博物馆

睹象牙、金器、玉器等土层下文物。陈列馆分为四层，面积1.6万平方米，其中陈列面积约6000平方米，内设“远古家园”“王都剪影”“天地不绝”“千载遗珍”“解读金沙”5个主题展厅，展出金沙遗址发掘出土的丰富遗迹和珍贵文物，并运用声光电半景画、红外感应定向查询系统、击拍式多媒体互动系统、4D电影等现代科技手段，重现3000多年前古蜀王国的生态环境、建筑形态、生产生活、丧葬习俗、祭祀场面。文物保护与修复中心建筑面积约8000平方米，文保中心附近规划有金沙小剧场，做相关文化演出活动之用。至2005年底，金沙遗址发掘展示大棚主体钢结构工程完工；中国文化遗产标志——太阳神鸟金饰图案的永久性纪念雕塑在博物馆太阳神鸟广场设立。

【成都川剧艺术博物馆】

成都川剧艺术博物馆位于成都市锦江区华兴正街54号，于2002年5月27日正式对外开放。成都川剧艺术博物馆是在成都川剧艺术陈列馆的基础上重新组建的全国首家川剧艺术博物馆，是当时全国唯一的地方戏博物馆，是成都川剧艺术中心的重要组成部分。总面积为964平方米，参观区由“梨园簇锦”“蜀曲流芳”“奇葩烂漫”3个分馆组成。以珍贵的资料、照片、实物再现川剧的历史沿革及艺术成果，展现川剧悠久的艺术传承。

【东郊工业文明博物馆】

成都东郊工业文明博物馆位于成都市成华区建设南路1号，是成都市政府投资建设集教育性、前瞻性、纪念性于一体的公益博物馆，是西南地区首座集工业文明历史展示和文化产业为一体的利用旧厂房改造的主题公园式新型博物馆，是沙河综合整治八大景点之一的“麻石烟云”景区的核心内容。东郊是成都现代工业的发源地，从国家“一五”计划和“三线”建设时期开始，到20世纪90年代，东郊工业区先后聚集包括电子、汽车、医药、烟草、建材、冶金、纺织、化工、能源9大类160多户中央及省、市属大中型企业，是国家电子工业、国防工业集中地之一。2001年8月，成都市委、市政府决定对东郊工业区进行结构调整，推动东郊旧城区整体改造。同时，建立记录成都工业和经济发展历程的主题博物馆。2005年12月30日，成都东郊工业文明博物馆落成开馆。博物馆占地74亩，建筑面积8700平方米。主体馆舍系旧厂房改造而成，充分体现了对历史文化的尊重，分室内展区、室外展区和文化创意产业园区，通过以场景图片、文字、实物等手段立体再现成都古代、近代的手工业、工业文明史，重点展示20世纪50至80年代成都东郊工业企业的发展历程。

【大邑刘氏庄园博物馆】

大邑刘氏庄园博物馆位于成都市大邑县安仁镇，馆址原为川西大地主刘文辉及其弟兄的宅院。1958年10月建馆，名为大邑地主庄园陈列馆。1996年11月，被国务院公布为第四批全国重点文物保护单位，1997年3月，更名为大邑刘氏庄园博物馆。博物馆分为老公馆与新公馆两部分，馆藏2.7万余件，其中一级文物15件。老公馆为主要展出区，占地6万多平方米，建筑面积2万多平方米，基本陈列由序馆、刘文彩生活现场、庄园文物珍品精品陈列、小姐楼、刘氏祖居复原陈列5个部分组成。共展出文物2700多件，包括金属制品、象牙制品、瓷器、铜器、玉器、太师椅等。新公馆又名川西民俗馆，位于老公馆东，占地2.49万平方米，主要展示川西民俗活动，分婚俗厅、生产生活厅、民间工艺厅三部分，展品近万件。至2005年，大邑刘氏庄园博物馆先后被命名为四川省青少年教育基地、全国青少年教育基地、全国文物系统优秀爱国主义教育基地。累计接待国内外游客上亿人次。

【四川建川博物馆聚落】

建川博物馆位于成都市大邑县安仁镇，由民营企业家樊建川创建，于2003年底动工建设；2005年8月15日试营业，当年12月27日正式对外开放。四川建川博物馆博物馆聚落占地500亩，总建筑面积12万平方米，聚落内计划建设抗战、红色年代、民俗三大系列25个分馆；两个主题文化广场以及儿童游戏区、民国风情街、田园风光带、斜江景观带4个配套区。计划总投资6亿元，至2005年完成投资近3亿元，是国内民间资金投入较多的博物馆，是建设规模较大、投入资金较多、收藏文物较丰的民间博物馆。其中，抗战纪念馆群设有共产党抗战馆、民众抗战馆、川军抗战馆、国民党抗战馆、援华美军抗战馆等分馆及“中国壮士1931—1945”雕塑广场、抗战老兵手印广场，是全国最大的抗战文物博物馆。“红色年代纪念馆群”包括瓷器陈列馆、毛泽东像章纪念馆、宣传画陈列馆、票证陈列馆、镜鉴陈列馆、座钟陈列馆、音像品陈列馆、生活用品陈列馆等分馆，是全国第一个“文化大革命”艺术博物馆。至2005年底，聚落建成并开放分馆11个，拥有藏品200余万件，其中，国家一级文物57件。累计接待观众20余万人。建川博物馆聚落突破传统意义上的单纯“博物馆”概念，在国内第一次建成博物馆聚落，形成集艺术研究、艺术博览、藏品展示、收藏拍卖、民俗表演、旅游休闲、影视拍摄于一体的新概念博物馆和中国百年文博旅游目的地。被文化部命名为国家“文化产业示范基地”。

【四川大学博物馆】

四川大学博物馆位于成都市武侯区望江路19号四川大学内，是中国西南地区建立最早的博物馆，是中国高等学校中第一所综合性博物馆。其前身为华西协和大学古物博物馆，由美国学者戴谦和于1919年创建。1952年改名为四川大学历史博物馆。1984年改名为四川大学博物馆。2005年5月，四川大学博物馆新馆落成，总建筑面积1.5万余平方米，展区面积7000平方米，采用声、光、电等多种手段辅助展出。馆藏文物4万多件，分为民族学、民俗学、石刻、书画、陶瓷、青铜器、古钱币、古印、刺绣、拓片、外国文物等几十个门类，以西南地区少数民族文物、民俗文物、四川汉代画像石和画像砖、唐代佛教石刻、历代名纸、四川陶瓷、明清书画及工艺美术文物最具特色，其中，展出文物2000余件，常年对外开放，每年平均接待大、中、小学生数千人次。该博物馆是中国西南地区考古学、民族学、东南亚历史与文化的研究中心，藏有上万册中外图书资料，其中包括明版《韵府群玉》、美国博物馆出版的《中亚调查记》、河内出版社出版的全套《法国远东学院学报》（1901—1946年）等孤本、善本；至2005年，参加三峡考古发掘活动共4次，先后出版《四川古代文化史》《四川大学历史博物馆藏古铜鼓考》《南方民族考古》等多种专著与学术刊物。

【成都理工大学博物馆】

成都理工学院博物馆位于成都市成华区二仙桥东三路1号成都理工大学内，是中国西部最大、也是全国高校最大地学类自然博物馆。始建于1960年，初为地质专业陈列室。1962年，组建成都地质学院陈列馆。1986年后，曾随校名更改为成都地质学院博物馆、成都理工学院博物馆。2001年，更名为成都理工大学博物馆。是四川省唯一一座囊括从中央到省、市颁发的所有科普教育基地称号的博物馆。至2005年，博物馆全馆面积2600平方米，分设有恐龙、古生物、矿物、观赏石及宝石宝玉等10个展室。陈列内容有地质学基础、矿物研究、岩石、地质古生物、地质构造、资源开发与利用、地质灾害等。馆藏各类标本5万余件，以恐龙化石为主要特色，馆藏珍品有亚洲保存最大最完整全长22米的合川马门溪龙化石，侏罗纪时代的大竹重庆鱼化石，中国最早有文字记载的陨石——隆昌铁陨石等。常年对外开放，配有专门接待和讲解人员，每年接待观众6万余人次。

利用馆藏优势与市场机制，先后在台湾、香港、广州、福建、四川等地举办展览近300场，参观者近500万人次。

【西南民族大学博物馆】

西南民族大学博物馆位于成都市武侯区一环路南四段西南民族大学内，是西南民族大学所属专业性博物馆，是中华人民共和国成立以来较早建立的民族博物馆之一。1952年9月，西南民族学院设立民族文物陈列室；1955年更名为民族文物馆；1992年更名为西南民族学院博物馆；2003年4月，西南民族学院更名为西南民族大学，博物馆随即更名为西南民族大学博物馆。博物馆总面积650平方米。设有西南少数民族文物陈列室、藏族宗教文化艺术陈列室、藏族面具陈列室、格萨尔文化陈列室、藏族石刻艺术陈列室等展厅。展出内容主要为中国西南少数民族的基本情况；藏族、彝族、羌族、苗族、傣族等10余个少数民族的生产生活用品；藏族宗教文化；藏族面具；《格萨尔》文化。博物馆收藏有国内30余个民族的文物1.03万余件。其中，以藏传佛教佛龛、镏金佛像、唐卡、藏文古籍和凉山彝族的漆器、苗族服饰、羌族地区土司官印等最具特色。博物馆常年对外开放，并以“中国西南少数民族服饰”为载体，积极开展对外交流活动。

【特色陈列展览】

1990——2005年，成都市文博系统充分发挥资源优势、特色，结合时代需求，推出各类主题陈列展览，服务公众。

三国历史陈列。是成都武侯祠首次举办的大型断代史展览。于1979年5月4日正式开展，共展出实物58件，拓片20件，书籍23套，字画图表23幅，照片58幅，共158件，对三国历史做全面系统的介绍。展期一个月，按年举办，至1992年停展，先后共接待观众16.49万人次。

诸葛亮史迹陈列。是成都武侯祠博物馆举办

的重要文物展览。1985年起常年对游人开放。陈列内容分为诸葛亮“家世和故里”“龙卧荆州”“施政治国”“南征”“北伐”“千古流芳”6个部分，展品共149件，包括山东等8省1市的有关遗迹图片108幅，明崇祯刊本《三国志》《昭烈忠武陵庙志》《琅琊郡全裔堂诸葛氏宗谱》等珍贵线装古籍，蜀汉弩机、直百五铢、蜀汉执锸陶俑等实物18等。曾于1986年应邀赴日本梨县甲府市展出；20世纪90年代先后在广州、深圳等地巡展。至2005年底，参观者逾300万人。

三国文化陈列。成都武侯祠博物馆举办，于1994年9月28日正式开展。陈列主体内容分为“战争风云”“农桑一瞥”“民俗采风”“艺林撷英”“流风遗云”五部分，采用实物、半景模型、灯光特殊处理等形式，再现三国时代政治、经济、军事、生活等方面情况。展品包括蜀汉武士俑等实物177件，曹魏《正始石经》等三国碑拓及曹氏宗族墓字砖拓等拓片35件，图表、照片等辅助展品157件，共369件。至2005年，三国文化陈列展览参观人数累计逾300万人。

杜诗书法木刻廊。设在杜甫草堂博物馆盆景园，于1999年9月24日正式对外展出。该展览集诗歌艺术、书法艺术和木刻艺术于一身，展出馆藏历代书法名家和老一辈革命家及社会名流的杜诗书法作品100余件。

“诗圣著千秋”陈列。为纪念诗圣杜甫诞生1290周年系列活动之一，由杜甫草堂博物馆举办，于2002年8月21日正式对外开放。分为“诗圣著千秋”和“草堂留后世”两部分。展示杜甫的一生及草堂时期杜甫的生活与诗歌合作成就。展品有照片、图片近百幅，与杜甫生平及诗歌创作有关的历代书籍原件等。该展览活动期间平均每日接待游客5000人次。

李、杜联展。由成都杜甫草堂博物馆与江油李白纪念馆在草堂联合举办。于2004年12月10—27日展出，分两个展厅，共展出以李白和杜甫生平、传说及诗文为题材的历代名家书画作品400余幅，其中，包括明代张泽图的杜甫诗《南邻》等国家一级文物。展览期间共接待参观者近10万人次。

杜甫草堂·三苏祠馆藏书画联展。由成都杜甫草堂博物馆、眉山三苏祠博物馆在成都草堂联合举办。于2005年4月25日至5月10日展出苏轼的诗、词、赋、故事的书画作品112幅、杜甫诗意画作品近20幅，包含何绍基、李可染、张大千、溥雪斋等大家的作品。展览期间共接待参观者数万人次。

永陵文物暨前后蜀历史陈列。成都市永陵博物馆举办，于1993年9月正式开展并常年展出。该陈列陈列分为“王建永陵与前后蜀墓葬”“前后蜀社会概况”两部分，共展出珍贵文物及辅助展品500余件(组)，展现王建生平、永陵墓葬及前后蜀政治、经济和文化概貌。

成都革命斗争史展览。由成都市委宣传部、成都市委党史研究室、成都市金牛区委、成都市文化局联合主办，成都王建墓博物馆承办，1997年10月16日开展，1999年12月结束，展地设于王建墓博物馆内。展出内容分“蓉城曙光”“土地风暴”“热血救亡”“成都解放”4部分，共展出大型浮雕墙、烈士遗言墙、革命历史照片、文献资料和影片，展现从1911年辛亥保路运动至1949年成都解放38年间的成都革命斗争史。展览期间共接待成都市区、郊县、各机关事业单位、学校等观众3万余人次。

“唐音遗韵——永陵二十四伎乐乐器”展览。为永陵博物馆举办“永陵考古发现60年”系列纪念活动之一。场地设在永陵博物馆，于2002年10月18日正式开展。展出内容为前蜀永陵棺床石刻“二十四伎乐”的仿制品，展现永陵二十四伎乐各种乐器的形制和历史，体现唐五代时期音乐艺术的交流与融合。

国宝回家——永陵出土文物精品展。由成都市人民政府、四川省文化厅主办，四川省文物局、成都市文化局承办，四川省博物馆、成都永陵博物馆协办，展出时间为2005年4月28日至5月18日。展品为1942年永陵发掘时出土的28件文物，包括王建石像、玉大带、谥宝、银搔手、银颐托、镜奁盖银饰、银猪、银盒、金银胎漆碟、银钵等。其中王建石像、玉大带、谥宝属国家级文物。共接待游客1.4万人次。

青羊宫窑与唐宋时期成都瓷器陈列。由成都隋唐窑址文管所举办，于2004年2月28日在正式对外开展，是成都市第一个陶瓷史类专题陈列。展出实物151件，图片11张，照片24张，窑址与制陶模型4个，并配有多媒体触摸系统。

“艰苦历程”——中国工农红军长征文物陈列。由四川省博物馆举办，1990年5月28日开展。共陈列展出相关文物资料600多件，辅以绘画、图表和雕塑等数十件。于1993年1月闭展，其间，共接待国内外观众数万人次。

四川民族文物精品展 。四川省博物馆为配合四川省第三届少数民族艺术节而举办，于1998年9月中旬至1999年8月下旬展出，展览设在人民南路四段四川省博物馆内。展览内容包括古氐羌人与石棺文化、巴蜀民族的船棺葬、汉晋土著民族崖墓、邛都人的大石崇拜、古白族人的火葬墓、僰人悬棺之谜六大部分。共展出文物293件(套)，其中90%为首次展出；制作各种复制品20件，大型墓葬复原2组。展览期间，接待观众3.9万人次，其中中外专家团队10余批。

巴蜀寻根——四川考古事业五十年成就展。四川省博物馆举办。于1999年10月15日在省博物馆开展，展览由“追踪远古文化”“寻找失落文明”“再现天府之国”“阳光雨露，茁壮成长”4部分组成。参展展品共1000件(套)文物。2002年4月闭展。

纪念邓小平100周年诞辰图片巡回展。由四川省博物馆举办，于2004年8月12—31日在省博物馆展出。展览内容包括“为缔造人民共和国而奋斗”“为中华人民共和国的繁荣富强建功立业”“中国改革开放和现代化建设的总设计师”“巴蜀情深”和“伟人情趣”等5个部分，运用图片资料200余幅，展现邓小平一生的伟业和对家乡的情怀。该展览先后在遂宁市、都江堰市、绵竹县、新都区新繁镇展出，共接待观众3万余人次。

红四方面军在四川文物图片展览。由成都市文化局、川陕革命根据地博物馆、成都市博物馆、达县地区文化局、成都市电缆厂电线分厂联合举办，地点在成都博物馆内。展出时间为1991年6月25日至7月25日。展品包括红四方面军地图、照片、文物、印刷品、复制品等实物共300余件。

纪念辛亥革命暨四川保路运动八十周年展。成都市博物馆于1991年9月15日举办。该展览在展厅中央放置孙中山半身塑像，像后为成都血案巨幅油画，前厅置武昌起义群雕，后厅为群众在辛亥保路死事纪念碑前缅怀的浮雕。展览展出200多幅照片及部分珍贵文物的复制品等。

美术馆

【四川省诗书画院】

四川省诗书画院成立于1984年，院址位于成都市百花潭路10号，隶属四川省文化厅，是全民所有制文化事业单位，下设创作研究室、办公室、联络培训部、编辑资料室、美术服务部4个部门。其中创作研究室有美术师10人（国画家9人、书法家1人）。曾在全省范围内聘请9名书画艺术家为艺术顾问、聘请32名有中青年画家为院外美术师。1994年起，开办画家、书法个人工作室研修班，促进美术创作。至2005年，该院先后在国内外举办书画展达60余次。院内美术师先后共参加国内外画展百余次；20多人次分别在国际和全国、全省各项美展中荣获一等奖、二等奖、铜牌奖、三等奖、优秀作品奖；一些美术作品被美国旧金山中华文化中心、日本福山城博物馆、维也纳市政厅、中国美术馆、江苏省美术馆等国内外文化单位收藏。陆续编辑出版有《四川省诗书画院作品集》《四川二十世纪已故著名书画家作品集》。办有《岷峨诗稿》《书画家》刊物。

【四川雕塑艺术院】

四川雕塑艺术院于1987年在原四川省对外文化展览中心基础上改建成立。院址设于成都市洗面桥街11号。隶属四川省文化厅，实行企业管理的事业单位。该院下设办公室、雕塑部、市场信息部。有专业创作人员18人，其中，雕塑创作人员14人，书法、国画创作人员3人。院内雕塑家架上雕塑创作活跃，雕塑及绘画作品多次获得全国、全省美术展览和体育美术展览二等奖、优秀作品奖。该院不少优秀作品先后被深圳博物馆、中国奥林匹克委员会、比利时布鲁塞尔当代艺术档案馆等机构收藏。室外雕塑主要代表作有位于武汉龟山的《三国城·群英道》、黄鹤楼的《归鹤图》《崔颢题诗》浮雕，位于深圳的《锦绣中华·大足石刻微缩景区》《中国民俗文化村·藏族喇嘛庙》，位于北京的《十三陵风景区·弥勒佛》以及位于美国佛罗里达州《双龙吐珠》等。

【四川美术馆】

四川美术馆成立于1992年5月，位于成都市人民西路20号。隶属四川省文联，系全民所有制文化事业单位。美术馆占地6亩，建筑面积6000平方米。常年举办各类形式的美术作品展，至2005年，影响较大展出活动有徐悲鸿画展、潘天寿画展、关山月画展、王琦画展、力群画展、全国版画展、全国山水画展、新形象当代油画展、当代雕塑文献展等。年均办展和学术交流50余次，接待各类观众达10余万人次。四川美术馆还珍藏有宋元明清以来名人字画真迹近200件，中国“五四”运动以来及部分外国版画家版画作品近4000件。

【成都画院】

成都画院(成都市美术馆)位于成都市青羊区下同仁路80号，成立于1980年，隶属成都市文化局，为改革开放后全国第一批由政府组建的从事书画创作、美术理论研究和学术交流的专业艺术机构。画院有国画、油画、版画等技法画家16人，美术理论研究人员1人。曾在全省范围内聘请21位书画艺术家为艺术顾问，特邀33名有所成就的中青年画家为院外画师。1990年后，该院常办各种书画展，积极开展对外文化交流。1995年，开办画家工作室研修班和绘画培训班，加强对新人的培养。1997年后，深入开展送画下乡等活动。至2005年，院内有100多人次先后获中国油画艺术奖、黄胄美术奖、徐悲鸿美术奖、全国书画院百佳书画家奖、优秀作品奖、佳作奖，以及蒙特卡洛国际现代艺术大展莫纳哥政府奖和法国蒙比利埃“中国当代艺术双年展”新人奖等。画院收藏书画作品总计1072件。其中油画作品135幅，国画、书法及其他艺术作品928幅，杂件9件，市值近亿元。先后举办“成都画院书画展览”20 次，个人画展及专题艺术展上百次。

【成都市城市雕塑绘画院】

成立于 1983 年，原名“成都市城市雕塑绘画室”，1988 年更名为成都市城市雕塑绘画院。位于西城边街 9 号附 1 号，隶属成都市园林局，20 世纪 90 年代起实行企业管理，财务独立核算。画院有雕塑艺术家、工艺美术家和其他公共环境艺术专业人员 21 人。1990 年，该院雕塑家完成大型室外雕塑作品《虹》设计，并在北京国家体委训练局大楼和成都体育中心分别建成。至 2005 年，由该院负责设计、制作的大、中、小型各类雕塑达上百座。这些雕塑及工艺美术作品分布在四川、湖北、拉萨、新疆、北京、重庆、桂林等国内 14 个省、市地区和美国、西班牙、瑞士、新加坡等国家，一些作品或获得全国美术展览优秀作品奖、全国城市雕塑设计方案展鼓励奖，或作为政府礼品赠送国外友好城市，或被中国美术馆、中国军事革命博物馆等收藏。

【上河美术馆】

由成都豪斯物业发展有限公司投资开办于 1998 年 10 月。位于成都市大安西路上河城内，是国内首批私营企业创办的民间美术馆之一，主要开展美术收藏、展出和研究业务。上河美术馆占地约 3000 平方米，设有展览区、行政区、地下藏画区和艺术家、来访者交流会所。馆内设艺术委员会，成员有栗宪庭、黄专、巫鸿、周春芽、叶永青、张晓刚、方力钧、米丘、程昕东等一批中国当代艺术批评家、当代艺术家和策展人。开馆后至 2000 年，先后举办的主要展览活动有“上河美术馆首届收藏展”“阿尔弗雷德·尔德里卡创作展”“重复——克洛德·维尔拉作品展”“上河美术馆 99 学术邀请展”“社会：上河美术馆第二届学术邀请展”“转世时代：当代艺术展”“方力钧、岳敏君、叶永青：之间—工作展示”等。该馆收藏有自“八五”现代艺术思潮以后的一批作品，作者皆系国内较为活跃且有影响力的当代艺术家。2001 年后，该馆因资金困难辍办。

【成都现代艺术馆】

建于 1999 年 9 月，位于成都市沙湾路国际会展中心西区，隶属成都国际会展中心。馆舍建筑面积 2 万余平方米，拥有 1 万多平方米的露天展场，1500 平方米的精品陈列厅，30 个大中小型国际会议厅、学术讲演厅及精品画廊展厅。该馆注重推出本土艺术作品展，常年举办学术性的主题展、巡回展、文献展、回顾展及个展，至 2005 年，先后举办“成都双年展”和“世纪之门”各类艺术展览 20 余次。

【四川大学美术馆】

建于 2005 年，位于成都市双流县川大路四川大学江安校区内，隶属四川大学，属公益性社会文化机构，具有展览、研究、教育和文化交流等职能，为西南地区最专业的美术馆之一。馆内展览场地面积 900 平方米，常年举办“学生作品联展”和“年度艺术沙龙展”等，至 2005 年，该馆举办的特色展览活动有“四川大学 110 周年校庆美术作品展”“波兰现代艺术展：难以形容的表达”“四川十一大高校美术作品巡回展”“动物狂欢节：中国新锐艺术家邀请展”““左右”国际现代艺术邀请展”等。

文化产业

综述

成都文化产业以经营形式出现于20世纪80年代中期,除了传统的电影发行放映外,陆续兴起了音像制品、电子游戏、台球、歌舞厅、卡拉OK厅、字画等文化经营项目。

1990—2005年16年间,成都市文化产业先后经过“多种经营”“多业助文”“以文补文”等发展过程。通过深挖传统文化遗存内涵,形成成都特色的“两中心、六体系”产业格局。通过信息产业、高科技产业文化产业关联互动,促进成都“创意产业”方兴未艾。通过文化产业体制改革和文化管理体制改革多方创新发展,文化产业投融资渠道日渐拓宽,社会资本向文化资本转变步伐日益加快。至2005年,成都市文化产业实现经营收入232.54亿元,创造增加值65.81亿元,占全市地区生产总值(2185.73亿元)的3%,对全市经济增长的贡献率达3.4%。成都武侯祠锦里旅游文化经营管理公司以其成功修建和运作“锦里”一条街旅游景点;四川建川实业集团在大邑县安仁镇倾力打造的博物馆聚落;成都市三圣花乡景区管委会,以花做媒、文化为魂,开发“花”为主题文化商品,大力发展文化产业,举办大型文化活动,农民收入大大提高;成都市兴文投资发展有限公司实行市场运作,投融资和管理重大文化项目,大力开发“城市礼品”,均被文化部命名为“全国文化产业示范基地”。杜甫草堂博物馆唐代出土文物发掘展示馆和水环境整治工程的建设更增添了文博旅游的新内容。成都艺术中心已成为全国知名的演出场馆。文化、广电、报业合作组建成都金沙太阳神鸟演艺文化有限公司打造的大型旅游剧目《金沙》音乐剧,在成都、北京初演,受到社会的好评和新闻媒体的极大关注。成都兴文投资发展有限公司搭建融资平台成功融资修建金沙遗址博物馆,改变了过去政府投入公益性设施建设周期长的现象,取得明显进展。杜甫草堂博物馆充分利用世界文化名人、中国诗圣杜甫的名人效应,开发诗歌文化的丰富资源,倾力打造中国诗歌文化中心项目,引起社会广泛注目。成都大庙会密切配合市经贸发展活动,先后到香港、澳门特别行政区和首都北京举办,成为成都的一大文化品牌。各项重点文化产业项目的实施,有力地带动了全市艺术生产与演出、文博旅游、文化市场、数字娱乐等文化产业的发展。

1990—2005年16年间,成都市文化产业呈现以下三个明显特点:一是文化产业在全省的比重高于全市GDP在全省的比重,全市GDP占全省总量的35%左右,文化产业占全省总量的45%-50%。二是全市文化产业的发展速度高于全市地区生产总值的发展速度,2005年全市地区生产总值增长13.6%,全市文化产业增长16%,高出全市地区生产总值增幅2.4个百分点;三是从事文化产业的社会人员比重较大,2005年,全市从事文化产业活动的产业单位有5391个,文化产业从业人员15.21万人，其中，事业单位从业人员有1.82万人，仅占文化产业从业人员的12%，其余均为社会从业人员，为扩大社会就业做出了贡献。

文艺演出业

【概况】

成都市演出市场兴起于20世纪80年代中期，由省、市演出公司代行办理演出审批手续和市场管理。90年代初，多为港、台歌星赴蓉商业演出，演出地点分别在四川省体育馆、城北体育馆、成都市体育中心。90年代中期起，成都市出现各种社会办文化公司，开展演出经纪业务。为规范演出市场，国营演出公司不再代理行政管理职责，统一由市文化局文化市场管理处负责管理。同时陆续有国内艺术表演团体及歌星开始到成都进行商业演出。90年代末，国外艺术表演团体开始进入成都演出市场。

2005年9月1日，国家《营业性演出管理条例》颁布实施后，进一步优化演出资源的合理分配，降低演出市场准入门槛，减少营业性演出审批程序，成都市演出市场获得更大发展。至2005年底，全市有营业性演出团体98家，其中，国办艺术表演团体有成都川剧院、成都艺术剧院、成都市杂技团、成都演艺（集团）公司等7家，从业人员889人，民营演艺团体以蜀风雅韵、芙蓉国粹、武侯祠古戏台、中华大舞台演艺公司、竹岛艺术团、二十一女子舞蹈等为代表，从业人员780余人。全年共演出9310场，观众260余万人次，演出总收入8420万元。为保持在成都演出市场的主导地位，本土剧团着力打造具有浓郁地方特色的节目音乐剧《金沙》、综合节目《芙蓉国粹》《蜀风雅韵》，与成都旅游市场配合长期演出。全市有演出场所34个，舞台面积1700平方米，从业人员332人，营业收入1020万元；全市有演出经纪机构18家，从业人员176人，营业收入3100万元。

【文艺演出种类】

1990—2005年，成都地区演出的剧种主要有川剧、京剧、话剧、歌舞音乐、杂技、曲艺、木偶皮影等。

川剧是四川成都的地方戏剧，是全国重要的地方剧种之一，是成都市民较喜欢的剧种，有较多观众和票友戏迷。中华人民共和国成立后，川剧艺术进一步发展。成都地区先后成立大众川剧院、四川省小川剧院、成都市川剧团、成都市川剧院、成都市实验川剧团及各区、县川剧团。常年成都市区及各区市县剧场演出。为继承发展川剧，省、市政府均成立有振兴川剧领导小组，致力于川剧的整理、保护、传承、发展。至2005年，成都市专业川剧团主要在市内川剧艺术中心（悦来茶园）有常年演出，并有国内国际访问交流演出。

京剧是外来戏剧，在成都有一定观众。民国初，成都城内开办有京剧科班教育。20世纪30年代开始在戏园演出。中华人民共和国成立后，市政府接管旧剧团，成立新声京剧社，后改为成都市京剧团，演出活跃，并出现一批著名演员。至2005年，主要演出单位成都市京剧团以创新实验表演为主，间有演出。

话剧，是外来戏剧。成都地区在民国初即有话剧活动。抗战时期，成都话剧演出一度活跃。中华人民共和国成立后，成都地区话剧发展迅速，先后成立四川省人民艺术剧院、成都市话剧院、成都军区战旗话剧团、都江话剧艺术剧院、西南铁路局文工团等，演出剧目、场次颇受观众喜爱。至2005年，成都地区主要演出单位有成都市话剧院、四川省人民艺术剧院，以创新实验表演为主，间有公众演出。

音乐歌舞，在20世纪60年代，随着成都地区先后组建四川音乐学院、四川省歌舞团、成都市歌舞团、成都军区战旗歌舞团、铁二局文工团，演出活动增多。80年代，先后成立峨影乐团、四川音乐学院实验乐队、成都民族乐团、成都交响乐团。这些专业艺术表演团体从事声乐、器乐、歌剧、舞剧等演出，深受观众欢迎。至2005年，成都市歌舞剧院、四川省歌舞剧院等演出仍较活跃。

成都杂技表演源远流长，但到20世纪40年代濒临绝境。中华人民共和国成立后，成立成都市杂技团，不断创新，演出活跃，观众面很宽，深受欢迎，并频繁出国演出，成为全国较知名的杂技团。至2005年，成都市杂技团常有演出。

曲艺，即说唱艺术，是成都传统剧种之一。汉代即有表演，唐宋盛行一时。清末民国时期即有扬琴、评书、相书、竹琴、金钱板、四川清音等。20世纪80年代，双簧、谐剧表演也颇受欢迎。曲艺类节目观众面广，老少皆宜，且多在茶馆演出，较少受演出场地局限。至2005年，成都市曲艺团、四川省曲艺团常有演出。

木偶皮影戏形成于宋代，民国时期，成都地区有数个知名演出班子。中华人民共和国成立后于1959年成立成都市木偶皮影剧团，演出活跃。至2005年，成都市木偶皮影剧团主要应邀面向幼儿园及小学学生演出。

【文艺演出场所】

90年代前建的演出场所多将就为原旧址改建，规模不大，功能较单一，为驻成都各艺术团体的演出基地。1990年后，市委、市政府加强文化设施建设，注重功能配套完善，陆续完成旧场所改建，并新建一批规模较大、多功能、上档次的演出场所。至2005年，全市有演出场所34家，其中，在城区有一定规模和档次，且经营较好的10余家。

成都艺术中心。位于成都市锦江区水碾河路48号，隶属成都市文化局的国营单位。1999年9月投入运营。占地9190平方米，建筑面积2.72万平方米，直接工程投资1.3亿元（不含土地费用）。中心有剧场（座位886个）、音乐厅（座位850个）及市民音乐广场、排练厅、教室、宾馆、餐厅、会议室、写字间、地下停车场等配套建筑，是当时西南地区规模最大的文化艺术活动场所。艺术中心采取全新运行机制，演出场所以企业冠名，剑南春剧场独立承办歌剧、舞剧、话剧、戏剧、歌舞及综合文艺等国际国内大型演出活动。娇子音乐厅是国内三大著名音乐厅之一，主要承办交响乐、民族管弦乐、钢琴、室内乐和独唱、独奏演出及时装表演等各类艺术演出。位于中心五楼的美术厅，承接美术、科普展览及产品发布会等。2003年，艺术中心与成都市演出公司合并，实行一个机构、两块牌子，开展多项目经营活动。至2005年底，该中心引进国内外演出团队200余个，演出1300余场，接待观众100万人次以上。

四川省锦城艺术宫。位于成都市人民东路61号，隶属四川省文化厅。1986年4月建成投入使用，占地面积1.89万平方米，建筑面积2.29万平方米。内设观众座位1445个。配备有世界现代水平的音乐装置，先进的灯光调配系统，90年代，国内外各类文艺团体演出、放映电影、大型文化娱乐活多在此举办。是当时四川省最大的现代演出基地和全省唯一具有A级营业性演出许可证（可开展涉外演出经纪业务）的演出经纪机构，2000年，承接举办各类演出65场次，观众9.4万人。2001年起，与四川省演出展览公司（四川省演出服务中心）合署办公，实行统一管理、统一经营，效益明显提高，当年承接举办各类演出168场次，观众15.8万人。至2005年，锦城艺术宫先后承担省内各种集会和重大庆典活动，接待过世界30多个国家和地区的百余家文艺演出，国内数百家文艺演出团体演出。

锦江剧场（又名成都川剧艺术中心）。位于成都市华兴正街54号，隶属成都市文化局。始建于清光绪三十年（1905年），初名悦来茶园，是著名川剧班“三庆会”驻演地。中华人民共和国成立后，于1952年在原址改造，命名为锦江剧场，坚持常年演出川剧，有“川剧窝子”之称。川剧界老一辈表演艺术家杨淑英、筱舫、竞艳、竞华、唐云峰都曾登台献艺，90年代，优秀青年演员陈巧茹、孙普协、蔡少波等均在此有精彩表演。90年代末，成都市委、市政府决定重建锦江剧场。2001年12月重建后投入使用，更名为成都川剧艺术中心，同时保留锦江剧场名称，下辖锦江剧场、悦来茶园、川剧艺术博物馆等。占地10亩，建筑面积1.27万平方米。2004年，川剧艺术中心改由成都市川剧院管理。至2005年，中心有剧场（707座位）茶园、陈列厅、排练场、地下厅、餐厅、写字间、地下停车场等配套设施齐全。对外提供演出、川剧座唱，饮茶、餐饮、娱乐、会议、办公、住宿等服务。通过市场化运作的旅游综艺晚会《芙蓉国粹》在此定时演出，每年演出100余场，每场观众300–500人。

成都川剧艺术中心

新声剧场。位于成都市西御街5号。建于1937年，初名中央电影院，1951年改为人民剧场，1955年改为新声剧场，隶属成都市京剧团。1984年10月，原址重建新剧场对外开业。占地5531平方米，建筑面积5080平方米，设有演出厅舞厅、会议室、卡拉OK厅、茶厅、台球、录像和电子游戏等服务设施；经营范围：剧场租赁，演出接待，电影放映，零售糖果糕点、饮料、酒，棋牌出租等。演出厅1270个观众席位，以京剧演出为主，先后演出本地剧团排演的《少帝福临》《她从雪山走来》，也引进外地剧团节目演出。2001年中华大舞台演艺公司进入驻场演出。演出以东北二人转为主的综合文艺晚会，业务繁荣。

四川剧场，建于1953年，有观众席位1260个，隶属于四川人民艺术剧院。剧场以话剧演出为主，也引进外地剧团节目。2005年，承接举办各类演出150余场次。

红旗剧场。位于蜀都大道总府路15号（北京王府井大厦处），1961年在原智育电影院旧址修建，建筑面积1600平方米，演出剧场765个观众席位。隶属于成都市歌舞团。该剧场先后演出成都本土剧团排演的《洪湖赤卫队》《江姐》《珊瑚颂》《卓瓦桑姆》等歌剧、舞剧，以及一批歌舞音乐节目。1996年底拆除。

金色歌剧院。位于成都市金牛区沙湾路258号，隶属成都国际会议展览中心。2000年9月投入使用，建筑面积3500平方米，观众座位1213个；舞台面积500平方米，装有30品自动升降杆；音响控制室设有32回路控制台，各类数码音源齐全，同时配备多通道同声传译系统；电脑灯光控制系统，是当时西南地区最大、档次最高、可举办演出和国际会议的歌剧院，建成后至2005年未开展对外演出业务。

【文艺演出团体】

成都市国办剧团有成都市川剧院、成都市京剧团、成都市话剧团、成都市歌舞团、成都市曲艺团、成都市杂技团、成都市木偶皮影剧团、四川省川剧院、四川省人民艺术剧院、四川省歌舞剧院、四川省曲艺团(详见文艺事业类·文艺团体)。有代表性民营表演团体4个。

四川省川剧院。成立于1960年,位于成都市状元街20号,川剧表演专业艺术团体,国家一级剧院。该剧院先后创作演出包括《白蛇传》《绣襦记》《芙奴传》,新编历史剧《和亲记》《卧虎令》《峨眉山月》,现代戏《急浪丹心》《变脸》《都督夫人董竹君》,近代戏《巴山秀才》等优秀剧目200余部。培养造就了一批具有较高艺术造诣的演职人员,其中,有中国戏剧“梅花奖”及“二度梅花奖”得主陈智林,中国戏剧“梅花奖”得主古小琴、何伶、李莎、崔光丽,“文华表演奖”“白玉兰奖”得主任庭芳、杨韬,“文华表演奖”得主简小丽,“文华导演奖”得主张开国、刘忠义,专家级导演邱明瑞,一级舞台美术设计师杨成林、李善、叶建,全国地方戏精品折子戏展演一等奖获得者刘谊等。剧院先后获第六届中国艺术节大奖,第七届全国精神文明建设“五个一工程奖”,第八届中国“文华大奖”,第四、七、八届中国戏剧节大奖,中国戏曲“突出贡献奖”等。创作演出的《变脸》入选为2003—2004国家舞台艺术精品工程精品剧目。剧院多次应邀赴欧洲各国及日本、新加坡等国家和中国港澳台地区演出,受到观众热烈欢迎和高度赞誉。

四川省曲艺团。国家非物质文化遗产创作生产基地，国家非物质文化遗产重要传承单位,省级非物质文化遗产曲艺类研究基地,四川省振兴四川曲艺重要基地。1963年成立,地址位于成都市东城根街8号。曲艺团主要表演四川清音、四川扬琴、四川竹琴、四川金钱板、谐剧、四川车灯、四川连厢等十余个国家级和四川省级非物质文化遗产种类,以及四川方言剧、喜剧、四川曲剧、小品、民族声乐、民族器乐等。培养和荟萃一大批才华横溢的老、中、青艺术家,如:曲词作者王永梭、张继顺(竹亦青)、黄伯亨、包德宾、贺星寒等,曲艺音乐作者贾中秀、车向前、温见龙(温毛驴)等。创作演出的优秀作品颇多,如四川扬琴《凤求凰》,四川清音《成都的传说》,谐剧《这孩子像谁》,相声《说狗》,四川方言《过年》《邻居对唱》等,多次参加参加“中国艺术节”“中国曲艺节”等各类国家级、省级各艺术大赛、外事活动、纪念庆典等重大演出,获国家级、省级大奖近百个。不少表演艺术家、演奏家赴美国、法国、德国、日本、匈牙利、意大利、印尼等地演出和讲学。

成都军区战旗歌舞团。创建于1952年,以原川西军区文工团为基础,与原川北军区、川东军区等10个文工团合并而成。战旗歌舞团的演员坚持“为兵服务”,送戏到基层,到连队,足迹遍及西藏、贵州、云南边防哨所、高山兵站等第一线。创作演出的作品涵盖大型歌剧、大型歌舞、歌曲、舞蹈、小品、电视连续剧等类别,多次在全国获奖。1997年、1999年,该文工团曾两次参加中央电视台春节晚会的歌舞表演,并参加在北京举办的庆祝中国共产党成立75周年大型歌舞《壮丽航程》,庆祝中华人民共和国成立50周年庆典晚会《祖国颂》等。

成都市川剧院。于1959年1月9日组建,与20世纪初著名的川剧班社“三庆会剧社”一脉相承。至2005年,该院先后创作、演出了大量有影响的艺术作品:《白蛇传》《柳荫记》《御河桥》《燕燕》《红梅赠君家》《王熙凤》《夫妻桥》《江姐》《田

2001年重组后的成都市川剧院正式授牌

姐与庄周》《红楼惊梦》《山杠爷》《刘氏四娘》《目连之母》《文成公主》《激流之家》《青春涅槃》《欲海狂潮》《红梅记》等。以晓艇、刘芸、陈巧茹、孙普协等"梅花奖"演员为代表的表演艺术家，以蔡少波、王玉梅、王超、马丽等优秀演员为骨干的成都市川剧院体现出的整体艺术水准受到各界高度评价。徐棻、谭愫、王文训等剧作家、作曲家的创作硕果累累，剧院上演的精品剧目迭出，多次荣获中宣部"五个一工程奖"，文化部"文华大奖""文华剧目奖""文华表演奖"以及中国戏剧节优秀剧目奖、表演奖、编剧奖、音乐奖等。成都川剧艺术中心是国内第一家以川剧命名、以戏剧演出为主的综合性场所，由成都市川剧院管理。其中包括锦江剧场、川剧艺术博物馆、悦来茶园等。

成都艺术剧院。2004年5月，整合原成都歌舞剧院、成都话剧院、成都市木偶皮影艺术剧院、成都市京剧团组建而成，地址位于成都市红照壁街34号。为集歌舞、民乐、交响乐、话剧、曲艺、木偶、少儿艺术、京剧、杂技等多种艺术门类为一体的大型综合文艺专业表演团体，系成都市文化局所属独立法人事业单位。剧院常年策划、承办的大型文艺演出有中法文化年重点项目"法国文化年"成都露天大型焰火音乐晚会、首届陆游文化节开幕式、《民族之光》音乐晚会等专题文艺演出等活动。所属文艺团体创作、排演的许多剧(节)目在国内外多次获奖。

成都艺术剧院话剧团。成立于1953年7月1日，是成都艺术剧院所属专业表演艺术团体之一。共有专业职称的演职人员70多名，其中，拥有高级职称的艺术人才35名。剧团代表性作品有《龙凤山神话》《儿子》《死水微澜》等，其中话剧《死水微澜》获中宣部1991年精神文明产品生产"五个一工程奖"和文化部"文华大奖"，并先后赴英国伦敦和日本东京参加国际文化交流演出。截至2005年，该话剧团共创作、公演剧目272个，演出逾9000场，观众1000万人次。

成都艺术剧院京剧团。成立于1950年1月，是成都艺术剧院所属专业表演艺术团体之一。代表作品有新编历史剧《少帝福临》《千古一人》；儿童京歌剧《她从雪山走来》等。新编历史剧《少帝福临》于1994年获文化部第五届"文华新剧目奖"、第四届全国少数民族题材戏剧剧本"孔雀奖"(金奖)。《千古一人》于1999年获第二届中国京剧艺术节"优秀剧目奖"、四川省精神文明建设"五个一工程奖"。儿童京歌剧《她从雪山走来》于2002年获第三届中国京剧艺术节"剧目奖""优秀表演奖"，获四川省精神文明建设"五个一工程奖"，剧本获少数民族题材"孔雀奖"(金奖)。2005年，成都市京剧团被文化部授予"省级重点京剧院团"的称号，跻身全国17个省级重点京剧院团之列。

成都艺术剧院曲艺团 。是成都艺术剧院所属专业表演艺术团体之一。共有演职员40多名，其中拥有高级职称的专业艺术人才20多位，如张徐、袁永恒、徐玉琨等。曲艺团创作的代表作有四川清音《小放风筝》《蜀绣姑娘》，小品《洪霞》《登记》《救救孩子》，金钱板《怪哪个》以及专题曲艺晚会《道德之光》等。曲艺团创作的上乘节目多次荣获国内外大奖，囊括的奖项有莫斯科第六届世界青年联欢节金奖、中国曲艺最高奖“牡丹奖”、文化部“文华新节目奖”和文化部“群星奖”等。

成都市杂技团。成立于1952年，2004年5月并入成都市文化艺术学校。为大型专业杂技艺术团体，有职工155人，其中，高、中级职称演员占全团人数50%。该团拥有一批功底扎实、技艺精湛、表演娴熟的优秀演员，先后排练并上演了百余个具有浓郁民族特色的优秀节目，先后赴美国、瑞士、墨西哥、古巴、奥地利、加拿大等30余个国家和地区进行访问演出活动，参加国内外大型杂技比赛频频获奖。该团以其鲜明的民族特色、高超的技艺、独特的艺术风格、生动地展现中国传统杂技的艺术魅力，受到不少国家的元首或国家首脑人物的接见及高度评价。

1990—2005年成都市(含区县)国办艺术表演团体演出情况表

表5-149

年 份	剧团(个)	国内演出(场)	国内观众(万人次)	演出收入(万元)
1990	16	2073	93.6	
1991	16	1792	67.5	41.6
1992	16	1462	46.6	59.8
1993	16	1609	51.4	99.8
1994	16	1277	46.1	92.6
1995	16	1731	61.6	102.6
1996	16	1779	152.4	88
1997	16	1922	100.1	131.7
1998	16	1957	80.3	126.8
1999	15	2009	141.8	200.2
2000	15	2317	136.7	305.7
2001	11	1746	144.4	275.7
2002	11	1664	141.1	492.2
2003	11	1231	131.3	366.6
2004	8	1342	127.92	455
2005	8	1278	146.38	481.1

成都少儿艺术团。于2004年12月2日正式挂牌成立。2005年5月23日推出校园音乐剧《青春时光》。12月，该剧参加文化部在苏州举办的“第五届全国优秀儿童剧评比展演”，获剧目二等奖。

成都演艺(集团)公司。位于成都市成华区水碾河路18号。成立2003年12月19日，由成都艺术中心、成都市演出公司、成都市沙河电影院联合组建，隶属于成都市文化局。经营成都艺术中心、成都市演出公司、成都沙河电影城、成都艺苑宾馆、成都艺博文化艺术学校等，经营资产3亿元。公司先后引进中国三大民族乐团(中央民族乐团、上海民族乐团、中国广播民族乐团)、中国三大芭蕾舞团(中央芭蕾舞团、上海芭蕾舞团、辽宁芭蕾舞团)、维也纳皇家管乐团、维也纳童声合唱团、德国波恩爵士乐团、以色列国家现代芭蕾舞团等和李云迪、廖昌永、孔祥东等个人音乐会。2004年，集团公司与成都报业集团和成都广电局等联合投资组建成都金沙太阳神鸟演艺文化有限公司，推出大型音乐剧《金沙》，演出颇受欢迎，成为有影响的剧目。2005年公司总收入2166万元。

成都金沙太阳神鸟演艺文化有限公司。位于成都市锦江区水碾河路48号。成立于2004年，由成都日报报业集团、成都电视台、成都人民广播电台、成都博物院、成都市兴文投资发展有限公司、成都演艺(集团)公司、成都永陵博物馆、成都雅轩广告公司及社会资金共同出资组建。公司以创作生产具有自主知识产权的重点文化演艺剧目、影视剧等文化产业项目为主，同时兼顾艺人包装、经纪、重点项目系列配套产业开发和大型商演策划、运作等。公司成立后，即以金沙遗址出土元素为题材，量身打造成都第一部大型旅游音乐剧《金沙》。该剧由中国作曲家三宝作曲并兼总导演，关山编剧兼导演，刘天池执行导演。2004年4月在北京保利剧院首演。至2005年，《金沙》成功演出180余场，国内外观众9万余人观看演出，票房收入400多万元。

成都蜀风雅韵文化旅游发展有限公司。成立于1999年，位于成都市琴台路23号文化公园二仙庵内，系社会办文艺单位。公司拥有一批演员和一定数量专业演员，主要表演川剧和传统绝技，将文化资源与市场资源有机结合，打造一台综合文艺节目《蜀风雅韵》，按市场运作从事旅游演出。至2005年，该公司年平均演出400场，接待观众14万人。

成都芙蓉国粹演艺有限公司。成立于2005年4月，系社会办文艺单位。公司拥有一批专业演员，主要从事旅游演出活动，以锦江剧场为主要演出地。该公司推出的《芙蓉国粹》大型川剧综艺旅游演出剧目，荟萃成都川剧界众多名家，节目编排紧凑、精彩纷呈，重点突出川剧艺术的滚灯、吐火、变脸等绝技，是全国几十个古老剧种中市场化运作最成功的作品之一，至年底，演出350余场，接待观众11余万人次，创造产值120万元以上。

成都二十一女子舞蹈团。2003年12月8日成立，位于成都市龙泉驿区大面镇大面东洪路416号桃花源别墅。系社会办专业舞蹈艺术表演团体。舞蹈团拥有一批舞蹈演员，大部分毕业于四川省艺术学校舞蹈专业及四川大学艺术学院舞蹈大专班，平均年龄18岁，清纯靓丽，充满活力。2003年8月，该团排演的群舞《天织女》参加中国青少年艺术大赛第七届“桃李杯”舞蹈比赛，获创作二等奖、表演三等奖。2003年10月参加第五届南宁国际民歌节《大地飞歌》开幕式文式演出;同年11月,参加中央电视台12频道《放飞的希望》大型文艺晚会演出。2004年10—12月,受文化部派遣,赴墨西哥、秘鲁、智利、巴西等国演出。至2005年,舞团共演出190余场,观众达50余万人次。

【文艺演出经营】

四川省演出展览公司。成立于1983年,注册资本金50万元,位于成都市人民东路61号,与四川锦城艺术宫合署办公。隶属四川省文化厅。是文化部批准的四川省唯一一家涉外演出经纪机构,是成都地区重要的演出经纪单位。具有策划、操作大型演出的能力和经验,并有大型晚会所需的灯光、音响设备,可搭建各种类型舞台,可承办各种类型文艺演出展览及涉外文化交流活动,组织国内演出机构在国外的文化活动;可为酒店、宾馆及各类娱乐场所、工矿、企业、组织提供中外各种文艺演出及涉外乐队、演唱组、舞蹈等。至2005年,该公司先后承接和主办过全世界80多个国家和地区的文艺演出和涉外交流演出,并成功组织1000余场各类型演出展览活动。

成都市演出公司。成立于1984年4月,一个机构、两块牌子,是成都市唯一能承办各类演出的经纪机构。办公地点先后在人民中路一段26号、浆洗下街86号、文武路1号成都剧场内、八宝街114号红光影剧院内、水碾河路48号成都艺术中心内。公司职责及业务范围:代市文化局向外地到蓉演出的剧团办理演出许可证;承办大型演出;接待国内外到蓉演出剧团,协助安排演出相关事宜;销售安装演出器材设备。公司下属单位有草堂影剧院、新闻影剧院、新声剧场、成都剧场、红旗剧场、红光影剧院、沙河影剧院、胜利影剧院。这些演出场所后来又先后划给剧团、电影公司、所在区管理。至2002年底,先后承办美国、法国、日本、加拿大、德国、瑞典、俄罗斯、以色列、奥地利、巴西、印度、菲律宾、古巴等国家的演出团体到蓉演出以及个人演唱会,各类演出团体400多个,演出1.49万场次。2003年12月,公司与成都艺术中心合并。

电影业

【概况】

20世纪90年代初期,成都地区电影放映以国产电影为主,1994年起,每年开始进口一定数量的国外大片。除电影外,还放映录像和激光光盘,放映内容比较丰富,成都电影市场繁荣兴旺,开始出现民办电影院。90年代中期以后,文化行业进入多元竞争的时期,娱乐消费形式增多、档次升级,特别是电视节目内容的增多,电影观众逐年减少,成都电影市场逐年萎缩。各大影院纷纷开始采取自筹、引进境外资金和社会资金等形式对影院进行较大规模的改造,提高档次,提高放映质量,增强观看舒适度,逐步从单一经营电影放映向复合型多功能文化娱乐场所方向发展。90年代新建的西南影都、太平洋影城、学府影城、和平电影院城等规模大、档次高的电影院,成为成都电影市场的主导。1998年9月,峨眉电影制片厂、成都市电影公司发起成立四川省峨眉电影发行放映有限责任公司,首开全国省级电影双渠道发行先河,打破每省只有一个发行公司的垄断局面。1999年以王府井影城为标志,成都影院的规模、档次又一次提升,先后出现东方世纪影城、紫荆影城、新城市影城、万达国际影城、万达财富广场影城等五星级影城。

至2005年,全市电影放映单位共计28家,场所面积5.6万平方米,投资总额2.2亿元,从业人员518人；年放映场次4.2万场，观众人次336万人次，营业收入2.1亿元。全市电影票价普通档为30-35元，中档为40-45元，高档达50-80元。成都电影市场从1990年名列全国第10名，上升至全国第4名。

【电影制片】

峨眉电影制片厂。位于成都市青羊区清江东路(原通惠门西外罗家碾路)360号，始建于1958年7月，属四川省委宣传部管理的国营文化单位。该厂是中华人民共和国成立后，国家按全国几大行政区域最早建立的国办电影制片厂之一，是西南地区最大的电影生产综合性文化企业，拥有影视片前期摄制及后期洗印加工两大技术中心，具有年摄制15部故事片、制作百部(集)电视剧，洗印胶片200万米的综合生产能力和一支实力雄厚的影视专业人才队伍。1990—2005年，共摄制故事片92部、电视连续剧69部1058集。主要影片有《焦裕禄》《毛泽东的故事》《老娘土》《乡亲们》《被告山杠爷》《彩练当空舞》《我的格桑梅朵》《这山更比那山高》《冷枪1941》《38度》《浪漫黄昏》《青苔》《夏季无风》《山韵》《非常女·非常嫁》《浪漫黄昏》等。

1991年拍摄的电影《焦裕禄》获得广电部优秀影片奖、中宣部“五个一工程奖”入选作品奖、第十一届中国电影“金鸡奖”最佳故事片奖和第十四届《大众电影》“百花奖”最佳故事片奖。1993年拍摄的电视连续剧《中国出了个毛泽东》获得中宣部“五个一工程奖”入选作品奖。1995年电影《被告山杠爷》获得中国电影“华表奖”最佳故事片奖、最佳编剧奖，第十五届中国电影“金鸡奖”最佳故事片奖、最佳编剧奖、最佳处女作导演奖，第十八届《大众电影》“百花奖”最佳故事片奖，第三届大学生电影节最佳影片、最佳导演奖，上海农民电影节大奖，上海影评人奖。该片几乎包揽了当年国内所有大奖。1997年《鸦片战争》获当年度中国“华表奖”优秀故事片奖中宣部“五个一工程奖” 入选作品奖第二十一届大众电影“百花奖”最佳故事片奖、上海影评人奖、四川省第三届巴蜀文艺奖特别贡献奖。2000年以后，电影《彩练当空舞》《我的格桑梅朵》《这山更比那山高》《冷枪·1941》 等一大批优秀影片相继在国内获奖。电影《38度》获第十届中国电影“华表奖”优秀故事片奖、最佳新人导演奖、最佳歌曲奖三项大奖，夏衍文学奖评选优秀剧本二等奖，四川省第五届巴蜀文艺奖。电影《彩练当空舞》获中宣部“五个一工程奖”入选作品奖、第十一届中国电影“华表奖”优秀故事片奖、省委宣传部“五个一工程奖”入选作品奖、四川省第四届巴蜀文艺奖。电影《我的格桑梅朵》获中宣部“五个一工程奖”

1990—2005年成都市国办电影单位放映情况表

表5-150　　单位：个、场、万人次、万元

年 份	单位	放映	观众	放映收入	发行收入
1990	474	219321	9182.58	2221.36	1100.15
1991	539	221653	7779	2358.80	1174.50
1992	400	156289	3874.87	1539.54	788.24
1993	143	74234	832.76	1255.07	671.56
1994	153	64931	458.10	968.14	491.45
以下数据不含区县					

续表

年 份	单位	放映	观众	放映收入	发行收入
1997	9	29820	134.69	794.21	404.80
1998	8	25600	98.10	913.40	458.60
1999	7	21888	50.06	412.01	196.05
2000	8	24331	74.42	483.91	236.34
2001	8	26866	90.99	588.60	269.84
2002	8	24690	68.56	705.73	356.32
2003	7	28305	89.86	593.77	302.12
2004	7	17911	73.16	494.98	236.71
2005	7	17416	75.51	632.38	271.97

入选作品奖、省委宣传部“五个一工程奖”入选作品奖、四川省第四届巴蜀文艺奖。电影《冷枪·1941》获省委宣传部“五个一工程奖”入选作品奖、四川省第五届巴蜀文艺奖。电影《浪漫黄昏》《青苔》获四川省第五届巴蜀文艺奖。

2003 年，经国家广电总局批准组建峨眉电影集团。旗下拥有峨眉电影制片厂、四川峨眉电影频道管理有限公司、峨眉电影集团制片分公司、峨眉电影电视设备器材管理公司等 8 家子公司以及华夏电影发行公司、九州同映数字电影院线公司、峨眉院线发行公司等 6 家主要控股参股公司。

【电影公司(院线)发行放映】

20 世纪 90 年代初，全国电影发行仍实行由中国电影发行放映总公司及各省、地(市)州、县电影发行放映公司组成的垄断发行网管理。1994 年，国家广电部规定，打破条块分割、层层垄断发行体制，允许制片和发行单位直接向基层放映单位发行影片。此后，成都地区电影发行除省、市电影公司外，又出现四川省峨眉电影公司、西南影业有限责任公司。

2002 年 7 月 1 日起，全国正式推行电影院线制。成都地区先后出现四川峨眉电影院线、四川太平洋电影院线等本土电影院线。国内先后有中影星美电影院线、上海联合电影院线、大连万达电影院线进入成都电影市场，使成都的电影市场竞争更加激烈，至 2005 年，成都成为国内电影院线较多的大城市，票房收入、观众人次等仅次于北京、上海、广州成为全国电影“第四城”。主要发行单位有以下几个。

成都市电影发行放映公司。成立于 1958 年 11 月，隶属于成都市文化局的国营文化单位。地址几经变迁。成立时位于湖广馆街(东西干道东段王府井大厦至红星路口间)，1970 年在成都市人民中路一段 26 号新建办公用房，2005 年 9 月迁至成都市草市街 71 号和平电影院内。经营项目有电影发行与放映、数字电影放映与经营、技术设备服务、音像发行租赁等。直属影院与分支机构有西南影都、和平电影院、东风电影院、四川电影院、青羊宫电影院、星桥电影院、百花电影院、红光电影院、沙河电影城、技术开发公司、影视公司、商贸公司、成都农村电影影片交易中心、成都农村电影幻灯制作交换中心。

20世纪90年代初，成都市全市电影（含市电影公司直属影院及非直属放映单位）放映21.9万场，观众9182万人次，放映收入2221万元。1992年11月，在四川电影院试行举办单片投标发行会。1994年8月，市电影公司与峨眉电影制片厂共同出资组建四川峨眉电影公司，解决片源问题。1995年3—12月，组织回购《被告山杠爷》《七七事变》《星光俏佳人》等21部影片102个拷贝（包括2部分账发行影片）。在当年片源紧缺的情况下，成都市电影公司直属的西南影都、东风、四川、青年宫4家影院全年票房收入超过百万。是年7月26日，四川省文化厅向成都市电影公司面向全省发行"电影发行许可证"，从此在四川打破独家垄断影片发行的局面。1998年春节期间，市电影公司按照市文化局要求，组织送电影下乡活动，专门成立两个放映小分队深入本市部分郊县农村乡（镇）为农民放映电影。2000年，成立成都市农村电影影片交易中心和成都市农村电影幻灯制作中心，完成农村电影放映2.8万场。2005年，市电影公司直属影院放映1.74万场，观众75.5万人次，放映收入412万元。

四川省电影公司。成立于1954年11月1日，1996年更名为四川省电影公司。位于成都市署袜南街29号，隶属四川省文化厅。20世纪90年代初起，公司开始多元化经营，1992年底，公司所属新型的多厅影城——"太平洋电影城"开业。1995年3月，四川省电影发行放映公司联合四川省内23个市、地县电影公司和影院组建"四川西南影业有限责任公司"，成为国内省级电影发行行业中第一个按照现代企业制度运营的有限责任公司。2000年9月，省公司所属成都王府井电影城开业。2002年7月，"四川西南影业有限责任公司"更名为"四川太平洋电影院线有限公司"。随着甘肃省13家影院的加盟，太平洋电影院线成为全国首批跨省院线。至2005年，四川省电影公司的电影发行放映网络遍布四川省20个市、州，180余个县，并延伸到甘肃、重庆、贵州、湖北、陕西等省、市，初步形成跨省发行网络。公司在成都市拥有太平洋电影城、王府井电影城、紫荆电影城、新城市电影城等现代多厅影院。其中，紫荆电影城是国家广电总局评定的西南地区首家"五星级影院"。

四川省峨眉电影发行放映有限责任公司。成立于1998年1月20日。位于成都市青龙街28号（华协影城内）。公司由峨眉电影制片厂与成都市电影公司率先发起创立，实行股份合作制，注册资金100万元，经国家广播电视电影总局颁发"电影发行经营许可证"和四川省文化厅颁发"电影发行许可证"，后吸纳华协影城加入。该公司是全国首家突破行政隶属和部门界限关系，有电影制片厂入股，实行人员、劳动和资金紧密结合，制发放一条龙的跨省电影发行放映现代公司制企业，也是全国第一个打破区域垄断，跨省区经营的电影院线公司。2000年11月，公司成立两周年之际，实行院线所属电影院的票价一律降至每票5元，受到广大群众热烈欢迎，短短几天就让十几万观众重新回到电影院，"电影五元"风暴在业内引起一时轰动。2002年开始，公司自筹资金，采取民营化、多元化的措施，兴建"泸州大世界电影城""德阳中立影城"和五星级影城"东方世纪电影广场"等一批星级标准影城。至2005年，四川省峨眉电影发行放映有限责任公司拥有环境、设备均属高档的成都地区的东方世纪电影广场、华协影城、学府影城、加华影城、龙泉香榭影都以及贵阳百花剧场、泸州大世界电影城、德阳中立影城、遂宁永逸电影城等地跨四川省、甘肃省、贵州省的 35 家现代化电影城(电影院),银幕数达 110 多块。

四川太平洋电影院线有限公司。前身为西南影业有限责任公司。公司位于成都市暑袜南街 29 号。西南影业有限责任公司成立于 1995 年 10 月,由四川省电影公司控股,是国内电影发行行业的第一个股份制公司,是四川省电影公司体制改革的起点。2002 年 1 月,四川西南影业有限责任公司与甘肃省电影公司组建全国首条跨省区电影院线——“西南甘肃电影院线”。同年 7 月 25 日更名为四川太平洋电影院线有限公司。旗下拥有票房排名全国影城前茅的成都地区的王府井电影城、紫荆电影城、太平洋电影城、新城市电影城,省内的攀枝花影城、绵阳电影城、达洲红旗影城等,跨省的兰州华联电影城、兰州金利电影城、深圳东海太平洋电影城、华纳深国投(重庆)电影城以及省内的攀枝花、绵阳、宜宾、达州、南充、德阳、资阳、达州、遂宁、雅安、宜宾、内江、眉山、广元、康定、马尔康等城市的主力影院。初步实现跨省经营,拥有加盟影院 45 家,银幕 144 张,座位数 3.62 万个。二级市场拥有 100 多家影院,100 余张银幕。中外影片 2500 多部。至 2005 年,四川太平洋电影院线实现票房 8999 万元,占全国总票房的 5%,占全省票房收入 80%以上,占成都票房总额 70%以上,年票房收入名列全国院线公司第六位。

中影星美院线成都星美影业发展有限公司。位于成都市草市街 71 号和平电影院 7 楼,是星美传媒集团与中国电影发行集团公司共同组建的电影院线公司。是全国第二大跨省电影院线。2004 年 3 月成都市电影公司与中影星美院线公司共同出资组建中影星美院线成都星美影业发展有限公司,注册资金 1000 万元。市电影公司以直属的西南影都、四川电影院、东风电影院、青年宫电影院放映设备作价 400 万元入股。成都星美影业公司是一家专业的影院投资与管理公司,是年,公司完成投资 600 万元升级改造成都老牌知名影城西南影都,更名为“星美西南影都”,成为成都第三座五星级影城。至 2005 年底,公司下辖星美西南影都、星美沙河影城、星美学府影城、星美华阳影城、成都戛纳影城、成都和平电影院、双楠电影城、新都湖光影城、巴中大通影城、自贡明都影城、德阳艺术宫、乐山金杯影都、南充五星影城、简阳世纪东方电影城、达州海逸影城、宜宾莱因时代影城、凉山星美国际影城等。

上海联合电影院线。隶属于上海电影集团,由原永乐股份上海电影发行放映公司、上海东方影视发行有限责任公司共同发起组建的跨省市院线,至 2005 年,有加盟影院 118 家,384 块银幕,93870 个座位,是全国三十多条电影院线中最大的院线公司之一。在成都,上海联合电影院线与太平洋、峨眉、星美、万达、新影联 5 条院线共同竞争成都电影市场,旗下影院上海国际影城,是由上海影城连锁管理的第四家影院,地址位于成都市武侯区科华中路 9 号百联天府购物中心。

【电影院放映经营】

至 2005 年,成都市有电影放映单位共计 28 家,场所面积 5.6 万平方米,投资总额 2.2 亿元,从业人员 518 人。年放映场次 4.2 万场,观众人次 336 万人次。主要有以下单位。

星美西南影都。位于成都市下西顺城街 75 号,隶属于成都市电影公司。前身为建于 1943 年的蓉光大戏院,1953 年 4 月由成都市文化局接管后更名为成都市第一人民电影院,20 世纪 60 年代初对影院整修改造、更新设备,更名为人民电影院。1992 年 5 月 1 日影院在原地址重建开业，更名西南影都，建筑面积9400平方米，有大小放映厅3个，最大放映厅604个座位，最小放映厅80个座位。除电影放映业务外，还相继开设大小不等风格各异卡拉OK厅数个，以及相关配套服务经营项目，年均营业额数百万元。2004年9月14日，由成都市电影公司和中影星美院线公司共同出资600万元进行改造。改造后更名为“星美西南影都”，共有6个放映厅，980个座位，进一步提高了环境、影像、音响效果档次，成为五星级电影院。

太平洋电影城。位于成都市青年路21号。成立于1992年12月，隶属四川省电影公司，2002年加入太平洋电影院线。影城建筑面积6815平方米，拥有28个豪华电影厅，其中，数字电影厅2个，观众座席3000余个。是西南地区放映厅较多、节目较多、场次较多、人次较多的影城，是全国十大影院之一。其中，文艺厅是成都较大的电影厅，按国际现代影院的标准设计，超大无接缝银幕，配备有顶级数码立体声还音系统，音响效果极佳，拥有700余座。该厅收入逐年递增，1999年收入98万多元，2001年以后，年收入120万元以上。片源丰富，每天上映10个以上节目，放映场次达150余场。2005年太平洋电影城接待观众近70万人次。

成都王府井电影城。成立于2000年6月26日，位于成都市东西干道总府路51号王府井百货6—9楼。由四川省电影公司、四川西南影业有限责任公司、四川省国有资产经营投资管理有限公司、中国电影集团公司、成都新太平洋实业有限公司投资8000余万元联合组建，隶属于四川省电影公司院线。影城设有12个电影厅，共1964个座位。放映厅座椅按阶梯状排列，超高空间无接缝大屏幕，数字立体声还音系统，可同时放映数字电影、胶片电影、3D电影、天地数码电影，是国内电影放映种类最多的影城之一。2004年实现票房2099.46万元；至2005年，该影城先后独家举办“瑞典国际影展”“新西兰国际影展”“法国国际电影展”“以色列国际影展”“韩国国际影展”“俄罗国际影展”等国际影展，跻身全国十大品牌影城之列。

和平电影院。始建成于1956年3月，位于成都市草市街71号，隶属于成都市电影发行放映公司。经1988年9月改造后，于1990年定为特级电影院。2005年9月17日，又在原址重建竣工并试营业。影院占地面积750平方米，建筑面积7250平方米，总投资800余万元，共有5个放映厅，436个座位。

青年宫影城。始建于1924年，原名新明电影院，位于成都市大科甲巷75号。1950年更名为青年宫电影院，1953年划归成都市文化局领导。1958年成都市电影发行放映公司成立后，影院成为电影公司下属单位。先后于1971年、1982年、1989年三次改造，1990年被定为特级电影院。1998年影院投入125万元改造电影大厅，同时修建3个电影小厅和2个录像厅。1999年1月更名为青年宫影城。2005年7月中旬，配合成都市春熙路商业中心区的景观和道路改造停业、拆除。

四川电影院。始建于1947年，初名成都锦屏大戏院，专事川剧演出。位于成都市祠堂街8号。1950年划归成都市文化局管理，更名为川西剧院，隶属成都市电影公司。1958年划归成都市电影发行放映公司，易名为四川电影院。1988年全部拆除重建，于1991年建成营业，新四川电影院占地面积1170余平方米，建筑面积3364平方米。有电影放映大厅855个观众席位，豪华小型电影放映厅78个观众席位，是西南地区首家新建70毫米超宽银幕六声道立体声电影院。1991年6月定为特级电影院，2004年加入中影星美院线。

东风电影院。始建于1926年，原名智育电影院。1959年拆除新建红旗剧场，电影放映迁至东风路棉花街原永乐大戏院(今成都市蜀都大道东风路)，更名东风路影剧场。1985年在原址重新建成影院，更名为东风电影院。隶属成都市电影公司。建筑面积3334平方米，放映厅1002个观众席位。2000年4月全面改造，有3个电影厅共600个观众席位，3个录像厅共60个观众席位，成为集电影、娱乐、餐饮为一体的多功能影城。

星桥电影院。始建于1959年，初名成都市东城区职工俱乐部，放电影与其他活动共用。位于成都市星桥街。1961年5月起以放电影为主，取名星桥电影院。1967年1月在原址重建新影院，1988年改造后，成为电影放映、录像放映、舞厅、茶园等设施的多功能影院。1990年9月定为特级电影院。1999年改造电影放映小厅，进一步完善影院设施。

百花电影院。始建于1954年，初名青羊宫剧——位于成都市青羊正街。1959年改建后更名为百花潭电影院，隶属成都市西城区文教局。1963年10月更名为百花电影院，隶属成都市文化局。1981年重建，建筑面积1836平方米，放映厅1156个观众席位。1988年全面改造，成为电影放映、录像放映、激光电影放映、台球、电子游戏、茶园、小卖部等多功能综合服务影院。

沙河电影城。原名沙河影剧院，位于成都市建设路26号，隶属于成都市演出公司。2005年7月29日，影城在原址与成都永安华联置业有限公司、成都华联股份有限公司联合开发后，由中影星美院线投资600万元装修，沙河电影城即加入该院线。影城经营面积5000平方米，设有7个放映厅，563个座位，集影视歌舞娱乐、数码购物为一体，是成都市东郊片区首座星级专业影院。

立体电影院。1982年2月1日建成开业，位于成都市下东大街175号，隶属成都市电影公司。为四川第一家放映立体电影的影院。先后放映过立体电影《风景这边独好》《魔术师的奇遇》等。1987年7月，该影院耗资25.5万元进行改造，并在全市影剧院中率先安装中央空调，改善放映环境，放映厅更换软座，铺上地毯，更换立体声设备。于2002年6月1日，配合成都市市政建设改造被完全拆除。

学府影城。2001年2月12日建成营业。位于成都市一环路南一段12号。是西南地区第一家民营电影城。该影城面积约0.3万平方米，共有10个放映厅，近1000个座位。影城开业后加入四川省峨眉电影院线，2005年6月1日退出加入中影星美电影院线。9月投资300万元对影城进行全面升级改造。影城坚持实行周二半价日，特别对学生进行票价优惠。至2005年，影城接待观众人数约110万人，票房收入近1500万元。紫荆电影城。2003年12月10日建成营业，位于成都市二环路南四段紫荆北路2号，隶属四川省电影公司太平洋电影院线，实行股份化经营和管理，是全国最大规模的民营电影企业，也是四川省文化产业发展和改革的典范。2004年7月19日，被国家广电总局授牌“五星级电影院”。影城经营面积约6000平方米，设有7个电影标准厅、一个豪华VIP电影贵宾厅，共计1079个观众座席。2004年，影城实现票房收入1394.50万元。2005年票房收入近2000万元，在全国位列前20位。

东方世纪电影影城。2004年7月8日由四川东方世纪影业有限公司投资兴建成开业，位于一环路南三段世纪电脑城四楼，加入四川峨眉电影院线，是成都较早的五星级影城之一。作为峨眉院线旗舰级影城，开业一年，累计观众 28.6 万人次，票房收入近千万元；会员达到 1 万余人，以会员价购票的收入占到整个收入的 65%–70%。

新城市影城。2005 年 9 月 16 日，由四川新城市影业有限公司建成营业，位于成都市西大街 1 号新城市广场 A 幢二楼。影城实行股份化管理和经营，加入四川省电影公司太平洋电影院线。影城拥有 1 个面积 2000 平方米豪华大堂，设有 7 个国际标准电影放映厅，984 个座位。当年共放映电影 216 部、19785 场，接待观众 56 万人次。

花园影城。1991 年开业，位于成都市一环路南三段 18 号，实行股份制管理，2002 年后隶属四川太平洋电影院线，影城设有 9 个电影厅、9 个电影自选厅。自选厅提供 4000 余部经典名片、最新影片供观众随意挑选，随到随看。2005 年影城平均每天接待观众 647 人次，全年实现票房收入 300 余万元。

华阳影城。原为华阳镇电影院，位于成都市双流县华阳镇华兴上街 1 号，2005 年 6 月 28 日，由影城和成都星美影业公司共同出资 100 万元进行升级改造后重新开业，更名星美华阳影城，占地 1200 平方米，有 3 个标准放映厅，450 个座位。是全国第一个与电影院线合作的乡镇电影院，也是全省第一个由乡镇电影院职工集资改造、拥有多功能放映厅的乡镇级电影院。除放电影外，三个厅还兼作乡镇企业、乡镇政府、群众性重大庆典或节日活动的场所。

【农村电影放映】

1999 年 12 月 7 日，成都市农村电影工作经验交流会召开。会议提出实施农村电影放映“2131 工程”（“21”，即 21 世纪初，“31”，即一村一月一场电影）。全市农村电影放映工作全面恢复和启动。2000 年 9 月 25 日，成都农村电影影片交易中心、成都电影幻灯制作交换中心（以下简称“两个中心”）在市电影公司成立。同年，成都市在全市各区（市）县开展以“看电影，学科学”为主题的农村科普电影周活动。随着农村放映队迅速增多，放映场次大幅度增加。2001—2005 年，市电影公司、市农影“两个中心”与各区（市）县文体局、电影公司，分别在新都（两次）、龙泉、成都、大邑，联合承办全市每年一次的农村电影放映员技术培训班，各区（市）县也开展技术培训与指导，有效解决全市农村电影放映中操作技能薄弱和技术水平不高问题。2002 年，成都市实现国内较大规模的农村电影放映与企业合作：成都烟厂每年出资 50 万元，支持全市农村电影放映“2131 工程”。2003 年 4 月，成都市率先在全国实行农村电影发行“零片租”，并建立农村电影二级发行站。至 2005 年底，成都市农村电影放映全面实现“2131”工程目标。

【电影展映】

纪念主题活动展映。90 年代初，成都地区各大影按照四川省、成都市统一部署安排，每逢建党、中华人民共和国成立、建军、抗战胜利等重大纪念活动及儿童、青年节，纷纷举办主题纪念电影展映月或放映周。90 年代末，纪念性展映活动内容形式也更为丰富，如新片主要编、导、演职员现场与观众见面、电影业界专家座谈、观众影评征集等。至 2005 年，成都市举办的重大纪念展映活动有 1999 年 4 月 26 日起，四川省委宣传部、省教委、省文化厅联合举办四川省纪念“五四”运动 80 周年青年电影展映月，其间，放映《一个都不能少》《挥师三江》《下辈子还做母子》《遥望查理拉》《网络时代的爱情》等 11 部新片，10 部青年题材片，同时开展“青年电影影评征文活动”；1999年9月1日至10月31日，成都市举办庆祝中华人民共和国成立50周年“祖国颂”电影展，活动期间放映了《国歌》《中国1949》《黄河绝恋》《开国大典》等29部新老影片，活动期间还举行以“祖国颂”为题的电影演讲会和影评征文；2001年6月1日至7月20日，按照市委、市政府的统一部署和成都市6个部委局文件通知，成都市举办“纪念建党80周年优秀影片展映月”活动，其间，在成都市及各区（市）县的城镇社区和农村乡镇共展映《开天辟地》《毛泽东在1925》《走出西柏坡》《国庆纪事》《开国大典》等110多部反映党的战斗历程和光辉历史的优秀影片，共放映2300余场，观众140万人次；2004年8月，成都市举办以“感谢小平——优秀电影周”为主题的电影巡展活动，8月16日，启动仪式在双楠社区举行，仪式上放映《邓小平在1928》，整个巡展活动共放映反映邓小平光辉一生的各类影片100场；2005年8月14—15日，成都市与企业合作举办纪念抗战胜利60周年社区主题电影免费大联映，活动期间共在20个社区放映点放映80场抗战题材的影片。

成都市儿童电影周。于2001年举办首届，各大影院在六一儿童节前后一周放映儿童喜闻乐见的中外影片。2002年6月1日，成都市第二届儿童电影周首映新片《母亲快乐》。至6月9日电影周结束，全市共放映《母亲快乐》《棒球少年》《TV小子》等20多部儿童影片。2005年5月26日至6月4日，成都市第五届儿童电影周举行。展映《暖情》《鲨鱼》《纸飞机》《超人总动员》《心急吃不了热豆腐》等中外优秀儿童影片600多场，观众22813人次，并在市内部分社区放映。

外国电影展映。改革开放初期，一大批优秀外国电影解禁上映，日本电影周、美国电影周等影展活动在成都市引起一时轰动。90年代，对外文化交流活动广泛深入开展，成都市外国电影展映活动也更为频繁。至90年代末，外国影展的举办主体、层次、主题更趋多元。至2005年，主要外国影展活动有“西班牙电影节”，由四川省对外友协与西班牙驻华使馆联合主办，于2004年7月2—4日在成都市举办，其间，共展映《格林纳达以南》《五楼》《给你我的双眼》《无人的生活》《加林德斯密事》5部艺术电影；“2004·波兰电影周”，由中国电影家协会、成都市人民政府、波兰电影协会联合主办，于2004年10月15—19日在成都市举行，其间，共展映《嗨，劳瑞斯卡》《克拉克夫的天使》《肖邦——爱的渴望》《心灵浓汤》《春天即将来临》《复仇》《埃迪》7部波兰影片；“西班牙电影大师作品展映”，由四川省对外友协与西班牙驻华使馆共同主办，于2005年4月8—10日在四川师范大学影视学院举行，活动免费放映《多瑙河旅馆》《爷爷》《卡门》《你的来生》《蝴蝶之舌》《疯女胡安娜》等8部西班牙电影大师的获奖影片；“法国电影展”，由法国大使馆与成都市政府主办，于2005年4月13—17日在成都市星美西南影都举行，影展共放映《求偶二人组》《大角色》《帝企鹅日记》《美酒家族》《暴力街区》《拳王》《守望者》《我家有女初长成》等8部代表法国各个类型电影最高水准的影片；“中国成都以色列国际电影展”，由四川省文化厅主办，于2005年8月4日起在成都市王府井电影城举行，共放映包括《折翼》《瓦迪的小号》《快乐星》《逾越节聚会》《千里追杀》《踏入新国土》《宾客》等7部不同风格的影片。

【电影业重大事件】

电影“五元票价风暴”。1999—2000年，成都市电影票价在15-20元之间，市场不景气。2000

年 11 月 3 日起，由峨眉电影发行放映有限公司总经理赵国庆牵头策划，在所属影院推行“五元票价”。一时间所属各影院观众爆满，在国内产生轰动性影响。国家电影事业管理局在与四川省、成都市电影公司深层次沟通后，发表支持降价意见。此后，四川太平洋影业公司所属各影院及外地影院也开始仿效。后因供片商逐步限供影片，成都“五元票价”在维持约 3 个月后停止。

球幕动感影城落户成都。2000 年 10 月 1 日，西南首家球幕立体动感影城在成都游乐园正式开业。这是继北京、天津、沈阳、中山之后第五家同类影城。该影城直径 16 米，共 24 座，球幕电影由航天模拟技术发展而来，通过声、光、电、影像和人机互动、动感模拟技术的综合运用，达到超过 180 度的银幕的立体逼真的效果。

组建成都市社区坝坝电影队。2002 年 9 月 1 日，成都市金牛区九里堤社区组建全市第一支社区坝坝电影队，定于每周五、日在该社区不同地点为群众放映电影。四川省文化厅向该社区赠送一套价值 2 万余元的放映设备。

建立成都汽车电影广场。2003 年底，成都市青年宫电影院、东风电影院分别在人民南路南延线，与“五朵金花”度假村、食圣餐饮连锁管理有限公司生态园合作，建立成都市第一处，也是西部地区较大的汽车电影广场。青年宫电影院建立的汽车电影广场于 11 月 27 日开业，首场放映入场汽车多达百余辆，约 500 人观看电影。东风电影院建立的汽车电影广场规模最大，投资 100 万元，占地 7000 平方米，银幕面积 350 平方米，放映直线距离 80 米，采用国内最高亮度 5000 瓦（一般为 3000 瓦）氙灯放映机。

全国首例电影院线影院转线。2004 年 3 月 19 日，经国家广电总局批复同意，峨眉电影院线中，原直属成都市电影公司的西南影都、青年宫影城、东风电影院、四川电影院，正式转入中影星美电影院线。是全国首例电影院线影院转线。

文化娱乐业

【概况】

成都娱乐业主要包括游乐园、歌舞休闲娱乐、网吧娱乐、数字娱乐等市场。多种经济成分并存，以社会投资、私营经济为主。90 年代初，成都市城乡娱乐项目不断翻新，各类娱乐场所发展迅猛，大多经营规模小、档次中低。90 年代中期，在激烈市场竞争中，各场所升级提档，出现一批规模经营企业。成都市文化市场管理部门注重从满足广大群众文化生活需求、提高娱乐经营场所经营水平和树立对外良好形象、改善投资环境出发，采取“抓大限小”等管理措施，通过对“小、乱、差”的“三厅二室”（歌厅、舞厅、卡拉 OK 厅、电子游艺室、台球室）进行萎缩性整治或取缔，全市文化娱乐市场得到快速发展。至 2005 年，随着人民群众生活水平的提高，特别是在城区，高档次的大型综合娱乐场所主导休闲娱乐市场。全市文化娱乐经营场所 1523 家，其中歌舞厅 129 家，卡拉 OK 厅 1038 家，夜总会 104 家，电子游戏机房 252 家，就业人员 12267 人。其中，投资 500 万-1000 万元的场所 50 家，投资 1000 万元以上的大型综合性场所 21 家。

【游乐园】

1984 年，成都游乐园建成营业，位于成都市东郊一号桥头府河北侧，占地 165 亩，是全市最先开办的游乐场所，在社会上引起轰动，成为少年儿童、乃至青年游乐活动的好去处。其中，高空翻滚列车离地25.77米，最大落差20余米，行驶全程耗时为1分40秒，最快时速75千米。同期投入使用的还有小火车、激光射击、波的炮、遥控车、遥控船等。1990年，该园建成投运有3个游乐区，即儿童乐园，有七项游乐设备，免费提供儿童游玩；儿童世界，有弹跳猩猩、摩托车、音乐摇摆动物、迷你火车、旋转天鹅5种游乐设备；水上世界，由造波池、环流池、六滑道大型滑梯和儿童戏水池四部分组成。建筑总面积7672平方米，水上面积3100平方米，可容2000人同时游乐。2000年后，增加空中环园列车、碰碰车、射击馆、疯狂的老鼠、越野赛车、电动摩托车、空战机、升降机等游乐设备。至2005年，全园游乐项目共有18项。单项票价每人每次在5元至20元，其中70%为5元，30%为10元、15元、20元。平时游客较少，周六、周日游客每天0.7万–0.8万人次，节日游客每天2.2万–2.5万人次。国色天香乐园。位于成都市温江区万春镇，占地近600亩。2005年开始打造，耗资1亿元引进近20种国际先进游乐设备。乐园以游乐、演艺、商业三大主题串联中国馆、法国馆、德国馆、比利时馆、日本馆、意大利馆、美国集市、魔幻岛、香颐湖等九大主题游乐区组成。游乐项目有摩天轮、摇摆旋转伞、极速风车、挑战者之旅、勇敢的救火队、旋转木马、转转环、自旋滑车、跳跃云霄、激流勇进、海豚跳、桑巴气球、音乐船、儿童爬山车、儿童弹跳车、旋转小恐龙等。入园不收门票。游乐项目票价在每人每次5—15元间，通票每人90元。

【歌舞酒吧】

成都歌舞娱乐休闲市场兴起于20世纪80年代，1990年，主要经营项目有舞厅、夜总会、卡拉OK厅、电子游艺、台球(桌球)、夜总会、文艺茶座以及传统的娱乐项目。以形式多样、内容广泛、自娱自乐特征。锦江宾馆夜总会、岷山饭店歌舞厅、华协歌舞厅等影响较大。90年代中期，仅成都城区就有120余家；卡拉OK厅遍及城乡；各类酒吧兴起，并出现府南河音乐广场河边一带、百花潭公园附近芳邻路酒吧一条街。成都市第一家夜总会于20世纪90年代初开设在锦江宾馆，至90年代中期，一部分规模较大、档次较高的歌舞厅也转型为夜总会经营。90年代末，卡拉OK厅由大规模专营的歌城、练歌房、音乐会所等取代。至2005年，成都市出现一批综合性娱乐企业和专业性旗舰企业，并主导成都文化娱乐市场。

【俱乐部·文化广场】

20世纪90年代初，在成都的企业、单位及部队大多建有职工、军人俱乐部，开展电影放映、图书阅览及各种文体活动，丰富职工群众和部队官兵业余文化生活。据不完全统计，1990年成都市有职工俱乐部数百个，不少俱乐部还拥有礼堂、放映厅等观演设施，是俱乐部组织群众文化活动的主要阵地。此后，厂矿单位俱乐部受改制、生存等因素影响，其观演场所或有闲置、他用或拆除。2005年仍有成都铁路局、成都机车车辆厂、成都飞机工业公司等一批企业俱乐部继续开展活动。

20世纪90年代初，成都市区内可供群众文艺观演的广场数量不多。随城市建设迅速发展，市内及区县的文化广场渐增。1997年9月，在经整治后的府南河畔建成开放式音乐广场，市民称之为“合江亭音乐广场”。该广场以圆形表演台为中心向河岸扩展成半椭圆形，面积3680平方米，其中舞台面积200平方米，可同时容纳3000人观看演出；广场配置有专业灯光及音响设备，保障演出效果；广场周边竖立八根浮雕音柱，图案借鉴永陵蜀宫乐伎图式；音柱之间安放四座不锈钢雕塑，表现爱乐女演奏“春韵”“夏咏”“秋声”“冬吟”四个乐章，是开展群众文化活动的良好场所。2000年始，成都各区加强社区广场建设，推动群众文体活动开展。其中，2000年金牛区建成锦西广场；武侯区2001年建成洗面桥文化广场，次年5月又建成武侯广场；2004年青羊区建成八宝广场。至2005年，市区内有广场40余个，大小不等，各有特点，群众文体活动开展的场地条件明显改善。

【艺术沙龙】

沙龙为法语“Salon”的中文译音，本意为客厅，泛指社会交际和文化交流场所。20世纪80年代末到90年代初，成都民间多在酒吧、茶楼、会所等场所开展各种主题沙龙活动。其中如文化沙龙常汇聚本土作家、诗人、艺术家、媒体从业人员、文学艺术爱好者，形成特有的文化交流圈子，开办于1998年的“艺术家沙龙”以宽窄巷子“白夜酒吧”为据点。20世纪90年代末，成都尚有相当部分娱乐酒吧以音乐为主题，长期举办音乐艺术表演及交流活动，成为音乐制作人、歌手、音乐爱好者时常聚集的地方，亦具沙龙特征，如位于玉林生活广场的“音乐房子”和锦里街上的“莲花府邸”等。至2005年底，成都市文化艺术沙龙门类广泛，活动内容涉及读书、摄影、书画、川剧、收藏、影视制作、艺术评论等各个方面。

【网络经营与服务】

成都市网吧经营场所兴起于20世纪90年代中期。经营规模较小，一般只有10–20台电脑，网络上可阅内容量少且单调。随着电脑游戏软件的面市，一些经营户私下在电脑上安装游戏软件，于青少年很具吸引力，生意红火。20世纪90年代末，许多青少年沉溺于网吧，社会反响强烈。市文化市场管理部门按规定采取措施进行清除，2000年起，网吧经营电脑游戏逐步放开，经营户数量不断增长，全市网吧数最多时达到3000多家。针对网吧电脑游戏对未成年人的影响和社会学生家长的强烈反响，成都市做出规定：禁止网吧通宵营业；禁止接待未成年人；不得在校园周边200米以内开设网吧。通过有效的政策引导，合理的宏观调控，全市网吧规模、档次均有提升。至2005年，全市网吧连锁企业5家，拥有连锁店467家，计算机终端3.56万台，分别占全市总量的20%和27.9%，其中直营店87家，加盟店380家。全市大型代表性网络文化企业4家。

【数字娱乐】

成都是全国三大数字娱乐中心之一，是全国游戏玩家和电子竞技选手数量较多、人员较密集、水平较高、电子竞技赛事频繁的城市，在历次全国电子竞技大赛获奖选手中川籍选手占70%–80%。成都最先在全球提出“数字娱乐产业基地”的概念，建成“成都数字娱乐软件园”。2000年起，先后举办“电脑节”“软件产品洽谈会”“数字娱乐展”“网络文化节”等活动。先后成立成都数字娱乐产业集团公司和天府软件数字媒体产业集团，倾力打造和壮大本土数字娱乐骨干企业。

2001年，成都网络游戏市场份额列全国第十位；2005年跃居到全国第三位。据中国互联网信息中心(CNNIC)统计，2003年全国网络游戏点卡销售25.5亿元，成都约2.57亿元，占10%。全年成都数字娱乐企业实现工业总产值销售收入约3.12亿元、利润约2100万元。成都的网民超过250万人，拥有数量众多的玩家，在全国名列前茅。

至2005年，成都市数字娱乐产业初步培育和完善全市数字娱乐产业链，形成以高新区国家软件产业基地为主要载体的数字娱乐研发、孵化中心，科技一条街为主要载体的数字娱乐批发、消费、应用、体验、竞技等中心的格局。全市从事数字娱乐及相关企业中，有网络游戏、手机游戏研发企业近60家，所研发的优秀游戏产品如《海天英雄传》等取得良好的市场反应，《魔幻之旅2》还成功打入国际市场；有游戏运营企业10余家，天府热线数据中心架设使用2000多台游戏服务器，代理国内外近50款数字娱乐产品，成都游戏数据中心(GDC)形成雏形。有从事数字娱乐产业的教育、科研机构20余家，形成西华大学国际动画艺术学院、四川大学软件学院、电子科技大学成都学院、成都大学美术学院、四川音乐大学美术学院等知名高等院校开设的影视动画相关专业，以成都数字娱乐软件学院、成都东软数字娱乐产业人才培训基地、成都蓝谷数码艺术学院、新加坡峰昇多媒体学院等为骨干的社会办学机构，加大对数字娱乐创作人才的培养。

文物和艺术品交易业

【概况】

成都文物市场兴起于20世纪80年代初，地点在锦江大礼堂前街沿，入夜为市。有自画自卖，也有专事代销，渐有工艺品、古玩出售。后夜市扩大到盐道街口设点摆摊，在指挥街、盐道街出现古玩字画商铺。90年代初形成规模，成为指挥街古玩市场。商铺全天营业，摊点入夜摆设交易。同时，猛追湾游泳场内古玩市场也自发形成，且规模大、入场人员多；冻青树邮票市场形成。鉴于已形成的两个古玩市场对市容市貌交通影响较大，市政府决定在文化公园二仙庵内设立古玩市场，由市文物管理行政部门集中统一管理，至1997年关闭。同年7月，市政府决定在草堂北路杜甫草堂北大门东侧设立成都市文物古玩市场，经营文物、古玩、字画等。1999年，送仙桥艺术城开业，经营字画、工艺品、古玩、文物。

【指挥街古玩市场】

成都市指挥街古玩市场兴起于20世纪80年代，是成都最早的古玩市场，初始仅有两三家商铺及岷山饭店街口的地摊，共13家。1990年至1998年为发展高峰期，有商铺30余家以及盐道街地摊，共有近百家。交易活跃，海外客人及港澳商人亦常光顾。其间，市文化管理部门对市场进行规范，对商家进行经营古玩业资格培训，颁发文物监管品经营许可证和上岗证，使指挥街发展成规模化和规范化的古玩市场。由于市政建设旧房拆除及其他古玩市场的兴起，2003年以后，商家陆续搬迁。

【猛追湾古玩市场】

成都猛追湾路猛追湾游泳场内古玩市场，于20世纪80年代后期自发形成，是继北京、广州、上海、深圳之后国内规模较大的古玩市场之一。每逢周三、周日为交易日，交易品种有字画、玉器、瓷器、旧家具及古玩杂件等。1995年初，根据成都市人民政府颁布的《成都市文物监管物品市场管理暂行办法》，成都市公安局、成都市文化局、成都市工商行政管理局联合发文，将该市场关闭。

【送仙桥古玩艺术城】

成都市送仙桥古玩艺术城，位于成都浣花文化风景区内，与杜甫草堂、青羊宫、文化公园、浣花溪公园相邻。1999年11月正式开业，占地30亩，建筑面积2万平方米，整个建筑为川西民居风格。艺术城多为两层，局部三层，分类经营古玩、字画、钱币、邮票、古家具、古籍善本、珠宝、翠钻、奇石、金银铜器及民族民间工艺品。设营业铺面680间，沿河旅游工艺品摊点1300个。场内配置有拍卖厅、贵宾厅、展览大厅、画廊、小型博物馆。2000年，古玩城成功举办全国剪纸艺术博览会、中华古玩艺术品博览会、全国省级文物商店艺术品拍卖交易会、景德镇“毛瓷”博览会、敦煌壁画展、四川十大古镇展等。2004年，配合中国西部民间艺术博览会、首届中国民间艺术百绝群英会等，举办具有强烈时代气息和广泛社会影响力的大型展览活动。当年全国工商联从全国47家古玩城中，评选出中国十大古玩城，送仙桥古玩艺术城位列第二。至2005年，送仙桥古玩艺术城发展成为中国西部较大的艺术品市场，吸引全国古玩爱好者、收藏家，以及加拿大、尼泊尔等境外客商。

【二仙庵文物监管品市场】

1995年初，根据成都市人民政府颁布的《成都市文物监管物品市场管理暂行办法》，经四川省文化厅批准和国家文物局同意，在成都市文化公园内设立二仙庵文物监管品市场。逢周三、周日为交易日。高峰时有数千甚至上万人进场，交易区扩展至二仙庵周边。参与交易者不仅有成都周边地区的人，还吸引了云南、贵州、陕西、河南、重庆等省市的商家前来交易。平时市场内有20余家坐商开门营业。在市场内交易的品种有古玩、仿古陶瓷、现代书画作品、奇石、根雕、旧书杂志、工艺品等。为当时西南地区较大的规范化文物监管品市场。1997年，市政府决定，关闭二仙庵文物监管品市场，另觅新址开设市场。

【成都市文物古玩市场】

成都市文物古玩市场是取代二仙庵文物监管品市场而设立，地址在成都市草堂北路杜甫草堂北大门东侧，占地面积约8亩。1997年7月开市。市场共有营业用房200余间，每天营业。每周三、周日逢场，除坐商外，主楼外的大街人行道上，由当地、外地个体商贩沿街沿摆摊出售。市场经营古玩、旧家具、瓷器、玉器、历代钱币、名人字画、古旧字画、古旧书籍、旧杂志报纸等。至2005年，市场平日交易额20余万元，逢场天交易额50万–60余万元。

【四川省古玩艺术品市场】

习称“花鸟市古玩市场”，地址在成都市草堂路浣花溪畔，占地30余亩。原为成都市园林局所属苗圃，后改建为花鸟市场，继而转向改为四川省古玩艺术品市场，由四川省文物局和青羊区文化局共同管理。场内有营业房300余间，另有空地约4亩为地摊区。1997年，二仙庵文物监管品市场关闭后，部分商家迁入该市场继续营业。市场内经营的品种以古玩为主，还有现代工艺品及河南、江西等省商家经营的玉器、瓷器。市场每天开放，大量的外地个体户仍习惯于周三、周日赶场交易。四川省翰雅拍卖公司、西南拍卖公司在市场内开设展销厅，定期或不定期举行一些小型拍卖会，拍卖一些中低档次的字画、瓷器等物件。2003年，因该市场被划入浣花溪风景区建设规划用地停止交易，原商家分别迁往送仙桥古玩艺术城和成都市文物古玩市场。

【大发集邮市场】

大发集邮市场地址在成都市东玉龙街 37 号。成都市的邮品交易，最初是自发在署袜街邮局附近沿街进行，于 1991 年发展至鼎峰，每天有上万人进行炒卖和交换邮品，经常严重阻塞当地交通，影响市容。1992 年，市政府决定在成都市东玉龙街 37 号新建的冻青树农贸市场三楼开辟专业邮票市场以取代署袜街邮市。于 1992 年 9 月正式开业。市场使用面积为 850 平方米，设有 200 余个摊位。每到周日，又在市场周围的走廊增添地摊 50–60 户。1997 年，有邮票、邮品、磁卡经营户 340 户。2000 年，新辟二楼市场，邮票、邮品、磁卡经营户达到 500 多户。2001 年 12 月，按照国家工商管理“地名不能用作市场名称”的规定，该市场更名为大发集邮市场。随着国内邮市的全面萎缩，该市场也受到严重影响，至 2005 年底，仅有经营户 200多户，多以经营磁卡为主。

文艺教育培训业

【概况】

成都市的专业文艺教育兴起于 20 世纪 50 年代。1953 年成立四川省川剧学校，1959 年成立成都市戏剧学校，1960 年成立四川省舞蹈学校。90 年代，四川大学、四川音乐大学、四川师范大学、成都理工大学等大学逐渐恢复或新开办艺术专业。成都专业艺术学历教育强劲发展。成都艺术培训市场兴起于 20 世纪 90 年代初期，有成都市群众艺术馆成立的成都艺术培训中心开展的成人、少儿艺术培训，成都市少儿宫培训部开展的少儿艺术培训。90 年代后期，成都市歌舞剧院、成都市京剧团、成都市木偶皮影艺术剧院也对社会开展业余艺术培训。2000 年，成都艺术中心成立成都艺博艺术培训学校开展艺术培训业务，并逐步成为与成都市少儿宫艺术培训齐名的成都两大艺术培训品牌。2000 年后，社会民间资金开始投资艺术培训业，并逐年增多。

【四川音乐学院】

四川音乐学院地址在成都市新生路 6 号。学院创办于 1939 年，校名先后称“四川省立戏剧教育实验学校”“四川省立戏剧音乐实验学校”“四川省立技艺专科学校”“成都艺术专科学校”“西南音乐专科学校”。1959 年，经教育部批准为“四川音乐学院”，成为中国首批 6 所具有本科办学层次的高等音乐学院之一。至 2005 年，音乐学院由新、老两个校区组成。占地总面积 1155.75 亩。校舍总建筑面积 34.86 万平方米。老校区位于成都市的中心地带，新校区位于成都市新都区。音乐学院开办有 19 个专业教学系(院)：作曲系、音乐学系、声乐一系、声乐二系、民乐系、钢琴系、管弦系、音乐教育系、舞蹈系、现代器乐系、戏剧系、戏剧影视文学系、歌剧与艺术管理系、数字艺术系、传播艺术系、成都美术学院、通俗音乐学院、国际演艺学院、绵阳艺术学院(独立学院)等 77 个专业方向。音乐学院拥有音乐学、美术学各专业硕士学位授予权。有教职工 1245 人，专任教师 812 人，其中，享受国务院政府特殊津贴专家 6 人。

【四川省川剧学校】

四川省川剧学校(四川省艺术学校)创建于 1953 年 10 月，地址在成都市新生路 5 号。学校先后被批准为“省部级重点中专”和“国家级重点中专”，是中央戏剧学院、北京舞蹈学院、上海音乐学院“后备生培训基地”。学校相继建立教学一区、教学南区、教学东区，兴建教学大楼、学生食堂、新训楼、足球场、运动场、图书馆、多媒体教室等硬件设施。至2004年，学校有教师129人，其中，高级职称35人，中级职称63人，初级职称17人，在一线教学的在编及外聘正高级职称的专家、教授30余名。学校开办有20余个艺术门类的专业，在校学生近3000名。学校每年约有二分之一的学生升入中央戏剧学院、中央美术学院、中国戏曲学院、北京电影学院、中央音乐学院、上海音乐学院、四川大学等高等院校学习。该校于2005年并入四川艺术职业学院。

【四川省舞蹈学校】

四川省舞蹈学校地址在成都外西谢家神祠。始建于1960年。是中国西部地区唯一的一所专业舞蹈学校，国家级重点中专。占地72亩，校舍面积3万平方米。拥有一流的舞蹈练功房，灯光、音响齐全的观摩课教室，可供实习排演的剧场，音像资料室，游泳池，运动场等。至2004年， 学校有高、中级专业教学科研、管理人员150余人。教学上，师承北京舞蹈学院的优秀教材和教学方式，保证教学质量。学校还努力挖掘当地的民间舞素材，形成具有特色的羌、彝、秀山花灯等教材。学校根据艺术教育事业发展的需要，先后与四川音乐学院、四川师范大学联合开设大专班。四川省舞蹈学校40年来共为国家培养输送各类艺术人才3000余名，特别是舞蹈专业人才。该校于2005年并入四川艺术职业学院。

【四川艺术职业学院】

四川艺术职业学于2005年经四川省人民政府批准、教育部备案成立，由国家级重点中专四川省舞蹈学校、四川省川剧学校 、四川省艺术学校联合组建而成，位于成都外东成洛路1段1号。是公办全日制高等艺术学院。开办有戏剧系、舞蹈系、音乐系、艺术设计系、动漫系等，20余个艺术类专业，分为省艺校校区、省舞校校区和学院驻地校区教学。在校生4500余人。至2005年底，学院有中高级专任教师400余人，先后为国家培养一大批优秀艺术人才，荣获国内外艺术大奖1000余项。学院培养的毕业生在历届全国“五个一工程奖” “文华奖”、戏剧“梅花奖”、舞蹈“荷花杯”与“桃李杯”等国内顶级艺术大赛中频频摘获金奖。学院拥有下属实训基地“四川省青年歌舞团”“四川省青少年艺术团”“四川省青年川剧团” 及省文化厅直属的各艺术表演院团和画院、雕塑院、电影公司、文化馆，为在校生提供充分的教学观摩和实习的社会实践平台。学院师生组建的艺术团先后出访过30多个国家和地区，并先后接待过20多个国家和地区的艺术家1000余人次。

【成都市文化艺术学校】

成都市文化艺术学校地址在二环路西一段122号。其前身为成都市戏剧学校，始建1959年，1963年后暂停招生。1989年更名为成都市文化艺术学校，系全日制中等专业艺术学校，教学场地1600平方米。学校教学设施和生活设施完善，有适应不同教学需要大小教室、练功房、琴房、小剧场，以及学生公寓。至2005年，学校有专业教师100余名，其中，具有高、中级专业职称的教师51名。学校开办有：杂技、中国舞、木偶、曲艺、川剧、主持与播音、器乐、舞台美术、群众文化艺术、影像与影视艺术(数字娱乐)、电视摄像、电影发行放映管理、文物旅游等专业。

【四川大学艺术学院 】

四川大学艺术学院地址在成都市九眼桥望江路29号、一环路南一段24号。四川大学艺术学院是1994年并校后筹建的第一个学院。艺术学院开办有美术学系、绘画系、艺术设计系、表演系、影视编导系、音乐系、舞蹈系7个教学单位和美术研究所、环境艺术研究所、视觉艺术研究所等研究机构,有美术学、艺术设计(平面艺术设计、环境艺术设计)、动画、绘画(中国画、油画)、舞蹈学、广播电影电视编导、表演7个本科专业。并与历史文化学院共建"文物学与艺术史"博士点。拥有艺术学一级学科硕士点授予权。2005年,学院拥有美术学(7个专业方向)、设计艺术学(5个专业方向)、中国少数民族艺术(3个专业方向)、艺术学(4个专业方向)4个硕士学位授权点。学院有教职工110多人,其中,近50%具有教授、副教授职称,享受政府特殊津贴者5人,硕士生导师近30人,学院还聘有一批海内外著名专家、学者担任名誉教授、客座教授。学院有研究生、本科生1400余人,各类成教生500余人。

【四川师范大学文学音乐舞蹈美术学院】

四川师范大学文学音乐舞蹈美术学院位于在成都市静安路5号。川师大在20世纪60年代就开设艺术专业教育。至2005年,开办有文学院广播电视编导系,音乐学院声乐系、器乐系、电脑音乐制作系、作曲与指挥系,舞蹈学院音乐舞蹈系、音乐剧系、中国舞系、民间舞系、舞蹈编导系,美术学院美术学系、艺术设计系等。学校有专任教师1410人,其中,具有正高级专业技术职务的教师190余人,具有副高级专业技术职务的教师380余人,具有博士学位的教师220余人,具有硕士学位的教师710余人。学校有全日制本专科学生2万余人,博士与硕士研究生3000余人。

【成都理工大学影视艺术学院】

成都理工大学影视艺术学院建于1997年,地址在成都市(高新西区)团结学院路67号。教学、生活用房、学生公寓等建筑面积30万平方米。学院开办有播音与主持系、编导与戏剧影视文学系、艺术设计与动画系、新闻系、表演系、音乐舞蹈系、戏剧影视美术设计系、摄影系、传播与经贸系、管理系、计算机科学与技术系等11个系40个本科、专科专业。至2005年,学院有近千位教师,高中级职称占85%以上。在校生1.2万余人。

【业余文艺演艺培训机构选介】

成都青少年宫艺术培训中心。地址在成都市顺城大街262号。 始建于1958年,当时名称为"成都市少年之家",1983年3月更名为青少年宫。青少年宫建筑面积1200平方米。青少年宫分为青年活动中心、少儿培训中心和发展中心三个区域开展文化、艺术、体育、科技等50多个项目的培训活动。常年参加包括科技、体育、文化、艺术等方面培训的学员达0.4万余人次,培训由最初的简单培训走上初级、中级、高级,创作、表演等较为高层次完善的培训体系。少儿艺术培训开办有书法、美术、声乐、器乐、舞蹈、主持、跆拳道等。为中央音乐学院、中国音乐学院、北京舞蹈学院、上海音乐学院、中央美术学院、四川音乐学院、四川美术学院等大专院校和专业文艺团体输送优秀人才400余名。青少年宫有73.6%的教师具有中、高级职称,60%的教师是全国或省市级各类专业学(协)会会员。培训中心为成都业余艺术培训的知名品牌。

成都艺术培训中心。由成都市群众艺术馆创办,原地点在成都市锦江区总府街18号成都市群众艺术馆内;2004年随市群众艺术馆迁至成都市青羊区草堂路17号。开办有声乐、器乐、舞蹈、绘画、书法、跆拳道。常年参加培训学习人数上千人。

成都艺博文化艺术培训学校。成立于2000年，位于成都市水碾河路48号成都艺术中心内。培训教室4000平方米。开办有美术、舞蹈、声乐、语言表演、写作、英语、奥数、科体等项目。参加培训学员常年人数近万人。学校成为成都业余艺术培训的知名品牌。

文化产业项目与示范基地

【文化产业项目】

成都市文化产业项目从20世纪80年中期代开始打造。成都市群众艺术馆在当时政府财政紧张一时无财力安排的情况下，在原总府路18号馆址处采取引资改造馆舍增加群众文化活动场地；建立成都首家音像制品复录批发销售企业；广泛开展歌舞娱乐、艺术培训等文化经营活动，在文化产业发展初期在全国文化系统有较大影响，得到文化部肯定，并作为经验向全国文化系统介绍。锦江剧场围绕川剧演出，广泛开展相文化经营及其他经营活动，1992年8月，被文化部、财政部授予“全国以文补文先进集体”称号。进入21世纪，成都出现前所未有的文化产业发展浪潮，从市到区县，从国家财政投入到社会民间投资，陆续出现一批投资大、规模大的文化产业项目。有的已产生较大影响，有的还被评为全国文化产业示范基地，发挥对社会经济发展的促进作用。主要项目如下。

成都大庙会。是具有浓郁本土特色和品牌效应的民俗节庆活动，每逢春节举行，历时月余。于2003年恢复，以成都市人民政府名义主办，在文化公园内举行，由民营企业四川爱乐文化传播有限公司投资承办。2004年、2005年在武侯祠博物馆内举办，由成都武侯祠锦里文化旅游管理有限公司投资承办。成都大庙会以民俗文化、三国文化为主体内容，安排有民俗活动、民间工艺、文艺演出、工艺彩灯、特色小吃、园林花卉等多种活动与展示。至2005年，三届庙会共接待国内外游客183万余人，门票收入1800万元，拉动相关产业收入3500万元。“成都大庙会”还作为成都市的品牌文化产业项目，先后到香港、澳门、广州、北京等地举办，有效地提升成都城市和文化的影响力。

金沙遗址博物馆工程。为成都市政府财政投入，总建筑面积3.7万平方米，总投资3.9亿元。工程于2003年开工，包括考古发掘现场遗迹馆、文物陈列馆、文保中心、游客服务中心、园林景观和配合服务设施等。博物馆展示中国文化遗产标志图案的出土原物“金沙太阳神鸟金箔”，与大熊猫一起成为成都知名名片和旅游品牌。

成都武侯祠博物馆槽营坝景区扩建工程。于1999年开工，2001年完工。占地16亩，建筑面积3782平方米，总投资1300万元。建成“三义庙”仿古戏台及以表现刘备、关羽、张飞桃园三结义人物雕塑为主题的园林新景观，扩大文物保护区，为游人提供广阔的游览空间和活动内涵。项目以武侯祠博物馆自筹资金为主，国家给予一定专款资金。

成都杜甫草堂博物馆环境改善工程。于2002—2005年进行，总投资1000万元。先后新建茅屋景区、杜甫铜像、杜诗木刻廊景点；维修南大门、天王殿、大雄宝殿、定光殿等古建筑；改造兰园接待室、啜茗园茶园等服务设施；绿化175亩，培植草坪1500平方米，改造路面2700平方米。优良的环境，齐备的基础设施，规范的管理和优质的服务受到广大游人的喜爱。

成都杜甫草堂水环境综合治理工程。于2002年完成,总投资1100万元。工程改善杜甫草堂内的水环境,达到清洁水体、美化环境,保护草堂博物馆历史、文化风貌,从整体上提高风景区生态环境的质量,为游客增添游览观赏内容。

中国诗歌文化中心。于2005年建成,由四大板块构成:杜甫草堂、诗圣文化园、唐风街、浣花公园,共800余亩。是中国唯一的集交流展示、活动庆典、诗歌产业、研究创作于一体的诗歌文化载体,杜甫草堂是中国诗歌文化中心的核心区。

川菜博物馆。地址在成都市郫县古城镇,距成都市区26千米。2004年11月18日被文化部命名为国家“文化产业示范基地”。占地35亩,建筑面积10147平方米,总投资1亿元。川菜是中国四大著名菜系之一,以味别丰富,雅俗共赏著称。经千年传承,广吸博纳,沉积了博大的文化内涵,并以其鲜明的时代特色,享誉全国,香飘世界。川菜博物馆设有文博展区和互动展区,让参观者除了感受历史的传承外,还能目睹川菜厨艺的精湛,从而领略川菜继往开来的风采。

邛窑陶艺文化产业园。地址在成都邛崃市。产业园集陶艺研发、文物展览、休闲为一体的综合性文化旅游产业园区,总投资1.2亿元。项目由政府规划主导,既有国家投入,又采取引进社会资金投资。至2005年底,投入221万元,完成龙窑搭棚保护工程,并启动核心区征地工作。

亚洲婚庆文化基地。地址在成都市龙泉驿区。项目占地350亩,总投资6000万多元。由修建东山国际社区楼盘的开发企业投资建设。项目包括婚礼、婚宴、婚物、婚纱摄影、结婚纪念日、婚介等活动场所和设备。2005年,婚庆艺术中心建成完成投资2500万元,并于次年举办第十一届亚洲婚礼文化节。

洛带·成都文化产业园。地址在成都市龙泉驿区洛带镇。项目由政府规划主导,并进行基础设施建设,广泛引进社会投资。首期规划1500亩,中期规划2000亩,远期规划到2010年时达到4000亩。主要包括生态博物馆区,国家画院基地,文化旅游产品制造、加工、销售区三大区域,其中生态博物馆占地500亩,国家画院基地占地500亩,工艺陶馆、青铜器加工、竹编制品加工、仿古家具生产、传统酿酒作坊、石雕工艺作坊、文物复制生产占地1000亩,相关旅游、地产等配套设施2000亩。

【文化产业示范基地】

文化部为大力推动全国文化产业发展,在全国评选文化产业典型代表,授予全国“文化产业示范基地”称号,以资鼓励并起示范作用。至2005年,文化部先后命名成都武侯祠锦里旅游文化经营管理公司、四川建川实业集团、成都市三圣花乡景区、成都市兴文投资发展有限公司为国家“文化产业示范基地”,并授牌。

锦里。由成都武侯祠锦里旅游文化经营管理公司打造。公司引进社会资金,由武侯祠博物馆控股组建。锦里地处成都武侯祠博物馆内,占地16亩,建筑面积6520平方米,长度350米,总投资2000万元。2002年开工,2004年10月31日建成对外开放;当年11月18日被文化部命名为国家“文化产业示范基地”(第一批)。锦里依托武侯祠品牌文化内涵,打造体现川西民居建筑风貌及三国蜀汉文化特色的文化休闲古街,是三国文化、蜀汉文化、地方民间文化、民间工艺、成都名小吃的展示场所、影视拍摄基地。至2005年底,累计接待国内外游客400余万人，实现销售收入3500万余元，拉动周边经济上亿元，为社会提供近千个就业岗位，成为成都民俗旅游休闲文化的亮丽品牌。

四川建川博物馆聚落。地址在大邑县安仁镇，由民营企业成都建川实业集团有限公司所属四川安仁建川文化产业开发有限公司投资建设，占地500亩，总建筑面积12万平方米，总投资6亿元。包括抗战、“文化大革命”、民俗三个主题的25个单位博物馆；2个主题文化广场；儿童游戏区、民国风情街、田园风光带、斜江景观带等4个配套区域组成(详见博物馆)。

三圣花乡景区。由三圣花乡景区管理委员会打造管理，地处成都市锦江区三圣乡，面积16.31平方千米。政府先期投入，吸纳社会资金，以花做媒，文化为魂，将花乡资源开发与特色文化旅游景区建设紧密结合，分别打造“花乡农居”“幸福梅林”“东篱菊园”“荷塘月色”“江家菜地”；先后建成咏梅诗廊、梅花博物馆、农业文明记忆馆、画家村、赏画廊，举办大型文化活动；开发“花”文化主题文化商品，农民收入大大提高，成为成都文化休闲、旅游一大亮点。2005年，“五朵金花”有农家乐300余家，接待海内外游客531.08万人次，实现经营收入1.41亿元。

物质文化遗产

综述

成都历史悠久，文化灿烂，是中国首批命名的历史文化名城之一。这里自然条件得天独厚，历代人民勤劳智慧。自秦代成都筑城起，2300余年来城名相因、城址不变，全国仅有。成都的历史文化遗存，种类繁多，数量丰富。成都平原先后发现的古代遗址包括居住址、城堡、道路、桥梁、水利工程、作坊、窑址、园林、楼阁、亭台、碑塔、寺庙、祠堂、陵墓、明器等，均具有较高历史价值、科学价值和艺术价值。其中，20世纪90年代、21世纪初，先后发现史前古城群、十二桥商周、商业场船棺、金沙等遗址、遗迹、遗物，再现古蜀文明的历史演进与辉煌成就。邛窑、永陵石刻、孟蜀石经、“西川印子”、交子等文物遗迹，再现唐宋“扬一益二”时代成都经济文化的高度发达与繁荣；保存完好的都江堰、望江楼、武侯祠、杜甫草堂、罨画祠、华西坝钟楼、宽窄巷子等大批建筑、园林、街坊，成为当代成都这座历史文化名城的标识性景观遗存。市境内还有如宝光寺、石经寺、文殊院、昭觉寺、大慈寺、青羊宫、青城山道观、平安桥天主教堂、彭州领报修院等宗教建筑遗存；有大邑县安仁镇、新场镇，双流县黄龙溪镇，龙泉驿区洛带镇，邛崃市平乐镇为代表星罗棋布的历史文化古镇，有新都、崇州、邛崃等省级历史文化名城，历经沧桑岁月，至今仍存留着川西独特风情和历史面貌。在1999年6月获国务院批准施行的《成都市城市总体规划》(1995—2020年)中，明确规定历史文化遗产的保护体系，包括成都古城、风景名胜、文物保护单位、历史文化保护区、地下文物保护区、有特色的传统建筑和构建物、古树名木、传统特色文化等8个方面。成都市依据国家法律和政策，按照国际通行准则，积极开展文化遗产调查整理申报工作，取得显著成效。继2000年11月联合国第24届世界遗产大会批准并将成都市青城山、都江堰列入世界文化遗产名录后，成都市全面开展物质文化、非物质文化遗产保护、申报工作。至2005年，全市有世界文化遗产1处；全国重点文物保护单位26处、省级文物保护单位34处、市级文物保护单位55处；拥有各类博物馆45个。这些宝贵丰厚的遗产资源，既是成都平原历史沧桑的见证，也是中华民族文化的珍贵宝藏。

青城山、都江堰

【概况】

1998年底，成都市将青城山、都江堰景区作为世界遗产向联合国教科文组织世界遗产委员会进行项目申报，并按标准对景区进行大规模的整治和保护，历时近两年，共投资24.08亿元。2000年11月29日，在澳大利亚昆仕兰州凯恩斯市召开的联合国第24届世界遗产大会上，批准并将中国四川省成都市青城山/都江堰列入世界文化遗产名录。从此，青城山和都江堰成为全人类共同保护的宝贵财富。青城山与都江堰的英文名称：Mt.Qingcheng and Dujiangyan；遗产种类：文化遗产；青城山与都江堰于2000年11月被列入《世界遗产名录》；世界遗产委员会评价：青城山是中国道教的发源地之一，属于道教名山；建福宫，始建于唐代，规模颇大；天然图画坊，是清光绪年间建造的一座阁；天师洞，洞中有“天师”张道陵及其三十代孙“虚靖天师”像；现存殿宇建于清末，规模宏伟，雕刻精细，并有不少珍贵文物和古树。都江堰建于公元前三世纪，位于四川成都平原西部的岷江干流上，是中国战国时期秦国蜀郡太守李冰及其子率众修建的一座大型水利工程；都江堰是全世界至今为止，年代最久、唯一留存、以无坝引水为特征的宏大水利工程，2200多年来未曾衰废，至今仍发挥巨大效益。青城山和都江堰均位于中国四川省成都市所辖都江堰市境内，地处横断山北段川西高山峡谷，是四川盆地向青藏高原过渡地带，为世界生物多样性关键区域，其地质构造复杂，山峦起伏，坡陡谷深，气候温暖湿润，地质历史悠久，生物种类繁多，是全世界亚热带山地生物多样性保护最完整的地区。

【青城山】

古名天苍山。相传轩辕黄帝遍历五岳，封青城山为“五岳丈人”，故又名丈人山。东汉顺帝汉安元年（142年），张道陵在此创立“五斗米道”（又称“天师道”），设二十四治，布于天下，因此成为中国道教发祥地，被道教列为“第五洞天”。唐开元十八年（公元730年）改为现名。青城山东向成都平原，后接岷山雪岭，包括前山和后山，前山为青城山主体景区，面积12.56平方千米，自古即以“青城天下幽”而名扬四海。山上植被茂盛，终年常绿，拥有植物340余种，且诸峰环绕，状若城郭，山上有常道观、天师洞、古银杏、掷笔槽、三皇殿、手诏碑、麻姑池等都充满种种传说。唐代杜甫有诗写道“自为青城客，不唾青城地。为爱丈人山，丹梯近幽意”。唐代诗人岑参、钱起、贾岛，宋代诗人陆游、范成大等均在此留有脍炙人口的诗句，对青城山的秀丽景色倍加赞叹。青城山是中国道教发祥地，道家“第五洞天”东汉末年，道教创始人张陵（又名张道陵，后人称张天师）在此修炼仙术，创立天师道（又名五斗米道）。晋代以后，山中道教渐盛，极盛时有道观70余处，胜景108处，现存建福宫、上清宫、祖师殿、圆明宫、老君阁、玉清宫、朝阳洞等等数十座保存完好的道观。故而青城山素以道教文化、古建筑文化著称，乃具青城洞经古乐、青城武功、青城易学、青城丹法等传统。山有日出、云海、圣灯“三大自然奇观”和洞天乳酒、苦丁茶、道家泡菜、白果炖鸡“四绝”，山间里“苔深不雨山常湿，林静无风暑自清”，是天然的避暑胜地。为国家AAAAA级旅游景区。

【都江堰】

位于成都境内都江堰市城西，古时属都安县境而名为都安堰，宋元后称都江堰。是秦蜀郡守李冰主持修建的大型水利设施，具有自动分流江水、自动排沙、自动控制进水流量等功能，其规模和效益，在世界上绝无仅有，堪称人类科技史上的一座丰碑。工程包括鱼嘴、飞沙堰和宝瓶口三个主要组成部分，其构思、设计、选址都独具匠心。其中，鱼嘴是在岷江江心修筑的分水堤坝，形似大鱼卧伏江中，它把岷江分为内江和外江，内江用于灌溉，外江用于排洪；飞沙堰是在分水堤坝中段修建的泄洪道，它能在泄洪的同时，借助洪水漫过飞沙堰而产生的流体引力，将山洪冲下来的大部分沙石从外江排走，极大减轻宝瓶口前后的淤积；宝瓶口是内江的进水口，形似瓶颈，除引水外还有控制进水流量的作用。鱼嘴分水堤上，有安澜索桥（又名“夫妻桥”）横跨内外两江，建造年代无从考证。据《华阳国志》记载，李冰“能笮”（“笮”意为竹索），推测桥的建造时间当不晚于都江堰修筑年代，被誉为中国五大古桥之一。现存安澜桥系重建，以钢缆代竹索，位置下移100余米。至2005年底，都江堰灌溉农田面积达1000余万亩，并有效消除成都平原水患，是“天府之国”富庶的源泉。都江堰的工程布局和前人采用的“深淘滩、低作堰”“乘势利导、因时制宜”“遇弯截角、逢正抽心”等治水方略，是中国古代水利科学的开创之举。此外，都江堰一带还有二王庙、伏龙观、安澜索桥等名胜古迹，极具历史文化价值。为国家AAAAA级旅游景区。

成都平原史前城址遗址群

【概况】

1995年起，成都市文物考古研究所等单位在位于成都平原上的新津、郫县、都江堰、温江、崇州、大邑等地调查发掘，先后发现约4500—3800年前，即中国新石器时代晚期至夏代的史前城址群，包括新津宝墩古城、都江堰芒城、郫县古城、温江鱼凫古城、崇州双河古城、紫竹古城和大邑盐店古城和高山古城8座城址。其中，宝墩遗址面积60多万平方米，在中国同时期古城中仅次于湖北石家河城址；盐店古城遗址面积为30余万平方米。1997年，成都平原史前城址考古获评“1996年度全国十大考古新发现”。2001年，成都平原史前城址群被国务院公布为全国第五批重点文物保护单位。至2005年底，成都市文物考古研究所等单位对成都平原史前城址群调查、发掘10余次，总计发掘面积8000平方米。成都平原史前城址群文化特征鲜明，被学术界命名为“宝墩文化”，代表4500—3800年前以成都平原为中心并在四川盆地内广为分布的考古学文化，与广汉三星堆遗址所体现的三星堆文化、十二桥遗址所体现的金沙文化、商业街船棺遗址所体现的战国青铜文化，共同构成古蜀文明进化史，表明成都平原是中国长江上游地区古代文明起源的中心、中华古代文明的起源地之一，为确立中华古代文明起源多元一体学说提供了重要佐证。

【宝墩遗址】

宝墩遗址俗称“龙马古城”，位于新津县龙马乡宝墩村。地理坐标北纬30°26′、东经103°45′，海拔高度472–474米。成都平原史前城址之一，约4500年前新石器时代晚期遗存。宝墩遗址宝墩遗址地处川西平原西南边缘，平面略呈长方形，遗址长约1000米，宽约600米，高约5米，面积60余万平方米，区域内见有明显土垣，呈合围状，北边和东边土垣保存较好，西边土垣残存，南边土垣已被后期破坏。

20世纪50年代起，考古部门即对该遗址陆续做过一些调查，确定土垣非自然形成，系人工夯筑而成。1995年11—12月，成都市文物考古工作队、四川联合大学（四川大学）考古教研室、新津县文物保护管理所联合对宝墩遗址进行调查并试掘。1996年11—12月，由成都市文物考古工作队、四川联合大学考古教研室、日本早稻田大学和新津县文物保护管理所组成的中日联合考古调查队对宝墩遗址做进一步发掘，发现灰坑32个，以圆形、椭圆形、长方形为主；墓葬5

座，均为长方形竖穴土坑墓；房址1座，呈方形，为“木骨泥墙”式建筑。出土器物主要为石器和陶器，其中陶器分夹砂陶与泥质陶两类，主要器形有绳纹花边罐、敞口圈足尊、盘口圈足尊、喇叭口高领罐、宽沿平底尊、宽沿盆、壶等，多为生活用器；石器多小型磨制石器，主要器形包括斧、锛、凿、刀、镞、砺石等。

宝墩遗址文化时间早于成都平原已发现的三星堆文化。其文化面貌与成都平原先后发现的郫县古城、温江区鱼凫古城及都江堰市古芒城等类似，以宝墩遗址面积最大，代表性最强，这类文化遗存被学术界命名为“宝墩文化”。1997年，以宝墩遗址为代表的成都平原史前城址群被评为1996年度中国十大考古发现之一。2001年，宝墩遗址由国务院公布为全国第五批重点文物保护单位。

【鱼凫村遗址】

鱼凫村俗称“鱼凫城”，位于成都市温江区万春镇，跨该镇鱼凫、直属、报恩三村，距成都市区约20千米。地理坐标北纬30°45′、东经103°49′，海拔高度556–560米。成都平原史前城址之一，属新石器时代晚期遗存。

史传古蜀国历经蚕丛氏、柏濩（《蜀王本纪》记作“柏濩”、《艺文类聚》记作“伯雍”）氏、鱼凫氏、杜宇氏和鳖灵氏等五代。其中，鱼凫氏是第三代蜀王，从岷江上游来到成都平原，并于4000余年前在温江万春建都。清乾隆《温江县志》、清《嘉庆一统志》、清嘉庆《温江县志》和民国《温江县志》记载，鱼凫都城“在治北十二里，相传为鱼凫王都，其遗址犹存，乡人呼为土城埂”。鱼凫村遗址的具体地点今称南岳庙，现为万春镇政府所在地，传鱼凫建都就在此处。

1964年，四川大学历史系师生曾对鱼凫古城进行实地调查和考古测量，并推断“古城埂为人工所为、是一座城址”。遗址区地势平坦，平面呈不规则多边形，面积32万平方米。地面上有不连续低矮土垣，高出地面约2米，凡4段；土垣周长1810米、保存比较完整的1300米，为城墙残迹。1985年经市政府批准为成都市第二批文物保护单位。1996年秋，成都市文物考古工作队、四川联合大学(今四川大学)历史系考古教研室、温江县文物保护管理所联合对鱼凫村遗址进行调查和试掘，发现灰坑65个，分为圆形口、椭圆形口、长方形口、方形圆角口、长方形圆角口和不规则形口等6类；发现房址2处，仅存基槽或柱洞；发现灰沟1条，沟内黏土夹杂少许炭屑和红烧土块。考古人员还对城墙墙体进行解剖，测得解剖处墙体现存高度不低于3.7米、顶宽18.3–19.2米、墙脚宽28.6–29米；发现墙体系堆筑而成，有类似阶梯的遗痕，墙土内有少量陶片。

该遗址出土文物主要为陶器和石器数量较多，陶器占绝大多数。出土陶器按陶质分为泥质器和夹砂器两种，泥质陶器类型有喇叭口形器、折沿尊形器、折沿罐、盘口器、盘、敛口罐、广肩罐、杯、钵、圈足盘、圈足罐、器盖、器柄、壶、尊形器底、深腹罐、器鋬、器圈足、器底、纺轮等；夹砂陶器类型有花边大口罐、侈口罐、敞口尊形器、圈足器、宽沿束颈罐、盘口器、盘、小口高领罐、有领罐、曲沿罐、盆形器、杯、器盖、器座、深腹罐、折沿罐、敛口瓮、缸、器底、纺轮等。出土石器47件，有磨制、打制、琢制3种类型。出土器物的造型、特征、风格、纹饰等，与宝墩遗址一致，与三星堆遗址一期相近。

1999年，考古部门再次对鱼凫村遗址进行发掘，又出土一批陶器和石器，其中的石矛系一件完整的兵器，还发现房址、城墙、墓葬等文化遗存，进一步探明遗址性质。

温江坊间至今流传诸多关于蜀王鱼凫传说，如“鱼凫架桥”“鱼凫大战饮马河”“王后变花鲢”等。相传鱼凫王死后葬于今温江区寿安镇火星村，其墓葬处在当地俗呼为“大墓山”。寿安境内，还有第二代蜀王柏灌的墓葬。2001年，鱼凫村遗址由国务院公布为全国第五批重点文物保护单位。

【郫县古城遗址】

郫县古城遗址位于四川省郫县三道堰镇古城村。成都平原史前城址之一，约4000年前，属新石器时代晚期遗存。遗址区呈长方形，长约650米、宽约500米，面积32.5万平方米。在已发现的成都平原史前城址群中，郫县古城遗址保存最为完好。

1996年秋，考古部门对郫县古城遗址进行调查和试掘，初步确定该遗址与宝墩等遗址文化总体特征一致。

1997年10月至1998年1月，成都市文物考古研究所和郫县博物馆对该遗址作较大规模发掘，发掘面积共1500平方米，发现灰坑10个，出土遗物较少；发现墓葬1座，为长方形竖穴土坑墓，内葬成人遗骨、仰身直肢、无葬具和随葬品；发现房址4座，其中有大型房基1处，位于遗址中部，平面呈长方形，长约51.5米、宽约10.7米，面积约551平方米，内有5处类似台子的长方形卵石堆积，由东往西规整排列。推测为一座大型礼仪性建筑。

出土遗物主要有陶、石器两类。陶器有夹砂质陶和泥质陶两种，按器形分为平底器和圈足器两类，制作方法主要以泥条盘筑加慢轮修整为主。泥质陶中有少量器盖、纺轮。出土石器皆磨制，仅斧、锛两种。另外出土玉器残块一件，长方形，两端残断，通体磨制，有切割痕迹。

2001年，该遗址由国务院公布为全国第五批重点文物保护单位。

【芒城遗址】

芒城遗址位于都江堰市青城乡芒城村，俗称“芒城子”。遗址地处成都平原西部边缘，西向2.5千米处是青城山支脉药王山，东向1.4千米处有泊江河。地理坐标北纬30°52′、东经105°35′，海拔高度675米。遗址距今约4300–4500年，属新石器时代晚期遗存，是成都平原史前城址群中面积较小的一处。

1989—1990年，中国社会科学院考古研究所四川队、都江堰市文物局对该遗址情况进行调查。1996年11月至1997年3月间，成都市文物考古工作队、都江堰市文物局分两次对该遗址进行调查和试掘。1998年10月至12月，中日联合考古队对该遗址作大规模发掘。遗址平面呈不规则长方形，面积约12万平方米。遗存城墙为内外两圈，似“回”字形，两圈城墙相距约为20米，墙间有壕沟，沟深约4米，沟底有淤积遗痕；外墙残损，仅存北垣180米、南垣130米；内墙保存较完好，南北长约300米、东西宽约240米，墙体宽5–10米、高1–3米。遗址内堆积有新石器时代和宋代的文化层，以新石器时代文化层为主。内有灰坑、灰沟、房基等遗迹，其中一处房基保存较好，呈长方形，双间套房，面积约50平方米，系竹木骨泥墙建筑。出土有陶器和石器等，以陶器为主。陶器种类少，制法多为手制加慢轮修整，泥质陶占较大比重，代表性器物有喇叭形高领罐、宽折沿盆、宽折沿罐、器盖及少量带柄圈足豆，也有盘口形器。器表以素面为主，纹饰有两三道平行划纹及由划纹组合成的几何纹、少量凹弦纹等。出土石器皆磨制，有斧、锛、凿、锤等。考古人员还在该遗址晚期的灰坑中发现水稻硅酸体，证明古蜀人类最晚在四千多年以前就开始种植水稻，是成都平原出现农业文明的最早物证。

2001年，该遗址由国务院公布为全国第五批文物重点保护单位。

【双河古城】

双河古城即双河村遗址，当地俗称“下芒城”，位于崇州市上元乡芒城村双河场(崇州市街子镇辖区)，距崇州市区北约16千米。成都平原史前城址之一，4000余年前，属新石器时代晚期遗存。该遗址亦是宝墩文化的一个中心聚落遗址。

1997年，考古部门曾对该遗址进行过试掘，确认其为成都平原早期城址。城址处正南北方向，面积约15万平方米。城垣分内外两圈，内、外城垣间距约15米；东向的内圈城垣保存最好，长约450米，城垣最高处达4米，结构与都江堰芒城遗址相似。城址内发现人工柱洞14个，内有础石，平面分布大致呈“十”字形，面积60余平方米，与挖槽埋柱的木骨泥墙式建筑有较大差别。遗址出土器物较单纯，陶器变化亦小，惟出土的三孔石钺选料精细、石质上乘、做工精致、造型特殊，推测为一件礼器。出土的燧石质石片石器亦有特色。

2001年，该遗址由国务院公布为全国第五批重点文物保护单位。

【紫竹村遗址】

紫竹林遗址位于崇州市燎原乡紫竹村，距崇州市区西南13千米。该遗址东北向8千米处有西河，古城距岷江21千米。成都平原史前城址之一，属新石器时代晚期遗存。紫竹古城文化性质单一，文化特征鲜明，是典型的成都平原史前城址遗迹。

1997年秋，成都市考古部门在田野考古调查时发现紫竹村遗址。2000年春，中国社会科学院考古研究所和成都市文物考古研究所联合组队，对该遗址进行勘探、试掘，确定其年代在4300年前左右，属宝墩文化较早的遗存。遗址面积约为20万平方米，平面呈长方形。城垣分内、外两圈，似“回”字形；内外城垣间距约10米，城垣一般宽15米左右；北垣、东垣保存较好，现存高度约1–1.5米。遗址内发现灰坑9个，按平面形状分为不规则形、长方形、圆形、椭圆形和三角形等类型，以不规则形灰坑较为常见。发现一处红烧土堆积，平面形状略呈圆形，直径约2米、厚约15厘米，土块坚硬，烧烤时间较长。出土有陶器和石器等遗物，陶器居多，有花边喇叭高领罐、绳纹花边罐、侈口罐、折沿双耳直腹尊、圈足尊、壶等，另外发现有陶纺轮，均为生活用器，器表饰纹样式有绳纹、蓖划纹、附加堆纹、戳印纹、压印纹等。出土石器为小型的斧、锛、凿组合，另有数件砺石，均为当时人们的生产工具。还出土有少量的骨制器物，似为锥。

2001年，紫竹村遗址由国务院公布为全国第五批重点文物保护单位。

【盐店古城】

盐店古城遗址位于大邑县西南3千米处的盐店村6组。2002年12月至2003年3月，由成都市文物考古研究所、大邑县文物管理所勘探发掘，初步确定其年代约4300年前，属新石器时代晚期遗存，系成都发现的第7座史前古城遗址。整座古城呈长方形，南北长约700米、东西宽约500米，面积30余万平方米，在成都发现的史前城址遗址中，仅次于面积为60万平方米的新津龙马乡宝墩遗址。

古城的城墙分为东墙和北墙两部分，墙基下宽上窄，截面为梯形，墙体主要用黏土、辅以沙夹石和鹅卵石混合而成，以斜坡堆筑法砌就。古城四面城墙部分保存完好。古城遗址范围内发现有蓄水池、排水地、出水口以及灰坑、灰沟等遗迹，出土文物主要为陶器和石器。其中，陶器以泥质灰白陶为主，器形包括喇叭口壶形器、折沿尊形器、矮圈足器、侈口罐等;石器有打制石斧、磨制石斧、锛、凿、靴形刀等。盐店古城出土的陶器风格与新津宝墩、都江堰芒城遗址出土的陶器相似,年代为宝墩文化早期阶段。

【高山古城】

高山古城遗址位于大邑县高山乡古城村。2003年,成都市文物考古研究所、大邑县文物管理所考古人员在对盐店古城遗址进行环境调查时发现。经考古部门初步探查,与盐店古城同属于宝墩文化,为新石器时代晚期遗存,系成都发现的第8座史前古城遗址。至2005年,考古部门还未对其进行正式勘探发掘。

附:营盘山遗址

2000年6—9月,按照四川省文物局统一部署,成都市文物考古研究所、阿坝州文物管理所会同当地文博部门在岷江上游地区(含汶川、茂县、理县、松潘、黑水五县)进行考古调查,共发现84处新石器时代遗址及遗物采集点。同年10月下旬至11月下旬,成都市文物考古研究所、阿坝州文管所、茂县羌族博物馆联合对其中的营盘山遗址进行试掘;2002年9—11月,三家单位再度对营盘山遗址及附近的波西遗址、沙乌都遗址进行试掘,发现诸多遗迹和遗物。其中发现新石器时代的房屋基址9座,还在遗址中西部发现一处类似大型广场的遗址,其硬土面之下掘出墓葬及殉人坑5座,坑内骸骨犹存,推测这里是举行祭祀活动的场所;另外尚发现灰坑80余个、灰沟4条及窑址、灶坑等。营盘山遗址出土的陶器、玉器、石器、细石器、骨器、蚌器等类遗物近万件。据出土实物资料推测营盘山遗址距今5000–5500年间,是岷江地区新石器时代最重要的中心聚落之一,亦为该地区迄今发现面积最大的新石器时代文化遗址,故考古部门建议此类遗址可命名为"营盘山文化"。该遗址的发现,为研究长江上游与黄河上游地区的文化交流和传播情况提供了新的实物资料,亦为探寻成都平原史前之宝墩文化、三星堆文化和古蜀文明渊源带来新的启示。

十二桥遗址

【概况】

1985年12月,成都市干道建设指挥部修建自来水公司、煤气公司办公综合楼地下室时发现十二桥遗址。20世纪80年代,成都市文物考古工作队对该遗址先后进行两次考古发掘,分别编号为Ⅰ、Ⅱ区,共揭露面积为1800平方米,探明该遗址文化堆积厚4米,从上至下可分为13层。1–2层为近现代层;3–5层为隋唐文化层;6~7层为汉文化层;8–9层主要为春秋战国时期堆积,下限可达汉初,9层下有竹骨泥墙建筑遗址;10–13层为商周时期文化堆积,其中13层下发现商代大型木结构建筑,属该项考古发掘中最为重大的发现。1990年,考古部门又在该遗址发现纵横交错的房屋构件20多根,出土一批商代至春秋战国时期的陶器、石器和青铜器。1995年2月,成都市考古工作队在成都市十二桥路南发掘出商周时期遗址。十二桥遗址发掘结果所揭示的独特文化面貌,明显区别于以小平底器、尖底器和高把豆组合为特征的其他文化,具有浓厚的地方特色,与四川的广汉三星堆和月亮湾、新繁水观音等同期遗址相似,均具川西平原固有文化特点。学界由此提出"十二桥文化"命名。2001年成都十二桥遗址由国务院公布为第五批全国文物重点保护单位。

【遗址区】

十二桥遗址位于成都市通惠门外,东邻西郊

河，北靠十二桥路，南倚文化公园，西抵省干休所，总面积约3万平方米。十二桥遗址属商周遗存。

该遗址存留的商代大型木结构建筑和小型干栏式建筑遗迹，保存较为完好。大型主体建筑与小型附属建筑相互连接，错落有致，浑然一体，形成规模庞大的建筑群。考古部门确认，十二桥遗址为商代至西周期间古蜀先民的一处重要的聚落地，并建造有大型房屋群。

该遗址10层以下的商周文化层考古意义重大，可分为早、中、晚三期。其早期年代约3700–3500年前，相当于商代早期；中期与殷墟时期相近；晚期在商末周初之际。

【出土文物】

十二桥遗址整个商周文化层出土遗物以陶器为主；其次是石器和骨器；另有兽骨、卜甲及少量铜器。

出土陶器种类较多，有敞口罐、小平底罐、尖底罐、尖底盏、小圈足杯、豆、盉、觚、碗、釜、器盖、勺柄、纺轮。出土陶器多为素面，以泥质夹砂褐陶为主；其次是泥质灰陶和黑陶。纹饰有弦纹、绳纹、附加纹、菱形回纹、网格纹和戳压、镂空等。出土石器有盘状器、石锛、石斧、石凿、璜、石坠。出土骨器有骨簪、骨针、骨簇，另有卜甲骨。出土铜器有凿、簇等。

古蜀船棺合葬墓遗址

【概况】

2000年7—10月，成都市文物考古研究所对位于成都市青羊区商业街的一处战国时期墓葬进行抢救性挖掘。经发掘确定，该墓葬为古蜀国开明王朝中晚期、约当东周早期的大型多棺合

商业街战国船棺遗址

葬的船棺、独木棺墓葬，是古蜀国开明王朝王族墓地。该墓葬东北至西南向，为土坑竖穴墓。墓坑为长方形，长约30米，宽约21米，面积约600平方米。墓坑出土船棺、独木棺等葬具17具，均由楠木整木刳凿，其中最大的船棺长18.8米，直径1.4米。棺木均下垫枕木，共15排，枕木间距1–2米。同时出土大量陶器、漆器、竹木器，另有少量铜器。其中，陶器有深腹圈足豆、圜底釜、尖底盏、平底罐以及带盖的双耳瓮等；漆器包括耳杯、盘、簋、案、器座、梳子、瑟、编钟基座等，均为木胎、黑漆底绘红彩；竹木器有席、筐、篮等；铜器种类有矛、戈、斤、削刀、带钩以及印章等。成都古蜀国大型船棺独木棺墓葬遗址是继广汉三星堆之后古蜀国考古的又一重大发现。2001年，商业街船棺独木棺墓葬遗址获评“2000年度全国十大考古新发现”。同年6月，成都古蜀国大型船棺独木棺墓葬遗址由国务院公布为第五批全国重点文物保护单位。

【遗址区】

遗址区位于成都市商业街58号。地理坐标为北纬30°65′，东经104°10′。2000年7月29日在省委办公厅机关食堂建筑工地发现。经发掘确定，该墓葬为古蜀国开明王朝中晚期、约当东周早期的大型多棺合葬的船棺、独木棺墓葬，是古蜀国开明王朝王族墓地。该墓葬东北至西南向，

为土坑竖穴墓。墓坑为长方形,长约30米,宽约21米,面积约620平方米。墓坑出土船棺、独木棺等葬具17具,均由楠木整木刳凿,其中最大的船棺长18.8米,直径1.4米。棺木均下垫枕木,共15排,枕木间距1–2米。

整个墓区占地约2亩,区域内有地面建筑残留痕迹,总长约38.5米、宽约20.5米。考古人员在墓坑周围发现一些具有一定分布形状和规律的基槽及木质构件,如中空的柱础、上带榫头的条形地伏等,考古人员推测墓坑上的建筑可能是宗庙,供祭祀所用。该建筑前部处于墓坑的正南边,后部正好位于整个墓坑的上部,均发现有基槽和地伏。该墓葬规模宏大,形制独特,葬具的数量和体量均堪称全国之最,考古人员推断该遗址极有可能就是战国早期古蜀国开明王朝王族或蜀王本人的家族墓地。该遗址是古蜀国历史、文化及丧葬制度研究的重要实物资料,亦为成都城市发展历史的确切物证。其并列陈放船棺、独木棺葬具下铺垫横木的丧葬方式,为国内首次发现,为研究古蜀国历史、文化及丧葬制度提供实物资料。

【典型器物】

墓葬器物丰富,出土的陶器、铜器、竹木器、漆器数以百计,这些器物均为随葬品,发现于船棺之内。出土陶器制作精致、火候充足,形状为战国时期常见的深腹足豆、圜底釜、尖底盏、平底罐以及带盖双耳瓮等。出土铜器中有矛、戈、带钩、削刀、印章等,有的上边还有刻画符号。出土文物中,漆器尤为精美,不仅数量多,且保存较好。器形主要有耳杯、案、器座、梳子等,均为木胎漆器,髹黑漆再朱绘纹样,绘画的技法基本是单线勾勒加平涂。饰纹有龙纹、变形鸟、卷云纹等,色彩亮丽、纹饰斑斓。墓葬漆器虽历经数千年埋存,出土时仍光洁如新,亮可鉴人。属战国漆器中的罕见精品。这些漆器的发现,证明最迟在战国早期,蜀人的漆器制作工艺已相当发达,所制漆器甚至可与同时期楚地制作的漆器媲美。据文献资料记载,蜀地漆器制造业的兴盛始于汉代,该墓葬的发现,把成都漆器工艺发达的时间提早近二三百年。出土漆器中的大型漆案、漆几和残存的编钟架,似表明墓主地位的显赫和身份的高贵,它们是最终确定墓葬性质的实物辅证。

金沙遗址

【概况】

金沙遗址是四川省继广汉三星堆之后发现的又一古蜀国都邑城址,也是成都地区发现的最大规模商周时期文化遗址。2001年2月,在金沙村一组一建筑工地发掘出金器、玉器、青铜器、石器、陶器以及象牙、野猪獠牙、鹿角等大批文物和动物遗骨,品种繁、数量多。考古命名为“金沙村遗址”(简称“金沙遗址”),其规模是成都地区发现的规模最大的商周时期文化遗址,也是仅次于广汉三星堆的古蜀国都城遗址,是21世纪初全国重大考古发现之一。从出土的文物及遗址规模、布局看,金沙遗址所在区域是商末至春秋时期古蜀国都城和成都平原的政治、经济、文化中心,与新津宝墩古城遗址、广汉三星堆遗址、十二桥遗址共同构成古蜀文明进化史。成都平原考古确认的古蜀文明发展演进脉络:以成都平原史前城址群为代表的宝墩文化(2700—1800年B.C.)—以三星堆遗址为代表的三星堆文化(1800—1200年B.C.)—以成都金沙遗址为代表的十二桥文化(1200—500年B.C.)—以成都商业街船棺、独木棺墓葬为代表战国青铜文化(500—316年B.C.)—秦灭巴蜀,表明成都平原是长江上游地区文明起源中心、中华古代文明的起源中心之一。2002 年，金沙遗址被评为“2001 年度全国十大考古新发现”之一。同年，金沙遗址由国务院公布为全国重点文物保护单位。

2004 年，金沙遗址博物馆开工建设。2005 年 8 月，金沙遗址出土的太阳神鸟金箔图案被国家文物局确定为中国文化遗产标志。

【遗址分区】

金沙遗址位于成都市金沙遗址路 2 号，地处城西二环路与三环路之间。地理坐标为北纬 30°41′、东经 104°，东距市中心天府广场约 5 千米，属商周时期遗存。遗址分布范围约 5 平方千米，地势平坦、起伏甚微，内有摸底河蜿蜒东流，并将遗址分隔为南北两部分。河流两边原是城郊农村，南为金沙村、北为黄忠村。

金沙遗址重点区域有 4 个，分别为黄忠村、梅苑东北部、兰苑东北部和体育公园。其中，黄忠村发掘面积 3226 平方米，发现房址 17 座、窑址 17 个、灰坑 300 余个、墓葬 13 座；梅苑东北部发掘面积 3625 平方米，出土玉器、铜器、金器、卜甲等重要文物 700 余件，并发现象牙堆积坑，石壁、石璋半成品分布区和美石集中分布区；兰苑东北部发掘面积 1.28 万平方米，发现大量房屋建筑遗迹、红烧土、成排窑穴和 400 余个灰坑、80 余座墓葬、1 座陶窑，出土数以万计的陶器、陶片和少量金器、铜器及玉石器；体育公园发掘面积 162 平方米，发现有房屋建筑遗迹、红烧土和 13 座墓葬。

考古人员根据发掘结果推测，整个金沙遗址由宫殿区、祭祀区、生活居住区、墓葬区四部分组成，其中以祭祀区为核心，呈块状分布，是一座开放形制的古蜀国都城，功能特征明显，布局分区清晰。

【出土文物】

金器。金沙遗址出土金器 200 余件，是中国出土先秦时期金器数量和种类最多的遗址。器型以金箔为主，多作为附件包、贴于其他质地的器物表面，以金冠带、太阳神鸟金箔、金面具最具代表性。经对其中 14 件样品所做的成分分析测定，金器主要由金、银、铜三种元素组成，含金量均超过 80%，其中，太阳神鸟金箔含金量最高，达到 94.2%。这些金器用自然沙金制造，热锻成型，采用捶揲、剪切、打磨、雕刻、镂空、抛光等多种手法加工而成，制成金器大量用于宗教祭祀活动，反映出古蜀人对黄金的崇尚和黄金制品在古蜀文化中具有的极高地位。

其中，2001 年 2 月 25 日出土于城西金沙遗址考古发掘现场的太阳神鸟金箔，呈圆形，直径 12.5 厘米、厚 0.02 厘米，重 20 克，热锻制成；图案镂空，分内外两层。内层图案为等距分布的十二芒太阳纹，芒纹呈弧形旋转状，倘以赤绸衬于金箔下面，则镂空处呈一轮红日，光芒四射、喷薄欲出；外层图案由四只飞鸟构成，四鸟相同，似为中国神话传说中的阳鸟，鸟头朝逆时针方向，四鸟等距分布，绕日而行，故称为四鸟绕日图。图案整体构思精巧，呈强烈的双向旋转动感，画面线条流畅，极富韵律。图案内容反映古代人类对太阳和阳鸟的崇拜，表达出人们追求光明、团结奋进、和谐包容的精神寓意，是研究古蜀国历史和中国古代神话传说的重要物证。它形象地展现出古代人民“天人合一”的哲学思想、丰富的想象力、非凡的艺术创造力和精湛的工艺水平。2005 年 8 月 16 日，太阳神鸟金箔图案被国家选定为中国文化遗产标志。

出土的鱼纹金带，狭长，呈倒梯形。其中两条尺寸分别为：长 21.6 厘米、宽 2.03 厘米、厚 0.02 厘米；长 21.9 厘米、宽 2.03 厘米、厚 0.02 厘米。重量共 11 克，捶揲而成。金带表面刻画两条尾巴相对的怪鱼，鱼的形象凶猛，形状奇特，有长喙、梭形眼、无鳞甲，今人不识。有学者认为怪鱼是鸟喙和鱼的组合，故称此带为“鸟首鱼纹金带”；有人认为怪鱼形体接近于长江中的珍稀濒危动物白鲟，白鲟体长且重，性情凶猛，俗称“象鼻鱼”，因此人们又称此带为“双鲟金带”，并推测古蜀人在祭祀活动中用它镇压水怪，是一种祭祀法器。鱼纹金带不能单独使用，应是贴于器物表面上的饰品。

出土的金面具，高 3.7 厘米、宽 4.9 厘米、厚 0.01–0.04 厘米，重 5 克，在专门模具上捶揲加工而成。金面具是用黄金制作的人头像面部装饰，即一种戴在面部的面具，与巫术相关，用于祭祀表演。但该器品不是戴在活人面部，而是粘贴于青铜人头像或木质人头像上的，粘贴剂用生漆加黏土调和而成。有学者认为，戴金面具的铜人头像是高级的巫师形象，反映出古蜀国巫术、宗教文化的发达。除三星堆遗址和金沙遗址外，金面具在中国其他地方不曾发现。与三星堆遗址出土的金面具相比，金沙遗址出土的这件金面具形体要小得多。

出土的金冠带，直径 19.9 厘米、宽 2.8 厘米、厚 0.02 厘米，重 44 克，捶揲成型。表面刻有四组相同的图案，由一个人头像、一支箭、一只鸟、一条鱼组成，表现人用箭射鱼、箭经过鸟、箭头深插鱼头内的场景，故有学者将这件金冠带称为“射鱼纹金带”。这组图案仅见于此带和广汉三星堆一号坑出土的金手杖，都象征至高无上的王权及威仪。金冠带直径比人头部稍大，应是附在冠帽上的金带，不单独使用。

出土的蛙形金箔，商周器物，外形似青蛙或蟾蜍，其中两件尺寸、重量分别为：长 6.9 厘米、宽 6.2 厘米、厚 0.1 厘米，重 4 克；长 7 厘米、宽 6 厘米、厚 0.16 厘米，重 3 克。捶揲成片状后剪切而成，表面錾刻有乳钉纹图案。学者认为，此器反映出古蜀人生殖崇拜、祭蛙求雨、月亮崇拜的宗教哲学思想。

铜器。金沙遗址出土的铜器约 1500 件，主要有立人像、立鸟、牛首、虎、戈、壁形器、方孔形器、眼形器、铃、贝饰等。制作的方法大多为一次浑铸，双面合范而成。材质类型主要是铅锡青铜，其中铅作为主要合金成分运用较多。装饰技法有素面、墨绘、穿空、铸纹、立体附饰等，以素面居多。加工手段较为先进，许多范缝都经过打磨，有的器物表面还作抛光处理。在金沙遗址的发掘中，虽发现有大量的大型青铜器残件，但现已出土的铜器均为小型器物，且多不能独立成器。出土铜器中很多器物的造型与广汉三星堆祭祀坑出土的器物非常相似，证明两处古蜀部族聚落地的习俗基本相同。

出土的青铜立人，人像高 14.6 厘米、插件高 5 厘米、通高 19.6 厘米。青铜立人脸方颐，耳垂穿孔，体态矮小，橄榄眼圆睁，梭形嘴微张，脑后梳有三股一体的长辫子，头戴圆涡形冠，着单层中长服，腰间系带，斜插一物，手腕带有腕饰，脚下有一插件。这尊立人看上去与三星堆遗址二号坑出土的青铜大立人非常相似，他们都双拳中空，似乎握着一件物品，神情肃然，立于高处，像在主持一个神圣而重要的仪式。学术界对青铜立人所代表的人物身份有大巫师、蜀王或大巫师兼蜀王等多种说法。

出土的铜人头像，高 4.5 厘米，圆顶、长眉、橄榄形眼、直鼻、阔口、耳垂穿孔，颈部细长、中空。人头顶部中间有一长条形凹槽，两侧还各有一个近椭圆形的孔洞，推测头顶上可能还另有装饰物。

出土的铜人头盖板，共12件中10件保存完整。其中一件长13.3厘米、宽11.7厘米、厚0.15厘米，形制、大小与三星堆祭祀坑中出土的青铜人头像头顶的盖板极其相似，由此推测金沙遗址中可能有大型青铜人像存在。

出土的铜眼睛形器有多种造型。其中一种形如夔龙，中间以墨绘勾画出大眼，这种眼睛造型与三星堆遗址二号坑中出土的铜兽面上的眼睛和青铜尊腹部上的卷角夔龙造型十分相似，意义特别。除此以外，尚有做成菱形的眼睛形器，以墨绘、镂空等手法表现。此种器物反映古蜀人的“眼睛崇拜”现象，在华夏文明中显得十分独特。

出土的铜立鸟的造型在金沙遗址出土文物中最为常见，亦出土数量众多。其中两件尺寸分别为：通长6.6厘米、高5.1厘米；通长5厘米、高5.3厘米。昂首、圆眼突出、双翅收束并上翘、尾羽折而下垂，形象生动。铜鸟腹下有残断痕迹，似为某一大型铜器的饰件。铜立鸟表现出古蜀人对鸟的崇拜。

出土的铜牛首高4.6厘米、宽3.4厘米。眼圆睁、三角形双耳向两侧耸出，吻部突出，未示意鼻孔及嘴，牛颈为空心圆柱状。铜牛首的饰纹用阴线表现，突出眼睛和牛角，栩栩如生。考古人员推测，铜牛首是商周时期成都平原最为流行的大型青铜容器尊和罍肩上的立体附件。

出土的铜龙首形器6件。其中一件长9.8厘米、宽6.4厘米、厚0.2厘米。圆眼、张口露齿、造型简练、形象细腻而又夸张，不同于其他地方所出的龙形装饰，地域特点鲜明。

出土的铜虎长26.5厘米、宽6.2厘米。侧视造型，巨头、张口露齿、昂首怒目、双耳竖立、长尾上翘，两脚呈行进状。器体扁平，表面凸起高浮雕，中间留有凹槽，背面中部有两个小环形钮，似为悬挂或固定于某处使用。

出土的铜螺形器（又称“卷云形器”）多件。其中一件高2.2厘米、底径8.1厘米。器形特别，呈螺壳状，中间凸起，盘曲的最外端呈尖突状，此尖顺时针指向，整件器物因盘旋而形成一道凹纹。表面抛光、背面粗糙，器壁较薄，似不单独使用，可能是某种较大器物上的装饰物。

出土的铜戈数量多，外形特点突出，援部两侧呈锯齿状或连弧状，刃部未开刃，刃口无使用痕迹，器形较小，不具有兵器的实用功能，似为祭祀或宗教活动中的礼仪用器，故有学者称其为“舞戈”。这种铜戈仅在金沙遗址和三星堆遗址有过出土，是古蜀文化特有的代表性铜器。

玉器。金沙遗址是中国出土玉器最多的遗址之一，共出土玉器2000余件，大多属商周时期器物，种类丰富、制作精美、工艺高超。主要器类有琮、璧、璋、钺、戈、凿、凹刃凿形器、环等，其中琮、璋、戈、凹刃凿形器、环等最有代表性。还有玉矛、玉斧、玉锛、玉圭、玉凿、玉神人面像、昆虫纹玉牌、玉箍形器、玉镯等，另外还出土有一些天然奇石、美石和磨石。玉器的材质主要是透闪石软玉，另有少量的阳起石、透辉石、斜长石、闪长石、滑石、大理石等，推测来源于四川盆地的周边地区，但其中部分玉材可以确定是出自四川汶川地区的龙溪玉。出土玉器多为不透明或半透明的白、灰、浅黄褐等基本无色系列，但表面色泽艳丽，呈红、紫、褐、黑、白等多种颜色，极富层次变化，且打磨细腻规整，异常光洁。饰纹主要有兽面纹、平行直线纹、网格纹、菱形纹、昆虫纹，流行繁复的扉牙装饰。加工手段以阴刻为主，兼用减地、镂空、透雕等技法。金沙玉器多出土于祭祀场所，并作为礼器用于祭祀活动。

出土的玉琮为外方内圆的方柱体，中间有一

贯穿的圆孔，是商周时期人们祭祀活动中的重要礼器。有三种类型：分节分槽，外形瘦高，饰纹复杂，表面有微雕图案，具有良渚文化晚期玉琮的风格；分节分槽，器形方正，饰纹简单，仿良渚式玉琮；素面矮体，不分节槽。出土有单节、四节、十节、扁体等玉琮十余件。其中十节玉琮尤为独特，该器当龙山文化时代，距今约4000多年，用青玉制成，晶莹剔透，高22.2厘米、宽6.9厘米、孔径5.1–5.6厘米，上大下小，器表分节分槽，共十节，每节以器表的转角为中轴组成一个简化人面纹，凡40个，是一件典型的良渚式玉琮，疑出自远方，被金沙时期的古蜀人视作“国之重器”。

出土的玉璧外形如一个圆盘，中间有一圆孔。出土数量较多，分为有领玉璧和无领玉璧两类。有领玉璧孔缘凸起，一般在璧面上有几组规整的同心圆凹弦纹，少数有领玉璧在周边上凸起有对称的扉牙。出土玉璧中，有一体型较大的有领玉璧，直径达24.8厘米、孔径6.4厘米、领高2厘米，制作极为规整，通体打磨抛光。出土时阴阳两面出现不同的色泽效果，向上的阳面呈紫蓝色、向下的阴面呈浅白色。考古人员推测该器本身色泽均为浅白色，阳面色泽因受日照影响产生变化，而阴面朝下故色泽得以保存。有专家认为，玉璧是古代人们祭天之器。

出土的玉璋外形大致呈长方形，主要特点是弧形刃和兽形阑，分为凹弧刃、V字形刃、鱼嘴形刃等三大类，是金沙遗址出土数量最多的一类玉器。金沙玉璋大多选材精良，以多色玉为主，制作规整，加工精细，整器光洁度较高。装饰主要集中在柄身交界的阑部，侧视为一动物形象，有的玉璋表面刻画有图案。出土玉璋有大有小，一般的长30厘米，小的只有5厘米，个别玉璋则长达100厘米以上。玉璋的用途尚不确定，有祭天、拜日、祈年甚至兵符等多种说法。

出土的玉戈较多，有三角形锋、连弧形刃等多种形制。其中最大的一件玉戈长50厘米、宽8.6厘米、厚0.6厘米，直柄、三角形锋、器身中部有略微突起的中脊，上下出边刃，在前端锋刃与边刃相接处有一尖突，在近柄端的两面有长方形方框，框内刻画交叉菱形纹，饰纹内保留有三千年前涂抹的朱砂。有学者认为，以玉制戈表达出古代人们“化干戈为玉帛”的朴素理想。

出土的玉钺，种类较多，材质差别大，形制各异，主要有凸刃、平刃和凹刃三种。出土玉钺中，有一凸刃钺极为特殊，该器外形似壁，高13.4厘米、宽13厘米、孔径6.1厘米、厚0.47厘米，深墨绿色，夹杂多种沁斑，半透明，玉质坚硬，细密，刃部呈连弧形，中部有一大穿孔，两侧有齿饰。这种壁形钺仅在夏、商两代的都城遗址和虢国墓中发现过，考古人员据此推测金沙遗址不是一般的聚落地，当为国都遗址，即古蜀国都邑所在地。

出土的玉凹刃凿形器为长条形。一面较平，刃部像贝壳；另一面呈弧形凸起，顶部多不平整。金沙遗址出土此类玉器70余件，大小、厚薄有一定差异，刃部凹槽的深浅、长短也不一样，表面颜色变化更是多种多样。专家考证，金沙凿形器没有使用痕迹，应是从新石器时代石质工具演变而来的礼器，此类玉器在滇、桂等地及越南的青铜文化遗址中有少量发现，是当时古蜀国与东南亚地区交流与联系的真实物证。

出土的玉环形如手镯，孔径相对较大，环面窄，重量轻，多为青玉，透明、温润、细腻、光洁，质地上乘，体现出古人对美玉的选择标准。图示玉环直径4厘米、孔径3.2厘米、厚0.2厘米，环体扁平轻薄、小巧纤细，套于臂太小、戴于指过大，如作为耳环又无系口，考古人员推测是绶带与其他装饰物的连接件，作为佩玉使用。

出土的玉海贝形佩饰晶莹剔透，是玉与海贝

的完美结合，常被古代社会上层人物用作佩饰以显示身份和地位。选介一件，该器长3.2厘米、宽2.7厘米、厚0.63厘米。质地致密，玉质温润，器上有青铜锈斑，未沁入器内，通体光洁，内无杂质。造型小巧玲珑，做工细腻，上端有一小孔，应为系绳用。海贝原是生长在海洋中的生物，古人又常将其用于“商品交换”，因而具有货币的功能。考古人员据此认为成都平原在较早时候就与沿海及中原地区有比较密切的往来。

石器。金沙遗址出土商周时期石器约1000余件，主要有圆饼形器、璋、壁、钺、斧、锛、凿、跪坐人像、虎、蛇、龟等种类。这些器物大多不具实用性，而与宗教祭祀活动密切相关。

出土石跪坐人像，出土12尊，造型大致相似。其中一尊保存完整，该器高21.72厘米，表现被捆绑的跪姿裸体男性。其身挺直前倾，脸方正瘦削，颧骨高，鼻梁高且直，鼻头硕大，嘴阔并涂有朱砂，耳朵有穿孔，双手被绳索反绑在身后，双腿弯曲，双膝跪地，臀部坐于脚后跟上。发式奇特，顶发从中间向左右分开，两侧修剪得极短并微微上翘，脑后梳有两股并列长辫，直垂腰间。石人面部表情苦涩，两眼神色惊恐，人物形象丰满而传神。此像雕刻细腻，头顶发丝清晰可辩，眼珠和瞳孔精刻而成，是金沙遗址最有特色的出土文物之一。据考，石跪坐人是祭祀时用于替代活人，这与中原地区的殷商王朝在祭祀中大量杀殉活人的现象相比较，古蜀国的祭祀方式明显进步和开明。

出土石虎10件，均为伏卧状，直颈昂首，前肢前伸，后肢向前弯曲卧于地上，虎口大张，口内和眼、耳、胡须上都涂有鲜艳的朱砂，充分表现出虎的威严、凶猛、残忍和远古先民对虎的崇拜。其中一只石虎出土时，考古人员发现虎的臀部有一圆孔，孔内有胶物涂抹和木头腐朽的痕迹。这说明此孔非为石虎肛门，而是用来粘接东西的地方。出土石器中发现有几件弯曲石件，形似一个长的逗号，一端较细、内卷，另一端较粗、顶端断面上有孔、孔径与虎臀上的圆孔相当。考古人员认为它们就是虎尾，并推测金沙石匠将虎身、虎尾分开制作，然后再用圆木榫头粘接，是因虎尾细长，雕琢时容易断裂，如与虎身一起加工，既费工又费料。这一方法表现出古蜀先民的聪明、智慧和创造力。

出土的石蛇中，有一件长17厘米、通高5.4厘米，重915克。蛇头呈三角形，微昂；蛇身盘曲成S形，身上有脊；圆眼、向上，眼珠涂朱砂，瞳孔呈黑色；扁嘴大张，口内涂朱砂；蛇尾呈弧形。此器线条流畅、圆润，构图简练，整体形象富立体动感。据考，石蛇可能是古蜀国巫术活动中的重要物品，在祭祀时起较关键的作用。

出土的石龟中，有一件为石质，砂岩，长10.9厘米、宽8.8厘米、厚2.73厘米。身体呈卵形，体肥硕，三角形头部前伸，四肢短小后缩，腹部扁平，全身打磨。此器造型质朴简洁，形象逼真生动，具写意色彩，表现古蜀先民对龟的崇拜。有人认为，成都别称“龟城”或与此有关。

出土的石壁，呈圆盘状，中间有一圆孔，孔径较大。这类石壁在金沙遗址出土较多，有的石壁孔壁上留有管钻痕迹，其上还涂有朱砂，环面及轮边均作打磨；一些石壁的环缘两侧略有缺损，推测与使用方法有关。石壁在金沙遗址第一阶段的祭祀活动中大量使用。

出土的石斧中，有一件长19.2厘米、宽6.2厘米、厚2.5厘米，弧形刃部制作规整，顶端保留自然剖裂面，器身磨制光滑，刃口无使用痕迹，非为实用工具，应是祭祀物品。

出土的石璋中，有一件长5.2厘米、宽7.2厘米、厚0.65厘米，制作粗糙，通体粗磨，器身凹凸不平，刃部和阑部制作相对精细，此器较之其他出土石璋是最好一件。据考，石璋主要是在金沙遗址第一阶段祭祀活动中使用，当时正值三星堆王国鼎盛之际，后来随着它的衰落、消亡和金沙王国的崛起、兴旺，石璋才逐渐被选材精良、制作精美的玉璋等取代。

陶器。陶器是金沙遗址出土最多的文物，基本上为商周时期器物，器类主要有小平底罐、高柄豆、瓶、盉、尖底盏、尖底杯、尖底罐、高领罐、圈足高领罐、圈足罐、圈足盆、圈足钵、圈足杯、瓮、高柄杯形器、束腰形器座、扁壶等。很多器物造型精美独特，极具观赏性。其中尖底盏、尖底杯、尖底罐、高领罐、圈足罐、圈足杯等是金沙遗址出土的典型器物。

出土的陶小平底罐是三星堆文化最具代表性的器物，见于成都平原及鄂、陕两地。金沙遗址早期发现的陶小平底罐与三星堆文化的基本相似，后来发生变化，一部分器身变高，另一部分则变小变矮，并逐渐变为金沙遗址最典型的器物，即尖底盏，反映出金沙与三星堆遗址之间的继承与发展关系。

出土的陶三足盉系一种温酒的器具，金沙人制盉是在古蜀文化中最常见的小平底罐上加上三个足、一个把手和一个流，具有自身特点。在金沙遗址早期之后，这种盉逐渐消失。

出土的陶瓶较多，是三星堆文化最具代表性的文物之一。考古人员推测陶瓶是和陶盉一起组合成当时最常用的酒具。金沙陶瓶的发现，证实三星堆和金沙遗址之间的传承关系。

出土的陶高柄灯形器座是早期的典型器物，器身呈杯状，高柄似竹节，座如喇叭，中空通底，不能作盛器使用。考古人员推测，这种器座可能是尖底器物的器座或为一种祭祀用品，也是承袭三星堆文化的产物。

出土的陶镂空器座是中期代表性器物之一，造型精美，形态婀娜，中空，无底，似为器座，中部有四个镂空图案，极像眼睛，而眼睛形图案在金沙遗址和三星堆遗址均有较多发现，是古蜀人最为崇拜的圣物之一，亦为古蜀人追求光明的体现。在陶器上装饰眼睛图形，在国内不多发现。

出土的陶小口壶是中期代表性器物之一，小口，长颈，腹部不对称，一侧圆鼓、一侧稍扁，圜底。此类器物曾在成都市新繁水观音遗址和陕西省南部的城固宝山遗址中出土。并且与此类器物相似的陶器早在公元前3000多年山东大汶口文化中就有大量发现。其最大特点是一侧圆鼓、一侧扁平，据此考古人员认为陶小口壶是古代人们背水的容器。

出土的陶尖底杯是典型器物之一，是当时极为普遍的日常生活用品，在鄂西、陕南、渝峡江地区多有发现。陶尖底杯状如炮弹，小平或尖底，不能直接放于地上。据考，此器当时在巴渝峡江地区用于制盐，而在成都平原则没有发现与制盐相关的任何证据，金沙遗址出土的陶尖底杯有可能仅是一种液体容器。

出土的陶尖底盏是金沙遗址最常见、最具代表性的器物之一，在四川地区流行时间很长，始于晚商、终于战国。因其尖底，无法平放于地，故应有器座与之配套使用。但在金沙遗址和其他遗址中发现的器座均少，故该器的用法有待研究。

出土的陶圈足罐是金沙遗址代表性器物之一，它是在小平底罐的基础上发展起来的一种陶器类型，即在小平底罐的底部加一个圈足，形成圈足罐。此类陶罐在三星堆遗址中发现较少，而金沙遗址有大量发现。

出土的陶高领罐是金沙遗址典型器物之一，数量很多，是当时人们最主要的盛装食物器皿，发掘区内该类陶罐的碎片发现很多。

木器。金沙遗址出土漆木器十余件，雕刻细腻，制作精美，保存完好，以木雕神人像、虎头像、兽面像和木耜最具代表性。

出土的木耜，系商代器物。2003 年 1 月 24 日出土于一水塘之中，形似锹，是一种农作翻土工具。传为神农氏发明，《易经》云："神农氏作，斫木为耜，揉木为耒。"这件木耜长 141 厘米，通体由一块整木制成，是研究成都平原农业史的物证资料。

出土的木雕兽面像，系商代殷墟时期器物，由一块整木制成，兽面呈一对夔龙向两边展开的形状，龙尾上卷，夔龙形双眼，直鼻，方颐。此器和广汉三星堆二号坑出土的三件 C 型青铜兽面像极为神似，但更简化一些。有专家认为，兽面是"集多种动物精灵于一体的形象，反映蜀人对自然神灵精怪的崇拜"，源于商代青铜器兽面纹的基本母题。

出土的木雕彩绘神人头像，系商代殷墟时期器物，通高 79 厘米、宽 19.9 厘米，整木制成，分为上下两节，通体向前弯曲，犹如象牙的牙尖部分。出土的神人头像雕刻在器物上节，上面分别涂有暗黄、红(朱砂)、黄、黑等四种颜色。神人面部表情狰狞，显得威严、肃穆，头顶中部有一圈 V 字形凹槽，槽内有黑色的胶状物质，推测应有东西粘贴在凹槽内。神人头像的下节部分似尖刀，在靠上处有三个椭圆形小孔，其下面部分制作粗糙，似不暴露在外。考古人员推测，这一部分可能要插入某个东西之中，其上的三个小孔便是使它更加牢固的系孔。这件木雕彩绘神人头像与其他质地材料做成的神人面部形象十分不同，用法上亦有明显区别，但在表现古蜀人对神人头像的崇拜上则是完全相同的。木雕彩绘神人头像在国内同时期属首次发现，因这类彩绘木质制品极难保存，故此器显得弥足珍贵。

遗骨。金沙遗址出土大量动物遗骨，种类有象牙、野猪獠牙、鹿角、麂角及龟甲等，其中象牙尤为引人关注。

2001 年在金沙遗址 11 号遗迹地点的发掘中，出土完整的大象牙 15 根、柱状象牙段 12 件，最长的一根象牙长 1.85 米。随后在金沙遗址祭祀区的 1 号坑发掘中，考古人员又发现大量象牙，从断面观察，象牙的堆积多达八层，最长者近 1.6 米。此外，在遗址区内还发现两个较为完整的象下颌骨及一批象臼齿。至 2005 年，金沙遗址出土的象牙数量已有数百余根，重以吨计，国内外绝无仅有。比金沙遗址早一些的广汉三星堆遗址也出土有象牙，但只得 80 根。为避免这些象牙风化损毁，成都市文物考古研究所对小部分象牙进行密封保护，收效非常显著；与此同时，考古人员将大部分的象牙作回填处理，以利保护。据考这些象牙是古蜀先人用来祭祀山川河流的礼仪之物，在金沙遗址第一阶段(约公元前 1200 年前后当殷墟二、三期)的祭祀活动中大量使用。金沙大象属亚洲象种，个体巨大。来源学术界主要有出自本土和外族朝贡两种不同意见，持本土论者认为，成都平原当时应为气候温暖，河流纵横、森林茂密，大象成群的地方，尚无定论。

野猪獠牙、鹿角及麂角，主要出土于金沙遗址 2 号遗迹地点。共有数千余枚，并且都是野猪的下犬齿，显然经过人为挑选。它们主要在金沙遗址第三阶段(约公元前 850 年至公元前 650 年当西周晚期至春秋早期)的祭祀活动中使用。

出土的龟甲，发现于金沙遗址祭祀区西部，古人常用它做占卜吉凶的器具，称为卜甲。共出土 19 片，其中一片长 46.4 厘米，是中国迄今发现个体最大的卜甲之一。龟甲上面布满钻、凿和烧灼的痕迹。古人占卜,先在龟甲一面(反面)挖或钻出不透的孔点,再以火灼之;则另一面(正面)就会产生裂纹、示以兆象(迷信),然后主事者根据裂纹推断出所卜之事的吉凶。商周时,卜甲问事的习俗盛行于中原地区,龟甲上面或有刻画文字,这种文字称作“甲骨文”,又称“契文”“卜辞”和“殷墟文字”。在金沙遗址出土的甲骨上面却没有发现文字,而三星堆遗址出土骨器上仅仅刻有几个符号。三星堆和金沙遗址所拥有的文明,在当时已经达到很高程度,但至今没有发现它们的文字。

附:三星堆遗址

三星堆遗址位于四川省广汉市城西的南兴镇,地处成都平原北部,距成都市40千米,距广汉市6千米。三星堆遗址是20世纪中国最重要的考古发现,属新石器时代晚期至商末周初期间遗存。三星堆遗址为全国重点文物保护单位。

1929年春,广汉中兴场(今南兴镇)月亮湾农户燕氏挖水沟时意外发现一窖玉石器物,共掘出400余件,消息传出,轰动各方。1933年,前华西大学美籍教授葛维汉及助手林名均对该遗址进行调查和试掘,取得大量考古资料及实物标本,在海内外学界引起反响。中华人民共和国成立后,西南博物院院长冯汉骥、四川省博物馆和四川大学历史系考古教研组等专家和部门先后对三星堆遗址进行过四次调查和发掘,后在“文化大革命”期间中止。1980年始,四川省文物考古研究所、四川省博物馆、四川大学历史系等单位联合对三星堆遗址进行大规模考古发掘,持续约20年,获得若干重大发现,成果震惊中外,被誉为“世界第九大奇迹”。

三星堆遗址分布范围约12平方千米,重点区域约6平方千米,先后发现房屋基址40余处、陶窑1座、灰坑100余个、小型墓葬4座及祭祀坑城墙等大量历史文化遗存。1981年发现大面积房屋基址。1984年发现新石器时期晚期至西周早期的文化堆积。1985年首次发现遗址范围内梁埂为人工建造的夯土城墙。1986年发现两处大型祭祀坑(1号坑和2号坑),从两坑内出土大量青铜器、玉石器、象牙、海贝、陶器和金器等珍贵文物,共计1700余件。金器中有象征至高王权的金杖和制作精美的金面罩;青铜器中有罍、尊、盘、戈,还有大小人头像、立人像、爬龙柱形器和铜鸟、铜鹿等。其中青铜人头形象夸张,极富地方特色;大立人像连座通高2.62米,大眼直鼻、方颐巨耳、戴冠、穿右衽长袍、佩脚镯,是蜀人体型及服饰研究的实物资料,十分难得。考古人员推测,这两处祭祀坑的年代当在商末周初。

1989年对东城墙进行局部发掘,发现土坯砖,大致判断出城墙的始筑年代和夯筑方法。1992年对西城墙进行发掘,其后确认三星堆为古城遗址。1994年发现南城墙,发掘后确定古城范围及面积。城区呈梯形,东西长1800–2200米、南北宽2000米,城内面积达3.6平方千米。城墙内外有密集的房屋居址,还有作坊、大型建筑和墓葬,大致可分为宫殿区、祭祀区、作坊区和生活区。考古专家推测,三星堆遗址即为古蜀国都城所在地,约在3200—4000年前。

1997年10月,三星堆博物馆建成开放,向观众全面展示三星堆遗址的历史面貌和精美文物。

三星堆遗址所表现出的文化具有鲜明的地域特征,其各种出土文物与中原文化有显著区别,和后来发现的成都金沙遗址文化极其相似,表明三星堆遗址不仅是古蜀文化的典型代表,而且是长江上游的古代文明中心。三星堆遗址的发现,揭示出古蜀文明早期的形成状况和发展进程,亦使中华文明起源的研究获得更多重要和确凿的实证资料。

青羊宫窑遗址

【概况】

青羊宫窑遗址位于成都市区西面通惠门外，遗址区域内因有古道观青羊宫，故称青羊宫窑，属隋、唐两代遗存。发现于20世纪50年代，是长江上游地区一处规模较大、堆积物较集中、面积较大、烧造年代较早、延续时间较久，窑炉技术较先进、产品种类繁多、器物造型精美、装饰古朴别致的综合性古窑场。1985年12月，成都市人民政府批准组建成都隋唐窑址文物保管所，并公布成都中医学院工地窑址为市级文物保护单位。

【遗址区】

青羊宫窑遗址地处浣花风景区东端，以青羊宫稍北地段为中心向四周分布，窑场范围东到西校场、南校场一线，西达光华村，南至南郊公园西侧，北抵抚琴小区，整个遗址区分布面积约两平方千米。

窑场分为窑炉区、作坊区和废品堆积区等3个区域。已发掘的陶瓷作坊遗址有3处，即1983年在成都中医学院(今成都中医药大学)工地发现的作坊遗址；1985年在十二桥发现的唐代作坊遗址；1985—1986年在新一村小区发现的作坊遗址。其中，新一村小区作坊遗址的面积约1153平方米，呈正方形，地面规整平坦，四周分布有11口陶水缸，有的水缸之间铺有方砖；作坊北面有用残砖铺成的地面，约10平方米，推测是晾坯房屋的地坪，另外还发现用楔形砖砌成八角形的砖井一口；作坊东面有两条路基，呈东西向，用汉代花纹砖和唐代砖砌成，唐砖占大多数，可能为运坯通道。作坊由坯台、水槽、水沟和拌泥池4部分组成，有较为完整的制作程序。

【典型器物】

青羊宫窑遗址内出土器物6000余件，器形主要分为民间生活用品与文房用品两大类，种类有陶器、瓷器、窑具、建筑构件、陶俑和动物模型以及钱币、兽骨、铜器、石器等。

瓷砚是最为典型的出土器物。青羊宫窑烧制的瓷砚造型美观，装饰别致，均为圆盘状，式样齐全，大小配套。主要类型有蹄足形饰莲花纹，圈足形饰莲花、朵花、楞条组合纹饰及四面滴水足形。蹄足形砚面径达29厘米，圆35厘米，高为9.5厘米，砚面无釉，足施青釉，釉面布满细微的水珠裂纹，形制庄重气派。小者面径仅12厘米，小巧玲珑，携带方便。青羊宫窑烧制的四兽头足砚，闻名全国。此砚出土于1984年，南朝时烧制；胎色淡红、圆盘形、直口、弧唇；砚面微凸，边内有凹槽，可蓄墨；兽之头足似猴，施青色釉、青中泛黄，不到底，釉面密布细微冰裂纹。此砚收藏于成都市博物馆。

邛窑遗址

【概况】

邛窑分布于邛崃市境内，历史悠久，自南朝至两宋，烧造时间长达800余年，发明有釉下彩绘技法，生产出大量精美瓷器，在中国陶瓷史上占有很重要的地位。邛窑拥有高超的烧造技术，产品具极高的文物和艺术价值。于1984—1987年由四川省文物管理委员会和邛崃县文物管理所进行发掘，窑场面积共约17万平方米，包含十方堂窑址、固驿瓦窑山窑址、大渔村窑址、尖子山窑址、紫冲窑遗址5处遗址。出土各种完残器物1万余件。1990年以后，各级政府进一步加强邛窑遗址的保护。古老的邛窑及其技艺、产品成为成都三千年灿烂文化不可或缺的重要内容。

【遗址区】

十方堂邛窑遗址。位于邛崃市城南2千米南河南岸的小平坝上，窑场广大，是中国西南地区著名的民间青瓷窑，其烧造年代始于隋，盛于唐，衰于宋，历数百年，属隋、唐两代遗存。1984年，四川省文物管理委员会和邛崃县文物保管所对十方堂遗址进行抢救性发掘，出土大量文物。1988年1月，由国务院公布为全国重点文物保护单位。2005年11月，成都市文物考古研究所对十方堂窑址进行正式考古发掘。窑址东西长530米，南北宽210米，总面积11.13万平方米。存窑包13个，平地而起，形似小山，高6–10米不等，全由窑炉、窑具、瓷片、炉渣堆积而成。发掘出挡土墙、护墙、窑炉、作坊等遗迹及碗、盘、碟、杯、壶、瓶、瓷塑等器物和窑具、印模等工具。考古部门清理窑包时发现龙窑9座、马蹄形窑3座。龙窑呈长条形，形似长龙；窑体由火膛、窑床、烟道等部分构成；窑身前半段坡度较大，后半段坡度较小；前端略小，中部微凹，火膛低于窑床；炉壁用条砖、匣钵混合砌筑，黏土填缝，内壁用多层黏土涂抹，烧结层甚厚。马蹄形窑呈馒头状，俗称馒头窑，由火膛、窑门、窑床、窑墙等部分组成；窑体前小后大，两壁弧收，后壁平直，火膛低于窑床，窑门呈长方形。砖砌窑壁，底铺条砖，烧结层厚实。十方堂5号窑附近清理出一处作坊遗址，考古推断为唐代晚期至五代时期窑场的作坊。遗址内发现的窑具有盛放坯体的匣钵，承托坯体的垫圈(座)，坯体间的间隔物，如垫饼、垫环、垫条及各种支钉，还有配料缸等。考古部门还清理出唐代民居遗址一处，这一发现使什方堂邛窑遗址的内涵得到极大丰富，是该窑址分期断代的可靠依据。

瓦窑山固驿窑遗址。位于邛崃市城东南约13千米的固驿镇公义村境内，属南北朝时期遗存。固驿窑是四川早期瓷窑，创烧于南北朝时期，盛于隋代。遗址区内，窑具、瓷片遍地皆是，故有“瓦窑山”之称。瓦窑山固驿窑是四川早期瓷窑，是成都古代陶瓷文化高度繁荣的实证。1991年，瓦窑山固驿窑遗址由四川省人民政府批准公布为省级文物保护单位。遗址区背山面水，面积约5000平方米。遗址区内存窑包2个，有一龙窑，长46.2米、宽2米，炉身上部垮塌，存近底部分，残高0.2–0.85米，自成斜坡，坡度在15°–21.5°之间。此窑为中国唐代最长最大的窑炉。据专家估算，固驿龙窑一次可烧瓷器1.6万件以上。这体现劳动强度加大，也要具备相当的烧造技术，反映出川人吃苦耐劳精神和成都古代陶瓷业的宏大规模。遗址区内发现大量窑具，种类众多，样式繁杂，有垫柱、垫板、垫圈、支钉、垫环、垫筒等；出土有碗、盘、杯、盏等日常生活用瓷器。

大渔村窑遗址。位于邛崃市城西白鹤乡南的大渔村，东西长100米、南北宽500米，面积5万平方米。存窑包3个，呈三角形分布，高2–10米不等。遗址范围内堆积大量陶瓷残片。产品多为生活用品，器形有碗、杯、盘等，多数为灰胎、青釉，有卷草和连珠等纹饰。唐宋时期瓷窑遗址。全国重点文物保护单位。

尖子山窑遗址。位于邛崃市城西北的西桥乡石河村。东西长80米、南北宽40米，面积3200平方米。存窑包2个，高6米，表层露烧结土，遗址区域内堆积大量陶瓷残片。产品器形有碗、豆、匣、钵、垫圈等，灰胎、青釉，饰连珠纹。唐宋时期瓷窑遗址。

柴冲窑遗址。位于邛崃市城西7千米处的红旗村。唐代瓷窑遗址。窑址依山而建，面积约2000平方米。遗址内可见垫饼、垫圈及陶瓷残片，坡地上有明显的红烧土暴露于地表。

【典型器物】

邛窑主要生产青瓷器，各个窑址烧制的产品在原料、胎质、釉色、制作、烧造等方面都具有类同的基本特征，且数量巨大、品种繁多，不乏精美之作。20世纪80年代，十方堂邛窑遗址出土有器物17000余件，其中，确定文物级别的有400余件。邛窑产品大都用高岭土制成，含铁量不均，烧成温度高低不同，胎色随之而异，褐色、红褐色胎居多，橙红、红色胎次之，黄白、灰白色胎较少。釉用矿物质原料，釉色以青为主，青灰、青黄、青绿为多，黄、米黄、芥子黄、茶黄、绿、粉绿、蓝、紫蓝、褐、黄褐次之，黑釉较少，共有20多种。

邛瓷胎体表面多施有白、米黄色化妆土装饰，并采用釉下彩绘、印花、刻画花、堆贴花等技法进行美化。釉下彩器是十方堂邛窑的创造和精华，分为单彩、双彩、三彩三种，具有鲜艳发亮、永不脱落的优点，“邛三彩”因其得名。釉下彩绘常用黄、褐、绿、蓝、黑等色，纹饰简练，朴素大方，生活气息浓郁，民间风味厚重。构图有花卉、草叶、联珠、卷勾、散点、云气、彩斑等，主体图案多为花卉、鸟虫、鱼龙、飞天等。模印器形有莲瓣、葵瓣、菊瓣、四曲、六曲等。刻画花纹发现较少，多数刻画花卉图案；堆贴花亦少，均在器身表面堆贴龙、花瓣等立体图案。

邛窑烧制的陶瓷器物种类纷繁、形式多样，极其丰富，大致可以分为七类，即生活用品、文房用品、生产工具、建筑材料、娱乐玩具、人物瓷塑、动物瓷塑。邛窑众多产品中最具特色的是“省油灯”“提梁罐”和“釉里红”。“省油灯”灯盏为夹瓷，盏内盛油，盏底夹层盛水，灯点燃后，以水降温，减少油耗。南宋爱国诗人陆游在《斋居纪事》中描述如斯：“书灯勿用铜盏，惟瓷盏最省油。蜀有夹瓷盏，注水于盏唇窍中，可省油之半。”“提梁罐”是一种带提把的水罐，在中国其他窑系制品中极少有见。“釉里红”的制作先用铜红料在瓷器胚胎上描绘纹饰，继而罩上一层透明釉，然后在1200°C左右的还原焰中一次烧成，因其烧制后铜呈红色，又在釉下，故称“釉里红”，乃釉下彩中的极品，十分珍稀。存“邛窑釉里红瓜菱形水盂”1件，为邛崃一民间收藏家所珍藏。

明蜀王陵遗址群

【概况】

明蜀王陵遗址群位于成都市龙泉驿区十陵镇境内的正觉山麓(现名大梁山)，面积约5平方千米，距市中心仅4千米，1979年发现。陵墓群始建于明宣德年间，遗址群区域内有明太祖朱元璋分封至蜀为王的宗亲及家族陵墓10座，其中，蜀王陵5座、蜀王妃墓3座、蜀王府郡王陵2座，故称为“成都明十陵”，是研究明代藩王制度及陵寝文化的实物资料。1998年，成都市修建三环路南一段A标段时在东南郊的锦江区琉璃乡潘家沟村十二组发现明蜀定王次妃王氏墓，并原貌整体迁至十陵镇明蜀王陵墓群区域内，以利长期保护和研究。2004年，又将市内红牌楼、五块石等地新发现的明蜀王府太监墓迁此。墓群由正觉山与青龙埂两山和合环抱，并在墓群朝南偏东方向形成陵口。当年此处尚有近千亩水面的湖泊，名为青龙湖，其后不存。该处明代皇家陵园山水形胜、环境幽雅、景色秀丽、气势浩荡,俨然似北京明代皇陵墓葬群,唯规模次之,故有流传“北有十三陵,南有明十陵”之说。1996 年 11 月,明蜀王陵墓群由国务院公布为全国第四批重点文物保护单位。

【遗址区】

明蜀王在成都历十世十三代,死后分葬于凤凰山、磨盘山等处,而以正觉山一带最为集中。以蜀僖王陵和蜀成王陵为主居中,其他各陵依势在周围分布,形成一处壮观的王陵墓葬群。其中,蜀王陵 5 座,分为僖王陵、怀王陵、惠王陵、昭王陵、成王陵。王妃墓 3 座,分为罗江王妃陵墓、僖王继妃陵墓、青龙村王妃墓。罗江王妃陵墓系僖王第一个妃子赵氏墓寝,在僖王陵南约 800 米的正觉山支脉上,山脊地貌;僖王继妃墓系僖王第二个妃子墓寝,位于僖王陵西北约 300 米的朱家大院北侧,墓门朝向古湖;青龙村王妃墓推测是成王继妃或次妃墓,在青龙埂南侧。郡王陵 2 座分为黔江悼怀王陵和无名郡王陵。

【典型器物】

明蜀王陵遗址群文物器具有 500 多件,大多出土于僖王陵,种类包括陶瓷器、铜器、铁器等,其中以陶俑、墓志等最为典型。

陶俑均为模制、琉璃胎、施彩釉,种类分为将军俑、文官俑、仪仗俑、侍俑等,共计 426 件,属明代遗存。将军俑 6 件,头戴盔,身着绿色战袍,肩系披巾,腰束革带并扎缠腰,袍下露甲,足穿长靴。其中,A 型 2 件,手握板斧站立,高 57.8 厘米;B 型 4 件,头盔与 A 型有差异,留长须,手握方天画戟,高 57.8 厘米。仪仗俑 398 件,分 6 型。A 型 96 件,头戴瓜皮小帽,身穿右衽交领窄袖长袍,腰系带,足着靴,或别刀持盾,或手执长矛;B 型 172 件,头戴黑色高冠,身穿交领或圆领的窄袖长袍,腰系带,足着靴,有的持器、有的拱手;C 型 63 件,头戴圆顶笠帽,身穿姜黄色窄袖长袍,1 件执矛、62 件拱手;D 型 43 件,头裹平巾帻,脑后有飘带,身穿圆领窄袖长袍,腰系带,足着靴,拱手站立,帽冠及袍色但有不同;E 型 2 件,头戴黑色平顶冠,身着黄色圆领窄袖长衫,前襟折于腰带之内,穿靴站立;F 型 22 件,头戴黑色矮檐帽,脑后有飘带,身穿绿色圆领窄袖长衣,束带,着靴,拱手站立。所有仪仗俑的高度均在 20.1–22.4 厘米范围之内。文官俑 8 件,分 3 型。A 型 2 件,头戴黑色高冠,上饰一朵两叶花,身穿圆领窄袖长袍,腰束革带,足着靴,拱手站立,高 21.5 厘米;B 型 2 件,束发,头戴莲花状束发冠,身穿绿色或银白色圆领窄袖长袍,腰束革带,蓄短须,拱手站立,高 20.9–22.6 厘米;C 形 4 件,头戴乌纱帽,帽后横置短筒状插翅管,身穿黄色圆领窄袖长袍,腰束革带,足着靴,拱手站立,高 20.7–21.5 厘米。侍俑 14 件,分 3 型。A 型 2 件,头戴袱巾,帽后横置短筒状插翅管,身穿圆领窄袖长袍,腰束革带,足着靴,双手搭红巾捧物,站立,高 21.4–21.8 厘米;B 型 9 件,均为女性,头梳螺髻,身穿黄色或绿色圆领窄袖长袍,或腰束革带、着靴,或腰间无带、尖足,多数双手搭巾,捧物站立,高 21.1 厘米;C 型 3 件,头梳中分短发辫,身穿绿色圆领窄袖长袍,腰束革带,着靴站立,2 件拱手,1 件捧巾,高 19.6–21.1 厘米。

陶马共 38 件,有黄、白、绿、黑釉之分。多数陶马带马鞍、脚镫,少数陶马背上驮有包袱、布匹、箱子等,长 17 厘米、高 18 厘米。

陶瓷器物有家具、器皿、文房四宝等,表面大多涂朱色。家具有床、箱、桌、凳、轿、象辂、仓等;器皿以釉陶器为主,有碗、碟、罐、器盖、盘、执壶、灯、盒、瓶、杯、桶、盆、灶等,5 件碗中有青花,瓷碗1个，白胎、侈口、弧腹、平底、矮圈足、器表及碗心饰青花缠枝莲荷纹、外底有“西平佳器”字款、口径12.3厘米、高5.6厘米，甚为精美；文房用品有陶毛笔、陶笔架各1件。

墓志1件。青灰石制成，长方形，顶端去角呈弧，下有长方形宝盖状基座，通高1.92米。墓志高1.48米、宽0.8米、厚0.13米，上面竖刻篆书“大明蜀僖王圹志”，其两侧刻五爪龙纹，下面框内竖刻楷书14行245字。

水井街酒坊遗址

【概况】

水井街酒坊遗址位于四川省成都市锦江区水井街南侧，处府河与南河交汇点以东。1998年8月，在全兴酒厂曲酒生产车间改建工地发现。系古代白酒酿造作坊遗址，属明、清两代遗存。遗址发现的酿酒遗迹现象较为完整，可以复原出传统白酒酿造工艺的全部流程；所出土的众多饮酒、饮食器具，真实显现前人的生活习俗。有国内学者考证认为，该遗址是中国现存最古老的白酒酿造作坊，也是中国古代酿酒和酒肆的唯一实例，堪称中国白酒第一坊；它的酿酒流程是中国浓香型白酒生产的工艺源头，揭示出川酒醇香隽永的品质特色和成熟的生产技术，代表明清时期白酒酿造的最高水平，是研究我国古代蒸馏酒（又称白酒或烧酒）酿造工艺起源和发展的实物资料。2000年5月，水井街酒坊遗址被评为“1999年度全国十大考古新发现”之一。2001年6月，由国务院公布为第五批全国重点文物保护单位。

【遗址区】

水井街酒坊遗址区发现的面积约为1700平方米，可供发掘的面积有限。1999年3—4月，成都市文物考古研究所、四川省文物考古研究所、四川省博物馆联合对水井街酒坊遗址进行考古发掘，揭露面积约280平方米，共布探方(沟)8个(条)，发现有不同时代的酒窖、晾堂、灶坑、蒸馏器基座、灰坑、灰沟、路基(散水)、木柱及柱基、墙基等遗迹，并出土大批瓷器和陶器残片、兽骨等遗物。考古人员探明，水井街酒坊遗址是一座采用蒸馏技术酿造白酒的古代手工作坊，年代至迟为明代，并可从地层叠压堆积和器物的类型学排序上将明、清、民国至当代连接，延续五六百年，未曾间断生产而沿用至今；其布局为“前店后坊”，集生产和销售于一体，晾堂、酒窖、炉灶等是“后坊”遗迹，酒坊旁清理出的街道路面和陶瓷饮食酒具，则为“前店”(临街酒肆)遗物。

【主要遗迹】

水井街酒坊遗址遗迹现象丰富，有酒窖、晾堂、灶坑、蒸馏器基座、灰坑、灰沟、路基(散水)、木柱及柱础、墙基等。

晾堂。水井街酒坊遗址共发现用于拌料、配料、堆积、前期发酵的晾堂3座，年代分别为近现代、清代和明代，依次重叠。晾堂建筑材料为青灰色方砖和三合土。因受酒精中酸性液体腐蚀，表面多凹凸不平。二号晾堂(L2)系清代遗存，平面形状推测为曲尺形，南北长10–21.5米、东西宽10–13米，已发掘面积250平方米；表面较平整，按建材质地可将晾堂分为两部分，东部系三合土铺设，西部用青灰色砖和红砂石板砌成；考古人员判断此晾堂不是一次建成，可能经过增修、加宽。三号晾堂(L3)系明代遗存，平面略呈长方形，南北长9–21.5米、东西宽12–24米，面积230.3平方米，三合土结构；晾堂表面中间高、周边低，四面略呈缓坡状，利于排水，边界有护坎，西北角有一出水口直通界外盛水坑。

酒窖。水井街酒坊遗址共发现酒窖(又称窖池)8口,年代分属明、清及近现代。酒窖呈口大底小的斗状,窖口平面为长方形,规格不一。酒窖内壁和底部均用黄泥土涂抹而成,窖泥厚度8–25厘米不等。部分酒窖内壁插有密集的竹片,用来加固窖泥层。考古人员根据建筑结构和配套设施的情况判断,个别酒窖经过增修、改造,并被长期使用。其中第5号酒窖(J5)属明代遗存,此窖窖口内框南北长3.8米、东西宽2.2米;窖底南北长3.6米、东西宽2米;窖深1.86米。窖壁直且向下斜收,平底。在壁内下部泥土与上半部土坯砖的结合处,有一层灰白色的黏合类物质。窖内填土分为三层,窖底所填黄泥较为纯净,结构紧密,黏性极强,厚25–30厘米。泥层之下有一层深灰色填土,结构相对疏松,包含有瓷片、青砖、木块、酒糟等物,厚32–38厘米。填土之下是一层窖底,表面呈灰白色,质地较为坚硬。

蒸馏器基座。位于遗址建筑物内,属清代遗存。基座做工精细,平面呈圆形,直径2.25米,上部残损,残高约0.4米。从形状和内部的烟炱痕迹判断,应为当时酿酒用的"天锅"基座遗存。底部平铺环形石盘,盘面琢有均匀的纵向渠沟,似废弃的碾磨石盘;盘上砌有两圈砖石结构的立壁,外壁厚0.25米、内壁厚0.3米,壁间填充砖、石块和灰浆,立壁外表用白色灰浆抹光。基座内底砌有一圈青砖,向心形排列,砖圈直径0.9米,砖缝填白色灰浆。传统酿酒工艺步骤是先在窖池中制出发酵老熟的酒母,再用"天锅"对其进行蒸馏和冷却,方能得到较高酒精浓度的白酒。水井街酒坊蒸馏器基座的发现,证明当时成都的酿酒业已拥有成熟的蒸馏酒酿造技术,是研究中国酒史的重要物证。

灶坑。共发现4处。其中一处(Z5)由工作坑、火塘和储藏坑组成,工作坑平面为椭圆形,火塘和储藏坑则呈长方形。用青砖砌成,个别砖块表面饰有花纹,炉箅为铁质。灶坑年代多为近代,惟3号灶坑系清代遗存。

【出土文物】

遗址出土以瓷片、陶片为主,经过拼对可复原的器物逾百件。瓷、陶器物绝大部分系民窑烧制,器形有碗、盘、钵、盆、杯、碟、勺、壶、缸、罐、灯盏、支钉及瓦、瓦当、砖等,其中以酒具最为丰富。另有少量的石臼、石碾、石盛酒器及窖池上用的竹签、酒糟等。出土瓷器有青花瓷、白釉瓷、青釉瓷、酱釉瓷、褐釉瓷、粉彩瓷、蓝釉瓷、黑釉瓷等品种。

出土青花瓷器42件,其中盘14件、碗15件、杯9件、器盖1件、器柄1件、器底2件。青花瓷器的装饰图案种类较多,以折枝和缠枝花卉纹、卷叶纹、"岁寒三友"(松、竹、梅)等植物类图案最为丰富,其他题材种类还有垂钓、婴戏图等人物活动类,山水风景类,鱼、龙、鸟、怪兽等动物类,梵文等。装饰图案一般位于器物外腹和内壁,部分瓷器口部有边饰。少数青花瓷器的内底或外底中部有款识,如"永乐年造""永乐年制""大明年造""同治年制"等年号题款,但其中的"永乐""成化"等年号大多不是青花瓷器烧制的真实年代,仅为后世民窑仿制品上的伪托款识。除年号款识外,还有"锦(江)春""兴""刘""英""益""玉堂片造"等名号款识及"永保长寿""福""古""吉""佳器""玉堂佳器""富贵佳器""(状)元(及)第"等吉语。一件内底凿有"天号陈"字样的青花瓷盘尤引人注目,有专家认为,此盘虽出土于近现代地层,但确系清中叶乾隆晚期至嘉庆初期景德镇民窑所产,并且是典型的青釉青花瓷器,推测是酒坊购得并在其上刻"天号陈"字样作为铭识。

出土青釉瓷器14件,其中碗4件、盘5件、杯

1件、器柄2件、器底1件、罐1件。器底和罐均为明代地层出土文物。出土白釉瓷器7件，其中盘4件、杯2件、器底1件。器底为明代地层出土文物。出土陶器15件，其中碗6件、盏5件、灯2件、钵1件、壶1件。有三件盏为明代地层出土文物。陶片壁较厚，多为红胎，部分器物表面施釉。出土石器1件，为青砂石臼，敞口微敛，平底。器厚重，通体见凿痕，口径17厘米、底径13厘米、高8厘米。

1990—2005年成都市考古工作队发掘(调查)项目一览表

表5-151

发掘时间	成果名称	成果年代	发掘地点
1990年	白果林小区五代王妃墓葬	五代	成都市白果林小区
1991年	明蜀昭王陵	明代	成都市龙泉驿区十陵镇
1992年12月	郫县风情园及花园别墅战国至西汉墓群	战国至西汉	郫县城区外南
1993年	成都西郊金鱼村古墓群	战国、西汉、五代、三国、宋代	成都市西郊金鱼村
1993年	成都光明电器开关厂工地古代水渠遗址	战国末至汉初	成都市青羊区苏坡乡
1994年1月	都江堰市金凤乡瓦岗坝窑	宋代	都江堰市金凤乡虎形村
①1994年、②2002年	成都市中同仁路城墙遗址	唐、宋、明、清	成都市中同仁路
1995年2月	成都十二桥遗址新一村地点	商周	成都市十二桥路南
①1995年、②1996年	四川新津县宝墩遗址	新石器时代晚期	新津县龙马乡宝墩村
①1995年、②1999年	黄忠村遗址	商周	成都市金牛区营门口黄忠村
1996年	江南馆街唐宋遗址	唐宋	成都市江南馆街
1996年	彭州宋代青铜器窖藏	宋代	彭州市工业大道
1996年	内姜街遗址	唐宋	成都市内姜街
①1996年、②1997年 ③1998年、④1999年	芒城遗址	新石器时代晚期	都江堰市青城乡芒城村
①1996年、②1999年	鱼凫村遗址	新石器时代晚期	成都市温江区万春镇
①1996年、②1997年 ③1998年、④1999年	郫县古城遗址	新石器时代晚期	成都市郫县三道堰镇古城村
①1998年、②2004年	成都双流籍田竹林村五代后蜀双室合葬墓	五代后蜀	双流县籍田镇竹林村6组
1998年	成都市龙泉驿区青龙村宋墓	宋代	成都市龙泉驿区十陵镇

续表

发掘时间	成果名称	成果年代	发掘地点
1998年	明蜀定王次妃王氏墓	明代	成都市锦江区琉璃乡潘家沟村12组
1999年	成都市南郊十街坊遗址	汉代	成都市南郊棕树村
1999年	成都市西郊化成村遗址	新石器时代晚期	成都市营门口乡化成村2组
1999年	郫县清江村遗址	新石器时代晚期至西周	郫县德源镇清江村3组
1999年	岷江小区遗址	商周	成都市南二环路岷江小区
1999年	成都市高新区紫荆路唐宋墓	唐宋	成都市紫荆北路
1999年	成都南郊桐梓林村唐代爨公墓	唐代	成都市桂溪乡桐梓林村7组
1999年	成都二仙桥南宋墓	南宋	成都市二仙桥东路12号
1999年	外化成小区南宋墓	南宋	成都市西郊外化成小区
1999年	成都市高新区石墙村宋墓	宋代	成都市高新区石羊场石墙村
1999年	成都高新区紫荆路汉墓	汉代	成都市高新区紫荆路西侧
2000年	四川省茂县营盘山遗址	新石器时代晚期	四川省茂县凤仪镇附近
2000年	成都市商业街船棺、独木棺墓葬	东周	成都市商业街58号
2000年	新都五龙村汉代木椁墓	汉代	成都市新都区三河镇五龙村11组
2000年	彭州磁峰窑	宋代	彭州市磁峰镇
2000年	都江堰市金凤窑	宋代	都江堰市蒲阳镇金凤乡金凤村
2000年	邛崃市南街唐宋遗址	唐宋	邛崃市中心南街
2000年	清江路唐宋墓葬	唐宋	成都市蜀都大道清江路
2001年2月	成都金沙遗址Ⅰ区“梅苑”东北部地点	商周	成都市青羊区苏坡乡金沙村1组
2001年3月	重庆市忠县哨棚嘴遗址	商周	重庆市忠县忠州镇红星村5组
2001年3月	十陵宋墓	宋代	成都市龙泉驿区十陵镇(成都大学校区内)
2001年4月	成都市西郊土坑墓、砖室墓	战国、宋代	成都市苏坡乡西窑村7组(青羊大道东侧)

续表

发掘时间	成果名称	成果年代	发掘地点
2001年6月	成都金沙堰村唐宋墓	唐宋	成都市金沙堰村5组
2001年7月	金沙遗址“兰苑”地点	商周	成都市青羊区苏坡乡金沙村4组
2001年7月	成都博瑞“都市花园”汉、宋墓葬	汉代及宋代	成都市苏坡乡西窑村7组(青羊大道西侧)
2001年10月	金沙遗址蜀风花园城二期地点	商周	成都市青羊区苏坡乡金沙村4组
2001年11月	成都杜甫草堂唐宋遗址	唐宋	成都市杜甫草堂园区北部
2001年11月	三圣乡花果村宋墓	宋代	成都市成华区三圣乡花果村
2001年12月	洪河大道南延线唐宋墓葬	唐宋	成都市龙泉驿区洪河镇柳树村5组
2001年12月	双流县华阳镇绿水康城小区砖室墓葬	汉、唐、宋	成都市双流县华阳镇
2001年	新都正因村商周遗址	商周	成都市新都区新都镇正因村
2001年	成都南郊勤俭村汉代砖室墓	汉代	成都市桂兰路
2001年	成都金沙遗址黄忠村干道规划道路A、B线地点	商周	成都市金牛区营门口乡黄忠村4组
2001年、2002年	重庆市忠县罗家桥战国秦汉墓地	战国	重庆市忠县忠州镇郑公村
2002年2月	新都区互助村、凉水村崖墓	东汉	成都市新都区三河镇互助村、泰兴镇凉水村
2002年2月	成都金沙遗址“置信金沙园一期”地点	商周	成都市苏坡乡金沙村3组
2002年3月	重庆市忠县杜家院子遗址	新石器时代、东周、西汉	重庆市忠县忠州镇红星村3组
2002年5月	成都市天回乡东汉砖室墓	东汉	成都市金牛区天回乡长胜村6组
2002年6月	成都金沙遗址万博地点	商周	成都市金牛区营门口乡黄忠村5组
2002年8月	金沙遗址芙蓉苑南地点	商周	成都市金牛区营门口乡黄忠村4组
2002年10月	信息产业部三十研究所南宋火葬墓	南宋	成都市高新区创业路6号院

续表

发掘时间	成果名称	成果年代	发掘地点
2002 年 12 月	成都市保和乡东桂村宋墓	宋代	成都市保和乡东桂村 5 组
2002 年	蒲江佛尔湾摩崖石刻造像(调查)	唐代	蒲江县白云乡桥楼村
2002 年	蒲江龙拖湾摩崖石刻造像(调查)	唐代	蒲江县鹤山镇蒲砚村
2002 年	邛崃磐陀寺(调查)	唐、明代	邛崃市临邛镇
2002 年	邛崃花置寺摩崖造像调查	唐代	邛崃市临邛镇
2002 年	金沙遗址“春雨花间”地点	商周	成都市金牛区营门口乡黄忠村 5 组
2003 年 3 月	成都市郫县西南交通大学一、二期古遗址	新石器时代、商周	郫县犀浦镇以北西南交通大学校区
2003 年 4 月	成都市红牌楼明蜀太监墓群	明代	成都市武侯区永丰乡肖家村一组
2003 年 4 月	成都市青龙乡石岭村宋墓	宋代	成都市成华区青龙乡石岭村
2003 年 5 月	成都市高新西区航空港古遗址	新石器时代、商周	成都市高新技术开发区西区
2003 年 5 月	成都市青龙乡海滨村墓葬	战国、宋代	成都市成华区青龙乡海滨村 10 组
2003 年 9 月	成都市高新西区“格威药业一期”新石器遗址	新石器时代	成都市高新技术开发区西区
2003 年 9 月	成都市文庙西街战国墓葬	战国	成都市青羊区文庙西街
2003 年 10 月	彭州市太清乡龙泉村遗址战国时期文化遗存	战国	彭州市太清乡龙泉村
2003 年 10 月	成都市高新西区国腾二期商周遗址	商周	成都市高新技术开发区西区国腾软件学院东侧
2003 年 10 月	成都市青白江区景峰村五代及宋代墓葬	五代、宋代	成都市青白江区大同镇景峰村
2003 年 11 月	成都市高新西区“大唐电信二期”商周遗址	商周	成都市高新技术开发区西区
2003 年 11 月	成都市高新西区“万安药业包装厂”商周遗址	商周	成都市高新技术开发区西区
2003 年	蒲江白岩寺摩崖石刻造像(调查)	唐代	蒲江县寿安镇白岩寺村 2 组
2003 年	鹤林寺摩崖石刻造像(调查)	唐代	邛崃市临邛镇鹤林寺后山林中
2003 年	邛崃天宫寺摩崖石刻(调查)	唐代	邛崃市平乐镇金华村 4 组
2003 年	邛崃石笋山摩崖石刻造像(调查)	唐代	邛崃市大同镇景沟村 5 组

续表

发掘时间	成果名称	成果年代	发掘地点
2003 年	成都市青白江区三星村遗址	先秦	成都市青白江区弥牟镇三星村6组
2004 年 2 月	成都市金堂县猫头山崖墓	东汉、南朝	成都市金堂县清江镇荣丰村
2004 年 8 月	中海国际社区晋墓	西晋	成都市金牛区禾家村
2004 年 12 月	四川省西昌市咪咪啷遗址	东汉	西昌市樟木乡李家沟 6 组
2004 年	金沙遗址“国际花园”地点	西周至战国	成都市金牛区营门口乡黄忠村4 组
2004 年	金沙遗址郎家村“精品房”地点	商代	成都市金牛区土桥乡郎家村 5、6 组
2004 年	成都市三圣乡明蜀“怀王”墓	明代	成都市锦江区三圣乡粉坊堰村4 组
2004 年	成都中海国际社区商周遗址	商周	成都市金牛区禾家村
2005 年 3 月	成都市金沙村唐墓	唐代	成都市青羊区苏坡乡金沙村
2005 年 5 月	成都高新西区四川方源中科地点	新石器时代至商周	成都高新西区
2005 年	四川马尔康县木尔溪遗址	秦汉	阿坝藏族羌族自治州马尔康县梭磨乡木尔溪一组
2005 年	成都市高新西区顺江小区二期商周遗址	商周	成都市郫县合作镇东侧
2005 年	邛崃市平乐镇古道遗址	西汉	邛崃市平乐镇协议村 6 组
2005 年	邛崃市平乐镇冶铁遗址	唐宋	邛崃市平乐镇阁镇子附近
2005 年	成都市温江区万春镇明墓	明代	成都市温江区万春镇卫星村 3 组
2005 年	邛崃龙兴寺遗址	唐宋	邛崃市临邛镇瑞云村

1990—2005 年成都市重大考古发掘成果一览表

表 5-152

考古名称	时间	成果名称	颁发单位
成都平原史前城址	1997 年	1996 年度全国十大考古新发现	中国文物报社
郫县古城遗址	1998 年	全国田野考古优秀工地三等奖	国家文物局
水井街酒坊遗址	2000 年	1999 年度全国十大考古新发现	中国文物报社、中国考古学会
古蜀船棺合葬墓	2001 年	2000 年度全国十大考古新发现	中国文物报社、中国考古学会
金沙遗址	2002 年	2001 年度全国十大考古新发现	中国文物报社、中国考古学会

著名宗教遗存

【宝光寺】

宝光寺又名宝光禅院,位于成都市新都区宝光街,是中国唯一保存早期“寺塔一体,塔踞中心”典型布局的佛教禅宗寺院,是全国汉传佛教重点开放寺院,是成都保存最完整的清代寺庙建筑群,是成都地区历史最悠久、规模最宏大、收藏文物最丰富的一座佛教寺庙。宝光寺建于东汉,确切年代失考,隋代名“大石寺”,唐开元年间名宝光寺,唐僖宗时重修。宋代一度更名为大觉禅院。元代寺院破败。明代复名“宝光寺”,历经石子美、杨廷和等人捐资修缮。明末清初,寺院毁于战火。清代中期起经历代住持整修和扩建,宝光寺逐渐中兴,与文殊院、昭觉寺、草堂寺并列为成都“四大精蓝”,和成都文殊院、镇江金山寺、扬州高旻寺合称长江流域佛教禅宗“四大丛林”。1922年,无穷和尚募化重建宝光寺。1956年,宝光寺被批准为“四川省文物保护单位”。1983年,国务院公布宝光寺为“全国汉族地区重点开放寺院”。2001年6月25日,国务院公布宝光寺为“全国重点文物保护单位”。

宝光寺占地10万平方米,建筑面积2万余平方米,建筑为木石结构,全寺共施石柱400余条,主要由一塔、二坊、三楼、四殿、十二堂、十六庭院组成,四面围有围墙。宝光寺布局坐北朝南,中轴线上“福”字照壁、山门殿、天王殿、舍利塔、七佛殿、大雄殿、藏经楼、紫霞山依次而立;两旁有钟鼓楼、二牌坊、左右廊庑、客堂、云水堂、斋堂、戒堂、罗汉堂、禅堂、东西方丈室等建筑。寺内东侧的净土院,是一座自成体系的净土宗寺庙,供奉无量寿佛,其构筑布设,在中国佛寺中极为罕见。寺院中心有宝光塔(又名无垢塔、舍利塔),为密檐式四方形砖塔,始建于唐中和三年(883年),高30米。塔刹冠以鎏金铜顶;塔身13层,每层四面嵌佛像,四角挂铜铃,底层塑释迦佛像;塔基为须弥座,以石勾栏作护围,栏上刻有佛传故事;塔身微向西斜,素有“东方斜塔”之称。寺内罗汉堂始建于清咸丰元年(1851年),面积1600平方米,是中国保存历史最久、规模最大的泥塑罗汉堂。罗汉堂平面呈“田”形,内外4层,中以“十”字形相连;塑有3佛、6菩萨、18罗汉、50祖师、500罗汉,共塑像577尊,每尊高约2米或以上,全身彩绘贴金。

宝光寺内文物众多,锡兰国王亲赐的释迦牟尼舍利子、道光皇帝转赐的印度优昙花、暹罗国王馈赠的贝叶经为“镇寺三宝”;还有蜀汉章武铜鼎、南朝梁时的千佛碑、唐代石佛像、唐代显庆陶塔、唐代僖宗行宫基础、元代金银书《华严经》、明代《尊胜陀罗尼》经幢、明代丁云鹏绘《十八罗汉》册页、清代《大藏经》、玉佛及石雕舍利塔;各殿堂所挂金匾176块、碑刻24通、石柱刻楹联76副、古今名人字画300多幅。

【石经寺】

石经寺位于成都市龙泉驿区茶店镇石经村,地处龙泉山脉中段东麓天成山,至龙泉镇18千米,距成都市区37千米。是川西五大佛教丛林之一,亦为藏传佛教在汉区的第一个西密根本道场。石经寺建于东汉末年,初为宦官私宅,蜀汉时期为庙,名“灵音寺”。唐代扩建。明正统七年(1442年),主持楚山得蜀王重金,增修寺院,并更寺名为“天成寺”。清乾隆三十二年(1767年),简州牧宋思仁赠石刻《金刚经》一部,寺院遂改名为“石经寺”。清乾嘉年间扩建为殿宇7座,成为川西著名禅林。1981年,被成都市人民政府列为市级重点文物保护单位。1985年,成为佛教密宗道场。1991年,石经寺新建寺庙山门。1992年,建宗喀巴大师殿、厢房及其配套设施1726平方米。1996年，重建祖师殿。1998—1999年，建钟楼、鼓楼和消防设施，加修围墙5032平方米。2001年，全面整修方丈院、素食部、宗喀巴大师殿宝龛及山道石阶。2002年，石经寺被四川省人民政府列为省级重点文物保护单位。至2005年，石经寺占地约200亩，为四合院布局，坐西向东，顺应山势由东向西逐层上升。寺内建筑保存基本完整，主要有山门、钟鼓楼、天王殿、韦驮殿、塔林、大雄宝殿、三圣殿、昆灵殿、祖师殿、方丈院、大师殿、藏经楼、五观堂等。寺内文物和珍稀树木较多，有石刻《金刚经》32块，1块为清代原件，其余皆后来复制；明成化五年（1469年）和清乾隆三十五年（1770年）所铸铁钟各1口；绘于大雄殿墙上的唐代风格壁画；五代后周显德年间所植罗汉松1株，唐贞观年间所种银杏树2棵等。

【文殊院】

文殊院位于成都市文殊院街15号，是市区内保存最完好的佛教寺庙。文殊院建筑规模宏大、典雅古朴，布局规矩严谨，结构紧凑完整，浑然一体，气象庄严，为全国四大佛寺之一。1980年，四川省人民政府公布文殊院为省级文物保护单位。

文殊院始建于南齐，时名“妙圆塔院”。唐武宗灭佛，寺毁。宣宗时重建，定名“信相寺”。明末寺毁于兵燹。清康熙三十年（1691年）慈笃禅师重建，初名“信相文殊院”，康熙三十六年（1697年）改名文殊院。康熙四十年（1701年），颁赐御笔“空林”匾额。清嘉庆至道光年间，文殊院第七代方丈本园禅师对寺院进行大修和扩建。中华人民共和国成立后，成都市先后加强文殊院片区保护与开发，修葺旧院、培植园林，2005年，在文殊院片区按川西建筑风格打造的“文殊坊”竣工开街。

文殊院

文殊院坐北朝南，平面呈方形，占地82余亩，总建筑面积1.16万平方米，共有殿堂房舍200余间。在中轴线上依次建有山门（即天王殿）、三大士殿、大雄宝殿、说法堂、藏经楼，凡五重。东西两侧对称布设钟、鼓二楼、斋堂及廊庑。东西北三面园林环绕，四周红墙围护。文殊院山门前有照壁，壁上用瓷片嵌“文殊院”三字，传为慈笃手书。文殊院收存有木、石、茅、玉、铜、铁、陶瓷、泥塑、脱纱、丝、发等质地不同的大小造像400余尊，收藏宋、明、清三朝字画500余件，入藏宋、元、明、清各代写经、刻本等典籍12万余册，所藏唐玄奘头骨和舍利子弥足珍贵。

【昭觉寺】

昭觉寺位于成都市成华区青龙乡昭青路333号，毗邻成都动物园，为全国汉传佛教重点开放寺院和重点活动场所，是四川省、成都市重点佛教寺院，素有川西“第一丛林”之称。

昭觉寺原址初为唐代眉州司马董常的故宅，名“建元”，唐贞观年间（627—649年）改为佛寺，名为“建元寺”。唐僖宗乾符四年（877年），时任住持休梦禅师扩修建寺院，并奉旨改名为“昭觉寺”，寓“以其昭昭使人昭昭，以先觉觉后觉”。五代十国时期，昭觉寺毁于战乱。宋时更名为“六祖

昭觉寺

寺”，北宋真宗大中祥符元年（1008 年），延美禅师历时30 年完成昭觉寺重修。明洪武二十年（1387 年）扩建；崇祯十七年（1644 年）毁于战火。清代于康熙二年（1663 年）、康熙十二年（1673 年）两次重修昭觉寺，复名“昭觉寺”，康熙四十一年（1702 年），康熙帝赐昭觉寺“法界精严”匾额。民国期间，朱德、张大千先后在昭觉寺驻居。中华人民共和国成立后，昭觉寺受到政府保护。1983 年，国务院确定昭觉寺为全国汉传佛教重点开放寺院。1984 年后，昭觉寺恢复宗教活动。至 2005 年，昭觉寺占地 22 万平方米，有僧人 150 余人。寺内中轴线上，依次为山门、虔心亭、天王殿、地藏殿、大雄宝殿、藏经楼、玉佛堂、先觉堂；其左有法鼓、达摩殿、上师塔、观音殿、佛学院等；其右有金钟、碑林、五观堂、圆通宝殿、药师殿、三圣殿、塔林、大师殿、思德堂等。寺内文物众多，其中有清咸丰四年（1854 年）刻制的《昭觉寺全图》石碑 1 座，清光绪皇帝御书敕石，上书“御赐龙象神通”6 字，国画大师张大千以铁线游丝描笔法画的一道汉白玉南无阿弥陀佛和释迦牟尼佛画像，以及张大千作画的大圆桌等。

【大慈寺】

大慈寺位于成都市锦江区蜀都大道大慈寺路 23 号，又名大圣慈寺、太慈寺、太子寺，古称“震旦第一丛林”。

大慈寺始建于唐至德二年（757 年），其时占地近 1000 亩，共有 96 院，廊房 8524 间，为成都禅寺之最，是中国、韩国、日本三国佛教交流重地。明宣德十年（1435 年），大慈寺毁于战火，后重建。清顺治年间，重修大慈寺；同治六年（1867 年）扩建，后被毁；光绪年间重修。20 世纪 50 年代初期，大慈寺无僧人驻居。1958 年，进行全面维修，恢复其坐北朝南走向，新建大慈寺广场。1981 年，大慈寺被列为成都市文物保护单位。1983 年，改建大慈寺为成都市博物馆。“九五”期间，大慈寺及周边街区被列为成都市重点保护和规划的三大历史文化保护区之一。“十五”期间，成都市政府将大慈寺及周边街区列为重点保护和规划的四大历史文化保护区之一。2003 年 11 月，成都市博物馆迁离大慈寺，寺院归佛教界管理。2004 年 4 月 8 日，大慈寺正式对外开放。大慈寺占地 20.89 亩，建筑面积 4686 平方米，坐北朝南，沿中轴线依次有山门殿、弥勒殿、观音殿、大雄宝殿、说法堂和藏经楼，两旁有客堂、斋堂、禅堂、戒堂等建筑。其中，山门殿上方刻有四川按察使黄云鹄手书“古大圣慈寺”石匾，各殿堂石柱上刻有清代顾复初等撰写的楹联；大雄宝殿为木结构建筑，单檐歇山式屋顶，面阔 7 间共 35 米，进深 3 间共 13.2 米；藏经楼亦为木结构建筑，重檐歇山式屋顶，面阔 7 间共 36.05 米，进深 5 间共 17.8 米。作为中国禅宗重要寺院，也是中、日、韩三国佛教交流的纽带，开寺以后，与国内外佛教界交往频繁。于 2004 年、2005 年连续举办两届无相禅师学术交流会。

【青羊宫与二仙庵】

青羊宫位于成都市一环路西二段 9 号。始建于唐，初名“玄中观”，后改为“青羊万寿宫”。五代至宋，青羊宫成为游览胜地。明末清初大部分殿宇毁于战火，清康熙、乾隆年间两次重修。1958年，青羊宫与二仙庵合并为青羊宫公园（文化公园）。1980年，青羊宫自文化公园划分。1983年，经国务院批准，作为全国重点道馆对外开放。1984年，成都市政府大修青羊宫。青羊宫占地4.47万平方米，殿宇、房舍建筑面积5793平方米，现存山门、灵祖殿、混元殿、八卦亭、三清殿、斗姥殿、玉皇楼、降生台、说法台等建筑，主要建筑沿中轴线布设。其中，八卦亭按照“天圆地方，阴阳相生，八卦相合成万化”的道教哲理构建而成，为道教标志性建筑。三清殿前供奉一对青铜神羊，独角神羊为南宋文物；另一只铜羊为清道光九年（1829年）铸造。青羊宫内保存有道教文化典籍《道藏辑要》的清代梨木刻板1.4万余块。2002年12月27日，青羊宫被四川省政府列为省级重点文物保护单位。

二仙庵位于青羊宫东侧，占地3000平方米，是祀奉道教传说“八仙”中吕洞宾和韩湘子二仙的道馆，为道教十方丛林，是全真龙门派丹台碧洞宗在成都最先传播的宫观之一，也是西南地区唯一具备开期传戒条件的丛林。始由四川按察使赵良壁修建于清康熙三十四年（1695年）。2002年，成都市政府将二仙庵主体建筑区域划归青羊宫。庵内主要建筑为灵祖殿、玉皇殿、吕祖殿、二仙殿等。2002年12月27日，青羊宫被四川省政府列为省级重点文物保护单位。2003年，二仙庵新山门建成。

【皇城清真寺】

皇城清真寺，因毗邻原蜀王宫护城（习称皇城）而得名，是四川地区最大的伊斯兰教寺院。原址位于成都市永靖街93号，1997年8月，因天府广场扩建，皇城清真寺由原址移到天府广场西侧小河街2号重建。于1998年6月30日新寺竣工。据民间传说，皇城清真寺始建于明代中叶。据文献确切记载，该寺建于清康熙五年（1666年）。清咸丰八年（1858年）大修；1917年遭焚毁；1924年重建，次年落成。1978年进行维修，次年恢复开放，为全国首批开放的24座清真寺之一；并开有清真餐馆和清真食品店。皇城清真新寺占地0.41公顷，建筑面积为5941平方米。以东西方向为轴线而呈南北对称，由照壁、木栅栏门、大门、耳房、过厅、厢房、礼拜殿组成。融阿拉伯建筑风格与仿明清建筑风格为一体。该寺历来为穆斯林活动中心，被列为成都市区13坊清真寺之首坊。四川省伊斯兰教协会、成都市伊斯兰教协会均在寺内办公。

【平安桥天主教堂】

平安桥天主教堂又称“平安桥总堂”，是成都地区天主教主教府，为成都地区最大的天主教堂。位于成都市西华门街25号（原为平安桥街29号，2003年，平安桥街并入西华门街）。始建于清光绪二十三年（1897年），为法国籍主教骆书雅设计并主持修造，于光绪三十年（1904年）建成。教堂共耗白银20万两，皆来源于光绪二十一年（1985年）成都教案中国的赔款。1939年6月1日，日本飞机轰炸成都，教堂大经堂左侧房梁被炸断，部分门窗损坏。中华人民共和国成立后，教堂得到维修，并于1979年圣诞节对外开放。平安桥天主教堂占地面积约30亩，建筑面积8505平方米。整体建筑采用砖木结构，斜坡顶，西式拜占庭风格与中式院落布局相结合，是中国现存为数不多的中西混合式天主教堂建筑之一，也是成都市尚存不多并较为完整的传统建筑。主要由主教公署和圣母无染原罪堂组成，合呈“悚”字形，中殿高9米，有明柱12根，正中设立主教宝座，左右各有祭台；外侧有中式檐廊，以磨砖砌成圆柱支撑外面抹灰。2000年后，市政府陆续增修附属建筑，改善周边环境。2004年，教堂大门前临街住户和附属房屋全部拆除搬迁，新建成灯光广场。

【上翔街基督教礼拜堂】

成都市上翔街基督教礼拜堂，原名圣约翰堂，位于青羊区顺城大街219号。

始建于1909年，前身为"辅仁学社"。1926年学社停办。1927年，转为传播福音的教堂。内有二层建筑1座，古银杏3株。1939年，教堂加盖一层楼，改名为"圣约翰堂"。1942年7月20日，教堂被日机炸毁，修复后继续从事宗教活动。1958年以后，宗教活动中止。1980年3月2日复活节起恢复对外开放，因中国教会实行联合礼拜，起名"基督教礼拜堂"。1984年，四川神学院借此为校地。1991年，教堂更名为"上翔街基督教礼拜堂"。1992年，成都市扩建街道，原教堂拆除，另在原址空地上修建过渡教堂，同时筹建新堂，在保留原有建筑的基础上，再造一座主体建筑和一座钟楼。截至2005年，上翔街基督教礼拜堂有牧师2人，长老1人，义工近70人。

【新津老君山】

新津老君山位于成都市新津县城南2.5千米处，地属新津县永商镇，为成都境内的一座道教名山。1985年7月22日，老君山被批准为市级文物保护单位。1989年8月，成都市人民政府批准老君山道观为市级宗教活动场所。

老君山因山中有老君庙得名，又名天社山，传说老子曾在此炼丹修道且因山上有药草稠粳，亦名稠粳山。老君庙或称老子庙，始建于汉，汉代张天师(道陵)创"五斗米道"，设二十四治(治，即传教点)，其中第十二治"稠粳治"即在此山。老君庙盛于唐宋年间；明代洪武年间重修；自明末至清代，几度损毁、再建。1923年春遭火灾，得槐轩(刘沅，双流人，清代著名经学家)后人、门人倾力复造，恢复昔日道观格局，依山取势，坐北朝南，结构严谨，雄峙巍峨。山门前立有牌坊，中轴线上有灵祖楼、混元殿、八卦亭、三清殿、七真殿、三元殿等；左侧有慈航殿、老君洞；右侧有儒林祠、普照楼等。庙内古柏参天、环境清雅。登山观"稠粳出云"，为旧时新津十二景之一。每年农历二月十五日老君诞辰，民间称贞元节，八方朝山者众。

【新津观音寺】

新津观音寺位于成都市新津县永商镇宝桥村，始建于宋淳熙八年(1181年)，毁于元季战乱。明宣德年间(1426—1435年)重修，至弘治三年(1490年)竣工，共建殿宇十二重。明末清初遭毁损，清康熙、乾隆、道光年间修葺，为川西著名寺院。1956年8月16日，公布为四川省第一批重点文物保护单位。2001年6月，被列为全国重点文物保护单位。观音寺占地3.96万平方米，建筑面积1532平方米。寺内建筑有仿明牌坊、山门、弥勒殿、张商英故里纪念碑以及接引、毗卢、观音诸殿。其中，毗卢殿建于明英宗天顺六年(1462年)，平面呈正方形，单檐歇山式顶，木质结构，面阔3间，宽10.72米，高3.2米。殿内塑释迦牟尼三身像，共有壁画7铺，为明成化年间所绘，总面积94平方米，左右壁6铺壁画每铺长3.33米、高3.15米，分为上、中、下三层，绘有菩萨、天尊等形象；后壁壁画绘有观音修行场景，题为"白云记"，又称"香山全堂"。其中，"漂海观音"等4幅入编1988年版《中国美术全集》。观音殿建于明成化四年(1468年)，为单檐歇山式建筑，面阔5间，宽20余米，进深16米；殿内正中塑文殊、观音、普贤坐像，高约5米，坐像背壁石面塑有飘海观音像，观音高2.48米，距地面2米左右，殿内两侧塑有天竺二十八尊者和十八罗汉坐像，大小与成年人相当。2004年，观音寺被列为全国十大文物保护重点修复工程，国家文物局出资800万元，进行全方位修复。

【青城山道观】

青城山位于都江堰市西南，是中国道教名山和中国道教的发源地之一。东汉顺帝汉安元年（142年），张道陵创立“五斗米道”（又称“天师道”），设二十四治，布于天下。天师张道陵到青城山结茅传道，此山遂成道教发祥地，被列为“第五洞天”，山上道教宫观相望，有数十余座保存完好。青城山道观成群，核心为常道观，主要宫观包括建福宫、上清宫、祖师殿、圆明宫、老君阁、玉清宫、朝阳洞等。

常道观因张道陵曾在此修行又称天师洞。文献记载，天师洞原址为皇帝祠。隋大业年间（605—618年）建观，取名延庆观。唐代改称常道观。开元年间，此观一度被占，改为佛寺。后得玄宗敕令归还道家，观中存有玄宗手敕诏碑。宋时曾称昭庆观。后仍沿用唐名，天师洞为俗呼。常道观三面环山、一面临涧，占地面积7200多平方米，建筑面积5749平方米，现存建筑皆为清代康熙年间所造。中轴线上有山门、三清殿、黄帝殿，左侧有青龙殿，右侧为白虎殿，其余还有天师殿、三黄殿等。山门正中悬“古常道观”金匾，两侧有蜀州李世瑛所撰对联。山门后为长长的石阶，两旁镶有黄炎培、谢无量、吴稚晖等人诗文石刻。三清殿前生长有一棵汉代古银杏树，高10余米，树干粗短、布满钟乳状的树瘤，形态奇怪，枝叶茂盛，传为张道陵所植。殿后石壁上刻有《青城山图》和道教经典《黄帝阴符经》《老君说清静经》等。黄帝祠位于三清殿后，有于右任题“古黄帝祠”横匾，内供轩辕帝金身塑像。祠后有三皇殿，供伏羲、神农、轩辕三皇石像各一尊，像高均90厘米，背有铭文。神座前有石碑，名《大唐开元神武皇帝书碑》，上刻唐玄宗开元十二年（724年）诏书“观还道家，寺依山外旧所”，是珍贵的唐代文物，被称为青城山的镇山之宝。天师殿建于清末，依山而造重檐飞脊，及上可俯看常道观全景。殿内供奉隋代石刻张道陵像，面有三目，威严肃穆。常道观内尚存有“降魔石”“掷笔槽”等景观。

建福宫位于丈人峰下，建于唐代，清代重修；保存两殿三院。建福宫筑于峭壁之下，气势竣然。其左侧有明庆府王妃遗址，西行1000米，即青城山绝景“天然画图”。观内保存有古木假山、委心亭、明庆府王妃梳妆台遗址以及壁画、楹联等文物。

祖师殿位于天师洞右后侧山腰间，祖师殿又名真武宫，建于唐代。观内有真武祖师、吕洞宾、铁拐李等神仙塑像及八仙图壁画、诗文刻石等。

朝阳洞位于主峰老霄顶岩脚，洞口正对东方，广约数丈，可容百人。内供宁封真君、吕洞宾、丘处机三人。清人黄云鹄曾在此结茅居住，并撰有对联“天遥红日近，地仄绛宫宽”。

上清宫位于青城山第一峰，在距峰顶约500米的半坡上。始建于晋代，今存宫观为清代同治年间所建。其处有“天下第五名山”“青城第一峰”等摩崖石刻。宫内祀奉道教始祖李老君，有老子塑像和《道德经》五千言木刻，另有麻姑池、鸳鸯井等传说遗迹。

【彭州白鹿书院】

白鹿书院又名领报修院、上书院，位于四川省彭州市白鹿镇以北2.5千米回水村（又称书院村），距彭州30千米、成都77千米。旧为成都市教区培养天主教传教士的神哲学院；俗称“白鹿上书院”。清光绪十年(1884年)成都主教杜昂指派谷布兰重修“备修院”，光绪十一年(1885年)竣工，取名“无玷书院”(俗称“下书院”)。光绪二十一年(1895年)又动工兴建“中修院”，光绪三十四年(1908年)落成，命名“领报修院”(俗称“上书院”)。1932年，改为神哲学院，成为当时培养全川乃至中国西南地区天主教神职人员的重要场所。

领报修院呈四合院落式布局。正前方为主楼，建有一座由17拱券依次抬升的弧形天桥，造型精巧别致，可从两侧拾级而上，直通二楼正中大门。二楼大门镌刻“SEMINARIUM ANNUNTIATIONIS 1908”，意译为“修道院”，1908是竣工年份。主楼南北长约120米、进深约16米，共有3层，层高5米，每层有房16间，置内外走廊。底层为储藏室。天井正面建有礼拜堂，礼拜堂为筒形拱券顶构造，礼拜堂钟楼为罗马与歌特式建筑相结合的西洋风格，保存较为完好。整个修院内，方柱林立，白色的罗马柱和灰黑色的屋瓦并存，显得高挑疏朗。领报修院是研究欧洲中世纪建筑的实物例证，是全国重点文物保护单位。

历史文化名镇

【概况】

1991年底，成都市境内共有大小城镇366个，其中，古镇众多，星罗棋布于成都周围。历史悠久，大多保留着旧时的街坊和建筑，民风淳朴、习俗深厚，具有丰富的人文内涵和浓郁的川西风情。其镇区面积普遍较小，人口上万者有广都(今双流城关镇)、新都、临邛、崇阳、柳城等镇，较具城市规模。

成都古镇形成时间多在数百年前甚至千年以上。其中，郫县郫筒镇，是古蜀国杜宇定都之地，始建于公元前314年，有两千三百余年历史，镇内存杜鹃城遗址及望丛祠；都江堰市灌口、双流县籍田、彭州市天彭、邛崃市火井及郫县古城、三道堰等镇历史皆自溯古蜀、秦汉之际；郫县唐昌镇原为崇宁县，建于唐高宗仪风二年(677年)，镇内存玉皇楼、文庙等古建筑；青白江区弥牟镇形成于后唐(934—936年)，境内存三国时期诸葛亮创制的八阵图遗址。新都区马家镇、大丰镇，都江堰市石羊镇，邛崃市固驿镇形成于宋代。双流县华阳镇、中和镇，蒲江县霖雨镇、大兴镇，新津县永商镇、花源镇、武阳镇，龙泉驿区山泉镇，都江堰市聚源镇、中兴镇，金堂县赵镇、淮口镇，新都区石板滩镇、斑竹园镇，彭州市濛阳镇、九尺镇、小鱼洞镇等大都置于明清年间。成都近郊的犀浦、机投、簇桥、石羊、琉璃场、苏坡桥、龙潭寺等场镇皆有久远的历史。

成都的很多古镇皆因过往人事而闻名。大邑县悦来镇因张道陵曾在境内鹤鸣山修炼黄老之道，故素称道教发源地；崇州市三郎镇因传李冰之子三郎曾在此治水而名，当地存三郎殿；郫县友爱镇为西汉时期文学家扬雄故里，境内存有子云亭、扬雄墓；崇州市江源镇被誉为“中国地方志的初祖”的常璩故乡；金牛区的天回镇建于唐代，古有玄宗避乱行至该镇，旋闻叛乱平定，即从此地返回长安，镇名“天回”，近代更因李劼人在《死水微澜》中详加描述而引世人关注。

成都的古镇多位于平原，亦有处河谷、丘陵、山地者，或江河绕流，或青山守望，乃至兼具。镇址均依山夺势、临水赋形，拔地而起，各得其妙，体现出先民天人合一、道法自然的朴素思想，故而成都的古镇往往能顺应生态形势，拥有宜于生产、生活的自然环境和居住环境，利于民生和发展，且具秀丽景色、无限风光。如新津县五津镇古时择址于“五津汇流”处，人谓之“武阳咽喉地，雄浑踞西川”，其区位优势十分明显，素为川西南交通要冲和货物集散地。双流县黄龙溪镇、崇州市元通镇、邛崃市平乐镇等均以特色区位、环境闻名。

成都古镇街区多按中国传统筑城法打造，主要呈井字形，如崇州市崇阳镇、大邑县新场镇等；但又不拘一格，或呈目字形，如邛崃市茶园乡等；还有鱼骨形，如邛崃市平乐镇等。镇上街道或长或短、或宽或窄，路面多由石板铺就。古镇的最初面貌多被岁月湮没，但遗存有大量清代及民国时期民居建筑，四合院格局、木质穿斗结构、青瓦屋顶样式，真实显现出川西当时的建筑风格。黄龙溪等一些临江古镇，建造有许多“吊脚楼”，甚至保留有始自古蜀时期的“干栏式”特征。大邑县安仁镇保存不少旧时修造的公馆建筑。以龙泉驿区洛带镇上的四座会馆为代表的清代会馆建筑遗存，是清初“移民填川”、外来文化在成都本土的真实烙印。古镇普遍都建造有七宫八庙，镇区内外道场、佛寺、儒家祠堂等，其中不乏建筑艺术精湛而又保存较为完好者，如蒲江县寿安镇河沙寺、青白江区城厢镇明教寺等。不少古镇因有独特建筑而个性彰显特色鲜明，如土桥镇以伊斯兰风格建筑见长、彭州市白鹿镇西式建筑闻名。

成都的古镇大多保留着历史形成的文化传统和久远以来的民风习俗，体现在生产、食住、语言、节庆、婚姻、娱乐及丧葬等诸多方面。如流行于新津县五津镇的猜谜、双流县中和镇的连萧、彭州市隆丰镇的川剧、成华区龙潭乡的小金龙、郫县郫筒镇的民歌、邛崃市夹关镇的高跷等，皆始自早年。成都古镇上的人们，还从长期的生产活动中，形成有独特的文化。如龙泉驿区柏合镇的草帽编织、新都区新繁镇的棕编、邛崃市平乐镇的竹麻号子、彭州市桂花镇的陶艺等，均源远流长。流行于各地的“都江堰放水节”“固驿春台会”“元通清明会”等民俗文化活动，是彰显成都古镇特色的生动舞台。

20世纪90年代起，成都市加强境内古镇的保护，各镇都制定有保护规划，划定出保护区域，且重视自身文化内涵和历史价值的发掘，做到保护与开发相结合，全面发展，成效显著。至2005年，成都市有安仁、平乐、黄龙溪、洛带、新场等一批古镇跻身国家或省级历史文化名镇的行列。

【安仁镇】

安仁镇地处成都平原西部，位于大邑县城东南，距成都市区41千米、大邑城区8千米。全镇辖区面积56.9平方千米，总人口5.9万人。辖行政村16个、社区12个。集镇面积0.8平方千米，城镇人口约3万人。2005年9月16日，安仁镇被命名为中国文化名镇。

安仁镇街市略呈长方形，有大小十余条街道，其中维星街、树人街、裕民街系古街，保存较为完整。全镇遗存有数十座旧社会官僚地主的“公馆”“洋楼”和“别墅”。这些建筑多建于20世纪30年代，既具有川西民居传统，又融合西方建筑风格，号称“川西建筑文化精品”。至2005年，安仁古镇保存较好的老公馆建筑27座。其中，刘氏庄园为全国重点文物保护单位，其他较具代表性的有刘湘公馆、刘元瑄公馆、乐自能公馆、刘体仁小独院等。此外还有同庆茶楼、钟楼、安仁中学(原文彩中学)等多处老建筑。全镇历史文化街区及老建筑群保护面积约30万平方米。安仁古镇保留有唐场春分会(又称长年会)及川西婚俗习惯，建有川西民俗博物馆。2000年，当地政府引进成都建川房屋开发有限公司建设建川博物馆聚落，主要有“文化大革命”时期实物、抗战和民俗等三个展出系列，由 10 余主题博物馆组成。

【新场镇】

新场镇位于大邑县城西南、成都平原西部，距成都市 58 千米、大邑县城 10 千米。全镇辖区面积 35.76 平方千米，总人口 2.7 万人。辖行政村 7 个、社区 1 个。集镇区面积 0.4 平方千米，集镇区人口约 0.3 万人。

新场镇形成于东汉时期，古时曾叫清源市，因流经镇域的江河河水清澈、源远流长而名。古镇地处茶马古道上，为川西南抄近通往天全、芦山、火井、水口等地的陆路要冲，水路可乘船到新津抵乐山入长江，旱路可沿邛崃山脚的古蜀道西达康藏、东至成都。据《元丰九域志》记载，北宋时大邑有十乡一镇一寨，一寨就是“思安寨”，即新场镇老场址。宋代置寨一般都设有军事设施机构。明代时新场镇在镇北 1 千米处的头堰河东岸，取名半边街，又呼为扇子场。清康熙后，街区顺江河流向下迁至水打庙，即新场镇所在地，为八方商贾云集的地方，场上也形成有上正街、下正街、香市巷、猫市巷等街巷，建有陕西会馆、江西会馆、湖广会馆等富丽堂皇的建筑。古镇街巷按二纵二横分布，街区呈“井”字形格局。街上的房屋多为清代和民国时期民居建筑，计有 20 余万平方米，是川内规模最大、保存最好的古镇之一。境内虎跳河畔存有川王宫，建于明代，最初是祭祀李冰父子的场所，后演变为儒、释、道三教合一的庙观，是成都境内一座别具一格的古代庙宇。新场镇境内尚存茶马古道、佛子岩石刻、明代壁山庙、天主教堂等；另有两山锁峙、江水咆哮的虎跳河等自然景观。

新场镇民风淳朴，习俗久远。镇上人家善于烹作，形成有不少川西传统名小吃，如周家血旺、汪豆花儿、麻油鸦、黄糕等，外界口碑俱佳。

【平乐镇】

平乐镇位于成都市所辖邛崃市西南部，距成都市约 93 千米、邛崃市区 18 千米。全镇辖区面积 70 平方千米，总人口 3.2 万人。辖行政村 11 个、社区 2 个。集镇区面积 1.28 平方千米，集镇区人口 0.93 万人。

地方史志上曾称为“平落”。传蜀开明王朝时期，此地因修水利、兴农桑而生聚落，古镇故名“平落”。西汉时期形成集镇。《宋史》记载，隋文帝开皇三年（583 年），此处称为平乐坝，属临邛郡火井县管辖。宋太祖开宝元年（968 年）改称平落。开宝三年（970 年），火井县移治于平落，长达二十余年。元代属邛州直隶州。1940 年，建置平乐乡。1993 年 3 月，更名为平乐镇。2005 年，被命名为中国历史文化名镇。

平乐镇坐落于深丘当中的腹盆坝子，南北有两山对峙，白沫江自正西向东北穿镇流过，江面古桥、鸥鸟，两岸古树、人家，四季不同风景。得天独厚的自然环境和两千多年的历史，形成平乐镇特有的“九古”风华(即古街、古寺、古树、古道、古桥、古坊、古堰、古风、古歌)。

1990 年后，各级政府进一步加强平乐古镇核心区及镇内金华山、骑龙山、花楸山、芦沟竹海、金鸡沟等自然景区的保护，扶持当地竹编、根雕、木刻等传统手工艺，整合水、火、铁、路、纸、茶、民俗、宗教 8 个方面的平乐历史文化资源，促进该镇旅游和经济发展。2004 年，平乐镇被命名为全国重点镇；2005 年，又被评为“全国环境优美镇”。

【黄龙溪镇】

黄龙溪镇位于成都市双流县西南部，距成都

市区42千米、双流县城34千米、华阳镇28千米。全镇辖区面积50.4平方千米，总人口2.7万人。辖行政村8个、社区1个。城镇面积2.1平方千米，城镇人口0.45万人。

黄龙溪古名赤水，为锦江、鹿溪河汇流处，有牧马山、二峨山隔水相望，《水经注》载："武阳有赤水其下注江。建安二十四年，有黄龙见此水，九日方去。"又《荔鼎录》记："蜀章武二年，黄龙见武阳之水九日，铸一鼎，像龙形沉水中。"古镇因名"黄龙"。1992年，设置黄龙溪镇。黄龙溪历史文化遗存的核心区域面积约5平方千米，素以"十古"遗存（古街坊、古寺庙、古民居、古树、古崖墓、古佛洞、古佛堰、古战场、古衙门、古风民俗）著名，有称为黄龙五绝的"千年六古树""两河生五岛""一镇三传说""一街三寺庙""三县一衙门"等奇特景观。

2004年，黄龙溪镇被命名为全国重点镇；2005年，被评为"全国环境优美乡镇"。

【洛带镇】

洛带镇位于成都市龙泉驿区，地处成都与龙泉山脉的交接处。距成都市区18千米、龙泉驿城区8千米。2004年9月，撤金龙镇入洛带镇。辖区面积43平方千米。2005年年末，有1.16万户、3.06万人，客家人占85%以上。

洛带镇相传汉代聚为街市，名"万景街"。三国时期形成场镇，名"甄子场"，后演变为"洛带"。其名由来，或以为古镇依山傍水，黄家河绕镇而过，状如一带，水流络络，乃附会为名；或听闻三国时蜀后主刘禅出游至此，不慎失落玉带于井中，谐其"落"与"洛"字音相同而名。唐宋时，洛带隶属成都府灵泉县。清初，广东、福建、江西一带有大批移民迁徙入川，大多聚居在龙泉山脉的东

成都洛带古镇

山地域，统称其为"东山客家"。其中洛带客家人的聚居最为密集，客家文化的保存最为完整，洛带客家人至今沿用着很久远的"客家"母语。每年"水龙节"和"火龙节"，更是客家人数百年传承下来的特色民俗活动。镇内街上有许多风味小吃和客家菜品，如伤心凉粉、伊府面、白露鸡、布袋鸡、全香菇等，还有各种手工艺品和土特产出售，展现出古镇的别样风情。洛带古镇会馆建筑闻名遐迩，素称"客家名镇、会馆之乡"。镇内尚存四座会馆，分别是广东会馆（南华宫）、江西会馆（万寿宫）、湖广会馆和异地迁建到此的川北会馆，其中南华宫和万寿宫属客家会馆；四座会馆皆系清代建筑，保存比较完整。镇内千年老街，石板铺就，街道两旁民宅、店铺鳞次栉比，其中明清时期的建筑大多尚存。镇内有古燃灯寺、金龙寺及新建的五凤楼、四方塔等。

20世纪90年代，各级政府加强古镇保护，进行修葺、开发，洛带镇社会经济、文化旅游取得新发展。2003年1月22日，洛带会馆建筑群被批准为省级文物保护单位。2005年，洛带镇被评定为国家AAAA级旅游景区。

【新都镇】

新都镇曾名桂湖镇，位于成都市区北面，地处成都平原腹地，隶属成都市新都区，是区人民政府驻地和新都区的政治、经济、文化中心。距成都市区 16 千米。全镇辖区面积 78 平方千米，城镇面积 5.5 平方千米；辖行政村 42 个、社区 29 个。四川省历史文化名城。

新都镇是古蜀国的三都(成都、广都、新都)之一。秦置新都县，隋改置新乐县，唐复置新都县。自隋始，新都治所设于新都镇。

新都历史上名人辈出，汉有教育家杨厚、段翳、任末，医学家郭玉；唐有诗人朱桃椎和高僧法进；宋有贤吏梅挚、句涛；元有宰相张慧和学者杨敏；明有著名学者杨慎及“杨门七进士”；清有以思想家费密为代表的“四费”和诗僧雪堂；“五四”时期有著名教育家吴虞等。新都历史上曾经涌现出一批革命先驱和仁人志士，大革命时期有为共产主义事业牺牲的钟炳骥和李永悟；抗日战争时期有以身殉国的川军将领王铭章；解放战争期间有在重庆渣滓洞英勇就义的周从伦。

新都镇历史遗存和文物古迹主要有镇北的宝光寺，始建于东汉，系川西有名的佛教寺院；镇西南有升庵桂湖，系明代古典园林，是著名学者杨慎的故居；镇西北、西南有榴阁、都堂府、状元墓、马超墓和王铭章墓；镇上还完好保存有明代清源桥，清代圣谕亭巷、猫市巷等古建筑和古街巷。境内出土文物品种丰富，数量众多，馆藏逾 3000 件，凡殷商至明清，各代均有。全镇有各级文物保护单位 10 余处，其中，全国重点文物保护单位 2 处。

新都镇是全国五大桂花观赏地之一，种桂有 500 余年，至 2005 年，有桂树近 5000 株，品种主要为金桂、银桂、丹桂、四季桂等；是全国八大荷花观赏地之一，植荷的历史比种桂更为久远，有荷花品种 100 余个，其中，桂湖红莲全国闻名。新都镇常年以荷花节、桂花会之名开展民间文化活动。

【新繁镇】

新繁镇位于成都市新都区西南部。距成都市区 18 千米、新都城区 20 千米。全镇辖区面积 45.67 平方千米，总人口 7.3 万人；辖行政村 33 个、街道居委会 4 个。集镇面积 4.2 平方千米，集镇人口 2.4 万人。1992 年，被命名为四川省历史文化名镇。

新繁镇古为繁邑属地。相传繁邑为蜀国望帝杜宇氏所建。因土地膏腴、物产丰富、人烟繁盛，故名“繁”。 秦置蜀郡，辖十五县，繁列第三。三国时期，蜀后主刘禅安置凉州人于繁县屯垦，后又将一部分繁县民众迁至境内清白江南聚居，聚居点日益繁盛，名新繁。北周，为繁县治所，县名也正式更称“新繁”。

新繁镇历史人文和自然遗存丰富。清初即有汉代新繁遗址、东湖、杜康墓、大飞石、螟水桥、青白江、东湖瑞莲、望雪楼等八大古迹。2005 年底，新繁镇有街道 20 余条，东湖、龙藏寺、华林寺等，保存较为完好。大街小巷绿荫如盖，清幽宜人。境内乡风古朴，习俗相沿。镇上人擅长棕编，始于清嘉庆年间，产品又称为“四川草”，有鞋、帽、提包、套果盒、玩具、扇、椅 7 大类，凡数十花色，享誉中外，其编织技艺列为成都市第一批非物质文化遗产。新繁镇泡菜，产品选料精细，泡制讲究，品种上百，闻名遐迩。

【临邛镇】

临邛镇位于成都市西面，地处邛崃山脉与川西平原接壤地带，隶属邛崃市，是市人民政府驻地和邛崃市的政治、经济、文化中心。全镇辖区面积 125.7 平方千米，城区面积 4.8 平方千米；辖行政村 13 个，社区 18 个。四川省历史文化名城。

秦惠文王更元十四年(公元前 311 年)，蜀守张若筑临邛城，为巴蜀建成最早的“四大古城”之一，距今 2300 多年。秦置临邛县，县治设于临邛城。南朝改临邛县为邛州。后来各朝建置，或改州建郡，或废郡建州，反复更替，分别称临邛郡或邛州，治所皆为临邛镇。镇及周边以盛产盐、铁、丝绸及陶出名，亦为人类最早使用天然气的地方，素称“酒乡”“茶乡”“陶都”和“绸城”，是古代川西地区的工商名城。

临邛镇城区及近郊古迹名胜主要有城内文君公园遗存，有西汉“文君井”和司马相如“琴台”。城西南郊外有白鹤山佛寺、花置寺摩崖造像、盘陀寺大殿及壁画，保存较为完好。2003 年，文君巷发现汉唐街衢遗址，距今 2300 多年。城外南河的河心沙洲有全国第三高之砖塔回澜塔(全名“回澜文风塔”)，造于明，重建于清，塔身平面呈六边形，通高 75.48 米，共 13 层。城南 1.5 千米处南河南岸的小平坝上有全国重点文物保护单位十方堂邛窑遗址，烧造年代始于隋、盛于唐，是中国西南地区著名的民间青瓷窑。

【茶园乡】

茶园乡位于成都市所辖邛崃市北部，地处西江河畔，隶属邛崃市。距邛崃市区 15 千米。全乡总面积 3087 公顷，辖区人口 1.32 万人，6 个行政村，1 个社区。2005 年 12 月，茶园西禅场被四川省人民政府列为省级历史文化名镇。

茶园乡古称西禅，因秦汉“西蜀茶马道”的通达，此地出现 “幺店子”“骡马市”，继而“聚店兴市”“建坊驻商”，后于东汉年间形成西江西岸的一个场镇。传为三国蜀汉时期诸葛亮屯兵之地，亦是西蜀茶马道上的货栈和码头。街区呈方块形，有街道 9 条，呈“目”字分布。有 6 条街道保持着明清风貌。其中，烟巷子长 80 余米，古为远来烟叶商贩聚集之地，当时人气极旺；小羌巷为过去的“赶山马帮”集居处，传为羌人所建。临街存有大量明清时期建筑，多为木穿斗结构，形制主要呈“天楼地阵”，下为店铺、上为居储，后有天井、宅屋，川西民居特征鲜明。街房修造细巧，出檐构件多为木雕工艺装饰，楠木吊墩雕刻精美，骑墩多为狮、象等吉祥物。街区内存八卦井等文物古迹。西蜀茶马古道从镇上开始往上向邛崃大同银台山延伸。今存古驿道时断时续，仅两三段基本完好。古驿道旧称“赶山道”或“马道”，为古时北上通羌的要道，亦是茶园乡往昔繁荣的历史见证。茶园乡境内尚有罗汉洞、摩崖石刻等古代遗存。

【西来镇】

西来镇位于蒲江县西北部，地跨临溪河与大、小五面山，距蒲江县城 12 千米。辖区面积 77.68 平方千米，辖 10 个行政村、3 个社区、总人口约 3 万人。2003 年，被四川省政府命名为“历史文化名镇”。

西来古镇的老街形成已近百年，长约 200 米，街面平整，青石铺就，并连接有簸箕街、烟巷子、水巷子、花龙门子、亭子巷等边巷，共住 390 多户人家。老街上的建筑多为清代修造，木穿逗结构、单檐青瓦，形制大体分为平房和一楼一底两类，川西民居特征突出。古街区占地面积约 0.22 平方千米，古建筑共计 6.5 万平方米，保存较完整，是成都境内古镇建筑宝贵的实物样板。镇街有“福从西来”楼匾。镇内存有碑林，镌刻魏了翁、陆游等人诗作。镇上还有一“船棺堂”，里陈放着蒲江境内出土的古代船棺及随葬品。西来古镇下场口有文峰塔(又称“惜字宫”)，建于清道光十三年(1833 年)，塔身平面呈六棱形，高约 20

米，分3层，另有宝顶，每层皆飞檐走角，风格轻盈精巧。塔周嵌戏剧雕塑，配有九曲篆文。塔上有“五面霞光烘雁塔，双溪云影焕瀛洲”题刻，描绘出古镇千年风貌。西来镇五面山区域，一千多年前开始冶铁，汉代时有炼铁官炉，冶炼技术发达，境内铁牛村铁牛寺坝上，有铁质卧牛一头，传为西周时所铸，长约2米，宽约1米，重约2吨，造型生动。

1990年起，各级政府制定相关政策，不断完善措施，加强西来古镇的保护，使其古风犹存，远近闻名。2004年，香港国宝公司、成都新特公司投资3000万元对古镇核心区进行保护与开发建设，对文风街、龙眼街、簸箕街、烟巷子325间古民居和铺面进行保护性修缮。

【五凤镇】

五凤镇原名五凤溪，位于金堂县南，地处龙泉山脉中部东缘，濒临沱江，隶属金堂县，距金堂县城40千米。辖区面积62.7平方千米，辖7个行政村，2个社区，汉、回、藏、彝、羌等民族居住于此。2005年，获四川省历史文化名镇称号。

宋时置柏茂镇。清初为永福乡。清康熙年间(1662—1722年)建立乡场，名五凤溪。清末，为第五区署所在地。1935年，降置为五凤联保。1940年，建五凤乡。1956年，置五凤镇。

五凤镇有五条古街，分别以金凤、青凤、玉凤、白凤、小凤名。古镇历史遗存主要有关圣宫，位于玉凤街尾，为清代山西、陕西两省商人所建的会馆。始建于清嘉庆十六年(1811年)，占地2052平方米，建筑面积1816平方米，四合院布局，正殿为硬山形制，内装精美，有人物、鸟兽、山水、花草等各种雕刻。镇内还有南华宫，系清代广东移民所建。始建于清嘉庆年间，占地2000余平方米，建筑面积940平方米，宫内存正殿、左右厢房及万年戏台等，是客家文化研究的实物资料。此外，古镇尚有江西会馆、贺麟故居、贺家大院、伪乡长宅第、火圣庙、炳灵庙、刘述昌民居以及汉代崖墓群、明清墓群、大型石刻等众多遗存。

汉唐时为沱江上游重要水码头。20世纪90年代初，五凤镇重视历史遗存和古镇风貌的保护，恢复消失的栈道、过街楼、栅子门、廊桥、王爷庙、文昌宫等，并在水河上筑坝使河水回流进山峦，让绿水环绕古镇。

【城厢镇】

城厢镇位于成都市东北部，系典型的川西平坝地形。距青白江区政府驻地大弯街道4千米。全镇辖区面积46.91平方千米，总人口5.34万人，2个社区居委会，1个家属委员会。四川省历史文化名镇。

城厢镇建置历史约1400年，西魏废帝二年(553年)，此地为白牟县治。北周废白牟，改称古城镇。唐置金堂县，县治设赵镇，古城镇归金堂管辖。宋代金堂县治迁来，县镇同名，通称金堂。1940年，置城厢镇。1951年，金堂县人民政府迁往赵镇，城厢镇建制保留。1981年，改隶属成都市青白江区。

城厢镇保存有汉、唐、宋、元、明、清的历史文化遗存，有重点文物保护单位15处，为成都市各乡(镇)之首。城厢镇先后涌现出宋代进士、理学家谢湜和谢潜弟兄，明代御史敖选、李佶，清代学者、诗人何元普和中国戏曲表演艺术大师魏长生；近代被孙中山先生追赠为“陆军大将军”的彭家珍烈士；现代土壤学家、曾任四川大学农学院院长彭家元，中国植物学家彭传直，诗人、文学家流沙河等。

【崇阳镇】

崇阳镇位于成都市西面，地处川西平原，是崇州市人民政府驻地和崇州市的政治、经济、文化中心。距成都市区37千米。全镇辖区面积75.9平方千米，辖行政村17个，社区21个；城区面积22平方千米。

崇阳镇建置迄今近1700年。西晋永嘉六年(成汉玉衡二年，312年) 李雄据蜀置汉原郡，治所设崇阳镇。其后，崇阳即为历代郡、府、军、州、县治所。民国置城区。1940年，置城厢镇。1951年，更名为城关镇。1980年，定名为崇阳镇。

崇阳镇古城区分东南西北四门，街道布局以州署衙门(市府所在地)为轴心，形成横贯南北的中轴线，整个古城区布局呈井字形、棋盘状。古城区内共有街巷22条，其中保留着明清风貌的15条。街巷两旁房屋多为木质结构和青瓦屋面，形制多为前店后院(前为商铺，后院住人)。全镇保存完好的古代民宅有400多处，多为四合院、三合院平房，亦有少数俗称“走马转阁楼”的二层木结构四合院，建筑面积25.1万平方米，多建于清代及民国年间。镇内文物古迹保存完好，主要有罨画池、陆游祠、文庙等，其中罨画池于2001年被评为全国重点文物保护单位。镇内上南街保存有清代将领杨遇春府第，名宫保府，是四川唯一保存完好的清代王侯府第。

崇阳古称“礼仪之邦”，当地尚有古老的诞生礼(含寿礼)、冠礼、婚礼、葬礼四大习俗；传统的灯耍依然流传；新的民间文化活动金鸡风筝节、陆游文化节等常年举办。

【街子镇】

街子镇位于崇州市西北，距崇州市区23千米。全镇面积22.3平方千米，辖10个行政村，1个社区，总人口1.27万人。

街子镇建置历史逾千年。五代时，名“横渠镇”。后蜀广政十六年(953年)置永康县，隶属蜀州，县治设在今街子镇。宋元期间，永康县废后又置，惟横渠镇名称易为“四界镇”，并沿用及明。元末明初，战乱不止，民生凋敝。至万历四十二年(1614年)，场镇上仅存味江边上街子(时称河街子，即江城街)一条和数十人家，故而更名“街子场”，由崇庆、灌县分管。清乾隆五十五年(1790年)改由崇庆县独辖。1992年，更名为街子镇。

街子素为崇州历史文化名镇。境内的古寺，唐名常乐寺，宋名翠围院，明永乐十四年(1416年)蜀献王奏请赐“光严禅院”。此外，唐代“一瓢诗人”——唐求的故居(唐求纪念馆)、宋代农民领袖王小波起义遗址、千年银杏、千年古楠保存完好。

【怀远镇】

怀远镇位于成都市所辖崇州市以西，距崇州市区20千米。全镇辖区面积82.25平方千米，辖行政村17个，社区8个，总人口6万余人；集镇面积1.2平方千米，集镇人口约1万人。四川省历史文化名镇。

怀远镇建于西晋，距今1700多年。晋怀帝永嘉六年(312年)李雄分蜀郡置汉原郡，下设汉原县，郡县治所皆设在怀远。明末清初，怀远名为“横原村”，后时人为避“横”字忌讳，遂用“怀远”二字替之。清乾隆年间，盗匪猖獗，朝廷在此设官弹压。因镇守官署为崇庆州的派出机构，故怀远又称“分州”。民国初期沿袭旧置。1940年，设怀远镇。此后屡经分合、改置。1997年，恢复镇建置，隶属崇州市。主要历史遗存有洄澜塔、天后宫、商业街门牌楼、十家院马岱墓、汉墓群等。特色饮食有怀远三绝(叶儿粑、冻糕、豆腐帘子)。2003年，怀远镇人民政府确定古镇保护范围为

0.9平方千米,保护怀远古镇“六街灯火连文井,汉原花影满琴堂”的历史风貌。

【元通镇】

元通镇位于崇州市西北隅,地傍境内西河、味江、泊江汇合处,距成都约50千米、崇州11千米。全镇辖区面积23.12平方千米,辖行政村11个,社区3个,总人口2.1万人。四川省历史文化名镇。

元通镇历史悠久,自古繁荣,号称“千年小成都”。晋代时隶属于晋原郡,名水渠乡,距今1600多年。南北朝至南宋期间,曾更名为永渠、兴渠和集贤。明初再分为涌泉、济兴,时有景德、大罗二场。明代后期,两场废毁,始合二场,另择“圆通寺”沿江一带新建场镇。圆通寺位于原景德、大罗二场之间,始建于明英宗正统年间(1436—1449年),地势独特、水陆畅通,往来僧侣香客和商贾甚多,十分繁盛。寺前地块略具场镇规模,时人故于此处设立场镇,并依寺号取名“圆通场”。民国年间,为便利书写,改为元通场。

元通镇有省级文物保护单位3家,成都市级文物保护单位2家,崇州市级文物保护单位1家。集镇内有大型古建筑:黄氏故居、罗氏故居、王国英故居、天主堂、汇江桥、永利桥、陈家大院、黄氏宗祠、古当铺和集镇内10万平方米民居,这些建筑大多依照明、清《工部法则》构造。内有文氏贞节坊(刘家牌坊)、肖家牌坊、丁家牌坊、过街牌坊。陕西馆、广东馆、江西管、湖广馆等遗址尚存。古镇核心区建筑主要以清末民国初期的川西民居为主,呈南北走向的带状分布,建筑总面积10万多平方米。大型古建筑遗存有黄氏故居、罗氏故居、王国英故居、天主堂、汇江桥、永利桥、陈家大院、黄氏宗祠、古当铺等,雕砖、雕花工艺精湛。镇中心有一棵最大的宋代夫妻银杏树,枝茂叶盛,覆盖面积300多平方米,树高30多米。

客家文化遗存

【概况】

成都客家人的形成,主要源于明末清初的“湖广填四川”。至2005年,约50万人,集中分布在龙泉驿、新都、金堂、彭州、温江、双流、新津等区(市)、县境内,绝大部分来自于广东,次为江西、福建等地。客家人素有群聚传统,到川后形成很多聚居乡镇、村落,其中龙泉驿区洛带镇是四川最大的客家人聚居地,全镇总人口约3万人,客家人占大多数,约2万人。

20世纪90年代初起,成都客家文化逐渐引起海内外重视,客家文化遗存的保护不断得到加强,客家学术的研究趋向活跃。1996年4月,“四川客家海外联谊会”在成都组建。1999年8月,“四川客家研究中心”成立。2001年春,第七届国际客家学术研讨会在成都市龙泉驿区洛带镇召开,会议突破地域阻隔,结束成都客家数百年来与外界客属鲜有交流的封闭状态,促进成都当地客家文化走向繁荣。2002年后,先后出版《中国西部客家第一镇——洛带》《四川客家》《成都东山的客家人》《四川客家文化丛书》等介绍和研究成都客家文化的著作。

2005年10月,成都市人民政府主办的第二十届世界客属恳亲大会在洛带召开,定居于海内外的3000多客属云集成都,大会主题为“全球客家、天府情缘”,开展恳亲联谊、乡情报告会、经贸洽谈会、学术研讨会等活动。

【习俗】

客家人群聚安居,崇敬祖先、尊重传统,信仰执着,文化独特。成都境内客家人在日常生产、生活的各个方面，依然保留着久远的民俗。

客家人的岁时节俗包括几乎所有汉族传统节日，但又有自身特点。

客家人过春节分三个阶段，年界（农历十二月二十五日）至除夕为准备阶段，年初一到初五为过年阶段，年初六至元宵节为余兴阶段。春节期间有送年、蒸年饭、饮年酒、守岁、开大门、贺新年、舞龙狮等特别活动。客家人到立春日，烧香烛、放鞭炮，贴红笺，名为“接春”。其后元宵、惊蛰亦有殊俗；清明、端午、中秋、重阳等，但凡如此。

客家人重喜庆，素有礼仪。人丁诞生包括催生、做三朝、做满月、做百天、做周岁等礼俗。成年礼仪分男女两种，男为“冠礼”、女称“笄礼”。寿诞礼仪曰“做生”，逢十为大，其余皆小，六十以上称祝寿，七十以上拜寿礼；客家人做生祝寿，除家人至亲，皆先贺后请、不贺不请。客家人视建房乔迁为重大喜庆，择基定向十分讲究，上梁时张灯结彩，落成后驱邪除煞；迁入新居，随带灯笼、秤杆、小鸡、甄饭等物什禽畜，以示兴旺；还要置办“入宅酒”，宴请亲友及工匠，菜肴当中须有猪血、猪肠、韭菜、豆腐、年糕等，意蕴红运长久、发财高升。

客家人婚俗受古风影响较重，崇明媒正娶，少招赘上门。婚事全过程包括合八字、看妹子、过礼、杀喜猪、哭嫁、上头开脸、迎亲送亲、拦媒、谢媒、闹房、回门、送满月等许多礼仪环节。

客家人喜欢以自酿米酒待客，饮酒礼俗亦十分周全。酒席用八仙桌，单桌时以面对大门的左侧为首尊座位，两桌时以面对大门的左边一桌为尊，三桌列品字状，五桌摆梅花形。首轮斟酒，依尊卑长幼次第进行；敬酒时，敬者先干为敬；迟来者皆要罚酒、早退人喝酒离席；席中酒令，花样繁多，有吉语令、字词令、诗词令等。

客家人主食为大米，早期还有番薯。主食分捞饭、焖饭和蒸饭三种，以捞饭为主。客家人初创基业时，躬耕辛劳，体耗甚大，故客家菜特点偏于咸、香、肥，利于盐分和营养补充。客家人生活习性节俭，饮食原则讲究经济实惠、兼求色鲜味美。今成都境内客家人饮食习俗虽趋于寻常，但仍保留着其中的特色，如客家粄，客家豆腐菜、盐焗鸡等。

客家人有耍龙灯的习俗，舞龙是客家群众节庆期间的重要娱乐活动。传统舞龙有水龙、火龙，舞于广场上的谓之武舞，舞于厅堂之内的称作文舞。客家舞龙以洛带为胜，其中又以“刘家龙”最具名声，刘家舞龙从中国古代龙舞发展而来，保留着最原始的程序和很古朴的仪式，且300多年间少有中断。火龙长七节，每年春节初一至十五飞舞；水龙长九节，每年夏季伏天之际腾跃。洛带舞龙今已成为成都的重大民俗活动之一。

客家人喜好山歌演唱，常以此排遣寂寞、消除疲劳，解愁开心，有唱道“上岗过坳唱一首，百斤担子也变轻”“人人都有忧愁事，山歌一唱心就开”。客家山歌中情歌尤具艺术特色，其轻快的唱腔、泥土的气息、娴熟的比兴，表达出青年男女对美好的向往和爱情的追求。

客家民间流行童谣，如“月光光”“排排坐”“禾毕子”“小郎读书”等，内容多与自然现象、日常生活有关，句尾均为同韵字，朗朗上口，童趣盎然。今落带尚存民间说唱文本《广东小儿歌》，用客家话写成，镇上很多儿童尚能据其吟哦唱诵。

成都客家习俗是中国民俗文化的组成部分，它源远流长、积蕴厚重，虽与其他客家地区相较有所异同，数百年来亦与成都本地文化有所融合，但万变不离其宗，始终是客家人精神世界的真实反映和可贵的文化财富。20世纪90年代以来，成都客家人不断摒弃习俗中夹杂的封建迷信成分，使其更加得到社会的广泛尊重。

【方言】

客家语是汉语七大方言之一，使用人口约占汉族总人口的4%。客家方言与汉民族共同语的差异突出表现在语音方面，在词汇和语法方面但存分歧。客家方言自成系统，内部次方言间差别并不太大。

成都客家人至今仍保留和使用着自己的方言，称作“土广东话”。成都除市区外，龙泉驿、新都、温江、双流、金堂、彭州等区(市)县都有客家方言岛，居住在这些地方的客家人除极少数外，一般都既能说客家话，又能说成都方言。其中尤以成都东山地区最具代表性，这里的不少客家人甚至可与广东客家人彼此交谈。

语音。成都客家话的语音近同于广东梅县客家话，与粤北客家话在较大程度上相互一致。语音特征为：没有浊声母[b、d、g、v、z]等，发音多送气音，全浊声母无论平仄多变读为送气清音，如“别、步、抱”多读[p´]；塞擦音和擦音只有[ts、ts´、s]。韵母没有撮口呼，并多混入齐齿呼内；保留有古鼻音韵尾[-m、-n]和古入声韵尾[-p、-t、-k]。声调为6个，即平声入声均分阴阳、上声去声不分阴阳，按五度标记法，调值分别为阴平44、阳平11、上声31、去声42、阴入21、阳入4。另外，[x]同[u]相拼时念[f]；sh[ʂ]、s[s]不分，“丝”和“诗”都读si。

词汇。成都客家话的词汇略同于广东客家地区，如目珠(眼睛)、目汁(眼泪)、热头(太阳)、月光(月亮)、洗面(洗脸)、食朝食昼食夜(一日三餐)、著件面衫(穿件外衣)、拿菜绑饭(用菜下饭)等。其突出特征是保留着不少古代汉语的词语，如面(脸)、禾(稻)、食(吃)、索(绳)等，这与客家人最初在中原生活或有所关系。

语法。成都客家话的语法与普通话大体相同，但有差异，特别之处如：有词序倒置现象，类似把“多穿一件衣服”说成“着多一件衫”；说话时常用“老、公、子、哩、头”等前缀、后缀；用特定助词如“黎、咧”等表示动作、时态；以变换指示代词的声调来区分近指与远指。

客家方言保留着一些中原古音和古代汉语的词语，有学者称其为“古汉语的活化石”，它是客家人交际的工具和文化的标志，亦为今人研究古代语言的宝贵遗存资料。

成都客家人固守母语的原因，或因遵循先俗，今洛带镇南华宫内赫然存有客家人“宁卖祖田不卖祖言”的祖训，但更重要者在于平时说用。现洛带镇一些小学生，回到家里与大人交谈，有时说的就是客家话。镇上人们也常用客家话演唱山歌、表演戏剧，为客家方言营造出生动活泼的使用环境和传承方式。

1990年以后，随时代的发展变化，成都境内的客家方言岛渐呈缩小趋势。但可肯定，客家方言在相当时期之内仍将保持其活跃的生命力。

【建筑】

客家住宅是中国颇具乡土风情的建筑样式，其聚居和防卫特征十分突出，如圆寨、围龙屋、走马楼、群居院落等，都具有客家建筑的鲜明风格。成都境内的客家建筑，主要有民宅、宗祠和会馆等类型，分布于各区(市)县客家聚居地，其中龙泉驿区洛带镇以区位集中、数量众多、保存完整而最具代表性。

客家民宅修造，旧讲究风水，今极重环境。建在山区者，大多因地制宜，苦心营造，使之前临山沟河道、后由山势环抱、四周修林茂竹，并植有一棵象征家族繁荣的“风水树”，如龙泉驿区同安镇望场坡12组的钟氏祖屋等；造于平坝丘陵者，多坐落在缓坡隆岗之上，前有池塘、后有林地，如龙泉驿区黄土镇大同村三组的刘家祠堂等。

场镇上的民房，大多成片修建，颇具规模，折射出客家人自古形成的强烈聚居意识。今洛带镇街上，清代民居建筑有院落、宗祠、店铺等，望去密密麻麻，观之鳞次栉比。镇上民居建筑，基本为木穿斗结构、“二堂屋”形制、小青瓦屋顶，较大的族聚院落还建有高墙、碉楼。其中“巫氏大夫第”极富建筑特色，为过去的大户人家所建，是典型的复式四合院落，乃镇上有名的客家民居。

青白江区姚渡镇曾家寨号称“川西客家第一庄园”，系来自广东惠州府长乐的客家人曾秀清所造，始建于清道光十年(1830年)；庄园仿京师王府建筑风格打造，着力布设楼台亭阁，然又保持客家建筑传统，筑有高墙、碉楼；寨前莲池水澈，寨内广厦连绵，共有大小天井36个、瓦房420余间、花园4个，占地面积40余亩，是一处庞大的家族聚落建筑。

会馆是客家聚居地区内的重要建筑，大多构思巧妙、修造精细，外观雄伟、内部讲究，史载其功能为“迎麻神、聚嘉会、襄义举、笃乡情”，是客家人维持乡谊，促进联络的场所。今洛带镇上的南华、万寿二宫，即为成都境内典型的客家会馆建筑。

广东会馆位于洛带镇上街，又名南华宫，由广东移民修造，始建于清乾隆十一年(1746年)，清末毁于火灾，民国初重建。占地面积3250.75平方米，总建筑面积1000平方米。会馆坐西北、朝东南，遥望粤乡，原有大门万年台已拆，今存前厢房、三殿二天井、后廊房廊道三组建筑，依中轴线对称布局。主体为三殿二天井：前殿为硬山卷棚式绿色琉璃筒瓦房；中殿通高8.50米，单檐硬山式布瓦房；后殿最为宏伟壮观，两楼一底，通高17米，重檐歇山式黄色琉璃筒瓦房，正脊凌空横卧，嵯峨璀璨。三殿之间，庑廊相连，形成天井两个；三殿二天井两边，砖砌风火高墙，每边墙头又立半圆形巨壁三堵，曲线柔美，错落有致。会馆内石柱上镌刻楹联共6副，前后撑弓上圆雕戏剧人物，浮雕风景花卉等图案，皆十分精美。市级文物保护单位。

江西会馆位于洛带镇中街，又名万寿宫，清末由来自江西的客家移民集资兴建。江西会馆与一条街上的广东会馆相较，建筑风格迥然不同，虽体量稍逊、空间偏小，但其平房建筑结构却更显得精细巧妙。该会馆坐北向南，占地1185平方米，由乐楼、左右厢房、天井院坝、前中后三殿及小戏台组成，布局紧凑，安排合理，构思十分独特，极具建筑美学价值。省级文物保护单位。

成都境内除洛带镇外，另遗存有一些客家会馆建筑，分布于金堂县五凤镇、崇州市元通镇等地。

特有标识性景观遗存

【望江楼】

望江楼位于成都市东门九眼桥外一千米处的锦江南岸，坐落在望江公园内。本名“崇丽阁”，取自晋代文学家左思《蜀都赋》“既丽且崇，实号成都”句意，望江楼为俗呼。清代建筑遗存。据《四川通志》载，望江楼所在地带古为江渡，名曰玉女津，是前人送行离别处。传玉女津渡口在唐宋时期甚为繁华，常有成群姑娘从浣花溪上船，一路观景至此，故玉女津常常美女如云，给此处平添许多灵气。

望江楼乃为纪念中唐诗人薛涛而建。薛涛字洪度，长安人，是唐代有名才女，天赋极高，资质聪慧，居成都，工诗文，与元稹、白居易、裴度、刘禹锡、杜牧等都有往来唱和，时有“女校书”之称。元稹有赞云“锦江滑腻峨眉秀，幻出文君与薛涛”。薛涛曾在城西浣花溪其住所汲井水制纸，所制纸品今被称为“薛涛笺”，为一种红色小笺纸，色彩绚丽，精美异常，颇负盛名。薛涛死后葬东门锦江畔，土冢在望江公园内。

明代，蜀王府在此凿水井、设作坊，仿制薛涛笺。盖因井水得砂质地层过滤，甘甜清冽，故造出的贡纸皆上品。时人附会此井为薛涛制笺取水之处，取名“薛涛井”。清康熙六年(1667 年)，成都知府冀应熊手书“薛涛井”三字，镌刻于石碑之上，继而又建成“薛涛井”牌坊。清嘉庆十九年(1814 年)，四川布政史方积等人培修薛涛井，并建成吟诗楼、浣笺亭、濯锦楼等。此后每逢佳节，文人学士便纷纷前往聚会，作诗题联，缅怀诗人，趣意盎然。清咸丰四年(1854 年)，成都学使何绍基会同名士诗友，撰写诗联题咏，何以鸡毫书写“花笺茗椀香千载，云影波光话一楼”作为吟诗楼联语，时人争相传诵。此处楼亭，后来倾圮。清光绪二十年(1884 年)，四川总督刘秉璋与县人马长卿(字绍相)等发起修建崇丽阁，又先后培修吟诗楼、浣笺亭，新建清怨室、浣杯池、画桥碧阴、大花厅、小书屋、薛涛赞碑等。

崇丽阁系木质穿斗结构建筑，风格绚丽纤秀。崇丽阁高 39 米，建筑面积为 311.43 米，共 4 层。下面两层四方飞檐，上面两层八角翘尖，每层的屋脊、雀替都饰有精美的禽兽泥塑和人物雕刻。朱柱碧瓦，宝顶鎏金，阁廊宽敞，气势雄伟。崇丽阁有两副对联远近闻名，其中一副对联长达 212 字，出自清代长联怪杰钟云舫之手。该副对联以景达情，说古论今，全联一气呵成，有气吞山河之势，读来荡气回肠。崇丽阁包孕在修林茂竹当中，矗立于碧波锦江之畔，登斯楼向远眺，水光天色，尽收眼底，所以人们习惯将其称为望江楼。

崇丽阁西侧为濯锦楼，取汉代成都织工在锦江中濯洗织锦之意而名，两层三间、形似舟船，传有纪念薛涛在船上为密友元稹送行之义。崇丽阁东侧为吟诗楼，仿薛涛晚年所住碧鸡坊之吟诗楼而建，四面敞开，三叠相依。吟诗楼西南方有枇杷门巷，依王建赠薛涛诗中的“枇杷花里闭门居”之意而建。穿过门巷，便是五云仙馆、泉香榭、清怨室和浣笺亭等纪念性建筑。一阁两楼与毗连的五云仙馆，构成极富成都平原风格的园林建筑群。

望江楼(崇丽阁)成为成都市的标志性建筑，亦是国务院公布的全国重点文物保护单位。1991 年 4 月 16 日，望江楼被四川省人民政府公布为第三批省级文物保护单位。1995 年，完成望江楼加固工程。

【合江亭】

合江亭位于成都市府河与南河交汇处。府河、南河今并称锦江，在此合二为一。

唐贞元年间(785—804 年)，西川节度使韦皋主持建成合江亭。其后，又于亭旁增建多处楼阁台榭，种植花草树木，成为当时成都的一大园林，称“合江园”。据文献资料记载，合江亭始建于 1200 年前，垒基高数尺，十根亭柱托举起连体双亭，构思巧妙，意味隽永。倘拾级而上，二江风物，尽在眼前。唐代，合江亭旁还有张仪楼和散花楼，相传前者系战国晚期张仪所建，后者则造于隋初，且皆在古代成都四大名楼之列。周围栽植有许多美丽的奇花异草，其中最多的是梅花。两楼与合江亭自西向东形成一道绚丽的风景线，成为官家宴欢，市井游玩的热闹场所，堪称成都最早的“市政公园”。从唐至宋，文人骚客多于此处吟诗作赋，宴请宾朋，迎来送往。陆游曾在合江亭边，抒发他报国无门、壮志难酬的感怀，写下《自合江亭涉江至赵园》一诗；范成大离开成都时，友人从合江亭送行直至合江县才别过，范为此感叹不已，故而诗云“合江亭前送我来，合江县里别我去”（《吴船录》）。

合江亭又是陆路和水路的起始点，唐代时已是繁华热闹的码头渡口，蜀中驶往东吴的船只就是从这里启航，当时这里商船楫舟、错落其间，人来人往、络绎不绝，诚可谓“一郡之胜地也”。合江亭和合江园在南宋末年元兵南下时毁于兵燹，以后七百年间一直未得修复。

1989 年，成都市人民政府在原址重建合江亭。重建尽仿唐代形制，亭为双顶、八角十柱、琉璃瓦飞檐，高 12 米，建筑面积 100 平方米。另在旁边新筑一楼一底的听涛舫与亭呼应，建筑面积 500 平方米，内由现代书法家赵蕴玉为合江亭作记。四周女儿墙怀抱合江亭与听涛舫浑然一体。倘若至此，即可领略成都二江环抱的城市格局。20 世纪 90 年代，成都市人民政府整治府南河，合江亭周边环境得到进一步改善。1997 年，在南河对岸建成音乐广场，与合江亭隔江相望。2003 年，在相距百余米处完成安顺廊桥的修造，使合江亭一带成为成都市内极为靓丽的景观区域，故本地人习称之为滨江公园。而且这里依然如唐宋时期一般开放，任由市民群众观览游玩。每到中国传统节庆，就会有大批市民邀约至此，人们品茶谈笑，放灯祈福。滔滔江中，盏盏莲花状河灯星罗棋布，载着人们的心愿和祝福顺流而下，为合江亭两岸平添几分神秘和动人的气氛。如至“五一”“十一”等节日，会有诸多新人在此举行婚礼。其时但见合江亭下，婚车穿梭，一派喜庆场面。当地人称，到此婚娶是附会合江亭二江合一的吉意。这也几乎成为成都地方上的一种新兴婚俗。盛唐以后的千年遗风，衍化为当今成都的欣欣向荣，再现于重生的合江亭旁。

【宽窄巷子】

宽巷子和窄巷子是成都闻名的两条古街巷。两巷位于城西，其西端巷口通下同仁路、东端巷口接长顺上街。两巷毗邻，风格一致、格局相当，惟宽窄稍别，并因此得名。本地人常将两巷相提并论，呼其“宽窄巷子”。窄巷子南侧有“井巷子”，形制相同。三条街巷由北向南平行并列，依次为宽、窄、井巷子，所在地带是成都市中心城区三大历史文化保护区之一，其核心区域保护面积约 108 亩。宽、窄巷子保留千年少城的最初面貌和格局，浓缩成都民风习俗，张扬平民精神，展现市井百态，折射城市悠久的历史与深厚的底蕴，被认作成都休闲生活方式的文化源头，是后人认识和了解成都的鲜活样板。

宽、窄巷子所处地域旧称“少城”。史载秦时成都建造“大城”“小城”，“小”字通“少”，故“小城”又称“少城”。清初年，清政府在城西重修少城，作满蒙八旗及家属居住区，因此少城又称为“满城”。康熙六十年（1721 年），四川提督年羹尧奏请朝廷留 1600 名清兵永驻成都，设副都统统辖。乾隆四十一年（1776 年），因成都的重要军事地位，清廷始派驻防将军命其统辖。驻防将军官衙设在今金河宾馆位置，称“将军衙门”，位于少城之内。少城格局，形似蜈蚣。将军衙门恰似蜈蚣头，长顺街则似脊，42 条兵丁胡同形如蜈蚣群足

宽窄巷子

般分布于长顺街两侧。这些巷子大多历经改造，当初面貌不复存在，存留至今且较为完整的仅剩宽、窄、井三条巷子。

宽、窄巷子相隔不过数十米，同长约390米，宽巷子宽约7.7米、窄巷子只有6米，故而显得幽深、宁静。街面最初由青石条铺就，路旁栽有泡桐等树木。

宽、窄巷子内的房屋多系平房院落，大部建于民国初，少数建于清末，且多为中国典型的四合院格局，有的仿北方四合院样式打造，三门三进。步入两巷，但见成群的院落鳞次栉比，色调相近、大小不等，古朴之风荡然拂来。院门宽窄不一，门额上或题有钟鼎文、篆、隶等文字雅号（多题于20世纪90年代），如“吉祥”“如意”“庐恺”“花间”等，显出主人一番志趣；门前的石狮、石鼓时有所见，院墙上嵌设的红砂拴马扣依然在目；院内树木多姿、天井花草繁茂，中门绘有金钱狮像，房舍窗棂雕制精美，屋檐翘角腾空凌云，观之甚为雅致。巷内院落虽历经百年而显破败凋零，却是保存最为完整的老成都建筑，凸现出川西民居的原真面貌，更是北方胡同文化和建筑风格在南方存留的“孤本”。

宽、窄巷子在清代分别叫作“兴仁胡同”和“太平胡同”，井巷子则叫作如意胡同（又名明德胡同）；民国初改称现名。巷内院落的主人原先主要是清朝八旗官兵及眷属。镶红旗居宽巷子西口，多为满族兵丁；正红旗住窄巷子西口，文武官员为主。传当时等级森严，汉人禁入。清亡后，所住人员结构逐渐发生变化，渐有寻常百姓入住，各个院落亦基本由独户占有繁衍为几家合居，其中仍有满蒙后裔居家其间。巷内人家平日里奔波忙碌，勤于生计，但空暇生活却比较闲适，各家各户栽花草、饲猫狗、弈棋牌，好书画琴曲，善修身养性，反映出成都人一贯平和的心态与生活习俗。这里人们喜欢喝茶，院内街边，一张竹椅、一杯花茶，其人怡然自得，耽于其中。巷内民风淳朴，大人们常在院门外打座纳凉，摇着蒲扇、气定神闲，或与邻里闲谈家常，或与街坊下棋寻乐；小孩们则爱在巷子里游跑嬉戏。偶有走街串巷的小贩路过，声声叫卖吆喝，充盈其间、韵味十足。

20世纪90年代后，宽、窄巷子愈发引人关注，前来探访者日众，巷内便陆续开起不少茶坊、酒店、咖啡屋、中西餐馆甚至旅栈，原本安详宁静之地竟成为一个十分热闹和时尚的场所。2003年，成都市有关方面经反复论证，决定按“修旧如旧、保护为主”和“原址原貌、落架重修”的原则实施宽窄巷子历史文化保护区改造工程，改建民居院落45个，进行核心保护区周边楼房及建筑风貌的协调整治，打造“老成都名片和新都市客厅”。

【武侯祠】

武侯祠位于成都市城南武侯祠大街231号，是纪念三国蜀汉君臣刘备、诸葛亮的合祀祠堂。武侯祠今占地约14万平方米，红墙围护，古柏参天，环境幽雅，是全国第一批重点文物保护单位。

武侯祠始建年代尚无定论。但从杜甫写于唐上元元年（760年）的《蜀相》诗句“丞相祠堂何处寻，锦官城外柏森森”来推断，大约在5世纪时成都南郊就建造有武侯祠。唐代，武侯祠与惠陵、昭列庙分列并毗邻，时为成都一大名胜。明初，蜀献王朱椿虑及武侯祠逼近刘备庙不合礼制，便以“君臣宜一体”为由，下令废武侯祠，移诸葛亮像于刘备庙内。明末，祠庙毁于战火。清康熙十一年（1672年）重建，以前后两大殿分祀刘备和诸葛亮，形成中国诸家武侯祠中特有的君臣合庙格局。祠内建筑采用对称均衡的布局。主体建筑五重，坐北面南，纵列在一条中轴线上，依次为大门、二门、刘备殿、过厅、诸葛亮殿。殿宇西侧有刘备墓及陵园建筑。殿宇均系清代木结构建筑，硬山或歇山式屋顶，屋面为筒瓦覆盖。主体建筑两侧有碧草园、桂荷楼、爱树山房、三顾园、芝圃等园林景点。

大门匾额书“汉昭烈庙”，大门前有高大的照壁和古朴的石狮，庄严肃穆。祠宇大门与二门之间的过道两旁，刻建有6通高大的石碑。其中，清碑4通，记载祠庙重建和维修情况；明碑1通，着重介绍祠宇的历史沿革；唐碑1通，全称为“蜀丞相诸葛武侯祠堂碑”，立于唐宪宗元和元年(806年)，由唐相裴度撰拟碑文、柳公绰(柳公权之兄)书写、鲁建镌刻，三人皆名家，故以文、书、刻俱精而被后世誉为三绝碑，具有极高的文物价值。二门至刘备殿与东西两廊，形成四合院。刘备殿面阔7间，分正殿、偏殿和边间。正殿开敞无门，正中供奉刘备的贴金泥塑坐像。像塑于清康熙十一年(1672年)，高3.1米；身旁有侍者2人，一捧玉玺，一捧宝剑。东偏殿供奉关羽及子关平、关兴和部将周仓、赵累的泥塑像。关羽坐像高2米多，塑于清乾隆五十三年(1788年)。西偏殿供奉张飞及子张苞、孙张遵的泥塑像。张飞坐像高2.3米，塑于清乾隆五十三年(1788年)。

东廊称文臣廊，坐列14位蜀汉官吏的彩绘泥塑像。依次为庞统、简雍、吕凯、傅彤、费祎、董和、邓芝、陈震、蒋琬、董永、秦宓、杨洪、马良、程畿。但列诸臣，尽才识过人、政绩显赫。西廊称武将廊，坐列14位蜀汉将领的彩绘泥塑像。依次为赵云、孙乾、张翼、马超、王平、姜维、黄忠、廖化、向宠、傅佥、马忠、张嶷、张南、冯习。所塑众将，皆驰骋沙场，战功卓著。

诸葛亮殿宽敞开朗，殿两角峙立高大的钟楼和鼓楼，两侧有陈列室，回廊与过厅连接，形成一座以殿宇为主体的四合院落。殿内供奉诸葛亮和子、孙3人的贴金泥塑坐像。诸葛亮像高2米多，头戴纶巾，身披鹤氅，手持羽扇，凝目沉思，显现出一代儒相的千秋风采。

武侯祠内共有清代民间艺人所塑彩绘泥像47尊，其中蜀汉历史人物40位；还有碑碣53块，鼎、炉、钟、鼓等文物11件。祠内存匾联61副，其中有清代匾联11副。悬挂在诸葛亮殿前的“能攻心则反侧自消，从古知兵非好战；不审势则宽严皆误，后来治蜀要深思”一联，系清人赵藩撰书。

20世纪90年代以后，武侯祠的面积有所扩展，景点有所增加。1996年，市政府决定将位于提督街的三义庙迁建于武侯祠内；2000年，完成迁建工程并对外开放。此后又在祠东旁仿清末民国初风格打造“锦里”古街，形象展现三国文化。2003年，南郊公园并入武侯祠，使武侯祠面积陡增8万多平方米，更加利于武侯祠的保护和发展。

【杜甫草堂】

杜甫草堂位于成都市西郊浣花溪畔，是中国唐代伟大的现实主义诗人杜甫流寓成都时的故居。杜甫草堂系全国第一批重点文物保护单位。

杜甫(712—770)字子美，号少陵野老，河南巩县人。唐乾元二年(759年)冬，因避“安史之乱”由陇右(甘肃省南部)流亡到成都，在浣花溪畔背郭面溪营建茅屋居住。从乾元三年(760年)草堂筑成到永泰元年(765年)去蜀，杜甫前后在此居住3年零9个月(其间，曾流亡川北一年多)，并创作诗歌240余首，如《茅屋为秋风所破歌》《春夜喜雨》《蜀相》等。

杜甫离开成都后，草堂逐渐荒芜。唐昭宗天复元年(901年)，诗人韦庄于浣花溪畔寻得草堂遗址，见其“柱砥犹存”，便重结茅屋以存古留旧，是为草堂修复之肇始。宋神宗元丰年间(1078—1085年),吕大防知成都府时再度重建,并绘杜甫像于壁。宋高宗绍兴八年(1138年)张焘知成都府时,见其处“骞陊摧剥”之象,遂加培修,称为“杜祠”,还镌刻杜诗于石,置于堂之四周。明洪武二十六年(1393年),蜀献王朱椿复更作祠,左右有庑,后为草堂。明弘治十三年(1500年)钟蕃等人重修,前引水横贯其间,并筑桥以通往来。草堂之后,尚有“少陵书院”。明崇祯末,草堂再次被毁。清康熙、雍正、乾隆时皆曾修葺;清嘉庆十六年(1811年)常明等人更大兴土木,建筑共约九十楹,并于祠中塑杜甫像以为奉祀。至此,草堂建筑的规模和布局基本得以奠定。民国时,草堂因有驻军遭严重损毁。成都解放后,人民政府拨专款予以整修,1952年对外开放。国家还先后将东邻的草堂寺和西北角的梅苑并入,使草堂面积增至250亩。1955年,在此建立杜甫纪念馆。1985年,杜甫纪念馆又更名为杜甫草堂博物馆。

杜甫草堂主要由工部祠、草堂寺两大建筑群及梅苑三部分组成。工部祠为草堂核心,布局以正门、大廨、诗史堂、柴门、工部祠五重建筑构成一条中轴线,两侧配以回廊、陈列室、恰受航轩、水竹居等附属建筑。工部祠东侧有标志性建筑物“少陵草堂”碑亭。祠西土山拾级而上可见“裛香亭”和“春风啜茗台”。整个建筑群为修林茂竹所掩映,且有溪流、小桥穿插沟连于其间,布局虚实交替,疏密得当,庄严而不失之呆板,古朴而不流于简陋,是古建筑与园林有机结合的典范。草堂寺建筑群由山门、天王殿、大雄宝殿、戒堂、藏经楼等主体建筑与禅堂、观堂等附属建筑组成,气势恢宏。梅苑居草堂东,是以桢楠树为主的园林,其内花草繁茂、古木参天,堪称成都城内最大的一片森林。

1997年,文管部门依据杜诗描写和明代格局并借鉴川西民居特点,在工部祠后恢复重建“茅屋景区”,再现出诗人故居的田原风貌。

1999年,草堂内建成“杜诗书法木刻廊”,陈列有百余件杜诗书法木刻作品,皆遴选于杜甫草堂博物馆庋藏的历代名人手书杜诗真迹当中。作品用楠木镌刻而成,集诗歌、书法、材质、工艺于一体,人称“四绝”,颇具观赏价值。

2001年,在草堂内东北面发现唐代遗址,出土一批唐代文物,遂于此建立唐代遗址陈列馆,以展示杜甫当年的居住情形及生活环境。

2002年,草堂内建成大雅堂,堂内展出大型磨漆壁画,画长16米、高4米,彩釉镶嵌漆画手法制成,画面金碧辉煌,气势恢宏,形象再现《兵车行》《茅屋为秋风所破歌》等杜甫代表诗作的内容。大型壁画前有屈原、李白、苏轼、陆游等12尊历史名人塑像,分别由乌木、汉白玉、青铜等材质制作。

2004年,在草堂内东南面又发现清代“万佛楼”建筑遗址。是年9月,投入资金450万元重建此楼,次年10月完工。新建万佛楼为仿清建筑,风格古朴,建筑面积910平方米,重檐四层。万佛楼的落成复原出成都“东有崇丽阁,西有万佛楼”的历史风貌。

【署袜街邮局】

署袜街邮局位于成都市署袜北一街25号,地处署袜北一街和兴隆街交会处。清光绪二十七年(1901年)12月24日,成都第一个国家邮局即在此处建立。民国年间,此处为西川邮政管理局。1932年7月6日和1933年9月20日,该邮局先后遭受火灾,局房烧毁。其后经当时的邮政总局批准在原址修建新局房。

1935 年 3 月 6 日成立建筑委员会，27 日举行新局房奠基典礼，时任国民政府交通部次长俞飞鹏和西川邮政管理局局长法理洛等参加，翌日开始建筑基地。新局房由加拿大建筑师莫理逊和叶溶清负责设计和筹划指挥，酬金为建筑总费用的 15%。新局房地处路口，往来便捷。正中大门为四层，其余两翼全为二层楼房，总面积 5061 平方米，欧式建筑风格。局房选材考究，木料多从远道运来，均为高级材质，如楠木、红松等，全部红瓦由汉口买进，奠基石条出于龙泉驿，质地坚硬。施工方法科学，瓦与瓦之间以铜丝串联，包裹房基脚作防潮处理。局房设施先进，办公室内有供取暖的壁炉，厕所安装有抽水马桶，窗格为铁质。建筑设计完善，完全按照现代邮政功能要求进行空间布局。1937 年 12 月，署袜街西川邮政管理局建成并投入使用。

署袜街邮局是 20 世纪中期成都市内相当宏伟的建筑，兼具外观华丽、质量上乘的特点。建成后的半个多世纪内，没有进行过大修，内部结构依然完整。其建筑风格和质量，多为业界所称道。

成都解放后，该建筑仍作邮局使用。21 世纪初，因其与邮政业务的发展不相适应，故邮政部门确定在原址新建大楼。相关方面虑其价值，在新建邮政大楼的同时决定保留老邮局建筑，不予拆除，以遗后世。2005 年，署袜街西川邮政管理局旧址入选成都市优秀近现代建筑，有关部门亦开始对其进行全面保护修缮。

署袜街老邮局系四川省重点文物保护单位。

【华西坝钟楼】

华西坝钟楼位于成都市人民南路三段 17 号四川大学华西校区内，是极具特点的华西坝老建筑之一。

清宣统二年（1910 年），美国、英国、加拿大等国基督教会在成都南门华西坝创立华西协合大学，后为华西医科大学，系四川大学华西医学中心。华西协合大学创立后，校园内开始大规模建造。至 1928 年，有小楼 40 余幢，其中有事务所、图书馆、生物楼、医科教室、教育学院、赫斐院、体育室、教员住宅及邮局、警室等。到 20 世纪 30–40 年代，千亩校园内至少有风格各异的建筑 70 余幢。华西坝老建筑虽由外国人建造，但却兼顾中国建筑原理设计，采用平衡、对称的平面布局，并尽可能做到就地取材，形成其建造上的两大特色。华西坝建筑中西合璧，风格独特，体现不同文化的融合，堪称“建筑史上的奇观”。

华西坝钟楼

华西坝钟楼原名钟塔，坐落于校园内第六教学楼与第十教学楼之间。钟楼系美国纽约科里氏捐建于 1925—1926 年，由英国设计师弗烈特·荣杜易设计。钟楼背倚月牙形的荷花池，前面凿有一条小河，与水相邻，和花为伴，使万般风情尽在其境当中。钟楼是华西坝老建筑群的核心，荣杜易以钟楼为原点，向南北延伸取得中轴线，将主要建筑沿轴安排在东西两边铺开，形成大致为品字形的格局，使整个建筑群布设得当，错落有致。钟楼塔基厚重，飞檐纤巧，具有中国南方塔楼风格，与直冲云霄的哥特式建筑相较有明显区别。楼上四面所装大钟系美国制造，每每奏鸣，犹如空谷传响，余音袅袅。1954 年，钟楼由古建筑专家古南平主持对塔基以上部位稍作改建，风格较前略有变化。

20 世纪 90 年代初，建设部将华西坝老建筑列为全国近代优秀建筑。2001 年，成都市正式将钟楼与其余 7 处华西坝老建筑共同确定为成都市文物建筑并妥善保护。2002 年 12 月，由四川省政府批准列为四川省第六批文物保护单位。

【辛亥秋保路死事纪念碑】

辛亥秋保路死事纪念碑位于成都市人民公园内，是中国旧民主主义革命的纪念性建筑物，闻名全国。

辛亥秋保路死事纪念碑系为纪念 1911 年（农历辛亥年）秋在保路运动中英勇献身的烈士而修建。清宣统三年(1911 年)五六月间，川、粤、湘、鄂等省民众为反对清政府将商办的川汉、汉粤铁路筑路权出卖给美英德法四国银行团抵押借款，组织保路同志会，开展保路斗争运动。是年 9 月，四川保路同志会前往督署请愿，四川总督赵尔丰竟下令开枪镇压，当场打死数十人。惨案发生后，激起四川人民的武装反抗，并最终导致辛亥革命在全国的爆发。

此碑建于 1913 年，时由承建方聘王楠（王楠，字次陵，成都双流人，毕业于日本东亚铁路学堂)为总监工，负责图纸设计及施工。纪念碑样式继承中国碑塔建筑的民族传统，仿照北京白云寺塔和山西凌云寺塔的体形，同时借鉴国外建筑的艺术和特点，构图庄严，自然大方，融中外文化于一体，具有强烈的时代特征和中国气派。全碑造价为当时的大洋 1 万元。

辛亥秋保路死事纪念碑坐落在公园西北部，砖石结构，呈方锥形，通高 31.85 米，方位北偏西 45 度，由基脚、台基、碑座、碑身、碑顶 5 部分组成。碑座以红砂条石构筑，周长 47.5 米、高 4.2 米，南面有阶梯可登碑座平台。正南面嵌汉白玉石一方，上刻“中华民国二年川路总公司建”。碑身下部饰有铁路、火车头、信号灯等浮雕图案，碑身四面嵌有长条青石，都刻有“辛亥秋保路死事纪念碑”字样，由当时四川书法家张夔阶(东)、颜楷(西)、吴之英(南)、赵熙(北)分别用楷、草、行、隶 4 种字体书写，每字大小约 1 平方米，均为阴刻；碑顶为攒尖式，以黄色琉璃瓦和宝瓶为饰。1933 年 8 月，川西叠溪大地震引起碑身动摇；1941 年 7 月，日机轰炸成都，毁坏碑顶及部分碑身。中华人民共和国成立后，分别于 1952 年、1954 年和 1980 年进行修缮。1961 年，辛亥秋保路死事纪念碑被列为四川省重点文物保护单位。1988 年，被列为全国第三批重点文物保护单位。1995 年，纪念碑被成都市委、市政府确定为成都市爱国主义教育基地。2000 年，成都市确定建设以辛亥秋保路运动死事纪念碑、邛崃苏维埃政府旧址、十二桥烈士墓及纪念碑等为代表的近现代革命文物保护教育展示体系。

【崇州罨画池】

崇州罨画池位于崇州市城区中心，占地约 38 亩，素有川西名园之称。罨者，覆盖之谓；罨画，意为色彩艳丽的图。步入罨画池园内，但见池水清澈平静，池周环布的亭、榭、轩、廊，山、石、花、木均清晰地倒映于水面，俨然似一幅彩色画卷，直扑眼帘。故此园取名为“罨画池”。罨画池之名，今存文献可考者始见于宋仁宗嘉祐二年(1057年)江源县令赵抃应友人杨瑜邀游此处时写下的诗句：“占胜芳菲地，标名罨画池。”罨画池始建于唐代，史上曾称“东亭”“东湖”。初为署衙园林是古时迎送官员及宴请宾客的场所。至宋已成西蜀胜景。罨画池整体呈“L”型，分内池与外池；环罨画池建筑群是罨画池公园建筑的主体，包括琴鹤堂、问梅山馆、暝琴待鹤之轩、琴鹤桥、罨画亭、尊经阁等清代建筑，以及近代增建的亭、廊、水榭等建筑。罨画池公园是中国少数几处保存至今的唐宋衙署园林之一，是川西园林的代表作。罨画池南半部建筑密集，形成三合院式空间。主厅名“琴鹤堂”，高大宏伟，装修精美。其东端近水处，有“问梅山馆”，南端池面浮有水榭。东北角横陈水面山房三间，琴鹤堂对面列有七间轩敞及耳室。园内建筑物与山石、花木、流水巧妙配合，又借溪涧、假山作障景，兼以小桥、曲径相沟连，幽暗错落，疏密得体，富于变化、形成园内婉转精致的格局，堪与苏州园林媲美，又具蜀中特色。罨画池北半部为开阔水面，池面约有22亩。叮咚溪流从园门注入池中，溪流一侧为迎宾亭，另一侧过拱桥通池畔林荫小道。池心有重檐方亭(湖心亭)，以石拱长桥与园内最高处的“尊经阁”相连。桥东亭、台、廊、榭屹立池边，东北沿岸堆土筑山并有小楼一座，匾额题曰：“水面风来菡萏香”。池南端架木屋三节曲桥通南北景点，成为全园纽带。观二十余亩水面，碧天倒映，波光粼粼，使人无限心旷神怡。

罨画池园内遍布楠木、金弹子、紫薇、古槐、古柏、水衫等树木，尤以梅花和菱花烟柳为胜。唐代诗人裴迪任蜀州(今崇州)刺史时曾邀杜甫到此赏梅，杜少陵因之作《和裴迪登临蜀州东亭送客逢早梅相忆见寄》一诗，赞叹“东阁观梅动诗兴”。宋代诗人陆游任蜀州通判后，留下寄怀蜀州的诗篇百余首，其中亦有多首是描绘罨画池的梅花和荷花，如《次韵张季长正字梅花》等。

罨画池美在玲珑剔透、自然洒脱、疏朗幽静、素朴典雅。虽非真山真水为依托，然其在闹市平地中凿池引水、堆土垒石的巧妙构思和因势就形等造景手法的运用，却令今人啧啧称奇。

罨画池与陆游祠、崇州文庙毗邻，三位一体，同在一园，相得益彰。陆游祠为江南园林风格的四合院式建筑，为纪念南宋著名爱国诗人陆游而造，修于明代，祠内有梅园、梅阁、花径、放翁堂、风雨楼等。放翁堂内有陆游像，气宇轩昂，陈列有陆游诗、画及《怀成都十韵》《游近村》等草书手迹石刻。崇州文庙是建于明代的孔庙，保存较为完好，其殿宇巍峨，雄冠西川，有宫墙、启圣宫、灵星门、圣城、鼓乐亭、大成殿等建筑。

元、明、清时代，官府对罨画池均不断增修。1916年辟为公园。中华人民共和国成立后，人民政府多次维修，善加保护。1991年，罨画池、陆游祠、文庙均被列为四川省文物保护单位。2004年，崇州市文管部门对罨画池的整修扩建做出进一步规划。

罨画池系全国重点文物保护单位。

【大邑刘氏庄园】

大邑刘氏庄园位于成都市以西52千米的大邑县安仁镇场口，占地面积7万余平方米，建筑面积2.1万平方米，分为南北相望的两大建筑群，南部俗称老公馆，北部俗称新公馆，由一条长320米的道路相连接。

老庄园(老公馆)建于1932年前后，系刘文彩依仗刘氏军阀宗族势力掳掠880余万银圆，先后兼并23户农民的田地和宅基而建成。老庄园占地面积1.23万平方米，建筑面积7650平方米，房屋160余间，大小天井27个，主要建筑有内院、佛堂、逍遥宫、小姐楼、雇工院、收租院等。大门为八字花墙，上塑牡丹，两侧有麒麟怒视图案，门额题“受福宣年”，门旁置石狮。内院祖堂为一进四合院，由正房、左右厢房组成，内设中西客厅两处，正房两端为风火墙，房屋高大，装修华丽。逍遥宫位于庄园中部，长方形建筑，坐西向东，两侧相连夏季吸烟室，形成独院。小姐楼位于庄园东部，一楼一底，通高10余米，砖木结构采用中西结合形式。楼西端有一座六角形的三层小楼，造型别致，与主楼高低错落，并为一体。老庄园房屋高大密集，建造形式各异，风火院墙高达6米，环境森严，是中国近代著名的大型地主庄园建筑。1959年，有关部门在此成立大邑地主庄园陈列馆开始对外开放。1962年，陈毅同志为大邑地主庄园陈列馆题写馆名。陈列馆内复原当年刘文彩及家人的生活场景，展出蜚声中外的大型泥塑《收租院》和文物、实物、展品近万件。

新庄园（新公馆）在老庄园对面320米处。1938年动工，1942年落成。新庄园平面布局为正方形，建筑面积3.6万平方米，中西合璧式建筑。其内房屋宽敞，排列对称，既有豪门府邸气派，又具西方城堡风格。整个庄园有27个天井、160余间房屋，4个花园、花圃，2个网球场，还有望月台、戏台及设防坚固的秘密金库各1个。

大邑刘氏庄园系四川地主庄园建筑形式和风格的典型，亦为全国保存最为完整的地主庄园建筑，更是认识中国半封建、半殖民地社会政治、经济、历史、文化状况的重要现场，还为建筑、民俗等方面的研究提供有大量的实物资料，堪称旧中国农村的缩影和中国社会发展史的一个断面。1988年，大邑县有关方面将新庄园部分房屋用于建立川西民俗博物馆，共陈列展品1900余件，分为婚俗厅、生产生活厅、民间工艺和民间文化厅三大部分，全面而生动地展现出民国年间川西地区的民情和人民的生产、生活习俗。1997年元旦，老庄园内“小姐楼”结束长期关闭的状况，经整理一新后对外开放。人们在此不仅能够了解旧社会对青年女子的天性压抑和无端约束，更能完整地鉴赏这幢极具艺术价值的楼房建筑。

2001年11月，刘氏庄园被国家旅游局评为国家AAAA级旅游景区。2005年5月，刘氏庄园由共青团中央命名为全国青少年教育基地。

大邑刘氏庄园系全国重点文物保护单位。

【新都东湖桂湖】

东湖、桂湖在成都市新都区境内。东湖位于新繁镇公园路1号、桂湖位于新都镇桂湖中路52号，皆为川西著名的古典人文园林。

东湖系唐代著名宰相、政治家、诗人李德裕（人称李卫公）任新繁县（今为新繁镇）县令时开凿，因居于县署之东，故称东湖。新繁东湖与山西省新绛县绛守居园池并称中国仅存最早的两座古代园林，距今一千多年历史，具有很高的历史价值和艺术价值。东湖园林面积35亩，水面约占三分之一，经历代营建培修而成。园林内今存建筑由出任新繁知县的江苏泰州学者程祥栋于清同治三年（1864年）兴建，有楼、台、亭、阁、堂、馆、廊、轩、榭、桥、舫等20余处；有数百年的参天大树，伴以古藤、幽篁，并着意配种桃、荷、桂、梅等花卉；有纪念唐宋先贤李德裕、王益、梅挚的“三贤堂”，纪念明末清初“费密一门四世六乡贤”

的“四费祠”，还有专祀李卫公的“怀李堂”、专祀宋代“铁面御史”赵抃的“青白江楼”和专祀王益的“瑞莲阁”。1996年，东湖被列为四川省文物保护单位。

桂湖位于新都城西，素有“川西第一湖”之称。是明代著名学者杨升庵的故居，以环湖遍种桂树而得名。面积为5万平方米，水面约三分之一。明末荒圮，清初废湖为田。清嘉庆十七年(1812年)知县张奉书博采各地园林所长进行重修。清末民国初，曾修葺完善。1927年，改称桂湖公园。中华人民共和国成立后新植桂林，添建楼亭，复称桂湖。1980年，更名“杨升庵祠及桂湖”。桂湖内共有楼台亭阁、轩堂桥榭等古建筑20余处，每个建筑物上都挂有古今名人撰书的匾额楹联。有“丛桂留人”“天然图画”“交加伊人”“古城问津”“荷塘月色”“翠屏亭亭”“连理古藤”“杨柳楼台”等景点，称为“桂湖八景”。有纪念祠堂升庵祠，建于清代，由升庵殿、会心堂、藏舟山馆、澄心水阁四部分组成，分列前、后、左、右。有沉霞榭“黄峨馆”，陈列有升庵夫人黄峨的著作和有关文物。桂湖西面及南面有古城墙850米，传为升庵及第后以明蜀王和川总督等官员所赠贺银修建。是成都平原保存较完好的明清古城墙。1996年，杨升庵祠及桂湖由国务院公布为全国重点文物保护单位。

文物保护

【概况】

1990—2005年，成都市物质文化遗产保护工作不断加强。期间，成功申报青城山都江堰世界文化遗产1处；全国第四、第五批国家文物保护单位12处，其中，含水井街酒坊遗址、成都平原史前城址群、十二桥商周遗址、成都古蜀船棺合葬墓、新津观音寺、崇州罨画池、邛崃石塔寺、新都宝光寺等古文化遗址和名胜古迹；四川省第三、第四、第六批省级文物保护单位39处。1997年，市政府公布第三批市级文物保护单位14处；2002年，公布李家钰故居等22处文物建筑保护名单；2004年，组织申报国家文物保护单位14处。至2005年，文物管理部门共对境内4215个建设工地进行文物勘探，发掘遗址230余处、古墓葬2725座，出土文物及标本10万余件。成都市常设文物保护管理委员会，遴选专家、学者及有关部门组成，在市人民政府领导下指导全市文物保护工作，协调处理文物保护工作中的重大问题。成都市文化局是全市文物保护的行政管理和行政执法部门。成都各区(市)县文化行政部门负责所在地文物保护工作，并下设文管所开展具体业务。2005年，全市有区(市)县文物局、文管所共16个，承担辖内文物保护单位的日常管理。

成都市全国重点文物保护单位一览表(26处)

表5-153

名称	时代	地址	公布时间
成都水井街酒坊遗址	明清	成都市锦江区水井街15-23号	2001年国务院公布第五批
杜甫草堂	清	成都市西郊浣花溪畔草堂路	1961年国务院公布第一批
辛亥秋保路死事纪念碑	1913年	成都市人民公园内	1988年国务院公布第三批
成都十二桥遗址	商至西周	成都市十二桥路18号	2001年国务院公布第五批
成都古蜀船棺合葬墓	东周	成都市商业街	2001年国务院公布第五批
永陵	前蜀	成都市永陵路7号	1961年国务院公布第一批

续表

名称	时代	地址	公布时间
武侯祠	清代	成都市武侯大街231号	1961年国务院公布第一批
明蜀王陵墓群	明	①明蜀王陵墓群，位于成都市龙泉驿区十陵镇	1996年国务院公布第四批
		②朱悦燫墓,位于成都市北郊凤凰山	2006年国务院公布第六批
杨升庵祠及桂湖	清	新都区新都镇桂湖中路52号	1996年国务院公布第四批
宝光寺	清	新都区新都镇宝光街81号	2001年国务院公布第五批
都江堰	秦至清	都江堰市灌口镇	1982年国务院公布第二批
十方堂邛窑遗址	隋至宋	①十方堂邛窑遗址,位于邛崃市临邛镇	1988年国务院公布第三批
	宋	②瓦窑山固驿窑址，位于邛崃市固驿镇大渔村遗址	2006年国务院公布第六批
	南朝至晚唐	③大渔村遗址,位于邛崃市白鹤乡大渔村	
邛崃石塔寺石塔	宋	邛崃市高何镇	2001年国务院公布第五批
崇州罨画池	清	崇州市崇阳镇	2001年国务院公布第五批
刘氏庄园	民国	大邑县安仁镇	1996年国务院公布第四批
新津观音寺	明代	新津县永商镇宝桥村	2001年国务院公布第五批
成都平原史前城址	新石器时代	①鱼凫村遗址,位于温江区万春镇;②芒城遗址,位于都江堰市青城乡芒城村;③双河遗址,位于崇州市上元乡芒城村;④紫竹遗址，位于崇州市燎原乡紫竹村；⑤古城遗址,位于郫县古城乡古城村和梓路村;⑥宝墩遗址,位于新津县龙马乡宝墩村	2001年国务院公布第五批
金沙遗址	商周	青羊区金沙村	2006年国务院公布第六批
孟知祥墓	后蜀	成都市北郊磨盘山下	2006年国务院公布第六批
洛带会馆建筑群(含广东、江西、湖广、川北会馆)	清	龙泉驿区洛带镇	2006年国务院公布第六批
瑞光塔	南宋	金堂县淮口镇	2006年国务院公布第六批
领报修院	清	彭州市白鹿镇	2006年国务院公布第六批
望江楼古建筑群	清	成都市望江公园内	2006年国务院公布第六批
彭州佛塔	宋	①关口白塔,位于彭州市九陇镇白塔村;②正觉寺塔,位于彭州市红岩乡红塔村;③云居院白塔,位于彭州市楠木镇大曲村	2006年国务院公布第六批
蒲江石窟	唐至清	飞仙阁摩崖造像,位于蒲江县霖雨乡	2006年国务院公布第六批

续表

名称	时代	地址	公布时间
邛崃石窟	南北朝至明、清	龙拖湾摩崖造像，位于蒲江县鹤山镇	2006年国务院公布第六批
	唐	石笋山摩崖造像，位于邛崃市大同乡景沟村	
	唐、明	磐陀寺摩崖造像，位于邛崃市临邛镇	
	唐	花置寺石刻，位于邛崃市西河乡小柏村水库	

成都市省级文物保护单位一览表(34处)

表5-154

名称	时代	地址	公布时间
李劼人故居	1939—1962年	成都市外东沙河堡	1991年四川省人民政府公布第三批
成都十二桥烈士墓	1950年	成都琴台路文化公园内	1980年四川省人民政府重新公布
文殊院	清	成都市文殊院街	1980年四川省人民政府重新公布
青羊宫窑址	隋、唐	成都市一环路西二段31号	1991年四川省人民政府公布第三批
清真寺	清	成都市鼓楼南街155号	1991年四川省人民政府公布第三批
青羊宫、二仙庵	明、清	成都市文化公园内	2002年四川省人民政府公布第六批
王光祈墓碑	1938年	四川省音乐学院内	1991年四川省人民政府公布第三批
四川大学文物建筑群(含华西坝老建筑、四川大学办公大楼)	1913—1954年	四川大学	2002年四川省人民政府公布第六批
陈家桅杆	清	温江区寿安乡	2002年四川省人民政府公布第六批
北周文王碑	北周	龙泉驿区山泉乡大佛村	1980年四川省人民政府重新公布
石经寺	唐代	龙泉驿区茶店镇	2002年四川省人民政府公布第六批
彭大将军纪念碑	1913年	青白江区城厢镇	1980年四川省人民政府重新公布
新繁东湖	清	新都区新繁镇公园路1号	1996年四川省人民政府公布第四批
天师洞大殿及唐碑	唐、清	都江堰市青城山上	1980年四川省人民政府重新公布
城隍庙	清	都江堰市灌口镇	1991年四川省人民政府公布第三批
灵岩寺及千佛塔	唐、清	都江堰市幸福乡	1991年四川省人民政府公布第三批
玉堂窑址	唐、北宋	都江堰市玉堂镇凤鸣村	2002年四川省人民政府公布第六批
奎光塔	清	都江堰市幸福镇奎光路	2002年四川省人民政府公布第六批
文君井	清	邛崃市临邛镇文君街	1980年四川省人民政府重新公布
回澜塔	清	邛崃市宝林镇塔子村	1980年四川省人民政府重新公布

续表

名称	时代	地址	公布时间
邛崃寺庙建筑群《永乐寺、兴福寺(含石笋寺)》	明、唐	邛崃市天公镇银杏乡	2002年四川省人民政府公布第六批
杨遇春宫保府	清	崇州市崇阳镇	1996年四川省人民政府公布第四批
下古寺(含上古寺)	唐、清	崇州市街子乡古寺村	2002年四川省人民政府公布第六批
云顶山遗址	宋	金堂县淮口镇	1991年四川省人民政府公布第三批
二江寺拱桥	清	双流县华阳镇	2002年四川省人民政府公布第六批
望丛祠	清	郫县郫筒镇	1991年四川省人民政府公布第三批
药师岩摩崖造像	唐、明	大邑县斜源乡	1996年四川省人民政府公布第四批
赵子龙祠墓	清	大邑县银屏乡	1996年四川省人民政府公布第四批
鹤鸣山道教遗址	东汉	大邑县悦来镇	2002年四川省人民政府公布第六批
雾中山佛教遗址	东汉	大邑县城南	2002年四川省人民政府公布第六批
魏了翁墓	宋	蒲江县高桥乡	2002年四川省人民政府公布第六批
河沙寺大雄宝殿	明	蒲江县寿安镇	2002年四川省人民政府公布第六批
白云盐井遗址	唐、宋	蒲江县白云乡	2002年四川省人民政府公布第六批
纯阳观、黄鹤楼	清、民国	新津县顺江乡	1991年四川省人民政府公布第三批

成都市市级文物保护单位一览表(55处)

表5–155

名称	时代	地址	公布时间
孙中山先生铜像	1945年	成都市春熙路北段	1981年成都市人民政府公布第一批
天涯石	先秦	成都市天涯石南街80号	1981年成都市人民政府公布第一批
大慈寺	清	蜀都大道大慈寺路23号	1981年成都市人民政府公布第一批
柿子巷砖楼	民国	成都市金河街60号	1985年成都市人民政府公布第二批
支机石	先秦	成都市文化公园内	1981年成都市人民政府公布第一批
陕西会馆	清	成都市陕西街蓉城饭店内	1981年成都市人民政府公布第一批
武担山	先秦	成都军区招待所内	1981年成都市人民政府公布第一批
努力餐	1933—1940年	成都市金河街1号	1985年成都市人民政府公布第二批
成都古城墙	清	成都市北较场西街	1985年成都市人民政府公布第二批
文翁石室故址(大成殿已迁至金堂县)	西汉时期	成都市石室中学内	1985年成都市人民政府公布第二批

续表

名称	时代	地址	公布时间
金华寺	清	金牛区天回乡金华村	1981年成都市人民政府公布第一批
九里堤	北宋	金牛区和平乡	1981年成都市人民政府公布第一批
曾家包东汉墓	东汉	金牛区洞槽村	1981年成都市人民政府公布第一批
南郊公园	1943年	成都市武侯祠大街武侯祠西侧	1981年成都市人民政府公布第一批
成汉墓	东晋	成都市南郊	1981年成都市人民政府公布第一批
三义庙	清	成都市武侯祠内	1981年成都市人民政府公布第一批
“二·一六”革命烈士墓	1928年	成都市北郊磨盘山陵园内	1981年成都市人民政府公布第一批
元堡摩崖造像	唐、宋	龙泉驿区长松乡元堡村	1981年成都市人民政府公布第一批
田氏支祠	民国	龙泉驿区公园路	1997年成都市人民政府公布第三批
唯仁山庄	1930年	龙泉驿区兴龙镇长松村	1997年成都市人民政府公布第三批
明教寺觉皇殿	明	青白江区城厢镇城厢中学内	1981年成都市人民政府公布第一批
武庙正殿	清	青白江区城厢中学内	1981年成都市人民政府公布第一批
文庙	北宋	青白江区城厢镇粮站内	1981年成都市人民政府公布第一批
龙藏寺	明、清	新都区新繁镇	1985年成都市人民政府公布第二批
鱼凫王墓	古蜀	温江区寿安乡天鹅村	1985年成都市人民政府公布第二批
柏灌王墓	古蜀	温江区寿安乡长青村	1985年成都市人民政府公布第二批
温江文庙	民国	温江区文庙街	1997年成都市人民政府公布第三批
八阵图	汉	青白江区弥牟镇灯塔村	1981年成都市人民政府公布第一批
三昧水摩崖造像	唐、清	彭州市九陇镇双松村	1985年成都市人民政府公布第二批
龙兴寺舍利宝塔	民国	彭州市天彭镇外北街	1985年成都市人民政府公布第二批
彭州磁峰窑址	宋	彭州市磁峰镇	1985年成都市人民政府公布第二批
涌华寺	明、清	彭州市磁峰镇涌华村	1997年成都市人民政府公布第三批
宁宅民居	清	邛崃市临邛镇文庙街	1985年成都市人民政府公布第二批
石塔寺区苏维埃政府旧址	1935年	邛崃市高何镇高兴村石塔寺	1985年成都市人民政府公布第二批
兴贤塔	清	邛崃市战斗乡场口	1985年成都市人民政府公布第二批
天台山石牌坊	明、清	邛崃市天台乡	1985年成都市人民政府公布第二批
怀远回澜塔	清	崇州市怀远镇	1997年成都市人民政府公布第三批
南华宫	清	金堂县土桥镇	1981年成都市人民政府公布第一批

续表

名称	时代	地址	公布时间
禹王宫	清	金堂县土桥镇	1981 年成都市人民政府公布第一批
正心堂	清	金堂县赵镇	1981 年成都市人民政府公布第一批
舒家湾天主教堂	1903 年	金堂县九龙镇华兴村	1997 年成都市人民政府公布第三批
金华庵	清	双流县黄龙溪镇	1981 年成都市人民政府公布第一批
广都城遗址	西汉时期	双流县中兴乡	1981 年成都市人民政府公布第一批
卧云寺摩崖造像	明	双流县三星乡卧云村	1985 年成都市人民政府公布第二批
扬雄墓	西汉	郫县友爱乡子云村	1985 年成都市人民政府公布第二批
杜鹃城遗址	西汉	郫县郫筒镇鹃城村	1985 年成都市人民政府公布第二批
横山子古窑址	唐	郫县唐昌镇同艺村	1997 年成都市人民政府公布第三批
罗汉寺	明	大邑县唐场镇	1997 年成都市人民政府公布第三批
川王宫	清	大邑县新场镇	1997 年成都市人民政府公布第三批
太清观摩崖造像	唐、清	蒲江县天华乡	1997 年成都市人民政府公布第三批
大佛寺摩崖造像	唐	蒲江县天华镇	1997 年成都市人民政府公布第三批
龙泉寺摩崖造像	唐	蒲江县寿安镇	1997 年成都市人民政府公布第三批
邓双遗址	南朝、唐	新津县邓双乡	1985 年成都市人民政府公布第二批
老子庙	清	新津县永商乡	1985 年成都市人民政府公布第二批
新津岩墓	东汉	新津县邓双乡	1985 年成都市人民政府公布第二批

【文物保护规划编制】

1986 年，成都市人民政府制定《成都市文物保护管理办法》，对保护地面遗存文物作出详细规定。1988—1990 年，成都市规划确定文殊院、大慈寺、宽窄巷子等三大历史文化保护区，禁止对其进行破坏性拆除及改建，要求完整保留三大保护区的历史状态，为后世传存老成都风貌。

1993—1995 年，成都市文物和规划部门共同划定市区内 32 处市级以上文物保护单位保护范围。同期成都各区(市)县完成辖内省级以上文物保护单位的保护范围划定。

2000 年，成都市组织开展全市 119 处市级以上文物保护单位现状调查，完成《成都市市级以上文物保护单位现状调查报告》和《成都市市级以上文物保护单位文物保护利用规划》的编制。

2004 年，成都市将文物保护工作纳入经济和社会发展计划、城乡建设规划、财政预算、体制改革、各级领导责任制五个方面，科学论证、统筹兼顾，制定出若干文物保护规划及发展战略。并决定建设以都江堰为代表的水文化保护研究展示中心和以武侯祠为代表的三国文化保护研究展示中心，确立以成都平原史前城址群、十二桥商周建筑遗址、商业街船棺墓葬遗址、金沙遗址和望丛祠为代表的六个古蜀文化保护研究展示体系(简称“两中心、六体系”构架)。

至2005年底，成都市区文化遗产保护基本形成“四片、四区、五点、一带”的保护格局，即文殊院、大慈寺、宽窄巷子、华西坝近现代建筑群等四个历史保护片区；金沙遗址、浣花历史风景区、十陵城市公园风景区、水井坊历史街区等四个保护区域；船棺遗址、李劼人故居等五个点位上的文物保护单位以及府南河特色风光带。

【文物保护“五纳入”】

2001年起，成都市按照国务院发布《关于加强和改善文物工作的通知》要求，将文物保护纳入经济和社会发展计划，纳入城乡建设规划，纳入财政预算，纳入体制改革，纳入各级领导责任制，把各级政府保护文物的责任进一步具体化。

至2005年，成都市先后实施做靓都江堰、青城山、武侯祠、杜甫草堂、升庵桂湖等一批文物旅游景点规划，建成爱国主义教育基地23处推出各种陈列展览50多个，接待观众3000万余人次。根据《成都市文物保护管理条例》，建立、完善地下文物勘探机制，成都市建立城区基本建设的文物勘探制，将文物保护纳入基本建设管理程序。筹集数亿元资金用于地下考古发掘和文物保护，划拨500余亩土地用于成都博物馆、武侯祠、杜甫草堂、金沙遗址、古蜀船棺遗址等的保护和基础建设。对杜甫草堂天王殿、武侯祠大门及文武廊、王建墓、升庵桂湖、僖王陵等30余处文保单位进行保护维修。完成《古蜀船棺遗址博物馆设计方案》和《金沙遗址总体保护规划》。全市国家级文物保护单位增至26处、省级文物保护单位增至34处；对1400多个工地进行勘探，共发掘各类遗址160余处、古墓葬600多座(处)，出土各类文物和文物标本8万余件；成都市成立和筹建中的民办博物馆近20座，积极开展对民间文物收藏品的登记、管理，加强对一些濒临灭绝的民族艺术、民俗文化等进行抢救和保护，促进合法的民间收藏物向公众展示和开放。

【文物盗窃犯罪打击】

1992年，成都市人大常委会制定《成都市文物保护条例》，次年经省人大批准后公布实施。全市文物保护法规体系逐步完善，有关部门对损毁、盗窃、走私文物等不法行为的处罚、打击有所加强。

1993—1995年，成都市文化局严肃处理西尔敦度假村、市科技贸易中心等工地人为破坏地下文物事件，在全市产生较大影响。1999年4月，修订《成都市文物保护条例》获准施行。其中，第四章《文物建筑》为新增内容，弥补当时全国范围内文物建筑同样受保护的法规空白。2000年5月29日，破获双流县华阳地区东汉崖墓被盗案，抓获以姜某某、王某某为首的5个犯罪分子，收缴东汉时期的抚琴俑、庖厨俑、陶鸡等40余件。2005年，市公安部门摧毁盗掘东汉崖墓的犯罪团伙，市文化部门果断处置市级文物保护单位成汉墓被毁事件。

古迹维修

【概况】

1990—1993年，成都市先后对武侯祠、杜甫草堂、诸葛亮殿(静远堂)进行维修，并开始永陵(王建墓)地宫防渗排水综合治理、蜀永楼(成都永陵博物馆文物陈列厅)修建。1996年6月始，再对武侯祠内惠陵陵园、爱树山房、静远轩等作修缮。1997年1月,茅屋景区恢复重建完成,游人尽可再睹昔日的“诗圣”故居。1998年5月,完成杜甫草堂正门保护维修,12月,启动李劼人故居整修工程。1999年,完成隋唐窑址博物馆“陶苑”园庭绿化综合改建工程。20世纪90年代末,全市古迹、遗存和文物大多得到妥善保护及利用。“十五”期间,成都市委、市政府在文物古迹维修资金及设施建设等方面进一步加以保障。2001年年内武侯祠完成文武两廊及塑像保护维修工程;2002年5月,杜甫草堂工部祠保护维修工程竣工。2003—2004年,陆续有杜甫草堂水系改造、杜甫草堂唐代遗址保护、万佛楼重建、刘湘陵园古建筑群保护维修、隋唐窑址文物库房和窑址展厅综合楼修建等工程在建或完工。2005年初,杜甫草堂唐风遗韵(游客服务中心)修缮工程完工。其中,主要有下列维修工程。

【武侯祠维修工程】

1990—2005年,武侯祠先后进行四次大的维修。1993年10月,进行诸葛亮殿(静远堂)维修工程,对诸葛亮殿进行全面维修,维修面积1260平方米,同时铺青石板地坪530平方米;工程斥资89万元,于1994年4月完工;1996年6—8月,进行惠陵陵园建筑修复工程,完成寝殿和栅栏门的落架维修、墓冢整治、神道两侧翁仲、石马、麒麟等石刻神兽恢复、照壁扶正及陵园绿化等内容,总投入63万元;1998年6月,进行诸葛亮殿东西厢房维修工程,全面维修藕船、爱树山房、鼓楼、静远轩、琴亭等建筑,维修面积354平方米,斥资89万元,于2002年2月完成;2001年2—7月,进行文武两廊及塑像保护维修工程,斥资94万元,对文武两廊采取屋面维修、蚁害治理、墙体加固、壁画保护等维护工作。

【李劼人故居整修工程】

李劼人为中国当代文学家、翻译家和社会活动家,其长篇历史小说《死水微澜》《暴风雨前》和《大波》被郭沫若誉为中国“小说的近代史”,李劼人故居位于成都市锦江区沙河堡菱窠西路70号,为李劼人生前长期居住地,始建于1939年,主屋原为一楼一底的悬山式草顶土木建筑,因其屋傍“菱角”堰塘而建,李劼人题名为“菱窠”。1998年11月,成都市对几近荒芜的菱窠进行全面维修。共计铺设道路700多米、排污管200多米,装饰建筑面积1064平方米。同时,进一步改造故居园林绿化环境。故居整修工程于1999年完成。当年4月16日,被评为第三批四川省文物保护单位;6月29日,向市民重新开放。

【刘湘陵园古建筑群保护维修工程】

刘湘陵园古建筑群始建于1941年,位于武侯祠博物馆园林区,系北方官式建筑,是西南地区唯一一组北方陵园建筑,为市级文物保护单位。2003年12月,成都市批准同意对刘湘陵园古建筑群进行维修,并委托河北省古建筑保护研究所全面勘察、测绘并做维修复原设计。2004年9月,进行维修施工,至年底,完成荐馨堂、东西配堂、旌忠门、碑亭等施工维修,工程造价60.28万元。

【杜甫草堂维修工程】

1990—2005年,杜甫草堂博物馆进行一系列古建筑维修工程。1996年,根据杜诗描写,开始茅屋景区恢复重建工程,于1997年1月完工,完成建筑面积274平方米,围墙375平方米,沟渠1200平方米,道路1150平方米,斥资50万元。1998年3—5月,进行杜甫草堂正门维修工程,实施整体拆除、清理、修补、油饰、粉刷以及白蚁防治等维护工作。2002 年 3—5 月，进行工部祠维修工程，实施地面填平、白蚁防治等维修工作。2003—2004 年期间，进行杜甫草堂水系改造工程，完成苗圃高地建设，沟、塘清淤，塘底及岸坡处理，水系连通及循环系统，取水泵房及水处理装置，水沟两侧绿化及景观建设，游道改造等内容，总投资 600 余万元。2004 年 9 月，进行万福楼重建工程，至 2005 年 10 月完工，建成仿清式建筑万福楼，建筑面积 910 平方米、建筑总高 30.7 米，投资 450 万元。2004 年底，实施杜甫草堂唐风遗韵（游客服务中心）修缮工程，于 2005 年 2 月完工，工程造价 150 万元。

【隋唐窑遗址综合改建工程】

1995 年 12 月，成都市文物管理部门启动隋唐窑遗址临街展销大楼建设工程，修建临街三楼一底展销大楼，建筑面积 1463 平方米，于 1997 年 7 月竣工。其间，对“战国陶窑”进行圈固保护，对已修整的木结构保护亭加盖临时保护棚，更换窑址保护标志，完成仿古庭院初期绿化工程，绿化面积 2000 平方米。1998 年起，投资 40 万元，对开放游览区“陶苑”园庭进行绿化改造；至 2005 年，完成绿化改建面积 600 余平方米，并完成旱厕改造和配电房维护修缮等配套工程。2000 年 12 月，四川省文物局批复同意成都市文管办、隋唐窑址文管所在青羊宫窑址保护范围内修建文物库房和业务用房，共投资 244.46 万元，于 2002 年 9 月竣工，建筑面积 1140 平方米。2003 年 9 月，隋唐窑址展厅综合楼工程竣工，建筑面积 660 平方米。

非物质文化遗产

综述

成都市非物质文化遗产资源丰富、绚丽多彩，具有种类多、数量大、分布广的特点。全市拥有非物质文化遗产340余项，涉及文学、音乐、舞蹈、戏剧、曲艺、杂技与竞技、传统手工艺、医药和民俗等各个方面，分布于成都的10余个区(市)、县，为当地人民熟悉和喜爱。20世纪90年代，成都市重视民族民间文化保护，收集、整理有成都民间文艺“四大集成”，为非物质文化遗产的传承奠定良好的基础。2004年中国加入联合国教科文组织《保护非物质文化遗产公约》后，成都市非物质文化遗产申报和保护工作全面开展。2005年3月，成都市文化部门成立民族民间文化保护和申报国家级首届“非物质文化遗产”领导小组，邀请省、市专家进行指导。同年，在全市范围内进行非物质文化遗产的普查、论证、建档及申报工作。2005年，成都市遴选出蜀锦、蜀绣制作技艺，都江堰放水节，成都漆艺，四川金钱板、四川荷叶，川剧服饰制作工艺，糖画，竹雕，木偶、皮影等15个项目上报四川省文化厅、文化部。2005年12月31日文化部发布公告，公示第一批国家非物质文化遗产名录推荐项目名单，其中，由四川省申报的川剧和成都市申报的蜀绣、蜀锦制作工艺、成都漆艺、都江堰放水节5个项目入选。此后成都市公布第一批市级非物质文化遗产保护名录，共10类、凡41项；四川省公布首批省级非物质文化遗产保护名录，共计列入189项。其中，成都市27项。

川剧

【概况】

川剧是中国西南地区影响最大的传统地方剧种，又称川戏，流行于四川省、重庆市及云南、贵州、湖北、台湾的部分地区，成都是川剧的主要发祥地和繁盛区。川剧主要有高腔、胡琴、弹戏、昆曲、灯调五种声腔，是明末清初以后中国戏曲声腔剧种演变历史的一个缩影。明末清初，昆曲、弋阳腔、青阳腔、陕西梆子、湖北汉调、徽调等声腔流入四川。乾隆、嘉庆年间，与当地的薅秧调、川江号子、地方小调、宗教音乐等逐渐融合，基本完成外来声腔“四川化”的演变过程。辛亥革命前后，高腔、昆曲、胡琴、弹戏及四川本土的灯戏在同台演出过程中融为一体，形成“五腔共和”的川剧。

川剧分小生、旦角、生角、花脸、丑角五个行当，各个行当的程式套子都自成体系，尤以文生、小丑、旦角的表演最具特色。川剧的主要表现手段为音乐、舞蹈和念白，展现古代战争、神话故事、男女爱情、官场讼案等内容；表演具有生动、活泼、风趣、诙谐等特点，素以“喜剧”著称；拥有多种脸谱样式和变脸、吐火、顶灯、藏刀、打叉、钻火圈、踢慧眼等各色特技。川剧在其发展过程中，名家辈出，涌现出很多优秀的演员，在四川及成都民间非常普及，群众基础深厚。

川剧具有文学、艺术、历史、民俗等方面的研究和认知价值，在中国戏曲史及巴蜀文化史上具有独特的地位。20 世纪 80 年代以来，川剧发展困顿，观众减少，市场萎缩，景况日见萧条。党和国家重视川剧面临的问题，相关部门陆续采取措施积极应对。1982 年，中共四川省委发出“振兴川剧”的号召，1990 年，成都市振兴川剧领导小组成立。20 世纪 90 年代，全省抢救和保护川剧的工作深入开展，成效显著。2001 年，成都川剧艺术中心落成，对于保护、传承、发扬川剧艺术起到重要作用。2002 年，成都市推出《激流之家》《山杠爷》《好女人、坏女人》《蜀调川音》等川剧节目参加“第二届中国川剧节暨振兴川剧二十周年纪念活动”。2006 年，川剧被列入第一批国家级非物质文化遗产(传统戏剧类)名录。

【剧目】

川剧传统剧目数量历有“唐三千，宋八百，数不清的三列国”之说，来源广泛，有承袭于宋元南戏，有撷取于明清传奇，有铺演演义、小说和民间传说、神话故事等。以《三国演义》《东周列国志》故事编写的戏文，数量更为可观。中华人民共和国成立后，经剧目鉴定，对搜集的剧本进行清理、归类，已知传统剧目(含整本和单折)计 1500 余出，并对其中部分剧目进行整理改编，代表剧目有《柳荫记》《彩楼记》《焚香记》《绣襦记》《白蛇传》《拉郎配》《鸳鸯谱》等。

改革开放后，成都川剧界开展川剧改革、发展工作，出现了一批以《巴山秀才》《变脸》《死水微澜》《金子》《山杠爷》《文成公主》为代表的新创精品剧目，具有较大的社会影响。川剧剧作家不仅创作了大量传统题材和现实题材川剧，还将外国名著改编为川剧，如魏明伦将意大利作曲家普契尼的作品《图兰多特》改编为川剧《中国公主杜兰朵》，徐棻在将美国人尤金·奥尼尔的作品《榆树下的恋情》改编为川剧《欲海狂潮》，受到了观众的热烈欢迎。

截至 2005 年，川剧共有传统剧目和新创剧目 6000 余个，经常性演出的川剧上百出。

【服装道具】

川剧演出服装是以明代服饰样式为基础发展变化而来，通用于各类传统戏里。为适应表演的需要，又有其独具的特色。袍服和小生褶子均无水袖，以内里所着长筒窄袖白布香汗衫伸出袍服和褶子数寸，覆盖指端，称为袖头子。小生褶子除领口外全不绣花(青褶子领口亦不绣花)，开高衩，里、面均以柔软的绉、绸制作，便于演出时施展褶子功。排苏是川剧中独有的剧装，圆领对襟，身短袖大，袖下和衣边长穗成排，衣上绣金龙、云、鳞形花纹。

道具有大道具、小道具之分。川剧舞台上所用众多道具，乃历代艺人在生活用具原型的基础上，以写意性为主，从造型、色彩、图案上创造的一整套艺术品。采用虚实结合、一物多用、不拘一格的手法，举凡从帝王将相到庶民百姓，以至疆场征战中的食、住、行用具和战斗中的兵器，几至无所不备。

蜀锦织造

【概况】

蜀锦是用多色蚕丝线交织、多重纬的提花丝织品，是中国染织传统工艺的重要组成部分。蜀锦织造兴于秦汉、盛于唐宋、明末衰微、清中晚期得以恢复，延续2000多年。蜀锦具有色彩鲜艳、图案丰富、质地坚韧等特点，与南京云锦、苏州宋锦、广西壮锦并称中国四大名锦。其中，蜀锦以历史最为久远，工艺最为独特而名列其首，被誉为“东方瑰宝，中华一绝”，是中国珍贵的传统文化遗产，也是自古以来中外交流和贸易的重要物资。蜀绣因盛产于四川而得名，成都自古盛产织锦，是蜀锦织造中心，战国时期即设有管理蜀锦生产的锦官，故别名“锦城”“锦官城”；环绕成都的岷江，古为濯锦之水，故名“锦江”。

20世纪90年代，丝织市场变化，蜀锦一度退出市场。至2000年，成都蜀锦织造老艺人仅有寥寥数名，古老的手工织造技艺面临失传危机。21世纪初，蜀锦织造技艺的传承得到重视，相关抢救和保护工作陆续开展。2002年，蜀锦文化发展有限责任公司成立，重新生产蜀锦。2005年，蜀锦织造技艺被列为国家非物质文化遗产名录推荐项目。2006年，正式列入第一批国家级非物质文化遗产(传统手工技艺类)名录。

【织造技艺】

蜀锦织造技艺为手工方式，沿传2000多年。西汉时期，蜀锦以彩条经锦为主，为双层结构的复式平纹或复式斜纹样式。魏晋南北朝时期，蜀锦织造技艺日趋成熟，普遍出现经线起花的彩锦。唐代，蜀锦织造开始转为纬锦织造方法，采用三枚斜纹作地，纬线起花。宋元至明，蜀锦织造技艺对花色品种有新的发展。清代中叶，蜀锦织造机械趋于复杂化、大型化，技术分工更为细密。近现代，蜀锦织造技艺突破古代经锦和纬锦单一的组织结构，采用四梭五色经纬线技法，保留和继承发展一部分传统织造技艺。

蜀锦织造技艺讲究“凡花先挑而后织，花有本，挑有式，织有法”，传统工艺流程包含纹制工艺、练染工艺、织造工艺三大部分。纹制工艺包括织锦的纹样设计、配色、挑花结本、装吊等工序；练染工艺包括练丝和染色工序；织造工艺包括织前准备(经纬线加工)和上机织造两个部分。常用的工艺流程为：生桑蚕丝(胶状)→精练(灰练)及酶练→染丝→扛丝(丝光)→调丝(翻丝、络丝)→排花牵经→穿综穿筘→摇纡(卷纬)→上机织造。蜀锦是由多名艺人配合共同完成的产品，每道工序不可或缺。因此织造耗费工时，生产不易，成本较高。故蜀锦价格昂贵，历来有“寸锦寸金”的说法。现代蜀锦织造技艺仍然在不断发展，在传统手工蜀锦织造技艺之上，加入通经断纬的小梭挖花工艺，突破了蜀锦小花楼木织机织造单元纹样只能在20厘米左右的局限，让之在精巧设计构思后，能织造出大花蜀锦。

【品种与图案样式】

蜀锦品种繁多，传统品种有雨丝锦、方方锦、月华锦、铺地锦、散花锦、浣花锦、民族锦、彩晕锦等。蜀锦染织图案在中国染织传统工艺中具有重要的地位，对中国后世锦缎染织图案的发展，具有承先启后的影响。蜀锦图案有一个主要的特征，是广泛采用吉祥纹样，其图案的取材十分广泛、丰富，诸如神话传说、历史故事、吉祥铭文、山水人物、花鸟禽兽等，千百年来不断发展、提炼，具有高度的概括性和艺术水平，蜀锦艺人用寓合纹、龙凤纹、团花纹、花鸟纹、卷草纹、几何纹、对禽对兽纹以及方方、晕裥、彩条锦群等传统纹样来表达吉祥、如意、顺利、喜庆、颂祝、长寿、多福、富贵、昌盛等美好寓意，为广大人民群众喜闻乐见。

蜀绣

【概况】

蜀绣又称川绣，起源于川西民间，为成都地区生产的刺绣产品，与苏绣、湘绣、粤绣并称中国四大名绣。古代川西蚕丝资源丰富，锦帛织造生产发达，带动刺绣工艺发展。蜀绣历史悠久，最早的蜀绣样式可见于广汉三星堆遗址的一具青铜塑像，上面留存着君王服饰上的刺绣龙纹，经专家论证是商周蜀人的杰作。西汉扬雄在《蜀都赋》中即有对蜀地刺绣技艺的描述。三国时期，蜀汉政权用蜀锦、蜀绣换取北方战马、充实财力。《华阳国志·蜀志》将锦、绣等列为蜀中瑰宝。清中后期，蜀绣在传统刺绣技法的基础上吸取顾绣和苏绣的长处，品质日益提高，成为全国重要的商品绣之一。清道光三年(1823年)，成都地区成立刺绣的行业机构，并制定行业条规，蜀绣形成专业生产。光绪二十九年(1903年)，成都成立四川省劝工局，内设刺绣刻，集中绘图、刺绣高手30余人开展研究和生产，并对外招徒。

蜀绣制品精美，历代皆有佳品。北宋时期有“蜀绣双冠”，上绣两株鸡冠花、孤屿、水草、水波纹，上端有“明昌御览”玉玺印记，工艺绝佳。明朝年间有“秦良玉锦袍”。清朝年间，张洪兴等4人绣制的动物四联屏参加在南洋举办的“巴拿马赛会”获金质奖章。中华人民共和国成立后，蜀绣得到继续发展，涌现出很多优秀作品。1959年，为中华人民共和国成立十周年献礼绣制有条屏，《芙蓉鲤鱼》和巨幅绣屏《大渡河》，制成后皆陈列于北京人民大会堂四川厅。开创的“三异绣”，能在薄如蝉翼的透明底料上，绣出构图、色彩、针法截然不同的正反两面。

20世纪90年代，机绣逐渐代替手绣，蜀绣发展困顿，出现经营困难、人才流失，后继无人等危机。21世纪初，传统蜀绣技艺的沿传得到社会重视，重振蜀绣的工作相继开展。2004年，成都市规划在浣花溪风景区建设“锦绣工场”。2005年，蜀绣被列为国家级非物质文化遗产名录推荐项目。2006年，正式列入第一批国家级非物质文化遗产(民间美术类)名录。

【工艺特征】

蜀绣的绣工和针法特点概括为“针脚整齐，线片光亮，紧密柔和，车拧到家”；其中针法是蜀绣技艺的精髓，有辅针、滚针、掺针、沙针、盖针、晕针等12大类、122种，而70余道衣锦线更是蜀绣所独具。常用的针法有晕针、铺针、滚针、截针、掺针、沙针、盖针等，讲究“针脚整齐，线片光亮，紧密柔和，车拧到家”。各种针法交错使用，变化多端，或粗细相间，或虚实结合，阴阳远近表现无遗。这些传统技艺既长于刺绣花鸟虫鱼等细腻的工笔，又善于表现山水图景，刻画人物形象也逼真传神。中华人民共和国成立后，蜀绣艺人创造出新的针法绣技，如表现动物皮毛质感的“交叉针”，表现人物发髻的“螺旋针”，表现鲤鱼鳞片的“虚实覆盖针”等，大大丰富蜀绣的表现形式和艺术风格。

蜀绣绣法灵活，适应力强。一般绣品都采用绸、缎、绢、纱、绉作为面料，并根据绣物的需要，制作程序、配色、用线各不相同。蜀绣常用晕针来表现绣物的质感，体现绣物的光、色、形；还采用“线条绣”，在软缎面料上运用晕、纱、滚、藏、切等技法，以针代笔，以线作墨，绣出来的花纹线条流畅、色调柔和。

【艺术题材】

蜀绣素材来源于民间，偏好以具有祥瑞、喜庆寓意的事物进行创作，通过组合设计构成具有祥瑞意义的纹案，其题材大致有花鸟、山水、人物、走兽、昆虫、水族、龙凤、博古等八大方面。其中，包括以动植物为主的装饰图案，以芙蓉、鲤鱼、熊猫、牡丹金丝猴等题材为代表；以自然环境为主的装饰图案，以日、云、山、水、树等题材为代表；以人物故事类为主的装饰图案，如八仙过海、麻姑献寿，吹箫引凤、麒麟送子等题材；以文字类为主的装饰图案，如诗词歌赋、名人的字、对联等；以建筑类为主的装饰图案，如楼阁、亭台、水榭等；以几何连续纹案类为主的装饰图案，如万字纹、菱纹、盘长纹、云纹、回纹等；还有各种日常器物类为主的装饰图案。蜀绣题材丰富，艺术价值较高。

成都漆艺

【概况】

成都漆艺是一种将生漆髹涂于器物之上的地方传统手工工艺，是中国最早的漆艺之一。成都盛产的生漆和朱丹(朱砂)，均为制造漆器的主要原料，故自古以来就是漆器的主要产地，亦为中国漆艺最早的发源地之一。

成都漆器又称卤漆，发轫于商周时期，成都市羊子山、商业街古蜀船棺合葬墓及金沙遗址等处出土有漆器及残片。两汉时期，成都所产漆器风靡中原，流通甚广。长沙马王堆、湖北江陵凤凰山、贵州清镇，以及蒙古诺音乌拉、朝鲜平壤(乐浪郡王盱墓)等地皆出土刊有“成市草”“成都饱”“蜀郡作牢”“蜀郡西工造”“成都郡工官” 等铭文的汉代漆器，是汉代成都漆器鼎盛时期的见证。五代至唐宋时期，成都漆器制作技艺进一步提高，出现有金银镶嵌的漆器。明清时期，成都是全国著名的雕漆填彩漆器产地之一。清末，成都劝工总局开办漆器工艺工场，培养出一批卤漆匠师。民国年间，成都科甲巷、小科甲巷、太平街专门生产经营漆器。20世纪50年代，成立成都卤漆社，致力于传统漆艺保护和发展。1975年成立成都漆器工艺厂，进行规模经营。

20世纪90年代中期，成都漆艺传统技艺濒临失传。21世纪初，成都传统漆艺的传承得到社会重视，抢救保护工作陆续开展。2004年，成都市有关方面着手制定“锦绣工场”建设计划，以保护成都漆艺等传统工艺。2005年，成都漆艺被列为国家级非物质文化遗产名录推荐项目。2006年，正式列入第一批国家级非物质文化遗产(传统技艺类)名录。

【工艺特征】

成都漆艺完整地保留古老的传统技艺方式，以实木、大漆、矿物质原料、金银等贵金属为主要生产材料，工序繁多、制作细致、耗时久长，是集艺术性和实用性为一体的手工制品。制作工序大致分为供工(原材料加工)、漆工(提炼生漆、滤漆)、造工(素骨胎的器型制作)、素工(素骨胎上底漆)、髹工(底胎上涂漆)、画工(漆器上描绘花纹图饰)、铜扣黄涂工、雕工、清工、工官等。其中尤以雕嵌填彩、雕填影花、雕锡丝光、拉刀针刻、隐花变涂等极富地域特色的修饰技艺闻名于世，极具地域特色。

【艺术价值】

成都漆器产品集艺术性和实用性为一体，与

北京、福建、扬州、广东阳江的漆器并称中国五大漆器，在中国漆艺史上占有重要地位。当代名作有巨匾《庄严国土》《九方异型云龙大花瓶》，巨幅漆画《清明上河图》，漆画《文君听琴》，屏风《四季花鸟》，大幅漆画《栱桐白鹇》《蛋壳镶嵌银杏蝉套二异形漆盘》《百寿大桃盒》，漆画《夯歌》《海棠盒》《鸟兽纹仿古花罐》等。以精美华丽、富贵典雅、光泽细润、图彩绚丽著称，它既可高悬于庙堂之上以彰显华贵，又可充当精致耐用的日常用品。现代成都漆器有木胎、麻布脱胎、纸胎、塑料胎、金属胎等多个品种，主要产品有首饰盒、食具、漆器屏风、攒盒、出土文物复制品、漆画艺术品、装饰摆件等。除一些传统工艺外，也可以用漆达到油画、水墨等许多画种的风格。

都江堰放水节

【概况】

都江堰放水节是成都地区的民间习俗，因每年清明节在世界文化遗产都江堰水利工程举行，故又称为清明放水节。该传统习俗延续两千余年，其意义在于纪念李冰治水的丰功伟绩。李冰创建都江堰水利工程后，确定“深淘滩，低作堰”的岁修原则。都江堰每年秋季封堰停水，次年春进行岁修，于清明前完成，年修过后便开始新一轮的放水灌溉。岁修时，人们在渠首用杩槎拦水，截断江流，筑成临时围堰，以利淘滩。每至清明时节，内江灌溉区需水春灌，人们便在渠首举行隆重“开水”仪式，撤除拦河杩槎，放水入灌渠。民间过去祭祀江神和江水的习俗逐渐演变成祭祀李冰的活动。至迟在东汉建宁元年（168 年），清明放水的习俗兴起。唐代，都江堰民众在每年的春秋两季于岷江岸边设“斗牛戏”，演绎李冰化牛斗江神的传说，这是都江堰最早的“放水节”。至北宋太平兴国三年（978 年），正式由官方将清明节这一天定为“放水节”，预祝当年农业丰收。

1950 年清明节，举行成都解放后第一个放水节活动，英国《泰晤士报》将其作为重要新闻予以报道。1957 年，节制闸门建成后，都江堰无须全部断流，放水仪式不再举行。

【传统祭祀程序】

官祭大典通常由四川高级官司员主持。放水前一日，有关人员先到郫县望从祠祭祀望帝、丛帝。放水之日，仪仗队抬着祭品，鼓乐前导，主祭官率众人出玉垒关至伏龙观、二王庙，祭祀李冰父子。之后，主祭官朗诵祭文，民众唱《纪念歌》，随后献花、献锦、献爵、献食，并向李冰塑像三鞠躬，祈祷一年风调雨顺。

官祭之外，还有民祭。传说旧历六月二十四是李冰之子二郎神君生日，后两日为李冰生日。因此六月二十四日前后，川西人民扶老携幼，带着祭品，到庙祭祀，每日多达万人以上。《灌县乡土志》中说：“每岁插秧毕，蜀人奉香烛，把李王，络绎不绝吁。”然后，砍杩槎放水。放水之时，年轻人跟着水流奔跑，并不断用石头向水流的最前端打去，称为“打水头”。人们争舀“头水”祭神，求得神灵庇佑。

【放水节恢复】

1990 年，都江堰市决定恢复都江堰清明放水模拟活动。1991 年，清明放水节举办有仿古祭祀表演和为期 3 天的清明艺术节、迎春花会、李冰灯会和物资交流会，媒体称其为富有民族特色和文化内涵的“天府第一盛会”。1993 年放水节，增设祭坛，增加面具舞等表演，城区举办盛大的文艺活动。1994年是都江堰建堰2250周年，四川省人民政府都江堰管理处和都江堰市人民政府联合举办都江堰国际清明放水节。2005年的都江堰放水节以自然景观、人文景观和民俗民风为亮点，由圣女、玉女和高僧巴桑等共同到岷江源头取圣水，放水节开幕式上，中国古琴大师王德华演奏千年古曲《流水》，进行四海归心仪式和仿古祭祀表演。2005年，都江堰放水节被列为国家级非物质文化遗产名录推荐项目。2006年正式列入第一批国家级非物质文化遗产（民俗类）名录。

省市级非物质文化遗产名录

【竹麻号子】

成都市省级非物质文化遗产，民间音乐类。竹麻号子是过去造纸工人在打麻竹时所唱的劳动号子，流传于邛崃平乐镇一带，有上千年历史。传统手工造纸一般需20人左右，他们需要相互配合才能完成整个生产程序。每当疲乏劳累时，纸工们就会敞开喉咙，唱起高亢激昂的竹麻号子。铿锵有力的号子声音使工人们精力充沛，热情洋溢，完成艰苦而繁复的劳作过程。竹麻号子的唱词内容丰富细腻，多为生活光景的叙述；乐段的随意性和伸缩性较强，段落之间常用“嗦咿”“喂”“哟嗬”等衬词，尤以传统唱腔《数十二月》最为典型；唱腔和曲调包括高腔、平腔、连环扣、银丝调和扯麻花等，富于节奏和变化；竹麻号子演唱，多为“一领众和”，是典型的民间音乐形式。经过收集整理的竹麻号子，被搬上舞台参加四川省文艺调演及全国民歌会演，成为川西坝子独具特色的民间文艺节目，具有很高的传承和保护价值。手工造纸方式虽被淘汰，但竹麻号子尚未失传。平乐镇的老纸工大多能完整地演唱竹麻号子。

【青城洞经古乐】

成都市省级非物质文化遗产，民间音乐类。青城洞经古乐源于青城山古代的巫觋音乐，主要以诵唱道教中的《太上无极总真文昌大洞仙经》而得名，流传范围遍及都江堰市境内。洞经音乐的构成一般分“经腔”和“曲牌”两大类。经腔主要是配以诵唱道教教义为主；曲牌则是由器乐演奏的音乐，用于道教科仪的开始、结束或间奏部分。唐宋时期，道教南韵（“广成韵”）成为青城洞经古乐进行演奏的主要音乐，其节奏舒缓，旋律优美，感情细腻，常用于民间举办的各种祭祀、庆典等法事活动，烘托坛场庄严、肃穆的氛围，表现祭祀、庆典的内容。作为洞经音乐的独立流派，青城洞经古乐保留着诸多古蜀音乐的原生形态，蕴含民间小调、道教音乐、佛教音乐及宫廷音乐等元素，是中国古代音乐的活化石。青城洞经古乐曲谱庄严、优美、祥和，皆以工尺谱代代相传。青城洞经古乐源远流长，内涵深厚，是研究宗教、文化、音乐、戏剧、民俗的实证，具有重要的历史价值和独特的艺术价值。青城洞经古乐在青城山周围的城镇和农村沿传1300多年，至2005年，能演奏洞经音乐者不足20人，能按工尺谱诵唱的仅5人。

【成都道教音乐】

成都市省级非物质文化遗产，民间音乐类。成都是中国早期道教的发祥地，具有深厚的道教文化传统。成都道教音乐由古蜀巫教祭祀礼乐发展而成，流传有1800多年，是中国道教音乐的先声和源头之一。

东汉顺帝年间（126—144年），张陵在大邑鹤鸣山创立道教以后，斋醮科仪作为道教的祭祀仪式逐步形成，道教音乐应运而生。两晋南北朝时期，道教音乐经过寇谦之(北魏嵩山道士)等人的整理和造作，脱离简单原始的形态。唐代，青城山道士杜光庭对成都道教音乐进行仔细研究和系统整理，形成风靡全国、名噪一时的南韵(广成韵)曲目。成都道乐不仅在宫观演奏，而且进入宫廷，风行民间，成为广受欢迎的一种音乐形式。薛涛有诗赞云“每到宫中歌舞会，折腰齐唱步虚词”。(诗句出《试新服裁制初成》，“步虚词”为道教音乐名曲)。清光绪三十二年(1906年)，成都二仙庵出版发行《重刊道藏辑要全真正韵》，共收录常用道曲56首，在全国道观中广泛使用。二仙庵亦成为当时道乐传播中心。明末因战乱影响，成都道教音乐一度衰落。清初在青城山道士陈复慧和刘沅的极力推动下，始得复兴。时成都南门的纯化街、延庆寺以及北门的全德道坛，均是闻名遐迩的道乐演练场所。这一时期，成都还涌现出五位知名的道教音乐大家，他们分别是东门的刘德山、王如山、曾吉山和北门的曾名高、蔡敬之，五人“吹、打、唱、念、做”皆能，人称“五皮齐”道士。此后，成都道教音乐又与全真通用科仪音乐相融合，并吸取北京白云观道教音乐之长，使曲目内容愈加丰富、演奏效果近乎完美。

成都道教音乐按其风格流派可分为静坛音乐和行坛音乐，按其音乐形式有声乐和器乐两大类型。声乐包括韵曲、吟诵曲、朗诵曲，有独唱、齐唱和散板式吟唱及“颂”“赞”“步虚”“偈”等格式；器乐包括细乐、大乐，有鼓乐、吹打乐以及管弦合奏等。早期道教音乐所用的乐器，以“法器”(钟、磬和鼓等打击乐器)为主。隋唐时增加吹管、弹拨乐器，宋以后加入拉弦乐器，近代则吹管、弹拨、拉弦、打击等乐器并用。成都道教音乐具有鲜明的地方特点，有两个韵腔，除全国通用的全真正韵(北韵)以外，还独有广成韵(南韵)。而广成韵又与四川本土的川剧、谐剧等互有影响，其中使用的韵脚和曲牌等多有相似之处。在乐器方面，蜀派的古琴和四川独有的竹琴(即道琴)也是南韵中极具特色的部分。成都道教音乐素有朴实、优雅、深邃的风韵，乐声宛转悠扬、空灵清新。代表曲目主要有《阴小赞》《下水船》《步虚》《救苦赞》等。其中最为著名者为清代青城道士张孔山创作的《流水》，该曲今入选最具地球人类代表性的音乐，于1977年由美国“旅行者”2号飞船送进太空播放。成都道教音乐今集中流传在都江堰青城山、成都青羊宫、新津老君山等处。

成都道教音乐保留古代音乐特征，与民间音乐关联密切，在中国音乐史上占有重要地位，具有极高的历史、文化、艺术价值。20世纪90年代以后，成都市传承、保护道教音乐工作不断加强。2001年和2003年分别成立青羊宫、青城山两个道乐团。2004年，举办中国成都道教文化节。2005年5月，青羊宫道乐团参加全国道教音乐汇演；7月，赴台湾参加“海峡两岸道教音乐会”表演，得到高度评价。

【黄龙溪火龙灯舞】

黄龙溪镇火龙灯舞，成都市省级民间舞蹈类非物质文化遗产。该传统民俗活动起源于南宋时期。先民们根据“龙见武阳赤水”和民间流传的关于主宰光明和黑暗的“烛龙”与主管风雨的“应龙”神话及“龙生九子”故事，在龙舞图腾文化的基础上，创造出独具特色的“火龙灯舞”技艺。

黄龙溪镇扎制的火龙，分为四部九节，完美呈现龙的形象和寓意。“四部”指龙宝、龙头、龙身、龙尾。龙宝为常见的引领龙身起舞的圆球状灯饰，直径约35厘米，嵌在饰有彩绸花式的宝架中，可转动；龙头呈长圆形，其中，龙嘴长45厘米，内有烟花或焰火装置，龙角长50厘米，龙须透明，龙眼大而有神；龙身直径34厘米、长约18米，分为匀称的九节，每节下面装有竹木手柄，供艺人把持，操纵甚为灵活，龙衣用反光材料制作，呈鳞甲状；龙尾长约1.5米，呈翘柳形，微有弯曲。火龙灯舞活动一般安排在新春农历正月初二至十五进行，现场布置有排灯、宫灯以及象征水底世界的蟹、鱼、虾、蛙等灯饰，辅以五彩缤纷的灯幅、灯牌和乐曲伴奏。出灯时，先由一队身着道袍的司仪引导火龙队到河边，然后由道士做法事安置水神、土地神，祈祷新的一年风调雨顺、五谷丰登、人们的生活幸福美满，最后再“请龙出海”，开始一年一度的热闹灯舞。舞龙队共3组50人组成。舞龙之前，先为龙点睛，一般由德高望重的地方名人或当地官员持毛笔为龙眼点上朱砂，使原本两眼无神的龙瞬间变得神采奕奕。点睛时，鼓乐齐鸣，舞龙艺人齐唱“一点金；二点银；三点风调雨顺；四点吉祥太平”的祝福歌。歌毕，点睛者为舞龙艺人及舞龙队披红挂彩，以示嘉奖和鼓励。然后，龙宝上下翻转，龙身摆开一字长蛇阵；继而金龙出宫，腾空飞舞，并从龙嘴喷出炽热的火焰。在场观众可用竹筒烟花喷烧舞动的龙身和舞龙的艺人，激其尽兴表演。据说黄龙溪火龙灯舞所用火药由秘方制成，热量较低、火焰亮丽、喷射有力，不伤艺人身体。待到持续十多天的火龙灯舞结束后，舞龙艺人还要把火焰烧残的各种灯具和龙身放置在河边，举行烧火龙仪式，把灰烬送入水中，回归龙宫。

黄龙溪火龙灯舞融龙、灯、舞、焰于一体，富有浓郁的乡土气息和川西文化特色。1996年，双流县黄龙溪镇获得“中国民间艺术之乡——火龙之乡”称号。

【高台狮子】

成都市省级非物质文化遗产，杂技与竞技类。高台狮子主要分布在金堂、中江、简阳、乐至的交界处方圆近百里的区域内。曾盛行于清末民国初，在民间广为流传。表演时，至少用五张八仙桌重叠，由演员扮瘦猴、胖和尚、狮子，在高约5米、面积不足1平方米的高台上表演各种惊险动作；另由4人分别打击大锣、大钹、堂鼓、马锣以营造气氛，控制节奏。其表演诙谐有趣，兼具高空技巧展示特点。

【成都皮影戏】

成都市省级非物质文化遗产，传统戏剧类。成都皮影戏成熟于清代，主要分布在以成都为中心的川西地区各县，民间艺人习惯称“成都皮灯影儿”。清人周询有“灯影戏各省多有，然无如成都之精备者”的记载。成都皮影融汇中国传统文化艺术的各种形式，如剪纸、壁画、木版年画、石刻、戏曲、音乐等，呈现优美、典雅、严谨、色彩的特征，蕴含和谐、夸张的风格，具有独特的艺术魅力。

【成都木偶戏】

成都市省级非物质文化遗产，传统戏剧类。成都的木偶戏历经唐、宋、元、明、清等发展时期，至晚清达到繁盛。成都木偶分大木偶、中型木偶、精木偶(小木偶)和被单戏。成都木偶戏以造型精美、表演细腻、音乐委婉见长，在继承“川派”木偶艺术传统的基础上，借鉴地方戏曲、民间歌舞等姊妹艺术的表演技法，广采南北各派木偶艺术精华为己所用，独创有木偶变脸、吐火、摘花、转帕、长绸、耍帽翅、翎子功等绝技，形成其华丽、优美、细腻、古朴的艺术风格。

【四川扬琴】

成都市省级非物质文化遗产，曲艺类。扬琴又称琴书，因其主要伴奏乐器为扬琴而得名。清乾隆年间(1736—1795年)见有扬琴伴奏的说唱表演。扬琴由五个演员(即行话“五方人”)分为生、旦、净、末、丑行当演唱，演出时一般以座唱为主，也可站立表演。扬琴表演形式有说有唱，曲目内容的人物众多时，可一人兼唱多角，且每人兼操一样乐器，是典型的蜀音雅韵代表曲种之一。

【四川清音】

成都市省级非物质文化遗产，曲艺类。四川清音源于明清俗曲，清乾隆、嘉庆年间盛行，20世纪30年代定名，流布于四川汉族地区。曾称“唱小曲”，因演唱时多用月琴或琵琶伴奏，又叫“唱月琴”“唱琵琶”。四川清音是唱的曲种，唱腔为曲牌联套体、板式变化体、单曲体3类，曲调分大调、曲牌、小调3种。表演以女演员为主，男演员为辅，坐唱而不表演，自弹自唱。1949年后，改为女演员站唱，用檀板和竹鼓击节，辅以必要的表演，另由琴师或小乐队伴奏，有时兼作帮腔。四川清音在吸收各地唱曲并与当地方言融合以后，逐渐发展成熟，形成独具特色的曲艺品种。清音演唱中的“哈哈腔”和“舌尖弹音”常给人以深刻印象，女演员用清脆明亮的嗓音和灵巧的舌头，发出类似西洋歌剧唱腔一样的美妙声音。因此，四川清音又被国外媒体誉为东方歌剧。成都已故著名艺术家李月秋曾参加世界青年联欢节，以一曲清音获金质奖章。四川清音传统曲目丰富，大部分为幽怨思怀之作。20世纪90年代以后又有一批新作。

【四川竹琴】

成都市省级非物质文化遗产，曲艺类。明末清初，常有云游道人在四川城乡诵唱“劝世文”，用“道情”方式化缘，故四川竹琴又称“道情”。

清光绪年间，始有民间流浪艺人模仿云游道士演唱，道情的唱腔及演技因此得到发展，并逐渐形成为与民间说唱艺术相结合的成都民间曲艺品种。四川竹琴的伴奏乐器为竹制的渔鼓筒，故称“竹琴”或“渔鼓道琴”“道筒”，艺人行话又称“杠子”。竹琴长3尺，直径2寸，一端用鱼皮或猪小肠蒙上。演出时演员斜抱竹琴，用指尖拍击竹筒下端；另一手持两块竹制的简板击打，板的上端系有小铜铃，简板相撞时铃响板响，发出铿锵清脆的音韵。民间则称这种曲艺形式叫“打道筒”“唱道筒”“打哧嘭嘭”，通常由艺人自击简板、渔鼓，一人演唱，可坐唱、站唱，亦可走动演唱。四川竹琴有300余支传统曲目，能演唱者不多。

【金钱板】

成都市省级非物质文化遗产，曲艺类。四川金钱板形成于清代。清宣统年间出版的《成都通览》刊印有金钱板绘图，题名为“打连三”。金钱板是单个演唱者表演的说唱艺术，在其形成和发展过程中，金钱板艺人创造性地移植川剧中的某些曲牌，同时兼收并蓄一些四川民歌和山歌、小曲、号子等，从而形成四川金钱板鲜明而又独特的唱腔和调式。

【飞刀花鼓】

成都市省级非物质文化遗产，曲艺类。飞刀花鼓是一种由杂技和曲艺艺术嫁接而成的地方民间曲艺形式，深受四川城乡广大群众喜爱。由两人配合完成，有上、下手之分，上手一边演唱一边抛掷刀、叉、棒等物，下手打锣鼓伴奏、伴唱为辅，是成为一种独特的民间表演艺术形式。

【道明竹编】

成都市非物质文化遗产，传统技艺类。道明镇位于崇州西北部，境内从事竹编的农家3000余户，占全镇总户数的30%以上，素有“竹编之乡”的美誉。道明竹编有2000多年历史，清初时略具生产规模。此后300年间，道明竹编由粗到精，由简到繁，又得较大发展，成为川西竹编著名产地之一。

道明镇盛产慈竹，为竹编的主要原料。道明竹编的备料比较讲究。艺人首先精心选择生长三年左右的慈竹，每根只取用中间一段，且须颜色一致、没有斑点及伤痕、节距足长、材质细密；然后刮青去节，根据需要或进行染色加工、或保持竹子自然色泽；再后，把竹筒剖成粗细均匀、厚薄一致的竹片和竹丝，晾干备用。道明竹器的编织工艺大致有起底、编织、锁口三道工序。在编织过程中，以经纬编织法为主；在经纬编织的基础上，可交替运用疏编、插、穿、削、锁、钉、扎、套等各种技法，以使竹编图案生动活泼、富于变化。另外，彩制品则用染色的竹片或竹丝互相插扭，以增强花纹的明暗辨识度和图案的色泽反差度，改善产品的视觉效果。

道明竹编的主要产品有篼、篮、盘、瓶、灯、扇、盆、椅、画等15个大类、800多个花色品种，林林总总。道明尤重竹编艺术品生产，如壁挂、花插、茶具、凉帽、竹包、仿古家具、竹丝彩绘等。其中，竹编书画用彩色竹篾丝条编织，画卷清新淡雅，极具艺术观赏价值和文化品位，是道明竹编一绝。

20世纪90年代以后，道明竹编面临市场竞争的压力，继而又出现慈竹林盘老化引起的原材料问题，困难重重。当地政府对此十分重视，积极采取措施加以应对，以确保道明竹编业继续发展。1995年，道明镇被文化部命名为“中国民间艺术竹编之乡”。1996年，道明镇竹编协会成立。2003年开始，崇州市科技主管部门组织社会力量为道明镇引进台湾麻竹品种，以彻底解决竹编原料问题。同年，道明镇竹编业产值达4000多万元。2004年，道明镇举办竹编技艺表演赛。同年，道明竹编被收入《中国民间艺术之乡概览》一书。

【瓷胎竹编】

成都市省级非物质文化遗产，传统技艺类。瓷胎竹编是在晶莹的瓷器表面用竹丝编织而成的一种特色工艺品，又称为“竹丝扣瓷”。瓷胎竹编起源于清代，主要产地仅为四川，又集中于成都地区。成都境内邛崃市平乐镇水源充沛，竹资源丰富，当地竹海面积达4.5万亩，尤盛产慈竹，是四川瓷胎竹编最大的原料产地和生产基地，也是传统瓷胎竹编工艺保留较为完整的地方之一。瓷胎竹编以精细著称，具有“精选料、特细丝、紧贴胎、密藏头、五彩图”的工艺特点。瓷胎竹编的原材料主要为瓷胎和竹丝，备料非常讲究。瓷胎须选用景德镇上品白瓷，务求外表光洁细腻、造型美观大方。竹丝的准备甚为繁复，首先是选择二至三年生的上等慈竹，以求节距足长、无伤无斑，继而经过裁料、去青、破节、晒色，再经选料、烤色、起薄、定色、刮片、冲头、柔丝、抽匀、染色等十余道工序，制成断面方正、棱角分明、柔软如绸、均匀一致、色泽光亮、薄如蝉翼、细如人发的竹丝，整个制丝过程均为手工操作，观者无不为之赞叹。制作瓷胎竹编工艺品时，艺人怀抱洁白光滑的景德镇瓷器，小心翼翼地用五彩竹丝一层层编织，完成起底、翻底、翻顶、锁口等诸多工序，让竹丝依胎成形、紧扣瓷面，所有接头之处都做到藏而不露，宛如天然生成、浑然一体，展现出工艺上的高超与成熟。瓷胎竹编的图案大致有几何图案、提花图案、隐花图案和自然图案。其中的山水、人物、花鸟竹编图案惟妙惟肖、趣味隽永。20世纪90年代以后，在编织技艺上，除保持传统的细密编之外，竹编艺人经过反复琢磨，又创造有特细编、疏编、疏密结合编、元心起花、弧形锁花以及条花、格花、链花、浪花、别花、穿花、贴花、漏花等十多种新工艺。瓷胎竹编品种丰富，除花瓶、咖啡具、茶具、饭碗等传统产品外，还有首饰盒、文具、笔筒、竹压盘等。瓷胎竹编产品精美绝伦，素有“东方艺术之花”的美誉。

【成都银花丝技艺】

成都市省级非物质文化遗产，传统技艺类。成都的金银器制作起源于商周时期，秦汉时已较发达，清代中叶成为行业。中华人民共和国成立后，建立国营金银饰品店，主要制作礼品，聚集金银饰品艺人25人，其中，有颇负盛名的“丽春楼”银花丝工匠。银花丝技艺是中国优秀的传统手工技艺之一，也是成都市著名的传统特种手工艺。产品采用高纯度的白银为材料，手工精制而成，驰名中外。

成都银花丝技艺非常复杂，不易掌握。银花丝产品系纯手工制作，制作一件完整的产品，需要经过白银熔化、碾片、扎条、拉丝、搓丝、穿丝、掐丝、填丝、焊接、打磨、抛光、压亮等繁多工序过程，而且极其耗时，一件大的产品往往需要花费数月甚至数年方能完成。艺人先要将白银拉制成各种粗细不同的银丝，粗者不过几毫米，最细者仅如发丝。然后，根据作品需要，采用平填、堆垒、穿纽、镶嵌等技法完成。成都银花丝技艺的突出特点是采用“平填”技术，无胎成形。艺人根据设计图稿，采用不同粗细的纯银丝，先制作出图形边框，再用不同的技法对中间的图纹进行填充和编织。即使是立体造型的制品、无论如何复杂，一律采用无胎成形法，其技术含量极高。成都银花丝工艺品造型主要有瓶、盘、薰、鼎、盒等传统摆件及钗、环镯等饰品，产品做工精湛、玲珑剔透、典雅高贵，具有浓郁的民族特色和独特的地方风格。成都银花丝的代表作有《龙架薰球》《凤架薰球》《莲顶花薰》《锦鸡芙蓉盘》《国宝熊猫》等。银花丝技艺作为地方特有的传统手工艺，是历代成都艺人的创造成果和智慧结晶，具有极高的传承和保护价值。20世纪90年代以后，银花丝工艺面临现代生产技术和市场经济的冲击，生产萎缩，后继乏人，陷入窘境。2000年，成都金银制品有限责任公司成立，积极应对危机。2003年后，有关方面大力抢救，重现发展生机。制作的一些巨幅作品，如直径达105厘米的银丝大挂盘、高约170厘米的《玉羽迎春》挂屏、金丝烧兰《大龙舟》等，都堪称巧夺天工的艺术作品。

【桂花土陶制作技艺】

成都市省级非物质文化遗产，传统技艺类。桂花土陶是成都境内彭州市桂花镇的一种传统制陶工艺，有近500年历史。据《彭县志》记载，明嘉靖三年（1524年），桂花镇土陶形成规模生产。现存桂花镇瓦子村龙窑窑址，即为嘉靖年间当地人烧制陶器的见证。清光绪年间，桂花镇烧制土陶的民窑有数十座，所烧制的日用器具和琉璃瓦造型优美、品质精良。民国年间规模进一步扩大，有大窑7座、小窑50余座、窑户100余家、从业者260余人，产品多为缸、坛、盆、罐和庙堂饰品等，销往省内外。

桂花土陶的产生得益于家乡的泥土。桂花镇的丘陵部分处于成都平原向龙门山脉中段过渡的地带，土质以黄色黏土为主，其中掺杂部分白色黏土，其特点是土质细腻，成型后抗压力、抗拉力俱强，是烧制陶器的上佳原料。故四百多年来，桂花土陶能够长足发展，并形成一套完整、科学的土陶制作技艺。桂花土陶的传统制作工艺流程大致分为选料、踩泥、锯泥、制坯、锤坯、施釉、烧制等，其中泥料的选择和发酵直接影响产品的质量，相当关键。桂花土陶器坯的成形沿袭最传统的手工拉坯方法，器坯的装饰采用最独特的手工粑花方法，其制作方法为全国独有、堪称绝技。桂花土陶在各个生产环节上，都有独到之处，仅花饰一项，就有粑、堆、刻、画、剔、镂、刷、印、嵌等诸多技法，可谓极尽能事。

桂花土陶产品质地细腻，工艺精良、古色古香、造型生动，具有深厚的文化底蕴和实用价值。桂花镇生产的泡菜坛，曾广泛流行于川西平原的千家万户。用桂花土陶泡菜坛泡出的泡菜，具有香气袭人、清脆甘爽的特点，且坛水经年不坏，时间越长越是香浓，堪称制作泡菜的绝佳器皿。桂花镇出品的土陶脊、瓦、垄、滴水等仿古建筑材料，美学特征鲜明，具有沧桑、凝重的视觉效果，故20世纪90年代以后，不断被选用于邓小平故居纪念馆、四川巴金文学院、成都锦里一条街、西藏博物馆、青羊宫八卦亭、三星堆翟上园、永陵博物馆、芙蓉古城等知名建筑的建设和维修。

桂花土陶是植根川西大地的乡间手工技艺，具有深刻的艺术感染力和文化影响力。李一氓回故乡彭州时，曾为桂陶赋诗："来去匆匆过里门，幼时城郭半浑沌。白发自觉乡情重，不惜迢迢买瓦盆。"

【邛陶烧造技艺】

成都市省级非物质文化遗产，传统技艺类。邛陶烧造技艺出自古代邛窑生产，源远流长。古代邛窑分布在邛崃市境内的南河十方堂、固驿镇瓦窑山、西河乡尖子山及白鹤乡大渔村等处，形制以龙窑为主，兼有马蹄形窑。成都青羊宫、琉璃场、都江堰玉堂、彭县磁峰等处的古代窑址烧造技艺，皆同属邛窑系。邛窑创烧于南朝，兴盛于隋唐，五代续烧，北宋以后渐趋衰落，烧造时间长达800余年，烧造技艺极为高超。

邛陶的装饰技法主要有彩绘、印花、刻画花、堆贴花4种，纹样题材不多，装饰也较简单，但都十分雅观。主要有两大类：一类是以黑褐彩描绘线纹、圈纹、联珠纹等，经过不同的组合，相互间交错形成不同的图案；另一类是以中国没骨画的晕染技法来表现简单的枝叶花草、云气水波纹等，虽寥寥数笔，却形象生动、简练明晰、耐人寻味。邛陶烧造技艺的精华是高温三彩和低温三彩技术的纯熟运用。"釉下三彩"的烧制有一定难度，要求烧造时采用还原焰，达到1200℃左右的高温，并严格掌握火候，方可烧出完美的产品。北京故宫博物院收藏一件成都琉璃厂窑生产的双鱼三彩大盆，形神兼备，呼之欲出，被视为中国陶瓷史上不可多得的珍品。

邛陶胎体较厚，胎内细沙分布均匀。坯胎的制作方法有轮制、模制、雕琢和手捏成型。其中尤以手捏著称，其合理的变形，适度的夸张，使人物造像生动传神，颇有意趣。邛陶胎质以红褐色居多，釉色约20种，以青为主。邛窑的"釉下三彩"极负盛名，它是用铜、铁、钴、锰等金属矿物质为着色剂，在胎体上进行绘画或点染，然后罩以无铅釉药，入窑后经高温一次烧成的产品。其釉面平整，呈黑、蓝、黄、褐、绿等色彩，装饰效果甚佳，很有艺术特色。人们习惯把釉下呈黄、褐、绿三种色彩的高温釉下彩绘邛陶瓷器称为"邛三彩"，并将其与北方的"唐三彩"媲美。据考证，"邛三彩"烧造年代比长沙窑早200年左右，比著名的"唐三彩”“山西琉璃彩”相对更早，故邛崃被认为是中国彩绘瓷器的发源地，“邛三彩”则成为中国釉下彩绘艺术的先导。

邛陶烧造产品大多为民间日常生活用品，如壶、罐、碗、杯、盘、钵、盖、盏等，应有尽有。其中的“省油灯”能注水降温、“可省油之半”，极为科学。邛窑生产的瓶、砚、笔洗等文房用具，素为文人喜爱。邛陶产品以其卓越的工艺特点和极高的艺术价值，名扬中外，流传甚广，在全国及世界各大博物馆均有珍藏。

邛窑烧造技艺虽渐为岁月湮没，但曾有的辉煌使其在中国陶瓷发展史上具有特殊而重要的地位，仍得世人关注。20 世纪 90 年代以后，国家陆续划定邛窑遗址保护范围，共 5 处面积约 17 万平方米。2000 年以后，邛崃市人民政府制定一系列保护规划，并积极加以实施。另外，尚有四川邛窑研究所成都陶艺馆等单位及很多民间个人，都致力于邛陶烧造技艺的复兴。

【水井坊酒传统酿制技艺】

成都市省级非物质文化遗产，传统技艺类。水井坊酒起源于宋代，酒坊位于成都市锦江河畔的水井街，地处都江堰水系支流成都府河和南河的交汇处，受当地“夏无酷暑、冬无严寒、气候湿润、雨量充沛”的独特气候影响，具备酿酒所需的水质和环境条件。考古发掘证实，水井坊在六百多年间，生产从未间断，被相关专家誉为“活文物”。水井坊酒的酿造，有十分严格而独特的工艺和程序，整个流程中配料、上甑、蒸馏、观火、摊晾、下曲等关键环节都有独到的技艺。大酢师是烧坊中的关键人物，尤其是配料工序必须由其亲自掌握，精髓是“稳、准、细、净”四字，堪为绝技。水井坊的酒曲分为两种，即三月桃花盛开时节培制的桃花曲；盛夏高温天气培制的伏曲。曲乃酒之骨，水井坊的两种酒曲在色泽和香气上都明显不同。此外，还有制成砖块形状的陈曲，配合其他两种曲一起使用，可以酿造出不同口感的芳香白酒。水井坊筑造的窖池十分讲究，传其窖土都取自凤凰山，黄得发亮、黏得腻人、保水持久、密封性好且极其难得。水井坊酒传统酿制技艺可上溯到宋代锦江边酿制的蜀中名酒“锦江春”，在元末明初臻于成熟。其间，经过代代传人的不断总结、提炼、完善、传承，先后酿制有“薛涛酒”“天号陈”“八百春”“福升全”“全兴成”“全兴大曲”等字号、品牌，皆上等白酒。以水井坊酒为代表的成都传统酿酒文化，在四川乃至中国蒸馏酒历史上具有非常显著的地位。

【郫县豆瓣制作技艺】

成都市省级非物质文化遗产，传统技艺类。郫县豆瓣传统制作技艺起源于清代初年，嘉庆八年（1803 年）形成规模化生产。郫县得天独厚的地理环境，丰富的物产，使豆瓣的传统酿造技艺独树一帜。郫县豆瓣采用蚕豆和面粉混合发酵，并与盐渍辣椒混合的生产技艺。第一步是精选优质的二荆条海椒，然后用扁锹剁切成一寸二分长左右的碎节，加入盐，置于槽桶中在太阳下曝晒，一天翻搅两次。第二步是将干蚕豆浸泡，然后放入开水锅中略煮片刻，捞起后用石磨碾压去皮。第三步，将黄豆磨制成粉，然后与糯米、面粉及去皮蚕豆一起搅拌均匀，放入箩筐中发酵。第四步把发酵充分、香味扑鼻的豆瓣与海椒混合。第五步是把制成的豆瓣酱进行翻、晒、露，待一年左右，色泽红亮、滋味鲜美的红豆瓣方算酿制成熟。如果要颜色更深、滋味更浓的黑豆瓣酱，则需要一年半以上的酿制时间。正宗的郫县豆瓣香味醇厚却不加任何香料，色泽红润却不加任何油脂色素，色、香、味俱佳，具有瓣子酥脆、酱脂香浓、红褐油润、辣而不燥及回味悠长的特点，是川菜必备的调味佳品，被称为“川菜之魂”，享誉神州。

【糖画技艺】

成都市省级非物质文化遗产，传统手工技艺类。“糖画”，即用融化的糖汁作画，民间俗称“倒糖饼儿”，流行于四川省成都市及周边地区，有数百年的历史。明成化年间，宫中用模具将糖料印铸成狮、虎和文臣武将等形象制品，每为祭祀供物。因所铸人物形象“袍笏轩昂”（语出《坚瓠补集》），俨然如将相，故时人戏呼之为“糖丞相”。糖画技艺传入民间后，艺人们弃用印铸模具，改以小铜勺舀起糖液，在石质面板上描绘图案，日久发展为现在的糖画艺术。糖画吸收中国皮影、民间剪纸等艺术的表现手法，制作出来的各种造型，活灵活现、煞有趣味。作糖画时，艺人屏气凝神、运腕走勺、流糖如丝，随手腕抖、提、顿、放，或快或慢，或高或低，转瞬间各种飞禽走兽及人物形象跃然石上，待糖画凝固后用一根竹签黏合支撑，拿在手上既可观赏又可食用，因此儿童尤其喜爱。

【成都中药炮制技术】

成都市省级非物质文化遗产，传统医药类。中药炮制是指在中医理论的指导下，按中医用药要求将中药材加工为中药饮片的传统方法和技术，古时又称“炮炙”“修事”等。药物经炮制后，药效增强、毒副作用降低，存储方便，是中医临床用药的必备工序。四川中药资源丰富，名医辈出，素有“中药之库”“中医之乡”等盛誉。成都中医对中药炮制有丰富的经验和独到的见解，成都的中药炮制技术在全国一度居于领先地位，而在“川帮”炮制中的作用和影响则举足轻重。

成都中药炮制技术从古到今，不断发展，日臻成熟。民国年间，成都尚有大小药房近百家。各家皆在应诊店堂后面辟设作坊，加工炮制中药饮片，但各家的炮制技术不尽相同，都力求独自的特点和秘法良方。成都中医学院成立后，开设中药炮制课程，聘请人称“药王菩萨”的徐楚江作为特约教师，吸收冯相贤、欧建忠等老药工为实验指导教师，培养出大批德才兼备的中药炮制人才。徐楚江受聘为学院教授，他编写的《中药炮制学》系全国高等医药学院教材，也奠定成都在全国中药炮制技术领域的特殊地位。他也因此成为现代中药炮制学科的创始人之一，享有极高声誉。同年，成都将市内大小中药店铺合并为同仁堂、庚鼎药房、精益堂三个规模较大的药店，使得中医药人才相对集中，炮制方法更加科学，炮制技艺明显提高。此后，这几家药店再度合并为工农兵药厂，后为成都中药厂。

成都中药炮制技术素以精湛著称，在四川乃至全国都极负盛名。它在药材的浸润、切制、干燥等工序上要求十分严格；它的“切、炒、炙、煅、浸、泡、蒸、煮”等各种炮制技法非常讲究；它对火候的掌握和判断尤其独到；所制中药饮片，外形美观、疗效明显，颇受临床中医的推崇和顾客的信任。成都中药炮制行业具有优秀的职业操守传统，成都德仁堂仍然秉承着百年前的理念及祖训，如“同修德仁，济世养生”“炮制虽繁必不敢省人工，品位虽贵必不敢减物力”等，这些都是成都中药炮制技术得以升华的根本原因。

20 世纪 90 年代以后，成都市很多中药炮制技术濒临灭绝的境地(如九制大黄、九转南星、仙半夏等)，亟待抢救。2000 年起，有关部门依托成都中医药大学等单位，积极组织力量，开展成都中药炮制技术的整理和研究工作，以保护和传承中华民族的优秀文化。

【成都中药传统制剂方法】

成都市省级非物质文化遗产，传统医药类。中药制剂是根据药典、制剂规范和其他规定的处方，将中药原料药物加工制成具有一定规格，可以直接用于防病、治病的药品。中药传统制剂方法，是祖国医药学宝库的重要组成部分。四川中药资源有5000余种，约占全国中草药品种的75%，其中，道地药材和主产药材30余种，应用中药及中药制剂是四川人防治疾病的主要手段之一。

成都中药制剂素有名气，曾经生产有中九丸、灵宝丸、金灵丹、紫雪丹、万应锭、渴龙遶江丹、离龙保和膏、七厘散、阿魏丸、鹅管眼药等传统制剂，皆为著名品种。成都中医传统制剂方法，发明有许多特殊的制剂技术和制药工具。成都中医传统制剂技术拥有"升、降、熬、打"的全套工艺，在长期生产实践中有许多独到之处，包括技法和工具的选择。如过去同仁堂用吊盘打丸，而庚鼎药房用平底拌盘、精益堂用拖盘，都力求制剂质量的提高和技术的改进。

成都中药传统制剂方法基本属于一种口传心授的技术，很多关键技术为个人掌握，极难学得，而各种制剂的处方和配制方法大多无明文记载，要想完整、系统的进行传承，尤其不易。因此，20世纪90年代以后，成都中药传统制剂方法面临失真和失传的现实。20世纪90年代以后，成都中医药大学等部门、单位和中药企业积极开展相关工作，先后成立中医药文化博物馆、传统制剂研究机构，制订成都传统中药制剂名品保护计划，以复兴成都的中药传统制剂方法。

【新津灯谜】

成都市市级非物质文化遗产。新津灯谜出现于清光绪年间。传当时城关罗、童两户诗书人家，每至过年时节都要在自家门前大红灯笼上张贴数十条谜语，供人猜射，凡中者有奖，众引以为乐事，历久竟成当地习俗，沿传至今。新津灯谜大多为当地人创作，谜语内容与日常生产、生活联系紧密，充满民间智慧和情趣，有文字、画面、声音、动作等多种谜面形式。新津灯谜是当地重要的文化活动，一般在春节、元宵节期间举办，遍及全县城区乡镇。每逢灯谜活动期间，街上猜谜者甚多，但见人头攒动、熙熙攘攘，猜中的喜形于色，没猜中的则眉头紧锁，场面十分热闹。新津灯谜具有深厚的群众基础，民间有很多爱好者，而当地涌现的优秀艺人，常被其他地方请去帮忙操办灯谜活动。1983年，新津灯谜代表队在全国比赛中获特等奖，1991年、1994年、1995年在四川省灯谜会上，三次获得团体一等奖。1996年，新津获四川省第一个"灯谜文化之乡"称号。

2007年成都市入选《四川省首批非物质文化遗产名录》一览表

表5-156

序号	编号	项目名称	申报地区及单位
31	Ⅱ—19	竹麻号子	成都市邛崃市群众艺术馆
44	Ⅱ—32	青城洞经古乐	成都市都江堰市文化馆

续表

序号	编号	项目名称	申报地区及单位
46	Ⅱ—34	成都道教音乐	成都市道教协会
47	Ⅲ—1	龙舞(双流火龙)	成都市双流县文化馆
48	Ⅲ—2	高台狮子	成都市金堂县文化馆
70	Ⅳ—3	四川皮影戏(成都皮影戏)	成都市艺术剧院
72	Ⅳ—5	木偶戏(成都木偶戏)	成都市艺术剧院
76	Ⅴ—1	四川扬琴	成都市艺术剧院
77	Ⅴ—2	四川清音	成都市艺术剧院
78	Ⅴ—3	四川竹琴	成都市艺术剧院
79	Ⅴ—4	金钱板	成都市艺术剧院
81	Ⅴ—6	飞刀花鼓	成都市青羊区文化馆
100	Ⅶ—11	蜀绣	成都市蜀绣厂
101	Ⅷ—1	蜀锦织造技艺	成都市蜀锦文化发展有限责任公司
114	Ⅷ—14	道明日用竹编技艺	成都市崇州市文化馆
115	Ⅷ—15	瓷胎竹编工艺	成都市邛崃市群众艺术馆
128	Ⅷ—28	成都漆艺	成都市漆器工艺厂
132	Ⅷ—32	银花丝技艺	成都市青羊区文化馆
135	Ⅷ—35	桂花土陶传统制作工艺	成都市彭州市群众艺术馆
136	Ⅷ—36	邛陶烧造技艺	成都市邛崃市群众艺术馆
141	Ⅷ—41	水井坊酒传统酿造技艺	成都市四川全兴股份有限公司
153	Ⅷ—53	郫县豆瓣传统制作技艺	成都市郫县文化馆
156	Ⅷ—56	糖画技艺	成都市锦江区文化馆
160	Ⅸ—2	李仲愚针疗法	成都中医药大学附属医院
161	Ⅸ—3	成都中药炮制技术	成都中医药大学
162	Ⅸ—4	成都中医传统制剂方法	成都中医药大学
169	Ⅹ—7	都江堰放水节	成都市都江堰风景名胜管理局

2006年成都市人民政府公布的第一批市级非物质文化遗产一览表

表5-157

序号	编号	名称	类别	申报地区或单位
1	Ⅰ—1	新津灯谜	民间文学	新津县
2	Ⅱ—1	沱江号子	民间音乐	金堂县
3	Ⅱ—2	竹麻号子	民间音乐	邛崃市
4	Ⅱ—3	闹年锣鼓	民间音乐	彭州市
5	Ⅱ—4	青城洞经古乐	民间音乐	都江堰市
6	Ⅱ—5	成都道教音乐	民间音乐	成都市道教协会
7	Ⅲ—1	火龙灯舞	民间舞蹈	双流县
8	Ⅳ—1	成都木偶戏	传统戏剧	成都艺术剧院
9	Ⅳ—2	成都皮影戏	传统戏剧	成都艺术剧院、成都博物院
10	Ⅴ—1	竹琴	曲艺	成都艺术剧院
11	Ⅴ—2	荷叶	曲艺	成都艺术剧院
12	Ⅴ—3	四川清音	曲艺	成都艺术剧院
13	Ⅴ—4	金钱板	曲艺	成都艺术剧院
14	Ⅴ—5	扬琴	曲艺	成都艺术剧院
15	Ⅴ—6	连箫	曲艺	青羊区
16	Ⅴ—7	飞刀花鼓	曲艺	青羊区
17	Ⅴ—8	幺妹灯	曲艺	蒲江县
18	Ⅵ—1	高台狮子	杂技与竞技	金堂县
19	Ⅶ—1	蜀绣	民间美术	
20	Ⅷ—1	蜀锦织造技艺	传统手工技艺	
21	Ⅷ—2	成都漆艺	传统手工技艺	
22	Ⅷ—3	糖画	传统手工技艺	锦江区、温江区
23	Ⅷ—4	水井坊酒传统酿制技艺	传统手工技艺	四川全兴股份有限公司
24	Ⅷ—5	郫县豆瓣制作技艺	传统手工技艺	郫县

续表

序号	编号	名称	类别	申报地区或单位
25	Ⅷ—6	川派盆景制作技艺	传统手工技艺	四川省盆景艺术家协会 成都市花卉盆景协会
26	Ⅷ—7	川派盆景蟠扎技艺	传统手工技艺	温江区
27	Ⅷ—8	孔明灯制作技艺	传统手工技艺	邛崃市
28	Ⅷ—9	瓷胎竹编	传统手工技艺	邛崃市
29	Ⅷ—10	邛陶烧造技艺	传统手工技艺	邛崃市
30	Ⅷ—11	桂花土陶制作技艺	传统手工技艺	彭州市
31	Ⅷ—12	草编	传统手工技艺	龙泉驿区
32	Ⅷ—13	成都银花丝技艺	传统手工技艺	青羊区
33	Ⅷ—14	棕编	传统手工技艺	新都区
34	Ⅷ—15	藤编	传统手工技艺	崇州市
35	Ⅷ—16	道明竹编	传统手工技艺	崇州市
36	Ⅷ—17	川剧服饰制作技艺	传统手工技艺	长洲剧装场
37	Ⅸ—1	成都中药炮制技术	传统医药	成都中医药大学
38	Ⅸ—2	成都中药传统制剂方法	传统医药	成都中医药大学
39	Ⅹ—1	都江堰放水节	民俗	
40	Ⅹ—2	望丛赛歌会	民俗	郫县
41	Ⅹ—3	火牛阵	民俗	新津县

【沱江号子】

成都市市级非物质文化遗产。沱江号子主要流传于沱江流域，尤以金堂县的赵镇、淮口、五凤一带为盛，传承千载。沱江号子气势磅礴，声情并茂，曲调粗犷、高亢、嘹亮，韵律深沉、婉转，分“打河号子”“倒板号子”“数板号子”和“橹号子”四个唱段，纤夫凭其激发锐气，统一步调。沱江号子的内容包罗万象，种类繁多。沱江号子叙古话今，反映沱江流域社会、经济、民风民俗和文化变迁，是不可多得的“原生态”民歌，堪为川西民族民间音乐的奇珍。随着纤夫行当的逐渐消失，在沱江流域已经很难找到会完整演唱沱江号子的老船工，故发掘和抢救工作刻不容缓。

【闹年锣鼓】

成都市市级非物质文化遗产。闹年锣鼓起源于清康熙年间，最初是民间戏剧爱好者将川剧打击乐器用于逢年过节的娱乐活动，年久成为当地习俗，流行于彭州市各镇。因过年期间演奏最多，故被人们称为“闹年锣鼓”或“闹年响器”。使用乐器有盆鼓、川锣、苏钹与马锣，体量小巧，俗称“四件头”。闹年锣鼓既可以与龙灯、狮灯等配合，又能单独演奏，被视为一种原生态“打击乐”。闹年锣鼓的曲牌短小精悍，常用的有《闹花灯》《上天梯》《蛇道蜕》《双梅花》《狗撵羊》《一盘鱼》《牛擦痒》《乱劈柴》等。闹年锣鼓常由4人或6–10人演奏，响声激越，为节日平添不少热闹喜庆气氛，深受当地群众喜爱。

【荷叶】

成都市市级非物质文化遗产。“荷叶”大约形成于清朝中期，其演唱道具为苏镲，形如荷叶，苏镲系有下垂的红绸，状似荷茎，茎叶相连，以茎托叶，故名“荷叶”。清咸丰、同治年间（1851—1874年），荷叶已较为流行。荷叶的唱腔与唱词最初本是袭用川剧，竹签、苏镲、檀板的击打节奏也按川剧锣鼓点子敲击。清末至民国时期，荷叶逐渐不再依赖于川剧演唱，发展为以说唱故事为主的曲艺品种。

【连箫】

成都市市级非物质文化遗产。“连萧”亦称“霸王鞭”“柳连柳”，表演时以两端嵌有铜钱的三尺竹棍作舞具兼击节乐器，是载歌载舞的民间表演艺术，流传于四川广大城乡之间，地方特色浓郁，有300多年历史。它有单人表演的单棍连萧和双人连箫之分，有“一唱众和”的艺术特色。

【幺妹灯】

成都市市级非物质文化遗产。幺妹灯有浓郁川西地方特色，有千余年历史。表演内容多是老百姓生活中的平凡小事，反映农村中的生产生活。幺妹灯一般有4个演员，即一个幺妹、一个花鼻子、一个媒婆和一个机动配角。另外，还有4个锣鼓匠（锣、鼓、钹、罄）和一个胡琴师。节目短小精干，多用方言俚语，形式轻松活泼。

【川派盆景制作技艺】

成都市市级非物质文化遗产。川派盆景是中国传统盆景四大流派之一，流行于成都为中心的周边地区及重庆等地。

东汉始有蜀人制作盆景，将大自然的神奇山水浓缩于一盆，以供鉴赏。相传五代时，就有孟知祥帐下一梅姓官员隐居成都西郊，遍植梅树，并依画意蟠扎造型，做出多姿多态的梅桩。川派盆景后历唐、宋、元、明、清几个朝代，逐步形成“三式五型”的技法和独特的流派风格。川派盆景制作艺人的创作灵感源于蜀中山水，其制作技艺包括规律类树桩盆景蟠扎技艺、自然类树桩造型技艺、山石盆景造型技艺、树石组合类盆景造型技艺。因有得天独厚的自然条件，川派树桩盆景品种丰富，一般选用金弹子、六月雪、罗汉松、银杏、紫薇、贴梗海棠、梅花、火棘、茶花、杜鹃等；川派山水盆景以砂片石、钟乳石、云母石、砂积石、龟纹石，以及新开发的品种为制作石材。川派盆景具有“以小见大，缩龙成寸”的艺术特征，人谓其“藏天翻地覆、天地灵气于盈握之中”。其中,树桩盆景以古朴严谨,虬曲多姿为特色;山水盆景则以高、悬、徒、深的雄伟气势取胜。川派盆景历来被誉为“立体画、无声诗”,是人们回归自然愿望的形象表达。20世纪60年代,陈毅元帅在一次品赏川派盆景后,欣然题词“高等艺术,美化自然”。

【川派盆景蟠扎技艺】

成都市市级非物质文化遗产。温江区具有深厚的盆景艺术底蕴和渊源，盆景艺术人才众多，蟠扎技艺高超,境内寿安镇是川西盆景的主要发源地之一。

温江盆景是川派盆景的干支,素以模仿老树的姿态和变化著称,常以金弹子、六月雪、罗汉松、银杏、紫薇、贴梗海棠、梅花等植物为素材,利用各种人工蟠扎手法进行创作，作品特色鲜明，大都古雅奇特、虬曲多姿、悬根露爪,生动再现自然山川的神奇。温江盆景蟠扎技艺起源于清朝末年,源远流长。温江川派盆景蟠扎技艺功底深厚,非常讲究身法和枝法。所谓身法,是指盆景艺人对树木主干形态进行艺术的加工和改造,使之达到赏心悦目的效果。川派盆景蟠扎技艺中的“身法”共有10种,分别是掉拐法、对拐法、接弯掉拐法、滚龙抱柱法、三弯九倒拐法、方拐法、老妇梳妆法、直身加冕法、大弯垂枝和巧借法。“枝法”则是盆景艺人对树木枝条进行艺术加工的方法,可分为平枝式、滚枝式和半平半滚式三种。身法和枝法的协调运用,可以使一件树桩盆景或树木盆景由平庸变得高贵，由姿态单一变得千姿百态，从而具备强烈的艺术观赏性。

20世纪90年代以后，涌现很多优秀作品，如胡世勋创作的《浩然正气》《冰姿玉态、沧浪古木图》《暗香浮动花满枝》;王永弟创作的《舞》《秀野踏青》;叶瑞金创作的《江山如画》和《秋水碧云天》等。这些作品形象而生动地展现出川派盆景蟠扎技艺的精华,令人赏心悦目,叹为观止。

【孔明灯制作技艺】

成都市市级非物质文化遗产。孔明灯是由三国时期蜀汉丞相诸葛亮发明,当时用于传递军事情报,后来成为民间节庆娱乐的一种灯具。燃放孔明灯的活动,在全国各地都有分布。成都地区历来有祭祀诸葛亮、燃放孔明灯的民间习俗,其中尤以平乐古镇最具代表性。据史料记载,诸葛亮曾经长期在平乐屯兵并从事农垦,同时还在平乐一带冶铁、开发天然气,对当地经济发展有所促进,亦为平乐古镇制作和燃放孔明灯传统习俗的历史背景。今该镇阎巷街、糠市街和白沫江两岸尚有一些制作孔明灯的民间艺人,继承着这门古老的手工技艺。

孔明灯的飘浮原理同于热气球,主要是利用热空气和浮力使气球飘向天空。孔明灯原理虽然简单,但制作却十分精细和讲究。其结构主要分为灯罩和支架两部分。灯罩为球形,外敷质地轻、柔韧度好的丝绵纸。随着时代发展,今很多艺人开始采用一种红色防潮纸作为原料,这种防潮纸不单具有轻与薄的特点,而且纸的柔韧度比丝绵纸更胜一筹,尤利于制作孔明灯上部灯罩。孔明灯的支架是用竹篾编成圈,圈中间再用细铁丝穿插成十字形,灯芯就放置在十字形铁丝上。支架制作有两个关键环节,即支架各部分的重量和比例要协调,保障孔明灯顺利升空并达到相应的飘浮速度;制作灯芯的原料十分讲究,“灯芯中间一层为棉花,上下两层为普通牛皮纸。燃料由煤油、柴油、菜油、燃元、乙醇混合而成。其中,煤油、柴油、乙醇起助燃作用，菜油、燃元起延时作用”(引自艺人任道洪口述)。每至佳节、盛典，人们或用冉冉升起的孔明灯装点夜空，借以表达内心美好的祝愿。

【草编】

成都市市级非物质文化遗产。草编是中国民间流行的一种手工艺术，人们就地取材，用轻巧光洁的麦秆编织出各种生活用品及工艺品。草编在成都龙泉驿区柏合镇十分盛行，尤以草帽编织闻名，相传为当地农妇景氏发明。柏合草编源于清朝初年，有四百多年历史。

草编技艺并不复杂，易于掌握；所需设备、设施也比较简单，只要有草编缝纫机、棉线、模具、染料、漂池、锅炉即可生产。草编的原料为麦秆，这在川西平原极为普通、唾手可得。每至夏初，农户往往苦于麦秆处理，乃焚烧了事，故而柏合草编甚具推广意义。柏合草编的编织工序一般有选草、熏漂、剖草、织编、煮晒、增白、缝制、磨压等，编成的产品光洁、细腻、美观，并且经久耐用。20世纪50年代，柏合草帽曾被作为“国庆献礼”产品送至北京。90年代，柏合草编蓬勃发展，最兴盛时有大小草编企业和作坊100余家，年产草帽和工艺草编制品300万件以上。2003年和2004年，当地政府均举办盛大的“草编文化节”，会上展出的草编工艺制品琳琅满目、十分精美。2004年，柏合镇获四川省“草编艺术之乡”称号。

【棕编】

成都市市级非物质文化遗产。棕编是以棕榈树叶为原料编制的工艺品。成都境内新都县新繁镇是中国著名的棕编产地，有200多年的生产历史。

文献记载，清嘉庆年间(1796—1820年)，新繁妇女即“析嫩棕叶为丝，编织凉鞋”，日久发展为专门行业，渐趋昌盛。新繁棕编为手工工艺，原料出自灌县、彭县、大邑、邛崃等地山区。编织技法主要有三种：第一种叫胡椒眼技法，即将棕丝等距排列的经线相互交叉形成菱形，再用两根纬线穿于菱形四角，依此类推，编织出窗花般美观规则的图案；第二种为密编法，艺人采用疏密相同、距离相等且重复的方法进行细密的编织，这种编织方法通常使用在鞋、扇等产品的编织上；第三种是人字形，即以人字图案来设计或控制棕编的经纬走向或构图，这种编织方法通常使用在帽、席等生活用品编织上。每年夏、秋两季是新繁棕编生产的高峰期，其产品又被称为“四川草”，分为生活用品和工艺品两大类。前者主要品种有鞋、帽、提包、套果盒、玩具、扇、椅，凡数十花色；后者多为飞禽走兽、花鸟虫鱼、戏剧人物等。又因比其他地方棕编产品细密、轻便、不易受潮，故深得国际市场青睐。20世纪60年代，新繁镇的棕编老艺人殷玉华、罗安琼、景玉怀等人共同编织出一套做工考究、颜色鲜艳的棕编工艺品敬献给毛泽东主席，1963年国家领导人出国访问时，携带新繁棕编工艺品馈赠外国友人。20世纪90年代，从事棕编的人越来越少，生产渐有衰落。2000年以后，当地政府牵头组织棕编技艺教材的编写，利用互联网发布棕编信息。2004年，组织规模盛大的棕编比赛，以促进棕编业继续发展。

【藤编】

成都市市级非物质文化遗产。怀远镇地处平坝和山地交界处，拥有丰富的野生藤条资源和悠久的藤编历史，被誉为“藤编之乡”。《华阳国志》记载，怀远藤编始自蜀汉。时有匠人马氏，工制作，一日上山采回藤条，置入水中浸泡，又以翠竹为骨，编织成一件龙塌式坐具，众皆赞之，遂声名鹊起。后乡人纷纷仿效，日久藤编竟成当地农户人家的传统副业，其技相继沿传。

怀远镇的藤编工艺基本沿袭马氏之法。首先采集野生藤条，再把藤条放进水里浸泡若干时日，使之柔软光洁；然后选取高山翠竹，将其阴干处理，做成器具骨架；再用所备藤条进行编织；最后还要运用土法对成形器物进行熏蒸，将藤器颜色变得金黄夺目。怀远藤器主要为筐篼、提篮、藤椅等生产生活用品，具有淡雅淳厚、古朴归真、妙趣横生的艺术风格和浓郁的川西地方特色。20世纪90年代以后，怀远镇加强传统技艺的传承和保护，建成“藤编一条街”，有效促进藤编生产的规模化、产业化。

【川剧服饰制作技艺】

成都市市级非物质文化遗产。川剧服饰制作工艺和川剧都有悠久的历史，而川剧服饰制作工艺的出现相对更早。明朝年间，成都纱帽街上有多家衣冠作坊，专门制作官服，闻名遐迩。明亡后，这里的衣冠作坊改为制作川剧服饰，从而形成一门独特的技艺。

川剧剧目丰富，题材广泛，行当齐全，剧中人物形形色色、无所不有，故服饰要求甚高。川剧服饰品种繁多，文戏服装主要有小生褶子、小旦褶子、素衣褶子、天官衣、宫装、裙袄、上天龙等；武戏服装主要有排苏、男女靠子（靠子，即铠甲）、龙箭、彩帘、蟒袍等；其他如头帽、靴鞋、砌末等，林林总总。川剧服饰有诸多讲究，比如褶子，花花公子穿的通常就是红色，青年书生是玉兰色，青年寒士是黑色，银须老者是黄色，都有区别。川剧服饰的制作十分复杂，分工很细，共有软帽、硬帽、口条和网子、刀枪等道具、画工、绣工、成割、靴子等8个行当，旧时皆各做一行。全部服饰都用手工精心制作，技法要求十分严格。如绣靠子肚包上的半浮雕状龙和鱼鳞片，就要边绣边填料，以获得立体感，其绣法甚至比蜀绣还难。绣一件靠子，通常耗时半年，凝聚艺人无数心血。川剧服饰产品具有精美、传神的特点，尤具舞台表演效果。川剧有一些特技，比如飞褶子、耍水袖、缠水发、耍翎子等，既靠演员功夫，也靠戏装的制作，相辅相成。

川剧服饰制作技艺是成都传统工艺中的特殊门类，具有独特的戏曲审美特征，它与川剧表演艺术相互辉映。1991年以后，随川剧艺术发展的困顿境况，成都市川剧服饰制作行业逐渐萎缩，成都剧装厂、前进剧装厂、新华剧装厂等均倒闭转产。至2005年，成都仅有长洲剧装场一家尚在艰难维持生产，整个行业岌岌可危，传统服饰制作技艺濒临消失，抢救与保护工作的开展刻不容缓。

【望丛赛歌会】

成都市市级非物质文化遗产。望丛赛歌会是郫县当地主要的大型民俗活动，亦为川西坝子上罕见的汉民族传统赛歌节，被人们誉为古蜀文化的活化石。

成都境内郫县城西南，有古蜀国望帝、丛帝的合葬墓和祠宇，名望丛祠，始建于南北朝。祠内有楼台亭阁，池榭拱桥。墓地及周围生长古柏二百余株，郁郁苍苍。相传望丛祠建成后，当地民众在每年的端午节都要去望丛祠朝会上香，以表达对望、丛二帝“教民务农”的感激和崇敬。膜拜之余，一些喜唱山歌的农民常自发地会聚于祠内竞唱山歌，日久形成一年一度的望丛赛歌盛会，历代沿袭相传，成为郫县人民盛大的节日。

望丛赛歌会盛于清代，民国时期渐衰，至抗日战争初期中断。清末及民国时期，望丛赛歌会或由地方单位筹办。主持者把折扇、草帽、红喜封（内装钱币）等奖品悬于歌台，优胜者当场给奖。1983年的农历五月十五日，望丛赛歌会重新恢复。时有歌手150多名，观者5万多人，盛况空前。此后，望丛赛歌会年年举办，从未中断。

郫县流行的山歌多属高腔山歌，属劳动号子中的《薅秧歌》，极具川西民间风情。因歌声高亢响亮，故群众多称“吼山歌”。其唱法通常是一群人在一起，由歌手领唱，其他人则合唱。望丛民歌大多自编自唱，并以石榴花叶起兴，如“石榴花开叶儿黄，要养鱼儿先挖塘；花香引来蜂采蜜，栽起梧桐招凤凰”。民歌涉及的内容十分丰富，或颂扬二帝、或祈祝丰年、或倾吐爱情，乡土气息极为浓郁。有时，青年们即兴对歌，双方还互相抛甩李子，气氛非常活跃。

20世纪90年代后，望丛赛歌会从内容到形式都有新的拓展。一些表现蜀人寻根问祖及当代风尚的演唱成为新的内容，更加吸引各方面参与；形式上除山歌对唱外，还增加歌舞表演、戏曲演唱、民俗表演，甚至与传统庙会、商贸活动相结合，使这一独特的民间民俗文化活动不断发扬光大。

【火牛阵】

成都市市级非物质文化遗产。“火牛阵”是一种大型民俗活动，脱胎于川西农村的“牛儿灯”。牛儿灯是一种民间的灯舞，它以农家簸箕倒过来当牛头，用墨笔勾出水牛的嘴脸，装上篾条编的牛角和耳朵，再蒙上黑布作牛身。表演时，两个大人钻进黑布牛身内模拟牛的种种动作，另由人身背背篓扮作天真烂漫的牧童与牛嬉戏。每至春节，牛儿灯走村串户，到处拜年。

新津县古家村在民国时期就组建有牛灯队，当时主要在庙会、年节等民俗活动中演出，并与新津龙灯、狮子灯、幺妹灯、秧歌等配合表演，极具喜庆气氛。最初，场面和规模有限，仅由一头牛或三头牛进行“牛灯”表演，表现小牛嬉戏、母牛吃草、公牛发怒等情景。后有人附会历史上“田单大摆火牛阵”的战争故事，遂将其改编为“火牛阵”，主要流行于新津县境内，多用于春节期间和大型聚会、游行时表演。

新津县古家村表演的火牛阵，一般由10头“牛”和20名士兵组成。为使表演逼真，艺人们借用川剧舞台上的“火牌”作为道具，以象征熊熊燃烧的火焰。演出时，每名士兵皆左持火牌、右持利剑，踏歌起舞。同时，还由一名旗手居阵前指挥，但见其上下左右挥舞彩幡、引领节律抑扬变化。此外，现场由乐队伴奏，演奏曲目通常是川剧锣鼓的打击乐，铿锵有力、节奏明快，闻者无不为之震撼。火牛阵的舞蹈表演场面壮观宏伟，时而牛群奔腾、蹄声喧嚷，时而千军万马、地动山摇，呐喊声、牛哞声、刀剑声响成一片。每至高潮，必燃放黄烟。此时，阵中浓烟滚滚，旌旗翻卷、人翻牛仰、杀声震天，使人仿佛置身在碧血黄沙的古战场。

火牛阵是川西民间创造的神奇舞蹈样式，具有独特的艺术魅力和浓郁的地方文化色彩，它表现出中国人民昂扬向上、勇于进取的精神风貌，极具传承和保护价值。1993年，新津县古家村火牛队表演的舞蹈获得成都市民间艺术节“三绝”奖。1995年，该队代表四川参加广州国际旅游文化节，获得外地观众的高度赞赏。2000年以后，还经常组队参加省市各类大型文艺展演活动。

非物质文化遗产保护

【振兴川剧】

1982年,中共四川省委决定"振兴川剧",全川各级领导、川剧艺术工作者全力以赴,为贯彻落实这一决定做出大量工作。1990年2月6日,四川省文化厅制定《四川省文化厅关于振兴川剧的近期安排意见》,提出今后两三年内,振兴川剧着重抓好六个方面工作。同年12月30日,成都市振兴川剧领导小组成立。

1990年6月26日至7月2日、11月7日至17日,成都市川剧院三团、成都市川剧院一二联合团分别参加携作品《太后改嫁》《九美狐仙》"四川省第五届振兴川剧会演",获剧本奖(吴晓飞)、导演奖(晓艇、王竹慧)、优秀演员奖(晓艇)、演员奖(毕小华)、演出奖(成都市川剧院三团);《九美狐仙》获演员奖(李莎、肖开蓉、刘芸、周应伟、闵捷)、优秀演出奖(成都市川剧院一二联合团)。

1991年3月26日,成都市振兴川剧领导小组提出成都市振兴川剧工作计划。成都市市长在锦江剧场主持召开有市文化局、《成都晚报》社、广播电视、财政、计委、建委、市川剧院等单位负责人参加的"振兴川剧现场办公会"。接着成都市振兴川剧领导小组邀请市委、市文化局有关领导及川剧界专家举行"振兴川剧座谈会"。 两个会议对《成都市振兴川剧工作计划》中的5个奋斗目标及其保证措施进行了研究讨论。按《计划》,除加强创作、繁荣演出、大力普及川剧外,还以成都锦江剧场为基础,建立一个规模可观、功能多样、内容丰富的川剧艺术中心。6月4日,成都市文化局和市教委联合召开普及川剧工作联系会议。市文化局向各试点学校赠送中小学校普及川剧音乐、脸谱知识资料(试用本),市委宣传部向到会人员和试点学校赠送了《高腔呐喊》文集。为在全市普及川剧音乐、脸谱知识奠定坚实基础。6月15—24日,金牛区群生川剧团参加"四川省部分县级剧团振兴川剧汇报演出",川剧现代戏《买爹》获演员奖(周旭、苍沛德)、演出奖。

1992年5月11日,市有关领导、文化艺术界知名人士、文艺界代表出席由四川省委宣传部、省文化厅主办的纪念毛泽东《在延安文艺座谈会上的讲话》发表50周年暨振兴川剧十周年大会。新都芙蓉花川剧团因对振兴川剧及文化艺术交流作出贡献获得奖状、奖金。第九届中国戏剧"梅花奖"获得者陈巧茹、田蔓莎受到嘉奖。

同年5月19日至10月17日,成都市川剧院三团、新都芙蓉花川剧团参加"四川省第六届振兴川剧会演"。成都市川剧院三团的《二丫与秀才》获剧本奖(吴晓飞、钟韬)、优秀音乐奖(王文训)、舞台美术奖(杨成林)、优秀演员奖(陈巧茹)、演员奖(刘萍、胡成德)、演出奖。新都芙蓉花川剧团的《青蛇传》获优秀舞美奖(陈正海)、优秀演员奖(陈福燕)、演员奖及优秀演出奖。

1995年5月21日至9月28日,成都市川剧院一二联合团携现代戏《山杠爷》等6台新剧、成都市川剧院三团携带现代戏《千秋风流》等参加'95四川新剧目展演暨第七届振兴川剧会演。《山杠爷》获新剧目一等奖,《千秋风流》获新剧目三等奖。

1996年6月,新都县川剧团、成都市川剧院、成都芙蓉花川剧团参加'96四川省川剧演员(旦角)比赛演出。张燕(新都县川剧团)、王玉梅(成都市川剧院)、周国英(成都芙蓉花川剧团)获表演二等奖;谢平安、邱明瑞、吴福志获优秀指导教师奖;任庭芳获指导教师奖。

1997年9月20日至11月20日,成都市木偶皮影艺术剧院、成都市川剧院三团、双流县川剧团参加'97四川省新剧目展览演出暨第八届振兴川剧会演。成都市木偶皮影艺术剧院的木偶儿童剧《耍猴少年》获一等奖；成都市川剧院三团的现代戏《好军妹》、双流县川剧团的现代戏《刘先火》获二等奖。

1999年1月，市川剧院参加四川省中青年川剧(京剧、豫剧)生、净角演员比赛。艳冬、何红庆、张家芳、孙勇波、王超等获一等奖，刘毅、谯绍富、刘正友、韩衢等获二等奖，谢平安、邱明瑞、任庭芳、晓艇、蓝光临、但志生等获优秀指导教师奖，贺剑虹、陈明福、白振斌、徐寿年、陈国礼等获指导教师奖，成都市文化局获优秀组织奖。9月，成都市川剧院三团参加首届中国川剧节暨'99四川省新剧目展演，《目连之母》获金奖。

2001年9月4日，成都市文化局、市文学艺术界联合会联合召开"新时期振兴川剧座谈会"。2002年5月23日至6月中旬，成都市川剧院参加"第二届中国川剧节"活动。

【抢救传承地方特色工艺】

20世纪90年代初起，成都的蜀锦、蜀绣、漆器等特色工艺品生产，因市场疲软、现代工艺冲击、人才流失等原因，致使传统工艺濒临失传。成都市委、市政府抢救性保护传承地方特色工艺的工作全面展开。

恢复生产。90年代末，恢复曾一度停产5年的成都漆器工艺厂。2002年，组建蜀锦文化发展有限责任公司，恢复蜀锦生产。

抢救整理。组织蜀锦织造、蜀绣老艺人，漆器工艺美术大师口传工艺，并培养工艺人才，采取措施缓解人才流失。

整合资源。坚持由政府主导、企业参与，整合资源。2004年，着手打造"锦绣工场"，集萃蜀锦织造、蜀绣、漆器和竹编等传统工艺，以新兴的文旅产业形态，保存工艺文脉。

申遗保护。2005年3月起，成都市在全市范围内进行非物质文化遗产的普查、建档、申报非物质文化遗产、规范使用地理保护标识。

【遗产申报】

2004年，中国加入联合国教科文组织《保护非物质文化遗产公约》，成都市的非物质文化遗产申报和保护工作全面开展。2005年3月，成都市成立民族民间文化保护和申报国家级首届"非物质文化遗产"领导小组，邀请省、市专家进行指导，在全市范围内进行非物质文化遗产的普查、论证、建档及申报工作。当年，成都市遴选出蜀锦、蜀绣制作技艺，都江堰放水节，成都漆艺，四川金钱板，四川荷叶，川剧服饰制作工艺，糖画，竹雕，木偶，皮影等15个项目上报四川省文化厅，由其组织论证后上报文化部。

2005年12月31日文化部发布公告，公示第一批国家非物质文化遗产名录推荐项目名单，成都市申报的蜀绣、蜀锦制作工艺、成都漆艺、都江堰放水节4个项目入选。

文化管理

综述

1990—2005年,成都市在大力实施“文化强市”战略,深化文化体制改革和文艺改革,加强文艺创作演出,推进文物和博物馆事业的发展繁荣,加强历史文化和非物质文化遗产的发掘保护,推进文化产业发展、加强文化市场管理等方面做了大量卓有成效的工作。

1990年,全市有市、县(市、区)两级艺术专业表演团体10余家,艺术学校1所,电影公司16家,公共图书馆15个,艺术馆(文化馆)18家,博物馆(文物保护管理处、所)32个,美术馆(画院)6个,档案馆16个;域内有省市、两级广播电台电视台4个;各类图书出版社18家、音像出版社6家,其中图书出版社由省级部门主办主管的11家、大学主办主管的5家、成都市新闻出版局主办主管的2家;成都市的主要报纸为党的机关报《成都晚报》;市内有中国西南地区唯一的峨眉电影制片厂。成都文化事业开始从单一的公有制形式逐渐向多种所有制转变,体制外的社会资本、民间资金陆续进入文化娱乐市场,市内出现一批由集体、私人开办的群众娱乐场所。当时的文化市场经营,主要为音像制品、歌舞厅、音乐茶座、卡拉OK、台球、游戏厅等娱乐形式。

1992年,成都晚报社按照中共成都市委、成都市人民政府《关于加快文化事业建设若干问题的通知》精神,在业界率先实行以人事制度、分配制度和医疗保险制度为主要内容的“三项制度”改革。与此同时,成都市文化单位实行任务包干制、经营责任承包制等试验,以解决统得过死和吃“大锅饭”等弊端;并采取“以文补文”“多业助文”措施。部分艺术院团、市电影公司等单位实行“双轨制”和“事业单位、企业管理”,取得一定成效。

1997年,成都市制定《成都市艺术院团体制改革方案》,确定建设成都川剧艺术中心等8项精神文明标志性工程;成都图书馆年度购书经费从10万元增至80万元;成都市档案馆与成都市档案局合并;成都经济电视台新台址、成都艺术中心等相继竣工。

2000年10月,成都文化产业崛起。全市相继涌现民营文化机构和文化企业,涉及电影院、博物馆、美术馆、图书馆、演艺团队,艺术培训学校和网络音乐、游戏研发等门类,社会力量积极参与地方文化建设。

2001年12月,成都市文化系统立即对“九院(团)一所”(成都市川剧院联合团、成都市川剧院三团、成都市实验川剧团、成都市京剧团、成都音乐舞剧院、成都木偶皮影艺术剧院、成都话剧院、成都市曲艺团、成都市杂技团、成都市川剧艺术研究所)进行合并,即把4个川剧单位合为成都市川剧院;成都市曲艺团与成都市音乐舞剧院合并,改名为成都市歌舞剧院。新组建的成都市川剧院在与四川长富集团的合作中试行领衔主演制(即每场演出分领衔主演、主演、次主演、音乐人员、群众演员5个档次)、艺术总监制、剧组制的分配标准。新组建的成都市歌舞剧院在分配上,亦采取灵活办法。

2004年,中共成都市委、成都市人民政府下发《关于加快文化体制改革和文化产业发展的实施意见》,进一步深化全市文化体制改革。直属文化事业单位由原来的27个精简到15个,在职职工总人数由改革前的2428人减少到1281人,采取"院带团"的模式,将成都歌舞剧院、成都市木偶皮影剧院、成都市京剧团、成都市话剧院联合组建成都艺术剧院。将成都市杂技团并入成都市文化艺术学校,实行"校团合一"的模式,解决成都市技团在排练、人才培养、资金等方面的局限性,同时促进成都市文化艺术学校学科设置、人才培养的针对性，缩短人才资源向人才资本转变的周期,形成创作、演出、销售为一体的市场运作机制。对图书馆、博物馆、文化馆及体现地方文化特色和较高水准的重点艺术院团实行事业体制,加大财政支持力度,深化内部改革,转换经营机制,并将其经营部分剥离转为企业;对电影放映发行、演出公司及一般性艺术表演团体,实行企业体制,并通过建立现代企业制度等方式，逐步使其成为市场竞争的主体，增强其"造血"功能。

至2005年底,成都川剧艺术中心、成都图书馆、成都市群众艺术馆、成都市艺术学校、成都金沙遗址博物馆等陆续建成。全市文化事业经费较大幅度增长，文化发展的基本条件显著改善,有效促进全市公共文化服务体系的形成。与此同时,成都的文艺团体进一步将创作和表演的重点放在人民群众的精神需求上,不断集聚起自身的活力,开始走向广阔的演艺市场。

文化强市战略实施

【概况】

2002年11月,中共十六大提出"在社会主义市场经济条件下发展文化产业" 的战略取向。2002年底,省委、省政府《关于加快建设西部文化强省的若干意见》提出"在全面发展我省文化事业的同时,要以壮大文化产业为突破口,突出重点,分步实施,优化文化产业结构,将文化产业逐步培育成我省国民经济新的增长点"。2003年9月,文化部发布《关于支持和促进文化产业发展的若干意见》，提出促进文化产业发展的指导思想、发展目标和基本思路,提出发展文化产业的主要措施，并要求加强对文化产业工作的领导。同年9月,成都市委通过《建设文化强市启动阶段工作方案》,成立市委、市政府文化强市工作领导小组,协调指导全市发展文化事业、壮大文化产业工作。2003年开始，遵照中央和四川省委、省政府有关加快文化体制改革和文化产业发展的精神,成都市就实施文化强市战略、加快文化体制改革和文化产业发展作出一系列工作部署和重要举措。2004年10月,成都市"文化强市领导小组"更名为"文化体制改革和文化产业发展领导小组"。 11月,市委、市政府印发《关于加快文化体制改革和文化产业发展的实施意见》,明确成都市文化体制改革和文化产业发展的总体目标和基本原则,部署加快推进文化体制改革和大力发展文化产业的各项工作。

2005年10月11日，中共十六届五次会议提出《中共中央关于制定国民经济和社会发展第十一个五年规划的建议》，将发展文化事业和文化产业,文化体制改革和完善文化产业,作为在"十一五"期间丰富人民群众文化生活,推动社会主义和谐社会建设的重大措施。推动形成“以公有制为主，多种所有制共同发展的文化产业格局”，以及“民族文化为主，吸收外来有益文化为辅的文化市场格局”，进一步明确了文化产业的基本经济制度和市场发展思路。成都市以此为契机进一步深入推进文化体制改革，在提升公益文化服务同时，大力培育主体市场，打造一批有活力、有实力、有竞争力的文化企业，发展壮大文化产业。

【文化事业日益繁荣】

1990年，成都地区有国家兴办的市、县(市、区)两级文艺院团和省属文艺院团，涵盖川剧、京剧、话剧、木偶剧、音乐、舞蹈、曲艺、杂技、美术等众多艺术门类，拥有庞大的艺员队伍，汇集一批全国知名的编剧、导演等艺术领军人才，实力堪称雄厚。是年，成都市振兴川剧领导小组成立，推动传统戏剧表演团体寻求改革发展之路。1991年《中共四川省委、四川省人民政府关于加强文化工作的通知》下发，明确提出“文化事业的发展要纳入当地经济社会发展规划和精神文明建设规划，文化设施建设要纳入当地城乡建设总体规划，与国民经济和社会发展相协调”。1992年，中共中央宣传部组织的精神文明建设“五个一工程奖”评选活动开始实施。同年，中共成都市委、成都市人民政府下发《关于加快文化事业建设若干问题的通知》，为文化事业的发展提供政策保障。1994年，党中央提出“弘扬主旋律，提倡多样化”。此后，反映时代潮流、坚持正确导向，尊重艺术规律、鼓励文艺题材内容的丰富性和多样性，创作充满爱国主义、集体主义、社会主义思想和精神的优秀作品，成为成都文艺战线的重要任务。成都各艺术团体在十分困难的条件下，创作、排演出大批优秀艺术节目，其中大部分作品获省级以上“五个一工程奖”奖项。成都92位国画家的171幅作品先后在成都美术厅、北京中国美术馆、香港展览中心及荣宝斋集中展出，体现当代成都画派风格和水平。1995年，“成都油画展”在市美术厅举办，展出全市106名油画家的167幅作品，成都油画艺术崛起。同年，市政府重新组建成都市城市雕塑指导委员会，推动城市雕塑艺术的革新和大量优秀作品的涌现，在全国范围内产生重要影响。成都艺术家创作的优秀书法、篆刻、摄影作品，屡获全国性奖项。1997—2000年全市范围内开展的文艺活动共计100余项。其中，包括成都市艺术节、成都国际熊猫节、纪念改革开放20周年文艺晚会、中华人民共和国成立50周年系列文化活动等重大活动。成都文化艺术界积极开展文化交流，促进与港、澳、台地区和世界各国在文化方面的相互学习及共同发展。进入21世纪后，成都艺术中心、成都川剧艺术中心、成都图书馆、成都市群众艺术馆、成都市艺术学校、成都金沙遗址博物馆等一批文化设施陆续建成，文化事业经费大幅增长，事业发展基本条件显著改善。至2005年，成都市的文化事业日益发展，文艺创作充满活力、舞台艺术缤纷艳丽、艺术教育成绩显著、对外文化交流活跃、群众文化基础深厚、民间文化蓬勃发展、考古发掘硕果累累、文化遗产保护加强、文化市场逐渐净化、文化产业健康发育，各类文化设施逐渐完善，公共文化服务不断改善，文化实力进一步增长，公众的基本文化权益得到切实保障、市民的文化生活更加丰富多彩，“文化强市”的目标逐步实现。

1990—2005年，成都市文艺团体积极创作，增加文艺演出场次，其中有些作品及演出剧目还获得国家或省级大奖。文艺创作成果及演出剧目主要有川剧《九美狐仙》《刘氏四娘》《山杠爷》《文成公主》《目连之母》《好军妹》《激流之家》《欲海狂潮》；话剧《死水微澜》《广厦为秋风所破歌》《儿子》；京剧《少帝福临》《千古一人》《她从雪山走来》；木偶剧《哪吒》《耍猴少年》《红地球·蓝地球》《三星·金沙之谜》；音乐剧《青春时光》。此外，成都金沙太阳神鸟演艺公司创作演出有大型音乐剧《金沙》，蜚声海内外；成都市曲艺团创作演出有四川清音《蜀绣姑娘》《成都传奇》、金钱板《怪哪个》、小品《洪霞》等，其中有获得国家或省级大奖。同期，四川省川剧院创作演出的《变脸》《巴山秀才》《易胆大》等，四川省歌舞剧院创作演出的《远山的花朵》《大唐华章》等，四川省川剧学校创作演出的川剧《死水微澜》，四川省舞蹈学校创作演出的《俏花旦》《茶馆》等，四川人民艺术剧院创作演出的《未来组合》《船过三峡》《警察》等，成都军区战旗文工团创作演出的话剧《我在天堂等你》均获国家奖，其中川剧《变脸》入选国家舞台艺术精品、舞蹈《大唐华章》亦入围国家舞台艺术精品(位居名单前30台)。

社会文化机构不断提高服务质量，取得显著社会效益。成都图书馆新馆投用后，全年365天开馆，年均接待读者逾百万人次、文献流通近200万册，建立城乡基层图书流通点60余个、全国文化资源共享工程基层点200余个，所举办的周末公益讲座社会反响良好。成都群众艺术馆常年致力于群众文化活动的组织与开展，成效明显。全市有基层群众文化活动队伍200余支，其中特色队伍30余支，表演项目多为当地传统民俗，包括火龙、高跷、高足狮子、鸡公车等，队伍人数达到5000余人；成都市创作歌曲演唱会、“十佳新苗”评选、广场舞、千人跳秧歌、万人踢踏舞，万人大合唱、都江堰清明放水节、郫县望丛赛歌会、龙泉驿桃花节、武侯闹春、春熙放歌、新都三月三、崇州风筝节等均年年举办，使民间文化传统得到发扬和传承，城乡群众的文化生活更加充实。

文物和博物馆事业得到较大发展。成都考古部门相继取得若干轰动海内外的重大发现，如成都平原史前城址遗址群、成都古蜀船棺合葬墓、金沙遗址、水井街酒坊遗址等；出土有大批珍贵文物，金沙遗址发现后，“十五”期间，全市用于考古发掘和文物保护的资金达数亿元，众多文物古迹得到妥善保护，文物资源数量显著增长，历史文化名城更添风采。

大力弘扬时代主旋律，建设先进文化。广大文化工作者深入基层、贴近群众，10余年坚持开展文化下乡活动，为农民群众送去精神食粮。全市文化单位积极参与市政府主办的成都市艺术节、国际熊猫节、西部论坛、迎接香港回归庆典、成都大庙会、第20届世界客属恳亲大会、中国川剧节、国际美食节等大型文化活动，成都创作一批优秀文艺作品和表演剧目。

群众文化事业发展迅速。至2005年，成都市群众艺术馆整体迁移到浣花风景区内，馆舍条件显著改善，文化氛围更加浓郁。成都市还建成一大批基层文化阵地，全市公共文化设施的分布与覆盖范围大幅增加。成都市城区80多个街道社区大部分都建立有500平方米以上，且功能比较齐全的综合文化活动中心，全市部分农村乡镇建成有400平方米以上的综合文化站，配套建有2000平方米的群众文化广场。成都群众文化活动开展得有声有色，音乐、舞蹈、说唱表演遍及城乡，各种具有地方特色的民俗文化活动常年举办，如黄龙溪的火龙、竞技龙、荷花龙、新津菜龙、客家水龙、道明竹龙、柏合草龙、锦江糖画、道明竹编、金牛摄影以及成都的剪纸、脸谱、泥塑、面塑、蛋画、烙画、书法、皮影制作等，展现出成都异彩纷呈的民间艺术。成都文化的群众基础日益深厚，民间川剧、京剧、越剧玩友多，四川相声、评书、金钱板、扬琴、连箫、谐剧、竹琴、车灯等，相关表演活动颇受市民喜爱。群众文化事业的发展，使成都初步形成雅俗共赏、健康向上的群众文化环境，促进成都市城乡精神文明的建设。

成都市观演场所受市场经济冲击较为严重，原有设施陈旧、落后，难以适应演映票房需要，剧院、影院等观演场所在此期间纷纷进行重建或改造，并在功能、设备、管理等方面加以调整和改进，成效明显。至2005年，全市观演场所较20世纪80年代数量略有增长，档次显著提升，如1999年建成的成都艺术中心、2000年建成的金色歌剧院、2004年投入600万元改造的西南影都皆为设施设备先进的观演场所，其演映效果堪称一流。

【文化产业发展壮大】

2000年以后，成都市以培育主体市场，打造一批有活力、有实力、有竞争力的文化企业为重点，发展壮大文化产业；打造“大熊猫”“金沙”“青城山—都江堰”等文化品牌项目，繁荣发展新闻出版、广播电视、文学艺术和数字娱乐等重点产业，培育一批综合性文化产业集团；加强和规范文化市场管理；积极促进对外文化交流。2004年，在实施“成都文化年”带动下，全市文化产业进一步发展。成都武侯祠修建“锦里”一条街投入运行；四川建川实业集团在大邑县安仁镇倾力打造的博物馆聚落对外开放；成都市三圣花乡景区管委会，以花做媒、文化为魂，开发“花”为主题文化商品，举办大型文化活动，发展悠闲旅游，农民收入大大提高，以上三处均被文化部命名为“全国文化产业示范基地”。杜甫草堂博物馆唐代出土文物发掘展示馆和水环境整治工程的建设更增添了文博旅游的新内容。成都艺术中心已成为全国知名的演出场馆。文化、广电、报业合作组建成都金沙太阳神鸟演艺文化有限公司打造的大型旅游剧目《金沙》音乐剧，在成都、北京初演，受到社会的好评和新闻媒体的极大关注。成都金沙遗址博物馆改变了过去政府投入公益性设施建设周期长的现象，取得明显进展。杜甫草堂博物馆充分利用世界文化名人、中国诗圣杜甫的名人效应，开发诗歌文化的丰富资源，倾力打造中国诗歌文化中心项目，引起社会广泛注目。成都大庙会密切配合全市经贸发展活动，先后到香港、澳门、北京举办，起到良好宣传和促进作用，使文化活动与文化产业有效结合，成为成都的一大文化品牌。各项重点文化产业项目的实施，有力地带动全市艺术生产与演出、文博旅游、文化市场、数字娱乐等文化产业的发展。国办文化单位在文化产业发展中起到排头兵和示范作用；民间资金投办的社会文化经营单位成为文化产业的主力军。

2005年，全市文化产业体系初步形成，并在所有文化产业领域形成一定的产业基础，具备较完备的产业样态，储备加快发展的后劲和条件，文化产业多元投资格局开始形成。文化产业集聚发展和文化基地建设取得初步成果。文化优势产业逐渐崛起，形成在全国有地位的文化产业集团，新闻出版、印刷业、广播电视业、文化旅游、数字娱乐等行业发展成为在国内有一定实力和影响的优势行业，打造出一批在全国较有影响的文化企业和文化品牌。演出、广告制作、电视影像制作、文化自由人、电子商务业、旅游文化经营业、体育文化中介等文化新的产业、新的样态、新的企业不断产生。2000年，全市文化部门文化产业增加值总产出为1.33亿元，实现利润960.3万元；2005年，全市文化产业实现业务收入270.70亿元，创造增加值77.74亿元，增幅高于全市地区生产总值增速(13.5%)2.2个百分点，增加值占全市地区生产总值（2371.07亿元）的比重达到3.3%，文化产业对全市经济增长的贡献率达到

3.8%。至年底，全市从事文化产业活动的单位5822个，个体经营户1.98万个。文化产业从业人员16.12万人，占社会从业人员总数(619.04万人)的2.6%。

文化市场管理

【概况】

1990—2005年，成都市文化部门依法管理文化、文物市场。按属地管理原则，建立完善省、县(市、区)三级管理网络。其中，行政行为类管理包括行政许可和行政处罚两大类别，主要包括对文艺表演团体、营业性演出内容核准、音像制品经营、电影放映经营、娱乐场所经营单位、互联网上网服务营业场所等经营单位的审批；也包括相对应类别的经营及管理中擅自设立、擅自从事经营活动、伪造、变造、出租、出借、买卖许可证、反对宪法确定的基本原则、破坏社会稳定、经营秩序及管理不到位等违规行为处惩。文化市场稽查依法对文化行政部门主管的文化市场经营活动进行监督检查；对违法违章行为进行调查、取证；执行文化行政主管部门的有关处理决定。1993年起，成立成都市文化市场稽查大队文化娱乐稽查分队，2001年8月，改为成都市文化市场稽查队。至2005年年底，全市共有文化市场管理、执法机构21个，管理及执法人员200余人。执法范围包括娱乐、音像、演出、电影、网络文化、美术品、电子游戏、艺术培训等文化市场，管理的经营单位7000余家。

【文化市场监管】

1990年，成都市对文化市场的管理，侧重于加强经常性的监督检查。重点对卡拉OK视盘内容进行审查，对城区歌舞厅、卡拉OK厅灯光控制线路进行改造，达到卫生部规定的照度要求。会同市物价局对城区舞厅重新核定等级和价格。对文化市场实行县(市、区)分级管理、采取文化部门单独检查与多个部门联合检查相结合、日常稽查与集中清查相结合的形式加强文化市场稽查工作。1995年后，通过不断完善建章立制，规范文化市场运行，市文化局先后与物价局联合制定《成都市文化部门行政事业性收费标准》；与市公安局联合制定《关于加强电子游戏机经营活动管理的通告》，并会同公安、工商、卫生等部门重点对电子游戏机经营户进行检查；加强对卡拉OK节目管理，严格审查影碟盘，对禁放歌曲进行技术处理，对合格影碟加贴准放证。同时，组织开展乐队和歌手业务培训和法规学习，以提高从业人员素质。2000年，重点对大、中、小学校周边的文化市场进行检查整治，对娱乐场所的环境噪声进行检测整治，对娱乐场所的色情服务、赌博、非法音像制品进行检查整治，在全市范围开展“打非扫黄”活动。

2001—2005年，成都市进一步加强法规建设，加大执法力度，强化对文化市场的管理。全市文化、公安、广电、出版、工商等部门密切配合，进行集中重点检查整顿，先后对文化娱乐场所中的色情服务和赌博等违法犯罪活动进行打击，对高等、中专学校周围的电子游戏、台球、麻将、录像(激光)放映等经营点进行清理整顿，取消200米半径内的经营点，对电子游戏进行检查，查处违法经营行为，没收非法收入；针对电脑游戏迅速发展及其复制性强，盗版严重，有赌博、淫秽内容等问题，全市对电脑游戏进行全面清理审查，对色情、淫秽、赌博、迷信、政治反动的内容作删除技术处理。对全市电脑游戏经营一律实行集中统一审批，并对每个经营单位建立节目库，以便监控。加强对娱乐场所演出节目内容、演出广告宣传的审查管理。市文化部门与公安、民政、城管等部门共同发布通告，并出动检查，坚决制止个体演艺人员、社办文艺表演团体擅自占用道路、广场、绿地从事聚众性卖艺演出，保持良好的社会秩序。严格审批，加强全市文化市场总量控制和合理布局。加强对全市音像市场的整顿管理，重点整治无证经营和经营非法音像制品，严厉打击兜售淫秽、色情、反动的音像制品的违法行为。

【文化产业管理】

1991年3月，成都市根据文化事业单位已开展了多种经营的情况，制发《成都市文化事业单位开展多种经营工作管理暂行办法》；1992年初召开的全市文化工作会上，专门研究文化事业单位如何开展好经营活动问题，并提出《关于加强我市文化工作的若干意见》；7月，成都市文化局成立成都市文化经营管理处负责管理、指导和协调文化系统内的经营活动；具体导施文化产业项目。90年代中后期，成都市制定《成都市文化局文化产业管理暂行办法》。1997年，成都市文化局设置内设机构文化产业发展指导处，全面负责全市文化系统的文化产业发展工作。2002年9月更名为文化产业处。

2003年12月，成都市委宣传部设置文化产业发展处，负责制订全市文化产业发展规划和相关政策；对全市文化发展情况调研，提出对策和建议；审定全市文化产业重点项目的立项，并监督和督促其实施；建立文化产业发展项目库，编制项目招商计划，推动形成项目招商和运作机制；监督检查全市文化产业发展的重要工作。

2004年11月，成立由市委、市政府主要领导负责及市委、市政府20余个部门为成员的成都市文化体制改革和文化产业发展领导小组。负责对全市文化体制改革、文化事业和文化产业发展的领导、协调和督促检查等。在市委宣传部文化产业处加挂文化产业发展办公室牌子，加强指导协调。同年，按照文化部《关于支持和促进文化产业发展的若干意见》《关于鼓励、支持和引导非公有制经济发展文化产业的若干意见》和四川省委、省政府《关于加快文化体制改革和文化产业发展的意见》及四川省文化厅《关于加快我省文化产业发展的意见》《关于加快民营文化产业发展的意见》，成都市委、市政府制发《关于加快文化体制改革和文化产业发展的实施意见》。

2005年，按照中共中央、国务院《关于深化文化体制改革的若干意见》和国务院《关于非公有资本进入文化产业的若干决定》及财政部、海关总署、税务总局《关于文化体制改革中经营性文化事业单位转制为企业的若干税收政策问题的通知》《关于文化体制改革试点中支持文化产业发展若干税收政策问题的通知》，四川省《关于贯彻文化体制改革试点中支持文化产业发展和经营性文化事业单位转制为企业的规定的意见》，成都市文化产业发展领导小组加强领导、协调和督促检查，成都市相关职能部门认真组织实施并加强管理，推进全市文化产业健康发展。

附：成都市文艺社团简介

【成都市文学艺术界联合会】

（内容详见《政治》下册《人民团体》卷记载）

【成都市作家协会】

成都市作家协会成立于1995年12月，隶属于成都市文联。下设报告文学、诗歌、儿童文学、小说、文学理论与评论、文学翻译6个专业工作委员会，负责开展相关领域内的创作、评论及相关活动。至2005年，协会在诗歌创作方面，大力支持本土诗人创作，对当代在成都孕育、诞生并显示其勃勃生机、对中国诗歌产生过重要影响的“非非主义”“莽汉主义”“整体主义”以及“民间写作”“知识分子写作”等诗歌创作流派，积极宣传推广其诗歌主张和作品。在儿童文学、科学文艺方面，大力支持并积极宣传杨红樱的校园文学、刘兴诗的科学童话、黄一辉的低幼童话、李晋西的探索童话、蔺瑾的动物小说、韩作成的乡土儿童小说、马及时的儿童诗歌、龙武霖的儿童寓言等作家和作品。影视文学方面，大力支持并宣传麦家《解密》及由此改编的电视剧《暗算》、易丹和钱滨根据自己创作的小说《誓言无声》改编的20集电视连续剧等作家作品。并开展会员联谊、创作经验交流、新作荐评丰富多彩的协会活动及评奖推荐申报工作。

【成都市音乐家协会】

成都市音乐家协会1985年成立，隶属于成都市文联，由全市音乐家组成的专业性人民团体。先后组织会员深入生活采风，创作出《好一个都江堰》《天府是故乡》、风光旅游宣传片《道润成都》以及“蓉城之声”歌曲专辑CD《深情》等大量优秀的音乐作品。1991年7月，四川师范大学艺术学院院长、成都市音乐家协会副主席、作曲家韩万斋在美国圣路易斯召开的第二届国际音乐记谱法会议上宣读论文《主和弦释义的始误及修正》，被誉为“万氏定义”。1992年起，何训田、何训友兄弟以独特的民族风格创作出音乐专辑《黄孩子》(1992年)、《阿姐鼓》(1994年)、《央金玛》(1996年)，从成都走向世界音乐殿堂。成都籍歌唱家廖昌永在1996-1997年连续三次分别夺得“第41届图鲁兹国际声乐比赛”“多明戈世界歌剧大赛”“挪威宋雅王后国际声乐大赛”第一名。2001年3月，成都市音乐家协会联合成都市群众艺术馆、成都市工人文化宫，举办成都市第十二届音乐创作作品研讨会，促进音乐创作的繁荣。成都原创音乐作品超过300部。

【成都市戏剧家协会】

成都市戏剧家协会成立于1988年6月，系成都市戏剧家组成的社会团体、成都市文联直属协会。1990年后，协会积极推动戏剧创作，组织戏剧理论研究、培养戏剧人才，举办戏剧活动，开展对外文化交流、出版戏剧书刊，为全市戏剧事业的繁荣和发展做出贡献。协会会员主要为全市川剧、京剧、话剧、木偶等剧团专业人士，会员中有戏剧作家、编创人员和优秀演员，他们的作品和表演，代表成都市当代戏剧发展水平，历年获奖甚丰。1999年，协会参加“国庆之夜大联欢”“国庆游园主会场”“庆祝成都解放五十周年”等大型活动，并参与一系列演出。同年，共创作各类剧目26个。其中，京剧《千古一人》、川剧《好军妹》获四川省“五个一工程奖”，川剧《目连之母》获第六届中国戏剧节剧目奖。2005年，协会拥有会员600人。

【成都市舞蹈家协会】

成都市舞蹈家协会成立于1985年2月，系成都市文联直属协会。会员主要来自成都市歌舞剧院、成都市群众艺术馆及区县文化馆，多为舞蹈专业演员和辅导干部。1997年，协会组织、创作的少儿舞蹈《哈达献明珠》《种太阳》《丫丫乐》

在全国优秀少儿舞蹈作品评选活动中分别获金奖、银奖及表演奖，协会获组织奖。1998—2002年，协会积极组织舞蹈创作、表演，获省级以上奖十余项。2003年，协会会员舞蹈编创活跃，涌现出的优秀作品有赵青主创大型时尚诗乐舞《大唐华章》梅永刚创作羌族群舞《依娜美达》吴显德策划、冯玉德执排藏族群舞《天织女》，罗彩文创作少儿舞蹈《今天我值勤》，陈铁军创作少儿舞蹈《云云鞋》，田园秀编排少儿舞蹈《苗山童谣》等。2004年，协会成立“儿童歌舞学会”，创办《百家言舞》论坛，举办舞蹈家个人作品研讨和专场演出。2005年，举办成都市第一届“美丽心情”群众优秀舞蹈社区大型展演，至年底，协会拥有会员208人。

【成都市曲艺家协会】

成都市曲艺家协会成立于1984年12月24日，系成都市文联直属协会。1990年以后，协会致力保护清音、扬琴、金钱板、竹琴等四川特有曲艺品种，注重培养曲艺表演人才，促进曲艺事业的发展，成绩突出。2002—2004年，青年曲艺表演家张徐、田临平分获中国曲艺最高奖——牡丹奖表演奖，另有《登记》(袁航、袁永恒)、《都市风景线》(袁航)、《幺妹农家乐》等曲艺作品在四川省第四届巴蜀文艺奖评选中获奖。2005年，严秀西撰《从清音谐剧的情况看四川曲艺的状态》获第五届中国文联文艺评论奖评论文章一等奖，至年底，协会共有会员214人。

【成都市杂技家协会】

成都市杂技家协会成立于1988年，系成都市文联直属协会。协会吸收有知名于国内外的老杂技表演艺术家和一批功底扎实、技艺精湛的中青年杂技演员为会员，积极促进杂技艺术水平的提高。1993年，“成都市杂技家协会第二次会员代表大会”召开。1998年6月，“成都市杂技家协会第三次会员代表大会”召开。2005年，协会有会员70人。

【成都市美术家协会】

成都市美术家协会成立于1984年4月，系成都市文联直属协会。1990年以后，协会积极组织全市美术家和美术工作者进行美术创作和理论研究，多次获得四川省美术家协会颁发的先进协会奖。1998年，承办奥地利画家弗利沃里克画展在成都展出。1999年，组织全市画家创作170余件作品参加全国第九届美展，入选40件。2001年，举办“西部版画巡回展”。2002年，成立水彩水粉画院。同年，在兰州展出“西部情”山水画展。2003年，与省美协共同举办“春熙放歌”陶艺展。2004年，参与承办成都文化年的“名人名家书画峰会”等大型文化活动。2005年，举办“纪念抗日战争暨反法西斯战争胜利60周年美展”，展出200余件作品；同年，参与主办“中国·成都佛教文化珍藏世纪大展”；至年底，协会有会员1500余人。

【成都市书法家协会】

成都市书法家协会成立于1985年4月，系成都市文联直属协会。1997年10月，协会与青羊区人民政府联合举办“庆祝香港回归暨府南河整治工程竣工书法展”，在市劳动人民文化宫展出作品100余幅。1998年11月，承办成都、武汉、昆明三市书画联展。1999年，举办“蜀女十人书法艺术展”，出版《蜀女十人书法艺术展作品集》。2000年，编印出版《锦城墨韵——成都市书法家协会会员作品集第一卷》。2002年，协会9人作品入选中国书法家协会举办的中国书法“兰亭奖”全国展。2002—2005年，协会每年开展“三下乡”活动，组织书法家义务为农民群众书写春联约4000幅。2005年年底，协会有会员1320人。

【成都市摄影家协会】

成都市摄影家协会成立于1985年1月，系成都市文联直属协会。1990年以后，协会活动频繁，获奖甚多。2004年3—7月，协会与省、市部分媒体共同组织成都市民开展万人拍成都摄影活动；5月，与成都市林业局共同主办“绿色成都”摄影大赛；9月4—10日，由市委宣传部、市文联和该协会承办的“成都大聚焦”摄影活动在成都举行，近万人参加活动；9月，协会承办首届城市摄影大会，10个国家和地区，国内23个省、市、自治区摄影组织代表120人出席；12月，组织全市26名摄影家开展“川南农村摄影考察活动”。2005年7月，承办“滇西抗战”摄影活动；10月26日至11月2日，成都市摄影家代表团在马来西亚举办“来自成都的爱”摄影展览；至年底，协会有会员2000余人。

【成都市民间文艺家协会】

成都市民间文艺家协会成立于1992年12月8日，系成都市民间文艺家和文艺工作者组成的专业性民间学术团体、成都市文联直属协会。协会共辖剪纸、民俗、民间书画等9个专业委员会，从事民间文学、民间工艺、民间表演、民间绝技绝活等方面的调查、发掘、收集、整理及市场开发工作，进行民俗研究和民间文艺理论研究，组织民间艺术展演、举办相关活动，促进全市非物质文化遗产的保护。1998年12月，协会为民间艺术家邹忠新、余公正举行韵文评书百场义演庆祝会。1999年9月，为评书表演家周少稷从艺60周年举办纪念庆祝会。2000年11月，为“被单戏”当代传人、民间艺术家沈幕垠举办从艺50周年庆祝会。2002年1月，与新华公园等单位联合举办首届民间大庙会；9月28日与中国民间文艺协会共同在成都送仙桥艺术城举办“民间艺术如何走向市场研讨会”，同日“中国(成都)西部民间艺术品博览会”开幕。2003年，协会与市委老干局联合在送仙桥举办“成都市首届夕阳红杯书画摄影博览会”；年内，会员杨丽设计制作的漆画《芙蓉鲤鱼》《九歌湘君》入选《中国工艺美术大师精品续集》，宋西平获北京首届中国文物品暨民间工艺品展览会银奖；年底，与送仙桥艺术城合作，建立民间艺术家网站并开通。2004年5月，组团赴京参加首届中国民间工艺博览会，吕建军的陶瓷作品《奥运龙陶瓶》、江明的铜雕《十二生肖花瓶》、黄大钰的彩色铅笔画《寻忧》和《卧牛山下》获奖；9月组建“成都市糖画表演团”赴山西榆次参加“第六届中国民间艺术节”。2005年，王懿等7名会员被评为四川省工艺美术大师，至年底，协会有会员800人。

传媒

概　述

一

成都传媒兴起于清末。清光绪二十四年(1898年)，宋育仁在成都创办《蜀学报》。抗日战争时期，成都报纸最多时达15家。1936年，成都第一个广播电台设立，呼号SGOG。中华人民共和国成立后，成都传媒业历经社会主义改造、一元体制建立等若干阶段，有较大发展。改革开放以后，传媒事业进入新的发展时期。2003年，在成都出版的报纸达到46种，全年总发行量为6.76亿份，占四川全省报纸发行量的一半左右，广告收入占全省报业广告收入的80%以上。1990—2005年的16年间，成都传媒事业坚持党的方针政策，不断改革、创新和发展，努力服务于地方建设和人民群众，社会效益和经济效益突出，极大促进成都市政治文明、物质文明和精神文明的建设。

新的历史时期，成都传媒业变化突出，主要表现在转变新闻观念，改革管理体制，进入产业化的大发展等方面。1992年初，中共十四次代表大会作出建立社会主义市场经济体制的决定。此后，成都成为全国传媒业发展最迅速、市场竞争最激烈的地区之一。成都报业和广播电视在坚持中国共产党的宣传方针前提下，较快地接受公开报道观念、新闻的商品性观念、适时开展舆论监督观念，使新闻报道耳目一新。

在激烈的竞争中，成都各媒体均以改革促进发展。成都传媒从创办资金到人事制度、分配制度都完全按市场经济机制来操作，其建设周期和运作情况都优于旧机制。成都传媒由于在体制和机制上寻找到与市场经济对接的契机，因而获得发展的动力。市场经济体制的建立，使成都传媒业迅速迈进产业化发展阶段。

二

20世纪80年代至90年代中期，成都报业从党报一元体制向多元化发展，出现以党的机关报为主体之外的市场报、都市报、晚报、早报等多种形态的报刊，报纸数量剧增。1992年，成都晚报社率先在全国同行中实行以人事制度、分配制度和医疗保险制度为主要内容的“三项制度”改革，打破平均主义，解放生产力，在全国起到示范作用。

成都报业从原来以宣传报道党的方针政策为主要功能，逐步转变到宣传报道党的方针政策，同时加强传播新闻、推进经济、传授知识、提供娱乐和咨询服务等多功能宣传模式，报道形式更加多样化，先后出现立体报道、系列报道、连续报道、组合报道、中性报道、对话式报道等多种式样，既反映出新闻记者思想观念的更新，又较好满足读者的多样化需求。1994年元旦，成都市第一张市场报《成都商报》问世，其全新的办报理念，给成都报业注入新鲜血液，更加推动成都报业的快速发展。《成都商报》在创刊时建立与市场相适应的用人机制和分配机制，使报社内部充满活力，报纸办得生机勃勃。1995年元旦，《四川日报》社所辖的都市报《华西都市报》创刊。《成都商报》和《华西都市报》的相继出现，使成都成为中国都市报的发轫地和中国报业趋同化竞争的源头。2001年7月1日，成都市委决定将《成都晚报》的都市生活报职能剥离出去，《成都日报》恢复机关报职能，使其定位更利于竞争。

2002年9月，成都报业集团正式成立，以成都市委机关报《成都日报》为龙头，涵盖成都日报社、成都商报社、成都晚报社、先锋杂志社、时代出版社、公司杂志社、时代教育报刊社、青年作家社、成都博瑞投资控股集团有限公司、成都新闻实业公司10个单位，成为以报刊出版业为主业兼营传媒、投资、地产、教育、旅游、新闻纸贸易、城市公共信息网络等多产业的现代综合传媒集团。其中的成都博瑞投资控股集团有限公司于1999年控股博瑞传播上市，成为中国报业第一股。集团的建立极大推动成都报业的快速发展。至2005年底，该集团共有职工5131人，所属报纸日发行量100万份，全年总收入16亿元，利润总额1.2亿元，上缴税收2.54亿元。

成都报业从20世纪80年代中后期崛起，广告业务迅速拓展。1992年，《成都晚报》广告收入比上年增加近一倍，1994年，该报日发行量达28万份，广告营业额为9223万元，进入全国报纸十强。1994年，《成都商报》在创刊第一年的广告营业额即达到800万元，以后11年连续增长，日发行量超过50万份，至2005年广告收入达到6.5亿元，成为全国报纸的新十强。各报的报纸版面也从两张对开8个版扩大到日十余版、几十版、特殊时间上百版的厚报纸。

成都报业在20世纪90年代初期引进电脑激光照排技术和彩色胶印技术，购置多台世界先进的彩色胶印机；到90年代中期实现新闻采访电脑写稿、发稿、编排和现场新闻的远程传输。成都商报社构建的内部局域网，拥有600多个终端和一流的出版软硬件，是中国西部网络技术和出版流程最为先进的现代化报社。

在成都的省级报业集团四川日报报业集团于1999年底成立，是中国西部地区首家由省级党报组建的报业集团。它以《四川日报》为核心，以报业延伸的实体为主体，兼营其他实业，拥有《四川农村日报》《华西都市报》《文摘周报》《天府早报》《金融投资报》等报，期发行量300万份，2003年广告收入为3.37亿元。

三

20世纪80年代至90年代中期，成都市广播电视发展较快，全市陆续完成成都电视台的重建和成都有线电视台、成都经济电视台的兴建，并有四川经济广播电台、四川岷江音乐广播电台的出现，增强了广电传播业的影响力。90年代末，成都境内有广播电台共11台24个频率，其中成都市辖6台9个频率、四川省辖5台15个频率；成都境内有电视台共7台19个频道，其中成都市辖3台9个频道、四川省辖4台10个频道。

成都市辖三个电视台的兴起，使成都市广播电视相互促进，出现你追我赶的强劲势头。成都电视台坚持新闻立台的主流台风格，经济电视台以经济评点和时尚综艺取胜，有线电视台以丰富的文体娱乐节目见长，并且都在推进电视节目栏目化、精办节目、不断更新中提高收视率。电视新闻是成都市广大市民获取新闻的主渠道，省市电视台均以新闻节目为改革重点，展开激烈竞争。1993 年元旦，成都电视台（15 频道）率先推出电视新闻滚动播出，将每晚播出一档新闻改为每天播出四档新闻。分别是《成视午新闻》《成视 6:30》《快递成视新闻报道》《成视深夜新闻》，当年播出新闻比上年多 1000 余条。1996 年，成都电视台又在西南地区率先开播早间电视新闻。成都经济电视台推出每日六档新闻滚动播出。1994 年，成都人民广播电台新闻类栏目增至 20 个，每日播出新闻时间由 13 小时增至 20 小时。新闻内容更加丰富，焦点新闻、民生新闻、现场新闻更加受到青睐，舆论监督新闻得到中共成都市委、市人民政府领导的格外重视。

成都广播电视积极推行频道专业化，着力建立系列台。至 2000 年，省市广播电视专业电台和电视频道发展到 20 余个。成都广播电台经过 20 世纪 90 年代的发展，建立新闻台、经济台、交通台、文艺台；成都电视频道增至 6 个（15 频道、33 频道、都市生活频道、影视文艺频道、体育频道等）。广播电视在改革和竞争中得到进一步普及，进入到全市的每一个家庭，成为人民生活中不可或缺的内容。

成都广播电视按照国家广电总局关于省以下广播电视不建立集团的规定，完成成都广播电视局与成都人民广播电台、成都电视台的“局台合一”为“局台分设”体制改革，组建成都广播电视台。由台组建各类产业公司扩展事业，主攻网络建设。成都市网络建设始于 1992 年，市网络公司先后在城区铺设光缆、电缆干线 3492 千米，入网用户 47.9 万户；后因网络建设多头进行，省委、省政府办公厅 2003 年下文对成都市中心城区和区（市）县、乡（镇）网络进行整合，建立省、市、县三级网络统一运营体系。2004 年，成立国有网络经营机构——成都市兴网传媒有限责任公司，公司网络覆盖成都市 4 个中心城区和 14 个郊区县（市）。到 2005 年底，公司拥有有线电视用户 130 万户。

广播电视是高科技、重装备产业。1990—2005 年的 16 年间，成都传媒技术装备更新换代 4 次，仅 1994—1996 年，成都电视台为技术升级就投资 3670 万元。2005 年，该台数字智能大厦技术系统投资逾亿元，实现全台采编录制作播出系统数字化、生产管理网络化，成为全国省会城市电视台及省级电视台中先进的技术系统之一。

在成都的省级广播电视单位于 2003 年建立四川广电集团，拥有四川人民广播电台、四川电视台、《四川省广播电视报》等单位，截至 2005 年，四川人民广播电台在全省范围内拥有 15 个广播频率，形成新闻、民族、经济、音乐和交通五套覆盖范围不同、听众对象侧重、相对分工、优势互补的节目布局和结构，全天播音总时间 72 小时。四川电视台卫视频道面向全国，全天播出，在全国可接收该套节目的总人数为 5.49 亿人，1.56 亿个电视家庭，平均收视率居全国省级卫星台前列。

四

1990—2005 年，成都市书报刊出版快速发展，成都成为全国出版社最多的省会城市；出书种数居全国各省、市、自治区第九位，数量居第七位。与北京、上海、广州并称中国四大出版基地。16 年中，成都地区出版系统高扬主旋律，坚持多出书、出好书。在全国性的国家图书奖、中国图书奖、中宣部“五个一工程奖”评选活动中，成都地区有 55 种图书获奖，其内容覆盖政治、经济、文化、社会各个领域。

成都市印刷企业由1990年的1000余家发展到2005年的2330家，并涌现出一批产值上千万元的大型印刷企业。通过园区建设带动全市印刷业及相关产业发展，把印刷业培育成为文化支柱产业。成都成为四川省书刊印刷中心和全国书刊印刷的重要基地。

1990年以后，成都市出版物发行进行一系列体制改革，国有图书发行企业通过资产重组，组建集团公司，新华书店自身发行网点逐年递增，实施连锁经营的现代业态，相继建成特大型图书超市。民营图书发行业迈向正规化、规模化。城市和农村出版物发行市场呈现一派兴旺景象，品种由书报刊发行向包括电子出版物在内的多样化发展。至2005年，成都市书店批发、零售书刊经营、销售书报刊邮亭、多媒体信息亭、电子出版物经营，形成遍布城乡的销售体系。成都的出版物发行量在全国特大城市中位居前列，成为全国主要的出版物集散中心之一。

五

20世纪90年代，全球互联网迅速发展，有“第四媒体”之称的网络媒体悄然兴起，成为传媒业后起之秀。成都电视台的“成视网站”创立于1997年，是成都地区首个国际互联网站。四川新闻网于1999年元旦开通，是全国各省、市、自治区最早成立的省级新闻网站。至2005年，成都地区建有新闻网站50个，涵盖报业、广播、电视、党政宣传部门以及区（市）县相关部门的新闻网站。这些网站建成后，在线传播大量新闻信息，日点击率在数百万次以上。成都市委外宣办和成都市政府新闻办主办的“成都在线”，日点击率最高达到70万次。一些重要网站还与国际国内大型新闻网站链接，所有信息开放交流，影响深远。

1999年4月，成都市建立政府门户网站“成都公众信息网”，大量发布成都相关新闻信息，又与全市40多家“委、办、局”建立资源收集渠道和政府信息公开网上报送系统，面向公众提供政府服务。该网站拥有各类栏目467个，87个栏目每日更新，更新条目300条，日均点击数6万～7万次，最高超过10万次。至2005年，成都市政府43个工作部门全部登上公众信息网，20个区（市）县全都建立独立网站。

成都市委、市政府在大力倡导发展网络媒体的同时，管理也在逐步完善。2000年，成都市委、市政府出台《关于加快信息化建设和信息产业发展的意见》，成立信息化工作领导小组，当年7月，组建成都市信息化办公室。2004年，出台《政府信息公开规定》。2005年，成都市委宣传部建立网络新闻信息中心，加强网站管理，使之更趋有序。

报刊业

综　述

1990—2005 年，成都市报业按照党和国家改革开放的方针政策，锐意改革、大力创新、迅速发展。90 年代初，市场报、都市报、晚报、早报以及其他社会生活类报纸相继出现，形成多层次、多元化的成都报业形态。1994 年 1 月 1 日，成都第一张市场报——《成都商报》正式出版。2001 年 7 月 1 日，作为成都主流报纸的成都市委机关报——《成都日报》复刊；同日，在剥离党的机关报职能后的又一张社会生活类报纸——《成都晚报》诞生。《成都日报》复刊后，坚持机关报办报方针，强调“权威、深度、责任”，把成都市委提出的“新党报，新机制，新面貌”的要求落实到办报的各个环节中。

成都报业的发展，带来各报之间的激烈竞争，成都成为全国报业发展最迅速、竞争最激烈的地区之一。成都报业在坚持党的基本办报方针前提下，在宣传内容上从原来以宣传报道党的方针政策为主要功能，逐步转变到宣传政策、传播新闻、推进经济、传授知识、提供娱乐和咨询服务等多功能宣传模式。报纸涉及的领域更宽，信息量更大，其深度报道、特稿、新闻追踪、新闻调查等新闻报道方式都显著增加。这些报道在解读政策成因、揭示事件背景、提升新闻价值上取得长足进步。同时，报纸的版面从传统的对开四版，扩大到十几版、几十版甚至特定时间的上百版的厚报纸。到 2005 年底，成都日报报业集团所属市级报纸日发行量达到 100 万份，不仅宣传功能扩大，也为读者提供多方面的选择。

成都各报在激烈竞争中谋改革、图发展，增加发行量，提高竞争力。1992 年，原成都晚报社率先在全国同行中实行以人事制度、分配制度和医疗保险制度为主要内容的“三项制度改革”，引起反响。《成都商报》创刊时即建立起一种与市场相适应的用人机制和分配机制，使报社内部充满活力，报纸发行量逐年上升，影响力日益扩大。剥离党报职能的《成都晚报》出刊就被推向市场，建立新的广告营销模式。成都报业在体制和机制上寻找到与市场经济对接的契机，从而获得发展生机。

科学技术的发展和社会信息化程度的日益提高，给成都报业发展提出全新的要求，传统的报业采编方式、印制方式和传输方式已不适应社会发展的需要。面对新的形势，原成都晚报社在 20 世纪 90 年代初就引进电脑激光照排技术和彩色胶印技术。以后几年，各报都纷纷引进先进的照排设备、胶印和彩印设备，使报纸的外观面貌焕然一新。至 90 年代中期，新闻的采编方式和新闻的传输方式逐步实现电脑写稿、发稿、编排和现场新闻的远程传输。此外，《成都日报》《成都商报》《成都晚报》的电子版也先后在互联网上向读者开放。

2002 年 9 月 26 日，成都日报报业集团成立。该集团以市委机关报《成都日报》为“龙头”，并与其他社会生活类报刊及出版资源共同组建而成，其目的是为进一步适应报业发展的新形势，整合成都报业资源，做大做强成都报业。

报　纸

【成都日报】

《成都日报》为成都市委机关报，1956 年 5 月 1 日创刊，公开发行，国内统一刊号 CN51-0004。1961 年 3 月 15 日更名为《成都晚报》。1968 年 8 月更名为《新成都报》。1971 年 6 月，恢复为《成都日报》。1983 年 1 月 1 日，又改为《成都晚报》。2001 年 7 月 1 日，复名《成都日报》。

成都日报社

1990年以前，该报一直为对开4版。1991年5月1日开始，周末增加至对开8版。1993年6月起，每日开增扩为对开8版。1994年7月1日后，报纸在每周一、三、五出版对开12版。1995年1月1日改为每日对开12版，版面设置为：1版要闻，2版综合新闻，3版社会新闻，4版国际新闻，5版体育新闻，6版文化新闻，7版市场新闻，8版广告，9版副刊，10版专刊，11版国际副刊，12版文摘。2001年7月1日，《成都日报》恢复出刊后，报纸为日均16版。2005年7月1日，报纸改版，由日均16版调整为 20版（周末除外），周一、周六为16版，周日仍为12版。版面重新调整为：A1—A8为要闻版，A9—A12为副刊专刊版，B1—B4为时事类新闻版面，B5—B8为都市生活新闻版。

1990—2001年，《成都日报》围绕经济建设中心，开辟《大开放促大发展》《今日成都人》和《如何改善我市的投资软环境》《党报新闻热线》等特色栏目。其中，在头版推出《成都边缘千里行》专栏，使报纸的内容不再停留于简单的发生式新闻报道，而是有目的地寻找和挖掘新闻，开拓策划类新闻报道的路径。1992年，在全国认真学习邓小平同志南方谈话精神的背景下，报社编委会组织力量，对改革开放搞得较早较好的我国沿海边、沿边境、沿长江边的数十座大中型城市和地区进行采访报道，简称“三边纪行”。“三边纪行”大型采访活动在全国同类报纸中属首创，持续半年时间，行程数万千米，刊发100多篇介绍改革开放举措的见闻式报道，为党报的时政要闻宣传探索出一条全新路径。1999年6月，报社编委会提出改版方案，将一版办成权威性、指导性、可读性强的包括政治、经济、文化、社会热点、焦点报道的消息总汇。重点刊登中央重大部署，党和国家主要领导人的重要活动报道；市委、市政府重要工作部署和市人大常委会、市政协重要会议报道以及成都市主要领导重要活动的报道；地方和国内重大政治、经济、文化、体育新闻。2000年迎接“千禧年”，报社编委会推出52个“蓉城金版”，分别以《蓉城世纪宝宝》《我给太阳道声早》《昨夜，蓉城难眠》《足球让我们悲欢交织》《天府百人世纪画展》《成都，城在变大，乡在缩小》《成都百年沧桑》《清点百年衣橱》《成都文化，忘却与记忆》《20世纪丽人行》等专版报道，不仅集中对“新千年”的各项庆祝活动情况进行及时报道，也对20世纪的重大人物、事件进行回顾性报道。同年，中央做出西部大开发的战略决策，报社编委会精心谋划组织冠名为“新西行漫记”的大型采访活动。

2001 年，成都市政府颁布《成都市人民政府关于加快成都市投资体制改革的决定》后，《成都日报》开辟专栏，通过制作表格、办事程序示意图等直观形式，对该决定的内容进行详尽而贴近读者的生动报道，从 7 月 15 日至 8 月 1 日，先后刊发稿件 17 篇，起到较好的服务作用。2002 年 10 月，刊出“难忘十三年　难忘十三件重大历史事件”系列报道，不仅形式上有所创新，内容也翔实可读，受到中央宣传部的肯定。2001 年 9 月，经中央对外宣传办公室批准，《成都日报·英语周刊》专版正式出刊，随报发行，成为西部第一张英文周刊，被列为成都市对外宣传用品。

1990—2005 年，《成都日报》先后推出的重大新闻报道如下。

1993年首届国际熊猫节宣传报道。1992年底，该报以“增刊”的形式不断刊出“熊猫节专版”，并举行熊猫节宣传周和知识竞赛，不断传播“成都——大熊猫故乡”这一概念。1993年9月1日起，《成都晚报》开始在一版每日题标熊猫节倒计时天数，使该项活动深入民心。

府南河综合整治工程宣传报道。从 1993 年起，《成都晚报》对围绕该工程实施的新举措、工程建设中出现的先进典型、省市领导视察工程、现场办公等情况进行跟踪报道，重点对拆迁工程进展、安居工程建设、军民携手合作、农民支持工程建设等情况进行比较深入的报道。截至 1996 年 6 月，该报共刊发关于府南河综合整治工程的稿件 160 余篇。其中，文字报道 46 篇，图片 47 幅，读者来信 45 封，诗歌 20 余篇及其他文体稿件。

1990—2005年《成都日报》部分获奖作品一览表

表5-158

获奖作品	作者	发表时间	奖项	授奖单位
《人生第二轮回》	刘传本	1990年5月	全国晚报体育好新闻一等奖	全国晚报体育记协
《悲剧英雄》	许　勇	1990年5月	全国晚报体育好新闻一等奖	全国晚报体育记协
《卫生防疫部门如此不讲卫生》	刘儒康 王学成	1990年	四川省好新闻作品一等奖	四川省新闻学会
《卫生部门如此不讲卫生》	王学成	1990年12月	四川省新闻奖一等奖	四川省新闻工作者协会、四川省新闻学会
《遥远的旋转》	肖幼玮	1990年12月	四川省新闻奖一等奖	四川省新闻工作者协会、四川省新闻学会
《华君武漫画展在广汉举行》	黄志祥 方明远	1991年	全国晚报“红塔杯”新闻大赛编辑一等奖	中国晚报工作者协会
《焦裕禄和他的妻子儿女们》	景效文	1991年	全省报纸副刊好作品一等奖	四川省新闻工作者协会、四川省新闻学会、四川省报纸副刊研究会

续表

获奖作品	作者	发表时间	奖项	授奖单位
《这个人硬是巴适》 《雄壮的和声》 《这支歌将在蜀都大地久久回荡》	邓明兮 傅有权 王　鹤 胡春雷 杨　魏	1991年5月至6月	四川省新闻奖一等奖	四川省新闻工作者协会、四川省新闻学会
《黑白世界的职业杀手》	刘传本	1991年	全国晚报好新闻一等奖	全国晚报体育记协
《说“陪”》	肖幼玮	1991年12月	四川省新闻奖（编辑）一等奖	四川省新闻工作者协会、四川省新闻学会
《“跳楼”“投河”“上吊”颂》	肖幼玮	1992年4月	四川省新闻奖（编辑）一等奖	四川省新闻工作者协会、四川省新闻学会
《“国际口味”是什么味》	肖幼玮	1992年4月	四川省新闻奖（编辑）一等奖	四川省新闻工作者协会、四川省新闻学会
《一个人的学校》	邓明兮 傅有权 王　鹤	1992年1月	全国晚报“爱德杯”新闻特写大赛一等奖	中国晚报工作者协会
《至刚至柔的攀枝花》	肖幼玮	1992年3月	四川省新闻奖一等奖	四川省新闻工作者协会、四川省新闻学会
《改革春潮急》	邓明兮	1992年4月	四川省新闻奖一等奖	四川省新闻工作者协会、四川省新闻学会
《“查处团”吃闭门羹》	黄志祥	1992年4月	四川省新闻奖（编辑）一等奖	四川省新闻工作者协会、四川省新闻学会
《自强与友爱之歌》	龙必锟	1992年	四川省新闻奖一等奖	四川省新闻工作者协会、四川省新闻学会
《火娃纪实》	王学成	1992年12月	全国晚报好新闻一等奖	中国晚报工作者协会、中国晚报新闻学会
《哽咽的琴声——记著名小提琴演奏家郑石生教授》	陈晓霞	1993年	全省报纸副刊好作品一等奖	四川省报纸副刊研究会
《巴蜀之子》	谢晓苏	1994年	全省报纸副刊好作品一等奖	四川省报纸副刊研究会
《爱的呼唤》	刘儒康 余　鉴	1994年	全国晚报好新闻一等奖	中国晚报工作者协会
《微机进村小，校校有电脑》	龙必锟	1995年	四川省新闻奖一等奖	四川省新闻工作者协会、四川省新闻学会
《9.18本中心关门停业》	刘儒康 李明磊	1995年	全国晚报好新闻大赛一等奖；第四届全国副省级城市党报好新闻二等奖	中国晚报工作者协会；全国副省级城市党报好新闻评选委员会
《从电车重上广州街头说起》	林树仁	1995年8月	全国晚报好新闻科普好作品一等奖	中国科技新闻学会、中国晚报科学编辑记者学会
《旧貌变新颜》	王学成	1995年9月	全国晚报摄影大赛一等奖	中国晚报工作者协会、中国晚报新闻学会
《冷眼看裁判众口说公正》	王若男 周　葱	1996年	全国晚报好新闻一等奖	中国晚报工作者协会、中国晚报新闻学会
《说戏画戏》专栏	谢晓苏 张鸿奎	1996年	四川省报纸副刊好作品一等奖	四川省报纸副刊研究会、四川省新闻工作者协会、四川省新闻学会
《百位老人昨在“以树代纹”活动中签名》	龙必锟	1997年8月20日	全国副省级城市党报消息竞赛一等奖	全国副省级城市党报好新闻奖评选委员会
《川军主帅怒喊辞职》	孟武斌	1998年	全国晚报体育好新闻一等奖	全国晚报体育记协
《让思想冲出牢笼》	黄志祥 杨　魏	1998年5月	四川省新闻奖一等奖	四川省新闻工作者协会、四川省新闻学会

续表

获奖作品	作者	发表时间	奖项	授奖单位
《国企是改革和发展的主体》	黄志祥	1999年5月	四川省新闻奖一等奖	四川省新闻工作者协会、四川省新闻学会
《“麻木症”探源》	肖幼玮	2000年9月	四川省报纸副刊好作品一等奖	四川省报纸副刊研究会
《百分之七十三私企老板想入党》	方明远	2001年	全国副省级城市党报短新闻竞赛（编辑）一等奖	全国副省级城市党报好新闻评选委员会
《为了祖国的生态事业——追记杰出科学家刘照光》	陈晓霞	2002年	四川省新闻奖特等奖	四川省新闻工作者协会、四川省新闻学会
《为了祖国的生态事业——追记杰出科学家刘照光》	方明远 黄志祥	2002年	四川省新闻奖（编辑）特等奖	四川省新闻工作者协会、四川省新闻学会
《投票“副局级”当场丢官帽》	赵　苹	2003年	全国副省级城市党报好新闻竞赛一等奖	全国副省级城市党报好新闻评选委员会
《第一个吃“螃蟹”的是个太婆》	刘　华	2003年8月	四川省好新闻消息类一等奖	四川省新闻工作者协会
《中国残疾人事业》	宗原如 周海波	2003年6月	四川省好新闻一等奖	四川省新闻工作者协会
《阳光调解，温暖的不仅是当事人》	李　斌	2004年10月	全国报刊作品一等奖	中华全国新闻工作者协会
《大熊猫赴台两岸专家今会商》	钟　文 李　旭 王艳李	2005年10月	全国副省级城市党报好新闻一等奖	全国副省级城市党报新闻评选委员会

1990—2005年《成都日报》部分个人荣誉称号一览表

表5-159

获奖者	奖项	颁奖单位	获奖时间
游开朗　龙必锟	政府特殊津贴	国务院	1993年10月
王瑞林	省“十佳”新闻工作者	四川省记协	2001年4月
黄志祥	四川省有突出贡献的优秀专家	中共四川省委、四川省人民政府	2001年4月
邓晓洪	全国抗击非典优秀记者	中央宣传部、全国记协	2003年7月
严　斌	全省抗击非典宣传先进个人	中共四川省委宣传部、四川省记协	2003年8月
王瑞林	全国“百佳”新闻工作者	全国记协	2004年11月
陈晓霞	四川省优秀新闻工作者	中共四川省委宣传部、四川省记协	2005年11月

1996年成都·新形象采访活动。成都市委宣传部和成都晚报社于1996年9月2-11日联合组织由全国副省级城市党报参加的“成都·新形象”大型采访活动。来自深圳特区报、广州日报、南京日报共14家副省级城市党报的记者参加这次采访活动。采访团的记者实地采访府南河综合整治工程、荷花池市场、成都电信、市政道路交通、公厕、高新技术开发区、安居工程、熊猫基地、草堂博物馆、武侯祠博物馆等，较深入地了解成都的社会经济文化发展状况。截至1996年12月30日，各家副省级城市党报均发表各类报道对成都进行多方面的宣传。

“新西行漫记”大型采访活动。2000 年，中央作出西部大开发的战略决策，这是四川及成都大发展的历史性机遇。报社编委会精心谋划，决定成立 8 个采访团（组），派出 26 名记者分赴祖国的东部发达城市和西部十个省、市、（自治）区进行采访活动。这次策划活动作为《成都晚报》西部大开发报道的重要组成部分，全面地介绍西部十省、市、（自治）区实施大开发战略的实际举措，以此推进成都参与西部大开发战略中作为支撑点地位的形成。此次策划报道共发稿 200 余篇，图片 50 余幅，专版 14 个，内参 1 份，整体报道有分量、有声势，社会反响强烈。

“突破——2005 成都故事”。2005 年 12 月 26 日起，《成都日报》在头版浓墨重彩推出“突破——2005 成都故事”系列报道，联动 A5 版，连续 17 天对全市区（市）县的工作亮点进行系统而生动的总结性报道。报道将各区（市）县作为一个单独的新闻主题，以生动、感人的细节描写，真实再现全市基层工作者求真务实谋发展的感人故事，以故事来表现人物、展现成果。在讲故事的同时，专题报道采用记者观察、访谈、评论等多种形式，对故事背后各级党政干部的艰辛工作进行深入展示，体现出党报大力改进报道方式的特色。

【成都商报】

1994 年 1 月 1 日《成都商报》正式创刊，定位为综合性城市日报。创刊伊始，提出“创新、务实、理性、开朗”的办报理念，以及“以市场为中心，全方位报道经济建设、市民生活和社会活动”的办报宗旨；以成都的经济新闻和信息为报道的主要内容，为成都的“大商业、大市场、大流通、大开放”服务。

成都商报报社

《成都商报》创刊初期为对开四版，每周一、三、五、六出版，在成都市各单位内部发行。1995 年 2 月 6 日，经国家新闻出版署批准，《成都商报》与《生活科学报》合并，更名为《成都科技商报》，对开四版，日报，公开发行，国内统一刊号“CN51 — 0073”，由成都市科协主管，成都市财办、成都市科协主办。1995 年 8 月 18 日，更名为《成都商报》，由成都市财办主管，成都市财办和成都市科协主办。根据国家新闻出版署的批复，2001 年 7 月 11 日，《成都商报》改为由成都日报社主管主办。2002 年 9 月 26 日，转为由成都日报报业集团主管主办。至 2005 年，《成都商报》日均出版近 30 个版面。

1994—2005 年，《成都商报》不断深入发掘新闻资源，创新报道方式。《成都商报》1994 年 1 月 1 日正式创刊后，准确、通俗地解读新税制报道，是《成都商报》的第一次专题性报道，也由此开始《成都商报》解读政府方针政策时注重接近性、准确性、细腻性的探索。1995 年 2 月 6 日，《成都商报》推出第一个社会新闻版，其中，“新闻线索有奖征寻”、开通热线传呼，为全国报纸首创。1995 年 8 月金堂抗洪，《成都商报》首次推出图片新闻封面版。1995 年成都府南河 10 万人大迁移，10 月 6 日，《成都商报》以《一个府南河建设者的女儿》开篇，牵出三个月的系列报道“我的府南河”，最早用新闻策划来报道市委、市政府中心工作。11月13—16日，头版连续刊登《火车北站“内线”访抢》系列报道，记者冒着生命危险进入抢劫犯罪团伙卧底暗访，使成都新闻媒体的社会新闻更加具有可读性和轰动性。1996年，《成都商报》摸准都市报的办报思路，构建包括追踪报道、暗访报道、新闻连载、新闻策划在内的一整套都市新闻操作模式，并趋于成熟，使社会新闻开始成为《成都商报》的重头戏。

1997年，《成都商报》提出办“大报”的思路，关注国内国际重大新闻。2月邓小平逝世，全报社出动在第一时间把消息传递给读者。5月，《成都商报》派记者奔赴山西，报道柯受良驾车飞越黄河壶口。8月，全国首家报道李娜出家的消息。此外，5—6月，暗访追踪潲水油，基本消灭成都潲水油回流餐桌的现象。1998年，《成都商报》提出“帮忙不添乱、办一流大报”的办报新思路，设立政治记者，从事市委、市政府中心工作的报道，派出记者采访全国“两会”，强化报纸的政治性 。1999年5月，中国驻南联盟使馆被炸，《成都商报》把次日的4个版面“提前出片”，成为当代成都第一份具“号外”性质的“特刊”。

2000年，《成都商报》倾力助推西部论坛。首次大规模推出大型系列评论。“龙年十评”，从小事谈起，针砭时弊，指出不利于启动西部大开发的十种负面现象。2001年7月13日，在萨马兰奇宣布北京获得2008年奥运会举办权的10分钟后，30万份《成都商报》申奥特刊上街。9月11日，纽约世贸中心遭遇恐怖分子袭击坍塌，《成都商报》在第一时间第一次用八个版面关注这一国际大事。10月7日，中国国家足球队首次进入世界杯，《成都商报》迅即推出《中国足球首次冲进世界杯珍藏金版》。11月12—15日，与福布斯、新浪网、北京青年报等7家主流媒体联合主办“入世，中国与世界对话”网上头脑峰会，还在本土设立成都分会场，与激动网共同推出“WTO与新西部”主题论坛。此外，同年8月，《成都商报》记者全国独家追踪银广夏陷阱的主角——天津广夏的深度报道被广为转载。

2002年，《成都商报》提出打造精品新闻。3月20日；开始引进法律审稿。2003年，《成都商报》社会新闻部7名深入“非典”病区的记者坚守一线采访，记者刘瑶更是《成都商报》第一个深入“非典”一线采访的记者，发回《排除了！成都首例非典》等系列“非典”报道，鼓励市民与“非典”作英勇斗争。同年，《成都商报》进一步加强新闻的本土化。《天堂里有没有车来车往》用以崭新的角度和写法，展现一起普通车祸给当事5个家庭带来的深重悲伤和深远影响，被成都市乃至省内城市的交警系统作为警戒教育材料。2004年，《成都商报》以“纠正少数干部不在状态”为契机，启动更高层面的舆论监督。2005年，《成都商报》积极探寻在党报和都市报之外的第三条路。本地新闻报道重视提升城市形象：话剧《雷雨》在蓉首演发生意外，市民宽容对待，《成都商报》第一时间提出该事件彰显“和谐包容”的成都精神。2月，率先发现向志雄的感人事迹，及时推出独家报道《众人流泪社保局长倒在会场》。强调新闻转型，讲究社会责任，《一夜狂欢充气棒埋下百年“毒瘤”》指出平安夜留在街上难以降解的塑料充气棒就有20多吨，对环境危害将持续近百年之久，揭示的问题让人触目惊心。《水中诀别，慈母推儿出车窗》面对一起恶性车祸，着力挖掘儿欲救父母，父母却舍身推儿出车窗外，水中诀别而去的感人细节以及事故背后的真情。《400种降价药。这医院9成没有》，报道药品降价后，却很快从患者的选择目录中消失，揭露暗箱操作的同时请权威医疗专家为患者看病出谋划策，开出常见而实用的药品目录。10月17日，巴金逝世，《成都商报》于当晚推出4个版的“文坛巨匠巴金逝世”号外。

1990—2005年，《成都商报》不断为读者，为社会提供形式多样的服务。1996年5月，在全市媒体中首家开通“城市热线”，综合收集新闻线索、接受投诉和求助解决市民生活麻烦的两种功能。1997年起，推出《道达炒股录》（后改为“道达投资手记”）作为《成都商报》证券类咨询报道的新领域，及时准确报道股市信息，为股民服务。2000年，《成都商报》与成都市公安交通管理局联合推出《宣传畅通工程曝光违章车辆》专栏；同年推出博彩专版为彩民服务。2001年3月14日，《成都商报》在全国率先开通“城市热线公众服务网”，后升级网络版，近百家与市民生活休戚相关的职能部门、公用事业机构加盟；10月12日起，推出“10元周末音乐会”，通过与演出单位联手长期举办普及大众的周末音乐会，丰富市民文化生活。2002年，针对私家车大量增加，城市道路变化大，《成都商报》与成都市公安局交通管理局联办《交警权威发布》栏目，及时发布有关成都车辆、道路和驾驶员管理等重要交通信息；当年3月，推出第一个价格服务专版“买相因”，创新生活消费服务，被省内外多家媒体效仿；8月，建立“成都商报城市热线好房立即送服务体系”，为购房者提供即时的楼盘信息查询服务、消费维权、购房班车等免费服务。2003年2月12日，《成都商报》联合成都市城区30余家强势人力资源中介机构和民营、合资企业，共同组建“成都商报求职服务网”，同日推出“求职易”专版，在第一时间发布成都市内重大招聘信息、人才信息等内容，方便求职者和用人单位，同时推出求职热线“86513931”，并为每天9时起打进热线的前30名有求职意愿的读者免费刊登求职简历。2005年6月，公众服务网全面升级，共有200多家成员单位，搭建起一个党委、政府与市民沟通的平台，内容涉及从市民日常生活，到市政道路建设、就业环境与状况、政府最新的政策法规等各个方面。

1994—2005年，《成都商报》先后通过成功策划主办活动、新闻报道，引起较大社会反响的如下所示：

1997年，策划法拉利、玛莎拉蒂成都巡游活动，成都市民第一次与世界名车面对面；发

1995—2005年《成都商报》获集体奖情况表

表5-160

获奖单位	奖项	颁奖时间	授奖单位
成都商报社	中国报业创新奖	2001年10月	中国报业协会
成都商报社	首届全国都市报编校质量评比二等奖	2003年7月	新闻出版总署
成都商报广告部	全国广告行业文明单位	2003年12月	中国广告协会
成都商报社	全国“三项学习教育活动”先进典型	2004年3月	中宣部
成都商报	最具竞争力20强都市报	2004年6月	中国报业竞争力年会组委会
成都商报	中国500最具价值品牌	2004年6月	世界品牌实验室
成都商报社	全国报社管理先进单位	2005年2月	国家新闻出版总署

1995—2005年《成都商报》个人获奖情况表

表5-161

姓名	奖项	颁奖时间	授奖单位
刘　瑶	全省新闻界抗击“非典”优秀新闻工作者	2003年7月	省委宣传部、省新闻工作者协会
刘　宇	全国商报优秀新闻工作者	2004年11月	全国商报联合会
夏旗舰	全国报业先进经营管理工作者	2004年12月	省新闻出版局、省报业协会
李　娅	四川省优秀新闻工作者	2005年11月	省委宣传部、省新闻工作者协会

1995—2005年《成都商报》部分获奖作品一览表

表5-162

作品	作者	奖项	授奖单位
《捐了零花钱：为府南河添一片绿》	雷　萍、夏旗舰、高　红	四川省新闻奖一等奖	四川省新闻工作者协会、四川省新闻学会
《我的府南河》新闻系列报道	夏旗舰、叶　桑	四川省新闻奖一等奖	四川省新闻工作者协会、四川省新闻学会
《川企五家中标令全国刮目》	吴世平、夏旗舰	四川省新闻奖一等奖	四川省新闻工作者协会、四川省新闻学会
《孩子，在出租车中降生》	谷　川	四川省新闻奖一等奖	四川省新闻工作者协会、四川省新闻学会
《钢琴比赛获第一奖金悉献爱心——十岁娃捐助七个失学儿童》	李如安	四川省新闻奖一等奖	四川省新闻工作者协会、四川省新闻学会
《川联大一女生挣了700万创下中国大学生科技成果转让最高纪录》	孙　安、袁　月、柯　箐	四川省新闻奖一等奖	四川省新闻工作者协会、四川省新闻学会
《为小平同志做布鞋》	李天明	四川省新闻奖一等奖	四川省新闻工作者协会、四川省新闻学会
《川西林区9月起放下斧头》	邓　彬、乔兴勇	四川省新闻奖一等奖	四川省新闻工作者协会、四川省新闻学会
《曝光赖账者》系列报道	黄　勇、邓　凯	四川省新闻奖一等奖	四川省新闻工作者协会、四川省新闻学会
《两岸五城急救骨肉同胞》	陈海泉、金　雯、饶　颖、安丰宝、卢　玫	四川省新闻奖一等奖	四川省新闻工作者协会、四川省新闻学会
《家乐福给蓉城商圈带来了什么？》	夏旗舰、韩　静、林　一、周　林、蔡　钧	四川省新闻奖一等奖	四川省新闻工作者协会、四川省新闻学会
《“的哥”说动特殊乘客》	刘　宇	四川省新闻奖一等奖	四川省新闻工作者协会、四川省新闻学会
《龙年十评》	陈舒平	四川省新闻奖一等奖	四川省新闻工作者协会、四川省新闻学会
《旅游特别热线伴你一路顺风》	陈海泉、张　莉、刘　瑶、梁效兰	四川省新闻奖一等奖	四川省新闻工作者协会、四川省新闻学会
《特殊的交接》	吴余章、尹向东、柯　箐、罗湘蓉	四川省新闻奖一等奖	四川省新闻工作者协会、四川省新闻学会
《解析沙河经济》	徐　琼、崔　妤、周　克	四川省新闻奖一等奖	四川省新闻工作者协会、四川省新闻学会

续表

作品	作者	奖项	授奖单位
《解密：成都牵手BOT》	吴余章、蒋泉洪、谢　文、段武熙	四川省新闻奖一等奖	四川省新闻工作者协会、四川省新闻学会
《新年礼物是本“廉政台历”》	薛朝东、卢　玫、段武熙、邓　彤	四川省新闻奖一等奖	四川省新闻工作者协会、四川省新闻学会
《圆桌大会只开40分钟》	吴余章、卢　玫	四川省新闻奖一等奖	四川省新闻工作者协会、四川省新闻学会
《连夜惩处“刮”钱城管》	章　杰、刘　忠、邹小非	四川省新闻奖一等奖	四川省新闻工作者协会、四川省新闻学会
《房贷可少还 咋不给我讲》	杨　斌、张　放、罗湘蓉、郑　斌、牟　强	四川省新闻奖一等奖	四川省新闻工作者协会、四川省新闻学会
《公交蛀虫买卖万张假票》	邓孝政、何大荣、郑　斌	四川省新闻奖一等奖	四川省新闻工作者协会、四川省新闻学会
《全球通报：成都女孩携带未知基因》	刘　瑶、牟　强	全国商报好新闻奖一等奖	全国商报联合会
“巴金百岁华诞”系列报道	胡　晓、牟文联	四川省报纸副刊好作品一等奖	四川省报纸副刊研究会
《直击内地禽流感接触第一人》	田宝峰	四川省新闻奖一等奖	四川省新闻工作者协会、四川省新闻学会
《“不在状态”不是一个筐》	徐　琼、蒋泉洪	四川省新闻奖一等奖	四川省新闻工作者协会、四川省新闻学会
《“不在状态”不是一个筐》	徐　琼、蒋泉洪	全国商报好新闻奖一等奖	全国商报联合会
《三份兼职累死健壮大学生》	刘　宇、何先菊、晋耀武	四川省新闻奖一等奖	四川省新闻工作者协会、四川省新闻学会
《这白大褂 亮出口袋吞红包》	邓孝政、宋晓松、刘　瑶、王　志、邹小非、饶　颖	四川省新闻奖一等奖、全国商报好新闻奖一等奖	四川省新闻工作者协会、四川省新闻学会、全国商报联合会
《众人流泪社保局长倒在会场》	刘　瑶、李亚东、罗湘蓉	四川省新闻奖一等奖	四川省新闻工作者协会、四川省新闻学会
《超级女声》组照	张登伟	第十四届新闻摄影作品金奖	人民摄影报
中国新闻摄影学会《撑竿跳》	杨　刚	国际新闻摄影比赛（“华赛”）金奖	中国新闻摄影学会
《一夜狂欢 充气棒埋下百年“毒瘤”》	梁效兰、饶　颖	全国商报好新闻奖一等奖	全国商报联合会

起文明警示语活动，开展“共襄善举，援助川师大特困生”活动，募集百万助学金。1998 年 8—9 月，成都市有关部门组织举办多次名优特新产品演示会。《成都商报》率先提炼“成都造”这个概念，融入成都“名优特新”产品的内涵，同时冠以区域的概念，给消费者、给市场以直观的地域性概念。9—11 月，持续推出“成都造”系列报道，中央电视台、《人民日报》《经济日报》等中央媒体纷纷聚焦宣传报道“成都造”。1998 年 11 月，《成都商报》发起成立全国第一个服务于消费者、由媒体参与、房产开发商共同推出的“购房班车”，催生“活动营销”概念。12 月，主办“成都首届家用车大联展”，开创全国媒体办车展的先河。1999 年，策划“24 夸父全球逐日”，见证全球 24 个时区当地新千年第一缕阳光。2000 年 3 月，与国际会展中心联合举办

第三届成都国际车展，成为全国第三大车展。

2001年，推出“住在温江”“新城东·新居住”大型活动。2002年1月18日，策划推出2001年成都楼市总评榜“地产之夜”颁奖仪式暨酒会。2003年1月，在省内宜宾、绵阳、广元、雅安、乐山、南充同时启动“高速2003新春六城车展大联动”。6月，举办“美女节”，报名人数打破成都选秀活动的纪录，也为成都历史呈献上一台现场选秀与时尚商品交易相结合的盛会。4月，策划主办成都首届“空调节”。10月23—26日，与中国国际贸易促进会成都分会联合主办成都首届商业地产节。12月26—28日，策划主办成都首届手机节。2004年5月，启动“直通车工厂”活动。由《成都商报》与国内各大汽车厂商共同发起，实现消费者与汽车工厂之间的零距离接触，帮助有购车意向的消费者对汽车生产工厂进行直观地接触，感受现代工业。2005年，策划推出“万人理财大行动”。7月，举办“理财投资展”。9月，成立《成都商报》理财俱乐部，全方位的介绍现代理财市场和现代理财产品。大大激活成都的理财市场，提升成都理财市场的潜力。

【成都晚报】

1961年3月15日，成都市委机关报《成都日报》更名为《成都晚报》。1971年6月，改为《成都日报》。1983年1月1日，恢复为《成都晚报》。2001年7月1日，原《成都晚报》的党报职能剥离出去后，新组建的《成都晚报》成为一张全新的社会生活类报纸。根据国家新闻出版总署的批复，《成都晚报》的主管主办单位为成都日报社；2002年9月26日后，主管主办单位转为成都日报报业集团。采取“晚报早出”的出版方式。办报宗旨坚持以“民生为本”“突出都市特色和服务特色”，以“内容都市化、读者大众化、视角平民化、版面时尚化”为办报理念，着力打造成一份具有鲜明个性的都市报。

2001年7月1日，《成都晚报》将对开16版改为4开32版。版数的增加，可为新闻细分提供基础。版面风格大变，在一版运用“封面化”的编辑手法，追求强烈的视觉冲击，使新晚报一面市就呈现出“亲民”的特色。2002年5月22日，与美国《侨报》合作，推出《侨报·交流》专版。《侨报》每月用两个对开整版开辟《交流·成都晚报专版》，《成都晚报》每月用4个4开整版开辟《交流·美国侨报》专版，内容是介绍成都的历史、文化、经济、生活概况，成都改革开放进程中的投资环境和商机，成都人的生活方式，成都发生的重大新闻及经济、商务信息，以及美国人在成都生活、工作、学习情况。2003年3月18日，《成都晚报》再次进行版面“变脸”，在原有版式上加高5厘米，为成都报界推出第一张国际流行版式的“瘦型报”。这次“变脸”每日增加近4个版面的内容。2004年3月22日，《成都晚报》增扩8个版，将民生新闻细分组成一叠，包括《民生封面》《民生发布》《民生维权》《民生出行》等版面，进一步突出“民生为本”的办报宗旨。2005年5月16日，《成都晚报》将原来的经营性周刊整合为六周刊，分为新闻叠和周刊两部分。新闻叠涵盖全市和国际国内重要新闻；周刊涵盖市民生活的方方面面，包括娱乐周刊、汽车周刊、健康周刊、楼市周刊、数码周刊等。

2001—2005年，《成都晚报》对报纸栏目设置进行过两次大调整。2001年7月1日，按新闻的细分原则分为当地新闻（含要闻、时政、民生、社会、法苑、街区、热线等二级栏目）、国内新闻（含时政、社会、联动、聚焦、声音等）、国际新闻（含要闻、时政、社会、人物等）、经济新闻（含生活、纵深等）、体育新

成都晚报报社

闻（含综合、足球、社会等）、娱乐新闻（含综合、影视、音乐等）、文化新闻（视点）、证券新闻（含最新新闻、风云大盘、个股锦囊、最新行情等）、副刊（含精彩特稿、新闻人物、蓉城风景等）以及经营性专刊（含汽车、健康、家电、前沿、旅游等）。2004 年 3 月 22 日，《成都晚报》扩版并重新调整编辑方针，按服务功能将报纸版面分为 A、B、C、D 四叠。这次调整最大变化就是将民生新闻细分组成一叠。这个时期的栏目设置为：A 叠（本地新闻，下设重要新闻、今日关注、都市新闻、新闻现场、最新新闻、街区新闻、周边新闻、新闻茶坊、社会新闻、晚报说法等）；B 叠（中国新闻、国际新闻、体育新闻、娱乐新闻、证券、交流、财经、副刊等）；C 叠（民生新闻，设有深度调查、市情民意、权威发布、威权在线、热线互动、经济新闻、教育求职、都市目击、出行气象等）；D 叠（服务性周刊，设有黄金楼市、汽车、健康、前沿、旅游、餐饮、家电、教育等）。2005 年 5 月，《成都晚报》再次改版后其栏目设置为：A 叠包括“晚报追踪”“晚报人物”和“零点直播”；B 叠包括国际国内、体育娱乐新闻；C 叠集中反映成都本地发生的即时新闻和服务资讯等民生新闻。

《成都晚报》在报道的策略上，始终体现与民众生活的鱼水关系，贴近生活，反映民情，以平民化的姿态，贴近老百姓的现实生活。在选题把握上，把“比较硬”的时政和经济新闻转变成“比较软”的民生新闻，形成有主流新闻意识的民生新闻的表达特色。以 2004 年 4 月 7 日为例，这一天共发表 105 条新闻，其中反映市民活动的新闻和服务性报道占 48 条。从报道的涉及面统计，专门设置“民生叠”共 8 个版；多报道具有服务性质的新闻，主要体现在经济、教育、卫生等领域；阶段性的服务性专版；重要的民生新闻的策划报道。如 2001 年 7 月 1 日，改版第一天，晚报就以大篇幅推出独家报道《我要活下去，骨髓在哪里》，由此展开以推动建立四川骨髓库为目的的系列报道序幕。这也是四川省内的媒体首次倡议建立自己的骨髓库。通过不断努力，在四川省领导的关心和中国红十字总会、省红十字会的大力支持下，四川骨髓库于 2001 年 11 月底正式成立，成为全国首批启动该项民心工程的 11 个省份之一（国家原计划率先启动的 10 个省市中无四川省）。2005 年 6 月 10 日，推出以《妈妈我不回家我要医病》的报道，文章中 3 岁白血病患儿对生命渴望的哀求声紧紧揪住读者的心。新一轮的“医疗救助”报道序幕由此拉开。此次报道历时近 3 个月，为建立儿童医疗保障体系营造出强烈的舆论氛围。2005 年 9 月，成都市建立“少儿住院互助金”，成为全国第三个为儿童建立基本医疗保障体系的城市。

2001 年 7 月至 2005 年 12 月，《成都晚报》在各个领域、各个层面对重大的宣传报道进行一系列的策划。其中，最具影响的是 2001 年 12 月 1 日用 1/3 的版面、以《艾滋，关键还是预防》为题，拉开对艾滋病预防工作长期而有计划地进行宣传报道的序幕。

《成都晚报》注重以活动策划为载体来推动

新闻宣传。2002年12月18—31日，《成都晚报》联合成都市民政局和市慈善会共同策划成立社区家居用品周转中心，开展相关活动，改善低保家庭的生活条件。2004年7月，策划并独立承办在成都举行四国女篮邀请赛（该赛事为中国女篮出征雅典奥运会前的一次重要的热身赛）。2005年8月，策划“中秋包机 上天赏月亮”活动，创下数个“第一”：在中国历史上，第一次让人以“上天赏月”的特殊形式亲近月亮；在中国民航史上，第一次写下民航飞机被用作老百姓休闲娱乐生活的工具而非交通运输工具的纪录；在中国民航史上，第一次将登记牌上的行程改写成“成都—月亮”。2005年10月12日上午9时10分，在“神六”升空的同时，《成都晚报》发出“神六”号外；13日及时推出16版的“珍藏神六”特刊；17日6时30分，“神六”返回两小时后，推出“神六回家”的号外。17日21时，在巴金逝世不到两小时，就印出“巴金逝世”号外，并于18日推出100版的特刊——《纪念巴金》。

2002—2005年成都晚报社部分获奖作品一览表

表5-163

获奖作品	获奖者	发表时间	奖项	授奖单位
《走，免费去领家用品》	廖国琼	2002年12月	“中国晚报新闻奖”一等奖	中国晚报工作者协会
《起诉以宪法的名义》	周　牧	2003年11月	“中国晚报新闻奖” 一等奖	中国晚报工作者协会
《华西医院6医生配保镖》	傅　艳	2004年2月	“中国晚报新闻奖” 一等奖； “中国晚报社会新闻奖”特等奖	中国晚报工作者协会
《医师考试惊现千余假文凭》	傅　艳	2005年	“中国晚报社会新闻奖”一等奖	中国晚报工作者协会社会新闻学会
《血癌女孩无辜成为道具慈善义演更像一场闹剧》	王　皓	2004年6月	“中国晚报社会新闻奖”一等奖	中国晚报工作者协会社会新闻学会
《上万人挤爆变性人婚礼》	余卫强	2005年	“中国晚报社会新闻奖”一等奖	中国晚报工作者协会社会新闻学会
《垃圾车顺道抽油卖》	余宰贵	2005年	“中国晚报社会新闻奖”一等奖	中国晚报工作者协会社会新闻学会
《“艾滋剧团”成都公演》	傅　艳 唐劲松	2003年12月	卫生部“礼来杯”卫生好新闻一等奖、 “四川省新闻奖”连续报道一等奖	四川省新闻工作者协会
《世相点击》	龚　旭	2001年7月~12月	“四川省新闻奖”报纸副刊作品一等奖	四川省新闻工作者协会
《Y先生语录》	刘　影	2003年	“四川省新闻奖”报纸副刊作品一等奖	四川省新闻工作者协会
《四川骨髓库早日启动》	傅　艳	2003年	“四川省新闻奖”系列报道一等奖	四川省新闻工作者协会
《8岁女孩安排自己后事》	傅　艳	2005年7月	“四川省新闻奖”系列报道一等奖	四川省新闻工作者协会

2004—2005年成都晚报社主要获奖人一览表

表5-164

获奖者	奖项	颁奖单位	获奖时间
佟小庆	全国报业先进经营管理工作者	四川省新闻出版局、四川省报业协会	2004年12月31日
傅　艳	中国记者风云人物	中共中央宣传部	2004年11月8日
傅　艳	全国优秀新闻工作者	中华全国新闻工作者协会、中央电视台	2005年11月8日

【每日经济新闻】

《每日经济新闻》创刊于2004年10月17日，是在成都日报报业集团“主业突出、跨区发展、管理高效、实力强劲”的战略定位的思想指导下，秉承多元化投资、公司化运作和社会化办报原则，由解放日报报业集团和成都日报报业集团联合投资、联合主办，是全国第一份由国家新闻出版总署批准的新型财经类日报，国内统一刊号CN31-0004。工作日出版，对开4版，每期16版，分2叠印刷，立足上海，日发行量10万份。社址在上海乌鲁木齐南路396弄10号。

报纸服务对象主要是“企业人”。它向读者提供公共经济新闻、金融投资新闻和工商服务情报。内容囊括国际、国内和上海经济动态、重大经济政策及事件解读、资本和要素市场行情、重点产业情报、工商管理案例普及教育和商业实战技巧分析等。《每日经济新闻》开辟有《赚钱省钱》《对手对策》《风投风向》《人气王气》《有输有赢》《上海商机》等特色栏目。

【蓉城周报】

《蓉城周报》原名《视听周报》，创刊于1987年。1988年7月，更名为《视听生活》。1989年11月，经国家新闻出版署批准，《视听生活》更名为《蓉城周报》。主管单位为成都市广播电视局。国内公开发行的统一刊号：CN51—0101。1995年，经四川省首届报纸质量考评委员会评定，在全省126种报纸中，蓉城周报的综合质量获得全省一级报纸的最高分98分。此后又连续3次获全省报纸质量综合评比一等奖。

《蓉城周报》性质为文化类报纸。办报宗旨为“坚持四项基本原则，全心全意为读者服务”，该报内容集视听动态要闻，汇文化信息精华，多说成都事，讲究成都味，具有新闻性、知识性、趣味性和地方性。该报所开栏目，如《盖碗茶》《草堂夜话》《蓉城即景》《蜀都舞台》《视听动态》等，均与成都人的文化生活密切相关。该报还在全国首创《报头题字》栏目，由读者书写“蓉城周报”四字作品，每周刊登报头新品，产生较大的文化影响。读者评价，平民百姓写报头，“方寸之地有洪波”。由于该报及时传播当地视听信息，关注蓉城文化热点，发行量稳步上升，1990—1991年，单期最高发行量达58万份，年均发行量在25万份以上，圆满地完成成都市政府下达的目标。

《蓉城周报》从1992年起扩版，由4开4版扩为4开8版。至1995年扩为4开16版，增加成都有线电视台、成都经济电视台的节目预告信息。1997年，在成都报界首辟《收藏之友》专栏，着重推介成都民间所收藏的文物精品，报道的领域向生活服务方面扩展。1999年，扩为4开20版。由于成都市场多种媒体的激烈竞争，加之广告运作困难，经营成本加大等多种因素的影响，蓉城周报的发行量逐年减少，2000年最低期发行量降至3.5万份。2001年，采用电脑采编系统，实行独立的无纸化办公，正式告别铅与火的印刷时代。2002年，建立蓉城周报网站；报纸重新形成以时尚影视为特色的定位，开辟《洁尘影评》《文刀侃球》等专栏。2003年，报纸定位为"媒体的媒介，家庭的家园"，面向蓉城众多家庭，着眼于家庭的传阅力度。2004年，开辟《姻缘一线牵》个人征婚专版，凸显对家庭的服务性。2005年，报纸扩为4开24版，扩展个人信息服务，设置婚庆、交友、婚介等专版。为创建和谐社会，大量刊登喜庆类信息和广告，营造和谐气氛，打造蓉城的福喜文化。

2005年成都市区（市）县报一览表

表5-165

登记号	名称	备注
02-006	《新津报》	转刊型
02-007	《大邑报》	转刊型
02-009	《武侯报》	转刊型
02-011	《成华报》	转刊型
02-012	《成都锦江报》	转刊型
02-013	《金牛报》	转刊型
02-014	《温江报》	转刊型
02-015	《龙泉开发报》	转刊型
02-016	《金堂报》	转刊型
02-017	《青羊报》	转刊型
02-018	《蜀州报》	转刊型
02-019	《青白江报》	转刊型
02-020	《蒲江报》	转刊型
02-021	《新都报》	转刊型
02-022	《彭州报》	转刊型
02-023	《双流报》	转刊型
02-099	《邛崃报》	转刊型

2005年成都市院校主办行业报一览表

表5-166

登记号	名称	刊期	开本	编辑部地址	主办单位	主管单位
02-001	《蓝天通讯》	半月	4K	武侯祠大街89号611所宣传处	成都飞机设计研究所（611所）	中共成都市委企业工委
02-002	《通信卫士》	半月	4K	高新区创业路6号	中国电子科技集团公司第三十研究所	中共成都市委企业工委
02-026	《成勘院报》	半月	4K	浣花北路1号	中国共产党国家电力公司成都勘测设计研究院委员会政治工作部	国家电力公司成都勘测设计研究院
02-070	《语文知识报》	周报	4K	彭州市南大街276号	中共成都师专党委	中共成都师专党委
02-073	《成都航院报》	月报	4K	成都航空技术学院宣传部	中国共产党成都航空职业技术学院委员会宣传教育部	中国共产党成都航空职业技术学院委员会

2005年成都市企业报一览表

表5-167

登记号	名称	刊期	开本	编辑部地址	主办单位	主管单位
02-005	《七化建》	月报	4K	龙泉驿区龙都南路七化建	中共中国化学工程第七建设公司委员会党群工作部	中国化学工程第七建设公司
02-024	《成都电信报》	周报	4K	双林北支路473号市电信局办公楼	四川省电信有限公司成都市分公司	四川省电信有限公司成都市分公司
02-027	《成飞报》	周报	4K	成飞公司381大楼	中国共产党成都飞机工业（集团）有限责任公司委员会宣传部	中国共产党成都飞机工业（集团）有限责任公司委员会
02-028	《锦江报》	半月	4K	建设北路三段168号	中国共产党成都锦江电器制造有限公司委员会	中国共产党成都市电子行业协会党组
02-029	《成量报》	月报	4K	成量集团公司职工活动中心三楼	成都成量集团有限公司	成都市机械工业协会
02-030	《远达报》	半月	4K	二环路东五段一汽四川专用汽车厂内	中国第一汽车集团四川专用汽车厂	中国共产党中国第一汽车集团四川专用汽车厂委员会
02-032	《成发报》	周报	4K	双桥子77信箱成发集团内	成都发动机（集团）有限公司	中共成发集团公司党委工作部
02-035	《新兴报》	半月	4K	建设北路三段324号	新兴仪器厂宣传部	新兴仪器厂党委
02-036	《光明报》	半月	4K	建设南支路6号	成都光明光电股份有限公司党群工作部	成都光明光电股份有限公司
02-037	《成电简讯》	半月	4K	崔家店路52号成都热电厂	中国共产党成都热电厂委员会宣传处	中国共产党成都热电厂委员会
02-038	《成工报》	半月	4K	龙泉驿洪河大道1号	成工集团	成工集团

续表

登记号	名称	刊期	开本	编辑部地址	主办单位	主管单位
02-039	《建机报》	月报	4K	外北洞子口	四川建设机械（集团）股份有限公司	四川建设机械（集团）股份有限公司
02-040	《川纺报》	半月	4K	二环路东三段8号	九星纺织公司	九星纺织公司
02-041	《攀钢成都报》	周三	4K	青白江区教育街115号	攀钢集团成都钢铁有限责任公司	中共攀钢集团成都钢铁有限责任公司委员会
02-042	《川化工人报》	周报	4K	青白江川化集团一号楼	中共川化集团有限责任公司党委工作部	中共川化集团有限责任公司委员会
02-043	《恩威报》	月报	4K	高新技术开发区创业路28号	成都恩威投资（集团）有限公司	
02-044	《虹波报》	月报	4K	二环路东二段5号	成都虹波实业股份有限公司党委工作部	成都虹波实业股份有限公司
02-047	《南光报》	半月	4K	三官堂街1号	成都南光机器有限公司	成都南光机器有限公司
02-048	《成都云内动力》	月报	4K	成都云内动力有限公司党办	中国共产党成都云内动力有限公司委员会	成都市机械行业协会
02-049	《长运报》	月报	4K	青羊上街229号长途汽车运输（集团）公司内	四川省成都长途运输（集团）公司	四川省成都长途运输（集团）公司
02-050	《五冶报》	周报	4K	人民北路一段8号	中国第五冶金建设公司企业文化新闻中心	中国共产党中国第五冶金建设公司委员会
02-051	《川锅报》	半月	4K	金堂四川锅炉厂党委工作部	中国共产党四川锅炉厂委员会工作部	中国共产党四川锅炉厂委员会
02-053	《成缆集团报》	半月	4K	高新区紫荆西路2号	成都普天电缆股份有限公司	成都市企业工委
02-054	《国光报》	半月	4K	建设路2号	成都国光电气股份有限公司政工部	中共成都国光电气股份有限公司委员会
02-055	《成运司报》	月报	4K	成都市鼓楼南街57号	中国共产党四川省汽车运输成都公司委员会	成都市交通局
02-056	《宁江报》	半月	4K	都江堰市蒲阳路下段94号宁江集团公司内	成都宁江机床（集团）股份有限公司党群工作部	中共成都宁江机床（集团）股份有限公司委员会
02-057	《长钢报》	周三	4K	江油市江东路长钢集团办公楼	长钢集团公司党委宣传部	长钢集团公司党委
02-059	《商场报》	月报	4K	东御街19号	成都人民商场（集团）股份有限集团	成都市贸粮局
02-060	《希望集团报》	半月	对开	人民南路四段45号	四川新希望集团有限公司	四川新希望集团有限公司
02-061	《成航报》	月报	4K	青羊区黄田坝成都航空仪表公司内	中国共产党成都航空仪表公司委员会宣传部	中国共产党成都航空仪表公司委员会

续表

登记号	名称	刊期	开本	编辑部地址	主办单位	主管单位
02-062	《岷江报》	旬报	4K	都江堰市蒲阳路水电十局内	中共水电十局党委工作部	中国水利水电第十工程局
02-063	《日杂市场报》	月报	4K	上升街36号5楼	成都日用杂品有限责任公司	四川省成都市供销合作社联合社
02-065	《成都公交报》	半月	4K	双楠路286号	成都市公共交通集团公司	成都市市政公用局
02-066	《成都建工报》	月报	4K	八宝街111号	成都建筑工程集团总公司	成都建筑工程集团总公司
02-067	《前锋报》	半月	4K	府青路二段2号	中国共产党前锋电子电器集团股份有限公司委员会宣传部	中国共产党前锋电子电器集团股份有限公司委员会
02-068	《宏明报》	月报	4K	二环路东二段29号	中国共产党成都宏明电子股份有限公司委员会	中国共产党成都宏明电子股份有限公司委员会
02-069	《川药报》	月报	4K	杉板桥路1号	四川制药股份有限公司	中共成都工业投资经营有限责任公司党委
02-083	《四川铁道报》	旬报	4K/4版	二环路北三段528号成铁分局	中共成都铁路局成都铁路分局委员会宣传部	中共成都铁路局成都铁路分局委员会宣传部
02-084	《成综报》	月报	4K	西北桥北街1号木综厂	四川省成都木材综合工厂	中国共产党四川省成都木材综合工厂委员会
02-085	《成钞报》	旬报	4K	温江黄金路189号印钞公司	成都印钞公司	成都印钞公司
02-088	《成都空港报》	半月	4K	成都双流国际机场	四川省机场集团有限公司总经理办公室	四川省机场集团有限公司

说明：02-086《建材商报》后转为《建材与装饰》

2005年成都市其他（部分）行业报一览表

表5-168

登记号	名称	刊期	开本	编辑部地址	主办单位	主管单位
02-004	《成都红十字》	月报	4K	大慈寺路17号成都商会大厦302室	成都市红十字会	成都市人民政府
02-008	《中小企业》	周报	对开	成华街5号	四川省中小企业发展中心	四川省中小企业发展中心
02-010	《成都邮讯》	月报	4K	八里小区桃蹊路70号成都邮政大楼6楼	成都市邮政局行政办公室	成都市邮政局
02-071	《今日少年》	周报	4K	金河街57号团市委202室	中国少年先锋队成都市工作委员会	中国共产主义青年团成都市委员会
02-074	《成都人口》	周报	4K	东城根下街24号	成都市计划生育宣传教育中心	成都市计划生育委员会

续表

登记号	名称	刊期	开本	编辑部地址	主办单位	主管单位
02-075	《健康时代》	半月	4K	锦里西路123号市健康教育所内	成都市疾病预控制中心	成都市卫生局
02-078	《蜀都邮苑》	月报	4K	双林路336号	成都市集邮协会	成都市邮政局
02-079	《文化生活报》	月报	4K	窄巷子22号市文联内	成都市文联	成都市文联
02-080	《摄影报》	半月	对开	宽巷子22号	四川省青年摄影家协会	成都市新闻出版局

附：省级报纸

《四川日报》。《四川日报》是中共四川省委机关报，1952年9月1日在成都创刊。国内统一刊号CN51—0001。中共中央主席毛泽东为报纸题写刊头。主办主管单位为中共四川省委。《四川日报》设有《要闻》《要闻·时政》《依法行政阳光执法》《经济·区域》《社会·视点》《理论广角》《国际国内》《文体新闻》等栏目。该报实行邮发。

《四川农村日报》。1952年10月1日创刊《四川农民报》，是四川省专为农村办的一张综合性报纸。刊号：CN51—0002。1993年1月1日改现名。创刊初期由中共四川省委宣传部主管，与《四川日报》合并后由《四川日报》社主办主管。1999年，四川日报报业集团成立后，由四川日报报业集团主办主管。《四川农村日报》坚持宣传党的路线、方针和政策，宣传以农业为基础，发展农业生产、加快农村建设，提高农民生活。先后开辟《农家友》《新科技》《农业科技》《科技致富人物谱》《科技市场》《经济信息》《信息市场》《城乡立交桥》《种养殖园地》《高科技农业之窗》《打工一族》《小康村》《一周环球》《农家乐》《大地周末》等专页和专栏。

《华西都市报》。1995年1月1日创刊，四川日报系列报，国内统一刊号CN51—0030。创办时注册资金300万元。创刊时为4开8版日报，1997年，改为对开16版日报。2000年后日均版面20～24版。四川日报报业集团成立后，由四川日报报业集团主办主管。报社地址成都市红星路二段70号。《华西都市报》是中国第一家都市报纸。按照“区域组合城市报”的理念，定位于面向成都、重庆等大城市和省内二级城市广大市民。强调社会新闻、服务性新闻和策划性专题。1995年8—11月就成都市府南河工程——市政府一号工程，成功实施“府南河大合唱”策划，围绕市民极为关心的治污、防洪、低洼棚户区改造、原住民搬迁、道路建设、园林绿化、水文化建设等方面进行全方位的报道，在市民中引起很大反响。1998年3月，提出“迈向主流媒体”，强化时政新闻报道力度，压缩社会新闻，杜绝商业化炒作；同时，培养财经新闻、科技新闻等新兴趣点，提高报纸的权威性、影响力和公信力，实现差异化竞争。2002年，设立有《特稿》栏目，以专稿的形式对一些影响都市经济发展的大事进行深层次的报道和探讨。2005年，报纸的主要栏目有《要闻》《国际》《国内》《成都》《重庆》。该报自办发行，发行覆盖成都、重庆等大城市及省内中小城市。创刊初期依靠3000人的发行队伍深入社区“敲门发行”，当年日发行量10万份。1998年，前后日发行量达60万到70万份，以后随着成都报纸增加和竞争的加剧，发行量有所下降，但一直保持在50万份左右。

《天府早报》。1999年6月1日创刊，四川日报系列报，国内统一刊号CN51—0104，属综合性都市日报。创刊时为4开8版日报，2000年后日均16版，2005年日均24版。四川日报报业集团成立后，由四川日报报业集团主办主管。报社地址成都市红星路二段70号。《天府早报》读者定位为“立足城市人群，突出报道的都市化和时尚感，吸引中青年高收入读者”。该报自办发行，强调立足成都市区，覆盖全川二级城市，拥有1600人的发行队伍。1999年发行日均6万份；2000年15万份；2001年20万份；2002年23万份；2003年27万份；2005年日发行量30万份，是成都每天最早将报纸送到读者手中的报纸之一。

期　刊

【先　锋】

1993年5月，经国家新闻出版署批准的《先锋》杂志，由《成都党建》杂志更名，属中共成都市委机关刊物，16开，旬刊。同年8月1日，《先锋》杂志正式创刊，公开发行。先锋杂志社为正局级事业单位，实行自收自支、自负盈亏，编制25人。社址位于成都市文化路9号附4号。2001年7月，获“四川省庆祝建党80周年宣传工作先进单位”称号。2002年3月，《先锋》杂志入选“中国期刊方阵”，荣获“中国期刊方阵双效期刊”称号。2002年9月26日，成都日报报业集团成立，先锋杂志社成为该集团的成员单位。

2003年7月，中央办公厅、国务院办公厅有关文件规定，副省级城市党委只主管主办1份党报，不办党刊。同年12月，《先锋》杂志停刊，保留《先锋》杂志刊号，原先锋杂志社整体划转到成都日报报业集团，《先锋》杂志的主管主办单位分别由中共成都市委、成都市新闻出版局变更为成都日报报业集团。2004年1月，改名为《先锋·居周刊》。2004年2月，使用原《先锋》杂志刊号公开发行，初创时为旬刊。

2005年12月25日，经国家新闻出版总署批准，《先锋·居周刊》刊期改为周刊。

【青年作家】

《青年作家》于1981年4月创刊。其前身为青年作家编辑部，为成都市委宣传部主管、成都市文联主办的文化事业单位。1987年4月，编辑部成为独立法人单位，为成都市文联下属事业单位。1989年4月，划归成都市新闻出版局主办。1997年6月，更名为《青年作家》杂志社。2004年1月，划归成都日报报业集团主办。《青年作家》是成都市唯一公开向海内外发行的纯文学刊物。1995年7月、2000年8月两次获中共四川省委宣传部、四川省新闻出版局、四川省科委、四川省期刊协会颁发的“优秀期刊”奖。

《青年作家》创刊号开篇登载有文坛泰斗、全国作协主席巴金的贺文《致青年作家》，作为发刊词。后又陆续登载巴金、沙汀、艾芜、马识途、韦君宜、蹇先艾、高缨等著名老作家与青年作家谈心的文章，先后发表大量有影响的作品。

《青年作家》的主要栏目有《新视角》《新观察》《新文本》《新青年》《新镜像》《新批评》。其中《新观察》为重点栏目之一，该栏目推出的“关注成都私立博物馆”“都江堰放水节”等系列稿件，给予成都文化高度的评价和定位，背景宏大而且细节丰富。《新青年》栏目是《青年作家》重点培育的栏目，是发表成都新一代写作者习作的阵地。每篇文章都配以知名作家、学者点评。该栏目与各级文联、作协及高校文学社团建立有合作关系。杂志社曾先后在成都图书馆、四川师范大学、成都理工大学、西南交通大学等单位开展讲座、交流活动。

到2005年底，《青年作家》在国内现存的800多种文学期刊中，发行量居前十位。

【时代教育】

《时代教育》前身为《成都经济》。1987年，更名为《城市改革与发展》，国内统一刊号：51-1677/G4，国际标准刊号：ISSN 1672-8181，公开发行。主管主办单位为成都经济体制改革办公室，办公地址在成都市马道街75号。2004年1月，杂志社更名为《时代教育》旬刊，主管主办单位为成都日报报业集团。

《城市改革与发展》致力于研究具有中国特色的城市理论、城市改革与发展理论，城乡一体化的理论与实践；社会主义初级阶段城市在经济、社会发展及体制改革各方面的新情况、新思路、新问题以及改革与发展方面的对策。《时代教育》集知识性、趣味性、参与性于一体，倡导终生学习，创建学习型社会。主要栏目有《少年视线》《原汁原味》《心的宇宙》《故事飞行屋》等。2004年9月，《时代教育》由8开本改变为16开本。11月，发行征订由成都市扩展到德阳、绵阳、眉山、乐山、内江、自贡等地，发行量近10万。

报刊社

【成都日报报业集团】

2002年9月26日，成都日报报业集团成立。成都日报报业集团以市委机关报《成都日报》为龙头，包括成都日报社、成都商报社、成都晚报社、先锋杂志社、时代出版社、公司杂志社、时代教育报刊社、青年作家杂志社、成都博瑞投资控股集团有限公司、成都新闻实业公司10家成员单位，组建成以报刊出版业为主业，兼营传媒投资、地产、教育、旅游、新闻纸贸易、城市公共信息网络等多个产业的现代综合传媒集团。到2005年底，集团共有员工5131人。其中，从事采编工作的1002人，从事经营工作的3181人，从事管理工作的506人，从事其他工作的442人。

报业集团成立后，紧紧围绕市委、市政府中心工作展开新闻宣传，先后组织所属报刊社进行对全国人代会和全国政协会、“中共成都市第十次代表大会”及历年成都市人代会和政协会的新闻报道，同时，组织“创建全国文明城市”“创建中国最佳旅游城市”“保持共产党员先进性教育活动”“创建最佳旅游城市”等40多项重大宣传报道，为成都市的社会经济政治文化建设营造出良好的舆论氛围。报业集团通过几年的探索，提炼总结出在集团化背景下新闻指挥的新模式——“围绕中心，同题竞技，差异表达，形成合力”；坚持运作机制创新，重大主题性报道策划先行，初步形成集团层面、各报刊社层面、操作部门层面的“三级策划体系”，以之增强新闻宣传的核心竞争力和舆论引导的水平；坚持采取切实有效的办法，加强员工培训，提升采编队伍的政治素质和业务素质，为提升舆论引导水平提供组织保障。

至2005年，该集团所属《成都日报》《成都商报》《成都晚报》的每日总发行量达100万份，并拥有《先锋·居周刊》《时代教育》《青年作家》《公司》等4家期刊社和一家城市综合出版社——时代出版社。与此同时，稳步推进跨地区跨媒体经营战略，与上海解放日报报业集团、甘肃日报报业集团、中央人民广播电台联合办报和开办节目，与北京其欣然影视机构共同投资开发手机项目，并积极推进国际合作，与美国多家媒体签署协议，开展合作。截至2005年底，成都日报报业集团的总资产24.64亿元，当年实现主营业务收入12.65亿元。

【成都日报社】

1956年5月1日，创办《成都日报》，公开发行，至2005年的50年间，《成都日报》曾两次更名为《成都晚报》。2001年7月1日，成都市委决定将《成都晚报》承担的部分都市生活报的职能剥离出去，恢复《成都日报》市委机关报职能。2005年10月，成都日报社社址由成都市庆云南街19号迁至成都市红星路二段159号。

1992年，该报为适应广告形势发展，除设广告部外，先后成立广告印务公司（后改为银笛广告公司）、报业信息广告公司、三力广告公司，全面提高报纸的广告策划、设计、制作、发布水平，更好地为客户服务，是年广告营业额在1991年基础上接近翻一番，到1995年广告营业额上亿元。1996年，广告经营额达1.5亿多元。1997年后，广告营业额有所下降，到2000年广告营业额下滑到3500万元。2001年7月，《成都日报》恢复出刊，针对报社广告经营现状，报社采取一系列措施，广告收入有所回升。2004年，实现广告营业额4254万元。2005年，根据成都日报报业集团整合经营资源的决定，成都日报社的广告和发行体制进行重大调整，平面广告按市场规则委托给集团属下的博瑞广告公司代理，当年广告营业额达到4953万元。

1992年底，报社编委会实施《成都晚报实行全员聘用合同制试行条例》，启动劳动用工制度、分配制度、医疗保险制度“三项制度改革”（职工基本医疗保险、城镇职工基本医疗保险、新型农村合作医疗）打破多年来在人事上的“铁交椅”，分配上的“铁饭碗”和平均主义，提升全体员工的积极性，在全国引起巨大反响，全国多家媒体到报社学习并进行宣传报道。以后，报社编委会又不断深化“三项制度改革”，从新闻专业人员的定额管理入手，进一步探索对报社全体员工实行量化管理的新模式。报社实行全员聘用合同制，基本做到员工能出能进，职务能升能降，收入能高能低。

2001年7月，恢复出刊的《成都日报》按照中共成都市委“新党报、新机制、新面貌”的要求，借鉴都市生活类报纸人事管理经验，建立起全员聘用的人事制度，原事业编制员工身份只作为档案身份保留，中层管理干部和普通员工全部实行双向选择、竞争上岗、末位淘汰，彻底打破身份管理界限；分配制度上体现“业绩、效益优先”的原则，员工在什么岗位拿什么工资，被正式聘用员工享受统一的保险福利待遇。新的用人机制有力地推进报社各项工作和新闻事业的发展。截至2005年底，报社聘用员工374人，其中，采编人员176人，具有中高级以上专业技术职称人员103人。

报社印刷厂在1986年前使用轮转机铅排、铅印。1990年5月1日，报社印刷厂引进电脑激光照排技术，排版由传统的铅排部分改为激光照排。1991年5月，印刷厂拥有6台国产轮转胶印机，全面实现电脑照排，在印刷技术上告别“铅与火”。为适应报纸出版需求，报社投入7000多万元进行印刷设备的技术更新，先后购买德国爱克发激光照排机、日本网屏显影机、晒版机、冲版机和德国海德堡·哈里斯轮转胶印机、罗兰轮转胶印机等设备。1997年12月，在省内率先实现每天出单面彩报。2001

年，实现每天出双面彩报。2005 年，报社印刷厂的实际印刷量每天 200 万张对开报，年总印量 6.67 亿张。当年，报社印刷厂新厂区在锦江工业园区动工兴建，占地 46.4 亩。

【成都商报社】

1993 年 3 月 10 日成立，社名为华西商报社，隶属成都市工商联，系内部刊物。9 月 29 日，更名为《成都商报》，成都商报社正式成立。1994 年 1 月 1 日正式出刊。报纸为对开版，每周四期。1994 年 2 月 6 日，成都商报与《生活科学报》合并，取得公开发行刊号，报纸更名为《成都科技商报》，报社也更名为成都科技商报社。1995 年 8 月 18 日，恢复成都商报社，报名亦恢复为《成都商报》。2002 年 9 月 26 日，主管主办单位变更为成都日报报业集团。

1993—2005 年，成都商报社社址三迁。1993 年 3 月至 1997 年 5 月，社址在成都市人民北路一段 4 号；1997 年 5 月至 2005 年 12 月，社址为成都市书院西街 1 号；2005 年 12 月 31 日迁入成都市红星路二段 159 号。

报社创办初期，重大事项由社务会议决定。1996年9月，经报社社务会议决定，成立《成都商报》编委会。1998年，报社分设编委会和社委会，实行社长领导下的总编辑负责制；2002年12月后，取消社长职务，实行总编辑负责制。实行法律审稿制、专人审读阅评制。

1994年，《成都商报》创刊第一年，报社广告营业额800万元，连续12年高速增长，2005年，广告营业额达到6.5亿元。自2000年起，广告营业额每年均进入全国报业前十强。

成都商报社除办报纸外，还投资兴办企业。1997 年，报社成立成都博瑞投资有限公司。1999 年，控股上市公司四川电器股份有限公司（后更名为成都博瑞传媒股份有限公司，股票

2001 年，《成都商报》就北京申奥成功出版号外

简称“博瑞传播”，代码“600880”），成为中国股市上“中国报业第一股”。2003 年，以成都博瑞投资有限公司为母体，组建成都博瑞投资控股集团有限公司。至 2005 年，该集团下属公司近 20 个，涉足传媒投资、房地产开发、教育、医药、印务、酒店经营、工业制造等多个产业，与《成都商报》成为成都市的纳税大户。

【成都晚报社】

2001 年 6 月 30 日前，《成都晚报》为中共成都市委机关报。7 月 1 日后，中共成都市委决定出版《成都日报》，承担党报职能，《成都晚报》则成为社会生活类报纸。新改版的《成都晚报》由对开报变为四开报，日出 32 版。主管单位为成都日报社。成都日报报业集团成立后，《成都晚报》的主管主办单位调整为成都日报报业集团。社址成都市庆云南街 19 号；2005 年 12 月迁至红星路二段 159 号。

成都晚报社为事业单位，实行企业化管理，独立核算，自负盈亏。报社实行编委会领导下的总编辑负责制，总编辑、副总编辑和其他编委会成员由主管部门任命或聘任，报社其余的人员均实行招聘。编委会下设编委会办公室、编辑部、出版部、成都生活编辑部、政教新闻部、政法新闻部、社会新闻部、经济新闻部、摄影部、

2004年12月，《成都晚报》记者调查沙河整治后的新貌

文化新闻部、体育新闻部、证券部、广告部。2005年5月，报社编委会进行新一轮的改革，对机构进行调整，设5个大部门，即采访部（下含要闻部、政法新闻部、社会新闻部、热线新闻部、摄影新闻部、经济新闻部、证券部、文体新闻部）、编辑出版部、广告营销策划中心（下含策划部、市场部、广告部、房产事业部、健康事业一部、健康事业二部、数码事业部、汽车事业部、生活事业部、教育周刊、文化事业部）、行政部（下含编委办、财务部、行管办、劳资人事部）、发行部。到2005年底，报社人员330人，其中编辑168人，获得中级以上职称的88人，其中副高级以上职称的20人。报纸的发行量稳定在20万份左右，广告营业额破1亿元。

附：省级报刊集团

四川日报报业集团。2000年9月12日，四川日报报业集团挂牌成立，是中国西部地区首家由省级党报组建的报业集团。报业集团是以《四川日报》为核心，以办报为主要特征，以报业及报业延伸实业为主体，兼营其他实业的现代传媒集团。报业集团实行党委领导下的总编辑、总经理负责制。编辑委员会负责新闻宣传，经营管理委员会负责经营管理。2005年末，四川日报报业集团共有在职员工2251人，其中在编811人、招聘1154人、临时工286人。在职职工中有大专以上学历的近2000人，拥有各类专业技术职称的503人，其中，正高专业技术职称28人，副高专业技术职称114人，中级专业技术职称235人。享受国家特殊津贴和“四川省有突出贡献优秀专家”称号的8人。到2005年，该集团总资产为10亿元，全年实现销售收入6.7亿元，集团下有12种报纸、2种期刊，1家网站。报纸为《四川日报》《四川农村日报》《华西都市报》《文摘周报》《天府早报》《金融投资报》《华西生活周报》《家庭与生活报》《四川质量报》《市场与消费报》《四川法制报》《人力资源报》。期刊为《新闻界》《廉政瞭望》，网站为“四川在线”。各报刊日（期）发行量为：《四川日报》28万份、《四川农村日报》17万份、《华西都市报》50万份、《文摘周报》50万份、《天府早报》18万份、《金融投资报》3万份、《城市购物导报》3万份、《家庭与生活报》10万份、《质量报》5万份、《新闻界》发行2000份，日均期发数250万印张；2005年“四川在线”日均点击率50万人次。

四川党建期刊集团。2001年9月，成立四川党建期刊集团。集团由中共四川省委宣传部领导，四川省新闻出版局实行行业管理。集团实行党委领导下的管委会负责制。集团所属有15种期刊和4种报纸。2005年集团所属期刊发行量为2100万册，总营业额2.5亿元，实现利润1000万元。15种期刊是《四川党的建设·农村版（月刊）》《四川党的建设·城市版（月刊）》《生活之友（月刊）》《明日快一周（周刊）》《汽车杂志（月刊）》《女刊（月刊）》《四川劳动保障（月刊）》《都市丽人（月刊）》《科幻世界》《科幻世界画刊》《心事》

《商》《飞》《西部旅游》《理论学习导刊》。4种报纸是《精神文明报》，周三刊，创办于1985年10月，是全国唯一的以专门报道社会主义精神文明建设，特别是群众性精神文明创建活动的报纸，2001—2005年总印数20.1万份，主要栏目有《党政领导与文明建设》《文明创建》《文明办工作手记》《画说美德道德与法》；《国防时报》，周二刊，创办于1989年1月，是全国首创的国防、爱国教育的报刊，主要栏目有《国防教育》《国防建设》《人民防空》《双拥工作》《国防博览》；《大众健康报》，周一刊，创办于1957年，2001—2005年总印数26万份，主要栏目有《卫生要闻》《老年之友》《寻医问药》《男性健康》《两性话题》《传统医学》，该报曾被评为全国卫生报纸十佳及四川省重点科普报刊；此外还有《四川科技报》。

报业经营

【报纸发行经营】

成都报纸的发行采取邮发与自办发行两种模式。

市委机关报发行经营。1988年以前，《成都晚报》报纸的发行途径主要依靠邮局。1988年5月，报社决定自办发行，组建发行部，92个发行站，网络覆盖当时的所有街道办事处和区县。1990年，《成都晚报》发行量下降到日均23万份。1993年，经过努力发行量回升至日均27万份。到1996年，日发行量只有22万份。

1997年，市委机关报《成都晚报》的征订被纳入市委的目标管理，报纸征订数量基本稳定。

2003年，市委机关报《成都日报》的零售额日均3万份。2004年5月，报社实施完善“终端市场全覆盖战略”，在市区每平方千米的范围内就拥有6个零售点，极大方便广大读者购买《成都日报》。至2005年，《成都日报》征订发行量为13万份。

《成都商报》发行经营。1994年1月1日，正式创刊的《成都商报》面世时，日发行量2万多份。实行“自办发行”体制，报社成立发行部。招聘30名发行人员。1997年，投递人员扩充到200余人，负责市区内的征订投递工作。1998年4月，报社的发行部脱离报社，成立成都商报发行投递广告有限公司。至2005年，日均发行量60多万份，发行高峰时达到近80万份，传阅率近5人/份，是中国西部发行量最大的报纸。

《成都晚报》发行经营。2001年7月，《成都晚报》作为都市报出版后，发行工作采用自办和社会渠道发行相结合的方式，在郊县主要依靠邮局和社会发行力量协助来开展发行。2001年7月，只有5个片区发行站，到2005年发展为10个，同时还建立5个二级片区发行站，50多个合作委办发行站，1个零报发行中心，4个零报销售站。到2005年底，报纸的发行量稳定在20万份左右。

【报业广告经营】

1990年，《成都晚报》的广告收入1100万元。随着市场经济的发育，广大商家越来越重视广告投入，《成都晚报》1993年广告收入6313万元，1997年达到1.32亿元，为1990年的12倍。《成都商报》创刊当年广告收入800万元，到1997年广告收入过亿元。《华西都市报》创刊当年广告收入超过1000万元，1997年过亿元。进入21世纪后，《成都商报》与《华西都市报》的广告收入以每年7000~8000万元的速度增长。《华西都市报》广告收入2003年4.35亿元，2004年6.10亿元。《成都商报》从2000年起连续5年进入全国报业广告收入“前10强”；2005年的广告收入达到6.5亿元。

2000年，《成都商报》《华西都市报》《成都晚报》的广告收入共5.55亿元。2005年，《成都商报》《华西都市报》《成都晚报》《天府早报》的广告收入为15.10亿元。

【报业联合经营】

成都日报报业集团在稳固报刊出版主业的同时，稳步推进跨地区跨媒体经营战略，与解放日报报业集团和甘肃日报报业集团联合主办《每日经济新闻》和《西部商报》；与中央人民广播电台联合开办《都市之声》（第四频率），与北京其欣然影视机构合作共同投资手机电视项目；在全国率先推出DigJoy网络多媒体出版平台，打造集广电媒体、平面媒体、手机媒体于一身的新型网络媒体。此外，成都日报报业集团积极推进国际化合作，2005年6月25日，与美国GALA（嘎乐）媒体集团在人民大会堂签署战略合作协议，还与独家拥有《福布斯》中文版权的M-MEDIA GROUP（M媒体集团）及《福布斯》中文版在成都联合主办《福布斯》中文版“中国城市投资论坛”暨中国大陆最佳商业城市发布榜活动。

广播电视事业

综　述

在中共中央1983年提出由国家及省、地（市）、县四级办广播电视方针的指引下，成都广播电视事业呈现快速发展的局面。1985年4月，成都市委作出重建成都电视台的决定，由成都市广播电视局组建筹备小组开展工作。1986年10月1日，重建的成都电视台（15频道）试播。成都电视台的开播，促进全市郊县广播电视差转台的建设，区（市）县广播电视台相继上马。1992年，成都广播电视局（台）建立成都有线电视台和成都经济电视台。1993年以后，成都人民广播电台、成都电视台等逐渐发展成多频道、多频率传输媒体。20世纪90年代中后期是成都广播电视发展的黄金时期，其宣传能力、管理水平、基础设施建设均达到前所未有的新高度。

成都广播电视事业发展的特点是坚持和发扬党的艰苦奋斗作风，勤俭创业。1986年，创办成都电视台时，条件艰苦，租楼办公，借楼建临时发射塔，甚至借摄像机作新闻采访，局（台）员工发扬拼搏精神，用财政拨款150万元、耗时一年半，建成成都电视台并开播。接着，以三年时间，完成原始积累，经济实力增长，步入良性循环。1989年，迁入双林路99号新落成的1.5万平方米广播电视大楼。1990年，成都电视发射台迁至当时成都市中心最高建筑——蜀都大厦。此后，成都电视台迅速崛起，跻身于全国城市电视台的前列。成都人民广播电台的发展，经过一段曲折的历程。1991—1998年间，广播市场由于受电视、报纸竞争影响，大批听众转向收看电视，广播收听率降低，造成广播广告锐减、电台经费拮据。成都人民广播电台努力创新、办好节目，积极探索新的发展道路。

成都广播电视在发展中的另一个特点是敢为人先。成都人民广播电台在西南地区率先开办交通电台；开办商业电台；开办新闻电台、文艺电台，形成广播电台专业系列台的新格局。成都电视台15频道实现节目栏目化；主办全国城市台节目交易会，开创电视节目进入交易市场的先河；在西南地区首办电视早间新闻。成都有线电视台利用其频道资源，推出《黄金海岸》频道（后更名为《影视文艺频道》）开办《体育频道》开播《少儿频道》。

从1990年起，成都电台、电视台就探索管理改革。1992年，新建的成都经济电视台实行新体制运作，中层干部由任命制改为聘任制；员工改为招聘合同制；经营上实行独立核算，自计盈亏，自我发展。创新，使成都广播电视事业快速发展。

成都广播电视始终遵守宣传是中心的原则。

在推进成都四个现代化建设中，成都市委、市政府非常重视发挥其喉舌作用，使之成为宣传成都的排头兵。1990—2005 年，成都人民广播电台、成都电视台、成都有线电视台、成都经济电视台、《蓉城周报》社、成都音像出版社，始终围绕经济建设中心工作，宣传党和政府重大方针政策，进行舆论引导。在对外开放、招商引资、建设“三中心两枢纽”、企业改制、下岗职工再就业、工业结构调整、重点工程建设、旧城改造、府南河治理、沙河治理、东郊工业调整、城市向东向南发展、西部大开发、统筹城乡发展等诸多方面，广播电视都很好地完成宣传任务。同时，对党的基本路线、组织建设、思想建设、党风廉政建设、市民精神文明建设、创最佳旅游城市、创最佳卫生城市以及政治、文化、法治、教育、科技等方面的宣传也发挥出重要作用。

成都广播电视始终坚持正确舆论导向，不断努力创新，办好节目。1990—2005 年，成都广播电视创办大批名牌栏目，得到国家广播电影电视总局、四川广播电影电视局的肯定，年年都有一批栏目、节目获得国家及省（部）、市级的奖励。广播获奖累计 769 件，其中广播节目获得省以上 291 个奖项，7 个节目获四川省“五个一工程奖”，3 个节目获国家金话筒百优奖。478 个电视节目获省以上奖项，其中 46 部电视纪录片获国际大奖 10 项，13 项入围国际奖；20 部电视剧获国家“五个一工程奖”、飞天奖、金鹰奖。

1990—2005 年，成都广播电视基础设施建设不断加强。新建无线广播电台的发射台 1 座，电视转播发射台 21 座，新建两处电视中心大楼（大石西路经济电视台大厦，高朋大道智能大厦），调频广播转播发射台 16 座，传输广播、电视的城乡的干线网络总长 2.02 万千米。成都区（市）县建立有线广播电视台 12 座，2005 年，实现 20 户以上的自然村“村村通”广播电视。成都广播电台和电视台固定资产达 6 亿元。成都人民广播电台 2002 年自筹 600 万元资金投入技术改造，实现数字化、信息化。强大的技术装备和扎实的基础设施，使成都广播电视的播出质量和节目制作水平在四川省乃至在中国西部地区都处在前列。广播电视在成都行政区域内综合覆盖率达到 99% 以上，成都有线电视用户 153 万户。2005 年，开通移动数字电视，广播电台开通购物频道和网络广播，形成广播电视新的经济增长点，随着广播电视数字技术发展，电视网络传输正逐步实现多功能化。

2002 年以前，实行“局台合一”体制。2003 年，成都电视台、成都经济电视台、成都有线电视台合并，统称成都电视台。2005 年 11 月，成都市委、市政府作出决定，成都市广播电视局实行“局台分设”。局台分设后，成都市广播电视局是成都市政府的工作部门，依照国家广播电视法规，对全市广播电视进行行政管理。将成都人民广播电台和成都电视台合并为成都广播电视台，对外保留成都人民广播电台和成都电视台呼号。成都广播电视台为市属事业单位，实行党委领导下的台长负责制，受成都市委宣传部领导，广播电视局对其进行行政监督管理；国有资产由成都市国有资产委员会管理。新成立的广播电视台设新闻综合、经济资讯、都市生活、影视文艺、公共、少儿 6 个电视频道和新闻、交通文艺、音乐、文化休闲 4 个广播频道。直接管理《蓉城周报》社、成都音像出版社；参股成都有线电视网络发展有限责任公司；投资、控股成都兴网传媒有限责任公司和成都市华视数字移动电视有限公司。人事制度沿用双向选择，竞聘上岗，合同聘任，经调整后全台员工 1546 人。2006 年 11 月，按照成都市委、市政府决定，成都广播电视台和成都日报报业集团合并组建成都传媒集团。保留广播电视台名称和电台、电视台呼号。

广播电视机构

【成都市广播电视局】

1975年8月，市广播事业管理局成立，与成都人民广播电台实行一个机构、两块牌子的"局台合一"体制。1997年9月以前，该局未列入政府系列，由成都市政府授权代行政府职能，对全市广播电视宣传和广播电视事业实施管理。1997年9月，成都市政府办公厅印发《关于印发成都市广播电视局职能配置、内设机构和人员编制方案的通知》，明确成都市广播电视局列入政府工作部门，内部仍实行"局台合一"体制。1998年3月，成都市音像市场管理划归成都市文化局。2000年，根据国家广电总局要求，成都市广电局增加"通过信息网络向公众传播广播电视节目"的管理职能。

2005年11月9日，第十届成都市委第83次常委会议决定：设置成都广播电视台（保留成都人民广播电台、成都电视台呼号），实行局台分离。局台分离后，成都市广播电视局为市政府主管全市广播电视宣传和广播电视事业的工作部门。该局除继续承担原有的行政管理职能外，新增加了广播电视产业发展与管理；指导全市广播电视管理体制改革；依法查处违反广播电视法律、法规、规章的行为的职能。为科学、有效地实施管理，该局设置宣传与社会管理、产业管理、科技管理三个处。每个处进一步将分管的职能细化，定岗定员，使管理工作落到实处，并避免职能交叉重叠，提高工作效率。局台分离后，成都市广播电视局设5个职能处（室）和机关党委。局机关行政编制30名。设局长1名，副局长3名。下设两个局直属正处级机构广播电视执法大队和监测中心，共配备行政执法编制25名。机构后勤服务人员事业编制5名。

1990—2005年，成都市广播电视局以宣传为中心，事业为基础，强化内部管理，使广播、电视、音像各扬其长，形成"统一领导、各具特色、协调发展、整体推进"的发展局面。宣传工作有声有色，圆满完成各项任务；事业建设快速发展，取得长足进步。成都市广播电视局在市财政的支持下，统筹安排，集中财力完成多项基础设施建设，为广电事业发展提供有力支撑。

【成都人民广播电台】

成都人民广播电台（以下简称成都电台）始建于1950年1月5日，1952年12月底停播，1959年1月1日重建开播。1962年5月，结束分三处办公状况，迁入东城根南街76号。

1990年，成都电台拥有两套节目，正式职工111人。第一套节目呼号"成都人民广播电台"，播出新闻、专题、文艺综合类节目，全天播12小时（中波792千赫，功率10千瓦）。第二套外语教学节目（中波1485千赫，功率

成都人民广播电台工作间

1千瓦），全天播8小时15分。1991年12月20日，迁入一环路东三段新落成的成都广播电视中心。

1992年，成都电台报请成都市委、市政府批准，陆续成立系列台。最先成立的是成都电台交通台。它是继上海之后全国第二家以汽车驾驶者为受众、以公路交通为专项内容的专业电台。之后，相继成立成都电台商业台。1994年，成都电台新闻台和文艺台开播，是西南地区第一家以新闻节目为主干或以文艺为主体的广播电台，采用中波和调频各发射两套节目。至1998年，成都电台事业经费严重不足，出现财务困难。成都市广播电视局要求“市电台树立‘生存靠自己’的指导思想，抓住机遇，扩大生存空间，摸索各专业台协调发展的管理规律”。

1999年7月1日，电台以“三精”（精简机构、精减人员、精办节目）为突破口，实行内部改革，新闻台与经济台合并，称成都电台新闻经济频道；交通台与文艺台合并，称成都电台交通文艺频道。并在两频道实行定额上缴、自负盈亏，以此调动一线部门的积极性。

通过改革，成都电台进入良性循环轨道，并通过建立和完善规章制度，使“以制度管人”落到实处、人力和设备资源得到合理配置，而财务状况亦有明显改善，职工收入稳步增长。1999年广告收入为538万元，2005年广告收入为3916万元。

2000年1月1日，成都电台的504中波广播发射台迁入琉璃乡新址正式发射。2001年6月至2003年，成都电台投资600万元对播出系统进行技术改造，实现办公、编采、制作和播出数字化，技术实力得到全面提升，为随后更高层次在线播出和数字化广播奠定良好基础。

2003年，成都电台新闻频道形成全天新闻节目框架，第一时间播报、滚动播报形成节目常态，成为成都地区最快捷的广播媒体之一；交通文艺频道通过增强交通播报的权威性、服务性，成为成都地区影响力最大的广播媒体之一；经济频道突出都市频道特点，强化音乐、娱乐元素，亦成为成都地区时尚而具动感的广播媒体之一。

2004年1月16日，在四川省广播影视系统先进表彰大会上，成都电台交通文艺频道由人事部和广播电影电视总局授予“全国广播电影电视系统先进集体”称号。

2005年9月4日，经国家广电总局批准，成都电台文化休闲频道正式开播。节目定位为“经典老歌+服务休闲内容”，是成都地区首家类型化广播频道。其4套节目分别在红砂村、武侯祠、塔子山公园和浣花溪公园等10余处公共场所落地，有效增大广播的覆盖范围。该台还通过开设成都电台汽车网、美食网站等，充实完善电台网站，扩充信息量，提高点击率。当年的创优业绩创历史新高。

2005年底，成都人民广播电台拥有职工153人。其中，副高职称18人，中级职称39人，助理级44人，员级9人。

成都电台主要频道如下：新闻频道。1994年12月18日成立新闻台，作为电台新闻宣传的主渠道。开办之初，设有《792新闻》栏目，日播出13小时，后增至20小时，使用AM（中波）792千赫播出，人员主要由原新闻部编辑、记者组成。新闻台先后设有《简明新闻》《热线电话》《新闻传真》《早间新闻》《今日话题》《国际要闻综述》《市郊天地》《体育大世界》《卫生与健康》《国防天地》《投资与证券》《法制之声》《绚丽人生》《大学校园》等栏目。重要新闻栏目为《成广新闻》《读报时间》《现场》《梁军热线》等。2002年，新闻台《早间新闻》更名为《成广新闻》,设置本地、国内、国际三大板块。除早、中、晚三档新闻节目外，从上午8:00开始，全天还有9档正点新闻，听众在最近的时间，了解最新的新闻，充分发挥广播“快”的优势。当年7月14日，新闻台开办新闻类节目《读报时间》，以宣传党和政府重大方针、政策及关系民生的社会新闻为主，突出新闻的可听性。2004年，新闻台又推出《现场》节目，是一档通过各种丰富音响还原新闻现场的板块栏目。

经济频道。1993年2月22日开播，全天播出24小时。经济频道节目采用主持人直播形式，节目突出“快、新、活”特点，对生产流通、市场情况进行及时报道，以满足成都作为西南地区最大的商品集散地对信息传播的要求。该频道设置23个栏目，栏目突出商业特色，有《天天早报》《007》《商界金榜》《开市大吉》《黄金口岸》《股市潮汐》《老板夜话》《345歌迷会》《请到商台来作客》《百业通商》《商海弄潮》《钱律师话方圆》等，还设置有《都市情调》《你好！朋友》《体育魔方》《夕阳快车》《蜀都天外天》等趣味浓烈的轻松板块。经济频道开播后10个月，播出各类商业信息2.1万条。1995年，节目新设置有《商海金桥》《蓉城消费潮》《冷暖人间》《今夜有约》《欢乐假日》《空中保健》等。1996年8月12日，推出《子夜长短波》节目，节目以弘扬真善美，鞭挞假恶丑为宗旨，为听众提供双向交流，相互沟通的“空中沙龙”。1996年12月31日，策划新闻组合《年终岁末话文明》，采访全国劳动模范人物和先进工作群体；并邀请成都公安交警、成都公交公司等相关单位和个人，交流精神文明建设的体会；对成都市1996年精神文明建设成就给予高度评价。1998年，成都电台经济台配合成都市委、市政府《关于大力发展个体、私营经济的决定》宣传，从5月25日至6月5日，在新闻节目《天天早报》黄金时段中，推出系列报道《私营经济之窗》。2004年2月初，推出全新的音乐广播“LOVE RADIO”标识，塑造成都地区乃至四川省唯一一个“流行音乐”频道的品牌形象。

交通频道。1992年12月20日开播（中波1485千赫），是继上海之后，全国第二家以汽车司机为受众、交通为主旨的专业电台。交通频道经成都市委、市政府批准，成都市广播电视局和成都市公安局协商决定，由成都电台和成都市公安交警支队联合主办。播出采用主持人直播，全天12小时，从早7：00至晚7：00。内容以半小时一次的路况信息为主导，辅以新闻、经贸、旅游、文艺等节目。开篇栏目《开心碰碰车》是竞猜益智性娱乐节目。1996年11月起，增添调频91.4兆赫播出。1999年1月，交通频道与文艺台在机构上实行合并，对外呼号为成都电台交通广播。对内称成都电台交通文艺频道。

文艺频道。成都电台文艺台（调频91.4兆赫）成立于1994年12月26日，是西南地区首家广播文艺专业电台,播出时间每天18小时，员工12人，采用以一家广告公司承包节目广告形式，正点及半点穿插于节目之中。音乐节目有《EAR流行世界》《时代立体声》《华夏旋律》《音乐精品博览》等。其《国际音乐航班》从周一到周日设置的《巴黎、澳洲流行网》《乡村旋律》《爵士节拍》《怀旧金曲》《流行排行榜》》《德国之声》等栏目，很受大学生欢迎。文学节目有介绍新书出版信息、作家新作和书人点评的《书林漫步》；让文学青年自由倾吐心曲的《烛光深情》，与星星诗刊联办的推荐新诗、诗歌欣赏及介绍诗人创作的《诗夜星空》。戏曲方面有介绍各类地方戏曲、演员和唱腔的栏目《戏曲茶楼》《戏曲大舞台》等。综艺范围有《文艺大观园》《正午神采飞扬》《乘着歌声的翅膀》《新生活时尚》等栏目及少儿栏目《哆来咪》。

1995年新春和元宵节期间，《国际音乐航班》推出“天涯共此时，华人贺新春”，将国际长途第一次引入电台直播间，分别连线海外华语电台节目主持人以及在美国、英国和澳大利亚旅居的四川人，共叙新春与亲情。同年中秋佳节，与《星星》诗刊联手在武侯南台月酒家，举行“诗夜星空·南台月广播诗会”。诗人和听众以月亮为题，抒发情怀，呼唤新诗回归大众。8月15日，《戏曲茶楼》联合成都票友协会，在镗钯街“戏迷之家”举办“纪念抗战胜利五十周年大型广播戏曲演唱会”。年底，为祝贺该台开播一周年在锦城艺术宫举行“雨果天龙音乐音响欣赏会”。荣获世界最佳CD奖世界级录音大师易有伍（雨果）先生为蓉城“发烧友”现场诠释。成都媒体称“成都文艺电台周年台庆，把雨果带回家”。1996年11月1日起，成都电台交通台和文艺台共同使用调频91.4频率。早7时至晚7时，由交通台使用。晚7时至12时，由文艺台使用。对内机构不变，实行两个机构、两个牌子；对外各呼台号。1997年，受成都市委宣传部委托，该台还承担“97国际熊猫节”向全国和海外征集和评选会歌的任务，从上千首歌中选出20首录制，评出一、二、三等奖。1999年1月，根据成都市广播电视局党组“精简机构、精办节目”的原则，文艺电台与交通电台在机构上实行合并，对外呼号为成都电台交通广播；对内称成都电台交通文艺频道。

文化休闲频道。成都电台文化休闲频道是成都市独家以传播都市文化、提供都市生活服务、旅游休闲为主的专业资讯电台。经成都市委、市政府批准，于2004年12月30日开始试播，2005年9月4日正式播出，频率FM94.6，全天播出19个小时。

文化休闲频道以“提供服务资讯、引领都市时尚、倡导旅游休闲、服务百姓生活”为节目宗旨，创办一种“看得见的广播”。节目设置有《早起好生活》《轻松说世界》《听歌游世界》《快乐正飞扬》《流行在飞扬》《城市音乐坊》《玩转成都》《锦官城闲话》《伴你回家路》等，栏目的设置符合成都文化休闲城市的特点，并充分发挥广播的伴随性。文化休闲频道从试播到正式开播，举办一系列活动。2005年3月19日，在人民南路百货大楼举行“时尚在飞扬”大型游艺活动，平时“只闻其声，不见其人”的电台主持人在现场与听众直接交流；“六一”儿童节，参与“看成都新变化，做成都乖娃娃”活动，与民工子女同乐；同时举办“牛顿科技夏令营”，与四川省旅游局、四川省体育局及甘孜政府共同举办“2005魅力甘孜·首届中国康巴国际汽车旅游节”。为配合2005中国国际美食旅游节在成都召开，开设《主持人的私房菜》和《美食碟中碟》专栏等。文化休闲频道在经营管理上，率先实现全频道广告代理。实现以经典音乐为主，文化生活、休闲旅游服务资讯为辅的广播新模式。

【成都电视台】

成都电视台（15频道）是1985年重建的电视台。1986年7月，广电部批准成都电视台使用15频道播出，发射机功率为30千瓦。发射台选择在人民北路正在兴建的四川省林业勘测设计研究院楼顶。办公用房租用成都市青少年宫4楼。1994年成都电视台（15频道）与成都经济电视台（33频道）合并，统称成都电视台，但15频道的主流频道位置和以新闻为主体

成都电视台工作间

格局一直未变。除新闻类节目外，15 频道节目还具有综合性质。社教、对外宣传、文艺、体育、纪录片、电视剧等内容播出亦占有相当比例。至 2005 年，综合类栏目先后有 46 个。

1986 年 10 月 1 日，成都电视台开始试播，每周一、三、五播出，除转播中央电视台新闻节目外，还自办《新闻报道》《每周歌声》《文艺万花筒》《东西南北》《电视评介》《周末电影》等节目，1987 年 1 月 10 日转入正式播出。1989 年 4 月，每周成都新闻播出时间由 3 次增加为 6 次，同年 11 月，成都电视台（15 频道）迁入位于成都双林路 99 号的成都广播电视新楼，占地近 4000 平方米，其中有 400 平方米大型演播室、250 平方米新闻制作室、120 平方米专题片制作室、80 平方米语言演播室等。

1992 年 5 月，成都电视台组建新闻评论部，先后创办《今晚 8:00》与《新闻调查》评论性电视栏目，及时追踪剖析社会热点和新闻事件，作深度报道。1993 年 6 月 1 日，率先在成都地区实现电视新闻每日 4 档滚动播出。1995 年，该台将专题部改建为社教部。1996 年，在西南地区首创《早间新闻》，每天播出 4 次。与此同时进一步加强深度新闻，使新闻的权威性得到提升。1997 年 3 月，创办成都第一个电视杂志栏目《时代》，以系列化的整体优势和新颖包装，开创电视社教节目的先河。1999 年 3 月，推出深度新闻类栏目《时事 20 分》，紧贴新闻事件，反映普通百姓心声。

该频道从 1986 年起便投资拍摄第一部电视剧《生命的跑道》，至 2005 年，共自拍或合拍短篇及中长篇电视剧 49 部共 345 集；并重视纪录电视片的制作，先后制作百余部（集）艺术纪录片。

该频道 1995 年自办栏目 19 个，全年共播出各种专栏节目 2484 期（不含重播期数和电视剧场），现场直播综艺电视节目 29 场。到 2005 年，自办栏目调整为 15 个，全年共播出各种专栏节目 5889 期（不含重播期数和电视剧场），现场直播综艺电视节目 15 场。

15 频道技术设备随着广告收益的增加逐年更新换代。1990 年，建立蜀都大厦发射台并采用 20 千瓦大功率发射机之后，节目信号覆盖半径面积达到百余千米。采访编辑系统设备亦从当初的模拟制式改变为较先进的专业设备分量制式。1992 年，在成都地区电视行业内最先拥有国际先进水平的松下 D3 数字制式录制设备制作电视广告。1994 年，开始装备 6 讯道分量制式的大型现场转播车，是当时西南地区技术最先进的电视现场移动转播设备。1996 年起，摄、录、音响、播出、发射等一整套技术装备陆续向数字模式转化，投入技术更新改造资金达 4000 万元。2002 年，实现全数字化。同年，在成都市广播电视局的统一策划下，该频道耗资 3 亿余元，在成都市高新区高朋大道 2 号购地 85 亩修建新台——成都市数字电视智能大厦。一期工程建筑面积 4.2 万平方米，2005 年底竣工，该频道全部迁入。所有设备均采用最新技术，国家广播电影电视部派出专家组赴成都验收该项工程技术设备时评价很高。

成都电视台（15频道）节目栏目一览表

表 5-169

栏目名称	栏目时间	播出时间	节目类型	备注
《八面来风》	1989年5月1日至1992年9月30日	20分	社教类	
《党的建设》	1991年8月21日至2005年			
《影视大观》	1988年10月日至1992年9月30日	40分	文艺类	
《少儿节目》	1989年2月2日至1995年10月2日	25分		
《对话与交流》	1989年1月日至1990年10月10日	5~10分		
《五彩路》	1992年1月至1998年12月26日	26分	少儿类	
《周末影视欣赏》	1992年10月至1995年9月30日	140分	文艺类	
《一周世界体坛》	1992年6月20日至1993年1月9日			1992年11月8日改为《半球世界体坛大观》
《CDTV夜剧场》	1994年8月1日—	90~110分	影视类	
《窗》	1992年10月5日至1993年底	20分		
《星期好时光》	1992年10月4日至1993年底	30分	文艺类	
《你好，成都》	1992年6月至1995年9月24日	20分	中英文节目	
《财经快讯》	1992年11月2日至1995年8月31日	15分	财经类	周一至周日
《都市今天》	1995年1月15日至1995年9月30日	20分		
《七色人生》	1993年1月1日至1995年1月8日	20分		1994年1月1日改为《青春杂志》
《CDTV红绿蓝》	1994年5月1日至1996年12月	30分		1996年12月28日后改为10分钟的下周节目介绍
《时代系列》	1995年10月2日至2004年6月20日			《时代经纬》《广场》《生活》《视野》。1998年12月改为《时代》，1999年3月1日改为《时事20分》
《恩威夜谈》	1996年6月22日至1998年12月26日	20分	医疗保健类	
《每周歌声》	1986年10月1日至1992年9月30日	5分	文艺	1990年6月18日改为《一周金曲》，1992年1月改为《博桑金曲》
《东南西北》	1986年10月2日至1990年12月22日	5分	奇趣知识介绍	

续表

栏目名称	栏目时间	播出时间	节目类型	备注
《文艺万花筒》	1986年11月25日至1995年5月31日	20分	文艺	1988年10月13日改为隔周一期，40分，1992年改为《艺苑星期四》，1994年1月改为《周末乐》
《周末电影》	1987年1月3日至2002年9月31日	约120分	文艺	1992年10月初改为《周末影视欣赏》，1995年10月1日改为《星期影视城》，1997年1月5日改为《CDTV影视》，1998年10月4日改为《每周影视》
《周末一刻钟》	1987年4月25日至1992年8月30日	15分	中英文社教类	
《周末市场》	1986年12月27日至1995年9月30日	5～25分	经济	1987年7月改为7分，1988年1月为10分，1990年2月3日为20分，1992年10月1日改为(周末大世界）后又改为《大市场》25分。
《经济生活》	1987年9月2日至1991年1月	5分	经济类	周三播出，1988年改为10分。
《生活七色光》	1987年10月3日至1992年底	20分	社教类	1988年10月7日更名为《七色光》，每周1期。
《伴君良宵》	1988年10月10日至1992年9月30日	15分	文艺类	1992年10月5日改为《博桑今宵》
《社会面面观》	1989年1月2日至1992年9月	3分	社教类	1990年2月12日改为《蜀都新貌社会面面观》
《体坛博览》	1990年10月9日至2002年9月1日	20～40分	体育类	
《先知为乐》	1990年12月29日至1994年4月30日	6分	节目预告	
《经济瞭望》	1992年2月13日至1992年12月31日	20分	经济类	
《点歌台》	1993年5月1日—	30分	文艺类	1995年10月2日增加17：30档
《高水平体育》	1994年1月6日至1994年4月	40分	体育专题	
《国际时事半月谈》《国际时事答疑》	1992年4月12日至1994年5月8日	17分		1992年4月12日改为《每周世界风云》
《纪实微波》	1997年3月5日—	15分		后改为《纪录》
《都市周刊》	2003年1月4日—		中英文节目	
《看世界》	1996年10月20日至2002年12月底		中英文节目	2003年1月4日改为《都市周刊》
《建设中的五路一桥》	1998年11月14日至2002年11月2日	5分		
《东芝动物乐园》	2001年1月6日至2004年10月	50分		
《心动在线》	2000年10月8日至2005年8月31日	50分	文艺类	后更名为《乐民心动在线》

续表

栏目名称	栏目时间	播出时间	节目类型	备注
《快乐成都》	2005年5月—	50分	文艺类	
《文化季风》	2002年5月4日至2003年12月31日	20分	文艺类	
《运动时空》	1996年2月2日至2004年12月30日	13分	体育类	
《天天欢乐彩》	2002年2月4日至2002年6月30日	20分	抽奖节目	

【成都经济电视台】

成都经济电视台为市级新闻单位，由成都市广电局领导和管理，行使党和政府喉舌功能。1992年7月1日开始筹建，经广电部批准，同年底试播。1993年10月28日，正式播出。采用33频道，发射功率为30千瓦，直接覆盖全市九区十县（市）及相邻地、市、县部分地区，面积约3万平方千米。成都经济电视台实行企业化管理，独立核算，自主经营，自负盈亏。

2000年，经广电部批准变更为成都电视台经济频道；2001年，广电部批准成都电视台与成都有线广播电视台合并为成都电视台，成都电视台经济频道变更为成都电视台第二套节目经济资讯服务频道，播出台标为CDTV-2。2005年局台分设后，该频道的台标符号仍为CDTV-2。

1994年以后，投资土建费5000万元，在大石西路1号建立新台址。新址于1999年1月正式投入使用。其演播大厅及各类技术装备的先进水平，当时在全国省会市级电视台中仍属一流。

成都经济电视台节目以屏幕的时尚包装和内容的推陈出新见长。坚持以经济宣传为中心，着力打造频道个性和特色，突出信息性、参与性、娱乐性、益智性。开播初期除开办《每日报道》《每日财经》《聊天33》等11个专栏节目外，还开设《每日剧场》《夜剧场》《黄昏剧场》等3个大时段电影、电视剧场节目，每天播出10小时。

1998年，成都经济电视台《每日报道》先后推出《启动四二〇——成发集团改革纪实》《世纪末的转变——下岗再就业》《成都个体私营经济探秘》《知识经济——希望与挑战》《会战五路一桥》《五路一桥战报》等系列报道，以配合国有企业改革，再就业工程实施。同年，又推出大型系列报道《启动成都经济》《工业——挺进成都的经济脊梁》《基础设施建设拉动经济》《电子与信息》等，对成都经济进行分析论证。推出系列报道《乡村纪事》《沧桑巨变二十年》《土地的延包——农民的定心丸》《“村条”公开还农民一个明白》等，对小城镇经济发展、建立村乡民主制度、农民生活水平提高等方面予以多种方式的报道。

成都经济电视台还参与国内外重大经济活动的报道。1999年7月，先后推出《澳门印象》（11集）《看香港》（11集），向人们展示即将回归的澳门风采和已经回归的香港风光和成就。2000年，拍摄制作《跨越西部》大型系列报道和专题。用全新的方式和角度诠释西部大开发。同年，受主办方邀请，该台派记者赴上海采访美国亚洲协会企业年会；直播建设部与国际人居大会组委会联合在成都举办“城市建设与环境国际论坛”活动。

成都经济电视台的资讯服务栏目以时尚、丰富见长。《道听途说》《房产在线》《汽车周刊》，综艺栏目《女人有约》《夜沙龙》，文艺晚会2005年超女选拔成都赛区系列赛事及演唱会，纪录片《三节草》《冬天》多次获得国内外大奖，电视剧《长大未成人》获得全国电视剧“飞天奖”少儿一等奖，1996年全国“五个一”（一部好的戏剧作品、一部好的电视剧作品、一部好的图书、一部好的理论文章、一部好电影作品）工程提名奖，1998年四川第三届巴蜀文艺奖特别成果奖。《何处不风流》等均有很大影响。培养出一批名主持人、名编辑、名记者，先后有数百件包括新闻、专题、纪录片、文艺晚会和电视剧作品，获全国“五个一工程奖”、飞天奖、金鹰奖、骏马奖等大奖，特别是纪录片获得十余项国家和国际大奖。

【成都有线电视台】

20世纪90年代初，作为现代信息社会重要标志之一的有线电视，成为国内外电视广播业竞相发展的热点。1991年6月，中共成都市委常委会正式决定筹建成都有线电视台。1992年1月17日，成都有线电视台筹备工作第一次会议审定通过《成都有线电视台总体规划和实施方案》。方案核定成都有线电视台为局级事业单位，在市广播电视局(台)党组统一领导下，实行市广播电视局、市电台、市电视台、市有线电视台“四位一体”的管理体制，并明确“以成都有线电视台为中心，组建全市性有线电视网，区一级不另建台”。有线电视台内部设5个中层机构，副局级领导职数2名，中层领导职数10名，事业编制初定80人，由市财政拨付80万元开办费。成都市广播电视局利用分配给有线电视台（筹）三个频道的其中一个频道实行试播（试信号），试信号播出一年多。1994年，广播电影电视部批准成都有线电视台试播，呼号为“成都有线电视台（筹）”。1998年3月12日，广播电影电视部组织四川省广播电视厅和成都市广播电视局形成联合验收小组，对有线电视台进行验收。同年，广播电影电视部同意成都市有线电视台以“成都有线广播电视台”重新登记。成都市有线广播电视台可自办1套综合电视节目、2套专业电视节目，播出时分别称：成都有线广播电视台综合频道、成都有线广播电视台影视文艺频道、成都有线广播电视台体育频道。2001年，成都有线广播电视台并入成都电视台。原成都有线台的综合频道变更为成都电视台第三套节目——都市生活频道；原成都有线台的影视文艺频道变更为第四套节目——影视文艺频道，原成都有线台的体育频道变更为第五套节目——体育娱乐频道。

【电视频道设置】

1990—2005年末，成都电视台先后设置9个频道。

成都电视台（15频道）。1986年重建成都电视台时所设。到2001年，国家广电总局将有线电视台与无线电视台合并成一个播出实体，统称“成都电视台”。15频道改称成都电视台新闻综合频道，作为第一套节目。

成都电视台（33频道）。1992年9月设立。它侧重宣传金融、商贸、旅游等。著名栏目有《每日报道》《每日环球经济》《聊天（33）》等。2001年改称成都电视台第二套节目，频道名称为“成都经济资讯服务频道”。

成都电视台都市生活频道。1992年6月，成都有线电视台（筹）设立“综合频道”，是四川省广播电视厅批准的三个有线频道之一。综合频道从1992年6月30日起播到2001年4月27日，按国家广电总局381号文件规定将综合频道改称成都电视台“都市生活频道”，为成都电视台第三套节目。侧重市民生活资讯、娱乐、文化生活，节目贴近社会、贴近生活、贴近群众，特点突出，具有地方特色。

成都电视台影视文艺频道。1992年6月30日开始试播，10月定名为“黄金海岸”频道，是四川省广播电视电影厅批准的三个有线频道之一。2000年1月1日，“黄金海岸”更名为“影视文艺频道”。2001年1月广电总局将电视台、经济电视台有线电视台三台合一后，影视文艺频道改称成都电视台第四套节目。

成都电视台公共频道。1996年秋，成都有线电视台（筹）率先与美国ESPN签订合同购买体育节目，筹办体育频道，当时称为“全球体育频道”。1997年4月，全球体育频道改由有线电视台（筹）与15频道合作经办，8月1日成都电视体育频道正式开播。主要栏目有《体育新闻》《视野》《一家之言》《黄金赛场》等。2001年4月，报经广播电视总局批准，体育频道更名为“成都电视台第五套节目·体育娱乐频道”。2002年8月，经国家广电总局批准体育娱乐频道改称为“公共频道”。11月，该频道与成都电视台广告制作所合并。12月1日“公共频道”正式开播。节目设置以民生新闻为龙头，文艺为主体，兼顾体育、娱乐、社教等其他内容。开播一个月，收视率8%以上。

成都电视台少儿频道。1998年12月25日开办，每天播出16小时，覆盖6区12县。自办栏目有《走进国家地理》《小神龙俱乐部》《神秘岛》《MTV学英语》《天使剧场》《宝贝电唱机》《满天星》《电玩高手》《蔷薇123》等。因开办频道未取得国家广电总局批准，1999年12月31日停播。2004年5月，成都市政府提出创造条件申办成都电视台少儿频道的要求，并将此列入为未成年人办好事实事的重点内容。12月17日，经国家广电总局批准，同意利用有线传输方式开办第六套节目“少儿频道”，呼号为“成都电视台少儿频道”。2005年2月1日试信号，6月1日正式开播。

美食天府数字频道。2004年11月，获国家广电总局批准设立美食天府数字频道，并定为全国传输的数字付费频道。2005年初筹备、6月试播。因全国有线数字电视整体平移工作刚刚开始，数字电视用户较少，每天播出时间6个小时。节目构成以《美食成都》栏目为主线，同时还有电视台文艺中心制作的娱乐互动栏目《美食擂台赛》，有关美食旅游的专题片，以及以美食为题材的电视剧。《美食成都》栏目由《美食情报》《超级品味》《家常菜》《百味人生》4个专栏构成。该频道播出后，受到餐饮制作爱好者和消费者的欢迎。

每日电视购物频道。2004年12月31日，获准开办“每日电视购物频道”。节目设置范围为商品信息及相关服务，播出范围为四川全省。2005年9月28日，开始试播，面向全市有线和无线数字电视用户播出。每日电视购物频道以专业购物频道为核心，综合利用专业网站、型录等现代资讯媒介手段，创建本地区首家以电视购物为核心，其他手段为辅助的大型无店铺专业零售公司，为顾客提供方便、快捷、可靠、物美价廉和时尚购物体验的零售服务，成为本地区主流零售商以及现代都市生活方式发展的重要参与者和影响者，并成为重大产业发展项目。由于电视购物立足于服务消费零售这一广阔市场，可以使广电产业突破传统的广告和网络领域，获得更大的发展空间。因此，以每日电视购物频道为核心的电视购物项目被成都电视台列为重大产业发展项目。

成都电视台数字移动电视频道。2005 年初，成都电视台开始筹办成都数字移动电视频道，并于同年 8 月 18 日试播。成都数字移动电视采用全新的产业化运行机制。节目制作、审查、播出由成都电视台负责，终端及广告拓展等运营任务由成都华视数字移动电视有限公司承担。成都华视数字移动电视有限公司由成都电视台与深圳华视数字移动电视有限公司共同投资 1000 万元，于 2005 年 4 月注册成立，成都电视台控股 51%。成都数字移动电视采用 DMB-T 技术标准，使用 44 频道，在蜀都发射台发射，发射机功率 1000W。初期覆盖半径约 20 千米，在北到新都大丰、南到华阳、西到温江花博园、东到龙泉城区的范围内，均能较好接收成都数字移动电视信号。

市内公交车辆是成都数字移动电视发展初期的主要播出平台。2005 年底，市区内有 500 余台公交车安装移动电视接收、显示设备，每天有 40余万名公交乘客能够收看到丰富的电视节目。成都数字移动电视通过数字压缩技术，共发射 3 套电视节目信号：成都电视台面向市区公交乘客的公交频道和成都电视台新闻综合频道、中央电视台综艺频道。公交频道全天播出 16 个小时。

【电视台台标】

台标是电视台的识别标志。成都电视台台标，随着电视台机构的变化，16年中有三次变更。

1986 年开播的成都电视台（15 频道），最初采用的台标为：以成都市政地图为底版，配以“成都电视台”汉字和英文缩写 CDTV 字标，采用三维运动空间电视图像构成的图案，此台标用至 1992 年底。

1992 年，随着成都有线电视台和成都经济电视台（33 频道）的相继建立，15 频道为强化频道的认知度和品牌个性，由红、绿、蓝三条光线穿梭交合构成“15”的数字变形的台标，喻示电视这一现代媒体的快捷特征。这一台标从 1992 年底使用至 2005 年。

1992 年建立的成都经济电视台（33 频道），台标以变异的中文“日”字为创作元素，提炼出醒目的图像：外形以两个“3”字正反相扣，喻示 33 频道，内心的两个圆弧和外形的包容象征着天、地、人之间的哲学理念。该台标从开播一直使用到 2005 年。

1992 年 6 月 30 日成都有线电视台建立后，由英文缩写字母“CTV”变形台标。

2001 年 7 月 1 日，成都有线电视台与成都电视台（15 频道）合并，新设置的成都电视台生活频道和成都电视台影视文艺频道，其新台标分别为：

成都电视台都市生活频道
CHENGDU TV STATION METROPOLITAN LIFE CHANNEL

成都电视台影视文艺频道
CHENGDU TV STATION MOVIE ENTERTAINMENT CHANNEL

2004 年，成都电视台进行机构整合，采用统一新台标。新台标设计稿面向社会公开征集，海内外应征方案 2688 份。经过观众、专家和广电系统职工的层层评选，最终决定使用近年成都出土的金沙神鸟图案为蓝本设计的新台标。该台标用成都拼音首写字母“C”变化而成，整体构成圆形，负型为光芒四射的太阳，正型是一只围绕着太阳的神鸟，具有浓郁的地方特色和艺术构思。广电部 2004 年 11 月 15 日批复，同意使用这一新台标。2005 年 1 月 1 日，成都电视台当时所属的 6 个频道全部启用新台标。

15 频道

33 频道

都市生活频道

影视文艺频道

公共频道

少儿频道

美食频道

数字移动频道

每日电视购物频道

【四川人民广播电台】

1952 年 10 月 1 日，四川人民广播电台（以下简称“四川电台”）正式播音。经过 50 多年的努力，尤其是 20 世纪 90 年代中期以后的开拓，竞争力增强。

四川电台“扬独家之优势，汇天下之精华”，不断改革、创新、发展。1991 年元旦，正式开播四川经济广播（三套）。1994 年 10 月 1 日，在原第二套民族节目基础上创办全国首家民族广播电台“金桥之声”；10 月 8 日，开播“岷江音乐”（四套）。2003 年 12 月 28 日，开播“四川交通广播”（五套）并试播“都市生活广播”。至 2005 年，四川电台已形成新闻、民族、经济、音乐和交通 5 套覆盖范围不同，听众对象侧重、相对分工、优势互补的节目（频率）布局和结构，全天播音总时间达到 72 小时。这五套节目通过微波传输，其中，新闻和民族两套节目于 1995 年 11 月 16 日起通过卫星传输。四川电台节目在全省人口的覆盖率达 97%。其经济、交通等三套专业节目到 2005 年覆盖 10 个以上地级城市。全台节目录制采用多声道录音，节目播出基本完成模拟技术向数字化技术的转换，实现计算机网络系统自动播出。

新闻是四川广播电台宣传主体，先后设置有 20 余档板块节目。1997 年 7 月，全天新闻节目结构调整集中到早、中、晚黄金时段播出，内容更加关注社会，贴近百姓。2002 年元旦，四川广播电台对主版块“早间新闻网”实行重大调整，包括《大众聚焦》（2004年2月1日起更名《730新闻冲击波》）、《财经信息》等节目，使之成为四川广播电台最具影响力的品牌节目之一。到2004年，四川电台新闻播出时间每天增至245分钟。

四川电台节目品牌效益日益彰显。其中“五个一”工程（广播剧、歌曲项目）的创作、制作水平和成果名列全国省级电台前茅；农村节目《城乡立交桥》被国家广电部门认定为名牌节目；少儿节目《阳光少年》荣获团中央、国家广电总局授予的“青少年优秀维权岗”称号；对外宣传节目《四川与世界》被评为全省三个外宣优秀栏目之一；《农村信箱》节目（曾用名《李民信箱》）广受农村听众欢迎，具有重大影响；《吃在成都》节目关注民生，推荐美食，弘扬文化，引发街谈巷议。

20世纪90年代起，四川电台节目采编的形式与手段也不断改变与提升，大部分节目实行节目主持人集编播于一身直接播出，现场报道普遍采用音响报道和连线报道，大大提高新闻的时效性和现场感。

四川电台1955年10月1日开办藏语广播，1979年10月1日，开办彝语广播。之后，又在第二套民族语言节目中加入汉语普通话民族节目内容，至20世纪90年代中期，用藏（康巴、安多两种方言）、彝、汉语播音覆盖民族地区，全天播出17小时。到2005年，四川电台的民族广播中，藏语节目全天播出为5小时30分、彝语节目播出为3小时30分。

1990年以后，四川电台还先后开播过《四川信息广播》（1992—1996年）、《四川证券广播》（1993—2000年）、《四川健康之声广播》（1998—2000年）、《四川妇女儿童广播》（1996—2000年）等系列电台。

四川电台广播经营，于20世纪70年代末起步，经长期努力，迎来21世纪初的快速发展，收益持续多年大幅增长，到2005年，经营总量列西部省级电台前三名。

四川电台2001年后实施频率化管理，实行频率总监负责制，对频率实行目标责任制管理。

【四川电视台】

1978年8月1日，成都电视台更名为四川电视台。改革开放以后，四川电视台进行电视频道定位和栏目调整，对节目的设置、内容和形式不断改革创新，逐步形成四川电视节目的独特风格。进入21世纪，四川电视台已拥有九套节目，其中卫视、第二套（文化旅游频道）、第三套（经济频道）、第九套（公共频道）等四套节目覆盖成都、四川、全国和亚洲的大部分地区，并根据各自的观众构成，在节目编排上各具特色，相互补充，满足覆盖区内不同收视条件的用户和不同观众的收视需求，形成较稳定的收视群。

四川卫视为新闻综合频道，面向全国，全天及时传播政治、经济、文化信息并向观众提供精彩纷呈的文娱体育节目。在全国1.56亿户电视家庭、5.49亿人可收看四川卫视，平均收视率居全国省级卫星台前列。

四川电视台针对不同的收视对象，开办几十个自办节目，其中许多栏目在社会上有着广泛的影响，如《四川新闻联播》《今晚10分》《财经快讯》《经济强档50分》《四季风》《生活家园》《综艺大世界》《特别心动》《黄金30分》等等。四川电视台制作大量电视节目，电视剧、纪录片、电视文艺节目成绩斐然，在国内外各项评比中多有获奖，在各类电视节上均受到各国电视同行的赞赏，并屡获国际大奖。

四川电视台先后与30多个国家的300多个电视台、电视机构建立和开展业务交流与合作。始创于1991年的两年一度的“中国四川国际电视节”成为四川省对外文化交流的重要窗口，国际电视节目交易的重要场所。1994年10月2日，四川电视台第一套节目正式通过“中星五号”卫星播出，节目覆盖东南亚等地区数十个国家近20亿观众。

2003年12月26日，四川广播电视集团成立。四川电视台无线台和有线台正式合并。2004年9月，注销原四川电视台和有线台的法人资格，同时完成四川广电集团事业法人注册登记工作。

广播节目

【广播新闻】

广播新闻是成都电台节目主体。成都电台新闻、交通、经济、文艺等频道均办有广播新闻节目。各台新闻在编排上均突出自己的专业特点，适应听众信息需求。新闻台的《成广新闻》《成广新闻12点》《黄昏新闻快递》侧重时政新事、百姓话题，突出新闻贴近、快捷的特点；交通台的《新闻视野》《新闻全球通》《焦点新闻》以交通新闻为主；经济台的《天天早报》《听则有新》突出经济特色。各专业台成立以后，新闻播出条数增加；2005年全年播出新闻1.98万条，其中自采新闻8771条，录音新闻2448条，评论31条，口播73条。

成都电台新闻频道是电台播出新闻的主频道。2002年，其《早间新闻》更名为《成广新闻》，设置有本地、国内、国际三大板块。在传统的早、中、晚主档新闻外，从上午8:00开始，全天还有9档正点新闻，发挥出广播“快”的优势；新闻栏目也不断创新。同年7月，该频道开办新闻类节目《读报时间》，每天上午9点播出，每期45分钟。男女主持人用直播方式播出，以宣传党和政府重大方针政策及关系民生的社会新闻为主，听众可以通过电话或短信对新闻进行点播；主持人改变以往播报新闻的方式，以说新闻的形式为听众介绍新闻内容，进行新闻点评，增强节目的引导性和亲近性。2004年，该频道推出《现场》，是一档通过各种丰富音响再现新闻原貌的新闻板块栏目。由记者部担任采访，通过正面采访、暗访等多种手段，对新闻事件进行全程录音，用“声音”说新闻，让听众有一种身临新闻发生现场的感觉，凸现了广播特色。2005年播出《现场》28期，每期5分钟，周一至周五早上在新闻、交通、音乐3套节目的早新闻中播出。

【重大新闻宣传广播】

党的建设宣传。1991年，中国共产党建党70周年，成都电台在新闻节目中设立《我们身边的共产党员》专栏，播出有关新闻153条，专题23件(组)。

1996年，中国共产党建党75周年暨中国工农红军长征60周年。成都电台播出由成都市委组织部、宣传部、市文化局等多家单位举办的纪念建党和长征的群众歌咏大会实况录音。新闻台、文艺台、经济台、交通电台在“七一”建党节前后，录制播出文艺专题《光辉的历程——历史的回音》20期，党建知识《党史纵横》30期，并派记者参加“重走长征路”采访团，推出《重走长征路》《长征路上的故事》等大型系列报道。

2001年，中国共产党建党80周年，新闻经济频道在早新闻中开辟《学习七一讲话，落实“三个代表”》专栏，并配发系列评论。推出《公仆热线》栏目，增加政府职能部门与群众沟通渠道；播发《倾听成都——纪念建党80周年特别报道》。交通文艺频道推出“纪念建党八十周年特别报道”25组。成都电台主办的诗歌吟唱广播电视晚会《我们是七月的儿女》，7月1

日晚在成都电台和成都电视台33频道并机直播。

2002年，成都电台在党建宣传上，新闻频道联合北京人民广播电台等多家城市台制作推出大型纪实性专题节目《变迁——30个中国家庭的13年》，以不同时期的声音素材，反映改革开放以来发生在中国城乡的巨大变化；交通文艺频道在《新闻视野》开辟《喜迎十六大》专栏，策划播出显示成都市交通成就的《三环路纵横》系列录音报道；经济频道从7月起在《听则有新》中开设《与时俱进开创未来》专栏。成都电台还制作和播出广播系列综合节目《彩练当空——中国共产党光辉历程礼赞》，20集大型理论专题节目《只要主义真》。在黄金时段播出公益广告《只有社会主义才能救中国》。

2005年，结合成都市党政机关开展的“共产党员先进性教育”活动，新闻频道在《今日话题》中，播出该台评论员《廉洁是共产党人的本色》等系列评论文章。在建党84周年纪念日时，该台与成都公交集团、成都电视台联合举办“为党旗添彩、做时代先锋”暨“公交车上话成都”系列活动。

“两会”宣传。1990年起，每年“两会”期间，成都电台抽调骨干编采人员，组成“两会”报道组，以保证“两会”宣传报道质量。

2005年初，成都、四川、全国“两会”相继召开，在“两会”报道中，成都电台及时报道会议进程、会议花絮，推出《两会漫笔》《两会热点》《我看两会》《两会速递》栏目，先后播发《政协提案亮点多》，录音报道《成都委员参政忙》《北京市民眼中的“两会”热点》《让城乡共享教育资源》《人大代表谈闭幕》等专稿61件，反映代表和委员对市民关心的热点、焦点问题的议案、提案，以及市民对“两会”的热切关注。

经济建设宣传。1990—2005年，成都电台紧密围绕成都市委、市政府在各个时期提出的经济工作中心进行经济宣传。凡重大题目，均抽调精兵强将，深入第一线采访，在加大日常报道的同时，配发评论文章，推出系列报道，做到重点突出，形式多样化。在“成都造”的宣传中，以《“成都造”——跨世纪名牌》为龙头，开办《蓉城优势企业龙虎榜》《来自国有大中型企业的报道》专栏，分别对34家成都重点优势企业进行专题报道，并对“成都造”的代表企业进行人物专访。在宣传国企改革中，新闻频道在早间时段推出新闻系列报道《国企改革之路》《厂长经理专家谈》，言论节目开辟专题讨论《国企改革大家谈》。1998年，紧紧围绕成都市委、市政府《关于大力发展个体、私营经济的决定》，在新闻节目《天天早报》黄金时段中，推出系列报道《私营经济之窗》。先后播出新闻《我市私营经济发展现状》《从家庭出来的私营企业》《民营企业的必由之路》，录音专访《新希望集团董事长刘永好访谈录》《三多里的经营之道》《赛科公司发展三部曲》《青年路的变迁》，评论《发展私营经济大有可为》等，对成都市个体、私营经济做全方位、多侧面透析，回顾私营经济的发展历程，分析私营企业家族式经营的弊端，总结大型私营企业成功经验，探讨个体、私营独具特色的经营之道。

2005年是“十五”计划的最后一年，成都市把这一年定为“项目年”。成都电台推出系列报道《项目年在成都》，报道一系列重大经济事件。开设《再就业之窗》《帮你找个好工作》咨询服务专栏、热线节目，帮助下岗职工重新上岗。

城市建设宣传。1990—2005年，成都电台按照成都市委、市政府的要求，对成都市创建国家卫生城市、中小街道建设、公厕改造、小城镇建设、过境（二环）路工程建设、顺城街扩建工程、府南河综合整治等工程进行高密度、持续的宣传。

“三农”宣传。成都电台开播《市郊天地》，针对农业、农村、农民三方面的宣传力度极大，节目开办时间长，受众面广，收听率高，在发挥电台优势方面尤为突出，是对农村广播的新闻性专题节目。设有《普通人物》《科技兴农》《致富信息》《市郊见闻》《乡镇企业》《外地见闻》《实用科技知识》《龙门阵》《信息窗口》《排忧解难》等栏目。

2004年，成都电台先后播出《农民工社保受重视》《我市农民减负47.11元》《我省实施建筑业工资支付保证金制度》等专题节目，从而有效营造“积极进取而稳定、令人振奋而踏实”的舆论氛围，引导社会舆论共同关注“三农”在变革中的热点问题，共同着力向“三农”倾斜。

成都电台把成都市委、市政府的战略部署传播到农村千家万户，及时反映广大农民的切身感受和意愿，为他们提供健康向上的新观点、新举措、新经验、新成就。

《成广新闻》《市郊天地》节目，重点宣传农村富余劳动力转移、失地农民就业问题、建立农村社会保障体系等，并及时采访、报道各区（市）县委书记的新思路。

突发事件宣传。1992年6月，岷江上游大面积降暴雨，形成洪峰，严重威胁成都平原安全。成都电台记者深入一线进行采访，采写《一切为了下游的安全》。成都电台的《万众一心堵险段》《永不退阵的防洪老将》等专题报道，对此次抗洪救灾起到积极作用。

2003年5月，防治“非典”工作展开以后，成都电台立即推出《抗击“非典”》专栏。全方位、多角度报道成都市各行各业防治工作的动态和成效，积极介绍有关防治“非典”的科学常识，广泛报道广东、北京等地的防治情况。

舆论监督。1987年12月，成都电台开设第一个舆论监督节目《65594热线电话》。

1994年，成都电台与成都市技术监督局配合，设立专门的热线电话，接受听众举报生产、经销假冒伪劣商品的情况，派出记者到现场进行调查，并及时揭露作伪行径，维护消费者的合法权益。为整顿市容市貌，特开设《热线电话》，共编发听众热线电话30组，并播出系列报道《清理整治违法违章占道》11篇，对一些违法违章占道的摊点、亭棚进行曝光，为城管部门提供信息支援。

1998年，成都电台在已有的《热线电话》基础上又推出《梁军热线》。该节目以对话方式进行，对教育乱收费、劳动纠纷等进行舆论监督。

2005年，成都电台继续加强对舆论监督节目的管理，规范《热线电话》等节目的制作流程，坚持重大问题请示报告制度，由分管副台长直接对热线电话进行管理。

【广播文艺】

成都电台从1959年重建开播，广播文艺即占有重要地位。20世纪70年代中期至80年代末，更出现听众争相收听的盛况。这段时期，播出大量文艺节目：《音乐节目独唱晚会》《听众点播》《蓉城歌声》文学节目小说连续广播、影剧评介、广播剧、电影、话剧剪辑，配乐散文、诗歌朗诵，文学欣赏；戏曲节目共录制川剧剧目248个，其中实况转播127个，静场录播121个，传统剧和新编历史剧占75%，现代戏占25%，还播出大量的扬琴、清音、谐剧、各地方曲种等曲艺节目。1980—1989年，自制的文艺节目共487小时，向外地电台交换4115小时节目。1990年，成都电台第一套节目每天播出文艺节目6小时30分，占全天播出自办节目的59.1%。

1993年，成都电台文艺部撤销，系列台成立，文艺节目播出制作分散于各频道。电影剪辑、音乐、戏剧实况转播和静场录音等多种传统广播文艺形式随之消失。大量由主持人直播的综艺、娱乐、猜谜益智的栏目出现。同年，广播文艺节目制作量上升为564小时；到2005年增至1.14万小时，占全年电台节目制作的51%。2005年，电台先后出现有影响的广播文艺栏目有：《都市情调》《456歌迷会》《烛光深情》《书林漫步》《诗夜星空》《国际音乐航班》《EAR流行世界》《川戏“九龙口”》《戏曲茶楼》《戏曲大舞台》《曲艺大观》《时尚手册》《环球音乐嘉年华》《730演播室》等。

1990—2005年，成都电台广播共有91个文艺节目（不包括广播剧）获得省及以上奖项93个。其中，中国广播电视提名奖1个，中国广播奖二等奖3个，三等奖3个；四川省广播文艺奖一等奖25个（包括特别奖），二等奖30个，三等奖21个。

【路况信息】

路况信息是20世纪90年代随着全国城市专业系列广播电台交通台的诞生而出现的一种新的广播节目形式。它及时、快速传递城市交通道路动态，为驾车者选择行车路线提供参考。节目时长一般三至五分钟，像串珠一样联结全天节目。

成都交通广播电台1992年12月开播。成都市公安局交警支队在电台直播间外设有一部基地电台，由值班交警呼叫各大队值勤交警，随时反馈路面畅通或拥堵的交通状况，再通过电台路况播报员将路况信息每半小时播出一次。

1994年，成都交通广播电台建立路况巡视队。招募20名义务路况巡视队员，通过10台出租车的车载电台，随时反馈路面动态。这种全方位动态模式使路况信息更丰富。电台有路况播报员4名，从早7:00至晚8:00，每半小时插播。

1999年1月，成都交通广播电台与文艺电台机构合并，称成都电台交通文艺频道，寻呼台为成都电台交通广播。在该频道组织的“的士之家俱乐部”基础上，路况巡视队伍扩为队员60名和30台出租车。路况播报时间从早7：30至晚10：00，除每半小时播出，遇突发、意外交通事故拥堵，还随时打断正常节目插播。

2001年，成都市公安局交管局指挥监控系统开通，实现对全市东西、南北两条主要干道道路交通状况的电视屏幕监控。该频道派一名记者全天进驻指挥监控中心，随时通过大屏幕，反馈播报信息。

2004年1月，路况信息改为“路路通”。至2005年底，增添停水、停电、停气、高速公路气象、开通或关闭、航班到港、列车晚点、旅游线路出行游玩景点、停车泊位信息等内容。在成都市公安局交警指挥中心建立电台直播间。除原有的路况巡视队员，在新南门、九眼桥、磨子桥等立交易堵路口，增设10个固定播报点，聘请民间信息员。并在早8:30、中午11:30、晚6:00上下班车流高峰时段，连线交管局各分局路面执勤民警现场播报。除原有路况播报员，还增加2名编辑和4名记者，随时准备交通突发事件现场出击。

【外语教学节目】

成都电台第二套外语教学节目于1973年4月开播，是继北京、上海、安徽电台之后，全国第四家开办英语讲座的电台。编印的28万册业余英语广播教材在全市新华书店发行被抢售一空。1982年，在成都市16万名初中学生中，经常收听该台英语广播讲座者近10万人，高中英语复习资料售出3万多份，经常收听者2万人，被成都各中学英语教师称为“老师的老师”。

1990年，第二套英语教学节目使用频率中波1485千赫，发射功率1千瓦。每天播出时间8小时15分，第一次播音从5:55至8:30；第二次播音从12:25至14:00；第三次播音从18:55至22:00。内容有初中、高中英语教材、《新概念英语》及英语播讲的世界名著等。为帮助各类专业人员外语达标考试，外语教学节目外语部与苏州大学等9家单位联合举办《实用英语广播函授》节目，于同年1月在二套节目中播出。节目采用苏州大学编写的《实用英语教程》，由语音专家翁贤青副教授主讲。教学形式采用电台播讲，该台外语部设辅导站，负责批改作业，阅卷答疑，经考试合格由苏州大学颁发结业证书。同年9月，又在二套节目播出英语综合节目《英语爱好者》。内容包括英语新闻、专题、文艺三大类，以满足不同层次的英语爱好者需求，也为外籍人士了解、认识成都提供窗口。1990年11月，全国外语广播讲座经验交流会在成都召开，北京、上海、天津、广东、四川、成都以及中央人民广播电台等31个省市电台的外语广播教学工作者参加会议，成都电台在会上介绍经验。与会者共办有外语教学节目70多个，语种有英、日、法、德、俄和世界语6种，在全国形成一种规模巨大的“空中外语学校”。

1991年5月，儿童智力早期开发节目《儿童英语教育讲座》在成都电台二套节目播出。同年8月，每天推出口语教学《大家说英语》，为学英语者解决口难开的问题。为促进成都旅游业发展，配合四川国际电视节举办，同年9月，在一套和二套节目每天推出《营业员简易英语一百句》。随着中日文化经济交流的扩大，又于同年12月在二套节目中推出北京第二外国语学院编写的《日语》广播教学节目，除了早晚播出，电台还备有磁带、教材，办理面授辅导。

1992年11月，成都电台编制的《特别英语教学节目》在成都、重庆、四川、贵州、云南、广西、江苏、天津、沈阳等全国10家省市电台播出。节目句型简要、语音纯正，初通1500个英语基本词汇的各界人士，均可收听。辽宁人民出版社出版有与之配套的《特别英语丛书》4册，成都音像出版社出版发行有原版朗读磁带6盒。

1992年12月，成都交通台成立，占用第二套外语教学节目的中波频率（1485千赫），外语教学节目改在每晚19：00成都交通台全天节目结束后播出4小时，除此之外，还在第一套节目和其他节目中保证每天4小时外语教学节目播出。随着成都大、中小学外语教学的普及，1995年以后，电台外语教学节目逐渐退出，到1998年底停播。

【方言广播】

四川方言以诙谐、幽默著称。成都电台难舍本土幽默特色，于1991年至2005年推出一系列方言广播。主要有《茶余饭后》（1991年12月由成都电台文艺部推出）、《早间快语》（1992年10月，方言开播，1994年12月，因节目改版停播）、《皇城坝》（1995年1月推出，1997年停播）、《天府龙门阵》（1999年8月推出）、《飞哥欢乐派》等。

【广播剧与广播小说】

广播剧。广播剧集编剧、演播、音乐、音响动效于一体，很受听众欢迎，可体现出电台的综合实力。1964年，成都电台制有第一部广播剧《军队和老百姓》。1978年，广播剧创作进入发展繁荣的新阶段。1980—1989年共制作广播剧20部、50集，有9部获得省以上全国广播剧专项奖项。

20世纪90年代中期以后，全国电台的广播剧制作，因其生产周期长、投资大，都处于一种萎缩状态，但成都电台仍然坚持每年两三部的广播剧生产。创作出反映伟人生平事迹的系列剧《邓小平的故事》《邓小平在大西南》；以成都蜀绣及川剧艺术为故事主线的《彩线绣成的歌》《梨园姐妹》；表现紫坪铺水电工程建设、下岗工人再就业及希望工程的系列和单本剧《情系紫坪铺》《爷们别趴下》《托起明天的太阳》等。1990—2005年，成都电台共生产广播剧36部、73集，有17部获得省级及以上广播剧19个专业奖项。其中，中国广播电视新闻提名奖1个，四川省“五个一工程奖”4个，四川省广播文艺奖一等奖8个。

1990—2005年成都电台生产的广播剧一览表

表5-170

年份	节目名称	共计
1990	3集《老山兰》、3集《正气歌》，单剧《通向远方的路》《秋霞》，短剧《雾》《窗》《无望的寻人启事》	7部11集
1991	单本剧《超越国界的挚爱》《锦江壮歌》	2部2集
1992	4集《森林诗魂》，单剧《深情的电波》《价值》《珍珍的心事》	4部7集
1993	5集《伟大的女性》，单剧《本色》、短剧《祖母绿》《一着败棋》	4部8集
1994	20集《邓小平的故事》，单剧《托起明天的太阳》《钟情难述》《战争、足球、生命》	4部23集
1995	单剧《如此爸爸》《再爱我一次》《咖啡屋》《起名》	4部4集
1996	单剧《胸怀》，广播小品《101病毒》	2部2集
1997	单剧《彩线绣成的歌》	1部1集
1998	3集《琴思》，单剧《跟皮鲁鲁一起游四川》	2部4集
1999	4集《邓小平在大西南》	1部4集
2000	3集《情系紫坪铺》、单剧《绿色的梦乡》	2部4集
2004	单剧《爷们别趴下》《 梨园姐妹》	2部2集
2005	广播剧《爱的延伸》	1部1集

广播小说。广播小说介于小说与广播剧之间，采用叙述、人物对话演播，音乐、音响动效烘托氛围，片花点题等多种形式。更适于现代广播节奏和节目的市场化运作。成都电台从2003年至2005年，共生产广播小说8部322集，有的被中央人民广播电台及天津、广东、湖北、辽宁、济南、青岛等十几家电台购买播出。

2003—2005年成都电台生产的广播小说一览表

表5-171

年份	节目名称	共计
2003	广播长篇纪实《抗击“非典”的日日夜夜》（15集），广播长篇纪实《中国知青终结》（36集）	2部51集
2004	广播长篇纪实《长翅膀的绵羊》（33集），恐怖悬疑小说《死者的眼睛》（40集），广播小说《农民》（31集）《黑金道》（50集）	4部154集
2005	广播小说《绝密701》（60集），广播长篇纪实《重庆大轰炸》（57集）	2部117集

【广播名牌栏目】

《热线电话》。1989年开办至2005年。节目初始名为《65594热线电话》。热线电话节目始终坚持正确的舆论导向和热情服务听众的节目定位，以帮助听众朋友，为听众解决实际问题为己任，在听众与政府之间架起沟通的桥梁。节目每天接听听众电话，解答听众提出的各类问题。

《早间快语》。1993年开办至1995年。节目较早引入策划意识，由电台的4位编播人员与一位交警合作，以小品的表演形式演绎新闻事件。在演绎中，针砭时弊，弘扬正气，节目形式鲜活，生动幽默风趣，与听众形成心理和情感的互动，成为当时四川省内首屈一指的电台节目。

《午间特快》。1990年开办。节目采用大板块、大时段以主持人直播节目形式播出。是继珠江台后第二家采用这种编排播出节目的形式，在全国广播业界产生一定的带头和示范作用。由于采用调频立体声发射，又加之新颖的编排播出形式，在全川产生较为轰动性的影响。除此之外，新闻采取滚动性编排，男女主持人对播，适时地插播音乐，或辅之以相应的背景音乐，一举改变广播单调呆板的印象。该节目轻盈活泼、轻松愉悦的风格和善于营造氛围的特点，使其在成都乃至全川广播发展史上，具有划时代的意义。《午间特快》曾获四川省1991年度优秀广播节目“组合节目”一等奖。由于机构变动等原因，于1994年停办。

《黄金口岸》。1993年开办，是成都商业广播电台（后改为经济频率）成立之初，推出的一档较有影响力的节目。节目坚持鲜活性、知识性、幽默风趣为一体的构架，以餐饮休闲为主要内容，在10多年的时间里，形成以出租车司机为主的听众群。1999年，该节目考虑到节目收听对象，转到成都交通频率，并保留原节目名称。2005年国庆节期间，中央电视台《新闻会客厅》曾播出对这一节目主持人的专访，产生较大的影响。

《开心碰碰车》。1992年开办，是交通频率成立之初的一档娱乐性节目。主持人风趣幽默，巧妙地衔接穿插，听众对这档广播娱乐节目反应热烈。1994年，该节目在天府广场（原人民南路广场）举行“百万球迷大签名”活动，仅一天时间，就有数十万热心听众在百米长卷上签名。该节目曾获得全国创优节目奖，节目中的《让月亮圆起来》栏目获得全国第五届金话筒奖。1999年该节目停播。

《与你同行》。1999年开办至2005年。

是成都电台交通频率主要节目。节目的收听主体主要是出租车司机，节目以讲述故事的方式，讲述出租车司机的酸甜苦辣。同时，节目信息量大，路况、交通、安全、汽车维护保养等都容纳进节目之中，强化节目的服务性。由于节目的情感性、服务性融通，出租车司机与之为友，在节目运行过程中，还开辟资源，组织春游、秋游、安全讲座等社会活动，并成立了“的士之家俱乐部”“的士司机英语角”，社会正面影响力不断扩大，在全市的出租车行业中，声誉卓著。

《今夜有约》。1993年开办至2000年，是成都商业广播电台1993年推出的一档以亲情、友情、爱情为主要内容的专题类谈话节目。节目运行一段时间后，产生一定的影响。1994年，《今夜有约》得到成都听众广泛参与，在成都地区的广播节目中影响很大，引起广播业界和报业业界的专家学者的关注。1997年，成都电视台《今晚8:00》专门对节目主持人进行专访，取得轰动性的社会效应。

《梁军热线》。1997年开办，广播服务类节目。节目主要特点：快速，以直播方式，用最快的速度反映并解决听众的问题；直接，通过主持人、听众、受访部门三方或多方连线直接反映并解决问题；实效，至2005年，《梁军热线》接听听众求助电话1万多个，其中5000多个电话在节目进行中，通过与相关部门沟通协调，当场得到解决。基于对这档关注民生的维权热线节目理念的认同，成都工商、技监、消协、《中国消费者报》以及天润华邦律师事务所加盟该节目，为《梁军热线》提供全方位的支持，极大增强节目的权威性。

《飞哥欢乐派》。2004年9月开办，节目定位于餐饮娱乐，充分发挥地域性优势，主持人模仿四川散打评书的语言风格，风趣幽默地将餐饮和娱乐巧妙嫁接，独具创意；尤其是和听众密切交流，达到零距离接触，成为成都市民尽人皆知的好朋友。节目还先后举办2005年巴渝火锅擂台赛和2006年美食节直播活动。其中，2005年巴渝火锅擂台赛引起新华社等40多家媒体的关注，稿件向全国播发，具有较大的社会影响。

《都市情调》。1993年开办至2005年。通过介绍一些名曲背景以及如何理解音乐的意境，普及音乐知识，提高听众的音乐欣赏水平。进入21世纪，随着听众的素质提高，节目以宽泛的艺术视角向听众输送多元化的艺术信息，更加突出人文色彩和人性关怀，使节目的社会色彩和艺术色彩更加浓重。在形式上采用网络平台，增强互动沟通，赢得听众喜爱。连办12年，久盛不衰。

《成广新闻》。是在成都电台具有悠久历史的早间新闻节目的基础上发展而来的，2002年《早间新闻》更名为《成广新闻》。内设本地、国内、国际三大版块，每期制作总量为45分钟。由于该节目承担成都市委、市政府下达的各项宣传任务，具有极强的政治性，在台里的所有频道中具有重要的地位。根据央视索福瑞、央视GTR及AC·尼尔森等市场调查公司多年在成都地区进行的无主调查数据显示，《成广新闻》一直是成都地区广播节目的强档节目。在受众忠诚度上名列前茅。

《读报时间》。是新闻频道2002年7月14日开办的一档新闻类直播节目。其新闻性及信息的密集度优势显著，尤其是点播新闻的做法，有利于节目参与度和互动性的增强，具有较大的影响力。自开办起，其收听率、占有率在同一时段稳居成都地区广播节目之首。集广播的喉舌功能与新闻信息服务为一体，深得广大听众的喜爱。

《天府龙门阵》。是成都电台交通频率1990年开办的一档以方言为主的节目。其特点为题材广泛、针对性强，上至国家大事、下及众生百态，凡社会见闻、古往今来、政界轶事、无所不及。节目对歪风邪气痛下针砭，晓之以理，动之以情；对善举好人热情讴歌，充分肯定，竭力宣扬社会的主流意识。节目尤重贴近生活、贴近百姓，每以成都方言寓教于乐，寓庄于谐，风趣天成。据央视索福瑞的调查，其收听占有率一直位列成都广播节目的前列，并被成都电视台15频道移至早间节目播出。

《时尚手册》。2001年开办，是成都交通广播的一档介绍都市生活的资讯时尚类栏目。节目内容涵盖阅读、城市风景、人文艺术和一些边缘话题，又涉及电影、音乐、潮流资讯。节目从周一到周日有不同的主题，周一“蔷薇花架下的风景”，周二“桃花渡口”，周三“边缘”，周四“电影世界”，周五“声音杂志”，周六“临水照花”，周日“听电影”。主持人秉承“用听觉来感知世界”的主旨，透过声音的描述，让听众学会从不同的角度来观察世界的变化，品味生活。

《345歌迷会》。1993年开办，2004年停办。是成都电台音乐频道（FM105.6）开播以后，持续时间最久、最具影响力的节目。内容以歌曲推荐、艺人访谈为主。主持人为专业歌手，对音乐节目有独到见解，个性鲜明，在长期主持中形成属于自己的风格，将互动性、娱乐性和欣赏性融为一体，聚集有超强的人气。曾以节目为基础，组织多场大型的歌友会、演唱会。

《轻松说世界》。2004年开办，是成都电台文化休闲频道的一档风格清新的新闻节目，其特点为轻松幽默说新闻，让听众在轻松愉悦的环境中接受新鲜信息。节目创造性地在新闻之后用歌曲诠释新闻，有画龙点睛的效果，同时一改过去新闻单向传播的方式，在节目中加入短信互动环节，让听众成为节目的参与者，开创一种新的广播新闻节目的模式。该节目一经推出就受到听众喜爱，收听率名列前茅。

【广播节目获奖情况】

1990—2005年，成都电台计280个节目获得省级及以上291个奖项。其中，中国广播奖及提名奖13个（新闻二等奖1个，三等奖5个，提名1个；文艺二等奖3个，三等奖1个，提名奖2个）。四川省“五个一工程奖”7个，首届巴蜀文艺二等奖1个。金话筒百优奖3个。四川省广播新闻奖：一等奖23个，二等奖59个，三等奖18个，优秀奖4个，提名奖7个；四川省广播文艺奖：一等奖38个，二等奖40个，三等奖16个，优秀奖1个；四川省播音主持奖：一等奖3个，二等奖5个，三等奖4个。

1990—2005年成都电台获奖节目一览表

表5-172

年份	名称	奖项	作者
1990	《刁市长动了“真格”的》	全国广播好新闻三等奖 四川省广播新闻一等奖	鄂华良、马文彬、秦　颜
	《售粮农民的情怀》	四川省广播新闻二等奖	郑光福
	《学雷锋行列中的老战士》	四川省广播新闻三等奖	张小兵、马文彬
	《城市监察职业教育在我市热起来》	四川省广播新闻三等奖	詹　伟、李　梅

续表

年份	名称	奖项	作者
1990	《染房街的公厕有人管了》	四川省广播新闻三等奖	付　骏
	《关于垃圾问题》	四川省广播新闻三等奖	陈　波、罗　蓉、周　凯
	《刁市长上街执法纪实》	四川省广播新闻二等奖	詹　伟、胡明扬、秦　颜、史代高
	《为了两颗孤独的心》	四川省广播新闻二等奖	徐永金、郑光福、秦颜、张国源
	评论：《学雷锋要主动真诚》	四川省广播新闻二等奖	魏金华、张家禄、石谦、任清乐
	连续报道：《古佛寺街卖瘟猪肉问题得到解决》	四川省广播新闻三等奖	詹　伟、周　凯、任清乐
	《中学生世界·同在蓝天下》	四川省广播新闻二等奖	贾效兰、邓　雁、夏　佳、李晶晶
	《和听众朋友谈谈接送小孩的问题》	四川省广播新闻三等奖	伍玉文、郑光福
	《市郊天地·山沟农民的心声》	四川省广播新闻三等奖	郑光福、徐永金、冷　子
	《星期好时光》	四川省广播新闻三等奖	邓素蓉、石建蓉、金　华
	单本剧：《通向远方的路》“蜀绣杯”	全国广播剧评奖二等奖 四川省广播剧奖一等奖	舒邦泉、史代高
	广播短剧：《雾》	全国广播短剧二等奖	姚明广
1991	《田副总理坐茶馆》	四川省广播新闻二等奖	郑光福、郭　珍、周　凯
	《企业不是唐僧肉》	四川省广播新闻二等奖	郑光福
	《为了两颗孤独的心》	四川省广播新闻二等奖	郑光福、徐永金
	《政府给我们送房来》	四川省广播新闻三等奖	詹　伟、李　涛
	《山沟农民的心声》	四川省广播新闻三等奖	郑光福
	《茶园里的龙门阵》	四川省广播新闻三等奖	牟洪甫、马文彬、斯晓林
	《农民的渴望》	四川省广播新闻三等奖	徐永金、郑光福
	《广播论坛“会海”与“会荒”》	四川省广播新闻一等奖	田旭中、魏金华、周　凯、史代高
	《午间特快》	四川省广播新闻一等奖	伍玉文、朱　山、王　雷、江　诚、顾美琴、何　涛、舒　伟、叶　新
	《爱的旋律在车厢里回荡》	四川省广播新闻一等奖	宋盛勋、贾效兰、郑光福、周　凯
	《搞活企业靠“内功”》	四川省广播新闻二等奖	魏金华、郑光福、李　华、陈登科
	《用面票换购菜油的价格问题》	四川省广播新闻二等奖	陈　波、冷　子
	《购物热线》	四川省广播新闻三等奖	周京平、叶　新、舒　伟、张国源
	《中学生世界：什么样的人生才有价》	四川省广播新闻三等奖	贾效兰、张家禄、李　可、李晶晶
	《献给新年的礼物》	四川省广播新闻三等奖	何　华、李　军、周　华、张国源
	《生命中有了当兵的历史》	四川省广播新闻三等奖	王绍煜、马文彬、斯晓林、张国源
	《留得真爱在人间》	四川省广播新闻三等奖	马文彬、詹　伟、文　静、张国源
	《撒在森林的歌—介绍森林诗人傅仇及诗作》	省首届巴蜀文艺二等奖 四川省广播文艺二等奖	熊小兰、孔祥爱、郑　炼、周　凯、史代高

续表

年份	名称	奖项	作者
1992	《华西医大评职称擂台赛》	四川省广播新闻一等奖	陈　红
	《我市近期不会发生地震》	四川省广播新闻二等奖	洪时中、伍玉文、
	《欢乐假日》	四川省广播新闻二等奖	喻占林、郑光福
	《在一条线上》	四川省广播新闻二等奖	郑光福、喻占林、招　阳、李　涛
	《成都在瑞丽的商业窗口》	四川省广播新闻三等奖	程　然、何　涛、
	《搞活企业靠内功》	四川省广播新闻三等奖	徐永金、郑光福
	《别开生面的科技交易会》	四川省广播新闻三等奖	杨　昱
	《科技兴农的二传手》	四川省广播新闻 三等奖	徐永金、郑光福
	《朱九武的最后一次党费》	四川省广播新闻三等奖	王兴象、杨则强
	《投机意识与市场观念》	四川省广播新闻三等奖	谭小林
	《问渠那得清如水，为有源头活水来》	四川省广播新闻三等奖	周淑纹
	单本剧《深情的电波》（龙江杯）	全国广播剧评奖三等奖 四川省广播文艺一等奖	姚明广
	4集连续剧《森林诗魂》	四川省广播文艺三等奖	舒邦泉
1993	《奇怪的逻辑和左的阴魂》	四川省广播新闻二等奖	
	《不灭的激情——介绍歌曲〈毛主席的光辉〉和它的作者》	四川省广播新闻二等奖	
	《一片童心一片爱》	四川省广播新闻二等奖	
	《欢乐假日“地名趱谈”》	四川省广播新闻二等奖	喻占林、郑光福
	《采访在一条线上》	四川省广播新闻二等奖	郑光福、徐永金、李　涛、招　扬
	《独家采访施拉普纳》	四川省广播新闻三等奖	
	《建设中的西部大商会》	四川省广播新闻三等奖	
	《西南财大师生抢救受伤临时工》	四川省广播新闻三等奖	
	《中秋前节月饼战》	四川省广播新闻三等奖	魏金华
	《荷花池的魅力》	四川省广播新闻三等奖	
	《翰墨书海一枝秀》	四川省广播新闻三等奖	
	《大邑县狠抓社会治安综合治理工作》	四川省广播新闻三等奖	
	《也要开展批评》	四川省广播新闻三等奖	魏金华
	音乐专题：《情系西南风》	四川省广播文艺一等奖	蒲迎宪
	文学专题：《绿色的沉思朱小峰诗作欣赏》	四川省广播文艺二等奖	熊小兰、王　雷、孔祥爱、周　凯、史代高、任清乐
	戏曲专题：《梅开二度访刘芸》	四川省广播文艺二等奖	王为相
	戏曲专题：《川梅吐艳》	四川省广播文艺二等奖	刘　强

续表

年份	名称	奖项	作者
1993	音乐专题：《空灵写意 超凡脱俗——介绍四川著名作曲家何训田》	四川省广播文艺二等奖	黄一消、叶　新
	戏曲专题：《博采众长 异曲同工》	四川省广播文艺三等奖	刘　强
	文学节目：《情在感觉中》	四川省广播文艺三等奖	
	曲艺：《芙蓉柳枝放清香》	四川省广播文艺三等奖	袁甘美
	5集连续剧：《伟大的女性》	四川省广播文艺二等奖	姚明广
	单本剧：《本色》（60分钟）	四川省广播文艺 三等奖	姚明广
1994	连续报道：《花圃路小学乱收费问题得到解决》	中国广播奖 三等奖	阳　焰、李　涛
	《建设中的小城镇》	四川省广播新闻二等奖	詹　伟
	评论：《大家都来支持孩子们的行动》	四川省广播新闻二等奖	魏金华
	《小巷深处邻里情》	四川省广播新闻二等奖	苟新成
	《缤纷的彩虹》	四川省广播新闻二等奖	
	《残疾人高考录取线》	四川省广播新闻二等奖	刘晓涛、金　浩
	《今夏热浪卷蓉城》	四川省广播新闻三等奖	
	《北打金岗交通民警值勤使用普通话》	四川省广播新闻三等奖	崔化军
	《农村春节新鲜事》	四川省广播新闻三等奖	
	音乐专题：《蜀山风情》	四川省广播文艺一等奖	蒲迎宪
	文学专栏：《烛光深情》	四川省广播文艺一等奖	周　原
	书林漫步：《送你一座大观园——记两代人的文学道路》	四川省广播文艺二等奖	熊小兰、叶　新、周　东、任清乐
	20集广播系列剧：《邓小平的故事》	四川省“五个一工程奖” 四川省广播文艺一等奖	姚明广、李山中
1995	《天天早报》（1995.7.7）	四川省广播新闻一等奖	谭小林、郭珍、周晓翔
	《今夜有约·谈王海现象》	四川省广播新闻一等奖	赵　晖
	《毛巾厂背水一战有生机》	四川省广播新闻二等奖	斯小林
	《烈日下的奉献》	四川省广播新闻二等奖	
	《拉开爱国主义教育序篇——元旦升国旗活动实况报道》	四川省广播新闻二等奖	王　雷、阳　焰
	《国家人事部与我市共建中国人才市场》	四川省广播新闻二等奖	詹　伟
	《成都有这样的厕所》	四川省广播新闻三等奖	詹　伟
	《为了府南河的明天》	四川省广播新闻三等奖	张　琳
	《走出规模》	四川省广播新闻三等奖	
	《八岁少年的北京梦》	四川省广播新闻三等奖	

续表

年份	名称	奖项	作者
1995	综艺：《天涯共此时 华人贺新春》	中国广播文艺奖二等奖 四川省广播文艺一等奖	孙晓璐、袁继东、焦红飚、顾美琴、史代高
	《烛光深情·用生命燃烧的烛火—记龙江路小学教师袁丽华》	四川省广播文艺一等奖	熊小兰、叶　新、张金华
	音乐专题：《魂系西藏》	四川省广播文艺一等奖	蒲迎宪、叶　新
	《喜听川剧添琴韵》	四川省广播文艺三等奖	刘　强
1996	《播散文明的种子》	四川省广播新闻一等奖	
	“12.31”午间新闻	四川省广播新闻一等奖	谭小林、伍玉文、周晓翔、郭　珍、许　宁、杜　蓉
	《饮水思源》	四川省广播新闻二等奖	
	《群众需要什么样的承诺》	四川省广播新闻二等奖	魏金华
	《把“人”字刻在心上》	四川省广播新闻二等奖	周　原、谭小林
	《科华中路小学收礼金问题得到解决》	四川省广播新闻二等奖	张　琳、李　涛
	《大发市场为啥这样红火》	四川省广播新闻二等奖	罗　蓉
	《公兴乡踊跃交售爱国粮》	四川省广播新闻三等奖	胡明扬
	《一封未发出的信》	四川省广播新闻三等奖	
	“10.27”早间新闻	四川省广播新闻三等奖	沈向群
	《红岩魂系少年心》	四川省广播新闻三等奖	
	《追逐诗梦的人——都市打工者李献洲及诗作》	四川省广播文艺二等奖	熊小兰、宫源园、王大庆
	综艺：《天上布谷鸟 人间不了情》	四川省广播文艺二等奖	孙晓璐
	戏曲专题：《现代川剧许云峰》	四川省广播文艺二等奖	刘　强
	配乐长诗：《伟大的丰碑》	四川省广播文艺三等奖	熊小兰、王大庆、宫源园、陈登科
	广播剧：《彩线绣成的歌》	四川省“五个一工程奖” 四川省广播文艺一等奖	舒邦泉、顾美琴、蒲迎宪、史代高
	广播剧：《胸怀》	全国广播剧二等奖	
1997	《断航近半个世纪的府南河今日通航》	中国广播奖 三等奖 四川省广播新闻一等奖	张　琳
	1997年11月29日新闻组合	中国广播奖三等奖	张　萍、张小兵、杨　萍、杨德强、王　怡等
	《全国第一个自谋职业人员住院医疗保险制度在我市实施》	四川省广播新闻一等奖	阳　焰
	《为了无辜的孩子》	四川省广播新闻一等奖	周　原、谭小林、王　健
	《国防天地》	四川省广播新闻一等奖	何　华、张　政、梁　川、张　莉
	《我市首创交通疏导新方法今日实施》	四川省广播新闻二等奖	崔化军、苏　川、江　诚等
	《回眸府南河》	四川省广播新闻二等奖	张小兵、杨　萍、张　琳

续表

年份	名称	奖项	作者
1997	1997年11月19日新闻组合	四川省广播新闻二等奖	斯晓玲、张小兵、徐永金、时　谦、洪蓉等
	《大熊猫故乡行》	四川省广播新闻三等奖	张小兵、王光东、姚建民、詹　伟
	《小记者夏令营》	四川省广播新闻三等奖	宫圆源、张国源
	文学专题：《山花落得红尘路——唐代女诗人薛涛及诗作欣赏》	中国广播文艺奖三等奖 四川省广播文艺一等奖	熊小兰、王　江、周　凯、楼　梦、王容翰、张金华、涂　聪
	音乐专题：《幽兰逢春》	四川省“五个一工程奖” 四川省广播文艺一等奖	蒲迎宪
	书林漫步·18集长篇小说《东瀛梦》	四川省广播文艺二等奖	熊小兰、楼　梦
	《铁山作证》	四川省广播文艺二等奖	
	戏曲：《忍无可忍“逼”反林冲》	四川省广播文艺二等奖	刘　强
	《放飞绿色的希望》	四川省广播文艺二等奖	蒲迎宪
	《曲坛夜话》	四川省广播文艺三等奖	金　锋
	戏曲专题：刘时燕演唱《三祭江》	四川省广播文艺三等奖	刘　强
	《四季中寻找听的感觉》	四川省广播文艺三等奖	曾　红、叶　新
	《音乐心桥献给母亲的歌》	四川省广播文艺三等奖	曾　红、叶　新
	《春节特别节目》	四川省广播文艺三等奖	
1998	《紫荆花开迎回归》	四川省广播文艺三等奖	金　锋
	《冷暖人间》	第三届全国金话筒奖铜奖	周　原
	《黄华林值五十万吗？》	四川省广播新闻二等奖	
	《新希望集团成立党支部》	四川省广播新闻二等奖	李　涛
	《江河入海流》	四川省广播新闻二等奖	杨　萍、张　萍
	《成都的老年人》	四川省广播新闻三等奖	郭　珍
	《绿色情缘》	四川省广播新闻二等奖	宋盛勋、芳　怡
	《特权车，请一路走好》	四川省广播新闻三等奖	孙晓璐、周淑纹、伍玉文、刘洪建、王文静
	《千古一人》	四川省“五个一工程奖” 四川省广播文艺一等奖	曲清荣、刘　强、白学礼、史代高
	《淘沥人生的金砂——介绍金平和他的〈放牧日月〉》	四川省广播文艺一等奖	熊小兰、楼　梦
	音乐专题：《大地之歌》	四川省广播文艺一等奖	蒲迎宪、周　凯
	音乐专题：《穿越时空的古乐》	四川省广播文艺二等奖	曾　红
	音乐节目：《岁月留痕》	四川省广播文艺二等奖	黄一涓、叶　辛
	音乐文学：《红岩魂》	四川省广播文艺二等奖	蒲迎宪
	戏曲专题：《相思血泪盈满腮》	四川省广播文艺二等奖	刘　强

续表

年份	名称	奖项	作者
1998	文学节目：《风铃》	四川省广播文艺三等奖	娟　子
	话剧剪辑：《船过三峡》	四川省广播文艺三等奖	熊小兰、张国源
	连续剧：《琴思》	四川省“五个一工程奖” 四川省广播文艺一等奖	曲清荣、蒲迎宪、顾美琴、叶　辛、史代高
1999	《认妈妈——刘姥姥征“家”实录》	四川省广播新闻二等奖	汤丽燕
	《绿色情缘》	四川省广播新闻二等奖	伍玉文、孙晓路、周淑纹
	《擦亮新世纪的太阳》	四川省广播新闻二等奖	叶　辛、小　云、东　鸣、晓　路
	《铁路，为竞争奏响序曲》	四川省广播新闻二等奖	代薇、邓永春
	1999年10月17日新闻组合》	四川省广播新闻二等奖	石建蓉、张晓斌
	《见证历史—成都解放五十周年》	四川省广播新闻三等奖	熊小兰、刘　强、笑　梅
	《土地重组承包 迈向农业产业化》	四川省广播新闻三等奖	胡明杨、马文彬
	《总理拨基金 蓉城治黑烟》	四川省广播新闻三等奖	陈蜀森、张　萍
	《从阴阳先生到柚子大王》	四川省广播新闻三等奖	徐永全、马文彬
	《音乐文学·慧园夜语》	四川省广播文艺特别奖	蒲迎宪、顾美琴
	《地球，我的家园——阅读程宝林》	四川省广播文艺一等奖	袁季东、叶　辛、周　铁
	《都市情调》	四川省广播文艺二等奖	黄一涓、叶　辛
	《走进心灵的音乐》	四川省广播文艺二等奖	黄一涓、叶　辛
	《为爱与美而歌唱》	四川省广播文艺三等奖	
	《贺喜龙年总动员大拜年》	四川省广播文艺三等奖	王　宏、王　健
	《音乐无限之怀旧唱片》	四川省广播文艺三等奖	
	单本剧：《绿色的梦乡》	中国广播剧奖三等奖 四川省“五个一工程奖”	
	4集《邓小平在大西南》	四川省广播文艺一等奖	姚明广
	《送你一缕芬芳》	四川省播音与主持二等奖	涓　子、旭　东
	《地球，我的家园》	四川省播音与主持三等奖	周　铁、叶　新
2000	《同是一片热土》	四川省广播新闻一等奖	小　云、康　元、张国源、王　彤、黄　蓓
	《蓉城影院首刮“电影票价5元风波”》	四川省广播新闻二等奖	李　伟、许　越、陆　晗、张国源
	《蓉城快讯》	四川省广播新闻二等奖	石建蓉、泠　子、招阳等
	《一位癌症病人的心路》	四川省广播新闻二等奖	汤丽燕
	《郫县生猪定点屠宰调查》	四川省广播新闻二等奖	郭　珍、罗　蓉、马文彬、泠　子
	《实践“三个代表”关键是实“干”》	四川省广播新闻二等奖	魏金华、石　谦
	《为“不收锦旗收建议”叫好》	四川省广播新闻三等奖	崔化军、王文静
	广播新歌：《甘巴拉》	中国广播新闻奖二等奖	蒲迎宪

续表

年份	名称	奖项	作者
2000	综艺：《跨越新世纪——广播电视现场直播晚会》	四川省广播文艺特别奖	顾美琴、蒲迎宪、熊小兰、史代高
	音乐专题：《乡音的呼唤心声的倾诉》	四川省广播文艺一等奖	晓　文、舒　伟、张国源
	广播曲艺：《蜀风情韵》	四川省广播文艺一等奖	顾美琴、蒲迎宪、邓　翔、周　铁、史代高
	广播新歌：《扎西德勒》	四川省广播文艺一等奖	蒲迎宪、郭瓦·加毛吉、杨湘粤李伦桑
	《大山里的歌》	四川省广播文艺二等奖	蒲迎宪、舒　伟、史代高
	广播戏曲：《两度清明同断肠》	四川省广播文艺二等奖	戴德源、刘　强、舒　伟、张国源
	长篇小说：《突出重围》	四川省广播文艺二等奖	叶　辛、周　铁、周淑纹
	广播短剧：《郎舅冤家》	四川省广播文艺二等奖	王　健、崔化军、苏　川、笑　梅
	《胡坤小提琴作品欣赏》	四川省广播文艺三等奖	黄一涓、叶　辛、张国源
	文学专题：《九天开出一成都》	四川省广播文艺三等奖	熊小兰、史代高、王蓉翰、叶　新
	戏曲专题：《新中国涌现出的京剧新流派》	四川省广播文艺三等奖	陈绍武、刘　强、小　云、张国源
	广播综艺：《走出国门风靡世界》	四川省广播文艺三等奖	李山中、焦红飙、小　云、张国源
	广播综艺：《欢乐无限》	四川省广播文艺三等奖	吴学森
	3集广播连续剧：《情系紫坪铺》	四川省“五个一工程奖” 四川省广播文艺一等奖	姚明广、李山中、叶　辛、周　杰、贾建立
	《美文如歌》	四川省播音一等奖	叶　辛、黄一涓
	《市郊星座》	四川省播音二等奖	赫　丹、胡明杨
	《西部大开发异地直播》	四川省主持 二等奖	付　俊、泠　子、刘光义
	《人间仙境 神奇的九寨》	四川省主持三等奖	笑　梅、罗　鹏
	《关注艾滋病患者》	全国金话筒百优奖	叶　辛
	《智慧银行》	全国金话筒百优奖	无　言
2001	《守候奥林匹克》（7月13日晚）	中国广播新闻奖三等奖 四川省广播新闻一等奖	陆　晗、陈　宇、杨　昱
	《倾听成都——纪念建党八十周年特别报道》	四川省广播新闻一等奖	集　体
	《成都新闻》（11月29日播出）	四川省广播新闻一等奖	张　萍、石　谦、高　静
	《私房菜的“老男生”》	四川省广播新闻二等奖	许　宁
	《〈成都市安置残疾人就业办法〉出台以后》	四川省广播新闻二等奖	周　原
	《成都有个老年110》	四川省广播新闻二等奖	汤丽燕
	新闻编排：《蓉城快讯》	四川省广播新闻三等奖	许　越、洪　蓉、东　鸣
	公众性：《保险超市9·11特别节目》	四川省广播新闻三等奖	孙晓璐

续表

年份	名称	奖项	作者
2001	广播新歌：《西部情怀》	中国广播文艺奖三等奖	蒲迎宪
	音乐专题：《她从青藏高原走来》	四川省广播文艺一等奖	蒲迎宪
	曲艺专题：《空谷幽兰》	四川省广播文艺一等奖	邓　翔、顾美琴、蒲迎宪、叶　辛
	《〈我们是七月的儿女〉导演手记》	四川省广播文艺一等奖	熊小兰、叶辛、张国源
	广播新歌：《西部奇路》	四川省广播文艺一等奖	蒲迎宪
	音乐专题：《薛伟和他的小提琴艺术》	四川省广播文艺二等奖	黄一涓、叶　辛
	文学介绍：《青年作家雁》	四川省广播文艺二等奖	曾　红、叶　辛
	综艺：《人性的放歌》	四川省广播文艺二等奖	周　原
	《戏中有歌 歌戏交融》	四川省广播文艺二等奖	刘　强
	《为儿童作的世界名曲》	四川省广播文艺三等奖	黄一涓、周　铁
	槭树下的家——席慕蓉散文欣赏	四川省广播播音二等奖	叶　辛
	《市郊星座》	四川省广播播音三等奖	旭　东
	《说好普通话 喜迎八方客》	四川省广播主持三等奖	笑　梅
2002	专题：《微笑是生命的开始》	四川省广播新闻一等奖	洪　蓉、郝　毅
	《他用生命为警徽增光》	四川省广播新闻二等奖	李　涛、石建蓉
	《国旗在农家升起》	四川省广播新闻二等奖	陈蜀森、郝　毅
	评论：《商品打折 安全不能打折》	四川省广播新闻二等奖	石建蓉、祁晓倩
	《三环路纵横》（系列）三环路今天全线通车	四川省广播新闻二等奖	苏　川、崔化军
	系列：《感受蓉城新社区》	四川省广播新闻三等奖	许　宁、王　伟、张　琳、方　明等
	现场直播：《玉带绕蓉城》	四川省广播新闻三等奖	集　体
	《特快3·15》	四川省广播新闻三等奖	梁　军、张　庆
	《冷月清泉——介绍民间艺人华彦均和二泉映月》	四川省广播文艺一等奖	蒲迎宪、叶　辛
	曲艺专题：《爱的力量》	四川省广播文艺一等奖	蒲迎宪、顾美琴
	广播新歌：《天上飘来吉祥的云》	四川省广播文艺一等奖	黄一涓
	戏曲专题：《一生真情系梨园》	四川省广播文艺二等奖	刘　强
	音乐专题：《生命奇迹—介绍我市青年盲人歌手陈小勇》	四川省广播文艺三等奖	黄一涓、刘　强、叶　辛
	广播新歌：《共产党人》	四川省广播文艺三等奖	蒲迎宪
	广播主持：《随心所至》	四川省广播主持三等奖	王　新
2003	律师在线：《关于房屋产权证的访谈和咨询》	中国广播新闻二等奖 四川省广播新闻二等奖	蒋　玲、李　伟
	《生死“血缘”》（连续系列）	中国广播新闻三等奖 四川省广播新闻一等奖	郭　珍、周　原

续表

年份	名称	奖项	作者
2003	成广新闻（7月12日）	四川省广播新闻一等奖	集　体
	《解读校园新童谣》	四川省广播新闻一等奖	王　欢、许　宁、梁　军、杨　昱
	短消息：《农民看病也可报销》	四川省广播新闻二等奖	王　欢、石建蓉
	《成都最后一张公交纸质月票》	四川省广播新闻二等奖	刘　心、斯晓玲、陈　宇
	《是什么绊住了你的脚步？——成都皮鞋花香墙外的思考》	四川省广播新闻二等奖	石建蓉、祁晓倩、陈　宇、陆　晗等
	《综合社保实现首例赔付》	四川省广播新闻三等奖	刘　心、斯晓玲、高　静
	《喜忧参半的春节人才招聘会》	四川省广播新闻三等奖	刘　心、张　萍、东　鸣
	《百年竹琴传新声》	四川省广播新闻三等奖	李　涛、胡明扬、王　怡、郝　毅
	新闻编排：《新闻视野》	四川省广播新闻三等奖	郭　珍、周　铁、晓　芸
	文学：《中国科幻小说一百年载人航天梦》	中国广播文艺奖二等奖 四川广播文艺奖一等奖	袁继东、牟　浩
	音乐专题：《他们从大山走来—介绍彝人制造的音乐》	四川省广播文艺一等奖	黄一涓、叶　辛
	广播新歌：《天府是故乡》	四川省广播文艺一等奖	黄一涓
	《班得瑞乐团与环保音乐》	四川省广播文艺二等奖	紫　音、美　华、叶　新
	广播小说：《中国知青终结》（36集）	四川省广播文艺二等奖	熊小兰、叶　辛、周　铁
	广播纪实：《抗击非典的日日夜夜》(15集)	四川省广播文艺二等奖	熊小兰、叶　辛、周　铁
	戏曲专题：《佳音美韵悠悠情——介绍川剧艺术家邓先树的唱腔艺术》	四川省广播文艺二等奖	刘　强
	新歌：《好一个都江堰》	四川省广播文艺二等奖	黄一涓
	《非常时期，非常传情》	四川省广播主持一等奖	李　雯
2004	现场直播：《吃东吃西在成都》	中国广播电视新闻提奖 四川省广播新闻一等奖	集　体、牟浩（后期）
	专题：《千里送水到达州》	四川省广播新闻特别奖	方　明、王　怡
	《开启孤立无援的思想》	四川省广播新闻一等奖	曾　红、叶　辛、周　铁
	《东方伊甸园 青春婚典》	四川省广播新闻二等奖	郭　珍、叶　辛
	《蜀锦绣出新前程》	四川省广播新闻二等奖	张娅娜
	《“蓝天行动”校园周边环境整治》	四川省广播新闻二等奖	臧　媛、熊小兰、曾　燕
	《人生只有一次——邵杰专访》	四川省广播新闻二等奖	周　原
	《红沙村的都市风光》	四川省广播新闻二等奖	胡明杨、杨德强
	《西南首例工商听证会今天召开》	四川省广播新闻三等奖	王　欢、王　怡
	《锦里成为全国文化产业示范基地》	四川省广播新闻三等奖	王　欢、王　怡

续表

年份	名称	奖项	作者
2004	《献给邓小平的最好礼物》	四川省广播新闻三等奖	吴学森、杜　蓉
	《如何看待文学作品中的成都现象》	四川省广播新闻三等奖	王　欢、许　宁、邱东鸣
	《27万铸就成都城市精神》	四川省广播新闻三等奖	辛艳丽、王　恒
	系列报道：《创建文明城市实录》	四川省广播新闻三等奖	王　伊、郝　毅、璐　晗、陈　宁
	《撞了不白撞》	四川省广播新闻三等奖	孙晓璐
	《新闻视野》	四川省播音作品一等奖	郭　珍、王大庆、孙晓璐
	广播长篇小说：《农民》	中国广播电视新闻提奖 四川广播文艺一等奖	熊小兰、叶　新、周　铁、 任　伟、李一清
	《电影〈可可西里〉聆听之旅》	四川广播文艺一等奖	王　新
	音乐专题：《挚爱如歌》	四川省广播文艺一等奖	吴　飞、蒲迎宪
	广播剧：《爷们别趴下》	中国广播电视新闻提名奖 四川省广播文艺一等奖	严晓琴、李山中、丁　一、刘　强
	广播剧：《梨园姐妹》	四川省广播文艺 二等奖	邓　翔、周　华、乔建林、 李山中 、刘　强
2005	《太阳神鸟成为中国文化遗产标志》	四川省广播新闻优秀奖	王　欢、王　伊、王　怡
	《走近向志雄》	四川省广播新闻优秀奖	娅　娜、斯小铃、高　静、德　强
	《爷爷为何向小孙女举起屠刀》	四川省广播新闻优秀奖	陈　奎、邱东鸣
	成广新闻	四川省广播新闻优秀奖	斯小铃、王　怡、陈伟时、 陈　奎、杨德强、胡　琴
	《城际维权助民工再上打工路》	四川省广播新闻提名奖	吴　静、王　怡
	系列：《江家菜地的故事》	四川省广播新闻提名奖	李　涛、申　焱、杨德强
	《沙河违建引发的风波》	四川省广播新闻提名奖	张　琳、王　恒、王　怡
	系列：《“泥浆雨”事件拷问成都的环保》	四川省广播新闻提名奖	方　明、张　琳、杨德强、 陈　宇
	现场直播：《直播中国——走进成都》	四川省广播新闻提名奖	王　凯、张小兵、柯成韵、陈　程、 郝　毅、王　欢、刘　心、张娅娜、 康　沙、苏　杨、璐　含
	现场直播：《2008北京奥运会吉祥物揭晓》	四川省广播新闻提名奖	陈　宇、书　霈、张　琳、王　恒、 郝毅康沙、王　欢、申　焱
	直播：《往开春天的地铁》	四川省广播新闻提名奖	孙晓璐、刘　心、张　琳、郝　毅
	广播长篇小说：《重庆大轰炸》	四川省广播文艺优秀奖	熊小兰、叶　新、周　铁

电视节目

【电视新闻】

20世纪80年代末，成都地区电视媒体竞争态势已经形成。在成都市内，省级电视台有8套节目，市级电视台共有5套节目，新闻收视率成为竞争焦点。成都电视台于1993年将自拍本市新闻节目从每周5次增至6次，并率先在成都地区实现电视新闻滚动播出，每天播出新闻4档。电视新闻滚动播出后，信息容量增大，增添国际新闻和国内部分城市台交换新闻以及口播新闻，每周播出的新闻由原来的96分钟增加到275分钟。据1993年1—5月统计，播出新闻6068条，比上年全年总播出量增长21%。其中，地方新闻占53.5%，国际新闻占25.7%。同时还进一步加强深度新闻。1992年5月，配合成都市创建全国卫生城市活动，发挥"创卫迎检"的舆论监督作用，开办《今夜8点追踪》栏目。10月正式组建新闻评论部，栏目更名为《今晚8:00》。1996年，在西南地区首创《早间新闻》，每天播出4次。成都电视新闻跃居国内城市电视台的一流水平。

成都有线电视台和成都经济电视台1992年相继开播以后，开办《成都有线》《每日报道》等新闻栏目。1994年，成都经济电视台以新闻节目改革为龙头，一年内进行两次较大规模的改版，集中三分之二的人力到采编一线工作，新闻报道由原来每天1档扩为《每日报道》午间版、黄昏版，晚间8点版和深夜版4档。在8点版和深夜版中，增加"深夜快速""海外传真""33长镜头"等小版块，及时报道新近发生的重大新闻。当年共播出新闻6008条，其中图像新闻4724条，今日新闻3960条、占新闻总数66%。

1995年成都电视台创办《新闻调查》，及时追踪剖析社会热点和新闻事件，作深度报道，对成都市的"两个文明"建设产生积极影响。同年，将专题部改为社教部。1997年3月，创办成都第一个电视杂志栏目《时代》。它以系列化的整体优势和新颖包装，开创了电视社教节目的先河。1999年3月，再次推出深度新闻类栏目《时事20分》，紧贴新闻事件反映普通百姓心声，历时7年。

1995年，成都电视台15频道共播出各类节目4200小时，新闻播出1.1万条；到2005年，全年播出自制新闻消息类2.12万条，新闻专题310个，新闻类节目播出时间为1831小时。从事新闻类节目的编辑记者193人。

1996年6月，成都电视台首次播出早间电视栏目《早安成都》，是中国西南地区较早开办的一档早间电视新闻节目。栏目以新闻、财经、信息服务、老人生活为主要内容，分设《天天早报》《天天早市》《股市早讯》《金秋银冬》等板块。《天天早报》播出最新发生在百姓身边的新闻事件和最新国际新闻；《天天早市》则从市场菜价、打折商品、专家门诊、交通情况到新片介绍，提供多种信息；《金秋银冬》为中老年观众播出一些生活服务知识。2001年，与成都市总工会等单位联合开办《就业指南》节目，为广大下岗职工提供再就业的最新信息。2003年增设《天天摆聊斋》。通过成都百姓喜爱的评书方式，介绍新闻故事，剖析社会热点和社会现象。

《早安成都》开播以后，收视率始终位居成都地区早间电视节目的前茅，年平均收视率稳定在1.4%以上，市场占有率也一直稳定30%以上，最高时达到47%，居西南地区各电视台早间时段之首，是成都日间市场最具竞争力的电视节目之一。

成都电视台《早安成都》栏目一览表

表5-173

栏目名称	开播时间	备注
《天天早报》	1996年6月	《早安成都》节目最初开设7个栏目。1996—2005年，根据节目需要，不断增加、改版栏目，共设置栏目10个
《天天早市》	1996年6月	
《股市早讯》	1996年6月	
《金秋银冬》	1996年6月	
《晨晖温情》	1996年6月	
《今日科技在线》	1996年6月	
《与健康同行》	1996年6月	
《就业指南》	2001年2月	
《新闻纵横》	2002年3月	
《天天摆聊斋》	2003年2月	

1997—2005年《早安成都》大型直播社会活动一览表

表5-174

活动名称	活动时间	承担单位（部门）	活动地点
“3·15”消费者权益保护日大型直播活动	1997年3月	成都电视台早间节目部、市消协	锦江大礼堂前门广场
“3·15”消费者权益保护日大型直播活动	1998年3月	成都电视台早间节目部、省、市消协、中央电视台	后子门展览馆后门
“99质量月”活动电视直播	1999年9月	成都电视台早间节目部、市质监局	市体育中心
“3·15”消费者权益保护日大型直播活动	1999年3月	成都电视台早间节目部、省消委、市消协	市体育中心
“3·15”消费者权益保护日大型直播活动	2000年3月	成都电视台早间节目部、市消协	锦江大礼堂前门广场
世界“人居大会”开幕式直播	2000年5月	成都电视台早间节目部	喜来登大酒店
“3·15”消费者权益保护日大型直播活动	2001年3月	成都电视台早间节目部、市消协	后子门展览馆后门
“情暖人间”大型现场直播活动	2003年1月	成都电视台早间节目部、新闻评论部	青羊区体育场（西郊体育场）
直播“西部开发看成都”新闻发布会	2003年5月	成都电视台早间节目部	沙湾会展中心
“华润蓝剑杯·成都市各行各业倡议‘除陋习，树新风’大型广场活动”现场直播	2003年6月	成都电视台早间节目部、文艺部	市体育中心
成都市第十次党代会开幕式的现场直播	2003年8月	成都电视台早间节目部	金牛宾馆

续表

活动名称	活动时间	承担单位（部门）	活动地点
“心系1000万蓉城百姓——成都市为民办实事”特别节目现场直播	2004年2月	成都电视台早间节目部、评论部、社教部	成都电视台演播室
“创建文明城市——蓉城媒体大联动·百万市民大参与”大型现场直播活动	2004年5月	成都电视台早间节目部	沙湾会展中心广场
“成都市第十届运动会开幕式”的直播	2004年7月	成都电视台早间节目部、体育部	崇州体育场
“同心同德共建和谐社会·成都论坛”的开幕式直播	2005年7月	成都电视台早间节目部、文艺部、制作部	市体育中心

【重大政策及活动宣传】

“三会”宣传。成都电视台对成都市“三会”（党代会、人代会、政协会）的宣传历年均列为重大宣传项目，以15频道为主。

1993年，中共成都市第八次党员代表大会会议召开前，成都电视台推出相关报道，在《成视新闻》中开设《喜迎党代会》专栏，回顾10年中全市工作在成都市委领导下蓬勃发展取得的成就；在《成视新闻》《午间新闻》《成视深夜新闻》三档节目中开设《基层党代表》栏目，介绍基层党员代表情况。大会召开期间，各档新闻均报道大会开幕、会议动态、选举、闭幕和各级党组织、广大党员群众对大会的反映等时政要闻。还通过现场直播、专题特别节目、制作专题片等手段，多侧面、多角度反映党代表及党外人士的决心和信心。成都电视台还与市委组织部联合摄制《走向明天的辉煌》专题节目，宣传党代会。

1997年，迎接中共十五大召开，成都电视台、成都经济电视台先后开设《话说这五年》《衣食住行变化》《喜迎十五大》等专栏；制作播出《进步与变化》《十五大代表专访》《万众瞩目十五大》《心中的国旗》《辉煌五年》等12个专题，发布新闻151条。十五大召开期间，成都电视台多方努力，请中央新闻单位帮助，代为采访成都市出席十五大的代表，并以最快方式送回成都播出，使成都的观众及时了解到出席会议代表的活动情况。电视台按规定实况转播十五大开幕、闭幕以及中共中央政治局常委会见中外记者场景。

1998年3月，全国九届一次人民代表大会和政治协商会议九届一次会议在北京召开。成都电视台专门派出记者到京采访，历时11天，发回新闻19条，并播出《春天涌动大会堂》《朱镕基来到四川团》《代表为国企把脉》《方寸邮品留住代表心》等新闻特写，还约请中央新闻单位刊播成都市参会代表报道新闻3条，使四川及成都观众及时了解到四川省代表在京参会动态。

1999年，中共十五届四中全会，成都电视台组织采编人员事先学习相关文件，开辟《国企改革风雨铸辉煌》专栏，对成都市国企改革状况进行连续报道。

2000年3月，全国九届三次人民代表大会和政治协商会议九届三次会议，成都电视台将会议报道与展示成都形象相结合，宣传形式得以创新和突破。会议期间，成都电视台采访播出新闻80多条，分别在央视《新闻联播》《中国新闻》《中国报道》《焦点访谈》等节目中播出；与央视合作采制并播出专题片《市委书记陶武先，市长王荣轩专访》。

2003年，中共成都市第十次党员代表会、成都市第十四届人民代表大会、成都市第十四届政治协商会议，成都电视台组织19人的报道组，对会议议程、会议决定、任命大会、大会动态进行现场采访，展示会议全貌。三个会前，播出《成都五年成就》《我说成都这五年》《喜迎党代会》；会后，又推出《落实党代会精神，推进成都跨越式发展》栏目，播出系列报道38集《城市化之路》以及相关报道150多篇，其中《我说成都这五年》在中央电视台12频道播出。

2004年，成都电视台首次现场直播成都市人民代表大会和政治协商大会，扩大两会影响。并开办《委员代表听你说》《百姓呼声》《为民履职的“两会”代表》等栏目，让代表与群众互动。同年，全国及四川省人民代表大会、政治协商会议，成都电视台领导率记者赴京，全程跟踪报道成都代表在人代会、政治协商会中的活动；开设《直通两会》《两会话题》《热点聚焦》《两会专递》等专题节目，《成视新闻》《天天早报》播发相关报道90余篇。成都电视台在两会期间，突出宣传成都亮点，除在中央电视台播出反映成都的消息外，还配合央视《焦点访谈》栏目，宣传成都。成都经济电视台与央视经济频道合作，制作播出反映成都经济建设方面的稿件。

2005年，中共成都市委第十四届四次代表会议，《成视新闻》《天天早报》发相关报道90余篇。《成视新闻》专门开辟传递两会消息的《直通两会》；收集委员、代表感言的《两会话题》《热点聚焦》等专栏。成都电视台经济频道集中播出反映成都近五年来巨大变化的报道，开辟《成都五年成就》《镜头中的成都十年》《我说成都这五年》《喜迎党代会》等专栏。党代会之后，推出《落实党代会精神，推进成都跨越式发展》和38集系列报道《城市化之路》。会议前后共播相关报道150多篇，《我说成都这五年》在央视西部频道播出其中4集。成都电视台新闻综合频道制作5集大型特别节目《构建和谐成都》《探索之路》在《今晚8:00》和《今晚直说》两档节目中播出。

党的建设宣传。成都市委组织部与成都电视台联合开设的《党的建设》专栏，于1991年6月起每周一次；1995年调整为每月一次。2001年6月，在《党的建设》栏目开播10周年之际进行改版，栏目名称改为《蓉城先锋》。

截至2005年12月，《蓉城先锋》（含改版节目）共播出285期，先后被中共中央组织部授予“精品栏目”“优秀党建栏目”等荣誉称号，并获全国副省级城市“党员电教精品栏目”称号。

党建栏目还举办各类不同规模、不同风格的大型活动和综艺晚会，宣传党的先进性，宣传模范共产党员，宣传改革开放的伟大成就。在每年“七一”建党节，成都电视台均安排大型活动。如“唱支山歌给党听”“党旗颂”“民族的脊梁”“我们的前途光芒万丈”等大型综艺晚会，通过生动感人的文艺节目歌颂党和优秀共产党员。《我们的前途光芒万丈》获得四川省“五个一工程奖”，四川省电视文艺一等奖。大型综艺晚会“民族的脊梁”突破晚会的模式，将一批新党员的宣誓仪式搬上舞台，使晚会气氛更加热烈。

建设新成都宣传。1990—2005年，成都电视台对成都市每一项重点建设项目都留下完整的纪录。道路建设，整治府南河、沙河，创建全国卫生城市，全国十佳经济活力城市，全国最佳旅游城市等，从项目立项到组织实施，巩固成果，宣传动员群众，表彰工程建设者，阐明其意义与作用等，均无一遗漏。

1990 年起，历时 4 年的成都市创建国家卫生城市活动，成都电视台、成都经济电视台、成都有线电视台均抽出专人、开辟专栏采访报道，播出新闻稿件逾千篇。

1993 年，成都市开始府南河综合整治工程，成都电视台、成都经济电视台、成都有线电视台也大规模、多形式、长时间的加以宣传报道。1994 年，共播出关于府南河整治的新闻报道 260 多条。成都经济电视台制作长达 28 集的大型系列报道《府南河综合整治纪行》，向市民宣传整治工程的重大意义，并为历史留下珍贵资料。1995 年，成都电视台的《话说两河》，成都经济电视台的《两河时空》专栏，对府南河整治的意义，整治后的变化，以及工程进度等，都进行详尽的报道。《今晚 8:00》制作 8 期关于府南河工程的报道，其中的两期在央视播出。1996 年，随着府南河整治工程的深入推进，成都电视台开设《1996 行动，我为府南河做点啥》《府南两河日日新》等专栏，发布新闻 225 条，《今晚 8:00》《时代》制作播出专题片 11 部。成都经济电视台在追踪报道府南河工程的同时，开辟《情系府南河》专栏，热情讴歌成都市民为母亲河积极做贡献的平凡而生动的事迹。1997 年至 1999 年，配合府南河综合整治工作，分别开设《我为府南河做点啥》《府南河大家谈》《府南两河日日新》《别让母亲河流泪》《府南河有我一片绿》《两河展新颜》等专栏节目。共播出有关府南河整治工程的新闻 665 条，制作播出《重访府南河》《府南河一个城市的故事》《府南河——人居工程》《整治府南河、振兴新成都》等各类专题片和对外宣传片 64 部（集）。1999 年，各台分别在新闻节目中作《疏淘河道，为民排忧》《府南河上游开始污染》《活水公园强化管理势在必行》《取缔府南河边的麻辣烫》《府南河——环保教育的课堂》等专题报道，在市民中引起强烈反响。

2001 年，在整治沙河的建设中，成都电视台各频道也以同样规模进行宣传。分别开办 5 个专栏，播发新闻 364 条，制作公益广告 3 条。2002 年，成都电视台制作电视专题汇报片《成都概况》《努力争创文明城市》。2003 年，推出《居住改变成都》大型系列报道和系列专题片《城市化之路》，宣传成都的城市化进程；并与央视合作，在《中国财经报道》中，播出大型专题节目《打造城市品牌》，塑造成都的城市形象。

2004 年，成都电视台先后与央视合作，制作专题《吸引力让成都充满活力》和《“经济活力城市”成都形象片》，在中央台《经济信息联播》播出，为成都评选“全国十大经济活力城市”作舆论准备；以后又与央视合作，联合制作《经济活力城市市长专访》《中国经验·四川篇》，在该台《经济半小时》中播出。

2005 年，成都电视台在创建全国文明城市宣传中，播出相关重要新闻报道 260 多条和《市民论坛》14 期；并开辟《建设规范化服务型政府》专栏，推出《规范政府行为，增强执行力》《高素质的公务员队伍》《提高政府透明度，改善投资环境，营造成都比较优势》等系列报道。同年，又推出《外地人眼中的成都》等 20 多期专题节目；策划并直播《成都城市精神主题词》《“三八”十佳文明家庭颁奖晚会》等活动。为表彰建设新成都的先进模范，大力宣传“建设成都杰出贡献奖”，先后发布新闻、专题 80 多篇，制作播出《聚焦建设成都杰出贡献奖》系列报道12篇。

西部大开发宣传。1999年6月，中共中央提出“西部大开发”战略方针。成都经济电视台当月派出记者到北京，就西部开发问题采访交通部、国家森林总局领导，播出大型系列报道《与北京对话》。又派记者到大连，就东、西部城市合作问题采访大连市委书记，制作《与大连对话》。2000年3月，全国政协九届三次会议和全国人民代表大会九届三次大会在北京召开，正式提出“西部大开发”战略任务，成都经济电视台将两会中有关西部大开发的消息及时播出。2000年3月以后，成都市属的三个电视台，将“西部大开发”作为宣传工作重点，采取新闻、专题、访谈、异地直播、系列报道等方式，对中央实施西部大开发出台的政策、措施进行集中报道。开设《同是一片热土》《西部大开发知识窗》《历史的寄托》《西进之路》等30多个栏目，推出《世界大开发》《挑战成都》《迎接大开发，建设支撑点》《西部大开发，人才要先行》等系列报道40多部（集）。制作26集大型专题片《世纪跨越》《铸辉煌》；组织《跨越西部》大型采访活动，途经云、贵、川、陕考察，报道有关西部开发的10多个话题，为成都投入西部大开发、发展经济、更新观念起到推动作用。

2000年10月20—23日，成都召开“2000·中国西部论坛第一次会议”。成都电视媒体与央视2套联合制作《西部论坛特别报道》，邀请西部11省（区、市）的领导与山东省的领导对话；邀请世界36位全球500强、8位首脑和知名企业家、专家、典型人物以及30位省、区、市县领导座谈；成都电视台与央视并机联播，3天会议中，《特别报道》在央视2、3、4套节目中播出，并利用卫星网络覆盖全球。论坛期间播出新闻328条；《成都经济论坛》专题17个，专访18个，为央视海外中心《中国新闻》《新闻60分》提供新闻和专题2条。会议以后，成都电视媒体又进行跟踪报道，将西部大开发宣传纳入主要宣传任务。成都电视媒体与央视西部频道联合举办《成都宣传周》《西部开发看成都》等60余个节目，播出40余个小时，反映成都经济建设成就与文化。期间，成都电视媒体给央视1套和西部频道提供播出新闻90余条，专题13个，14部系列专题片，扩大成都在国际国内的知名度。

2003年5月，成都电视台推出《今日成都》8集大型新闻访谈录，并在央视西部频道播出。8个专题涉及成都金融机制创新、生态环境建设、社会治安、历史文化旅游、艺术名人等，展现西部特大城市风采。2003年以后，西部大开发宣传转入常态。

2004年8月，成都电视台策划“在创新路上”大型宣传采访活动启动仪式。电视各频道派出记者到区（市）县采访，对小城镇建设、工业化与农村城镇协调发展，村、镇、县三级干部队伍建设和城市化进程中基层文化建设情况以及“两化”过程中的先进典型事件做全方位报道。

2004年11月，成都电视台又推出《激情看成都》宣传活动。配合开展“成都十大魅力城镇评选”，各个电视频道投入力量进行宣传。经济资讯频道开展《成都特色乡镇路线图》《成都十大经济事件》的系列宣传。重点关注以农家乐为代表的成都乡镇旅游现象，探讨如何通过发展观光农业，为农民增收这一课题，播出系列专题报道《乡村财富故事》。影视文艺频道推出《新社区文化行》专栏。

2005年，新闻综合频道，完成相关报道600余条，制作特别节目《感动》，引起社会较大反响；经济资讯服务频道对的相关事项进行全方位报道，播出相关新闻180条，介绍统筹城乡进程中的经验，并展示成绩。《消费成都》栏目推出5期特别节目《品成都历史神韵，看成都今日景象——东西南北成都游》，从推动第三产业迅速发展角度，报道城乡的巨大变化。

【大型系列新闻报道活动】

1993年，成都国际熊猫节期间，成都电视台、成都经济电视台、成都有线电视台均制定报道计划，组成熊猫节报道组，3台先后播发相关稿件200余条（组）。成都电视台拍摄的《熊猫科比》《今天的大熊猫》《中国大熊猫》等多部专题片、电视片以及“成都国际熊猫节”大型文艺演出录像先后在央视1、3、4、10频道播出。

1994年，成都电视台《成视新闻》采访小组深入四川大巴山革命老区通江、南江、巴中三县，记录老区人民生活现状，先后制作播出《老区纪行》新闻系列片10余集，反映老区人民生活和教育的现状。通过报道，仅通江县就收到1200多万元的财物捐赠，社会各界援建23所希望小学，使老区一万多名辍学儿童回到学校。

1997年香港回归，成都电视台《成视新闻》特别制作大型系列报道《香港回归》，采访组深入香港和内地大江南北，走访各界名人，展现香港回归的沧桑历程和百姓心声。中国人民解放军建军70年，制作大型系列报道《甘巴拉作证》，以大量事迹，再现高原战士不畏艰辛、保卫国家、敬业爱国的优秀品质。许多学校将报道内容作为德育教材。由《今晚8:00》采访制作的大型10集纪录片《在三千里川藏线上》，不仅在成都电视台黄金时段播出，还在央视1、2、7套分别播出。汽车兵的英勇事迹引起社会各阶层的大讨论。

1998年3月，成都电视台与中央电视台、四川电视台直播连线，拍摄新闻《成都城郊农民自我保护意识强》《3·15走近你我》。

1998年，成都再就业问题备受关注。为鼓励再就业，成都市按四川省委、省政府再就业工程要求，开展“双十佳”（十个再就业工程先进单位、十名下岗职工）评选活动。配合此中心工作，成都经济电视台推出系列专题片《再就业：困难与希望》，连续5期在《每日写真》栏目中播出。通过对成都市委书记、市长到市民、企业各界人士的多层次采访，对再就业工程现在和将来进行全景式报道。这项宣传从1998年5月到9月，每月都用一周的时间宣传评选活动。

1999年1月，成都电视台6集大型报道《最后的知青部落》，将一批30年前落户四川南部山区至今的知青生活现状报道出来，引发知青回顾热。

2000年10月，21世纪城市建设与环境成都国际大会在成都召开，从筹备到结束播出新闻289条。12月，推出《世纪见证——成都是个好地方》直播活动，历时一个月。2001年8月，成都电视台将成都市12个区（市）县的工业发展对比苏州、大连、青岛、温州、上海、南京等地经验，制作《成都要跨越——工业挑大梁》。

2003年1月，“扶贫济困情暖人间——2003成都社会各界献爱心直播活动”发动全市民众帮助经济困难群众，得到广泛支持，播出当天，募集钱物50余万元。同年9月，播出100余条新闻宣传在成都举行的第六届全国大学生运动会。

2004年4月，成都电视台经济资讯服务频道与央视联合现场直播“东方伊甸园·放水盛典——2004中国都江堰放水节开幕式”，历时两小时。当天央视的新闻联播、晚间新闻报道均有放水节消息。

2005年6月，由成都市政府主办，成都广播电视局、成都市体育局、成都府南河管委会联合举办端午龙舟赛。成都电视台组织宣传策划大型现场直播。同年，成都电视台公共频道策划一系列围绕成都市委、市政府中心工作的大型新闻报道：《有爱就有家》《十大魅力城镇评选》，对30个候选城镇介绍展播；与央视合作，先后进行《开学了》和《精彩中国——纵横黄金周》大型直播活动；成都电视台为迎接中共成都市十四届四次党代会召开，制作大型电视特别节目“构建和谐成都”《探索之路》共5集。12月，又联合各区（市）县广播电视台，开展“牵手希望——2005关注贫困学生岁末大行动”活动，历时一个月，呼吁社会帮助贫困学生，引来社会各界纷纷捐助。

【民生新闻】

成都电视台15频道的《成视新闻》，从1997年起一直把下岗职工再就业作为报道的重点，并帮助下岗职工解决困难。如《再就业面面观》，积极引导下岗职工和用人单位树立正确的择业观念和用人观念。1998年3月，在《成视新闻》中，又开设《助苗行动》栏目，呼吁社会关心和帮助下岗职工子女的学校和生活问题。不久，又推出《下岗谱新篇》栏目，反映下岗职工中的优秀典型，激励下岗职工谱写人生新曲。1998年6月，成都电视台15频道早间节目部也推出服务性栏目《就业指南》，该栏目由若干小栏目构成，有《企业需要》《求职应聘》《职业培训》《职介之窗》《一技之长》《就业热线》《招聘会信息》等，以丰富的企业用工信息为主体内容，同时发布录用下岗职工的职介信息，介绍政府有关部门及工商联等群团组织为下岗职工举办各类免费培训班，为各行各业招收录用下岗职工牵线搭桥。2003年春节前，成都电视台15频道推出《小林帮你讨工钱》栏目，为民工讨工钱。节目一开播，立即在社会上激起强烈反响，很快便成为为民工呼吁奔走的知心朋友，成为市民关注、领导重视的重要节目。2004年除夕，由成都电视台举办，成都市劳动局、市建委、市总工会等有关部门参与的“欢送民工朋友回家过年”大型活动，在新华公园举行。随着关注农民工工作的向前推进，《成视新闻》陆续推出《小林帮你办社保》《小林陪你找工作》等一系列以“小林”为名的系列报道。使“小林”系列成为成都电视台关注民生、反映民情、帮助百姓解决困难、为百姓办实事的知名小栏目。

成都电视台经济资讯服务频道员工自1998年报道城市贫困生起，全台员工一直坚持为城市贫困生献爱心，每人每年捐赠300～400元，多年不断。2002年，成都电视台经济资讯服务频道与成都市就业服务管理局联合推出大型公益活动——“33金种子创业”。活动历时2个多月，分别向竞争获胜的33户“金种子创业家庭”提供1万元创业启动资金，并帮助其实现开业。该频道2003年推出的“启明星工程”，为山村孩子开展助学捐赠活动，得到社会各界的普遍关注。先后播出新闻80余条，共为山区孩子捐赠现金6万多元、衣物1万多件、文具4000件、书籍近8万册，并组织110名山村学生与市民结帮扶对子。2005年初，员工积极参加频道开展的“情暖人间”活动，每人捐出一天的工资，总计1.1万元，并联系5家企业到“情暖人间”活动现场捐钱、捐物。

2004年初，成都电视台公共频道结合台内体制、机构、机制的改革，推出一档以民生新闻为主体内容的新闻栏目《成都全接触》。在节目筹备期间，该频道就策划并实施一场规模空前的跨媒体造势宣传：在电视、报纸、广播上预告；在街头巷尾、社区院落、悬挂布幅。《成都全接触》于2004年4月26日晚18：50播出，长达60分钟的直播开播即热，成为成都地区最受欢迎的新闻节目之一。民生新闻迅速成为成都地区电视新闻传媒竞争焦点。民生新闻集中表现出对老百姓生活中的困难的关注，帮助老百姓解决困难。成都电视台各频道新闻节目的编辑、记者，以栏目为依托，深入基层帮助解决实际问题，不仅“说”，而且“做”。《成都全接触》打破常规，在开播后第三天就组建一支“成都全接触义务服务队”，走进社区，服务百姓。2004年5月，这支服务队正式更名为“成都电视台公共频道青年志愿者服务队”，每周开展一次活动，深入社区，进行法律咨询、免费医疗、家电维修、文艺表演等，多种形式为民服务，受到百姓欢迎。8月，成都电视台对服务队举行授牌仪式，成为“成都电视台青年志愿者服务队”。11月，共青团成都市委专门下文，将其编入成都市第一支志愿者服务队。2005年初，《成都全接触》推出关注弱势群体的系列节目《贫困家庭全接触，温暖送您家》，开展每天报道并帮助一个贫困家庭的活动。2005年春节，《成都全接触》与成都市儿童福利院联合主办“有爱就有家”大型公益活动。经过筛选，共有40多个家庭将40多个孤儿领回家过年，让孩子们度过一个温馨的春节。7月，《成都全接触》在节目中开辟一个小栏目《特别帮助》，帮助弱势群体排忧解难。成都市民政局与《成都全接触》联合行动，由成都慈善会向节目提供资金，通过节目将这些善款源源不断送到贫困家庭。

【舆论监督】

1990年，成都市在进入全国“十佳”卫生城市之后，为巩固“十佳”成果并向国家级卫生城市标准迈进，成都市委、市政府进一步动员全市干部群众积极行动。成都电视台舆论监督也迅速跟进。1991年初，成都电视台曝光机关出现的“组织收入”风，有的人公开抵制，市领导果断作出决定，凡擅自搭棚者一律拆掉，

1995—2005年成都电视台舆论监督类报道所占比例情况表

表5-175

年份	舆论监督类播出期数	所占比例
1995	68期	21%
1996	74期	23%
1997	86期	27%
1998	70期	22%
1999	76期	24%
2000	68期	21%
2001	76期	24%
2002	77期	24%
2003	55期	18%
2004	68期	22%
2005	58期	19%

违者受惩，使问题得以解决。

1992年5月，成都市“创卫”进入高潮，全市总动员“迎检”。成都电视台开办《8:00追踪》专栏，设立《大曝光》《大扫描》《龙虎榜》等小栏目开展批评表扬，推进创卫工作。在短短3个月中，共采访播出100余篇“创卫”专题。其中批评性稿件占50余篇，对卫生死角、违章占道、环境污染、出售劣质食品等问题进行公开曝光，促使一些“老大难”问题得以解决。同年秋天，成都市被评为全国第一个省级国家卫生城市。10月，成都电视台开播《今晚8:00》栏目。1992年10月2日至1994年6月20日，《今晚8:00》节目每周播出2期，每期节目设3个专栏，其中《8:00追踪》就以舆论监督类报道为主。1994年6月，《今晚8:00》栏目从每周2期扩为每周5期。

1994年，《今晚8:00》制作《当百宫大战硝烟散去之后》专题并播出。此稿获当年中国新闻二等奖。1995年，四川夹江发生四川省技术监督局打假被当地造假者及数家执法部门相关负责人围堵事件。《今晚8:00》连续摄制并播出3集《打假者被推上法庭的前前后后》，2集《打假者为何上了法庭》，2集《人大代表质询夹江打假案纪实》，以正视听。又首开全国行政诉讼案庭审电视直播先河，对成都中院庭审夹江打假案进行长达8小时的现场电视直播。

1997年，《成视新闻》开设《回潮》专栏：先后报道《自来水二厂、五厂水源环境将得到整治》《这里的污水何时能清除》以及系列报道《成都水源怎么了》等，对违章造成水污染的不法行为进行批评。1999年，《成视新闻》共播出宣传城市综合管理方面的新闻232条，成都经济电视台针对开发府南河旅游项目、府南河工程对人们生活环境的改善、对府南河上游水源污染源整治等方面进行宣传报道，共播发新闻132条。其中，舆论监督类稿件占20%。

2004年，成都市委、市政府下大力气整顿干部“不在状态”的工作作风。《今晚8:00》记者以实地调查的方式在一些乡镇进行明察暗访。同年，《今晚8:00》记者采访播出《一个小镇三个广场》，报道成都市金牛区天回镇街道办事处在镇上修3个广场，并对此事提出尖锐批评。此报道获得中国新闻提名奖。

至2005年，成都电视台舆论监督类报道在《今晚8:00》播出节目中所占的比例达到20%以上。

【电视社会教育】

1986年，成都电视台（15频道）成立初期，即组建专题部（1996年更名为社教部），开办社教类节目。1987年，在成都地区首创社教生活服务类栏目《七色光》。1990—2005年，成都电视台先后设立社会教育类栏目10余个。主要有《八面来风》《周末一刻钟》《社会面面观》《蜀都新貌》《对话与交流》《五彩路》《青春杂志》《都市今天》《时代系列》等。

社会教育类节目与受众有着更多的亲近性，观众的参与性强。1990年，《七色光》举办“生活淡妆比赛”，参赛数百人；同年，结合栏目开办三周年纪念，利用媒体影响力，组织近百家成都市优质服务试点单位，在闹市区开展一次“便民服务日”大型活动，影响巨大。1991年，结合创建卫生城市举办“可爱的家乡知识竞赛”；成都经济电视台（33频道）1994年推出《女人有约》栏目，从服饰到化装，择偶到婚姻家庭，事业与理想，成为女性朋友的好伙伴。1994年1月，15频道创办青年节目《青春杂志》，是成都地区最早的面向青年的电视栏目，节目风格清新时尚，充满阳光。1995年，少儿栏目《五彩路》先后推荐介绍百部爱国主义书籍的内容，向少年儿童宣传我国悠久的历史，丰富的文化，介绍杰出的爱国主义人物。10月，15频道将全台社教栏目进行整合，形成系列电视杂志《时代》。该栏目由5档节目组成，包括《时代·警示录》（法制节目）、《时代·人物志》（人物故事节目）、《时代·文化潮》（文化节目）、《时代·生活流》（生活服务节目）、《时代·消费窗》（经济节目），每期节目20分钟，从周一至周五，每晚20：20分播出。该系列节目将过去分散的社教节目从形式上整合为一个整体，在节目品牌塑造和市场营销方面，都取得不俗成绩。1997年，成都经济电视台关注百姓健康，开设专栏《电视医院》《健康特使》《卫生与健康》等栏目，多角度、多方面向观众进行健康宣传。

21世纪初，电视节目分类界线愈加模糊，电视社教类节目与新闻专题、经济类专题相互交融，以取得更高的收视率为目标。成都电视台各频道原有的社教类栏目逐渐淡出屏幕，继而代之的是带着社教性质的民生新闻专题和各类经济资讯生活服务栏目。如成都电视台的新闻综合频道的《绝对贴近》《新闻18点》；经济资讯服务频道的《百姓》《眼界》《车行天下》；都市生活频道的《牛牛在线》《平安成都》《警示》《警示920》；公共频道的《真实人生》《真实纪录》等，均以社会热点和新近发生的、具有较大社会反响的人和事为题材，制作形式多样的电视节目播出，满足受众需要。

【电视文艺】

成都电视台各频道根据各自定位，制作和播出不同风格的电视文艺，满足广大观众需要。1990—2005年，共制作播出217台大型综合电视文艺晚会，开办21个文艺栏目。

成都电视台（15频道）制作的156台大型电视综艺晚会和大型活动节目，始终把对党和祖国的歌颂作为红色主线。《唱支山歌给党听》《党旗颂》（1991）、《烛光颂》《绿灯颂》《爱的颂歌》（1992）、《东方绿洲》（1993）、《民族的脊梁》（1994）、《春到巴山蜀水间》《文明新风赞》《成都颂歌》系列晚会（1995）、《走向太阳》（1996）、《春天里来百花香》（1997）、《强者之歌》（1998）、《我们的前途万丈光芒》（1998）等，从不同的角度，以不同的风格，歌颂党和祖国，歌颂改革开放，歌颂人民，歌颂成都。作品贴近群众、贴近生活、贴近实际，播出后受到好评，获得不少奖项，并在中央台播出。

配合中心工作制作综艺节目。如综艺晚会“春天里来百花香”，通过老百姓身边小事，衣食住行等方面变化，反映改革开放给老百姓带来的实惠，内容贴近百姓生活，形式生动活泼。综艺晚会“我们的前途万丈光芒”，以浓郁的政论色彩和成都市的巨大变化为内容，产生强烈的艺术效果。纪念毛泽东百年诞辰的大型晚会“毛泽东颂”，以其大气磅礴的艺术效果而震撼人心。与凤凰卫视中文台联合制作的《川剧奇葩——纪念小平诞辰百年川剧演出》，荟萃邓小平生前所喜爱的川剧折子戏，名角出演，精彩纷呈，使纪念活动独具特色。2002年“非典”之后，制作的综艺晚会“胜利属于我们”，感人肺腑，获得特殊的社会效果。

策划组织实施各种大型社会活动。1989—1993年连续五届“‘农行杯’群众舞蹈大赛”，每届都有上千人参赛，年龄最大的72岁，最小的6岁。1988年起，先后举办五届的“家庭文娱大奖赛”。2005年举办的“快乐成都——老爸老妈才艺秀”活动，上千个中老年人参与比赛，盛况空前。

由成都市委、市政府主办的“1993中国·四川·成都国际熊猫节”，规模宏大，开幕式大型广场艺术表演“东方绿洲”在市中区体育场举行，成都电视台文艺编导参与策划并对开幕式进行现场直播，中央电视台一、三、四、九等4个频道均先后播出。1993年10月，意大利电视台也播出该节目。1994年，该节目获“星光奖”提名奖和四川省电视文艺特别奖。

成都电视台曾三次举办“成都青年电视歌手大奖赛”，派出选手三次组队参加中央电视台举办的“全国青年电视歌手大奖赛”。

成都电视台多次与其他省会城市台联合制作大型综合文艺节目播出。从1990年起，成都电视台3次与兄弟台合作举办“美在花城”广告模特大赛。1993年独自举办“‘康莱杯’成都小姐大赛”，这项首次以“成都小姐”命名的选秀活动，轰动一时。1994年与上海东方电视台、南京、武汉等电视台联合制作春节文艺节目《长江之歌》。1995年与重庆电视台合作春节晚会“春到巴山蜀水间”。1997年与广州、香港无线、武汉、长春、昆明、杭州等10家地方台联合制作大型春节晚会节目《十方相聚九州情》。1998年，成都电视台与杭州电视台制作《天府·天堂庆新春》晚会。

主办新年音乐会。1996年12月29日晚8:00，首届成都新年音乐会在锦江宾馆卢浮花园大厅举办。至2005年，已成功地举办九届。先后由峨影乐团、成都市交响乐团、四川音乐学院交响乐团、四川广播交响乐团，中国交响乐团演奏近百首中外经典名曲，一批指挥家、歌唱家、演奏家应邀出场，指挥家李新草、徐庶廉、朱其元、邱正桂、李西林、唐青石等先后执棒音乐会，国内歌唱家王秀芬、黄越峰、廖昌永、郑咏、刘维维、戴玉强、王静、金永哲、范竞马和世界小提琴大师薛伟等均在音乐会上演唱、演奏。

2005年起，成都新年音乐会由成都市委和市政府主办，成都市委宣传部、市广播电视局和成都电视台联合承办，从而正式升格为成都市人民政府主办的一项标志性新年文化活动。

成都电视台定期文艺栏目有《每周一歌》《文艺万花筒》《影视大观》《伴君良宵》《文艺8:00》《周末娱乐圈》《每周文艺航班》《文艺时空》《心动在线》《影视大观》等。

成都经济电视台（33频道）自1992年成立以后，先后与文化部、国家体育总局、中央电视台以及省内有关单位合作，策划举办近200台电视文艺晚会和社会活动，获得40多个国家及省、市各级奖项，其中，歌舞剧《远山的花朵》（1998）获“文华奖”，国家及省、市“五个一工程奖”。

2004年、2005年、2006年连续与湖南卫视合作的3届《超级女声》成都赛区的选拔活动，总计25场直播，创造出收视奇迹。成都赛区所推出的超女冠军走红全国。

成都有线电视台文艺节目主要由影视文艺频道制作播出。该频道专业化改革完成后，定位更加鲜明。1997年5月开播《前沿》，以述评欧美电影为主要内容，在成都地区颇具影响，成为影视文艺频道的骨干栏目，连续播出达7年。该频道先后推出《前沿在线》《前沿面对面》《前沿资讯》等系列栏目，分别以影评、时尚娱乐、都市文化生活中的焦点和热点，大容量的娱乐资讯为特色，为观众服务。2004年推出《第四频道娱乐追击》等栏目。

1990—2005年成都电视台电视文艺获奖作品情况表

表5-176

作品名称	获奖名称及等级	获奖年份	创作单位	备注
《东方绿洲》	四川省电视文艺特别奖 全国“星光”奖提名	1993	成都市委宣传部、市文化局、市广电局、成都电视台	“93中国·成都国际熊猫节开幕式、大型广场艺术表演”
《春到巴山蜀水间》	四川省电视文艺一等奖、四川省巴蜀文艺奖二等奖、全国“星光”奖提名奖	1994	成都电视台 重庆电视台	联合制作的春节电视晚会
《走向太阳》	四川省电视文艺一等奖	1995	成都电视台	“七一”晚会
《红色歌潮》	四川省电视文艺一等奖	1995	成都经济电视台	当代资深歌唱家大型演唱会
1995全国体操十佳颁奖晚会	四川省电视文艺一等奖	1995	成都经济电视台	
《祝福明天》	四川省电视文艺一等奖	1995	成都经济电视台	纪念世界反法西斯战争胜利50周年大型文艺晚会
1996新春民族音乐会	四川省电视文艺特别奖	1996	成都电视台	
《民族的脊梁》	四川省电视文艺一等奖	1996	成都电视台	“七一”晚会
《洪霞》戏剧小品	第三届全国戏剧小品电视大赛专业组优秀奖	1996	成都电视台	“民族的脊梁”晚会中的一个小品
《山杠爷》	中国电视戏曲纪录片一等奖和组织奖	1997	成都电视台	川剧舞台纪录片
《心系府南河》	四川省电视文艺一等奖	1996	成都电视台	
《友谊颂歌》	四川省电视文艺特别奖	1997	成都电视台	
《文华飘香》	四川省电视文艺特别奖	1997	成都经济电视台	文化部第四届文华奖颁奖晚会
《我们的前途万丈光芒》	四川省“五个一工程奖” 四川省电视文艺特别奖	1998	成都电视台	纪念十一届三中全会召开二十周年
《维格尔家庭文娱大赛》	四川省“五个一工程奖” 四川省电视文艺特别奖	1998	成都电视台	群众文娱活动
《强者之歌》	中国第二届“奋发文明进步奖”、四川省“奋发文明进步奖”一等奖	1998	成都电视台	文化部、广电总局、新闻出版署、民政部、中国残联等五部委联合颁发的国家级大奖
《远山的花朵》	全国“五个一工程奖”、四川省“五个一工程奖”	1998	成都经济电视台	歌舞剧
《血浓于水》	四川省电视文艺一等奖	1998	成都经济电视台	1998年成都大型赈灾义演活动
《美丽风景线》	四川省电视文艺一等奖	1999	成都电视台	
《千万别碰它》	全国电视文艺“星光”奖综合节目三等奖	1999	成都电视台	“六二六”禁毒晚会
《成都，我为你歌唱》	四川省电视文艺一等奖	1999	成都电视台	庆祝成都解放五十周年大型晚会

续表

作品名称	获奖名称及等级	获奖年份	创作单位	备注
《中国啊，我为你自豪》	四川省电视文艺一等奖	1999	成都经济电视台	
《放飞理想之梦》	四川省电视文艺一等奖	2000	成都经济电视台	2000年中国奥运冠军资助贫困学生大型文艺晚会
《建党80周年群众广场文艺活动纪实》	四川省电视文艺一等奖	2001	成都电视台	
四川省广电学会电视节目颁奖晚会	四川省电视文艺一等奖	2001	成都经济电视台	
《秘境之旅》	四川省电视文艺一等奖	2002	成都电视台	
《绿色的祝福》	四川省电视文艺一等奖	2002	成都电视台	2002年中国环境周开幕式大型文艺晚会
《胜利属于我们》	全国第十届中国人口文化特别奖	2003	成都电视台	抗“非典”音乐朗诵会
《好个都江堰》	第22届中国电视金鹰奖音乐电视提名奖	2003	成都电视台	音乐电视
《川剧奇葩》	第22届中国电视金鹰奖音乐节目提名奖	2004	成都电视台	纪念邓小平100周年诞辰（与凤凰卫视合作）制作的川剧晚会
成都市第十二届十大杰出青年评选及颁奖晚会	四川省电视文艺一等奖	2004	成都经济电视台	颁奖直播晚会
《歌唱成都十大金曲》	四川省“五个一工程奖”四川省电视文艺一等奖	2004	成都电视台	颁奖晚会
2004中国成都广告模特大赛·四川赛区总决赛	四川省电视文艺一等奖	2004	成都经济电视台	决赛直播晚会
2004中国成都环球小姐大赛·四川赛区总决赛	四川省电视文艺一等奖	2004	成都经济电视台	决赛直播晚会
《姹紫嫣红中国年》	中国电视文学艺术奖春节文艺晚会三等奖	2005	成都、沈阳、广州、武汉、西安、昆明六家电视台合作	春节晚会
《追击刀狼》	四川省电视文艺专题片一等奖	2004	成都有线电视台影视文艺频道	文艺专题片
“首届建设成都杰出贡献大奖”评选及颁奖晚会	四川省电视文艺一等奖	2005	成都经济电视台	颁奖晚会
2005闪亮之星大学生歌手选拔赛·西南赛区总决赛	四川省电视文艺一等奖	2005	成都经济电视台	决赛直播晚会
历届“中国成都汽车模特大赛”	四川省电视文艺一、二、三等奖	1999—2003	成都经济电视台	决赛直播晚会

【少儿节目】

20世纪90年代初，成都电视台开播电视少儿节目。《五彩路》为最早的少儿社教栏目，以4~11岁少年儿童为收视对象。1992年6月1日开播。节目时间长度为25分钟，每周一期，周六晚播出。节目注重知识性、趣味性、参与性。成都地区首次启用木偶主持人“路卡”与女主持人同台主持节目，很受少儿观众的喜爱。

栏目还多次举办大型参与性活动，如“五彩路”开播周年纪念晚会现场直播，节目由成都市的少年儿童演出；同时举办《成都市少儿卡拉OK大赛》等。依托此栏目，影视文艺频道开展了一系列少儿活动，如“‘聪而壮’杯首届故事大王比赛”（2001）、“‘石象湖’杯第二届故事大王比赛”（2002）、“‘双汇’杯第三届故事大王比赛”（2003）、“成都市中小学生童话故事征文大赛”（2003）、“‘明日之星’少儿才艺大赛”（2004）、“我和我的‘恐龙朋友’少儿绘画大赛”（2004）等，这些活动，吸引大批孩子参加。

成都电视台的《五彩路》、四川有线电视台的《小巧手》和成都有线电视台的《满天星》等都是成都地区名噪一时的少儿电视栏目。2004年，根据国家广播电影电视总局、四川省广播电影电视局有关文件精神，以及成都市委、市政府的有关要求，成都电视台于同年11月筹建专业少儿频道，次年2月1日试播，6月1日正式开播，编号为“CDTV-6”。频道定位以快乐愉悦为主体，教育、服务为两翼的少儿好伙伴；频道的特色是“健康阳光、亲切可信、动感十足、绚丽多彩”。以4～14岁观众为收视主体，兼顾17岁以下青少年，适合全家共同观看。频道播出信号覆盖成都大部分地区和部分周边地市。

《陈岳叔叔讲故事》原是成都电视台影视文艺频道于2001年推出的儿童栏目；2005年2月1日移至成都电视台少儿频道播出，是少儿频道主档栏目。2005年6月，创办《蓉城小记者》，是成都地区唯一少儿新闻资讯类栏目。

【电视节目栏目化】

成都电视台（15频道）1987年提出实现节目栏目化。1990年设有《成视新闻》等11个固定栏目。栏目分新闻、社教、文艺、服务四大类，主持人相对固定。至2005年，先后播出的固定栏目58个。成都电视台1—6频道先后播出各类栏目208个。

以新闻为主的15频道，设置《成视新闻报道》《午间新闻》《深夜新闻》《早安成都》《天天早报》《今晚8:00》《今晚直说》《新闻背景》《时事20分》《绝对贴近》《新闻18点》《公共新闻报道》等栏目，不仅全天滚动播出新闻，而且有深度新闻，包括热点新闻、新闻透析、新闻背景和新闻追踪等，形成固定的观众群，人数众多，其文艺、电视剧和服务节目保持较高品位。成都经济电视台突出经济类栏目，有《每日报道》《每日财经》《证券之夜》《经济纵横》《经济在线》《成都经济论坛》《百姓连线》等，其综合文艺类节目则以时尚、多彩为特色。《夜沙龙》《聊天33》《幸运大放送》《33大穿帮》《女人有约》《大银幕》《每日体坛》等都有固定收视群体。成都有线电视台各频道栏目都有自己的定位。影视文艺频道的《前沿》系列栏目和《人文成都》《名人坊》《相约第四频道》《第四频道娱乐追击》，都市生活频道的《今天》《730播报》《现场》《平安成都》《警视》《视点》，体育频道的《体育新闻》《欧洲足球杂志》《大赛场》《视野》《体育论坛》《体坛博览》，展现各频道节目的特色与个性。2002年，体育频道改为公共频道，其《成都全接触》《真实人生》《真实纪录》《超级品味》《八点讲述》《周末故事》等栏目，在全市观众中迅速走红。少儿频道的《陈岳叔叔讲故事》《蓉城小记者》《祖国——家乡》《动画超市》等，中小学生、幼儿视其为“亲密的朋友”。

1990年起，各频道多次根据观众审美多元化及受众细分的状况，对电视节目不断进行改版。1994年，15频道将《成视新闻》由每天午间、晚间两次播出改为每日播出6次；将已经播出4年的《七色人生》关闭，新创《青春杂志》；《周末市场》改为《周末大世界》，《星期好时光》改为《CDTV红绿蓝》，《艺苑星期四》改为《周末娱乐圈》。同时还增设《高水平体育》《大都市》等栏目。新建新闻评论部，专事《今晚8:00》栏目，使之成为成都电视台的品牌节目。2000年，成都经济电视台33频道改版，成立新闻中心，《每日新闻》增加为《早间新闻》《每日报道》《午间新闻》《深夜快递》《每日财经》《证券之夜》等6次播出，新创办《百姓》《梦想成真》《眼界》等，使新闻、娱乐、生活服务三大类节目更加丰富。文艺频道2000年将《前沿》改版成《前沿在线》《前沿面对面》；2001年，都市生活频道成立，开办《牛牛在线》《夜沙龙》《今天》等栏目，2005年，又进行大改版，新创办《平安成都》《深夜110》《成都情事》《运动时空》《户外天堂》《成都楼市》等栏目。2004年，公共频道对《成都全接触》进行两次大改版，形成《午间播报》《630播报》《成都全接触》《时事要闻》等4档新闻，并推出《真实人生》《真实纪录》《超级品味》《九点讲述》等栏目，频道特点更加鲜明，《成都全接触》也成为成都电视台各类新闻收视率最高的一档节目。2005年，成都电视台迁入高新区高朋大道新址，各频道进一步调整更新栏目，一大批新栏目面对观众，接受观众评点。15频道的《成视新闻》《今晚800》等栏目均运行10余年，其内容与形式不断变化与丰富，占守着该频道的主档栏目地位。

【电视新闻滚动播出】

1993年1月，成都电视新闻滚动播出，成都地区省、市电视共有13个频道，新闻收视率成为竞争焦点。成都电视为确保新闻立台，1993年，将每天晚上播一次新闻改为4个时间段播新闻：第一次中午12:30播出《成视午新闻》；第二次下午6:45播出《成视630快递》；第三次晚上7:33播出《成视新闻报道》；第四次深夜11:00播出《成视深夜新闻》。新闻播出时间由原来15分钟增加至45分钟。成都经济电视台也于4月推出6档《第一现场》新闻节目。

成都电视新闻滚动播出后，新闻信息量增大，每周播出由原96分钟增加到275分钟。新闻内容也一改过去单纯地方报道的模式，增加国际新闻和国内及部分城市台交换新闻，形成大城市大新闻的格局，并充实大量“快、新、短”的口播新闻。1993年比上一年多播出新闻1000余条。1994—2005年，新闻滚动播出成为成都电视台各频道的基本播出方式。

【大型体育活动直播】

成都电视台的体育报道依托各类体育赛事，起步于大型体育活动，不断完善和发展。1989年10月，受中国国家体育运动委员会的委托，成都电视台和四川省航空运动学校联合举办第5届世界杯跳伞冠军赛，有15个国家的数十名跳伞运动员参加，比赛当日，成都市30多万名观众涌向成都太平寺机场观看比赛，盛况空前。当时，成都电视台还没有转播车，参与该次大赛报道的编辑、记者每天两点一线奔波于赛场和电视台制作室之间，完成大赛的全周期新闻发布和系列专题节目的制作播出工作。记录该次赛事的大型专题片当周在中央电视台播出。1990年6月，成都电视台第一个体育栏目《体坛博览》开播。栏目为周播节目，主要针对国内外及本地重大体育赛事予以深度评论，其收视率长期居四川地区电视体育节目前茅。2003年停播，13年共播出670期。

1990年夏，第14届世界杯足球赛在意大利罗马举行，《体坛博览》以独家视野在栏目中制作10集系列专题片《永难忘怀》。1993年夏，第15届国际足联世界杯预选赛亚洲小组赛第二阶段在成都体育中心举行，成都电视台（15频道）对全部6场比赛进行现场直播。1994年3月，中国足球甲级A组联赛开幕式在成都举行，成都电视台《体坛博览》栏目制作播出10期系列专题节目《川军甲A英雄榜》。中国足球协会授予成都“金牌球市”称号。

1996年，成都电视台体育部成立，是四川地区，也是西南地区电视台设立的第一个体育节目部。建立后相继组织和策划一系列的大型体育活动和体育赛事直播，从足球、排球到围棋、武术以及户外运动，涉面很广；同年，开设日播体育新闻评论栏目《运动时空》，不仅关注国内外及地方重大体育新闻，坚持“每天一评”，还对国际国内及地方体育的热点事件进行点评，成为四川地区名声最盛的体育新闻节目。

2001年1月1日，在成都电视台《我与成都跨世纪》大型直播活动中，体育部策划组织大型武术比赛“打金章”，这项停止半个世纪的、具有浓郁地域特色的武术活动，成为迎接新世纪大型直播活动的华彩段落。

成都素有“棋城”美称，群众基础非常雄厚。从1991年开始，成都电视台的体育报道就十分关注棋类赛事，并主动策划实施多项大型棋类活动，在广大的成都棋迷中间拥有极高的权威性和号召力。1996年，中国排球管理中心举办首届主客场赛制的中国排球甲A联赛。成都电视台体育部争取到排球联赛的转播权。《运动时空》和《体坛博览》栏目，对该赛事进行大规模的宣传报道，使赛事升温。到正式比赛时，四川省体育馆球迷满座。

1995年底，成都经济电视台联合成都市足球协会、成都卷烟厂，创办成都五牛足球队。开始成都历史上第一支职业足球队的探索之路，同时也开始全国电视媒体参与体育产业经营的探索之路。五牛足球队参加1996年、1997年两个赛季的中国足球乙级联赛，参加1998—2003年的中国足球甲B联赛，参加2004—2005年的中国足球甲级联赛。成都经济电视台作为股东单位，现场直播、异地转播期间7个赛季的近200场比赛。1998—1999赛季，成都经济电视台转播英格兰足球超级联赛34场。1998年春，邀请新疆高空王子阿地力到成都表演，并成功进行直播；同年9月，与中国健美操协会和成都地奥集团合作，成功举办全国第二届健美操运动会暨全国健美操锦标赛。同年，制作法国世界杯特别节目，内容包括赛事报道、花絮点评及观众互动竞猜。1999年8月，现场直播“成都市首届府南河龙舟赛”，并由此开始此后每年一届的府南河龙舟赛的直播活动。2000年7月，制作大型直播节目《我们等待那一天》，持续12个小时，转播中国奥林匹克运动会申办委员会在莫斯科申办2008年奥运会的全部活动情况。

1996年3月，成都经济电视台开办日播体育节目《每日体坛》，节目共制作播出1000多期节目，为观众及时提供大量体育新闻信息。同年6月，成都经济电视台联手本地强势企业，斥资300万元，邀意大利AC米兰队到成都与当时的甲A“黄色旋风”四川全兴队在成都市体育中心进行一场让国人关注的足球对抗赛。这是中国职业足球发展史上第一次职业对抗，具有开创意义，也是成都经济电视台依托体育节目发展体育产业的一次经典之作。

1996年7月，成都有线电视台体育频道开办“全球体育频道”，全天播出14个小时，主要栏目有《体育新闻》《亚洲足球杂志》《欧洲足球杂志》《大赛场》《赛车俱乐部》等。全程录播1996年“全国足球乙级联赛”在成都彭州的 20 多场比赛。1997 年 4 月，全球体育频道和成都电视台 15 频道合作经营，更名为“成都电视体育频道”。1997 年 8 月，“成都电视体育频道”正式开播，每天播出 17 个小时。主要栏目有《体育新闻》《视野》《一家之言》《黄金赛场》等。后来又结合赛事，相继开办《足球聊斋》《甲 A 龙门阵》《体育杂志》等栏目。在 1998 年、2002 年两届世界杯足球赛期间，开办《大力神之夜》和《足球聊斋》两个栏目，观众参与赛事点评及预测。2002 年夏，制作系列专题节目，反映 2002 年韩日世界杯赛情况。随着成都广播电视系统体制改革的不断深入，体育频道于2002年12月改为成都电视台公共频道，成都电视台体育部也于 2005 年 1 月整体调整至成都电视台都市生活频道。

【电视纪录片】

1990—2005 年，成都电视台所创作的纪录片有 46 部作品获国内外各级奖项 97 项。其中，国际性大奖 10 项，提名奖 5 项，13 项入围奖。

【电视剧摄制】

成都电视台从 1986 年建台之初即成立电视剧制作部，当年便投资拍摄出反映工业改革题材的电视剧《生命的跑道》。到 20 世纪 90 年代，成都电视台逐步发展到拥有国家一级编剧、一级摄像、专业导演和舞美灯光制片等近 30 人的专业队伍。1994 年，建立成都电视台电视剧制作中心，与电视剧部并存，实行一个机构、两块牌子。2005 年 11 月，成都广播电视局与成都电视台实行局台分设后，成都广播电视台撤销电视剧部，建立成都广播电视台电视剧制作中心。

1986—2005 年，成都电视台共拍摄制作各类题材电视剧 50 余部 300 多集。其中短剧生产量居全国城市电视台之首。该台电视剧编剧钱滨先后创作10余部短篇电视剧拍成电视剧播出。短篇电视剧《共同目击者》《赖宁》《走出空白》《寂寞锋利》《大山无言》《晴朗地带》获得“飞天奖”。这种 4 集以内的短篇电视剧，曾经在中国电视剧领域中发挥“轻骑兵”作用，被誉为“电视文艺尖兵”。2002 年，由中国电视艺术家协会主办的“20 世纪全国优秀短篇电视剧回顾展”中，钱滨和易丹合作创作的《寂寞锋利》《晴朗地带》荣获“中国优秀短篇贡献奖”。

【对外交流活动】

1987 年，成都电视台在全国城市电视台中率先创办英语节目《周末一刻钟》，向市民介绍外部世界新事物。1989 年 10 月组建对外部，专门从事对外宣传和开展海外交流与合作。1990—2005 年，先后开办《八面来风》《你好成都》《窗》《大都市》《看世界》《纪实微波》《成都周刊》等 11 个栏目，开展对外宣传与交流。成都电视台各频道先后派出 20 余个小组赴海外拍摄 30 余部、200 多集电视片。其中，有关于美国的《美国西海岸漫步》《友好城市菲尼克斯》《美国经济掠影》《美国见闻》；关于俄罗斯的《莫斯科见闻》《昨天的浮雕》《在那遥远的地方》；关于西欧的《法国友好城市蒙彼利埃》《走向欧洲》《泰晤士河》《新旧伦敦城》《曼徹斯特的中国老板》《英国当代妇女》《意大利印象》《佛罗伦萨的新朋友》《瑞士之行》；关于亚洲的《新加坡》《越南之行》《成都旅游亮相日韩》《菲律宾见闻》《日本的世界国际博览会》，以及关于非洲的《感受南非》《阿联酋迪拜》等。2000 年，成都电视台新闻综合频道记者赴美国科罗拉多大峡谷拍摄中国漂流探险队首次海外漂流探险活动，并通过卫星连线方式进行全程报道，让成都观众目睹探险现场。

对外交流的重点是打造成都名片。1995年由中央电视台、成都市政府新闻办公室、成都电视台联合举办前锋杯《今日成都》中外记者电视采访活动，美国、德国、法国、日本、俄罗斯等国，以及包括中央电视台在内的国内28家电视台到成都采访，相继制作80部专题和新闻节目，在中央电视台和各省、市及各国电视台播出。2000年，成都市委对外宣传办公室、成都市政府新闻办公室和成都电视台又一次举办前锋杯《今日成都》中外记者采访活动；同年，成都经济电视台派出记者，与到中国大陆的美国老人大卫一起驾车横跨西部五省，拍摄制作《跨越西部》大型系列片。2003年和2004年，分别举办置信杯《西部开发看成都》及《天府之旅、美食成都》中外记者采访活动。2003年，成都市政府拨出专款，由成都市外宣办与成都电视台特邀导演张艺谋主持拍摄成都外宣片《成都，来了就不想离开的城市》，在中央台和一些省市台播出。成都市外办和相关部门出国访问也将此片带往许多国家，宣传成都。2004年，与中央电视台合作拍摄《走遍中国》《华夏文明》成都版，并在成都府南河音乐广场录制"《开心辞典》成都专辑"，该两组节目均在中央电视台一套、二套、四套播出。2005年，成都电视台与中央电视台合作，精心制作一部系统介绍成都的大型纪录片《天府的记忆》，该片从人文和历史的高度展示成都的过去和现在，恢宏细腻，特色鲜明，极具文化价值。

从20世纪80年代起，成都市外宣办、外事办、对外友协等多次与成都电视台一起，将介绍成都的电视片带到境外，通过境外电视台播放，宣传成都。1992年，成都经济电视台制作《中国大熊猫》《鬼城里的人》等10部（集）专题片在美国、加拿大、巴西、德国、日本、比利时等国的电视台播出。同年，成都电视台与美国洛杉矶熊猫电视台举办"中国成都电视周"，熊猫电视台每天在黄金时间播出成都电视节目一小时。1993年，制作专题片《中华大地——成都专辑》由中央电视台第四套节目向东南亚和北欧地区播出。1996年，成都市对外文化交流协会将成都电视台拍摄的《蜀道变通途》等27部电视片带到美国成都友好城市菲尼克斯以及洛杉矶，举办"成都——大熊猫故乡"电视周。2005年，由美国Discovery传播公司和中共中央外宣办联合投资、成都电视台经济资讯频道录制的纪录片《成长的大熊猫宝宝》被列为国家重点外宣片，制作完成后进入Discovery16个频道构成的播出网，在全球130多个国家反复播出。同年，电视频道制作的《CEO看中国·成都专辑》（中·英文版）在以"中国和新的亚洲世纪"为主题的《财富》全球论坛上播放。从1991年起，成都电视台已连续15年在美国斯科拉卫星网和凤凰卫视欧洲台开设每半月一期的专栏节目《中国成都》。在澳大利亚中文台、澳门卫视和美国斯科拉卫星电视网举办《成都电视周活动》。先后播出30余部有关成都的电视专题片、综合文艺节目及电视剧。2005年，美国科罗拉多童声合唱团访问成都，成都电视台少儿频道制作《美国童声唱响蓉城》系列节目，在美国丹佛电视台播出。成都电视台还与上海东方、江苏、陕西、安徽、湖南卫视达成借"星"出海合作意向，2005年，与上海东方卫视联合举办现场直播《花开中国——成都》向全球播出。

成都电视台开展与国外电视同行的学术交流。1993年，成都电视台台长率相关人员到俄罗斯，与俄西伯利亚重要城市克拉斯诺亚尔斯克电视台签订台际交流协议，探索办城市电视台的经验。1996年，派出记者、编辑到日本NHK电视台学习电视片制作技术，时间长达一年。16 年中，电视台通过外访和请进来的多种形式，与美国、德国、英国等国家及地区电视台电视工作者进行业务探讨与合作，交流经验与交换节目。2003 年，成都电视台经济资讯服务频道和成都市电视电影家协会举办“中美国际纪录片学术研讨会”，邀请美国电视媒体制作集团 AppaHop 一行 10 人到成都，同成都、成都周边地区及重庆的电视制作人，对纪录片发展趋势进行研讨。该会议在四川地区具有开创性意义。2004 年，成都电视台新闻综合频道对外部承办“成都电视国际合作研讨会”，英国、美国、德国、泰国、菲律宾、加拿大等 11 国驻华使馆的总领事、文化参赞等外交官到蓉研讨增强各国文化交流与电视合作事宜。

【电视名牌栏目】

1990—2005 年，成都电视名牌栏目有 20 多个。

《成视新闻》（1986 年 10 月至 2005 年）系成都电视台新闻综合频道的主档节目。以“权威、公信、贴近、贴心”为理念，报道时政，关注民生。20 年来，该栏目在主导本地区传播的同时，突破地域局限，拓展报道领域，以精品意识、大局意识透视整个社会，表现时代和社会发展崭新景象；在关注创造社会物质财富的同时，关注人的社会行为，倾听社会各阶层的声音，是成都电视台收视率最高的节目之一。

《今晚 8:00》（1992 年 10 月至 2005 年）系成都市委宣传部特批的成都电视台唯一深度舆论监督栏目。每周一至五晚 8:00 在新闻综合频道播出。它以深度调查、新闻评论、新闻专题为主，内容涉及社会热点、焦点、冷点、盲点；节目视角犀利、针砭时弊，对弱势群体广泛关注，在市民心中具有坚实的可信度，是成都地区最受观众喜爱和收视率最高的电视节目之一。

《天天早报》（1996 年 6 月至 2005 年）系成都地区最早以社会新闻和民生新闻为主体内容的电视新闻节目，由成都电视台 15 频道开办。该栏目以“服务＋贴近”为理念，突出地域性和可视性。10 年来，帮助数千家庭解决生活中所遇到的各种困难，是成都人喜爱的“新闻早餐”。

《成都全接触》（2004 年 4 月至 2005 年）系成都地区电视媒体首开的一档大型民生新闻直播类节目，成都电视台公共频道主办，每天播出 80 分钟。节目具有“生动的新闻现场、快捷的第一时间、贴近平民的新闻视角”，一经推出便拥有大量观众。《成都全接触》通过逐步发展，成为全天六档直播的系列节目，使成都市民实现非同寻常的新闻视角接触，据 AGB 尼尔森调查数据显示，该栏目最高月平均收视率曾达到 10.1%，稳居成都地区日播节目中的前三位。

《新闻背景》（1998 年 4 月至 2005 年）系“全景式”新闻深度报道栏目，由成都电视台新闻评论部主办。它以“重大新闻事件和新闻人物的报道进行二度构造”为理念，进行“立体”长篇报道，以之形成故事性极强的深度透视风格，收视率较高。曾被中国电视家协会评为“全国百佳栏目”。

《每日报道》（1993—2005 年）系成都电视台经济资讯服务频道的骨干栏目。该栏目以时政、经济、社会和深度报道为主，以新闻现场感强、节目播出形式灵活和包装新颖为特色。在观众中具有较高知名度和良好口碑。

《深夜快递》（1993—2005 年）系成都电视台经济资讯服务频道的夜间新闻栏目。栏目以快捷、鲜活、人文关怀为特色，突出时效性和现场感，是成都观众所关注的夜间新闻节目。开办以后一直稳居该频道收视率第一的位置。

《周末一刻钟》（1987—1992年）系成都电视台建台初期开办的西南地区最早的英语栏目。由中、英文两个板块组成，英语部分为在蓉外籍人士提供时政、文化、社会、生活信息；中文部分，用小专题反映值得关注的文化现象和社会问题。栏目探讨问题的视角独特，在知识文化界中享有良好口碑。

《天天摆聊斋》（2002年3月至2005年）系方言评论节目，在成都电视台《早安成都》中播出。节目选题贴近生活，针砭时弊，观点鲜明。主持人使用方言，具有较强的亲和力与感染力。栏目长期保持着很高的收视率，被尼尔森调查公司的专家评价为"全国罕见"。

《聊天33》（1993—1999年）系成都经济电视台早期开办的谈话类节目。栏目邀请各方嘉宾，以拉家常的形式把人们关注的社会热点、焦点话题展现于屏幕，畅谈家事、国事、天下事，表达民意，引导舆论。主持人李潘也从该栏目脱颖而出，而后步入中央电视台主持人行列。

《夜沙龙》（1993—1994年）以时尚的名称和各国民俗人情、世界风景等丰富内容，吸引千家万户。主持人风趣、幽默的谈吐，为电视杂志栏目增添文化内涵。

《七色光》（1989—1993年）系成都电视台开办最早的一档生活服务栏目，以内容丰富、信息量大，节奏明快、服务意识周到为特色，紧贴都市生活而受到市民喜爱。该栏目曾于1989年、1990年、1991年连续三年获得四川电视社教服务类节目一等奖。据1991年成都市城市抽样调查队调查，该栏目收视率为18%～20%，最高峰值曾达62%。

《女人有约》（1994—2000年）成都经济电视台主办。以新锐、时尚为特色，吸引广大观众尤其女性观众的视线。栏目内容涵盖婚姻、爱情、家庭、美容、服饰等女性关注的话题，同时也对贫困家庭和弱势群体给予关爱。

《每日财经》（1993—2005年）系成都地区唯一的一档以公益股评分析为主要内容的栏目，由成都经济电视台开办，系全国开办最早的股评节目之一。该栏目以早、中、晚三档节目互为依托，彼此呼应，为股民提供一个及时、公正、权威的交流、参与平台，深受股民喜爱。该栏目曾获成都地区最具影响力的经济类节目荣誉。

《文艺万花筒》（1986年11月至1993年5月）系成都电视台最早开办的周播文艺栏目，内容以色彩丰富、形式多样的电视文艺节目为主，并通过社会活动与广大观众保持密切的联系。它是成都电视台最早体现文化服务意识的栏目。

《体坛博览》（1990年6月至2003年8月）系成都电视台自办时间最长的体育类栏目，历时13年。栏目以大篇幅报道、评论国内外重大体育赛事、体育盛会及体育名人，受到体育界人士的关注。该栏目转播大量体育比赛实况，特别是足球比赛实况，吸引和聚集大批铁杆球迷，为四川足球职业化和体育市场的形成起到有力推动作用。该栏目收视率长期居省内同类节目"前三强"。

《运动时空》（1996年2月至2004年12月）成都电视台体育类栏目。由于对全国重要体育赛事和大型活动做出及时、生动的报道和具备一定权威性的评论，受到观众欢迎。该栏目聚合大批体育爱好者，拥有相对固定的收视群体。

《甲A龙门阵》（1988年3月至1992年）针对中国足球甲A联赛而开设，与《运动时空》配套。主持人运用四川方言与球迷摆龙门阵，调侃甲A赛事，亲切生动，博得球迷喜爱。录制现场仅有的40个座位，参与球迷场场爆满。该栏目在体育节目中风格别具，收视率节节攀升，很快稳定在2.0%以上。

《陈岳叔叔讲故事》（2001年1月至2005年）系成都有线电视台文艺频道创播节目，后为少儿频道主要栏目，也是成都地区最具影响力的少儿栏目。内容健康向上，充满童趣，主持人讲述生动活泼，深受儿童喜爱。栏目开播以来，每月一个新主题，隔月一次参与活动，连续几年举办的“故事大王”比赛，不仅受到儿童的喜爱和积极参与，也引起社会各界对此现象的关注。栏目收视率在成都地区同类节目中长期位居前列。

《蓉城小记者》系成都地区唯一以校园新闻为主题的少儿新闻栏目。2005年4月开播，以孩子们自己拍摄的DV素材，形成该栏目特有的校园纪实风格。该栏目作为未成年人思想道德建设，少年儿童自我展示以及与学校沟通、联系的重要平台，对孩子们的健康成长和学校建设，都发挥重要作用，因而受到成都地区少年儿童的广泛喜爱和家长好评。

1990—2005年成都市电视新闻、专题、广告获奖节目情况表

表5-177

节目名称	获奖名称	颁奖单位
《被拐卖儿童潘超回蓉》	三等奖	中国广播电视学会
《来自人民商场的报道》	一等奖	四川新闻学会
《来自岷江的报道》	一等奖	四川新闻学会
《市场记录》	一等奖	四川新闻学会
《猫耳洞人》	一等奖	四川新闻学会
《七色光》	一等奖	四川新闻学会
《刁市长现场办公解决卖瘟猪肉问题》	一等奖	四川新闻学会
《三角牌轮胎》	第五届全国电视广告印象荣誉奖	中国广告协会
《一曲社会主义的壮丽赞歌》	一等奖	四川新闻学会
《有这样一家肉店》	一等奖	四川新闻学会
《汽车不慎着火军民奋力抢救》	一等奖	四川新闻学会
《周末市场第五十期》	一等奖	四川新闻学会
《体育节目》	开拓三等奖	中国广播电视学会
《新闻播音》	二等奖	中国广播电视学会
《周末市场》	二等奖	中国广播电视学会
《海豹鞋油》	印象奖三等奖	中国广告协会
《天河银楼》	印象奖二等奖	中国广告协会
《蜀萃——成都工艺品集锦》	三等奖	全国海外电视节目评委会

续表

节目名称	获奖名称	颁奖单位
《蜀都床垫》	第六届全国电视广告印象奖最佳制作奖、一等奖	中国广告协会
《成都磕粉》	第六届全国电视广告印象奖一等奖	中国广告协会
《牡丹卡》	第六届全国电视广告印象三等奖	中国广告协会
《为谁辛苦为谁忙》	三等奖	广电部、卫生部、爱委会
《夫妻背篓电影院》	三等奖	中国广播电视学会
《川妹子》	一等奖	中国电视艺术家协会
《天台水趣》	二等奖	中国电视艺术家协会
《川西民居、川西书画纸》	三等奖	中国电视艺术家协会
《乡村报道60题——成都边缘纪行》	一等奖	四川新闻学会
《糖的艺术》	三等奖	中国电视艺术委员会
《古镇情》	二等奖	全国海外电视节目评委会
《三国故地夕阳红》	三等奖	全国海外电视节目评委会
《熊猫科比》	三等奖	全国海外电视节目评委会
《年华无悔》	“五个一”工程提名奖	中央宣传部
《爱犬沙发》	第七届全国电视广告印象奖最佳创意奖、一等奖	中国广告协会
《厂长经理报》	第七届全国电视广告印象奖二等奖	中国广告协会
《新绿牌暖手器》	第七届全国电视广告印象奖二等奖	中国广告协会
《市民手中的资金流向和去处》	一等奖	四川广电学会
《今晚8:00》	二等奖	中国广播电视学会
《今晚8:00》	一等奖	四川新闻学会
《中国物价改革的历史选择》	一等奖	四川新闻学会
《毛泽东在四川》	三等奖	国家广电学会
《毛泽东在四川》	一等奖	四川新闻学会
《全兴酒》	第七届全国电视广告印象奖一等奖	全国广告协会
《宝光牌风湿液》	第八届电视广告印象奖二等	中国广告协会
《劳伦斯在成都》	对外宣传制品一等奖	四川省委宣传部
《代号5.21行动》	法制节目二等奖	中广学会法制节目委员会
《光荣与梦想——成都球迷写实》	三等奖	全国海外电视节目评委会

续表

节目名称	获奖名称	颁奖单位
《22届世界跳伞锦标赛》	表彰奖	四川省政府
《公安局局长现场纠正乱收费》	二等奖	中国广播电视学会
《天下球迷是一家》	二等奖	中国广播电视学会
《追踪肇事红色夏利车》	二等奖	中国广播电视学会
《还我一片明媚的蓝天》	二等奖	中国广播电视学会
《救死扶伤今日谈》	三等奖	中国广播电视学会
《公安局局长现场制止乱收费》	一等奖	四川新闻学会
《九旬老人喜迁新居》	一等奖	四川新闻学会
《全国首家外商租赁国有企业的公司宣告破产》	一等奖	四川新闻学会
《时代》系列电视杂志	四川广电一等奖	四川新闻学会
《时代·警示录》	四川广电一等奖	四川新闻学会
《时代·人物志》	四川广电一等奖	四川新闻学会
《当艺术宫硝烟大战散去》	二等奖	中国广播电视学会
《西藏的故事：牧民加达》	一等奖	全国海外电视节目评委会
《春蛰》	三等奖	全国海外电视节目评委会
《春到巴山蜀水间》	提名奖	第九届电视文艺星光奖
《时代·文化潮》	四川广电一等奖	四川新闻学会
《五星啤酒自爆伤人追踪》	四川广电一等奖	四川新闻学会
《小陈姑娘回家的路有多长》	三等奖	中广学会
《时代经纬》	四川广电一等奖	四川新闻学会
系列：《今日老区人》	二等奖	中国广播电视学会
《夹江打假案被告获胜》	二等奖	中国广播电视学会
《新津“11·1”事件引出的思考》	二等奖	中国广播电视学会
《离岗多年又回来》	三等奖	中国广播电视学会
《离岗说明什么》	一等奖	四川新闻学会
《夹江打假案被告获胜》	一等奖	四川新闻学会
《9·28蓉城特殊花轿》	二等奖	中国广播电视学会
《未喜先添忧》	第四届全国金剑奖	中国广播电视学会

续表

节目名称	获奖名称	颁奖单位
《中华鲟为何而死》	二等奖	中国广播电视学会
《我想有一双手》	三等奖	中国广播电视学会
《高墙内的忏悔》	三等奖	中国广播电视学会
《对社会我们应该提供什么》	一等奖	四川新闻学会
《9·28蓉城特殊花轿》	一等奖	四川新闻学会
《一个普通人的故事》	好新闻	四川省委宣传部
《五星啤酒瓶自爆伤人的报道》	一等奖	四川新闻学会
《早安成都》	一等奖	四川新闻学会
《96时代》	优秀奖	广电部、中宣部
《96时代·警世录》	一等奖	四川新闻学会
《96时代·人物志》	一等奖	四川新闻学会
《96时代·文化潮》	一等奖	四川新闻学会
少儿栏目:《五彩路》	第四届金童奖优秀奖	中国广电学会
《火爆的旧车交易背后》	中广学会二等奖	中国广播电视学会
《戚务生的成都之行》	中广学会二等奖	中国广播电视学会
《看海》	三等奖	中央电视台海外中心
《大成都，一个老人的心愿》	一等奖	中国广播电视学会
《国企改革之路》	二等奖	中国广播电视学会
《飞越春秋》	二等奖	中国广播电视学会
《藏医彭措饶登》	优秀奖	中国广播电视学会
《东御街房屋倒塌》	三等奖	中国广播电视学会
《苦夏》	三等奖	中国城市台协会
《为了一个民工生命》	一等奖	四川新闻学会
《晴朗地带》	四川电视文艺一等奖	四川影视家协会
《一位小消费者的投诉》	四川广电一等奖	四川新闻学会
《目击：深井救儿童》	中国广播电视新闻三等奖	中国广播电视学会
《无声的承诺》	特别奖	中国广播电视学会
《妈妈格桑拉》	第三届中国儿童电视奖	中央电视台
《看世界》	中国彩虹奖	广电总局

续表

节目名称	获奖名称	颁奖单位
《保护大雄猫公益广告》	首届全国电脑动画设计制作大奖	大赛评委会
《成都体育电视频道片头广告》	首届全国电脑动画设计制作大奖	大赛评委会
《成都五牛足球队片头广告》	首届全国电脑动画设计制作大奖	大赛评委会
《哀兵必胜》	一等奖	中国广播电视学会
《假结婚不是重婚罪》	一等奖	中国广播电视学会
《权大还是法大》	一等奖	中国广播电视学会
《从左车的厂长到出租车司机》	二等奖	中国广播电视学会
《警方成功解救劫持人质》	二等奖	中国广播电视学会
《府河生命大救援》	三等奖	中国广播电视学会
《苦夏》	三等奖	中国广播电视学会
《慈黉爷——广东澄海陈慈黉故居游记》	三等奖	中国广播电视学会
《体坛博览》	三等奖	中国广播电视学会
《胡进其人》	三等奖	中国广播电视学会
《风雨冠军路》	二等奖	中国广播电视学会
《门神》	三等奖	中国广播电视学会
《神水显灵受礼拜，科普剑斩妖》	二等奖	中国广播电视学会
《花椒麻了路人心》	二等奖	中国广播电视学会
《成都造》	三等奖	中国广播电视学会
《无声的承诺》	第十七届中国电视金鹰奖优秀奖	金鹰奖主委会
《玩具老人的童话世界》	中国广播电视学会优秀奖	中国广播电视学会
《与自然共生的人》	97—98中国彩虹奖	中国影视家协会
《泄漏罐车大抢险》	中国新闻奖	中国广播电视学会
《生活演播室：李洋》	中国广播电视新闻栏目三等奖	中国广播电视学会
《千万别碰它》	三等奖	广电总局
《共和国同龄人》	四等奖	广电总局
《抢救野生大熊猫》	一等奖	中国广播电视学会
《关于举报箱的调查》	一等奖	中国广播电视学会
《春来大西北》	一等奖	中国广播电视学会

续表

节目名称	获奖名称	颁奖单位
《神农故里》	一等奖	中国广播电视学会
《辣椒面小贩收到美国订单》	二等奖	中国广播电视学会
《提前出来晒太阳的人》	二等奖	中国广播电视学会
《5元电影票价震全国》	三等奖	中国广播电视学会
《加入私协要自愿》	三等奖	中国广播电视学会
《亲人》	三等奖	中国广播电视学会
《时事二十分》	三等奖	中国广播电视学会
《禅捂》	三等奖	中国广播电视学会
《村官胡吉明》	三等奖	中国广播电视学会
《遗产的港湾》	优秀奖	中国广播电视学会
《啤酒市场呼唤理性竞争》	三等奖	中国广播电视学会
《当家人》	三等奖	中国广播电视学会
《村官胡吉明》	中华荟萃三等奖	中国广播电视学会
《为了一线生机》	中国广播电视一等奖	全国广播电视学会
《地下天空》	金鹰奖	金鹰奖组委会
《打棒球的孩子》	三等奖	广电总局、国务院新闻办公室
《诚言为人，注销篇》	一等奖	中国广播电视学会
《蜀风花园城破壳篇》	一等奖	中国广播电视学会
《是扶持还是干扰》	二等奖	中国广播电视学会
《成都旅游》	二等奖	中国广播电视学会
《长江上游生态调查》	二等奖	中国广播电视学会
《格桑花喜圆蓝天梦》	二等奖	全国少数民族委员会
《成都电信黄面号码篇》	二等奖	中国广播电视学会
《错误的诊断》	三等奖	中国广播电视学会
《动物园不是游乐园》	三等奖	中广学会
《质疑两份判决书》	三等奖	中国广播电视学会
《家园》	三等奖	中国广播电视学会
《绿色有机——北大荒现代农业》	三等奖	中央电视台海外中心
《塔里木的四川石油人》	三等奖	中国广播电视学会

续表

节目名称	获奖名称	颁奖单位
《丝路记事》	三等奖	中国广播电视学会
《公共道德标识篇》	三等奖	中国广播电视学会
《绿色象山》	优秀奖	中央电视台海外中心
《走进满洲里》	优秀奖	中央电视台海外中心
《目击：全球首例人工圈养大熊猫野外放生》	四川广电一等奖	四川新闻学会
《目击：全球首例人工圈养大熊猫野外放生》	中国广播电视三等奖	全国广播电视学会
《胜利属于我们》	特别奖	中宣部等
《今晚直说》	一等奖	四川新闻学会
《DNA迷案》	三等奖	中国广播电视学会
《离婚》	三等奖	中国广播电视学会
《迫在眉前的记者为权》	三等奖	中国广播电视学会
《蚂蚁致富是真是假》	三等奖	中国广播电视学会
《老哥、余东风》	三等奖	中国广播电视学会
《成都旅游（上篇）》	三等奖	中国广播电视学会
《三环路作证》	三等奖	中国广播电视学会
《一桩离奇的家庭纠纷》	三等奖	中国广播电视学会
《万众一心抗“非典”》	三等奖	中国广播电视学会
《没有方向盘，竟敢开汽车》	三等奖	中国广播电视学会
《目击——全球首例圈养大熊猫野外放养》	三等奖	中国广播电视学会
《成都是我家》	三等奖	中国广播电视学会
《胡大姐把傻子当亲人》	三等奖	中国广播电视学会
《成视新闻》	三等奖	中国广播电视学会
《成都电视台片头》	三等奖	中国广播电视学会
《成都电视台宣传片》	三等奖	中国广播电视学会
《2003中国成都》	三等奖	中国广播电视学会
《新闻综合频道宣传片》	三等奖	中国广播电视学会
《扶贫济困、情暖人间》	三等奖	中国广播电视学会

续表

节目名称	获奖名称	颁奖单位
《末路》	一等奖	四川新闻学会
《新闻编排》	一等奖	中国广播电视学会
《吾将上下而求索》	一等奖	中国广播电视学会
《是检验还是收钱》	一等奖	中国广播电视学会
《张礼忠的离奇遭遇》	一等奖	中国广播电视学会
《新闻背景》	一等奖	中国广播电视学会
《我们的鹊桥越来越短》	一等奖	中国广播电视学会
《好一个都江堰》	一等奖	中国广播电视学会
《秘境之旅》	一等奖	中国广播电视学会
《西电向东送》	一等奖	中国广播电视学会
《关于娟子的几个场景》	特别奖	中国广播电视学会
《光纤电视广告》	全国省会台广告联播一等奖	中国广告协会
《时代消费窗》	全国广电一等奖	中国广电学会
《走向太阳》	四川广电一等奖	四川新闻学会
《时代系列杂志》	四川广电一等奖	四川新闻学会
《抗战实地行》	四川广电一等奖	四川新闻学会

广播电视技术与网络

【广播电视技术应用与进步】

1990年以后，成都人民广播电台、成都电视台、成都经济电视台和成都有线电视台先后引进高新技术，更新设备，通过摄录、制作、播出设备数字化，提高节目制作、播出和传输质量。

成都人民广播电台。1993年，引进音乐制作、播控微机系统；购置1台10千瓦中波发射机，替代原1千瓦发射机，有效扩大覆盖半径。2000年，投资1860万元在城东琉璃乡皇经楼村建成新中波发射台，采用全新的高标准发射设备，实现计算机集中控制。2002年，投资700万元对音频工作站实施技术改造，建立音频自动播出系统的总控制室，音频自动播出计算机网络，直播和备用直播室，非线性数字音频制作编辑系统，停播、报警快慢录系统。实现节目制作、播出的网络化、数字化和计算机控制节目质量考评、审听、广告监播。

1993年，成都电视台（15频道）在采用一体化分量设备后又引进更为先进的D3系列数字设备。1994—1996年，先后投入3670万元，逐步实现设备更新换代：购置6讯道分量式大型转播车并配备全套转播设备；实现前后期制作设备从模拟到分量的转变；在120平方米演播厅和新闻部装备数字摄像机。1998年，引进英国宽泰(Quantel)公司生产的数字多层视频合成制作系统。1999年，完成新闻演播室和120平方米演播厅全数字化改造,使新闻节目的拍摄、制作、播出实现数字化。

成都经济电视台。建台时采用当时先进的松下摄录设备、美国犹他公司的播出切换台。2004年投入200余万元，购置SX录像机11台、DSR-1600P放像机6台、DSR-DR190D摄录一体机8台和DSR-390D摄录一体机6台；并投资500余万元，对大演播室进行技术改造。改造后，一套演播室设备可同时完成两个演播室的节目制作，支持三个演播室的调度与制作，大幅度地提高设备的使用效率，降低设备的总体投入成本。

2004年，广播电视数字化被列入成都市的重点工程。成都市广播电视局（台）全年投入4000余万元购置数字化设备，成都人民广播电台和成都电视台各频道摄、录、编播设备基本实现数字化。摄像机和编辑机数字化程度达到90%，播出设备全部硬盘化。

成都电视数字智能大厦。成都市广播电视局在20世纪末作出建设数字电视智能大厦（即成都电视台迁建工程）的决定。2002年4月16日，工程一期奠基开工。2005年12月31日，一期和一期附属工程正式投入使用。一期及辅助工程总投资3亿多元，建筑面积为4.2万平方米。其中，综合办公用房9000平方米，有办公位500个；技术、演播厅（室）、播控和制作机房1.3万平方米；有1200平方米演播厅1个，250平方米演播厅2个，150平方米演播厅3个，80平方米演播厅1个。

2005年如期完成，实现全台系统数字化、生产管理网络化，成为省会城市电视台及省级电视台中最先进的技术系统之一。特色是管理与业务并重、强化办公桌面终端多业务综合应用集成、多级网络安全区域划分和区域间的动态分布。

【广播电视有线网络建设】

1990年前后，成都区（市）县广播电视部门利用自身优势先后建立共用天线系统，向周边单位和居民传播广播电视。以此为基础，逐步形成传播网络。

中心城区有线网络。1992年1月，成都有线电视台审定通过《成都有线电视台总体规划和实施方案》和成都有线电视台技术传输方案，决定采用多路微波（MMDS）作传输，地面有线网入户。1992年初，成都有线电视台开展在青羊、成华两区局部地段联网试点工作。同年6月，成都有线电视台开始试播，大规模的网络建设随即展开。1993年3月，MMDS设备在蜀都发射台使用，加快网络发展速度。1995年，光纤干线网络工程开始实施。同年6月，成都有线电视台新建的总前端开通投入使用，传送21套电视节目。1995年7月，成都有线电视台与成都聚友实业发展有限公司签订合同，共同建设经营、开发成都有线电视网络。同年，省、市有线电视台和聚友公司共同组建成都有线电视网络发展有限责任公司(以下简称市网络公司)。到1998年3月，城区铺设主干光缆3000芯千米，覆盖用户56万户，入网用户35万多户。到2005年底，市网络公司在城区敷设光缆、电缆干线3492千米，用户47.9万户。

1998年以前，四川省网络公司在成都市范围区内主要针对大型企事业单位实施联网；1999年开始，建设用户分配网络。2001年10月，对武侯区网控股。到2005年，四川省网在成都市辖区内拥有用户20万户。在中心城区开始网络建设的同时，多层次建网的局面出现并不断扩大。到2005年底，区级网络用户46.95万户。

县乡有线网络。1991年8月，成都市广播电视局下发《关于切实加强有线电视管理的通知》，根据成都市的实际情况，提出贯彻《暂行办法》和《实施细则》的具体意见。各区（市）县广播电视局积极探索以场镇为中心的有线电视发展规律，推进乡镇有线电视网建设。1992年，全市建成乡镇有线电视站18个，用户近1万户。1994年，全市14个远郊区（市）县以县城为中心的有线电视网基本建成，随着城市建设的发展，用户增至10万户。1995年，已建成网络逐步向场镇周边村社延伸，使部分农村居民看到了有线电视。1997年开始，各区（市）县广播电视局陆续采用光纤技术对播出前端和网络进行改造，使之升级换代。1999年底，全市开通有线电视的乡镇284个。到2005年，全市乡镇都建起以场镇为中心的有线电视网络。

在以场镇为中心发展有线电视网的同时，“村村通广播电视”工程在丘陵和山区星罗棋布地建起小片有线电视网。这些小片网的逐步扩展，使农村有线电视得到迅速发展。

1998年6月，构建市中心向各区（市）县传送广播电视信号的光纤干线网络，实现全市大联网。工程于2000年6月完成。构成连通全市14个区（市）县的广播电视环形网络，全长553千米，投资近3000万元。

【有线电视网络整合】

2003年7月，四川省委办公厅、省政府办公厅印发《四川省有线广播电视网络整合方案》提出全省有线广播电视网络整合是省委、省政府的重要部署，要坚持行政推动、市场运作的原则，以资本为纽带，采取合并、收购、增资扩股等方式，实现“省网控股，分级管理”，从而建立起省、市、县三级网络统一运营体系。

2004年5月，中共成都市委十届常委会第32次会议批准成都市广播电视局提出《关于成都市有线广播电视网络整合工作有关情况的请示》，成立成都市有线广播电视网络整合工作领导小组，下设办公室。整合所需的资金，采取市场融资的方式解决。成都市委、市政府召开全市有线广播电视网络整合工作会议。7月，市政府批准同意组建成都市兴网传媒有限责任公司（以下简称兴网传媒公司）。该公司由成都电视台和都江堰市等19个区（市）县广播电视局（台）发起和承诺出资，成都电视台出资500万元注册建立，并实施整合工作。整合方案是省、市、区（市）县共同组建新的成都广播电视网络公司，统一成都地区省（指成都市区用户网络）、市、区（市）县三级网络，实现成都地区有线广播电视网络全城全网，互连互通，统一规划，统一建设，统一经营，统一管理的目标。8月，成都市有线广播电视网络整合工作省市联合办公室成立。9月，在锦江大礼堂召开成都市有线广播电视网络整合工作会议。会议由成都市有线广播电视网络整合工作领导小组副组长郝康理主持，省、市领导小组及其办公室领导，区（市）县整网工作小组组长、副组长，监察局局长、广电局局长等100余人到会。2004年6月，兴网传媒公司开始对各区（市）县有线广播电视网络资产进行审计评估。由招标确定的四川天华会计师事务所有限公司和中兴国际资产评估有限公司对全市各网络经营机构核资审计、资产评估，联合办公室及时成立核查小组，历时一个多月，出动150多人次，行程上千千米，现场核实网络资产的真实有效性，最终形成正式报告。

2005年3月底，整合工作进入网络经营机构股权或资产出资阶段。在此过程中，省、市领导小组多次召开各种会议，认真研究，妥善处理各区（市）县，各网络经营机构提出的具体问题，保证整合工作的顺利推进。4月，在双流县、都江堰市网络公司调整股权结构和工商变更的基础上，成都电视台再次注入资金2000万元，兴网传媒公司完成第一次工商变更手续，其注册资本为4200.93万元。7月，在各区（市）县（除青羊区外）网络经营机构完成出资工作的基础上，兴网传媒公司完成第二次工商变更登记，换发新的营业执照。其注册资本由4200.93万元增加到1.56亿元，兴网传媒公司拥有有线电视用户130万户。此次工商变更后，标志着兴网传媒公司基本完成远郊区（市）县有线广播电视网络整合工作。工作重点转为继续做好城区分公司组建，加强与省网公司的工作协调，以求尽快实现兴网传媒公司由省、市、区（市）县三级持股，完成全市网络整合工作任务。

【广播电视发射台】

蜀都发射台。于1988年筹建，1990年正式投入使用。该台位于蜀都大厦第34层上，发射塔离地面总高度140米，总建筑面积257平方米。其中，电视发射机房的面积为55平方米，调频广播发射机房的面积25平方米，电视调频广播监控机房的面积45平方米。1990年12月24日，新塔开始使用，成都电视台15频道10千瓦电视发射机试机成功。1991年12月，成都人民广播电10千瓦（91.4MHz）调频广播发射播出；次年8月，成都人民广播电台调频105.6MHz发射播出。1992年12月，成都经济电视台33频道10千瓦电视发射机也在该塔顺利发射。1993年3月，多路微波发射机安装到位，该塔又播出有线电视台的3套节目。1999年底，多路微波迁至龙泉山发射台。2005年2月，1千瓦地面数字移动电视在蜀都发射台发射试验成功。该台建成后，在发射机功率不变的情况下，广播覆盖半径60千米；成都电视台15频道覆盖半径40千米左右，比原设在林勘院的发射台发射范围扩大10千米。成都经济电视台（33频道）可覆盖全市及相邻的地、市、县部分地区。成都市除4个远郊县（市）部分地区外，其余区（市）县通过微波均可接收到成都有线电视台的节目。蜀都发射台1997年被评为全国广播电视技术维护评比竞赛先进台（站）；1998年和2004年，分别获四川省广播电视技术维护先进台（站）奖。

五〇四台。是成都人民广播电台1965年建成的中波广播发射台。台址位于西南民族大学后侧（现洗面桥横街29号），占地面积为6.7亩，建筑面积为167平方米，天线高度为62.5米，信号接收铁塔高约40米。发射地网埋设半径65米，占地面积13266平方米，设计覆盖半径为25千米。第一套节目频率792KHZ，发射功率10千瓦；第二套节目频率1485KHZ，发射功率1千瓦，天馈系统采用双频共塔发射方式。到20世纪90年代，发射塔被四周高楼阻挡，地网损毁殆尽，中波广播发射达不到技术要求，发射效率下降，影响收听质量和覆盖范围。1995年5月，成都市政府市长现场办公会议作出决定，选定在锦江区琉璃乡新建504发射台。市财政划拨资金1200万元，由市广播电视局负责实施。于1999年底竣工，2000年1月1日正式投入使用。新五〇四中波发射台，海拔高度504米，占地面积约51亩，天线为自立式铁塔，高度120米，发射频率792KHZ和1485KHZ，发射功率10千瓦，地网半径75米，占地面积1.53万平方米，设计播出覆盖半径45千米，发射播出质量大大提高。

1999年2月，成都市广播电视局（台）决定将在蜀都发射台的多路模拟微波系统搬迁到龙泉山，以提高传输容量和质量，得到省、市无线电管理委员会和四川省广播电影电视局的许可。1999 年 12 月，龙泉山多路数字微波发射台建成并开机试播。发射台自建机房 50 平方米，利用通信站山顶的消雷塔，经加固改造，安装发射天线和微波上行接收天线，所有电源（含备用电源）均由通信站提供。该发射台海拔高度 1034 米，发射塔高 65 米，发射机功率 50 瓦；天线增益 12dBi，垂直极化，180° 场型；覆盖范围为成都市行政区域，最大接收半径为 85 千米。

2005 年初，位于成都市猛追湾的四川省广播电视高塔主体工程基本完成。2005 年 3 月，成都人民广播电台文化休闲广播的节目使用调频 94.6MHz 在高塔开始试验播出，同时在高塔上进行试验播出的还有四川人民广播电台的 95.5MHz 和 101.7MHz。文化休闲广播高塔试播使用的发射机是 1 千瓦调频发射机。9 月，电台文化休闲节目正式开播，播出频率为 FM94.6MHz，发射机功率 5 千瓦，每天播出 19 个小时，呼号为“成都电台文化休闲频道 FM94.6 飞扬之声”。

广播电视学社团组织

【成都广播电视学会】

成都市广播电视学会成立于 1996 年 7 月，由成都市民政局注册登记为“学术性”社会团体，注册宗旨为“开展广播电视学术交流，促进广电事业发展”。学会下设广播宣传、电视宣传、广播电视节目、广播电视播音、广播电视技术、广播电视管理、广播电视广告、广播电视财经、广播电视行政管理等 9 个专业委员会。

从 1996 年起，该学会连续 10 年主持成都市广播电视节目的优秀作品选评工作。通过区（市）县广播电视媒体推荐、市评委会评定、专家把关，评出各类优秀作品。10 年间，向全国和省级推荐的优秀作品，有《说说我们的村支书》《飞越春秋》等 9 件作品荣获全国最高奖次的“特别奖”；《抢救野生大熊猫》《川妹子》《背篼电影院》《春来大西部》等 19 件作品，获得国家政府一等奖；600 多件作品获四川省政府奖。其中，电视新闻纪录片《空山》（1998 年）与《平衡》（2001 年），还多次获得英、法等国颁授的国际大奖，并被复旦大学、浙江大学、厦门大学等高校列为新闻专业课教材。

学会以短期集中授课研讨和长期“空中课堂”的网络授课方式，对全市广播电视从业人员进行培训。1998 年，“空中课堂”入学人员即达 593 名，经过 8 个月的培训，95% 的学员均考试合格，获得国家广播电影电视总局授予的“上岗证”。进入 21 世纪以后，该协会又组织 800 余人次，参加全国、省、市举行的有关理论培训班和研讨会，提交论文 40 多篇，并举办 6 期业务人员培训班，参训学员达 220 余人。10 年间，该学会评选新闻优秀作品上千件，培训专业人员上千名。

经国家广播电视总局和民政部批准，2004 年 10 月，中国广播电视学会更名为中国广播电视协会。据此，成都市广播电视学会于 2004 年 11 月，向成都市民政局提交《关于申请成都市广播电视学会换届及更名的报告》。但由于成都市广播电视局和电台、电视台按照市政府部署，进行机构调整，学会更名、换届工作暂缓。

【四川省广播电视学会】

四川省广播电视学会是全省性的广播电视学术团体，建立于 1987 年 4 月，宗旨是以学术研究为中心，围绕广播电视中心工作开展各项有益的社会活动，为实际工作服务，为领导决策服务，为事业的改革发展服务。该学会属中国广播电视学会单位会员，并接受四川省广播电视厅(局)和四川省民政厅指导管理。学会先后设有“广播电视发展战略”“广播电视学”“播音与主持”“企业有线电视”等专业研究委员会。学会曾协同国家广播电影电视部、中国广播电视学会编撰《中国广播电视学》《乡镇广播电视指南》等专著。

从学会成立至2005年，有19部(件)学术专著、论文获历届全国广播电视学术专著、论文奖，中国新闻奖和四川省哲学社会科学优秀成果奖。其中，专著《媒体竞争论》，论文《入世后四川广播电视业的现状、问题、对策》《广播电视不能商业化的五个内容》获全国一等奖。学会指导送评的全省广播电视节目有300余件获国家级政府奖。其中，《副省长蒲海清冲上灭火最前沿》（1990年）、《白塔下的种菇人》（1991年）、《三峡飞出“领头雁”》（1993年）、《铁山下的山妹子》（1994年）、《“天歌”“天河”天壤之别的启示》（1995年）、《“发票”期待透明》（2002年）、《成长的烦恼》（2005年）等多项广播电视作品均获全国一等奖。

学会成立18年，在省级以上期刊发表学术论文109件：出版著述25部；举办全省性的学术理论研讨会和业务研修班36次，参加的业务骨干6800多人：承担的全国和省级学术课题12个，其中2005年结项的《适应中国经济和政治利益的战略选择——广播电视划分公益性事业与经营性产业研究》一书已由中国广播电视出版社出版发行。

该学会先后6次被四川省社科联授予“先进学会”称号(每两年评选一次)。2004年11月，经国家广电总局批准，由中国广播电视学会授予学会秘书长杨飚全国“十佳”广播电视理论工作者称号。

【成都电影电视艺术家协会】

1988年，成立成都市电影电视艺术家协会，系成都市文联直属单位，由四川大学教授朱玛担任首届协会主席。随着成都市电视事业的快速发展，1992年12月，协会举行第二届会员代表大会，推选成都电视台副台长罗禄伦为主席。会员分团体会员和个人会员，团体会员有成都市话剧团、电影公司、电视台、经济电视台、有线电视台5个。会费由团体会员单位成都电视台、成都经济电视台、成都有线电视台每年各提供1万元，共计3万元团体会费。会员由不足100人增加到200余人。办公地址从市文联移至成都电视台（双林路99号）。1997年12月，该协会进行换届，经市文联批准该协会更名为“成都市电视电影家协会”；同时根据市文联党组“精简层次，提高工作效率”的要求，对协会章程作适应新形势的修改：由会员直接选举理事会，理事会推选主席；罗禄伦续任第三届主席，会员增加为260余人。2000年6月，根据民政部关于社团工作的相关规定，协会变更为法人团体。

1991年后，协会持续开展多项大型学术性研讨活动，先后举办钱滨短剧，梁碧波、彭辉纪录片研讨会。2003年，该协会与成都电视台经济频道联合举办“中美国际纪录片学术研讨会”，邀请美国媒体集团的11位专家，与四川、重庆等地电视传媒机构及四川大学影视、新闻专业师生等近百人，观摩20余部世界电视纪录片精品，与美国电视同行展开面对面研讨。与会者反映收获很大，普遍认为这是一次真正意义上的国际新闻学术交流。

2004年2月，协会就换届更名等重大事

项达成共识：向成都市文联党组提出申请，将协会名称更名为“成都市电视家协会”；理事由各团体会员单位推荐产生，各区（市）县广电部门也推荐理事1名，使该届理事总数达80余人。但由于市广电局机构调整，协会换届工作至2005年底仍未进行。

【四川省电视艺术家协会】

四川省电视艺术家协会（简称四川省视协），是四川省电视艺术家自愿组成的群众性专业团体，受四川省文学艺术界联合会和中国电视艺术家协会的双重领导，并接受四川省广电厅（局）指导。该协会成立于1987年4月，设有书刊编辑部、电视制作部、理论研究部等职能部门。至1989年，分期分批发展会员600多人。到2005年末，该协会发展会员1065人，团体会员计25家。

1990—2005年，该协会的中心任务是与人民同心、与时代同步，不断创新理念，促进电视艺术多出精品，多出人才。

20世纪90年代，四川省视协曾与中国视协、中央电视台等合作，召开“全国电视理论”“纪实性电视剧”“全国儿童电视剧”“电视剧创新意识”等专题研讨会。进入21世纪后，又在全国首次举办“邓小平理论与中国电视的发展”（2004年）及“全国未成年人电视节目”（2005年）的学术性研讨会。

该协会多年持续的研讨成果均用以指导全省各电视台、社会电视制作单位的业务。对各单位的电视新作，协会以“专家论证会”“作品研讨会”为之把脉、宣传或推荐。如《远滩》《高路入云》《芙蓉花仙》《变脸》《飞跃四川》《峨眉藏猕猴》等作品，都是由该协会在评论推荐与宣传中推出，在社会上产生较大的影响。为传播研究成果，协会大力办好会刊《西部电视》（出刊98期，约1176万字），并出版《电视专题解说集萃》《纪实电视剧》《结缘电视》《走向辉煌》等电视专著。在开展“推精品、出人才”的工作中，从国家1998年开办中国电视“金鹰奖”起，该协会推荐四川电视艺术节目189部，其中《朱德元帅》《尘埃落定》《百年巴金》《白羽毛飘起来》等49部作品获得该奖项。四川省视协推荐参评全国的“百佳”电视艺术工作者中，王海兵等14名获领殊荣，卢子贵等4人获全国“老百佳”电视艺术工作者称号。

该协会曾荣获中国电视艺术家协会颁发的“最佳视协组织”奖。

出版事业

综 述

成都是雕版印刷的发祥地。唐至两宋时期，是全国的出版中心。明清两代是全国图书主要集散地。抗日战争期间是大后方出版基地，为宣传群众、动员群众，组织全民抗战发挥重要作用。中华人民共和国成立后，特别是1978年中共十一届三中全会后，成都地区新闻出版业锐意改革，发展迅速，成为全国新闻出版业最发达地区之一。

书报刊出版方面，1990年，成都市内有图书出版社18家，音像出版社6家，为全国出版社较多的省会城市。其中，图书出版社由省级部门主办主管的11家，大学主办主管的5家，成都市新闻出版局主办主管的2家（即成都出版社和蜀蓉棋艺出版社）。18家图书出版社共出书2664种、1.14亿册，定价金额2.5亿元。新闻出版总署对全国出版机构进行调整。1996年，成都出版社由于管理松散，出版有内容不健康甚至有政治性错误的图书，致使出版社被撤销。至2005年，成都市区内共有图书出版社16家，音像出版社7家。图书出版社中，省属11家，大学出版社4家，成都市属出版社1家（即成都时代出版社），仍是全国出版社最多的省会城市。全年共出书4716种（其中新出2859种）、2.39亿册（张），定价总金额6.23亿元。出书种数居全国各省、市、自治区第九位，数量居第七位，与北京、上海、广州并称中国四大出版基地。1990—2005年，在全国性的国家图书奖、中国图书奖、中宣部“五个一工程奖”评选活动中，有55种图书获奖，其内容覆盖政治、经济、文化、社会各个领域。

印刷业方面，1990年，成都市有印刷企业1000余家。至2005年，全市印刷企业发展到2330家，并涌现出一批产值上千万元的大型印刷企业。全市印刷工业产值30亿元，其中5家产值过亿元。随着印刷高科技不断发展，许多印刷企业引进具有国际先进水平的印制设备，成都市新闻出版局着手创建中国成都西部印务产业园地，通过园区建设带动全市印刷业及相关产业发展，把印刷业培育为都市型文化支柱产业。成都成为四川省书刊印刷中心和全国书刊印刷的重要基地。

出版物发行方面，1990年以后，成都出版物发行进行一系列体制改革，国有图书发行企业通过资产重组，组建集团公司，新华书店自身发行网点逐年递增，实施连锁经营的现代业态。1998年和2003年，相继建成特大型图书商城——西南书城、成都购书中心和天府书城。民营图书发行业迈向正规化、规模化。城市和农村出版物发行市场呈现一派兴旺景象，品种由书报刊发行向包括电子出版物在内的多样化发展。至2005年，成都市拥有市属二级批发书店49家，零售书刊经营户近2000家，销售书报刊的邮亭、多媒体信息亭等260多家，电子出版物经营商家300多户，形成遍布城乡的销售体系。2005年，全市图书发行产值12.9亿元。成都的出版物发行量在全国特大城市中位居前列，成为全国主要的出版物集散中心之一。

版权保护方面，1991年，成都市增设市版权局，与市新闻出版局合署办公，版权保护工作日益加强。全市新闻出版单位坚持版权工作为“第一要务”服务的思路，开创为先进文化和先进生产力服务、促进经济和科学文化事业发展的新领域。通过在经济开发区建立版权工作站、为传统工艺产业提供版权服务、为外来投资商提供知识产权保护等手段，促进产业的发展。成都市加大“扫黄”“打非”工作的力度，有力地打击非法出版活动，净化出版物市场。

图书出版

【蜀蓉棋艺出版社】

蜀蓉棋艺出版社于1985年6月在《成都棋苑》杂志社基础上组建。主办单位为四川省体委（后变更为四川省体育局），由成都市新闻出版局主管，是国内唯一的专业棋牌图书出版社。社址原在成都市青龙巷9号，1995年迁至二道桥街72号。2001年6月，更名为成都时代出版社。

蜀蓉棋艺出版社出版的棋牌类图书题材新颖，兼顾普及与提高，实现棋技与棋文化结合。1990年，创办全国唯一一家国际象棋专业技术刊物——《中国国际象棋》（双月刊），被中央十大报刊体育记者评为1990年国际象棋十大新闻之一；编辑出版中国第一本《中国象棋年鉴》。1997年，出版全国唯一一本被纳入国家九五重点图书规划的象棋图书——《中国象棋谱大全》。至2000年，共出版图书856种，其中再版403种。出版较有影响的棋牌书，如《象棋纵横谈》《“象棋走向世界”丛书》《敦煌写本棋经鉴证》《“围棋超一流棋手”丛书》《桥牌在中国》《李昌镐中局妙手》《国际象棋中国学派》等。其中《围棋实战技巧手册》《围棋与三十六计》《象棋残局新论》《围棋实践指南》《桥牌攻防经解》《象棋残局大全》《象棋教材》《刘小光百战百局》《围棋思维技巧》《围棋新锐冲击强手风云录》等获得全国优秀图书“金钥匙奖”、四川省优秀图书奖。蜀蓉棋艺出版社注重为农村读者服务，为《中国农村文库》提供有《象棋入门》《围棋入门》两种畅销书。开展版权贸易和对外交流合作，从日本、美国等引进图书版权，出版《常用桥牌词典》《实用桥牌手册》等书；与中国象棋协会、成都市对外文化交流协会联合主办9个国家和地区参加的“象棋文化国际研讨会暨象棋名人国际邀请赛”。

【成都时代出版社】

2001年6月，国家新闻出版总署批准蜀蓉棋艺出版社更名为成都时代出版社，8月正式挂牌，是成都唯一的市属出版社。主管单位为成都市委宣传部，主办单位为成都市新闻出版局。2002年8月，主管、主办单位变更为成都日报报业集团。社址为成都市庆云南街19号。

成都时代出版社还有《天府成都》《天府旅游》杂志。至2005年底，成都时代出版社共出版图书625种，共计单本品种897种（其中含再版品种157种），总印数485.93万册，定价总金额9288.92万元。

成都时代出版社为“全国城市出版社联盟”17个成员之一，立足城市出版社职能，出版大批为成都经济社会发展、文化建设服务的图书，如《阅读成都》《成都印象》《“北纬30° 发现成都”丛书》《“天下成都”丛书》《“成都辐射走天府”丛书》《地上成都》《地下成都》《人文成都》《成都历史》《成都地理》《成都通览》《百年沧桑 成都巨变》《传统魅力》《成都指南》《活力城市 创业之都》和《都江堰风景名胜区志》《成都别墅列传》《成都物流》《成都旧闻》《成都市抗非典抓发展纪实摄影作品选》《成都市公众办事指南》《2005成都文化产业发展报告（蓝皮书）》《成都街名指南》等。

政治理论及时事教育类图书出版有《论邓小平法治思想》《成都市纪念建党80周年论文集》《抗战风云录》《一个香巴拉人的长征——聚焦王顺友》等。服务“三农”类的图书有《务工必读》《农村常用政策与法规简明教程》《四川退耕还林100例》《中国农家乐》等。职教类图书有《“高职对口升学3+x考试复习指导”丛书》《“国家计算机职业资格与技能培训”系列教材》《电脑随身速查》系列等。棋牌类图书有《本因坊秀哉全集》《坂田荣男围棋全集》《象棋、围棋、桥牌入门》等。综合类文史读物有《白话九章算术》《大学图典》《园林美学》《大学美术》《西南区邮票研究》《中国历代赋酒诗鉴赏》《苏昭二胡教程》等。其中，《地下成都》《围棋规划新论》等图书获四川省以上优秀图书奖。《古典音乐小百科》等15种图书获全国城市出版社优秀图书奖。《温州回忆》一书在参加由上海市新闻出版局组织的“中国最美的书”评选中，获得“2005年中国最美的书”称号。

【成都地图出版社】

成都地图出版社于1985年6月成立，由四川省测绘局主办，四川省新闻出版局主管。社址为成都市龙泉驿建设路1号。该社是西南地区唯一一家从事多种地图编辑出版的专业出版社，主要出版全国各省、市、自治区政区图（册、集）、交通图（册、集）以及相关的科技类图书。2005年底，成都地图出版社有职工310人，其中具有中级以上专业技术职务的有116人。

成都地图出版社1990年以后出版的重要图书有《中华人民共和国分省地图集》《世界知识地图集》《四川省地图集》《河南省通用地图册》《辽宁省实用地图册》《贵州省实用地图册》《成都市旅游交通图》《中国交通旅游图册》《四川省国土志》《四川省地震检测志》《遥感、地图、地理信息系统在资源环境研究中的应用》等。

成都地图出版社出版的《少儿中国·世界地图》《中国交通图集》《西部地区县（市）挂图工程》《认识世界系列丛书》《成都市城区详图》《四川省企业地图集》《沪宁杭交通旅游图》等，分别获得全国优秀科普作品奖、全国优秀地图作品奖、中国西部地区优秀科技图书奖、四川省优秀图书奖。

成都地图出版社1998年实现地图绘制出版的全计算机化，彻底告别手工刻图时代。2003年，对网络地图的研究获得成功。2005年，GPS在地图产品中的开发与应用获得成功。除出版传统的纸质出版物外，还推出灯箱地图、光盘地图、多媒体地图、网络地图等光学出版物和电子出版物以及地球仪系列、纺织品地图、陶瓷地图等其他形式的出版物。

【成都出版社】

成都出版社为成都市政府主办主管的城市综合性出版社。1988年12月15日成立，主要出版适应当地需要的政治、经济、教育、文史、旅游、地方风物、对外宣传等方面的图书。年出书130余种。出版有《世界历史通俗演义》《中国抗日战争史料丛书》《成都解放四十年》《熊猫故乡行》《当代名家杂文系列》等图书。其中，1993年出版的《成都城市史》是第一部比较完整的成都城市史，另有近100种图书获省以上各类图书奖。1996年6月被国家新闻出版署下令撤销。

附：省级出版集团及出版社

四川出版集团。经四川省委、省政府同意，中央宣传部、国家新闻出版总署批准组建的以出版为主业、兼营相关产业的国有大型出版集团。于2003年12月成立，由四川省委宣传部领导，四川省新闻出版局实行行业管理。四川出版集团实行党委领导下的管委会负责制。党委负责集团党的建设、思想政治工作、领导班子建设、改任建设，负责研究决定集团的发展规划、重大决策和重要人士任免；管委会是集团的行政领导机构，负责管理成员单位的出版及经营活动，管委会主任为集团的法人代表。四川出版集团对成员单位的人事、财务、整体出版规划、重大投资项目及重大经营活动等实行统一管理，对印刷、物资供应、发行逐步向统一管理过渡。成员单位在一般生产经营、内部人员聘用和管理、具体分配办法方面具有相对独立的权力。四川出版集团2005年出版图书4046种（其中租型424种），出版电子出版物101种、音像制品73种，总印数2.4亿册，定价总金额15.68亿元。

四川出版集团主管、主办报纸、期刊13种，即《读者报》《四川画报》《龙门阵》《格调》《大自然探索》《红领巾》《顽皮娃娃》《中学生读写》《小学生生活》《教育科学论坛》《时代英语》《视听技术》《新潮》。四川出版集团由本部和17个成员单位组成。成员单位包括10家图书出版社、1家电子音像出版机构、1家报刊社及5家经营性企业，即四川人民出版社、四川教育出版社、四川少年儿童出版社、四川民族出版社、四川科学技术出版社、四川美术出版社、四川文艺出版社、四川辞书出版社、巴蜀书社、天地出版社、四川电子音像出版中心、四川画报社、四川出版集团公司、四川新华印刷厂、四川省印刷物资公司、四川上瑞教育图书有限公司和四川恒熙物业管理有限公司。

四川人民出版社。成立于1952年9月，社址在成都市槐树街2号，是一家以出版社会科学类图书为主的地方出版社，出书范围涉及政治、经济、哲学、历史、法律、文化、旅游及工具书、教材等领域，另编辑出版具有地方特色的省级优秀期刊《龙门阵》及《西部旅游》(2005年移交四川党建期刊主管主办）。至2005年，该社有职工110人，其中编辑人员52人。四川人民出版社年均出书400种、500万册左右。1990年以后出版的《中国的妇女人权》《读懂毛泽东》《英藏敦煌文化》《中国道教史》《中国民族发饰》《中国反贪史》《邓小平画传》等，分别获全国精神文明建设“五个一工程奖”图书奖、国家图书奖、中国图书奖。

四川民族出版社。四川民族出版社成立于1953年7月，社址成都市三洞桥路12号，是西南地区最早成立的一家综合性民族出版社，用汉、藏、彝三种文字出版各类图书，内容涉及民族学、人类学、语言学、文学、历史、教育、民族文化古籍、科学普及等门类，办有期刊《格调》。至2005年，有职工78人，编辑人员41人。四川民族出版社是全国唯一一家用规范彝文系统出版彝文图书的机构，肩负着用彝文编辑出版党和国家政策、法律法规等重要文献的职责。党的全国代表大会和全国人大、政协两会召开时，与中央少数民族译文翻译局配合，出版有关会议文献。还出版一批在彝族文化史上有创新和开拓意义上的彝文书籍。四川民族出版社年均出书500余种。1990年以后出版的《中国少数民族古籍集成》《藏传历算大全》《德格印经院藏传木刻版画集》《彝文典籍目录》《苗族史》等，分别获国家图书奖、中国图书奖。

四川教育出版社。四川教育出版社成立于1983年8月，社址为成都市槐树街2号，是中国西部颇具实力的专业出版社。至2005年，有职工92人，其中编辑人员53人。四川教育出版社主要出版中小学教材，各级各类职业教育及大中专、成人教育教材，教学辅导读物，教师教学参考用书，教育理论、科学文化学术著作和普及读物。另编辑出版期刊《教学科学论坛》和《小学生生活》。四川教育出版社年均出书500余种，年销售收入超过1亿元。1990年以后出版的《数学教育丛书》《华夏文明探秘丛书》《中国社会可持续发展》《纳米科技现在与未来》《校本行动研究》等书获中国图书奖。

四川少年儿童出版社。四川少年儿童出版社成立于1980年10月，社址为成都市槐树街2号，是一家专业少儿出版社。至2005年，有职工67人，其中编辑人员32人。四川少年儿童出版社主要为少年儿童出版思想品德、文学艺术、科普知识、素质教育、低幼启蒙、教辅读物、卡通漫画等各类图书和电子音像出版物，办有《顽皮娃娃》《红领巾》《中学生读写》3种期刊。四川少年儿童出版社年均出书400～500种。“十五”期间在全国专业少儿出版社综合竞争力评估中被评为第二位，连续3次获新闻出版署“良好出版社”称号。1990年以后出版的《爱心与教育》《中国儿童生存、保护和发展书系》《少年儿童非典预防手册》《足球小子》《小作家丛书》《赏识你的孩子》等，分别获全国精神文明“五个一工程奖”图书奖、国家图书奖、中国图书奖。

四川科学技术出版社。四川科学技术出版社成立于1982年12月，社址为成都市三洞桥路12号，是一家综合性的地方科技出版社。至2005年，有职工68人，其中编辑人员40人。四川科学技术出版社主要出版各类科技读物，所出版的传统医学类、科普类、“三农”类、科幻类、餐饮类图书及医学、理工类工具书籍尤具特色，办有《大自然探索》《视听技术》两种期刊。四川科学技术出版社年均出书300余种。在版权贸易方面，先后引进国外及中国台湾、香港地区图书版权100多种，该社出版的50余种图书被美国、日本等国和中国香港、台湾地区购买版权。1990年以后出版的《中国立体农业概论》获中国图书奖，《大自然探索》杂志被评为国家期刊奖“百种重点科技期刊”。

四川美术出版社。四川美术出版社成立于1984年9月，社址为成都市三洞桥路12号，是西南地区唯一一家专业美术出版社。至2005年，有职工55人，其中编辑人员35人。四川美术出版社主要出版传统绘画、书法、艺术论著、美术技法、连环画、摄影画册、少儿读物、卡通动漫等美术及少儿读物。四川美术出版社年均出书100余种。1990年以后出版的《敬爱的元帅》获全国年画一等奖，《巴蜀情》获全国精神文明建设“五个一工程奖”图书奖。《中泰艺术作品集》（与泰国合作出版）、《老师慕容》《花狗探长皮里斯系列》被新闻出版署列入“2005年向全国青少年推荐的百种优秀读物”。

四川文艺出版社。四川文艺出版社成立于1984年9月，社址为成都市槐树街2号，是一家专业文艺出版社。至2005年，有职工71人，其中编辑人员26人。出书范围包括小说、诗歌、散文、报告文学、人物传记、文艺理论和文艺评论等。年出书100余种。1990年以后出版的《金斯伯格诗选》获全国优秀外国文学图书奖，《中外名篇名作快读文库》获全国优秀畅销书奖。

四川辞书出版社。四川辞书出版社成立于1985年6月，社址为成都市三洞桥12号，至2005年，有职工42人，其中编辑人员19人。四川辞书出版社以出版各种门类的工具书和有关辞书编撰的著作为主，尤以出版诗词类工具书和字形字典类工具书见长。四川辞书出版社年均出书100多种。1990年出齐的《汉族大字典》是中国文化建设的重点工程，汉族语言文字史上的里程碑，结束中华人民共和国“大国家、小字典”的局面，被誉为共和国的《康熙字典》。《甲骨文字典》《中华小百科全书》《汉语成语词典》《古代汉语词典》《学生规范字典》等一大批图书深受读者喜爱，多本书获国家图书奖国家辞书奖等奖项。

巴蜀书社。巴蜀书社成立于1983年8月，社址为成都市槐树街2号。至2005年，有职工42人，其中编辑人员19人。是以整理出版中国古代文化典籍为主的专业古籍出版社，年均出书100余种。1990年以后出版的《韩诗外传笺疏 》《三国志校笺》《宋代郡守通考》等，分别获国家图书奖提名奖、中国图书奖；所出中国古典文献学研究丛书、儒道释博士论文丛书等，在海内外学术界颇有影响。

天地出版社。天地出版社成立于1995年12月，社址为成都市三洞桥12号。至2005年，有职工29人，其中编辑人员22人。是以出版知识性、实用性、大众性图书为主的综合出版社，主要出版文化、文艺、教育、财经等社会科学读物、农村读物和科学普及读物等，另编辑出版期刊《时代英记》。天地出版社年均出书300余种。所出《农民工进城务工指南》《中国农村文库》等服务“三农”的图书，被誉为真正让农民“买得起，读得懂，用得上”的图书。出版的图书入选中央宣传部“万村书库工程”的品种数位列全国出版社的前10位。2004年，被新闻出版总署评为“全国服务‘三农’图书出版发行先进单位”。出版的《中国农村文库》获国家图书奖提名奖，《楼兰汉文简纸文书集成》《杨升庵丛书》获全国优秀古籍整理图书奖。

附：大学出版社

1990—2000年，成都地区有5家大学出版社，即四川大学出版社、成都科技大学出版社、西南交通大学出版社、西南财经大学出版社、电子科技大学出版社。2000年3月，原四川大学出版社与原成都科技大学出版社合并成新的四川大学出版社，成都地区大学出版社变为4家。

四川大学出版社。四川大学出版社是教育部主管、四川大学主办的综合大学出版社。其前身是成立于1985年1月的原四川大学出版社和成立于1985年8月的原成都科技大学出版社。2000年3月，随四川大学与成都科技大学两校合并而并为新的四川大学出版社。2001年3月，原华西医科大学编辑室亦并入四川大学出版社。社址为成都市科华北路。所出图书涉及马列主义、毛泽东思想、哲学、政治、法律、经济、文化、教育、体育、语言、文字、文学、艺术、数理科学和化学、生物科学、医药、卫生、农业科学、工业技术、交通运输、环境科学等各个门类。1990—1999年，原四川大学出版社出版各类图书2000种；2000—2005年，新的四川大学出版社出版各类图书1947种。四川大学出版社1990年以后所出重要图书有《20世纪中国考古大发现》《清代四川史》《中国古钱目录》《实用新闻学基础》《国际贸易概论》《柯召文集》《西藏泥石流与环境》等。四川大学出版社有多种图书获全国和省级奖项。其中,《非线性经济学的理论方法》《中国城市史纲》《宋文纪事》《韩愈全集校论》获中国图书奖,《韩愈全集校论》获全国古籍图书一等奖,《实用DOS技术》获全国优秀科技畅销书奖。四川大学出版社还与美国、英国、法国、韩国、日本等国及中国香港、台湾地区进行版权贸易。

西南交通大学出版社。西南交通大学出版社成立于1985年8月，原由铁道部主管，后改由教育部主管，西南交通大学主办，是四川省第二家同时拥有纸质、电子、音像三项出版权的出版社。西南交通大学出版社面向全国各类高校（含专科、高职、成教、远程教育）、中专、职业技术学院及全社会，出版以工业、经济、管理、文科为主的各类教材、教学参考书、学术专著、科著读物、工具书等，同时配合本版图书出版音像制品和电子出版物。1990—2005年，共出版图书2000多种，其中学术专著和散材占80%，有250多种图书获全国及省级奖。西南交通大学出版社依托本校的学科和专业优势，坚持“大土木、大交通”的专业特色。在“大土木”方面，出版有《高速岩质滑动力学》《高速铁路土木段》等优秀学术专著和“高等学校土木工程专业系列”教材。在“大交通”方面，出版有《高速电气化铁路接触网》《铁路交通运输系列》《飞行技术与空中交通管理系列》等优秀学术专著和教材。国家十五规划重点图书《唐山大地震与建筑抗震》是集历史性、科技性、系统性于一体的大型文献图书,《三峡古典场镇》则以多视角研究长江三峡地区的古典场镇及乡土建筑。

西南财经大学出版社。西南财经大学出版社成立于1985年10月，由西南财经大学主办，2002年2月以前由中国人民银行主管，2000年2月起由教育部主管，是中国西部唯一的一家财经专业出版社。2005年有职工80人，其中编辑36人。主要出版财经类教材、教学参考书、其他教学用书及有关学术著作。出版的重要图书有《现代企业制度化》《资本经营》《中华人民共和国人民币大全》《政治经济学原理》《国际金融学》《海上保险》《会计学》《经济法》等。1990—2005年出版各类图书1800余种，其中教材占50%，学术著作占25%，有200多种图书获全国和省级奖励。《现代企业制度论》获全国精神文明建设“五个一工程奖”图书奖,《资本经营》获中国图书奖。1993年被中国人民银行总行评为教育工作先进单位；1995年被原国家教委评为全国先进高校出版社。1994—2000年连续6年3届被原国家新闻出版署评为“良好出版社”。

电子科技大学出版社。电子科技大学出版社成立于1985年5月，由电子科技大学主办主管（原由机械电子工业部主管），社址为成都市建设北路二段4号。主要出版电子科技类、计算机类、通信类、理工科类、外语类图书，尤其是计算机类图书规模居全国前列。在国家电子信息类大中专规划教材建设中，出版的“七五”“八五”“九五”“十五”“十一五”国家规划教材达220种，并在此基础上对研究生和本科、大专、中专的计算机、电子技术、通信工程、电子工程等教材系列进行补缺，配套出版70余种图书，形成鲜明的专业特色。电子科技大学出版社出版的重要图书有《微机网络使用教程》《电脑应用百科大全》《计算机基础及应用技术》《最新MS-DOS通信教程》《计算机网络基础》《Access数据库程序涉及精讲精练》等。1990—2005年，出版各类图书4100余种。其中,《传感器原理与应用基础》《软件技术基础》《数字传真通信》等200余种图书获全国和省级奖。

成都科技大学出版社。成都科技大学出版社成立于1985年8月，由国家教委主管，成都科技大学主办。2000年3月，与原四川大学出版社合并为新的四川大学出版社后，该社原名不再使用。成都科技大学出版社出书范围为本校设置的学科专业课程所需的教材、教学参考书、教学工具书、学术著作、译著、通俗政治理论等。1990—1999年，成都科技大学出版社出版图书2000余种。其中，有重要影响的图书有《三峡工程与移民》《长江中下游江岸防护林建设研究》《化工原理》《近代科学技术的原子分子辐射理论》《硼化合物生产与应用》《下泥盆纪的动态地层学和生态地质学》等，《土抗震试验与分析》《岩石力学论文集》《合成纤维性原理与分化》《工程专家系统技术及其应用》《噪声与振动控制技术口径应用指南》《贡嘎山高山生态环境研究》等书获省级以上优秀图书奖。

【获奖图书】

国家图书奖、中国图书奖和精神文明建设“五个一工程奖”图书奖是中国图书“三大奖”。国家图书奖是图书评奖中的最高奖励，由国家新闻出版署于1992年决定设立。每两年评定一次，每次奖额30个，另设提名奖50个。中国图书奖是由中宣部和新闻出版署领导，中国出版工作者协会主办、中国图书评论学会承办的全国性图书奖，是国家级综合图书奖之一。精神文明建设“五个一工程奖”是由中央宣传部组织的精神文明建设产品评选活动，自1992年起每年进行一次，入选图书理论文章必为精品佳作。

1993—2004年，成都地区各出版社在历届图书“三大奖”中共有55种图书获奖。其中，获国家图书奖的15种，中国图书奖的35种，中宣部“五个一工程奖”的5种。

1993年—2003年成都地区各出版社获“国家图书奖”书目情况表

表5-178

书名	届次	获奖等级	出版单位	年份
《汉语大字典》	第一届	图书奖	四川辞书出版社	1993
《英藏敦煌文献——汉文佛经以外部分》	第一届	图书奖	四川人民出版社	1993
《中国伊斯兰百科全书》	第二届	图书奖	四川辞书出版社	1995
《中国农村文库》（100册）	第二届	提名奖	四川21家出版社	1995
《韩诗外传笺疏》	第三届	图书奖	巴蜀书社	1997
《藏传历算学大全》（5卷）	第四届	图书奖	四川民族出版社	1999
《安岳石窟艺术》	第四届	提名奖	四川人民出版社	1999
《彝语大辞典》	第四届	提名奖	四川民族出版社	1999
《显密文库》（1~5卷）	第五届	图书奖	四川民族出版社	2001
《彝族尔比词典》	第五届	提名奖	四川民族出版社	2001
《三国志校笺》	第六届	图书奖	巴蜀书社	2003
《中国少数民族古籍集成》（100册）	第六届	荣誉奖	四川民族出版社	2003
《中国美学的文脉历程》	第六届	提名奖	四川人民出版社	2003
《〈诗经〉语文论集》	第六届	提名奖	四川民族出版社	2003
《少年儿童非典预防手册》	第六届	提名奖	四川少年儿童出版社	2003

1990年—2004年成都地区各出版社获“中国图书奖”书目情况表

表5-179

书名	届次	获奖等级	出版单位	年份
《未来军官学校》（22本）	第四届	二等奖	四川少年儿童出版社	1990
《唐诗纪事校笺》（上、下）	第四届	二等奖	巴蜀书社	1990
《甲骨文字典》	第四届	二等奖	四川辞书出版社	1990
《隋唐五代燕乐杂言歌辞集》	第五届	荣誉奖	巴蜀书社	1991
《英藏敦煌文献——汉文佛经以外部分》	第五届	一等奖	四川人民出版社	1991
《齿轮传动系统现代测试方法与装置》	第五届	二等奖	四川科学技术出版社	1991
《中国灭火队》	第六届	一等奖	四川人民出版社	1992
《科技兴农适用技术丛书》	第六届	二等奖	四川科学技术出版社	1992
《全宋文》	第六届	二等奖	巴蜀书社	1992
《苗族史》	第七届		四川民族出版社	1993
《最新发掘唐宋歌曲》	第七届		四川人民出版	1993
《少男少女丛书》（6册）	第七届		四川少年儿童出版社	1993
《三星堆文化》	第八届		四川人民出版社	1994
《非线性经济学的理论与方法》	第八届		四川大学出版社	1994
《世界历史通俗演义系列》	第八届		成都出版社	1994
《中国城市史纲》	第九届		四川大学出版社	1995
《彝族文学史》	第九届		四川民族出版社	1995
《小作家丛书》（20册）	第九届		四川少年儿童出版社	1995
《教育数学丛书》	第九届		四川教育出版社	1995
《当代东南亚系列》	第十届		四川人民出版社	1996
《宋文纪事》	第十届		四川大学出版社	1996
《中国著名科学家的故事》	第十届		四川少年儿童出版社	1996
《对有中国特色社会主义的哲学分析》	第十一届		四川人民出版社	1997
《足球小子》	第十一届		四川少年儿童出版社	1997
《华夏文明探秘丛书》	第十一届		四川教育出版社	1997
《韩愈全集校注》	第十一届		四川大学出版社	1997
《中国社会可持续发展——社会稳定机制对策研究》	第十二届		四川教育出版社	2000
《汉语大字典》（袖珍本）	第十二届		四川辞书出版社	2000

续表

书名	届次	获奖等级	出版单位	年份
《年走进心灵——民主教育手记》	第十二届		四川少年儿童出版社	2000
《中国民族发饰》	第十二届		四川人民出版社	2000
《中国立体农业概论》	第十二届		四川科学技术出版社	2000
《中国彝族》	第十二届		四川民族出版社	2000
《邓小平画传》	第十四届	特别奖	四川人民出版社	2004
《校本行动研究》	第十四届		四川教育出版社	2004
《百年巴金——一个知识分子的历史肖像》	第十四届		四川人民出版社	2004

1995年—1999年成都地区各出版社获中宣部“五个一工程奖”图书奖书目情况表

表5-180

书名	届次	出版单位	年份
《巴蜀情——邓小平与四川》	第四届	四川美术出版社	1995
《中国的妇女人权》	第五届	四川人民出版社	1996
《爱心与教育》	第六届	四川少年儿童出版社	1997
《现代企业制度论》	第六届	西南财经大学出版社	1997
《读懂毛泽东》	第八届	四川人民出版社	1999

音像出版

【成都音像出版社】

成都音像出版社是由成都市广播电视局主办、主管的县级事业单位。1989 年，经四川省政府、广播电影电视部批准成立。其业务范围包括音像制品制作、出版、发行，兼营音像及影视广告制作、代理、发布，并有音像节目进出口权和一级批发权。

1990—2005 年，成都音像出版社面对海内外市场，立足于服务成都 ，坚持走“创特色、创品牌”的扩展之路。16 年间，建立专业运作人才和专家顾问队伍，形成“地方戏曲”“民族文艺”和“成都形象宣传”等三大品牌。拥有上千种引进、自制节目源，与国内各大音像制作公司、出版业界保持着紧密的供销关系，建成以成都为中心,辐射全川的城乡联销网络。1993 年，成都市政府授予该社“成都市发展第三产业先进单位”称号。

成都音像出版社坚持重视社会效益，兼顾经济效益的经营方针，出版大量内容健康，富有教育意义的音像制品。如《雷锋的故事》《川剧大赛精英》《中国民乐经典》及开发儿童智力的《金钥匙少儿百科》《家庭教师“亚克西”》《幼儿启蒙英语》等，受到社会的欢迎。成都音像出版社出版有《刘氏四娘》《激流之家》等系列传统、新编及现代川剧。1991 年出版的《川剧卡拉 OK》，将川剧名家名段引入百姓家庭，帮助川剧爱好者自娱自乐。同年出版的《川剧喜剧专辑》，则由著名川剧演员唐云峰、金光荣等主演，荟萃川剧喜剧中的《做文章》《嫁妈》等折戏精品，起到传承精品，留根民间的作用。

成都音像出版社为树立成都的形象，陆续出版风光艺术片《中国成都》《成都名片》《杜甫草堂》《武侯祠》《青城山》《峨眉山》《三星堆》；大型人文传记片《天府的记忆》及宣传成都城市发展的《人居成都》《成都要跨越工业挑大梁》《奔向现代化的成都交通》《农民进城务工指南》等作品。

至2005年底，陈选民（国家一级文学编剧）策划创意的选题《川剧百年》，由国家出版总署列入“十一五全国重点音像电子出版工程”；学生教育卡通片《道德教育》《安全教育》被中宣部、国家新闻出版总署、教育部等六部委列为“全国向未成年人推荐百种优秀音像节目”。

成都音像出版社在1900—2005年中先后制作出版党建教材、未成年人教育、故事、戏曲曲艺、音乐歌曲、风光艺术、专题纪实、民族文艺、海外引进节目等9大类计1000余种音像制品，其中9种获国家级出版政府奖，16种获省级出版政府奖。

附：四川音像出版社

四川音像出版社于1983年4月6日经广播电影电视部批准成立，由四川省广播电视厅主管。

四川音像出版社本着诚信、务实、开拓、进取的宗旨，先后出版发行《西南歌会》《中国琴韵》等录像、音乐节目320多个，受到海内外业界和广大用户的好评。2001—2005年，其代表作品如下表。

2001—2005年四川音像出版社出版代表作品情况表

表5-181

年份	作品名称	获奖等级
2001	《邓小平理论讲座》	第三届四川优秀音像制品出版奖
2001	《解放四川》	第三届四川优秀音像制品制作奖
2002	《凉山风》	第四届四川优秀音像制品精品奖
2004	《只要主义真》	四川音像制品奖一等奖

【成都广播电视音像器材公司】

成都广播电视音像器材公司（前身是成都人民广播电台服务部）成立于1959年6月1日，其服务项目主要是为市民维修收音机，对外修理扩音机。1984年，改办为成都广播电视音像器材公司，由成都广播电视局主管。该公司在经营广播电视整机、器材的同时，将音像制品的销售作为进入市场的突破口，坚持销售正版制品，抵制盗版及劣质音像品。至1990年，与全国100多家音像出版商建立起良好的合作关系，客户遍及云、贵、川、藏、青、甘等省，销售品种上万种，跃升为四川音像制品的销售大户。为适应市场需要，确立“制作加销售”的方针，率先制作系列化藏族歌曲音像品发行。其中，最具影响的有作曲家罗念一的作品专辑《洗衣歌》，藏族歌手亚东的《向往神鹰》《康巴汉子》等，均在西南五省畅销。

1994年5月，与四川电视台、峨眉电影制片厂乐团艺术培训部合作，举办大型民族之声演唱会。邀请第十届亚运会圣火点燃者达娃央宗和多位歌手演唱民族歌曲，时任四川省省长的肖秧特为演唱会题词“民族文化，民族精神”。当5月13日、14日的两场演出完毕，观众长时间鼓掌不愿离去，每场都加演20分钟以上。《成都晚报》以《傲“霜”盛开的民族艺术之花》为题的报道，肯定演唱会取得的成功。

1997年，办公场所迁至顺城大街341号，由成都音像出版社代管。1998年，由雷中信策划、编辑，由成都音像出版社出版的《美丽的西藏》获国家新闻出版署、中国音像协会颁发的国家优秀文艺音像制品奖。

1999—2004年，由于创作缺乏时尚元素，民族高雅音乐制作艰难，加之盗版冲击市场，正版运作难以规避风险，经营规模逐年缩小。至2005年底，终止经营活动。

图书、音像制品发行

【成都市新华书店】

成都市新华书店于1952年10月1日成立，承担成都市内图书、课本及图片的零售。1990年，在人民南路、春熙路、人民中路、建设路等地设有40多处大中型门市部和零售网点，向市民开展图书零售，在金玉街设有教材供应部。1999年，在武侯祠大街266号建成都购书中心，营业面积达1万平方米，陈列图书30多万种，是当时全国最大的书城之一。2004年，位于人民南路的天府书城在成都市新华书店人民南路门市部旧址重新开业，新建书城面积达1.2万平方米，陈列品种40余万种，全电脑管理，是国内营业面积最大、管理最先进的书城之一。

20世纪80年代，图书发行体制改革，成都市新华书店拓宽进货渠道，直接从出版社购进图书，增加零售品种，减少中间环节、降低发行成本，扩大图书销售。1990年后，加大改革力度，确定音像制品为成都市新华书店的主营业务之一，加大从出版社直接进货的比例，改变原来单一的零售业务，实行批发与零售结合，在批发上实行多种购销形式，放开发行折扣，按照商品销售规律，实行时段折扣、批量折扣、按照不同品种，不同销售量在原有折扣的基础上向零售书店增加10%～20%的折扣。

附：四川新华发行集团有限责任公司

1950年2月15日，成立新华书店川西分店。1958年10月9日，改称四川省新华书店。主要承担总经销成都地区各出版单位出版的图书、课本、年画等出版物和对全省新华书店进行业务、财务管理。2003年，四川省新华书店与四川省外文书店、四川省出版对外贸易公司资产重组，成立国有独资的四川省新华书店集团有限责任公司。2002年10月，四川省委、省政府将全省各市、州、县新华书店国有资产全额划归四川省新华书店集团有限公司，实行授权经营。同时更名为四川新华发行集团有限责任公司。自此拥有自营连锁店300余处，总营业面积达15万平方米，其中面积3000平方米以上的书城15处，并创建主营图书零售的“文轩”和主营音像制品的“时代新华”两个自有品牌。至2005年，集团公司自有资产15亿元。

1990年，四川省新华书店承担成都地区17家出版社的出版物的总经销，其中课本、学习辅导材料、作业本通过新华书店系统内的调拨批发给省内部分地区新华书店，再由这些地方的新华书店零售给读者；一般图书调拨给全国新华书店。2005年，四川省新华书店集团有限责任公司实现系统内调拨5.11亿册、3.49亿元。

【文轩连锁】

2000年3月，四川新华书店、四川省外文书店、四川出版外贸公司通过资产重组，成立四川新华书店集团有限责任公司。2001年7月，四川新华书店集团有限责任公司与成都市新华书店资产重组，发起组建文轩连锁公司和时代新华音像电子连锁公司，分别主营图书和音像电子产品发行。经过半年多试运行，2002年5月30日，由四川新华书店集团有限责任公司、成都市新华书店、四川少年儿童出版社作为共同发起人的“四川新华书店集团文轩连锁有限责任公司”正式揭牌。公司注册资金4000万元，主营中外文书刊、音像制品、电子出版物发行与文化用品销售。在成都有2个图书城、20家连锁店、8个批销点。

2003年12月，根据四川省国资委《关于四川新华书店集团有限责任公司国有资产授权经营和整体改制有关问题的批复》，四川新华书店集团有限责任公司更名为四川新华发行集团有限公司。将文轩连锁与时代新华进行整合，纳入文轩连锁有限责任公司统一经营管理。与此同时，对全省新华书店整合，注销市、县新华书店独立法人资格，成为文轩连锁有限责任公司在当地的连锁公司（店）。

2004年4月，根据四川省国资委《关于四川新华文轩连锁股份公司（筹）国有股权管理有关问题的批复》，四川新华书店集团文轩连锁有限责任公司更名为四川新华文轩连锁股份公司。同时，四川新华发行集团公司有限公司与四川新华文轩连锁股份公司分业经营，四川新华发行集团公司行使出资人权利，四川新华文轩连锁股份公司从事主业经营。

文轩书店内景

2005年5月15日，正式成立四川新华文轩连锁股份公司（简称文轩连锁）为股份制企业。由四川新华发行集团公司有限公司投资9.45亿元，四川出版集团、四川日报报业集团、四川少年儿童出版社、辽宁人民出版社、成都华盛（集团）实业有限公司等单位共投资1.55亿元组建，所占份额为分别85.92%和14.08%。主营业务为图书和音像产品连锁经营、教材教辅发行及印刷、出版物物流配送。2005年，四川新华文轩连锁股份公司主业销售25.69亿元。

【图书音像批发市场】

成都是全国重要的图书集散地。1990年，国有、集体二级批、零兼营书店50余家，民营二级批发书店150余家。此外，一些较大规模的零售书店也兼营批发。这些批发书店多在成都市大墙东街及忠烈祠街一带，大都是旧式民居改建而成，存在严重安全隐患，同时也不便于管理。1992年，四川省新闻出版局在成都东玉龙街52号四川省新华书店建四川省图书音像批发市场。1993年，成都市新闻出版局在通锦桥街建成都市书刊批发市场，要求批发书店入场经营。管理方对新开办的批发书店协助办理开业手续，对原有书店协助办理年检等手续。同时，工商、税务等部门入场办公。

四川省图书音像批发市场于1992年10月建立，市场设在东玉龙街52号四川省新华书店办公区内。开办当年，入场经营的二级批发书店52家。1993年入场经营户为81家。1994年为115家。1999年7月，迁成华街立体大厦，营业面积4500平方米，另有同等面积的办公室和库房。同年，入场经营二级批发书店97家。一些文化传媒公司也陆续入场经营。这些文化传媒公司除开展图书批发外，也承担书刊设计、电脑排版、制版等印前业务，还参与出版社对某些图书出版筹划、印刷出版、发行等工作。2002年6月，迁梨花街2号，营业面积1.1万平方米，入场经营商家104户。

成都市图书音像批发市场1993年建立，地点在通锦桥街，联系二级批发书店30多家。1994年，迁至竹林巷，入住和联系二级批发书店50多家。入住书店多租用临街民居，加之街道狭小，没有发展空间，于1999年迁往人民北路，改名为四川图书音像批发市场成都分场，由四川省新闻出版局委托成都市新闻出版局代管。同年，入场经营的二级批发书店和文化传媒公司等共120家，经营额达1亿元。2004年，移交成都市新闻出版社局管理，同时更名为成都市图书音像批发市场。2005年，入场经营单位250个，经营额10亿元。

1990—2005年成都图书音像批发市场经营统计表

表5-182

年份	入场单位数（家）	销售情况（亿元）
1999	120	1.0
2000	150	2.0
2001	200	2.5
2002	290	3.5
2003	270	5.2
2004	260	7.5
2005	250	10.0

说明：销售收入是各单位总收入,含图书批发外的其他业务收入

【书刊批发】

1979年前，城市图书发行由新华书店承担，农村图书发行由供销社承担。成都地区的图书批发由四川省新华书店实行系统内调拨，县新华书店对供销社批发。1980年后，逐步放开发行渠道，集体、个体经济进入图书发行。出版社开展一级批发，集体书店开展二级批发。成都地区承担图书、音像制品一级批发的有在成都的图书、音像出版社，四川省和成都市新华书店等国有出版发行机构，承担二级批发的中央和其他省市（自治区）部分出版社在成都的发行机构和私营批发机构。1990年，成都地区一级批发企业有24家，以后基本维持在这一水平。2005年为23家，即在成都的16家图书出版社、6家音像出版社和四川新华发行集团，有专业批发从业人员1000多人。四川新华发行集团为最大的批发单位。

成都地区私营图书二级批发企业起伏较大。1990—1995年全市私营图书批发企业有150家左右。1996年，成都市贯彻国家新闻出版署《关于培育和规范图书市场若干意见的通知》和四川省新闻出版局《关于对书刊二级批发市场单

位实行总量控制的通知》。1997年，全市私营书刊批发企业减至56家。2000年后，随着改革的深入和市场的需求，私营书刊批发企业有较大发展。从2000年起，总数一直保持在150家以上。2003年为最高，超过200家。2004年共有190家，其中注册资金超过200万元的有71家，资产总额超过500万元的有24家，年销售额超过1000万元的有19家。2005年，有私营批发书店194家，从业人员5002人，资产总额7.81亿元，年销售量10.1亿元，利润总额2363万元。其中，注册资金200万以上的95家，资产总额超过500万元的有35家，年销售额1000万元以上的有24家。

四川省新华书店（四川新华发行集团）是最大的书刊、音像批发单位，承担川版图书在全国新华书店系统内的批发调拨和全省学历教育教材的批发，同时承担向其他各类书店的批发业务。

成都地区私营二级批发书店在1991年前主要集中在大墙东街、忠烈祠西街一带，最多时达六七十家，全为临街民居改建，前屋作办公室和洽谈室，后屋堆放书籍，街边停放运输车辆。由于不便管理且火灾隐患严重，还常常造成交通堵塞。1992年，四川省新闻出版局在成都东玉龙街52号建四川省图书音像批发市场。1993年，成都市新闻出版局在通锦桥街建成都市书刊批发市场。1994年10月迁竹林巷，后迁至人民北路，各二级批发书店及文化传媒公司入场经营。1999年7月，四川省图书音像批发市场迁成华街，营业面积4500平方米。2002年6月迁梨花街2号，营业面积11000平方米。

成都书刊批发市场1999年改为四川省音像批发市场成都分场，委托成都市新闻出版局代管。2004年移交成都市新闻出版局管理，同时更名为成都图书音像批发市场，形成在全国都具有影响的图书集散中心。

图书批发1979年前多为包销。1980年后，图书发行体制改革，实行多种购销形式，推行经销、寄销、浮动进销折扣等多种形式。1990年前后，一级批发包销折扣为40%～45%，二级批发折扣为30%～35%。2005年前后，一级批发包销折扣为55%～60%，二级批发折扣为40%～45%。

私营批发书店中，也不乏违法乱纪者，最典型的是“四川某书店从事日本卡通读物印刷、发行案”。自1990年起，某书店违规承揽《画书大王》总经销业务，发行400多万册，销售码洋1400多万元；超印日本卡通读物品种较多，仅《足球小子》《尼罗河女儿》两个品种就超印205.5万册，牟取非法利润33.9万元；逃税金额巨大，共逃税132.3万元。此案1995年处理，共收缴图书57.8万册，没收非法所得270万元，追缴税款132.3万元，罚款2643.46万元。

【书刊零售】

成都市图书零售，1979年前，城区由新华书店开展，农村由供销社开展。1980年后，图书发行体制改革，建立起多种经济成分、多条流通渠道、多种购销地方，少环节的图书发行网。城区大量的集体、个体书店、书摊开展图书零售。与新华书店共同组成遍布城区的图书发行网。1990年后，新华书店向大型化、综合化方向发展。1999年，成都市新华书店经营的位于高升桥的成都购书中心和由四川省新华书店经营的位于上东大街的西南书城相继开业，是成都最大的两大图书、音像制品零售中心。2000年后，四川新华书店进行资产重组，成立四川新华发行集团。2003年10月，天府书城在人民南路开业，至此形成成都购书中心和西南书城、天府书城三大零售中心。2005年，三家书城零售额

9000多万元，占成都当年图书零售的60%。同时，专业书店以其专业特色赢得市场，其中以西南财经大学主办的财经书店、成都自考书店、成都建筑书店，劳动出版社四川发行最为有名。这些书店以零售为主，批零兼营，年均零售额多年为300万～400万元。

1998年，成都商报社在城区建立“成都通”信息亭。用触摸屏的形式向市民提供有关信息，信息亭同时兼营报纸、时尚类杂志和少量书籍的销售。这些网点遍布城区，初建时有100处。2000年后，图书零售开始进入大型综合百货商场。伊藤洋华堂双楠店是成都大型综合型商场开展图书零售较早的商场之一。图书音像制品卖场面积600多平方米，主要以生活类、少年儿童读物类和文教类图书、音像制品为主。图书品种1000种以上，音像制品品种300～500种。家乐福、人人乐、华联、好又多、欧尚等大型综合型商场都开设有图书、音像制品零售区。红旗连锁开设书报刊店20多个。成都市邮政局有书报刊门市20多个。

1990年以后，个体零售书店发展很快，是成都书刊发行市场的重要特点。1996年，全市登记注册的个体书店有1000多家。2000年后，一些民营书店也纷纷开设连锁店，布克书店在城区内开设4家连锁店，每个卖场营业面积都在数百平方米。2005年，全市登记注册的个体书店超过2000家。其中，在成都市新闻出版局登记的零售书店1300余家。2005年底，青羊小区常住人口2万多人，有零售书店5家、租书店3家、“成都通”信息亭2处，零售书店中专营医药卫生书籍1家，经营电大教材、自考教材和教育类书籍为主的书店1家，经营旧书1家，其余2家以经营生活类、畅销书为主，月均营业额1.5万～2万元，月均利润1500～2000元。武侯区五大花园社区常住人口8万～10万人，有零售书店2家、租书店2家、“成都通”信息亭1处。零售书店中经营旧书的1家，另一家以经营生活类、教育类图书为主，图书品种2000多种，杂志近100种，多为单本，书籍来源为收废品的人送来供店主选择，价格面议，图书多在1元到2元，杂志0.5元到1元，图书以3～5元售出，个别品种售价也有10元或低于1元的，杂志以1～2元售出，读者多为进城务工人员。月均营业额1万～1.5万元，月均利润2000元左右。

1999年前，沿街为市书摊，也是一种销售图书渠道。这些书摊绝大多数经营旧书和杂志，内容偏重于生活、娱乐类，价格略低于旧书店。2000年后，随着城市管理的加强，城区内的书摊逐渐减少，城乡接合部的书摊数量有所加大。城郊接合地金雁路口夜间书摊由2000年2处增加到2005年的4处，读者多为进城务工人员。同时，一些流动书商开始进入高档社区摆设大型书摊售书。青羊大道成都花园有3000多人居住，平均每二十天左右就有书商来摆摊卖书。所售图书分为两大类，即生活、保健、时尚、名人传记、武侠小说类书籍，绝大多数为每册10元，不议价，多为盗版书籍；大型丛书、套书，如《二十四史札记》《四大名著荟集》《世界名画集》等，可议价，定价480元的《世界名画集》议价后实售200元。

一些大型零售书店设立示范书店和未成年人图书专营区，打造有利于未成年人健康成长的社会文化环境。2004年，建成布克购书中心、印象大书坊、开元大书坊等23家示范书店，在印象大书坊等5个书店和世纪电脑城等6个电子出版物市场设立44个未成年人图书（电子出版物）专营区（专柜），陈列展示、推荐介绍、导读评价未成年人思想道德教育读物，拒绝一切不利于未成年人健康成长的出版物进场。成都市新闻出版局被评为四川省优秀“青少年维权岗”。

2000年，一些网上书店进入成都。其中，比较有名的有贝塔斯曼网上书店。

【书市、书展】

1990—1997年，成都市举办第五届全国书市、四届四川书市和一届西部书市等大型书市。1998年后，随着成都大型购书中心的建立，陈列品种的增多和图书销售形式的变化，大型书市未继续举办。而以各书城为展场，配合各项中心工作的书展和小型书市在每年都有举行，有时甚至一年内有两三次。

1992年10月11—22日在成都举办第五届全国书市。由四川省新闻出版局主办，四川省新华书店、四川省外文书店、成都市新华书店、四川省音像公司承办。国家新闻出版署副署长桂晓风出席开幕式，出席中共第十四次全国代表大会的四川代表于10月21日参观书市。书市展场设在成都市体育中心，展场面积1.2万平方米，展出全国630多家图书、音像出版社的5.7万多种图书和音像制品。27个省、市、自治区出版界组团参展。12天内共接待读者110万人次，零售图书、音像制品1980万元，现场订货总额1.43亿元。成都地区出版界推出的《跨世纪丛书》《爱的丛书》《科技兴家丛书》《领袖交往实录系列》《中国民间医学丛书》《中国名人谈毛泽东》等图书在书市上畅销。作家叶永烈、胡邦炜、孙静轩、流沙河及英籍作家韩素英和台湾地区作家蔡志忠、香港作家梁凤仪等到书店为读者签名售书。书市期间召开全国“扫黄”理论研讨会、全国大专院校图书馆长信息交流会、全国音像市场管理会。

1994年9月27日至10月7日，在成都举办首届四川书市。四川省委宣传部、四川省新闻出版局主办、四川省出版集团、四川省新华书店承办，成都市及省内各市、地、州新华书店协办。国务委员彭珮云，全国人大常委会委员、中国出版工作者协会主席宋木文先后视察书市。书市主展场设在成都市体育中心，在四川省22个市、地、州设分展场。书市共有全国500多家出版社的图书和音像制品参展，全国157家出版社和发货店入场展订，1400多家销货店参加订货，省外文书店组织香港、台湾地区20多家出版社的科技和生活类图书参展，美国、马来西亚、新加坡、泰国等国及中国港台地区的15位作家、出版界人士参加书市。成都主展场销售1044万元，各分展场销售915万元。成都地区出版界推出的《当代名家杂文系列选》《名家怀旧经典散文选》《唐诗宋词元曲三百首》《梁实秋闲适散文精品》《知谋百科全书系列》《粗用偏方大全》等书受到普遍欢迎。书市期间举办“四川报刊展”，135家报刊参展，115家报刊设点宣传。书市开展前，组委会向老一辈无产阶级革命家朱德、邓小平、陈毅家乡的学校，残疾人“爱的乐园”，中国人民解放军驻西藏边防官兵以及劳动模范捐赠图书和学习用品。

1997年9月26日至10月5日，在成都举办第二届四川书市，在全省各市、州设分会场。共接待读者500万人次，销售额达1970万元，其中成都中心展场接待读者100万人次。省委书记谢世杰、省长宋宝瑞等考察书市。

1998年9月8—15日，在成都举办第三届成都书市，展出10万多种各类出版物，销售额为2871.69万元。

1999年9月18日至10月8日举办第四届四川书市。主展场设在成都，各市州设分展场。书市期间举办“新中国成立五十周年优秀出版物展示展销”“川版图书订货会”“国内知名厂家软件首发式”等活动。

2000年7月20—30日在成都举办首届西部书市。书市期间举办“21世纪西部出版战略研讨会”“西部十省市出版物精品展”“新世纪读书节”等活动。

印刷业

【印刷科技进步】

1990年，成都地区有印刷企业344家，除四川新华印刷厂、四川新华彩印厂、成都印制一厂、成都美术印刷厂、成都军区印刷厂、四川日报印刷厂等骨干企业外，多数为乡镇企业和校办企业。这些骨干企业虽有部分电子分色机、四色胶印机等先进设备，但设备不配套。多数小厂仍使用传统的铅字印刷。

随着社会对印刷业的要求，一些乡镇印刷厂逐步被淘汰，骨干企业进行大规模的技术改造。1995年后，新建立的一批大型印务集团，立足于高起点。由四川省烟草公司、成都卷烟厂和英国嘉陵舫投资有限公司合资组建的四川五牛印务公司，有瑞士BOBST六色联机模切凹印机、澳大利亚金印七色凹印机、德国罗兰700五色上光胶印机、海德堡迷霸CP2000五色胶印机、瑞典丝维雅全自动丝网印刷机，以及德国POLAR高速切纸机和日本富士晒版机等世界一流印刷设备。投产后每年工业总产值均超1亿元，2005年，实现工业总产值2.05亿元，利税5641万元。2000年1月成立的成都博瑞传播股份有限公司印务分公司，引进法国GOSS环球70型胶印轮转机5个印刷塔、德国KBA胶印轮转机6个印刷塔、北人YP4787H胶印轮转机8个印刷塔，三菱平印机及装订线等多台设备，另有两套CTP直接制版系统。具备每小时印刷133万张套红报、107万张彩报的能力。

1999年前后，成都市全部淘汰铅印，实现从铅印到胶印的转变。从此，印刷行业完全“告别铅与火，进入光与电”时代。2005年，成都市有计算机直接版系统（CTP）84台、激光照排机304台、四色以上胶印机257台（套），四色以上凹版印刷机220台（套）、凸版印刷机242台（套）、丝网印刷机257台（套）、柔性版印刷机43台（套）。

印刷技术的进步与印刷设备的更新提高生产效率和书籍报刊印刷质量，促进成都市印刷生产的升级换代。印刷物的质量全面提高，仅四川新华印刷厂1995—2005年就有1448种书籍获新闻出版总署优质产品称号。在成都印刷的《英藏敦煌文献——汉文佛经以外部分》《汉语大字典》《四川已故著名书画家作品选集》《共和国领袖大辞典》《甲骨文大字典》《中药材真伪鉴别彩色图谱大全》《中国与联合国》《巴蜀情——邓小平与四川》《四川省诗书画院十周年纪念册》《先秦印风》《汉晋南北朝印风》《黄牧甫流派印风》《历代图形印吉语印风》等1800余种书刊产品荣获国家图书优质产品奖。其高品质的印制水平和精美的装帧制作博得国内外同行的广泛赞誉和高度评价。

印刷技术的进步缩短了印刷生产周期。1995年前，使用铅印技术从书稿交到印刷厂到成书一般情况下大约需要3个月时间。2000年后，3～7天即可成书。铅印报纸时，新闻稿必须在前日下午5时截稿，2000年可延至前日晚10时甚至12时截稿，新闻报道的时效性增强。

【印刷企业】

四川新华印刷厂。1965年3月，由四川人民印刷厂更名，国有大型二类企业。1990年，被定为国家级书刊印刷定点单位。原主管单位为四川省新闻出版局。2003年12月，四川出版集团成立后，为四川出版集团成员单位。2005

年，启动企业改制工作，部分职工平稳分流。至2005年年底，在册职工407人，其中专业技术人员64人。该厂先后从国外引进彩色桌面系统、对开四色胶印机、全自动胶订联动线、对开折页机等先进设备。2005年，能在七天内完成彩色纸令5000令（4万对开色令），黑白纸令1.2万令，装订成品书120万册。年生产能力为激光照排1.5亿字，彩色印刷150万色令，黑白50万纸令，装订60万纸令，封面覆膜1000万对开张。2005年，该厂实现胶印印书10.33万纸令，彩色印刷74.09万色令，装订17.16万纸令，总产值3812万元，销售收入2921万元，实现利税383万元，总资产8086万元，固定资产原值1.12亿元，固定资产净值5391万元。印刷的图书、教材获省优产品数连续16年居全省之冠。

成都博瑞传播股份有限公司印务分公司。原系成都博瑞投资有限责任公司与成都商报社等发起设立的有限公司，成立于2000年1月28日。2001年12月更为现名成都博瑞传播股份有限公司印务分公司。2005年，公司资产2.51亿元，其中固定资产投资1.28亿元。拥有西部领先的先进印刷设备，包括三条法国GOSS环球70型高速轮转胶印生产线、两条德国KBA高速轮转胶印生产线、四条国产YP4787报纸轮转胶印生产线、一条日本三菱平板商印生产线等，辅助设备以全套激光照排设备和爱克发、宝禄德福CTP直接制版系统为主。2005年，该公司业务体系包括轮转胶印和平板胶印两大类。其中，轮转胶印主要为新闻纸、胶版纸、书写纸类报刊、DM单、教材印刷；平版胶印主要为铜版纸、特种纸类画册、包装、书刊、教材、DM单印刷。2005年，博瑞印务拥有报纸印刷客户60余家，承印的代表性产品有《成都商报》《人民日报 海外版》《证券时报》《先锋·居周刊》《地产商》《明日快一周》《黄金楼市》等。博瑞印务成为西部地区设备最先进、印刷能力最强的新闻纸印刷企业。2003年8月，该公司导入日本5S现场管理，并于同年10月30日通过BSI（英国标准协会）ISO9001:2000质量体系认证，实现企业生产规范化、体系化的跨越。自成立到2005年，公司连续数年被成都市评为“纳税大户”和“环保示范企业”。2005年被成都市政府授予“工业企业50强”称号，排名第36位。被新闻出版总署和中国印刷技术协会授予首批“全国诚信印刷企业”称号。

四川五牛印务有限公司。由中国烟草总公司四川省公司、成都卷烟厂、成都五牛科美投资集团有限公司与英国嘉陵舫投资有限公司共同投资创办，于1996年6月筹建，1997年5月试生产，1998年10月正式竣工投产。公司拥有先进设备，如瑞士BOBST六色联机模切凹印机、澳大利亚金印七色凹印机、德国罗兰700五色上光胶印机、海德堡速霸CP2000五色胶印机、瑞典丝维雅全自动丝网印刷机、瑞士BOBST自动模切机、英国SHM裁切机、法国SPAG滚筒分条机、瑞士BOBST粘盒机、德国POLAR高速切纸机、日本富士晒版机。五牛印务集凹印、胶印、丝印为一体，主要产品为成都卷烟厂在内的四川几家烟厂的烟标，同时承印各种商标、包装、宣传品和画册（如《中国西部》《四川旅游》等）。1999年8月，该公司获得ISO 9002国际质量体系认证。1998年，实现工业总产值1.2亿元，创利税4500万元。公司连续获得“成都市重点优势企业”“成都市工业企业50强”“成都市外商投资先进企业”“2000年四川省工业企业最佳效益30强”“2000年四川印刷工业企业最大市场占有份额100强”“2000年四川印刷工业企业最大规模10强”等称号。

2003年8月8日，成都九兴印刷包装有限公司更名为成都永发印务有限公司。该公司系由香港永发印务有限公司和四川全兴股份有限公司、成都江氏投资有限公司共同投资建立的印刷包装企业。拥有先进的设备，如日本富士PB-6六色卷筒凹印机、日本三菱四色平张纸胶印机、六色加过油平张纸胶印机、日本三菱1300宽幅四色平张纸胶印机，以及配套生产的美国、日本产的分切机。公司以先进进口设备为主，组成多条自动化生产线和手工精品包装生产线，营业、生产、质量互通换网的ERP系统。公司主要产品为药品、糖酒、卷烟、食品、饮料等的包装，以及宣传品、画册等精美印刷品。

产业发展

【出版产业】

成都市新闻出版局认真落实做大做强文化产业的战略，采取多种措施推动全市出版业的发展。

整合出版资源，促进出版产业发展。2004年将《先锋》等杂志划转到成都日报报业集团，促进报业集团发展。2005年将《成都医药》更名为《现代临床医学》，使该刊成为核心期刊。

努力培育具有成都特色的出版品牌。2004年后筹办的《天府成都》《新食品》《建材与装饰》三种公开期刊经过试刊走入正轨。扶持成都时代出版社做大做强；积极为《电子报》《软件版》《实用影音技术》寻找合作伙伴。

积极发展网络出版业，参与制定建立网络游戏和动漫产业发展基地方案。新闻出版总署批准在成都建立全国首家国家级网络游戏动漫产业基地。成都市新闻出版局为3家娱乐软件研发企业解决了在选题审批中遇到的困难，使企业获得数千万元的经济效益。成都斯普科技公司开发的《三毛欢乐派》和金山公司成都公司开发的《幻想春秋》，获国家民族网络游戏工程项目奖。在2005年度中国游戏产业年会上，成都市人民政府作为唯一的地方人民政府代表，获“2005年度中国游戏产业支持奖”。

【版权产业】

成都市版权局将版权保护与产业发展相结合，积极开展版权保护，促进版权产业发展，营造鼓励创新、保护知识产权的良好社会氛围。在与新闻出版、文化等与版权密切联系的领域内开展版权保护工作的同时，拓展版权保护领域，探寻版权保护与地方经济发展的结合点，促进版权相关产业的发展。利用版权工作站实施版权保护，促进产业发展。2002年，成都市版权局将版权保护服务工作直接延伸至经济领域，有针对性地加大对企业的版权宣传力度，并建立和完善版权协管员制度，加强版权工作站站内企业版权工作管理和协作关系，帮助企业理顺作品权属关系，逐步建立企业内部的版权保护机制。同时，引导企业把作品的创作、开发和利用作为一种经济活动，利用版权来规范并促进产业发展。推动数字娱乐信息软件产业发展。成都市版权局深入软件企业，了解企业对加强软件版权保护的实际需要，指导帮助企业开展版权保护，并简化软件著作权登记程序，优化办事效率。根据成都市委、市政府《关于进一步加快推进软件产业发展的意见》，成都市版权局牵头，与工商、公安、信息、城管、海关等部门共同拟制《成都市加强软件著作权保护工作实施方案》，建立软件版权保护的长效机制。成都市版权局建议设立“成都市鼓励软件著作权登记基金”，用于全市范围内软件企业和公民的软件著作权登记相关费用的补贴，大力鼓励企业将拥有自主知识产权的软件进行著作权登记。截至2005年，成都市软件认证企业发展到370余家，软件产品1000余种，涌现出银海科技、川大智胜、盛大网络、诺亚方舟、金山网游等具有较强实力的数字娱乐软件企业。

推进文化遗产和著名传统工艺蜀锦、蜀绣产业发展。蜀锦、蜀绣工艺是我国重要的非物质文化遗产，其产品是著名的传统工艺美术品。精湛的技艺和丰富的文化内涵蕴含着著作权人的劳动成果。成都市版权局在深入企业调研的基础上，针对蜀锦、蜀绣的特点，与企业共同探讨论证传统工艺产业的版权保护机制，共同研究制定版权保护制度，制定《成都蜀绣工艺研究所版权管理办法》，使企业初步形成对外规范使用作品，对内明确权属、鼓励创新的良好机制。鼓励企业开发拥有自主知识产权的产品，协助蜀锦制作单位办理作品登记20余件，蜀绣制作单位办理作品登记120余件，发挥版权在研发、运用、交易中的作用。经过努力，蜀锦贸易额连创新高，企业核心竞争力明显增强。

推动改善投资软环境，吸引国内外投资商落户成都。2003年，成都市在与英特尔公司进行“芯片封装测试线”项目落户成都的谈判时，外方提出有关知识产权保护的问题。成都市版权局及时按要求撰写版权保护的专题报告，获得外方好评，为英特尔公司的项目落户成都起到重要作用。成都市版权局采取积极措施，引进中国影响最大的软件开发龙头企业——金山软件公司到成都投资数字娱乐软件研发基地。

【印刷产业】

1990年以后，成都市新闻出版局采取有力措施，帮助印刷企业走出让、联合、兼并、股份制改造之路，努力实现经济增长方式的转变，向集约化经营方向迈进，推动技术进步，提高经济效益，出现一批规模大、实力强、效益好、具有较大影响的上档次的印刷企业。截至2005年，成都市有印刷企业1265家（包括省属企业），复、打印单位1327户，从业人员近4万人。全市印刷工业产值40亿元。工业总产值上亿元的印刷企业4家，即成都永发印务有限公司、四川五牛印务有限公司、成都印钞公司和成都博瑞传播股份有限公司印务分公司。工业总值上千万元的印刷企业26家，其中具有代表性的企业有四川新华印刷厂、四川新华彩色印务有限公司、成都清洋宝柏包装有限公司、成都电信印务有限公司等。

成都市新闻出版局为加快本市印刷产业的规模化进程，规划建设“中国成都·西部印务产业基地”。2005年已入驻的企业有博瑞印务、四川新华彩色印务、四川日报报业集团印务、成都日报报业集团印务、华侨凤凰印务等。基地“大型综合印刷中心”“印刷设计与人才培养中心”的基础工作顺利推进，科技孵化楼工程主体封顶；“印刷物流配送中心”主体工程完工。截至2005年底，基地已累计投资12亿元。

成都市新闻出版局还指导区（市）县在工业集中发展区内建立印刷企业集中发展片区，并开展招商引资工作，2003年，外资、合资、个体印刷企业落户投资建厂82家，投资金额4.46亿元。2005年，引进印刷企业40余家，四川新华印刷厂新厂和四川出版集团物流中心落户成华区都市工业开发区。

附：中国成都西部印务产业基地

中国成都西部印务产业基地位于成都市锦江区境内，由成都市新闻出版局和锦江区政府共同规划建设。该基地规划建设大型综合印刷中心、特色包装装潢印刷中心、印刷设计与人才培养中心、印刷物流配送中心。通过四个中心的建设，使之形成成都及西部未来印刷工业的核心区域，形成和培育都市印刷产业链。

大型综合印刷中心以锦江工业主导园A区为平台，东至新成仁路，南至石胜路，西至府河，北至三环路，规划面积约200亩。利用已引进的成都博瑞传播有限公司印务分公司、四川新华彩色印务有限公司、四川日报报业集团印务中心、成都日报报业集团印务中心、华侨凤凰印务有限公司等大型印务企业为基础，打造大型综合印刷中心。

特色包装装潢印刷中心分为一期和二期。一期以锦江工业主导园B区为平台，东至规划通风口，南至外环路，西至成都生物制品研究所，北至石胜路，规划面积约200亩。依托锦江工业园区的烟草、乳业、医药等主导产业，打造精品包装印刷和科技含量较高、有发展潜力的包装印刷基地。二期以配套工业园为平台，东至成都生物制品研究所，南至外环路，西至新成仁路，北至石胜路，规划面积约600亩。通过吸引企业自行建设标准厂房的形成，重点引进和培养几十家不同规模、档次的高科技、高技术含量的中小特色印务企业，形成中小特色印务企业及印务配套产业企业基地。

印刷设计与人才培养中心以火炬孵化园项目为平台，由成都火炬置业公司开发建设，占地148.1亩，总投资2.1亿元。重点引进和培育高科技、高附加值、高资金含量、低污染、环保的印刷设计项目和人才培养机构，在基地内建立印刷技术、印刷机械维护及印刷管理人才培养中心，为整个园区乃至全市的印刷企业培养和输送人才，对园区内的在职员工进行技术、管理方面的培训。

印刷物流配送中心由四川印广物流有限公司投资开发，以锦江工业园区A区为平台，逐步向配套工业区辐射，占地近300亩，总投资1.2亿元。规划有市场交易区、仓储物流区、装卸运输区、精品会展区、多功能商务区、大型停车场。营业区面积4万平方米，仓储区面积近3万平方米，是西部地区面积较大、配套较完善的印刷、包装物资交易市场。市场于2006年5月开业，重点引进大型印刷设备器材、物资供应商家以及与印刷有关的各类供应商和物流公司，使各个印刷中心与设备器材、物流配送供应中心有机结合，形成印刷产业链。

【发行产业】

成都市新闻出版局整合发行资源，做大做强发行产业。2004年，整合各类出版物发行企业的物流资源和多种媒体的信息传播资源，组建成都书刊速递公众服务网，提升成都市书刊发行业的业态。2005年，与四川省新华发行集团和几家市属单位合作成立发行公司，同年9月成立成都银杏博文图书文化发展有限公司，开展秋季教辅发行工作，举办“泛美食旅游图书音像展”。公司实现营业额3080万元，利润400万元，上缴税收100多万元。

市新闻出版局大力扶持民营发行业发展。2003年，全市新增书刊发行商家149户，温江、新都、双流等地新增民营示范书店。2004年，四川冰文书业等在都江堰、绵阳等地开设分店。

市新闻出版局鼓励、引导、扶持民营发行商走集约化、集团化的道路。2004年8月，求索图书文化有限公司和盛盟图书文化有限公司联合组建新的股份制公司——索盟图书文化股份公司。

市新闻出版局支持民营发行业进行跨行业合作，实现优势互利。2004年8月，成都印象大书房与武侯区新闻出版局、文体局联合开办武侯区图书馆。

市新闻出版局连续三年举办成都书市和电

子出版物展销会，推动出版物销售。2004年举办的“2004成都文化年·图书文化节”，各类图书、电子出版物的销售总额近1000万元。

出版管理

【图书出版管理】

成都市新闻出版局负责全市公开图书的年度选题和增补选题计划的初审、内部资料性图书的审批，组织全市出版单位各类出版物的审读、质量监督检查和评选表彰，查处非法出版活动及出版单位的违规出版活动和违规出版物，负责市图书出版单位及登记项目变动的审核、申报及年检登记工作。

市新闻出版局制定《成都市出版物年度核验制度》《成都市出版物年度评奖制度》《成都市出版物审读制度》《成都市出版物样本报送制度》《成都市出版物质量评估制度》。

市新闻出版局围绕服务“第一要务”“打造名社”“推出精品”的目标，加大对成都时代出版社调研、指导和服务的力度，加强对图书选题的指导，督促出版社建立和完善一系列管理制度和质量保证体系，促进出版社逐步形成特色，打造自己的品牌。

【报刊出版管理】

成都市新闻出版局负责全市公开报刊、内部资料性出版物出版单位及登记项目变动的审核、申报及年检登记工作，审读、质量监督检查和评选表彰工作，查处全市非法出版活动及出版单位的违规出版活动和违规出版物。成都市新闻出版局采取一系列措施，加强报刊出版管理工作。

市新闻出版局加强行政执法，做好报刊治理整顿工作。1990年以后，按照中央关于压缩整顿报纸期刊的通知以及关于治理党政部门报刊散滥和利用职权发行，减轻基层和农民负担的通知精神，停办或转化一批内部报刊。至2004年，区（市）县报转为刊型内部资料，全部免费赠阅；52种党政部门所办报型刊型内部资料也全部实行免费赠阅。每年为基层和农民减负1560万元以上。同时加强对非法报刊的查处工作，收缴一批非法出版的报刊。

市新闻出版局加强审读和质量监督工作。进一步完善和改进审读办法，除检查报刊的编校质量外，还开展对报刊的舆论导向、遵纪守法、服务大众和中心工作情况的审读，对报刊的要闻版、副刊版、文娱体育版及新闻言论、新闻标题制作等开展专项审读，加强审读频率，按月对报纸、期刊、内部报纸进行审读，编发审读通报，对报刊进行综合质量考评。

市新闻出版局加强对报刊社的管理，进一步明确报刊主管主办单位的职责，强化政治家办报的原则，严格办报办刊宗旨，把握正确舆论导向。

市新闻出版局加强业务培训，举办报刊新闻出版政策法规、编校业务知识及规范语言文字培训和考试，开展报刊审读讲评，促进报刊从业人员政治、业务素质的提高。

【印刷复制业管理】

1990—1994年，成都市新闻出版局设置音像印刷管理处；1995年设置出版印刷管理处；1996年起设置印刷管理处，由其负责印刷行业的管理职能。

成都市新闻出版局受四川省新闻出版局的委托，行使全市包装装潢印刷品和其他印刷品印刷经营活动企业的审批职能；负责全市印刷企业的年审验证及省内出版物印刷许可企业（定点企业除外）承印省内公开出版物的审批工作；

负责全市印刷复制业的监督管理工作；组织对印刷业进行相关法律、法规及业务技术培训。成都市新闻出版局采取一系列措施，加强对印刷复制业的管理：

市新闻出版局加强行政执法，清理整顿印刷业。根据中央有关部门的通知精神，分别于1989—1990年、1999年、2001年、2004年对印刷复制业进行全面清理整顿和专项整治工作。压缩不符合条件的印刷企业及复打印经营户。其中，1999年压缩387家，压缩比例为15.4%。

市新闻出版局打击非法印刷活动，取缔无证无照印刷活动，查处违规违法印刷企业。2002年11月23日，全市19区（市）县和高新区新闻出版、公安、工商行政管理部门对全市印刷企业进行集中检查，查封或取缔无证照厂点6家，立案调查3家，限期整改3家，收缴各类非法出版物3500册，手续不全商标、广告、包装装潢印刷品2.9万张，各种印刷半成品0.5吨。1990—2005年，每年均查处印刷企业违法违规案数起至十余起。

市新闻出版局对印刷企业进行政策法规培训，对印刷工人进行技术培训。1993—1996年，每年举办印刷企业政策法规培训班，对全市新办企业和新批内部报刊印刷企业的法人代表和业务人员进行相关政策法规培训。1992—1993年，组织全市印刷工人初级技术培训统考。

【出版物发行管理】

成都市新闻出版局负责出版物市场内各类出版物的审读、审听、鉴定工作；协调中小学教材、教参教辅等出版物的发行；负责全市图书、报刊、电子出版物批发单位的审核、申报管理以及出版物零售单位的审核或受委托审批；负责全市性出版物展销会、订货会书市的组织工作；组织对涉嫌违禁及非法出版物的审读、审听和鉴定，负责对违禁和非法出版物以及违规经营行为的查处。

市新闻出版局举办农村书市，服务“三农”。1997—2000年，成都市新闻出版局组织四届成都市农村书市；2001年，举办“纪念建党80周年书市”，组织书店下乡流动售书，服务“三农”。同时举办两次特价书市。

市新闻出版局加强对出版物发行单位的管理。经过整顿、培训、审批，截至2005年，全市有市管批发书店50家，零售书店1300余家，销售书报刊的多媒体信息亭200多个，红旗连锁书报刊店20多个，邮政书报刊门市20多个。对电子出版物市场，建立市场检查、提样审片、准运准提、经营许可等管理制度；取得电子出版物经营许可证的经营户近300户。组织商家参加销毁盗版出版物大会，引导其合法经营。

市新闻出版局设立示范书店和未成年人图书专营区，打造有利于未成年人健康成长的社会文化环境。2004年，建成布克购书中心、印象大书房、开元大书坊等23家示范书店，在印象大书房等5个书店和世纪电脑城等6个电子出版物市场设立44个未成年人图书（电子出版物）专营区（专柜），陈列展示、推荐介绍、导读评价未成年人思想道德教育读物，拒绝一切不利于未成年人健康成长的出版物进场。成都市新闻出版局被评为四川省优秀“青少年维权岗”。

【版权管理】

版权法规及宣传。1990年9月7日，第七届全国人民代表大会常务委员会第十五次会议通过《中华人民共和国著作权法》，于1991年6月1日起正式施行。同时施行的还有经国务院批准的《中华人民共和国著作权法实施条例》。其后，国务院陆续批准施行《计算机软件保护条例》《著作权集体管理条例》《信息网络传播条例》。成都市版权局与成都市知识产权相关职能部门共同制定《成都市加强商品流通领域知识产权管理暂行办法》《知识产权保护工作协作联系制度》，形成知识产权保护工作的协作联系机制，加强知识产权保护工作的协作联系机制，加强商品流通领域涉及标有知识标记商品的管理。2004年，《成都市新闻出版局、成都市版权局举报非法出版活动和侵权盗版行为奖励办法（试行）》公布施行，社会监督制度和监控体系进一步完善。

成都市在公民中普及版权法律知识，增强全民的版权意识，使著作权法能够得到有效实施。成都市版权局采取各种措施加强版权宣传。自1991年起，每年“3·15”消费者权益保护日、“4·26”世界知识产权日、“6·1”著作权法实施纪念日，以及软件贸易洽谈会、全国糖酒交易会、成都图书文化节等大型会展活动期间，都充分利用各种传媒宣传《中华人民共和国著作权法》《计算机软件保护条例》等版权法律法规和相关司法解释，向民众普及版权法律知识。1998年，成都市版权局与市委宣传部共同主办全市《中华人民共和国著作权法》知识有奖竞赛，编印《著作权法知识汇编》。1999年，在第四届四川书市、成都市第三届农村书市期间，成都市版权局在窗口单位及公共场所向群众散发版权宣传材料，现场提供版权法律咨询。成都市版权局还注意将版权法制宣传与未成年人思想道德建设紧密结合，在全市中小学开展“拒绝盗版，从我做起——中学生版权保护主题教育”“版权保护进校园”“绿色网上空间”“好书伴我成长”读书评选等一系列专题活动，让中小学生认识版权保护的意义，自觉增强版权保护意识，抵制盗版行为。成都市版权局还在软件、广告软件、印刷复制等行业开展多次版权培训工作。1999年，对二级批发书店法定代表人进行版权法规培训。成都市版权局定期编印《成都版权信息》，发送到全国各地，及时迅速传递成都版权保护信息。

版权监管。成都市不断加强全市版权行政管理体系建设，在各区（市）县相继设立版权行政管理部门。截至2005年，全市19个区（市）县都在文化、广电部门的基础上加挂新闻出版（版权）局牌子，在成都市版权局的统一部署下，依据著作权法开展本地区的版权行政管理工作，形成各区（市）县相互配合、严密监控的版权保护行政管理体系。

成都市版权局与市知识产权相关职能部门共同制定有关实施办法，建立知识版权保护工作协作联系制度，编制和发布《成都市知识产权保护状况（白皮书）》，进一步完善知识产权保护的法制环境。

成都市版权局组织开展全市政府软件正版化工作。2005年底，市级政府部门办公软件全部实现正版化，共采购正版操作系统2445套（服务器91套，其他硬件2354套）、正版办公软件3695套、正版安全软件1832套，采购金额达517万元。各区（市）县政府部门全部都实现办公软件正版化。

打击侵权盗版。成都市版权局加强版权行政执法，依法打击各种侵权盗版行为，保护权利人合法权益，维护社会主义市场经济秩序。成都市新闻出版稽查执法大队负责成都市版权局立案调查、取证等工作，介入打击侵权盗版工作。市版权局于2003年成立成都市打击盗版软件工作领导小组，印发《成都市关于禁止销售、安装、使用盗版软件的通告》。通过完善信息员制度，采取明察暗访、上下联动、横向联动、驻场检查和封堵源头等系列措施，把日常监管和集中行动相结合，在全市范围内组织打击盗版光盘春季专项治理、电子出版物夏季专项治理、打击盗版地图、打击盗版教材教辅等多项专项执法行动，对全市图书、音像、软件等市场进行全面整治。2002年，成都市版权局、成都市新闻出版稽查大队和成都市公安局联合捣毁一个盗版窝点，挡获盗版光碟7万余张。2003年收缴盗版图书8万余册、盗版光盘46万余张、盗版软件13万余张。2004年6月，成都市新闻出版稽查大队查获盗版教辅读物16.7万册。2005年，收缴各类侵权制品100余万张（件），查处案件20余起，捣毁制作、销售盗版光盘窝点10余个。

【出版物对外合作与版权贸易】

对外合作是指境内出版社与境外出版机构就选题或成书达成协议后，报省级出版行政管理部门审批，然后合作双方具体实施。1981年，四川人民出版社与三联书店、中华书局、商务印书馆联合出版的《汉语基础知识丛书》《汉语古文字字形表》《甲骨文字典》等书，是成都地区出版社第一批对外合作出版的图书。1990年以后，四川人民出版社、四川美术出版社、四川科学技术出版社、西南交通大学出版社等出版社先后同英国、泰国等国家和地区合作出版《英藏敦煌文献（汉文佛经以外部分）》《中国当代美术家系列画传》《商店建筑设计》等书。

版权贸易包括引进版权和输出版权，是出版社与境外出版机构就图书的专有出版权进行互相转让的贸易活动。1975年，四川民族出版社引进苏联《东亚西南部民族史》版权，是成都地区出版社第一次开展版权贸易。1990年以后，成都地区各出版社与美国、日本、新加坡等国开展多项版权贸易。1997年，蜀蓉棋艺出版社从美国引进6种桥牌图书版权，并在同年出版《常用桥牌词典》《实用桥牌手册》；1999从日本、美国等国家引进16种棋牌图书版权，出版11种；2000年，从日本、美国引进13种棋牌图书版权并出版。2005年，成都地区出版物的版权贸易总量486项，其中期刊300项，占版权贸易总量的61.7%；图书186项，占版权贸易总量的38.3%。引进和输出种类呈多元化趋势，涉及美国、英国、法国、韩国、日本、瑞士、加拿大等国家。

【出版物市场监管与“扫黄”“打非”】

成都市新闻出版局对全市出版物市场进行监督管理，扫除淫秽色情有害出版物（简称“扫黄”）、打击非法出版物（简称“打非”）。成都市新闻出版局对出版物市场加强日常行政管理，以法律、法规和规章来规范行业行为，加大对出版物市场整顿治理的力度。1990—2005年，全市取缔上千个无证经营出版物的摊点，取缔书刊非法交易市场10多个，把合格的书刊经营单位纳入四川省图书音像批发市场和成都市图书音像批发市场，从严管理，引导电子出版物经营商引进、销售正版优秀电子出版物，促进出版物市场的规范和繁荣。

成都市新闻出版局根据中央和省市党委政府的统一部署，连续不断地开展“扫黄”“打非”集中行动，在行动中采取日常稽查与集中行动相结合、普通检查与个别抽查相结合、明察与暗访相结合等方式；采取新闻出版与公安、工商管理等职能部门横向协作，与省、区（市）县新闻出版行政部门纵向联动，在有重大活动期间实行驻场检查，加强源头封堵，利用“时间差”打击不法分子，制定《举报非法出版活动和侵权盗版行为奖励办法》等措施。2004年3月，成都市“扫黄”“打非”工作领导小组成立，领导小组组长由分管副市长担任。领导小组办公室设在成都市新闻出版局，负责日常工作，办公室主任由成都市新闻出版局局长兼任。具体工作由成都市新闻出版稽查大队组织实施。1997—2005年，收缴各类非法书刊及电子出版物（包括盗版音像制品）近520万册（张、盘），查处一批违法违规案件，有的还移送司法机关处理，有力打击制黄、贩黄、销售有严重政治问题书刊及盗版等非法出版活动，净化出版物市场。

【新闻出版稽查与行政执法】

成都市书刊市场稽查队2001年8月更名为成都市新闻出版稽查大队，为成都市新闻出版局（市版权局）直属的执法机构。主要职责是依法负责全市新闻出版稽查工作；负责成都市新闻出版局（市版权局）立案的调查、取证工作；执行新闻出版（版权）的行政处罚决定；依法对全市出版、印刷、复制和发行单位进行日常监督检查，及时纠正违法违章行为；对区（市）县新闻出版稽查机构进行业务指导；承办市“扫黄”“打非”工作领导小组交办的有关事项。该大队在新闻出版稽查工作中，坚持日常检查与集中行动相结合，对出版物市场、印刷企业实行每周两次以上的稽查，每年进行集中整治行动数十次；与省和区（市）县新闻出版行政部门上下联动；与公安、工商行政管理部门横向联动；进驻出版物市场检查；参与出版物市场管理；明察暗访；封堵源头；“时间差”检查，利用节假日巡查市场；培养“信息员”作线人。稽查大队2002—2005年完成一系列“扫黄”“打非”的重大任务。2002年5月，会同市公安局捣毁一制作贩卖淫秽光盘窝点，查获淫秽光盘2000余盘（张）、盗版光盘2万余盘（张）。2003年3月，会同市公安局查获淫秽出版物7000余册。2004年6月，拟制《成都市新闻出版局、成都市版权局举报非法出版活动和侵权盗版行为奖励办法》，调动人民群众参与打击非法出版活动和查处侵权盗版行为的积极性。

成都市新闻出版局认真贯彻实施《成都市行政执法责任制条例》，坚持行政执法责任制和依法治市目标责任制，以依法行政为重点，开展对新闻出版业的行政执法活动和执法监督工作。成都市新闻出版局1999年制定《成都市新闻出版（版权）局行政执法规定（试行）》（2000年修订），落实执法部门和人员的目标责任。2002年，举办机关公务员业务知识、法规知识培训和全市新闻出版（版权）依法行政培训。成都市新闻出版局完成《成都市报刊销售管理办法》等行政法规草案的起草、报送工作；对全市新闻出版从业人员进行多次新闻出版、版权的政策法规培训；多次上街设点，向公众宣传新闻出版、版权的法律法规知识，提供法律咨询服务；进行行政审批制度改革，清理法规规章、改革措施、行政审批事项和行政许可项目。

附：成都市出版行业社团组织简介

成都市印刷技术协会。成都市印刷技术协会1992年成立，业务主管单位为成都市新闻出版局。截至2005年底，有会员单位400多个。

1992年11月，成都市印刷技术协会第一届理事会聘请谭继和为名誉理事长，选举王朝荣为理事长，黄友琼、杨海康等为副理事长，黄友琼兼秘书长。1998年10月，成都市印刷技术协会第二届理事会聘请李维绰为名誉理事长，选举冯力军为理事长，宋敏雯、杨海康等为副理事长，宋敏雯兼秘书长。2003年6月，增补吴坚为副理事长。2004年5月，改由马良乾为理事长、吴文嘉为副理事长。

2005年12月，成都市印刷技术协会第三届理事会聘请陈新湖为名誉理事长，选举马良乾为理事长，吴文嘉、杨海康等为副理事长，吴文嘉兼秘书长。

成都市印刷技术协会开展的主要活动有协助成都市新闻出版局和锦江区政府建立“中国成都·西部印务产业基地”；为会员企业入驻工业集中发展区牵线搭桥；组团到广东、深圳、厦门等地考察学习东部印刷企业先进的经营理念、管理模式和印刷技术；与成都电子机械高等专科学校联合举办“首届电子印刷技术专业毕业生人才双选会”，搭建印刷专业人才交流的平台；协助成都市新闻出版局举办法律法规和印刷技术培训；编撰《成都印务通讯》，为会员单位和印刷企业提供政策咨询、法律顾问、技术指导、经验交流的信息平台等。

成都市电子出版物经营管理协会。成都市电子出版物经营管理协会1992年成立，为全国第一家电子出版物的行业协会。业务主管单位为成都市新闻出版局。截至2005年底，有团体和个人会员200多个。

1992年12月，成都市电子出版物经营管理协会第一届理事会聘请李维绰为名誉理事长，选举郭凯为理事长，胡欣凌、赵春生、周代胜、刘余林、姜涛为副理事长，周光久为秘书长。2003年5月，成都市电子出版物经营管理协会第二届理事会选举陈新湖为理事长，杜一宪为常务理事长，张红霞为秘书长。

成都市电子出版物经营管理协会开展的主要活动有1992年10月，举办中国成都电脑节暨信息技术成果产品展和交易会；2003年，举办三届正版电子出版物展销会；2004年，建成未成年人电子出版物专营区（专柜）近10个；配备软件指导名册；提高青少年选购、运用软件的能力；组织会员积极提供正版软件及电脑配件参与“2004成都文化年·图书文化节活动”；组织参与“全民众志成城、远离盗版淫秽色情出版物”大型签名活动；开展全市软件正版率调研工作。

成都市新闻出版产业发展促进会。2004年7月，成立成都市新闻出版产业发展促进会，业务主管单位为成都市新闻出版局。截至2005年底，有团体会员和单位会员70余个。

成都市新闻出版产业发展促进会在成都市新闻出版局的指导下，挖掘和整合成都的新闻出版产业资源，鼓励、吸纳各类资本投资和参与新闻出版业的发展，寻找新闻出版业与文化、旅游、其他传媒及各类企事业单位的产业结合点，不断延伸产业链，增强成都市新闻出版业的综合实力。该会建立后，参与成都书刊速递公众服务网、《天府成都》杂志、成都银杏博文图书文化发展有限公司等产业项目的策划和组建；为成都时代出版社和成都银杏博文图书文化有限公司进行图书选题策划；组织会员企业参加2005年文化产业发展论坛暨新闻出版业成果展。

互联网公共传媒事业

综 述

20 世纪 90 年代初，成都市启动党政多媒体综合信息网络工程，到 90 年代末，互联网络覆盖全市各区（市）县，逐步实现全市党政部门入内网，相关单位实现与成都公众信息网的链接。经过 10 多年的发展，成都市互联网的应用走向多元化。互联网越来越深刻地改变着人们的学习、工作以及生活方式，甚至影响着整个社会进程。

成都市从创“建都之窗”发展为“成都在线”网站，成为中国国情网四川版的主力网站。定位为对外传播和推销城市的网络平台，介绍成都的地理位置、风土民情、城市文化和佳节庆典，围绕市委、市政府中心工作、重大活动开展专题宣传；着力体现成都这座城市的悠久历史和现代文明交相辉映的城市文化特色。推出成都的动态新闻信息，凸显成都的品牌和特色信息，增强外界对成都的印象和了解。网站配合中国国情网、国家文化网、国家中西部网，通过设立“中国电子商务交易平台”大型数据库，实现与全国上千家企业网站链接，快速地创建和部署智能电子商务平台，向用户提供个性化服务，共享资源；网站与人民网、新华网、中国网、中新网、新浪、搜狐、网易等国内门户网站建立合作关系，与四川新闻网、四川在线、天府热线、公众信息网等几十家省内网络媒体建立合作关系并进行链接，与国外 11 座友好城市网站进行链接；网站还链接反映成都地区政治、经济、文化、旅游、教育、企事业等相关网站，提供大量信息以方便用户查询。

由成都市人民政府主办、成都市信息化办公室承办、成都市经济信息中心负责建设的政府门户网站开通，成为宣传成都的窗口、面向公众提供政府服务的平台、政府与公众沟通的桥梁。成都公众信息网经过四次改版，搭建基于全市政府网站群的信息发布、信息检索、互动交流、短信服务的统一平台，并逐步实现对政府网站的统一管理。成都公众信息网的访问量逐年大幅度提高。网站信息更新量也成倍增加。成都公众信息网被认为是政府网站中发展最快、进步最大的典型之一，被《电子政务》创刊号点评为“领先西部的创新型政府网站”。在全国省会城市和计划单列市政府网站评比中名列第三。

成都市构建起统一的电子政务专网平台以及由公众信息网和政务办公网组成的统一电子政务网络体系。实施“网上互动便民”工程，将服务事项的前置条件、办事流程、填表样式在网上公布，并全面实现表格下载和对审批过程的监控。全市所有政府部门及其下属的 800 多个网站实现与政府门户网站的链接，政府门户网站的功能从信息发布调整为信息发布与服务互动，实施“电子政务外网工程”，完成郊县电子政务光纤骨干网络建设。通过网上政务大厅、政务短信、多媒体触摸屏、自助上网等手段，为公众提供事前了解办事流程、事后查询办事结果等告知和公示服务。通过电子政务外网、政务服务中心局域网和接办件系统及部门OA办公系统，实现政务服务中心与网上政务大厅、部门前后台以及市县两级之间的业务协同与共享，方便老百姓和企业就近办理行政许可。政务服务中心现场办结率、法定时限内办结率均居全国同类政务服务中心的领先位置。

成都市政府引导和支持网络运营商投资参与农村信息化基础设施建设，利用“天府农业网”在乡镇和企业建立信息工作站；在学生、骨干农户和干部中普及计算机知识和上网技能，开展农业实用技术培训。建成新型农村合作医疗信息管理系统，建成药品配送信息系统平台。实施“信息化进社区试点工程”，建设信息服务场所，搭建社区综合信息服务系统，为居民提供就业培训、文化娱乐等信息服务，改善社区服务功能。实施“信息服务工作站百千工程”，整合资源，推进全市农村经济信息网络，促进生产、加工、销售一体化经营，带动农户增收。

随着互联网的普及，成都电台建立网站，在新闻、交通、音乐三套无线节目的网上适时播出。成都电台推出网络广播，信息容积大、覆盖范围广、传播速度快、互动性强、高度开放，进行多媒体传播，为日益增多的上网人群提供更优质的音频、视频信息和广播服务。成都电视台互联网站与成都电视台播出节目相连，同步播出新闻和主要栏目。集成流媒体互联视听平台、新闻数据库发布系统、成视论坛、聊天室、电子邮局等动态交互功能。在对电视节目进行不间断网上直播的同时，实时将该台各主要电视节目采集到服务器上供观众点播收看。成视网站建立网上互动平台，使观众有参与节目的新途径。网络电视对各地区的新闻、业界动态、会议现场等进行网上点播、实况转播，建立多个网上媒体栏目。成都报业各大报均先后开通互联网站，与读者交流。

成都市委宣传部、成都市外宣办加强全市网络新闻信息管理和指导，坚持正确舆论引导，加大全市网络新闻宣传力度。围绕成都市委、市政府中心工作、重大外宣活动、重要会议，开展网上新闻宣传，倡导文明办网，净化网络环境，着重抓好属地内网站的监督和管理工作。

互联网站

【成都市公众信息网】

中国·成都公众信息网是由成都市人民政府主办，成都市信息化办公室承办，成都市经济信息中心负责建设的政府门户网站。2002年1月28日，正式开通，是宣传成都的窗口、面向公众提供政府服务的平台、政府与公众沟通的桥梁。

成都公众信息网2001年10月试行运转时，第一版开设市长信箱、成都政务、成都经济、成都新闻、投资成都、成都旅游、企事业之窗、数字成都等12个一级栏目；按政府、企业、公众等三类用户对象，组织政府广告376条、企业公告275条、招标公告128条、生活公告191条（水电气等）；发布市政府文件170条、地方性政策法规150余项。2002年10月，成都市经济信息中心开展街头采访和网上调查研究，征求市民意见，启动改版。成都公众信息网第二版，突出全面性、交互性、实用性和易用性，新增繁体版；提供多媒体视频服务、网上投诉、网上办事、网上咨询以及按事件查询等功能模块，并通过门户网站以帧的形式与各分站点的无缝链接，整合全市各分站点资源，为市民、企业提供800余项办事指南、100余项表格下载、15个网上办公应用项目、13项网上投诉、10项网上咨询。2003年，成都公众信息网全年的更新量为市民服务2401条，企业服务2336条（重大公告677条），政务服务1915条，时事新闻3977条，英文版更新内容209条。市长信箱累计共收到并处理市民来信4000余封。2004年5月15日，成都公众信息网进行第三次改版：全面调整市民服务、企业服务、政务服务、外来者服务等四个服务版块的内容，重建法律法规库、政府文件库等数据库。20个市级部门建立独立网站，初步形成成都市政府网站群。成都公众信息网积极探索网站群的管理，建设决策管理系统，统计各电子政务网站信息更新情况；建设基于全市政府网站的信息共享平台，初步形成网上信息公开的报送、上传、监督、检查等工作机制。2005年8月，成都市公众信息网又进行第四版改版，10月18日正式投入使用。此次改版坚持以服务为导向，以应用为重点，重新构架公众网整体内容框架，按首页统领门户框架、四大板块功能分区、分类频道递进建设的宗旨进行整体布局，加强门户网站与部门网站的协同，整合各区（市）县、委办局政府网站在内的政府网站群信息内容，搭建基于全市政府网站群的信息发布、信息检索、互动交流、短信服务的统一平台，并逐步实现对政府网站建立统一的管理。将原有市民服务、企业服务、政务服务、外来者服务按不同的服务对象以及提供的不同服务内容划分为安居成都、创业成都、和谐成都、魅力成都四大版块。

成都公众信息网为中文、英文双语版。2005年12月底，增开法文版。

成都公众信息网的访问量逐年大幅度提高。由开初日均点击数几千次发展到2005年日均访问量达7万余次。最高日访问量10万次。网站信息更新量也成倍增加，当年更新政务信息13100余条，安居成都1760余条，创业成都10920余条，魅力成都3600余条，时事新闻10700余条，英文版更新内容2100余条。“市长信箱”共收到并处理市民信件约1.09万封，累计办理1.87万封，办结率100%。在世界著名的Alexa.com全球网站访问排名中，成都公众信息网由2003年8月的8.6万多名次上升到2005年的1.15万名次，在全国省会城市中列第二。政府网站群主站点的访问量比例从33%上升到40%。

成都公众信息网被认为是政府网站中发展最快、进步最大的典型，是西部大开发中的一个信息化亮点。被《电子政务》创刊号点评为“领先西部的创新型政府网站”。2004年，在全国32个省会城市和计划单列市政府网站评比中列第3名。2005年，在同类评比中蝉联第3名，并在中国社会科学院“中国特色政府网站”评比中获得“企业扶持”特别奖、“网上办事指南”人性化奖、“网上绩效评估”特色奖三项大奖。

成都市政府市级各部门网站、区（市）县网站是“中国·成都”成都公众信息网的子网站。

【成都在线】

成都在线网站前身为成都之窗，创建于1998年底。由成都市委外宣办、市政府新闻办组建，旨为“让成都走向世界，让世界了解成都”，是中国国情网四川版的主力网站。

成都之窗在网站定位上，确定为对外传播和推销城市的网络平台。不仅介绍成都的地理位置、风土民情、城市文化和佳节庆典，也推出成都的动态新闻信息，每年将要举办的各项重大展览和活动预告，与外界开展的各种交流项目和活动、重大招商项目等，借以提高国外人士到蓉开展交流和参观考察的意向。在信息提供上，不停留于提供一般的信息，而在于凸显成都的品牌和特色信息，增强外界对成都的印象和了解。同时，通过互动功能，引导受众积极参与，让网站更好地与受众开展交流，提供及时有效的讯息，提升网站的知名度，树立网站的品牌。网站立足受众的接受心理，国内以成都之外的人士为主要对象；国外以旅行者、经贸合作和投资者、国外城市政府官员、留学生等为主要对象，着力从受众易于接受的方式进行。网站分“成都基本信息”“招商引资”“政府时事新闻”“企业数据库”四个大类，下辖“锦江之窗”“成华之窗”等16个区（市）县地方之窗。

成都之窗网站配合中国国情网、国家文化网、国家中西部网，通过设立“中国电子商务交易平台”大型数据库，实现与全国上千家企业网站链接，快速地创建和部署有效的、以用户为中心的智能电子商务平台，向用户提供个性化服务，共享资源，成为全国市场营销网络的重要组成部分。网站还链接反映成都地区政治、经济、文化、旅游、教育、企事业等所有相关网站，提供大量信息以方便用户查询，是成都地区各类网站的聚集地，并通过网络互动让用户快速参与网上交易。同时，网站设有由中国国情网提供技术支持的网络立体电视，让企业的产品在网上展示更完美、更直观。16个地方之窗可展现西部地方工业的新面貌和西部农业科技产业化的特点，铺就地方经济通往外部的桥梁。

2001年，成都市委外宣办加强成都之窗互联网站建设，及时更新内容，扩大网站信息量，围绕市委、市政府中心工作、重大活动开展专题各类宣传；新开设科技教育、文化艺术、交通旅游、医疗卫生、体育运动栏目，重点介绍成都市这方面的基本情况，突出宣传特色、优势和亮点；更新成都概况、投资指南、西部大开发、高新技术产业等栏目。风格设计上，充分展示成都的特色和亮点。以大熊猫栖息地、都江堰—青城山等表现良好的生态环境；以休闲的生活方式和美食吸引外人的目光；以城市建设展现现代城市风貌等，着力体现成都这座城市的悠久历史和现代文明交相辉映的城市文化特色。在色彩选择上，将咖啡色作为网页基调，既厚重又时尚，配以明亮的大幅图片，形成良好的视觉反差效果。在表现手段上，以动静相结合的方式，使用文字、图片、视频及多媒体技术，使网页的表现力更加丰富，使海外人士很好的认知成都的资源优势、独特魅力及对外开放程度。

成都在线坚持以市情为基础，通过整合涉蓉重要即时新闻、背景资料和网上独家专题报道，向世界及时全面地介绍成都，并为到成都旅游、投资、考察、学习、定居的国内其他城市和世界各国的人士提供迅捷、权威的信息服务。改版后的成都在线，网站信息量增大，整合成都本地各类资源，特别是新闻类媒体资源，与有关部门密切合作，充分利用优势资源，建设和充实数据库，搭建统一资源共享平台；网站呈现栏目涵盖面广，图文、视频、音频形式丰富等特征。宣传功能上，凸显成都作为“一座来了就不想离开的城市”的独特魅力。中英文网站日发稿量100篇以上（含翻译、整理、编辑中英文稿件和图片等），其文化、旅游、经济发展和重大活动等方面成为网民关注的重点。如中国国际软件合作洽谈会、泰国成都美食周、双流枇杷节、龙泉桃花节、三圣乡荷花节、全国网络媒体首届“完美中国·魅力四川”网上行、CCTV“倾国倾城：最值得向世界介绍的中国名城”大型电视活动、中英文网站制作专题特别报道配合外宣工作，引起市内相关部门的高度评价和网络媒体的认可。通过协调沟通，不少文章在国内门户网站转载，影响不断扩大。成都在线日点击率最高达到70万人次。

成都在线网站开通简体中文、繁体中文和英文三个版本，并将逐渐完成法文、德文、日文、韩文等语种的建设。

成都在线网站还与人民网、新华网、中国网、中新网、新浪、搜狐、网易等国内门户网站建立合作关系，并开通部分成都城市博客。相关宣传成都的文章，如《寻找中国城市名片》《探秘成都熊猫基地》《时代眼中的成都》《全力为成都“试验区造血”》《成都外商投资实际使用外资数中西部第一》等在门户网站转载；另外，网站与四川新闻网、四川在线、天府热线、公众信息网等几十家省内网络媒体也建立有良好的合作关系并进行链接，还与国外十一座友好城市网站也进行链接。

【成都市政府网】

1992年，成都市启动党政多媒体综合信息网络工程，到1999年，网络覆盖全市19个区（市）县。2001年10月，成立电子政务应用推进办公室，由成都市信息化办公室承担日常工作。同年，成都市90%的党政部门实现入内网，29家试点单位实现与成都公众信息网的链接。

2002年，全市构建起统一的电子政务专网平台以及由公众信息网和政务办公网组成的统一电子政务网络体系。成都市房管局、科技局、经委、工商局等部门开展体现服务型政府、面向社会公众的网上办公试点，为实现网上互动办公、促进政府职能转变打下基础。81%的市级部门和90%的区（市）县实现与公众信息网的链接。

2003年，实施“网上互动便民”工程，将工商、公安等40个部门690项服务事项的前置条件、办事流程、填表样式在网上公布，并全面实现表格下载和对审批过程的监控。在房产、交通等试点部门开展部分事项的网上预审批。在工商、公安、卫生等六个部门开通企业网上协同平台和办公系统。成都市所有政府部门及其下属的800多个网站实现与政府门户网站的链接，政府门户网站的功能从信息发布调整为信息发布与服务互动，实施“电子政务外网工程”，顺利完成14个郊县的电子政务光纤骨干网络建设。开通防汛、统计、地税、卫生以及中小企业融资等专网，启动工商、经委、环保等专网建设。全市90%的市级部门和全部区（市）县开始电子公文交换；546个乡镇及卫生监控及报送点的网络设施建设以及疫情报告工作机制建设均顺利完成。在抗击“非典”过程中，制定《成都市预防和控制传染性非典型肺炎120指挥平台和公共卫生信息网络系统专项预案》，开发出应急性“非典”防治信息管理系统。

成都市在全国城市中较早地颁布实施《成都市政府信息公开规定》和《成都市政府信息网上公开工作细则》。2004年，通过网上政务大厅、012345政务短信、多媒体触摸屏、自助上网等手段，为公众提供事前了解办事流程，事后查询办事结果等告知和公示服务。通过电子政务外网、政务服务中心局域网和接办件系统及部门OA办公系统，实现政务服务中心与网上政务大厅、部门前后台以及市县两级之间的业务协同与共享，方便老百姓和企业就近办理行政许可。政务服务中心现场办结率、法定时限内办结率均居全国同类政务服务中心的领先位置。同年整合“市长信箱”和市长热线系统，建立覆盖全市84个部门和单位、19个区（市）县领导信箱的网上分发系统，全年处理

7000多封市民来信，办结率达100%，受到国家信访总局的表扬。全市部门网站（页）形成政务信息公开的统一网上平台，提供服务信息3万多条，日均访问量6万余次，在全国副省级和省会城市的排名从17位跃升为第3位，被评价为“领先西部的创新型政府网站”。该网站还依托全市企业信用信息系统，构建连接22个成员单位的网络平台，形成企业身份信息、业绩信息、提示信息和警示信息数据库；建立工商、税务、质监部门间企业基础信息交换机制，形成50余万条企业信用信息基础数据库，开始提供企业征信和市场联合监管两种服务。国家试点工作验收组评价该系统建设规模、构架和采用的技术手段在国内同类城市中处于领先地位。

2005年，全市搭建统一的市县两级协同平台，实现市政务服务中心43个部门的窗口与后台、市县两级政务服务中心的互联互通。建成覆盖市、县政务服务中心、部门的“政务协同即时通”信息系统。截至2005年底，有70个行政审批事项实现“前后”协同，32个事项实现上下协同。应急联动指挥信息系统实现各种报警的统一接入和有效管理。企业信用信息系统完成成都市旅游局、药监局、安监局、交通局、市政公用局和农委的接入和应用。企业基础信息交换与共享系统扩大互联互通和信息交换，成立的1.9万户企业实现基础信息交换共享，完成统计、劳动保障、编办以及民政等部门的接入和信息交换共享。城市内涝及防汛监测信息系统完成防汛指挥系统、防汛视频监控系统以及实时水雨情数据、洪涝灾害数据、气象信息数据等综合数据库建设，灾情评估系统和会商会议系统得到优化完善。劳动保障信息系统改造完成劳动、社保、就业统一数据平台，启动劳动保障信息系统应用与共享，实现劳动力市场信息全市联网。全市行政执法机关信息交换及共享系统开始试运行。图书馆信息系统加快共享应用，政府公开信息集中查询服务平台逐步完善。电子政务数字身份认证系统开始在外网公文交换系统、企业信用信息系统、疫情及突发公共卫生事件信息系统中应用。政府网站群主站点的访问量从33%上升到40%。

【成都市网络新闻信息中心】

成都市网络新闻信息中心于2005年初由成都市委宣传部组建、市外宣办负责指导工作。其宗旨为坚持正确舆论引导，进一步加大全市网络新闻宣传力度。该中心与成都在线网站合署办公，专职从事互联网新闻宣传的工作人员10人。该中心除负责“成都在线”网站的建设和日常运作外，围绕成都市委、市政府中心工作、重大外宣活动、重要会议，开展网上新闻宣传，倡导文明办网，净化网络环境。

市网络新闻信息中心采取多种方式与国内主流网站建立横、纵向联系，加大成都外宣的力度。先后与人民网、新华网、新浪、搜狐等国内知名网站及新华网四川频道、四川新闻网等省级网站建立工作联系，提高成都在国内外主流网络媒体的上稿率。如“第三届成都·泰国风情周”“中国成都国际非物质文化遗产节”“第八届中国西部国际经济贸易洽谈会”等活动，均在以上网站首页隆重报道，并刊发相关稿件400余篇，显著提升成都的影响力和美誉度。至2005年底，网站与成都市体育局，市旅游局、会展办、市外经局等及各区（市）县相关单位的宣传部门建立密切联系，在专题报道和宣传工作中，网站建设得到各区（市）县相关宣传部门的大力支持和积极配合，提供有丰富的图文资料。

附：四川省人民政府网、四川在线、四川新闻网

四川省人民政府网于2001年10月正式在国际互联网上建立。2004年，省信息化领导小组第二次会议决定，四川省人民政府网站由省政府办公厅牵头建设管理，省电信公司负责日常的维护和运营工作。为此，省政府办公厅决定由信息技术处具体负责网站建设的推进、指导等管理工作，省电信成立近30人的专业队伍，进行网站改版建设。

在网站的建设过程中，充分学习、借鉴政府网站建设的先进理念，突出政务信息发布、网上办事服务和互动交流三大功能，分中文简体版、繁体版和英文版，8个大类、400多个小类，开设在线访谈、办事服务、网上调查、政务专题、阳光政务视频录播、政府信息公开目录等特色栏目。网站月均发布信息3000余条，网站首页日均访问量15万人次左右，最多的一天达20万人次；网站页面日均点击量过百万，最多的一天250多万人次。访问网站的国家有150个左右。

四川在线正式创立于2001年1月1日，主管主办单位为四川日报报业集团。2001年3月，经国务院新闻办公室批准，获得从事互联网新闻信息服务资质。

四川在线承担四川日报报业集团所有报刊的电子版制作发布工作。通过网络媒体通道，《四川日报》《华西都市报》《天府早报》等的新闻信息突破传统报刊的局限，传播到省外、国外，影响更为深远。四川在线开通初期，整合四川日报报业集团的媒体资源优势，以登载集团所属各报报道为主。2003年，四川在线加强对服务信息采集，制作一大批实用性极强的专题栏目，如《2004考研信息》《2003年成都秋季房交会》《高考志愿填报全攻略》《四川高校2003招生信息总汇》等相关信息专栏，满足网友的信息需求。2004年，四川在线逐步培养网络记者，采写适合网络媒体的稿件，增加网站独立的声音。网站制定有相应的激励措施，努力在报道方式上取得突破，更多地采用音频、视频与文字图片组合的多媒体方式，充分运用网络展示手段，强化宣传效果。2005年上半年，网站明确提出转变工作方式，从拷贝阶段向整合阶段过渡，即不仅仅是复制传统媒体的内容，而是对传统媒体新闻进行选择、加工、组织、解读等方式进行整合。通过整合使网络媒体的新闻宣传在网站得到提升，形成网站的新闻宣传特色。同时，网站新增摄像机等视频设备，对编采人员进行视频技术培训，增加新闻视频播报。四川在线每日新闻更新在1200条以上，是网民了解四川的重要窗口，其“天府论坛”已成为四川知名的时政性论坛之一。

2005年，四川在线策划实施“网上重走长征路”有奖答题活动，运用视频、音频、动画技术，在网上形象地再现红军长征的历史画卷，吸引来自全国各地数十万网民参加，取得良好的社会影响。此外，还策划组织“邛崃边远山区助学”“捐助贫困大学生上学”“金堂农村小学爱心捐助”等公益活动，吸引大量网友的积极参与，通过大力倡导与推行富有爱心的公益活动，四川在线既为社会公益事业尽到一份责任，为精神文明建设做出贡献，同时也在网民心目中树立起良好的形象，获得社会的广泛认可，有效地提升网络媒体的声誉。

四川新闻网创立于1999年1月1日，主管主办单位为四川省委宣传部，是全国最早成立的省级新闻网站，国务院新闻办公室确定的全国六大地方网站之一。四川省委确定其与《四川日报》、四川人民广播电台、四川电视台并列为省级四大主要媒体。

四川新闻网开通初期设有“新闻”“财经”“文娱”“体育”“旅游”“健康”等栏目。随技术进步和网民需求增大，以文字、图片、音频、视频、互动等形式不断增加网络内容和更新表现形式。2001年6月15日，开通“理论在线”栏目，至2005年共发表理论文章20多万篇，集中宣传邓小平理论、“三个代表”重要思想和科学发展观，这在全国地方网站是很少见的。从2005年4月起，集中对40余个节目进行改版，力求改变以往单一的专业新闻网站局面，做到“新闻记录历史、资讯服务大众”，为网民提供更多的服务。不仅增加“川菜”“川酒”“太阳鸟时评”“麻辣社区”等具有地方特色的栏目，还大量调整“读书”“阳光政务”“教育”“人才”“汽车”“女性”“互动电视”“游戏”“聊天”“交友”等服务类节目。如2005年10月，川剧栏目开通后，集中播放100多部川戏及折子戏，每天点击量在1万次左右。“麻辣社区”板块中的“群众呼声”“麻辣杂谈”“警民交流”等互动栏目，通过互联网架起普通百姓与党和政府沟通的桥梁，受到人民群众特别是知识分子网民的喜爱。2005年下半年，“麻辣社区”每天平均同时在线人数达到近万人，是四川省内所有网站中参与人数较多、人气较旺的新闻论坛。

四川新闻网建网初期，仅有中文、英文两个语种。从2001年6月起，增加法文、德文、日文频道，每天用中、英、法、德、日五种文字播送新闻。语种数仅次于中国网、新华网、国际在线，居全国各省市（自治区）网站首位。

四川新闻网建站初期，按照省委“归口管理，集中上网”的原则整合传统媒体新闻信息资源，承担全省新闻媒体电子版新闻网页集中上网工作。到2000年底，即整合全省102家媒体上网。2001年9月，依托四川新闻网平台开通的中国西部网，又整合西部10家新闻网站及上百家报纸的新闻，其拥有信息量在全国名列前茅。2005年，平均每天通过四川新闻网向全世界发布的四川各地的新闻有4000多条。

2004年，四川新闻网根据网络视听深受广大网民喜爱的实际，报经国家广播电影电视总局批准推出《在线视听》栏目，成为西部地区首家也是唯一的具有网上视听节目制作、发布的权威新闻网站。该栏目所开辟“魅力四川”“市州领导访谈”“企业文化展播”“专题片”及“民营企业在线”等专栏，自编、自拍市、州委书记访谈录20多部、旅游风景区专题片30多部。2005年四川省人大、省政协两会期间及西博会、泛珠三角区域合作与发展论坛暨经贸洽谈会、中国花卉博览会、第三届四川旅游发展大会、四川电视节等重大宣传活动中，四川新闻网都进行视频直播和视频专题。不仅进一步丰富网上的视听内容，而且更为四川和中国西部的各类优势资源、著名优秀企业等提供一个全新的对外宣传展示平台。

互联网公共传媒信息传播

【互联网广播】

随着互联网的普及，成都电台触网而动。2000年9月1日，播出一档广播与网络互动的网络节目《非凡调频》。该节目利用先进的网络技术，不仅在成都电台交通文艺频道FM91.4及1485AM两个频率直播，而且在互联网上进行现场直播。

2003年5月，成都电台建立网站www.cdbs.com.cn，在新闻、交通、音乐三套无线节目的网上适时播出。网络节目播出后，收听人数持续上升。2004年，该网站的月访问数达到

60万人次；网上听众平均每天收听时间达到56分钟（国外成熟网络电台最高为90分钟），成为西部地区网络广播发展最迅速的广播电台之一。

2004年9月4日，成都电台推出网络广播——飞跃调频。它的播出，标志着该台节目的传播方式发生巨大变革。不仅具有信息容积大、覆盖范围广、传播速度快、互动性强、高度开放等特点，还可以进行多媒体传播，为日益增多的上网人群提供更优质的音频、视频信息和广播服务。

2005年，飞跃调频陆续完成人员招聘和培训工作。从近200名应征者中，挑选10名担任飞跃调频的主持人。飞跃调频从2005年7月12日全天3个小时直播节目，扩大到全天16小时，完成节目扩版，体现网络广播的伴随性。多位著名主持人为网民带来缤纷多彩的直播节目，涉及交友、谈心、音乐欣赏、话题、娱乐、游戏等多个领域。设置有《网络不眠夜》《好大一个家》《男人味、女人香》《安非他命》《touch新听觉》《雪莉音乐派》等节目。网友们在收听节目的同时，还可以通过网络留言板、热线、短信等互动方式与主持人进行一对一的交流。

飞跃调频宣传绿色上网方式，引导网民特别是青少年健康上网。在立足本地上网人群的同时，辐射全球网民，制作一套以音乐＋信息＋生活为主，新鲜、独特的声音元素传递，符合网络收听的全新节目，是成都电台新闻频道、交通文艺频道、音乐频道、文化休闲频道四套无线广播节目的延伸和补充。

2005年，飞跃调频成功举办“好大一个家”网友活动，并举办两场“一人一本书摇滚音乐会”公益性演出，通过摇滚音乐会的方式为贫困地区儿童募集到4000余册书籍，送往省内多个边远地区小学。

【互联网视听】

成都电视台互联网站。创立于1997年，是成都地区首个国际互联网站。它与成都电视台播出节目相连，同步播出新闻和主要栏目。1999年12月31日至2000年1月1日，该网站为迎接新世纪，与中国电信合作，连续48小时直播成都电视台的“新年音乐会”等一系列迎接新世纪节目。许多在海外的成都人通过互联网收看到家乡的迎千禧活动，纷纷在网上热烈祝贺，愿成都更美好。2000年10月20日，“中国西部论坛”在成都举行，该网站充分利用电视台的节目资源优势，进行72小时不间断互联网直播，全面播出此次盛会，取得良好的社会反响。2001年5月，该网站对电视部分节目进行网上直播和点播。2002年10月，该网站全面改版，开发出一系列互联网应用项目，新网站集成流媒体互联视听平台、新闻数据库发布系统、成视论坛、聊天室、电子邮局等动态交互功能。在新闻板块里，每天除将成都电视台新闻以文字的形式实时发布外，还及时转发新华社的重大国内国际新闻。互联视听板块形成全新的互联网电视频道。在对电视节目进行不间断网上直播的同时，还实时将该台各主要电视节目采集到服务器上供观众点播收看。

2003年3月，该网站进行升级改造，启用新域名：www.cdtv.cn。在完善技术措施的同时，积极推进互联网技术应用，建立网上互动平台，使观众有参与节目的新途径。通过互动平台策划完成《我为成都寻找城市名片》《万众一心抗“非典”》直播节目的网上评点及《成都十大金曲评选》的网上试听和投票活动，参与活动的观众数万人次。《成都十大金曲评选》成为全国率先建立并成功运行的互联视听节目之一。为此，2004 年，获得广电总局第一批“信息网络传播视听节目许可证”。

该系统建成的网络电视对各地区的新闻、业界动态、会议现场等进行网上点播、实况转播，建立多个网上媒体栏目。如《新闻现场》《在线影院》等。还建立网上多媒体档案库，应用多种媒体形式进行网上节目的制作，可以在直播窗口中方便地插入文字、图片和超链接。用户既可在宽带网内点播节目，也可以通过调制解调器（Modem）窄带接入点播节目。管理端、用户端界面均采用统一的 Web 界面。客户端通过获得免费的播放器软件观看各类电视节目。

【互联网报纸观看】

2000 年以后，成都报业各大报均先后开通互联网站，与读者交流。《成都晚报》于 2001 年 7 月与四川新闻网合作，建立电子版，其域名为 www.cdwb.com.cn。读者通过电子版可以查知《成都晚报》2001 年 7 月后的新闻。设有国内、国际、民生、现场、关注、热线、维权、社会、体育、文娱、副刊等栏目，新闻每日更新。日均独立人流量约 4000。2003 年 7 月，成都商报社成立独立的电子版，域名为：www.cdsb.com 。版面设置按照报纸版面逐一定制，每天 6 点准时更新。页面日浏览点击率最初为 8000 人次，2004 年 3 月升为 2.5 万人次。2004 年 4 月，《成都商报》电子版首度改版，主色调变为蓝色，在图形版、图文版、PDF 版的基础上增设“视听新闻版”。更新时间仍为每天早上 6 点。改版后新闻搜索引擎进一步完善，新闻量大增，首页除 5 条图片新闻外，还有 30 条新闻推荐（按要闻、国内、国际、财经、文化、体育各 5 条）。时值雅典奥运会，电子版做出一系列奥运新闻网上体现的尝试，如做出《奥运引导页面》《奥运新闻专栏》等，使页面日浏览点击率激增，维持在 20 万左右，最高曾经突破 30 万。2004 年底到 2005 年底，一年平均浏览量为 24.5 万。2005 年 12 月，电子版第二次改版，改版后大量使用图片，增强网页的表现形式，划分新闻内页（分为要闻、市民、财经、体娱、专刊五大版块）。首页在原来基础上增加《头条回顾》，设置《新闻线索》专栏，24 小时发布更新及时性新闻，初步实现网站 24 小时更新化。技术上增加 TAGS 和 RSS 等国际流行网站技术。截至同年 12 月 31 日，《成都商报》电子版的日浏览量达 120 多万，最高曾突破 170 万。

2005 年 12 月，《成都商报》又开通 Digjoy（聚合传媒）。聚合传媒以互联网新技术为基础，以 Flash 动画等多媒体表现形式，实现网络、平面媒体、书籍、音视频等内容资源的共享，是全国首个网络多媒体出版平台。它包括 1 张多媒体报、4 本多媒体杂志、6 本电子书籍；同时该平台还对国内 100 多本网络杂志、电子书籍进行传播。

2005 年，《成都日报》恢复后与四川新闻网合作开通《成都日报》电子版，域名为 www.cdrb.com.cn。该电子版常设 13 个栏目：要闻、国内要闻、国际要闻、城市报道、区县报道、社会新闻、体育报道、财经报道、证券报道、文艺报道、副刊、专刊、Chengdu Weekly 等。不仅读者可通过互联网对《成都日报》最近三年的见报资料进行查询、阅读检索，还为有特殊需求的读者提供资料查询和收藏的条件。2005 年 12 月，据四川新闻网统计，《成都日报》网站日点击率为 3000 多次。

【城乡信息服务】

成都市是大城区带大郊区城市格局，城乡信息化水平差距较大。农村融资能力弱，信息网络基础薄弱，覆盖面广，信息服务应用不足。2003年，成都市信息办、市委农工办和市教育局制定《关于在全市开展运用信息技术加快农村脱贫致富试点工作的实施方案》，选择村、乡镇、学校和龙头企业为载体开展试点工作。2003年1月，启动“缩小数字鸿沟·信息化手拉手”活动。在2003年暑期，500多名大学生志愿者对口联系乡镇开办信息化讲座200余场，培训1000余人次。全年全市新增联网乡镇17个，联网重点农业产业化龙头企业46个，发布本市经济信息1.05万条。农经信息网联网乡镇达333个，占总数335个的99%；农业产业化龙头企业联网达63%。

2004年，政府引导和支持网络运营商投资参与农村信息化基础设施建设，利用“天府农业网”在乡镇和企业建立95个信息工作站。在基础教育上，在部分乡村学校推广金堂县光荣村“扶贫点+学校+网校”模式，建立蒲江鹤山镇五龙村等一批网校，面向教师开展优质课件交流，在学生、骨干农户和干部中普及计算机知识和上网技能，开展农业实用技术培训。在社会保障上，建成新型农村合作医疗信息管理系统，在都江堰市等10个试点区（市）县投用并取得明显成效；建成药品配送信息系统平台，并在新都、温江试用。全国人大、全国政协组织专门视察，卫生部常务副部长高强、国务院信息化工作办公室副主任陈大卫等领导给予充分肯定。推广新津伍田食品公司“企业信息化平台+农经合作组织信息服务+农户”模式，在都江堰、温江、邛崃、蒲江、郫县等地的12个单位推广试点，建成一批企业信息化平台，开展网上销售。通过应用，试点企业交易量平均增长20%。

2005年，成都市出台《关于加快推进农村信息服务体系的意见》，制定《农村信息服务体系建设规划》。通过实施“农民网络技术学校示范工程”，建立30所农民网校，普及推广计算机应用。医疗卫生服务延伸加快推进，在全市562家乡镇以上医院，推广应用新型农村合作医疗管理信息系统和药品配送管理信息系统，为农村医疗卫生保障体系建设提供有力的技术支撑。劳动就业和文化服务延伸初见成效，通过实施“信息化进社区试点工程”，在新津县纯阳小区等农民集中居住区，建设信息服务场所，搭建社区综合信息服务系统，为居民提供就业培训、文化娱乐等信息服务，改善社区服务功能。农产品市场信息服务成效明显，通过实施“信息服务工作站百千工程”，整合资源，推进全市农村经济信息网络，建立100个农村信息服务工作站，开展市场、科技信息服务。全市农村经济信息网网上农产品交易额3.5亿元，网上招商引资2亿元。实施“农业产业化龙头企业信息化应用工程”，推广“企业信息化系统+农经专合组织信息服务+农户”模式，针对企业需求，完成30家龙头企业信息综合服务应用系统建设。通过有效应用，网上产品交易量平均增长10%～20%，生产、管理、销售成本平均下降15%～30%，供应链和商务环境得到优化和改善，促进生产、加工、销售一体化经营，带动农户增收。同年，还启动“农民热线”综合信息服务平台建设。

卫生·计划生育

概　述

20世纪90年代以后，成都市卫生事业改革不断深入，事业快速、健康发展，卫生改革突出健全医疗卫生服务体系、卫生监督执法体系、医疗保障体系，围绕加强预防保护、农村卫生和中医三项事业全面展开。

1991年，中共成都市委、成都市人民政府下发《关于初级卫生保健工作的通知》，对初级卫生保健工作进行全面部署，是年底，19个区（市）县均先后建立初级卫生保健领导机构，全市411个乡镇中，有329个乡镇建立初级卫生保健机构，农村县、乡、村三级卫生网不断巩固发展。1996年，全市19个区（市）县均完成初级卫生保健目标，提前2年完成市初级卫生保健规划，提前5年实现省初级卫生保健规划，成为四川省第一个全部实现农村初级卫生保健工作合格的地区。2002年起，着力抓城乡卫生建设、乡镇卫生院和村卫生站规范化建设、城镇社区卫生服务中心（站）建设，打造“十五分钟健康圈”，基本满足人民群众医疗保健需求，推进卫生事业持续健康发展。由一、二、三级医院为主要构架，卫生单位门类齐全的医疗卫生服务体系初具规模。截至2005年，成都市建成各类卫生机构4458个，病床4.59万张（其中医院、卫生院4.28万张），每千人拥有病床3.90张（较1990年增加0.11张）；有卫生工作人员72126人，每千人有卫生工作人员2.4人；全市卫生机构有房屋建筑面积543万多平方米、价值万元以上的医疗设备2.9万多台。

成都市人民政府和卫生行政部门把加强卫生执法监督作为贯彻“预防为主”卫生工作方针、加强公共卫生领域管理、防病治病的重要手段和有效措施。1991年，针对社会反映强烈的热点、难点问题，以净化医疗卫生环境，建立良好的医疗卫生工作秩序为重点，进行医疗卫生单位的治理整顿，加强对各种形式的医疗技术协作联合体的治理。深入贯彻《中华人民共和国药品管理法》，加强药品监督管理，组织力量调研、制定改革方案、探索卫生综合执法。1993年，建立并推行卫生行政执法责任制，把执法责任落实到每个部门领导及执法工作人员，并加强检查、考核，兑现奖惩。同时，建立与卫生行政执法责任制配套的系列制度，规范卫生行政执法行为，初步完成由“人管人”到“制度管人”的转变。制订1994—1998年成都市卫生立法计划，加强卫生监督执法力度，以贯彻《中华人民共和国传染病防治法》《中华人民共和国药品管理法》《中华人民共和国食品卫生法（试行）》和《中华人民共和国红十字法》等有关法律、法规为重点，全面开展卫生监督执法工作。到2005年，全市基本建立起卫生执法监督体系，建成一支由923名卫生监督员、1500 余名卫生检查员组成的卫生监督队伍。

20 世纪 80 年代，成都市建立健全医疗保障体系，在市卫生局单独设立公费医疗办公室，加强公费医疗管理。1990 年以来，成都市进一步巩固、发展农村合作医疗工作。1998 年，在改革公费、劳保医疗的基础上，建立城镇职工医疗保险制度。同年 5 月，下发《关于发展和完善农村合作医疗制度的实施意见》，在全市 15 个区（市）县、31 个乡镇、42 个行政村启动合作医疗试点工作。自 2003 年起在都江堰市开展新型农村合作医疗试点，至 2005 年 12 月在全市农村推广，参加农村合作医疗人数 505.45 万人、参合率（指参加合作医疗人数占农村总人口之比）89.43%。2005 年 9 月，成都市建立少儿住院互助制度（是国内继北京、上海市之后第三个开展这项改革的城市），有 110 多万中小学生、婴幼儿获得一定程度住院医疗保障。至 2005 年年底，全市约 9 成居民有医疗保障，又先后建立城镇居民、大专院校学生医疗保险制度，成为全国少有的全民享有医疗保险的城市。

1992 年，成都市被卫生部确定为卫生改革的试点城市。1997 年 7 月，市委、市政府召开“成都市卫生大会”，会后下发《中共成都市委、成都市人民政府关于卫生改革与发展的决定》，确定全市卫生改革的目标、指导思想和改革的主要内容；重申“卫生事业是政府实行一定福利政策的社会公益事业，各级政府对发展卫生事业负有重要的责任”；提出“以提高人民健康水平为中心，优先发展和保证基本卫生服务”的原则；要求各级政府把卫生工作纳入政府一级目标管理，由市政府制定并组织实施全市区域卫生规划，建立和完善以政府投入为主，市场补偿为辅，社会多方资助，实行优惠政策的卫生投入补偿机制。成都市卫生改革转入全面实施，卫生事业发展进入重点推进阶段。2000 年 6 月，卫生系统被成都市委、市政府定为人事制度改革试点系统，在市级医疗单位全面推行中层干部竞争上岗。2004 年 4 月，在市级医疗单位全面启动全员聘用制改革。2005 年，中央及省、市与各区（市）县、乡镇政府投入卫生行业 6.37 万元，占全年全市卫生机构总收入的 8.1%；政府投入经费分配给农村卫生院 5552 万元、占 8.7%，分配给妇幼保健院、疾病控制中心、卫生监督所、专科疾病防治院 22592 万元、占 35.5%。根据疾病谱变化和医疗市场的需求，调整卫生产业结构，优化卫生资源配置，促进城乡卫生事业均衡发展。将原有的多级医疗卫生网络逐步改造为两级医疗卫生服务构架，提高卫生资源利用率。在城市发展社区卫生，在农村推行新型农村合作医疗，同时，开办惠民医院、建立惠民门诊、惠民科室，努力满足群众医疗卫生服务需求，解决“看病难、看病贵”的问题。

1990 年以后，成都市按照省人民政府要求，加强对外交流与合作，从人才、技术、物资等方面无私援助西藏，四川甘孜、阿坝、凉山及仪陇等老边少地区，促进落后地区卫生事业发展。仅四川大学华西医院即先后派出 60 余批、300 多名医务人员到老、边、少地区开展医疗扶贫，并对当地医疗机构进行技术指导，开展手术和讲学。同时，先后向非洲国家派出 11 批近 30 个医疗队，在非洲地区执行援外医疗任务。还与世界上 60 余个国家和地区在医学教育、医疗卫生技术、卫生行政管理等方面建立广泛的交流与合作，促进各方医疗卫生技术水平的提高和卫生事业的发展。

在卫生改革的推动下，成都市卫生事业快速、健康发展，特别在预防保健、农村卫生、振兴中医三项战略重点工作中取得巨大成绩。在建设实施预防接种“非典”等新发传染病防治、地方病达标、慢性病防治研究、创建国家卫生城市、消灭蚊蝇老鼠蟑螂、农村改水改厕、创建爱婴医院、母婴系统保健；推动乡镇卫生院、村卫生站规范、标准化建设，乡村卫生管理，推行新型农村合作医疗、城乡卫生建设；以及中医机构达标建设、名中医队伍建设、名中医学术思想继承、中医单位内涵建设、中西医结合等 50 余项工作中都创造骄人的业绩，步入全省、全国的先进行列。全市传染病发病率由 1990 年的 500.72/10 万下降到 2005 年的 254.70/10 万；孕产妇死亡率由 1990 年的 52.38/10 万下降到 2005 年的2.1/10 万；婴儿死亡率由 1990 年的 25.52‰下降到 2005 年的 13.4‰；人均期望寿命由 1990 年的 71.62 岁上升到 2005 年的 75.49 岁。

1990 年，成都市认真贯彻执行《四川省计划生育条例》，依法管理计划生育。市级计生工作机构增编 38 人，县级计生机构由上年的 343 人增加到 425 人，全年全市计划生育普及率为 97.91%，比上年提高 1.39 个百分点。1991 年，成都市 24 个市级有关部门将计划生育工作纳入目标管理，由市目标办和计生委共同考核。至 1995 年“八五”结束，5 年之中，年均自增率为 5.5‰以内。

“九五”期间，更加重视计划生育工作。1997 年，制定颁布成都市第一个计划生育地方性法规《成都市流动人口计划生育管理规定》。至 1999 年底，全市规划建设 280 个乡镇计划生育服务站的任务全部完成，市、县、乡、村四级计划生育技术服务网络体系基本建成，计划生育“三结合”（即积极稳妥地推进农村计划生育工作与发展经济相结合，与帮助农民勤劳致富相结合，与建立文明幸福家庭相结合）工作向管理规范化、帮扶规模化发展。

“十五”期间，全市计划生育工作以稳定低生育水平、构建和谐人口的目标，积极推进计划生育综合改革。2001 年在全市开始开展的“婚育新风进万家”活动，在“十五”期间逐年进行。至 2005 年底，全市 19 个区（市）县以及高新区全部达到市级计划生育优质服务先进区（市）县标准。成都市计划生育较高的工作质量在“十五”期间得到巩固，成为全省唯一的人口与计生工作“免检”地区。

公共卫生资源

医疗机构

【概　况】

1990年，成都市卫生事业重点围绕调整卫生产业结构，优化卫生资源配置，提高卫生资源利用率，转换内部运行机制，改革医疗卫生服务体系、完善投入补偿政策等方面开展工作。从1991年开始，成都市开展农村三分之一重点县建设、农村“三项”建设、乡镇卫生院“五配套”建设，预防、保健单位和中医院“达标”建设，至1999年，全市投资1.57亿元，完成379个建设项目，竣工业务用房37.48万平方米，对355个乡镇卫生院、9个县级防疫站、15个区县妇幼保健院（所）进行改造。截至2005年，全市农村卫生投资3.01亿元，建设项目463个，竣工业务用房40.82万平方米。

1995年，经过机构改革和布局调整，全市各级各类医疗、卫生机构计1559个，有卫生技术人员6.93万人、医院病床3.32万张。

2002年，成都市有各类卫生机构8179个。其中，医院294个，卫生院376个，门诊部189个，诊所3690个（含私营3498个），卫生所和医务室415个（含私营22个），社区卫生服务中心42个，社区卫生服务站41个，村卫生室3012个。全市有床位4.11万张，其中，医院、卫生院床位3.92万张。全市千人口医院卫生院床位数为3.8张。全市卫生工作人员7.6万人，其中卫生技术人员5.98万人。其中，执业（助理）医师2.6万人，注册护士1.75万人，药剂人员5092人，检验人员2769人，其他卫生技术人员1.14万人。全市每千人口卫生技术人员5.8人，每千人口医师2.5人。2004年，全市加强对个体开业诊所、医务室等类机构规范管理的力度，取缔不合格机构77个；由于撤乡并镇、一些单位深化改革等原因，全市医疗机构减少46个。截至2005年，成都市有各类卫生机构4458个，其中，公有1472个、私营2986个；医院309个，门诊部114个，诊所、卫生所、医务室3467个（其中私营2986个）；疾病控制机构22个、妇幼保健院19个、卫生院329个，专科疾病防治所9个、社区卫生服务中心（服务站）144个，其他卫生机构45个；有卫生工作人员7.21万人，其中卫生技术人员5.85万人，每千人拥有卫生技术人员5.4人（较1990年增加0.10人），每千人口有医生2.4人。

1990—2005 年部分年度成都市医疗卫生事业基本情况表

表 5-183

	单位	1990 年	2000 年	2004 年	2005 年
机构数(总计)	个	1675	1435	4493	4458
医院、卫生院	个	516	568	656	638
床位数	张	35121	39796	44415	45873
医院、卫生院	个	30438	34107	41689	42808
工作人员	人	64934	72926	71585	72126
卫生技术人员	人	49016	55176	58332	58548
执业(助理)医师	人	23200	26000	26010	26228
注册护士	人	13300		17918	17733
药剂人员	人	5355	5094	4720	
总计中:政府办医院					
机构数	个	150	170	105	110
床位数	张	23154	26335	22709	24582
工作人员数	人	34823	39442	29765	31169
卫生技术人员	人	26589	29966	22955	23562
医生	人	10734	12096	9254	9356
平均每万人口拥有医院、卫生院床位数	张	33	34	39	40
卫生技术人员	人	53	54	55	54
医生	人	25	26	24	24

说明:①资料主要引自《成都年鉴(2006)》;②总计中:政府办医院的机构数,2001 年及以前年度指政府及非政府部门举办的县及县以上医院,2002 年及以后各年度指由政府部门举办的所有医院

【三级医疗机构】

1990 年,成都市卫生系统按照国务院《医疗机构管理条例》和卫生部《医院分级管理办法》,加强各医疗机构的管理。1993 年 11 月 8 日,卫生部医院评审委员会授予成都市第三人民医院“三级甲等医院”称号,是成都市唯一一家市级三级甲等医院,也是四川省首家被评为三级甲等的市(地)级医院。1995 年 6 月 24 日,成都中医药大学附属医院通过四川省医院分级管理评审委员会专家组的评审,达到国家中医药管理局“三级甲等”中医医院标准,成为成都市、四川省首家三甲中医院。7 月 15 日,彭州市敖平镇中心卫生院通过成都市和彭州市医院分级管理评审委员会联合评审组评审验收,达到一级甲等综

合医院标准。12 月 2 日，经全国中西医结合医院评审专家组评审，成都市中西医结合医院达到国家中医药管理局制定的“三级甲等中西医结合医院”分级管理基本标准和分等标准，正式批准该院为“三级甲等中西医结合医院”。至 1998 年，市、区（市）县医疗机构和工矿医院共评审出三级甲等医院 3 所、三级乙等医院 1 所、二级甲等医院 11 所、二级乙等医院 12 所，一级甲等医院 8 所。2005 年，全市评审出三级甲等综合医院 7 所、专科医院 1 所、中医医院 1 所、中医专科医院 1 所、中西医结合医院 1 所、妇幼保健医院 2 所，三级乙等综合医院 1 所，形成多个专业的医疗、教学、科研基地和中心。全市评审出二级综合医院 45 所、中医医院 13 所、妇幼保健医院 5 所。同时，适应社会需求，在长期医疗实践中，形成一批以专科、专病为主的特色医院。

1990—2005 年成都地区二级综合医院一览表

表 5 - 184

医院名称	等级	类别	床位（张）	评审时间	复查结果	地址
成都市第五人民医院	二甲	政府非营利	510	1999 年 6 月	合格	温江区麻布街 33 号
成都市第六人民医院	二甲	政府非营利	512	1996 年 9 月	合格	成都市建设南街 16 号
成都市第七人民医院	二甲	政府非营利	450	1997 年 1 月	合格	成都市十二中街 1 号
成都市第九人民医院	二甲	政府非营利	270	2003 年 9 月	合格	成都市包家巷 77 号
双流县第二人民医院	二甲	政府非营利	300	1998 年 12 月	合格	双流县华阳正北上街 97 号
双流县第一人民医院	二甲	政府非营利	250	1999 年 1 月	合格	双流县西北街 149 号
新都区人民医院	二甲	政府非营利	274	1999 年 8 月	合格	新都区新都镇上南街 101 号
新都区第二人民医院	二甲	政府非营利	210	2004 年 10 月	合格	新都区新繁镇新街 70 号
新都大丰镇医院	二乙	政府非营利			合格	新都区大丰镇北街 123 号
崇州市人民医院	二甲	政府非营利	305	1999 年 7 月	合格	崇州市崇阳镇唐安东路 24 号
崇州市第二人民医院	二乙	政府非营利	180	2004 年 12 月	合格	崇州市崇阳镇、唐安西路 431 号
水电十局医院	二甲	工矿非营利	232	2000 年 1 月	合格	都江堰市建设路 181 号
邛崃市人民医院	二甲	政府非营利	301	1999 年 1 月	合格	邛崃市临邛镇南环路
成都新华人民医院	二甲	民营非营利	212	2004 年 12 月	合格	成都市双桥路 180 号
四川石油管理局医院	二甲	工矿非营利	180	1997 年 1 月	合格	成都市华阳通济巷 26 号
363 医院	二甲	工矿非营利	315	1999 年 12 月	合格	成都市倒桑树街 108 号
金堂县第一人民医院	二甲	政府非营利	227	1997 年 12 月	合格	金堂县赵镇焦山路 100 号
金堂县第二人民医院	二乙	政府非营利	110	2001 年 1 月	合格	金堂县淮口镇淮百路 275 号
金堂县第三人民医院	二乙	政府非营利	110	2004 年 12 月	合格	金堂县竹篙镇

续表

医院名称	等级	类别	床位（张）	评审时间	复查结果	地址
龙泉驿区人民医院	二甲	政府非营利	252	2000年12月	合格	龙泉驿区龙泉镇
温江区人民医院	二甲	政府非营利	291	2004年9月	合格	温江区万春东路22号
彭州市人民医院	二甲	政府非营利	296	1997年1月	合格	彭州市天彭镇彭西路
四川省建筑医院	二甲	政府非营利	230	2004年12月	合格	成都市解放路二段2号
蒲江县人民医院	二甲	政府非营利	160	1999年12月	合格	蒲江县恒昌大道158号
五冶职工医院	二甲	工矿非营利	230	1995年12月	合格	成都市一环路北三段53号
郫县人民医院	二甲	政府非营利	200	2000年	合格	郫县郫筒镇东街
郫县第二人民医院	二乙	政府非营利	113	2004年10月	合格	郫县唐昌镇北正街124号
成都航天医院	二甲	政府非营利	260	2004年8月	合格	龙泉驿区鲸龙路121号
都江堰市人民医院	二甲	政府非营利	450	1999年12月	合格	都江堰市幸福路1号
都江堰市第二人民医院	二乙	政府非营利	156	1999年9月	合格	都江堰市太平街82号
攀成钢总医院	二甲	工矿非营利	209	1992年8月	合格	成都市水碾河路27号
成都西区医院	二甲	民营非营利	200	2004年12月	合格	成都市二环路西三段2号
成都飞机工业（集团）有限责任公司医院	二甲	工矿非营利	343	2002年12月	合格	成都市黄田坝经一路105号
青白江区人民医院	二甲	政府非营利	320	2004年11月	合格	青白江区大弯镇青江东路197号
大邑县人民医院	二甲	政府非营利	300	2003年12月	合格	大邑县晋原镇北街272号
四川省林业中心医院	二甲	工矿非营利	200	2002年7月	合格	成都市白马寺街10号
四川省交通公路局医院	二甲	工矿非营利	110	2000年1月	合格	犀浦恒山北街139号
新津县人民医院	二乙	政府非营利	160	1999年9月	合格	新津县五津镇惠安路
金牛区人民医院	二乙	政府非营利	186	1997年3月	合格	金牛区健康巷3号
四川省伤残军人医院	二乙	政府非营利	500	2000年12月	合格	新都区新繁镇荣军路86号
西南兵工医院	二乙	民营非营利	220	2004年12月	合格	郫都区何公路151号
四川省复员退伍军人医院	二甲	政府非营利	170	2004年9月	合格	崇州市永安中路52号
成都铁路分局医院	二甲	政府非营利	156	2001年4月	合格	成都市二环路北三段383号
中铁二局集团中心医院	二甲	工矿非营利	230	2005年1月	合格	沙湾东一路85号
四川省监狱管理局中心医院	二甲	政府非营利	110	1998年12月	合格	清江镇

【民营医疗机构】

1990年以后，国家和省、市政府出台一系列文件，逐渐形成多元化办医格局。1992年，先后成立成都麦格眼科医院、成都友谊医院两所民营机构。到1993年年底，建成一批具有专科特色和一定规模的民营医院。民营医院以自主经营和股份合作为主要经营形式。1994年，多渠道办医工作纳入区域卫生发展规划，社会化办医得到快速发展，在市卫生局登记注册的民营医疗机构142所。

2002年，全市私营诊所3498个，私营卫生所有22个。2004年，加强对个体开业诊所、医务室等类机构规范管理的力度，取缔不合格机构77个。11月，成立"成都市民营医疗机构协会"，促进民营医疗机构健康发展。结合民营医院实际，制定《成都市民营医院复查及管理评价标准（试行）》。2005年底，全市有各种形式的民营医疗机构3148家（其中医院90家、门诊部53家、诊所3005家），年门诊量40余万人次、住院4万余人次、约占全市医疗服务总量的7.10%，一些医院还开展医疗救助服务。全市民营医疗机构（含各类诊所）中，有医务人员7208人，市主城区（含高新区）48家民营医院有医务人员1564人，其中90%具有大中专学历、副主任医师以上职称人员264人，占卫生技术人员的17%。

2005年成都市民营医院一览表

表5-185

名　称	地　点	批准时间	特　点
成都市新华医院	成都市双桥路180号	2003年	综合医院
成都市西区医院	成都市蜀汉路1号	1999年	综合医院
成都恒博医院	成都市营门口50号	1996年	综合医院
成都德瑞心血管医院	成都市过街楼	1999年	心血管医院
成都友谊医院	成都市燃灯寺路29号	1992年	股份制高级医院
成都胃病医院	成都市大庆路18号	1993年	胃病专科医院
成都博爱医院	成都市天仙桥北街	2003年	综合医院
成都满地可医院	成都市贝森路6号	1999年	综合医院
成都复兴医院	成都金牛区土家桥侯家村	2001年	综合医院
成都麦格眼科医院	成都市中同仁路8号	1992年	眼科专科医院
成都丽人女子医院	成都市人民中路二段	2005年	女子医院
崇州协和医院	崇州市唐安中路19号	1993年	综合医院
四川康骨医院	成都市二环路西一段106号	2000年	中医为主，中西医结合，大型特色专科医院
成都成仁眼科医院	成都市沙湾路262号	1993年	眼科专科医院

续表

名　称	地　点	批准时间	特　点
成都爱尔眼科医院	成都市万和路	2002年	眼科专科医院
成都少城医院	成都市少城路	2001年	综合医院
成都新津吴氏医院	成都市新津县武阳镇	2002年	综合医院
成都华西博爱医院	成都市玉林小区兰天路56号	1996年	综合医院、妇科特长
成都亚非牙科医院	成都市西府南街	1988年	牙科专科医院
成都利康医院	成都市黉门后街3号	1999年	综合医院
四川枝华骨科医院	成都市建设路14号	2000年	骨科专科医院
成都科创医院	成都市文武路	1999年	综合医院
成都济民医院	成都市一环路北三段25号	1999年	综合医院
成都慈济医院	成都市青华路51号	2003年	综合医院、美容整形、体检为主
成都阳光妇科医院	成都市一环路南三段	2001年	综合医院、妇科为主
成都华川医院	成都市跳澄河路167号	2000年	综合医院
成都沙河堡医院	成都市沙河堡街	2001年	综合医院
成都明珠医院	成都市大石西路31号	2001年	综合医院
成都黄再军医院	成都市龙泉同安镇阳光城	1997年	综合医院、中医、托老为主
四川友好医院	成都市新南路40号	2005年	综合医院
成都市青白江同济医院	成都市青白江大弯镇政府北延路	2005年	综合医院
都江堰全特检医院	都江堰市井福街	2002年	综合医院
崇州西湖骨科医院	崇州蜀州南路	1999年	骨科专科
大邑红十字德全骨科医院	大邑县甲子路东段	2002年	骨科专科
成都永康医院	成都市玉沙路142号	2001年	综合医院
成都协和医院	成都市清江东路11号	2003年	综合医院
崇州蜀都医院	崇州市蜀州中路97号	2004年	综合医院
四川必有医院	成都市西安北路57号	1999年	综合医院
成都万厚医院	成都市双桂路白腊村1号	2004年	综合医院
成都新鸿医院	成都市新鸿路146号	2001年	综合医院
成都同仁医院	成都市建设北路三段378号	2000年	综合医院
成都关怀医院	成都市天回镇天龙桥街36号	2005年	综合医院、临终关怀为主

续表

名　称	地　点	批准时间	特　点
成都中亚医院	成都市彭州关口镇	2005年	综合医院
成都普瑞眼科医院	成都市一环路北四段215号	2005年	眼科专科
成都市曙光男科医院	成都市青羊横街4号	2005年	男科专科
成都西桥医院	成都市新都区石板滩镇	2001年	综合医院
成都康桥医院	成都市洗面桥街5号	2000年	综合医院
四川怡和健康中心	成都市一环路一段	1998年	综合医院
成都博大男科医院	成都市二环路西一段	2005年	男性专科
成都维多利亚女子医院	成都市一环路南一段	2005年	女子医院
成都康新医院	成都市鼓楼北四街	2003年	综合医院
成都华康中西医结合医院	成都市文翁路90号	2000年	中西医结合医院
成都锦华医院	成都市二环路南四段	2003年	综合医院
成都双流华阳彤济医院	成都市华阳镇北街	2004年	综合医院
成都金琴牙科医院	成都市陕西街贯家楼	2002年	牙科专科
四川长征医院	成都市一环路南三段57号	1999年	综合医院
四川长城肾病医院	成都市一环路南四段三号	2000年	肾病专科
四川振国医院	成都市锣锅巷	2003年	综合医院
四川李顺强男科医院	成都市红瓦寺	2001年	男性专科
成都天府医院	成都市红星路四段	2000年	综合医院
成都科华医院	成都市科华北路	2001年	综合医院
成都现代医院	成都市长益路60号	2003年	显微专科
成都台双医院	成都市机场路	2003年	综合医院
成都怡和医院	成都市一环路北二段	1999年	综合医院
成都棕南医院	成都市二环路南二段19号	2005年	妇科专科
成都金桥医院	成都市簇桥镇	2005年	综合医院
成都城西医院	成都市二环路西二段79号	2001年	综合医院
四川华美整形美容医院	成都市大石西路附一号	2003年	美容整形专科
四川大华医学整形中心	成都市东城根上街99号	1998年	美容整形专科
四川科健眼科医院	成都市滨江中路1号	2005年	眼科专科
四川米兰外科美容医院	成都市中同仁路55号	2005年	美容整形专科
成都金沙医院	成都市青羊大道205号	2005年	综合医院

续表

名　称	地　点	批准时间	特　点
成都国美医院	成都市二仙桥北路31号	2005年	综合医院
成都世纪眼科医院	成都市上东大街133号	1993年	眼科专科
成都贺氏眼科医院	成都市小南街	2004年	中医眼科
成都锦江协和医院		2002年	综合医院
四川仁爱医院	成都市通顺桥69号	2002年	综合医院
彭州陈氏牙科医院	成都彭州市天彭镇	2002年	牙科专科
成都华西牙种植医院	成都市小天竺街	1998年	牙科专科
郫县阳光脱瘾康复医院	成都市郫县犀浦镇犀团路	2002年	戒毒专科
成都华协医院	成都市西安南路	2001年	综合医院
成都长江医院	成都市十陵镇	2003年	综合医院
成都五块石医院	成都市五块石	2005年	综合医院
成都双流恒康医院	成都双流城关镇	2005年	综合医院
成都总府医院	成都市一心桥横街45号	2005年	综合医院
四川西婵整形美容医院	成都市新南路	2001年	整形美容专科
西南兵工医院	郫县南外街148号	2005年	综合医院
成都中山医院	成都文庙前街42号	2005年	综合医院

重点医院选介

【四川大学华西医院】

源于由加拿大、英国、美国等国基督教会1892年在成都创建的仁济、存仁医院。1938年，为中央大学、齐鲁大学、华西协合大学组建的联合医院。1946年，更名华西协合大学医院。1950年，更名为华西大学医院。1953年，改名四川医学院附属医院。1985年5月，更名为华西医科大学附属第一医院。1990年，被评为国家三级甲等医院。2001年5月，更名为四川大学华西医院。

医院占地46.7万平方米、建筑面积40万平方米，设33个临床科室、7个医技科室，附设涉外医疗的四川省国际医院、华西医院科技孵化园及科学研究中心、医学信息中心等机构；有国家重点实验室1个，部、省级重点实验室和研究中心20个；有外科学(普外)、内科学(呼吸系统病)等国家重点学科，教育部高校重点学科2个，“211工程”学科建设重点项目4个(外科学、眼科学等)，省级重点学科15个；主办9种被国际、国内权威机构收录的国家级学术期刊。

全院有职工2400多人、其中，高级职称440余人，拥有中国科学院院士1名，自然科学基金杰出青年10名，全国教学名师1名，博士研究生导师89名，硕士研究生导师206名。医学教育设立5个专业，设有临床医学博士后流动站，是国家临床医学和中西医结合临床医学两个一级学科博士授权单位，有博士点24个，硕士点覆盖所有学科及其亚专业。

该院是中国内地单点规模较大的医院，西南地区疑难和重危疾病诊疗中心；开放床位4100张，每年出院8万多人次，手术4万多台；医院门诊部设专科、专病门诊160余种，日门诊近1万人次；日急诊量300人次。有国际标准洁净手术室61间，配置有世界上较先进的诊疗设备，总价值近5亿元。实验医学科专业设置齐全，下设8个专业实验室，可开展检查项目482项。

1978年，开展肝移植手术，创中国首例肝移植女病人术后3年怀孕生子等10项全国领先的肝移植技术。1979年开展肾脏移植，至2005年累计完成1000余例，同时开展活体肾移植，每年开展150多例，肾移植病人存活时间最长超过26年。开展自体骨髓移植、异基因骨髓、外周血造血干细胞移植、非清髓性造血干细胞和半相合骨髓移植等技术，治疗白血病及严重血液病百余例，无血缘移植病例居国内前三名，52%以上病人取得5年期以上长期存活，达到国内先进水平。胸心血管外科普胸专业突破肺癌T4期不能手术的禁区，开展肺癌患者上腔静脉置换、部分心房切除，体外循环下部分心脏切除、大血管置换等。心脏外科专业是国内首批开展体外循环手术的单位之一，在西南地区心脏手术开展病例最多、范围最广、疗效最好。腹腔镜超低位前切除术突破盆腔盲区，使大多数超低位直肠癌的患者获得保肛治疗；骨科设有脊柱、关节、上、下肢创伤、手显微、骨肿瘤、运动等亚专业，拥有世界上较新的关节镜、椎间盘镜等设备和器材，是西部较大的关节重建外科中心，手术数量和质量均处于全国先进行列；心脏内科广泛开展各种复杂心脏病的介入检查和治疗，年介入手术超过3000台次；消化内科广泛开展内镜下化疗、食道静脉曲张套扎术、食道支架置放术、十二指肠乳头切开术、鼻胆管引流术等各种新技术；麻醉科拥有国际较先进的麻醉机、监护仪和相关医疗设备，普胸、心脏外科、肝肾移植麻醉量居全国综合医院前列，麻醉相关死亡率接近1/10万的世界先进水平；眼科可施行当今国际上开展的各种眼科手术，率先在国内开展光动力治疗眼底病，在老年性黄斑、白内障、青光眼、角膜移植等方面处于全国领先水平；神经外科手术种类、数量、质量均处于全国先进行列；微创技术，立体定向放射治疗技术（X刀、伽马刀）广泛应用于临床；感染性疾病中心分设传染与感染两个病房，在各种传染病的诊治、病原学诊断、重症肝炎治疗、肝移植前期准备及合理使用抗生素等方面均处于全国先进水平；耳鼻喉科广泛开展听力重建及人工耳蜗植入术、鼻内窥镜外科技术等新技术，医疗数量和质量处于全国先进水平；核医学科核医学检查和临床治疗技术水平处于全国领先地位；放射科拥有当前世界上较先进的医学影像设备及其强大的图形工作站，可为临床提供高质量的影像学诊断证据；心理卫生中心在治疗精神分裂症、身心疾病、心理疾病、儿童多动症等方面独具特色，在危机干预、戒酒、戒毒、社区精神卫生等多方面进行开创性的探索和实践；肿瘤中心拥有当前世界上较先进的肿瘤治疗设备，肿瘤生物治疗及各种先进的放疗、化疗技术，并能配合各手术科室开展肿瘤综合治疗。医院先后获得包括“十五”攻关项目、自然科学基金重大、重点项目、杰出青年科学基金等国家计划项目在内的计划项目700项，全院5年获得科研项目经费总额近3亿元。

华西医院科学研究中心和科技孵化园位于成都市高朋大道，第一科研大楼于 2005 年 5 月启用。主楼面积 1.82 万平方米，内设 20 个中心开放实验室，其中有人类疾病生物治疗国家重点实验室暨教育部重点实验室 1 个，下含肿瘤生物治疗与生物技术药物研究室、感染性疾病与自身免疫疾病生物治疗研究室、干细胞与组织工程研究室、人类疾病基因组学研究室、信号传导与细胞凋亡研究室等。有四川省移植工程与移植免疫重点实验室 1 个，下含消化外科研究室、麻醉与危重急救研究室等。省级重点实验室和其他开放实验室 10 个，含肺癌分子生物研究室、核医学实验室、精神病学研究室、中药药理学研究室，呼吸病学研究室，心血管疾病研究室、眼科分子生物研究室；内分泌与代谢病研究室、血液学研究室等。

【四川省医学科学院/四川省人民医院】

位于成都市青羊区一环路西二段 32 号。1941 年，由南京迁到成都的中央大学医学院附属医院。1950 年，更名为川西医院。1952 年，改为四川省人民医院（2002 年与四川省医学科学院合并）。60 多年间，医院的医、教、研以及规模、功能的综合实力得到快速发展，是四川省高等医学院校临床教学基地、华西医科大学教学医院，承担多所医学院校的教学任务；1989 年，在省内首家通过国家三级甲等医院评审。1992 年以后，先后被评为全国卫生系统先进集体，是四川省医学科学研究和临床医疗技术指导中心、四川省最佳文明单位和全国百佳医院、卫生部国际紧急救援中心网络医院、国家级爱婴医院。

医院占地 29.6 万平方米，建筑面积 27.5 万平方米。2002 年，全院开放病床 1500 多张、年门诊 94 万人次，有 16 个临床科室、9 个医技科室、62 个学科、10 个重症监护室。医院设有临床医学研究所和 11 个医疗中心，其中四川省急救中心、四川省临床检验中心、四川省肾病中心、四川省眼病防治中心、四川省白内障复明技术指导中心、四川省医疗设备维修中心、四川省防盲办公室等为省属中心，另有 3 个研究室；建有具有国际先进水平的血液净化中心、激光治疗中心等高新技术项目；医院配置高新技术医疗设备总值超过 1.4 亿元，包括 MRI、DSA、螺旋 CT、全身彩色超声诊断仪等大型设备，为建设数字化医院、提高整体医疗技术水平和医疗质量起到支撑作用。

医院进行学科建设，超声医学中心、神经内科系四川省首批甲级重点学科，眼科、检验科、皮肤外科、性病科、肾脏内科是四川省重点学科，心血管内科、泌尿外科等为医院重点学科。整形、皮肤、儿科、儿保、耳鼻咽喉、中医痔漏、激光、临床检验等均有其特色。

1990—2005 年，年均用于科技经费投入 300 万元，建立人才培养基金，实施高新技术项目管理办法，营造学术环境，建立激励机制，重奖高等级学术成果，使医院的科研及新技术开发得到较快发展。2002—2005 年，获省级以上科技进步奖 60 余项，在省级以上杂志发表论文 900 余篇。引进新技术、新成果应用于临床，其中，自体干细胞移植治疗白血病，冠状动脉搭桥技术，心脏及组织超声诊断技术，难治性视网膜脱离修复，胸、腹腔镜手术在临床的应用（电视腹腔镜辅助小切口手术、腹腔镜外科），肾移植，临床检验质量控制，神经外科微创手术（显微手术治疗脑动脉瘤、脑血管介入治疗、脑内窥镜的应用，立体定向治疗颅内病变手术），血液净化技术，常温下无血肝切除术，心脏介入的诊断与治疗，眼、心脏、神经电生理等多项技术居国内先进水平、部分项目居领先水平。医院与高校联合建立硕士研究生点，办有公开发行的《实用医院临床杂志》，已建成数字化医院。

【成都市第一人民医院/成都市中西医结合医院】

医院始建于1942年，借用小南街小学校址，名为市立医院。1946年10月，医院迁至新南门外龙江路原新村小学校址。1950年8月，医院迁至春熙路东段。1951年7月，医院成立中医门诊部。1953年1月，医院改名为成都市第一人民医院。1980年8月，医院成立成都市中医药研究所。1985年1月，医院命名为成都市中西医结合医院。1994年9月，被评为爱婴医院。1995年4月，国家中医药管理局正式批准医院为“全国中药制剂和剂型改革基地”；10月，被评为中西医结合三级甲等医院。1999年，被卫生部、国家中医药管理局授予“全国百佳医院”称号。2002年2月，经成都市委、市政府批准，成都市第一人民医院与成都市中医院合并，成立成都市中医药集团。合并后的医院拥有职工1593人，其中博士后1名、博士研究生2名、硕士研究生43名，享受政府特殊津贴专家9人，全国知名中医药专家及省市名中医8人、市级优秀专家3人。集团占地面积3.44万平方米，设甲级病床和普通病床843张，年门诊量60多万人次，住院病人1.2万人次。医院拥有螺旋CT、彩色多普勒超声心动图仪、经颅多普勒脑血流图诊断仪、全自动血气电解质分析仪、全自动血球计数仪、全自动生化分析仪、血液透析机、腹腔电视内窥镜、大型肺功能仪、高压氧舱、白内障超声乳化仪、近视准分子激光治疗仪、ICU重症监护系统等大型现代化医疗设备。医院有国家级重点专科1个、省级重点专科1个、市级重点专科2个、院内重点专科5个。

医院采用中医辨证施治配合西医收治急性传染病乙型脑炎、高血压、肝炎、肾炎、急性胰腺炎、胆囊炎、阑尾炎、破伤风、功能性子宫出血、盆腔炎、麻疹合并肺炎、面神经麻痹等数十种疾病。在运用中西医结合诊断治疗高血压、肺心病、慢性支气管炎、脑血管意外、功能性子宫出血、病窦综合征、心绞痛、胎儿宫内发育迟缓等疾病方面取得显著疗效。呼吸内科开展用鸦胆子油对晚期中心性肺癌介入治疗、肺压舒冲剂治疗慢性肺动脉高压的研究和美帕曲星无糖颗粒治疗肺部霉菌感染的临床试验研究，1997年，评为成都市卫生局、四川省中医管理局重点研究室。医院获得各级科技成果100余项，其中省级50项、市级47项。“参附注射液”“针麻腹式输卵管结扎”获得国家中医药管理局重大科技成果乙等奖，中西医结合“针刺复合硬膜外麻醉行小切口胆囊摘除术的研究”获得四川省科技成果奖，“口服干姜厚朴汤作ERCP术前用药研究”通过省级鉴定。2004年10月22日，医院在城南新区举行南迁建设开工奠基仪式。

【成都市第二人民医院/成都市红十字医院】

位于成都锦江区庆云南街10号，始建于1892年，初为加拿大基督教会私立医院。1914年，为华西协合大学医学院实习基地，1950年7月，更名为川西第二医院。1952年，更名为成都市第二人民医院。1956年9月，医院成立成都市第一个防疫机构“成都市卡介苗接种站”。1988年，被命名为成都红十字医院。1989年被成都市人民政府定为优质服务试点及示范医院。1992年以后，相继增挂华西医科大学、遵义医学院、川北医学院教学医院铭牌。历经建设和发展，形成集医疗、科研、教学、预防、保健、康复为一体的综合性三级甲等公立医院。

1995年，医院占地面积仍保有3.37万平方米、建筑面积6.48万平方米，编制床位700张、实际开放床位700张；固定资产1.56亿元，其中，医疗设备6687万元。在职职工1064人，其中卫生技术人员为844人，拥有正高级职称16人、副高级职称133人、中级职称343人。医院有享受国务院特殊津贴专家2人、享受市政府特殊津贴专家4人，有博士毕业生3人、硕士毕业生25人；拥有核磁共振、螺旋CT、全自动生化仪、荧光免疫系统、彩色多普勒、腹部彩色多普勒、胃肠X光机、电子胃镜、麻醉机、1000毫安X光机、超声波碎石机、体外射频仪、人工心肺机等国际先进水平的现代化诊疗仪器。

医院设急救医学、临床医学、康复医学等一级临床科室14个、二级专业科室20个，烧伤科是成都市卫生局重点专科，皮肤科（成都市皮肤病、性病防治研究中心设立于此）、肝胆胰外科是医院重点专科。皮肤科开展自体上皮、真皮、皮浆混合移植术，微粒自体皮、大张异体皮混合移植术属国内一流医院开展项目，达到国内先进水平。该科开展的“医院烧伤信息处理及诊治辅助系统”课题，1992年通过省卫生厅鉴定，获得市卫生局科技成果奖。医院开展的准分子激光手术治疗近视眼、白内障超乳化人工晶体植入术、介入治疗，腹腔镜胆道造影、胆总管切开探查取石术、胆囊切除术等新技术深受广大患者的欢迎；胸心内外科、神经内外科、骨科、呼吸内科、老年干部科、儿科、妇产科、耳鼻喉科、口腔科、核医学科、影像科、康复医学科等特色专科具有相当的技术优势，能治疗本专业疑难重症；急诊科抢救设施较为完善，开设绿色通道，出诊迅捷。1997年，肝胆胰外科开展的“胰腺微循环形态学的应用基础研究”获得省人民政府科技进步一等奖。1999年，医院开展“身体背阔肌移植同步起搏心室功能研究”达到国内先进水平。

【成都市第三人民医院】

位于成都市青羊区青龙街82号。1941年，南京中央大学医学院附属医院创建。1945年，中央大学迁回南京，医院改名为四川省立医院。1955年，将医院分建为四川省人民医院和成都市第三人民医院。2005年，有职工1300余人（其中博士、硕士研究生56人），其中专业技术人员1128人（包括国家级专家在内），拥有高级职称163人（享受国务院及市政府特殊津贴专家28人）、中级职称414人；医院编制病床700张，实际开放病床800余张，年平均入院病人1.8万余人次，年门急诊50余万人次。

医院地处市内青龙街，占地面积2.7万平方米、建筑面积6万余平方米，是市级第一所集医疗、科研、教学培训为一体的三级甲等重点综合性医院（国家级爱婴医院）。医院为四川大学华西医院教学医院、成都市保险机动车辆创伤首家定点医院，设有成都市心血管疾病研究所、附属眼科医院、成都市白内障复明中心，成都市手外科、显微外科临床研究中心，成都市临床检验质量控制中心，成都市放射质控中心，卫生部“国际紧急抢救中心网络医院”，四川省法医损伤鉴定门诊等；有18个一级科室、24个二级专科、9个医技科室。其中，心血管内科、骨科是成都市重点学科，消化内科、神经内科、血液科和检验科是医院重点学科；医疗康复中心治疗设施在西南地区享有盛誉。神经内科在国内率先开展抗体检测及其免疫发病机制的研究；眼科在省、市眼科界业务技术居一流，特别是白内障及人工晶体置入、青少年近视眼的治疗和泪道疾病的治疗具有特色。医院拥有诊断、治疗设备总价值1.5亿元，每年平均抢救危重疑难病人1.4万余人次、抢救成功率95%~98%。

截至2005年，医院研究开展10多项国内先进医疗技术，2000—2005年获得省市科技成果奖78项、开展新技术奖290项，每年在省级以上刊物上发表论文200多篇。心血管疾病研究所主编的《心血管病学进展》杂志（双月刊），在国内公开发行。

【四川大学华西第二医院/华西妇女儿童医院】

位于武侯区人民南路三段20号，是集医疗、教学、科研和预防保健为一体的三级甲等妇女儿童专科医院。原为华西协合大学医院于1942年创办的妇产科和小儿科，1988年独立建院。1993年，被卫生部、联合国儿童基金会、世界卫生组织授予"爱婴医院"称号。1998年，通过"三级甲等妇产儿童专科医院"评审，是四川省"卫生系统先进单位""教学工作优秀附属医院"。医院占地面积17亩、建筑面积4.15万平方米，开放床位500余张；设临床科室11个、医技科室5个、一个由14个研究室/实验室组成的妇幼实验研究中心；全院正式职工465人，其中副高级以上专家107人（不含返聘退休专家42人）、博士生导师21人，硕士生导师58人，拥有省、厅级学术带头人20人和享受国务院政府津贴和部省突出贡献等专家数十人（具有博士、硕士学位以上年轻人比例占全部医务人员的35%以上）。妇产科学和儿科学均为四川省重点学科，也是博士点和博士后科研流动站，培养出一批博士、硕士。医院拥有大型医疗和科研仪器设备643台，具有完整的危重监护体系（危重病的抢救的成功率95%以上）、产科中央监护网络系统、远程家庭胎儿监护系统等，并设有妇幼开放实验室；卫生部中国出生缺陷监测中心及全国妇幼卫生项目监测办公室、儿童急性呼吸道感染管理培训中心、卫生部西南地区母乳喂养培训中心、中国癌症基金会成都妇癌防治中心、四川省抗癌协会子宫颈癌等专业委员及小儿血液/肿瘤等委员会均设在医院，妇科肿瘤/儿童血液肿瘤实验室为四川省重点实验室，围产与生殖医学实验室获得四川省重点实验室建设项目支持，承担中国西南地区妇幼卫生项目专家组工作。

2004年，医院全年门急诊量62万人次、出院2.2万余人次、病床使用率143%、手术9906台次；在妇科肿瘤、高危妊娠、妇科微创手术和生殖助孕技术以及新生儿疾病、小儿白血病、小儿先天性心脏病的诊治等临床学科和领域处于国内领先地位。

医院办有《国外医学·输血与血液学分册》和《中华妇幼临床医学杂志电子版》两种杂志；2004年3月，医院获得全国首批、省内首家卫生部批准的人类辅助生育技术批准证书，"人类精子库"获准继续筹建。医院取得一批科研成果，仅2000—2005年，获国家、部省奖励成果数十项、发表论文1200篇以上，专著100余部，与美、加、英等多国建立合作交流关系。

【四川大学华西口腔医院】

位于成都市锦江区人民南路三段14号。华西协合大学于1910年正式成立，在筹建过程中，于1908年成立牙科诊所（中国建立的第一个现代牙科诊疗及教学基地，被誉为"中国口腔医学的发源地"），1911年扩建为牙症医院。1917年，成立华西协合大学医科系。1928年，更名为华西协合大学口腔病院，1951年更名为华西大学附属口腔医院。1953年，更名四川医学院附属医院口腔科。1966年，建四川医学院附属口腔医院。1985年5月，更名为华西医科大学口腔医院，1997年，被评为三级甲等医院。2001年5

月，更名为四川大学华西口腔医院。

医院系国内第一家口腔专科医院、最早建立的口腔医学教育、医疗基地。1988年，建立口腔医学美容中心。1989年，建立卫生部口腔生物医学工程重点实验室。1991年11月，口腔医学院用6年多时间完成人工牙、人工骨种植体材料的筛选和基础理论研究、临床应用观察及种植体的生产工艺研究，通过卫生部组织的部级鉴定，新技术达到国际同类技术水平，卫生部在口腔医学院建立"卫生部口腔种植中心"，承担全国人工种植牙临床技术培训，人工种植体配套医疗器械的研制等任务。2001年，医院占地面积62亩，建筑面积5.2万平方米；有职工482人，拥有包括国务院学科评议专家、四川省学术和技术带头人、享受国务院特殊津贴专家、博士导师、副主任医师以上专家100多人；设有博士点、硕士点，编辑出版《华西口腔医学杂志》《国外口腔医学分册》在国内外发行；被多次评为四川省"十佳"城市医院、成都市卫生红旗单位。

医院有5个住院病区，设144张病床；门诊、临床科室有牙体牙髓病科、牙周病科、腔黏膜病科、口腔预防保健科、儿童牙病科、颌面部肿瘤外科、颌面部整形外科、牙槽外科、口腔修复科、口腔正畸科、种植牙科；颞颌关节科、特诊科、中医科、针灸科等及病理科、放射科、检验科等医技科室，设有修复制作中心、唇腭裂治疗中心、头颈部肿瘤防治中心等，同时开设社区点7个，有牙科综合治疗椅277台。

医院重视新技术应用推广，具有国内外领先水平的口腔颌面外科颞下颌关节内窥镜诊治技术、微波热化疗治疗口腔颌面部恶性肿瘤、头颈部恶性肿瘤颅颌面联合根治术，口腔修复义齿、CAD/CAM计算机辅助设计制作系统、人工种植义齿修复术，口腔内科牙周病及口腔黏膜病的中西医治疗、牙髓尖周病的计算机辅助治疗系统、多功能超声治疗系统根治牙周牙髓联合损害，口腔正畸成人正颌外科的术前术后正畸治疗、青春期儿童骨型错牙合早期功能矫形治疗等高新技术广泛应用于临床，使医院成为西南地区乃至国内外诊治各种口腔常见病和疑难病的重要基地，其中口腔人工种植牙的研究与开发应用达国际先进水平。

【四川省肿瘤医院/四川省肿瘤研究所（四川省第二人民医院）】

位于成都市人民南路四段55号，始建于20世纪80年代中期，1988年正式开院应诊，系院所合一，是集肿瘤预防、医疗、科研、教育培训于一体的西南地区最大的肿瘤防治中心（专科医院），四川省抗癌协会、四川省肿瘤防治领导小组办公室、《四川肿瘤防治》编辑部均设于该院，1994年通过国家三级甲等医院评审。2005年，医院有职工905人，其中高级专业技术人员166人、中级专业人员248人，有博士学位19人、硕士学位44人，拥有包括四川省学术和技术带头人1人（后备人选1人）、享受政府特殊津贴专家15人在内的一支专家队伍；开设临床、医技科室有肿瘤外科、肿瘤内科、头颈外科、颅脑颅底外科、骨科、妇瘤科和放疗科、放射治疗、影像诊断、检验科、核医学科等30余个；设置病床655张，2003年起年门诊量突破7万余人次，年住院量8000余人次；建筑面积10万平方米、绿化面积3.44万平方米。

四川省肿瘤研究所设有分子药理、生物化学、实验肿瘤、肿瘤流行病学、放射生物、放射物理、中心仪器室、头颈肿瘤等8个基础和临床研究室，拥有省级重点学科2个（四川省放射肿瘤学、头颈外科）。

1990—2005 年，医院承担包括国家“八五”攻关课题等在内的国家级、部省级科研项目 130 项以上，有数十项成果获得国家、部省奖励。医院与国内外肿瘤医学界交流、协作十分广泛活跃。

医院的整体医疗技术水平达国内先进水平，肿瘤内科开展自体干细胞移植，在胸外、腹外、头颈、颅脑、妇瘤等科开展显微微创手术，在西南地区处于领先水平。其中，鼻咽癌，宫颈癌，食管癌等肿瘤的放射治疗和综合治疗效果达国际先进水平；在非小细胞肺癌、头颈部肿瘤、乳腺癌、直肠癌、恶性淋巴瘤、肺癌、原发性肝癌等肿瘤的综合治疗方面颇具特色，针对晚期肿瘤患者的护理特点，开展锁骨下静脉、颈外静脉、股静脉等多途径中心静脉置管技术，为患者解除多次穿刺带来的痛苦，为西南地区培训大量的护理人员。

医院医疗设备先进，设备总值超亿元。拥有全新进口的日本岛津数字减影血管造影机（DSA）、飞利浦 DR、爱克发 CR、西门子和瓦里安直线加速器 3 台、后装机、调强适形放射治疗系统，三维适形放射治疗计划系统、SPECT、X 刀、超声热疗、前哨淋巴结跟踪仪、超声刀、彩色多普勒超声、系列化纤维内窥镜、手术麻醉设备、ICU 监护设备、电子胃肠镜、电子胸腔镜、纵隔镜、腹腔镜、神经内镜、血细胞分离机、电动手术床、全自动血球分析仪，全自动生化分析仪等国际先进设备，世界一流的西门子 MRI、伽马刀亦相继投入使用。

1995—2004 年，医院获评“成都市文明单位标兵”“四川省十佳城市医院”“省级最佳文明单位”，医院放射治疗中心技术组被评为“全国青年文明号”，医院手术室被评为“四川省级青年文明号”；2005 年 10 月，医院被中央文明委授予“全国精神文明建设工作先进单位”称号。

【成都军区总医院/成都陆军总医院】

位于成都市蓉都大道天回路 270 号。1950 年组建川西军区卫生学校教学医院，1956 年改为成都军区总医院，1983 年起向社会开放。该医院是西南地区一所专业学科较为齐全、技术力量较为雄厚、医疗设备先进、服务质量优良、休养环境舒适的大型现代综合医院；是军队医院中的首批三级甲等医院，被评为“大西南优质服务明星医院”。医院占地 500 亩，开设床位 1200 张，设置 50 个科室、50 多个专业。

2005 年，医院有医务人员 1600 余人，其中高级职称技术人员 148 人；拥有博士 50 人（含博士后 10 人）、硕士 129 人，有博士生导师 1 人、硕士生导师 20 人，29 人享受国务院特殊津贴，150 人被第三军医大聘为兼职教授、讲师。

医院拥有雷纳（国际）眼科中心、3 个全军医学专科中心（普通外科、计划生育优生优育、中医内科中心）及临床药理基地和 10 个成都军区医学专科中心（包括矫形外科、心胸外科、神经外科、心血管内科、老年病中心等）。医院开展的消化道内镜诊治技术、心血管介入治疗、重症急性胰腺炎的救治、胆道疾病、功能神经外科、颅脑微创手术、大面积烧伤救治、脊柱外伤固定手术、肿瘤规范化治疗、微波净化自体骨髓移植、肝肾移植及临床药学等专科技术，在国内、军内形成特色或优势；医院拥有 1 个博士联合培养专业、3 个硕士联合培养专业。

医院引进和购置多种现代化的诊疗设备，如核磁共振成像仪、螺旋 CT、直线加速成器、前列腺射频治疗仪、细胞刀、多弹头自动导航射频治疗仪、体外碎石机、血细胞分离机及多种型号的 B 型超声仪，设备总价值 1.2 亿元，为临床诊断和治疗提供先进的硬件保障。

1995 年以后，医院先后获科技成果奖 140 余项，其中获军队、省部级二等以上、国家三等以上成果奖19项(2002—2004年连续3年获四川省科技进步一等奖，2004年获军队医疗成果一等奖1项)。发表学术论文1500余篇，承办国际、全国及全军大型学术会议80多次。

【成都医学院第一附属医院】

位于成都市新都区宝光大道中段278号，原为中国人民解放军第三军医大学成都军医学院第47医院(有50多年军队医院发展史)，1996年12月被评为三级甲等医院。于2004年8月31日，随成都医学院(原第三军医大学成都军医学院)移交四川省管理，是一所集医疗、教学、科研、预防、保健为一体的三级甲等综合医院。

医院占地面积160亩；编制床位800张，开展床位500张；2005年，拥有博士、硕士近50名，副高级职称以上专业技术骨干35名；拥有伽马刀、核磁共振、全身螺旋CT、钴60远距离放疗机等先进设备；设有心脏起搏、介入治疗、创伤急救、烧伤整形等7个学院级专科中心。

【成都市妇幼保健院】

位于成都市实业街32号，是西南地区规模较大的一所集医疗、保健、教育、科研为一体的妇幼保健机构。1944年6月1日，四川省立妇婴保健院开诊。1950年4月，更名为川西妇婴保健院。1952年，更名为成都市妇婴保健院。1958年5月，更名为成都市第二产科医院。1959年4月，更名为成都市妇产儿科医院。1962年5月，又更名为成都市第二妇产科医院。1978年5月，更名为成都市妇幼保健院。1992年12月，被世界卫生组织、联合国儿童基金会和卫生部评为国际爱婴医院。2000年12月，被评为四川省首家三级甲等妇幼保健院。

医院占地7004.82平方米、建筑面积1.68万平方米、公务用房面积9270.32平方米(其中保健业务用房1724.66平方米)，设置床位153张。有在职职工360人、专业技术人员315人(占全院职工总数的87.50%)，其中，卫生专业技术人员267人，高级专业技术人员40人、占14.98%，中级专业技术人员116人、占43.45%。年门诊2.27万多人次、年住院3900多人次。医院拥有国际先进水平的美国彩超、全数字化实时三维立体彩超、全自动生化仪、LEEP刀、妊高征监测系统等诊疗设备。医院在妇科业务方面开展多项大中型和复杂妇科手术，如宫颈癌根治术、中卵巢移位及阴道延长术、阴式子宫及附件切除术等手术。

医院先后组建成都市孕产妇及围产儿死亡监测中心、成都市新生儿疾病筛查中心、成都市出生缺陷监测中心、世界卫生组织母婴及妇女保健研究培训中心、四川省儿童保健指导中心。2002年，医院与世界卫生组织“母婴及妇女保健研究及培训中心”合作，成立成都市更年期妇女保健综合指导中心、骨质疏松及骨关节疾病的诊治中心，开通中国妇幼健康扶贫专网，为广大妇女提供多项专业保健服务；突出“更年期保健”特色，一年接待近7000人次、发展固定会员600余人。2003年，妇女更年期综合科被评为四川省特色专科(2005年通过省级复审、授牌)。

2001年3月16日，美国“心连心”国际机构将该院确定为成都首家“新生儿窒息复苏培训中心”。2003年6月，医院新建的“成都市儿童保健指导中心”开始运行，由单一的保健服务向多学科、多专业的保健服务方向发展、保证全院儿童保健建证率100%、系统管理率98%以上。

医院还承担全市妇女保健群体工作、负责全市儿童保健群体工作、全市妇幼健康教育网络建设、全市妇幼卫生信息化建设及网络管理、对全市社区卫生服务中心妇幼保健工作进社区的指导、培训和管理、全市新生儿疾病筛查及听力筛查工作的业务指导、培训工作及对中心城区母子系统保健工作的日常管理和婚姻保健工作。

1990—2005 年，医院开展新技术新业务 160 余项，在省级以上杂志发表论文 168 篇、开展科研 21 项(含国家级 4 项、省级 11 项)。其中，“区域中心医院医疗供需适应性研究”获四川省科学技术进步三等奖。医院在《成都医药》杂志开辟妇幼保健专栏。

【成都铁路局中心医院】

位于成都市火车北站二环路北二段 82 号，1995 年，通过三级乙等医院的评审。

医院建筑面积 3.93 万平方米，医院编制病床 520 张，在职职工 781 名，其中卫生技术人员 688 名、高级职称 99 名(含硕士生导师 9 名)、中级职称 265 名。医院拥有 1432 台医疗设备、功能完善的重症监护室、先进的层流手术室，截至 2004 年年底，固定资产 1.28 亿元。医院设 15 个病区、17 个临床一级科室、31 个临床二级科室、21 个医技科室。年门急诊量 30 多万人次，年住院病人 1200 余人，年手术 4600 余例，其中骨外科、消化内科、心胸内科、心胸外科为重点专科。

骨外科在西南地区开展首例 Gamma 钉治疗股骨粗隆间粉碎性骨折，成功开展上颈椎手术、脊柱侧弯手术、全髋关节置换手术、肿瘤切除保肢术、断指再植等高难度手术和微创关节镜手术。医院先后开展新技术 101 项，完成科研课题 12 项，获省市科技进步奖 9 项，在省部级杂志发表论文 315 篇，其中国家级杂志发表论文 98 篇。

【成都市第五人民医院】

位于温江县(后改为温江区)柳城镇。温江地区撤销并入成都市后，医院更名为成都市第五人民医院，是一所集医、教、研、预防保健、康复、急诊急救于一体的二级甲等综合性医院、国家爱婴医院；承担华西医学中心、成都中医药大学学生临床实习任务，是泸州医学院、川北医学院、遵义医学院的教学医院以及郊区各县医院医师进修基地。

医院占地 5.1 万平方米、编制床位 510 张、年门诊 30 万余人次、年住院近 1.1 万人次；在职职工 705 人，其中副主任医师以上 80 人、中级技术人员 229 人；设临床一级科室 14 个、二级专业组 27 个、医技科室 13 个。医院拥有核磁共振、全身 CT、数字 X 光机、数字减影全身血管造影仪等大中型医疗设备 100 余台。医院肝胆外科、胸外科、脑外、烧外、肿瘤科、儿科、血液内分泌、心内、妇产、普外、泌尿科为重点、特色专科。医院开展的“国产 200mAX 线机 100KV 胸部摄影及临床应用研究”于 1991 年获市人民政府科技成果三等奖，“200mA100KV 胸部摄影”像质增强装置于 1992 年获国家专利。1997 年，医院创办《温江医刊》。

【成都市第六人民医院】

位于成都市成华区建设南街 16 号，系一所集医疗、急救、保健、康复、科研、教学为一体的市级大型综合医院，建院于 1951 年 11 月 7 日，名为成都市工人医院。1958 年 4 月更名为成都市第一工人医院，1984 年更名为成都市第六人民医院。医院占地 1.86 万平方米、业务区 1.65 万平方米、建筑面积 3.11 万平方米，固定资产总值 1.31 亿元。医院 2005 年有职工 686 人，开设病床 512 张。拥有高级技术职称 57 人，其中主任医师9人、享受政府津贴3人,有中级技术职称188人;设病区15个、有各专业科室34个、开设专家及专科门诊30个。医院于1996年9月通过国家二级甲等医院评审,1998年5月获"四川省十佳城市医院"称号。1999年成为遵义医学院教学医院,2004年4月获评成都市模范单位。2004年成立成都市眼科中心、医学美容科、新增设心胸外科病区;2005年4月,成都市慢性病医院(原成都市干部疗养院)并入该院;2005年5月,被命名为成都市第一惠民医院。

肝胆外科、心内科是医院重点专科,医疗新技术保持市级医院先进行列水平,在成都市率先开展小切口胆囊摘除术、取石保胆微创术,腹腔镜广泛用于临床;心胸外科、骨外科、颅脑外科、泌尿外科的疑难重病手术和肾病科、消化专科、神经内科、呼吸内科、内分泌科、妇产科、儿科、眼科、肿瘤科在成都市具有较突出的专科优势。医院开展的"自体小静脉移植重建下泪小管"1991年获省科技进步三等奖,"CT、病理图像多媒体磁光盘计算机系统的应用研究"1998年获省科技进步三等奖。医院出版发行《简明临床药物手册》《临床检验参考值手册》《内科诊疗常规手册》。医院拥有螺旋CT、核磁共振、ECT、全自动生化仪、彩色多普勒诊断仪、1000mA数字减影X光机、乳腺X光机、体外震波碎石机、C型臂X光机、欧林巴斯12指肠、结肠、胆道、支气管纤维内镜系统、血气分析仪、腹腔镜、术中B超诊断仪、富士电子内镜系统及麻醉手术设备、监护仪等一批先进医疗设备,设备总值5500万元以上。

【成都市第七人民医院】

位于成都市武侯区致民路51号,又名成都市肿瘤防治中心。前身为国民党军政部军需被服总厂医务室,中华人民共和国成立后改为中国人民解放军总后勤部军需生产部成都职工医院,1957年改为成都市第二工人医院,1984年更名成都市第七人民医院。是一所集医疗、科研、教学为一体的综合二级甲等医院,省、市文明单位,国际爱婴医院及四川大学华西医学中心、四川生殖医学院、四川省卫生管理干部学院、成都中医药大学等多所医学院校临床教学医院。医院占地1.14万平方米、业务用房建筑面积1.13万平方米,编制病床450张;2005年有职工535人,其中卫技人员439人(含高级职称58人、中级职称人员180人)。

医院在成都市最早开展肿瘤放射治疗,拥有核磁共振、螺旋CT、C型臂数字X光减影机、微波热疗饥、钴60放疗机、红外线乳腺诊疗仪等大、中型先进诊疗设备,形成比较系统的手术治疗、药物治疗、放射治疗、介入治疗、中西医结合治疗的诊治肿瘤手段。医院有23个专病、专科,重点建设专科有心血管内科、中医内病外治专科(省级中医重点专科)和妇产科、耳鼻喉头颈外科等;完成10多项科研成果、开展数十项新技术。心内科"无创心功能检查"具有国内先进水平。医院"磁共振三维一体成像评价心功能的研究"科研课题获省政府科技进步三等奖,"无痛分娩技术"获市政府科技进步二等奖,"I号烫伤油研究"获省卫生厅科技进步三等奖。医院先后举办"全国血流变学研讨班""全国磁共振临床应用学习班"、成都市地区"无痛分娩科研成果推广应用学习班"。

【成都市第八人民医院】

位于成都市草市街,成立于1954年5月,市属综合性医院。其前身为成都市公费医疗第二门诊部,1986年12月,更名为成都市人民医院。医院有职工230余人,其中卫技人员190人,高级技术职称20人，中级技术职称89人；设病床100张（内科50张，外科50张）。临床科室有急诊科、内科、外科、妇科、五官科、口腔科、皮肤科、医学美容科、疼痛科、康复科（含针灸、理疗、按摩）、中医科、麻醉科、体外反搏室、内窥镜室、手术室等。医技科室有检验科、放射科、功能科、中药房、西药房等。开设有心血管、呼吸、消化、神内、老年、肿瘤、肝胆、泌尿、肛肠、性病、风湿、骨质疏松、中西医骨伤、腰椎间盘突出症、推拿按摩、光量子血疗、智力测验等特色专科。

医院拥有500MA—X光机、心电图仪、脑血流仪、B超检验仪、24小时动态心电血压监护仪、多参数监护仪、除颤起搏监护仪、急性心肺复苏机、肺功能仪、血液流变学仪、生化电解质仪、骨矿分析仪、光量子血疗仪、高频电刀、汽化电切镜、多功能骨钻、电动式腰椎间盘切吸治疗仪、前列腺射频治疗仪、微波多功能治疗仪、超声波洁牙机、光固化机、激光洗眉机、多功能集合牵引床等先进治疗仪器和设备。医院自行设计、研制的多功能X线暗盒固定架获国家使用新型技术专利。医院自20世纪80年代初，长年承担各种体检工作，是四川省成都片区女兵和成都市女兵体检、复检指定单位，青羊区男兵体检指定单位，金牛区大中专招生体检指定单位，成都市中考体检指定单位。1997年3月，医院成立社区医疗卫生服务管理科，分别在北大街辖区和光荣小区设立社区卫生服务中心，走向社区，进入家庭，送医送药上门，开展多种形式的集预防、医疗、保健、康复、健康教育、计划生育指导为一体的卫生服务，形成老年病治疗、疼痛治疗、体外反搏、光量子血疗、心理咨询及社区医疗服务等特色专科。1999年4月，英国国际发展署城市卫生改革项目专家考察团对医院社区卫生服务进行实地考察。社区卫生服务工作的开展受到国家及省、市卫生部门的重视和表彰。

1993—2005年，医院连续保持市爱国卫生“红旗单位”、市优质服务“先进单位”称号。

【成都市儿童医院】

位于成都市青羊区太升南路137号。2000年批准成立“成都市儿童急救中心”，2003年成为重庆医科大学教学医院。有职工478人，其中卫生技术人员394人（其中高级职称41人、中级职称128人）。职工中有研究生15人（其中博士3人、硕士12人），本科学历129人、大专学历150人、中专学历138人。

医院拥有10万元以上医疗设备30余台，总值2230万元，其中包括德国西门子螺旋CT、美国柯达CR、美国ACUSON彩超仪、美国尼高力视频脑电图仪和肌电图诱发电位仪、美国雅培化学发光仪等先进设备。医院设临床、医技、职能科室34个，专科、专家门诊10余个，形成呼吸、血液、神经、新生儿、急救、康复、心理、女童、血管瘤、泌尿外科、新生儿外科、小儿肿瘤外科等特色专科，其中小儿血液、小儿急救、小儿神经专业为院内重点专科。1999年，血液专业率先在成都市建立儿科层流室，为诊治儿科血液疾病创造条件，并与香港中文大学威尔斯亲王医院小儿癌症中心建立友好合作关系，为在小儿血液肿瘤性疾病和遗传性疾病的干细胞移植创造条件。急救中心承担全市及四川省其他县市急救儿童的会诊、抢救、转运，儿童急救网络的建立及人员培训任务。全市儿童急救网络有40多个成员单位，医院每年抢救危急病儿200~300人次。

医院与成都中医药大学等联合开展成都市慢性支气管炎药理、药化及剂型改革的研究，研制金龙胆草浸膏片、金龙胆草安甙片、金龙胆草树脂气雾剂、金龙胆草醇载入国家药典，并获得国家二级科研成果。医院科研成果先后获得四川省卫生厅科技进步一等奖、成都市政府科技进步三等奖等；在国际、国家级刊物及专业核心刊物发表论著、学术交流百余篇，医疗技术水平达到三级乙等儿童医院要求。2005 年，“儿科学”被评为四川省乙级医学重点学科建设项目。医院多次获成都市“市级文明单位”“三八红旗单位”“先进职工之家”等称号。

【成都市慢性病医院】

位于成都市北郊天回镇市植物园内，占地 9.8 万平方米，是集医疗、预防、保健、康复、科研、教学、疗养为一体，以老年病、慢性疾病的治疗康复为重点的专科医院，卫生技术人员占职工总数 80%；设内科、外科、康复医学科、预防保健科、医学影像科、中医科 7 个科和 5 个病区，编制床位 250 张、实际开放床位 350 张。全院医疗设施配套，大型医疗设备有 500MAX 光机、B 超、全自动系列生化仪、心电监测仪、除颤仪、颈颅血流多普勒诊断仪、激光诊断仪等；重点收治对象为生活不能自理、患有心脑血管疾病、代谢性疾病、癌症晚期等慢性疾病患者；采用中西医结合疗法、针灸按摩、醒脑开窍等技术治疗。

医院被省老龄办、省委宣传部、省卫生厅、省体育局、共青团省委、省妇联等单位授予四川省“关爱老龄事业”先进单位称号。

【成都市传染病医院/成都市第十人民医院】

位于成都市锦江区净居寺路 18 号，是成都市唯一一家国家法定传染病定点收治的医疗机构，承担全市传染病的医疗救治、技术指导及继续医学教育工作。医院 1992 年增挂“成都市第十人民医院”铭牌，2003 年 7 月与成都市结核病防治院合并，2005 年 5 月由成都市人民政府命名增挂“成都市第二惠民医院”牌匾。2004 年 12 月，市政府常务会议决定以“成都市公共卫生医疗救治中心”立项新建传染病医院，2007 年底投入使用。

医院占地 3.53 万平方米、业务用房 2 万平方米、固定资产 6597 万元、编制床位 426 张、日常开放床位 200 张；人员编制 505 人、在职职工 311 人，其中高级卫生专业技术人员 22 人，中级专业技术人员 99 人、研究生 4 人、临床专业技术人员占职工总数的 81.7%。

医院设有传染门诊、发热门诊和住院部，有社区卫生服务、性病医疗、人工肝（具有人体肝脏功能的医疗设备）、内窥镜等 4 个治疗中心，系无假日医院，常年开展各项医疗服务；拥有一批知名肝病专家，对肝病、孕肝、传染外科等具有独特的专科优势，自行研制系列纯中药制剂，开展中西医结合治疗病毒性肝炎、重症肝炎、脊髓灰质炎、流行性脑膜炎、乙型脑炎等方面疗效显著。

医院拥有数千万元的先进医疗设备，如全球先进的、西南地区独家拥有 BACTEC—960 型分枝杆菌快速检测仪等。

1990—2005 年，医院获奖 16 项。1992 年，被评为四川省省级文明单位；1995 年，被评为全国卫生系统先进集体。

【成都市第四人民医院/成都市精神卫生中心】

位于成都市外西营门口，原名为若力医院，隶属四川省会警察厅。1953 年，更名为成都市精神病疗养所。1974 年，改为成都市第四人民医院。是西南地区最大的精神病专科医院，定编床位 600 张；有职工 390 人，其中高、中级专业技术人员 133 人。

医院开展的服务项目有精神科、心身疾病科、老年和儿童康复科、脱瘾康复科、神经症专科、失眠症专科、心理测评中心、专家心理咨询、内科、妇科、口腔科、急诊科等诊室；是四川省心理危机干预中心、成都市未成年人心理咨询中心、成都精卫司法鉴定所、成都市病残儿童医学鉴定中心、成都市精神疾病残疾鉴定中心、成都市精神病人劳动能力鉴定机构、戒毒脱瘾治疗机构、成都市精神卫生专业技术人员继续教育培训基地，成都卫生学校教学实习基地。医院与法国 Acodes 合作开展社区精神病防治，与四川大学华西医学中心、湖南医科大学、上海精神卫生中心等院校合作开展精神病专科临床研究，促进医院技术水平提高。四川省心理卫生协会挂靠在该院，编辑出刊《四川心理卫生信息》。

【四川省皮肤病医院（四川省皮肤病研究所）】

位于成都市青羊区四道街 12 号，是全省皮肤病性病防治、科研、教学中心、卫生部确定的特殊化妆品及进口化妆品人体试验和斑贴试验全国 10 大基地之一，是四川省、成都市文明单位和四川省科委先进科研单位以及中国—欧盟性病艾滋病防治培训项目国家级培训中心。2000 年，四川省皮肤病研究所经四川省编委和省卫生厅批准成立四川省皮肤病医院。

医院（所）拥有 6 个业务科室和 4 个职能科室。2005 年，有职工 165 人，其中卫生科技人员 130 名（高级职称 31 人），设有门诊部和住院部、开设床位 40 余张。2005 年，收住院病人 954 人次、门诊病人 20.56 万人次。

医院设有各种皮肤病、性病等 10 余个专科门诊及各种治疗室，包括蓝宝石激光、染料激光、二氧化碳激光、冷冻、浅层 X 光、长波紫外线、磁疗、微波、医学美容、疤痕治疗、前列腺炎治疗等先进治疗手段，并研制 60 多种新药和医院制剂。

四川省皮肤病研究所先后与世界卫生组织（WHO）、美国、英国、意大利、日本、荷兰等 10 多个组织和国家建立合作关系，开展多个项目合作和学术交流。取得 68 项科技成果，其中获省部级奖励成果 23 项，转让科技成果 12 项。科技人员在省级以上杂志发表科技文章 245 篇，其中国际级杂志发表 16 篇、国家级杂志发表约 150 篇。

【四川省妇幼保健院】

位于成都市抚琴西路 338 号，成立于 1988 年 4 月，是一所集保健、医疗、培训、科研为一体的省级医疗保健机构，四川大学等大专院校的教学实习基地。1999 年，被卫生部、联合国儿童基金会、世界卫生组织授予“爱婴医院”称号，2003 年，增挂“四川省妇女儿童医院”铭牌。四川省妇幼卫生信息中心、四川省新生儿疾病筛查中心、四川省围产保健重点学科（实验室）设于该院，是四川省妇幼保健与生殖健康业务指导中心、四川省妇幼保健国际合作项目指导单位，承担全省 200 多个市（州）、区（市）县妇幼保健机构的业务指导、妇幼卫生人员培训、妇幼卫生信息统计监测、妇幼健康教育、妇幼保健应用科研以及全省妇幼保健业务管理规范的制定等工作，该院长期与联合国儿童基金会、人口基金会、世界卫生组织、美国“心连心”等国际组织合作；拥有彩超诊断仪、原子吸收分光光度计、全自动生化分析仪、电视腹腔镜、宫腔镜、新生儿疾病筛查仪、辅助生殖设备（西南地区一流）等先进医疗设备。

2005 年，全院有职工 276 人，其中卫技人员 229 人、医生中研究生以上学历占 20%、高级专业技术人员占卫技人员的 17%；拥有卫生部生殖健康专家组专家、国家妇幼保健中心专家咨询委员会专家、享受国家政府特殊津贴专家、四川省有突出贡献的优秀专家、四川省学术和技术带头人、四川省学术和技术带头人后备人选等一批优秀专家。院内设有妇科、产科、不孕不育治疗中心、儿科、新生儿科、妇女保健、儿童保健、社区卫生与基层保健、新生儿疾病筛查、健康教育、药剂、麻醉手术、检验、影像等科室;2005 年,门急诊21 万余人次、住院 5200 余人次、住院手术2300 余台次,床位使用率 92% 以上;承担国家级、省级妇幼保健和生殖健康的科研和继续教育项目 20 多项。

【四川大学华西第四医院/华西职业病防治医院】

位于成都市人民南路 3 段 18 号。1964 年建立四川医学院附属第一医院职业病科,1976 年独立建院,是卫生部部管医院中唯一以职业病防治为主的医院,系从事职业病临床、教学、科研、预防和康复为一体的专科医院,是卫生部职业病临床医师培训基地。

医院占地面积 2. 55 万平方米、有病床 130张、职工 200 余人,其中高级职称专业技术人员32 名、卫生部专家 5 人、省级专家 8 人;拥有劳动卫生学博士点、硕士点,多年来承担大量进修生、本科生、研究生培养工作,开展大量科学研究工作,发表论文数百篇,多项成果获奖。

医院在职业病、老年病、高压氧治疗、等离子低温消融治疗打鼾等方面具有较高水平,在西南地区有一定影响力;在中毒、肿瘤姑息治疗、骨痛、骨质疏松治疗等方面达到国内先进水平,具有较高技术优势的专科有老年病科、职业病科、姑息关怀科、健康体检、骨痛骨质疏松科、耳鼻喉科、高压氧治疗中心,其中老年病科由美国中华医学基金会资助建立,职业病科是省、市应急救援及 120 应急出诊的指导科室。医院还设有内科、肺科、眼科、妇科、物理因素损伤疾病科等,各科均有知名专家。

【四川省骨科医院】

创建于 1958 年。1984 年,改为隶属国家体委的成都运动创伤研究所、成都体育医院。2003 年 12 月,根据科研院所改革要求,划归四川省,更名为四川省骨科医院,是全国首家获得国家三级甲等中医骨科医院。医院以中医为主、中西医结合的办院方向,主要诊治新旧骨折、急慢性软组织损伤、颈肩腰腿痛、运动创伤及风湿痹症等疾病;拥有国家级重点专科运动医学(运动创伤)和省级重点专科专病儿童骨科、股骨颈骨折、椎间盘突出症等。医院以中医手法、中药为主,配合器械、综合治疗和功能锻炼治疗骨伤病员,取得较好的疗效。以张世明教授为代表的专家们多次在备战全运会、亚运会、奥运会、女足世界杯和正式比赛中,为运动队开展科技服务。国际奥委会认可该院中医药防治运动创伤的能力,其总部备有医院的情况介绍。截至 2005 年,医院已开展科研课题 50 项,其中国家、部省级项目 15 项(科技部“十五”攻关课题 1 项,三类新药 1 项),有多个项目获科技进步奖。先后编著出版中医骨科、运动医学方面的专著 10 余部,发表科研论文 500 余篇。

【成都市妇产科医院】

位于包家巷,是一所具有专科特色的国家二级甲等综合公立医院。1993 年 9 月,被评为“爱婴医院”。

该院 2000 年 10 月经成都市人民政府批准,与 1952 年创建的成都市第九人民医院合并。医院占地面积 1. 39 万平方米、建筑面积 3. 65 万平方米、业务用房 2. 27 万平方米;医院在东城根上街 19 号开设门诊部 3500 平方米,在双楠路 166

号开设570平方米的社区服务中心；编制床位400张、实际开放床位280张，设有产科、妇科、内科、外科、新生儿、ICU等病区。

医院在岗职工649人、有医疗卫生技术人员498人，其中高级职称专业技术人员41人、中级职称专业技术人员159人；设有急诊科、内科、外科、妇科、产科、儿科、口腔科、眼科、中医科、皮肤科、康复理疗科等11个临床一级科室和检验科、病理科、药剂科、放射科、功能检查科等6个医技科室。以妇产科、创伤急救、生殖与孕研究、泌尿外科、老年病等为重点专科，达先进水平。

1995年，医院确立以发展“生殖遗传专科”“电视腔镜专科”为重点的规划，在人类生殖辅助技术、妇科电视腹腔镜、宫腔镜手术等方面达到国内先进水平。医院先后开展上万次遗传咨询、染色体检查工作，查出异常核型369例，检出率10%。其中两种核型经湖南医科大学细胞遗传学国家培训中心鉴定为世界首报，收入《中国人类染色体异常目录》第二辑及《世界首报人类染色体异常核型图谱》一书。自1999年12月医院成功诞生全省第一例第二代试管婴儿以后，已诞生试管婴儿96例，该项技术走在四川省的前列；1996年开展妇科电视腹腔镜手术，1997年在成都市率先开展电视宫腔镜诊断与手术，已完成腹腔镜检查与手术3798例、开展宫腔镜诊断与手术2197例，无一例并发症发生。2002年，国际妇科腔镜协会（ISGE）决定在医院设立西南地区第一个腔镜培训中心；2000—2005年开展新技术、新项目123项，其中体外受精——胚胎移植技术、新生儿听力筛查、高频电刀在妇科领域中的应用、米索前列腺醇在宫腔镜电切术前的应用4项新技术获市卫生局新技术奖二等奖。

医院采用系统化电脑网络管理、设备先进，拥有德国西门子螺旋CT、大型X光机、C臂机、全自动生化分析仪、彩色超声诊断仪、心电监护仪、超声心动图、电子胃镜、电视膀胱镜、开展试管婴儿所需各种大型设备仪器、远程胎儿监护仪、电视腹腔镜、电视宫腔镜、电子阴道镜、新生儿急救呼吸机、心电监护仪等大中型设备。

【成都中医药大学附属医院/四川省中医医院】

位于成都市金牛区十二桥路39号，成立于1957年。医院作为卫生部中药新药临床药理基地，先后承担部、省下达的多种中药新药临床研究任务；2000年，被国家科委生命中心、国家中医药管理局确认为国家药品（中药）临床实验研究中心（GCP）建设单位，成立以后先后承担139项药品临床研究任务，一批成果获国家、部省、成都市奖励；被国家食品医药监督管理局、四川省医药监督管理局批准为四川省药物（中药）不良反应监测中心，完成多项中（成）药监测任务。2001年，该院增挂四川省中医医院铭牌，是一所集医、教、研为一体的综合性三级甲等综合性中医院、全国示范中医医院。有国家级名中医5人，省级名中医29人，省学术和技术带头人6人。医院在继承、发扬中医药理论和实践中取得显著成绩，五官学科系教育部重点学科，眼科被国家中医药管理局确定为全国中医眼病医疗中心，急诊科被国家中医药管理局确定为全国中医急症医疗中心，肾病科是国家重点专科建设单位，肛肠科和妇产科是省级重点专科，杵针、指针、血症等科有特色。作为四川省中医专业人员进修学习、继续教育基地，每年承担省内外各科人员300多名的培训任务。医院重视发挥中医药特色优势，贯彻“中西医并重”方针、走中医药现代化道路，开设专科专病40多个，形成以肾脏疾患为中心，内科、外科、儿科及多种辅助诊疗，多学科配套、中西医结合、诊断和专方专剂治疗并重的特色诊疗体系，日门诊量3000人次、中医药治疗率在85%以上。2001年，获全国医院“医疗质量管理监测工作先进单位”称号。2005年，医院成立专科建设办公室，加强对医院重点专科眼科、肾脏内科的建设。医院名医堂有四川省十大名医2名，在医、教、研和人才培养上发挥重要作用。

【成都市中医医院】

1956年，成都市卫生工作者协会中医门诊部建立。1960年，更名为成都市中医医院。系二级甲等中医医院、成都市文明单位及成都中医药大学教学实习基地。1991年8月，中医儿科主任医师王静安被选定为全国首批指导老师。1993年，医院开展“温针灸炷的研制”，获四川省中医管理局科技进步三等奖，“慢肾灵”获得省人民政府二等奖。1996年，医院的重点科研项目“电针国际标准头针治疗血管性痴呆临床研究”通过鉴定，获得四川省1998年度科技进步三等奖、1999年度国家中医药管理局中医药科学技术进步三等奖。1998年，医院病床288张，在职职工426人。医院开设14个临床科室，重点科室有中医儿科、针灸科、肛肠科和中医骨科，中医皮肤外科也具有特色；全院年门诊量14万人次，住院病人总数约为1300人次，床位使用率60%。2001年12月，该院与成都市中西医结合医院合并，注册名称为成都市中西医结合医院，保留成都市中医医院的牌子。

医疗卫生管理

医政管理

【概　况】

1989 年，成都市正式启动分级管理评审工作。1990 年，成都市在贯彻国家《中华人民共和国药品管理法》基础上，加强地方卫生立法工作，开展卫生、防病领域的地方立法调研、起草工作，完善卫生法规体系。1992—2005 年，先后颁发《成都市药品监督执法程序》《1994—1998 年成都市卫生立法计划》《成都市爱国卫生工作管理暂行办法》《成都市爱国卫生管理条例》《成都市社会急救医疗管理规定》《成都市〈中华人民共和国献血法〉实施办法》《成都市性病艾滋病防治管理条例》《成都市结核病防治管理办法（试行）》等规范性文件。医疗执业是医政管理的主要内容，市卫生行政部门主要从医疗机构准入、医疗执业人员准入、医疗技术准入、医疗设备准入等方面进行医疗执业管理。同时，依法加强对急性传染病、产科、计划生育技术、医疗气功、医学美容等服务领域的监督管理，逐步消除特殊医疗执业监督管理的盲区。截至 2004 年年底，成都市评审出二级综合医院 45 所、二级中医医院 13 所、二级妇幼保健院 5 所，一级甲等医院（卫生院）14 所、一级甲等乡镇中医医院 4 所；卫生部和国家中医药管理局在成都市评审出 13 所三级医院。

【地方医疗法规】

1990 年以后，成都市在贯彻国家《中华人民共和国药品管理法》基础上，加强地方卫生立法工作，开展卫生、防病领域的地方立法调研、起草工作，完善卫生法规体系。1992 年 9 月 7 日，成都市卫生局颁发《成都市药品监督执法程序》，完善法规的执法规范程序。1994 年，制定实施《1994—1998 年成都市卫生立法计划》。1995 年 8 月 28 日，成都市人民政府颁布施行《成都市爱国卫生工作管理暂行办法》，是成都市自 20 世纪 50 年代开展爱国卫生运动以来第一个综合性地方行政规章。1996 年 5 月，市人大常委会通过《成都市爱国卫生管理条例》，同年 10 月，经省人大常委会批准，该条例施行之日，市政府颁布的《暂行办法》同时废止。1998 年 12 月 3 日，成都市第十三届人民代表大会常务委员会第四次会议通过《成都市社会急救医疗管理规定》，经四川省第九届人民代表大会常务委员会第七次会议批准，于 1999 年 1 月 29 日实施。1999 年 9 月 15 日，成都市第十三届人民代表大会常务委员会第十次会议通过《成都市〈中华人民共和国献血法〉实施办法》，同年 10 月 14 日，经四川省第九届人民代表大会常务委员会第十一次会议批准实施,《成都市公民义务献血条例》废止。2000年10月27日,成都市第十三届人民代表大会常务委员会第十七次会议通过《成都市性病艾滋病防治管理条例》,同年11月30日,经四川省第九届人民代表大会常务委员会第二十次会议批准实施。1997年5月,试行实施的地方政府规章《成都市结核病防治管理办法(试行)》,经过试行和修改完善,2005年1月1日起正式实施。此外,结合《成都市结核病防治管理办法》的实施和"卫Ⅴ贷款项目"工作的要求,成都市又起草《乡镇卫生院结核病痰涂片检查点设置实验室操作规程》《肺结核病人转诊和追踪实施办法》和《初治涂阳活动性结核病人免费治疗管理指南》等规范性文件,在全国率先开展结核病月报告、结核病发病和转院到位情况报告,促进全市结核病防治事业发展。

【医院分级管理】

1989年,卫生部要求全国各地积极稳妥、有计划、有步骤地组织医院分级管理评审工作,同时制定《医院分级管理办法(试行草案)》。成都市正式启动开展工作,分级评审权限为二级甲、乙等医院和一等甲级院的评审(其中二级甲等医院要上报四川省卫生厅批准)。市卫生局按专业分别成立综合医院、妇幼保健院、中医院(包括中西医结合医院)3个评审委员会及办公室。评审工作分为医院资质审查和等级评审两个阶段,在医院资质审查合格的基础上进行等级评审;卫生行政部门组织临床医学专家、卫生管理专家对医院的功能、任务、科室设置、人员配置、医院管理与技术水平、教学科研能力、思想工作、医德医风、统计指标及依法执业等方面实行院外评审,评审结果按千分制计分,≥900分为甲等、≥750分为乙等,评审结论报卫生行政部门批准。等级医院实行动态管理,每三年复查一次,复查不合格的,限期整改,仍达不到要求的取消等级医院资格,因特殊原因需要超期复查的,必须经卫生行政部门同意。2003年,市卫生局医政部门全年受理审批305家医疗机构的设置申请,并对其进行分类,其中营利性医疗机构264家,非营利性医疗机构41家。同时,配合市经委、市中小企业局搞好企业办医院分离工作,至年底,全市完成企业医院分离14所,纳入市卫生局管理。至2004年年底,成都市评审出二级综合医院45所、二级中医医院13所、二级妇幼保健院5所,一级甲等医院(卫生院)14所、一级甲等乡镇中医医院4所;卫生部和国家中医药管理局在成都市评审出13所三级医院。2005年,成都市的大多数医院固定资产翻番,人才、房屋、设备和管理基本配套,开展大量新技术、新项目,医院运行进入良性循环轨道。

【医疗机构执业管理】

1988年7月23日,省人民政府印发《四川省社会办医管理办法》(以下简称《办法》),成都市根据《办法》规定的社会办医资格主体、申请程序、审批机关、社会办医的权利与义务、违法处罚等条款,加强管理监督、逐步扭转"办医乱,乱办医"的现象。1990年,成都市卫生部门加强医疗部门的治理整顿,加强对社会办医、联合办医的宏观调控和监督,整顿药品市场,查处游医药贩。对41个药品生产企业,901个药品经营企业,以及320个医院制剂室进行重新核发"许可证"的审核验收,审验率100%。1991年,制定《成都市村卫生站管理办法》,加强村卫生站的整顿与建设。全市村卫生站发展到3917个,较1990年净增107个,占应建站数的95%,扩大集体办站比例，建成甲级村卫生站900多个。贯彻《中华人民共和国药品管理法》，加强药品监督管理，完成56家药品生产企业，111家医院制剂室，899个药品经营单位的许可证核发工作。1994年，国务院颁布《医疗机构管理条例》、四川省人大制定《四川省医疗机构管理条例》，成都市卫生局对全市医疗卫生资源进行清理、统计、制定《成都市医疗机构设置规划》，加强对医疗机构的设置审批、执业登记、检查指导、评审、处罚等监督管理，将多渠道办医工作纳入区域卫生发展规划，乱办医的现象得到遏制。对92家药品生产企业、1230家经营企业、1046个医疗单位（含有制剂室的116个单位）进行监督检查，重新核发《许可证》，换证率分别为100%、95%和87%。1995年，四川省卫生厅发出《有关医疗机构登记注册工作的有关规定》等文件，规定各级各类医疗机构的设置应当符合医疗机构设置规划和医疗机构基本标准，经登记注册、审批合格后才能执业。成都市编制《成都市城区医疗机构布点规划》《成都市区域卫生规划》，提出建立全市卫生服务体系、执法监督体系和医疗保障体系的构想及评价指标，特别对医疗机构布点区位、规模（包括床位、人员数、技术、设备设置）、准入进行规划、确定发展目标。2002年，经省人民政府授权，四川省、成都市计委、财政、卫生等部门共同制定《成都市区域卫生发展规划》，对成都市的医疗卫生机构、床位、人员、设备的设置和准入进行规划。2003年，制定《成都市城区社区卫生服务设置规划》，在全省率先开展社区卫生服务中心公开招标工作，实现社区卫生服务覆盖城区100%的街道办事处。全年查处违规医疗机构893家，吊销医疗机构职业许可证43家，取缔非法行医1739家。2004年，打击非法行医，查出无医疗执业机构擅自行医390户，先后取缔无证行医387户。2005年，市药监局全面开展县以下药品零售企业的GSP认证工作，全市有236家药品经营企业通过GSP认证，其中批发企业136家，零售企业71家。

【医疗执业人员管理】

1990年以后，成都市重视医疗执业人员的思想道德和业务技术素质提高，严格执行医疗执业人员必须取得正规医药院校毕业证书或国家自学考试委员会医学考试合格、获得初级以上卫生技术职称、能独立进行诊疗工作的规定。1994年，依据《中华人民共和国护士管理办法》和《执业医师法》进行监督管理，制定《医师资格实践技能考试实施方案及实施细则》，成立“资格考试领导小组”及“成都市医师考点办公室”，并划拨专款、安排专业人员具体负责实施医师和护士资格考试工作（2001年护士考试工作交人事部门实施）。1998年5月17日，在成都卫校国家级考场首次举行四川省卫生执法人员换证考试，考试分为医政、药政、红十字会、中医、妇幼、疾病控制（含食品卫生、公共场所卫生、生活饮用水卫生、化妆品卫生、放射卫生、消毒卫生、学校卫生、劳动卫生、传染病防治）6大类、14个专业，参考人员1283人。1999年，成都市组织100多机构培训数千名医护人员，完成11个类别、75个基地实践技能考试和1818名医师医学综合笔试、1326名护士资格考试。成都市医师考点办公室工作人员进行综合会审（每年审核清除假毕业证30本左右），历年医师资格报名准入合格率保持在99%以上，并建立医疗执业人员个人档案归档制度，将报考人员报考类别、级别、学历证书、医院证明等资料完整归档、实行科学管理。1999年吊销52家医疗机构执业许可证，取缔无证行医336家。2000年，全市清理整顿医疗市场，取缔非法行医116所，人员796人。完成四川考区成都考点医师资格考试工作，报名1992人，实践技能考试1890人，综合笔试1370人。根据《中华人民共和国护士管理办法》，完成四川考区成都考点工作，考试2072人，首次注册1172人，校验1.23万人。2001年，完成2285名护士执业考试工作，2038名执业医师报名考试工作，对1999—2000年医师资格考试合格者2589人发放医师资格证书，并对在市卫生局注册的医疗机构近1.5万名执业医师、执业助理医师进行登记注册。2004年，组织900多名乡村医生参加执业注册考试，为4000多名合格乡村医生办理执业注册手续。2005年，全市报考人数6000多人；连续7年的医师实践技能考核和综合笔试成绩，合格率均为65%左右，处于国家合格率统计正常范围。

【特殊医疗执业管理】

20世纪80年代中期，医疗保健日益受到人们的重视，气功疗法得到普及和推广，气功医疗秩序比较混乱。国家中医药管理局于1989年10月印发《关于加强气功医疗管理的若干规定（试行）》，规定开展气功医疗必须经过卫生行政部门审批、注册、获得“气功医疗许可证”、严格按指定病种执业。1990年1月，市卫生局、市中医管理局联合发文，要求各地对气功医疗活动进行清理，按规定的条件申报，由成都市卫生（中医）行政部门考核、验证、审批、发证，任何单位和个人都不例外。成都市先后制定性病、艾滋病、结核病等地方性法规，规定各级医疗单位（含社会办医机构），除经区（市）县以上卫生行政部门批准，不得开设乙肝、性病、艾滋病、结核病等专科门诊，接诊急性期复诊病人，不得设置传染病房收治传染病人，不准在普通病房收治传染病人。1997年，市卫生局转发省卫生厅《四川省医学美容管理办法》，要求各区（市）县对辖区内开展医学美容的机构进行全面调查，按要求加强管理、填表上报。1999年11月，成都市对全市特殊医疗行业进行突击检查，要求各区（市）县加强管理，加快校审，坚决取缔无证行医。同年，实施《中华人民共和国母婴保健法》，完成母婴保健机构和人员的审定，全市480个产科机构经过考试考核合格，取得执业许可证。2001年5月，四川省卫生厅、四川省中医管理局发出《关于认真做好医疗气功清理整顿总结验收工作的通知》，成都市成立医疗气功清理整顿领导小组，按要求对全市医疗气功组织进行全面、彻底的调查和清理，未发现专门医疗气功组织或个人开展医疗气功活动。年内，制定《成都市区（市）县以上医疗保健机构产科技术服务评审标准》《成都市乡级医疗机构产科技术服务评审标准》和《成都市计划生育技术服务评审标准》，对1998年评审公告的成都区域内开展产科执业的483家单位，开展计划生育技术服务的536家单位及3000余名技术人员的执业资格进行复审。2002年，卫生部制定《医疗美容服务管理办法》，市卫生局、市中医管理局对全市美容机构和从事医疗美容的人员再次进行全面清理整顿，全市清理医疗美容机构118家、综合医院开展美容专科38家，取缔擅自开展美容诊疗业务36家。开展《中华人民共和国母婴保健法》执法检查，对全市41家医疗、保健机构进行《中华人民共和国母婴保健法》暨母婴保健技术服务的执法检查，取缔无证接生。对全市县级中医医院及中心卫生院剖宫产技术进行执业准入评审。市卫生局以急性传染病防治为重点，全面开展疾病预防控制工作，制定下发《关于进一步加强农家乐卫生管理的若干规定》，进一步完善《成都市霍乱防治方案》，组织技术力量，分期分批对84家次医院的肠道门诊进行检查。2003年3月，四川省卫生厅批准，为成都市279名医学美容人员颁发“医学美容主诊医师资格证书”。年内，实施《农村孕产妇系统管理办法》，对城乡442家产科执业单位进行重新审核，有260家单位、2796人获得产科执业许可。至2005年，由四川省卫生厅、成都市卫生局批准的医疗美容、整形外科医院和门诊部10余家，经登记注册，卫生行政部门批准，二级以上综合医院大多设立医疗美容科。对美容医疗机构和主诊医师的日常监督管理，由四川省卫生执法监督总队和成都市卫生执法支队承担。是年，实施产科执业机构的产科执业资格审查，全市妇产科执业机构由434家调整为299家。

【涉外医疗执业管理】

涉外医疗执业是改革开放以来医疗服务行业出现的新事物，成都市管理涉外医疗执业，主要依据卫生部、经贸部1989年2月10日联合下发的《关于开办外宾华侨医院、诊所和外籍医生来华执业行医的规定》（以下简称《规定》），以及卫生部1992年10月7日发布的《外国医师来华短期行医暂行管理办法》。《规定》明确指出外国人来华独资经营医疗机构不宜同意，海外华侨不以营利为目的、在家乡或其他地方独资兴办医疗机构可以试点，并规定这类医院的立项、可行性研究等技术问题由卫生部审批，合同、章程由外经贸部审批。外籍医生执业，须先解决户籍，然后向所在地区县级卫生局提出申请，经过初审后，由市地和省级卫生行政部门转报卫生部终审。1990—2005年，成都市按规定申请、经批准三家合资医疗机构、短期行医2人。涉外医疗执业审批列入四川省、成都市政务中心作为常规卫生行政审批服务项目。

【医疗技术设备管理】

20世纪90年代起，为加强对医疗机构医疗技术的监督管理，结合单病种质量管理工作，成都市制定《医院手术分级别管理办法（试行）》，规范一、二、三级医院允许开展的手术范围，从收费、人才、设备等方面支持成都市市级医院开展新技术、新手术，向基层医疗机构推广适宜技术，并列入卫生综合配套改革，加强质量管理，纳入目标管理，进行考核。通过质量控制，提高全行业的专业技术水平。1990年以后，成都市通过农村卫生重点县建设，采取集中“民办卫生事业补助费”等举措筹集资金，为乡镇卫生院配备一批基础医疗设备和适宜中档医疗设备，如救护车、B型超声波检测仪、心脏监护仪、自动生化检测仪、血气分析仪以及常规检验、手术、急救设备、X光机等设备；依据“功能原则”，为综合医院、专科医院和预防、保健、康复机构购置专用设备提供信息咨询、技术服务或适当资金支持；对市和区（市）县医疗卫生机构购买符合卫生区域规划、开展业务技术工作急需的高档卫生医疗设备，必须向卫生行政部门申请，获得审查批准，取得“大型医用设备配置许可证”和“大型医用设备应用质量合格证”，由同级财政拨专项经费或财政担保贷款（并负责还息、购买受益单位还本）购买；为实现“资源共享”，对设备的维护完好率、使用频率、检查阳性率等均进行规定，并纳入目标管理。1992年，根据卫生部的通知，及时淘汰、废除落后的检验方法，对利用新技术开展的新服务项目，允许按成本或准成本收费。1994年11月，在成都市第三人民医院成立“成都市放射质控中心”，负责全市放射专业人员的技术培训，放射技术质量控制，疑难病人的会诊咨询，以及引进、推广新技术、新设备等。2003年，全年投入200万元资金对村卫生站的基础设施进行改造,全市乡镇卫生院全部配备计算机,实现在线进行网上报病。2004 年,市人民政府安排 1300 多万元专项资金,加上有关区(市)县政府安排的配套资金用于乡镇卫生院改造项目,为金堂县、龙泉驿、青白江等 10 个区(市)县配送 10 辆救护车、10 辆巡回医疗车;为乡镇卫生院配发 B 超、X 光机、心电图、洗胃机和半自动生化分析仪等常用的基础医疗设备;对 3149 个村卫生站全部进行规范化改造。2005 年,卫生部、国家发改委和财政部联合发布《大型医用设备配置规划与使用管理办法》,政府主管部门对大型医用设备的配置规划力度进一步加强。

医疗管理

【概 况】

1990 年,卫生行政部门结合医院分级评审工作,加强对医疗质量的指导、监督和管理。2000 年,医疗机构按照《医院质量标准》,进一步完善质量评估体系和医疗质量督查制度,减少医疗差错及技术事故的发生。2001 年,在市级医疗机构开展"优质服务年"活动,制定《成都市卫生系统优质服务规范及标准》,进一步健全和完善院内质量评估体系的医疗质量督查制度。2004 年,以医院分级管理为基础,以传染病防治为重点,进一步加强对医疗质量的检查督促。2005 年 5 月,市卫生局制定"以病人为中心,以提高医疗服务质量为主题"的医院管理年活动方案,发出《关于开展 2005 年医疗质量检查工作的通知》,市及区(市)县卫生局采取全程监控和集中检查相结合的形式对全市医疗机构实行医疗质量宏观管理,各级医疗机构认真完善医疗质量和医疗安全的各项措施,出台一系列便民措施,进一步优化服务流程,方便患者就医。另外,还开展诚信示范医院示范活动。

1995 年,市卫生局成立医院感染管理委员会,建立"医院感染监控网"办公室,加强监督管理,要求各医疗机构采取有效措施、防止医院交叉感染发生。1998 年 7 月,市卫生局下发《关于印发〈成都市医疗事故鉴定处理工作程序〉(试行)的通知》,进一步明确鉴定的申请、受理、程序等具体问题。从 1999 年 7 月开始,实行鉴定监督制度,每次召开鉴定会时邀请成都市人大、政协与纪检部门有关人员参加,并担任发票、监票、计票工作,以保证公正。2002 年 9 月,由于政府职能转变,医疗事故技术鉴定的组织工作移交成都医学会。2002 年 9 月 1 日至 2005 年 12 月 31 日,成都市医学会完成鉴定 197 例。经过各方面共同努力,成都市在医疗事故鉴定工作中基本上做到公开、公平、公正和及时、便民。

【医疗质量管理】

1990 年,卫生部、国家中医药管理局下发《医疗机构基本标准(试行)》,试行医院分级管理、把医疗质量管理作为医院内涵建设的重要内容、列入卫生行政部门和医疗机构的重点管理目标。成都市根据卫生部制订的医疗质量管理 8 个方面评估标准,要求医疗机构在医疗质量管理工作中改进管理办法和措施,多次邀请全国的医疗质量管理专家,对全市医疗机构的医院、科室负责人和技术骨干进行培训;下发《关于对县级医院试行单病种质量管理的通知》及《成都市医院手术分级审批权限的通知》等文件,加强对医疗质量的日常管理。各医疗卫生单位建立健全质量标准体系,开展 13 种疾病单病种质量控制工作;反映诊断、治疗水平的病历质量显著提高,甲级病历率市级医院达到 67.6%,县级医院达到 41.6%。同时,各医疗单位还完善医疗质量管理体系，成立医疗质量控制管理机构，建立质量信息控制反馈网络，实施护理工作量化管理。1994 年，各级医疗机构加强职业道德教育，开展行业作风建设，强化科学管理，建立健全各项规章制度，医疗护理质量明显改善，调查门诊、住院病员满意率 90%。同时，贯彻执行《中华人民共和国护士管理办法》和《中华人民共和国执业医师法》，强化医疗机构和医务人员执业准入的审批及监督管理，使医疗活动走上依法执业、依法管理、社会监督的法制轨道，对医疗质量管理起到法规保证作用。1997 年，全市加强婚前医学检查和产科质量管理，婚前医学检查率城市 97.8%、农村 85%，孕产妇保健覆盖率城市 95%、农村 85%。各中医医院围绕分级管理，不断加强医疗质量，按照《成都市中医院分级管理九五规划》的要求，市中医院等 6 家中医院巩固、通过等级评审。是年，市级卫生单位全部建成文明单位。2000 年，按照《医院质量标准》，医疗机构进一步完善质量评估体系和医疗质量督查制度，减少医疗差错及技术事故的发生。2001 年，在市级医疗机构开展"优质服务年"活动，制定《成都市卫生系统优质服务规范及标准》，进一步健全和完善院内质量评估体系的医疗质量督查制度。加大对医疗质量的监管力度，改变监控方式，成立医疗质量督查组，聘请社会督查员，采取定期与不定期相结合、明察与暗访相结合的方式，对全市医疗质量进行监控。龙泉驿区中医医院试行 ISO 9002 质量体系管理，逐步实现医疗质量的终末管理转向过程管理；全面试行《中医病案规范》，加强中医专科专病和急诊科建设。2003 年，成都市按照《医疗质量标准》，建立质量评估体系和督察制度，加强对医疗机构质量监控和规范化管理，同时定期向社会公布医疗信息，促进医疗机构服务质量和医疗技术的提高。2004 年，市卫生局下发《成都市医疗质量管理办法（试行）》，成立"成都市医疗质量管理委员会"，区（市）县卫生局成立相应的管理督查机构，在全市开展医疗质量检查和诚信示范医院评比活动，努力为病人提供优质高效、价格合理的医疗保健服务，规范各种医疗行为、确保医疗安全，建立完善的医疗质量监控机制、量化医疗质量管理标准、实施医疗质量全程控制。2005 年 4 月，卫生部、国家中医药管理局发出《关于开展"以病人为中心，以提高医疗服务质量为主题"的医院管理年活动的通知》，5 月，成都市发出《关于开展 2005 年医疗质量检查工作的通知》，市及区（市）县卫生局采取全程监控和集中检查相结合的形式对全市医疗机构实行医疗质量宏观管理。6 月，在全市开展诚信示范医院示范活动，在成都的部级、省级、市级、区（市）县及部队、企业、民营医院 87 家参加，通过考核评出 20 家诚信示范医院，并根据考核情况对医疗资源、医疗环境、医院内部管理及医疗缺陷等方面的现状与问题提出整改建议。

【医院感染预防管理】

1993 年，成都市开始对医疗卫生机构的病房空气、物体表面、污水、污物、灭菌器、紫外线、消毒液等可能传播疾病的途径进行消毒效果监测。是年，全市未发生甲类传染病，传染病发病率降到 228.93/10 万。1995 年，市卫生局成立医院感染管理委员会、建立"医院感染监控网"办公室，加强监督管理，要求各医疗机构采取有效措施，防止医院交叉感染发生。成都市 1996 年有 21 家医院入网。是年调查 15 家市属医院平均院感发生率为 10.45%。2004 年，市卫生局加强预防医院感染相关法律法规及专业技术、安全防护、意外事故紧急处理等知识、技能的全员培训，举办7期重点传染病防治知识骨干培训班，2005年，全市有市级医院、工矿医院、区县级医院、社区医院80家加入“医院感染监控信息网”。1993—2005年，年监测平均合格率在83.10%～99.30%、2005年合格率比1993年提高15.55%；其中，1993—2000年医院污水、污物监测合格率在71.42%～100%；2005年监测市级、区县级、工矿医院污水289件，合格272件，合格率为94.12%。1998—2004年调查医院感染发病率在2.12%～3.49%，2005年为2.57%，与1998年相比下降26.36%。

【医疗单位污水污物处理】

1990年以前，成都市采用间接连续式焚化炉处理医院有机污物与特殊场所的固体垃圾。1995年后，在龙泉驿区固定废弃物卫生处置场集中进行处理。1998年，市政府公布《成都市特种垃圾管理办法》，规定凡在成都市五城区和高新区范围内的医院、疗养院等医疗卫生单位，在诊断、防病治病过程中产生的固体医疗垃圾，统一交由市洪河特种垃圾焚烧场集中无害化处理；其他区（市）县政府结合实际，制定当地特种垃圾管理实施方案。1998年4月15日，成都市城区范围内实现医院有机污物集中无害化处理。2003年6月，国务院颁布《医疗废物管理条例》（以下简称《条例》），卫生部、国家环保总局相继发布贯彻《条例》的具体办法、规定、技术规范等配套规章，对医疗废物的分类、收集、清运、暂时贮存、无害处置的技术规范、专用包装物、容器标准、警示标识以及互相交接、登记等作出明文规定。2004年，落实卫生部《医疗卫生机构废物管理办法》，成都市下发《关于认真做好医疗废物集中处置的紧急通知》，召开相关单位会议，要求各医疗卫生机构必须确定专门机构和专职人员负责医疗危险废物处理；建立健全医疗危险废物产生、存放、运输、处置等有关环节的管理制度；五城区及高新区的各级各类医疗卫生机构产生的危险废物（包括一次性医疗废物）全部进入成都市洪河垃圾场处置。在创建国家环境保护模范城市开始以后，市卫生局及时将青白江、龙泉驿、新都、温江区、双流和郫县辖区内医疗卫生机构的医疗危险废物纳入洪河特种垃圾场集中清运处理。

【医疗事故鉴定与处理】

1988年4月，成都市政府批准成立“成都市医疗事故鉴定委员会”及办公室，委员会由25位临床医学专家和管理专家组成，每次鉴定会保证13名以上人员参加，由委员会主持鉴定工作；医疗事故的鉴定与处理工作，主要依据国务院颁布的《医疗事故处理办法》和《医疗事故处理条例》及省政府《四川省医疗事故处理办法实施细则》进行。1998年7月，市卫生局下发《关于印发〈成都市医疗事故鉴定处理工作程序〉（试行）的通知》，结合成都市实际情况，进一步明确鉴定的申请、受理、程序等具体问题，使鉴定工作更加规范。

从1999年7月开始，实行鉴定监督制度，每次召开鉴定会时邀请成都市人大、市政协与市纪检部门有关人员参加，并担任发票、监票、计票工作，以保证公正。至2002年8月，组织医疗事故技术鉴定157例，其中构成事故数20例、事故构成率为12.7%，在完成的鉴定案例中，行政复议或行政诉讼率均为零。

2002年，按照《医疗事故处理条例》，开展专题培训。9月，由于政府职能转变，医疗事故技术鉴定的组织工作移交成都医学会。成都医学会成立医疗事故技术鉴定工作办公室，学会秘书长兼办公室主任；建立鉴定专家库，鉴定时鉴定专家组由医患双方在专家库中随机抽取决定，并经现场解码后进入鉴定会程序；鉴定分为首次与再次，个别复杂、疑难、具有较大社会影响的案件，则由四川省卫生厅商请中华医学会完成鉴定组织工作。在鉴定工作中，成都医学会负责组织工作，专家鉴定组负责主持鉴定工作及鉴定结论，卫生行政部门负责行政处理、处罚及监督。2003 年，市卫生局医政部门 1—11 月接待医疗事故争议 600 多人次，委托医疗事故鉴定 14 起。

2002 年 9 月 1 日至 2005 年 12 月 31 日，完成鉴定 197 例，构成事故数 60 例，事故构成率为 30.46%，做到每年“重新鉴定率为零”。2005 年成都医学会医疗事故技术鉴定工作办公室被评为全国“医疗事故鉴定”工作先进集体。

2002—2005 年成都市医疗事故技术鉴定情况表

表 5－186

年份	鉴定数(例)	事故数(例)	事故构成率%
2002(9—12 月)	25	10	40.00
2003	59	14	23.73
2004	52	14	26.92
2005	61	22	36.07
小计	197	60	30.46

医疗服务

卫生应急与医疗急救

【概 况】

1990年，全市每年急诊抢救病人60多万人次，市级医疗单位每年出动救护车12000车次以上。单一的医院急救模式已不适应城市发展的需要，为适应城市发展，保障人民身体健康，市人民政府把医疗急救工作纳入全市经济社会和卫生事业发展规划。1992年后，制订一系列规范性文件，市财政对医疗急救工作进行较大的经费投入，建设急救网络体系。1997年6月16日，成立成都市医疗急救指挥中心，实施医疗急救的统一指挥、组织协调和调度工作。1999年，完成成都市急救指挥中心120总台与19个区(市)县和高新技术产业开发区120分台的联网工作。2003年，市卫生局设立“应急办公室”，具体负责起草医疗急救预案、组织、协调、指挥全市医疗急救工作，督促落实各项急救措施。“十五”期间全市的医疗急救工作，逐步从单一的医院呼救出诊模式转向网络统一指挥医疗急救模式，达到国内大城市医疗急救工作的先进水平。

【卫生应急体系建设】

1990年，市人民政府把医疗急救工作纳入全市经济社会和卫生事业发展规划。根据卫生部《灾害事故救援管理办法》规定，成都市成立“成都市灾害事故医疗救援、卫生防病领导小组”，负责全市医疗急救和卫生防病的组织、协调工作，制定应对各种突发性公共事故的预案；各医院成立由院长任组长的“急救指挥小组”，服从卫生行政部门的指挥和急救指挥中心的调遣。同时，开展为期5年的二级医院急诊科室“三配套”建设和预防疫保健机构、队伍建设。1997年6月16日，成立成都市医疗急救指挥中心，并确定该中心的主要职责任务是对本辖区内意外灾害事故导致的急、重病人实施医疗急救的统一指挥、组织协调和调度工作。2003年，按照《国家突发公共事件应急预案》的要求，市卫生医政部门完善突发公共卫生事件应急机制，制定《成都市突发公共卫生事件医疗救治体系建设方案(征求意见稿)》，建立和完善医疗救援机构，成立成都市灾害性及医疗救援、卫生防病灭病领导小组，建立健全机构救援组织网络；成立6个灾害事故医疗救援网络小组，由华西医大、省人民医院、成都市第一、第二、第三人民医院和成都铁路医院分别担任组长单位。至2005年年底，成都市已健全突发公共卫生事件应急指挥系统，建立成都市区(市)县、乡镇卫生应急队伍；建立应对突发公共卫生事件专库；为各区(市)县、乡镇培养院前急救人员480人。2005年，成都市急救指挥中心被四川省卫生厅授予"应急救援出色，联动合作紧密"锦旗，被四川省人民政府授予"全省应急工作先进集体"称号。

【应急中心及网络建设】

1992年，市人大代表首次提案，建议建立成都市急救中心。1997年6月16日，成立成都市医疗急救指挥中心，建立120总台。1998年5月22日，召开成都市"120"急救网首批入网单位工作联系会，省市卫生部门、青羊、锦江、金牛、成华、武侯区卫生局以及30家医疗卫生单位参加会议。会议阐明医疗急救"政府领导、卫生负责、属地管理、依法执业"的基本原则，实行"统一管理、统一调度、统一协调、统一指挥"、坚持"就地、就近、就急抢救"和坚持"区域调度与重点专科调度相结合"的原则。会后，各入网单位按要求填写入网申请书、医疗急救调查表和登记卡。6月8日，成都市急救指挥中心（当时设在市九医院大楼顶层）内部试运行，开通120台有线电话。11月，市经委追拨经费40万元，120台无线通信系统于年底开通。是年，有部、省、市、区及部队、工矿的38家医疗单位首批进入急救网络。1999年，完成成都市急救指挥中心120总台与19个区（市）县和高新技术产业开发区120分台的联网工作及与47个入网单位的无线对讲集群系统的组网工作。同时，加强各网点单位的急诊科建设和管理。入网单位按规定配备急救车辆、急救设备、药品和通信设备，全市统一急救标识。由华西医院、四川省人民医院、成都市第一、第二、第三人民医院、成都铁路中心医院分别担任组长单位。成都市急救指挥中心，在省卫生厅指导下，由市卫生局直接领导，把指挥医疗急救作为政府行为，有效地贯穿于网络体系运行之中。在城区实行中心—网络单位二级管理，郊区县实行中心—二级指挥平台—网络单位三级管理。在全市范围内打破条块限制，将地方、军队、企业医疗单位纳入网络，统一管理、统一协调、统一组织、统一指挥，发挥就急、就近、就地、就专科特色的优势，提高急救成功率。2000年，完成"120"急救有线软件的更新换代，实现有线、无线系统全面公开运行，急救工作做到"五落实"（思想、组织、药物、器材、技术落实）。2005年12月，指挥中心迁入投资3849万元新建的紧急医疗救援中心，增挂"成都市紧急医疗救援中心"牌子，编制65人。新中心包括指挥调度、急救培训、应急救援三部分，拥有国内一流的通信系统和功能完善，达到国际水平的培训设备设施，实现形象数据全市共享，具备培训医务人员、特殊（重点）行业及公众的能力，24台装备先进的监护型救护车配备到位，基本形成通信灵敏、指挥有力、统一协调、应急能力强的网络体系。

1998—2005年成都市医疗急救指挥中心调度工作量情况表

表5-187

年份	接呼救电话（个）	调度出诊（次）	救治数（人次）	重大事件次数	伤员数（人）	备注
1998		1337	1774	34		6月8日开始接、处警
1999	11241	11174	13173	143		本年度死亡人数未统计

续表

年份	接呼救电话(个)	调度出诊(次)	救治数(人次)	重大事件次数	伤员数(人)	备注
2000	18583	16848	21105	313	1325	
2001	26967	25341	30116	370	1634	
2002	38139	35424	41706	573	2482	
2003	49155	45940	41456	856	3514	本年度呼救电话量中未包括“非典”时期的咨询服务电话接警量29666个
2004	96869	57619	52815	1046	4276	
2005	123443	67675	61139	1053	4107	

【培训与交流】

培养高素质、高效率的急救队伍是急救医学的重要任务,全市组织承担高、中、初三级培训的讲师团对各级急救人员进行培训。1991年11月13日,成都市机动车驾驶员卫生救护培训领导小组成立。从年底开始分期分批地对全市机动车驾驶员、客车售票员、交通民警开展止血、包扎、骨折固定、搬运等急救技术,以及心脏复苏等现场卫生救护培训。1998年以后,先后与法国、美国、澳大利亚等国的专家进行网络建设、抢救技术、人才培训、管理经验、设备引进、资金援助等项目的交流,组织专业人员到法国、美国考察、学习,提高紧急救援的管理水平和技术水平。同时与全国、省内多个大中城市进行医疗急救工作交流。2003年,举办急救知识、技能、通信信息系统、指挥调度等急救培训班19期,培训医务人员、管理人员上万人,培训110巡警、119消防士官、122交警和急救网络单位驾驶员600多人。成都市疾病预防控制以急性传染病防治为重点,组织专家对各区(市)县专业防治骨干人员进行业务知识培训。2004年,加强医疗卫生应急队伍建设,建立调查处理突发公共卫生事件医务人员专家库、各级急救医疗队,加强预防医院感染相关法律法规及专业技术、安全防护、意外事故紧急处理等知识、技能的全员培训;并对急救人员进行院前、院内急救治疗的相关知识培训,提高急救意识和应急水平。2005年,为各区(市)县、乡镇培养院前急救人员480人。同时,组织全市119名县级中医机构的人员参加四川省应对突发性卫生事件的培训,提高和强化急诊急救能力。2004—2005年组织实战演练10次,内容为反恐、抗震、传染病等应急处理技术应用。

2005年5月,中美城市急救援联合演练现场总结

【医院急救】

20世纪90年代，根据《全国医院工作条例》和《医院分级管理评审标准》的要求，成都市各级医院加强急诊工作建设，将急诊科（室）列为一级临床科室，二级以上医院急诊科（室）的医、护人员按1∶2的比例配备、实行24小时应诊（包括出诊）；急诊科（室）实行院长领导下的科主任负责制，急诊工作形成独立系统，与医院各科室、各部门密切联系，重大急救时调动全院各部门力量予以配合；在业务院长主管下成立急诊领导小组，急诊科（室）日常业务由医务处（科）指导，重大抢救则由急诊领导小组参加指挥。急诊科（室）配备一定数量从事急救医学的专业人才，急诊医师保持相对固定，由具有3年以上临床经验、责任心强、服务态度好的住院医师以上人员承担急诊工作；护理人员实行单独建制，要求专业知识扎实，技术熟练，有一定临床经验，责任心强，服务态度好；急诊科（室）的医护人员大多掌握主要危重病和生命支持救治的基本功，包括心脑血管疾病的突发、大出血、中毒、溺水、触电、烧伤、颅脑损伤等的诊治抢救和心脏按压、人工呼吸、气管插管、心脏除颤起搏、洗胃等急救技术操作。1999年1月，成都市发布《成都市社会急救医疗管理规定》，规范社会医疗、医院、个人在社会医疗中的行为。各医院建立《急诊科（室）工作制度》《监护室工作制度》《急诊病历书写制度》《值班与交接班工作制度》等20余个制度和工作人员职责，接到出诊呼救后保证15分钟之内出车，救护车内装备完善，有氧气、输液、急救药品等基础急救器械等，驾驶员做到24小时待命；急诊科（室）对院前急救能及时做出反应，迅速组织全套急救队伍，并能接受成批伤病员进行院内急救。卫生行政部门和医院加强对急诊工作的组织和领导，定期检查督促，不断整改，使全市院内急救能力和水平不断提高，保证急救伤病人员能得到及时有效的救治。2005年，市公共卫生应急办公室接警处理重大交通事故29次，群众食物中毒事件12次，房屋垮塌事故3次，输入性疫情高危AFP 2次，炭疽1次；涉及6人以下事件14次，6人以上10人以下大型事件7次，10人以上大型事件39次，对883人进行及时医疗救治；及时处理麻疹、中毒、瓦斯爆炸等事件。

献血与输血

【概　况】

成都市的血液工作主要由市血液中心承担。成都市献血工作经历从有偿献血—义务献血—计划无偿献血—自愿无偿献血4个阶段。20世纪90年代初，年采血量约为17吨，供血量约为16吨，供血服务人口约600万人；2005年，采血量约为26吨，供血量约为24吨，供血服务人口约1090万人，向临床提供的血液品种有10余种。自1994年3月起，市血液中心全面加强制度建设，形成各种标准的操作规程。12月，四川省卫生厅向成都市中心血站颁发“采供血机构执业许可证”。2000年，成都市血液中心引进ISO 9001质量管理体系理念和机制。2005年，根据市政府办公厅《关于对区（市）县采供血（浆）机构实施逐步关闭的通知》和市卫生局《关于加强区（市）县医院储血库建设和管理的通知》，温江区、新津县、彭州市采血点和邛崃市血站于6月30日前撤销关闭，在10个区（市）县建立11个储血点；6月30日，向11个新建储血库提供临床用血，完成全市采供血机构的调整。

【献血法规制定与宣传】

20世纪90年代初，成都市血液来源主要依靠有偿献血者提供。每年用血量约20吨，公民义务献血量仅3吨左右，所缺17吨血均靠个体供血才能满足临床需要。献血方式已无法适应形势发展。1996年1月1日，成都市施行《成都市公民义务献血法条例》。实行政府目标管理、义务献血和计划无偿献血并行的献血模式。1998年10月1日，《中华人民共和国献血法》(以下简称《献血法》)正式颁布实施，市人民政府成立"成都市献血领导小组"，省、市人民政府联合在天府广场举行实施《献血法》首日活动仪式。5月4日，成都市政府献血领导小组、成都市卫生局宣传和实施《献血法》，当年临床医疗用血实现100%由无偿献血者提供，其中自愿无偿献血比例为30%左右。每年5月8日世界红十字日，省、市领导走上街头参加无偿献血周的宣传活动。市妇联、市总工会、共青团市委联合向全市人民发出无偿献血倡议书，开展注册青年志愿者活动。1999年4月，在全国无偿献血经验交流会上，成都市成为全国10个无偿献血先进城市之一。11月1日，成都市通过实施《成都市〈中华人民共和国献血法〉实施办法》，依法组织公民义务献血、无偿献血，献血工作走上法制化轨道。市政府将献血工作纳入政府的一级目标管理，坚持每年5月8日世界红十字日开展无偿献血周的宣传活动和两年一次的无偿献血表彰会。

2002年，全市贯彻《献血法》，与上年同期相比，街头无偿献血增长237.72%。全市临床用血实现100%来自无偿献血，并确保全市临床安全用血需要，无输血传染疾病发生。2003年，由于"非典"疫情的影响，街头无偿献血下降30%以上，库存量临近警戒线。市血液中心采取多种形式和有效手段，加大对《献血法》、抗击"非典"科学知识的宣传，库存血迅速恢复正常，每日维持在2000袋左右。全市19个区(市)县和高新区宣传、发动、组织84894名公民无偿献血，街头自愿无偿献血与上年同期相比增长187.64%。2004年1月1日，成都市结合创建全国文明城市要求，正式取消政府下达的献血计划。贯彻实施《中华人民共和国献血法》《四川省公民献血条例》《成都市〈中华人民共和国献血法〉实施办法》等法律法规，开展公民自愿无偿献血。并将6月定为成都市无偿献血月，动员社会各方面积极投入。2005年，成都市血液中心开通"800免费咨询电话"，在互联网开办"成都市血液中心网页"，为宣传、介绍无偿献血政策和知识搭建一个平台。成都市血液中心坚持开展"6·14"世界献血者活动、"5·8"红十字日活动和节假日无偿献血宣传及采血活动；在5条公交线路、9辆公交车车身及10辆公共汽车的200个拉手上制作无偿献血公益广告，进行宣传；利用《成都红十字报》宣传无偿献血中涌现出的好人好事，宣传无偿献血的科学知识，让无偿献血深入人心。全市全年无偿献血达到13.5万人次。

【献血工作】

20世纪90年代初，成都市年采血量约为17吨，向临床提供的血液品种有全血、手工血小板、红细胞悬液、新鲜冰冻血浆、压积红细胞、洗涤红细胞、冷沉淀、普通冰冻血浆、少白细胞红细胞、白细胞血小板悬液、机采血小板等。1992—1993年，成都市有3.07万多人参加献血，献血量6.2万多袋，基本保证全市医疗用血。

1996年，《成都市公民义务献血条例》(以下简称《献血条例》)颁布实施，11月18日，成都市第一台采血车在血液中心正式启用，并在天府广场设立流动采血点采集血液，同年11月24日，首次在天府广场设立流动采血点，随后陆续在市区几个繁华地方设点开展公民义务献血。《献血条例》实施的第一年，成都市献血人数突破万人。是年，公民献血量占临床医疗用血量的比例由1995年的0.98%上升到11.09%，1997年达22.7%，全市临床医疗用血有稳定的来源，血液质量也得到可靠的保证。1998年5月8日，组织开展“实行无偿献血，确保临床安全”的无偿献血周活动，全市无偿献血3223人。1999年，市妇联、市总工会、共青团市委联合向全市人民发出无偿献血倡议书，开展青年志愿者无偿献血注册活动，组建25支志愿者服务队、成员1000余名；向献血者提供价值1.2万元的“无偿献血者献血、输血平安保险卡”。全年组织动员7.9万名公民无偿献血1690万毫升，保证临床用血的需要。2004年6月14日，在全市20个区（市）县统一开展首次“世界献血者日”活动，全市成立无偿献血志愿者服务总队、各区（市）县建立应急献血预备队伍。全市全年有10.66万人次自愿无偿献血，献血量2132万毫升，保证临床用血的供给。同时，成都市卫生、公安、工商、药监等部门按照全国和四川省的要求，开展联合执法，开展打击非法采供血液和单采血浆的专项整治工作，依法打击非法采集血液、原料血浆的犯罪行为，全市全年出动2170人次对各医疗机构临床用血管理情况进行拉网式检查，对5家采供血机构（含3个采血点）进行重点检查，检查医疗机构1049家次，责令整改214家次，给予相应处罚18家次。2005年，全市采血量约为26吨，供血量约为24吨，供血服务人口约1090万人，向临床提供的血液品种在原有品种基础上增加辐照血液、去白细胞血液、冷冻红细胞等。

【血液管理】

成都市中心血站始建于1962年，1987年增挂“成都市红十字血液中心”的牌子。1992年6月，成都市中心血站（成都市红十字血液中心）迁至人民南路四段36号新址。1993年3月5日，成都市召开成都市输血工作会议，会议提出：进一步加快实行无偿献血进程，贯彻执行全国血站（库）和血液管理办法。同年，卫生部发布《血站基本标准》《采供血机构和血液管理办法》《关于成立全国血液质量管理委员会的通知》等文件，成都市成立“成都市血液质量管理委员会”，围绕血液质量中心，加强采供血机构管理，自1994年3月起，市血液中心全面加强制度建设，实行规范化管理，形成各种标准的操作规程。11月28—30日，成都市中心血站通过卫生部全国血液质量管理委员会专家评审，成为西南地区首家达到省级标准的血液中心，四川省卫生厅颁发“采供血机构执业许可证”。血液中心承担成都地区19个区（市）县和高新区各级各类医疗机构临床、科研用血的采供血、血液检测、科研、教学和专业人员岗位培训任务，并对医院临床输血给予技术服务支持。成都市血液中心是卫生部指定的全国4个安全输血培训中心之一，并受四川省卫生厅委托，承担全省采供血部分业务技术指导和人才培训。1995年，成立“成都市采供血机构及献血员队伍治理领导小组”。成都市血液中心从血源组织、献血者筛查、技术能力、设备条件、供血环境和管理制度等六个方面，制定“突发公共卫生事件采供血应急预案”，以确保在发生突发公共卫生事件时医疗抢救用血的需要。1998年9月17日，经市政府批准成立“成都市献血领导小组”。2000年，成都市血液中心引进ISO 9001质量管理体系理念和机制，对职工进行全员质量培训；建立全市血液信息微机网络系统，完成血站管理信息系统，实现统一管理血源、统一采血、统一供血的输血管理“三统一”原则。

2004年,坚持按照"三统一"原则管理,实行用血审批准入制,规范定点取用血液,全市成分输血比例由2003年的42%上升到2004年的70%。2005年10月,中心再次接受现场认证复审,审核组认为血液中心管理体系健全,运行情况良好,确认体系覆盖全血、成分血的采集、制备、储存、供应及服务,向血液中心颁发ISO 9001质量管理体系认证书。同年,根据市政府办公厅《关于对区(市)县采供血(浆)机构实施逐步关闭的通知》和市卫生局《关于加强区(市)县医院储血库建设和管理的通知》,温江区、新津县、彭州市采血点和邛崃市血站于6月30日前撤销关闭,在10个区(市)县建立11个储血点;血液中心按照《医疗机构临床用血管理办法(试行)》《临床输血技术规范》等规定,对储血点的设立和建设提出具体要求,并进行现场验收、签订储血供血协议书;6月30日即向11个新建储血库提供临床用血,顺利完成成都市采供血机构的调整和规范化管理。

诊治服务

【概　况】

20世纪90年代后,成都市全市各级各类医疗机构已遍布城乡,形成多层次、多形式的医疗卫生服务体系,医疗服务的规模、条件、技术和水平有很大提高,既能满足人民群众的基本医疗服务,又能满足不同层次人群的特需医疗服务。各级医疗机构十分重视医疗技术水平的提高,不断学习、研究和应用先进医疗业务技术,在口腔医疗、医疗急救、心血管病、肝胆病、眼科、皮肤、烧伤、优生优育、骨科及中西医结合、中医肛肠、中医骨科、针灸等领域达到国内先进水平,有的项目在国际处于领先地位。各医院通过多种形式和方法,培养提高医务人员水平。同时抓紧对护理人员的培训提高,建立全市护理指导小组,负责医院护理工作的指导和检查,全市二级以上医院都开展整体护理工作。还增添大量先进医疗仪器和设备,为提高医疗水平创造必要的条件。各医院一方面积极创造条件,改善就医环境和条件;另一方面,开展"以病人为中心"的优质服务活动,增添服务设施,扩大服务内容,方便群众就诊。成都市作为中心城市,各医院每年接诊大量成都市以外的病员,约占工作总量的10%~40%。同时坚持"卫生支农"活动,积极组织医药卫生人员参加"卫生下乡"和送医送药到基层。随着农村县、乡、村三级医疗卫生服务网络不断完善和城市社区卫生服务深入开展,全市"住院难"的问题基本得到解决,"看病难、看病贵"的矛盾得到缓解。1990—2005年,成都市医疗卫生单位为社会提供优质、方便、安全、收费相对合理的医疗服务,门诊量5亿多人次,收入院病人1500万人次。2005年,成都市医疗机构完成诊疗3393.60万人次。政府举办的医疗机构完成诊疗2755万人次,占全市诊疗总量的81%,与1990年相比,诊疗总量减少135.93万人次,其中,门诊量减少168.14万人次、住院增加59.25万人次。同年,收入院107.62万人,出院106.38万人,实施手术25.85万人次,平均床位使用率为72%(其中医院为77.6%、农村卫生院为52%)。与1990年比较,出院人数增加59.25万人、医院床位使用率上升7.3%,出院者治愈率为57.98%、好转率为38.23%、死亡率为1.19%(住院危重病人抢救成功率90.07%)。

【服务模式建设】

1990年,卫生行政管理部门和医疗机构一直在探索新的医疗服务模式,以满足人民群众不断增长的健康需求，适应医学模式的转变。创新医疗服务模式成为深化卫生改革的重要内容。各医院门诊普遍增添便民措施。特别是对老年人和特一等残疾人实行挂号、诊病、缴费、取药四优先，还开设家庭病床、送医送药上门活动。1991 年，全市卫生系统继续以净化医疗卫生环境、建立良好的医疗卫生工作秩序为重点，以提高管理水平、提高工作质量、开展优质服务为中心，进行医疗卫生单位的治理整顿。1994 年，各级医疗机构加强职业道德教育、行业作风建设，强化科学管理，建立健全各项规章制度，医疗护理质量明显改善，调查门诊、住院病员满意率 90%。1996 年，全市卫生系统开展创文明行业活动，各医院改进服务，推行以病人为中心的就诊流程，一切以方便病人为出发点，通过开展诊前指导、增加专家出诊人次、增开联合门诊、简易门诊、夜间门诊、节假日门诊、一站式急诊、电子查询等多种形式，为患者提供方便、放心、快捷的服务。医院还设置意见簿、意见箱、投诉电话，有的还设立院长接待日，聘请社会监督员，开展定期或不定期的医院服务满意度调查，充分听取多方面的意见和建议，持续改进医疗服务。1997 年，市级卫生单位全部建成文明单位，市一医院重症监护室被评为“全国精神文明号”先进单位，市卫生防疫站被省精神文明委员会授予全省“文明服务示范窗口单位”称号。城市医药卫生人员常年坚持参加“卫生下乡”活动，到乡镇、村落和农户，开展送医送药、科普咨询。2001 年，在市级医疗机构开展“优质服务年”活动，各医院不仅公示检查、治疗、药品等项目的收费标准，同时推出惠民措施，如减免部分检查、治疗费用，药品零加工销售，发挥中医药简、便、廉、验优势等；有的医院还降低等级医院收费标准，降低住院起付费等，尤其对贫困人群、老年人、孤残人员实行更多优惠。2005 年，是“全国医院管理年”，全市卫生系统推行首诊、首问、首接负责制，实行“病人选医生”，孕产妇实行三环路以内派车免费接送，为住院病人建立“一日清单”。市卫生局制定《成都市惠民医院医疗服务优惠实施方案（试行）》，并将两家政府举办的非营利性二级医院第六、第十人民医院建成首批惠民医院。两家医院尽力满足享受政府最低生活保障病人、其他困难群体病人“基本医疗需求”，实行“六免、八减、三优惠、一方便”的措施，全年诊治享受惠民措施的病员 490 多人次，其中，门诊 436 人次，住院 54 人次，优惠医疗费金额 20.6 万元。

【技术培训】

1990 年，市卫生局对市、县、乡三级医疗卫生单位近 4 万名在职卫生技术人员的现状进行全面调查、分析，针对高层次人才短缺、专业结构欠合理的状况，提出人才队伍建设对策，制定医学教育规划。同时，建立成都市继续医学教育领导小组和管理机构，制定实施方案，加强医护人员职业技术培训，健全岗前培训制度，举办护师、英语等培训班。1994 年和 1996 年，又专门对农村卫生站的卫生人员现状进行调研，制定全市乡村医生系统化、正规化中等医学教育实施意见。各级卫生行政部门和医疗单位增大教育投入，加大人才培养力度，持续开展多形式、多层次的毕业后教育和继续医学教育。1997 年，加强成都工业职大医药分校和成都卫校的管理和内部建设，组织 17000 多人参加“医学新进展”自学考试，建立临床医师转临床学位培训制度。2000 年，举办各种形式的继续教育，培训卫生技术人员近 4 万人次。2001 年，开展社区卫生服务人员及全科医师岗位培训，首期培训社区卫生技术、管理人员 200 名。开办刊授医学继续教育，试点开展远程医学教育,保证全市卫生技术人员继教覆盖面 90%,达到卫生部继续医学教育目标要求。2002 年,全市举办继续医学教育管理干部培训班,有 96 名管理干部参加学习;在《成都医药》杂志上开办刊授医学继续教育,有近 9000 名卫生技术人员参加学习;试点开展远程继续医学教育,有近 600 余名卫生技术人员参加学习;举办社区卫生服务人员培训,有 156 名全科医生社区卫生护士和社区卫生服务管理干部参加学习。2005 年,以四川大学华西临床医学院和华西医院为龙头,成都卫生系统建立起有省内外 98 家医院入网的“中国医师协会华西远程医学教育中心”。

【技术服务水平】

1990 年以后,进一步提高业务技术水平,各级医院增添大量先进医疗仪器和设备。四川大学华西医院的医疗设备总值近 5 亿元,单价上 100 万元的 50 多台、50 万元以上的 70 多台;四川省人民医院医疗设备总值 1.4 亿元、成都市第三人民医院 1.3 亿、成都陆军总医院 1.2 亿元,华西医院和成都铁路中心医院建立先进的层流手术室等。医疗设备仪器的更新,为疑难杂症的诊断、治疗提供必要的条件。市级医疗卫生单位平均每年引进新成果、新技术 50 项,华西医院 100 多项、四川省人民医院 70 余项。1992 年,转换医疗卫生单位经营机制,总结推广以职工入股、贷款等方式集资购买设备的经验,筹集 4000 余万元购买一批先进医疗设备和使用率很高的常规设备,开展新的服务项目。7 月,市第七人民医院集资 600 多万元购置永磁型磁共振成像系统,正式投入临床检查诊断。1993 年 2 月,航空航天工业部成都 363 医院成立汽车流动医院,装备电视腹腔镜、红外线乳腺包块诊断仪、多功能口腔治疗椅、妇科疾病检查床等先进医疗设备,专门到缺医少药的农村和基层单位为伤病员服务,开创流动医疗的先河。2002 年 2 月,成都市第一人民医院与成都市中医院合并,成立成都市中医药集团。医院拥有螺旋 CT、飞利浦D93·65 大型遥控 X 光机,彩色多普勒超声心动图仪、经颅多普勒脑血流图诊断仪、全自动血气电解质分析仪、全自动血球计数仪、全自动生化分析仪、血液透析机、腹腔电视内窥镜、大型肺功能仪、高压氧舱、白内障超声乳化仪、近视准分子激光治疗仪(LASIK)、ICU 重症监护系统等大型现代化医疗设备,进一步提高医疗服务能力。2004 年,成都市政府安排 1300 多万元专项资金,加上有关区(市)县政府安排的配套资金,为金堂县、龙泉驿、青白江等 10 个区(市)县配备 10 辆救护车、10 辆巡回医疗车;为乡镇卫生院配发 B 超、X 光机、心电图、洗胃机和半自动生化分析仪等常用的基础医疗设备。到 2005 年,全市医疗机构价值万元以上的医疗设备 2.9 万多台。开展新技术、应用新成果,四川省中医医院 250 多项、成都市中西医结合医院 32 项、成都市第二人民医院 32 项、成都市第三人民医院 290 项、成都铁路中心医院 101 项、成都市妇幼保健院 160 项、成都市妇产科医院 123 项等。另外,大量围绕临床的医学科研项目在各级医院开展,不少项目经过成果鉴定在医院推广,丰富诊断、治疗技术,促进临床疗效提高。随着人员、技术、设备设施条件的不断改善,各级医院开展重点专科(专病)、学科建设,并建成一批国家、省、市级重点专科、学科,不仅形成区域优势,而且有的还达到国内领先水平。专科医院在业务发展上,走“大专科,小综合”路子,在门诊增设其他病种科室,有的还开设病房或一定数量的床位,既方便群众,又满足自身业务建设的需要。

【护理工作】

20世纪90年代初，在成都市有条件的医院病区开展责任制护理试点，并逐步推广。责任制护理以病人为中心，计划护理为内容，心理护理、社会护理为特点，由护理估计、诊断、计划、实施、评价五个阶段构成，以恢复或促进病人健康为目标，进行一系列前后连贯、相互影响的护理活动，使病人得到整体的护理。1994年5月20日，成立"成都市家庭医疗保健中心"，设立医疗保健部和特别医疗护理医院，为病员提供流动医疗、开设家庭病床、家庭急救、家庭医疗护理等医疗保健服务。卫生行政部门和医院对护理人员进行多序列、多层次、多素质的培训，不断优化护理队伍的人才结构。采取学历教育、继续医学教育、自学和进修深造、出国学习等方式，培养多种专业（包括门诊、急诊、病房、产房、手术、供应、公共卫生、营养、保健等），高级、中级、初级比例合理，知识、智力、年龄及素质结构适应的护理人才队伍，全市多级医院参加护理管理、整体护理、护士礼仪培训的人员95%以上。1998年6月30日，成都市第一人民医院与锦江区街道办事处联办医疗护理陪伴服务中心，并免费培训32名下岗职工，持证上岗，开展医疗护理服务。至2005年，全市二级以上医院都开展责任制护理工作。

社区卫生服务

【概　况】

1997年，市委、市政府在《关于卫生改革与发展的决定》中提出在全市开展社区卫生服务工作，并列为深化卫生改革的重要内容和举措。成都市开展社区卫生服务工作，先后经历试点、体系建设和完善功能三个阶段。1998年2月16日，在青羊区召开"成都市社区卫生服务现场研讨会"，考察青羊区黄瓦街红楼居委会社区卫生服务站，会议要求各区（市）县政府、卫生行政部门在调查研究基础上，选择2～3个社区进行试点，城市大医院要改变传统的封闭式办院方式，走入社区和家庭，送医送药上门，为人民群众提供高水平的卫生服务。市委、市政府将社区卫生服务工作纳入"为民办实事"一级目标和全市社会与经济发展总体规划，推动社区卫生服务工作发展。1999年，开展城市社区卫生服务领导、规划、制度等方面建设，推动试点工作开展，全市建立100个社区卫生服务站，为居民建健康档案30余万份。2000年，市卫生局与市计委等11个委局联合下发《进一步做好社区卫生服务工作的意见》，加强政策指导和资金投入的力度。全年建成社区卫生服务中心27个，位于武侯区的玉林社区卫生服务中心成为全国样板。全市社区卫生服务中心开展基线调查10.85万户，建立健康档案16.27万份，加强规范化管理。截至2005年，成都市9城区及高新区建成106家社区卫生服务机构，纳入城镇职工医疗保险102家（占96.23%），5个中心城区及高新区设置社区卫生服务机构88家（其中，中心71家、站17家），实现以街道办事处为单位100%覆盖，建成全国100家社区卫生服务示范中心2家（武侯区、青羊区），被确定为四川省社区卫生服务标准化建设试点单位17家。借助2001年正式启动的中英城市社区卫生服务与贫困救助项目（UHPP项目），在全国率先建立以社区卫生服务机构为平台的城市贫困救助机制，提高贫困救助的公平性、可及性、有效性及满意度，社区卫生成为低保救助的"守门人"，受到卫生部和民政部及有关部门的充分肯定，并在全国民政救助工作会议上作交流发言，做经验推广。

【社区卫生规划】

1998年3月,成都市成立"社区卫生服务工作领导小组"。1998年4月,成都市第一人民医院东光社区健康服务中心、市第八人民医院草市社区健康服务中心等首批10家社区卫生服务机构授牌,全面启动社区卫生服务试点工作。2002年,市卫生局制定《成都市社区卫生服务机构设置规划》《成都市社区卫生服务示范中心建设方案》,把社区卫生服务纳入社区建设规划。2003年6月,成都市制定《成都市城市社区卫生服务机构设置规划(2003—2005年)》,并引进竞争机制,实行"开门办社区",在全省率先开展"中医药示范社区卫生服务中心建设"工作,完成7个城区中医药示范社区卫生服务中心建设单位验收;在中心城区按规划要求建成社区卫生服务机构65家,实现社区卫生服务覆盖城区100%的街道办事处。2005年,制定《成都市"十一五"社区卫生发展规划(2005—2010年)》,将发展城市社区卫生服务作为深化城市卫生体制改革、解决城市居民"看病难、看病贵"问题的突破口,构建城市医院、社区卫生服务两级构架体系;根据功能任务合理设置社区卫生服务机构,按照街道办事处所辖范围或覆盖5万~8万人口设置一个社区卫生服务中心,下设若干社区卫生服务站对部分城市医疗机构进行调整,建设一批标准化的社区卫生机构;注重打造"15分钟健康圈",建立健全由"政府领导、部门配合、区街搭台、卫生唱戏、社会参与"的社区卫生服务网络体系。

【社区卫生政策】

1998年后,成都市委、市政府及相关部门制定50余个社区卫生服务相关文件。2000年4月,市卫生局、市计划委员会、市教育委员会、市民政局、市财政局、市人事局、市劳动局、市建设管理委员会、市计划生育委员会、市物价局、市中医管理局联合发出《进一步做好社区卫生服务工作的意见》,规范社区卫生服务政策。2002年,成都市把社区卫生纳入城镇职工医疗保险定点管理范围。2003年,市委、市政府提出《关于加快发展城市社区卫生服务的意见》,强化规范化建设和管理,合理配置,利用卫生资源的原则。2004年,全市已建立78个社区卫生服务中心和6个站,其业务用房和人员配备均达到规定要求,在服务中严格执行《成都市医疗机构收费标准》等法规,有97%社区卫生服务中心(站)纳入成都市或各城区医疗保险定点报销。2005年7月,成都市在全国副省级城市中率先出台《中共成都市委、成都市人民政府关于加快发展城市社区卫生服务的意见》,明确工作目标和相关政策措施,将社区卫生服务机构纳入城镇医疗社会保险定点医疗机构管理,按二级乙等医院收费标准下浮20%收费,落实财政部门对社区卫生服务机构承担公共卫生任务的补助,按服务人口(含流动人口)每人每年不低于5元的标准,由各区(市)县财政承担,并逐年增加(当年,成都市财政划拨社区卫生专项经费300万元)。市卫生、财政、民政和劳动保障、计划生育、妇女联合会、残疾人联合会等部门联合发文或单独行文,对支持社区卫生服务作出具体规定;青羊区、高新区、武侯区、锦江区、金牛区、成华区、青白江区、新津县、蒲江县、龙泉驿区、郫县、崇州市、新都区等人民政府先后出台《关于发展社区卫生服务工作的实施意见》,明确本地财政补助政策,按服务人口(含流动人口)每年每人不低于10元、8元、6元、5元的标准补助。

【社区卫生管理】

1998年,在社区卫生服务中探索人事分配管理制度改革，试行管办分开。武侯区按照服务工作需要和“精干、效能”的要求，在玉林社区卫生服务中心试点人事分配制度改革，实行定岗定编定员，公开招聘、全员聘用、岗位管理、绩效考核；面向社会公开招聘中心主任，由主任聘用员工；改革收入分配制度，实行工资总额控制、岗位绩效工资制、主任试行目标绩效工资制。

从2000年开始，成都市严格社区卫生服务机构、人员和技术服务项目的准入管理，规范社区卫生服务机构设置；设立社区卫生服务机构，由区（市）县卫生行政部门初审同意后，报市级卫生行政部门审核批准，再行注册，人员和技术服务项目按照《中华人民共和国执业医师法》及相关法规严把准入关。对社区卫生服务机构承担的公共卫生服务、基本医疗服务及医疗质量，实行量化、动态绩效管理，推动社区卫生服务科学化、制度化、规范化，为政府考评、经费补偿提供依据。是年，武侯区玉林社区卫生服务中心通过ISO 9001国际质量体系认证，并于2002年通过加拿大国际发展研究中心的终期评审。

2002年，市卫生局先后制定《成都市社区卫生服务工作质量考评标准》《成都市社区卫生服务示范中心基本要求》《成都市社区卫生服务准入评审办法》，要求中心城区社区卫生服务机构必须按照《成都市社区卫生服务机构设置规划》规范设置，并经市卫生局统一审批；成立成都市社区卫生服务工作专家组，进行定期或不定期的检查和指导，每年对社区卫生服务中心（站）进行质量考核评估。在武侯区、锦江区试行计算机社区卫生服务软件（罡正）系统管理，重点加强居民健康档案、慢性病、贫困医疗救助管理以及疫情报告、人事财务等工作的信息化监督管理，取得认可后，逐步推广应用。

2004年，组织专家对11个社区卫生服务中心进行全面质量考核，建成6个在四川省具有示范作用的社区卫生服务中心，为社区居民提供集预防、医疗、保健、康复、健康教育和计划生育服务功能的卫生服务。在反复评估和论证的基础上，确定青羊区新华社区卫生服务中心和高新区肖家河社区卫生服务中心作为成都市创建四川省示范社区卫生服务中心的重点单位。

2005年，社区卫生服务实行“八统一”（统一布局规划、统一建设标准、统一标志标牌、统一制度规范、统一信息管理、统一防治模式、统一考评办法和统一基础设备），市卫生局编撰《成都市社区卫生服务工作制度与职责》（以下简称《制度与职责》）和《成都市社区卫生服务工作资料汇编》，先后发布《成都市社区高血压糖尿病病例管理手册》《成都市社区卫生服务中心妇女、儿童保健和计划生育技术服务设置标准》《成都市社区高血压糖尿病病例管理评估标准》等规范性文件，《制度与职责》被四川省卫生厅向全省推荐。12月，武侯区玉林和晋阳社区卫生服务中心承担卫生部收支两条线改革试点工作，由政府提供业务用房、基本设备、人员经费和日常工作运转经费，社区卫生服务机构的收入全部纳入本级卫生行政主管部门统一管理。

【社区服务人才培训】

1998年以后，成都市加强社区卫生服务人才队伍建设，对从事社区卫生服务的医师、护士、管理人员等以全科医学新理论、新知识、新技术和新方法及社区卫生服务管理学等为主要内容，采取专题讲座、进修、发表论文、短期培训等形式进行继续医学教育。2001年，开展社区卫生服务人员及全科医师岗位培训，首期培训社区卫生技术、管理人员200名。2002年，举办社区卫生服务人员培训，有156名全科医生、社区卫生护士和社区卫生服务管理干部参加学习。2004年，举办成都市社区护士提高班、成都市社区医生转岗培训班，提高社区卫生服务机构人员素质。2005年，组织四川省和成都市17家二级以上综合医院对口辅导31家社区卫生服务中心，开展适用人才培训、防病治病信息交流等工作，加强社区卫生服务中心急需的"全科医生"的培训。分期分批对从事或即将从事社区卫生服务工作的执业医师或护士采取脱产、半脱产或业余学习等形式进行全科医学岗位培训，经"四川省全科医学培训中心"认定后，发给岗位培训合格证书。至2005年年底，全市举办全科医学培训班25期，参加培训1680人，占应培训人员的63.76%，其中，参加全科医师转岗培训798人（占社区医生人数78.54%）、全科护士培训368人（占社区护士人数53.64%）、预防保健和计划生育培训222人（占社区防保、计生人数89.88%）、社区管理培训243人（占社区管理人员数92.75%），参加全科医师转岗培训获证362人（占社区医师人数68.43%）。社区卫生服务在职人员中医生1016人，其中，本科及以上341人（占33.56%）、大专384人（占37.80%）、中专224人（占22.05%）；高级职称195人（占19.19%）、中级职称380人（占37.40%）、初级职称369人（占36.32%）；护士686人，本科及以上14人（占2.04%）、大专231人（占33.67%）、中专360人（占52.48%）；高级职称6人（占0.87%）、中级职称121人（占17.64%）、初级职称501人（占73.03%）；防保人员247人，其中，大专及以上81人（占32.79%）、中级及以上职称74人（占29.96%）；医技人员447人，其中，大专及以上205人（占45.86%）、中级及以上职称147人（占32.89%）。

【服务功能】

2001年，五城区49所社区卫生服务机构签订医疗保健合同3704份，重点人群管理9.4万人，急诊7284人次，出诊6484人次，巡诊1.5万人次，收治观察病人4.6万人次，康复治疗9530人次，临终关怀191人，健康体检2.9万人次，双向转诊8127人次，健康咨询7.9万人次。5月31日，由致民街道办事处举办，武侯区卫生局参与，区一医院组织，成立全市第一支由50人参加的社区卫生志愿者服务队。2003年，在防治"非典"（非典型肺炎）工作中，社区卫生服务机构的医务人员承担绝大部分疫区返蓉人员的家庭医学观察任务，社区服务中心的家庭医生通过一对一的健康教育服务为居民群众解答疑惑、去除病痛、排解忧虑。

2004年，市卫生局制定《创建四川省示范社区卫生服务中心工作方案》。建成6个在四川省具有示范作用的社区卫生服务中心，为社区居民提供集预防、医疗、保健、康复、健康教育和计划生育服务功能的卫生服务。2005年，成都市首批有8家市级医院对口辅导32家社区卫生服务中心，17家省市二级以上综合医院对口辅导31家社区卫生服务中心，实行专家、技术、管理等"一帮一"对口辅导，建立健全社区卫生服务中心向医院转危重、疑难病人，医院向社区卫生服务中心转康复病人的"双向转诊"制度，城市医院与社区卫生服务机构合理分工、密切协作、引导广大群众"小病在社区、大病进医院、康复回社区"的医疗模式。是年起，先后在社区实施慢性病防治进社区，依托中英城市社区卫生救助与城市贫困医疗救助项目，在全市开展"社区高血压和糖尿病规范化管理工作"等慢性病防治管理，建立慢性病人档案5.97万人份。

截至2005年，中心城区社区卫生服务机构主动上门进行社区基线调查54万人份，占城镇常住人口的20%，建立居民重点人群健康档案并进行专案管理45.37万人份，占重点人群的82.66%（其中，60岁以上老人管理率51.45%、7岁以下儿童管理率83.96%、残疾人管理率66.20%、低保人群管理率67.72%、孕产妇管理率66.23%、高血压管理率42.47%、糖尿病管理率42.46%），使重点人群得到有效的卫生服务。预防接种24.87万人次，接种率99.12%，儿童保健7.68万人，妇女保健9.92万人，为13.01万人次育龄妇女提供计划生育咨询和有关技术服务，发放计划生育药具9.82万人份。

全市社区卫生服务机构诊疗193.54万人次、占全市总诊疗人次的5.7%，其中，中心城区医疗诊疗人次同比增长32.12%、门诊观察人次同比增长44.41%。2005年，社区门诊人均费用50.18元，是综合医院的1/2；住院病人人均出院费用1333.60元，是综合医院的23.7%，家庭病床日均费用62元，住院病人日均费用110元。

【惠民服务与救助】

2001年9月20日，中英城市社区卫生服务与贫困救助项目（UHPP）在成都市正式启动，全面开展对贫困人口的医疗救助。2002年，成都市完成基线调查贫弱群体状况及与医疗救助相关政策分析、卫生服务需求与利用的入户调查、城市社区卫生服务运行现状调查及分析。武侯区、锦江区确定《城市贫困人群医疗救助计划与实施方案》。救助对象扩大至城市低保户、孤寡老人、特殊困难户、残疾人、流动人口中孕产妇和0—7岁儿童。2005年9月1日，在全市正式启动中小学生、婴幼儿住院医疗互助金工作（成为继北京、上海后第三个实行中小学生、婴幼儿住院医疗互助金制度的城市），全市实际参加儿童110.37万，参加率为79.70%，筹集互助金4414.95万元，资金归集率为100%，全市少儿住院互助金住院单据中已通过市少儿住院互助金管理中心审核的住院单据5.67万人次，报销金额2059.14余万元，患儿次均住院费用1539.75元/人，住院费用人均补偿363.39元/人，补偿比为23.6%（北京为23%、上海为31%）。全市少儿住院互助金已报销单据中，实际报销医药费在5000元以上的2407人次，最高报销金额8万元的2例。按照市委、市政府统筹安排，将两家政府举办的非营利性二级医院成都市第六、第十人民医院建成首批惠民医院，中心城区63家社区卫生服务机构全面实行“三免、两减”医疗优惠服务，全市“二甲”以上医疗机构医疗辅助检查全部实行“检查一单通”。遵照“优惠、便捷、节约、有效、快速”原则，尽力满足享受政府最低生活保障病人、其他困难群体病人的基本“医疗需求”。

截至2005年12月31日，全市惠民医院及63家社区卫生服务中心诊治患者120余万人次，其中，社会低保病人3.71万人次、减免优惠金额450余万元、惠民医院平均减免优惠率为20.12%。成都市将社区卫生服务中心作为政府关怀城市弱势群体的载体和平台，实施城市贫困人群医疗救助、扶助弱势人群。救助对象到户口所在地社区卫生服务中心就诊时，属于基本医疗保险规定支付范围的门诊医疗费用，采取门诊救助和一次性临时救助的方式解决。

农村卫生服务

【概　况】

1991年，市委、市政府下发《关于初级卫生保健工作的通知》，对初级卫生保健工作进行全面的部署。经过多年的建设,成都市已基本建成以县医院、县疾病控制中心、县妇幼保健院等医疗卫生机构为培训基地,以乡镇卫生院、乡镇卫生监督管理站为枢纽,以村卫生站为“网底”的三级医疗预防保健网。拥有一支比较稳定的县乡卫生技术队伍。从20世纪90年代初开始,成都市以创建农村中医工作先进县为载体,与农村三级卫生服务网络同步,构建县、乡、村三级中医药服务体系,全面推动农村中医药服务网络建设。结合新型农村合作医疗制度建设,在村卫生站开展中医药服务。2003年,都江堰市被批准为全国新型农村合作医疗制度试点地区。2004年,市委、市政府下发《成都市关于建立新型农村合作医疗制度的意见》,由政府投资对村卫生站进行规范化建设。市卫生局、市中医管理局在全市(除金牛区、高新区的农民全部进入城镇社保外)推进新型农村合作医疗工作,并出台优惠政策、鼓励农民接受中医药服务。是年,全市295个乡镇卫生院达到省级先进标准、占乡镇卫生院的89.66%,2307个村卫生站达到省级先进标准、占村卫生站的64%。2004年,市委、市政府制定下发《关于调整优化乡(镇)行政区划工作的意见》《关于进一步加强农村卫生工作的意见》和《成都市关于建立新型农村合作医疗制度的意见》等文件,统筹推进卫生工作,缩小城乡差距。2004—2005年,农村卫生投入资金绝对数额增加。2005年,全市有乡镇卫生院329个,设置中医科的292个,占卫生院总数的88.75%;有村卫生站3018个,90%以上的村卫生站有1名中医或中西医结合执业人员,50%的乡村医生能使用中医药防治农村常见病、多发病。全市乡镇卫生院在职人员为8616人,其中卫生技术人员7355人、占职工总人数的85%;全市每千农业人口拥有卫生技术人员1.37人、医师0.6人(约为城市的1/5)。各级财政部门用于全市卫生方面的投入5.53亿元、比2004年增长17.4%,农村卫生投入占同期财政支出的比例也逐年增加。城乡卫生建设在建成城乡卫生服务体系、加强农村医疗卫生机构建设、做好村卫生站的规范化建设工作、推进乡村卫生机构管理、完善执法监督体系与提高依法行政水平、全面推行新型农村合作医疗制度、完善少儿住院互助金工作、开展惠民医疗服务等八方面初见成效。

【农村医疗机构建设】

20世纪80年代后,成都市开展农村三分之一卫生重点县建设,基本建成以县医院、县疾病控制中心、县妇幼保健院等医疗卫生机构为培训基地,以乡镇卫生院、乡镇卫生监督管理站为枢纽,以村卫生站为“网底”的三级医疗预防保健网。1991年,市委、市人民政府下发《关于初级卫生保健工作的通知》,对初级卫生保健工作(以下简称初保工作)进行全面的部署,至年底,19个区(市)县均先后建立初保领导机构。全市411个乡镇中,已有329个乡镇(占84.04%)建立初保组织机构,有223个乡镇(占54.27%)制订初保规划,并开始实施,农村县、乡、村三级卫生网不断巩固发展。1992年,推进农村合作医疗,加强农村三级医疗卫生网的建设,筹集资金1122.22万元,改扩建61个乡镇卫生院,4个防疫(血防)站,3个妇保所;全市农村建立村卫生站4093个(占村总数的97%),其中建成甲级村卫生站1163个(占卫生站总数的28.41%)。经过全国和四川省组织的初级卫生保健工作评审,都江堰市、温江县实现“达标”,邛崃县实现“基本达标”,锦江、青羊、金牛、武侯、成华区的初保工作通过四川省组织的中期评审。1994年,各区(市)县农村“三项”建设,1/3卫生重点县建设顺利开展，全市投资2679.8万元，完成建设项目54个，其中，乡镇卫生院47个，县卫生防疫站、血防站4个，县妇保所3所。全市初级卫生保健工作规划年度计划如期实现，锦江、青羊、金牛、武侯、成华等区均以优异成绩通过省、市终末评审达标。1996年，崇州市、郫县的初级卫生保健工作通过省级评审合格。至此，成都市19个区（市）县均完成初级卫生保健的低限标准，提前2年完成市保级卫生保健规划，提前5年实现省初级卫生保健规划目标，成为四川省第一个全部实现农村初级卫生保健工作合格的地区。1998年，全市建立村级卫生组织4300多个，培养乡村医生、卫生员、接生员1.2万多人，一个遍布城乡的市和区（市）县、乡镇、村四级医疗卫生预防保健网得到巩固和发展。1999年，加强乡镇卫生管理机构建设，有13个区（市）县的139个乡镇政府设立卫生办公室。乡卫生院、县级卫生防疫站、妇幼保健院建设完成改扩建项目44个。有15个区（市）县81个乡镇，604个卫生站开展乡村管理。有15个区（市）县的41个乡镇、120个村开展合作医疗试点。

2000年，贯彻国家《关于农村卫生改革与发展指导意见》精神，按照卫生部妇幼保健机构等级评审和评审细则，完成对新都县、双流县、金堂县、都江堰市、青白江区5个妇幼保健机构的等级评审工作。2001年，按照《四川省农村中医工作先进县（市）建设标准》，郫县、金堂县建成省级农村中医工作先进县，有30个乡镇卫生院达到四川省农村中医工作先进县建设标准。都江堰市被国家中医药管理局批准为“全国农村中医工作先进县（市）建设单位”。完成三项建设改、扩建项目25个，其中乡镇卫生院22个。2002年，成都市以建设农村中医工作先进县（市）区为载体，纳入市政府一级目标任务，邛崃市、龙泉驿区通过四川省中医管理局评审验收，被正式批准为省级农村中医工作先进市（区）。对未达标的9个区（市）县、24个乡镇卫生院进行检查验收。至2005年，成都市19个区（市）县（高新区除外）均建立卫生监督、疾病控制、妇幼保健、进修培训、健康教育、医疗机构。全市有县级医疗机构241家、乡镇卫生院329家，其中中心卫生院45家、一般卫生院284家；建制乡镇卫生院239家，其他卫生院90家；建有村卫生站3018个。

【乡镇卫生院标准化建设】

1991年，在完善乡镇卫生院“乡办乡管”体制的基础上，对乡镇卫生院普遍实行“双轨目标管理责任制”，建立考评标准，加强基本建设和人员培训；集资726万元改扩建43个乡卫生院，竣工面积3.61万平方米；增添价值100多万元的医疗设备，使一批乡镇卫生院的人员、设备、房屋逐步配套。1997年，开展以乡镇为单位的初级卫生保健达标工作、乡镇卫生院与村卫生站管理。2000年，按照卫生部妇幼保健机构等级评审和评审细则，完成对新都县、双流县、金堂县、都江堰市、青白江区5个妇幼保健机构的等级评审工作。根据《四川省农村中医工作先进县（市）建设标准》，彭州市、都江堰市建成四川省农村中医工作先进市，其余17个区（市）县的43个乡镇卫生院达省中医建设标准。2001年，有30个乡镇卫生院达到四川省农村中医工作先进县建设标准。2003年，投资3749.8万元，开展乡镇卫生院的改造，改、扩建乡镇卫生院35个，竣工面积3.96万平方米。完成都江堰市创建国家级、新津县创建省级农村中医工作先进县（市）的达标工作和14个乡镇卫生院中医工作达标验收。全市乡镇卫生院全部配备计算机，实现农村传染病疫情和突发公共卫生事件计算机信息网络报病系统基本建成。2004 年,成都市制定《成都市乡村公共卫生体系建设实施方案》,由乡(镇)人民政府直接管理的卫生院上划县级人民政府直接管理的工作得到积极推进,全市卫生院上划管理工作于 9 月顺利完成,有 60 个乡(镇)卫生院公开选聘院长,有 197 个乡(镇)卫生院与辖区内村卫生站实行“一体化”管理。

都江堰市玉堂镇一体化卫生站

2005 年,市卫生局按照市委、市政府关于对全市建制乡镇公立卫生院进行标准化建设的工作部署,组织人员对全市 224 所建制乡镇卫生院的现状进行调查,在此基础上起草《关于实施农村乡镇卫生院标准化建设工程的指导意见》,制定建设项目规划、建设标准、设备配置计划,确定标准化建设的统一风貌和公立卫生院标识,建立卫生、财政等相关部门联席会议制度。全市乡镇卫生院标准化建设项目 239 个,安排资金约 4 亿元(资金来源为国债、省转移支付等补助资金 0.2724 亿元、市财政补助 2 亿元、各区(市)县自筹约 1.7 亿元)、建筑总面积 47 万平方米(3000 万元设备配置资金已用于购置救护车、X 光机、B 超机、半自动生化仪、心电监护仪、心电图机、多功能产床等基本设备)。按照“五统一”(统一规划、统一标准、统一风貌、统一标识、统一装备)和“三分开一委派”(医药分开、收支分开、管办分开、会计委派)的原则,推进农村公立乡镇卫生院标准化建设和改革,全市 227 个乡(镇)公立卫生院标准化建设工作从是年起全面开展。

【村卫生站建设】

1990 以后,成都市农村继续推行甲级村卫生站建设,并开始探索乡(卫生院)村(卫生站)一体化管理。1991 年,制定《成都市村卫生站管理办法》,加强村卫生站的整顿与建设。全市村卫生站发展到 3917 个,较 1990 年净增 107 个,增长率为 2.8%;占应建站数的 95%,扩大集体办站比例,建成甲级村卫生站 900 多个。1992 年,全市农村建立村卫生站 4093 个(占村总数的 97%),其中建成甲级村卫生站 1163 个(占卫生站总数的 28.41%)。1998 年,建立起村级卫生组织 4300 多个,培养乡村医生、卫生员、接生员 1.2 万人。1999 年,深化农村初级卫生保健,完善院(站、所、校)长负责制和清理整顿医疗机构改革的工作,全市 15 个区(市)县 81 个乡镇、604 个卫生站开展乡村一体化管理;有 15 个区(市)县的 41 个乡镇、120 个村开展合作医疗试点。2001 年,国务院《关于农村卫生改革与发展的指导意见》下发以后,成都市在总结以往农村卫生站建设基础上,先后制定《成都市村卫生站建设标准》《成都市村卫生站规范化建设管理制度》《成都市村卫生站规范化建设实施意见》等政策措施,明确规定,原则上每个行政村或社会主义新农村居民点,建设一个由政府支持、多方投资(包括集体和个人)兴办,承担基本医疗和公共卫生任务的村卫生站,但必须考虑卫生站的服务人口和服务半径,实施统一标准、统一标识、统一格调,纳入信息化和规范化管理,卫生站经检查验收合格,可以获得政府财政采取“以奖代补”方式给予的不低于 7000 元的补助。是年起,市委、市政府还将农村卫生站规范化建设纳入目标管理，确定为农村办实事目标，每年完成35个村卫生站标准化建设。2003年，市委、市政府加强对村卫生站建设，全年投入200万元资金对村卫生站的基础设施进行改造。2004年，成都市制定《成都市乡村公共卫生体系建设实施方案》，对3149个村卫生站全部进行规范化改造。有197个乡（镇）卫生院与辖区内村卫生站实行"一体化"管理。2005年，全市3018个村卫生站中，90%以上的村卫生站都有1名中医或中西医结合执业人员，并配备150多种中草药或30种以上的中成药；不少村卫生站医生还开展针灸、推拿、拔罐等治疗服务，以低廉的费用防治常见病、多发病。

2005年成都市农村村级卫生组织情况表

表5－188

项目	按设置/主办单位分						按行医方式分		
	总计	村办	乡卫生院设点	联合办	私人办	其他	西医为主	中医为主	中西医结合
机构数（个）	3261	2229	44	161	801	26	1872	340	1049
执业（助理）医师（人）	906	655	6	10	190	45	203	18	685
乡村医生和卫生员（人）	4848	3284	77	325	1109	53	2392	417	2039
乡村医生数（人）	4395	2958	68	324	1017	28	2313	408	1674
大专及以上学历（人）	492	372	6	7	83	24	95	20	377
中专学历及中专水平（人）	2438	1478	54	264	639	3	1325	176	937
在职培训合格者（人）	1462	1105	8	53	295	1	891	212	359
卫生员（人）	453	326	9	1	92	25	79	9	365
孕产妇检查人次数	9260	8267	53	160	761	19	6160	217	2883
接生人数（人）	2535	1498			1037		2389		146
儿童疫苗接种人次数	205700	130752	104	14831	59547	466	97916	10016	97768

说明：资料引自《成都年鉴2006》

【县乡卫生队伍建设】

1990年，县乡卫生技术队伍仅有2.17万人。成都市通过调查分析乡村卫生队伍建设中存在的主要问题（农村集体经济发生巨大变化，绝大多数村社集体无力承担农民合作医疗补助经费、乡村医生的劳动报酬），陆续采取一系列政策措施，稳定发展乡村医生队伍，推行新型农村合作医疗，解决农村居民防病治病问题。1990年以后，由于老人退休、学历与非学历教育的加强，乡镇卫生人员队伍整体素质有较大提高。1991年，成都市医学教育重点抓面向农村的乡村医生函授教育，修订《成都市乡村医生教育培训十年规划和"八五"计划》，完成四川省1000名乡村医生的函授招生任务，编制乡村医生函授教学计划，组织编写部分教材，完善教学章程、学籍管理、成绩考核等制度，并在金堂、邛崃等7个县开班试点。分期分批安排乡村医生接受中等学历教育，鼓励有条件的乡村医生通过接受函授考试等途径取得更高的医学学历。1992年，制定、调整乡村医生培训规划，从农村卫生实际和应用出发，科学确定培训方式、内容，对3750多名乡村医生进行培训。1997年，医学教育突出为农村、为基层卫生单位培养人才，制定下发《关于资助农村卫生人才培养经费的通知》，对农村乡镇医院在职卫技人员攻读大专学历，由卫生局资助600~1000元学费。2000年，完成"九五"期间乡村医生的培训任务，18个区（市）县达到卫生部培训指标的要求。2003年，成立乡镇中医学历教育办公室，制定《乡村医生中医学历教育管理办法（暂行）》，开展农村卫生技术人员学历教育工作，培训面30%以上。2004年，农村在职卫生人员和在岗乡村医生的培训和学历教育制度进一步健全，市卫生局组织1248名乡村医生参加四川省统考，合格率78%，名列四川省第一。2005年，完成乡村医生中医学中专学历教育项目年度招生计划，新增学员300名；举办乡镇卫生院中医临床骨干培训班，储备中医人才，提高中医队伍的整体水平。至2005年年底，县乡卫生技术队伍发展到2.45万多人，全市有乡村医生5246人，其中5145人（占乡村医生总人数的98.07%）取得乡村医生资格，具备助理执业医师以上资格的285人（占乡村医生总人数的5.43%）。从学历情况来看，取得中专学历的1874人，占乡村医生总人数的35.72%；专科以上学历的171人，占乡村医生总人数的3.26%；无学历的减少到272人，占乡村医生总人数的5.18%。全市乡镇卫生院在职人员为8616人，其中卫生技术人员7355人，占职工总人数的85%。

2005年成都市乡镇卫生技术人员职务构成情况表

表5-189

职务种类	医师	护士	药剂	检验	其他	总计
人数（人）	3253	1241	842	281	1738	7355
构成%	44.2	16.9	11.4	3.8	23.7	100

2005年成都市乡镇卫生技术人员职称分布情况表

表5-190

职称种类	高级	中级	初级	医士	无级无等	总计
人数（人）	28	681	2854	2957	835	7355
构成%	0.38	9.26	38.80	40.20	11.35	100

【城乡卫生建设】

20世纪90年代初，成都市从预防疾病、提高人民健康水平出发，在城乡范围探索新的健康保障制度。成都市城乡卫生二元结构十分突出，"看病贵、看病难"在很大程度上是城乡卫生资源分配不均匀所导致。2004年，六城区人口为

278 万人、占全市的 26.3%，但聚集在该区域的卫生机构固定资产总值约 55 亿元、占全市的 70.6%。是年，成都市制定《成都市区域卫生规划》《成都市卫生事业十一五规划》《成都市卫生分区域推进战略规划》《成都市医疗机构定点规划》等 12 个专题规划，开展卫生基础设施情况、农村卫生人才队伍情况、乡镇卫生院运行机制、农村卫生服务公平性情况、农村“三改”情况以及新型农村合作医疗、中医药发展、社区卫生服务的系列专题调研。先后出台《乡镇公共卫生体系建设实施方案》《关于优化调整我市乡（镇）卫生资源的指导意见》等文件，采取九个方面的举措，加强农村医疗卫生服务体系建设（包含推进农村公立乡镇卫生院标准化建设和改革，村卫生站规范化建设，乡、村卫生机构管理），建立农村合作医疗制度，加强农村卫生人才队伍建设，推动农村中医药事业发展。针对全市卫生工作的薄弱环节，农村与城市统一抓加强公共卫生，构建五个公共卫生体系：疾病预防控制体系、卫生监督执法体系、医疗卫生应急救治体系、应急指挥体系、信息网络体系；重点建设六个中心：成都疾病预防控制中心、成都市公共卫生医疗救治中心、成都市紧急救援中心、成都市精神卫生中心、成都血液中心和成都市妇女儿童医学中心；创新机制，在乡镇设立区（市）县卫生监督执法机构的派出机构，健全卫生网络，畅通信息渠道，提高执法队伍素质，重点加强食品卫生、公共场所卫生、职业卫生、社会办医等的监督；建立健全少年儿童住院互助制度，积极稳妥地开展惠民医疗服务。在农村卫生改革试点工作中，都江堰市进一步完善乡村卫生服务管理，提高乡（镇）卫生院和村卫生站的服务质量和水平；新都区结合城乡卫生建设和新型农村合作医疗制度的建立，不断深化社区卫生服务的功能和内涵，为所辖区域的农村居民建立健康档案。在城市开展社区卫生中心建设，在农村推行新型农村合作医疗制度，加强城市对农村卫生的支援力度。成都市疾病控制体系、卫生执法监督体系、医疗卫生应急救治体系、信息网络体系、应急指挥体系初具规模，成都市疾病预防控制中心、成都市公共卫生医疗救治中心、成都市精神卫生中心、成都市紧急救援中心、成都市妇女儿童医学中心全部立项建设（其中，疾病中心、精神卫生中心、急救中心已竣工投入使用）。

【农村卫生建设投入】

1991 年，成都市委、市政府下发《关于初级卫生保健工作的通知》，对初级卫生保健工作进行全面部署。全市投资 890 多万元，完成 10 个县级医疗防保机构建设。1992 年，全市加强农村卫生工作，各区（市）县财政力保卫生事业费的拨款。温江县卫生事业拨款已占财政支出的 6.26%。1993 年，全市投入乡镇医疗机构建设资金 2000 余万元。1994 年，市委、市政府下发加强农村卫生防病工作文件，全市投资 2679.8 万元，农村“三项”建设，1/3 卫生重点县建设顺利开展。1997 年，开展以乡镇为单位的初级卫生保健达标工作，全市投资 2000 多万元，完成乡镇卫生院、县防疫、血防站和妇保院建设项目 38 个。1999 年，投资 2387 万元，完成乡卫生院、县级卫生防疫站、妇保院建设改扩建项目 44 个。2003 年，卫生拨款 6.62 亿元，占财政支出的 8.34%，其中农村 2.55 亿元，占财政支出的 3.21%，占卫生经费的 38.5%。2004 年，拨款 7.68 亿元，占财政支出的 8.6%，其中农村 3.32 亿元，占财政支出的 3.72%，占卫生经费的 43.3%。据 2005 年 8 月统计：全市乡镇卫生院资产 4.844 亿元、净资产 3.531 亿元（仅为一所城市三甲医院设备总值的二分之一)、院平均医疗专业设备总值24.2万元。2005年1—10月,经常性财政支出92.37亿元,医疗卫生支出6.52亿元,占财政支出的7.06%,其中农村3.03亿元,占财政支出的3.28%,占卫生经费的46.47%。2004—2005年,争取到中央及省、市对农村基础设施建设的投入8784万元,其中,四川省财政投入315万元,国债疾控项目1616万元,国债传染病院项目2050万元,国债乡镇卫生院项目2128万元,成都市财政配套投入2675万元。农村卫生投入资金绝对数额增加,2005年各级财政部门用于全市卫生方面的投入5.53亿元,比2004年增长17.4%,其中,中央预算内专项资金(含国债)1089万元,省财政补助294万元,成都市本级财政投入1.9亿元,成都市各区(市)县级财政投入3.5亿元。农村卫生投入占同期财政支出的比例逐年增加。

【支援农村卫生工程】

20世纪90年代后,全市卫生系统开展医疗下乡活动形成制度。1997年,启动"三下乡"活动后,全市180名医务工作者组成14个医疗队,下乡巡回医疗,义诊2000多次,向农村卫生院赠送2000多册图书以及价值2.8万元的医疗设备。1997年以后,坚持日常定期的下乡活动。2001年,全市市、县两级医疗单位组织146支医疗队、1752人次医务人员到基层为农民群众服务,先后举办培训班205次,培训人员6481人次,为农民群众诊疗2.58万人次,手术126例。2003年1月17日,市卫生局组织部分医院参加由市委宣传部、精神文明办举办的"三下乡"启动仪式。此后,各区(市)县及市级各医疗机构开展对口支援"三下乡"活动。全市全年市、县两级医疗机构组成631支医疗队,3078人次医务人员到基层为广大农民群众服务。2004年,市卫生局制定《卫生帮扶工作实施方案》,组织城市医疗卫生单位支援农村,实施对口帮扶,实施城市卫生支援农村卫生工程,严格执行城市医生在晋升主治医师或副主任医师职称前到农村累计服务一年的制度。先后派出下乡医疗服务队607支,医务人员4039人次,赠送医疗设备、汽车等687台(件)。2005年,组织7家市级综合医院分别对14个郊县进行对口帮扶,14家市级医疗机构对30个重点镇卫生院实施对口帮扶。

【新型农村合作医疗】

2002年10月,中共中央、国务院在《关于进一步加强农村卫生工作的决定》中提出"建立和完善农村合作医疗制度和医疗救助制度"。2003年,成都市积极争取成为全国试点城市。4月,都江堰市被正式列为全国新型农村合作医疗制度试点市。当年该市参加新型农村合作医疗人数36.51万人,参加率达到83.95%。试点工作走在全国前列。2004年,市委、市政府从统筹城乡经济社会发展出发,决定在总结推广都江堰市经验的基础上,在全市推进新型农村合作医疗。成立"成都市新型农村合作医疗协调领导小组",在都江堰市召开"成都市新型农村合作医疗现场会"。市政府结合成都市实际,制定下发《成都市建立新型农村合作医疗制度的意见》,转发《成都市民政局、财政局、卫生局关于农村医疗救助的实施意见》,将农村医疗救助制度作为新型农村合作医疗制度的补充。各区(市)县委和政府结合实际制定本地的《新型农村合作医疗制度实施方案》。全市19个区(市)县及高新区按照经济实力分为四类。一类为5个中心城区(含高新区)、二类为4个近郊区县、三类为4个远郊区(市)县、四类为远郊经济欠发达的6个市

（县）。市财政根据各区（市）县 GDP 和人均财政收入情况给予不同的补助，一类地区市财政不予补助，二类地区每年对参加新型农村合作医疗制度的每个农民补助 6 元，三类地区每年对参加新型农村合作医疗制度的每个农民补助 10 元，四类地区每年对参加新型农村合作医疗制度的每个农民补助 14 元。县级财政根据市财政补助额度，安排相应的配套资金，确保两级财政对每一个参加新型农村合作医疗制度的农民的补助不低于 20 元。

2004 年，一、二类地区在 3 月 1 日启动，4 月 1 日开始为参加新型农村合作医疗农民进行结算报销，三类地区在 7 月 1 日开始为参加新型农村合作医疗农民进行结算报销，四类地区选择 2 ~4 个乡镇在 10 月 1 日开始开展新型农村合作医疗工作。通过 2004 年运行证明，各区（市）县在方案设计中趋于保守，参合农民住院医药费用实际结算报销比例平均为 10%。是年，市政府投入 400 多万元资金，利用卫生信息和农村疫情报病系统，开通新型农村合作医疗管理信息系统，搭建市、县、乡三级管理平台，全市 18 个区（市）县的新型农村合作医疗工作全部实现网上在线传输数据信息、实行网上审核报账和实时在线监督、管理。12 月，都江堰市新型农村合作医疗试点工作经验在“全国新型农村合作医疗试点工作会议”上交流，并在会上专题演示“都江堰市新型农村合作医疗信息化管理系统”。

截至 2005 年 7 月 1 日，全市所有乡镇全面启动。全市参合人数 505.45 万人，参合率 89.43%，筹集新型农村合作医疗资金约 1.5 亿元；全市有 179.79 万人次报销医药费用、报销金额 6454 万元，其中，金堂县等 6 个县（市）214.5 万参合人员于 7 月 1 日开始结算报销；参合农民享受住院费用报销人员的比例由 2004 的 2.1% 提高到 4.5%，住院报销人次比高于 3.6% 的全国农村平均住院率（第三次全国卫生调查，全国农村有 29% 的农民该住院而未住院），成都市农民因病应住院而未住院现象显著减少，农民“看病难”得到有效缓解。

此外，还积极探索不同的新型农村合作医疗管理和运行模式，开展分病种报销、单病种定额报销和按费用不同分段报销、中医中药单独制定报销比例及对门诊 20 多种慢性病报销补偿办法；对参合的农村妇女住院分娩给予 500 元/人的定额补偿，基本实现农村妇女在乡（镇）卫生院免费住院分娩；建立特别补偿金，对参合农民中患大病、重病住院治疗费用进行二次补偿，通过二次补偿后农民在县级及县级以下医疗机构就医、报销比例可达 70% 以上，加大对患重病农民的大额医药费用的补偿力度。全市参合农民有 81.36% 的人在乡、县两级医疗机构住院（其中，有 51.27% 在乡级医疗机构住院），农村就医格局日趋合理，基本上做到“小病不出村，大病不出乡，疑难病不出县”。青白江区、成华区、新津县、都江堰市等区（市）县将新型农村合作医疗制度与农村社区卫生服务相结合，开展参加新型农村合作医疗农民免费健康体检，建立个人健康档案。成都市新农合工作通过国务院办公厅农村卫生督察组的检查。9 月，在全国新型农村合作医疗试点工作会议上，成都市在大会上作经验交流发言，受到国务院的充分肯定。

【创建农村中医工作先进县（市）】

1991 年，市卫生局、市中医管理局批准中医特色比较突出、中药力量较强、中医药服务量较大的双流县兴隆乡卫生院、新都县新繁镇卫生院、龙泉驿区西河镇卫生院、邛崃县固驿镇卫生院、温江县永胜乡卫生院、崇庆县王场镇卫生院和金堂县土桥镇卫生院为镇级中医医院，推进农村中医工作的开展。是年，国家中医药管理局先后批准温江县中医院、彭县中医院为全国示范中医医院建设单位。1995 年 6 月，新都县被国家中医药管理局确定为全国农村中医工作先进试点县建设单位。1997 年 12 月，四川省中医管理局印发《四川省农村中医工作先进县(市)建设检查标准》。1998 年 2 月，市中医管理局转发《标准》，对县(市)和乡镇党政、卫生局、中医医院、综合医院、乡镇卫生院、村卫生站都提出具体要求，各地把创建农村中医工作先进县(市)列为当地政府一级目标，各有关部门协调配合，帮助解决实际问题。1999 年，新都、金堂县和邛崃、彭州、都江堰市等省级中医工作先进县建设单位争取到配套资金，加强中医机构内涵建设，完成阶段任务，新都县通过国家中医药管理局农村中医工作先进县评审验收，崇州市中医院重点专科—肿瘤科通过四川省中医管理局复查验收，郫县中医院经过市级评审达到二级甲等中医院标准。2000 年，成都市一批县(市)建成全国、省级农村中医工作先进县(市)。2001 年，按照《四川省农村中医工作先进县(市)建设标准》，郫县、金堂县建成省级农村中医工作先进县，有 30 个乡镇卫生院达到四川省农村中医工作先进县建设标准。都江堰市被国家中医药管理局批准为“全国农村中医工作先进县(市)建设单位”。市中医管理局在彭州市召开“成都市创建四川省农村中医工作先进县(市)现场会”，总结工作，推广经验。2002 年，完成都江堰市创建国家级、新津县创建省级农村中医工作先进县(市)的达标工作和 14 个乡镇卫生院中医工作达标验收。2003 年，四川省中医管理局修订全省农村中医工作先进县(市)建设标准及评审细则。2004 年，加强农村中医药服务网络建设，已建成新都、都江堰 2 个国家级农村中医工作先进区(市)，6 个四川省级农村中医工作先进县(市)。2005 年，成都市县级中医医院有 7 家达到国家二级甲等标准，4 家达到国家二级乙等标准，乡(镇)卫生院和村卫生站 50% 的医生开展中西医结合诊疗。截至 2005 年底，全市建成 4 个全国农村中医工作先进县(市)，4 个省级先进县(市)，省级在建单位 1 个。除中心城区外，全市 60% 以上区(市)县建成(在建)农村中医工作先进县(市)。

卫生监督

综合监督管理

【概　况】

1990年后，成都市卫生行政和卫生执法监督机构，通过规范执法依据、执法主体、执法范围、执法程序和执法文书，建立健全10余项制度，逐步完善卫生行政执法责任制。同时，组织力量对卫生行政执法处罚中应用的基本法和卫生专业法规进行清理，将《中华人民共和国行政复议条例》《中华人民共和国行政诉讼法》《中华人民共和国行政处罚法》《中华人民共和国行政赔偿法》《中华人民共和国食品卫生法》及《中华人民共和国医疗事故处理办法》等卫生行政法规汇编成书，发给各级卫生行政执法机关、单位及其执法人员，组织进行学习。1993年10月19—20日，全国卫生监督执法检查团第三分团到成都市检查贯彻《中华人民共和国食品卫生法（试行）》《公共场所卫生管理条例》《尘肺病防治条例》《化妆品卫生监督条例》《放射性同位素与射线装置放射防护条例》《学校卫生工作条例》，对成都市贯彻法规工作作出较高评价。同时，组织力量对卫生执法监督中存在的问题进行调研，根据实际情况，向市人大常委会、市政府提出立法建议。先后提出16项立法建议，完成调研、起草、论证、上报，经省人大常委会批准、市人大常委会发布的地方性法规5件，由市人民政府发布的政府规章4件。1996年以来，市卫生执法工作受到全国表彰4项次、省级表彰4项次、市级表彰4项次。从2004年开始，成都市卫生监督执法机构按照规范化服务型政府建设要求，全面清理卫生许可事项，提高卫生行政审批效能。至2005年年底，受理卫生许可申请2.48万件，按时办结率为100%。同时，在创建卫生城市活动等大型活动和突发重大公共卫生事件中，统筹安排，有效防控突发重大公共卫生事件。

【创卫活动与卫生监督】

1990年，成都市创建卫生城市（以下简称“创卫”），成都市卫生监督机构重点抓环境治理、公厕建设、垃圾、粪便、污水处理以及窗口单位、农贸市场等公共场所的卫生。城市公共场所监督覆盖率100%，平均监督频率大于5次。坚持日常监督与专项整治相结合，强化科学管理，严格执法，全方位开展食品卫生、公共场所卫生、饮用水卫生等监督管理工作。1991年，市委、市政府提出“全民动员，奋战三年，创建国家卫生城市”的目标，各级机构强化卫生法制建设，卫生监督、监测工作、卫生服务综合效益明显提高，城市自来水卫生监测合格率保持在98%以上，各类公共场所卫生面貌显著改变，消除病媒昆虫动物滋生的条件，大力开展消毒、杀虫工作，巩固灭鼠达标成果，在全国直辖市、单列市、省会城市中率先达到全国灭蝇先进城市标准。1994 年，城镇结合巩固扩大创建卫生城市成果，加强卫生监督监测力度，饮食、饮水、公共场所、劳动卫生、放射卫生状况得到进一步改善，全市急性传染病发病率由 1993 年的 236.58/10 万下降到 1994 年的 218.51/10 万。1990—2005 年，成都市的卫生监督工作在全市创建“十佳卫生城市”“国家卫生城市”及历次复查中，均达到规定要求，通过考评验收。

【规范卫生行政服务】

1990 年后，成都市卫生行政和卫生执法监督机构，通过规范执法依据、执法主体、执法范围、执法程序和执法文书，建立健全卫生监督员资格认证、培训制度、行政过错追究制度、行政赔偿制度等 10 余项制度，逐步完善卫生行政执法责任制。1991 年，抽查接受卫生防疫、药品检验机构监测单位对执法人员服务满意率 98.5% 以上。1992 年 1 月 11 日，龙泉驿区卫生局召开区卫生局卫生监督科、区卫生监督中队、区卫生监测检验所的成立大会，率先开展卫生监督执法体系的改革，明确各级职责。同时，由乡镇卫生院各类卫生助理监督员、检查员组成卫生检查组，负责本辖区的卫生检查工作，配合区卫生监督中队执法。从 1993 年起，建立并推行卫生行政执法责任制，及其相配套的系列制度，规范卫生行政执法行为，全市卫生执法工作初步完成由“人管人”到“制度管人”的转变。1994 年，先后培训各级各类卫生监督员 1300 余名。充实调整卫生行政复议机构，坚持和完善行政执法责任制。1998 年 5 月 17 日，成都市卫生局根据四川省卫生厅、成都市政府法制局的布置，在成都卫校国家级考场首次举行“四川省卫生执法人员换证考试”，参考卫生执法人员 1283 人。1999 年，完善卫生行政执行责任制及其配套制度，调整、充实执法责任制领导机构。2003 年，实施卫生行政执法责任制，对全市卫生执法人员进行卫生执法文书规范培训，完成局机关和市级卫生执法单位 271 名执法人员的换证及验证工作。

从 2004 年开始，简化行政审批流程，减少中间环节，缩短办理时限，提高卫生行政审批效能。建立《卫生行政许可程序制度》《卫生行政许可公示制度》《卫生行政许可一次性告知制度》《卫生行政许可过错责任追究制度》等 12 个制度，规范窗口人员的工作行为，保证卫生行政许可工作的有序进行。编写《卫生许可申办指导手册》和《卫生行政许可工作实用手册》，既为许可相对人提供直观的书面咨询，又为卫生行政许可在依法行政、标准操作、最大限度地减少现场审查人的自由裁量权和审查工作的随意性等方面提供工作指南，组织对卫生许可审批事项名称、设定依据和审批内容逐项进行清理，将原有的 23 类 27 项许可审批缩减到 18 类 22 项。至 2005 年年底，受理卫生许可申请 2.48 万件，按时办结率为 100%。

【市场综合执法监督】

1990 年，成都市、区（市）县强化法制管理，加强卫生执法监督机构和队伍的建设。1991 年，加强对各种形式的医疗技术协作联合体的治理，纠正偏差，方便群众就医。深入贯彻《中华人民共和国药品管理法》，加强药品监督管理，完成 56 家药品生产企业，111 家医院制剂室，899 个药品经营单位的“许可证”核发工作，查处制售假劣药品的违法案件 28 起，罚没款 27.25 万元，销毁价值79.25万元的假劣中西药品。1992年，严厉打击制售假劣药品。市、区县卫生局在各药品生产企业、药品经营企业和医疗单位自查的基础上，组织药品监督员、药品检查员出动2460人次，对19个药厂、576个药品经营企业、460个医疗单位、250个社会办医机构、513家个体开业行医或个体药品经营人员，926个村卫生站的药品质量进行抽查，加强药品产运销储各环节的质量管理。

1994年，全市以贯彻《中华人民共和国传染病防治法》《中华人民共和国药品管理法》《中华人民共和国食品卫生法（试行）》和《中华人民共和国红十字法》等有关法律、法规为重点，开展卫生监督执法工作，打击伪劣药品、食品的违法活动。1996年3月13日，市卫生局在成都市龙泉驿区固定废弃物卫生处置场集中销毁按正品价值计算84.66万元的伪劣药品，总计202种。1999年5月20日，强化对药品生产、经营、使用单位和药品市场的监督管理，查处制售假劣药品的违法案件。2001年，制定成都市食品、化妆品、一次性输液输血器打假专项整治活动方案，召开打假工作会，开展专项整治。全年市卫生局出动监督员1.9万人次，对5410个食品、化妆品、一次性输液输血器厂家商家及综合批发市场中的零售点进行检查，吊销卫生许可证92户，捣毁窝点152个。2002年，全市开展《中华人民共和国母婴保健法》执法检查，对全市41家医疗、保健机构进行《中华人民共和国母婴保健法》暨母婴保健技术服务的执法检查。2003年，全市各级卫生监督机构出动人员26万余人次，对学校（幼儿园）、餐饮业、公共场所、建筑工地、集贸市场、消毒产品生产经营单位和医疗卫生机构等重点场所进行监督检查，落实防控措施。2005年5月，青海、内蒙古等省、自治区发生候鸟和家禽感染“禽流感”疫情；同年7月，成都市出现“人感染猪链球菌病”病例。全市各级卫生监督机构出动卫生监督人员4.22万人次，监督车辆5940车次，在餐饮业、农贸市场、生猪（禽）屠宰点等重点单位，对猪（禽）肉来源、索证情况、病死猪（禽）处理及消毒措施落实等情况进行监督检查，查获或没收畜（禽）类“问题食品”4700多千克，取缔无证游动饮食摊点112户。

【公共场所卫生监督】

1987年4月11日，国务院颁布《公共场所卫生管理条例》（以下简称《条例》），对旅店、公共浴室、理发店、美容店、文化娱乐场所、体育馆、游泳场所（馆）、图书馆、商场、公共交通候车室等7类28种公共场所建设选址、设计和经营实行“卫生许可证”制度。1990年，成都市结合创建国家卫生城市活动，对公共场所进行综合整治，治理本地区、本单位群众反映强烈、长期未解决的社会卫生问题，重点抓环境治理，公厕建设，垃圾、粪便、污水处理，以及窗口单位、农贸市场等公共场所的卫生，城市公共场所监督覆盖率100%。1991年，全市有各类公共场所1.18万户、从业人员4.71万人。6月，卫生部颁布《公共场所卫生管理条例实施细则》（以下简称《细则》）。根据《条例》和《细则》，卫生监督机构每年对所辖区内的公共场所进行现场许可审验，对每个公共场所的主要卫生指标（包括空气、微小气候、水质、采光、照明、噪音、顾客用具和设施卫生等）进行日常监督监测和技术指导，开展从业人员健康检查和卫生知识教育培训指导，对违反《条例》和《细则》的单位和个人进行行政处罚，对造成严重健康危害的事故进行调查处理。全市公共场所中小旅店、小美容美发、小公共浴室、小歌舞厅、小茶座等“五小”企业等服务业日渐增多,结合实际,拟定《成都市“五小”企业量化分级评分表及评定方法》,对“五小”企业经营单位的硬件设施、功能分区布局、操作流程、消毒措施、日常基础卫生管理等情况进行评估、量化打分,根据评分结果将其卫生信誉度分为甲、乙、丙三个等级进行管理。1992 年,全市行政区域内持有效卫生许可证进行经营的中小旅店有 1438 家,小理发美容店有 5443 家,小公共浴室有 217 家,小茶室和小歌舞厅等文化娱乐场所 4620 家,“五小”公共场所 1.17 万家。1996 年 1 月 29 日,国家技术监督局和卫生部联合发布《公共场所卫生标准》,成都市结合实际制定《成都市旅店业卫生规范》等指导性文件。2000 年,全市对 1.34 万户公共场所经营单位实施监测 2.05 万项次,合格率为 93%,对 5.68 万名公共场所从业人员进行健康检查,检查“五病”887 人,全部调离原岗位;对 2.58 万个生活饮用水供水点实施卫生监督,抽检水样 5252 件,合格率 81.7%。2001 年 4 月 1 日,《四川省公共场所卫生规范》正式施行,公共场所卫生监督监测工作进一步规范化和科学化。全年,对 4772 户公共场所经营单位实施监测,监测率 85%以上,对监督检查中发现的违法行为均依法给予行政处罚。2004 年,在“世界无烟日”前后,市卫生局开展“控制吸烟,减少贫困”为主题的系列宣传活动。从 2005 年 4 月开始,结合创建“全国环境模范城市”和“文明城市活动”,对全市范围的“五小”公共场所开展集中专项整治,出动监督员 1252 人次,监督检查直管公共场所经营单位 626 户,使“五小”经营单位逐步建立起有效运转的行业自律机制,成都市对游泳场馆实施卫生许可证管理制度,对游泳场馆从业人员健康、卫生知识培训、卫生管理制度、内外环境卫生保洁、消毒池的使用、池水卫生指标(余氯含量、浊度、细菌总数、大肠菌群、尿素)等重点环节和项目进行经常性卫生监督监测。12 月,成都市被卫生部确定为全国公共场所旅店业卫生监督量化分级管理 13 个试点城市之一。

食品卫生监督

【概　况】

1990 年,成都市食品行业有 6.8 万户(其中,城区 3.9 万户、温江等 10 县区 2.89 万户)、从业人员 16.53 万人。其中,食品生产加工业 3953 户、从业人员 2.75 万人,批发零售及摊贩 4.22 万户、从业人员 6.75 万人,餐饮店铺 2 万户、从业人员 5.69 万人,集体食堂 1808 个、从业人员 1.34 万人。是年,围绕创建卫生城市活动,全市卫生管理部门治理本地区、本单位群众反映强烈、长期未解决的社会卫生问题,改善环境质量,提高食品和饮水卫生质量。全年组织食品卫生监督员、检查员到各单位进行检查监督,全市监督检测食品生产经营单位 24.08 万次,警告并限期整改 9356 户,没收或销毁假冒伪劣食品 20 万千克、罚款 16.75 万元,有效降低群体性食物中毒的发生。1991 年以后,成都市经济发展加快,食品安全保障被卫生部门列为重要工作任务。1994 年,全市深入贯彻《中华人民共和国食品卫生法(试行)》,全面开展卫生监督执法工作,打击食品的违法活动。在完成日常食品卫生监督监测及管理工作的同时,积极开展食品卫生与营养等方面的科研工作,组织开展《成都市居民和儿童青少年营养监测研究》《成都市居民膳食指南》《成都市城乡居民总膳食研究》《动物性食品中兽药检测方法及残留水平分析研究》等科研项目并获市政府科技进步奖。同时这一时期,食品生产加工业日益发达,大型食品超市、食品连锁店相继进入各区(市)县,加之“农家乐”兴起，传统节日恢复及大型会议（活动）逐年增多，食品卫生保障任务十分繁重。成都市各级卫生监督机构，在坚持经常性卫生监督的同时，开展“打击假冒伪劣食品专项活动”“食品放心工程”、建筑工地食品专项整治、集贸市场食品卫生专项整治等一系列有针对性的专项治理活动，查处诸如“伪劣奶粉”等一批严重损害人民群众健康的大案、要案。2000 年，深入贯彻落实《中华人民共和国食品卫生法》（以下简称《食品卫生法》），对全市 5.49 万户食品生产经营单位监督 18.48 万户次，覆盖率 100%。2003 年，市卫生局制定《成都市 2003 年食品打假专项斗争工作实施方案》，开展专项治理活动，全年查获案件 2500 件，捣毁非法生产食品窝点 500 个。2004 年，加强《食品卫生法》宣传力度，组织“农民工食品安全”等内容主题的宣传活动 4 次。是年，根据卫生部《关于推行食品卫生监督管理量化分级制度的通知》精神，在青羊区、金牛区的部分餐饮业开展食品卫生量化分级管理制度试点工作。从 2005 年开始，在全市餐饮企业全面推行量化分级管理制度。

【食品卫生执法监督】

1990 年，组织食品卫生监督员、检查员深入各单位进行检查监督，全市监测检查食品生产经营单位 24.08 万户次，防蝇、防尘、防鼠设备设置率 95%；从业人员上岗前培训率 100%，健康体检率 95% 以上；食品监测合格率 85.2%，较 1989 年提高 6 个百分点。同时，对违反《中华人民共和国食品卫生法》的单位，依法进行行政处罚，警告并限期改进 9356 户次，没收或销毁产品 846 户次、20 多万千克，罚款 16.75 万元。1996 年 4 月，成都市卫生局举办 1996 年度食品卫生监督员集训会，贯彻学习《中华人民共和国食品卫生法》《中华人民共和国行政处罚法》，全市两个市级卫生防疫站、19 个区（市）县卫生局和卫生防疫站的 300 余名食品卫生监督员参加学习，接受培训和考核。2000 年，对全市 54885 户食品生产经营单位监督 18.48 万户次，覆盖率 100%；全市组织15.77 万名食品从业人员进行预防性体检，对检出“五病”患者都全部调离原岗位。实施行政处罚 7952 户次，其中警告并限期改进 6550 户次，没收销毁不符合卫生要求的食品 240 户次，责令停业改进 287 户次，罚款 629 户次，29.7 万元，吊销卫生许可证 20 户，取缔非法经营活动 1969 户。监测各类食品 1.83 万件，合格率为 89.93%。2001 年，与市工商部门联合对户外食品广告进行专项整治，与教育部门联合对大中专院校及周边餐饮业、网吧等文化娱乐场所进行卫生专项整治，对大型商场、批发市场、食品专销点、连锁店销售违禁食品进行专项检查，捣毁食品违法生产经营窝点 146 个、查获案件 108 个、案值 190.5 万元。全年实施行政处罚 8243 户次，其中警告并限期改进 6927 户次；责令销毁不符合卫生要求的食品 322 户次，计 8.03 万千克。全年监测各类食品 1.68 万件，合格 1.45 万件，合格率 86.36%。2003 年，开展食品专项打假，全年全市先后出动执法人员 5 万余人次，出动车辆 5000 余台次，查获案件 2500 件，案值 2500 万元，捣毁非法生产食品窝点 500 个，公布 2 个市场禁入食品生产单位及个人名单，查处“毒腊肉”“病死禽肉案”“死兔制品案”等社会反响极大的大案、要案，并依法移交司法机关 3 起。2005 年，继四川省简阳市农村发生人感染猪链球菌疫情之后，成都市于 7 月 22 日首次发现以畏寒发热、呕吐、腹泻、皮肤瘀点瘀斑为主要症状的人感染猪链球菌病疑似患者。全市迅速启动应急工作机制，出动 1616 人次卫生执法监督人员监督检查猪肉销售摊点3609个，商场255家，食品生产企业78家，食品销售摊点285个，冷饮业4566家，集体食堂111个，度假村26个，农家乐166家；对违法经营的9户，给予行政处罚，全市在较短的时间内控制疫情。是年，成都市在食品生产企业、综合商场（商店）、连锁超市等积极推行食品卫生量化分级管理制度；全市各级卫生监督机构抽检大宗食品7.33万件，合格6.9万件，合格率94.22%；对3587户违法食品单位实施行政处罚，其中警告及责令限期整改1333户、责令停业整改25户、罚款954户、取缔非法经营活动1284户；责令公告收回并销毁已售不合格食品5657千克。

餐饮业卫生监督

【典型违法事件处理】

1992年7月，根据群众举报，对东城根下街某酒店回收废弃剩菜污油加工菜肴供顾客食用的事件进行查处，给予停业整顿、罚款4999元的行政处罚。

1999年6月，对某食品厂使用过期奶粉加工生产冰淇淋的事件，处以没收非法所得并三倍罚款。

2001年，省市区联合取缔府河市场非法包装材料案。此案涉及8个经营户，收缴“通用包装材料”等非法包装材料50余种、收缴非法冷饮包装材料计300余种、近20吨、案值120余万元。

2002年7月29日，根据群众举报，对武侯区簇桥乡某村无证加工“白水兔”“红板兔”案件依法查处并予以取缔，现场没收大型冷藏冰柜11台、“白水兔”和“红板兔”成品3752只，待加工的1733只，案值7.9万元。

2003年6月，根据群众举报，对在锦江区三圣乡、琉璃乡和双流县华阳镇三地的7个暗地收购、加工病死鸡鸭的加工作坊依法查处，收缴加工器具73件，封存病死鸡鸭20余吨，案值17万多元，涉案人员26人。由于案件性质严重、案情重大，依法将犯罪嫌疑人移交当地公安部门追究刑事责任。

2004年，针对震惊全国的“空壳奶粉”和“毒泡菜”事件，成都市卫生执法监督支队及区（市）县卫生执法监督机构集中力量，统一行动，进行拉网式查处，出动监督员3620人次，检查1.61万个单位，在农村和城乡结合部查获大型劣质奶粉窝点3个（其中制假窝点1个、存放伪劣奶粉窝点2个），查封劣质奶粉50余吨（73种，产品11类）、添加剂100余千克、不合格半成品泡酸菜30吨、劣质泡菜150余吨。

2005年，在餐饮企业、食品商场、集贸市场开展“苏丹红”专项检查，先后检查生产经营单位2456户次，抽样监测食品21种，没收含“苏丹红”食品155千克，对肯德基公司库存的300余件“苏丹红”可疑原辅料进行排查。

【餐饮业卫生监督】

1990年，成都市从事餐饮业服务的企业有2万户、占食品行业总数的29.44%，从业人员5.69万人，占食品行业从业人员总数的34.44%。各级卫生监督机构按照《中华人民共和国食品卫生法》《四川省〈中华人民共和国食品卫生法〉实施办法》《四川省餐饮业管理办法》等法律法规，对餐饮业实行卫生许可证制度；监督指导从业人员健康体检和卫生知识培训；现场检查餐饮业采购食品及原辅材料的索证情况、餐具使用洗消剂情况及消毒效果监测，对违反食品卫生法规的行为依法予以行政处罚。是年，组织食品卫生监督员、检查员深入各餐饮经营户进行检查监督，餐具消毒设施完好使用率95%。2000年，组织食品卫生检查员抽检各种餐具9.97万件，合格率为85.67%。2001年，成都市各级政府将农村群宴监管纳入日常食品卫生管理范围，成都市卫生局先后制定《关于进一步加强"农家乐"食品卫生监督管理的有关规定》《成都市农村群体性聚餐餐饮管理办法》等文件，对农村流动厨师实行登记管理制度，在群体性聚餐现场开展卫生保障工作。对城郊结合部及19个区（市）县和高新区"农家乐"、度假村、旅游景点饮食卫生、公共场所卫生进行专项整治。抽检各种餐具9.74万件，合格8.39万件，合格率86.14%。2002年，全市监测各类食品1.96万件，合格1.69万件，合格率86.4%；抽检各种餐具10万件，合格8.59万件，合格率85.9%。全市对1.5万户公共场所经营单位实施监督，监测率100%，对监督检查中发现的违法行为均依法给予行政处罚。2004年，对市级管理的522户餐饮企业，1075所大学中专院校，1109个中小学和幼儿园的食堂实施卫生许可和日常监督分级量化管理。同时，全面实施"食品放心工程"，对面粉、果冻、膨化食品、蜜饯、含乳及乳酸菌饮料、肉及肉制品、调味品、碳酸饮料七类重点食品生产经营单位进行监督监测，抽检样品2.19万件，合格1.97万件，总合格率为89.95%；抽检餐具6万件，合格4.67万件，合格率77.83%。2005年，全市有持有效卫生许可证经营的中小餐饮店1.69万家。是年，开展中小餐饮店铺卫生专项整治，在城区32条街道开展"创建食品卫生示范街"活动，在全市餐饮业推行食品卫生监督量化分级管理制度，按照A、B、C、D级进行等级评定，确定相应的监督频率。全市对2.11万户餐饮业单位实施卫生许可和日常监督量化分级管理，完成量化分级评分工作，量化分级管理实施率100%；完成信誉度评级1.3万户，信誉度评级率63.2%，其中市直管餐饮业513户，实施量化分级管理513户，实施率100%，完成信誉度评级513户（A级5户、B级32户、C级476户），信誉度评级率100%。

【保健食品卫生监督】

20世纪90年代后，保健食品得到快速发展。1995年，国家颁布《中华人民共和国食品卫生法》，加强对保健食品研发、审批的管理。1996年3月15日，卫生部发布《保健食品管理办法》，对保健食品审批、生产经营、食品标签、说明书、广告以及卫生监督管理作出明确规定，成都市依照《保健食品管理办法》，对生产经营保健食品、功能性食品的单位实施卫生许可证制度，进行监督管理。1997年，省、市、区（市）县卫生部门联合对保健食品营销开展大检查，清理保健食品经营品种143种，办理专营保健食品卫生许可证51户，抽检样品94种、合格率96.8%。2000年后，全市市场销售的保健食品317种，其中，第二代、第三代保健食品267种，占84.23%；营养素补充剂有50种，占15.78%；销售的特殊营养食品、新资源食品及一些经省级卫生行政部门批准的准字号食品有86种。2001年，成都市食品卫生监督检验所专门成立保健食品监管小组，负责对全市保健食品市场进行专项监督管理。重点查处市场上存在违反规定宣传保健食品疗效、在保健食品中添加违禁药物、普通食品宣传保健功能以及假冒批号、无卫生许可证销售保健食品等违法行为。2004年，成都市有保健食品、新资源食品生产经营单位213家、从业人员351人。当年，保健食品抽检39件、合格38件、合格率97.44%，新资源食品抽检17件、合格16件、合格率94.12%。2005年，按照国务院办公厅下发《国家食品药品监督管理局主要职责内设机构和人员编制规定的通知》要求，成都市人民政府对食品、保健食品的监督职责进行调整，卫生部门承担的保健品审批职责划转到市食品药品监督管理局。

【“农家乐”食品卫生管理】

成都是中国“农家乐”旅游的发源地。20世纪80年代，成都市以农户的宅院作为经营场所的“农家乐”旅游形式逐渐形成。1995年，国家开始施行双休日，“农家乐”休闲旅游在成都周边区（市）县迅速发展起来。“农家乐”存在的起点低、数量多、分布广、卫生设施简陋、防病意识淡薄等是导致食物中毒和食源性肠道传染病暴发流行的主要隐患。全市各级卫生监督人员驻点现场指导帮助，对“农家乐”从业人员、乡村游厨（流动厨师）进行健康体检和卫生知识培训，对卫生设施、功能分区、食品采购索证、食品贮藏、加工销售、餐具消毒等关键环节开展经常性卫生监督，对自备水源水质和餐具消毒效果进行抽样监测，每年“五一”“国庆”和“春节”等旅游“黄金周”和旺季，都加大对“农家乐”的巡回检查和卫生监管力度。2001年夏季，成都市卫生局组织“农家乐”食品卫生交叉检查，对无证经营和无证上岗的行为实施行政处罚，并通过新闻媒体公布卫生状况。2002年，成都市卫生局下发《关于进一步加强农家乐卫生管理的若干规定》，各部门密切配合，进一步加强对“农家乐”的监督检查，规范全市“农家乐”的卫生管理。2003年，在全市开展“农家乐”的专项整治工作，对其食品卫生状况、环境卫生状况进行监督检查。2004年，成都市温江区卫生执法监督所对辖区内50余家“农家乐”实施食品卫生监督量化分级管理，到2005年有27户通过评审，其中A级2户、B级3户、C级22户。2005年，在全市人感染猪链球菌疫情防控工作中，出动卫生执法监督人员监督检查农家乐166家，对违法经营的9户，给予行政处罚。是年，温江区全区的“农家乐”未发生食物中毒事件。郫县卫生执法监督所会同县旅游局、县质监局、县环保局等部门对其辖区的16户“农家乐”进行星级评审，其中1户被评为四星级“农家乐”，3户被评为三星级“农家乐”。

【食物性疾病预防与查处】

1990年后，成都市食物中毒发生率每年均控制在7/10万以下，中毒原因多为细菌性食物中毒。全市卫生部门每年对全市食品卫生监督员、食品行业负责人和管理人员进行相关知识和法规培训；在肠道传染病高发季节到来之前，及时向有关部门和重点单位通报疾病流行趋势、提出预防对策；及时分析省内外重大食物中毒案例，制定应急预案，通过报纸、电台等新闻媒体加强正面宣传。发生突发事件，坚持“接报即出”，监督员和卫生技术人员迅速奔赴现场，救治病人，开展流行病学调查，现场采样，及时调查处理，控制蔓延。2000年9月3日，全国第六届大学生运动会指定接待点某大厦发生副溶血性弧菌交叉污染事件，导致61人食物中毒。接到报告后，省市卫生防疫站出动20余名监督员和检验技术人员进行流行病学调查。根据流行病学调查及实验室诊断结果分析，确定此次食物中毒原因是该大厦餐厅在接待大运会代表就餐的同时，另擅自超能力承接20桌婚宴，供应的菜谱中有被副溶血性弧菌污染的基围虾、蟹、甲鱼、武昌鱼等水产品，当日气温30℃，副溶血性弧菌迅速繁殖，致使引发食物中毒。市卫生局责令泸天化大厦餐厅停业，销毁导致食物中毒的食品，并没收违法所得5130元，罚款2.05万元。2002年，在部分农村相继发生因村民群体性聚餐引发急性肠道传染病，涉及人员900余人，波及全市10个区（市）县的37个街道乡镇，个别患者病情严重，各部门密切配合，开展卫生防疫工作，使疫情在最短时间得到控制。2003年5月12日，国务院发布《突发公共卫生事件应急条例》，对包括重大食物中毒在内、严重影响和损害公众健康事件的报告程序、应急处理工作等作出规定。《条例》实施后，各地食物中毒的及时报告率上升，漏报、不报、迟报率下降。2003—2005年，全市发生食物中毒61起，1254人中毒，无死亡，多为致病性细菌和条件性致病菌引起的食物中毒，以家庭和饭店为主要发生场所。

2003—2005年成都市发生食物中毒致病因素情况表

表5-191　　　　单位：人

年份	合计		细菌性		化学性		有毒害植物		原因不明	
	起数	中毒人数	起数	中毒人数	起数	中毒人数	起数	中毒人数	起数	中毒人数
2003	19	385	16	334	1	23	2	28	—	—
2004	22	576	20	510	—	—	—	—	2	66
2005	20	293	11	155	—	—	6	81	3	57
合计	61	1254	47	999	1	23	8	109	5	123

饮水卫生监督

【概　况】

20世纪90年代初，全市有集中式供水点（含市政水厂、自备水厂、二次供水）1119处，分散式供水点（地面水、地下水）35.6万个，供水人口中城市315.34万人、农村503.15万人。按照卫生部1985年修订的《生活饮用水卫生标准》，成都市对全市的市政供水水源水、出厂水、管网水按规定的采样点数和采样频率进行水质动态监测检验，对供水单位进行经常性卫生监督管理，保障全市居民的用水安全。成都市自来水公司作为全市最大的供水单位（有6个自来水厂），定期向成都市卫生防疫站报送水质自检报表。1996年7月9日，卫生部、建设部联合颁布《生活饮用水卫生监督管理办法》；12月27日，四川省人民政府发布《四川省生活饮用水卫生监督管理办法》，对供水单位实行卫生许可证制度。2001年6月7日，卫生部发布《生活饮用水水质卫生规范》；10月30日，四川省人民政府通过《关于修改〈四川省生活饮用水卫生监督管理办法〉的决定》，将卫生监督范围由给水行业扩大到涉及饮用水卫生安全的产品。从1997年开始，按照国家和四川省的有关法规，成都市对新、改、扩建生活饮用水供水工程的选址、设计进行预防性卫生审查，并参与竣工验收；对辖区内的市政供水、二次供水和自备式供水单位发放卫生许可证及定期审验；对其卫生状况和水质按照规范要求进行日常监督管理；帮助供水单位对从事供水、管水和清洗消毒工作的人员进行卫生知识培训；对饮用水污染事故造成的人体健康影响进行调查，对违反规定的单位实施行政处罚。2000年，全市组织卫生监管人员对2.59万个生活饮用水供水点实施卫生监督，抽检水样5252件，合格率81.7%。2003年，市级和各区(市)县卫生监督部门分别组织由食品卫生、公共场所卫生、传染病监督员组成的综合执法队伍，开展对饮用水、一次性卫生用品等的抽检。2005年，全市发生人感染猪链球菌病，防控禽流感疫情期间，出动卫生执法监督人员对饮用水及供水加强监督检查，加强对二次供水水质卫生监督监测工作。

【供水及水源卫生监督】

从20世纪60年代起，成都市对辖区内的自来水厂和企业、机关、团体自打井水水质实施水质卫生监督，把此项工作作为防止肠道传染病流行的重点工作，建立一套水源卫生防御体系：加强对自来水厂的监督监测，每年对自来水厂的进、出厂水和管网末梢水余氯、浑浊度、细菌总数、大肠菌群进行监测；对工厂、机关、团体等单位的自备水水质每年进行监测，加强对二次供水卫生监督监测工作；加强对农村饮用水、塘水、水库水的卫生监督监测管理工作；每年重点对“2号”病疫源地地面水进行监测。1990年，对自来水二厂、五厂的水源取水点上游1000米内河道两岸进行污染源调查。同年，按照卫生部、建设部《生活饮用水卫生监督管理办法》《全国城市生活饮用水监测方案》的规定和要求，对成都市集中式供水和二次供水单位实施卫生许可证管理制度。1991年，对全市城区二次供水基本情况开展一次全面的卫生学调查，并在温江组织召开十个郊县(市)的集中式供水水质改良工作现场会，参观湔江煤矿改水现场。是年，全市饮水卫生质量进一步提高，城市自来水卫生监测合格率保持在98%以上，农村饮用安全卫生水的人口达91.03%。1994年以后，对岷江、沱江成都段100余千米河水及沿江有关工厂排污进行采样调查，初步查清水中的主要污染物。1995年，根据成都市创建卫生城市指挥部《关于加强城区公共场所、二次供水卫生管理通告》要求，对城区438户符合二次供水卫生要求的单位办理卫生许可证；同年10月，组织县(市)卫生防疫站对温江等十县(市)城镇自来水厂和66个自备集中式供水单位的卫生状况进行现场考评，保证集中供水卫生质量。1996年，经检测，城市安全饮水率99%以上，农村90%以上。1998年，成都市发生“02”疫情，经过对疫源点地面水进行调查，在成都市的主要河流分段设点监测，结果未发现“02”病菌污染，为科学防止“02”病发生、流行提供依据。2000年，全市对2.59万个生活饮用水供水点实施卫生监督，抽检水样5252件，合格率81.7%。2001年，对121个水厂、2222个二次供水单位、1146个自备水源单位进行监督，监督覆盖面100%。2003年，市级和各区(市)县卫生监督部门分别组织综合执法队伍，开展对饮用水的抽检；同时，对瓶装饮用水进行专项打假监察，强化日常监督，严格执法。2005年，全市发生人感染猪链球菌病、防控禽流感疫情期间，各级卫生防疫站及卫生执法监督人员对饮用水及供水加强监督检查，加强对二次供水水质卫生监督监测工作，严防水质污染。

职业卫生监督

【概　况】

1990年，成都市有厂矿企业2348个、职工总人数73.8万人。全市从事有毒有害作业的工人19.65万人，占职工总数的26.63%。11月11日，《四川省工业企业劳动卫生管理条例》发布实施。全年全市累计对31万多名接触有毒有害作业的工人进行体检，查出慢性职业病患者300多人，全部安排进行治疗。完成工人健康、尘毒作业点建卡建档工作。1993年，在全市工矿企业开展有毒有害作业工人系列健康教育，举办健康教育培训班三期，培训教育骨干70余人；对全市40个工厂开展健康教育情况进行检查，各工矿企业通过岗前培训、卫生专题课、广播等形式，普遍向工人开展健康教育，受教人员162752人，教育率96%以上。1986—2000年，成都市卫生防疫站处理急性职业中毒事故21起、中毒人数1149人、死亡15人，主要是缺氧性窒息死亡和氯气泄漏事故所致。

2001年1月15日，四川省卫生厅出台《四川省工业企业劳动卫生监督员和检查员管理办法》，依据以上法规对管辖范围内生产企业的劳动卫生实行卫生监督制度，对全市工矿企业有害作业点进行检测，对接触毒害工人进行职业性体检，开展劳动卫生知识培训，调查处理急性职业中毒事故，组织开展职业病诊断工作。2002年5月1日，《中华人民共和国职业病防治法》正式实施，按照《职业病防治法》《职业病诊断与鉴定管理办法》《职业健康监护管理办法》《职业卫生技术服务机构管理办法》等规范性文件规定，职业卫生技术服务机构、职业健康检查机构、职业病诊断机构需经省级卫生行政部门批准取得资格方可开展工作，并接受卫生行政部门监督。2004年8月，成都市成立成都市建设项目职业卫生审查专家组，办公室设在成都市卫生执法监督支队，负责对企业新、改、扩建项目进行职业病危害预评价和职业病危害控制效果评价审查，以及职业病危害防护措施设计审查、竣工验收。随着市场经济的发展，国营大中型企业改制，部分企业关、停、并、转，市级直管的国有大中型企业由1990年的480多家减少至2005年的190多家，且大多为股份制企业；外资企业和技术引进项目增多，乡镇企业和个体工商户异军突起。2005年1月17日，卫生部、国家安全生产监督管理总局对职业卫生监督管理职责进行分工调整。卫生执法监督机构的主要职责是负责对用人单位职业健康监护情况进行监督检查，规范职业病的预防、保健，查处违法行为；负责对职业卫生技术服务机构、承担职业健康检查、职业病诊断的医疗卫生机构进行监督管理；负责对建设项目进行职业病危害预评价审核、职业病防护设施设计审查和竣工验收。截至2005年年底，全市存在职业病危害因素的企业4757家，建立职业卫生档案企业数875家，职业危害项目申报企业数1246家。

【有毒有害作业场所卫生监督】

自20世纪70年代以后，成都市卫生防疫机构对肺矽及铅、苯、汞、有机磷、锰中毒等职业病进行专题调查和有害工人健康普查工作，开展职业病诊断和治疗研究。1990年后，按照《中华人民共和国尘肺病防治条例》、卫生部《劳动卫生工作规范》和《四川省工业企业劳动卫生管理条例》等法规要求，对成都市厂矿企业生产环境有毒有害作业场所按危害程度采取定期或抽查的方式进行经常性卫生监督监测，根据作业场所有害因素测定、卫生防护措施效果评价、职业性健康检查结果，提出意见，督促改进。成都市厂矿生产环境有害物质测定结果及有害作业工人健康检查情况以年报表形式收集汇总上报。1994 年，加强对中小企业、私有企业接触有毒有害作业工人的健康教育，教育率 95% 以上。1999 年，结合贯彻《职业病诊断管理办法》《中华人民共和国尘肺病防治条例》等劳动卫生法规，在加大有毒有害作业场所监督力度的同时，通过举办“职业危害与防护”为主题的讲座和健康咨询服务，开展健康教育活动。2000 年，对全市 749 家企业进行监督，对有毒有害作业职工进行健康体检。2001 年，对全市 680 个企业进行劳动卫生监督，监督率 84. 1%；对有毒有害作业职工进行健康体检。2002 年 5 月，集中对全市制鞋、家具厂、箱包制造等行业使用苯及其他化合物的场所进行专项整治工作；检查 885 家企业、有毒有害作业点 2317 个、从业人员 2. 06 万人，其中 501 家进行职业危害场所的登记（占检查企业总数的 56. 6%）、4448 人接受职业健康体检（占从业人员总数的21. 6%）、9004 人接受职业卫生知识宣传培训（占从业人数的 43. 7%）。2004 年，在全市范围内开展有害有毒化学品生产销售、使用专项整治工作和《中华人民共和国职业病防治法》宣传周活动。全市开展职业病危害项目申报登记企业 15 家，登记率 72. 47%；对 98 个企业进行职业卫生监督，监督率 84. 24%；监测企业有毒有害作业点 5349 个，监测率 80. 09%；对 3751 名接触有害有毒职工开展职业性健康体检，体检率 60. 31%，职业病检出人数 8 人，检出率 0. 04%。同年，某公司工作场所空气中铅浓度严重超过国家卫生标准，致使 5 名工人发生慢性职业性铅中毒，对这一违法案件，成都市卫生执法监督所通过现场调查和取证，依照《中华人民共和国职业病防治法》责令其立即整改，并给予罚款 8 万元的行政处罚。

2002 年成都市有毒有害化学品生产、销售、使用专项整治检查情况表

表 5－192

行业	企业总数（个）	专项整治检查企业数（个）	有毒有害作业点（个）	有毒有害从业人员数（人）	职业病健康检查人数（人）	职业病危害场所登记表	已开展宣传培训企业数（个）	宣传培训人数（人）
制鞋	689	563	1354	13701	2217	254	524	6113
家具制造	361	167	416	4575	841	100	300	1892
箱包加工	3	3	4	20	0	1	3	9
皮革加工	11	11	75	748	518	11	7	10
装饰材料	16	16	83	434	83	12	5	31
其他	127	125	385	1830	789	123	97	949
合计	1207	885	2317	21308	4448	501	936	9004

1986 年，成都市作为 12 个城市协作组成员之一，参加中国医学科学院卫生研究所苯中毒研究课题组与美国国家卫生研究院国家癌症研究所的合作科研项目，到 2005 年 8 月，通过对接触苯作业工人中的 1.1 万余个调查对象进行跟踪随访、工作场所苯浓度评估以及死亡资料收集工作，为课题的研究提供真实可靠的依据，完成阶段性科研工作。2005 年 8 月，在课题组阶段性科研工作总结大会上，成都市的工作受到表彰。

【建设项目卫生监督】

1990 年，卫生部门对成都市工矿企业、学校、公共场所新建、改建、扩建以及技术改造、技术引进等生产建设项目实施预防性卫生监督，主要进行工程选址、初步设计、施工设计图纸审查，参与竣工验收工作。年内，成都市卫生执法监督所监督建设项目 175 个。2000 年，全年监督监测新建、改建、扩建各项建设项目 456 个。2004 年，成都市卫生执法监督所对 37 个工矿企业新、改、扩建项目进行预防性审查，开展 22 项职业病危害预评价报告审核和 15 项职业病危害控制效果评价报告审核。2005 年，成都市卫生执法监督所对 51 个工矿企业新、改、扩建项目进行预防性卫生监督工作，开展 51 项职业病危害预评价审核和控制效果评价。此外，成都市卫生防疫机构还对 125 个公共场所、12 所学校及居民住宅等新、改、扩建项目实施预防性卫生监督工作。

1990—2005 年成都市卫生执法监督所部分年份预防性卫生监督情况表

表 5－193

年份	合计	工厂新、改、扩项目数	公共场所新、改、扩项目数	学校新、改、扩项目数	其他新、改、扩建项目数
1990	175	99	36	18	22
1995	119	41	18	23	37
2000	456	36	51	30	339
2005	995	51	125	12	807

放射卫生监督

【概　况】

1990 年后，成都市卫生局负责对全市放射性同位素和射线装置使用单位实施放射卫生监督和放射防护监测工作，对全市放射工作人员开展放射防护知识及法规培训，进行职业健康体检和个人剂量监测工作。2002 年 5 月 1 日，《中华人民共和国职业病防治法》正式实施，放射防护工作从过去单纯的行政管理迈入法制化管理轨道。2003 年 12 月，中央机构编制委员会办公室下发《关于放射源安全监管部门职责分工的通知》，调整放射源安全监管部门职责分工，环保部门（核安全主管部门）负责放射源的生产、进出口、销售、使用、运输、贮存和废弃处置安全的统一监管。由于卫生部门不再负责放射源的监管工作，取消“放射性同位素应用许可证”行政审批事项。2004年4月19日,按照卫生部《关于进一步做好放射性职业病危害防治工作的通知》要求,成都市卫生局及时调整对放射源的监管职责,调整后主要负责放射源的职业病危害评价管理工作;负责放射源诊疗技术和医用辐射机构的准入管理;参与放射源放射性污染事故应急处理;负责放射源放射性污染事故的医疗应急工作。2005年10月17日,国务院颁布《放射性同位素与射线装置安全和防护条例》,同年12月1日起正式实施。按照新的法规,由国务院环境保护主管部门对全国放射性同位素、射线装置的安全和防护工作实施统一监督管理;卫生部门对使用放射性同位素和射线装置的医疗卫生机构实行放射诊疗许可管理。12月8日,按照卫生部下发的《关于加强放射卫生防护监督管理工作的通知》要求,主要负责对放射工作单位放射工作人员职业健康监护的管理,对医疗机构放射诊疗工作的监督管理,开展建设项目职业病危害评价工作。

【放射性卫生监督管理】

卫生防疫机构主要依据《中华人民共和国职业病防治法》《放射性同位素与射线装置放射防护条例》《放射工作卫生防护管理办法》的规定,对新、改、扩建放射性建设项目开展预防性卫生审查工作。1994年,开展预防性建设项目卫生监测16个。1998年,温江县对67户生产厂和销售建材门市的建材产品进行放射监测,全部合格。2000年,对全市放射性同位素涉源单位进行检查,监测射线装置。是年,开展预防性建设项目卫生监测44个。2001年,对全市射线装置工作单位的射线装置、放射性同位素工作单位的放射性同位素装置进行监督管理工作;对1665名从事放射性工作人员进行个人剂量监测,监测率91.62%。截至2003年年底,成都市所辖放射性同位素使用单位85家,其中密封型同位素使用单位80个、非密封型同位素使用单位5个,受四川省卫生厅委托、管理钴疗机使用单位2个(钴疗机2台)、辐照加工单位1个;直接管理医用X射线诊断装置使用单位592个、医用X射线诊断机726台、X射线治疗单位2个;管理X射线工业探伤单位48个,以及其他类型X射线使用单位5个。全市有放射工作人员1807人,其中,放射性同位素工作人员332人、射线装置工作人员1475人。2004年4月14日,依据中央机构编制委员会办公室《关于放射源安全监管部门职责分工的通知》,按照新调整的职能,卫生部门主要负责医疗机构的放射诊疗工作的放射防护监督管理。成都市卫生监督管辖的射线装置使用单位有391家、设备998台、从事放射工作人员1808人。是年起,全市职业病危害预评价、职业病危害控制效果评价(包括放射性建设项目的放射防护预评价和控制效果评价)由取得四川省卫生厅资质认证的职业卫生技术服务机构进行,由卫生执法监督机构组织专家组进行评审,报成都市卫生局审批。至2005年年底,全市开展放射性预防性卫生监督建设项目159个;对105个新、改、扩建放射性建设项目开展预防性卫生审查和放射防护控制效果评价。

2003 年成都市放射性同位素与射线装置使用情况表

表 5－194

类别	放射性同位素						射线装置			
	核医学	放射治疗	辐射应用	γ工业探伤	密封源其他应用	非密封源其他应用	X 射线诊断	X 射线治疗	X 射线工业探伤	其他应用
单位数	17	2	1	6	54	5	592	2	48	5
设备数	30	3	1	19	167	-	726	2	128	5
放射工作人员数	62	18	6	38	177	31	1322	2	147	4

【射线装置单位人员卫生监管】

自 1992 年起，对生产、使用、销售放射性同位素的单位核发“放射性同位素应用许可证”，对生产、使用、销售射线装置的单位核发“射线装置工作许可证”“放射性同位素应用许可证”“射线装置工作许可证”，每两年审核一次、每五年换证一次。1997 年，依据“放射工作人员健康管理规定”，成都市对放射工作人员实行《放射工作人员证》管理制度，对全市放射工作人员进行上岗前、上岗后 1～2 年一次的职业健康检查，逐步完善全市放射工作人员的健康档案，对全市放射工作人员开展个人剂量监测、建立个人剂量档案。同时，按照放射法规的要求对放射工作人员及放射防护管理人员进行放射防护法规培训。同年 8 月 1 日，郫县某化肥厂报告该厂安装在生产设备上的辐射源连同装置放射源的铅盒遗失。当天在该厂区找到该源并由环保部门回收至放射性废物处理库。此次辐射源丢失事件未造成人员损伤。同年下半年，成都市对全市放射性同位素使用单位进行安全大检查，检查涉源单位 65 个，督促被监督单位对存在的问题及时进行整改。通过加强法规培训，提高涉源单位依法管理水平和工作责任心，建立健全放射源档案、资料管理细则，加强对破产、转向企业的放射源管理、登记和移交处理工作。2002 年 5 月 1 日，《中华人民共和国职业病防治法》正式实施后，相关配套法规相继出台，全市放射工作人员职业健康监护工作步入法制化管理轨道。职业健康检查项目按照外照射和内照射有关新的规定，在岗期间职业健康检查由过去 1～2 年体检一次变为 1 年一次，并新增加放射工作人员离岗时健康检查、应急健康检查、职业健康检查，由取得四川省卫生厅资质认证的医疗卫生机构来承担。2004 年 4 月 14 日起，根据中央机构编制委员会办公室《关于放射源安全监管部门职责分工的通知》的规定，卫生部门取消“放射性同位素应用许可证”审批事项，改由环保部门负责办理有关放射源安全许可证件。2005 年 12 月 1 日，依据《放射性同位素与射线装置安全和防护条例》以及卫生部《关于加强放射卫生防护监督管理工作的通知》要求，卫生监督机构主要负责对医疗机构放射诊疗工作的准入管理；“放射工作人员证”改为“放射工作人员培训合格证明”。

1991—2004 年部分年份成都市放射工作人员健康管理情况表

表 5－195

年份	放射工作人员数	培训人数	职业体检人数	个人剂量监测人数
1991	1884	150	220	336
1995	1054	110	376	415
2000	1801	859	1163	1642
2002	1483	386	511	1445
2003	1807	994	1075	1426
2004	1808	969	827	974

学校卫生监督

【概况】

1990 年，成都市有学校 4416 所、在校学生 88.79 万人。6 月 4 日，国家教委、卫生部联合发布《学校卫生工作条例》（以下简称《条例》）。省、市、区三级卫生防疫机构负责对成都市行政区域内的学校内影响学生健康的学习、生活、劳动、环境、食品等方面的卫生和传染病防治工作实行卫生监督，对学生开展传染病疫苗预防接种和常见病综合防治。按照《条例》规定及国家卫生标准要求，成都市对大专院校、中等专业学校、中小学的教学建筑、环境噪声、室内微小气候、采光照明等环境卫生质量，以及黑板、课桌椅的设置进行经常性卫生监测和监督检查，并按国家规范和标准向学校提出整改要求、督促学校改善教室卫生。1995 年，成都市在对 23 所大专院校的 309 个学生食堂进行卫生调研后，推广“标准化”食堂经验，摸索学校食品卫生监督管理工作模式。2000 年，成都市组织开展对 6000 名中小学生的体质调研工作，基本掌握中小学生体质和健康本底情况。对 322 所学校的食品卫生、传染病管理、图书馆、学生宿舍、生活饮用水、教室采光照明、微小气候、噪声等实施卫生监督和监测，合格 304 所，合格率 94.4%；规范学校卫生监管工作，督促学校建立健全领导责任制，完善学校卫生工作内部管理制度，落实学校卫生工作要求。成都市卫生局、市教育局多次联合组织行动，对校园周边食品经营单位及场所进行综合整治，取缔违法经营户。2001 年，在全市范围内开展大规模的学校食品卫生安全工作检查，检查各类学校 300 余所。对学校的食品卫生、传染病管理、图书馆、学生宿舍、生活饮用水、教室采光照明、微小气候、噪声等实施卫生监督和监测，培训校医管理人员 347 人，培训学生 1.46 万人。2004 年，市卫生局制定《成都市食品安全专项整治督查工作方案》《成都市 2004 食品安全专项整治工作方案》《成都市食品安全综合整治联合行动方案》，组织卫生、质监、工商、教育部门执法及有关人员整治学校食堂 1198 个，学校周边饮食摊点 2342 个，对查出存在食品安全隐患的食堂及饮食摊点全部责令整改，对市级管理的 1075 所大中专学校、1109 个中小学和幼儿园的食堂实施卫生许可和日常监督分级量化管理。当年，全市完成对1195个学校食堂的食品卫生量化评审工作，评出A级食堂99个、B级529个、C级430个、D级57个，评审未上等级的80个、评审率57.7%。截至2005年10月，全市实施量化分级管理达到D级以上的学校食堂1301个。经过为期两年的食品卫生量化分级管理，学校食物中毒和食源性疾病的发生率明显下降，成都市卫生执法监督支队直管的各类学校未发生食物中毒和食源性疾病。

【学生生长发育调查】

2000年，成都市教委、市体委、市卫生局联合组织开展对成都市6000名中小学生体质健康状况进行调查，此次调查是继1985年学生健康调查后又一次大规模学生体质调研工作。此次调研工作在有关区（市）县教育、卫生和体育部门及华西医科大学公共卫生学院、成都市二中、锦江中学、成都水碾河小学、成都凉水井小学、龙泉洛带小学、洛带中学、双流彭镇小学、彭镇中学的支持、协助、配合下，通过4个月的调查、检测和数据统计，获得近6000人次的学生体质调研样本。

按照《2000年全国学生体质健康状况调查研究工作》要求，调查结果如下：

2000年成都市6—18岁学生平均胸围情况表

表5－196

年龄组	男性				女性			
	样本量（人）		平均数（厘米）		样本量（人）		平均数（厘米）	
	城市	农村	城市	农村	城市	农村	城市	农村
6	90	44	58.11	56.61	99	40	56.12	54.51
7	110	125	61.14	58.09	131	113	57.89	55.31
8	125	116	62.80	59.50	122	108	61.39	57.75
9	112	116	64.17	60.60	122	122	63.20	59.57
10	125	123	70.02	63.47	123	111	66.67	62.73
11	141	121	71.06	65.50	120	109	68.89	64.93
12	126	125	72.78	66.63	122	117	69.80	67.27
13	123	153	77.04	70.59	121	136	75.63	72.33
14	127	114	78.16	74.56	114	117	76.64	74.70
15	122	134	81.52	77.60	123	143	77.64	76.54
16	122	170	84.59	80.53	119	129	79.31	77.57
17	130	122	85.72	82.83	114	128	78.98	78.31
18	63	116	85.67	84.32	37	83	79.66	78.98

2000 年成都市 6—18 岁学生平均体重情况表

表 5－197

年龄组	男性				女性			
	样本量(人)		平均数(千克)		样本量(人)		平均数(千克)	
	城市	农村	城市	农村	城市	农村	城市	农村
6	90	44	21.26	19.56	99	40	20.48	18.85
7	110	125	24.74	20.98	131	113	22.60	19.47
8	125	116	26.75	22.07	122	108	26.08	22.45
9	112	116	28.40	24.27	122	122	28.66	24.55
10	125	123	35.08	27.82	123	111	32.25	28.34
11	141	121	37.29	30.31	120	109	35.87	30.73
12	126	125	39.52	32.62	122	117	37.37	34.21
13	123	153	46.30	38.07	121	136	45.73	40.04
14	127	114	48.42	43.43	114	117	46.89	43.35
15	122	134	53.59	47.70	123	143	48.27	45.84
16	122	170	57.43	51.79	119	129	49.86	47.41
17	130	122	59.58	54.40	114	128	49.32	48.56
18	63	116	59.31	55.89	37	83	49.66	48.66

【学校疾病防治】

1992 年，成都市在大专院校、中等专业学校、中小学校开展学生健康监测，对学生视力低下、沙眼、龋齿、寄生虫、营养不良、肥胖、贫血等常见病进行群体预防和矫治工作。采取每年两次的氟离子透析方法预防龋齿；每年两次对中小学生集体服用驱蛔虫药；用滴眼药水治疗中小学生沙眼；要求学校增添卫生设施，为学生提供自来水，增设洗手设施，改建厕所；在中小学开设健康教育课程，举办学生营养知识和合理膳食的知识讲座，并开展营养午餐。对学生采取接种“甲肝”“乙肝”“麻风腮”疫苗等预防措施。1995 年，成立“成都市学生常见病综合防治工作领导小组”，负责组织对学校学生常见病防治和学生健康体检监测工作进行监督检查，对健康教育质量进行评估。自 1996 年开始，省卫生厅组织专家组对成都市中小学生常见病第一阶段（1992—1995 年）、第二阶段（1995—2000 年）综合防治成效进行考评，成都市学生常见病防治工作获得专家组的好评，两个阶段的工作均达到《全国学生常见病综合防治方案》目标值。2000 年，全市对 375 所学校的 285065 名学生进行健康检查，抽查 1969 名学生蛔虫感染情况，阳性 338 人，阳性率 17.16%；对全市中小学生投驱蛔药 109020 人次。2001 年，全市对 2.6 万名学生进行健康检查，对郊区学校 2.97 万名学生投驱蛔药，对 3820 名学生注射乙肝疫苗，对 5641 名学生注射甲肝疫苗。2002 年，成都市学生常见病防治工作获得卫生部和教育部的表彰。2005年，在全市中小学校开展预防血吸虫病知识的健康教育。在学校传染病防治工作中，卫生行政部门和教育部门每年联合或分别召开各院校党政领导、总务后勤负责人及卫生管理人员会议，布置防病措施，在传染病流行季节和新生入学和老生返校期间，学校对疫区来的学生进行医学观察，设立隔离病房，建立疫情零报告制度。卫生监督部门与学校配合，层层举办传染病防治培训班，坚持对食堂和校园内食品从业人员每年进行健康体检和卫生知识培训，开展爱国卫生运动及食品卫生专项检查和整治。1995—2005年，成都市大中专院校、中小学校未发生肠道传染病。

1992—1995年成都市学生常见病构成比及顺位一览表

表5-198

疾病名称	患病人数（人）	构成比（%）
视力低下	140367	41.92
营养不良	98232	29.33
龋齿	51124	15.27
沙眼	29848	8.91
蛔虫	10495	3.13
贫血	4813	1.44
合计	334879	100

1992—1995年成都市中小学生常见病患病率一览表

表5-199

受检项目＼年份		1992		1993		1994		1995		四年平均患病率%
		受检学生人数（人）	患病率%	受检学生人数（人）	患病率%	受检学生人数（人）	患病率%	受检学生人数（人）	患病率%	
小学生	蛔虫	2750	62.18	6587	25.42	2606	40.62	7694	9.96	26.48
	沙眼	77074	5.91	79984	6.62	73688	7.21	74796	4.01	5.97
	贫血	2711	26.63	3571	32.37	1109	22.00	6671	7.12	18.46
	龋齿	11933	63.25	10020	24.25	9729	42.09	9910	44.26	44.44
	视力低下	136311	11.77	75051	16.33	83011	15.21	75644	14.22	14.14
	营养不良	70776	33.18	70672	29.51	77435	21.68	74384	22.45	26.54

续表

受检项目 \ 年份		1992		1993		1994		1995		四年平均患病率%
		受检学生人数（人）	患病率%	受检学生人数（人）	患病率%	受检学生人数（人）	患病率%	受检学生人数（人）	患病率%	
中学生	蛔虫	3210	54.45	3537	42.02	3629	31.79	4504	20.29	35.63
	沙眼	18299	12.08	19802	13.68	20969	18.46	23830	11.63	14.88
	贫血	2520	43.88	1677	21.82	1451	31.15	2078	14.18	28.79
	龋齿	45721	18.06	48764	20.00	54299	13.59	29476	24.21	18.30
	视力低下	44864	27.70	48716	56.45	54299	57.80	29476	56.61	49.62
	营养不良	14993	42.94	15701	55.47	21472	41.25	22343	37.47	39.38

1995 年、2000 年成都市学生常见病构成比及顺位一览表

表 5－200

项目 \ 年份	1995 年			2000 年		
	患病人数（人）	构成比（%）	顺位	患病人数（人）	构成比（%）	顺位
视力低下	2880	41.85	1	3585	51.31	1
贫血	1063	15.45	2	229	3.28	6
营养不良	823	11.96	3	1353	19.36	2
蛔虫	717	10.41	4	132	1.89	7
沙眼	557	8.09	5	621	8.89	3
龋齿	443	6.44	6	452	6.47	5
肥胖	399	5.80	7	615	8.80	4
合计	6882	100		6987	100	

1995年、2000年成都市中小学常见病患病率一览表

表5－201

	病名	1995年			2000年		
		学生人数（人）	患病人数（人）	患病率%	学生人数（人）	患病人数（人）	患病率%
小学生	蛔虫	3594	74	2.06	4870	118	2.42
	沙眼	3594	247	6.87	4870	331	6.80
	贫血	3594	364	10.13	4870	194	3.98
	龋齿	3594	303	8.43	4870	335	6.88
	视力低下	3594	677	18.84	4870	969	19.90
	营养不良	3594	375	10.43	4870	448	9.20
	肥胖	3594	189	5.26	4870	328	6.74
	合计	25158	2229	8.86	34090	2723	7.99
中学生	蛔虫	4094	643	15.7	4547	14	0.31
	沙眼	4094	310	7.57	4547	290	6.38
	贫血	4094	699	17.07	4547	35	0.77
	龋齿	4094	140	3.42	4547	117	2.57
	视力低下	4094	2203	53.81	4547	2626	57.55
	营养不良	4094	448	10.94	4547	905	19.90
	肥胖	4094	210	5.13	4547	287	6.31
	合计	28658	4653	16.24	31829	4626	14.53

1998—2003年部分年份成都市学生常见病患病情况表

表5－202

年份	体检人数	营养不良		肥胖		视力不良		龋齿		沙眼		贫血		蛔虫		投药（人次）
		人数	%	人数	%	人数	%	人数	%	人数	%	人数	%	人数	%	
1998	121901	17003	13.95	6152	5.05	27175	22.29	20726	17.00	6277	5.15	2742	2.25	48	0.04	255181
2000	285065	21032	7.38	6505	2.28	61297	21.50	40278	14.13	20772	7.29	416	0.15	338	0.12	109020
2001	107034	12795	11.95	4375	4.09	38434	35.91	20439	19.10	8759	8.18		10.6	808	0.75	171384
2003	88782	19937	22.46	5393	6.07	28106	31.66	19549	22.02	8826	9.94		8.37	44	9.69	44

说明：以上情况表明成都市学生常见病主要是视力低下（不良）和营养性疾病

化妆品卫生监督

【概　况】

1989年9月2日，经国务院批准，卫生部颁布《化妆品卫生监督条例》。1990年下半年，四川省卫生厅向全省卫生防疫机构的相关专业人员核发“化妆品卫生监督员”证件。是年，成都市正式组建化妆品卫生监督队伍，成都市级防疫机构的化妆品监督员为8～10人，19个区（市）县各为3～5人，市、区（县）两级卫生监督机构依照法规规定的职责开展工作，全市化妆品卫生监督监测工作正式进入实施阶段。1991年3月27日，卫生部发布《化妆品卫生监督条例实施细则》。1996年，经成都市法制局同意并报市物价局审批，市卫生局开始对全市化妆品经营户注册登记，加强流通环节的监督，防止假冒伪劣化妆品进入市场流通。1998年3月12日，成都市卫生局向社会公开通报成都市场化妆品卫生质量抽检情况，抽查化妆品589件，合格478件，合格率为81.2%。不合格原因主要是微生物指标严重超标，主要成分含量不足。是年，清理整顿医疗美容市场，查处158个非法医学美容机构。2000年1月19日，四川省政府发布《四川省化妆品卫生监督管理办法》，由省级卫生行政部门对省内化妆品生产企业核发卫生许可证。2001年，成都市将对本地化妆品经营户注册登记和对进口及外地到蓉化妆品审核登记工作转为备案管理，进口化妆品产品由成都海关履行相关入关程序。2004年，《中华人民共和国行政许可法》颁布实施后，取消对进口及外地来蓉化妆品行政审批事项。到2005年，全市有化妆品生产企业50户、从业人员199人，化妆品经营单位1608户、从业人员4318人。

1996—2003年成都市五城区化妆品经营单位情况表

表5－203

年份	注册登记户数(户)	进口及外地产品审核品种数(种)
1996	277	2249
1997	272	3000
1998	36	922
1999	318	982
2000	388	1470
2001	845(备案)	4684(备案)
2003	480(备案)	4202(备案)

【化妆品常规监督】

1990年后，成都市在对大型商场和化妆品批发市场进行摸底的基础上，每年对化妆品生产经营单位进行卫生监督监测，对从业人员进行健康检查，对化妆品生产企业的卫生状况进行监督，对大型商场、化妆品批发店等流通环节经营化妆品品种数量、进货渠道、索证等情况进行日常监督检查。对产（商）品进行抽样监测，监督覆盖率为100%。1996年，市卫生局开始对全市化妆品经营户注册登记，对进口及外地来蓉化妆品进行审核登记，建立化妆品经营户本底资料档案，进一步推进全市化妆品卫生监督工作。同年，卫生部组织部分省、市、自治区开展化妆品卫生质量调查工作，成都市完成抽检和上报任务，卫生部通过中央电视台通报调查结果。1997年，按照《全国化妆品生产企业监督检查方案》要求，成都市对17家化妆品生产企业的36个产品开展卫生质量评比活动，评出6个产品为“卫生质量信得过产品”。2000年，成都市在整顿规范市场经济秩序的进程中，加强化妆品生产和消费环节的监管，对伪劣化妆品实施“打假行动”，对批发市场、商场、药店和美容美发院（店）销售和使用化妆品情况进行清理整顿，对化妆品标签标识、说明书、特殊用途化妆品、进口化妆品等是否具备卫生部许可批件、是否使用医疗术语或宣传疗效以及虚假夸大宣传等进行监督检查，受理群众举报及调查处理工作，对违规行为实施行政处罚；检查批发市场、美容美发院（店）、市场、专卖店195户，对366种国产特殊用途化妆品、371种进口化妆品、274种国产普通化妆品进行监督检查；受理群众举报及查处违法经营化妆品案件5起。2001年，在全市开展化妆品打假专项整治活动，出动卫生监督员深入厂家、商家及综合批发市场中的零售点进行检查，吊销卫生许可证92户。2002年，在全市开展清理整顿，严格医疗美容机构、人员准入。清理医疗美容机构118家，综合医院开展美容专科38家，取缔擅自开展美容诊疗业务36家。2005年，成都市对全市化妆品市场抽检67户、合格61户，抽检样品77件、合格71件、合格率92.21%。

疾病预防与控制

传染病防治

【概　况】

成都市急性传染病报告发病率从20世纪50年代的年平均发病率4059.18/10万,降至1990年的391.35/10万。开展结核病第二次流行病学调查,结核病患病率由1982年的860/10万降至1990年的560/10万。1991年,全市落实传染病防治措施,无甲类传染病发生,乙类传染病发病率和死亡率分别比1990年下降20.14%、59.43%。1993年,传染病防治得到全面加强,未发生甲类传染病,全市传染病发病率降到228.93/10万。1995年,全市急性传染病发病率降至187.43/10万,较1990年下降52.11%,控制在国家卫生城市标准以内。1999年,全市急性传染病发病率控制在241.01/10万。2000年,全市以防治霍乱、艾滋病为重点,全面加强传染病防治工作。根据霍乱疫情分析和预测,制定《成都市霍乱防治方案》,起草《成都市性病艾滋病防治管理条例》并经省、市人大常委会审议通过。进一步完善防治对策,全年处理疑似霍乱疫情21起,及时处理率100%。全市急性传染病发病率为230/10万,比1999年同期下降10.6%。2001年,加强以霍乱为重点的急性肠道传染病防治工作,全市急性传染病发病率控制在198/10万以内。2003年,全市疾病预防控制以急性传染病防治为重点,急性传染病发病率为163.13/10万,控制在目标范围内。2004年6—10月,市卫生局先后举办7期重点传染病防治知识骨干培训班,培训内容包括艾滋病、结核病、病毒性肝炎、传染性非典型肺炎等重点传染病的31个专题的相关专业知识与技能,全市19个区(市)县及高新区、16个医疗卫生单位及其他民营、工矿医疗机构,包括社区卫生服务中心、乡村医疗机构的各级各类在职卫生专业技术人员和其他从事与艾滋病等传染病防治有关的人员参加培训。全市以急性传染病防治为重点,以霍乱防治为核心,全面开展疾病预防控制工作,严格控制急性肠道传染病疫情扩散,加强对防治肠道传染病的培训、肠道门诊、疫情报告和防治物资的准备等工作,及时、有效地处理发生在新都、温江、龙泉驿区和双流县10个乡镇的疫情。在禽流感发病季节,全市建立卫生系统防治人感染禽流感组织指挥机构及工作机构,制定人感染禽流感预防控制工作方案和技术方案,并在全市医疗机构实行禽流感疫情"零"报告和日报告制度。是年,成都市卫生局获四川省人民政府颁发的"防治高致病性禽流感先进单位"称号。按照国家2004年8月颁布的《中华人民共和国传染病防治法》中所列传染病名目统计，至2005年，全市无鼠疫、传染性非典型肺炎、人感染高致病性禽流感的病例报告，其余34种法定传染病均有不同程度的发病。全市以血液与性传播疾病发病率上升，由1990年的24.17/10万，上升至56.75/10万；新的病种与人畜共患疾病危险性增大；呈现上升的传染病有病毒性肝炎、肺结核、艾滋病、淋病、梅毒等；新增加艾滋病、登革热、人感染猪链球菌病；以散在发病为主。已控制的传染病为白喉、脊髓灰质炎。全市传染病发病率降至254.70/10万。1990—2005年，全市死因统计，传染病死亡顺位处于10～13之间，同1989年相仿，死亡率最高的传染病为肺结核。2003—2005年，全市年疫情报告率分别为99.24%、98.41%、96.04%。

【霍乱防治】

1990年后，全市加强霍乱防治工作，市、县以上医疗机构设立常年腹泻门诊，县以下医疗机构在每年5—11月设腹泻门诊，以利及时检索霍乱病人。疫情一经核实，区（市）县迅速采取组织和技术措施，及时控制疫情。1990—1993年，全市无霍乱病例发生。1998年5月2日，温江境内发生霍乱，至7日全县确诊15例病人。在市、县卫生部门的努力下，至14日，病员全部痊愈出院，无病员死亡，无二代病员发生，疫点全部解除控制。8月，金牛区发生输入性疫情，市、区卫生防疫部门派出卫生、防疫人员对计划疫点、监控点及71个参加宴请人员进行流调，实行预防性服药1.06万人，对环境进行全面监测，疫点消杀面积5.72万平方米；对水厂余氯含量和病原学监测采样115件。对辖区325户餐饮业进行卫生整治，对208户卫生不合格餐饮业停业整顿。疫情迅速得到控制。2000年，全市以防治霍乱为重点，全面加强传染病防治工作。根据霍乱疫情分析和预测，制定《成都市霍乱防治方案》，进一步完善防治对策，全年处理疑似疫情21起，及时处理率100%。2001年7月19日，龙泉驿区西河、十陵发生输入性霍乱疫情，卫生防疫部门集中130余人开展医疗救护工作，经6个昼夜扑灭疫情。同月，区政府出台《农村群宴管理办法》，全区19个乡镇、33个医疗单位建立防治领导小组、应急抢救队、腹泻门诊，开展预防治疗工作。2002年，下发《关于进一步加强农家乐卫生管理的若干规定》，进一步完善《成都市霍乱防治方案》，组织技术力量，分期分批对84家次医院的肠道门诊进行检查。在部分农村相继发生因村民群体性聚餐引发急性肠道传染病，涉及人员900余人，波及全市10个区（市）县的37个街乡镇，个别患者病情严重，有的地区多为新发，经卫生防疫工作者努力工作，均在最短时间被扑灭。2004年，以霍乱防治为核心，全面开展疾病预防控制工作。1994—2005年，全市共发生霍乱疫情55起，其中，散在疫情26起、群宴引起的食源性暴发疫情21起，外地输入8起，累计感染747人（其中病人417例、带菌者330人）；年平均感染率为0.67/10万，年平均发病率为0.38/10万。全市群宴引起的霍乱暴发疫情突出，发病人数占发病总人数的87.53%，其中，以农村群宴引起食源性暴发疫情为主。出现三个高发年，1994年最高，发病人数占总病人数的33.33%，1998年为16.55%，2002年为15.11%。2001年以前，霍乱以O1群小川型为优势菌型，病人多于带菌者人数，2002年以后，以O139群为优势菌型，带菌者多于病人数。疫情分布广，全市除高新区及大邑、蒲江、邛崃、新津5个区（市）县无疫情外，其余15个区（市）县均有霍乱疫情发生，病人以青壮年为主，疫情以农村为主，病人以农民为多，呈现点多面广的特点。2005 年，全年无霍乱疫情发生。

【艾滋病与性病防治】

1987 年，成都市卫生局发出《关于加强性病监测工作的通知》，强化疫情报告，开展重点人群性病、艾滋病监测。1989 年，全市性病年发病率为 25.72/10 万。1990 年，全市性病的年发病率为 24.17/10 万，略有下降。1992 年，成都市确诊首例艾滋病感染者。1993 年，成都市列为世界银行贷款中国性病、艾滋病实施研究项目。1994 年，四川省卫生厅性病防治考核小组对全市性病防治工作进行全面考核，全市机构健全，工作纳入目标管理，疫情报告网络完善，资料、报表符合要求，获得98 分。1995 年以后，全市性病年发病率呈逐年上升。成都市的性病以淋病为主，1990—1999 年淋病发病人数占性病发病总人数的 98.92% ~ 98.83% 之间，2000 年起淋病所占比例开始下降。1999 年 5 月，省卫生厅艾滋病防治项目考核小组对全市 1998 年艾滋病防治工作进行考核，认为成都市艾滋病防治工作成绩显著，总体工作走在全省前列，社区干预和特殊人群干预形成鲜明特色。2000 年，起草《成都市性病艾滋病防治管理条例》，并经省、市人大常委会审议通过。2002 年，全市卫生机构完成“哨点监测”任务，对性病患者等重点人群进行主动监测，对查出的阳性感染者进行定期追踪随访，对艾滋病人进行临终关怀服务。新津县疾控中心、彭州市疾控中心的艾滋病初筛实验室顺利通过省卫生厅组织的验收，并投入运行。2004 年，成都市成立艾滋病防治工作委员会，加强对艾滋病、性病的防治工作，市人大常委会颁发《成都市性病、艾滋病防治管理条例》，拟定《成都市人民政府关于进一步加强艾滋病防治工作的实施意见》《成都市艾滋病防治工作实施方案（2004—2006 年）》，组织专家对全市艾滋病发生流行趋势进行分析，撰写《成都市艾滋病疫情评估报告》，召开全市艾滋病防治工作电视电话会议。成都市卫生、公安部门对艾滋病罪犯单位设立羁押点，清洁针具交换使用，美沙酮替代治疗戒毒等问题进行研究，做出相应的规定，在武侯区第二人民医院设立美沙酮维持治疗试点门诊，使性病、艾滋病的预防与控制工作迈入法制化管理轨道。2005 年，市卫生局对 2.71 万例有偿供血史的人员和 2.08 万例劳教劳改人员进行艾滋病筛查，查出艾滋病感染者 111 名，对其进行严格管理。至是年底，全市性病年发病率升至 44.14/10 万，比 1990 年增加 82.62%，位居全市前五种传染病之一。淋病降至 2005 年的 68.30%，梅毒所占比例由 2000 年的 3% 上升至 2005 年的 31.69%；梅毒的年发病率也由 1998 年的 0.49/10 万升至 2005 年的 13.99/10 万。1991—2005 年，全市连续开展 15 年的调查，性病疫情年漏报率在 0.22% ~ 5.99%。1990—2005 年，与公安部门配合对卖淫、嫖娼、吸毒、妇教所、拘留所等重点人群的性病、艾滋病监测，监测 10281 人，阳性 2608 人、阳性率为 25.37%，艾滋病粗筛试验阳性 10 例。至 2005 年全市累计艾滋病感染者 398 例，其中发病 43 例、死亡 41 例（1998 年 3 月，成都市发生首例死亡病例）、存活病人 2 例。

成都市开展艾滋病宣传工作

【肺结核防治】

1990年，在全市开展第二次结核病流行病学调查。历时半年多，对17个区（市）县，25个流行病学调查点（含全国4个点）的36862人调查结果进行计算，全市活动性肺结核平均患病率为586/10万，涂阳患病率为136/10万，菌阳患病率为184/10万，15岁以下结核菌素试验平均阳性率为23.19%，自然感染率为5.22%。1991年，卫生部颁布《结核病防治管理办法》，明确规定对结核病实行归口管理。成都市开始实施《1991—2000年结核病防治十年规划》。1993年2月初，成都市结核病防治院职工集资、贷款从美国引进细菌快速检测仪应用于诊断结核病，由于采用液体培养基和放射性同位素标记技术，直接检测结核杆菌的代谢产物，从而使各种标本的结核杆菌培养、菌型鉴定、药敏试验时间由原来的6—12周缩短至3—8天；培养阳性率由原来的30%以下，上升到50%以上。1994年3月2日，"全国结核病、胸部疾病科研协作大会"在成都市召开。是年10月，市人民政府与四川省签订世界银行贷款《传染病与地方病控制项目》协议书，在全市实施"世界银行卫V贷款中国结核病控制项目"。1995年3月，在彭州市率先启动世界银行贷款卫V结核病控制项目，至年底，全市18个区（市）县（除大邑）启动项目工作。同年，龙泉驿区发生乙、丙类传染病9种689例，肺结核的发病率占据高位。1996年4月，成都市儿童卫生事业通过有关专家评审，实现亚太区域部长级磋商会"马尼拉中期目标"，结核病的计划免疫全程接种率应80%，成都市99%以上。1998年10月，市政府颁发《成都市结核病防治管理办法》，将结核病防治工作纳入法制管理的轨道。至是年，各地卫V项目应配套经费326.49万元，实际配套268.47万元；卫V项目全市覆盖乡镇405个，覆盖人口989.19万人，覆盖率100%。1999年3月24日，市政府召开"3·24世界防治结核病日"纪念大会，会议对实施《成都市结核病防治管理办法》进行部署。

2001年，实施《2001—2010年结核病防治十年规划》。2002年，完成对《成都市结核病防治管理办法》的重新起草，在全市范围内全面启动实施结核病控制中央经费项目和全球基金项目，进一步提高病人发现率和规则治愈率。2003年9月，成立结核病防治工作小组，把结核病控制工作纳入政府目标管理。2005年，实施结核病控制全球基金项目和日本援助项目，11月，修订《成都市结核病防治管理办法》，健全市、县、乡三级防痨网，重点加强病人的治疗管理及大中专、中小学生的预防工作。是年据疫情报告，全市全年接诊可疑肺结核病患者2.14万例，可疑者就诊率为205/10万；发现活动性肺结核病人5517例，活动肺结核病人登记率为52.8/10万；新登涂阳肺结核病人2248例，涂阳登记率为21.5/10万。至2005年，全市执行世界银行贷款卫V结核病控制项目，广泛开展防痨科普知识宣传，项目实施期间免费检查结核病人2.21万例，治疗涂阳肺结核病人7839例，治愈率94.02%。肺结核病的发病率自1990年的46.18/10万、占当年发病顺位的第四位，升至2005年的80.60/10万、占当年发病顺位的首位，发病率比1990年上升74.53%、发病人数占传染病发病总人数的23.56%，呈现上升趋势，死亡率由2004年的0.11/10万、升至2005年的0.41/10万，上升近三倍。2005年以后，全市开展"全球基金第一轮第二期、第四轮第一期结核病控制项目"、日本援助项目和"中央经费补助结核病控制项目"，促进成都市结核病控制工作。

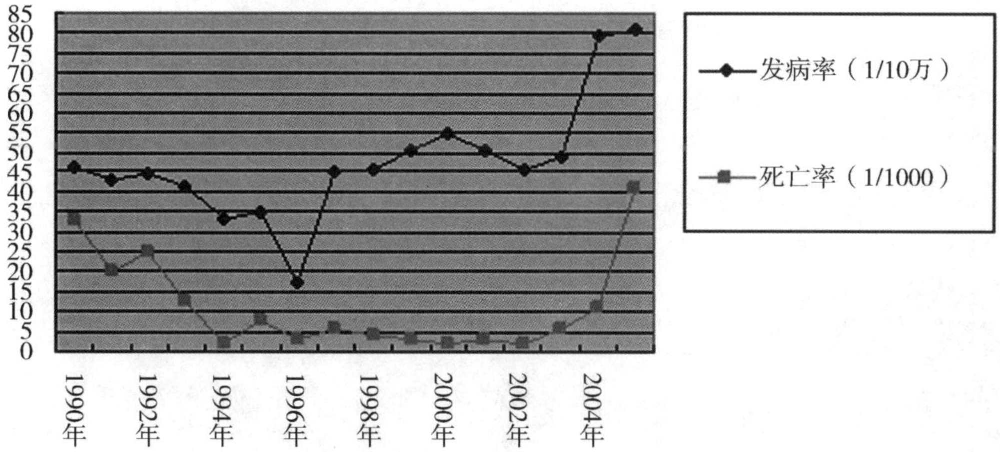

图 9－1　1990—2005 年部分年份成都市肺结核发病统计图

【病毒性肝炎防治】

成都市病毒性肝炎以散在发病为主，1989 年病毒性肝炎年发病率 96. 74/10 万。1990 年，成都市病毒性肝炎年发病率为 125. 02/10 万。1992 年，乙肝疫苗纳入儿童计划免疫管理。成都市儿童乙肝疫苗接种率从 1993 年起一直在 95% 以上，保持高的接种水平。1993 年 9 月 1 日，成都市传染病院孕肝科正式成立并对外收治妊娠合并肝炎病人（或乙肝病毒携带者），至年底，收治成都市五城区和崇庆县、彭县、仁寿、简阳等县的数十例孕肝病人。1995 年起，甲肝疫苗预防接种在全市相继开展，接种疫苗预防肝炎成为群众共识。是年，病毒性肝炎的年发病率 66. 24/10 万，比 1990 年下降 47. 02%。1996 年发病率开始缓慢回升。1998 年 9 月 30 日至 11 月 24 日，双流县白沙小学发生病毒性肝炎疫情，血清学诊断 57 例。2000 年龙泉驿区报告 218 例，发病率 45. 23/10 万，占乙类传染病 20. 43%，列第四位，20—50 岁人发病 162 例为最高，其中农民 110 例，占 50. 46%。2004 年，全市病毒性肝炎发病率升至 92. 49/10 万，比 1995 年回升 39. 63%。是年，在全市适龄人群中开展甲型肝炎疫苗的普种。2005 年，病毒性肝炎的年发病率为 74. 47%，比 2004 年有所下降。龙泉驿区报告 441 例，发病率 86. 26/10 万，占乙类传染病 25. 67%，列第二位，其中农民发病占 47. 62%。全市病毒性肝炎每隔 4—5 年有一个高发年。自 1992 年起，连续 13 年病毒性肝炎发病率超过痢疾，列传染病发病率的首位，是主要传染病之一。

1990—2005 年成都市病毒性肝炎发病情况表

表 5 - 204

年份	发病数	发病率	死亡数	死亡率	病死率%	发病顺位
1990	11585	125.02/10 万	36	0.39/10 万	0.31	2
1991	12241	131.26/10 万	25	0.27/10 万	0.21	2
1992	11051	117.96/10 万	20	0.21/10 万	0.18	1
1993	11286	119.14/10 万	8	0.08/10 万	0.07	1
1994	9909	103.18/10 万	8	0.08/10 万	0.08	1
1995	6436	66.24/10 万	6	0.06/10 万	0.09	1
1996	7790	79.43/10 万	8	0.08/10 万	0.10	1
1997	7273	73.52/10 万	2	0.02/10 万	0.03	1
1998	7326	73.48/10 万	2	0.02/10 万	0.03	1
1999	8083	80.54/10 万	5	0.05/10 万	0.06	1
2000	6673	65.85/10 万	5	0.05/10 万	0.07	1
2001	5913	57.98/10 万	7	0.05/10 万	0.12	1
2002	5627	54.71/10 万	2	0.02/10 万	0.04	1
2003	6410	61.38/10 万	2	0.02/10 万	0.03	1
2004	9801	92.49/10 万	4	0.04/10 万	0.04	1
2005	8774	74.47/10 万	7	0.06/10 万	0.08	2

【痢疾防治】

成都市痢疾以细菌性痢疾为主，是全市多年来的高发传染病之一。1989 年，全市痢疾年发病率为 212.85/10 万，居当年传染病发病率的首位。1990 年，大邑县苏家乡郭家村四组暴发痢疾，61 人患病，卫生防疫部门及时派出医疗人员开展治疗。对疫区进行消毒，开展食品卫生检查，疫情得到控制。是年，全市痢疾的年发病率为 214.03/10 万，居当年全市传染病之首。1991 年，发病率开始下降。是年，金牛区痢疾发病率最高，为 275.73/10 万。1992 年 12 月，双流合江小学发生痢疾流行报告病例 42 例，在卫生防疫部门的配合下，很快得到控制并扑灭。1995 年，龙泉驿区痢疾报告 109 例，发病率 24.79/10 万，占乙类传染病 31.42%，列第二位，散居儿童发病最高，农民次之。1997 年，全市开展以乡镇为单位的初级卫生保健达标工作，加强痢疾的预防工作，完成痢疾的防治任务。连续 15 年无痢疾暴发流行的报告。2000 年，龙泉驿区报告 259 例，发病率 53.74/10 万，占乙类传染病 24.27%，列第三位，其中学龄前儿童发病 51.35%，农民 28.19%。2004 年，全面开展疾病预防控制工作，严格控制急性肠道传染病疫情扩散，及时、有效地处理发生在新都、温江、龙泉驿区和双流县 10

个乡镇的疫情，做到没有第二代病人，没有一例病人死亡。2005 年，龙泉驿区报告 254 例，发病率 49.68/10 万，占急性传染病发病率 14.78%，列第三位，农民和散居儿童发病率分别为 20.87%、21.26%。全市年发病率为41.86/10 万，年发病率比 1990 年下降 80.44%，居传染病顺位第四，每年少发生近 1.5 万病人。

【流行性腮腺炎防治】

1990 年，成都市流行性腮腺炎发病率为 47.34/10 万，是发病率比较高的传染病之一。1995 年，龙泉驿区腮腺炎报告 139 例，发病率 31.60/10 万，占传染病发病率的高位。1996 年，全市发病率为 15.08/10 万，是 16 年中发病率最低的年份，与 1990 年相比下降 68.15%；此后逐年上升。2000 年，龙泉驿区腮腺炎报告 270 例，发病率 56.02/10 万，死亡 2 例，居乙、丙类传染病第二位，占丙类传染病 89.99%，2—10 岁发病最为集中。2004 年，在全市适龄人群中开展腮腺炎疫苗普种，提高免疫水平。2005 年 6 月 3 日至 7 月 3 日，双流县万安中心小学发生腮腺炎疫情累积报告 21 例；10 月 10 日至 11 月 13 日，双流县白沙镇简华小学累积报告 20 例，卫生防疫部门预防和治疗，疫情很快得到控制。是年，全市发病率为 25.77/10 万，与 1990 年的47.34/10 万发病率相比、下降 45.56%；比 1996 年上升 70.89%，是仍处于上升的传染病之一。1990—2005 年，发病率呈两端高，中间低的分布状态，1990—2005 年，流行性腮腺炎的年平均发病率为26.68/10 万。

【非典型肺炎(SARS)防治】

2002 年，在世界一些国家和地区报道发现非典型肺炎（以下简称“非典”SARS）病例。11 月 16 日，国内在广东佛山河源发现首例病人，至 2003 年 2 月，疫情迅速波及该省的广州、中山、江门、深圳等六地市。此后，疫情相继蔓延至国内 10 多个省、市、自治区。2003 年 4 月 22 日，四川省公布发现“非典”病例 9 例，死亡 2 人，疑似病人 7 例。成都市加强“非典”预防、治疗和控制工作。召开“全市‘非典’防治工作会议”，加强属地管理，统一指挥协调。卫生部门依法履行预防、治疗和控制传染病的法定职责，成立“非典”防治应急领导小组、现场技术诊断组、疫情调查处理小分队、临床抢救治疗专家组；制定防控“非典”、8 个方面重点关口和薄弱环节的工作方案；完善医院院长负责制、首诊医生负责制、疫情报告制度，完善发热门诊等；开展医务卫生人员培训，全市编写“非典”培训材料 5 种、42400 册，制作《SARS 诊断及治疗》《前线培训手册》光盘 1000 余套，举办 21 期各级各类人员培训班，2 万多名医务人员接受培训，设置 15 个“非典”病人医学观察点。市政府投资 5200 万元，将成都市传染病医院改造成为较标准化、专门收治“非典”病人的医院，并将金堂、邛崃、崇州、彭州县（市）医院建成为规范化“非典”病人定点收治医院。同时，将社区卫生服务中心、乡镇卫生院纳入疫情监测网，加强疫情信息收集、分析、利用和管理工作。制定并实施“非典”监测方案，对各级医疗机构实行属地化管理，确定 55 家医院、81 家学校、64 家宾馆、11 家车站、航空港、数十处建筑工地、收容所等 327 个单位作为监测哨点，进行严密布控，实行疫情日报、零报告制度。截至 2003 年 4 月 20 日，成都市排查“非典”报告疫情 120 起，开展环境消毒、杀灭面积 100 余万平方米。成都铁路、民航、交通部门对来自广东、北京等地的车辆、飞机以及候车候机大厅、站台等重点区域进行消毒，并分别设置旅客医学观察站。

2003年4—7月，全市处理报告疫情1149起，对2.4万多人进行流行病学调查，确认疑似疫情43起（调查3700余人），在市和区（市）县医学留验站（21个）分别对6028人进行医学观察。四川大学华西医院、成都市传染病医院及各区（市）县指定医院住院隔离治疗131人，对392名“非典”病人密切接触者进行住院隔离观察。临床诊断“非典”病人1例（2003年4月22日住院，5月2日修订诊断排除）。发现疑似“非典”病人11例，全部排除并治愈出院，无死亡病例（以上疑似病人的诊断都是根据卫生部《关于非典型肺炎病人及疑似病人诊断标准》确定）。成都市全市未发生一例“非典”病人。2003年6月以后，全国“非典”疫情基本得到控制，成都市组织医学专家进行分析、评估，提出防控建议。调整防控工作，把防治“非典”的有效措施制度化，将“非典”防治工作与其他传染病防治工作相结合，建立长效机制，将防控工作从应急状况转向常态管理。

【人感染猪链球菌病防治】

2005年6月下旬，四川省资阳、内江等地市发生人感染猪链球菌病疫情。7月22日，龙泉驿区报告成都市首例人感染猪链球菌病病例。7月22日至8月2日，成都市收到疑似人感染猪链球菌病报告61例，诊断26例，其中实验室确诊6例、临床诊断20例；临床分型：普通型5例、脑膜炎型15例、休克型5例、混合型1例；死亡4例，治愈出院22例，经检测该次疫情的致病菌为D群猪链球菌Ⅱ型。

人感染猪链球菌病，潜伏期平均2—3天，起病急、病情重；7月23日，成都市召开各区（市）县和相关部门领导会议，研究部署防控工作，从源头到救治病人等均做出详细安排。市政府办公厅下发《关于切实做好动物重大疫病防制工作的紧急通知》，把人感染猪链球菌病的防治纳入目标督察范围。成立市“人感染猪链球菌病”防治专家组，制定下发《关于做好“资阳市中毒性休克综合征”预防控制诊断治疗的通知》《成都市“人感染猪链球菌病”防制工作方案（试行）》等文件，编写《成都市人感染猪链球菌病预防控制技术指南》，指导全市预防控制工作。市疾控中心与各区（市）县疾控中心相继建立94个小分队，发生疫情，迅速深入现场，排查疫情，隔离病人，处理疫点。派遣1726人次流行病学调查人员，排查与病、死猪密切接触者4320人；普查及体检8652人，预防性用药2464人，环境和猪舍消毒214.3万平方米；派出50名专业技术人员到6个区（市）县指导帮助落实各项防控措施；培训疾病控制和医疗机构100多家，人员330人次。编写《猪链球菌病感染科普知识问答》与防治知识光盘，下发全市250个乡镇，以讲解、广播、宣传画等多种形式广泛宣传。出动1616人次卫生执法监督人员监督检查猪肉销售摊点3609个、商场255家、食品生产企业78家、食品销售摊点285个，冷饮业4566家，集体食堂111个，度假村26个，农家乐166家。经采取控制传染源、切断人与病死猪接触为主的综合性防治措施，迅速控制和消除疫情，转入“人感染猪链球菌病”的日常防治工作。

此次疫情首例病人发病时间7月8日，最后一例病人于8月2日发病，以7月下旬病例为多。病例呈散发，分布于全市11个区（市）县、21个乡（镇、街道）、24个村（社区）；经流行病学调查，无集中发病情况，所有病例之间无流行病学上的联系，无二代病人发生；所有病例有明确的病死猪接触史，25例病人手部均有明显外伤；26例病人中，私宰病死猪者占84.6%、屠夫占7.69%、自买病死猪与贩卖生猪者各占3.85%。

【人感染高致病性禽流感防治】

2005年,全国乃至全球人感染高致病性禽流感疫情逐渐扩大蔓延。成都市立即建立卫生系统防治人间禽流感组织指挥机构及工作机构,组织人员、收集相关资料、先后拟定《成都市流感防治技术方案》《成都市人感染高致病性禽流感防治工作技术方案》《成都市人畜共患病预防控制框架性方案》《人感染高致病性禽流感疫情分析评估及防治工作建议》四个相应技术方案,经组织省、市级专家论证,发各区(市)县卫生局、疾控中心,指导全市的人感染高致病性禽流感防治工作。在全市350家医疗机构包括个体诊所在内开展发烧病人监测,每月分析监测资料,全年拟写分析报告12期。在成都市第一、三人民医院对流感样病人进行登记报告,报告疑似流感病人889例、采集标本46份作病原学监测;在青羊区及锦江区采集血液标本100份,做人群血清抗体水平监测。1—4月及12月,在全市173家县级以上医疗机构开展不明原因肺炎病例的主动搜索。11月16日起,对禽流感、人禽流感、不明原因肺炎施行每日零报告制度。由成都市疾控中心对各区(市)县疾控中心专业人员110人,进行禽流感监测、疫情报告、诊断标准、健康教育等内容的师资培训,各区(市)县负责完成辖区内各医院的全员培训。对双流与温江两县(区)部分农村、101家养殖户进行人感染高致病性禽流感、自我防护、日常消毒等知识培训,各区(市)县也分别进行高暴露人群禽流感防治知识培训。在高暴露人群和广大群众中,采取多种方式进行防治禽流感和人感染高致病性禽流感知识宣传。成都市疾控中心和各区(市)县疾控中心开通热线咨询电话,接受市民咨询。全市20个区(市)县有禽类养殖户6182户、从业人员8343人、禽类存栏数为2550.72万只,确定13个区(市)县为重点防治地区、绘制分布图。12月,市卫生局与市农牧部门举行禽流感防控工作联席会,互通信息,共商防治对策。市、各区(市)县疾控中心,建立处理人感染高致病性禽流感疫情的应急队伍,备齐应急物质,实行24小时疫情值班。此外,派出专业人员前往14个区(市)县疾控中心,检查落实情况。全年,派出专业技术人员320人次,排除3起疑似人感染高致病性禽流感疫情,当年全市无人感染高致病性禽流感病例报告。

【传染病预防控制】

脊髓灰质炎(小儿麻痹)。1990年发生4例,1991年发生2例,后经检测证实,系脊髓灰质炎野毒株所致。1993年11月,龙泉驿区在全区实施脊髓灰质炎强化免疫日活动计划,1994年服苗率99.85%。是年,以区一、二人民医院为哨点医院,建基础急性弛缓性麻痹(AFP)病例主动监测系统。1997年12月5—6日,温江在全县范围内开展第四轮消灭脊髓灰质炎强化免疫活动,服苗率98.5%。1999年12月,龙泉驿区在车站、农贸市场、医院增设服苗点,对流动人口进行消灭脊髓灰质炎强化免疫服苗活动。2002年,龙泉驿对全区流动儿童及0次未服苗儿童开展两轮脊髓灰质炎强化免疫活动,是年起,全区基本消灭脊髓灰质炎。1992—2005年,全市连续14年无脊髓灰质炎病例发生。

白喉。1988—2005年,成都市连续18年无白喉病例报告。

麻疹。1989年,成都市麻疹年发病率为1.08/10万。1990年以来,每年均有病例报告,年发病率在0.30/10万~5.26/10万之间,发病有上升趋势。1992 年 10—12 月，双流县合江小学、中学校园发生麻疹暴发流行，临床诊断 198 例，其中血清学诊断 43 例。此次发病段高移，集中在 7—15 岁年龄段，卫生防疫部门采取措施，开展治疗，疫情很快得到控制，并加强预防免疫工作。2001 年，双流县永安、合江两地小学麻疹局部暴发，为阻断疫情蔓延，对高危人群应急接种 6 万人次。2004 年，全市年发病率为 1.12/10 万。是年，在锦江区发现麻疹 6 例。2005 年，麻疹疫情有大幅度上升，锦江区实验室确诊 36 例。全市年发病率为 5.26/10 万。1990—2005 年均无死亡病例报告。

流行性乙型脑炎（简称乙脑）。1989 年，成都市流行性乙型脑炎年发病率为 0.66/10 万。1990 年，在乙型脑炎流行季节，成都市第二卫生防疫站在大邑县开展血清学监测。1991 年起，全市开展乙型脑炎防治工作，以消灭成蚊和消除蚊子滋生场所为重点进行综合治理。在全市范围进行"乙脑"疫苗预防注射，开展儿童乙脑疫苗接种工作，覆盖率 100%。1990—2005 年，由于实现"冷链运转"，"乙脑"疫苗预防注射质量和接种率显著提高，"乙脑"年发病率控制在 1.19/10 万 ~ 0.02/10 万之间且处于下降的趋势；1990—2005 年，发生"乙脑"352 例，死亡 46 例，病死率为 13.07%。2005 年，全市报告发病 6 例，无一死亡。

百日咳。1990—2005 年，百日咳年发病率在 0 ~ 0.41/10 万之间，其间，有两年无病例报告（2005 年，全市仅报告 3 例病人）。

流行性脑脊髓膜炎（简称"流脑"）。20 世纪 50 年代以来，"流脑"发生过四次大流行，1980 年，"流脑"A 群多醣体疫苗用于预防，1984 年，发病率呈下降趋势。1990—2005 年，每年均有发病，发病 253 例、死亡 20 例（病死率为 7.90%）、年发病率呈下降趋势；其中，1996 年发病 8 例、死亡 2 例（病死率 25%）。2001 年是发病最高年份，年发病率为 0.44/10 万；2004 年、2005 年各发病 12 例、无死亡病例报告（2005 年发病率为 0.10/10 万）。

猩红热。1952—1989 年，成都市每年均有病例发生，一般隔 5—6 年出现一次猩红热病的高发年，1989 年猩红热年发病率为 9.34/10 万。1990 年以来，每年均有病例报告。1995 年 3 月，双流县黄水第二小学发生猩红热疫情，累积报告 88 例，在卫生防疫部门的预防控制下，4 月 6 日疫情得到彻底控制。2005 年，全市年发病率为 6.30/10 万，与 1990 年的 6.41/10 万相仿；纵观 16 年，发病仍呈现每隔 5—6 年有一个高发年的规律，但峰值高点均在 10/10 万以下，如 1993 年发病率 9.10/10 万、1999 年发病率 6.17/10 万、2005 年发病率 6.30/10 万。

钩端螺旋体病（简称"钩体病"）。1990—2005 年，经继续实施在"钩体病"流行前注射钩体菌苗、灭鼠、放干稻田水等预防措施以及自然环境的改变，1990 年的发病率为 5.86/10 万，1996 年起，发病率出现明显下降（均在 1/10 万以下），2005 年，全市仅有 1 例"钩体病"病人报告。

急性出血性结膜炎（俗称红眼病）。1990—2005 年，仅 1993 年、1995 年、1997 年，成都市无"红眼病"报告，其余 13 年均有不同程度的发病；1994 年发病最多，年发病率为 45.56/10 万、占该年传染病发病顺位的第三，经采取就地隔离、治疗、严禁患者外出串门及去公共场所、做好室内通风、病家消毒等措施，疫情迅速得到控制；2005 年，"红眼病"的年发病率为 0.85/10 万。

麻风。1989 年，成都市东城区等 5 区 2 县历史累计有麻风病人 178 名，温江等 10 县有历史累计病人130例,1989年全市有现症病人18例。1997年,成都市第二卫生防疫站《麻风病控制研究项目》通过市科委组织的鉴定。1998年6月,经“四川省基本消灭麻风病达标考核验收技术指导小组”验收确认和1999年10月省卫生厅验收,成都市达到国家基本消灭麻风病的标准;2005年新津县确诊2例麻风病人,全市有麻风现症病人3名,病人得到及时治疗。

【灾后防病治病】

成都市自然灾害频繁,以水、旱灾害为主,冰雹、风灾、山体滑坡等气象和地质灾害也频繁发生。1990年8月13日至9月8日,全市遭受4次大强度的降雨。成都市卫生部门抽调干部、医务人员2000余人到区、县、乡村查看灾情,发放防病药品,为群众送医送药。并根据受灾情况组织力量清掏消毒水井15.98万口,消毒外环境3000多万平方米,有效防止灾后疫病发生流行。1993年7月14日20时至15日8时,成都市周边县(市)和主要江河源头普降暴雨到特大暴雨,致使崇庆、大邑、邛崃、蒲江、新津县、都江堰市、彭县(彭州市)和金堂县89个乡(镇)、467个村遭受严重灾害。灾情发生后,成都市卫生部门组织卫生防疫人员携带消毒、治疗药品奔赴现场指导村民进行水井和饮用水沉淀、过滤、消毒;加强灾区食品卫生监督、监测工作,及时妥善处理各类水淹污染食品;组织受灾群众清运垃圾、污泥,组织力量进行环境消毒、杀虫工作;加强疫情监测,掌握疫情动态,严防灾后传染病暴发流行。1994年“7·22”特大暴风雨袭击蒲江县7个村、532个社、1.38万户民众受灾;成都市和蒲江县出动医疗队、医护人员,免费救治受灾群众,开展室内外消毒工作。1998年7月4—6日,温江全县遭受历史上罕见的暴雨袭击,造成严重的内涝。成都市迅速组织防疫、医疗救护小分队,深入灾区开展医疗救护和消杀灭工作,灾后无疫情暴发流行。2001年9月20日,金堂县遭受洪水袭击,造成沿河9个乡镇严重内涝。成都市卫生防疫部门出动各类专业技术人员40余人次,支援消杀药物TC101粉剂100千克、敌敌畏200千克、奋斗呐130千克、灭菌片30件、次氯酸钠3120千克,协助金堂县卫生防疫站对被淹没环境、被污染食品等进行监督监测,指导水厂保证供水安全;观察处理腹泻病人5例、发热病人11例,对灾区室内室外环境消毒2次,消毒3.72万间房、面积近200万平方米。2005年9月20日,蒲江县发生特大风灾、暴雨灾害等,成都市和蒲江县出动64个医疗队、医护人员1200余人次,免费救治灾民8632人次;出动车辆240余台次,投放消毒药片58万余片、环境消毒液25箱,外环境消毒35万余平方米,消毒水井2万余口,保证1.73万户、5.2万人饮用水卫生。

【消毒与病媒生物防治】

1990年以后,国家修改和制定《消毒管理办法》《消毒技术规范》。成都市在二环路以内设东西南北四个点,坚持常年监测病媒生物的密度,同时进行蚊类、蝇类、蟑螂类、鼠类的本底调查。1991年,消除病媒昆虫动物滋生的条件,大力开展消毒、杀虫工作,巩固灭鼠达标成果。在全国直辖市、单列市、省会市中率先达到全国灭蝇先进城市标准。1993年,创建全国灭蟑螂先进城市。1994年,又相继公布与之配套的消毒效果评价标准,加强消毒工作。成都市疾病预防控制中心设有“消、杀、灭”科,各区(市)县疾病预防控制中心流行病科有专(兼)职人员,具体负责辖区内疫源地消毒与处理工作。全市散在发生的乙类传染病疫点,由所在区(市)县疾病预防控制中心负责实施终末消毒；凡发生甲类传染病、乙类传染病暴发疫情、自然灾害等突发公共事件及重（大）型会议期间，在市卫生局统筹下，视疫情需要，由成都市和所在区（市）县疾病预防控制中心配合，具体实施疫源地消毒。1996年，成都市创建为全国灭鼠先进城市。11月7日，邛崃市通过四川省爱国卫生运动委员会组织的巩固灭鼠先进城市和创消灭蟑螂先进城区的考核检查，实现巩固灭鼠先进城市成果目标，达到灭蟑螂先进城区的标准。2000年，监测蚊、蝇、蟑螂、鼠的月密度消长，蚊类4—10月、8月密度最高，为4.89只/人工·小时；蝇类4—11月、8月密度最高，为0.25只/笼·小时；蟑螂类1—12月、8月密度最高，为0.34只/盒·夜；鼠类1—12月及7月、8月密度最高，均为1.18%。2001年，组织全市开展春、秋两季灭鼠工作。对重点行业、特殊行业强化“四害”综合防制措施，坚持开展公共地带、单位、居民院落的消杀工作，彻底清除卫生死角和生活垃圾，使“四害”滋生场所得到有效治理。成都市的“四害”密度均控制在“国家卫生城市标准”规定的水平。2003年，采取突击整治与日常消杀相结合的方式，清除和治理“四害”滋生场所、卫生死角，对农贸市场、垃圾中转房进行重点消杀，投放各类消杀药物近10吨，降低蚊蝇密度，减少传染病的发生和流行。在全面开展城乡环境卫生综合整治的基础上，全市组织开展春秋季灭鼠活动，投放鼠药150吨，使饮食、食品行业、公共地带、建筑工地灭鼠覆盖面达95%以上，灭鼠效果70%以上。1994—2004年，全市消毒处理疫源地3800多万平方米，其中霍乱疫情疫源地消毒处理26次、3500多万平方米，“非典”疑似疫源地消毒210万平方米，重（大）型会议和重要机关预防性消毒150多万平方米。按月监测鼠类密度变化，连续12年监测结果，月平均密度在0.12%～0.83%之间，其中6—9月密度为高，月平均密度在0.69%～0.83%之间。2005年，开展“除害防病”工作，治理或清除蚊、蝇、老鼠、蟑螂滋生物场所32000多处，投放各类消毒杀虫药150吨，使“四害”密度控制在国家标准允许范围之内。1990—2005年，全市蚊类年平均密度在1.61～12.15只/人工·小时之间；蝇类年平均密度在0.07～2.22只/笼·小时之间；蟑螂类年平均密度在0.025～0.29只/盒·夜之间；鼠类年平均密度在0.09%～1.60%之间。1990—2005年，成都市蚊、蝇、蟑螂、鼠均无新种属发现。

【杀虫灭鼠药物研究】

1990年以后，成都市常用的灭鼠药物有敌鼠、大隆、溴敌隆等，均属抗凝血慢性毒鼠类药物；群众中常用的物理灭鼠方法有粘鼠板、鼠夹、鼠笼、电猫等。在全市开展群众性灭鼠活动前，由市疾病预防控制中心从灭鼠药物、饵料的选择、适口性改善、生产加工流程等方面进行研究，试制毒饵，进行实验室和现场的毒饵适口性观察和灭鼠效果考核，选择出最佳配方，由成都市爱委会办公室组织成批生产，统一供全市群众性灭鼠活动使用。1994年起，成都市卫生防疫站先后连续几年，开展蚊、蝇、蟑螂对溴氰菊酯等杀虫剂的抗性系数测定，以具体指导杀虫实践。

地方病防治

【概　况】

1992年，全面完成全市碘缺乏病流行病学调查工作，首次确认成都市属碘缺乏病中度流行区。1993—1996年，在全市全面开展重点人群强化补碘及全民食盐加碘防治工作。20世纪90

年代中期，全市血吸虫病有9个区（市）县先后达到国家传播阻断标准，7个区（市）县先后达到国家传播控制标准；疟疾有16个区（市）县先后达到国家基本消灭标准。1995年12月26日，四川省、成都市人民政府地方病防治领导小组专家组对大邑县、锦江区、青羊区、金牛区、武侯区和成华区的布鲁氏菌病防治工作进行考核，认为这6个曾有畜间布鲁氏菌病流行的区、县经过15年坚持不懈的努力，科学防治，已经达到《四川省布鲁氏菌病稳定控制标准》的各项要求，2个区（市）县达到布氏杆菌病稳定控制国家标准。1996年，成都市卫生防疫站开展鼠疫防治工作；1997年，组建鼠疫血清学实验室，具备应急处理鼠疫疫情的条件与技术力量。碘缺乏病防治工作全面展开，有效控制不断蔓延加重的趋势。以钩虫病为代表的肠道寄生虫病患病率大幅度降低。1998年2月3日，市政府召开全市“血防、地方病防治工作会议”，总结全市血吸虫病、地方病防治工作，表彰在防治工作中涌现的先进单位。是年底，全市钉螺面积由历史累计8000余万平方米下降到1200万平方米，历史病人由30余万人减少到3000人，历史病牛由8万余头减少到300余头，急性血吸虫病暴发流行在全市得到有效控制。疟疾全市发病率由20世纪60年代的4106/万人，连续7年控制在万分之一国家基本消灭标准。全市中小学生甲状腺肿大率由大规模防治工作开展初期的40%下降到12%；尿碘水平由20微克/升上升为150微克/升，全市民众碘营养水平得到有效改善。全市农村经过数次大规模采用驱钩药物群体化治疗，切断感染途径等综合防治措施，收到显著效果，肠道寄生虫病得到有效控制，感染率由20世纪50年代初的90%以上降低到30%以下。不明原因大骨节病原病区群众全部搬迁新村，经多年监测已无新发病人。到2005年，成都市在全省率先达到血吸虫病传播控制标准。全市建立健全监测体系，巩固和加强食盐加碘措施，全市碘缺乏病达到基本消除目标。肠道寄生虫病感染率波动在20%左右、无现症病人。全市未发现肺吸虫病现症病人，未发现鼠疫病例。

成都市开展血吸虫防治工作

【血吸虫病防治】

成都市地处四川盆地中西部，全市19个区（市）县及高新区历史上均为血吸虫病流行地区，历史累计钉螺面积8038万平方米，历史病人37.32万人，历史病牛8万余头。进入20世纪90年代后，全市全方位开展综合治理血吸虫病流行工作。全市各区（市）县均采取轮回查病，三年普查一次，对查出的病人或免疫学诊断阳性者均采用吡喹酮治疗，当年病人当年治完。1992年，对全市血防工作进行全面科学地分析，全市血吸虫病防治工作在经历群防群治、集中整治、综合治理几大阶段后，血吸虫病流行范围和危害程度得到有效控制。全市调整防治工作技术策略，确定为推广和全面开展以疫情控制为重点，辅以重点地区灭螺和加强疫情监测工作为核心。1994年，全市19个区（市）县、206个乡（镇）开展血防工作，查螺6510万平方米，灭螺369.5万平方米，普查血吸虫病人2003例，扩大治疗4.04万人，龙泉驿区通过省、市联合考核，达到国家基本消灭血吸虫病标准。1995年10月29日至11月3日，四川省、成都市政府地方病防治领导小组专家考评组根据《四川省基本消灭血吸虫病考核验收技术方案》的要求，按照随机抽样的原则对金堂县血吸虫病流行乡镇的灭螺、查治病人、防治资料等方面情况进行考核验收。金堂县自1956年开展血防工作，30年间通过5个阶段的防治工作，全县钉螺面积下降98.68%，血吸虫病人下降99.79%，达到国家基本消灭血吸虫病标准。截至1995年12月底，全市有钉螺面积1642.3万平方米。2000年，全市查螺5265.38万平方米，实际灭螺530.2万平方米，全市有螺面积857.7万平方米，比1995年下降784.6万平方米；查出病人697人，治疗率100%，双流县达到国家血吸虫病传播控制标准。2001年，在全市分层随机抽样调查20%的流行村中，传播阻断地区，无人、牛、螺的感染；传播控制地区，人群感染率为0.99%，牛的感染率为1.55%，钉螺感染率为0.028%。全年查螺3434万平方米，采取综合措施灭螺309万平方米；完成人群查病64.20万人次，扩大化疗2.79万人次，治疗率100%。2003年，制定下发成都市《血吸虫病重大疫情应急处理预案》，对全市地病办主任、血防站站长、各区（市）县疾控中心地病科科长进行培训。成都市地方病防治办公室指定市疾控中心做好扑疫所需的药品和设备的准备，各区（市）县也相应制定预案，做好处理重大疫情的各项准备工作。2005年，市卫生局继续加强血吸虫病预防控制工作，在中小学校开展预防血吸虫病知识的健康教育；同毗邻成都的乐山市、眉山市、德阳市地方病防治机构开展血吸虫病联防和联控工作，落实各项防治措施，全年完成查螺面积8197万平方米，查出有钉螺面积972.68万平方米，组织力量完成灭螺面积934.4万平方米，完成查病91.43万人次，对血吸虫病患者、感染者治疗12.73万人次。是年底，全市有钉螺面积972.68万平方米，全市有10个区（市）县达到国家血吸虫病传播阻断标准，10个区（市）县达到国家血吸虫病传播控制标准，成都市在四川省率先达到血吸虫病传播控制标准，连续9年无急性血吸虫病人发生。全市全面进入后期管理阶段，在传播控制地区，每年继续按规定要求做好查灭螺、查治病工作，以疫情控制为重点，加强疫情监测，有效阻止血吸虫病的回升；在传播阻断地区，按照中央《血吸虫病传播阻断地区监测巩固方案》开展常年监测工作。

1990—2005年成都市血吸虫病防治情况表

表5－205

年份	螺情		病情			
	有螺面积（万平方米）	灭螺面积（万平方米）	查病人数（人）	病人数（人）	查耕牛数（头）	病牛数（头）
1990	1576.7	502.2	895903	1182	36014	262
1991	1766.3	472.1	1050426	1720	39045	523
1992	1683.5	609.1	1106046	994	35297	615

续表

年份	螺情		病情			
	有螺面积（万平方米）	灭螺面积（万平方米）	查病人数（人）	病人数（人）	查耕牛数（头）	病牛数（头）
1993	1691.0	487.0	863640	1376	30842	392
1994	1636.9	373.5	634891	846	20807	280
1995	1642.3	545.4	768233	697	23176	141
1996	1586.8	598.5	759949	1252	29784	207
1997	1297.9	599.0	872079	858	26011	338
1998	1077.8	610.0	776051	924	24451	201
1999	891.7	506.4	785602	904	13773	143
2000	857.7	405.6	780901	852	15617	479
2001	978.8	295.6	652239	1469	15197	267
2002	908.2	389.0	572620	815	14199	522
2003	866.2	420.1	763582	682	13590	371
2004	1015.5	575.3	649200	453	16421	165
2005	972.68	934.4	914331	126	20629	28

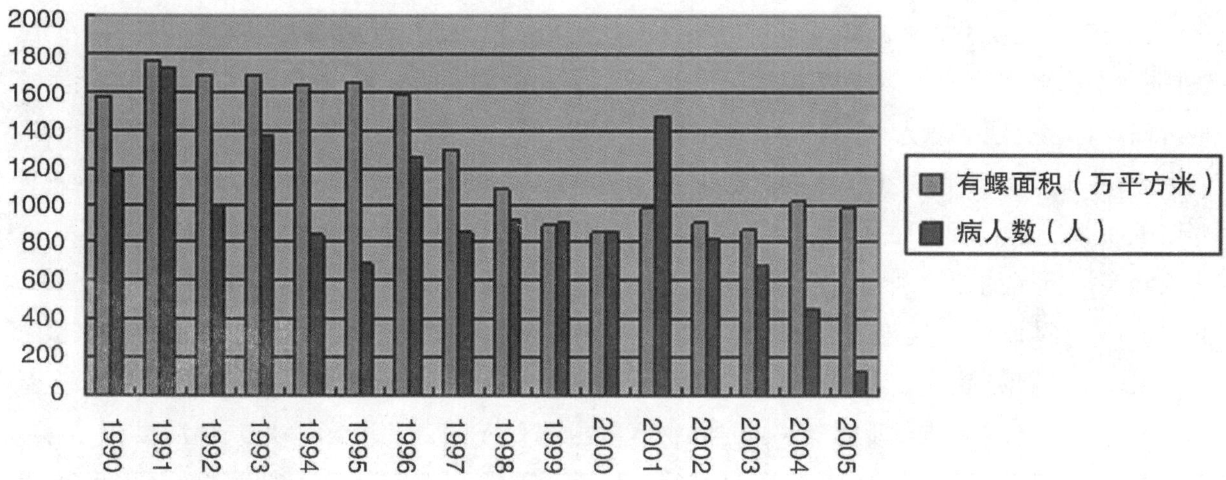

图 9-2　1990—2005 年成都市血吸虫病病情历年变化示意图

1994—2005 年部分年份成都市各区(市)县实现血吸虫病传播控制或传播阻断标准考核验收时间情况表

表 5 - 206

年份	达到传播控制标准	达到传播阻断标准
1994	龙泉驿区	
1995	金堂县	
2000	双流县	
2003		龙泉驿区
2005	邛崃市、蒲江县、大邑县	

【疟疾防治】

疟疾曾是成都市传染病中发病率最高的疾病之一。据调查媒介按蚊,中华按蚊分布在全市 19 个区(市)县及高新区;嗜人按蚊分布在邛崃市、蒲江县、大邑县、新津县、双流县、青白江区、彭州市、新都区等 8 个区(市)县的丘陵地区和近山平坝区;微小按蚊分布在新津县的邓双乡和邛崃市的回龙乡。每年 5—6 月,在疟疾发病率 1/万以上的乡,开展菊酯类药物喷洒或浸泡蚊帐灭蚊,每平方米面积蚊帐受药量为 9.6—12 毫克。20 世纪 90 年代后,全市疟疾发病率逐年下降,全市各区(市)县疟疾发病率已降至万分之一以下,疫情基本稳定,防治工作转入基本消灭后的后期管理。对疟疾现症病人,采用“氯伯”八日疗法根治;在流行季节前,对上一年内有疟史者用“氯伯”或“乙伯”八日疗法进行休止期根治,对进入疟疾流行区的无免疫力人群(如流动人口)采取个人预防服药,在疟疾严重流行区或暴发地区采取集体预防服药(乙胺嘧啶)。加强发热病人血检和管理,全市进一步健全、巩固县、乡两级血检中心,每年由区、县将血检任务分解到各血检站,主动将发热病人血检纳入疟疾监测,这对及时发现传染源起到良好作用,对血检阳性者进行个案登记、治疗。1994 年,全市加强疟疾疫情监测,完成 19.04 万人血检、2.52 万人预防服药任务,将全市疟疾发病率控制到 0.26/万人。彭州市通过省、市考核,达到国家基本消灭疟疾标准。1991—1995 年,全市疟疾发病 3773 人,年均发病率为 0.80/万,5 年血检发热病人 77.7 万人,血检阳性 1369 人,阳性率为 0.19%。1996—2000 年,全市疟疾发病 1049 人,年均发病率为 0.24/万,五年血检发热病人 66.78 万人,血检阳性 358 人,阳性率为 0.05%。2000 年,全市疟疾发病率较 1999 年同期下降 51.51%。2001 年,全市疟疾发病率较上年同期下降 50.82%。全市有 15 个区(市)县(除邛崃市、蒲江县、大邑县外)先后经四川省、成都市基本消灭疟疾考核验收组考核,达到国家基本消灭疟疾的标准。2001—2005 年,全市疟疾发病 119 人,年均发病率为 0.03/万,5 年血检发热病人 63.03 万人,血检阳性 84 人,阳性率为 0.01%。1990—2005 年,全市治疗现症病人 6433 人,休止期病人根治 6959 人,预防服药 51.96 万人次。双流县、金堂县、青白江区、金牛区、邛崃市、蒲江县、大邑县、新津县、彭州市累计喷洒或浸泡蚊帐 109.26 万顶。采用药物灭蚊后,人房按蚊密度显著下降。每年在流行季节初期,用溴氰菊酯喷洒蚊帐一次,在流行季节就有极佳的灭蚊抗疟效果。

1990—2005 年成都市历年疟疾发病及血检情况表

表 5 - 207

年份	发病人数(人)	发病率(1/万人)	血检人数(人)	阳性数(人)	阳性率%
1990	1350	1.457	116694	399	0.342
1991	1172	1.257	110533	335	0.303
1992	845	0.902	157158	401	0.255
1993	681	0.719	175808	250	0.142
1994	593	0.618	164552	231	0.140
1995	482	0.496	168894	152	0.090
1996	365	0.372	142946	117	0.082
1997	274	0.277	146368	73	0.050
1998	221	0.222	130282	75	0.058
1999	120	0.120	121706	63	0.052
2000	69	0.068	126547	30	0.024
2001	62	0.061	125437	27	0.016
2002	39	0.038	126343	19	0.015
2003	6	0.006	130394	11	0.008
2004	4	0.004	116486	16	0.014
2005	8	0.01	137223	13	0.009

【碘缺乏病防治】

按照《四川省碘缺乏病调查方案》,成都市于1991—1992年完成全市碘缺乏病流行病学调查工作,首次确认成都市属碘缺乏病中度流行区,甲状腺肿大率以“三型四度”为临床诊断标准,调查对象为小学生和居民。全市各区(市)县除崇庆县之外均开展对学生调查。以乡为单位,选1所中心小学和抽1/3村校,检查7~14岁学生甲状腺肿大情况。全市调查小学1141所,调查率99.70%,甲状腺肿大11.68万人(其中I度以上肿大者1.16万人),肿大率41.22%;以肿大率划分流行区,仅大邑县(肿大率13.20%)属碘缺乏病轻流行区,蒲江县、新津县、金堂县(肿大率20%~30%)属中度流行区,温江县、彭县、新都县、郫县、青白江区、双流县、龙泉驿区、青羊区、金牛区、武侯区、成华区、锦江区、高新区、邛崃县、都江堰市(肿大率30%以上)等15个区(市)县属重度流行区。全市调查26个乡镇中52个村的居民,调查率94.02%,甲状腺肿大1.29万人,肿大率25.83%。全市在

30个乡镇的66个村中，对18～35岁居民1486人做尿碘测定，尿碘中位数仅大邑县大于100微克/升，尿碘中位数在50～100微克/升的有新津县、蒲江县、邛崃县、都江堰市、金堂县和锦江区6个区（市）县，尿典中位数在25～50微克/升的有郫县、温江县、崇庆县、龙泉驿区、青白江区、青羊区、金牛区、成华区、武侯区9个区县，尿典中位数小于25微克/升的有双流县、新都县和彭县3个区。全市检测各类水样163份，仅龙泉驿区4口深机井和双流县1口古井水碘含量大于100微克/升。除邛崃县、蒲江县、都江堰市外，全市其余区（市）县检测盐库食盐45份，仅大邑县一份盐库食盐含碘9.9百万分比浓度；销售点检测食盐79份，仅大邑县两份分别含碘5.11百万分比浓度和7.14百万分比浓度，其余均未检出碘。1993年起，在全市全面开展重点人群强化补碘及全民食盐加碘防治工作。1994年5月5日，在国家第一个“防治碘缺乏病日”，省、市卫生、盐务、工商、技术监督管理部门联合设立185个宣传点，宣传碘缺乏病的症状、危害和防治知识。年内，向11个区（市）县的419万人供应碘盐，90%的中小学生服碘油丸。到1996年，对中小学生、婴幼儿、育龄妇女等重点人群补服碘油丸近1000万人次，8～12岁儿童尿碘水平由防治初期低于100微克/升稳定保持在大于100微克/升，8～12岁儿童甲状腺肿大率由防治初期40%降低至20%以下。1997—2005年，加强健康教育工作，建立健全监测体系，巩固和加强食盐加碘措施，以实现阶段消除碘缺乏病目标；8～12岁儿童甲状腺肿大率稳定保持在10%以下，居民食用碘盐合格率稳定控制在90%以上，碘盐供应覆盖率95.7%。2005年，全市开展基本消除碘缺乏病阶段目标自查工作，于5月全面完成自查评估工作，组织领导、碘盐管理、健康教育和防治监测4项综合指标合计得分94.36分。其中，食盐检测13个盐库325份盐样，碘含量平均合格率98.77%，其中合格率100%的有10个区（市）县，90%以上的有3个区（市）县。平均中位数为38.08毫克/千克，30～40毫克/千克的盐样占62.20%，达到国家消除标准。零售点碘盐查430份，420份合格，合格率97.67%；非碘盐4份，占0.9%，中位数33.86毫克/千克，达到国家消除标准。居民户盐样检测4545份，合格4253份，合格碘盐食用率93.58%，碘盐覆盖率98.39%，碘盐合格率95.1%；非碘盐73份，占1.6%，平均中位数29.45毫克/千克，达到国家消除标准。在17个区（市）县开展学龄儿童甲状腺监测，检查8～10岁学龄儿童9160人，甲状腺肿大591人，其中I度肿大589人，II度肿大2人，平均肿大率6.45%，校正肿大率6.28%，接近国家消除标准。在17个区（市）县开展学龄儿童尿碘监测，检测8～10岁学龄儿童尿样4342份，尿碘中位数192.74微克/升，小于20微克/升的比例为1.2%，小于50微克/升的比例为2.63%，达到国家消除标准。全市基本达到消除碘缺乏病目标。

1995—2005 年成都市碘缺乏病监测情况表

表 5-208

年度	病情监测			尿碘水平监测		居民户碘盐监测		
	检查人数（人）	甲肿人数（人）	甲肿率 %	尿样份数（份）	中位数（微克/升）	检查户数（户）	合格户数（户）	合格率 %
1995	3811	1044	27.39	173	217.03	219	94	42.92
1996	21354	7276	34.07	1199	222.40	2602	2012	77.33
1997	20114	4059	20.18	1277	210.00	2725	2028	74.42
1998	15022	2487	16.56	1623	184.30	3887	2676	68.85
1999	17137	1685	9.83	4097	194.48	4223	3976	89.89
2000	6821	704	10.32	722	158.46	979	605	61.80
2001	4301	375	8.72	413	176.27	2130	1759	82.58
2002	16667	1405	8.43	2407	178.60	3041	2540	83.53
2003	13290	1175	8.84	2090	168.97	2988	2387	79.89
2004	11853	866	7.31	4949	187.60	5391	4931	91.47
2005	9160	591	6.45	4342	192.74	4545	4253	93.58

慢性非传染病防治

【概　况】

从20世纪70年代末开始，成都市卫生防疫站就开始慢性病的防治工作，先后开展肿瘤回顾性调查、慢性支气管炎防治，并建立死因监测系统。1991年，成立成都市慢性病防治领导小组、工作委员会及办公室，同时在成都市卫生防疫站成立慢性病防治科，在全市疾病监测、行为危险因素干预和社区综合防治方面开展大量工作。1994年5月20日，成都市家庭医疗保健中心成立，该中心适应医学模式的转变，满足不同层次公民群众的医疗保健需求，专门为家庭照顾有困难的慢性病人、肿瘤病人和康复病人提供服务。特别是1996年争取到世界银行贷款疾病预防项目健康促进项目后，慢性病控制工作取得进步。同时，不断完善死因监测、慢性病发病报告系统，通过市公共卫生突发事件处理和信息报送系统、死因报送系统进行死因报送，开展死因监测。将监测系统覆盖范围扩大到全市，实现确诊病历档案的网络报告；建立行为危险因素监测系统和社会环境监测系统，在全市19个区（市）县及高新区开展成人慢性病行为危险因素监测，针对市民主要行为危险因素，如吸烟、不合理膳食、静坐生活方式等，开展各种类型的干预活动，探索一系列适应成都市发展的慢性病防治模式，并取得危险因素减少、水平下降的效果。2001年，成都市慢性病在全死因中的构成比由1980年66.93%上升到86.25%。2002年，全市治疗慢性病人

5479例，扩大化疗1.53万人。2003年，在全市19个区（市）县及高新区全面启动死因监测和慢性病报告系统，将健康促进工作与卫生防疫、健康教育紧密相结合。通过在项目区（县）组织实施行为危险因素监测、慢性病发病报告监测和生命统计工作，有针对性地开展社区老年人健康促进等工作，进一步提高病人发现率和治愈率，完成慢性病发病年报和数据分析。2004年，在“世界无烟日”前后，开展“控制吸烟，减少贫困”为主题的系列宣传活动。2005年，制定《成都市社区卫生服务工作制度与职责》，并下发基层组织实施。开展慢性病发病和死亡漏报调查，启动高血压、糖尿病的防治干预项目。成都市卫生局、成都市疾控中心提出《成都市慢性病防治三年行动计划（2005—2007）》。全市建立6个高血压、糖尿病综合防治示范基地，重点开展高血压、糖尿病的社区防治。与美国南加州大学合作，在成都市4所中学开展青少年控烟项目。

【死因监测调查】

成都市慢性病人口死亡统计始于1980年，覆盖东城区、西城区、金牛区、龙泉驿区、青白江区和金堂县、双流县，近500万人口。1987年，采用《国际疾病分类—9》，按根本死因进行分类和统计，实现与国际标准接轨。1996年，在《成都市世界银行贷款疾病预防项目健康促进子项目》的支持下，死因监测工作在全市全面实现微机化管理。通过网络直报监测死亡及慢性病发病情况，分析监测结果，确定漏报原因，控制漏报率并不断提高报告质量。开展全市成人慢性病行为危险因素监测，分析各类人群的健康潜在威胁及影响因素。2002年，成都市卫生、民政、公安三局联合制定《成都市居民死亡登记报告管理办法》，使死亡监测系统更加规范。从2003年起，全市全面推行死因和慢病报告工作，并按卫生部要求，统一使用《死因数据管理软件》，制订全市死因和慢病报告登记制度。

1990—2005年成都市人口总死亡率、婴儿死亡率、新生儿死亡率一览表

表5-209

年份	总死亡率（1/10万）	婴儿死亡率‰	新生儿死亡率‰
1990	609.66	29.57	17.01
1991	621.96	26.63	15.52
1992	644.23	21.68	12.42
1993	624.76	19.09	10.92
1994	586.70	19.10	10.56
1995	591.73	14.51	8.04
1996	611.01	13.61	8.06
1997	567.02	11.67	6.56
1998	556.84	10.40	6.88

续表

年份	总死亡率(1/10万)	婴儿死亡率‰	新生儿死亡率‰
1999	560.85	9.21	5.70
2000	558.89	6.10	3.04
2001	533.12	7.46	4.66
2002	512.26	7.98	5.24
2003	534.77	9.42	6.03
2004	495.24	6.34	4.05
2005	481.28	7.67	5.43

1990—2005年成都市人口死亡之五大原因所占比例情况表

表5-210

单位:%

	死亡原因	1990	1991	1992	1993	1994	1995	1996	1997	1998	1999	2000	2001	2002	2003	2004	2005
1	呼吸系统病	37.95	37.56	38.48	37.07	37.03	36.44	37.00	33.83	32.89	32.93	34.16	34.70	33.35	29.21	27.67	25.17
2	恶性肿瘤 循环系统病	14.27	15.45	15.31	16.44	15.78	16.00	17.05	18.91	19.24	20.16	22.93	22.55	23.03	24.58	23.82	24.99
3	脑血管病 恶性肿瘤	13.35	13.07	14.06	14.00	13.72	14.08	12.44	13.92	13.47	10.25	21.94	21.83	13.32	14.38	16.63	15.80
4	损伤和中毒	9.42	9.32	9.45	9.12	9.50	9.90	9.12	9.06	9.24	8.67	8.18	7.83	7.69	7.76	8.13	8.77
5	消化系统病 及心脏病	6.03	6.05	5.66	5.81	5.23	5.26	5.95	6.96	9.07	8.09	4.34	3.85	6.21	6.42	6.46	7.38

说明:1995年前,消化系病占第五位,1995年以来,心脏病占第五位;2000年前恶性肿瘤占第二位,2000年后循环系病升至第二位,恶性肿瘤降到第三位

1990—2005年成都市人均期望寿命(岁)一览表

表5-211

年份	1990	1991	1992	1993	1994	1995	1996	1997	1998	1999	2000	2001	2002	2003	2004	2005
男	69.99	70.00	69.49	70.03	70.75	71.03	71.01	71.32	71.66	71.80	72.05	72.52	72.72	72.08	72.92	—
女	73.42	73.22	73.39	74.10	74.68	74.96	74.35	76.08	76.38	76.35	76.64	77.47	78.37	77.54	78.80	—
平均	71.62	71.53	71.32	71.91	72.59	72.87	72.57	73.50	73.83	73.89	74.15	74.76	75.19	74.51	75.54	75.49

1990—2005 年成都市人口自然变化情况表

表 5－212

年份	1990	1991	1992	1993	1994	1995	1996	1997	1998	1999	2000	2001	2002	2003	2004	2005
出生率‰	12.40	11.12	10.53	10.69	10.09	10.29	10.01	8.81	9.23	8.17	10.19	7.50	7.06	6.76	7.52	6.98
死亡率‰	6.10	6.22	6.44	6.52	5.87	5.92	6.11	5.67	5.57	5.61	5.59	5.33	5.12	5.35	4.95	4.81
人口自然增长率‰	6.30	4.90	4.09	4.17	4.22	4.37	3.90	3.14	3.66	2.56	4.60	2.17	1.94	1.41	2.57	2.17

1990—2005 年成都市“四病”监测情况表

表 5－213

年份	恶性肿瘤			脑血管病			冠心病			糖尿病		
	发病数（人）	发病率（1/10 万）	死亡率（1/10 万）	发病数（人）	发病率（1/10 万）	死亡率（1/10 万）	发病数（人）	发病率（1/10 万）	死亡率（1/10 万）	发病数（人）	发病率（1/10 万）	死亡率（1/10 万）
1990	1433	32.3	78.03	1167	26.3	81.37	1197	27.0	11.40			4.82
1991	1552	34.6	96.11	1282	28.6	81.29	1365	30.4	10.75			5.37
1992	1749	38.6	128.31	1278	28.2	97.16	1371	30.2	15.00			5.81
1993	1947	42.4	102.71	1481	32.3	87.46	1171	25.5	11.78			6.47
1994	2592	55.6	92.57	2001	42.9	80.52	1571	33.7	14.26			6.13
1995	2682	56.5	94.70	1958	41.3	83.29	1608	33.9	11.49			6.09
1996	2088	43.4	104.18	2136	44.4	76.00	1417	29.5	15.18			6.63
1997	1954	40.2	107.23	1672	34.4	78.92	1323	27.2	11.51			7.75
1998	2059	42.8	107.16	2008	41.8	74.99	1480	30.8	14.31			8.39
1999	2354	48.5	113.08	2063	42.5	57.51	1730	35.7	14.27	2193	45.2	10.20
2000	2579	51.3	121.56	2482	49.4	74.48	2169	43.1	15.29	2569	51.1	11.25
2001	2906	68.3	115.32	2726	53.3	76.56	2556	50.2	13.42	3481	57.0	10.58
2002	3085	51.1	117.98	2912	48.3	68.24	2554	42.3	12.18	3030	50.2	9.00
2003	3951	75.0	131.46	3779	71.7	76.89	3183	60.4	13.13	4252	80.7	11.91
2004	7325	110.7	117.97	5931	89.7	82.37	4747	71.8	16.31	7288	110.2	11.11
2005	9988	95.13	121.13	8967	85.4	76.05	6820	64.96	17.58	11623	110.70	10.62

根据2002—2005年统计，城区居民主要死亡原因以恶性肿瘤死亡率最高，呼吸系统病死亡率居第二位，其余依次为脑血管病、心脏病、损伤及中毒、消化系统病。

【慢性非传染病防治与研究】

1996年，成都市人民政府通过国家计委、财政部、卫生部向世界银行申请“卫Ⅶ项目”，并承诺安排配套经费。成立跨部门项目政策指导委员会，对各组成部门的职责进行详细规定。市卫生局成立项目领导小组，下设项目办公室；组织锦江、青羊、金牛、武侯、成华五城区共同实施，各项目区成立区项目领导小组和办公室，在各干预示范场所建立相应的健康促进协调小组，同时聘请专家组成项目专家委员会。成都市人民政府制定出台《成都市公共场所禁止吸烟的规定》《禁止烟草广告宣传》《不向未成年人售烟》《成都市居民膳食指南》《成都市性病、艾滋病防治管理条例》等法规，为项目的顺利进行与可持续发展奠定坚实的基础。一方面选拔项目负责人、业务骨干出国考察、培训，学习国外健康促进先进理论；另一方面组织市区两级项目工作人员参加国内各类培训活动。建立行为危险因素监测系统并正常运转，完成两次人文环境监测，动态了解与主要卫生问题有关的行为危险因素和环境危险因素的流行水平、流行趋势，对干预计划的合理性、干预效果的判断，提供翔实的数据支持；改进死因监测系统，实现计算机化管理；完善与修改慢性病发病监测系统；出台报告管理办法，修改报告内容，加强报告的科学性、准确性，监测资料的分析利用能力进一步提高。

1999年4月20日，成都市中西医结合医院的重点课题“钻孔注入尿激酶逐瘀清肿合剂治疗高血压脑出血研究”通过市级科研成果鉴定，在国内率先采用中西医结合方法治疗高血压脑出血，对降低病死率、致残率有满意疗效，达到国内同类研究的先进水平。2003年，卫Ⅶ项目全面完成，项目实施历时8年（1996—2003年）。成都市通过该项目促进成都市疾病预防控制工作的开展和慢性非传染病性疾病、性病、艾滋病、意外伤害防控能力的提高，降低这些疾病引起的社会经济负担。在8年项目执行期内，成都市按照项目实施计划安排，在健康促进项目机构发展与政策改革、人力资源开发、监测、干预4个领域开展大量工作，完成项目目标。2005年，成都市在认真总结慢性病防治工作面临的挑战和机遇基础上，提出《成都市慢性病防治三年行动计划（2005—2007）》。该计划包括成都市慢性病防治三年行动计划、成都市高血压社会综合防治实施方案、成都市糖尿病社区综合防治实施方案和成都市慢性非传染性疾病综合监测实施方案。成都卫生局和市疾病预防控制中心负责计划的组织实施，各有关单位根据计划的要求，结合各自职责制定相应的实施方案，建立目标综合考核与评价体系，确立评价内容和方式，保证计划顺利实施。

计划免疫

【概　况】

20世纪90年代，根据国家“八五”规划，全市儿童计划免疫工作以实现第二个、第三个85%为目标，巩固冷链成果，提高免疫质量。1990年，计划免疫、“冷链”工作在省内率先提前2年达到“七五”规划要求，实现以县为单位儿童接种率85%的目标，通过联合国儿童基金会、世界卫生组织和卫生部联合审评。1991年3月，卫生部、联合国儿童基金会、世界卫生组织（WHO）组成联合评审组，抽查成都市5区2县、105个行政村（居委会），调查1538户、735名适龄儿童，认为，成都市实现以区（市）县为单位计划免疫达到第二个85%的目标。1993年，全市计划免疫保偿率80%以上。1994年1月5日，开展“消灭脊髓灰质炎强化免疫日活动”，在全市城乡同时设点，有39万多名4岁以下儿童住家附近设有疫苗服用点，第二次服用脊髓灰质炎疫苗，据抽查疫苗服用率96%以上。1996年4月，四川省计划免疫第三个85%目标审评组，按照《审评方案》抽查成都市锦江区、崇州市，按批质量检验抽查法，调查58名适龄儿童预防接种，抽查结果：建卡率100%、建证率100%、卡证符合率98.3%；接种率抽查结果：卡介苗100%、卡痕率82.7%、“脊灰”疫苗100%、“百白破”三联疫苗100%、麻疹疫苗100%、“四苗”全程接种率为100%，乙肝疫苗接种率91.4%，“脊灰”强化服苗率为100%；三级冷链运转正常，相关疾病发病率均控制在国家规定指标内，全市实现以乡为单位儿童计划免疫85%的目标。1998年，卫生部相继修改下发《计划免疫技术管理规程》《全国常规免疫接种率监测方案》等规范性文件，成都市即按规定、推动全市计划免疫工作。2002年，全市0—7岁儿童建卡率、建证率99.76%，卡证符合率98.24%；新生儿入保率城市为97.84%，农村为96.58%；卡介苗、脊灰糖丸、百白破、麻疹的接种分别为98.94%、97.42%、97%、94.82%，乙肝疫苗接种率城市为99.00%，农村为96.58%。2004年，市卫生局开展示范预防接种门诊创建工作，全市有54家医疗卫生单位预防接种门诊达标；在全市适龄人群中开展甲型肝炎疫苗、麻疹风疹腮腺炎疫苗普种，提高免疫水平，降低相应传染病发病和死亡率。全市计划免疫工作受到全国计划免疫审评组专家的充分肯定，10月13—21日，成都市通过全国计划免疫审评工作检查。2005年，在部分医院按国家计划免疫要求，采用“金卡”软件系统进行科学管理，按时间按顺序进行预防接种，为儿童健康成长提供服务。

【“冷链”建设与运转】

1982年，成都市接受计划免疫“冷链”试点任务。1983年1月，在金牛区、新津县等145.7万人口的地区开始“冷链”运转试点。采取边试点、边总结、边推广的办法，到1986年，实现全市“冷链”运转，建起一条市、区（市）县、乡三级计划免疫冷链线；有一套全市统一的疫苗购货、运输、保管和“冷链”设备保养制度。根据各区（市）县的实际，改一年一次预防接种为一个月、二个月、一个季度一次，边远山区、个别地方半年接种一次。“冷链”运转，保证疫苗质量、提高接种率、减少易感儿童积累，“四苗”接种率95%以上。1988年，成都市在金牛区、崇庆县开展儿童计划免疫保偿试点工作，1989年，在全市推广，入保率逐年提高。1990年，“冷链”工作在省内率先提前2年达到“七五”规划要求，通过联合国儿童基金会、世界卫生组织和卫生部联合审评。1995年，全市强化“冷链”运转，基本实现第三个85%的目标。2004年，全市0—7岁儿童入保率为85.44%。0—7岁儿童按照各区（市）县的规定，缴纳不等的保偿费，按照国家免疫程序免费接种脊灰疫苗、麻疹疫苗、百白破三联制剂、卡介苗四种疫苗，在保偿期内入保儿童若患麻疹、百日咳、白喉、破伤风、肺结核（浸润型、粟粒型）、脊髓灰质炎6种疾病，给金额不等的经济补偿，若患以上6种疾病死亡者，则给予一定的补偿金。成都市儿童计划免疫保偿工作于2005年3月国务院《疫苗流通和预防接种管理条例》下发后终止。2005年6月1日起，成都市实行接种第一类疫苗不收取任何费用，接种第二类疫苗可按物价部门批准的标准，收取服务费、接种耗材费。

1983—1997 年成都市儿童计划免疫程序一览表

表 5-214

起始免疫月(年)龄	疫苗
出生	卡介苗
二月龄	脊灰疫苗
三月龄	脊灰疫苗、百白破三联疫苗
四月龄	脊灰疫苗、百白破三联疫苗
五月龄	百白破三联疫苗
八月龄	麻疹疫苗
1.5—2 岁	百白破三联疫苗、麻疹疫苗
4 岁	脊灰疫苗
7 岁	麻疹疫苗、百破二联疫苗

1998—2005 年国家免疫规划疫苗的免疫程序一览表

表 5-215

疫苗	出生时	1 月	2 月	3 月	4 月	5 月	6 月	8 月	18~24 月	4 岁	6 岁
乙肝疫苗		第 1 剂	第 2 剂					第 3 剂			
卡介苗	1 剂										
脊灰疫苗			第 1 剂	第 2 剂	第 3 剂					第 4 剂	
百白破疫苗				第 1 剂	第 2 剂	第 3 剂			第 4 剂		
白破疫苗											1 剂
麻疹疫苗								第 1 剂	第 2 剂		

2002—2004 年成都市计划免疫冷链装备情况统计表

表 5-216

年份	低温冷库(台)	普通冷库(台)	低温冰箱(台)	普通冰箱(台)	冷藏箱(个)	冷藏包(个)	冰排(块)
2002	2	5	183	239	337	2100	13211
2003	2	4	160	520	167	2128	13691
2004	2	4	139	556	198	1749	13205

【计划免疫效果调查】

成都市每年根据卫生部、四川省的统一要求，对各区（市）县纳入儿童计划免疫的脊灰疫苗、麻疹疫苗、百白破疫苗、卡介苗和1992年增加的乙肝疫苗5种疫苗，进行一次接种率抽样调查，了解各种疫苗按计划免疫程序的规定、在适龄儿童中实际接种情况。1993年11月14—15日，世界卫生组织考察成都市消灭脊髓灰质炎及强化免疫活动情况，对成都市率先在全国为0—7岁的儿童进行脊髓灰质炎减毒活疫苗强化免疫，连续10年无脊髓灰质炎病人发生的成绩给予肯定。1996年4月，成都市儿童卫生事业通过有关专家评审，实现“马尼拉中期目标”，儿童麻疹、百日咳、破伤风、脊髓灰质炎、结核病的计划免疫全程接种率99%以上，基本实现消灭脊髓灰质炎的全球目标。1990—2005年，脊灰疫苗、麻疹疫苗、百白破疫苗、卡介苗接种率分别在95.82%~99.07%、93.80%~99.84%、95.74%~99.03%、79.62%~99.76%之间，四苗全程接种率在91.88%~99.13%之间。1992—2005年，乙肝疫苗接种率在59.69~98.86%之间，接种率逐年提高，2004—2005年全市接种率保持在98%以上。白喉从1990年起已连续16年无病例，脊髓灰质炎从1992年起已连续14年无病例报告，百日咳发病率在0.5/10万以下（发病最多的1990年，全市也仅有38名病人）；麻疹发病率在0.30/10万~5.26/10万之间波动，呈现春季和冬季两个发病高峰。1990年发病率为0.41/10万，2005年发病率为5.26/10万，上升幅度大，接近1987年的发病率。

【计划免疫监测】

1990年后，成都市按《计划免疫技术管理规范》等有关规章要求，每年选择1个区或1个县，对疫苗效价、免疫效果、健康人群免疫状态3个方面开展监测工作，以评价免疫效果，为必要时采取措施预防与控制相应疾病的发生与流行提供依据。从“冷链”运转后，对使用的脊灰疫苗、麻疹疫苗采取同一批号，从市运送到区（市）县、再由区（市）县运送到乡（镇）卫生院的线路上，以市疾控中心、区（市）县疾控中心、乡（镇）卫生院为3个点，每个点分别采同一批号、两个样品，进行疫苗效价监测。1990年，监测191名健康人对白喉的免疫状态，结果：抗体阳性率为90.50%，具有保护水平的占65.44%。1997年，监测167名健康人对百日咳的免疫状态，保护率为60.95%。2000年，监测147名健康人对破伤风的免疫状态，结果抗体阳性率为91.2%、保护率为84.4%。1990—1995年，对麻疹疫苗的免疫效果进行监测。监测选择初种麻疹疫苗的新生儿192名，分别在接种麻疹疫苗前后抽血测抗体，接种麻疹疫苗后抗体阳性率在97%以上、抗体四倍增长在80%以上。1993年，卡介苗阳转率监测1994人，阳转率为82.50%。1998年，卫生部先后修改下发《计划免疫技术管理规程》《全国常规免疫接种率监测方案》，加强计划免疫效价监测。1992—2000年，监测脊灰减毒活疫苗8个批号、48个样品，疫苗总效价在5.3~6.4之间；麻疹减毒活疫苗6个批号、36个样品，疫苗效价在3.2~4.0之间，全部合格。“冷链”后，成都市有计划地开展健康人群对脊灰、麻疹、百日咳、白喉、破伤风的免疫状态监测。1990—2000年，其中8年监测2~39岁1660名健康人对脊髓灰质炎的免疫状态，Ⅰ型、Ⅱ型、Ⅲ型的抗体阳性率分别在91.16%~99.43%、88.40%~100%、92.82%~99.40%之间。

【计划免疫外生物制剂的实施】

成都市用于预防疾病的生物制剂18种以上，其中，用于儿童计划免疫的疫苗、即第一类疫苗为6种。随着国家科学技术和经济发展，用于预防疾病的生物制剂品种逐渐增多，人们使用生物制剂预防疾病的知识日渐增强，使用更普遍。20世纪90年代后，省、市、区（市）县卫生防疫部门都面向社会，根据人民群众的需求，开展计划免疫外生物制剂的供应和接种工作。1998—2004年，仅成都市疾控中心的不完全统计，计划免疫外生物制剂的用量逐年增加，甲肝疫苗1998年使用量为1.38万人份，2004年达到17.73万人份，增加10倍以上；流感疫苗1998年为40余人份，到2004年使用量已达8937人份，增加223倍。

1998—2004年成都市计划免疫外疫苗实施情况表

表5-217　　单位：人份

年份	乙脑疫苗	流脑疫苗	风疹疫苗	水痘疫苗	甲肝疫苗	乙肝疫苗	腮腺炎疫苗	流感疫苗	狂犬疫苗
1998	808400	540520	7245	0	13820	15020	50340	40	4948
1999	748400	509800	115069	0	43534	43319	48940	465	5654
2000	687300	389300	66753	0	82878	44913	17224	5017	4182
2001	464500	377800	13694	0	36140	31493	54800	3306	4261
2002	456800	33600	14428	145	48634	26416	28403	9239	9778
2003	262180	431193	11300	1270	13612	13612	54420	5044	6660
2004	82537	113612	12933	1401	177306	10326	11858	8937	15198

【计划免疫事故的预防与处理】

1980年，卫生部针对预防接种工作中出现的异常反应，制定《预防接种异常反应和事故处理试行办法》。1996年，对该《试行办法》进行修改。对异常反应的预防、调查、诊断、鉴定、处理等作出具体规定。成都市按照《试行办法》的规定，对全市从事计划免疫工作的专（兼）职人员，采取专门培训、以会代训、检查评比等多种方式，坚持每年培训，不断提高技术水平，增强责任心，同时利用"计划免疫日"向社会广泛进行计划免疫科普知识宣传。严格按照各种疫苗的接种部位、剂量、途径、禁忌证和注意事项实施接种。在实施接种前检查疫苗、器械，严格消毒；做好针对性的预防接种知识和注意事项宣传，尽量减少异常反应，杜绝事故发生。成都市卫生局成立有包括相关专科的医学专家组成的"预防接种异常反应诊断组"，对各区（市）县上报的预防接种中出现的异常反应进行调查诊断。

疾病预防控制中心建设

【概　况】

2002年，全市实施市、区两级疾病控制中心的组建工作。3月28日，在原成都市卫生防疫站、成都市第二卫生防疫站的基础上，成立成都市疾病预防控制中心，开展疾病预防控制、卫生监测检验、科研教学和健康教育，对重大污染、中毒等公共卫生事件，重大疫情、重大灾害等突发事件实行技术服务和指导。2004 年，完成市和部分区（市）县卫生执法监督所和疾病预防控制中心的分离和过渡。到 2005 年，成都市基本完成市、县、乡疾病预防控制网络、突发公共卫生事件应急和医疗救治体系建设。成都市疾病预防控制中心下设 12 个业务科室和 8 个职能科室，主要承担成都市疾病预防与控制、突发公共卫生事件应急处置、疫情及健康相关因素信息管理、健康危害因素监测与控制、实验室检测分析与评价、健康教育与健康促进、技术指导与应用研究等七大职能，是成都市疾病预防与控制的技术指导中心，负责各区（市）县疾病预防控制机构的技术指导。成都市 19 个区（市）县均建有疾病预防控制中心。在成都的四川省疾病预防控制中心是集疾病预防与控制、卫生监测检验与评价、健康教育与促进、应用研究与指导、技术管理与服务为一体的省级公益性卫生事业单位，是全省疾病预防与控制的业务技术指导中心，在疾病预防控制、突发公共卫生事件应急处理，保护群众健康和生命安全、科研培训等方面发挥作用。除此之外，成都尚有成都铁路局疾病预防控制中心、中铁二局疾病预防控制中心、双流国际机场防疫站、卫生防病实验动物中心等专业疾病控制中心。

【成都市疾病预防控制中心】

1952 年 8 月，成都市卫生防疫站成立。1959 年 3 月，成都市第二卫生防疫站成立。1957 年 6 月，成都市健康教育所成立。成都市卫生防疫站与健康教育所在“预防为主”方针指引下，应用预防医学与管理科学理论、技术与方法，进行预防、控制疾病，消除有害环境因素，改善卫生状况。1998 年 12 月，由卫生部授予成都市卫生防疫站“市级一等卫生防疫站”称号。1990—2000 年，有 47 项科研成果获部、省、市人民政府奖励，在《中华流行病学》等公开杂志上发表论文 370 余篇，为国家研制卫生检验与放射卫生防护标准 7 项。根据成机编办文件，撤销成都市卫生防疫站、成都市第二卫生防疫站，调整重组，组建成都市疾病预防控制中心、成都市卫生执法监督所，同时将成都市健康教育所并入成都市疾病预防控制中心。2002 年 3 月 28 日，成都市疾病预防控制中心、成都市卫生执法监督所授牌仪式在成都市国际会展中心举行，正式宣布成都市疾病预防控制中心、成都市卫生执法监督所成立。2004 年 2 月 12 日，疾控中心与卫生监督所分开，成都市疾病预防控制中心、成都市卫生执法监督所成为各具有完全法人资格的公益性卫生事业单位。是年，成都市疾病预防控制中心有在职职工 330 人，专业技术人员 278 人、占职工总数的 84. 24%（其中，具有高级技术职称的 73 人、中级技术职称的 87 人）。专业技术人员中，具有研究生学历的 16 人、大学本科学历的 91 人、大专学历的 62 人。中心下设流行病防制科、慢性病防制科、地方病防治科、计划免疫科、消杀灭科、职业病防治科、预防性诊断门诊部、健康教育所、食品环境学校卫生科、卫生微生物检验科、卫生理化检验科、理化中心实验室等 12 个业务科室和 8 个职能科室。四川省动物学会寄生虫与媒介生物专委会、成都市预防医学会、成都市青少年视力保护协会、成都市营养协会、成都市医院感染监控网办公室挂靠在该中心。中心主要承担成都市疾病预防与控制、突发公共卫生事件应急处置、疫情及健康相关因素信息管理、健康危害因素监测与控制、实验室检测分析与评价、健康教育与健康促进、技术指导与应用研究等七大职能。成都市疾病预防控制中心有较高软硬件水平的实验室，拥有电感耦合等离子发射光谱仪、高压液相色谱仪，气相色谱仪、全自动微生物分析仪、全自动批量样品处理机、全自动酶免分析仪等一批先进精密的检测仪器。2003 年 12 月，通过四川省技术监督局计量认证现场评审，发给计量认证证书，具有向公众提供公证数据的法律地位。2004 年 7 月，成为四川省卫生系统首家通过中国实验室国家认可委员会认可的检测机构，2004 年 10 月发给“认可证书”。认可通过涉及食品、食品添加剂及食品包装容器、材料，水及水产品，化妆品，消杀产品，医院内感染监测等 204 个检测项目。该中心出具的检验报告得到全球范围内与中国签署互认协议的美、英、法、德、澳、日等 50 多个国家和地区的承认，取得卫生检测市场的“国际通行证”。

该中心自 2002 年 3 月建立后，在“非典”、霍乱、人感染猪链球菌病、高致病性禽流感等疾病预防控制和重大突发公共卫生事件处理工作中，在计划免疫、职业病防制和卫生检测工作中发挥重要作用。2003 年 5 月，发展计划委员会发文决定同意成都市疾病预防控制中心迁建至武侯区永丰乡龙爪村（龙祥路）、占地 33. 8 亩、总建筑面积 1. 63 万平方米，其中，业务用房 346 平方米、检验用房 7550 平方米、辅助用房 3350 平方米、行政办公用房 440 平方米、地下停车场 1500 平方米，总投资 6450 万元。2004 年 2 月 16 日，新建成都市疾病预防控制中心奠基仪式举行，2004 年 5 月 8 日正式开工。在学科建设上，2005 年，该中心理化中心实验室在市卫生局第一批 6 个重点学科（实验室）建设项目评审中排名第二、流行病科在 16 个申请市卫生局重点学科（实验室）建设评审中排名第二，成都市卫生局确定将流行病科、理化中心实验室列为重点学科（实验室）建设项目。

【四川省疾病预防控制中心】

2002 年 1 月，经四川省人民政府批准，在原省卫生防疫站、省劳动卫生职业病防治研究所、省寄生虫病防治研究所、省地方病防治研究所、省结核病防治所的基础上组建四川省疾病预防控制中心，该中心是集疾病预防与控制、卫生监测检验与评价、健康教育与促进、应用研究与指导、技术管理与服务为一体的省级公益性卫生事业单位，并挂“四川省卫生监测中心”“四川省预防医学科学研究院”的牌子。2005 年年底，该中心有职工 775 人，其中，主任医（技）师 48 人、副主任医（技）师 146 人、主管医（技）师 222 人、医（技）师 175 人；拥有国家有突出贡献专家 6 人、卫生部专家咨询委员会委员 5 人、享受国务院政府津贴专家 33 人以上。中心内设有计划免疫、流行病学、细菌性疾病控制与病毒性疾病控制等 25 个处所室；拥有一批大型高精仪器设备；拥有获卫生部批准的“职业卫生技术服务甲级”资质和“含放射性产品检测”资质，建有血吸虫病流行病学、放射防护 3 个省重点学科，生物医学材料安全性评价和检测实验室、病原微生物分子生物学实验室、艾滋病确认实验室 3 个省重点实验室。取得卫生部和农业部确认的保健食品功能学检测实验室等 8 项资质，取得消毒产品检验机构等 4 项省级资质，还是国家首批疫情网试点单位。该中心设有现场流行病学培训基地、全国艾滋病防治区域培训四川基地、全球基金四川省艾滋病抗病毒治疗培训中心、四川大学华西医学中心教学实习基地、泸州医学院教学实习基地、美国加州大学博士生实习点 6 个培训基地，有北京大学医学部预防医学函授部四川函授站，主办有国家级和省级期刊3种，其中，《预防医学情报杂志》和《寄生虫病与感染性疾病》杂志被国际著名检索机构《美国化学文摘》收录。1991—1998年，连续被评为四川省先进科研单位，1993年，获评全国卫生防疫先进单位，1995年，获评全国卫生系统先进单位，2003年，获评省文明单位。中心与WHO、美、法、德、日、比利时、新西兰等国家、国际组织开展合作项目，进行学术交流，拓展科研领域，促进中心科技水平与专业技术水平的提高。1990—2005年，该中心取得显著成就（含组建"中心"前各单位所取得成就），充分发挥人才和设备优势，应用现代预防医学科学理论，承担大量包括国家863课题、国家自然科学基金课题、国家"十五"攻关课题、国际合作课题及部省课题在内的项目，在科学研究和科技创新活动中，取得丰硕成果；获国家级成果奖8项，部、省级成果奖82项，省卫生厅奖励24项；取得发明专利9项、实用新型专利3项、外观设计专利1项。

【区（市）县疾病控制中心】

2002年，成都市开展区（市）县疾病控制中心的组建工作，是年底，青羊、武侯、成华、金牛4区先后建立疾病控制中心。至2005年年底，全市除成都高新区外，19个区（市）县均建立疾病预防控制中心，区（市）县疾病预防控制中心医务人员1086人。

2005年成都市各区（市）县疾病预防控制中心情况表

表5-218

中心名称	人员（人）						中心建立时间	业务用房面积（平方米）	备注
	副主任医（技）师	主管医（技）师	医（技）师	医（技）士	行政管理人员	合计			
锦江区疾病预防控制中心	1	28	7	0	0	36	2003年4月	6300	工人3名
青羊区疾病预防控制中心	4	13	10	0	5	32	2002年10月	2323	工人4名
金牛区疾病预防控制中心	3	20	15	0	5	43	2002年6月	3184	
武侯区疾病预防控制中心	3	23	7	0	3	36	2002年11月	3000	
成华区疾病预防控制中心	2	13	20	6	5	46	2002年	4609	
龙泉驿区疾病预防控制中心	1	17	24	3	13	58	1962年	3098	与监督所未分开
青白江区疾病预防控制中心	2	19	15	2	3	41	2005年3月	1780	

续表

中心名称	人员(人)						中心建立时间	业务用房面积(平方米)	备注
	副主任医(技)师	主管医(技)师	医(技)师	医(技)士	行政管理人员	合计			
新都区疾病预防控制中心	6	22	18	6	2	54	2002年	381	
温江区疾病预防控制中心	4	21	14	7	16	62	2002年10月	3061	
金堂县疾病预防控制中心	2	14	28	8	8	60	2004年12月	3560	
双流县疾病预防控制中心	5	40	60	0	24	129	2004年4月	5926	
郫县疾病预防控制中心	0	17	33	12	2	64	2003年4月	2000	工人18名
大邑县疾病预防控制中心	2	14	23	11	7	57	2002年11月	2320	
蒲江县疾病预防控制中心	1	9	12	2	2	26	2002年12月	1400	工人9名
新津县疾病预防控制中心	1	10	14	4	0	29	2005年4月	2250	工人5名，其他人员4名
都江堰市疾病预防控制中心	4	17	29	8	37	95	2005年5月	3699	
彭州市疾病预防控制中心	1	24	21	5	34	85	2005年7月	5100	
邛崃市疾病预防控制中心	3	28	21	9	15	76	2002年11月	4470.6	
崇州市疾病预防控制中心	1	12	22	17	5	57	2003年7月	4298	其他人员19名

【成都铁路局疾病预防控制中心(成都铁路局环境监测站)】

2004年6月，成都铁路局疾病预防控制中心在原成都铁路局中心卫生防疫站的基础上组建成立，负责管辖区内的单位及家属的疾病预防控制工作，并对所属分局的疾病预防与控制进行业务指导。该中心有职工202人，其中，副主任医(技)师9人、主管医(技)师58人、医(技)师61人；设疾病预防控制、消毒、职业病防治、卫生监测、环境监测、健康教育、微生物检验、理化检测等业务科室和门诊部。1990年后，结合实际工作参与取得的《尘肺综合干预措施的研究》《旅客列车乘务员劳动卫生研究》《全列空调客车环境乘务员人体效应关系的研究》等8项科研成果获成都铁路局、四川省科技成果奖，其中《旅客列车乘务员劳动卫生研究》《尘肺综合干预措施的研究》分获1990年、2001年四川省科技进步三等奖、二等奖。中心对质量管理在职业病诊断、卫生监测中的应用立项研究，2003年，《应用QC方法提高环境监测质量》的研究获成都铁路局QC成果奖；2004年，《严把质量控制，提高尘肺诊断水平》《防疫站检测工作的质量管理》分别获铁道部优秀质量管理一等奖和成都铁路局QC成果奖。先后被授予"全国基层卫生防疫站环境卫生工作先进单位""全国卫生防治工作先进单位""全国环保监测网先进监测站"等荣誉。

【中铁二局疾病预防控制中心】

2002年，由原铁道部第二工程局卫生防疫站改建，成立中铁二局疾病预防控制中心。中心下设办公室、质量管理室、财务室、药械、总务室等职能科室和卫生（含食品、环境、学校卫生）、劳动卫生（含职业卫生、职业病诊断管理）、检验、防疫（传染病、计划免疫、消毒监测）、民用建筑室内环境检测等专业科室。开展食品卫生、环境卫生、生活饮用水、学校卫生、劳动卫生、消毒效果监测、环境监测、民用建筑室内环境监测、室内空气质量检测等9大类156个项目的检测工作。该中心2005年10月有职工31人，其中，副主任医（技）师3人、主管医（技）师5人、医（技）师14人，设卫防、职业卫生、检验、空气质量检测等业务科室。1990—2005年，科研项目《铁路隧道工矽肺危险度评价》获铁道部奖励。2003年，获中铁二局集团股份有限公司"非典防治先进集体"称号。

【双流国际机场医疗救护中心】

由原成立于1982年的机场卫生防疫站改建，隶属成都双流国际机场股份有限公司。该中心下设急救站、防疫站等科室，有医护人员52名。该中心占地约6000平方米，按照国家标准配备相应的急救设备。1995年6月，经成都市卫生局批复认可，业务上接受成都市卫生防疫站指导。1998年，成为成都市120急救网络成员单位。主要工作职责是执行国家医疗卫生法律、法规；为旅客、机场工作人员提供医疗急救、医疗保健、医学咨询、健康教育方面的服务；承担机场发生的各类紧急事件的应急救护工作；参与机场范围内卫生防疫、爱国卫生和传染病防治的相关工作。拥有噪声、一氧化碳、二氧化碳、甲醛、粉尘、细菌培养、食品与水质快速检测箱、机动与手动喷雾消毒器等仪器设备；根据《中华人民共和国食品卫生法》《公共场所卫生管理条例》以及民航总局的有关要求，防止传染病通过航空港传出或传入，对机场地区和驻场单位进行卫生监督监测和交通卫生检疫，控制传染病的流行和预防食物中毒的发生。《医疗救护中心质量管理文件》通过上海质量体系认证中心组织的ISO 9001：2000质量管理体系认证。历年应急保障救护率100%。

【卫生防病实验动物中心】

卫生防病实验动物中心前身是1991年9月组建的市卫生防疫站动物实验室，承担食品、食品添加剂、化妆品、工业毒物、消毒杀虫药物、洗涤剂、农药等的安全性评价工作，随着毒理学实验工作的不断推进，动物实验室日渐规范。1993年10月，动物实验室取得省实验动物管委会颁发的合格证，并于1995年11月取得医学实验动物环境设施合格证书（Ⅰ级）。2001年12月25日，省实验动物管委会专家组对市疾控中心实验动物房环境及设施进行认证，按《四川省实验动物许可证管理实施细则（试行）》的要求换领新证。动物实验的主要项目涉及急毒试验、亚急性试验及遗传毒性试验等第一、二阶段毒性试验项目，使用的实验动物主要有大鼠、小鼠、兔子、豚鼠等，所涉及的样品有食品、保健品、消杀药品、化妆品、建筑材料等；10 年间，做 140 多件样品、200 多项次毒理学试验工作，为开展食品、化妆品、消毒杀虫产品、建筑材料等的安全性评价工作提供科学依据。2005 年 3 月 19 日，省实验动物管委会的专家对动物房的改造方案进行论证，方案确定后进行改造，于当年 5 月底改造完成，6 月仪器调试安装到位，7 月中旬完成动物房环境的检测工作。新建实验动物房坐落于温江鱼凫路 47 号，总面积约 300 平方米，2005 年 11 月进行首批动物实验。

卫生保健

孕产妇母子系统保健

【概　况】

1990年，中国实施《中国妇女发展纲要》和《中国儿童发展纲要》（以下简称《两纲》），成都市委、市政府将《两纲》妇幼卫生中的主要指标纳入政府一级目标管理，成立“成都市妇女儿童工作委员会”，围绕《两纲》目标开展以健康为中心、家庭为单位、社区为范畴，提供健康保护和健康服务的母子系统保健工作，覆盖中心城区及14个区（市）县城关镇，为孕妇、产妇及婴儿提供较为系统、规范的保健保障服务。加强危产期保健和高危妊娠程序管理，孕妇产前检查率91.04%，人均检查5.99次；产后访视率85.10%，人均访视3.22次。检查妇女病42.44万人，治疗妇女病9万多人次。扩大0—3岁儿童系统保健管理范围。孕产妇和婴儿死亡率大幅度下降，孕产妇死亡率控制在6.8/万人，婴儿死亡率降至31.2‰。是年，卫生部组织对全国计划单列市妇幼卫生工作检查评比，成都市仅次于沈阳市，获第2名。1991年，母子系统保健管理覆盖面保持在80%以上。1993年，孕产妇死亡率降到53.2/10万人，婴儿死亡率降至26.80‰。1994年，巩固和完善母子系统保健工作，使全市孕产妇死亡率控制在万分之五，婴儿死亡率控制在30‰以内，完成国家《九十年代儿童纲要规划》规定的中期任务。1998年，全市医疗卫生服务体系基本形成，服务功能逐步增强，服务水平不断提高。全市孕产妇死亡率降到30.0/10万，婴儿死亡率降到20‰。2000年，成立“成都市孕产妇、5岁以下儿童死亡监测领导小组”，制定《成都市孕产妇死亡监测方案》《成都市5岁以下儿童死亡监测方案》和《成都市农村孕产妇系统保健管理办法（试行）》。2001年，制定下发《成都市新生儿疾病筛查管理办法》和《成都市2001年新生儿疾病筛查工作计划》。5月10日，接受省卫生厅组织的专家对全市新生儿疾病筛查站的评审。完成新生儿疾病筛查1.11万人次。2002年，市卫生局制定《成都儿童发展规划》《成都妇女发展规划》《2001—2010卫生目标实施方案和监测方案》，举办《中华人民共和国母婴保健法》《医疗事故处理条例》《两纲》监测专题培训及工作部署。全年全市孕产妇保健系统管理率为76.81%，儿童系统保健管理率为80.4%。全年全市孕产妇死亡率为22.74/10万，婴儿死亡率为16‰，5岁以下儿童死亡率为23.04‰，出生缺陷发生率为7.95%。2005年，新制定《成都市孕产妇死亡评审管理规范》，健全孕产妇死亡报告、分级评审、定期通报制度，分别于4月、7月和11月召开通报会，增添防止孕产妇死亡的措施。全市相继建立270个妇幼卫生监测哨点，整体推动妇幼卫生信息网络建设。全市孕产妇系统管理率80.58%，儿童系统保健管理率88.42%；全年开展妇女病查治98.66万人次，计划生育手术23.29万人次，接产总数7.16万人次；出生缺陷发生率为10.31‰。全市孕产妇死亡率由1990年的52.38/10万下降为2005年21/10万，婴儿死亡率由25.52‰下降为13.40‰。

【孕产妇母子系统保健管理体系】

城市母子系统保健服务经过8年（1985—1993年）运转，进入20世纪90年代，原有的医疗保健管理模式已不能适应日益增长的需求。1990年，国家实施《中国妇女发展纲要》和《中国儿童发展纲要》，成都市委、市政府成立"成都市妇女儿童工作委员会"，开展以健康为中心、家庭为单位、社区为范畴，提供健康保护和健康服务的母子系统保健工作，覆盖中心城区及14个区（市）县城关镇。到1991年，全市母子系统保健管理覆盖面保持在80%以上。1993年7月1日起，城区母子系统保健服务实行新的管理办法和运转模式，市卫生局成立"成都市母子系统保健领导小组"，组建办公室（简称市母子办，挂靠在成都市妇幼保健院），领导、组织全市母子系统保健工作，中心城区各区妇幼保健院设立区母子系统保健管理办公室；制定《成都市母子系统保健管理办法》和工作职责、管理措施及考核办法，以孕产妇保健卡（简称孕卡）为依据，统一资料，规范登记。1996年，全市母子系统保健工作得到巩固提高，孕产妇保健和5岁以下儿童保健覆盖率城市95%，农村85%。至1998年，全市设有妇产科、计划生育服务、儿科医疗卫生机构537个，其中省、市级11个，工矿、铁路、部队87个，区（市）县医院44个，妇幼保健机构19个，街道、乡镇376个。设有妇产科、计划生育服务床位3145张，儿科床位2012张。2000年，巩固和完善母子系统保健工作，制订《成都市农村孕产妇系统保健管理办法（试行）》。2002年，制定《成都儿童发展规划》《成都妇女发展规划》，制定和修订孕产妇保健、儿童保健、产科工作制度和常规、儿童保健工作质控考核标准；对全市产科执业单位"出生医学证明"实施网络监控，实现程序化、科学化、法治化管理。全年全市孕产妇保健系统管理率为76.81%，儿童系统保健管理率为80.4%。2004年，市卫生局组织力量修订孕产保健、儿童保健和产科工作制度，制定儿童保健工作质量控制考核标准，在各区（市）县积极推广城区母子系统管理方法和经验。2005年，全市相继建立270个妇幼卫生监测哨点，整体推动妇幼卫生信息网络建设。全市孕产妇系统管理率80.58%，儿童系统保健管理率88.42%。

【妇幼保健机构规范化建设】

1990年，成都市卫生局统筹全市妇幼卫生工作，组织3个专家小组作为智囊团进行技术指导，实行行业管理，县、乡、村三级妇幼保健网基本健全。11月，卫生部组织对全国13个计划单列市的妇幼卫生工作检查评比，检查组对成都市妇幼卫生工作进行全面检查评比，成都市名列第二，受到卫生部的表彰。1996年，开展创等级妇幼保健机构活动，先后有7个区（市）县妇幼保健院经市级妇幼保健专业评审委员会评审，达到一级甲等妇幼保健机构水平。1998年，按照卫生部妇幼保健机构等级评审标准，崇州市、成华区、金牛区、郫县、温江县、彭州市、龙泉驿区妇幼保健院达到一级甲等水平。2000年，按照卫生部妇幼保健机构等级评审和评审细则，完成对新都县、双流县、金堂县、都江堰市、青白江区5个妇幼保健机构的等级评审工作。成都市妇幼保健院创建成“三级甲等妇幼保健院”。2002年，全市有14个妇幼保健机构通过一级甲等评审，有1个妇幼保健机构通过三级甲等评审。2004年5月，青羊区妇幼保健院创建“诚信示范医院”，被四川省卫生厅确认为二级妇幼保健院。2005年，全市实施产科执业机构的产科执业资格审查，全市妇产科执业机构由434家调整为299家；整合资源，在城市将计划生育服务站与社区卫生服务中心合并，在农村实施计划生育技术指导站与乡镇卫生院合并；强化产科儿科队伍建设，严把人员准入关，将新进入人员准入与执业人员产科岗位校验换证考试考核由3年一次改为每年一次。妇幼保健服务网络体系由市、区（市）县、乡镇医疗卫生单位组成，构成三级妇幼保健网络。在三级网络中，华西妇女儿童医院、成都市妇幼保健院是三级甲等医院，成都市妇产科医院和崇州市、金牛区、彭州市、郫县妇幼保健院是二级甲等医院，青羊区妇幼保健院是二级乙等医院。各级网络职责明确，互相配合，开展多种内容的妇幼保健工作。

【城乡母子系统保健】

20世纪90年代以后，各级医疗机构遵循“儿童优先，母亲安全”的保健宗旨。妇女从怀孕至产后4个月，新生儿从出生至5岁，由接生医院、区级妇幼保健机构、街道（乡）医院（三、二、一级医疗保健网）实行分级管理，提供全程系列服务，内容包括提供早孕保健卡、健康教育咨询、孕产期保健、高危监护、产后对母亲和新生儿各访视5次（28天内有特殊情况应酌情增加访视次数）、0—5岁儿童定期健康检查12次等服务。1998年，建立母子保健计算机管理网络，加强全市母子系统保健规范化、科学化管理，全市母子系统保健服务逐渐深入家庭。2000年，成都市下发《成都市农村孕产妇系统保健试行管理办法》，推广城区母子系统保健管理经验和方法。区（市）县孕产妇系统保健体系，由区（市）县级医疗保健机构、乡级医疗机构和村保健人员组成，共同承担母子系统保健全程服务。区（市）县推广各种层次和形式的母婴保健保障制度。是年内，孕产妇死亡率为14.86/10万，婴儿死亡率下降至12.61‰，婴儿母乳喂养率上升至93.87%，孕产妇建卡率96.08%，产前检查率95.95%，母子系统管理率76.59%；对250个托幼园所进行儿童入托体检。2001年，制定下发《成都市妇幼保健系统性病防治及筛查工作方案》，全年全市婴儿死亡率15.8‰，孕产妇死亡率24.50/10万，5岁以下儿童死亡率23.68‰。全年全市接产总数6.74万人次，孕产妇建卡率96.39%，产前检查率96.61%，母子系统管理率80.87%。全市妇女病查治68.26万人次；完成6岁以下儿童集体健康体检48.39万人次；开展婚前医学检查13.47万人，合法婚检率为87.91%。2002年，下发《成都市农村孕产妇系统保健管理办法》，规定各级保健网的职责，提出具体工作要求，建立孕产妇系统保健质量控制及评估制度，明确孕早期、中期、晚期检查内容。市、区（市）县建立健全产科急救指挥小组和产科急救小组，负责抢救危重孕产妇和指导下级医疗机构的抢救工作。对全市产科执业单位“出生医学证明”实施网络监控，实现程序化、科学化、法治化管理。全年全市孕产妇死亡率为22.74/10万，婴儿死亡率为16‰，5岁以下儿童死亡率为23.04‰，出生缺陷发生率为7.95‰。2004年7月，国家启动第二轮“降低孕产妇死亡率和消灭新生儿破伤风项目”(以下简称“降消”),成都市首次成为项目市,项目单位为邛崃市和彭州市。成都市制定以提高县级医疗保健机构产科质量、创建产科“绿色通道”和实施贫困孕产妇救助为重点的工作方案,项目工作进展顺利,并通过省级督导组的中期评估。全市全年接产总数为6.41万人次,反映妇幼工作的各项指标继续保持较好水平,孕产妇死亡率为18.11/10万,婴儿死亡率为14.26‰,5岁以下儿童死亡率为20.58‰,新生儿出生缺陷发生率为83.99‰,孕产妇系统管理率75%,儿童保健管理率86.82%;查治妇女病69.16万人次。2005年,成都市下发《关于加强全市产科急救工作管理意见(试行)》,建立区(市)县、片区和市级产科三级急救网络,保证产科绿色通道运行,使孕产妇、特别是高危孕产妇得到及时、迅速、准确、有效救助。孕妇生产后,常规访视3次,时间分别为出院3天、14天和28天,有异常情况酌情增加访视次数。孕产妇系统保健管理率80.58%(城市72.86%、农村87.49%),产前检查率由50%提高到96.18%(城市96.09%、农村96.25%),高危妊娠管理率由90%提高到100%、住院分娩率99.6%、产后母亲访视率96.03%(城市96.79%、农村95.55%),婴儿母乳喂养率92.58%。是年,成都市将参加合作医疗的妇女住院分娩定额补助100元提高到500元。

爱婴行动

【概　况】

1989年,世界卫生组织和联合国儿童基金会向全球发起“创建爱婴医院,促进母乳喂养”的爱婴行动。中国政府承诺“执行九十年代儿童生存、保护和发展的奋斗目标”。成都市政府创建爱婴医院,全面推进《九十年代成都儿童发展规划》。1990年,成都市出生1个月内进行母乳喂养的婴儿为37.5%,出生四个月内母乳喂养的婴儿12%。1992年,制定《成都市1992—1994年促进母乳喂养,创建爱婴医院规划》,成立“成都市母乳喂养协调领导小组”。在成都市妇女儿童协调委员会领导下,成立市促进母乳喂养工作办公室和促进母乳喂养工作专家技术委员会,动员社会各方面支持母乳喂养,为婴儿提供获得母乳喂养的条件。同年,市妇幼保健院和市妇产科医院率先改革产科制度,实行24小时母婴同室、乳头早吸吮、按需哺乳,废除哺乳前人工喂养。市级综合医院和县级妇幼保健机构开展母婴同室试点,在农村重点提高住院分娩率、早开奶。12月1日,成都市妇幼保健院通过评审,获得世界卫生组织、联合国儿童基金会、卫生部授予的全国首批爱婴医院称号。1994年8月4日,在全市开展“世界母乳喂养宣传周”活动。1996年,全市累计建成爱婴医院60个,95%的县级以上设产科的医疗保健机构均达到爱婴医院全球标准。1997年3月31日,成都市召开“成都市创建爱婴市动员大会”,在全市开展创建爱婴医院的活动。是年,成都市通过爱婴市省级评审,成为全省第一家爱婴市。1998年,全市有60所县级以上医院、保健院建成爱婴医院,10个地区达到爱婴区(市)县标准,促进母婴喂养,全市婴儿母乳喂养率提高到80%。1999年,大力开展爱婴活动,有5个区(市)县通过爱婴区(市)县的市级评审,使爱婴区(市)县总数上升到15个。2000年,按照卫生部《妇幼保健机构评审实施规范》《评审细则》,武侯区妇幼保健院、都江堰市中医院、新都二医院、新都兴民镇中心卫生院通过爱婴医院评审工作。2002年,市卫生局对全市96家爱婴医院进行抽查复评,接受四川省爱婴医院复评,合格率100%。

2003年，全市进一步加强爱婴医院建设，并进行全面部署。至2005年年底，全市建成爱婴医院103个。

【实施爱婴行动】

20世纪90年代初，成都市投资1000万元建成成都市妇幼保健培训中心，增设“成都市母乳喂养培训中心”，并为全市开展创建爱婴市活动提供必要的经费支持。根据《四川省〈中华人民共和国母婴保健法〉实施办法》，规定“实行纯母乳喂养的女职工增加一个月产假，产假视为出勤”，市卫生局、市劳动局、市妇联、市总工会联合下发《关于认真落实纯母乳喂养婴儿的女职工增加一个月产假的通知》，加强对“女职工劳动保护规定”的宣传、督促、执行，有效地保护职业妇女母乳喂养的权利，保证“母亲安全，儿童优先”政策的落实。各医疗保健机构设立母乳喂养咨询门诊及热线电话、建立孕产妇学校，使孕产妇及其丈夫或家属获得母乳喂养知识，重视、支持母乳喂养；将新生儿产后访视工作延长到婴儿期4个月，把母乳喂养知识和技能教给孕产妇和家属。1994年8月4日，在全市开展“世界母乳喂养宣传周”活动。1996年，开展母婴保健专项技术执行许可资格评审工作，全市有20个妇幼保健机构获得母婴保健技术执行许可资格。1998年，组建母婴保健技术监督队伍，市及各区（市）县卫生行政部门设立母婴保健监督员61人，通过培训考核，颁发执法证件。2003年，全市进一步加强爱婴医院建设，并进行全面部署，各区（市）县母乳喂养率达85%以上。

【创建爱婴医院】

1992年，市妇幼保健院和市妇产科医院率先改革产科制度，实行24小时母婴同室、乳头早吸吮、按需哺乳，废除哺乳前人工喂养。市级综合医院和县级妇幼保健机构开展母婴同室试点，在农村重点提高住院分娩率、早开奶。11月29日至12月2日，由国际评估员马莎·莫诺率领的联合国儿童基金会、世界卫生组织和国家卫生部组织的全国首批“爱婴医院”评估小组第二组对成都市申报“爱婴医院”的成都市妇幼保健院，按照“爱婴医院”国际标准进行全面、深入地评估，宣布成都市妇幼保健院符合各条标准，报国家母乳喂养协调委员会、联合国儿童基金会和世界卫生组织共同确认，获得世界卫生组织、联合国儿童基金会、卫生部授予全国首批爱婴医院称号。1993—1994年，崇州市、邛崃市、龙泉驿区、新津县、郫县、温江县、新都县、双流县、成华区妇幼保健院被评为爱婴医院。成都市政府将爱婴行动从城市推向农村，从医院推向社区，从卫生部门发展到有关部门，母婴同室、母乳喂养、母婴安全等工作获得社会好评。1994年11月7日，联合国儿童基金会、中国—加拿大儿童健康基金会和中华人民共和国卫生部联合在北京人民大会堂举行第四届陈福棠奖颁奖仪式暨创建爱婴医院表彰大会。成都市有16家医院建成爱婴医院，成为全国11个受表彰的城市之一。1995年，成都市政府获得联合国儿童基金会和中国—加拿大儿童基金会及卫生部授予的“全国创建爱婴医院十佳成绩突出市”奖牌。在巩固创建爱婴医院成果的同时，爱婴行动深入城乡，母乳喂养支持组织深入到社区、村、居委会，全市建成爱婴医院51所。1996年，成都市政府发出创建爱婴市的号召，组建“成都市创建爱婴市领导小组”，制定《成都市爱婴市标准》和《成都市创建爱婴市行动计划》，将创建爱婴市列入政府的目标管理，明确各部门的职责。1997年，市政府再次召开全市创建爱婴市动员大会，由市卫生局、市妇联、市计生委、市劳动局、市总工会、市广电局、市财政局、市财办、市工商局等单位组成20人的评估组对爱婴医院、商场、工厂、街道及乡卫生院进行检查，评估组认定基本符合卫生部和成都市制定的爱婴市标准。1999年，全市爱婴区(市)县总数上升到15个，90所有产科的医院全部建成爱婴医院。2003年，5家医院顺利通过爱婴医院评估，使全市爱婴医院成果得到较好的巩固。到2005年年底，全市建成爱婴医院103个，其中，省、市、铁路、部队医院30个，区县级医院28个、区县保健院19个、乡级医院26个。

成都市爱婴医院一览表

表5－219

省、市医院	工矿医院	部队、铁路医院
华西医科大学附二院	四川省建筑医院	成都军区总医院
四川省人民医院	中国第五冶金建设公司医院	空军成都医院
四川省妇幼保健院	四川省石油管理局总医院	成都铁路中心医院
成都市妇幼保健院	成都市新华人民医院	铁道部第二工程局中心医院
成都市妇产科医院	成都市无缝钢管公司总医院	成都市机车车辆厂医院
成都市第一人民医院	成都飞机工业公司医院	
成都市第二人民医院	中国核工业总公司成都416医院	
成都市第三人民医院	成都九星纺织集团公司医院	
成都市第五人民医院	中国水利水电第十工程局医院	
成都市第六人民医院	四川省交通厅公路局医院	
成都市第七人民医院	四川省林业中心医院	
成都市儿童医院	四川化工总厂医院	
	成都刃具厂医院	

说明：省、市、工矿、铁路、部队医院30所

2005年成都市各区(市)县爱婴医院一览表

表5－220

区(市)县	单位名称	区(市)县	单位名称
成华区	成华区妇幼保健院 青龙乡卫生院 保和乡卫生院 龙潭乡卫生院 圣灯乡卫生院	龙泉驿区	龙泉驿区妇幼保健院 龙泉驿第一人民医院 龙泉驿第二人民医院 西河中医医院 龙泉乡中心卫生院

续表

区(市)县	单位名称	区(市)县	单位名称
青羊区	青羊区妇幼保健院 青羊区第六人民医院 青羊区第九人民医院 青羊区第十人民医院	金牛区	金牛区妇幼保健院 金牛区人民医院 金牛区卫生院 金牛区中医医院
双流县	双流县妇幼保健院 双流县第一人民医院 双流县第二人民医院 双流籍田中心卫生院	金堂县	金堂县妇幼保健院 金堂县第一人民医院 金堂县第二人民医院 竹篙区中心医院
锦江区	锦江区妇幼保健院	武侯区	武侯区妇幼保健院 （区人民医院）
崇州市	崇州市妇幼保健院 崇州市人民医院 怀远中心医院 廖家中心医院 三江中心医院 隆兴中心医院 元通中心医院	新都区	新都区妇幼保健院 新都区第一人民医院 新都区第二人民医院 柏水乡卫生院 新都镇医院 新都区中医医院
青白江	青白江区妇幼保健院 青白江区人民医院	新津县	新津县妇幼保健院 新津县人民医院
邛崃市	邛崃市妇幼保健院 邛崃市人民医院 邛崃市第四人民医院	温江县	温江县妇幼保健院 温江县人民医院 金马乡卫生院
郫县	郫县妇幼保健院 郫县人民医院 郫县第二人民医院 唐元中心卫生院 唐昌中心卫生院	大邑县	大邑县妇幼保健院 大邑县人民医院 大邑县第二人民医院 王泗中心卫生院 董场中心卫生院
彭州	彭州市妇幼保健院 彭州市人民医院 西郊乡卫生院 敖平中心卫生院 天彭中心卫生院 濛阳乡中心卫生院	都江堰市	都江堰市妇幼保健院 都江堰市人民医院 都江堰市中医医院 崇义镇卫生院
蒲江县	蒲江县妇幼保健院 蒲江县人民医院		

婚姻保健

【概　况】

1984年,成都市开始开展婚前保健工作,由成都市妇幼保健院和几个市级综合性医院承担此项工作,处于试行阶段,尚未引起社会的广泛重视,不到一年时间就中断。1988年,经成都市政府同意,市卫生局、市民政局根据卫生部、民政部《关于婚前健康检查问题的通知》精神,下发《关于在全市开展婚前健康检查的通知》及《关于在全市开展婚姻保健工作的意见》,恢复婚姻保健工作,至1992年12月,全市有195家医疗保健单位承担婚检工作。1996年9月,成都市卫生局、市民政局联合下发《关于加强成都市婚前医学检查管理的意见》,对全市婚前医学检查的范围、机构、职责要求、国内和涉外婚检人员、收费标准等作出严格规定。1997年,加强婚前医学检查,全市进行婚前医学检查6.51万人,婚前医学检查率城市97.8%、农村85%。1999年,社会卫生和预防保健工作不断得到加强,全市婚前医学检查覆盖面提高,依法开展婚前医学检查,将合法婚检率提高到80%。2000年,全年依法开展婚前医学检查11.89万人。2001年,修改下发《成都市婚前医学检查和孕产妇产前检查筛查管理办法和质量控制标准》,接受卫生部对全市婚前医学检查工作的考评。举办"生殖健康,妇女更年期保健"、婚前医学检查医师等培训班。全市婚前医学检查13.47万人,合法婚检率为87.91%。2002年,制定《成都市婚前保健工作管理规定》,加强婚前医学检查工作的管理,对全市婚检医生进行上岗培训及发证,提高合法婚检率,全市合法婚检率94.2%。2003年,全市进一步规范婚前医学检查等专项技术服务的行业管理,按照卫生部《关于婚前保健工作规范》要求,组织市、区(市)县婚检主检医师参加省卫生厅举办的婚前医学检查强化培训,对婚检工作依法进行规范。10月1日,国家颁布《婚姻登记条例》,规定婚前医学检查实行自愿原则,婚检人数逐步下降。2005年,部分区妇幼保健院开始免费开展婚前健康体检、保健咨询和指导。

【婚姻保健检查】

1990年,全市婚前检查率为88.9%。根据国家的有关规定,涉外及中国港澳台地区婚姻登记当事人在申请结婚登记时,都必须进行婚前健康检查,四川省涉外及中国港澳台地区婚前健康检查由成都市妇幼保健院承担。1992年,四川省民政厅指定成都市锦江区妇幼保健所为涉外婚姻登记当事人婚前健康检查定点医院。1995年,全市婚前检查率为75.97%。1996年,成都市妇幼保健院多次举办承担婚姻保健工作的医师、检验人员培训、复训班,提高全市婚姻保健工作质量和婚检医师的诊断水平。1998年,四川省卫生厅批准成都市妇幼保健院、锦江区妇幼保健院为涉外婚前医学检查单位。2000年,全市婚前检查率为81.26%。2002年,成都市卫生局根据卫生部《婚前保健工作规范(修订)》《四川省婚前医学检查管理办法》的有关规定,结合实际、制定《成都市婚前保健工作管理规定》,使全市婚前保健工作形成完整的体系。对检查出的传染病、精神病、遗传病等进行分类指导,积极治疗,促进优生和家庭幸福。2003年10月1日,新《婚姻登记条例》颁布实施,规定婚前医学检查实行自愿原则,全市婚前保健情况发生明显变化,婚检人数急剧下降,2005年婚检率从2003年的91.55%下降为2.11%,部分区、县(如武侯区、高新区、青白江区、大邑县）婚检率为零。成都市妇幼保健院于2004年11月，率先开展对新人免费婚前健康检查、保健咨询和指导，温江区亦开展免费婚前健康检查。成都市卫生局根据国务院7个部门联合在全国开展为期一年的“尊重生命尊重爱——婚前医学检查”知识宣传教育普及活动通知精神，与四川省政府妇女儿童工作委员会办公室等7部门制订关于加强成都市婚前保健工作的《心系新人——关于与市、区民政局联合开展婚前保健和指导活动的实施方案》，开展广泛的宣传活动。

【婚检机构管理】

20世纪90年代初，成都市和各区（市）县成立婚姻保健工作领导小组，由卫生局分管领导任组长，领导、组织婚姻保健工作，并制定相应的管理办法，指定各级医疗机构开展婚姻保健的技术指导、业务培训及疑难病症的诊疗。从1996年开始，每三年对婚前医学检查专项技术执业许可资格审评一次，成都市卫生局组织专家评审组，按照《成都市婚前医学检查单位执业评审标准》，对承担婚检单位的行政管理、硬件设施、技术力量等方面进行全面审评。1996年9月，成都市卫生局、民政局联合下发《关于加强成都市婚前医学检查管理的意见》，对全市婚前医学检查的范围、机构、职责要求及收费标准等作出严格规定。2000年，市卫生局与市民政局联合下发《关于进行婚前医学检查行政执法检查的通知》，联合抽查邛崃、蒲江、大邑、彭州、龙泉驿区、金牛区、锦江区7个区（市）县的婚前医学保健婚姻登记情况，对婚前保健机构的技术水平进行评估。2001年，修改下发《成都市婚前医学检查和孕产妇产前检查筛查管理办法和质量控制标准》，完成新津县、蒲江县妇幼保健院婚前医学检查执业复审工作。2002年，成都市卫生局加强婚前医学检查工作的管理。是年，对全市婚检医生进行上岗培训及发证，提高合法婚检率，全市合法婚检率94.2%。2003年以后，全市进一步规范婚前医学检查等专项技术服务的行业管理，按照卫生部《关于婚前保健工作规范》要求，组织市、区（市）县婚检主检医师参加省卫生厅举办的婚前医学检查强化培训，对婚检工作依法进行规范。

儿童保健

【概　况】

1990年，成都市扩大0—3岁儿童系统保健管理范围，落实各项措施，提高儿童营养水平，加强儿童保健管理，促进儿童全面发展，婴儿死亡率降至31.2‰，各项儿童保健工作位居四川省前列。按照《中华人民共和国母婴保健法》《九十年代中国儿童发展规划》要求，成都市人民政府并先后出台《90年代成都儿童发展规划纲要》《成都市母子系统保健管理办法》《成都市托幼园所分级分类管理实施意见》。1994年，进一步巩固和完善母子系统保健工作，婴儿死亡率控制在30‰以内，完成《九十年代儿童纲要规划》规定的中期任务。1996年4月，成都市儿童卫生事业通过有关专家评审，儿童生存、保护和发展的12项目标中的卫生目标，儿童麻疹、白喉、百日咳、破伤风、脊髓灰质炎、结核病的计划免疫全程接种率应达到80%，成都市达到99%以上，在推广小儿口服补液疗法、消灭维生素A缺乏症、降低儿童营养不良患病率，控制新生儿破伤风及麻疹发病率、降低死亡率方面均达到和实现“马尼拉中期目标”。全市5岁以下儿童保健覆盖率城市95%，农村85%，婴儿死亡率降至25‰。

2000年，成立“成都市孕产妇、5岁以下儿童死亡监测领导小组”，制定《成都儿童发展规划（2001—2010）》《成都市孕产妇死亡监测方案》《成都市5岁以下儿童死亡监测方案》。完成卫生部“妇女儿童维生素A缺乏症”“妇女儿童铁缺乏症”等调查，全面恢复“出生缺陷筛查”“新生儿疾病筛查”工作，下发《成都市新生儿疾病筛查网络管理办法》。2001年，完成新生儿疾病筛查1.11万人次；全年全市婴儿死亡率15.8‰，5岁以下儿童死亡率23.68‰；完成6岁以下儿童集体健康体检48.39万人次。2002年，市卫生局制定《成都儿童发展规划》，修订儿童保健工作质控考核标准，举办《中华人民共和国母婴保健法》专题培训；在农村推广城区母子系统保健管理经验和方法，全年全市儿童系统保健管理率80.4%，婴儿死亡率为16‰，5岁以下儿童死亡率为23.04‰，出生缺陷发生率为7.95%。2004年，市卫生局组织力量修订儿童保健工作制度，制定儿童保健工作质量控制考核标准，在各区（市）县积极推广城区母子系统管理方法和经验，全市全年接产总数为6.41万人次，婴儿死亡率为14.26‰，5岁以下儿童死亡率为20.58‰，儿童保健管理率86.82%。自2005年9月1日，市政府决定建立不以营利为目的的“少年儿童互助金”制度，由市卫生、民政、财政等部门具体运作。“少年儿童互助金”制度在全市19个区（市）县及高新区启动，至12月，全市240万名少年儿童中有105.59万人参加。具体办法是，凡志愿参加儿童，每人每学年度交纳40元，生病住院即可最高报销8万元住院医疗费。截至12月31日，结算报销5705人次，报销金额185.7万元。同时，建立少年儿童大病住院基金。是年，婴儿死亡率为13.40‰，5岁以下儿童死亡率为19.00‰，出生缺陷发生率为10.31‰。

1990年、2005年成都市儿童保健指标比较一览表

表5－221

指标	1990	2005	增长率%
婴儿死亡率‰	31.2	13.40	－57.05
5岁以下儿童死亡率‰	30.3	19.00	－37.29
母乳喂养率%	16.3	92.58	467.98
0—3岁儿童系统管理率%	22.28	88.42	296.86
0—6岁儿童保健覆盖率%	23.21	88.92	283.11
5岁以下儿童中度营养不良发生率%	7.2	1.45	－79.86

【散居儿童保健】

1989年，全市有17个区县城关镇和乡镇、167个医院对散居儿童实行定期健康检查制度，城市为4：2：1，体检覆盖率42.17%，检出疾病治疗率为95%。1990年，全市城乡全面开展3岁以下儿童系统保健，儿童眼保健、口腔保健覆盖面逐渐扩大。1993年，成立成都市母子系统保健办公室，制定并实施《成都市母子系统保健管理办法》，成都市中心城区散居儿童保健步入制度化、规范化的轨道。经成都市卫生局批准的省、市、区、乡儿保单位44家，形成以乡（街道）为基础，从事新生儿访视、生长监测、生命质量监测；以区级为枢纽，加强保健管理；以省市级为龙头，开展多种形式的儿童保健服务项目，管理高危儿、体弱儿的儿童保健体系。不少儿保单位开设新生儿抚触、儿童营养咨询门诊、儿童智力筛查和诊断，满足群众对儿童保健服务的要求。中心城区的儿童保健服务模式起到示范作用，促进农村散居儿童保健工作。1996年，全市5岁以下儿童保健覆盖率城市95%，农村85%。至1998年，全市开展眼保健儿童84.61万人，口腔保健95.24万人。3岁前小儿佝偻病患病率从1979年的58.7%降至8.05%，贫血患病率从1979年的98.7%降至21.87%，中、重度营养不良率由7%降至3.58%。2000年以后，有条件的省、市级儿保单位相继开展儿童口腔保健、儿童眼保健、儿童心理咨询、儿童早期发育训练和指导工作。2002年，制定《成都儿童发展规划》，修订儿童保健工作质控考核标准，在农村推广城区母子系统保健管理经验和方法，全市儿童系统保健管理率80.4%。2004年，下发《关于进一步加强0—3岁儿童系统管理及社区卫生服务有关规定》的紧急通知，并出台《成都市儿童系统保健工作规范》，从硬件设施、人员配备、工作质量等方面规范城市社区和农村乡级儿童保健工作，使全市散居儿童保健工作进入有序管理和持续发展阶段。2005年9月1日，市政府建立“少年儿童互助金”制度，在全市19个区（市）县及高新区启动，以解决中小学生、婴幼儿伤病住院发生的高额医疗费用给家长带来的沉重负担，至12月，全市240万名少年儿童中有105.59万人参加。是年，全市儿童系统保健管理率88.42%。

【集体儿童保健】

20世纪80年代中期开始，成都市卫生局根据全国托幼园卫生保健会议精神，制定《成都市托幼园所分级管理要求（草案）》《成都市托幼园所分级评比标准》，每隔两年在全市范围内对托幼园所进行卫生保健评比，先后在城区开展“示范性托儿所”评选、“托幼园所卫生保健流动红旗评比”，进行集体儿童保健工作研究和学术交流、开展幼儿园保健医生培训和幼儿园园长培训、召开“幼儿园晨检研讨会”，为全市集体儿童保健工作全面的发展奠定基础。1992年，成都市制定《成都市托幼园所分级分类管理意见》，明确各级卫生行政部门的管理责任、各级妇幼保健机构和乡卫生院的业务指导与监督职能。成都市妇幼保健院负责全市集体儿童保健工作的业务指导与监督，并对中心城区一级幼儿园直接指导与监督。1994年，卫生部、国家教委联合颁布《托儿所、幼儿园卫生保健管理办法》。成都市妇幼保健院牵头，41个园所自筹资金成立“成都市托幼园所卫生保健协作组”，开展学术活动、知识竞赛、卫生保健、先进医生评比工作。制订统一膳食管理常规，重视儿童体格锻炼。1996年，在全市范围内开展“等级幼儿园”评审。1998年，成都市实行托幼园所卫生保健合格证制，进一步规范托幼园所卫生保健工作。开展“卫生保健合格单位”评审，评出一类园所77个，二类园所74个。2003年，市卫生局对《托儿所、幼儿园卫生保健管理办法》执行情况进行抽样调查，全市托幼园所达到“卫生保健合格单位”340家，全市60%以上托幼机构配备专职保健医生，77.85%的托幼机构安全防范措施完善，85.81%的托幼机构建立健全各项卫生保健制度、在园儿童年度体检率87.54%；60所一级幼儿园入托体检率95.0%，托幼机构工作人员体检率

94.12%，保证集体儿童的健康。2005年，成都市有托幼机构1985所，一级幼儿园60所，在园儿童17.8万人。各级妇幼保健机构通过定期例会、举办保健医生培训班、保育员培训班、炊事员培训班等形式，提高集体儿童保健工作质量，托幼机构的卫生保健工作从单一的疾病防治、体格发育检查发展到从生理、心理、社会适应等方面全方位促进儿童健康成长。“成都市托幼园所卫生保健协作组”先后开展“进步环节评比”“健康之星评选”“儿童最佳食谱评比”“优秀保健医生评选”“优秀园长评选”“优秀炊事员评选”等活动；并与四川大学华西医学中心公共卫生学院和成都市妇幼保健院合作，在托幼机构开展“膳食添加生物钙”“婴儿气质调查”“肥胖儿童的防治”等科研工作，从而使全市集体儿童保健工作质量和集体儿童健康水平不断提高。

【新生儿疾病筛查】

1992年9月，作为参加卫生部与世界卫生组织建立卫生技术合作项目——新生儿疾病筛查的7个城市之一，成都市开展新生儿疾病筛查工作，成立筛查领导小组，在成都市妇幼保健院设立筛查中心，有10家医院参加此项合作，对先天性甲状腺功能减低症和苯丙酮尿症进行筛查。在全市设立监测筛查20个，定点、定人、定标准，依法加强出生缺陷监测工作。1994年，《中华人民共和国母婴保健法》颁布后，在全市县级以上医疗保健单位开展新生儿疾病筛查工作。1996年4月，制定《成都市新生儿疾病筛查管理办法》，在成都市妇幼保健院成立新生儿疾病筛查中心，由该院院长担任筛查中心主任，下设办公室、对外联络组、诊疗组、实验室。1999年9月1日起，全市城乡各分娩单位都开展出生缺陷监测工作，先后制定各级人员岗位职责和工作制度，并纳入母婴保健工作的服务项目，实施目标管理，使新生儿疾病筛查工作制度化、科学化。2000年，市卫生局下发《成都市新生儿疾病筛查网络管理办法》，在全市全面恢复“出生缺陷筛查”“新生儿疾病筛查”工作。2001年5月10日，成都市通过省卫生厅组织的专家对全市新生儿疾病筛查站的评审，准予成都市妇幼保健院开展新生儿疾病筛查母婴保健专项技术服务，规定成都市新生儿疾病筛查中心服务范围为成都市、乐山市、眉山市、德阳市、凉山州。是年，全市完成新生儿疾病筛查1.11万人次。同年，成都市发布《2001—2010年成都市儿童发展规划》，提出“住院分娩新生儿疾病筛查50%以上”。新生儿疾病筛查中心与市邮政局联合开通新生儿疾病筛查血样本的同城快递，使血样本在24小时（市区）内和48小时内（郊县）递送筛查中心。同时，建立新生儿疾病筛查治疗基金，从筛查费提出2元/人作为治疗基金，为先天性甲状腺功能减低症患儿免费治疗至7岁、苯丙酮尿症患儿免费治疗至4岁。2002年，制定《成都市新生儿疾病筛查管理办法和实施细则》，并在有条件的乡卫生院开展新生儿疾病筛查工作。全市开展筛查的单位93家，筛查率77.72%，筛查覆盖面35%，检出患儿8例，查治率100%。2003年，制定《成都市新生儿疾病筛查实施细则》。扩充新生儿疾病筛查治疗基金，从筛查费提取费用增加为12元/人，为先天性甲状腺功能减低症患儿免费治疗至12岁、苯丙酮尿症患儿免费治疗至7岁。全市开展筛查的单位增至197家，筛查新生儿例数由2002年的2.22万例增至3.25万例，全市新生儿筛查率达50%。2005年，全市有223家医疗单位开展新生儿疾病筛查工作，筛查覆盖率75.34%、筛查新生儿26.71万例、筛查率69.73%。

干部卫生保健

【概　况】

1990年，成都市干部卫生保健工作由市卫生局医政处负责，负责对成都市干部保健委员会确定的保健对象，即市级机关副局级以上领导干部（包括离退休）进行日常保健及医疗服务工作，协调做好来成都的中央领导、知名人士和重要外宾的医疗保健工作。成都地区省级以上单位和区（市）县级单位干部保健工作分别由同级卫生及有关部门和医疗单位承担。每年通过组织健康保健知识讲座、现场咨询、发放健康知识小册子、订阅保健杂志等形式，宣传卫生康复保健知识，提高领导干部的自我保健意识和能力。每年组织3000余名副局级以上干部健康体检，并汇总分析、提出医疗保健指导意见、防治建议及必要的跟踪治疗；为重要保健对象配备保健医生，有针对性地做好医疗保健服务工作；并开展中医药养生保健工作，上门为领导干部提供中医药服务。同时，协调市体育局、市文化局、市老干局等部门，举办领导干部运动会、登山运动及每年不定期举办领导干部音乐、书法、绘画知识讲座或欣赏，陶冶情操、调节心理，协助市委老干局定期组织副市级以上离退休领导干部健康疗养。2000年，建立健全领导干部健康管理机制，建立健康干预、健康体检、健康评估、疾病预警、动态监控、跟踪服务工作机制，健全医疗保健服务信息系统，提高科学管理手段，强化预防、医疗、康复和保健为一体的全程动态管理的工作目标和保障措施。2001年，市卫生局正式设立干部保健处，承担成都市副局级以上领导干部日常的医疗保健服务工作。2003年5月，成立成都市干部保健委员会，进一步加强干部保健的组织和领导工作。同时，加强市干部保健委员会成员部门的协作，开展多层次、多形式、针对性强的健康科普知识专题宣讲，对在职领导干部普遍存在的亚健康状况进行咨询和行为干预，帮助他们形成有益于健康的行为和生活方式。市体育局组织保龄球比赛、乒乓球比赛，以及体能测试；市文化局组织领导干部参加书法、摄影等强身健体活动，增强干部自我保健意识，提高防治疾病能力。同时，加强老干部基地医院建设，加强医院人才培训和制度建设。

【干部卫生保健管理机制】

2001年以前，成都市干部保健工作由市卫生局医政处负责，承担市级机关副局级以上领导干部临时性的医疗任务。2001年，市卫生局设置干部保健处，主要任务是承担成都市副局级以上领导干部日常的医疗保健服务等工作。2003年5月，成都市干部保健委员会成立，委员会下设办公室（以下称干保办，设在市卫生局干部保健处）负责日常工作。2004年8月，市级领导班子换届，成都市干部保健委员会由市委常务副书记邓川任主任。同时，指定市卫生局干部保健处协同市委老干局定期组织老干部开展健康疗养。对需作特殊检查或急需治疗的领导干部，由市卫生局干部保健处负责与相关医疗机构联系安排，保证及时落实诊疗措施。成都市明确干部保健基地和专家组，承担干部保健工作的单位包括四川大学华西医院、华西口腔医院、成都中医药大学附属医院、成都市中西医结合医院（成都市第一人民医院）、成都市第二人民医院、成都市第三人民医院、成都市干部疗养院、成都市第二干部疗养院等；专家组由省市级医疗机构及四川大学华西医院的20个专业、40名专家和2名健身、营养顾问组成，负责制定医疗保健方案、为保健对象提供医疗会诊、健康咨询等服务工作。

初级卫生保健

【概　况】

1990年，卫生部、国家计委、农业部、国家环保局、全国爱卫委会联合颁布《关于我国农村实现“2000年人人享有卫生保健”的规划目标》，将农村初级卫生保健定义为农村居民应该人人享有的，与农村经济社会发展相适应的基本卫生保健服务。自此，农村初级卫生保健（以下简称初保）工作在全国范围内开展。1991年，成都市建立领导协调机构及其办公室。在全市开展试点，逐步推广，组织检查验收。1995年，19个区（市）县均达到初级卫生保健普及阶段低限目标，全市提前5年实现四川省初保规划。成都市全面实现普及阶段目标后，初保工作转入巩固、提高阶段。2001年，国务院办公厅转发《关于农村卫生改革与发展的指导意见》，卫生部、国家计委、财政部、农业部、国家环保局、全国爱卫会、国家中医药管理局转发《中国农村初级卫生保健发展纲要（2001—2010年）》，要求各级政府重视发展农村初级卫生保健工作，将其纳入国民经济和社会发展规划，并随着农村经济发展逐步提高初级卫生保健水平，使广大农村居民享受到与经济社会发展相适应的基本卫生保健服务，不断提高农民的健康水平和生活质量。2002年，成都市制定《区域卫生规划（2002—2010年）》，在全市加强初级卫生保健服务体系建设。2003年，中共成都市委、成都市人民政府根据国务院《关于城镇医药卫生体制改革的指导意见》和国家计委、财政部《关于开展区域卫生规划工作指导意见》精神，下发《关于进一步加强农村卫生工作的意见》，积极推进农民健康保障体系建设，巩固农村初级卫生保健成果。2005年，全市把初级卫生保健工作同农村卫生建设有机结合起来，逐步实现“人人享有卫生保健”的目标。

【初级保健规划】

1990年6月29—30日，成都市人民政府在都江堰市召开全市初级卫生保健工作会议。1991年1月，四川省初级卫生保健委员会下发《四川省农村实现“2000年人人享有卫生保健”的规划目标》。同年8月，成都市政府成立成都市初级卫生保健委员会及办公室，制定《成都市实施初级卫生保健规划》。同年10月，中共成都市委、成都市人民政府发出《关于加强初级卫生保健工作的通知》，对初级卫生保健工作进行全面的部署。决定到1997年实现全市初级卫生保健规划，确定在都江堰市、温江县、邛崃县试点，其余各区（市）县都要按规划要求按期达标。到年底，19个区（市）县均先后建立初保领导机构，全市411个乡镇中，已有329个乡镇（占84.04%）建立初保组织机构，有223个（占54.27%）乡镇制订初保规划并开始实施。年内，完成10个县级医疗防保机构建设。经省专家组中期评审，温江县、邛崃县、都江堰市均实现初保工作“基本达标”的要求，其他区县达到初保规划目标的要求。1992年，经全国和四川省组织的初级卫生保健工作终末评审，都江堰市、温江县实现“达标”，邛崃县实现“基本达标”，锦江、青羊、金牛、武侯、成华区的初保工作通过四川省组织的中期评审。1994年，全市初级卫生保健工作规划年度计划如期实现，锦江、青羊、金牛、武侯、成华等区均以优异成绩通过省、市终末评审达标，新都、金堂县、青白江区、彭州市完成省、市中期评审。1995年4月3—15日，四川省初级卫生保健委员会对成都市实施初级卫生保健规划的情况进行终末评审，成都市19个区（市）县以县为单位达到初级卫生保健普及阶段《规划目标》。1996年，崇州市、郫县的初级卫生保健工作通过省级评审合格。至此，成都市19个区（市）县均完成初级卫生保健的低限标准，提前2年完成市初级卫生保健规划，提前5年实现省初级卫生保健规划目标，成为四川省第一个全部实现农村初级卫生保健工作合格的地区。1997年3月，四川省政府表彰成都市为全面完成农村初保任务市，崇州市为初保先进市，成都市的其余区（市）县为农村初保合格县（市、区）。同年9月，中共成都市委、成都市人民政府在《关于卫生改革与发展的决定》中要求各区（市）县在城镇达到初级卫生保健目标后，开展以乡镇为单位的初级卫生保健达标工作，并提出到2000年的工作指标。11月25—27日，四川省初级卫生保健委员会审评组对青羊区城市初级卫生保健工作进行为期3天的审评。青羊区城市初级卫生保健工作终末审评得97.16分，实现《中国城市实现“2000年人人享有卫生保健”规划目标》低限标准，成为四川省农村和城市初级卫生保健工作全部达标的第一个县（市、区）。1998年，成都市20个区（市）县（含成都高新技术产业开发区）均达到初级卫生保健目标，城区达到并巩固国家卫生城市，另有7个县级城镇达到国家和省级卫生城镇标准。1999年，全市深化农村初级卫生保健工作，加强乡镇卫生管理机构建设，有13个区（市）县的139个乡镇政府设立卫生办公室。2001年，都江堰等区（市）县在政府的支持下，积极引进社区卫生服务观念，把乡村、社区卫生服务、合作医疗融为一体，努力解决农民健康保障问题。2002年，成都市制定《区域卫生规划（2002—2010年）》。2003年，逐步提高初级卫生保健水平，确保区域内全体居民最基本的卫生服务在资源上和服务上的可及性及覆盖面。2005年，积极推进农村卫生机构管理体系和运行机制改革。

【农村医疗体系建设】

1990年，成都市确定将新都县新繁镇、双流县兴隆乡、温江县永胜乡3所卫生院试办成乡镇中医院，受到国家中医药管理局的肯定。1991年，全市全面实施初级保健工作，19个区（市）县均先后建立初保领导机构，全市411个乡镇中，有329个乡镇（占84.04%）建立初保组织机构。1992年，全市农村卫生投资政策逐步落实，全市农村建立村卫生站4093个（占村总数的97%）。1993年，全市投入2000余万元改扩建竣工乡镇卫生院62个，防保机构4个，中医机构7个，建筑面积6.5万余平方米，完成农村卫生重点县建设年度任务。1994年，农村“三项”建设，1/3卫生重点县建设顺利开展，全市投资2679.8万元，完成建设乡镇卫生院47个，县卫生防疫站、血防站4个，县妇保所3所。1995年，经四川省初级卫生保健委员会评审，成都市19个区（市）县以县为单位达到初级卫生保健普及阶段《规划目标》。“八五”期间，全市投资1.18亿元，对281个乡（镇）卫生院、7个县级防疫站、12个县妇幼保健院进行改造，完成建设项目3000多个，竣工面积29万多平方米，消除危房5万多平方米。全市有乡镇卫生院396个，平均每所卫生院有人员20.7人、床位15.6张，机构和队伍都保持稳定；村级卫生站覆盖率93.69%，平均每村有乡村医生和卫生员1.48人；农村改水受益人口660万人、占农村总人口的97%以上，其中自来水受益300万人左右，占44%；建成卫生厕所的农户，占农户总数的1/3以上；计划免疫工作实现以乡为单位85%的目标；急性传染病发病率由1990年的391.39/10万下降到187.43/10万，有14个区（市）县达到消灭或基本消灭血吸虫病、疟疾的标准，孕产妇死亡率由1990年的63.5/10万下降到45.64/10万，婴儿死亡率由30.3‰下降到24.5‰，人均期望寿命由70.46岁提高到

71.86岁。1998年,全市20个区(市)县(含成都高新技术产业开发区)均达到初级卫生保健目标,医疗卫生服务体系基本形成。全市建立起村级卫生组织4300多个,培养乡村医生、卫生员、接生员1.2万多人,一个遍布城乡的市和区(市)县、乡镇、村四级医疗卫生预防保健网得到巩固和发展。1999年,全市投资2387万元,完成乡卫生院、县级卫生防疫站、妇幼保健院改扩建项目44个,竣工面积4.11万平方米,购置常规设备76台(件)。2001年,全市乡镇完成投资2884.9万元,完成三项建设改、扩建项目25个,其中乡镇卫生院22个。2003年,各区(市)县按《四川省农村初级卫生保健发展纲要(2001—2010年)》要求,把初保纳入政府工作目标和经济社会发展规划,增加农村卫生的财政投入,巩固农村三级医疗预防网络,推行新型农村合作医疗制度,逐步建立多种形式的医疗保障制度,培训人员,提高服务能力,农村初级保健工作得到全面加强和完善。2005年,全市完成农村卫生建设项目57个,其中疾病体系建设项目5个,医院传染病区建设项目5个,重点乡镇卫生院建设项目14个,国债乡镇卫生院建设项目33个。

医学教育与科研

医学教育

【概　况】

全市医学教育主要以院办卫校及中等专业卫生学校为主。1990 年，全市注重医科学校教育，加强医护人员职业技术培训，建立成都市继续医学教育领导小组和管理机构，制定实施方案，健全岗前培训制度，举办护师、英语等培训班。1991 年，成都市医学教育在完成正规中专和职工中专招生、教学任务的基础上，重点抓面向农村的乡村医生函授教育，修订《成都市乡村医生教育培训十年规划和“八五”计划》，完成四川省 1000 名乡村医生的函授招生任务，编写乡村医生函授教学计划、部分教材，完善教学章程、学籍管理、成绩考核等制度，并在金堂、邛崃等 7 个县开班试点，稳定农村卫生队伍。1993 年，对各区（市）县卫校办学条件进行评估，促进各地卫生行政部门对卫校的支持和投入。1994 年，加强教育基础设施建设，完成成都卫校、各区卫校基地项目建设。年内举办各类培训班 35 班，参训 1411 人次。1997 年，对全市中等医学教育机构布局进行第二次调整，并报省政府批准，进一步加强中等医学教育改革力度，优化教育资源。年内，医学教育突出为农村、为基层卫生单位培养人才。同时，加强成都工业职大医药分校和成都卫校的管理和内部建设，组织 1.7 万多人参加“医学新进展”自学考试，建立临床医师转临床学位培训制度。1999 年，举办新理论、新技术、新设备、新方法医学知识学习 40 期，学术讲座 300 多次。继续对中等医学教育结构进行调整，组织医学技术新进展自学考试，参考者 1.43 万人次。还组织 2775 名乡村医生参加四川省、成都市乡村医生中专水平逐项培训达标考试。2000 年，举办各种形式的继续教育，培训卫生技术人员近 4 万人次。完成“九五”期间乡村医生的培训任务，18 个区（市）县达到卫生部培训指标的要求。2002 年，全市组织刊授医学继续教育、远程继续医学教育学习，举办社区卫生服务人员培训，有 156 名全科医生、社区卫生护士和社区卫生服务管理干部参加学习。2003 年，制定《乡村医生中医学历教育管理办法（暂行）》，成立乡镇中医学历教育办室。2004 年，市卫生局组织 1248 名乡村医生参加四川省统考，合格率 78%，名列四川省第一；组织 900 多名乡村医生参加执业注册考试。2005 年，全市继续开展中医药继续教育工作，市中医管理局在全市中医机构中组织开展 4 部中医经典著作的学习活动；完成乡村医生中医学中专学历教育项目年度招生计划，新增学员 300 名；举办乡镇卫生院中医临床骨干培训班。

【中高等医学教育】

全市医学教育主要依托在成都的医学高等教育院校，主要有四川大学华西医学中心、成都中医药大学、四川省卫生管理干部学院、四川省生殖卫生学院和成都医学院，以及西南财经大学、西南交通大学、成都体育学院等院校开设的医药专业。高等医学教育具有雄厚的教学实力和较大的办学规模，以培养本科生或研究生为主。中等医学教育有四川省卫生学校、华西医学中心附属卫生学校、四川省成都卫生学校、四川省中医医院附属针灸学校、成都铁路卫生学校和一批县级卫生进修学校等。中等医学教育以培养应用型人才为主，实行专业结构和教学内容调整，积极开办社会需求的新专业，增加防治常见病、多发病的教学和农村、社区卫生服务的适宜技术训练。20 世纪 90 年代，各校逐步减少医士类专业招生，发展护理教育和短线专业，开办社会需要的英语护士、医学影像、医学信息管理、中西医结合等专业。1997 年，对全市中等医学教育机构布局进行第二次调整，并报省政府批准，市二医院、市三医院卫校停止招生，加强中等医学教育改革力度，优化教育资源，全市开设医学类专业 14 个,90 个班，在校生 4486 名。同时，深化医学教育改革，加快医学教育从应试教育向素质教育转变，从中专教育发展到大专教育，发展专科层次医学教育，开办成都工业职工大学医药分校，举办医学类 4 个专业，14 个班，在校生 800 名。2000 年，对局级 6 个重点学科进行考核。全年完成招生 4249 名，在校生 1. 40 万名。“九五”期间，全市中等卫生学校培养 1114 名专科层次卫生技术人才。2001 年，对市局首批 6 个重点学科进行阶段评估，确定 5 个学科进行第二周期建设。各校注重提高办学层次，卫生学校增加成人大专和医学高职类招生数量，其中，成人大专招生 939 名，医学高职类招生 216 名，大专招生较上年增加 152%。2005 年，全市完成乡村医生中医学中专学历教育项目年度招生计划，新增学员 300 名。年内，包括华西医学中心卫校和四川省人民医院卫校在内，全市招收中等医学专业生 1. 03 万人、毕业 3798 人、在校 9270 人。四川成都卫生学校毕业生就业推荐率为 100%，就业率常年保持在 85% 以上。

【在职教育】

1990 年，全市对市、县、乡三级医疗单位近 4 万名卫生技术人才的现状进行全面调查，为制订《成都市医学教育“八五”发展规划》提供科学的依据。“八五”期间，成都市卫生局和所属医疗卫生单位依托市属中等卫生学校和在成都的大专院校，制订鼓励政策，采取多种形式支持在职人员进行本科、大专、中专学历教育，使一批不具备规定学历的卫生技术人员达到规定要求，完成学历补偿教育任务。1994 年，市卫生局会同市计委对农村卫生院和村卫生站的卫生人员现状开展调研，形成《成都市农村卫生人才队伍专题调查分析报告》，上报国家计委、卫生部，并为制订《成都市医学教育“九五”发展规划》提供科学依据。1995 年，成都卫生学校增设中药、中西医结合专业，培养大专层次人才。成都中医药大学成都成人教育部承办中医、中西医结合、中药专业培养大专和中专层次人才。将在职学历教育从低层次发展到高层次教育。“九五”期间，为满足卫生事业发展对高层次医学人才的需求，成都市、县级医院依托高等医学院校开展在职攻读研究生学位的教育，为培养跨世纪中青年学术、技术带头人开辟有效途径。市卫生局制订相应的优惠政策和管理办法，调动中青年科技人才参加学习、钻研学术的积极性。1997 年，市卫生系统建立临床医师转临床学位培训制度，选送 13 人攻读硕士学位，3 人攻读博士学位。到 1998 年，市级卫生单位培养博士生 6 名，正在攻读博士学位的 9 名，攻读硕士学位的 76 名。1999 年，市卫生系统选送 24 名职工攻读硕士、博士研究生学位。2000 年，四川大学华西医学中心建立成人教育学院，设有医学本科、专科 8 个专业，学生毕业后发给华西医科大学毕业证书。是年，市卫生系统委托高等医学院培养在职博士、硕士 33 名，45 名攻读管理研究生课程进修班。23 名中医药骨干完成硕士研究生学业，新选 20 名攻读研究生班。2002 年，全市继续开展在职研究生培训，全年培养博士 8 名，硕士 40 余名。至 2005 年，已有 5345 名学生完成学业。截至 2005 年末，市级医疗卫生单位已培养博士生 13 人、硕士生 76 人，正在攻读博士、硕士学位的分别有 8 人和 67 人。毕业学生近万名，80% 以上分布在农村、边远地区和基层单位。

【继续教育】

1990 年，全市成立“成都市继续医学教育委员会”，负责规划、组织、指导全市继续医学教育工作。全市有继续教育基地和认可单位 40 个，市、县医疗卫生单位和工矿医院都开展继教工作。1993 年，继续教育项目开展的学科 80% 以上，参加继教培训的卫生技术人员覆盖率 80% 以上，其中 85% 以上人员完成 25 学分/人 · 年的继续教育培训任务，市级医科学会每年培训 6 万人次以上。继续医学教育采取高层次学历教育、院内研修、名中医带学术继承人等方式，培养中青年学术、技术带头人和后备人才。以区（市）县卫生进修学校为基地，开展乡村医生中专水平系统化、正规化教育。2000 年，全市举办各种形式的医学继续教育，培训各类卫生技术人员近 4 万人次。市、县中医药继续教育培训中心（站）采取多种形式开展教学工作，继教教育培训面 90% 以上。在中医药继续教育网上开展远程教学项目。2001 年，市卫生系统开办刊授医学继续教育，试点开展远程医学教育，保证全市卫生技术人员继续教育覆盖面 90%，达到卫生部继续医学教育目标要求。2002 年，全市举办继续医学教育管理干部培训班，有 96 名管理干部参加学习；在《成都医药》杂志上开办刊授医学继续教育，有近 9000 名卫生技术人员参加学习；试点开展远程继续医学教育，有 600 余名卫生技术人员参加学习。是年，全市大力开展农村卫生技术人员学历教育工作，培训面 30% 以上。2003 年，学历教育制度进一步健全，制定《乡村医生中医学历教育管理办法（暂行）》，成立乡镇中医学历教育办公室。2005 年，全市 100% 的区（市）县及市级医疗卫生单位和工矿职工医院都开展继续教育工作。高等医学院校都建立信息网络体系，开展多媒体网络协同教学，加强教师和学生、学生和学生之间的联系，加快信息传递。四川大学华西医院的“华西远程医学中心”向各级医疗机构提供远程会诊咨询、医学教育和学术交流等服务。成都市第三人民医院的“金卫远程医学中心”采用宽带卫星通信和计算机多媒体技术，由全国各地的数千名专家、教授提供远程医疗和网上教学服务。成都市中医管理局的“成都中医药继续教育网络”开展网上教学和机考，有 2000 多名中医药人员参加学习。

【业务培训】

1990 年开始，成都市开展住院医师规范化培训工作。是年，全市加强医护人员职业技术培训，健全岗前培训制度，举办护师、英语等培训班。11月16日至12月8日，全国首届健康教育师资培训班在成都市举办，联合国儿童基金会卫生项目官员坂井芳兰博士授课。1991年，市卫生局修订《成都市乡村医生教育培训十年规划和“八五”计划》，乡村医生教育培训工作逐步规范化、制度化。1992年，市卫生局下发《成都市临床住院医师规范化培训考核实施细则（试行）》，在全市综合医院和部分专科医院及两所县级医院开展培训教育，其他医院则参照该《实施细则（试行）》，自行培训。其后，全市所有市、县级医院及部分工矿职工医院全面开展住院医师规范化培训工作。是年，对3750多名乡村医生开展医学教育培训。全市各级中医药、中西医结合机构培训各级各类卫生人员554人次。1994年，全市医疗卫生系统举办各类培训班35班，培训1411人次。1999年，全市组织100多个机构培训数千名医护人员，完成11个类别、75个基地实践技能考试和1818名医师医学综合笔试、1326名护士资格考试。全市举办新理论、新技术、新设备、新方法医学知识学习培训40期、学术讲座300多次。同时，把农村基层卫生人员培训工作纳入卫生工作规划，采取多种形式开展对农村基层卫生人员及乡村医生的培训教育，促进农村基层卫生队伍的建设。2000年，完成“九五”期间乡村医生的培训任务，18个区（市）县达到卫生部培训指标的要求。以区（市）县卫生进修学校为基地，对农村基层卫生技术人员进行培训，有针对性地开展专业培训。2001年，开展社区卫生服务人员及全科医师岗位培训，首期培训社区卫生技术、管理人员200名。3月16日，美国“心连心”国际机构与美国儿科学会与市妇幼保健院达成合作协议，由美方提供师资、教材等，市妇保院提供培训场地、培训教师，对成都地区的儿科医生免费培训新生儿窒息复苏的相关知识。举办首期新生儿窒息复苏培训班，对全市医疗保健单位60余名医疗、保健人员进行培训。年内，对20名省市级中医学科后备人才开展理论和临床进修培训。举办全市产后访视人员上岗培训班，200余人参加学习培训；与美国心连心国际机构举办“生殖健康、妇女更年期保健”、儿童保健医师、婚前医学检查医师、远程教学等培训班，5000余人接受生殖健康保健、产科急救、儿科、婚前医学检查等培训。2002年，市卫生系统举办社区卫生服务人员培训，有156名全科医生、社区卫生护士和社区卫生服务管理干部参加学习。开展全市婚检医生上岗培训及发证。2003年，全市疾病预防控制以急性传染病防治为重点，组织专家对各区（市）县专业防治骨干人员进行业务知识培训。针对“非典”的防控，开展卫生技术人员全员培训和科普教育，培训卫生技术人员5万人次。按照卫生部《关于婚前保健工作规范》要求，组织市、区（市）县婚检主检医师参加省卫生厅举办的婚前医学检查强化培训。2004年，成都市加强卫生技术人员，特别是乡镇、工矿、学校等基层卫生技术人员的培训，提高对重点疾病新理论、基本知识的了解，对实际操作技能的掌握，提高处理突发公共卫生事件的能力。市卫生局于6—10月先后举办7期重点传染病防治知识骨干培训班。培训工作覆盖全市19个区（市）县及高新区、16个医疗卫生单位及其他民营、工矿医疗机构，包括社区卫生服务中心、乡村医疗机构的各级各类在职卫生专业技术人员和其他从事与艾滋病等传染病防治有关的人员。全市全年举办各级各类疾病防治知识培训班247期，参加培训卫生技术人员4万余人次。2005年，继四川省简阳市农村发生人感染猪链球菌疫情之后，全市迅速启动应急工作机制，培训疾病控制和医疗机构100多家，人员330人次。年内，组织四川省和成都市17家二级以上综合医院对口辅导31家社区卫生服务中心，开展适用人才培训。组织全市119名县级中医机构的人员参加四川省应对突发性卫生事件的培训，提高急诊急救能力。

医学科研

【概　况】

1990年，成都市卫生部门加强市级研究院、所和研究室的建设，充实科技队伍。全市医学科研机构14所、附设研究机构66个。是年，仅市级医药卫生单位结题鉴定市级以上科研项目9项，局级以上科研项目22项，引进新技术16项。1991年，国家中医药管理局确定市中医药研究所为全国中药剂型改革基地，并将温江县、彭县中医医院列入“杏林”计划，成为全国示范中医医院建设单位。新技术和科研成果推广、运用工作得到加强，全年引进开展数百项新技术，从中筛选出重大新技术13项，有的填补四川省或成都市的空白。1994年，实施科技兴医战略，设立“成都市卫生局科技发展、奖励基金”，增加科技经费的投入，提高课题研究、学科建设和科技奖励的力度。1996年，推广运用省中医药科技成果12项，取得较好效益。1999年，成都市和各区（市）县卫生局通过多种方式筹集资金，增大对科技教育的投入，提高技术和装备水平，改善全市卫生生产力状况。2000年，全市中医药科研新立省、市中医科研课题10项，鉴定课题4项，获国家及省、市科技成果奖10项，获市卫生局新技术奖8项，推广新技术60余项；对医院内中药制剂进行调研和开发研究，促进中医学术水平提高与事业发展。全年，市卫生局组织系统各单位参加省、市科研投标，中标20项，获研究经费20万元。市级医疗卫生单位鉴定科技成果17项，取得各级科技进步奖17项次。2002年，举办“2002年中医药现代化国际科技大会暨新技术新产品展览会”，组织32家集团成员单位参展，组织对外招商引资项目14项，其中5项提升为省级招商项目；完成与市医药局的协研项目；医院中药用药的调查研究；制定《医院中药用药课题组工作方案》；拟定《医院中医药用药调查报告》。全年全市推荐课题20余项，中标课题10项，其中，国家中医药课题1项，省卫生厅课题5项，省中医药课题3项，市重大科技专项课题1项；鉴定科技成果13项；组织申报省、市政府科技进步奖20余项，获市政府科技进步奖18项。2003年，市卫生局组织开展科研、新技术引进，完成科技招标，申报科研课题90项，科技进步奖15项，新技术奖82项。截至2005年，全市有独立和医疗卫生单位附设医学科研机构41所，另外还有一批企业附设和民营研究机构，大多以制药和专科专病研究为主。是年，全市开展医学科研项目（课题）2079个，实际支出科研经费8562万元。9月25—27日，第二届中医药科技大会在成都市召开。此次大会受到世界卫生组织（WHO）、政府部门、传统医药学术界、产业界的关注和重视。会议通过《关于建立传统医药国际科技合作协调机制的倡议》，巩固和扩大中医药国际交流与合作的平台。

【研究所（室）建设】

1990年，全市医疗卫生系统重点加强皮肤性病和肿瘤防治研究中心以及心血管、中医药等18个研究所室的建设。1991年，全市卫生系统“依靠科技进步”，加强各医学科研所、研究室的建设，实行科研课题投标等改革；国家中医药管理局确定市中医药研究所为全国中药剂型改革基地。12月25日，成立成都市心血管病研究所，该所是省内唯一的以心血管临床科研为主的研究单位，设有心血管临床内科、外科、无创诊断技术研究室、科研实验室和“心血管病学进展”编辑部，并承担心血管医学人才的培训任务。20世纪90年代以后，在成都的省部级医疗机构加强医学科研所（室）建设，成都中医药大学先后建立起国家中药临床实验中心、四川省中药筛选评价中心、四川省中药不良反应监测中心和中医古籍文献研究所、高等教育研究所、基础医学研究所、临床医学研究所、中药研究所、针灸推拿研究所、民族医学研究所等科研机构。四川省人民医院眼科、检验科建成省重点学科，设有3个研究室。华西临床医学院经过调整整合，建成内科、外科等开放性实验室及肾病、心血管、血液、肿瘤生物治疗、心理卫生、电生理、医学遗传、器官移植、核医学、组织工程等20个实验室。此外，中国出生缺陷监测中心和卫生部口腔牙种植科技中心也设在华西医学中心；口腔医学研究所的口腔生物医学工程实验室设口腔生物学、口腔生物力学、口腔材料学和口腔医学信息4个研究室，是教育部和四川省的重点实验室；华西药学院有教育部重点实验室1个（靶向药物及传递系统）、四川省重点实验室2个（靶向药物与新型给药系统和天然药物学）。1998年，市级卫生医疗单位附设研究机构发展到10个（经省、市科委批准的研究所7个，经市卫生局批准的临床研究中心3个），省级研究室1个。综合医院、专科医院的重点学科建设得到发展，确定为局级首批建设的重点学科6个，省级重点专科4个。按照国家和省对医学实验动物的管理要求，市卫生局成立“医学实验动物管理领导小组”，加强医学实验动物的管理和重点建设。

2003年，加强重点学科、研究（室）所建设，新成立2所医学类研究所。全市有6个市级重点学科建设单位，分别是中西医结合呼吸内科、烧伤科、心血管内科、骨科、社区精神卫生中心和理化中心实验室。2005年，成都市卫生局制定《成都市医学重点学科（实验室）建设实施意见》《成都市医学重点学科（实验室）建设的管理办法》《成都市医学重点学科（实验室）评估指标体系》，对首批6个重点学科及申报市级医学重点学科（实验室）25个专科，进行周期评审及申报评审。成都市中西医结合医院呼吸内科建成国家中医药管理局重点专科和“中西医结合呼吸病理生理实验室”；成都市第二人民医院成立“成都市皮肤病性病防治研究所”，开展皮肤病心理学、外科学时间生物学和基础研究，是成都市的重点学科；成都市第三人民医院心血管内科建立“成都市心血管病研究所”，设心导管室和临床研究室，开展心血管疾病诊治的多项先进技术运用与研究，是成都市重点学科；市血液中心建成“成都市临床输血研究所”，成立HLA实验室，开展的“ISO 9000质量管理体系在血站和医疗机构应用研究”课题，列为成都市2004年第一批重大科技计划项目。科研机构主动加强与政府主管部门的联系，争取政策指导和项目、经费支持。同时，加强与国内外科研机构、医学院校、医疗卫生单位的合作，资源共享、优势互补，形成开放、高效、群体化、集约化的科技创新体系。医学科研机构的工作条件有较大改善，截至是年底，全市有独立和医疗卫生单位附设医学科研机构41所，另外还有一批企业附设和民营研究机构，大多以制药和专科专病研究为主。全市开展医学科研项目（课题）2079个，参加科研工作3149人（其中高、中级人员2901人）；全市医学科研院（所）年末固定资产3.57亿元，其中仪器设备

1.75 亿元。

【科研人才队伍建设】

1989 年，全市有医学科技研究人员 2313 人，其中，高级技术职称 347 人、中级技术职称 697 人、初级技术职称 1269 人。“八五”期间，各级卫生行政部门和各类医学科研机构开始在卫生技术人才培养计划中，专门制定培育科研人才的政策、措施，实施人才选拔、培育、使用、考核、奖励等一系列管理办法。注重科研带头人和后备人才的培养，采取派往高等院校、科研机构或国外学习进修、访问考察、举办各种培训班，通过科技创新与科研选题、基础研究、临床研究与课题申报等，提升科研能力、英语能力和计算机应用能力等。同时，通过科研实践培养和促进拔尖人才、领军人才的成长，培育科技创新团队。成都市制定“科技人才选拔制”“学科带头人培养制”，举办“青年科学家论坛”“中青年学术讲坛”，增加人才培养经费，加大对科研人员的奖励，为高素质科研人才脱颖而出创造条件。科研人员的培养经费，主要是政府投入。1994 年以后，加强科技骨干队伍建设，从人才选拔、培养、使用、考核、奖励等方面制定出具体管理办法，采取多种途径、方式进行培养。“九五”期间，成都市卫生局设立“科技发展、奖励基金”，每年的科技经费从几万元增加到百万元以上，同时增设学术技术带头人及后备人才的专项经费；卫生单位也在业务收入中提取 3% ~5%，用于科研人员培养。同时，注重拓宽渠道，开展横向联合搞科研，争取外援性经费。1998 年，有国家级专家 2 名，省级学科带头人 2 名，市级科技拔尖人才 7 名，享受政府特殊津贴科技人员 37 名。在申报科研项目时，重视抓住国家科技攻关、国家自然科学基金等科研课题，争取各级各类的科研经费资助，四川大学华西医院 1994—2005 年获得科研经费 3.16 亿元，成都中医药大学“十五”期间的科研经费到位 8798 万元。科研人员培训经费专款专用、建立激励奖惩机制，对学习成绩优秀、学以致用的人员予以奖励，学习成绩不合格的减少经费补助、或由个人承担培训费用。

2005 年，成都市有医学科研人员 2138 人（拥有高、中级技术职称 1342 人、占 62.77%），其中有医科院士 2 人、国务院学科评议专家 4 人、国家有突出贡献的优秀专家 18 人。

【科研项目管理】

1991 年，全市卫生系统“依靠科技进步”，将科技工作纳入卫生事业发展规划和综合目标管理，科研项目纳入单位分管领导和职能部门归口管理，成都市卫生局制定《医学科研课题管理办法》，逐步建立起从“科研立题—课题实施—成果鉴定—成果推广—成果奖励”的课题管理体系。同时实行科研课题投标等改革，加强对重点科研课题的管理。1994 年，实施科技兴医战略，设立“成都市卫生局科技发展、奖励基金”，增加科技经费的投入，提高课题研究、学科建设和科技奖励的力度。同时改革科研拨款制度，建立医药卫生科技基金合同制，实行公开招标，择优资助。是年，着重抓科研的提高与普及工作，市级医疗卫生单位科技中标 19 项，科研课题鉴定 14 项，科研成果获奖 8 项。1997 年，医学科技工作围绕科研招标、评奖工作，强化管理、组织协调、指导服务，开展应用医学研究，促进成果转化，审定 56 项课题，年度资助项目经费 61 万元，申报市级以上科技奖 38 项，新技术奖 50 项，确定市级重点学科 6 个。1999 年，加强应用医学科技研究，完成局重点科研项目 15 项、青年科研项目 30 项。组织鉴定医学科技成果 20 项，评出科技进步奖10项、优秀技术奖5项。截至是年,全市由市级医疗卫生单位主研完成的科技课题296项。从制度上明确课题申报、评审、管理及经费使用范围和方法,使科研项目的管理更加透明、规范和科学。2000年,市卫生局组织系统各单位参加省、市科研投标,中标20项,获研究经费20万元。2003年,组织开展科研、新技术引进,完成科技招标,申报科研课题90项,科技进步奖15项,新技术奖82项。2005年,全市开展医学科研项目(课题)2079个,实际支出科研经费8562万元。全市加强中医科研工作,增加投入,强化管理,取得一批成果,名老中医"王静安学术思想及临床经验研究"被列入科技部公关课题正式启动。成都市中草药研究所等单位与企业合作,以项目合作为契机,产学研联合,采取企业出资金和管理人员,研究机构出项目和技术人员成立研究所(室),开发、经营科研成果。科研与医学教育、临床学科建设、专科建设相结合,既弥补科研经费不足,又为科研成果的推广、应用找到有效途径。成都市卫生局对全市2000—2004年在研的80项课题进行清理,帮助解决课题组的困难,提高课题鉴定和结题率。

【科技成果推广应用】

1990年,开展医疗科学研究和新技术引进,特别在中医中药、中药剂型改革、心脑血管疾病诊疗监测手段、针灸针麻、遗传性疾病、人工晶状体的研究与植入技术、显微外科、断肢再植的研究和临床应用等方面都取得一批成果,有的达到国内先进水平。1991年,市医学科研单位争取到世界卫生组织的援助项目、"八五"国家医学科技攻关课题、卫生部医学科研投标基础课题,市级医疗卫生单位完成重点科技项目12项,已鉴定10项,获省、市科技进步二、三等奖7项。新技术和科研成果推广、运用工作得到加强,全年引进开展数百项新技术,从中筛选出重大新技术13项。成都市中医药研究所的国家"七五"重点科技攻关项目《治疗急症中药注射剂工艺与质量攻关的实施研究》通过省级鉴定,达到国内先进水平。市七医院"无痛分娩技术"获得市政府科技进步二等奖,并在全市成功举办"无痛分娩科研成果推广应用学习班"。1993年12月,华西临床医学院在国内首次成功采用射频消融术治疗先天性三尖瓣下移畸形合并右侧房旁路预激综合征。是年,市中医医院"温针灸炷的研制"获得四川省中医管理局科技进步三等奖,"慢肾灵"治疗慢性肾炎的临床及实验研究获省人民政府二等奖。1994年,市级医疗卫生单位统计,科技中标19项,科研课题鉴定14项,科研成果获奖8项,有7项科研成果转让、转化为产品。1997年,市一医院神经外科在全市率先开展"超选择性动脉内溶栓治疗早期脑梗死""经血管内加局部直接穿刺联合行假性动脉瘤栓塞术"获得成功。1999年12月,成都市妇产科医院成功诞生四川省第一例第二代试管婴儿。2000年,市级医疗卫生单位鉴定科技成果17项,取得各级科技进步奖17项次。各级医疗卫生单位积极吸收引进新技术、新业务、新成果,开展项目100余项。

"十五"期间,成都中医药大学与其他单位合作开发、转化科技成果257项,在2002年中医药现代化国际科技大会上,推出中药新药12项。四川省中医药研究院研制的"中药配方颗粒",为中药调配提供新剂型,投入生产后在临床上广泛应用。四川省人民医院将70余项新技术用于临床,其中自体干细胞移植治疗白血病、难治性视网膜脱离修复、临床检验质量控制、血液净化技术等近20项技术居国内先进水平。成都市第三人民医院推广科研成果20余项，主要有应用阻抗法测量心脏射血最大加速研究、血液流变学与心血管疾病研究、超声心动图心功能指标的意义及临床应用研究等。成都市第二人民医院对“口服斑秃丸对斑秃患者血浆内皮素水平影响的研究”，为临床治疗斑秃提供新的理论依据和方法，在省内外广泛应用。成都市中西医结合医院对针麻技术的临床应用和小儿脑性瘫痪的康复治疗，在全市处于领先地位。成都市第六人民医院在成都地区率先开展小切口胆囊摘除术和取石保胆微创手术。至2005年，成都市妇产科医院已成功诞生试管婴儿96例，该项技术在省内位居前列，并辐射到海南、青海、西安、兰州、新疆等省（市、自治区）。2000—2005年，该院开展新技术、新项目123项，其中“体外授精—胚胎移植技术”“新生儿听力筛查”“高频电刀在妇科领域中的应用”“米索前列醇在宫腔镜电切术前的应用”获市卫生局新技术二等奖。

医学教育科研机构

【成都市医学信息所】

所内设信息咨询室、编辑部、学会工作办公室、医疗事故技术鉴定办公室、财务室、综合办公室。在编职工35人，主任医（技）师2人，副高职称5人。信息咨询室主要负责医药卫生信息的收集、整理、加工及检索、查新和咨询服务，负责卫生信息网络的维护，卫生数据中心的日常管理维护及数据库工作。1992年以后，该所组织各学会平均每年举办学术讲座300多场次，召开学术年会和研讨会30多次，举办培训班15个左右，参加活动6万余人次。推广市级以上医药卫生新技术新成果30项，如乙肝检测新试剂、聚合酶链反应技术在医药卫生领域应用。1995年，该所被卫生部科教司评为“全国医学信息工作先进集体”。参加全国科技情报成就展览会获国家科委科技司颁发的“优秀展团奖”。该所组织和协调各学会会员参加各种医学科普活动、下基层辅导、下乡送医送药，1998年就出动34次、200余人次，咨询、义诊4.3万人次。2000年6月28日，经成都市机构编制委员会办公室批准，更名为成都市医学信息所，更名后其机构级别、职责任务、人员编制、经费渠道等均不变。1991—2005年，完成医药卫生科技查询1624个，光盘检索服务5138个，数据库检索834个，专利检索163个，编辑、出版《成都医学情报》41期。编辑部负责该所与成都医学会主办的国家B级医学期刊《成都医药》，于2005年2月经国家新闻出版总署和国家科技部批准更名为《现代临床医学》，新编国内统一刊号为CN51—1688/R，已出刊52期。

【成都市皮肤病性病防治研究所】

该所原为成都市二医院皮肤科，由国内皮肤科专家翁之龙教授创立。1988年6月20日，在成都市二医院皮肤科的基础上成立成都市皮肤性病防治研究中心，建立完善皮肤科实验室、病理室、真菌室、激光室、治疗室、美容室等；独立完成6项科研课题，其中4项获得市政府及市卫生局级科技进步奖；同时承担皮肤病的宣教、培训、监测、诊治等任务。1998年，开展临床科研工作，完成并获得市级科技成果奖4项，出版学术专著4部，举办3期市级性病防治学习班。2002年8月12日，成立成都市皮肤病性病防治研究所，是成都市重点学科、四川省重点专科建设项目；整合医院各相关专业人才资源，设立皮肤内科研究室、皮肤外科研究室、实验室、基础研究室（在皮肤内科和皮肤外科研究室下，分别设立7

个课题组，邀请四川大学华西医学中心相关专业的人才、充实课题组的力量）。所内从事研究工作的医护人员39名、客座研究人员3名，所内拥有基础实验设备99台，总价值约342.9万元；影像学设备20台，总价值约2579万元。新开展诊疗项目：马拉色菌的分离与鉴定、HIV初筛试验、皮肤病的光敏测定、皮肤病的伍氏灯检测、白癜风表皮移植治疗术、粉刺挑除术及痤疮药物面膜治疗、微波治疗皮肤病、紫外线照射治疗皮肤病、中药熏蒸治疗皮肤病、耳穴压籽联合穴位注射治疗带状疱疹及神经痛。作为主编、副主编参与编撰出版学术专著15部。在国外期刊发表论文10篇，在国内期刊发表的论文107篇。获省级科技进步三等奖9项、市级科技进步奖2项，通过省、市级科技成果鉴定1项。2005年，门急诊14.42万人次，入院1786人次，病床使用率121.3%，治愈有效率99.2%。

【成都市心血管病研究所】

该所于1989年6月9日经四川省科委批准成立，设在成都市第三人民医院内，实行院所合一体制，院长兼心血管病研究所所长。所内设心内科病房、门诊、检查室、血液室。心血管内科是成都市重点专科，设有病床90张，拥有先进的心导管诊治全套设备及其他心脏检查、监护、治疗仪器；有主任医师5名（其中省学科带头人1人、享受国务院津贴者3人、享受成都市政府津贴者2人）、副主任医师7人、博士生1人、硕士生7人。其诊疗水平居国内先进，尤其擅长心脏介入诊疗技术，是国内知名介入治疗中心；开展心导管检查和监护、冠状动脉造影、经冠状动脉造影成形术及支架置入术、心脏瓣膜球囊护架术，室上性心动过速、心房纤颤、室性心动过速等快速心律失常射频消融治疗等；经皮冠状动脉内支架置入术、激光心肌血管重建术在国内具有较高水平。在四川省率先开通冠心病绿色通道，病人可无障碍快速入院接受支架置入术治疗。至1998年，获得省市科技成果奖40余项。截至2005年，已完成24项科研课题（项目），其中一些项目获四川省、成都市科研成果奖，正进行研究的有国家及市“十一五”4项科研课题。该所主办的《心血管病学进展》杂志为国家B级核心期刊，向国内外公开发行。

【成都市临床输血研究所】

1998年3月，经市科学技术委员会批准，成都市临床输血研究所在成都市血液中心成立，研究所下设血型参比室、免疫遗传研究室、临床输血研究室和情报信息室。开展“微量板法”筛选Rh阴性献血者、血液成分临床应用效果等30多项研究。在市卫生局立项的1997—1998年度“红细胞悬液临床疗效研究”课题已全部完成，申请新技术成果奖。是年，与四川大学计算机系合作研制的《血液管理信息系统》投入运行，该技术在国内行业系统处于领先水平，获得四川省卫生厅科技进步三等奖和2001年度成都市人民政府科技进步三等奖；2001年《成都地区献血人群中TTV感染及TTV基因型的研究》获市政府科技进步二等奖；2002年2月，血液中心与中国医学科学院输血研究所签订协议，共同建设中华骨髓库四川分库，同年6月，中心HLA实验室正式揭牌。2005年8月，血液研究实验室通过成都市医学重点实验室评审，列为成都市重点医学学科建设项目。《ISO 9001质量管理体系在血站和医疗机构的应用研究》获2005年度市政府科技进步三等奖，四川摩梭人红细胞血型分布的调查研究是四川省重点科技项目，“病人血小板基因分型和配型研究”是成都市科技局重点科技项目资助课题。

【成都市生殖与不孕研究所】

1982 年，成都市妇产科医院成立优生遗传研究室，主要从事遗传咨询及产前诊断（外血、绒毛、羊水染色体检查）、基因诊断技术及不孕不育检查治疗、遗传咨询、染色体检查等工作。1991 年，科研课题“1353 例染色体分析研究”获成都市科技进步三等奖。1995 年，医院加大对实验室的设备投入、高科技人员的培养和新技术的引进，先后开展精液常规和抗精子抗体检测及人工授精等新技术。至 1998 年，实验室开展上万人次遗传咨询、染色体检查工作，查出异常核型 369 例，检出率 10%。其中，两种核型经湖南医科大学医学细胞遗传学国家培训中心鉴定为世界首报，收入《中国人类染色体异常目录》第二辑及《世界首报人类染色体异常核型图谱》一书。1999 年 3 月 3 日，成立成都市生殖与不孕研究所，隶属于成都市第九人民医院、成都市妇产科医院管理。研究所开展的人类辅助生殖技术项目有体外受精—胚胎移植、卵胞质内单精子显微镜注射、宫腔内人工授精、供精人工授精、胚胎冻融、冻融胚胎移植、减胎术等；开展的其他治疗不孕不育技术及检查项目有电视腹腔镜检查及治疗、电视宫腔镜检查及治疗、睾丸活检、睾丸穿刺取精术、性激素测定、B 超监测卵泡发育及指导怀孕、输卵管、子宫碘油造影术及通水术、精液分析等。该所拥有开展人类生殖辅助技术的全套专业设施、设备。1999 年，成都市妇产科医院与重庆市妇产科医院合作开展人类体外受精—胚胎移植辅助生殖技术，是年 12 月 20 日成功诞生四川省第一例 ICSI 技术的试管婴儿，填补成都地区该项先进技术的空白，至 2005 年已诞生 96 名试管婴儿，并成功抢救数名危重的试管宝宝。2005 年，全所有人员 15 名，其中专业技术人员 12 名（高级职称占总人数的 67%）。

【成都卫生学校】

始建于 1952 年，最初名为四川省护士学校，校址在羊市街鹦哥巷。1953 年，将四川省大竹专区护校护士班并入，更名为“四川省成都护士学校”。1955 年，将重庆市助产学校、自贡卫校助产专业并入，校址迁往文庙街，更名为“四川省成都卫生学校”。1961 年，将市一医院护校、市妇产科医院助产校并入，教职工人数从建校初的 16 人增至 148 人；专业设置由建校初的 1 个护士专业扩大到医士、护士、助产士 3 个专业。1984 年，设置专业有医士、护士、助产、药剂、妇幼医士、检验、营养士 7 个专业。1990 年，学校开展多渠道、多形式的办学形式，不断扩大办学规模。学校经省教委批准设立四川省乡村医生函授部及校外联办成人中专班，先后在成都、德阳、遂宁、达川、万县、泸州、西昌等地成立 14 个分部，52 个函授站，在校生 1676 名。自 1993 年起，与温江、德阳、邻水、渝北、合江、万县等区县卫校联合办学，拓宽卫生人才培养的途径。学校适时调整专业结构，开设助产、药剂、全科医生、医学信息管理、中西医医疗专业等专业，逐渐压缩中专医士专业，拓展长线专业的分支，在护理专业中开设英语护理、护理美容、护理保健等专业，药剂专业下设医药商品经营，中西医医疗专业下设中西医医疗骨伤专业。1994 年，将成都卫校双流分部正式改建为成都卫校双流分校，投资 1140 万元建设教学综合大楼。1995 年，成都工业职工大学医药分校并入学校，为学校培养高层次医药卫生人才打下基础。至 1998 年，联合办学在校生 2989 名。学校有教师 93 名，实验指导教师 17 名；其中，高级职称 30 名、中级职称 48 名。是年底，学校在青羊区文家场购地60亩，用于修建新校舍。2000年，成都市医疗卫生系统进行产业结构调整，成都卫生学校、成都市第二卫生学校、成都中医学校三所学校合并。至2005年，学校为国家培养上万名大、中专层次医药卫生人才，学校先后被评为“职业教育先进集体”、医学教育先进集体，被评为省部级重点中专学校。

【成都市第二卫生学校】

学校位于都江堰市，隶属于市卫生局，是一所全日制普通中等卫生专业学校。学校始建于1960年7月。1979年，改称四川省温江地区卫生学校。1983年10月，温江地区并入成都市，更名为成都市第二卫生学校。学校先后开设社区医学、中医、护理（含英语护理）、助产、妇幼卫生、中药（制剂）、口腔医学、卫生财会、医学影像诊断、口腔工艺、医学检验、药剂、预防医学13个专业，计230多个班。学校重视医疗科研活动的开展，先后开展“枯痔宁”工艺及“生发丸”的研制，获得成都市卫生局科研成果奖、成都市科技进步奖；省卫生厅将“生发丸”纳入《四川省中草药制剂规范》，并在全省推广应用。1992年10月，学校对外门诊部经市卫生局批准正式挂牌，病床100张，是一所内、外、儿、妇、五官、肛肠、口腔等门类齐全、有30多个科室的综合性医院，日门诊量300余人次。1993年5月，经四川省教委确定为首批合格中等专业学校。1994年年底，学校被四川省人民政府批准为“省部级重点中专学校”。1998年，学校有教职工238人，其中，卫生技术人员200名、高级讲师23人、副主任医师11人、讲师34人、主治医师30人。学校先后有40多位教师参加中等卫校教材的编写，其中，全国统编教材主编1人，省医学成人中专教材主编15人。学校开设社区医学、护理、助产、妇幼卫生、口腔医学、口腔工艺、医学检验、药剂等8个专业41个班，在校生2300余人。学校有专业实验室24个，各科教学实验开出率为98%。学校先后获得成都市委、市政府“文明单位”、市卫生系统“医学教育先进单位”称号。2000年，并入成都卫生学校。

【成都中医学校】

学校始建于1959年，在中医短期轮训班的基础上，正式创办成都中医学校，隶属于市卫生局。1962年，改名成都中医进修学校。1973年，批准为全日制中等专业学校。1984年7月，恢复使用原校名。学校创办初期，主要任务为培训提高中、西医在职人员，并招收少量初、高中毕业生。先后举办过西学中、中医进修、中医学徒、中医高研、中医古典著作研修等培训班。1973年，开始举办两年制中医士专业，统一招收上山下乡知识青年，改变学校以中医进修和培训为主的办学性质，逐渐向中等专业学校办学方向发展。学校先后增设中药士、针灸推拿医士、中西医护理、中医骨伤等专业，学制3年。1992年，学校改革办学体制，产教结合，与省建工中学联合办学。1993年，学校分别与新繁荣军校、广汉奇力制药厂、郫县卫校、五冶教培中心、成都医科专业学校、中山学院等联合办学，扩大办学规模。1998年，学校招生规模700余人，学校有教职工100人，其中专业技术人员82人，专、兼职教师60人，有高级技术职称19人，中级职称2人；有在校生1733人。先后毕业学生4757人，培训结业各类学员2825人。学校开展多层次、多渠道、多形式办学方式，1983年以后，负责全面承办成都中医药大学成人教育学院成都函授站大、中专函授生教学、管理工作，至1998年，毕业函授大专生896人，中专函授毕业生115人。学校教师中先后数人被评为省、市“十佳”医务工作者及名中医。2000年，并入成都卫生学校。

医药卫生学术组织

【概　况】

1989年，民政部发布并施行《社会团体登记管理条例》（以下简称《条例》），明确群众性学术团体的非营利性社会组织性质，确立社会团体的独立法人地位，成都市医药卫生学术组织进入依法管理、依法办会的发展阶段。在市卫生局的授权下，由成都市医学信息所对学会进行管理、组织和协调。各协会按照中国科协关于学术群团管理办法，积极开展各种学术活动，促进医药卫生人员医学专业知识与技能的提高。1990年8月，中华预防医学会成都分会正式成立，召开第一次会员代表大会，选举分会理事。1998年，学（协）会认真进行清理，促进政社分开。2001年，中国科协印发《关于推进所属全国性学会改革的意见》，成都市医药卫生学术团体以此为契机完善内部管理规章制度，提高学术活动质量，扩大学术活动显示度，实行学术活动效果评价，严格经费审批手续，增强科技服务能力；把预防医学会、防痨协会、针灸学会分别交由市疾病控制中心、市结核病防治院和市中医医院代管，发挥专业结合、相辅相成的作用，增加对学会活动的支持力度。成都各医药卫生学（协）会积极推动科技兴国战略、可持续发展战略和人才强国战略的实施，紧密结合卫生工作实际，组织动员广大医药卫生人员参加学术活动，并且发挥中心城市的学术辐射作用。2002年注销除四害协会。2003年，成都中医药学会被评为全国优秀学会。2004年11月19日，成都市民营医疗机构协会成立。至2005年年底，除成都市有医药卫生学（协）会13个。在成都市还有省级医药卫生学术组织和市属区（市）县的医学卫生学术团体，其组织、管理形式和活动方式与市级学会大体相同。

2005年成都市市级医药卫生学（协）会基本情况表

表5－222

学会名称	会员数 （团体会员）	专委 会数	理事会 届次
医学会	4300多人	36个	第七届
预防医 学会	团体会员单位57个、个人会员1775人	9个	第二届
中医药 学会	2000人	7个	第五届
工矿医院 管理协会	会员单位55个	5个	第六届
中西医结合 学会成都分会	330人	6个	第四届
护理学会	5000多人	9个	第七届

续表

学会名称	会员数（团体会员）	专委会数	理事会届次
医院药事管理协会	会员单位75个	3个	第一届
针灸学会	个人302人，团体会员单位12个	3个	第三届
卫生经济学会	700多人	6个	第四届
民营医疗机构协会	会员单位51个		第一届
中国防痨协会成都分会	个人会员461人，团体会员单位26个		第五届
成都市卫生产业企业管理协会	团体会员单位71个		第二届
青少年视力保护协会	个人会员81人，团体会员单位26个		第二届

【主要职能及活动】

根据《条例》规定，各个学术团体都制定章程、明确宗旨、业务范围和活动地域，经登记管理机关审查同意后，作为开展活动的依据。成都市医药卫生学术团体的主要职责包括开展学术交流、编辑出版学术刊物、开展继续医学教育、普及科学知识、开发和推广科技成果、为决策提供咨询服务、反映科技工作者的意见和要求等。1992年，成都市继续医学教育委员会将9个医科学会确定为继续教育基地，学会联合办公室制定工作方案，实行"学术活动听讲证"制度，根据医药卫生人员的需求安排学术活动内容，并积极申报国家及省、市的继续教育项目。同时加强管理，提高教学质量，保证授课的继教学分真实可靠。1995年，学会联合办公室被成都市政府评为医学教育先进集体。各学会积极参加市科协组织的"科技之春"科普活动月、科技活动周活动，邀请专家举办科普讲座，组织医务人员到农村、厂矿、街道义诊、咨询，宣传医疗保健知识。2003年，防治"非典"期间，各医药卫生学会举办卫生管理、医疗救治、疫情处理和师资力量等培训班18个，接受培训4000多人次。2005年，在防治人猪链球菌病中，学会的专家不仅讲授诊断标准、治疗原则、危重病人抢救等知识，而且向政府提出控制传染源等建议，有的专家还赴疫区做流行病学调查，或到临床一线诊治病人。政府职能转移后，不少业务性、技术性工作交由学(协)会承担。医学会受市卫生局委托，参加成都市"诚信示范医院"评选活动，组织市民投票、媒体宣传、专家考核评审，历时半年多时间，对124万名市民和87家医疗单位的选票分析、统计，评出首批20家"诚信示范医院"；防痨协会为市政府制定《成都市结核病防治管理办法》进行大量调查研究和数据分析、起草并修改文稿15次；中医药学会参与制定《成都中医药发展规划(2002—2015年)》，通过摸清家底、科学论证、客观分析，提出依据充分、可操作性强的成都中医药中期发展战略及主要任务。中西医结合学会的“成都地区中西医结合发展战略研讨”、卫生经济学会的“成都市1995—1996年卫生总费用调研报告”、针灸学会关于加强人员培训和扩大对外交流的建议等，为政府部门决策提供依据；协会还履行部分行业管理职能，如规范民营医院医疗行为、维权等。从2002年10月1日起，由医学会开展医疗事故技术鉴定工作。新成立“医疗事故技术鉴定办公室”并建立相应的规章制度，从2002年9月正式开展工作到2005年年底，完成鉴定197例，处理鉴定争议15起，接受咨询3000多人次；2005年，被评选为中华医学会2002—2005年医鉴工作全国先进单位。

【医学刊物】

成都医学会主办的《成都医药》，交换、赠阅200多个单位。2001年9月，《成都医药》改名《现代临床医学》，经四川省科技厅批准，由内部科技期刊改为全国公开发行期刊，2002年，由季刊改为双月刊，同时加强期刊质量管理、规范编辑流程，尤其是开展刊授继续医学教育以后，更加受到读者欢迎，该刊多次获得全国地方医学期刊一等奖。截至2005年，成都地区公开发行的医学刊物有33种、报纸1种。此外，成都市有内部发行医学刊物13种。另外，不少医疗、教学、科研机构和民间组织编印多种“内部资料”，在一定范围内赠阅、交换，起到交流学术、沟通信息的作用。

2005年成都地区主办、公开发行医学刊物一览表

表5-223

刊名	刊期	主办单位	刊名	刊期	主办单位
《中国普外基础与临床杂志》	双月	四川大学华西医院	《中国胸心血管外科临床杂志》	双月	四川大学华西医院
《中国医学文摘：计划生育妇产科学》	双月	四川省医学情报所	《四川肿瘤杂志》	季	四川省肿瘤医院、四川省肿瘤防治办公室
《预防医学情报杂志》	双月	中华预防医学会四川省疾病预防控制中心	《职业卫生与病伤》	季	四川省疾病预防控制中心
《国际口腔医学杂志》	双月	四川大学	《华西口腔医学杂志》	双月	四川大学
《四川中医》	月	四川省中医药学会	《中华医学遗传学杂志》	双月	中华医学会
《实用妇产科杂志》	月	四川省医学会	《心血管病学进展》	双月	成都市第三人民医院
《国际输血与血液学杂志》	双月	中华医学会、四川大学华西二医院、中国医学科学院输血研究所	《现代预防医学(学术前沿版)》	月	中华预防医学会、四川大学公共卫生学院
《成都中医药大学学报》	季	成都中医药大学	《中国输血杂志》	双月	中国输血协会、中国医科院输血研究所

续表

刊名	刊期	主办单位	刊名	刊期	主办单位
《生物医学工程学杂志》	双月	四川大学临床医学院	《现代临床医学》	双月	成都市医学信息所、成都市医学会
《中国卫生事业管理》	月	四川省卫生厅	《中国循证医学杂志》	月	四川大学华西医院
《华西医学》	季	四川大学华西医院	《中国呼吸与危重监护杂志》	双月	四川大学华西医院
《四川大学学报(医学版)》	双月	四川大学	《实用医院临床杂志》	双月	四川省医学科学院、四川省人民医院
《中华眼底病杂志》	双月	四川大学华西医院	《四川生殖卫生学院学报》	双月	四川生殖卫生学院
《华西药学杂志》	双月	四川大学、四川省药学会	《寄生虫病与感染性疾病》	季	四川省疾病预防控制中心
《国外医药抗生素分册》	双月	四川抗生素工业研究所、中国医学科学院医药生物技术研究所	《现代预防医学(研究与实践版)》	月	中华预防医学会、四川大学公共卫生学院
《中国肺癌杂志》	双月	四川大学华西医院	《大众健康报》	周	四川省卫生厅
《四川医学》	月	四川省医学会			

中医事业

中医管理与建设

【概　况】

1990年，全市有中医机构36个（其中医院32个，中医大学1个，中医研究机构3个），有中医病床3746张，中医、中药、中西医结合医务人员7814人，拥有一批名中医及继承人。中医药治疗大量常见病、发病和一些疑难重症，取得良好的疗效，受到群众欢迎。“八五”期间，成都中医药事业的发展在加强中医药机构基础建设的同时，开展中医医疗机构的内涵建设。“九五”期间，以创建农村中医工作先进县（市）为主线，带动城乡中医药建设与发展。1996年，新都县被国家中医药管理局批准为全国农村中医工作先进试点县及全国农村中医人才培养试点县，其经验在全市推广。1997年2月，实施《四川省中医条例》；同年8月，成都市委、市政府召开成都市卫生大会，下发《关于卫生改革与发展的决定》，要求各级党委和政府贯彻中西医并重的方针，加强对中医工作的领导，全面发展中医事业。1998年8月，成都市人民政府发出《关于进一步加强中医工作的通知》，把发展中医药纳入经济社会发展的总体规划。同年，邛崃市、都江堰市、彭州市、金堂县被四川省中医药管理局批准为“四川省农村中医工作先进县市”创建单位，采取多种途径加强农村中医药人才的培养。是年底，全市有中医机构38个，其中市级中医机构5所，区（市）县中医院19所、中医专科医院7所，乡镇中医院7所，中医病床4816张。中医工作在初级卫生保健服务中发挥不可替代的作用，全市县级中医机构年门诊量279万多人次，占县级医疗机构门诊量的35%左右。2000年，实施《中华人民共和国中医药条例》。“十五”期间，全市中医药事业进入全方位、多层次、创新发展的阶段。2002年，市卫生局、市中医管理局组织制定《成都中医药发展规划（2002—2015年）》，确立成都中医药发展战略及保障措施，加强中医药继承创新、中医药现代化发展。经市委、市政府批准，筹备成立由32家中医医疗、教学、科研单位及制药企业加盟的“成都市中医药集团”。2003年，在全省率先开展“医疗机构示范中医科建设”和“中医药示范社区卫生服务中心建设”工作，完成市五医院示范中医科建设和7个城区中医药示范社区卫生服务中心建设单位验收；强化中医机构内涵建设，成立“成都市中医药工作专家委员会”。2004年2月，实施《四川省中医药管理办法》，使中医药工作走上法制化轨道，为发展中医药事业创造良好的政策环境。结合成都市实际，加强医疗机构重点中医专科建设，重新修订下发《成都市重点中医专科(专病)建设验收标准》。在2004年成都中医药国际科技博览会上,市中医药管理局举办"发展中医药,打造健康成都"大型展览,展示成都市中医药事业发展取得的成就。2005年4月,卫生部、国家中医药管理局下发《关于开展"以病人为中心,以提高医疗服务质量为主题"的医院管理年活动的通知》(以下简称《通知》),同时下发《医院管理评价指南(试行)》,要求各级卫生、中医行政部门和各级各类医院深入开展"医院管理年"活动,把医院内涵建设推向更深层次。推进中医药进社区活动,已建成成都市中医药示范社区卫生中心9个,四川省中医药示范社区卫生中心1个。全市加强乡镇卫生院中医科建设,329家乡镇卫生院中,有80%以上建立中医科;3018个村卫生站中,90%以上的村卫生站都有1名中医或中西医结合执业人员,不少村卫生站医生还开展针灸、推拿、拔罐等治疗服务,以低廉的费用防治常见病、多发病。市卫生局、市中医管理局编印下发《成都市医疗质量管理办法(试行)》和《成都市中医医疗机构管理年活动评价打分表》。

【中医建设与分级管理】

1990年,成都市卫生、中医行政部门按照《全国中医院分级管理标准》要求,进一步加强中医院的内涵建设,通过对17所区(市)县中医院的检查评估,全市中医机构建设取得成效,中医内科住院病历甲级率73.5%,中药加工炮制率96.51%,病员满意率维持在89.9%以上;门诊病人中医治疗率74.2%,住院病人中医治疗率64.5%。以上指标超过或接近国家分级管理标准。1991年4月,国家中医药管理局公布《中医医院分级管理办法与标准》。1992年2月,四川省开展中医医院分级管理工作,各中医医院按照《中医医院分级管理标准》《中医病历书写规范》要求,提高管理水平和医疗质量。1994年4月20—27日,全国中西医结合医院分级管理标准化学习班在成都市举办。来自全国25个省、市、自治区的40所中西医结合医院的140名院长、科主任等在学习班上学习国家中医药管理局制定的中西医结合医院评审标准细则。经专家检查,并对照中西医结合医院标准对成都市中西医结合医院进行试评,认为该院坚持中西医结合40余年,在管理和设施等方面基本符合三级甲等中西医结合医院评审标准。1995年10月,国家中医药管理局批准彭州市中医医院为"全国示范中医医院",11月,国家中医药管理局批准成都市中西医结合医院为"三级甲等中西医结合医院",同期还有一批县级中医医院被评为等级医院。1996年8月,市中医管理局在郫县召开现场会,提出"九五"期间中医院分级管理工作意见,要求各地各医院全面规划,分年度实施,保证建设工作顺利进行。是年,郫县中医院、金牛区中医院通过评审,达到二级乙等中医院标准。1998年,在全市开展中医工作先进县建设。1999年,新都县通过国家中医药管理局农村中医工作先进县评审验收,郫县中医院经过市级评审达到二级甲等中医院标准。2000年,按照《四川省农村中医工作先进县(市)建设标准》,彭州、都江堰市建成四川省农村中医工作先进市,龙泉驿、新津中医医院达二级乙等标准,双流兴隆乡中医院达一级甲等标准,已达标的等级医院得到巩固发展,经复查合格。2001年,按照《四川省农村中医工作先进县(市)建设标准》,郫县、金堂县建成省级农村中医工作先进县,都江堰市被国家中医药管理局批准为"全国农村中医工作先进县(市)建设单位"。2002年,全市以建设农村中医工作先进县(市)区为载体,进一步加强农村中医药工作，将龙泉驿区、邛崃市创建省级农村中医工作先进区（市）县工作纳入市政府一级目标任务，并进行层层分解，落实到人。邛崃市、龙泉驿区通过四川省中医管理局评审验收，被正式批准为省级农村中医工作先进市（区）。是年，邛崃市中医医院通过二级甲等中医医院复查；双流县中医医院、龙泉驿区中医医院达到二级甲等中医医院标准，大邑县中医医院达到二级乙等中医医院标准。2003 年，以创建农村中医工作先进区（市）县为重点，完成都江堰市创建国家级、新津县创建省级农村中医工作先进县（市）的达标工作，完成都江堰市、双流县中医院二级甲等中医院达标验收。2004 年，建成新都、都江堰 2 个国家级农村中医工作先进区（市），6 个四川省级农村中医工作先进县（市）。到 2005 年年底，全市建成三级甲等中西医结合医院 1 所，二级甲等中医医院 8 所，二级乙等中医医院 5 所。

2005 年成都市等级中医医院一览表

表 5 - 224

等级	单位名录	评审通过时间
三级甲等	成都市中西医结合医院	1995
二级甲等	彭州市中医医院	1995
	崇州市中医医院	1998
	新都区中医医院	1998
	邛崃市中医医院	1998
	郫县中医医院	1999
	龙泉驿区中医医院	2002
	都江堰市中医医院	2004
	双流县中医医院	2005
二级乙等	金牛区中医医院	1996
	温江区中医医院	1998
	新津县中医医院	2000
	金堂县中医医院	2001
	大邑县中医医院	2002

【中医专科专病建设】

1996 年，各级中医机构调整服务内容，开展中医专科专病建设。是年，崇州市中医医院的肿瘤专科被列为全省重点专科建设项目。1998 年，全市中医专科医院 7 所，省市级中医专科专病建设单位 5 个，急诊科达标单位 11 个。1999 年，崇州市中医院重点专科——肿瘤科通过四川省中医管理局复查验收。2000 年，实施新的《中医病案规范》，加强中医专科专病和急诊工作建设。2001 年，全面试行《中医病案规范》，加强中医专科专病和急诊科建设，新都县中医医院骨伤科、儿科被批准为“成都市重点中医专科建设单位”。2002年，国家中医药管理局实施重点学科和专科建设项目。成都市制定《成都市关于进一步加强中医专科建设工作的意见》，完善《成都市重点中医专科（专病）建设单位验收标准》，召开中医专科专病建设工作会议，要求建设单位必须坚持标准、科学论证建设项目，认真落实保障措施。省中医药管理局在成都市建立中西医结合呼吸病研究室，呼吸专科被列为市级重点建设学科。是年，确定彭州市中医医院骨科、心脑血管专科，邛崃市中医院肿瘤专科，成华区中医院骨科4个重点专科（专病）为市级重点中医专科（专病）建设单位。2003年，在全省率先开展“医疗机构示范中医科建设”和“中医药示范社区卫生服务中心建设”工作，成都市完成市五医院示范中医科建设和7个城区中医药示范社区卫生服务中心建设单位验收，完成9个重点中医专科专病建设（达标）单位的验收工作。2004年2月，国家中医药管理局实施创建“名院、名科、名医”战略，对中医专科专病建设提出更高的要求，推动中医专科专病建设工作。成都市加强医疗机构重点中医专科建设，重新修订下发《成都市重点中医专科（专病）建设验收标准》；完成成都市中西医结合医院中西医结合神经外科、内分泌科、心血管内科建设的阶段任务，以及邛崃市中医医院肿瘤科，新都区中医医院、彭州市中医医院、龙泉驿区中医医院、都江堰市中医医院骨伤科等专科申报省级重点中医专科专病建设。2005年，全市开展医院管理年活动，对县级以上中医机构，加强质量控制，突出中医特色，继续推进示范中医医院、精品中医医院建设，全市基本形成“院有专科、科有专病、病有专药、人有专长”的发展格局；综合性中医医院专科专病服务量不断增加，占门诊总量的20%～30%，中医专科医院职工年平均门诊1259人次、平均床位使用率80%以上。截至年底，仅市属系统医院建成省级重点专科专病4个、市级重点专科专病15个，在建的重点专科专病有国家级1个、省级1个、市级6个，另有7个市级重点专科专病申报省级建设单位。

2005年成都市各级中医重点专科专病一览表

表5－225

单位	专科名称	级别	建设年份	验收发证年度
成都市中西医结合医院	中西医结合重点呼吸内科	国家级	2002	
	针灸科	省级	1996	1999
	中西医结合呼吸研究室	省级	1997	
崇州市中医医院	肿瘤专科	省级	1996	1999
郫县中医医院	肺病专科	省级	1997	2003
邛崃市中医医院	儿科	省级	1997	2003
	肿瘤科	市级	2002	2004
新都区中医医院	儿科	市级	2001	2003
	骨科	市级	2001	2003
彭州市中医医院	骨伤科	市级	2002	2004
	心脑血管病专科	市级	2002	2004

续表

单位	专科名称	级别	建设年份	验收发证年度
成华区中医医院	骨伤专科	市级	2002	2004
都江堰市中医医院	骨伤科	市级	2002	2004
成都肛肠专科医院	肛肠科	市级	2002	2005
大邑县中医医院	肛肠科	市级	2002	2005
龙泉驿区中医医院	骨科	市级	2002	2003
金牛区中医医院	儿科	市级	2003	2005
金堂县中医医院	针灸科	市级	2003	2005
	骨伤科	市级	2005	
崇州市中医医院	心血管科	市级	2003	
成都第一骨科医院	肩周炎专科	市级	2003	
青白江区中医医院	骨科	市级	2003	
成都市中西医结合医院	内分泌科	市级	2004	2004
	神经外科	市级	2004	2004
	耳鼻咽喉科	市级	2004	
	小儿脑瘫科	市级	2004	
双流县中医医院	骨伤科	市级	2004	2005

【中药制剂及质量管理】

20世纪90年代初，市卫生局、市中医管理局就注重医院中药房制度建设，保证用药安全有效。各级医院都非常重视中药医院制剂，用以提高临床疗效、满足群众需求。1991年，国家中医药管理局批准成都市中医药研究所和市中西医结合医院组建“国家中医药管理局成都中药制剂和剂型改革基地”（以下简称基地），“基地”投资351.6万元，按要求改造市中西医结合医院制剂大楼、装备药理室和制备工艺，能制备20多个剂型、上百个品种和承担高层次剂改研究课题的能力。基地在医院和研究所开展中药剂改研究40多年的基础上，按照建设标准要求对研究方法、模式进行补充和完善，提高研究的能力和水平，先后承担国家及省、市级科研课题12项，其中5项转让或进行生产。1992年，成都市中医药研究所和成都市中西医结合医院“中药剂型改革思路与方法研究”通过省级鉴定。1994年9月，成都市全面执行《医疗机构中药饮片质量管理办法（试行）》《中医医疗机构放心药房建设工作方案》《中医医疗机构放心药房建设规范》及《中药煎药室管理规范》等规范性文件，把中药质量管理作为医院等级评审和年终目标考核的重要内容。1995年，通过中药剂型改革，成都市不仅保留传统的膏丹丸散等剂型，且形成中药饮片、中成药品、中药保健品、中药功能性食品、中药化妆品等门类和20多种现代剂型。4月，国家中医药管理局组织评审验收，基本达到标准，验收合格。1998 年 8 月,市中医管理局对市、县级综合医院、工矿医院中药饮片质量管理进行检查,召开现场会,交流经验。2001 年,部分区(市)县中医医疗机构试行 ISO 9002 质量体系管理,逐步实现医疗质量的终末管理转向过程管理。全市各级医院经审批同意制备、临床常用的中药制剂有 350 多种。2002 年,筹备成立由 32 家中医医疗、教学、科研单位及制药企业加盟的"成都市中医药集团"。集团加强药品质量管理,并完成与市医药局的协研项目《医院中药用药的调查研究》,制定《医院中药用药课题组工作方案》,拟定《医院中医药用药调查报告》。11 月,统计常用中药医院制剂、收集 104 种,其中,市、县级医院常用中医专科专病制剂 60 种,临床疗效显著,上报交流 12 个品种。2004 年 12 月,市中医管理局与市经委、市科技局、市药监局共同举办首次"成都市中药医院制剂医院企业对接会",筛选征集到疗效好、临床使用时间长、具有市场开发前景的中药医院制剂 200 多个,选择 50 多个品种参会。2005 年,在"医院管理年"活动中,对 25 所区(市)县中医医院、中医专科医院进行检查,23 所医院情况较好,中药饮片进货渠道正规,保管、调剂工作基本达到要求,个别医院问题较多、下发整改通知。

【中医队伍建设】

20 世纪 80 年代末,全市中医药人员 7814 人,但结构不够合理(高级人员占 4.3%、中级人员占 18.2%、无技术职称和无学历人员所占比例较高),中医专科人才、学术技术带头人和管理人才缺乏,严重制约中医药事业的发展。1990 年,成都市成立中医药继续教育培训中心,区(市)县成立教育站,在全市全面开展中医继续教育工作,参加中医继续教育的专业技术人员覆盖面 70% 以上。1996 年,完善管理办法,规定卫生技术人员每年必须完成继教学分 25 分。从"九五"开始,成都中医学校增设中医骨伤、中医护理、中药材鉴别和中西医结合 4 个专业,培养大中专毕业生 1800 多名。1998 年,成立成都市中医药继教领导小组,建立培训中心和 19 个区(市)县继教培训站,形成覆盖全市的中医药继续教育网络体系。全市累计参加中医药在职进修专业人员 5000 余人次,各类培训学习 3000 余人次。全市中医药卫生人员 8490 人,其中,主任中医药师 131 人,副主任中医药师 504 人,主治主管中医药师 2059 人。是年,全市有确认的省级中医药科技带头人、临床技术带头人后备人才 22 名;推荐省级中医药后备人才 40 名,采取理论培训、临床进修、承担学术讲座和科研课题等形式分段培养,并制定经费补助和奖励办法。与四川大学华西医学中心、成都中医药大学开展校地合作,委托培训中医药及其他学科的博士生、硕士生和高层次人才。2000 年,在互联网上开通"中医药继教网",设置近 10 个栏目。对 66 名省、市学科后备人才进行理论和临床进修培训,23 名中医药骨干完成硕士研究生学业,新选 20 名攻读研究生班;市县中医药继续教育培训中心(站)采取多种形式开展继教工作,培训面 90% 以上。2001 年,开展计算机远程教学,方便边远地区的中医药人员学习提高。中医管理部门、继续教育委员会和学会采取灵活多样的培训方式,提高教学质量。发挥中医药传统教学优势,开展老中医药专家学术经验继承工作。是年,全市中医药人员增至 8427 人,其中,高级职称 415 人,占 4.9%;中级职称 662 人,占 7.9%,具有大专以上学历人员占 55%。2002 年,全市组织 310 名考生参加国家执业医师(中医类)资格实践技能考试,277 名考生参加全国执业医师综合笔试；完成中医医疗单位执业医师、助理执业医师注册发证工作。2003年7月，市卫生局、市中医管理局制定《乡村医生中医学专业学历教育管理办法》，成立乡镇中医学历教育办室，有800名乡村医生接受中医专业中医学历教育，占应培训人数的49.3%。2004年，举办“王静安主任医师临床学术经验研修班”，省内30多名中医儿科医师参加学习和观摩。2005年，完成乡村医生中医学中专学历教育项目年度招生计划，新增学员300名。全市先后举办“乡镇卫生院中医临床技术骨干培训班”“中医经典著作培训班”和“社区中医药适宜技术培训班”，有380多人参加学习。同时还派出技术骨干参加四川省举办的“中西医结合护理新进展”“中医、中西医结合病历书写基本规范”“中医药应对突发公共卫生事件能力建设”等培训班。全市400多名中医药人员参加四川省中医四部经典著作统一考试，取得较好的成绩。至是年底，市中医药继续教育培训中心通过举办学术讲座、培训班和远程教育，培训14万人次。全市有执业中医师（助理医师）2975名，其中高级职称537人，占18.1%；中级职称1188人，占39.9%；初级职称1247人，占41.9%；其他中医72人，占2.4%；具有大专以上学历的1757人，占59.1%（包括博士7人、硕士84人）；执业中药师300人。还有大部分尚未注册的中医（药）师等中医药人员未作统计。

【中西医结合】

20世纪80年代，全市加强中西医结合工作建设，先后正式命名成都市第一人民医院为中西医结合医院，将7所医院改建为县级中医专科医院。到1986年，全市县以上综合医院均建立中医科、中药房。四川大学华西医学中心创立中西医结合科，以“益气养阴、活血化瘀、清热解毒、通里攻下”为主的综合疗法治疗急性重症胰腺炎。20世纪90年代，医学科学进入中西医并存、互补共进、共同繁荣和发展的阶段。省中医药管理局在成都市建立中西医结合呼吸病研究室，呼吸专科列为市级重点建设学科。全市县级及以上医院（包括综合医院、中医医院和专科医院）都有中医、西医、中西医结合3支技术力量，开展中西医结合预防和治疗多发病、常见病，取得比单纯用中药或西药更好的疗效。一些中医、西医力量都比较强的大型医院，不仅采取中西医结合方法诊断、治疗，而且开展中西医结合基础理论研究，并有突破性进展。市一医院在运用中西医结合诊断治疗高血压、肺心病、慢性支气管炎、脑血管意外疾病等方面取得显著效果，有的达到国内先进水平。2003年，国家中医药管理局将成都市中西医结合医院中西医结合呼吸专科列为国家级重点专科建设单位，推动中医药结合工作的开展。全市中西医结合工作发展很快，3种医学体系共存共荣的格局初步形成。四川省中医药研究院附院肿瘤科运用中药、中成药结合化疗及局部灌注、瘤体内注射化疗药物、生物免疫治疗、中药穴位注射、中药外敷、中药灌肠、局部发热等治疗肿瘤，对延长病人生存期、提高生命质量、控制部分肿瘤转移、减少肿瘤并发症疗效明显。成都中医药大学附属医院中医急症科采取以中医为主、多学科配套、中西医结合诊断、治疗高热、出血性疾病，具有突破性进展，被国家中医药管理局确定为全国中医急症医疗中心。四川省骨科医院运动医学科以中医中药为主，中西医结合发展运动医学，多次为参加国内外重大赛事的运动员提供科技服务，该院的专家被运动员称为“捏着半块金牌的人”，国际奥委会认可该院中医药防治运动创伤的能力。至2005年，四川大学华西医学中心中西医结合科以中药为主治愈重症急性胰腺炎6000多例，手术率由77.59%下降到19.38%，病死率由40%降低至10%左右，医疗费用由人均20万元以上减少到10万元以内。

【名中医及学术继承】

1985年4月，市委、市政府召开全市振兴中医大会，作出《关于振兴成都市中医事业的决定》，推动中医事业的全面发展。是年，全市命名名老中医131名。同时，按照《成都市名老中医评选暂行办法》，授予王静安等48名专家"成都市名中医"称号，其中10人被评为四川省名老中医。1990年8月17日，市中医管理局组建代表团，携带中医科技成果、中药保健用品参加在北京举办的中国中医药文化博览会。王静安、郑陶万、谢石方3位名老中医在会上演示医术。从1991年起，国家中医药管理局、四川省中医药管理局、成都市中医管理局先后开展老中医药专家学术经验继承工作，遴选全国、省老中医专家学术经验继承指导教师11名，选配具有相关专业理论和实践经验的中青年业务骨干为继承人13名，以师承的方式培养中医药人才。1992年，对尚在世，并有一定能力整理、总结自身临床经验的28位名老中医的临床实践，进行专题收集、整理，写出总结，完成国家中医药管理局重点课题——"四川省名老中医学术思想、临床诊治经验研究"的上报任务。对成都市列为全国重点继承对象的3位老中医专家的师带徒工作进行阶段考核，完善继承工作的方案和措施。1994年，选派4名中青年技术骨干完成3名国家级名老中医经验的继承整理工作。9月14日至10月26日，国家级名老中医王静安导师及其继承人刁本恕、刘宇，郑陶万导师及其继承人张安国，张鉴铭导师及其继承人施泽生中医药专家学术经验继承工作通过四川省、成都市考评委员会的考评。1998年6月，成都市卫生局、市人事局、市中医管理局下发《成都市名中医评选暂行办法》。1999年1月15日，成都市卫生局、市人事局、市中医管理局联合召开"名中医命名大会"，授予长期工作在中医临床第一线，有丰富的中医药理论知识和实践经验，医德医风好，医术精湛的48名中医专家"成都市名中医"的称号。是年，四川省中医管理局授予第一批四川省名中医，有王晓东、王静安、叶腾辉、刘育才、吴一篁、张鉴铭、陈福安、黄修武、常振湘、陈志源10名成都市名中医。2000年，6名国家级老中医药专家学术继承人通过评审，完成继承工作任务。2001年，6名国家级、2名省级老中医药专家学术继承人通过评审。2002年，市卫生局、市人事局、市中医管理局制定实施《成都市名中医药专家学术经验继承工作管理暂行办法》等文件，对师生的遴选条件和程序作出明确规定。国内第一批继承工作中，完成学习日志2294篇、病案676份，召开学术交流会21次、研讨会207次，发表学术论文34篇（包括国家级刊物3篇、省级刊物10篇）。2003年，充分利用成都中医药资源优势，促进中医药人力资源向人力资本转变，组建"成都中医名医馆"。8月，评选出第二批39名市级名中医，授予"成都市名中医"称号。是年，四川省中医管理局评选的第二批四川省名中医，有刘采倩、李洪成、吴时达、周紫娟、刁本恕、冯贵明、杨向东、周太安、郑家远、羊德祥、欧之洋、林象贤、杨崇华、蒋义成、夏时金、屈友初16人。是年底，全国第三批及省级第二批名中医药专家学术经验继承工作7名继承人完成学习心得55篇，撰写论文15篇、发表7篇，参加学习会议6次，完成病历179份。2004年，以名医、名方、名药为基础，加强成都市中医名医馆的建设，完善在馆名医的管理办法，健全名中医准入的考评机制；建立名老中医专家库，已有成渝两地的50名中医名家入库，还为名中医配备医德好、医术佳的助手24名，做好师承工作。2005年，名老中医“王静安学术思想及临床经验研究”被列入国家科技部公关课题正式启动。完善成都中医名医馆的服务功能，建立“国医大师王静安工作室”，在馆名中医专家59人，为病员提供中医内、外、妇、儿、眼科服务，诊治肿瘤、不育不孕等疑难杂症。先后有国内外30多批、200余人次来访。截至2005年年底，在全国三批、省级两批、市级一批师承工作中，成都市确定各级指导老师55人次、继承人63名。有11名继承人通过3年的学习，经过考核结业，有的还被评为省、市名中医。

1999年成都市首批48名名中医名单一览表

表5－226

姓名	职称	单位
刁本恕	副主任中医师	成都市第七人民医院
王运清	副主任中医师	彭州市人民医院
王晓东	副主任中医师	成都市中西结合医院
王惠兰	副主任中医师	都江堰市中医医院
王静安	主任中医师	成都市中医医院
兰宗焕	副主任中医师	新都县中医医院
卢子权	副主任中医师	成都市金牛区第二人民医院
叶腾辉	副主任中医师	新都县中医医院
刘羽冲	副主任中医师	温江县红十字医院
刘育才	副主任中医师	成都骨伤医院
朱克铸	副主任中医师	成都市成华区中医医院
牟玉书	主任中医师	成都市中医医院
祁宗昌	副主任中医师	崇州市中医医院
阴志昌	副主任中医师	大邑县骨科医院
余家义	副主任中医师	彭州市中医医院
吴萍砚	副主任中医师	成都市第一人民医院
吴一箪	副主任中医师	邛崃市中医医院
吴时达	中西医结合副主任中医师	成都市中西医结合医院
张安国	主任中医师	成都市中西医结合医院
张国娟	主任中医师	成都市第三人民医院

续表

姓名	职称	单位
张家骥	副主任中医师	大邑县中医医院
张鉴铭	主任中医师	成都第一骨科医院
李洪成	副主任中医师	成都市中西医结合医院
杨崇华	副主任中医师	崇州市人民医院
陈乃超	副主任中医师	成都市中医医院
陈光明	主任中医师	成都飞机工业公司医院
陈志源	副主任中医师	崇州市中医医院
陈定潜	副主任中医师	温江中等卫生职业学校
陈福安	副主任中医师	成都市中医医院
陈德骥	副主任中医师	金堂县第二人民医院
周邦培	副主任中医师	彭州市中医医院
周志忠	副主任中医师	温江县中医医院
周紫娟	副主任中医师	成都市第三人民医院
林象贤	副主任中医师	邛崃市中医医院
欧之洋	副主任中医师	邛崃市中医医院
范荣奎	中西医结合副主任中医师	成都市第五人民医院
郑家远	副主任中医师	成都市锦江区中医医院
费经欧	副主任中医师	成都市武侯区中医医院
赵翃	中西医结合副主任中医师	郫县人民医院
夏时金	中西医结合副主任中医师	金堂县竹篙中心卫生院
栾光禹	主任中医师	成都市新华人民医院
常振湘	主任中医师	成都市中医医院
梁万发	副主任中医师	成都卫生学校双流分校
黄修武	主任中医师	成都市中西医结合医院
彭树森	副主任中医师	双流县第一人民医院
蒋义成	副主任中医师	都江堰市中医医院
谢正卿	副主任中医师	成都市中西医结合医院
鄢沛然	副主任中医师	都江堰市人民医院

2003年成都市第二批39名名中医名单一览表

表5-227

姓名	职称	单位
干德佳	中西医结合主任中医师	成都市第二人民医院
马术明	副主任中医师	邛崃市中医院
王邦国	副主任中医师	成都市温江区红十字医院
邓玉英	副主任中医师	蒲江县中医医院
邓治英	副主任中医师	成都市双流县中医院
付远忠	主任中医师	成都市中西医结合医院
冯贵明	副主任中医师	成都市金牛区中医医院
白淑仪	主任中医师	成都中医学校
刘军	副主任中医师	成都市中医医院
刘兆治	副主任中医师	成都市新都区中医医院
刘国清	副主任中医师	成都市郫县中医医院
刘采倩	主任中医师	成都市中西医结合医院
吕宗蓉	主任中医师	成都第一骨科医院
朱德贵	副主任中医师	成都市中医医院
羊德祥	副主任中医师	都江堰市中医医院
何金全	副主任中医师	成都市龙泉驿区第一人民医院
吴瑜	副主任中医师	成都市中西医结合医院
吴成雁	中西医结合主任中医师	成都市中西医结合医院
张忠民	副主任中医师	邛崃市人民医院
李世林	副主任中医师	成都市龙泉驿区中医医院
李良胜	副主任中医师	邛崃市中医院
杨向东	副主任中医师	成都肛肠专科医院
杨纪红	副主任中医师	成都市大邑县中医医院
陈治亚	副主任中医师	成都市新都区中医医院
陈莉萍	副主任中医师	成都市中西医结合医院
陈鹤松	副主任中医师	蒲江县西南乡卫生院
周太安	主任中医师	成都骨科医院
周开达	主任中医师	成都市妇幼保健院
屈友初	中西医结合副主任中医师	成都市大邑县中医医院

续表

姓名	职称	单位
罗康正	副主任中医师	成都金堂县中医医院
胡学芳	中西医结合副主任中医师	都江堰市中医医院
寇成荣	副主任中医师	成都儿童专科医院
黄世明	副主任中医师	邛崃市中医院
黄孝德	副主任中医师	邛崃市固驿中医院
曾上劼	副主任中医师	成都市中西医结合医院
谢清芳	副主任中医师	成都第一骨科医院
詹寿辉	副主任中医师	成都市郫县第二人民医院
赖玉琴	副主任中医师	成都市中医医院
薛堂语	中西医结合副主任中医师	成都市新都区人民医院

成都老中医药专家学术经验继承工作指导老师名单一览表

表5－228

级别	批次	指导老师姓名
全国	第一批	王静安、郑陶万、张鉴铭
全国	第二批	王静安、牟玉书、黄修武、唐家福、常振湘
全国	第三批	陈福安、王晓东、刁本恕
四川省	第一批	王静安、吴萍砚、吴时达
四川省	第二批	吕宗蓉、谢正卿、李洪成、吴时达
成都市	第一批	刘采倩、吴瑜、吴成雁、付远忠、牟玉书、干德佳、周开达、朱克铸、刘育才、冯贵明、吕宗蓉、谢清芳、周太安、杨向东、叶腾辉、兰宗焕、刘兆治、陈治亚、薛堂语、李世林、王邦国、刘国清、詹寿辉、杨纪红、屈友初、罗康正、邓治英、邓玉英、陈鹤松、吴一箪、林象贤、欧之洋、马术明、李良胜、黄世明、张忠民、蒋义成

中医医疗与学术研究机构

【概　况】

1990年，全市加强中医机构建设，17个区(市)县全部建立中医医院，全市有中医机构36个，其中医院32个，中医大学1个，中医研究机构3个。在全省率先试办乡镇中医院，将新都县新繁镇、双流县兴隆乡、温江县永胜乡3所卫生院试办成乡镇中医院。全市中医病床3746张。1992年，被列为全国示范中医医院建设单位的温江、彭县中医医院完成“杏林”计划阶段建设任务。全市各级中医药、中西医结合机构筹集资金2031.32万元，新（改）建工作、生活用房3.7万平方米，购置医疗设备151台（件）。1993年，温江、彭州市2个示范县级中医院建设和成都市中医药研究所中药剂型改基地建设完成年度任务。1995年，全市加强中医基础建设，投资4355万元，改扩建房屋6.95万平方米，增加病床735张，保持、发展成都市中医药事业在基地、人才、技术力量等方面的优势。1998年，在全市开展中医工作先进县建设。是年底，全市中医机构38个，其中市级5所、县级中医院19所、中医专科医院7所、乡镇中医医院7所，全市中医病床4816张。1999年，新都、金堂县和邛崃市、彭州、都江堰市等省级中医工作先进县建设单位，争取配套资金，加强中医机构内涵建设，完成阶段任务；新都县通过国家中医药管理局农村中医工作先进县评审验收。2000年，加强农村中医工作建设，彭州市、都江堰市建成四川省农村中医工作先进市，其余16个区（市）县的43个乡镇卫生院达到省中医建设标准。2001年，郫县、金堂县建成省级农村中医工作先进县，有30个乡镇卫生院达到四川省农村中医工作先进县建设标准。2002年，全市以建设农村中医工作先进县（市）区为载体，进一步加强农村中医药工作，邛崃市、龙泉驿区通过四川省中医管理局评审验收，正式批准为省级农村中医工作先进市（区）。对未达标的9个区（市）县、24个乡镇卫生院进行检查验收。是年，加强中医药参与社区卫生服务工作，制定《成都市中医药服务示范社区建设检查卫生标准（试行）》，并在城区开展创建试点工作。2003年，强化农村、社区中医药服务网络化建设，14个乡镇卫生院中医工作达标验收。2005年，全市初步形成遍布城乡、涉及中医各个专业领域的医疗保健体系，市、县两级中医医院的中医服务量占卫生服务总量的27%以上。全市329家乡镇卫生院中，有80%以上建立中医科，设置中药房，中药饮片300种以上，中成药60种以上。全市3018个村卫生站中，90%以上的村卫生站都有1名中医或中西医结合执业人员，并配备150多种中草药或30种以上的中成药；不少村卫生站医生还开展针灸、推拿、拔罐等治疗服务，以低廉的费用防治常见病、多发病。

【成都中医药大学】

1956年8月创建。1985年，被确定为四川省属重点高等院校；1995年，更名为成都中医药大学。学校有基础医学、临床医学、药学、针灸推拿、管理、护理、国防教育、成人教育和高等职业技术等12个二级学院；拥有教授级专家400余名，硕士导师139人，拥有国内首家中医药研究生院，有博士后流动站2个，博士学位授予点16个，硕士学位授予点27个，本专科专业（专业方向）55个，在校的国内外本专科生和博士、硕士研究生9000多人，并和在成都的其他高校合作办学，培养高层次的复合型人才。该校中药学是国家、国家中医药管理局和省级重点学科，是全国唯一的国家理科基础学科研究与教学人才（中药专业）培养基地；拥有国家级重点学科3个，国家中医药管理局重点学科3个，省级重点学科11个，有省级重点课程16门和省部级重点实验室13个；2001—2005年，承担国家科研课题70余项、省部级课题近100项。

【四川省中医药研究院】

1985年建院，是全国七大中医药研究基地之一。主要任务是运用传统和现代科学方法开展中医药基础研究，进行川产道地药材的研究，开发西南地区动植药物，开展中药质量和标准化研究，采用中医药或中西医结合方法对常见病、多发病及疑难杂症进行临床研究。研究院辖中医研究所（中医医院）、针灸经络研究所（针灸专科医院）和附属医院。2004年，该院建有一批重点研究室和重点学科，骨伤骨病研究室是省级重点研究室，中医肛肠和中医肿瘤为省级重点专科，中药药理试验室系国家中医药科研二级实验室，有中药医院制剂20个剂型170多个品种；先后承担多项国家及省、部级科研项目，获科技成果奖100余项（包括国家级5项、省部级34项），50多个新药获得新药证书或临床批件，国内外公开刊物发表论文600余篇，出版中医药专著27部，《中药药理与临床》系“中国科技核心期刊”和“中国中文核心期刊”双核心期刊；先后与日、意、韩、马（来西亚）、加、巴（西）、莫桑比克、美等国家及中国港、澳、台地区开展学术交流、技术培训、联合办医、合作研究等合作项目。全院有高级职称技术人员102人，其中博（硕）士30余人，享受国务院政府津贴专家12人，省学术和技术带头人3人、省名中医16人。2005年，医院与泸州医学院联名申报中医内科学、针灸硕士点成功，与四川省中药研究所合并组建新的四川省中医药研究院。全院高级专业技术职称人员154人，享受政府特殊津贴23人，省学术技术带头人5人，省优秀专家9人，省十大名中医1人，省名中医17人。

【成都市中草药研究所/成都市第二药品检验所】

1966年，响应“大办合作医疗，大搞中草药运动”的号召，建立温江地区五色盐晶组，开展运用民间丹药“五色盐晶”治疗肝炎、肝硬化、结核、高血压的研究工作。1971年，正式成立温江地区新医药研究站。1972年，更名为温江地区中草药研究所。1974年，更名为温江地区药品检验所。1975年，恢复温江地区中草药研究所，实行一个机构，两块牌子，承担药品检验和中草药研究的双重任务。1983年，撤销温江地区，更名为成都市中草药研究所和成都市第二药品检验所。1997年，建设实验楼。研究所加强中草药科研工作，发动医药技术人员开展药品、保健品及新技术的研究开发，获得较好的社会效益。1992年，主研的“神农牌保健药枕”获四川省星火科技一等奖，主研的“福祥牌药磁器”获得成都市卫生局科技二等奖。“盐酸碱片的工艺技术改进”获成都市1993—1994年度优秀新技术二等奖。“中药部标准及地方标准目录”获成都市1995—1996年度优秀新技术二等奖。此外，开发的“儿肤康保健药品”“红景天保健饮料”获得四川省卫生厅批文。

爱国卫生运动

组织建设与宣传教育

【概　况】

1990年，全市从预防疾病、提高人民健康水平出发，围绕创建卫生城市活动，广泛开展“爱国卫生月”活动。“七五”期间，全市新建农村集中式供水设施486座，手压机井17.5万台，新建、改建大口井、古井及其他分散式供水设施14.4万口（处）。1990年底，全市农村改水累计受益人口630.74万人，占全市农村人口的93%（其中饮用自来水的农村人口194.12万人，占全市农村人口的30.9%），实现“七五”农村规划改水目标。1991年，强化卫生法制建设、卫生监督和监测工作，卫生服务综合效益明显提高。1993年6月，成都达到全国爱国卫生运动委员会规定的消灭蟑螂标准。1994年，城镇结合巩固扩大创建卫生城市成果，加强卫生监督监测力度，饮食、饮水、公共场所、劳动卫生、放射卫生状况得到进一步改善。农村结合实现防保规划开展改水、改厕工作，改水受益人口670多万人，占农村人口的97%。1995年8月28日，成都市人民政府常务会审查通过《成都市爱国卫生工作管理暂行办法》，并正式颁布施行。《成都市爱国卫生管理条例》于1996年5月23日经成都市人大常委会通过，1996年10月14日，经四川省人大常委会批准后公布实施。1996年，成都市通过全国爱国卫生运动委员会办公室组织的巩固灭鼠、灭蚊先进城市标准的考核。全市完成农村改水受益人口16万人，使受益人口数增加到684.9万人，占农村总人口数的98.47%；完成改厕12.89万户，使改厕累计76.92万户，占农村总户数的40.35%。2000年，全市对1.34万户公共场所经营单位实施监测2.05万项次，合格率为93%，对2.59万个生活饮用水供水点实施卫生监督，抽检水样5252件，合格率81.7%。2001年，全市开展单位、居民住宅小区环境卫生综合整治，对乱堆放、乱搭建、乱张贴、乱书写、乱倾倒等影响群众工作、居家、生存的环境卫生问题予以整治，80%以上的单位、居民小区建成或达到安全文明卫生小区标准。农村广泛开展创建卫生集镇、卫生村活动。2002年，全市贯彻执行《成都市爱国卫生管理条例》。推动农村卫生集镇的创建工作，年度新推荐市级卫生集镇3个，都江堰市石羊镇经市爱卫会考核验收，达到市级卫生城镇标准。2003年，成都市爱国卫生工作以改善人们生存环境、提高人民健康水平为出发点，加强城市卫生基础设施建设。全市全年农村自来水覆盖新增4.94%，累计69.05%；卫生厕所普及新增4.95%，累计

61.35%。2004年，深入开展爱国卫生运动，召开全市爱国卫生运动工作会，确定工作重点。会同四川省爱国卫生运动委员会办公室，严格按照《全国城市卫生检查评比标准》，对彭州市、邛崃市、崇州市和蒲江县巩固和发展省级卫生县城达标工作进行考核，4个市县爱国卫生工作合格。都江堰市青城山镇经过2年的努力，建成四川省首个国家卫生集镇；建成四川省农村先进自来水厂2个，四川省十佳卫生村2个。2005年，大力开展"除害防病"工作，治理或清除蚊、蝇、老鼠、蟑螂滋生物场所3.2万余处，投放各类消毒杀虫药150吨，使"四害"密度控制在国家标准允许范围之内。增强健康教育的针对性，提高人民群众防病的意识和技能，促进防病治病工作。全市全年完成项目目标人群健康教育13万人次，完成8200多户卫生厕所建设工作，改善农民生活环境。

【组织机构建设】

成都市爱国卫生运动委员会（以下简称市爱卫会）行使统一领导和协调爱国卫生运动和卫生防病工作职能。

1989年进行调整，市政府分管副市长任主任委员，市卫生局局长兼办公室主任。1990年，配备副局级专职主任、编制由8人增加到10人。是年，各区（市）县结合政府换届，普遍充实调整爱卫会及办事机构。1992年，五城区爱卫办在原有编制的基础上增加到5~7人、活动经费增加到5万—7万元。14个区（市）县也充实加强爱卫办，增加人员编制，落实活动经费，成都市和区（市）县爱卫办编制人数87人，实际有工作人员92人，常年活动经费和专项经费157.86万元。五城区67个街道办事处健全爱卫会办公室，各配备2~3名工作人员，并挂牌办公；全市91个场镇、332个乡也建立爱国卫生组织，有专兼职工作人员560人，1100个居委会和77个家委会建立爱国卫生小组，有专兼职人员1373人。此外，2197个党、政、军机关，9867个大中型企事业单位，3882所大中专院校和中小学以及1608个托幼单位都根据实际，健全爱国卫生组织，配备专（兼）职干部或确定有专人负责，全市爱国卫生组织网络正式形成。1994年，市爱卫会进行调整，市长王荣轩任主任委员，郭昆林兼办公室主任。1997年，成都市委、市政府将市爱卫会与市城市综合管理指挥部办公室合并，实行一个机构、两块牌子，作为正局级常设议事协调办事机构，由市委、市政府副秘书长郭昆林兼任主任。是年，全市建立一支500人的基层爱国卫生检查员队伍，制定《检查员管理办法》和《检查员岗位责任制工作考核奖惩办法》，两个《办法》的实施，充分发挥爱国卫生检查员在基层卫生工作中的骨干作用。2002年，市城市综合管理指挥部办公室撤销、市爱卫会办公室回归市卫生局。2005年，市爱卫办机构规格由处级改为副局级，驻成都铁路、民航、部队分别成立爱卫会组织，其负责人担任历届市爱卫会委员。

2005 年成都市各区(市)县爱卫会组织机构一览表

表 5－229

地区	委员单位数（个）	委员人数（人）	区(市)县爱办人数(人)	街办爱办人数（人）	乡镇爱办人数（人）
高新区	10	10	3	5	
青羊区	42	45	4	14	
金牛区	37	49	3	15	
成华区	17	20	3	28	
锦江区	34	34	4	16	
武侯区	18	20	3	39	
龙泉驿区	29	30	4	4	8
双流县	39	36	5	1	30
温江区	20	20	1	4	6
新都区	18	18	5	6	33
新津县	35	46	3		24
郫县	26	34	2		28
蒲江县	40	41	3		12
都江堰市	40	45	18	26	97
邛崃市	35	47	2		53
崇州市	28	30	6		50
大邑县	23	28	2		40
金堂县	30	30	5	18	42
青白江区	43	45	3	6	27
彭州市	23	29	3	14	20
总计	587	657	82	196	470

【爱国卫生制度实施与监督管理】

1990 年以来，全市先后建立并实施“门前三包”（包绿化、包秩序、包卫生）、“门内达标”（包屋内卫生达标）、“两禁止”（禁止随地吐痰、禁止乱扔脏物）、街面保洁、周末卫生日、节假日卫生大检查、星期日上街宣传、公益卫生义务劳动、行业卫生检查、晚上市容卫生突击检查、爱国卫生月、爱国卫生先进集体和个人评比、“三讲一树”等 10 多项制度。1992 年，市政府发布《成都市除四害管理办法》后，市爱卫会组织 15 个省、市、铁路、民航等医疗卫生单位 300 余名医务人员在人民南路、火车北站等地进行为期 3 天的设点宣传，受教育群众10万人次。1995年，五城区爱国卫生“门内达标”签约率100%，“门内达标”实施合格率98%，先后整治居民院落（楼群）3900个，整治率98%、整治合格率95%。1995年8月28日，成都市人民政府常务会审查通过《成都市爱国卫生工作管理暂行办法》，并正式颁布施行。1997年1月1日，成都市正式颁布《成都市公共场所禁止吸烟规定》。截至1999年，成都市先后颁布实施《成都市爱国卫生工作条例（草案）》《成都市爱国卫生管理暂行办法》《成都市爱国卫生管理条例》《成都市公共场所禁止吸烟规定》《成都市爱国卫生监督员管理办法》，以及《关于加强城区除四害工作的通告》《关于加强城区饮食食品行业卫生管理的通告》《关于禁止非法张贴书写广告、非法散发印刷品广告的通告》等涉及巩固发展“创卫”成果的规范性文件，使全市爱国卫生工作逐步走上法制化管理轨道。2003年3月，市爱卫会将综合整治向中小街道向社区延伸作为总体要求以及当年爱国卫生工作重点，组织开展为期3个月，以“传染病防治”为主题的第十五个爱国卫生月活动，在全市范围内发动广大群众，结合社区实施城市环境综合整治工作。2004年，市卫生局制定并下发《成都市创建国家环境保护模范城市巩固国家卫生城市目标任务表》《创建国家环境保护模范城市巩固国家卫生城市成果方案》《成都市创建国家环境保护模范城市集贸市场专项整治实施方案》，明确目标和任务，层层落实责任。

【健康教育与宣传】

1990年以后，成都健康教育在有关部门的领导和健康教育所的组织指导下，学校将健康教育纳入素质教育的重要内容，开设健康教育课程。城区中小学使用统编教材，开课率100%，做到“四有”（有教材、教师、课时、考试或效果评价）。区（市）县的城镇和部分农村中小学校也开设健康教育课，城镇中小学的开课率95%以上（3552所农村中小学规范化开课率90%）。医院健康教育全面开展，社区健康教育以点带面成果显著，农村健康教育受到农民欢迎，公共场所健康教育重视控烟，加强宣传教育。1993年起，工厂健康教育突出劳动保护，把健康教育工作难点和重点放在从事有毒有害作业的工人中。1994年8月18日，市政府召开全市健康教育现场办公会，将市健康教育所新址办公大楼的修建列为1995年政府为市民办实事的10项目标任务之一，并解决健康教育所业务经费紧张的问题。要求五城区政府落实健康教育机构、充实专职人员5～7人、每年拨款2万—3万元，开展健康教育工作。成都市健康教育形成“政府倡导、部门领导、专业机构组织指导、传媒主动配合、基层单位积极参与”的格局，全市建立完善的健康教育网络。1995年，与市教委合作在市内城区的416所中小学开设健康教育课，开课率达100%。5月10日，市爱卫会、市卫生局、市广播电影电视局、市农牧局联合发出《关于开展“成都市农民健康教育行动”的通知》，并成立“成都市农民健康教育行动领导小组”及其办公室，开展“农民健康教育行动”。各街道办事处落实有领导分管健康教育、兼职健康教育人员、健康教育专栏、健康促进中心或健康教育示范点，成立市民健康教育学校，全市建有27个健康促进示范点。是年，青羊区斌升街和武侯区玉林小区7号院示范点，接受世界银行卫Ⅶ贷款预评估团及全国爱卫会“创卫”复查考核，受到中外专家们的好评。

1996年，制订《学校健康教育示范校检查标准》，对全市20个区（市）县学校进行检查，命名

72所学校为成都市健康教育示范学校。是年，启动世界银行卫Ⅶ贷款项目，在全市建立学校、工厂、医院、社区健康促进示范点21个，培训人员3642人次。省、市健康教育所联合在双流县白家镇顺风乡开展“九亿农民健康教育示范点”工作。1997年，市爱卫会向各区（市）县下发《成都市社区健康教育规范》《社区健康教育检查评分标准》《成都市农民健康教育规范》及《农民健康教育检查标准》。为规范医院健康教育，成都市爱卫办、市健教所制定医院健康教育检查标准，市卫生局下发加强医院健康教育管理的文件。市健教所每年定期召开医院健康教育例会，市、区两级健教所还多次召开医院健康教育师资培训会。全市形成医疗卫生单位健康教育网络，覆盖省、市、区、铁路、民航医院及妇幼保健院、专科防治院。各医院门诊和住院部均设有健康教育专栏或橱窗。1998年，在全市开展“1+1健康教育户教工程”（一个学生带动一个家庭），向居民、中小学生发放健康教育应知应会。结合“世界无烟日”，在全市万名中小学生中发起签名承诺终身不吸烟活动。1999年，结合贯彻《职业病诊断管理办法》《中华人民共和国尘肺病防治条例》《卫生防疫工作规范（劳动卫生分册）》，以及劳动卫生、放射卫生、预防性卫生等法规，举办“职业危害与防护”讲座、开展健康咨询服务、促进全市职业病防治工作。是年，成都市正式向全国爱卫办申报“无烟草广告城市”称号。

2002年3月，市健康教育所并入成都市疾病预防控制中心，更名“成都市疾病预防控制中心健康教育所”。是年，全市开展健康教育宣传，组织专家开展下街乡活动，接受健康咨询15万余人次；到社区举办各类健康讲座16次；设立各类健康宣传站45个。2003年，市委、市政府把加强健康教育工作写入《成都市国民经济和社会发展第九个五年计划和2010年远景目标》。全市利用广播、大型集会、农民健康教育学校等形式，宣传卫生科普知识，积极倡导“讲文明、讲卫生、讲科学”。截至2005年年底，成都市19个区（市）县和高新技术产业开发区均设有健康教育所，特别是五城区健康教育所，积极参与世界银行贷款卫生Ⅶ健康促进项目。健康家园社区健康直通车分别开进肖家河、猛追湾、驷马桥街道办事处和四川省冶金研究院、八里小区桃蹊街道办事处成华苑、小天竺街道办事处、双清路府南社区、双桂社区、牛市口社区、双楠办事处等社区开展健康教育。还组织148名医务人员和健康教育工作者，深入19个区（市）县和高新技术产业开发区的35个乡镇开展送健康知识下乡活动。全年组织开展健康教育下街（乡）活动18次，参加咨询人数4500余人次。市健康教育所与《成都晚报》社联合举办世界无烟日大型公益活动——“掐灭一根香烟，送您一份晚报”。

2005年成都市大众传媒部分健康教育专版、专栏、栏目一览表

表5-230

主办单位	专版、专栏、栏目名称	形式	主办单位	专版、专栏、栏目名称	形式
《成都晚报》	《大众保健》	报纸专版	成都经济电视台	《电视医院》	电视节目
《成都商报》	《甜蜜家园》	报纸专栏	四川教育电视台	健康生活	电视节目

续表

主办单位	专版、专栏、栏目名称	形式	主办单位	专版、专栏、栏目名称	形式
《成都商报》	《医学保健》	报纸专版	四川有线电视台	健康视窗	电视节目
成都人民广播电台新闻频道	《卫生与健康》	广播节目	成都电视台成都生活频道	健康成都	电视节目
成都人民广播电台经济频道	《健康特使》	广播节目	成都市疾病预防控制中心	《健康时代》	报纸
成都电视台	《健康夜谈》	电视节目	成都市爱卫会主办	《健康教育壁报》	壁报
成都电视台	《求医问药》	电视节目			

【卫生防疫宣传教育】

每年世界卫生日、无烟日、爱牙日、高血压日、糖尿病日和艾滋病宣传、爱国卫生月、预防肠道传染病宣传等活动中，成都市卫生局、市爱卫办均组织开展全市性健康教育活动，市健康教育所负责具体组织实施。1993 年 7 月，成立“成都市吸烟与健康协会”。1994 年，全市加强宣传教育，提高广大干部、群众的防病知识和参与意识。1996 年 12 月 1 日，市健康教育所与成都恩威集团合作，开展预防和控制艾滋病宣传教育活动。1997 年 9 月 20 日，市健康教育所与高露洁牙膏厂和美晨牙膏厂合作，开展爱牙日宣传咨询活动。11 月 14 日，市健康教育所筹备成立“成都市糖尿病健康俱乐部”。1999 年，全市职业中毒、尘肺诊断组的专家和卫生防疫技术人员深入各工矿企业，对接触铅、锰、汞、苯、高粉尘等工作场所的劳动卫生现状进行调查，帮助各企业制定切实有效地防护措施，改变生产工作环境及工人不良生产习惯、减少职业病危害、提高企业职工健康水平。2000 年，市糖尿病健康俱乐部评获健康促进项目实施优秀单位。2002 年，全市加大除害防病、卫生科普知识的宣传教育，组织专家 320 余人开展下街乡活动。

2003 年，成都市防治“非典”办公室成立由市委宣传部、市卫生局、市疾病预防控制中心健康教育所组成的宣传组，负责全市“非典”防治的教育宣传工作。4 月 18 日开始，市疾病预防控制中心开通 5 部咨询电话，进行 24 小时热线咨询。4 月 20 日，市爱卫会、市卫生局、市疾病预防控制中心组织 11 家市级医疗卫生单位在六城区设立宣传咨询站，向市民宣传预防非典型肺炎知识。4 月 23 日，由市委宣传部、市卫生局组织，市疾病预防控制中心策划、供稿，《成都日报》《成都商报》《成都晚报》在同一时间、专版刊登“非典”预防科普知识。成都电视台 15 频道新闻评论部利用《今晚 8:00》和《新闻背景》两个名牌栏目，连续播出 10 期《万众一心抗击“非典”》直播节目。4—6 月，市级主要大众传媒刊登相关文章 400 余篇，开播专栏节目 100 余个。2003 年，成都市参与世界银行贷款卫生Ⅶ健康促进项目（世界银行贷款在成都等 8 个城市开展，以控制慢性非传染性疾病、营养、运动、预防意外伤害、艾滋病为主要内容的健康促进活动），运用健康促进的理论和模式，针对吸烟、不合理膳食、缺乏运动等危险因素进行综合干预。组织医务人员开展预防呼吸道传染病专题宣传，通过发放资料，开展咨询等健康教育活动，使讲究卫生、减少疾病、促进健康正成为社会风尚。全市全年发放各种宣传资料400多万份，受教育群众50多万人次。2004年，市卫生局根据不同时期防病治病工作的需要，编印《健康教育壁报》《健康时代报》，将卫生防病知识与技能及时送给基层单位，送到老百姓手中。2005年7月，四川省发现人感染猪链球菌病，市健康教育所迅速投入应急宣传教育工作之中，建立起人感染猪链球菌病防制健康教育信息库，在《健康时代》报上作相关宣传，制作5分钟电视专题节目，刻录VCD光盘500张下发到250个乡镇。同时增强宣传教育的针对性，卫生与广播电视部门合作，在成都市电视台开办《健康成都》栏目，全年制作播出节目180期。

农村改水改厕

【概　况】

“七五”期间，加快农村改水规划建设，全市新建农村集中式供水设施486座，手压机井17.5万台，新建、改建大口井、古井及其他分散式供水设施14.4万口(处)。到1990年年底，全市农村有631万人饮用上清洁水，占农村人口的93%。实现“七五”农村规划改水目标。1990年，成立领导机构，采取民办公助、多方集资，先试点后推广，加快农村改水规划的实施。改造和完善各类饮水设施，提高农村饮水卫生质量，特别是着重解决少数缺水地区农村饮水难题，有计划地开展乡镇自来水厂建设。同时，争取世界银行贷款，在金牛区和崇庆县实施“农村供水项目”，是年底，崇庆县已通水运行项目工程80个，有25.52万人饮上安全卫生水；金牛区竣工72座中型水厂，有20万农村群众饮上自来水。结合农村初级卫生保健和农房建设，逐步发展卫生、实用、经济的以三结合沼气池为主的卫生厕所。1992年年底，农村改水累计受益人口661.82万人(占农村人口96.52%)。各区(市)、县的45个乡，500个村进行改厕试点，建成卫生厕所5.8万个。1994年，全市农村结合实现防疫保健规划开展改水、改厕工作，改水受益人口670多万人，占农村人口的97%。1996年，农村改水受益人口数占农村总人口数的98.47%；完成改厕12.89万户，使改厕累计76.92万户，占农村总户数的40.35%。1998年，全市农村累计建成小型自来水厂(站)2200多个；累计建成卫生厕所(含沼气池卫生厕所)50多万个，占农村总户数的32%以上。2001年，结合小集镇建设和农房改造，因地制宜开展农村改水改厕工作。全市新建自来水厂15个，均达到卫生达标水厂标准。农村改厕积极探索和试行经济、实用、卫生、便利、环保的生态型无害化卫生户厕模式，取得一定经验。全市改水受益人口占农业人口的98.18%，其中，自来水受益人口占60.04%，卫生户厕覆盖率50.07%。2002年，全市改水改厕目标已分别完成全年目标任务的90%和85%，自来水普及率1—10月63.64%，卫生厕所覆盖率62.27%。农村改水改厕工作取得的成效，推动农村卫生集镇的创建工作，年度新推荐市级卫生集镇3个，都江堰市石羊镇经市爱卫会考核验收，达到市级卫生城镇标准。2003年，全市全年农村自来水覆盖率新增4.94%，累计69.05%；卫生厕所普及新增4.95%，累计61.35%。金牛区、新都区、成华区的农村自来水厂被全国爱卫会评为全国农村优秀水厂。2004年，蒲江县、龙泉驿区、都江堰市各一个村被列为“CES 项目(中国/联合国儿童基金会儿童环境与环境卫生项目)改厕试点村”,以在农村修建标准达到“四无”(无渗漏、无蝇、无蛆、无臭味)的无害化卫生厕所为切入点,全面推进农村卫生建设,为儿童创造一个良好、卫生的生存环境。2005 年,成都市将邛崃、蒲江、大邑三个血吸虫流行地区列为改厕项目县,建设卫生户厕 8600 座,举办农村改水改厕技术培训班,完成 13 万人次的健康教育任务。截至 2005 年年底,全市改水受益人口为 707.65 万人,占农村总人口的 99.97%,其中自来水普及率 75.53%;全市农村卫生厕所为 146.11 万座,卫生厕所普及率 68.94%。

【农村改水】

1990 年,市政府成立“成都市农村改水领导小组”,是年,农村改水重点抓乡镇自来水厂的建设,同时改造和完善各类饮水设施、解决农村饮水困难问题。截至年底,全市农村改水累计受益人口 630.74 万人,占全市农村人口的 93%(其中饮用自来水的农村人口 194.12 万人,占全市农村人口的 30.9%)。1991 年 8 月,全市农村改水实现“七五”农村规划改水目标,受益面超额 11.03% 完成任务。12 月被四川省爱卫会授予“七五”农村改水先进地区称号。1992 年,全市采取“三个一点”(国家补助一点、集体投入一点、农户自筹一点的集资模式)的办法筹集改水资金 1120.85 万元,新建自来水厂(站)2297 座,新增自来水受益人口 38.773 万人(自来水受益人口增长率为 19.99%);新建手压机井 9.8 万口,49.73 万人受益。全市改水受益人口增长率为 15.43%。1996 年,完成农村改水受益人口 16 万人,使受益人口数增加到 684.9 万人,占农村总人口数的 98.47%。截至 1998 年年底,全市累计完成农村改水受益人口 688.81 万人,占全市农村总人口的 99.79%;其中饮用自来水人口 399.17 万人,农村自来水普及率 57.30%;城郊农村自来水普及率 92.71%,城区的农村改水工作(由于历史原因,成都市各城区均带农村)经四川省爱卫会考核鉴定达到全国农村改水先进县的标准。2001 年,各区(市)县政府结合小集镇建设和农房改造,采取因地制宜、积极引导、抓试点的方法,开展农村改水工作。全年全市新修农村自来水厂 15 个,新增饮用自来水受益人口 20.55 万人,自来水累计普及率为 60.04%;建成四川省农村先进自来水厂 11 个、市级卫生达标水厂 60 个。2002 年,全市自来水普及率增加 4.83%,累计 63.64%。2003 年 9 月 28—29 日,受全国爱卫会委托,四川省爱卫会组织专家对成都市推荐的新都区新繁水厂、金牛区长久水厂、成华区东华水厂进行考核验收,考核组通过查阅档案和现场检查,水质全面达标,3 家水厂被全国爱卫会命名为全国农村优秀水厂。全市全年农村自来水覆盖新增 4.94%,累计 69.05%。2004 年,全市农村自来水普及率新增 4.55%。截至 2005 年年底,全市农村用于改水投资 6241.29 万元,改水受益人口 707.65 万人,占农村总人口的 99.97%;全市自来水厂(站)4073 个,累计受益 534.78 万人,自来水普及率 75.53%。

2005 年成都市农村改水统计年报

表 5－231

单位	农村总人口(万人)	已改水受益人口(万人)							当年用于农村改水投资(万元)				
		改水受益人口			自来水				当年合计	其中			
		累计受益	%	当年受益	厂、站(个)	累计受益	%	当年受益		国家	集体	个人	其他
合计	707.89	707.64	99.96	0.00	4073	534.78	75.53	13.71	6241.29	2794.35	1518.67	1898.27	30.00
锦江区	5.73	5.73	100.00	0.00	14	5.65	98.65		0.00				
青羊区	4.78	4.78	100.00	0.00	17	4.75	99.32	0.22	111.00	83.00	24.00	4.00	
金牛区	17.28	17.28	100.00	0.00	29	17.28	100.00		0.00				
武侯区	6.67	6.67	100.00	0.00	22	5.77	86.49	0.19	84.85	58.00	26.85		
成华区	10.08	10.08	100.00	0.00	21	10.08	100.00	0.00	28.90		28.90		
高新区	6.66	6.66	100.00	0.00	10	6.66	100.00		0.00				
龙泉驿区	40.58	40.58	100.00	0.00	338	40.11	98.84	0.10	911.55	55.55	809.00	47.00	
青白江区	30.15	30.15	100.00	0.00	23	18.01	59.74	1.00	621.00	50.00		571.00	
新都区	50.41	50.41	100.00	0.00	1920	43.91	87.10	0.93	142.00	28.00	45.00	69.00	
温江区	22.06	22.06	100.00	0.00	106	14.85	67.29	0.45	268.00	42.00	66.00	160.00	
金堂县	74.49	74.49	100.00	0.00	40	28.68	38.41	0.91	1037.24	595.04	75.00	337.20	30.00
双流县	79.89	79.89	100.00	0.00	84	69.40	86.87	1.80	120.00		120.00		
郫县	41.37	41.37	100.00	0.00	123	28.09	67.89	0.71	270.38	6.51	164.92	98.95	
大邑县	42.59	42.59	100.00	0.00	260	35.49	83.34	1.02	340.12	289.00		51.012	
蒲江县	22.04	22.04	100.00	0.00	98	12.48	56.62	0.63	189.00	180.00		9.00	
新津县	28.94	28.94	100.00	0.00	8	18.28	63.17	0.90	100.00		100.00		
都江堰市	45.90	45.90	100.00	0.00	818	41.23	89.82	1.07	762.00	200.00	59.00	503.00	
彭州市	66.50	66.50	100.00	0.00	26	53.48	80.42	1.22	8.00	5.00		3.00	
邛崃市	55.95	55.70	99.55	0.00	34	36.01	64.37	0.70	455.00	410.00		45.00	
崇州市	55.82	55.82	100.00	0.00	82	44.57	79.84	1.86	792.25	792.25			

2001—2005年成都市农村改水相关数据一览表

表5-232

指标名称	单位	2001	2002	2003	2004	2005
农村改水累计受益人口	万人	688.12	669.63	707.61	707.64	707.64
农村改水受益率	%	98.93	98.83	99.96	99.97	99.96
农村及镇使用自来水人口数	万人	443.72	456.16	488.79	520.97	534.78
农村及镇自来水普及率	%	63.80	64.44	69.05	73.6	75.55
农村改水当年投资	万元	7617.77	11215.66	9994.14	11021.46	6241.29
其中,国家投入	万元	914.11	3100.49	5761.63	2414.95	2794.35

【农村供水世界银行贷款项目】

“农村供水项目”是世界银行贷款项目,执行期从1985年7月8日起至2010年7月9日止。1986年1月27日,由四川省财政厅和省爱卫会分别与金牛区政府、崇庆县政府正式签订“农村供水项目”贷款协议书。根据贷款协议书规定,省财政厅按照财政部提供给四川省“项目”信贷额度的分配方案,向金牛区政府提供3856134个特别提款权,按1985年5月9日特别提款权与美元和人民币比值计,即375.75万美元,约合人民币1069万元;向崇庆县提供3254854个特别提款权,按以上同期特别提款权与美元和人民币的比值计,即317.16万美元,约合人民币902.35万元。两区县的贷款额度只占“项目”总投资额度的40%,余下的60%按照贷款协议规定由省、市财政各按总投资的3%、县财政按4%提供配套资金,受益群众集资50%的资金。金牛区“农村供水项目”对内结算工程总投资为2439.21万元,应完成112个项目、79座水厂,解决121个村、26.8万名群众的饮用自来水问题;崇庆县对内结算工程总投资为2180.81万元,应完成99个项目、98座水厂和1.5万台手压机井,解决153个村、19.22万人饮用自来水和6万人饮用手压机井水问题。“农村供水项目”启动后,金牛区和崇庆县政府及时成立工作协调小组,由政府主要负责人担任协调小组组长,并成立农村改水办公室(设在“农委办”),该项目迅速启动。经过几年的建设,至1990年年底,金牛区已建成农村自来水厂72座,有20余万名农村群众饮用上清洁卫生自来水;崇庆县99个子项目工程全部开工,有90个项目工程全部或部分通水,179个村、25.52万人饮用上自来水和手压机井水。1994年8月11日,世界银行考察组参观考察成都市金牛区天回镇农村供水项目水厂,访问受益农户,询问水厂投资、规模、制水工艺及成本、收入、还贷等情况,考察组对四川的世界银行贷款项目表示满意,希望进一步管好水厂,扩大项目效益,以解决更多贫困地区农民饮水的问题。随着行政区域的调整,过去在金牛区实施的项目工程部分划归到锦江区、成华区、青羊区、武侯区。至1995年末,五城区先后新建农村自来水厂(站)93座,受益人口40.4万人,占五城区农村总人口的89.52%。2003年,全市建项目水厂143个,金牛区通过项目扩展,年底全区实现农村人口100%饮用自来水。

【农村改厕】

1990年以后，成都市结合农村初级卫生保健和农房建设，在先试点、后推广的基础上逐步发展卫生、实用、经济的以三结合沼气池为主的卫生厕所。1992年，全市先后在19个区（市）县的45个乡、500个村进行改厕试点，新建三结合沼气池等各类卫生厕所5.8万个，新建厕户占农村总户数的3.66%。1994年，农村改厕工作在全市推开，各区（市）县爱卫会在试点的基础上，因地制宜地推广建设一批经济实用的卫生户厕。截至当年底，全市新建沼气式户厕1.47万座、水冲式户厕0.61万座、三隔式户厕0.62万座、简易卫生户厕所8.66万座、累计建成卫生户厕50.86万座、占农村总户数的32.13%。五城区从1994—1995年，推进城郊农村户厕的改造工作。截至1995年9月底，五城区先后新建改建农村卫生户厕7.6万座，卫生户厕普及率84.14%，城郊农村环境卫生面貌有明显的改观。1999年，全市农村累计新建卫生户厕59.31万座，占农村总户数的31.11%；其中，无害化户厕47.26万座，占农村总户数的24.79%。青羊区、龙泉驿区经四川省爱卫会考核鉴定达到全国农村改厕先进县标准。2000年，全市农村累计新建卫生户厕94.37万座，占农村总户数的49.50%；其中无害化户厕60.27万座，占农村总户数的31.61%。是年6—7月，在全市农村开展农村改厕现状调查，全市对102个乡的150个村、7.06万户农户的厕所现状进行逐户调查，摸清全市农村厕所的情况。2001年，农村改厕积极探索和试行经济、实用、卫生、便利、环保的生态型无害化卫生户厕模式，全市农村新建无害化卫生户厕8.22万座，卫生户厕累计覆盖率50.07%。金牛区、新都区、蒲江县等区（市）县为激励农民改厕，继续实行修建卫生厕所多给予10平方米土地的政策。2002年，全市农村卫生户厕覆盖率新增5.71%，卫生厕所覆盖率达62.27%。2003年，农村改厕坚持“因地制宜、注重实效”的原则，在提高无害化卫生厕所覆盖率上加大资金投入。龙泉驿区作为省级改厕试点区，在山泉镇苹果村开展改厕示范工作，12月通过省爱卫办的检查验收。全市农村卫生户厕覆盖率新增4.95%、累计61.35%，新建农房和中心村无害化卫生户厕100%。2004年，农村卫生户厕覆盖率新增4.83%，累计66.18%。截至2005年年底，全市农村卫生厕所为146.11万户、卫生厕所覆盖率达68.94%。

2001—2005年成都市农村改厕情况表

表5-233

指标名称	单位	2001年	2002年	2003年	2004年	2005年
农村及镇卫生厕所数	万个	96.50	119.55	130.02	140.27	146.11
农村卫生厕所覆盖率	%	50.62	56.4	61.35	66.18	68.94
农村粪便无害化处理率	%	19.56	21.00	24.2	27.35	29.93
农村改厕当年投资	万元	3424.91	5368.33	6783.56	5050.70	5966.02
其中，国家投资	万元	251.02	1446.06	1005.61	950.60	1510.44

【农村改厕专项建设】

2004年，蒲江县长秋乡三合村、龙泉驿区山泉镇美满村、都江堰市青城山镇青城村被列为“CES项目(中国/联合国儿童基金会儿童环境与环境卫生项目，简称“CES项目”)改厕试点村”。该项目是以在农村修建标准达到“四无”(无渗漏、无蝇、无蛆、无臭味)的无害化卫生厕所为切入点、全面推进农村卫生建设、为儿童创造一个良好、卫生的生存环境为目的的改厕项目。按照四川省爱卫办等12个部门《关于加强全省农村改水改厕工作的意见》精神和CES项目要求，各项目县(市、区)成立CES项目领导小组和技术指导小组，把改厕工作纳入各级政府的重要议事日程。改厕工作采取“谁受益、谁出钱，谁投资、谁所有”的原则，以个人投资为主、上级主管部门补助为辅的投资方式。在各级财政的支持下，是年，全市“CES项目”获得项目经费18万元，各级财政配套补助经费18万元，各项目村积极发动群众，项目进展顺利，3个项目村新改建厕所215座。2005年年初，成都市按照省卫生厅、省财政厅《关于印发四川省2004年中央补助农村改水改厕项目管理实施方案的通知》要求，将邛崃、蒲江、大邑3个血吸虫流行地区列为改厕项目县，项目需建设卫生户厕8600座。项目启动以后，成立成都市农村改水改厕项目工作小组和技术指导小组，积极协调财政部门落实财政配套资金，及时下拨卫生户厕建设中央资金129万元及市级配套资金258万元。先后组织各项目县爱卫办、农村改水改厕专业技术人员、生活饮用水理化检验人员、粪便无害化检验人员、项目乡镇分管领导及技术人员500人次，分4批接受基层改厕技术培训和健康教育培训。市爱卫办投入资金，通过形式多样的健康教育活动使老百姓深入了解改厕的重要性、必要性。先后组织专家，不定期到项目实施地进行督导检查、及时解决项目实施过程中存在的一些问题、确保施工质量。经过1年的努力，3个项目县(市)修建卫生厕所8906座(其中三联式沼气厕所7619座、三格式化粪池1287座)，目标人群健康教育近13万人次，培训各类人员5553人次。

创建卫生城市

【概　况】

1990年，经全国爱卫会专家组检查通过，成都市被评为全国“十佳卫生城市”。1991年，中共成都市委、成都市人民政府提出“全民动员，奋战三年，创建国家卫生城市”的目标。1993年，继达到国家城区消灭蟑螂标准之后，在全国省会城市率先达到国家卫生城市标准。10月5日，全国爱卫会命名成都市为国家卫生城市，授予“国家卫生城市”奖牌。1994年，城镇结合巩固扩大创建卫生城市成果，加强卫生监督监测力度，饮食、饮水、公共场所、劳动卫生、放射卫生状况得到进一步改善。1995年，在第三次全国城市卫生检查评比中，全国爱卫会城市卫生检查团对成都市巩固发展国家卫生城市成果工作进行全面复查，确认成都市巩固国家卫生城市成果有新的发展。是年，创建5个省级卫生区(县)城。1996年11月4—6日，受全国爱国卫生运动委员会的委托，四川省爱国卫生运动委员会组成复查小组，对荣获全国卫生城市称号的都江堰市进行复查。通过核查，确认都江堰市达到全国卫生城市(县级市)标准，成为四川省第一个顺利通过全国卫生城市复查的县级市。1996—1997年全国爱卫会组织对成都市巩固发展国家卫生城市成果工作进行多次明察暗访，认为成都市基本巩固创卫成果。1998年7月，全国爱卫会除“四害”专家考核鉴定组经检查评议，确认成都市灭蚊工作达到全国先进城市的标准，并巩固全国灭蝇先进城市的成果。有7个县级城镇分别达到国家和省级卫生城镇标准。1999年9月11—14日，第四次全国城市卫生综合检查团第十团对成都市卫生情况进行全面综合检查，在接受检查的23个国家卫生城市中成都市名列第三名。2001年，全市新建成省级卫生先进单位37个，省级卫生村9个，省级无吸烟单位14个，省农村先进自来水厂11个，省十佳卫生村3个，已建成的红旗单位得到巩固。2002年4月，成都市启动创建国家环境保护模范城市活动。2003年，加快市政基础设施建设，城市基础卫生水平得到提高。2004年，全市以“双创”工作为契机，推动爱国卫生工作，适时制定并下发《成都市创建国家环境保护模范城市巩固国家卫生城市目标任务表》《创建国家环境保护模范城市巩固国家卫生城市成果方案》《成都市创建国家环境保护模范城市集贸市场专项整治实施方案》，明确目标和任务。2005年，推进成都市级卫生集镇建设，全年新建成6个市级卫生集镇。

【争创“十佳”卫生城市】

1990年7月，市政府决定在全市开展创建卫生城市活动，成立创建卫生城市指挥部，建立办公室。8月初，召开全市动员大会，将创建任务分解到政府各部门和五城区。创建工作重点立足于公厕改造、中小街道整治、除“四害”、公共场所及食品卫生管理。是年，经全国爱卫会专家组检查通过，成都市被评为全国“十佳卫生城市”。1991年，市委、市政府将市创建卫生城市指挥部办公室作为正局级常设机构；各区也相应建立健全创建卫生城市指挥部办公室，各街道办事处、单位也设专人分管负责，从上到下形成“创建”工作网络。市政府先后6次召开创建卫生城市指挥部会议，检查垃圾、市容环卫、窗口单位、灭鼠除害、食品卫生、公共场所卫生、防病、环境保护、健康教育和“创建”宣传等方面目标任务完成情况，针对存在的问题、提出整改措施。是年，成都市顺利通过全国卫生城市的复查考核。1992年，在全国城市卫生暨环境综合整治检查评比中，再次被全国爱卫会评为直辖市、省会市、计划单列市中的“十佳卫生城市”（由1990年的第十名上升到第二名），在全国32个重点城市环境综合整治定量考核评比中列第七名，首次进入全国前十名。是年4月，14个区（市）县的县城所在城镇被市委、市政府命名为“卫生县城”称号。

【创建国家卫生城市】

1991年，中共成都市委、成都市人民政府提出“全民动员，奋战三年，创建国家卫生城市”的目标。市政府先后投资15亿元用于基础设施建设，积极开展环境综合整治专项治理和重点工业污染防治，先后投资2亿余元，对城区各类食品店铺店堂进行全面整治装修，按国家卫生标准对各类公共场所及窗口单位进行监督监测、总合格率90%以上；在道路整治方面投资6.3亿元修建过境（二环）路，集资3亿元改扩建顺城街；继灭鼠、灭蝇工作跨入全国先进城市行列后，坚持春、秋两季灭鼠工作，定期对蝇类孳生场所进行突击“消杀”与经常“消杀”。全市开展创建灭蟑螂先进城市活动，到1993年，蟑螂侵害率由1991年的41.94%下降到1993年的0.55%，达到全国爱卫会规定的灭蟑螂先进城市标准；积极开展各种传染病的防治，全市各种急性传染病总发病率和死亡率逐年有显著下降。全国爱卫会国家卫生城市考核鉴定组于1993年9月22—25日，按照全国爱卫会颁布的《国家卫生城市检查考核标准实施细则》的要求，对成都市创建国家卫生城市工作进行为期3天的考核鉴定工作，考核鉴定组确认成都市创建国家卫生城市工作达到《国家卫生城市检查考核标准实施细则》的基本要求，在全国省会城市中率先通过考核鉴定。考核鉴定组建议全国爱卫会命名成都市为国家卫生城市。10月5日，全国爱卫会命名成都市为国家卫生城市。

【巩固发展国家卫生城市成果】

1994年、1995年，成都市把巩固发展国家卫生城市成果工作写进中共成都市党代会的决议和市政府工作报告，把巩固发展国家卫生城市工作纳入全市经济和社会发展规划、年度计划和政府一级目标管理，市政府专门下发《成都市巩固发展国家卫生城市成果工作安排意见》。1995年，市政府将创建卫生城市指挥部成员单位由1990年的37个增加到66个。全市在全面抓好巩固发展国家卫生城市成果各项目标任务的基础上，组织开展市容环境卫生综合整治、除害防病综合整治、城郊接合部综合整治、城区交通秩序综合整治、集贸市场综合整治，启动争创十个“十佳”（十佳街道办事处、十佳饮食店、十佳商场、十佳酒店旅馆、十佳理发店、十佳环卫清扫保洁队、十佳集贸市场、十佳建筑工地、十佳市容一条街、十佳绿化一条街）的竞赛评比活动。在全市范围内组织开展省级机关、市级机关、驻蓉解放军和武警部队、工交、计委、建委、农委、科委、财贸、宣传文卫等十大口的行业卫生大检查，对五城区及其所属街道办事处巩固发展国家卫生城市成果的各项工作定期进行检查。是年，在第三次全国城市卫生检查评比中，全国爱卫会城市卫生检查团对成都市巩固发展国家卫生城市成果工作进行全面复查，确认成都市巩固国家卫生城市成果工作有新的发展，又上新的台阶。1996年，全市编制下发《1996年成都市巩固发展国家卫生城市成果工作意见和网络目标任务》。11月4—6日，受全国爱国卫生运动委员会的委托，四川省爱国卫生运动委员会组成复查小组，对荣获全国卫生城市称号的都江堰市进行复查。通过核查，确认都江堰市达到全国卫生城市（县级市）标准，成为四川省第一个顺利通过全国卫生城市复查的县级市。1997年，经全国爱卫会组织对成都市巩固发展国家卫生城市成果工作进行多次明察暗访，认为成都市基本巩固创卫成果。1998年，先后出台“城区部分区域生活垃圾袋装收运管理”“加快城区室内农副产品市场建设改造”“城区市政基础设施临街建筑物立面综合整治”“城区市容环境卫生综合整治”“城郊接合部环境卫生综合整治”“城区饮食食品店铺、公共场所卫生综合整治”“城区除四害”和“巩固发展国家卫生城市成果社会宣传”等14项重点工作方案，下发各地区、单位实施。7月，全国爱卫会除四害专家考核鉴定组对成都市创建灭蚊先进城市和巩固全国灭蝇先进城市成果工作进行考核鉴定及复查，经检查评议、确认成都市灭蚊工作达到全国先进城市的标准，并巩固全国灭蝇先进城市的成果。是年，有7个县级城镇分别达到国家和省级卫生城镇标准。1999年9月11—14日，第四次全国城市卫生综合检查团第十团对成都市卫生情况进行全面综合检查，各项指标达到《全国城市卫生检查评比标准》和《城市环境综合整治考核实施细则》的要求，在接受检查的23个国家卫生城市中名列第三名。1999年3月，新都县荣获全国爱卫会命名的全国首批“国家卫生镇”称号，在全省184个县中第一个跨入国家卫生县城行列。2001年，在城区内继续开展单位、居民住宅小区环境卫生综合整治。农村广泛开展创建卫生集镇、卫生村活动。2003年，全市加快市政基础设施建设。9月，经四川省、成都市组成的考核验收组正式考核通过，都江堰市青城山镇成为四川省第一个国家级卫生集镇。2004年，全市以“双创”工作为契机，推动爱国卫生工作，适时制定并下发《成都市创建国家环境保护模范城市巩固国家卫生城市目标任务表》《创建国家环境保护模范城市巩固国家卫生城市成果方案》《成都市创建国家环境保护模范城市集贸市场专项整治实施方案》，明确目标和任务，层层落实责任。是年，会同四川省爱国卫生运动委员会办公室，严格按照《全国城市卫生检查评比标准》，对彭州市、邛崃市、崇州市和蒲江县巩固和发展省级卫生县城达标工作进行考核，4个市县爱国卫生工作均合格。都江堰市青城山镇经过2年的努力，建成四川省首个国家卫生集镇。2005年，积极推进成都市级卫生集镇建设，全年新建成6个市级卫生集镇。

除“四害”

【概　况】

1986年以后，成都市开展灭鼠、灭蝇、灭蟑螂、灭蚊（以下简称除“四害”工作）活动。1989年，跨入全国灭鼠先进城市行列。1990年，实行专业队伍与群众运动相结合。依靠防疫人员加强鼠性监测，发动群众开展春秋两季灭鼠活动。1991年，开展消毒、杀虫工作，消除病媒昆虫动物孳生的条件，巩固灭鼠达标成果，跨入全国灭蝇先进城市行列。1993年，被评为全国灭蟑螂先进城市。1993年，市爱卫会在全市范围内聘任一批“除四害管理监督员”。1996年，通过全国爱国卫生运动委员会办公室组织的巩固灭鼠、灭蚊先进城市标准的考核。11月7日，邛崃市通过四川省爱国卫生运动委员会组织的灭鼠先进城市和创消灭蟑螂先进城区的考核检查，达到灭蟑螂先进城区的标准。1997年，市爱卫会决定成立“成都市爱卫会除‘四害’专家委员会”，研究拟定全市“四害”防治策略和措施及“四害”防治标准及检查考核办法。根据省委《关于卫生改革与发展的决定》的有关要求，市爱卫办发文要求各区（市）县爱卫会办公室按照有关规定、结合各地实际、尽快建立健全除“四害”消杀服务组织，本着有偿服务的原则，为社会提供除“四害”消杀服务。全市除“四害”工作基本形成制度，全市组建一支500多人的专（兼）职“消杀”队伍，负责常年对蚊、蝇、蟑螂等孳生地进行消毒杀虫。每年春、秋季开展全市性灭鼠活动，组织发动全社会统一行动、统一时间、统一药物、统一投药。每年4—11月对蚊、蝇、蟑螂的孳生地进行定期消杀。1998年，成都市进入全国灭蚊先进城市行列，在全国直辖市、计划单列市、省会城市中，率先实现除“四害”工作全面达标。2001年，开展春、秋两季灭鼠工作。对重点行业、特殊行业强化“四害”综合防制措施，成都市的“四害”密度均控制在“国家卫生城市标准”规定的水平。2003年，在全市范围内清除和治理“四害”孳生场所、卫生死角，对农贸市场、垃圾中转房进行重点消杀，减少传染病的发生和流行。2004年，对集贸市场、居民院落、垃圾中转房、公共厕所、饮食店铺、集体食堂等重点区域、重点部位开展大面积、高频率的药物消毒和杀灭“四害”及病媒生物的工作。2005年，以创建全国文明城市为契机，在全市范围内认真开展春、秋季灭鼠工作。市爱卫会从5月起在全市范围内组织发动广大干部群众，以治理“四害”孳生场所为重点，对集贸市场、居民院落、垃圾桶点、公共厕所、饮食店铺等重点区域、重点部位开展大面积、高强度的药物“消杀”工作。针对气候变化大、蟑螂繁殖快的特点，于9月19日至10月18日在全市组织开展统一灭蟑螂活动。市爱卫办还免费向五城区及高新区贫困户发放灭蟑毒饵2万盒。

1999年成都市区(市)县除“四害”达标一览表

表5－234

区(市)县名称	灭鼠	灭蝇	灭蟑	灭蚊	区(市)县名称	灭鼠	灭蝇	灭蟑	灭蚊
邛崃市	达标	达标	达标	达标	青白江区	达标	达标	达标	
都江堰市	达标	达标	达标	达标	龙泉驿区	达标	达标	达标	
彭州市	达标	达标	达标	达标	金堂县	达标	达标	达标	
崇州市	达标	达标	达标	达标	蒲江县	达标	达标		达标
新都县	达标	达标	达标	达标	郫县	达标	达标		
双流县	达标	达标	达标	达标	温江县	达标	达标		
新津县	达标	达标	达标	达标					

【灭　蝇】

1987年以前，市区年平均蝇密度每笼每小时11.7只，夏季高达每笼每小时25.78只。1990年，全市开展灭蝇活动，大面积开展消杀工作，把蝇密度控制在5只/笼・时以下，城区公共厕所检查无蛆率95%。1991年，市委、市政府开展大环境卫生整治，清除蝇类孳生条件。同时，各级卫生防疫部门以科学的方法指导灭蝇。6月2—4日，全国爱卫会对成都市创灭蝇先进城市的工作进行考核鉴定，各项指标符合要求，在全国直辖市、省会城市、计划单列市中成都率先达到灭蝇先进城市标准，9月被全国爱卫会授予“灭蝇先进城区”称号。1997年，全市组建一支500多人的专(兼)职“消杀”队伍，每年4—11月对蝇的孳生地进行消毒杀虫。2001年，彻底清除卫生死角和生活垃圾，使苍蝇孳生场所得到有效治理。据市防疫站监测资料表明，全市苍蝇密度控制在“国家卫生城市标准”规定的水平。2003年，以物理、化学、环境综合消杀为手段，清除和治理“四害”孳生场所、卫生死角，对农贸市场、垃圾中转房进行重点消杀，投放各类消杀药物近10吨。2005年5月，在全市范围内对集贸市场、居民院落、垃圾桶点、公共厕所、饮食店铺等重点区域、重点部位开展大面积、高强度的药物“消杀”工作，全市使用奋斗呐353千克、凯素灵26千克、卫生DDV310千克及各类杀虫剂约1.03万瓶(支)。

【灭蟑螂】

1992年8月，全市开展以实现灭蟑螂达标为重点的除四害活动。确定灭蟑螂的综合防制措施，制定创建灭蟑螂先进城市实施方案，召开动员会，培训专兼职灭蟑螂队伍(市、区、街道先后培训灭蟑螂人员1.4万人次)；发动群众开展4次全市性的大规模灭蟑螂活动。1993年6月21—23日，全国爱国卫生运动委员会办公室派出考核组到成都，对创建灭蟑螂先进城区工作进行考核鉴定。经鉴定，成都市达到全国爱国卫生运动委员会规定的消灭蟑螂标准。1996年11月7日，邛崃市通过四川省爱国卫生运动委员会组织的创消灭蟑螂先进城区的考核检查，达到灭蟑螂先进城区的标准。1997年，全市组建专（兼）职“消杀”队伍，每年4—11月对蟑螂的孳生地进行定期消杀。2002年，夏季组织开展专项灭蟑螂活动。2004年，对集贸市场、居民院落、垃圾中转房、公共厕所、饮食店铺、集体食堂等重点区域、重点部位开展大面积、高频率的药物消毒和杀灭工作。2005年，于9月19日至10月18日在全市组织开展统一灭蟑螂活动。活动期间全市用灭蟑烟雾弹8855个，灭蟑粉笔、毒饵等1.4万包（盒），市爱卫办还免费向五城区及高新区贫困户发放灭蟑毒饵2万盒。

【灭蚊】

1994年，组织实施府南河综合整治工程，加快旧城区的改造和低洼积水地区的治理，大面积消除蚊虫孳生环境。1995年，市政府决定用两年时间建成灭蚊先进城市。市政府于6月批转市爱卫会《关于开展创灭蚊先进城市活动的意见》，要求各级政府充分重视灭蚊工作。青羊区在黄瓦街辖区开展“灭蚊先进城市”活动试点，1996年扩展到全区，对蚊虫孳生场所进行综合整治和药物消杀，经省爱卫会专家组考核评审达标。1995—1997年，市财政累计安排灭蚊专项经费70余万元，各城区财政也都安排一定数额的灭蚊经费。在开展创灭蚊先进城市活动中，注重对蚊虫孳生环境的治理、从根本上消除蚊虫的孳生条件。改造城区道路、公厕和低洼积水地区。每年爱国卫生月活动中，清除卫生死角、疏掏城区河道、清运积存垃圾、清除孳生环境、改善城区的卫生面貌。在创灭蚊先进城市期间，开展居民院落、单位院落（楼群）综合整治活动，先后整治4100余个居民院落，整治率90%以上，整治合格率在85%以上。组织专业技术人员开展对蚊虫种群及季节消长规律的监测和分析，结合实际制定《成都市创灭蚊先进城市的技术方案》。1995—1997年，全市使用溴氢菊酯3吨、奋斗呐12吨、敌敌畏18吨、各类气雾杀虫剂10万余瓶。广大市民还采用高效灭蚊器、灭蚊灯和电子灭蚊拍等物理防治措施，使城区的蚊虫密度大幅度下降。1996年8月14—16日，四川省爱卫会灭蚊工作考核鉴定组对成都市创灭蚊先进城市工作进行考核鉴定，认为成都市的灭蚊工作符合全国爱卫办规定。1998年7月6—10日，全国爱卫办组织由5名专家组成的考核鉴定组对成都市创建灭蚊先进城区工作进行考核鉴定。经考核鉴定，成都市创建灭蚊先进城区工作达到全国爱卫会规定的灭蚊标准，成都市进入全国灭蚊先进城市行列。2001年，开展公共地带、单位、居民院落的消杀工作，彻底清除卫生死角和生活垃圾。2002年，开展春季消杀蚊工作，城区各街道办事处组织专门队伍对城区蚊虫孳生地进行调查，采用填平低洼、清除积水、清除杂物、铲除杂草、疏通沟渠、依法管理建筑工地等措施灭蚊。2003年，清除和治理“四害”孳生场所、卫生死角，对农贸市场、垃圾中转房进行重点消杀，减少传染病的发生和流行。2005年5月起，在全市范围内组织发动广大干部群众，以治理“四害”孳生场所为重点，对集贸市场、居民院落、垃圾桶点、公共厕所、饮食店铺等重点区域、重点部位开展大面积、高强度的药物“消杀”工作。

【灭鼠】

1989年，成都市被评为全国灭鼠先进城市。1990年，实行专业队伍与群众运动相结合。依靠防疫人员加强鼠性监测，发动群众开展春秋两季灭鼠活动，重点加强下水道、绿化带、河道两岸及公共场所的经常性灭鼠工作。全年，投入各种毒饵100吨，并辅以其他方法，有效控制鼠情，使鼠密度降到0.85%以下。同时，控制流行性出血热等鼠媒传染病的发生，遏制肠道传染病上升的势头。1996年，通过全国爱国卫生运动委员会办公室组织的巩固灭鼠先进城市标准的考核。11月7日，邛崃市通过四川省爱国卫生运动委员会组织的巩固灭鼠先进城市的考核检查。2001年，对重点行业、特殊行业强化“四害”综合防制措施，开展公共地带、单位、居民院落的消杀工作。2002年，开展春秋季灭鼠活动，投放鼠药147.83吨。为有效遏制鼠药中毒事件的发生，在全市范围内组织开展查处违禁鼠药专项整治工作，出动执法人员1.8万人次，检查集贸市场380个，检查农资经营户800多户，收缴毒鼠强等各类违禁鼠药1.78万包（瓶）、甘氟母粉29千克，抓获教育处罚流动兜售违禁鼠药不法商贩120人。2003年，在全面开展城乡环境卫生综合整治的基础上，全市组织开展春秋季灭鼠活动，投放鼠药150吨，使饮食、食品行业、公共地带、建筑工地灭鼠覆盖面95%以上，灭鼠效果70%以上。2004年，在灭鼠工作中，全年投放“大隆”药物灭鼠毒饵150吨。2005年，从5月起，在全市范围内以治理“四害”孳生场所为重点，对集贸市场、居民院落、垃圾桶点、公共厕所、饮食店铺等重点区域、重点部位开展大面积、高强度的药物“消杀”工作。

交流合作与信息化建设

援外医疗

【概　况】

1990年，全市卫生医疗系统对外交流与合作项目日益频繁。3月15日，成都市中医院派出4名针灸按摩医师赴科威特从事运动保健工作。同时，成都市中医医院接受奥地利林茨市市立医院医学博士生斯陶西格尔学习针灸。5月，由四川省国际公司牵线搭桥，成都市中医医院冯跃军、张胜铖赴尼泊尔首都加德满都等地就中国传统中医药在尼泊尔的运用问题进行6个月实地考察。在尼泊尔期间，坚持每天抽出半天时间为当地各界人士治病。市卫生局先后2次派出6位中、西医药专家参加中国第二批援佛得角、圣多美医疗队，履行援外任务。1997年，扩大对外开放，与美国、法国、日本、加拿大、挪威等国家的卫生部门和卫生组织建立平等合作的关系，与法国贝克市建立医疗协作关系，选派研修生进修学习。此外，成都市先后与波兰、尼泊尔、安哥拉、新加坡、科威特、美国、法国、奥地利等国家开展中医药合作交流或联合办医协作。成都市援外医疗队，大多是去讲葡萄牙语的非洲国家。2000年8月，成都市妇产科医院副院长、妇产科专家冉崇兰带领8位队员组成第九批赴佛得角医疗队，进入该国首都普拉亚中心医院，采用中西医结合方法治疗疾病。成都市第二人民医院组成第十三批医疗队赴莫桑比克，在莫桑比克首都中心医院开展普外诊疗。2003年12月，在北京“庆祝中国援外医疗队派遣40周年纪念表彰大会”上，由于成都市援外医疗工作成绩突出，成都市卫生局人事处（外事处）“援几内亚比绍比医疗队第一队”“援几内亚绍医疗队第二队”“援佛得角医疗队第七队”等，受到外交部、卫生部、商务部的联合表彰，并被评为“全国援外先进集体”。至2005年，成都市先后派出11批、近30个援外医疗队赴圣多美和普林西比、佛得角、莫桑比克、几内亚比绍、东帝汶、科威特、瓦努阿图等国家和地区执行援外医疗任务。

【人才交流】

国家实行改革开放政策以后，成都市医疗卫生行业的对外交流与合作日益增多，而医学教育和医学科学研究则是交流合作的主要内容。20世纪90年代开始，逐步建立起较为广泛的国际交流渠道和网络，基本形成全方位、多层次、宽领域的对外交流与合作格局。1990年3月15日，成都市中医院派出4名针灸按摩医师赴科威特从事运动保健工作。是年，成都市中医医院接受奥地利林茨市市立医院医学博士生斯陶西格尔学习针灸。日本札幌市派出2名进修生到彭州市中医医院学习针灸、按摩,回国后开展所学业务。1991年,成都中医学院附属医院同日本广岛县立病院结为友好医院,并互派研修生。1990年以后,四川大学华西医学中心与美国、加拿大、日本、西班牙、芬兰、古巴、德国、瑞士、荷兰等国家的医学院校、医院签订37项国际合作项目。成都市各医院选派留学生、进修生赴美国、加拿大、法国、日本、奥地利、斯洛文尼亚、泰国等国家进修学习。成都市第一、二、三人民医院派出8批、10余人到奥地利林茨公众医院进修学习骨外科、神经外科、普外科、肝胆外科、心血管内科、神经内科、内分泌科、口腔科等多个专业。1994年,成都市儿童医院派医生赴加拿大麦克马斯特大学儿科医院研修。1997年9月20—26日法国巴黎Acodess协会主席莫德烈一行5人应邀到成都市参加"中国四川成都1997国际熊猫节",考察成都市第三人民医院,双方签订医疗卫生合作协议书,法方在2—3年内免费为成都市培训卫生管理及专业技术人员40名。1998年,成都市第七人民医院派妇产科、内科医生赴日本研修。2001年,华西临床医学院开始招收全英文学生教育留学生,有来自尼泊尔、印度、美国、越南、巴基斯坦等国家的留学生156人,接受临床医学5年制专业教育。该院还与美国华盛顿大学医学院建立长期交换学生项目,每年均有两校的学生来往交流学习。成都中医药大学与美国、葡萄牙、德国、日本、以色列、新加坡、韩国等国家和地区的大学及科研机构建立合作关系;"十五"以来,招收培养来自韩国、日本、新加坡、以色列、德国、美国等18个国家和地区的学历教育学生2000余名,其中,硕士、博士研究生90余人,培养国内第一位外籍针灸学博士;举办40余期多种类型的国际中医药、针灸培训班,培训来自29个国家和地区的学员1800多人次。四川省生殖卫生学院受世界卫生组织、联合国人口基金和印度、孟加拉国政府委托,举办国际培训班,为蒙古、朝鲜、伊朗、越南、巴基斯坦、泰国、印度、孟加拉国、菲律宾、马来西亚、美国等20多个国家培训高级妇幼保健与计划生育专门人员近300人。成都市与奥地利林茨市互派留学生、进修生多年,成都市第一、二、三人民医院接受10余批、20多名奥地利进修生,主要学习中医、针灸、推拿专业。2001—2004年,成都市血液中心先后派出3批共4人赴日本、美国、斯洛文尼亚学习安全血液管理、血液质量控制、干细胞聚集、HAL血型和骨髓移植等专业。成都市疾病预防控制中心派出3批3人赴美国南加州大学、菲尼克斯梅萨大学学习数据管理与分析、公共卫生管理,提高成都市的医疗、科研能力和水平。2005年6月,成都市疾病预防控制中心与美国南加州大学健康促进和疾病预防研究所签署在成都建立实习基地的协议,同时接受15名公共卫生专业硕士研究生到成都实习,并参加部分合作项目的实施。至2005年,四川大学华西医学中心先后派出1000余人出国进修学习,其中,华西基础医学与法医学院出国学习、攻读学位近200人,有半数人员学成后回到工作岗位,成为各学科的中坚力量。

【学术交流合作】

学术交流与合作是成都市医学领域对外交流与合作中最活跃的方面。1990年8月,意大利政府代表帕帕长罗博士考察金堂县四方乡、都江堰市胥家、崇义乡以及市妇幼保健院的妇女保健工作和儿童营养状况。同月,成都市中医管理局代表团携带7种中药保健用品参加在北京举办的中国中医药文化博览会。1991年3月4日,世界卫生组织常驻中国代表基恩博士到都江堰市参观考察初级卫生保健工作，实地察看聚源乡卫生院、石马村卫生站。10 月下旬，市中医管理局组团参加在北京举办的“国际传统医药大会”，展出郫县中医医院研制的中药新药“肝胆结石消溶片”和成都市中草药研究所研发的“神农药枕”等成果。此外，成都市属卫生单位先后与加拿大、世界卫生组织、世界医生组织、美国南加州大学、美国心连心国际组织等联合开展医学科研，获得经费 29.86 万美元，获世界银行贷款 114.28 万美元。1993 年 5 月 22 日，美国加利福尼亚州奥斯纳眼科医院院长、圣约翰医院眼科主任医师、眼科专家约翰·豪斯霍尔德博士在成都麦格医疗中心讲解、示范和指导白内障超声乳化和小切口人工晶体植入术。11 月，世界卫生组织顾问巴特博士和世界卫生组织西太平洋地区技术顾问希鲁尔博士考察成都市消灭脊髓灰质炎及强化免疫活动情况。1996 年 1 月 18 日，法国 Acodess 中心医院 3 位部门负责人到成都市第四人民医院考察，双方对社区精神卫生问题进行交流。1997 年 5 月，世界银行亚洲项目投资顾问、澳大利亚西部大学教授 AileenPlant 女士考察崇州市农村新生儿乙肝疫苗免疫接种试点可行性研究项目工作进展情况。1998 年 4 月 28 日，美国教育卫生学者访问团卫生组一行 9 人，对成都市卫生防疫站进行友好访问，双方就共同关心的社会医疗卫生服务、健康教育、儿童计划免疫、老年人保健等问题进行交流、探讨。7 月 10 日，法国蒙特利尔市国家医学科学院等单位医学专家组到成都市血液中心参观访问，双方就无偿献血者的募集、防治艾滋病经血传播等内容进行交流。1999 年 4 月 7 日，法国乾纳国际管理发展战略事务所向成都市第三人民医院赠送小儿呼吸机、人工晶体等医用器材。中法双方医学专家在脑神经、眼科、中医学术等方面进行交流。同月，由美国医学会、美国心连心国际机构与四川省卫生厅国际交流中心、成都市第一人民医院联合举办的“中美医学护理学术交流会”在成都市第一人民医院举行。10 月，日本、中国医学人员和东亚扑灭血吸虫病委员会（ASSCA）主席村上秀典一行 10 人到蒲江县，与当地防治人员合作开展血吸虫病科研工作。2000 年 3 月，由英国国际发展署东亚和太平洋中国项目经理约翰高率领的城市卫生改革项目评估团（DFID），对成都市锦江区的社区卫生服务工作进行考察，并计划实施城市卫生改革合作项目。6 月 14 日，由英国国际发展署首席卫生和人口问题代表团一行 7 人，对成都市性病、艾滋病干预工作进行考察，希望英国国际发展署援助的性病、艾滋病防治项目能在成都市实施。同月，国际奥比斯眼科飞机医院应邀到成都实施为期 3 周“光明行动”。2001 年 9 月 20 日，中英城市社区卫生服务与贫困救助项目（UHPP）在成都市正式启动。2002 年，国家五部委把成都市定为中医药现代化国际科技大会的长期举办地。美国心连心国际组织派出急救专家 15 人，2 次到成都考察，进行技术指导。世界卫生组织与成都市疾病预防控制中心签订“在中国四川省成都市吸毒人群中开展艾滋病防治项目协议”，每年在 3 所戒毒医院对吸毒人员进行 HIV 和 HCV 传播途径及预防知识宣讲，并向有关部门和人员宣传降低毒品危害的策略，提供相关信息。斯洛文尼亚输血中心派专家到成都市血液中心协助开展干细胞采集、HLA 配型和骨髓移植技术指导。日本专家 5 次到彭州—北海道同位素检测医院（设在彭州市）指导工作。成都市的医疗、医学教育和科研，受到国际卫生组织和国外有关机构的关心、支持，提供经费和设备方面的捐助。2004 年、2005 年，成都市急救指挥中心承办2次“中美紧急医疗救援学术研讨会”，市政府和省、市、县卫生行政负责人、56家急救医疗网络单位及110、119、122官兵500多人参加培训，美国心连心国际组织官员介绍“美国国家应急体系”。2005年5月，举办“中美城市紧急医疗救援联合演练”，有10余家省、市、县和部队医院的100余名医务人员参加演练，中美急救专家现场点评，提高成都市医疗急救的实战能力。8月，美国南加州大学和芝加哥西北大学联合开展中国西部行“健走行动”，美国专家60人，自带手术仪器设备，免费提供人工关节，在成都一周时间，为45位病人解除痛苦。同年，成都市中医药代表团受奥地利林茨市政府邀请，到奥参加首届中国中医药展览，展出图文、实物、影像资料4000多份，吸引德国、瑞士的观众前往参观。1990—2005年，先后有60多个国家和地区，1500多人次的政府官员、学者到成都市考察中医药、参加学术会议。仅2002—2005年，成都中医名医馆就接待国外来访30多批、200多人次。

革命老区、民族地区支援

【概　况】

革命老区、民族地区主要指医疗支援西藏、革命老区和甘孜、阿坝、凉山地区。1990年以后，成都市多次派遣援藏医疗队和专家赴西藏和甘孜、阿坝、凉山地区工作，支援民族地区医疗卫生工作；多次派出医疗队到革命老区工作，帮助革命老区发展医疗卫生事业。1994年，成都市卫生局组成四川省第17批赴藏医疗队到西藏昌都地区，支援少数民族地区发展医疗卫生事业。2001—2004年，共青团四川省委、四川省卫生厅组织实施青年志愿者支医扶贫接力计划。为此，成都市于2001年8月成立“成都市青年卫生志愿者支医扶贫接力计划领导小组”，制订《关于实施成都市青年卫生志愿者支医扶贫接力计划的意见》，成都市在3年中派出6批共60名青年卫生志愿者，赴甘孜州的雅江、理塘、道孚、炉霍县支医扶贫。2001—2005年，成都市还组织或参加实施“促进民族地区卫生技术发展工程”“降低孕产妇死亡和消除新生儿破伤风项目”“送健康进农家”“万名医师支援农村卫生工程”等多项专项卫生工程，派出数百人(次)医疗工作者、医疗志愿者、退休医务工作者，到甘孜、阿坝、凉山和革命老区100余个县、市，到当地基层医院，培训乡镇卫生人员，开展临床带教、查房会诊、疑难病门诊、学术讲座、下乡巡诊等医疗服务。此外，2004年6月，成都市血站与甘孜、阿坝两地血站签订对口支援协议，帮助该站培训人员，无偿支援医用设备。

【援藏医疗】

按照四川省政府和省卫生厅的要求，成都市承担支援西藏医疗卫生工作的任务，多次派遣援藏医疗队和专家到西藏工作。1994年4月20日，成都市卫生局从市第一、二、三、五、六、七人民医院和两个市级卫生防疫站、结核病防治医院以及在成都的省直医疗单位抽调20余名医务人员组成四川省第17批援藏医疗队到西藏昌都地区。医疗队到昌都地区医院后，主持查房、会诊疑难病症、开展手术、对医院管理提出合理化建议；在昌都地区医院和卫生局举办培训班、学术讲座等，培养当地医疗骨干，支援少数民族地区发展医疗卫生事业。2003年9—11月，成都市血液中心接受西藏血液中心7名工作人员进修，学习有关业务技术。2005年8月，成都市锦江区妇产科医院和妇幼保健院，选派微创介入中心专家到西藏进行学术交流，为驻拉萨市的自治区、市、医院妇产科专业人员举办“妇产科介入治疗学”专业讲座，并进行座谈。

【革命老区和其他少数民族地区支援】

1990年以后，四川大学华西医院派出60多批、300多名医务人员到峨边、马边、广元、沐川、巴塘、仪陇、广安、越西、筠连、彭山、德阳、昭觉、泸定、康定等县市及新疆、青海、海南等省（自治区）进行医疗扶贫，对当地医疗机构进行技术指导、查房、手术、讲学和义诊。1996—1997年，成都麦格眼科中心多次派医疗队到甘孜州及凉山州，为当地的白内障患者义诊、免费手术，赠送人工晶体；参加卫生部组织的“健康列车”到西昌市，为白内障患者义诊、手术，应邀麦格眼科中心的手术医生作为手术指导老师。2001年8月，成都市青年卫生志愿者支医扶贫接力计划领导小组制定《关于实施成都市青年卫生志愿者支医扶贫接力计划的意见》，在3年内派出6批、60名青年卫生志愿者，赴甘孜州的雅江、理塘、道孚、炉霍县支医扶贫。帮助落后地区培养“留得住、用得上”的人才，成都市市级医院免费接受贫困地区进修医务人员160余名，进行系统医疗实践和管理技能培训。2003年，市级卫生系统承担甘孜州36名卫生技术人员的培训和重点学科带头人的进修学习任务。成都市卫生局系统每年组织医疗小分队到贫困地区医院进行手术操作演示。2001—2004年期间，成都市多批医疗队先后到九寨沟、康定、南江、盐边、岳池、通江、黑水、雅江、理塘、道孚、炉霍、盐源、仪陇、木里、巴中、普格、苍溪、什邡、得荣、稻城、绵竹、彭山、剑阁、平昌、安岳、泸定、青神、渠县、中江、马尔康、射洪、洪雅、德阳、广汉、金川、广安、丹巴、名山、开江、罗江、松潘、邻水、小金、芦山、宣汉、华蓥、青川、万源、武胜、广元、达县、乡城、马边等50多个市、州、县开展工作。2004年，四川大学华西医院派出5名副教授到广安市人民医院工作35天，指导该院医疗工作，并向该院赠送一台价值11万元的救护车。同年，成都市卫生局向甘孜州4个县捐赠价值40多万元药品、器械和现金5万元。

成都市血站与甘孜、阿坝两地血站签订对口支援协议，帮助该站培训人员，无偿支援医用设备；同时向革命老区广安捐赠医用设备2台。

【专项卫生工程】

2001年8月，成立成都市青年卫生志愿者支医扶贫接力计划领导小组，下设项目管理办公室；制定《关于实施成都市青年卫生志愿者支医扶贫接力计划的意见》，在成都市中西医结合医院、成都市第二、三、五、六、七、九（妇产科医院）、十（传染病医院）医院和妇幼保健院、儿童医院等10家市级医疗卫生单位，3年派出6批60名青年卫生志愿者，到甘孜州的雅江、理塘、道孚、炉霍县支医扶贫。3年诊治各类病人3.6万余人次，开展手术1400余例，举办各类培训讲座915场，结合高原特殊的病例情况撰写论文和调研报告20余份。成都市卫生局及各派员医院先后向受援单位捐赠价值50余万元的药品、器械。

从2001年开始，四川省政协、省卫协在全省开展“促进民族地区卫生技术发展工程”。成都市各郊县、区卫生系统、核工业部四一六医院、成都市公安局安康医院等积极参与此项工程，与普格、宣汉、达州、康定、雅江、理塘、乡城、得荣、稻城、阿坝等50余个市、县开展对口扶贫支援活动。各医院组织干部和专家开展免费送医、送药，开展健康咨询、知识讲座，诊治病人，帮助开展新手术，诊治疑难重症，免费接收进修人员等形式支援贫困和少数民族地区。2001—2005年，成都市青白江区人民医院派出医务人员35

人次支援甘孜州康定县新都桥镇卫生院，诊治病人4000余人次。2002—2005年期间，郫县卫生局支援革命老区邛崃市天台山镇清水村，援助资金23.65万元，开展送医送药8次，义诊420人次。2004—2005年，彭州市医院派外科医生支援阿坝县医院，开展腹腔镜手术、脾切除术等，举办专题讲座，接收10名当地医生进修学习。

2005年，根据卫生部、财政部、国家中医药管理局《关于实施“万名医师支援农村卫生工程”的通知》精神，省卫生厅下发《关于下发四川省“万名医师支援农村卫生工程”执行方案的通知》，成都市第一、二、三医院、成铁中心医院组织人员分别到凉山州喜德县、盐源县、木里县人民医院和甘孜州色达县、新龙县人民医院支医；全市安排20余名高级职称的医疗技术骨干和管理人员到受援单位开展卫生支援工作，为当地人民提供及时、高效、廉价的医疗卫生服务。

2003—2005年，成都市妇幼保健院等医院派出妇产科专家作为驻县专家到阿坝州九寨沟及松潘县工作。并先后派妇产科、儿科专家到渠县、理县、武胜、汶川、若尔盖、普格、仪陇县指导“降消”工作。

2003年，四川省政府妇儿工委、省卫生厅、省计生委、省妇联与成都市锦江区妇幼保健院、妇产科医院等单位共同开展“送健康进农家”的大型公益活动。专家们先后到西藏自治区、四川省的46个县、区、乡的街道、乡镇、农家、卫生院、计生指导站免费送医送药，开展健康咨询、健康宣教、知识讲座等多种活动。2005年8月，四川省宣汉、达州等地发生洪水灾害后，成都市公安局安康医院派专家参加由民政部、联合国儿童基金会、当地民政部门和心理卫生专家联合组成国家医疗队，到灾区进行“灾害心理社会干预”，同时在当地举办“民政部灾害心理社会干预培训班”，以此探索国家“灾害心理社会干预模式”，并向全国推广干预经验。

2004年5月，四川省卫生厅与省老龄办、成都市老龄办、成都市卫生局组织省、市直属医疗单位15名离退休老专家赴巴中援医，深入当地基层医院，培训乡镇卫生人员，开展临床带教、查房会诊、疑难病门诊、学术讲座、下乡巡诊等医疗服务。2005年5—7月，成都市开展“银龄行动”，组织成都市中西医结合医院、三医院、六医院、妇幼保健院等医院的7名老年医疗专家到革命老区仪陇县实施2个月的援医行动，对口支援仪陇县人民医院、中医医院、妇幼保健院及马鞍区人民医院。2个月中，门诊诊治病人2200人次，医疗指导、查房会诊60人次；完成高难度手术6例，举办大型县级学术专题讲座6次。

卫生信息化建设

【概　况】

1990年以后，全市加强市卫生科技信息化建设，在传染病报告、医院管理等方面应用计算机管理，并开发应用软件。成都市医学情报研究所先后开展“成都市医疗卫生单位电子计算机技术开发应用现状及对策”“光盘检索新技术的引进与应用”“医学期刊编辑微机管理系统”等研究课题分别获得省、市科技进步奖。1998年3月4日，成都市第一人民医院与四川公用信息产业有限责任公司密切合作，正式加入国际交互网。在世界各地，只要拨打“天府热线”的《大众生活》栏目或直接访问网址，即可详细了解该院各种信息资料、科研动态、专科设置、专家介绍及专家门诊时间。同时，该院还推出电子医学刊物、专家咨询信箱。1999年4月19日，成都市第三人民医院投资新建的“中国卫生部远程医疗卫生专网成都市三医院远程医学中心”开通。该中心具会诊、教学、科研、信息传输等多种功能。

2000年，建立全市血液信息微机网络系统，确保血液质量和临床用血安全。年内，市妇幼保健院推出产科中央监护网络远程及家庭胎儿监护系统。从2001年11月，成立“成都市卫生局信息化建设领导小组”及其办公室，制定《成都市卫生信息化建设“十一五”规划和2010年远景目标纲要》。成都卫生系统电子政务网建设达到四川省、成都市政府的要求。是年12月，完成成都卫生系统电子政务内网建设。2002年，开展覆盖农村乡镇到城市社区的疫情和突发公共卫生事件信息体系建设，全市乡镇卫生院全部配备计算机，都能够随时在线进行网上报病，农村传染病疫情和突发公共卫生事件计算机信息网络报病系统基本建成。8月，成都卫生系统在成都市电子政务外网建立“成都市卫生信息网”，在该网上开辟《局长园地》《政务公开》《法律法规》《网上服务》《网上监督与投诉》《公众健康》等15个栏目，实现内外双网运行。此外，以四川大学华西临床医学院和华西医院为龙头，建立起有110家医院参加的“医院发展协作网”，以及有四川省内外98家医院入网的“中国医师协会华西远程医学教育中心”。四川省人民医院建成数字化医院。至2005年，完成以光纤方式接入成都市党政网，建立成都市卫生系统局域网，有10个区（市）县、11个市级卫生单位建立自己的网页。截至2005年，实现以成都市血液中心为枢纽，与成都地区各医院血库之间的采供血和临床用血、血液信息微机管理，与各区（市）县采血点的血液信息管理；成都血液中心与四川大学华西医院等大型综合医院的血库进行对接；与彭州、温江和新津等采血点实现远程采供血业务统一管理。

【卫生系统电子政务网建设】

2001年11月，成立成都市卫生局信息化建设领导小组及其办公室，制定《成都市卫生信息化建设“十一五”规划和2010年远景目标纲要》，并结合实际，制订规范性文件，先后起草印发《关于推动卫生系统信息化建设的实施意见》《进一步推动农村卫生系统信息化建设的实施意见》《关于进一步加快医疗卫生系统信息化建设的通知》等文件，开展卫生系统信息化建设项目。该网的建设以成都市卫生局局域网为核心，外网通过互联网，上与卫生部、省卫生厅互联，下联各区（市）县、医疗卫生单位，横与成都市政府各部门网络相连的网络体系，同时实现局机关各处室之间的信息共享，实现与成都市委、市政府网上公文交换。在互联网建成局机关门户网站“成都卫生信息网”，启用成都市公众信息网分配的二级域：www. wsj. chengdu. gov. cn，向社会发布卫生信息、卫生公告，实现多层次、多渠道的信息共享，为领导和公众提供有效的信息服务。到2005年年底，全市有10个区（市）县和11家市级医疗卫生单位相继建成各自的门户网站，并与成都卫生信息网实现链接。开辟市卫生系统内部OA办公系统、公文交换、个人资料交换中心、视频会议系统和财务、统计上报与HIS接口，实现各区（市）县、医疗卫生单位与市卫生局公文、信息、财务、统计表上报流转，提高卫生信息的传输速度和质量。

【成都市公共卫生信息系统建设】

2003年，按照“统一规划、分步实施、疫报先行、纵横联网”原则，根据疫情和突发公共卫生事件防范和应急处理工作制度，启动“成都市疫情与突发公共卫生事件信息报送和分析处理系统”建设。该系统依托成都市电子政务光纤网而构建，形成覆盖市、区（市）县两级卫生局、疾控中心、卫生执法监督所和市120指挥中心的主干网络体系；对疫情和突发公共卫生事件信息进行报送和分析处理，实现疫情信息快速、及时、准确的传报，提高疫情报告速度。2005年3月，启动“成都市突发公共卫生事件应急指挥系统”建设，系统完成成都地区900个医疗卫生单位地理资源的采集，建立相应的数据库；系统具有从突发公共卫生事件相关数据采集、危机判定、决策分析、命令部署、实时沟通、联动指挥、现场支持等功能，建立后举办培训，逐步扩大应用。同时完成《成都市疫情与突发公共事件信息报送和分析系统（二期工程）》项目建议书。年内，公共卫生应急办公室全年接警处理重大交通事故29次，群众食物中毒事件12次，房屋垮塌事件3次，输入性疫情高危AFP2次，炭疽1次；涉及6人以下事件14次，6人以上10人以下大型事件7次，10人以上大型事件39次，对883人进行及时的医疗救治；及时处理麻疹、中毒、瓦斯爆炸等事件。全市21家市级医疗卫生单位中有16家建立自己的局域网，其中13家建立医院信息管理系统，2家有远程医疗会诊信息系统；成都市第二人民医院与成都金盘电子科大多媒体技术有限公司联合建立成都市级第一家数码样板医院，80%的县级以上医院的职能科室、临床科室用计算机进行财务处理。有10多家大医院逐步建立医生站、护士站、临床检验、医学影像等信息模块。医院信息系统模式从以财务为重点的管理信息系统，逐步转向以病人为中心，以临床加管理的医院信息系统。

【成都市农村卫生信息系统建设】

2003年，按照成都市疫情和突发公共卫生事件信息体系建设要求，全市乡镇卫生院全部配备计算机，能够随时在线进行网上报病，农村传染病疫情和突发公共卫生事件计算机信息网络报病系统基本建成。2004年，开发“新型农村合作医疗管理信息系统”，建立市、县、乡三级统一的平台，实现人员参保、基金管理、诊疗信息收集、报销流程全部网络化，对提高各级卫生行政部门及农村新型合作医疗机构的业务管理效率和水平及新型农村合作医疗的建立和巩固提供有力的保障。同年，以农村医疗机构药品的进购、库房管理信息化为重点，开发“农村医疗机构药品管理信息系统”，强化市和区（市）县两级卫生局对农村医疗机构药品购销的监督管理，实现药品管理电脑化、标准化、自动化。

【妇幼卫生信息系统建设】

2004年，开展成都市妇幼卫生信息系统建设，该系统包括“成都市妇幼卫生网——出生医学证明管理子系统”“成都市妇幼卫生网——母子保健管理子系统”“成都市妇幼卫生网——远程报表子系统”和“妇幼保健一卡通系统”。2005年，开发研制“成都市少儿住院互助金管理信息系统”，实现全市范围内中小学生和婴幼儿住院互助医疗信息管理的自动化处理，系统分医院、区（市）县和市级平台。它的建立实现对定点医疗机构收治“参互”中小学生和婴幼儿住院费用、病历、报销申请的计算机管理和支付管理单位对报销的计算机审核管理；利用系统数据的统计和查询功能为该制度的完善提供信息；按照行政区划，利用权限控制功能实现数据的分级管理；提供基础数据录入和维护功能。至2004年年底，全市已建立覆盖全市5城区、4市、8县243个有关保健、医疗机构，实现妇幼卫生统计报告、出生证明及产科质量管理、儿童生长发育评价的计算机管理。全市先后建立270个妇幼卫生监测哨点，整体推动妇幼卫生信息网络建设。

计划生育

公共计划生育资源

【生育人口与计划生育】

1990年，成都市出生人口11.94万人，出生率13.1‰。1992年，全市育龄女性人数268.44万人，为1990—2005年16年间最低，强化流动人口计生管理，人口出生率达11.5‰。九五期间，全市育龄女性常年稳定在27.4万左右，出生率呈微降态势，2000年最低。“十五”期间，全市积极推进计划生育综合改革。成都市实行户籍人口与外来人口计划生育“同管理、同服务、同宣传、同考核”的机制，加强对流动人口计划生育的管理与服务。2005年，全市出生人口7.46万人，出生率为7‰。

1990—2005年成都市出生人口情况表

表5-235

年份	出生人口(人)	出生率‰	一孩率%	出生婴儿性别比例(以女性为100)
1990	119446	13.1	93.4	
1991	110067	11.9	93.59	
1992	107086	11.5	94.51	108.8
1993	109881	11.7	93.87	107
1994	106333	11.2	93.99	108.15
1995	104362	10.8	93.64	108.01
1996	99279	10.2	93.21	107.23
1997	88460	9.0	93.80	107.23
1998	91112	9.2	92.63	107.7
1999	91729	8.2	91.56	106
2000	97092	9.6	90.3	106
2001	72504	7.1	91.1	109

续表

年份	出生人口(人)	出生率‰	一孩率%	出生婴儿性别比例(以女性为100)
2002	68388	6.6	90.1	108
2003	67966	6.6	89.1	
2004	71601	6.8	89.25	
2005	74638	7.0	87.98	

【计划生育技术服务机构】

成都市计划生育委员会下属的技术服务机构分别为市计划生育技术指导所、市计划生育宣传教育中心、市计划生育药品器械管理站、市计划生育干部培训部、市流动人口计划生育管理办公室、市计划生育服务中心。

成都市计划生育技术指导所。始建于1964年9月,1984年1月,市政府决定将原隶属于成都市卫生局的计划生育技术指导所划归由成都市计划生育委员会主管。主要开展避孕节育、优生优育知识宣传咨询服务,并担负着全市计划生育技术指导、技术服务、人员培训和临床应用性科研等工作。至2005年有事业编制105名。

成都市计划生育宣传教育中心。前身是成都市计划生育宣传指导所,成立于1984年8月,编制10名,为县级事业单位,经费来源为财政全额拨款。1990年经市编委批准,成都市计划生育宣传指导所正式更名为成都市计划生育宣传教育中心,事业编制20个,主要负责全市计划生育宣传教育业务工作。

成都市计划生育药品器械管理站。成立于1984年10月,配备事业编制6名,为县级事业单位。1990年2月,由成都市机构编制委员会批准,编制增加至15个。主要负责全市避孕药具的组织供应、发放管理工作。

成都市计划生育干部培训部。成立于1990年4月,为县级事业单位,编制10名。主要任务是组织举办各种类型的计划生育专业知识培训班,培训乡(镇)、街道分管计划生育工作的领导和专职干部;组织县、乡计划生育服务站专业技术人员的专业培训;轮训计划生育系统会计、统计、药具等业务人员;组织培训计划生育宣传、政工干部。

成都市计划生育服务中心。成立于1998年4月,副县级事业单位,配备事业编制6名,实行财政核定收支,经费自筹。主要职责是负责成都市计划生育干部培训中心大楼的物业管理,为全市计生系统业务培训提供学习、接待等服务。

成都市流动人口计划生育管理办公室。成立于2000年6月,为副县级事业单位,配备事业编制15名。主要任务是负责全市流动人口计划生育管理,流动人口婚育证明的管理、发放和查验工作,指导区(市)县流动人口计划生育管理工作等。

【计划生育宣传载体】

《成都人口报》。1985年10月,成都市计划生育委员会于创办。至2005年底,出版628期。

《计划生育壁报》。1987年,成都市计划生育宣传教育中心创办。该报发往基层各街办、社区、乡（镇）、村、组，在其计划生育宣传栏或公示栏进行张贴。

大众媒体栏目。1996 年，成都人民广播电台（新闻台）开办《婚姻与家庭》栏目。2002 年中国西部首家计生网站“爱乐健康网”建立，2004 年成都市计划生育委员会网站建立。2003 年，成都市计划生育委员会与《成都通》（成都公众多媒体信息亭项目）开始联办《人口与计划生育》栏目。2004 年 8 月，成都电视台与市计划生育委员会联办了《成都人口》栏目。

标语专栏宣传。从 20 世纪 70 年代起，全市城镇、农村普遍运用标语、专栏宣传计划生育。1979—1999 年，成都市计划生育委员会在人民南路设置计划生育巨幅公益宣传画。从 1991 年起，要求 1 个单位不少于 3 幅计生标语。1997 年，成都市计划生育委员会重点抓“乡有标语、村有专栏”工作。

计划生育技术服务

【概　况】

1990 年，成都市以健全服务网络为基础。新都县宣传技术指导站被列为国家和四川省的示范站，乡镇服务站发展到 125 个，占乡镇数的 30%。

1991 年，全市乡镇计划生育服务站已建 189 个，约占规划建站总数的 55%。由市、县、乡筹资 120 万元购置“B 超”135 台，装备 76 个乡镇站并已开展技术服务。使用避孕药具发放率达 97%，避孕随访率 98%。

1998 年 8 月，成都市计划生育领导小组制定《关于切实做好计划生育优质服务试点工作的通知》，正式启动优质服务试点工作。1999 年，市委、市政府把新建 50 个乡镇计生服务站列入市政府为农村办实事目标，并圆满完成目标任务。到 11 月，全市规划建设 280 个乡镇服务站的任务全部完成。2000 年，建好办好 40 个乡镇计生服务站列入为农村办实事目标任务。计生科技工作以创建省甲级站和市级规范站为重点，市县两级加强对县级指导站的规范化管理和 40 个乡镇甲级站、32 个市级规范站的建设。

2001 年 3 月，成都市计生委制定《十五期间推行计划生育优质服务实施意见》，全面推开优质服务工作。2003 年以创优为契机，加强技术服务工作。2004 年，推广避孕节育知情选择和“避孕药具免费领取一卡通”，积极推行“出生缺陷干预工程”，全面开展计划生育技术优质服务。全市全年开展避孕节育、生殖保健服务 375 万人次；完成为农村育龄妇女进行免费生殖健康普查 120 万人、免费技术服务面 98% 以上为民办实事目标任务。2005 年，市、县、乡三级计生技术服务网络体系进一步健全，服务能力增强。全年为 151 万名农村已婚育龄妇女实施免费生殖健康普查。

【优质服务与“三大工程”】

成都市计划生育优质服务发展经历试点阶段、全面实施阶段、创建优质服务先进县（市、区）（以下简称“创优”）阶段。1998 年 8 月，成都市计划生育领导小组制定《关于切实做好计划生育优质服务试点工作的通知》，正式启动优质服务试点工作，温江区、龙泉驿区、新都区、金堂县、金牛区被确定为成都市首批优质服务试点单位。2000 年 4 月，成都市计划生育领导小组制发《成都市计划生育优质服务扩大试点实施意见》，大邑县等被列为第二批试点单位。2001 年 3 月，成都市计生委制定《十五期间推行计划生育优质服务实施意见》,全面推开优质服务工作。2002年8月,成都市计划生育领导小组制定创建计划生育优质服务先进区(市)县总体规划,在全市开展创建优质服务先进区(市)县活动。到2005年,全市19个区(市)县全部达到市级优质服务先进区(市)县标准,其中金牛区、都江堰市达到全国优质服务先进区标准,锦江区、青羊区、武侯区、成华区、龙泉驿区、新都区、大邑县、郫县、彭州市达到省级优质服务先进区(县)标准。

2001年6月6日,在"中国计划生育/生殖健康优质服务三大工程国际会"上,国家计划生育委员会决定在"十五"期间组织实施计划生育/生殖健康优质服务三大工程,全面推进以技术服务为重点的计划生育优质服务。这三大工程分别为"避孕节育优质服务工程""出生缺陷干预工程"和"生殖道感染干预工程"。成都市开展"三大工程"主要内容是推行避孕节育"知情选择",逐步引导群众在充分知情的情况下,自主选择以长效措施为主的安全、有效、适宜的避孕方法。加大咨询、指导、随访力度,降低节育手术并发症和药具副反应发生率,降低非意愿妊娠,减少大月份引产。对退出育龄期的妇女提供及时有效的避孕措施终止服务和保健服务。开展相关的男性生殖保健服务。开展生殖道感染流行病学调查,掌握常见妇科病的发病资料,制定防治计划和措施,做好生殖道感染干预监测服务,围绕生育、节育、不育开展生殖保健服务。加强出生缺陷三级干预网络建设,重点是一级网络建设,开展出生缺陷干预知识普及科学研究,加强出生缺陷监测,推广预防出生缺陷新技术、新产品和新方法。

【计划生育科研与技术交流】

二十世纪五六十年代,计划生育的科学研究主要是由各医疗单位的妇产科、外科和妇幼保健院单位的有关人员开展中药、针灸、阴道隔膜等临床观摩,了解效果、副反应以及群众的接受程度。1965年10月,成都市计划生育技术指导所成立后,参与和承担多项科研项目。1974年12月,成都市计划生育科研技术协作组成立,由省、市、区级医疗单位、医学院校共15个单位的专家、教授组成,分女性节育、男性节育和避孕药具3个组;科研技术协作组归市卫生局和市计划生育委员会办公室领导。1980年,市计划生育办公室正式从市卫生局分出来成立局级机构以后,设立科学技术组,从此全市的节育科研主要由市计划生育委员会负责管理。在科研经费投入上,主要以课题经费和自筹经费为主。从1973年开始,先后开展避孕药物、男女节育方法、节育手术并发症治疗、人类辅助生育技术等研究,其中主研课题20项,合作课题65项,多项成果获得国家及省、市科技进步奖。其中,20世纪90年代后获奖成果分别有1990—1994年,成都市计划生育技术指导所开展的《B超测量宫腔径线放置宫内节育器临床效果研究》获1997年省计划生育委员会科技进步三等奖;1995—1997年,成都市计划生育委员会科技处与都江堰市计划生育服务站开展的《醋酸甲羟孕酮三月避孕针可接受性研究》获1998年省计划生育委员会科技进步三等奖;1995—1998年,成都市计划生育技术指导所开展的《介入放射输卵管复通及妊娠效果的临床研究》获1999年省计划生育委员会科技进步三等奖;1997年成都市计划生育技术指导所开展的《兔自体腹膜移植修复术后防粘连实验研究》获1998年度成都市科技进步三等奖;1998年成都市计划生育技术指导所自主研制的"移动式射线屏蔽罩"获得国家专利。2000年成都市计划生育技术指导所开展的《卵母细胞内单精子显微授精技术临床研究》获2001年省计划生育委员会科技进步三等奖。2005年，成都市启动人口战略研究，开展城乡协调发展中的人口问题等重大课题研究。

1978年，川西片区计划生育学术活动启动，第一届学术活动在温江地区举办，此后每年开展一次活动。1997年此项学术活动停止。1985年，“四省六方”（川、滇、黔、桂、渝、蓉）计划生育科技协作会启动，首届活动在成都举办，此项活动每两年开展一次，1993年在新都桂湖宾馆召开第六届计划生育科技协作会。从1999年开始，成都市计划生育技术指导所每月定期举办学术讲座。2002年5月，成都市计划生育技术指导所牵头组织召开全国计划生育指导所（站）长研讨会。

【区（市）县计划生育技术服务网络】

1989年年底，区（市）县级计划生育宣传技术指导站（所）已建立17个，职工总数为191人。1991年，省卫生厅下发《四川省节育技术机构、人员考试考核试行办法》，规定“节育手术许可证”和“节育手术合格证”是施术凭证，未取得者与单位不得开展，个人不得施术；各节育单位和个人，必须按照“节育手术许可证”和“节育手术合格证”所注明的项目施术，违者将追究当事人及所在单位领导人责任。1994—1997年，成都市计生委委托省生殖卫生学院，对乡级计划生育技术服务人员进行为期3个月的脱产岗位培训，取得培训合格者方能开展计划生育技术服务。

1996年，成都市制定乡级计划生育宣传技术服务站建设规划，规划85%的乡镇建立计划生育宣传技术服务站，制发《成都市计划生育宣传技术服务机构分组管理标准》。1999年、2000年成都市委、市政府将建设计划生育站纳入为民办实事目标任务。到“九五”末期，市、县、乡、村四级计划生育技术服务网络体系基本建成，有市级计划生育技术指导所1个，县级计划生育宣传技术指导站19个，乡镇计划生育宣传技术服务站280个，村计划生育服务室3346个。

2001年，国务院《计划生育技术服务管理条例》实施后，“计划生育技术服务许可证”和“计划生育手术施术人员合格证”名称变更为“计划生育技术服务机构执业许可证”和“计划生育技术服务人员合格证”。2002年，对全市计划生育技术服务机构及人员进行换验证，有522人获得“计划生育技术服务人员合格证”，其中县级以上273人，乡级249人。同年，对乡级计划生育技术服务机构进行重新规划布局，把乡级服务站分成乡级中心站和基础站两类，重点开展乡级中心站建设，2002年、2003年，全市建成乡级中心站80个。2002年，依据《计划生育技术服务管理条例》规定，对全市计划生育技术服务机构执业许可证进行校验评审，评审合格的县级站19个，乡级站242个。2003年，开始对计划生育免费技术服务机构实行定点管理，到2005年，成都市计生委先后审批两批免费技术服务定点机构，共计471个，包括医疗保健机构145个，计划生育技术服务机构226个。2004年，市委、市政府出台《关于深化我市乡（镇）机构改革的意见》，要求计划生育服务站与乡（镇）卫生院合并，保留牌子，配备专兼职人员，业务受县级业务主管部门指导。2005年，成都市计划生育领导小组办公室印发《成都市计划生育服务站（室）规范化建设参考标准》。到2005年年底，全市建成并取得机构执业许可证的县分站5个，其中双流县2个，郫县1个，彭州市1个，金牛区1个。

计划生育宣传服务

【概 况】

1990年，成都市以农村为重点，以国情、政策和爱国主义为主要内容，运用集中与经常相结合的方式开展宣传教育。在元旦春节期间、世界人口日、计生协会成立10周年省“条例”颁布3周年、中央“公开信”发表10周年前后，全市城乡采用大会动员、咨询服务、知识竞赛、电视讲座、一条街宣传等形式，开展广泛的宣传活动。各区(市)县通过有线广播、电影电视、图画、标语、算账对比图表等，直接与群众见面。首次举办成都市人口与计划生育展览。人口与计划生育基础知识教育，以乡镇(街道)为单位在城乡广泛展开，并由婚前教育向孕育期、青少年期、中老年期教育拓展。

“八五”“九五”期间(1991—2000年)，全市继续采用集中与经常相结合的方式开展宣传教育。1991年，即编印计生宣传资料42万份，通过传媒广泛宣传。宣传党和国家的计划生育方针政策、人口理论以及避孕节育、优生优育和生殖健康宣传的基础知识。1998年，经自查和市复查，全市各区(市)县均达到“三为主”验收标准。“八五”“九五”的人口计划分别在1995年和2000年全面完成。

“十五”期间，计划生育宣传服务得到加强。2001年，启动试点的计划生育综合改革，提出继续开展县级宣传教育社会化活动。2004年，乡镇、街道计生办建立爱乐网站、市计生委资源网、互联网和流动人口计划生育信息交换平台、《成都通》《人口和计划生育》专栏，初步实现计划生育信息资源共享和网上交流，为宣传服务开拓新的空间。“十五”初启动开展“婚育新风进万家”活动。2005年，成都市进一步加大宣传教育力度，生育观念逐渐转变，全市人口性别比基本趋于稳定。全年全市建成生育文化小区27个、生育文化中心110个、生育文化大院681个。

【计划生育宣传服务方式】

随着经济社会发展和传媒资讯的进步，1990年以来，成都市采用多种方式宣传计划生育，效果逐渐增强

展览宣传。1991年和1994年，成都市计划生育委员会与成都市委宣传部联合在成都和北京两次举办《性从愚昧到文明》和美术作品展览。2005年10月，成都市计划生育委员会在成都中医药大学等6所大学举办2005成都高校生殖健康巡展巡讲活动。

知识竞赛。1991年6月21日，成都市代表队参加全省人口与计划生育基础知识讲课比赛。2002年11月21日，全市《中华人民共和国人口与计划生育法》和《四川省人口与计划生育条例》知识竞赛成功举行。2005年11月，成都市委宣传部、成都市计划生育委员会联合举办“全市人口和计划生育·关爱女孩知识竞赛”。

计生宣传品进村入户活动主要是将计划生育宣传画、挂图、照片、漫画壁报等宣传品送到城乡村社、居组和计划生育家庭。2005年，成都市每户农户有一张宣传画、一本人口与计划生育知识宣传册，计划生育宣传品入户率达到91%。

除平时经常性的计划生育宣传服务，成都市还组织专题宣传活动，一般围绕部分重大方针政策、法律法规和重大事件不定期举行。有影响的集中性宣传月活动有人口与计划生育基础知识“五期教育”、婚育新风进万家活动、生育文化建设、关爱女孩行动等。

【计划生育宣传内容】

人口理论知识宣传。1977 年起，成都市计划生育办公室在各级党校、“五七”干校增设人口理论课或举办人口理论学习班。1979 年 12 月，全国二次人口理论科学讨论会在成都召开。成都市开始积极进行“两种生产论”和“两种生产一起抓”的宣传教育。1996 年起，在各级党校、团校开设人口理论课。

避孕节育、优生优育和生殖健康宣传。1994 年后，各地继续开展以新婚期、孕产期教育为主要内容的人口与计生基础知识教育，向群众提供婚前、孕前、产前保健咨询以及性保健、优生指导。

【“婚育新风进万家”活动】

2001 年，“婚育新风进万家”活动启动。成都市有 16 个单位和 7 人分别被评为“全国婚育新风进万家”活动先进集体和先进个人，有 17 件文学、美术、摄影作品获第九届中国人口文化奖。

2003 年成都市“婚育新风进万家”活动，倡导男女平等、少生优生的新型社会风尚，宣传计划生育、生殖健康科学知识和有关政策法律知识，促进群众婚育观念的转变，探索综合治理出生人口性别比偏高问题的有效途径。

2004 年，成都市深化“婚育新风进万家”活动，加强川藏、川陕、成渝和九环线成都段生育文化建设，建好人口文化大院、人口文化小区和计划生育中心户。

2005 年，成都市以婚育新风进万家活动、关爱女孩行动为载体，开展以“关心、关爱、关切、关怀”育龄群众及其家庭为主题的集中宣传活动，推动新型生育文化建设，已建成生育文化小区 27 个、生育文化中心 110 个、生育文化大院 681 个。

计划生育政策与管理

【概　况】

1990 年底，全市有独生子女 119.95 万人，已有 39.44 万人投保，投保面 37.46%。成都市和各区（市）县计生委设立政策法规机构，配备干部 40 人。部分区（市）县建立行政复议组织，并对各级计生干部进行法制培训。

1997 年，制定颁布成都市计划生育的第一个地方性法规——《成都市流动人口计划生育管理规定》，并认真贯彻落实国家修订的《流动人口计划生育工作管理办法》，加强“一站式”服务。1999 年，成都市委、市政府制发《关于进一步加强城市计划生育工作的通知》。11 月，市人大常委会通过《成都市流动人口计划生育管理规定》修正案，进一步明确流动人口计划生育管理原则。

从 2001 年开始，进行计划生育综合改革，计划生育行政审批制度改革是其内容之一。市、县两级计生部门对涉及计划生育的行政审批项目进行了清理和改革，仅保留了计划生育施术合格证、技术服务许可证、药具零售许可证等 3 项审批项目。同时全面推进计划生育依法管理，成立市计划生育行政执法督查办公室，统一规范行政执法文书格式、再生育审批程序、“独生子女父母光荣证”“流动人口婚育证明”办理程序等，明确区（市）县计生局委托乡（镇）执法的权限和期限。2005 年，成都市人民政府先后出台加强流动人口计划生育管理与服务工作、加强计生技术服务体系建设、加强城乡人口计生工作、推进计生综合改革、综合治理出生人口性别比升高等政策性文件，人口与计划生育工作环境得到进一步改善。

【计划生育综合改革】

2001年,成都市提出计划生育综合改革的指导意见,并在实际工作中对计划生育目标管理体系和考评办法进行初步改革,除一级目标和流动人口专项目标实行考核外,对其他业务工作目标实行评估。同时,流动人口的计划生育实行以流入地管理为主,对流动人口计划外生育实行流出地、流入地双向考核。

2002年,计划生育综合改革深入推进,重点有5项。其一是继续开展人口与计划生育县级"宣传教育社会化、科技服务优质化、工作管理法制化、信息传输现代化",乡级"优化宣传、优质服务、优良管理",村级"无大月份引产"和组级"计生中心示范户"的创建活动。其二是推进城市社区计划生育管理体制及服务机制的改革和调整,把计划生育的管理和服务全面融入社区建设之中,积极引导居民实行计划生育自治。其三是推进农村计划生育管理体制及工作机制的改革和调整。其四是继续改革人口与计划生育目标管理体系和考核评估办法。其五是积极稳妥地进行生育、养老保险等社会保障改革。在城市,深化和完善城镇职工生育保险、医疗保险和独生子女"双全"保俭;在农村,选择温江区参照城镇职工养老保险的方法,采取政府、集体经济组织和独生子女家庭"三个一点"的方法,进行独生子女家庭养老保障试点。

2003年,成都市成立计划生育综合改革领导小组及其办公室,提出综合改革的总体思路和基本目标,计划生育村(居)民自治、社区计划生育规范化建设取得重大进展。

2005年,成都市制发关于计划生育综合改革的新的政策性文件。全市着力培育人口计生工作区域带动辐射中心、改革创新基地,拨款179.2万元,采购182套(件)设备支持重点镇建设,统筹城乡计划生育工作,并在利益导向上基本形成新的架构。全市低生育水平继续保持稳定,计生工作较薄弱地方的工作出现新面貌。

【计划生育村(居)民自治】

20世纪90年代初,成都市在城市开展创建计划生育"五好家庭"活动,各地普遍制定规划,明确目标,增添措施,严格考核。1990年,成都市计划生育"五好家庭"先进典型受到全国计划生育"双先会"和计生协会的表彰。1991年,有2289个村加入创建活动,占村总数的45%。创建"五好家庭"活动,由青羊区向其他城区拓展。

2001年,成都市推进计划生育综合改革,计划生育村民自治是其内容之一。2001年,确定全市计划生育村民自治工作"建章立制、以制治村、民主管理、优质服务"的总体思路,制发全市计划生育村民自治实施方案,并开始进行试点工作。至年底,全市大多数地方初步建立群众自我教育、自我管理、自我监督的村级计划生育工作新机制。在五城区和高新区进行城市社区计划生育改革试点,探索城市计划生育管理和服务的体制、机制、对象、内容和方式,并率先在市级部门中提出城市社区计划生育工作建设方案。

2002年,按照"以村为主、村民自治"的要求,全市19个区(市)县和高新区有204个乡镇、2083个行政村初步建立村民自治工作机制,自治面达40.5%。同时,按照"属地管理、单位负责、居民自治、社区服务"的要求,推进城市社区计划生育管理体制及服务机制的改革和调整,把计划生育的管理和服务全面融入社区建设之中,积极引导居民实行计划生育自治。2002年,全市581个社区的居委会中,人口与计划生育进入社区的575个,进入面99%。

2004年,市计生委把不应该由各级政府和计划生育部门承担和无力承担的职能下放或交给群众自我管理，明确政府、计划生育部门和社会组织、个人在计划生育工作中的位置和责任。重点深化计划生育村民自治和城市社区居民自治工作，初步形成群众自我教育、自我管理、自我服务、自我监督的局面。全年全市有4400多个村、800多个社区或社区居委会开展计划生育村（居）民自治，分别占全市总数的96.5%、97.8%，计划生育服务协议签订面达95%以上。

【计划生育“三结合”】

20世纪90年代中期，计划生育“三结合”（即积极稳妥地推进农村计划生育工作与发展经济相结合，与帮助农民勤劳致富相结合，与建立文明幸福家庭相结合）启动并不断取得进展。1999年，计划生育“三结合”工作向管理规范化、帮扶规模化迅速发展。全年全市初步建成成片帮扶示范点60余个，并初步显示出规模效应。全市新增帮扶户2539户，联系户9934户，帮带2.8万户，实现由零星帮扶向成片帮扶的转变。

2001年，全市已形成“党政统揽、部门配合、群众参与”的“三结合”工作机制。帮扶内容、帮扶措施、帮扶方式都有新的转变。全市共帮扶2.38万户，新建帮扶基地88个，巩固帮扶基地232个。其中，30个成片帮扶基地的建设纳入市委、市政府为民办实事目标。2002年，全市新增计划生育生产、生活、生育“三结合”帮扶户3775户，新建“三结合”帮扶基地230个（其中30个基地是市政府为农村办实事目标任务）。

2003年，全市参与“三结合”工作的部门从8个涉农部门扩展到21个党政部门和群团组织，帮扶对象由独生子女贫困户拓展到实行计划生育的家庭。全年全市帮扶2.8万户，新建计划生育“三结合”帮扶基地30个，投入帮扶资金98.16万元，人均增收219元。

2004年，在试点工作中，全市形成党政领导、计生为主、部门配合、群众参与的工作格局。2005年，成都市计划生育利益导向新架构基本形成，计划生育“三结合”成为其中重点项目之一。当年完成计划生育“三结合”帮扶3.24万户，其中计生困难家庭帮扶1072户，新建帮扶基地243个，巩固基地306个。

【流动人口计划生育管理与服务】

1990年，全市初步形成部门配合，齐抓共管的局面；加强工作力量，逐步建立流出地、流入地各自为主进行管理的工作制度。1995年10月实施《成都市外来务工劳动者管理办法》。五城区及高新区从1996年11月1日起，对外来人口实行“一站式”管理。同年，市公安局和市计生委联合下发《关于外来人口“一站式”管理服务及计生登记有关事项通知》，公安部门在外来人口登记时查验计生证明、填写“外来人口已婚育龄妇女登记卡”。1997年，制定颁布成都市计划生育的第一个地方性法规——《成都市流动人口计划生育管理规定》，并认真贯彻落实国家修订的《流动人口计划生育工作管理办法》，加强“一站式”服务。1999年1月，国家《流动人口计划生育工作管理办法》实施；3月，成都市开始办理“流动人口婚育证明”，建立账、卡、册，对服务制度和执法检查与监督进行了规定；11月，市人大常委会通过《成都市流动人口计划生育管理规定》修正案，进一步明确流动人口计划生育管理原则。

2000年，成都市流动人口增至110万人，2005年达到139.97万人。2000年12月，市计生委下发《关于流动人口计划生育管理中具体问题的意见》，对流动人口计划生育属地管理等情况进行规定。2001年起，成都市以贯彻国家《流动人口计划生育工作管理办法》为重点，探索流动人口与户籍人口“同宣传、同管理、同服务、同考核”的新方法。2003年，在四川大学建立流动人口管理和服务站，全市五个城区和14个区（市）县以及高新区建立20个流动人口生殖保健服务中心，开展生殖保健系列服务；同年，五城区及高新区在社区内设置454个避孕药具免费发放点，并进行“避孕药具一卡通”发放试点工作，流入成都市的流动人口凭“流动人口婚育证明”到指定的发放点免费领取避孕药具，保证流动人口生殖保健需要。2004年1月，国家《流动人口计划生育管理和服务工作若干规定》实施后，成都市率先在全省将外来流动人口“流动人口婚育证明”查验和办理纳入市政府政务服务中心，以方便群众。当年全市外出流动人口办证率为87.86%，流入人口办证率为85.98%。2005年，市、县、街、社区四级流动人口计划生育管理服务网络初步形成，成都市户籍人口与外来人口“同管理、同服务、同宣传、同考核的”的要求得到较好落实。

【计划生育队伍建设】

1990年，市计生委、计生协会和委直单位宣教中心、药管站、培训部等分别增加编制，市级新增编38人。县级计生机构由上年343人，增加到425人，增长25%。国家下达成都市的52个专项增编指标全部分配到区（市）县，加强县级计划生育工作力量。年底，市政府下达乡镇（街道）计划生育干部专项指标280个。全市计划生育助理员达到924人，平均每个乡镇（街道）有1.94人。村一级配备专兼职计划生育工作人员。1991年，区（市）县计生机构人员增加到510人，增加15.9%，全市新招280名乡镇（街道）计生助理员，增加43.5%。村（居委会）配齐计划生育工作专兼职人员，金堂县、大邑县、青白江区等地配备专职从事计划生育工作的副主任。村民组基本有人做计划生育工作。

2000年后，成都市注重计划生育队伍数量的稳定和素质的提高。2002年，成都市按照“稳定乡办、建好乡站”的要求，保持乡镇（街道）、村（居）计生机构和队伍的稳定。乡镇（街道）均设立文教卫生与计生办或社会事务与计生办，配备1046名计生专职干部，4956名村级计生工作人员，建立295个乡级计生宣传技术服务站，配备575名宣传技术服务人员。按照市委要求和《成都市流动人口计划生育管理规定》，聘用475名计生协管员，加强流动人口计划生育管理和服务工作。同时加强对基层计生专干、技术服务人员和各类管理人员的继续教育和业务培训。

【计划生育业务管理】

在经费管理上，各区（市）县对乡镇实行事业费与工作质量挂钩的办法，2002年，计划生育财力保障得到落实。按照省、市“十五”时期计生经费投入的目标要求，市级财政人均达到1.28元，县级（含乡级）财政投入人均达到4.17元，乡镇转移支付及自有财力投入的计生经费人均达到2元左右。2004年，成都市市、县、乡三级全年投入计划生育经费1.41亿元，保证开展计划生育工作的需要。

计划生育统计管理，按照全面、科学、简便的原则，制定统一的“账、单、簿、卡”。1990年，经温江、金牛、大邑、新都等区县的试点证明，新的统计账册比较符合实际，能够及时、准确反映工作情况，对实现统计工作规范化起到了示范作用。2002年，积极稳妥地进行了人口与计生统计改革，全市人口出生统计漏报率控制在 2%以内。

2000 年后，计划生育微机化管理进程加快。2000 年，全年全市增配微机 117 台，有 5 个县实现县（区）域联网。至此，全市已有 380 个乡镇配备微机，有 8 个县实现县（区）域联网。已有 90% 的县、乡微机进入正常管理工作，为全市实现计划生育微机化管理奠定基础。2004 年，全市完成市级和 19 个区（市）县及高新区的网络硬件配置，乡镇、街道计生办建立育龄妇女信息系统，市计生系统建立爱乐网站、市计生委资源网、互联网和流动人口计划生育信息交换平台、《成都通》《人口和计划生育》专栏，初步实现人口和计划生育信息资源共享和网上交流。

体育

概　述

1990—2005 年，成都市重点探索包括竞技运动项目职业化和市场经济条件下体育产业开发的特色体育发展道路，加速推进体育强市建设，社会体育广泛开展，竞技体育水平跨上新的台阶，体育产业从无到有，建立起较为完整的产业体系，体育事业获得持续、健康、快速发展。

群众体育不断发展。1995 年，国家开始实施《全民健身计划纲要》，在实施《全民健身计划纲要》中，成都市成立市全民健身指导委员会，各区（市）县到基层街道、社区、乡镇也普遍建立体育组织。在此基础上，1996 年，开始全民健身计划试点单位及成功经验的推广落实。在城区，举办一系列社区群众体育展示活动；在农村，把体育工作作为推进城乡结合一体化的重要内容，推进乡镇体育场地设施建设，修建一大批全民健身路径，体育工作条例列入乡镇的文化站工作职责，有专职的工作人员负责体育工作。至 2005 年年底，成都市每年参与“七大”（即“百日游泳活动”“田径班级赛”“排球活动月”“幼芽杯棋类比赛”“周末足球比赛”“乒乓球活动月”“四模一电”七项体育活动）青少年体育活动的人数超过 1000 万人次。体育人口达 450 万人，占人口总数的 41%。社会化群众体育组织网络体系得到加强，市级单项运动协会、行业体协发展到 38 个，90%的街道社区和大多数乡镇建立体育组织。青少年体育俱乐部达 41 个，会员约 9 万人；老年体育组织 58 个，会员达 35 万人。培训社会体育指导员 6000 多人。建立国民体质监测中心。全民健身组织网络基本形成。

竞技体育成效显著。1990—2005 年，一批优秀青少年选手脱颖而出，先后获得世界冠军 9 项，亚洲冠军 21 项，进入前 3 名 24 人；输送到省优秀运动队人数占全省总输送人数的近 40%，有 16 人次成都籍运动员到国家一线运动队集训。省运会运动成绩名列前茅。2001 年，122 名成都籍选手代表四川省参加第九届全运会取得好成绩。2003 年，参加第五届全国城市运动会，获金牌 13 枚，列第 9 位。据不完全统计，1990—2005 年，成都籍运动员 6 人 12 次获世界冠军，6 人 8 次获世界亚军，7 人 9 次获世界季军，16 人 25 次获亚洲冠军，100 余人 250 多次获全国冠军，涌现出一大批运动健将。

各类大型体育赛事活跃。成功协办和承办第六届全国大学生运动会、2004 年亚洲杯足球赛、四川省第九届运动会等大型赛事。举办国际足球邀请赛、世界女子飞人挑战赛等多项国际和亚洲赛事。每年承办全国足球甲级联赛等全国单项比赛均在 30 场次以上。连续多年荣获国家和省“最佳赛区”和“优秀赛区”称号。

竞技体育人才培养体系初步建立。市体育部门按照国家《奥运争光计划》，以四川省确定的重点项目为重点发展方向，构建起以“省运会”为基础，“城运会”为中心，“奥运会”为目标的竞技体育发展战略。经过多年的建设，已形成由市属业余体校、区（市）县业余体校、传统项目学校业余训练和社会办业余训练学校、俱乐部组成的体育人才训练网络和体育人才层层输送渠道，为国家队、省队、市队及解放军队输送成批的优秀运动员。

体育场馆设施得到较大改善。成都市抓住承办第七届全运会、第六届全国大运会和省九运会等重大赛事的机会，使体育场馆设施得到进一步改善。在承办第七届全运会中，重点建设成都体育中心和成都市猛追湾游泳场游泳馆、比赛池及看台，彭州市、金牛区、温江也新（扩、改）建了承办项目的体育场馆、设施。为举办全国第六届大学生运动会，成都地区高校筹集资金共达1.8亿元，新建10个体育场馆，改建3个体育场馆，建筑面积达19.66万平方米。在承办省九运会中，共投资数千万元，新建和改建一大批新场馆设施，新建和重建规模大、设施设备完善的成都市射击馆。同时，在企业、社会、外资、个人投资建体育场地中，以独资、合资、股份制等形式建成双流国际高尔夫球场、青城山高尔夫球场、西岭雪山滑雪场和数量众多的网球场、游泳池、保龄球馆、健身房等具有现代特色的体育场地设施。各区（市）县在创建全国体育先进县过程中，以及许多学校为提高办学质量，也新（扩、改）建一大批体育场地设施。1996年全市体育场地达3188个。至2005年末，全市的体育场地已增至5003个，全市体育场地占地面积1732.5万平方米，其中公共体育场地1851个，占地面积641万平方米。人均公共体育占地面积0.63平方米，人均体育场地面积0.44平方米。

体育市场和体育产业初具规模。体育产业成为成都市国民经济产业体系中的重要组成部分，初步形成以体育竞赛、体育健身、体育人才培训、体育旅游、体育用品生产销售、体育彩票、体育赞助广告、体育中介为主要内容的体育产业体系。20世纪90年代中期，成都球市看好，成都市以连年举办的全国甲级足球联赛和国际性商业赛事的举办为契机，逐步形成以竞赛为主的体育市场。以20世纪90年代初发行的七运会体育奖券起步的成都体育彩票产业，至90年代后期，逐步进入全盛时期。1999年在青羊区体育场进行的即开型体育彩票销售有数万人参与，短短几天销售额即达4300万元，创即开型彩票销售之最。1999年，开始销售电子型体育彩票，政府成立体育彩票管理中心，负责体育彩票的销售管理，协助相关部门分配体育彩票公益金等工作，形成成都市以体育彩票销售为龙头的体育产业。20世纪90年代初，成都市大量开设各类体育项目收费训练班，全市各级业余体校常年举办有游泳、田径、乒乓球、网球、武术、体操、棋类、篮球等项目的收费训练，既为国家培养体育后备人才扩大选才面，举办训练带来的经济效益也成为训练单位的一项重要收入，有偿训练逐步成为成都市的一项体育产业。同时期，成都市的各级体育场馆坚持“以体为主，全面发展”的体育产业发展方针，根据各自场馆条件与优势，充分开发场馆的多功能作用，主要开展的项目和业务有文艺演出、商业会展、铺面租赁、停车、餐饮等，成都市体育中心、成都市猛追湾游泳场、成都市城北体育馆、成都市体育产业发展中心等单位引进资金，合作修建商务会所，修建体育儿童设施、保龄球馆、体育综合大楼等，促进成都体育产业的发展。2003年,成都体育产业增加值达5.4亿元,占GDP比重为0.29%。截至2005年年末,全市体育经营户达4482户,全年营业收入近3亿元;体育俱乐部128家,注册资金近4亿元;1990—2005年,体育彩票销售总额35.55亿元,平均每年约4.44亿元。

地方体育法制建设不断推进。1995年,《中华人民共和国体育法》颁布实施。1996年,《成都市游泳场馆管理办法》《成都市体育经营活动管理条例》相继出台。随后市体育局先后对健美、健身、武术、棋牌、足球、射击、射箭、航空(海)模型、车辆模型、全民健身路径等11个项目制定规范性文件。2001年,市政府对出台的体育法规和规范性文件进行修订。《成都市体育条例》于2006年获市人大通过和省人大批准,成为全国副省级城市中第一个出台的体育条例。在全国具有率先性和示范性。与此同时,深化体育体制改革,市体育局机关全体人员经过“双向”选择上岗,在不增加编制的情况下,新增“体育法制”“体育市场”“体育执法”等项工作。适应社会主义市场经济条件下广泛开展群众体育的需要,成都市用5年时间,建立起田径、游泳、武术、乒乓球、体操、棋牌、射击射箭、足球、网球等项目和体育彩票等10个“管理中心”。在人事制度改革中,首先在教练员中实行竞争上岗,择优聘用。在聘任期间,把运动成绩、签订的指标完成情况与奖金挂钩。随后市体育事业单位全部实行聘任制,经过机构人员精简和竞争上岗,削减部分人员,成都体育中心和成都市足球管理中心率先成为自收自支的事业单位。

体育对外宣传与交流不断扩大。20世纪90年代,成都市抓住举办重大赛事的机会,通过体育新闻的报道宣传,不断扩大成都市的影响,提升成都市的形象。1993年,成都市在承办世界杯足球亚洲预选赛时,接待全国120家新闻媒体300多名记者的采访报道,是成都市首次大规模通过中央、省、市各媒体,以报道体育消息宣传成都。1995年和1996年举办的商业性国际赛事的报道,新闻媒体把成都“金牌球市”作为新闻报道的热点,把成都球迷作为新闻报道的焦点,也对宣传成都起到很好的作用。2005年,成都市承办世界大力士冠军赛时,形成中央、地方,境外、境内,报刊、广播电视、网络全覆盖的立体式、多角度、全方位的宣传。进入20世纪90年代,成都市与国内外的体育交往交流变得更为频繁。20世纪90年代初期,成都棋牌项目与国外的交往最多。90年代后期,足球和乒乓球逐步成为成都市对外体育交往的主要内容。另外还同不少国家和地区进行武术等项目的民间体育交往活动。在国内横向体育交往方面,成都市体育行政部门作为发起城市之一,同22个城市体育部门组成全国部分省会城市体育协作会,并承担协作会会刊《信息交往》编辑工作。国内横向体育交流打开了成都市体育工作的思路,上海、苏州等地的成功经验给成都体育在场地建设及体育产业开发提供借鉴。

1990—2005年,成都的体育事业在不断创新中获得跨越式发展,各项体育事业取得丰硕成果,实现与全市社会经济的同步发展。

社会体育

传统群众体育项目

【概况】

1990年以后，成都市组织举办的群众体育活动有多项成为群众体育传统项目，其中全市性的有万人参加并有一定影响的已连续持久开展36届的元旦越野赛跑和已开展2届的安利纽崔莱健康跑，推动群众体育活动在更大范围开展起来。在青少年群众性体育活动的传统项目中，“百日游泳活动”已连续举行20余年，2005年，参加活动人数达20余万人；“田径班级赛”从1981年开赛坚持至21世纪初，2005年，参赛人数达68.2万余人；“排球活动月”始于20世纪60年代，2002年参加活动人数28.2万余人；“幼芽杯”棋类比赛已进行32届；“周末杯”足球比赛1999年有5000个队参赛；“乒乓球活动月”活动已开展10届，2005年参加活动人数有38万余人；“四模一电（航空模型、航海模型、车辆模型、建筑模型、无线电测向定向运动）”活动已进行9届，2005年，有6804人次参加活动。

【成都市运动会】

该项体育活动是成都市人民政府主办的最大的一项群众体育活动。首届市运会举行于1964年，1987年第六届市运会后，根据国家体委和四川省体委要求，每四年举行一届，至2005年已举行10届。

1990—2005年历届市运会情况一览表

表5－236

届　次	举办时间	参赛情况	获奖情况	举办地点
第七届	1992年4月14日至6月29日举行	比赛项目有篮球、排球、足球、乒乓球、羽毛球、田径、游泳、射击、棋类、桥牌，毽球和国际体育舞蹈作为表演项目； 共有45个代表团，共计运动员3044人参赛	共有56人15队97次破43项市运会纪录，游泳、田径有5人3队9次破成都市纪录	各竞赛项目分别在成都体育中心、成都市城北体育公园、成都棋院、成都市猛追湾游泳场、成都市射击运动学校、成都市劳动人民文化宫、新都县体育场、双流县体育场和成都电焊机研究所进行

续表

届　次	举办时间	参赛情况	获奖情况	举办地点
第八届	1996年6月28日至7月6日举行	八运会将市青少年运动会并入其中，分成年组和青少年组举行。成年组设：田径、游泳、篮球、男足、网球、乒乓球、羽毛球、棋类、射击、拔河、武术、门球；青少年组设：田径、游泳、篮球（男、女）、排球（男、女）、足球（男、女）、乒乓球、羽毛球、网球、举重（男、女）、射击、射箭、棋类、武术； 有行业系统、局、委和区（市）县共77个代表团的运动员7000人	共有56人105次破69项省、市不同项目、年龄组的纪录。青少年组团体总分前三名依次为锦江区、成华区、武侯区队	
第九届	2000年7月15日至7月28日举行。 先期比赛于5月初开始	运动会分成年组和青少年组，成年组比赛和表演项目共16个，青少年组比赛项目17个；共有93个代表团的近9000名运动员参加	共94次破市运会纪录，63次破63项市青少年纪录，77次超75项四川省青少年纪录	
第十届	2004年7月24日至29日举行。先期比赛于4月22日开始，整个运动会历时3个月之久	运动会分成青少年组和成年组进行比赛；成年组设21个比赛项目，青少年组设17个比赛项目；共有284个单位的1万多名运动员参加	共有284个单位的1万多名运动员参加。金牛区、青羊区、锦江区分获青少年组团体总分前三名	首次将开幕式、闭幕式移师崇州市举行

【成都市元旦越野赛跑】

成都市越野赛跑始于1956年，“文化大革命”开始后中断，1973年恢复。1974年起记届数，命名为“成都市第五届春节越野赛跑”。1981年，改定于元旦举行，定名为“成都市第十四届越野赛跑”。比赛分成年男子组（11000米），成年女子组（5000米），少年男子组（5000米），老年组（3500米）和小学生集体跑（1100米）。1988年，增设女子甲组（11000米）。1989年，第二十二届越野赛跑，城区和各区（市）县均组织了该项活动。1990—2005年，越野赛跑从未间断，共进行16届。每年的1月1日，参赛市民聚集在成都天府广场，用越野健身跑的方式喜迎新年的到来，是国内历史最悠久的城市越野赛，也是成都市实施《全民健身计划纲要》最具有象征性的重要标志。

1990—1992年，成都市元旦越野赛跑在人民南路展览馆至火车南站间举行。从1991年起，将男子乙组和女子乙组跑步距离改为5000米和3000米。1992年、1993年两届元旦越野赛跑增加“迎七运”（即第七届全国运动会）万人接力跑等内容。1992年，省、市领导参加“迎七运”接力跑，接力跑经全市16个区（市）县，于1月16日结束。1993年起，元旦越野赛跑的基本路线在人民南路天府广场至一环路南一段之间，只有2002年为庆祝天府大道通车，越野赛跑改在天府大道举行。从1997年起，每届元旦越野赛跑增添“省、市全民健身跑”内容。

2000年开始，成都市元旦越野赛跑越办越丰富多彩，引人注目。每届皆有主题：2000年元旦越野赛跑以“奔向新世纪”为主题，2001年的主题是“支持北京申奥”，2002年是“庆祝天府大道通车”，2004年是“运动让城市添增了活力”，2005年的主题则是“绿色·健康·文明”。每届元旦越野赛跑都有省、市主要领导参加。

2000年后，成都市元旦越野赛跑也成为成都体育的品牌项目和热门项目，每年第一天新闻媒体均将其视为报道的重点。活动还得到许多企业的赞助，从1998年腾飞体育服装商店赞助元旦越野赛开始，分别有多次越野赛跑冠有企业名称，如“金味杯”“西岭雪山杯”“府河金杯”“三佳房产杯”“华润宝杯”“中国移动通信杯”等。

【“亚运会”集资捐赠、人人锻炼活动】

1988—1990年，成都市广泛开展人人迎亚运集资捐赠活动和“人人锻炼迎亚运”的大型群众体育活动。

1988年4月，成都市便成立由成都市人大、市纪委、市体委、市广电局等十家单位组成的亚运会成都基金会。1990年5月12日，成都市人民政府召开成都市进一步开展人人为亚运做贡献活动动员大会，动员大会后全市各条战线、各界人士纷纷捐赠。6月13日，成都迎亚运活动动员会捐赠仪式在锦成艺术宫举行。全市各区（市）县、社会各界、驻蓉部队等现场捐赠达63.8万元。至10月，成都市捐赠集资共计130万元。

在人人锻炼迎亚运活动中，1990年6月22日，成都市体委和市总工会成立迎亚运锻炼活动领导小组。是年，全市累计有250万人次参加篮球、门球、乒乓球、足球、火炬接力等各种体育活动，各基层开展体育竞赛就达3000余次（项）。全市迎亚运百日职工体育活动中，有52万职工参加，占全市职工总人数的52.3%，全市53.7%的企事业单位组织体育锻炼活动。成都市被评为迎亚运四川省先进城市和全国百日锻炼迎亚运先进城市。

【成都市青少年运动会】

1989年，成都市体委、市教委和共青团成都市委联合举办第一届市青少年运动会。第二届市青运会于1993年7—8月分别在6个区（市）县举行。共有19个区（市）县的3000余名青少年运动员参加田径、游泳、篮球、排球、足球（男、女）、乒乓球、羽毛球、射击、棋类（象棋、国际象棋、围棋）、举重、武术等比赛。此次运动会共有11人14次打破9项市纪录，78人129次打破79项市青少年纪录。获得团体总分前三名的依次是锦江区、武侯区和金牛区。1996年，市第八届运动会将市青少年运动会并入其中，分成年组和青少年组进行比赛，此后成都市青少年运动会不再单独举办。1993年，举行的第二届市青少年运动会也列入市运会中给予记载，放在市第七届市运会之前，同以后的市运会青少年组按年份顺序排列。

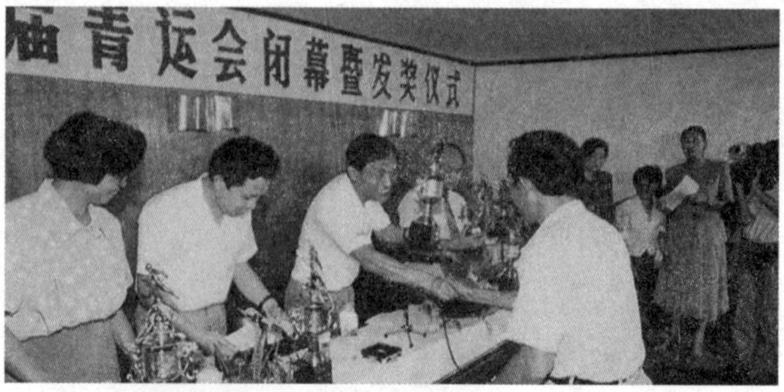

1993年成都市第二届青少年运动会闭幕发奖仪式

成都市第二届青少年运动会单项团体总分第一名

表 5－237

田　径	甲组男子组	郫县
	甲组女子组	金牛区
	乙组男子组	青羊区
	乙组女子组	温江区
	丙组男子组	温江区
游　泳	男子甲组	武侯区
	男子乙组	金牛区
	男子丙组	武侯区
	女子乙组	锦江区
	女子丙组	青羊区
射　击	男子步枪	郫县
	女子步枪	锦江区
	男子气手枪	邛崃县
	女子气手枪	锦江区
足　球	男子组	金牛区
	女子组	双流县
	男子乙组	新都县
乒乓球	男子甲组	金牛区
	男子丙组	金牛区
	女子乙组	金堂县
	女子丙组	金堂县
羽毛球	男子甲组	青羊区
	男子乙组	锦江区
	男子丙组	青羊区
	女子甲组	青羊区
	女子乙组	青羊区
	女子丙组	青羊区
棋类	象棋甲组	锦江区
	象棋乙组	金牛区
	国际甲组	武侯区
	象棋乙组	青羊区
	围棋甲组	锦江区
	围棋乙组	锦江区
排球	男子组	武侯区
	女子组	青羊区
举重	甲组	彭县
	乙组	温江县
武术	甲组	成华区
	乙组	成华区
	丙组	成华区

《全民健身计划纲要》实施

【概况】

1995 年，国家公布并实施《全民健身计划纲要》。成都市制定《实施〈全民健身计划〉的计划和 95、96 开展全民健身活动的工作意见》。6 月 26 日，成都市成立全民健身指导委员会。1996 年，市全民健身指导委员会制定市级试点单位的工作意见，市公安局、第十八中学、成华区保和乡和忠烈祠两街辖区等市级全民健身计划试点单位挂牌启动。年末，全市以街道办事处为主建立的社区体育组织达 30% 以上，举办二级社会体育指导员培训班，培训 61 名社会体育骨干分子。32 个体育社团组织全年共开展各种竞赛活动 390 项次，参加人数达 13 万人次。1997 年，实施全民健身计划的试点单位在 19 个区（市）县全面展开，在全市 74 个基层单位进行全民健身计划试点，这些单位遂成为实施《全民健身计划纲要》组织网络建设的基本单位。在全民健身计划纲要的推动下，全市社区体育发展很快。至1998年，城区以街道办事处为中心，已全部建立文化体育协会，辖区内的企事业单位、机关学校、居委会等就近就地参与各种形式的体育活动，受到群众的普遍欢迎。2003年，成都市全民健身组织网络已初步形成，城区所有街道社区和80%的乡镇都成立文体活动站、体协等体育组织，形成政府主导、社区乡镇为主线，社会体育指导员为骨干，文体活动为支撑的健身组织网络。是年，成都市又在原计划建设100条健身路径工程基础上，新建50条，新培训二、三级社会体育指导员730名。2005年，成都市体育部门成立体育创建文明城市领导小组，至年底，五城区和高新区社区体育组织全部达到要求，体育组织进社区达到100%，全市已形成政府主导，社区、乡镇为主体，社会体育指导员为骨干，文体活动为支撑的全民健身组织网络。

2005年6月，成都市举行《全民健身计划纲要》颁布十周年庆祝活动

《全民健身计划纲要》实施过程中，全市组织大量的全民健身体育活动。传统体育项目有武术、健身气功、太极拳（剑）、棋类（围棋、中国象棋）、钓鱼、舞龙等。体育运动项目有球类（篮球、门球、网球、乒乓球、台球、羽毛球等）、跑步、健美操、国际体育舞蹈、自行车（骑游）、桥牌、中长跑、射击等。新兴体育项目有健步走、健骨操、韵律操、力量练习、健身球操等。民间体育项目有健身秧歌、登山、腰鼓、跳绳、步行、舞扇等。健身路径项目有平衡木、肋木、上肢牵引器、跑步机、扭腰器、太空步机、鞍马训练器、呼啦桥、双杠、弹簧压腿、引体向上、仰卧起坐等。趣味体育项目有气排球、三人同步走等。其中散步、跑步和骑自行车是群众首选的大众健身的运动项目。

1995年，在全民健身计划推动下。成都市召开首届农民运动会，全市19个区（市）县的800名农民运动员参加7个项目的比赛。成都市还先后举办大型的元旦越野赛跑、国际奥委会主席杯自行车赛、领导干部运动会、市六届职工钓鱼赛、迎四大世界妇女大会象征性跑等活动。1996年，在《全民健身计划纲要》颁布周年之际，市体育部门组织有5000人参加的全国百城市广播体操表演活动。1999年，在全市开展99全民健身宣传周活动；结合庆祝中华人民共和国成立五十周年，在府南河畔举行有万人参加的晨练活动；结合全国体育博览会在成都召开，举行四川省暨成都市全民健身节；共有100多个单位5000余人参加广播体操、武术、健身操、趣味体育比赛、成年人体质测试等活动。两次大型活动的举行推动全民健身计划的实施。为此成都市被评为全国"全民健身宣传周"优秀组织奖。2000年5月开始的市九运会把全民健身推向高潮。学校是实施全民健身的战略重点，市体育部门和市教育部门以实施《国家体育锻炼标准》为契机，带动学校各项体育活动的开展，全年全市共有各级各类学校3291所施行"国家体育锻炼标准"，占全市学校的99.4%，达标率为97.24%。2001年，《全民健身计划》第二期工程落实。2002年，成都市打破行业、部门、级别的限制，由各单项运动协会、行业体育协会及区（市）县组队参加运动会，省九运会成年组比赛由第一次报名的800余人猛增加到5000余人；在参赛的形式上也进行改进，网球等7个项目中分别增设领导干部组、家庭组和公开组等，使省九运会成年组比赛成为全民健身的重要平台。2003年，成都市全民健身组织网络已初步形成。全市除举行有影响的元旦越野赛跑、健身路径比赛、全民健身周等大型群体活动外，双流舞龙（狮）、崇州风筝等民间体育活动也开展活跃。全市经常参加体育锻炼人口已达400万人，占总人口的39%。2005年，《全民健身计划纲要》颁布10周年，市政府举办“2005·成都体育年”活动，月月有活动，每月活动有主题，体育活动十分丰富，跨度时间长，全年参与群众共达200万人次。至2005年末，全市参加全民健身活动的人数已达到480万人次。

【全民健身周】

1995年，四川省和成都市全民健身指导委员会联合首次在成都市猛追湾游泳场举办全民健身宣传周活动日活动，20个有影响的省（市）单项运动协会、成都体院、国家体委成都运动创伤研究所、四川省体科所及部分体育健身器材生产厂家等在现场设立活动点，体育专家、教授、教练员、运动员进行现场技术指导和健康咨询，参加活动的省、市领导与群众共约1万人次。

此后10年，成都市连续开展全民健身周活动。20世纪90年代中后期，抓住推广第八套广播体操的机会，举办各行各业参加的广播体操培训班，在成都体育中心举行有5000人参加的广播体操会操表演。不少区（市）县及街道开展小型的广播体操比赛，参加人数达20万人以上。1999年，成都市结合庆祝中华人民共和国成立50周年举行全民健身周活动，锦江沿河两岸共有1万余人参加晨练活动。主会场设在猛追湾游泳场，有游泳、花样游泳、武术、空模、海模、健身操表演；沿河共设7个活动点，开展太极拳、健身操、太极扇等多种项目的表演活动。同年，在全国体育用品博览会期间，四川省和成都市体育部门联合举办全民健身节，100多个单位的5000余人参加广播体操、武术、健身操、趣味体育比赛活动。

2002年，全民健身周活动与毛泽东“发展体育运动，增强人民体质”题词50周年纪念活动一起举行，省、市联合在成都体育中心举办纪念活动，五城区和高新区的5000名市民和青少年参加武术、太极拳、拔河、篮球、跳绳等活动。2003年全民健身活动周，省、市联合在青城山开展“登山健身、抗击‘非典’”活动，共有400多名机关干部参加路程3千米的登山比赛。2005年成都市举办体育年活动，健身周活动与体育年的各项活动结合起来进行，在沙河时尚体育年活动中，数千人参加开幕式时尚体育表演，进行滑轮、健身操、武术、健美操等表演。

成都市在开展全民健身周活动中，曾2次获国家体育总局优秀组织奖。市武术协会在全民健身周中组织2次万人参加的武术演练活动，武术还成为历年健身周活动的重要活动项目，为此市武协被市政府和省体育局评为“全民健身周”先进单位。

【社会体育指导员建设】

1996年，成都市开始建立社会体育指导员制度，其培训机制因级别不同而各不相同。国家级和一级社会体育指导员由国家体育总局和四川省委托成都体育学院等举办培训班；二级和三级社会体育指导员培训由成都市政府各级体育部门实施。

1996年，成都市首次举办社会体育指导员培训班，培训二级社会体育指导员61名。全市各街道办事处建立的社区体育组织达到30%，并举办首次社会体育指导员培训班，培训二级社会体育指导员61名。此后数年，连续举办此类培训班，加强全市社会体育指导员队伍建设。2002年和2003年分别培训200名和730名二、三级社会体育指导员。2003年，成都市全民健身组织网络已初步形成，社会体育指导员成为此组织网络的骨干。2004年，“每万人拥有社会体育指导员的人数已大于12人”的要求成为“创建文明城市”的达标内容之一，成都市按要求连续举办社会体育指导员培训班，至年末全市共有体育指导员6558人，达到指标中的A标。2005年，按照体育在创建全国文明城市中的职能和承担的目标任务，市和各城区体育部门开展社会体育指导员的培训工作，通过培训，全市共达到7000多名社会体育指导员。

在开展群体性体育活动中，社会体育指导员队伍主要由社区体育骨干、体育教师、体育协会以及企业专兼职体育人员组成，实行张榜公布、佩证上岗，在社区、厂矿企业、公共体育场馆、早晚健身点向群众传授体育知识、健身技能，组织和开展各项体育活动，促进全市体育人口的增长。

【安利纽崔莱健康跑】

安利纽崔莱健康跑活动诞生于2002年，首次活动在上海举行，其融慢跑、游戏、表演、健康知识传播于一体，活动不计名次，重在参与，是一项不分年龄、性别的群众性体育活动。截至2005年末，在成都共举办2届。

2004年9月19日，2万多名成都市民参加成都地区举行的第一届“安利纽崔莱健康跑暨迎国庆健身跑”。上午9时，起跑仪式在省体育馆广场举行。安利纽崔莱推广大使、奥运冠军王军霞领跑，参加健康跑的广大市民紧跟其后，组成长跑队伍，经人民南路、东御街、人民东路、东御河沿街，进入成都市体育中心。在终点体育中心的场外，举行“纽崔莱运动嘉年华”有奖游艺体育活动，项目有射击、踢足球、投飞镖等。市体校学生、城北体育馆少年武术队等进行艺体武术文体表演，受到看台上群众的热烈欢迎。2005年9月3日，第二届安利纽崔莱健康跑暨2005年成都市“传授文明、共建和谐”万众健身跑在四川省体育馆举行。该届健康跑活动提出“参加健康跑，你就是健康冠军”新理念，鼓励市民积极参与。健康跑路线为：四川省体育馆—人民南路—红照壁—东御街—人民中路东单行道—成都市体育中心，全程约5千米。参加健康跑的2万多市民全部来自于自发报名，由王军霞领跑，大多坚持跑完全程。

【2005·成都市体育年】

2005年是“国际运动和体育年”，结合《中华人民共和国体育法》《全民健身计划纲要》颁布10周年，成都市政府以“倡导运动时尚，构建和谐成都”为主题，以全民健身活动为载体，以满足、引导和提升广大人民群众的体育文化需求为目标，举办“2005·成都体育年”活动。

体育年活动由成都市体育局承办，月月有活动，每月活动有主题，实行大型活动集中办，小型活动分散在区（市）县、乡镇举行。1月1日举行的省、市健身跑暨第36届元旦越野赛跑拉开成都体育年活动的序幕，接着在2—12月内，分别安排有健身展示、登山、走进毛家湾系列活动，健步走、健康跑、残疾人运动会和特奥会，沙河时尚体育节系列活动，挑战奥运冠军赛，车模、航模、定向越野赛，体育舞蹈、羽毛球、篮排球公开赛，公路自行车赛等。成都体育年活动丰富，跨度时间长，全年参与群众共达200万人次。

成都体育年在全国是首创,《中国体育报》评价成都体育年值得学习和借鉴,国家体育总局主办的《体育工作情况》载文称赞成都体育年是“奏响和谐成都的语言”。通过体育年,成都市倡导了“让运动成为时尚,以运动营造欢乐,以健身成健康,以体育构建和谐”的体育理念。

社会体育活动

【概况】

1990—2005 年,成都市组织举办的大型社会体育活动有 10 多起,其中,上万人参加并有一定影响的有 1990 年为迎接亚运会举办的迎亚运捐赠集资活动和人人锻炼迎亚运活动;1999 年 9 月 30 日,由市武术管理中心组织的庆祝中华人民共和国成立 50 周年晨练活动;2005 年,首次开展的成都市体育年活动等。1992 年举行的迎七运接力跑、1997 年举行的万人放航活动、1997 年举行的府南河练武演示活动、1998 年纪念邓小平“太极拳好”题词 20 周年练武活动、2002 年纪念毛泽东《发展体育运动,增强人民体质》题词 50 周年活动等,也吸引众多群众参加,推动群众体育活动在更大范围内开展。

成都市各部门、各行业、各基层单位每年均举办大量各种类型的运动会,1990 年各部门举办运动会 1173 次,1995 年举办 851 次,2000 年 1439 次,2005 年 800 次。

全市老年人体育活动、农民体育活动、学校体育活动、市民体育活动等十分活跃。学习体育以学校全民健身为战略重点,以《国家体育锻炼标准》实施为契机,开展各项体育活动,同时组织各种形式的课外体育活动和学校业余训练,努力提高青少年素质。农村以开展乡镇体育活动为落脚点,开展具有特色的农村体育活动。老年体协每年都组织开展各种各样适合老年人的体育活动。

成都市成年人参与体育健身活动的主要目的是“防病治病”,占成年人参与体育健身活动总人数的 27.4%,其次是“提高能力”(占 23.6%),再次是“调节情绪”(占 20.8%),以下依次是“减肥健美”“社交”等;成年人参加体育健身锻炼的主要项目依次是步行(占 25.7%)、跑步(占 16.5%)、自行车(占 16.3%)、球类(占 9.2%)、操舞秧歌(占 7.5%)、游泳、力量练习、武术气功、登山等。

【社区体育】

成都市的社区居民体育最早始于 1956 年,后逐步进入全市街道院落。1990 年时,全市举办家庭运动会的户数达到六百余户,社区体育初具规模。

1995 开始,在《全民健身计划纲要》的推动下,社区体育发展迅速,成为群众参加体育活动的有效形式。1998 年,城区以街道办事处为中心,已全部建立文化体育协会,辖区内的企事业单位、机关学校、居委会等就近就地参与各种形式的体育活动,受到群众的普遍欢迎。是年,有 4 个街道办事处在社区体育工作中成绩显著,被评为全国体育先进社区;13 个街道办事处被评为省级先进体育社区。

2001 年,以生活小区为中心的社区体育发展较快,在首届社区文化节中把近万人群吸引到家庭趣味体育比赛中去。市体育部门举办健身路径优秀锻炼方法表演赛,加强健身路径工程管理,及时维修健身路径设施,使全市 70 多条健身路径开放率达 100%,推动社区体育活动的纵深发展。2002 年,毛泽东“发展体育运动,增强人民体质”题词 50 周年,省、市体育部门联合举办社区全民健身表演赛，有6000余名市民参加活动。2003年，市体育局推进社区体育场地设施建设，利用体育彩票公益金200万元，在社区（含部分乡镇、部队）新建69条全民健身路径，全市全民健身路径达到200条。火车南站长寿路、肖家河体育一条街、洞子口亲水园广场等全民健身路径成为社区建设形象工程。全市85%以上的社区（街道办事处）都建立完善的体育组织，配备专兼职人员，社区体育由行政型向服务型和社会型的方向发展。全市体育部门认真做好社区科学健身的指导服务，全年共培训社区体育指导员200名。10月，全市在武侯区的簇桥广场举办19个区（市）县和高新区选派出的50个社区的300名市民参加的社区健身路径比赛。使社区广大群众掌握身边健身路径的正确使用和健身科学的方法。2004年，"四进社区"中体育覆盖面（也即成都市提出的"体育组织、体育器材、体育骨干、体育活动"四进社区）已大于80%，达到100%，健身路径覆盖面达95%，水井坊社区健身俱乐部等被评为全国群众体育先进单位。2005年，市体育局开展社会体育指导员的培训工作，全市的社会体育指导员达到7000多名，在开展群体性体育活动中，社会体育指导员实行张榜公布、佩证上岗，在社区科学指导群众健身，促进全市体育人口的增长；全年在9城区及高新区新建12个社区青少年体育活动室，全市社区青少年体育活动室达到22个，并免费向青少年开放；年末，全市体育器材进社区达95%以上，体育组织进社区达100%，体育活动进社区达80%以上，体育骨干即体育指导员进社区达90%。

【农民体育】

1992年，成都市成立成都市农民体协，随后温江县等区（市）县先后成立农民体协。市农民体协先后组织乒乓球、象棋等比赛。1995年，成都市举行全市首届农民运动会，19个区（市）县的800余名运动员分别参加7个项目的比赛，都江堰市等也分别举办农民运动会，崇州市、大邑县、彭州市每年都举办风筝节。崇州市放风筝已成为具有地方特色的体育活动，举办过3届金鸡风筝节，承办过全国风筝精英赛，在代表四川参加全国五届农运会时夺得1金5银1铜。舞龙舞狮成为双流县的特色体育活动，并走出成都市，走向全国，把舞龙舞到21届世界大学生运动会、六届全国大学生运动会、省九运会、市运会及省内外多个大型活动中，获得国际龙狮精英赛冠军。金堂县形成以龙舟为特色的体育活动，参加在广安举办的全国龙舟邀请赛获第二名。2004年，19支金堂龙舟在锦江进行端午划龙舟表演赛。2004年，省、市在邛崃市举行的三下乡活动中，进行具有农村特色的"挑担子""推鸡公车"比赛。在龙泉驿区国际桃花节举行的登山健身活动中，各区（市）县组织农民参加，获比赛前20名的运动员大多数是农民选手。随后成都市又在蒲江县举行14个郊区（市）县80名农民参加的健身路径18个单项的比赛。成都市把体育纳入农村发展总体规划，列入建设社会主义新农村议事日程。以乡镇为重点，以建设场地设施为基础，开展农村体育健身活动。成都市在14个重点镇配套修建体育设施。全市各乡、镇一级的文化站更名为"文体站"或"文体中心"，明确规定增加体育服务职能。大多数乡、镇能按人均1元的标准落实体育经费。都江堰市、龙泉驿区、青白江区等区（市）县每届政府举行一届农民运动会已成为制度，一些乡、镇则不定期举行体育比赛或运动会。老年人体协、自行车骑游、健身秧歌等分别在乡、镇建立分会。2004年，四川省和成都市在邛崃市联合举办"体育三下乡”启动仪式，向邛崃农村赠送一批价值8万元的体育器材，成都市武术、棋牌、乒乓球运动管理中心同邛崃市道佐乡、临邛镇、羊安镇3个乡、镇签订辅导协议，3个管理中心的教练不定期对农民体育爱好者进行辅导；其他区（市）县也分别举行同规模的“体育三下乡”活动。成都市还把100条路径的70条修建到农村乡、镇或农民新居。

1990年以后，成都下辖的区（市）县积极争创全国体育先进县。1990年，郫县被命名为全国体育先进县，温江县成为11个全国体育先进优秀单位之一，金牛区也复查合格。成都市成为全国15个创建全国体育先进县工作成绩显著的城市地区之一，受到国家体委的表彰。1997年，新都县第五批、彭州市第六批被命名为全国体育先进县，双流县达到全国体育先进县标准，初步通过农业部和国家体委验收。至2005年，成都市19个区（市）县中，除温江区、金牛区于1990年前被命名为全国体育先进县外，又有新都区、彭州市、崇州市、郫县、双流县等5个区（市）县被新命名为全国体育先进县。同时，各区（市）县乡、镇也积极开展争创全国亿万农民健身活动先进乡、镇活动。大邑县沙渠乡，青羊区苏坡乡，成华区圣灯乡、保和乡，金牛区金牛乡，武侯区桂溪乡等21个乡镇先后被国家体委命名为“全国亿万农民健身活动先进乡、镇”。彭州市敖平镇、大邑县王泗镇还被评为“全国风筝之乡”。

【学校体育】

1990—2005年，成都市认真组织学生参加《国家体育锻炼标准》的锻炼和达标活动，持续每年积极组织学生参加“百日游泳活动”“田径班级赛”“排球活动月”等“七大”传统体育项目活动，并通过体育传统项目学校培养青少年体育人才，促进青少年体育的发展。

1990年，成都市各级学校，包括大学、中专、技校、中小学校1247所、村小1546所实施国家体委新制定的《国家体育锻炼标准》。1993年以后，在中心完小以上的各级学校中实施《国家体育锻炼标准》，实施率一直保持在100%。达标率由1990年的94.42%，提高到2002年的98.17%，其中，良好率达到42.80%，优秀率达到20.86%。2002年，全市村小《国家体育锻炼标准》实施面首次达100%，达标率也由1992年的64.25%，提高到97.66%。由于实施面和达标率成绩显著，1990—2002年，成都市均获得四川省体育局、四川省教育厅颁发的实施《国家体育锻炼标准》特等奖，1996年，成都市还得到国家体委的表彰。1996—2002年，全市共有75所中等专业学校、技工学校、中小学校被四川省体育局、四川省教育厅评为实施《国家体育锻炼标准》先进单位。2002年，《国家体育锻炼标准》停止实施。

1995年，成都市参与全国学生体质调研工作，市教委、市体委和市卫生局联合进行对学生体质进行调查研究，共有8所中小学的4000名学生接受检查。2000年，市教委、市体委和市卫生局再次联合对学生体质进行检查，并将检查的数据上报教育部。2005年，教育部、国家体育总局、卫生部等五部委联合对学生进行体质检测调研。成都市指派专家对八中、川大附小、华阳中学、华阳小学（城市、农村各选择一所中、小学校），对6—18岁各个年龄段不同性别的学生分别选取50人作为大样本（共有2756名学生被纳入检测范围），进行检测。检测结果为学生普遍个子增高、体重增加、贫血减少，但肥胖增多，近视仍然高发，学生体育锻炼不够，与运动有关的身体素质指标（速度、耐力、爆发力、力量等）不够理想。近 90% 的学生喜欢上体育课，80% 以上的学生愿意参加体育锻炼。在学生每天平均锻炼时间上，有半小时至 1 小时的学生占 50%，半小时以内的有三分之一，3 小时以上的为 0。在学生身体不好的原因中，50% 以上是因为体育锻炼不够。

体育传统项目学校既是提高学生整体素质，又是培养体育后备人才的重要基地。1991 年，成都市体育部门加强全市各级传统体育项目学校的管理，修改《成都市传统体育项目学校管理办法》。年底，全市共有传统学校 210 所，在训人数为 7893 人，其中，市级 73 所（在训学生 3658 人）。1997 年是成都市重新命名体育项目传统学校后的第一年，全市 19 个区（市）、县加强所属传统校的管理。年底全市传统校在训学生 8200 余人。向省、市优秀运动队输送 14 人。向省、市运动学校输送 21 人，向重点体校输送 54 人。全市传统校参加省级比赛共获团体冠军 6 个、亚军 4 个。1999 年，市体委与市教委共同修订《成都市体育传统项目学校命名管理办法》，1999 年又逢市传统校重新调整命名、原传统学校评比和新传统校的审核命名，全市传统校突破原规定的 230 所，达到 233 所，在训学生达 9500 人。全年全市传统校共向优秀运动队输送 17 人，向体育中专输送 50 人。向重点体校输送 130 人。参加全省传统校比赛获团体冠军 2 个，亚军 1 个。2002 年，经过学校自身申请，市体育、教育部门重新命名 292 所学校为市级体育项目传统学校。2003 年，全市体育项目传统学校在训 3.5 万人。2004 年，全市体育传统项目学校又有新的发展。全市共命名的 300 所体育传统项目学校在训人数已达到 3.5 万人。在体育传统项目的带动下，这些学校的学生参加体育活动的人数已达到 24 万人，促进青少年体育的开展。体育传统学校一边培训体育人才，一边参加各级比赛，仅在参加省体育传统项目学校比赛中，就获 4 项团体冠军、2 个亚军。同时向省、市优秀队输送 21 人，为重点体校输送 120 人，考入体育院（系）262 人，还向对口体育传统项目学校、区级业余体校输送一批体育苗子。

20 世纪 80 年代形成和一直坚持每年举行的全市中小学生“排球活动月”“田径班级赛”“百日游”等活动，至 90 年代末已有 80 万人次参加。同时期在中小学生中又广泛开展乒乓球、航空航海、汽车模型活动和足球周末赛等。逐步形成成都市“七大”青少年传统体育项目，即“百日游泳活动”“田径班级赛”“排球活动月”“幼芽杯棋类比赛”“周末足球比赛”“乒乓球活动月”“四模一电”七项体育活动。这七项体育活动一般由成都市体委、市教育局和共青团成都市委联合举办，由成都市相关运动项目管理中心及运动协会具体负责和组织实施。

百日游泳活动。始于 1980 年，每年 6—7 月举行。1990—2005 年，“百日游”活动年年举办。参加活动的青少年大多数是中小学校和幼儿园的学生和幼儿。1990 年全市有 11 个区（市）县的 95 个单位的 6.2 万人参加；2005 年，全市共有 249 个单位的 20.44 万人参加这项活动。

1990—2005 年成都市“百日游泳活动”参加情况表

表 5－238

年　份	参加单位(个)	参加人数(人)	学会游泳人数(人)
1990	11 区(市)县 95	62432	25849(11661)
1991	12 区(市)县 104	72810	30047(13389)
1992	14 区(市)县 138	79472	32092(13372)
1993	15 区(市)县 109	70695	25778(12611)
1994	18 区(市)县 130	83065	33264(15136)
1995	19 区(市)县 143	120086	35864
1996	20 区(市)县 180	97019	51220(19801)
1997	全市 184	136515	43235(21122)
1998	全市 186	151508	60554(23115)
1999	全市 188	157758	74932(24005)
2000	全市 301	162254(52301)	82730(26832)
2001	全市 208	157934(70098)	55043(26204)
2002	全市 209	167934(66184)	65043(31803)
2003	全市 195	168324(78341)	53801(26391)
2004	全市 211	384032(183475)	170872(39280)
2005	全市 249	204393(92708)	64852(33066)

说明:括号内为女子数

田径班级赛。始于 1981 年,开初有 61 所中、小学校的 3 万人参加。1990 年共有 16 个区(市)县的 537 所中小学 18.7 万人参加田径班级赛。之后此项活动扩展到全市 19 个区(市)县和高新区,还成为成都市参加人数最多的七大体育活动之一。

1990—2004 年成都市中小学田径班级赛部分参加情况表

表 5－239

年份	学校(所)	班级(个)	参加人数(人)	备注
1990	537		187900	
1991	557		220000	
1992	524	5388	250000	
1993	710	7213	300000	

续表

年份	学校(所)	班级(个)	参加人数(人)	备注
1994	704		290000	
1995	680	7934	328045	
1996	720	8035	386740	
1997	839	1001	461066	
1998	944	11434	511296	
1999	1001	11298	513398	
2000			550000	
2001	1910		620000	
2002			650000	
2003			680000	
2004			685000	

排球活动月。始于1963年。1990—2005年排球活动月活动每年举行。1990年，全市共有289所中小学校的13.41万名学生参加。到2002年，参加活动的中小学校学生人数达到28万余人次。在每年活动月期间，举行排球传球、垫球、发球及排球比赛。

1990—2005年部分年份成都市“排球活动月”活动参加情况表

表5－240

年份	学校(所)	总人数(人)	备注
1990	289	134121	
1994	345	171940	
1995	340	170000	
1997	375	238985	
1998	400	259200	
1999	410	260000	
2000	454	266500	
2001	470	271000	
2002	498	282000	
2003	485	298000	

续表

年份	学校(所)	总人数(人)	备注
2004	451	303000	19 个(区)市县参加
2005	503	325000	

成都市“幼芽杯”棋类比赛。始于 1980 年(包括中国象棋、国际象棋、围棋),由成都市少年儿童棋艺比赛逐步发展而来。每年 5 月举行,每届参加学校均有数十所,运动员数百人左右。成都市教育局对此项活动给予大力支持,对参加活动的优秀学生给予入学、升学的优惠。

1990—2005 年部分年份成都市“幼芽杯”棋类比赛参赛情况表

表 5 - 241

年份	参赛学校(所)	参赛人数(人)	备注
1990	39	181	第十届
1991	39	204	第十一届
1992	47	242	第十二届
1993	5	242	第十三届
1994	3	153	第十四届
1995	30	128	第十五届
2001	3	467	第十九届
2002	33	504	第二十届
2003	34	484	第二十一届
2004	2	513	第二十二届
2005	32	513	第二十三届

成都市中小学生足球赛。1997 年,成都市举办首届“城郊联社储蓄杯”中小学生周末足球赛,比赛历时 8 个月。之后参加人数与球队逐渐增多,全市 19 个区(市)县和高新区皆派出球队参加,最多时达 5000 支球队,5. 5 万多名运动员。1999 年,成都市恢复中断多年的中学生“三好杯”和小学生“红少年杯”足球赛,于每年的 11—12 月举行,取代“中小学生周末杯”足球赛。

1997—2005 年成都市中小学生足球赛参赛情况表

表 5 - 242

年份	参赛队数(队)	参赛人数(人)	备　注
1997	3128	3 万余	周末杯(中小学生)包括预赛、复赛(区级)、决赛、班级赛(市级)
1998	4621	5 万余	
1999	5000	5.5 万余	
	30	600	三好杯(中学生)
	14	168	红少年杯(小学生)
2000	40	800	三好杯(中学生)
	28	336	红少年杯(小学生)
2001	43	860	三好杯(中学生)
	44	528	红少年杯(小学生)
2002	21	420	三好杯(中学生)
	28	336	红少年杯(小学生)
2003	24	480	三好杯(中学生)
	28	336	红少年杯(小学生)
2004	18	360	三好杯(中学生)
	32	384	红少年杯(小学生)
2005	26	520	三好杯(中学生)
	15	180	红少年杯(小学生)

“乒乓球活动月”。始于 1996 年。首届乒乓球活动月活动有 278 所中小学、约 13 万人学生参加。第二届乒乓球活动月增设乒乓球知识竞赛。在活动月活动中，新学会打乒乓球的学生人数逐年增加，辐射面扩大到村小学及私立学校。2003 年后，每年参加的学校均在 500 所以上，人数达 30 余万人。截至 2005 年年底，共选送乒乓球新苗 100 人左右。

1996—2005 年部分年份成都市“乒乓球活动月”参加活动情况表

表 5 - 243

年份	参赛学校(所)	参赛人数(人)	备　注
1996	278	13 万余	第一届
1997	279	7 万余	第二届
1998	469	21 万余	第三届
2000	337	22 万余	第五届

续表

年份	参赛学校(所)	参赛人数(人)	备　注
2001	423	24 万余	第六届
2002	451	26 万余	第七届
2003	503	31 万余	第八届
2004	551	34 万余	第九届
2005	602	38 万余	第十届

“四模一电”活动。1996 年被确定为成都市“七大”青少年传统体育项目之一，包括航空模型、航海模型、车辆模型、建筑模型、无线电测向定向运动等体育活动。每年 3—4 月，举行以“飞向北京”为主题的航空模型和以“我爱祖国海疆”为主题的航海模型活动。继后，车辆模型、建筑模型、无线电测向定向运动先后成为活动内容。此项活动受到广大青少年学生的喜爱。

1997—2005 年部分年份成都市“四模一电”活动活动情况表

表 5 - 244

年份	参赛学校(所)	参赛人数(人)	备　注
1997	210	4 万	第一届
1998	469(包括乒乓球活动月)	21 万(包括乒乓球活动月)	第二届
1999	525(包括乒乓球活动月)	22 万	第三届
2002	193	1.6 万	第六届
2003	97	1.6 万	第七届
2004	81	2.5 万	第八届
2005	80	6804	第九届

【老年人体育】

20 世纪 90 年代初，社会老龄化及退休人员逐年增多，老年人参加体育健身活动的人数增加。

1990 年，老年体育活动举办市级竞赛 6 次，参加人数达 1100 多人。1991—1995 年，市老年体协同市老干部局联合举办两届老干部运动会。在 1992 年市老年体协成立 10 周年之际，举办门球、中长跑、乒乓球、游泳等 7 个项目的比赛。街道、乡镇等开展中长跑、门球、地掷球、太极拳、游泳、射击等体育活动。参加活动的老年人中，老年体协会员占 95%，每位会员基本掌握两项以上的锻炼方法。1995 年，在国庆节、重阳节和抗日战争胜利 50 周年举办的活动中，仅电子科技大学就有上千名老年人参加活动。1997—2001 年，市和各区(市)县老年体育活动增加，还配合香港回归、中共“十五大”召开、申办奥运会、中国足球打入世界杯等重大事件的宣传工作，举行体育表演。其中，1500 名老体人骑自行车 20 千米，创造了吉尼斯世界纪录，并得到吉尼斯世界中国总部的承认和颁发的证书。

成都市老年人体育协会经常组队参加比赛。1991—2003 年，成都市老年人参加省以上的比赛，共获得第一名 20 多个；参加的重要比赛有省老年人运动会（二届）、五省六市协作区网球赛、五省市门球赛（1994 年）、全国老年人羽毛球邀请赛（1995 年）等。同时，还承办省老年人地掷球赛、省三届老运会等。

市老年体协不定期举行老年人体育科研论文评选活动和评选基层老体协先进集体与先进个人活动。市老年体协每隔 2 年或 6 年，按照 80 岁以上（含 80 岁）、身体健康、经常参加体育活动为标准，评选一次“蜀都健康老人”。活动开初只在城区评选，随着农村老年人体育活动的开展，此项活动逐步成为包括各区（市）县和高新区在内的健康老人评选活动。2005 年，成都市老年人身体素质优秀的占 2.1%，良好的占 12.7%，合格的占 65.7%，不合格的占 19.6%。

【残疾人体育】

成都市开展残疾人体育活动始于 1956 年。之后残疾人体育活动逐步发展，经常举行单项、多项比赛或运动会，并派出残疾人运动员参加全省、全国和国际体育比赛。

1990 年，成都市残伤人体育协会成立。同年 9 月，成都市举行第二届伤残人运动会。1997 年，市残疾人体协先后组织乒乓球、象棋、桥牌等比赛。2001 年，在“世界残疾人日”，成都市体委同有关部门在新都体育场举办残疾人运动会，设跳远、100 米跑步、举重、投掷等项目，各区（市）县和高新区共有 200 多名残疾人参加比赛。2002 年，成都市承办省第五届残疾人运动会，22 个代表团近 1000 名残疾人运动员参赛。成都市残疾人代表团以 242 分获团体总分第一名。2004 年，成都市残疾人运动员田时伟、麻旭涛代表中国队参加第六届远东及南太平洋地区残疾人运动会，获得 2 枚金牌、1 枚银牌和 1 枚铜牌。

2005 年体育年活动中，成都市举办首届特殊奥林匹克运动会，19 个区（市）县和高新区的 200 多名智残人（其中大部分为青少年），参加田径、篮球、足球和乒乓球等项目的比赛。篮球、足球等项目“放宽”比赛尺度，同时放宽发奖面，参加比赛的绝大多数智残人都获得参赛荣誉证书或名次奖。在该次特奥会开幕式上，足球运动员姚夏、乒乓球运动员陈平西被聘请为特奥运动会爱心大使。同年，成都市 13 名残疾人运动员参加省残疾人运动会选拔赛，获得 4 枚金牌，还破 5 项省残疾人体育项目纪录。

竞技体育

体育项目

【田径】

田径是成都市开展的优势重点项目。1981年起，在全市中小学校中开展“田径班级赛”，到2004年，已发展到有68.5万名学生参加，参加活动的学生人数占全市学生总人数的55.6%。成都市每年举办儿童田径运动会。1998年起，增办由六城区小学校参加的“小飞人”田径比赛。到2002年，田径重点班训练点有成都体育中心业校、温江体校、市体育运动学校、十二中、二十中、华西中学、列五中学、双流中学、崇州中学等11所学校，形成田径传统学校、各级业校、市体育运动学校和优秀运动队的田径项目多层训练布局结构。1990—2005年，各级田径重点班向市优秀运动队、四川省优秀运动队输送不少人才，涌现出顾俊杰、陈燕、温玉涛、刘洪宇、曾艳、秦霞等在国内外比赛中获得优秀成绩的选手。

1990—2005年，成都市在参加四川省田径比赛中成绩优异，获团体总分等第一名198个、第二名88个。20世纪80年代成立成都市田径优秀运动队。成都市田径代表队在历届城运会田径比赛中获得好成绩。在第二届城运会上，除获女团第四名、男团第六名之外，郭峥嵘获十项全能金牌，陈燕等获4×100米接力银牌。在第三届全国城运会上，代表成都的李雪梅获100米、200米两项金牌，成都籍选手曾艳获100米栏金牌，成为四川省跨栏项目上的第一个冠军，此外还获第四名3个、第六名1个和第七名4个。在第四届城运会上，成都女选手曾秀君获100米冠军后，又同队友舒艳、赵礼娜、荀宏获女子4×100米冠军；杜娜和赖朝晖分别获女子撑竿跳高和男子铁饼冠军，曹文夺得男子十项全能冠军并破该项全国青年纪录；此外还获第三名6个、第四名1个、第五名1个。曾秀君和杜娜获“最佳技术奖”、顾俊杰获“希望人才奖”。田径成为成都市在第四届城运会获金牌和总分最多的项目。在第五届城运会上，张蓉获100米栏冠军，顾俊杰获男子三级跳远冠军并创下该项目的全国最高纪录，此外还获第二名3个，第三名3个，第四名2个，第五名1个。

成都籍田径运动员在参加全国比赛中成绩

优秀。1992 年，成都选手温玉涛参加全国青年田径锦标赛男子组跳远比赛，以 7.65 米成绩获亚军。次年，刘洪宇在全国少年田径（甲组）比赛中以 7.81 米获跳远冠军并破该项全国少年纪录，温玉涛又获全国中学生跳远冠军。1996 年，成都运动员刘杰在全国青年田径锦标赛暨世界青年锦标赛上，获男子 110 米栏亚军。2004 年，成都运动员顾俊杰在合肥举行的全国田径大奖赛中，以 17.23 米成绩创造三级跳远亚洲青年纪录。成都选手陈燕在代表四川省参加七届全运会时，获女子 100 米铜牌和 4×100 米接力银牌。成都田径选手在代表四川参加九届全运会时，曾艳获女子 100 米栏冠军，温玉涛获男子跳远亚军。不少成都籍运动员代表中国参加国际比赛。女选手陈燕在第十二届亚洲运动会上，与队友参加 4×100 米接力比赛时，后腿肌肉拉伤，坚持冲向终点，获得金牌。在第十四届亚运会上，成都籍田径选手秦霞获女子撑竿跳高第三名。2004 年，成都运动员顾俊杰在日本举行的国际田径大赛中，以 16.71 米成绩获三级跳远铜牌。

1990—2003 年成都市田径运动最高纪录分项目统计表（男子组）

表 5－245

项目	成绩	创造者	运动员所在单位	运动会名称	时间	地点
100 米	10.53 秒	周海平	成都体育学院	全国青年田径锦标赛	1990 年 5 月	杭州
400 米	46.53 秒	彭英刚	成都队	第九届全运会	2001 年 11 月	广州
800 米	1 分 51.24 秒	晋兆勇	成都	全国田径大奖赛	2001 年 4 月	宁波
1500 米	3 分 59.30 秒	刘　成	成都队	四川省第四届青少年运动会	1998 年 8 月	德阳
3000 米	8 分 34.50 秒	刘　成	成都队	四川省第四届青少年运动会	1998 年 8 月	德阳
5000 米	15 分 16.95 秒	刘　成	成都队	省九运会	2002 年 8 月	成都
马拉松	2.15 小时 43 秒	刘晏成	成都	北京国际马拉松邀请赛	1990 年 10 月	北京
110 米栏	13.9 秒	余　昆	成都	北京春季田径邀请赛	1995 年 5 月	北京
400 米栏	50.47 秒	郁跃青	成都体育学院	全国第五届大学生运动会	1996 年 8 月	西安
4×100 米接力	40.22 秒	何茂隆 熊　刚 顾俊杰 彭英刚	成都队	全国第五届城市运动会	2003 年 10 月	长沙
4×100 米接力	3 分 9.69 秒	何茂隆 熊　刚 顾俊杰 彭英刚	成都队	全国第五届城市运动会	2003 年 10 月	长沙
跳高	2.18 米	魏国新	成都体育学院	全国田径冠军赛	1991 年 10 月	杭州
撑竿跳高	5.00 米	李安全	成都体育学院	全国第五届大学生运动会	1996 年 8 月	西安
跳远	8.08 米	刘宏林	成都市田管中心	全国第八届运动会预赛	1997 年 10 月	太原

续表

项目	成绩	创造者	运动员所在单位	运动会名称	时间	地点
三级跳远	16.92 米	顾俊杰	成都	全国第五届城市运动会	2003 年 10 月	长沙
铅球 7.26 公斤	16.77 米	张　岩	成都	全国田径锦标赛	1991 年 6 月	北京
铁饼 2 公斤	57.46 米	吴　岗	成都	全国田径锦标赛	1990 年 6 月	北京
标枪 800 克	69.20 米	张　敏	成都体育学院	全国第五届大学生运动会	1996 年 8 月	西安
链球 7.26 公斤	64.32 米	李东升	成都队	全国第四届城市运动会	1999 年 9 月	西安
十项全能	7587 分	曹　文	成都队	全国第四届城市运动会	1999 年 9 月	西安

1992—2003 年成都市田径运动最高纪录分项目统计表（女子组）

表 5－246

项目	成绩	创造者	运动员所在单位	运动会名称	时间	地点
100 米	11.39 秒	曾秀君	成都队	全国第四届城市运动会	1999 年 9 月	西安
200 米	24.0 秒	王　熳	成都体育学院	全国体院田径运动会	1994 年 6 月	成都
400 米	54.2 秒	赖龙梅	成都	中日青少年田径友谊赛	1992 年 8 月	成都
800 米	2 小时 4.22 秒	蒋忠敏	成都队	全国第五届城市运动会	2003 年 10 月	长沙
1500 米	4 小时 14.58 秒	田小霞	成都队	全国第四届城市运动会	1999 年 9 月	西安
5000 米	17 分 51.5 秒	陈敏红	成都体育学院	成都体院冬季田径运动会	1991 年 11 月	成都
10000 米	37 分 38.2 秒	陈敏红	成都体育学院	成都体院冬季田径运动会	1991 年 11 月	成都
100 米栏	12.74 秒	曾　艳	成都市田管中心	全国第八届全运会	1997 年 10 月	上海
400 米栏	58.11 秒	肖洪凡	成都队	第五届城运会预选赛	2003 年 8 月	大连
4×100 米 接力	45.09 秒	舒　艳 王　敏 张　蓉 冷　眉	成都队	全国第五届城市运动会	2003 年 10 月	长沙
4×100 米 接力	3 分 49.29 秒	冷　眉 王晴琴 钟　琴 张　蓉	成都队	四川省第九届运动会	2002 年 8 月	成都
跳高	1.91 米	李　军	成都	成都地区田径邀请赛	1993 年 3 月	成都
撑竿跳高	4.20 米	杜　娜	成都队	全国第四届城市运动会	1999 年 9 月	西安
跳远	6.45 米	杨　娟	成都体育学院	全国体院田径运动会	1994 年 6 月	成都

续表

项目	成绩	创造者	运动员所在单位	运动会名称	时间	地点
三级跳远	13.83 米	陈 颖	成都	第八届全国运动会	1997 年 10 月	上海
铅球 4 公斤	17.32 米	邱巧萍	成都体育学院	全国体院田径运动会	1994 年 6 月	成都
铁饼 1 公斤	59.48 米	邱巧萍	成都体育学院	全国体院田径运动会	1994 年 6 月	成都
标枪 600 克	56.45 米	徐 鑫	成都队	全国第九届运动会	2001 年 11 月	广州
链球 7.26 公斤	63.69 米	陈 颖	成都队	全国第九届运动会预选赛	2001 年 6 月	成都
七项全能	5472	刘 芳	成都队	全国第五届城市运动会	2003 年 10 月	长沙

【游泳】

游泳是成都市开展的重点基础体育项目。1980 年起，成都市每年举办一届“百日游泳活动”，规模逐年扩大，1990 年有 6.2 万人参加，2005 年发展到 20 万人参加。1990 年 6 月，崇庆县举办“大地杯”农村游泳比赛，继后老年人、职工、幼儿也开展游泳比赛。1999 年 5 月，市游泳协会冬泳俱乐部 28 人组成的“府南河第一漂”，从锦江郫县段团结镇百堤堰下水，游程 20 千米。群众性冬泳活动在成都逐步开展起来，猛追湾游泳场每年按时开放冬泳活动场地，是成都市冬泳的主要活动游泳场地之一。2001 年，成都市业余体校青少年水上体育俱乐部成立，当年发展会员 5000 人，有 15 万人次参加游泳活动。随后，参加活动人次逐年增多，到 2004 年突破 20 万人次。2004 年 12 月 30 日，100 名冬泳爱好者在刚竣工的沙河举行“畅游生命河”冬泳活动，每年一届的成都市冬泳比赛到 2005 年共进行 21 届。

成都注重游泳后备人才的培养和选拔。1991 年，在四川省体育科学研究所指导下，对从全市选出来的 677 名学生进行陆上和水上测试，写出游泳选才的调研报告，制定“四川省 7 至 8 岁儿童游泳初选人才评价标准”，成为四川省的选才标准。之后几年中，成都市通过各种形式进行较大规模的游泳选才活动：举办以选才为主要目的的重点学校游泳赛、幼儿游泳比赛、层层破纪录比赛、小学生游泳比赛、“雏鹰起飞”游泳比赛等赛事选“苗”；每年举办游泳短训班选苗。1990—2005 年，市游泳业余体校坚持每年开办游泳短训班，通过短训班选游泳“苗子”。1991 年，举办 50 个短训班队，从 1250 人中选出近 100 名“小苗”进行再训练。1992 年，对 1200 名初学游泳儿童进行形态、骨龄、心理测试，从中选出 230 名儿童进行初级训练；走出去，到学校，到区（市）县选“苗”。1993 年，从 60 所小学校中，通过对万名学生的挑选，选出 480 人进行训练，从中选送 118 人进入二级班，13 人进入三级班，收效显著。次年，在 19 个区（市）县的 546 人中选“苗”，从中选出 59 人进入三级班训练。1995 年，在 1000 名学生中选出 300 名进行训练，有 43 人进入三级班；通过水上运动青少年体育俱乐部选苗。成都市在选拔培养游泳人才的同时，努力向上培养输送游泳人才，1990—2005 年，向四川游泳队输送队和成都市游泳队输送队员 100 人，向各类大专院校输送体育人才 30 人。

在注重开展群众游泳活动和注重培养训练人才的基础上，成都市游泳竞技水平有效提高。1990—2005 年，参加全省游泳比赛，获省第一

100 余人次。省第三届青少年运动会游泳比赛，共设58 枚金牌，成都队获37 枚，占金牌总数的63.8%。省第四届青运会，成都市游泳队除获5个团体总分第一名外，获单项金牌41枚，破11项全国青少年纪录、19项省青少年纪录，其中赵菁一人获7枚金牌和破7项青少年纪录。2002年省九运会青少年组游泳比赛，成都游泳队获金牌44枚，4次破全国纪录，破10项省纪录，成都市人民政府授予该队先进运动队称号。

成都籍运动员代表四川参加第八届全运会游泳比赛运动员人数占四川游泳队的82.9%，获第二名2个，第四、第六、第七名各1个，破1项全国游泳纪录。1998年，成都市游泳业余体校、体校组成的成都市游泳代表队参加欧洲青少年年龄组锦标赛，获8枚金牌、4枚银牌和2座奖杯，赵菁获评“最佳优秀选手”，她同另一名队员陈诚获“希望之星”称号。同年8月，在马来西亚参加亚太地区青少年游泳锦标赛，再获5枚金牌，3枚银牌。

【跳水】

1990年后，成都市组建成都市跳水队。1991年，由4名女队员组成的成都跳水队参加在河北保定举行的第二届城运会跳水比赛，成都队只有1名队员名次排在第10位。1992年，备战四川省三青会跳水比赛，从在训的30名学生中选出16名投入训练，同年参加省少儿跳水比赛，有2名队员获第三名。1993年，成都市参加省少儿跳水比赛，成绩开始上升，女子组获团体冠军，男子组获团体亚军，还获单项第一名6个、第二名4个、第三名7个。1995年，参加全国第三届城运会跳水比赛获团体第五名，并分获单项第六、第七名各1个。1996—1998年成都市暂时停止跳水训练。集中力量加强优势项目训练，随后因备战第四届城运会跳水比赛需要，成都市与四川省运动技术学院合作，共同训练跳水，重建成都市跳水队。1999年，参加第四届城市运动会成都市跳水队成绩又有上升，获女子团体第五名，并分别获得女子一米板第五名、三米板第八名、女子10米台第七名和第八名各1个。金牛区、武侯区加强跳水训练，培训后备人才。2004年，在市九运会上两区运动员包揽跳水项目的前三名。

经多年训练，在省运动技术学院的成都籍跳水运动员成绩有很大提高。2003年10月，参加第五届全国城运会跳水比赛，成都队以1403.49分的成绩夺取女团金牌。甘为霖、莫瀚娜两位成都选手获得女子双人10米跳台冠军，莫瀚娜还获10米跳台第三名。莫瀚娜因在比赛中的出色发挥入选新一届的国家跳水队；2004年，又入选中国参加第28届雅典奥运会代表团跳水代表队。同年，莫瀚娜在全国锦标赛上获女子10米跳台双人亚军，在国际大奖赛德国站获女子10米跳台双人冠军、俄罗斯站获女子10米跳台单人冠军，随后在2004年亚洲杯赛获女子10米跳台单人冠军。

【足球】

足球是成都开展较早的体育活动。1956年，成都市成立优秀足球队。20世纪80年代、90年代，成都市在学校中开展小足球活动，举办“蓉城杯”职工足球赛，推动足球运动的发展。

20世纪90年代，成都市坚持培养足球后备人才，业余体校和体育学校继续开展以青少年为主的足球训练。成都市体育运动学校设立女足专业，全市举行“红少年杯”“三好杯”等中小学足球赛。在市第七届至第十届运动会和市第二届青少年运动会上均设立足球比赛项目，促进足球运动发展。1993 年，世界杯亚洲预选赛第二阶段在成都成功举办，继后承办的全国甲级队足球联赛，成都足球市场红火，足球运动在全市青少年中得到更加广泛开展。1997 年，成都市足球运动项目管理中心成立，同成都市足协合署办公，立足足球后备人才培养，制定培养足球后备人才的战略计划，在全市建立少年儿童足球俱乐部（训练点）24 个，在训学员达到 1000 余人。1999 年，市足协代管成都五牛足球俱乐部，使五牛队继续保留在全国甲级联赛中。2000 年，成都市被列入第二批全国足球重点城市，市足协被评为中国足协优秀会员单位。同时成都市针对“蓉城杯”足球赛企业参赛队锐减的实际，特将此项赛事的参赛范围扩大到高等学校，并将升降级赛改为锦标赛。“蓉城杯”足球比赛重整旗鼓，群众性足球活动得到持续开展。

在竞赛活动中，成都市十分注意安排利于培养、选拔足球后备人才的比赛，举办包括区（市）县的、近 5 万名学生、3243 支球队参加的首届全市中小学生周末足球赛。此项赛事每年举行，到 2005 年共举办 8 届，累计参加人次达 40 余万，此项活动成为全市“七大传统体育活动”之一。1997 年，“管理中心”还拨出 20 万元，为缺经费、器材而影响足球运动开展的基层学校，分别送去 1000 个足球、130 副小球门和经费，促进基层人才培养。次年又恢复中断多年的中学生“三好杯”足球赛。成都市常年开展的以培养锻炼后备人才为目的的足球赛有红少年杯足球赛、少年儿童俱乐部足球周末赛、少儿俱乐部足球赛、中小学生女子足球赛等。

成都市注重教练员业务水平的提高。1999 年，聘请英国足球研究专家秦勒到成都上足球专题课，提高教练员的业务水平。2001 年，组织 4 个少儿足球俱乐部参加中国足协的冬季训练营，同时派出 3 个教练员和 37 名队员赴保加利亚训练。2002 年，市足球管理中心和成都外国语学校建成中法德瑞足球培训中心，当年选训 28 人。随后德瑞足球培训中心的 3 名少年队员在教练带领下，赴法国梅斯俱乐部进行培训。

1990—2005 年，成都市除五牛俱乐部参加全国足球甲级联赛外，还以培养锻炼青少年队员为目的组队参加各类国内足球赛事。1997—2005 年，获全国比赛第一名 5 个，第二名 2 个和第四名 1 个，成都市少年女足队首次参加全国比赛并打入决赛。2004 年以成都市队员为主组成的中国五人制足球队参加第六届亚洲室内预选赛取得历年最好的成绩，赛后成都 6 名队员入选国家集训队，次年 5 人入选 5 人制中国队，并获亚洲足球锦标赛第七名。

【篮球】

1989 年，成都市篮球专业队解散。进入 20 世纪 90 年代，成都市篮球运动在群众中开展十分广泛，全市许多行业、单位、工厂、大专院校、乡镇以及中小学校都建有篮球队，并且赛事频繁。1990 年，成都市承办全国青年篮球联赛和全国少年篮球赛，举办成都市“迎亚运”第十四届职工篮球等级赛。1991 年 3 月，“峨眉啤酒杯”全国青年女篮联赛在蓉举行；6 月，为纪念篮球运动诞生 100 周年，成都市举行“三色杯”男子篮球邀请赛；10 月，代表世界最高篮球技艺的美国哈林篮球队与美国华盛顿将军队到蓉访问表演；同月，成都市举行全国篮球联赛成都赛区决赛和“青华杯”农民篮球赛。1992 年，中国台湾台中区老马篮球队访蓉与成都蜀蓉队进行友谊赛。

1998—1999 年，全市掀起全民健身运动热潮，篮球运动也进入快速发展阶段。成都市各区（市）县篮球赛事频繁，形式多样。1998 年双流县重视篮球运动在群众中的推广和普及工作,全年在乡镇新建篮球场8个。崇州市在体育中心新建篮球场2个,并举办“交通杯”篮球赛。蒲江县在学校体育中开展县“篮球活动月”活动,举办县中小学教师篮球赛,举办“交警杯”蒲江县第二十八届篮球赛以及“建设杯”蒲江县第四届篮球比赛。温江县承办99全国甲B男子篮球赛、全国青年男子篮球赛和四川省“国税杯”篮球赛。郫县举办“中行杯”周末篮球赛。高新区举办三人制篮球赛等。

1998年,成都市举办“康威杯”三人篮球赛,五城区和高新区的122支球队、500余人参加家庭组、男女公开组、男女高初中组的预赛和决赛,并选拔出2支男子篮球队代表成都市参加四川省首届“珠峰摩托杯”三人篮球大奖赛。同年10月,成都市篮协的团体会员单位——成都市中学篮球协会成立;11月,该协会与成都市教委共同主办第一届“篮协杯”中学生篮球赛,并将此项赛事定为全市中学生篮球重大传统赛事之一,每年举行,至2005年已举办8届。1999年11月该会员单位更名为成都市中学篮球专业委员会。2002年,成立小学篮球专业委员会;同年3月,成都市首届小学生“篮协杯”比赛举行。至2004年,中小学篮球专委会发展成员中学校18所,成员小学校13所,并在全市中小学中积极普及篮球运动和选拔培养后备人才,举办学术研讨会,每年开办教练员和裁判员培训班,加强信息传递,促进经验推广,推动篮球运动在全市青少年中普及和提高。

1999年,成都市举办首届中学生篮球夏令营活动。同年举行成都市“怡宝杯”三人篮球超霸赛,全市326支球队、1034人报名参赛,参赛人次上万,总场次达1160场。

2000—2005年,越来越多的企业,商家及社会资金参与比赛,促进该项运动的发展。在此期间,成都市共举办6届青少年篮球爱好者参加的“阿迪达斯”街头篮球挑战赛成都赛区的比赛,并每年组织优胜队参加全国总决赛。2004年,成都市代表中国参加韩国举行的“阿迪达斯”三人制篮球挑战赛亚太区总决赛,获得女子第三名,男子第五名以及男子扣篮和女子三分球亚军的好成绩。2003年,成都市举行“农信杯”首届篮球公开赛,仍为三人制比赛。2005年“合力达杯”第三届篮球公开赛举行时,开始进行五人制比赛。五年间,成都市在社会各界的资助下还先后举行“LG视窗杯”三人制篮球赛,“冰红茶”三人制篮球赛,“耐克”三人制篮球赛,市九运会、十运会篮球比赛,“量动”三人制篮球赛,“动感地带”3对3篮球赛,“匡威”三人制篮球赛,“统一保健”三人制篮球赛,肯德基三人制篮球赛,“高新杯”首届企业篮球赛,“康师傅矿物质水杯”公众挑战赛,“耐克”街头篮球争霸赛等一系列比赛。

1990—2005年,在广泛开展群众性篮球活动的同时,成都市重视篮球后备人才的培养和竞技水平的提高。在市体校、各区(市)县体校和青少年俱乐部训练点都开设有青少年篮球培训项目,招收中小学生,聘任教练员,开展业余时间的专业技术训练,选拔优秀苗子,提高篮球竞技水平。成都市每年还坚持举办“红少年杯”小学生篮球比赛,“三好杯”中学生篮球比赛。

1990年,成都市在四川省第二届青运会中获得女子甲组金杯。1994年,成都市获得四川省第三届青运会篮球赛女子组第一名,男子组第三名。在四川省青少年篮球比赛中,成都市连续获得了1999年、2000年、2001年男、女组别的冠军。2002年,成都市篮球训练实行“体教结合”,篮球重点班设在树德中学和盐道街中学,采并取以训练点组队和联合组队方式参加比赛，整合全市教练员、运动员、训练场地设施资源，同年成都市获得四川省九运会男、女篮球青少年组冠军、全国中学生运动会男子篮球第三名。2003 年成都体育中心国家青少年体育俱乐部新增西南交大附中篮球训练点。同年邀请四川省运动技术学院男子青年篮球队在树德中学体育馆上全市篮球教学观摩课。2004 年成都市组织西南交大附中、双流中学、大湾中学、成都实验中学训练点的 6 支球队参加四川省青少年篮球比赛，获得男子乙组和女子甲、乙组冠军。

【排球】

成都市素有“排球之乡”之称，20 世纪 80 年代，培养和输送张蓉芳、梁艳等排球明星。进入 20 世纪 90 年代后，成都市继续在全市中小学校开展“排球活动月”活动，参加人数逐年增加，到 2005 年已由 1990 年的 13 万人发展到 32. 5 万人次。排球活动开展较好的成都七中、盐市口中学、郫县一中、盐市口小学等多年被四川省和成都市评为排球传统项目学校先进集体。坚持体教结合办业余训练，成都市体委与彭县中学联办男子排球业余训练，红专西路小学、肖家河小学、都江堰小学、花牌坊小学等 4 所小学建立起青少年体育俱乐部排球训练基地。成都排球运动得到进一步发展，涌现出奥运冠军陈静，沙滩排球优秀选手熊姿、迟蓉等。

成都市优秀排球运动队设在成都市体工队。1992 年，成都女子排球队在“全兴杯”全国排球乙组（女子组）比赛中，以第二名成绩晋升为全国甲级队，并先后获得全国青年排球比赛第三名和第五名，全国青年女排联赛第七名和第八名，第二、第三届城运会第三名和第五名；第四届城运会，成都女排战胜夺冠呼声高的东道主队夺得金牌，女排队员廖婷婷、男排队员吴晓雷获得“希望人才奖”，女排队员李雯获“最佳技术奖”。在第五届城运会上，成都男排获得亚军，成都女排获第六名。成都市参加四川省排球比赛，成绩一直领先，1990—2005 年共获 15 个第一名。

1995 年，成都女排在第三届城市运动会上夺得金牌，获市政府颁发的“先进集体”称号

2001 年，成都市 10 余名排球运动员入选国家排球集训队，男排吴晓雷、女排李晓晨还被列入中国优秀体育后备人才跟踪名单。成都排球选手陈诸雅，被誉为四川队主力队员的“明日之星”，他作为中国青年队主力队员在参加亚洲青年锦标赛中与队友一起获得冠军，之后正式入选国家女子排球队。成都籍男排选手张翔、张利明、朱刚在第十二、第十三届亚运会上表现出色，同队友拼搏分别取得亚军和冠军。成都籍排球女选手熊姿、迟蓉在第十三届亚运会获第五名，还打入世界沙排前八名，创当时中国队沙滩排球的最好成绩。随后，熊姿、陈静在第十四届亚运会上获女排金牌，熊姿又在世界排球锦标赛上获第三名。继后，陈静又分别在第九届世界排球锦标赛和雅典奥运会上夺得冠军。

1991—2004年成都市参加全国及省青少年排球比赛部分成绩情况表

表5-247

时间	比赛名称	地点	获比赛成绩		备注
			名次	组别	
1991	四川省业余体校排球集训比赛	荣县	第1名		比赛积15分,技术评定10分
	四川省业余体校男子排球集训比赛	温江	第1名		身体素质成绩第1,基本技术、综合评定成绩第3
1992	四川省业余体校男子排球集训比赛	峨眉	第1名		由成都七中组队,身体素质、基本技术、综合评定均第1
1993	四川省第二届青少年运动会排球比赛		第1名	男甲、男乙、女乙	
1993	四川省业余体校女子排球集训比赛	绵阳	第2名		成都一队、成都二队、西北中学队参赛
1994	四川省第三届青少年运动会排球比赛		第1名	女子组	
			第3名	男子组	
1996	四川省业余体校排球比赛	万县	第1名	男子组 女子组	男队为成都七中队 女队为郫县一中队
	全国少年排球(女子组)比赛	重庆	第5名		郫县一中队代表四川省参赛
1997	四川省业余排球比赛	成都	第1名	女一队	
			第2名	女二队 男一队	
			第3名	男二队	
1999	四川省排球比赛	眉山	第2名	男子组 女子组	男队为成都七中队 女队为城北体校队
2000	四川省排球比赛		第1名	男子组 女子组	5支队伍参赛;成都七中男队、城北体校女队获第1名;郫县一中女排、新都四中、彭州中学男排均进入前三名
2001	四川省排球比赛		第1名	男子组 女子组	5支队伍参赛;七中、城北体校队第1名;郫县一中女排、新都四中、彭州中学男排均进入前三名
	全国青少年排球比赛	南京	第6名	男子组	七中男队代表四川省参赛
2002	四川省第九届运动会(青少年组)排球比赛	成都	第1名	男子组 女子组	
	四川省传统项目学校排球比赛	彭州	第1名	男子组 女子组	男队为成都七中队 女队为盐市口中学

续表

时间	比赛名称	地点	获比赛成绩		备注
			名次	组别	
2004	惠川超市杯四川省青少年排球比赛		第1名	男甲组、女甲乙组	男甲组参赛队为七中队 女甲乙组参赛队为郫县一中队
			第2名	男甲、乙组	男甲组参赛队为彭州中学队 男乙组参赛队为升庵中学队
			第3名	男乙 女甲组	男乙组参赛队为育才学校（西区）队 女甲组参赛队为城北体校队
	四川省排球（女子组）比赛	宣汉	第1名 第3名	甲组	成都队第1；新都二中队第3
			第1名 第2名	乙组	成都队第1；西北中学队第2

【乒乓球】

乒乓球是成都市重点开展的优势项目。二十世纪七八十年代，成都培养和输送曾多次在国内外大赛中获得优异成绩的运动员陈龙灿、杨莹等。1989年，成都市全国重点乒乓球运动学校（以下简称“市乒校”）成立，成都市少年儿童业余体育学校、城北体育馆业余体育学校、新都县业余体育学校开设有乒乓球训练班；之后，大邑县、蒲江县、金牛区、锦江区、高新区、都江堰市、崇州市等区（市）县业余体校相继开展乒乓球训练。市乒校在新都一中建立培训中心，与四川金盆地企业成立乒乓球俱乐部并在崇州建立培训中心。1991年4月，成都市恢复成都市优秀乒乓球运动队，并将该队建在市乒校。1996年成都市开始举办全市中小学生参加的“乒乓球活动月”活动，持续20多年的“芙蓉杯”乒赛及“全兴杯”乒赛等赛事每年举行。

2000年，全国十所重点乒校之一的成都市全国重点乒乓球学校建立市青少年体育俱乐部。市乒校有20名以国家级教练成建新及高级教练代天云、江嘉庆等为代表的一流教练队伍，先后向各级优秀运动队输送近100名运动员。其中，邱贻可、叶若廷、陈俊杰、郑长弓、谢悦章等入选国家乒乓球队，聂维进入国家青少年一队集训，继后唐宇诗、乔银龙又进入国家集训队。2003年，省体育局授予市乒校四川省“高水平体育后备人才基地”称号。2004年，市乒校同德瑞企业发展总公司，组建成都市德瑞乒乓球俱乐部，与国腾通信有限公司共建成都国腾女子乒乓球队、成都国腾健身业余乒乓球队。2005年，在成都体育年中进行的乒乓球名人挑战赛，奥运、世界冠军陈龙灿、童玲、陈西平同业余选手进行“对抗赛”，吸引万人参加乒乓球活动。

1995年，成都乒乓球小将初露头角，在全国少年乒乓球赛，陈俊杰同队友合作夺得男团第一名，在全国乒乓球重点单项比赛获男单第一名，陈俊杰、邱贻可代表中国参加在日本举行的第五届东亚“希望杯”乒乓球锦标赛，获男子团体第一名、单打第一名与第二名的好成绩。日本《朝日新闻》还到成都进行跟踪采访。在第二、三、四、五届全国城市运动会乒乓球比赛中，成都队共获第一名2个、第二名2个、第三名1个、第四名6个、第五名2个，获团体第四和第七名各1个。由成都市乒乓球重点学校输送的乒乓球运动员在四川省优秀乒乓球队中占半数，陈俊杰、叶若庭等成为川队的主力队员。2000年，成都女队在全国乒乓球锦标赛上首次打入全国八名，国腾通信女队参加中国乒乓球俱乐部甲B比赛中，以第一、二两站总分第一名冲入全国甲级队A组。2003年邱贻可在世界职业巡回总决赛和第47届世乒赛中获第三名和第五名，并击败世界一号选手波尔，进入世界男单八强；后又在国际乒联职业巡回赛德国分站中获男单和男双第三名。成都女选手李茜参加首届世界青年锦标赛获单打和女双冠军，郑长弓获混双冠军；在亚洲青少年锦标赛中，李茜、郑长弓分别获女单、男单冠军；叶若庭在亚洲乒乓球锦标赛中获冠军。成都乒乓球选手在秘鲁和葡萄牙举行的国际乒乓球公开赛中也取得3个冠军。

1991—2003年部分年份成都市参加全国城市运动会乒乓球比赛成绩情况表

表5－248

年份	比赛名称	名次							
		一	二	三	四	五	六	七	八
1991	第二届城市运动会	1	1	1		5			
1995	第三届城市运动会								
1999	第四届城市运动会				1			1(男团)	
2003	第五届城市运动会	1	1		2(其中男团1个)	2			

1990—2005年成都籍运动员在全国乒乓球比赛中获奖的名次

表5－249

年份	赛名	名次	运动员(团体)
1990	第十一届亚运会	男双第二名	陈龙灿
1991—2003	第二届全国城运会	混双第一名 男双第二名 男单第三名 4个男单第五名	刘高 夏水 夏水、胡波涛 胡波涛
	第四届全国城运会	男团第七名 男单第四名	成都市 陈俊杰第
	第五届全国城运会	男团第四名 男单第五名 男双第一名 混双第二名 女双第五名 混双第四名	成都市 邱贻可 邱贻可、郑长弓 邱贻可、李茜 李茜、焦永利 陈俊杰、戴宁阳

续表

年份	赛名	名次	运动员(团体)
1993	第三届西部全国部分城市行业体协调赛	男团第一名 男团第五名 女团第六名	成都市 成都市 成都市
1994	全国部分城市行业体协乒赛	男团第五名 女团第五名	成都市 成都市
	全国青年乒乓球比赛	女单第三名	谢静
	全国重点乒乓球城市比赛	男团第三名 女团第四名 男单第一名 女单第三名	成都市 成都市 叶若庭 杨文巧
1995	第二十一届全国少年乒乓球公开赛(北京)	男团第一名 女团第五名 男单第一名	成都市 成都市 陈俊杰
	全国乒乓球重点单位比赛(锦州)	女单第四名 男单第一名	杨文巧 陈俊杰
1996	全国乒乓球重点单位比赛(中山)	12—13岁组 女团第二名 男团第四名 女单第二名	成都市 成都市 成都市 杨文巧
	第九届全国运动会乒乓球比赛	第四名 第六名	陈俊杰 叶若庭
	全国乒乓球锦标赛	女团第八名	成都市
	全国历史名城乒乓球邀请赛	女团第二名	成都市
	中国乒乓球俱乐部甲B　第一站 第三站	第三名 第三名	成都国腾 成都国腾 进入甲级队
	第五届东亚“希望杯”乒乓球锦标赛	男团第一名 男单第一名 男单第二名	陈俊杰 邱贻可 邱贻可
	(葡萄牙)玛全国乒乓球公开赛	女团第一名 女单第一名 男单第一名	成都市
	世界少年乒乓球挑战赛(匈牙利)	男团第一名 双打第二名 世界少年排名第四名	唐宇诗 唐宇诗

续表

年 份	赛 名	名 次	运动员(团体)
2001	全国重点乒乓球单位比赛	男团第五名 11 岁组第三名 12 岁组第一名	成都市 唐宇诗 钱海松
	“东亚希望杯”全国选拔赛	男单第八名	唐宇诗
2002	全国俱乐部甲 A 比赛	积分第八名	成都瑞德乒乓球俱乐部
	全国乒乓球锦标赛	男团第八名 男子双打第三名	成都市 邱贻可 郑长弓
	全国重点乒乓球单位比赛	男团第四名 女团第七名 12 岁组男单第二名 女单第六名 13 岁组男单第六名	成都市 成都市 唐宇诗 黄芳 钱海松
	全国优秀青少年乒乓球调赛	男单第五名	邱贻可
2003	全国甲 A 联赛 国际乒乓球职业巡回总决赛	女团第五名 男单第一名	成都德瑞 邱贻可
	首届世界青年乒乓球锦标赛	女单第一名 女双第一名 混双第一名	李茜 李茜 郑长弓
	亚洲青少年锦标赛	女单第一名 男单第一名	李茜 郑长弓
	亚洲乒乓球锦标赛	冠军	叶若庭
	世界职业巡回总决赛	第三名	邱贻可
	第 47 届世界乒乓球赛	第三名 第五名	邱贻可 邱贻可
2004	国际乒乓球联职业巡回赛德国会站	男单第三名 男双第三名	邱贻可 邱贻可
2005	第十六届乒乓球国际公开赛	共获 12 个第一名	成都市

【网球】

20 世纪 50 年代,成都市成立优秀网球运动队。该队经省、市数次交替管理后,成都市于 1989 年决定恢复优秀网球队。

1990 年,全市共有 400 余片网球场,爱好网球运动的人士广泛。成都市网球协会不断发展会员,常年开展活动,组织赛事,成为开展群众网球活动的组织者。1991 年,成都市举办第一届网球公开赛，共有80余人参加比赛，之后每年举行一次，又为退役运动员设立比赛项目，社会各界积极参与，还吸引省内德阳、绵阳、自贡、乐山、攀枝花等市运动员参加，成为不限于成都市参赛的网球赛事；2005年举行的第十四届网球公开赛参赛运动员已近500人。进入21世纪后，区（市）县、企业、高校、新闻和妇女界等建立的网球协会和俱乐部就达26个，每年有各种赛事多起。2000年，市网协发起和承办首届水井坊杯中国大城市业余网球团体赛，此项赛事被列入2000年中国网坛十大事件之一。2004年中国大城市业余网球团体赛不仅规模大，还与首届千人网球挑战赛同时举行，并举行首届网球文化理论研讨会，评出优秀组织奖、优秀论文奖、优秀新闻媒体奖等五个奖项。到2005年，水井坊杯中国大城市业余网球团体赛共举办五届。

1990年成都市开设业余网球重点班，设有专业教练员，培训学生32人。同年，成立由11名运动员组成的市优秀网球运动队，开展专业训练。并在市体校成立中国网协短式网球培训中心；短式网球在成都逐渐开展起来，参加省级比赛获多项冠军。1997年，体育训练体制改革，刚成立的市网球管理中心与高新区利用社会资金建成高新区网球俱乐部，实行企业管理模式，促进高新区网球队整体竞技水平提高，高新区网球俱乐部于2000年在全国俱乐部甲组联赛中获得第四名，2005年又以小组第一名的成绩闯入全国四强，是参赛队中唯一一支非种子队。1990—2005年，成都市在参加四川省网球比赛中，竞技成绩一直领先。在先后四届省青少年运动会网球比赛中，成都队包揽全部男女团体冠军，获得绝大多数比赛的单项第一名。

1990—2005年，成都市和成都籍运动员在代表四川参加全国和国际比赛中也取得好成绩。成都不少网球选手进入全国比赛前八名。成都培养输送的女选手郑洁、晏紫在省级比赛成绩优良，1997年被选入四川省网球二队，1999年进入四川省网球一队，2001年进入国家网球队，逐步成为黄金搭档，活跃在国内外网坛上。2003年两人出征纳斯迈克网球公开赛，打入女双四分之一决赛，是中国网球选手首次进入前八名。2005年，两人在国内获得女双冠军后，出征世界网坛的顶级赛事之一——澳大利亚网球公开赛，以2：1击败头号选手雷蒙德·斯拖琴跨国组合夺取中国网球历史上第一个大满贯，后又征战温布尔登网球公开赛再次夺得大满贯。

【羽毛球】

20世纪80年代末，羽毛球运动在成都市逐步成为优势项目。1990年9月，成都市组成羽毛球队参加“哈巴洛夫”国际青年羽毛球比赛，囊括5个比赛项目的全部冠军。同年，参加四川省第二届青运会羽毛球比赛，夺得女子组金杯。1991年，成都队参加省业余体校羽毛球比赛和省少年儿童羽毛球比赛，获得男子甲组团体第一名、女子双打第一名。同年9月，在唐山举行的第二届城运会羽毛球比赛中，成都市12名选手参赛，获得混合双打第一名（陈兴东、东玲）和第三名、第四名、第五名和第八名各1个。

1992年，成都市羽毛球项目的管理和业余训练重点班设在西郊成都市少年儿童业余体校，对训练场地进行整修，新添置训练器材和设备，改善训练条件，招收学员进行羽毛球基础训练。当年，成都市在四川省少年儿童比赛中获女子甲组团体第一名，男子乙组团体第一名；代表四川省参加全国业余体校羽毛球比赛获第四名，并涌现出一批羽毛球优秀人才。1992年，成都籍选手陈兴东与队友张红宇搭档，夺得全国羽毛球比赛混双冠军；入选中青队和中国队后，又与江苏选手孙曼配对，夺得东亚运动会羽毛球比赛混双冠军。1994 年，夺得上海举行的亚洲羽毛球锦标赛混双冠军后，又代表中国参加第十一届亚运会羽毛球比赛，取得了男子团体铜牌。1995 年，在瑞典、丹麦举行的羽毛球公开赛中，夺得混双冠军；同年又在世界羽毛球锦标赛中夺得团体冠军。1996 年，他参加第 26 届奥运会，夺得混双第四名；同年还获得世界羽毛球锦标赛混合团体赛冠军。1997 年，获得在英国举行的第五届苏迪曼杯羽毛球比赛混合团体冠军。陈兴东成为国际羽坛优秀选手之一。1997 年，陈兴东的启蒙教练员王迪瑞获国家体委授予的“世界冠军启蒙奖”称号。

1996 年，成都市少年儿童体校与成都市草堂小学合办体育班，走“体教结合”培养羽毛球后备人才的新路子，同时引进谢中博等 2 名队员进行羽毛球专业培训。当年，成都市参加省少年儿童羽毛球比赛获得了乙组男、女团体第一名，杨曦、谢中博、罗佳剑、周晓倜等 4 名选手获得乙组单打、双打 4 个第一名。1997 年，在省羽毛球比赛中，成都市获得男、女团体乙、丙组的 4 个第一名，杨曦、谢中博等八名选手获得乙组、丙组单打、双打的 7 枚金牌，继续保持羽毛球竞技水平在四川的领先地位。1999 年 9 月，在第四届城市运动会羽毛球赛上，成都市获得第三名 2 个，第七名 1 个，谢中博获得“希望人才奖”。

21 世纪初，羽毛球列为成都市二类重点开展的项目。成都市利用彩票公益金创建国家、省、市三级青少年体育俱乐部。青少年俱乐部在中小学广泛开展羽毛球活动，先后建立双流棠湖中学、棠湖小学羽毛球训练点及成都市铁二院学校羽毛球训练点，初步构建起以市体校为中心的羽毛球训练基地，许多中小学建立羽毛球代表队。2001 年，首届四川省中小学羽毛球比赛，成都市有 7 支中学、4 支小学球队直接参加比赛，共获得 3 个团体第一名和 7 个单项冠军。2002 年，在四川省第九届运动会（青少年组）羽毛球比赛中，成都市夺得 3 个团体第一名和男子甲组单打、双打、男子乙组双打共 3 个第一名。2003 年，在第五届城市运动会羽毛球比赛中，成都队夺得混双金牌（谢中博、杨曦），并夺得第六名、第七名、第八名各 1 个；羽毛球队被成都市人民政府授予“突出贡献运动队”称号。2004 年，成都市少年儿童业余体校被省体育局定为“四川省羽毛球人才培训基地”。2005 年，第十届全运会上谢中博、杨曦获混双第三名，谢中博与队友牛鑫配合获得男双第三名；同年，入选国家队的谢中博在世界羽毛球锦标赛上获得银牌。据不完全统计，1992—2004 年，成都市向省优秀运动队输送羽毛球运动员 24 名。

20 世纪 90 年代以后，羽毛球运动逐渐成为成都市群众健身的热门项目。成都市坚持国家办与社会办相结合的原则，更多的社会资金投入到羽毛球的场馆建设和群众性的竞赛活动中。铁羽羽毛球俱乐部、天翼羽毛球俱乐部、成都运动时空羽毛球俱乐部等民办羽毛球俱乐部共有 10 余家，30 余个羽毛球场馆对外开放，节假日羽毛球竞赛、活动十分活跃。羽毛球喜爱者除大学生外，还有企事业单位职工、机关干部等。第七至第十届成都市运会举办羽毛球比赛。每年举办的芙蓉杯羽毛球比赛于 2002 年初停办。2002 年举办“禾嘉杯”羽毛球比赛和“凯胜杯”羽毛球比赛。2005 年举办第一届“威克多杯”羽毛球周末比赛（上半年为团体赛，下半年为单项赛）。

【棒球】

1982 年，成都市金牛区业余体校把棒球作为重点开展项目，棒球在金牛区许多中小学逐步得到开展。1989 年，金牛区参加世界少年棒球联盟运动会锦标赛获第五名。1991 年，在金牛区体育场建成棒球专用场地，为金牛区棒球队常年开展训练创造条件。棒球项目逐步发展成为金牛区的重头项目。1999 年，高新区实验中学成立少年棒球队。2004 年，成都市中小学棒球联赛后，棒球在成都高校中逐步得到开展，2005 年举办的首届高校棒球联赛，电子科技大学捧得首座金杯。

1990—2005 年，成都市以金牛区组队代表成都市参加省、全国棒球比赛，在四川省棒球比赛中获 5 个冠军；在全国棒球比赛中共获 9 个冠军，4 个第二名，4 个第三名，1 个第四名，3 个第五名。特别是成都市少年棒球队在参加全国棒球锦标赛（A 组）中，夺得冠军，2 个队员获优秀击球员奖，3 个队员获优秀投球员奖，还为优秀运动队培养了谢鹏、汪杰、邬巍、孟磊、苏勇、万杰、廖勇、李又林、李阳、唐龙、冯飞、黄可、李林、高磊、范杰、赵博等一批棒球运动员。1990 年后，以成都市金牛区少年棒球队为主组成的中国少年队在参加国际棒球比赛中屡获佳绩。1997 年，以金牛区棒球队为主组成的中国少年棒球队参加在东京举行的第十五届软式棒球锦标赛获冠军，担任主教练的朱明德和投球手范磊分别获最佳教练员、最佳投球手称号。次年该队获第一届亚洲少年软式棒球锦标赛冠军。1999 年，成都少年棒球队代表中国参加 1999 亚太地区 PONY 少年棒球锦标赛获亚军。同年，朱明德出任中国少年棒球队主教练，成都选手严信松、黄亮入选中国少年棒球队，参加第十七届世界少年软式棒球锦标赛夺得冠军。2000 年，以成都棒球运动员为主的中国少年棒球队，在朱明德主教练带领下，参加世界锦标赛和亚洲锦标赛分别获得亚军和第三名，朱明德获 1996—2000 年全国群众体育先进个人称号。

1991—2005 年部分年份成都市参加省级、国家级棒球比赛名次一览表

表 5－250

年份	地点	比赛名称	名次	备注
1991	郑州	全国少年儿童软式棒球夏季比赛（西区）	2	由金牛区组队
	福州	全国少年儿童软式棒球冬季比赛	3	由金牛区组队
1992	郑州	“三龙杯”全国少年儿童软式棒球比赛	3	由金牛区组队
1993	福州	全国少年儿童棒球冬训比赛	2	由金牛区组队
	成都	全国少年儿童棒球夏季比赛	1	由金牛区组队
1994	北京	全国少年儿童软式棒球夏训比赛	1	由金牛区组队
1996	自贡	四川省少年儿童棒球比赛	1	由 20 中组队
	攀枝花	全国少年软式棒球冬训比赛	5	由金牛区组队
		“天元杯”全国青少年软式棒球比赛	5	由 20 中组队

续表

年份	地点	比赛名称	名次	备注
1997	成都	全国少年软式棒球锦标赛	2	由金牛区组队
	攀枝花	全国青少年软式棒球锦标赛	1	
1998	德阳	四川省第四届青少年运动会	1	由金牛区组队
2000	广东丛化	全国青少年棒球锦标赛(A组)	1	由金牛区组队
	石家庄	全国青少年棒球锦标赛(AA组)	1	
	成都	全国青少年棒球锦标赛(AAA组)	1	由高新区组队
	山东	“萌芽杯”全国少年儿童棒球比赛	4	
2001	成都	四川省青少年棒球比赛	1	由金牛区组队
		全国青少年棒球锦标赛(AAA组)	1	
	广东清远	全国青少年棒球锦标赛(A组)	3	
2002	成都	全国青少年棒球锦标赛(A组)	1	由金牛区组队
		四川省第九届运动会	1	
2003	大连	第五届城市运动会	2	由金牛区组队
	广州	全国少年棒球锦标赛	5	
2004	船山区	四川省青少年棒球比赛	2	由20中组队
	广东清远	全国少年棒球锦标赛(A组)	1	由金牛区组队
2005	无锡	全国青少年棒球锦标赛(AA组)	3	由金牛区组队
	雅安	四川省青少年棒球比赛	1	

【垒球】

20世纪90年代初,成都37中、石羊中心校垒球队常年开展垒球训练。1991年,成都队黎春霞等15名队员在四川省少年儿童业余体校垒球比赛中获得女子乙组第一名。1993年,成都队获得四川省少年儿童女子垒球比赛(儿童组)比赛成绩和身体素质测验第一名。1994年,成都队获得四川省少年儿童女垒比赛(少年组)第二名。1996年,成都队和37中队2支球队参加四川省少年儿童女垒比赛,分别获得第二名和第三名。

1997年,高新区和双流中学成立少年垒球队。同年,高新区垒球队参加全国青少年垒球比赛获得第二名。高新区垒球队代表成都市每年参加四川省青少年垒球比赛,成绩优秀,连续获得1997年度、1999年度、2000年度比赛第一名。1998年,获得四川省第四届青少年运动会垒球比赛第一名,获“三强杯”第十三届全国少年儿童女子垒球比赛第一名。2002 年，获得“维奥　乐力杯”四川省第九届运动会第一名。涌现出周怡等优秀运动员。教练员余海川获得 1998－2001 年度四川省业余训练先进工作者称号。1997 年，双流中学垒球队代表四川省参加“奥克杯”全国少年儿童垒球比赛获第二名，陈敏获优秀投手奖，胡杰获安打奖第三名。1999 年，代表四川省参加全国少年女子垒球大赛获第一名，参加“希望杯”全国女子垒球比赛获第一名；于汇莉获本垒打奖第一名，吕怡、胡杰分别获得安打奖第二、第三名，余涛获优秀教练员奖。2001 年，双流中学女子垒球队获四川省青少年女垒比赛第一名，袁丽君获优秀投手奖；获“希望杯”全国女子垒球比赛第三名，石亚莉获优秀投手奖。同年，成都青羊区垒球队（37 中组队）参加香港 2001 年新春垒球邀请赛获冠军。

2003 年，第五届城市运动会垒球比赛，由高新区选手组成的成都市女子垒球队，夺得垒球项目冠军。这是成都市乃至四川省垒球在国内大型综合运动会上首次获得冠军。2004 年，成都籍垒球选手黎春霞、周怡代表中国出征雅典奥运会，获得第四名。1990—2005 年期间，成都市向省优秀运动队输送不少垒球运动员。

1991—2004 年成都市参加省级、国家级垒球比赛获得的部分名次一览表

表 5－251

时间	地点	比赛名称	名次	备注
1991	自贡	四川省少年儿童业余体校垒球比赛	1	女子乙组
1993	自贡	四川省少年儿童女子垒球比赛	1	
1994	重庆	四川省少年儿童女垒比赛	2 3	少年组 儿童组
		全国少年儿童女垒冬训比赛	3	
1996	自贡	四川省少年儿童女子垒球比赛	2 3	成都队 37 中队
1997	郑州	奥克杯全国少年儿童女垒比赛	2	双流中学队
		四川省少年儿童女子垒球比赛	1	高新区女垒队
		全国青少年垒球比赛	2	
1998	德阳	四川省第四届青少年运动会	1	高新区女垒队
		三强杯第十三届全国少年儿童女垒比赛	1	

续表

时间	地点	比赛名称	名次	备注
1999		四川省女子青年垒球锦标赛	1	高新区女垒队
		萌芽杯全国少年儿童女垒比赛	2	37 中队
		全国少年女子垒球大赛	1	双流中学队 代表四川省
	郑州	希望杯全国少年女子垒球比赛	1	双流中学队
2000		四川省垒球锦标赛	1	高新 1 中队
2001		四川省青少年垒球比赛	3	37 中队
		四川省青少年女垒比赛	1	双流中学队
		希望杯全国少年女子垒球比赛	3	
	香港	香港新春垒球邀请赛	1	青羊区 37 中队
2002		四川省第九届运动会	1	高新区女垒队
2003	长沙	第五届城市运动会	1	高新区组队
2004	遂宁市 船山区	四川省青少年垒球比赛	2	高新 1 中队

【保龄球】

1991 年 7 月,成都市第一个国际标准(8 条道)的保龄球场在凯歌商场娱乐城落成。当时参与这项运动的人主要是在蓉的外商和一些经济收入较高的人士,保龄球被称为“贵族运动”。

1995 年,位于四川省体育馆内的太阳谷保龄球馆落成。该馆投资 2000 万元,采用的是 AMF82 - 9 型最新保龄球设备。有 20 条木质球道。1996 年 6 月,对原城北体育馆进行全面改造装修,建成面积达 1 万多平方米、拥有 28 条国际标准球道、能承办国际国内大赛的中国西南地区最大的成都保龄球馆。1996 年,成都市首届“手标油杯”新闻工作者保龄球大赛举行,成都保龄球协会成立。至 1997 年年底,成都市区的保龄球馆已由近 20 家发展到 30 余家,并逐步向远郊发展。市保龄球协会与成都、健邦、聚友、光泰等保龄球馆建立业务联系,形成开展活动、竞赛、切磋球艺的网络,方便群众和爱好者活动,推动保龄球运动的开展。1997 年,举行“裕华杯”体育记者协会保龄球比赛、成都市首届保龄球比赛、迎春赛、百人庆香港回归大赛等赛事,参加竞赛活动人数在千人以上。1998 年,举行“五四”

青年保龄球比赛、成都市首届老年保龄球比赛、“梦露杯”成都宣传文教系统第二届保龄球比赛等，特别是成都市市直机关工委第二届保龄球比赛，运动员达到300余人，规模空前。同年，保龄球爱好者谢子明在太阳谷保龄球馆首创成都保龄球300分大满的业余纪录。1999年暑假期间，举办有300人次参加的培训班；同年举办成都大专院校保龄球比赛。2000年，成都市已有保龄球道400余根。激烈的市场竞争使各保龄球馆竞相推出各种有利提高运动水平的活动，如开设青少年培训班，组建夕阳红保龄球队以及推出特价时段等。保龄球在成都开始走向平民，走向工薪阶层，也开始走向高水平。

保龄球运动蓬勃开展，成都市涌现张晔、卿小英等一批优秀选手。在1999年“永汉杯”保龄球公开赛中，成都选手张晔在42名保龄球高手中胜出，夺得第一名。在2000年全国第一届体育大会上，成都选手张晔代表四川代表团参赛，在保龄球男子单人赛中，以6局1309分的成绩为四川代表团夺得首金。张晔还和成都选手黄健以6局2500分高于第二名50分的绝对优势夺得男子双人赛金牌。连夺两金后，张晔又夺得男子全能金牌。成为首届体育大会唯一夺三金的运动员。在该次比赛中，成都籍选手陈文兵、钟强、邱守国在三人赛中还夺得铜牌一枚。2001年，第三届维达杯全国保龄球冠军赛（成都站）的比赛中，成都队黄健获得男子排名赛和挑战赛冠军。卿小英获得女子排名赛和挑战赛第三名。同年，成都市参加威海全国保龄球邀请赛，获得男女双人赛冠军。张晔还代表中国参加东亚运动会保龄球比赛。2002年，张晔夺得亚洲保龄球锦标赛精英赛冠军，并代表中国参加在韩国釜山举行的亚运会。中国保龄球协会授予张晔国际保龄球大师称号。同年，卿小英夺得全国保龄球锦标赛女子组冠军。2005年，卿小英代表四川省参加隆生杯全国保龄球锦标赛，夺得女单冠军，并以266分获取女子组最高局分奖。

保龄球作为增设项目于2000年进入市运会。在成都市第九届运动会上，成年组共有47个单位的210名选手参加。2002年，保龄球项目首次列为四川省第九届运动会比赛项目，并增设常青组，参赛选手年龄最大的68岁，最小的17岁。2004年，成都市第十届运动会（成年组）保龄球比赛汇聚众多成都地区保龄球运动的高水平选手，60个参赛单位，410名参赛选手创成都地区历届省市保龄球比赛之最。同年成都市首届青少年保龄球比赛举行。2005年，第六届中菲保龄球友谊赛在成都举行。中国成都队囊括团体四人赛、双人赛、单人赛和个人全能赛的四个冠军和第三名。

【体操】

体操是成都市开展较早的运动项目，二十世纪五六十年代，成都市为四川省体操队输送不少优秀选手。90年代后，体操作为成都市的优势项目，得到进一步发展。成都市少年儿童业余体育学校开设体操班，该校是成都市培养体操运动员的重要基地。1991年，为参加四川省青少年运动会，组成68人的成都市少年儿童体操训练队伍，开展业余训练。1992年8月，市体校幼儿体育班成立。至1993年年底，在该班招收的幼儿中留下40人继续训练，其中5名幼儿被选入市体校体操班训练。经过近2年的实践，幼儿体育班初见成效，全部由幼儿体育班12名小选手组成的成都幼儿体操代表队，参加1994年四川省幼儿体操比赛。1995年，幼儿体育训练班人数增加，改为成都市体校“新苗体育幼儿园”，其中18名幼儿被选入市体校体操班训练。在1996

年和1997年两年里，由幼儿园入选到体校继续训练的小选手，参加省少儿体操比赛获4个第一名、3个第二名；成都市参加省四届青运会体操比赛的选手有14名选手来自体育幼儿园，占参赛人数的58%，获得的14枚金牌中有11枚是经幼儿园训练的选手获得的；当年还有15人入选省体操队集训。进入21世纪后，“新苗”体育幼儿园更名为“剑蕾体育幼儿园”，成为以体育为特色的专业幼儿园。全园具有招收7个班、250名幼儿同时进行教育和体育训练的能力。从开办幼儿训练班到建成体育幼儿园，先后为市青少年体操队输送80名新苗，其中10人进入国家体操队和四川体操队，参加省级体操比赛获金牌达40余枚。1997年，市体校与草堂小学联办的成都市草堂小学体育学校成立，并招收体操特长学生，形成了体育幼儿园——市体校和草堂小学体育学校的训练格局。2003年，成都市少儿体校被四川省体育局授予“四川省高水平体育人才基地”称号。

1990—2005年，成都市组队和成都籍运动员在参加四川省和全国体操项目比赛中，获得不少好成绩。成都体操选手曹梦菲参加全国第三届城运会体操比赛，夺得女子全能、跳马的第三名和自由体操第五名。在第四届城运会上，成都体操选手张鑫获得吊环金牌；13岁的女选手杨映曦夺得高低杠金牌。

1991—2005年部分年份成都市和成都籍运动员参加省和全国体操比赛成绩一览表

表5-252

年份	四川省比赛			全国性比赛				备注
	第一名	第二名	第三名	第一名	第二名	第三名	第四名至第八名	
1991	1(女子团体)							
1992	13(其中1个女子团体)	2(男、女团体)				2	1	全国性比赛为第三届城运会
1996	13(其中1个女子团体)	1(男子团体)						
1997	14(其中2个团体)							
1999	7(其中1个团体)			2	5		7	全国性比赛为第四届城运会
2000	13(其中4个团体)				1			
2001	7(其中2个团体)					2	1	
2002	3			1	1		4	
2003				1		1	7(其中2个团体)	
2004	3(其中1个团体)							
2005	10(其中2个团体)	1(团体)						

【技巧】

1990年，成都市青少年技巧队设在成都市少儿业余体校内，江瑞臣等任专职教练员，有21名队员常年开展训练。在四川省第二届青少年运动会技巧比赛中，成都市获得239分。1992年，成都队参加四川省少年儿童技巧比赛，获得男子双人第一名、男子四人第一名、女子三人第一名、女子单人跳跃第二名。1993年，成都市2支队伍同时参加四川省少年儿童技巧比赛，获得女子全能第一名、女子双人第一名、女子三人第一名、混合双人第二名、男子四人第二名。

成都籍选手黎艺嘉入选四川省技巧队后，多次获得国内及国际性大赛的金牌。1990年前，黎艺嘉已在全国青年技巧锦标赛、全国技巧锦标赛、日本国际技巧邀请赛等比赛中获金牌8枚，银牌4枚。1990年，在全国技巧锦标赛上获得3枚金牌，在匈牙利和德国举行的国际技巧邀请赛上均获得全能金牌，并在第九届世界技巧锦标赛上获1枚金牌、2枚银牌。1992年，在第一届亚洲技巧锦标赛上，黎艺嘉获得3枚金牌。1993年，获得第七届全运会技巧比赛混合双人项目全能铜牌。

【举重】

1988年，成都市体育中学成立举重项目科学选材小组，购置价值5000元的选材测试器，对在训学生进行形态机能测试。同年，完成“四川省举重初级选材标准”的科研课题。

1990年，成都体育中学因国家建设需要拆迁，举重队迁到都江堰市，常年在训的青少年举重队员有113人，其中，有6人达到“四川省训练选材标准”；常年配备有2名专职教练员，8名体委系统兼职教练员。同年参加四川省第二届青少年运动会，成都市夺得男子甲组、男子丙组金杯。刘杰破48公斤挺举、总成绩的省纪录；谢志宏破56公斤级抓举、挺举、总成绩三项全国纪录。在第二届城市运动会上，谢志宏、刘杰分别获得第四名和第五名。1992年，19岁的成都小将谢志宏代表中国参加亚洲男子举重锦标赛，以155公斤的成绩夺得60公斤级青年组挺举冠军。同年，成都队参加四川省少年男子举重比赛，获得团体第一名，丁柏松夺得52公斤级抓举和总成绩2枚金牌，杨彪夺得56公斤级抓、挺举和总成绩的3枚金牌。1994年，在四川省第三届青少年运动会上，成都市共取得91分，陈刚夺得64公斤级抓举和总成绩金牌。在第三届城市运动会举重比赛中，成都市取得第六名和第七名各1个。1996年，成都队获得四川省少年举重比赛女子团体第一名和男子团体第二名；在单项比赛中，席兵、李波、刘波、周强、陶丽、郑桃英等选手共获得18枚金牌。1997年，成都队参加四川省举重比赛，获得男子团体第一名、女子团体第二名。席兵、李科、周强等4名选手夺得男子组9枚金牌；席兵还打破抓、挺、总成绩三项省纪录。陶丽获得女子组3枚金牌。1998年，四川省第四届青少年运动会，成都市获总分351分，陶丽、苏琳、席兵、李波、莫国鹏、栗峰等选手共获得7枚金牌，另外获得4枚银牌、3枚铜牌，共破24项省纪录。在第四届城市运动会举重比赛中，成都市获得第五名和第六名各1个。2001年，成都队在四川省举重比赛中，女子组获团体总分第一名，金牌4枚，共打破9项省纪录；男子组获团体总分第一名，金牌5枚，共打破8项省纪录。四川省第九届“维奥·乐力杯”青少年组举重比赛中，成都市获得团体总分第一名，熊艳、陈芹、陈进、何顺修等选手共夺得金牌4枚，另获银牌6枚，共破14项（次）省青少年纪录。在成都市在第五届城市运动会在比赛中，获得第三名和第五名各1个。2004年，成都队参加四川省少年举重比赛，获金牌3枚。

1990年以后，成都市举重项目除组队参加省、全国比赛外，还坚持每年举办市级比赛，坚持在市运会上设置举重项目，促进成都市举重运动技术水平提高。在第二届成都市青少年运动会上，彭州市获得甲组团体金杯和13枚金牌，温江区获得乙组团体金杯和10枚金牌。在成都市第八届运动会上，都江堰市囊括甲、乙组女子团体第一名并获3枚金牌。彭州市和温江区分获甲、乙组男子团体第一名。在“娇子杯”成都市第九届运动会上，蒲江县、温江区、都江堰市、崇州市分别获得了男女甲乙组的团体第一名。在成都市第十届运动会上，都江堰市夺得团体总分第一名，并获10枚金牌。在“十运会”中，共有50项次举重市纪录被打破，举重是“十运会”破纪录最多的项目。

【摔跤】

1990年，成都市体委配备4名专职摔跤教练员，继续招收青少年学生，在城北体育馆业余体校开展国际式摔跤训练，设自由式和古典式两个项目。同年，在四川省第二届青少年运动会上，成都队夺得古典式摔跤金杯和6枚金牌；成都运动员李明代表中国参加第十一届亚运会摔跤比赛。1992年，成都一、二队参加四川省摔跤比赛，蔡涛夺得自由式金牌，刘斌获古典式银牌。1993年，成都市获得四川省摔跤比赛团体总分第三名；蔡涛、桂吉良、周伟光、程志泽夺得自由式金牌，何献彬获古典式银牌。1994年，在四川省第三届青少年运动会上，成都运动员张彬、孙伟夺得古典式金牌，童国禄夺得自由式金牌；成都市另外7名选手获得6枚银牌、1枚铜牌。同年，在十五省（区）市体育运动学校国际式摔跤比赛中，桂吉良、童国禄、蔡涛分别夺得金、银、铜牌。在第三届城运会上，成都市分别获得自由式摔跤52公斤级和68公斤级第五名，57公斤级第八名。1997年，成都队在四川省国际式摔跤比赛中，获得了古典式摔跤团体第一名，雷春、孙健夺得金牌；自由式摔跤团体第二名和2枚金牌。在第四届城运会上，成都市获自由式摔跤46～49公斤级第七名，分别获得56公斤级和90公斤以上级第八名。

1999年，成都市城北体育馆业余体校与成都发动机集团公司签订联办成都市青少年摔跤队的协议，派出教练员，开设自由式摔跤项目训练班，培养后备人才。2000年，成都发动机公司组队代表成都参加四川省国际式摔跤比赛，获得团体总分第五名，金、银、铜牌各1枚，并且在2001年的省比赛中获金牌3枚，银牌1枚。2002年，在四川省第九届运动会（青少年组）比赛中，成都市获得1金、1银。向省摔跤队输送2名运动员。2003年，成都市参加第五届城市运动会国际式摔跤比赛，获得男子自由式摔跤第四名1个，第八名2个。

2004年，成都市城北业余体校与崇州市体育局联合建立摔跤训练点，增设女子自由式摔跤项目。同年，在四川省国际式摔跤比赛中，成都选手王莉、季娇分别获得自由式摔跤女子金牌和铜牌；郭超获自由式摔跤男子铜牌；古典式摔跤获1个第四名。2005年，增设郫县艺术学校摔跤训练基地。同年在四川省“泸定桥杯”国际式摔跤比赛中，成都队获得男子自由式摔跤团体第三名，成都选手郭超、高伏江、江凯分别获得自由式摔跤金、银、铜牌，另外3名选手获女子自由式摔跤铜牌2枚，男子古典式摔跤铜牌1枚。

【柔道】

1987年，成都市在城北业余体校建立男、女青少年柔道队。1990年，成都女子柔道队竞技水平提高较快，在四川省第二届青少年运动会上，女子乙组夺得金杯。

1992年，成都市体育运动中专学校开设柔道专业，招收青少年学生进行系统训练。1993年，四川省少年柔道比赛举行，来自全省15个地市州的260名柔道小选手参加角逐；成都一、二队参加比赛，成都一队获得团体总分第二名、女子团体第一名、男子团体第二名，成都选手林丽伟夺得女子金牌，另外5名选手分获3枚银牌、2枚铜牌。1994年，成都市在十五省（区）市体育运动学校柔道比赛中，获得女子团体第二名、1枚铜牌、4个第四名。同年，在四川省第三届青少年运动会上，成都市男女队均获团体第二名，林佳、刑文莉分获女子金牌，王光友、王波分获男子金牌，另有5名选手获得3枚银牌、2枚铜牌。

1995年，在四川省少年柔道比赛中，成都队仅获3枚银牌。1996年，成都市青少年柔道队重新选拔队员训练，在四川省“黔江烟草杯”少年柔道比赛中，获女子团体第二名；魏学君、黄梅、熊婷婷分别夺得金牌，另有7名选手获3枚银牌和4枚铜牌。1997年，四川省“凤凰纸业杯”柔道比赛，成都队获得男、女团体第一名，贾一虹、苟平、熊婷婷、周凤夺得金牌，另有5名选手获4枚银牌。1998年，四川省第四届青少年运动会柔道比赛，李志蓉、周凤、贾一虹、马军夺得金牌，另有5名选手获4枚银牌、1枚铜牌。

1999年，成都市参加第四届城运会柔道比赛。同年，成都市城北业余体校与彭州市体委在彭州磁峰中学联办成都市柔道训练点。当年组队代表成都参加四川省柔道比赛，获男、女团体第二名。2000年，该训练点迁至彭州通济中学，该队于2001年代表成都参加四川省柔道比赛获男子团体第二名、女子团体第三名，邱正奎、周光艳分别夺得金牌。2002年，四川省第九届运动会柔道比赛，邱正奎夺得金牌，另有3名成都选手分别获得银牌。

2003年，成都市增加新津柔道训练点，在训人数30余人。当年就选送8人到四川省柔道队集训。2004年，柔道首次列为成都市运动会竞赛项目。崇州市、新津县、彭州市依次取得青少年组团体总分前三名，都江堰市、邛崃市、双流县、锦江区组队参加比赛。同年，在四川省青少年柔道比赛中，成都选手宋彬、周进、鲁国亮分别夺得金牌，另有4名成都选手分获银牌。2005年，成都37中一、二队代表成都参加四川省柔道比赛，分别获得男子甲、乙组团体总分第一名和女子甲组团体总分第二名，赵松、杨杰、王燕、何朝晖等分别夺得金牌，另外6名成都选手分获银牌。

【射击】

20世纪80年代，成都市在市射击运动学校成立成都市优秀射击运动队，全队共10名运动员，开展以男、女步枪为主，手枪为辅的专业训练。1996年，四川省为备战全运会，调成都市射击教练严毅充实省男子步枪教练队伍，成都市步枪队员随之到省队训练，训练场地、射击条件等良好，队员水平提高较快。成都市十分注重抓射击运动后备人才培养。1990年，在市射击学校开设射击重点班招收学生30名，另设普通班招收学生72名，进行业余训练；在成都市体育运动学校开设射击专职班，招收中专学生进行射击教学。1993年，青羊区把射击作为重点项目开展，锦江区在暑假期间开办射击夏令营，郫县、崇州市、邛崃市、新津县、龙泉驿区等相继开展射击业余训练，推动射击普及，扩大人才的选择面。1999年，市射击运动学校恢复和重建在崇州市、龙泉驿区、都江堰市、邛崃市、双流县、新都区的7个射击训练点。2001年，市射校青少年体育俱乐部成立，并在不少学校设立射击训练点，当年参加活动的人数达到24万人次。2002年，成都市射击运动学校被四川省体育局批准为“四川省射击高水平体育后备人才基地”，次年被四川省国防教育委员会命名为“成都市国防教育基地”。

1990—2005年，成都市培养和输送刘世彬、刘天佑、杨静、张雪飞、袁春燕等一批国家级射击选手。成都市培养的射击运动员相继在射坛崭露头角。成都市在参加全国城运会飞碟多向200靶决赛中，成都射击选手王驰夺得金牌。廖莎等3名成都选手在南京参加第五届城运会女子步枪团体赛中，以1185环成绩破该项世界纪录。1992年。成都培养的女子射击选手刘世彬在大连单列城市射击比赛中获2枚金牌，同年参加全国射击冠军赛和锦标赛分别平世界纪录和亚洲纪录各1项。1994年，刘世彬参加第十二届亚运会获银牌和第五名各1个。1995年，参加全国射击锦标赛获冠军和第二名各1个。1998年，成都射击新秀刘天佑在省四青会上获气步枪20发冠军后，逐步成为一名射击高手。2000年8月，刘天佑参加全国青少年射击比赛夺得步枪60发冠军，以超5环成绩达到运动健将标准，并被选入四川射击队。2002年，刘天佑参加48届世界射击锦标赛获1枚金牌和1枚铜牌，以1771环成绩刷新1765环的气步枪青年组世界纪录。2003年，就读清华大学，入选清华大学射击队获男子气步枪冠军。2004年，刘天佑同队友代表四川参加全国射击比赛，获2个冠军和2个第三名，又在第十届全运会上获男子小口径自选步枪3×40金牌、气步枪银牌，之后参加哈尼第十四届亚运会，为中国代表团夺得2枚金牌。

1990—2005年成都籍运动员参加全国及国际射击比赛部分成绩统计表

表5－253

运动员	比赛名称	时间	地点	项目	名次
刘世彬	全国单列城市射击比赛	1990	武汉	女子气步枪3×20	1
	全国冠军赛	1996		女子气步枪40发	2
杨静	金盾杯西南协作区射击比赛	1992	前卫射击队	气手枪	1
	全国射击锦标赛	1994	成都		2
	全国射击锦标赛团体赛	1995	成都		2
	第八届全运会预赛暨全国射击锦标赛	1997	长沙		3
王旭	第三届城运会射击比赛	1995	江苏	男子飞碟多向125靶	1
陈文智	全国重点城市射击比赛	1998		男子小口径步枪60发卧射	1

续表

运动员	比赛名称	时间	地点	项目	名次
黎旭	第十三届亚运会射击比赛	1998		男子双向飞碟个人 男子双向飞碟团体	3 2
	全国飞碟二站赛	1999	上海	男子双向飞碟团体	2
	飞碟世界杯	1999	日本	男子双向飞碟团体	3
	飞碟世界杯	1999	意大利	男子双向飞碟团体	3
陈峥	第四届城运会射击比赛	1999	西安	男子双向飞碟125靶	5
胡章莉	全国青少年射击比赛	2000		女子气步枪60发	1
刘天佑	全国青少年射击比赛预赛	2000	贵阳	男子气步枪 3×20 卧射	1 1 2
	全国青少年射击比赛决赛	2000	常州	气步枪60发(达健将标准)	1 3
	第四十八届世界射击锦标赛	2002		气步枪青年组团体	1
	第十届全运会射击决赛	2005	南京	气步枪60发 男子小口径步枪3×40	2 1
	第四届东亚运动会射击比赛	2005	澳门	男子气步枪60发	1
	世界杯射击比赛	2005	美国	气步枪	5
	世界杯射击比赛	2005	意大利	气步枪	3
程诚、廖莎、王倩	第五届城运会射击比赛	2003	长沙	女子气步枪团体	3

【射箭】

20世纪90年代，成都射箭运动主要在青少年中开展。成都射击运动学校开设有射箭业余训练重点班，配备专业教练员，常年开展射箭专业技术培训。1992年，成都体育运动学校成立，将射箭首批列入招生专业，招收中专学生传授射箭技术。锦江区、崇州市、都江堰市、邛崃市、双流县等区(市)县的中小学中都设有射箭传统项目学校。龙泉驿实验小学、崇州蜀城中学、成都大田坎小学射箭活动开展较好，被中国射箭协会命名为“全国射箭重点学校”。从成都市第八届运动会起，射箭项目被列为少年组竞赛项目。2000年，成都市射击射箭管理中心和国家青少年俱乐部成立，成都市陆续在全市范围内，设立射箭训练点，成都射击射箭管理中心定期下派教练员到各基层点辅导，每年举办教练员培训班，并相继开展夏令营、俱乐部活动日、国防教育体验活动等各种形式的射箭普及活动。2004年,成都市龙泉驿区实验外国语小学被国家体育总局射击射箭管理中心授予“全国射箭重点学校”称号。

1990—2005年,成都市组队参加第三、四、五届城运会射箭比赛,并每年组队参加四川省射箭比赛和全国重点业余体校射箭比赛。破全国纪录1项,破世界纪录1项,为国家培养了李逊、丁凡、刘蓓蕾、徐润等优秀选手。1995年,成都市参加第三届城运会射箭比赛,男选手杨波夺得首枚金牌,并和吴逢波、叶勇一起夺得团体淘汰赛银牌;在个人排名赛和个人淘汰赛中,成都市获得1个第七名和1个第八名。1999年,在第四届城运会上,成都市年轻选手丁凡、严飞、刘成获得“希望人才奖”。男选手严飞获得金牌。女子团体(李镜竹、张勇、高畅)获淘汰赛第四名,男子团体(严飞、刘成、丁凡)获淘汰赛第六名;个人赛中,丁凡获排名赛第三名,淘汰赛第四名。2003年,成都队在第五届城运会中,女子团体(刘蓓蕾、段星、王丽君)获得第四名,男子团体(潘敏锐、李逊、李佳乐)获得第五名,男子个人排名赛潘敏锐获第三名,李逊则获得第四名和淘汰赛第八名。

1990年,成都市12名运动员参加省二青会射箭比赛,选手王汝其破男子乙组90米单轮单项省纪录。1994年,在第三届省青运会射箭比赛中,成都市获得第一名5个,第二名1个,第三名3个。1998年,第四届省青运会射箭比赛中,成都市获得金牌10枚,银牌2枚,铜牌1枚,共破45项次省纪录。特别是女选手李镜竹和男选手李逊,在比赛中各自打破8项和10项省纪录。李镜竹获得女子甲组近射程双轮、远射程双轮和个人双轮全能三枚金牌;李逊则获得男子甲组近射程双轮和远射程双轮和双轮全能三枚金牌,并达到健将级标准。2002年,在四川省第九届运动会青少年组射箭比赛中,成都市获得金牌5枚、银牌2枚、铜牌5枚,共破9项次四川省青少年纪录。

1992年,成都市参加全国青少年小商品王国杯射箭比赛和全国射箭达标赛。1993年,在四川省青少年射箭锦标赛中,成都市获男子团体第一名,选手袁红伟获得男子个人双轮单项50米、70米、90米金牌和个人全能金牌。1996年,在四川省少年儿童射箭比赛中成都市获得男女甲组、男女丙组4个团体第一名,刘杰获得男乙个人全能第一名,李逊获得男丙个人全能第一名,张昉获得女丙个人全能第一名。1997年1月,成都市崇州蜀城中学、大田坎小学、龙泉实验小学、红专西路小学、和平街小学、泡桐树小学等6支射箭队参加四川省中小学射箭比赛,共获第一名14个、第二名19个、第三名6个。8月,成都市参加四川省少年儿童射箭比赛,获得团体第一2个、单项第一4个、第二名4个、第三名2个。同月,蜀城中学代表成都市参加在银川举行的全国青少年射箭锦标赛,获得团体冠军1个,个人单项冠军5个,第二和第三各3个。1998年“崇福杯”全国青少年射箭锦标赛,成都队获得男女儿童组2项团体冠军,并获9枚金牌、11枚银牌、5枚铜牌。1999年,成都市参加全国青少年射箭比赛,高燕获女子甲组40米双轮第一名,此外成都市还获得第二名5个,第三名1个,第四名2个,第五名1个。同年在四川省射箭比赛中,成都市共获金牌17枚、银牌9枚,李迅打破男子甲组单轮全能的省青少年纪录。

2000年起,成都市射箭运动技术水平呈现上升趋势。2000年,在全国青少年射箭比赛中,成都市女选手马薇共获8个第一名。同年成都籍选手李逊随中国青年队赴法国参加世界青年射箭锦标赛。2001 年，李逊在第九届全运会上获得射箭个人全能第四名，并被选入国家射箭集训队，在 2002 年的亚洲射箭大奖赛上夺得 2 枚金牌，在 2003 年韩国举行的世界大学生运动会上获得团体第三名并破世界纪录。2004 年 4 月，在全国射箭冠军赛中李逊获单轮全能个人和奥林匹克淘汰赛个人两项冠军和男子 70 米单轮单项个人第二名；5 月，李逊在全国射箭室内锦标赛中获男子团体冠军，18 米单轮个人冠军，并破 18 米单轮个人全国纪录；11 月，在全国射箭大奖赛中获个人第二名、团体第三名。2005 年，李逊在韩国举行的亚洲射箭大奖赛上获第五名。

成都市射击学校射箭训练

2003 年，成都市组队参加全国重点业余体校射箭比赛获 4 枚金牌，省中小学射箭比赛 11 枚金牌，刘蓓蕾等 7 名成都籍运动员入选 2008 北京奥运会射箭集训队。同年 8 月，全国重点射箭传统项目学校大田坎小学在南京参加全国少年射箭锦标赛，选手任进科获两金一铜。2004 年，成都市组队参加全国重点体校射箭比赛、重点学校射箭比赛和全国青少年射箭锦标赛，取得了 2 个第一名，2 个第二名，1 人达健将级标准。成都队参加省中小学射箭比赛和省射箭锦标赛共获得 28 枚金牌。2005 年，成都在省中小学比赛中获得 31 枚金牌，在省射箭锦标赛中获得 9 枚金牌。

【航空、航海、车辆、建筑模型】

1990 年，航空、航海模型活动在蓉城青少年中广泛开展，成都市中小学校的第二课堂或课外活动都开设有模型课或航空（海）模型课外活动小组。全市开展航空、航海模型活动的中学有 31 所，小学有 91 所。成都市航空航海模型运动学校、成都市航空模型协会、市青少年宫、市科协辅导员协会、成都飞机公司科协等单位也经常举办各类培训班和竞赛活动。1991 年，在成都市第七届运动会开幕式上，市航模学校组织 20 名教练员和业余运动员赶制和赶装 11 架模型飞机，进行国际级操纵模型飞机、线操纵空战模型飞机、无线电遥控特级模型飞机的表演。同年，成都籍运动员余立参加世界航海模型锦标赛夺得冠军。1992 年，在首届飞向北京全国航空模型比赛中，成都赛区选拔出 6 名选手赴京参加全国总决赛，其中 4 名选手获得该项赛事的“希望奖”。1994 年 10 月，成都市航海模型运动协会成立。同年，成都市举办 120 所学校参加的首届“我爱祖国海疆”全国航海模型活动，成都赛区选拔出 9 名选手参加在青岛举行的全国总决赛获得金牌。1996 年，第二届“我爱祖国海疆”全国航海模型比赛举行时，成都赛区将航海知识竞赛与比赛结合举行，推动该项运动在全市中小学生中逐步普及，同时成都市获得比赛的团体总分第一名。

1996 年，国家五部委将车辆模型列为全国青少年竞赛项目。成都市立即启动车辆模型运动项目，并举办由社会资金赞助的“奥迪杯”全国车辆模型冠军赛总决赛，永丰中心校组队代表成都参加此项赛事，选手陈艺伟夺得闪电飞龙项目冠军。

1997 年，成都市举办“飞向北京”航空模型竞赛暨“国际熊猫节”万名青少年府南河放航活动，共有210所中小学校57200名学生参加。成都市航空航海模型学校还为成都市中小学校举办了25期培训班，培训辅导员600人，在成都市中小学校中广泛传授模型制作技术，保证该项活动成功举办。该项活动以青少年参加人数多、社会影响大被新闻媒体评为成都市1997十大新闻之一。成都市将该项活动定为“成都市首届模型系列活动”，此后该项活动每年春季和秋季都在全市中小学生中开展，成为成都市青少年七大体育活动之一。

模型活动丰富了青少年的课余文化生活，也为成都市选拔和培养一批优秀选手。成都籍航海模型选手李轩参加1997年在斯洛文亚举行的世界航海模型锦标赛，夺得青少年组冠军。1998年成都籍航海模型选手刘洪在波兰举行的世界航海锦标赛中夺得C4(袖珍模型)级金牌。1999年，在国庆50周年和庆祝成都解放50周年体育晨练活动中，成都市组织空模和海模表演。2000年，航空、航海和车辆模型列为成都市第九届运动会比赛项目。2001年，国家青少年体育俱乐部成立，模型活动进一步活跃，成都市每年都举办“体彩杯”青少年模型赛事。

2003年，成都市模型活动中新增建筑模型项目，并在金牛区的中小学中率先推广；同年，双流实验小学代表成都参加全国“美好家园”建筑模型比赛获得一等奖。2004年，成都市参加国家体育总局航管中心和中央电视台举办的首届全国陆海空模型竞技大赛，取得亚军。2005年，国家体育总局授予成都市成飞小学、圣灯中心校、川师附小、青龙中心校、成华实验小学、龙泉航天小学等7所学校为全国模型运动重点单位。

1990—2005年，成都市的模型运动走出国家拨款开展活动的模式，积极推行有偿训练、个人自费参赛、社会资金赞助办赛等项改革，先后得到成都飞机公司、月亮湾体育中心、西南日月城、宏明电子公司等单位和社会各界的资助和支持。在此期间，成都市共举办18届“飞燕奖”航空模型比赛(于2000年停办)；多次举办全国“飞向北京”航空模型成都赛区选拔赛(2001年举办该赛事的全国总决赛)，并于1992年、1995年、1997年获得“优秀组织奖”；多次举办“我爱祖国海疆”青少年航海模型活动和成都赛区选拔赛，并于1994年、1996年分别获得“组织工作奖”和“组织金奖”，于1998年获航海模型活动“优秀普及奖”；多次举办四驱车模竞赛暨“奥迪杯”全国青少年四驱车模选拔赛、成都市“油宝杯”遥控车比赛等，并于1997年获全国车辆模型冠军赛总决赛“优秀组织奖”，2005年，获“1996—2005年全国青少年四驱车模比赛特别荣誉奖”。

【电子竞技】

20世纪90年代末期，成都市的网吧里出现一些喜爱电脑游戏的玩家，他们把电脑游戏作为一种游戏比赛运动，自发地组织竞赛，其爱好者多为青年、大学生。随着参与者日渐增多，成都市电子竞技运动得到快速发展，涌现出众多高手。成都籍优秀运动员孟阳于1999年参与该项运动，并在“雷神之锤”射击类游戏中显露出天赋。2000年3月，孟阳报名参加成都启亨雄兵Quake3比赛，获得亚军及700元奖金。之后孟阳拜当时游戏圈内的邓和为师，学习电子竞技；同年8月，在美国CPL中国区选拔赛Impact Extreme Tournament项目中获得第四名。2001年9月，孟阳在电子竞技世界杯中国赛区总决赛中获得Quake3项目冠军；2002年11月，在电子竞技世界杯韩国总决赛Quake3项目中取得第四名，是当时中国选手在世界电子竞技大赛中获得的最好成绩。

2003年4月，成都市电子竞技运动协会成立，成为中国第一家电子竞技运动协会。协会连续举办三届（每年一届）组织邀请全国各大城市参加“城市电子竞技精英赛”，此项赛事已成为国内较有影响的电子竞技赛事。2003年11月18日，国家体育总局将电子竞技运动正式列为在中国开展的第99个体育竞赛项目。

2004年4月，成都市第十届运动会将电子竞技列为成年组比赛项目，共有500多人报名，仅CS项目就有85支战队参赛。同月，成都市整理、修改、制定全国第一个官方比赛规则，为电子竞技运动发展打下基础；同时举办全国范围内首个电子竞技运动裁判员培训班，对反恐精英、星际争霸、足球等电子竞技项目的比赛规则、命令以及服务器架设等内容进行培训，有21名学员被授予电子竞技专业国家等级裁判员证书。电子竞技运动在成都市具有广泛的群众基础，2004年，中国队参加国际奥林匹克电子赛中的13名队员中，成都籍运动员占7名。同年10月，第四届成都国际电脑节电子竞技“城市俱乐部邀请赛”举行，共有河北、山东、重庆、深圳、苏州、成都等地的30名运动员参赛，成都、重庆运动员成绩一路领先，通过加时赛，成都队赢得冠军。同月，在“升技电脑”长城挑战赛中，成都选手孟阳战胜“毁灭战士（Doom3）”大赛全球总冠军、电子竞技偶像人物费特拉提，获得100万元大奖。同年12月，孟阳在美国达拉斯举行的全球CPL电子竞技锦标赛中，在“毁灭战士（Doom3）”项目中6战全胜，夺得冠军，获得9000美元奖金。这是中国在世界级大赛中的首个电子竞技世界冠军。

2005年，成都市电子竞技运动受到大学生们的追捧，比赛频繁举行。4月，圣骑士网吧CS大赛举行；5月，成都高校电子竞技运动会总决赛举行；7月，成都市首届“蓝剑冰川时代杯”电子竞技大赛举行；8月，举行全国电子竞技大赛成都赛区的比赛；12月，举行成都可可网吧CS擂台赛。

【围棋】

围棋是“棋城成都”开展时间非常悠久的体育项目。20世纪70年代，成都围棋选手孔祥明被日本棋界称为“世界最强的女棋手”；成都市代管的四川围棋队成绩显赫，国家体委授予“勇攀高峰战斗队”称号。1990—2005年，各种围棋赛频繁举行，有春季围棋定级赛、升段、定段赛、棋王赛、中小学生棋类（围棋）赛等。仅2003年一年成都市参加棋类（包括围棋）活动的人数就达25万人次，围棋入段人数已过100人。为培养围棋后备人才，每年在青少年中开展幼芽杯棋类赛、中小学生棋类赛。2000年，成立的成都棋校青少年棋艺体育俱乐部，2003年，团体会员已发展到48个、个人会员发展到4620人，当年参加棋类青少年体育俱乐部活动的人数达到21万人次。成都五牛围棋俱乐部与西南交大娇子学校联办围棋特长班，面向全国招生。

1993年，成都棋院与成都卷烟厂联办成都烟厂“白芙蓉”少年围棋队，围棋教练、国手陈祖德、王汝南、华以刚被聘为该队荣誉教练，高级教练陈安齐任主教练。1994年，由四川棋队、成都棋校和成都棋园等组成的成都棋院棋牌俱乐部成立。2001年，以成都烟厂为主的成都五牛围棋俱乐部娇子围棋队成立。2003年，成都棋院加强对五牛围棋俱乐部的管理，新组成的四川娇子围棋队由李全员、陈安齐、宋雪林、冯宗存任领队兼教练，运动员由宋雪林（九段）、余平（六段）等6人组成；当年获全国比赛第六名，跻入全国围棋甲级队行列。2004年，该队参加全国比赛成绩不佳，由甲级队降为乙级队。

成都围棋在国际上亦有一定的知名度。1990 年 2 月,朝鲜围棋协会副会长金元均率朝鲜围棋代表团访问成都市。同年,成都民间锦江棋牌会馆一行 4 人到日本大阪等五城市作棋艺访问,次年 5 月与日本棋院富山围棋会馆结成友好会馆。1991 年 6—7 月,以市体委主任魏良哲为团长的成都围棋代表团,应美国围棋协会邀请,分别与美国旧金山、洛杉矶、丹佛、华盛顿、纽约等地的围棋协会或俱乐部进行对局或交流,取得 9 胜 1 负的好成绩。1993 年 5 月,日本围棋友好代表团一行 30 人到成都访问,进行对弈,切磋棋艺,中国棋院副院长王汝南等参与其事。同年 10 月,以围棋大师吴清源为名誉顾问、中国围棋手芮乃伟九段为顾问,日本作家江奇诚致为团长的日本文化界围棋代表团一行 25 人到成都友好访问。

【中国象棋】

中国象棋是"棋城成都"开展广泛、历史悠久的体育活动。成都棋园是群众性象棋活动的中心阵地,常年参加活动的群众(包括象棋活动在内)达 20 多万人次。成都市群众性象棋竞赛活动也很多,1990—2005 年,中国象棋常年进行的市级比赛有象棋团体赛、"幼芽杯"棋类(含象棋)比赛、幼儿棋类赛、小棋王赛、中国象棋赛、棋王赛、老年人象棋赛等,在这期间举行的第七、第八、第九、第十届市运会均设有成年人和青少年参加的象棋比赛项目。成都棋院棋艺俱乐部每年举办十多次棋牌(含象棋)比赛,参加比赛人数达 1000 人次以上。

1998 年 1 月,象棋名宿柳大华在成都市棋艺俱乐部挂牌讲课,与 12 人进行蒙目棋赛,获 2 胜、8 和、2 负的成绩。1999 年,市业余象棋手吴忧在全国象棋业余大师升级赛中夺得第二名,获棋协象棋大师称号。2003 年 7 月,成都市象棋棋迷俱乐部成立,成为蓉城象棋迷的一个大本营。同时,四川象棋名将蒋全胜等 6 人举行表演赛后,棋迷俱乐部举办蜀都花园杯车轮象棋赛,110 名棋迷与 8 名专业棋手进行车轮战。2004 年 4 月 24 日,中国台湾棋王吴贵临在西南民族大学体育馆举行的中国象棋 1 人对 110 人车轮大战,挑战了吉尼斯世界纪录。

成都市棋艺业余体校被称为国手的"摇篮",为培养中国象棋后备人才,每年举办全市"幼芽杯"棋类赛、"中小学生棋类赛"幼儿棋赛、小棋王赛等比赛。1999 年,国家体育总局青少年体育俱乐部(成都棋校)成立,到 2005 年,团体会员发展到 48 个,会员发展到 4620 人,会员参加训练点活动达 4. 34 万人次,周日和周六达数万人次,寒暑假期间也开展活动,参加人数达 6500 人次,年参加比赛人数达 21 万人次,促进中国象棋活动在青少年中开展。

成都市每年惯例参加省中国象棋赛。成都市代管的四川棋队除参加全国比赛外,成都市还组队直接参加全国比赛。1992 年,成都棋院象棋队参加全国比赛成绩优良,保持全国甲级队的资格,女队员黎德玲参加亚洲中国象棋比赛获得冠军。1993 年,中国象棋队员林野应意大利棋协会邀请,赴意大利讲学,这是四川象棋队成都象棋手赴国外传授中国象棋技能第一人。次年,唐东梅晋升为国家象棋大师。1999 年 4 月,四川棋队象棋女队在全国象棋团体赛中获团体甲组第八名,男队获乙组第一名,又晋升为全国甲级队。2001 年,棋手郭瑞霞打入全国第八名,并获全国象棋等级赛金牌。

【国际象棋】

成都市开展国际象活动棋始于 20 世纪 50

年代，至80年代，涌现出中国第一批国际象棋国际特级大师刘适兰、赵兰、娄红宇、马红丁、王犁等。1992年，中国国际象棋团体赛，成都男队晋升为甲级队。1999年9月，成都国际象棋国际特级大师刘适兰被评为中华人民共和国棋坛十大杰出人物。

1990—2005年，成都市注重对国际象棋少年棋手的培养，每年定期举办成都市“幼芽杯”棋类比赛，为成都市培养大量国际象棋后备人才。1994年，成都队曾蓓在河北邯郸举行的第二届全国少年儿童国际象棋冠军赛中获女子B组第一名。1997年，成都李令营在太原举行的第九届广播杯国际象棋棋协大师赛中获“象棋大师”称号。2001年，教育部和国家体育总局下发“三棋进课堂”的通知，成都棋院和树德中学、成都七中等学校合作，由专职教练到学校进行讲课和指导，棋院也积极开展少儿培训，几年时间，已有25万人次在棋院下属棋校进行训练，国际象棋少年棋手达到500多人，个别少年棋手闯入全国比赛前六，唐子健还获得希望杯全国冠军。2002年，成都树德中学16岁的高二学生刘家瑜在全国广播电视杯国际象棋比赛中成绩突出，获得“国际象棋大师”称号，成为成都学生中第一个国际象棋大师。

【武术】

20世纪70年代，成都市武术运动广泛开展，为省武术队培养一批运动员。80年代，成都市武术选手在省和全国比赛中取得不少好成绩。1990年后，在全市公园、广场、校园、体育场等公共场所设的武术辅导站逐步增多，到处可见习武打拳的人群。1997年，府南河整治工程刚竣工，成都市以“爱护府南河，保护府南河”为主题，在府南河音乐广场设主会场，开展“弘扬中华武术，参加武术健身”的万人晨练活动。活动规模大，参与人员广泛，并借此机会恢复和新建以府南河沿岸为主要活动场地的85个市级武术活动站。1998年，区（市）县开展长达45天的武术活动，共有36万人次参加。随后，成都市举行纪念邓小平题词“太极拳好”二十周年和中国武术协会成立四十周年“成都万人武术庆祝大会”，全市万名武术爱好者及武术高手进行表演。1999年国庆前夕，市武术管理中心在猛追湾游泳场承办“成都市国庆50周年晨练大习武”活动，进行以武术、太极拳（剑）、木兰拳等为主的健身练武活动。2001年，在成都体育中心和成都飞机公司分别举行近3000人参加的太极拳、木兰拳表演。2002年，成都市举办第一届全民健身集体太极拳表演赛，设项目10多个。2003年，在“全民健身、抗击‘非典’”中的“太极拳活动月”，采取分散的办法，以城北体育馆、文化公园、新华公园、省体育馆等为活动中心，把活动月辐射到全市东南西北中的社区或武术辅导站，方便群众就近参加活动。

1999年，成都市武术运动管理中心成立。成都市体委颁布《成都市武术、体育气功管理办法（暂行）》；当年，经成都市武术段位制考评委员会评审，有359人分别评上三至七段武术段位。2003年，对全市武术学校和辅导站进行清理和登记注册。市武协配合市武术管理中心组织全市重大的群众性武术健身活动，先后受到省体育局和市政府表彰。市武协不断发展，共有团体会员132个，会员5327人。

成都市经常举行各种武术比赛，进行武术交流。1991年，举办“峨眉杯”武术比赛，进行太极拳（剑）及散打个人和团体赛。1993年，配合全国七运会武术比赛在成都举行，成都市举办“金熊猫”挑战杯成都武馆擂台搏击争霸赛，吸引西昌、峨眉、富顺等地17个单位参加。1999年,又进行“金港杯”武术散手邀请赛和成都武术馆校擂台赛及成都市“天空杯”太极拳(剑)比赛。2003年举办成都市第一届太极拳(剑)传统拳(器械)比赛,竞赛项目既有国家规定的套路、集体项目,也有杨式太极拳(剑)及传统太极拳、拳术和器械等项目。2004年,在成都文化公园“成都大庙会”上,恢复中断50余年的成都特有的民间武术活动“打金章”,来自成都体院、成都郊县各地数十名武术选手参加男女8个项目的比赛。选手董长华过关斩将夺得首场75公斤级的金章,成为相隔半个世纪“打金章”的首枚金牌得主,擂台赛期间,还穿插民间武术、绝技表演,约10万人次观看打擂比武。同年,重庆市武管中心交流团、日本甲府市太极拳访问团到蓉进行交流并同场献技。成都市武术队员周浩然赴法国参加中国成都—法国蒙比埃友好城市活动期间,进行的武术表演受到当地市民欢迎,并被授予“蒙比埃荣誉市民”称号。

城北体育馆业余体校开设武术重点班,建立青少年武术队,并有专职的高级武术教练员对其进行训练。不少市属和各区(市)县业余体校也分别开设武术训练班,并组队参加武术比赛。成都市体育运动学校与成都市建国武术学校联办武术专业成人中专班。成都市在花圃路小学建立第一个以武术项目为主的青少年体育组,培养武术人才。1990—2005年期间举行的4届成都市运动会,均设有武术比赛项目。从1996年起,成都市每年举行青少年武术比赛;2002年起,每年增加通讯赛。开展武术训练的区(市)县组队参赛,成华区、金牛区等取得了较好的成绩。至2005年,成都已有300人达到三级武士、200人达到二级武士标准。

成都市在参加四川省青少年运动会第二至第五届运动会武术比赛中,成绩优异,夺得四届团体总分冠军,获得第一名54个。特别是第四届省青运会,成都市包揽武术比赛团体和单项的全部金牌。1990—2005年,成都市代表四川省参加全国武术比赛,获2个第一名(其中1个团体冠军),6个第二名(其中1个团体),8个第三名(其中1个团体)。成都武术选手参加第六届全国大学生运动会,陈正川获男子南拳和棍术金牌,刘一丁获女子长拳、南拳和太极拳冠军。在第五届城运会上,武术首次列入城运会正式比赛项目,成都市获得套路和散手2枚金牌。2004年,成都市武术队首次以市级队参加全国少年武术比赛,在43支省级队中获团体第二名,集体基本功第五名的成绩。成都籍武术运动员,在代表中国参加国际比赛中,彭英获得第十一届亚运会银牌,这是成都籍运动员首次在国际武术赛事中获得名次。彭英参加中国珠海国际太极拳邀请赛,获1金4银3铜和表演奖,接着参加首届国际武术节,又获3金1银。2005年,在新加坡举行的亚洲青年武术锦标赛上,成都选手熊佳丽获剑术金牌。

体育培训

【人才培养概况】

1990—2005年,成都市体育部门按照国家“奥运争光计划”和“从小培养,多年训练,打好基础”的方针,制定以“‘省运会’为基础,‘城运会’为中心,‘奥运会’为目标的人才培养发展战略”,形成市和区(市)县业余体校及传统项目学校向市优秀运动队、省优秀运动队训练输送体育人才的基本格局。

市体育局直属事业单位,都设有业余体育训练部门,是市属的体育训练机构。除足球管理中心单一训练足球项目外，其余直属事业单位训练项目均在 2 个以上，其中，城北体育馆业余体校多达近 10 个。市直属事业单位成立时，多半就已开办业余训练或建立业余体校，并配备有专职教练员，开设项目训练班。业余体校的主要任务是为国家培养体育后备人才。在业余体育训练体制改革中，市足球管理中心利用社会力量建成德瑞足球培训中心、足球俱乐部和足球学校等，为业余训练开辟新路子，形成多渠道培养和输送体育后备人才的新局面。

根据成都地区运动员体能特点、训练条件、教练水平等实际情况，成都市确定发展以"小""快""灵"为重点的项目，各区（市）县和高新区根据自己的特点，确定重点开展项目。全市 19 个区（市）县和高新区业余体校和体育学校共开展了 29 个项目（其中 7 个重点项目）的业余训练，形成市和区（市）县训练网络。20 世纪 90 年代后期，区（市）县业余训练重点班的发展和社会办业余训练的兴起，不断培养出新人。为适应新的情况，改市属训练单位没有开展项目不参赛的做法，由区（市）县和社会办的训练单位组成部分项目代表队，代表成都市直接参加四川省运动会。同时打破市属项目重点班独家参赛的旧规定，赛前进行公开平等选拔，在游泳、田径、排球等项目中，凡是符合参赛资格的运动员，无论是谁培养的，均可参加选拔。以田径项目为例，市属训练单位仅有 10 余人获得参赛资格，其余人选队员都是从市属训练单位以外选拔的。这些措施，提高各地区、各学校培养体育人才的积极性，不断向优秀运动队等输送人才。如 1990—2005 年，市游泳学校向优秀运动队输送人才 62 人，向体育院校输送人才 20 人；市体育中心业余体校向优秀运动队输送各种项目体育人才 59 人。一批社会力量举办的体育人才培养机构相继建立。如德瑞足球培训中心即是成都市足球运动项目管理中心利用社会资金建成的足球人才培训机构。

1990—2005 年成都部分区（市）县业余体校开展项目及体育人才输送情况表

表 5－254

单位	开展项目	1990—2005 年输送人才数		
		优秀运动队	重点体校	体育院校
青羊区	柔道、田径、足球、排球、篮球、网球、羽毛球、乒乓球、游泳、跳水、花样游泳、武术、艺术体操、射击、射箭、跆拳道	120	226	247
成华区	田径、排球、乒乓球、游泳、羽毛球、篮球、足球、网球、跆拳道、武术、射箭、艺术体操、棋类、航空模型、航海模型、车辆模型	50	300	
龙泉驿区	田径、游泳、射击、射箭	5	86	75
新都区	乒乓球	3		117
温江区	田径、排球、举重、游泳	25	152	156
都江堰市	田径、举重、游泳、排球、柔道、足球、射箭、篮球、武术、艺术体操、羽毛球	14	96	169

续表

单位	开展项目	1990—2005 年输送人才数		
		优秀运动队	重点体校	体育院校
彭州市	乒乓球、武术、排球、田径、举重、游泳、篮球、散打、足球	43	14	67
郫县	田径、射击、乒乓球、篮球足球、武术、排球、羽毛球、游泳	13	66	37
大邑县	乒乓球、田径、技巧	2	7	142
邛崃市		2	52	411

【人才培训机制】

参与体育知识培训的单位大多是由国家主管部门指定与控制的教学或行政单位，培训场所相对固定，有一定的教学内容要求，有较好的教学条件和师资，其性质相当于对社会所需的体育专业人员进行的岗前或上岗培训；参加此类培训的一般为社会体育指导员、裁判员、教练员和体育事业管理干部。体育裁判员培训主要由各项目运动协会负责。一般各协会依靠相关学校（单位）举办裁判员晋级培训班或培训班，篮球协会裁委会还坚持每月开展裁判员业务学习活动，以保证完成各级比赛的裁判任务。教练员培训也主要由各项目管理中心和协会负责，每年组织人员参加国家及省、市等各级的教练员培训，并通过职称评定检验培训效果。成都市体育局重视对体育管理人才的培训，制订详细的培训方案，邀请国外体育教授前来授课，并与成都体育学院联合举办高级管理人才培训班，市体育部门全体公务员、直属事业单位中层以上干部、全市体育教练员参加。

体育运动技术培训的对象是运动员，是以掌握或提高专门的体育技术技能为目的的培训。20 世纪 90 年代开始，成都市体育事业迅速发展，参与体育培训的个人、机构和单位增多，体育人才培训规模明显扩大。全市提供运动技术培训的组织可以分为三类。第一类是各级各类业余体校。隶属于体育系统，以体育训练为主、文化学习为辅，主要目的是培养竞技体育人才。成都市市属和各区（市）县属业余体校共数十所，为国家、省、市优秀运动队培养、输送大量竞技体育人才。第二类是体育项目传统学校。隶属于教育系统，以文化学习为主、体育训练为辅，以扩大竞技体育人才培养范围和输送渠道。体育项目传统学校一般为普通中学和小学，不定期授予，全市也有数十所。第三类为企业组织。这些企业主要以营利为目的，通过提供有偿培训实现收益，既满足民众休闲健身的需要，又培训体育竞技人才，提高运动队的竞技水平。

在竞技体育人才培训层次上，成都市已形成包括三个层级的培训体系，即优秀运动队—市重点班—青少年运动员。优秀运动队是为培养竞技体育尖子人才而设置的，成员主要是从经过重点培养的青少年中按严格的项目要求挑选出来的具有培养潜质的专门人才，聘请专职的教练员和各种管理人员实施培训。2005 年，成都市有 20 多个项目的重点班，专门对经过初选的青少年运动员进行培训，主要通过省运会、全国比赛和进入优秀运动队及成才率来检验培训成果。

成都市通过体育项目传统学校、县区业余体校和社会各种青少年体育培训班，面向全市青少年开展体育培训。每年培训人数在2万人以上，组织各项目青少年体育比赛60次以上。通过以上三个层级的体育培训，成都市每年培养出一级运动员90多人、二级运动员近2000人。

2000年后，成都市竞技体育人才培训开始探索新的模式，其中“体教结合”模式把竞技体育人才培训的目的，从单纯追求竞技体育成绩转换到追求人的全面发展的科学发展观上来，使运动员在全面发展的条件和氛围中成长。2005年7月，成都德瑞足球培训中心与成都棠湖实验外国语学校合作，共建1993、1994及以后年龄段的球队。同时，成都足球培训走上国际合作之路。成都德瑞足球培训中心与成都谢菲联足球俱乐部先后与法国和英国合作，采取请外籍教练员和技术顾问进来，送教练员和优秀运动员到国外高水平职业足球俱乐部培训或作该俱乐部注册球员的方式，提高训练水平，培养优秀足球运动员。

【省级培训机构】

成都体育学院。前身系四川省立体育专科学校，始建于1942年，1950年由省人民政府接管，更名为成都体育专科学校。1953年，全建制转为西南体育学院，1956年更为成都体育学院。学校原隶属国家体育总局，2001年，划转地方，实行国家体育总局与四川省人民政府共建，以四川省管理为主的全日制普通高等院校。2000年，获同等学力申请硕士学位授予权。2005年，成为全国首批体育硕士专业学位研究生培养单位。

至2005年，学院占地总面积40余万平方米，院本部毗邻成都市武侯祠。拥有先进的教学训练场馆。图书馆藏书约40余万册。有教职工700余人，其中专任教师457人，167人拥有正副高级职称，189人拥有中级职称，助教和实验员81人，国际、国家级裁判60余人。拥有不少蜚声体育界的专家、学者。有博士生导师50余人。并有国内外客座教授、兼职教授20余人。学院在籍学生近15000人，其中，全日制本科学生近8000人，博士和硕士研究生300余人；附属竞技体育学校和体育中专学生500余人，成人教育学生近6000人。学院本科教育层次设有体育系、运动医学系、运动系、武术系、经济管理系、新闻系、外语系，开设有13个本科专业，跨教育学、医学、文学、管理学、经济学5大学科门类。其中体育教育、运动人体科学（运动医学）、运动训练学专业为四川省本科人才培养基地。研究生教育拥有体育人文社会学、运动人体科学、体育教育训练学、民族传统体育、运动医学、中西医结合临床6个硕士学位授予点，并可培养体育人文社会学、体育教育训练学、运动人体科学博士研究生。学院在体育人文社会学和运用中医药物等手段对运动创伤的防治和运动疲劳的恢复研究等方面形成优势与特色。体育史学、中医骨伤科学、武术和运动生理学为国家体育总局的重点学科。运动人体科学实验室为四川省重点实验室。“体育保健学”与“武术”为四川省首批批准的精品课程。学院设有附属竞技体校（高水平体育人才培养基地），承担着为中国培养参加奥运会、亚运会优秀运动员的任务，在艺术体操、武术、举重项目形成一定的优势与特色。学院与美国、英国、日本、加拿大、德国、奥地利、韩国、乌克兰等国家的多所大学建立了校际合作关系，并与20余个国家互派专家、学者，开展广泛的学术交流。

四川省运动技术学院。位于成都市一环路南三段16号。前身是1952年10月建立的四川省体育工作队，1982年，成立运动技术学院。主要任务是培养和训练高水平竞技体育比赛运动员，代表四川省参加国家级的竞技体育比赛，向国家队输送优秀运动员及参加重大国际比赛。

学院设田径系、体操系、游泳系、重竞技系、乒乓球羽毛球运动管理中心、网球运动管理中心、篮球运动管理中心、排球运动管理中心、足球运动管理中心和武术运动管理中心等，包含18个奥运项目。学院集中了四川三分之二的优秀专业运动队，分别在成都市华西坝、太平寺和犀浦三个校区从事专业化训练。先后为国家培养7个奥运会冠军、80多个世界冠军、140多个亚洲冠军、700多个全国冠军。其中有蜚声中外的“女排名将”张蓉芳、朱玲、梁燕、巫丹、陈静；一代“跳水皇后”高敏；“乒坛神将”陈龙灿；“柔道不屈女”唐琳；“男排妙手二传”周建安；“亚洲飞人”张翔、李雪梅；“网坛双杰”郑洁、晏紫等。

四川省青少年体育活动中心。位于成都市南郊的太平寺。始建于2002年7月，2005年初竣工，占地13.8万平方米。综合训练馆、网球场、沙滩排球场、田径场、举重馆、拳击馆、运动员公寓楼、医疗康复中心、教学楼、行政办公楼和超市等已投入使用。作为“中心”主体的综合训练馆面积达29.07万平方米，馆内设篮球、排球、室内足球、羽毛球、乒乓球、武术、摔跤、柔道以及力量健身等专用训练馆，训练设施先进齐备，中央空调、监控系统完善，可供十余支运动队同时训练。运动员公寓楼可为500名运动员和教练员提供良好的住宿条件。医疗康复中心设淋浴、桑拿房以及400平方米的温水游泳池，配备有各种康复、治疗仪器，供运动员训练后洗浴、放松、恢复和伤病治疗。

【市级培训机构】

成都市体育运动学校。位于成都市成华区东桂村，成立于1992年，是一所全日制中等专业学校，主要任务是为国家培养和输送德、智、体全面发展的高水平体育运动后备人才和合格的体育师资。1997年，新成立的成都市网球项目管理中心与成都市体育运动学校、成都市体育工作队合署办公，隶属于成都市体育局，肩负着体育教师和竞技体育人才培养的双重任务。成都市田径优秀运动队、成都市网球优秀运动队皆设在该校。学校有400米标准田径场（含足球场）、室外篮球排球场1片、网球场5片、乒乓球馆、体操房、综合训练馆等体育设施。截至2005年年底，学校在市区和崇州市建立了4个训练网点。学校共有教师28名，教练员8名。

成都市体育运动学校

成都市游泳运动学校。位于成都市锦江区星辉路1号，成立于1958年，是成都市游泳运动项目管理中心（即成都市猛追湾游泳场）的训练部门，也是主要开展游泳、跳水项目的市属训练单位。常年开展游泳、跳水项目的训练，主要任务是培养游泳、跳水后备人才，兼顾面向社会、开展全民健身活动。学校设在成都市猛追湾游泳场内，可供学校训练的体育设施有室内游泳馆1个，室外游泳池3个，10米跳台1个，15×45米综合健身房1个，以及可供100名学生食宿的校舍。常年在游泳学校在训的人数达300人。2005年，学校共有教练员20余人，其中，高级教练员2人，中级教练员8人。

学校自成立后向省优秀运动队、院校输送数十名优秀运动员。2003年，学校组队代表成都市参加全国五届城运会游泳、跳水比赛中，跳水获金牌2枚、银牌1枚、铜牌1枚；在参加2003年全国少年儿童年龄组游泳分区赛中，有5名选手共获得6项第一名的好成绩。

成都市全国重点乒乓球运动学校。位于成都市成华区猛追湾街6号，成立于1989年，是成都市乒乓球运动管理中心的训练部门，也是主要开展乒乓球、无线电测向、航空航海模型、电子竞技、车辆模型、建筑模型的市属训练单位。2002年，成立成都市乒乓球运动管理中心，与成都市全国重点乒乓球运动学校合署办公，履行全市乒乓球行业管理职能。学校有乒乓球训练馆、训练楼以及学生综合楼，训练楼设有健身训练房、模型训练房和乒乓球健身活动中心，主要体育场地设施为综合训练馆。常年在此训练的有成都市乒乓球队、重点班学员70多名以及普训班学生400余人。2005年，学校共有教练员8人，其中，国家级教练员1人，高级教练员2人，中级教练员3人，初级教练员2人。

成都市城北体育馆少年儿童业余体育学校。位于成都市金牛区花圃北路9号，成立于1973年，是成都市城北体育馆（即成都市武术运动项目管理中心）所属训练部门，市属业余训练机构。城北体育馆业余体校开展武术、排球、艺术体操、摔跤、跆拳道等项目训练，重点班开展篮球、保龄球、羽毛球、乒乓球、游泳、网球等项目的训练。21世纪初，成都市排球优秀运动队由市体育运动学校交城北体育馆代管。2005年，该校在全市建立业余训练网点，8所中小学校建立该校的训练基地。学校共有教练员11人，中级教练员8人，初级教练员1人，聘用兼职教练员和社会体育指导员10人。使用城北体育馆拥有的各种体育设施进行训练。

成都市少年儿童业余体育学校。1956年12月，成都市青少年业余体育学校建立，设于成都市人民体育场内。1971年2月，体校撤销。1987年重建，定名为成都市少年儿童业余体育学校。1986年，因成都市人民体育场为迎接第七届全运会动工重建，体校分两部分暂迁出过渡。1992年，成都体育中心建成，从青羊区迁回的市体校部分改为成都体育中心少年儿童业余体校；迁至成都市西郊体育场过度的部分改为成都市少年儿童业余体育学校。

市少年儿童业余体育学校位于青羊区草堂东路50号，与20世纪90年代成立的成都市体操运动项目管理中心合署办公，是开展体操、艺体、羽毛球、健美操、乒乓球等项目的市属业余训练单位，在成都市青少年运动人才培养体系中占据重要地位，在圈内拥有极高的知名度和美誉度，在成都市体育后备人才培养中占据重要地位。1993年，市少体校成立体育幼儿园，后改为“剑蕾体育幼儿园”。是一家以体育为特色教育的幼儿园，和普通幼儿园最大的不同在于，幼儿园有少体校高水平的教练授课，一周4次，每次一个小时左右，为学校选拔好的体育苗子打下良好基础，全国仅此一家，是真正意义上的成都独创。1997年，市少体校与一墙之隔的成都市草堂小学联办成都市草堂小学少儿体育学校，在草堂小学每个年级开设体育特长班，形成剑蕾体育幼儿园—草堂小学特长班—市少体校一条龙训练模式。2001年，被四川省体育局授予“四川省羽毛球人才培训基地”称号。2005年，全校有艺术体操馆、体操馆、羽毛球馆（8片）、乒乓球武术综合训练馆、健美健身馆、短式网球场（3片）等体育设施，有专职教练员20人，其中，高级教练员3人，主要开设羽毛球、体操、艺术体操、篮球4

个业余项目训练，是国家体育总局认定的"中国羽毛球学校"和"国家高水平后备人才基地"。

成都体育中心少年儿童业余体育学校。位于青羊区人民中路一段11号，是成都体育中心的训练部门。成立于1992年，初设体操、艺体、技巧、羽毛球、乒乓球五个训练项目，共有职工33人。2005年，全校共有6名教练员，其中，高级教练员1名，中级教练员5名。

成都市射击运动学校。位于锦江区静居寺路，成立于1977年，是市属射击、射箭项目的训练单位。占地面积2公顷，有新建的6000平方米全国一流的标准射击馆，10米气枪馆、25米手枪馆、50米步枪馆分别拥有60、35、45个靶位和4组移动靶；还拥有5000平方米的射箭靶场、篮球场、羽毛球场，以及会议室、健身房等相关配套设施。2000年，成立成都市射击射箭运动项目管理中心，同射击学校、成都市董家山射击场合署办公。2001年，被国家体育总局射击射箭管理中心命名为全国重点射箭运动学校。2003年，被正式命名为成都市国防教育基地。全年学校参加射校训练活动达6万人次，学校常年住校训练人在150人左右。2005年，学校共有射击、射箭教练员8人，其中，中级教练员2名，助理教练5名。成都市射击优秀运动队设在该校，董家山射击场为该校提供训练设施。学校向国家队、省队输送人才100余名，获得历届全国城市运动会、省运会和各类单项比赛的1000余名全国冠军和1000余名省级赛事冠军曾在学校受训。

成都市棋艺少年儿童业余体育学校。位于锦江区兴隆街棋院内，始建于1962年，是成都市棋类运动项目管理中心，即成都棋院围棋、中国象棋、国际象棋项目的训练部门。2001年，国家体育总局成都棋院青少年体育俱乐部成立。2005年，学校有10余间共50平方米的训练场地设施，共有教练员20名，其中，高级教练员4名。棋校被誉为"国手的摇篮"，曾培养出国际象棋刘适兰特级大师、围棋宋雪林九段、郑宏九段、孔祥明八段、王元八段、象棋林野特级大师。

成都市体育中学。原为温江地区体育中学，1984年2月市地合并后改为成都市体育中学，位于温江区柳城镇。学校主要任务是围绕成都市以"省运会"为基础，"城运会"为中心，"奥运会"为目标，为国家培养体育后备人才。

【运动员】

成都市有系统地培养运动员始于1956年。至20世纪80年代末90年代初，成都市在运动员培训方面已逐渐形成一个多层次、多渠道的训练体系，即以中小学为基础，建立基层体育训练点、传统项目学校及普通少年儿童业余体校进行启蒙训练，培养发掘体育新苗。此外创办"三集中"（集中食宿、集中学习、集中训练）的重点业余体校和体育中学，使学生们既能用心学习，又能接受系统训练。同前两项相衔接，进行科学选材，突出重点和优势项目的优秀运动队，直接向省和国家运动队输送优秀运动员，

1990年末，共有优秀运动员76名（田径20人、游泳2人、射击4人、排球13人、足球20人、乒乓球3人、击剑3人、网球11人），聘任教练员13人。另外由成都市代管的四川省棋队有运动员20人（围棋8人、中国象棋5人、国际象棋7人）、教练员6人。1990年后，在此基础上，成都市努力培养体育人才，不断提高竞技体育水平，逐步形成由市属业余体校、区（市）县业余体校、传统项目学校业余训练和社会办业余训练学校、俱乐部组成的体育人才训练网络和体育人才层层输送渠道，为国家队、省队、市队及解放军队输送成批的优秀运动员。

1990—2005 年成都市各类运动员情况表

表 5－255

年份	优秀运动队运动员(人)	等级运动员发展人数			少年儿童		传统体育项目布局学校	
		总计(人)	其中，一级运动员(人)	其中，二级运动员(人)	业余体校在校生数(人)	学校所数(人)	传统项目布局(个)	参加学生(人)
1990	108	172	55	93	2927	173	193	109372
1991		337	83	137	3710	177	210	85866
1992	63	310		124	3208	169	235	102180
1993	87	221		110	3322	174	311	139844
1994	89	418		140	4611	205	223	123323
1995	89	535		120	3273	329	472	153544
1996	66	773		151	4303	356	418	102330
1997	73	446		146	4241			
1998	58	613		119	6410			
1999	79	517		179	4353			
2000	75	437		149	6121			
2001	92	732		334	7831			
2002	88	578		578	8508			
2003	87	530		530	8711			
2004	63	916		916	11213			
2005	58	694		694	12142			

1990—2005 年，成都籍运动员获国际级运动健将称号的有自行车 2 人(其中女 1 人)，羽毛球 1 人，技巧 1 人，花样游泳 2 人(女)，举重 1 人，跳伞 1 人，海模 1 人，射箭 1 人(女)，排球 1 人(女)，游泳 1 人，跳水 1 人(女)，沙滩排球 2 人(女)，田径 3 人(女)，共计 18 人。成都籍运动员获国家级运动健将称号的有田径 20 人(其中女 11 人)、游泳 18 人(其中女 6 人)、跳水 9 人(其中女 8 人)、花样游泳 10 人(女)、排球 18 人(其中女 8 人)、足球 10 人(其中女 5 人)、乒乓球 8 人(其中女 1 人)、网球 6 人(其中女 5 人)、羽毛球 6 人(其中女 2 人)、棒球 7 人、垒球 3 人(女)、曲棍球 6 人(女)、体操 9 人(其中女 4 人)、艺术体操 4 人(女)、技巧 1 人(女)、健美 1 人(女)、举重 2 人、击剑 1 人、跳伞 5 人(其中女 1 人)、海模 3 人、射击 7 人(其中女 4 人)、射箭 4 人(其中女 2 人)、自行车 1 人、登山 1 人、武术 6 人(其中女 2 人)、围棋 3 人、中国象棋 4 人(女)。

1990—2004 年成都市国际级运动健将一览表

表 5－256

项　目	姓　名	批准时间
自行车	王雪梅(女) 吴　丹	1992 2002
羽毛球	陈兴东	1992
技　巧	黎艺嘉(女)	1990
花样游泳	江　洁(女) 李柔娉(女)	1992 2004
举　重	谢志红	1993
跳　伞	董怀忠	1996
海　模	刘　洪	1999
射　箭	李静竹(女)	1999
排　球	陈　静(女)	2000
游　泳	黄　欣	1998
跳　水	陈　莉(女)	2001
沙滩排球	迟　蓉(女) 熊　姿(女)	2001 2001
田　径	张　蓉(女) 杜　娜(女) 序晓燕(女)	2000 2004 2004

1990—2004 年成都市国家级运动健将一览表

表 5－257

项　目	姓名及批准时间	
田　径	陈　燕(女,1991) 陈　颖(女,1992) 曾　燕(女,1994) 徐　凌(1995) 王晴琴(女,2000) 刘　毅(2001) 冷　眉(女,2004) 顾俊杰(2004) 何茂隆(2004) 廖晓燕(女,2003)	吴　岗(1990) 刘洪宁(1994) 王秋菊(女,1995) 杜　娜(女,1998) 王小玉(女,2000) 赖朝辉(2002) 张　容(女,2004) 周　磊(2004) 刘　杰(1996) 周　杨(女,2004)

续表

项　目	姓名及批准时间	
游　泳	宗　东(1992) 毛　征(女,1991) 李　淼(1994) 李　炎(女,1994) 黄　欣(1995) 贺　宇(1995) 郭　涛(1992) 张凌林(1998) 王翔宇(2004)	肖　波(1991) 熊　怡(女,1994) 张海燕(女,1994) 陈　瑶(女,1994) 赵　箐(女,1995) 李　博(1995) 李金麟(1995) 邓　玮(2003) 徐　刚(1994)
跳　水	黄　佳(女,1990) 陈　莉(女,1995) 余珊珊(女,2001) 胡　微(女,1994) 张　鹏(2003)	邱　涛(女,1991) 祝智佳(女,1995) 莫瀚娜(女,2001) 刘　月(女,2000)
花样游泳	陈蓓蓓(女,1993) 张　微(女,1994) 李柔娉(女,1998) 张　英(女,1999) 蒋婷婷(女,2000)	金　彦(女,1994) 曾莉娜(女,1996) 贺晓初(女,1999) 蒋文文(女,2000) 朱玉蝉(女,2000)
排　球	张利明(1990) 朱　刚(1991) 赵　莉(女,1992) 黄　薇(女,1993) 杨勇伟(1995) 廖娉娉(女,1999) 熊　姿(女,1999) 路瑜蓉(女,1999) 方　威(2000)	张赤兵(1991) 梁智勇(1991) 杜　鹃(女,1992) 叶　文(1995) 严敬川(1995) 陈　静(女,1998) 迟　蓉(女,1999) 邓　刚(2000) 吴晓雷(2000)
足　球	魏　群(1993) 李　庆(1993) 徐建业(1994) 伊　俐(女,2000) 吴晓蓉(女,2002)	李晓峰(1993) 马明宇(1993) 肖　珍(女,2000) 张春艳(女,2002) 郭　娉(女,2002)
乒乓球	夏　冰(1990) 刘　蓉(1991) 陈俊杰(2000) 杨文巧(女,2001)	陈宏宇(1990) 谢　静(1994) 叶若迁(2000) 邱贻可(2003)
网　球	陈　晖(1990) 付　琳(女,1990) 晏　紫(女,2003)	刘　莉(女,1990) 尺　洁(女,1990) 郑　洁(女,2003)
羽毛球	刘玉红(女,1990) 李　坚(1990) 冷　波(2000)	陈兴东(1990) 范　勇(1999) 杨　羲(女,2003)

续表

项目	姓名及批准时间	
棒球	卢　林(1990) 谢　鹏(2003) 唐　龙(2003) 万　杰(2003)	朱　彬(1992) 李　阳(2003) 李又林(2003)
垒球	周　怡(女,2003) 张春霞(女,2004)	于红莉(女,2004)
曲棍球	达富萍(女,1993) 田萌科(女,1995) 王　瑞(女,1995)	李从蓉(女,1995) 熊　鹰(女,1995) 马晓彬(女,1995)
体操	欧阳戈(1991) 濮晓蒙(女,2000) 王刺荔(女,2001) 许　岚(1997) 吴　茜(女,1991)	黄　晶(女,1999) 张　鑫(2000) 冯　哲(2004) 贺　亮(1997)
艺术体操	桑　燕(女,1995) 吴　婧(女,1999)	梁　妍(女,1995) 骆　懿(女,1998)
技巧	王　婷(女,1994)	
健美	熊　斐(女,2001)	
举重	邓燕东(1990)	刘　杰(1991)
击剑	吕　斌(1990)	
跳伞	黄怀康(1991) 朱　虹(女,1994) 李　强(2003)	黄怀忠(1993) 苟小云(1996)
海模	李　麟(1991) 王成伟(1993)	陈　雄(1991)
射击	刘世彬(女,1991) 王　琥(1997) 黎　旭(1996) 序　莎(女,2003)	杨　静(女,1992) 刘天佑(2000) 林　慧(女,2000)
射箭	李　迅(1999) 王雪梅(女,1990)	李镜竹(女,2003) 殷　谢(1991)
自行车	吴　丹(1996)	
登山	刘　建(2004)	
武术	丁　炜(1991) 于飞彪(2001) 赵　超(2002)	蔡　红(女,1991) 周　静(2002) 吉义菲(女,1999)

续表

项　目	姓名及批准时间	
围　棋	余　平(1996) 杨　一(升为五段的批准时间为2002年)	李　亮(1998)
中国象棋	张　林(女,1992) 郭瑞霞(女,1999)	龚　勤(女,1993) 唐冬梅(女,1999)

【教练员】

1956年,成都市青少年业余体校建成,始设专兼职教练员。1989年,全市共有高级教练员职称35人,中级教练员职称130人。初级教练员职称36人。

1992年,成都市制定参加省以上比赛成绩优异的运动员、教练员奖励办法。1993年,市体委全年共派出教练员、训练业余人员77人次参加高、中级岗位的培训。1995年,市直属的体育单位共选派出23人参加省或全国的7个项目的培训班。其后,成都市体育部门不断加快建立畅通合理的人才流动渠道,建立良好的用人机制。按照竞技体育的任务周期,明确教练员的任务指标,充分调动教练员培养优秀人才的积极性。搞好教练员的定期业务学习和培训,优化全市教练员队伍。1999年,成都市的优秀运动队专职教练员数已达14名。2005年末达20名。

1990—2005年成都市教练员情况表

表5-258

年份	优秀运动队专职教练员数(人)	专职教练员数(人)
1990	12	183
1991		172
1992	18	171
1993	17	180
1994	16	175
1995	17	165
1996	16	173
1997	14	173
1998	14	164
1999	14	164
2000	17	171
2001	20	163

续表

年份	优秀运动队专职教练员数(人)	专职教练员数(人)
2002	19	144
2003	16	139
2004	17	129
2005	20	154

1990—2005年成都市高级教练员一览表

表5-259

姓　名	项目	出生年月	批准年份	主要事迹	备　注
杨属安		1943年7月	1995	向省、市优秀队培养和输送多名运动员，曾带队多次获省业校比赛第一名和全国比赛优秀成绩	
陈铭林	足球	1945年10月	1996	向四川队输送了20名运动员，带队参加省业校比赛获3次冠军、7次亚军，带队参加全国比赛获第六名	
张跃军	网球	1959年5月	1998	带队参加第六届全运会获混合冠军、女双第三名、女团第五名；带队参加全国甲级单项赛获女双亚军(2次)、女团第四名	
代儒静	排球	1949年7月	1993	先后向省、市运动队输送31名运动员，带队参加省青少年比赛获第一名8个，曾获省业余训练先进工作者称号；她编写的排球训练大纲手册获国家体委科技一等奖	
刘志钢	武术	1960年6月	1995	先后为省武术队、解放军队、成都体校等输送了30名武术人才，培养的队员，在参加省比赛中获143+276+284枚金牌，全国冠军　个，城运会冠军14个、亚洲冠军　个。曾获全国先进教练员、省业余训练先进个人、成都优秀专家等称号，享受市政府和国务院特殊津贴	
赵建刚	游泳	1955年10月	1996	先后为国家和省队输送20多名运动员，其中朱毅获亚运会冠军、世界锦标赛亚军，陈诚获全国少年锦标赛4个冠军、亚太地区少年锦标赛3个冠军，本人曾获全国先进工作者，享受国务院特殊津贴	
邓少华	网球	1958年8月	1996	所训练的队员李德鹏在1987年第六届全运会上获网球混双冠军，男单第六名，1991年获全国甲级单项赛男双第三名；队员陈晖1988年获全国甲级单项赛男双第三名，1990年获全国甲级单项赛男双第三名，男单第八名	
何显林	田径	1963年9月	1998	向省、市运动队输送运动员，其中曾艳获全运会冠军和城运会冠军，曾获市突出贡献选拔人才称号，为享受政府津贴专家	

续表

姓 名	项目	出生年月	批准年份	主要事迹	备 注
成建新	乒乓球	1953 年 12 月	1994	为国家乒乓球队输送了陈龙灿等 30 多名运动员，他们在奥运会、世界杯和全国锦标赛中多次获优异成绩。曾获“中国乒乓球事业贡献奖”、省劳模称号等	乒乓球国家级
代天云	乒乓球	1955 年 9 月	1966	曾在科威特任教，为专家组组长；在国家队期间，撰写乒乓球论文获奖，并为运动员、教练讲课；获“中国乒乓球事业贡献奖”	
江嘉章	乒乓球	1958 年 6 月	1999	为国家队培养输送 5 名优秀运动员，其中邱贻可击败了世界排名第一的名将，叶若庭获亚洲乒乓球锦标赛单打冠军；本人获全国优秀体育工作者、市劳模等称号并被评为有突出贡献优秀专家	
陶世刚		1949 年 8 月	2004		
蔡开泉	模型	1938 年 6 月		培养了李轩等一批航模运动员，李轩在参加世界航海模型赛中获世界冠军	
胡纪萍	体操	1946 年 7 月	1997	先后为四川省体操队输送了江瑞臣等 5 名优秀运动员	
王迪瑞	羽毛球	1948 年 5 月	1999	为国家队、省羽毛球队输送一批运动员，其中陈兴东夺得羽毛球世界杯冠军、两次获苏迪曼杯赛第一名和奥运会混双第四名。获国家体委“世界冠军启蒙奖”	
徐重庆	足球	1941 年 7 月		执教 27 年	华西少儿足球俱乐部
刘美川	跳水	1961 年 3 月		经其训练的跳水队曾获世界、亚洲、全国冠亚军；本人于 2000 年获体育运动荣誉奖章，立二等功，并两次获省运动学院“十佳教练员”称号	
刁力刚	技巧	1958 年 10 月	1993	经其训练的队员曾获世界冠军、亚洲锦标赛冠军(3 个)、全国冠军(10 个)；2 次立大功，1990 年当选全国技巧十佳教练员	
祝长富	射击	1954 年	1994	曾多次获亚洲和全国冠军；任四川射击队教练和主教练	
黄德儒	乒乓球				
江瑞臣	羽毛球				
岑福友	足球	1940 年 6 月		执教 29 年	四川太安足球俱乐部
于福弟	足球	1939 年 5 月		执教 25 年	交大骄子足球学校
严 毅	射击		2006	培养了一批优秀射击运动员，其中刘天佑获全运会冠军、多哈亚运会冠军(2 个)等优异成绩	

续表

姓　名	项目	出生年月	批准年份	主要事迹	备　注
黎　兵	足球	1969 年 3 月	2005		
张伟哲	足球	1973 年 1 月	2006 年		
刘文韬	足球	1968 年 3 月	2001		
徐建业	足球	1971 年 8 月	2006		
冯　峰	足球	1968 年 11 月	2005		
兰廷刚	足球	1958 年 11 月	2003		
岑福友	足球	1936 年 5 月			

1990—2000 年成都市获重要荣誉称号的教练员一览表

表 5 - 260

姓　名	项　目	荣誉称号	颁发单位	荣获年份
王迪瑞	羽毛球	世界冠军启蒙奖	国家体委	1996
邓莉莉	跳水	世界冠军启蒙奖	国家体委	1992
黄德儒	乒乓球	世界冠军启蒙奖	国家体委	1992
江瑞臣	羽毛球	世界冠军启蒙奖	国家体委	1992
代儒静	排球	全国业余训练先进教练员	国家体委	1992
温儒瑜	网球	全国业余训练先进教练员	国家体委	1992
李静明	乒乓球	全国业余训练先进教练员	国家体委	
曾子林	国际象棋	四川省突出贡献优秀专家 享受国务院特殊津贴 市突出贡献青年拔尖人才	四川省政府 国务院 市政府	1993 1993 1994
罗义平	国际象棋	全国业余训练先进教练员	国家体委	1983
赵兰	国际象棋	第九、十届省人大代表 省第六届党代会代表 市第八届党代会代表	省政府 省委 市委	1998、2003 1993 1993
宋雪林	围棋	成都市劳动模范 市党代会代表	市政府 市委	1990 2003
罗义	围棋	全国业余训练先进教练员 全国精育新星	国家体委 国家体委	1992 1992
肖成宗	射击	全国业余训练先进教练员	国家体委	1992
江嘉章	乒乓球	全国业余训练先进教练员 全国优秀体育工作者 市劳动模范、市突出贡献优秀专家	国家体委 国家体育总局 市政府	1996 2000 2004
杨旋	篮球	全国业余训练先进教练员	国家体委	1996

续表

姓　名	项　目	荣誉称号	颁发单位	荣获年份
赵建刚	游泳	享受国务院特殊津贴	国务院	2001
成建新	乒乓球	中国乒乓球事业贡献奖 四川省劳动模范	中国乒协 四川省政府	2002 1989
代天云	乒乓球	中国乒乓球事业贡献奖	中国乒协	2002
严毅	射击	四川省突出贡献优秀专家	四川省委 省政府	2006
刘志刚	武术	全国业余训练先进教练员 市突出贡献优秀专家、享受市政府津贴 享受国务院特殊津贴	国家体委 市政府 国务院	1996 1999 2000
徐小维	游泳	全国业余训练先进教练员	国家体育总局	2001
何显林	田径	享受市政府特殊津贴	市政府	1999

【裁判员】

成都市开始实行等级裁判员制度始于1956年。20世纪80年代，随着全国、全省性比赛在成都的频繁举行，成都市加强裁判队伍的建设和管理，每年都对裁判队伍进行统计和登记，发展一批裁判员，裁判员队伍逐步扩大。

1990年，建立裁判员档案，全市共有4547名等级裁判员。1991年，市体委先后举办击剑、田径、游泳、乒乓球、排球、航空模型、航海模型的裁判员培训班。1992年，有计划地举办14期裁判员学习班，发展一级裁判员66名、二、三级裁判员180名，有100余名裁判员分别担任全国或省级比赛的裁判工作。1996年，全市有裁判员6342名，其中国际级3名、国家级99名、一级1083名、二级2591名、三级2566名。1997年，市体育部门举办田径、游泳、羽毛球等项目裁判员的培训班，努力提高裁判员的业务水平和职业道德素质。1998年，市级体育部门主抓对年轻裁判队伍的培训，举办多个项目的裁判培训班，截至年末，全市共有裁判员7133名，其中国际级35人、国家级105人、一级1222人、二级2895人、三级2876人。1999年，改变由体委统一培训体育裁判员的单一形式，形成体育运动项目管理中心、体育协会、大专院校及区（市）、县组织培训的新格局，全年全市举办培训班12期，新增加一级裁判员62名、二级裁判员180名。

2000年，市体育部门对从事裁判工作的800余人次分别进行不同层次、等级的培训，年末全市新增国际裁判员1名、国家级裁判员3名、一级裁判员56名、二级裁判员200名。2003年，结合2004年举办的成都市第十届运动会新设项目裁判员的培训，市体育局有关部门与省体育局社会体育指导中心联合办健身秧歌培训班，培训出第一批秧歌比赛裁判员，并担任2003年成都市首届健身秧歌比赛的裁判工作。是年，市体育局还举办其他体育项目裁判员培训班6期，全市全年新批各项目裁判员350人，其中，一级裁判员50名、二级200人、三级100人。全市派出7名裁判员参加全国第五届城运会决赛的裁判工作。排球、足球和田径项目有3名裁判员考取国际级裁判员。2003年年底，全市注册裁判员共1063人，其中，一级402人，二级398人，三级263人。

体育竞赛

赛事参与

【国际比赛】

1990年，成都籍运动员陈龙灿、温莉蓉、严静等10名运动员代表中国参加在北京举行的第十一届亚洲运动会击剑、武术、足球等8个项目的比赛，严静（击剑）、温莉蓉（女足）获冠军金牌；彭英（武术）、陈龙灿（乒乓球男子双打）、王雪梅（自行车）获亚军，王雪梅破自行车亚洲纪录。同年，金牛区少年棒球队代表中国参加远东地区少年棒球锦标赛夺得冠军。1994年，出征在日本广岛举行的第十二届亚运会的11名成都籍运动员，共获2枚金牌、3枚银牌、2枚铜牌和3个第四名。1996年，成都市乒乓球运动学校小将陈俊杰、邱贻可代表中国参加东亚希望杯乒乓球比赛获男子团体、男子单打冠、亚军。1997年，成都五牛少年足球队作为中国中学生足球队，参加在荷兰阿姆斯特丹举行的第十四届“可口可乐杯”国际中学生足球比赛，以全胜战绩夺得14—16岁年龄组冠军。1998年，成都6名运动员代表中国参加亚运会共获2枚金牌、2枚银牌和1枚铜牌。成都市游泳运动学校在代表中国参加欧洲青少年年龄组锦标赛中获8枚金牌，运动员赵菁获“最佳优秀选手”和“年龄组希望之星”称号，陈诚获年龄组“希望之星”称号；同年8月，参加马来西亚举行的亚太地区青少年游泳锦标赛，获5枚金牌、3枚银牌，赵箐、陈诚等获优秀选手称号。以成都市教练员和运动员为主的中国少儿棒球在参加第一届亚洲少年软式棒球（A）锦标赛中获冠军。2002年，两名成都运动员在亚洲射箭大奖赛中获第一名各2个，第三名1个。2003年，成都选手李茜、叶若在亚洲青少年乒乓球锦标赛上分别获得第一名。2005年，在第四届东亚运动会上成都籍运动员夺得金牌1枚、银牌3枚、铜牌2枚。

成都籍运动员参加世界级综合运动会与单项比赛，也取得不少好成绩。1992年，成都籍技巧运动员参加世界技巧锦标赛获混双冠军。1994年，成都国际象棋小将在世界青少年国际象棋比赛中获女子（14岁组）冠军，代表中国参加世界大学生国际象棋团体赛获第二名和个人第五名。1996年，第26届奥运会，成都市有4名运动员参赛，作为中国女足主力的成都籍运动员温莉蓉与队友同获亚军，市体校羽毛球选手陈兴东获混双第四名。随后，陈兴东在参加世界杯羽毛球赛中作为中国队的一员获团体冠军。1997年，由市体校输送的技巧运动员王婷在世界技巧锦标赛中获第三名；羽毛球选手陈兴东获苏迪曼量杯羽毛球赛混双冠军。1998 年，成都籍海模运动员刘洪在第八届世界航海模型锦标赛中，他制作的一艘仿古战舰不足 1 支烟长，获 C4（袖珍模型）金牌。1999 年，成都籍运动员共获世界冠军 1 个、第三名 3 个；洲际冠军 1 个、亚军 2 个。2000 年，刘洪的仿真模型在第十届世界海模锦标赛赛中以 99.33 分获 C4 级别组冠军。金牛区棒球队代表中国参加第十八届世界软式棒球锦标赛和第十届世界少年棒球锦标赛，分别获第二名和第三名。2002 年，成都乒乓球运动员邱贻可在参加世界杯总决赛中获青少年组冠军，唐宇诗在匈牙利举行的世界少年乒乓球挑战赛中获男团冠军、双打亚军，世界少年排名第四名。成都籍运动员刘天佑在参加第 48 届世界射击锦标赛中获青少年气步枪团体冠军，决赛获（青年组）冠军，打破世界青少年射击纪录。2003 年，市乒校输送的运动员在 2003 年职业巡回总决赛和第 47 届世乒赛中获第三名、第五名；李茜、郑长弓在首届乒乓球世界青年锦标赛上分别获得多个第一名。同年，成都选手李迅参加世界大学生运动会获射箭第三名，并破世界纪录。2004 年，成都市有 9 名运动员出征第 28 届雅典奥运会，是成都籍运动员参加奥运会人数最多的一次，女排陈静获金牌，女垒周怡、黎春霞获第四名，花样游泳王娜、贺晓初获第六名，女网郑洁、晏紫进入前八名。2005 年，莫翰娜与队员配合在第 23 届世界大学生运动会上夺得 10 米跳台冠军。

【全国比赛】

1990 年后，成都市运动员参加全国性比赛主要有两种形式，一种是成都籍运动员被选入四川队，代表四川参加全国比赛，另一种是成都市单独组队直接参加全国比赛。

1992 年，由市射校输送到省射击队的射击女选手刘世彬在参加全国个人射击冠军赛的 60 发项目比赛中，以 595 环获冠军，平该项目的世界纪录，继后在全国射击锦标赛的 3×20 项目比赛中，又以 579 环的好成绩获亚军，平该项亚洲纪录。1993 年，代表四川参加第七届全运会，成都籍运动员在四川队的 422 名运动员中占 29.4%。当年成都田径选手刘洪以 7.81 米成绩破全国青少年跳远纪录。1997 年，成都籍运动员代表四川参加第八届全运会，所获金牌、奖牌和团体总分分别占四川团金牌总数的 48%，奖牌总数的 42.16%，团体总分的 36.97%。2000 年，成都籍选手赖朝辉等在代表四川省参加全国第六届大学生运动会和全国体育大会的比赛中为四川各夺得 5 枚金牌。2001 年，成都籍运动员代表四川参加第九届全运会获得 501.5 分，占四川团获得的团体总分的三分之一。2005 年，成都籍运动员代表四川省参加全国第十届运动会，获金牌、奖牌数分别占四川团金牌总数的 50% 和奖牌总数的 44%，成都籍网球选手郑洁、晏紫成绩突出，为四川团拿下 2 枚金牌。

1987 年，成都市第一次组团参加全国性运动会——第一届全国城市运动会。1990 年后，随着成都市体育事业的发展和竞技水平的提高，成都市直接参加全国性比赛情况日渐增加。1990 年，成都市以单列城市名义组成 29 个运动队参加了全国 13 个项目的比赛，获冠军 12 个。1992 年，成都市女子排球队参加全国乙级排球队联赛获亚军而晋升为全国甲级队。1993 年，金牛区棒球队代表成都市参加全国少年棒球赛获冠军。1994—1997 年，成都市航空模型、航海模型项目多次组队参加全国比赛，航海模型为成都市获得了第一个全国团体冠军。1996 年，成都棋院组队参加象棋、围棋、国际象棋、桥牌的全国比赛就达7项之多，共获第一名19个。成都市游泳队参加了水平较高的全国游泳冠军赛，成都市选手赵菁一人连破三项全国年龄组纪录。2001年，成都市女子排球队也获全国青年排球锦标赛的第五名。

在体育竞赛改革深化的过程中，参赛形式也发生了变化。1998年，由成都市健美协会团体会员单位直接组队参加了全国第二届健美操运动会，获得青年乙组混合双人操冠军；随后该协会会员周妮在深圳举行的中国第三届健身小姐大赛中获“十佳健身小姐”称号和最佳表现奖。同年，市足协代管的成都五牛青年队先后5次参加全国性比赛，所获成绩在全国80余支球队中处于前十名。金牛区、成都体院、双林中学少儿足球俱乐部参加了在贵阳举行的全国少儿足球比赛。2001年，高新区网球俱乐部和五牛国腾足球队还分别获得全国网球、足球联赛的第三名。成都市保龄球俱乐部组队参加威海全国保龄球邀请赛，男、女选手双双获得冠军。

1990—2005年成都籍运动员获全国比赛前三名成绩一览表

表5－261

年份	第一名	第二名	第三名	破纪录			备注
				全国	亚洲	世界	
1990	12	8	11			平1项	
1991	5 4	1 4	10 9				下为第二届城运会成绩
1992	1	5	1		平1项		
1993	14	8	16	破1项			
1994	9	8	11				
1995	18 5	12 3	12 4				下为第三届城运会成绩
1996	17	19	18				
1997	9	10	11				
1998	2						
1999	18 8	5 1	32 11				下为第四届城运会成绩
2000		19	17				
2001	22	8	4				
2002							
2003	13	17	14				第五届城运会成绩
2004	22	11	5				
2005	7	6	8				第十届全运会成绩

【城运会】

成都市组团参加中华人民共和国城市运动会（简称"城运会"，从1987年起每四年举行一届）始于1987年，至2005年共参加五届。

这五届城运会中，成都市代表团的竞技水平一届比一届提升，金牌数由第一届城运会的4枚，上升到第五届城运会的13枚。在第五届城运会上，成都代表团共获得13枚金牌、17枚银牌、14枚铜牌，团体总分853分，金牌数名列第九位、奖牌数名列第七位，团体总分名列第七位，跻身全国前十强，居西部第一位。

成都市体育代表团参加历届城运会所获名次统计表

表5－262

届　次	时间与地点	参赛情况	获奖情况	所获名次
第一届	1987年10月23日至11月2日在山东济南举行	成都市共有77名运动员参加12个项目的比赛	金牌4枚、奖牌47枚、团体总分197分，在40个参赛城市中，金牌列居十六，奖牌列居十二，团体总分列居十四	
第二届	1991年9月20日至28日在河北唐山举行	共有96个城市参加，成都市共有105运动员参加10个项目的比赛	获团体总分213.5分，奖牌17枚（其中金牌4枚），团体总分数及奖牌数均进入全国前十名；团体总分、金牌数、奖牌数均居西部第一位	第一名 田　径：男子10项全能（郭峥嵘） 射　击：男子飞碟多向200靶（王旭） 羽毛球：男女混合双打（陈兴东、车玲 乒乓球：男女混合双打（夏冰、刘蓉） 第二名 击　剑：男子重剑团体、个人（刘兴） 田　径：女子　4×100米接力 乒乓球：男子双打（胡波涛、夏冰） 第三名 射　击：男子小口径自选步枪60发卧射（曹晖）、女子运动手枪60发（杨静） 游　泳：男子100米蛙泳（李森） 羽毛球：女子团体 排　球：男子、女子排球队 乒乓球：男子单打（胡波涛） 田　径：女子100米（高寒）、女子七项全能（曾玉娟）

续表

届　次	时间与地点	参赛情况	获奖情况	所获名次
第三届	1994 年 10 月 22 日至 31 日在江苏南京举行	共有 49 个城市参加。成都市共有 96 名运动员参加 12 个项目的预、决赛	共获金牌 5 枚,银牌 3 枚、铜牌 4 枚,团体总分 195.5 分,破 1 项全国青年纪录;金牌数列第九位,奖牌数和团体总分名列第十一位	第一名 射　箭:男子奥林匹克个人排名赛(杨波) 排　球:女子排球队(陈静、熊姿、迟蓉、李红、路瑜蓉、路玫蓉、马丽华、罗勤、李雯、初丽丽) 田　径:女子 200 米(李雪梅)、女子 100 米栏(曾艳)、女子 100 米(李雪梅) 第二名 射　箭:吴逢波、杨波、叶勇(男子奥林匹克淘汰赛) 游　泳:男子 200 米蝶泳(黄欣)、男子 200 米蛙泳(洪宁宁) 第三名 射　击:男子飞蝶多向 125 靶(王旭) 游　泳:男子 100 米蝶泳(黄欣) 体　操:女子全能、跳马(黄梦菲)
第四届	1999 年 9 月 11 日至 20 日在西安举行	共有 57 个城市参加。成都市共有 157 名运动员参加决赛	夺得金牌 8 枚、银牌 1 枚、铜牌 11 枚,团体总分 649 分,破 1 项全国青少年纪录;9 名队员获“希望人才奖”,3 名队员获最佳技术奖。团体总分、奖牌数、金牌数分列第七、第八、第九位。国家体育总局授予成都市“体育后备人才奖”和“优秀人才输送奖”	第一名 射　箭:男子个人奥林匹克淘汰赛(严飞) 体　操:男子吊环(张鑫)、女子高低杠(杨映曦) 田　径:女子 100 米(曾秀君)、男子铁饼(赖朝辉)、女子撑竿跳高(杜娜)、男子十项全能(曹文)、女子 4×100 米接力(舒艳、赵丽娜、苟宏、曾秀君) 第二名 羽毛球:男子双打(范勇、肖立) 第三名 乒乓球:男子双打(陈俊吉、叶若庭) 射　箭:男子排名赛(丁凡) 体　操:女子团体(周燕、黄晶、王刺荔、杨映曦、濮晓蒙、黄文琴) 田　径:男子 4×100 米接力(蒲朝阳、熊杰、代伟、徐凌)、男子撑竿跳高(蒋安华)、男子 110 米栏(刘杰)、女子 1500 米(田小霞)、男子链球(李东升)、女子撑竿跳高(唐俊美) 羽毛球:女子单打(皮红艳)、男子团体(范勇、肖立、朱敏、冷皮、谢中博、陈宇)

续表

届　次	时间与地点	参赛情况	获奖情况	所获名次
第五届	2004 年 10 月 18 日至 28 日在湖南长沙举行	共有来自香港、澳门和台湾在内的全国 79 个城市参加。成都市共参加 20 个项目的预赛、决赛	共夺 13 枚金牌、17 枚银牌、14 枚铜牌、团体总分 853 分，金牌数名列第九位、奖牌数名列第七位，团体总分名列第七位，跻身全国前十强，居西部第一位	第一名 跳　水：女子团体　成都市（甘文霖、李莎、莫瀚娜、郭珊、秦紫薇、刘月） 跳　水：成都市（甘为霖、莫瀚娜） 羽毛球：混合双打（谢中博、杨曦） 田　径：男子三级跳远（顾俊杰）、女子 100 米接力（张蓉） 羽毛球：混合双打（谢中博、杨曦） 垒　球：成都市垒球队 乒乓球：男子双打（邱贻可、郑长弓） 帆　板：成都市（赖明双） 武　术：男子南拳（李付魁）、女子南拳（周琳） 第二名 跳　水：女子双人 3 米板（郭珊、刘月） 田　径：男子 4×100 米接力（熊刚、彭英刚、何茂隆、顾俊杰）、女子 100 米栏（舒艳）田、女子 4×100 米栏（张蓉、冷眉、舒艳、王敏） 击　剑：男子重剑团体（庹通、黎国介、鲁川） 棒　球：成都市棒球队 乒乓球：混合双打（邱贻可、李茜） 跆拳道：女子 67 公斤级（张晓阳） 排　球：成都市男子排球队 帆　板：（殷雪） 武　术：女子团体（黄晓丽、张萍、谭雯雯、伍晶晶、李玉芳） 第三名 跳　水：女子 10 米台（莫瀚娜） 射　箭：男子个人排名赛（潘敏锐） 田　径：女子 1500 米（王晴琴）、女子七项全能（刘芳） 皮划激流：成都市 体　操：女子跳马（李想） 曲棍球：成都市 赛　艇：男子 2000 米单人双桨（张顺银） 射　击：女子气步枪团体（程诚、廖莎、王倩） 举　重：女子 +75 公斤级（黄欢）

【省青运会】

成都市组团参加四川省青少年运动会(以下简称省青运会,每四年举行一届,首届青运会于1986年9月16日在原达县地区举行)始于1990年,至2005年共参加四届。在这四届省青运会上,成都市代表团每届获得的金牌数、奖牌数、团体总分皆为全省第一,每届均获体育道德风尚奖,还打破不少全国青少年纪录和省青少年纪录。

1990—2002年成都市参加四川省部分青运会及青少年体育竞赛一览表

表5-263

届 次	举办时间与地点	成都代表团情况	获奖情况	备 注
第二届	1990年8月27日至9月3日在内江举行	代表团共706人,其中运动员566人,教练员、工作人员140人,共参加18个项目65个组别的比赛	获团体总分464分、金杯26座、奖牌总数417枚、金杯164牌、银牌137枚、铜牌116枚,六项均列全省第一;共破3项全国、省青少年纪录和44项省年龄组纪录。成都代表团和10个运动队获"体育道德风尚奖"	
第三届	1995年8月在乐山举行	代表团共447人,参加田径、游泳、举重、击剑、摔跤、设计、射箭、乒乓球、武术、网球、足球、篮球、排球、柔道、体操等15个项目的比赛	以2753.5分、121枚金牌、253枚奖牌,获总分数、金牌数和奖牌数全省第一名,破7项全国青少年儿童纪录,并获体育道德风尚奖	
第四届	1998年7月17日至9月6日在德阳举行	代表团由294名运动员、57名教练员和14名领队组成,参加田径、游泳、乒乓球、羽毛球、网球、体操、艺术体操、射击、柔道、举重、击剑、武术、棒球、垒球共14个项目的比赛	共获金牌188枚(占全部金牌数396枚的47%)、银牌83枚、铜牌2枚、奖牌总数333枚(占全部项目奖牌数1188枚的28%)、总分4418.5分的优异成绩,同时破128项省青少年纪录(占全部纪录项次314次的40%),破2项全国青少年纪录,是唯一破全国纪录的代表团。金牌数、奖牌数、团体总分居全省第一	
第五届	2002年8月在成都举行	成都市共有500名运动员参加青少年组的足球、篮球、排球、田径、游泳、跳水、乒乓球、棒球、垒球、羽毛球、举重、体操、艺术体操、蹦床、武术、散手、摔跤、柔道、跆拳道、击剑、射击、射箭共20个项目的比赛,是成都市参赛人数最多的一次	共获得金牌199枚、银牌115枚、铜牌68枚、团体总分5189.5分,共破4项全国青少年纪录、37项省青少年纪录,成都市代表团与其22个代表队获体育道德风尚奖。金牌数、奖牌数、团体总分居全省第一,成都市射击选手刘天佑、体操选手冷凝思、棒球选手高磊被评为"希望之星",并有30多名运动员被选入国家青年队和青少年队集训	从此届开始,省运会和省青运会合并举行,比赛分成年组和青少年组

赛事承办

【国际竞赛】

从20世纪90年代初开始，国际赛事在成都频繁举行。

1993年，成都市协办“中国四川·巴西桑托斯足球邀请赛”。6月12—20日，成都市首次承办世界杯足球亚洲预选赛A组第二阶段比赛，共有中国、伊拉克、约旦、也门、巴基斯坦等国的国家足球队和国际足联、亚洲足联特派的官员、裁判员等共计167人参加。比赛场地成都体育中心，青羊区体育场、西南交大运动场、玉林中学运动场、四川省运动技术学院运动场为训练场地。共进行10场比赛，累计观众达18万人次。亚足联副主席、该比赛的国际监督哈菲兹赞扬成都赛区的组织能力，中国足协主席袁伟民给予成都赛区高度评价，国家体委主任伍绍祖称成都举办预选赛有“五好”，即硬件好、接待好、组织好、新闻宣传好、观众好。

世界杯亚洲预选赛后，成都足球市场升温。1994年，成都市体委与市外事办公室和市对外宣传办公室组织比利时皇家马林足球队到蓉访问比赛。1995年，成都连续承办“中国·乌拉圭足球对抗赛”“中国四川·意大利AC米兰足球对抗赛”“中国四川·意大利桑普多利亚足球对抗赛”“中国·俄罗斯奥林匹克队足球赛”“中国·泰国足球赛”等五场国际赛事。1996年承（协）办的国际足球赛有“万贯杯”1996年中法国际足球对抗赛、“八一寻呼杯”1996年中巴国际足球对抗赛、“恒源祥”1996年中阿国际足球对抗赛、“佳佳杯”中意国际足球对抗赛、“西牛王杯”1996年中美国际足球对抗赛。1997年承（协）办“大宇电子杯”中韩国际足球对抗赛。世界足球明星马拉多纳、古力特等先后亮相成都球场。

1998年，成都体育中心承办“托普电脑杯”世界女飞人挑战赛，请来世界短跑名将琼斯与中国女飞人李雪梅同场较量。同年6月，在成都皇冠假日宾馆举行有世界台球顶级选手享德利、戴维斯及“亚洲王”瓦塔纳参加的1998年“红牛杯”国际职业台球冠军超级挑战赛第二阶段的比赛。同时，成都还承办“泰安铝材杯”亚洲青年足球赛。之后几年，成都国际赛事有所减少。

2005年9月，世界大力士冠军赛在成都举行

2001年，温江体育馆举办乌兹别克斯坦对四川的篮球对抗赛。2002年6月，温江区承办中国四川·泰国国际女子排球对抗赛。2004年，成都市协办在龙泉驿区阳光体育城专用足球场举行的2004年亚洲杯（成都赛区）足球赛后，接着分别承办中国国奥队对牙买加国家队和大连实德队对越南黄安嘉来队两场足球国际竞赛。2005年，成都在同沿海城市申办世界大力士冠军赛中，成都以文化历史悠久等优势，争得首次在中国举办世界级大力士冠军赛的主办资格。比赛于9月27日至10月7日分别在武侯祠景区、塔子山公园、世纪城新国际会展中心、春熙路中山广场等地举行，共有24个国家的30名运动员和1名中国运动员参加比赛。为配合大赛，赛前、赛中举行的活动有“全明星猜想”“中国大力

士秀”“众星拱月”等活动。同年，邛崃市人民政府和成都市体育局在邛崃市承办中韩军事跳伞赛；成都市体育局承办在成都城北保龄球馆举行的第六届中非保龄球友谊赛。

【全国竞赛】

20世纪80年代后，成都承办全国性比赛日趋增多。进入90年代后，更是每年都承办有全国比赛，年平均6次左右。1991年，成都市承办第二届全国城市运动会羽毛球、击剑、乒乓球、女排等四个项目的预赛。1992年，为迎接第七届全国运动会新建的成都体育中心竣工使用，为体育竞赛提供良好的硬件设施。之后几年，成都市举办的国内外大赛十分频繁。1993年，成都市承办七届全运会水球、蹼泳、足球、武术、田径等四项比赛。在成都市猛追湾游泳场室内游泳馆举行七运会蹼泳比赛，共有21次超过世界纪录，是中国开展蹼泳项目以来超世界纪录最多的一次。成都市承（协）办的七运会各项比赛，获全国和四川体育竞赛最佳赛区称号。

1994年，成都市承办“万宝路”全国足球甲级队联赛（成都赛区）的11场比赛。当时，全国各赛区球市下跌，而成都赛区上座率达95%，居全国各赛区之首。成都赛区获中国足协颁发的“最佳赛区”称号。成都还获得全国和四川体育竞赛“最佳赛区”称号。1995—1997年，成都球市继续火红，每年除进行11场全国足球甲A联赛外，还举行中国足协杯和奥林匹克青年足球赛，观众上座率较高。1997年，进行全国足球乙级联赛第一阶段（西区）的5场比赛。1995年、1996年、1997年中央电视台和国际管理集团各直播2场比赛。成都获得中国足协“最佳赛区”“观众最多奖”“最佳安全保卫奖”，因此成都被誉为“金牌球市”。

随后几年，成都市部分区（市）县承办全国女子足球、青少年足球赛和全国网球赛。2000年后，成都市继续承办全国甲级足球联赛和甲B足球比赛，其他项目的全国性比赛平均每年在5项左右。

2000年，全国第六届大学生运动会在成都举行。当年，在成都市举行的全国赛事有20余项次。由成都市私营企业组建的华中网球俱乐部还承办全国男子网球赛，这是成都私营企业首次直接承办全国体育竞赛。市网球协会从2000年开始自筹资金发起和举办的“全兴杯”全国大城市网球团体赛，到2005年已连续举办6届。

1990—2005年，成都市连续16年获评全国体育竞赛“最佳赛区”。

1990—2005年成都市承（协）办的部分全国比赛一览表

表5-264

年 份	运动会比赛名称	承办（协）比赛	备 注
1990	全国青年篮球联赛 全国少年篮球赛 全国少年无线电测向比赛 首届全国桥牌通讯赛（成都赛区）	承 办 承 办 承 办 承 办	获评全国最佳赛区、省最佳赛区
1991	中华人民共和国第二届城市运动会击剑预赛 中华人民共和国第二届城市乒乓球预赛 中华人民共和国第二届城市羽毛球预赛 中华人民共和国第二届城市女子排球	承 办 承 办 承 办 承 办	获评全国最佳赛区、省最佳赛区

续表

年 份	运动会比赛名称	承办(协)比赛	备 注
1992	全国棒球联赛(第一阶段) 全国田径青羊锦标赛 全国少年儿童乒乓球赛 全国青少年航海模型赛 全国排球乙级联赛 全国女子足球锦标赛 全国足球甲级联赛(B组) 全国足球优胜者决赛 全国武术散打团体赛 全国老年人网球邀请赛	承 办 承 办 承 办 承 办 承 办 承 办 承 办 承 办 承 办 承 办	获评全国最佳赛区、省最佳赛区
1993	中华人民共和国第七届运动会跳水比赛 中华人民共和国第七届运动会水球比赛 中华人民共和国第七届运动会排球比赛 中华人民共和国第七届运动会武术比赛 中华人民共和国第七届运动会棒球比赛 中华人民共和国第七届运动会足球预赛 中华人民共和国第七届运动会田径预赛 全国少年排球比赛 全国少年棒球比赛 全国少年网球比赛	承 办 承 办 承 办 承办 温江县协办 承办 金牛区协办 承办 彭县协办B组 承 办 承 办 承 办 承 办	获评全国最佳赛区、省最佳赛区
1994	1994 万宝路全国足球甲A联赛(成都赛区11场) "帝王杯"全国女足大会战 全国田径分赛区(成都赛区) 全国无线电测向锦标赛 中国南北足球明星对抗赛 全国棒球比赛 1994 沙龙全国网球巡回赛	承 办 承 办 承 办 承 办 承 办 承 办 承 办	获评全国最佳赛区、省最佳赛区，获评中国足协"最佳赛区"
1995	全国奥林匹克青年足球赛 1995 全国足球甲A联赛(成都赛区)(11场)	承办 彭州市协办 协 办	获评全国最佳赛区、省最佳赛区，获评中国足协最佳赛区
1996	1996 全国甲A足球联赛(成都赛区)(11场) 1996 年全国田径大奖赛 '96"银杏杯"全国象棋团体锦标赛 全国风筝邀请赛(大邑) 全国首届大学生桥牌赛(崇州) 全国信鸽品评会	协 办 承 办 承 办 承 办 承 办 协 办	获评全国最佳赛区、省最佳赛区、中国足协"观众最多奖"
1997	1997 年全国足球甲A联赛(成都赛区)(11场) 全国足球乙级联赛(西区,5场) 全国围棋团体赛 中华人民共和国第八届运动会田径预赛(女子组)比赛 全国航海模型锦标赛 全国车模冠军赛	协 办 承 办 承 办 承 办 承 办 承 办	获评全国最佳赛区、省最佳赛区

续表

年 份	运动会比赛名称	承办(协)比赛	备 注
1998	1998 全国足球甲 A 联赛(成都赛区 11 场) 全国甲 B 联赛成都五牛队主场 全国足协杯比赛 全国国际象棋团体赛 全国少年象棋赛 全国少年射箭赛 全国少年网球赛 全国青少年羽毛球赛 全国航海模型锦标赛	协 办 承 办 协 办 承 办 承 办 承 办 承 办 承 办 承 办	获评全国最佳赛区、省最佳赛区
1999	1999 年全国足球甲 A 联赛(成都赛区) 全国网球俱乐部联赛(2 场)	协 办 私营华中网球俱乐部协办	获评全国最佳赛区、省最佳赛区
2000	2000 年全国田径大赛奖(成都站) 2000 年士宝全国少年儿童游泳分区赛(成都赛区) 全国足球甲组队 A 组联赛 全国足球甲组队 B 组联赛 “步步高”女足超级联赛 2000 年“可口可乐”杯 U－21 全国青年足球联赛决赛(成都赛区) 2000 年全国女足少年联赛(成都站) 中国国际男子网球希望赛(成都站) “吉隆泰”全国男子网球俱乐部联赛 全国青少年网球排名赛 全国青少年网球排名赛(总决赛) 2000 年“水井坊”杯全国大城市业余网球团体赛 “银荔杯”第十一届象棋全国冠军赛 “乐百氏杯”全国围棋第二阶段比赛 全国围棋甲 A 联赛 首届全国“蜀玻杯”风筝精英邀请赛(崇州) 全国青年桥牌锦标赛(崇州) 全国首届皮划艇激流回旋冠军赛(都江堰) “永林杯”全国青少年软式排球赛(都江堰)	承 办 承 办 协 办 承 办 崇州承办 承 办 承 办 承 办 承 办 承 办 承 办 主 办 协 办 承 办 承 办 承 办 承 办 承 办 承 办	获评全国最佳赛区、省最佳赛区
2001	2001 年全国足球甲级队联赛 “阿迪达斯”4 对 4 全国青少年足球赛(成都赛预赛) 全国女子少年足球联赛(成都赛区预赛)	承 办 承 办 承 办	获评全国最佳赛区、省最佳赛区，获评中国足协“优秀赛区”等奖
2002	2002 年全国足球甲级队联赛(21 +10 场) 2002 年全国首届桌球掷球(沙壶球)巡回赛(成都站)比赛	协 办 承 办	获评全国最佳赛区、省最佳赛区

续表

年份	运动会比赛名称	承办(协)比赛	备注
2003	全国甲级足球联赛(成都赛区)22场	承办	获评全国最佳赛区、省最佳赛区，获评中国足协甲B优秀赛区
	全国游泳春季分区达标赛(南方)	承办	
	2003年“水井坊”杯中国大城市业余网球团体赛	主办	
	全国少年举重锦标赛	承办	
	全国室内五人制足球比赛	承办	
	中华人民共和国第五届城运会田径预赛	承办	
	全国足球业余(丙级)队联赛(预赛、西南区复赛)	承办	
	全国女子V-16足球联赛预赛和决赛	承办	
	全国甲级俱乐部预备队足球联赛	承办	
	全国V-17、V-15足球联赛预赛	承办	
2004	全国足球甲级联赛A、B组(31场)	协办	获评全国最佳赛区、省最佳赛区
	中国足协杯赛(4场)	协办	
	水井坊杯中国大城市业余网球团体赛	主办	
	全国乒乓球乙级联赛	协办	
	全国象棋团体赛	协办	
	全国围棋段位赛	协办	
	“银荔杯”全国象棋争霸赛	协办	
	全国羽毛球俱乐部(职业选手)比赛	协办	
	全国少年足球邀请赛	主办	
2005	全国足球甲B联赛(13场)	承办	获评全国最佳赛区、省最佳赛区
	全国女足联赛(崇州赛区)	崇州市承办	
	全国青少年武术套路锦标赛	承办	
	全国青少年航空模型锦标赛	承办	
	全国重点射箭学校锦标赛	承办	
	U-17后备力量第一阶段足球赛	承办	
	U-15后备力量第一阶段足球赛	承办	
	全国网球公开赛	承办	
	全国棒球联赛(成都赛区)	承办	
	全国围棋团体锦标赛(男乙组)	承办	
	全国超级乒乓球俱乐部甲E锦标赛	承办	

【省级竞赛】

成都市承办省级竞赛始于民国时期。1953年成都市承办四川省首届运动会之后，四川省的很多竞赛每年都安排在成都市举行。

1990—2005年，成都市平均每年数次承办省级体育竞赛，主要由成都市项目运动管理中心或体育单项运动协会具体组织实施。

成都市承办的省级竞赛主要集中在棋类、无线电测向、体操、艺体、羽毛球、模型等运动项目。2002年，成都市为承办四川省第九届运动会，共投入数千万元新(扩、改)建一批体育场馆设施，整治举办开幕式的成都体育中心和承办射击比赛的成都市射击场的周边环境。在省九运会开幕式上，成都市组织武警、警校学员、学生、艺术团体等1万多人表演大型团体操“拥抱太阳”。省九运会共成立35个项目竞赛委员会,设24个赛区,有包括国际、国家级裁判员在内的共计800名裁判,整个竞赛成绩全部实行微机管理。成都承办省九运会出色,省体育局、省教委、省总工会等在全省各州体育代表团参加的闭幕式上,向成都市人民政府赠送纪念匾。

1990—2005年,成都市区的温江区、新都区、崇州市、双流县、都江堰市、大邑县、郫县、蒲江县等也分别承担过省级竞赛,2000年崇州市曾获得四川省“最佳赛区”称号。

1990—2005年成都市承办省竞赛部分情况表

表5-265

年　份	承办项目	次数(次)	备　注
1990		6	获评四川省“最佳赛区”
1991		5	获评四川省“最佳赛区”
1992		9	获评四川省“最佳赛区”
1993	柔道、游泳、技巧、武术、篮球、无线电测向	6	获评四川省“最佳赛区”
1994	排球、体操、空模、无线电测向、武术、射箭	6	获评四川省“最佳赛区”
1995	体操、艺体、技巧、无线电测向、举重、乒乓球	16	获评四川省“最佳赛区”
1996	羽毛球、击剑、棋类、空模、无线电测向、风筝		获评四川省“最佳赛区”
1997	击剑、乒乓球、田径、排球、射击、举重、无线电测向		获评四川省“最佳赛区”
1998	无线电测向、击剑、艺体		获评四川省“最佳赛区”;协助德阳承办省四青会的击剑比赛
1999	艺体、无线电测向、羽毛球、棋类、桥牌、垒球、龙舟竞渡		获评四川省“最佳赛区”
2000	乒乓球、网球、健美操		获评四川省“最佳赛区”、崇州市获评四川省“最佳赛区”
2001	无线电测向、乒乓球、网球、体操、羽毛球、艺体、空模、车模、棋类、射击、射箭、柔道、路径		获评四川省“最佳赛区”
2002	羽毛球、空模、海模、武术(成都市承办四川省第九届运动会)		获评四川省“最佳赛区”
2003	网球、棋类、羽毛球、乒乓球、艺体、射箭、地掷球		获评四川省“最佳赛区”
2004	棋类、乒乓球、网球、桥牌		获评四川省“最佳赛区”
2005	射击(2)射箭、乒乓球、羽毛球、艺体(2)、体操、棋类、排球、海模、无线电测向、空模、车模(2)	16	获评四川省“最佳赛区”

【市级竞赛】

1990年，组织举办市级比赛21个项目的50项次竞赛，17个单项协会自筹资金举办22次竞赛。成都赛区连续8年（1983—1990年）被国家体委评为全国竞赛最佳赛区和优秀赛区，连续3年（1988—1990年）评为省的竞赛最佳赛区。1991年，以青少年儿童为重点安排的市级各项体育竞赛，突出开发、培养优秀体育人才。举办全市性小学生、中学生的篮、排、足球比赛，中小学生乒乓球、羽毛球、田径、游泳、射击、体操、航空模型、航海模型、无线电测向、举重、武术、棋类等比赛。通过这些比赛，培养、锻炼、选拔体育后备人才。1992年，举办市级竞赛41次，在安排市级比赛中，把重点放在抓好少年儿童的比赛项目上，面向基层学校，开发、培养体育人才。

1995年是体育竞赛频繁的一年，全年举办市级竞赛30多次。1998年，在组织市级竞赛中，结合全民健身计划的实施，举办有田径、游泳、篮、排、足、乒、羽毛球等竞赛活动，这些竞赛大量安排在基层学校进行，推动群体活动的开展。1999年，全年共举办市级竞赛76次。全市中小学棋类联赛也由企业出资承办，使体育竞争形成体育社团、协会和企业等社会各界参与，体育部门管理的新局面。

2000年，举办市九运会及180余项次的市级比赛。2004年，主办第十届市运会，市十运会的各项比赛是一项庞大的系列竞赛，项目多，参赛规模大，参赛人数多，共有近7000人参加各项竞赛。各项工作都有条不紊地顺利进行。还首次在市运会上应用高科技的电子综合信息处理交流，建立竞赛中心局域网，运动会的竞赛成绩及奖牌、团体总分全程动态发布，工作效率十分显著，使成都市举办大型运动会逐步系统化、规范化、现代化。2005年，成都市全年开展的体育竞赛频繁，成都市成功主办市级比赛达200项次，推动成都竞技水平的提高。

场馆设施

省属体育场馆

【四川省体育馆】

位于成都市南郊文化中心,1988年10月始建,1989年5月竣工,同年6月对外开放,是当时西南地区唯一的现代化万人馆。占地4.32万平方米,建筑面积2.49万平方米,比赛场地1300平方米,演出场地1000平方米,观众席位9200余个,疏散口24个,4分钟内观众可全部疏散。比赛场地长43米,宽26米,净空高度22.1米,设有先进的灯光照明、彩色巨型电脑计时计分显示、电话通信系统、音响、中央空调、自动消防喷淋系统等现代化设施。场内垂直照度1310勒克斯,水平照度2170勒克斯,可满足电视转播的要求。能承担手球、网球、篮球、排球、羽毛球、乒乓球等球类及体操、技巧、健美、艺术、拳击、击剑、摔跤、举重、武术等体育竞赛和大型的演出、商贸展销、群众集会等活动。

开馆后先后举办上百次国际国内的体育、文娱、商务等大型活动。每年有近100万人到此健身,活动项目涵盖太极拳、少儿武术、剑、扇、腰鼓、民族舞蹈、体育舞蹈等;健身中心常年对外开放羽毛球、乒乓球场地。

四川省体育馆

【四川省游泳馆】

位于一环路南三段,1981年建成,占地面积17098平方米,建筑面积12132平方米,馆体呈矩形,长115.5米,宽48.6米,高22米,屋架为球节点立体钢管架。观众席的布局改变中国传统的对称式,在北端设单面观众席及贵宾席共1800座,南端为开敞式运动员准备间及观摩席400余座,在必要时还可设置1000席活动座椅。池厅长99米,宽39米,高18.8米,内有长50米、宽21米的游泳池一个,设泳道8条;33米,宽21米的跳水池一个,设有10米、7.5米、5米(2台)、3米、1.5米、1.2米跳台共7台,3米、1米跳板各2块,馆内设计水温25℃,室温27℃,并可根据比赛需要进行调整。池水采用循环过滤并有加热消毒处理装置，跳水池内采用压缩空气制浪装置。安装有电子计时记分器、灯光照明、水下观察和摄影设施，符合国际比赛标准，可进行游泳、水球、跳水、花样游泳训练和比赛，并可满足现场电视实况转播的需要。曾多次举行全国比赛和国际比赛。

【四川省专用足球场】

位于成都市龙泉驿区同安镇阳光体育城，2003年3月建成，专为迎接2004年亚洲杯的举行而修建，是中国第三座专用足球场，也是中国西部第一座专用足球场。占地276.504亩，总建筑面积39428平方米，南北长121米，东西宽82米。专用足球场正南北向布置，草地区为72米×112米，环绕草皮区外围设塑胶通道。整个内场呈矩形，看台南北向为单层，东西向为两层，能容纳观众30800人，观众席与球场草坪直线距离最远的22米，最近的仅有7米；有豪华包房40个，贵宾席300个，新闻记者席220个，并设有多个电视转播现场解说席。2004年7月，“亚洲杯”期间，沙特、伊拉克、乌兹别克斯坦和土库曼斯坦四个国家的足球队在此进行8场比赛；2005年作为主场之一，承办数场“中超”联赛。

【四川省水上运动中心】

位于新津县城东南1000米处的岷江南岸，建于1987年，占地1000亩，建有水域面积达700余亩的A级国际比赛标准型水上运动场。

场内有主、副两个水池，其间以大堤相隔，由两座桥涵连通。主池为赛池，水面长2350米，宽142米；副池为参赛船艇回环通道和备赛场所，水面长1000米，宽50米；池内水深可按需要调节；水池四周设有卵石消浪装置，一年四季风平浪静，是国际、国内赛艇、皮划艇等多项水上运动训练和比赛的理想场地，也是水上运动爱好者健身休闲的好地方。池堤埂周长5000米，堤面宽12.5米，路面平坦宽阔，是理想的自行车训练跑道。另外还有总面积达万余平方米的配套建筑群，有船库、放船场、停车场、高层观视台、指挥大楼、运动员宿舍大楼、迎宾楼（奥林宾馆）、大小餐厅、会议室及其他娱乐设施等。

市属体育场馆

【市级体育场馆建设】

20世纪90年代初，市体育部门采取集中管理、集中安排、集中财力的“三集中”办法，分轻、重、缓、急，统筹安排使用资金，促进体育场馆设施地建设。1991年，在原成都市人民体育场原址重建的大型成都市体育中心竣工，体育场建筑面积达3.2万平方米，有4.02万个观众座位，可供足球、田径等国际国内大型比赛使用。同年12月，成都市猛追湾游泳场室内游泳馆落成使用，建筑面积3000平方米，由比赛池和设备设施两大部分组成，有每日净化加温300吨水的处理系统及采暖、空调、照明等配套设施。同年，成都市全国重点乒乓球学校训练楼、成都棋院综合楼、成都棋园、金牛区棒球场等场馆竣工。1992年，成都市体育运动学校教学楼、教职工宿舍和学生宿舍，市少年儿童体校体操房、羽毛球房竣工。1993年，成都市承办全国七运会水球比赛和足球、武术、田径预赛，在4个月内改建猛追湾游泳场比赛池、跳水池及看台，建筑面积共达4080平方米，总投资200万元，被媒体称为七运会最好的体育场地设施。承办七运会武术比赛的温江体育馆、承办七运会足球比赛的彭州体育场的改造工程也顺利竣工。另外，成都市采取社会多种渠道集资建成成都市城北体育馆28道保龄球馆、金牛区网球场、温江水上世界，成都体育中心综合服务大楼、月亮湾水上活动中心等一批体育场馆设施。继后的1994年和1995年，温江体育馆、金牛区游泳场、大邑县游泳场、都江堰举重训练馆、成华区网球场、青羊区轮滑馆、体工队训练馆等陆续建成投入使用。1996年，第四次全国体育场馆普查，成都市共有体育场地设施3188个，同上次全国体育场馆普查相比，增加500余个体育场地。

1999年，市体育部门结合成都城市向东向南发展的规划，编制《成都市体委关于成都城市向东向南发展进程中体育设施建设设想》《成都市体委关于“十五”规划和到2015年长期规划思路》。1998—2000年，相继建成猛追湾游泳场今日儿童水上游乐空间和翡翠园工程柳浪湾棋牌俱乐部、成都市城北体育馆游泳池、成都体育中心大型彩色屏幕、成都足球广场等一批体育场地、设施。

在省、市、区(市)县政府和有关部门的配合下，成都市总投入数千万元，对承办运动会比赛的场馆进行建设和改造，新建和改造的场馆建设面积达8万平方米，共新建13个和改造14个体育场馆设施，其中有成都市射击运动学校射击馆、成都市少体校训练综合楼、成都市体育中心篮球训练房、游泳池及综合训练场、成都市重点乒乓球综合楼、成都市体育运动学校塑胶跑道、猛追湾游泳场运动员公寓等，全市体育训练场地设施有较大的改善。

1990—2005年成都市体育场地一览表

表5-266

年份	体育场地数(个)	全民健身路径数(条)	年份	体育场地数(个)	全民健身路径数(条)
1990	2831		1998	3308	
1991	2865		1999	3333	
1992	2890		2000	3414	
1993	2902		2001	3366	
1994	2935		2002	3595	
1995	2955		2003	5003	328
1996	3138		2004	5241	458
1997	3260		2005	5411	658

【成都体育中心】

位于人民中路一段11号，占地142亩。前身为1953年建成的成都市人民体育场，1986年为迎中华人民共和国第七届运动会在成都举行，重新修建体育场，1991年年底竣工，1992年投入使用，并更名为成都体育中心，2000年获取中国体育场馆首张ISO 9001：2000国际质量管理认证证书，是成都首座可举办大型田径、足球比赛的综合性体育场，成都市标志性建筑之一。

主要体育场地设施有4.02万座位的足球(田径)场，配有1个国际标准足球场、1个国际标准塑胶田径场、8片室外标准塑胶网球场、2片室外标准塑胶篮球场、1 座室内篮球训练馆、1 个异型游泳池以及 4 套运动员休息室、2 套裁判员休息室、兴奋剂检测室、医务中心、新闻中心、新闻发布厅、电视转播间、贵宾接待室、竞赛工作室、彩色电子屏幕等各项配套设施、设备。

体育中心内有少年业余体校开展各类体育训练，开设的训练项目有足球、田径、篮球、网球、门球、旱冰、乒乓球和高尔夫练习场等，每年培训各年龄、各层次体育爱好者万余人次，培养并输送优秀体育后备人才近百人。

体育中心自 1992 年已举办如世界杯足球外围赛、全国足球甲级联赛、全国田径锦标赛等国际、国内大型比赛 260 余次，累计观众 600 万人次，还成功举办如全国书市、国际熊猫节、全国糖酒会、全国大学生运动会开幕式，大型个人演唱会、特价商品交易会、各类专业产品展示会等大型政治、经济、文化活动和各种社会宣传活动。

每年近两百万人次到体育中心观看体育比赛，参加公益、商务活动及体育健身，其中参加游泳、羽毛球、网球、篮球、乒乓球、体育舞蹈、足球等健身项目的群众络绎不绝。

成都体育中心

【成都猛追湾游泳场】

位于锦江区府南河一、二号桥之间的内环线上，占地 6. 67 万平方米，1956 年 4 月动工，1957 年 8 月建成并对外开放。经数次改建、扩建，至 2005 年年底，场内有室内游泳馆、游泳比赛池、10 米跳水池、训练池、少年池、儿童水世界以及健身广场、健身路径等主要体育场地设施，是以游泳为主要项目的公益性园林式体育运动休闲场所，也是西南地区最大的游泳场馆之一，连续六届被国家体育总局授予“全国先进体育场馆”称号。

场内有常年开放的热水馆及训练池、比赛池、戏水池 7 个，水上面积 8000 多平方米，可同时容纳 8000 余人在此健身。每年举办或协办各类全国及省、市游泳比赛 20 次以上，每年接待游泳爱好者及游人 150 万人次以上。

场内设有成都市国民体质监测中心、成都市游泳协会、业余体校等体育单位。

【成都市城北体育馆】

位于花圃北路成都市体育公园内，1980 年由露天灯光球场改建而成。1990 年时，全馆占地面积 1. 8 万平方米，建筑面积 1 万余平方米，体育馆外观呈圆形半敞式，馆内最大直径为 69 米，赛场为圆形，直径为 34 平方米，可供篮球、排球、羽毛球、乒乓球、体操和武术等多项比赛使用。馆的四周有 48 间厅室。1993—1994 年，因经济收入困难，同台湾金统领国际音乐开发事业有限公司合作改建体育馆为保龄球馆。1998 年 12 月开建游泳池，并于 1999 年 7 月竣工投入使用。1998 年被四川省保龄球协会指定为四川省保龄球队训练基地和四川省青少年队培训基地。至 2005 年，城北体育馆有 28 道的保龄球馆 1 座，建筑面积为 1320 平方米的训练馆和建筑面积 1300 平方米的武术馆各 1 座，游泳池和儿童戏水池各 1 个，网球场 2 片，排球场 1 个。开展有武术、击剑、排球、摔跤、柔道、跆拳道、乒乓球、游泳等项目训练，有教练 12 人，其中高级教练 2 人。2001 年，中心代管市女子排球优秀队。

【成都市射击馆】

位于成都市射击运动学校内，建成于 2004 年，占地总面积 6000 平方米，分上下两层，有 10 米气枪馆、25 米手枪馆、50 米步枪馆各一个，分别拥有 60、36、45 个靶位和 4 组移动靶，均可容观众 200 人。有 LED 电子显示大屏，200 平方米会议室、贵宾休息室，可容纳 100 名运动员的休息大厅，200 平方米的成绩统计室、音控室及 5000 平方米的射箭靶场、羽毛球场、健身房等配套设施。2005 年被命名为成都市国防教育基地。

【成都市董家山射击场】

位于静居寺路 45 号，1955 年始建，1957 年竣工，占地约 20000 平方米，有 50 米、100 米两个射击线，一道靶壕和 20 个靶位。1972 年改为成都市射击场，场内建有 6000 平方米综合射击馆一座及 3000 平方米箭靶，射击馆有 10 米气枪馆 36 个靶位、25 米手枪馆 36 个靶位和 50 米步枪馆 45 个靶位。

射击场常年开展射击、射箭训练活动，先后培养射击、射箭爱好者 1 万余人。2003 年被四川省国防教育委员会命名为成都市国防教育基地。

【成都棋院】

位于市中心兴隆街 33 号，前身是始建于 1959 年的成都棋艺俱乐部，1972 年 5 月更名为成都市棋艺辅导站，1981 年 3 月成立成都棋院。1989 年因修建蜀都大厦迁至兴隆街。

棋院一楼大厅是群众文化娱乐活动场所，二楼大厅是比赛和表演场地，有中高档棋牌室 2 间、棋校教室 10 间、训练室 3 间。

1990 年，成都棋园

棋院下设办公室、竞赛科、棋队、棋校、棋园。其中棋队的主要工作是组织棋类专业运动队日常训练和组队代表四川省、成都市参加各类比赛，共有围棋、象棋和国际象棋三支专业运动队。棋校是推广棋类运动和培养后备人才的专业学校，多年来培养和输送优秀人才近百人，被誉为"国手的摇篮"。国际象棋刘适兰特级大师、围棋宋雪林九段、郑弘九段、孔祥明八段、王元八段、象棋林野特级大师等一大批优秀棋手均为棋校培养。棋校于 2000 年 8 月被国家体育总局专门授牌为"国家青少年体育俱乐部"。棋园是群众交流棋牌技艺和举办比赛的场所，棋园的存在与发展为成都及全省棋牌运动的普及推广提供一个交流的平台。

【成都塔子山体育场】

位于东郊五桂村，原是 1957 年建成的成都市摩托车俱乐部训练场地，占地 35580 平方米，1972 年改建成为成都市塔子山体育场。1985 年改为市体育工作队训练和办公场地，是一座融训练、学校、工作、生活为一体的新型教学、运动训练基地。场内设有多功能训练馆（一楼为篮球、排球训练馆；二楼为乒乓球、体操跆拳道训练馆），篮、排球室外训练场，网球训练场（风雨球场3片、室外2片），标准草坪足球场，标准塑胶田径场，身体素质训练房、全民健身路径以及教学楼、学生和运动员宿舍、图书室、语音室、电教室、微机室、食堂、浴室、医务所等场地和设施。

区（市）县属体育场馆

【武侯区全民健身活动中心】

位于武侯大道双楠段503号，2004年12月正式投入使用，是集群众文化体育活动、竞赛、培训、休闲为一体，向公众提供公益性服务的室内型活动场所。建筑面积10220平方米，场馆面积9500平方米，中心体育场馆部分设有篮球场、网球场、乒乓球馆、羽毛球馆、健美馆、电子竞技馆、跆拳道馆、体操房、健身房、体质检测中心，配备沐浴、运动休闲、运动技术项目指导、运动康复等配套服务设施。

中心每周有专门对外免费开放的时间，为大众提供场地和锻炼器材，各项体育比赛提供场地。根据不同层次群众健身需求，充分利用场馆功能，设置篮球、羽毛球、乒乓球、网球、台球、健身健美、艺术体操、拉丁舞、踢踏舞、跆拳道、电子竞技、武术、飞镖、沙狐球、健身路径、体质监测等16个群众喜爱的体育项目。自投入使用后已成功举办多项体育比赛。

【金牛体育中心】

位于茶店子路，占地10.27万平方米，1986年建成，原名金牛区体育场，1993年更名为金牛体育中心，2000年进行更新改造，是集运动、健身、休闲、娱乐于一体的园林式活动中心。

内设中心田径场8道（次）塑胶跑道，可承办大型田径比赛。场内草坪足球场有看台座位6000个，草坪面积7480平方米，可供全国足球乙级联赛使用。棒球场设看台座位1600个，草坪面积9000平方米，可供国际性棒球比赛使用。网球中心设6片标准塑胶场地（其中室内2片），并设有休息室、会议室、淋浴室等配套设施，可承办国内各级赛事。有50米×25米、25米×15米标准游泳池各一个，长年开设游泳培训班和开展冬泳活动。有3片3人制篮球练习场、室内乒乓球馆、24球道国际标准保龄球馆、面积约4000平方米专业健身健美中心和两个休闲服务中心。体育中心开办各种培训班，开展模型（航模、车模、海模、建筑模型）、武术、跆拳道、艺术体操、举重、柔道等体育项目。2002年以后，体育中心田径场塑胶跑道每天6:30—8:30免费为市民开放。

1991—2005年，体育中心共承办包括中日青年棒球友谊赛（1994年12月）、全国青少年棒球比赛（1993年7月）、全国棒球联赛（第一阶段）比赛（1995年）、全国足球乙级联赛决赛（2002年10月）、中国职业棒球联赛开幕式和成都赛区比赛（2005年）等在内的8次市（以上）竞赛活动。

【青羊区全民健身活动中心】

位于西体路2号附6号，占地面积4044平方米，建筑面积8000平方米，用于体育健身面积6000平方米，于2003年12月15日建成并投入使用。

【双流县体育中心】

20世纪70年代初，双流县体育运动委员会将县城内（今天淳化街文体园）的两个篮球场改建为灯光球场，总面积2574平方米，四周为十级混凝土看台,可容纳观众4000人。1984年,在球场侧修建了长25米、宽15米的游泳池,1985年整体转让给西藏自治区体育运动委员会做训练基地。1986年在棠湖公园东侧修建新的体育场,1987年,场内田径场投入使用,有8条400米跑道、草皮足球场与7200个固定看台座位,后又陆续建成50米×25米的标准室外游泳池(更衣室等附属设施齐备)、占地2000平方米的体育馆(馆内可开展篮球、排球、乒乓球、羽毛球、健身健美、车模等训练和比赛)和标准塑胶网球场各一个。以上场地可同时接纳近千人进行体育锻炼。1998年4月,体育场更名为体育中心。

1998—2005年,体育中心共接待健身锻炼群众93万人次,参与、策划、组织各种体育竞赛148次。1999年起承办女子足球重点班(即棠湖中学女子足球队)。

2005年,体育中心迁到双流县城新城区白河西侧,总规划占地402亩,一期工程占地232.5亩的综合体育场馆已建成。

【温江区体育馆】

位于柳城大道,1993年6月竣工,建筑面积5700平方米,建筑高度21米,整个建筑属钢筋混凝土框架结构、钢梁、金属屋顶。馆体设计新颖,具有强烈的现代建筑风格,获全国建筑造型金奖。馆内功能布局合理,设施先进,中心运动场长42米,宽23米,南北看台安装有彩玻璃钢座椅3200个,东、西两面装有大屏幕和现代化的电子计分显示设备;场内采用国内先进的照明设备和音响;场馆底楼四周设有会议室、娱乐厅、休息室等。不仅能承办武术、篮球、排球、乒乓球、拳击等各类体育赛事,还可举办大型文艺演出,承办各种展会。2002年,为迎接省九运会,对全馆进行改造和装修,5月底竣工,改建后占地面积2.27万平方米,常年对外开放。2003年、2004年先后对体育馆进行装修与改造,包括对排污系统进行改造,在馆内各安全通道安装夜光标识牌,增加残疾人无障碍通道,扩建健身房,新建篮球场等。

【成都现代体育公园】

是高新区的配套发展设施,位于神仙树南路,占地18.67万平方米,始建于1998年。以网球为主要特色,内建有20片网球场,其中,室外球场10片,完全按国际赛事场地标准建造;风雨球场8片,属全钢结构网场,防晒防雨,空气流通;馆内球场2片,可全天候进行训练和竞技。另建有标准篮球场和沙滩排球场各1片。还设有会议室、洽谈间、休息厅等会员活动场所。

建成以来成功举办多项全国与国际网球的赛事,1999年举办全国网球甲级俱乐部联赛,2000年举办国际男子网球挑战赛,2004年承办“王子杯”中国业余网球公开大奖赛成都分站赛。

学校体育场馆

【学校体育场馆建设】

成都地区高等院校的体育场馆承担着体育教学和为学生体育锻炼服务的作用,同时还为举行大型体育比赛(活动)提供场地,兼具文化娱乐、文艺演出、集会等多种功能。

为迎接2000年在成都举行的中华人民共和国第六届大学生运动会,中共四川省委、四川省人民政府作出决定,新建一批高等院校体育场馆。有关院校通过筹措资金,以拨、贷、筹、节等方式建设场馆,总共投入建设资金1.8亿元,共新建体育馆10座、体育场(含足球场)4个,改建扩建体育馆3座、体育场3个,总建筑面积19.66

万平方米（其中新建13.89万平方米，改建5.77万平方米）。新建或改（扩）建的规范化、标准化、现代化的高校体育场馆，其功能设备齐全，座位舒适，电子计分系统、灯光系统、音响系统符合高规格比赛要求和相应的各项质检标准，高校体育场馆设施得到改善，也使成都地区的体育场馆设施的总体水平上新的台阶。

10多年来，成都市中等学校的体育场馆设施建设逐步进行，并达到一定水平。成都市区部分中学新建、改建体育馆，如成都七中体育馆、成都市石室中学体育馆等；部分中学新建田径运动场，少数中学建起拥有400米环形跑道的标准运动场；部分中学还建成游泳池、风雨操场等设备设施，并在全市中小学操场普遍铺设塑胶。成都市各区（市）县中小学的体育设备设施也得到相应改善，每个区（市）县都最少有1所中学建有标准的田径运动场。随着成都市农村中小学标准化建设的逐步推进，一大批现代化的体育设备设施开始装备成都市农村学校。

2005年，全市有3130个标准体育场地，体育系统有189个，占总量的6%；其余2941个分属教育（学校）系统和社会其他系统，而教育（学校）系统在这当中占73%，有2100多个标准体育场地。

【在蓉部分高等学校体育场馆简介】

四川大学体育中心。位于一环路南一段24号四川大学望江校区内，修建于2000年，占地126亩，总建筑面积4.07万平方米，包含有1个标准田径场、1个标准足球场和1个多功能馆，其中，体育馆18074平方米（含1主馆，3分馆和众多小型运动场地），设观众席4775座，有伸缩座椅设备，主馆内地面为运动型实木地板；体育场按国际标准修建，面积22000平方米，设观众席1万座。

体育中心采用“场馆合一”的建造形式，场地、空间得到充分利用，在主体育馆建筑下层设计两个宽敞明亮的风雨操场，在体育场露天看台下，利用三角形空间布置两个篮（排）球训练场和室内训练塑胶跑道。场馆内可同时容纳20个班雨天上课。

四川大学华西医学中心体育馆。建筑面积2320平方米，有观众座椅1000余个。体育馆建筑轻灵流畅，延续了原华西医大建筑风貌特点，并与体育馆相邻的有观众座位3000个，草坪足球场形成一组有特色的体育建筑群。

成都理工学院体育馆。建筑面积7290平方米，有观众坐椅1200个，活动坐椅1500个，具有多项功能，能满足学校平时体育活动和教学任务的需要。体育馆前的石林浮雕，造型生动、活跃，堪称一景。同体育馆相邻的草坪足球场有观众坐椅1000个。

西南交通大学詹天佑体育馆。位于交大校园西北侧，建筑面积3400平方米，有观众座椅1100个。体育馆与周围的体育场、游泳池构成一组体育建筑群。

电子科技大学体育馆。位于校园内西面，建筑面积7433平方米，有座椅2510个，建筑造型简洁，有刚柔结合的特点。

西南财经大学体育馆。位于财大校园北面。建筑面积1.16万平方米，有观众座椅2800个。体育馆具有体育比赛和教学相结合的功能，空间分布紧凑合理，庞大的主体似有腾空展翅之势。

成都体育学院球类训练馆。建筑面积6345平方米，有观众座椅2000个。体育馆用35米跨度框架结构，能进行多项球类训练或比赛，并与学院内众多的体育场馆组成完善的体育比赛、训练与教学的体育建筑群。

西南民族大学体育馆。建筑面积5726平方米，有观众座椅1800个。除可进行体育比赛、活动外，兼具集会、文化娱乐、文艺表演等功能。

四川工业学院体育馆。建筑面积8800平方米，有观众座椅1570个。体育馆主赛场按标准手球场建设，完整的篮球场作为副赛场，具有球类、体操等比赛、训练、教育的功能。同时也可作为大型会议、文艺演出和电影放映等场地使用。

四川师范大学体育馆。建筑面积5800平方米，有观众座椅1000个。体育馆采用新型的钢、复合材料混合结构体系。

成都大学体育馆。位于该校北面，占地6.59万平方米，体育馆建筑面积8000平方米，有3000个座位，共投入5000余万元。该校另有比赛用游泳池1个，练习池1个，400米田径场2个，网球场4片，篮球13片，排球场12片等。

民办体育场馆

【民办体育场馆建设】

20世纪90年代体育改革深化，成都市及相关部门鼓励企事业单位、集体、个人或外资、合资企业等以不同形式投资建设体育场馆，改变过去单一由国家建设体育场馆的模式，实现体育场馆建设多元化，在全市建成一大批社会力量建设的体育场馆设施。在这些社会力量建设的体育场馆中，既有占地上千亩的大型体育场地，也有数百平方米的室内健身设施，既有高消费的体育场馆，也有一般市民参与的大众健身场所。社会力量建设的体育场馆设施全部按市场经济进行运作，实行有偿对外开放。社会力量建设的体育场馆的兴起，使成都地区体育场馆设施不足的矛盾得到缓解，不少场馆档次较高，满足不同层次的人群对体育的需求。

【民办体育场馆类型】

社会力量建设的体育场地中，第一类型的体育场馆以从事体育活动为主。

第二类型的体育场馆以体育活动为主，兼营其他服务项目。

第三类型的体育场馆以其他服务项目为主，兼营体育活动。

民办体育场馆类型(一)

表5－267

名　称	简　况
西岭滑雪(草)场	地处成都以西110千米大邑县西岭雪山，占地7平方公里，海拔2200米。夏季开展滑草、草地滑车、草地情侣自行车、草地单板滑车、现代悠波球(Zorb)娱乐、高山溜索、野战游戏、草地越野车、滑旱冰、高山滑道、热气球、飞天蹦极球、弹跳飞人、卡丁车、滑翔伞、月亮飞车、西班牙狂牛、高空摇摆秋千等项目；冬季开展滑雪、雪地摩托、雪山飞碟、蛇形雪橇、雪地滑车、马拉雪橇、热气球、滑翔伞、高山滑道、滑索等项目。场内有一条2500米长的高山观景索道，使海拔3250米的日月坪景区与滑雪场联成一体
虹口漂流	位于国家级自然保护区都江堰市虹口乡，距都江堰市18千米，集漂流运动休闲为一体，被指定为国家激流皮划艇训练基地。漂流全程24.2千米，目前可漂河段15.2千米，河道水流由缓而急，由急而陡，多处落差1米。有漂流船200只，持证操舟手85名，日接待量为3000人次，全年可漂流时间150天左右

续表

名　称	简　况
舒华健身(连锁)俱乐部	总店位于金牛区星河路68号,面积3500平方米,设有有氧练习区、自由力量训练区、单功能训练区、时速单车、跆拳道馆、超大团体操房、体能测试区、更衣区、运动康复区、运动营养吧、顶级商用跑台等。开设的课程有有氧健身操、健身球操、踏板操、瑜伽、形体芭蕾、普拉提、搏击操、杠铃操、肚皮舞、身体平衡等。该俱乐部有专业的明星教练团队和有经验的私人教练,连锁店有沙湾路1号易初莲花店、罗马假日广场高升桥店
四川国际高尔夫俱乐部	位于双流牧马山开发区。有18洞72杆的国际标准球场及双层64个打位及3个练习果岭。曾多次举办过国际、国内高水平赛,1997年荣获全国“最佳球道”称号
成都裕华保龄球馆	位于金牛区体育场内。该馆面积4000平方米,是按国际标准布局建造的专业球馆,有24道按国际奥委标准精心设计装配的标准球道。属合资企业
成都机车厂游泳池	位于成华区成都机车厂电机分厂右侧。占地1000平方米。属成都机车车辆厂
成都足球广场	位于武侯区外南太平寺机场,足球广场占地面积80亩,有4块足球场,设有观众席2000个。其中标准草坪足球场3块。1998年由中国足协和成都市足协共同投资修建。四川航校与成都市足协共同管理
东方花园游泳池	位于成华区天祥街32号。属四川端信物业管理有限公司
香木花园游泳池	位于成华区香木林路1号。占地120平方米。属万科金色家园物业服务中心
东方明珠游泳池	位于成华区双建路8号。占地200平方米。属成都圣合物业管理有限公司
金棕榈游泳池	位于成华区双建路8号。占地210平方米。属成都圣合物业管理有限公司
长江游泳池	位于成华区水碾河路6号。占地1600平方米,附属建筑设施面积2700平方米。属钢管厂长江企业公司(紫东)股份有限公司
棕榈泉生态温泉游泳馆	位于成都国际会议展览中心加州花园酒店贵宾楼5楼,建筑面积1万平方米,设有男、女宾区,有500个会员独立的更衣间及30个独立游泳间
新世豪网球俱乐部	位于武侯区武青南路38号。俱乐部占地百余亩
阳光体育城	位于龙泉阳光城内锦宏大道一号,占地600亩,由四川龙泉阳光体育城有限公司投资1.5亿元,于2002年8月19日建成。室外场馆包括可容纳3千余人的综合田径场、各种不同种类的网球场、塑胶篮球场、标准游泳池、沙滩排球场、沙滩足球场以及含4个果岭推杆球场与60个打位的高尔夫练习场。室内场馆包括羽毛球馆和水上会所
锦溪缘体育休闲会所	位于新都区新繁镇滨江路西段。体育休闲会所占地2.8万平方米。体育设施有篮球场、羽毛球场、乒乓球台、儿童戏水池、健身路径等
金源健身中心	位于新都区桑园街125号。新都区规模最大,档次最高的专业健身场所,场馆面积达800多平方米,主要开设有健美操、街舞、有氧拉丁、形体、塔板操、哑铃操、瑜珈及各种器械的健身训练
合力大运动会所	会所使用面积1500平方米。配备有专用的健身器材和健身教练员
阳氏专业健美中心	彭州市西大街丹景商城3楼。使用面积700平方米
牧马山庄	位于成都市牧马山旅游开发区,山庄占地110余亩。集餐饮娱乐、体育休闲为一体,体育设施有保龄球馆、游泳池、钓鱼池、网球场、足球场等
依林健身中心	位于华阳镇双华桥头滨河路一段。依林休闲健身中心三楼有健美操房与器械设施

民办体育场馆类型(二)

表5－268

名　称	简　况
成都贝森休闲运动广场	位于青羊区贝森北路1号。有豪华恒温游泳馆、大型高尔夫挥杆练习场和推杆果岭、网球场、英式斯洛克台球、沙壶球、乒乓球、棋牌、射箭、击剑、垂钓池及配套的户外健身路径。是集体育健身、住宿等为一体的大型社交中心
浦园	位于成都高新技术开发西区。占地220亩,有网球场、乒乓球、羽毛球、篮球、网球、游泳等体育设施

民办体育场馆类型(三)

表5－269

名　称	简　况
青城宾馆	位于都江堰市青城山山门附近。拥有标准网球场四片及乒乓球馆、台球馆、健身房、健美操室、篮球场、羽毛球场、儿童天地等娱乐设施
翠月湖宾馆	位于都江堰市翠月湖镇。翠月湖宾馆以住宿、会议为主兼营部分体育活动,有高尔夫球场、保龄球馆、沙壶球、气悬球、台球、桌上足球、网球、壁球、游泳池、休闲观光自行车、划船、攀岩等设施
双流影城保龄球馆	位于双流县城中心双流影城内,以放映电影为主,开展保龄球体育活动经营。10道美国宾士城球道设备,保龄球馆1200平方米,于1998年建成
太阳城园林宾馆	位于双流华阳镇。由新疆石油管理局天圣实业总公司投资兴建并自行管理的宾馆。以经营住宿、会议为主,兼营保龄球体育活动有8道保龄球馆一座
十八岛休闲娱乐俱乐部	位于双流县华阳镇。占地160亩,以休闲娱乐、住宿、会议为主,兼营体育活动。有保龄球、网球、篮球、台球、游泳池等体育设施
圣缘地休闲服务中心	位于双流县东升镇。以旅游,休闲度假为主,兼营部分体育活动,有运动健身场地、棋牌、游泳池等设施
郫县梦桐泉乡村俱乐部	位于郫县梦桐泉乡。有网球、羽毛球、乒乓球、钓鱼等设施
镜湖园宾馆	位于郫县郫筒镇望丛中路63号。宾馆以住宿、会议为主,兼营部分体育活动,有游泳、网球、乒乓球、篮球、沙壶球、羽毛球、台球、健身等设施
金河谷休闲培训中心	位于新津风景区老君山下。以餐饮、住宿为主,与体育健身为一体的旅游度假村

体育产业

产业总况

进入20世纪90年代，体育事业迅速发展，体育产业成为成都市国民经济产业体系中的重要组成部分，初步形成以体育竞赛、体育健身、体育人才培训、体育旅游、体育用品生产销售、体育彩票、体育赞助广告、体育中介为主要内容的体育产业体系，2003年，体育产业增加值达5.4亿元，占GDP比重为0.29%。截至2005年年末，全市体育经营户达4482户，全年营业收入近3亿元，体育俱乐部128家，注册资金近4亿元。1990—2005年，体育彩票年销售总额35.55亿元，平均每年约4.44亿元。

20世纪80年代，成都市在一些业余体校增开业余训练收费训练班。90年代，全市各级业余体校常年举办有游泳、田径、乒乓球、网球、武术、体操、棋类、篮球等项目的收费训练，既为国家培养体育后备人才扩大选才面，举办训练带来的经济效益也成为训练单位的一项重要收入。同时，全市体育场馆坚持"以体为主，全面发展"的体育产业发展方针，根据各自场馆地段、条件和优势，充分开发场馆的多功能作用，主要开展的项目和业务有文艺演出、商业会展、铺面租赁、停车、餐饮等，部分体育场馆（单位）引进资金，合作修建商务会所、儿童体育设施、保龄球馆、体育综合大楼等，为体育产业增加实力。90年代中期，成都球市看好。1993年，成都市承办足球世界杯亚洲A组第二阶段预赛，成都球迷热情为中国队"雄起"。1994年，首次全国足球甲级队联赛，成都赛区球市红火，上座率达90%以上，居全国前列，连年荣获中国足协最佳赛区称号，被称为"金牌球市"。1995年和1996年，成都先后举办10多起商业性国际足球对抗赛，世界著名球队和球星亮相成都球场，在成都竞赛史上前所未有。四川成都球迷情绪高涨，包机、包专列去上海、泰国看球赛，开全国之先河。企业冠赛事杯名、赛场广告收入、体育竞赛赞助等，对繁荣体育竞赛市场起到积极的作用。成都市体育彩票产业起步于20世纪90年代初发行的七运会体育奖券，到90年代后期销售中国体育彩票时进入全盛时期。1999年，在青羊区体育场销售即开型体育彩票，有数十万人参与，短短几天销售金额达4300万元，创即开型体彩销售之最。1999年，电子型中国体育彩票开始在成都市销售，市体育彩票管理中心成立。彩票的公益金收入为成都市体育事业的持续发展做出十分重要的贡献。至2005年年末，成都市初步形成以体育竞赛、体育彩票、人才培训、体育休闲、场馆多功能开发等为主要行业的体育产业格局。

产业业态

【竞赛表演业】

20世纪90年代初，成都市抓住协办全国第七届运动会和承办世界杯预选赛的机遇，逐步形成以足球竞赛为代表的体育竞赛表演市场。

1993年，成都市承办世界杯预选赛亚洲A组第二阶段的比赛，成都球市红火。1994年，成都市抓住时机举办多起商业性足球赛事，其中，有香港明星队、巴西桑托斯足球队表演赛、“假日杯”足球邀请赛，观众达数十万人次。南北足球明星对抗赛，得到丰田汽车（中国有限公司）的赞助，主办的中国足协和中央电视台设奖金8万元和4万元分别奖励胜队和负队，评选“最佳运动员”，并由赞助单位奖励。1994年，职业化的全国甲级足球赛联赛举行，成都赛区赛事频繁，加以四川足球职业俱乐部建立、外籍球员加盟、电视直播等，成都足球市场受到企业、商家前所未有的关注。百能国际公共关系公司大笔投入资金，获得全国甲级足球联赛成都赛区的经营权（当年给百能公司带来百万元的经济效益）。成都商业电台、成都一品豆花庄、帝都酒家、锦江区房地局、金旅公司等企事业单位和商家为四川足球队各场比赛悬赏（奖金），刺激竞赛市场。球迷和观众为购甲A成都赛区球票熬夜排队，票房价值大幅度升位，成都赛区球市空前火爆。

1995年和1996年，成都市举办观赏性的国际商业性赛事共10场。1995年有“中国·乌拉圭足球对抗赛”“中国四川·意大利AC米兰足球对抗赛”“中国四川·意大利桑普高利亚对抗赛”“中国对俄罗斯奥林匹克队对抗赛”“中国对泰国国家足球队对抗赛”，其中蜀龙国际俱乐部赞助了中意足球对抗赛。1996年，5场商业赛事全部被企业和商家出资冠赛事杯名，分别是“万贯杯”、中法国际足球对抗赛、“八一寻呼杯”、中巴国际足球对抗赛、“恒源祥杯”、中阿国家足球对抗赛、“佳佳杯”、中意国际足球对抗赛、“西牛王杯”中美国际足球对抗赛。和声影音公司还在中意国际对抗赛上为中国队进球悬赏。1995年至1996年全国足球甲A联赛（成都赛区），累计观众达80多万人次，票房收入创历史最高。中央台直播两场，国际管理集团向亚太地区53个国家和地区直播两场。为商业赛事和全国职业足球甲A联赛提供比赛场地的成都体育中心，球市票房收入丰厚，第一个成为市体育事业单位中实现自收自支的单位。

1997年，成都市足球管理中心（市足协）抓住足球联赛带动起来的青少年学生对足球产生兴趣的机遇，举办由成都市城郊信用联社出资赞助并冠杯名的首次成都“联社储蓄杯”中小学足球周末赛。市足协将举办足球赛中获得的部分收入，用来向基层学校赠送足球门和球网，还向10个区（市）县拨去竞赛补充经费。2000年，市足协成立“绿茵广告公司”，开展足球比赛的广告业务和赛事冠名服务。当年，中美合资四川百事可乐饮料有限公司、韩国凯克体育公司、成都卷烟厂、国腾通信公司、成都市电信局、劲浪体育用品公司等同足球赛事签约，出资赞助比赛。经过几年的发展，市足协在经营体育赛事过程中，资产逐年增加，固定资产、流动资金从零起步，到2000年已成为拥有固定资产300多万元、年创收200万元左右的实体，成为市体育事业单位中自收自支的第二个单位。

除此之外，成都市还举办国际田径女飞人挑战赛、2005年世界大力士冠军赛等颇具吸引力、观赏性的赛事。成都市进一步开发、引导、规范体育竞赛表演市场，鼓励有条件的社会力量承办国内外高水平的体育竞赛和表演，支持和鼓励有条件的运动项目管理中心、单项体育协会成立体育竞赛公司，逐步形成市场运作的承办体育竞赛活动的模式，增加按市场运作方式举办体育赛事的比例。

【健身休闲业】

成都市具备丰厚的休闲文化资源，1998 年，《新周刊》杂志将成都市被评为“中国最休闲的城市”。成都市政府因势利导，营造环境，培养意识，体育健身休闲业快速发展起来。20 世纪 90 年代初，全市体育健身休闲场所仅几十家，到 2005 年已近 5000 家，除 2% 为全民所有外，其余均为社会力量投资兴办。猛追湾游泳场、西岭雪山滑雪场、虹口漂流、牧马山高尔夫球场、舒华健身俱乐部、国腾电子竞技馆、高新网球中心等就是这些经营场所的代表。全市体育健身休闲业年营业收入 20 多亿元，仅猛追湾游泳场年接待健身休闲者就达上 100 万人次，收入近 1000 万元。全市社会办体育健身休闲项目近 70 个，主要项目为游泳、健身健美、网球、羽毛球、乒乓球滑雪、漂流、登山、轮滑、电子竞技、棋牌等。

成都市位于川西北高原山地和川中丘陵之间，适宜发展山地休闲运动，其体育旅游休闲有三种模式。第一种模式是将爬山活动与游览景观合二为一，崇州市和彭州市便是用这种模式开发了龙门山的自然资源。第二种模式是在历史名胜地融入体育运动元素。青城前山、后山等地，利用独特历史资源优势，将体育旅游休闲变成了探幽访胜。第三种模式是利用独特的自然资源打造独特的体育休闲项目。例如西岭雪山旅游区利用雪景和草景推出滑雪、滑草等特色产品，并打造多种形式的体验项目，如草地自动滑车、草地四轮滑车、草地单板滑车、现代悠波球娱乐、情侣自行车、溜索、热气球、雪上摩托车、雪上飞碟、蛇形雪橇、马拉雪橇等。西岭雪山自 2000 年由成都高速路建设开发公司投资建成滑雪场，配置滑雪、滑草、高山滑道、飞伞等 20 多个运动休闲项目以来，收入从 2000 年的 900 万元上升到 2006 年的 9330 万元，其中体育项目收入占景区总收入的 50%。又如被国家体育总局水上运动中心授予“西部第一漂”称号的都江堰市虹口漂流，当初由村民自发组织经营，到 2005 年，逐步形成企业化和市场化的产业经营模式，年接待游客数十万人次，成为一家具有一定规模和市场影响力的综合型体育休闲企业。

城市及非旅游区的体育休闲活动以体育健身休闲、竞赛观赏休闲为主。随着房地产开发，不少企业瞄准体育市场广阔的发展前景，新建许多体育健身设施，如龙泉阳光体育城及专用足球场、托普网球中心、贝森体育广场、蒲江足球训练基地、温江足球训练基地、双流毛家湾足球训练基地等，还有为数众多的保龄球馆、温泉浴场、健身中心等休闲场所。宾馆、饭店、会议中心、度假村等，大都配套建有不少网球场、游泳池、乒乓球房、羽毛球场、健身健美房以及其他运动场地等设施。全市用体育彩票公益金修建遍布全市的健身路径 658 条，在城区 85% 的社区安放健身器材。成都市建有 20 余个具有一定规模的健身中心，有 12 个区（市）县达到国家体育先进县体育设施标准。各大中学校新建、扩建、改建大量体育活动场地。成都市群众健身休闲活动广泛展开，社会化群众体育组织网络初步形成，全市 90% 的街道社区和大多数乡镇建立体育组织。青少年体育俱乐部 41 个，会员 9 万人，老年体育组织 58 个，会员达 35 万人。广场体育是成都市群众性健身休闲活动的一个亮点，成都市群众广场体育健身休闲活动，实现体育与传统文化相结合，带动了体育消费，促进部分传统产业升级。至2005年年末，全市体育健身休闲产业产值约占全市体育产业总产值的70%。

【人才培养业】

成都市的人才培养业大致可分两类，一类是为掌握体育知识和提高体育管理水平而进行的培训，包括社会体育指导员培训，裁判员和教练员培训以及体育管理人才培训；另一类是以掌握体育运动技术为目的的培训，一方面满足大众业余学习、提高体育运动技术技能的需要，一方面为竞技体育培养后备人才。体育裁判员和教练员培训主要由市级各项目中心和协会负责，每年组织人员参加国家及省、市等各级培训，并坚持业务学习，提高业务水平。成都市制订培养体育管理人才的详细培训方案，邀请国外体育教授前来授课，并与成都体育学院联合举办高级管理人才培训班。

成都市提供体育运动技术培训的组织有三种：一是各类业余体校，二是体育项目传统学校，三是企业组织。其培训目的有两类：一类以培养竞技体育人才为目的；另一类是为满足民众学习、提高体育运动技术技能的需要，参与培训的人员一般是以业余休闲健身、兴趣爱好为出发点，可称为体育健身培训。随着生活水平的提高，成都市群众性的体育健身培训市场发展较快。20世纪80年代，满足部分家长和学生体育训练的需求，成都市在一些业余体校增开业余训练收费训练班。90年代后，市场规模逐渐扩大，产值迅速增加。以猛追湾游泳场游泳业余体校为例，从1987年开始，最初参加收费训练班的学生只有30多人，每人收费10元；90年代，参加培训的人数逐年增多，平均每年达到500人左右；进入21世纪，培训人数逐渐增加到1000人以上，收费从几十元提高到几百元，年创收最高达60万元；2005年培训人数在3000人左右。猛追湾游泳场已形成较完整的培训体系：初级班—双休班—基础班—重点班，收费从120元至200元不等。并从2002年开始，先后和成都七中、七中育才学校、金牛奥林游泳池、华西中学等合作开展少儿培训，收费基本与猛追湾游泳场内培训同价。近年开展成人培训，每年都有几百人参加。历年参加猛追湾游泳场培训的人数累计达到4万余人。全市各级业余体校纷纷举办业余培训班，常年举办有游泳、田径、乒乓球、网球、武术、体操、棋类、篮球等项目的收费训练班，既为国家培养体育后备人才扩大选才面，举办训练带来的经济效益也成为训练单位的一项重要收入。

成都市在体育后备人才培养上，积极探索“体教结合”的培训模式。2002年年初，成都足球协会与四川德瑞集团有限公司、法国王晓明有限公司共同组建成都德瑞足球培训中心。2005年7月，该中心与成都棠湖实验外国语学校合作，共建1993、1994及以后年龄段的球队，在充分利用棠湖实验外国语学校国家级重点中学的文化教学、生活管理资源的基础上，由培训中心教练组负责青少年进行足球专业训练。成都德瑞足球培训中心成立后，引进法国青少年足球培训体系，并选拔优秀足球人才输送到法国及其他欧洲国家足球俱乐部深造，培养出一批具有国际水平的青少年足球运动员。2004年，有两名队员进入法国甲级球队梅斯俱乐部培训中心，成为该俱乐部U15梯队正式注册队员。成都谢菲联足球俱乐部在青训方面也部分借鉴“梅斯模式”，每年投入300万元进行青训体系和人才培养建设，建立起U19、U17、U15、U13 4个完整的青少年培训梯队，作为俱乐部后备人才和持续发展的基础力量，通过科学和人性化的管理培训手段，向俱乐部一线职业队伍输送10多名年轻球员。

【体育彩票业】

1992年，迎接第七届全运会在成都举行，成都市发行七运会奖券220万元，发行体育奖券550万元，奖券票面为2元，这是成都市首次发行体育奖券。1993年，各区（市）县销售第七届全运会四川赛区奖券225张，金额450万元，为体育事业发展积累40多万元的资金。

1994年，四川省开始销售体育彩票。1998年，成都市共销售即开型中国体育彩票6160万元。随后中国体育彩票销售在成都逐年增多，逐步成为成都体育产业的龙头支柱。

1999年，成立"成都市体育彩票管理中心"加强对全市中国体育彩票管理。同年6月，市体育彩票管理中心同青羊区政府联合在青羊区体育场举办5000万元即开型中国体育彩票销售，共销售4300万元，创下成都市即开型体育彩票销售的最高纪录。8月，成都市推出电脑型中国体育彩票，350台电脑在全市登场运作。当年共取得2.3亿元的销售收入。2000年，在电脑型中国体育彩票销售周年之际，省、市彩票管理中心在成都体育中心举办纪念活动，市体委录制"体育彩票，运动的血液"专题片在成都电视台播放，宣传体彩，树立体彩销售形象。同年，体育彩票销售情况火爆，全市共销售体育彩票9.6亿元，占四川省总销售量的59%。四川省获特等奖101注，其中，成都获26注。为维护体彩的正常秩序和形象，成都市严肃处理投注点代购彩票、非法印刷体彩中奖预测刊物等违规事件。

2001年3月16日，四川省推出的"四花选四"上市。10月22日，"足球彩票"上市，第一期销售147万元，到第五期销售上升到520万元。另外，同年元旦，在成都体育中心商品特卖会期间，组织小规模即开型体彩销售，短短2天销售20万元。5月，在青羊区体育场举行的"支持北京申奥"即开型体育彩票分散销售首发式，当天六城区16个点销售5万余元。当年，全市共设即开型彩票销售点1746个，全市销售即开型体彩300万元。2001年，全市体育彩票（含足彩）销售5亿多元。

2002年，全市体育彩票共销售5.2亿元，即开型销售1132万元。市彩管中心先后在邛崃市、都江堰市、新都区、郫县等区（市）县组织即开型中国体育彩票销售，创下1000万元的销售量。

2003年，全市体育彩票销售4.9亿元。

2004年，成都市彩票中心加强体彩发行的监管力度，当年销售体育彩票3.2亿元。

2005年，市彩票中心体彩销售量稳中有升，达3.8亿元。

1998—2005年，成都市体育彩票累计销售收入达35.55亿元，约占四川省销售总量的32%；共取得公益金收入2亿多元。体育部门利用公益金收入先后投资兴建和维修1000多万平方米的运动场馆，弥补举办国际、国内、省市等多项比赛和大型运动会资金的不足，其中60%的公益金用于开展全民健身运动。

1998—2005 年成都市中国体育彩票销售额情况表

表 5－270

单位：万元

年 份	销售额	年 份	销售额
1998	6160	2002	52000
1999	30000	2003	49392
2000	97000	2004	32722
2001	50000	2005	38200

【场馆多功能开发】

在“以体为本，多种经营”体育产业工作方针指导下，成都市各体育场馆在保证训练的条件下，对外开放，结合自身实际，开展商业赛事、广告集资、商贸会展、铺面租赁、停放车辆、茶园棋牌、大众健身、餐饮休闲、游艺等项目的多功能开发，体育场馆的经济效益不断提高。

1992—2005 年，成都体育中心努力开展以体为主的多种经营创收活动，以承办全国足球甲 A、B 联赛、全国春季糖酒会等，收入逐年增加，1995 年，成为第一个市体育局直属事业单位自收自支单位。1998 年后，球市下滑，多年在该中心举办的全国糖酒会易地举办，创收下降。结合场地条件，广开门路，举办商业赛事、大型演唱会、展销会、办停车场、开放游泳池、开放网球场、租赁门面，开展少儿体校有偿训练；与深圳聚友集团合作，投入巨资建成高档次、大规模的商贸活动场所，开发聚友俱乐部与商贸业务等多种经营。同时，每天上午 6 时至晚 11 时全天免费向群众开放，为八、九届市运会、全国大学生运动会、禁毒日宣传活动等社会公益活动提供服务。

1990—2005 年成都市体育中心创收情况表

表 5－271

单位：万元

年 份	创 收	年 份	创 收
1990	（修建中）	1998	700
1991	（修建中）	1999	621
1992	239	2000	518
1993	252	2001	474
1994	458	2002	600
1995	530	2003	609
1996	677	2004	849
1997	802	2005	904

成都市猛追湾游泳场，利用设施优势，常年开展游泳、跳水项目的有偿训练，创收效益显著。同时销售糕点、饮料，出售游泳服装和用品，并与成都今日集团合作在游泳场内建成水上体育运动儿童游艺乐园，又与成都光大集团等合作建成柳浪湾棋牌俱乐部，开展餐饮、茶、棋牌、游艺等项目服务。每年夏季开办的有偿培训班，增加了收入，并为游泳运动发现、培养了不少游泳新苗。游泳场从 1997 年起免费向群众开放，使用创收积累起来的资金多次对游泳场地、设施进行改造和维修。

1990—2005 年成都市猛追湾游泳场创收情况表

表 5 - 272　　单位：万元

年　份	创　收	年　份	创　收
1990	—	1998	360
1991	102	1999	400
1992	—	2000	386
1993	—	2001	535
1994	285	2002	517
1995	279.7	2003	501
1996	303	2004	624
1997	346	2005	665

1990 年后，城北体育馆设备设施逐步落后，大型文艺演出等活动逐渐减少，收入锐减。城北体育馆同台湾金统领国际音乐开发事业有限公司合作，将体育馆改建为保龄球馆。同时调整铺面租金，增设停车、洗车业务，恢复“生产交易例会”，加强戏水池、茶园的管理，经营创收有回升。在此基础上，城北体育馆扩展创收渠道，将临靠城隍庙电子市场的东楼改造成临街的铺面出租，食堂对外营业，回收保龄球馆经营权，创收效益显著增长。1999 年，受市场经营疲软和停车政策性调整的影响，房租和停车收入下降，新建的游泳池因气候影响收入，全年创收下滑。2001 年，因音像市场关闭，房屋出租收入再次减少。城北体育馆采取措施，挖掘潜力，收入逐步有所回升。2005 年达到 218 万元。

1990—2005 年成都市城北体育馆创收情况表

表 5 - 273　　单位：万元

年　份	创　收	年　份	创　收
1990	—	1998	267
1991	—	1999	168

续表

年　份	创　收	年　份	创　收
1992	—	2000	174.5
1993	120	2001	240
1994	54	2002	200
1995	103	2003	270
1996	60	2004	215
1997	260	2005	218

成都市全国重点乒乓球学校主要利用自己常年开展的乒乓球、空模、海模、车辆模型和无线电项目开办有偿培训班，并进行铺面出租，使创收逐年有所增加。1992 年创收 1.5 万元，1996 年提高到 23.3 万元，1997 年为 33.4 万元，2004 年达到 130 万元，2005 年下降为 55 万元。创收收入，除给教练员津贴外，主要用于维修乒乓球馆、健身房和开展全民健身活动的补助。

成都市少年儿童业余体育学校主要利用学校常年开展的体操、羽毛球等训练项目和场地设施及教练优势，开展体操、艺术体操、羽毛球等有偿训练进行创收。该校创办的体育幼儿园，在培养后备体育人才的同时，也成为创收的一个重要收入来源。另外，该校还为大众提供健身场地。市少儿业余体校 1993 年创收 3 万元，1999 年创收 25 万元，2003 年 65 万元，2004 年达到 90 万元，2005 年为 20 万元。收入主要用于改善训练条件，部分用于职工福利。

成都棋园 20 世纪 50 年代建成以后，既是群众活动的场所，也为棋院创造收入。棋院部分房屋出租也成为一项收入来源。此外，常年开办围棋、中国象棋、国际象棋的有偿培训班。创收收入主要用于棋艺事业，补充棋类竞赛等经费的不足。

1990—2005 年成都棋园创收情况表

表 5－274　　　　单位：万元

年　份	创　收	年　份	创　收
1990	—	1998	69
1991	—	1999	83
1992	—	2000	111
1993	24	2001	135
1994	55	2002	139
1995	67	2003	221
1996	118	2004	191
1997	100	2005	220

成都市体育运动学校在保证学生体育教育外，利用寒、暑假期开办有偿的体育冬、夏令营培训班。曾代管成都五牛少年足球队获得代管费，并出租体育运动场地设施。部分节假日免费向群众健身开放。

成都市射击运动学校远离市区，2002 年前，受场馆设施简陋限制，加上开展的射击项目特殊，场馆多功能开发起步较晚，举办过的射击培训班收入不多。曾接待西藏射击专业队到校内训练，得到一定的收入。2002 年，新建的成都市射击馆在该校建成，利用良好的场地和设施开展经营创收，收入有较大的增长。同时，射击学校无偿为开展国防教育提供场地。

20 世纪 90 年代初，成都市足球运动项目管理中心（以下简称市足协）资金不足 1 万元。市足协趁成都球市火红的机会，开发足球市场、组建成都国奥体育产业发展公司，与德国迪索公司、韩国 KIKA 株式会进行商务合作，在成都设立首家足球专卖店，成立“绿茵广告公司”，开展足球比赛广告业务。与四川可口可乐公司、成都电信服务有限公司等签售比赛杯名冠名权，并获得锐克等体育用品和中国足球队征战世界杯纪念品销售权。市足协 2001 年创收 210 万元，2003 年创收 211 万元，2005 年创收 201 万元成为略有节余的自收自支单位。市足协利用经营收入为区（市）县拨去竞赛经费，向一些参赛队赠送服装和器材，所属的成都足球广场向中小学生免费开放。

产业模式

【概况】

20 世纪 80 年代开始，成都市多种形式、多样需求的体育消费不断增加。成都市体育管理实行体委主导下的多主体参与、多元发展的体育管理体制。进入 21 世纪后，国家实行新一轮政府机构改革，市体委恢复为市体育局，同时成立体育总会，体育的行政管理与体育的社会管理相结合的体制基本形成，体育产业管理逐步得到加强。

给予政策扶持，鼓励多元投资。《成都市体育经营活动管理条例》1997 年 7 月 9 日起正式实施。这是成都市第一部地方性体育法规。2005 年，成都市出台《成都市 2004—2008 年体育产业发展实施意见》，努力为体育产业发展营造良好的政策法规环境。同时鼓励社会力量（社会团体、企事业单位或个人）进入，或吸收境内外资金建设公共体育设施。对投资兴建、经营管理体育设施的单位和个人给予政策方面的支持。

成立专门管理机构，规范体育产业发展。1999 年，成立成都市体育彩票管理中心，负责成都市体育彩票的市场管理，确保体育彩票在全市有序销售。市政府向区（市）县转发《关于加强成都市体育彩票销售管理工作意见》，明确市彩管中心负责全市体育彩票的计划、销售等管理工作。市体委还同市财政局联合发出《关于体育彩票公益金管理的意见》，以保证体育彩票销售后抽成的公益金，按规定专项、专款用于发展体育事业。

结合本土优势，打造成都特色。成都市有“中国最休闲的城市”之称，并具备丰厚的休闲文化资源，成都市借此优势快速发展休闲体育，正在壮大的休闲体育产业又反过来进一步推动成都休闲文化，使成都特色得以彰显。如成都西岭雪山，离大城市仅 110 千米，成都市积极引资将其建成中国纬度最低的滑雪场，成为中国南方地区滑雪爱好者的聚集地之一，并已有“北有亚布力，南有西岭雪”的美誉，提高成都市的知名度。

联合开发和管理,拓展发展空间。成都彩票管理即采取“省直管市协管”的模式。四川省体育彩票管理中心直接管理四川省体育彩票的销售、配送、宣传、统计、服务、兑奖等工作,成都市体育彩票管理中心则协助省管理中心在成都市的体育彩票销售工作。同时,成都市体育产业与其他产业结盟,共同发展。休闲体育与旅游业联合开发,经营成效显著。其他产业也开始意识到结盟体育产业的巨大发展空间,将关注点放在联合开发上来。如作为成都房地产龙头的置信公司,早在20世纪90年代前期,在大多数房地产公司还在用同质化手段策划楼盘的时候,它就修建一个业主专用公园——置信丽都公园。该公园占地近百亩,有林荫大道、疏林草坡、沙滩游泳池、高尔夫球场、阶梯式广场等,使房地产与休闲体育相结合。

【虹口漂流运作管理模式】

虹口乡位于世界文化遗产都江堰西北部,距成都市仅70千米,距都江堰市18千米。虹口乡实行退耕还林政策后,农民原有的主要依靠种植和伐木取得收入的生产方式难以为继。从2000年起,当地村民开始尝试利用得天独厚的资源优势,经营漂流运动项目。

初期,经营范围仅限于漂流运动项目,这种单一的产业结构自然是由当时的实际情况、资源开发程度及市场条件等因素决定的。经营伊始,是由当地几个村民自发组织的,经营零散,设备和工作人员数量都很有限,全年接待游客仅2万人次。产业融资模式主要为内部集资,即创办漂流的几个村民自己筹集资金,这种融资方式显然难以满足企业成长壮大的资金需求。

2001年年末,由都江堰市政府牵头招商引资,成立成都飞来峰旅游开发有限责任公司,是虹口漂流实现的第一次融资方式的转变。公司改变单一的产业结构,对虹口漂流项目进行综合打造,形成以漂流项目为核心产业,集休闲、度假、餐饮、住宿、娱乐为一体的多元化开放性的综合型旅游产业,漂流产业对相关产业的辐射作用体现得淋漓尽致。产业规模由开初的“小打小闹”发展为规模化经营。公司已拥有漂流船200只,配备85名持有船员适任证书的操舟手。虹口漂流项目得到消费者的认可和青睐,知名度逐渐提升,消费群体日益扩大。2005年,游客达到50万人以上。漂流业带动的“农家乐”由2001年的10家发展到2005年的100余家,乡财政收入由2002年的20万元递增到2005年的200余万元,实现就业人数约1000人。同时,以漂流为主的旅游产业的发展还带动房地产及其他旅游项目的开发和相关产业发展,当地土地价格由2001年的3万元/亩增长到2005年的数十万元/亩,农民平均纯收入2000年为1000多元,2004年增长到3811元,2005年突破5000元。

【成都谢菲联模式】

成都谢菲联足球俱乐部的前身——成都足球俱乐部成立于1996年2月27日,是中国职业足球联赛开始后按照现代企业制度组建的年轻的职业足球俱乐部之一,由成都卷烟厂、成都市体工队和成都电视台33频道共同组建,全称为成都足球俱乐部有限责任公司。成都卷烟厂以“五牛”冠名球队。1997年,成都五牛队在长沙冲甲成功。1998年开始,五牛队一直在甲B徘徊。2002—2005年,成都足球随着西部足球渐渐没落。2005年,成都卷烟厂退出足球队,由成都市足协托管五牛队。在这种情况下,成都足协把目光投向国外尤其是欧洲的一些知名的足球俱乐部，试图引入其成熟的管理机制和市场运作模式，改变成都足球市场的低迷状态。经过艰苦的谈判与协商，最终选择来自英国的谢菲联俱乐部。

2005 年 12 月 11 日，成都市足协和英国谢菲联足球俱乐部签订协议，英国谢菲联俱乐部以资金、管理和技术等多种形式入股成都足球俱乐部，总股份为 90%，成为成都足球俱乐部的第一大股东。2006 年 1 月 11 日，成都足球俱乐部改名成都谢菲联足球俱乐部，自此中国第一家由外资企业正式控股的职业足球俱乐部诞生。

成都谢菲联足球俱乐部将中国发展足球的大环境与英国谢菲联足球俱乐部的运作模式相结合，在组织结构上，内设企划部、球迷部、商品部、竞训部、财务部、经济事务发展部等，25 名工作人员，分工明确，井然有序；在管理体制上，实行总经理负责制，董事会将俱乐部的一切事务几乎全权交由总经理处理；在对球队的管理上，采用人性化管理，在球队内部形成融洽的氛围，激励和约束机制健全，受到队员的广泛认同和支持；在实力提升方面，从英国聘请体能教练、技术顾问等以引进先进的技术，同时引进原全兴队甲A明星队员充实球队一线队员，形成合理的一线队员结构，并不定期地率队到英国谢菲联足球俱乐部集训，学习国际顶级球队的技战术和先进的足球理念；在硬件设备配备方面，从英国引进高科技比赛分析软件，记录、分析、总结球员在比赛时的情况，使球队的战略和战术更加科学；大力发展球迷组织，以服务球迷、吸引球迷为主旨，增加赛场的娱乐性。这样的制度上的创新、先进理念的树立、独特的足球文化构建被人们称之为中西合璧的“成都谢菲联模式”。

商业体育组织

【成都五牛足球会员俱乐部】

位于人民中路一段 11 号体育中心 13 区。成立于 1998 年。日常办事机构有办公室等。2004 年，有理事 3 人，共有个人会员 442 人。

【成都市德瑞乒乓球俱乐部】

位于成都市猛追湾路 6 号。下设办公室。成立于 2000 年 6 月，为体育行业的民办非企业单位。单位负责人 3 人，编制人数 16 人。2005 年 8 月，法人代表为代天云。

【成都市李雅轩太极拳武术馆】

办公室地址在成都飞机工业（集团）公司体育协协会。成立于 1996 年，业务主管单位是市体育局。单位性质为个体，属民办非企业单位。

体育管理

项目管理中心

【成都市网球运动项目管理中心】

成都市网球运动项目管理中心即成都市体育运动学校。位于成华区五桂北路6号。1992年,成都市体育运动学校成立。1997年,成立成都市网球运动项目管理中心,同市体工队合署办公,一个机构,两块牌子。2000年,成立青少年体育俱乐部。

市体育运动学校和网球运动管理中心(市体工队)是成都市体育局的直属事业单位。主要设施有综合训练馆、网球场、足球(田径)场等。主要负责管理指导成都市网球运动队伍的建设和后备人才的培养并代表成都市组队参加全国及省的比赛,负责成都市网球运动经营活动的管理等。

【成都市足球运动项目管理中心】

成都市足球运动项目管理中心位于青羊区人民中路一段11号。成立于1996年6月,是市体育局自收自支的直属事业单位,设三科一室(训练科、竞赛科、经营科、办公室),与成都市足球协会合署办公,至2005年,市足管中心内设办公室、技术部、裁判部、开发部、竞赛部、亚洲展望部。

管理中心的主要任务是在市体育局的领导下,研究和制定成都市足球运动项目的发展规则、方针和对策,积极开展群众足球活动,负责全市足球运动项目的业务管理。1999年,管理中心吸引资金180万元,在太平寺机场建成占地5公顷的成都足球广场,有4片标准足球场、可容纳2万人的看台,以及办公室、招待所、餐厅等设施。2001年,全市注册有1个职业足球俱乐部、24个业余足球俱乐部,注册运动员924人、职业教练员4人、业余教练员63人,注册裁判员129人,其中,国家级6人。同年,建成国家级足球青少年体育俱乐部,在承办全国足球甲B联赛中,在各方面的配合下,成都赛区获观众秩序、安全保卫、新闻管理和场馆设施等优秀赛区奖。2002年,同外语学校合资建成中法德瑞足球培训中心。

【成都市田径运动项目管理中心】

成都市田径运动项目管理中心位于青羊区人民中路一段11号,成立于1996年,同成都市体育中心合署办公,是市体育局自收自支的直属事业单位。内设办公室、工程部、业务部、场管部、保卫部、竞赛培训部。“体育中心”与香港聚友集团合资开办高档次聚友商务会所，挂靠的市单项协会有篮球协会和门球协会。

体育中心占地10公顷，建筑面积0.4万平方米。有标准田径场、足球场和4万观众席的环形看台，有配套的供电、音响、灯光和超大型彩色显示器。体育中心全天免费向群众开放，承办过全国大学生运动会开幕式、世界女飞人田径挑战赛、全国足球甲级队联赛等大赛。

体育中心业余体校开设有田径、篮球、足球、网球等业余训练，有专职教练员12人，其中，高级教练6人。2003年，田径、篮球队在参加省级比赛中，男、女队均获第一名，向优秀运动队输送人才3人。体育中心还获2001年全国足球甲级联赛“体育场地设施”优秀赛区奖。

【成都市游泳运动项目管理中心】

成都市游泳运动项目管理中心位于锦江区星辉路1号，成立于1996年。与成都市猛追湾游泳场一个机构，两块牌子（2000年成都市国民体质监测中心成立后，与之合署办公，一个机构，三块牌子）。是市体育局的直属事业单位。下设办公室、游泳学校、池馆管理科、经营开发科、物业管理科、财务管理科和训练竞赛科。挂靠的单项协会有成都市游泳运动协会。

游泳场是以培养游泳后备人才和开展群众游泳锻炼为主的大型体育场地，占地7公顷，有室内游泳馆1座，比赛地、训练地（50米×25米）共3个，10米联合跳台、跳水池1个。设有观看比赛的座位3000余个。还建有占地1.3万平方米的大型水上儿童游泳场所。游泳学校有游泳、跳水优秀运动员30人，业余训练提高班70余人，配备有专职教练9人，其中，高级教练员1人。2001年，建立了国家级青少年俱乐部，注册会员5000余人。在组队参加游泳、跳水比赛中，获省比赛金牌66枚、全国比赛金牌5枚。还获1998—2001年度业余训练先进集体称号。

【成都市武术运动项目管理中心】

成都市武术运动项目管理中心位于金牛区花圃北路9号，成立于1999年，同成都市城北体育馆合署办公。

2001年，市武术管理中心与成都市城北体育馆合署办公，实行一个机构，两块牌子，是市体育局的直属事业单位。管理中心设办公室、训练科、基建财务科、行政科、经营科、物管科。挂靠的单项体协会有市保龄球协会、市排球协会、市武术协会和市信鸽协会。

城北体育馆有28道的保龄球馆1座，建筑面积为1320平方米的训练馆和建筑面积1300平方米的武术馆各1座，游泳池和儿童戏水池各1个，网球场2片，排球场1个。开展有武术、击剑、排球、摔跤、柔道、跆拳道、乒乓球、游泳等项目训练，有教练12人，其中高级教练2人。2001年，中心代管市女子排球优秀队，各项目队在参加全国和省级比赛中，获全国的第四、五、六名各1个，省级比赛共获金牌92枚。

【成都市棋牌运动项目管理中心】

成都市棋牌运动项目管理中心位于锦江区总府街14号，成立于1998年，与成都棋院合署办公。设有办公室、竞赛培训科、市场管理科、市棋类运动协会、市桥牌运动协会、成都棋院棋牌俱乐部训棋队、成都五牛围棋俱乐部、国家青少年俱乐部（棋类）——成都市“蓓蕾”棋类青少年体育俱乐部、成都棋校、成都棋园等机构和体育组织。

成都棋院有象棋、国际象棋和围棋3项教练

员18人，其中高级教练员4人，享受政府津贴1人。棋院以培养人才和开展群众棋牌活动为宗旨，培养过国际象棋国际特级大师刘适兰、国际象棋国际大师赵兰、黄德勋、孔祥明等棋坛名将。20世纪90年代后期，又培养出世青围棋冠军刘熙、"亚洲王"杨一等棋坛新秀。成都棋院被誉称为"冠军的摇篮"，因此成都荣获"棋城"美名。

【成都市体操运动项目管理中心】

成都市体操运动项目管理中心位于青羊区草堂东路50号，成立于1991年，与市少年儿童业余体育学校合署办公。市体操运动管理中心内设办公室、训练科、社体科、场管科等。挂靠单位有成都市体操运动协会、成都市羽毛球运动协会、成都市健美操协会。经有关部门批准，"中心"成立市体校国家青少年体育俱乐部和成都市锦冠体育俱乐部(国家级)。

管理中心为国家培训过大批体育人才，如曾获世界冠军的有陈兴东(羽毛球)、黎艺佳(体操)等。中心向国家及省、市各级优秀运动队输送30余名体育后备人才，在代表成都参加各级比赛中获得数百枚金牌。市体校获得"四川希望人才奖"等称号，教练员王迪瑞还获原国家体委"世界冠军启蒙奖"。附属中心的剑蕾体育幼儿园是一所融幼儿保育、教育与体育相结合的寄宿制、全日制幼儿园，培养和输送的小朋友到体校、运动队68名，在参加全国及省、市的比赛中获得过不少优异成绩，其中，1人为国家队集训体操运动员。

【成都市射击射箭运动项目管理中心】

成都市射击射箭运动项目管理中心位于成华区静居路，成立于2000年，与市射击运动学校合署办公。内设办公室、场馆科、保卫科、竞训科等。挂靠单位是成都市射击运动协会。2001年，成立成都市射击射箭青少年体育俱乐部。2004年，被命名为"四川省国防教育基地"。

要场地设施有多功能综合射击馆及综合楼等。射击馆拥有6000平方米的综合性射击馆、5000平方米的射箭场、25米手枪、10米气枪、移动靶、50米步枪馆，会议厅、运动员休息大厅等设施、设备，可接纳国际国内除军用枪以外的各类射击、射箭高规格的比赛。

【成都市乒乓球运动项目管理中心】

成都市乒乓球运动项目管理中心位于成华区猛追湾街6号，成立于2000年，与成都市全国重点的乒乓球运动学校、成都市航空航海模型无线电运动学校合署办公。内设办公室、财务科、乒乓球部、总务科等。挂靠单位有成都市乒乓球运动协会、成都市无线电协会、成都市航空航海模型运动协会、成都市电子竞技协会。

管理中心代训的有成都市男子乒乓球队，开设的重点班有学员60多名，普训班有学生200名。在新都、温江、双流、都江堰、峨眉等地分设了20多个训练网点，在全市建立乒乓球传统项目学校39个。训练项目有乒乓球、航空航海模型、车辆模型、无线电运动等。2002年12月，在瑞典举行的"国际职业巡回赛少年组总决赛"中，学校培养输送的运动员邱贻可获男单世界冠军。管理中心向国家乒乓队输送叶若庭、陈俊吉、杨文巧、张磊、冯林、陈磊、邱贻可、郑长弓等8名优秀人才。中国第一个航海模型遥控青少年世界冠军李轩及航海模型外观世界冠军刘宏是该校培养出来的拔尖人才。

【成都市体育彩票管理中心】

成立于1999年1月，为市体育局直属的自收自支的事业单位。下设办公室和销售开发科。1999年，彩票管理中心同1992年成立的成都市体育服务公司合署办公，对外一个机构，二块牌子。2002年，撤销体育服务公司，改为成都市体育产业发展中心，仍同彩管中心合署办公。

体育团体

【成都市体育总会】

1991年3月16日，在猛追湾游泳场正式成立，办公设在市体委内。其未成立前，成都市与国际及民间的各项体育交往活动事务，皆由成立于1951年的原中华体育总会成都市体育分会负责处理。

成都市体育总会受政府体育行政部门授权，作为成都市体育民间组织的业务主管单位，对全市体育民间组织工作进行业务管理、指导、监督。

成都市体育总会原则上只接纳市一级群众组织为团体会员。第一届委员会共有各类群众组织329个，其中，市一级的体育组织32个，共有团体会员六类53个，其中，拟成立的区（市）县体总19个，单项运动会19个，行业系统体协11个，驻蓉部队体协1个，市体育专业协会1个，其他群众组织2个。第一届委员会共有121人组成。

【成都市专项运动协会】

成都市田径运动协会。设于成都市人民中路一段11号的成都体育中心内。成立于1958年6月。“文化大革命”期间活动停止，1978年恢复。1985年，协会改选，有委员37人。2005年，协会内设裁判委员会，教练科研委员会。主要负责协助省、市体育部门办好各类田径赛事，开展各类田径项目宣传推广等。

成都市游泳运动协会。设于成都锦江区华星路1号猛追湾游泳场内。成立于1957年，1958年主席为周多福。“文化大革命”期间活动停止。1978年恢复。1999年，有委员43人，内设科研委员会、教练委员会、裁判委员会、普及委员会。2003年，换届后主席为章为林，共有委员39人，内设科研委员会、教练委员会、裁判委员会、普及委员会、救生委员会、冬泳委员会。主要负责承办成都市级游泳比赛、组织游泳训练及培训、举办裁判员培训班发展规范裁判队伍等。

成都市篮球协会。位于成都市人民中路一段11号成都市体育中心内。成立于1955年，主席高胜锦，有委员17人。1958年主席王承藩。“文化大革命”期间停止活动。1978年，协会恢复并进行调整和完善，主席陈精元，有委员27人。1985年，有委员16人。1999年10月，由非法人团体变更为法人团体，内设裁委会、教委会、科研委员会、宣传发展委员会和中学篮球专委会5个分支机构。2003年，成立第九届委员会，有委员8人。2004年，增补委员16人，协会下设中学专委会、小学专委会、裁判委员会、教练委员会、科研委员会，主要工作是开展篮球裁判员、教练员、运动员培训，组织各类篮球赛事活动，推广篮球运动，组队参加省级以上的篮球比赛。主办、承办过如成都国际篮球邀请赛、全运会篮球预选赛、四川省运动会篮球比赛等各型赛事

成都市排球运动协会。办公地点设在花圃路9号城北体育馆内。成立于1958年6月。恢复成立于1979年。1985年，有委员37人。2005年，为协会内设办公室、竞赛委员会、裁判委员会、宣传委员会、训练科研委员会，有团体会员13个，个人会员400人。

成都市足球运动协会。地址在人民中路一段11号。成立于1958年6月。“文化大革命”

期间停止活动。1978年恢复。至2005年,内设办公室、竞赛委员会、学校足球委员会、裁判委员会、球迷委员会,专职工作人员16名。成都足球广场和中法德瑞足球培训中心由其管理。2004年12月,成都五牛俱乐部由市足协管理。

成都市网球协会。设于成都体育场路二号西星大厦。始建于1958年,"文化大革命"期间停止活动。1980年恢复,下设竞赛委员会、裁判委员会、教练委员会。1982年,经省体委批准承担四川省网球协会职能和作用,负责指导全省网球运动的开展。1989年1月,四川省、成都市网协正式分开。1989年6月,正式成立成都市网球运动协会第一届委员会。至2005年,有常务委员12人,团体会员48个,个人会员2147人。协会主要负责宣传、推广、普及网球运动,选拔培养优秀人才,负责各类网球竞赛工作的组织管理,协助和配合有关部门对业余网球运动员、教练员、裁判员进行资格审查、注册管理、业务培训、等级晋升等。

成都市乒乓球运动协会。位于成华区猛追湾街6号。正式成立于1957年,"文化大革命"期间停止活动。1978年恢复。到2005年,有委员49人、常务委员18人;团体会员6个、会员320人。内设办公室、竞赛委员会、教练科研委员会和宣传部。

成都市体操运动协会。位于青羊区草堂东路50号。内设办公室、教练技术委员会、裁判竞赛委员会。委员共有10人;有团体会员2个、个人会员60人。协会委员共10人,常务委员1人。

成都市体育舞蹈协会。位于草堂东路50号。内设办公室、教练技术委员会、裁判委员会、宣传发展部。2005年,有委员5人;有团体会员5个、个人会员150人。

成都市健美操协会。位于青羊区草堂东路50号。内设办公室、教练技术委员会、裁判竞赛委员会、科研委员会和事业推广部。2005年,有团体会员6个,会员125人。

成都市武术运动协会。位于花圃北路9号。成立于1958年,内设办公室、教练研究委员会、竞赛裁判委员会、宣传发展部。2002年主席金武,委员60人,常务委员29人;共有团体会员780个、个人会员3000人。

成都市航空模型运动协会。位于成都市猛追湾6号。2005年有常务委员6人。

成都市保龄球运动协会。位于金牛区花圃北路9号。成立于1986年。至2005年,有委员29人,常务委员10人。内设办公室、竞赛委员裁判会、宣传发展部委员会。共有团体会员10个、个人会员40人。

成都市电子竞技协会。位于成华区猛追湾街6号。2004年4月成立,内设竞赛部等。是全国首家由政府批准认可的电子竞技协会。有委员35人、常务委员8人,团体会员42个。协会成立后按章程严格规范比赛及开展工作,从培训和组织比赛方面为广大电子竞技爱好者和运动员服务。组织了2004年CCESG的电子竞技大赛。

成都市门球协会。位于成都市人民中路1段11号成都体育中心。成立于1990年3月。下设办公室和教练与技术委员会、竞赛与裁判委员会、宣传与信息委员会。至2005年,有委员35人。

【成都市群众体育组织】

成都高等学校体育协会。位于四川大学内。内设科研委员会、竞赛委员会。2005年主席有委员24人。共有23个高等院校为团体单位会员。

成都地区中等专业学校体育协会。位于成都市人民南路四段12号。内设秘书组、教学组、竞赛组、群体组等。是由成都地区各中等专业学校组成的地方性体育学术性组织，主要任务是对成都地区中等专业学校体育工作进行组织和指导。

成都市青少年体育俱乐部。2001年成立。位于青羊区人民中路一段11号。至2005年，有委员35人、常务委员8人，团体会员42个。

成都市老年人体育协会。成立于1982年6月，简称市老体协，常设机构设在位于成都市人民中路1段11号成都市体育中心内的市体育局社会体育处。是组织全市老年人开展体育活动的群众社团组织，也是代表成都市参加全省、全国老年体育组织及其相应活动的唯一合法组织。协会只吸收团体会员，个人会员由各团体会员单位吸收并管理。1994年，市老年体协团体会员51个，会员10万余人，1996年，团体会员增加到55个，会员增至13.5万人。老年体协基层组织在农村乡镇发展很快，1996年，建立起128个农村基层老年体协，全市老年人体协会员猛增至20余万人。1999年，乡镇老年体协继续发展，全市共计有13个区（市）县全部乡镇建立老年人体协，新增会员3万人，年末全市老年人体协会员共达31万人。2003年，七城区街道已全部建立老年人体协组织。2005年共有60个团体会员，会员达40多万人。成都市老年人体育协会经常组队参加比赛，1991—2003年，成都市老年人参加省以上的比赛共获得第一名20多个，参加的重要比赛有省老年人运动会（二届）、五省六市协作区网球赛、五省市门球赛（1994年）、全国老年人羽毛球邀请赛（1995年）等。同时还承办省老年人地掷球赛、省三届老运会等。1992年，市老年体协成立10周年之际，举办门球、中长跑、乒乓球、游泳等7个项目的比赛。街道、乡镇等开展中长跑、门球、地掷球、太极拳、游泳、射击等体育活动。1995年，逢全民健身计划实施，承办四川省第三届老运会计乒乓球和地掷球两项比赛。2005年，结合《全民健身计划》《中华人民共和国体育法》颁布10周年、抗日战争及反法西斯战争胜利60周年等重大活动，开展了骑游、登山、健身气功、秧歌等各种体育活动。为推动老年人开展体育活动，市老年体协加强信息宣传工作，创办并编印《成都老年体育》双月刊，不定期举行老年人体育科研论文评选活动和评选基层老体协先进集体与先进个人活动，每隔2年或6年，按照80岁以上（含80岁）、身体健康、经常参加体育活动为标准，与《成都日报》社联合评选一次“蜀都健康老人”。

成都市体育记者协会。成立于1988年2月，设于人民中路一段11号市体育局办公大楼内。内设办公室等，是市新闻单位的专业协会，也是中国体育协会记者协会和四川省体育记者协会的地方组织。首批会员由成都晚报社、成都人民广播电台、成都工人报社的人员组成，团体会员5家，个人会员20余名。自成立后，协会不断调整领导班子，扩大组织，吸收新会员。1992年，改选伍进一为主席，会员增加到31人。1993年，会员39人。1996年，团体会员达到11家。1998年，换届改选黄长君为协会主席，有团体会员13家，个人会员49名。2005年，有团体会员12个、个人会员64人，委员6人。成立后，记者协会积极协助市体育行政部门开展体育宣传和有关活动，商研体育报道，举办体育竞赛，进行体育摄影作品评选。会员单位《成都晚报》《成都商报》等都设有体育专版、足球专版，成广新闻台、成都经济电台、15频道新闻、早间新闻、33频道新闻、有线电视台新闻都设有体育新闻栏目。此外，成都电视台还办有《体坛博览》《运动时空》，33频道办有《每日体坛》专题节目。围绕在成都举行的元旦越野赛、端午节府南河龙舟竞渡、新蓉城马拉松大赛、世界女飞人挑战大赛、全国足球甲A、甲B联赛以及成都承办与参加的各项赛事发出大量的文字图片、专题、电视新闻等体育消息，体育宣传十分活跃。1996年《中华人民共和国体育法》颁布实施，记者协会各会员单位等集中进行宣传报道。协会结合自身的特点，同有关单位一起组织体育活动。1993年，同中华自行车成都经销公司联办成都首次"中华杯"山地自行车场地障碍赛，各个环节都极为成功。1998年，在召开协会年会时，同禾田卡丁车有限公司举办卡丁车比赛，以会员团体为参赛单位，人人驾车参加比赛，十分热烈。在一年一度的记协年会上，协会都会评选年度体育新闻及优秀体育摄影作品。

成都市残疾人体育协会。位于新华大道双林路61号，成立于1990年，是在体育总会和成都市残疾人联合会指导下的群众性业余体育组织。其宗旨和任务是动员和组织盲人、聋哑人、截肢、截瘫、神经麻痹等伤残人员参加体育锻炼，提高生活能力和信心，并经办伤残人员的对外体育交往。1997年，市残疾人体协先后组织乒乓球、象棋、桥牌等比赛。至2005年，该协会除组织本级赛事外，还组队参加四川省、全国残疾人体会协会赛事。

体育执法

【法规条例】

1995年，国家颁布《中华人民共和国体育法》，体育事业从此走上依法行政的轨道。

1996年6月15日，位于成华区的宏沙度假村在未办理设计、施工、质检等相关手续的情形下，擅自在沙河溢洪河道边修建游泳池，游泳池垮塌，导致数人伤亡。此后，成都市开始加强对高危运动游泳的项目管理工作。经成都市人民政府第六十二次常务会议通过，1996年8月19日，《成都市游泳场馆管理办法》正式发布实施，成为成都市人民政府出台的首个地方性体育规章。

1997年7月9日，《成都市体育经营活动管理条例》正式实施，这是成都市第一部地方性体育法规。随后，市体育局又先后制定《成都市体育行政执法监督检查办法》《成都市体育系统听政实施办法》等法规。同时配合《成都市体育经营活动管理条例》的实施，成都市体育局又先后制定健美健身、武术、棋牌、足球、航空（海）模型、车辆模型、射箭、全民健身路等共11个项目规范性文件，使《成都市体育经营活动管理条例》得到贯彻实施。

2001年，按照成都市人民政府加快投资体制改革的有关精神，对已出台的成都市地方性体育法规和规范性文件进行梳理修改，删去相关内容，取消4项行政审批条款，简化经营户办证手续。随后，又对已出台的《成都市游泳场馆管理办法》进行修改，并与2004年12月1日，成都市人民政府市长葛红林签发公布修改后的《成都市游泳场馆管理办法》。

2005年10月27日，成都市第十四届人大常委会第二十八次会议通过《成都市体育条例》，11月30日，四川省第十届人大常委会第二十四次会议批准通过《成都市体育条例》。成都市是全国第一家出台《体育条例》的副省级城市，国家体育总局法规司指出，《成都市体育条例》在全国副省级城市中具有率先性和示范性。

【执法检查】

1996 年 8 月 17 日,《成都市游泳场馆管理办法》发布实施,成为成都市人民政府出台的第一个地方性体育规章。市体育部门举办有市体育直属事业单位和区(市)县体委相关人员参加的体育执法培训班两期,成都市体育执法由此起步。

同年,加强对高危游泳运动项目的管理,贯彻落实《成都市游泳场馆管理办法》,成立成都市游泳运动项目管理中心,依据《中华人民共和国行政处罚法》等规定的精神,成都市体委授权市游泳运动项目管理中心负责对全市游泳场馆业务进行管理。1997 年 6 月 16 日,《成都市体育经营活动管理条例》出台,市体委、市法制局联合举办“成都市体育系统行政执法人员培训班”,全市 19 个区(市)县以及高新区体育部门、市体委体育市场管理处和市游泳运动项目管理中心的执法人员参加培训,74 人获“成都市行政执法证”,成都市体育行政执行队伍正式形成。市体委成立成都市体育行政执法领导小组,负责对全市体育执法工作的领导,区(市)县体育行政部门也相应成立体育行政执法领导小组,并建立执法人员队伍,实行持证执法,建立执法后的报告制度。1998 年,市游泳运动项目管理中心受市体委执法部门委托,举办 8 期救生人员培训班,培训救生人员达 540 余人,对全市体育执法人员进行考核、换证。

2000 年,成都市体育局成立体育稽查大队,按照有关法律、法规的规定,行使对全市体育市场的管理。同年,市体委与市田径、游泳、足球、武术、乒乓球、体操、健身健美等运动项目管理中心签订委托书,把运动项目管理办法中的职责、权利授予该项目的管理中心。2002 年,加强体育行政执法管理,市体育局建立主要负责人为责任人的体育行政执法责任制,还把体育行政执法的管理工作纳入区(市)县和市体育直属单位的目标管理。同年,培训游泳、健身健美、棋牌等项目行政执法人员 400 余人次。2004 年 12 月 1 日,由成都市人民政府市长葛红林签发公布经过修改的《成都市游泳场所管理办法》。市体育局培训执法人员 63 人次,使执法人员培训率、培训的合格率、执法人员持证上岗率均达到 100%。2005 年,市体育执法把游泳安全作为执法监管的重要工作,推行“备案证”的新办法,以市游泳场所管理办法为根据,以国家制定的游泳场地开放标准为尺度,对开放的公共游泳场所进行开放前检查,合格者始准予备案。2005 年的备案率从 2004 年的 59% 上升到 71% 。同时,市级相关部门进行联合执法检查 42 次,出动人员达 2830 人次,执法检查中,涉及整改和处罚的达 98 件次。同年,金牛区、邛崃市、彭州市等还对当地游泳场所进行全面检查,彭州市因救护人员与配备标准差距大,对“在水一方”娱乐公司开出暂不予备案的“罚单”。

体育宣传与交流

【体育宣传】

1990—1994 年,成都市围绕第十届亚运会、省第二届青少年运动会、世界杯足球亚洲 A 组第一阶段预选赛、第七届全运会、全国足球联赛等开展体育宣传。市体委编印的《成都体育》、迎亚运简报共达 27 期。1990 年 6 月 14 日,成都市开展迎亚运百日宣传活动的第一天,上万名干部职工和学生,以人民南路为中心开设百个宣传点。1993 年,市政府主要领导指示把记者作为贵宾接待,国内外 120 多个新闻单位的 356 名新闻记者到成都采访世界杯足球亚洲 A 组第一阶段预选赛，报刊、电台播发数千条千字以上的稿件，中央电视台、省、市电视台直比赛实况。全国各地记者千余人次在成都采访第七届全运会的蹼泳、水球等项赛事。1994 年，全国足球甲级联赛成都赛区新闻宣传报道在记者人数、新闻发布会、座谈会、交流会次数、新闻作品获奖件数、新闻发稿量上均居全国之最。另外，成都市对市第二届青运会和省三青运也有大量宣传报道。在此期间，成都市的新闻工作者有不少文字报道和摄影作品在全国性评比中获奖。1995 年，《中华人民共和国体育法》颁布，市委宣传部、市体委等 17 个部、委、局联合转发学习、宣传、贯彻执行《中华人民共和国体育法》的通知。同年国务院公布《全民健身计划纲要》，成都市体委在人民南路悬挂出宣传全民健身计划的巨型标语。成都市的新闻媒体对全民健身活动进行广泛宣传报道，市体委在“成都体育画廊”举办图片展览。在历时 8 个月的全国足球甲 A 联赛中，成都电台新闻台、经济台组织专题节日报道组，奔赴 24 个主客场进行现场报道。1997 年，抓住颁布《成都市体育经营活动管理条例》的机会，组织市属新闻单位进行宣传报道，还将“条例”全文刊登在《成都晚报》上。市级新闻媒体评出“1996 年成都市八大体育新闻”。1998 年，成都市拍摄反映改革开放 20 年来成都体育事业发展的五集专题电视片。1999 年，围绕成都市参加第四届城运会，组织个新闻媒体进行广泛宣传。庆祝中华人民共和国成立五十年、成都解放五十年，市体育部门先除撰写数万字的文稿和提供大量体育图片外，还在成都体育画廊展出反映 50 年来体育战线取得成绩的图片展览。2003 年，制作 30 分钟的成都体育电视宣传片，在五届全国城市运动会期间，分别在湖南卫视台、长沙电视台和全国城市电视台协作网播出，同时制作成光盘赠送给 79 个参加城市。同时以《成都体育》《成都体育彩票》《成都全民健身》和《成都体育竞赛与市场》为题制作 4 部电视宣传片，除对外招商用外，还多次在成都电视台播放。

成都市十分注意对新闻媒体的宏观管理和对宣传舆论的引导，1996 年，在成都举行的国内外赛事达 20 多次项，市体育局召开新闻单位关于体育宣传报道的座谈会、印发新闻记者采访须知，加强赛场新闻记者的管理，使新闻采访工作得以有序进行。成都市电视台 1996 年增设《体育广场》《运动时空》栏目，并增加播出时间，成都有线电视台也增开体育频道，每天播出时间达 8 小时。《成都商报》《成都工人报》等每周还开辟《体育新闻》专栏。《成都晚报》首次特派记者赴奥运会采访。1995—2003 年，成都市参加全国第三、四、五届城运会取得好成绩，成都电视台体坛博览举行以《欢迎我市健儿光荣归来》《凯旋在今秋》等为题的现场直播，再现成都运动健儿在赛场顽强拼搏的生动场面。1995 年，成都电视台、成都经济电视台组成专题节目报道组，奔赴四川全兴队客场报道全兴队参加全国足球甲级队联赛情况，行程共计达 10 万千米，共报道 24 场(包括主客场)，倍受成都球迷欢迎。四川电视台和成都市的两家电视台实况直播、录播足球甲级联赛成都赛区的全部球赛。2001 年，省、市体育局共同组办环川驾车支持北京申奥的大型健身宣传活动。2002 年，全市体育宣传以成都市承办四川省第九届运动会为重点，利用征集运动会会歌、会徽和吉祥物的机会，在省内外大造声势。四川电视台卫星频道全程转播省运会开幕式盛况，中新社、《中国体育报》《四川日报》《成都日报》、四川电视台、成都电视台等 20 余家新闻单位报道省九运会新闻达千条次以上。2004 年，宣传报道成都市第十届运动会，中央驻蓉和省、市新闻单位共发布新闻、专访等达680余条。2005年，世界大力士冠军赛在成都举行。从申办比赛到比赛结束的半年时间，有步骤、分层次地对赛事和成都形象进行联动宣传，形成中央、地方、境外、境内、报刊、广播、电视、网络全覆盖、立体式、多角度、全方位的宣传态势。英国路透社、美国雅虎、美联社以及中国香港凤凰卫视、香港大公报、澳门莲花电视台、中央电视台、《人民日报（海外版）》、人民网、新华网、新浪网、搜狐网、《解放日报》以及省、市新闻单位等200余家新闻媒体刊登和播发相关报道，中文1万多篇，英文100多篇。美国ESPN有线电视台网专门将赛事录像片提供给全球24个广播电视公司，面向80多个国家播放。CCTV－1在开幕当天对赛事进行新闻播报，CCTV－5在国庆黄金周期间，连续七天对赛事进行实况录播，10月7日，对总决赛还进行现场直播，收到前所未有宣传成都的效果。成都市有关部门主动协调美国ESPN对赛事全程录播，并协助其利用比赛空隙时间，拍摄武侯祠、杜甫草堂、都江堰—青城山、春熙路商业街、成都老民俗公园、大熊猫繁育基地、望江公园等成都特色景点，制作成4集长度为30分钟城市形象片，向全世界展示成都人文风情。8月3日和9月29日，两次组织采访大力士赛事的境内外媒体对成都市领导进行高端访谈。在赛事期，与中央电视台配合，将《全明星猜想》活动搬到成都举行，搭起大力士冠军赛与成都市民沟通的桥梁。

【体育交流】

1990—2005年，成都市与国外进行大量的体育交际活动，其中以棋牌和足球项目的交往最多。

1990年2月，朝鲜围棋协会会长金之均率领的朝鲜围棋代表国一行3人访问成都。6月，成都锦江棋牌会馆一行4人到日本大阪等5个城市进行棋艺友好交流。1991年6月，应美国围棋协会邀请，成都市围棋代表团访问美国，分别在旧金山、华盛顿、纽约等城市与当地围棋协会或围棋俱乐部进行对局和棋艺交流。同年9月，成都中日友好民间围棋会馆开馆。12月，举行由日本棋院富山支部松田赞助的“松田杯”职工围棋比赛。1993年5月，日本姬路平围棋友好团一行30人访问成都，与成都业余棋手对弈，切磋棋艺，中国棋院副院长王汝南等出席并观看比赛。10月，以日本“围棋泰斗”吴清源为名誉顾问、中国围棋国手芮乃伟九段为顾问的日本文化围棋代表团一行25人到成都友好访问。1994年10月，成都蜀蓉出版社象棋队，赴马来西亚、新加坡、泰国进行友好访问。1998年10月，崇州市职业中学女子桥牌队代表中国赴泰国参加“神奇泰国”桥牌展示赛。2001年8月，日本大学生围棋代表团访问成都并进行交流赛。

1997年，成都市邀请由教练霍斯特·格林率领的德国足球教练访问团到蓉，在成都市体育运动学校为青少年足球选手讲课和辅导。1998年，受中国足协委托，成都市足协承办“阿迪达斯”少年足球训练班和’98国际教练员培训班，由美国青少年足球训练专家托马斯·贝尔主持授课。成都市在举办青少年儿童足球夏令营期间，请成都五牛足球队教练员马可·玛西，为20余名青少年足球教练员讲课。1999年，成都市足球运动管理中心同四川省足协、四川全兴足球俱乐部合作，邀请英国足球研究专家泰勒博士到成都进行足球专题讲课。同年，受德国柏林足协的邀请，以成都市体委副主任覃文林为团长的成都市足球考察团到德团考察访问。2001年，成都足球俱乐部37名球员组成的球队赴保加利亚进行训练和练习赛。2004 年，成都德瑞足球中心的 3 名少年在教练带领下赴法国梅斯俱乐部进行培训。

此外，成都市羽毛球、排球、乒乓球等项目运动队也多次到国外进行交流比赛。1990 年，成都市羽毛球队出访苏联，参加“哈巴洛夫”国际青少年羽毛球赛。1991 年，成都市女排到法属大溪地进行 15 天的访问，受到当地华人热烈欢迎和热情接待。同年，德国少年乒乓球队到成都训练德国体育科研代表团到成都考察。1993 年和 1998 年，成都市男子乒乓球队、成都市乒乓球代表团分别出访德国和葡萄牙，参加葡萄牙’98 玛德拉国际乒乓球公开赛，还同葡萄牙、法国等国家的乒乓球俱乐部进行交流训练。1999 年 5 月，法国安道尔地掷球队在成都市青白江区进行友谊赛。2001 年，青羊区政府在青城山承办有中国、日本等国参加的第四届东北亚体育史学会。2004 年，中法青少年举行徒步穿越崇州九龙沟六顶山对抗赛，活动结束后，中法两国青少年还种下“友谊树”作为纪念。10 月，成都市与友好城市日本甲府市代表团一行 10 人，在城北体育馆与市武术协会进行太极拳友好交流和表演。

1990—2005 年，成都市与国内其他城市也开展大量的横向体育交流活动。1987 年，成都、昆明等城市发起举办全国部分省(区)会城市体育协作会，到 2005 年，全国共有 22 个省会城市体育局参加，每年轮流举行一次横向交流活动，协会主办的《信息交流》共出 105 期。此外，成都市体育运动学校参加中南、西南、西北部分体育运动学校校长会议，研讨体育运动学校教育、训练等改革问题。在青羊区举行第八届城市体育工作研讨会议，共有 40 多个大中城市体育部门参加，国家体委群体司负责人出席会议。1999 年，全国副省级城市体委主任座谈会在成都召开，国家体委主任伍绍祖肯定横向体育合作形式。12 月，市体委到北京、西安等地考察有关地方体育法规和体育市场管理等方面的情况。2003 年，成都市政府组织体育、文化、卫生等部门赴上海、苏州等地学习考察，成都市体育局撰写出《扩展思路、开阔眼界，探索体育事业发展新路子》的考察报告。2004 年 5 月，市骑游俱乐部举行“熊猫故乡行”活动，吸引上海、广州、河北及省内乐山、绵阳、峨眉等地的 160 多名骑友参加。6 月，西南地区(云、贵、川、渝、藏)省体育局领导一行到青羊区全民健身中心进行考察参观。

社会保障

概　述

20世纪80年代，成都市社会保障事业得以恢复和发展。

90年代初，成都市各种规范社会保障事业的法律法规相继出台，各种社会保障措施陆续实行，各种社会保障设施先后落成，全市社会保障事业出现大发展的态势。在此期间，成都市防汛抗旱江河管理指挥部更名为成都市人民政府防汛指挥部，市人民政府制定《成都市破坏性地震应急反应预案》，批转市民政局《关于适当提高城镇社会救济对象救济标准的请示》，对五城区城镇孤老、孤儿、城镇贫困户、精减退职老职工以及社会福利事业单位收养收治人员的救济费作相应提高。全市各级党组织和政府先后建立“双拥共建”（即拥军优属，拥政爱民，军民共建“双拥”模范城。下同）工作领导小组与退役士兵和军队离退休干部安置工作领导小组，颁发《成都市优待金的规定》《军人抚恤优待条例实施细则》，规定户籍在农村的义务兵享受优待金标准不低于当地上年农民人均收入的50%，并逐年提高优待标准，对城镇退役士兵的接收安置工作基本上实行“系统分配任务，包干安置”和“政府统筹”的安置办法，军队离退休干部安置按批次计划实施。1994年，成都市被命名为“全国双拥模范城”。同时，在部分社会保障项目上进行改革试验。1992年，成都市政府发布《关于进一步发展劳务市场的意见》，提出开放多层次、多形式、多功能的劳务市场，形成劳务市场网络，逐步做到招工、就业不找政府找市场。同年7月，成都国有企业57万职工开始缴纳基本养老保险费，结束基本养老保险由国家和企业全包的传统养老模式。

90年代中后期，产生大量下岗失业职工，成都市社会保障事业不断加强调整和改革的力度，从执行计划向按市场规律运作转变，从实行国家福利制度向实行社会化社会保障和福利制度转变。1994年，劳动部确定上海、沈阳、青岛、成都、西安五市为“再就业工程”试点城市。成都市在青羊区、成华区、都江堰市、新都县、双流县5个区（市）县开展“再就业工程”试点。随后再就业工作的重点由失业职工扩大到停产整顿企业职工、再扩大到减员增效企业职工以及破产企业职工，基本形成国家政策引导扶持、社会提供帮助服务、鼓励和推动劳动者自己努力等多渠道、多形式实现就业的局面。1995年，全市性非营利公益性社会团体成都慈善会成立，广泛动员社会力量，为需要帮助的人提供更多的社会救助，改变单纯依靠政府救助的情况。市民政局向市政府报送《成都市社会力量兴办福利事业单位管理意见》，探索社会力量办社会福利事业的路子，试验性地批准两家社会力量开办的福利事业单位对外服务。成都市人民政府先后颁布《关于积极推进农村最低生活保障制度工作的通知》和《关于建立和实施城市居民最低生活保障制度的通知》，逐步建立城市和农村最低生活保障制度，为城乡生活特殊困难的群众发放最低生活保障金，并根据经济发展和物价变化进行适时调整。1998年，进行公费医疗、劳保医疗改革，建立城镇职工医疗保险制度，将原来由国家包干的公费医疗制度用社会化医疗保险等取而代之。

与此同时，社会保障事业快速发展。成都市制定《社区服务业管理暂行办法》，开展社区服务示范街道试点工作。编制《成都市防洪预案》《成都市市区抗震设防区划》和《成都市强有感地震应急反应预案》，在原有成都市地震工作领导小组基础上，组建"成都市防震减灾工作领导小组"，成都市数字遥测地震台网一期工程完工投入试运行。成都市劳动力资源微机管理信息网正式建成并在城区内联网运行。中国成都SOS儿童村建成，开村收养孤儿。成都市发布《成都市军人抚恤优待实施办法》《成都市拥军优属若干规定》，驻成都部队出台《拥政爱民若干规定》，"双拥"工作逐步走上规范化、制度化、法制化轨道。1996年，成都市再次被命名为"全国双拥模范城"。1997年，养老保险范围扩大，覆盖面为95%以上；城镇企业职工失业保险覆盖面达到90%以上。"九五"期间（1996—2000年），共指导、帮助16.2万名城镇失业人员就业，城镇登记失业率保持在3%左右。

进入21世纪以后，成都市坚持进行社会保障体制改革。全市退伍军人的安置工作在继续实行政府指令性安置的同时，对统筹安置人员实行"双向选择"安置，鼓励其自谋职业。2003年，成都市将收容遣送站一律改为救助管理站，把强制收容遣送改为自愿接受救助；建立救助网络体系、医疗救治体系、救助管理服务体系和接送体系，将各项社会救助纳入法制化轨道，并明显改善救助管理站的设施和生活条件。同时，加强社会保障事业一体化建设，逐步建立起管理服务社会化的养老保险体系、退伍军人安置保障体系、城乡一体化社会救助体系、防灾救灾工作体系、城乡一体就业体系以及覆盖城乡的慈善与福利工作体系。

从2001年起，成都市基本医疗保险在全市范围内实行统一制度，统一标准，统一管理。成都市各区（市）县城镇集体企业职工的基本养老保险基金纳入全市统筹，全市实行统一的基本养老保险制度，基本建立起资金来源多渠道、保障方式多层次、管理服务社会化的养老保险体系。到2004年，全市基本养老保险参保人数达138.57万人，失业保险参保人数达89万人，基本医疗保险参保人数达210.01万人；参加补充医疗保险人数达131.41万人，参加工伤保险人数达99.53万人，生育保险参保人数达126.28万人，非城镇户籍从业人员综合社会保险参保人数达23.5万人。

成都市退伍军人的安置工作实行政府指令性安置与"双向选择"安置相结合，鼓励退伍军人自谋职业。优抚对象与当地人民生活水平同步增长。对军队离退休干部安置制度实行一系列改革，改革目标是逐步建立起安置分散化、住房私有化、待遇货币化、服务社会化的保障体系。

2004年，市政府出台《成都市城市居民最低生活保障实施办法》和《成都市农村居民最低生活保障实施意见》，五城区及高新区建立起城乡统一的最低生活保障制度。2005年，成都市实现城市最低生活保障标准与农村最低生活保障标准并轨。至年底，全市已基本形成以最低生活保障为核心，以帮困助学、帮困助医、帮困建房为配套，其他专项性、临时性救助和社会帮扶为补充的救助制度，做到应救尽救。全市城市低保人数达到10.6万人，农村低保人数达到14万人。

2004年，成都市人民政府救灾指挥部成立，公布实施《成都市救灾应急预案》，建立全市应急反应指挥体系。按照“统一指挥、分级管理、职能对口、相互支持”的原则，成都市对洪涝灾害、地震灾害、气象灾害等建立和健全了监测网络，强化预防措施；建立和健全防汛抢险指挥体系、防雷防雹增雨工作体系、防震减灾工作体系等防灾救灾工作体系。对多次自然灾害的袭击，进行灾害预警，划分灾害等级，启动救援应急反应，组织受灾群众转移安置，储运救灾物资和组织救灾捐赠，减轻灾害对人民群众生命财产造成的损失。

2004年，《成都市人民政府关于失地无业农民再就业有关问题的通知》规定，对劳动年龄以内有就业愿望的失地无业农民，实行与城镇下岗失业职工相同的就业扶持政策。同年，成都市人力资源市场建成并投入使用，全面开展就业工作的“一条龙”服务，初步形成市、县、乡三级管理和市、县、乡、社区四级服务的体系和劳动保障工作网络。2005年，《成都市委、市政府关于促进城乡充分就业的意见》等文件出台，建立城乡统筹的就业管理制度、就业培训体系。同年，全市培训农村劳动力101.29万人；城镇新增就业12万人，其中，下岗失业人员实现再就业5.5万人，“4050”（女40岁、男50岁以上下岗待业人员）等困难人员实现再就业1.8万人。

进入21世纪，慈善与福利意识增强。通过发行福利彩票，成都市募集数亿元福利金，用于成都市福利设施的改造和新建、扶贫济困送温暖、帮困助学助医、残疾人救济、特困群体救助、星光计划、明天计划、春蕾工程、希望工程等项目，对妇女儿童的救助和保护、对残疾人和老年人的优待和服务达到了新的水平。2004年，成都市出台《关于加快社会福利事业发展的意见》，鼓励社会力量兴办老年福利机构。2005年，成都市的公共福利机构总计324家，分别由各级民政部门、乡（镇）政府以及社会力量举办。不同层次的公益性慈善与福利设施优先、优质、优惠地为困难民众服务，初步形成覆盖城乡的慈善与福利工作体系。

劳动就业

就业安置

【概况】

1990年前后，成都市进入又一个劳动就业高峰期，劳动就业部门面临的主要任务是促进城镇待业人员就业。待业人员包括80年代积压的待业人员、企业改革过程中增效减员分流的富余人员，以及新增需要就业的劳动力。1990年，是进入新的就业高峰期的第二年，就业形势严峻。各市级和区（市）县各部门根据国务院《关于做好劳动就业工作的通知》和成都市政府《关于进一步做好城镇待业人员安置工作的通知》精神，加强对就业工作的领导，全年共安置2.65万人就业，超计划15.2%完成责任目标，年末待业率为1.9%。1991年，全市共安置3.02万人就业，超额20.98%完成目标任务，城镇待业率为1.8%；全市职工人数162.1万人，比上年增长3.9%。

20世纪90年代中期，国有企业产权制度改革进入攻坚阶段和国有企业战略性重组的推进，产生大量下岗失业职工。1994年，劳动部确定上海、沈阳、青岛、成都、西安五市为“再就业工程”试点城市。同年，成都市在青羊区、成华区、都江堰市、新都县、双流县5个区（市）县开展“再就业工程”试点。1994年，全年共指导、帮助3.37万名城镇待业人员实现就业（其中安置失业人员3654人，安置新增待业人员3.01万人），年末全市城镇待业率为1.99%。1995年，共指导帮助城镇劳动力3.31万人就业，失业率控制在1.88%以内。1995—1996年，再就业工作的重点由失业职工扩大到停产整顿企业职工。1996年，经过多年的探索与实践，成都市基本上形成国家政策引导扶持、社会提供帮助服务、鼓励和推动劳动者自己努力等多渠道、多形式实现就业的局面。全年共指导和帮助3.12万人就业，失业率控制在3%以内。“九五”期间（1996—2000年），全市共指导、帮助16.2万名城镇失业人员就业，城镇登记失业率保持在3%左右，低于全国和全省的平均水平。

2000年后，成都市提出建设覆盖城乡所有失业人员、打破城乡就业分割格局的就业体系，促进全市城乡充分就业。2001年，指导、帮助城镇失业人员3.4万人实现就业，城镇登记失业率为3.4%。2004年，创建充分就业社区，城镇新增就业人数7.2万人，城镇登记失业率3.1%，低于全国平均水平1.2个百分点。同年，成都市人民政府出台《关于失地无业农民再就业有关问题的通知》，对劳动年龄以内有就业愿望的失地无业农民，实行与城镇下岗失业职工相同的就业扶持政策。至年底，全市完成农村劳动力实用技术培训42.2万人，完成对向非农产业和城镇转移农村劳动力的劳动技能培训36.2万人，其中订单培训6.4万人，取得证书12万人。

2005年，市委、市政府出台《关于促进城乡充分就业的意见》和《关于促进农民集中居住区就业工作的意见》，再就业扶持政策覆盖城乡所有失业人员。全年，城镇登记失业率为3%，低于全国平均水平1.2个百分点，共为10万名下岗失业人员和失地无业农民发放"再就业优惠证"（其中失地无业农民6万名），共有1.7万名灵活就业人员和108户企业享受社保补贴，为215户企业减免税费3625万元，为650名下岗失业人员和失地农民发放小额担保贷款1300万元。

1990—2005年成都市劳动力资源情况表

表5-275

年份	城市人口总量（万人）	劳动力资源总人数（万人）	劳动力资源比上年增减（%）	全社会从业人员合计（万人）	城镇从业人员		农村从业人员		第一产业从业人员	
					人数（万人）	比上年增减（%）	人数（万人）	比上年增减（%）	人数（万人）	比上年增减（%）
1990	919.50	549.56	—	562.66	180.34	—	382.32	—	301.1	—
1991	927.73	566.99	3.17	580.91	188.71	4.64	392.20	2.58	304.6	1.16
1992	936.86	579.42	2.19	594.12	193.80	2.70	400.32	2.07	304.0	-0.20
1993	947.3	581.09	0.29	595.94	197.49	1.90	398.45	-0.47	301.9	-0.69
1994	960.39	586.80	0.98	602.95	202.72	2.65	400.23	0.45	287.9	-4.64
1995	971.6	593.96	1.22	603.75	206.04	1.64	397.71	-0.63	283.5	-1.53
1996	980.74	—	—	604.58	210.65	2.24	393.93	-0.95	273.2	-3.63
1997	989.19	762.8	—	606.47	211.57	0.45	394.90	0.24	269.2	-1.46
1998	997.0	762.1	-0.01	594.84	205.89	-2.68	388.95	-1.51	268.0	-0.45
1999	1003.6	769.2	0.93	582.98	190.25	-7.60	392.73	0.97	253.9	-5.26
2000	1013.4	781.0	1.53	574.13	186.21	-2.12	387.92	-1.22	244.9	-3.54
2001	1019.9	783.2	0.28	575.80	186.83	0.33	388.97	0.27	226.6	-7.47
2002	1028.5	790.5	0.93	584.42	198.08	6.02	386.34	-0.68	216.1	-4.63
2003	1044.3	814.1	2.99	593.27	212.71	7.39	380.56	-1.50	221.0	2.27
2004	1060.0	823.9	1.20	603.97	238.29	12.03	365.68	-3.91	209.9	-5.02
2005	1082.0	868.4	5.40	619.04	276.54	16.05	342.50	-6.34	200.17	-4.64

1998—2005年成都市城镇登记失业人员基本情况表

表5-276　　单位：人

年份	类别	总计	按年龄分		按失业时间分		按文化程度分		
			16～25岁	26岁及以上	6个月以下	6个月以上	大专及以上	中专和高中	初中及以下
1998	合计	38632	21344	17288	13725	24907	2901	15959	19772
	女性	20339	10326	10013	6405	13934	1339	8507	10493
1999	合计	40701	20413	20288	12674	28027	4277	19140	17284
	女性	20401	10570	9831	6089	14312	2077	9936	8388
2000	合计	42983	20279	22704	13627	29356	8026	18888	16069
	女性	20881	9558	11323	6722	14159	3570	9781	7530
2001	合计	53891	19556	34335	24651	29240	7544	23790	22557
	女性	27357	9756	17601	11255	16102	3633	12778	10946
2002	合计	65156	20983	44173	27363	37793	12492	32048	20616
	女性	33621	9672	23949	13758	19863	6571	17002	10048
2003	合计	65949	22157	43792	31293	34656	12813	27773	25363
	女性	31856	11121	20735	12916	18940	6451	13263	12142
2004	合计	57760	17384	40376	27644	30116	6834	26575	24351
	女性	29385	7763	21622	11521	17864	3645	14698	11042
2005	合计	58572	11992	46580	31339	27233	6344	24015	28213
	女性	29260	5509	23751	12500	16760	3328	13529	12403

【劳动就业服务企业】

成都市的劳动服务企业产生于20世纪70年代末。按政策规定，劳动就业服务企业开办时，从业人员中60%以上为城镇待业人员，经主管税务机关审查批准，可免征所得税3年。劳动就业服务企业免税期满后，当年新安置待业人员占企业原从业人员总数30%以上的，经主管税务机关审核批准，可减半征收所得税2年。1979年，成都市劳动服务企业兴办时共有企业266个。

1990年，成都市新建劳动就业服务企业290个，年末全市有劳动服务企业2849个，累计接收安置1.39万人，年经营总收入实现11亿元，超额完成计划的25%，上缴税金2914万元，实现利润2800万元。1991年，贯彻国务院《劳动就业服务企业管理规定》，全市劳动就业服务企业不断扩大吸收就业的能力，全年新安置城镇待业人员1.4万人，年末职工人数达到5.2万人，年经营总收入13.06亿元,实现利税7528万元。1993年,劳动服务企业通过发展第三产业、转换机制、调整结构、改善经营管理,全年实现产值14.3亿元,实现利润7800多万元,新接收安置待业人员7700多人。

1994年,成立成都市劳动就业服务协会。1996年,全市劳动服务企业经营收入15亿元,安置就业1400多人。1998年,全市劳动服务企业共有1580个,从业人员4.29万人。1994—1998年,全市劳动服务企业共创生产经营总额76亿元,利润1.92亿元,上缴税金2.48亿元。5年间累计安置城镇失业人员、下岗职工达4.37万人,占同期全社会各类企业安置总量的26.6%。同年,成都市在劳动服务企业中全面开展清产核资和产权界定工作。各区(市)县就业局、省级机关、市级机关就业办、市级各主管局劳动服务公司、市属以上单位劳动服务公司所属的劳服企业均属清产核资范围。在清产核资基础上,成都市以产权制度改革为突破口,按建立与完善现代企业制度的要求,推动劳服企业的股份合作制改造。

2000年年末,全市共有股份合作制劳动服务企业27个。同年,成都市规定,在劳动服务企业的清产核资和产权界定工作中,不要仅限于集体所有制企业,对于各种类型中小企业,只要是吸纳下岗职工、失业人员和富余人员达到规定比例的,经企业申请,都应按省发有关文件规定认定为劳动就业服务企业。

【再就业工程】

1994年,劳动部确定上海、沈阳、青岛、成都、西安五市为"再就业工程"试点城市,促进失业职工再就业和帮助企业富余职工分流安置。

同年,成都市开始实施再就业工程。最初在青羊区、成华区、都江堰市、新都县、双流县5个区(市)县开展"再就业工程"试点,工作的重点是使失业职工实现再就业。当年237名有求职愿望的失业职工全部实现再就业,对部分企业的978名富余职工进行分流安置。此后,《成都市人民政府关于实施再就业工程的通知》《中共成都市委、成都市人民政府关于加快推进国有企业改革的决定》《中共成都市委 成都市人民政府关于促进国有企业下岗职工再就业有关问题的意见》《中共成都市委 市政府关于进一步做好下岗失业人员再就业工作的通知》等文件相继发出。规定成都市再就业工程实施对象是全市行政区域内按规定享受失业保险待遇的失业职工和参加失业保险的企业撤离生产岗位的富余职工。成都市实施再就业工程的目标有二:其一,1995年和1996年,使失业6个月以上有求职要求的失业职工的重新就业率分别达到65%和80%以上,到1997年,基本做到有求职要求的失业职工当年实现再就业;其二,从1995年起,在5年时间内指导和组织5万名国有企业基本生活无保障的下岗富余职工参加再就业工程,通过提高再就业能力和创造新的就业机会,帮助其实现分流安置,同时逐步指导和帮助其他类型企业作好失业职工的分流安置工作。成都市的再就业资金由财政、劳动部门和企业三方筹集,各负担三分之一,并接受社会捐赠。

1995年,"再就业工程"由局部试点转向全面推进,全市共指导、帮助1800名失业职工实现再就业,向7700多名失业职工发放救济金300多万元。向1.7万人次特困企业待岗职工提供生活救济,并培训失业职工2803人、企业富余人员3144人。1996年,对分流安置富余人员进行调查研究,对5000余名失业职工和企业下岗职工实施转岗训练,帮助和指导近6000名失业职工实现再就业，近10万名企业下岗职工通过各种方式实现分流安置。

1997年，累计分流安置下岗、失业职工3.69万人，占下岗、失业职工总数的46%。同年，成都市委、市政府要求全市进一步加大实施“再就业工程”的力度，将工作的重点又扩大到减员增效企业职工及破产企业职工，并决定市国有资产重组工作领导小组增挂成都市再就业工程领导小组的牌子，负责对全市再就业工程的组织领导、统筹规划、综合协调和督促检查。企业主管部门组建行业再就业服务中心，凡有下岗职工的企业都要设立再就业工作站，负责下岗职工和破产企业职工的分流安置工作，并首先在丝绸、纺织等行业进行试点。1999年，成都市总工会制定实施“关心扶助计划”。截至年底，市总工会职介所和区（市）县工会职业介绍机构共为下岗职工提供就业岗1.4万个，共帮助2.51万名职工实现再就业。

2001年，成都市实施再就业优惠政策“明白卡”制度，在全市范围内开展落实再就业优惠政策的专项检查。同年，全市共有2.9万名下岗职工实现再就业。2003年，成都市向国有企业下岗、失业职工以及正享受成都市城市居民最低生活保障并办理“四川省城镇失业人员失业证”，失业一年以上的城镇其他就业转失业人员，发放“再就业优惠证”。凭“再就业优惠证”，涉及下岗失业人员从事个体经营的部门，免收登记类、证照类和管理类的各项行政事业性收费。对提供公益性岗位并吸纳就业困难人员就业的各类用人单位提供岗位补贴。2004年，将“再就业优惠证”发放范围扩大到城镇集体企业下岗失业人员，以及土地被依法征用后失去承包地、处于法定劳动年龄以内、有劳动能力和就业愿望、并按照政策进行城镇失业人员登记的人员。

2005年，成都市向36.1万余名下岗失业人员和失地农民提供免费职业介绍服务，发放再就业优惠证20万个。全年全市城镇新增就业12万人，其中下岗失业人员实现再就业5.5万人，“4050”等就业困难人员实现再就业1.8万人；国有企业实有下岗职工2830人，比上年末净减少5292人；城镇登记失业率为3.0%，创近五年最低水平；已登记失地农民和农民集中居住区就业率达到70%。

至2005年年末，多年来主要依靠国家安排就业和国有企业吸纳就业的格局得以改变，国家政策引导扶持、社会提供帮助服务、鼓励和推动劳动者依靠自己努力，多渠道、多形式实现就业的局面基本形成。

1998—2005年成都市国有企业下岗职工再就业情况表

表5-277　　单位：万人

年份	1998	1999	2000	2001	2002	2003	2004	2005
下岗职工总数	12.2429	9.2656	9.0320	6.9954	4.2735	2.8969	1.0727	0.8122
再就业人数	6.2802	4.0352	3.9960	2.9918	1.3766	1.8242	0.2605	0.5292
年末下岗职工结存数	5.9627	5.2304	5.0360	4.0036	2.8969	1.0727	0.8122	0.2830

2003—2005年成都市下岗失业人员领取“再就业优惠证”实现再就业情况表

表5－278　　单位:人

年份	领取优惠证人数	实现再就业人数
2003	45293	25340
2004	27260	32736
2005	107801	64621

【社区就业】

成都市把开发社区公益性就业岗位作为帮助就业困难人员实现再就业的重要途径。1999年,全市已在区(市)县、大中型企业建立社区服务站19家,初步形成以市级站为龙头,区、县级站为枢纽,企业和社区相结合为基础的主体服务网络。市总工会成立“下岗职工社区服务中心”,制定《下岗职工社区服务中心章程》。

2001年11月30日,市政府召开全市社区就业工作现场会,要求“努力开辟社区就业区域、拓宽就业渠道”,“加强领导、统筹规划、全面推进社区就业工作”,并下发加强社区就业工作的意见。同时,市政府成立市社区就业工作领导小组,领导小组办公室设在市劳动和社会保障局。各区(市)县政府在12月底以前组建相应的领导机构。市社区就业工作领导小组办公室是市政府对社区就业工作的职能主管部门,各级就业服务管理局是社区就业工作的组织实施部门。各街道(镇)社区设就业服务中心,其主要职责是负责辖区内社区就业工作的组织实施,开发就业项目、增加岗位、信息交流、中介服务、技能培训、择业指导、财务代理、税务代理、保险代理、下岗、失业人员和离退休人员的管理服务、协调关系等,并接受区(市)县就业服务管理机构的业务指导。同时,建立社区就业目标责任制,市劳动保障部门根据全市再就业安置计划,将社区就业目标分解下达给各区(市)县,各区(市)县将目标分解下达到街道办事处(镇)。在社区公益性岗位就业和灵活就业的下岗失业人员的社保补贴,由社区劳动保障工作站统一申报办理,补贴到用人单位或个人。符合条件的失业人员从事个体经营再就业,享受税费减免等优惠政策。全年,全市建立社区就业服务中心100多个,兴办社区就业实体600余个。

2002年,全市共建立社区就业服务中心182个,社区就业服务站351个,新办社区就业实体1100个,社区就业人数为2.6万人。

2003年,开展创建“充分就业社区”活动,失业人员充分就业,即社区内有就业能力并有就业要求的失业人员年度再就业比例达到90%以上。

2005年,全市社区就业实体共有4402个,社区就业人数为10.79万人。成都市在扩大社区就业的工作中,成华区双园社区、武侯区成科路社区、武侯区黉门街社区等成为先进典型。这些社区尽可能地开发社区公益性岗位和服务性岗位,既方便居民生活,又为就业困难人员找到工作岗位。

2001—2005 年成都市社区就业情况表

表 5－279

年份	社区实体个数(个)	社区就业人数(人)
2001	459	6961
2002	2155	26025
2003	3466	47996
2004	4051	86323
2005	4402	107941

【城乡就业体系建设】

1991 年,成都市安置征地“农转非”(农业、农村人口转为非农业人口)劳动力 2400 多人。1992 年,《成都市征地安置“农转非”人员管理办法》拟定,全年共安置征地“农转非”人员 5537 人。20 世纪 90 年代中后期,因城市建设和国家项目建设征地需要,成都市每年新增失地农民 1 万人以上(尚不包含土地被占用而未办理正式征地手续的失地农民)。特别是 2003 年以后,成都市城市化率每年以 2.8% 的速度增长,以 2004 年全市农业从业人员尚有 210 万人计,成都市每年有近 7 万人的农业劳动者需要转移。以上两项合计,全市每年将有 8 万人左右的农村劳动力需要在城镇或非农产业就业。为此,中共成都市委、市政府提出建设覆盖城乡所有失业人员,打破城乡就业分割格局,以完善劳动力市场、就业培训、再就业援助、就业优惠扶持政策、目标责任考核体系为主要内容的城乡一体的就业体系,促进全市城乡充分就业。

2004 年,《成都市人民政府关于失地无业农民再就业有关问题的通知》规定,对劳动年龄以内有就业愿望的失地无业农民,实行与城镇下岗失业职工相同的就业扶持政策。符合条件的失地无业农民可以由本人向就业服务机构申领“成都市失地无业农民再就业证”,凭证享受再就业扶持政策,即免费参加就业技能培训,免费接受职业介绍;从事个体经营(国家限制的行业除外)的,3 年免交登记类、证照类和管理类的各项行政事业收费;享受由政府提供的再就业小额贷款扶持。招收持有“成都市失地无业农民再就业证”人员的用人单位,享受国家对城镇下岗失业人员的补贴优惠政策。至 2004 年年底,全市完成农村劳动力实用技术培训 42.2 万人,完成对非农产业和城镇转移农村劳动力的劳动技能培训 36.2 万人,其中,订单培训 6.4 万人,取得证书 12 万人。

2005 年,中共成都市委、成都市政府下发《关于促进城乡充分就业的意见》等文件,做出明确部署建设健全市、区(市)县、街道(乡镇)、社区(村)四级劳动保障和就业服务工作机构,与各级公共职业介绍机构、培训机构以及已认定的民办职业介绍机构、培训机构等组成促进城乡统筹就业的工作网络,积极发展各类市场中介服务组织,扩大和延伸劳动力市场服务体系和功能,逐步覆盖农村乡(镇);公共就业服务实行统筹管理,建立城乡统筹的就业管理制度;加强城镇下岗失业人员、失地农民、农村富余劳动力、复转退军人转岗转业再就业培训,结合被征土地开发项目有针对性强化失地农民的技能培训,动员社会力量开展城乡劳动者就业培训,健全就业培训体系；开发公益性岗位，积极动员和鼓励企业参与再就业援助工作，鼓励征地项目吸纳被征地农民，投资项目按一定比例安排公益性岗位解决被征地农民就业问题，尤其注意为就业困难人员提供岗位援助，公益性岗位吸纳就业困难人员就业给予补贴。2005 年，全市失地农民和农村富余劳动力向非农产业转移就业 196 万人，劳务输出 79.9 万人。

【农村劳动力转移与输出】

20 世纪 90 年代，成都市农村经济结构调整，农村富余劳力不断从第一产业向第二、第三产业转移。1990 年，农村从业人员的转移量占总量 22%，其中，各区(市)县有组织的劳务输出共 7 万余人。1991 年，共介绍和输出农村富余劳动力 3.8 万人，安置征地“农转非”劳动力 2400 多人；通过召开“沿海地区劳务协作研讨会”，成都市与沿海地区建立劳务协作关系，全年新组织劳务输出 2.4 万人，其中，向广东、福建等地成批输出劳务人员计 7498 人。1992 年，草拟送审《成都市征地安置“农转非”人员管理办法》，全年安置征地“农转非”人员 5537 人，向省外输出劳动力 3000 人。1993 年，全市劳务输出“形式多样、区域宽广、质量提高”，共输出劳务 1.8 万人，其中，输往省外 1.4 万人。1994 年，加强劳务输出管理，向省外有组织输出劳动力 1.77 万人，实现农村富余劳动力有序化转移近 3 万人。1995 年，全市向省外成批组织劳务输出 8221 人。1996 年，开展“农村剩余劳动力有序化流动工程”，建立乡镇就业服务站 143 个，全年向省外输出劳动者 9000 余人。1997 年，向出省民工发放流动就业卡 7000 余个，持卡率达 100%。

2000 年后，成都市破除城乡二元结构，建立社会保障体系和劳动力市场，积极支持和引导失地无业农民自谋职业和自主创业，鼓励其从事非全日制、临时性、季节性等工作，以灵活多样的方式实现就业。对劳动年龄以内有就业愿望的失地无业农民，实行与城镇下岗失业职工相同的再就业扶持政策，加快农村劳动力转移的步伐。

2002 年，全市实现农村劳动力转移 74.15 万人，完成计划的 142.60%，是省劳务开发下达任务的 247.16%；劳务收入 30.80 亿元，完成计划的 136.73%，是省劳务开发办下达任务的 236.9%。2003 年，全市实现农村劳动力转移 78.63 万人，完成目标任务的 106.26%；实现劳务收入 36.28 亿元，完成目标任务的 120.93%。

2004 年，完成转移输出规模达到 93 万人，完成目标任务的 124%；实现劳务收入 33.4 亿元，完成目标任务的 104%；向北京输出“川厨”208 人，完成目标任务的 104%；向北京输出“川保安”613 人，完成目标任务的 102%。省政府、市政府下达的各项目标任务均超额完成。

2005 年，全市农村劳动力转移输出规模达到 156.69 万人，其中，国内输出转移 156.29 万人，国际输出 0.4 万人，实现劳务收入 76.42 亿元。同年，农村从业人员向非农产业的转移量占总量的比例为 43.5%。农村劳动力转移引起第一产业从来人数的减少。1990—2005 年，因农村劳动力转移，成都市第一产业从业人员基本是逐年递减，从 1990 年的 301.1 万人减为 2005 年的 200.17 万人，共减少 100.93 万人，平均每年减少 6.72%。

【东郊工业区搬迁企业职工分流安置】

2001 年 8 月，成都市委、市政府做出实施东郊工业区结构调整的重大决策。同年，全市妥善分流安置破产企业、改制企业、重组企业职工 3 万余人，审核职工安置费 2.56 亿元，涉及职工

1.4万人。在大型国有企业红光股份公司资产重组工作中，市劳动保障系统抽调30多名业务骨干，分成4个工作组，历时2个多月，帮助企业拟定分流安置方案，向职工群众做深入细致的政策宣传和解释工作，使红光公司8002名职工实现分流安置，保证红光公司资产重组工作的顺利进行。

2002年，成都市成立国企改制破产和东郊搬迁改造职工分流安置工作组，协助有关部门做好改组、改制、破产和东郊企业搬迁改造工作中的稳定工作。

2002—2004年，成都市先出台《成都市东郊工业区企业搬迁改造暂行办法》《成都市东郊工业区搬迁企业职工分流安置及社会保险有关问题的处理意见》等文件，对东郊搬迁企业职工分流安置做出具体部署。其中，分流安置富余职工的具体办法有4项。其一，企业富余人员中距法定退休年龄不足5年的职工，经本人申请，企业批准，可办理离岗退养手续。职工离岗退养期间，由企业发给不低于下岗职工基本生活费标准的退养生活费。达到法定退休年龄时，由市社保局为其计发基本养老金，并按规定享受退休人员基本医疗保险待遇。其二，对搬迁时没有实施改制的国有企业，其下岗职工的分流安置办法，按2002年市委、市政府《关于促进国有企业下岗职工再就业有关问题的意见》和2001年市解困再就业工程领导小组办公室、市劳动局、财政局等《关于贯彻〈市委、市政府关于促进国有企业下岗职工再就业有关问题的意见〉有关问题的通知》的规定执行。协议期未满提前出再就业服务中心的下岗职工，应将其在协议期内未领的基本生活费的余额一次性发给下岗职工。其三，因企业搬迁改造，导致劳动合同无法履行，经企业与职工协商不能就变更劳动合同达成一致的，企业可依法与职工解除劳动合同，按照原劳动部《关于违反和解除劳动合同经济补偿办法》的规定，支付经济补偿金。其四，国有企业改制后，职工不再保留国有企业职工身份。

同时，鼓励搬迁企业实行行政后勤剥离、积极实现后勤服务社会化，通过兴办第三产业、生活服务、物业管理等社区服务企业，帮助职工处理好家庭事务和解除职工的后顾之忧。对于以安置下岗职工、失业人员及企业富余人员为主并符合社区就业实体和劳动就业服务企业条件的，可享受多项优惠政策。

劳动力市场

【概况】

成都市劳动力市场形成于20世纪80年代中期。1986年2月，成都市劳务市场正式对社会开放，为四川地区的第一家。1988年成都市召开劳务市场工作会议，提出开放多层次、多形式、多功能的劳务市场，形成市、区县、行业、企业的劳务市场网络，逐步做到招工、就业不找政府找市场。1992年，成都市政府批转《关于进一步发展劳务市场的意见》，当年接待登记求职者3883人、用工单位657个，为2903名城镇待业人员介绍职业。1993年，全市综合性、专业性中介服务机构发展到121个，全年介绍劳动力就业计31.1万人次。1995年，制定《成都市职业介绍管理办法》，采取一系列措施加强对职业介绍机构的监管。1998年6月12日，成都市劳动力资源微机管理信息网正式建成并在城区内联网运行。21世纪初，在网络化的基础上，建立劳动力市场信息分析和发布制度，并发布劳动力市场工资指导价位。2004年，成都市人力资源市场建成并投入使用，全面开展就业工作的“一条龙”服务，初步形成三级管理、四级服务的体系和劳动保障工作网络。

2005年,成都市人才市场体系建设实现服务宗旨由计划经济体制为主向市场经济为主的转变,服务手段由传统作坊式手工操作向现代网络技术运用的转变,服务功能由单一的人才集市交流向整体性人才资源开发全方位服务的转变,由政府主办的单一形式向多形式、多类型的人才市场体系的转变,充分发挥人才、劳动力资源市场的作用,明确了城乡人才(劳务)市场整合的目标任务和措施。成都市有国家级区域性人才市场1个,人才市场行业分中心2个、区(市)县分市场3个和高校分市场1个,政府所属人才交流服务中心17个,民营人才中介服务机构42个。全年全市各类职业介绍机构办理单位招聘登记人数60.85万人次,其中,到劳动保障部门机构登记招聘19.6万人,到其他组织登记招聘9.58万人,到社会职业介绍机构登记招聘31.68万人。全市办理个人求职登记42.44万人次,其中,到劳动保障部门求职登记19.15万人,到其他组织机构求职登记3.88万人,到社会职业介绍机构求职登记19.41万人。

至2005年年底,初步形成以中国成都人才市场、区(市)县人才交流中心、行业人才交流中心和民办人才交流机构齐头并进、共同发展的人才市场体系。

【劳动力市场体系建设】

20世纪80年代中期,干部人事制度和企业用工制度逐步改革,劳动力的流动日益频繁,成都市的劳动力市场从无到有开始形成。1986年2月,成都市劳务市场正式对社会开放。1988年成都市召开劳务市场工作会议,提出形成市、区县、行业、企业的劳务市场网络,逐步做到招工、就业不找政府找市场。1992年,成都市政府批转市劳动行政部门《关于进一步发展劳务市场的意见》,劳动部转发该意见,并加按语,肯定为“发展地区性劳务市场的指导性意见”。成都市劳务市场每周两日定期交流,实施“一条龙”服务,1992年,接待登记求职者3883人、用工单位657个,为2903名城镇待业人员介绍了职业。同年,建立成都市就业局深圳劳务管理站,为扩大劳务输出奠定基础。1993年,全市围绕培育和发展社会主义劳动力市场这个中心,以开发利用和合理配置劳动力资源为出发点,健全就业服务体系。劳动力市场中介服务机构向多层次、多形式发展。到年底,全市综合性、专业性中介服务机构发展到121个,全年介绍劳动力就业计31.1万人次,满足6000个用人单位的需要。同年修建占地300多平方米的市劳务交流大厅,市和五城区实现市场信息微机化管理和联网,开展从登记求职到招收录用后办理社会保险的“一条龙”服务。1994年,职业介绍成为网络,全市有市和区(市)县综合职业介绍机构20个、其他职业介绍机构101个,为用工单位和求职者提供服务。成都市柿子巷职业介绍服务中心全年发布信息2000多条,接待用工单位2000余个、各类求职人员6万多人次,用工单位和求职人员双方自愿选择,交流成功率达65.9%以上。

1995年,以“成都市劳动力市场”为主、区(市)县劳动力市场为辅、街道乡镇职业介绍作补充的综合性与专业性相结合的劳动力市场网络初步形成。同年,制定《成都市职业介绍管理办法》,采取一系列措施对职业介绍机构进行监管,杜绝私设分支机构和欺诈行为。1996年,成都市职业介绍服务中心接待求职人员5750人和用人单位1743个,满足2229人和658个单位的求职和用工需求,青羊、成华两区和新都县等劳动力市场相继兴建，并对全市60多家职业介绍机构按规定进行审验。1997年，对经劳动部门批准成立的60多家职业介绍机构进行审验，取缔了一批非法劳务中介组织。

从20世纪末到21世纪初，数次对全市劳动力市场的职业中介机构进行清理整顿。1998年6月，成都市劳动力资源微机管理信息网建成并在城区内联网运行。2001年2月，已有5个郊区（市）县通过拨号方式与市里联网运行，实现网上信息交换。同时，成都市建立劳动力市场信息分析和发布制度。收集、整理、分析劳动力的结构和流向，以及各类行业、工种的用工招聘趋势，在劳动力市场信息网络系统中建立32个统计查询口径，供各类求职者和用人单位查询。

2004年，投资1.3亿元新建的成都市人力资源市场建成投入使用，全面开展就业工作的"一条龙"服务，初步形成市—区（市）县、街道（乡镇）—社区三级管理、四级服务的体系和劳动保障工作网络。2005年，成都市劳动力市场信息网络与19个区（市）县及高新区的420个街道（乡镇）和社区的劳动保障站（所）进行联网，实现全市劳动力市场以及就业、社保等信息资源的集中管理和共享，为城乡劳动者提供更加方便、快捷的服务。全市公共职介机构提供职业指导服务42.44万人次，帮助23.23万人次成功实现就业和再就业；为持再就业优惠证人员办理求职登记5.75万人次，通过职业指导后介绍成功2.91万人；为就业转失业人员办理求职登记6.59万人，通过职业介绍成功2.6万人；为失地无业农民办理求职登记4.99万人，通过职业介绍成功2.24万人；为农村劳动者办理求职登记13.52万人，通过职业介绍成功4.94万人；为获得职业资格的人员办理求职登记11.09万人，通过职业介绍成功8.04万人。

【人才中介机构管理】

20世纪90年代后期，民办职业介绍机构迅猛发展，劳动部门加强对民办职业介绍机构的规范管理，建立对职业介绍机构的监管制度。1995年，制定《成都市职业介绍管理办法》，对开办职介机构的条件做出具体规定。成都市采取一系列措施对职业介绍机构进行监管。严把职业介绍机构的审批关；建立工作报告制度，统计报表制度，投诉举报制度；举办职业介绍工作人员培训班，培训结束后对学员进行严格考试，并向考试合格者颁发"四川省职业介绍资格证书""职业介绍服务证"和"培训结业证"；对劳动部门举办的职业介绍机构进行达标评估；开展民办职业介绍机构年度审验工作，杜绝了私设分支机构和欺诈行为。1996年，对全市60多家职业介绍机构进行审验。1997年，规范劳动力市场秩序，对经劳动部门批准成立的60多家职业介绍机构进行审验，取缔一批非法劳务中介组织。1998年2月，地方性法规《成都市人才市场管理条例》在市人大常委会通过，8月，经省人大常委会批准后实施。20世纪末到21世纪初，成都市数次对全市劳动力市场的职业中介机构进行清理整顿。对违规职介所进行查处，对非法职业中介进行打击。

2005年，成都市人事局严格执行人才中介服务组织准入制度，不断加大对人才市场监管力度，建立专职执法队伍，制定《成都市贯彻〈四川省人才市场管理条例〉行政执法工作制度》，规范人才市场行政执法工作；印发《关于规范成都市人才中介机构经营活动、场地管理的通知》，规范人才市场中介机构经营活动和场地设置，培育良好的市场秩序；建立人才市场中介机构诚信状况公布制度；认真处理求职者对人才市场中介服务组织的投诉，全年共接到投诉案件149起，结案149起，结案率100%。同时，市人事局开展整顿和规范人才市场秩序工作：3月，根据国家五部委的通知，市人事局联合市劳动局、公安局和工商局在全市范围内开展清理整顿人才市场秩序的专项行动，对经市人事局核发许可证的43家人才中介机构进行清理整顿，为此，市人事局获得劳动部、公安部、人事部、国家工商总局的联合表彰。11月，市人事局根据市政府关于整顿和规范劳动力（人才）市场秩序的精神，召开成都市整顿中心城区人才市场工作会议，根据工作方案就整顿市中心城区的人才中介机构作出工作部署，市人事局根据规定，开展成都市2004年人才中介机构年审工作，对取得"许可证"的41家人才中介服务组织进行年审。年审中，市人事局专门召开全市人才中介机构负责人会议，组织全面清理检查，对通过年审的40家人才中介机构进行了公告。

1998—2005年成都市职业介绍机构及工作情况表

表5－280　　单位：个、人次

年份	1998	1999	2000	2001	2002	2003	2004	2005
年末职业介绍机构	195	210	220	220	229	193	203	196
求职登记总数	154209	165561	224112	258790	364338	343347	285427	424410
用人登记总数	139179	165561	218903	298812	332446	393715	335467	608491
介绍成功人数	99102	110363	128416	175014	240169	220181	161532	232314
失业人员	23030	28543	36802	41846	145841	134858	114726	151588

【人才工作信息化建设】

1993年，成都市五城区实现劳动力市场信息微机化管理和联网，劳动力资源信息网络逐步建立。1997年，全市统一的劳动力市场微机联网工程启动。1998年6月12日，成都市劳动力资源微机管理信息网建成并在城区内联网运行。该网络共设11个网站，并与职业技能培训和职业技能鉴定信息联网，向全市的下岗、失业职工及城镇失业人员提供免费服务。2001年2月，已有5个郊区（市）县通过拨号方式与市里联网运行，实现网上信息交换。全年组织用人单位4826户上网发布用工信息2.5万条，上网求职者1.45万人。在网络化的基础上，建立劳动力市场信息分析和发布制度，各类求职者和用人单位可通过网站查询到相关的信息和资料。同年，拟定劳动保障信息网建设规划并组织实施，完成在互联网上劳动保障部门网站和与成都党政网的联网工作。2005年，市劳动力市场信息网络与19个区（市）县及高新区的420个街道（乡镇）和社区的劳动保障站（所）进行联网，实现全市劳动力市场以及就业、社保等信息资源的集中管理和共享。截至年底，成都市共有人才信息数据库20个，全年库存人才需求信息3.81万条，求职信息15.02万条。互联网人才信息站点数6个，全年访问站点总人数953万人次，网站总访问量918万次，日均访问量3.6万次以上。其中，成都人才网实现技术支持型向经营服务型的转变，接待现场查询单位1587家，提取资料1.9万余人，办理网络会员837家、查询会员723家、广告会员238家，网上办理个人求职新登记14.4万人，求职人才总数累计已逾32万人，手机短信求职累计1200人，发送短信总计8.8万条。

【人才市场供求分析】

2001年，在网络化的基础上，成都市建立劳动力市场信息分析和发布制度。在8大行业、273个企业开展抽样调查，从劳动力市场工资价位、企业人工成本、下岗职工、离退休人员、失业人员情况等角度收集、整理、分析劳动力的结构和流向，以及各行业、工种的用工招聘趋势，通过编写计算机程序软件，采取数理统计的方式，按年度测算出221个工种的劳动力市场工资指导价位，汇编为《劳动力市场工资指导价位和主要行业企业人工成本及其投入产出》等调查资料；在劳动力市场信息网络系统中建立32个统计查询口径，既有资料分析，又有图形显示，供各类求职者和用人单位通过网站查询。

2005年，部分职介机构数据表明，成都市招聘的需求人数为44.37万人，求职人员为52.08万人，求人倍率为0.85；按产业分组的需求分，第一产业7666人（占1.73%），第二产业9.2万人（占20.73%），第三产业34.4万人（占77.54%）；按行业分组的需求分，需求人数最高的为批发和零售业（11.2万人），住宿和餐饮业（8.29万人），建筑业（6.39万人），交通运输仓储和邮政业（5.56万人）；按经济类型分组的需求分，企业需求37.31万人，其中内资企业34.69万人，港、澳、台投资企业3688人，外商投资企业800人，个体经营2.17万人。事业单位需求1322人，机关单位需求1312人，其他需求6.79万人；按求职人员类别分，新成长失业青年14.36万人，就业转失业人员5.71万人，其他失业人员11.52万人，在业人员1.47万人，退休人员7484人，在学人员2.89万人，全市农村人员7.39万人，外埠人员7.99万人；按需求人员的性别分，男性22.92万人，女性15.41万人，需求不区分性别6.03万人；按需求人员的年龄分，16—24岁的12.08万人，25－34岁的24.19万人，25—44岁的5.75万人，45岁以上的2.13万人；按需求人员的文化程度分，初中及以下文化程度的2.88万人，高中文化程度的14.68万人，大专文化程度的15.31万人，大学文化程度的10.61万人，硕士及以上文化程度的4964人。

同年，全市人才市场及民营中介服务机构登记用人单位招聘需求涉及63个专业、9.52万个职位，登记求职涉及79个专业、37万人次，职位供需比（招聘职位数与求职人数之比）为1∶3.9。市场营销专业人才的需求量居于招聘需求榜首位，房地产、旅游管理、质检等专业的人才缺口较大，电子科学与技术、食品科学与工程、通信工程、技工、文秘等专业供需平衡，教育学、医药卫生、行政管理等专业供大于求。成都市六大重点支柱产业中，电子信息、机械和医药产业的人才供需状况良好，职位供需比平均为1∶2.5，食品加工产业供需比基本持平，而冶金建材和石油化工则表现出供给不足的特点。

2005年成都市求职与招聘数量（职位）排名前10位的专业情况表

表5－281

名次	求职数量（职位）排名前10位的专业		招聘数量（职位）排名前10位的专业	
	专业	人次	专业	岗位数（个）
一	计算机专业	55942	市场营销	25788
二	机械设计制造	28704	计算机软件/硬件	16003

续表

名次	求职数量(职位)排名前10位的专业		招聘数量(职位)排名前10位的专业	
	专业	人次	专业	岗位数(个)
三	会计/金融/经济学	26064	房地产	10328
四	市场营销	20770	电子信息工程	8810
五	电子信息工程	19967	技工	6288
六	医药卫生	19932	会计/金融/经济	4919
七	建筑工程	11104	建筑工程	4259
八	制药工程	10612	生产/质检	4183
九	电气工程	8980	机械制造/机械设计	3948
十	教育学	8817	广告艺术设计	3790

说明:1. 其他中文、法律、文秘、化工、广告、外语、管理等专业求职人员15.9万人次;

2. 其他化工、医药、中文、文秘、法律、统计、师范教育、管理等专业招聘职位6844个;

3. 需求大于求职缺口最大的10个职业为推销展销人员、其他企业管理人员、保险业务人员、治安保卫人员、部门经理、旅游游览场所服务员、机械热加工、机械冷加工、物业管理人员、其他行政办公人员;

4. 需求小于求职缺口最大的10个职业为营业人员和收银员、餐厅服务员和厨工、秘书和打字员、机动车驾驶员、财会人员、采购人员、保管人员、保育和家庭服务员、其他社会服务人员、清洁工。

【录(招)用人员备案】

2005年,成都市进行录用人员备案和招用人员简章备案。全市就业服务机构履行录用人员备案的用人单位12212户次,其中,制造业2347户次,建筑业719户次,交通运输、邮电通讯业586户次,商业餐饮服务业5246户次,房地产、物管业768户次,文教卫、艺术和广播电视行业201户次,金融保险业249户次,国家机关62户次,其他行业2034户次。实际录用人员总数是8.8万人次,占拟招用备案总数41.94%,其中录用人员最多的是商业餐饮服务业和制造业,分别是3.86万人和2万人。录用的人员按来源分,城镇新成长1.58万人,失业人员2.56万人,下岗职工1.01万人,其他人员2.52万人,录用外来务工人员1.13万人;按用人单位的经济类型分,国有企业组织录用人员2074人,各类集体企业5485人,股份合作企业1.08万人,有限责任企业2.67万人,私营企业和个体工商户2.98万人,三资企业3651人,联营企业1537人,其他企业7977人;按招收方式划分,企业自行组织招收的3.83万人,委托公共职业介绍机构招收的2.99万人,委托社会职业介绍机构招收的1.75万人,通过媒体发布信息录用的2231人。

同年,全市就业服务机构履行招用人员简章备案的用人单位共2.04万户次,其中制造业3523户次,建筑业1190户次,交通运输、邮电通信业991户次,商业餐饮服务业9204户次,房产、物管业1271户次,文教卫、艺术和广播电视业395户次,金融保险业350户次,国家机关119户次,其他行业3389户次。全市拟招用人员总数是20.99万人次,其中,招用人员最多的是商业、餐饮、服务业和制造业,分别是7.69万人和6.19万人,其次是建筑业为2.81万人。拟招用人员按来源分,城镇新成长3.49万人,失业人员5.39万人,下岗职工1.93万人,其他人员7.97万人,外来务工人员2.2万人;按用人单位的经济类型分，国有企业组织拟招用人员3269人，各类集体企业1.05万人，股份合作企业2.51万人，有限责任企业7.36万人，私营企业和个体工商户7.11万人，三资企业7150人，联营企业3399人，其他企业1.57万人；按招收方式划分，企业自行组织招收的8.57万人，委托公共职业介绍机构招收的7.26万人，委托社会职业介绍机构招收的4.84万人，通过媒体发布信息的3085人。

【劳动用工招聘会】

1990年以后，成都市劳动部门多次不定期地举办各种类型的劳动用工大型招聘会，以扩大就业和再就业。

1999年，成都市劳动部门与部队联合举办下岗军嫂再就业培训班。对培训结业的下岗军嫂，作为安置任务分解下达到各区（市）县职业介绍机构，各职介机构积极为下岗军嫂组织专场招聘会。先后有1000多名下岗军嫂参加招聘会，其中400多名与用人单位达成意向性用工协议。

2001年5月22日和7月26日，为破产的红光公司职工举办2场专场招聘会。共组织用工单位126个，提供再就业岗位1339个，工种44个，参加交流人数2000多人次，1607人次报名，925人再就业。

2002年4月11日，举办协管员专场招聘会。经初审后报名者达1000名，大多数应聘者年龄40～50岁，女性偏多，属难于就业的特困弱势群体。鉴于此，市就业局职介中心积极与市城建监察总队协商，15日录取的120名市容协管员，80%以上来自难于就业的特困弱势群体。

2002年5月10日，免费为下岗失业职工举办专场招聘会。此次招聘会组织63家企业进场招聘，提供30多个工种、800多个就业岗位供下岗失业职工选择应聘。1000多名下岗失业职工进场交流洽谈，有247名与企业达成意向性成交协议。同年8月14日，第二次举办下岗失业职工大型招聘会，有40余家企业进场招聘，提供30多个工种近1500个就业岗位供下岗失业职工选择，2000多名下岗失业职工参加交流，成交330名。

2002年6月2日，由成都市职业介绍服务中心在省展览馆一楼大厅举办2002年前程无忧招聘会。参加企业277家，提供就业岗位4552个，长虹、地奥、百事可乐、中科力腾、乐山—菲尼克斯、大陆希望、恩威集团、伊藤洋华堂、王府井百货等众多知名企业参会。应聘人员达万人。3956名求职者与企业签订意向性成交协议。

2003年3月1日，由锦江区劳动和社会保障局、锦江区就业服务管理局主办，大蜀都职业介绍有限公司承办“4050”特困下岗、失业职工现场招聘会。招聘会共组织70余家用人单位进场，提供营业员、服务员等31个工种2955个就业岗位。锦江区15个街道辖区组织了2000余名下岗、失业人员参加应聘洽谈，509名下岗职工和失业人员与用人单位达成就业意向。

成都市就业服务管理局与市妇联于2004年3月2—8日，在全市范围内开展“三八女性就业援助周”活动，以就业困难妇女为重点援助对象，以“教你创业、授你技能、帮你就业、助你择业”为活动主题，广泛动员社会各界提供就业岗位，现场培训637人，组织20余场专场招聘会，提供岗位8426个，达成就业意向人数为7370人。

2004年10月18日，在成都市人力资源市场举行再就业求助专场招聘会，招聘会用工单位和个人均免费入场，入场招聘单位39家，为救助对象提供就业岗位442个；参加招聘会共有2000

人次，意向性成交212人。其中“私房菜”大酒楼等14家企业愿意向“4050”人员提供工作岗位，吸引大量“4050”救助对象、失地农民和其他就业困难群体前往应聘。

2005年2月25日，成都市职业介绍服务中心在成都市人力资源市场内举办2005年春风行动农民工专场招聘会。有97家单位参加，其中，成都市单位84家，省外单位13家，提供3650个岗位，其中，市内岗位1083个、省外岗位2500多个。招聘的39个工种基本都考虑到农民工的具体情况。有1283位农民工找到工作。

【省外劳务协作项目】

1990年后，成都市参与省外劳务协作。

1991年，经深圳市人民政府办公厅批准，设立成都市就业服务管理局驻深圳劳动管理站。3月2日，驻深圳劳动管理站正式开始办公。其主要职责是在深圳市劳动局的指导下，按照用工计划和要求，向用工单位提供劳务服务和对成都籍在深务工人员进行日常管理，对成都市输送的劳务人员实行“包进包出”。协助深圳市、区劳动服务公司和用工单位贯彻落实深圳市人民政府发布的《深圳经济特区使用外地劳务工暂行办法》及有关外来劳动力管理的政策规定，共同维护用工单位和劳务人员双方的合法权益。开展劳务信息交流，有计划地组织成都市富余劳动力进入深圳务工，防止成都市劳动力盲目流入深圳。

2003年8月13日，在西藏自治区拉萨市金桥宾馆举行川藏劳务洽谈会。由成都市劳动保障局、市建委、市交通局和部分区(市)县领导共计29人组成成都市分团参加会议，洽谈双方劳务协作问题。合作内容包括成都市充分利用成都市的劳动力资源优势，根据拉萨市对外来劳动力的要求，向拉萨市有组织地输送劳动力。拉萨市劳动保障局积极地收集拉萨市的各类用工信息，并及时向成都市传递，力争每年达一万人次。成都市在获知拉萨市的用工信息后，按照拉萨市用工要求，组织招聘，并护送到用工单位；拉萨市也可委派人员或由用人单位人员到成都招聘人员，成都市做好有关服务工作，协助招聘工作实施。成都市可按拉萨市的要求，提供就业服务工作全方位的经验交流和协作，包括劳动力市场建设、职业介绍、劳动用工管理、城乡统筹就业、失业保险、职业培训、职业技能鉴定、劳动就业服务企业、社区就业等。拉萨市协助成都籍在拉萨务工人员保护自身的合法权益，及时处理劳务纠纷。在条件成熟后，成都市和拉萨市根据工作需要，可在对方设立劳动事务工作机构，双方互为其提供方便。

川藏劳务洽谈签约成果统计表

表5－282

项目名称	签约人数(万人)	签约金额(元)	
		工程金额	劳务收入
成都市就业局与拉萨市劳动就业局就业服务协作项目	1		1.5亿
成都市建委与各施工企业	3.72	23.3亿	5.95亿
成都市交通局与拉萨市交通局	(合作意向)		

续表

项目名称	签约人数(万人)	签约金额(元)	
		工程金额	劳务收入
成都市交通局与西藏交通厅	(合作意向)		
邛崃路桥公司二桥一洞等8项公路工程项目	1.8	5.15亿	2.7亿
合　计	6.52	28.45亿	10.15亿

2004年9月11日，在沈阳市金城宾馆召开“四川·东北三省”劳务洽谈会。成都市组建由市政府有关领导带队、区(市)县领导为成员的成都分团参加会议。经过洽谈，成都市及各区(市)县与沈阳、长春、哈尔滨、大连4个城市签订建立劳务输出、输入基地协议，与东北35家用工企业达成劳务输出意向性协议，意向性输出人数为5.81万人，其中技能型人才1.6万人，普通型人才4.21万人，输出工种主要是餐厅宾馆家政服务员、建筑工人、厨师、保安、营业员、生产操作工等，签约金额4.07万亿元。

2005年4月21日，福州、成都、广州、海口、南昌、南宁、贵阳、昆明、长沙9省(区)省会城市劳务合作联席会在福州市召开。合作内容为构建区域劳动力市场网络合作平台，开展区域间劳务交流活动，广泛开展订单式培训，加强互动协作，扩大合作领域等。

就业再就业培训

【概况】

20世纪90年代，成都市不断加强就业培训工作。1990年，全市培训城镇待业青年1.55万人，超额完成年计划的3.4%。1991年，全年培训城镇待业人员2.1万人，超年计划40.1%。1992年全年培训城镇待业人员1.61万人，超额完成计划数的0.5%。1993年，共对1.8万余人进行就业前培训，超额12%完成培训计划。

1994年，成都市在青羊区、成华区、都江堰市、新都县、双流县5个区(市)县开展“再就业工程”试点。在下岗职工和破产企业职工的分流安置工作中，就业培训成为不可或缺的环节。全年采取多种形式对1.98万余名劳动者进行各类职业技能训练。1995年，各级就业训练中心和就业服务机构以市场需求为导向，培训各类劳动力1.89万人。

1996年，全市认真贯彻实施《中华人民共和国职业教育法》，加快职业技能开发步伐，就业训练中心、技工学校、职业技能鉴定站三位一体的开发和鉴定网络初步形成，纳入市劳动部门管理的就业训练实体已有40余家，绝大多数区(市)县都有自己的就业训练基地。1997年，成都市就业训练中心和新都县就业训练中心被劳动部评为全国重点训练中心。全市就业训练机构共培训城乡劳动力2.3万人，完成年计划的128%，培训结业后实现就业的1.89万人，培训就业率达82.2%。1999年，各级工会通过各种形式，组织和帮助2.09万名下岗职工参加各种类型的培训，提高再就业的能力，市总工会职介所与职大联合举办5期家政培训班，培训家政服务人员446人。

1998年，成都市解困再就业工作领导小组决定，在1998—2000年的三年中，为6万下岗、失业职工提供职业指导和职业培训服务。

2001—2003 年，成都市开展第二期“三年六万”再就业培训计划，完成对 9.65 万名下岗、失业职工的再就业培训。2002 年，《中共成都市委 成都市人民政府关于进一步做好下岗失业人员再就业工作的通知》提出，要充分利用现有的职业培训资源，组织开展多形式、多层次的职业培训，注重提高培训的针对性，培养一批创业带头人。2003—2005 年，全市累计创业培训 1.45 万人，其中，成功创办企业的 4199 人，自谋职业 4437 人，新增就业岗位 1.62 万个。

2004 年，成都市成立农村劳动力培训、开发和就业工作领导小组，同时建立以省、市、区（市）县就业训练中心和培训基地为龙头，以职业教育和社会办学为补充的农村劳动力培训网络，全市共拥有省、市、区（市）县三级农村劳动力培训基地 183 个，教师 4427 人。培训一般分为农村实用性技术培训、就业前引导性培训、职业技能培训、创业培训等 4 类。培训资金由省、市和区（市）县各级财政拨付。2004 年和 2005 年，省、市、区（市）县三级共下拨资金 3940 万元和 5903 万元。

2005 年，培训农村劳动力 101.29 万人（实用技术培训 52.78 万人，农村劳动技能培训 47.9 万人，创业培训 0.61 万人），取得证书 15.07 万人。

【“三年六万”再就业培训计划】

“三年六万”再就业培训计划是成都市再就业工程中的阶段性计划。1998 年，成都市解困再就业工作领导小组决定，在 1998—2000 年的三年中，为 6 万下岗、失业职工提供职业指导和职业培训服务。“三年六万”年度安排是 1998 年培训 1.8 万人，1999 年培训 2.1 万，2000 年培训 2.1 万人。

市解困再就业工作领导小组办公室负责全市再就业培训的总体规划，政策协调和业务指导工作。

劳动部门首先会同有关部门对全市下岗职工的数量、素质以及就业意向进行摸底调查，对劳动力市场用工需求进行预测，基本掌握劳动力需求情况。在此基础上，有针对性地组织下岗、失业职工进行再就业培训。

全市建立再就业培训网络。行业、企业建立再就业服务中心（站），各级就业训练中心、技工学校、教育、工会、妇联、共青团所属培训机构以及社会力量办学单位发挥自身优势，组织开展再就业培训。各级各部门多渠道筹集再就业培训经费。各再就业培训单位根据劳动力市场用工需求和下岗、失业职工的特点，开展多形式、多层次的再就业培训，着力开展适应性职业技能培训。在专业（工种）设置上，结合国民经济结构调整，重点开办适应第三产业发展需要的专业（工种），突出定向培训和实效培训，一般以掌握实际操作技能的短期培训为主，使下岗、失业职工较快地提高再就业能力。

1999 年，成都市劳动部门与部队密切配合，举办下岗军嫂再就业培训班，对下岗军嫂分期分批开展再就业培训。对于准备自谋职业，特别是有创办小企业意向的下岗职工，进行创业能力培训，使他们熟悉国家相关政策和法规，了解开业和创办企业必备的知识和程序，掌握经营管理方法，提高适应市场的能力；指导他们制定切实可行的创业方案，帮助他们解决创业方案落实的问题。在其开业后，继续进行必要的咨询服务和业务指导。到 2000 年，全市共对 6.58 万名下岗、失业职工进行再就业培训。

2001 年，第二期“三年六万”再就业培训计划启动。2002 年，四川省劳动和社会保障厅根据各地推荐，经审定后公布225个培训机构为再就业培训基地。其中包括成都市就业训练中心、成都市武侯区就业训练中心、成都市金牛区就业训练中心、成都市青羊区就业训练中心、成都市锦江区就业训练中心等24个培训机构。这些机构也是再就业培训的骨干机构。2003年，成都市就业服务管理局为配合再就业培训，组织力量，着手编写一套高质量的、有针对性和实用性的下岗失业人员培训教材。到2003年年底，第二期“三年六万”再就业培训计划共完成对9.65万名下岗、失业职工的再就业培训任务。

【创业培训】

2002年，《中共成都市委 成都市人民政府关于进一步做好下岗失业人员再就业工作的通知》提出，充分利用现有的职业培训资源，组织开展多形式、多层次的职业培训，注重提高培训的针对性，加快培养一批创业带头人。

同年，在市就业局设立成都市创业促进中心，作为全市创业培训工作的具体组织实施部门。各区（市）县就业局将每期创业培训学员档案报送成都市就业局创业促进中心，由创业促进中心建立创业培训资料库，统一管理。

创业培训的目标是通过开展创业培训，将创业项目开发、专家指导、融资服务等工作有机结合，提升下岗失业人员创业能力和经营素质，实现其再就业。2003年的目标是扶持300个小老板，带动3000名下岗失业人员再就业。两年后，每年扶持1000个小老板，带动1万名下岗失业人员再就业。

此后，成都市在全市范围开展“创办和改善你的企业”培训项目，于2004年成立成都市“创办和改善你的企业”培训项目领导小组。

2004年，成都市向国家人力资源和社会保障部项目办申请并获得批准，于2月上旬在市创业促进中心为成都市开办“创办和改善你的企业”师资班2个，学员60名，以满足全市19个区（市）县以及成都高新区创业培训教师的需求，促进创业培训工作。自2003年引进创业培训以来到2005年12月底，成都市参加创业培训的人数共为1.45万人。

【农村劳动力就业培训】

21世纪初，成都市失地无业农民中，初中及以下文化程度的占75%，具备非农产业劳动技能的占34%，城郊地带的部分失地无业农民存在就业期望值过高、缺乏竞争意识和吃苦精神的“城郊现象”，转变就业观念比较困难，创业意识、创业能力有待提高。2002—2004年，通过政府组织的职业培训获得技能的农民仅占获得技能的全体农民的6.73%，大部分农民主要依靠自身努力获得技能。

2004年，成都市成立市农村劳动力培训、开发和就业工作领导小组。领导小组办公室设在市劳动保障局，与市就业服务管理局合署办公。主要任务是负责规划全市农村劳动力的培训和就业，制定相关的政策措施，负责组织、管理、协调和监控、督促检查全市农村劳动力开发目标的完成情况。

同时，成都市建立以省、市、区（市）县就业训练中心和培训基地为龙头，以职业教育和社会办学为补充的农村劳动力培训网络，形成全方位、多层次的职业教育和培训体系。全市已建立省、市、区（市）县三级农村劳动力培训基地183个（含6个省级农村劳动力培训基地，即成都市就业训练中心、成都市妇联女性就业培训中心、新都区就业指导中心、都江堰就业培训中心、金堂县职业中学、温江区职业技术学院），教学场地达到87.9万平方米，教师人数4427人，管理人员1237人。农村劳动力培训项目一般实行三级管理，即市农办制定项目指标标准，区(市)县农劳办负责确定项目执行单位，各农村劳动力培训基地或其他培训机构为实施项目单位。要求2004—2008年，全市在完成转移和输出农村劳动力75万人、实现劳务收入32亿元的基数上，每年保持一定幅度的增长，进行农业生产、种植养殖等实用技术培训160万人次，进行向非农产业和城镇转移的引导性培训、职业技能培训等劳动技能培训160万人次，取得证书60万人。

培训一般分为四类。农村实用性技术培训，主要开展农牧业生产科技实用技术的培训，就业前引导性培训，进行基本权益保护、法律知识、城市生活常识、求职技巧等方面知识的培训；职业技能培训，主要提高农村劳动力转移后岗位技能培训；创业培训，对有创业意愿的农村劳动力进行创业意识培训和创业计划培训。培训资金由省、市和区(市)县各级财政拨付。2004年和2005年，省级下拨资金120万元和168万元，市级下拨资金1000万元和1500万元，区级拨付资金2820万元和4235万元。

2004年，完成农村劳动力实用技术培训42.39万人，完成目标任务的106%；完成对向非农产业和城镇转移农村劳动力的劳动技能培训36.2万人(其中订单培训6.38万人)，完成目标任务的120.6%；取得证书12万人，完成目标任务的109.1%。2005年，免费培训下岗失业人员和失地农民6.8万人，培训后的就业率达70%；完成对向非农产业和城镇转移农村劳动力的就业前引导性培训33.6万人，职业技能培训14.3万人；全市农村富余劳动力输出规模达81万人，实现劳务收入35亿元。

就业管理与服务

【概况】

20世纪90年代初期，干部人事制度和企业用工制度改革逐步深入，劳动力的流动日益频繁，成都市加强劳动就业管理和服务工作。1990年，成都市开展劳动争议仲裁工作，受理劳动争议案件118起。1991年，锦江、金牛区和大邑县被省劳动行政部门评为仲裁工作先进单位。同年，成都市政府批准建立市劳动监察大队，依据国家劳动法规开展对企业用工行为的监察工作。同年3月，经深圳市人民政府办公厅批准，成都市就业服务管理局驻深圳劳动管理站正式开始办公。1992年，劳动争议仲裁员、仲裁庭制度在7区、12县(市)试点，并成立成都市劳动定额标准化委员会。

1994年，成都市在青羊区、成华区、都江堰市、新都县、双流县5个区、县开展“再就业工程”试点，帮助有求职愿望的失业职工实现再就业，对部分企业富余职工进行分流安置。1995年1月1日，《中华人民共和国劳动法》开始实施，成都市采取多种形式组织学习、宣传和培训工作，并颁布实施劳动、工资、社会保险等方面的7个规章，维护企业和劳动者的合法权益。同年，加强对外来务工劳动者的综合管理，为1761个单位办理“用工许可证”，涉及招用劳动人员2.97万人。1996年，为近2万个用工单位和11.8万余名外来务工者办“用工证”和“外来人员就业证”。

1995—1996年，再就业工作的重点由失业职工扩大到停产整顿企业职工。1997年，工作的重点又扩大到减员增效企业职工及破产企业职工，并决定市国有资产重组工作领导小组增挂成都市再就业工程领导小组的牌子，负责对全市再就业工程的组织领导、统筹规划、综合协调和督促检查。全市各行业组建再就业服务中心，企业设立再就业工作站，负责下岗职工和破产企业职工的分流安置。一个由国家政策引导扶持，社会提供帮助服务，鼓励和推动劳动者依靠自己努力多渠道、多形式实现就业的局面基本形成。1997年7月，市人大常委会通过《成都市外来务工劳动者管理条例》，10月经省人大常委会审议批准，于1998年1月1日正式实施。

1999年，全市已有662家企业工会建立劳动法律监督组织，各级工会在全市范围内开展大规模的下岗职工法律援助活动和劳动保护监督检查工作。“九五”期间，全市共指导、帮助16.2万名城镇失业人员就业，城镇登记失业率保持在3%左右，低于全国和全省的平均水平。

2001年，成都市社区就业工作领导小组成立，负责组织领导全市社区就业工作。各区（市）县政府在当年12月底以前组建相应的领导机构。同时成立街道（镇）社区就业服务中心，其主要职责是负责辖区内社区就业工作。同年，市劳动监察大队改为市劳动保障监察总队，在五城区及高新区街道办事处设立劳动保障科，并要求其他区（市）县参照执行，在全市90%以上的乡镇、街道建立劳动争议处理协调机构，全市共协调劳动纠纷655件，进一步完善仲裁庭和仲裁员制度，当事人自主选择仲裁员的前期准备工作完成。

2003年，成都市转发《四川省劳动保障厅关于在全省启动和实施再就业救助工程的意见的通知》，并建立成都市再就业援助中心，同时各区（市）县建立再就业援助中心，各街道、乡（镇）、社区劳动保障工作机构开设再就业援助窗口，健全再就业援助体系。各地依托街道、镇（乡）、社区劳动保障工作机构，开展对援助对象的调查摸底工作。

2000年后，农村劳动力转移的进程加快。成都市积极支持和引导失地无业农民自谋职业和自主创业，对劳动年龄以内有就业愿望的失地无业农民，实行与城镇下岗失业职工相同的再就业扶持政策。2004年，成都市农村劳动力培训、开发和就业工作领导小组成立，全年完成农村劳动力转移93万人，实现劳务收入33.4亿元。2005年，全市农村劳动力转移输出规模达到156.59万人，其中，国际输出0.4万人，实现劳务收入76.42亿元。同时开通农民工工资支付24小时维权热线电话，开展支付农民工工资、整顿和规范劳动力市场秩序等专项执法检查，为城乡劳动者追回欠薪和加班工资6491万元。同年，《成都市外来务工劳动者管理条例》废止。

【创业促进活动】

2000年后，成都市创业促进中心通过项目收集、论证、推广和开发，政府购买就业项目等方式，帮助下岗、失业、失地农民等有创业愿望的人搭建创业平台，促进再就业工程，为创业培训提供后续服务。

中国人民银行成都分行营业管理部、成都市财政局、成都市经济委员会、成都市劳动和社会保障局于2003年3月31日联合发出《关于贯彻中国人民银行、财政部、国家经贸委、劳动保障部〈下岗失业人员小额担保贷款管理办法〉的通知》，要求就业服务管理部门和街道（乡镇）劳动保障工作机构负责下岗失业人员小额担保贷款的初审工作。规定下岗失业人员申请的小额贷款项目和金额及期限，应严格控制在中央文件规定的范围内。2003年，全市累计发放下岗失业人员担保贷款1341.7万元，支持834名下岗失业人员自主创业，并带动3854名下岗失业人员走上再就业之路。同年5月，市就业局会同省工商联创业投资同业会等相关部门举办成都市首届下岗失业人员项目合作洽谈会，进场项目100多个，进场人数达2000余人，资金8000多万元，达成意向性合作协议34个项目，涉及资金600多万元。市就业局又与成都电视台经济频道联合举办"金种子创业活动"，500余名有创业愿望的下岗失业人员报名参加，通过创业培训、社区参观、创业计划书制作及创业项目电视现场答辩等活动，评选出33名"金种子"并给予每人1万元的创业资金扶持。

2004年5月，成都市政府举办"2004年中国(成都)就业与创业项目博览会"，主要内容包括就业与创业成果展示、创业就业论坛与演讲、创业项目交流与洽谈等。现场提供项目、就业、用工、培训、失业保险、小额贷款、再就业优惠政策咨询。参观、咨询人数达12.2万人次，发放各种宣传资料7400份。

2005年5月16日，成都市劳动保障部门举办2005年创业项目展示会，7600多人参加，发放宣传资料2万余份，参与此次创业项目展示会的120个项目，为有创业愿望的人员提供直接的创业交流平台和产品现场展示。同年，锦江区出台一系列鼓励扶持"家庭创业"项目的优惠政策，鼓励其辖区下岗失业人员、失地农民和准失地农民，依托家庭居住地或自有场所，以自办或联办的形式从事小饭桌、小看护、小维修、小布艺、小店铺等家庭创业活动。为解决创业资金难问题，锦江区财政和各街道办事处各出资50%，设立200万元的"家庭创业"小额贷款担保基金。

自2003年引进创业培训，到2005年12月底，累计创业培训人数1.45人，其中，成功创办企业的4199人，自谋职业4437人，新增就业岗位1.62万个。

【再就业援助】

2001年，成都市在全市范围内开展"1000名特困下岗、失业职工再就业援助行动"，使1260名特困下岗、失业职工实现再就业。

2003年，四川省人民政府办公厅转发《四川省劳动保障厅关于在全省启动和实施再就业救助工程的意见的通知》，要求各级就业服务管理机构建立再就业救助工作机制，组织开展再就业救助工作。成都市按照通知精神建立成都市再就业援助中心(设在市就业局)，各区(市)县建立再就业援助中心，街道、乡(镇)、社区劳动保障工作机构开设再就业援助窗口，健全再就业援助体系。

再就业援助中心的援助对象是有劳动能力和就业愿望，工作不挑不选，已领取"再就业优惠证"的下列人员：男性50周岁以上，女性40周岁以上，再就业困难的下岗失业人员；正在享受最低生活保障，夫妻双方均已下岗(或一方下岗、一方失业)，或单亲家庭抚养未成年子女，以及身体残疾的国有企业下岗职工；正在享受最低生活保障并且失业一年以上，夫妻双方均已失业(或一方下岗、一方失业)，或单亲家庭抚养未成年子女，以及身体残疾的城镇其他失业人员。

成都市再就业援助中心接受社会团体、企业、单位、个人捐赠的再就业援助资金。按照有关规定，捐赠资金全部纳入市财政专户管理，专项用于扶助就业困难人员再就业。

成都市对用人单位实行公益性岗位补贴和社保补贴制度。用人单位吸纳就业困难人员的社会保险补贴实行先缴后补、实缴实补。

各级再就业援助中心从近万个就业岗位筛选出适合就业困难人员岗位5003个，其中，公益性岗位1685个，其他岗位3318个，为“4050”等就业困难人员送就业上岗通知书，送再就业优惠政策，送再就业培训信息。通过“三送”活动，到2004年9月26日，全市5548名“4050”等再就业困难人员全部实现再就业，提前完成市委、市政府向社会承诺的“在9月底前解决全市5548名‘4050’等就业困难人员再就业问题”这一阶段性任务。

2004年，成都市各级劳动部门开展单亲家庭就业关怀活动。运用再就业援助捐赠资金，鼓励各类用人单位为单亲家庭就业困难人员提供适合的就业岗位，以落实配套再就业扶持政策为支撑，帮助单亲家庭就业困难人员实现比较稳定的就业。全年动员社会各界广泛参与，完成1000名单亲家庭就业困难人员再就业的目标。同时，成都市为从事非法三轮车营运被依法取缔、个人无工作出路的三轮车车主提供再就业援助。同年，成都市公益性岗位补贴共计627人，金额97.39万元；岗位补贴共计1241人，金额111.04万元。

2005年，成都市开展“2005年新春助您再就业活动”“单亲家庭就业关怀活动”“零就业家庭解困行动”等再就业援助活动；建立就业困难人员帮扶档案，将公益性岗位和机关事业单位后勤岗位空岗申报纳入目标管理，形成较完善的再就业援助体系。

2005年成都市公益岗位、吸纳就业困难人员社保补贴和岗位补贴情况表

表5－283

单位：人、元

	公益性岗位补贴（累计）				吸纳就业困难人员补贴（累计）			
	岗位补贴		社保补贴		岗位补贴		社保补贴	
	人数	金额	人次	金额	人数	金额	人次	金额
总计	3078	2770000.00	3302	3160928.32	1598	1084700.00	6623	7314229.04

【农民集中居住区就业服务】

21世纪初，成都市各区（市）县积极建设农民集中居住区，新的城乡社区相继形成。有的区（市）县在规划、建设农民集中居住区时，未统筹考虑社区的生活、服务配套设施，或没有统筹安排好用于发展经济的项目，农民集中居住后，就业困难。解决农民集中居住后的可持续生计问题成为当务之急。2005年，成都市委、市政府对农民集中居住区的就业服务体系建设提出具体要求：区（市）县政府在制定集中居住区规划时，应充分考虑农民集中居住后的就业问题，集中居住区选址应充分考虑周边的经济和商业环境，必须具有一定的就业条件，并应同时制订就业促进方案。300户以上的农民集中居住区，应按规定建立社区劳动保障工作站，落实人员经费和工作经费，开展集中居住就业和劳动保障服务工作，建立农民集中居住区社区就业工作体系。区（市）县公共就业培训机构应在集中居住区设立培训点，建立农民集中居住区就业培训体系，针对失地农民和农村富余劳动力转移就业需求的不同特点，开展各类免费就业培训，并按有关规定享受就业培训经费补贴。建立农民集中居住区灵活就业服务体系，积极促进灵活就业和“家庭创业”。鼓励和扶持失地农民以个人或家庭为单位，依托家庭居住地或社区统一安排场地，从事小家政、小维修、小手艺、小布艺等投资少、容易上手的小项目。失地农民个人或家庭从事面向社区居民服务的微利项目，按规定享受社保补

贴和其他扶持政策,需办个体工商户的,凭“社区就业服务证”或“再就业优惠证”,三年内免收营业税、城市建设税、教育费附加和个人所得税,免收管理类、登记类和证照类的所有各项行政事业费。街道(乡镇)劳动保障所要切实加强对社区灵活就业和“家庭创业”的指导和管理,为其提供资金扶持,开展小额担保贷款工作。同时,建立农民集中居住区就业协作体系。区(市)县公共职介、培训机构要加强对集中居住区的专项服务,优先完善集中居住区就业信息网络,组织适合的就业岗位进集中居住区,定期开展“三送活动”(送岗位、送培训、送政策)。

【劳动合同制改革】

1990年,成都市贯彻实施国务院关于劳动制度改革的暂行规定,对新招工人普遍实行劳动合同制度。年末,市、区(市)县属国有企业共招收劳动合同制工人5.28万人,占国有企业职工总数的1.8%。1991年,全市全民所有制单位合同制工人已达6.56万人,占全民所有制单位职工人数的9.5%。同年,成都市就全民所有制单位劳动合同制工人正常终止劳动合同后再就业的有关问题做出具体规定,简化招用手续。同时加强劳动合同管理、规范劳动合同内容,保障用工单位和劳动者双方的合法权益。1992年,加快全市企业劳动制度改革的步伐,中共成都市委、市政府年初确定的35户及以后增加的8户试点企业(除四川第一棉纺织印染厂外)全部实行全员劳动合同制,19个区(市)县属企业中有478户试行全员劳动合同制,5.44万名职工签订全员劳动合同。

1993年,市区劳动用工制度改革由试点转为全面推开,新扩大50户市属企业实行全员劳动合同制、50户市属企业实行合同化管理。至年底,全市实行全员劳动合同制的企业已达553户,有200余户企业实行合同化管理。同时,在市辖都江堰市、彭州市、大邑县、温江县、邛崃县进行区域性改革试点,这5个县(市)属的国有企业已基本实行全员劳动合同制。

1995年,《成都市人民政府关于全面实行劳动合同制的通知》下发,加快改革步伐,至年底,实行全员劳动合同制的单位共计1.07万个,签订合同的职工115.2万人,占职工总数93.4%。全市有45个单位开展集体协商签订集体合同试点,涉及职工2万余名。1996年,在继续做好国有企业全面实行全员劳动合同制的同时,把实行面逐步向私营企业、个体经济组织和乡镇企业拓展。至年底,全市实行劳动合同制的各类用人单位达到1.23万个,职工133.4万人。同时,按照“积极稳妥,抓好试点”的原则,在具备条件的308户非国有企业和进行现代企业制度试点企业的职工5.8万人中,进行集体协商签订集体合同的改革试点。

1997年,全面实行劳动合同制度,企业自主用人和劳动者自主择业的新型用人制度基本确立。全市城镇各类企业中已实行劳动合同制度的共计1.09万个,签订劳动合同的职工125.3万人,占职工总数的97.8%。同时,积极指导企业试行集体协商签订集体合同制度,促进企业建立劳动关系主体双方自主协调机制。全市有776户企业通过集体协商签订集体合同,涉及职工29.3万人。1999年,全市集体合同建制企业达到1681个,已签订合同企业1282个,覆盖职工62万人,并下发《成都市私营企业加快推行集体合同的意见》。2001年,全市已有117.3万人签订劳动合同,其中,非国有企业签订劳动合同的人数达到60.8万人,劳动合同制度得到了巩固和完善。同时全市有1200个企业建立集体协商机制，履行集体合同的企业有 1054 个，涉及职工 28.9 万人。

2002 年，城镇各类企业基本实现劳动合同制度，签订劳动合同人数达到 250.2 万人，占同口径总数的 92%，非国有企业（含乡镇企业）劳动合同签订人数 68.2 万人，占同口径职工总数的 92%。全市已有 2202 余个企业建立集体协商机制，正在履行已签订集体合同的企业 957 户，涉及职工 29.9 万人。2005 年，市劳动和社会保障局加强劳动合同管理，指导用人单位建立健全劳动合同制度，依法规范用工行为，维护双方合法权益，全市签订劳动合同 200.33 万人，签订集体合同的企业 1182 个，覆盖职工 38.9 万人。

【劳动监察】

1991 年，成都市政府批准建立市劳动监察大队，依据国家劳动法规开展对企业用工行为的监察工作。1995 年 1 月 1 日，《中华人民共和国劳动法》开始实施，成都市采取多种形式组织学习、宣传和培训工作，广泛开展执法情况大检查，维护企业和劳动者的合法权益。

1991 年成都市劳动监察大队开展社会咨询活动

1996 年，组织“劳动权利与义务知识竞赛”等活动。全年市劳动监察部门对 3091 户用工单位实施监督检查，查处童工 14 人，处理投诉举报案件 99 件，办结率为 100%。健全全市劳动监察机构，劳动监察人员共有 200 多人；对国有、集体和外资企业的监察面达到 100%，对乡镇企业、私营企业和个体工商户的监察面为 50% 以上；并按照国家和省上要求，开展民工有序流动、未成年工保护和取缔非法职介机构等专项监察。1997 年，通过开展专项监察，对群众举报案件进行专查，实行劳动用工年检和日常巡视监察。执法力度不断加大，全市共对 4569 户用工单位进行劳动用工年检，对 6619 户用工单位进行劳动执法监察，受理投诉举报案件 1400 件，结案率达 95.7%，查处非法使用童工 19 名，非法职介机构 74 个。

1999 年，成都市总工会拟定《关于推进工会工作法制化的实施意见》和《关于加快建立、健全工会劳动法律监督组织的通知》。截至年底，全市已有 662 家企业工会建立劳动法律监督组织，组建率达 85%。各级工会在全市范围内开展大规模的下岗职工法律援助活动和劳动保护监督检查工作，配合有关部门参与处理重大伤亡事故 4 起。在冬季安全大检查中，各级工会查出隐患 4816 条，提出整改意见 4466 条，整改率达 93%。市总工会制定《职工突发性事件处置办法》《职工突发事件预警机制》，与有关部门一起检查女职工劳动保护条例的落实情况，主动参与多起较大职工集体上访事件的处理。

2001 年，劳动保障监察共对 7256 户用工单位进行劳动保障执法检查，对 5500 户用工单位实施劳动保障用工年检，受理投诉举报案件 1638 件，立案 750 件，结案 735 件，结案率达到 98%。同年，经市政府批准，市劳动监察大队改为市劳动保障监察总队，由事业编制改为行政执法编制，自收自支改为财政核定收支、定额补助。在五城区和高新区街道办事处设立劳动保障科，并要求其他区(市)县参照执行。

2005年,市劳动和社会保障局全面推行行政执法岗位责任制并对规范性文件实行合法性审查和备案制度,完善《政务公开制度》《行政执法过错责任追究制度》等,受理复议案件89件,诉讼案件23件;对用人单位和劳动保障行政部门在劳动用工、劳动保障监察等方面的行为进行标准化、流程化、规范化管理;开通农民工工资支付24小时维权热线电话,开展支付农民工工资、整顿和规范劳动力市场秩序等专项执法检查。截至年底,全市共监察用人单位1.31万户,年检1.42万户,处理群众投诉举报7823件,取缔非法职业中介机构96户,清退风险抵押金634万元,为城乡劳动者追回欠薪和加班工资6491万元。

【劳动争议仲裁】

1990年,开展劳动争议仲裁工作,全年受理劳动争议案件118起、146人,并开展劳动合同鉴证工作。1991年处理劳动争议79起,鉴证劳动合同4.7万人,维护企业和职工双方的合法权益。

1992年,劳动争议仲裁员、仲裁庭制度的试行方案审批完毕,在7区、12县(市)开展试点工作;全年处理劳动争议案件60件,接待处理来信来访1900件,结案率均为100%。

1996年,进一步完善劳动争议仲裁二方机制,全市共受理劳动争议案件625件,人民群众来信来访2万余件次,两案办结率均在95%以上,及时处理集体上访和集体劳动争议200起。各类企业调解委员会受理劳动争议2083件,调解成功2065件,大量劳动争议解决在基层和萌芽状态。

1997年,认真贯彻执行《成都市外商投资企业劳动管理条例》,对外商投资企业的劳动管理实行"一站式"服务,简化手续,提高效率。加强仲裁庭和仲裁员队伍的建设,完善工作制度和程序,办案质量和结案率逐步提高。全市共受理劳动争议案件721件,人民群众来信来访27169人(件)次,两案办结率均在95%以上,同时及时处理集体上访和集体劳动争议137起,化解劳动纠纷。

2001年,共依法受理劳动争议案件644件,结案634件;接待上访群众1.16万人,处理来信411件,办结率达到98%;依法审查、鉴证劳动合同5.12万份;全市90%以上的乡镇、街道建立了劳动争议处理协调机构,全市共协调劳动纠纷655件;进一步完善仲裁庭和仲裁员制度,当事人自主选择仲裁员的前期准备工作完成。

2002年,全市劳动保障部门共接待人民群众来访29464人次;处理群众来信524件,其中办理各上级部门交办的群众来信27件,办结率达到100%;共受理劳动争议案件2260件,办结率95.86%;加强基层劳动争议协调机构的建设,全市已组建劳动争议协调机构393个,组建率为96.6%。

2005年,市劳动和社会保障局积极推进劳动争议处理能力建设,开展劳动争议仲裁实体化试点工作,全市全年共处理各类劳动争议案件6896件,涉及职工1.7万人,结案率达96%;接待来访群众14.05万人次,处理群众来信1.49万件,办结率为97.8%;建立群体性突发事件应急处理机制,妥善处理突发事件65件。同年,成都市劳动争议仲裁委员会被劳动和社会保障部评为全国先进劳动争议仲裁委员会。

【就业管理与服务机构】

成都市就业局深圳劳务管理站。1991年3月2日,经深圳市人民政府办公厅批准,成都市就业服务管理局驻深圳劳动管理站正式开始办公。其主要职责是，在深圳市劳动局的指导下，按照用工计划和要求，向用工单位提供劳动服务和对成都籍在深圳务工人员进行日常管理，对成都市输送的劳务人员实行“包进包出”；协助深圳市、区劳动服务公司和用工单位贯彻落实深圳市人民政府发布的《深圳经济特区使用外地劳务工暂行办法》及有关外来劳动力管理的政策规定，共同维护用工单位和劳务人员双方的合法权益；开展劳务信息交流，有计划地组织成都市富余劳动力进入深圳务工，防止成都市劳动力盲目流入深圳。

成都市再就业工程领导小组。1997 年，成都市国有资产重组工作领导小组增挂成都市再就业工程领导小组的牌子，负责对全市再就业工程的组织领导、统筹规划、综合协调和督促检查。领导小组下设办公室，负责处理实施再就业工程的日常事务。由市劳动局局长担办公室主任。企业主管部门组建行业再就业服务中心，凡有下岗职工的企业都要设立再就业工作站，负责下岗职工和破产企业职工的分流安置。

成都市社区就业工作领导小组。2001 年成立，负责组织领导全市社区就业工作。领导小组办公室设在市劳动和社会保障局，负责全市社区就业工作的组织实施，是市政府对社区就业工作的职能主管部门。各区（市）县政府在当年 12 月底以前组建相应的领导机构。同时成立街道（镇）社区就业服务中心。其主要职责是负责辖区内社区就业工作的组织实施，开发就业项目、增加岗位、信息交流、中介服务、技能培训、择业指导、财务代理、税务代理、保险代理、下岗、失业人员和离退休人员的管理服务、协调关系等，并接受区（市）县就业服务管理机构的业务指导。

成都市创业促进中心。2002 年成立，设在市就业局，作为全市创业培训工作的具体组织实施部门，负责全市创业培训的日常工作，负责对各区市县开展培训工作指导，组织项目开发、制定工作计划、监督和考核培训实施情况。

成都市再就业援助中心。2003 年成立，设在市就业局。同时，各区（市）县建立再就业援助中心，街道、乡（镇）、社区劳动保障工作机构开设再就业援助窗口，健全了再就业援助体系。其援助对象是有劳动能力和就业愿望，工作不挑不选，已领取“再就业优惠证”的人员；工作职责是实施岗位援助，开发再就业援助项目，开展公共就业服务。建立调查、援助申请、公益性岗位的公布和调配、再就业援助工作的统计报告和情况通报等工作制度。成都市再就业援助中心接受社会团体、企业、单位、个人捐赠的再就业援助资金。按照有关规定，捐赠资金全部纳入市财政专户管理，专项用于扶助就业困难人员再就业。

成都市农村劳动力培训、开发和就业工作领导小组。2004 年成立。领导小组办公室设在市劳动保障局，与市就业服务管理局合署办公。其主要任务是负责规划全市农村劳动力的培训和就业，制定相关的政策措施，负责组织、管理、协调和监控、督促检查全市农村劳动力开发目标的完成情况。

社会保险

城镇社会保险体系

【概况】

20世纪80年代后期，城市经济体制改革深化，城镇职工养老、医疗制度日益显露出机制上的弊病。养老金的资金来源渠道单一，公费和劳保医疗制度费用全部由企业和国家负担，且医疗费用出现不合理增长现象。20世纪90年代，按照中央和省的部署，成都市对原有的社会保险体系进行一系列改革。

1990年，成都市为全市3300多个单位的8.4万名劳动合同制工人建立养老保险制度，待业保险基金收缴率达99%。1991年，国营企业临时工养老保险制度从7月1日起在全市19个区(市)县全面实施，企业补充养老保险试点工作在人民商场等3户经济效益稳定的企业顺利进行。市保险公司拟订《个体工商企业者、私营企业从业人员还本保险试行办法》，为在个体、私营企业中开展养老保险做好准备。同年，工伤保险制度改革起步，在青白江区和金堂县进行试点，扩大大病医疗费统筹范围，在行业统筹的基础上，大邑、金牛等6个区县实现以区县为单位的统筹。

1992年，全市有57万固定职工实行国家、企业、个人三方共同负担养老保险费制度，外商投资企业中方职工的养老保险扩大到200多户。1993年，开始把劳动就业服务企业和外商投资企业纳入社会保险范围，以大病医疗费用社会统筹为主要内容的医疗保险制度改革在城镇企业职工中全面实行，市和16个区(市)县实行以市和区(市)县为单位的社会统筹，参加统筹的企业达3000多户、职工60多万人。待业保险覆盖面扩大，全年已有700多名职工领取待业救济金，有2448名职工重新安排工作。同时在试点和调查测算的基础上，草拟工伤保险和女职工生育保险的实施办法。1994年，在完善国有企业养老保险制度的基础上，进一步扩大在外商投资企业和劳动服务企业养老保险的覆盖面，部分区(市)县还将养老保险扩大到城镇集体企业，全市各类企业105万名职工和近20万名离退休人员参加社会养老保险。

1995年，在9个区(市)县试点的基础上，《成都市企业职工工伤保险暂行办法》出台。1997年7月，在全市施行《成都市企业职工生育保险暂行办法》。同年9月、11月以及1998年2月，先后在成都市蔬菜副食品公司、成都发动机(集团)有限公司和成都南光实业股份有限公司进行医疗保险制度改革试点。对改制企业、破产企业、东郊工业区搬迁企业职工的社会保险问题进行调查研究，拟定改制企业、破产企业、东郊工业区搬迁企业职工社会保险的接续办法和优惠政策，保障职工权益，保证全市经济体制改革和工业结构调整得以顺利进行。1998 年 1 月，成都市企业职工基本养老保险制度与全国城镇职工养老保险统一制度并轨。

2000 年，全市城镇职工基本医疗保险制度启动实施，按照“稳步扩面、强化管理、建全系统、完善政策”的思路，实现机关事业单位由公费医疗、企业由原大病统筹或统账结合、自谋职业人员由住院医疗保险向新的基本医疗保险制度的转换，基本医疗保险制度改革初见成效。同年，《成都市职工门诊补充医疗保险》出台。2001 年，按照经四川省人民政府批准的《成都市城镇职工基本医疗保险暂行办法》，成都市基本医疗保险在全市范围内实行统一制度，统一标准，统一管理。全市 19 个区（市）县和高新区及市本级城镇职工基本医疗保险参保人数达到 121 万人。与之配合，全市将特殊疾病门诊医疗费、家庭病床医疗费纳入补充医疗保险支付范围，参保人数达到 76 万人次，对基本医疗保险制度改革起到积极的支撑作用。同年 4 月，成都市各区（市）县城镇集体企业职工的基本养老保险基金纳入全市统筹，全市实行统一的基本养老保险制度，统一养老保险缴费比例，统一养老保险个人账户规模，统一基本养老金计发办法，统一基本养老金调整比例。

2002 年，积极推进和不断完善机关事业单位养老保险制度改革试点工作，兑现企业退休人员调整养老金、离休人员增加养老金和中华人民共和国成立前参加革命工作的退休老工人增加生活补贴的政策，对未享受副县级待遇的离休干部提高待遇。2005 年，各项社会保险征缴率超过 95%，全市参加基本养老保险、基本医疗保险、失业保险的城镇职工分别达到 138.6 万人、144.6 万人、89 万人。

“十五”时期（2001—2005），全市财政投入社会保障资金 106 亿元，是“九五”时期（1996—2000 年）的 3 倍。五年新增养老保险 42.8 万人、医疗保险 124.6 万人、工伤保险 49.6 万人、生育保险 44.9 万人、失业保险 40.9 万人、非城镇户籍人员综合社会保险 23.5 万人，已征地农转非人员参保 26.8 万人。经过近 20 年的改革和实践，至 2005 年，成都市已基本建立起独立于企事业单位之外、资金来源多元化、保障制度规范化、管理服务社会化的城镇社会保险体系，作为保险体系重要组成部分的基本养老保险、失业保险、医疗保险、工伤保险、生育保险已覆盖城镇各类用人单位和劳动者，在实施基本社会保险的基础上，逐步建立和完善补充养老保险和补充医疗保险制度。

【基本养老保险】

1986 年，成都市开始实行的固定职工退休费社会统筹，养老金的资金来源渠道单一，全部由企业和国家负担，造成国家和企业负担过重。1992 年 5 月，市劳动局下发《关于成都市国营企业固定职工实行个人缴纳基本养老保险费的通知》，规定从 1992 年 7 月起，凡参加成都市退休费用社会统筹的在职职工必须实行个人缴费。全年全市有 57 万名固定职工从 7 月起实行国家、企业、个人三方共同负担养老保险费制度；全市统筹调剂养老保险基金 3268 万元，受益单位 963 户、离退休职工 7.35 万人，分别占参统单位总数和离退休职工总数的 41.7%、48.68%；外商投资企业中方职工的养老保险扩大到 200 多户。

1993 年 7 月 1 日起,改革基本养老金的计算办法,将原来的按“本人标准工资”计发养老金加补贴的办法,改由社会养老金和缴费养老金两部分计发。第一部分社会养老金,按上一年四川省月平均工资的 25% 计发,第二部分缴费养老金,按照职工缴费年限长短,缴费每满一年发给本人指数化月平均工资的 1.4%,建立基本养老金正常调节机制。参保范围扩大到股份制企业、外商投资企业的在职职工、离退休职工。1995 年 6 月,城镇集体所有制企业职工养老保险由中国人民保险公司转入市社会保险局。

1996 年 1 月 1 日起,社会保险经办机构为全市每一位参加养老保险的职工建立终身不变的基本养老保险个人账户。职工个人账户由本人缴费工资的 12% 组成,职工个人缴纳的养老保险费全额记入个人账户,不足 12% 的部分从用人单位缴费中划入。个人账户储存额属于职工个人所有,用于职工退休以后养老。用人单位缴费除划入个人账户以外,其余部分用于建立统筹基金,实行全市统一调剂。基本养老金由社会养老金、个人账户养老金、过渡性养老金、调剂性养老金组成,以体现权利与义务、社会公平与社会效益相结合的原则。账户的建立,基本养老保险社会统筹与个人账户相结合,把单纯的养老保险“现收现支”制向“部分积累式”转变 。参保范围扩大到国有企业(国务院规定养老保险实行行业管理的除外)、股份制企业、私营企业及其全部职工(包括临时职工和农民工),青羊、锦江、金牛、成华、武侯五区范围内的市和市以上集体所有制企业及其全部职工,外商投资企业、华侨及中国台港澳商投资企业及其职工(外籍、华侨和中国台港澳地区人员除外),乡镇企业中的城镇户籍职工,城镇个体工商户本人及其帮工、私营企业主、自由职业者、企业离退休人员、非工薪收入者达到法定退休年龄的人员,乡镇企业中的非城镇户籍劳动者。

1998 年 1 月 1 日,成都市企业职工基本养老保险制度与全国城镇职工养老保险统一制度并轨。其特点有三个:一是规范用人单位和职工的缴费比例,用人单位缴费比例为本单位职工工资总额的 20%,职工个人缴费从本人工资的 4% 逐步提高到 8%;二是统一个人账户的规模,按本人缴费工资的 11% 为每个职工建立基本养老保险个人账户,个人缴费全部记入该账户,其余部分从用人单位缴费中划入;三是改进基本养老金计发办法,基本养老金由基础养老金和个人账户养老金组成,基础养老金按上一年本市职工平均工资 20% 计发,统一制度前参加工作、统一制度后退休的职工,另外计发过渡性养老金和调剂性养老金。参保范围扩大到有限责任公司、不同所有制的企业之间或企业、事业单位之间共同投资组成的企业,高新技术产业开发区范围内的市和市以上集体所有制企业,外国以及中国香港、澳门、台湾地区投资者以合资、合作或独资的形式开办的企业及其分支机构,城镇私营企业、合伙企业及其职工,个体工商户本人及其帮工,自谋职业者。

2001 年 4 月 1 日起,成都市集体企业在职职工基本养老保险执行《成都市企业职工基本养老保险社会统筹与个人账户相结合实施办法》。至此,成都市各区(市)县城镇集体企业职工的基本养老保险基金纳入全市统筹。实行全市统一的基本养老保险制度,统一养老保险缴费比例,统一养老保险个人账户规模,统一基本养老金计发办法,统一基本养老金调整比例。制定事业单位转制为企业后职工养老保险办法,将转制单位职工和离退休人员纳入企业职工养老保险覆盖范围。2005年，基本养老保险单位缴费按照职工工资总额作为缴费基数，缴费比例为20%，职工个人按本人工资的8%缴纳，个体人员缴费按申报基数的20%缴纳。社会保险经办机构按本人缴费基数总额的11%计入个人账户。养老保险待遇计发办法单位职工和个体人员保持一致，基本养老金由基础养老金和个人账户养老金两部分组成，基础养老金按职工平均工资的20%计发，个人账户养老金按账户储存额的1/120计发。对统一制度前参加工作、统一制度后退休的职工，另外计发过渡性养老金和调剂性养老金。截至年底，全市基本养老保险参保人数共计138.57万人，比上年末新增17.04万人，征收养老保险基金37亿元（含补缴），征集率97%，清理养老保险历年欠费1.65亿元。全市基本建立起适应社会主义市场经济体制要求，适用于城镇各类企业职工和个体劳动者，资金来源多渠道，保障方式多层次，社会统筹与个人账户相结合，权利与义务相对应，管理服务社会化的养老保险体系。

1993—2005年成都市城镇职工基本养老保险收支一览表

表5-284

年份	参保人数（人）	收缴基金（万元）	离退休人数（人）	养老金支出（万元）
1993	695954	—	181569	—
1994	710337	—	224705	—
1995	795214	—	224216	—
1996	793051	—	282064	—
1997	768448	116615	295555	98714
1998	763091	117646	306218	124741
1999	783514	117236	316314	149244
2000	935109	176313	365240	176314
2001	957359	184346	382916	199986
2002	974757	211597	401238	250417
2003	1037640	246410	423152	264092
2004	1215298	297861	459606	295718
2005	1385777	372382	485890	348548

【补充养老保险】

1992年起，成都市劳动局、市财政局、市社会保障委员会办公室，在部分用人单位及其职工中组织开展建立补充养老保险制度的试点工作，职工在享受基本养老保险的基础上获得更多的保障。同年在近300户企业的10万职工中建立补充养老保险制度。

补充养老保险制度规定，成都市行政区域内的各类用人单位和职工（包括自由职业人员、个体工商户及其雇工，下同），可以自愿到市或区（市）县社会保险机构（简称社保机构，下同）按照实施办法的规定办理补充养老保险。补充养老保险的缴费金额和次数，由用人单位和职工自行确定。

职工尚未领取补充养老金就死亡时，所缴纳的补充养老保险费及利息，由社保机构一次性支付给其法定继承人或指定受益人。

1997 年，成都市参加补充养老保险的各类职工有 1.83 万人。2005 年，全市参加补充养老保险的各类职工达到 7.7 万人。

1997—2005 年成都市补充养老保险参保情况表

表 5－285

年份	1997	1998	1999	2000	2001	2002	2003	2004	2005
参保人数（次）	18331	25957	26292	32409	32851	59279	75674	80709	77767

1997—2005 年成都市补充养老保险支付情况表

表 5－286

年份	1997	1998	1999	2000	2001	2002	2003	2004	2005
支付金额（万元）	3.43	18.10	73.76	117.62	139.99	160.39	786.21	402.86	779.48

【大病医疗费用社会统筹】

1989 年，成都市开始在 14 个区（市）县及部分行业试行大病医疗费用社会统筹。大病统筹医疗保险模式遵循“小病分流，大病统筹”的原则，即规定一个起付线，从几百元到几千元不等，完全根据当地的经济承受能力和医疗待遇水平而定，起付线以下的医疗费用由职工个人负担，超过起付线的部分由社会保险机构按比例支付。大病统筹的基金由国家、企业、个人三者合理负担。区、县建立统筹基金，全市建立统筹调剂基金。按“以支定收，略有结余，留有部分储备”的原则筹集，专项用于大病医疗费用的支出。大病医疗实行定点医院制度。职工和退休人员患病凭“医疗保险卡”到定点医院就诊。确需转院治疗的，应当履行转院审批手续。

1991 年，全市职工大病医疗费统筹扩大到 12 个区县的部分行业和市属粮食、商业及供销社系统，其中大邑、双流、金堂、新津等 4 个县实行以县为单位统筹。全市参加大病统筹的企业有 711 个，统筹职工 5.2 万人，退休职工 1 万人。1992 年，扩大以县为单位的大病医疗费统筹范围，共有 12 个区（市）县实现区县级统筹，全市参加统筹的企业已有 1368 户、职工 13.9 万人，征集基金 170 万元，为 1230 人次大病、重病支付医疗费 123 万元。

1993 年，成都市全面实行城镇企业职工大病医疗费用社会统筹。根据 3 年多来试行情况，结合成都实际，对统筹范围、统筹基金的征集、统筹基金的拨付、建立“大病统筹专用卡”、实行定点医疗和转院审批制度、医疗费与职工个人负担挂钩等有关问题进一步作明确规定。从 1994 年起，市社会保险局向单位拨付的原则有两个，一次性住院医疗费用总额一万元以下时，市社会保险局负担的医疗费用为：（医疗费总额－基数）×［50＋（年龄×0.3）］%（“基数”是指定点医院扣除标准，根据医院级别确定不同的标准）。市社会保险局拨付之外的医疗费，由单位和职工合理分担，具体办法由单位自定。一次性住院医疗费用总额在一万元以上(含1万元)时,个人承担其10%后,其余部分单位与社会保险局各承担50%。从1995年起,对按期足额缴纳医疗保险费,积极配合医疗保险制度改革的单位,当年大病医疗保险费结余1万元以上的部分,市社会保险局按50%作为单位下一年度的医疗保险费,其计算式为(结余金额-10000元)×50%。大病医疗保险单位当年累计报销医疗费超过本单位缴纳的医疗保险费时,社会保险局对其超过部分按应报销医疗费的80%拨付。

1996年,进一步完善大病医疗统筹办法,全市参加统筹职工计44万余人,其中,新增加2.05万人。从12月1日起,在四川省第五人民医院等17家定点医院试行使用大病医疗保险住院收费清单。从1997年5月1日起,在所有大病医疗保险定点医院中推行大病医疗保险住院医疗收费清单制度。全年全市有4000多户企业、70余万名职工参加医疗保险,累计征收医疗保险基金1.3亿元,对劳动者在患大病、重病时能得到基本医疗起到积极作用。

遵照中共中央、国务院"对离休干部生活待遇还要略为从优"的原则,对中华人民共和国成立前参加革命工作的离休干部的医疗费,仍坚持在制度规定范围内由离休干部所在企业试行实报实销。社会保险机构向企业拨付大病统筹基金时,按成都市《关于城镇企业职工实行大病医疗费用社会统筹有关问题的通知》的规定办理,离休干部医疗就诊点仍按享受特约就诊的规定办理。

凡停产整顿企业的离休人员因病住院时,由单位管理人员凭入院证到市社保局医疗保险处领取《成都市企业职工住院医疗费统筹基金支付记账专用表》交定点医院。入院时个人应向医院缴纳一定的自费预付费,具体金额由医院根据病情确定,出院时医院按规定与个人结算,多退少补。

1998年12月,国务院下发《国务院关于建立城镇职工基本医疗保险制度的决定》,成都市全面推进城镇职工医疗保险制度改革。

1993—2000年成都市企业职工大病统筹统计一览表

表5-287　　单位:人、万元

类型＼年份	1993	1994	1995	1996	1997	1998	1999	2000
参保人数	554677	583556	655526	674552	662883	624559	503774	323900
征缴总额	2960	4486.94	6274.98	8044.38	8721.37	9444.98	9181.5	10158.38
支出总额	3020	4379.12	4913.19	6586.43	7373	7844.18	7615.3	7852.65

说明:本表为大成都范围内数据。

【基本医疗保险】

1994年,成都市对机关、事业单位、社会团体职工公费医疗制度进行改革,按照"定额管理、定点医疗、现金看病、超支由国家、单位、个人合理负担"的原则实行,既保证职工的基本医疗需求,又减轻国家负担。

1997年9月、11月和1998年2月,成都市先后在成都市蔬菜副食品公司、成都发动机(集团)有限公司和成都南光实业股份有限公司进行医疗制度改革试点。1998 年 12 月,国务院下发《国务院关于建立城镇职工基本医疗保险制度的决定》,部署全国范围内全面推进职工医疗保险制度改革工作,在全国范围内进行城镇职工医疗保险制度改革。成都市基本医疗保险实施原则包括,医疗保险的水平应与成都市社会经济发展水平相适应;基本医疗保险覆盖全市城镇所有用人单位及其职工,实行属地原则;医疗保险费用由用人单位和职工双方共同负担,所有企业、国家行政机关、事业单位和其他单位及其职工必须履行缴纳基本医疗保险费的义务;外商投资企业及其中方人员,外地驻成都机构及其职工,亦属于基本医疗保险范围。

城镇医疗保险基金实行社会统筹与个人账户相结合的模式。基本医疗保险费由用人单位和职工共同缴纳。用人单位按职工工资总额的 7.5% 缴纳。职工个人按上一年本人工资收入的 2% 缴纳,由用人单位在其工资收入中代扣代缴。个体工商户和自由职业人员基本医疗保险费全部由个人缴纳(包括单位缴费和个人缴费)。按国家和省、市有关规定并经有关部门办理退休手续的退休人员个人不缴纳基本医疗保险费。企业依法破产,应当依照法定顺序清偿欠缴的基本医疗保险费;用人单位解散或撤销,应当优先清偿欠缴的医疗保险费,并均按上一年度本市退休人员人均医疗费实际支付额,为退休人员一次性缴纳 10 年的医疗保险费用。单位缴纳的基本医疗保险费一部分用于建立统筹基金,一部分划入个人账户;个人缴纳的基本医疗保险费计入个人账户。统筹基金和个人账户分别承担不同的医疗费用支付责任。统筹基金主要用于支付住院和部分慢性病门诊治疗的费用,统筹基金设有起付标准、最高支付限额,个人账户主要用于支付一般门诊费用。

按照经省人民政府批准的《成都市城镇职工基本医疗保险暂行办法》,从 2001 年 1 月 1 日起,成都市基本医疗保险在全市范围内实行统一制度,统一标准,统一管理。基本医疗保险基金以市和区(市)县为统筹单位,条件具备时再实行全市统一调剂。

基本医疗保险实行定点医疗机构和定点零售药店管理。劳动保障行政部门会同卫生、财政等有关部门根据国家和省有关规定制订定点医疗机构和定点零售药店的资格审定实施办法。参保人员可以在定点医疗机构和定点零售药店范围内,自主选择医院就医或药店购药。截至 2005 年 11 月底,全市已批准基本医疗保险定点医疗机构 657 个,定点零售药店 637 家。参保人员在定点医疗机构门诊或在定点药店购药的门诊医疗费和药费,从个人账户中支付,超支自理。

基本医疗保险的起付标准,以上一年全市职工平均工资为基数,住一级医院为 5%,住 2 级医院为 8%,住三级医院为 12%。一个自然年度内多次住二级或三级医院的,逐次降低 1%。实际执行情况是,自 2001 年 1 月 1 日至 2005 年 12 月 31 日止,一、二、三级定点医院起付标准均以 1999 年成都市社会平均工资 8084 元为基数,分别是 404.20 元、646.72 元和 970.08 元。其最高支付限额为一个自然年度内统筹基金为个人支付的医疗费累计为上一年本市职工平均工资的 4 倍(含当年度特殊疾病门诊及家庭病床医疗费总额)。参保人员在定点医疗机构发生的符合基本医疗保险规定的一次性住院医疗费,其数额在统筹基金起付标准以上最高支付限额以下的部分,按下式计算支付:(一次性住院费用总额 - 自付部分) × (75% + 年龄 × 0.2%)。

参保人员门诊或购药,凭医疗保险卡由定点

医疗机构或定点药店记账，属于基本医疗保险支付范围的门诊医疗费或药费，由定点医疗机构与社保机构结算。

住院期间的医疗费用，应由统筹基金支付的部分由医院与社保机构结算，应由个人负担的部分由医院与个人结算。

2005 年，单位按职工工资总额的 7.5% 缴纳医疗保险费，个人部分按本人工资收入的 2% 缴纳，个体劳动者参加基本医疗保险按上年成都市职工平均工资的 9.5% 缴纳。基本医疗保险待遇分为门诊和住院两部分。社会保险经办机构为参保人员建立个人账户，个人按照 2% 缴纳的医疗保险费全部计入个人账户，单位缴纳部分计入个人账户的金额，按年龄计算，每 1 周岁增加本人缴费基数的 0.02%（50 周岁以上为 0.035%）。门诊医疗费从个人账户中支付，住院医疗费按规定予以报销。截至年底，全市基本医疗保险参保人数为 210.01 万人，比上年末新增 29.51 万人，征收医疗保险基金 18.67 亿元，征集率 98.8%。

2001—2005 年成都市本级基本医疗保险统计一览表

表 5－288

类型＼年份	2001	2002	2003	2004	2005
在职参保人数（人）	517526	566975	629789	690060	752059
退休参保人数（人）	278330	303454	327211	346496	357734
个体参保人数（人）	—	61483	89907	125873	173376
征缴总额（万元）	17677.72	26583.49	29888.27	41464.31	53944.25
报销人次（人次）	33083	56228	58790	71356	82691
支出总额（万元）	7914.04	23817.4	25792.52	32530.67	37865.15

【补充医疗保险】

1996 年，成都市决定在全市部分企业中进行补充医疗保险试点。1999 年，成都市出台《成都市职工补充医疗保险实施办法之一》《成都市职工补充医疗保险实施办法二》《成都市职工补充医疗保险实施办法之三》等三个实施办法。2000 年，出台《成都市职工门诊补充医疗保险》。2001 年，成都市将特殊疾病门诊医疗费、家庭病床医疗费纳入补充医疗保险支付范围。

具有成都市户籍并已参加基本医疗保险的人员，已参加成都市或区（市）县基本医疗保险和综合社会保险的用人单位招用的男不满 60 周岁或女不满 55 周岁的非成都市户籍人员，属于四个补充医疗保险的参保范围。

成都市住院补充医疗保险实施办法共有三种。第一种的缴费标准为：购买时间一年以上成都市职工平均工资 ×5%，或年龄在 55 周岁以上者，每超过一周岁加收 10 元，计算缴费的最小单位为元。初次参保满 12 个月以后，在成都市基本医疗保险定点医院住院治疗，出院后 60 日内到成都市社保局补充医疗处申请报销，报销方法为：（一次性住院医疗费总额－上年市职工年平均工资－自费费用－自付费用）×30%。每份保险单报销医疗费最高可达5万元。此种补充医疗保险可同时购买多份，但每次报销只能使用一份，每份保单也只能使用一次。

第二种的缴费标准为每份1000元，缴费时年满55周岁以上者，每超过1周岁，增加20元。初次参保满12个月以后在成都市基本医疗保险定点医院住院，出院后60日内到成都市社保局补充医疗处申请报销，报销方法为：（一次性住院医疗费总额－自费费用－自付费用）>成都市上年度三个月平均工资时，缴费满1年不满3年，每份可报300元；缴费满3年不满6年，每份可报400元；缴费满6年不满9年，每份可报500元；缴费满9年不满12年，每份可报600元；缴费满12年不满15年，每份可报700元；缴费满15年以后，每份可报2000元。每份保险单在住院费用达到报销标准时，每年可报销一次，直至终生。办理多份本补充医疗保险者，可以同时使用多份，一次最多可报销1万元。每份保险单每年报销一次，下次报销减少5%，最多减少40%。

第三种以缴费时上一年全市职工平均工资的下列比例缴费：35周岁以下（含35周岁）按1.5%缴纳，35周岁以上至55周岁以下按2%缴纳，55周岁以上（含55周岁）按2.5%缴纳。由用人单位为职工缴费的可按年度或月度缴纳，个体人员按年度缴纳。计算缴费的最小单位为元。个人初次参保满6个月以后，单位全体职工初次参保满3个月以后在成都市基本医疗保险定点医院住院，出院后60日内到成都市社保局补充医疗处申请报销，报销方法为：（一次性住院医疗费总额－上年市职工一个月月平均工资－自费费用－自付费用－基本医疗已报销的费用）×90%。此种补充医疗保险1人只能办理1份，初次参保生效以后每年连续缴费连续生效，连续缴费期间不受等待期限制。中断3个月后再次参保者按初次参保享受待遇。在生效期内每年住院报销没有次数限制，住院医院费报销额不受基本医疗“封顶线”的限制。

成都市职工门诊补充医疗保险年度缴费标准为上一年职工平均工资×0.1%×本人实足年龄。初次参保满12个月以后，在成都市社保门诊医疗保险定点医院看门诊，凡符合门诊补充医疗保险规定的药品费用凭门诊补充医疗保险专用病历、专用处方、医疗费用统一收据按以下比例报销：当年内，每季度门诊药品费用累计在本市上一年职工平均工资5%以上、15%以下的部分，报销比例为（50＋基本医疗保险缴费年限×1.5＋门诊补充医疗保险缴费年限×1.5）÷100。报销比例最高不超过90%。（公式中的“基本医疗保险缴费年限”，是指《成都市城镇职工基本医疗保险暂行办法》实施后的缴费年限。）

2005年，成都市实行3种住院补充医疗保险和1种门诊补充医疗保险。至年底，全市参加补充医疗保险174.78万人次，参保份数为186.92万份，对化解医疗风险，减轻个人负担起到积极作用。同时，成都市针对不同医疗保险群体，制定了城镇困难人员医疗补助办法、公务员医疗补助办法和特殊疾病医疗费报销办法等。

1999—2005 年历年补充医疗保险参保情况表

表 5-289　　单位：份、人

年份	补充一		补充二		补充三	门诊补充医疗保险
	份数	人数	份数	人数	人数	人数
1999	248433	224393	2641	2596	10822	—
2000	82266	74119	2070	1911	14912	1158
2001	254742	222143	17737	17233	122801	5655
2002	133475	121376	14248	14065	131003	3404
2003	150772	134635	20662	20123	146051	1399
2004	84745	73291	14659	14057	140408	934
2005	112623	98473	16682	15896	134089	834

【待业保险和失业保险】

1990 年，待业保险基金收缴率达 99%，超过预计收缴目标，为 81 人发放待业救济金，并缓收 10 户停产、半停产和特困企业待业保险金 27852 元。1991 年，成都市制定实施《完善城镇企业职工待业保险的意见》，扩大职工待业保险范围和基金的使用范围。全市将国营企业待业保险范围扩大到被除名、被开除人员，关停企业被精简的员工，以及经市政府批准享受待业保险的其他职工。此外，还为部分停产企业妥善解决职工生活和生产自救提供了支持。1992 年，企业职工待业保险范围扩大到城镇集体企业，市政府批转下发《关于成都市城镇集体所有制企业实行待业保险的意见》，于 11 月在全市进行贯彻实施的动员部署。

1994 年，城镇职工失业保险范围进一步扩大，全市已筹集失业保险基金 1000 多万元，为 7000 多名特困企业职工发放失业保险金 375 万元，在一定程度上维护企业和社会的稳定。1995 年出台《成都市职工失业保险实施办法》，至年底，全市参加失业保险的企业达 5000 户、职工 95 万人。1996 年，全市有 109 多万职工参加失业保险。同时采取有效措施确保失业人员的基本生活，运用失业救济金引导和帮助特困企业开展生产自救和下岗职工重新就业。1997 年，失业保险全年新增国有企业参保 37 户，非国有企业参保 103 户，非国有企业参保人数增加 2.32 万人，比上年增加 20%，全年共为 5110 名失业职工支付失业救济金 482 万元。1998 年 3—4 月，对五城区及高新区范围内的失业人员家庭生活状况进行调查，查明全市尚有失业人员 10810 人，需纳入保障范围。1999 年，国务院颁布《失业保险条例》后，成都市通过宣传贯彻该《条例》，狠抓社会保险扩面、征缴和清欠工作，共征缴失业保险基金 1.26 亿元，新增参保人数 10 万人，清收失业保险基金欠款 2251.5 万元。基金收缴率为 91.2%。

2002 年，成都市失业保险参保人数达到 74.2 万人，新增参保 5.8 万人，覆盖面在 95% 以上，征收失业保险基金 2.87 亿元，征集率为 92.8%，清理失业保险历年欠费 4330 万元；为下岗职工代缴养老、医疗、失业 3 项社会保险费 8346.2 万元。2004 年，成都市有失业人员 2.32 万人，城区失业保险金标准有所提高。2005 年，用人单位和作为雇主的个体工商户按月缴纳失业保险费的标准为全部职工和城镇户籍雇工月工资额×2%；职工或雇工按月缴纳失业保险费的标准为：本人月工资收入×1%，职工或雇工个人缴费由单位代扣代缴。截至年底，全市失业保险参保人数89万人，比上年末新增19.9万人，征收失业保险基金3.43亿元，征集率96.1%，清理失业保险历年欠费1853万元。

【企业职工工伤保险】

1990—1996年4月1日，成都市工伤保险待遇根据《中华人民共和国劳动保险条例》《国务院关于安置老弱病残干部的暂行办法》《国务院关于工人退休退职的暂行办法》的规定和四川省劳动厅的相关规定执行。

1991年，在金堂县和青白江区进行职工工伤保险的摸底测算。从1992年起，成都市先后在青白江、金堂、双流、大邑、彭州、蒲江、新都、金牛、成华9个区(市)县进行工伤保险制度改革试点，为在全市建立并实施统一的企业职工工伤保险制度打基础。1996年3月19日，市人民政府发布《成都市企业职工工伤保险暂行办法》，于同年4月1日起对全市19个区(市)县及高新区的工伤保险实行全市统筹、分级管理。本着"以支定收、适当储备"的原则，以市为中心统一建立工伤保险基金。并且规定，成都市行政区域内的企业和与之形成劳动关系的劳动者，都必须参加成都市企业职工工伤保险。全年全市有70.6万名企业职工参加工伤保险。1997年，新增工伤保险单位101户，新增职工2万人，征收基金1512.7万元。

1998年1月1日，成都市人民政府颁发《关于成都市企业职工工伤保险若干问题的通知》，与部、省规定实现衔接。同年，为鼓励企业安全生产，成都市劳动局发出《关于企业职工工伤保险费率浮动和奖励实施意见的通知》，规定费率浮动根据社会保险机构当年实际支付给企业的工伤保险金与企业实际缴纳工伤保险费的比例(简称收支率)，对企业缴纳工伤保险费的费率实行向上浮动或向下调整；对当年未发生工伤事故和职业病或发生工伤事故或职业病但收支率≤50%的企业，按照本企业当年向下调整费用总额的10%~20%的比例给予奖励。工伤保险费率浮动和奖励，每年进行一次。

2003年4月，国务院颁布《工伤保险条例》。2004年1月10日，成都市人民政府发布《转发省政府关于贯彻〈工伤保险条例〉实施意见的通知》，结合成都市工伤保险工作实际对一些具体问题作出规定，并将行业划分为3个类别：风险较小行业基准费率为0.6%；中等风险行业基准费率为1.2%；风险较大行业基准费率为2.0%。

因物价上涨和工资水平提高，成都市工伤保险待遇不时进行调整。从1992年11月1日起，成都市提高1986年制定的企业职工工伤致残完全丧失劳动能力退休后的待遇标准。1993年6月7日，四川省劳动厅发文规定，患有二、三期硅肺病的精简退职职工死亡后，可以享受因工死亡待遇。退休精减人员已经死亡的，其供养直系亲属现仍符合条件的，可从1990年5月起享受因工死亡供养亲属抚恤待遇，过去的不予补发。1994年，成都市再次调整因工死亡职工供养亲属抚恤金，具体标准为居住在县(含县)以上城区的，每人每月由57.5元调整为77.5元。1995年，将居住在成都市区的临时工因工致残基本丧失劳动能力的补助费标准，按本人工资50%计算后，低于90元的，按90元发给。居住在农村低于60元的，按60元发给。

2004年9月6日起，成都市工伤保险待遇按

《工伤保险条例》和四川省规定的项目和标准执行，其中，因工死亡一次性死亡补助金标准为50个月工资（按成都市上年度职工月平均工资计），成都市过去制定的有关工伤保险政策不再执行。2005年，工伤保险缴费以单位职工工资总额为缴费基数，缴费比例按行业风险的不同，分0.6%、1.2%、2%三个档次。发生工伤，社会保险经办机构根据《工伤保险条例》支付待遇，截至年底，全市工伤保险参保人数有99.53万人，征收工伤保险基金1.2亿元（含补缴），征集率91.7%。

1993—2005年历年成都市工伤保险参保与收支情况情况表

表5－290

年份	参保职工（人）	缴费基数总额（万元）	本期征缴工伤保险费（万元）	享受伤残待遇人数（人）	享受职业病待遇人数（人）	因工死亡人数（人）	供养直系亲属（人）
1993	93588	23004	65	60	—	8	—
1994	138960	26273.50	160.39	29	—	21	—
1995	158341	53198.23	274.57	34	—	18	—
1996	—	—	2365.35	—	—	—	—
1997	673609	395565.15	3172.46	832	—	78	—
1998	654820	442565.33	3375.69	1134	—	104	—
1999	608661	407027.91	4029.33	467	40	78	133
2000	557192	448900.89	4061.89	1003	36	67	255
2001	499752	420161.85	3418.26	1423	39	94	314
2002	552283	525057.83	4335.40	1532	20	72	143
2003	606164	615672	5639.25	2100	68	70	573
2004	785416	833546.05	7602.03	2030	204	155	392
2005	995300	1161492.29	10958.03	2367	30	151	491

【生育保险】

中华人民共和国成立后，女职工生育费用即由所在单位负担。1994年12月14日，作为城市经济体制改革的配套改革，劳动部颁布《企业职工生育保险试行办法》，明确提出生育保险是为维护企业女职工合法权益，保障她们在生育期间能得到必要的经济补偿和医疗保健，并均衡企业间生育保险费用负担。同年，成都市开始在个别企业试点职工生育保险。

1997年4月10日，成都市人民政府常务会议通过《成都市企业职工生育保险暂行办法》，并于当年7月1日正式在全市施行。成都市行政区域内的各类城镇企业（包括基本养老保险实行行业管理的企业）都必须按照本办法的规定参加职工生育保险，为全部职工（不包括外国籍和中国港澳台地区人员）按时足额缴纳生育保险费。已参加成都市社会养老保险的企业不另缴纳职工生育保险费，由社会保险机构按当年企业职工基本养老保险缴费工资0.6%的比例从养老保险基金中移出，作为企业缴纳的生育保险费，建立职工生育保险基金。基本养老保险实行行业管理的企业，按成都市上一年职工月平均工资的0.6%按月为职工缴纳生育保险费。

企业职工生育保险支付标准为，生育一胎（包括怀孕期满六个月流产）的，为6个月工资（按上一年成都市职工月平均工资计，下同）；生育一胎多胞的，每多一个婴儿增加1个月工资。怀孕期不足六个月流产的，为两个月工资。

市级行政事业单位职工参加成都市城镇职工基本医疗保险后，未参加生育保险前其计划生育、计划生育手术费用，纳入基本医疗保险统筹基金中支付，支付标准为顺产1500元，剖宫产2300元。计划生育手术费，按项目定额报销。

1997年，全市有5000多户企业的70余万名职工参加生育保险。生育保险基金由社会保险局集中管理，统一调剂使用。从2002年1月1日起，企业职工生育保险基金的结余全部纳入全市统筹调剂范围，实行统一管理、统一调度、统一使用。2005年，生育保险按缴费工资的0.6%与基本养老保险一并征收。有单位的职工由单位缴纳，个人不缴纳。生育保险待遇按上一年2月或6月工资支付。截至年底，全市生育保险参保人数为126.28万人，征收生育保险基金9156.22万元（含补缴），征集率97.8%。

1996—2005年成都市生育保险情况一览表

表5-291

数量 年份	参保职工（人）	本期实缴生育保险费（万元）	本期享受生育待遇人数（人次）
1996	404	0.27	—
1997	783121	2023.93	1710
1998	758930	2710.55	6807
1999	783514	2692.8	5534
2000	791437	3157.74	5997
2001	813944	3876.84	5869
2002	859798	4331.47	5928
2003	945849	5102.51	6098
2004	1094120	6438.58	6158
2005	1262814	8161.79	6144

【改制企业职工社会保险】

1999年，成都市人民政府办公厅转发市劳动局市财政局《关于对解除劳动关系自谋职业的国有企业下岗职工试行基本养老保险和医疗保险鼓励政策意见的通知》。2000年，成都市劳动局下发《成都市城镇职工基本医疗保险实施细则》的通知。按照文件规定，成都市改制企业职工领取一次性安置费或一次性经济补偿自谋职业的，直接到社保机构按规定继续缴纳养老保险费，接续自己的养老保险关系。本人1992年6月30日以前符合国家规定的连续工龄视为缴费年限，与1992年7月1日后实际缴费年限合并计算为缴费年限，达到法定退休年龄（男60周岁、女50周岁）办理退休手续，基本养老金按全市企业统一标准计算，办理退休次月起按月领取，医疗保险在办理退休手续之前，应当连续进行医疗缴费，达到法定退休年龄后按规定享受医疗保险待遇。

已经签订进入再就业服务中心协议的国有企业下岗职工从终止协议并解除劳动关系次月起的24个月内，基本养老保险费全部由原企业和同级政府建立的再就业基金补贴并为其代缴，个人不缴纳。原企业和同级政府建立的再就业基金代缴的具体金额为：以上一年成都市职工平均工资的60%为基数，按此基数的12%计算。从终止协议并解除劳动关系的第25个月起至本人到达法定养老年龄之月止，其间每年的基本养老保险费由原企业和同级政府建立的再就业基金补贴并为其代缴一部分，个人缴纳一部分。原企业和同级政府建立的再就业基金代缴的具体金额为：每年以上一年成都市职工平均工资的60%为基数，按基数的8%计算（该比例有调整时按调整后的规定执行）；个人在1999年12月31日以前按基数的4%缴纳，2000—2001年按基数的5%缴纳，2002—2003年按基数的6%缴纳，2004—2005年按基数的7%缴纳，2006年以后按基数的8%缴纳。个人缴纳比例有调整时按调整后的规定执行。按上述规定缴费以后，社保机构分年度为职工记录缴费工资（即上一年成都市人平均工资的60%），同时按缴费工资的11%为其记入养老保险个人账户。职工达到法定退休年龄办理退休手续后可不再缴纳基本医疗保险费，享受全市企业统一的门诊和住院医疗保险待遇；未办理退休手续的，在达到法定退休年龄时缴费不满15年的，按成都市上年年社会平均工资9.5%的标准缴纳直至退休。

1998—2005年，共有277个成都市改制企业在职职工续交基本医疗保险，享受医疗保险待遇的人数为2.03万人。

【破产企业职工社会保险】

1997年，成都市人民政府办公厅转发成都市劳动局《关于我市市属国有企业破产职工安置若干问题的意见》。2000年，成都市人民政府办公厅转发成都市劳动局《关于我市市属国有工业企业破产职工安置有关问题补充意见的通知》，成都市劳动局下发《成都市城镇职工基本医疗保险实施细则》。2001年，成都市劳动局下发《关于成都市市属国有工业企业破产职工安置工作中几个具体问题的处理意见》。按照文件规定，成都市破产企业职工领取一次性安置费或一次性经济补偿自谋职业的，应到社保机构按规定继续缴纳养老保险费，接续自己的养老保险关系。本人1992年6月30日以前符合国家规定的连续工龄视为缴费年限，与1992年7月1日后实际缴费年限合并计算为缴费年限，达到法定退休年龄（男60周岁、女50周岁）办理退休手续，基本养老金按全市企业统一标准计算，办理退休次月起按月领取；医疗保险在办理退休手续之前，应当连续进行医疗缴费，达到法定退休年龄后按规定享受医疗保险待遇。

成都市破产企业职工可提前5年办理退休。即法院受理企业破产案并公告后90日，距离国务院《工人退休、退职暂行规定》第一条第一项规定的退休年龄五年以内的（男职工年满55周岁、女职工年满45周岁）且连续工龄满10年的职工，经本人申请，破产企业清算组同意，报市劳动局审批，可办理提前退休。职工从申请提前退休手续后的次月起按规定领取基本养老金。符合国务院《工人退休、退职暂行规定》提前退休条件的职工，可按该文件第二、三项规定办理，但不能在此基础上再提前5年退休。职工达到法定退休年龄办理退休手续后可不再缴纳基本医疗保险费，享受全市企业统一的门诊和住院医疗保险待遇;在办理退休手续之前,按成都市上年年社会平均工资 4% 的标准缴纳基本医疗保险,缴费期内只能按规定报销住院医疗费用(不享受门诊补贴)。

1998—2005 年,共有 82 个成都市破产企业在职职工续交基本医疗保险,享受医疗保险待遇的人数为 1.65 万人。

【东郊工业区搬迁企业职工社会保险优惠】

2001 年 8 月,中共成都市委、成都市人民政府做出实施东郊工业区结构调整的重大决策。根据 2004 年 4 月 5 日成都市人民政府办公厅转发市劳动保障局市东郊工业区调整领导小组办公室《成都市东郊工业区搬迁企业职工分流安置及社会保险有关问题的处理意见》,对东郊搬迁企业职工社会保险给予优惠。具体优惠政策是,企业富余人员中距法定退休年龄不足 5 年的职工,经本人申请,企业批准,可办理离岗退养手续。离岗退养期间,企业和离岗退养职工本人应按照不低于上一年全市职工平均工资 60% 的缴费基数,继续缴纳养老、医疗、失业、工伤、生育等五项社会保险费,直至达到法定退休年龄。离岗退养职工五项社会保险费的企业缴费部分,由市政府给予补贴。补贴标准为,以政府授权部门批准企业启动搬迁时间为准,2003 年底以前实施搬迁改造的,按上一年全市职工平均工资 60% 为缴费基数计算的五项社会保险费的企业缴费部分,给予全额补贴;2004 年 1 月至 2005 年底实施搬迁改造的,按上一年全市职工平均工资 60% 为缴费基数计算的五项社会保险费的企业缴费部分,给予 50% 补贴。补贴金额以市劳动保障行政部门审核确认的距法定退休年龄不足 5 年的离岗退养职工人数计算。

关于职工的社会保险关系的续接,《意见》规定:搬迁改造企业职工的养老、医疗、失业、工伤、生育等社会保险关系可保持不变,暂不随企业搬迁转移。搬迁改造企业欠缴职工社会保险费的,应对欠缴的社会保险费进行清理,可从国有资产收益和企业土地出让资金中将欠费补足。

在成都市基本医疗保险计算机结算网络未建立前,其门诊和住院按下列办法办理,方便搬迁到市区以外企业职工就医购药,解决因急诊和小病就近就医的需求。一是随搬迁企业到市区以外工作的职工,个人账户金额暂由市社保局发给企业,由企业进行管理并随工资发给职工个人。二是搬迁企业职工,在市区外企业驻地成都市基本医疗保险定点医疗住院的,仍按基本医疗保险的规定执行。三是搬迁企业应将具体管理方案通报市社保局,市社保局根据具体情况与市区外企业驻地成都市基本医疗保险定点医疗机构签订服务协议,建立基本医疗保险结算关系。稳定服务协议的基本医疗保险定点医疗机构,应严格按照基本医疗保险的有关规定,做好为搬迁企业职工服务的各项工作,保证搬迁到市区外企业的参保职工顺利就医。

搬迁企业领取一次性自谋职业安置费和解除劳动合同经济补偿金的人员,基本养老保险和基本医疗保险关系按以下办法接续处理:一是本人应直接到社会保险经办机构接续基本养老保险和基本医疗保险关系,并从离开企业的次月起按规定连续不间断缴纳基本养老保险费和基本医疗保险费,直至本人达到法定退休年龄。二是上述人员原有的基本养老保险缴费年限(含视为缴费年限)和 2001 年 1 月以来基本医疗保险缴费年限、基本养老保险和基本医疗保险个人账户储存额,与接续基本养老保险和基本医疗保险关系后的缴费年限、个人账户储存额累计计算。三是上述人员达到法定退休年龄时,本人直接到社会保险经办机构申请领取基本养老金，社会保险经办机构为其计发基本养老金，并按规定享受退休人员基本医疗保险待遇。

下岗职工、自谋职业职工、失业人员与原企业解除劳动关系后，重新到其他单位就业的，新用人单位应及时与其依法签订劳动合同，建立劳动关系，新用人单位应及时依法按有关规定为职工建立和连续养老、医疗、失业、工伤、生育等社会保险关系。

职工申请自谋职业与原企业解除劳动关系领取一次性安置费或经济补偿金后，未实现再就业的，职工应持企业出具的解除劳动关系证明材料，及时到本人户口所在地街道办事处就业服务机构办理失业登记手续，符合享受失业保险待遇的，可按规定申领失业保险金。家庭人均收入低于成都市城镇居民最低生活标准的，可向当地民政部门申请最低生活保障金。

1998—2005 年，共有 19 个成都市东郊搬迁企业为在职职工续交基本医疗保险，享受医疗保险待遇的总人数为 4899 人。

农村社会保险体系

【概况】

1991 年，民政部批准成都市 9 个区（市）县作为全国农村社会养老保险试点区（市）县，探索建立农村社会保障制度。1992 年，《成都市农村社会养老保险方案（试行）》颁布执行。全市 9 个区县开展农村社会养老保险试点工作。到年底，全市有 51 个乡，648 个村，5509 个组，35 万余名村民参加养老保险，9 个试点区县的投保率为 31.33%。同年 6 月，成都市农村社会保险办公室成立，主要任务是经办农村社会养老保险的具体事务，管理养老保险基金。

1994 年，成都市农村人均纯收入达到 1303 元，已具备开展社会养老保险的经济基础。全市以“巩固、完善、发展、提高”和“积极领导，稳步推进”为工作方针，培训区（市）县养老保险工作人员，健全制度，加强保险基金管理，推动农村社会养老保险事业发展。1995 年，市政府发出《关于加快建立农村社会养老保险制度的通知》，要求把农村社会养老保险列入民政工作改革的重点，不断总结经验，完善实施方案，巩固现有成果，在扩大试点范围的基础上，按计划按步骤全面推广。同时在市民政局设立农村社会养老保险处，负责管理全市农村社会养老保险工作。民政部办公厅发出《关于转发成都市人民政府关于加快建立农村社会养老保险制度的通知的通知》，对成都市的工作予以肯定。同年 8 月，成都市已有 16 个区（市）县、195 个乡镇开展社会养老保险工作，有 65 万农民参加保险，积累保险费 3380 万元。

20 世纪 90 年代后期，存款利率下降，保障水平提高一度受到制约，1997 年，参保的乡镇数和村数有所减少。1998 年，坚持“强化管理、稳步发展”的工作方针，搞好全程规范化管理，保险覆盖面又迅速提高。至年底，全市 19 个区（市）县和高新区有 312 个乡镇、4471 个村开展农村社会养老保险，新增参保农民 4 万人，全年共积累基金 1.44 亿元。

2000 年，成都市民政部门承担的农村社会养老保险工作划归劳动部门统一管理。从 2003 年开始，成都市提出建立城乡社会保障体系，开始在 5 个中心城区探索建立政府引导、集体经济给予适当补助、农民自愿参加并缴费的农民养老保险制度。由于各个城区所制订的标准不同，给农民转移就业和养老保险关系转移带来不便，影响养老保险覆盖面扩大。

成都市先后开展征地农民社会保险和农民工综合保险。从2003年3月起,成都市对在行政区域内的非城镇户籍从业人员实行综合社会保险。从"农民工"的实际情况和切身需要出发,实行一次性缴费享受工伤补偿、住院医疗费报销、老年补贴等3项待遇。2004年,成都市出台《成都市已征地农转非人员社会保险办法》和《成都市征地农转非人员社会保险办法》,把2003年12月31日前已征地农转非人员纳入统一的城镇社会保障体系,按照土地换保障、退费进社保、政府给补贴和新人养老人的原则,对处于劳动年龄阶段的人员主要鼓励其就业,并分层建立社会保险,对超过劳动年龄阶段的人员主要保障其基本生活和基本医疗;对2004年1月1日以后新征地农转非人员,按照鼓励就业,土地换保障和逐步进入社会保障体系的原则,对处于劳动年龄阶段的人员主要鼓励其就业,对超过劳动年龄阶段的人员主要保障其基本生活。至2005年年底,全市已有26.75万名已征地农转非人员和2.66万名新征地农转非人员参加社会保险,已有12.1万名已征地农转非人员和9970名征地农转非人员按月领取养老金。

【农村社会养老保险】

1991年,民政部批准成都市9个区县作为全国农村社会养老保险试点区县,探索建立农村社会保障制度。1992年,《成都市农村社会养老保险方案(试行)》颁布执行。全市9个区县开展农村社会养老保险试点工作。到年底,全市有51个乡,648个村,5509个组,35.27万村民参加养老保险,收取保费722万元,其中,个人缴纳617万元占85%,集体补助105万元占15%;9个试点区县的投保率为31.33%。同年6月,成都市农村社会保险办公室成立,受市民政局领导。农村社会保险办公室的主要任务是经办农村社会养老保险的具体事务,管理养老保险基金。1993年,农村社会养老保险工作以积极、稳妥、巩固、自愿为前提,全市已有10个区(市)县、62个乡镇、891个村开展此项工作,有45万名农民参加保险,共收取保费1329万元,其中,有38个乡镇进行收缴第二轮保费的工作,先后两次调整养老保险基金增值利率,确保基金安全可靠增值运转。成都市农村社会养老保险试点工作跨入全国先进行列,受到民政部表彰。

1994年,成都市农村人均纯收入达到1303元,已具备开展社会养老保险的经济基础。全市坚持"巩固、完善、发展、提高"和"积极领导,稳步推进"的方针,许多区(市)县民政部门与财政、审计部门联合下发《加强农村养老保险基金管理暂行办法》,健全完善各项制度,同时培训区(市)县养老保险工作人员136人次;全年全市共有11个区(市)县、63个乡镇、941个村初步建立农村社会养老保险制度;共有49万民农民参加保险,已积累养老保险基金1983万元(其中1994年为654万元)。全市有5个区被评为"全国农村社会养老保险先进单位"。1995年,成都市政府发出《关于加快建立农村社会养老保险制度的通知》,要求把农村社会养老保险列入民政工作改革重点。同时在市民政局设立农村社会养老保险处,负责管理全市农村社会养老保险工作。民政部办公厅发出《关于转发成都市人民政府关于加快建立农村社会养老保险制度的通知的通知》,对成都市的工作予以肯定。

1996年,根据各区(市)县不同的经济发展水平及农民承受能力,对全市农村实行分类指导。保险费积累重点抓年收保费金额上百万元的乡镇和上千万元的区(市)县,投保对象以有固定收入的农户为重点,保险费的交纳采取低档和高档相结合、全年一次交纳和分季段交纳相结合的办法，并坚持自愿选择投保档次的原则。全年全市19个区（市）县和高新区，已有306个乡镇、4400个村开展养老保险工作，新参加投保农民24万多人，全年收缴保险费5490万元。同时，完善管理制度，加强保险基金管理，对已积累保险基金的区（市）县进行了专项检查、审计。

1997年，农村社会养老保险按照坚持巩固、完善、发展、提高的方针，在全市开展规范化管理示范县、乡活动，召开规范化管理现场会。强化对基金的管理监督，保证基金按规定运营和安全增值。全市10个区（市）县和高新区，291个乡镇，3471个村开展养老保险工作，累计86万名农民投保，积累基金1.3亿元。成都市民政局、新都县民政局被民政部评为全国农村社会养老保险先进单位。

1998年，坚持“强化管理、稳步发展”的工作方针，加强领导，搞好全程规范化管理，全市19个区（市）县和高新区有312个乡镇、4471个村开展农村社会养老保险，新增参保农民4万人。全市累计组织94万名农民投保，积累基金1.44亿元。

1999年，在政府机构职能调整的过渡时期，全市农村社会养老保险以稳定和加强工作队伍为目标，强化基金监管的规范化管理，做到了工作不断，思想不乱，队伍不散，基金和国有资产不流失。全年新增参保农民8.46万人，新增保费421.27万元，累计积累基金达到1.5亿元。

2000年，成都市民政部门承担的农村社会养老保险工作划归劳动部门统一管理。从2003年开始，提出建立城乡社会保障体系，将农村农民纳入社会保障范围，开始在5个中心城区探索建立政府引导、集体经济给予适当补助、农民自愿参加并缴费的农民养老保险制度。这一阶段的农民养老保险工作，由市上统一指导，各试点区结合实际自行实施。由于各个城区标准不同，给农民转移就业和养老保险关系转移带来不便，养老保险覆盖面扩大受到限制。

【征地农转非人员社会保险】

2004年3月15日，成都市政府发布《成都市征地农转非人员社会保险办法》和《成都市已征地农转非人员社会保险办法》，建立征地农转非人员社会保险，对失地农民社会保险做出统一安排。这两个文件针对不同时期的农转非人员，制定出相应的保险办法。

征地农转非人员社会保险从2004年1月1日起，在成都市行政区域内、因土地被依法征用并进行非农人口登记的人员，适用于《成都市征地农转非人员社会保险办法》（以下简称《办法》）。

《办法》规定，成都市行政区域内因土地被依法征用并进行非农人口登记的，男满60周岁和女满50周岁及其以上年龄的人员，征地部门一次性为其缴纳一定年限的基本养老保险费和住院医疗保险费。户籍关系在成都市五城区和成都高新区的农转非人员，按当年成都市城镇企业退休人员最低基本养老金标准发给基本养老金；户籍关系在成都市其他区（市）县的农转非人员，按当年成都市城镇企业退休人员最低基本养老金标准的70%发给基本养老金。这类人员今后享受国家规定的基本养老金调整，同时享受城镇职工住院医疗保险待遇。

男满40周岁不满60周岁，女满30周岁不满50周岁人员，分别以10年为一段，划分不同的年龄组，均由征地部门一次性为其缴纳一定年限的基本养老保险费和住院医疗保险费。男满

50 周岁不满 60 周岁，女满 40 周岁不满 50 周岁人员，发给一次性就业补助金 6000 元；男满 40 周岁不满 50 周岁和女满 30 周岁不满 40 周岁的人员，发给一次性就业补助金 8000 元。

上述人员领取一次性就业补助金后与用人单位（包括城镇个体工商户）建立劳动关系的，单位和本人应当参加城镇职工基本养老保险、基本医疗保险、失业保险、工伤保险和生育保险，社会保险费由单位和本人按规定的比例缴纳，缴纳社会保险费期间享受有关社会保险待遇。没有用人单位的，可以按照有关规定参加城镇职工基本养老保险和基本医疗保险，社会保险费由本人缴纳。缴纳基本医疗保险费期间享受城镇职工基本医疗保险待遇。

上述人员从男满 60 周岁和女满 50 周岁的次月起，按成都市城镇职工基本养老保险制度的规定为其计发基本养老金。本人累计缴纳基本医疗保险费的年限（包括征地部门为其一次性缴纳基本医疗保险费的年限）满 15 年及其以上年限的，享受城镇职工基本医疗保险待遇。

五城区及高新区（统称一类区域）以外的各区（市）县（统称二类区域）农村综合社会保险办法基本相同，但二类区域的各年龄组一次性缴纳社会保险费分别低于一类区域的同年龄组的缴费标准，领取养老金标准也低于一类区域。

征地农转非人员在本办法执行以前已经参加养老保险的，原有的缴费年限和个人账户与本办法施行以后的缴费年限和个人账户累计计算。

至 2005 年年底，已有 2.66 万名新征地农转非人员参加社会保险，有 9970 名征地农转非人员按月领取养老金。

已征地农转非人员社会保险 1991—2003 年期间，成都市行政区域内土地被依法征用后，已按照征地政策进行非农人口登记的人员，适用于《成都市已征地农转非人员社会保险办法》。

《办法》规定，户籍关系在成都市一类区域的农转非人员，按以下标准一次性向社会保险经办机构缴纳社会保险费：1991 年 1 月至 1993 年 12 月期间征地安置的人员每人 7000 元；1994 年 1 月至 1998 年 12 月期间征地安置的人员每人 1 万元；1999 年 1 月至 2003 年 12 月期间征地安置的人员每人 1.3 万元。

户籍关系在成都市二类区域的农转非人员，按以下标准一次性向社会保险经办机构缴纳社会保险费：1991—1993 年征地安置的人员每人 4900 元；1994—1998 年征地安置的人员每人 7000 元；1999—2003 年征地安置的人员每人 9100 元。上述人员缴纳社会保险费的同时，政府给予每人一定金额的社会保险补贴。

从 2004 年 10 月起，社会保险经办机构按以下标准向这类人员按月发给基本养老金。其中，一类区域人员每人每月 300 元，二类区域人员每人每月 210 元，今后享受国家规定的基本养老金调整，同时享受城镇职工住院医疗保险待遇。

本办法施行之日，男满 50 周岁不满 60 周岁和女满 40 周岁不满 50 周岁的已征地农转非人员，本人可自愿在 2004 年 9 月 30 日以前按规定办理社会保险。办理社会保险时，本人按以下标准一次性向社会保险经办机构缴纳社会保险费：1991 年 1 月至 1993 年 12 月期间征地安置的人员每人 3697 元；1994 年 1 月至 1998 年 12 月期间征地安置的人员每人 5282 元；1999 年 1 月至 2003 年 12 月期间征地安置的人员每人 6866 元。这类人员缴纳社会保险费的同时，政府给予每人一定金额的社会保险补贴。

这类人员一次性缴纳社会保险费后，社会保险经办机构按照城镇职工社会保险制度的规定为其计算 10 年的基本养老保险和基本医疗保险缴费年限。此后这类人员应当按照成都市城镇职工社会保险制度的规定继续缴纳基本养老保险费和基本医疗保险费。在各类用人单位就业的，用人单位和个人按照城镇职工社会保险制度的规定共同缴纳社会保险费。

这类人员男满60周岁和女满50周岁，且累计缴纳社会保险费满15年及其以上年限（含一次性缴费年限）的，按成都市城镇职工社会保险制度的规定享受基本养老保险和基本医疗保险待遇。

至2005年年底，全市已有26.75万名已征地农转非人员参加社会保险，已有12.1万名已征地农转非人员按月领取养老金。

【非城镇户籍人员综合社会保险】

从2003年3月起，成都市对在行政区域内的非城镇户籍从业人员实行综合社会保险。综合社会保险为农民工量身定做。从农民工的实际情况和切身需要出发，实行一次性缴费享受工伤补偿、住院医疗费报销、老年补贴三项待遇，综合社会保险费由用人单位和农民工分别按本人收入的14.5%和5.5%缴纳。为切实保证农民工的合法权益，工伤补偿按国务院颁布的《工伤保险条例》的有关规定制定，住院医疗费按现行的城镇职工基本医疗保险办法进行报销。同时，按综合社会保险费的8%建立个人账户，使农民工的社会保险关系能够得到正常转移，解决农民工的后顾之忧。至2005年年底，全市综合社会保险参保人数达23.5万人，新增参保人数7万人。

【征地补偿安置】

成都市人民政府根据《中华人民共和国土地管理法》《中华人民共和国土地管理法实施条例》和《四川省〈中华人民共和国土地管理法〉实施办法》等法律法规的规定，结合成都市实际，于2000年制定《成都市征地补偿安置办法》（以下简称《安置办法》）。成都市锦江、青羊、金牛、武侯、成华五城区（含高新技术产业开发区，以下统称五城区）行政区域内征用农民集体所有土地的补偿、人员安置、住房安置，适用此办法。

《安置办法》规定，征用土地应当依法支付的土地补偿费、安置补助费以及地上附着物和青苗的补偿费等各项费用，其标准按照《中华人民共和国土地管理法》《四川省〈中华人民共和国土地管理法〉实施办法》规定的标准执行。

补偿费的使用，根据土地被依法全部征用或被部分征用等不同情况有所不同。农村集体经济组织的土地被依法全部征用、农业人口全部安置的，土地补偿费、安置补助费由安置单位用于土地被征人员的安置。农村集体经济组织的土地被依法部分征用，需要安置的人员由被征地单位安置的，土地补偿费支付给被征地单位，用于发展生产、安排因土地被征用而造成的多余劳动力的就业和不能就业人员的生活补助。农村集体经济组织的土地被依法部分征用，需要安置的人员由征地单位安置的，土地补偿费、安置补助费发放给被安置人员或支付给安置单位，或者征得被安置人员同意后用于被安置人员的保险费用。

《安置办法》规定，农村集体经济组织的耕地被全部征用的，依法撤销该农村集体经济组织的建制，原有农村户口全部转为非农业户口；未被全部征用的，按征用的耕地（粮食地和蔬菜地）数量除以被征用前平均每人占有耕地的数量计算农业户口转为非农业户口（以下简称农转非）人数；按被征用的耕地数量除以被征用前平均每个劳动力占有耕地的数量计算需要安置的劳动力人数。

安置方式为对农转非劳动力安置对象的安置,可以实行自谋职业、单位安置等办法。对男性年龄50周岁以上不满60周岁、女性年龄40周岁以上不满50周岁的农转非人员,实行自谋职业安置。农转非劳动力安置对象自谋职业安置的,经本人提出申请并公证后,由征地单位将每人共计1.8万元的土地补偿费、安置补助费支付给安置对象;由单位安置的,征地单位应将每人共计1.8万元的土地补偿费、安置补助费一次性拨给安置单位。

自依法批准的征用土地方案公告之日起,除依法婚嫁、生育的人口外,新迁入人员不予安置。男性年满60周岁、女性年满50周岁的农转非人员为退养安置对象。退养安置对象经公证后,由征地单位将每人共计1.6万元的土地补偿费、安置补助费一次性支付给个人。

从依法批准的征用土地方案公告之日起,持有农村房屋宅基地使用证的被拆除房屋的农转非人员,按每人35平方米建筑面积(含楼梯间,下同)进行住房安置,住房安置方式实行货币化安置,有条件的可以实行现(建)房安置。

实行货币化安置的,以农转非人员持有的农村房屋宅基地使用证记载的正房建筑面积为依据,由征地单位与农转非人员按规定签订货币安置合同,并在房屋拆除完毕之日起七日内结清货币安置款。其结算标准为原有住宅人均不足35平方米的,按人均35平方米给予赔偿,并按相邻区位的经济适用房价进行结算;原有住宅人均超出35平方米的,除按前项规定办法外,超出部分由征地单位按每平方米600元给予补偿。

实行现(建)房安置的,以农转非人员持有的农村房屋宅基地使用证记载的正房建筑面积为依据,结合安置住房的建筑面积,由征地单位与农转非人员按规定结算。其结算标准为原有住宅人均超出35平方米,属批准面积,由征地单位按自建的成本价,最高不超过每平方米300元给予补偿;原有住宅人均达到35平方米,但安置住房面积人均不足35平方米的,不足部分由征地单位按每平方米600元给予补偿;原有住宅面积人均不足35平方米按人均35平方米安置的,超出部分由农转非人员按每平方米600元购买;安置住房超出人均35平方米的部分,由农转非人员按商品房价购买。

土地被部分征用的,征地范围内持有农村房屋宅基地使用证且家庭成员未全部农转非的住户,其已农转非人员可按货币化安置方式给予一次性补偿,不再享有农村宅基地使用权;也可由征地单位向被征地农村集体经济组织按每平方米300元支付建房补助费后,择地修建,或由农转非人员自建。

2004年3月15日,成都市人民政府发布《成都市征地农转非人员社会保险办法》,对征地补偿做出新的规定。其人员安置费标准如下:男满50周岁不满60周岁和女满40周岁不满50周岁的人员,征地部门一次性为其缴纳一定年限的基本养老保险费和基本医疗保险费,同时按每人6000元标准发给一次性就业补助金;男满40周岁不满50周岁和女满30周岁不满40周岁的人员,征地部门一次性为其缴纳一定年限的基本养老保险费和基本医疗保险费,同时按每人8000元标准发给一次性就业补助金;男满18周岁不满40周岁的和女满18周岁不满30周岁人员,征地部门按每人2万元标准发给一次性就业补助金;不满18周岁的人员,征地部门按每人1万元标准一次性向其法定监护人发给生活补助费。

社会保险基金

【概况】

成都市社保基金的征收经历分散征收、税务代征“两金”（基本养老保险基金和失业保险基金）、集中征收三个阶段。20世纪80年代后期至1998年8月为分散征收阶段，1998年9月1日至1999年3月为税务代征“两金”阶段，1999年4月1日起为集中征收阶段，由税务部门代收的基本养老保险费改为由市社保局征收。1999年7月开始，成都市实行养老、医疗、失业、工伤、生育等各项社会保险费统一征缴。从2005年10月起，成都市城镇企业、机关事业单位缴纳基本养老保险费、基本医疗保险费、失业保险费、工伤保险费、生育保险费，逐步实行银行代扣的缴费方式。

从1992年4月1日起，成都市执行《四川省社会保险财务管理暂行办法》。1993年，市政府发布《成都市企业职工基本养老金计发办法（试行）》。1995年，市政府发布实施《成都市企业职工基本养老保险社会统筹与个人账户相结合实施办法》，社会养老保险基金收缴工作进一步强化。1999年4月，国务院颁布《社会保险费征缴暂行条例》，成都市基本养老保险费由税务部门代收改为由市社保局征收。2001年7月1日，成都市开始执行《成都市社会保险基金财务会计管理暂行办法》，并同时开始执行社会保险基金会计电算化管理制度。同年，中央和省上对成都市社保基金的支持力度进一步加大，共向市转移支付养老保险和下岗职工基本生活费专项补助2.78亿元，较上年增加2840万元。

成都市社会保险基金由监督机构（成都市社保局审计监察处）依照法律规定，对社会保险基金的收支、管理和运营实施监督。对参保企业的稽核有窗口稽核、书面稽核、上门重点稽核、委托会计师事务所审计稽核等4种方式。2005年，一共稽核1.27万户企业，职工74.8万人，查出漏保7.05万人，违规企业少报职工缴费工资基数1.94亿万元。

【社保基金征收】

20世纪80年代后期至1998年8月，成都市社保基金征收采取分散征收的办法。1991年成都市规定，全民所有制单位临时工养老保险基金由用工单位向所在区（市）县的社会保险机构缴纳，并委托单位开户银行按照国营企业合同制工人养老金收款方式，按季代为扣缴。同年，市政府批准下发《成都市全民所有制单位临时工养老保险基金统筹意见》，从7月1日起在全市19个区（市）县全面实施。12月，在成都轴承总厂等7户企业实行个人缴纳养老保险费试点，试点企业9800余名职工从工资中缴纳养老保险金1.96万元。从1992年起，职工个人缴纳的养老保险费由单位每月发放工资时代为扣缴后，连同单位提取的统筹退休基金，一并向当地社会保险局（处）缴纳。全民所有制单位农民合同工养老基金的征收，实行委托单位开户银行按季扣缴。

1993年，从1月1日起，城镇企业职工大病统筹基金由成都市社会保险事业管理局按月从单位开户银行划转，专户储存，专款专用。凡地处锦江、青羊、金牛、成华、武侯五区范围内的市属以上（含市属）企业，直接向成都市社会保险事业管理局缴拨、结算；地处各区（市）县的各类企业和上述五区以外的市属以上（含市属）全民和集体企业，按所在区（市）县的统筹办法向当地社会保险事业管理局（处）缴拨、结算。1996

年，工伤保险费由当地社会保险机构委托企业开户银行按月以工资序列代为扣缴，存入社会保险机构在银行开设的工伤保险基金专户。

1997年，私营企业职工、个体工商户及帮工基本养老保险费由社会保险机构直接征收，也可委托工商行政管理部门、私营企业协会、个体劳动者协会代为征收。从7月起，由社会保险机构按当年企业职工基本养老保险费工资0.6%的比例从养老保险基金中移出，作为企业缴纳的生育保险费，建立职工生育保险基金。已参加成都市社会养老保险的企业不另缴纳职工生育保险费。自谋职业人员参加住院医疗保险者，第一次应缴纳12个月的医疗保险费，从缴费当月起，每满12个月缴费一次，逾期三个月未缴费的，视为间断。

1998年9月1日至1999年3月，成都市社保基金征收采取税务代征“两金”的办法。从1998年9月1日起，成都市规定由国家税务部门和地方税务部门分别按照其征收企业所得税的征管范围进行代征。有纳税关系的应向缴纳企业所得税的税务部门按时足额缴纳职工基本养老保险费，没有纳税关系的应直接向社会保险机构按时足额缴纳职工基本养老保险费。

1999年4月1日起，全市社保基金征收采取集中征收的办法。按照国务院《社会保险费征缴暂行条例》有关规定精神，由税务部门代收的基本养老保险费改为由市社保局征收。各单位不再将应缴的基本养老保险费存入在税务部门开设的税款预储账户上。各单位自行确定采取下列方式之一缴纳基本养老院保险费：向市社保局提供本单位开户银行及账号，由市社保局按月在该账户上托收；单位按月持已在银行下账的转账支票或现金到市社保局足额缴纳。7月，成都市实行养老、医疗、失业、工伤、生育等各项社会保险费统一征缴。即“五险合一”征收。全市集中力量狠抓社会保险的征缴和清欠工作。全年全市共征缴养老保险基金12.98亿元，清收养老保险基金欠款1.2亿元，基金征缴率为92%；征缴失业保险基金1.26亿元，清收失业保险基金欠款2251.5万元，基金收缴率为91.2%；工伤保险基金征缴率为85%；生育保险基金征缴率为92%。

2002年，全市征收养老保险基金27.65亿元，征集率达92%，清理养老保险历年欠费2.2亿元；征收失业保险保险基金2.87亿元，征集率达92.8%，清理失业保险历年欠费4330万元；征收基本医疗保险保险基金7.25亿元，征集率达95%；征收工伤保险基金3460.2万元，征集率达85.2%；征收生育保险基金3652.4万元。

2003年4月开始，个体劳动者和自谋职业人员缴纳的基本养老（生育）保险费和基本医疗保险费，实行银行代扣征收方式试点。

2005年3月1日起，应当参加工伤保险的缴费单位，基本医疗保险关系在市或区（市）县的，在缴纳基本医疗保险费的同时，一并缴纳工伤保险费，实行捆绑征收。个体劳动者和自谋职业人员缴纳基本养老（生育）保险费和基本医疗保险费，原则上统一实行银行代扣的缴费方式。同年7月1日起，市本级失业保险征缴工作由市就业局移交到市社保局，采取失业保险费与基本养老保险费和生育保险费捆绑征收的方式。从10月开始，成都市城镇企业、机关事业单位缴纳基本养老保险费、基本医疗保险费、失业保险费、工伤保险费、生育保险费，逐步实行银行代扣的缴费方式，实行财政国库集中支付的机关事业单位采用打单托收方式缴费，通过授权支付方式实现。全年全市各项社会保险征缴率超过95%。

【社会保险基金财务管理】

成都市的社会保险财务管理，从1992年4月1日起执行《四川省社会保险财务管理暂行办法》，规定：应设置专门的财务机构，配备专职的财务人员，对社会保险事业的资金和财产进行财务管理；养老保险基金按照“以支定收，略有结余，留有部分积累”的原则筹集；全民所有制企业职工退休费用省级统筹后，固定职工养老保险基金以全省统筹退休费用总额占参统单位工资总额与统筹退休费用总额两项之和的一定比例作为每年的调剂线；其他社会保险基金的收入与支出，按规定纳入社会保险局的财务管理和会计核算。

2001年7月1日起执行《成都市社会保险基金财务会计管理暂行办法》，基金包括基本养老保险基金、基本医疗保险基金、工伤保险基金和生育保险金。基本养老保险基金、基本医疗保险基金纳入单独的财政专户，工伤保险基金和生育保险基金按规定纳入，实行收支两条线管理，专款专用，任何部门单位和个人均不得相互挤占、挪用；经办机构在认定的国有商业银行设立社会保险基金收入户和社会保险基金支出户；基金实行统一管理，按险种分别建账、分账核算、专款专用、只求平衡、不得相互挤占和调剂；建立健全岗位责任制、内部控制制度及财产清查制度，明确财务会计工作程序和财务会计人员职责权限，同时保证账实相符。现金使用严格按照《现金管理暂行条例》规定执行。

同时，成都市执行社会保险基金会计电算化管理制度，在基金的投资运营方面，按中华人民共和国国务院规定，基金结余除根据财政部门和劳动保障部门商定的、最高不超过国家规定预留的支付费用外，全部用于购买国家发行的特种定向债券和其他种类的国家债券。任何地区、部门、单位和个人不得动用基金结余进行其他任何形式的直接或间接投资。社会保险基金不计征税费。存入收入户、支出户和财政专户中的社会保险基金，按照中国人民银行规定的优惠利率计息。各项社会保险基金分别计息，分别核算。

社会保险管理与服务

【概况】

1990年5月，市职工社会保险事业管理处更名为市社会保险事业管理局。成都市有2268户县以上国营企、事业单位，56万名在职职工和13.9万名离、退休人员，以及部分区、县城镇集体所有制企业，实行退休费用社会统筹，合理调整企业负担，保障离、退休人员生活，促进企业发展。1991年，成都市开展个人缴纳养老保险费试点，从12月起，成都轴承总厂等7户试点企业9800余名职工从工资中缴纳养老保险金1.96万元，全市共统筹调剂基金1700多万元，受益单位935户。从1992年7月起，全市有57万名固定职工实行国家、企业、个人三方共同负担养老保险费制度。同年，成都市政府先后下发《关于完善我市社会保险制度改革的意见》和《关于印发成都市农村社会养老保险方案（试行）的通知》，为全市城乡社会保险工作提供政策保障。

1994年，企业离退休人员管理服务社会化工作起步，社会保险派出机构在部分企业设立，部分区（市）县开始社会发放养老金工作。全市已开办作为社会保险补充的商业保险100多种，形成由国内外财产险、人身保险、农业险、责任信誉险和涉外险五大系列构成的综合服务体系，保险业务总收入达到4.5亿元。

1995年，市政府发布《成都市企业职工基本养老保险社会统筹与个人账户相结合实施办法》。市属城镇集体企业350余户、职工5万余人(退休人员1.2万人)的养老保险从市人民保险公司移交给市社会保险局统一归口管理。从1996年1月起,在全市企业职工中实行基本养老保险社会统筹与个人账户相结合实施办法,为全市81.2万参保职工建立养老保险个人账户,向全市百万职工和离退休人员送发社会保险卡,每个参保职工可以随时通过电话、电脑查询了解和掌握个人社会保险的全部情况。

从1997年5月起,在所有大病医疗保险定点医院中推行大病医疗保险住院医疗收费清单制度。同年,建立完善企业职工不分所有制身份,统一制度、统一标准、统一管理和统一调剂使用基金的“四统一”养老保险模式。1998年1月,成都市企业职工基本养老保险制度与全国城镇职工养老保险统一制度并轨。

1999年,集中力量抓社会保险的扩面、征缴和清欠工作。全市共征缴养老保险基金12.98亿元,新增参保人数11.3万人,清收养老保险基金欠款1.2亿元。2001年,按照经四川省人民政府批准的《成都市城镇职工基本医疗保险暂行办法》,成都市基本医疗保险在全市范围内实行统一制度,统一标准,统一管理。同年4月,成都市各区(市)县城镇集体企业职工的基本养老保险基金纳入全市统筹,全市实行统一的基本养老保险制度,统一养老保险缴费比例,统一养老保险个人账户规模,统一基本养老金计发办法,统一基本养老金调整比例。同年,成都市按照管理服务社会化的要求,全市养老金社会化发放率达到100%,失业保险金市本级于12月起实行由银行发放,医疗保险网上结算系统初步形成,社会保险业务实现计算机化。2002年,完成《成都市劳动保障监察实施办法》,加强和规范社会保险监察工作。

2003年,成都市提出建立城乡社会保障体系,开始在5个中心城区探索建立政府引导、集体经济给予适当补助、农民自愿参加并缴费的农民养老保险制度。同年3月,成都市对在行政区域内的非城镇户籍从业人员实行综合社会保险。2004年,成都市出台《成都市已征地农转非人员社会保险办法》和《成都市征地农转非人员社会保险办法》,把失地农转非人员纳入统一的城镇社会保障体系。同年4月,《成都市东郊工业区搬迁企业职工分流安置及社会保险有关问题的处理意见》出台,为东郊工业区搬迁企业职工的社会保险提供优惠政策。

2004年9月,社会保险服务窗口迁址至成都市二环路北一段成都市人民政府第四办公区,总面积8000平方米,业务大厅主要承担成都市市本级参保单位和个体参保人员日常社会保险业务办理工作。2005年9月,社会保险服务窗口被确定为市人民政府政务中心社会保险分中心。分中心可直接办理市本级社会保险业务63项,日均接待群众约5000人次,为参保人员提供高效快捷的服务。

【社会保险制度建设】

1991年,成都市贯彻国务院《关于企业职工养老保险制度改革的决定》,制定实施《成都市全民所有制单位临时工养老保险费基金统筹试行意见》《乡镇聘用制干部养老金保险试行办法》和《完善城镇企业职工待业保险的意见》,实行国营企业临时工养老金统筹制度,城镇集体企业职工已有21万人参加养老保险,占职工总数的90%。同年,市保险公司拟订《个体工商企业者、私营企业从业人员还本保险试行办法》。

1992年,民政部批准成都市开展农村社会养老保险试点工作,成都市政府先后下发《关于完善我市社会保险制度改革的意见》和《关于印发成都市农村社会养老保险方案（试行）的通知》，为农村社会养老保险试点工作提供政策保障。5月，市劳动局下发《关于成都市国营企业固定职工实行个人缴纳基本养老保险费的通知》，全市有57万固定职工从1992年7月起实行了国家、企业、个人三方共同负担养老保险费制度。在部分用人单位试点建立补充养老保险的基础上，市劳动局修改完善《成都市职工补充养老保险实施办法》。1993年，市政府发布《成都市企业职工基本养老金计发办法（试行）》，全市国有、集体、外资企业和股份制企业从1993年7月1日起实行。

1995年，市政府发布实施《成都市企业职工基本养老保险社会统筹与个人账户相结合实施办法》。市属城镇集体企业350余户、职工5万余人（退休人员1.2万人）的养老保险从市人民保险公司移交给市社会保险局统一归口管理。同年出台《成都市职工失业保险实施办法》，至年底，全市参加失业保险的企业达5000户、职工95万人。1996年4月，出台并实施《成都市企业职工工伤保险暂行办法》，全市已有70.6万企业职工参加工伤保险。1997年，出台《关于我市市属国有企业破产职工安置若干问题的意见》和《成都市私营企业职工、个体工商户及其帮工基本养老保险试行办法》，促进国有企业下岗职工的分流和再就业工程的实施。

1999年，国务院颁布《社会保险费征缴暂行条例》和《失业保险条例》后，成都市通过宣传贯彻两个条例，狠抓社会保险扩面、征缴和清欠工作。同年，成都市人民政府办公厅转发市劳动局、市财政局《关于对解除劳动关系自谋职业的国有企业下岗职工试行基本养老保险和医疗保险鼓励政策意见的通知》。同时成都市完成医疗保险制度改革《实施办法》的起草、论证和送审工作，《实施细则》《定点医疗机构管理办法》《定点零售药店管理办法》等10个配套文件制定完成。2000年，《成都市城镇职工基本医疗保险实施细则》和《成都市职工门诊补充医疗保险》出台。同年，成都市人民政府办公厅转发成都市劳动局《关于我市市属国有工业企业破产职工安置有关问题补充意见的通知》。

2001年，成都市劳动局出台《关于成都市市属国有工业企业破产职工安置工作中几个具体问题的处理意见》，对破产企业职工社会保险做出明确的规定。

2002年，加强劳动保障法规、规章的建章立制工作，完成《成都市城镇职工生育保险暂行办法》《成都市劳动保障监察实施办法》《成都市城镇私营企业职工和个体工商户及其帮工养老保险暂行办法》《成都市劳动用工和社会保险管理暂行规定》及其配套文件的起草、论证和送审工作。

2004年4月，成都市人民政府办公厅转发市劳动保障局市东郊工业区调整领导小组办公室《成都市东郊工业区搬迁企业职工分流安置及社会保险有关问题的处理意见》，对东郊搬迁企业职工社会保险给予优惠。8月，出台《成都市已征地农转非人员社会保险办法》和《成都市征地农转非人员社会保险办法》，把2003年12月31日前已征地农转非人员和2004年1月1日以后新征地农转非人员，纳入统一的城镇社会保险体系，分别保障其基本生活和基本医疗。

【社会保险“扩面征缴”工作】

1990年，成都市为3300多个单位的8.4万名劳动合同制工人建立养老保险制度。1991年，成都市企业职工养老保险的覆盖面扩大，其中城镇集体企业职工参加养老保险的职工达21万人，占职工总数的90%；乡镇企业职工养老保险参加单位达2505个，职工2.9万人。1994年，作为社会保险补充的商业保险在成都市已开办100多个险种，国内外财产险、人身保险、农业险、责任信誉险和涉外险等五大系列构成综合服务体系。保险业务总收入达到4.5亿元。1995年，全市参加养老保险社会统筹达8667户、职工117.85万人，参加大病医疗保险3600多户企业、66.5万名职工，19个区(市)县相继开展大病医疗保险工作。保险业务发展迅速，保险机构有43个，保险业务种类发展到120个，保险额达1064亿元。全市有4439户企业，127.8万户居民家庭参加财产保险，有232.7万人次参加人身保险，比上年增长2.4倍。全年保费收入5.56亿元，增长28.6%。保险业务总支出3.57亿元，增长43.3%。已处理各种赔案45.98万件，增长33.8%。

1997年，建立完善企业职工“四统一”养老保险模式，全市有5800多户企业、在职职工和离退休人员107万人参加养老保险。1999年，成都市劳动和社会保障部门在全市范围内开展社会保险登记工作。全市有7490户用人单位进行社会保险登记，占应登记数的83.21%。同时集中力量抓社会保险的扩面、征缴和清欠工作。全市共征缴养老保险基金12.98亿元，新增参保人数11.3万人，清收养老保险基金欠款1.2亿元。确保离退人员养老金的按时足额发放，全市30多万名企业离退人员按时领取调整增加的养老金。同年全市参加补充医疗保险的职工有41万人，参加工伤保险的职工有70.49万人，参加生育保险的职工76.81万人。

2001年，成都市养老保险全年新增参保人数8.9万人，参保人数达到81万人，征缴基金14.85亿元，征集率为93%，首次实现全年收支平衡，并略有结余；失业保险新增参保人数3.16万人，参保人数达到92万人，征缴基金1.72亿元，清理欠费1550万元，征集率为101.3%；城镇职工基本医疗保险参保人数达到121万人，征缴基金5.48亿元，征集率达90%；工伤保险参保人数50万人，征缴基金4522万元；生育保险参保人数81.3万人，征缴基金4729万元，农村社会保险已有19个区(市)县完成了由民政部门向劳动保障部门的移交工作，共移交基金1.6亿元，参保人数67万人。全年保险余额比上年同期增长84.82%，参保职工人数比上年同期增长77.99%；全年受理报案168件，做出赔付147件，赔付金共计10.88万元；全市有6.68万名女职工参加女职工特殊疾病保险，其中，有10名患病女职工获赔付8.4万元。

2002年，全市基本养老保险参保人数达到97.3万人，新增参保5万人，覆盖面达到95%以上，征收养老保险基金27.65亿元，征集率达92%，清理养老保险历年欠费2.2亿元；失业保险参保人数达到74.2万人，新增参保5.8万人，覆盖面达95%以上，征收失业保险基金2.87亿元，征集率达92.8%，清理失业保险历年欠费4330万元；基本医疗保险参保人数236.8万人，比上年增加25.8万人，征收医疗保险基金7.25亿元，征集率达95%；参加补充医疗保险人数达200.8万人次；参加工伤保险人数为52.57万人，覆盖面达85%以上，征收工伤保险基金3460.2万元，征集率达85.2%；生育保险参保人数为82.84万人，征收生育保险基金3652.4万元。

2004年，扩大社会保险覆盖面，1991年以来征地农转非人员全部纳入社保范围，征地农民参加社保20.2万人。2005年，各项社会保险征缴率超过95%，全市参加基本养老保险职工人数达到138.6万人，失业保险参保人数为89.0万人，参加城镇基本医疗保险职工人数为144.6万人。国有企业下岗职工的基本生活费和企业离退休人员的养老金均按时足额发放，发放率达到100%。

【帮助困难企业与职工】

1990年，对1989年下半年以来处于停产、半停产状况，职工工资和离退休费开支困难的部分企业，经过深入调查核实，对36户企业暂缓征收统筹基金502万元，对28户企业提前拨付统筹基金265万元，全额负担8户困难企业的850余名退休职工退休费用65.8万元；缓收10户停产、半停产和特困企业待业保险金2.79万元；暂借50万元作启动资金，帮助困难企业恢复生产、渡过难关，及时解决停产、半停产和特困企业生产和退休职工生活困难。1994年，全市筹集失业保险基金1000多万元，为7000多名特困企业职工发放失业保险金375万元。同年，对市委、市政府确定的23户特困企业采取特殊政策和缓征、提前拨付养老保险金、解决困难职工和离退休人员基本生活等措施，总金额达2000余万元。

1996年，成都市充分发挥社会保险的保障功能，采取有效措施确保失业人员和困难企业离退休人员的基本生活，合理运用失业救济金积极引导和帮助特困企业开展生产自救。采取有效的分流措施，使3200多名下岗职工重新走上就业岗位，及时从失业保险和养老保险基金中划出数百万元建立解困互助金，对困难企业职工实施生活救济。

1997年，全市劳动部门先后为2.15万名困难企业职工提供生活救济金800余万元，为5110名失业职工支付失业救济金482万元，多渠道筹集资金200余万元，对1.56万名困难企业职工进行慰问，为16户破产企业职工垫支生活费500余万元，确保破产企业职工的基本生活。1999年，全市累计建立破产、兼并企业退管工作站16个，先后对33户破产、兼并企业的近2万名离退休人员实施社会化管理。

2002年，成都市完善城镇职工基本医疗保险制度，先后解决困难企业参保、破产企业分流安置人员参保等25个医疗保险制度改革中的实际问题，出台《关于我市困难人员实行医疗救助的意见》，实施对城镇困难人员医疗救助办法，在一定程度上和范围内缓解城镇生活困难人员的医疗负担，新华社、中央电视台等新闻媒体对成都市的这一做法向全国进行宣传报道。同年，全市共为国企下岗职工发放基本生活费8274.5万元，为下岗职工代缴养老、医疗、失业三项社会保险费8346.2万元；为37.65万名企业离退休人员按时足额发放养老金22亿元。

【社会保险社会化管理】

1992年，成都市社会保险社会化管理与单位管理相结合的、统一领导、分级管理的多层次企业离退休人员管理服务网络初步形成。都江堰市和双流县实施养老保险一体化管理，探索社会保险制度改革向深层次发展的经验。1994年，成都市按照统一政策、统一管理、统一协调、政事分开的原则，成立市社会保障管理委员会，加强社会保险资金的筹集、支付、监督和管理。金堂、青白江、邛崃、双流等4个县（区）实行由社会保险机构或银行代发养老金，420厂、132厂、轴承厂、第五冶金建设公司等企业实行由社会保险派出机构负责征收和代发养老保险金，开始走上养老保险社会化的路子。

1996年，改变过去社会保险封闭式管理的做法，在新建业务大厅实行工作人员佩证上岗，面向社会公开办公、柜台服务，设立社会保险语音自动查询电话，向全市百万职工和离退休人员送发社会保险卡，每个参保职工可以随时通过电话、电脑查询了解和掌握个人社会保险的全部情况。同年，全市建立企业离退休职工社会化管理机构14个。1997年，相继组建湔江、望江等8个退管工作站，将原湔江煤矿、成都丝厂等9户破产企业的3340名离退休人员实行社会化管理。全市已有5.8万名离退休人员实行养老金社会化发放，占离退休人员总数的20%。1999年，养老金的社会化发放率达到62%。

2001年，全市养老金社会化发放率达到100%。失业保险金市本级于12月起实行由银行发放。医疗保险初步完成与定点医疗机构和定点药店的联网工作，网上结算系统初步形成。连接市和区（市）县的社保广域网实现升级换代，社会保险费征收、职工社保基础资料和个人账户的管理、社会保险待遇计算和发放等业务实现计算机化。全市建有退管工作站70余个，管理离退休人员20余万人；建立23个退管站党支部，管理离退休党员2600余名。

2002年，配合国有资产重组和破产改制工作的实施，全市共建立退管站83个，对全市近5万名企业离退休人员进行社会化管理。全年共审查办理提前退休7054人。2003年，中共成都市委办公厅、成都市人民政府办公厅转发市劳动局等部门《关于加快推进企业退休人员社会化管理的实施意见》。劳动保障部门按区域相对集中的原则建立退管工作站，对离退休人员实行社会化管理。2003年和2004年，企业退休人员养老金实现百分之百社会化发放。2005年，成都市企业离退休人员社会化管理工作由最初企业自主管理和社保机构建立退管站管理等模式，发展到多级平台、多种形式、多级网络和多项服务管理模式。截至年底，全市共为48.68万名企业离退休人员按时足额发放养老金35.88亿元，养老金按时足额发放率及社会化管理率均为100%。

【社会保险信息化建设】

1996年1月起，在全市企业职工中实行基本养老保险社会统筹与个人账户相结合实施办法，为全市81.2万参保职工建立养老保险个人账户，向全市百万职工和离退休人员送发“社会保险卡”，每个参保职工可以随时通过电话、电脑查询了解和掌握个人社会保险的全部情况。1999年，社会保险微机系统广域网建设基本就绪。

2001年，拟定劳动保障信息网建设规划并开始组织实施。完成在互联网上建立劳动保障部门网站及与成都党政网的联网工作，医疗保险初步完成与定点医疗机构和定点药店的联网工作，网上结算系统初步形成，连接市和区（市）县的社保广域网实现升级换代，社会保险费征收、职工社保基础资料和个人账户管理、社会保险待遇计算和发放等业务实现计算机化。从7月1日开始，成都市执行社会保险基金会计电算化管理制度。

2002年，全市建立统计公报发布制度，发布《成都市劳动和社会保障事业发展统计公报》。全面完成劳动保障部、省劳动保障厅布置的年度劳动保障统计年报任务，编制完成劳动保障事业2003年度发展计划；开展劳动力市场工资价位和企业人工成本抽样调查，完成《成都市劳动力市场工资指导价位和企业人工成本》的编辑出版工作，改善成都市投资环境，促进招商引资，指导企业内部分配；开展中华人民共和国成立以来最大规模的城镇劳动力就业与社会保障状况抽样调查工作，在市政府办公资源网络上设立“劳动保障”一级栏目；市局机关局域网建设的前期准备工作完成。

2005 年 9 月，市社会保险服务窗口被确定为市人民政府政务中心社会保险分中心。分中心以社会保险计算机信息系统为技术依托，现有 PC 服务器 10 台，小型机 4 台。全部业务均在计算机网络中进行。大厅共有计算机终端和 PC 机 210 台，设有查询机 18 台，大型 LED 显示屏 6 块，窗口显示屏 125 块。分中心可直接办理市本级社会保险业务 63 项，主要有养老、医疗、工伤、生育、失业保险的征缴和企业退休人员养老金发放，企业退休人员社会化管理服务，医疗、工伤、生育保险待遇拨付等，日均接待群众 5000 人次左右。

【社会保险服务窗口】

1986 年 10 月，经市政府同意建立成都市职工社会保险事业管理处，作为社会保险服务窗口，主要职责是办理劳动合同制工人和国营企业固定职工退休养老保险基金的统一征集、管理和调剂使用等事务，办公地址位于人民西路 4 号。

1990 年 5 月，市职工社会保险事业管理处更名为市社会保险事业管理局，主要职责是检查监督企业对国家有关职工的生、老、病、伤、残、亡保险待遇政策的执行情况；负责全市城镇各类企业职工的养老、医疗、工伤、生育等项社会保险基金的筹集、管理、支付；参与研究制定全市企业职工养老、医疗、工伤、生育等各项社会保险改革方案，并具体实施。办公地迁址到柿子巷 1 号。

1991 年 7 月，市社会保险事业管理局增加 15 名事业编制工作人员（由原 35 名增加至 50 名），办公地迁址到西华门街 7 号，窗口服务办公条件得到一定改善。

1994 年 9 月，社会保险服务窗口迁址至琴台路 7 号，总面积达 2500 多平方米，窗口人员编制由 50 名增加至 80 名。2000 年，社会保险经办业务工作量增加，社会保险窗口服务人员编制增加至 105 名。2000 年 7 月和 2001 年 1 月，先后启用东区业务大厅（位于三槐树街 2 号，面积 1000 多平方米）和南区业务大厅（位于洗面桥街 30 号高速大厦二楼，面积 1400 多平方米），主要负责办理个体基本养老、基本医疗保险，个人办理社保卡，办理补充养老、补充医疗保险，个人垫支住院医疗费的申报结算，住院补充医疗保险报销，基本养老保险转入、转出，单位或个体参保者申请拨付生育保险待遇，单位社保资料修改，单位社会保险销户等业务。

2004 年 9 月，社会保险服务窗口迁址至成都市二环路北一段成都市人民政府第四办公区二、三层，总面积 8000 平方米，大厅根据服务功能划分为业务办理区、服务咨询区和休息区。业务大厅主要承担成都市市本级参保单位和个体参保人员日常社会保险业务办理工作。设有办理窗口 274 个，窗口共有工作人员 229 人（含市非城镇户籍从业人员综合社会保险管理中心）。2005 年 7 月，窗口人员编制扩大为 338 名。9 月，市社会保险服务窗口被确定为市人民政府政务中心社会保险分中心。

自然灾害预防与救灾

自然灾害防救

【概况】

1990—2005年，成都市每年均遭受地震、滑坡、霜冻、风雹、干旱、洪涝、泥石流、病虫等自然灾害的轮番侵袭。1990年，农作物受灾面积394.5万亩，损失粮食15.9万吨，油料692吨，毁坏民房4万间，受灾群众177.4万人，死亡13人，牲畜死亡2794头，全年自然灾害造成的直接经济损失达2.92亿元。灾后，市和受灾区(市)县民政部门迅速派员到灾区，查核灾情，配合有关部门积极组织灾民抗灾救灾，生产自救、重建家园。全年全市共下拨救灾款328万元，粮食604.8万千克，安排生产资金500万元，化肥1500吨，水泥62吨。全年解放军官兵、党政干部和群众参加抗灾救灾，社会各界向灾区灾民捐款、捐物、捐粮。

1991年，全市农作物受灾面积达245万亩，损失粮食15.07万吨，油料0.29万吨，毁坏民房1.45万间，受灾群众113.8万人，死亡9人。1992年，成都农村先后有351个乡镇不同程度受灾，农作物受灾面积达234.7万亩，损失粮食1.1亿千克，受灾农户64.8万户、241万人，死亡22人，伤191人，倒塌房屋4874间。为防灾减灾，成都市防汛抗旱江河管理指挥部更名为成都市人民政府防汛指挥部，市人民政府制定《成都市破坏性地震应急反应预案》。1993年，成都市15个区(市)县、252个乡镇先后遭受多种自然灾害。农作物受灾面积达253.58万亩，损失粮食1.14亿千克，受灾农户73.1万户、262.3万人，死亡33人，伤27人，倒塌房屋4631间。灾后，全市共下拨279.5万元救灾款以解燃眉之急。1994年，全市17个区(市)县、26个乡镇不同程度遭受自然灾害，其中，受重灾的达7.6万户、201.6万人。市民政部门共下拨救灾款310万元。市地震局牵头编制《成都市破坏性地震应急反应预案及实施方案》。

1996年，成都市农村先后遭受8起自然灾害，共下拨救灾款890万元。同年，编制《成都市防洪预案》,《成都市市区抗震设防区划》获建设部批准，并在原有成都市地震工作领导小组基础上，组建成都市防震减灾工作领导小组。1997年，先后遭受自然灾害8次，受灾面积17.3万公顷，受灾人口375.2万人。市民政局下拨救灾款680万元，并进一步完善救灾工作分级管理、救灾款分级负担的救灾体制，以保证灾民的基本生活。同年，原隶属市农委管理的成都市人工增雨防雹指挥部办公室划归市气象局管理，市防汛机动抢险队成立。1998 年，受灾农作物面积 18.2 万公顷，受灾人口 364.7 万人，因灾死亡 7 人，倒塌房屋 8294 间，造成经济损失 8 亿元，其中，农业损失 4 亿多元。全年共下拨救灾款 1152 万元，下拨救灾衣物 30 万件，及时解决受灾群众的穿衣、吃饭和住房问题。同时成立双流县防汛机动抢险队。成都警备区、市公安局、武警成都支队、消防支队、民兵、各乡镇、街道办事处以及重要厂矿企业先后成立群众抢险队伍，全市共组建的各类抢险队伍约 1000 支，抢险人员共有约 8 万人。1999 年，全市受灾面积达 12.8 万公顷，受灾人口 208.3 万人，因灾造成直接经济损失 2.7 亿元，共下拨救灾款 1419 万元。同年，制定《成都市强有感地震应急反应预案》，成都市数字遥测地震台网一期工程完工投入试运行。2000 年，成都市气象卫星自然灾害和生态环境监测系统（卫星观测地面接收应用站）建成。

2002 年，成都市建立健全各级救灾应急预案体系和灾害管理信息系统，编制《成都市旱灾减灾规划》。全年农作物受灾面积 6.85 万公顷，受灾人口 42.8 万人，造成直接经济损失 2.75 亿元。全市共安排救灾资金 3220 万元（其中国家补助 590 万元），用于灾民救济、恢复生产和修复水利、公路设施。2003 年，《成都市防洪预案》更名为《成都市防洪总体预案》，市气象局开始实施成都市重大气象服务应急预案。2004 年，成都市人民政府公布实施《成都市救灾应急预案》（以下简称《预案》）。《预案》包括地震、洪涝、森林火灾、滑坡、泥石流等突发性自然灾害发生后的应急反应，对灾害预警和灾情报告、灾害等级的划分和预案启动的条件及方式、救援物资的储备、应急反应行动、转移安置及组织、灾情搜集和报告、救灾捐赠的组织等做出具体的规定。根据《预案》，以市长为第一指挥长，成立成都市人民政府救灾指挥部。2004 年，全市农作物受灾面积 31363 公顷，绝收 2085 公顷；受灾人口 82.7 人，死 9 人，伤 13 人；因灾造成饮水困难 3850 人；死亡大牲畜 34 头；损坏房屋 9609 间，倒塌房屋 2631 间（其中居民住房 2524 间）。因灾造成的直接经济损失 2.05 亿元，其中农业经济损失 8916 万元。省、市共下拨救灾救济款 422 万元，受灾区（市）县共投入救灾资金 242 万元和救济物资折款 24 万元救济灾民。受灾区（市）县投入资金 299.84 万元，灾民自筹 280.04 万元，恢复、修缮房屋 2500 间。

2005 年，编制完成的《成都市抗旱应急预案》；拟定《防汛抢险指挥系统工作展开程序》，成都市防汛指挥系统投入试运行，《成都市暴雨内涝预报预警系统》建成通过验收；成都市数字遥测地震台网二期工程完工并投入运行，市政府下发《关于进一步加强防震减灾工作的意见》。全年全市受灾人口 55.76 万人，因灾伤病 28 人，死亡 7 人；农作物受灾面积 2.63 万公顷，其中，绝收面积 3478 公顷；损坏房屋 1.47 万间，倒塌房屋 4839 间，其中，居民房屋 4138 间；因灾造成的直接经济损失 2.7 亿元，其中农业直接经济损失 1.94 亿元。为做好救灾工作，市民政局出台《成都市突发性自然灾害应急救援预案》，收集了水文、地质、气象信息，分析灾害形势，坚持汛期 24 小时救灾值班制度和零报告制度，协助区（市）县搞好受灾群众紧急转移安置和组织开展生产自救，保证灾民权益和灾区社会稳定，筹集 790 万元救灾资金下拨到受灾区（市）县。

【成都市救灾应急预案】

2004 年 6 月 4 日，成都市人民政府办公厅转发市政府抗灾救灾办公室《关于成都市救灾应急预案的通知》。《成都市救灾应急预案》(以下简称《预案》)于发布之日开始实施。其救灾应急工作的原则是坚持“统一领导、分级负责”“各司其职,各负其责,高度协同配合”。救灾应急预案是各级政府的预案,预案确定了各级政府对救灾工作的领导作用和责任,市和各区(市)县两级政府分别制定本级政府的预案。预案要确定政府各部门救灾职能,做到相互配合和衔接,共同完成救灾应急任务。

《预案》的适用范围包括地震、洪涝、森林火灾、滑坡、泥石流等突发性自然灾害发生后的应急反应。

《预案》规定,气象、地震、水利、林业、国土资源等灾害预报部门应及时发出预警,预测灾害将对特定区域内的群众生命财产造成较大威胁或损失的程度。地震灾害由市抗震救灾指挥部根据情况发布临震应急预警,洪涝灾害由市政府防汛指挥部根据情况发布预警,森林火灾由市护林防火指挥部发布预警,地质灾害由市国土资源局根据情况发布预警。自然灾害发生后,当地人民政府必须立即向上一级人民政府和有关部门报告初步灾情,并迅速组织有关部门调查核实灾情。发生特大灾害的,可以越级向上级人民政府或主管部门报告。各级人民政府及有关部门接到灾情报告后,应立即向政府主管领导报告,根据灾害等级由各级人民政府确定救灾应急预案的启动时机。

根据一次性灾害造成的后果,灾害等级划分为特大灾、大灾、中灾、轻灾4个等级。凡遇大灾或特大灾,市政府救灾应急预案启动,受灾的区(市)县政府预案也同时启动。中灾由受灾的区(市)县政府启动预案。市级预案由市政府颁布实施。地震灾害由市抗震救灾指挥部按程序实施运行,洪涝灾害预案由市防汛指挥部按程序实施运行,森林火灾由市护林防火指挥部按程序实施运行,地质灾害由市国土资源局按程序实施运行。区(市)县预案由本级政府颁布实施。

抢险救援人员,指区(市)县及乡(镇)人民政府为救灾抢险组织的民兵、预备役部队、机关单位干部职工抢险队伍以及由军事机关组织的武警部队、驻蓉部队和省以上机关调集的部队支援地方救灾抢险的队伍。

紧急救援物资包括抢险物资和救助物资两大部分。抢险物资主要包括抢修水利设施、抢修道路、抢修电力、抢修通信、抢救伤员药品和其他紧急抢险所需的物资。救助物资包括粮食、方便食品、帐篷、衣被、饮用水和其他生存性救助所需物资等。救援物资由水利、交通、通信、建设、经委等部门储备和筹集,救助物资由民政、粮食等部门储备和筹集。

全市救灾工作由市政府救灾指挥部统一指挥。市级各部门依据各自职责分工,各司其职、各负其责、统一调度、协同作战。各区(市)县成立救灾指挥部,在市政府救灾指挥部的统一领导下,负责本行政区域内的救灾工作。当自然灾害达到预案启动的条件时,各级救灾指挥部要立即处理,启动预案,并迅速上报上一级救灾指挥部及其办公室。市级预案启动的一般程序是:市政府救灾指挥部办公室和市气象局、市水利局、市国土资源局、市地震局等根据相关信息,及时进行分析研究,将灾害信息向市政府救灾指挥部和市委、市政府领导汇报,经会商后,由成都市人民政府救灾指挥部发布救灾指令。

当发生重大自然灾害时,由各区(市)县人民政府救灾指挥部指挥长决定请求当地武警、消防部队支援。紧急情况下,调动武警、消防等参与抗洪抢险时,必须实行救灾指挥长高度集中调动制度,由市政府救灾指挥部指挥长会同成都警备区共同下达调动命令。灾情发生后，区（市）县、乡（镇）要及时组织有关部门和人员及时核查统计汇总灾害损失情况，并逐级上报。发生突发性灾害对人的居住和生活造成威胁时，必须进行转移安置。转移安置在农村的一般由区（市）县或乡级政府组织实施，在城市、城镇的由市政府或区（市）县组织实施。根据灾区急需的救援物资，紧急状态下采取征用或采购的办法，灾后由政府有关部门结算。救灾物资运输的道路、工具、经费，救灾物资的安全、保管、登记、发放、使用按有关规定办理。

根据灾区的急需情况确定捐赠物资的品种、数量，通过政府发文或新闻媒介，发动社会力量向灾区捐款捐物。民政部门和红十字会分别按有关规定负责管理捐赠款物的接收、分配、运输、发放工作。

【成都市人民政府救灾指挥部】

根据成都市人民政府2004年公布实施的《成都市救灾应急预案》，按照“统一指挥、分级管理、职能对口、相互支持”的原则，同年成立成都市人民政府救灾指挥部。成都市人民政府救灾指挥部以市长为第一指挥长，分管救灾工作的副市长为指挥长，市政府分管副秘书长、市政府救灾办主任为副指挥长。指挥部成员由市救灾办、市民政局、市水利局、市气象局、市国土资源局、市地震局、市林业局、成都警备区、都江堰管理局、市贸粮局、市卫生局、市公安局、市计委、市经委、市建委、市市政公用局、市市容环境管理局、市交通局、市财政局、市农牧局、市教育局、市电信分公司、人保财险成都市分公司等部门领导人组成。

指挥部办公室人员分别由市救灾办、市民政局、市水利局、市国土资源局、市地震局、市气象局等担负主要救灾职能的单位参加组成。其主要职责是向各级传达指挥部工作指令并监督落实；收集各职能单位工作进展情况，及时向指挥部报告；负责灾情和救灾工作信息发布；及时收集、评估灾情，向上级有关部门汇报灾情和救灾工作情况；协调救灾工作过程中的职能交叉；指挥部交办的其他工作。

全市救灾工作由市政府救灾指挥部统一指挥。市级各部门依据各自职责分工，各司其职、各负其责，统一调度，协同作战。各区（市）县成立救灾指挥部，在市政府救灾指挥部的统一领导下，负责行政区域内的救灾工作。

【赈灾捐赠活动】

1990年，成都市社会各界发扬一方有难八方支援的人道主义风尚，向灾区灾民捐款51.96万元，衣物17.55万件，粮食28.06万千克。解放军官兵、党政干部和群众参加抗灾救灾，扶苗47.6万亩，改种30.6万亩。

1991年，中国南方数省和四川省部分地区遭受百年未遇的特大洪灾。成都市在努力做好本地区救灾工作的同时，把救灾工作的重点放在支援省内外重灾区方面，各区（市）县民政部门全力以赴地投入接收救灾捐赠、支援兄弟省市抗灾救灾的活动之中。7月23日，成都市政府成立救灾捐赠接收办公室。截至11月29日，捐赠办共收到社会各界人士和海内外人士捐赠的人民币734.07万元、美元1120元、法郎1000元、英镑20元、奥地利先令20元、港币230元、台币1000元、兑换券104.3元，以及约合人民币112.19万元的救灾物资和198.03万斤粮票、501斤油票。市捐赠办一面接收捐赠，一面分批将接收到的款物寄送灾区。1994年，成都市在五城区内广泛开展向贫困地区捐送衣被的活动，共收到捐赠衣被96.4万件，在国庆前夕送到南充、凉山地区灾民手中。此举受到国务院扶贫开发领导小组、民政部、省委、省政府的表彰。1995年，成都市遭受“8·11”“8·24”两次洪灾后，在全市迅速掀起人人献爱心的捐赠活动。仅20余天就收到社会各界捐款214万元及价值25万余元的救灾物资，并及时将这批钱物分发、运送到灾区。

1996年，成都市进一步完善救灾工作分级管理、救灾款分级负担的救灾体制，并在五城区范围内开展捐赠活动，共接受557个单位捐赠衣被23万余件，及时送往灾区，保证灾民的基本生活。1997年，成都市继续在五城区范围内开展扶贫济困送温暖捐助活动，共接收衣被60余万件，并及时将衣被运送阿坝州。1998年入夏以后，中国长江、松花江、嫩江流域遭受罕见的全流域大洪灾，成都市政府发出“紧急行动起来，在全市范围内开展募捐活动”的紧急通知，全市各界踊跃参与，从8月13日至10月13日，共接收救灾捐赠款2319.2万元，接收物资折款3615.7万元，接收换季服装157.6万件。接收的捐赠款物先后分17批次运往湖北、湖南、江西、江苏、安徽、内蒙古、吉林、黑龙江等省区的受灾地区。

2001年，成都市民踊跃为新疆、内蒙古特大雪灾和甘孜地震灾区及青白江、金堂、彭州、新都等洪涝、山体滑坡灾区募集救灾款60多万元、衣物9万多件、帐篷30顶、太阳能蓄电池和收录机各50台，争取到省红十字会拨付的救灾药品、大米、棉被等总价值近40万元分发到灾区。2002年，成都市建立经常性捐赠制度和308个经常性捐赠站点。2004年12月26日，印度洋地震海啸灾难发生后，成都市共募集到捐款477.47万元，占全省募捐总额的54.99%。2005年，成都市共为邛崃、蒲江等灾区和弱势群体争取到上级红十字会和社会募集资金39.54万元，汽车、大米、棉被、衣物等物资30.2万元。

气象预报与防灾减灾服务

【概况】

1990年以后，成都市的常规气象预报时间跨度愈来愈长，防灾减灾服务是气象服务的一项重要内容。成都市气象台站负责对可能影响本地的灾害性天气进行监测和预报，负责重大灾害性天气的跨地区、跨部门的联合监测和预报工作，及时提出气象灾害防御措施，并对重大气象灾害做出评估，为市人民政府及有关机构提供决策依据，以便组织实施气象灾害防御方案，避免或者减轻气象灾害。2003年，成都市各级地方政府全额拨款，支持市气象局建设成都市农村气象灾害监测体系。2004年8月，市气象局递交《成都市城市暴雨内涝预报预警系统》建设立项申请，并于次年发布城市暴雨内涝预报预警信息。同年11月，四川省气象局开始建设以成都为中心的全省雷电监测定位网。

2005年，成都市气象台站每日向公众提供世界主要城市24小时天气预报、成都市72小时天气预报。预报内容包括旅游景点预报、交通干线天气预报、生活气象指数气象预报等，气象信息的发布方式多样化。成都市专业气象信息服务围绕全市的粮食安全、农民增收、农业产业结构调整，对于春播、汛期、双抢、三秋、冬防等关键季节的主要农事活动，为保证科学种田，引种改制、防灾减灾、趋利避害，开展农业气象情报与预报服务、农业气象产量预报、农业气候区划、农村经济信息服务、森林气象服务、农业防灾减灾气象服务等气象信息服务。同年5月，市气象局出台《成都市重大气象灾害评估业务工作实施细则》，建立较完整的应急气象系统，有效减轻气象灾害损失。

【成都市防雹增雨指挥部】

成都市于20世纪80年代中期开始开展人工防雹增雨工作。1991年，全市12个区（市）县共有26个炮点，成都、德阳两市共增加6门双管37高炮，整个成都片区高炮总数达35门。1992年2月，成都市出现历史上罕见的冰雹天气，市人工降雨防雹办公室根据情报，对成都片区炮点提早做出安排，高炮控制区有效防御9次冰雹袭击、消除8次雹云险情。

经市政府批准，从1997年4月起，将原隶属市农委管理的成都市人工增雨防雹指挥部办公室划归市气象局管理。2000年7—9月，市防雹办组织各区（市）县作业炮点进行4次较大范围的防雹作业，有效遏制冰雹云的发展。全市高炮控制区内避免了冰雹危害。2001年，按照《中华人民共和国气象法》规定，市政府办公厅于3月30日、8月20日分别发出进一步加强全市防雷减灾工作和进一步加强全市防雹增雨工作的通知，将防雷工作和人工防雹降雨工作纳入气象主管部门统一管理。要求气象主管部门要加强监督管理、加强技术指导服务、认真查处违法案件、减轻灾害损失。同年，温江、新津、大邑县政府依法将防雹增雨工作交由气象部门进行管理。2002年，全市人工防雹降雨工作全面实现归口管理。2005年3月23日，市政府召开人工防雹降雨工作会议，确定“防灾减灾、消雹增雨、服务群众、促进发展”工作方针和“安全、及时、准确、见实效”的作业要求。全年全市共开展消雹、增雨作业近300次，区域1.41万平方千米内未出现雹灾，增雨3~5毫米。

【成都市防雷中心】

成都市属亚热带季风气候，春夏秋三季雷暴活动频繁，每年因雷暴造成的经济损失均在亿元以上。1997年5月，经市政府批准，成立成都市防雷中心，隶属市气象局管理。防雷中心负责全市防雷工作的组织管理，防雷工程的设计审核、监审和避雷装置的安全检测。2002年，全市按气象法律法规要求建立市、县两级防雷安全组织管理机构7个，市、县两级防雷中心13个。2003年，市政府根据《四川省人民政府办公厅关于进一步明确防雷装置检测监督管理执法主体问题的通知》精神，进一步理顺了防雷工作关系，协调防雷减灾的管理。全市有8个区（市）县政府成立了防雷工作领导机构，近一半的县局加入当地安全生产监督管理委员会。

【气象观测网络】

成都市气象观测网络主要由地面常规气象观测网、高空气象探测站、卫星观测地面接收应用站等构成。

在地面常规气象观测网方面，1990年成都市地面常规气象观测网共有14个气象站，分别为：2个国家基本气象站和12个国家气象观测站。2个国家基本气象站是成都国家基本气象站和都江堰国家基本气象站。12个国家气象观测站（含龙泉驿区和双流县2个辅助站）有温江区气象站、新都区气象站、郫县气象站、金堂县气象站、蒲江县气象站、彭州市气象站、崇州市气象站、大邑县气象站、新津县气象站、邛崃市气象站、龙泉驿区气象站、双流县气象站。1995年元月1日，龙泉、双流由辅助站调整为一般站。

成都国家基本气象站承担地面气象观测和日射观测业务，地面观测资料参与全球交换。都江堰国家基本气象站承担地面气象观测业务。

1990 年，成都市温江一级农业气象试验站、都江堰国家一级农业气象观测站、双流国家二级农业气象观测站、邛崃国家二级农业气象观测站等 4 个农业气象站承担农作物和物候观测、本地粮食作物的产量预报、气象旬(月)报等。从 1990 年起，全市在温江、双流、都江堰、邛崃设点开展主要农作物(水稻、小麦、油菜)发育期观测，温江还开展了土壤墒情观测，每旬月向省、市气象局编发农业气象观测报告，并列入全国气象基本观测业务。

2003—2004 年，成都市各地面气象观测站在原有人工观测项目不变的基础上，先后增加雨量、风向风速、地温、气压、气温、湿度等六要素的自动观测项目，观测时次为 1 小时 1 次。根据中国气象局的要求，自动站业务化进程划分为试运行、平行观测、单轨运行三个阶段。

2004 年 1 月，原成都国家基本气象站(区站号 56294)和温江区气象站(区站号 56187)合并，温江区气象站升为国家基本站，国家基本气象站迁至温江工作，同时取消区站号 56294。

成都市高空气象探测站，1982—2004 年，设在西郊龙爪堰。1989 年，高空气象观测使用 56－701 微机处理系统，数据处理全面实现自动化。2004 年 7 月 1 日，搬迁至温江区公平镇民乐村(乡村)。同月，正式使用中国新一代高空气象探测系统 L 波段二次测风雷达，数据处理等全部实现自动化，探测高度达到 2.9 万米左右，测风达到 2.7 万米左右。

成都市气象卫星自然灾害和生态环境监测系统(卫星观测地面接收应用站)，由成都市政府和气象部门共同出资 70 万元，于 2000 年 11 月 11 日建成。主要接收中国研制的风云 2 号同步气象卫星(简称 FY－2C)和美国 NOAA(诺阿)极轨气象卫星遥感探测资料。该系统广泛运用于自然灾害、生态环境监测和天气预报等领域，为成都市防灾减灾提供科学准确的依据。

【气象灾害监测】

农村气象灾害监测。2003 年，成都市各级地方政府全额拨款，支持市气象局建设成都市农村气象灾害监测体系。2004 年 2 月，建立成都市农村气象灾害监测体系和农村气象灾害监测体系网络控制中心。同年 6 月，全市共有 36 个区域加密气象自动观测站建成并投入使用。2005 年，24 个区域自动站建成并投入使用。2006 年，52 个区域加密气象自动观测站建成并投入使用。截至 2007 年 7 月，成都市建成并投入使用的区域加密气象自动观测站共计 110 个。

城市暴雨内涝监测。2004 年 1 月，应国土资源部和中国气象局联合通知要求，开始开展汛期地质灾害气象预报预警工作。8 月，市气象局递交《成都市城市暴雨内涝预报预警系统》建设立项申请，并于次年汛期开始发布城市暴雨内涝预报预警信息。该系统在成都市三环线内共布设 39 个自动雨量监测点，每小时采集主要街区、下穿隧道和立交桥、重要的公众场所、低洼区的降水、温度等实时气象信息，为防汛提供雨情、汛情、涝情信息，同时为暴雨内涝预警预报提供基础信息。

雷电监测。据四川省气象局气象档案馆提供的 30 年气象整编资料，成都市历年年平均雷暴日数为 36.5 天，属雷电高发区。在《地面气象观测规范》中将雷电分为雷暴和闪电两种天气现象，属气象台站的基本目测项目，雷暴要求记录起止时间和开始、终止方向，而闪电只记录现象，但两者均要统计年、月、日数。

2004 年 11 月，四川省气象局开始建设以成都为中心的全省雷电监测定位网，探测设备采用中国科学院空间中心研制的 ADTD 雷电探测仪。全网由 18 个探测站和一个中心站组成。成都的探测站建在温江区气象局观象台，于 2004 年 12 月投入运行，但雷暴和闪电的正式记录仍以各气象台站的人工观测资料为准。雷电监测网对闪电发生的时间、地点、强度、极性、次数和日数进行实时记录，探测数据通过网络实现自动传输，成都市防雷中心设立监测终端，负责对全省雷电监测数据进行收集、分析、处理。据监测资料显示，2005 年成都市全年发生雷电闪击次数累计 2.82 万次，雷暴日数为 109 天，超过成都市历年最多雷暴日数 51 天（人工观测资料）的 53.2%。依据监测资料，2005 年底，成都市防雷中心绘制成都市雷电密度分布图，该图可直观显示一个地区不同区域一年中遭受雷击的概率，对于重大建设项目及易燃易爆场所的选址避开雷击高发区域有很好的参考价值。

酸雨监测。1991 年 6 月，成都国家基本气象站开始进行酸雨观测，主要观测降水样品中的 pH 值和电导率，检测城市的空中降雨样品酸碱度，使用仪器有 pH 值测量仪和电导率仪。按国家气象局有关规定，酸雨纪录进行月报表填报。2001 年 9 月 1 日，成都市酸雨观测设备采用新的数显仪器。2002 年，仪器更新，数据采用计算机处理编制月报表。2006 年，采用新的业务软件上报数据。通过多年监测，成都市观测降水样品中的 pH 值介于 3.21 ~7.8 之间，电导率介于 20 ~40 之间。

【气象消息发布】

20 世纪 90 年代以后，成都市的常规气象预报，在预报的时间尺度上，从短时、短期预报加长到 72 小时，直至旬、月、季度预报；在预报地域上，从县、乡扩大到省、市和国际大城市。

1992 年，成都气象台与市经济电台合作开展旅游景点预报。1993 年，开展市交通电台 168 信息台电话自动咨询、银河信息 BP 机台的气象服务。1995 年，成都人民广播电台在定时播报成都地区天气预报的基础上，开始滚动播出天气预报信息。

20 世纪 90 年代中后期，成都气象部门开始为媒体提供省内一些主要景点的 24 小时天气预报，并每日为交通电台提供省内主要交通干线天气预报。1996 年，在《成都晚报》之外开辟《华西都市报》《成都商报》的旅游景点天气预报。1997 年 12 月 28 日，由市气象局制作、市有线电视台（家庭影院频道）负责播出的区（市）县电视台天气预报节目开播，播出全市各区（市）县、主要旅游景点及国内主要大城市未来 24 小时天气预报，遇重要天气则及时进行插播。1999 年，在成都电视台开设专题气象节目。

2000 年后，成都市气象部门与环保部门协作，在常规气象信息服务中增加生活气象指数（空气质量、人体舒适度、紫外线指数、感冒指数、啤酒指数等）的气象预报。2000 年，成都市开通便民利民的 121 天气查询台。2000 年后，预报景点数增加。从 2001 年起，通过手机短信发布气象信息，成为成都市公共气象信息发布的重要渠道。随着计算机网络的普及，以网络为载体的公共气象信息发布，为市民获取气象信息开辟了新的渠道。同时，每天向《成都日报》报送空气质量日报和空气质量预报。并从 6 月 5 日起，与全国 42 个重点城市一起，在中央电视台预报未来 24 小时内的空气质量情况。2002 年，成都市气象部门推出了春节、“五一”和国庆黄金周的旅游气象服务项目。同年 8 月 31 日，出现在成都繁华商业路段的“成都通”多媒体信息亭开始为市民们提供智能化服务，发布公共气象信息。

2003年以后,每日为多家媒体提供成渝高速、成乐高速、成雅高速和成灌高速24小时天气预报,并不定期发布对交通安全有重大影响的灾害性天气预警信号。2005年,每日向公众提供成都市72小时天气预报和世界主要城市24小时天气预报,预报景点数已达20多个,1000台"成都通"遍布成都大街小巷,市民获取气象信息变得更加方便。

【专业气象信息服务】

农业气象情报与预报服务。1990—2005年,气象部门在严密监视天气变化的基础上,进行农情、雨情、墒情、病虫情、灾情的跟踪监测,开展农业气象旬月报、气象灾害分析评估等农业气象情报服务,以及农作物主要生育期预报(最佳播期、花期、收获期等)、病虫害发生发展趋势预报等农用天气预报。2000年,在小麦赤霉病发生期间,成都市和双流、新都气象部门对赤霉病发生发展趋势预报准确,措施、建议科学,全市仅农药开支一项即节省100余万元。

农业气象产量预报。1990—2005年,市农业气象试验站开展产量预报,包括全市水稻、小麦、油菜三种主要农作物产量预报和粮食总产量预报。

农业气候区划。1985年3月,成都市开展了第二次农业气候区划工作。进入90年代后即转入农业气候区划成果应用,配合农业发展战略研究,一大批气象适用技术课题成果在"兴农扶贫"工作中推广和应用。2002年开始,全市气象部门开展第三次农业气候区划工作,首次将3S技术运用到农业气候区划工作中,先后开展多次专项经济作物的农业气候区划。2002—2003年,在双流进行冬草莓低温风险气候区划工作,2003—2004年,在双流进行枇杷生长发育气候区划工作。

农村经济信息服务。1993年,市气象局专业处编写《气象历书》,充分考虑关键农事季节的农业气象条件及大宗农副产品的生产、流通和交换的适宜气象条件,受到农民群众欢迎。从2001年开始,市气象局与市委农村工作领导小组办公室相互协作,成立农村经济信息领导小组,建立成都市信息中心,同时建立成都农经网、枇杷网、草莓网、花木网等专业农业信息网站,成为农业部门重要的信息发布窗口,全市每年报送信息上万条,实现访问量15万人次以上,信息量实现2万多个页面。据不完全统计,每年通过网上招商引资、网上农产品促销交易上亿元。

农业防灾减灾气象服务。2000年以后,根据农业和农村经济工作的需要,市、县气象部门重点加强长期天气趋势预报、关键农事季节和农业防灾减灾气象服务。2000年,在长期趋势中准确预测出中等偏强的夏旱天气。干旱出现后,又加强跟踪监测,及时提供旱情服务和抗旱对策建议,并准确预报久旱转雨天气过程。同年在小麦赤霉病发生期间,成都市和双流、新都气象部门对赤霉病发生发展趋势预报准确,措施、建议科学,减轻灾害损失。2001年7月下旬至9月中旬,全市降水集中,出现5次区域性暴雨、大暴雨,并引发部分区(市)县出现洪涝。市、县气象局加强监测预报,运用先进的技术手段,对每次过程进行准确预报,并根据防洪抢险的需要,开展雨情、水情和过程结束期的预报服务,为全市抗洪抢险赢得主动权。2005年6月24日、30日和7月2日,成都市连续发生3场区域性暴雨、大暴雨,造成部分区(市)县洪涝成灾、城市内涝严重、部分山区发生地质灾害。在这次持续暴雨天气过程中,市气象部门连续进行跟踪监测,认真分析制作预报,发挥气象灾害自动监测站网作用，为政府和有关部门提供准确及时的防灾减灾决策服务。

除此之外，成都市专业气象预报服务逐渐扩展到工业、交通、水利、林业、城市基础设施建设等领域，基本满足经济建设需要。森林气象服务，主要是及时发布森林火险等级预报。

【重大活动气象保障服务】

20世纪90年代中期至2005年，成都市气象部门把为各种重大社会活动的气象保障服务作为气象工作的重要内容，运用气象雷达、卫星资料、数值预报模式和人工降雨作业网络，开展重大社会活动气象保障服务。先后承担中国国际熊猫节、世界杯亚洲区预选赛（成都赛区）、中国西部论坛、市九运会、中央领导到川视察等一系列保障服务。1997年6月18日预报，6月30日晚至7月1日迎香港回归庆祝活动期间无降水，实况完全正确。9月下旬，为熊猫节各类露天活动提供的中、短期预报服务及时准确。2000年，国家有关部门及省、市先后在成都市举办市九运会、“第六届全国大学生运动会”和“2000·中国西部论坛”等大型活动。活动期间，市气象部门精心组织气象保障服务工作，对活动期间的天气预测全部准确。同时按照省市党政部门和组委会要求，开展2次较大规模的人工消雨作业，保证大运会开幕式、“2000·中国西部论坛”焰火晚会在无雨的天气条件下进行。2001年“七一”、国庆期间，省市委、省市政府联合举行一系列重大庆祝活动。市气象局主动承担活动的气象保障任务，预报准确，服务主动，保证了活动在有利天气条件下举行。为都江堰“山幽水长——青城山·都江堰世界文化遗产庆祝晚会”提供的气象保障服务，也赢得主办单位的好评。2005年9月28日至10月7日，第六届中国花卉博览会在温江区举办。从8月下旬开始，市气象局共向花博会组委会发布滚动专题预报44期，发布气象预报短信4000多条，利用车载雷达对花博会主展馆进行现场监测服务，并及时组织人工消雨服务，成功将降雨云团拦截在展示区、交易区等的范围之外，保证花博会顺利举行。全市气象部门还多次为党和国家领导人在成都的视察活动、“成都世纪城璀璨之夜及啤酒节开幕式”“成都9+2论坛”“国际车展开幕式”和“世界客属恳亲大会”等开展气象预报和人工消雨服务。

【应急气象系统与工作机制】

20世纪90年代，成都市气象台站负责对可能影响本地的灾害性天气的监测和预报，及时提出气象灾害防御措施，并对重大气象灾害做出评估，为市人民政府及有关机构提供决策依据。市气象局负责拟定全市气象防灾减灾方案、预案；参与政府气象防灾减灾决策；组织气象灾害预警联防；组织开展气象防灾减灾服务；调查、评估、鉴定气象灾害；组织管理防御雷电、大雾等气象防灾减灾工作；归口管理人工影响天气和社会生产、人民生活中与气象有关的安全设施的设计、施工和技术检测；制定本市气象业务技术标准、规范、规程；组织实施和监督管理全市气象预报、灾害性天气警报、专业气象预报发布和传播工作。

2003年7月，成都市气象局开始实施成都市重大气象服务应急预案。2004年7月，市气象局组织开展《成都市城市暴雨内涝预报预警系统》项目的调研、论证和立项工作。2005年5月，市计委批准立项，建设总投资224.9万元，其中，市财政安排资金184.9万元，四川省气象局匹配建设经费40万元。6月，市信息办正式下达《成都市城市暴雨内涝预报预警系统》项目任务计划书，建设周期为两年。该项目由市气象局牵头，与市防汛办、市信息办等部门合作，共同开展项目的研究建设工作。成都市城市暴雨内涝预报预警系统主要功能有两点。一是监测功能。系统在成都市三环线内共布设39个自动雨量监测点，每小时采集主要街区、下穿隧道和立交桥、重要的公众场所、低洼区的降水、温度等实时气象信息，为防汛提供雨情、汛情、涝情信息，同时为暴雨内涝预警预报提供基础信息。二是暴雨内涝预警预报服务功能。开发建设成都市城市降水精细化客观预报系统和暴雨内涝预警预报系统平台，实现对城市降水的分区客观预报，对城市内涝发生发展情况做出较准确的动态监测和数值预测模拟。在信息资源共享上，该项目建立Web发布系统，实现与成都市防汛指挥系统的无缝对接，所有共享资料进行实时传输、自动入库。

遵循边建设、边使用、边总结的原则，2005年内即利用城市暴雨内涝预报预警系统对城区范围内的降水分布开展加密监测，实现城市降水分区客观预报，对市区城市内涝发生发展情况做出较准确的动态监测和数值预测模拟，为市防汛办城市洪涝灾害的指挥调度提供决策依据，有效减轻城市内涝灾害损失。

同年，根据中国气象局《气象灾情收集上报调查和评估试行规定》的通知，市气象局出台《成都市重大气象灾害评估业务工作实施细则》。

防洪与抗洪抢险

【概况】

成都市自古拥有都江堰等大型水利工程，成都平原被称为天府之国。1990—2005年期间，新建紫坪铺水利枢纽，改建石堤堰枢纽，修建了2.7万余个微型水库等一大批水利工程，具有蓄水滞洪或分洪功能，可将岷江洪水由10年一遇削减至百年一遇，有利于成都中心城区防洪，有利于丘陵缺水地区灌溉。

成都市的防汛工作，全面贯彻中央制定的“安全第一，常备不懈，以防为主，全力抢险”的方针。每年冬春，积极进行蓄（滞）洪工程、分洪工程、治河工程、除涝工程等防洪工程建设。在防洪抢险过程中逐渐建立起较为完备的工作机制。汛前认真进行汛期工作部署、防汛组织机构完善、防汛抢险队伍组建及培训、防汛抢险物资储备、防汛预案修订、汛前检查及查险除险等准备工作；洪水到来后，坚持防汛值班、防汛会商、防汛调度、指挥决策等工作制度，一旦出现险情或灾情，防汛指挥部及时组织抗洪抢险的各项工作，保卫国家和人民群众的生命、财产安全；汛后则立即开展汛情灾情调查、减灾效益评估和防汛抗洪总结，为防洪工作和水利建设积累基础资料和提出科学对策。

即便如此，由于洪涝灾害具有较强的突发性，成都市每年仍为防汛抗洪做了充分的人力物力准备。成都的洪涝灾害主要由暴雨产生。成都平原的洪水有三个通道：南为新津河谷，即岷江通道；北为金堂河谷，即沱江通道；中为华阳河谷，即锦江（府河）通道。成都平原上的城镇，大多滨江（河）而建，洪涝灾害频繁发生，局部灾害几乎年年有，流域性或区域性大洪水时有发生。1966—2000年的35年中，成都市中心城区有30年发生洪涝灾害，其中1981年的洪灾最大。1990—2005年，成都市共发生10次较大洪涝灾害。其中1995年，成都市遭受“8·11”“8·24”两次洪灾，受灾群众达66.36万户、224.5万人，倒塌房屋31400间，有10万余人无家可归。

1998 年 7—8 月，成都市温江、双流、郫县等地遭受暴雨、内涝灾害。受灾农作物面积 18.2 万公顷，受灾人口 364.7 万人，因灾死亡 7 人，倒塌房屋 8294 间，造成经济损失 8 亿元，其中，农业损失 4 亿多元。为保障灾区人民的基本生活，全年共下拨救灾款 1152 万元，下拨救灾衣物 30 万件，及时解决受灾群众的穿衣、吃饭和住房问题。

2001 年 7 月下旬至 9 月中旬，全市降水集中，出现 5 次区域性暴雨、大暴雨，引发部分区（市）县出现洪涝。其中 7 月 27—28 日，全市出现雷雨大风天气过程，温江县、蒲江县 28 日达到暴雨，成都市区、新津县、双流县、大邑县瞬间风速达到 17～20 米/秒。27 日，成都市区有上百条下杆线遭破坏。28 日，暴风雨造成成都市一些挂牌的古树名木严重损毁：南郊公园最大的红豆林和 10 多株树龄在 80 年以上的相思树被毁；武侯祠百年名木轰然倒下，孔明殿、刘备殿景观受损。市内多处广告牌被吹倒，砸伤砸死行人；温江区有 103 间房屋受损，13 间倒塌。

每次灾情出现，市委、市政府均高度重视，各级领导深入第一线，解放军官兵出动支援，全市人民齐心合力，进行抗洪抢险工作。2005 年 1 月，市政府批准《成都市暴雨内涝预报预警系统》项目建设，4 月在城区（三环以内）完成布设 20 个两要素（雨量、气温）自动监测点、2 个六要素自动监测点的工作，建成基本覆盖成都市主城区的雨量及主要气象要素的监测网络系统，为赢得抗洪抢险新的胜利创造条件。

【成都市人民政府防汛指挥部】

1992 年 1 月 17 日，成都市防汛抗旱江河管理指挥部更名为成都市人民政府防汛指挥部，指挥长由分管副市长担任。2004 年，增设第一指挥长，由市长担任。指挥部的成员单位包括成都警备区、市政府有关部门、省级驻蓉有关单位。市政府有关部门含市政府办公厅、计划委员会（发展和改革委员会）、经济委员会、建设委员会、农业委员会、公安局、民政局、财政局、国土资源管理局、交通局（交通管理委员会）、水利电力局（水利局、水务局）、气象局、林业局、园林局、卫生局、商业局、房产管理局、城市管理委员会（市政工程管理局、市容环卫局、城市管理局）、安监局、信息办等。省级驻成都有关单位包括都江堰管理局、成都水文水资源勘测局、四川电信成都分公司等。

成都市人民政府防汛指挥部在成都市人民政府和四川省人民政府防汛抗旱指挥部的领导下，具有依法行使成都市防汛指挥和监督的职能。根据统一指挥，分级分部门负责的原则，成都市人民政府防汛指挥部及各区（市）县人民政府防汛指挥部的职责是：贯彻执行国家有关防汛工作的方针、政策、法规和法令；组织制定监督实施各种防御洪水方案、洪水调度方案；及时掌握汛期雨情、水情、险情、灾情和气象形势，了解长短期水情和气象分析预报，必要时启动防汛应急预案；组织防汛检查工作；负责防汛物资的储备、管理和防汛资金计划管理；负责统计掌握洪涝灾害情况；负责组织抗洪抢险，调配抢险劳力和技术力量；督促撤离转移准备工作；组织防汛通信和报警系统的建设管理；组织汛后检查、防汛工程水毁修复等；开展防汛宣传教育和组织培训、推广先进的防汛抢险新技术、新产品。

防汛指挥机构的各成员单位，按照分工，各司其职、各尽其责，其具体职责由防汛指挥机构做出详细规定。

成都市人民政府防汛指挥部（成都市防汛抗旱江河管理指挥部）下设办公室，承担成都市人民政府防汛指挥部的日常工作,组织、协调、监督、指导全市防洪工作。1990—2001 年,办公室分两处,设于水利电力局和城市管理委员会(市政工程管理局),分别管理郊县和城区有关防汛的日常管理工作。2001 年 9 月 24 日,《成都市人民政府办公厅关于印发成都市水利局职能配置内设机构和人员编制规定的通知》确定,成都市人民政府防汛指挥部办公室设在成都市水利局,核定事业编制 10 名。其主要职责是承担市防汛指挥部的日常工作。原指挥部下设的两处办公室合署办公,至此,成都市有关防汛抗洪的日常工作实现城乡一体统一管理。其具体职责如下:负责全市防洪规划的编制和审查,负责全市防汛应急预案的编制和修订;负责统一指挥协调全市防汛抗洪工作;负责组织全市防汛检查,审批防洪调度计划,制定防汛应急体系建设规划、计划及相关应急资金的计划;建立健全防汛应急工作信息联络网,负责防汛信息的收集、分析、上报和传递;承接本地区重大、特大防汛突发事件报告;督促有关部门、区(市)县制定防汛预案。开展防汛宣传和培训工作;完成指挥部领导下达的有关任务,做好其他防汛日常管理工作。

【防洪工程】

成都市积极进行蓄(滞)洪工程、分洪工程、治河工程、除涝工程等防洪工程建设。安公堤是华阳镇的防洪屏障,兴建于清代乾隆年间,因工程简陋,年久失修,过去只有 5 年一遇的防洪标准。1990 年,双流县完成安公堤整修,新建 3225 米的浆砌条石护岸,使华阳镇的防洪标准达到百年一遇的防洪标准。

新建的紫坪铺水利枢纽,具有蓄洪滞洪功能,可将岷江洪水由 10 年一遇削减至百年一遇,有利于金马河防洪。改建的石堤堰枢纽,具有分洪功能,有利于中心城区防洪。

治河工程是主要的防洪工程措施,包括堤防建设、峡谷拓宽、河道疏浚。1990—2005 年,全市总计投入资金 8.41 亿元(其中国家补助 4.55 亿元),用于治河工程建设。岷江通道上完成董河坝堤防工程、稀饭堰堤防工程以及西河支流上的崇州市西河防洪及水环境整治工作、蒲江河支流上的蒲江县寿安镇河段生态堤防工程;沱江通道完成金堂峡拓宽工程;锦江通道上完成府河排洪河总出口二期工程以及华阳镇古佛堰堤防工程,并对原有堤防工程进行重点维修和加固,提高防洪标准。每年冬春,结合农田水利基本建设,有关区(市)县对堤防工程进行重点加固和维修。

20 世纪 90 年代,成都市中心城区先后完成府河南河部分河段的综合整治工程、沙河全河段的综合整治工程以及市区排洪总出口工程,使中心城区河段府河、南河及沙河全河段的防洪能力达到 200 年一遇的标准。对中心城区的其他小型河道也进行了重点整治。

2003 年,结合砂石资源开发,完成金马河复式河床建设 110 余处,疏浚河道 300 万立方米。

董河坝防洪整治工程于 2005 年 1 月 1 日正式动工。该工程地处成都市和眉山市分界联结处,位于新津县金华镇白果坝村和邓双镇董河坝村河段右岸,新建堤防工程 2153 米和排涝闸 1 座,于同年 6 月 20 日完工投入运行,共完成投资 1560 万元(其中中央财政专项资金 860 万元,成都市配套资金 700 万元),可将董河坝段防洪标准提高到 50 年一遇,保护人口 15 万人。通过配套整理工程形成的废弃河滩地,每年可为地方财政节约防汛经费近 10 万元,董河村群众可获得 1000 余亩耕地(人均占地 2.2 亩,是原有人均占有量的 6.3 倍),为市、县工业及城市建设提供了

1000余亩土地指标，解决建设用地不足的问题，又保证耕地总量的动态平衡。该工程建成投入运行后即进入汛期，起到了防洪减灾作用。

为解决中心城区的内涝问题，1990—2005年，整体改造金鱼村、通锦桥、莲花村和锦官驿等近百处低洼易淹区。并结合城市道路建设和城市水环境治理，新建和完善三环路、东城根街、武侯大道、双星大道等一大批城市排水干管和中小干道排水体系。加强对中心城区951千米排水管网、3万多座雨污水检查井、2.5万余座雨污水进水井、31座下穿隧道的管理和维护。

【防汛抗洪人力物力准备】

成都市每年为防汛抗洪做了充分的人力物力准备。成都市防汛抢险队伍主要由防汛专业队、常备队、群众抢险队、机动抢险队以及武警、消防部队组成。专业抢险队共两支，一支为成都市防汛机动抢险队，成立于1997年，另一支为双流县防汛机动抢险队，成立于1998年。成都警备区（原为成都军分区）组织各区（市）县人民武装部成立以民兵为骨干的防汛常备队伍，并负责这支常备队伍的训练工作，尤其是民兵工兵渡河连的编组训练工作，确保能随时执行市防汛指挥部下达的抢险救援任务。市公安局除组织约50名警力的抗洪抢险突击队外，又在武警成都支队、消防支队各组建一支防汛机动抢险队，由市防汛指挥部统一指挥调动。各区（市）县公安分局组建了抗洪抢险突击队，随时服从所在区（市）县防汛指挥部的指挥调动，参加重要的抗洪抢险工作。各乡镇、街道办事处以及重要厂矿企业成立群众抢险队伍。全市共组建的各类抢险队伍约1000支，抢险人员共有7～8万人。

紧急救援物资包括抢险物资和救助物资两大部分。抢险物资主要包括抢修水利设施、抢修道路、抢修电力、抢修通信、抢救伤员药品和其他紧急抢险所需的物资，主要有麻（草、编织）袋、铅（竹）笼、汽油、柴油、防洪砂石料、铅丝、抢险船只、照明设备、救生器具、车辆等20余种。市交通部门负责组织有50辆货车的防洪抢险运输车队和由50人组成的抢险物资装卸队，接受市防汛指挥统一指挥，保证在接到指令半小时内能投入足够的车辆参加抗洪抢险工作。救助物资包括粮食、方便食品、帐篷、衣被、饮用水和其他生存性救助所需物资等。救援物资由水利、交通、通信、建设、经委等部门储备和筹集，救助物资由民政、粮食等部门储备和筹集。

2004年2月，市防汛指挥部办公室委托成都市工程咨询公司编制《成都市防汛指挥系统建设项目可行性研究报告》。同年4月，成都市发展计划委员会对该报告作批复，同意市防汛指挥部办公室建设成都市防汛指挥系统，总投资824万元，项目纳入政府投资项目进行管理。该项目于2004年11月开始建设，于2005年年底基本完成，并投入试运行。成都市防汛指挥系统包括数据采集与传输系统、网络平台、数据中心平台、综合数据库、地理信息系统以及汛情监视与示警、信息服务、业务管理、预案管理、会议会商等业务应用系统。系统含有适时水雨情数据、历史大洪水数据、工程数据、洪涝灾害数据、气象信息数据等在内的综合数据库。防汛信息的采集、传输、处理更加快捷可靠，实现适时水情、工情、灾情信息的异地显示和会商，改善防洪调度手段，加强指挥调度的科学性。

【防洪抢险应急工作机制】

成都市的防汛工作，全面贯彻中央制定的“安全第一，常备不懈，以防为主，全力抢险”的方针，在防洪抢险过程中逐渐建立起较为完备的工作机制，包括汛前准备、汛期工作、汛后总结。

汛前，成都市政府和防汛指挥部召开防汛工作会议，部署全市防汛工作。市政府（或市防汛指挥部）在汛前对防汛指挥部指挥长、副指挥长及成员进行调整，完善防汛组织机构。同时，各区（市）县政府按照市政府要求对防汛组织机构进行充实完善。自2004年起，在《成都日报》公示各区（市）县以及重要工程的防洪责任人。全市各类抢险队伍进行整顿和演练。水利、交通、通信、建设、经委等部门储备和筹集救援物资，民政、粮食等部门储备和筹集救助物资，并进行汛前检查。市交通部门负责组织防洪抢险运输车队和抢险物资装卸队，并保证在接到指令半小时内能投入足够的车辆参加抗洪抢险工作，同时开展汛前查险除险工作。

防汛预案是重要的防汛抗洪措施之一。1996年，按照国家防汛抗旱总指挥部要求，开始《成都市防洪预案》编制工作，每年汛前修订完善。2003年，《成都市防洪预案》更名为《成都市防洪总体预案》。2005年，《成都市防洪总体预案》由市政府批复执行。同年，成都市按照《国家防汛总指挥部关于加强山洪灾害防御工作的意见》，制订并落实预防、撤退、抢护、救灾预案，建立和完善县、乡、村、社四级“群测群防”体系，汛前加强检查，汛期加强巡查，全市纳入预案监测的危险点共500余处，其中市级监测点27处；增加投入，主动避灾，及时实施地质灾害搬迁避让工程，共搬迁受地质灾害威胁严重的农户700户；加大重点地质灾害点的治理力度，对大邑县雾山乡雾半公路滑坡和邛崃市天台山滑坡进行了有效的治理；建立地质灾害预警预报系统，汛期在电视台发布预警预报，对全市地质灾害预防和减轻地质灾害起到积极作用，有效减少人员伤亡和经济损失。

在汛期内，成都市防汛指挥部实行24小时昼夜值班制度。一旦出现险情或灾情，防汛指挥部及时会商决策，及时组织抗洪抢险的各项工作，迅速调集抢险人员和抢险物资，确定抢险方案和抢险措施，维护现场秩序，转移受灾人员，搞好灾后防疫。水利、交通、物资、公安、民政、卫生等有关部门各负其责，密切配合，减轻灾害损失。2005年，成都市先后发生“6·24”“6·30”“7·2—3”“8·12”“9·20”等五次较大洪涝灾害，其中，尤以“6·30”“7·2—3”洪涝灾害最严重。灾情发生后，省委常委、市委书记多次打电话到市防汛指挥部办公室指导抗洪排涝工作，市长、副市长等市政府主要领导或坐镇市防汛指挥中心，或到抢险现场指挥抢险救灾。市防汛指挥部按照程序及时启动防汛预案，将防汛警报级别提升为黄色二级，市防汛部门利用新建的成都市防汛指挥系统，加强汛情、雨情、灾情等信息的收集传输，保证防汛信息的畅通。防汛、水利、气象、水文、公安、城建、国土、交通、市容等部门认真履行各自职责，行动迅速，团结协作，执行有力，实现应急联动，使保障国家和人民群众的生命财产安全。

1990—2005年，每年汛后开展汛情灾情调查，进行全面的抗洪总结，分析暴雨洪水分布情况及成灾原因，总结经验教训，为防洪工作和水利建设积累基础资料、提出科学对策。

【成都市抗洪抢险纪实】

1990—2005年，成都市共发生1990年、1993年、1995年、1996年、1997年、1998年、2001年、2002年、2004年和2005年等10次较大洪涝灾害。

1990年汛期，成都市共发生“6·17”“8·13”“8·28”“9·2”“9·8”等5次大暴雨洪涝过程。省、市党、政、军主要领导人分别赶赴现场察看灾情，指挥抗洪抢险，营救被洪水围困的灾民，慰问受灾群众。该年，新都县水利局局长在抗洪救灾工作中表现突出，1991年，荣获国家防汛抗旱总指挥部授予的“全国抗洪抢险模范”称号。

1995年8月10—11日，沱江流域普降大暴雨，湔江及沱江水位猛涨，流量激增，湔江关口站最大流量达3500立方米/秒，沱江三皇庙站最大流量达7350立方米/秒。8月10日凌晨，成都市防汛指挥部指挥长、副市长在市防汛指挥调度中心主持召开指挥部紧急会议，发布对金堂抗洪抢险的命令。市防汛指挥部迅速调集通信、交通等设施，在金堂县十里坝设立现场抗洪抢险指挥中心，现场指挥抗洪救灾。成都军分区、驻川、武警及公安部门组织大量人力物力投入抗洪抢险救灾。共转移受灾群众8.68万人，挽回经济损失1.4亿元。成都市防洪指挥部办公室主任、成都市水利电力局副局长在防洪抗洪工作中表现突出，荣获国家防汛抗旱总指挥部授予的“全国抗洪抗旱模范”称号。

1998年，成都市市发生“7·5”“8·26”“9·17”等三次区域性暴雨洪涝灾害，造成17个区（市）县，369个村，119.57万人受灾，被洪水围困4.1万人，双流县城东升镇进水，积水城镇有51个；倒塌房屋4802间，面积6.29万平方米，死亡7人。“7·5”洪水发生后，市委副书记、市政府副市长以及市防汛指挥部其他领导及时研究对策，落实措施，立即赶到灾区一线温江、双流察看灾情，指挥抗洪抢险，慰问灾区群众。市委书记、市长及时对双流防汛工作做出指示，并深入灾区指挥救灾工作。在防汛抢险救灾工作中，全市各部门通力合作，军警民同心，团结奋战，抢救受灾群众的生命和财产，及时排除险情，尽力减少灾害损失。双流县防汛指挥部办公室主任在防汛、抗洪、救灾工作中成绩突出，获人事部、水利部表授予的1998年全国水利系统先进工作者称号。

2001年9月19—20日，彭州市普降暴雨，雨量超过360毫米。境内青白江、湔江河流域水位陡涨，河堤数处决堤，600余名村民被困。紧急派出驻地部队带着冲锋舟直奔现场。19日凌晨6时，官兵们用两条杯口粗的麻绳在汹涌的洪水中筑起“人墙”。经过数小时奋战，将被困群众全部安全转移。同时，青白江险情突发，洪水拽断系着两只重40吨淘沙船的钢绳，淘沙船径直向距离800米的下游三邑大桥撞去，形势危急，唯有炸船才能保住大桥。官兵火速赶往现场，冒着生命危险，经过近1小时的战斗，将两只淘沙船炸毁，确保了三邑大桥安然无恙。

2004年6月29—30日，成都市域内出现一次大范围强降雨天气过程，大部分区（市）县降大到暴雨，市境内各江河水位普遍上涨，府河南河城区段水位也急速上涨。共有17个区（市）县出现不同程度的洪涝灾害，五城区（含高新区）及崇州市、金堂县、郫县、双流县内涝成灾，尤以城郊接合部严重。部分住户及单位被洪水围困，造成民房倒塌，几处下穿式立交桥积水致使交通中断。清水河、江安河等河流部分河段出现漫堤翻水，沿河低洼地区农田被淹。灾情发生后，成都市党政主要领导人亲临市防汛指挥部指挥中心了解情况，指挥抢险。抗洪抢险过程中，首次实践城乡一体的防洪指挥方式，首次召开防洪抢险新闻发布会，首次使用计算机信息系统指挥抢险，为顺利完成抢险工作创造了条件。

抗　旱

【概况】

成都市的干旱以冬干、春旱、夏旱为主，伏旱较少。冬干春旱相连的情况较为常见，而春夏连旱则对农业生产影响最大，夏伏连旱有时也会出现。按照干旱的程度和受灾的范围，成都市将干旱分为四级：轻度干旱为Ⅳ级，中度干旱为Ⅲ级，严重干旱为Ⅱ级，特大干旱为Ⅰ级。根据旱灾发生的频率和程度，成都市划分了3个不同的风险区。轻度旱灾风险区包括都江堰和玉溪河灌区；中度旱灾风险区包括南河灌区、以及都江堰东风渠丘陵灌区等；严重旱灾风险区包括金堂县沱江东部丘陵区、龙泉山低山丘陵区、长丘山低山丘陵区、西部沿山丘陵区。

成都市防旱抗旱坚持"以防为主，防抗结合，防重于抗，抗重于救"的思路，按照"统一指挥，部门联动，区域协调，属地组织，就地抗旱"的原则，实行分级分区抗旱。1993年，成都市深化水利改革，把抗旱资金由分散使用一次消耗改变为集中使用，以形成长久的抗旱能力。在金堂县、新津县进行抗旱服务体系建设试点，并逐步在龙泉驿、青白江、新都、邛崃、蒲江等区（市）县推广。

2001年，成都市加大对人工增雨工作的投入，加强基础设施建设，落实防灾减灾制度。气象主管部门加强监督管理和技术指导服务，减轻灾害损失。

2002年，编制《成都市旱灾减灾规划》，提出切实解决工程老化效益衰减问题，增加旱片死角的水利设施，保护水源、涵养水源，发展节水型灌溉，健全抗旱服务体系等抗旱减灾措施。

2005年，根据国家防汛抗旱总指挥部办公室制定的《抗旱预案编制导则》要求，结合成都市实际情况，编制完成《成都市抗旱应急预案》，包括抗旱组织机构、职责分工、旱情监测、预案启动、指挥流程、抗旱措施、灾情救援、善后工作、效果评价等方面内容，用以指导全市抗旱工作，使全市抗旱应急预案更具实用性和可操作性。截至年底，全市初步形成以市为龙头，以区（市）县为主体，延伸乡（镇）、带动村组的抗旱服务网络体系。在干旱风险较高地区，组建县级抗旱服务队7个（即金堂、龙泉驿、新都、邛崃、蒲江、青白江、新津抗旱服务队），乡级服务队22个，抗旱服务人员273人，固定资产311.99万元，拥有各类灌溉设备460台（套），其他设备11台（套），提水能力4.09万立方米/小时，抗旱浇地能力6000亩/天。各级抗旱服务组织已成为抗旱救灾的生力军。

【防旱抗旱工程】

1990—2005年，成都市大力加强水利基础设施建设，岷江上游紫坪铺水利枢纽的建成，为都江堰增加了可调节水源，渠系工程的配套防渗，水库工程的除险加固，提灌站的技术改造，以及山丘区微水治旱的实施，使农田抗御干旱能力显著提高。与之同时，采取农业抗旱措施，如旱地育秧、免耕栽插、半旱式水稻栽培等。建设节水型农业，节水型灌溉面积达到158万亩，其中，喷灌、滴灌、雾灌面积2.13万亩。

在同一时期，在平坝区以渠系工程整治防渗为主，对都江堰、玉溪河、通济堰3座大型灌区的干渠、分干渠及重点支渠进行治理，全市共完成渠系工程防渗7284千米，其中U型渠道衬砌3880千米。新建红旗水库（中型水库）1座及5座小型水库，对85座病险水库进行除险加固，对20座骨干提灌站进行技术改造。对岷江、沱江及其主要支流的河道进行治理。在水土流失区域，进行综合治理及封山禁牧，并加强预防与监督工作。实施农村饮水解困工程，启动农村饮水安全工程，共解决32.74万人的饮用水困难问题和20万人的饮水安全问题。

成都市人工降雨工程车

2001年,成都市出现罕见的冬干、春旱、夏旱、伏旱相连的严重干旱天气,全市共有8个区(市)县199个乡镇受旱,11.5万人、4.5万头牲畜出现饮水困难,农作物受旱面积6.13万公顷,损失粮食2000万千克,经济林受旱360万株,直接经济损失8000万元。市、县气象部门在年度、关键季节气候趋势预测和中期天气预报中均进行准确预测,并建议抓好计划用水,引水育秧,加强水利设施建设,无水源保证地区改种旱地作物。市县政府及农业决策部门根据气象预报提前做好抗旱部署。干旱出现以后,市、县气象局跟踪监测服务准确及时。市县政府及时调整作物布局,加强用水调度,并在山丘区大力兴修微水工程,把干旱造成的损失降到最低限度。2001年后,针对成都市易旱地区降雨较丰沛(年降雨量770~1500毫米)、降雨时空分配不均的特点,市委、市政府在全市丘陵山区缺水易旱地区全面实施微水治旱(即微型水利)工程。到2005年年底,工程总投资4.45亿元,其中,各级政府共投入引导性补助资金1.14亿元,受益农户投入3.31亿元(含投劳折资),共兴建微型水利工程27204处,新增蓄水量能力1125.8万立方米,解决了35万亩旱地灌溉用水和部分生活用水问题。

【实施人工增雨】

成都市于20世纪80年代中期开始开展人工增雨工作。1991年,全市12个区(市)县共有26个炮点,整个成都片区高炮总数35门。

1998年4月28日,正值丘陵地区旱象日益严重时期,全市12个区(市)县抓住有利降雨的云天条件,实施连续5小时的人工增雨作业,全市范围内普降大到暴雨,作业区降雨普遍达到暴雨,使全市旷日持久的旱情得以解除。1999年春夏之交,正值全市水稻栽插关键时期,丘陵山区旱象严重。4月10日、16日、20日,市人工降雨防雹指挥部组织大邑、郫县、崇州、彭州、新都、新津、金堂、邛崃、青白江、龙泉驿等区(市)县的炮点进行3次大规模人工增雨作业,增加雨量5~40毫米。

2000年夏秋季,市、县防雹降雨指挥和作业部门严密监视天气变化,抓住有利时机,实施5次人工增雨作业,每次作业区雨量增加10毫米左右。6月11日,经市政府请求,省政府调飞机为成都市进行增雨作业,有效缓解了旱情。2001年,抓住每一次有利时机,及时开展防雹增雨作业,减少冰雹及干旱可能造成的损失上亿元。2002年4—9月防雹工作期间,市、县防雹工作部门共组织消雹增雨作业286次,用弹4781发,增雨受益面积达4000平方千米。

2005年3月23日,市政府召开人工防雹降雨工作会议,确定"防灾减灾、消雹增雨、服务群众、促进发展"工作方针。4月1日,全市45门人工防雹增雨高炮准时出炮,9部防雹降雨火箭作业车也集结待命。4月10日,全面完成相关准备工作。从4月1日出炮到9月30日收炮,全市共开展消雹、增雨作业290炮次,用弹4452发,防雹降雨火箭车作业8次。实现作业控制区3532.5平方千米、影响区域14130平方千米内无雹灾，增雨3~5毫米，合4000万吨左右，消雹、增雨效果明显。

地震灾害预防与抢险

【概况】

成都市位于龙门山断裂带与龙泉山断裂带之间，不同烈度的地震时有发生，因此成都市对防震抗震工作十分重视。20世纪80年代开始，成都市已经按照国家规定普遍开展建筑物的抗震设防工作。1991年1月，召开成都市第二次地震工作会议。在此基础上制定《成都市地震工作十年规划和“八五”计划》。90年代初，建立7个人工值守的地震观测台。1992年，成都市人民政府制定《成都市破坏性地震应急反应预案》。1994年4月，成都市地震局专门成立工程地震处（后更名为抗震设防管理处）。1995年，成都市地震局编报《成都市防震减灾工作“九五”计划和2010年规划》，客观分析全市面临的严峻的地震形势、防震减灾现状及存在的主要问题，涉及市政府23个部门和一些区（市）县政府。同时，修改《成都市地震应急预案》，制定《成都市地震局关于突发性事件的应急预案》，完成《成都市总体规划中关于防震减灾若干问题的初步研究》专题报告。

1996年4月26日，成都市人民政府正式公布实施《成都市工程建设场地地震安全性评价管理规定》。1997年2月，成都市数字遥测地震台网一期工程立项建设，1999年10月完成并投入试运行。同年，制定《成都市强有感地震应急反应预案》，与破坏性地震应急预案相配套。各区（市）县政府和市级各有关部门，制定相应的地震应急预案和实施方案，全市初步形成一个比较完整的地震应急反应预案体系。

2003年7月，市政府发布《成都市重点项目管理办法》，再次明确地震部门具有按照防震减灾法律法规对全市重点项目抗震设防进行指导、管理、监督和服务的职责。

2004年，市建委专门下发《关于加强农村建房质量安全管理的意见》，并组织有关设计院所设计多种型号的农村民居建设图集，免费向基层提供，市地震局主动适时地介入农村民房的抗震设防管理。同年1月，成都市数字遥测地震台网二期工程开始建设，2005年7月完工并投入运行。共建设7个遥测子台和1个台网数据处理中心。各子台装备短周期速度型地震计和24位地震数据采集器自动运行，其数字信号采用超短波无线方式实时传输至台网数据处理中心，能在10分钟内完成地震速报。同时对深井地下水、电磁波、地温、地形变、重力等项目进行地震前兆监测。成都市地震局制定并坚持一整套严格的震情值班和震情会商制度。全年365天，每天24小时均有工作人员全天候震情值班。

【成都市1990—2005年地震灾害纪实】

1990年1月9日16时35分和1月15日11时19分，成都市大邑县双河乡先后发生两次强度为Ms4.2级和Ms4.6级的地震，临近的邛崃、蒲江、都江堰市等县（市）震感比较明显，成都市区少数人有震感。震区的地震强度为Ⅱ度。震区内，房屋掉瓦、墙体裂缝等灾情较为普遍，并有少数砖墙倒塌或部分倒塌。大邑双河水泥厂、都江矿务局炼焦厂、职工医院和火电厂、大飞水电站、双河中学、双河中心小学等单位的房屋及生产设施等均遭到不同程度的破坏和损失，轻伤3人，无人、畜死亡。据初步估计，此次地震造成直接经济损失900余万元。地震发生后，市政府组织专业技术人员立即赶赴震区慰问和进行震情调查，帮助震区人民稳定情绪，恢复生产。

1991 年，成都市境内地震活动处于活跃期中相对平静的时段，全市境内仅发生 2.0～2.9 级地震 3 次，3.0 级地震 1 次。紧邻地区的最大地震也只有 12 月 1 日汶川县映秀—漩口地区的 3.6 级地震（都江堰市部分地区有感）。全市没有受到地震的破坏，地震活动的强度和频度明显低于 1989 年和 1990 年。

1992 年，成都市境内发生 2 级以上地震 20 次，最大震级 3.5 级，地震的频度和强度高于 1991 年，但无破坏性地震发生。8 月 24 日，都江堰市北部发生 3.2 级地震，该市的虹口、向峨、白沙、城关和彭县的通济、九龙、大宝等地有感。九龙镇听到地声，震中烈度约为四度。地震未造成破坏和伤亡。12 月 18 日，都江堰市再次发生 3.5 级地震，该市大部分地区有感。城关及中兴镇震感较强，中兴镇听到地声，震中烈度约为四度，震后记录到 20 余次余震，最大余震 2.5 级，未造成破坏和伤亡。

1993 年 2 月下旬至 3 月初，大邑县微震活动增强。3 月 2 日 21 点 36 分，大邑县三坝乡一带发生 3.5 级强烈有感地震。地震造成三坝街部分居民住房墙体开裂、围墙倒塌、烟囱掉砖、梭瓦、门窗变形等，但未造成人员伤亡。成都市地震局很快组织有关专业技术人员到现场进行考察，安定人心，作好宣传解释工作，并对震情的发展趋势做出比较准确的判断。同年 12 月 30 日 13 时 55 分，都江堰市与郫县之间发生 4.6 级地震。宏观震中位于都江堰市崇义乡与土桥乡之间，都江堰市的崇义、土桥、聚源、徐渡及郫县的新胜、花园、唐昌等地震感强烈，并听见地声，有少数房屋出现裂缝、梭瓦掉瓦、烟囱掉砖等现象，主要集中在崇义、土桥两个乡，无人员伤亡。震中烈度为五度。到 12 月 31 日 20 时，共记录到余震 261 次，最大余震为 1.9 级，地震衰减系数约为 1.6，属正常范围。

1994 年，成都市的地震活动趋于平静，全市范围内最大地震为 6 月 7 日彭州市发生的 3.0 级地震。

1995 年 2 月 3 日，都江堰市与汶川之间发生 3.3 级小震群，当地部分群众有震感。9 月 9 日彭州市发生 3.9 级地震，当地部分群众有震感。10 月 24 日云南肯武定县发生 6.5 级强烈地震，四川省攀枝花市有强烈震感，并在攀枝花市引发较为严重的恐震事件。经过对震情的分析研究，市地震局及时向市政府提交《关于近期地震形势的报告》，确认成都市境内 1995 年不会发生 5.0 级以上破坏性地震。全年，成都市境内共发生 2.5—2.9 级地震 3 次；3.0—3.9 级地震 3 次，最大地震为 9 月 9 日彭州市 3.9 级地震。同年，成都市地震局完成《对 1996—2000 年地震大形势的几点估计》的专题报告。

此后十年间，与前五年相同，成都市境内有感地震时有发生，其中，较强的地震有 2001 年 8 月 6 日邛崃市下坝的 4.2 级地震和 2002 年 5 月 31 日双流县与仁寿县交界处发生的 4.4 级地震，但未发生 5 级以上的破坏性地震。2005 年，成都市数字遥测地震台网记录到成都境内及周边地区发生 1.0—1.9 级地震 62 次，2.0—2.9 级地震 34 次，3.0—3.9 级地震 6 次。成都市境内的最大震级地震为 7 月 20 日 22 时 12 分在都江堰市与彭州市交界处发生的 3.5 级地震。全年，1.0—1.9 级地震发生次数与 2004 年相比基本持平，2.0—2.9 级地震发生次数比 2004 年明显减少。

【抗震抢险应急准备】

1992 年，成都市人民政府制定《成都市破坏性地震应急反应预案》，作为政府文件正式下发施行。1994 年，由市地震局牵头，29 个市级部门和单位参加编写的《成都市破坏性地震应急反应预案及实施方案》完成初稿并进行汇编。1996 年和 1998 年还对该预案进行过两次修改。

1995 年，中共成都市委宣传部和成都市地震局共同制定《成都市地震应急宣传预案》和《成都市震情宣传报道统一口径的规定》。1999 年，对这两个规范性文件进行修订，按照中央制定的“积极、慎重、科学、有效”的原则，对地震宣传报道的有关问题进行统一规范，加强对防震减灾宣传工作的管理。

1996 年 3 月 26 日，成都市地震局在市政府办公会议上汇报当前地震形势和我市防震减灾工作。4 月初，成都市专门召开全市重点监视防御区（市）县长参加的防震减灾工作座谈会。同年，市政府重新修订、发布《成都市破坏性地震应急反应预案》。

1999 年，市政府制定《成都市强有感地震应急反应预案》，与上述破坏性地震应急预案相配套。按照市政府的要求，各区（市）县政府和市级各有关部门，也制定相应的地震应急预案和实施方案，初步形成一个比较完整的地震应急反应预案体系。

2005 年 8 月 7 日，成都市地震局下发《关于成立成都市地震应急现场工作队的通知》，正式成立成都市地震应急现场工作队。主要职责是在地震事件发生后，赶到地震现场开展地震灾害评估和地震科学考察工作，为政府组织抢险救灾提供决策依据。同年 8 月 5—6 日，成都市地震工作系统在蒲江县举行地震应急演练和地震应急培训。成都市地震局全体干部职工和市（县）地震部门的部分工作人员共计 40 余人参加演练，共出动车辆 10 余台。

成都市地震灾害事件分级标准一览表

表 5－292

地震灾害事件等级	分级标准		初判标准
	死亡人数	经济损失	
特别重大地震灾害	300 人以上	直接经济损失占成都市上年国内生产总值 1% 以上	发生在成都市区的 6.0 级以上地震，或发生在成都市其他地区 7.0 级以上地震
重大地震灾害	50 人以上、300 人以下	造成一定经济损失	发生在成都市区的 5.0—5.9 级地震，或发生在成都市其他地区的 6.5—6.9 级地震
较大地震灾害	20 人以上、50 人以下	造成一定经济损失	发生在成都市区的 4.0—4.9 级地震，或发生在成都市其他地区 6.0—6.4 级地震
一般地震灾害	20 人以下	造成一定经济损失	发生在成都市区以外的本市其他地区 5.0—5.9 级地震

【市区抗震防灾规划】

1990 年，成都市继续进行城市抗震防灾规划的编制工作。补充、搜集有关资料，并将其输入微机数据库，同时完成了城市生命线系统抗震防灾规划征求意见稿。9 月，企业抗震防灾规划试点单位——成都无缝钢管总厂及四川化工总厂的抗震防灾规划，完成送审稿并经主管部门批准实施。

1991年10月，作为成都市抗震防灾规划重要组成部分的《成都市抗震设防区划》通过评审，评审委员会肯定这一报告技术途径合理、结果可信，可以作为震害预测和编制城市抗震防灾规划的基础，并建议成都市组织有关部门补充完善规划区内地震地质、地形地貌、场地条件等资料。同时，成都市与中国建筑科学院工程抗震研究所共同编制完善成都市城市抗震防灾规划区（115平方千米）设防区划图，并上报建设部审批。

1993年，《成都市区抗震防灾规划》（以下简称《规划》）经广泛深入搜集资料、反复论证、多次修改后定稿。11月下旬，由市政府主持召开评审会，邀请国内知名专家、教授及省内有关专家进行评审。评审委员会确认，《规划》指导思想明确，防御目标正确。是运用国际先进的震害预测方法和对成都市的现状作充分调查的基础上编制的，依据充分。《规划》紧密结合城市总体规划的要求，内容全面，条理清楚，简明扼要，图文并茂，符合当地实际。《规划》根据成都市现状，找准薄弱环节，重点突出，对策针对性强，措施得当，具有科学性、实用性和可操作性，符合建设部规定的甲类模式要求。《规划》所搜集的大量资料和成都市区抗震设防区划地质图系，丰富和补充了城市总体规划和建设的基础资料，包括环卫工程，属国内首创。《规划》对于进一步解决城市基础设施和生命线系统的抗震薄弱环节和提高成都市的综合抗震能力将产生重要的作用，该《规划》在国内属领先水平。

同年，《成都市市区抗震设防区划》由成都市抗震防灾规划编制办公室组织本市有关专业勘察单位的专家、工程技术人员，在1991年评议的基础上，进行必要的野外调查工作，并按提交的成都市区工程地质图件和说明书等资料及有关计算数据进行完善、研究、论证、补充和修改。成都市区抗震设防区划成果，除用各种报告和图件表示外，最终成果用“场地地震效应综合评价图”“成都市区抗震设防区划图”两张彩色图件来表示。“场地地震效应综合评价图”从对工程抗震有利与否角度，将场地按优、良、中、差四个等级分区。成都市绝大部分属良，局部为优和差。为便于指导工程抗震设计，“成都市区抗震设防区划图”包括四个类型的分区，即场地类别分区（成都市区大部分为Ⅱ类场地，局部为Ⅲ类场地，个别为Ⅰ类和Ⅳ类），地震影响系数分区，砂土液化分区（成都市区砂土液化的发生只限于一级阶地，个别地段可能出现严重液化，中等和轻微液化地区也不可忽视），抗震构造设防分区。《成都市区抗震设防区划》拟由市政府报国家建设部批准实施。

1996年，《成都市市区抗震设防区划》获建设部正式批准，成为成都市市区工程建设和城市建设的抗震设防依据，并纳入城市总体规划之中。

【成都市工程地质图系】

1993年，《成都市区工程地质图系》（以下简称《图系》）由市规划编制办公室组织本市有关专业勘察单位的专家、工程技术人员，经过一年多的努力编制完成。编制人员对已有资料广泛搜集、深入研究和实地校核，从参加编制单位提供的逾万份工程地质勘查和水文凿井资料中初选工程钻孔2200个，再从中筛选出具有代表性的钻孔（井点）1065个，成图面积196平方千米，每平方千米分布有代表性的钻孔6—9个，其密度之高，覆盖面积之广是历次成都市编图所没有的。该成果资料为进一步完善成都市区抗震设防区划提供依据。《图系》成果充分考虑抗震设防区划的实际需要，在内容的表述上和岩土工程参数的数理统计原则及选用上，均严格遵循国家现行颁发的勘察、设计规范的规定，并引用成都市地基土的最新研究成果和地球物理勘探的最新信息；大部分采用微机绘制，人工修绘成图，提高精度，收到费省效宏的结果；完成的砂土液化分布图，暗埋河塘及软土分布图及人工填土、一级阶地粉土，粉、细砂等厚度图，在成都市工程地质编图史上尚属首次。

1994 年，为满足成都市扩大总体规划的需要，在原编图的基础上，成都市抗震办公室承担了扩大范围的抗震设防区划和工程地质图系、场地工程能力评价图的编制任务。6 月上旬，成立成都市编图领导小组，并建立办公室，由市建管委、市规划局、市抗震办公室和省、市、中央在成都的甲级勘察单位组成编图委员会并开展工作。编图区图幅面积为 1100 平方千米，以扩大规划区面积 330 平方千米为主，适当扩大与外环线相接的卫星城部分区段面积。专门抽调科技人员收集所需钻孔资料，共 208 孔，其中工程地质孔资料 93 份，水文地质孔资料 115 份，为编图工作做好前期准备。

1995 年，受市编图领导小组委托，四川省地质工程勘察院组成编图项目组，在短时间内查阅、收集资料 1.5 万余份，其中，市区 350 平方千米内 1 万余份，外围 4 千余份（包括钻孔资料 2 千余个）以及编图范围内地矿系统作过的水文地质、工程地质、环境地质综合勘察评价的成果资料和科研资料，并对资料进行综合分析研究。6 月底，完成 8 幅原图。12 月初，经专家咨询、修改、补充后，通过由建设部城市规划司、国家抗震办主持的部级评审。成都市工程地质图系主要成果有成都市地质环境专题图系（1/2.5 万）6 件，成都市抗震设防区划图（1/2.5 万）2 件，成都市土地工程能力图（1/2.5 万，复制）7 件，并有《成都市地质环境专题图系说明书》《成都市抗震设防区划》和《成都市城市地质环境与土地工程利用定量分析及土地工程利用控制》等文字报告。《图系》达到国内领先水平，并已出版，供修改城市总体规划使用。

1996 年，《成都市工程地质图系》编制完成，被建设部科技奖励评委会评为建设部 1996 年度科技进步三等奖。该图系对减少灾害损失、满足城市规划建设管理需要具有现实意义。

【区（市）县抗震防灾规划】

1990 年，成都市抗震防灾规划试点区、县成立领导小组，并组建办事机构。1992 年 5 月，成都市在大邑县召开“县城抗震防灾规划编制工作座谈会”，除 14 个郊区、县（市）的代表外，还邀请四川省建筑科学研究院、成都市抗震设防区划编制组的专家参加。会议传达全国第十次抗震防灾工作会议精神，学习建设部制定的《县、镇抗震防灾规划编制工作暂行规定》，并介绍西安市、大邑县和都江堰市抗震防灾规划编制工作的经验和情况，研究在新的形势下如何搞好成都市县镇抗震防灾工作与抗震防灾规划编制工作的问题。会议要求．迅速创造条件，把抗震防灾的各项工作抓起来，编制好县镇抗震防灾规划并组织实施，把各县镇建设成为抗震城。

1993 年 6 月，成都市郊区、县（市）抗震防灾工作会在大邑县召开。各郊区（市）、县建委负责人参加会议。评审大邑县城晋源镇抗震防灾规划，检查落实郊区、县（市）开展抗震防灾工作情况，部署编制县城抗震防灾规划。会议提议温江、新都、新津县及彭州市着手进行县（市）城镇抗震防灾规划的编制工作，充分肯定龙泉驿区、蒲江县等区、县抗震防灾工作所取得的成绩。

1994年6月上旬，市政府办公厅批转市建设管理委员会《关于编制区（市）县城市（城镇）抗震防灾规划的报告》。6月底，市政府在大邑县召开14个郊区（市）县抗震防灾工作会，部署编制郊区（市）县城镇抗震防灾规划工作。之后在新都县举办全市14个郊区（市）县编制“抗震防灾规划”研讨班，培训编制县城抗震防灾规划技术骨干40余人。到年底，全市有12个郊区（市）县成立抗震防灾领导小组或抗震防灾规划编制领导小组，下设办公室负责日常工作。彭州市、崇州市、温江县、新都县、青白江区已全面铺开规划编制工作，蒲江、新津、邛崃等县（市）开始进行基础资料收集整编工作。各郊区（市）县抗震办公室分别举办培训班，共培训200余人，市抗震办组织有关专家对各地进行业务指导。

1995年，按照建设部《建设工程抗御地震灾害管理规定》和成都市人民政府办公厅《关于编制区（市）县城市（城镇）抗震防灾规划的报告的通知》的要求，各区（市）县政府高度重视，统一部署，精心组织，市抗震办组织专家进行巡回督查，区（市）县抗震防灾规划编制工作取得了较大成绩。共有彭州市、崇州市、邛崃市、温江县、新都县、青白江区、蒲江县、新津县、金堂县、龙泉驿区10个城镇的抗震防灾规划通过专家评审，其中，居省内同类规划领先水平的1个，达到或接近省内同类规划先进水平的7个，这些规划均具有科学性、适用性和可操作性。

1996年，双流县、郫县完成县城抗震防灾规划，并达到省内同类规划的先进水平。至此，成都市14个郊区（市）县已全部完成编制抗震防灾规划的任务。彭州市九陇镇、新都县新繁镇、金堂县淮口—九龙镇等3个建制镇的抗震防灾规划通过评审。9月，郫县县城抗震设防区划研究通过省级评审并上报省建委审批。该项研究收集县城规划区大量的地震地质、工程地质、水文地质、地形地貌、土质、地层分布和深部钻孔等基础资料，资料丰富、翔实，据此做出的地貌单元、地层时代划分等符合实际，按建筑抗震设计规范和有关要求，运用场地抗震性能评价等综合分析方法所作的地震场地破坏效应分区和土地利用规划建议等，符合县城实际，符合建设部规定丙类模式要求，在国内县城抗震设防区划中尚属首例。

【市防震减灾工作体系】

成都市防震减灾工作体系按照“政府领导、分级管理、部门负责”的原则建立。自20世纪80年代以来，成都市历届政府均有一名副市长分管防震减灾工作，有一名副秘书长负责联系防震减灾工作。在成都市人大常委会中，由城乡建设环境保护委员会负责联系防震减灾工作。同时，成都市设立成都市地震工作领导小组，统一领导和协调全市的防震减灾工作，由分管地震工作的副市长任组长，市政府相关的副秘书长及市地震局、市建委、市计委、市民政局、成都军分区等单位的负责人任副组长，其他市级有关部门和单位的负责人为领导小组成员。每当政府换届，领导小组成员即随之调整。成都市地震局是成都市人民政府的地震行政主管部门，主管全市的防震减灾工作。

从20世纪90年代开始，成都市的防震减灾工作正式列入成都市国民经济和社会发展计划，每年将防震减灾的法制宣传和科普宣传列入年度工作计划和目标管理。除开展经常性的防震减灾宣传工作外，还以“科技下乡”“科普宣传月”、唐山大地震纪念周、《防震减灾法》颁布施行周年纪念及国内外一些重大地震发生等为契机，开展规模较大的集中宣传，并在《成都晚报》、四川电视台和成都电视台等新闻媒体进行宣传报道，以提高全市民众的防震减灾意识，普及防震减灾知识。1992 年，共发放各种防震减灾宣传资料（杂志和图书）2000 余份，各种挂图 1000 余份，报刊 3000 余份，组织收看地震录像 5 万余人次。

1995 年 8 月 8 日，成都市召开首次防震减灾工作会议。市委、市人大、市政府、市政协、市级有关部门和各区（市）县领导以及地震部门领导共 150 余人到会，会议确定成都市防震减灾工作目标，明确各级政府和有关部门在实施防震减灾十年目标中的职责，推动全市防震减灾工作。

1996 年，在原有成都市地震工作领导小组基础上，调整部分单位和人员，正式更名组建成都市防震减灾工作领导小组。同年 4 月，召开全市重点监视防御区（市）县长参加的防震减灾工作座谈会，成都市副市长就全市地震应急工作做了部署。彭州市、都江堰市、大邑县、邛崃市和蒲江县政府在地方财力紧张的情况下，拿出一定资金用于防震减灾工作，蒲江县和邛崃市还从 1996 年起把防震减灾工作经费正式纳入地方年度财政预算。5 月，第十一届中心城市防震减灾工作会在成都召开。来自哈尔滨、武汉、重庆等 16 个中心城市防震减灾主管部门的领导和代表 50 余人参加会议。中共成都市委、成都市人大、市政府、市政协有关领导出席会议，国家地震局副局长、四川省地震局副局长到会并作重要讲话。

1997 年和 2004 年，成都市数字遥测地震台网一期和二期工程分别由市计委正式立项，市财政如期拨款，工程按计划如期完成。市地震局的日常经费已列入市财政预算，逐年如数下拨。在成都市的 19 个区（市）县和高新技术开发区中，每区都有一名副区（市）县长分管防震减灾工作，所有的区（市）县都成立了防震减灾工作领导小组。彭州市、都江堰市、邛崃市、大邑县和蒲江县 5 个防震减灾重点县（市）设有地震办公室或地震局，各有数名工作人员，主管该县（市）的防震减灾工作，其余区（市）县也都落实了兼管防震减灾工作的部门（如建委、城建局等）和经办人员，并落实责任。各区（市）县的防震减灾工作全部纳入同级政府的目标管理之中。

21 世纪初，成都市基层地震工作网络逐步完善。基层地震工作网络包括群众性地震测报站、地震宏观监测点、乡镇地震宏观员、地震科普宣传点等，在防震减灾工作中发挥重要作用。2005 年，市政府下发《关于进一步加强防震减灾工作的意见》，要求“积极推进地震宏观观测网、地震灾情速报网、地震知识宣传网建设，在各乡镇设置防震减灾助理员，形成‘横向到边、纵向到底’的群测群防网络体系”。按照因地制宜、分类指导的原则，首先在都江堰、彭州、邛崃、大邑和蒲江 5 个地震重点监视县（市），采取专兼职相结合的方式，通过规范职务名称、明确职位职责、界定岗位责任、纳入目标考核的办法，在每个乡镇各设立一名乡（镇）防震减灾助理员。到年底，5 个县（市）已有 89 个乡（镇）设置防震减灾助理员，设置率达 92%，其余区（市）县的这项工作也在积极推进之中。成都市地震局对乡（镇）防震减灾助理员进行业务培训。蒲江县在全县所有的行政村设置地震安全员（由村委会主任兼任）。市、县两级地震部门根据乡（镇）防震减灾助理员的工作特点，对乡（镇）防震减灾助理员进行相应的业务培训。乡（镇）防震减灾助理员和村地震安全员在地震宏观异常观测、地震灾情速报、防震减灾知识宣传、防止恐惧地震事件发生以及协助上级地震部门开展工作等方面发挥了重要作用，使成都市的防震减灾工作延伸到基层。同年，成都市地震局在都江堰市、邛崃市、彭州市、大邑县和蒲江县5个县（市）建立了6所防震减灾科普宣传教育示范学校。4月22日，全市第一所防震减灾科普宣传教育示范学校在蒲江中学实验学校正式挂牌成立。

【抗震设防管理】

《中华人民共和国防震减灾法》规定“新建、扩建、改建建设工程，必须达到抗震设防要求”。按1990年国家地震局完成的《中国地震烈度区划图（1990）》（简称“第三代区划图”），成都市境内大部分地区的地震基本烈度（即50年期限内，一般场地条件下可能遭遇超越概率为10%的烈度值）均为Ⅶ度，只有金堂等少数区县的部分地区的地震基本烈度为Ⅵ度。为此，成都市加强工程地震管理工作。1990年，市抗震办公室制定《关于成都市非营业性用房改建营业性用房保障安全的通知》，全年完成工业与民用建筑抗震加固面积16.6万平方米，支出经费541.86万元。1991年，《成都市基本烈度六度区建筑抗震鉴定与加固设计规程》编制完成，并通过评审。全年市属单位完成工业与民用建筑抗震加固面积9.72万平方米以及水塔一座。共支出经费276.77万元，其中，国家补助和城市自筹经费116.77万元，各加固单位自筹经费160万元。抗震加固平均单方造价为28.49元/平方米。同年，成都市抗震办公室牵头组成抗震工程质量检查组，对1987—1991年新建的工程抗震设防质量进行抽查。共检查工程188项，建筑面积75.56万平方米，其中，优良工程5项，合格工程182项，不合格工程1项。

1992年，市抗震办公室对加固工程实行坚持两次鉴定、坚持设计审批、坚持质量检查监督、坚持工程竣工验收制度和分级施工质量监督管理制度，对需抗震加固的建（构）筑物，根据当年经费情况，结合城市改造，分别轻重缓急，分期分批进行。全年市属单位共完成工业与民用建筑抗震加固面积8.1万平方米以及烟囱一座，共支出经费318.8万元，平均单方造价为39.38元/平方米；完成抗震加固鉴定、审批设计50余项，面积6.8万平方米；培训抗震加固施工技术人员140人。1993年，市属单位共完成工业与民用建筑抗震加固面积3.5万平方米，支出经费189.01万元，全年共审批非营业用房改建营业用房设计方案138户。

1994年4月，成都市地震局成立工程地震处（后更名为抗震设防管理处），拟定工程地震管理办法和《工程建设项目地震安全性评价简介》，举办两期工程地震培训班，对成都市自来水六厂三期、四期工程和塔子山自来水加压站工程等项目的地震安全性评价工作进行协调、管理和监督。多年来，四川省地震局工程地震研究院（原名“四川省地震局工程地震研究所”）和成都市工程地震研究所等有资质的单位对成都市境内数百个重大工程或可能引起次生灾害的工程进行不同等级的地震安全性评价，为确定其抗震设防要求和进行抗震设计提供科学依据。全年，完成工业与民用建筑抗震加固面积3万平方米，支出抗震加固经费129.25万元。同年8月，市抗震办牵头组织专家组，对1992年以来新建工程进行抽查，共抽查32项工程的抗震设防情况，面积24.48万平方米，其中，抗震设防合格和基本合格的30项，面积23.06万平方米，占94.2%。1995年，完成工业与民用建筑抗震加固面积2.41万平方米（其中，工业建筑1.53万平方米，民用建筑8777平方米），支出抗震加固经费135.98万元。同年,市抗震办公室会同有关单位,对1990年以来竣工和在建的18个项目(计78.9万平方米)高层建筑和超高层建筑的抗震设防质量进行了逐项检查。

1996年4月,市人民政府正式公布实施《成都市工程建设场地地震安全性评价管理规定》,明确规定“工程项目主持审批单位在组织可行性论证和立项审批时必须通知防震减灾行政主管部门参加”。同时成立成都市地震安全性评定委员会,制定贯彻执行规定的具体实施意见。成都地区的各甲级建筑设计单位及郊区(市)县均成立抗震设计审查小组,并从各小组成员中组织具有丰富实践经验、熟悉工程抗震业务知识、责任心强的专家和技术人员组成成都市抗震设计审查专家组,协同市、区有关部门,在办理施工前期工作时共同把关,使工程抗震设计审查工作逐渐规范化。同年,《成都市新建工程抗震设计审查技术要点》编制完成,为成都市抗震设计审查、建筑设计、工程设计提供很好的参考资料。12月1日,市建设工程项目交易管理中心投入运行后,抗震部门参加该中心联合办公,负责工程项目的抗震设计审查。全市经抗震审查的各类房屋建筑共484项,总建筑面积269.5万平方米,签发抗震审查合格证400个。全年,共完成抗震加固面积2.28万平方米,支出抗震经费135.99万元。

2001年2月,国家质量技术监督局正式发布强制性国家标准《中国地震动参数区划图(GB 18306-2001)》(简称“第四代区划图”),并于同年8月1日起施行,以取代原有的第三代区划图。新的《中国地震动参数区划图》第一次采用地震动参数取代地震烈度。按照该图的标示,成都市的大部分地区(包括成都市5个城区和10个区市县政府所在地在内)50年超越概率10%的最大水平峰值加速度为0.1g(g为重力加速度),相当于地震基本烈度Ⅶ度,其余地区的峰值加速度也达到0.05g,相当于地震基本烈度Ⅵ度,这与第三代区划图的标示大体相当。与此同时,该区划图还标示,成都市城区和都江堰市、新津县、双流县、新都区、金堂县等区(市)县政府所在地的地震动反应谱特征周期为0.4秒,而彭州市、崇州市、大邑县、邛崃市、蒲江县、温江区、郫县等区(市)县政府所在地的特征周期为0.45秒,均高于过去相关规范的规定。按照这两代区划图的标示,成都市全境的建筑物都必须进行抗震设防。事实上,自20世纪80年代初以来,成都市的城镇已经按照国家的规定普遍开展了建筑物的抗震设防工作。

同年10月,市政府颁发的《成都市国家非限制类的非政府投资项目办事流程》中,明确规定成都市地震局参与核发建设项目规划选址意见书和建设项目施工图设计审查两个环节,对工程项目是否需要进行地震安全性评价和地震安全性评价的成果是否合法进行审查把关。2003年7月,市政府发布《成都市重点项目管理办法》,再次明确地震部门按照防震减灾法律法规对成都市重点项目抗震设防进行指导、管理、监督和服务的职责。

2004年,市地震局组织对7个区(市)县24个乡(镇)的7570个农户进行农村民居抗震设防基本情况抽样调查。调查结果表明,成都市农村民房中,具备抗震能力的仅占0.29%,基本抗震的占2.63%,存在部分问题的占16.26%,不抗震的占80.82%。成都市农村房屋普遍存在重外观轻结构、房屋结构不科学、缺乏圈梁等抗震措施、承重墙厚度不够、房屋层高超高、房屋基础深度不够、地基处理方式简单、建筑材料不达标、施工质量低劣等问题,情况不容乐观。该项调查成果得到市政府领导和有关部门的高度重视，市建委专门下发《关于加强农村建房质量安全管理的意见》，并组织有关设计院所设计多种型号的农村民居建设图集，免费向基层提供。市地震局主动与市民政局、国土局沟通，将农村民居地震安居工程纳入市民政局的“安居新村工程”和市国土局的“地质灾害易发区内避让搬迁工程”，适时介入农村民房的抗震设防管理。

2005年，成都市地震局参与规划定点审查的工程建设项目共计288个，对应做地震安全性评价的35个工程建设项目进行全面督查，依法督促22个具备条件的工程建设项目开展地震安全性评价工作。

【地震前兆监测网络】

在地震前兆监测方面，成都市境内主要开展深井地下水、电磁波、地温、地形变、重力等项目的观测。成都市“地下水观测网”由安设在境内数个井孔中进行长期系统观测的观测仪器组成。20世纪90年代初，成都市地震局及有关单位的观测井孔有成都市北郊凤凰山36号井（1991年11月，维修改造并装置SZW－lA型数字式地温仪）、蒲江县委井（蒲江县委大院内）、金堂32号井（金堂县栖贤乡四川锅炉厂）。

90年代中期，川—11号井、川—22号井和邛崃10号井先后建成，而且都是位于断裂带附近、井深100米以上的钻孔，地下水承压性好，观测效果较好。90年代初期建设的三井，先后停止观测。1993年12月，都江堰市地震办公室安装DPJ－Ⅲ型点频仪（接收频率为5kHz、38.33kHz）和ULF－Ⅲ型超低频电磁波信息观测仪（接收频率为0.1－10Hz），开始进行电磁波观测。1994年，成都市地震局下发《关于进一步加强地震业务工作管理的通知》和关于加强无线电通信工作的有关文件，对6台DD－2地震仪进行了定期标定。5月，都江堰市地震办安装的DPJ－I、ULF－I型电磁波仪通过国家地震局的验收，正式投入观测。列入国家网和省网的两口地下水观测井资料连续率保持100%，参加全省质量评比均获优秀。

2004年9月，成都市地震局开始建设统一的成都市数字电磁波台网。该台网包括邛崃平乐台、大邑晋原台、都江堰文庙山台、蒲江鹤山台和彭州银厂沟台等5个子台和1个台网中心。

2005年1月，除彭州银厂沟台外，其余4个子台和台网中心建成，并于1月28日投入试运行。台网中心（成都市西华门街19号市政府第三办公区内）配备有数据汇集机、数据库服务器、分析处理机和台站管理机等专用计算机，连接成一个局域网进行工作，在省内率先实现电磁波观测的统一联网、实时或准实时数据传输及远程维护。2月，台网中心安装MDCB－5－1型8方位电磁波监测仪，并启动进行观测。5月，成都市地震局与彭州市地震办公室配合，收回了因企业改制等原因被废弃的岷江齿轮厂地震台，并将其更名为银厂沟地震台。银厂沟地震台位于彭州市龙门山镇团山村胥家沟，地处龙门山断裂带中南段，龙门山断裂带的主干断裂从其北西约400米处通过。成都市政府拟投资203万元对该台进行改造，将其建设成一个具有微震、强震、地形变、地温、电磁波等多种数字化观测手段的综合性地震台，采用无人值守、自动遥测、数字传输的方式运行，成为成都市地震系统规模最大的综合性地震台。至年末，已完成60万元的建设预算安排。

同年5月13日，成都市地震局和成都市公安局国内安全保卫局在邛崃平乐地震台联合举行成都市地震监测台点保护标志揭牌仪式。年内全市42个地震监测点（含在辖区内的四川省地震局所属地震监测点）逐步完成了安全保护标志设置。成都市地震局联合四川省地震局，会同成都市公安局国内安全保卫局、成都地震基准台以及相关市（县）地震部门、公安部门、建设部门，就地震台点保护工作召开联席会议，建立地震监测台点保护工作协调联动机制。

2005年7月，成都市数字遥测地震台网二期工程台网中心机房和3个子台（分别位于邛崃市、双流县和新津县）的仪器设备全部安装到位，并与一期台网的4个子台并网形成监测能力，试运行情况良好。其中，应龙湾地震台（双流县中和镇应龙湾村）钻有一口深203.05米的钻井，在井下170米处安装TDT－35型高精度地温测试仪，用以监测地下深处温度的微弱变化。该仪器的分辨率优于0.0001℃，测量准确度优于0.05℃，长期稳定性≤0.01℃/年，短期稳定性≤0.001℃/天，探头采用特殊材料密封，具有耐高压（≥10 Mpa）抗腐蚀的性能，低压供电，输出数字信号，两套仪器同时观测，其信号通过DDN传输到台网中心。实测结果表明，该处地温在19.5°C～20°C范围内变化，工作稳定。成都市地震监测台网在动态范围、计算精度、计算速度及现代化程度方面达到了国内先进水平，能对市域内1.8级以上地震进行精确定位。

【省级地震前兆观测台网与设施】

四川省地震局在成都市境内的地震前兆观测台网与设施主要有成都地震基准台地震前兆观测项目、流动形变监测网点、GPS观测网络、地震重力观测网等。

成都地震基准台除测震以外，还有地震前兆观测项目。在地磁观测方面，装备有GSI型一等磁力仪、DI型磁通门偏角倾角仪、G856型质子旋进磁力仪、Mingeo DIM型偏角倾角磁力仪（匈牙利产）、Over hauser型双共振磁力仪（加拿大产）等绝对观测仪器，以及CB3型和72型地磁记录仪、GM－3型磁通门磁力仪、FHD－1型质子磁力仪、FGE型磁通门磁力仪等相对观测仪器，是西南地区第一个国家级标准地磁台，其资料参与国际资料交换。在地电观测方面，有N 58°E和N 49°W两个电极组，供电电极距分别为736米和846米，测量电极距分别为226米和270米，现采用ZD8B型地电仪进行观测。在重力观测方面，采用西德阿斯卡尼亚GS－15型重力仪进行观测，同时配备有气温、气压等辅助观测手段。

流动形变监测网点由四川省地震局布设在省内的主要活动性断裂带上，进行跨断层的短水准测量和短基线测量。在成都市境内的流动测量场地有都江堰二王庙、大邑县西岭镇、蒲江县东北（现鹤山镇）等3处。

GPS观测网络是以全球卫星定位系统（GPS）观测技术为主的地壳运动观测网络。四川省GPS观测网络由四川省地震局于2002年开始建设，2005年8月完工，2006年8月通过验收。该网络由GPS基准网、GPS区域网和数据中心三大部分组成网络观测实体，具有高精度连续动态监测和高精度实时定位功能，可以快速获得高精度的地壳运动信息，监测省内主要断裂带的构造活动，并能提供GPS定位服务，兼顾其他领域的需要。四川省GPS观测网络中的基准网共有12个GPS基准站（包括新建的6个GPS基准站和改造利用已建的6个GPS基准站），其中，新建的成都站（四川省地震局）、郫县站（郫县新胜镇成都地震基准台）、邛崃站（邛崃市平乐镇平乐地震台）3个基准站在成都市境内，其余新建的基准站（仁寿站、中江站和简阳站）和改建的雅安站在成都市的周边地区。所有的基准站均进行GPS连续观测,GPS基准网的主要功能是监测横穿成都地区的断裂活动。

四川省地震重力监测网在成都地区有一个环,从成都出发,经由北川回到成都,用以监测龙门山断裂带和成都附近地区重力的微小变化。测线长度350千米,测点数为30个点,1985年建成并投入使用至今,每年均进行复测。

【地震活动监测网络】

1992年5月,由成都市抗震办公室主研的《成都市抗震防灾规划数据库及其管理系统》,在北京展览馆举办的第二届全国电子信息应用展览会城市建设信息系统展区进行展出,获得好评。6月27日,系统通过市级技术鉴定。该系统利用微机技术,从大量数据中提取有用信息,搜集抗震防灾规划所需的主要基础资料及分析成果,能迅速、多角度、多方位地进行随机动态调查、打印及维护有关数据库资料,为决策提供方便、快速服务。

20世纪90年代初,成都市在灌县(都江堰市)地震办公室(1993年3月以前设在都江堰市向阳坡,1993年3月以后迁至都江堰市文庙山街)、彭县(彭州市)地震办公室(原彭县政府机关大院内)、蒲江县地震办公室(蒲江县委机关大院内)、大邑县地震办公室(大邑县县政府机关大院内)、四川化工总厂(青白江大弯镇该厂生活区内)、成都飞机公司(成都市黄田坝该公司生活区内)和大邑县西岭镇(大邑县西岭镇政府大院内)等地建立地方地震台站,均装设有DD-2型地震仪、XH 3501型自校数字钟和稳压电源等配套设备,进行人工值守的地震观测。

1997年,成都市人民政府决定投资兴建全市数字遥测地震台网。数字遥测地震台网是成都市地震局负责管理运行的地方性地震台网,也是国内地方地震工作机构最早建立的数字遥测地震台网之一,其任务是监测成都市全境及周边地区的地震活动。同年2月,成都市数字遥测地震台网一期工程立项,1998年12月,开始建设,1999年10月,完工并投入试运行。一期工程兴建成都市境内的龙泉望场坡台、彭州困牛山台、大邑高堂寺台和蒲江看灯山台4个遥测子台和1个台网数据处理中心,各子台装备短周期速度型地震计和24位地震数据采集器,无人值守,自动运行,其数字信号采用超短波无线方式实时传输至台网数据处理中心,台网中心采用计算机网络处理系统对各子台的信息进行实时处理,具有地震事件自动触发和测定地震基本参数的功能,能在10分钟内完成地震速报,并能将地震信息通过公众无线网络信息服务系统及时发布。

成都市数字遥测地震台网第二期工程于2004年1月开始建设,2005年7月完工投入运行。在二期工程中,新建成都市境内的邛崃平乐台、新津梨花沟台和双流应龙湾台3个遥测子台,与一期台网的4个遥测子台并网运行,其中双流应龙湾台是四川省第一个安装深井井下地震计的地震台。至2005年年底,成都市数字遥测地震台网的各子台均配备有拾震器(分别为DS-2A型短周期三分向地震计、DS-4A一体摆、井下摆)、24位数据采集器(TDE-224C、TDE-324CI)、发射机(无线数传机TDT-25、H761X CDMADTU、有线DDN光端机)、GPS卫星接收天线和交直流电源、避雷装置等;台网中心配备有信号汇集器、收发天线、数字滤波器、Cisco路由器、电脑、Adapt区域数字地震台网地震数据处理软件、IP解析处理软件等。

成都市数字遥测地震台网可以监测成都市及邻区的1.5级以上的地震,在1999年11月30

日绵竹、安县间的5级地震、2001年8月6日邛崃4.2级地震和2002年5月31日双流、仁寿间的4.4级地震时,发挥重要作用。

成都市数字遥测地震台网建成之后,除四川化工总厂地震台和大邑县西岭镇地震台以外,灌县、彭县、蒲江、大邑县地震办公室、成都飞机公司等地方地震台站陆续停止工作。

【省级地震活动监测设施】

四川省地震局在成都市境内建有多处测震设施,如成都地震基准台、四川省地震局的成都遥测地震台网、紫坪铺水库数字遥测地震台网等。

成都地震基准台位于成都市郫县新胜镇(后属唐昌镇)的走石山上,是国家级基准台,隶属于四川省地震局。该台在测震方面装备有短周期DD-2地震仪、中长周期DK-1型地震仪和甚宽频带JCZ-1型数字地震仪,承担国际地震资料交换和全球大震速报任务。

四川省地震局的成都遥测地震台网始建于20世纪70年代中期,全部采用模拟记录,1985年2月通过国家地震局验收,正式投入运行。20世纪90年代末,对整个台网进行数字化改造,实现观测方式的升级换代,并于2000年11月正式投入运行。该台网包括14个数字遥测子台和设在四川省地震局(成都市人民南路3段29号)的数据记录处理中心,承担全省的地震活动监测和大范围的地震速报任务。该台网的14个子台中,只有油榨坪台(YZP)在成都市境内。该台位于都江堰市青城山镇石桥村,是成都遥测地震台网最早建成的子台。在成都市周边地区,成都遥测地震台网尚有中江金鸡寺(JJS)、仁寿油罐顶(YGD)、雅安蒙顶山(MDS)、峨眉山(EMS)、江油仲家沟(ZJG)等子台,子台均装备有短周期地震仪,部分装备有宽带地震仪,采用无线方式传输信号,它们对监视成都地区的地震活动发挥重要作用。

2003年7月,系根据国务院的有关规定,四川省紫坪铺开发建设公司委托四川省地震局水库地震研究所建设了紫坪铺水库数字遥测地震台网。2004年8月该台网建成并投入试运行,2005年2月转入考核运行。紫坪铺水库数字遥测地震台网包括灵岩寺(LYS)、钻洞子(ZDZ)、桂花树(GHS)、庙子坪(MZP)、白岩(BAY)、八角(BAJ)和桃子坪(TZP)7个遥测子台,其中前5个子台均在都江堰市境内,其余两个子台在紧邻都江堰市的汶川县境内,这些子台均装备有三分向短周期地震仪和24位数字采集器,实现了大动态、高精度观测。各子台的信号采用超短波无线传输,同时在都江堰市紫坪铺镇白沙村建有灵岩寺中继站,在郫县成都地震基准台内建有走石山中继站,所有台站信号在走石山汇集后再通过DDN专线传至设在四川省地震局的台网中心。

【地震监测和预报】

自成都市地震局成立至2005年,近30年间,成都市地震局坚持一整套严格的震情值班和震情会商制度。全年365天,每天24小时均有工作人员全天候震情值班,对基层上报的和值班人员收集到的所有情况均做有详细记录,事后全部归档。市地震局监测预报处(原分析预报处)每周均进行例行的周震情会商,每月进行例行的月震情会商,有特殊情况出现时,则举行临时的紧急会商,会商结果除向局领导报告外,还要填写专门的《震情分析情况报告单》上报四川省地震局,同时还定期以《地震简报》的形式向市政府报告震情(每月至少1次,如有重要震情则随时加报)。每年的5月和10月还分别举行全市性的年中和年度地震趋势会商会，形成正式的《地震趋势会商报告》上报四川省地震局。在中共十五大和十六大、香港澳门回归、国庆五十周年等重要时段，四川省和成都市的重大政治经济活动以及重大节日前后，增加会商次数，提交专题报告，强化监测预报工作。

1990年，成都市地震局向省地震局震情趋势会商会提供的研究报告获得全省地方地震系统年度地震趋势研究报告第一名。全年市地震局向市委、市政府及有关部门报送《震情汇报》18期，《震情通报》4期，《地震趋势会商会纪要》1期。同年，建立市地震局与彭州、都江堰、大邑、邛崃、蒲江等五个重点县（市）地震局（办）以及四川化工总厂地震测报站的短波无线电通信网，每天定时开机联络。以后又在蒲江川—11号井（蒲江大兴）和邛崃川—22号井（邛崃道佐）两个深井观测点装备短波无线电台，用于观测数据上报。

1991年，全市各级地震工作部门在地震活动处于高潮期内相对平静的状态下，仍坚持每天昼夜震情值班和地震趋势会商制度。全年上报《震情汇报》及简报、通报共17期，按时向四川省地震局报送地震会商情况报告单共53期。1992年度地震趋势会商报告连续5年被评为全省地方地震系第一名。蒲江11号井的观测质量保持优秀水平，邛崃22号井正式通过验收，列入国家观测井网。成都市地震无线电通讯网被市无线电管理委员会评为先进单位。在成都地震中心站的配合下，完成了对都江堰市地震办公室新测震台址的选址和放大倍数测试工作。

1992年5月下旬和10月下旬，成都市地震局分别召开下半年度地震趋势会商会和1993年度地震趋势会商会，提交《1992年下半年度地震趋势会商报告》《1993年度地震趋势研究报告》和《1993年度地震趋势会商会纪要》，为上级判断震情提供决策依据。

1993年2月至3月初大邑县微震活动增强，大邑县地震办公室对震情变化极为重视，3月2日下午向大邑县政府作汇报，并起草《震情简报》，对震情的发展趋势做出了比较准确的判断。当晚21时36分，该县三坝乡即发生3.5级地震。同年12月30日13时55分，都江堰市土桥4.4级地震前，都江堰市地震办公室曾明确提出过较好的内部预测意见，地震“三要素”（时间、地点、震级）均对应较好。震后，成都市地震局局长率领地震现场考察组一行6人与四川省地震局、都江堰市地震办有关人员共同对震区进行为期2天的野外现场考察，并及时做出“原震区乃至整个成都市近期都不会发生5级以上破坏性地震”的正确判断。

1994年，对市内数次地下水和电磁波异常，及时进行核实与分析。对3月24日彭州市2.9级地震、5月4日都江堰市2.4级地震等几次有感地震及时进行研究，对震情做出了正确判断。5月，市地震局完成《都江堰市4.4级地震序列特征及四川盆地龙门山带震情趋势研究》和5项专题研究报告。12月，省、市地震局和大邑县地震办共同承担的《大邑县西岭镇震害预测报告》完成并通过初审。成都市的年度会商报告和日常震情监测工作均获全省地方地震工作系统第一名。

1995年，市地震局完成《对1996—2000年地震大形势的几点估计》的专题报告，邛崃市、大邑县西岭镇震灾预测工作如期完成。10月24日，云南省武定县发生6.5级强烈地震，四川省攀枝花市强烈有感，并引发较为严重的恐震事件。为确保成都市人民生活、生产、工作秩序不受到恐震事件的干扰，经过对震情的分析研究，市地震局及时向市政府提交《关于近期地震形势的报告》，确认成都市境内1995年不会发生5级以上破坏性地震。

1996年，成都市境内未发生2.5级以上地震，地震部门坚持做到每天24小时昼夜值班和内部震情会商制度，按期召开半年度和年度地震趋势会商会。全年报送《分析预报情况表》53份，上报《地震异常报告单》1份，电话报告地下水异常6次，编写并上报《地震简报》20期，上报地震趋势研究报告2份。

1997年，成都市数字遥测地震台网投入运行后，凡台网记录到比较重要的地震（网内和网缘2.5级以上、网外3.5级以上），均立即向市地震局的全体工作人员和各县（市）地震局（办）的负责人发送手机短信息，让全体工作人员及时掌握震情。对于重要的地震宏观异常和微观异常，成都市地震局和有关县（市）地震局（办）均进行及时认真的调查和核实，包括及时派出专家到现场核实。特别重要的情况，还写出书面报告，上报市政府和省地震局。从2000年开始，市地震局与五个重点县（市）地震局（办）实现计算机联网，信息传递更为方便快捷。

2001年8月6日，邛崃市下坝4.2级地震前，成都市地震局在年度会商和半年度会商中，曾做出过较好的中期预测，地震发生的当天，市地震局的紧急会商又明确判断当地不会再次发生更大的地震。

2002年5月31日，双流县与仁寿县交界处的4.4级地震发生的前夕，成都市地震局在刚刚结束的成都市2002年年中地震趋势会商会上就明确指出“龙泉山断裂带长期缺震，存在发生4级以上强有感地震的背景”。地震发生当天，省市地震部门联合举行的紧急会商会一致认为“原震区不排除近期再发生4级左右有感地震的可能，但是，成都市境内的其余地区，包括成都市城区和所有的区（市）县在内，近期都不会发生5级以上破坏性地震”。这些判断与实况完全一致，通过新闻媒体及时公开报道后，安定人心，取得很好的社会效益。

2005年，成都市地震局获四川省2004年度地震监测管理先进单位，四川省2005年度地震日常分析预报工作优秀奖荣誉，成都市地震局完成的“成都市2006年度地震趋势研究报告”在全省评比中获第二名。

社会救助

社会救助体系建设

【概况】

1990年，根据成都市编制委员会文件《关于下达成都市民政局直属事业单位人员编制的通知》，成都市收容遣送站编制为90人。1992年，制定《关于成都市实施〈中华人民共和国收养法〉若干问题的意见》，就收养登记和收养公证机关、收养人条件、弃婴的确认及其生父母的查找、被收养人户口、粮食关系的迁移、体检机关、涉外收养证件的翻译、认证以及《中华人民共和国收养法》实施前形成的事实收养的处理等，作了严格详细的规定，全年共办理收养登记47人，其中涉外收养3人。20世纪90年代中期，成都市着手为建立城乡最低生活保障制度做前期准备工作，组织进行调查和试点。1993年，市政府批转市民政局《关于适当提高城镇社会救济对象救济标准的请示》，对五城区城镇孤老、孤儿、城镇贫困户、享受原工资40%的精减退职老职工、起义投诚和国民党宽大释放人员以及社会福利事业单位收养收治人员的救济费作了相应提高。

1996年，颁布《成都市人民政府关于积极推进农村最低生活保障制度工作的通知》，1997年下发《关于建立和实施城市居民最低生活保障制度的通知》，为城乡生活特殊困难的群众发放最低生活保障金，最低生活保障金根据经济发展和物价变化进行适时调整。

2000年，成都市流浪儿童救助保护中心成立。2001年初，成都市为建立全方位的流浪儿童救助保护体系，以成都市流浪儿童救助保护中心为依托，在全市建立多个分中心和救助点，开展救助试点工作。经过几年探索和实践，成都市流浪儿童救助保护网络体系初步建立，在流浪儿童教育管理、街头救助、医疗救治、返家的接送以及安置等方面都取得了较好的成绩。

2003年7月24日，成都市收容遣送站更名为成都市救助管理站。8月1日，《城市流浪乞讨人员收容遣送办法》废止，实行《城市生活无着的流浪乞讨人员救助管理办法》及《城市生活无着的流浪乞讨人员救助管理办法实施细则》，原有收容遣送机构一律改制为救助管理机构。成都市救助管理站严格遵循自愿受助、无偿救助的救助原则，对在城市生活无着的流浪、乞讨人员实行救助，保障其基本生活权益，并建立全市救助网络体系、医疗救治体系、救助管理服务体系和接送体系。2004年，金牛区、青羊区、成华区、武侯区、高新区、锦江区成立了成都市救助管理分站；青白江区、新都区、温江区、彭州市、都江堰市、邛崃市、崇州市、大邑县、郫县、新津县、双流县、金堂县、蒲江县、龙泉驿区分别成立本级救助管理站或指定专人负责救助管理工作，基本建立起全市范围内救助管理网络体系。全年全市救助流浪乞讨人员1.24万人，其中，儿童3810人，受助率达100%。办理国内收养登记402件，其中，涉港澳台收养登记8件，合格率达100%。

2005年5月21日，市委、市政府要求完善城乡最低生活保障机制，规范管理、应保尽保。至年底，全市已基本形成以最低生活保障为核心，以帮困助学、帮困助医、帮困建房为配套以及其他专项性、临时性救助和社会帮扶为补充的救助制度。全市城市低保人数达10.6万人，农村低保人数达14万人。全市各救助管理机构共接待求助人员1.67万人次，对符合救助条件的1.59万人次实施救助，其中，救助儿童4950人次，符合救助条件求助人员受助率达到100%。成都市社会救助体系建设得到国家民政部门的高度评价，在全国社会救助体系经验交流大会上，成都市成为唯一在会上发言的省会城市。

【救助管理改革】

1982年5月，国务院发布《城市流浪乞讨人员收容遣送办法》及《城市流浪乞讨人员收容遣送办法及实施细则》，收容遣送工作承担救助与维护社会秩序两项任务。1990年，成都市一方面加强对长流人员的思想教育，另一方面切实帮助他们解决生活和生产上的困难，同时，市收容遣送站组织收容人员参加生产劳动，培养其参加劳动、自食其力的习惯和自觉性。1992年，对收容遣送工作进行内部改革，实行目标管理。

1996年，贯彻《四川省收容遣送工作条例》，坚持平时收容遣送与“创卫”“春运”、社会治安综合治理等工作相结合。1999年，配合全市性大型活动，加强对盲流、乞讨人员及精神病人的接收、审查、管理和遣送工作。

2003年8月1日，正式实行《城市生活无着的流浪乞讨人员救助管理办法》及《城市生活无着的流浪乞讨人员救助管理办法实施细则》，《城市流浪乞讨人员收容遣送办法》废止，原有收容遣送机构一律改制为救助管理机构。成都市救助管理站严格遵循自愿受助、无偿救助的救助原则，对在城市生活无着的流浪、乞讨人员实行救助，保障其基本生活权益；对公安部门受理的因被骗、被盗、被抢等发生临时生存危机的求助人员，由公安部门负责引导、护送到市救助管理站求助，市救助管理站进行紧急救助。

成都市救助管理站建立四大救助体系，即全市救助网络体系、医疗救治体系、救助管理服务体系和接送体系。

救助管理网络体系以成都市救助管理站为依托，在五个城区和高新区建立救助管理分站，在其他区（市）县建立救助管理站，在城区建立五个直属救助点。医疗救治体系于2003年8月20日由民政、财政、卫生、公安协商建立。随后，市民政局、市财政局、市卫生局、市公安局联合出台《关于成都市救助管理站受助人员中危重病传染病精神病患者及有吸毒行为者实施救治的意见》，明确各部门职责，理顺救治渠道，落实救治经费，对站内站外危重病人员等的医疗救治工作做了明确规定，从政策上解决在医疗救治工作中存在的种种问题和矛盾，救助管理服务体系要求对受助人员在站期间进行进一步的详细的询问、查证、核实，掌握受助人员的具体情况，对不同的人员给予不同的救助；接送体系严格按照省民政厅、省财政厅下发的《四川省救助管理工作暂行规范》的通知精神执行接送任务。对各市、州需接送的人员，及时通知市、州救助管理站接回，对无法接回的，直接护送至各市、州站。省外的受助人员，成都市救助管理站一般将省外的受助人员护送至四川省承担跨省接送任务的救助管理站。

2004年，成都市救助管理站与四川电视台黄金十频道联合开辟《四川救助》栏目；成都市民政局社会事务处、成都市救助管理站、成都市流浪儿童救助保护中心与《成都日报》广告部联合开办《成都救助》专栏，向社会进行救助宣传。在全市设置救助引路牌45个，方便流浪乞讨人员及流浪儿童主动求助，方便民警、市民护送引导。

2005年，全市共有救助管理站22个，其中，成都市民政局直管1个，在火车站设分站1个；各区（市）县及高新区民政部门管20个。同时在全市设置21个重点救助区。同年7月6日，成都市救助服务队正式成立，由市救助站、分站工作人员和志愿者组成，负责对重点管理区内流浪乞讨人员的宣传、劝导、服务等工作，使宣传、劝导、服务工作深入到社区、辖区。

【救助管理机构】

成都市救助管理站。原名成都市收容遣送站，1950年成立，位于成都市外东多宝寺南路1号，占地17.9亩。1990年，全站编制为90人。2001年6月19日，租地新建的第二管理区投入使用。第二管理区位于成都市成华区保和乡8组，占地面积14亩；原站改称成都市收容遣送站第一管理区，两区相距约1000米。11月9日，根据《关于成都市收容遣送站调整事业编制的通知》，编制调整为130人。2003年4月1日，成都市对沙河沿岸建筑进行拆迁，收容遣送站占地面积缩减为不足5亩，被拆部分含建筑面积4528.83平方米。6月30日，因收容遣送工作面临转变，成都市收容遣送站从第二管理区撤回。7月24日，根据成都市机构编制办公室《关于成都市收容遣送站更名的通知》，成都市收容遣送站正式更名为成都市救助管理站，办公场所、人员编制和资金渠道不作变动，直属成都市民政局。8月1日，成都市救助管理站正式挂牌，编制130人，在职职工95人。

成都市流浪儿童救助保护中心。该中心于2000年10月建成并投入使用。2001年初，为建立全方位流浪儿童救助保护体系，以流浪儿童救助保护中心为依托，在成都市火车北站建立直属分中心，在成华区和新都区建立分中心，在市德康医院、第六人民医院、安康医院建立三个救助点，并在成华区经华路、金牛区东二巷社区建立两个社区救助点进行试点。2004年10月10日，根据成都市机构编制办公室《关于成都市救助管理站加挂成都市流浪儿童救助保护中心牌子的通知》，成都市流浪儿童救助保护中心与成都市救助管理站实行一个机构、两个牌子，流浪儿童救助保护中心主任由救助管理站站长兼任，共有工作人员20人（含两名专职教师）。

成都市农村扶贫开发领导小组。2001年10月12日，中共成都市委九届第117次会议议定成立成都市农村扶贫开发领导小组。领导小组办公室设在市委农工办（扶贫处），承担成都市扶贫开发领导小组的日常工作。

成都市星光计划领导小组。成都市星光计划领导小组成立于2002年，办公室设在市民政局福利处。“星光计划”以资助城市社区老年人福利服务设施、活动场所和农村乡镇敬老院建设为主要内容。成都市星光计划领导小组负责组织协调全市“星光计划”的统筹规划、项目审核、福利金发放和管理等工作。各区(市)县政府成立“星光计划”实施领导小组和办公室,负责落实项目和其他资金。街道办事处、居委会则指定专人负责具体承办。

1999—2005年成都市救济情况表

表5-293

年份	1999年	2000年	2002年	2003年	2004年	2005年
困难户得到国家临时救济人数(人次)	62096	54216				
精简退职老弱病残职工得到救济人数(人)	6000	5528	5327	4734	4312	4239
享受原工资40%救济人数	2043	1819	1739	1549	1384	1204
享受定期定量救济人数	3957	3709	3588	3185	2928	2610

【流浪儿童救助保护网络建立】

2001年初,成都市流浪儿童救助保护中心为建立全方位流浪儿童救助保护体系,畅通流浪儿童救助保护工作渠道,以流浪儿童救助保护中心为依托,在成都市火车北站建立直属分中心,在成华区和新都区建立分中心,在市德康医院、第六人民医院、安康医院建立三个救助点,并在成华区经华路、金牛区东二巷社区建立两个社区救助点,依照联合国《儿童权利公约》《中华人民共和国未成年人保护法》《中华人民共和国预防未成年人犯罪法》《城市生活无着的流浪乞讨人员救助管理办法》等国际公约和法律法规,探索流浪儿童救助保护工作新途径,初步建立起成都市流浪儿童救助保护网络体系,在流浪儿童教育管理,街头救助,医疗救治,返家的接送以及安置等方面取得较好的成绩。2001年5月,中央电视台《半边天》栏目到成都市流浪儿童救助保护中心制作“六一”特别节目。2002年10月,成都市流浪儿童救助保护中心被中宣部、全国人大常委会内务司法委员会、共青团中央、教育部和司法部授予“第四届全国未成人保护工作先进集体”称号。2004年,被中央综治委评为“全国预防未成年人犯罪工作先进集体”。至2005年,成都市流浪儿童救助保护中心共计救助流浪儿童1.21万人次,街头流浪儿童得到及时的救助,身心健康得到及时保护,使大量流浪儿童回到家庭和学校,回归主流社会,保障了流浪儿童的基本权益。2005年,市红十字会与《成都晚报》等新闻媒体合作,建立“成都市贫困儿童白血病救助资金”,募集海内外捐赠资金101.22万元,对10多位贫困白血病重病患儿进行了救助。

【城乡救助体系建设】

进入21世纪后,成都市在城市和农村最低生活保障制度基础上,逐步建立起城乡社会救助体系。2005年5月,市委、市政府要求完善城乡最低生活保障机制,规范管理、应保尽保。建立被征地农民社会保险与最低生活保障相结合的保障制度。建立动态管理机制,做到城乡最低生活保障对象“有进有出”。并开始建设城乡社会救助体系信息化管理平台,加强信息网络建设,增强工作手段,实施网上管理,做到不重不漏,确保救助及时有效。

城乡救助体系的主要救助对象是城乡最低生活保障对象、五保户、优抚对象中的贫困户、残疾人中的贫困户及市和各区(市)县政府规定的其他救助对象。救助的基本原则是保障城乡最低生活保障对象、特殊困难群众在“吃、穿、住、医、学”方面的基本需求。建立和完善城乡最低生活保障机制、帮困助学机制、城乡医疗救助机制、住房救助机制、农村五保供养机制、就业再就业援助机制、生产帮困机制、流浪乞讨人员救助机制、法律援助机制、精神慰藉机制、自然灾害应急救助机制等，做到应救尽救。

至2005年底，全市已基本形成以最低生活保障为核心，以帮困助学、帮困助医、帮困建房等三大救助为配套，其他专项性、临时性救助和社会帮扶为补充的救助制度，救助项目29个，涉及政府12个部门，保障城乡低保对象、特殊困难群体的基本生活和医疗、教育方面的需求。2005年，全市城市低保人数达10.6万人，农村低保人数达14万人，在城乡实现应保尽保。

2005年成都市城乡社会救助系统救助项目一览表

表5-294

序号	救助项目	主管部门
1	惠民医院医药费减免业务	市卫生局、医院
2	插花贫困户扶贫	市农委
3	流浪乞讨人员救助业务信息	市民政局
4	农村最低生活保障	市民政局
5	城镇困难人员医疗救助	民政局
6	农村安身工程	市民政局
7	大学生助学	市民政局
8	城镇最低生活保障	市民政局
9	农村五保供养	市民政局
10	农村医疗救助	市民政局
11	自然灾害应急救助	市民政局
12	城镇低保对象免费职业技能培训	市劳动局
13	义务教育两免一补	市教育局
14	中职类学校贫困助学金	市教育局
15	高中贫困学生助学金	市教育局

社会救助服务

【概况】

20世纪90年代初期，成都市社会救助服务主要是对困难群众和求助人员在吃、穿、住以及医疗、接送等方面进行救助。1993年，市政府批转市民政局《关于适当提高城镇社会救济对象救济标准的请示》。五城区城镇孤老、孤儿的救济费每人每月提高25元；城镇贫困户每人每月提高20元；对享受原工资40%的精减退职老职工及社会福利事业单位收养收治人员等的救济费相应提高。

1996年，成都市开始为实行城乡最低生活保障制度做前期准备工作。市民政局对五个城区常住户口居民中的低收入家庭实行粮食帮困供应,采取多种形式在居民中进行广泛深入的调查。6月,在6个区(市)县先后开展建立农村最低生活保障制度的试点工作。同年,在试点成功的基础上,市政府下发《成都市人民政府关于积极推进农村最低生活保障制度工作的通知》,保障对象是因年老多病、肢体残缺造成的无劳力户,先天痴呆、傻、智力低下以及当地农村最低生活保障标准以下的特困户;农村最低生活保障标准平均为每人每年540元。1997年6月,市政府下发《关于建立和实施城市居民最低生活保障制度的通知》。从7月1日起,成都市五城区和高新区开始实施城市居民最低生活保障制度,凡在成都市锦江、青羊、金牛、武侯、成华和高新技术产业开发区具有城市居民正住户口的社会救济对象,破产企业失业保险期满无法重新就业的职工,家庭月人均收入低于城市居民最低生活保障标准的,均属于最低生活保障对象。1998年底,全市所有区(市)县全部建立农村最低生活保障制度。至1999年5月,全市所有区(市)县全部建立城市居民最低生活保障制度。

2001年4月,成都市民政局、成都市教委联合下发《关于在全市实施低保对象帮困助学专项救助工程的通知》,帮助全市19个区(市)县以及高新区享受城、乡最低生活保障家庭的(高考统一录取)学生实现升学的愿望。2002年,成都市健全城乡居民最低生活保障制度,从7月2日起五城区及高新区将最低生活保障标准提高到278元/月·人,各区(市)县也相应调整低保标准。同时扩大低保面,将所有符合条件的城乡人员都纳入低保范围,实现了应保尽保。截至年底,全市城乡获得最低生活保障费的总人数达到23.23万人,共发放低保金5592万元。同年,中共成都市委、成都市人民政府将"星光计划"纳入成都市2002年为民办实事目标及老龄事业发展"十五"计划纲要,将发行福利彩票筹集的福利金,用于资助城市社区的老年人福利服务设施、活动场所和农村乡镇敬老院建设,完善社区老年服务功能。2003年,成都市原收容遣送机构一律改制为救助管理机构,按照自愿、无偿的原则对求助者进行服务。

2004年,成都市五城区及高新区按照推进城乡建设的要求,建立城乡统一的最低生活保障制度,实行城市低保标准与农村低保标准并轨,出台《成都市城市居民最低生活保障实施办法》和《成都市农村居民最低生活保障实施意见》。截至12月底,成都市城市低保人数达到10.07人,农村低保人数为10万人。同年,成都市正式启动"明天计划",对城乡各类社会福利机构中0—18岁具有手术适应症的200余名残疾孤儿,分批进行手术矫治康复治疗,至2005年手术的成功率为100%,受助儿童的健康得到显著改善。以城乡最低生活保障救助服务为主,辅之以帮困助学专项救助工程、"星光计划""明天计划"等,动员社会各方面的力量参与,针对不同类型困难弱势民众的社会救助网络,在成都市基本形成。

【城镇居民住房"解困"】

1991年,成都市委、市政府将"解决城区人均居住面积2平方米以下和其他住房特困户500户"列为为市民办实事项目之一。成都市房地产管理局会同市政府目标管理办公室,向27个有解困任务的区、局(公司)逐个分解下达"解困"责任目标,实行建卡归档管理;筹集4000万元设立"住房解困基金",专款用于住房解困。年底,市房地产管理局承担修建的"为民新村"、玉林、李家沱等三处解困住宅5万平方米竣工交付使用。当年城区共完成住房特困户解困864户，超额72.8%完成市政府下达的目标任务。1992年，城区危房特困户1200户“解困”，城区居民人均居住面积达到7.9平方米。

1993年，成都市政府第110次常务会议讨论通过《关于实施“安居工程”加快我市城镇住房解困步伐的意见》，对实施“安居工程”的目标与住房标准、政策、措施和加强对住房解困工作的领导、管理等做出具体规定，下达各区（市）、县政府和市政府各部门贯彻执行。成都市房地产管理局承担修建的抚琴“安居苑”3.2万平方米解困住宅12月底全部竣工，确保450户困难户按时入住。同时，牛沙便道与联合五组等处解困房开工建设，全市住房困难户普查、建卡立档，对“八五”期间修建解困专用房300亩（净用地）用地进行选址定点工作。全年共解决住房困难户1450户，超额完成年目标的45%。此外，通过单位自建、调整住房、拆迁安置以及查处空关房和落实私房政策等多种方式，解决6.91万户住房困难户的居住困难问题。当年5月，在建设部召开的“全国城镇解困工作经验交流暨表彰大会”上，成都市解困办获得“全国解困工作先进单位”称号，并被建设部推荐为联合国人居中心组织的成员单位。1995年，全市住宅建设投资共计67.26亿元，建成住宅1068.87万平方米。修建专用“解困房”16.55万平方米，解决1.32万户住房困难户的居住难问题；拆除危破房屋23.59万平方米，安置房屋面积48.93万平方米。城区居民人均居住面积达到8.8平方米，农民人均住房面积23.13平方米。

1996年，成都市政府出台文件，在全市全面实行住房公积金制度。根据“房委会决策、资金中心营运、银行设专户、财政监督”的管理原则，理顺公积金管理体制，对市资金中心的机构进行了调整和充实。截至年底，全市累计归集住房公积金3.6亿元，归集面达80%。1996年度公积金归集额1.9亿元，超过前三年的总和。改革公房租金制度，制定从1995年起公有住房租金标准每年上调2%的租金改革政策，到年底，每平方米使用面积租金标准达0.80元，占职工家庭平均工资的6%。稳步出售公有住房，共出售公有住房1125万平方米。做好部分产权向全产权的转换工作，到年底已为4260套住房的住户办理产权完善手续。同时积极争取世界银行房改贷款，克服项目国内资金配套不足的困难，争取世行贷款847万美元。

同年，成都市委、市政府将住房解困解危，作为为民办实事目标分解下达到五城区和市级各部门。共解决城区人均居住4平方米以下困难户11423户，完成年目标的103.85%，其中单位自建住房解困4311户，目标网络单位解困2793户。组织实施城镇低洼棚户区住房和危房改造，完成拆迁3351户，拆除危破房13.9万平方米，开工31.96万平方米，完成年目标的106.53%。截至年底，市区人均居住4平方米以下住房困难户的居住困难基本得到解决。人均居住面积提高到9.15平方米。市住房解困办公室于8月开始对城区人均居住6平方米以下住房困难户进行调查，11月完成调查任务，城区共有人均居住面积6平方米以下住房困难户7.77万户。

从1997年起，成都市对城市居民实施最低生活保障制度，对最低生活保障对象实施“安居工程”和廉租房补贴是其重要内容之一。

【城市最低生活保障制度】

1997年6月25日，成都市人民政府办公厅下发《关于成都市居民最低生活保障制度实施细则的批复》。成都市五城区和高新区从当年7月1日起开始实施城市居民最低生活保障制度：凡在本市锦江、青羊、金牛、武侯、成华和高新技术产业开发区具有城市居民正住户口的社会救济对象，破产企业失业保险期满无法重新就业的职工，家庭月人均收入低于城市居民最低生活保障标准的，均属于最低生活保障对象。根据城市居民基本生活需要和有关政策的规定，居民最低生活保障标准暂定为家庭月人均120元，以后根据经济发展和物价变化作适时调整。成都市五城区（含高新区）有2621户、3851人基本生活得到保障，共享受最低生活保障金98万元。

在1997年全市有10个区（市）县建立城镇居民最低生活保障制度的基础上，1998年，又有6个区（市）县建立此项制度，共保障4300户、7000人，年发放保障金380万元。3月至4月，成都市对五城区及高新区范围内的低收入、失业人员和企业职工家庭生活状况进行全面调查，查明尚有低收入职工家庭9200人，失业人员家庭1.08万人，共2万多人需纳入保障范围，年需增加低保经费1044万元。1999年5月，全市所有区（市）县全部建立城市居民最低生活保障制度。政府救助所需资金全部由市、区两级财政解决。全市城镇居民享受最低生活保障的有1.69万户、3.09万人。7月，最低生活保障标准提高到家庭月人均156元，年发放低保金1143万元。

2001年12月，全市城市居民最低生活保障人数达到8.15万人，比上年末新增5.4万人，完成目标任务的180%，累计发放低保金2922万元。2002年6月，实现应保尽保。7月，根据成都市人民政府《关于进一步做好城市居民最低生活保障工作的通知》精神，成都市居民最低生活保障标准提高到月人均178元。至年底，城市低保对象共计9.82万人。

2004年，成都市五城区及高新区实现城市低保标准与农村低保标准并轨，出台《成都市城市居民最低生活保障实施办法》。7月，成都市五城区及高新区城市居民最低生活保障标准由每人每月178元提高到每人每月210元；其余区（市）县标准为每人每月160元。截至12月底，成都市城市低保人数达到10.07万人，占全市非农业人口2.6%，其中，在职1647人，下岗6532人，离岗6899人，失业2.32万人，离退休2528人，“三无”人员3167人，失地农转非人员8545人，其他人员4.82万人。城市低保全年人均月补差71.7元，累计发放低保金8440.7万元。

2005年，全市城乡低保人数达到24.6万人，同比增长23.2%，低保对象实现应保尽保；保障资金投入1.24亿元，增长24.8%。其中，城镇10.7万人，资金投入1.0亿元。

【农村最低生活保障制度】

成都市于1996年6月在彭州市、武侯区、成华区、崇州市、邛崃市、郫县和温江先后开展建立农村最低生活保障制度的试点工作。彭州市在全省率先实施农村最低生活保障制度，其经验在全省推广。在彭州市、武侯区试点成功的基础上，市政府下发《成都市人民政府关于积极推进农村最低生活保障制度工作的通知》。保障对象：一是家庭人员中因年老多病、肢体残缺造成的无劳力户，经过扶持短时间不能摆脱贫困的；二是先天痴呆、傻、智力低下而依靠政府和社会救济生活的；三是年人均纯收入在当地农村最低生活保障标准以下的其他特困户（不包括好吃懒做的人）。因客观条件制约及自然灾害等不可抗拒因素影响，造成生活困难者不列入保障对象范围。保障标准根据各区（市）县农村人口维持基本生存所必需的最低生活费用，结合物价水平和财政状况分别由各区（市）县确定，并随物价变化和经济发展情况做适时调整。1996 年，成都市农村低保标准平均为每人每年 540 元。农村最低生活保障金由各区（市）县和乡（镇）财政分担，具体分担比例由各区（市）县确定。

1997 年 12 月，有 14 个区（市）县下发建立农村最低生活保障制度文件，其中 11 个区（市）县已实施农村最低生活保障制度，共计有 2236 户、6660 人享受最低生活保障。彭州市被民政部评为全国民政工作先进县，温江县永宁镇被评为全国民政工作全优乡镇。1999 年，全市农村居民享受最低生活保障的有 5400 户、1.5 万人，保障标准为 540—1000 元/年·人，年发放保障金 300 余万元。

2001 年，市委、市政府将农村最低保障对象扩面 4000 人列入“为农村办实事”目标任务，全市共保障农村低保对象 2.72 万人，比上年新增 6720 人，完成目标任务的 168%，累计发放保障金 421 万元。2002 年，做到应保尽保。2004 年，成都市建立城乡统一的低保制度，实现城市低保标准与农村低保标准并轨，出台《成都市农村居民最低生活保障实施意见》，进行城乡最低生活保障工作规范化、程序化、法制化建设。全年农村低保人数为 10 万人，比上年增加 54203 人，占全市农业人口的 1.52%，保障标准为 1000 元/人·年，累计人均月补差 20.5 元，累计发放低保金 1501.7 万元。2005 年，农村低保标准提高到每人每年 1000 元，保障对象增加到 14.3135 万人。

【低保对象“帮困助学”专项救助工程】

20 世纪 90 年代后期，经济困难家庭供子女上大学成为一个十分迫切的实际问题。1998 年初，邛崃市固驿镇的几位热心于慈善助学的企业主，在固驿镇政府的支持下成立固驿镇慈善协会，出资 100 万元，用于当地贫困家庭孩子上学。2001 年 2 月 2 日，《华西都市报》刊载题为《4 年放飞 900 个希望》的报道，介绍邛崃市固峄镇慈善协会开展扶贫助学的事迹。成都市民政局、市教育局多次到邛崃市固驿镇调查了解扶贫助学情况，于 2001 年 3 月向市政府报告固驿镇慈善协会扶贫助学的情况和怎样在成都市助学的思路。成都市分别召集民政、教育两部门负责人对帮困助学的范围、形式、方法以及救助资金的来源、使用、管理等问题进行研究，决定从 2001 年秋季开始实施“低保对象帮困助学”专项救助工程。

2001 年 4 月，成都市民政局、市教委联合下发《关于在全市实施低保对象帮困助学专项救助工程的通知》。全市 19 个区（市）县和高新区享受城、乡最低生活保障家庭的（高考统一录取）学生为救助对象，救助标准分别为每学期本科 2000 元、大专 1500 元、中专 1000 元；每年由成都慈善会出资 50 万、成都市教育发展基金会出资 20 万、企业资助 30 万以上为救助资金；由成都慈善会、成都市教育发展基金会和资助企业共同审核批准。同年 6 月，成都市民政局、市教育基金会增加对“个别临时的特殊困难家庭的学生，根据财力情况酌情给予支助”的条款。低保子女享受帮困助学专项救助 4 年，每年递减 25%。2002 年起入学的学生享受帮困助学专项救助 2 年，就读外省本科的每年受助 4000 元，省内 3600 元，第二年递减 30%。2001 年，共为城乡低保对象家庭中的 400 多名大中专学生发放帮困助学款 64.31 万元；为城乡低保对象家庭的 4000 多名中小学生减免书本费、学杂费，并给予生活补助。

从 2002 年起，“帮困助学工程”纳入市委、市政府为民办实事目标进行管理。截至年底，全市“帮困助学工程”共帮助低保家庭大中专学生

2949人次，发放助学金245.27万元；为4000多名城乡低保家庭的中小学生减免学杂费和书本费。从2003年开始，在全市开展“慈善一日捐”活动，2003—2005年共募集2709.67万元，主要用于“帮困助学”。2004年，共救助低保家庭大、中专学生4493人次，发放帮困助学金834.3万元。2001—2005年总计资助低保家庭子女上大学1.37万人次，资助金额2471.26万元。

农村扶贫工作

【概况】

成都市农村扶贫工作是在农村社会救济和救灾工作的基础上发展起来的。从1988年开始，中共成都市委、成都市政府将农村扶贫工作纳入一级目标管理。

1990—1993年，成都市农村贫困户的标准是家庭缺劳力、缺资金、缺技术或遭天灾人祸等原因造成贫困，人均年纯收入在600－800元以下。扶贫工作采取的主要办法是干部、党员包户扶持，举办各类实用技术培训班，吸收贫困户参加培训。有饭吃、有衣穿、有房住、基本解决温饱问题为脱贫标准。1990年，全市重点推行大邑等县以干部为主体的包户扶贫责任制。从乡、村、组干部到市、区县的领导机关，各有关部门和企事业单位都分工承担扶贫工作，全市共有3.65万名各级干部参加包户扶贫，改变了由民政部门“跳独角戏”的状况，形成社会化扶贫的新格局。年初规划扶持3.23万户贫困户，年底有1.05万户摆脱贫困，脱贫率为32.65%。全年共投放扶贫资金289万元、扶贫周转金107万元；照顾减免各种金额1531.9万元。与此同时，各地继续采取国家、集体、个人相结合的特殊救济、补助等办法，使全市1.1万户农村特困户的基本生活得到保障。1992年，农村扶贫救济工作除继续采取干部包户、科技扶持、安排贫困户人员进厂务工、发展种养业、工副业等扶持措施外，成都各地还运用目标管理的方法，将扶贫任务层层分解，落实到人，取得较好成效。1993年初，规划扶贫3.45万户，经过扶持，年底有1.57万户摆脱贫困。在工作中注重科技扶贫，共举办各类实用技术培训班1101期，参训贫困户9.4万人次。从1993年起，成都市将农村扶贫工作列入为农村办实事目标之一。

1994—1998年，贫困户的标准是缺劳力、缺资金、缺技术、不善于经营管理等原因造成贫穷，人均年纯收入在800元以下。脱贫标准是经济收入达到当地一般生活水平，吃、穿、住得到解决，并有一定再生产能力。扶持的形式主要有劳务扶贫、产业扶贫和包户扶贫等。扶持的主要措施是干部包户，专业户带贫困户，开设劳务培训班，提高农民的职业技能和就业能力，拓宽农民的就业渠道，组织、帮助有条件的贫困户劳动力进企业务工、外出打工。1994年，有2.3万名干部参加包户扶贫工作，重点扶贫2.4万户，到年底脱贫1.06万户。全市全年举办各类技术培训班600多期，参训人员达5.1万人次。各区（市）县共投入扶贫资金305万元，解决化肥2400吨、种子4.5万千克。1998年，全市落实2.4万名各级干部包户扶持贫困户2.37万户、7.55万人，落实扶贫资金680万元，组织帮工8万余人次，解决化肥1510吨、良种41万千克。组织劳务输出6000余人，安排进企业务工200余人；举办各类实用技术培训班710期，参训人员3.65万人次。通过一年扶持，脱贫1.28万户、4.1万人。

从1999年起，农村贫困户的标准是缺劳力、缺资金、缺技术、缺计划，人均年纯收入1000元以下。扶持的主要措施是领导干部包户扶持，机关部门对口扶贫，企业事业单位挂钩扶助等，走全社会共同参与、全方位扶持的社会化扶贫的新路子。脱贫标准是吃、穿、住得到解决，文化素质有所提高，有一定再生产能力。1999年，重点扶持贫困户2.1万户、6.4万人，脱贫1.08万户、3.4万人。全市共举办各类实用技术培训班665期，参加培训的贫困对象达3.8万人次，解决良种2.5万千克，化肥1500吨，落实扶贫资金1305万元；投资1.271万元为1305户特困户修建住房4659间。

2001年，成都市将“新村扶贫工程”“帮扶促变工程”和“帮户脱贫工程”确定为实施新阶段农村扶贫开发的“三大工程”加以推进。2005年，农村扶贫开发工作纳入城乡一体化战略总体部署。贫困村和经济发展缓慢村基础设施建设、农村贫困户的危房改造与城乡一体规划衔接并加以实施。劳务、产业、包户扶贫工作继续进行。1994—2005年，成都市共安排农村贫困户5.1万人次进企业务工，组织9.1万人次贫困户劳动力外出打工。

【农村“三大扶贫工程”】

2001年，中共四川省委、四川省政府《四川省农村扶贫开发规划（2001—2010年）》提出新阶段扶贫开发要到村到户。据此，中共成都市委、市政府将“新村扶贫工程”“帮扶促变工程”和“帮户脱贫工程”确定为新阶段农村的“三大扶贫工程”加以推进。进入四川省“新村扶贫工程”项目村的成都市贫困村共有127个，其中，邛崃市77个，金堂县50个。同时，成都市确定100个经济发展缓慢村作为“帮扶促变工程”项目村，其中，青白江区34个，蒲江县26个，大邑县12个，崇州市14个，彭州市14个。并将零星分布于全市各区（市）县的贫困户，纳入“帮户脱贫工程”。全市“三大扶贫工程”涵盖总户数为11.96万户，总人口为38.14万人，人均可支配收入1577元（比当年全市农民人均可支配收入低1534元），占全市农业人口的5.7%。其中，227个贫困村和经济发展缓慢村总户数7.9万户，人口26.1万人，占全市农业人口的4.0%。零星分布于全市各区（市）县的贫困户4.06万户，12.05万人，人均可支配收入低于1000元。

2001年10月12日，中共成都市委九届第117次会议议定，成立成都市农村扶贫开发领导小组。并将成都市列入全省“新村扶贫工程”127个贫困村的规划建设时间，调整为2001—2007年。从2002年至2007年，市财政预算安排127个贫困村的配套资金平均每年317.5万元。同期，市财政每年安排经济发展缓慢村扶贫资金400万元。成都市的36位市领导和93个市级部门分别联系一个贫困村或经济发展缓慢村，同时动员市内经济较发达地区86个乡镇和县级部门分别联系一个贫困村或经济发展缓慢村进行对口帮扶。同年，开展扶贫基地建设、组织劳务输出等扶持活动，举办各类实用技术培训班485期，参加培训的贫困对象达1.6万人，共扶持贫困户1.2万户；截至11月底，脱贫0.82万户。2002年，全市共动员落实党员干部1.32万人，对127个贫困村、100个经济发展缓慢村和1.3万贫困户进行包户扶贫工作，共投入资金4416.5万元（其中，中央、省扶贫资金420万元，市级财政扶贫资金717.5万元，市级领导帮助筹集资金795万元，市级部门落实资金875万元，发达地区的部门和乡镇帮扶资金304万元，贫困地区的区（市）县落实资金705万元，其他社会力量投入资金600万元）；为贫困户举办各类实用技术培训班520期，参加培训2.8万人次；农忙组织抢收、抢种等帮工5.6万个；组织外出打工3500人次；解决化肥920吨，良种2.6万千克。2003年，各级各部门向227个贫困村投入各类资金3555万元，其中，中央、省财政投入470万元、市级财政投入850万元、市级部门投入1008万元，区(市)县部门投入1144万元，企事业单位捐助83万元。2004年，投入各类帮扶资金1024.61万元，区(市)县部门和企事业单位投入资金302.95万元。2005年各级财政和社会各界共投入帮扶资金4935万元，其中，省市专项财政资金2843.5万元。至2005年，全市扶贫开发共投入各类无偿资金1.22亿元，其中，市财政投入2567万元。

实施农村扶贫三大工程，改善了农村生产、生活条件。2002—2005年，全市贫困村累计修建村、组道路2313千米，其中，水泥路和柏油路达到1196千米；修建蓄水池4698口，整治堰塘665口，生产生活用水基本得到保证，有效解决16.4万人、29.2万头牲畜的饮用水问题；改造贫困户住房4392户，建筑面积32.65万平方米，实施“三改”(改厨、改厕、改水)1.34万户。同期改造村小4.37万平方米；建村卫生站179个，共0.94万平方米；建村活动室281个，共3.33万平方米。

从2005年起，分布于全市农村人均纯收入低于3000元的502个贫困村和经济发展缓慢村，全部纳入动态分类管理。基本脱贫的村不再给予重点扶持。对亟须政府扶持改变落后面貌的贫困村和经济发展缓慢村进行统筹，逐年纳入“帮扶促变工程”项目村实施帮扶。分布于中郊区(新都区、龙泉驿区)的13个经济发展缓慢村，由该区作出帮扶计划，以当地帮扶为主，市上给予适当补助；分布于邛崃市、金堂县的127个省定贫困村中，85个村未进入启动村序列，按省扶贫办的启动计划分年启动；远郊地区404个经济发展缓慢村，分三年进入帮扶序列，计划安排2005年进入140个村，2006年进入140个村，2007年进入124个村。

【农村“安身工程”】

成都市农村的低保户建房工作，于1998年启动。从1998—1999年，各区(市)县结合救灾工作，对农村低保户危房进行改造，共为农村低保户新改建住房3600户，建筑面积18万平方米，投入建房资金1820万元。其中，1999年，投资1.271万元为1305户特困户修建住房4659间。

2000年7月26日，中共成都市委办公厅、成都市人民政府办公厅发出《关于在全市农村实施特困户“安身工程”的意见》的通知。通知指出，解决农村特困户(即低保户，下同)住房问题，已纳入市委、市政府为农村办实事目标，要加强领导，统筹安排，明确责任，分解任务，层层落实，抓好督查。主要任务是以改建4500户农村特困户住房为重点，力争用三年时间，基本解决全市特困户住房难的问题。同年8月14日，市级机关工委、市民政局发出《关于开展为我市农村特困户捐助活动的意见》，组织开展“献爱心”捐助活动，共接收日常用品1551件，家电236件，家具490件，衣被22万件。经过多方努力，三年的任务两年完成，至2001年，共为农村特困户改造危房4921户，建筑面积达36.2万平方米，投入建房资金5599.5万元。市上对4500户特困户给予1117.5万元的补助(市民政局667.5万元，市财政局450万元)。

2002—2003年，各区(市)县根据当地的实际情况重点对新产生的农村低保户、贫困户危房进行改造，两年间共为3011户低保户、贫困户新建住房，建筑面积19.9万平方米，投入建房资金3276万元。其中，2002年，全市下拨特困户建房补助款320万元，为2925户贫困户改造住房

9632间。

2004年，成都市民政局对农村低保户实现有保尽保后，对新产生的危房户或因其他原因造成的危房户的住房进行调查，上报《关于在全市实施农村低保户危房改造的意见》。8月4日，市委办公厅、市人民政府办公厅发出转发《市民政局关于在全市实施农村低保户危房改造工作的意见》的通知。文件提出，以改造全市农村5600户低保户危房为重点，力争用2年时间，基本解决全市农村低保户危房问题；2004年完成改造3365户，2005年完成改造4446户；至2005年，全市共完成7811户的低保户建房任务，建筑面积45万平方米，投入建房资金8248.9万元，其中，市上补助建房资金1653.1万元（市民政局1136.2万元，市财政局516.9万元）。

1998—2005年，成都市共为农村低保户改建危房1.93万户，建筑面积119.1万平方米，共投入建房资金1.9亿元，直接受益人口4.9万人。在建房资金筹集上，主要采取"五个一点"办法，即市上补贴一点，区（市）县、乡镇财政投入一点，单位包户资助一点，社会捐助一点，建房对象自筹一点。2000—2005年，全市共为1.57万户农村低保户新、改建住房，筹集建房资金1.7亿元，其中，市上补助资金2770.6万元（市民政局1803.7万元，市财政局966.9万元），区（市）县、乡镇投入资金5474.7万元，单位对口帮扶支助3256.8万元，社会各界捐助资金736.4万元，村、组帮工、帮料折款和建房对象自筹资金4885.9万元。

【产业扶贫】

产业扶贫是20世纪90年代以来成都市农村扶贫工作的主要措施之一。1994—2005年，成都市帮助贫困户发展种养殖业13.6万户次。

各区（市）县组织贫困户学习科技文化知识，办培训班、科技夜校、科技图展，放映科技影片，传播种养殖业新技术，使贫困户掌握一至两门种养殖业和外出务工的技能。1990—2005年，全市共办各类实用技术培训班15384期，参加培训人数达89.6万人。

2001年，成都市人民政府办公厅转发《市民政局关于进一步扶持农村贫困户实施意见的通知》，再次强调要突出抓好结构调整，选好脱贫项目，千方百计增加农民收入。2002—2005年，各区（市）县多次就市场意识、实用科技知识等集中培训贫困地区的乡、村干部和农户。2002年，227个贫困村和发展缓慢村及贫困户，参加各类培训12.9万人次。成都市还利用现代科技手段，开展信息服务，提高贫困地区广大农民素质。2004年市财政安排资金100万元，在50个贫困村和发展缓慢村中建立信息扶贫50个网点，集中培训80名网管员。成都信息工程学院组织100名志愿者，帮助各网点解决网络运行中的技术问题。

2002年和2003年，贫困村和发展缓慢村围绕当地确立的主导产业，推进农村产业结构调整。金堂县以发展优质水果、黑山羊、食用菌和畜牧业为重点，2002年50个贫困村新栽高产优质脐橙80万株、发展食用菌1000万袋，出栏黑山羊1.8万只；2003年又建柑橘母本园6个、优质脐橙和杂柑园500亩，发展西瓜地420亩，发展黑山羊2300只。邛崃市把畜禽、茶叶、桑蚕、竹业四大产业作为贫困地区的重点开发项目，引进龙头企业到贫困地区建立生产基地，夹关镇韩坪村种植茶叶1200亩，投产880亩。2003年，全市227个贫困村和发展缓慢村人均第一产业增收112.73元。

2004年，全市70家农业产业化龙头企业与贫困村、发展缓慢村对接，各农业产业化龙头企业参与产业扶贫工作。四川雅士食品有限公司、崇州绿神公司、成都富成公司以及金牛富达养殖场等企业都分别与贫困村签订协议或达成意向，在贫困村建立原料生产基地，为贫困村提供资金、技术、收购农产品等服务。2005 年，与贫困村、发展缓慢村对接的农业产业化龙头企业共计 120 家，实施种、养业等发展项目 238 个，建立优势和特色农产品基地 35 万亩。

2002—2004 年，227 个贫困村和经济发展缓慢村，农民人均纯收入分别比上年增加 215 元、246 元和 423 元。2005 年，40% 的贫困村和经济发展缓慢村确立主导产业，97 个村的人均纯收入 3400 元以上，达到或超过当地平均水平，具备自我发展的能力。

【包户扶贫】

包户扶贫是 20 世纪 90 年代以来成都市农村扶贫工作的主要措施之一。

2001 年，《成都市人民政府办公厅转发市民政局关于进一步扶持农村贫困户实施意见的通知》要求，民政部门要按照全市扶贫工作的统一部署，切实搞好扶贫工作。

2002 年起，成都市建立党政机关和发达区（市）县定点帮扶农村贫困户工作制度。2003 年，成都市落实市级领导和全市 95 个市级部门、86 个经济较发达的乡镇及县级部门参与对口帮扶工作，同时动员社会各界参与扶贫开发，计有 59 家企（事）业单位投入农村扶贫开发活动。2005 年调整市领导和部门的对口联系村，组织 108 个市级部门和 96 个区（市）县级部门及乡镇、街道办事处参与定点帮扶工作。

1990—2005 年，全市共落实各级干部 39.1 万人，包户扶持贫困户 37.3 万户；落实机关部门、企事业单位扶持贫困户 3.24 万户次；落实专业户帮贫困户 4.3 万人次；落实生产发展资金 1750.5 万元；各区（市）县累计落实各项减免照顾金 7299.1 万元，其中，国家救助（含农业税减免）4932.2 万元，各种提留减免 1417.3 万元，学杂费减免 757.3 万元，医疗费减免 192.3 万元，解决化肥 2 万吨，解决良种 40.9 万千克，帮工 85.5 万个。

【五保户供养】

农村经济体制改革以后，成都和全国一样，对五保户的供给实行乡镇统筹的原则，以保障五保户的供养落到实处。1988 年，成都市五保户年均供养标准为 300 元（不含粮、油折款）。

1990 年，全市宣传贯彻省、市《关于老年人合法权益保护条例》，提高“五保”供给标准，加强敬老院建设，改善办院条件，扩大“五保户”的集中供养面和统筹范围。全市为修建敬老院集资 96.79 万元，新建敬老院 5 所；改建 7 所，新增床位 110 个，接收“五保”老人 102 人，全市“五保”老人集中供养面由上年的 18% 扩大到 21%。“五保”老人实际年人均供给在上年基础上提高 20 元，达到 440 元。敬老院发展院办经济，全年总收入达到 104.17 万元。“五保”工作由供给型向供养服务型转变，新建乡镇“五保”服务站 20 个，全市“五保”服务站总计达到 82 个。到年末，全市共有敬老院 344 个，收养老人等共计 4804 人；另有 479 个包户服务组负责 706 名孤寡老人的包户服务工作。

1994 年，第二次全国五保普查结果显示，成都市共有 2.04 万户五保户计 2.15 万人，其中，分散供养的 1.58 万户计 1.59 万人，集中在敬老院供养的 5239 户计 5524 人。全市“五保”老人人均食用粮食 210 千克、食油 3 千克、现金 520

元；供给基本上实行以乡镇或乡（镇）、村结合统筹供给的做法，衣、食、住、行、医、葬均有保障。1995年，在农村新建8所敬老院，有12个区（市）县乡乡镇镇有敬老院，全市共有敬老院327所，共有床位7676张，收养人员5632人；有288个敬老院有院办经济，年营业收入为189万元。此外，还有部分敬老院对外开放，开展自费收养。

1997年，全市316个乡镇建立农村敬老院341所，每个乡镇都办起敬老院。全市五保老人分散供养标准为人均840元（不含粮油），集中供养标准为人均920元（不含粮油），略高于当地一般村民的生活水平，使五保户的生活有基本保障。敬老院办经济的有317所，占总数的95%；宜工则工、宜养则养、宜商则商，有的一院多业，有的一业多项，既有种、养殖业又有加工业的实体，产值共计890万元。1999年，加强和改善对全市2.16万户五保户的管理与服务工作。

2003年10月，根据四川省民政厅通知对全市五保供养情况和现有农村敬老院情况进行普查。普查结果显示，成都市乡镇办敬老院307所，村办1所，床位8304张。固定资产8188.22万元，生产用地752.26亩；应保人数2.42万人，实保2.22万人，集中供养5682人，分散供养1.65万人。

2005年，市民政局和市财政局下发《关于提高农村五保供养标准的通知》，要求各区（市）县从4月1日起，农村集中供养五保对象的供养标准提高到年人均不低于1920元，分散供养五保对象的供养标准提高到年人均1560元。市财政根据区（市）县经济发展水平和财力情况，对财政困难区（市）县通过财政转移支付加大对贫困人群救助的补助力度。供养金实行专户管理，专款专用，足额发放。农村五保供养经费统一由县级管理，纳入“县级财政社会保障资金”专户封闭运行。已出台“农村医疗救助意见”的区（市）县把农村五保对象全部纳入农村医疗救助范围，对因病住院的实施医疗救助。结合全市实施的农村低保户、五保户危房改造的“安身工程”，逐步对农村散居五保供养对象的住房进行改造。到2005年11月中旬，全市投入资金2100多万元（其中，市级补助471万元）对57所敬老院进行改造，已完工40所，在建17所。

【农村医疗救助】

进入21世纪后，成都市农村中有近15万特困群众，其中，有相当比例的家庭是因病致贫、因病返贫的。2002年，实施“帮困助医工程”，市政府《关于对成都市城镇困难人员实行医疗补助的意见》规定，城区的城市低保对象凭低保证在一、二、三级医院就医的分别给予报销60%、50%、40%的医疗费用（每人最高可以达到5000元）。

2004年4月，成都市政府向19个区（市）县和高新区下发《关于实施农村医疗救助的试行意见的通知》，建立农村特困群众医疗救助基金，逐步解决农村特困群众看病难、就医难的问题。随后，市财政局、卫生局出台《成都市农村医疗救助资金筹集拨付和管理试行意见》。从2004年下半年开始，全市有19个区（市）县及高新区出台《农村医疗救助方案（试行）》，其中有11个区（市）县全面铺开运行，6个区（市）县在部分乡（镇）试点。成都市全年共下拨医疗救助资金360.1万元，救助4.34万人，救助金额156万元。

2005年，省政府将农村医疗救助工作纳入督办事项，推动农村医疗救助工作向前发展。截至2005年12月，成都市14个郊区（市）县全部出台《农村医疗救助方案》，部分区（市）县还配套制定出台《农村医疗救助实施细则》和《农村医疗救助金管理办法》。区

(市)县民政部门工作人员和乡镇民政助理员深入基层开展大规模的摸底调查,掌握困难群众患病人数、病种情况,然后按照不同的标准进行测算,形成多套方案,再根据当地的实际情况选择最可行的方案。

在把握原则的基础上,各区(市)县结合自身实际和财力,因地制宜,开展农村医疗救助工作。龙泉驿区在加大农村医疗救助政策宣传的同时,加强对医疗机构的监督管理,严格控制医疗机构自费药品和自费诊疗项目的使用,降低医疗服务成本,从2004年7月到2005年6月底,为57名农村困难对象实施大病医疗救助,发放救助金11.93万元,平均每人报销金额2093元,报销比例达到70%。温江区除为5104名特困人员资助5.1万元参加新型合作医疗外,还用基金实施大病救助19人次,共计4.2万元。同时通过向社会募集救助金来支撑医疗救助工作。

截至2005年下半年,全市累计列支农村医疗救助金380.9万元。已为20.93万名农村医疗救助对象参加新型农村合作医疗交纳210.69万元参保费,全市救助患大病的救助对象1330人次,救助金额155.9万元。

优抚与安置

拥军优属与拥政爱民

【概况】

1991年，全国“拥军优属、拥政爱民”工作会议后，成都市以创建“拥军优属、拥政爱民模范城”为主要内容．把拥军优属工作推上一个新台阶。年初，全市各级党组织和政府就把“双拥”模范城创建工作列入重要议事日程，先后建立“双拥共建”工作领导小组和办公室。7月召开全市创建“双拥”模范城动员大会，宣传“双拥”工作，增强全体市民的“双拥”意识和参与意识。在“创建”活动中涌现出一批“双拥”先进单位，大邑、金牛、锦江、新都等4区县、32个乡镇、街道及52个企事业单位、23个部队受到成都市委、市政府、军分区和“双拥”共建领导小组的表彰；成都市拥军优属工作受到省民政厅表彰；大邑县和金牛区被省政府命名为“双拥”模范县（区）。1993年，全市军警民共建点发展到701个，“双拥”宣传和国防教育面达到90%。

20世纪90年代，成都市拥军优属工作，首先是支持部队建设，不断为部队分忧解难。全市相关区（市）县为改善部队训练、工作生活环境，为部队修建11条快速通道；为改善部队住房条件，市政府在土地划拨、土地置换等方面，为部队提供最优惠的政策和减免各种费用。地方粮油供应实行重大调整时，成都市采取各种措施，保证为部队提供优质粮油。同时，坚持走访慰问制度，不断增强军政军民团结。各级党委、政府、企事业单位坚持每逢八一、春节等重大节日走访慰问部队，到部队听取意见，看望官兵。各级党委、政府建立议军制度，召开专门会议，听取部队反映的问题和意见；进行专门研究，提出相应的解决办法。另外，成都市为部队官兵开办各类专题讲座，讲授现代科技、文化、法律知识，培养开发军地两用人才，提高官兵素质。

1999年，市政府颁发《成都市拥军优属若干规定》。各区（市）县相继出台多项双拥政策法规；驻成都部队出台《拥政爱民若干规定》，全市双拥工作逐步走上规范化、制度化、法制化轨道。2001年，成都市市、县两级“维护部队、军人和军烈属合法权益中心”（乡镇成立“法律咨询站”）成立，并举行集中授牌仪式，明确职责。同年，成都市有13个区（市）县被评为省级双拥模范，2个县被评为省级双拥先进，成都市连续第4次被评为“四川省双拥模范城”。市双拥办、市民政局被评为2001年度成都市拥军优属先进单位。

2005年4月，四川省委、省政府、省军区召开电视电话会议，对新一届双拥模范城(县)进行命名表彰，成都市连续第9次被四川省评为双拥模范城。5月，成都市双拥优抚安置会议在新都区召开，对全市双拥工作进行全面安排。9月，成都市双拥工作领导小组从市民政局、市人事局、市教育局、市劳动和社会保障局、成都警备区等单位协调人员组成3个联合工作组，重点抽查成华区、新都区、邛崃市、彭州市、双流县、蒲江县等6个区(市)县的双拥工作情况，并对各区(市)县双拥工作情况进行全面了解。12月，市委、市政府、成都警备区联合行文，对全市双拥工作先进单位和先进个人进行表彰，共有249个单位被评为先进单位，232人被评为先进个人。

【创建“双拥”模范城】

1991年，成都市双拥工作领导小组和办公室建立。市长担任组长，市委副书记、副市长、军分区司令员、政委分别担任副组长，驻军各大单位和市级机关49名领导人担任成员；84个部门确定专门联络员。各区(市)县先后成立双拥工作领导小组，481个乡镇、街道办事处成立双拥工作领导机构，城镇的居(家)委会和农村的村委会成立了1.77万个拥军优属组织。7月26日，召开有4000余人参加的创建“双拥”模范城动员大会。市和各区(市)、县还先后开展“双拥”宣传周、宣传日活动。成都范围内的报刊、电台、电视台配合宣传，使创建活动家喻户晓，深入人心。全市共有3.5万名专兼职人员从事“双拥”工作，每年落实“双拥”专项经费。成都市创建双拥模范城活动全面展开，并涌现出一批“双拥”先进单位。

20世纪90年代，为改善部队住房条件，市政府在土地划拨、土地置换等方面，为部队提供最优惠的政策，在给部队划拨土地、置换土地上，为部队减免各种费用。同时努力净化部队周边环境，为部队创造好的条件。1990年以后，地方粮油供应实行重大调整，成都市采取各种措施，保证为部队提供优质粮油。成都市各级党委、政府都建立议军制度，召开专门会议，认真听取和研究部队反映的问题和意见，并提出相应的解决办法。为增强军地联系，加强沟通，密切关系，各级党委政府企事业单位都坚持每逢八一、春节等重大节日走访慰问部队，到部队听取意见，看望官兵，每年慰问部队，赠送电脑、电视机、洗衣机、电冰箱、空调等物品计50余台。成都市民政、文化等有关部门联合举办百对军人参加的世纪婚礼。为部队官兵开办专题讲座，讲授现代科技、文化、法律知识，提高官兵素质，为部队培养开发人才。同时，落实优抚安置政策，努力解决军人及家属后顾之忧。优抚标准不断提高，并已建立抚恤补助标准自然增长机制，有效地保障了优抚对象的生活。在安排退役士兵方面，坚持指令性安置为主，积极探索多元安置的办法。在部队随军家属就业安置方面，采取军队指令性安置与指导就业相结合，集中安置与扶持生产相结合等办法，实行军属优先上岗和无特殊情况不下岗，对下岗军嫂和随军家属进行就业培训。共举办15期军嫂就业培训班，培训军嫂2000多人，安排军嫂就业500多人。

1992年，大邑县被全国“双拥”工作领导小组命名为“全国双拥模范县”。崇庆县、青羊区、武侯区被省“双拥”工作领导小组命名为“双拥模范县区”，另有14个单位和10名个人受到省上表彰。8个区县、122个乡镇和街道、102个机关企事业单位、52个部队单位和100名个人受到市“双拥”工作领导小组表彰。1993年，在军地双方的共同努力下，成都市被四川省政府评为“双拥模范城”，成华区获省“双拥模范区”称号，另有14个单位、13名个人受到省上表彰。1994年1月，成都市被省委、省政府、省军区命名为省级“双拥模范城”，“八一”建军节前夕，被民政部、解放军总政治部命名为“全国双拥模范城”。1996年，成都市再次被全国双拥工作领导小组命名为“全国双拥模范城”。1997年，成都市表彰14个双拥工作先进区（市）县。成都市及9个区（市）县通过省双拥工作领导小组的考核验收。1998年，成都市及龙泉驿区等9个区（市）县被四川省委、省政府、省军区命名为双拥模范城（县、区）。

1999年，市政府颁发《成都市拥军优属若干规定》，各区（市）县也相继出台双拥政策法规。驻成都部队出台《拥政爱民若干规定》，规范全市双拥工作。同年，成都市国防教育面达到90%以上。19个区（市）县及高新区双拥先进达标，获得市委、市政府和成都军分区的表彰。成都市被民政部、解放军总政治部命名为“双拥模范城”。

2001年，累计组织群众参观双拥成果和国防知识展览50万人次，军训学生11万人次，举办双拥知识竞赛、读书演讲、事迹报告会、军地联欢会等活动70余场。市委、市政府、成都军分区按照“巩固、发展、提高”的方针，坚持把争创国家级和省级“双拥模范城”工作作为全市双拥工作重点；从平时抓起，从基层抓起，在办实事上下功夫；把双拥创建工作纳入目标管理，把创建工作任务层层分解，并按目标完成情况严格实施奖惩。

2005年，成都市按照上级“关于加强新时期双拥政策法规建设、宣传依法双拥”的要求，不断完善双拥政策法规，使双拥工作逐步走上规范化、制度化、法制化轨道。同时，在全市开展“援建军营图书室，共建学习型军营”的活动，各级机关、企事业单位、科研院校、各界群众和民营企业家大力支持和积极参与，为部队赠送图书50套，计2.5万册，新建电子图书室27个，新建图书室14个，为部队基层官兵看书学习创造良好的条件。4月，成都市连续第9次被四川省评为双拥模范城。

【拥军优属】

1991年，成都市政府为部队办了10件实事。其中有为部队解决所需训练场地和国防施工建设用地；解决部队子女入学入托3052人；办理军队随军、转业、离退休干部家属入户；家属子女就业803人，工作调动600人；各级商业、粮食等部门积极做好军粮、副食品、燃料、百货等生活必需品的供应工作，仅市粮食部门为成都军区、武警四川总队等部队单位和老红军、烈军属送精米、精粉、精油、优质挂面等20多种粮油食品上门，共计12万千克；解决军车进城冲洗问题，每年为部队减轻经济负担；为部队举办补习班、培训班97期，为部队培养军地两用人才；部分窗口行业实行军人购票、购物、挂号、诊病优先等。至年底，全市有基层拥军优属服务组织3000余个，自愿参加服务的人员达47820人。

1992年，贯彻中央《关于当前全国“双拥”工作的情况和进一步加强军政军民团结的意见》，成都市政府下发《关于进一步解决拥军优属工作中的几个问题的通知》，解决了部队建房，家属随军，子女入学、入托，军队离退休干部安置以及义务兵家属优待，立功奖励等14个方面的问题。1994年，成都市共解决军队干部家属、子女落户386人，调动工作282人，落实就业418人，入学、入托2241人，为未随军家属解决住房1024平方米。全市两万多个基层拥军优属服务小组共为驻军办好事5万余件，加强了军政、军民团结，促进成都市两个文明的建设。1995年，双拥工作注重实效，切实为部队排忧解难。全年走访驻成都部队30余次，召开各类座谈会13次；为部队解决干部家属子女随军人城落户347人，子女入学入托19人，安排家属子女就业483人。与市电信局共同为五城区伤残军人办实事，每人每部住宅电话一次性优惠1000元。全年共举办文化补习和技术培训班43期。

1996年，“元旦”“春节”“八一”期间，各部门、单位、社会各界慰问驻成都官兵、为部队排忧解难办实事。市委、市政府、市人大、市政协和有关部门的领导走访部队30多次，召开座谈会16次。全年共为部队解决干部家属子女随军入城落户312人，为38名随军家属解决住房共1900平方米，帮助子女入学入托102人，安排干部家属子女就业62人，培养军地两用人才，为部队办公住房建设减免各种城市建设配套费，解决粮、油、煤气、肉等生活补贴。1997年节日期间，社会各界慰问驻成都官兵。为部队办理军官家属随军落户600多人，调动工作800多人，安置就业700多人，子女入托入学740人，为330名随军家属解决住房1800多平方米；为部队划拨土地12公顷，培养军地两用人才。1998年，安置随军家属90人，补贴粮油煤气电水费，为军属补助困难经费；解决住房323户，23695平方米；投入资金，支持部队设施建设，减免各种费用；安置下岗军嫂再就业287人，支持部队技改。1999年2月，市政府颁发《成都市拥军优属若干规定》。“规定”共32条，对拥军优属的职责、内容和任务作了明确的规定。各区(市)县相继出台《拥军优属若干规定》《军人抚恤优待实施细则》《“爱心献功臣”实施意见》《军人优抚优待实施细则》《义务兵家属优待金社会统筹办法》和《义务兵优待金自然增长机制》等双拥政策法规。

从2001年开始，为解决驻成都武警官兵训练和执行任务劳动强度大、消耗体力多的问题，成都市委、市政府对驻成都武警官兵进行生活补贴。2005年，为适应部队现代化建设需要，市双拥办把开展科技进军营活动作为新时期双拥工作的重点，投入资金，与市科协一起共同到新津县、蒲江县、崇州市和彭州市驻地部队，开展科技进军营活动，为部队送去电脑、科普图书，在部队广泛进行科普宣传教育，官兵观看了科普图片，另外还邀请专家为官兵开办科技知识和心理教育课，官兵听科普知识讲座。根据民政部《关于全国开展援建军营图书室，共建学习型军营系列活动》通知精神，全市各区(市)县双拥办积极开展了援建军营图书室活动，共订图书20套，为驻成都部队赠送图书1万余册。市双拥办为市武警支队2个基层中队装修图书室，完善相关的配套设施，落实了图书资料。各单位组织知识竞赛、演讲比赛、军地联欢等活动，建学习型军营对子，营造军营读书氛围，促进部队人才战略工程建设和社会主义精神文明建设。成都市双拥办积极协调，加大对部队的慰问力度，全年为部队送慰问金，送电脑20台，送冰箱、洗衣机15台。

【拥政爱民】

成都驻军和驻成都武装警察部队设置拥政爱民机构，开展拥政爱民工作。1990年，成都市农村自然灾害频繁，先后遭受了地震、滑坡、霜冻、风雹、干旱、洪涝、病虫等自然灾害的轮番侵袭。每当灾害到来之时，解放军官兵都积极参加抗灾救灾工作。

1991年，驻成都部队参加救灾抢险570次，为灾民和贫困户捐款45万元，粮票4.476万千克，衣物3590件；参加驻地农田基本建设和创建卫生城市等活动投入车辆7881台次，植树15.83

万株。参加成都市通信工程建设，布放电缆98.6千米，完成了总投资1400万元的10个单项工程任务。部队医院、门诊部设便民窗口264个，提供床位2704张，为群众防病治病5.44万人次。

2001年，驻成都部队每个建制团以上单位都有一个扶贫点，坚持长期开展科技助农、帮工、帮料、帮种、帮收活动。驻成都总参某研究所积极帮助驻地解决用电、饮水问题；投入资金，扶持了3户特困家庭；投入资金，为驻地修复乡村公路，并修建2个公交车停靠站；坚持开展为敬老院“送温暖、献爱心”活动，为希望工程和灾区捐款36327元，衣服300余件；设立“希望工程”助学金，每年拿出5000元奖励驻地某中学成绩优异的学生。成都军区空军在都江堰市天马镇新建蓝天希望小学，并每年资助100名贫困学生。

9月19—20日，彭州市普降暴雨，雨量超过360毫米。境内青白江、湔江河流域水位陡涨，河堤数处决堤，600余名村民被困。紧急派出官兵带着冲锋舟直奔现场。19日凌晨6时，官兵们用两条杯口粗的麻绳在汹涌的洪水中筑起“人墙”。经过数小时奋战，将被困群众全部安全转移。与此同时，青白江险情突发，洪水拽断了系着重达40吨的两只淘沙船的钢绳，淘沙船向距离仅800米的下游三邑大桥撞去，形势危急，唯有炸船才能保住大桥。驻地官兵火速赶往现场，冒着生命危险，经过近1小时的战斗，将两只淘沙船炸毁，三邑大桥安然无恙。

同年，成都市实施城市环境综合整治，涉及部队40多家。驻成都各部队顾全大局，积极响应市政府号召，在整个城市环境综合整治工作中积极配合，拆除防护栏3000余个，拆除房屋近4500平方米，整饰墙面1.5万平方米，营区环境综合整治，为城市建设做出了贡献。与此同时，驻成都部队坚持学雷锋、学好八连活动，和群众一起共建文明村镇、文明社区、文明街道；每逢节假日，干部战士走上街头，义务为群众治病、修理家电、理发，密切了军政、军民关系。

2005年6月，成都市召开“军民共建文明城市”大会，驻成都部队24个单位参加。会议强化了军人以驻地为家乡的观念和意识，增强了军民团结协作精神。在全市创建全国文明城市活动中，驻成都部队先后出动车辆120台次，清运垃圾500多吨，绿化环境近2500平方米。成都军区总医院在纪念“向雷锋同志学习”活动42周年之际，与金牛区双拥办一起组织开展为期1周的“真情帮困进万家——珍惜生命、关爱健康”系列活动。活动期间，医院每天开出2辆健康直通车，分别在金沙、新南门、火车北站等5个站点免费接待患者就诊；派出由院领导带队的40多名专家组成的小分队深入到市儿童福利院、天回镇敬老院和金牛区烈士家中进行走访慰问，为儿童福利院送去价值约1万多元的医疗器材、牛奶和水果，为烈士家属送去了慰问金。

军人优待与军烈属优待

【概况】

1988年，国务院颁布《军人优抚优待条例》。1990年，成都市民政局开展优抚对象普查工作，摸清了全市优抚对象基本情况。按民政部和四川省民政厅的政策要求，对在乡未参加工作、因年老体弱、生活困难的复员军人和家庭特别困难的退伍军人，以及享受抚恤和补助待遇但生活仍然十分贫困的其他优抚对象，给予定期定量补助和临时补助。同年，成都市优待烈军属，并发放优待金。

1991年，颁发《成都市优待金的规定》，严格贯彻执行国务院和四川省政府颁布实施“办法”，规定户籍在农村的义务兵享受优待金标准不低于当地上年农民人均收入的50%，同时逐步完善优待工作，逐年提高优待标准。当年全市烈军属享受优待金。由于经济发展水平不同，成都市五城区与区（市）县义务兵优待标准相差较大。1992年，四川省政府发布《四川省军人抚恤优待办法》。成都市凡符合条件享受定期抚恤的烈属、因公牺牲军人家属、病故军人家属100%得到抚恤。1993年，成都市政府批转市民政局《关于提高部分优抚对象生活补助标准的请示》，提高了全市烈属、因公牺牲军人家属及伤残军人、享受定期定量补助的复员军人的补助标准。1994年，全市19个区（市）县均已颁布实施《军人抚恤优待条例实施细则》，从而建立起直至基层的具有针对性和操作性的优抚法规体系，为实现成都市优抚工作法制化、制度化、社会化打下了基础。同年，市及各区（市）县财政拨款864.4万元用于解决优抚对象的生活、治病、住房三难问题。1995年，全市发放烈军属优待金，农村义务兵家属户平优待金比1990年增加。

1996年，市政府制定《成都市军人抚恤优待实施办法（以下简称《办法》）》，在龙泉驿区开展优待金社会统筹试点工作并取得成功。《办法》规定，全市家居农村义务兵家属优待金实行市、区（市）县统筹，除五城区外，其他区（市）县均按每年不低于1500元的标准，实行年初预评，年底兑现。1997年，全市各级财政投入资金，用于解决优抚对象的“三难”问题，为203户优抚对象新修、维修住房835间。1998年，加大优抚法规的宣传力度，加强政策落实的督促检查，提高了优待对象抚恤补助标准。全市“三属”、在乡伤残军人、在乡老复员军人不仅享受国家定期补助金，还享受地方临时补助金。1999年，全市农村义务兵家属优待金标准达到或超过当地村民人均纯收入的70%。为解决优抚对象住房难问题，结合全市开展的“爱心献功臣”行动，由财政拨款、社会集资，群众帮工（折款）310万元，为461户在乡优抚对象新修、维修住房1844间。2000年，全市实现义务兵家属优待金社会统筹。

2001年，成都市正式出台《义务兵家属优待金社会统筹办法》，并对重点优抚对象进行普查，确保登记的准确性。全年为优抚对象兑现优待金2400多万元。筹集资金共1079.78万元，为优抚对象新修、维修、改造住房5498间。2002年，市和各区（市）县建立了以城镇不低于人均工资增长额的5%，农村不低于人均收入增长额的20%的优抚补助自然增长机制。为解决优抚对象医疗难问题，各区（市）县民政部门补贴，卫生部门减免232.57万元，乡镇补助62.65万元，街道补助62.75万元。2003年，成都市下发《关于城镇入伍义务兵家属优待金计发标准的通知》，统一五城区及高新区城镇入伍义务兵家属优待金的执行标准，一律按每户700元计发。同年，在乡复员军人定期定量补助面达到100%。2004年，国家修订《军人抚恤优待条例》。同年，成都市下拨抚恤事业费2938.63万元，对财政困难的金堂县、蒲江县、大邑县、邛崃市、崇州市、新津县实行补贴，保证优抚对象抚恤补助金及时足额兑现，落实优抚对象抚恤补助金自然增长机制。19个区（市）县及高新区实行了金融机构代发抚恤补助金的办法。2005年，成都市投入资金451.7万元，为优抚对象新建住房1200间、2.4万平方米；为优抚对象减免医疗费257.5万元，安排医疗补助费228万元。8月，市民政局为成都市重点优抚对象提高抚恤补助标准，兑现调高标准经费6211.6万元。

【革命烈士家属优待】

根据国务院1988年颁布的《军人优抚优待条例》、四川省人民政府1992年发布的《四川省军人抚恤优待办法》、成都市人民政府1996年9月23日发布的《成都市军人抚恤优待实施办法》，以及2004年国家对1988年施行的《军人抚恤优待条例》进行的重新修订，成都市对革命烈士家属给予优待。

优待内容包括革命烈士、因公牺牲军人、病故军人、服现役军人的家属和回乡的复员退伍军人，不享受公费医疗待遇并无力支付医疗费的，当地县（区、市）人民政府卫生行政部门酌情减免。

革命烈士、因公牺牲军人、病故军人的子女、弟妹，自愿参军又符合征兵条件的，在征兵期间可优先批准一人入伍。革命烈士子女、革命伤残军人报考中等学校、高等院校，录取的文化和身体条件应适当放宽。革命烈士子女考入公立学校的，免交学杂费并优先享受助学金或学生贷款；入公办幼儿园、托儿所的，优先接受。

烈士遗属、因公牺牲军人遗属、病故军人遗属承租、购买住房依照有关规定享受优先、优惠待遇。居住农村的抚恤优待对象住房困难的，由地方人民政府帮助解决。具体办法由省、自治区、直辖市人民政府规定。

户籍在农村的革命烈士家属符合招工条件的，由当地县（市、区）人民政府劳动行政部门负责安排其中一人在城镇国营或集体企业就业。户籍在农村的革命烈士家属，免出义务工和劳动积累工。

【伤残革命军人优待】

1988年国务院颁布《军人优抚优待条例》。1990年，成都市按照民政部1989年《关于换发革命伤残人员证件的通知》要求，对全市革命伤残人员的现状进行走访调查，对其各类证明材料等进行清理核对，使之做到准确无误，并为全市革命伤残人员中的大部分换了新证。

1991年，成都市颁发《成都市优待金的规定》，对伤残革命军人给予优待。其中医疗优待包括国家对一级至六级残疾军人的医疗费用予以保障，由所在医疗保险统筹地区社会保险经办机构单独列账管理。具体办法由国务院民政部门同国务院劳动保障部门、财政部门规定。领取伤残保健金的革命伤残军人，享受其所在单位公（工）伤职工同等医疗待遇和退休待遇。领取伤残抚恤金的二等乙级以上（含二等乙级）的革命伤残军人，享受卫生部门的公费医疗待遇，并不得对其实行医疗包干。凡需要到外地治疗的，应持其户籍所在地的区（市）县级医院证明，经同级公费医疗管理部门批准方可报销医疗费。领取伤残抚恤金的三等革命军人因伤口复发治疗所需医疗费由其户籍所在地的区（市）县民政部门解决，因病所需医疗费本人支付有困难的，由当地民政部门酌情给予补助。因战因公致残领取伤残抚恤金的革命军人伤口复发，经批准到外地治疗或安装假肢的，其交通、食宿费用和住院期间伙食费由户籍所在地的区（市）县民政部门酌情给予补助；领取伤残保健金的革命军人伤口复发治疗和经批准需到外地安装假肢的，其交通费、食宿费用，由其所在单位按公（工）伤待遇办理。七级至八级残疾军人旧伤复发的医疗费用，已经参加工伤保险的，由工伤保险基金支付，未参加工伤保险的，有工作单位的由工作单位解决，没有工作的由当地县级以上地方人民政府负责解决；七级至十级残疾军人旧伤复发以外的医疗费用，未参加医疗保险且本人支付有困难的，由当地县级以上地方人民政府酌情给予补助。

除医疗优待外,革命伤残军人凭“中华人民共和国残疾军人证”优先购票乘坐境内运行的火车、轮船、长途公共汽车以及民航班机,并享受减免正常票价的50%的优待,自用代步手摇三轮车等辅助器械予以免费托运。乘坐市内公共汽车(不含小公共汽车和出租汽车),凭本人“革命伤残军人证”免收车票;游览公园(不含园中园和商业性游乐园)和风景名胜区,凭本人“革命伤残军人证”免收门票。在国家机关、社会团体、企业事业单位工作的因战、因公致残的革命伤残军人,享受与所在单位因公(工)伤残职工相同的生活福利待遇。在国家机关、社会团体、企业事业单位工作的残疾军人,享受与所在单位工伤人员同等的生活福利和医疗待遇。所在单位不得因其残疾将其辞退、解聘或者解除劳动关系。

1992年,四川省政府发布《四川省军人抚恤优待办法》。1995年,成都市特、一等伤残军人家属子女按政策已全部农转非,并安排了工作;二等乙级以上的伤残军人全部享受公费医疗。1996年,发布《成都市军人抚恤优待实施办法》,在全市为在乡伤残军人大幅度提高了抚恤标准。1998年,通过财政拨款、社会集资、自筹资金等方式筹资352万元,为特一等伤残军人等优抚对象新建、维修住房824间。各级卫生部门为优抚对象减免医疗费、住院费112万元,教育部门减免学杂费976人、4.5万元。

2001年,为在职伤残军人提高伤残保健金,为在乡伤残军人提高了伤残抚恤金。2002年,为在职伤残军人提高伤残保健金,为在乡伤残军人提高了伤残抚恤金。同年,市民政局、市劳动和社会保障局、市财政局、市卫生局等部门联合出台了《关于我市二等乙级以上革命伤残军人医疗费管理有关问题的通知》。

2004年,国家重新修订《军人抚恤优待条例》。同年,成都市为领取伤残抚恤金的特、一等革命伤残军人配发了轮椅;完成了对全市残疾人换证前期的核查工作。2005年,成都市对重点优抚对象实行医疗优惠,对二等乙级以上的伤残军人全部实行公费医疗,符合条件的下岗伤残军人基本纳入当地最低生活保障,重点优抚对象的“三难”问题基本解决。

【现役军人优待】

根据《四川省军人抚恤优待办法》《成都市军人抚恤优待实施办法》,以及国家重新修订的《军人抚恤优待条例》,成都市对现役军人给予优待。现役军人凭有效证件优先购票乘坐境内运行的火车、轮船、长途公共汽车以及民航班机;残疾军人享受减免正常票价的50%的优待。乘坐市内公共汽车、电车和轨道交通工具享受优待,具体办法由有关城市人民政府规定。残疾军人凭“中华人民共和国残疾军人证”免费乘坐市内公共汽车、电车和轨道交通工具。参观游览公园、博物馆、名胜古迹享受优待,具体办法由公园、博物馆、名胜古迹管理单位所在地的县级以上地方人民政府规定。

经军队师(旅)级以上单位政治机关批准随军的现役军官家属、文职干部家属、士官家属,由驻军所在地的公安机关办理落户手续。随军前是国家机关、社会团体、企业事业单位职工的,驻军所在地人民政府劳动保障部门、人事部门应当接收和妥善安置;随军前没有工作单位的,驻军所在地人民政府应当根据本人实际情况作出相应安置;对自谋职业的,按照国家有关规定减免有关费用。未随军的现役军官、志愿兵的家属住房困难,家属有工作单位的,在所在单位按本单位双职工待遇解决;家属无工作单位的由当地房管部门统筹解决。

成都入伍的现役军人在部队服役期间获得荣誉称号或立功者，凭部队团以上单位政治机关的通知书，由市和区（市）县、乡人民政府、街道办事处按标准分别对家属给予奖励。1994 年，为立功军人发放奖金。

现役军人的家属不享受公费医疗待遇并无力支付医疗费的，当地县（区、市）人民政府卫生行政部门酌情减免。驻边疆国境的县（市）、沙漠区、国家确定的边远地区中的三类地区和军队确定的特、一、二类岛屿部队现役军人的子女报考普通高中、中等职业学校、高等学校，在与其他考生同等条件下优先录取；接受学历教育的，在同等条件下优先享受国家规定的各项助学政策。现役军人子女的入学、入托，在同等条件下优先接收。具体办法由国务院民政部门会同国务院教育部门规定。驻边疆国境的县（市）、沙漠区、国家确定的边远地区中的三类地区和军队确定的特、一、二类岛屿部队的现役军官、文职干部、士官，其符合随军条件无法随军的家属，所在地人民政府应适当妥善安置，保障其生活不低于当地的平均生活水平。2001 年成都市出台《义务兵优待金自然增长机制》。

【现役义务兵家属优待】

根据国务院 1988 年颁布的《军人优抚优待条例》，户籍在农村的服现役的义务兵家属，优待金由当地的乡（镇）人民政府发给，是标准不低于当地上年农民人均纯收入的 70%。城镇在职入伍服现役的义务兵家属，由原工作单位按当年本单位人均工资的 50% 发给优待金；城镇在校学生、待业青年入伍服现役的义务兵家属，优待金标准由区（市）县政府决定。其中城区由市政府统一决定标准。继新都县连续 4 年、蒲江县连续 2 年农村义务兵家属优待标准达到当地人均收入的二分之一后，彭县、大邑县、金牛区也达到或超过此标准。

1992 年，四川省人民政府发布《四川省军人抚恤优待办法》，成都市农村义务兵家属优待金，比上年增加 45 元，优待金标准已全部达到或超过当地农村人均收入的二分之一。1993 年，全市农村义务兵家属优待金比上年净增 140 元。1994 年，市民政局把提高义务兵家属优待金作为一项重要任务来抓。经过一年的努力，全市农村义务兵家属优待金，达到全市农业人口 1993 年人均纯收入的 56.9%。1995 年，有 15 个区（市）县农村义务兵家属优待金增加到当地上年纯收入的 70%，其余四个县达到 50% 以上。

由于各区（市）县农村人均收入不统一，测算标准不统一，出现每年义务兵优待金城区（青羊、锦江、成华、武侯、金牛及高新）与郊区（市）县差距太大的问题。为了逐步缩小城区与郊区（市）县的标准差异，1996 年 9 月，成都市人民政府发布《成都市军人抚恤优待实施办法》，规定优待金实行乡（镇）收乡（镇）管，或城乡负担，市、区（市）县统筹的原则，各区（市）县按每年每户不低于 1500 元的标准制订预算。1997 年，农村义务兵家属优待金有 16 个区（市）县达到当地上年人均纯收入的 70% 以上，其余区（市）县达到 50% 以上。1998 年，全市有 6 个区（市）县开始实行义务兵家属优待金社会统筹；农村义务兵家属优待金有 17 个区（市）县达到当地上年人均纯收入的 70%，其余区（市）县达到 50% 以上。1999 年，全市 19 个区（市）县及高新区农村义务兵家属优待金全部达到了当地上年人均纯收入的 70%。2000 年，全市实现义务兵家属优待金社会统筹。2001 年，成都市正式出台《义务兵家属优待金社会统筹办法》。

2002年，成都市下发《关于城镇入伍义务兵家属优待金计发标准的通知》。规定优待金由义务兵父母工作单位各负担一半，父母只一方有工作单位的，由其有工作单位的一方全部负担。父母均系居民和现役军人或父母工作单位在成都市外的，由入伍时户籍所在区（市）县民政部门申请同级财政部门予以解决。优待金由义务兵入伍时的户籍所在地的乡（镇）人民政府、街道办事处或单位按规定标准发放。义务兵和初级士官入伍前是国家机关、社会团体、企业事业单位职工（含合同制人员）的，退出现役后，允许复工复职，并享受不低于本单位同岗位（工种）、同工龄职工的各项待遇；服现役期间，其家属继续享受该单位职工家属的有关福利待遇。义务兵超期服役并有部队团以上单位书面通知的，继续发给优待金；义务兵服现役期满和提升为干部或转为志愿兵的，停发优待金。义务兵和初级士官退出现役后，报考国家公务员、高等学校和中等职业学校，在与其他考生同等条件下优先录取。成都入伍的现役军人在部队服役期间获得荣誉称号或立功者，凭部队团以上单位政治机关的通知书，由市和区（市）县、乡（镇）人民政府、街道办事处按标准分别对家属给予奖励。同时统一五城区及高新区城镇入伍义务兵家属优待金的执行标准。

2005年，成都市政府规定除城区外，其他区（市）县统一按每年不低于1500元的标准兑现。义务兵和初级士官入伍前承包地（山、林）等保留；服现役期间，除依照国家有关规定和承包合同的约定缴纳有关税费外，免除其他负担。义务兵从部队发出平信，免费邮递。

1990—2005年成都市义务兵家属优待金发放一览表

表5-295

年份	优待金额（万元）	户均（元）
1990	605.51	228.40
1991	656.25	246.40
1992	875.47	306.93
1993	1077.5	442.60
1994	1133.3	483.90
1995	1374.4	574.46
1996	1556.4	685.85
1997	1925	822.30
1998	2183	919.66
1999	2315.5	1048.69
2000	2370.2	1122.73
2001	2025.2	1028.75
2002	1704.4	997.02
2003	1152.3	1127.83
2004	1169.1	1082.50
2005	2237.7	2122.68

【复员军人优待】

1990年，成都市民政局开展优抚对象普查。同年，成都市在全市范围内采取国家、集体、个人三结合的筹资方式，对住房特别困难的在乡复员军人的房屋进行新建或维修，总面积达10.19万平方米。同年，对在乡未参加工作，因年老体弱、生活困难的复员军人和家庭特别困难的退伍军人，以及享受抚恤和补助待遇但生活仍然十分贫困的其他优抚对象，给予定期定量补助和临时补助。当年全市享受定期定量补助的在乡复员军人，定补面达到65%，超过了民政部和四川省民政厅政策要求（政策规定在乡复员军人定补面达到50%）。

1991年，市政府颁发《成都市优待金的规定》。1992年制定颁发成都市抚恤优待实施办法。办法规定，带病回乡的复员退伍军人（包括带精神病复员退伍军人），不享受公费医疗待遇。但因病治疗无力支付医疗费的，由区（市）县卫生行政部门酌情减免，其中家庭贫困的孤老、孤儿的医药费及住院费全免，所需经费在群众医疗欠费基金内解决。复员军人未参加工作的，因年老体弱、生活困难的，按照规定的条件，由当地民政部门给予定期定量补助，并逐步改善他们的生活待遇。复员军人购买住房依照有关规定享受优先、优惠待遇。居住农村的抚恤优待对象住房困难的，由地方人民政府帮助解决。具体办法由省、自治区、直辖市人民政府规定。复员军人未参加工作的，因年老体弱、生活困难的，按照规定的条件，由当地民政部门给予定期定量补助，并逐步改善他们的生活待遇。对孤老复员军人免收集体提留和免参加义务工服务。在乡退伍红军、红军失散人员和未参加工作年老体弱生活困难的复员军人，由户籍所在地的区（市）县民政部门给予定期定量补助。同年，在乡老复员军人定补面已达75%以上。1995年，在乡老复员军人享受定补面达到85%。同年，采取国家一部分、社会筹集一部分、个人出一部分的办法，多渠道筹集资金解决在乡老复员军人及优抚对象在生活、治病、住房方面的困难。同时全市各级政府拨款500多万元，各级医疗卫生部门减免医疗费100余万元，各乡镇解决生活补助费300多万元，大大缓解了在乡老复员军人的“三难”矛盾。以后，随着国民经济的发展和改革开放，定补标准和定补面不断增长和扩大。

2001年，按时按新标准发放抚恤金，在乡老复员军人月定期生活补助提高到70元以上；市民政局安排了125万元，对1953年7月27日前入朝鲜作战、生活特别困难的志愿军老战士和志愿军烈士遗孀给予了一次性补助。2002年，成都市在乡老复员军人定期定量补助由每人每月70元增至90元。2003年，全市在乡复员军人全部享受定期定量补助，定补面达到100%。2004年，成都市为在乡复员军人每人每月提高定量补助费20元，达到每人110元/月；补助医疗费每年100元，部分区（市）县达到年300元。2004年，成都市全年下拨在乡老复员军人生活补助费254万元。2005年，对在乡复员军人实行了不低于100元的医疗补助。

军人抚恤与烈士抚恤

【概况】

根据国务院1988年颁布的《军人优抚优待条例》，1996年9月23日，成都市人民政府发布《成都市军人抚恤优待实施办法》，规定对成都市军人实行死亡抚恤与伤残抚恤。死亡抚恤分一次性抚恤金和定期抚恤金两种。现役军人伤残，根据伤残性质确定为因战致残、因公致残或因病致残三种。根据丧失劳动能力及影响生活能力的程度，确定革命伤残军人的伤残等级。伤残等级不同，发给不同数额的伤残抚恤金和伤残保健金。义务兵因病评残仅限于在服役期间患病的，并由部队办理。对在乡复员、带病回乡退伍军人，在乡退伍红军老战士、在乡西路军红军老战士、红军失散人员符合条件的发给定期生活补助费。随着国家经济发展，城乡人民生活水平的提高，成都市多次对优抚对象各类抚恤金标准进行调整，保障抚恤对象的生活不低于当地的平均生活水平。

1990—2005年，成都市经四川省人民政府批准或追认的烈士共36名。为纪念和缅怀献身革命事业和为人民群众利益牺牲的烈士，至2005年，成都市先后修建了烈士纪念建筑物28处，其中属市级管理的2处（十二桥烈士墓、“216”烈士纪念碑），属区（市）县管理的20处，属修建单位管理的6处。16年间，前往各烈士陵园祭扫、瞻仰和举行各种纪念活动、教育活动的各界人士达800万人次以上。

【抚恤种类】

根据国务院《军人抚恤优待条例》和《四川省军人抚恤优待办法》，结合成都市实际，成都市人民政府于1996年9月发布《成都市军人抚恤优待实施办法》，规定对成都市军人实行死亡抚恤与伤残抚恤等两种抚恤办法。

死亡抚恤分一次性抚恤金和定期抚恤金两种。现役军人死亡，由民政部门根据死亡性质和军人死亡时的工资收入按规定标准发给其亲属一次性抚恤金。一次性抚恤金由持证的死亡军人亲属户籍所在地的区（市）县民政部门发给。有父母（或抚养人）无配偶的，一次性抚恤金发给父母（或抚养人）；有配偶无父母（或抚养人）的，发给配偶；既有父母（或抚养人）又有配偶的，各发半数；无父母（或抚养人）、配偶的，发给子女；无父母（或抚养人）、配偶、子女的，发给未满18周岁的弟妹。

革命烈士、因公牺牲军人、病故军人的亲属，符合下列条件之一的，由其户籍所在地的区（市）县民政部门按照规定的标准，发给定期抚恤金：父、母、抚养人、配偶无劳动能力和经济收入的，或虽有一定经济收入，但不足以维持当地一般群众生活水平的；子女未满十八周岁，或虽满十八周岁因读书或伤残而无生活来源的；弟妹未满十八周岁且必须是依靠军人生前供养的。领取定期抚恤金的对象户籍迁移时，应同时办理定期抚恤金转移手续。户籍迁出地的民政部门负责发给当年的定期抚恤金。户籍迁入地的民政部门凭“转移手续”按定期抚恤金标准，从次年1月起予以抚恤。享受定期抚恤金的人员死亡后，除发给当月应领的定期抚恤金外，另加发6个月的定期抚恤金作为丧葬补助费，同时注销定期抚恤金领取证。

现役军人伤残，根据伤残性质确定为因战致残、因公致残或因病致残。根据丧失劳动能力及影响生活能力的程度，按照民政部颁发的《革命伤残军人评定伤残等级的条件》，确定革命伤残军人的伤残等级。义务兵因病评残仅限于在服役期间患病的，并由部队办理。

退出现役后的革命伤残军人，没有工作的，由民政部门发给伤残抚恤金；有工作的或者享受离退休待遇的革命伤残军人，由民政部门发给伤残保健金。伤残抚恤金和伤残保健金，由其户籍所在地的区（市）县民政部门按国家规定的标准发给。继续在部队服役的革命伤残军人，由所在部队发给伤残保健金。

革命伤残军人户籍迁移，应同时办理伤残抚

恤转移手续。其户籍迁出地的民政部门负责发给当年的伤残抚恤金或保健金，户籍迁入地的民政部门应凭“革命伤残军人证”和转移手续，从次年1月起按规定予以抚恤。

现为国家机关、民主党派、人民团体的正式职工，国有企事业单位的正式职工，城镇集体所有制企业的正式职工，股份制企业、股份合作制企业的正式职工，中外合资、中外合作企业的中方职工的领取伤残保健金的革命伤残军人，所在单位不能因其伤残而辞退、解聘。必须辞退、解聘的应征得当地劳动和民政部门同意。机关、事业单位被撤销和企业破产、解散的，革命伤残军人的工作依照法律法规规定进行安置。生活低于当地职工生活水平的经当地区（市）县民政部门批准，可改领伤残抚恤金。

退出现役的特等、一等革命伤残军人，按国家规定需要集中供养的，由国家设置专门机构供养。分散供养的，由地方人民政府负责妥善安置。特等、一等革命伤残军人安置后，应允许户籍在农村的配偶和未满十八周岁的子女（包括已满十八周岁的在校读书的子女）转为非农业户籍；符合招工条件的配偶和子女，在与其他人员同等条件下，优先录用。

革命伤残军人因伤残需要配制假肢、代步三轮车、病理鞋等辅助用品，领取伤残抚恤金的伤残军人由所在区（市）县民政部门负责报销；领取伤残保健金的伤残军人，由所在单位按本单位因公（工）伤待遇办理。

革命伤残军人死亡后，停发伤残抚恤金、保健金和护理费，同时注销证件。原领取伤残抚恤金的，由户籍所在地的区（市）县民政部门按照当地国家机关工作人员的丧葬费标准发给丧葬补助费；原领取伤残保健金的，由其所在单位按规定发给丧葬补助费。

因战致残，医疗终结评残发证后，一年内伤口复发死亡；因战致残，医疗终结评残发证一年后，因伤口复发死亡；因公致残医疗终结评残发证后伤口复发死亡；革命伤残军人因病死亡，由持死亡证的伤残军人家属户籍所在地的区（市）县民政部门，按照民政部的有关规定，办理抚恤金事宜。

【抚恤补助标准及自然增长机制】

1988年，国务院颁发《军人抚恤优待条例》（以下简称《条例》）。《条例》规定，成都市根据本人死亡时的月工资，烈士抚恤补助标准为40个月工资，因公牺牲为20个月工资，病故为10个月工资，由民政部门发给家属一次性抚恤金。同时规定，定期抚恤金发放标准。

伤残抚恤金、保健金标准，因在乡或在职而有所不同。随着国家经济发展，1990年以后国家多次对伤残军人抚恤金、保健金标准进行调整，保障抚恤对象的生活不低于当地的平均生活水平。

《条例》规定发给伤残军人护理费。对分散安置的特等、一等伤残军人按月发给护理费，因战、因公特等伤残为当地职工平均工资的50%，一等伤残为40%；因病一等伤残为30%。在职的由单位发给，未参加工作的由当地县以上民政部门发给。

随着国家经济发展，城乡人民生活水平的提高，1990年以后，国家多次对优抚对象定期抚恤金、定期生活补助金标准进行调整。

1996年以后，根据统计部门提供的上年度职工月平均工资，每年7月对特等、一等伤残军人的护理费标准进行调整。1996年，成都市民政局、人事局、财政局印发《关于调整特、一等革命伤残人员护理费标准的通知》规定。

从2002年起，成都市随着的经济和社会发展实现了优抚对象与当地人民生活水平同步增长，每年以统计部门发布的上年度的各区（市）县职工平均工资和上年度农村纯收入为基数，建立优抚对象抚恤补助自然增长机制，其中城镇优抚对象按不低于5%比例增长；农村优抚对象按不低于20%比例增长。

2004年10月，国务院《军人抚恤优待条例》将一次性抚恤金标准调整为烈士80个月工资，因公牺牲40个月工资，病故20个月工资。其中被中央军委授予荣誉称号的增发35%，被军队军区级单位授予荣誉称号的增发30%，立一等功的增发25%，立二等功的增发15%，立三等功增发5%。并规定，对分散安置的1—4级伤残军人护理费统一由当地民政部门发给。同年，成都市对优抚抚恤补助经费发放办法进行改革，区（市）县民政部门审查、财政审核后拨款到各个金融机构，由金融机构代发，优抚对象凭身份证和储蓄卡领取。成都市实行优抚政务公开制度，各乡（镇）、街道办事处设置优抚对象抚恤补助标准及享受人员公开栏。

【烈士审批与褒扬】

1980年6月4日，国务院颁布的《革命烈士褒扬条例》规定，中国人民和人民解放军指战员，在革命斗争、保卫祖国和社会主义现代化建设事业中壮烈牺牲的，称为革命烈士，其家属称为革命烈士家属。《条例》规定，有下列情形之一的批准为革命烈士：对敌作战牺牲或对敌作战负伤后因伤死亡的；对敌作战致残废后不久因伤口复发死亡的；在作战前线担任向导、修建工事、救护伤员、执行运输等战勤任务牺牲，或者在战区守卫重点目标牺牲的；因执行革命任务遭敌人杀害，或者被敌人俘虏、逮捕后坚贞不屈遭敌人杀害或受折磨致死的；为保卫或抢救人民生命、国家财产和集体财产壮烈牺牲的。除此之外的牺牲人员，如果事迹特别突出足为后人楷模的，也可以批准为革命烈士。

2004年10月，国务院颁布的《军人抚恤优待条例》，对现役军人死亡、批准为烈士的条件作了修改：为抢救和维护国家财产、人民生命财产或者参加处置突发事件死亡的；因执行军事演习，战备航行、飞行、空降和导弹发射训练、试航、试飞任务以及参加武器装备科研实验死亡的；在执行对敌作战、边海防执勤或抢险救灾任务中失踪，经法定程序宣告死亡的，也按照烈士对待。因战牺牲的，现役军人由团级以上政治机关批准，其他人员由县、市、市辖区人民政府批准；因公牺牲的，现役军人由军级以上政治机关批准，其他人员由省、自治区、直辖市人民政府批准。

2004年后，其他人员批准为烈士仍然按照《革命烈士褒扬条例》规定执行。现役军人批准为烈士做出了新的规定。现役军人批准为烈士的机关为：属于因战死亡的，由军队团级以上单位政治机关批准；属于非因战死亡的，由军队军级以上单位政治机关批准；属于现役军人认定烈士条件第五款（其他死难情节特别突出，堪为后人楷模的）规定情形的，由中国人民解放军总政治部批准。

经批准为革命烈士的，由民政部门向革命烈士家属颁发《革命烈士证明书》。具体做法是，由批准机关填发《革命烈士通知书》，寄给家属居住地的县、市、市辖区人民政府，然后由革命烈士家属居住地的县、市、市辖区人民政府填写《中华人民共和国烈士证明书》，代民政部颁发。

《中华人民共和国烈士证明书》的领取应由烈士父母（扶养人）、配偶、子女协商，并将协商结果以书面形式告知相应县级人民政府民政部门。协商不通的，按以下顺序发放：1、父母（抚养人）；2、配偶；3、子女（有多个子女的，发给长子女）。无上述对象的，发给兄弟姐妹，有多个兄弟姐妹的，发给年长者；没有遗属的，不发。

1990—2005年，成都市经四川省人民政府批准或追认的烈士共36名。

【烈士纪念建筑物管理】

1995年，民政部发布《革命烈士纪念建筑物管理保护办法》，四川省人民政府批准省民政厅、财政厅《关于对烈士纪念建筑物加强管理保护报告》。《办法》规定，烈士纪念建筑物，是为纪念和缅怀献身革命事业和为人民群众利益牺牲的烈士而专门修建的烈士纪念建筑物。其主要形式有烈士陵园、烈士纪念馆（堂）、烈士纪念塔（亭）、烈士纪念碑、烈士墓、烈士雕像等。烈士纪念建筑分四级管理。第一级为全国重点保护单位，第二级为省、自治区、直辖市保护单位，第三级为自治州、市（地区、盟）保护单位，第四级为县（市、旗）、自治县保护单位。未列为县级以上保护单位的烈士纪念建筑物，由建设单位负责管理保护。列为全国重点保护的单位，由民政部提出，报国务院批准后由民政部公布。列为省、自治区、直辖市的保护单位，由省、自治区、直辖市人民政府核定公布，并报国务院备案。列为县（市）的保护单位，由县（市）人民政府核定公布，报省、自治区、直辖市人民政府备案。烈士纪念建筑物由所在地人民政府负责管理保护。各级民政部门是同级政府主管烈士褒扬工作的职能部门。为了加强对烈士纪念建筑物保护单位的维护管理，对烈士纪念建筑物保护单位统一设置保护标志。标志内容包括烈士纪念建筑物保护单位的名称，烈士纪念建筑物保护单位的级别，批准机关、批准日期，公布机关、公布日期，标志设立机关、设立日期。标志的文字一律采用经国务院标准的规范的简化字，用仿宋体或楷书、隶书。

成都市烈士纪念建筑物管理由成都市和各区（市）县民政部门负责。1949年成都解放后，全市各区（市）县着手调查烈士埋葬地点，清理遗物，先后修建一批烈士陵园、烈士墓（碑）等，主要安葬解放成都、川西北剿匪以及社会主义建设时期牺牲的烈士。成都市十二桥烈士墓于1988年被成都市人民政府批准为市级革命烈士纪念建筑物重点保护单位，1995年被四川省人民政府确定为全省第一批爱国主义教育基地。

至2005年，全市共有烈士纪念建筑物28处。其中属市级管理的2处，即十二桥烈士墓和“216”烈士纪念碑。属区（市）县管理的烈士纪念建筑物共20处，属修建单位管理的6处。1990—2005年，全市各区（市）县共投入近500万元资金，对20个烈士陵园进行维修。其中锦江区烈士陵园、金牛区马鞍山烈士陵园、成华区院山坡殉国烈士陵园、龙泉驿区烈士陵园、新都区烈士陵园、温江区烈士陵园、崇州市革命烈士陵园、邛崃市烈士陵园、大邑县烈士陵园、蒲江县烈士陵园等10个烈士陵园先后进行了迁建、改建和新建。2001年11月，十二桥烈士墓动工改建，2002年3月竣工。2004年，成都市明确十二桥烈士墓地由文化公园管理，并安排10万元经费补助温江烈士陵园迁建工程。

1990—2005年，前往各烈士陵园祭扫、瞻仰和举行各种纪念活动、教育活动的成都市各界人士在800万人次以上。

退伍军人安置

【概况】

成都市人民政府于1991年成立“成都市退

役士兵和军队离退休干部安置工作领导小组”,领导小组下设办公室,具体负责退役士兵、士官、复员干部、军队离退休干部的安置工作。

20 世纪 90 年代,成都市对城镇退役士兵的接收安置工作,基本上实行“系统分配任务,包干安置”和“政府统筹”的安置办法。市以及各区(市)县民政部门一方面大力宣传贯彻《退伍义务兵安置条例》等党和政府有关安置工作的方针、政策,另一方面立足边接收,边安置,克服种种困难。每年均较好完成安置任务。同时,成都市十分重视结合当地实际,因地制宜开发使用军地两用人才。针对退役士兵、转业士官和军队复员干部的具体特点,以市场经济为向导,宜工则工、宜农则农、宜商则商,做好劳动力的交流和人才合理流动,鼓励自谋职业、创办经济实体和劳务输出。成都市军地两用人才开发使用率从 1990 年开始,一直保持在 90% 以上,从 1993 年开始,成都市每年都要接收一部分军队复员干部。军队离退休干部安置按安置批次计划实施,成都市按第四批和第五批安置计划共安置军队离退休干部。同时,成都市承建成都市军队离退休干部服务管理中心、成都市草堂干休所等,并根据上级的统一部署为军休干部住房制度改革工作制定统一政策,并加以实施。在医疗保障方面实行与当地离退休公务员相同的医疗保障办法,对军队退休干部建立医疗优待补助基金,确保医疗保障水平不下降。

进入 21 世纪后,为适应改革的新形势,成都市推行城镇退役士兵安置工作改革,在继续实行政府指令性安置的同时,对统筹安置人员实行“双向选择”安置,采用安置任务有偿转移办法,鼓励城镇退役士兵自谋职业。按照“从哪里来,回哪里去”的安置原则,成都市动员农村籍退役军人回农村安置,并要求各级政府做好接待工作;士官(志愿兵)退出现役后,由原征集的县、自治区、市、市辖区的人民政府接收安置。成都市安置城镇入伍的复员士官的方式有政府指令性安置、双向选择安置、货币安置等多种,开发使用率逐年上升,2005 年回农村退役士兵两用人才开发使用率达 98%。同时,成都市每年都要接收一部分军队复员干部,对属于在城镇落户的,市民政局安置处协同公安部门及时给予落户;对自愿回农村的复员干部,各级安置部门协同乡(镇)解决好住房、医疗以及各种生活中的实际困难,使其能够安居乐业。从 2002 年开始,军队离退休干部安置改变按批次计划安置的办法,改为按年度下达安置计划,并由成都市逐步分批进行安置。2004 年以后,成都市还安置了一批伤、病、残干部和军休干部,以及按军医学校移交计划移交的相关人员。

1990—2005 年,成都市接收安置军队离休干部、退休干部;城镇退役士兵,安置率年均达到 98% 以上;接收伤残义务兵,采取安排就业和增加一次性经济补助等方式妥善进行安置。

【军队复员干部接收安置】

1991 年,成都市人民政府成立“成都市退役士兵和军队离退休干部安置工作领导小组”,领导小组下设办公室,具体负责军队复员干部接收工作。

从 1993 年开始,成都市每年都要接收一部分军队复员干部。按照国务院、中央军委的规定,成都市对属于在城镇落户的复员干部,市民政局安置处协同公安部门及时给予落户安置;对自愿回农村的复员干部,各级安置部门则协同乡(镇)解决好实际问题如住房、医疗以及各种生活中的困难问题,使之能安居乐业。

【退役士兵接收安置】

1990 年，按照“从哪里来，回哪里去”的原则，成都市城镇退伍义务兵及志愿兵，有 99.98% 的得到妥善安置。安置中，各地本着“鼓励先进，鞭策后进”的方针，对荣立二等功以上的退伍士兵给予了从优安置；对不服从分配，逾期半年不报到的，按规定移交给户口所在地作待业人员处理。

1991 年 8 月底，100% 地完成退伍军人安置任务。1992 年，成都市接收退伍义务兵和转业志愿兵，其中按现行政策规定需在城镇安置工作，安置率达到 100%。1996 年，全市共接收退伍军人和转业志愿兵，其中城镇，安置率达到 99.6%。1997 年，共接收退伍军人和转业志愿兵，其中城镇（包括志愿兵），至年底安置率在 99% 以上。1998 年，按现行政策规定应安排工作的占接收总数的 46%；至年底占应安置总数的 99.1%。1999 年，按现行政策安置城镇退役士兵，安置率为 97%。20 世纪 90 年代，成都市对城镇退役士兵的接收安置工作，基本上实行“系统分配任务，包干安置”和“政府统筹”的安置办法。即归口由其父亲或母亲（转业士官由配偶）所在单位接收，根据具体情况，采取安排岗位就业或发放一次性经济补助自谋职业的办法进行安置。

2000 年，根据《四川省人民政府关于贯彻执行〈中华人民共和国兵役法〉几个问题的通知》中关于鼓励城镇退伍义务兵和转业志愿兵自谋职业的精神，成都市在邛崃市进行拓宽安置渠道、采取多种安置形式的改革试点，随后在全市推行城镇退役士兵安置改革。即在继续实行政府指令性安置的同时，对统筹安置人员实行“双向选择”安置，接收单位可按照政府下达的任务，根据单位用工需求，自主选择接收对象，退役士兵也可自己联系单位。同时实行安置任务有偿转移办法。有接收安置任务的单位，个别难以落实当地政府指令性分配计划且自愿提供经济补偿的，经安置地政府严格审批，在交纳有偿转移金后，可免除相应的安置任务。具体标准按《四川省人民政府贯彻执行《中华人民共和国兵役法》几个问题的通知》执行。有偿转移金只能用于自谋职业的城镇义务兵一次性经济补助费或转移给有能力接收城镇退伍义务兵的单位。而且鼓励城镇退役士兵自谋职业。成都市规定城镇退役士兵报到后一个月内向当地安置部门提出自谋职业申请，经当地政府批准后领取一次性经济补助金自谋职业，并同时发给“退役士兵自谋职业证”。自谋职业退役士兵在领取“退役士兵自谋职业证”后可享受优惠政策。工商行政管理部门对从事个体经营或者创办经济实体的，要酌情免费核发营业执照。享受下岗职工从事社区居民服务业享受有关税收优惠政策规定的税收优惠政策。享受一次免费的技能培训。全市公共职业介绍机构为自谋职业士兵免费提供就业指导服务和政策咨询。享受有关再就业的优惠政策。符合《城市居民最低生活保障条例》规定条件的，纳入城市居民最低生活保障范围，享受低保。

2001 年，安置工作在继续坚持“按系统分配任务、包干安置”和“全社会均衡负担安置”的前提下，采用了“双向选择，供需见面”、双选会、政府补贴自谋职业和安置任务有偿转移等多种办法，较好地解决了退役士兵安置难的问题。

2002 年底已安置，占应安置数的 99%。在应安置的城镇士兵中有选择自谋职业，自谋职业人数占应安置人数的 35%。

从 2004 年起，根据《成都市人民政府、成都警备区关于认真做好 2004 年度退役士兵接收安置工作的通知》规定，五城区和高新开发区以外的其余区（市）县退役士兵自谋职业一次性补助标准统一以当地上年度职工平均工资为基数确定补助标准。退役士兵自谋职业所需补助经费主要由当地政府负责解决，列入当地政府财政预算，同时中央及省、市财政给予一定的补助，保证退役士兵自谋职业一次性经济补助金按时足额发放。2004 年底安置人数，占应安置总数的 99%；自谋职业达到了应安置总人数的 61%，共发放自谋职业补助费 3035.2 万元，发放待业期间生活费 208.5 万元。

同时，按照“从哪里来，回哪里去”的安置原则，成都市每年动员农村籍退役军人回农村安置，要求各级政府做好接待工作。从 2004 年开始，对成都市入伍时系农业户口的义务兵及初级士官，退伍、复员后登记为“居民户口”的，在入伍期间凡土地被征占，其领取的征地补偿费标准低于当年度城镇退役士兵自谋职业一次性补助标准的，由当地政府给予补足，按城镇退役士兵自谋职业办理；土地被征占的，继续享受当地农村居民的相关待遇。

2005 年，全市接收退伍义务兵和转业（复员）士官，按现行安置政策已安置，占应安置总数的 99%，其中自谋职业率 61%，发放自谋职业补助费；安置回农村退役士兵，已开发使用，占回农村退役士兵的 98%。同年，成都市退役士兵自谋职业采取发放一次性补助金。

【转业（复员）士官接收安置】

义务兵服现役期满，根据军队需要和本人自愿，经团级以上单位批准，可以改为志愿兵（1999 年后改称士官）。士官（志愿兵）实行分期服现役制度。服现役的年限为第一期、第二期各三年；第三期、第四期各四年；第五期五年；第六期九年以上。士官（志愿兵）服现役的期限，从改为志愿兵之日算起，至少三年，一般不超过 30 年，年龄不超过 55 岁。

《中华人民共和国兵役法》规定，士官（志愿兵）退出现役后，服现役不满 10 年的，按照从哪里来回哪里去的原则，由原征集的县、自治区、市、市辖区的人民政府接收安置；满 10 年的，由原征集的县、市、市辖区的人民政府安排工作，也可以由上一级或者省、自治区、直辖市的人民政府在本地区内统筹安排；自愿回乡参加农业劳动生产或者自谋职业的，给予鼓励，由当地人民政府增发安家补助费；服现役满 30 年或年满 55 岁的作退休安置，根据地方需要和本人自愿也可以作转业安置。

成都市接收安置复员士官工作由“成都市退役士兵和军队离退休干部安置工作小组”（以下简称“双退”领导小组）具体负责。成都市每年都要接收退伍志愿兵，并进行安置。1991 年，安置复员士官的方式有政府指令性安置、双向选择安置、货币安置等多种。20 世纪 90 年代，多采用政府指令性安置，即对归口单位采取政府下达安置计划“按系统分配任务，包干安置”的办法进行安置。应归口安置转业士官的单位确无岗位的，在该单位做好安置对象工作的基础上，允许归口单位采取有偿转移的方式由当地安置部门发给安置复员士官一次性经济补助，让其自谋职业。双向选择安置是，对不属于归口安置的转业士官，由政府统筹下达安置计划，根据用工单位需求，自主选择接收对象；转业士官也可自己联系单位，在计划内给予调整安排。部分区（市）县政府对转业士官采取重点安置办法，既由政府实行统筹安排，指令分配，并在财政拨款的事业单位留出一定的人员安置比例，用于安排转业士官。

从1998年开始，成都市鼓励和支持转业士官自谋职业，政府给予一次性经济补偿，这也称为货币安置。转业士官自谋职业一次性经济补偿标准，由当地政府按照《四川省人民政府关于贯彻执行〈中华人民共和国兵役法〉几个问题的通知》的规定，并结合当地实际情况自行确定。自谋职业一次性补助经费主要是财政拨款和有偿转移，五城区与高新区和龙泉区、温江区、彭州区、金堂县、新都区等11个区（市）县全额由财政拨款，具体办法由民政局提出预算，发多少财政解决多少，实报实销。新津县、郫县、青白江区、崇州市、都江堰市、蒲江县采取财政拨款和有偿转移相结合，即财政解决一部分，按计划有安置任务的单位负担一部分。对自谋职业的转业士官，安置部门发给统一印制的“转业士官自谋职业证”，办理相关手续，并给予司法公证，按有关政策减免税费，为转业士官开通就业通道。

2001年，成都市“双退”领导小组办公室结合成都市具体情况转发四川省军安办《关于复员士官安置有关问题的通知》，并下发《关于接受复员士官有关问题的补充通知》，《通知》规定，服役满第一期或者第二期规定年限的、符合转业或退休条件的、本人要求复员并经批准的复员士官，属外省来成都市安置的，由省“双退”安置领导小组办公室办理接收安置手续；属省内易地来成都市安置的，直接由成都市各区（市）县“双退”安置领导小组办公室按照复员士官接收条件审核后办理接收手续；易地入伍凡需进入金牛区、成华区、青羊区、锦江区、武侯区及高新区的复员士官由成都市“双退”安置领导小组办公室审核批准后到所在区“双退”安置领导小组办公室办理有关手续。城镇入伍的复员士官由当地退伍军人安置部门列入当年安置计划，安排工作。待安置期间和退伍义务兵一样，按月享受同等的生活补助费。农村入伍的复员士官按规定回原征集地安置，当地政府做好复员士官的思想工作，并妥善解决复员士官的住房、承包地、自留地和生活实际困难，使之安心农业生产。

1998—2005年共接收转业士官中自谋职业人数占专业士官总数的48.3%。

【军队离退休干部安置】

从1990年起，按批次计划实施军队离退休干部接收安置工作。1990年，成都市新建干休所4个。第三批军队离退休干部528套建房任务已完成182套。全市干休所办经济，年纯收入20万元。

1991年，成都市人民政府成立“成都市退役士兵和军队离退休干部安置工作小组”，负责军队离退休干部接收安置工作。第三批城区300余户军队离退休干部建房工作进展顺利。1992年，完成第四批军队离退休干部建房征地111.36亩的任务。全市有军队离退休干部干休所11个。1993年，完成了第三批军队离退休干部住房的主体工程。军休干部安置用房建设属国家指令性计划。军休干部住房的建筑面积标准，按国务院、中央军委批转民政部、总政治部、总后勤部颁布的标准执行。同时实行多种保障方式，用住房补贴和货币补差的办法来解决安置人员的住房问题。军队离退休干部休养所的经济年总收入52万元。为贯彻离退休干部都有一套自己的住房的总目标，成都市根据上级的统一部署，1993年以后，转发民政部、财政部、总政治部《关于移交政府安置的军队离休退休干部住房制度改革问题的通知》和民政部等八部委《关于印发移交政府安置的军队离退休干部住房保障改革实施办法的通知》等重要文件，为军休干部住房制度改革工作制定统一政策，并加以实施。

1994年，下达第四批安置计划，成都市审检和逐步分批安置军队离退休干部。至1994年底，建立军队离退休干部休养所、站、点共20个。

1995年，下达第五批计划，成都市安置军队离退休干部。1995年，全市已建军队离退休干部住房1350间，计10万平方米。并安排落实了第四批军队离退休干部的地方建房计划。至1995年底，部队在成都市五城区范围内修建了光华村干休所、百花村第一干休所、百花村第二干休所、百花村第三干休所、百花村第四干休所、茶店子武警干休所。成都市民政部门牵头，各部门配合，承建了成都市军队离退休干部服务管理中心、成都市草堂干休所等。在修建过程中，地方政府多方协调，按政策减免部分税费，共补贴500余万元。管理上实行干休所与社区服务相结合，逐步将管理和服务社会化。

1997年，军队离退休干部生活待遇得到落实，共落实经费300余万元。市局加强了军干所的服务和管理，全市军干所创收达100万元。1998年，成都市为干休所解决车辆指标2个，经费30万元。为师职干部建了住宅。全市军干所生产经营创收100万元。1999年，全市军干所生产经营创收达80余万元。市属4个干休所、11名军休干部、3名军退工作人员受到省民政厅表彰。

20世纪90年代，对军队离退休干部安置制度实行了一系列的改革。改革总的目标是逐步建立起安置分散化、住房私有化、待遇货币化、服务社会化的保障体系；建立起机构精干、运转协调、工作高效的管理体制。在安置去向上，适应户籍制度改革的新情况，本着略宽于转业干部的原则调整去向条件，扩大离退休干部的选择空间。同时，军队离休干部享受安置地国家机关离休干部同等医疗待遇，医疗费按规定实报实销；离休干部的无工作家属、遗属的医疗实行医疗补助政策，离休干部医疗费用由中央财政按标准拨给地方财政，纳入安置地区公费医疗体系，统筹管理，不足部分由地方财政解决。军队退休干部的医疗保障，按照国务院、中央军委《关于军队干部退休的暂行规定的通知》(1981年)文件精神，享受安置地相当职级的国家机关退休干部的待遇，纳入公费医疗体系，统一管理。退休干部家属、遗属实行医疗补助。

2001年，成都市接收安置军队移交地方的离退休干部和无军籍职工。从2002年开始，军队离退休干部安置工作改变按批次计划安置的方法，改为按年度向成都市下达安置计划。2004年下达伤病残干部安置任务。2005年度下达军休干部安置任务和军医学校移交计划。2005年，根据中共中央、国务院、中央军委办公厅《关于进一步做好军队离休退休干部移交政府安置管理工作的意见》文件精神，成都市积极推进军队退休干部比照安置地国家机关退休公务员的基本医疗保险和实行公务员医疗补助的改革工作。

【军地两用人才的开发使用】

1986年8月，成都市政府成立"开发使用退伍军人两用人才指导委员会"，由副市长任主任，市民政局局长、成都军分区副政委任副主任，市农委、市财办、市财政局、市人事局、市劳动局、市工商局、农行、成都军分区政治部等单位任成员。办公室设在市民政局安置处内，负责办理日常事务。全市各区(市)县成立开发使用退伍军人两用人才指导委员会或领导小组，乡镇成立介绍所，村设立联络站。

20世纪90年代，成都市安置部门把两用人才开发使用纳入目标管理的考核内容，围绕本地经济建设，关注市场人才交流，掌握需求信息，为军地两用人才开办职业技术培训。针对退役士兵、转业士官和军队复员干部的特点，以市场经济为向导，因地制宜，宜工则工、宜农则农、宜商则商，做好劳动力的交流和人才合理流动工作。

1990年，全市努力拓宽退伍军人军地两用人才开发渠道，做到人尽其才，才尽其用。当年退伍军人两用人才开发率为76.2%。为提高开发使用率，各地还对退伍军人进行了技术再培训，举办各类培训班77期。1991年，回乡的农村退伍军人军地两用人才中，有81%的人得到了开发使用。1992年，退伍军人军地两用人才开发使用率达到83.2%。1993年，开发使用率达到85.4%。1994年，开发使用率达91%以上。1995年，农村退伍军人军地两用人才的开发使用率达90.3%，超额完成市政府下达的开发使用率达到80%的目标任务。1996年，农村退伍军人军地两用人才开发使用率达到94%。1997年，开发使用率为90.1%。1998年，农村退伍军人军地两用人才开发使用3202人，开发使用率占当年回农村总数的95%以上。1999年，"两用人才"开发使用3124人，开发使用率达到93%以上。

进入21世纪前后，指导委员会办公室鼓励退役士兵自谋职业、创办经济实体和劳务输出。各级安置部门积极为退役士兵提供各种就业门路，公共职业介绍机构专门开设退役士兵窗口，及时为办理求职登记的退役士兵提供就业咨询、职业指导和职业介绍等服务；鼓励转业士官自谋职业，注重对复员士官两用人才的开发使用。针对复员干部的特点，鼓励复员干部自谋职业、创办各种公司、创办经济实体和开办私营企业。工商行政管理部门依法及时核发营业执照，银行在有限期限内给予低息贷款，根据有关规定适当减免营业税和所得税，以此激励复员干部自谋职业，充分开发和利用复员干部人才。

2001年，全市两用人才开发使用率达到98%以上。2002年，全市农村退伍军人两用人才开发使用率为96%。2004年回农村退役士兵3806人，已开发使用两用人才3720人，开发使用率达98%。2005年，回农村退役士兵2959人，已开发使用两用人才2952人，开发率99%。

移民安置

【概况】

20世纪90年代初，紫坪铺水利枢纽工程与瀑布沟水电站工程相继开工建设。按照四川省政府和四川省移民办有关文件精神，成都市将接收安置紫坪铺库区农村外迁移民2.2万人，其中阿坝州汶川县农村外迁移民1万人，都江堰市内农村外迁移民1.2万人；接收安置瀑布沟水电站雅安市汉源县农村外迁移民7500人。经过调查研究，成都市政府决定：选择温江、崇州、彭州、新都、双流、新津、邛崃、龙泉驿等8个区（市）县作为阿坝州汶川县外迁农村移民接收安置区，都江堰市内农村外迁移民原则上在都江堰市内10个乡镇进行安置；瀑布沟水电站农村外迁移民在龙泉驿、青白江、邛崃、双流、蒲江、大邑、郫县7个区（市）县安置。2001年7月，成都市政府召开全市农村移民安置工作会议，统一认识，明确任务，落实责任，全面安排部署农村移民安置工作。会后，有关区（市）县迅速行动，贯彻会议精神，明确分管领导，成立工作机构，把任务落实到了全市43个乡镇、219个村。同年12月，四川省移民办召开会议，组织有关专家进行评审，基本通过《四川省岷江紫坪铺水利枢纽工程库区农村外迁移民安置实施规划工作规则》。同时，对将迁建的麻溪集镇进行了规划、设计和选址；都江堰市首先对施工区的移民进行了搬迁安置，完成搬迁安置1500人。

2002年，成都市计划安置汶川县农村外迁移民3923人，温江、新都、彭州、新津等4个区(市)县做好了接收安置移民的前期准备工作。2月，崇州市隆兴镇接收汶川县农村外迁移民安置试点工作开始。截至年底，都江堰市已完成26个企事业单位的搬迁任务。都江堰市麻溪集镇的搬迁工作已经完成，龙池集镇迁建的详细规划设计通过了初审。2003年，共安置紫坪铺库区阿坝州汶川县农村外迁移民1173户4114人。至年底完成移民资金投资1.56亿元。

2004年，全市累计完成紫坪铺水利枢纽工程移民搬迁安置15930人，其中农村移民13190人，企(事)业单位移民2548人，集镇移民192人；共计调整耕地1.1万亩，修建移民住房63万平方米；18家需要搬迁的企业已全部搬迁出库区。同年，成都市完成了瀑布沟水电站库区雅安市汉源县农村移民迁往龙泉驿、青白江、邛崃、双流、蒲江、大邑、郫县等7个区(市)县安置的实施规划编制工作，完成了瀑布沟水电站库区农村外迁移民到邛崃市试点安置53户213人的基础设施建设工作。全年全市累计完成移民安置补偿资金投资41970万元，其中农村移民26111万元，集镇迁建2804万元，企(事)业单位迁建10433万元，专业项目复建918万元，其他投资1704万元。

2005年，成都市共安置紫坪铺水利枢纽工程阿坝州汶川县和都江堰市移民17463人。9月，紫坪铺水利枢纽工程按期下闸蓄水。同年，成都市完成瀑布沟水电站汉源县农村外迁移民外迁安置协议签订工作，瀑布沟水电站农村外迁移民试点工作完成。

【紫坪铺水利枢纽工程外迁移民安置】

2001年3月29日，紫坪铺水利枢纽工程正式开工建设，成都市将接收安置紫坪铺库区农村外迁移民2.2万人，其中阿坝州汶川县农村外迁移民1万人，都江堰市内农村外迁移民1.2万人。移民安置政策要求，移民安置点有农业人均耕地应在1亩以上，经济条件、基础设施条件较好，农民人均纯收入接近或达到全市农村人均水平。按此要求，市移民办通过全市范围的调查研究，选择了温江、崇州、彭州、新都、双流、新津、邛崃、龙泉驿等8个区(市)县作为阿坝州汶川县外迁农村移民接收安置区，都江堰市内农村外迁移民原则上在都江堰市内10个乡镇进行安置。7月6日，成都市召开全市农村移民安置工作会议。会上确定上述8个区(市)县分别接收安置阿坝州汶川县移民1250人，都江堰市安置本区域内农村移民1.2万人。会后有关区(市)县迅速行动，贯彻会议精神，明确分管领导，成立工作机构，把任务落实到全市43个乡镇、219个村，

2001年7月28日，"成都市人民政府紫坪铺水库移民办公室"(简称成都市移民办)正式成立，与原有的"成都市人民政府紫坪铺水库工程办公室"(简称成都市工程办)合署办公，专门负责紫坪铺水利枢纽工程在成都市的移民安置和工程建设管理协调工作。8月，选择崇州市隆兴镇作为移民安置的试点镇，试点镇计划安置汶川县映秀镇白岩村移民707人。至年底，试点镇的承包地调整和宅基地划拨基本完成。市移民办先后进行了5次与迁出区政府和移民的对接工作，让移民与当地政府了解成都市移民安置的基本情况，消除部分移民的思想顾虑和担心，也使市移民办进一步了解了移民的基本情况和思

想动态，明确了工作难点和需要解决的一些问题。12 月 3—5 日，四川省移民办专门召开会议，组织有关专家进行评审，基本通过了成都市移民（工程）办制定的《四川省岷江紫坪铺水利枢纽工程库区农村外迁移民安置实施规划工作规则》。该《规则》提出“以大农业安置为基础、以土为本，分散安置与集体安置相结合”的原则，并确定具体的生产、生活安置标准，确保移民能够搬得出、安得稳、逐步能致富。在此基础上，四川省移民工程开发中心、国家电力公司成都勘测设计院、国家电力公司西北勘测设计院等 3 家专业规划设计单位，对成都市上述 8 个有接收安置移民任务的区（市）县进行移民安置规划设计。经过近半年的工作，整个规划设计基本完成。按照职能分工，在工程建设方面，市工程办主要配合四川省紫坪铺责任有限公司，做好工程建设协调工作，完成了施工区首批 90 户、320 人的移民搬迁工作，保证工程建设如期开工，并参与汶川县漩口镇及阿坝州州属企业的搬迁协调工作。

2004 年，成都市完成接收安置阿坝州汶川县农村外迁移民 528 户 1830 人，搬迁安置都江堰市农村移民 418 户 1051 人；完成 841 米水位以下库底清理，库周交通、输变电、邮电通信等专项设施迁建正在实施；原成都市东风水泥厂搬迁基本完成。至年底，全市累计完成紫坪铺水利枢纽工程移民搬迁安置 15930 人，其中农村移民 13190 人，企（事）业单位移民 2548 人，集镇移民 192 人；共计调整耕地 1.1 万亩，修建移民住房 63 万平方米；18 家需要搬迁的企业已全部搬迁出库区；都江堰市麻溪集镇的搬迁已经完成。

2005 年，成都市共完成移民安置补偿资金投资 5.57 亿元，其中紫坪铺水利枢纽工程移民安置补偿资金投资 4.4 亿元。共安置紫坪铺水利枢纽工程阿坝州汶川县和都江堰市移民 17463 人，其中农村移民 13354 人、集镇移民 484 人、企（事）业移民 3625 人；迁建淹没企业 9 家、集镇 2 个；完成道路、桥梁、输变电、电信等专项设施的复建和库底清理工作，保证了紫坪铺水利枢纽工程于 9 月按期下闸蓄水。

【瀑布沟水电站工程外迁移民安置】

2004 年，按照四川省政府要求，成都市接收安置瀑布沟水电站雅安市汉源县农村外迁移民的任务。成都市政府决定，瀑布沟水电站农村外迁移民在龙泉驿、青白江、邛崃、双流、蒲江、大邑、郫县等 7 个区（市）县安置。同年，安置实施规划编制工作完成。瀑布沟水电站库区农村外迁移民到邛崃市试点安置 53 户 213 人的基础设施建设工作也按期完成，共修建房屋 7450 平方米、道路 1190 米。2005 年，成都市签订瀑布沟水电站汉源县农村外迁移民 8099 人的外迁安置协议，有 53 户 226 名试点移民顺利搬迁到邛崃市临邛镇居住。截至年底，成都市共完成移民安置补偿资金投资 5.57 亿元，其中瀑布沟水电站移民安置补偿资金投资 1.17 亿元。

公共慈善与福利

机构与服务

【概况】

1990年，中共成都市委对老干部局内设机构进行调整，局机关设办公室、一处、二处，下设3个直属单位；成都市老龄问题委员会更名为成都市老龄工作委员会，成为市政府领导下的统一管理全市老龄工作的综合机构。同年，成都市社会福利机构有社会福利院、儿童福利院、精神病人福利院、社会办敬老院等多种形式，共有床位5984张，收养老、幼、残及精神病人5901人。1991年，全市社会福利机构拥有床位8698张，收养老、幼、残及精神病人6419人。市属福利事业单位有在院老人389人，青壮年残疾人207人，婴幼残儿128人，精神病人344人，共计1086人，其中自费收养440人。

1992年，全市社会福利事业单位改革旧的管理体制和封闭运行机制，逐步理顺分配、劳动工资及人事关系，引入竞争激励机制，调动职工的积极性。并根据自身特点开展多种形式的有偿服务，逐步向经营和半经营型转变。至年底，全市社会福利机构拥有床位8914张，收养老、幼、残及精神病人6526人。市属第一、二、三福利院、儿童福利院和精神病院年末在院人员共995人，其中，老人437人，青壮年残疾人407人，残疾儿童101人，精神病人50人；全年在院收养收治自费人员480人；门诊治疗及康复49414人次。各福利单位通过经营和生产劳动共创收120多万元，改善办院条件。1993年，成都市残联实现计划单列、理事长专职，并建立党组。同年，全市社会福利单位从实际出发不断拓宽服务领域，全市收养、收治孤寡老人、儿童、残疾人、精神病患者751人，创收175.7万元。1994年，全市福利事业单位共收养、收治老人、儿童及精神病人1105人，收养、收治自费人员495人次，共收容、中转流浪乞讨人员5574人次。

1995年，经市政府批准、依法注册登记的成都慈善会成立，为热心慈善事业的公民、法人及其他社会组织志愿参加的全市性非营利公益性社会团体。同年，福利事业单位围绕“加强管理、突出重点、挖潜创新、努力发展”的思路，进一步完善内部管理体制和运行机制。全市福利机构拥有床位9709张，收养老幼残及精神病人7233人。1996年，全市福利机构拥有床位9797张，收养老幼残及精神病人7465人。全市24个市级部门联合制定《成都市社区服务业管理暂行办法》，有7个区（市）县、5个街道、42个居委会建立社区服务中心，在2个街道开展了社区服务示范街道试点工作。

1997年，市政府确定市老龄办为市政府所属事业单位，由市人事局代管。4月，中国成都SOS儿童村建成开村收养孤儿，共组建家庭15个。同年，市财政拨款和自筹资金1500多万元新建精神病院综合门诊大楼和第一、二福利院老人公寓。第一福利院、儿童福利院被评为四川省一级城市社会福利事业单位。为探索社会力量办社会福利事业的路子，市民政局向市政府报送《成都市社会力量兴办福利事业单位管理意见》，试验性地批准2家社会力量开办的福利事业单位对外服务。1998年，走社会福利社会化的道路，共接待申请投资的企业和个人180人次，有6家获得批准，共设床位948张，并已正式运营。至年末，市属福利单位共收养、收治1461人（其中，公费743人，儿童320人，精神病人266人）；实现业务创收635万元。第二福利院、精神病院、SOS儿童村先后获得区级“精神文明单位”称号，第一福利院顺利通过市级精神文明达标验收。1999年，共收养、收治各类人员1595人。2000年，成都市有社会福利院5所，儿童福利院2所，精神病人福利院1所，社会办敬老院344所，共有床位9966张，收养老、幼、残及精神病人8130人。

2001年，市老龄委成员单位调整为27个。2002年，在机构改革中，市老龄办由原挂靠市人事局改为挂靠市民政局，市老龄办改设在市民政局。经中共成都市委常委会讨论通过，市残联由副局级调整为正局级，市残联机关事业编制为24名，内设7个处（室）。同年，全市共有福利机构370家，设床位12545张，全年共收养、收治9186人。全市有10个街道、30多个社区居委会建立社区服务中心和社区服务站，将低保、家政、医疗、法律咨询等服务内容纳入社区服务网络。“星光计划”在成都市正式启动。全市初步形成以国有社会福利机构为示范，其他形式社会福利机构为骨干，社区服务为依托，居家供养为基础的社会化福利服务网络。2003年，全市有福利单位363个，床位12749张，共入住9480人。2004年，由市老龄委管理的市老年大学移交老干部局管理；鼓励社会力量兴办老年福利机构，全市全年新批准设置4家社会力量老年福利机构；新增老年福利床位5834张，老年福利机构床位总数达到18189张。成都市完成了第三批“星光计划”项目。

2005年，省民政厅对成都市残疾人福利基金会进行重新登记，成都市残疾人福利基金会成为公募基金会。同年，成都市社会福利机构共有324家，市民政局直属6家，区（市）县属3家，社会力量办27家，乡（镇）办288家；有职工2001人，医务人员291人，设计床位17136张，入住人数10966人；总资产合计为21634.2万元。至年末，共有各种社区服务设施1991处，社区服务中心91个。1990—2005年，全市总计投入19627.7万元进行福利设施建设，其中市属的福利机构投入8431.8万元，区（市）县投入1006.1万元，乡（镇）敬老院投入7525.2万元，社会力量投入2665万元。

1990—2005年成都市社会福利机构情况表

表5-296　　单位：个、床、人

年份	社会福利院			儿童福利院			精神病人福利院			社会办敬老院		
	单位数	床位数	年末收养人数	单位数	床位数	年末收养人数	单位数	床位数	年末收养人数	单位数	床位数	年末收养人数
1990	5	710	648	1	150	127	1	320	322	344	6981	4804
1991	5	714	644	1	150	128	1	320	296			
1992	5	806	685	1	150	129	1	300	269			
1993	5	811	721	1	165	165	1	300	282			
1994	5	820	759	1	155	147	1	335	335			
1995	5	820	754	1	166	166	1	335	318	333	8388	5995
1996	5	779	715	2	242	242	1	318	287	346	8436	6221
1997	5	787	726	2	398	375	1	363	363	336	8793	6337
1998	5	908	714	2	426	417	1	370	352	349	8715	6282
1999	5	1058	859	2	455	449	1	366	366	344	8702	6397
2000	5	1118	893	2	492	487	1	358	358	344	7998	6392
2001	6	1163	937	2	627	627	1	416	416	342	8597	6394
2002	6	1282	1009	2	645	639	1	417	417	361	10201	7121
2003	6	1273	991	2	656	651	1	363	363	354	10457	7475
2004	6	1547	1066	2	799	799	1	450	339	348	15393	7772
2005	6	1518	1116	2	847	847	1	450	454	315	14321	8549

【成都市老龄工作委员会】

1985年1月，成都市老龄问题委员会成立。该委员会既是一个社会团体，又是一个工作实体。第一任名誉主任由市委副书记担任，第一任主任由市人民政府顾问担任，一批老市领导担任顾问。由人事、劳动、民政、市委老干部管理局、工会、妇联等部门负责人任副主任，委员会由以政府部门为主体包括群众团体、科研、新闻等33个单位组成，下设办公室，设在市人事局老干部处。1990年2月，老龄委组成单位减少为20个，不再设“顾问”“名誉主任”，主任由现职的市委、市政府主要领导担任，市老龄办主任列入市老龄委副主任职位。8月，成都市老龄问题委员会更名为成都市老龄工作委员会，并增加部分工作职能，由单一的服务部门，转变为负责组织全市老龄工作的综合职能部门；由单一的协调工作形态，转变为以牵头为主，指导、协调并重；由单一的纵向联系，转变为纵横结合，成为市政府领导下的统一管理全市老龄工作的综合机构。同年，各系统的老龄工作机构逐步建立。市级机关29个部门分别建立老龄工作委员会、老龄（老干部）工作领导小组、机关老龄工作小组、机关老年人协会等。17个区（市）县、67个城市街道办事处、453个乡镇建立老龄委。692个农村行政村建立老人协会1094个。

1997年10月，市政府确定市老龄办为市政府所属事业单位，由市人事局代管。1998年，全市19个区（市）县及高新区均建有老龄委员会；

全市有22429个企业、165个事业单位建立老龄委。

2001年11月，市老龄委成员单位调整为27个。2002年4月，在机构改革中，市老龄办由原挂靠市人事局改为挂靠市民政局，市老龄办改设在市民政局。其主要职责是对全市老龄工作进行调查研究、统筹规划、综合治理、组织协调和监督检查。同时宣传动员全社会关心、研究、解决老年人的问题，推动全社会各方面举办为老年人服务的各种公益事业；安排照顾好老年人生活、学习和工作，继续发挥老年人在两个文明建设中的作用；维护老年人的合法权益，表彰群众中敬老、爱老、养老的先进事迹，同歧视、虐待、迫害老年人的行为作斗争。2003年6月30日，市老龄委转发省老龄委《关于加强基层老龄工作机构建设的意见》，提出建立乡（镇）、街道老龄工作委员会和村（居）委会老龄工作领导小组，明确乡（镇）、街道老龄委和村级老龄工作领导小组、社区居委会老龄工作领导小组的职责。

【成都市残疾人联合会】

1964年4月，成都市盲人聋哑人协会成立，“文化大革命”期间该协会工作被迫停止，1979年，经中共成都市委组织部批准恢复工作。1989年12月，根据《成都市人民政府批转市民政局关于组建成都市残疾人联合会的报告的通知》，成立成都市残疾人联合会，受市政府领导，由市民政局代管，接受省残联的业务指导。成都市残疾人联合会是中国残疾人联合会的地方组织，是将残疾人自身代表组织、社会福利团体和事业管理机构融为一体的残疾人事业团体；具有代表、服务、管理三种职能：代表残疾人共同利益，维护残疾人合法权益；团结教育残疾人，为残疾人服务；履行法律赋予的职责，承担政府委托的任务，管理和发展残疾人事业。

1991年，成都市残疾人联合会宣传贯彻《中华人民共和国残疾人保障法》和《中国残疾人事业五年工作纲要》，坚持抓根本、打基础、讲实效的工作方针，本着人道、廉洁、服务、奉献的精神，积极开展组织建设、“三项”康复、特殊教育、劳动就业和文化体育等方面的工作。同年，全市19个区（市）县成立残疾人联合会，295个乡（镇）、街道建立残疾人协会（占应建数的61.3%）。区（市）县残联成立后，明确职责和任务，开展残联干部的业务培训；对乡（镇）、街道残协进行典型调查，指导基层残协开展工作。成都市残疾人联合会每五年召开一次代表大会。代表大会的主要任务是审议主席团报告，确定工作方针和任务，选举主席团。主席团每届任期五年，每年举行一次会议。主席团的职权是选举主席、副主席；推举执行理事会理事长，通过执行理事会组成人员；检查代表大会决议执行情况；审议执行理事会工作报告；监督执行理事会贯彻有关残疾人事业的法律、法规、方针、政策、规划、计划的情况；监督“人道、廉洁”职业道德建设情况等。1993年，完成市、区（市）县残联的换届工作，选举产生新一届领导班子。4月，市委批准建立中共成都市残疾人联合会党组，人事、劳动实行单列，理事长专职，为副局级单位。1994年，成立成都市“残疾人协调委员会”，青羊区、金牛区、武侯区、龙泉驿区、都江堰市、郫县、温江县相继成立“残疾人协调委员会”。

2001年，全市进一步完善残疾人工作组织网络，全面完成残疾人康复、就业、宣传、文体、扶贫等工作任务，为全市49万名残疾人提供平等参与的社会环境和必要的扶助。全年全市共获残疾人康复扶贫贷款1940万元。2002年2月，中共成都市委九届常委会第129次会议讨论通过，将市残联由副局级调整为正局级。市残联机关事业编制为24名，理事长1名，副理事长2名，处级领导职数7名。内设7个处（室）。为加强与群众的联系，了解情况，解决群众的实际困难，2004年，市残联处理群众来信来访397件，其中来信58件，来访292人次，来电47人次。信访内容涉及劳动争议的35件，申请生活困难补助40件，政策咨询106件，房屋拆迁12件，申请法律援助15件。来信来访处理结案率100%。

2005年，根据《国务院残疾人工作协调委员会印发〈关于加强基层残联建设的决定〉的通知》，成都市人民政府残疾人工作协调委员会出台《关于规范基层残疾人工作组织机构建设的意见》。全市建立和完善市、区（市）县、乡镇（街道）、社区（村）四级残疾人工作组织网络；乡镇（街道）配齐残联专职干事，社区（村）配齐残协专职委员或联络员，全市残疾人工作者达到6268人，率先在全国建成"横向到边、纵向到底"的残疾人工作组织网络，并基本建立起残疾人脱贫解困的长效机制，残疾人全面发展并与社会和谐共融的局面逐步形成。同时，成都市残疾人联合会为15万多名残疾人提供"量体裁衣"式个性化服务；以夯实经济基础为工作重点，应征尽征残疾人就业保障金，广泛募集国际国内社会资金，共征收和筹措残疾人事业发展经费1.1亿元。同年12月，成都市残疾人综合服务中心竣工。成都市残疾人联合会党组书记、理事长毛大付当选为第十三届"四川十大杰出青年"。

【成都慈善会】

成都慈善会成立于1995年5月，是经成都市政府批准依法注册登记，由热心慈善事业的公民、法人及其他社会组织志愿参加的全市性非营利公益性社会团体。市委、市政府主要领导任名誉主席和名誉会长，一位副市长任会长。慈善会的宗旨是"发扬人道主义精神，弘扬中华民族赈灾济民、扶弱济困的传统美德，团结全体会员，多形式、多渠道筹集资金，协助政府做好社会救助，促进社会稳定和慈善事业的发展"。其主要职能是筹集善款，慈善救助，开展理论研究、学术交流、社会咨询和培训服务，开展国内外慈善团体和友好人士的交往与合作，支持民间慈善事业。成都慈善会成立后，在全社会倡导慈善意识，努力开拓慈善工作的服务领域，广泛动员社会力量，多方筹措慈善资金，围绕扶贫、救灾、助老、助残、助孤、助学、助医等领域，组织或参与一系列具有重大影响的慈善救助活动。2004年5月28日，成都市第二届慈善代表大会召开，通过《成都慈善会章程（修改稿）》，选举产生成都慈善会新一届成员；大会现场接收爱心捐款46.89万元。2005年，成都市19个区（市）县和高新区相继成立慈善会。1995—2005年间，成都慈善会接收社会捐赠共计1810.06万元。成都慈善会实行严格的财务制度和审计制度，并接受社会监督。

【成都市社区服务网络】

1990年，成都市城区已建立社区服务委员会4个，开展社区服务的街道27个，开设各种便民利民网点800多个，已逐步形成以街道、居委会为依托，社会福利企业和服务网络为支柱，包括为老年人、残疾人、优抚对象进行生产服务、生活服务、家庭服务等为内容的社区服务格局。1991年，城区有10个街道办事处形成了为老人、残疾人、优抚对象服务和便民利民服务的社区系列化服务网络。全市共建立社区服务委员会14个，开展社区服务的街道有35个，开设各种便民利民网点1000余个。

1992年，市政府批转市民政局《关于在成都市城镇开展社区服务工作的意见》和《成都市社区服务三年发展规划》，并将社区服务工作列入市政府的一级目标。全市有25个街道初步形成以服务老年人、残疾人、优抚对象为重点，并面向社会的社区服务系列化网络；建立区县社区服务中心2个，街道社区服务委员会35个，社区服务中心1个；兴办托幼、家务劳动、社会服务站200多个；婚姻介绍所、活动中心和康复诊所100多个；各类便民利民网点700多个。1993年，全市有48个街道实现社区服务系列化、网络化，共建起1800个服务设施或服务网点，比上年增加1100个；全年创收400多万元，其中，有20个居（家）委会的收入达万元以上。便利群众，也为基层组织建设奠定一定的物质基础。1994年，成都市城区已有14个街道建立社区服务中心，建立家庭服务站25个，婚姻介绍所32个，安全卫生服务小组2063个，社区服务网点2387个。有56个街道辖区建立起为老年人、残疾人、优抚对象等的系列化服务网络，社会效益与经济效益日趋明显。

1997年，社区服务步入规范化轨道，市级有关部门联合下发《关于实行社区服务业认证制度加强行业管理的通知》。同时开展社区服务示范街道试点活动，已有5个街道基本达标。全市已有15个区（市）县、46个居委会建立社区服务中心，建立各类社区服务设施1915个，社区服务网点4436个。1998年，在巩固、提高、发展的基础上，按照《成都市社区服务示范城区（街道）评定标准》要求，继续抓好社区服务示范城区的评定工作。并对社区服务业实行分期颁证、挂牌服务制，全市共有社区服务中心61所（其中，区、县级8所、街道7所、居委会46所），各类社区服务设施2030个，网点4436个。全市社区服务业共安置各类下岗职工5765人，充分显示社区服务业在安置下岗职工再就业工作中潜力和作用。成都市民政局及金牛区、新都县民政局、二仙桥等三个街道被省民政厅、省人事厅评为全省社区服务工作先进单位。1999年底，全市共有社区服务中心61个，各类社区服务设施3768个，网点3623个，安置下岗职工1000余人。

2002年4月，成都市人民政府颁发《成都市城市社区建设五年发展规划》。同年11月27日，市人大常务委员会通过《成都市城市社区建设管理规定》，成都市社区建设管理进入法制化的轨道。按规定，全市建成符合标准的社区居委会、社区服务站和社区警务室334个，占城区社区居委会总数的97.9%，新建街道社区卫生服务中心22个；新建街道办事处老年福利服务中心37个，社区居委会老年服务站82个；建街道社区服务中心55个，占城区街道总数的77.5%。成都市开展社区服务，把下岗职工的再就业服务作为重点，全市的街道、社区都建立了下岗职工再就业档案，安置下岗、失业人员7050人。全市共有各类社区服务设施网点4926个，实现社区就业24223人。

2005年，全市拥有1991个社区服务设施，其中社区服务中心91个，建立覆盖城乡的帮困助学、帮困助医、安身工程、生产救助、慈善扶助、司法援助等社会救助体系。全市共创建社区建设示范街道44个，示范镇2个，示范社区260个。金牛区、彭州市被民政部命名为“全国社区建设示范区（市）”，锦江区、成华区、金牛区、青羊区、高新区被命名为“全国社区残疾人工作示范区”和“全省社区建设示范区”。

【精神病防治康复工作】

1976年12月，成都市精神病院正式成为社会福利事业单位，隶属成都市民政局。院址在城西瑞联路89号，占地21305.34平方米，建筑面积11983.23平方米，有床位460张。市精神病院主要任务是收治五城区及高新区内无家可归、无法定义务扶养人、无生活来源的“三无”精神病人；收治各类公费和自费精神病人和各类老年康复病人。同时配合市公安局、市救助站进行对流浪精神病人的救助、审查、治疗及遣送工作。院内设有办公室、医务科、护理部、财务科、总务科、门诊部、医技科，并在城区营康路设有门诊点。1993年5月15日，经成都市卫生局批准市精神病院增挂“成都市德康医院”牌子。1995年3月至1997年，该院作为协作单位参加由华西医大牵头与法国Acodess协会协作的“成都市社区精神卫生划区服务”项目。主要服务项目是精神科及心理咨询门诊、家庭病床、心理卫生知识的宣传及讲座、社区干预等。

1997年，新津县被确定为全省精神病防治康复试点县。该县按照要求制定精神病防治工作“九五”规划。同年，精神病摸底调查工作在该县永兴镇展开。共调查3400户，总人口1.7万人，其中76人为中、重度精神病患者，占4.47‰。根据调查结果对精神病患者登记造册，并分类制定康复方案。1998年，新津县对永兴、兴乐等9个乡镇进行摸底调查，共确诊精神病患者1124人，采取分期分批对现症病人采用长效针(药)加家庭干预的办法进行康复治疗，帮助患者稳定病情，早日回归社会。

2002年，精神病康复工作在金牛区、武侯区展开。两个区分别成立区精神病防治康复工作领导小组和技术指导小组，实行“社会化、综合性、开放式”精神病防治康复工作方针，开展对精神病患者的摸底调查，建档立卡以及康复人员技术培训、精神病防治机构补助、社会宣传教育等工作。金牛区乡农市街道办事处、武侯区火车南站街道办事处作为精神病防治工作试点地区，在其覆盖人口8.236万人中精神病患者检出率为6.3‰。两个区分别出台“十五”期间精神病防治康复工作实施方案，在试点的两个街道办事处的15个社区成立精神病防治工作小组，由居委会干部担任各工作组负责人，街道、民政、残联干事、精神科医生护士、民警任小组成员，形成以辖区内医疗机构为骨干、社区为基础、家庭为依托的精神病防治工作网络体系。2003年，成都市精神病院被四川省民政厅评为四川省一级福利院。

2004年，精神病防治康复工作扩大到成华区、温江区、彭州市、双流县、金堂县。2005年，已开展精神病防治康复工作的8个区(市)县，对辖区内精神病患者完成摸底调查，并建档立卡，在其覆盖人口464.14万人中，检出精神病患者28398名，救助精神病人1279名，救助经费为29.75万元。培训社区、村卫生人员1651人，培训监护人员2765人。实施中国残联彩票公益金贫困精神病患者医疗救助项目，为新津县、金牛区、武侯区各100名贫困精神病患者(共计300名)提供每人一年360元的医疗救助。同年11月，四川省民政厅对成都市精神病院的达标情况进行复审。2006年1月，被四川省民政厅评为四川省三级福利院。

福利资金

【概况】

成都市社会福利基金主要通过民政部门组织捐助、慈善会筹集善款、销售福利彩票、社会捐赠等渠道筹集。成都市民政部门是成都地区组织捐助、接收捐助和分派捐助的从事救济工作的专业部门。1988年7月，成都市发行第一期社会福利有奖募捐奖券。1988—1994年，社会福利有奖募捐奖券主要销售即开型彩票。1994年起，进入即开型、电脑型相结合的销售阶段，销售量逐渐增加。

1995年，成都慈善会成立，配合民政部门在五城区及高新区共建立155个社会捐赠工作接收转运站，组织、参与历次大型的救灾、扶贫济困、助学的全市性捐助活动。同年，开展以“取之于社会，用之于残疾人”为目的的募捐活动，得到社会各界响应，共募集资金210余万元。

从2000年起，成都市社会福利有奖募捐委员会办公室发行的福利彩票主要有三种：即开传统型电视彩票、电脑型和即开型福利彩票。同时加强宣传，让群众了解社会福利有奖募捐的意义和福利金的使用情况，及时将募集到的福利金投入各项社会福利事业项目使用。

2001年，成都市金堂县由于先是旱灾，造成部分农田和山地颗粒无收；后是涝灾，农田、房屋被洪水冲毁，造成生产、生活出现严重困难。成都市开展全市范围内的爱心捐赠活动，号召全市支援金堂县。一周内共计募集到社会各界捐资63.3万元，衣、被5814件，及时送到金堂县民政局，配合国家救灾资金，帮助当地恢复灾区生产、生活。同年，接受台北曹仲植基金会捐赠轮椅53辆、美国捐赠轮椅17辆。2002年，为支援甘孜、阿坝、凉山地区的贫困群众，成都市组织捐赠97700件衣物，164件家用电器，472件(套)床上用品，782.5千克食品，100箱药品，1137件学习用具。

2003年，成都市启动“慈善一日捐”活动，“企、事业单位捐一天的利润、个人捐一天的工资”，并确定每年5月份为成都市“慈善一日捐”活动月，“慈善一日捐”的捐款全部用于全市低保对象帮困助学专项及其他贫困救助活动。全市新闻单位，积极配合宣传，制作“慈善一日捐”专题栏目；成都市党、政、群、团组织和各企、事业单位踊跃参与“慈善一日捐”活动。全年全市接收社会捐助衣物65462件，现金22065.7元，床上用品786件(套)，家电70件，家具85件，学习用品1293件(本)。并分别于元旦、春节前组织“扶贫济困送温暖”和“奉献爱心、情暖万家”活动，将接收的资金、食物及时发放到城乡贫困家庭、下岗职工家中。福利彩票是筹集福利资金又一方式。2005年1月24日，成都市企业工委、市捐赠接收办公室、市经委、市民政局、市民宗局、市工商联、成都日报报业集团、市侨商协会、市佛教协会、成都慈善会联合发起“奉献爱心，情暖万家”现场捐赠活动，共募集资金108万元。

1990—2005年，成都市社会捐助的救灾、扶贫、送温暖资金共计546万余元，衣物26.77万件，家具504件，床上用品2601件，家用电器197台，学习用品6363本(件、套)，药品3843箱，食品(大米)1532.5千克，饼干、牛奶2835件，总计价值638万元。1995—2005年，成都慈善会接收的社会捐赠共计1810.06万元；长江流域抗洪救灾、东南亚海啸、“非典”期间的捐款，由慈善会负责转交民政部。到2005年底，通过发行福利彩票，成都市共筹集到福利金2.7421亿元，全部用于福利设施的改造和新建、扶贫济困送温暖、帮困助学助医、残疾人救济、特困群体救助、星光计划、明天计划、春蕾工程、希望工程等福利项目。

【福利彩票】

1987年6月3日，中国社会福利有奖募捐委员会在北京成立(以下简称中募委)。中募委在全国统一发行的福利彩票是一种社会福利有奖募捐券，除返还奖和发行、印刷费外，所筹集到的福利资金全部用于全国的社会福利事业。

1988 年 7 月 4 日,成都市社会福利有奖募捐委员会正式成立。7 月 9 日,成都市第一次福利彩票发行活动在人民南路举行首发仪式,仪式后发行第一期奖券。第一期奖券共 180 万张,分布在城区 160 万张,郊县 20 万张。同时认真执行中募委有关社会福利资金使用管理的办法,结合成都市实际情况,制定措施,规定全市社会福利资金“专户储存、专账管理、专人负责,其收支必须纳入财务统一管理” 。为保证福利金合理使用,市募委实行“年初规划,逐级讨论,市募委审批,适时投入,竣工验收”等管理制度。市募委成立福利金使用评审小组,由主管副局长任组长,募办负责人任副组长,加强福利金投放使用的审核工作。从 1988 年起,以发行销售即开型彩票为主。1988 年和 1989 年募集的 260.83 万元福利金,全部投入 45 个福利事业项目。

1990 年,成都市社会福利有奖募捐工作改变单一的现金兑奖方式,采用以实物为主、现金为辅的新颖多样的兑奖方式,增强奖券的娱乐性和吸引力。与此同时,各地十分注重及时合理地投放使用福利资金,使之尽快产生社会效应,取信于民。全年累计发行社会福利奖券 430 万张(元),筹集福利资金 124 万元。1991 年,成都市以民政干部为主,组成有奖募捐工作的专业销售队伍,加强销售网点建设,研究群众的购奖心理,改进销售方式,增强奖券吸引力。共发行社会福利奖券 845 万元,实际销售 720 万元,筹集福利金 183 万元,共资助 27 个福利事业项目的建设。1992 年,加强宣传工作,让群众了解社会福利有奖募捐的意义和福利金的使用情况,并及时将募集到的福利金投入各项社会福利事业项目使用。全市全年共销售奖券 2005 万元,募集福利金 600 万元,比上年多售 1285 万元,多募集 417 万元。有 61% 的福利金投入了 35 个福利事业项目。1993 年,全市销售社会福利有奖募捐奖券 1515 万元,募集福利资金 378.75 万元,已有 71.3%(270 万元)的福利金投入福利事业使用。

从 1994 年起,成都市福利彩票进入即开型、电脑型相结合的销售阶段。1995 年,全市社会福利彩票发行工作采取大额、大奖的销售形式,使一度疲软的销售市场变得十分活跃。全年共销售福利彩票 6348 万元,筹集福利金 1587 万元。大大超过全年销售 1000 万元,筹集福利金 250 万元的目标任务。1996 年,全市共销售社会福利彩票 1.3 亿元,销售量首次突破亿元,居全国同等城市第二名。市、区两级共筹集福利金 3250 万元,其中,市级留存的 1284.2 万元,无偿资助社会福利事业项目 44 个、社会公益事业项目 12 个。1997 年全市销售福利彩票 4000 万元,筹集福利金 935.7 万元。同年 7 月,国家审计署驻成都特派员办事处和成都市审计局对市募办及 9 个区(市)县 1993—1996 年福利彩票发行、资金管理及使用情况进行专项审计,两级审计部门对市募办本级工作均表示满意。在审计过程中检查出一些区(市)县违规违章使用福利资金的行为,主要表现为挤占挪用福利资金,资金管理及核算不尽合规定,部分奖品报销凭证不合规定等。至 1997 年底,绝大多数在审计中被提出问题的区(市)县进行了整改,市募办负责督促检查各地整改措施的落实情况,确保福利事业健康发展。1998 年,全市共销售福利彩票 7100 万元,其中,赈灾彩票 4200 万元,筹集福利基金 2220 万元。

从 2000 年起,市募办发行的福利彩票主要有三种,即开传统型电视彩票、电脑型福利彩票和即开型福利彩票。2001 年,全市福利彩票销售疲软,电脑票的销售较之上年下降幅度很大。

至12月底，全市电脑票销售8158万元，仅为上年销售的29.7%，但仍占全省电脑票总销量的50%以上。2004年，成都市全年共发行销售福利彩票2.17亿元（其中，电脑票2.11亿元），共筹集福利资金2224万元。成都市全年新办社会福利企业16家，安置职工332人，解决残疾人就业136人。2005年，成都市电脑福利彩票销售4.3亿元，其中，新开办的“中福在线”彩票发行588万元。

从1989—2005年，成都市共筹集福利金2.7421亿元，并将其全部用于成都市福利设施的改造、新建、扶贫济困送温暖、帮困助学、助医、残疾人救济、特困群体救助、星光计划、明天计划、春蕾工程、希望工程等项目。成都市募捐委员会办公室（本级）1993—1996年筹集福利金5057万元，资助了443个项目，金额为3755万元。除此之外，1998—1999年，两次拨款共1640万元，用于长江流域抗洪救灾。

1988—2005年成都市福利彩票销售及福利金资助项目情况表

表5－297　　　　单位：万元

年份	销售总额（全市）	筹集福利金（全市）	资助金额（市本级）	资助项目（个）（市本级）	结余福利金（市本级）
1988	718	205	0	0	205
1989	178	49	231	34	－5
1990	424	124	4	8	23
1991	827	267	103	16	28
1992	2021	508	48	9	82
1993	872	255	49	12	165
1994	445	110	39	17	145
1995	6018	1521	64	11	265
1996	13018	3171	1213	64	919
1997	3978	1018	884	46	241
1998	9353	2372	1097	43	1025
1999	9578	2386	862	7	0
2000	28832	5799			
2001	9425	995			
2002	5848	695			
2003	11942	1332			
2004	22537	2305			
2005	43683	4309			+

说明：1.本表中销售总额和筹集福利金为全市［含19个区（市）县及成都高新区］数据；

2.本表中资助金额、资助项目、结余福利金系市募办本级数据［不含19个区（市）县及成都高新］；

3.筹集福利金数含上级拨款768.5万元；

4.1999年下半年按有关文件规定，市募办不再负责福利金的下拨使用，所结余的福利金全部上交市民政局福利金专户。本表为市募办制作，故没有提供1999年下半年以后的数据

【慈善会筹集善款】

成都慈善会于1995年建立，其主要职能之一是接受自然人、法人及其他组织的捐赠，组织各种形式的募捐活动，筹集善款，为困难群体提供物质扶助和精神抚慰。1996年，河北省发生特大洪灾。成都慈善会与成都市民政局、成都市国家十年减灾委员会等共同开展募捐活动，共募集资金570万元。1998年，长江、松花江、嫩江流域发生特大洪灾。成都慈善会共收到社会捐款1000余万元，收到各类救灾物资折合人民币1000余万元；所有募集到的款项和物资都通过有关部门转交给了灾区。

成都慈善会在全市倡导慈善意识，努力开拓慈善工作的服务领域，广泛动员社会力量，多方筹措慈善资金，围绕扶贫、救灾、助老、助残、助孤、助学、助医等领域，组织或参与希望工程、星光计划、明天计划、春蕾计划、帮困助学、慈善一日捐、阳光育苗工程等一系列具有重大影响的慈善救助活动。先后募资1.5万元为成都SOS儿童村孤儿、成都老年康复中心老人购买大屏幕彩电；筹资5万元对金堂县盲哑学校进行改造；筹集资金资助成都市第一社会福利院改造老人餐厅；筹集资金为青白江清泉乡友好村小学更换桌椅；筹资15万元为患白血病学生张磊做骨髓移植手术。此外还对“烫伤小女孩”等多位困难群众实施贫困及医疗救助。通过社会募集冰箱、冰柜等家用电器，提供给市属福利院、SOS儿童村。接收汇丰银行对成都市儿童福利院、崇州市敬老院、成都市第一社会福利院捐赠30余万元的康复器械和物资；接收四川省航空航天工业总公司、成都金松电气有限公司捐赠的100台金松爱妻号洗衣机，使市属各社会福利院和农村部分敬老院洗衣困难的状况得到改善；募集音响设备7套，使7所社会福利机构中收养的孤寡老人、孤残儿童的文娱生活得到一定程度的改善。

2005年3月，成都慈善会与成都电视台合作，联合推出人文关怀节目《特别帮助》，每天帮助一个贫困家庭，由成都慈善会提供1000元捐助资金，把社会的温暖送进千家万户，倡导全社会积极参与慈善活动。7月11日，成都慈善会与《成都晚报》联合推出“一个都不能少”帮困助学大型慈善活动，通过《成都晚报》对成都市低保家庭上线考生生存状态的报道，激发广大市民的慈爱之心，积极为寒门学子捐款献爱心。“一个都不能少”帮困助学大型慈善活动，作为“慈善一日捐”的延续，募集资金51.8万元，在全国范围内引起强烈反响。年底，成都慈善会与《成都晚报》联合推出“2005成都慈善排行榜”，对年度热心公益捐赠的企业及个人进行排位，弘扬慈善精神，繁荣成都慈善事业。成都慈善会建立成都慈善网站（www.cdcsh.com），公开慈善资金，接受社会监督。

成都SOS儿童村幼儿表演

1995—2005 年，成都慈善会接收的社会捐赠共计 1810.06 万元。成都慈善会实行严格财务制度和审计制度，聘请会计师事务所进行年度财务审计、换届财务审计，重大募捐活动接受市审计局的审计，并随时接受社会监督。

【成都市残疾人福利基金会】

1987 年，成都市残疾人福利基金会成立。成都市残疾人福利基金会的宗旨是弘扬人道主义，发展残疾人事业，维护残疾人的合法权益，促进残疾人平等参与、共享社会物质文明和精神文明的成果；全心全意为残疾人服务。业务范围是动员社会力量，为残疾人事业募集资金和财物；开展残疾人职业技能培训，促进残疾人就业；为残疾人提供法律服务，保障残疾人合法权益；为残疾人开展体育、文化、文艺等活动，丰富残疾人的文化生活；为残疾人提供用品、用具，为残疾人出行提供便利；为残疾人提供医疗康复、医疗救助。成都市残疾人福利基金会第一任理事长为张光志（1987—1993 年），第二任理事长为李文新（1993—2003 年），第三任理事长为毛大付（2003—2005 年）。2005 年 3 月 11 日，省民政厅根据国务院 2004 年 6 月 1 日颁发的新的《基金会管理条例》，对基金会进行重新登记。根据条例规定，成都市残疾人福利基金会属于公募基金会。

2005 年 5 月"全国助残日"期间，基金会与市残联联合发起"我帮残疾人置个家"大型公益活动，为无力购买基本用品的贫困残疾人捐赠衣被、家具等日常生活用品。共募捐现金 1392.2 元，家具 500 余件，衣物 2000 余件，家电 40 余件。7 月，基金会和《天府早报》联合发起"我们更需要上大学"大型助学公益活动，帮扶 2005 年参加高考的贫困残疾人家庭子女。8 月至 9 月，由基金会策划的金拐杖残疾人干洗连锁店分别在成华区、青白江区、新都区、邛崃市、金堂县、蒲江县 6 个区（市）县开业，干洗店人员全部由残疾人组成。

【"慈善一日捐"活动】

2001 年，成都市开展低保对象帮困助学专项救助工程，为补足资金缺口，更多地筹集善款，成都市民政局建议，并报市政府同意，从 2003 年开始在全市范围内启动"慈善一日捐"活动，由企、事业单位捐一天的利润、个人捐一天的工资，并确定每年 5 月份为成都市"慈善一日捐"活动月。"慈善一日捐"的捐款全部用于全市低保对象帮困助学专项及其他贫困救助工作。全市新闻单位，积极配合宣传，制作《慈善一日捐》专题栏目，成都市党、政、群、团组织和各企、事业单位踊跃参与"慈善一日捐"活动。

2004 年 5 月，在全市"慈善一日捐"活动启动仪式上，市委、市人大、市政府、市政协的领导带头捐款，70 个市级部门参加仪式的代表踊跃捐款，部分企业代表慷慨捐助，现场接收捐款 46.89 万元。同时在全市开设 26 个捐赠资金代收网点，全部善款通过新闻媒体向社会公告，接受社会监督。

2005 年 3 月 18 日，成都市政府办公厅转发成都市民政局《关于开展 2005 年"慈善一日捐"活动的意见》。3 月 25 日，成都市通过新闻媒体刊播《慈善会倡议书》，号召全市开展"捐一日收入助寒门学子，献一份爱心帮贫困家庭"活动。4 月 1 日，市委办公厅、市政府办公厅分别举行捐款仪式，成都市委书记、副书记、成都市市长、成都市政协主席等领导到场带头捐款，市级各部门全部加入活动，掀起"慈善一日捐"活动的高潮。市级机关工作人员纷纷捐出个人一天以上的收入。同时，成都市各区（市）县行动起来，崇州市、彭州市、郫县、新都区、大邑县、温江区、邛崃市首先转发《成都市人民政府办公厅转发成都市民政局关于开展“慈善一日捐”活动意见的通知》，区（市）县领导发表电视讲话，宣传捐赠的目的及意义，让“慈善一日捐”活动家喻户晓。企业中成都卷烟厂两年捐出100万元。从4月1日至18日，全市共组织现场捐赠仪式26场，募集资金1010.29万元。其中，捐款数目最大的一笔是一个“善心人”捐出的165000元。成都慈善会及时在成都慈善网公布每天接收捐赠的情况和资助学生的情况，主动接受社会监督。

2003—2005年，总计接收捐款2739.67万元，为帮困助学专项救助工程提供有力的资金保障，使每一个通过高考录取的低保子女都能上学。

妇女儿童保护

【概况】

成都市十分重视妇女儿童救助和保护工作。1990年，成都市儿童福利院即其他社会福利事业单位有在院婴幼残儿童27人。成都市儿童福利院的主要任务便是收养成都市0—14岁的孤儿、弃婴和残疾儿童，对其进行医疗、康复、特殊教育、生活护理等。1991年底，市属福利事业单位有在院婴幼残儿128人。1992年，成都残疾儿童康复培训中心成立，主要负责西南地区康复工作人员的培训和开展智力残疾教育、聋儿语训、脑瘫患儿和肢残儿童的康复训练等。同年，市属第一、二、三福利院、儿童福利院和精神病院有在院残疾儿童101人。至1993年底，全市有残疾儿童9894人，入学6865人，入学率为69%。

1993年，《成都市女职工劳动保卫实施办法》发布施行。1995年，全市开展打击拐卖妇女儿童犯罪活动，市政府召开专门会议进行部署。1996年9月，全国人大内务司法委员会《中华人民共和国未成年人保护法》检查组到成都检查该法实施情况。1997年5月，全国人大《中华人民共和国妇女权益保障法》检查团到成都视察，听取市政府领导的汇报，对成都的工作给予肯定。20世纪90年代，成都市对侵害妇女儿童的各类犯罪活动加大打击力度，控制伤害妇女儿童案件的发生。各级法院及时受理侵害妇女合法权益的民事案件，注意在婚姻家庭纠纷案件中保护妇女的合法权益。各级妇联组织律师、法律专家和志愿者在三八妇女节、“11·25”消除对妇女的暴力日、“12·4”法制宣传日等，以发倡议、办讲座、万人签名、面对面教育等多种形式，开展“妇女维权周”“不让毒品进我家”“反对家庭暴力，共建和谐家园”“关注妇女、抗击艾滋”等活动，为广大家庭的健康快乐、平安幸福构筑坚固的防线。市妇联联合司法、公安等部门组织开展形式多样的“送法下乡”“送法进社区”“送法进家庭”活动，使妇女儿童合法权益的意识逐步深入人心。

1997年，中国成都SOS儿童村正式开村，组建15个家庭，收养西南地区丧失父母，亲友无抚养能力的健全孤儿，以家庭式管理，培养至18周岁返回原籍。同年，成都市加强收容遣送和儿童收养登记工作，办理弃婴收养登记141件。同时开展等级福利事业单位达标活动，成都儿童福利院被评为四川省一级城市社会福利事业单位。1998年末，全市各类福利事业单位收养、收治儿童320人，办理弃婴收养登记154件。

2003年，成都市政府妇女儿童工作委员会与市劳动局、市人事局联合发出《关于加强劳动力市场管理，清除和制止侵犯妇女儿童权益行为的通知》，对全市劳动力市场和人才市场进行全面清理整顿，制止和纠正性别歧视和非法使用童工的违规行为。同年4月，成都市儿童福利院迁至郫县犀浦镇岷江路中段16号。营门口成都市儿童福利院原址改为成都市儿童福利院分院。分院内设康复中心、家庭寄养办，有床位60张；主要职责为康复，收养和代养残疾儿童。2004年，全市救助流浪乞讨人员12350人，其中，儿童3810人，受助率达100%。2004年，成都市的《立足保障、完善政策，重视和促进流动儿童权益保护》工作经验在国务院妇儿工委主办的全国流动人口工作经验交流暨研讨会上作了大会交流发言。全年全市共发放维护妇女儿童权益宣传资料58280份，接待、解答各类咨询5056人次，为群众提供法律援助和法律帮助85人次。

2005年，成都市女性共有533.6万人，区（市）县妇女联合会19个，街道乡（镇）妇女联合会316个，村级妇代会2448个，社区工作点989个，民主党派和工商联妇委会8个，团体会员8个，新建各类技术协会和妇女合作经济组织22个。全市全年创建全国、市、区（市）县级“巾帼文明岗”386个，其中，在新经济组织中建有20个。成都市将妇女儿童权益保障工作纳入全市经济社会发展的全局，积极推动男女两性的协调发展。妇女维权工作形成领导重视、社会广泛参与、部门联动出击的良好社会化工作格局。市妇联与民政部门联合建立中国西部首家妇女维权救助中心，积极开展对遭受家庭暴力和权益受侵害妇女儿童的救助工作。开通“12338”妇女维权公益热线电话，方便群众的投诉和维权需求。在全市97%以上的乡镇建立法律援助中心妇联工作站，建立女性人民陪审员队伍，参与1265件案件的审理工作。及时协调处理有关妇女信访问题，全年市、区（市）县两级妇联共办理信访案件3002件次，办结率100%。公安机关破获拐卖妇女案件35件，解救被拐卖妇女157人；破获强奸案件222件；破获组织、强迫、引诱、容留妇女卖淫案件285件，破获拐卖儿童案件6件，解救被拐卖儿童12人。全市各级法院审结婚姻家庭纠纷案件12463件，比上年减少26.98%。同年，成都市安置弃婴295人。12月，成都市残疾人综合服务中心竣工，将用于创建成都市残疾儿童学前教育康复中心。

2001—2005年，成都市各级妇联组织接待老年妇女来信来访1000余件，办结率98%。

【成都市儿童福利院】

成都市儿童福利院是在接管、改造1949年前开办的一些官办、民办和宗教团体所办的儿童救济所、院、堂（育婴堂）的基础上，经多次调整、合并、改名后，于1978年正式定名的一所社会福利事业单位。同年院址迁至营门口路246号，占地面积4392平方米，建筑面积4108平方米，设有床位100张。1992年，成立西南地区残疾儿童康复培训中心，由成都市儿童福利院管理，主要负责西南地区康复工作人员的培训、科研、信息交流和开展智力残疾教育，聋儿语训，脑瘫患儿和肢残儿童的康复训练等。随着入院儿童和服务项目逐年增多，2003年4月，成都市儿童福利院迁至郫县犀蒲镇岷江路中段16号，原营门口路246号老院改为成都市儿童福利院分院。新院占地35亩，建筑面积10354平方米，拥有床位440张，收养儿童600余人，其中自费代养114人。有教职工210人，其中正式工90人（各类专业技术人员39人），临时工120人。主要职能是收养0—14岁无依无靠、无家可归、无生活来源的孤儿、弃婴和残疾儿童，兼有医疗、康复、特殊教育、生活护理等职能。1990—2005年共收养孤残儿童3089人。分院经多次建设和改造，2005年有床位60张，收养自费代养的残疾儿童和公费残疾儿童76名。1992—2005年，西南地区残疾儿童康复培训中心共举办7期培训班，全国各地康复工作人员170余人次参加了培训；对院内和社会上3236名残疾儿童，开展多功能、综合性的康复训练活动。

成都市儿童福利院于1997年被四川省民政厅评为“四川省一级社会福利事业单位”，同年被中宣部、全国人大内司委、团中央、国家教委、司法部评为“全国未成年人保护工作先进集体”。

成都市儿童福利院

【中国成都SOS儿童村】

中国成都SOS儿童村，是成都市政府与国际SOS儿童村组织合作建立的拯救社会孤儿的儿童福利机构，隶属成都市民政局。该村位于成都市金牛区营门口花照村3号，占地28638平方米。于1993年筹建，1995年3月29日举行奠基仪式，1997年4月12日正式开村，建筑面积6968平方米。村内建有16栋独立的儿童家庭住宅楼、办公综合楼以及公用设施和附属设施等。按照国际SOS儿童村组织要求的模式，中国成都SOS儿童村以家庭形式管理。每个家庭收养大约8名不同性别的孤儿，由一位聘任的无亲生子女的单身女性担任“妈妈”。根据协议，儿童村所在地政府提供建设用地、市政配套和工作人员工资。国际SOS儿童村组织支付儿童村项目所有建设资金、“妈妈”工资、医疗费、退休费和孩子们的生活学习费用。1995—2005年，国际SOS儿童村组织提供1035.5万元资金用于建设成都SOS儿童村。成都儿童国际助养始于1998年，助养人主要来自奥地利、德国、瑞典、挪威、丹麦、德国、芬兰、意大利、澳大利亚、加拿大、卢森堡、冰岛、西班牙、瑞士、英国、荷兰、比利时等国家和地区，截至2005年10月，共有600余人次参加助养，其中，儿童村助养人约200人；共募集资金超过500万元，平均年募集资金约70万元。截至2005年底，中国成都SOS儿童村有15个“妈妈”，4个阿姨，主持着15个家庭，养育着来自全川45个市、县的147名孤儿。村里管理人员共有11人，其中，村主任1人，村主任助理2人和工作人员8人。设有办公室、总务科、财务科、教育管理科。成都SOS儿童村建立的附属机构有SOS幼儿园、SOS青年机构（包括青年社区、青年村等）和SOS妈妈培训中心。

中国成都SOS儿童村

【成都残疾儿童康复培训中心】

1992年10月24日成都残疾儿童康复培训中心竣工。成都残疾儿童康复培训中心是民政部与联合国儿童基金会第三周期合作项目。占地面积1539.8平方米、建筑面积2468平方米的残疾儿童康复大楼，总投资180万元，建筑经费除市政府直接投入外，四川省民政厅、中国残联、中国社会福利有奖募捐委员会、市募委和社会各界资助部分资金。联合国儿童基金会援助了15

万美元的康复器械、设备和培训经费。中心内设残疾儿童康复训练室、聋儿语言训练班、智力残疾儿童辅读班等，集特教、康复、医疗、培训和科研为一体，主要负责西南地区康复工作人员的培训、科研、信息交流，开展智力残疾教育、聋儿语训、脑瘫患儿和肢残儿童的康复训练，以及社区内残儿康复辐射服务、智商测定、儿童近视、斜视、弱视等眼疾治疗和皮纹与遗传课题研究等项目。1992—2005年，共举办7期培训班，全国各地康复工作人员170余人次参加培训，并对院内和社会上3236名残疾儿童开展多功能、综合性的康复训练活动。

【贫困儿童救助】

成都市贫困儿童救助包括助医、助学等内容。1990年，成都市白内障复明、小儿麻痹后遗症矫治、7岁以下聋儿语训"三项康复工作"取得进展。全市共建儿麻矫治点8个，聋儿语训中心3个。全年共完成小儿麻痹后遗症矫治187人次，疗效优良率占93%；举办7岁以下聋儿语训班5个，在训聋儿38人。1991年，小儿麻痹后遗症矫治301人次，疗效优良的占90.5%；聋儿话训76人，效果良好。同年，全市19个区（市）县的28所学校共设立33个特教班，招收残疾学生387人。1993年完成儿麻矫治685人，超任务127%，优良率83.8%；聋儿语训109人，超任务135%，三级康复以上者66%。1994年完成儿麻矫治115人次，有效率100%，聋儿语训107人。1995年，完成儿麻矫治264人次，超任务数86%，有效率98%；聋儿语训126人，超任务数73%。

从2001年起，成都市启动"中西部盲童入学"项目，对在校盲童进行资助。从2001—2005年，共资助在校盲童280名，每人每年150元。从2002年起，中央精神文明办每年出资500万元，由中国残联和教育部组织实施"扶残助学"项目，资助西部未入学的贫困残疾儿童少年入学，帮助确因贫困不能完成学业的残疾学生完成学业。2002—2005年，成都市有25名残疾儿童受助，每人每年800元。

2004年，成都市政府制定下发《关于免除义务教育阶段残疾儿童少年杂费与书本费工作的实施办法》。从2004年春季起，全市残疾儿童和孤儿3427名全部免收书本费、学杂费，对住读和家庭经济困难的残疾学生实行生活补贴。从2004年秋季开始，实施《成都市进城务工就业农民子女接受义务教育实施意见（试行）》。至年底，全市共有304所公办中小学接收约4.6万名进城务工就业农民子女入学。同年，市政府妇儿工委办公室从加强源头维权出发，牵头协调实施成都市第一个政府救治PKU（即苯丙酮尿症）患儿计划，积极促成包含困难家庭中未成年人6种疾病救助的《关于成都市城镇困难人员医疗救助的意见》的出台。挪威协力会援助成都市脑瘫儿童社区康复项目正式启动运作，挪威出资22.4万元，成都市各级残联匹配相应资金，为52名脑瘫儿童进行康复训练。全年，成都市共救助流浪乞讨儿童3810人。

2005年，成都市市、城区两级教育行政部门进一步整合教育资源，挖掘公办中小学办学潜力，通过改扩建和新建等方式努力扩大办学规模，满足进城务工就业农民子女在成都市接受良好的义务教育需求。市教育局对城区每修建一所进城务工就业农民子女学校实行50万元的专项补助。全年，五城区及成都高新区共有26900名进城务工就业农民子女通过各城区街道办事处查验，领取"成都市进城务工就业农民子女接受义务教育证明"，凭证享有与市民子女一视同仁的接受义务教育的权利，至年底城区有230所公办中小学校共计接受72000余名进城务工就业农民子女就学。同时，成都市安排155万元资金救助2401名残疾学生，4700多名残疾少儿享受到“两免一补”；安排65万元资助1.6万名贫困残疾人家庭中少儿参加少儿住院互助金。12月，位于新华公园东侧的成都市残疾人综合服务中心竣工，将用于创建成都市残疾儿童学前教育康复中心。同年，全市各救助管理机构全年共接待求助人员16718人次，经审查后，对符合救助条件的15860人次实施救助，其中，救助儿童4950人次，符合救助条件求助人员受助率达到100%。同年5月，市妇联争取到并启动联合国教科文组织流动儿童教育援助项目，共解决“三证”齐全（享受一费制）的外来务工农民子女2万人就学。全年，成都市各级妇联共募集资金136万元，帮助2163名贫困家庭的子女完成学业。

【明天计划】

2004年，民政部为解决社会福利机构中残疾孤儿的困难，实现他们回归家庭、回归社会的愿望，决定在全国启动《残疾孤儿手术康复明天计划》（简称“明天计划”）。按照民政部和四川省民政厅的统一安排，成都市民政局于2004年正式启动“明天计划”。对象是城乡各类社会福利机构中0—18岁具有手术适应证的残疾孤儿，经费从发行福利彩票募集的福利金中和地方政府、社会募捐中支出。成都市首先对全市各级各类福利机构中的612名残疾孤儿进行摸底测评，预测有232名具有手术适应证的孤残儿童需要进行手术矫治康复治疗。对此，成都市确定成都市民政局为实施“明天计划”的主管部门，成立残疾孤儿手术康复领导小组；制定成都市实施“残疾儿童手术康复明天计划”三年规划，从2004—2006年为232名孤残儿童做完康复矫治手术。选择具有国家三级甲等资质的四川华西医院、四川华西口腔医院、成都市儿童医院、成都市第三人民医院为成都市“明天计划”的手术定点医院，并与各医院形成“明天计划”手术协议。本着先易后难的原则，成都市民政局组织成都市儿童医院、成都市第三人民医院的专家会诊后，确定首批接受手术康复治疗的50名残疾孤儿。同时，各福利机构在初查的基础上再逐个核实、筛选，决不漏掉一个可实施手术的儿童。并做到每一例手术方案、申请表，审核审批意见及费用清单归档可查。到2005年底，共计实施“明天计划”手术103例，投入经费100多万元，其中，五官科43例，外科26例，康复矫形23例，先天性心脏病11例。“明天计划”康复手术包括脑瘫后遗症、唇腭裂、牙槽嵴裂、血管瘤、疝气、先天无肛、结肠瘘口、双侧内翻足、关节复位、外耳道形成术等，手术的成功率为100%。先天性心脏病手术成功后效果非常明显，唇腭裂术后弥补了嘴唇的严重缺陷，先天“无肛”术后能正常排便，实施康复治疗手术儿童的健康得到显著改善，增加生活自理能力，增加了自信心，改变他们一生的命运。在成都市儿童福利院“明天计划”中实施康复治疗手术的儿童中，有57名儿童进入家庭寄养，有22名儿童由国外家庭收养。

【养、教、治相结合】

成都市儿童福利院有教职工210人，对入院儿童实行养、教、治相结合的工作方针，以“一切为了孩子，为了孩子的一切”为工作宗旨，采取集中供养、个人领养、社会助养、家庭寄养、双亲家庭代养五种模式，以及利用民政部开展的康复计划和国际有关组织推行的先进教育方式，积极开展工作，使孤残儿童心理、身体得到健康成长。

从1986年开始，成都市儿童福利院对外开放，采取按成都市物价局核定批准的统一标准收费的办法，收托0—12岁有家而无力照顾的肢残智残儿童。儿童福利院对健康的学龄前儿童，在院内实施普幼教育，对健康的学龄儿童则全部送入附近中小学就读。从1990年到2005年，共有750名儿童入学，其中，有20名就业。对肢体残疾和脑瘫患儿通过按摩、功能训练、矫治，改善残疾状况，减轻残疾程度，恢复一定功能；对智力正常的肢体残疾儿童辅之以文化教育；对智力障碍儿童实施特殊教育，开发智力。1995—2005年共收托720名残疾儿童，经康复训练，康复率达到30%，好转率为90%。2005年2月7日，在成都市儿童福利院举行"有爱就有家"——成都2005新春佳节"温馨家庭"献爱心大型公益活动，共计46名儿童福利院的孩子跟着"爸爸""妈妈"回家过年，体验家庭的温暖。

1990—2005年，成都市儿童福利院接待国内各行业3万多人次参观、捐赠，接受捐款2176.6万元。成都狮子楼集团有限责任公司给儿童教室捐赠设施。香港上海汇丰银行捐款44.27万元购买康复器材及设施。成都市残疾人联合会捐赠聋儿康复器材价值30万元。美国"中国儿童医疗基金会"捐赠3万美元用于残疾儿童医疗救助。成都玉龙火巴子火锅捐赠15万元用于改善儿童生活设施。

1997年，成都市儿童福利院被中宣部、全国人大内司委、团中央、国家教委、司法部评为"全国未成年人保护工作先进集体"。

【妇女权益保护】

1993年2月16日，成都市市长主持发布施行《成都市女职工劳动保护实施办法》。1995年5月10日，全市开展打击拐卖妇女儿童犯罪活动，市政府召开专门会议进行部署，副市长出席并讲话。1997年5月，全国人大《中华人民共和国妇女儿童权益保障法》检查团到成都视察，听取市政府领导的汇报，对成都的工作给予肯定。2003年，成都市出台《关于加强劳动力市场管理，清除和制止侵犯妇女儿童权益行为的通知》，对全市劳动力市场和人才市场进行全面清理整顿，制止和纠正了性别歧视和非法使用童工的违规行为。全年全市检查用人单位5000余户，检查职业介绍机构160户，纠正并处罚各类违法行为1200起，其中，侵害女职工劳动权益行为900余起，使用童工案10起。市妇联与市司法局联合成立了成都市法律援助中心市妇联工作站，全年接待和处理信访1900余件次，办结率100%。全市各级妇联开展"三八"维权周活动，以乡镇为重点开展法律咨询服务，接待咨询群众25076人次，发放宣传资料11247份。各级法律援助机构开展了贯彻落实《法律援助条例》活动，共办理妇女儿童法律援助案件200多件。

2004年，成都市有妇女儿童法律援助机构21个，全年共援助案624件，比上年增长8.9%。全市加大对妇女儿童的源头维权、社会化维权、实事化维权和个案维权的力度，完善信访工作制度，壮大维权工作队伍，充分发挥特邀陪审员的作用，健全基层维权阵地、网络和法律服务机构，全年妇联系统共接待群众来信来访来电2945件次，办结率98%以上。市妇联法律援助中心工作站为群众协调解决各类案件216件。实施"沙舟"项目，对从事娱乐行业的女性进行法制教育，增强健康意识，自觉抵制不良诱惑。同年，市委、市政府对1999—2003年全市维护妇女儿童权益的先进集体和先进个人进行表彰。

2005年，成都市女性从业人员占全部从业人员的比重为45.5%，比上年增长0.3%。成都市逐步完善了养老、工伤、失业、医疗和生育等社会保障制度，城市最低生活保障制度已实现符合保障条件的妇女、孤残儿童的全员覆盖。成都市参加基本养老保险的职工中女性占40.29%，比上年增长2.62%；参加基本医疗保险的职工中女性为84.56万人，比上年增加18.25%；参加失业保险的职工中女性占43.77%，比上年增加4.78%；参加工伤保险的职工中女性为28.27万人，比上年增长31.24%；参加生育保险的职工中女性为50.64万人，比上年增长19.6%；生育保险覆盖率始终保持100%。同时，成都市劳动保障部门不断加大妇女劳动保障工作力度，依法健全劳动保障监察机制，加大对侵害女职工劳动权益的监察力度和劳动争议处理力度，女职工的合法权益得到了有效维护。2005年，成都执行禁止安排女职工从事禁忌劳动规定的企业比重达到62%，有67%的企业执行女职工"四期劳动保护"规定，城镇女职工已基本享有特殊劳动保护。

市妇联巩固和发展女干部培训阵地，开展了形式多样的女干部培训活动，把男女平等基本国策纳入各级党校干部培训的总体规划，加强女性人才储备、举荐工作。2005年，成都市共有女干部培训基地35个，培训女干部4500余人次；市妇联与市委组织部联合举办"永葆先进，提升自我——成都市女干部保持共产党员先进性与能力发展论坛"；至年底，成都人才库中有各类女性人才208名。随着不断加大妇女干部的培养力度，妇女综合素质逐步提高，成都市妇女参政议政人数增多。2005年全市女干部为11.8万人，占干部总人数的46.64%；人大女代表、政协女委员比例保持稳定，分别占代表总数和委员总数的22.64%和24.53%；地级党委领导班子女干部配备率、地级政府领导班子女干部配备率均为100%，县级党委（政府）领导班子女干部配备率为94.74%；全市村民委员会中女性比重为27%，居民委员会中女性比重为40.8%。成都市妇联加强与人大女代表和政协女委员的联系和沟通，使妇女群体在不同阶段出现的热点难点问题通过人大、政协得到及时表达和反映，全市受理涉及妇女儿童提案议案26件，出台包含困难家庭中未成年人6种疾病救助的《关于成都市城镇困难人员医疗救助的意见》，进一步促进了妇女儿童权益保障工作。

【女性就业】

1991年3月5日，市总工会在工人剧院举行女劳模、女先进个人事迹报告会，全国劳模、省劳模、市劳模分别介绍自己的事迹。3月16日，成都市农村妇女"学文化、学技术、比成绩、比贡献活动"先进集体和个人表彰大会先后举行，市委领导出席并讲话。1997年5月，全国人大《中华人民共和国妇女儿童权益保障法》检查团到成都，视察了青羊区黄瓦街家庭服务职业介绍所，对该所的工作给予了肯定。黄瓦街家庭服务职业介绍所自1986年成立至1998年，共解决农村劳动力93135人次从事家庭服务工作，先后帮助近2000名再就业困难的大龄下岗女工实现再就业，为近4000户城市居民解决实际困难。

1999年，通过开展"女职工社区服务行动"，安置下岗女职工近5000名。同年，市总工会与有关部门一起检查了女职工劳动保护条例的落实情况。2004年，成都市为40岁以上再就业困难的妇女送再就业优惠政策、再就业培训信息、再就业上岗通知书，帮助其实现再就业。同时向北京输出"川妹子"品牌家政服务员2286人，完成目标任务的114%。

随着成都科教兴市战略的实施，全市女性受教育水平稳中有升，参加成人教育和职业技能培训的女性越来越多，2003 年，市妇联大力推行“巾帼社区创业行动”，牵头主办“家政服务员”“保育员”等专业技能培训，承担“家政服务员”专业初、中、高级职业技能鉴定，为 429 名下岗失业妇女发放初、中、高级技能鉴定书。另外还开展“请让我来帮助你”——为 1000 名困难下岗失业妇女免费“送健康、送岗位”活动。同年，女性人力资源市场信息网络共建档 18980 人，提供用工岗位 11732 个。

2005 年，市妇联以强化女性就业服务为基础，积极加快农村妇女的身份转变。市妇联通过创办全国首家“妇联家政服务超市”、全国领先的女性就业服务网站，建立 21 万个就业岗位、16 万求职建档人员的女性人力资源库，与北京、上海、广州等 12 个大中城市建立劳务输出交流对接平台，建成西部较大的女性人力资源市场；在成都市 14 个优先发展重点镇建立服务标识、流程、承诺三统一的“女性就业服务工作站”；组织“大学生职业飞翔计划”启动仪式暨 2005 秋季女大学生专场招聘会，2 万多名大学生参与，现场录用 718 人；实施 3 期由农村女能人和城镇失业妇女参加的 SYB 创业培训，开辟女性就业新渠道；全面完成省政府 800 名“川妹子”品牌家政服务员的培训和输出任务，其中“家政服务员”林素清在省政府组织的“四川省农民工技能大赛”上获得“巴蜀技能状元”称号。市女性就业服务中心全年举办职业技能培训 281 期，培训城乡失业妇女 14808 名，提供就业岗位 12.85 万个，帮助 33962 名妇女实现就业。各级妇联共举办大规模引导性培训 331 场，培训农村妇女 7 万多名。同年，市妇联围绕农业产业化发展目标，大力推进“百万农村妇女致富行动”，构建教育培训、科技示范、信息服务、合作经济、扶贫救助五大网络，对 5 万名农村妇女进行科技培训，增强妇女的科技致富和自主发展能力。采取“妇联 + 基地”“女能手 + 基地”“专业协会 + 基地”等形式，深入实施旨在引导农村妇女走农业产业化道路的“村村建基地”工程，新建 215 个示范基地，带动 3 万余名妇女增收致富。巩固和扩大女性经济合作组织，建立 22 个各类妇女协会和农村妇女专业经济合作组织，并成立巾帼科技志愿者服务队。

【家庭文明建设】

2005 年，市妇联开展创建“学习型家庭”活动，全市家庭参与率达到 68%，涌现出大批“文明家庭”“学习型家庭”“文明楼栋”等。同时，市妇联联合市文明办等单位，广泛开展丰富多彩的“家庭美德”建设活动，举办了以“和谐社会、文明成都、幸福家庭”为主题的成都市“十佳文明家庭”电视颁奖晚会、“成都市家庭才艺风采赛”；推出“深情孝心温暖母亲”——“成都十大孝子”评选活动；举行“牵手新市民，共建文明城”成都市社区家庭文明大巡礼活动启动仪式，向广大市民发出“善待地球、保护环境、倡导绿色消费”的号召，举办以“共创社区文明共享人居成都”为主题的成都市社区健身路径比赛；组织形式多样的“廉内助”教育实践活动，营造文明向上的家庭环境和社会环境。未成年人家庭教育是家庭文明建设的重要内容。

同年，成都市妇联坚持以“百万家长育英才”为统揽，不断提高家长素质和家庭教育水平，促进未成年人思想道德健康发展。市妇联通过组建家庭教育工作组织机构，实现家庭教育服务网络全覆盖；建立市、县两级的“家庭教育指导中心”和分中心，帮助上万名家长解答家庭教育疑惑，被家长们誉为“家庭教育110”；完成了为期4年的成都市“十五”教育科研课题“构建以学校为主体的学习型家庭”；开展“成都市家庭教育优秀论文”评选表彰活动，在全市评选表彰100所示范家长学校、50个社区家庭教育示范点、100名优秀家长、50个小公民道德建设实践基地，推动全市家庭教育工作；开展以“幸福家庭、文明社区、和谐成都”为主题的“家庭教育进社区亲子训练活动”，开辟家庭教育专版、专栏、专线，推出“专家定造教子良方”活动，在全市掀起科学教子热潮。全市各级妇联组织共举办家庭教育大型公益报告会和各类家庭教育讲座4412场，受益家长达354.76万人。由于农民外出务工人数增加，农村家庭教育断裂或缺位的现象逐渐增多，农村“留守儿童”在生活、学习、思想和行为等方面出现不同程度的问题。5月，成都市教育局对全市农村“留守儿童”的数据情况再次进行全面地调查统计，对区（市）县开展“留守儿童”教育管理工作进行督查。7月，完成《成都市留守儿童教育管理工作总结》，参加四川省“留守儿童”工作研讨会。9月，配合成都市妇儿工委，深入双流县、金堂县、邛崃市、蒲江县等地农村学校，对“留守儿童”就个性与人格塑造问题、情感问题、心理发育问题、与人交往问题、违法犯罪的隐患问题等进行专项调研，并就区（市）县教育行政部门和学校在“留守儿童”管理教育中的职责提出意见和建议。

残疾人优待与服务

【概况】

20世纪初，成都市残疾人联合会认真宣传贯彻《中华人民共和国残疾人保障法》和《中国残疾人事业“八五”规划纲要》，坚持抓根本、打基础、讲实效的工作方针，本着人道、廉洁、服务、奉献的精神，积极开展组织建设和“三项”康复、特殊教育、劳动就业和文化体育等方面的工作，推进残疾人事业的发展。1991年，全市19个区（市）县按计划要求成立残联，295个乡（镇）、街道建立了残协。1993年4月，中共成都市残疾人联合会党组建立。1994年，成立“成都市人民政府残疾人协调委员会”，青羊区、金牛区、武侯区、龙泉驿区、都江堰市、郫县、温江县等相继成立“残疾人协调委员会"。同年11月，《成都市人民政府关于贯彻实施残疾人保障法优惠政策的通知》下发，就残疾人从事个体经营、劳动就业、福利、户籍管理、乘车出行、参观游览、文化娱乐、教育、医疗等方面制定相应的优惠政策。1999年3月，市编委批准组建成都市残疾人劳动就业服务中心。按照安置残疾人就业为主、收取残疾人就业保障金为辅的原则，服务中心设置就业服务和保障金征收两个一站式服务厅。就业服务主要是对残疾人实施求职登记、就业评估、就业推荐、失业登记，向用工单位推荐残疾人就业，就业后并进行回访跟踪服务。服务中心将职业培训和职业介绍融为一体，实行一条龙服务。

2001年，为切实维护残疾人的权益，市残联成立成都市法律援助中心残联。9月30日，《成都市按比例安置残疾人就业办法》出台。该《就业办法》规定，在鼓励残疾人自谋职业的同时，各单位应按不低于本单位在职职工总数的1.5%的比例安置符合就业条件的残疾人就业。安置残疾人就业未达到规定比例的单位，每年应按差额人数如期缴纳残疾人就业保障金。市残联与市法制办联合制定《关于宣传贯彻〈成都市按比例安置残疾人就业办法〉的实施意见》。2001年和2002年，市和区（市）县两级残疾人劳动就业服务机构按比例安置残疾人就业8418人。同时收取残疾人就业保障金，利用保障金促进残疾人就业；每年从其中安排专项资金对残疾人进行全免费的职业技能培训。

2002年9月，市政府重新制定下发《成都市人民政府关于实施残疾人优惠政策的通知》，除保留对残疾人的原有优惠政策外，增加新的优惠政策。2003年4月，成都市成立残疾人职业培训中心，并开始大规模开展对残疾人职业技能培训工作。培训根据专业的国家标准制定教学计划，按照职业培训教程安排培训课时；参加培训的残疾学员实行全免费住读式培训。2004年，市残联成立残疾人法律援助中心，并与盛豪等5个律师事务所建立合作关系，实行每周1次的律师接待日制度，免费为残疾人提供法律咨询服务。5月20日，在19个区（市）县及高新区成立法律援助中心残联工作站，在20个街道（乡镇）建立残疾人维权工作岗，为残疾人提供法律咨询服务2217人次，为383名残疾人提供法律援助。同年6月7日，成立成都市残疾人职业培训中心国家职业技能鉴定所，可对6种职业资格进行初级、中级、高级职业技能鉴定。

与此同时，成都市多渠道为残疾人事业筹集资金和物资，采取特困残疾人家庭专项生活补助、贫困残疾人特殊困难紧急救助金、农村贫困残疾人危房改造、扶持农村贫困残疾人种养殖业等措施，举办"温暖万家行"活动，救助和慰问贫困残疾人和残疾人家庭。赞助残疾人文化体育事业，丰富残疾人文化生活。实行社区康复和三项康复计划以及"助听""助明""助行"三助工程，为残疾人提供医疗康复和医疗救助。实施"中西部盲童入学""百万自强助学金""中国残联专项彩票公益金助学""扶残助学""职业技能培训"等扶残助学项目，为残疾人提供教育救助。

2005年，成都市有残疾人53万人。其中听力言语残疾18.31万人，智力残疾10.53万人，视力残疾7.81万人，肢体残疾7.81万人，精神病残疾2.01万人，综合类残疾6.53万人。成都市人民政府残疾人工作协调委员会下发《关于为残疾人提供"量体裁衣"式个性化服务的意见》，全市6000多名基层残疾人工作者走出办公室，每周用不少于三分之二的工作时间，深入到残疾人家庭，将各级党委、政府发展残疾人事业的各项政策和措施、为残疾人提供的各项帮扶服务，同充分发挥残疾人自身潜能、同每个残疾人的实际情况与个体需求进行对接，为每户残疾人制定有针对性的、可行的发展或帮扶方案，并认真组织落实。全市共有15万名残疾人接受"量体裁衣"式个性化服务。与此同时，建立"成都市残疾人信息管理系统"，对全市残疾人工作和每个残疾人进行信息化网络管理，实现"高效服务、实时监控、在线跟踪"。同年，成都市最低生活保障制度实现对全市贫困残疾人的全覆盖，并将重度残疾人的"低保金"提高10%。

6月，成都市助残志愿者协会成立。8月12日至20日，成都市助残志愿者协会组织志愿者参加了在成都召开的全国"百万青年志愿者助残行动"总结表彰会、全国基层残疾人组织建设工作会议、联合国亚太经社会基层残疾人组织建设工作国际研讨会的志愿服务工作。在全国"百万青年志愿者助残行动"总结表彰大会上，中国残疾人联合会推广以建设规范化服务型残疾人组织、为残疾人提供"量体裁衣"式的个性化服务为主要内容的"成都经验"。中国残疾人联合会评价"成都经验"是中国残疾人事业发展的三大里程碑之一，成都为全国树立标杆和榜样，必将载入中国残疾人事业发展史册。

同年5月2日，成都市残疾人综合服务中心

开工建设。占地7.68亩,建筑用地5.5亩,建筑面积1378平方米,项目总投资4737万元,地面5层,地下1层,共6层。大楼在坡道、盲道、大厅、前台、过道、楼道扶手、电梯设计、房间门、洗面(手)台、卫生间、浴室、语音提示等设计上,充分考虑方便残疾人,全面无障碍,实现通行无阻,使用方便。2006年5月1日,市残疾人综合服务中心建成,投入使用,市残联直属事业单位成都市残疾人劳动就业服务中心、成都市残疾人职业技能培训中心、成都市残疾人文体活动中心、成都市残疾人活动中心(增挂成都市残疾儿童学前教育康复中心)和市残联机关迁入。

【残疾人优待与权益保障】

1991年,结合我国第一个法定"全国助残日"(从1991年起每年五月的第三个星期日)活动。成都市广泛开展宣传实施《中华人民共和国残疾人保障法》活动。利用广播、电视、报刊、宣传车和版报、标语等多种形式,大力宣传,扩大社会影响。市电台开设《中华人民共和国残疾人保障法》专题讲座;《成都晚报》开设《残疾人风景线》专栏,多方面、多角度地反映全市残疾人的工作、学习和生活。各级残联和社会各有关部门为残疾人办实事、做好事,卫生部门对行动不便的残疾人实行挂号、看病、交费、取药"四优先",公安部门为512名盲人办理乘公共汽车、电车免费证。

1994年11月,下发《成都市人民政府关于贯彻实施残疾人保障法优惠政策的通知》,就残疾人从事个体经营、劳动就业、福利、户籍管理、乘车出行、参观游览、文化娱乐、教育、医疗等方面制定相应的优惠政策。政策规定:凡残疾人福利企业和城乡残疾人个体劳动者从事经营活动,享受国家规定的税费减免政策;在申请办照或变更登记时,对有困难者酌情减免办证费用;免除农村丧失劳动能力残疾人(生活不能自理)、残疾人特困户的义务工、劳动积累工、集体提留、乡(镇)统筹费和其他社会负担。在申请办照或变更登记时,工商部门予以优先;获市级以上(含市级)劳模,体育比赛、文艺比赛、科技成果优秀的残疾人,其配偶及供养直系亲属优先办理"农转非"户口。凭残疾人证件,盲人免费乘坐当地公共汽车、电车,盲人读物免费邮递;残疾人使用市内收费公共厕所予以免费;残疾人游览本市公园、博物馆、观看电影(计划供片)、戏剧,实行门票半价优惠。残疾儿童,家庭经济确有困难的,酌情减免杂费和其他费用;对随残疾人父亲在城市生活的子女,就地招收其入学。

1999年3月,成都市建委、市民政局、市残联转发文件,对全市的无障碍建设提出要求,要求各相关单位在工作中认真贯彻执行,为残疾人参与社会生活创造方便条件。2001年,城区新建盲道3.8万米,人行道轮椅坡道4400个,无障碍人行天桥6座,设有音响装置红绿灯20对;新建公共场所90%设有残疾人通道,40个新建小区全有无障碍设计。同年,建立成都市法律援助中心残联工作站,19个区(市)县建立法律援助机构,并指定27家律师事务所为残疾人提供法律服务。全市各区(市)县及所有乡镇均出台了残疾人优惠政策。规定各法律服务机构要对符合法律援助条件的残疾人提供必要的法律援助,对持有县以上残疾人联合会证明的涉及残疾人权益的事件,优先接待、优先办理;各公证处对持乡、镇以上残疾人联合会证明的贫困残疾人涉及财产事项需要公证的,酌情减免公证费。

2002年9月,市政府重新制定下发《成都市人民政府关于实施残疾人优惠政策的通知》,除保留对残疾人的原有优惠政策外,又增加新的优惠政策：一般不宜安排残疾职工及其配偶下岗；对城镇、农村符合“低保”条件的残疾人，全部纳入最低生活保障范围。因城市建设规划需要拆迁残疾人房屋时，在安置房楼层上予以适当照顾；支付临时安置补助费和搬家费时，对领取城市最低保障金的贫困残疾人比规定标准提高20%。贫困残疾人子女根据实际情况减免杂费。残疾人凭“残疾人证”进入公共场所实行免费；乘车时可免费携带随身必备的辅助器具；残疾人专用车在（指定）公共停车场免费停放。残疾人申请从事个体工商业经营，工商部门免收管理费，税务部门给予减免费照顾；公安、文化部门对残疾人从事文化经营给予减免税照顾；贫困残疾人经批准在非耕地上建住房，酌情减免其他相关费用。至2002年，全市铺设盲道46.2千米，改建和新建道路轮椅坡道826个，90%以上的公共场所设有残疾人通道。

2004年，市残联成立残疾人法律援助中心，并与盛豪等5个律师事务所建立合作关系，实行每周1次的律师接待日制度，免费为残疾人提供法律咨询服务。5月20日，在19个区（市）县及高新区成立法律援助中心残联工作站，在20个街道（乡镇）建立残疾人维权工作岗，为残疾人提供法律咨询服务2217人次，为383名残疾人提供法律援助。全年全市征收残疾人就业保障金8480万元；对全市农村应缴农业税的残疾人优先免征农业税，共计800多万元；为10575户特困残疾人家庭发放专项生活补助金，补助总金额为634.5万元；从残疾人就业保障金中安排100万元专项用于扶持农村贫困残疾人从事种养殖业，共扶持贫困残疾人1421户。同年，市建委对二环路以内的69条没有铺设盲道的街道以及83条不规范的盲道进行修整，二环路内的所有街道都铺设标准、规范的盲道。

市残联除组织基层信访工作人员参加省、市信访工作培训外，市残联每年都组织残联系统的信访工作人员进行培训，参训人员达2720余人次。信访工作实行“一把手”负责制，并纳入专项目标进行考核；同时实行信访工作责任追究制。2005年，残联系统共接受群众来信来访873件，其中，来信57件，来访751人次，来电65人次。同年，成都市设立“残疾人法律维权工作岗”20个和“法律援助中心残联工作站”21个，建立律师接待日制度，免费为1106名残疾人提供法律咨询服务，为178名残疾人提供了法律援助。市园林局筹资50多万元对公园内的43座公厕进行无障碍设施改造，在公园的出入口增设17条轮椅通道，在主要景区、景点、广场增设轮椅坡道、缘石通道及扶手。市公安局拨专款对全市19个区（市）县及高新区的所有公安办证中心进行无障碍设施改造，增设轮椅坡道和无障碍标志。市公交公司在47路和57路车队分别购置了2台无障碍公交车。

【残疾人救助与扶贫】

20世纪90年代，成都市政府和社会各界积极为残疾人办好事、办实事。1992年，市劳动局和劳动就业局把残疾人就业问题纳入目标管理，解决60名有劳动能力的残疾人的就业指标；市内446名盲人享受免费乘车照顾；市金陵出租汽车公司对盲人和重残人乘中巴车实行免费服务；成都鞋城为30名无生活来源、无劳动能力的残疾人每月提供80元生活费；海南新能源股份有限公司向市残疾人活动中心捐款100万元；社会各界和个人向残疾人捐款共18.4万元；各级领导走访看望残疾人家庭1200多人次；为残疾人发放救济款物10万余元；为农村残疾人抢收小麦5000余亩，播种玉米3500余亩，插秧2000

余亩。

2001年,对市区残疾人无房户、特困户进行调查筛选,7月至9月,分二批为89户特困残疾人解决廉租住房,获得残疾人康复扶贫贷款1940万元。2003年,经市政府批准,决定从2002年征收的残疾人就业保障金中安排资金对全市10000户特困残疾人家庭进行专项生活补助。具有成都市常住户口,年满16周岁,全部或大部分丧失劳动能力的特困残疾人家庭经申请、核查、审批后,可持"成都市特困残疾人家庭专项补助领取卡",按月到街道、乡(镇)残联领取每户每月50元的补助,市和区(市)县各承担一部分资金。全年全市向特困残疾人家庭发放专项生活补助共计600万元。

2004年,面对成都市50万残疾人中有33万生活在农村,救助农村贫困残疾人的一项重要工作就是帮助他们进行危房改造,市政府残工委及市委组织部、市计委、市教育局、市公安局、市人事局、市文化局、市计生委、市审计局、市新闻出版局、市工商局、市政府法制办、市地税局、市总工会、成都警备区、武警成都支队等市政府残工委成员单位捐款10万元,为青白江区、彭州市、邛崃市、崇州市、蒲江县、新津县20户农村贫困残疾人危房进行改造(每户5000元);市残联利用中国残疾人联合会专项彩票公益金15万元,为金堂县60户农村贫困残疾人进行危房改造;金堂县出资为120户贫困农村残疾人进行危房改造。同年,为帮助农村贫困残疾人脱贫致富,成都市从征收的残疾人就业保障金中安排100万元资金专项用于扶持农村贫困残疾人从事种、养殖业。由本人提出申请,经审批核查后,由区(市)县残联按照确定的受扶持的贫困残疾人提出的种养殖种类、名称及数量,按品名、种类、数量购买成实物后发放到受助对象手中,并为其寻找销售途径,做好后续工作。每户市级扶持金为1000元左右。全年共扶持农村贫困残疾人1412户(其中,种植户432户、养殖业980户),完成计划182.4%,扶持资金100万元。另外,全市向10575户特困残疾人家庭发放专项生活补助634.5万元,并用专款50万元设立"成都市残疾人紧急救助金",对患重大疾病、遭受自然灾害、遇到意外事故致使家庭陷入困境,其他帮扶不能使其摆脱困难的残疾人实施紧急救助。

2005年,成都市人民政府残疾人工作协调委员会下发《关于为残疾人提供"量体裁衣"式个性化服务的意见》。全市6000多名基层残疾人工作者,走出办公室,到残疾人家庭,为每户残疾人制定有针对性的、可行的发展或帮扶方案,并认真组织落实。全市全年共有15万名残疾人接受"量体裁衣"式个性化服务。建成"成都市残疾人信息管理系统",实现"高效服务、实时监控、在线跟踪"。同时,利用中国残联专项彩票公益金和省扶贫专项资金危房改造项目分别为邛崃市30户与36户农村贫困残疾人进行危房改造。青白江区、都江堰市、崇州市、金堂县、郫县、大邑县、蒲江县、新津县等出资共为318户农村贫困残疾人进行危房改造。经市政府批准,市残联从征收的残疾人就业保障金中安排200万元资金专项用于扶持农村贫困残疾人发展种、养殖业。以村为单位,每个村推荐1户当地最贫困的、残疾人本人或其家庭能从事种植业、养殖业的作为扶持对象。各区(市)县根据扶持项目情况进行配套,每户到位的扶持资金不少于500元,根据项目的实际需求可作适当调整。此项目专项资金用于购买种苗和家畜、家禽及其他小型经济类动物,并以实物形式发放到受助对象手中,特殊情况确需以现金形式扶持的,由区(市)县残联批准。全年共扶持农村贫困残疾人从事种、养殖业4446户，发放扶持资金200万元。

同年，成都市最低生活保障制度实现了对全市贫困残疾人的全覆盖，并将重度残疾人的“低保金”提高10%。市残疾人联合会继续组织实施“残疾人专项补助金制度”，全年为11558户特困残疾人家庭发放专项生活补助693.48万元；为48名贫困残疾人提供“紧急救助”。同时，为384户贫困残疾人改造了危房；安排180万元，为9092名残疾人提供了用品用具。向贫困残疾人免费发放轮椅4050辆；为5387名白内障患者实施复明手术，其中为贫困残疾人提供免费白内障复明手术1265例；安排110万元为28398名贫困精神病患者提供康复服务，安排30万元救助了1279名特困精神病患者；资助38万名农村贫困残疾人参加新型农村合作医疗；开展“甘露医疗援助行动”，筹集爱心医疗证1333张，1333名贫困残疾人享受到“看病不花钱”的优待。继续组织开展“温暖万家行”活动，由市政府残工委牵头组织走访慰问特困残疾人家庭，全年共走访慰问17562户贫困残疾人家庭，送去慰问金、慰问品折价共计280多万元。

【残疾人职业培训中心】

2003年4月，成都市残疾人职业培训中心成立。其主要任务是开展以残疾人职业技能为主的职业资格培训、技术等级培训和劳动就业岗位培训，并将培训与职业技能鉴定紧密结合，多形式、多渠道为残疾人服务，提高残疾人职业技能。市残疾人职业培训中心根据培训专业的国家标准制定教学计划，按照职业培训教程安排培训课时。对参加培训的残疾学员实行全免费住读式培训。2003年，市残疾人职业培训中心开办肢残人电脑、聋哑人电脑、盲人电脑、盲人按摩、手机维修等培训班17期，培训540名残疾人。2004年，开办肢残人电脑、聋哑人电脑、盲人电脑、盲人按摩、手机维修、插花艺术、精工织补等培训班33期，培训676名残疾人。同年6月7日，经市劳动和社会保障局批准，成立成都市残疾人职业培训中心国家职业技能鉴定所。该所可对包括计算机操作员、用户通信终端维修员（手机维修）、保健按摩师（盲人按摩）、插花员、美甲师、洗衣师等6种职业资格进行初级、中级、高级职业技能鉴定，为残疾学员经过培训持证上岗、最终实现就业创造有利条件。当年通过该所职业技能鉴定的肢残人计算机操作员138人，聋人计算机操作员24人，盲人保健按摩师68人，用户通信终端维修员41人。

2005年，市残疾人职业培训中心举办肢残人电脑、聋哑人电脑、盲人电脑、盲人按摩、手机维修、插花艺术、精工织补、美甲艺术、聋人摄影、干洗技术、景泰蓝工艺画制作等培训班47期，培训1675名残疾人。同年，通过职业技能鉴定的肢残人计算机操作员初级43人，中级76人；盲人保健按摩师初级32人；用户通信终端维修员初级22人，中级5人。各区（市）县残联除开办种养殖业技术、盲人按摩、电脑维修、手机维修、汽车维修、电焊技术和家政服务等培训班外，还选送残疾人参加市级的职业培训，截至年底共培训了5580名残疾人。

【残疾人助学金项目】

2001年，成都市开始实施“中西部盲童入学”项目。该项目从2001年到2005年，共对成都市280名在校盲童进行资助，每人每年150元。2002年，“扶残助学”项目开始实施。中央精神文明办从2002年到2005年每年出资500万元，由中国残联和教育部组织实施，资助西部未入学的贫困残疾儿童入学，帮助确因贫困不能完成学业的残疾学生完成学业。

2003年,成都市财政局、教育局、民政局、市残联联合出台《关于发放2003年度"成都市残疾人自强助学金"相关问题的通知》,要求从2002年市级征收的残疾人就业保障金中安排100万元,建立"成都市残疾人自强助学金",专项用于资助全市的贫困残疾学生就读,并对"百万自强助学金"的资助对象、受助者条件、资助标准以及经费来源、申请和审批程序、发放时间等作出明确规定。从小学到博士后,按500~3500元/年的不同标准进行发放。全年共资助贫困残疾学生1505名。同年,"职业技能培训"项目开始实施,成都市残联对全市1000多名贫困残疾人进行免学费、教材费、生活费、住宿费的职业技能培训。

2004年,市财政局、市教育局、市民政局、市残联继续从征收的残疾人就业保障金中安排"百万自强助学金",共资助1904名贫困残疾学生就读,资助金额为129.1万元。实施中西部盲童入学、扶残助学、国家彩票公益金项目等扶残助学项目,全市全年共资助436名残疾学生就读,资助金额为19.7万元。市残联开设聋哑人电脑、盲人电脑、肢残人电脑、插花艺术、手机维修、织补等7个专业的培训班,全年共举办35期,免费培训了838名残疾人。

2005年,成都市继续实施"残疾人自强助学金""中国残联专项彩票公益金助学""中西部盲童入学""扶残助学"等项目,共安排155万元资金救助2401名残疾学生,4700多名残疾少儿享受到"两免一补",33名残疾学生参加高考,25名被录取,全部顺利入学。同年,将"百万自强助学金"资助对象扩大到经济收入低于市最低生活标准的贫困残疾人家庭的就学子女。全年资助残疾学生1338名,资助贫困残疾人家庭子女1071名,共计2409名。

成都市残疾人联合会盲文书刊

【残疾人教育】

1990年,残疾人特殊教育引起社会的关注和重视,被纳入市政府的目标管理责任制和市区县的教育规划。全年全市共开办21个哑生班和智力残疾班,采取随班就读的办法接收肢残儿童入学。各级残疾人组织举办不同形式的业余职工扫盲班、文化学习班15个,参加学习的聋哑人达310人。两年来,全市有16名残疾青年分别获得四川省高等教育、中等教育指导委员会颁发的会计、金融、汉语、英语等学科的结业证书;有3名残疾人获得中国残疾人联合会颁发的自学成才奖;先后共输送7名残疾人到长春大学深造。

1991年,全市19个区(市)县的28所学校共设立33个特教班,招收残疾学生387人。一些普通小学对不影响正常学习的残疾学生采取随班就读的办法,让他们进校学习。市残联和市盲哑学校举办为期40天的中国手语培训班,培训学员33人,其中,28人经考试合格领取了合格证。1992年,成都市新建3所聋哑学校,新办13个智力残疾班;全市聋哑学校总数已达7所,智力残疾班已达46个。1993年底,全市有残疾儿童9894人,已入学6865人,入学率为69%。

邛崃县被评为“全国特教先进县”，锦江区被评为“省特教先进单位”，武侯区、青羊区获全国通报表彰。1994 年，全市入学适龄儿童特教对象约 9800 人，至年底，入学人数已有 7000 余人，占总数的 71%。全市共有残疾人职业培训机构 4 个，培训内容由简到繁，逐渐扩大。

2001 年以前，通过残联、教育等部门和单位的帮助，参加高考上线的残疾考生 100% 被录取。2001 年，全市有 30 名残疾学生参加高考，上线的 8 人全部被录取。2002 年，全市 37 名参加高考的残疾考生中上线的 15 人全部被录取。2003 年以前，为加强义务教育阶段特殊教育学校建设，残疾学生以随班就读为主。2003 年，全市共有特殊教育学校 18 所，特教班 92 个，三类残疾（智力残疾、听力残疾和视力残疾）儿童少年随班就读点 1940 个，在读残疾儿童少年共有 4998 人（其中，随班就读的有 4227 人），占适龄残疾儿童少年的 95.9%（超过教育部规定的三类残疾儿童少年入学率 95% 的标准）。全市 43 名参加高考的残疾考生中上线的 17 人全部被录取。同年，成都市残疾人职业培训中心成立。

2004 年，全市共有特殊教育学校（中心）18 所，随班就读校点 880 个，在读残疾儿童少年 5309 人，其中随班就读学生 4423 人（其中，智力障碍生 3209 人、聋生 340 人、盲生 325 人，其他残疾学生 549 人），三类残疾儿童少年义务教育阶段入学率达到 93.6%，其中 14 个区（市）县的三类残疾儿童少年入学率达到或超过 95%。全市 48 名参加高考的残疾考生中上线的 41 人全部被录取。

2005 年，市政府第 60 次常务会议讨论通过《成都市特殊教育发展规划》，决定成立“成都市残疾儿童学前教育康复中心”。该中心承担全市 0—6 周岁残疾儿童的学前教育康复工作，负责全市残疾儿童学前教育康复的规划、指导、管理、督查和评估，是全市残疾儿童学前教育与早期康复的示范中心、指导中心、技术资源中心，以此辐射带动各区（市）县及社会力量共同开展残疾儿童学前教育康复工作。同年，全市特殊教育学校（中心）共有在校生 1062 人，普通学校随班就读学生 4423 人（其中，盲生 383 人、聋生 287 人、智力障碍生 2786 人、其他残疾学生 967 人）。三类残疾儿童少年义务教育阶段入学率达到 96.7%。全市已建立特殊教育学校（中心）18 个，普通学校附设特殊教育班 47 个，随班就读班（点）2449 个。成都市残疾学生高中、职高和中专阶段教育普及，全市中考上录取线的残疾学生录取率达到 100%。全市 33 名参加高考的残疾考生中上线的 25 人全部被录取。

2001—2005 年，参加高考的上线残疾考生录取率达到 100%。2006 年，在成都大学和成都职业技术学院建立“残疾人高等教育中心”和“残疾人高等职业教育中心”，开展高等特殊教育。

【残疾人就业】

1991 年，成都市各级残联积极兴办福利企业，为残疾人提供就业机会，仅市残联即办福利企业 17 个，安置残疾人 57 人，年产值 189 万元，利税 26.23 万元。同年，市劳动部门设立的“爱心残疾人就业咨询部”，介绍 30 多个残疾人就业。此后，市劳动部门每年安置 50 名有劳动能力的残疾人就业。20 世纪 90 年代，成都市在民政部门办的福利企业集中安置部分残疾人就业（也有部分残疾人自主就业）。隶属市民政局的福利企业有成都华民印刷厂、成都华民纸箱厂、成都华民机械厂、成都华民晒图厂、成都市轻型机车厂。各区（市）县民政部门也在各自兴办的福利企业中安置部分残疾人就业。1993年，残疾人就业问题纳入成都市政府目标管理。至年底城镇残疾人就业率达80%以上，每人每月平均收入220元，多的达到800元。

2001年9月30日，《成都市按比例安置残疾人就业办法》出台。规定在鼓励残疾人自谋职业的同时，各单位应按不低于本单位在职职工总数的1.5%的比例安置符合就业条件的残疾人就业。安置残疾人就业未达到规定比例的单位，每年应按差额人数如期缴纳残疾人就业保障金。与此同时，市残联与市法制办联合制定了《关于宣传贯彻〈成都市按比例安置残疾人就业办法〉的实施意见》。2001年和2002年，市和区（市）县两级残疾人劳动就业服务机构按比例安置残疾人就业8418人。同时收取残疾人就业保障金，利用保障金促进残疾人就业。2002年征收残疾人就业保障金5300万元。从2002年起，每年从征收的残疾人就业保障金中安排专项资金对残疾人进行全免费职业技能培训。

2003年，成都市征收残疾人就业保障金6900万元。市残联与市财政局联合出台《关于做好建立社区残疾人就业扶持点工作的实施意见》，通过优先租赁场所，建立社区就业扶持点，开办盲人保健按摩院、家电维修店、日用百货店、插花艺术店、精工织补店、干洗店、音像租赁店等适合残疾人就业的经营场所，扶持残疾人社区就业，当年即扶持860人就业。

2004年，经市政府同意，加大征收残疾人就业保障金的力度，由市地税局代为收取残疾人就业保障金，全年征收残疾人就业保障金8480万元。4月，市政府残工委等12个部门联合下发《关于利用残疾人就业保障金为残疾人提供公益性岗位完善残联组织建设的实施意见》，在每个乡镇（街道）的残疾人联合会设置1名残疾人专职干事，在五城区（含高新区）的每个社区的残疾人协会设置1名残疾人专职委员，将残疾人就业与基层残联组织建设有机结合，充分发挥残疾人就业保障金的作用，为残疾人购买公益性岗位，聘用残疾人专干、专委及联络员247人。同年，社区就业扶持点共扶持368名残疾人就业。

2005年，全市征收残疾人就业保障金1.17亿元。2月，市政府残工委下发《关于完善乡镇（街道）残联专职干事配备工作的通知》，对未完成配备残疾人专职干事、专职委员的乡镇（街道）和社区进行补聘，共聘用残疾人专干、专委和联络员3817人。为规范全市残疾人就业保障金的财务管理，市残联协调市财政局制定《成都市残疾人就业保障金财务管理（暂行）办法》，按照取之于社会，用之于残疾人的原则，规定保障金的使用范围。从2003年到2005年，全市共建立社区残疾人就业扶持点550多个，解决残疾人社区就业2117人，其中，2005年扶持了889人就业。

另外，在残疾人就业服务方面，民政部门和残联重点加强残疾人就业咨询和求职登记，主动为求职的残疾人介绍就业岗位等基本情况。同时结合残疾人劳动力资源及社会用工需求调查，先后举办多次大型的现场招聘会，为残疾人和用工单位提供双向选择机会。2005年，共收集用工信息2000条并在就业信息网上发布；为2458名残疾人进行职业介绍，为3847名残疾人进行就业登记、就业咨询和职业技能评估，并建立残疾人就业登记档案；为329名求职残疾人进行个性化的就业服务指导；组织残疾人就业招聘会3场；对183名推荐安置残疾人进行了回访。同年，为鼓励残疾人个体从业，对困难残疾人参加基本养老保险给予个人应缴保费20%的补贴。全年共有898名残疾人享受基本养老保险和基本医疗保险费补贴。市残疾人联合会对残疾人就业实行了特别帮扶，全年通过各种渠道安置了2485名残疾人就业；安排230万元扶持4466户农村贫困残疾人家庭发展种养殖业和家庭手工业；安排100万元在社区建10个专门安置残疾人就业的“爱心干洗连锁店”。

【社会福利企业】

社会福利企业是指集中安置有劳动能力的残疾人就业，就业率达到国家规定比例，享有包括税收优惠在内的相应政策优惠，具有社会福利和社会保障功能的特殊企业。社会福利企业实行自主经营，独立核算，自负盈亏，属地管理。各县级以上民政部门，具体负责对本地区社会福利生产的指导、管理和监督检查。1990年，成都市社会福利企业继续贯彻治理整顿方针，深化改革，进一步完善经营承包责任制，落实国家对福利企业的保护扶持政策，想方设法解决资金和原料不足等问题，狠抓技术改造，调整产品结构，积极开发新产品，增强企业的活力和竞争力。同时，加强对职工的思想政治教育，调动广大职工的生产积极性，整个福利生产未出现滑坡，有一定的发展。全市96个城镇福利企业全年完成工业生产总产值4217万元，实现商业销售收入2000万元，实现利税413万元。各地对农村146个扶贫福利企业加强宏观调控，一方面对产值在50万元以上的骨干企业实行月报制度，及时掌握企业的生产、经营情况，并先后从生产资金中拿出85万元，对产品适销对路、经济效益好的11个企业进行重点扶持，增其后劲，提高效益；另一方面，对问题较多，管理不善，经济效益差的企业进行整顿，促使其扭转被动局面。全市农村扶贫福利企业全年总产值达6065.58万元，利税403.787万元，分别比上年增长21.08%和10.27%。

1991年，市和各区（市）县民政部门对农村202个扶贫福利企业进行全面清理整顿和建档发证工作，对171个企业颁发“四川省社会福利企业证书”和“救灾扶贫经济实体证书”；对16个亏损严重、产品不对路、管理混乱的企业，采取了关闭或停产整顿的处理办法；对15个已经倒闭的企业及时清理了财、物、账目等，并注销其“扶贫福利企业证书”。全市福利企业在改革、整顿基础上得到进一步巩固和发展，部分福利企业的产品在全市行业评比中名列前茅，有的开始跻身国际市场。全市98个城镇福利企业全年完成工业生产总产值5459.8万元，实现利税254.95万元；180个农村扶贫福利企业完成产值1.098亿元，实现利税629.57万元，比上年有较大增长。1992年，全市福利企业按照转变职能和政企分开的原则，转换经营机制，把福利企业推向市场。全年福利企业共创年产值2.228亿元，利税1570万元，分别比上年增长38.69%和77.5%；新办福利企业114个，吸收残疾人594名。

1993年，省民政厅、税务局出台《四川省社会福利企业年检认证实施办法》，由民政、税务部门对福利企业每年进行一次年检认证，对福利企业享受减免税的资格进行审查。对年检不合格的要限期整改，对检查清理出的假冒福利企业要注销，并清缴全部减免税款。1994年，财政部、国家税务总局相关文件规定，“安置的‘四残’（是指盲、聋、哑及肢体残疾）人员占企业生产人员50%以上（含50%）的民政福利工业企业，其生产增值税应税货物，经税务机关审核后，可采取先征税后返还的政策，给予返还全部已纳增值税的照顾”。“安置‘四残’人员占企业生产人员35%以内，未达到50%的民政福利企业，其生产销售的增值税应税货物,如发生亏损,可给予部分或全部返还已征增值税照顾,具体把握以不亏损为限”。“安置‘四残’人员占企业生产人员35%以上(含35%)的民政福利企业其经营属于营业税‘服务业’税目范围内的业务,免征营业税”。

1996年,成都市各级民政部为增强社会福利企业市场竞争能力,开展争创“十佳福利企业活动”。全年全市社会福利生产总产值达10.8亿元,利税达6614.5万元,分别比上年度增长33.7%和24.8%,新安置残疾人、贫困户、优抚对象243人进厂务工,经济效益和社会效益进一步提高。1997年,全市共有福利企业571家,年产值11.4亿元,利税达7000万元,分别比上年增长5.6%和5.8%;在职职工13491人,其中,残疾职工5349人,新安置残疾人、贫困户、优抚对象267人进厂务工。在激烈的市场竞争中,社会福利企业由于“先天不足、后天缺养”,受到极大冲击。大部分福利企业以加工、印刷、服装、建辅材料生产为主,缺乏技术和资金的保证,靠减免税艰难维持,40%以上的企业处于亏损状态,部分福利企业先后停业歇业、关闭、破产、注销。1998年,全市共有农村扶贫福利企业452个,职工9645个,安置残疾人3896人,占职工总数的40.39%。全年实现产值7.85亿元,利税5000万元。新办各类福利企业42家,新安置残疾人268人。同时对485家企业进行年检,一次合格率86.4%。

2005年,按照《社会福利企业管理办法》,成都市新办社会福利企业12家,安置职工530人,解决残疾人就业241人。经四川省民政厅、四川省国税局、四川省地税局年检,在成都市335家福利企业中,有合格292家,合格率87.2%,限期整改9家,注销34家;年产值21.3亿元,在职职工11393人,其中,残疾职工5887人。同年7月,经成都市政府相关部门批准对成都市华民印刷厂和华民机械厂进行改制,95%的职工得到妥善安置。

【社区康复】

社区康复又称基层康复,成都市从1994年开始实施。社区康复是利用城乡基层组织(区、街道、居民委员会、市、县、乡、镇、村等)的人力、物力和财力资源,充分发挥社区服务网、医疗预防保健网、残疾人组织、残疾人家庭和其他社会力量的作用,把残疾人医疗康复、教育康复、社会康复、职业康复等全面落实到基层社区,为残疾人提供实用的、有效的、与其经济水平相适应的、就近便利的康复服务,从而促进残疾人功能改善和能力提高。

2003年,挪威协力会援助四川省脑瘫儿童社区康复项目在成都市开始实施,合作时间为5年,成立8个脑瘫儿童社区康复服务指导站,目标是为200名脑瘫儿童开展社区康复训练。首批共有50名脑瘫儿童参加社区康复训练,有42人参加评估分析(第一次评估时有8人中途退出训练),其中,运动功能改善和姿势纠正者38人,占参加评估分析人数的90.48%;语言改善者32人(其中9人语言正常),占76.19%;生活自理能力方面改善者35人,占83.33%;认知方面提高者35人,占83.33%。

2005年,市卫生局、市残联联合出台《关于进一步将残疾人社区康复纳入城乡基层卫生服务的意见》,明确工作措施和开展社区康复的主要内容。市残疾人康复工作办公室召开社区残疾人康复工作现场会,下发《开展社区残疾人康复工作的实施办法》。同年,在全市100个社区开展社区康复工作被列入市委、市政府为民办实事目标。为实现目标，市康复办出台在社区开展社区康复工作的具体要求和创建全国示范社区标准。全市五城区及高新区依托各社区服务中心和社区卫生服务中心，已有81%的社区建立残疾人活动室（康复站），社区康复员配备率达90%，康复及培训合格率达95%，残疾人康复需求档案和服务建档率达到100%，并建立社区卫生服务中心兼职指导员制度，完成《肢体康复训练档案》《脑瘫儿童康复训练档案》《智力残疾儿童康复训练档案》，为300名脑瘫儿童提供了场地方便，免费为其进行社区康复服务与训练；市残联与成都中医药大学合作，为100名肢体瘫痪患者在社区或家庭开展康复训练与服务。

【“三项康复”与“三助工程”】

1989年3月，根据《中国残疾人事业五年工作纲要》提出的开展白内障复明、小儿麻痹后遗症矫治、聋哑儿童语言康复训练等三项康复任务，市民政局、市卫生局、市财政局组建“成都市残疾人三项康复工作办公室”（简称“三康办”），办公室下设秘书组和医务指导组，由市民政局、市卫生局等部门抽调干部和医务人员组成，负责残疾人三项康复工作的技术指导。1989年底市残联成立后，“三康办”的日常工作由市残联康复处承担。同时全市17个区（市）县建立三项康复工作办公室，各配有专、兼职工作人员2—3人，并完成三项残疾的普查工作，初步查出白内障患者72969人，小儿麻痹后遗症1219人，7岁以下聋儿628人。同年，完成白内障复明手术737例，脱盲脱残699人。以成都市第二人民医院为依托，成立“成都市小儿麻痹后遗症矫治中心”，负责对全市小儿麻痹后遗症矫治手术进行技术指导。以成都市儿童福利院为依托，开办两期聋儿语训医师培训班；聋儿语训中心开办了两个聋儿语训班，语训聋儿22人。市“三康办”和华西医大附一医院耳科，在成都市和郫县联合举办2期聋儿家长培训班，训练家长27人。

1990年，全市共建白内障手术点26个，儿麻矫治点8个；在市盲聋哑学校新开设1个聋儿语训班，在市儿童福利院新开设2个班，加上已开办的2个班，全市共有5个语训班。全年共完成白内障复明手术1076人，脱盲脱残率占87.6%；小儿麻痹后遗症矫治187人次，疗效优良率占93%；举办7岁以下聋儿语训班5个，在训聋儿38人。1991年，全市共完成白内障复明手术2143人，脱盲脱残率达到95.6%；小儿麻痹后遗症矫治301人次，疗效优良的占90.5%；聋儿话训76人，效果良好。1992年，完成白内障复明手术6427人，提前近一年时间、超额1338人，完成《成都市残疾人事业“八五”规划》的任务指标，并经省市抽查验收，全部合格。从1992年起，以成都市第三人民医院为依托，建立成都市白内障复明中心和开设低视力门诊，负责全市白内障患者的咨询、诊治、技术指导、业务人员培训等工作；并在市盲聋哑学校开始进行低视力分类教学活动。

1993年，完成白内障复明手术1661例，超任务115%；术后脱盲率为100%，脱残率97.6%。儿麻矫治685人，超任务127%，矫治优良率为83.8%。聋儿语训109人，超任务135%，语训三级康复以上者达到66%。三项康复工作通过市、省、中央康复办的终期检查验收，全面超额完成上级下达的任务指标。1994年，完成白内障复明手术2258例，脱盲率为95%，脱残率为85%；儿麻矫治115人次，有效率100%；聋儿语训107人，全面完成目标任务。1995年，共完成白内障复明手术3122例，超任务数176%，脱盲率98.8%，脱残率86%；儿麻矫治264人次，超任务数86%，有效率98%；聋儿语训126人，超任务数73%。全年新建立11个社区康复站，到年底全市共建立51个社区康复站，保证康复工作正常开展。1989年到1995年，共完成小儿麻痹后遗症矫治手术3608例。“八五”期间(1991—1995年)，共为380名低视力患者配戴助视器。

1996年，成都市完成白内障复明手术1877例。1997年，完成白内障复明手术2760例。1998年，完成白内障复明手术2260例。1999年，完成白内障复明手术2714例。2000年，完成白内障复明手术2741例。2001年，完成白内障复明手术4066例，低视力患者配用助视器2130例；矫形器装配113例，普及型假肢装配67例；聋儿语训152名，配戴助听器76台；完成弱智儿童训练279名；完成肢体康复训练245名；完成残疾人用品用具供应4944件。

2001—2003年，市残联与市财政局联合开展“111”工程(资助100名白内障患者做复明手术，为100名下肢残疾人安装普及型小腿假肢，帮助100名适龄盲童入学)，三年共免费施行白内障手术301例。从1995年到2004年，共为1229名低视力患者配戴了助视器。从1989年到2005年，共完成聋儿语训1719名。从1996年开始，针对不同原因造成的肢体残疾进行康复治疗，完成肢体矫形手术100例，装配肢体矫形器100例，完成术后功能训练200例。

从2004年起，成都市从征收的残疾人就业保障金中安排185万元对1700名残疾人实施“助明、助听、助行”的三助工程，即免费为1000名贫困白内障患者实施复明手术，免费为100名贫困听障患者配戴助听器，免费为100名贫困截肢者安装假肢，为500名贫困下肢残疾人发放轮椅。2004—2005年实施“助明工程”免费施行白内障手术3707例。2003—2005年，每年免费为100名聋儿验配助听器。为残疾人提供辅助器具的“轮椅行动”，是“三助工程”中“助行工程”的延伸。2004年，成都市残联与美国世界轮椅基金会签订捐赠合同，从2005年起至2009年，由美国世界轮椅基金会向成都市贫困残疾人捐赠20000辆轮椅。该行动实施以后，至2006年，已连续三年每年安排150万元，向贫困残疾人免费发放轮椅12140辆。

【残疾人文化体育事业】

1990年，为丰富残疾人的精神、文化生活，市残联、《自强报》社和市人民广播电台联合举办《残疾人之歌》征文比赛活动。同时成立成都市伤残人体育协会，并与市体委联合举办成都市第二届伤残人运动会，选拔出10名运动员组队参加省第二届伤残人运动会，获金牌22枚，居各队之冠。在文化部门的支持下，重新组建市残疾人艺术团，并进行首场演出，获得观众好评。3月，市残联组织有200多名残疾人参加的学雷锋义务为民服务活动，开设了修理家电、自行车、钟表等40多个服务项目，服务3000多人次，受到社会广泛赞扬。

1991年，市残疾人艺术团参加残疾人文艺联欢演出、拥军优属慰问演出、成都市第三届艺术节和国庆演出等，受到群众好评。5月17日，成立成都市第一家“爱心残疾人婚姻介绍所”，到年底已为12对残疾人“搭”上了“桥”。8月，市伤残人体育协会举办成都市第三届伤残人运动会，16个区(市)县派代表队参加了田径、游泳、乒乓球比赛，5人打破5项省伤残人运动会纪录，并选出7名运动员到省上培训，准备参加全国伤残人运动会。1992年，成都市有5名伤残人运动员参加全国第二届伤残人运动会，夺得

1 枚金牌和 3 枚铜牌。1993 年，成都参加全国第三届残疾人艺术会演，7 个节目分别获二等奖、三等奖、制作奖和优秀奖。在 1993 年全国残疾人田径、游泳、羽毛球分区赛中，成都市的 7 名运动员分获 9 枚金牌、5 枚银牌、3 枚铜牌。1994 年，成都市入选国家队参加“远南”运动会的两名残疾人运动员，在比赛中获得二金、一银、一铜的优异成绩，并获得“十佳运动员”称号，在市政府召开的“庆功会”上，获得“成都市新长征突击手”的光荣称号。

从 20 世纪 90 年代到 21 世纪初，成都市残联组织残疾人先后参加了 5 次全国文艺会演、4 次全省文艺会演，每次均有作品获奖，共获得全国、全省艺术会演一、二、三等奖 15 个。成都市于 1991 年、2001 年、2005 年分别举办三届残疾人运动会；1995 年、1999 年、2002 年，成都市分别组团参加四川省第三届、第四届、第五届残疾人运动会，共获金牌 48 枚、银牌 12 枚、铜牌 14 枚，两次蝉联省残运会金牌总数、团体总分、奖牌总数三个第一。另外，成都市举办田径、游泳、乒乓球、羽毛球、盲人象棋等单项比赛和选拔赛 5 次，残疾人参与人数为 500 余人。1991 年、2003 年、2005 年，成都市特殊教育学校先后举办学生艺术会演和首届残疾人艺术会演。除此之外，成都市先后参加各种书画摄影艺术展览 5 次。并在每年的“全国助残日”“国际聋人节”“国际盲人节”和“国际残疾人日”期间举行大型活动，围绕不同的主题，宣传残疾人事业，开展扶残助残活动。

2001 年 12 月 3 日，举办成都市第四届残疾人运动会，推荐 3 名运动员参加全国“远南”运动会中国代表团选拔赛。同年，成都市组织 6 个文艺节目参加四川省残疾人文艺会演，其中 2 个节目被推荐参加全国会演并获奖。2002 年，成都市代表四川省组团参加全国特殊奥林匹克运动会。2003 年，成都市残联和成都电视台 15 频道（CDTV－1）合作开播电视手语新闻节目 104 期，为聋人享受电视媒体便捷和直观的信息交流提供条件。同时，市残联与市广播电台合作开播残疾人专栏节目《冷暖人间》150 期，在成都电视台 33 频道（CDTV－2）开播反映残疾人事业及残疾人生活的专栏节目《关爱》104 期，在《成都日报》开设《同在蓝天下，关爱残疾人》专栏 16 期。10 月，举办“成都市首届特教学校学生艺术会演”。2004 年，市残联建立成都市盲人有声读物网络图书馆，并免费向社会开放，累计为残疾人免费提供特殊读物 20 余万册。残疾人的特殊读物年拥有率超过 2‰。8 月和 10 月，分别组队代表四川省参加全国盲人门球（男、女）、全国残疾人（脑瘫、聋人）足球锦标赛。同年成立“成都市盲人电声乐队”。

2005 年，成都市建立和完善以电视（电台、报纸）专栏专题、公众网站、节日庆典、专用图书馆、文艺会演、体育运动、婚介等为依托的城乡一体的残疾人精神文化生活促进与保障体系，充分展示广大残疾人自强不息、奋发进取的精神风貌。4 月，举办成都市首届特殊奥林匹克运动会，全市 19 个区（市）县及高新区 20 个代表队、262 名智力障碍运动员参加比赛，比赛决出金牌 252 枚，银牌 178 枚，铜牌 132 枚。7 月，成立成都市残疾人田径、游泳、羽毛球、乒乓球、射击、硬地滚球、盲人门球专项运动队和特奥运动队，共有专项运动员 85 人。截至年底，全市登记在册的特奥运动员 2100 人。全年共有 40 多人次残疾人在全国、全省文艺会演、体育比赛中获奖。

2005 年 5 月 2 日，成都市残疾人综合服务中心开工建设。次年 5 月 1 日建成投入使用，成都市残疾人文体活动中心迁入。并在文体活动中心内设立“中国残疾人体育成都训练基地”“成都市安利残疾人康体中心”和“丰德轮椅篮球队”,共组建12个残疾人专项运动队进行训练。在文体中心内,四川省图书馆和市残联共同建立残疾人图书馆。图书馆面积约350平方米,配备20组无障碍电动书架。电子阅览区全部安装读屏软件,盲人读者能在语音提示下独立操作电脑和上网浏览,其他类残疾人可快速、便捷地查询、浏览数字资源,享受视、听服务。该馆与省图书馆定期轮换书籍。四川省文化信息资源共享工程分中心向其提供了10余万种全文电子图书、8000余种科技期刊和26万余种数据资源的查询、浏览服务。

老龄人优待与服务

【概况】

1985年2月,成都市人大常委会制定《成都市保护老年人合法权益的暂行规定》。同年,成都老年人协会成立。1986年4月,成都市老年大学成立。1989年11月,成都市政府制定《成都市保护老年人合法权益暂行规定的实施细则》,市委老干部局和市人事局分别制定《成都市老干部工作条例》《成都市退休干部管理工作暂行规定》。

20世纪90年代,成都市老年人口增长速度每年为3%。1992年,全市60岁以上人口占总人口10.3%,成都市进入老年型城市行列,老年人优待与服务工作随之在全市全面展开。

1990年10月,市政府决定从“重阳节”开始,给东城区、西城区、金牛区70岁以上的6.7万老年人发“优待证”,各郊区(市)县陆续开始兴建老年活动中心(馆、室)。同年,市老龄委办公室将相关法律法规汇编成《保护老年人合法权益手册》,以100条问答的形式编撰成通俗实用的《老年人法律咨询手册》下发基层。区、县司法部门和老龄委对侵犯老年人合法权益的典型事件进行重点调查处理。农村实行联产承包责任制后,家庭养老功能大大削弱。1991年,为确保农村老人老有所养、老有所靠,市政府将签订《家庭赡养协议书》列为为市民办的10件实事的重要内容之一,确定在全市87个乡镇、街道试点,当年共签订协议书712份。1994年,成都市司法局在温江、郫县、彭州三个市、县52个乡、镇,进行建立健全老年人法律咨询组织试点,为老年人开展优先、优质、优惠咨询服务。1995年,法律咨询服务站增加到187个。1996年10月《中华人民共和国老年人权益保障法》(简称《老年法》)施行后,市老龄委印制《中华人民共和国老年人权益保障法宣传手册》等,开展两次大规模的《老年法》宣传咨询活动,各地宣传教育面普遍达到95%。

20世纪90年代中期,成都市初步形成市、区(市)县、乡(镇、街道、企业)三级老年教育网络。1996年全市老年大学(学校)共有167所,有学员6万余人。1999年6月,“助老工程”在全市启动,重点是对老年人实行优先、优质、优惠服务,并将老年人“优待证”发放范围扩大到年满65岁的老人。1999年,全市共有由行政管理的老年活动室1843个、企业管理的老年活动室130个。老年公寓(托养所)、老年病医院(康复院)、家庭病床,以及城镇和农村的敬老院等各类老年公益设施的发展明显加快。

2001年,成都市60岁以上老年人口已达134万,占总人口的13.1%;百岁老人290人(比上年增加48人),其中,男性62人,女性228人,年龄最大的114岁,家住城镇的89人,家住农村的201人。同年，成都市老龄工作贯彻中央《关于加强老龄工作的决定》和全国、全省老龄工作会议精神，创新思维方式和工作方法，理顺和健全市、县、乡三级老龄工作机构，切实维护老年人的合法权益，市政府决定从5月1日起，年满60周岁以上的老年人可办理“优待证”。全市农村签订《家庭赡养协议书》和“敬老保证书”覆盖率达到100%。2002年3月，中共成都市委、成都市人民政府提出《关于进一步加强老龄工作的意见》，市政府制定《成都市老龄事业发展“十五”计划纲要》。从2002年起，凡是国家统一规定的离休费项目，无论是机关还是企事业单位的离休干部，全部纳入社会统筹，每月由社保局足额发放。2004年，市委组织部将《老年法》纳入干部培训教育的内容，提高干部敬老爱老意识，在市直机关形成尊老、敬老、助老、养老的良好氛围。市委老干局以问卷调查方式，对全市500多名老干部的思想状况进行调研，对发现的问题进行分析，为有针对性地做好老干部思想政治工作奠定基础。同年，成都市将老龄工作经费纳入预算安排并及时拨付。市人事、劳动、财政等部门积极参与市属事业单位实施全员养老保险制度改革，市属600余家事业单位、41045名在职人员和2万余名离退休人员，有98%纳入基本养老保险，解除市属事业单位在职和离退休职工的后顾之忧。同年，成都市提高“中华人民共和国成立初期退休干部”生活待遇。

2005年，市司法局在全市建立269个法律服务工作站和联络点。全年共为老年人代理诉讼和非诉讼案件3000余件，免费办理公证事项2000余件，办理法律援助1000余件。全市老年人活动室面积已达131429平方米，老年文化活动日益活跃。新增老年福利床位1018张，全市老年福利机构床位总数达到12215张。同年，成都市老年教育基本形成市、县、乡镇（街道）三级网络，一部分社区和村建立老年大学教学点。全市共建老年大学（学校）188所，在校总人数41514人，其中，有6所老年大学被评为全省老年学校教育先进工作集体。全市各部门和社会各界在推进“助老工程”过程中，为老年人办了大量好事、实事。市规划局、市建委按照《老年人建设设计规划》，对新建居住区合理规划老年人福利服务设施和活动场所，统一设置休闲座椅、轮椅坡道、健身场所，坚决纠正挤占、挪用老年人活动场所的行为。市电视台开播《金秋生活》栏目，电台、电视台播出涉老新闻600余条，专题报道700余期。

至2005年，成都市针对社会基层的养老和医疗社会保障制度逐步建立起来，初步形成覆盖城乡的老年教育体系和活动网络，基本实现了老有所教、老有所学、老有所为、老有所乐，老年人的生活水平随着社会经济发展得到同步提高。农村家庭养老出现了“三多”“三少”的现象：子女主动履行赡养义务的多了，不赡养、虐待老人的少了；尊老爱幼和睦生活的多了，上访打官司的少了；老年人用法律武器保护自己合法权益的多了，不知如何依法维权的少了。全市完成了赡养案件发案率1万户少于1.5起的创文明城市目标。金牛区、温江区、新都区、都江堰市、新津县通过检查验收，成为四川省首批敬老模范县（市、区）。金牛区通过全国老龄工作先进区考核，获得“全国老龄工作先进区”称号，高新区石羊街道办事处清和村村民委员会获“全国老龄工作先进单位”称号。

1999—2005 年成都市离休、退休、退职人员保险福利费用一览表

表 5-298 单位:万元

年份	保险福利费用		离休金	退休金	退职生活费	医疗卫生费	其他
	总额	国有企业					
1999	399306	208779	19627	286241	2972	59414	31052
2000	428415	207868	20109	316012	2747	66082	23465
2001	483518.1	240020.2	24460.5	361162.9	3721.1	68610.2	25563.4
2002	543852.5	268785.9	27329.7	447613.9	3088.7	39072.6	26747.6
2003	560969	357244	27319	461182	3084	33170	36214
2004	634707	272885	29140	516670	4535	28213	56149
2005	733730	297596	32046	599799		32086	69797

【成都市第一社会福利院】

成都市第一社会福利院是隶属成都市民政局的社会福利事业单位。1979 年 1 月 2 日,由成都市老残教养院改名为成都市第一社会福利院,院址位于沙河堡杨柳店,占地面积为 15700 平方米。至 2005 年,有“静馨苑”老年公寓和一、二、三、四、五、六疗养区,有设施齐全的单间、二人标准间、三人间、特护病房等。编制为 66 人,有职工 58 人,其中,管理人员 16 人,各类专业技术人员 19 人(主治医师 3 人,医师 4 人,护师 3 人,护士 9 人),工人 23 人。配置有 B 超、X 光、心电图以及常规化验和康复理疗设施、设备,具有较强的专业管理队伍和医护力量,能为老年人提供中西医治疗,开展基础护理和特别护理业务。其中特别护理分为特一级、特二级、特三级、特四级护理。

第一社会福利院面向成都市五城区及高新区收养 60 岁以上的“三无老人”(即无劳动能力、无生活来源、无法定扶养人或赡养人的老龄人),单位或家属委托代养、代治的老年人或残疾人(生活能自理或完全不能自理),社会各界离、退休人员等。全方位为老年人提供食宿疗养、生活护理、医疗保健、康复娱乐、心理咨询、病残特护等综合性服务。

成都市第一社会福利院

1990—2005 年成都市第一社会福利院收养、创收情况表

表 5 - 299

年份	收养人数(人)	其中公费收养(人)	年创收金额(万元)
1990	156	72	
1991	151	64	
1992	167	58	
1993	171	54	
1994	175	52	
1995	180	51	
1996	172	51	
1997	189	49	
1998	240	51	80
1999	270	50	90
2000	315	53	110
2001	345	45	135
2002	358	39	173
2003	358	31	207
2004	373	29	226
2005	363	24	230

【成都市第二社会福利院】

成都市第二社会福利院是由原第一残老教养院、第二残老教养院和第四残老教养院合并后，经改建、更名，于 1979 年命名的社会福利事业单位，隶属成都市民政局。院址位于龙泉驿区西河镇南街 70 号，占地面积 39773. 56 平方米，建筑面积 13869. 5 平方米。至 2005 年，建有红叶村老年公寓和福利区、疗养区、特护区，设有床位 524 张，有设施齐全的单间、二人标准间、三人间、特护病房等。编制 120 人，有职工 87 人。其中，管理人员 9 人，各类专业技术人员 15 人（主治医师 1 人，医师 5 人，护师 1 人，护士 8 人），工人 63 人。并配置有 B 超、理疗仪、自动生化分析仪、康复理疗设施、设备等；有专业管理队伍和基本医护力量，能为老年朋友提供基本的中西医治疗，开展基础护理和特别护理业务。其中，特别护理分为特一级、特二级、特三级、特四级护理。

该院主要职责是面向成都市五城区及高新区的“三无老人”，单位或家属委托代养、代治的老年人或残疾人（生活能自理或完全不能自理），社会各界离、退休人员等；全方位为老年人提供食宿疗养、生活护理、医疗保健、康复娱乐、心理咨询、病残特护等综合性服务。2005 年，收养、代养、疗养老人、残疾人 371 人（其中自费代养、疗养人员 231 人）。

成都市第二社会福利院

1990—2005 年成都市第二社会福利院收、代、疗养人数及创收情况表

表 5-300

年份	收养人数(人)	其中公费收养(人)	年创收金额(万元)
1990	344	208	6.14
1991	354	208	11.7
1992	370	209	18
1993	364	194	16
1994	389	192	27
1995	385	180	27
1996	370	180	58
1997	364	164	61
1998	367	172	80
1999	411	179	96
2000	399	181	90
2001	402	184	80
2002	391	163	60
2003	340	137	99
2004	347	138	106
2005	371	140	124

【成都市第三社会福利院】

成都市第三社会福利院成立于 1986 年 3 月，是隶属成都市民政局的社会福利事业单位。系成都、温江地市合并后，由原温江地区高山农场、原温江地区精神病院合并组建而成。院址位于大邑县三岔镇三柏村五组，距高速路 9 千米；全院占地 31.8 亩，建筑面积 7200 平方米，额定床位 100 张；设业务科、总务科、医疗康复科、儿童寄养科、办公室；有在职工作人员 46 人、离退休职工 23 人。同年 6 月，由成都市政法委牵头，经成都市公安局和成都市民政局共同决定，成立成都市妇女教养所，所址设在第三社会福利院内。由第三社会福利院负责政治工作、行政领导、财务供给；由成都市公安局派人负责收教人员管教工作；经费支出由成都市财政局直接核销。成都市第三社会福利院的主要任务是收养救治社会“三无人员”、孤儿等；接受原温江地区高山农场内不能回乡安置的场员（老人）；同时协助省、市两级信访部门，做好上访人员的生活安排和思想教育工作。1990 年，共收养 27 人。1991 年 4 月，妇教所撤销，六年间共计收教 1200 多人，治愈男女性病 1000 余例。

成都市第三社会福利院

2000年，收养人员增加到90人。2002年，新建康复楼1232.76平方米，开始收养成都市“三无人员”。至2003年底，收养成人130余人，同时从成都市儿童福利院划拨部分孤残儿童到第三福利院代养。从2003年开始，为适应工作需要，把原来的医务科改为医疗康复科，并从社会上公开招聘医疗专业人员进行医疗康复工作。

【老年优待】

1990年10月，市政府决定从“重阳节”开始，给东城区、西城区、金牛区70岁以上的6.7万老年人发“优待证”。优待内容为：到市内人民、望江、文化、百花潭、锦水、塔子山、南郊、城北等公园和植物园、武侯祠、杜甫草堂、王建墓、文化宫、猛追湾游泳场游园，享受半价优惠；到市级各医院看病，实行挂号、就医、取药、住院优先；到市、区属企业洗澡、理发、照相和购买粮、油优先；市公交公司所属公共汽车、电车开设“老年人专座”，老年人优先上车就座。1991年，各区（市）县共发放老年人“优待证”6.3万个。

1996年，市政府决定从“重阳节”起，新增9个公园和名胜单位（新华公园、市博物馆、隋唐窑址、李劼人故居、城北体育馆、市体育中心、青羊宫、昭觉寺、文殊院）实行老年人凭证免费游园。1997年5月1日起，城区70岁以上老年人凭“优待证”免费入公共厕所。

1998年10月，市政府决定对正住户口在成都市行政辖区内、年满70周岁以上的老年人实行下列优待：到市及区（市）县所属65个公园、风景名胜单位、道观寺庙、体育场馆（除比赛演出活动外）免收门票。到各收费公厕免费如厕。到各律师事务所、法律服务所和公证处进行法律咨询的，免收咨询费；因自身权益受到侵害提起诉讼时，经济确有困难的，可酌情减免诉讼代理费用；符合法律援助条件的，可优先安排。

1999年，是联合国确定的国际老年人年，成都市政府决定从5月1日起，老年人“优待证”发放范围由年满70岁扩大到年满65岁。

2001年，《四川省优待老年人规定》下发，成都市政府决定，从5月1日起，年满60周岁以上的老年人可办理“优待证”。优待内容增加，农村老年人不承担义务工和劳动积累工，不承担农村税费改革后“两工”折合的收费部分；对百岁以上高龄老人，各地老龄工作机构应按月发给不低于100元的生活补贴，所需经费由当地财政负担。

2005年1月，市政府发出关于贯彻落实四川省优待老年人规定的通知，将优待内容充实、规范如下：凡市和区（市）县所属的收费公园、纪念馆、道观寺庙、体育场馆以及公共厕所，一律实行凭“老年优待证”免费；风景名胜区和文博单位在黄金周内实行凭“老年优待证”半价优待，其余时间实行免费；各地的图书馆、电影院、剧场等文化场所，对老年人要适当给予优待；民营景区在“重阳节”必须对老年人免费开放，平时实行优待。铁路、公路、水路、航空、公交等系统要开展“助老工程”活动，在候车（船）厅（室）和车（船）上设置老年人专座，引导年轻乘客为老年人让座；对老年人实行购票、上下车（船、机）等优先服务。公有制的医疗单位对老年人挂号、就诊、取药、住院等要实行优先，有条件的医疗单位要开设老年病门诊，设立老年病床和家庭病床；对贫困老人，医疗单位应在挂号费、住院费等上给予适当优惠。城镇社区要建立敬老服务网络，对年老体弱、多病、行动不便和身边没有亲属的老人，要组织开展“金晖”行动，给予他们生活照顾和亲情慰藉；为老年人有偿服务的项目要做到价格优惠，服务优质。农村老年人不承担义务工和劳动积累工，免交乡村公益事业金，不承担村级兴办集体公益事业出资义务；参加农村新型合作医疗的贫困老人个人交费按当地农村医疗救助办法办理。对年满百岁以上的老年人，由区（市）县老龄办负责按月发给100元以上的长寿生活补贴，所需经费由当地财政负担；各地对90岁以上的长寿老人，要建立健康体检制度，建立个人健康档案，体检经费由当地财政负担。各律师事务所、法律服务所和公证处对老年人的相关法律咨询服务，一律免收咨询费。对交纳诉讼费和律师费确有困难的、合法权益受到侵害的老年人，应及时提供司法援助，实行减、免、缓交。涉及公证收费的，应根据老年人的经济状况实行减免优待。

【老年人权益保护】

1985年2月，成都市人大常委会制定《成都市保护老年人合法权益的暂行规定》。1989年3月，《四川省老年人合法权益保护条例》施行。1989年，成都市政府制定《成都市保护老年人合法权益暂行规定的实施细则》，市委老干部局与市人事局分别制定《成都市老干部工作条例》和《成都市退休干部管理工作暂行规定》。1990年，成都市老龄委办公室将相关法律法规汇编成《保护老年人合法权益手册》，又以100条问答的形式编撰出通俗实用的《老年人法律咨询手册》，两种"手册"共印21万册下发基层。同时，翻印省、市两个保护老年权益法规近4万册，举办专题讲座26次。区、县司法部门和老龄委对侵犯老年人合法权益的典型事件进行重点调查处理。

1991年，宣传贯彻省、市"两个法规"列入市政府一级目标管理。大邑县、青羊区先后作出关于共产党员、共青团员和国家公职人员敬老养老规定。全市中小学生在国际老人节、重阳节期间，普遍开展"两个法规"的专题教育。1992年，金堂县为中小学校编印《敬老教育》读本，作为补充教材。1993年，结合起草老龄事业发展规划，开展成都市《人口老龄化现状及发展趋势》《老年福利设施现状》以及城市、农村老年人生活状况等4个调查。先后召开"农村老有所养讨论会""城市老年生活质量讨论会"等学术会。1994年，成都市司法局在温江、郫县、彭州三个市、县52个乡、镇，进行建立健全老年人法律咨询组织试点，并在律师事务所和公证处挂牌，为老年人开展优先、优质、优惠咨询服务。1995年，市司法局在全市农村开展以保护老年人合法权益、治理赡养纠纷为主要内容的人民调解专项活动，促进"双签"工作和老年人法律咨询服务站的建立。全年法律咨询服务站增加到187个。

1996年10月，《中华人民共和国老年人权益保障法》（简称《老年法》）施行。成都市编印《中华人民共和国老年人权益保障法宣传手册》等共计22万份，同时印制每套5张的《老年法》宣传挂图，开展了两次大规模的《老年法》宣传咨询活动。《老年法》宣传教育列入市委、市政府在全市公民中开展法制宣传教育的第三个五年（1996—2000年）规划。各地宣传教育面普遍达到95%。1998—2000年，区（市）县以上法院共受理涉老案件3046件，其中赡养纠纷2679件，财产、房产纠纷108件，虐待老人241件，其他18件。2000年12月，以"148"（谐音"要司法"，后改为"12348"）为电话号码的老年咨询服务专线开通。不到一年时间，接待受理6000多名老年人的电话咨询，内容多为集资、赡养、婚姻、继承等问题。

2000年8月，《中共中央、国务院关于加强老龄工作的决定》颁发。2001年上半年，市司法局"148"指挥中心将为老年人提供法律服务工作纳入专项目标管理，做到有计划、有检查、有落实。法律服务中，工作人员耐心细致，通过法律帮助，尽力化解矛盾，维护稳定，遇到过激情绪，坚持引导通过司法途径解决问题。对符合法律援助条件的老年人，“148”办公室和法律援助中心指派律师免费代理，一“帮”到底。2002 年 3 月，中共成都市委、成都市人民政府提出《关于进一步加强老龄工作的意见》，市政府制定《成都市老龄事业发展“十五”计划纲要》。同年，各区（市）县司法部门把《老年法》宣传教育纳入“四五”普法规划，开展送法到基层和社区活动，解决老年人咨询难、打官司难、请律师难的问题。青羊、金牛、温江、彭州等区（市）县开展评选老龄工作先进和敬老好儿女、好公公、好婆婆、好媳妇和好女婿活动。2003 年，全市共建 269 个社区法律服务工作站和联络点，办理法律援助 1062 件，免费代书 5230 件，免费办理公证 1765 项。同时办宣传《老年法》专栏 835 期，散发各种宣传资料 23 万份，接待老年人咨询 18 万余人次。2004 年，将城镇和农村特困老人全部纳入最低生活保障，做到应保尽保，对困难家庭进行医疗援助。市计生委对全市农村 60 岁至 70 岁只有 1 个子女的老年人进行登记摸底，完成符合国家奖励扶助政策的 14275 个老年人的调查取证，并发放了奖励扶助金。

2005 年，市司法局在全市建立 269 个法律服务工作站和联络点，充分利用“12348”法律咨询热线，耐心回答老年人提出的各种有关法律的问题，回复老年人的来信、来函。全年共为老年人代理诉讼和非诉讼案件 3000 余件，免费办理公证事项 2000 余件，办理法律援助 1000 余件。市法院本着优先、从快、便利，为老年人提供法律援助的原则，依法受理涉及老年人合法权益的申诉、控告和举报，全年对 52 件涉老案件的诉讼费酌情给予了减、免、缓交处理。市公安局加大为老年人服务的力度，全年优先为老年人办理户口、居民身份证、临时身份证、护照等共计 127950 人次，交警、巡警、民警帮助老人做好事 16197 件次，基层民警调解涉老纠纷 13764 人次，接待处理涉老信访 2634 件。同年，彭州市把《老年法》内容编入《公民养老守则》，并印成挂历送到千家万户。青白江区印制了 3 万份精美的老龄宣传画，在家庭和社区广泛张贴。

【助老工程】

1999 年是联合国确定的国际老年人年。市政府将“助老工程”作为国际老年人年的一项重要活动。6 月，“助老工程”在全市启动，列入市政府一级目标管理。“助老工程”的重点是，对老年人实行优先、优质、优惠（简称“三优”）服务和扩大老年人“优待证”发放范围。全市 61 家医院、药店，76 家生活服务单位，17 家交通、旅游单位，45 家法律服务单位和 8 家文化娱乐单位，共 5 大类 207 个单位，分别与主管部门签订协议书，作出承诺，为老年人的医、食、住、行、乐提供优先、优质服务，并按自身行业特点设立老年人优惠项目。成华区“义务助老协会”以“成都老年知心热线”和“老年工作志愿者”为服务网络与载体，以咨询、扶困、亲情牵手、寻亲、讲座等为服务内容，急老人所急，排老人所忧，解老人所难，其影响已经辐射到四川省内外一些地区，甚至港、澳、台同胞也到该协会捐款表达“义务助老”的一片情意。其“老年知心热线”已成为成都市及四川省的老龄工作知名品牌，并正式注册为市级老年群众组织。2000 年 7 月上旬，中央电视台《夕阳红》栏目到成都市成华区助老服务中心做了专题采访。

2001 年，全市完成“助老工程”任务的单位 64 个，超计划 4 个，累计为老年人开展“三优”服务24.55万人次，优惠金额220万余元。2002年，成都市承担“助老工程”任务的202个单位，为老年人开展“三优”服务265.27万人次，优惠金额278万元。市卫生局与3家三级甲等医院签订“助老工程”协议书，为老年病人实行挂号、就诊、取药、住院优先，免收老年人挂号费近5万人次，优惠住院及检查费用20余万元，体检近2万人次。市司法局积极组织法律工作者全年为老年人代理诉讼和非诉讼案件2692件，免费代书2227件，免费办理公证事项2264件，办理法律救助720件，提供义务法律咨询22700余次。2003年，在抗击“非典”（非典型性肺炎）中，市老龄委发出通知，要求各级老龄机构做好预防工作，采取切实有效措施，保护老年人健康。市级各部门为离退休工作人员送药上门、关心到家、人人落实。各级老年大学、老年群众组织分别采取措施，调整上课和活动时间。市文化局每星期一上午在西南影都举办“老年电影专场”，上半年共放映24场，优惠4667人次，优惠金额1.63万元。

2004年，全市承担“助老工程”任务的200多家单位，为老年人开展“三优”服务143.27万人次，优惠金额达607.62万元。市规划局、市建委按照《老年人建设设计规划》，对新建居住区合理规划老年人福利服务设施和活动场所，统一设置休闲座椅、轮椅坡道、健身场所，对挤占、挪用老年人活动场所的行为坚决纠正。市卫生局督促承担“助老工程”的医院为老年人提供优质、便捷的医疗服务，把老年人作为社区卫生服务的重点人群，为老年人建立健康档案，签订家庭保健合同，向行动不便的老人提供家庭病房，全年为中心城区老年人诊病26.5万人次，老年人健康咨询46.33万人次，优惠住院及大型检查4325人次。市总工会为加大对退休人员的帮困力度，建立“特困职工帮扶中心”，帮扶10多名特困退休人员，为182个原国有企业退休教师发放了慰问金。金牛区以社区为载体，结合青年志愿服务队，为老年人提供服务，并制定量化标准，提高服务水平。

2005年，成都市各部门和社会各界在推进“助老工程”过程中，为老年人办大量好事、实事。成华区由政府出资为“彩霞助老服务社”帮扶的110名散居“五保”老人和“空巢”困难老人埋单，每人每年360元。为“成都老年知心热线”志愿者解决交通补贴费用，支持他们为55名城市孤老、“空巢”老人以及残疾老人每月提供两次、每次两小时的助老服务。为1310名“空巢”困难老人安装“爱心门铃”，为部分“孤老”“低保”老人安装“一键式”服务功能设施。高新区清和村成立由64人组成的“助老自愿服务站”，24小时开通值班电话。调解组在发生纠纷时及时到场解决，并在3个工作日内出具处理结果；维修组接到求助电话后在15分钟内赶到现场处理。武侯区启动“中英城市卫生服务项目与贫困救助项目工程”，有3929人次的特困老人接受门诊医疗服务，为285位老人建立家庭病床，与1316位老人签订健康保健合同。全年，成都市“助老工程”服务245.45万人次，优惠金额301.01万元。市司法局在全市建立法律服务工作站、联络点和“12348”法律咨询热线，为老年人代理案件3000余件，免费办理公证2000余件、法律援助1000余件。市公安局优先为老年人办理户口、居民身份证、护照等12.79万人次，警务人员帮助老人1.61万件次，调解涉老纠纷1.37万人次，处理涉老信访2634件。全市老年福利机构新增床位1018张，年末床位总数达到1.22万张。社区卫生服务中心为老年人建立健康档案，签订家庭保健合同，向行动不便的老人提供家庭病床，进一步方便老年患者。年末，市老龄办在全市城乡开展空巢老人基本情况普查，初步查明全市共有空巢老人（即家里仅有老人居住者）15.15万人，空巢老人家庭10.11万个，市城区空巢老人家庭占有老年人家庭的比例约为36%，农村约为31%。市老龄办启动了空巢老人生活照料和精神慰藉服务。

2000—2005年成都市助老工程“三优”服务情况表

表5-301

年　份	参加单位	服务老年人	优惠金额
2000	58个	9.43万人次	58.53万元
2001	64个	24.55万人次	220余万元
2002	202个	165.16万人次	278.30万元
2003	218个	239.00万人次	346.76万元
2004	200多个	143.27万人次	607.62万元
2005	89个单位（系统）	245.45万人次	301.01万元

【农村老人家庭赡养“双签”工作】

农村实行联产承包责任制后，集体经济组织不再将钱粮直接分给老年人，对子女赡养老人的约束力也随之下降，家庭养老功能大大削弱。1990年，全市无经济收入的老年人占老年人总数的56.4%，共51.79万人，其中，主要是农村老年人。不少农村老人生活水平在平均线以下，约有10%的老年人存在不同程度的赡养问题。赡养纠纷在农村民事纠纷中在数量上占第二位。赡养纠纷调解后常出现反复，这部分老年人的供养问题未能落实。部分乡村在处理赡养纠纷时，采取对赡养人应承担的责任议定几条、记录下来以便监督执行的办法。但内容往往不够全面，也没有保障。金堂县采用签订《家庭赡养协议书》的办法，用法律的形式给予保证，先后签订135份协议书，收到较好效果，在社会上引起强烈反响。

1991年，成都市政府将签订《家庭赡养协议书》列为为市民办的10件实事的内容之一，确定在全市87个乡镇、街道试点。当年共签订协议书712份。1994年，全市52个乡镇、街道开展此项工作，共签订《家庭赡养协议书》416份；郫县老龄委和司法、民政、法院、妇联、计划生育等部门和单位联合发出文件，要求结婚青年签订《家庭赡养保证书》（后改称《家庭敬老保证书》）。1995年，签订《家庭赡养协议书》和《敬老保证书》的做法在全市农村普遍推开，共有151个乡镇、街道参与，签订协议书4673份。成都市农村以“双签”强化农村家庭养老功能的经验，刊载在司法部《行政工作简报》1995年第5期上。

1996年10月1日起施行的《中华人民共和国老年人权益保障法》第十七条规定：“赡养人之间可以就履行赡养义务签订协议，并征得老年人同意。居民委员会、村民委员会或者赡养人所在组织监督协议的履行。”同年成都市共有40个乡镇、街道开展此项工作，签订《家庭赡养协议书》4979份、《敬老保证书》6938份。1997—1998年，成都市农村“双签”工作坚持“调防结合，以防为主”的方针，做好赡养纠纷的预防、排查、调处和回访，及时疏导化解纠纷，减缓矛盾的激化和升级；做好有赡养纠纷的重点户、重点人的工作，对那些反复调解无效的家庭，父母或者子女有一方提出要求的，都签订《家庭赡养协议书》；并把协议内容的兑现工作，具体落实到村、社和责任人，以求达到预期的目的和效果。各地还不断完善运行和监控机制，做到“日常督查，阶段指导，年终检查考核”。1998 年，全市 18 个区（市）县 62 个乡镇开展“双签”，超额完成目标任务 55%。在 62 个乡镇中，60 岁以上老年人为 217639 人，占总人口的 11.06%。有赡养关系的 194213 户中，子女赡养情况较好的占 51.6%，一般的占 45.3%，存在赡养纠纷的占 3.1%，计 4728 户。经教育、调解，子女能够较好地承担起赡养义务的 3075 户。最后签订《家庭赡养协议书》1653 户、6612 份，《敬老保证书》69812 份。

1999 年，全市全年签订《家庭赡养协议书》1666 份、《敬老保证书》17282 份。高新区桂溪乡在“双签”中制作《家庭赡养协议书》《敬老保证书》执行情况跟踪卡。卡内详细记载赡养人承担的义务及执行情况，被赡养人意见，以及村、乡核实意见等内容。这一做法，不仅使协议履行情况一目了然，更让协议的履行得到有效监督和切实保证。市老龄委决定大力推广，于是各地“双签”工作在宣传教育、调查摸底、调解赡养纠纷、签订协议、公证或见证等五个程序之后，又明确增加“建卡、回访” 程序。

2000 年，除纳入市政府一级目标管理的乡镇外，其余乡镇的“双签”工作转入常规。转变过程中做到班子不散、机构不变、力度不减，仍按工作要求，发现一户解决一户，建立健全履约监督机制。全年开展“双签”工作的乡镇、街道 66 个，共签《家庭赡养协议书》487 户、1786 份；签订《敬老保证书》1025 对、3587 份；调解家庭纠纷 688 户。全国老龄工作委员会办公室、中国老龄协会负责人到成都考察基层老龄工作时，给予肯定。

2001 年，全市农村签订《家庭赡养协议书》和《敬老保证书》覆盖率达到 100%。下达“双签”任务的乡（镇）共计 60 个，共调解家庭纠纷 703 户，签订“家庭赡养协议书”417 户、1595 份；签订“家庭敬老保证书”10118 对、30354 份。中央电视台《夕阳红》栏目的记者先后两次到成都市成华区、高新区、都江堰市、新都区、市司法局、市老科协等单位，对“双签”“助老工程”和老有所为等老龄工作进行采访报道。2002 年，全市农村 334 个乡镇共调解家庭赡养协议纠纷 3080 户，签订“家庭赡养协议书”2560 份，其中，公证和见证 975 份，跟踪回访 2222 户；签订“家庭敬老保证书”2795 对，75233 份。2004 年，全市共签订“家庭赡养协议书”6361 户、19083 份；《敬老保证书》13647 对、27294 份；调解赡养纠纷 1986 起。双流县采取“县布置，镇督促，村落实”的办法对“双签工作”进行统一布置、统一要求、统一规范。2005 年，全市共签订《家庭赡养协议书》2635 户，跟踪回访 1945 户；调解赡养纠纷 1037 起，调解成功率 98.4%；赡养案件办结 376 户，办结率 98.6%。赡养案件发案率 1 万户低于 1.5 起，达到创建全国文明城市考核指标。

1990—2005 年，成都市共签订《家庭赡养协议书》56754 份，《敬老保证书》224444 份，调解赡养纠纷 17727 起。2002—2005 年，全市农村把赡养协议的跟踪回访作为工作重点，共跟踪回访 5680 户。

【老年大学（学校）】

1986 年市老年大学经市政府批准成立。租用场地开展教学，设7个专业7个班，有学员700余名。这是成都市第一所老年人学校，由市老龄委负责管理。同年，东城区、彭县老年大学相继成立。1989年，17个区（市）县办起老年大学，加上市老年大学，全市共18所，参加老年大学学习的老年人达到3575人；温江、双流两县分别在乡镇办起两所分校。老年大学的办学宗旨是增长知识，陶冶情操，健康长寿，余热生辉。教学内容既注意知识性、思想性，又注意趣味性、实用性。课程设置分必修课和选修课。必修课包括老年学和老年保健、时事政策、社会科学、自然科普知识等；选修课根据学员需要量力设置。农村以种养殖业为主，兼学其他；城市主要开设书法、国画、文学、气功等；市老年大学还开设了装裱、裁剪、摄影、家事、烹饪、花卉、舞蹈等专业。教师聘请自党政领导干部和大专院校、科研单位的专家、学者。

1990年，成都市老年大学协会成立。协会是老年大学（学校）之间加强联系协作的群众性组织，主要任务是团结成都地区老年大学（学校），促进老年教育事业繁荣与发展。协会受成都市老龄工作委员会领导，设在市老年大学，与市老年大学实行一个机构、两块牌子的运作模式。同年，市老年大学办学规模扩大，有专业班14个，学员1152人；成都市老年大学艺术团成立。全市共有老年大学24所、学员4500余人。

1991年，全市老年大学（校）开设专业共12个，有学员5000余人。在此基础上，向乡镇、街道发展老年学校（班）44个，有学员1300人。温江县15个乡（镇）全部开办老年学校，有学员400多人。市政府将巩固完善现有的18所老年大学列为1991年一级目标管理。1992年，市老年大学700多平方米的教学楼在市中心西华门街落成。全市24所老年大学有学员6000余人。1993年，共有老年大学82所、学员1万余人。1994年，有老年大学100余所、学员1万余人。

20世纪90年代中期，成都市初步形成市、区（市）县、乡（镇、街道、企业）三级老年教育格局。1996年，全市老年大学（学校）共有167所，有学员6万余人。教学上分普通班、研修班，开设的必修课、选修课（专业课）基本上能满足老年人“老有所学”的愿望。

2000年以后，为满足老年人的兴趣爱好，从“老”字出发，市老年大学开设摄影课、书法课、国画课、文学课、写作课、通史课、英语课、电脑课、花卉课、按摩课、食疗课、音乐舞蹈课等专业和课程，又根据学员基础不同、进度不一、文化层次参差不齐等情况，进行分班分层次教学，如花鸟山水班分有初级班、提高班、研究班。2001年，全市共有老年大学116所，学员2万余人。2002年，全市老年大学共招老年大学生3.48万人，占老年人口数的2.6%。市老年大学有在校学员3000余人，开设专业近50个，提出创建示范性老年大学的方案和计划。2004年，市老年大学有学员3500人，与成都刘诗昆钢琴艺术中心联合开办老人钢琴、二胡、电子琴、古筝班，与成都科技进修学院联办电脑图形动画制作班，共计36个班。新开专业受到中老年人欢迎，报名学员增多，办学规模继续扩大。同年，成都市老年大学的管理工作由成都市老龄委移交给市委老干部局。全市老年教育的工作重点向农村延伸，乡镇农村老年学校相继建立。彭州市建设农村老年学校18所；双流县有老年大学14所，学员达3000人；龙泉驿区新建乡镇老年学校3所；其他区（市）县按照条件和标准，加快乡镇老年学校建设，全市老年教育的覆盖面进一步扩大。

2005年，成都市老年教育基本形成市、县、乡镇（街道）三级网络，一部分社区和村建立老年大学教学点。全市共建老年大学(学校)188所,在校总人数41514人,其中,有6所老年大学被评为全省老年学校教育先进工作集体。7月,市老干局正式接收成都市老年大学,完成大学的搬迁和新校舍的装修改造、设备安装以及新校舍的启用工作。市老年大学开设文史、英语、书画、电脑、钢琴、民乐、声乐、舞蹈、中医、拳剑等25个专业的专业班,必修课涉及时事政治、法律法规、保健卫生、人文历史、新兴科技等方面内容。国画、按摩等专业班实行分班、分层次教学。共有专业班111个,学员3303人。成都市劳动就业培训中心3000多平方米的大楼划归市老年大学使用。同年,市老年大学艺术团时装队参加由澳门庆龄基金会主办的"金莲花奖"艺术大赛,获得一等奖和组织奖。至2005年底,成都市老年大学艺术团十六年来共参加各种演出500多场,获全国、省、市各类奖项115个,其中一等奖45个。合唱、舞蹈、时装等3支队伍先后9次参加全国性比赛,获金奖7枚,银、铜奖各1枚。

1998—2000年成都市老年大学(学校)情况表

表5-302　　单位:所、人

年份	全市合计		市		区(市)县		乡(镇)		村	
	老年大学(学校)	在校人数	老年大学(学校)	在校人数	老年大学(学校)	在校人数	老年大学(学校)	在校人数	老年大学(学校)	在校人数
1998	102	19109	1	2223	22	9654	76	7093	3	139
1999	103	18423	1	2300	21	7651	72	7799	9	673
2000	103	18631	1	2600	21	7483	72	7847	9	701

【老干部保健与教育活动】

成都市老干部健康疗养和文化健身活动主要由市委老干部局负责组织,成都市和区(市)县老干部活动中心以及市级各部门、直属企事业单位负责提供老干部文体活动场所。

1989年,举办首届老干部门球赛,受到老干部欢迎。1990年,成都市组织友好城市离休干部网球邀请赛,共有7个城市、10支球队参加比赛。1991年,由成都市委老干部局牵头举办首届老干部运动会,各区(市)县、市级各部、委、局系统、大厂、大学,成都军分区、省级机关、成都军区、成都铁路局等单位共27个代表团、91个单位、2000余名离退休干部参加运动会。1995年,举办第二届老干部运动会,28个代表团、共118个单位的1800余名离退休干部参加。之后由于举办经费无法落实以及参赛老人年龄普遍偏大等多方面原因,全市性大型老干部运动会未再举办,以单位小型分散活动替代。

20世纪90年代里,各级老干部工作部门以老干部活动中心(馆、室)为基地,先后举办气功、太极拳(剑)、网球、老年迪斯科舞、书法、绘画、摄影、花卉盆景等十几个项目的培训班和医疗卫生讲座24期,参加培训的老干部有900多人。各区(市)县、市级各部门共建立老干部门球协会、围棋协会、养身气功协会、书画研究会、老干部京剧团、老干部网球俱乐部等组织共330多个,常年参加各种活动的离休干部人数占全市离休干部总数的50%以上。

1998年以前,老干部的健康疗养主要集中在市内的风景名胜区。从20世纪90年代末期开始,老干部的疗养地点逐步扩大到北戴河、川南竹海、长江三峡、西安、延安、桂林等地,疗养路线由省内逐步扩展到省外。进入21世纪后，随着参加疗养的离休干部“双高”期（高年龄期、高发病期）的到来，离休干部参加健康疗养活动的人数逐年下降。

2000年11月，在市老干部活动中心举办全市老干部“迎接新世纪”中国象棋、围棋邀请赛。2002年，市委老干部局与市老龄委、市委宣传部等5家单位共同承办“成都市老年艺术节”，举办首届“夕阳红”杯书画摄影作品展览，763名参展老干部送交作品847幅。同年9月，举办“迎国庆、庆重阳”大型系列庆祝活动和以“革命人永远是年轻”为主题的全市离退休干部卡拉OK比赛、省市及部分区（市）县老干部围棋联谊赛等。

2004年，成都市干部保健委员会确定健康疗养的对象为副市级以上离退休干部，首次将退休干部列入健康疗养的范围。并从当年起，健康疗养开始全面针对副市级以上领导干部，全年分冬夏两次，每次15—20天，夏季多安排在北戴河等避暑胜地，冬季多安排在海南三亚等南方风景名胜区。疗养经费由市财政局根据市干部保健委员会办公室提供的领导干部年度疗养休假的实际人数，列入部门预算安排，市干部保健委员会在市卫生局基本账户下分账核算，专项管理，疗养活动由市委老干部局负责组织实施。

2005年，成都市老干局下发《关于认真组织离退休干部党员参加保持共产党员先进性教育活动的意见》，组织全市2000名机关离退休干部党员参加保持共产党员先进性教育知识问答，举办各种先进性教育活动200多次。市老干局召开成都市老干部纪念抗日战争暨世界反法西斯战争胜利60周年大会；举办成都市纪念抗日战争胜利60周年纪念章颁发仪式和“成都市老干部纪念抗日战争胜利60周年文艺调演”，同年，组织400名老干部参观考察温江花博会、“三集中”示范区、社会主义新农村建设示范点等城乡经济发展成果，组织26名市级老领导赴环渤海经济区进行参观考察，组织100多名市级老领导和局级离退休干部到井冈山、“八一”南昌起义纪念馆进行参观。加强与区（市）县的互动，共同开展围棋友谊赛、保健知识讲座等活动。

【老年社团】

成都市老年人协会、成都市退休科技工作者协会、退离休工程师协会、成都市中等学校退（离）休教职工协会、成都市老年摄影学会、成都地区文艺界光辉联谊会、成都老战士智力开发联谊会、老年书画研究会、老年医务工作者协会、成都市中小学退休教师协会、成都市老年体协、成都市钓鱼协会等老年社团，多成立于20世纪80年代。老年群众性社团均由民政局批准成立，并在民政局登记注册，接受业务主管部门领导，遵循“自管自治，自我服务，服务社会”的原则。

成都市老年人协会。1985年5月成都老年人协会成立，属省老龄委领导。1992年8月移交成都市老龄委领导。1999年更名为成都市老年人协会。2000年3月，召开成都市老年人协会第一届会员代表大会，选举吴希海任会长。市老年人协会是由成都市各界离退休老年人自愿结合组成的非营利性群众团体，共有单位会员31个（属于联谊关系），会员5万余人。协会的宗旨是团结组织老年人参与有利于老年人身心健康的集体活动，实现老有所学、老有所为、老有所乐，为社会主义两个文明建设服务。市老年人协会把丰富和活跃老年人的精神文化生活列为工作重点，其艺术团（松散组织）分设2个合唱团（队）、4个舞蹈队、1个民乐队，并另有4个联谊艺术团，共600余人

自“成都老年人协会”成立以来，成都市基

层老年人协会有很大发展。1990 年,全市农村有行政村 692 个,建老人协会 1094 个。市级机关 29 个部门分别建立机关老年人协会。截至 1990 年 6 月,全市共建立老年协会 1600 多个。至 2003 年,全市城乡已建立老年人协会 2648 个,会员共 35.27 万人。其中,城镇社区居委会建立老年人协会的有 488 个,占全市城镇社区居委会的 61.3%,会员共 92629 人。农村村级建立老年人协会的有 2160 个,占全市行政村的 54%,会员共 24.35 万人。

成都市老年人体育协会。1982 年 6 月 22 日成立的市老年体协,是全市性老年群众自愿结成的进行体育锻炼的联合性非营利的社会团体,是四川省老年体协和成都市体育总会的团体会员。截至 2005 年 9 月,市老年体协有团体会员 60 个、个人会员 42 万人,老年体育人口 90 多万人。老年体协在全市已形成组织网络,在全市共有活动站近 2000 个,每天的晨练、晚练活动有 50 个多个项目。各基层老年体协,每年举办体育比赛和文艺表演各 5—12 次。市老体协每年与市委老干局、劳动局、人事局、市总工会、市老龄委共同举办比赛 13 次;组队参加省例行比赛 4—6 次,参加西南五城市(1984 年起)、全国十城市(1986 年起)和全国十三城市(2000 年起)协作赛和协作会议,每年轮流承办一次,参加省外城市举办的邀请赛 2 至 3 次。

成都老年摄影学会。1987 年由成都市老年摄影家和老年摄影爱好者自愿组成,学术性社会团体。学会发挥老有所学、老有所乐、老有所为的精神,采取组织会员和个人自主采风相结合的方式,拍摄展示成都及祖国各地“四化”建设、民俗风情和美丽风光等的摄影作品。自 1990 年以来,学会共组织摄影采风创作 15600 多人次,重点是到成都及周边地区,有时组织到全国其他地区进行拍摄。组织各类摄影展览 81 次,参展作品 9720 幅。参加各省、市级影展入选 8770 多人次,其中,获奖作品 778 幅。参加全国性摄影展览 98 人次,其中获奖作品 36 幅。向全国各省市报刊投稿被采用 11560 多幅。1999 年被评为成都老龄宣传工作先进单位。学会自 1990 年到 2005 年已换届三次,2005 年共有会员 845 人。

成都市老年人体育协会骑游俱乐部。成立于 1989 年 2 月 22 日。成立时只有 9 名会员,分为 3 个小组,名称为“成都市老人骑游协会”。1990 年,彭蔚民等 10 名会员从成都骑行 3828 千米,到上海看望巴金老人。1992 年,赵忠义等 8 名会员骑车到东南沿海,途经 13 省、市,行程 10057 千米,并到南海舰队慰问成都舰官兵。1993 年,骑游协会开展支持申办奥运签名活动,雷莉华等 8 名会员骑游川、黔、湘、鄂四省,行程 3500 多千米。1994 年 1 月,成为市老体协团体会员。1996 年 4 月,更名为“成都市老年人体育协会骑游俱乐部”。9 月,下属的“骑游组”更名为“骑游队”。1997 年,1300 多名会员分五路在市区散发 10 万份“爱护府南河”的宣传单,并在沿岸开展环保活动。1999 年 9 月 15 日上午,1500 名骑游老人从市体育中心出发,沿东南两个方向绕行二环路一圈,骑行 30 千米,历时 3 个小时,获“创吉尼斯世界纪录”证书。到 2005 年,成都市老年人体育协会骑游俱乐部发展到 28 个队、2323 人。

【老年公益设施】

20 世纪 90 年代,随着成都市进入老年型城市,老年公寓(托养所)、老年病医院(康复院)、家庭病床,以及城镇和农村的敬老院等各类老年公益设施的发展明显加快。1990 年,全市有老年公寓 2 所,入住 113 人;老年病医院 26 所,门诊室100个。1991年，民政部门采取“三个一点”的办法筹措资金[即从有奖募捐中支援一点，乡（镇）财政拨一点，单位、个人捐一点]，新建敬老院7所、改建10所。新建总面积3776平方米，199间，投资58万元，收养老人79人；改建总面积11055平方米，310间，投资265.3万元，收养老人282人。

1998年，中心城区有老年公寓3所，扶养老人2000人；区（市）县有7所，扶养352人；乡镇有4所，扶养302人。区（市）县有敬老院（福利院）50个，扶养1716人；乡镇有273个，扶养4709人。区（市）县有老年病医院6所，老年病门诊室62个，老年家庭病床1656张；乡镇老年病医院8所，老年病门诊室91个，老年家庭病床564张。

2000年，中心城区有老年公寓3所，扶养老人2100人；区（市）县12所，扶养483人；乡镇有12所，扶养740人。区（市）县有敬老院（福利院）74个，扶养1200人；乡镇有220个，扶养3584人。区（市）县有老年医院（康复院）10所，门诊（室）54个，家庭病床684张；乡镇有老年医院37所，门诊（室）96个，家庭病床988张。

2002年，成都市共有老年福利机构362家，床位2.2万张。2003年，新批6家社会力量办福利机构，新增床位750张。全市共有老年福利机构374家，床位1.27万张，入住老年人8766人，入住率为69.3%。2004年，市民政局加强养老设施建设，新增老年福利床位5834张，使全市老年福利机构床位总数达到12万张。2005年，全市新增老年福利床位1018张，全市老年福利机构床位总数达到1.22万张。

1990—2000年部分年份成都市老年公益设施情况表

表5-303

年份	敬老院（福利院）		老年公寓（托老所）		老年病院（康复院）		
	数量	抚养人数	数量	抚养人数	数量	门诊室	家庭病床
1990	344所	4804人	2所	113人	26所	100个	
1998	349所	6282人	14所	2654人	14所	153个	2220张
1999	344所	6397人	27所	3564人	47所	154个	1671张
2000	344所	6392人	27所	3323人	47所	150个	1672张

【老年人活动中心（馆、室）建设】

1983年，成都市委在平安桥修建成都市首座老干部活动馆。该馆占地4600多平方米，建筑面积3200余平方米。随后，全市市级机关、企事业单位以及各区（市）县在两年的时间内，相继建立一批规模不一的老干部活动馆（室）。截至1988年3月，全市老干部活动馆（室）达到237个，总面积为19315.59平方米，其中面积在100平方米以上的活动馆（室）27个。随着老干部人数的不断增加，原有的老干部活动中心（馆、室）无论面积、设施、功能等均不能满足老干部的实际需要。1991年，开始成都老干部活动馆二期工程建设，新建成都市老干部网球馆，并在原馆内增添部分设施设备和活动项目。1995年，成都老干部活动馆更名为“成都老干部活动中心”。

长期以来，普通退休职工和农村老年人休闲娱乐，大多是三五个人一堆，坐在大树下、马路旁、街沿边下棋、打扑克。为了让老年人有一个舒适的娱乐活动场所,20 世纪 80 年代后期,成都市中心城区各区和街道办事处每年都拨出一定数额的专款兴建或改建老年活动设施,不少单位将原来的街道文化站改建成综合性、多功能性的老年人活动室。各街道已有城区老年活动中心(站)74 个,敬老院 28 个,社区服务点 132 个,活动室内设有图书阅览、棋类、音乐、茶铺以及其他文体活动设施,老年人可以在这里看书、读报、打牌、下棋、聊天、唱歌、跳舞、唱京剧、唱川戏等。

20 世纪 90 年代,各郊区(市)县陆续开始兴建老年活动中心(馆、室)。1990 年,区(市)县有老年活动中心 5 个。1991 年,彭县、大邑、都江堰、新津和锦江区新建老年人活动中心 5 个,总面积 14132 平方米,总投资 876 万元。另外,乡(镇)、街道通过一室多用等形式,为老年人提供活动室 170 余个,面积 15500 多平方米。1992 年,新建的青羊区、郫县两所老年活动中心的主体工程竣工。郫县老年活动中心面积 1500 平方米,投资 102.4 万元;青羊区老年活动中心建筑面积 2779 平方米,投资 205 万元。锦江、都江堰、彭县、大邑等区(市)县的 4 所老年人活动中心得到完善。全市全民企业退休职工活动场所完成 139 处。成都市退休职工活动中心在 1994 年重阳节竣工开馆。该中心建筑面积 9000 平方米,投资 3000 余万元。

1999 年,全市共有由行政管理的老年活动室 1843 个、企业管理的老年活动室 130 个。其中,由 19 个区(市)县及高新区行政管理的 221 个、企业管理的 111 个;285 个乡镇中,行政管理的老年活动室 230 个、企业管理的 19 个;2030 个村中,行政管理的老年活动室 1392 个。2000 年,全市老年活动室,共有行政管理的 1865 个,企业管理的 133 个。其中,区(市)县行政管理的 243 个,企业管理 113 个;乡镇行政管理的 230 个,企业管理 20 个;村行政管理的 1392 个。全市 19 个区(市)县建起 15 座县级老年活动中心、近千所老年活动站,大部分单位都有了老年活动室。

2001 年,“社区老年福利服务星光计划”在成都市正式启动,申办点共有 110 个,投入福利金 1800 万元。8 月,成都老干部活动中心开始进行改造装修。2002 年 8 月,老干部活动中心改造装修工程结束;经过改建的活动中心成为集学习、活动、餐饮、娱乐为一体的多功能综合性场所。“成都老干部活动中心”更名为“成都市老干部活动中心”,将各区(市)县、市级部门老干部活动场所分别更名为“老干部活动中心”或“老干部活动馆(室)”。同年,成都市建成 229 个“星光老年之家”,建筑面积达 3.5 万多平方米。2003 年,建成“星光老年之家”123 个。2004 年,成都市完成第三批“星光计划”的 15 个项目,多个“星光老年之家”被评为先进单位。至 2005 年,全市老年人活动室面积已达 131429 平方米,老年文化活动日益活跃。

【星光计划】

2001 年,民政部下发《社区老年福利服务“星光计划”实施方案》,决定在此后 2—3 年内,从中央到地方,用发行福利彩票筹集的福利金,资助城市社区的老年人福利服务设施、活动场所和农村乡镇敬老院建设。四川省民政厅《转发民政部关于“星光计划”启动工作的安排意见的通知》要求,把往年度结余和本年度发行福利彩票筹集福利金的 80% 与部、省资助的福利金捆绑使用。同时要求以“福利金和地方政府和社会力量投入资金的比例不低于 1∶1 的原则”,确保

“星光计划”的顺利实施。

中共成都市委、成都市人民政府将“星光计划”纳入成都市2002年为民办实事目标以及老龄事业发展“十五”计划纲要之中，并明确提出实施“星光计划”要按照“高起点、高质量、创特色、成亮点”的要求，将实施“星光计划”与社区建设相结合，完善社区老年服务功能。同时，成立“成都市星光计划领导小组”，办公室设在市民政局福利处，负责组织协调全市“星光计划”的统筹规划、项目审核、福利金的发放和管理等。各区（市）县政府相应成立“星光计划”实施领导小组和办公室，负责落实项目和资金；街道办事处、居委会则指定专人负责具体承办。

《成都市关于实施社区老年福利服务“星光计划”三年规划》提出，三年内新建社区居委会老年活动站753个，改建222个；新建街道老年活动中心59个，改建20个，扩建5个；以上共需资金20509万元，申请部、省级福利金资助10255万元。

按照《成都市2001年“星光计划”实施方案》，成都市选择具有代表性的35个街道办事处和75个社区居委会作为首批“星光计划”实施单位，要求新建（改建）的街道老年福利服务中心建筑面积应在400平方米以上，社区居委会老年福利服务站应在200平方米以上，街道、社区还应有室外活动场所和绿化地。对列入首批“星光计划”的街道、社区所需资金的筹集，采取以地方政府和社会力量筹集为主，以福利金资助为辅的办法，及时筹集到位。

2001年，“社区老年福利服务星光计划”在成都市正式启动，110个申办点可望在2002年挂牌运行，投入福利金1800万元。2002年，成都市投入资金5322万元（其中，部、省、市级预拨福利金2500万元，地方政府投入资金3822万元），建成229个“星光老年之家”（其中，37个街道老年福利服务中心，82个社区居委会老年福利服务站），建筑面积达3.5万多平方米。2003年，建成“星光老年之家”123个并投入使用。2004年，成都市完成了第三批“星光计划”的15个项目。武侯区火车南站街道“星光老年之家”被评为全国“星光老年之家”的先进单位。金牛区沙河源街道和锦江区莲花社区“星光老年之家”被评为全省“星光老年之家”先进单位。

【老年产业】

市和区（市）县老龄委是老年福利企事业的行业归口管理部门。1985—1989年，成都市先后兴办9个老年经济实体，即四川大学益壮智力开发服务公司、成都市老年人婚姻介绍所、成都市老年事业服务公司、斌陞街老年售书亭、忠烈祠街老年储蓄代办所、黄瓦街军人婚姻介绍所、成都市晚霞乐队、成都市老年事业服务公司经营部、成都市老龄康乐活动中心。其中，成都市老年事业服务公司为老龄委直接管理的经济实体，已发展成为下属5个独立法人、1个非法人独立核算单位和2个非独立核算单位的中型企业，1989年营业额达84万元，为老年公益事业筹备资金。

1992年，全市共兴办老年福利企业200多家。同年，成都市规定，新办的老年福利企事业，报经税务机关批准，可从生产经营之日起，免征所得税2—3年。对老年福利企事业进行技术转让，年净收入在50万元以下的免征所得税。老年福利企事业享受城镇集体企业、第三产业和科技开发的有关优惠政策。按照规定比例上交的管理服务费，可在成本费用中列支。市政府批准成都市老年福利企事业管理服务处为市老龄委所属县级事业单位。1994 年,全市共有老年福利企业 500 家。同年,市老年福利企事业管理服务处注销,停止工作。该年全市有老年福利企业 500 余个。

从 1995 年起,成都市老龄委对归口管理的老年福利企业进行工商年检和清理整顿,注销年检不合格的企业,初步理顺归口管理的老年福利企业。同时制定《成都市老年福利企业财务管理办法》,规范老年福利企业财务管理工作。

1998 年,全市共有老年福利企业 347 家,营业额 2.6058 亿元,上缴税利 2114.2 万元,其中市管老年福利企业 45 家,营业额 2 亿元,上缴税利 2000 万元;区(市)县管老年福利企业 260 家,营业额 6000 万元,上缴税利 112 万元;乡镇管老年福利企业 29 家,营业额 58 万元,上缴税利 2.2 万元;另有村管老年福利企业 13 家。2000 年,全市共有老年福利企业 193 家,营业额 1.3440 亿元,上缴税利 1083.13 万元,其中市管企业 30 家,营业额 1.3 亿元,上缴税利 1036 万元;区(市)县管企业 137 家,营业额 427 万元,上缴税利 47 万元;乡镇管企业 26 家,营业额 13 万元,上缴税利 0.13 万元。

2001 年,按照市委、市政府有关文件精神,市老龄办通知所挂靠的老年福利企业脱钩、改制。